KB041763

전정 20판

한국헌법론

허 영

박영사

KOREAN CONSTITUTIONAL LAW

FIFTH ENLARGED EDITION
47TH IMPRESSION
FIRST EDITION 1990

BY

YOUNG HUH, DR. JUR., DR. JUR. h. c.

EMERITUS PROFESSOR OF PUBLIC LAW
LAW SCHOOL
YONSEI UNIVERSITY

CHAIR PROFESSOR
LAW SCHOOL
KYUNG HEE UNIVERSITY

Parkyoung Publishing & Company
SEOUL, KOREA

2024

전정 20 판(통산 47판)을 내면서

이번 판에서는 2023년 12월 21일 선고된 헌법재판소의 판례와 대법원의 2023년 주요 헌법판례를 모두 반영했다. 참고할만한 독일 연방헌법재판소와 미국 연방대법원의 의미 있는 새로운 판례도 추가했다. 2023년에 개정한 주요 헌법 부속 법률의 내용에 따라 해당 부분을 update했다.

다시 책 전체를 정독하면서 발견한 오·탈자와 법조문의 오기도 다섯 군데 바로 잡았다. 많지 않아 다행으로 생각하면서도 너무 늦은 발견은 저자로서 면목 없는 일이다. 독자들의 너그러운 양해를 구한다.

지난해는 우리 정치 현장에서 대의민주주의를 다시 생각하게 하는 일들이 많았다. 특히 국회의 권한과 기능이 헌법정신에 따라 행사되었는지 강한 의문이 드는 한 한해였다. 대의민주주의에서 필요한 타협과 절충은 사라지고 다수결 원칙만이 만능의 무기로 후진적 위력을 발휘했다. 이런 현상을 지켜보는 국민의 국회 불신과 정치 혐오증은 더욱 커졌다. 어떤 형태로든지 국회를 획기적으로 개혁할 필요성이 절실하게 느껴지는 한 해였다.

올 4월에는 국회의원 총선거가 있다. 주권자인 국민이 국회 개혁의 주체의식을 가지고 투표권을 행사해서 국회 개혁의 바탕이 마련되기를 간절히 기원한다. 헌법학자로서 우리에게 과연 대의민주주의를 할 수 있는 정치적인 소양과 능력이 있는지 자꾸 반문하게 되는 것은 매우 민망한 일이다.

우리 사법부의 현실도 크게 다르지 않다. 헌법이 보장하는 신속하고 공정한 재판을 받을 권리는 법관의 자의적인 재판 지연으로 규범력을 상실한 상태다. 법이 강행규정으로 정한 선거재판의 기한까지 법관이 무시하고 지키지 않는 사법 현실에서 국민은 무력하고 허탈해질 뿐이다. 사법개혁도 꼭 필요하다.

헌법재판소도 헌법수호의 제구실을 다 했는지 뒤돌아볼 필요가 있다. 국회의 자율권을 지나치게 확대해석한 나머지 왜곡된 국회의 입법 절차에 모두 면죄부를 줌으로써 국회의 탈법적인 입법 관행을 더 조장한 것은 아닌지 성찰이 필요하다. 헌법은 전체가 기능적으로 통일성을 갖는 규범이므로 국회의 자율권도 헌법이 지향하는 법치주의와 대의민주주의 정신에 어긋나게 행사하는 것을

정당화할 수는 없다. 이 책(1022면)에서 소개한 독일연방헌법재판소의 판례도
이 점을 강조하고 있다.

　아무쪼록 2024년은 우리 헌정질서가 한층 더 발전한 해로 기록될 수 있기
를 간절히 기원한다.

2024년 1월

저자 Y. H.

전정 19 판(통산 46판)을 내면서

    이번 판에서는 2022년 말까지 선고된 헌법재판소와 대법원의 새 판례를 반영해서 관련 부분을 update했다. 또 독일 연방헌법재판소와 미국 연방대법원의 판례 중에서 참고할만한 내용을 함께 소개했다. 2022년 개정된 관련 법률 내용도 반영했다. 그리고 본문의 서술 내용을 추가하거나 보충한 부분도 많다.

    판례와 관련한 저자의 판례평석을 더 확대했다.

    2021년 3월 10일 윤석열 대통령이 제20대 대통령으로 취임함에 따라 19대 문재인 대통령 시대의 정치 상황에 관한 서술을 추가했다.

    윤석열 대통령은 검찰총장 출신으로 정치에 입문한 지 1년 만에 대통령이 된 헌정사상 전례 없는 경우이다. 세계적으로도 그런 예를 찾아보기 어렵다. 그런데 윤 대통령이 마주하게 된 정치 상황은 전례 없이 어려운 환경이다. 2020년 4월의 대의 세력인 169석의 거대 민주당이 국회를 지배하며 2022년의 새로운 대의 세력인 윤 대통령의 정책을 반대하며 다수의 독재를 하고 있다. 다수결 원리의 전제조건인 타협과 절충은 공염불에 불과하다. 심지어 새 정부의 정책철학에 따른 정부 조직 개편(경찰국 신설)마저 예산 삭감을 통해 막아서고 있다. 대의 민주주의 선진국에서는 정부 여당의 정부 조직 개편에 대해서는 야당이 간섭하지 않는 전통이 확립되어 있다. 국회의 입법 형성권과 정부의 조직 자율권은 함께 존중해야 하는 삼권분립에 따른 헌법 관습법이기 때문이다. 언론 환경도 결코 우호적이지 않다. 사회는 이념적으로 좌우로 극명하게 갈라져 대립이 심화하고 있다. 코로나(Covid-19) 사태와 우크라이나 전쟁으로 인한 세계적인 현상이긴 하지만 경제 상황도 매우 좋지 않다. 이런 복합적인 어려움 속에서도 청와대 시대를 마감하고 용산 대통령실의 시대를 열어 법치주의 확립과 노동, 교육, 연금 개혁을 위한 가시 밭 길을 가고 있는 윤석열 정부의 성공을 간절히 기원한다. 그 성공만이 MZ세대를 비롯한 우리 후손들을 위한 일이고 국가 도약의 바탕이 되는 길이기 때문이다.

    이번 판에서는 조소영 교수(한국 공법학회장 부산 법학전문대학원)의 도움을 받아 대법원 등 법원의 판례표시를 현실에 맞게 고쳤고 헌법재판소 판례출처를 모두 헌재 공보가 아닌 헌법재판소 판례집의 해당 부분으로 통일했다. 독자들의 판례 접근을 쉽게 하기 위해서이다. 조 교수의 노고에 고마움을 표한다.

2023년 1월

저자 Y. H.

전정 18 판을 내면서

　　2021년 말까지의 법령과 판례의 변화를 반영해서 update 했다. 큰 폭으로 개정한 군사법원법은 7월 1일부터 시행하지만 이 책에서 이미 개정 내용에 따라 고쳐 썼다. 코로나 방역정책과 관련해서 작년 11월 독일연방헌법재판소가 선고한 두 건의 판례는 우리 방역정책의 헌법적인 평가에도 큰 시사점을 준다고 생각해서 자세히 소개했다.

　　법리적으로 설득력이 떨어지는 헌법재판소 판례 가운데 꼭 지적해야 할 논증 부분에 대해서는 해당 판례를 소개하는 곳에서 간단한 판례평석의 형식으로 저자의 견해를 밝혔다. 독자들의 판례 이해에 도움을 주기 위해서이다. 변호사 시험이 맹목적인 판례 암기의 경연장이 되는 것은 우리 법학계의 발전을 위해서 반드시 개선해야 한다. 판례의 수용성은 결국 결정 이유를 밝히는 논증의 설득력에서 나오는 것이기 때문에 설득력이 떨어지는 판례는 비판적인 수용이 필요하다. 그러한 비판적인 사고의 틀을 제시하는 일은 헌법학자의 몫이라고 생각한다.

　　2021년도 우리 헌정질서는 자유민주주의와 법치주의 및 사회적 시장경제질서 등 헌법이 추구하는 기본가치와 괴리되는 현상으로 얼룩졌다. 코로나 사태가 2년째 지속하는 가운데 국민의 일상생활은 거의 모든 분야에서 정부의 간섭과 통제 속에서 타율이 지배하는 비 정상 상태가 이어졌다. 대학의 교육현장도 예외가 아니다. 법학전문대학원 원생들에게 필요한 법조인 자질 향상에 부정적인 결과가 나오지 않을지 몹시 걱정된다.

　　금년 3월 9일은 대통령 선거일이다. 대통령제를 기본으로 하는 우리 정부형태에서 대통령 선거가 갖는 의미는 매우 크다. 여·야 대통령 후보자들이 당선을 위해서 전력을 다하고 있는 것도 그 때문이다. 그러나 5년마다 실시하는 대통령 선거는 정당 대의민주주의의 본질상 현 집권 여당에 대한 정책심판의 성격을 벗어날 수 없다. 따라서 난무하는 각종 비리 폭로와 흑색선전 및 포퓰리즘 공약에도 불구하고 주권자는 결국 정권연장이냐 정권교체냐의 선택을 하여야 한다. 주권자의 냉철하고 이성적인 선택으로 우리나라의 자유민주주의와 법치주의 및 사회적 시장경제질서가 정상화하고 한 걸음 더 발전할 수 있기를 간절히 기대한다.

2022년 1월

저자 Y. H.

전정 17 판을 내면서

이번 판에서는 지난 2020년 말까지 새로 제정 또는 개정한 헌법 관련 법률 내용을 해당 부분에 반영했다. 헌법 판례도 헌법재판소 12월 23일 결정 선고한 내용과 대법원의 중요 판례를 보충했다. 최근 독일 기본권 판례도 추가했다.

내용 면에서도 직업의 자유 항목에서 고쳐 쓴 부분이 있다. 그 밖에도 신체의 자유를 비롯한 많은 항목에서 현실적인 법 적용 내지 집행 과정에서 제기되는 새로운 문제에 관한 내용을 적지 않게 보충했다.

돌이켜 보면 지난 2020년은 연초부터 발생한 미증유의 세계적인 코로나(Covid-19) 감염병 때문에 국민 모두 참으로 힘든 삶을 견뎌온 한 해였다. 특히 이 책의 독자층인 법학전문대학원과 법학과를 비롯한 많은 국가고시 준비 대학생들이 겪어야 했던 고통은 각별한 것이었다.

모든 대학생활이 방역에 초점을 두다 보니 낯선 비대면(on-line) 강의에 적응해야 하고 국가고시도 매우 불편한 환경에서 치러야 했다. 이런 고통과 불행은 백신 공급 문제로 올해도 별로 달라지지 않을 것이라는 전망 때문에 몹시 우울하다.

국내 헌정질서도 혼란스럽기는 마찬가지였다. 2019년 말 국회에서 제1야당을 배제한 채 변칙적으로 개정한 이른바 준연동형 비례대표제 선거법으로 치러진 작년 4월 총선거 결과 국회 2/3 의석을 차지하는 거대 여당이 탄생한 후 국회 운영은 여당의 거듭되는 입법 독주로 정상이 아니었다. 다수결 원리의 전제인 정책경쟁과 정책의 선택 가능성은 실종한 채 정부와 여당이 원하는 모든 법률이 야당과의 타협과 절충 없이 여당 단독으로 국회를 통과했다. 100여 석에 불과한 야당은 뚜렷한 정책대안 제시도 없이 무기력하기 짝이 없었다. 자유민주주의의 헌정질서에서 여당과 야당의 힘의 균형과 상호 견제가 얼마나 중요한가를 뼈저리게 체험한 한 해였다. 설상가상으로, 선출된 권력의 민주적 정당성을 빙자한 궤도이탈을 막는 장치인 법치주의마저 크게 도전받는 한 해였다. 법치주의의 본질인 '법의 지배(Rule of Law)'가 '법률의 지배(Rule by Law)'로 변질한 채 법률만능주의가 국회와 정부를 지배했다. 그 결과 통치권의 기본권 기속성을 무시한 기본권 침해적인 법률이 양산되었다. 앞으로 헌법재판소의 헌법 수호 역할이 그만큼 커지고 주목을 받게 되었다.

이런 상황에서 저자가 강조할 수 있는 유일한 말은 '민주시민 없는 곳에 민주주의는 없다'라는 경구이다. 결국은 주권자인 국민이 '비판적인 복종의 자세'로 선거와 일상적인 투입과정에서 현명한 헌법수호의 자세를 가질 때 우리의 자유민주주의와 법치주의도 제 모습을 되찾고 발전할 수 있을 것이기 때문이다. 그런 날이 하루 속히 오기를 간절하게 기원한다.

2021년 1월

저자 Y. H.

전정 16 판을 내면서

이번 판에서도 예년과 같이 2019년 말까지 제·개정된 법률과 헌법재판소와 대법원의 판례를 반영해서 관련부분을 보완하고 고쳤다. 유럽사법재판소와 유럽인권재판소 및 독일 연방헌법재판소의 주목할 판례도 새로 추가했다.

2019년은 우리 헌정사에서 매우 우울한 한 해로 기록될 것이다. 우리 헌법의 이념적 기초인 자유민주주의와 법치주의가 그 어느 때보다 심각한 도전에 직면한 한 해였기 때문이다.

통치의 목적인 사회통합은 실종되고 사회가 이념적으로 양분되어 마치 다른 헌법질서에서 사는 사람들처럼 사사건건 서로가 대립하고 비판하는 일로 한 해를 보냈다.

원인은 자유와 평등의 가치평가에 따른 양분현상에 있다. 정부정책이 지나치게 평등을 강조하는 바탕 위에서 마련되기 때문에 국민의 창의와 자유의 영역은 그만큼 위축된 것이 사실이다. 그러나 자유와 평등의 상호관계는 서로 보완적이기는 하지만, 자유우선의 원칙이 자유민주주의의 기초라는 점을 결코 잊어서는 아니 된다. 자유보다 평등을 더 중시하는 나라에서는 국민이 자유도 잃고 평등도 실현되지 않는다는 사실을 공산국가와 사회주의 정책을 추진하는 그리스와 남미의 여러 나라가 분명히 보여주고 있다. 우리 헌법기관과 공직자 모두는 정책결정 내지 직무수행에서 자유의 소중한 가치를 결코 가볍게 여겨서는 아니 된다.

금년 4월 15일에는 제21대 국회의원 총선거가 실시된다. 이 선거결과에 따라 우리 대한민국의 미래가 정해질 것이다. 그렇기 때문에 주권자인 국민이 올바르고 냉정한 투표권을 행사해서 우리나라가 다시 통합과 번영의 길로 갈 수 있도록 해야 한다. 한 나라의 대의민주주의의 수준은 그 나라 국민의 민주주의 수준에 비례한다는 명제를 잊지 말아야 한다. 그래서 우리가 애써 가꾸고 지켜온 자유민주주의가 훼손되거나 위협받는 일이 없도록 주권자의 역할을 똑똑히 해야 한다. 특히 새로 선거권을 갖게 되는 18세가 되는 국민의 선택도 중요하다.

2020년 1월

저자 Y. H.

전정 15 판을 내면서

2018년은 헌법의 규범력이 정치권력에 의해 심각한 도전을 받은 해였다. 특히 헌법이 정한 3권분립의 원칙에 따른 사법권의 독립과 법관의 정치적 중립성이 헌정사에서 전례가 없는 강력한 도전에 직면한 한 해였다.

대의기관인 국회도 5당 체제로 구도가 바뀌면서 타협과 절충의 민주적인 의안처리를 뒷전으로 미룬 가운데 정쟁과 상호비방에만 열을 올리는 여·야의 대치정국을 이어 가면서 매우 비생산적인 정치행태로 일관했다.

행정부도 국무회의보다는 청와대 중심의 국정운영으로 헌법기관인 국무회의와 국무위원인 각부 장관들의 활동이 위축되는 모습을 보였다.

남·북정상회담과 북·미정상회담의 성과로 남·북의 살벌한 대치상황은 많이 완화되어 화해분위기가 조성되는 등 긍정적인 효과도 많이 나타났다. 그런 분위기에 편승해 우리 헌법의 기본가치인 자유민주주의와 법치주의 및 시장경제질서를 부정하려는 일부 정치세력과 시민단체에 의해서 우리 헌법의 규범적인 효력을 약화하려는 움직임도 나타났다.

헌법철학을 공부하는 학자의 입장에서 헌법 규범력의 한계에 관해 많은 성찰을 하게 되고 헌법과 정치의 상호관계에 대한 당위적인 도그마에 깊은 회의를 갖는 한 해였다.

우리나라에서 아직도 헌법이 정치생활의 큰 흐름을 규범적으로 주도하면서 정치현상으로 하여금 헌법이 그려놓은 궤도를 이탈하지 않도록 하는 힘을 과연 갖는 것인가. 아니면 헌법은 정치의 시녀에 불과한 것인가.

이런 성찰을 꾸준히 이어가면서 앞으로도 우리 헌정질서가 바로 설 수 있도록 하는 노력을 계속해 나가기로 다짐한다.

2018년 말까지 제·개정된 법령내용을 관련부분에 반영했다. 12월 27일 결정선고한 헌법재판소의 중요판례와 대법원의 헌법관련 판례도 보충했다. 특히 종전의 합헌결정이 위헌결정으로 바뀐 판례에 특히 주목할 필요가 있다. 또 변호사시험 준비에 도움을 주기 위해서 판례소개 부분에 저자의 간단한 판례평석을 덧붙이고 필요한 경우 밑줄을 그어 강조하기도 했다.

우리 헌법재판에서 참고자료로 활용하고 있는 독일연방헌법재판소의 중요판례도 보충했다.

국제정치적인 긴장과 대립이 격화하고 있는 상황에서 2019년은 무엇보다 우리 내부결속을 강화해서 자유민주주의와 법치주의 헌법질서가 바로 설 수 있는 한 해이기를 간절히 기원한다.

2019년 1월
저자 Y. H.

전정 14 판을 내면서

2017년은 우리 헌정사에 아주 특별한 해로 기록될 것이다.

1987년 문민정부가 출범한 후 대통령 선거에서 처음으로 과반수인 51.6%의 득표로 당선되어 역대 대통령 중에서 민주적인 정당성이 가장 강했던 박근혜 대통령이 오만과 독선에 빠졌다. 그 결과 소통의 문을 닫은 채 권력을 사유화한 이유로 헌정사상 처음으로 헌법재판소에 의해 탄핵 파면되었다. 임기를 351일 남기고 2017년 3월 10일 퇴임했다. 그 후 형사피고인으로 구속된 상태에서 재판을 받는 불행한 일이 생겼다.

2017년 5월 9일 대통령 보궐선거를 통해 제19대 문재인 정부가 탄생했다. 박근혜 전 대통령의 실정과 권력을 사유화한 헌정문란사건의 내용이 알려지자 분노한 국민이 강력하고도 지속적인 저항권을 행사해 대규모 평화적인 '촛불집회'로 나타났다. 그 과정에서 치러진 대통령 보궐선거의 가장 큰 수혜자는 스스로 인정하듯이 바로 문재인 대통령이다. 문재인 대통령의 어깨가 무거울 수밖에 없다. 그가 취임사에서 국민과 약속한 대로 소통과 통합의 대통령이 되기를 기대한다.

문 대통령은 2018년 6월 지방선거에서 개헌안을 국민투표로 처리하겠다고 공약했다. 국민이 진정으로 바라는 개헌은 다시는 박 전 대통령과 같은 불행한 대통령이 나오지 않도록 이른바 '제왕적' 대통령을 견제할 수 있는 통제장치를 만들고, 비생산적이면서 특권만을 누리는 국회를 개혁하며 사법권 독립을 보장하는 내용이 그 핵심이다. 그런데 지금 국회와 정부에서 진행 중인 개헌논의는 지방분권과 일부 기본권을 보완하는 내용으로 알려지고 있다. 그렇지만 주권자인 국민은 그런 선거전략적이고 지엽적인 개헌은 결코 원치 않는다. 개헌을 하려면 국민이 원하는 핵심내용이 포함된 진정한 개헌을 해야 한다. 대통령도 국회도 이 점을 분명히 인식해야 한다. 그러나 국민이 원하는 내용의 진정한 개헌이 공약대로 성사되기는 어려울 것이라는 것이 관계전문가들의 대체적인 전망이다. 누구도 자신의 권한을 줄이거나 제약 받지 않으려고 하기 때문이다. 예상과 달리 개헌이 된다고 해도 그 시행에는 준비기간이 필요하므로 당장 효력을 발생하지는 않을 것이다. 개헌논의상황을 주의 깊게 지켜보면서도 이번 개정판을 내는 이유이다.

이번 판에서는 보충하고 추가한 부분이 많다. 우선 '박근혜 대통령 시대의 정치상황'과 '문재인 정부의 탄생'을 추가로 써서 추가했다. 또 법학전문대학원 특강 중에 독자들이 혼란스러워 하는 재산권 등의 설명을 보충했다. 그 결과 책의 면수가 조금 늘어났다. 나아가 2017년 말까지 제·개정된 법령내용과 헌법재판소 및 대법원 헌법 판례를 모두 반영했고 중요한 독일 판례도 넣었다.

　　하루 속히 우리 자유민주주의와 법치주의 헌정질서가 바로 서기를 기원한다.

2018년 1월

저자 Y. H.

全訂 13 版을 내면서

2016년 말까지 제정·개정된 법령 내용과 헌법재판소의 중요 헌법판례 및 헌법관련 중요한 대법원의 판례를 모두 반영해서 책 내용을 up date 했다.

지난 해 정기국회 말에 국회의 운영을 개선하는 내용의 국회법 및 국회에서의 증언·감정 등에 관한 법률을 비롯해서 국정감사 및 조사에 관한 법률의 개정과 회생법원의 신설을 위한 법원조직법 등의 개정으로 관련부분을 많이 수정 내지 보충했다. 지방교육자치법의 개정내용에 따라 고친 부분도 많다.

이번 기회에 책을 다시 한번 정독하면서 그 동안 미처 발견하지 못했거나 바로잡지 못한 부분도 모두 찾아내 내용면에서 완벽을 기하려고 노력했다.

지금 우리나라가 직면하고 있는 정치적인 혼란과 대통령탄핵 사태가 하루속히 마무리되고 다시 정상적인 헌정질서로 돌아가게 되기를 독자 여러분과 함께 간절히 기원한다.

2017년 1월

著者 Y. H.

全訂 12 版을 내면서

2015년 12월 23일 결정 선고된 헌법재판소의 판례와 2016년 1월 8일까지 국회를 통과한 법률의 내용과 헌법관련 중요한 대법원 판례를 모두 반영해서 책 내용을 up date 했다.

다른 해와 마찬가지로 2015년에도 국민의 기본권을 신장하기 위한 중요한 헌법판례가 많았으며 헌법재판소가 과거의 판례를 변경한 사례도 적지 않았다.

국회에서 제·개정된 법령 중에는 헌법의 실현과 직접적인 관련을 갖는 내용도 많았다. 형사소송법, 법원조직법, 국토의 계획 및 이용에 관한 법률, 주민등록법, 방송법, 개인정보 보호법, 군사법원법, 선거관리위원회법, 집회 및 시위에 관한 법률, 정당법, 공직선거법, 국가인권위원회법, 호스피스·완화의료 및 임종과정에 있는 환자의 연명의료결정에 관한 법률(일명 welldying법) 등이 그 대표적인 예이다.

다만 새로 구성한 국회의원 선거구획정위원회가 책임을 다하지 못하고 여·야의 대리전 역할에 몰두하면서 헌법재판소의 결정에 따라 기존 국회의원 선거구가 전부 무효화된 시점(2016년 1월 1일 0시)까지도 선거구획정을 못했다는 점은 매우 어처구니 없는 일이다. 우리 헌정사상 초유의 헌법정신에 반하는 입법비상사태가 생겼음에도 국회는 여·야 정치싸움으로 허송세월만 하고 있어 국민의 한 없는 노여움과 빈축을 사고 있다.

새로 마련되는 국회의원 선거구획정 내용까지를 이 개정판에 반영하려고 임시국회가 끝난 2016년 1월 말까지 기다렸지만 여전히 오리무중이다. 이제는 2월 말 개정판 출간의 시점을 고려할 때 더 이상 기다릴 여유가 없어 책을 내기로 했다. 뒤늦게 국회의원 선거구획정법률이 확정되더라도 국회의원의 지역구의원과 비례대표의원 수(지역구의원 253명, 비례대표의원 47명, 810·930면)만 달라지는 정도에 그칠 것으로 예상하기 때문에 책 내용에 크게 달라질 내용은 없을 것이다. 이 점 독자들의 너그러운 이해를 구한다.

금년 4월에 실시예정인 제20대 국회의원 선거에서는 국민 모두가 한마음으로 국회가 이따위 위헌적이고 위법적인 구태를 되풀이 하지 않고 국민생활에 실질적인 도움을 주면서 국민의 정신건강을 해치는 일이 다시는 생기지 않도록 주권행사를 의미 있게 하기를 간절히 기대한다.

2016년 1월

著者 Y. H.

全訂 11 版을 내면서

2014년 12월 9일 정기국회 마지막 날까지 2014년도에 제정 또는 개정된 법률의 내용을 관련부분에 반영해서 up date 했다. 특히 정부조직법, 국회법, 헌법재판소법, 청원법, 공직선거법, 형사피해자보호법, 지방자치법, 근로기준법, 형사소송법 등이 반영된 주요 개정법률이다. 헌법재판소 판례도 2014년 12월 19일 결정 선고한 내용까지 반영해서 수록했다.

우리 헌정사상 처음으로 위헌정당에 대한 헌법재판소의 해산결정으로 인해서 우리나라의 헌정질서에서 투쟁적 민주주의의 의미와 실효성을 다시 한번 확인하는 계기가 되었다. 우리 헌법이 지향하는 자유민주주의를 실현해서 모두가 행복한 나라를 만들기 위해서는 자유민주주의를 악용하는 일부 정치집단에 대해서는 헌법에서 정하고 있는 단호한 방어적인 수단을 동원할 수밖에 없다는 교훈을 남긴 한 해였다.

2015년 1월

著者 Y. H.

全訂 10 版을 내면서

 2013년에 제정 또는 개정된 법령과 2013년 12월 26일 선고된 헌법재판소 판례까지 모두 반영해서 관련내용을 up date 했다.

 특히 국회법, 공직선거법, 정당법, 정부조직법, 법원조직법, 개인정보보호법, 지방교육자치법, 문화기본법, 초·중등교육법, 교육공무원법, 지방자치법, 근로기준법, 주민등록법, 남녀고용평등과 일·가정 양립 지원에 관한 법률 등의 바뀐 내용이 반영되었다.

 2013년 2월 박근혜 정권이 탄생함에 따라 제 2 편 제 1 장 제 5 절에 이명박 대통령 시대의 정치상황에 대한 서술을 추가 보완했다.

 헌법재판에 관한 서술 부분 중 더 자세한 사항은 저자의 '헌법소송법론'을 함께 공부하는 것이 바람직하다.

 또 인간의 존엄과 가치, 생명권, 평등권, 재산권 등 가장 핵심적인 개별적 기본권을 비롯해서 통치구조의 기본원리에 관한 깊이 있는 이론적인 설명은 저자의 '헌법이론과 헌법'을 참고하도록 권고한다.

2014년 1월

著者 Y. H.

全訂 9 版을 내면서

이번에 내는 전정 9 판에서는 2012년에 달라진 법령과 2013년 1월 1일에 국회에서 통과한 법률까지를 모두 반영해서 관련 내용을 up date 했다. 국회운영의 선진화를 추구한다는 국회법, 범죄피해자 보호법, 인사청문회법 등이 특히 많이 달라진 법률이고 그 밖에도 정당법, 정치자금법, 국정감사 및 조사에 관한 법률, 공직선거법, 방송법, 지방자치법, 형사소송법, 경범죄처벌법, 국민건강증진법, 국가인권위원회법, 개인정보 보호법, 변호사법 등도 부분적으로 개정한 내용을 반영했다.

이번 판에서는 저자의 다른 저서 '헌법이론과 헌법'을 인용한 각주의 표시를 금년에 발간한 2013년판 '헌법이론과 헌법' 제 6 판에 맞게 모두 점검해서 고쳤다. 또 헌법재판에 관한 서술부분에서는 저자의 금년 '헌법소송법론' 제 8 판을 기준으로 인용했다.

헌법판례는 헌법재판소가 2012년 12월 27일에 결정 선고한 내용까지 모두 반영해서 실었다.

작년 12월 19일 치른 대통령선거에서는 여·야가 양자 대결하는 치열한 선거전에서 우리 헌정사상 처음으로 유효투표 과반수를 득표한 여성대통령이 탄생했다. '국민대통합'과 '민생정부'를 지향한다는 박근혜 대통령시대에 우리 헌정질서가 명실공히 선진화하기를 기대한다.

이번 판부터 이 책을 맡아서 펴내준 편집부 김선민 부장에게 고마움을 전한다.

2013년 1월

著者 Y. H.

全訂 8 版을 내면서

2011년 12월 정기국회에서 제정 또는 개정된 법령까지 2011년 한 해에 달라진 법령내용을 모두 반영해서 관련부분을 up date했다. 새로 제정된 법률로는 개인정보보호법, 지식재산기본법, 공익신고자보호법 등을 반영했고, 그 밖에도 개정된 국회법, 공직선거법, 법원조직법, 지방자치법, 국정감사 및 조사에 관한 법률, 사면법, 방송법, 형사소송법, 계엄법, 변호사법, 언론중재 및 피해구제 등에 관한 법률, 국가재정법, 행정절차법, 저작권법, 국민건강증진법, 지방행정체제 개편에 관한 특별법 등의 개정된 내용에 맞게 관련부분을 고쳤다.

헌법판례도 헌법재판소가 2011년 12월 29일 결정 선고한 판례까지 2011년의 중요한 헌법판례를 골라 보완했다.

4월 국회의원 총선거와 12월 대통령선거 등 우리나라 헌정질서의 앞 날을 좌우할 중요한 정치일정이 잡혀 있는 상황에서 북한 절대권력자의 사망까지 겹쳐 2012년은 매우 중요한 헌정사적 변화가 예상된다. 그럴수록 헌법적인 가치를 존중해서 우리 헌법의 근본이념과 기본원리에 충실한 헌정이 펼쳐지는 한 해가 되기를 기원한다.

2012년 1월

著者 Y. H.

全訂 7 版을 내면서

2010년 12월 말까지 제정 또는 개정된 법령을 모두 반영해서 해당 내용을 새 법령에 맞게 고쳐 썼다. 그 중 특히 중요한 법령은 국회법, 정부조직법, 헌법재판소법, 지방교육자치법, 공직선거법, 지방자치법, 정당법, 정치자금법, 국적법, 인사청문회법, 국회에서의 증언 및 감정에 관한 법률, 국가재정법, 국가회계법, 공익사업을 위한 토지 등의 취득 및 보상에 관한 법률, 근로기준법, 인신보호법, 지방행정체제 개편에 관한 특별법 등이다.

그 밖에도 2010년에 한글화한 전정 6 판을 발간한 후 발견한 몇 개의 오·탈자를 바로잡았다.

해마다 반복되는 예산국회의 파행을 보면서 우리 대의제도의 후진성을 떨쳐버릴 국회운영제도의 획기적인 개혁 필요성을 다시 한번 절감한다.

2011년 1월

著者 Y. H.

全訂 6 版을 내면서

이 책은 새 조판을 해서 출판하는 사실상의 새로운 전정판이다. 한글세대들의 간절한 요구에 따라 책을 전부 한글화하는 새 조판을 했다. 법률개념의 특성상 단어의 뜻을 분명하게 할 필요가 있는 경우에만 괄호 안에 한자를 표기했다. 정부가 강하게 추진하고 있는 법령 한글화 작업과도 보조를 맞추려는 것이다. 새로 조판하면서 전정 제 5 판에서 과도기적으로 사용했던 임시 페이지도 모두 정상화했다. 그 결과 책의 분량과 내용이 많이 달라졌다. 그래서 색인을 완전히 새로 만들었다.

그 밖에도 2009년 연말국회를 통과한 법령(정부조직법, 법원조직법, 행정심판법, 선거관리위원회법, 공직선거법, 정당법, 정치자금법, 노동조합 및 노동관계조정법 등)을 비롯해서 한 해 동안에 새로 만들어졌거나 개정된 법령(언론중재 및 피해구제 등에 관한 법률, 국가공무원법, 지방공무원법, 국가재정법, 국회입법조사처법, 공직선거법, 국민투표법, 주민투표법, 지방자치법, 저작권법, 신문 등의 진흥에 관한 법률, 방송법, 인터넷 멀티미디어 방송사업법, 국가배상법, 헌법재판소법 등)의 내용에 맞게 관련 서술을 고쳐 썼다. 나아가 2009년 말까지 선고된 헌법재판소와 대법원을 비롯해서 독일 등 외국의 중요한 헌법판례도 모두 반영해서 보완했다.

이번 새 조판작업에는 박영사 노현(盧賢) 부장님의 각별한 노력과 세심한 일 처리가 큰 힘이 되었다. 깊은 감사의 뜻을 전한다.

헌법의 규범력을 무시하고 대의정치의 정도를 외면한 채 극한 정치투쟁만을 일삼는 제18대 국회의 한심한 모습에 환멸을 느끼면서도 그럴수록 헌법철학교육의 중요성을 다시 한번 깨닫게 된다. 저자는 더 큰 책임감과 사명감을 느낀다.

2010년 1월

著者 Y. H.

全訂 5 版을 내면서

2008년판(전정 4 판) 발간 직후의 법령제정 및 개정(정부조직법, 방송통신위원회의 설치 및 운영에 관한 법률, 부패방지 및 국민권익위원회의 설치와 운영에 관한 법률, 금융위원회의 설치 등에 관한 법률, 국회법, 공직선거법, 감사원법, 근로기준법, 행정심판법, 방송법, 국가재정법, 국가회계법, 형의 집행 및 수용자의 처우에 관한 법률, 채무자회생 및 파산에 관한 법률 등)에 따라 추가로 만들었던 추록의 내용을 모두 이번 개정판에 수록했다. 그뿐 아니라 2008년 말까지 개정된 중요법령(헌법재판소법, 국회법, 국가재정법, 국가회계법 등)에 따라 관련부분을 고쳤다. 헌법재판소의 판례도 2008년 12월 26일 선고한 것까지를 추가했다. 독일 연방헌법재판소의 2007년 판례도 언급했다. 2008년 7월 개정된 프랑스 헌법도 반영했다.

작년 2월 이명박 정부가 출범했기 때문에 노무현 대통령시대의 정치상황을 본문에 보충했다. 그 부분은 조판기술상 부득이 일련 페이지로 표기하지 못하고 임시 페이지로 처리한 점 독자들의 양해를 구한다. 머지 않아 책을 새로 조판할 때에 정상적인 일련 페이지로 바로잡을 것이다.

2009년 1월

著者 Y. H.

全訂 4 版을 내면서

2007년에는 국민의 인권보호와 헌법의 실현에 직접적인 영향을 미치는 중요한 많은 법률이 새로 제정되어 대부분 2008년부터 시행된다. 인신보호법, 국민의 형사재판참여에 관한 법률, 국가회계법 등이 그것이다. 그리고 기존의 법령(국회법, 인사청문회법, 헌법재판소법, 법원조직법, 형사소송법, 행형법, 사면법, 지방자치법, 근로기준법 등)도 개정되었다. 이 책은 이러한 법령의 내용을 모두 반영해서 보완하거나 수정한 개정판이다. 특히 우리 사법제도에 관한 서술에서는 새 항목을 만들어 2008년 1월 1일 새로 도입되는 국민참여재판(배심재판)을 비교법적으로 자세히 설명했다. 그래서 책의 페이지수도 조금 늘어났다. 그 밖에도 2007년 12월 27일 선고한 헌법재판소 결정까지 새로운 국내외 중요헌법판례를 모두 반영·수록했다.

2007년 12월 19일 실시한 제17대 대통령선거에서는 명실공히 정권교체가 실현되어 2008년 2월 25일 이명박 정부가 5년 임기를 시작한다. 우리 헌법질서가 한층 발전하고 성숙해지는 선진적인 헌정시기를 기대해 본다.

2008년 1월

著者 Y. H.

全訂 3 版을 내면서

2006년 말까지의 법령개정과 중요한 국내외의 헌법판례를 반영해서 관련부분을 보완하고 정정했다. 특히 주민소환법의 시행(2007. 5.)과 지방자치법의 개정에 따른 주민감사청구 및 주민소송제도의 도입으로 인한 지방자치제도의 획기적인 변화를 비롯해서 지방교육자치법의 개정으로 교육의원과 교육감의 주민 직선제가 2007년부터 시행됨에 따라 지방자치서술부분은 새로운 조판으로 보완·정정했다. 그 밖에도 국회법, 정당법, 법원조직법, 범죄피해자구조법, 행정절차법, 근로기준법을 비롯한 노사관계법률, 공무원노조법 등의 제·개정과 사회보호법의 폐지 및 예산회계법의 국가재정법에 의한 대치 등 주요법률의 달라진 내용을 모두 반영했다. 또 외국헌법을 인용한 부분은 관련헌법의 개정에 따라 내용을 고쳤다. 우리 헌법재판소 판례는 2006년 12월 28일 선고한 것까지 반영했다. 독일 연방헌법재판소의 2006년 중요판례도 추가했다.

2007년 1월

著者 Y. H.

全訂 2 版을 내면서

2005년에 바뀐 법령과 지난 1년간 선고된 새로운 헌법판례를 반영해 관련 부분을 보완하고 정정해서 책을 up date했다. 2005년에는 국회법을 비롯해서, 정부조직법, 헌법재판소법, 법원조직법, 감사원법, 선거관리위원회법, 공직선거법, 정당법, 정치자금법, 청원법, 국적법, 지방자치법, 제주도 행정체제 등에 관한 특별법, 국민고충처리위원회법, 범죄피해자구조법, 범죄피해자보호법, 인사청문회법, 국가공무원법, 대통령직인수법, 민법 등 헌법의 내용을 실현하는 중요한 법률이 많이 개정되거나 새로 제정되어 관련내용의 정정·보완이 불가피해졌다. 헌법재판소 판례는 2005년 12월 22일 선고한 것까지 보충했다. 판례색인의 잘못된 표시부분도 모두 바로잡았다.

2006년 1월

著者 Y. H.

全訂新版을 내면서

2001년에 신판을 낸 후 판을 거듭하면서 책의 내용을 보완·추가한 부분이 늘어남에 따라 전체적인 조판의 구도가 균형을 잃게 되었다. 페이지 표시에도 128-1~4 등의 비정상적인 부분이 생기게 되었다. 그래서 전체적으로 표준화된 통일된 규격을 갖도록 책의 편집과 조판을 다시 한 것이 이 전정신판이다.

새로 조판을 하는 기회에 설명이 부족했거나 체계적으로 일관되지 못했던 부분은 설명을 보충하고 체계도 바로잡아 통일했다. 저자의 기본적인 입장과 책의 내용에는 큰 변화가 없다. 그러나 내용 보충에 따라 책의 전체 분량이 28페이지 늘어났다.

헌법재판소 판례는 2004년 12월 16일에 결정 선고한 것(헌법재판소공보 제100호 수록)까지를 반영했다. 법령은 2004년 신정 4판 발간 이후에 제정·개정된 것을 비롯해서 2005년 1월 1일 국회를 통과한 '공무원의 노동조합 설립 및 운영 등에 관한 법률', '신문 등의 자유와 기능 보장에 관한 법률', '언론 중재 및 피해구제 등에 관한 법률' 등을 모두 반영해서 관련부분을 up date했다.

전정신판을 내면서 색인작업도 다시 할 필요성이 생겼는데 사항색인작업은 연세대학교 강사 丁錦禮 박사가 새 조판 내용을 정독하면서 준비해 주었다. 丁박사의 노고에 감사한다. 박영사 安鍾萬 회장님의 변함 없는 관심과 宋逸根 주간님의 헌신적이고 책임감 강한 일 처리를 비롯해서 趙成晧 차장님의 호의적인 협조에 경의를 표하면서 감사드린다.

2005년 2월

著者 Y. H.

新版을 내면서

　　1994년 8월 新訂版을 발간한 후 2000년 8월까지 14판을 내는 동안 보완·추가된 부분이 많아서 책의 체제가 고르지 못하게 되었다. 그리고 헌법판례가 계속 축적되는 관계로 '헌법재판소판례요지'를 담은 별책만도 390면에 485개의 판례를 수록하게 되었다. 따라서 이제는 편집과 조판을 새로 하지 않고는 책을 더 이상 출간하기 어려운 한계에 이르게 되었다.

　　이 신판은 그러한 사정에 따라 새로 펴내게 된 것이다. 따라서 신판을 내면서 책의 편집과 내용에도 많은 변화가 있게 되었다. 우선 독자들의 이해와 독서의 편의를 위해서 가능한 한 小項目을 많이 붙여서 긴 서술을 단락화했다. 그래서 소항목과 중복되는 방주는 많이 줄어 들게 되었다. 방주도 종래의 2색 인쇄를 흑백인쇄로 바꾸어 독서할 때 눈의 피로를 줄이고 주의력의 분산을 막도록 했다. 방주의 글씨 크기도 줄여서 방주가 지나치게 두드러지게 나타나는 것을 피하고, 그 대신 본문에 더 많은 내용을 담아 책의 전체적인 부피가 크게 늘어나는 것을 방지했다.

　　이번 신판에서는 꼭 알아야 할 중요한 헌법판례를 모두 책의 본문에서 다루거나 각주에서 수록하고 평가했기 때문에 헌법재판소판례요지만을 담은 별책은 따로 내지 않기로 했다. 헌법판례가 앞으로도 계속 늘어날 것이기 때문에 별책을 계속해서 따로 낸다는 것이 무모하다고 느껴졌기 때문이다. 별책만이 불법 복사되어 유통된다는 정보도 있어 다른 사람들의 불법행위를 더 이상 조장해서는 아니되겠다는 생각도 하게 되었다. 이제 헌법판례는 따로 독립한 책으로 출간하는 것이 불가피하다고 생각하고 지금 작업을 진행중에 있다. 곧 출간하게 될 것이다.

　　어차피 새로 조판을 하는 기회를 이용해서 내용이 부족했거나 체계적으로 고르지 못했던 부분은 많이 보충하고 체계도 통일하도록 노력했다. 다른 학자들의 학설과 서술을 인용하고 비판한 부분도 최신판을 기준으로 다시 검토하고 정리했다.

　　법령은 2001년 3월 1일을 기준으로 정부조직법, 법원조직법, 국가배상법 등 금년의 입법내용까지 모두 반영했고, 헌법판례도 2001년 1월의 판례(헌재공보 제53호)까지 수록하면서 부분적으로는 그 후의 판례도 다루었다.

이 신판을 내는 데 연세대학교 강사 朴炅澈 박사가 처음부터 끝까지 비판적인 시각으로 교정을 맡아 주었고, 조교 趙在炫 법학석사는 색인작업에 도움을 주었다. 연세대학교 강사 曺小永 박사도 부분적으로 교정을 도왔다. 도움을 준 사랑하는 제자들에게 감사하면서 학문적인 발전과 성공을 빈다.

박영사 安鍾萬 회장님의 배려와 宋逸根 주간님의 헌신적이고 전문적인 일 처리를 비롯해서 趙成晧 과장님의 기동성에 경의를 표하며 감사를 드린다.

2001년 3월

著者 Y. H.

新訂版을 내면서

이번에 新訂版을 내게 된 동기는 크게 두 가지이다. 첫째는 1990년 초판을 발간한 후 독자들의 큰 사랑을 받으며 판을 거듭해 온 이 책은 紙型이 낡아 이제는 인쇄기술적인 면에서도 새 조판을 하지 않을 수 없게 되었다는 점이다.

그래서 새로 조판하는 기회를 이용해서 불충분하다고 느꼈던 내용을 보완하고 항목설정을 부분적으로 보다 세분화하거나 다시 조정함으로써 독자들이 더욱 쉽게 이해할 수 있도록 노력했다. 따라서 내용면에서 보완된 부분은 많지만 학설변경 등 저자의 종전입장을 바꾼 부분은 없다.

이번 신정판에서는 지난 3월의 選擧法과 地方自治法 및 政治資金法 등 정치개혁입법을 비롯해서 6월과 7월에 있은 國會 및 司法制度改善을 위한 각종 법률의 개(제)정내용이 모두 반영되었다. 판례도 7월 말에 선고된 것까지 수용했다.

신정판을 내게 된 두 번째 이유는 종래의 천편일률적인 국내 法書의 편집체제를 과감하게 탈피해서 독자들의 능률적인 공부에 도움이 될 수 있는 새로운 편집체제를 도입해 보고 싶었다는 점이다. 이 책에서 도입한 旁註(marginal notes＝Marginalia)의 편집체제는 歐美先進國의 法書에서는 흔히 볼 수 있는 형식일 뿐 아니라, 우리나라에서도 商經계통의 전문서적에서는 종종 활용되고 있는 방법이다. 다만 구미의 法書와 국내 商經계통의 전문서적에서 볼 수 있는 旁註는 그 성격이 주로 項目型旁註인 데 반해서 이 책에서는 항목형방주보다는 내용압축형방주를 주로 채택했다는 점이 다르다. 이 책의 판형이 크라운판으로 커지게 된 것도 바로 새로 도입한 방주 때문이다.

이 신정판에서 새로 도입한 방주를 잘 활용하는 경우에는 내용파악과 요점정리에 크게 도움이 되리라고 생각한다. 독자들에게 권고하고 싶은 것은 이 책을 읽어 나갈 때 언제나 항목과 방주를 연관시켜서 읽고 각 패러그래프를 읽기 전과 읽은 후에 반드시 해당 방주를 통해서 그 핵심내용이 무엇인지를 파악하도록 노력하라는 점이다. 내용을 이해하고 요점을 파악하는 데 매우 큰 도움이 될 것이다. 단기간 내에 이 책의 내용을 총정리 복습하고자 하는 경우에는 처음부터 끝까지 항목과 방주만을 읽으면서 머리 속으로 정리해 나가는 방법을 택하면 시간절약에도 많은 도움이 되리라고 믿는다.

구판과 비교해서 달라진 부분은 또 있다. 우리의 헌법판례가 양적으로도 많아지고 판례의 중요성도 커짐에 따라 본문내용과 각주에 판례가 많이 보충되었을 뿐 아니라, 이 책에 부록으로 실은 헌법재판소판례요지 추록도 독자들이 그 내용을 일목요연하게 빨리 파악할 수 있도록 판례마다 그 판례의 핵심적인 쟁점을 따로 표시해 두었다. 그래서 판시요지를 다 읽어 보지 않더라도 그 판례의 쟁점과 주문형식만을 보고 그 판례의 내용을 알 수 있게 했다. 그러나 역시 판시내용을 자세히 읽어 보고 이 책의 관련부분과 연관시켜 판례를 정확히 알아 두는 것이 가장 바람직한 것은 더 말할 나위가 없다.

헌법에 관한 단편적인 지식의 전달보다 헌법학의 큰 사상적 흐름을 정리해서 밝힐 목적으로 펴낸 이 책이 4년이라는 짧은 기간 내에 빠른 속도로 독자층을 넓혀 나가면서 헌법판례에 수용되는 등 우리 사회의 헌법적 의식구조에 적지않은 영향을 미치고 있는 점을 저자로서는 큰 영광으로 생각한다.

저자가 이 책을 펴낼 때만 하더라도 학문의 다양성과 교과서의 차별성에 대한 필요성을 절실히 느끼고 있었다. 저자로서 바랐던 것은 헌법학에 관한 다양한 교과서들이 각각의 특성과 차별성을 간직한 채 독자들에게 선택의 폭을 넓혀 줌으로써 경직되고 획일적인 헌법학의 풍토를 개선하는 데 기여했으면 하는 것이었다. 그러나 저자의 이러한 소망은 안타깝게도 실현되기가 어려운 것 같다. 이 책이 출판된 후 이 책의 편제와 내용을 모방한 교과서를 비롯해서 이 책의 내용을 요약한 문제집에 이르기까지 모방·표절 출판물이 꼬리를 물고 나오는 우리의 후진적인 학문풍토 속에서 이 책의 독창성과 차별성이 끝까지 지켜지기 어렵다고 느껴지기 때문이다. 그렇더라도 저자로서는 이 책의 독창성과 차별성을 계속해서 지켜 나가려고 노력하면서 同學者들의 학자적인 양식에 호소하고자 한다. 비록 교과서에 담긴 내용이라 하더라도 이 책의 내용이 그런 형식으로 표현되고 설명되기까지는 저자 나름의 많은 시간과 노력이 투자되었다는 점을 인식하고 이 책의 내용과 표현을 인용하는 경우에는 인용의 일반원칙을 존중하는 학문적 예의는 지켜 달라는 것이다.

이 책의 내용이 외국의 학설을 편향적으로 소개하고 있다는 일부의 비판에 대해서도 이 기회에 저자의 입장을 분명히 밝혀 두고자 한다. 이념법적 특성을 갖는 헌법학의 영역에서 헌법철학적인 접근을 하는 경우에 서구에서 생성·발전된 국가철학과 헌법철학 그리고 사회철학을 무시하고 헌법학을 할 수 있다고 믿는 사람은 없을 것이다. 더욱이 우리가 추구하는 입헌주의와 자유민주주의 통치질서는 연혁적으로 서구적인 근원을 갖는 것이기 때문에 서구에서의 연구성과와 운용상황은 우리에게도 귀중한 교훈이 되는 것임을 부인할 수 없다. 따라서 근대화의 과정을 제대로 거치지 못한 우리나라에 입헌주의와 자유민주주의 통치질서를 뿌리내리게 하기 위해서는 자유민주주의의 선진국에서 검증을 거친 이론과 판례들을 수용해서 우리 실정에 맞게 발전시켜 나가야 한다고 생각한다. 조금 과장해서 표현한다면 헌법학에 관한 한 가장 독일적이고 가장 미국적인 이론과 판례가 우리의 이론과 판례로 정착될 때 우리나라의 자유민주주의도 비로소 튼튼한 뿌리를 가질 수 있다고 확신한다. 저자는 독일과 미국에서 자유민주주의 통치질서의 바탕이 되고 있는 학설과 판례를 저자 나름대로 소화해서 우리 실정에 맞게 발전시킨 우리의 헌법이론을 전개하고 있다는 사실을 이 기회에 분명히 밝힌다. 우리나라의 다른 헌법학 교과서에 언급되지 않던 내용이 이 책에 많이 들어 있는 까닭은 저자 나름대로 교과서의 차별성을 위해 현대적인 헌법학의 경향과 내용을 충실히 반영하려고 노력했기 때문이다. 다행히도 이제는 이 책에서 처음으로 소개되거나 정립된 개념과 이론들이 우리나라에서도 학설과 판례를 통해 보편적인 인식으로 굳어지고 있다는 점을 저자로서는 큰 보람으로 느끼면서 더 큰 책임감을 통감한다.

이 신정판이 나오기까지 많은 사람들의 도움을 받았다. 독일에서 유학을 마치고 귀국하자마자 처음부터 끝까지 비판적인 안목으로 내용검토를 해 준 李憲衍 박사의 도움을 비롯해서 방주작업을 부분적으로 도와 준 한림대 교수 金光錫 박사, 판례의 쟁점을 정리해 주고 색인작성도 도와준 金旭 박사, 그리고 각주검토와 색인작성을 맡아 준 박사과정의 丁錦禮 석사 등의 협력이 이 책의 출판에 큰 힘이 되었다. 이 자리를 빌어 다시 한 번 머리숙여 고마움을 표한다.

博英社 安鍾萬 사장님의 성원과 편집부 宋逸根 부장님의 전문적이고 책임감 있는 일처리, 그리고 기획부 任龍模 과장님의 의욕적인 기동성도 이 책이 나오는 데 큰 공헌을 했다. 유난히도 무더운 날씨 속에 이 책의 출판을 위해서 헌신적으로 봉사한 모든 분들에게 감사한 마음을 전한다.

1994년 8월
역삼동 서재에서

著者 Y. H.

책 머리에

憲法哲學이라는 말은 우리나라에서 아직은 생소하게 들린다. 著者가 이 생소한 學問分野에 뜻을 두고 憲法學의 哲學的 뿌리를 찾아 나선 지도 벌써 25년이 지났다. 시골 처녀의 수줍은 서울 나들이처럼 두려움과 설레임을 안고 憲法學의 심오한 思想的 根源을 찾아 수많은 문헌을 뒤적이며 터득하게 된 조그마한 결실을 그 동안 「憲法理論과 憲法」(上)(中)(下)의 세 권에 담아 펴냈었다. 1980년 3월 「憲法理論과 憲法」(上)을 처음 출판할 때만 해도 이 책이 우리나라에서 어떤 평가를 받을 것인지에 대해서는 별로 신경을 쓰지 않았다. 그저 독일에서의 오랜 學者生活을 마감하고 귀국하면서 무엇인가 새로운 憲法學의 경향을 책으로 엮어 내놓고 싶은 강한 충동에 따랐을 뿐이었다. 그렇기 때문에 비록 7년이라는 긴 세월이 걸리기는 했지만 1987년 「憲法理論과 憲法」의 세 번째 책(下)이 막상 출판되었을 때 著者로서는 더 없는 기쁨과 홀가분함을 느꼈었다.

이렇게 탄생된 「憲法理論과 憲法」(上)(中)(下)은 처음부터 考試受驗生들을 대상으로 쓴 것이 아니었기 때문에 고시수험생들이 보기에는 그 내용이 다소 어려웠고 너무 깊게 다룬 부분이 많다. 그럼에도 불구하고 의외로 많은 수험생들이 그 책을 이해하려고 고생한다는 사실을 알게 된 著者로서는 뜻하지 않게 고시수험생들에게 큰 빚을 진 셈이 되고 말았다. 고시수험생을 비롯해서 많은 同學의 후배들이 어차피 읽고자 하는 책이라면 보다 이해하기 쉽게 그리고 시험준비서로서 알맞은 편제를 갖추고 우리 憲法을 빠짐없이 다룬 새로운 책을 내놓아야 하겠다는 생각을 하게 된 것도 그 때문이었다.

여기 내놓는 이 책은 바로 그러한 동기에서 시작된 흔히 말하는 '고시수험용 교과서'로 쓰여진 것이다. 다만 책의 편제와 내용은 著者 나름의 구상에 따른 것이기 때문에 다른 수험용 교과서와는 차이점이 많다. 學問의 다양성은 學問發展의 촉진제일 뿐 아니라, 고시수험생들도 내용과 성격이 전혀 다른 이 책을 통해서 다른 수험용 교과서의 내용을 더 잘 이해할 수 있게 되리라고 기대한다.

이 책에서는 우리의 헌법을 단순히 해석하고 설명하는 것보다 그렇게 규정된 憲法哲學的인 이유를 밝힘으로써 헌법해석의 當爲的인 근거를 제시하는데 역점을 두었다. 똑같은 헌법규정이나 제도에 대한 설명이라도 그 방법과 내용이 기존의 교과서와는 다른 이유가 그 때문이다. 著者가 「憲法理論과 憲法」에서 이미 밝힌 憲法觀은 이 책에서도 일관되게 지켜 나가도록 노력했다.

이 책은 이미 나와 있는 「憲法理論과 憲法」(上)(中)(下)의 단순한 合本이 아니라 완전히 다른 기준과 집필목적에 따라 새로 쓴 것이기 때문에 「憲法理論과 憲法」에서는 다루지 않은 내용이 적지 않게 들어 있고 또 그 책에서 다룬 내용이 이 책에서는 빠져 있는 부분도 많이 있다. 따라서 「憲法理論과 憲法」과 이 책은 내용면에서 서로 補完的인 관계에 있다고 볼 수 있다. 이 책에서 설명한 내용에 대해서 보다 깊이 있는 공부를 하고 싶은 사람은 「憲法理論과 憲法」을 참고하면 큰 도움이 되리라고 믿는다.

이 책은 1990년 3월 19일 현재의 法令과 判例를 기초로 한 것이고 특히 우리 憲法裁判所의 判例를 관련부분에서 빠짐없이 언급했기 때문에 내용면에서 그 어느 다른 책보다도 up to date한 것이라고 자부한다.

이 책이 출판되기까지 여러 해 동안 이 책의 출판을 독려해 주시고 인내심을 가지고 기다려 주신 많은 독자들에게 이 자리를 빌어 깊은 감사를 드린다.

이 책은 法學碩士 黃致連 助敎와 法學碩士 明載眞 君의 헌신적인 도움에 힘입은 바 크다. 두 사람의 무궁한 學運을 빌면서 다시 한번 고마움을 표한다.

博英社의 安洹玉 會長님과 安鍾萬 社長님의 특별한 배려와 李明載 常務님의 한결같은 성원과 私心 없는 채찍, 그리고 宋逸根 次長님의 성실하고 전문가다운 일처리는 이 책의 출판을 촉진시키는 귀중한 밑거름이 되었다. 博英社의 숨은 일꾼들과 인쇄소의 협력도 큰 힘이 되었다. 감사한 마음으로 출판의 기쁨을 그 분들과 함께 나누고자 한다.

1990년 3월
라인강변의 정치적 기적이 이 땅
에도 이루어지기를 기원하며

著者 Y.H.

차   례

제 1 편   헌법의 원리

제 1 장   헌법학의 과제

제 2 장   헌법학의 접근방법

제 3 장 헌법의 본질

제 4 장 헌법의 성립 및 제정과 개정

제 5 장 헌법의 해석

제6장 헌법의 보호

제 2 편   한국헌법의 역사와 기본원리

제 1 장   한국헌법의 성립 및 제정과 개정

제 2 장 한국헌법의 근본이념과 기본원리

제 3 장 대한민국의 존립기반과 국가형태

제 3 편　기 본 권

제 1 장　기본권의 일반이론

제 2 장 우리 헌법상의 개별적 기본권

제 4 편   통치구조

제 1 장   통치구조의 본질과 기능

제 3 장　통치를 위한 기관의 구성원리

제 4 장 우리 헌법상의 통치기관

◇ 이 책에서 사용한 판례표시 기호 ◇

이 책에서는 다음의 네 가지 판례표시 기호를 사용했다.

⑴ 【판시】: 우리 헌법재판소의 판시내용을 판례집에 있는 말(표현) 그대로 인용하면서 그 판시의 출처를 정확히 밝히는 경우에는 【판시】라는 기호를 사용했다. 그리고 이 경우에는 판례의 사건번호와 함께 해당판례가 수록된 헌법재판소의 판례집과 페이지까지 표시했는데, 처음의 숫자는 그 판례가 시작되는 부분을 나타내고 괄호 안의 숫자는 해당 판시가 수록된 부분을 가리킨다. 판례집이 아직 출간되지 않았거나, 출간되었어도 해당 판례가 판례집에 수록되지 않은 때에는 '헌법재판소공보'(헌재공보)의 수록호수와 해당면을 표시했다.

⑵ 【결정례】: 우리 헌법재판소의 결정내용을 소개할 때에는 【결정례】라는 기호를 사용했다. 이 경우에는 그 결정의 사건번호만을 표기했다. 헌법재판소와 법원의 판례내용을 함께 소개하는 경우에도 【결정례】라는 기호를 사용했다.

⑶ 【판결례】: 우리 법원의 판례를 소개할 때에는 판시를 소개하는 경우와 판결내용을 소개하는 경우를 가리지 않고 【판결례】라는 기호를 사용하고 판례번호만 표시했다. 헌법재판소의 판례와 쉽게 구별할 수 있게 하기 위해서이다.

⑷ 【외국판례】: 외국의 판례를 소개할 때에는 그 해당국의 국명을 붙여 소개하면서 그 나라에서 통용되는 판례번호 내지 판례집의 출처를 표시했다. 예컨대 독일의 판례를 소개할 때는 【독일판례】, 미국의 판례를 소개할 때에는 【미국판례】라는 기호를 사용했다.

◇ 이 책에서 자주 인용한 국내참고문헌 ◇

【헌법교과서】

권영성	헌법학원론	2000	법문사
김철수	헌법학개론	2000	박영사
문홍주	한 국 헌 법	1987	해암사
박일경	신헌법학원론	1986	일명사
한태연	헌 법 학	1977	법문사
허 영	헌법이론과 헌법 신9판	2021	박영사

* ① 여기에 열거된 참고문헌을 인용하는 경우에는 그 저자 이름과 해당면수만을 적었고, 여기에 열거되지 아니한 참고문헌의 경우에는 그 저자 이름 다음에 책명과 출판연도도 함께 밝혔다.

② 저자의 「헌법이론과 헌법」은 졸저, 전게서의 형식으로 인용했다.

이 책에서 사용한 법률약어

(가나다순)

가 소 법 (가사소송법)
경 범 법 (경범죄 처벌법)
고교육법 (고등교육법)
고평등법 (남녀고용평등과 일·가정 양립
　　　　　지원에 관한 법률)
공노조법 (공무원의 노동조합 설립 및
　　　　　운영 등에 관한 법률)
공 윤 법 (공직자윤리법)
관 찰 법 (보안관찰법)
교 공 법 (교육공무원법)
교기본법 (교육기본법)
교노조법 (교원의 노동조합 설립 및 운영
　　　　　등에 관한 법률)
국 감 법 (국정감사 및 조사에 관한 법률)
국 공 법 (국가공무원법)
국 배 법 (국가배상법)
군법원법 (군사법원법)
근 기 법 (근로기준법)
근 참 법 (근로자참여 및 협력증진에
　　　　　관한 법률)
노 위 법 (노동위원회법)
노조정법 (노동조합 및 노동관계조정법)
민 소 법 (민사소송법)
방통위법 (방송통신위원회의 설치 및
　　　　　운영에 관한 법률)
배 심 법 (국민의 형사재판 참여에 관한
　　　　　법률)
법 조 법 (법원조직법)
보 안 법 (국가보안법)
보 호 법 (범죄피해자 보호법)
사립교법 (사립학교법)
사무처법 (국회사무처법)
상 고 법 (상고심절차에 관한 특례법)
생윤리법 (생명윤리 및 안전에 관한 법률)
선 거 법 (공직선거법)
선 위 법 (선거관리위원회법)
신 문 법 (신문 등의 진흥에 관한 법률)
언피구법 (언론중재 및 피해구제 등에 관
　　　　　한 법률)
영 해 법 (영해 및 접속수역법)
5·18 법 (5·18민주화운동 등에 관한
　　　　　특별법)

유선방법 (종합유선방송법)
인 신 법 (인신보호법)
재 정 법 (국가재정법)
정보공법 (공공기관의 정보공개에 관한
　　　　　법률)
정보보법 (개인정보 보호법)
정 자 법 (정치자금법)
정 조 법 (정부조직법)
정책처법 (국회예산정책처법)
주민발안법 (주민 조례 발안에 관한 법률)
주소환법 (주민소환에 관한 법률)
주투표법 (주민투표법)
즉 심 법 (즉결심판에 관한 절차법)
증 언 법 (국회에서의 증언·감정 등에 관
　　　　　한 법률)
지 공 법 (지방공무원법)
지교자법 (지방교육자치에 관한 법률)
지 분 법 (지방분권 및 지방행정체제개편
　　　　　에 관한 특별법)
지 자 법 (지방자치법)
집 시 법 (집회 및 시위에 관한 법률)
초교육법 (초·중등교육법)
토보상법 (공익사업을 위한 토지 등의
　　　　　취득 및 보상에 관한 법률)
토초세법 (토지초과이득세법)
통신비법 (통신비밀보호법)
투 표 법 (국민투표법)
특 가 법 (특정범죄 가중처벌 등에 관한
　　　　　법률)
파 산 법 (채무자 회생 및 파산에 관한 법률)
행 소 법 (행정소송법)
행 심 법 (행정심판법)
행 절 법 (행정절차법)
행 형 법 (형의 집행 및 수용자의 처우에
　　　　　관한 법률)
헌 재 법 (헌법재판소법)
헌정특법 (헌정질서파괴범죄의 공소시효
　　　　　등에 관한 특례법)
형 보 법 (형사보상 및 명예회복에 관한
　　　　　법률)
형 소 법 (형사소송법)
회 계 법 (국가회계법)

* 참고사항
　1) 이상 열거한 법률은 2024년 1월 현재 공포되었거나 효력이 있는 규정을 근거로 했다.
　2) 본문 중에 법률의 표시가 없는 조문은 원칙적으로 헌법조문을 나타내지만, 전후관계로 미루
　　어 어떤 법조문인지가 분명한 경우에는 헌법 외에도 법률의 표시를 생략했거나 단순히 '법'
　　이라고만 표시한 부분도 있다.

제 1 편

헌법의 원리

제 1 장 헌법학의 과제

1. 국가현상과 헌법학

Ⅰ. 헌법과 국가

　「헌법을 가지지 아니한 나라는 없다」는 말 속에는 적어도 두 가지 중요한 뜻이 담겨져 있다. 하나는 '헌법'과 '국가'는 뗄 수 없는 관계에 있다는 것이고, 또 하나는 헌법이 국가생활에서 차지하는 비중이 매우 크다는 것이다. 헌법과 국가가 불가분의 관계에 있다는 것은 국가이기 위해서는 헌법이라는 통치규범을 반드시 가져야 한다는 것을 뜻한다.

y

헌법은 국가의 표상

　　헌법이 이처럼 국가에 없어서는 아니되는 이유는 무엇인가? 흔히 국가의 세 가지 요소로 꼽히는 '국민'과 '영토'와 '주권'은 국가현상에서 빼놓을 수 없는 요소임에는 틀림없지만, 국가현상은 이들 정적인 요소만으로 설명되기 어려운 가치적이고 규범적이고 또 율동적인 측면이 있다.

국가의 정적인 3요소

　　국가는 사회를 그 바탕으로 해서 사회를 구성하는 모든 사람의 능력과 개성이 최대한으로 발휘될 수 있는 정의로운 사회질서와 사회평화를 확립하고 보장하기 위한 사회의 조직된 활동단위이다. 따라서 국가에는 시대의 변천과 역사의 발전에 따라 그때마다 새롭게 형성되는 일정한 가치관에 입각해서 사회구성원의 개성신장과 사회통합을 촉진시킬 수 있는 규범적 틀과 정치적 추진력이 반드시 필요하게 된다. 헌법학에서 국가의 정적인 구성요소뿐 아니라, 가치적이고 규범적이고 율동적인 국가의 동적인 기능까지를 그 연구의 대상으로 삼아야 하는 이유도 그 때문이다.

국가는 사회의 조직된 활동단위로서 그 동적인 기능도 중요

Ⅱ. 헌법학과 국가론

　　그러나 헌법학은 국가현상에 대한 존재론적 연구를 그 대상으로 하는 이른바 '국가론'과는 다르다. '국가론'이 국가의 발생, 국가의 존립근거, 국가의 요소, 국가의 형태, 국가의 연합 등을 현상학적·존재론적 방법으로 관찰함으로써

국가론과 헌법학의 연구대상의 차이

- 3 -

국가라는 이름으로 징표되는 사회현상을 경험적·체계적으로 정리해 보고 이와
관련해서 제기되는 여러 가지 문제들에 대한 역사적이고 경험적인 해답의 실마
리를 얻으려 하는 것인 데 반해서, '헌법학'은 국가의 가치실현적 기능형태를
일정한 규범적 테두리 내에서 살피려 하는 것이기 때문이다. '국가'라는 현상이
사실의 학문인 정치학뿐 아니라 규범의 학문인 헌법학의 연구분야로도 간주되
는 이유이다.

Ⅲ. 헌법학과 국법학

국법학의 영
역과 구별되
는 헌법

국가에 대한 연구는 국가가 왜 발생했으며 국가의 존재근거가 어디에 있
느냐 등 이른바 국가의 본질에 대한 이해와, 구체적인 가치실현의 규범적·기능
적인 조직형태로서의 국가기능의 메커니즘에 대한 이해를 통해서만 비로소 그
소기의 성과를 거둘 수 있다. 서구에서 흔히 '국법학'(國法學, Staatsrecht)이라는
이름으로 불려지는 학문영역이 바로 그것이다.

그렇지만 헌법학은 국법학과는 달라서 국가의 발생기원 또는 국가의 존립
근거를 깊이 있게 파헤치기보다는 구체적인 역사적 상황 속에서 요구되는 사회
통합의 이상적인 조직 및 기능형태를 공감대의 테두리 내에서 찾아 규범화하고
실현시키는 것을 그 과제로 삼고 있다.

2. 정치현상과 헌법학

Ⅰ. 정치현상과 사회통합

국가생활에서
차지하는 정
치현상의 큰
비중과 규범
적인 규제의
필요성

국가현상에는 전통적·역사적·종교적·지정학적·철학적·경제적·사회적·정
치적 요소들이 복합적으로 내재하고 있다. 그 중에서도 정치적 요소는 국가생
활에서 가장 큰 비중을 차지하게 된다. 왜냐하면 국가생활 그 자체가 사회의
정치적 통합을 향한 하나의 과정이기 때문이다. 국가현상이 주로 정치적 현상
으로 비쳐지는 이유도 그 때문이다. 따라서 정치현상이 국가현상의 대명사로
지칭되기도 한다. 이처럼 국가생활에서 정치현상이 차지하는 비중이 크면 클수
록 정치생활의 큰 흐름은 일정한 틀 속에서 규범적으로 주도되고 규제되어야
할 필요성이 있다. 그렇지 않으면 정치만능의 풍토가 조성되고 '힘'의 논리가

작용해서 사회통합의 바탕이 되는 법과 정의의 실현은 기대하기 어렵게 된다. '힘'의 논리에 의해서 법과 정의가 무시되는 상황 속에서는 사회통합은 이루어지지 않는다.

Ⅱ. 정치생활의 규범화

　　사회통합을 외면하는 '힘' 중심의 정치현상은 이미 정치 본연의 모습과는 거리가 먼 자기목적적인 힘의 작용에 지나지 않는다. 그렇기 때문에 한 나라 정치생활의 큰 흐름이 공감대적 가치의 테두리를 벗어나지 않고 사회평화와 사회통합의 방향으로 나아갈 수 있도록 정치생활을 규범의 세계로 끌어들이기 위한 당위적인 방법과 이론의 제시가 반드시 필요하다. 헌법학의 과제가 바로 그것이다. 즉 헌법을 비롯한 모든 법이 정치의 시녀가 되는 것을 막고, '정치'라는 위성이 국민적 합의의 바탕을 이탈하는 일이 없도록 정치의 정상적인 궤도운행을 이론적인 측면에서 추구하고 실현하는 것이 바로 헌법학의 과제이다. 정치현상은 이처럼 헌법학에 의해서 순화되고 당위세계로 유도될 때 비로소 사회통합이라는 정치철학적인 목적을 달성할 수 있게 된다. 헌법이 본질적으로 정치현상과 불가분의 관계에 있는 정치규범일 수밖에 없는 이유도 그 때문이다.

헌법학의 과제는 정치현상의 규범화를 통한 사회통합

3. 사회현상과 헌법학

Ⅰ. 국가와 사회

　　국가는 사회를 그 바탕으로 해서 사회구성원 각 개인의 능력과 개성이 최대한으로 발휘될 수 있는 정의로운 사회질서와 사회평화의 확립·보장을 위해서 존재한다. 국가가 사회의 조직된 결정 내지 활동단위라고 이해되는 이유도 그 때문이다.

국가＝사회의 조직된 활동단위

　　따라서 국가는 사회의 자율기능을 유지하기 위하여 필요한 법질서를 마련하고, 또 국가는 사회가 필요로 하는 조정적·통합적·형성적 기능을 수행하기 위해서 일정한 권력조직을 갖게 되지만, 국가의 이와 같은 기능이 소기의 성과를 거두기 위해서는 국가의 강제력보다는 사회 내의 자발적인 수용태세가 이를 뒷받침해 주지 않으면 아니된다.

사회의 공감대에 바탕을 둔 국가의 조정적·통합적·형성적 기능의 중요성

Ⅱ. 국가와 사회의 상호영향관계

그런데 사회의 이와 같은 수용태세는 국가의 정책결정에 대한 사회의 적극적인 참여가 보장되고 실현될 때에 가장 효과적으로 갖추어질 수 있기 때문에 국가는 정책결정에 관심을 표명하는 사회의 여러 세력에 과감하게 문호를 개방해서 참여의식을 북돋아주고, 이를 통해서 국가시책에 대한 사회 내의 공감대형성에 노력해야 한다. 사회의 공감대에 의해서 뒷받침되지 않는 국가시책은 그것이 아무리 사회를 위한 것이라 할지라도 그 실효를 거두기 어렵기 때문이다. 다만 국가의 사회조정적·사회통합적·사회형성적 기능이 구체적으로 어느 정도의 공감대에 바탕을 둘 것인가의 문제는 궁극적으로 국가와 사회의 양면적 교차관계를 어떻게 형성할 것인가에 관한 헌법정책의 문제이다.

현대 헌법학의 과제는 국가와 사회의 균형적인 영향관계 모델의 모색

이처럼 사회적인 공감대를 모든 국가활동의 기초인 동시에 한계라고 보는 경우에는 공감대를 매체로 하는 국가와 사회의 관계는 결코 일방통행적 관계일 수가 없고, input와 output의 균형적인 모델일 수밖에 없다. 국가현상과 사회현상을 구별하고, 국가활동과 사회의 자율활동을 각각 독자적인 분야로 보면서도 기본권을 통한 사회의 국가참여와 공감대에 바탕을 둔 국가활동을 강조하는 경우, 국가활동과 사회자율활동의 합리적인 분계선을 찾고, 국가와 사회가 합리적인 상호영향관계(input와 output의 균형관계)를 형성·실현할 수 있는 방법을 찾는 일이 필요한데 이 점은 현대 헌법학의 가장 핵심적인 과제의 하나이다.

제 2 장   헌법학의 접근방법

헌법학의 과제가 분명해진 경우에도 헌법의 본질과 기능에 대한 이해는 헌법학을 접근하는 방법에 따라 다를 수 있다. 즉 헌법학을 해석적으로 접근하느냐, 기능적으로 접근하느냐, 경험적으로 접근하느냐에 따라 헌법을 보는 시각이 달라질 수 있다. 그렇기 때문에 헌법학에서는 그 과제에 대한 명확한 인식 못지않게 헌법의 본질을 파악하기 위한 올바른 접근방법이 중요하다. 결국 헌법학의 올바른 접근방법을 모색하는 것은 헌법의 본질과 기능을 올바르게 이해해서 헌법학의 과제를 성공적으로 수행하기 위한 하나의 불가결한 전제조건이라고 볼 수 있다.

접근방법이 헌법의 이해를 좌우

1. 해석적 접근방법

I. 해석법학적 헌법해석학

헌법학을 해석적으로 접근한다고 하는 것은 헌법학의 중심과제를 헌법규범의 해석학으로만 이해하는 입장을 말한다. 그것은 즉 사비니(Savigny)의 해석법학이 헌법학에 미친 방법론적인 영향이라고 볼 수 있다. 즉 사비니의 해석법학을 그 사상적 기초로 하고 헌법규범과 다른 법률규범 사이의 규범구조적 내지 기능적인 차이를 부인하면서 사비니가 로마법에 관해서 정립한 4단계 해석기술(문법적·논리적·역사적·체계적 해석)을 헌법학에서도 그대로 적용하는 것으로 만족하려는 접근방법이다.

헌법해석학을 헌법학의 중심과제로 이해, 사비니의 해석법학의 영향

그 결과 헌법학을 접근하는 데 있어서도 헌법이 만들어지게 된 역사적·정치적인 상황이라든지 헌법제정권력의 정당성 내지 만들어진 헌법의 당위적 내용에 대한 역사적·정치적·철학적·사회적 접근보다는 현실적으로 존재하는 헌법의 규범내용을 사비니가 정립한 여러 가지 해석기술을 통해서 찾아내는 데 주안점을 두게 된다. 헌법제정권력의 정당성을 따지고, 한 나라 헌법이 마땅히 담아야만 하는 당위적 내용 등에 대한 논의 같은 것은 헌법학에서 다룰 필요

헌법제정의 과정은 경시하고 결과로서의 제정헌법만을 중시

법실증주의적
헌법관은 그
산물

가 없는 한낱 철학적이고 사변적(思辨的)이며 비규범적인 것이라고 배척하게 되는 이유도 그 때문이다. 헌법학이 바로 '헌법해석학'으로 간주되는 이유가 바로 여기에 있다. 법실증주의적 헌법관은 바로 이 해석적 접근방법의 대표적인 산물이다.

Ⅱ. 해석적 접근방법에 대한 평가

규범의 구조
와 기능의 차
이를 무시한
사비니 방법
론의 맹목적
수용

생각건대 헌법학을 고전적·해석법학적인 방법으로 접근하는 것은 우선 그 전제부터가 잘못된 것이라고 지적하지 않을 수 없다. 헌법규범은 우선 그 규범구조적인 면에서 다른 법률규범과는 다른 많은 특징을 가지고 있을 뿐 아니라 그 기능면에서도 다른 법률규범과는 달리 분쟁해결의 기술적인 기능보다는 국가운영에 관한 정치적 기능과 사회통합적인 기능이 특히 강하기 때문에 사비니가 사법(私法)규범을 염두에 두고 정립한 해석법학적인 기술을 그대로 헌법학에서 받아들이기에는 큰 무리가 따르기 마련이다. 그에 더하여 해석적 접근방법은 헌법학의 연구대상을 오로지 '제정헌법'에만 국한시킴으로써 제정헌법의 기초가 되는 헌법제정권력의 정당성 내지 한계 문제와 사회통합의 당위적인 가치 등 헌법철학적이고 헌법사회학적인 부분을 처음부터 헌법학의 연구대상에서 배제시키는 학문적인 편협성을 띠게 된다. 사실상 모든 정치적인 문제에 대한 해결책을 제정헌법의 조문 속에서만 찾으려는 것은 자칫 헌법의 정치형성적·사회통합적 기능을 무시한 자기목적적인 규범만능주의로 흐를 위험성이 크다. 법실증주의적 헌법관이 안고 있는 여러 가지 문제점도 따지고 보면 그 접근방법의 부적절성에서 비롯되는 것이라고 볼 수 있다.

자기목적적
규범만능주의
의 위험성

2. 기능적 접근방법

헌법학을 기능적으로 접근한다고 하는 것은 헌법을 특히 헌법이 가지는 기능의 측면에서 이해하려는 입장을 말한다. 즉 헌법규범에 대한 기계적이고 획일적인 해석보다는 헌법규범에 의해서 표현되는 공감대적 가치의 사회통합기능을 더욱 중요시함으로써 어떻게 해서든지 헌법규범과 헌법현실 사이의 gap을 좁혀 나가는 방법의 모색에 그 주안점을 두는 접근방법이다.

헌법의 존재

따라서 헌법을 기능 중심으로 접근한다는 것은 현실적으로 존재하는 헌법을 단순히 근본규범적 성격을 갖는 정태적이고 자기목적적인 존재형식으로 보지 않고, 어떤 목적을 달성하고 실현하기 위해서 만들어진 기능적이고 수단적인 존재형식으로 이해하는 데서부터 출발하는 것이다. 그렇기 때문에 헌법에 의해서 추구되는 목적이 무엇이며 헌법을 통해서 실현하고자 하는 것이 무엇인가를 바르게 인식하는 일이 기능 중심의 헌법학에서는 매우 중요하다.

형식보다 헌법의 기능과 목적을 중요시

그런데 헌법의 목적이나 기능이 무엇이냐에 관해서는 두 가지 상이한 시각이 있다.

Ⅰ. 의지적 접근방법

헌법은 헌법제정권자의 의사를 실현하는 것이 그 궁극적인 목적이기 때문에 헌법학에서는 무엇보다도 헌법제정권자의 입헌의지 속에 담겨 있는 정치적인 의도를 실현하기에 적합한 제도와 절차의 연구에 그 초점이 맞추어져야 한다고 강조하는 '의지적 접근방법'이 그 하나이다.

의지적 접근방법에 따른 결단주의적 헌법관

헌법의 기능이나 목적을 헌법제정권자의 의지 속에서 찾음으로써 헌법을 의지적으로 접근하려는 입장에서는 헌법이란 바로 헌법제정권자의 '정치적인 결단'에 해당하기 때문에 헌법제정권자가 갖는 입헌의지야말로 모든 헌법문제를 풀어주는 열쇠가 된다는 것이다. 결단주의헌법관이 바로 그것이다.

Ⅱ. 가치적 접근방법

그런가 하면 헌법학에서는 헌법제정권자의 입헌의지를 살펴서 실현하는 것보다는 사회공동체의 구성원 모두가 수용할 수 있는 공감대적인 가치(Konsens)를 찾아서 그것을 실현함으로써 사회통합을 촉진시킬 수 있는 제도적인 메커니즘의 연구가 더욱 중요하다고 강조하는 '가치적 접근방법'도 있다.

가치적 접근방법에 따른 통합과정론적 헌법관

헌법의 기능이나 목적을, 공감대적인 가치의 실현을 통한 사회통합이라는 가치적인 것으로 이해하려는 입장에서는 헌법이란 바로 사회통합의 지표가 되는 공감대적인 가치의 표현인 동시에 그 실현을 담보하기 위한 제도적인 메커니즘에 해당하기 때문에 공감대적인 가치를 수렴하고 이를 실현할 수 있는 실효성 있는 제도를 마련하고 운용하는 일이야말로 헌법의 가장 중요한 기능이 된다고 한다. 통합과정론적 헌법관이 바로 그것이다.

Ⅲ. 기능적 접근방법에 대한 평가

동태적 연구
에 따른 헌법
학의 영역확대

　헌법제정권자의 의지적인 측면에서 헌법학을 접근하건, 헌법이 실현해야
하는 가치적인 측면에서 헌법학을 접근하건 헌법학의 기능적 접근방법은 해석
적 접근방법과는 달라서 '있는 헌법' 중심의 정태적인 연구에 그치는 것이 아니
고, '있어야 할 헌법'을 추구하는 동태적인 연구를 더욱 중요시한다는 데 그 방
법적인 특징이 있다. 헌법학이 '헌법해석학'의 범주에 머물지 아니하고 '헌법사
회학'·'헌법철학'의 영역으로까지 확대되는 이유도 그 때문이다.

　현대 헌법학에서 주도적인 자리를 차지하고 있는 결단주의헌법이론과 동
화적 통합이론이 보여 주듯이 기능적 접근방법은 오늘의 시대상황에서는 이미
그 방법론으로서의 타당성과 상대적인 우월성이 입증된 것이라고 볼 수 있다.

국민주권의
이념에 충실

특히 국민주권의 이념이 강조되는 현대민주국가에서 헌법제정권자의 의지를 중
요시하고, 국민의 정치적 합의 내지 공감대적 가치를 존중하고자 하는 접근태
도는 분명히 민주적인 감각과도 조화되는 방법론이라고 할 것이다.

의지적 접근:
입헌독재의
위험성

　다만 헌법을 의지적으로 접근하려는 입장은 헌법제정권자의 순간적이고
찰나적인 입헌의지에 너무 큰 의미를 부여한다. 그 결과 헌법제정권자의 정치
적인 결단은 언제나 정당하고 그 정치적 결단을 제한할 수 없다는 식의 절대
적인 헌법제정권력론으로 이어지게 된다. 결단주의가 국민의 이름으로 행해지
는 여러 형태의 입헌독재를 옹호하는 이론으로 변질될 위험성을 가지게 되는
이유도 그 때문이다.

가치적 접근:
사회통합강조
에 따른 공감
대적 가치의
본질 연구 경시

개선된 방법
론에 따른 가
치적 접근이
바람직

　또한 헌법을 가치 중심으로 접근하려는 입장도 사회통합이라는 당위적인
목표에 너무 집착한 나머지 '공감대적인 가치'의 본질에 대한 연구를 너무 등한
시한다는 비난을 면할 길이 없다. 이러한 문제점에 대한 뚜렷한 인식을 가지고
그 방법론적인 개선책을 모색해 나간다면 가치중심의 기능적 접근방법은 확실
히 헌법의 본질을 이해할 수 있는 가장 효과적인 방법이라고 평가할 수 있다
고 생각한다. 이 책에서 가치 중심의 기능적 접근방법을 채택한 이유도 그 때
문이다.

3. 경험적 접근방법

I. 헌법현실의 비교·분석

헌법학을 경험적으로 접근한다는 것은 여러 유형의 헌법이 여러 나라에서 성립·제정되고 운용되는 과정의 분석을 통해 헌법유형별 이상 모델을 찾아내려는 입장을 말한다. 즉 어떤 유형의 헌법이 어떤 역사적·정치적 상황 속에서 성립·제정되며, 상이한 유형의 헌법이 상이한 정치적 여건 속에서 어떻게 운용되고 있으며, 그 상이한 운용과정에서 나타나는 문제점들이 무엇인가를 경험적으로 비교·분석함으로써 경험을 바탕으로 특정한 정치·역사적 환경에 가장 적합한 헌법의 이상 모델을 찾아보겠다는 접근방법이다. 비교헌법학의 전통적인 연구방법이다.

경험적 접근방법은 오늘날 세계 여러 나라의 헌법상황에서 목격할 수 있는 헌법의 표준화현상이 그 이론적인 근거가 된다고 볼 수 있다. 이 지구상에 존재하는 모든 헌법은 비록 그 세부적인 내용은 다르다 하더라도 그 권력통제의 기본골격과 이념면에서는 큰 차이가 없기 때문에 어떤 하나의 헌법이 성립·제정되고 운용되는 상황을 면밀히 분석·관찰하다 보면, 다른 유사한 헌법의 운용에도 큰 시사를 얻을 수 있다는 것이다.

헌법유형별 이상 모델의 탐구를 위한 비교헌법학의 연구방법

헌법의 표준화현상이 이론적 근거

II. 경험적 접근방법에 대한 평가

생각건대 경험적 접근방법은 비교헌법학의 분야에서는 불가피한 방법론이라고 볼 수 있지만, 헌법학의 일반적인 방법론으로서는 특히 다음 두 가지 점에서 문제점이 있다고 할 것이다.

일반적인 방법론으로서의 문제점

(1) 헌법의 토착성과 역사성

우선 경험적 접근방법은 각 나라의 헌법이 내포하고 있는 특유한 토착성과 역사성 그리고 정치환경성을 지나치게 과소평가하고 있다는 비난을 면할 수 없다.

모든 법학분야가 그러하지만 특히 헌법학에서는 그 사회공동체의 정치의식과 정치전통 그리고 사회구조 및 경제환경 등을 떠나 그 나라의 헌법 내지

개별헌법이 갖는 토착성

과 역사성을
과소평가

헌법상황을 논하기는 어렵기 때문이다. 헌법이론적으로는 같은 제도라 하더라
도 그것이 기능하고 실현되는 양태가 나라에 따라 다를 수밖에 없는 가장 직
접적인 이유도 여기에 있다. 그렇기 때문에 다른 나라의 헌법상 제도와 운용실
태에서 자기 나라 제도의 이상 모델을 찾아보려는 시도는 헌법학의 일반적인
방법론으로서는 문제가 있다고 할 것이다.

(2) 사실의 학문과 규범의 학문

사실의 학문
과 규범의 학
문의 방법론
상의 차이를
무시

두 번째로 경험적 접근방법은 사회과학 중에서도 정치학·행정학·사회학·
매스컴학 등 '사실의 학문'에서는 널리 통용되는 방법이지만, 그것이 과연 '규범
의 학문'인 헌법학에서도 그대로 통용될 수 있겠는가의 의문이 제기되지 않을
수 없다. 같은 사회과학이라 하더라도 '사실의 학문'과 '규범의 학문'은 그 추구
하는 목적과 연구의 대상이 같지 않다. 나타나는 '현상'(Fakten, Sein)을 중요시
하는 것이 '사실의 학문'이라면 '당위적인 질서'(sollende Ordnung)를 중요시하는
것이 '규범의 학문'이기 때문이다. 따라서 '규범의 학문'에서는 나타나는 현상
그 자체와 현상분석보다는 사회평화의 유지와 공동생활을 가능케 하는 '당위질
서'의 추구가 학문적 관심의 대상이다. 그런데 현상에 대한 경험적인 분석만으
로는 '당위질서'의 모델이 당연히 제시되는 것은 아니다. 바로 이 점이 헌법학
에서 경험적 접근방법을 원용하는 데 있어서의 무시못할 일반적인 한계이다.

제 3 장 헌법의 본질

1. 헌법의 의의

헌법은 한 나라의 통치질서에 관한 국내법이다. 또 헌법은 한 나라의 법질서 중에서 가장 강한 효력을 가진다. 법질서 중에서 차지하는 헌법의 좌표와 헌법의 우선적 효력에 대해서는 다툼이 없다. 그러나 헌법의 본질이나 헌법이 다른 법규범보다 우선하는 효력을 가져야 되는 이유에 대해서는 헌법관에 따라 견해가 갈린다.

헌법이 갖는 우선적 효력의 논거

I. 규범주의적 헌법관

(1) 헌법의 근본규범성

규범주의적 헌법관에 따르면 헌법은 '국가의 조직과 작용에 관한 근본규범'이다. 즉 헌법은 한 나라의 권력구조와 국민의 기본권을 규정하는 국가의 기본질서를 뜻하기 때문에 다른 법률처럼 함부로 고칠 수 없는 최고의 규범이다. 헌법을 이처럼 '국가의 법적인 기본질서'라고 이해하는 규범주의적 헌법이론에 따르면 헌법의 우선적 효력과 최고규범성은 '헌법이 국가의 기본질서'라는 헌법규범의 '내재적 논리'로부터 나오는 당연한 결론이라고 한다. 스위스의 캐기(W. Kägi)에 의해서 대표되는 이 규범주의적 헌법관에 따르면 헌법의 본질이나 헌법적 효력의 근거 등 헌법문제의 해답은 반드시 헌법규범 내에서 찾아야 하고 헌법규범을 떠난 역사적·사회적·문화적·정치적·경제적 상황은 헌법의 문제와 결부시켜서는 아니된다고 한다.

국가의 법적인 기본질서로서의 헌법의 내재적 논리 강조

규범주의적 헌법이론은 크라베(H. Krabbe)의 법주권론과 켈즌(H. Kelsen)의 규범논리주의 내지 순수법학이론을 그 논리의 바탕으로 하고 있다. 규범주의적 헌법관은 '법의 주권'을 구태여 내세우지도 않고 또 '법과 국가'를 구별하는 입장에 서 있다는 점에서 법주권론이나 순수법학이론과는 다른 현대적인 감각을 느낄 수 있지만, 헌법을 '국가의 법적인 기본질서'라고 이해하면서 헌법의 '규범성'을 지나치게 강조하는 점에서는 아직도 그들 고전적 이론의 잔재를 풍겨주

법주권론 및 순수법학이론과의 사상적 연관성

고 있다.

(2) 헌법의 규범성과 경직성

헌법의 규범
성과 경직성
이 헌법의 우
선적 효력의
근거라는 논
리의 취약점

규범주의적 헌법이론에 의하면 헌법이 일단 제정된 이후에는 헌법제정권
자의 의사에 의해서도 함부로 좌우될 수 없도록 헌법규범 자체에 일종의 독특
한 경직성이 생기는 것이라고 한다. 따라서 헌법규범 특유의 이 경직성이야말
로 바로 헌법규범이 다른 법률보다 우선하는 효력을 가지는 근거가 된다고 한
다. 하지만 이 규범주의적 헌법관은 헌법이 왜 '국가의 법적인 기본질서'가 되
는 것인지를 설명했다고 하기보다는 이를 오히려 당연한 전제로 하고 있을 뿐
아니라, 헌법의 '규범성'이나 '경직성'에서 헌법의 우선적 효력을 이끌어내려고
시도함으로써 불문헌법이나 연성헌법(軟性憲法)의 헌법적 효력을 설명하는 데
어려움을 느끼게 한다.

(3) 실정법만능주의

실정법 중심
의 사고와 사
실의 규범적
효력

또 규범주의에서는 헌법을 보는 데 있어서 일체의 규범외적인 관점(예컨대 사회적·
정치적·철학적
관점)을 배척하고 「헌법에 어떻게 규정되어 있느냐」만을 따지고, 「헌법이 어떻게
규정되어져야 하느냐」는 처음부터 문제로 삼으려 하지 않는다. 따라서 정의의
관점에서 '옳은 법', '그른 법' 등을 구별하는 것은 허용될 수 없고 「악법도 법
이다」라는 식의 실정법 만능의 풍토를 낳게 하고 그것이 결국은 '법의 독재',
정확히는 '실정법의 독재'를 낳고 '법의 독재'가 또 '힘의 독재', '사람의 독재'
로 발전할 가능성을 배제할 수 없다. 법실증주의에 입각해서 국가론을 정립한
게오르크 옐리네크(Georg Jellinek)가 '사실의 규범적 효력'(normative Kraft des
Faktischen)을 강조하고 있는 점도 힘의 관철력을 토대로 한 그의 국가개념과
함께 독재자에 의해서 악용될 소지를 가지고 있다.

Ⅱ. 결단주의적 헌법관

(1) 국민의 정치결단적 의지

헌법은 국민
의 정치적 결
단

결단주의적 헌법관에 따르면 헌법은 '국민(헌법제정권자)'이 사회공동체의
정치적 생활방식에 대해서 내린 '정치적 결단'이다. 결단주의(決斷主義)에 따르면
헌법제정권자는 그가 내리는 정치적 결단에 의해서 한 국가가 존립하기 위한

구체적인 정치형태를 확정하려는 그의 의지를 표명한 것이기 때문에, 헌법은 결국 헌법제정권자의 의지에 그 우선적 효력의 근거를 두는 것이라고 한다. 헌법제정권자의 정치적인 결단에 의해서 형성되는 국가기관의 법정립작용은 마땅히 이 '정치적 결단'을 근거로 할 뿐 아니라 그것은 또한 이 '정치적 결단'의 테두리 안에서만 가능한 것이라는 이야기이다. 따라서 오늘날처럼 국민이 헌법제정권력을 가지고 '정치적 결단'을 내리는 경우에는 국민의 의지가 바로 헌법의 우선적 효력의 근거가 된다.

정치결단적
국민의 입헌
의지가 헌법
의 우선적 효
력 근거

(2) 헌법의 정당성근거

칼 슈미트(C. Schmitt)에 의해서 정립된 결단주의는 헌법의 효력을 인간의 의지와는 동떨어진 '헌법규범' 속에서만 찾으려 하지 않고, 헌법제정권자의 의지와 밀접히 결부시키고 있기 때문에 헌법의 효력과 관련된 헌법의 정당성 문제를 또한 중요시하게 된다. 즉 그에 의하면 헌법제정권자가 가지는 '정치적 결단'을 위한 의지야말로 헌법이 우선적 효력을 가지는 근거가 될 뿐 아니라 동시에 헌법의 정당성의 근거가 되는 것이라고 한다. 새로운 정치적 결단으로서의 새 헌법은 언제나 정당성을 가진다는 논리이다. 국민의 이름으로 행사되는 무수한 '정치적 결단'이 언제나 새 헌법으로서의 정당성을 가진다는 논리는 독재자들에 의해서 자기정당화의 논리로 악용될 수 있는 소지가 크다.

칼 슈미트의
입헌의지 정
당성 이론과
그 위험성

(3) 헌법과 헌법률

결단주의적 헌법이론은 헌법이 가지는 우선적 효력의 근거를 헌법제정권자의 정치결단적 의지 속에서 찾으려 하면서도, 헌법적 효력의 근거가 되는 헌법제정권자의 정치적 결단을 질적인 면에서 '근본적인 결단'과 '기타의 결단'으로 나누고, '근본적인 결단'으로서의 '헌법'과 '기타의 결단'에 해당하는 '헌법률' 사이에는 효력상 차이가 있다고 한다. 즉 국가형태와 정부형태처럼 국가존립의 핵심에 관한 '근본적인 결단'으로서의 '헌법'은 그 효력이나 정당성의 근거가 헌법제정권자의 정치결단적인 의지 속에 있지만, 선거절차·입법절차처럼 국가존립의 비핵심문제에 관한 '기타의 결단'은 '헌법률'로서 그 효력이나 정당성의 근거를 '헌법'에서 찾아야 된다고 한다.

정치적 결단
의 두 양태와
헌법과 헌법
률의 구별

(4) 헌법제정권력과 헌법개정권력

칼 슈미트는 이처럼 '헌법'과 '헌법률'을 구별하고 그 효력상의 차이를 인

헌법제정권력
과 헌법개정

정함으로써, '헌법제정권력'과 '헌법개정권력'을 구별하는 그의 이론적 바탕을

권력의 구별 마련하고 있다. 즉 헌법개정권력에 의해서 개정될 수 있는 것은 '헌법률'에 한하고, '근본적인 결단'을 뜻하는 '헌법'은 헌법개정권력에 의해서 침해될 수 없는 것이라고 한다. 바로 이곳에 결단주의적 헌법이론이 헌법개정의 한계를 강조하는 이유가 있다.

(5) 정치적 결단과 선재조건

국민주권적 정당성 논리의 강점과 결단의 선재조건 무시의 약점 결단주의적 헌법관은 헌법의 정당성을 그 이론적인 중핵으로 삼은 나머지 헌법의 우선적 효력을 국민주권의 이론으로 설명하려고 노력하는 점은 긍정적으로 받아들일 수 있고 또 정치적인 공황시기나 위기정부의 헌법이론으로서는 그 이론적인 타당성을 부인할 수 없다. 하지만 새로 만들어지는 헌법이 과연 아무런 선재조건(先在條件)의 제약도 받지 않는 명실공히 '결단'이라고 할 수 있겠는가의 점에 대해서는 의문의 여지가 있다. '결단'의 기본적인 내용은 대개의 경우 선재조건에 의해서 이미 '결정'되어져 있는 경우가 보통이기 때문이다.[1]

(6) 정치적 결단의 결과와 과정

헌법의 규범성과 복합적인 결단 과정 경시의 문제점 결단주의적 헌법관의 또 하나의 문제점은 헌법제정권자의 의지를 중요시한 나머지 규범주의적 헌법관과는 정반대로 헌법의 규범성을 지나치게 경시하는 데 있다. 그에 더하여 결단주의적 헌법관은 헌법을 지나치게 찰나적인 것으로 이해하고 있다는 점도 문제점으로 지적할 수 있다. 결단주의가 '결단'의 결과만을 문제로 삼고 있지 그 '결단'이 이루어지는 복합적인 과정의 측면은 완전히 고려의 대상에서 제외시키고 있기 때문이다. 사회공동체의 정치적인 생활방식을 뜻하는 '결단'은 그것이 한 번에 완성되고 종결되는 것이 아니고 부단히 계속되는 것이라고 보아야 하기 때문에 찰나적인 한 번의 결단만을 문제로 삼는 결단주의적 헌법관은 분명히 단편적 이론의 범주를 벗어날 수 없다고 하겠다. 또 결단주의에서는 '결단' 그 자체만을 중요시할 뿐 '결단의 내용'은 처음부터 중요시하지 않기 때문에 결단주의는 독재정권에 의해 악용될 위험성도 내포하고 있다. 규범주의적 헌법이론의 정태적 헌법관을 탈피하고 동태적 헌법관을 확립한 것은 분명히 결단주의적 헌법이론의 커다란 공적이지만, 동태의 양상을 지나치게 미시적으로 파악함으로써 동태의 거시적인 측면을 소홀히 하고 있다

---

1) 예컨대 우리 건국헌법과 제 2 공화국헌법 그리고 현행헌법은 공화정이나 민주주의를 포기할 수 없는 선재조건의 사실상의 제약 밑에서 성립·제정되었던 것은 주지의 사실이다.

는 비난을 면할 길은 없다.

Ⅲ. 통합과정론적 헌법관

(1) 헌법과 사회통합

통합과정론적 헌법관에 따르면 헌법은 「사회통합을 위한 공감대적인 가치
질서」이다. 즉 사회공동체가 내포하고 있는 다양한 이해관계, 그 구성원의 다
양한 행동양식과 행동목표 등을 일정한 가치세계를 바탕으로 한 일체감 내지
연대의식에 의해 하나로 동화시키고 통합시킴으로써 국가를 조직하기 위한 수
단이 바로 헌법이라고 한다. 따라서 국가란 결코 규범주의가 보는 것처럼 고정
적인 '규범조직'일 수 없고 다양한 이해관계가 일정한 공감대적 가치를 바탕으
로 동화되고 통합되어가는 과정을 뜻하기 때문에 언제나 유동적인 상태에 있
다. 끊임없이 진행되는 동화·통합과정에서 그 원동력이 되는 일체감 내지 연대
감의 가치적인 공통분모를 뜻하는 헌법은 마땅히 가치적인 성격을 띠게 되고,
또 동화·통합과정의 진행경과에 따라서는 일체감 내지 연대의식의 바탕이 되
는 가치의 세계도 변할 수 있기 때문에 헌법은 언제나 개방적이 아니면 아니
된다. 통합과정론이 때때로 '가치론적 헌법관' 또는 '개방적인 헌법론'으로 불리
어지는 이유도 그 때문이다.

헌법은 사회통합의 공감대적 가치질서

국가는 사회통합의 과정

헌법의 가치성과 개방성

(2) 사회통합의 과정적 성격

루돌프 스멘트(Rudolf Smend)에 의해서 정립된 통합과정론은 요컨대 국가
를 동화적 통합과정이라고 보고, 헌법을 동화적 통합과정의 생활형식 내지는
법질서라고 이해한다. 스멘트에 따르면 헌법은 결코 완성물인 국가의 기능이나
조직에 관한 단순한 조직규범이 아니고 항구적인 동화·통합과정을 뜻하는 국
가의 생활형식 내지는 법질서를 뜻하기 때문에 본질적으로 과정의 측면이 중요
시되어야 한다. 이 점도 과정을 도외시한 채 한 번의 '결단'이나 '결단의 상태'
만을 중요시하는 결단주의이론과의 현저한 차이점이다.

스멘트의 국가관·헌법관과 결단주의와의 차이점

스멘트에 따르면 헌법에서는 그 사회통합기능이 중요하기 때문에 헌법해
석에 있어서도 규범주의에서처럼 헌법의 경직성이나 규범성만을 지나치게 고집
해서도 아니되고, 결단주의에서처럼 헌법제정권자의 의지적인 측면만을 강조해
서도 아니되고, 헌법의 탄력성과 정치적 의미, 그리고 헌법의 부분보다는 헌법
을 전체적으로 파악하는 종합적 헌법해석이 필요하다고 한다.

스멘트가 강조하는 종합적 헌법해석

(3) 사회통합의 본질

스멘트의 현
상학적 헌법
접근방법과
헤겔의 국가
철학과의 연
관성

스멘트의 헌법관은 헌법에 대한 법이론적 접근방법이라고 하기보다는 국가현상이나 헌법의 규제대상을 있는 그대로 관찰하는 것을 그 토대로 하는 이른바 존재론적 내지는 현상학적 접근방법이라고 말할 수 있다. 또 스멘트 학설은 '부분'보다는 '전체'를, 이해관계의 '다양성'보다는 그 '통합'을 강조하는 점에서 보수주의, 특히 헤겔(Hegel)의 국가철학을 그 이념적인 기초로 하고 있는 점도 부인할 수 없다. Hegel의 국가철학이 비민주적이고 권위주의적인 이론으로 지탄을 받는 것과 마찬가지로 스멘트의 통합과정론도 때때로 독재주의의 헌법이론으로 악용될 소지를 내포하고 있다고 지적하는 사람이 있는 것도 그 때문이다. 하지만 그러한 지적은 스멘트 이론의 내용을 올바로 파악한 것이라고 보기 어렵다. 스멘트가 '통합'(Integration)을 그 이론적인 골격으로 하고 있는 것은

스멘트가 말
하는 통합은
부분의 단순
한 합계가 아
닌 새로운 전
체의 구성

사실이지만 스멘트에 있어서의 '통합'이란 언제나 일정한 가치체계를 촉매로 한 일체감 내지 연대의식의 조성에 의한 동화적 통합을 뜻하기 때문에 전체주의적 성향을 띤 강제적 통합이론과는 그 본질을 달리하기 때문이다. 스멘트에 있어서의 동화적 통합은 부분의 단순한 '합계'(Addition)와는 다른 이른바 '새로운 전체의 구성'을 뜻하기 때문에 그 구성원이 일체감 내지 연대의식을 가지고 능동적으로 동화적 통합과정에 참여하는 것을 필수조건으로 하기 때문이다.

(4) 헌법의 규범성

헌법의 규범
성과 헌법실
현을 경시하
는 스멘트논
리의 문제점

결론적으로, 규범주의나 결단주의에 입각한 헌법관이 문제점을 내포하고 있는 것처럼, 통합과정론도 결코 완전무결한 입장이라고 할 수는 없다. 특히 '규범'을 '사실' 속에 끌어들이려는 노력 때문에 헌법의 '규범성'이 지나치게 소홀하게 취급되는 점을 지적하지 않을 수 없다. 또 스멘트가 '정치발전과정'과 '헌법'을 같은 차원에 놓고 설명하려 하기 때문에 정치발전과정을 조정하고 이끄는 헌법규범의 능동적 측면, 즉 '헌법실현'의 측면이 너무 가볍게 다루어졌다는 점도 지적해 두지 않을 수 없다. 스멘트 이론의 대표적 계승자인 콘라트 헷세(Konrad Hesse)가 스멘트의 이론을 철저하게 계승하면서도 정치발전과정보다 한 단계 위에 서서 정치발전과정을 안정시키고 조정하고 이끄는 '헌법의 규범적 효력'을 강조하고 있는 것도 결코 우연한 일은 아니다.

Ⅳ. 사   견

지금까지 헌법의 본질 내지 헌법이 갖는 우선적 효력의 근거에 관한 세 가지 대표적인 헌법관을 살펴보았지만 그 어느 학설도 만족할 만한 대답을 주지 못한다고 말할 수 있다.

생각건대 헌법의 우선적 효력을 설명하기 위해서는 헌법에 내재되고 있는 여러 가지 복합적인 요소들을 종합적으로 고찰하지 않으면 아니된다고 본다. 헌법의 본질에서 '사람에 의한 결정의 요소'나 '규범성'을 배제할 수 없는 것과 마찬가지로 헌법의 '가치지향적인 통합촉진의 요소' 또한 도외시할 수 없다고 할 것이다. 따라서 헌법의 효력이나 헌법의 해석이 문제되는 경우에는 언제나 이 세 가지 헌법의 본질적 요소를 함께 생각할 수 있는 범학파적(汎學派的)인 자세가 꼭 필요하다고 본다.

헌법의 규범 적·결단적· 가치적 요소 의 종합적 고 려의 필요성

(1) 헌법의 정치결단적 요소

우선 헌법의 본질에서 '사람에 의한 결정의 요소'를 도외시할 수 없는 이유는 자명하다. 오늘날처럼 여러 갈래의 정치적인 노선이 혼합된 다원사회가 헌법을 가진다고 하는 것은 결국 그와 같은 여러 갈래의 정치세력들이 정치투쟁을 거쳐서 공존하기 위한 일정한 절충 내지 타협점을 찾았다는 것을 뜻하기 때문이다. 헌법은 따라서 절충과 타협의 결과를 의미하고, 절충과 타협이 정치적인만큼 그 결과로서의 헌법 또한 '정치적인 규범'의 색채를 띠지 않을 수 없다.

절충과 타협 에 의한 정치 결단적 요소

(2) 헌법의 규범적 요소

두 번째로 헌법의 본질에서 '규범적 요소'를 도외시할 수 없는 이유 또한 명백하다. 헌법은 한 사회의 '공존을 위한 타협의 결과'이기 때문에 그 사회에서 최고의 가치로 존중되어야 한다는 것은 더 말할 나위가 없거니와, 헌법은 따라서 헌법자화상적 입장에서 볼 때 일종의 과제를 뜻하지 않을 수 없다. 즉 '공존'을 실현시킬 과제가 헌법에 주어진 것이다. 이처럼 어떤 과제를 짊어지고 있는 헌법은 따라서 단순한 '사실의 문제'를 떠나서 이미 하나의 '과제적 질서의 문제'를 뜻하게 된다. 이 과제적 질서의 문제는 법학의 관점에서 '규범성의 문제'로 압축되기 때문에, 헌법과 규범성은 불가분의 관계에 서게 된다. 규범으로서의 힘이 없는 헌법은 처음부터 정치현실의 투영도에 불과할 뿐 어떤 공존의 과제를 뜻할 수는 없다.

공존을 위한 과제적·규범 적 요소

(3) 헌법의 가치적 요소

사회통합을
촉진하기 위
한 가치적 요
소

셋째로 사회 내에 존재하는 여러 갈래의 정치세력들이 일정한 구심점을
찾아서 한데 뭉치려는 노력이 없이는 사회가 성립되고 기능할 수 없다. 따라서
여러 정치세력을 연결하는 일체감 내지 연대의식이나 사회적인 원심력을 압도
하고 능가하는 사회적인 구심력을 형성하는 공감대적 가치의 실현은, 서로가
협상하고 타협하려는 자세와 더불어 조직사회가 성립되고 기능을 발휘할 수 있
는 기본적인 요건들이 아닐 수 없다. 이와 같은 기본적인 요건들을 유지 내지
조성하기 위한 노력이나 과정을 스멘트에 따라 '통합과정'이라고 부르기로 한다
면, 헌법은 결국 이 과정을 규범의 형태로 촉진시키는 것이라고 보아야 하겠기
때문에, 통합과정적 요소는 역시 헌법의 또 하나의 본질적인 요소가 아닐 수
없다.

헌법＝공감대
적 가치에 의
한 사회통합
의 정치규범

결론적으로 말해서, 헌법은 공감대적인 가치를 바탕으로 국가사회의 동화
적(同化的) 통합을 실현하고 촉진시키기 위한 정치규범이라고 요약할 수 있다.
이처럼 세 가지 본질적인 요소를 내포하고 있는 헌법은 다른 법률과 구별되는
여러 가지 기능과 특성을 가지게 된다.

2. 헌법의 기능

헌법은 다른 법률이 가질 수 없는 여러 가지 기능을 갖는다. 국가창설적
기능, 정치생활주도기능, 기본권보장을 통한 사회통합기능, 수권 및 권능제한적
기능, 정치적 정의실현기능 등이 바로 그것이다.

Ⅰ. 국가창설적 기능

비조직사회의
정치적 통일
성취

헌법은 우선 비조직사회를 정치적으로 통일시켜서 하나의 국가사회를 창
설하는 기능을 갖는다. 헌법이 현대국가의 필수적인 성립요소로 간주되는 이유
도 그 때문이다. 따라서 헌법을 가지지 아니한 사회공동체는 적어도 정치적으
로는 국가로서 그 실체를 인정받을 수가 없다. 물론 사회공동체는 헌법을 가지
지 아니한 상태에서도 사회의 자율기능에 의해서 사회생활과 문화생활 그리고
경제생활 영역에서 사회구성원 상호간에 접촉과 교류가 이루어질 수 있다. 그

러나 그와 같은 자율적인 상호접촉과 교류는 사회의 자율기능이 그 힘을 잃게 될 때에는 여러 가지 혼란을 야기하기 마련이다. 그렇기 때문에 사회의 자율기능을 최대한으로 존중하면서도 사회구성원 각 개인의 능력과 개성이 최대한으로 발휘될 수 있고 정의로운 사회질서와 사회평화의 확립·보장을 위해서는 어느 형태로든지 사회활동에 대한 조정적·통합적 간섭기구가 필요한데, 헌법에 의해서 창설되는 국가의 기능이 바로 그것이다. 이렇게 볼 때 헌법의 국가창설적 기능은 헌법의 본질에서 나오는 가장 핵심적인 기능이라고 할 수 있다.

사회의 자율 기능과 조화 되는 조정적· 통합적 기능

Ⅱ. 정치생활주도기능

헌법은 한 나라의 정치생활을 규범적으로 주도하고 규제하는 기능을 갖는다. 헌법이 '정치규범'이라고 일컬어지는 이유도 그 때문이다. 정치생활의 큰 흐름이 규범적으로 주도되고 규제되지 않는 경우 자칫 정치만능의 현상이 나타나 '힘의 논리'가 정치생활을 지배하는 상황을 초래할 수도 있다. '힘의 철학'에 의해서 주도되는 정치는 무통제와 무절제의 폭력정치로 이어지고, 그것은 필연적으로 인간의 자유와 권리에 대한 최악의 적신호를 뜻하기 때문에 '힘의 지배'와 '사람의 지배' 대신 '법의 지배'와 정의가 통하는 정치상황을 만들기 위해서는 헌법이 정치생활을 주도하고 규제하지 않으면 아니된다. 따라서 헌법은 '정치'라는 위성이 운항할 수 있는 궤도를 마련해 주는 것이나 마찬가지라고 할 수 있다. 헌법에 의해서 마련된 궤도를 이탈하는 정치는 이미 헌법적인 상황은 아니다. 헌법의 규범력이 미치지 아니하는 정치생활은 헌법적 평가의 대상이 될 수 없는 자기목적적인 것이기 때문에 규범적인 관점에서는 몰가치적인 것이라고 말할 수 있다. 이렇게 볼 때 헌법은 몰가치적이고 자기목적적인 정치현상이 생겨나지 않도록 정치생활을 순화시키는 기능을 갖는다고도 말할 수 있다.

정치생활의 규범화를 통한 법의 지배

정치순화기능

Ⅲ. 기본권보장을 통한 사회통합기능

헌법은 기본권의 이름으로 수렴된 사회공동체의 공감대적인 가치를 보장하고 실현함으로써 사회의 동화적인 통합을 촉진시키는 기능을 갖는다. 헌법이 규정하고 있는 기본권적인 가치는 사회구성원 모두에 의해서 수용될 수 있는 공감대적인 가치에 해당하는 것이기 때문에, 이 공감대적 가치를 실현하는 것이 사회통합의 지름길이다. 그렇기 때문에 헌법에는 기본권보장규정뿐 아니라

공감대적 가치실현을 통한 사회통합 촉진기능

권능기구는
효율적인 사
회통합의 수
단

기본권을 구체적으로 실현하는 데 필요한 여러 가지 제도적인 장치가 함께 마련된다. 여러 가지 권능기구가 설치되고, 그 권능기구에 기본권실현에 필요한 여러 가지 권능이 주어지는 것도 그 때문이다. 이렇게 볼 때 헌법은 국민의 자유와 권리를 최대한으로 존중하고 보호하기 위한 기본권의 마그나 카르타(Magna Carta)로서 그 궁극적인 목적은 기본권보장을 통해서 가장 효율적으로 사회통합을 달성하는 것이다.

명목적·장식
적 헌법의 한
계

그렇기 때문에 기본권이 경시 내지 무시되는 헌정상황은 사회통합과는 거리가 멀다. '명목적 헌법'과 '장식적 헌법'[1]이 사회통합기능을 가질 수 없는 이유도 그 때문이다.

Ⅳ. 수권 및 권능제한적 기능

권능의 수여
및 통제장치
를 통한 권능
행사의 순화
기능

헌법은 국가생활에서 필요한 권능기구를 설치하고 각 권능기구에 일정한 권능을 주면서도 권능 상호간의 견제와 균형의 장치를 함께 마련함으로써 권능의 행사를 순화시켜서 공존의 정치적인 생활질서를 보장하는 수권(授權) 및 권능제한적 기능을 갖는다. 헌법제정권력을 제외한 모든 국가 내의 권한은 선국가적인 것이 아니고 헌법에 의해서 주어진 헌법적 권능이기 때문에 처음부터 제한적인 권능으로서의 성격을 띠고 있다. 그러나 권능은 언제나 악용 내지 남용의 소지를 가지고 있기 때문에 헌법은 권능행사의 절차적 정당성을 확보할 수 있는 여러 가지 통제장치를 함께 마련하고 있다. 3권분립에 의한 권능 상호간의 수평적인 견제와 균형장치를 비롯해서 헌법재판을 통한 기능적 권력통제장치 등이 바로 그것이다. 헌법이 규범력을 발휘해서 권능제한적 기능을 제대로 수행할 때 헌법의 또 다른 중요기능인 정치생활주도기능과 사회통합기능 그리고 정치적 정의실현기능도 소기의 성과를 기대할 수 있다. 이렇게 볼 때 헌법에 효과적인 권력통제장치를 마련하는 일은 대단히 중요한 의미를 갖는다고 할 것이다.

뢰븐슈타인:
헌법은 권력
통제의 메커
니즘

뢰븐슈타인(Karl Loewenstein)이 헌법을 전체로서 하나의 거대한 '권력통제의 메커니즘'이라고 설명하면서 헌법에서 중요한 것은 상이한 국가기능을 여러 국가기관에 분담시킴으로써 한 사람의 손 안에 절대적인 권력이 형성되는 것을

---

1) 헌법이 그 규범적 효력을 나타내지 못하고 헌법규범과 헌법현실이 완전히 동떨어진 상태에 있지만, 언젠가는 그 gap이 좁혀질 전망이 있는 경우를 '명목적 헌법', 헌법이 집권자의 자기정당성의 수단으로만 존재하는 경우를 '장식적 헌법'이라고 부른다. 이는 칼 뢰븐슈타인(Karl Loewenstein)에 의해서 붙여진 이름이다.

막는 것이라고 역설하는 것도[1] 충분한 설득력이 있다고 할 것이다.

V. 정치적 정의실현기능

(1) 정책결정과 국민적 합의

헌법은 모든 국민을 정치적 의사형성과정에 균등하게 참여시키고 정권이 사회의 특정집단이나 특정계층에 의해 독점행사되는 것을 방지함으로써 정치적 정의를 실현하는 기능을 갖는다. 국민주권의 원리를 실현하고자 하는 현대 자유민주주의헌법에서는 국가의 모든 정책결정이 국민의 정치적인 합의에 바탕을 두어야 하는데, 그러기 위해서는 정치적 의사형성과정에 모든 국민이 균등하게 참여해서 각자의 의견을 반영할 수 있는 기회가 보장되어야 한다. 민주주의가 요구하는 '국민적 합의'는 참여의 기회균등에 바탕을 둔 것일 때에만 비로소 진정한 민주적 의미를 갖게 되고, 민주적 의미가 부여될 수 있는 '국민적 합의'만이 정치적 정의를 실현할 수 있다. 헌법이 모든 국민에게 표현의 자유와 균등한 참정권을 보장하고 있는 것은 바로 그러한 정치적 정의의 실현을 위한 것이다.

정책결정권의 독점방지

정치적 의사 형성에의 국민의 균등한 참여

(2) 평화적 정권교체의 보장

또 다수관계의 가변성을 전제로 한 평화적 정권교체는 자유민주적 헌법의 불가결한 요건이다. 그렇기 때문에 자유민주적 헌법에서는 우선 제도적인 측면에서 정권이 평화적으로 교체됨으로써 정치적 정의가 실현될 수 있는 장치를 반드시 마련하여야 한다. 따라서 제도적으로 1인장기집권 내지 일당독재를 영속화하는 내용의 헌법은 이미 정치적 정의의 실현과는 거리가 먼 '장식적 헌법'에 지나지 않는다고 할 것이다. 정치적 정의가 실현되지 않는 경우에는 정치안정도 사회평화도 기대할 수 없고 그것은 사회통합과는 거리가 먼 상태이다.

평화적 정권 교체 보장장 치의 중요성

3. 헌법의 특성

헌법은 '규범성'을 그 내용으로 하기 때문에, 똑같이 '규범성'을 가지는 민법·형법·상법·소송법·행정법 등과 마찬가지로 규범의 학문인 법학의 연구대

헌법과 다른 법률과의 차 이점

---

1) 졸저, 「헌법이론과 헌법」, 제 8 판, 2017, 방주 916 참조.

상이 되지만, '규범성'을 제외하고는 이들 법률과 구별되는 중요한 몇 가지 특수한 성격을 띠고 있다. 헌법의 최고규범성, 헌법의 정치규범성, 헌법의 조직규범성, 헌법의 생활규범성, 헌법의 권력제한규범성, 헌법의 역사성 등이 그것이다.

Ⅰ. 헌법의 최고규범성

(1) 최고규범성의 이념적 근거·보장수단·효과

국법질서의 기초로서 모든 법률규범의 정립근거이자 한계인 동시에 그 해석기준: 헌법의 경성과 헌법소송제도는 그 표현

이해관계를 달리하는 여러 사회세력들이 어떤 구심점을 찾아서 공존하기 위한 절충 내지 타협의 결과 제정된 것이 헌법인 까닭에, 헌법은 그 국가사회의 최고의 가치로 존중되어야 한다는 것은 이미 말한 바와 같다. 이처럼 비조직사회를 정치적인 일원체로 통일시켜서 한 국가사회를 창설하는 헌법은 적어도 그 헌법에 의해서 조직된 국가사회 내에서는 모든 질서의 바탕이 되는 것이기 때문에 다른 모든 법률규범보다 우선하는 효력을 가지게 된다. 헌법의 개정을 다른 일반법률의 개정보다 훨씬 까다롭게 만든다든지, 헌법에 위배되는 법률·명령 등을 무효화시킬 수 있는 여러 가지 헌법소송제도를 마련해 둔다든지 하는 것은 모두가 헌법의 최고규범성에서 나오는 당연한 제도적 보장이다. 헌법은 이처럼 최고규범성을 가지기 때문에 동시에 한 국가사회 내의 모든 법률주체를 기속(羈束)하는 힘을 가지게 된다. 따라서 입법(Legislative)·통치(Gubernative)·행정(Administrative)·사법(Judikative) 작용과 같은 공권력의 행사가 헌법에 의한 제약을 받는 것은 물론, 심지어는 사법상(私法上)의 법률관계도 직접·간접 헌법의 영향을 받게 된다. 헌법은 모든 법률규범의 정립근거이자 한계를 뜻할 뿐 아니라 동시에 그 해석기준을 의미하기 때문이다. 이렇게 볼 때 헌법의 기속력은 헌법의 최고규범성에서 나오는 당연한 결과라고 할 수 있다.

(2) 최고규범성의 한계

최고규범성의 담보는 국민의 헌법에의 의지

헌법이 최고규범성을 가지는 것과 불가분의 관계에 있는 것이 헌법의 효력에 대한 보장의 문제이다. 헌법 이외의 다른 법률은 국가권력에 의해서 적용·집행·관철되기 때문에 그 효력이 국가권력에 의해서 보장되고 있지만 헌법의 효력은 다른 법률처럼 완전히 국가에 의해서 보장될 수만은 없는 것이기 때문이다. 바다에 표류하는 조각배처럼 그 생사의 문제가 자기 스스로의 손에 달려 있는 헌법은 K. Hesse의 말처럼 국민의 '헌법에의 의지'(Wille zur Verfassung)가 없이는 도저히 그 생명력을 유지할 수가 없다. 헌법을 지키고 실천하려는 국민

의 의지가 소멸함과 동시에 헌법의 최고규범성도 그 의미를 상실하고 만다.

Ⅱ. 헌법의 정치규범성

헌법은 여러 정치세력간에 공존을 위한 정치투쟁과 정치적 타협의 과정을 거쳐서 성립되기 때문에 다른 어느 법규범보다도 정치성이 짙기 마련이다. 정치현실이 내포하고 있는 어떤 가치의 세계를 규범화함으로써 정치현실의 안정화 내지 합리화를 촉진시키는 것이 헌법의 기능이라고 볼 때, 헌법은 처음부터 정치의 세계를 떠나서 존재할 수 없다. 이처럼 정치의 세계를 그 규율대상으로 하는 헌법은, 지극히 유동적이고 때로는 비합리적인 정치현실을 최대한 규범화하기 위한 필요성 때문에 다른 법률과는 다른 특수한 입법기술을 동원하지 않으면 아니된다. 즉 헌법규범이 가지는 유동성·추상성·개방성·미완성성 등은 그와 같은 헌법에 특유한 입법기술의 소산이다. 이처럼 정치규범으로서의 헌법에 불가결한 여러 가지 입법기술상의 특징은 말하자면 정치발전의 양상에 구애됨이 없이 헌법이 규범적 효력을 유지·실현하기 위한 배수진이라고도 볼 수 있다.

헌법과 정치의 불가분성 및 유동적인 정치세계를 규율하기 위한 특수한 입법기술의 동원과 그 결과

(1) 유 동 성

처음부터 일체의 개정가능성을 배제해 버리거나 개정 자체는 인정하지만 개정절차를 지극히 까다롭게 정함으로써 개정을 사실상 불가능하게 하는 비유동적인 헌법이 유동적인 정치현실에 대처할 수 없는 것은 명백하다. 따라서 정치규범으로서의 헌법은 유동성을 가지고 유동적인 정치상황에 대응할 수 있어야 한다. 헌법개정의 문제를 헌법이론의 중심과제로 보려는 학자가 있는 것은 그 때문이다.

유동적인 정치상황에 대처키 위한 개정가능성의 인정

(2) 추 상 성

제정 당시의 정치현실에 입각해서 미래의 정치발전을 예상하고 만들어진 헌법은 구체적인 사안에 관한 기타 법률과는 달라서 당연히 추상적인 정치용어와 불특정한 법률개념을 많이 사용하지 않을 수 없고 따라서 추상성을 띠지 않을 수 없다.

추상적 개념 사용의 불가피성

(3) 개 방 성

미래의 정치
발전에 대한
유보적·개방
적 입장

다양한 이해관계가 얽힌 정치투쟁의 과정에서 이루어지는 절충과 타협은 그 본질상 최소한의 합의결과만으로도 만족할 수밖에 없는 것이기 때문에 정치적 타협의 결과를 뜻하는 헌법도 자연히 최소한의 기본적인 중요사항만을 규정하고 나머지 지엽적인 사항은 미래의 정치적인 동화·통합과정에 미루어 둘 수밖에 없다. 아무리 헌법이 그 규범적 효력에 의해서 미래의 정치발전을 형성하는 힘을 가진다고 해도, 결코 정치발전 그 자체를 대치할 수는 없다. 따라서 헌법은 미래의 정치투쟁에 의해서 결정될 사항을 유보해 두고 그에 대해 개방적인 입장을 취하게 된다.

(4) 미완성성

헌법사항의
제한적 수용

외교관계·국제경제관계 등과 같이 헌법제정 당시의 상황만으로는 판단하기 어렵고 미래에 미지(未知)의 동인(動因)에 의해서 결정될 가능성이 큰 일정한 ´정치사항은 의식적으로 이를 헌법적인 규정의 대상에서 제외시키는 경우도 있다. 헌법규범이 헌법적인 사항을 모두 포함할 수 없는 이유는 그 때문이다. 따라서 헌법규범은 자연히 미완성의 것이 되게 마련이다.

정치규범성과
헌법소송의
관계

위에 말한 헌법의 정치규범성과 불가분의 관계에 있는 것이 헌법소송의 문제이다. 정치적인 색채가 농후한 헌법을 그 주요대상으로 하는 헌법소송은 기타 민사·형사·행정소송 등과는 비교할 수 없는 심각한 정치적인 영향을 미치는 경우가 많다. 헌법재판에 규범적인 관점과 아울러 특별히 정치적인 고려가 작용한다든지, 법률의 위헌결정권을 헌법재판소에 집중시킨다든지, 또는 헌법소송을 담당시키기 위해서 따로 헌법재판소 또는 헌법위원회를 설치한다든지 하는 것은 모두가 헌법의 정치규범성과 밀접한 관계가 있다.

Ⅲ. 헌법의 조직규범성

(1) 국가의 조직 및 기능구조

사회공동체의
조직·기능을
위한 구조적
인 Plan

헌법은 사회공동체를 정치적인 일원체 내지 국가로 승화시키기 위한 법적인 기본질서를 뜻하기 때문에, 사회공동체는 헌법에 의해서 비로소 일원적인 행동주체로 조직되게 된다. 따라서 헌법은 정치적인 일원체가 공동관심사를 처

리하는 데 필요한 기구의 설치·조직에 관한 사항은 물론 헌법에 의해서 설치
된 기관 상호간에 공동의 관심사를 처리해 나가는 과정에서 발생할지도 모르는
갈등·대립을 해결할 수 있는 절차까지도 규정하게 된다. 요컨대 헌법은 사회공
동체가 정치적인 일원체 내지 국가라는 형태로 조직되고 기능하기 위한 구조적
인 Plan을 의미한다. 헌법이 일정한 권능과 국가적인 권력으로 장식된 다수의
헌법기관의 창설에 관한 규정을 가지는 것이라든지, 헌법기관 상호간의 협조
내지는 권력통제에 관한 규정을 **빼놓지** 않는 이유는 계획적이고 의식적으로 조
직된 책임성 있는 협동체제에 의해서만 정치적인 일원체는 성립될 수 있기 때
문이다.

조직규범으로서의 헌법은 다음과 같은 세 가지 목적을 추구하고 있다고
볼 수 있다. 우선 사회공동체 내에 존재하는 정치투쟁(권력투쟁)을 무궤도한 상
태에서 일정한 궤도 안으로 끌어들이려는 것이다. 두 번째로는 일단 성립된 정
치적인 일원체로 하여금 충분히 기능을 발휘할 수 있는 조직적인 뒷받침을 해
주자는 것이다. 셋째로 권력이 남용되거나 악용되는 사례가 생기지 않도록 처
음부터 조직적인 측면에서 그 가능성을 배제해 버린다는 것이다.

조직규범으로
서의 헌법이
추구하는 목
적

(2) 조직규범성의 한계

이와 같은 헌법의 조직규범성과 관련해서 주의해야 할 점이 있다. 헌법은
개방성과 미완성성 등의 특징을 가지기 때문에 정치적인 일원체의 조직에 관한
모든 사항을 스스로 규정할 수는 없다는 점이다. 형식적 의미의 헌법 이외에
실질적 의미의 헌법이라는 개념을 인정해서 헌법전(憲法典) 외에도 국가조직과
활동에 관한 중요한 사항을 규정하는 법률규범을 모두 실질적 의미의 헌법이라
고 부르는 점을 주목할 필요가 있다. 우리나라의 경우를 예로 들면 정부조직
법, 국회법, 공직선거법, 법원조직법, 헌법재판소법, 중앙선거관리위원회법, 정
당법 등은 실질적 의미의 헌법에 속한다. 또 형식적 의미의 헌법, 즉 헌법전에
규정된 사항이라고 해서 반드시 실질적 의미의 헌법에 속하는 것은 아니다. 예
컨대 국회의원이 국유교통수단을 무상 이용할 수 있다는 등의 규정이 헌법전에
들어 있다면, 그것은 형식적 의미의 헌법에는 속할지언정 실질적 의미의 헌법
이라고 볼 수는 없다. 헌법제정에 수반되는 특수한 입법기술상 형식적 의미의
헌법과 실질적 의미의 헌법이 완전히 일치되는 경우를 상상하기는 어렵다. 형
식적 의미의 헌법은 특별한 헌법제정절차에 의해서 제정된 헌법전을 뜻하는 것
이기 때문에 마땅히 성문헌법이기 마련이다. 따라서 「영국에는 헌법이 없다」고

개방성·미완
성성에서 오
는 조직규범
성의 한계

형식적 의미
의 헌법과 실
질적 의미의
헌법의 구별
과 불일치

하는 경우에는 형식적 의미의 헌법, 즉 성문헌법이 없다는 뜻이다. 영국에도
실질적 의미의 헌법은 있기 때문이다. 이렇게 볼 때 오늘날에도 형식적 의미의
헌법은 현대국가의 필수적인 성립요건이 되는 것은 아니다.

Ⅳ. 헌법의 생활규범성

(1) 생활규범성의 내용과 성격

공존을 위한
구성원의 행
동방식을 규
율하고 촉구
하는 규범

사회구성원 모두가 함께 공존하기 위해서 마련된 헌법은 일정한 인간적인
행동을 촉구하는 무수한 규범을 내포하기 마련이다. 따라서 헌법은 인간적인
행동과 분리될 수 없다. 인간의 행동방식에 대한 헌법규범의 촉구내용이 실제
로 인간의 행동에 의해서 실현되지 않는다면 헌법규범은 죽은 문자에 지나지
않게 된다. 헌법에 의해서 조직된 국가사회의 구성원 모두가 헌법이 촉구하는
행동방식에 따라 생활해 나갈 때, 헌법은 비로소 공존을 위한 합리적이고 정의
로운 사회를 형성한다는 그 본래의 기능을 발휘할 수 있게 된다. 헌법은 결국
국민의 생활 속에 스며드는 규범이 아니면 아니된다. 헌법은 결코 관념의 세계
에만 존재하는 규범이 아니고 국민의 생활 속에 존재하면서, 국민의 일상생활
에 의해서 실현되고 발전되는 규범이다. 헌법을 때로 「law in public action」[1]
이라고 칭하는 이유도 그 때문이다.

다른 규범과
의 질적인 차
이

물론 형법이나 민법·조세법 등도 국민의 일상생활과 불가분의 관계에 있
는 일종의 생활규범임에는 틀림없으나, 형법은 금지규범(Verbotsnorm)의 형식으
로 짜여져 있고, 민법은 상황규범(Umstandsnorm)적 성격을 가지고, 조세법은 조
건규범(Kausalnorm)적 요소를 그 주내용으로 하기 때문에 전생활영역을 대상으
로 하는 가치규범(Wertnorm)적 내지 행동규범(Aktionsnorm)적 성격을 띤 헌법의
생활규범성과는 그 진지성을 달리한다.

(2) 생활규범적 효력의 전제

생활규범성의
이론적 전제

헌법이 관념의 세계에서 가상적으로만 효력을 가지는 것이 아니고, 국민의
생활 속에서 현실적으로 생활규범으로 효력을 나타내자면, 헌법이 국민의 생활
태도와 행동을 실제로 유도하는 힘을 가져야 한다. 이와 같은 헌법의 힘은 헌
법이 존재한다는 사실만으로 당연히 생기는 것은 결코 아니라는 점에서 일반법
률이 갖는 강제적인 힘과 다르다. 헌법의 효력이 헌법제정권자의 단 한 번의

---

1) Vgl. *P. Häberle*, Verfassungstheorie ohne Naturrecht, AöR 99(1974), S. 437ff.(442).

의지작용에 의해서 당연히 생기는 것이라고 보는 결단주의이론이 비판되는 이유도 그 때문이다. 인간의 경험법칙에 비추어 볼 때 역사적인 헌법제정권자의 의지만으로 헌법의 생활규범적 효력을 생기게 할 수도 없거니와, 또 설령 생기게 할 수 있다 하더라도 이를 계속해서 보장할 수는 없다고 보는 것이 타당하다. 헌법이 얼마만큼의 생활규범적 효력을 가지느냐의 문제는 궁극적으로는 헌법이 어느만큼 주어진 시대적인 생활감각에 가깝게 규범화되어 있느냐의 문제로 귀착된다. 헌법이 만들어지는 역사적인 시점에 존재하는 생활감각이나 시대사상이 최대한으로 반영되고, 현실적인 생활관계가 최대한으로 포섭될 수 있는 최대공약수를 찾아서 이를 규범화하는 경우에 헌법의 생활규범적 효력이 가장 실효성 있게 나타날 것은 분명하다. 생활현실이나 시대사상과 동떨어진 헌법규범은 생활규범의 기능을 발휘하지 못하고 결국은 헌법규범(Verfassungsnorm)과 사회현실(gesellschaftliche Normalität)의 갭(gap) 때문에 헌법 본연의 과제를 다하지 못하는 경우를 종종 볼 수 있는 것도 그 때문이다.

(3) 생활규범성과 헌법실현

헌법제정 당시에 그 사회공동체를 지배하는 일반적인 생활감각이나 시대사상을 최대한 헌법에 규범화함으로써 헌법으로 하여금 생활규범적 기능을 최대한으로 발휘할 수 있도록 하는 문제와 '헌법의 실현'(Verwirklichung der Verfassung)을 혼동해서는 아니된다. '헌법의 실현'이란, 헌법의 규범성에 입각해서 헌법의 규범정신에 맞도록 사회현실을 형성해 나가는 것을 뜻한다. 즉 헌법규범을 사회현실에 적용해서 구체화하는 것이다. 따라서 헌법의 생활규범성은 헌법규범적 측면에서 수동적인 관찰의 결과라고 한다면, '헌법의 실현'이란 그 반대로 헌법규범의 능동적이고 적극적인 측면을 상징하게 된다. 하지만 헌법을 실현시킨다고 하는 것도 생활규범으로서의 헌법과 마찬가지로 사회현실을 안목에 두게 되는 것이기 때문에, 헌법이 사회생활에 미치는 효력은 결국 헌법의 이 두 가지 측면이 적절히 상승작용을 할 때 가장 극대화될 수 있는 것이라고 볼 수 있다.

헌법의 생활규범성과 헌법실현의 관계

(4) 헌법실현과 상반구조적 입법기술

헌법규범은 언제나 일정한 역사적인 상황 속에서 성립되는, 말하자면 역사적인 산물이기 때문에 역사성을 가진다고 하는 것은 뒤에서 따로 설명하겠지만, 이처럼 역사성을 내포하는 헌법규범은 시대가 변천함에 따라 그 생활규범으로서의 기능이 약화될 뿐 아니라 동시에 헌법을 실현하는 데에도 점점 어려

헌법규범과 사회현실의 갭을 방지하기 위한 상반구조적 입법기술

움이 따르게 된다. 헌법규범과 사회현실의 갭이 역사의 발전에 따라 점점 커지기 때문이다. 이와 같은 갭은 헌법규범의 현실적응력과 현실의 헌법적응력을 높일 수 있는 이른바 헌법의 '상반구조'(Gegenstruktur)적 입법기술에 의해서 처음부터 어느 정도 좁힐 수는 있어도 이를 완전히 배제할 수는 없다. 국민의 기본권을 보장하면서도 또 한편 기본권을 제한할 수 있게 한다든지, 권력분립원칙을 따르면서도 다른 한편 권력통합적 요소를 받아들인다든지, 연방제도를 채택하면서 다른 한편 어느 정도의 중앙집권적 요소를 함께 제도화하는 것 등은 모두가 헌법이 내포하는 '상반구조'의 대표적인 예이다.

(5) 헌법현실과 헌법변천

헌법현실과 헌법변천의 개념상의 차이 및 경계할 점

생활규범으로서의 헌법기능이 약화되고 동시에 사회형성적인 헌법의 규범성이 본래의 과제를 다하지 못하게 되는 이른바 헌법규범과 사회현실과의 부조화현상을 일컬어 '헌법현실' 또는 '헌법변천'이라고 부르는 수도 있다. 후자는 같은 내용의 헌법규범이 시대의 변천 내지 역사의 발전에 따라 헌법제정 당시와는 다른 내용의 생활규범으로 기능하게 되는 것을 뜻하는 데 반해서, 전자는 주로 헌법규범과 모순되는 현실적인 사회현상을 지적하기 위해서 사용된다. 헌법규범과 사회현실이 조금도 모순됨이 없이 완전히 일치하는 것은 지극히 드문 현상이기 때문에 '헌법현실'이라는 개념으로 이와 같은 불가피한 부조화를 지적하려는 것은 물론 수긍이 간다. 하지만 때로는 헌법규범에 명백히 어긋나는 사회현실을 정당화하려는 의도에서 '헌법현실'이라는 개념이 사용되고 있는 사실을 경계할 필요가 있다.

그와 같은 시도는 일종의 헌법경시적인 잠재의식을 표현함에 지나지 않는다. 왜냐하면 '사회현실의 규범적 효력'(normative Kraft gesellschaftlicher Normalität)을 처음부터 '헌법규범의 규범적 효력'(normative Kraft von Verfassungsnormen)보다 우선시키려는 의도가 그 사고의 저변에 작용하고 있기 때문이다. 시대가 변천하고 역사의 수레바퀴가 쉬지 않고 돌아가는 한 헌법과 모순되는 사회현실이 조성될 수 있고 또 경우에 따라서는 이를 가볍게 일축할 수만은 없을 정도로 굳어질 경우도 있을 수 있다. 때문에 처음부터 그와 같은 현상이 일어나지 않도록 노력해야 할 뿐 아니라, 또 일단 발생한 위헌적 사회현실은 이를 가급적 다시 헌법규범에 맞도록 조정하는 부단한 헌법정책적 노력이 필요하다. 불가피한 상황 아래에서 헌법의 규범성을 다시 회복시키기 위하여 헌법개정의 방법을 고려하는 것도 그와 같은 헌법정책적 노력의 한 수단이 될 것이다.

V. 헌법의 권력제한규범성

(1) 권력제한의 의미와 기능

국가사회 내에 존재하는 여러 정치세력들이 함께 공존하기 위한 절충과 타협의 결과 얻어진 이른바 Konsens(consensus)를 바탕으로 해서 성립된 헌법은 결국 정치세력 상호간에 서로의 힘을 견제·감시함으로써 어느 세력도 Konsens 의 테두리를 벗어나지 못하게 하는 이른바 권력제한적 기능을 갖고 있다고 볼 수 있다. 이처럼 권력을 제한하고 합리화시킴으로써 공존의 정치적인 생활질서 를 보장하는 권력제한적 기능은 다른 법률에서는 찾아볼 수 없는 헌법의 특질 이 아닐 수 없다. 권력을 제한하고 합리화시킨다는 것은 헌법에 의해서 마련된 공존의 정치적인 생활질서를 안정화시킨다는 것을 뜻하기 때문에 권력제한적 요소는 사회공동체를 국가사회로 형성하려는 헌법의 본질적인 요소가 아닐 수 없다. 헌법의 이와 같은 권력제한적 기능은 특히 권력행사의 남용으로 유혹되 기 쉬운 권력담당자를 통제하는 형태로 나타나는 것은 당연하다. 따라서 헌법 의 조직규범적 특성에 의해서 정치적인 일원체의 조직과 기능에 필요한 일정한 국가기관을 설치하고 그에 일정한 권능을 주면서도 그 권능의 남용 내지 악용 에 대비해서 일정한 감시·견제·통제·문책의 방법을 마련해 두는 것도 결국 권력 내지 권력담당자에 대한 불신임을 제도화함으로써 공존의 기반을 안정시 키려는 헌법의 권력제한적 기능 때문이다.

공존의 정치적인 생활질서를 보장하는 데 필요한 권력의 견제·감시

(2) 권력통제의 수단

헌법의 이같은 권력제한적 기능은 헌법사적으로 볼 때 입헌주의의 초기에 는 국민소환권, 국민발안권 또는 중요국사에 대한 국민투표권 등을 헌법규범으 로 보장하는 말하자면 '직접적인 권력통제'의 형태로 나타났었지만, 현대적인 대의민주주의국가에서는 그와 같은 직접적인 권력통제의 수단보다는 '간접적인 권력통제'의 방법을 채택하는 것이 보통이다. 즉 헌법적 수권에 의해서 국가권 력을 실제로 담당하는 여러 국가기관 상호간에 서로 감시·견제·통제·문책하 게 함으로써 어떤 특정한 국가기관의 과잉권력행사를 막는 것이다. 권력분립의 원칙에 입각한 입법·행정·사법권 상호간의 감시·견제에 관한 여러 가지 헌법 규정, 여당을 감시·견제하기 위해서 야당에게 부여한 여러 가지 헌법상의 권 한, 헌법재판제도에 의한 입법·행정·사법작용의 감시·통제 등이 그 예이다. 하 지만, 필요에 따라서는 '직접적인 권력통제'의 수단과 '간접적인 권력통제'의 방법

직접적인 권력통제수단과 간접적인 권력통제수단

을 함께 제도화하는 것도 물론 가능한데 그 대표적인 예가 스위스연방헌법이다.

Ⅵ. 헌법의 역사성

일정한 역사
적인 시대상
황의 산물로
서의 헌법

헌법이 갖는
역사성의 기
능적 의미

헌법은 사회공동체가 어떤 Konsens를 기반으로 해서 정치적인 일원체로 조직되어야 할 일정한 역사적인 상황 속에서 성립되는, 말하자면 역사적인 산물이기 때문에 역사성을 그 특질로 한다. 헌법은 이처럼 일정한 역사적인 상황 속에서 만들어지는 이른바 역사성을 그 본질로 한다 하더라도 헌법의 그 역사성이란 결코 퇴영적(退嬰的)인 역사성일 수가 없고 진보적이고 발전적인 역사성을 뜻하지 않으면 아니된다. 왜냐하면 헌법은 한 국가의 백년대계를 설계하는 이른바 초시대적인 청사진을 의미하기 때문에 시대의 변천이나 역사의 발전을 포용할 수 있는 힘이 있어야 하겠기 때문이다. 따라서 이미 설명한 헌법의 유동성·개방성·미완성성 등은 헌법의 역사성에 일종의 활력을 불어넣어 주는 역사의 활력소라 할 수 있다. 따라서 헌법의 역사성을 강조하는 것은 헌법이 제정되던 시대적인 배경 속에서만 헌법을 이해해야 한다는 뜻이 아니고, 헌법의 성립을 불가피하게 한 역사적인 상황을 반영하고 있는 역사적인 질서로서의 헌법이 시간을 초월해서 하나의 '살아 있는 역사'로서 국가사회의 생활골격을 이루어야 한다는 뜻이다. 따라서 헌법의 역사성은 시간을 초월해서 존재하는 어느 사회공동체에 과거와 현재와 미래의 동질성을 보장하는 말하자면 진보적인 nostalgia라고 말할 수 있다.[1]

4. 헌법의 유형

Ⅰ. 고전적 분류방법

실제로 다양한 형태로 존재하는 헌법을 유형적으로 구별하는 것은 결국 관점과 구별표준에 따라서 좌우되는 일이다.

---

1) 우리 헌법재판소도 유신헌법에 따른 대통령 긴급조치의 위헌심판사건에서 기본권 강화와 확대라는 헌법의 역사성을 근거로 국민주권주의와 자유민주주의의 본질적 기본원리를 침해한 그 당시의 긴급조치(제 1 호, 제 2 호 및 제 9 호)를 유신헌법이 아닌 현행헌법을 심사기준으로 삼아 위헌결정했다. 헌재결 2013. 3. 21. 2010 헌바 70 등, 판례집 25-1, 180(194면) 참조.

(1) 흠정헌법·군민협약헌법·민정헌법

입헌주의의 초기에는 아직도 군주가 헌법의 제정에 적지 않은 발언권을 행사했기 때문에 군주가 어느 정도 헌법의 성립에 참여했느냐에 따라 이른바 흠정헌법[1](군주제정헌법), 군민협약헌법,[2] 민정헌법[3](국민제정헌법) 등을 구별하는 것이 의의가 있었으나, 현대민주국가의 헌법은 군주의 입헌참여를 부정하고 이른바 '국민에 의한 헌법제정의 원칙'에 의해 성립된 것이기 때문에 모두가 민정헌법의 유형에 속한다. 따라서 군주의 참여를 표준으로 한 헌법유형의 구별은 과거에 존재했던 헌법들을 헌법사적으로 고찰하는 데는 아직도 그 의의가 있을지 몰라도 현대국가의 헌법이론으로서는 별로 의미가 없다고 할 수 있다.

헌법제정의 주체에 따른 고전적 분류

(2) 연방국헌법·단일국헌법

또 사회공동체가 정치적인 일원체로 조직됨에 있어 연방국가의 형태를 채택하느냐, 아니면 중앙집권식단일국가의 형태를 취하느냐에 따라 연방국헌법과 단일국헌법을 구별하려는 경우도 있으나, 이는 엄밀히 따져서 헌법유형의 문제라기보다는 헌법내용의 문제라고 볼 수 있다. 즉 그것은 국가의 조직구조 내지 통치구조에 관한 문제이지 헌법유형의 문제는 아니기 때문이다.

헌법유형이 아닌 헌법 내용의 문제

(3) 규범적 헌법·명목적 헌법·장식적 헌법

이 밖에도 칼 뢰븐슈타인(Karl Loewenstein)[4]은 헌법을 헌법현실의 관점에서 이른바 '규범적 헌법'·'명목적 헌법'·'장식적 헌법'[5]으로 구별하려고 하지만

칼 뢰븐슈타인의 분류, 그

---

1) 흠정헌법(oktroyierte Verfassung)의 대표적인 예로서 1814년 6월 4일 프랑스 루이 18세(Louis XⅧ)가 군권강화를 위해서 제정한 Charte Constitutionelle(헌법전)를 들 수 있다.

2) 프랑스 루이 18세 헌법(1814년)이 1830년 7월혁명 후에 새 왕 루이 필립(Louis Philippe)과 의회의 협의하에 선거권확대, 의회권한강화의 방향으로 전면 개정된 것은 군민협약헌법(paktierte Verfassung)의 대표적인 예에 속한다.

3) 민정헌법(demokratische Verfassung)의 대표적인 예에 속하는 것은 1787년에 제정된 미합중국 연방헌법, 1919년의 바이마르헌법, 1920년의 오스트리아헌법, 1948년의 대한민국헌법, 1949년의 독일기본법 등을 들 수 있다.

4) Vgl. *Karl Loewenstein*, Political Power and the Governmental Process, University of Chicago Press. 2nd ed., 1962, pp. 140; *derselbe*, Verfassungslehre(상기 영문서의 독어 번역판), 3. Aufl.(1975), S. 420f. 이 문헌은 1967년 일본어로도 번역이 되고, 우리나라에서도 1973년 고 김기범 교수가 「현대헌법론」으로 번역·출간했다.

5) *K. Loewenstein*에 따르면 헌법이 완전히 규범적 효력을 나타내서 헌법규범과 헌법현실이 일치하는 경우를 '규범적 헌법', 헌법이 그 규범적 효력을 나타내지 못하고 헌법규범과 헌법현실이 완전히 동떨어진 상태에 있지만, 언젠가는 그 gap이 좁혀질 전망이 있는 경우를 '명목적 헌법', 헌법이 권력을 쥔 사람의 자기정당화의 수단으로만 존재하는 경우를 '장식적 헌법'이라고 부른다. Vgl. Verfassungslehre(N 4), S. 152.

러나 헌법의
본질보다 헌
법의 실현을
중시

그것은 헌법의 본질에 입각한 유형의 구별이라고 하기보다는 일단 성립된 헌법이 국가의 생활현실에서 구체적으로 어떻게 실현되고 있으며 또 헌법이 시대의 변천에 따라 어떻게 변질되었느냐의 문제로 요약할 수 있기 때문에 '헌법의 실현' 또는 헌법규범과 '헌법현실'의 갭(gap) 내지는 '헌법의 변천'의 문제로 다루어져야 할 성질의 것이지 헌법유형에 속하는 사항은 아니라고 할 것이다.

Ⅱ. 현실적 분류방법

헌법의 법형
식과 우선적
효력의 강약
이 기준

결국 오늘날 헌법의 유형으로 고찰의 대상이 되는 것은 헌법의 법형식에 따라 성문헌법과 불문헌법을 구별하는 것과, 헌법이 가지는 우선적 효력의 강약에 따라 연성헌법과 경성헌법을 구별하는 것이다.[1]

(1) 성문헌법과 불문헌법

법형식에 의
한 구별

성문헌법과 불문헌법은 헌법이 존재하는 법형식에 의한 헌법유형의 구별이다. 법실증주의나 규범주의적 헌법관에 입각해서 볼 때는 헌법은 반드시 성문헌법의 형식으로 존재해야지 불문헌법의 법형식이란 생각할 수 없게 된다.

1) 성문헌법

(가) 성문헌법의 유형

헌법전의 법
형식으로 존
재

헌법이 성문헌법의 법형식으로 존재한다고 하는 것은 헌법사항이 헌법전의 형식으로 기록화되는 것을 뜻하지만 그렇다고 해서 모든 헌법사항(실질적 의미의 헌법)이 반드시 헌법전(형식적 의미의 헌법)에만 들어 있어야 되는 것을 요하는 것은 아니다. 따라서 헌법사항의 일부만이 헌법전에 기록화되고 나머지 헌법사항은 다른 법률에 의해서 규정되는 것은 성문헌법의 유형에 어긋나는 일은 아니다. 이런 의미에서 오늘날 대다수 국가의 헌법은 성문헌법의 유형에 속한다고 할 것이다.

경성헌법이
보통

또 성문헌법은 일반적으로 다른 법률보다는 그 개정이 까다로운 것이 보통이지만, 그와 같은 헌법의 경성(硬性)은 성문헌법유형의 본질적 요소에 속하는 것은 아니다. 왜냐하면 연성(軟性)인 성문헌법의 유형도 이론적으로는 존재할 수 있기 때문이다.[2] 하지만 오늘날 성문헌법은 거의가 경성헌법인 것이 보

---

1) 헌법을 이처럼 성문헌법과 불문헌법, 연성헌법과 경성헌법으로 구별하는 것은 *James Bryce*에서 유래한다. Vgl. Studies in History and Jurisprudence, Oxford 1901, Essay Ⅲ.
2) 1848년의 이탈리아헌법(Carlo-Albertinische Verfassung)은 그 대표적인 예이다.

통이다.

성문헌법유형의 장점은 헌법을 성문화함으로써 일정한 헌법 내용의 존재 　기능적 장점
를 객관적으로 다툴 수 없게 할 뿐 아니라 헌법의 사회안정적·권력통제적·생
활합리화적, 그리고 자유보장적 기능을 높일 수 있다는 데 있다.

(나) 성문헌법과 헌법관습법

성문헌법을 가지는 나라라고 해서 헌법적 관행에 의해서 생길 수도 있는 　헌법관습법의
이른바 불문적인 헌법관습법[1]의 존재를 완전히 배척하는 것은 아니다. 다만 헌 　인정과 그 보
법관습법은 어디까지나 성문헌법의 규범적 테두리 안에서 성문헌법의 애매한 　완기능
점을 보충하고 성문헌법의 실효성을 증대시키는 범위 안에서만 인정되어야 한
다는 것이 지배적인 견해이다. 그렇지 않다면 헌법적인 관행에 의해서 성문헌
법이 무제한 변질될 수 있다는 것을 뜻하게 되고 궁극적으로는 성문헌법전보다
불문적인 헌법의 관행례가 우선하고 국가생활을 압도적으로 지배하는 결과가
되겠기 때문이다.

(다) 성문헌법과 정당성

성문헌법이 국가생활의 합법성(Legalität)의 근거가 되는 것은 의심의 여지 　성문헌법이
가 없으나, 동시에 그 정당성(Legitimität)의 근거도 될 수 있느냐의 문제는 법실 　갖는 정당성
증주의를 따르지 않는 한 자연법사상과도 밀접한 관계가 있기 때문에 쉽사리 　의 근거와 한
대답할 수가 없다. 성문헌법이 사회구성원의 공존을 위한 합의의 결과라고 볼 　계
때 여기에 일응 정당성의 계기가 있는 것이라고도 볼 수 있으나, '완전합의'의
내용이라 할지라도 경우에 따라서는 정당성의 마지막 근거가 되는 '최고의 법
원리'와 저촉될 수도 있는 것이기 때문에 성문헌법의 정당성의 문제는 공존이

---

1) '헌법관습법'(Verfassungsgewohnheitsrecht)과 '관습헌법'(Konventionalverfassung)은 개념적으
　로 엄격히 구별할 필요가 있다. 전자는 성문헌법의 테두리 안에서 이루어지는 헌법의 관행을
　말하지만, 후자는 일반적으로 불문헌법의 대명사로 쓰여지기 때문이다.
　　성문헌법국가인 미국에서 연방대법원이 1803년 이래 행사하고 있는 법률의 위헌심사(judicial
　review)는 일종의 헌법관습법에 해당한다.
　【결정례】 우리나라 수도가 서울이라는 불문의 관습헌법사항을 헌법개정절차 없이 법률로 변경
　하는 것은 국민의 헌법개정투표권을 침해하므로 위헌이다(헌재결 2004. 10. 21. 2004 헌마 554
　등). 이 결정에서 우리 헌재는 헌법적 관행으로 생긴 헌법관습법의 존재를 인정한 것인데, 불
　문헌법 또는 관습헌법이라는 개념을 사용함으로써 개념상의 혼선을 빚고 있어 아쉽다. 수도
　서울은 태극기·애국가 등과 함께 비록 헌법전에 명문화된 사항은 아니지만, 대한민국의 통일
　성과 국민통합의 징표를 나타내는 상징물로서 헌법적인 비중을 갖는 관행에 해당하기 때문에
　수도이전에는 반드시 헌법개정에 준하는 국민적인 합의가 필요하다는 점을 강조하는 방향으로
　논증하는 것이 보다 합리적이었다고 생각한다. 스페인·벨기에·오스트리아 등 세계 90여개 국
　가가 수도·국기·국가·국어 등을 헌법에 명문화하고 있는 이유도 이들 사항이 갖는 국민통합
　의 상징성 때문이다.

론이나 '합의이론'만으로 논증하기가 어렵다. 무엇이 '최고의 법원리'에 속하느냐의 문제는 결국은 각 법주체의 '법적인 양심'에 의해서 결정될 수밖에 없다고 하겠다. 이처럼 성문헌법에 의해서 표상되는 합법성과 '법적인 양심'에 근거를 두는 '정당성'의 괴리가 가능하다고 보는 한 비록 성문헌법에 규정이 없다 하더라도 소위 '저항권'과 같은 것은 '법적인 양심'에 의해서 정당화될 수가 있을 것이다. 그러나 그 경우 그것은 성문법에 의한 합법성의 형태를 띠지 못하는 것도 또한 당연하다.

2) 불문헌법

(가) 관습헌법과 성문화경향

관습헌법=불문의 헌법적 관행, 그러나 감소추세

불문헌법은 때로 관습헌법(Konventionalverfassung)이라고도 일컬어지는데, 그 이유는 헌법이 성문헌법처럼 일정한 헌법제정절차에 따라 헌법전의 법형식으로 존재하는 것이 아니고, 오랜 시일에 걸쳐 확립된 헌법사항에 대한 국가적 관행이 불문헌법의 법형식으로 굳어진 때문이다. 결국 국가사회의 정치질서가 불문(不文)의 '헌법적 관행'(constitutional conventions)에 의해서 규율되는 것이다. 이처럼 헌법적 관행의 전체가 헌법으로 불려지는 불문헌법의 유형에 있어서는 성문헌법의 유형에서처럼 형식적 의미의 헌법이나 실질적 의미의 헌법이란 구별이 존재할 여지가 없다. 오늘날 불문헌법을 가지는 나라는 영국을 비롯해서 뉴질랜드와 이스라엘[1]을 들 수 있다. 하지만 불문헌법을 가지는 대표적 예인 영국만 보더라도 그 동안 많은 헌법사항이 일반법률의 형식으로 성문화되어졌기 때문에[2] 헌법적 관행에 의해서 규율되는 헌법의 사항이 점점 줄어드는 경향을[3] 나타내고 있다.

(나) 불문헌법의 특성

불문헌법의 특징: 위헌심

불문헌법의 유형에 속하는 헌법의 특이한 점은 그것이 헌법전의 형식으로 성문화되어 있지 않다는 점 이외에도 다음과 같은 두 가지 점을 들 수 있다.

---

1) Israel의 경우 "Transition Law"(5709/1949)와 5편의 기본법(1958년~1968년)을 구태여 성문 기본법으로 볼 수도 있으나, 엄격한 의미에서는 역시 불문헌법의 유형에 속한다는 것이 통설이다.

2) 한두 가지 예만 들면, 하원의 조직에 관한 Parliament Triennial Act(1641); 하원의원의 지위에 관한 House of Commons Disqualification Act(1957); 상원과 하원의 상호관계에 관한 Parliament Act(1911); 장관의 지위에 관한 Ministers of Crown Act(1937); 기본권의 보호에 관한 Habeas Corpus Act(1679); 국적에 관한 British Nationality Act(1948); 법관의 독립에 관한 Act of Settlement(1700) 등이 있다.

3) 왕의 권리의무, 수상이나 내각의 지위, 정부의 외교에 관한 권한, 의회의 외교정책에 대한 참여권 등은 아직도 헌법적 관행에 의해서 규율되고 있다.

의회제정법률에 대한 법원의 위헌심사권이 보장되지 않고 있다는 점과, 특별한
헌법개정절차가 인정되지 않는다는 점이 바로 그것이다. 이 두 가지 사항은 모
두 헌법에 특별한 우선적 효력이 인정되지 않는 불문헌법의 특징과 불가분의
관계에 있다. 따라서 불문헌법은 개념필수적으로 연성헌법일 수밖에 없다. 불
문헌법이 이처럼 연성헌법이기 때문에 보통 법률개정절차에 따라 개정·폐기될
수 있는 것과 관련해서 강조할 점은 불문헌법의 국가일수록 정치인이나 국민의
고도의 정치적인 교양을 필요로 하고 아리스토텔레스(Aristoteles)가 말한 politicus
가 없이는 헌정질서가 그 기능을 발휘할 수 없다는 점이다. 이렇게 볼 때 영국
의 정치적 성과는 바로 영국정치인이나 영국국민의 탁월한 정치수준의 덕분이
라고 할 수 있다.

사제도결여와
연성헌법

(2) 연성헌법과 경성헌법

연성헌법과 경성헌법은 헌법이 가지는 우선적 효력의 강약에 따른 헌법유
형의 구별이다. 법실증주의나 규범주의적 헌법관에 따르면 헌법은 모두가 경성
헌법이어야 하기 때문에 연성헌법의 헌법적 효력을 설명하는 데 어려움이 있다
는 점은 이미 언급한 바와 같다.

우선적 효력
의 강약에 의
한 구별

1) 연성헌법

연성헌법은 그 규정내용에 따라 일반법률과 구별될 뿐 형식상 특별한 우
선적 효력이 주어지지 않기 때문에, 일반법률의 제정·개정·폐기절차에 따라
제정·개정·폐기될 수 있는 유형의 헌법을 말한다. 헌법이 이처럼 일반법률과
아무런 효력상의 차이가 없다고 하는 경우에는 헌법이 가지는 사회안정적·권
력통제적·자유보장적·생활합리화적 기능 등을 충분히 발휘하기가 어렵다는 것
은 말할 필요조차 없다. 따라서 오늘날 연성헌법의 유형에 속하는 것은 불문헌
법에 한하고, 성문헌법의 법형식을 가지면서 연성인 헌법은 이미 그 예를 찾아
보기가 어렵게 되었다.

우선적 효력
의 결여 및
불문헌법

2) 경성헌법

경성헌법은 일반법률보다 우선하는 효력이 주어지기 때문에 그 제정·개정·
폐기가 일반법률에 대한 절차보다 까다롭게 되어 있어서 함부로 바꿀 수 없는
유형의 헌법을 말한다. 성문헌법의 유형에 속하는 것은 적어도 현대국가에 관
한 한 모두가 경성헌법이다. 헌법은 그것이 아무리 경성헌법의 유형에 속한다

우선적 효력
유지 위한 개
정절차의 경
성 및 성문성

해도 유동성·개방성·미완성성 등의 특질과 생활규범성을 떠나서 생각할 수 없
는 것이기 때문에 경성헌법의 본질적 요소에 속하는 '경성'도 따지고 보면 상대
적인 것에 불과하다. 헌법이 그 헌법적 기능을 충분히 발휘하기 위해서는 아무
리 경성헌법이라 해도 어느 정도의 '유연성'을 가지지 않으면 아니되겠기 때문
이다. 따라서 시대의 변천이나 역사의 발전에 적응할 수 있는 개방성의 폭을
지극히 좁히고, 반면에 거의 비유동적일 정도까지 경성만을 강조하고 있는 성
문헌법은 그것이 아무리 경성헌법의 유형에 속한다 하더라도 결과적으로는 그
헌법적 기능을 충분히 발휘할 수 없는 까닭에 연성헌법보다 오히려 우선적 효
력이 약화되거나 또는 단명일 수도 있다. 명목상의 경성헌법을 실제적으로도
경성헌법으로 기능케 하기 위해서는 헌법의 개방성과 경성을 적절히 조화시키
는 헌법의 입법기술이 요청된다 하겠다.

**헌법의 경성
과 개방성의
조화 필요성**

(3) 유형적으로 본 우리나라 헌법

**성문의 경성
헌법 및 우선
적 효력의 간
접적 표시**

우리나라 헌법은 1948년 제헌 이후 일관되게 성문·경성헌법의 유형에 속
해 왔다. 우리 현행헌법도 그 예외는 아니다. 우리 현행헌법은 미국헌법[1]이나
일본헌법[2]처럼 헌법이 최고법임을 직접적으로 선언하는 이른바 최고법조항
(Supreme Law-Clause)을 두고 있지는 않지만, 헌법개정에 대한 특별한 가중절차
($\binom{제128조~}{제130조}$)를 마련하고 있고 또 법률 등에 대한 위헌심사 내지 위헌결정권을 따
로 규정($\binom{제107조, 제111조 제 1}{항, 제113조 제 1 항}$)함으로써 헌법의 우선적 효력을 간접적으로나마 명백
히 하고 있다. 또 우리 현행헌법전에는 실질적 의미의 헌법사항이 모두 들어
있지 않고 그 중요한 부분이 국회법, 정부조직법, 선거법 등 일반법률로 규정
되고 있기 때문에 형식적 의미의 헌법과 실질적 의미의 헌법이 구별되는 성문
헌법적 유형의 전형적인 특징을 드러내고 있다.

---

1) Vgl. Art. Ⅵ Clause 2: "This Constitution … shall be the supreme law of the land …."
2) 일본헌법 제98조 제 1 항 참조.

제4장 헌법의 성립 및 제정과 개정

1. 헌법의 성립

Ⅰ. 헌법성립의 의의와 역사적 성격

헌법의 성립은 헌법이 탄생하는 정치사회학적 현상이다. 어떤 사회공동체가 정치적인 일원체로 조직되는 것은 언제나 특수한 역사적인 상황 속에서 이루어지기 때문에 그와 같은 특수한 역사적인 상황 속에서 역사적인 산물로서 성립되는 헌법이 역사성을 가진다고 하는 것은 이미 말한 바와 같거니와, 이 역사성이 특히 명백하게 표현되는 것은 헌법이 성문헌법의 법형식으로 성립되는 경우이다. 좌우간 하나의 헌법이 성립될 수 있을 만큼 성숙된 역사적인 상황은 사회공동체가 가지는 역사·문화·정치·경제·사회적 전통에 따라 다양한 형태로 나타날 수 있겠으나 대체로 다음과 같은 세 가지 사회현상에 의해서 징표되는 것이라고 말할 수 있다.

헌법은 특수한 역사적인 상황 속에서만 성립

Ⅱ. 헌법성립의 전제조건

우선 사회공동체 내에 존재하는 사회적 원심력과 사회적 구심력의 비중이 사회적 구심력 쪽으로 기울어져 있어야 한다. 그리고 사회적 구심력의 초점에는 사회구성원이 일체감 내지 연대의식을 느낄 수 있도록 사회공동체 내부에서 역사적으로 생성된 가치에 관한 Konsens(공동관심사에 대한 합의)[1]가 형성되어 있어야 한다. 이 Konsens는 문화적·인종적·종교적인 색채를 띨 수도 있고 또 순수한 정치적인 Konsens일 수도 있을 것이다. 둘째로 이와 같이 사회적 구심력의 자력(磁力)역할을 하는 Konsens를 바탕으로 해서 정치적인 일원체를 조직하려는 중심

헌법을 성립시키는 기본적인 역사적 상황조건

---

1) 라틴어에서 유래하는 'Konsens'라는 용어는 우리 말로 '동의' 내지 '승낙' 등으로 번역이 될 수도 있겠으나, '동의' 내지 '승낙'은 Konsens라는 개념이 내포하고 있는 의미의 폭을 그대로 나타내지 못한다. Konsens라는 개념이 내포하고 있는 헌법학적 의미는 오히려 '공동관심사에 대한 합의' 또는 '공감대'라는 말로 표현되는 것이 더욱 적절하다고 생각된다. 하지만 꼭 맞는 번역이 불가능한 까닭에 앞으로는 Konsens라는 원어도 함께 사용하기로 한다.

적인 세력이 형성되어야 한다. 그와 같은 중심적인 세력은 집단적인 형태를 취할 수도 있겠고 또는 하나의 실력자의 형태로 나타날 수도 있다. 셋째로 일단 형성된 Konsens를 최소한 유지시키려는 의지에 의해서 능동적으로 움직이는 대다수 사회구성원의 참여의식이 조성되어 있어야 한다.

헌법의 성립과 제정의 구별

이와 같이 'Konsens—중심세력—참여의식'의 삼각함수에 의해서 하나의 헌법이 현실적으로 성립될 수 있다고 하더라도, 그 헌법에 규범적인 효력이 주어지기 위해서는 법적인 의미에서의 헌법제정행위가 있어야 한다. '헌법의 성립'과 '헌법의 제정'을 개념적으로 구별할 필요가 있는 것도 그 때문이다. '헌법의 성립'은 정치사회학적 현상이고 '헌법의 제정'은 헌법학적 현상이다.

2. 헌법의 제정

Ⅰ. 헌법제정의 의의

법창조행위

헌법의 제정은 사회공동체를 정치적인 일원체로 조직하기 위해서 일원적인 법공동체의 법적인 기본질서를 마련하는 법창조행위이다.

헌법제정의 관련문제

헌법의 제정과 관련해서 밝혀져야 할 사항은 우선 누가 그와 같은 법창조행위(헌법제정행위)의 주체가 될 수 있느냐의 문제이다. 또 헌법을 제정하는 주체는 도대체 어디서 그와 같은 헌법제정권력을 이끌어내느냐의 문제, 즉 헌법제정권력의 정당성의 문제도 함께 다루어져야 한다. 두 번째로 중요한 문제는, 법창조행위인 헌법의 제정에 있어서 존중되어야 할 어떤 법원리 같은 것을 인정할 것인가의 점이다(헌법제정권력의 한계). 셋째로 어떠한 절차를 거쳐서 헌법이 제정되느냐의 문제(헌법제정절차)도 명백히 되어야 한다.

Ⅱ. 헌법제정주체—헌법제정권력—헌법제정권력의 정당성

헌법제정주체의 변화

「누가 헌법제정주체가 되느냐」의 문제는 역사의 발전과정에 따라서 다르게 대답될 수 있기 때문에 시대성과 밀접한 관계가 있다. 군권이 아직도 그 권위를 발휘하고 계층적인 신분제도에 의해서 정치생활 내지 사회생활이 지배되던 18세기의 입헌주의 초기만 하더라도 군주주권사상의 영향 때문에 제 3 계급에 속하는 시민계급이 헌법제정의 주체로 기능하기 위해서는 많은 어려움을 겪어야만 했다. 하지만 루소(Rousseau; 1712~1778)의 국민주권사상이 관철된 오늘날에 와서는 국민이 헌법제정의 주체가 되는 것은 오히려 당연한 일로 간주되게 되었다.

(1) Abbé Sieyès의 헌법제정권력론

헌법제정의 주체, 즉 누가 헌법을 제정할 수 있느냐의 문제와 관련해서 18세기 후반에 쉬에스(Abbé Sieyès; 1748~1836)가 정립한 '헌법제정권력'(pouvoir constitutant, verfassunggebende Gewalt)의 이론이 아직까지도 그 영향을 미치고 있음을 주목할 필요가 있다.

1) 제헌의회론

Sieyès는 헌법제정권력이 마땅히 제 3 계급, 즉 시민계급(국민)에 속하는 것이라고 주장하면서도 그 당시의 정치적인 상황으로 보아서 국민투표에 의한 헌법제정이 불가능하다는 것을 터득했기 때문에 귀족·교회대표·시민계급의 대표(제 3 계급의 대표)로 구성되는 제헌의회(constituante)를 소집할 것을 왕에게 요구하기에 이르렀다. J. J. Rousseau가 그의 유명한 사회계약론(contrat social), 총의론(volonté générale), 국민주권론 등을 통해서 직접민주주의의 형태를 찬양하고 헌법제정은 말할 것도 없고 되도록이면 입법기능까지도 전체국민이 직접 맡을 것을 주장한 것과는 대조적으로 Sieyès는 국민에게 속하는 헌법제정권력도 국민이 선출하는 대의기관에 의해서 행사될 수 있음을 인정함으로써 오늘날 꽃을 피우고 있는 대의민주주의의 사상적 선구자로 간주되게 되었다.

루소사상의 대의민주주의적 수용

2) 헌법제정권력의 시원성

어쨌든 Sieyès에 의하면 국민에 속하는 헌법제정권력은 일종의 '창조적 권력'이기 때문에 시원성(始原性)을 가지고 이 시원성에서 자기정당화의 힘이 나오는 것이라고 한다. Sieyès는 아무런 선재적인 실정법적 근거가 없이도 법창조적 효력을 발생하는 '헌법제정권력'의 시원성을 강조하기 위해서 헌법제정권력에 근거를 두고 그로부터 전래된 이른바 '전래된 헌법제정권력=헌법개정권력'(pouvoir constitués, verfassungsändernde Gewalt)을 구별하고 있다. 이 헌법개정권력(전래된 헌법제정권력)은 시원적인 헌법제정권력(창조적 권력)에 의해서 만들어진 헌법에 그 효력의 근거를 두고 있기 때문에 이른바 '창조된 권력'에 불과하다고 한다.

창조적 권력=시원성→정당성의 근거

시원적 헌법제정권력(창조적 권력)과 전래된 헌법제정권력(창조된 권력)의 구별

3) 헌법제정권력과 국가권력의 구별

형성하는 권
력과 형성된
권력의 차이

이와 같은 Sieyès의 사상적 세계에서 볼 때 헌법제정권력은 엄밀히 따진다면 국가권력은 아니다. 왜냐하면 '국가권력'은 헌법제정권력에 의해서 비로소 '형성된 권력'에 지나지 않고 헌법제정권력은 그처럼 '형성된 권력'(=국가권력)을 '형성하는 권력'으로서 국가권력의 당연한 전제가 되기 때문이다. 따라서 헌법제정권력을 국가권력의 일부로 설명하는 것은 Sieyès의 관점에서는 분명히 문제점이 있다고 할 것이다.

(2) C. Schmitt의 결단주의적 관점

루소와 쉬에
스의 이론적
영향

Sieyès의 헌법제정권력에 관한 이론은 특히 독일의 C. Schmitt에 큰 영향을 미치고 있다. 헌법을 '정치적인 결단'이라고 이해하면서 헌법제정권력과 정당성의 문제를 동일한 것으로 보는 나머지, 헌법제정권력의 주체가 가지는 입헌의 의지에서 정당성을 끌어내려는 것이라든지, 헌법제정권력과 헌법개정권력을 구별하면서 헌법과 헌법률의 효력상의 차이를 강조하는 점 등은 모두가 Sieyès의 사상에 그 바탕을 두고 있기 때문이다. 요컨대 C. Schmitt의 결단주의에 있어서도 원칙적으로 루소적인 국민주권사상에 입각해서 국민이 헌법제정권력의 주체가 되고, 국민이 가지는 입헌적 의지가 헌법제정권력과 헌법을 정당화시키는 근거가 된다고 한다.

(3) 비판 및 이데올로기적 이론정립

헌법제정주체
확정 후의 미
결 논점

생각건대 오늘날처럼 국민주권이론이 한결같이 인정되고 있는 한, 누가 헌법제정권력의 주체가 되느냐의 문제는 이미 해결이 되었다고 할 것이다. 다만 헌법제정권력 내지 헌법의 정당성에 관해서는 아직도 논쟁의 여지가 충분히 남아 있다.

1) Sieyès이론의 문제점

자기정당화이
론의 문제점

Sieyès처럼 단순히 헌법제정권력의 '시원성'(始原性)에서 그 정당성을 찾으려는 이른바 자기정당화이론(자율적 정당성이론)은 '시원성이 왜 정당성의 근거가 되느냐'에 대한 해답을 주지 못하는 한 문제를 또 다른 문제로 대답했다는 비난을 면하기 어렵다.

2) C. Schmitt이론의 문제점

C. Schmitt가 정당성의 문제를 결단주의헌법이론의 중심과제로 강조하는 것도 충분히 수긍이 간다. 또 C. Schmitt가 헌법제정행위에 일종의 혁명적 성격을 인정해서 헌법제정권력에 아무런 한계나 제약이 인정될 수 없는 것이라고 보는 점도 상당한 근거를 내포하고 있는 것이 사실이다. 물론 헌법제정행위가 매일처럼 일어날 수 있는 일이 아니고 지극히 그 빈도가 적은 역사적인 사건이라고 하는 점에서 볼 때 혁명적이라고 볼 수도 있을 것이다. 또 헌법의 제정에 의해서 구법질서가 무너지고 새로운 법질서가 형성된다는 점에서 혁명과 유사한 점이 있는 것도 사실이다. 혁명행위도 법질서의 계속성을 무너뜨리는 법파괴적·법형성적 기능을 동시에 가지고 있기 때문이다. 하지만 헌법제정권력의 행사가 항상 그처럼 위기적인 혁명적 상황 아래서만 이루어지는 것은 아니기 때문에 혁명이론을 원용해서 헌법제정권력을 정당화하려는 시도는 보편성을 인정받을 수 없다고 할 것이다. 더욱이 헌법제정권자의 이른바 '혁명적' '입헌의지'는 입헌의 원동력은 될 수 있을지언정 스스로를 정당화하거나 더 나아가서 헌법을 정당화하는 힘이 있다고 보기가 어렵다.

헌법제정권력의 정당성논거로서의 혁명적 입헌의지의 문제점

3) 이데올로기적 이론정립

결국 헌법제정권력과 헌법의 정당성 문제는 따지고 보면 '법적인 질'의 문제라고 하기보다는 '이데올로기적인 질'의 문제라고 볼 수 있다. 즉 헌법제정권력과 이 권력에 의해서 제정된 헌법이 그 시대의 일반적인 '정치이념', '시대사상' 내지 '생활감각'과 일치한다는 이유 때문에 정당성을 인정받는 것이라고 보아야 할 것 같다. 헌법제정권력이 헌법제정 당시를 지배하는 보편적인 정치이념·시대사상·생활감각과 일치되는 헌법을 제정하는 경우에 그 헌법은 생활규범으로서 국민의 생활 속에 파고들어 그 생명을 유지해 나갈 것이 분명하기 때문에 그것은 국민의 생활 속에 흐르고 있는 시대보편적 이데올로기(Ideologie)에 의해 정당화되는 것이라고 할 것이다.

사회통합을 촉진하는 시대보편적 이데올로기에서 나오는 정당성

이렇게 볼 때 헌법의 제정과 관련된 정당성의 문제는 사회철학과도 상당히 밀접한 관계가 있음을 알 수 있다. 이처럼 헌법제정의 정당성 문제를 이데올로기적인 질의 문제로 보는 경우에는 모든 헌법제정권력과 헌법이 언제나 정당성을 인정받을 수 있는 것은 아니다. 바로 여기에 헌법제정권력의 한계성이 나타난다.

Ⅲ. 헌법제정권력의 한계

헌법제정권의
제약요인

헌법제정권의 주체가 헌법을 제정함에 있어서 아무런 법원리적 제약도 받지 않고 완전히 자유로운 입장에서 제헌권(制憲權)을 행사할 수 있는 것인지, 아니면 헌법제정권력을 구속하는 어떤 법원리 같은 것이 있다고 보아야 하는 것인지를 살펴보는 것이 헌법제정권력의 한계에 관한 문제이다.

(1) 고전적 이론과 한계의 문제

1) 한계부인설

쉬에스와 슈
미트의 논리

헌법제정권력을 '시원적'인 것이라고 보는 쉬에스적 관점에서 볼 때 헌법제정권력을 구속할 수 있는 어떤 법원리도 존재할 수 없는 것은 명백하다. 또 헌법제정권력의 주체가 가지는 '결단적 의지'에서 헌법제정권력의 정당성을 찾으려는 C. Schmitt의 결단주의가 헌법제정권력의 한계를 부인하는 것도 이해하기 어렵지 않다.

2) 한계논의무용설

법실증주의논
리

법학적 연구대상을 실정법에 국한시킴으로써 합법성의 문제만을 중요시하고 정당성의 문제를 법학의 영역 밖으로 밀어내려는 법실증주의와 순수법학적 관점에서는 헌법제정권력이 처음부터 헌법학적 고찰의 대상이 될 수도 없고 따라서 헌법제정권력의 한계 같은 것이 문제점으로 클로즈업되지도 않는다.

(2) 비판 및 결론

칼 슈미트적
인 논리의 문
제점

생각건대 Sieyès의 헌법제정권력이론과 C. Schmitt의 결단주의가 헌법제정권력의 한계를 부인하는 것은 각각 Sieyès와 C. Schmitt의 헌법철학적 세계에서는 오히려 당연한 귀결일 수밖에 없다. 그렇지만 Sieyès나 C. Schmitt의 헌법제정권력에 대한 설명이 설득력이 적은 것과 마찬가지로 헌법제정권력의 한계를 부인하는 그들의 결론도 쉽사리 납득이 가지 않는다. 물론 헌법제정권력이 제헌권을 행사하는 경우에 구헌법질서에 얽매일 필요가 없는 것은 당연하다. 따라서 C. Schmitt가 구헌법질서를 무시해 버릴 수 있는 제헌권의 권능을 일컬어 헌법제정권력의 무한계라고 한다면 이에 동의할 수밖에 없다. 하지만 헌법제정권력 한계의 문제는 구헌법질서를 존중할 것이냐 아니면 무시해도 좋으냐의 논의에 그치는 것이 아니라, 구헌법질서와 무관한 어떤 '법원리'를 인정할

것이냐의 문제도 포함해서 생각해야 하겠기 때문에 칼 슈미트적인 결론에는 쉽
사리 동조할 수 없다.

또 헌법을 생활규범으로 이해하려는 현대적인 헌법관에 따르는 한 헌법제
정권력과 헌법의 정당성 문제를 헌법학의 연구대상으로 삼아야 하는 것은 필연
적인 일이 아닐 수 없다. 따라서 법실증주의적인 한계논의무용설(限界論議無用
說)도 옳지 않다. 결국 헌법제정에는 다음과 같은 한계가 있다고 보아야 한다.

**법실증주의논
리의 문제점**

1) 이데올로기적 한계

㈎ 사회통합의 목표와 제헌의 한계

헌법제정권력의 주체가 제헌자로 기능한다고 하는 것은 사회공동체를 정
치적인 일원체로 조직하기 위한 법적인 기본질서와 정치적인 통치형태를 스스
로 결정하는 것을 뜻하기 때문에 그것은 다양한 이해관계의 다원적 구성분자로
짜여져 있는 사회공동체에 평화와 질서를 심어주는 말하자면 평화의 사자 내지
질서확립자의 기능과 같다고 할 것이다.

**사회통합의
제헌목적에서
나오는 제약**

헌법제정의 목적이 이처럼 국가사회의 기초가 되는 일원적인 법공동체를
조직함으로써 사회평화와 사회질서를 확립하기 위한 것이라면 헌법제정권력은
우선 이와 같은 제헌목적에 의한 제약을 의식하지 않을 수 없을 것이다.

㈏ 시대보편적 정당성의 요청

또 헌법제정은 실제로도 갑자기 하늘에서 떨어지는 별똥현상과 같은 것이
아니고 오랜 동안의 이념적·역사적·사회적·정치적 전통 등에 의해서 서서히
조성된 현실적인 정치상황 속에서 이루어지는 것이기 때문에 그것이 사회평화
와 사회질서를 보장하는 기능을 다하기 위해서는 적어도 헌법제정 당시의 정치
적인 시대사상 또는 생활감각을 반영하는 것이 아니면 아니된다. 새로 제정된
헌법이 제헌 당시의 현행헌법질서의 관점에서 볼 때 합법적일 수는 없더라도
그것은 적어도 일정한 정치이념의 관점에서 정당화되는 것이 아니면 아니된다.
그렇지 않으면 처음부터 제헌의 목적이 실현될 가능성이 희박하기 때문이다.

따라서 현대와 같이 국민주권의 시대사상과 민주주의 또는 사회주의의 정
치이념이 지배하는 시대에는 헌법제정권력이 적어도 '민주주의적 정당성' 또는
'사회주의적 정당성'[1]의 요청에 의한 제약을 받지 않을 수 없다. 이처럼 헌법제

**선재하는 실
정법에 의한
제약이 아니
라 시대보편**

---

1) 인민해방을 내세우면서 결과적으로는 노동자·농민계급을 국민과 동일시한 나머지 노농정당의
   독재를 초래하는 '사회주의'적 정치이념은 Karl Marx나 Engels의 정치적인 utopia가 실패하고
   있는 대표적인 예이다.

적 이데올로
기의 제약

정권력은 어떤 선재적(先在的)인 실정법에 의한 제약은 받지 않는다 하더라도 최소한 제헌 당시의 정치상황을 지배하는 시대사상, 정치이념 또는 생활감각에 의한 제약을 받기 마련이다. 이렇게 볼 때 헌법제정권력의 발동은 일체의 이데올로기적 사고의 영역을 벗어나서 모든 것을 마음대로 결정할 수 있는 이른바 '의지적인 결단' 내지 '정치적인 결단'의 현상일 수만은 없다.

2) 법원리적 한계

기초적인 법
원리 및 전통
적인 법률문
화의 제약

또 제헌권의 행사가 '법질서'를 창조하는 법창조 행위라고 한다면 그것은 마땅히 법적인 사고의 영역에 속하는 현상이기 때문에 '법적 이성', '정의' 또는 '법적 안정성' 등과 같은 '기초적인 법원리'를 완전히 무시해 버릴 수는 없다고 보아야 한다.

또한 헌법제정권력은 정치 내지 헌정의 전통에 의해서 그 사회에 확립된 법률문화를 최소한 이어나가지 않을 수 없다고 보는 것이 정당하다.

3) 국제법적 한계

국제법상의
제약

헌법제정권력은 이처럼 이데올로기적 정당성과 법원리에 의한 제약을 받는 외에도 경우에 따라서는 국제법상의 제약을 받을 수도 있다. 패전국의 제헌권행사가 승전국의 의사에 따라 영향을 받는다든지, 해방된 식민지의 제헌권행사가 지금까지의 보호국에 의해서 제약되는 것 등은 그 대표적인 예이다.

4) 자연법적 한계론에 대한 비판

고전적인 자
연법적 인권
사상에 입각
한 한계론

이데올로기적 당위성 그리고 법창조 행위에 전제되고 있는 법원리로부터 나오는 헌법제정권력의 한계는 자연법사상에 근거를 두고 주장되는 헌법제정권력의 한계론[1]과 명백히 구별되어야 한다. 예컨대 자연법사상에 입각해서 헌법제정권력의 한계를 주장하는 견해에 따르면 '인간의 기본적 권리'는 초국가적인 자연법에서 유래하는 것이기 때문에 마땅히 헌법제정권이 이를 존중해야 된다고 한다.

제헌권의 한
계로서의 기
본권에 대한
현대적 이해

그러나 시대사상, 정치이념 또는 생활감각 등과 같은 이데올로기적인 정당성에 입각해서 제헌권의 한계를 강조하는 입장에서 볼 때 적어도 오늘날에는 민주주의적 정당성의 요청 때문에 기본적 인권의 보장이 불가피한 것이 된다.

---

1) 예컨대 *Th. Maunz*, Starke und schwache Normen in der Verfassung, in: FS f. W. Laforet (1952), S. 141ff.(142, 150f.); BVerfGE 1, 14(17, LS 21a)는 자연법이론에 입각해서 헌법제정권력의 한계를 인정하고 있다.

왜냐하면 헌법제정권력이 민주주의적인 정당성을 인정받기 위해서는 민주주의 사상의 본질적인 내용에 속하는 자유주의의 3대요소, 즉 '시민의 해방', '국가권력의 제한', '국민의 자유보장'을 존중하지 않으면 아니되겠기 때문이다.

Ⅳ. 헌법제정절차

헌법제정권력이 어떠한 방법으로 행사되느냐의 문제는 누가 헌법제정권력의 주체가 되느냐에 따라 달라질 수 있다. 또 헌법제정절차는 국가형태에 따라 다르다.

(1) 단일국가의 제헌절차

오늘날처럼 국민주권의 사상에 따라 국민이 헌법제정권력의 주체가 되는 경우에도 제헌권의 행사방법은 여러 가지 유형이 있을 수 있다. 즉 국민이 국민투표 등의 방법에 의해서 직접 제헌권을 행사할 수도 있겠고 또는 국민이 선출한 대의기관으로 하여금 헌법을 제정토록 할 수도 있기 때문이다. 전자의 방법은 루소적인 사상세계에 가깝고, 후자는 쉬에스적 제헌론에 가깝다고 할 것이다. 또 Sieyès와 Rousseau의 사상을 절충해서 대의기관에 의한 제헌권의 행사와 국민투표의 방법을 혼용하는 것도 가능할 것이다. 어쨌든 국민이 헌법제정권력을 행사하는 경우에는 대개의 경우 헌법안을 기초하기 위한 제헌의회가 소집되는 것이 보통이다. 이 제헌의회에서 마련된 헌법안은 이 제헌의회의 의결만으로 헌법으로 확정되게 할 수도 있는데 이 경우 제헌의회는 동시에 국민회의(Nationalversammlung)적 성격을 띠게 된다(예컨대 바이마르헌법 제181조에 의한 국민회의(Nationalversammlung), 1948년 우리나라 제헌국회). 또 제헌의회는 단순히 헌법기초의 기능만 맡는 이른바 제헌위원회(Verfassungskonvent)적 성격을 가지게 해서 제헌의회(제헌위원회)가 마련한 헌법안을 국민투표에 붙여 헌법으로 확정시키는 방법도 가능하다(예컨대 1958년 프랑스 제5공화국 헌법). 나아가서 제헌의회(=국민회의)의 의결과 국민투표를 함께 실시하는 혼합형도 생각할 수 있다(예컨대 1946년 프랑스 제4공화국 헌법).

루소적인 제헌모델과 쉬에스적인 제헌모델 및 그 혼합모델

(2) 연방국가의 제헌절차

Rousseau와 Sieyès의 사상적 세계에 기반을 두는 앞에서 말한 세 가지 절차적 유형은 오늘날까지도 말하자면 제헌의 표준절차로서 제헌권의 행사에 많이 응용되고 있는 것이 사실이지만, 그렇다고 해서 예외가 없는 것은 아니다.

필수적인 지방국의 참여와 지방국의 회의 의결

특히 그와 같은 예외현상은 다수의 대소지방국(大小支邦國)을 발판으로 해서 하나의 연방국가가 성립되는 경우에 자주 볼 수 있다. 즉 이 경우에는 제헌의회나 국민투표의 절차에 의해서 연방헌법이 제정되기보다는 오히려 연방국가로 합하려는 지방국들의 개별적인 의회의결에 따라 제정되는 것이 보통이다. 다만 연방헌법은 일정수 이상($\frac{\text{대개의 경우}}{2/3 \text{ 또는 } 3/4}$)의 지방국의회(支邦國議會)로부터 찬성을 얻은 후에 우선 찬성하는 지방국에서만 효력을 발생하는 것이 관례로 되어 있다. 따라서 연방에의 참여를 거부하는 지방국은 원칙적으로 그 의사에 반해서 연방에의 가입을 강요받지 않는다. 미국연방헌법과 스위스연방헌법의 제정절차가 그 대표적인 예에 속한다.[1] 독일연방공화국의 기본법도 원칙적으로는 이 절차적 유형에 따라 제정되었다.[2]

3. 헌법의 개정

Ⅰ. 헌법개정의 개념

(1) 헌법개정의 의의

성문헌법의
개정

헌법의 개정이란 헌법의 규범적 기능을 높이기 위해서 헌법이 정하는 일정한 절차에 따라 헌법전의 조문 내지는 문구를 명시적으로 고치거나 바꾸는 것을 말한다. 따라서 헌법의 개정은 형식적 의미의 헌법·성문헌법과 관련된 개념이다. 헌법전에 들어 있지 않은 실질적 의미의 헌법과 불문헌법의 개정은 헌법의 개정에 속하지 않고 법률개정의 문제로 다루어진다.[3] 특히 불문헌법의 개정은 헌법관행의 변화에 따라 이루어지기 때문에 헌법개정의 개념에 포함시키

---

1) '연방가입강제금지조항'은 미합중국연방헌법과 스위스연방헌법에 관한 한 무의미한 조항이 되어버렸다. 왜냐하면 모든 지방국이 하나같이 연방헌법에 찬동했었기 때문이다.

2) 독일연방공화국기본법의 제정은 엄격히 따져서 미국이나 스위스의 연방헌법제정유형과도 다소 다르다. 즉 독일기본법(Grundgesetz v. 23. 5. 1949)은, 헌법전문가 및 정당대표로 구성된 제헌위원회(이른바 "Herrenchiemseer" Verfassungskonvent)가 마련한 헌법기초안(Verfassungsentwurf)을 놓고 각 지방국의회에서 파견된 의원들로 구성된 일종의 제헌국민회의적 성격의 '의회협의회'(Parlamentarischer Rat)가 심의·의결한 후, 2/3 이상의 지방국이 그 의회의결로써 찬성한 다음에야 비로소 그 효력을 발생케 했었다(독일기본법 제144조, 제145조 및 통일 전의 제23조 참조).

3) 오스트리아헌법(1929. 12. 7.; 최후개정 2019) 제44조 제1항에서 일반법률에 내포된 실질적 의미의 헌법개정도 성문헌법전의 개정과 동일한 가중절차를 밟게 하는 것은 지극히 드문 예에 속한다.

지 않는 것이 통례이다.

헌법이 스스로 정하는 일정한 개정절차에 따라 헌법을 고치는 경우에도   헌법개혁
그 개정의 규모가 커서 헌법전의 거의 전부를 새로 만드는 것과 같은 전면개
정의 경우에는 헌법개정이란 말 대신에 특별히 '헌법개혁'이라는 개념을 사용하
는 것이 보통이다. '헌법개혁'은 말하자면 비혁명적인 방법에 의한 헌법의 새로
운 창제(創制)라고도 볼 수 있다. 우리나라 제 2 공화국헌법과 현행헌법은 헌법
개혁에 의해서 제정된 대표적인 예이다.

(2) 헌법개정과 구별되는 개념

1) 헌법의 변질(천)

'헌법의 변질 또는 변천'(Verfassungswandlung)은 '헌법개정'과 구별해야 한다.
즉 '헌법변질'은 어떤 헌법규범이 외형상으로는 고쳐지지 않은 채 시대의 변천 내
지 역사의 발전에 따라 헌법제정 당시와는 다른 내용의 생활규범으로 기능하는
것을 뜻하기 때문에[1] 명시적으로 헌법조문 내지 문구 자체가 고쳐지는 것을 내용
으로 하는 헌법개정과는 다르다. 헌법변천과 헌법개정간에는 일정한 함수관계가   헌법개정과의
성립한다. 즉 헌법개정이 헌법변천에 제동을 걸고 헌법의 규범적 효력을 높임으   함수관계
로써 헌정생활의 안정을 꾀하는 이른바 헌법변천의 한계적 기능을 맡고 있다.

2) 헌법침식

헌법개정은 또 '헌법침식'(Verfassungsdurchbrechung)과 구별해야 한다. 헌법
의 개정은 헌법의 조문이나 문구를 명시적으로 수정·삭제·증보함으로써 헌법
전을 고치는 것이지만 '헌법의 침식'은 헌법전을 명시적으로 고치지 않은 채 헌
법개정에 필요한 정족수의 의결절차만을 거쳐 헌법의 어떤 규범내용과 다른 조
치를 취하는 것을 뜻하기 때문이다. 헌법의 침식(侵蝕)은 일종의 '잠복식헌법개
정'(潛伏式憲法改正)이라고 부를 수도 있다. 특히 바이마르헌법의 운영과정에서
이 같은 헌법침식의 사례가 허다했던 점을 감안해서 현행독일기본법(제79조 제1항)은
헌법전의 명시적인 수정·삭제·증보에 의한 헌법개정방법만을 허용하고 있다.

3) 헌법의 폐지와 헌법의 제거

이 밖에도 C. Schmitt는[2] 헌법제정권력과 헌법의 존재형식을 동시에 제거   헌법의 폐지

---

1) 의원의 명령적 위임관계, 재산권의 사회기속, 평등권 등은 그 대표적인 예이다.
2) Vgl. *C. Schmitt*, Verfassungslehre, 5. Aufl.(1970), S. 99.

(파괴)와 헌법
의 제거

하는 것을 '헌법의 폐지 또는 파괴'(Verfassungsvernichtung), 헌법제정권력은 그 대로 존중하되 이 권력에 의해서 제정된 헌법의 존재형식만 제거하는 것(예컨대 정변에 의해서 헌법을 다른 헌법으로 바꿔치는 것)을 '헌법의 제거'(Verfassungsbeseitigung)라고 부르면서 헌법개정 과 구별하고 있지만, 오늘의 헌법국가에서는 별로 실용상의 의미가 없다. 왜 냐하면 오늘의 헌법국가에서는 어떠한 정치적인 변혁도 국민주권의 원리를 부정하지 않을 뿐 아니라 정변에 의해서 헌법을 다른 헌법으로 바꿔치는 경 우에도 형식적으로는 헌법개정(개혁)의 절차와 모양을 갖추려고 노력하기 때 문이다.

Ⅱ. 헌법의 특질과 헌법의 변질 및 개정과의 상관관계

헌법개정의 문제는 헌법이 가지는 정치규범성(급 중에서도 유) 또는 생활규범성 과 불가분의 관계에 있을 뿐 아니라 헌법실현의 관점에서도 불가피한 현상이 아닐 수 없다.

(1) 헌법의 유동성과 헌법개정

헌법의 규범
력약화에 대
비한 상반구
조적 입법기
술의 한계와
헌법개정의
불가피성

헌법은 정치투쟁의 과정에서 형성된 일정한 Konsens를 바탕으로 해서 장 기적인 안목으로 성립·제정되는 것이기 때문에 처음부터 미래의 모든 정치발 전과정을 예견하고 이를 전부 규범화할 수가 없다. 따라서 헌법은 역사가 발전 하고 시대가 변천함에 따라 그 생활규범으로서의 기능이 약화될 뿐 아니라 동 시에 헌법을 실현하는 데도 점점 어려움이 따르게 마련이다. 이처럼 헌법규범 과 사회현실의 갭(gap)은 헌법규범의 현실적응력과 현실의 헌법적응력을 높일 수 있는 이른바 헌법의 상반구조(Gegenstruktur)적 입법기술에 의해서도 이를 완전히 배제할 수 없다.

(2) 헌법의 변질과 개정의 함수관계

1) 헌법의 변질과 개정의 상호보완작용

헌법변질과
개정의 상호
보완작용에
의한 헌법의
규범력 유지

1787년에 제정된 미국헌법이 230년을 넘는 오늘날까지 그 규범적 효력을 유지하고 있듯이 헌법규범과 사회현실의 갭 문제가 헌법변질의 이론에 의해서 어느 정도 풀려질 수는 있지만 헌법의 변질을 무제한 허용할 수는 없는 것이 기 때문에 헌법의 변질에 제동을 걸고 헌법의 규범적 효력을 높임으로써 헌정 생활의 안정성을 유지한다는 관점에서도 헌법의 개정은 불가피한 현상이 아닐

수 없다. 결국 헌법의 개정은 헌법을 '살아 있는 규범'으로 지탱시키는 하나의
수단이라고 보아야 하겠기 때문에 헌법의 변질과 헌법의 개정이 일정한 함수관
계를 유지할 수 있는 타협선을 모색해서 헌법의 기능을 높여야 하리라고 본다.

2) 헌법의 변질과 법실증주의

물론 법과 현실을 엄격히 구별해서 일체의 역사적·정치적·사회적·철학적
계기를 법적 사고의 영역에서 배제하려는 법실증주의적 입장에서는 헌법변질은
처음부터 헌법적인 문제가 될 수도 없고 또 이를 설명할 수도 없다. 기껏해야
옐리네크(G. Jellinek)[1]처럼 '완성된 사실'(fait accompli, die vollendete Tatsache)은
헌법을 형성하는 힘을 가진 역사적 현상이라고 말할 수밖에 없을 것이다. 법실
증주의가 헌법개정의 한계를 부인하는 이유도 fait accompli이론으로 어떠한 개
정도 이를 설명할 수 있다고 보기 때문이다.

헌법변질에 대한 법실증주의의 부정적 시각과 그 영향

3) 헌법변질의 불가피성

하지만 헌법의 동화적 통합기능을 중요시하는 입장에서는 일정한 한계 내
에서의 헌법변질은 불가피한 것이 되고 헌법변질의 가능성이 다한 경우에 비로
소 헌법개정의 문제가 제기되게 된다. 이렇게 볼 때 헌법개정의 문제는 헌법의
특질에서 나오는 당연한 헌법이론적 문제라 할 것이다.

헌법변질과 개정의 불가피성

Ⅲ. 헌법개정의 방법과 절차

(1) 헌법개정방법과 헌법의 규범력

헌법을 어떤 방법으로 개정할 수 있느냐의 문제는 헌법의 최고규범성과도
밀접한 관계가 있다. 헌법을 일반법률과 같은 방법으로 개정할 수 있게 한다면
헌법의 최고규범성이 침해되겠기 때문이다. 따라서 헌법개정을 일반법률의 개
정절차보다 까다롭게 정함으로써 헌법의 최고규범성을 존중하려는 것이 오늘날
헌법국가의 일반적인 경향인데, 이같은 경향은 성문·경성헌법의 유형으로 표현
된다고 하는 것은 이미 말한 바와 같다. 그렇지만 다른 한편 헌법의 최고규범
성을 존중하기 위해서 헌법의 경성(硬性)만을 지나치게 고집하는 경우에는 헌법
이 가져야 되는 또 하나의 특질인 유동성과 개방성이 무시되게 되고 그 결과
헌법의 규범적 효력이 오히려 약화되는 현상이 일어날 수 있다는 점도 이미

헌법의 경성과 유동성 및 개방성을 조화시킬 수 있는 개정방법의 모색

---

1) Vgl. *G. Jellinek*, Verfassungsänderung und Verfassungswandlung, 1906, S. 21.

언급한 바 있다. 따라서 헌법개정의 방법과 절차는 헌법이 살아 있는 규범으로 기능할 수 있도록 적절한 중용의 방법을 마련하지 않으면 아니된다. 헌법을 지나치게 쉽게 고쳐질 수 있게 함으로써 헌법이 가져야 되는 규범력과 제도적 항구성을 너무 과소평가해서도 아니되고, 또 그렇다고 해서 헌법개정의 방법과 절차를 지나치게 번거롭고 까다롭게 정함으로써 헌법규범과 헌법현실의 거리를 의식적으로 조장하는 것이어서도 아니될 것이다. 미국헌법(1787)은 그 개정방법과 절차가 지나치게 까다롭고 번거롭기 때문에 헌법변질과 헌법개정의 함수관계가 헌법변질 쪽으로 지나치게 기울게 되었다는 점을 주목할 필요가 있다.[1]

(2) 헌법개정방법의 유형

헌법개정의 형식

헌법개정의 일반적인 형식은 개정대상조문을 직접 고치는 개폐식개정이다. 그러나 미국처럼 개정대상조문을 그대로 놓아둔 채 새로운 조문을 추가해서 개정대상조문의 내용을 바꾸는 추가식개정의 형식도 있다.

헌법개정의 여러 방법을 검토해 보기로 한다.

1) 헌법의회의 소집에 의한 방법

헌법제정방법과의 유사성 및 구체적 실례

헌법개정안을 심의·의결하기 위해서 특별히 따로 헌법의회 같은 것을 새로 소집하는 방법은 너무 번거로운 개헌의 방법이라 아니할 수 없다. 왜냐하면 이 개헌의 방법은 사실상 제헌의 방법과 크게 다를 것이 없는 것으로 헌법개정이 적어도 헌법제정보다는 용이해야 한다는 논리적 요청을 만족시키지 못하기 때문이다. 오늘날 스위스에서 헌법개혁(Totalrevision)의 발안이 국민투표로써 가결된 경우에 헌법개혁안을 심의·의결하기 위해서 새 의회를 선출하도록 하는 것은 그 예이다.[2] 벨기에헌법도 의회(양원제)가 개헌의 필요성을 의결하는 경우에는 자동적으로 해산되고 헌법개정안을 심의·의결하게 하기 위해서 새 의회를 선출·소집하도록 규정하고 있다.[3] 또 미국헌법에 따르면 개헌의 발안권을 하원(Congress)과 주(States)가 가지는데, 주(States)가 개헌을 발안하기 위해서는 2/3주의회가 개헌안을 다루기 위한 특별헌법의회(Convention)의 소집을 요구해야만 하도록 되어 있다.[4]

---

1) Vgl. *K. Loewenstein*, Verfassungsrecht und Verfassungspraxis der Vereinigten Staaten, Berlin 1959, S. 44.
2) 스위스연방헌법(1874. 5. 29.; 2014. 5. 18. 헌법개혁) 제193조 제 3 항 참조.
3) 벨기에헌법(1994. 2. 17.; 2002. 12. 17. 개정헌법) 제195조 참조.
4) 미합중국헌법은 그 개정절차를 제 5 조에 규정하고 있다. 미국헌법은 개헌에 있어서 개헌의 발안(application)과 인준(ratification)절차를 구별하고 있는데 요약하면 다음과 같다.

2) 국민투표에 의한 방법

(가) 사상적 기초

헌법개정을 일일이 국민투표에 부쳐서 확정하려는 방법은 Rousseau의 국민주권사상에서 나온 것이긴 하지만 다음과 같은 두 가지 관점에서 문제점이 있다. 즉 우선 국민투표의 절차가 너무 번거롭다는 점이다. 이처럼 번거롭다는 점 이외에도 국민투표를 요구하는 사고의 저변에는 이른바 결단주의적 민주주의철학이 작용하고 있다는 점도 문제점으로 지적될 수 있다. 다시 말해서 결단주의적 민주주의사상에 충실한 경우에는 현존상태나 제도는 '국민투표적 정당성'에 의해서 커버될 수 있는 한 언제든지 바꿀 수 있다는 결론에 이르게 되어, 헌법의 규범력과 제도적 항구성이 오히려 용이하게 침해될 수 있기 때문이다. 그러나 헌법의 규범력과 제도적 항구성이 최소한이나마 보장되지 않는 곳에 민주주의적 헌법질서가 뿌리를 내릴 수는 없는 것이다.

루소의 국민주권사상의 영향과 문제점

(나) 구체적 제도의 유형

국민투표에 의한 개헌의 방법도 두 가지로 나눌 수 있다. 즉 개헌안을 일단 의회에서 심의·의결한 후 국민투표로 확정시키는 방법과, 의회의 의결 없이 직접 국민투표에 부치는 방법이 그것이다. 우리 현행헌법은 전자의 방법을 택하고 있다. 오늘날 전자에 속하는 외국의 예로는 스위스연방헌법[1]이 개헌에 대한 필수적인 국민투표를 규정하고 있고, 프랑스헌법,[2] 이탈리아헌법,[3] 오스트리아헌법[4] 등은 특별한 경우에만 헌법개정에 대한 국민투표를 규정하고 있다.

국민투표의 유형과 신임투표 연계 가능성

후자의 예로는 우리 제 4 공화국헌법을 들 수 있다. 우리 제 4 공화국헌법은 대통령이 제안한 헌법개정안을 직접 국민투표에 부치게 하고 있었다.[5] 이처럼

Ⅰ. 발안절차(Application)－1) 하원(Congress)이 개헌을 발안하려면 양원합동회의에서 재적의원과반수의 출석과 출석의원 2/3의 찬성으로 개헌안을 의결(이른바 joint resolution)해야 한다. 2) 주(States)가 개헌을 발안하려면 전체주(현재 50)의 2/3주(34개주) 의회가, 개헌안을 심의·의결하기 위한 헌법의회(Convention)의 소집을 요구해야 한다.

Ⅱ. 인준절차(Ratification)－1) 일반적인 인준절차: 개헌안이 3/4주(38개주) 의회의 찬성으로 인준이 된다. 2) 특별한 인준절차: 하원(Congress)이 개헌을 발안한 경우, 하원은 인준절차를 주의회의 의결로 할 것이 아니고, 주가 따로 소집하는 헌법의회(Conventions)에서 다루도록 요구할 수 있다.

1) 스위스연방헌법 제192조 이하(특히 제195조) 참조.
2) 프랑스 제 5 공화국헌법(1958. 10. 4.; 2008. 7. 21.) 제89조 제 2 항과 제 3 항 참조.
3) 이탈리아헌법(1947. 12. 27.; 2012. 개정헌법) 제138조 제 2 항과 제 3 항 참조.
4) 오스트리아헌법(1929. 12. 7.; 2019. 개정헌법) 제44조 제 3 항은 헌법개혁만을 필수적 국민투표로 확정시키고 헌법의 부분개정은 특별한 경우에만 국민투표를 실시케 하고 있다.
5) 제 4 공화국헌법 제124조 제 2 항, 제126조 참조.

대통령이 제안한 헌법개정안을 직접 국민투표에 부치게 하는 경우에는 으레 대통령에 대한 신임투표적 성격을 함께 띠게 마련이다. 프랑스 드 골(de Gaulle) 대통령이 1962년 대통령직선제를 내용으로 하는 개헌안($\substack{\text{프랑스헌법 제6조,} \\ \text{제7조 개정안}}$)을 국민투표에 부칠 때 자기에 대한 신임과 결부시켰던 것은 그 좋은 예이다. 하지만 de Gaulle도 결국은 1969년 국민투표에 의한 희생물이 되었다는 점은 매우 아이러니컬한 일이다.

3) 일반입법기관에 의한 방법

가중된 의결 정족수의 요구

헌법개정을 일반입법기관의 권한으로 하되 그 개정절차를 일반법률보다 엄격하게 정함으로써 개헌을 위한 특별한 Konsens의 형성을 요구하는 방법이 있다. 오늘날 독일[1]을 비롯한 대다수 헌정국가에서 채택하고 있는 개헌의 방법이다. 이 경우 헌법개정에 있어서는 일반법률의 경우와는 달리 특별다수의 의사정족수와 의결정족수를 요구하는 것이 보통이다.

4) 연방제의 개헌방법

지방국의 참여와 동의 요구

연방정부형태를 취하는 국가에서는 연방제의 성질상 연방헌법의 개정에 지방국(주)의 참여[2]나 동의[3]를 요하도록 하는 것이 보통이다.

(3) 개헌안공고절차와 Konsens형성

개헌안공고절차의 의미와 기능

지금까지 설명한 헌법개정의 방법은 모두가 헌법개정에 되도록 많은 찬성 내지 동의를 필요하게 한다는 점에서 그 공통점이 있다. 따라서 헌법개정에 있어서 어떤 방법을 택하는 경우에도 항상 전제되어야 하는 것은 헌법개정에 대한 Konsens형성의 문제이다. 개헌에 대한 Konsens가 형성되지 않은 곳에 절대적인 찬성 내지 대다수의 동의를 기대할 수 없기 때문이다. 헌법개정과정에서 필수적인 개헌안의 공고절차는 이같은 Konsens형성을 위한 불가결한 제도이기 때문에 적어도 합헌적인 개헌절차에서는 절대로 빼놓을 수 없다 할 것이다. 또 개헌안을 공고하는 의의는 그에 대한 자유로운 비판과 의견교환을 통해서 개헌에 대한 Konsens를 형성시키기 위한 것이기 때문에 적어도 개헌안의

---

1) 독일기본법 제79조 제 2 항에 따르면 연방의회(Bundestag)와 연방참사원(Bundesrat)이 각각 재적의원 2/3의 찬성을 하는 경우에만 개헌이 가능하도록 되어 있다.
2) 예컨대 독일기본법 제79조 제 2 항에 의한 연방참사원(Bundesrat)의 개헌참여가 그 대표적인 예이다.
3) 예컨대 미국헌법 제 5 조에 의한 3/4주의 인준요건이나, 스위스연방헌법 제123조 제 1 항에 의한 과반수 Kanton(州)의 동의요건이 그 대표적인 예이다.

공고기간 동안은 개헌안에 대한 찬반토론이나 의사발표가 자유롭게 보장되지 않으면 아니된다. 국민의 의사를 존중하려는 Rousseau의 국민주권사상이나 C. Schmitt의 결단주의가 헌법이론으로서 그 타당성을 요구할 수 있는 최후의 근거는 국민의 '자유의지' 바로 그것이기 때문이다.

Ⅳ. 헌법개정의 한계

(1) 헌법개정의 한계의 의의

헌법이 정하는 개헌절차에 따라 헌법을 개정하는 경우에 개헌의 대상이 될 수 없는 일정한 헌법규정을 인정할 것이냐에 대한 논의가 바로 헌법개정의 한계문제이다. 헌법개정의 한계문제는 헌법에 헌법개정의 한계규정이 없는 경우에는 말할 것도 없고, 헌법개정금지조항이 있는 경우에도 제기되는 문제이기 때문에 헌법철학적인 성격이 짙은 논리형식이다. 헌법개정의 한계문제는 종래 실정법적 한계, 헌법내재적 한계, 헌법초월적 한계의 세 가지 논리형식으로 논의되어 왔다.

헌법철학적 논리형식

(2) 헌법개정의 실정법적 한계와 그 실효성의 문제

㈎ 실정법적 한계의 의의

헌법이 명문으로 개헌의 한계를 정함으로써 일정한 헌법규정을 개정의 대상에서 제외하고 있는 경우에는 외견상 이 문제가 실정법적으로 해결된 것처럼 보이기 때문에 이를 특히 헌법개정의 '실정법적 한계'라고 부를 수도 있을 것이다.[1]

실정법적 개헌금지조항

㈏ 실정법적 한계의 기능적 한계(실효성)

그렇지만 개헌절차에 따라 우선 개헌한계에 관한 헌법규정부터 개정한 다음 당초에는 개정의 대상이 될 수 없었던 헌법규정을 고치면 되지 않겠느냐라는 주장이[2] 보여 주듯이 헌법이 그 권력제한적 또는 생활규범적 기능을 다하지 못할 정도로 규범적 효력을 상실한 경우에는 결코 일정한 헌법규정을 고칠 수 없도록 하는 하나의 실정법적인 개정금지조항에 의해서 헌법의 생명이 유지될 수는 없는 것이다. 따라서 헌법개정의 한계문제는 그것이 제 1 차적으로 헌법이론의 문제이지 실정법상의 문제일 수가 없다. 헌법개정에 대한 실정법적

실정법적 한계의 상대성

---

1) 예컨대 우리 제 2 공화국헌법 제98조 제 6 항이 "제 1 조, 제 2 조와 제 7 조의 2의 규정은 개폐할 수 없다"고 규정했던 것이 바로 그런 예이다. 이 조항은 1954년 제 2 차개헌(사사오입개헌) 때 처음으로 우리 헌법에 규정되어 제 2 공화국헌법으로 이어졌다.
2) 예컨대 고 박일경 교수의 입장이었다.

한계는 결국 헌법이론과의 상승작용에 의해서만 비로소 그 본래의 기능을 다할 수 있다고 할 것이다.

㈐ 실정법적 한계와 헌법의 내재적 한계

헌법이론적
문제로서의
헌법개정의
한계

이렇게 볼 때 헌법개정의 한계문제는 제 1 차적으로 실정법에 구애되지 않고 헌법의 본질에서 나오는 헌법이론적인 문제이기 때문에 '헌법의 내재적 한계'라고 부를 수도 있을 것이다. 따라서 어느 실정헌법이 헌법개정의 한계를 명문으로 규정하지 않고 있는 경우에도 헌법의 내재적 한계가 헌법개정의 한계이기도 하기 때문에 헌법의 내재적 한계는 이 경우 개헌의 한계를 형성하는 이른바 창설적 기능을 나타낸다. 반대로 어느 실정헌법이 헌법개정의 한계에 관한 명문규정을 두고 있는 경우에는 형식상 '헌법개정의 실정법적 한계'가 인정되지만 이 때에도 '헌법의 내재적 한계'는 그 실정법적 한계를 이론적으로 뒷받침해 주는 이른바 선언적 기능을 하게 되는 것이라고 볼 수 있다.

이처럼 헌법개정의 한계는 궁극적으로 헌법이론의 문제이기 때문에 헌법관에 따라 그에 대한 설명이 다르기 마련이다.

(3) 헌법개정의 헌법내재적 한계에 대한 헌법이론(헌법관)

1) 규범주의 내지 법실증주의와 한계부인론

헌법변질의
부인과 힘의
논리에 입각
한 법실증주
의적 입장

규범주의 내지 법실증주의적 헌법관은 헌법개정의 한계를 인정치 않는다. 규범주의 내지 법실증주의는 역사적·사회적·정치적·철학적 계기 같은 일체의 규범외적 상황을 법적 사고의 영역에서 배제하고 규범이론만을 중심으로 모든 현상을 설명하려고 한다. 따라서 이미 말한 바와 같이 법실증주의는 헌법변질 같은 것을 설명할 수도, 또 용납할 수도 없기 때문에 '헌법규범'과 '사회현실' 사이에 생기게 마련인 괴리현상을 규범적으로 수습할 수 있는 유일한 방법은 헌법개정을 무제한 허용하고 그것을 G. Jellinek처럼 fait accompli(완성된 사실) 이론으로 정당화시킬 수밖에는 없는 것이다. 결국 헌법변질과 헌법개정의 함수관계 같은 것은 처음부터 성립될 여지조차 없게 된다.

우리나라에서도 한계를 넘은 개헌에 대하여 '법은 이것을 어떻게도 할 수 없으며 법의 세계에서는 개정된 헌법을 소여의 법으로서 받아들일 수밖에 없다'고 주장하는 입장[1]이 있는데 그것은 결국 'fait accompli'(완성된 사실)이론 또는 '사실의 규범적 효력'[2] 등을 역설하는 옐리네크적 사고의 유형에 속한다고

---

1) 고 박일경 교수의 설명이었다.
2) Vgl. *G. Jellinek*, Allgemenine Staatslehre, 3. Aufl., 6. ND.(1959), S. 337ff.

볼 수 있다.

2) 결단주의와 한계인정론

Sieyès의 사상에 바탕을 두고 헌법제정권력과 헌법개정권력을 구별하는 C. Schmitt의 결단주의적 헌법관에 따르면 헌법제정자가 내린 '근본적인 결단'으로 서의 헌법(Verfassung)은 헌법률(Verfassungsgesetz)과 달라서 헌법개정자에 의해 서 절대로 침해될 수 없다.[1] 따라서 헌법개정에는 마땅히 일정한 한계가 있게 된다. 결국 개정금지사항은 처음부터 정해지게 되는데 헌법제정자의 '근본적인 결단'사항이 바로 그것이다.

헌법과 헌법 률을 구별하 는 결단주의 적 입장

3) 통합과정론과 한계인정론

국가를 동화적 통합과정이라고 보고 헌법을 동화적 통합과정의 생활수단 내지 법질서라고 이해하는 Smend에게는 시대나 환경의 변화에 구애되지 않고 생활수단 내지 법질서로서 기능할 수 있는 헌법의 율동적이고 유동적인 현실적 응력이 중요시되지 않을 수 없다. 따라서 Smend에게는 헌법의 변질 또는 헌법 개정이란 법실증주의에서처럼 Sein과 Sollen의 갈등문제 내지 법원론(法源論)의 문제라고 하기보다는 유동적인 동화적 통합과정(즉 국가)을 법적으로 규율하려 는 헌법의 본질상 오히려 당연한 현상이다.[2] 다만 헌법변질과 헌법개정의 어느 쪽에 더 큰 비중을 두느냐에 대해서는 스멘트학파 내에도 견해가 대립되고 있다.

헌법의 사회 통합기능을 중시하는 통 합이론적 입 장

i) 되도록 넓게 헌법변질을 허용함으로써 헌법개정의 여지를 최소한으로 줄이려는 입장(Hsü Dau-Lin),[3] ii) 헌법변질을 불가피한 것으로 인정하면서도 이를 최소한으 로 제한하고 헌법개정에 더 큰 비중을 둠으로써 헌법의 명확성과 규범적 효력을 강화하려는 입장(K. Hesse),[4] iii) '헌법변질'의 문제를 오로지 헌법해석의 문제로 보는 나머지 '헌법변질'이란 개념조차 이를 배척하는 반면에 '헌법개정'을 '헌법의 시대적응적 필연성' 내지는 '헌법정책적 명령'이라고 이해하려는 입장(P. Häberle)[5]

헌법변질과 헌법개정의 비중(강약)

---

1) C. Schmitt는 따라서 '헌법개정'(Verfassungsänderung)이란 용어가 정확치 못하고 '헌법률개정' (Verfassungsgesetzänderung)이 개념적으로 더욱 정확하다고 한다.

2) Vgl. *R. Smend*, Verfassung und Verfassungsrecht, in: Staatsrechtliche Abhandlungen, 2. Aufl.(1968), S. 119ff.(188 u. 241f.).

3) 예컨대 *Hsü Dau-Lin*, Die Verfassungswandlung, 1932, insbes. S. 154ff., 162f., 164, 176, 178, 179.

4) 예컨대 *K. Hesse*, Grenzen der Verfassungswandlung, in: FS f. U. Scheuner(1973), S. 123ff. (139ff.).

5) 예컨대 *P. Häberle*, Zeit und Verfassung, in: Verfassung als öffentlicher Prozeß, Berlin 1978, S. 59ff.(82f. u. 88ff.).

등이 그것이다.

　헌법변질을 거의 무제한 허용함으로써 헌법개정의 필요성을 처음부터 거의 배
제해 버리는 i)의 입장은 따지고 보면 법실증주의와 비슷한 결론에 이르고 만다고
할 것이다. 즉 '사실상 관철된 현실'이 궁극적으로는 헌법의 내용을 뜻하게 되고 그
것은 결국 G. Jellinek의 fait accompli이론과 통하기 때문이다. 따라서 이 학설은
법실증주의에서 탈피하려는 Smend의 헌법관을 충실히 대변하고 있다고 볼 수 없다.

　헌법변질보다는 헌법개정에 압도적으로 큰 비중을 두는 ii)와 iii)의 두 입
장은 모두 헌법개정의 한계를 긍정하면서 '헌법의 자동성'(自同性)을 유지하는
범위 내에서의 개정을 강조하고 혹은 '역사발전과정의 계속성유지'를 헌법개정
의 한계로 내세우고 있다.

4) 비판 및 결론

(가) 법실증주의적 한계부인론의 문제점

a) 절차조항에 부여하는 우선적 효력의 문제점

　헌법개정의 한계를 법리상 부인할 뿐 아니라 개헌에 대한 명시적인 실정
법적 한계도 법적 한계가 되지 못한다고 주장하는 법실증주의[1]에 충실한다면
헌법이론상 묘한 결론에 이르게 된다. 우선 헌법전이 개헌의 '절차'와 '한계'를
동시에 규정하고 있는 경우에 두 가지 조항이 모두 실정법적 근본규범인데도
불구하고 '한계조항'보다 '절차조항'에 우선하는 효력을 인정하는 결과가 되기
때문이다. 하지만 법실증주의적 사고의 세계에서는 근본규범 내의 그와 같은
효력의 우열성을 적어도 규범적으로는 설명할 방법이 없다.[2] '한계조항'을 무시
해 버리고 '절차조항'이 우세할 수 있는 논거로서 즐겨 내세워지는 이른바 '무
효선언기관의 결여'는 따지고 보면 규범적 설명이라고 하기보다는 사회학적·정
치학적 설명태도라 아니할 수 없다. 법실증주의가 열렬히 실정법에 충실한 규
범적 해석론을 강조하면서도 규범적으로는 위헌임에 분명한 개헌(한계조항을 무시한 개헌)의
합헌성을 주장하기 위해서 규범의 세계를 떠나서 힘과 법을 동일시하는 사회학
이나 정치학적 사고의 세계로 선뜻 뛰어드는 것은 자가당착이 아닐 수 없다.
또 헌법전의 어느 조항이든지 개헌절차에 따라 바꿀 수 있다고 주장함으로써
개헌절차에 관한 헌법규정을 헌법전의 다른 모든 규정보다 상위에 둘 뿐 아니
라 마치 그것이 한 나라 헌법의 핵심인 것처럼 다루려는 태도는 확실히 주객

'무효선언기관
의 결여' 논리
의 문제점

절차조항 중
심의 헌법이
해의 문제점

---

1) 국내학자 중에는 고 박일경 교수가 이 입장의 대표자라고 볼 수 있다.
2) 왜냐하면 법실증주의에서는 'Grundnorm=Grundnorm'의 공식이 통하기 때문이다. Vgl. *E. Forsthoff*, Zur Problematik der Verfassungsänderung, Stuttgart 1961, S. 37.

이 전도된 헌법관이 아닐 수 없다.

b) 헌법내용에 대한 상대주의적 이해의 문제점

실정법을 떠나서 헌법이론적으로 볼 때도, 개헌의 한계를 부인하는 법실증주의는 극단적으로 말해서 '헌법'이라는 그릇은 어떤 내용의 물질로도 이를 채우기만 하면 된다는 식으로 소위 상대주의에 흐르게 되고 헌법이 가지는 가치 내지 목적 관련적인 내용을 완전히 무시해 버리게 된다. 헌법은 사회공동체가 정치적인 일원체로 조직되기 위한 Konsens를 바탕으로 해서 제정된 일종의 생활규범이기 때문에 그 밑바닥에는 언제나 일정한 '근본가치'가 깔려 있게 마련이다.

헌법의 핵심 내용인 근본가치의 무시

㈏ 결단주의적 한계인정론의 문제점

제헌자의 '의지적인 결단'에서 헌법의 정당성을 이끌어내려는 결단주의는 현대 민주국가에서 때때로 행해지는 국민투표에 의한 개헌의 경우 왜 그 한계를 인정해야 되느냐의 문제를 설명하는 데 어려움이 있다. 왜냐하면 결단주의적 민주주의사상을 일관한다면 국민투표에 의한 정당성을 인정받을 수 있는 한 무엇이든지 고칠 수 있다고 보는 것이 당연하겠기 때문이다. '국민투표에 의하여 제정된 성문헌법에서 그 개정도 제정에서와 같은 조건에 의한 국민투표를 거치도록 하고 있을 때에 헌법제정권자와 헌법개정권자 사이에 어떤 차이가 있을 것인가'[1]라고 질문하는 학자가 있는 것도 그 때문이다.

국민투표에 의한 제헌과 개헌 차별화의 논리적 문제점

㈐ 사견(헌법개정한계의 이데올로기적·기능적 접근)

생각건대 fait accompli이론과 사실의 규범적 효력을 내세워 헌법개정의 한계를 부인하는 법실증주의적 입장은 그 이론적인 바탕에 지나치게 힘의 철학이 작용하고 있기 때문에 엄격한 의미에서 사회철학 내지 정치철학의 영역에서는 타당할지 모르나 일정한 법의 이성이나 법원리에 입각해서 행해지는 헌법개정의 이론으로는 문제점이 있다. 또 헌법개정의 한계에 관한 결단주의적 설명도 국민투표에 의한 헌법개정의 경우에 그 약점이 드러난다고 하는 점을 이미 지적한 바 있다. 사실상 이들 법실증주의나 결단주의는 한계의 '유무'만을 일방적으로 중시하였을 뿐이고, 헌법개정에 전제되고 또 헌법개정에 뒤따르는 헌법의 기능적 측면을 충분히 고려하지 않고 있다는 비난을 면할 수 없다.

헌법의 기능을 무시한 법실증주의와 결단주의의 논리

헌법의 생활규범성과 헌법의 실현을 강조하고 헌법의 변질을 일정한 테두리 안에서 인정함으로써 헌법의 변질과 헌법의 개정 사이에 어느 함수관계 같은 것을 찾아내려는 저자의 관점에서는 헌법개정이야말로 헌법을 살아 있는 생

사회통합촉진과 헌법의 규범력유지 목적의 불가피

---

1) 고 박일경 교수가 그 예이었다.

한 개헌만 허
용

활규범으로 유지하기 위한 불가피한 수단이 아닐 수 없다. 하지만 이 입장에서
도 헌법개정을 무제한 허용할 수 있는 것은 아니다. 왜냐하면 헌법은 사회공동
체가 하나로 뭉쳐가기 위한 가치질서로서의 생활수단을 뜻하기 때문에 어떤 역
사적인 시점에 있어서의 가치를 배제하고 단순히 의지의 힘만에 의해서 함부로
고쳐질 수는 없는 것이기 때문이다. 동화적 통합을 촉진시킬 수 있는 범위 내
에서, 그리고 헌법의 규범적 효력을 유지해 나가는 데 불가피한 범위 내에서만

구체적 한계
는 개헌시점
의 시대사상·
정치이념·생
활감각에 따
라 판단

헌법개정은 허용된다 할 것이다. 결국 개헌이 논의되는 역사적 시점에 있어서
의 시대사상·정치이념 내지 생활감각 등이 중요한 판단기준이 되리라고 본다.
물론 이와 같은 판단기준이 주관에 따라 다를 수도 있지만[1] 시대사상·정치이
념 내지 생활감각에 대한 Konsens 자체가 형성되지 않아서 심각한 의견의 대
립이 나타나는 경우에는 오히려 개헌에 필요한 Konsens 그 자체가 결핍되고
있다고 보는 것이 옳을 것이다.

(4) 헌법개정의 헌법초월적 한계

헌법외적 요
인에 의한 제
약

헌법개정의 '실정법적 한계'와 '헌법내재적 한계' 외에도 '헌법초월적 한계'
라는 것이 엠케(Ehmke) 이래 논의되어 왔다. 헌법개정이 헌법외적 요인(예컨대 국
가구조, 사
회재정, 경제사정, 국
가재정, 정치풍토 등)에 의해서도 제약을 받을 수 있기 때문이다.[2] 그러나 그것은 엄격
한 의미에서 헌법개정시에만 문제되는 사항들은 아니고 국가의 생활과정에서
항상 영향을 미치는 요인들이기 때문에 말하자면 '헌법의 실현'과 더욱 밀접한
관계가 있다고 할 것이다.

V. 헌법개정에 대한 우리나라 현행헌법규정

(1) 헌법상의 개정절차

국회의결과
국민투표의 2
단계 개정방
법

우리나라 현행헌법은 유형적으로 볼 때 성문·경성헌법에 속하기 때문에
그 개정방법이나 절차가 일반법률의 개정보다 까다롭게 규정되어 있다. 즉 헌
법개정의 방법을 2단계로 정해서, 대통령 또는 국회재적의원 과반수의 발의로
제안된 헌법개정안은 대통령이 20일 이상의 기간 공고한 후 공고된 날로부터
60일 이내에 i) 우선 국회에서 국회재적의원 2/3 이상의 찬성을 얻은 다음, ii)

---

1) 고 박일경 교수는 개정한계를 부인하는 이유 중의 하나로 이 점, 즉 객관적 기준의 결핍을 들
   고 있었다.
2) Vgl. *H. Ehmke*, Grenzen der Verfassungsänderung, 1953, S. 91f.

30일 이내에 국민투표에 붙여 국회의원선거권자 과반수의 투표와 투표자 과반수의 찬성을 얻어야 통과되도록 되어 있다. 그리고 국민투표에서 찬성을 얻은 때에는 헌법개정은 확정되며, 대통령은 즉시 이를 공포해야 한다(제128조 내지 제130조). 헌법개정의 발효시기는 헌법이 그 부칙으로 정하는 것이 관례로 되어 왔다.

(2) 개정절차의 헌법철학적 의미

이같은 2단계의 개헌방법은 어느 의미에서는 Rousseau의 국민주권사상과 Sieyès의 대의제사상을 함께 받아들인 것으로서 전자 i)의 경우에는 Sieyès의 사상이, 후자 ii)의 경우에는 Rousseau의 헌법철학이 각각 이론적인 바탕이 되고 있다고 볼 수 있다. 그렇지만 헌법개정을 일일이 국민투표에 붙여서 확정하려는 방법은 국민주권사상에 충실한 것처럼 보이지만, 실제에 있어서는 '국민투표적 정당성'을 구실로 헌법의 규범력과 제도적 항구성이 오히려 더 쉽게 침해될 수 있다는 점은 우리 헌정사에서 많이 보아왔다.

루소와 쉬에스사상의 동시 수용

여하튼 우리 헌법개정절차에 들어 있는 이러한 헌법철학적 의미가 제대로 실현되기 위해서는 개헌안준비절차에서부터 개헌안발의절차, 개헌안공고절차, 개헌안의결절차, 개헌안공포절차에 이르기까지 의사표현의 자유가 충분히 보장되어야 한다. 따라서 개헌안공고기간중의 계엄령선포, 날치기개헌안처리 등과 같은 비민주적인 개헌절차는 결코 정당화될 수 없고 헌법개정 그 자체의 정당성을 훼손하게 된다.

개정절차에서 지켜야 할 사항

(3) 헌법개정의 한계

우리 현행헌법은 독일기본법[1]·프랑스헌법[2]·이탈리아헌법[3] 등과는 달리 개헌의 한계에 대해서 명문의 규정을 두고 있지 않지만, 마땅히 헌법의 내재적 한계에 의한 제한을 받는다고 보는 것이 옳을 것이다. 다만 국내학자 중에는 개헌의 대상이 될 수 없는 헌법조항을 일일이 열거하면서 헌법전문·민주공화국·국민주권주의·평화통일주의·국제평화주의·복수정당제도·기본권보장정신·사회적 시장경제체제·경성헌법성 등을 거기에 포함시키는 입장도 있으나,[4] 개

내재적 한계에 의한 제약과 개정한계의 유동성

---

1) 독일기본법 제79조 제3항에 의하면 연방제도, 지방국(州)의 연방입법절차에의 참여권(즉, 연방참사원(Bundesrat)의 입법절차참여권), 인간의 존엄과 가치를 존중하는 기본정신, 민주주의원칙, 법치국가제도, 사회국가실현 등에 대한 헌법규정을 침해하는 개헌은 무효이다.
2) 프랑스헌법 제89조 제5항은 공화국형태를 헌법개정의 대상에서 제외시키고 있다.
3) 이탈리아헌법 제139조는 공화국형태를 개헌의 대상에서 제외시키고 있다.
4) 김철수, 「헌법학개론」, 2000, 55면 참조; 권영성(61면) 교수도 비슷한 입장이다. 권교수는 민주공화국, 국민주권의 원리, 자유민주적 기본질서, 핵심적 기본적 인권, 국제평화주의, 복수정당

헌의 구체적 한계는 개헌 당시의 시대사상·정치이념·생활감각 등에 의해서 정해질 문제이기 때문에 그것을 처음부터 광범위하게 확정할 수는 없다고 생각한다. 그렇지만 한 가지 분명한 사실은 헌법개정이 '개정'에 그치고 '개헌의 형식에 의한 혁명'이 되지 않기 위해서는 현행헌법의 근본정신(예컨대 정의사회구현·통일지향성·자유주의사상)과 정치제도(권력분립주의·민주주의·평화적 정권교체·법치주의)를 완전히 무시해 버리는 개헌은 있을 수 없다는 점이다. 이와 관련해서 현행헌법은 '대통령의 임기연장 또는 중임변경을 위한 헌법개정'의 효력을 제한해서 그 헌법개정 당시의 대통령에 대하여는 효력이 없도록 규정(제128조 제2항)하고 있지만, 이것은 개헌의 한계를 정하는 것이 아니고 개헌의 효력만을 일부 제한하는 이른바 개헌효력의 한계규정이라고 보아야 할 것이다.

개헌의 한계와 개헌효력의 한계 구별

제, 사유재산제, 시장경제질서를 든다.

제 5 장　헌법의 해석

1.　헌법해석의 의의와 특성

Ⅰ. 헌법해석의 의의

(1) 광의의 헌법해석과 협의의 헌법해석

헌법해석이란 넓은 의미로 볼 때는 성문헌법·불문헌법·형식적 의미의 헌법·실질적 의미의 헌법을 막론하고 어떤 헌법규범의 내용이 문제점으로 나타날 때 이를 해결하기 위한 법인식작용을 말한다. 그렇지만 좁은 의미의 헌법해석이란 형식적 의미의 성문헌법, 즉 헌법전을 전제로 한 개념으로서 헌법전에 나타난 헌법규범의 구체적인 의미와 내용이 헌정의 실제에서, 행정작용의 과정에서, 또는 헌법소송을 계기로 다투어지는 경우에 헌법규범의 참된 의미와 내용을 찾아냄으로써 구체적인 현안문제를 해결하려는 헌법인식작용을 뜻한다.

법인식작용 내지 헌법인 식작용

(2) 헌법해석의 유형

헌법해석은 그것이 행해지는 계기를 기준으로 해서 '헌법소송을 전제로 하는 헌법해석'과 '헌법소송과 무관한 헌법해석'으로 나눌 수 있다.

1) 헌법소송을 전제로 하는 헌법해석

헌법해석이 특히 헌법소송제도와 불가분의 밀접한 관계가 있는 것은 두말할 필요가 없다. 따라서 한 나라 헌법이 어떤 형식으로든지 헌법소송제도를 규정하고 있는 경우에는 헌법해석의 문제는 주로 어떤 구체적인 헌법소송사건을 계기로 해서 논의되기 마련이고 궁극적으로는 헌법소송을 담당하는 국가기관의 유권적인 해석에 의해서 헌법규범의 구체적인 의미와 내용이 확정되게 된다. 이 경우에는 헌법소송담당기관이 「어떤 관점에 입각해서 헌법규범을 해석할 것이냐」의 이른바 헌법해석의 방법론이 특히 중심적인 문제로 클로즈업될 수 있다. 왜냐하면 헌법을 해석하는 관점의 차이에 따라서는 같은 헌법규범이라 할

헌법소송기관 의 적극적·유 권적인 헌법 인식

지라도 그 의미와 내용이 다르게 풀이될 수 있기 때문이다. 헌법해석의 문제가
주로 헌법해석을 둘러싼 방법론의 문제로 집약되는 이유도 그 때문이다.

헌법내용존중
의 소극적 헌
법인식

광범위한 헌법소송제도를 마련해 놓고 있는 독일에서 헌법해석의 문제가
특히 이론적인 다양성을 보이고 헌법학의 중요한 분야로 등장하고 있다. 우리
나라에도 현행헌법상 헌법재판소에 의한 헌법심판을 제도화하고[1] 있기 때
문에 헌법해석의 문제가 진지하게 논의의 대상이 되어야 하는데 최근에 학계
와[2] 실무계[3]에서 헌법해석의 문제에 관심을 나타내는 것은 그나마 다행한 일
이다.

2) 헌법소송과 무관한 헌법해석

헌법해석은 그렇다고 해서 반드시 헌법소송제도를 전제로 한 개념은 아니
다. 헌법소송을 떠나서도, 입법과정에서는 물론 행정기관의 행정작용과 관련해
서 또는 사법기관의 민·형사 내지는 행정소송절차에서도 헌법규범의 의미와
내용이 특히 문제될 수 있겠기 때문이다. 다만 이처럼 헌법소송을 떠난 헌법해
석의 경우에는, 헌법소송을 전제로 한 헌법해석과는 달라서, 헌법규범의 의미
와 내용을 찾아냄으로써 「헌법을 말하게 한다」는 적극적인 의미보다는 「말하
고 있는 헌법의 말뜻을 존중하고 실현시킨다」는 소극적인 의미가 더 강하게
나타나게 된다.

Ⅱ. 헌법해석의 특성

일반적인 법해석론을 떠나서 헌법해석이 특히 문제되는 것은 헌법만이 가
지는 헌법규범 특유의 특질 때문이다.

(1) 헌법의 이념법적 성격

법률의 기술
법적 성격과
헌법의 이념
법적 성격

조직사회를 전제로 해서 그 속에서 일어나는 사회생활의 문제점($^{민사분쟁·형사사}_{건·노사쟁의 등}$)
을 기술적으로 해결하기 위한 일종의 기술법적 성격을 가진 일반법률과는 달라
서 사회공동체를 정치적인 일원체로 조직·창립하는 것을 그 목적으로 하는 헌

---

1) 현행헌법 제111조~제113조, 제107조 제 1 항, 제 8 조 제 4 항, 제65조 참조.
2) 예컨대 권영성, 22면 이하; 김철수, 30면 이하; 계희열, 「헌법학(상)」, 1995, 58면 이하 참조.
3) 우리 헌법재판소는 특히 규범조화적 해석과 합헌적 법률해석의 기법을 많은 결정에서 활용하
   고 있다. 예컨대 헌재결 1991. 9. 16. 89 헌마 165, 판례집 3, 518, 524, 526~527(규범조화적
   해석); 헌재결 1989. 7. 14. 88 헌가 5 등, 판례집 1, 69, 86(합헌적 법률해석) 참조.

법은 그 본질상 사회공동체의 정치현실에서 부단히 실현됨으로 인해서 비로소 그 목적을 달성할 수 있다. 일반법률의 기술법적 성격과는 달리 가치법적 내지 이념법적 성격을 가지는 헌법을 해석해서 정치현실에 실현시킨다고 하는 것은 어느 특정한 분쟁사건을 해결하기 위한 일반법률의 해석과는 여러 가지 면에서 그 성질을 달리한다.

(2) 헌법해석의 기능적 특성

우선 헌법의 해석은 헌법이 실현되는 수단이기 때문에 직접적으로 사회공동체의 조직·형성과 직결된다. 따라서 사람의 중추신경적 기능과 비교할 수 있다. 이 점 일반법률의 해석이 개별적 분쟁을 전제로 한 말초신경적 기능을 가지는 것과 다르다.

중추신경적 기능

(3) 헌법규범의 구조적 특성

일반법률은 대개가 그 구조적인 면에서 모든 예상되는 사안을 되도록 빠짐없이 규율하려는 이른바 총괄적 입법기술에 의해서 제정된 것이기 때문에, 법해석에 의한 법의 보충 내지 형성의 폭이 비교적 좁다고 볼 수 있다. 하지만 헌법은 그 구조적인 면에서 개방성·미완성성 등을 그 특질로 하기 때문에, 헌법해석에 의한 보충 내지 형성을 오히려 처음부터 전제하고 있다고 할 것이다.

총괄적 입법기술

(4) 헌법해석의 기준적 특성

헌법은 정치규범이기 때문에 그 해석에 있어서도 규범적 관점 이외에 제한된 범위 내에서 정치적 관점이 작용할 필요성과 가능성이 있다고 보아야 한다. 이에 반해서 단순히 기술법적 성격을 가진 일반법률의 해석에 있어서는 정치적 관점은 처음부터 절대적인 타부(Tabu)로 되어 있다.

합목적성의 고려

이처럼 해석의 기능적인 면에서, 규범의 구조적인 면에서, 또 해석의 기준적인 면에서 헌법의 해석은 일반법률의 해석과 다른 특질을 가지고 있기 때문에 일반적인 법해석방법을 그대로 헌법해석에 적용하기에는 적지 않은 문제점이 따르기 마련이다. 헌법해석의 방법을 둘러싸고 여러 가지 학설이 대립하고 있는 것도 그 때문이다.

2. 헌법해석의 방법

I. 고전적·해석법학적 방법

(1) 사비니의 4단계해석방법과 그 영향

법조문 중심
의 문법적·
논리적·역사
적·체계적 해
석

사비니(F. C. v. Savigny; 1779~1861)에 의해서 정립된 이른바 고전적·해석법학적 방법에 따르면, 법해석은 어디까지나 법조문을 절대적인 바탕으로 해야 하고 법조문의 뜻이 분명치 않은 경우에는 그 참뜻을 찾아내기 위해서 i) 문법적, ii) 논리적, iii) 역사적(헌법사적), iv) 체계적 해석방법을 차례로 동원해야 한다고 한다.[1] 1840년대의 로마법을 안목에 두고 발전시킨 Savigny의 이 4단계해석방법론은 오늘날까지도 모든 법학분야에 많은 영향을 미치고 있어서 마치 법해석학의 표본처럼 간주되고 있다.

공법분야에도 v. Savigny의 영향이 적지 않아서 헌법을 비롯한 공법자료를 해석하는 데 있어서 v. Savigny의 4단계해석방법을 그대로 적용하려는 입장으로부터 v. Savigny의 4단계방법을 추가보충한 이른바 7단계이론(Siebenstufentheorie)[2]에 이르기까지 적지 않은 추종자를 배출하고 있다. 7단계이론에 의하면 헌법을 해석하는 데 있어서는 반드시 다음과 같은 일곱 가지 과정을 차례로 거쳐야 된다고 한다. i) 법조문의 문구, 문법적 구조, 개념의 어학적 어의(語義) 등을 중심으로 한 해석(어학적 해석), ii) 일반조리에 입각해서 법조문의 의미를 찾아내는 해석(논리적 해석), iii) 법체계를 지배하는 통일적인 원리에 입각한 조문해석(체계적 해석), iv) 법제도·법규범의 성립 내지 발전적인 요소를 고려한 해당 법조문의 해석(역사적·제도사적 해석), v) 상이한 여러 나라의 법제도를 비교·검토함으로써 해당 법조문의 의미를 찾아내는 해석(비교법학적 해석), vi) 입법자의 입법취지·동기·입법과정에서 나타난 의견 등을 참작한 해석(법제정자의 주관적 해석), vii) 법제도가 추구하고 있는 일정한 목적에 입각한 해당 조문의 해석(목적론적 해석) 등이 그것이다.

(2) 고전적 해석방법의 문제점

헌법과 일반
법률을 구조
적·해석방법
론적으로 동

이처럼 v. Savigny의 해석법학적 사상을 그 모체로 하는 헌법해석의 방법론은 헌법과 일반법률이 구조적으로 동일하다는 생각에서 헌법해석이 일반법률의 해석과 크게 다를 것이 없다는 전제 밑에서 출발하고 있음을 쉽게 파악할

---

1) Vgl. *v. Savigny*, System des heutigen römischen Rechts I, 1840, S. 212ff.
2) Vgl. *H.J. Wolff／O. Bachof*, VerwR. I, 9. Aufl.(1974), §28 III c(S. 161ff.).

수 있다. 헌법해석에 있어서 철저히 실정법을 중심으로 그 실정법의 의미를 우선 언어학적 방법에 의해서 찾아내려는 이 입장은 사상적으로 법실증주의와도 상통하는 점이 있다고 볼 수 있다.[1] 또 법을 제정하는 의지적 명령이 바로 법규범이라고 생각하는 결단주의가, 법규범을 해석하는 데 있어서 일차적으로 법규범을 관찰의 출발점으로 해서, 법제정자의 의지를 찾아내려고 하는 것은 당연하다. 따라서 결단주의적 관점에서 볼 때 고전적 해석방법은 법규범의 형식으로 나타난 입법자의 명령적 의지를 찾아내기 위한 하나의 방법에 지나지 않게 된다. 더욱이 4단계 내지 7단계 해석방법에 의한 헌법해석의 과정에서 법조문에 내포된 객관적 의미, 즉 '법의 의지'를 찾아내려는 이른바 객관주의를 떠나서 법조문에 담겨진 입법자의 주관적 의사, 즉 '법제정자의 의지'를 우선 존중하려는 이른바 주관주의에 치우치게 되는 경우에는 그것은 단연코 결단주의적 사상의 세계와 가깝게 된다고 할 것이다.

어쨌든 이 고전적 헌법해석방법은 사법의 해석에 관한 v. Savigny의 이론을 규범구조가 전혀 다른 헌법의 해석에 그대로 적용시키려고 하는 데 무리가 있을 뿐 아니라, 이미 보아온 바와 같이 헌법은 일반법률과 다른 많은 구조적 특질을 가지고 있기 때문에 헌법과 일반법률을 구조적으로 동일시하려는 그 출발점부터가 일종의 의제에 불과하다고 할 것이다.

일시하는 법실증주의와의 상통점

입법자의 명령적 의지를 중시하는 결단주의적 헌법관과의 관계

Ⅱ. 고유한 헌법적 해석방법

헌법과 일반법률이 구조적으로 동일하다는 전제 밑에서 출발하는 고전적 해석방법과는 달리, 헌법의 해석에 있어서 헌법이 가지는 규범구조적·기능적 특질을 충분히 참작할 것을 강조하는 입장이다. 하지만 구체적으로 어떤 방법에 의해서 헌법의 특질을 헌법해석에 고려할 것인가에 대해서는 많은 견해의 차이를 보이고 있다. 현실기준적 해석방법·법학적 관점론 등이 그것이다. 다만 이들 여러 가지 입장에 공통한 점은 고전적 해석방법 또는 법실증주의적 해석방법이 '실정법중심'으로 생각하는 것과는 달리 '문제중심'으로 헌법해석에 임한다는 점이다. 또 전자가 법조문의 자구에 충실하려고 노력하는 데 반해서 후자가 법조문의 자구보다는 가치지향적인 해석태도를 취하는 것도 상이한 점이다. 법실증주의적 해석방법이 규범중심으로만 생각하고 일체의 정치적·사회적·철

문제중심의 가치지향적 해석=정신과학적 해석

---

1) 물론 역사적(입법사적)·체계적 해석방법 같은 것은 법실증주의의 입장에서 그대로 받아들일 수 없는 문제이다.

학적 관점을 배격하기 때문에 어느 의미에서 자연과학적·수학적 해석방법에 가깝다고 한다면 고유한 헌법해석방법은 일정한 가치를 전제로 하여 정치적·사회적·철학적 관점을 중요시하기 때문에 이를 특히 정신과학적 해석방법이라고 부를 수도 있을 것이다.

(1) 현실기준적 해석방법

스멘트사상에 기초, 헌법조문보다 헌법의 목적 내지 헌법현실이 해석기준

고전적·해석법학적 방법 또는 법실증주의적 해석방법에 대한 반동으로서 나타난 이 해석방법은 R. Smend의 동화적(同化的) 통합이론에 그 사상적인 기반을 두고 있다. 이 입장에 따르면, 헌법을 해석하는 데 있어서는 헌법조문의 문구나 개념에 얽매여서는 아니되고 어디까지나 헌법의 의의(목적) 또는 헌법현실이 그 해석의 바탕 내지 기준이 되어야 한다고 한다. 헌법을 동화적 통합과정의 법질서라고 파악하고 국가를 동화적 통합과정에서 항상 새로운 면모로 나타나는 사회현실이라고 이해하는 동화적 통합이론의 입장에서 볼 때 동화적 통합을 지향한 헌법의 절대적 목적이나 동화적 통합의 과정과 현실이 마땅히 헌법해석의 기본적인 기준이 되지 않을 수 없다고 한다. 따라서 헌법해석은 일반 법률의 해석과는 달라서 동화적 통합의 발전과정에 적응할 수 있는 융통성과 보완성을 가지게 된다고 한다.

헌법실현의 경시

생각건대 규범과 현실을 완전히 혼합시킴으로써 헌법규범이 가져야 될 규범적 효력과 그 형성적 기능을 위태롭게 하는 이 해석방법은 '헌법실현'의 과제를 단순한 '헌법의 현실적응'의 문제로 전락시킬 가능성이 크다고 할 것이다.

(2) 법학적 관점론

구체적 사안 중심의 귀납적 해석

헌법규범을 토대로 해서 우선 헌법규범의 구체적인 의미와 내용을 주로 분석적 방법으로 찾아낸 다음, 그 결과를 구체적인 사건에 연역적으로 적용하려는 고전적 또는 법실증주의적 해석방법과는 정반대로, 각 구체적인 사안을 관찰의 출발점으로 해서 이 사안을 해결하는 데 있어서 여러 가지 topoi[1]를

---

1) 라틴어에서 유래하는 Topik(topic)이라는 개념을 우리 말로 정확히 번역하기는 어렵다. 왜냐하면 이 개념은 다시 topos(복수는 topoi)란 개념을 전제로 한 것으로서 'topoi에 관한 이론' (Topik=Lehre von den topoi)을 뜻하기 때문이다. 특히 해석법학과 관련해서 자주 사용되고 있는 topos란 말은 매우 다의적으로 사용되고 있기 때문에 그 의미를 한 가지로 말할 수는 없으나, '일반적인 법의식에 의해서 당연히 인정(전제)되는 법원리적 관점(Gesichtspunkt)'이라고 풀이할 수 있다. 예컨대 신의성실의 관점, 신뢰보호의 관점, 소수보호의 관점 등이 그것이다. 이 같은 여러 관점(Gesichtspunkt)이 어느 사안의 해결에 논증으로 인용되는 경우에 그것은 하나의 topos(topoi)가 된다. 따라서 Topik은 말하자면 법규범을 떠난 관점론이라고 볼 수 있다. 하지만 이제부터는 원어의 참뜻을 되도록 존중하는 의미에서 topos, topoi, topic 등의

중심으로 귀납적으로 설득력 있는 논증을 찾아내려는 해석방법을 총칭해서 법학적 관점론이라고 부를 수 있다. 따라서 법학적 관점론에 있어서는 법규범보다는 어떤 사안을 누구나가 확신할 수 있도록 설득력 있게 해결할 수 있는 원리적 관점(topos)을 중요시하게 된다. 법규범만에 의지하는 고전적 해석방법과는 달리 법학적 관점론에서는 법규범도 문제를 해결하기 위한 단순한 하나의 관점에 불과하게 된다. 즉 문제해결을 위해서 필요한 경우에는 고전적 해석방법으로 법규범의 의미와 내용을 찾아낼 수는 있으되 그 결과는 결코 기속적인 것이 아니고 단순한 하나의 관점에 지나지 않는다고 한다. 그래서 법학적 관점론은 '법전을 떠난 법의 탐구'라는 비판을 받는다. 법학적 관점론에 있어서는 특히 실정법보다는 topos에 입각한 설득력을 모색하는 것이기 때문에 자칫하면 주관적인 요소가 개입하기 쉽고 그 결과 오히려 설득력을 상실할 위험성이 크다. 법학적 관점론을 주장하는 많은 학자들이 헌법해석에 있어서 어떤 방법으로 주관적 요소를 제한할 수 있을 것인가의 문제를 놓고 고민하는 이유도 그 때문이다.[1]

법규범도 문제해결 위한 많은 관점 중의 하나에 불과

생각건대 법학적 관점론은 헌법을 해석하는 데 있어서 규범에서 출발하는 것이 아니고 사안을 해석의 초점으로 삼고, 규범을 단순한 하나의 관점으로 평가절하시키는 반면에 기타의 topoi를 중요시함으로써 처음부터 헌법규범의 형성적 기능을 무시 내지는 경시한다는 비난을 면할 길이 없다. 법학적 관점론은 말하자면 헌법규범의 내용을 '찾는다'(Inhaltsermittlung)고 하기보다는 그 내용을 '결정하는'(Inhaltsbestimmung) 입장이라고 할 것이다. 그 결과 헌법규범은 해석자의 주관적 입장에 따라 각각 다르게 풀이될 가능성이 크다. 법학적 관점론은 헌법규범의 내용에 대한 Konsens가 광범위하게 형성되어 있는 특수시기 내지 특수상황의 헌법해석방법으로는 몰라도 일반적인 헌법의 해석방법으로는 문제점이 많다고 할 것이다.

헌법규범의 형성적 기능 경시 및 독단적인 주관적 해석의 우려

Ⅲ. 절충적 해석방법

고전적 해석방법이 지나치게 헌법자구에만 집착한 나머지 헌법의 가치규범적·생활규범적 성격을 소홀히 하는 반면에, 법학적 관점론은 헌법이 가지는 형성적·규범적 효력을 경시하는 경향이 있기 때문에 두 입장을 각각 절충해서

헌법규범에 내포된 가치를 해석지침으로 강조

개념을 번역하지 않고 그대로 사용하기로 한다.
1) 이 점에 대한 자세한 것은 졸저, 전게서, 방주 154~158 참조할 것.

헌법의 가치규범적·생활규범적 성격도 충분히 살리고 또 헌법의 형성적·규범
적 기능도 충분히 발휘될 수 있도록 헌법을 해석하려는 입장이 있는데, 그것이
바로 절충적 해석방법이다. 절충적 해석방법에 따르면, 헌법은 단순한 개념이
나 자구의 나열에 불과한 것이 아니고 일정한 가치관이 규범의 형태로 정립된
것이기 때문에 헌법해석이란 결국 헌법규범에 내포된 가치관을 '끝까지 생각해
내는 것'이라고 한다. 그러기 위해서는 우선 헌법전이나 제헌과정에 나타난 여
러 가지 헌법자료들을 중심으로 '헌법내재적인 헌법이론' 내지 '헌법내재적인
기본권이론'을 찾아내고 그것을 헌법해석의 지침으로 삼아야 된다고 한다. 따라
서 헌법해석의 출발점은 언제나 헌법규범이 되어야 한다고 한다.

체계적 해석 의 강조에 불 과

생각건대 이 절충적 해석방법은 그 내용에 있어서 고전적 해석방법 중의
하나인 체계적 해석방법을 특히 강조하고 있는 것에 지나지 않는다고 할 것이다.

Ⅳ. 비판 및 결론

(1) 해석방법의 상대성

무릇, 헌법을 해석하는 데 있어서는 어느 하나의 방법만이 언제나 그 타당
성을 간직할 수는 없다고 생각한다. 왜냐하면 대상에 따라 방법이 정해져야지
방법이 대상을 결정할 수는 없는 것이기 때문이다. 따라서 헌법을 해석하는 데
있어서 절대적으로 통하는 이른바 특허방법 같은 것은 존재할 수 없다고 할
것이다. 독일연방헌법재판소의 헌법해석방법이 일관성이 없고 사건에 따라서
그 해석방법을 달리하고 있는 것은 어느 의미에서 보면 오히려 불가피한 현상
이라고 보아야 할 것 같다.[1]

(2) 각 해석방법의 허실(장·단점)

고유한 헌법적 해석방법이 헌법규범의 특질을 강조하고 헌법에 특유한 해
석방법을 모색하는 취지는 충분히 납득이 가지만, 그렇다고 해서 헌법을 해석
하는 데 있어서 원칙적으로 규범보다는 topoi를 중요시하는 그 근본사상은 자
칫하면 헌법해석을 통한 헌법개정의 결과를 초래할 가능성이 있기 때문에 특히
경성헌법의 경우에 문제점이 크다고 할 것이다. 또 한편 헌법의 조문 내지 자

---

1) 고전적 해석방법에 입각한 독일연방헌법재판소의 판례 중에 대표적인 것은, BVerfGE 1,
299(312); 11, 126(130); 40, 141; 40, 353(365).
　법학적 관점론에 입각한 대표적 판례는, BVerfGE 34, 269; 39, 334; 40, 296을 꼽을 수 있다.

구에만 치우치는 고전적 해석방법을 관철하려는 경우에는 구체적 사안을 규율하는 조문의 결핍(헌법의틈)으로 인해서 이른바 미해결문제가 생길 가능성을 배제할 수 없다. 따라서 그와 같은 미해결문제를 없애기 위해서도 경우에 따라서는 법학적 관점론을 적용해야 할 불가피한 사례가 있을 수 있을 것이다.

(3) 해석방법선택의 유연성

요컨대 헌법해석은 구체적 사안을 헌법적 관점에서 합리적으로 해결하기 위한 수단에 지나지 않기 때문에 해석방법론 그 자체를 둘러싼 지나친 논쟁은 문제의 해결에 별로 큰 도움이 되지 못한다 할 것이다. 해결을 기다리고 있는 구체적 사안의 구조와 성격에 따라서 가장 문제해결에 적합한 헌법해석방법이 정해져야 하리라고 본다. 다만 이 때 고전적 해석방법을 택하게 되는 경우에도 결코 헌법제정자의 주관적 의지를 찾아내려는 주관적 이론에 치우쳐서는 아니 되고 헌법해석 당시의 현실적 시점에서 헌법규범이 가지는 객관적인 의미와 내용을 찾아내려는 이른바 객관적 이론이 헌법해석의 기준이 되어야 할 것은 재론의 여지가 없다. 따라서 헌법규범의 객관적인 의미와 내용을 찾아내려는 객관적 이론을 헌법해석의 기준으로 삼는 한 어학적 해석방법보다는 헌법체계적·규범목적적 해석방법이 문제의 해결에 보다 큰 도움이 되리라고 본다.

결론적으로 말해서 구체적 사안에 따라 헌법해석의 방법이 정해져야 하지만, 원칙적으로 객관적 이론에 입각한 헌법체계적·규범목적적 해석방법을 주로 하고 법학적 관점론을 보충적으로 인용하는 것이 바람직하다고 본다.

해석방법론의 한계: 사안에 따른 해석방법의 선택

3. 헌법해석의 지침

헌법을 해석하는 데 있어서 항상 염두에 두고 그 정신과 취지를 해석의 과정에 반영시켜야 하는 원리 같은 것을 헌법해석의 지침 내지 기준이라고 칭할 수 있는데 어느 범위 내에서 또 어떤 내용의 지침을 인정할 것이냐에 대해서는 견해가 구구하다. 학설과 판례를 통해서 일반적으로 인정된 헌법해석의 지침으로는 '헌법의 통일성', '헌법의 기능적 과제', '헌법의 사회안정적 요인' 등을 들 수 있다.

Ⅰ. 헌법의 통일성

헌법은 그 전체로서 사회공동체를 정치적인 일원체로 조직하기 위한 법질
서를 뜻하기 때문에 하나하나의 헌법조문이 독립해서 어떤 의의를 갖는 것이
아니고 모든 조문이 불가분의 밀접한 관계를 가지고 서로 보충·제한하는 기능
을 나타내는 것이기 때문에 헌법의 이와 같은 일원성 내지 통일성을 언제나
헌법해석의 지침으로 삼아야 한다는 것이다. 따라서 어느 하나의 헌법조문을
해석하는 경우에도 해당 조문만을 대상으로 할 것이 아니고 그 조문을 헌법
전체의 통일적인 각도에서 살펴야 한다고 한다.

개별조문의
헌법 전체와
의 조화적인
해석을 통해
헌법의 통일
성 실현

생각건대 물론 헌법이 전체로서 통일성을 가지는 것은 사실이지만, 헌법은
다양한 이해관계의 갈등과 대립을 바탕으로 해서 공존을 위한 타협의 결과 성
립·제정된 것이기 때문에 헌법규범상호간(헌법내재적)의 긴장 내지 부조화현상
을 처음부터 완전히 경시할 수만은 없다고 생각한다. 따라서 헌법의 통일성을
헌법해석의 지침으로 강조하는 이유는 헌법에 당연히 내포된 어떤 확립된 조화
성을 존중한다는 의미보다는 헌법에 내재할 수도 있는 규범 상호간, 헌법적 원
칙 상호간의 긴장·부조화현상 등을 최대한으로 완화시켜 이를 조화적인 전체
가 될 수 있도록 헌법의 통일성을 실현시켜야 한다는 의미로 이해해야 하리라
고 본다.

이 점과 관련해서 헌법의 통일성을 실현시키기 위한 두 가지 원칙이 헌법
이론과 판례를 통해서 확립되고 있다. '이익형량의 원칙'과 '조화의 원칙'이 그
것이다. 하지만 이 두 원칙은 어느 의미에서는 서로 대립적인 관계에 있음을
주목할 필요가 있다.

(1) 이익형량의 원칙

헌법이 서로 상반하는 내용의 규범 내지는 원칙을 내포하고 있는 경우에
두 규범 내지 원칙에 의해서 표현되는 가치 내지 법익을 서로 비교교량해서
보다 큰 가치 내지 법익을 보호하고 있는 헌법규범 내지 원칙에 효력의 우선
권을 주어야 한다는 해석지침이다. 우리 헌법재판소는 헌법규정 상호간의 효력
상의 차등을 원칙적으로 부인한다.[1]

---

1) 【판시】 이념적·논리적으로는 헌법규범 상호간의 우열을 인정할 수 있는 것이 사실이다. 그러
나 이 때 인정되는 규범 상호간의 우열은 추상적 가치규범의 구체화에 따른 것으로 헌법의 통
일적 해석에 있어서는 유용할 것이지만, 그것이 헌법의 어느 특정 규정이 다른 규정의 효력을
전면적으로 부인할 수 있을 정도의 개별적 헌법규정 상호간의 효력상의 차등을 의미하는 것이

이 원칙은 헌법규범 내에도 규범의 계층구조가 있다는 전제하에서 상위헌 법규범은 하위헌법규범의 효력을 정지시키는 힘이 있다는 사상과 직결된다. '헌 법에 위반되는 헌법규범'[1]이라는 개념은 이 사상을 잘 대변해 주고 있다. 이 입장은 특히 헌법개정에 대한 실정법적 한계를 규정하고 있는 헌법하에서 그 이론적인 뿌리를 내리기 쉽다고 할 것이다.

헌법규범의
계층구조전제

(2) 조화의 원칙

이익형량의 원칙이 서로 상반하는 헌법규범 중에 어느 한 규범을 우선시키 는 데 반해서 조화의 원칙은 상반하는 헌법규범이나 헌법적 원칙을 최대한으로 조화시켜 동화적인 효력을 나타낼 수 있도록 해석해야 한다는 지침을 말한다.

법익의 조화
중요시

조화의 원칙은 이익형량의 원칙에서와는 달리 헌법규범 내의 계층구조 내 지 '헌법에 위반되는 헌법규범'이라는 사고방식을 전제로 하지는 않는다. 헌법 의 통일성이라는 해석지침의 근본취지에 비추어 볼 때 이익형량의 원칙보다는 조화의 원칙을 더 우선시켜야 하리라고 본다. 우리 헌법재판소도 규범조화적 해석을 강조한다.[2]

헌법규범의
계층구조와
무관

Ⅱ. 헌법의 기능적 과제

헌법은 사회공동체를 정치적인 일원체로 조직하기 위한 조직규범인 동시 에 국가 내의 권력현상을 제한하고 합리화시킴으로써 공존의 정치적인 생활질 서를 보장하는 권력제한적 기능을 가지고 있다. 따라서 헌법규범 및 헌법적 원 칙을 해석하는 데 있어서는 이와 같은 헌법의 기능적 과제가 언제나 최대한으 로 발휘될 수 있는 길을 모색해야 한다는 것이다. 모든 헌법적 제도는 그것이 반드시 일정한 기능적인 과제와 결부되고 있기 때문에 제도 자체의 구조적인 면보다는 기능적인 면을 중요시해서 운용되어야 한다. 결국 헌법을 해석하는 관점도 '구조적-기능적'이어서는 아니되고 거꾸로 '기능적-구조적'이어야 할 것 이다.[3] 기본권에 대한 헌법규범의 해석에 있어서는 물론, 국가의 통치구조에

헌법의 구조
보다 헌법의
기능 중요시

라고는 볼 수 없다(헌재결 1995. 12. 28. 95 헌바 3, 판례집 7-2, 841(847면)).

1) *O. Bachof*, Verfassungswidrige Verfassungsnormen?, Tübingen 1951; *derselbe*, DÖV 1961, S. 927f.

2) 【판시】 인격권이 언론의 자유와 서로 충돌하게 되는 경우에는 헌법을 규범조화적으로 해석하 여 이들을 합리적으로 조정하여 조화시키기 위한 노력이 따르지 아니할 수 없다(헌재결 1991. 9. 16. 89 헌마 165, 판례집 3, 524면).

3) 【독일판례】 예컨대 독일연방헌법재판소가 독일헌법상의 연방제도에 내포된 구조적인 면(연방

관한 헌법규범의 해석에 있어서도 그 기능적인 관점이 절대적인 기준이 되어야 한다.

Ⅲ. 헌법의 사회안정적 요인

사회안정적 요인과 사회 통합효과 고려

사회공동체가 정치적인 일원체로 뭉치기 위한 법질서인 헌법은 처음부터 완전무결한 것이 아니고 미완성성과 개방성에 의해서 특징지어지는 것이기 때문에, 많은 '헌법의 틈'을 간직하기 마련이다. 따라서 이 '헌법의 틈'을 메우는 것은 우선 헌법해석의 과제에 속한다. 다만 '헌법의 틈'을 메우기 위한 헌법해석에 의해서 '틈'을 내포한 헌법이 달성해 놓은 사회안정적·사회동화적·구심력적 Konsens가 파괴되어서는 아니되겠기 때문에, 헌법해석에 있어서는 언제나 해석의 결과에 의해서 초래될 사회안정적 요인을 고려해야 한다는 것이다. 동화적 통합이론의 입장에서는 동화적 통합효과를 헌법해석의 지침으로 삼는 것은 당연한 일이다.

4. 법률의 합헌적 해석

헌법해석 아닌 법률해석

헌법해석의 문제와는 명백히 구별할 필요가 있으면서도 헌법해석과 밀접한 관계에 있는 것이 이른바 법률의 합헌적 해석이다. 이것은 주로 판례[1]를 통해서 확립된 제도이다.

Ⅰ. 합헌적 법률해석의 의의 및 그 이론적 근거

(1) 합헌적 법률해석의 의의

1) 소극적 의미와 적극적 의미

합헌적 해석이 가능한 법

합헌적 법률해석이란 외형상 위헌적으로 보이는 법률이라 할지라도 그것이 헌법의 정신에 맞도록 해석될 여지가 조금이라도 있는 한 이를 쉽사리 위

과 주의 동위성)보다는 그 기능적인 면을 살리기 위해서 연방우호적인 해석지침을 마련하고 이를 일관해서 적용하고 있는 것은 헌법제도를 '기능적-구조적' 관점에서 이해하고 있는 좋은 예이다. Vgl. BVerfGE 12, 205(254f.); 13, 54(75f.); 14, 197(215); 34, 9(20f., 38f., 44f.).

1) 예컨대 BVerfGE 2, 266(282); 7, 120(126); 8, 71(177f.); 19, 1(5); 30, 129; 31, 119(132); 32, 373(383f.); 33, 52(65); 36, 264(271).

헌이라고 판단해서는 아니된다는 법률의 해석지침을 말한다. 우리 헌법재판소도 법률에 대한 합헌적 해석의 당위성을 강조한다.[1] 합헌적 법률해석은 따라서 헌법해석의 문제라기보다 법률해석의 문제이다. 합헌적 법률해석은 그 내용상 적극적 의미와 소극적 의미를 구별할 필요가 있다. 즉 소극적으로는 합헌적인 해석의 소지를 조금이라도 간직하고 있는 법률은 되도록 그 효력을 지속시켜야 한다는 뜻인 데 반해서 적극적으로는 헌법정신에 맞도록 법률의 내용을 제한·보충하거나 새로 결정하는 것을 의미한다. 권력분립의 원칙에 입각해서 입법권을 입법부의 권능으로 삼고 있는 현대적인 법치국가에서 적극적인 의미에서의 합헌적 법률해석이 무제한 허용될 수 없는 것은 명백하다. 왜냐하면 법률의 적극적인 합헌해석에 의해서 입법권이 침해될 가능성이 크기 때문이다. 합헌적 법률해석의 한계가 논의되는 이유도 여기에 있다.

(우측 여백) 률의 위헌선언금지

(우측 여백) 적극적 합헌해석의 위험성

2) 법률의 합헌적 해석과 규범통제의 상호관계

법률의 합헌적 해석과 법률에 대한 위헌심사(규범통제)는 개념적으로 구별할 필요가 있다. 법률의 합헌적 해석은 규범통제의 과정에서 주로 문제가 되는 것은 사실이지만 그렇다고 해서 법률의 합헌적 해석이 규범통제를 반드시 전제로 하는 것은 아니다.

(우측 여백) 두 제도의 이론적 근거와 구별 필요성

㈎ 해석기능과 심사기능

법률의 합헌적 해석과 규범통제가 모두 헌법의 최고규범성을 공통적인 이론적 근거로 하고 있지만, 전자에 있어서는 '해석규칙'(Auslegungsregel)으로서의 헌법이, 후자에 있어서는 '저촉규칙'(Kollisionsregel)으로서의 헌법이 그 이론적인 중핵을 이루게 된다. 즉 해석규칙으로서의 헌법은 일반법률이 헌법과 조화되도록 해석되는 것을 요구하지만, 저촉규칙으로서의 헌법은 헌법에 저촉되는 일반법률이 당연히 무효화되는 것을 그 내용으로 하고 있다. 따라서 해석규칙으로서의 헌법은 합헌적 법률해석의 경우에 법률의 '해석기준'이 되지만, 저촉규칙으로서의 헌법은 규범통제시에 법률의 '심사기준'이 된다. 헌법의 최고규범성에서 유래되는 '해석규칙' 또는 '저촉규칙'이 종종 혼용되는 이유는 그것이 다같이 헌법을 출발점으로 하고 있기 때문이다. 즉 규범통제를 하기 위해서는 법률의

(우측 여백) 해석규칙으로서의 헌법＝법률의 해석기준→법률의 합헌적 해석

(우측 여백) 저촉규칙으로서의 헌법＝법률의 심사기준→법률의 위헌심사(규

---

1) **【판시】** 일반적으로 어떤 법률에 대한 여러 갈래의 해석이 가능할 때에는 원칙적으로 헌법에 합치되는 해석 즉 합헌해석을 하여야 한다. 왜냐하면 국가의 법질서는 헌법을 최고법규로 하여 그 가치질서에 의하여 지배되는 통일체를 형성하는 것이며 그러한 통일체 내에서 상위규범은 하위규범의 효력근거가 되는 동시에 해석근거가 되는 것이다(헌재결 1989. 7. 21. 89 헌마 38, 판례집 1, 131(145면)).

범통제)

내용을 일단 헌법이라는 등불로 비추어 보아야 하는데 이 때 대부분의 경우에는 해석기준으로서의 헌법과 심사기준으로서의 헌법기능이 동시에 나타나기 때문이다.

(나) 합헌적 해석과 규범통제의 한계

규범통제에 대한 제약(한계)요인으로서의 합헌적 해석

하지만, 법률의 합헌적 해석과 규범통제는 완전히 상이한 두 가지 헌법적 제도라는 것을 주의할 필요가 있다. 법률의 합헌적 해석은 헌법의 최고규범성이 보장되고 있는 헌법하에서 당연히 인정될 수 있는 헌법적 제도이지만 규범통제는 헌법의 최고규범성만에 의해서 인정될 수는 없고 그에 대한 명시적인 별도의 근거규정을 필요로 한다는 것이 지배적인 견해이기 때문이다. 또 법률의 합헌적 해석과 규범통제는 다같이 헌법의 최고규범성을 그 이론적인 근거로 하면서도 전자는 입법권의 행사에 의해서 제정된 법률의 효력을 되도록이면 지속시키려는 정신의 제도적 표현인 데 반해서, 후자는 최고규범으로서의 헌법이 가지는 효력을 지키려는 사상의 제도적 표현이기 때문에 그 주안점이 다르다고 할 것이다. 이렇게 볼 때 법률의 합헌적 해석은 규범통제제도에 대한 일종의 제약(한계)을 뜻하게 된다.

(2) 합헌적 법률해석의 이론적 근거

법률의 합헌적 해석은 헌법의 최고규범성에서 나오는 법질서의 통일성, 권력분립의 정신, 법률의 추정적 효력, 국가간의 신뢰보호 등을 그 이론적인 근거로 하고 있다.

1) 헌법의 최고규범성에서 나오는 법질서의 통일성

헌법을 정점으로 하는 통일적인 법질서유지

헌법이 가지는 최고규범성은 마땅히 헌법을 정점으로 하는 피라밋식의 법질서를 요구하고 있기 때문에 헌법은 하위법의 효력의 근거가 될 뿐 아니라 동시에 그 해석의 기준이 되어야 한다. 따라서 어떤 법률규범이 합헌적인 해석과 위헌적인 해석을 동시에 가능케 하는 다의적인 내용으로 되어 있는 경우에는 마땅히 헌법에 맞는 해석을 택해야 하는 것은 당연하다. 나아가서 한 나라의 법질서는 헌법을 최고법으로 하는 일종의 통일적인 체계를 가지고 있다. 왜냐하면 헌법에 내포된 Konsens적인 가치가 하위법에 의해서 구체화되고 실현됨으로써 사회공동체가 헌법적 테두리 안에서 조직될 수 있겠기 때문이다. 따라서 한 사회공동체의 모든 법규범은 결과적으로 헌법의 내용을 실현하는 것에 불과하기 때문에 마땅히 헌법적인 윤곽에서 일정한 체계적인 통일성이 유지되지 않으면 아니된다. 입법기능이 이 윤곽질서의 테두리를 벗어나는 경우에는 법질서의 통일성이 무너질 위험성이 크기 때문에 법률해석적인 방법에 의해서라도 이를 체계적인 법질서의 테두리 안으로 끌어들일 필요가 있다. 법률의 합헌적 해석은 결국 법질서의 통일성을 지키기 위한 하나의 해석법적 수단이라고 할 것이다.

2) 권력분립의 정신

법률의 합헌적 해석은 권력분립의 사상과도 밀접한 관계가 있다. 즉 국가기능이 입법·행정·사법으로 나누어져 행사되고 있는 경우에, 입법권의 행사에 의해서 법률을 제정하는 것은 헌법적 수권을 근거로 헌법을 실현하는 것이라고 볼 수 있다. 따라서 법률제정도 원칙적으로 헌법을 구체화하는 국가작용에 속하고, 입법작용은 헌법해석을 그 행동의 기초로 한다고 보는 것이 상식이다. 그렇다면 합헌이라는 판단 아래 입법부가 제정한 법률을 다른 국가기관이 함부로 위헌이라고 배척할 수 있겠느냐의 문제가 제기된다. 더욱이 민주주의적인 정당성을 인정받는 입법권의 행사를 다른 국가기관이 문제로 삼는 것은 민주주의적인 관점에서도 고려의 여지가 있다고 볼 수도 있다. 규범통제제도를 반대하는 입장의 주요한 논거의 하나가 그것이다. 따라서 법률을 되도록 통일적으로 해석해서 입법부가 제정한 법률의 효력을 유지시키는 것은 결국 권력분립의 정신과 민주주의적 입법기능을 최대한으로 존중하는 결과가 된다고 할 것이다. 법률의 합헌적 해석이 규범통제의 한계를 뜻한다고 보는 이유도 그 때문이다.

민주적 정당성 갖는 입법권의 존중

3) 법률의 추정적 효력(favor legis)

권력분립의 정신에 입각한 논거와 불가분의 관계에 있는 것이 법률의 추정적 효력이다. 즉 모든 법규범은 그것이 제정·공포된 이상, 일단 효력이 있다는 추정을 받는 것이 당연하다. 법률의 추정적 효력은 말하자면 '규범저장의 원칙'에서 나오는 것이라고 볼 수 있는데, 이 원칙은 법규범의 합헌성이 애매한 경우에 되도록 규범저장적(유지적) 해석방법을 선택할 것을 요구하기 때문에 합헌적 법률해석은 결국 이 원칙을 충족시키기 위한 하나의 수단에 불과하게 된다. 이처럼 법률의 추정적 효력과 규범저장의 원칙을 합헌적 법률해석의 논거로 내세우는 사고의 저변에는 역시 입법권이 합헌적으로 행사된다고 보는 것이 상식이라는 논리와 함께 법적 안정성의 고려가 작용하고 있다고 할 것이다. 하지만 법적 안정성이 일방적으로 강조되는 경우에는 헌법적 가치에 속하는 정

법적 안정성의 요청에 의한 규범유지의 필요성

의의 실현이 소홀하게 될 가능성이 있다는 것을 부인할 수 없다.

4) 국가간의 신뢰보호

국제사회에서
의 신의존중
과 국가간의
긴장회피

국가간에 체결된 조약 내지 그 동의법의 합헌성이 문제되는 경우에 조약
내지 그 동의법을 되도록이면 합헌적으로 해석해서 그 효력을 지속시키려는 것
은 국가간의 신뢰보호 내지 신의존중의 사상에 그 논거를 두고 있다고 할 것
이다. 즉 위헌이라는 이유를 내세워 조약 내지 그 동의법을 실효시킴으로 인해
서 발생할 수도 있는 국제무대에서의 체면 상실 내지는 국가간의 긴장관계를
회피하는 수단이 바로 조약이나 그 동의법에 대한 합헌적 해석이다. 하지만 국
가간의 조약은 조약내용에 대한 조약당사국간의 Konsens를 전제로 해서만 그
본래의 기능을 나타낼 수 있는 것이기 때문에, 조약상대방이 이해하고 있는 조
약내용을 조약의 다른 상대방이 합헌적 해석의 미명 아래 마음대로 다르게 해
석하는 것은 허용되지 않는다 할 것이다. 조약이나 그 동의법에 대한 합헌적
해석의 한계가 바로 여기에 있다.[1]

Ⅱ. 합헌적 법률해석의 한계와 기술

(1) 합헌적 법률해석의 한계

입법형성권에
대한 월권적
침해금지

특히 입법부의 입법권과 관련해서 법률의 합헌적 해석이 무제한 허용될
수 없다고 하는 것은 이미 언급한 바 있거니와 입법부가 가지는 입법기능은
합헌적 법률해석의 이론적 근거와 그 한계적 의미를 동시에 가지고 있다. 즉
법률의 합헌적 해석은 입법권을 존중한다는 정신이 작용하고 있기 때문에 법률
의 합헌적 해석에 의해서 입법권이 침해되는 일이 있어서는 아니될 것이다. 따
라서 법률에 대한 합헌적 해석은 입법권이 가지는 형성적 재량권을 지나치게
제한하거나 박탈하지 않는 범위 내에서 이루어져야 한다. 합헌적 법률해석의
문의적 한계와 법목적적 한계, 헌법수용적 한계가 논의되는 이유도 그 때문이다.

1) 문의적 한계

법조문의 말
뜻이 변질되
지 않는 범위

합헌적 법률해석의 문의적 한계란 해석의 대상이 되는 법조문의 자구가
간직하는 말뜻에서 나오는 한계를 말한다. 법조문의 자구가 간직하고 있는 가

---

1) 조약의 동의법에 대한 합헌적 해석의 한계를 넘었다고 볼 수 있는 대표적 예로서 동·서독간
의 기본조약에 대해서 내린 독일연방헌법재판소의 해석을 들 수 있다. Vgl. BVerfGE 36, 1.

능한 말뜻을 넘어서까지 해당 법조문을 합헌적으로 해석할 수는 없는 것이기 때문이다. 따라서 헌법의 정신에 맞는 합헌적 해석은 해당 법조문의 문의가 완전히 다른 의미로 변질되지 않는 범위 내에서만 가능하다고 할 것이다.

2) 법목적적 한계

합헌적 법률해석의 법목적적 한계란 법률제정자가 해당 법률의 제정에 의해서 추구하고 있는 명백한 입법의 목적을 헛되게 하는 정도의 합헌적 법률해석은 허용될 수 없다는 것을 말한다.[1] 즉 법률에 대한 합헌적 해석에 의해서 법률의 목적이나 내용이 본래의 취지보다 다소 제한되거나 보충되는 것은 가능하다고 볼 수 있으나, 그것이 단순히 마이너스·플러스에 그치는 것이 아니고 완전히 새로운 다른 목적이나 내용을 갖게 하는 이른바 '완전히 다른 것'이어서는 아니된다. 왜냐하면 그것은 법률해석의 문제가 아니고 입법기능의 문제이기 때문이다. 만약 '완전한 다른 것'을 만드는 합헌적 법률해석을 허용하는 경우에는 규범통제보다 더 강력한 입법통제적 기능을 하게 될 것이 분명하다. 왜냐하면 규범통제는 위헌법률을 다만 무효선언함에 그침으로써 헌법에 맞는 법률제정권을 입법부로 돌리지만, '완전히 다른 것'을 만드는 합헌적 해석은 무효선언을 넘어서 새로운 규범의 정립권까지를 함께 행사하는 결과가 되기 때문이다.[2]

입법의 목적과 '완전히 다른 것'의 추구 금지

'완전히 다른 것'의 추구는 법률해석 아닌 입법기능

3) 헌법수용적 한계

합헌적 법률해석의 헌법수용적 한계란 법률의 효력을 지속시키기 위해서 반대로 헌법규범의 내용을 지나치게 확대해석함으로써 헌법규범이 가지는 정상적인 수용한계를 넘어서는 아니된다는 말이다. 다시 말해서 '법률의 합헌적 해석'이 '헌법의 합법률적 해석'으로 주객이 전도되어서는 아니된다는 뜻이다. 합헌적인 법률해석은 제 1 차적으로 법률해석의 문제이지만, 법률을 헌법적인 시각에서 살펴보기 위해서는 불가피하게 헌법해석이 필요하다. 다만 이 경우에

헌법의 규범 내용이 왜곡·의제되지 않는 범위

---

1) 우리 헌법재판소도 문의적(文義的) 한계와 법목적적 한계를 동시에 강조하는 판시를 하고 있다. 【판시】 법률의 합헌적 해석은 법의 문구와 목적에 따른 한계가 있다. 즉, 법률의 조항의 문구가 간직하고 있는 말의 뜻을 넘어서 말의 뜻이 완전히 다른 의미로 변질되지 아니하는 범위 내이어야 한다는 문의적 한계와, 입법권자가 그 법률의 제정으로써 추구하고자 하는 입법자의 명백한 의지와 입법의 목적을 헛되게 하는 내용으로 해석할 수 없다는 법목적에 따른 한계가 바로 그것이다(헌재결 1989. 7. 14. 88 헌가 5 등, 판례집 1, 69(86면)).
2) 따라서 우리 헌법재판소가 구 국회의원선거법(제55조의 3과 제56조)에 대해서 조건부위헌결정을 한 것은 비판의 여지가 많다. 헌재결 1992. 3. 13. 92 헌마 37·39(병합). 자세한 것은 저자의 평석, 「공법연구」 제20집(1992년), 319면 이하 참조.

헌법의 규범내용을 의제해서까지 법률에 합헌성을 부여할 수는 없는 것이다.

(2) 합헌적 법률해석의 기술

합헌적 법률
해석의 한계
로 인한 해석
기술상의 제
약

합헌적 법률해석은 법적 계속성의 관점에서 법률의 효력을 되도록이면 지속시키려는 것이긴 하지만, 위에서 설명한 바와 같이 일정한 한계가 있기 때문에 해석기술적인 면에서도 매우 제약을 받게 된다.

합헌적 법률해석의 기술과 관련해서 주로 문제되는 것은 합헌적 해석을 불가능하게 하는 이른바 법률의 부분위헌의 경우와 법률내용에 대한 일정한 제한 또는 보완 없이는 그 합헌성이 인정되기 어려운 경우의 해석기술의 문제이다.

1) 법률의 부분무효의 경우

예외적인 경
우에만 법률
전체를 무효
화

법률이 도저히 합헌적으로 해석될 소지가 없는 몇 가지 조문을 내포하고 있는 경우에는 그 법률을 전체로서 무효라고 볼 수도 있겠고 또 합헌적 해석이 불가능한 해당 조문만을 위헌이라고 판단할 수도 있을 것이다. 그렇지만 법률의 추정적 효력의 관점에서 볼 때, 법률전체를 무효로 하는 것은 위헌인 조문을 무효로 함으로 인해서 그 법률의 입법취지나 목적이 수포로 돌아가거나 거의 실효성이 없게 되는 경우에 국한하는 것이 바람직하다고 할 것이다.[1]

2) 법률내용의 제한 또는 보완을 통해서만 합헌이라고 볼 수 있는 경우

㈎ 법률의 제한적 해석과 변형결정

제한적 법률
해석에 의한
합헌성 인정

법률조문이 해석 당시의 상태대로는 합헌적이라고 볼 수 없지만, 그 내용을 일부 제한하는 경우에는 위헌이라고 볼 수 없는 때가 있을 수 있다. 이 경우에는 입법자의 입법취지나 법목적이 본질적으로 침해되지 않는 한 제한적인 법률해석에 의해서 그 합헌성을 인정하는 것이 법률의 추정적 효력의 정신에 맞는다고 할 것이다. 합헌적 법률해석의 대부분의 경우가 여기에 속한다. 우리 헌법재판소는 법률조문의 제한적인 해석을 통해서 그 법률조문의 효력을 지속

---

1) **【판시】** 우리 헌재도 선거구불가분의 이유를 들어 선거구전체를 위헌으로 결정했다(헌재결 1995. 12. 27. 95 헌마 224, 239, 285, 373(병합)): '선거구획정표는 서로 불가분의 일체를 이루는 것으로서 어느 한 부분에 위헌적인 요소가 있다면 선거구구역표 전체가 위헌의 하자를 띠는 것이라고 보아야 할 뿐만 아니라 … 일부 선거구의 선거구획정에 위헌성이 있다면 선거구구역표의 전부에 관하여 위헌선언을 하는 것이 상당하다'(판례집 7-2, 760(763면)).
【독일판례】 독일연방헌법재판소도 이런 입장을 취하고 있다. Vgl. 예컨대 BVerfGE 2, 406; 4, 234; 5, 34; 6, 281; 7, 320; 8, 301; 9, 87, 333; 10, 220; 11, 169; 13, 39; 15, 25; 17, 306; 19, 331; 20, 161(256f.); 21, 125; 22, 152(174f.); 26, 258.

시키려는 경우에 한정합헌결정[1]뿐 아니라 이른바 한정위헌결정[2]과 일부위헌결정[3]의 주문형식을 함께 활용하고 있다. 따라서 이러한 변형적인 결정은 합헌적인 법률해석의 기술적인 산물이라고 볼 수 있지만 그 형식은 합리성이 있어야 하고 그 활용도 불가피한 경우에 한정되어야 한다. 규범통제를 제약하는 합헌적인 법률해석의 기능에도 스스로 일정한 한계가 있기 때문이다. 그런 뜻에서 우리 헌법재판소가 활용하는 일부위헌결정의 주문형식을 한정위헌결정으로 통일하고, 한정위헌결정보다는 한정합헌결정을 활용하는 것이 합헌적인 법률해석의 정신에 맞는 일이다. 늦었지만 헌법재판소가 일부위헌결정의 주문형식을 지양하는 경향을 보이고 있는 것은 바람직한 일이다.

변형결정의 유형적 한계

(ㄴ) 법률의 보완적 해석과 확대해석

법률조문이 해석 당시의 현재 상태대로는 합헌적이라고 볼 수 없지만 그 내용을 일부 보완하는 경우에는 위헌이라고 볼 수 없는 때가 있다. 이 경우에 법률해석에 의해서 그 내용을 일부 보완하는 것에 그치지 않고 확대해석하는 것은 대부분의 경우 입법권의 침해로 간주될 수 있기 때문에,[4] 당해 법률의 무효를 선언할 수밖에 없을 것이다. 하지만 경우에 따라서는 입법자에게 일정한 유예기간을 주고 법률의 내용을 합헌적으로 보완케 함으로써 그 효력을 지속시키는 방법도 생각할 수 있다. 독일연방헌법재판소를 따라 우리 헌법재판소가 종종 활용하고 있는 헌법불합치결정[5]이 바로 그것이다. 다만 헌법불합치결정은 합헌적인 법률해석의 결과라기보다 사법적 자제의 표현이다.

확대해석에 의한 합헌성 인정은 입법권 침해

헌법불합치결정은 합헌적 해석 아닌 사법적 자제의 표현

---

1) 예컨대, 헌재결 1989. 7. 21. 89 헌마 38; 헌재결 1990. 4. 2. 89 헌가 113; 헌재결 1990. 6. 25. 90 헌가 11; 헌재결 1990. 8. 27. 89 헌가 118; 헌재결 1992. 1. 28. 89 헌가 8; 헌재결 1992. 2. 25. 89 헌가 104; 헌재결 1992. 4. 14. 90 헌바 23; 헌재결 1996. 10. 4. 94 헌가 8.

2) 예컨대, 헌재결 1991. 4. 1. 89 헌마 160; 헌재결 1992. 6. 26. 90 헌가 23.

3) 예컨대, 헌재결 1991. 5. 13. 89 헌가 97; 헌재결 1991. 6. 3. 89 헌마 204; 헌재결 1992. 4. 14. 90 헌마 82; 헌재결 1992. 10. 1. 92 헌가 6 · 7(병합).

4) 예컨대 헌재결 1992. 3. 13. 92 헌마 37 등(병합) 사건의 조건부위헌결정을 들 수 있다. 조건부 위헌결정에 관해서는 뒷부분 931면 참조할 것.

5) Vgl. BVerfGE 25, 167; 39, 156, 194; 헌재결 1989. 9. 8. 88 헌가 6; 헌재결 1991. 3. 11. 91 헌마 21; 헌재결 1993. 3. 11. 88 헌마 5; 헌재결 1994. 7. 29. 92 헌바 49 · 52(병합); 헌재결 1997. 7. 16. 95 헌가 6~13(병합).

제 6 장   헌법의 보호

1. 헌법보호의 개념

I. 헌법보호의 의의

헌법적 가치
질서 수호

헌법의 보호란 헌법이 확립해 놓은 헌정생활의 법적·정치적 기초가 흔들리거나 무너지는 것을 막음으로써 헌법적 가치질서를 지키는 것을 말한다. 헌법의 보호는 헌법이 가지는 최고규범성에서 나오는 당연한 결과이다.

II. 헌법의 보호와 국가의 보호

국가의 보호=
국가의 존립
그 자체 보호,
헌법의 보호=
국가의 특정
한 존립형식
보호

따라서 헌법의 보호는 엄격한 의미에서 국가의 보호와는 구별할 필요가 있다. 국가의 보호가 국가의 존립 그 자체를 보호의 대상으로 하기 때문에 주로 외부의 적으로부터 오는 공격에 대한 방어를 내용으로 하는 데 반해서, 헌법의 보호는 성문 또는 불문헌법에 의해서 정해진 일정한 국가형태(공화국·군주국 등), 정치형태(민주주의·공산주의·독재주의 등) 또는 기본권적 가치질서를 보호의 대상으로 하기 때문이다. 즉 국가의 '특정한' 존립형식을 보호하는 것이 헌법의 보호이다. 국가의 특정한 존립형식은 형식적 의미의 헌법, 즉 헌법전에 의해서만 정해지는 것은 아니고 실질적 의미의 헌법도 국가의 특정한 존립형식과 관련된 규정을 내포할 수 있겠기 때문에 헌법보호의 범위는 형식적 의미의 헌법에 국한되지 않고 실질적 의미의 헌법에까지 미친다고 보아야 한다.

헌법의 보호가 이처럼 국가의 보호에 비해서 좁은 개념으로 사용되고 있는 것이 사실이지만, 헌법의 보호를 넓게 해석해서 외부 또는 내부로부터 오는 위협으로부터 헌법국가성을 보존하는 것을 헌법의 보호라고 이해하는 경우에는 국가의 보호와 그 보호대상이 같을 수도 있다.

Ⅲ. 헌법의 보호와 헌법의 보장

헌법의 보호는 헌법사적으로 볼 때 입헌주의의 초기에 입헌정체(立憲政體)를 보장하기 위한 제도로 발달했기 때문에 그 당시에는 주로 헌법의 보장이라는 개념 밑에 입헌제도(예컨대 군권제한·공개재판제도·자유선거제도 등)의 실현을 주로 생각하면서 입헌정체의 보장이라는 면을 중요시했지만, 오늘날에 와서는 입헌제도보장적 측면보다는 제도방어적 측면이 중요시되기 때문에 헌법의 보장이라는 개념보다는 헌법의 보호라는 개념이 많이 사용되고 있다.

헌법보장 개념의 고전성

좌우간, 오늘날 국가의 특정한 존립형식을 지킨다는 뜻으로 헌법의 보호라는 개념이 사용되고 있다 하더라도, 구체적으로 무엇을 국가의 특정한 존립형식으로 보호할 것인가에 대해서는 나라마다 헌법의 규정이 다를 수 있다.

2. 헌법의 수호자 문제

헌법에 의해서 정해진 국가의 특정한 존립형식, 즉 국가형태·정치형태·기본권질서 등을 최종적으로 지킬 헌법의 수호자가 누구인가 하는 문제에 관해서는 이를 일률적으로 대답할 수는 없다.

Ⅰ. 헌법의 수호자에 관한 논쟁

바이마르공화국시대에 C. Schmitt는 헌법을 실현하고 헌법적 권력행사를 효과적으로 제한할 수 있는 기능을 가진 국가기관이 바로 헌법의 수호자라고 보고, 바이마르공화국헌법 아래서는 그와 같은 기능을 담당한 국가기관이 바로 공화국대통령이었기 때문에, 공화국대통령이 헌법의 수호자일 수밖에 없다는 논리를 전개했다.[1] 그에 반해서 H. Kelsen은 헌법의 수호는 헌법의 규범력을 최종적으로 담보하는 헌법해석기관에 의해서 이루어지는 것이라고 주장하면서 C. Schmitt를 비판했다.[2]

C. Schmitt와 H. Kelsen의 제도론적 논쟁

H. Kelsen의 비판에도 불구하고 바이마르헌법하에서는 의회와 정부의 정당을 통한 동질성, 법원의 권력통제적 기능의 결핍 등으로 인해서 국가비상사

---

1) Vgl. *C. Schmitt*, Der Hüter der Verfassung(1931), 2. Aufl.(1969).
2) Vgl. *H. Kelsen*, Wer soll Hüter der Verfassung sein?, Die Justiz 6(1931), S. 576ff.

태에 대한 최종발언권을 가지고 있던 공화국대통령을 헌법의 수호자로 볼 수밖에 없었다고 할 수도 있다. 그렇지만 C. Schmitt가 말하는 헌법의 수호자로서의 공화국대통령도 제 3 제국의 출현을 막을 수 없었던 역사적 사실이 웅변으로 증명해 주듯이 헌법의 보호 내지는 헌법수호자의 문제는 권력 상호간의 견제와 균형의 이상적 원리만에 의해서 쉽사리 해결될 수만은 없다고 할 것이다. 입법·행정·사법권을 각각 다른 국가기관에 맡기는 권력분립적 통치구조 내지는 헌법적 제도 그 자체만을 헌법보호의 수단으로 삼으려고 하는 것은 말하자면 하나의 유토피아적인 환상이 아닐 수 없다.

Ⅱ. 헌법수호문제의 의지적 접근

헌법의 수호자에 관한 제도론적 논쟁의 한계

더욱이 헌법을 동화적 통합과정의 생활수단 내지 법질서라고 이해하는 경우에는 '헌법에의 의지'가 약화 내지 결핍된 곳에 단순한 한두 가지의 제도적 장치만에 의해서 헌법의 규범적 효력이 유지된다고 할 수는 없다고 할 것이다. 따라서 어느 한 국가기관만을 헌법의 수호자로 보려는 사고방식에 바탕을 둔 칼 슈미트와 켈즌의 문제의 제기는 오늘날 그 시대성을 상실했다고 보는 것이 옳을 것이다. 물론 오늘날도 독일기본법과 같이 광범위한 헌법소송제도를 마련하고 헌법재판소에 강력한 권력통제적 기능을 주고 있는 경우에는 헌법재판소를 헌법의 수호자라고 볼 수도 있겠으나 헌법재판소의 판결이 결국은 입법권이나 행정권의 자발적인 협조에 의해서만 그 집행이 가능하다는 점을 감안할 때, 헌법재판소를 헌법의 수호자로 보는 데 있어서도 문제점이 없지 않다.

'헌법에의 의지'의 중요성 및 제도와 의지의 상승작용의 필요성

결국 모든 국가기관과 국민이 다같이 헌법의 규범적 효력을 존중하려는 '헌법에의 의지'를 보일 때 비로소 헌법은 효과적으로 보호되는 것이라고 말할 수 있다. 이렇게 볼 때 헌법보호의 문제는 '제도'와 '의지'가 함께 상승작용을 하는 곳에서만 원만한 실효를 거둘 수 있다고 할 것이다. 민주시민이 없는 곳에 민주주의가 꽃필 수 없는 것처럼 헌법시민이 없는 곳에 헌법이 뿌리를 깊게 내릴 수는 없다.

3. 헌법보호의 수단

헌법침해의

헌법보호의 수단은 헌법침해의 양태에 따라 다르다. 즉 「누구를 상대로 해

서 헌법을 보호할 것이냐」에 따라서 보호수단도 다르기 마련이다.

양태와의 관련성

　이미 언급한 바와 같이 권력분립제도와 헌법소송제도는 물론, 크게 보면 대통령임기제, 내각불신임제, 수직적 권력분립을 뜻하는 연방제도, 정치적 중립과 신분보장을 주요골자로 하는 직업공무원제도, 심지어는 고위관직의 겸직금지에 이르기까지 모두가 권력집중에서 오는 헌법침해의 가능성을 제도적으로 배제하기 위한 것임에는 틀림없다. 또 국가긴급권의 발동에 관한 헌법의 규정도 따지고 보면 헌법보호의 한 수단이라고 볼 수 있다. 왜냐하면 헌법질서가 외부로부터의 침해에 의해서 위협을 받는 경우에 이를 효과적으로 대처함으로써 조속한 시일 내에 헌법질서를 다시 정상화하기 위한 하나의 방법이 국가긴급권의 발동이기 때문이다. 하지만 아래에서는 좁은 의미의 헌법보호의 수단에 관해서만 간단히 설명하기로 한다.

광의의 헌법보호수단

I. 하향식헌법침해에 대한 보호수단[1]

　역사상 자유와 민주주의에 대한 위협은 대부분 권력을 쥐고 있는 국가기관으로부터 나왔기 때문에 국가기관에 의한 헌법침해의 가능성은 시대와 헌법적 체제의 차이를 초월한 권력구조의 본질적인 문제라 아니할 수 없다. 국가권력에 의한 하향식헌법침해에 대한 보호수단이 특히 중요시되어야 하는 이유도 그 때문이다. 하향식헌법침해에 대한 보호수단은 다시 헌법개정권력에 대한 보호수단과 기타 국가권력에 대한 보호수단으로 나눌 수 있다.

국가권력에 의한 헌법침해

(1) 헌법개정권력에 대한 헌법의 보호

　헌법개정의 한계를 부인하는 법실증주의적 헌법관을 도외시한다면 헌법개정형식에 의해서 헌법이 가장 심각하게 침해될 수 있는 것은 더 말할 필요가 없다. 따라서 헌법개정절차를 일반법률의 개정보다 엄격하게 규정하거나 헌법개정의 한계를 정하는 것은 헌법의 최고규범성을 지키는 동시에 헌법개정권력에 대해서 헌법을 보호하기 위한 하나의 수단이라고 할 수 있다. 즉 헌법의 존재형식이나 헌법의 핵이 '헌법의 개정' 또는 '헌법의 침식' 등에 의해서 침해되는 일이 없도록 이를 보호하기 위한 수단이다. 우리나라 헌법도 헌법개정절차를 매우 엄격하게 규정함으로써 헌법개정의 형식으로 헌법이 쉽게 침해되는 것

헌법개정에 의한 침해로부터의 보호→ 경성 및 한계 규정

---

1) 국가권력과 국민의 관계를 결코 상·하의 관계로 보지 않는 것이 이 책의 일관된 입장이지만, 이해하기 쉽게 한다는 뜻에서 국가권력에 의한 헌법침해와 국민에 의한 헌법침해를 각각 하향식·상향식 헌법침해로 표시한 것이다.

을 방지하고 있다.

(2) 기타 국가권력에 대한 헌법의 보호

1) 헌법소송제도

공권력의 과
잉행사에 대
한 가장 강력
한 제도적 수
단

입법권·행정권·통치권·사법권의 과잉행사에 의해서 헌법적 가치질서가 침해되는 것을 예방하거나 시정할 수 있는 가장 강력한 제도적 수단은 역시 헌법소송제도라고 볼 수 있다. 즉 위헌법률의 무효화를 그 내용으로 하는 규범통제제도, 국가기관 상호간의 권한 다툼을 조정하기 위한 권한쟁의제도, 국가권력의 과잉행사에 의한 기본권침해를 구제하기 위한 헌법소원제도 등이 그 대표적인 예이다. 또 헌법에 위배되는 권한행사를 하는 국가고급공무원에 대한 탄핵심판제도도 여기에 속한다.

2) 권력분립제도

조직원리인
동시에 헌법
보호수단

국가권력 상호간의 견제와 균형을 그 내용으로 하는 권력분립제도는 그것이 물론 제 1 차적으로는 통치기구의 조직원리이긴 하지만 역시 권력집중에서 초래되는 헌법침해의 위험성을 방지하기 위한 것이라고 볼 때 국가권력에 대한 헌법보호의 수단이라고도 말할 수 있다.

3) 국민소환제도

헌법을 침해하는 선거직고위공무원에 대한 국민소환제도도 국가권력에 대한 헌법보호의 수단이라고 할 것이다.

4) 우리나라의 제도

헌법소송 및
권력분립제도

우리나라 헌법도 원칙적으로 권력분립제도를 그 통치기구의 조직원리로 삼고 있을 뿐 아니라 법률의 위헌심사제도와 탄핵심판제도, 권한쟁의제도, 헌법소원제도 등을 두고 있어서 최소한이나마 국가권력에 대한 헌법보호의 수단을 마련해 놓고 있다. 국가차원에서 국민소환제도는 채택하지 않고 있다. 다만 지방자치단체의 선출직 공직자에 대해서 제한적으로 채택했다.

(3) 헌법보호수단으로서의 저항권

1) 저항권의 본질

예비적·최후

저항권은 위헌적인 권력행사에 의해서 헌법적 가치질서가 완전히 무너지

는 것을 저지하기 위한 예비적인 헌법보호수단이다. 따라서 국가권력에 의한 헌법침해에 대한 최후적·초실정법적 보호수단이 바로 저항권이다. 저항권은 이처럼 기본권적 성격과 헌법보호수단으로서의 성격을 함께 가지고 있어서 이른 바 양면적인 것이다.[1] 저항권을 둘러싼 논쟁의 초점은 두 가지로 요약할 수 있다. 즉 초실정법적인 저항권을 인정할 것인가의 문제와 저항권의 행사요건에 관한 문제가 그것이다.

적·초실정법적 보호수단

저항권의 양면성

2) 저항권의 초실정법성

(가) 저항권에 관한 고전적 사상

홉스(Thomas Hobbes)와 칸트(Immanuel Kant; 1724~1804)가 초실정법적인 저항권을 부인한 이후, 법실증주의적 헌법관도 물론 이 입장을 취하고 있다. Hobbes는 인간의 성악설을 그 이론의 출발점으로 하고 국가란 결국 인간 각자가 타인에 대한 자기보호의 필요에서 만들어진 것으로 인간은 국가를 통해서만 보호된다는 국가철학을 전개하고 있기 때문에[2] 그의 세계에서는 국가에 대한 저항권이란 처음부터 생각할 여지가 없게 된다. 또 Kant는 인간의 이성을 강조하면서 성선설을 그 이론의 바탕으로 하고 있기 때문에 Kant가 생각하는 국가는 마땅히 법치국가일 수밖에 없고 따라서 저항권은 무용한 것이 된다.[3]

홉스의 부정설과 칸트의 무용설

하지만 마찬가지로 낙관적인 인간상을 그 이론적인 토대로 하고 있는 록크(John Locke)[4]가 저항권을 인정하는 것처럼 저항권의 인정 여부의 문제는 인간성에 대한 특정 세계관을 반드시 전제하는 것은 아니라고 할 것이다. Hobbes와 함께 자유주의적 사상의 대변자인 Locke가 성선설에서 출발하면서도 '국가를 통한 보호' 외에 '국가에 대한 보호'를 강조하고 있는 것은 역시 록크적·자유주의적 국가관의 특징이라 할 것이다. 어떻든 이들 고전적인 국가관을 떠나서도 법실증주의적 입장에서 초실정법적 저항권을 부인하는 것은 당연한 논리적 귀결이다.

록크의 긍정설

법실증주의적 부정설

---

1) 【판시】 우리 헌재는 헌법보호수단으로 저항권을 인정하지만 입법과정의 하자는 저항권행사의 대상이 아니라고 한다(헌재결 1997. 9. 25. 97 헌가 4): '저항권은 국가권력에 의하여 헌법의 기본원리에 대한 중대한 침해가 행하여지고 그 침해가 헌법의 존재 자체를 부인하는 것으로서 다른 합법적인 구제수단으로는 목적을 달성할 수 없을 때에 국민이 자기의 권리·자유를 지키기 위하여 실력으로 저항하는 권리이므로, 국회법 소정의 협의 없는 개의시간의 변경과 회의일시를 통지하지 아니한 입법과정의 하자는 저항권행사의 대상이 되지 아니한다'(판례집 9-2, 332(333면)).

2) Vgl. *Th. Hobbes*, Leviathan, English Works, Bd. 3, Ⅱ/21, S. 208, Scientia Aalen 1839/1962.

3) Vgl. *I. Kant*, Werke von Kant, Inselausgabe, Darmstadt 1964, Bd. Ⅳ, S. 145.

4) Vgl. The Works of John Locke, Bd. 5, Ⅱ, Scientia Aalen 1963, §149, S. 426.

(내) 저항권의 인정 여부

권위적 심판
기관의 결여
에 바탕을 둔
대립적 찬반
논리

이처럼 초실정법적 저항권을 부인하는 논리의 저변에는 저항권행사의 정
당성 여부에 대한 권위적인 심판기관이 없는 이상 저항권을 인정한다는 것은
결국 무질서를 초래하는 결과밖에 아니된다는 생각이 깔려 있다. 그렇지만, 초
실정법적 저항권을 인정하는 통설적인 견해에 따르면 권위적인 심판기관을 상
정할 수 없는 것이 바로 예비성·최후수단성에 의해서 상징되는 저항권의 특징
이며, 실정법을 떠나서 초실정법적으로 저항권을 인정하지 않을 수 없는 이유
도 바로 그 때문이라고 한다. 따라서 이 통설적인 견해에 의하면 저항권은 그
본질상 오로지 초실정법적으로만 인정될 수 있는 것이며, 저항권을 헌법전 내
에 실정법화하는 것은 규범화될 수 없는 것을 규범화하는 무리한 시도가 된다
고 한다. 자유로운 인간 양심의 결정을 법조문이 명령할 수 없는 것처럼 국가
에 대한 저항권의 행사도 국가가 헌법조문으로 이래라 저래라 조정할 수 있는
성질의 것이 아니라고 한다.

(대) 사   견

저항권＝비판
적 복종을 통
한 수시적 통
제권

생각건대 저항권을 반드시 어떤 힘의 행사와 결부시키려는 관념을 지양하
고 저항권을 정신적인 영역으로 끌어들여서 일종의 국가권력에 대한 '비판적인
복종의 자세'로 이해하는 경우에는 초실정법적인 저항권을 부인할 수 없다고
생각한다. 즉 저항권의 행사란 화산의 폭발과 같은 것이 아니고 국가권력에 임
하는 일정한 자세를 뜻하는 것으로서, 권력에 대한 회의적 자세, 공공연히 비
판할 수 있는 용기, 불법적 권력행사에 대한 단호한 거부태도 등을 총괄하는
것이라고 할 것이다. 결국 권력에 대한 '비판적인 복종'을 통해서 권력행사를
수시로 통제하는 것이 저항권의 행사라고 볼 때 저항권의 행사는 분명히 혁명

저항권과 혁
명권의 구별

권의 행사와 구별되어야 한다. 우선 혁명은 일시적인 현상이지만 저항은 계속
적이고 수시적인 현상이기 때문이다. 또 혁명권의 행사는 헌법적 질서의 변혁
을 목표로 하지만, 저항권의 행사는 헌법적 질서의 존중 내지 유지를 동인(動
因)으로 하기 때문이다. 이와 같은 의미의 저항권은 실정법상의 규정 유무를
떠나서 모든 인간이 마땅히 가져야 되는 초실정법적인 권리가 아닐 수 없다.[1]

3) 저항권의 행사요건

(가) 저항권행사의 3요건

행사요건논의
의 두 전제

저항권을 언제 행사할 수 있느냐의 문제는 주로 저항권을 힘의 행사와 결

---

[1] 헌법학자 중에도 저항권을 인정하는 것이 지배적이다. 예컨대, 권영성(83면), 김철수(345면).

부시켜 그것을 일시적인 현상으로 파악하는 전통적인 관점에서 자주 논의되어
왔다. 또 독일기본법$\binom{제20조}{제4항}$처럼 저항권을 실정법적으로 규정하고 있는 경우에는
저항권의 행사가 일정한 전제조건 아래서만 가능하게 규정되어 있기 때문에 그
실정법적인 행사요건의 해석문제로 논의되게 마련이다. 저항권을 일시적인 힘
의 행사로 이해하려는 전통적인 관념에 따르거나 실정법이 저항권을 규정하는
경우에는 대체로 저항권의 행사요건으로 다음과 같은 세 가지 조건을 드는 것
이 보통이다. 즉 저항권의 보충성(예비성)·최후수단성·성공가능성의 요청 등이
그것이다. 이에 따르면 저항권은 다른 모든 헌법적 수단을 총동원해서도 국가
권력에 의한 헌법침해를 막을 길이 없는 경우에 보충적·예비적으로만 행사되
어야 하고, 저항권의 행사는 헌법적 가치질서가 무너지기 시작하는 초기에는
허용되어서는 아니되고 최후 순간까지 기다려 보고 헌법적 가치질서가 완전히
무너지기 직전에 헌법적 질서를 구제하기 위한 최후수단으로 허용되어야 한다
고 한다. 또 저항권의 행사는 성공가능성이 있는 경우에만 허용되어야 한다고
한다. 이와 같은 세 가지 요건을 충족시키지 못하는 저항권의 행사는 결국 불
법적인 저항권의 행사로 간주되게 된다.

보충성, 최후수단성, 성공가능성

 ⒝ **요건충족과 저항권의 실효성**

  생각건대 저항권을 위헌적인 권력행사에 대한 힘의 도전이라고 이해하는
경우에는 저항권의 남용에 의한 무질서를 방지하기 위해서라도 그 행사요건을
되도록 엄격하게 정하는 것이 당연할 것이다. 그렇지만 위에 말한 세 가지 요
건이 전부 충족될 수 있는 저항권의 행사란 사실상 불가능하다고 볼 수밖에
없다. 저항권의 행사가 성공하기 위해서는 대부분 헌법침해의 초기에 시작되어
야 할 것이지만, 이 단계에서는 아직 최후수단성의 요건이 충족되지 않는 것이
보통이고, 반대로 최후수단성의 요건이 충족된 경우에는 이미 불법권력이 뿌리
를 깊게 내리고 있기 때문에 성공의 가능성이 희박하겠기 때문이다. 저항권을
국가권력에 대한 '비판적인 복종의 자세'로 이해하고, 이를 수시적이고 계속적
인 현상이라고 이해하려는 이유도 여기에 있다.

저항권행사 3 요건의 충족 곤란성

Ⅱ. 상향식헌법침해에 대한 보호수단

  헌법침해는 국가권력에 의해서 하향식으로 이루어지는 것이 보통이지만 '특
정한' 국가의 존재형식을 무너뜨리려는 개인 내지는 단체$\binom{헌법질서}{의~적}$에 의해서 상
향식으로 이루어지는 경우도 생각할 수 있다. 이와 같은 헌법질서의 적에 의한

비권력주체에 의한 헌법침해

상향식헌법침해에 대한 보호수단으로서는 헌법내재적 보호수단과 헌법외적 보호수단을 들 수 있다.

(1) 헌법내재적 보호수단

방어적 민주주의의 표현으로서의 기본권실효제도와 위헌정당해산제도

헌법의 적에 의한 헌법침해에 효과적으로 대처하기 위해서 헌법 스스로 일정한 보호수단을 마련하는 경우가 있는데 이것을 헌법내재적 보호수단이라고 말한다. 헌법내재적 보호수단으로는 기본권의 실효제도와 위헌정당해산제도를 들 수 있다. 이 두 제도는 모두 방어적 민주주의이론[1]에 그 바탕을 둔 것으로서, 민주주의제도가 민주주의 그 자체를 파괴하기 위한 수단으로 악용되는 것을 막고 헌법적 자유에 의해서 오히려 자유권 그 자체가 말살되는 것을 방지하기 위한 제도적 보장이다. 다시 말해서 '민주주의'의 이름으로 민주주의 그 자체를 공격하거나 '자유'의 이름으로 자유 그 자체를 말살하려는 헌법질서의 적을 효과적으로 방어하고 그와 투쟁하기 위한 것이 바로 방어적 내지 투쟁적 민주주의이다.

가치적 헌법관에 기초

따라서 방어적 민주주의는 민주주의나 자유권을 일정한 가치와 결부시켜 이해하는 가치적 헌법관에서만 생각할 수 있는 논리형식이다. 민주주의나 자유권을 어떤 내용의 가치질서로도 채울 수 있다고 생각하는 상대주의적인 헌법관의 입장에서는 방어적 민주주의이론은 그 이론적 근거를 상실할 수밖에 없다. 방어적 민주주의를 혹은 '투쟁적 민주주의'라고 부르는 이유도 민주주의에 내포된 일정한 가치질서를 스스로 지키기 위해서 투쟁적인 보호수단을 스스로 마련해 놓고 있기 때문이다. 따라서 기본권의 실효제도나 위헌정당해산제도는 민주주의적 자유와 결부되고 있는 특정한 가치질서를 스스로 지키기 위한 방어적·투쟁적 자기보호수단이라고 볼 수 있다.

1) 기본권의 실효제도

기본권악용에 의한 헌법침해 방지 및 대처

기본권의 실효란 헌법적 가치질서를 제거하기 위한 그릇된 목적으로 기본권을 행사하는 구체적 경우에 헌법소송절차에 따라 헌법이 보장하고 있는 일정한 기본권을 특정인 또는 특정단체에 대해서만 실효시킴으로써 헌법질서가 헌법의 적에 의해서 상향식으로 침해되는 것을 방지하기 위한 제도를 말한다. 예를 든다면 독일기본법($^{제18}_{조}$)이 이 제도를 명문으로 규정하고 있다. 하지만 기본

---

1) '방어적 민주주의' 내지 '투쟁적 민주주의'의 이론에 관해서 상세한 것은 졸저, 전게서, 135면 각주 31) 소개 문헌 참조할 것.

권의 실효제도는 대부분 개개인의 기본권주체를 그 대상으로 하기 때문에 위헌
정당해산제도에 비해서 실효성이 적은 것이 사실이다.

2) 위헌정당해산제도

㈎ 위헌정당해산제도의 순기능

위헌정당해산제도는 헌법적 가치질서를 제거하거나 침해할 목적으로 조직
되거나 활동하는 정당을 헌법소송절차에 따라 해산시킴으로써 정당의 형식으로
조직된 헌법의 적으로부터 오는 상향식헌법침해를 방지하기 위한 헌법내재적
헌법보호수단이다. 예를 들면 우리나라 헌법[1]과 독일기본법($\frac{제21조}{제2항}$)이 이 제도를
규정하고 있다.

기본권의 실효제도가 주로 조직되지 않은 개별적인 헌법의 적을 그 대상
으로 하는 데 반해서, 위헌정당해산제도는 정당의 형식으로 조직된 헌법의 적
을 그 대상으로 하고 있다. 조직된 헌법의 적이라 할지라도 그 조직형식이 정
당이 아니고 단순한 법인, 조합 내지는 단체의 성격을 띤 경우에는 정당을 대
상으로 하는 헌법내재적 보호수단이 적용되지 않고 다음에 설명하는 헌법외적
보호수단으로서의 형사법적 또는 행정법적 보호수단에 의해서 규제되기 마련
이다.

㈏ 위헌정당해산제도의 역기능

정당국가적 헌법질서를 마련해 놓고 있는 나라에서는 헌법의 실현에 정당
의 활동이 불가결한 것이기 때문에 위헌정당해산제도는 특히 신중을 기해서 불
가피한 최소한의 경우에만 활용하는 것이 바람직하다고 할 것이다.[2] 따라서 위
헌정당해산제도가 야당을 탄압하기 위한 수단으로 악용되는 일이 있어서는 아
니됨은 물론이다. 바로 여기에 위헌정당해산제도의 제도적 한계가 있다. '자유
란 본래 생각을 달리하는 사람의 자유'를 뜻하는 것이기 때문에 생각을 달리하
는 사람들이 모여서 조직한 야당을 헌법보호의 구실 아래 함부로 해산시킨다고
하는 것은 결국 자유를 부인하는 결과가 된다. 사실상 국가의 특정한 존립형식
내지는 민주적 기본질서를 파괴할 목적으로 조직되거나 활동하는 정당을 식별
해 내는 것은 매우 어려운 과제가 아닐 수 없다. 또 헌법의 적인 위헌정당을

정당에 의한
헌법침해 방
지 및 대처

비정당단체에
의한 헌법침
해와의 구별

위헌정당해산
제도의 역기
능 위험성

---

1) 제 8 조 제 4 항, 제89조 제14호, 제111조 제 1 항 제 3 호, 제113조 제 1 항 참조.
2) 【독일판례】 독일기본법 아래에서 지금까지 두 건의 위헌정당해산판결이 있었다. Vgl. BVerfGE
2, 1(사회주의제국당 위헌판결); 5, 85; 6, 300(독일공산당 위헌판결). 나치 후계 극우정당(NPD)
에 대해서 연방참사원이 신청한 위헌정당해산심판은 2017년 1월 독일연방헌법재판소가 이 정당
의 위헌성은 인정되지만 현실적인 위험성이 크지 않다는 이유로 기각결정하였다(2BvB 1/13).

92 제 1 편 헌법의 원리

위헌정당해산
제도 운용상
의 어려움 식별해 냈다 하더라도 그 정당이 거의 무의미한 정당인 경우에는 그 정당을 해산시킴으로 인해서 별로 얻는 바가 없다고 할 것이다. 반면에 헌법의 적인 위헌정당이 이미 깊이 뿌리를 내리고 많은 동조자를 얻은 경우에는 이를 해산 시키는 것만으로 헌법보호의 목적을 달성하기가 어렵다고 볼 수 있다. 바로 이 점에 위헌정당해산제도가 지니고 있는 제도적인 어려움이 있다. 우리 헌법재판 소가 2014년 통합진보당을 해산시키면서 그 소속 국회의원의 자격을 상실하도 록 판시한 것도 이러한 어려움을 극복하기 위한 수단으로 볼 수 있다.[1]

(2) 헌법외적 보호수단

법률상의 헌
법보호수단
　　헌법의 적에 의한 헌법침해에 대항하기 위한 헌법보호수단을 모두 헌법 스스로 규정할 수는 없는 것이기 때문에 일반법률도 많은 헌법보호수단을 규정 하고 있다. 이처럼 일반법률에 의한 헌법보호의 수단을 헌법외적 보호수단이라 고 한다. 헌법외적 보호수단은 다시 형사법적 보호수단과 행정법적 보호수단으 로 나눌 수 있다.

1) 형사법적 보호수단

형벌권의 발
동
　　형법 또는 이에 준하는 법률이 정하는 형벌적 방법에 의해서 헌법의 적으 로부터 헌법을 보호하는 것이 형사법적 보호수단이다. 특별히 헌법보호법을 따 로 만드는 경우도 있으나, 일반형사법에 헌법침해에 대한 구성요건과 그 처벌 방법을 규정할 수도 있다. 우리나라 형법상의 내란죄($^{제87}_{조}$)·외환죄($^{제92}_{조}$)는 그 예 이다. 또 우리나라의 국가보안법도 헌법질서의 침해에 대항하기 위해서 제정된 법률이라고 볼 수 있다.

2) 행정법적 보호수단

행정권의 발
동
　　경찰권을 비롯한 행정권을 발동해서 헌법질서를 보호하는 것을 말한다. 형 사법적 보호수단이 주로 사법작용에 의한 헌법의 보호라면, 행정법적 보호수단 은 주로 행정작용에 의해서 헌법을 보호하는 것이다.

신원조회, 사
회단체활동의
지속적 파악
등
　　우리나라의 공무원임용시에 실시되는 신원조회제도, 각종 사회단체로부터 그 설립·변경·해산신고를 받음으로써 사회단체의 조직과 활동상황을 지속적으 로 파악하고자 하는 것 등은 모두 행정작용에 의해 헌법질서를 보호하려는 의 도가 함께 작용하고 있다고 볼 수 있다.

---

1) 헌재결 2014. 12. 19. 2013 헌다 1 참조.

　　행정법적 보호수단은 다시 내향적 보호수단과 외향적 보호수단으로 나눌 수 있는데 전자는 주로 국내적인 헌법의 적을 행정작용으로 대처하는 것이고, 후자는 외국 내지 국외단체와 연결을 맺고 있는 헌법의 적을 정보활동의 방법에 의해서 대처하는 것을 뜻한다.

내향적 보호
와 외향적 보
호

　　행정법적 보호수단은 당연히 법적 근거가 있는 경우에만 허용되지만 각종 경찰권의 발동이 보여 주듯이 대개가 국민의 자유와 권리를 침해하는 정도가 크기 때문에 이에 대한 권리구제수단이 특별히 광범위하고 실효성 있게 보장되어 있지 않으면 아니된다.

광범위한 권
리구제수단의
필요성

4. 국가비상사태와 헌법의 보호

I. 국가비상사태와 헌법보호의 비상수단

　　하향식헌법침해나 상향식헌법침해의 정도를 벗어나서 헌법질서가 중대한 위협을 받게 되는 이른바 '국가비상사태' 내지는 '국가긴급상태'는 발생요인적으로 볼 때 자연적 요인(천재·지변 등)에 의할 수도 있고 국내적(폭동·재정·경제상 위기) 또는 국외적 요인(전쟁·국제적 경제공황)에 의해서 생길 수도 있다. 이와 같은 국가비상사태는 대개의 경우 정상적인 헌법보호수단에 의해서 수습되기가 어렵기 때문에 특별히 강력한 예외적인 비상수단을 동원할 필요가 있는 것이 보통이다. 이처럼 국가비상사태가 몰고 오는 헌법질서에 대한 위협 내지는 침해에 효과적으로 대처해서 되도록 빠른 시일 내에 헌법질서를 유지·회복하기 위한 헌법보호수단이 바로 국가긴급권이다. 국가비상사태 내지는 국가긴급상태의 수습방법을 헌법이 스스로 규정하지 않은 경우에는 일단 유사시에 헌법의 규범적 효력이 필요 이상 침해될 위험성이 크기 때문에 대부분의 헌법은 국가긴급권의 발동에 관해서 상세한 규정을 두고 있다. 우리나라 헌법도 제76조와 제77조에 이에 관해서 규정하고 있다.

헌법보호의
비상수단으로
서의 국가긴
급권과 그 규
정의 의미

II. 헌법장애상태와의 구별

　　국가비상사태 내지는 국가긴급상태는 그 본질상 정상적인 헌법보호수단에 의해서 수습될 수 없는 국가의 존립 또는 헌법질서에 대한 외부로부터의 위협

헌법장애상태
=헌법기관의
자체 고장에

의한 기능장
애상태

국가긴급권발
동이 아닌 헌
법정신의 존
중을 통한 헌
법장애상태의
해소

내지는 비정상적인 상태를 뜻하기 때문에 개념적으로 '헌법의 장애'상태와 구별할 필요가 있다. 헌법의 장애상태란 헌법기관이 그에게 주어진 헌법상의 기능을 수행할 수 없는 상태를 뜻하므로, 간단히 말해 헌법기관의 자체 고장에 의한 기능장애상태라 할 수 있다. 물론 헌법장애상태에 의해서도 국가의 존립이나 헌법질서가 심각한 위협을 받는 경우를 생각할 수 있고 또 헌법장애상태와 국가비상사태가 동시에 발생하는 수도 있겠으나 헌법장애상태는 국가비상사태와는 달리 헌법이 정하는 정상적인 방법에 의해서도 해소될 수 있다는 점에 그 특징이 있다. 이처럼 헌법장애상태는 원칙적으로 헌법규정과 헌법정신을 존중함으로 인해서 바로 해소될 수 있는 것이기 때문에, 헌법장애상태를 수습할 목적으로 비상사태를 전제로 하는 국가긴급권을 발동하는 것은 분명히 긴급권의 과잉행사가 되고 따라서 헌법상의 과잉금지의 원칙[1]에 저촉된다고 할 것이다. 헌법장애상태를 수습할 목적으로 긴급권을 발동한다 하더라도 헌법장애상태의 결과는 제거될지 몰라도 장애의 원인 그 자체는 궁극적으로 헌법개정에 의해서만 배제될 수 있는 문제이기 때문에, 헌법을 보호하기 위한 긴급권의 발동에 의해서 오히려 헌법을 침해하는 모순적인 결과가 된다고 할 것이다. 헌법장애상태의 수습을 위한 특별한 헌법규정을 따로 둘 수 없는 이유도 헌법규범과 그 정신이 철저하게 존중되는 경우에 헌법장애상태는 스스로 해소되기 때문이다.

Ⅲ. 국가긴급권의 한계

동인·목적·내
용상의 한계

국가비상사태를 수습하기 위한 국가긴급권의 발동은 우선 국가비상사태라는 개념으로부터 나오는 한계를 의식해야 한다. 즉 헌법장애상태는 어떤 상황 아래서도 결코 국가긴급권발동의 동인이 될 수 없기 때문이다. 또 국가긴급권의 발동은 비상사태에 의한 헌법질서의 침해를 효과적으로 대처함으로써 정상적인 헌법질서를 되도록 빨리 회복하기 위한 것이기 때문에 그 목적으로부터 나오는 한계를 무시해서도 아니된다. 즉 국가긴급권의 발동은 어디까지나 헌법질서의 정상회복을 촉진하는 수단과 방법에 의해서 행해져야지, 거꾸로 비상사태를 장기화하거나 영속화함으로써 오히려 헌법질서를 침해하는 것이어서는 아니된다. 따라서 국가긴급권의 발동에 의한 비상조치의 내용도 헌법질서의 정상적인 회복에 필요한 최소한의 범위에 국한되어야 한다(최소침해의 원칙). 우리 헌법재판소

---

1) 헌법상의 '과잉금지의 원칙'(Übermaßverbot)에 대해서, vgl. *P. Lerche*, Übermaß und Verfassungsrecht, 1961.

는 유신헌법에 따른 대통령의 긴급조치에 대한 위헌심판에서 당시의 긴급조치는 국민주권주의와 자유민주적 기본질서에 부합하지 아니할 뿐 아니라 정치적 표현의 자유 등 많은 기본권을 과도하게 침해하는 내용이어서 국가긴급권이 갖는 내재적 한계를 일탈한 것으로서 목적의 정당성이나 방법의 적절성을 갖추지 못한 것이라고 위헌결정했다.[1] 헌법재판소가 국가긴급권의 내재적 한계를 강조하듯이 국가긴급권에 따른 최소한의 범위 내에서 행해지는 기본권의 제한 또는 권력통합조치는 그것이 '비례의 원칙'을 지키는 한, 헌법의 침해라고 볼 수 없다고 할 것이다. 왜냐하면 헌법 일부의 규범적 효력을 정지시킴으로써 헌법 전체의 완전한 규범적 효력을 되찾을 수 있기 때문이다(국가긴급권에 의한 기본권제한과 대통령의 국가긴급권에 대해서는 해당 항목 참조).

5. 헌법보호의 한계

헌법보호는 국가의 특정한 존립형식 내지는 헌법적 가치질서를 지키려는 것이기 때문에 그 본질상 헌법의 침해를 전제로 한 개념이다. 따라서 헌법의 침해와 헌법적 권리 내지는 헌법적 기능의 행사를 엄격히 구별할 필요가 있다. 특히 기본권적 가치질서에 속하는 언론의 자유, 보도의 자유, 집회·결사의 자유, 정당설립의 자유와 같은 이른바 정치활동적 기본권의 행사를 부당하게 제한하기 위한 수단으로 헌법보호의 제도가 악용되어서는 아니된다. 정치활동적 기본권의 행사는 결국은 민주적 헌법질서를 실현하기 위한 수단이기 때문에 크게 보아서 그 자체가 헌법보호의 기능을 가지고 있다고 할 것이다. 따라서 「자유의 적에게는 자유가 없다」는 Saint Just의 사상에 바탕을 둔 이른바 방어적 내지 투쟁적 민주주의가 오히려 민주주의의 무덤을 파지 않도록 헌법시민 모두가 '생각하면서 복종'하는 헌법정신을 터득해야 하리라고 본다.

정치활동적
기본권 제한
수단으로의
악용 금지

---

1) 헌재결 2013. 3. 21. 2010 헌바 70 등, 판례집 25-1, 180면 참조. 이 헌재결정은 헌법의 역사성 등을 논거로 삼아 헌법재판이 행해지는 현재의 헌법을 심사기준으로 삼았다. 그렇지만 국가긴급권의 본질을 헌법보호의 비상수단으로 인식하는 현대적인 헌법이론에 비추어 유신헌법 당시의 심사기준으로도 충분히 그 위헌성을 논증할 수 있었는데 이 부분 논증이 빠진 점은 아쉬운 대목이다.

제 2 편

한국헌법의 역사와 기본원리

제1장 한국헌법의 성립 및 제정과 개정

1. 제1공화국헌법

Ⅰ. 헌법제정의 과정과 건국상황

(1) 헌법제정의 과정

1) 8·15광복과 제헌국회

우리나라의 헌정사는 우리나라가 일본의 식민지로부터 독립한 1945년 8월 15일 이후의 정치역사이다. 1910년 8월 29일 한일합병조약에 의해서 일본의 식민지가 된 후 특히 1919년 3월 1일의 역사적인 3·1독립운동과 대한민국임시정부의 수립 등에 의해서 상징된 바와 같이 우리 민족의 독립에의 의지는 엄청난 것이었다. 그리하여 1945년 일본의 패전과 함께 그 해 8월 15일 우리나라가 마침내 독립하게 되자 한반도 전체를 망라하는 건국의 민족의지는 자못 큰 것이었다. 하지만 전승국 상호간의 이해관계, 특히 소련의 반대 때문에 1948년 2월 27일 유엔의 결의에 따라 1948년 5월 10일 우선 선거가 가능한 38선 남쪽 지역에서만 헌법제정을 위한 제헌의원이 선출되기에 이르렀다. 이 결과 선출된 제헌의원(198명)들이 1948년 5월 31일 제헌국회를 구성하고 헌법제정의 작업에 착수했다.

'48년 5·10 총선거에 의한 제헌국회 구성

2) 헌법내용의 논의

헌법초안을 만들기 위해서 구성된 헌법기초위원회는 유진오 원안과 권승렬 참고안을 중심으로 토의를 진행했는데, 두 안은 통치구조의 내용면에서(의원내각제정부형태와 위헌법률의 사법심사제) 비슷한 것이었다. 그러나 헌법기초위원회의 토의과정에서 단원제국회의 대통령제와 위헌법률심사를 위한 헌법위원회 설치를 강력히 주장하고 나선 이승만 국회의장과 그 동조세력들 때문에 타협과 절충이 불가피했다. 결국 이승만의 주장이 받아들여져 단원제국회와 대통령제에 의원내각제적인 국무원 및 국무총리제가 가미된 절충안이 만들어져 6월 23일 국회본회의에 상정

절충적 내용의 건국헌법 제정

되었다. 국회본회의에서 처음에는 헌법초안에 대한 활발한 토의가 있었지만 나중에는 그해 8·15까지는 정부를 수립해야 한다는 국내의 정치 사정 때문에 빠른 속도로 토의를 진행해 7월 12일에는 제3독회를 모두 마치고 헌법안이 국회를 통과했다. 그리하여 마침내 1948년 7월 17일 대통령제와 단원제국회를 주요 골자로 하는 자유민주주의적 대한민국헌법(이른바 제1공화국헌법)이 공포·시행되기에 이르렀다. 그 해 12월 파리 제3차 유엔총회에서는 이렇게 탄생한 대한민국을 한반도의 유일한 합법정부로 선언한 총회결의 제195호(Ⅲ)를 채택했다.[1]

(2) 대한민국건국상황

1) 헌법성립의 역사적 상황

독립국가건설의 공감대, 해외독립투사들로 구성된 중심세력, 국민의 적극적인 참여의식

이처럼 제정된 우리나라 제1공화국헌법은 정치사회학적으로 볼 때 다음과 같은 역사적인 상황 속에서 성립된 역사적인 산물이었다고 할 것이다. 즉 본의 아니게 35년간 일본의 식민지로서 많은 억압과 희생을 당한 우리 민족은 이미 일본의 식민지통치하에서 민족의 동질성과 공동운명체로서의 일체감 내지 연대의식 같은 것을 절실히 느끼고 있었다고 볼 수 있다. 따라서 이와 같은 연대의식이 1945년 해방과 더불어 독립국가건설이라는 Konsens에 의해서 더욱 굳어지고 건국의 열망과 집념을 내용으로 하는 강력한 Konsens의 힘 때문에 1945년 12월 모스크바 3국외상회의의 결과 나타난 이른바 4개국신탁통치안과 이를 둘러싼 찬반대립은 처음부터 사회적 원심력으로 작용할 수 없었다. 결국 일본의 식민지시대로부터 해방 후 건국시까지 계속된 강력한 광복의 열망과 건국의 의지는 우리 민족이 드물게 경험해 본 말하자면 민족적·정치적 색채를 띤 역사적인 Konsens였다 할 것이다. 둘째로 이와 같은 건국의 Konsens가 형성된 역사적인 상황 아래서 광복 후 세계 각국에서 귀국한 많은 독립운동의 투사들(이승만·김구·김규식 등)을 중심으로 이른바 정치적인 일원체를 조직하기 위한 중심세력이 나타났었다. 특히 광복 당시 이승만박사는 이와 같은 중심적인 정치세력

---

1) 이 선언문 제2항의 해당 내용은 다음과 같다. '유엔 한국임시위원단이 감시하고 협의할 수 있었으며 한국인의 대다수가 살고 있는 한반도 내 지역에 관해 유효한 지배권과 관할권을 가진 합법정부(대한민국 정부)가 수립됐음을 선언한다. … 그리고 이것은 한반도에서 유일한 그런 합법정부임을 선언한다'(Declares that there has been established a lawful government(the Government of the Republic of Korea) having effective control and jurisdiction over that part of Korea where the Temporary Commission was able to observe and consult and in which the great majority of the people of all Korea reside.; … and that this is the only such government in Korea).

의 강력한 구심적 역할을 했었다고 할 것이다. 셋째로 1948년 5월 10일 제헌
국회구성을 위한 총선거에서 나타났던 것처럼 국민의 건국에의 참여의식은 매
우 왕성한 것이었다. 이와 같이 1945년 광복 해방 후 우리나라에는 정치사회학
적으로 제헌의 전제가 되는 'Konsens—중심세력—참여의식'의 3각함수가 형성
되어 있었다고 볼 수 있다.

2) 헌법제정권력을 제약한 상황

좌우간 광복 후 최초로 행사된 우리 민족의 제헌권은 국민이 선출한 제헌
국회에 일임된 형태로 나타났기 때문에 유형적으로 볼 때 쉬에스적 제헌절차에
가깝다고 할 것이다. 또 1948년 우리 제헌국회는 제헌의회와 국민회의적 성격
을 함께 가지고 있었다고 보아야 한다. 왜냐하면 제헌의회에서 기초·심의·통
과된 헌법이 아무런 다른 절차를 거치지 않고 그대로 헌법으로 확정되었었기
때문이다.

이처럼 국민의 수권에 의해 제헌국회가 그 제헌권을 행사함에 있어서도
제헌 당시를 지배하던 민주주의적 정치이념, 자유주의적 시대사상 등에 의한
이른바 이데올로기적 제약을 받았었기 때문에 세부적인 권력구조를 어떻게 규
정할 것이냐에 대한 격렬한 논쟁은 있을 수 있었으나, 자유주의적 사상에 입각
한 민주주의를 그 기본골격으로 하는 데는 이론이 있을 수 없었다. 또 1948년
5월 10일에 실시된 제헌국회의 구성을 위한 총선거가 유엔임시한국위원단의
감시하에 이루어졌던 것을 비롯해서 대한민국의 건국에 처음부터 유엔이 상당
히 큰 역할을 했고 또 관심을 표시했던 점 등을 고려할 때 당시의 제헌권 행
사는 이와 같은 국제상황에 의해서도 어느 정도 제약을 받았었다고 보는 것이
옳을 것 같다.

쉬에스적 제헌절차

자유민주적 시대사상과 유엔의 감시 활동에 의한 국제정치적 제약

Ⅱ. 헌법의 내용과 헌정의 실제

(1) 헌법의 내용

제 1 공화국헌법은 그 내용면에서 자유민주주의헌법이 갖추어야 하는 사항
을 모두 내포하고 있었다. 즉 i) 국민의 기본권을 폭 넓게 보장하고, ii) 3권분
립을 통해서 권력집중을 막고 권력간의 견제와 균형을 꾀했으며, iii) 사법권독
립을 위해서 대법원장임명에 대한 국회승인제와 법관 10년 임기제 등을 채택
했다. iv) 국회의 구성은 임기 4년의 단원제국회로 하고, v) 정부형태는 대통령

변형된 대통령제: 단원제 국회, 대통령 간선제, 국무원의 의결기관화, 헌법위원회

제를 채택하면서 임기 4년의 대통령은 국회에서 간접선거토록 하고 한 번에 한해서 중임을 허용했다. vi) 대통령유고시를 대비해서 부통령제를 두었다. vii) 또 의원내각제적인 요소를 가미해서 국회의 승인을 얻어 임명되는 국무총리를 두고 대통령·국무총리·국무위원 등으로 조직되는 국무원이 대통령의 권한에 속하는 중요 국책의 의결기관으로 기능케 했다. viii) 위헌법률의 심사·결정권을 헌법위원회에게 주고, ix) 대통령 등 고위공직자의 탄핵심판을 위해서 탄핵재판소를 따로 설치했다. x) 지방자치에 관한 규정도 두었으며, xi) 통제경제를 바탕으로 하는 경제질서를 마련했다. xii) 헌법개정은 대통령 또는 국회재적의원 1/3 이상의 발의로 국회에서 그 재적의원 2/3 이상의 의결로써만 가능하도록 했다. 다만 정당에 관한 규정과 통일에 관한 명시적인 언급이 없었던 것은 주목할 일이다.

(2) 헌정의 실제

장기집권을 꾀하는 힘의 불법통치에 의한 헌법의 규범력 약화 내지 상실

제 1 공화국헌법은 그 시행 초기부터 정치생활의 큰 흐름을 규범적으로 주도하지 못하고 오히려 정치세력에 의해서 무시 내지 농락당하는 중대한 시련과 도전에 직면하게 되었다. 그 가장 핵심적이고 직접적인 원인은 1인 장기집권을 위한 개헌을 꾀하는 이승만 대통령과 이를 적극적으로 막으려는 한민당 중심의 야당이 의원내각제로의 개헌을 집요하게 추진하는 과정에서 비롯된 정치적 갈등과 대립의 소산이었다. 그렇기 때문에 제 1 공화국의 헌정은 '힘의 불법통치'에 의해서 헌법의 규범적 효력이 완전히 무시되고 헌법이 하나의 명목적이고 장식적인 역할밖에는 하지 못하는 불행의 연속이었다. 더욱이 1950년의 6·25사변은 헌정의 민주발전에 매우 부정적으로 작용했다.

결과적으로 제 1 공화국헌법은 두 차례의 무리한 개헌을 경험하면서 그 규범적 헌법으로서의 기능을 완전히 상실한 채 제 1 공화국의 '힘의 통치'를 정당화시켜 주는 구실밖에는 하지 못했다.

1) 제 1 차 헌법개정(발췌개헌)

㈎ 개헌경과

야당의 의원내각제 개헌 노력과 이대통령의 대통

정부형태를 의원내각제로 고쳐서 대통령의 독재를 막으려는 헌법개정의 첫번째 시도는 이미 1950년 한민당에 의해서 추진되었으나 개헌안이 국회에서 부결되어[1] 실패로 끝났다. 그 후 1950년 5월 30일에 실시된 제 2 대 국회

---

1) 국회재적의원 179명 중 찬성 79명, 반대 33명, 기권 66명, 무효 1명.

의원총선거에서는 이대통령 반대세력이 압도적으로 승리하여 국회다수의석[1]을
차지하게 되었다. 이에 자극받은 이대통령은 국회에서의 재선을 기대할 수 없
게 되자 장기집권을 위한 포석으로 정·부통령 선거방법을 국회의 간접선거에
서 국민의 직접선거로 바꾸고 국회를 양원제로 하는 내용의 개헌안을 1951년
11월 국회에 제출했다. 이대통령은 곧 이어 12월에 자유당을 창당하고 그 총재
가 되었다. 이것은 개헌안을 통과시키기 위한 하나의 수단이었다. 그러나 이
개헌안은 그 다음해 1월 국회의 표결에서 야당의 반대로 통과되지 못했다.[2]

　야당도 유리해진 국회의석분포를 이용해서 숙원이던 의원내각제개헌을 성
사시키기 위해 1952년 4월, 1950년과 비슷한 개헌안을 또다시 국회에 제출했
다. 그러자 정부·여당도 야당과 맞서 이미 국회에서 부결되었던 대통령직선제
개헌안을 1952년 5월에 다시 국회에 제출했다. 정부·여당은 이 때부터 대통령
직선제개헌을 관철하기 위해서 폭력과 불법수단을 모두 동원해서 국회의원들을
폭력으로 위협하고 연금하는 등 공포분위기를 조성하는 정치파동을 일으키며
여당개헌안에 야당개헌안을 가미한 이른바 발췌개헌안을 1952년 7월 4일 밤에
기립투표의 방식으로 국회에서 강제로 통과시켰다.[3]

　(ㄴ) 개헌내용과 평가

　이 발췌개헌안은 정부·여당의 대통령직선제 및 양원제국회안과 야당개헌
안 중에 들어 있던 의원내각제요소인 국무원불신임제를 함께 채택한 내용이었
다. 그러나 내용면에서도 체계정당성을 무시하고 대통령제요소와 의원내각제요
소를 무리하게 혼합하고 있을 뿐 아니라, 그 개헌의 절차에 있어서도 헌법규정
과 법원리를 어기는 위헌·위법적인 것이었다. 헌법이 정하는 공고절차도 거치
지 아니한 개헌안을 통과시켰을 뿐 아니라, 국회의 의사결정도 독회(讀會)절차
와 자유토론이 생략된 채 폭력적인 수단에 의해서 강압적으로 이루어진 것이었
기 때문이다. 우리나라 헌정의 불법관행은 바로 이 때부터 씨뿌려진 것이다.

2) 제 2 차 헌법개정(사사오입개헌)

　(가) 개헌경과

　발췌개헌으로 1952년 8월 두 번째로 대통령에 당선된 이대통령(부통령은

령직선제 개
헌노력의 실
패

공포분위기
속의 발췌개
헌안 통과

정·부통령직
선제, 양원제
도, 국무원불
신임제 등 체
계정당성 무
시한 불법적
개헌

개헌안의 사
사오입식 불
법통과

---

1) 210명의 국회의원 중에서 무소속이 가장 많아 126명이나 되었다. 그 이외에 정당별 의석수는
　다음과 같았다. 민주국민당 24명, 대한국민당 24명, 국민회 14명, 대한청년단 10명, 대한노총
　3명, 사회당 2명.
2) 재적의원 210명, 출석의원 163명, 찬성 19명, 반대 143명, 기권 1명.
3) 출석의원 166명, 찬성 163명, 기권 3명.

함태영)은 국무총리임명에 대한 국회의 승인제를 무시하는 등 국무원을 무력화
시켜 1인독재의 틀을 다져 나가면서 종신집권의 정치공작을 계속했다. 통제경
제적인 헌법규정을 완화해서 경제의 자율성을 높이기 위해서 1954년 1월 국회
에 제출했던 정부의 개헌안을 갑자기 철회한 것도 이대통령의 3선개헌을 실현
시키기 위한 하나의 포석이었다고 볼 수 있다. 아무튼 1954년 5월 20일 제 3
대 민의원의원선거에서 압도적인 다수의석을 차지하게 된 자유당은 이대통령의
3선을 가능케 하기 위한 개헌안을 그해 가을에 국회에 내놓고 통과시키려 했
지만 개헌안에 대한 11월의 국회표결 결과는 의결정족수에 한 표가 모자라는
부결이었다.[1] 그러나 일단 부결된 개헌안이 그 이틀 후에는 이른바 '사사오입'
의 수학적 계산방법이 동원되어 통과된 것으로 번복·선포되는 또 하나의 불행
한 불법개헌이 이루어졌다.

(나) 개헌내용과 평가

3선허용 및
헌법개정의
국민발안제,
헌법개정한계
조항신설, 국
무총리제 폐
지, 개별적 불
신임제, 자유
경제체제 등

이 이른바 '사사오입개헌'은 이대통령의 3선허용이 그 핵심적인 내용이었
지만 주권제약 또는 영토변경시의 국민투표제도 도입, 국무총리제의 폐지 및
국무위원에 대한 개별적 불신임제의 채택, 대통령궐위시에 부통령의 지위승계
제도, 헌법개정의 국민발안제 및 한계조항 신설, 군법회의의 헌법상 근거명시,
자유경제체제의 도입 등 비교적 폭 넓은 것이었다.

법원리 무시
한 불법개헌

그러나 제 2 차 헌법개정은 개헌에 필요한 의결정족수를 무시한 위헌적이
고 불법적인 개헌이었다. 수학에서 통하는 사사오입의 계산방법은 법규범의 해
석에서는 적용될 수 없다는 기초적인 법원리를 무시했기 때문이다. 법규범의
영역에서는 수의 계산에 있어서 단수(端數)가 언제나 하나의 정수(整數)로 평가
되는 것이 로마법 이래의 확고한 관행이다.

(다) 그 후의 헌정상황

소속정당이
다른 정·부통
령의 갈등과
3·15 부정선
거로 인한 자
유당정권의
몰락

아무튼 불법으로 이루어진 제 2 차 개헌으로 이대통령에게 3선의 길이 열
려 1956년 5월 15일 제 3 대 정·부통령선거에서 민주당대통령후보자(신익희)가
선거직전에 급사한 상황 속에서 대통령에 당선되었지만 부통령에는 민주당후보
(장면)가 자유당후보(이기붕)를 누르고 당선되었다. 대통령과 부통령이 각각 다
른 정당에서 나오는 긴장된 정치상황 속에서 이대통령이 이끄는 자유당의 독재
와 불법통치는 더욱 심해졌다.[2] 1960년 3월 15일 제 4 대 정·부통령선거에서도

---

1) 재적의원 203명 중 찬성 135명, 반대 60명, 기권 7명으로서 개헌에 필요한 의결정족수 136명
   에 미치지 못해서 부결이 선포되었다.
2) 1958년 12월 신국가보안법과 지방자치법 등을 자유당 단독으로 통과시킨 보안법파동, 1959년
   야당지인 경향신문폐간사건, 진보당사건에 의한 정적 조봉암사형사건 등이 그 대표적인 예이다.

민주당대통령후보(조병옥)가 선거 한 달 전에 급사하고 이대통령이 단독입후보
하여 네 번째로 대통령에 당선되었다. 부통령에는 자유당후보(이기붕)가 당선된
것으로 공표되었다. 그러나 야당을 비롯한 많은 국민들은 '3·15 부정선거'를
규탄하는 저항을 시작해서 마침내 이대통령이 대통령직에서 물러나고 자유당정
권이 무너지는 '4월의거'[1]를 초래했다.

2. 제 2 공화국헌법

I. 제 2 공화국헌법의 제정과정

(1) 제 2 공화국을 탄생시킨 정치상황

제 1 공화국헌법은 두 차례의 불행한 위헌적 개정을 거치는 동안 이미 그
규범적 효력이 크게 약화된데다가 정치규범으로서의 특질만이 지나치게 나타나
더 이상 권력제한규범 또는 생활규범으로서 기능하지 못하게 되었다. 그 결과
헌법규범과 헌법현실은 점점 거리가 멀어지고, 마침내 이에 대한 국민의 저항
이 1960년 '3·15 부정선거'를 계기로 폭발하기에 이르렀다. 즉 '3·15 부정선거'
를 규탄하는 '4·19' 학생들의 시위를 시작으로 불법적인 자유당정권에 대한 저
항의 물결이 전국적으로 확산된 가운데 마침내 이대통령이 물러나고 국회가 시
국수습방안(개헌과 총선거 실시)을 결의했으며 허정을 수반으로 하는 과도정부가 구성되어
시국수습에 나섰다.

이같은 저항권의 행사는 처음부터 법적 양심에 입각해서 위헌적인 권력행
사를 겨냥한 헌법수호적인 성격의 것으로서 자유당정권을 붕괴시키고 헌법의
규범적 효력과 권력제한기능을 재생시키기 위한 것이었기 때문에, 기존의 헌법
질서를 파괴하고 새 헌법질서를 창설하는 것을 그 본질로 하는 혁명과는 그
성격을 달리했다고 볼 수도 있을 것이다. 그렇지만 두 차례의 불법개헌으로 인
해서 헌법이 이미 그 규범력을 완전히 상실한 상태였고, 자유당정권의 초헌법
적인 불법통치를 뿌리뽑기 위한 불가피한 수단이 바로 '4·19'였다면, 그것은
정치적인 의미에서뿐 아니라 법적으로도 혁명적인 성격을 충분히 인정할 수 있
다고도 볼 수 있을 것이다. 따라서 '4·19'를 법리적인 측면에서 저항권의 행사

(여백 주석)
불법개헌과
불법통치로
인한 헌법의
규범력 상실

4·19에 의한
자유당 정권
붕괴

4·19의 법적
평가

---

1) '4·19'의 평가는 아직은 통일된 것 같지 않다. '혁명'이라는 평가가 주류를 이룬 가운데 '밑으
로부터의 혁명', '옆으로부터의 혁명', '미완성의 혁명' 등 다양한 주장이 나와 있다.

로 보느냐 혁명으로 평가하느냐의 문제는 그 당시 이미 형해화된 헌법에 국민이 수호해야 할 공감대적 가치가 조금이라도 남아 있었느냐의 문제로 집약된다고 할 것이다.

아무튼 '4·19'에 의해서 이대통령의 자유당정권이 무너짐과 동시에 같은 해 6월 15일 제3차 개헌의 형식으로 사태가 수습될 수 있었고 이에 따라 제2공화국이 탄생하게 되었다.

(2) 헌법제정의 과정

6·15 국회통과·공포

국회가 결의한 시국수습방안에 따라 국회는 헌법개정기초위원회를 구성해서 한달 남짓한 작업끝에 6월 초 의원내각제를 그 골격으로 하는 헌법개정안을 마련해서 국회에 제출했다. 6월 15일 국회본회의에서 이 헌법개정안이 압도적인 찬성을 얻어 통과되고[1] 같은 날 공포되었다.

제3차 개헌의 법적 평가: 헌법제정인가, 헌법개혁인가

이렇게 제정된 제2공화국헌법은 그것이 어디까지나 구헌법의 개정절차에 따라 제정되었다는 점과 제헌에 대한 국민의 직접적인 수권이 없었다는 점에서 헌법이론적으로 따질 때 엄밀한 의미에서 제헌권의 행사라고 보기는 어려운 측면도 있다. 그렇지만 구국회가 제3차 헌법개정 후에 자진해산($_{월 28일}^{1960년 7}$)하고 ($_{는 국회자진해산에 관}^{구헌법에}$ $_{한 규정이 없었다}$) 곧이어 새로운 국회($_{참의원}^{민의원과}$)를 구성하기 위한 총선거($_{월 29일}^{1960년 7}$)가 성공적으로 실시되어 새로이 국회와 정부가 구성되었다는 점을 감안해서, 총선거를 통해 개정헌법($_{국헌법}^{제2공화}$)에 대한 국민의 묵시적인 국민투표가 있었다고 볼 수도 있을 것이다.

요컨대 제2공화국헌법은 정치사회학적으로도 새로운 제헌권의 행사를 가능케 하는 정치적 상황을 배경으로 하지 못했기 때문에 구헌법을 토대로 한 개헌과 총선거의 방법에 의해서 제정되었다는 점에서는 헌법개혁이었다고 할 수도 있지만, '4·19'가 법적으로도 혁명이었다고 평가하는 경우에는 헌법제정이었다고 보아야 한다.

Ⅱ. 헌법의 내용과 헌정의 실제

(1) 헌법의 내용

의원내각제 헌법

제2공화국헌법은 제1공화국헌법에 의한 헌정의 경험과 제2공화국 탄생

---

1) 기명투표의 방법에 따랐는데 그 결과는 재적의원 218명 중 찬성 208명, 반대 3명, 결석 7명이었다.

당시의 시대적인 Konsens였던 권력제한과 자유보장 그리고 공명선거보장의 요청 때문에 불가피 이와 같은 시대사상 내지 생활감각을 반영하지 않을 수 없었다. 그 결과 i) 권력통제를 효과적으로 하기 위한 의원내각제, ii) 광범위한 헌법재판사항을 담당하는 헌법재판소제도, iii) 사법권의 독립을 강화하기 위한 대법원장과 대법관의 선거제, iv) 국민의 기본권을 효과적으로 보장하기 위한 본질적 내용의 침해금지조항, v) 선거자유를 보장하기 위한 중앙선거관리위원회의 헌법적 지위강화, vi) 공무원(경찰공무원 포함)의 정치적 중립 제도화, vii) 지방자치단체의 민주적 행정을 위한 그 장의 선거제 등이 제 2 공화국헌법의 주요골자를 이루게 되었다.

(2) 헌정의 실제

1) 정치력의 부재와 과도기적 징후

제 2 공화국은 새 헌법에 따라 선거법을 정비한 후 민의원의원과 참의원의원[1] 선거를 실시해서 국회를 구성했다. 선거 결과, 민주당이 국민의 절대적인 지지를 받아 원내 2/3 이상의 의석을 차지하게 되었다. 그러나 민주당은 구파와 신파로 갈려 서로 파벌싸움을 벌이는 등 국정을 효과적으로 운영하는 정치력을 발휘하지 못했다. 구파의 윤보선이 양원합동회의에서 대통령으로 선출되고, 신파의 장면이 국무총리가 된 것도 신·구파 사이의 알력에 따른 타협의 결과였다.

민주당정권의 탄생과 신·구파의 파벌싸움

그에 더하여 국민들도 자유당의 억압통치에서 벗어난 해방감에 사로잡혀 과다한 자유의 행사로 인해 사회가 몹시 혼란스러운 모습을 보였다. 그러나 일시적인 사회의 혼란은 하나의 과도기의 현상이었기 때문에 정부가 정치력을 발휘했더라면 충분히 해소시킬 수 있는 문제였다.

2) 반민주행위자처벌을 위한 헌법개정

3·15 부정선거에 관련된 반민주행위자들을 엄하게 처벌하도록 요구하는 학생들의 의사당 점거사태에 자극받은 국회는 반민주행위자를 처벌하기 위한 특별법제정을 서둘렀다. 그러나 그에 대한 헌법적인 근거규정을 먼저 마련하여야만 했기 때문에 국회는 1960년 11월 헌법부칙을 고쳐 3·15 부정선거관련자의 처벌과 자유당치하에서 반민주행위를 한 사람의 공민권제한, 그리고 부정축재한 사람의 행정상·형사상 처리를 위한 특별법제정과 이들 사건을 맡을 특별

1960년 11월의 제 4 차 개헌

---

1) 민의원은 소선거구제의 상대다수대표선거제에 따라 233명의 의원을, 그리고 참의원은 서울특별시와 도를 단위로 하는 중선거구 내지는 대선거구제에 따라 58명의 의원을 뽑았다.

재판소와 특별검찰부의 설치에 관한 헌법상의 근거규정을 신설했다.[1]

3) 제 2 공화국의 종말

제 2 공화국은 집권당 내부의 파벌싸움과 자유에 대한 국민들의 과잉욕구, 그리고 독재유산의 정리 등 많은 어려움이 겹쳐 헌법기관인 대법원장선출과 헌법재판소의 구성조차도 하지 못한 채 출범 1년도 되지 않아 1961년 5·16 군사쿠데타에 의해서 무너지고 말았다.

3. 제 3 공화국헌법

Ⅰ. 제 3 공화국헌법의 제정과정

(1) 5·16 군사쿠데타와 헌정중단

1961년 5월 16일 박정희를 중심으로 한 군의 일부조직이 쿠데타를 일으켜 며칠 만에 실권을 장악하고 장면정권이 총사퇴하는 등 합헌정부가 무너졌다. 비상계엄이 선포되어 헌법의 규범적 효력은 사실상 상실된 채 군사혁명위원회인 이른바 '국가재건최고회의'와 혁명내각에 의해 만들어진 '국가재건비상조치법'에 따라 국정이 운영되었다. 제 2 공화국헌법은 '국가재건비상조치법'에 위배되지 않는 범위 내에서만 효력을 갖도록 되어 있었으나 국회마저 해산되고 모든 정치활동이 금지된 상황 속에서 그것은 하나의 휴지와 같았고, 입법권·행정권·사법권이 실질적으로는 국가재건최고회의의장인 박정희의 손 안에 통합된 전형적인 군사독재통치가 행해졌다. 우리 헌정사에서 군이 정치에 관여하는 선례를 남겨놓고 그 후의 헌정사에도 부정적인 영향을 미친 불행한 사건이었다.

(2) 헌법제정의 과정

군사정부가 들어선 지 1년이 지나자 혁명공약에 따라 민정이양을 위한 준비작업의 일환으로 1962년 7월 헌법개정안을 마련할 헌법심의위원회[2]를 만들

---

1) 이것을 흔히 제 4 차 헌법개정이라고 부른다. 이 헌법개정은 일반적인 법원리에 속하는 형벌불소급의 원칙을 무시하는 것이었기 때문에 헌법개정의 한계와 관련해서 전혀 문제가 없는 것은 아니었다. 그러나 그 당시 이 헌법개정안이 민의원과 참의원에서 압도적인 찬성으로 통과될 만큼 반민주행위자에 대한 국민의 분노는 아주 큰 것이었다.
2) 이 헌법심의위원회는 국가재건최고회의 위원 9명과 민간인 학자 및 전문가 21명으로 구성되었다.

었다. 이 헌법심의위원회가 석 달 남짓한 준비끝에 작성한 헌법안이 공고절차
와 최고회의의 의결을 거쳐 1962년 12월 17일의 국민투표로써 확정되고 12월
26일 개정헌법이 공포되었다.[1] 그러나 이 헌법은 그 부칙에 따라 이 헌법에 의
한 국회가 처음으로 집회한 날로부터 시행하게 되어 있었기 때문에 공포 1년
후인 1963년 12월 17일부터 효력을 발생했다. 그때까지 국가재건비상조치법이
계속해서 효력을 가진 것은 물론이다.

(3) 헌법제정인가, 헌법개정인가

제 3 공화국헌법은 이처럼 군사쿠데타에 의한 구헌법의 폐지와 쿠데타의 쿠데타에 의
권력에 입각한 새 헌법의 제정에 의해서 성립된 것이었기 때문에 비록 제헌의 한 헌법제정
과정에서 구헌법질서가 많이 존중되었다 하더라도 제 3 공화국헌법을 헌법개정
의 이론으로 설명하려는 입장에는[2] 찬성할 수 없다. 물론 제 3 공화국헌법은 그
전문에 '1948년 7월 12일에 제정된 헌법을 이제 국민투표에 의하여 개정한다'
고 밝히고 있지만, 이것은 어디까지나 우리나라 헌법의 동질성과 계속성을 유
지하려는 쿠데타세력의 의지를 명백히 하는 것에 불과할 뿐 그로 인해서 쿠데
타에 의해 제정된 헌법의 법적 성격이 달라지는 것은 아니다.

실제에 있어서도 우리나라 제 3 공화국헌법은 그 제헌절차적 유형으로 보 성공한 혁명
아서 '성공한 혁명'의 이론으로 충분히 설명될 수 있다. 즉 혁명정권을 담당한 의 이론에 의
국가재건최고회의가 중심이 된 헌법심의위원회가 헌법안을 기초하고 이를 혁명 한 정당화
주체인 국가재건최고회의에서 심의·의결한 후 마침내 국민투표에 붙여 통과되
었기 때문에 헌법안이 국민투표에서 절대다수의 지지를 받음으로 인해서 혁명
세력에 의한 새 헌법질서는 결국 국민으로부터 그 정당성을 인정받았다고 보아
야 하겠기 때문이다.[3]

II. 헌법의 내용과 헌정의 실제

(1) 헌법의 내용

제 3 공화국헌법 전문에 나타난 바와 같이 우리나라 헌법의 동질성과 계속 단원제국회와
성을 보장하려는 혁명세력의 의지는 제 3 공화국헌법 전체를 일관하고 있다고 변형된 대통
령제

---

1) 이것을 흔히 제 5 차 헌법개정이라고 부른다.
2) 예컨대 한태연, 「헌법학」(1983), 60면; 박일경, 「헌법」(1980), 131면.
3) 제 3 공화국헌법제정에 대한 자세한 헌법이론적 평가는 졸저, 전게서, 방주 97~102 참조할 것.

할 것이다. 말하자면 혁명에 의한 제헌권이 구헌법질서를 되도록이면 준수·보장한다는 선으로 자제되고 있다고 할 것이다. 그 결과, 자유민주주의적 정치이념을 실현하기 위한 여러 가지 헌법제도가 그대로 제 3 공화국헌법에도 보장되게 되었고 다만 통치구조적인 면에서 단원제국회와 대통령제중심의 절충형을 채택함으로써 제 1 공화국최초헌법에 더 가깝게 되었다. 또 제 3 공화국헌법에 처음으로 개헌에 대한 국민투표제를 신설함으로써 헌법의 최고규범성이 더욱 명백히 되었다.

그 밖에도 인간의 존엄과 가치의 중요성을 기본권조항에서 처음 언급했다. 그러나 기본권제한의 가능성은 더 커졌고, 정당국가조항을 강화해서 국회의원이 임기중 당적을 이탈하거나 변경하는 경우에는 의원직을 상실하도록 했고, 헌법재판소제도 대신에 위헌법률의 사법심사제를 도입했다. 또 대법원장과 대법관의 선거제도를 폐지하고 법관추천회의의 제청에 의해서 대통령이 대법원장과 대법관을 임명토록 했다.

(2) 헌정의 실제

1) 쿠데타주도세력의 민정참여

박대통령의
민주공화당
정부탄생과
독재체제구축

제 3 공화국헌법이 공포된 후 민정이양을 추진하는 여러 가지 정책을 폈다. 정치인과 정당 및 사회단체의 정치활동을 다시 허용하고, 선거에 대비해서 대통령선거법과 국회의원선거법을 손질하고 중앙선거관리위원회를 비롯한 각급선거관리위원회를 구성하는 등 활발한 움직임을 보였다. 1963년 초에는 쿠데타주도세력이 중심이 된 민주공화당을 비롯해서 많은 정당들도 조직되었다. 이와 같은 민정이양 준비는 민정불참을 선언한 군사정부의 이른바 '2·27선서'($^{1963년}_{2월 27일}$)로 더욱 가속화되는 듯했다. 그러나 곧이어 '3·16 군정 4년연장선언' 및 그에 따른 비상조치들이 행해져 그것이 철회되고 폐지될 때까지($^{1964년}_{4월 8일}$) 정국은 극도로 긴장·경색되었다. 결국 쿠데타주도세력의 민정불참선언은 사실상 무효화된 채 1963년 8월 실시된 제 5 대 대통령선거와 제 6 대 국회의원선거[1]에서 박정희가 대통령으로 당선되고, 사전조직으로 기반을 다졌던 민주공화당이 국회의석의 절대다수를 차지하게 되었다. 1963년 12월 17일 국회가 개원됨에 따라 제 3 공화국헌법이 이날부터 전면적으로 효력을 발생했다. 박대통령과 공화당정부는 사실상 군정스타일을 벗어나지 못한 채 3권분립과 민주주의를 외면한 독재체

---

1) 대통령선거는 직선제였고 국회의원선거는 지역구의 경우 1구 1인 소선거구의 상대다수대표선거제였다. 국회의원의 수는 지역구의원 131명, 전국구의원 44명을 합해서 175명이었다.

제를 구축해 나갔다. 국회와 사법부는 제 구실을 못하고 행정부의 시녀로 전락했다.

그 결과 1967년 실시된 제 6 대 대통령선거와 제 7 대 국회의원총선거에서도 박정희가 대통령으로 재선되고 민주공화당은 국회의석의 2/3를 넘게 차지했다.

2) 장기집권을 위한 헌법개정

제 7 대 국회에서 개헌선을 확보한 박대통령은 장기집권의 꿈을 실현하기 위해서 대통령의 3선을 허용하는 헌법개정을 불법적인 방법으로 무리하게 관철시켰다. 1969년의 이른바 제 6 차 헌법개정($^{1969년\ 10월}_{21일\ 공포}$)이 바로 그것인데 야당의원을 배제한 채 국회의사당이 아닌 곳에서 여당의원들만으로 기습적으로 이루어진 반민주적인 개헌안 통과였다.[1] 이 개헌안은 대통령의 계속 재임을 3기에 한하게 하는 외에도 대통령에 대한 탄핵소추의 발의와 의결을 더욱 엄격하게 했다. 또 국회의원의 수를 늘리면서 국회의원은 국무위원을 겸할 수 있도록 했다.

1969년의 제 6 차 개헌에 의한 대통령 3선 허용

3) 독재체제의 강화

1971년에 실시된 제 7 대 대통령선거와 제 8 대 국회의원총선거에서 박정희는 세 번째로 대통령에 당선되었지만 국회에서 민주공화당의 의석수는 크게 줄어든 반면에 야당인 신민당의 의석수는 크게 늘어 정부에 대한 야당의 견제기능이 강화되었다. 그러나 야당의 견제를 불편하게 느낀 박대통령은 분단상황 속의 안보논리를 내세워 12월에는 국가비상사태를 선포했다. 또 대통령에게 초헌법적인 국가긴급권의 행사를 허용하는 이른바 '국가보위에 관한 특별조치법'을 만들어 국민의 의사표현의 자유와 근로활동권 및 경제활동을 제한할 수 있는 법적인 근거를 마련했다.

안보논리 내세운 비상사태선포와 국가보위입법

다른 한편으로는 남북간에 비밀접촉과 왕래를 통해 1972년의 '7 · 4남북공동성명'[2]을 발표하고 남북간의 긴장완화에 노력하는 듯했다. 그러나 그것은 이른바 '유신조치'의 기초작업이었음이 뒤에 드러났다.

1972년의 7 · 4 남북공동성명

---

1) 이 제 6 차 개헌은 형식상 국회의결(9월 14일)과 국민투표(10월 17일)의 헌법개정절차를 밟은 것이긴 하지만, 헌법개정에 필요한 Konsens 형성과정과 국회의 정당한 의사진행절차를 무시한 불법적인 것이었다. 그러나 우리 대법원은 이 헌법개정안과 함께 기습적으로 처리된 국민투표법에 대해 국회의 자율성 존중을 내세워 그 유 · 무효의 평가를 회피하는 소극적인 판례를 남겼다(대법원 1972. 1. 18. 선고 71 도 1845 판결).

2) '7 · 4남북공동성명'은 (i) 자주적 · 평화적 · 민족적 대단결에 입각한 통일원칙, (ii) 상호중상 · 비방금지와 무력도발방지, (iii) 남북간의 다방면교류실시, (iv) 남북적십자회담성사협조, (v) 서울 · 평양간 남북직통전화가설합의, (vi) 남북조절위원회구성 등을 그 주요내용으로 하는 남북간의 역사적인 최초 합의문서였다.

4. 제 4 공화국헌법

Ⅰ. 제 4 공화국헌법의 제정과정

(1) '10·17비상조치'와 헌정중단

통일논리 빙자한 10월유신에 의한 헌법의 효력정지

'7·4남북공동성명'에 의해서 조성된 남북간의 긴장완화와 통일지향적 정치분위기 성숙 등 급변하는 국내외 정치상황에 효과적으로 대처하기 위해서는 정치적인 체제개혁이 불가피하다는 논리를 내세워 박대통령은 1972년 10월 17일 전국에 비상계엄을 선포한 채 두 달간 헌정을 중단하고 새로운 헌법을 만들겠다는 이른바 '10·17비상조치'를 단행했다.[1]

'힘'으로 밀어붙인 이 '10·17비상조치'에 따라 제 3 공화국헌법의 규범적 효력은 사실상 상실된 가운데 헌정은 중단되고 말았다. 우리 헌정사상 '4·19'와 '5·16'에 이어 세 번째 불행한 사건이었다.

(2) '유신헌법'의 제정

1972년 11월의 제 7 차 개헌

'10·17비상조치'에 의해서 입법권을 행사하고 헌법개정안작성의 책임을 맡은 비상국무회의는 예정대로 헌법개정안을 마련해서 공고($^{10월}_{27일}$)하고 국민투표에 붙였다($^{11월}_{21일}$). 국민투표에서 이 개헌안은 헌법으로 확정되어[2] 12월 27일 공포·시행되었다.[3]

(3) 유신헌법제정의 성격

제헌론과 개헌론의 대립

유신헌법의 성립·제정과정을 설명하는 데 있어서 지금까지 두 가지 견해가 대립하고 있는 것 같다. 즉 1972년 10월의 유신조치를 일종의 혁명이라고 보고 유신헌법은 혁명에 의한 새 헌법의 제정이라고 설명하는 입장과[4] 유신조치는 초국가적인 비상사태를 수습하기 위한 '초헌법적인 비상조치'[5] 내지는 '초

---

1) 이른바 '10월유신'으로 불려지는 이 조치는 (i) 국회해산과 정당 등의 정치활동중지 등 헌법의 일부조항 효력정지, (ii) 국회권한의 국무회의대행(비상국무회의), (iii) 1972년 10월 27일까지 헌법개정안공고 및 국민투표실시, (iv) 1972년 말 전에 개정헌법에 의한 헌정질서회복 등이 그 내용이었다.
2) 91.9%의 투표율과 91.5%의 찬성률(투표자대비 : 총유권자대비는 84%)을 보였다.
3) 이것이 제 7 차 헌법개정에 해당하는 세칭 '유신헌법'이다.
4) 문홍주, 118면; 김철수, 69면.
5) 박일경, 「헌법」(1980), 132면.

헌법적인 긴급조치'[1]였고, 이와 같은 긴급조치에 의해 제3공화국헌법이 전면 개정된 것이 유신헌법이라고 설명하려는 입장이 그것이다.[2] 유신헌법의 전문에는 제3공화국헌법 전문에서와 마찬가지로 「헌법을 이제 국민투표에 의하여 개정한다」고 선언함으로써 후자의 입장을 실정법적으로 뒷받침해 주고 있는 것 같은 인상을 주고 있다. 하지만 제3공화국헌법에 대해서도 말한 바와 같이 헌법전문의 문구만에 의해서 제헌의 성격이 결정되는 것은 아니라고 할 것이다.

생각건대 1972년 10월의 유신조치를 구태여 헌법이론적으로 살펴본다면 고작 '접근의 이론'으로 설명할 수 있는, 말하자면 '하향식혁명' 내지는 정변[3]이었다고 할 것이다. '접근의 이론'에 따르면, 원칙적으로 합헌적이라고 볼 수 없는 법적 조치도 그것이 현재의 법적 상태보다 헌법이 지향하는 목적에 더 접근할 수 있는 것이라면 일정한 전제조건하에서는 정당화될 수도 있다는 것이다.[4] 그러나 유신헌법의 제정에 이 접근의 이론을 적용하는 것은 견강부회라고 할 것이다.

정변에 의한 새 헌법의 제정과 접근의 이론

어떻든 1972년 10월 유신조치는 제3공화국헌법의 규범적 효력으로는 설명할 수 없다는 점에서 그 혁명성을 부인할 수 없고, 헌정체제를 통일에의 접근체제로 개혁하려는 비상조치가 당시의 현직대통령으로부터 비롯되었다는 점에서 '하향식혁명' 내지 '정변'이라고 성격화할 수 있고, 이와 같은 하향식혁명은 견강부회한다면 '접근의 이론'에 의해서 설명될 수 있는 것이라고 말할 수 있다. 더욱이 10월유신에 의한 유신헌법이 국민투표에서 총유권자 84%의 찬성을 얻어 확정되었다는 점을 생각하면 유신헌법의 제정은 결단주의적 관점에서는 그 정당성을 인정받은 것이라 할 것이다. 또 법실증주의에 따른다면 유신체제는 이른바 '완성된 사실'로서 헌법형성적 힘을 가지는 역사적 현상이라고 할 것이다.

유신조치의 법리적 평가

---

1) 한태연, 「헌법학」(1977), 49~50면.
2) 박일경, 132면; 한태연, 48(49f.)면.
3) 혁명(Revolution)이라는 개념은 매우 다의적이어서 '군사쿠데타'(Militärputsch), '정변'(Staats-streich) 등이 모두 혁명이라는 개념에 포함되어 사용되고 있긴 하지만, 특히 이미 정권을 담당하고 있는 국가의 수뇌부가 어떤 개혁을 목적으로 혁명을 하는 경우에는, 이를 국민이 정권에 도전해서 개혁을 시도하는 이른바 '상향식혁명'(Revolution von unten)과 구별하는 뜻에서 '하향식혁명'(Revolution von oben) 또는 '정변'(Staatsstreich)이라는 개념으로 특징지우는 것이 학문상의 관례이다.
4) 이 점에 대해서 자세한 것은 졸저, 전게서, 방주 105 참조할 것.

Ⅱ. 헌법의 내용과 헌정의 실제

(1) 헌법의 내용

제 4 공화국헌법의 내용은 이 헌법을 낳게 한 정치상황과 불가분의 함수관계에 있다. 즉 정치체제를 통일접근체제로 개혁한다는 것이 그 표면상의 이유였기 때문에, 이에 적합한 헌법질서를 마련했다. 그 결과 i) 국민의 기본권은 일반적인 법률유보와 개별적인 법률유보에 의해 그 본질적 내용까지도 침해할 수가 있게 됐고, 인신권과 재산권 그리고 참정권의 내용이 크게 축소되었다. 또 통치구조면에서도 ii) 대통령직선제를 폐지하고 통일주체국민회의에 대통령의 선거권과 국회의원정수의 1/3의 선출권을 주고 긴급조치권과 국회해산권, 법관임명권 등 대통령의 권한을 대폭 강화하면서 중임제한규정($\substack{\text{임기는} \\ \text{6년}}$)을 없애 1인장기집권의 길을 열어 놓고, iii) 대통령의 국회의원정수 1/3의 추천권 인정과 국정감사권의 폐지, 국회회기단축 등을 통해 국회의 기능과 지위를 약화시켰으며, iv) 대통령의 법관임명권과 법관에 대한 징계파면제를 통해 사법권의 독립을 침해하였다. 또 v) 헌법위원회에게 헌법재판을 맡기고, vi) 헌법개정에 대해 국민투표로 확정하는 방법과 국회의결과 통일주체국민회의의 의결로 확정하는 2원적 개헌방법을 채택함으로써 개헌에 있어서도 대통령의 뜻은 쉽게 관철되지만, 국회의 개헌의지는 실현되기가 어렵게 만들었다. vii) 지방의회구성을 통일 이후로 미루어 놓음으로써 지방자치를 사실상 포기했다.

이와 같은 유신헌법의 내용은 한마디로 뢰븐슈타인이 말하는 신대통령제 정치체제를 모방한 것으로 자유민주주의정치이념은 크게 약화된 것이었다.

(2) 헌정의 실제

1) 유신통치의 실상

유신체제의 확립은 새 헌법에 따른 통일주체국민회의대의원선거($\substack{\text{1972년} \\ \text{12월 15일}}$)에서부터 시작되었다. 통일주체국민회의는 개원 후($\substack{\text{12월} \\ \text{23일}}$) 바로 대통령선거를 실시하고 박정희를 제 8 대 대통령으로 뽑았다.[1] 박대통령은 대통령직에 취임한 후 ($\substack{\text{12월} \\ \text{27일}}$) 정당법을 만들어 정당활동을 다시 허용하고, 1973년 2월에는 1구 2인의 중선거구제로 제 9 대 국회의원총선거를 실시했는데[2] 그 결과 예상대로 여당인

---

1) 통일주체국민회의재적대의원 2,359명 중 박정희는 2,357명의 지지를 받고, 2표는 무효였다.
2) 73개의 선거구에서 1구 2인을 뽑고(이른바 동반당선), 대통령이 추천하여 통일주체국민회의에서 선출한 73명을 합해서 국회의원은 모두 219명이었다.

민주공화당이 원내과반수를 확보했다.[1] 대통령의 추천으로 통일주체국민회의에서 국회의원으로 뽑힌 사람들은 '유정회'라는 원내교섭단체를 만들어 민주공화당의 원내교섭단체보다 수적으로 우세한 입장에서 박대통령의 독재정치를 적극 지원했다. 박대통령은 또 법원조직법개정을 통한 법관재임명의 방법으로 제3공화국의 사법심사제 아래서 국가배상법 등을 위헌결정한 대법원판사를 비롯하여 많은 법관들을 사법부에서 몰아냄으로써 사법부를 장악했다. 이렇게 해서 국회와 사법부를 손 안에 쥔 박대통령은 누구의 통제도 받지 않는 사실상의 공화적 군주로 군림했다.

2) 긴급조치에 의한 통치

유신독재가 강화되면 될수록 그에 대한 국민들의 저항도 거세졌다. 더욱이 남북한유엔동시가입 추진을 선언한 정부의 이른바 '6·23 선언'($^{1973}_{년}$)과 그에 따른 유엔의 남북한동시초청 등 국제정치적인 긴장완화를 계기로 박정권에 대한 저항의 물결은 그 강도가 더욱 심해졌다. 저항의 표적은 박정권의 타도였지만 박정권의 독재를 가능케 해 주는 유신헌법의 철폐도 함께 주장되었다. 이에 박정권은 긴급조치로 맞서 모든 개헌논의 자체를 엄격히 금지시켰다.

정권타도와 유신헌법철폐 운동에 맞선 긴급조치

3) 유신독재의 몰락

박정권은 해가 갈수록 그 지지기반이 약해져 1979년의 제10대 국회의원총선거에서는 여당의 득표율이 야당에게 뒤지는 현상까지 나타났다. 처음 출발당시부터 민주적 정당성이 약했던 박정권은 1979년에 들어서자 국민 각계각층의 더욱 거센 저항에 직면하게 되고 그것이 이른바 '부마사태'를 거치는 동안 대통령 측근의 권력암투로 이어져 마침내는 박대통령이 중앙정보부장에 의해 살해당하는 '10·26사태'가 발생했다. 1961년 '5·16'에 의해서 정권을 장악한 박대통령의 18년에 걸친 독재정치가 막을 내렸다.

1979년의 10·26사태와 18년의 박정희 독재의 종말

'10·26사태'가 발생하자 제주도를 제외한 전국에 비상계엄이 선포되고 최규하 국무총리가 헌법에 따라 대통령권한을 대행했다. 최규하는 12월에 통일주체국민회의에 의해 제10대 대통령으로 뽑혀 새 정부를 구성하고 국민의 요구에 따라 긴급조치를 해제하는 등 헌법개정과 민주화작업을 추진했다.

최규하 과도기대통령의 선출

---

1) 민주공화당 146명, 신민당 52명, 무소속 19명, 통일당 2명.

5. 제 5 공화국헌법

Ⅰ. 제 5 공화국최초헌법의 제정과정

(1) 10·26사태 이후의 정치상황

새 민주헌법
의 제정과 새
정치에의 폭
넓은 공감대
형성

유신독재의 몰락을 가져온 '10·26사태' 후의 우리 정치상황은 한마디로 표현한다면 '민주헌법에 의한 새 정치'에의 기대감에 사로잡힌 '정치의 봄'이었다. 즉 비상계엄이 선포된($\substack{제주도 \\ 제외}$) 상황 아래서도 우리 사회에 팽배해진 새로운 헌법에의 의지는 바로 우리 국민의 생활 속에 파고들 수 있는 새로운 생활규범으로서의 헌법을 마련해 보겠다는 광범위한 Konsens의 표현이었다고 볼 수 있다. 1979년 11월 26일 당시의 국회에 여야동수(28명)로 '헌법개정심의특별위원회'가 구성되고 또 행정부도 '헌법연구반' 활동을 바탕으로 1980년 3월 14일에는 각계인사 69명으로 '헌법개정심의위원회'를 구성하여 개헌작업을 진행시키는 등 새 헌법질서를 모색하는 움직임은 여야를 초월한 하나의 범국민적인 일이었다고 할 것이다. 각종 개헌공청회에 나타난 국민의 폭 넓은 의견과 관심 그리고 각계의 개헌시안이 이와 같은 국민적인 Konsens를 잘 표현해 준 것이었다고 볼 수 있다.

1979년 12·12
사태와 전두
환 중심의 신
군부집권

그러나 1979년 12월에 일어난 이른바 '12·12사태'[1]는 전두환을 중심으로 한 일부 군부세력이 또다시 정치에 관여하는 계기를 만들어 1980년 5·17비상계엄 전국확대조치를 낳고 그것은 결국 군부가 정치의 표면에 등장하는 디딤돌이 되었다. '5·17조치'로 모든 정치활동이 금지되고, 계엄해제를 요구할 수 있는 국회의 집회조차 군부에 의해 봉쇄된 가운데 '국가보위비상대책위원회'가 구성되고($\substack{1980년 \\ 6월}$) 전두환이 그 상임위원회위원장이 되었다. 이미 정치적인 실권을 빼앗긴 최대통령은 얼마 후에 사임하고($\substack{1980년 \\ 8월 16일}$), 곧이어 전두환이 통일주체국민회의에서 제11대 대통령으로 선출되어($\substack{8월 \\ 27일}$), 9월 1일 취임했다.

12·12사태는

'12·12사태'를 출발점으로 한 '단계적 군사쿠데타'가 '5·17조치'에 의해서

---

1) '12·12사태'는 전두환이 이끄는 합동수사본부의 장교들이 대통령의 재가도 없이 수사를 구실로 상관인 당시의 정승화 계엄사령관을 강제로 연행하면서 발생한 무력충돌사건이었다. 이 '12·12사태'는 문민정부의 김영삼 대통령에 의해서 뒤늦게 '쿠데타적 사건'으로 평가되었지만, 엄밀한 의미에서는 '5·16'과는 다른 단계적 군사쿠데타의 시작으로 보는 것이 옳다고 생각한다. '12·12사태'의 엄정하고 객관적인 법적 정리는 문민정부가 짊어진 숙명적인 과제가 아닐 수 없었다.

노골화되자 특히 광주에서 시민들의 '5·18민주화운동'이 일어났지만 과격한 무
력진압으로 많은 희생자만을 남긴 채 무위로 끝나고 말았다. 그래서 '12·12사
태'로 시작된 신군부세력의 단계적 군사쿠데타는 그 후 '8·16최대통령사임'과
'9·1전대통령취임'으로 외형상으로는 완성된 셈이다. 우리 헌정사에 또 하나의
오점을 남겨 놓은 두 번째의 군사쿠데타로서 10·26사태 이후의 정치상황을 교
묘히 이용한 매우 지능적인 거사였다.

(2) 제 5 공화국최초헌법의 제정

10·26사태 이후 새로운 민주적인 헌법을 갈망하는 국민의 공감대를 바탕
으로 국회는 1979년 11월 26일 여야동수인 28명으로 '헌법개정심의특별위원회'
를, 그리고 정부도 그 동안의 '헌법연구반' 활동을 토대로 1980년 3월 14일 각
계인사 69명과 전문위원으로 '헌법개정심의위원회'를 구성하여 개헌작업을 따로
진행했다. 1980년 '5·17조치'로 인해서 국회활동이 정지된 가운데 개헌작업은
정부의 '헌법개정심의위원회'가 맡게 되었고 실질적으로는 그 '요강작성소위원
회'가 주도했다. 이 소위원회가 작성한 헌법개정요강안을 토대로 '헌법개정시안
작성소위원회'가 헌법개정시안을 만들어 헌법개정심의위원회에 보고하여 헌법
개정안으로 확정되었다($\frac{9월}{9일}$). 그 후 이 헌법개정안은 국무회의의 심의를 거쳐 공
고되고($\frac{9월}{29일}$) 다음달에($\frac{10월}{23일}$) 국민투표에 붙여져 절대다수의 찬성을 얻어[1] 새 헌
법으로 확정되고 1980년 10월 27일 공포·발효했다.

새 헌법의 발효와 동시에 구헌법에 의한 국회와 통일주체국민회의는 해산
되고 새 헌법에 의한 국회가 구성될 때까지 국회의 권한을 대행할 '국가보위입
법회의'가 1980년 10월 29일 대통령이 임명한 81명의 의원으로 구성되어 제 5
공화국최초헌법의 각종 부속법률($\frac{대통령선거법·정당법·국}{회의원선거법·국회법 등}$)에 대한 입법활동을 폈다.

(3) 제 5 공화국최초헌법제정의 성격

제 5 공화국최초헌법은 그 성립형식으로는 제 4 공화국헌법의 개정절차에 따
라서 이루어진 것임에 틀림없고 또 법실증주의관점에서 볼 때 그것은 분명히
헌법개정 내지 개혁에 불과하지만, 결단주의적 관점에서 본다면 그 개정의 '질'
이 통상적인 헌법개정이나 헌법개혁의 범주를 벗어날 뿐 아니라 그 부칙에 나
타난 정치결단적 내용 때문에 이를 헌법개정 내지는 헌법개혁으로 성격화하기
에는 어려움이 있다. 사실상 제 5 공화국최초헌법을 헌법개혁이라고 성격화하는

---

1) 유권자 95.5%의 투표와 투표자 91.6%의 찬성.

경우에는 특히 그 부칙의 정치결단적 내용을 설명하는 데 헌법이론적인 어려움이 있는 것이 사실이고, 그것을 '정치적인 힘'에 의한 새 헌법의 제정이라고 볼 때에만 비로소 그 부칙이 안고 있는 문제점이 해소된다고 할 것이다. 헌법'개정'과 헌법'제정'을 구별하는 기준은 실제로 어떤 절차와 형식을 밟았느냐의 형식에서 찾을 것이 아니고, 그것을 추진하는 중심세력의 '힘'과 '의지' 그리고 이것을 뒷받침해 주는 역사적인 환경과 국민적 Konsens의 질 등에서 찾아야 하리라고 보기 때문에 제 5 공화국최초헌법은 그것이 아무리 '개정'의 형식을 밟은 것이고 또 그 전문에서도 '개정한다'는 문구를 쓰고 있지만, 역시 새로운 정치주도세력에 의해서 추진되고 여기에 국민이 참여해서 이루어진 새로운 헌법의 제정이라고 보는 것이 헌법이론상 무리가 적다고 생각한다.[1]

(4) 제 5 공화국최초헌법의 내용

기본권강화
및 대통령권
한축소 등 국
민의 공감대
를 부분적으
로 수용

'민주복지국가건설'·'정의사회실현'·'평화적 정권교체'를 그 이념적인 기초로 내세웠던 제 5 공화국헌법은 i) 국민의 기본권을 보강하고 기본권에 대한 '본질적 내용의 침해금지조항'을 두어 기본권보장의 실효성을 높이려고 노력한 점, ii) 대통령이 갖는 국회해산권과 비상조치권을 제한함으로써 그 악용 내지는 남용의 소지를 줄인 점, iii) 대통령이 갖던 국회의원 1/3의 추천권을 삭제한 점, iv) 대통령선거에서도 정당활동을 바탕으로 하는 경쟁선거의 길을 열어 놓은 점, v) 대통령의 임기를 단임(7년)으로 정한 점 등은 10·26사태 이후의 개헌논의에서 나타난 국민적 Konsens를 많이 반영하고 있는 것이라고 볼 수 있다.

유신헌법의
독소조항 폐
지 및 민주적
인 새 제도
도입

그 결과 제 5 공화국최초헌법은 그 내용면에서 볼 때, 유신헌법의 비민주적인 요소를 많이 완화 내지 배제하면서 유신헌법에서 폐지되었던 제도를 부활시키거나 새로운 규정을 적지 않게 신설했다. 즉 정당에 대한 국고보조제도, 전통민족문화의 계승·발전과 창달원칙, 행복추구권, 형사피고인의 무죄추정원칙, 사생활의 비밀과 자유보호, 적정임금제, 환경권, 연좌제금지에 관한 규정 등이 새로 신설되었으며, 구속적부심사제가 부활되고 긴급구속의 요건이 더욱 강화되고, 자백의 증거능력을 크게 제한했다. 또 통치구조에서도 대통령의 간선제도는 그대로 유지하면서 통일주체국민회의를 없애고 대통령선거인단을 두었으며, 국회의 국정조사권을 다시 인정했다. 사법권독립을 위해서 대법원장에게 법관임명권을 주었고 징계처분에 의한 법관파면제를 폐지했다. 경제조항에서도 자유시장경제질서의 틀을 유지하면서 독과점금지, 중소기업보호육성, 소비자보

---

1) 동지: 문홍주, 122면; 김철수, 72면.

호 등을 새로 규정했다. 헌법개정방법의 2원주의를 지양해서 헌법개정은 오로지 국회의 의결과 국민투표로써만 확정되도록 했다.

전체적으로 유신헌법의 기본권제약적이고 권력남용적인 독소조항이 많이 사라지거나 순화된 진일보한 내용이었다.

(5) 제 5 공화국의 출범

새 헌법의 발효와 새 헌법부칙에 따른 국가보위입법회의의 활동 등으로 헌법부속법령의 정비를 마친[1] 전대통령은 1981년 1월 25일에는 비상계엄을 해제했다. 2월 11일에는 대통령선거인단(5,278명)이 선출되고 곧 이어 2월 25일에 있은 대통령선거에서는 대통령선거인 4,755(90.23%)명의 지지를 얻은 민정당의 전두환 대통령후보가 제 5 공화국의 새 대통령(제12대)으로 당선되어 1981년 3월 3일 그 직에 취임했다. 또 1981년 3월 25일에는 국회의원총선거를 실시하여 276명의 새 국회의원을 지역구와 비례대표제에 의해서 선출하고[2] 새 국회가 1981년 4월 11일 처음 집회함으로써 제 5 공화국이 정식으로 출범하게 되었다.

> 1981년 3월 전두환 대통령취임, 4월 새 국회집회

II. 제 5 공화국개정헌법(이른바 제 6 공화국헌법)의 제정과정

(1) 전대통령시대의 정치상황

1) 통치권의 민주적 정당성에 대한 회의

제 5 공화국을 탄생시킨 1980년 제정헌법은 제 4 공화국의 몰락을 가져온 1979년 '10·26사태' 후에 우리 국민이 원하는 대통령직선을 포함한 '민주화'의 열망을 충분히 수용하지 못한 채, 단계적 군사쿠데타의 주도세력이 그리는 정치구상에 따라 비상계엄이 선포된 가운데 '정치적인 힘'에 의하여 만들어졌을 뿐 아니라, 이 헌법시행에 필요한 여러 헌법부속법률(대통령선거법·국회의원선거법·정당법·국회법 등)들도 국회가 아닌 이른바 '국가보위입법회의'에서 제정되었기 때문에 처음부터 그 생활규범성이 매우 약할 수밖에 없었다. 또 1979년 이른바 '12·12사태'와 1980년

> 단계적 군사쿠데타와 힘에 의한 집권에 대한 국민적 저항

---

1) 국가보위입법회의는 그 활동 다섯 달 동안 헌법부속법률뿐 아니라 무려 189건의 법률안을 처리하였는데, 이 때 만들어진 많은 법률들이 그 후 인권을 탄압하는 법적 근거가 되어 지탄의 대상이 되었다. 국가보안법을 비롯해서 이미 개정 내지 폐지된 언론기본법, 집회 및 시위에 관한 법률, 사회보호법 등이 그 대표적인 예이다.

2) 국회의원총선거는 92개 지역구에서 1구 2인 다수대표선거제에 따라 184명, 전국구비례대표선거제에 따라 92명 등 모두 276명을 뽑는데, 지역구에서 제일 많은 당선자를 낸 제 1 당이 전국구의석의 2/3를 차지했다. 그 결과 의석분포는 민정당 151석, 민한당 81석, 국민당 25석, 기타 19석이었다.

'5·18광주민주화운동과잉진압'의 당위성과 합법성에 대한 강한 회의와 그 후 '국가보위비상대책위원회'의 구성(1980. 6) 등 전두환이 대통령에 당선될 때까지의 비정상적인 정치상황의 전개 때문에 그가 이끄는 정부는 출범 당시부터 그 민주적 정당성에 심각한 문제가 있는 것으로 지적되었었고, 그것이 그의 통치권에 대한 국민적 저항으로 나타났었다.

2) 열악한 통치기반과 '힘의 통치'

국보위가 제정한 비민주적 법률의 남용에 의한 정권 유지

이처럼 통치권의 민주적 정당성이 다수국민으로부터 부인되는 열악한 통치기반 위에서 전대통령은 정권을 '힘'으로 지킬 수밖에 없었고, 그의 '힘의 통치'는 날로 그 정도를 더해 갔다. 그에 더하여 '국가보위입법회의'에서 비민주적으로 제정된 이른바 '개혁법률'(언론기본법·집회 및 시위에 관한 법률·)(국가보안법·사회보호법·사회안전법 등)의 남용으로 인한 기본권 침해 등 권위주의통치가 자유민주주의를 위태롭게 하는 지경에까지 이르러 헌법의 생활규범성은 더욱 약화되는 결과를 초래했었다.

3) 2·12총선거에서의 민의의 표출

대통령직선제개헌을 공약한 신생 야당의 돌풍과 제도권정당의 참패

그 후 1985년 2월 12일 국회의원총선거에서 대통령직선제개헌을 주요선거공약으로 내세운 3개 야당(신민·민한·국민당)의 득표율(58.10%)이 여당(민정당)의 득표율(35.25%)을 훨씬 능가했을 뿐 아니라, 1980년 제 5 공화국 출범 당시 쿠데타주도세력에 의해서 인위적으로 만들어진 이른바 '제도권정당'(민한·국민당)이 선거에서 참패하는 대신, 1985년 총선거를 앞두고 자생적으로 창당된 야당(신민당)이 102석을 차지함으로써 148석의 여당을 견제할 수 있는 강력한 힘으로 등장했었다. 전정권의 권위주의적인 힘의 통치에 대한 국민의 준엄한 심판이었다.

4) 개헌공방과 '6·29선언'

개헌저지정략에 맞선 6월 항쟁의 승리

이 '2·12국회의원총선거'를 계기로 가시적으로 표출된 대통령직선제개헌과 민주화를 바라는 국민적 열망을 외면한 채 전대통령은 그 후 '개헌불가론', '개헌논의엄벌책', '의원내각제개헌안', '여·야개헌합의촉구', '개헌논의연기를 위한 4·13담화' 등 사실상 개헌을 저지하는 정책을 밀고나가 국민을 분노케 했다. 그것이 결국 1987년 명예로운 '6월항쟁'을 몰고와, 노태우 민정당대통령후보의 '6·29선언'과 전대통령의 '7·1담화'(대통령직선제개헌 및)(민주화조치약속)를 얻어 내게 되었다. 제 5 공화국 출범 7년 만에 드디어 대통령직선제개헌의 길이 열린 것이다.

(2) 제 5 공화국개정헌법(이른바 제 6 공화국헌법)의 제정

1) 대통령직선제개헌의 성공

그 후 대통령직선제를 주요골자로 하는 개헌작업은 빠른 속도로 진행되어 '여·야 8인정치협상'이 시작된 지 한 달만인 1987년 8월 31일 여야합의에 의한 개헌안준비를 마치고, 9월 18일 여야공동으로 헌법개정안을 국회에 발의하고, 9월 21일 개헌안공고절차를 거쳐 10월 12일 국회에서 개헌안을 의결했다.[1] 이것은 우리 헌정사에서 여야합의로 이루어진 최초의 평화적인 헌법개정이었다는 헌정사적 의의를 갖는 역사적인 사건이었다. 국회의 의결을 거친 개헌안은 헌법이 정하는 대로 10월 27일 국민투표에 붙여져 총유권자 78.2%의 투표와 투표자 93.1%의 찬성을 얻어 헌법개정이 확정되고 10월 29일 공포되었다.[2]

1987년 10월 여야합의에 의한 제 9 차 개헌안 국민투표로 확정

2) 대통령직선과 노태우정권 탄생

이 개정헌법은 그 부칙($\frac{제1}{조}$)에 의하여 1988년 2월 25일부터 효력을 발생하기 때문에, 개정헌법을 시행하기 위하여 필요한 법률의 제정·개정과 이 헌법에 의한 대통령 및 국회의원의 선거 기타 헌법 시행에 관한 준비는 개정헌법 시행 전에 할 수 있게 했다. 또 개정헌법에 의한 최초의 대통령선거는 개정헌법 시행일 40일 전까지 실시되고 당선된 대통령의 임기는 개정헌법 시행일로부터 시작되게 한 부칙($\frac{제2}{조}$) 규정에 따라 1987년 12월 16일 실시된 대통령선거에서 민정당의 노태우후보가 총유권자 32%의 지지를 얻어[3] 제13대 대통령에 당선되어 1988년 2월 25일 대통령으로 취임했다. 개정헌법에 의한 최초의 국회의원총선거는 늦어도 1988년 4월 28일까지는 실시되어야 하기 때문에($\frac{부칙}{제3조}$) '1구 1인 상대다수대표제'($\frac{224명의}{역구의원}$ 지)와 전국구비례대표제($\frac{75명의}{국구의원}$ 전)를 혼합한 국회의원선거법개정법률에 따라 1988년 4월 26일 제13대 국회의원총선거가 실시되었다. 총선결과는 우리 헌정사상 두 번째로[4] 여당의석이 야당의석수보다 적은 이른바 '여소야대' 현상으로 나타났다.[5] 대통령제 중심의 절충형정부형태에서 야당이

1988년 2월 제13대 노대통령 취임과 여소야대국회의 탄생

---

1) 재적 272명 중 258명이 표결에 참가해서 254명이 개헌안에 찬성하고, 4명이 반대함으로써 국회의 개헌안의결에 필요한 재적 2/3의 의결정족수를 충족시켰다.

2) 이것이 제 9 차 헌법개정이다.

3) 총유권자 25,873,624명 중 89.2%에 해당하는 23,066,419명이 투표에 참가했고, 노태우후보는 그 중 8,282,783표를 얻어, 총유권자의 32%, 총투표자의 35.9%, 총유효투표(22,603,411)의 37%의 지지를 얻었다. 조선일보사 발행, 「제13대 대통령선거자료집」, 190면 참조.

4) 최초의 여소야대 국회는 제 1 공화국의 제 2 대 국회였다.

5) 제13대 국회의원총선결과 의석분포는 민정당 125석, 평민당 70석, 민주당 59석, 공화당 35석,

국회의 과반수의석을 차지하게 되었다는 것은 대통령에 대한 국회의 견제기능을 강화하고자 한 국민의사의 직접적인 표현이었다고 믿어지고, 이것은 지난날 대통령독재정치에 대한 강한 거부 및 경계심리가 투표형태로 나타났다고 볼 수 있다. 아무튼 제 5 공화국의 노대통령시대가 무거운 짐을 안고 개막된 것이다. 5월에는 대법원장을 비롯한 대법원의 인사개혁이 단행되고 9월 1일에는 새 헌법기관인 헌법재판소가 문을 열어 새 헌법에 따른 정부조직을 마쳤다.

(3) 제 9 차 헌법개정의 성격과 노정권의 호칭문제

1) 제 9 차 헌법개정의 성격

헌법제정이 아닌 헌법개혁

대통령직선제를 그 주요골자로 하는 제 9 차 개정헌법은 대통령을 내 손으로 뽑아야 되겠다는 국민의 폭 넓은 Konsens와 이 Konsens를 개헌작업으로 연결시킨 국회라는 중심세력 그리고 국민의 강력한 뒷받침과 적극적인 참여 속에서 이루어진 민주적인 개헌의 전형적인 표본이라고 평가할 수 있다. 다만 그 개헌의 양적인 규모가 구헌법조문의 약 37%에 손을 댄 전면적인 것이었기 때문에 헌법이론적으로는 일종의 '헌법개혁'에 해당한다고 말할 수 있다. 따라서 제 9 차 개헌은 결코 새로운 헌법의 제정은 아니다.[1]

헌법제정론의 부당성

대통령직선과 민주화를 바라는 국민의 Konsens가 1987년 '6월항쟁'에서 하나의 커다란 '정치적인 힘'으로 표출되어 돌이킬 수 없는 개헌의 원동력 내지 추진력이 된 것은 사실이지만, 그 개헌작업을 주도한 중심세력은 여전히 구헌법상의 국회였고, 구헌법이 정하는 개헌절차에 따라 국회의결과 국민투표에 의해서 헌법개정이 확정되는 등, 새로운 헌법의 제정이라고 평가할 만한 아무런 헌법이론적 근거가 발견되지 않는다. 대통령선거방법이 간접선거에서 직접선거로 바뀐 것 그 자체는 헌법이론적으로 볼 때 결단주의적 헌법이론에 따른다 하더라도 헌법의 '근본적인 결단사항'의 질적 변화라고 보기 어렵다.[2]

기타 10석이었다. 정당별 득표율은 민정당 33.96%, 민주당 23.83%, 평민당 19.26%, 공화당 15.59% 등이었다.

1) 반대: 김철수, 75면 이하, 교수는 대통령직선제, 국회의 복권 등을 통한 민주화와 정권의 교체 가능성이 부여된 새 '헌법의 제정'이라고 한다.

2) 결단주의헌법이론의 사상적 고향인 프랑스에서 1958년 제정된 프랑스 제 5 공화국헌법상의 대통령간접선거방법이 1962년 직접선거방법으로(그것도 초헌법적·위헌적인 국민투표에 의해) 바뀌면서도 제 5 공화국헌법의 동질성이 오늘날까지도 유지되고 있다고 평가되는 이유도 그 때문이다.

2) 제 5 공화국인가, 제 6 공화국인가

이렇게 볼 때, 제 9 차 헌법개정을 새로운 헌법의 제정으로 이해한 나머지 개정헌법에 의한 헌정질서를 구헌법에 의한 헌정질서와는 질적으로 전혀 다른 '제 6 공화국'으로 부르는 것은 엄격한 법리적인 의미에서는 옳지 않다고 생각한 다. 우리는 1948년 건국헌법제정 이후 지금까지의 헌정사를 제 1 공화국에서 제 6 공화국으로 시대구분하는 학계와 실무계의 관행에 익숙해져 있다. 이처럼 헌 정사를 시대구분하면서 공화국을 서수로 표기하는 것은 그 모델을 찾는다면 프 랑스의 관행을 모방한 것이라고 볼 수 있다. 그렇지만 프랑스헌정의 시대구분 이 분명하고 일관된 기준에 의해서 이루어지고 있는 것과는 달리 우리 헌정사 의 시대구분은 명확하고 일관된 기준도 없이 그저 즉흥적으로 때로는 역사변혁 적인 사건 중심으로 때로는 통치자 중심으로 이루어지고 있다는 데 문제가 있 다. 그런 가운데서도 건국 후의 제 1 공화국과 '4·19'에 의한 제 2 공화국, '5· 16'에 의한 제 3 공화국, 10월유신에 의한 제 4 공화국, '12·12'에서 '5·17'에 이 르는 단계적 군사쿠데타에 의한 제 5 공화국까지는 그런대로 시대구분에 어떤 통일된 기준이 적용된 것이라고 볼 수 있다. 그러나 그러한 우리 나름의 확립 된 기준에 비추어 보더라도 1988년에 시작된 노대통령의 시대를 과연 '제 6 공 화국'이라고 부를 수 있을 것인지가 문제이다. 제 5 공화국의 최초헌법과 개정 헌법은 적어도 그 이념면에서는 다같이 자유민주주의적 가치에 입각한 사회통 합을 추구한다는 점에서 질적인 차이가 없고[1] 개정헌법은 구헌법의 규범적 효 력의 중단 없이 그 개정절차에 따라서 개정·공포된 것이고, 개헌작업이 구헌법 하의 정치주도세력에 의해 여야합의로 이루어졌다. 1987년의 '6월항쟁'은 직선 제개헌을 가능케 한 위대한 민주화투쟁이었지만, 그것으로 새 공화국이 탄생된 것은 아니었다. 제 2 공화국을 탄생시킨 '4·19'와는 성질이 전혀 다른 것이었 다.[2] 1987년 12월의 대통령선거에서 '5공'의 핵심세력인 노후보가 대통령에 당 선되었을 뿐 아니라, 1990년 3당통합[3]으로 정당구도가 바뀌기 전까지는 '5공'의

'제 6 공화국' 이라는 칭호 의 부당성

공화국의 서 수표기는 프 랑스 모델 따 른 것이지만, 프랑스와는 달리 명확한 기준설정이 없는 즉흥적 시대구분

---

1) 대통령선거방법이 간접선거에서 직접선거로 바뀐 것뿐이다.

2) 따라서 '6월항쟁'과 '4·19'를 같은 성질의 것으로 평가하는 일부 견해에는 찬성할 수 없다. 예 컨대 김철수, 75면 각주 1).

3) 1990년 1월 22일에 있은 '민정·민주·공화 3당통합선언'에 의해서 이루어진 2월 15일의 민주 자유당 창당과 그에 따른 정당판도의 변화 및 국회 내의 여야세력판도 변화(거여소야)는 헌법 이론적으로 심각한 문제점을 안고 있는 일로서, 정치적인 의미에서의 '제 6 공화국'은 3당통합 에 의해서 비로소 실현된 것이라고 볼 수 있다. 그리고 1991년 9월 16일 통합 '민주당'의 탄생 에 따른 야권통합이 이를 더욱 굳혔다고 보아야 한다. 3당통합에 의한 거대여당의 출범이 갖 는 헌법이론적인 문제점에 대해서는 졸고, '대의제의 위기를 초래한 6공헌정', 「한국논단」,

집권세력과 '6공'의 집권세력은 정치적으로 완전히 동일한 집단이었기 때문이다. 이처럼 개정헌법에 의해 당선된 대통령과 집권층이 여전히 구헌법하의 집권층과 동질집단인 정치상황 속에서 개정헌법의 시대를 '제 6 공화국'으로 부르는 것은 정치적인 의미를 가질는지는 몰라도 헌법이론적으로는 설득력을 갖기 어렵다. 따라서 제 9 차 개헌 후의 헌정질서는 법적으로는 여전히 제 5 공화국의 연속으로 보는 것이 헌법이론상 무리가 적다고 생각한다. 제 5 공화국 내에서의 시대구분은 '제 1 기'와 '제 2 기', '최초헌법시대'(개헌전)와 '개정헌법시대'(개헌후) 또는 '전대통령시대'와 '노대통령시대' 등으로 할 수 있으리라고 본다.

'제 6 공화국'
칭호가 관행
화된 이유와
그 정치적 의
미

그럼에도 불구하고 노대통령의 통치시대를 '제 6 공화국'으로 부르게 된 것은 제 9 차 개헌 후 '5공청산'을 열망하는 국민의 정치적 정서를 감안해서 전정권과의 차별성을 강조하기 위해서 집권층이 만들어낸 사회심리적인 정략개념을 특히 언론기관과 학계에서 무비판적으로 수용함으로 인해서 빚어진 결과라고 생각한다. 그렇지만 이제 노대통령의 통치시기를 '제 6 공'으로 부르는 것이 옳건 그르건 하나의 관행으로 굳어진 현실 속에서는 최소한 '제 6 공화국'이라는 칭호를 3당통합(1990. 1. 22.) 후의 달라진 정치적 상황을 가리키는 의미로 한정해서 이해하려는 노력이 필요하다고 할 것이다.[1]

Ⅲ. 제 5 공화국개정헌법(이른바 제 6 공화국헌법)의 내용과 헌정의 실제

(1) 헌법의 내용

6월항쟁으로
표출된 국민
의 민주화요
구 대폭수용

제 9 차 개정헌법은 1987년 '6월항쟁'에서 표출된 국민의 정치적 요구에 따라 대통령직선제를 도입한 것 외에도 개정전 헌법과 비교해서 국민의 기본권을 강화하고 통치권행사의 절차적 정당성을 강조하는 내용을 많이 보완한 것이 그 특징이다. 그에 더하여 '4·19'민주이념을 계승한 조국의 민주개혁과 자유민주적 기본질서에 입각한 평화통일의 역사적 사명을 천명하면서 특별히 군의 정치적 중립성도 강조했다.

기본권보장의
강화

강화된 기본권규정의 주요내용을 살펴보면, i) 적법절차조항을 신설하고 체포·구속시의 고지 및 가족에의 통지의무를 명문화했으며, ii) 언론·출판·집

1990년 7월호 참조.
1) 우리 헌정의 올바른 자리매김을 위한 헌정사의 시대구분에 관한 기준설정과 외국의 사례에 대해서는 저자의 다음 글을 참조할 것. '헌정사의 시대구분', 「자치행정」 1993년 1월호, 108면 이하.

회·결사에 대한 허가와 검열을 금지했다. iii) 재산권수용에 대한 정당보상제도를 도입하고, iv) 형사보상청구권을 확대해서 형사피의자와 불기소처분자의 보상청구권도 보장했다. v) 형사피해자의 공판진술권과 국가구조청구권을 신설하고, vi) 최저임금제의 시행을 명문화했다. 그리고 vii) 근로자의 단체행동권제한 사업체의 범위를 축소하고, viii) 생활권적 기본권을 보다 구체화함으로써 여자·모성·노인·청소년·생활무능력자의 권익보호를 강조했다.

통치구조면에서도 i) 대통령의 직선제를 도입하고 그 임기를 5년으로 단축했으며, ii) 대통령의 비상조치권을 폐지하는 등 국가긴급권의 발동요건을 강화하고, iii) 국회해산권을 폐지함으로써 대통령의 권한을 약화시켰다. 또 iv) 국회의 연간회기일수제한을 폐지하고, v) 국정감사권을 부활시키는 등 국회의 권한을 강화하면서도 vi) 국무총리·국무위원에 대한 국회의 해임의결권은 해임건의권으로 대체함으로써 대통령제의 요소를 강화했다. 끝으로 vii) 대법원판사제를 폐지하고 대법관제를 부활시켰으며, viii) 헌법재판제도를 강화해서 헌법재판소를 신설했다.

대통령의 권한 축소와 국회의 권한 강화

(2) 헌정의 실제

1) 노대통령시대의 정치상황

처음부터 '민주화'와 '자유화'의 큰 과제를 안고 출발한 노정권은 전정권과 그 태생적인 뿌리가 같을 뿐 아니라 전두환 전대통령의 적극적인 지원에 의해서 탄생되었음에도 불구하고, 국민의 강력한 요구에 따라 전정권과의 단절을 표방하는 이른바 '5공청산'정책을 추진할 수밖에 없었다. 여소야대의 국회에서 이루어진 이른바 '5공청문회'와 전 전대통령의 2년 여에 걸친 '백담사생활'은 그 상징적인 표현이었다. '민주화'라는 시대적 요청이 여소야대의 국회세력분포 때문에 더욱 날개를 달아 노정권 초기에는 정치개혁과 인권상황의 개선을 기대할 수 있는 것처럼 보였다.

여소야대국회에서의 5공청문회와 희망적 조짐

그러나 1990년 1월 22일 갑자기 민정·민주·공화 3당통합선언이 나오고 2월 15일 새로운 거대여당 민주자유당이 탄생된 후부터 정치상황은 달라지기 시작했다. 국회 전체의석의 2/3를 훨씬 넘는 절대다수의석을 차지한 거대여당을 배경으로 노정권은 '민주화'와 '자유화'의 시대적 요청을 소홀히 한 채, 3당합당으로 야기된 당내 파벌간의 갈등과 주도권싸움으로 많은 시간을 보냈다. 내치보다는 이른바 '북방정책'이라는 외교정책에 치중하면서 옛 소련을 비롯한 동구권국가 및 북한과의 관계개선에 노력한 결과 부분적인 외교적 성과를 거두

3당통합으로 야기된 파벌 싸움의 심화와 신뢰성과 도덕성 상실

기도 했다.

그럼에도 불구하고 3당합당 때의 정권밀약설이 폭로되고 각종 권력형 부정부패사건이 꼬리를 물고 일어나 노정권은 신뢰성과 도덕성에 큰 상처를 입고 1992년 3월 24일 실시된 제14대 국회의원총선거에서 원내 과반수의석 획득에 실패한 채[1] 그 5년의 임기를 마쳤다.

대표적 실정 사례

노대통령의 5년 통치기간중 대통령선거공약을 어기고 중간평가를 받지 않은 일, 국민의 대의기관구성권(국회구도결정권)을 무시한 3당합당으로 국회의 정치구도를 임의로 바꾸어 놓은 일, 지방자치법의 명문규정을 무시하고 지방자치단체장선거를 독단적으로 연기한 일, 그리고 국회에서의 거듭된 날치기식 법안처리 등은 우리 헌정사에 큰 오점으로 기록될 것이다.

2) 김영삼대통령시대의 정치상황

32년 만의 문민정부 출범

3당합당이라는 큰 정치적인 승부수를 던지면서까지 대통령의 꿈을 키우던 김영삼 민자당대표는 심각한 당내갈등을 겪는 등 우여곡절 끝에 마침내 민자당의 제14대 대통령후보가 되어 1992년 12월 18일 실시된 대통령선거에서 총유효투표 42%의 지지를 얻어[2] 대통령에 당선되었다. 그는 1993년 2월 25일 제14대 대통령으로 취임선서를 함으로써 32년 만에 새로운 문민시대를 열었다.

김영삼정부는 '변화와 개혁'을 통치지표로 내세워 32년간의 군사통치기간 동안에 누적된 각종 정치적인 부정과 부패를 척결하기 위한 과감한 사정활동을 펴는 등 집권초기에는 여론의 압도적인 지지를 받았다. 앞선 군사정부와의 차별성을 강조하기 위해서 스스로를 '문민정부'(Civilian Government)라고 자처하면서 신군부세력이 저지른 제 5 공화국탄생 초기의 헌정문란에 대한 사법적 심판을 강행했다. 이 과정에서 12·12군사반란 및 5·18광주내란사건을 주도한 전두환·노태우 두 전직대통령과 그 추종세력들을 단죄하는 데 법리적인 걸림돌로 작용한 공소시효문제를 특별법제정으로 극복했다.[3] 그런데 전두환·노태우 두

전두환·노태우 처벌 위한 특별법 제정

---

1) 제14대 국회의원총선거 결과 의석분포는 민자당 149석, 민주당 97석, 통일국민당 31석, 신정당 1석, 무소속 21석이었다. 정당별 득표율은 민자당 38.5%, 민주당 29.2%, 통일국민당 17.4%, 신정당 1.8%, 무소속 11.5% 등이었다.

2) 총유권자 29,422,658명 중 81.9%가 투표에 참가했고, 민자당의 김영삼 후보는 9,977,332표(42.0%), 민주당의 김대중 후보는 8,041,284표(33.8%), 국민당의 정주영 후보는 3,880,067표(16.3%), 신정당의 박찬종 후보는 1,516,047표(6.4%) 등을 얻었다.

3) 【결정례】 i) 헌법재판소는 '대통령 재직중 형사상의 소추를 할 수 없는 범죄에 대한 공소시효의 진행은 정지되는 것으로 해석하는 것이 옳다'(헌재결 1995. 1. 20. 94 헌마 246)는 판시를 하면서도 전두환·노태우 등 12·12군사반란 가담자 33명에 대한 검찰의 불기소처분을 정당화하는 결정을 했다. ii) 그리고 5·18광주내란사건을 주도한 전두환·노태우 두 전직대통령과 가

전직대통령의 재판과정에서 드러난 두 사람의 천문학적 금액의 부정축재사실은 모든 국민을 분노하게 했다.[1]

김대통령은 부정한 숨은 지하금융자금을 양성화하기 위해서 1993년 8·12 긴급재정·경제명령을 발동해서 금융실명제를 전격적으로 실시하기도 했다.[2] 그러나 금융실명제는 금융거래의 실명화보다는 부정한 자금의 색출·응징에 무게를 두고 실시함으로써 모든 숨은 지하금융자금의 양성화 내지 생산자금화라는 본래의 목적을 달성하는 데는 실패했다. **금융실명제 실시**

김영삼정부는 1995년 6·27지방선거를 통해서 지방의회의원과 지방자치단체장을 주민이 직접 선거하게 함으로써 지방자치를 전면적으로 도입하기도 했다. 그러나 6·27지방선거에서 서울을 비롯한 많은 지방자치단체에서 집권여당이 참패하고 야당이 승리하는 선거결과가 나타났다. 1996년 4·11 제15대 국회의원총선거에서는 여당인 신한국당[3]이 원내 다수당의 자리는 지켰지만 과반수 의석을 얻는 데는 실패했다.[4] 그래서 총선거 후에 야당과 무소속의원을 빼가는 **지방자치 전면실시와 4·11총선**

담자 23명에 대한 검찰의 불기소처분에 대해서도 고소취하를 이유로 심판종료선언(헌재결 1995. 12. 15. 95 헌마 221·233·297(병합))을 하는 등 헌법재판소가 김영삼대통령의 단죄의지와는 상치되는 결정을 되풀이했다. 그러자 김영삼정부는 1995년 12월 '5·18민주화운동 등에 관한 특별법'과 '헌정질서 파괴범죄의 공소시효 등에 관한 특례법'을 제정해서 12·12군사반란에서 시작되어 5·18사건으로 이어진 단계적 군사쿠데타의 가담자들에 대한 공소시효를 국가의 소추권행사에 장애사유가 존재한 기간 동안(즉 1993년 2월 24일 노대통령의 임기 말까지) 정지하게 규정함으로써 전두환·노태우 두 전직대통령과 그 추종자들을 형사처벌하는 데 성공했다. iii) 헌법재판소도 이 특별법에 대해서 합헌결정(헌재결 1996. 2. 16. 96 헌가 2, 96 헌바 7·13(병합))을 하고, iv) 12·12 및 5·18사건에 대한 불기소처분을 재기수사해서 공소제기한 검찰의 일관성 없는 처분을 정당화함으로써(헌재결 1996. 2. 29. 96 헌마 32·33(병합)) 김영삼정부의 '과거청산의지'를 뒷받침했다.

1) 대법원에서 전두환피고인은 무기징역과 추징금 2,205억원, 노태우피고인은 징역 17년과 추징금 2,628억 9,600만원의 확정판결을 받아(대법원 1997. 4. 17. 선고 96 도 3376 판결 참조) 복역하다가 1997년 12월 18일 대선 직후 김영삼대통령과 김대중대통령당선자의 합의로 모두 사면·복권되어 석방되었다.

2) '금융실명거래 및 비밀보장에 관한 긴급재정경제명령'이 바로 그것인데 이 긴급재정경제명령에 대해서 우리 헌재는 합헌이라는 판시를 했다. 헌재결 1996. 2. 29. 93 헌마 186 참조.

【판시】 '이 사건 긴급명령은 헌법이 정한 절차와 요건에 따라 헌법의 한계 내에서 발포된 것이고 따라서 이 사건 긴급명령 발포로 인한 기본권 침해는 헌법상 수인의무의 한계 내에 있다고 할 것이다'(판례집 8-1, 125면). '다만 긴급권의 발동은 그 목적을 달성할 수 있는 최단기간 내로 한정되어야 하고 그 원인이 소멸된 때에는 지체없이 해제하여야 할 것인데도 이 사건 긴급명령을 발포일로부터 2년이 훨씬 지난 현재까지도 유지하고 있는바, 이와 같은 긴급명령 발포상태의 장기화가 바람직하지는 않지만 그렇다고 그 사유만으로 발포 당시 합헌적이었던 이 사건 긴급명령이 바로 위헌으로 된다고 할 수는 없다'(판례집 8-1, 124면).

3) 여당인 민자당은 1995년 한보사건을 비롯한 각종 권력형 부정사건으로 인해서 훼손된 이미지로는 총선거를 치를 수 없다는 판단 아래 1995년 12월 당명을 신한국당으로 바꾸어 4·11총선에 임했다.

4) 4·11총선거는 63.9%의 투표율을 나타냈는데 정당별 의석분포는 신한국당 139석(지역구 121석

방법으로 국민이 정해 준 국회의 세력구도를 인위적으로 바꾸어 여당이 원내 과반수를 확보하게 만들었다.[1]

실정과 부정 적 유산

김영삼정부는 집권초기의 높은 지지율에도 불구하고 장기적인 청사진 없이 일과성으로 추진한 개혁정책과 공정성을 상실한 지연·학연중심의 인사정책, 대통령 차남을 포함한 측근인사들의 대형부정·비리사건, 연속적으로 발생한 각종 대형인명피해사고, 집권초기 사정처벌인사를 모두 복권시킨 사면권의 남용, 국제통화기금(IMF)의 구제금융을 받게 만든 경제정책의 완전실패 등으로 인해서 날이 갈수록 지지율이 떨어져 1997년 12월의 제15대 대통령선거에서는 우리 헌정사상 처음으로 야당후보자가 대통령으로 당선되는 일까지 생겼다.[2] 김영삼대통령의 정치적인 실패는 그의 임기중에 여당의 당명이 민자당에서 신한국당으로 그리고 김대통령의 탈당을 계기로 다시 한나라당(1997. 11. 24.)으로 바뀔 수밖에 없었던 사정에서도 잘 엿볼 수 있다.

무능한 대통 령

김영삼대통령시대는 자유민주주의가 뿌리내리고 선거문화가 다소 개선되었다는 긍정적인 평가에도 불구하고 김대통령은 우리 헌정사상 처음으로 경제파국을 초래해서 국민에게 엄청난 고통과 시련을 남겨준 무능한 대통령으로 기록될 것이다.

3) 김대중대통령시대의 정치상황

DJP연합의 승리에 의한 여·야정권 교체

1997년 12월 18일의 제15대 대통령선거에서 국민회의 대통령후보로 선출된 김대중총재는 1999년 말까지 의원내각제로 개헌할 것을 약속하고 자민련 대통령후보 김종필총재와 이른바 'DJP연합'을 성사시켜 유효투표 40.3%의 득표로[3] 대통령에 당선되었다. 우리 헌정사상 처음으로 선거에 의한 여야정권교체

과 전국구 18석), 새정치국민회의 79석(66석과 13석), 자유민주연합 50석(41석과 9석), 통합민주당 15석(9석과 6석), 무소속 16석이었다. 정당별 득표율은 신한국당 34.5%, 새정치국민회의 25.2%, 자유민주연합 16.1%, 통합민주당 11.2%, 무소속 11.8%, 기타 군소정당 0.9% 등이었다.

1) 그 결과 1997년 12월 제15대 대선 당시에는 국회재적의원 298명 중 신한국당의 후신인 한나라당 165석, 새정치국민회의 77석, 자민련 43석, 국민신당 8석, 무소속 5석의 원내세력분포였다. 김영삼대통령의 퇴임시(1998. 2. 25.)에는 원내 정당별 의석분포가 한나라당 161석, 새정치국민회의 78석, 자유민주연합 43석, 국민신당 8석, 무소속 4석, 결원 5석이었다.

2) 여당이었던 한나라당의 대선패배는 여러 가지 복합적인 요인이 작용한 결과이겠지만 그 중에서도 이회창후보와 김대통령의 불편한 긴장관계, 당내 대선후보경선에서 패배한 이인제의 국민신당 창당과 독자출마로 인한 여권표의 분산, DJP연합세력의 충청권에서의 많은 득표 등이 중요 요인이었다고 평가할 수 있다.

3) 한나라당의 이회창 대통령후보와 치열한 선거전을 치른 끝에 390,557표(1.6%)의 차이로 대통령에 당선되었다. 이것은 1963년 박정희와 윤보선이 대결한 대선에서 156,026표 차이로 박정희가 승리한 이후 대선에서의 가장 적은 표차를 의미한다. 제15대 대통령선거의 각종 통계는 다음과 같다. 총유권자 32,290,416명 중 80.7%(26,042,359명)가 투표에 참가했고, 새정치국

가 실현된 것이다. 김대중대통령으로서는 네 번째 도전해서 대통령이 된 것이다. 김대중대통령은 1998년 2월 25일 제15대 대통령으로 취임함으로써 스스로 '국민의 정부'(National Government)임을 자처하는 제 6 공화국 제 3 기정부가 탄생하게 되었다.

　김대중대통령은 정권인수 당시의 외환위기(국제통화기금(IMF) 관리체제)를 잘 극복했다. 2000년 6월에는 평양에서 역사적인 남북정상회담을 실현시켜 남북정상간에 '6·15남북공동선언'[1])에 합의했다. 이른바 '햇볕정책'으로 불려지는 대북지원정책을 펴서 한반도의 긴장완화에 기여했다. 그 결과 김대중대통령은 우리 역사상 처음으로 2000년 노벨 평화상을 수상하는 영예를 안기도 했다.

《남북정상회담과 햇볕정책》

　김대중대통령은 집권초기에 국무총리 내정자 김종필 자민련총재가 야당의 반대로 국회의 임명동의를 받지 못하자 그를 국무총리'서리'로 임명해서 몇 달간 국무총리의 직무를 수행하게 함으로써 국회의 동의를 받아 국무총리를 임명하도록 정한 헌법정신을 어겼다. 그 후 야당의원을 회유해서 36명을 무더기로 여당에 영입하는 방법으로 여소야대의 국회구도를 인위적으로 여대야소로 바꾸어 대의민주정치의 기본정신을 외면했다. 대통령선거 당시 집권의 수단으로 국민에게 약속했던 의원내각제 개헌공약(이른바 'DJP협약')은 1999년 7월 파기된 채 끝내 지켜지지 않았다.

《내각제개헌 공약 파기》

　재벌·금융개혁의 수단으로 추진된 기업과 금융기관의 '빅딜'(사업교환)정책은 부분적인 성공에도 불구하고 전체적으로는 큰 성과를 거두지 못한 채 실업자의 양산과 엄청난 공적자금의 낭비[2)] 등 많은 부작용을 낳았다. 나아가 가신

《권력형 부정 부패와 지역 편중 인사》

민회의 김대중 DJP연합후보는 10,326,196표(40.3%), 한나라당의 이회창후보는 9,935,379표(38.7%), 국민신당의 이인제후보는 4,925,370표(19.2%)를 각각 얻었다.

1) '6·15 남북공동선언'은 첫째, 통일문제의 자주적 해결, 둘째, 1국가 2체제의 통일방안 협의, 셋째, 이산가족 문제의 조속한 해결, 넷째, 경제협력 등을 비롯한 남북간 교류의 활성화, 다섯째, 합의사항 이행을 위한 조속한 실무회담 개최 등 5개항을 담고 있는데 공동선언문은 다음과 같다. 1. 남과 북은 나라의 통일문제를 그 주인인 우리 민족끼리 서로 힘을 합쳐 자주적으로 해결해 나가기로 하였다. 2. 남과 북은 나라의 통일을 위한 남측의 연합제안과 북측의 낮은 단계의 연방제안이 서로 공통성이 있다고 인정하고 앞으로 이 방향에서 통일을 지향해 나가기로 하였다. 3. 남과 북은 올해 8·15에 즈음하여 흩어진 가족, 친척 방문단을 교환하며 비전향 장기수 문제를 해결하는 등 인도적 문제를 조속히 풀어 나가기로 하였다. 4. 남과 북은 경제협력을 통하여 민족경제를 균형적으로 발전시키고 사회·문화·체육·보건·환경 등 제반 분야의 협력과 교류를 활성화하여 서로의 신뢰를 다져 나가기로 하였다. 5. 남과 북은 이상과 같은 합의사항을 조속히 실천에 옮기기 위하여 빠른 시일 안에 당국 사이의 대화를 개최하기로 하였다.

2) 투입한 공적자금의 총규모는 2002년 말까지 약 159조원에 달하는데 회수액은 약 54조원에 그치고 투입액 중 약 57조원은 회수 불가능한 것으로 알려지고 있다. 공적자금관리위원회 자료(동아일보 2003. 1. 30. 1면) 참조.

정치로 인해서 권력형 부정부패가 기승을 부리고, 세 아들이 부정부패에 연루되어 사법처리되는[1] 등 김대중대통령 집권기간 동안 부정부패가 극심했다.[2] 권력형 부정부패는 검찰이 제구실을 못하고 정권의 시녀로 역기능하는 바람에 더욱 심화되었다.[3] 또 국가의 주요 공직과 공기업을 비롯한 사회 각 분야에 호남지역출신을 우대하는 지역편중인사를 펴는 바람에 동서간의 지역갈등이 오히려 심화되는 현상이 나타났다. 나아가 철저한 검증과 사전준비가 부족한 상태에서

정책실패 사례

경솔하게 밀어부친 교육정책(획일적인 평준화정책 및 교원정년단축 등)과 의료정책(의약분업)은 우리의 공교육을 붕괴시키고 사교육비용을 증가시켰으며 국민들이 받는 의료서비스만 악화되는 결과를 초래했다. 또 무리한 복지예산의 증가로 국가채무가 두 배 이상 늘어나[4] 국가재정을 악화시켰다. 그에 더하여 언론기관에 대한 국세청의 비정상적인 특별세무조사와 공정거래위원회의 조치 등은 특히 정부에 비판적인 주요신문에 대한 언론탄압의 인상을 주어[5] 우리의 언론자유에 대한 국제적인 평가를 나쁘게 만들었다. 그리고 국가정보원이 중심이 된 정치인과 언론인 상대의 갖가지 도청의혹으로 인하여 일반국민들 사이에서도 도청공포증이 확산되면서 이른바 '도청공화국'이라고 비아냥거리는 소리가 커졌다. 김대중대통령은 역대 대통령 중 으뜸으로 사면권을 남용해서 부패와 비리로 사법처리된 사람들을 원칙 없이 특별사면·감형·복권시키고 교통법규위반자들의 벌점을 감면해 줌으로써[6] 법의 존엄성을 훼손하고 국민들 사이에 도덕적 해이를 부추겨 법질서확립에 나쁜 영향을 미쳤다.

총선과 지방 선거에서 패배

김대중정부의 실정과 인사비리 그리고 권력형 부정부패 등 국민을 실망시킨 국정운영은 2000년에 실시된 중간평가적인 총선에 영향을 미쳐 '4·13' 제16대 국회의원총선거에서 2년여 동안 DJP연립정부를 구성했던 민주당[7]과 자민련

---

1) 차남과 3남은 대통령 재임중에, 장남은 퇴임 후에 사법처리되었다.
2) '옷 로비사건'을 비롯한 진승현·이용호·최규선 게이트 등이 그 대표적인 사례이다.
3) 이는 '옷 로비사건'과 '조폐공사 파업유도사건'을 비롯해서 '이용호 게이트' 등에서 검찰의 수사결과에 대한 불신 때문에 특별검사를 임명할 수밖에 없었으며 특별검사가 검찰의 수사결과를 뒤엎은 사례들이 잘 말해 주고 있다.
4) 외환위기 당시인 1997년 말의 국가채무는 60.3조원이었고 2003년 2월말 국가채무는 약 130조원이었다.
5) 공정거래위원회가 언론기관 내부거래를 이유로 2001년 7월 15개 언론기관에 대해서 행한 182억원의 과징금처분을 2003년 초에 취소한 후 이남기 공정거래위원장이 국회에서 '소송전망이 불투명해 패소가능성이 있기 때문에' 취한 조치라고 설명한 것은 스스로 무리한 법적용으로 과징금처분을 했었다는 사실을 인정한 꼴이다.
6) 집권 5년간 모두 7번의 사면권을 행사해서 총 1,037만여명(벌점 감면자 포함)을 사면했다. 자료 동아일보 2002. 12. 31. A5면 기사 및 중앙일보 같은 날짜 사면일지 등.
7) 새정치국민회의는 총선을 앞두고 이미지 개선을 위해 2000년 1월 새천년민주당으로 당명을 바꾸고 내각제 강령을 배제하는 새 창당작업을 했다.

이 패배하고 야당인 한나라당이 국회 다수당의 자리를 차지했음.[1] 특히 자민련
은 선거전략으로 총선 직전인 2월에 공동여당포기를 선언했음에도 불구하고 총
선거에서 원내교섭단체조차 구성하지 못할 정도로 그 세력이 현저하게 약화되
었다.[2] 그뿐만 아니라 2002년 6월에 실시된 지방자치선거에서도 여당인 민주당
이 전국에서 참패하는 선거결과[3]를 초래했다.

　　김대중대통령은 측근 실세들을 표적으로 한 민주당 내의 정풍압력이 커지
자 2001년 11월 당 총재직을 사퇴했다. 김대중대통령은 아들들의 사법처리 등
으로 임기 말에 그의 정치적인 영향력이 급격히 약화되어 그가 지명한 두 명
의 국무총리서리가 잇달아 국회의 임명동의를 받지 못해 한 달도 못 채우고
물러나는 사태가 발생했다.

　　김대중정부 5년의 대표적인 업적으로 남북정상회담 실현과 그 후의 남북
교류 및 2002년 월드컵대회의 성공적 개최를 들 수 있다. 그러나 '햇볕정책'으
로 불리는 대북정책을 통한 금강산관광 등 남북교류와 대북경제지원을 실천하
면서 국민여론과 상호주의원칙을 무시하고 북한에 대한 일방적인 지원에만 치
중한 나머지[4] 대북정책을 둘러싼 국민 사이의 갈등과 대립(이른바 남·남갈등)을
격화시켜 국민통합에 역행하는 부작용을 낳았다. 더욱이 임기 말에 불거진 5억
달러 대북뒷거래사건에 대한 특검의 수사결과 정상회담의 대가성이 일부 입증
됨으로써[5] 김대통령이 추진한 '햇볕정책'의 의미가 크게 빛을 잃었다. 그리고

김대중정부의
공과

1) 4·13 총선거의 결과는 다음과 같다. 전국 투표율 57.2%. 국회의원 정수 273명(비례대표 46명
　　포함) 중 한나라당 133명(비례대표 21명 포함), 득표율 38.96%, 새천년민주당 115명(비례대표
　　19명 포함), 득표율 35.87%, 자유민주연합 17명(비례대표 5명 포함), 득표율 9.84%, 민주국민
　　당 2명(비례대표 1명 포함), 득표율 3.68%, 희망의 한국신당 1명, 득표율 0.41%, 무소속 5명,
　　득표율 9.38% 등이다.
2) 자민련은 2000년 12월에는 3인의 민주당의원을 위장영입하는 방법으로 2001년 1월 민주당과
　　공조복원을 했지만 '의원 꾸어주고 받기'는 대의정신에 어긋나는 일로 헌정사상 최초의 나쁜
　　선례를 남겼다. 민주당과 자민련의 공조는 2001년 9월 임동원 통일원장관에 대한 해임건의안
　　이 한나라당과 자민련의 찬성으로 국회에서 가결되자 다시 붕괴되고 자민련에 위장입당했던 3
　　인의 민주당의원은 자민련을 탈당, 민주당으로 복귀했다.
3) 6·13 제 3 회 전국동시지방선거 결과는 다음과 같다. 투표율은 사상 최저의 48.9%. 16개 광역
　　단체장 중 한나라당 11개, 민주당 4개(호남 3개 지역과 제주), 자민련 1개(충남)를 차지했다.
　　232개의 기초단체장 중 한나라당이 140곳(60.3%), 민주당이 44곳, 자민련이 16곳에서 당선자
　　를 냈다. 광역의원 682명은 한나라당 467명(68.5%), 민주당 143명, 자민련 33명, 민노당 11명,
　　미래연합 2명, 무소속 26명 등의 분포였다. 광역의회 비례대표 정당명부 득표율: 한나라당
　　52.2%, 민주당 29.1%, 자민련 6.5%, 민노당 8.1%, 기타정당·무소속(미래연합 1.1% 포함) 4.1%
　　등이다. 중앙선관위 발행 제 3 회 전국동시지방선거총람, 145면 참조.
4) 김대중정부는 집권 5년간 공식적으로 약 13억달러를 북한에 지원한 것으로 알려지고 있다.
5) 대북경제사업의 창구역할을 맡은 현대상선이 2000년 6월 남북정상회담 직전에 한국산업은행으
　　로부터 편법으로 4,000억원의 특별융자를 받아 그 중 2,235억원(약 2억달러)을 비밀리에 북한
　　에 전달했다는 이른바 '4,000억원 의혹'이 불거지고 그 진상규명을 요구하는 여론이 비등하자

김대통령의 대북정책은 미국 부시(Bush)정권과의 외교적인 긴장관계를 조성하기도 했다. 불편한 한·미관계는 2002년 10월 북한의 공식적인 시인으로 표면화된 북한의 핵개발에 대한 한·미간의 시각 및 대응책의 차이로 인해서 김대중대통령의 임기 말에 더욱 악화되었다. 김대중대통령은 김영삼대통령에 이어 또 하나의 실패한[1] 민선대통령으로서 2003년 2월 24일 그의 5년 임기를 마침으로써 이른바 '3 김시대'가 막을 내렸다.

4) 노무현대통령시대의 정치상황

후보단일화
및 수도이전
공약에 의한
승리

우리 정당사상 처음 시도한 이른바 '국민경선'을 통해 새천년민주당(이하 민주당으로 줄임) 대통령후보로 선출된 노무현은 '국민통합 21'의 정몽준대통령후보와 여론조사를 통한 후보단일화에 극적으로 합의해 2002년 11월 25일 단일후보로 확정되었다. 2002년 12월 19일의 제16대 대통령선거에서 특히 인터넷 세대인 20~30대 젊은 층을 비롯해 민주당의 텃밭인 호남지역과 그가 내건 수도이전 공약의 수혜지인 충청지역 유권자의 압도적인 지지에 힘 입어 48.9%의 득표로 한나라당의 이회창 후보를 2.3% 차이로 누르고 대통령에 당선되었다.[2] 노무현 대통령은 '참여정부'(Participatory Government)를 표방하면서 2003년

김대중대통령은 퇴임을 일주일 앞두고 대국민성명을 통해 현대가 경협사업의 대가로 북한에 5억달러를 주었다고 시인했었다. 그러나 정상회담의 대가성은 철저히 부인했었다. 이 사건에 대해서 검찰이 수사를 유보하자 2003. 2. 26. 대북송금특검법이 제정되고 송두환 특검팀이 임명되어 수사를 맡았다. 송두환 특검팀은 2003년 6월 25일 대북송금수사결과를 발표했는데, 김대중정부는 정상회담의 대가로 1억달러를 북한에 따로 지급했고, 현대의 송금액 4억달러도 경협자금의 성격뿐 아니라 정상회담과의 연관성을 부인하기 어렵다고 했다. 정상회담의 대가성을 부인했던 김대중대통령의 말이 거짓으로 드러났다. 그리고 대북송금을 위해 직권을 남용하거나 실정법을 어긴 박지원·임동원·이기호 등 전직 고위직 인사들과 정몽헌·김윤규 등 현대 경영진 등 8명이 사법처리되었다.

1) 동아일보와 코리아리서치가 2003년 2월 22일 실시한 여론조사에 의하면 김대중정부의 5년간 국정운영에 대해서 응답자의 53.9%가 국정운영을 '잘못했다'고 응답해 41.8%의 '잘했다'는 평가보다 많았다. 특히 권력 주변 부정부패와 일방적인 대북지원을 잘못한 일로 지적한 응답자가 많았다. 잘한 일로는 외환위기 극복과 월드컵 성공개최 등이 꼽혔다. 동아일보 2003. 2. 24. 1면 참조. 한국갤럽의 여론조사에서도 김대통령의 국정운영 5년에 대해서 47.1% : 41.4%로 '잘못했다'는 부정적 평가가 '잘했다'는 긍정적 평가를 앞섰다. 조선일보 2003. 2. 24. A 33면 참조. 그리고 경실련의 평가조사에 의하면 김대중정부 5년의 대선공약 이행률은 18.2%에 불과한 것으로 나타났다. 동아일보 2003. 3. 12. A29면 참조.

2) 2002년 12월 19일의 제16대 대통령선거 결과는 다음과 같다. 총선거인수 34,991,529. 투표인수 24,784,963. 투표율 70.8%(역대 대선 중 최저 투표율). 주요 후보의 득표수 및 득표율(괄호 안): 민주당 노무현후보 12,014,277(48.9%), 한나라당 이회창후보 11,443,297(46.6%), 당선자와 차점자의 득표차 570,980(2.3%), 민노당 권영길후보 957,148(3.9%), 국민연합 이한동후보 74,027(0.3%), 무효표 223,047(0.9%). 중앙선관위발행 선거관리보 제55호 2002. 12. 20. 8~9면 참조.

2월 25일 제16대 대통령에 취임했다.

취임 후 노대통령은 전국정당을 지향한다는 구실로 2003년 자신의 선출모 태인 민주당을 탈당하고 추종 세력을 중심으로 '열린우리당'을 창당함으로써 민주당과 갈라져 정당대의정치의 기틀을 흔들고 여권의 원내세력을 약화시켰다.[1] 노대통령은 대통령직에 걸맞지 않는 경박한 행동과 정제되지 않은 품위 없는 돌출발언을 반복해 국민의 지탄을 받기도 했다.

노대통령은 2004년 4월 15일의 제17대 국회의원 총선거를 앞두고 2003년 말부터 공직선거법을 무시한 채 공공연히 여당선거운동 발언을 일삼다가 중앙선거관리위원회의 경고를 받기도 했다. 이 경고를 무시하고 선거개입을 계속하다가 2004년 3월 12일 우리 헌정사상 처음으로 국회에 의해서 공직선거법 위반 등의 이유로 탄핵소추되기도 했다.[2] 헌법($_{제3항}^{제65조}$)에 의해서 노대통령의 권한행사가 정지된 가운데 고건(高建)국무총리가 대통령권한대행을 하는 불행한 헌법장애상태가 발생했다.

탄핵심판사건이 헌법재판소에 계속 중인 가운데 실시된 4월 15일 제17대 국회의원 총선거에서는 처음으로 정당투표제가 도입되어 지역구의원 243명과 비례대표의원 56명을 합해 299명의 국회의원을 뽑았다. 이 총선거에서 여당인 열린우리당은 152석의 과반수 의석을 얻은 반면 탄핵소추를 주도한 한나라당과 민주당은 국회 다수당의 지위를 잃고 민주당은 군소정당으로 전락하는 탄핵역풍이 불었다.[3] 임기를 불과 한 달 남겨놓은 비생산적인 국회가 임기 개시 1년밖에 안 된 민주적 정당성을 갖는 대통령을 탄핵소추한 것에 대한 국민의 준엄한 심판이 내려진 것이다. 그래서 국회의 탄핵소추가 노대통령에게는 국회

정당대의 정치 훼손한 탈당

헌정사상 최초의 탄핵소추

탄핵세력 응징한 총선 결과

---

1) 친노세력은 2003년 9월 국회에 교섭단체 등록을 마치고 같은 해 11월 47석의 의석을 가진 열린우리당을 창당했다. 그러나 열린우리당은 2007년 제17대 대선을 앞두고 여러 번 명분 없는 이합집산을 거듭하다가 '대통합민주신당'으로 간판을 바꿔 달고 대선을 치른 후 2008년 2월 4·9총선을 앞두고 탈노무현을 선언하면서 노무현 측근인사를 배제한 채 민주당과 다시 통합해 '통합민주당'을 창당했다. 이 때 통합민주당은 민주당 의석 6석을 합해 141석이었다.

2) 노무현대통령에 대한 한나라당 중심의 탄핵소추의결안은 국회에서 국회의원 271인 중 한나라당과 민주당 의원 등 193인의 압도적인 찬성을 얻어 헌법 제65조 제 2 항이 정하는 국회재적의원 2/3 이상의 찬성요건을 충족해 가결되었다.

3) 제17대 국회의원 총선결과는 다음과 같다. 총선거인수 35,587,497. 투표인수 21,580,944. 투표율 60.6%. 주요정당 의석수(괄호안은 지역구와 비례대표 의석): 열린우리당 152(129, 23), 한나라당 121(100, 21), 민노당 10(2, 8), 민주당 9(5, 4), 자민련 4(4, 0), 국민통합 21 1(1, 0). 총 299명 의원 중 초선의원이 비례대표 포함 187명(62.5%)이고 여성의원이 39명(13%). 주요정당의 지역구 득표율(앞의 숫자)과 정당투표 득표율 및 득표수(괄호안): 열린우리당 41.9%, 38.3%(8,145,824), 한나라당 37.9%, 35.8%(7,613,660), 민노당 4.3%, 13%(2,773,769), 민주당 7.9%, 7.1%(1,510,178), 자민련 2.6%, 2.8%(600,462), 국민통합 21, 0.3%, 0.6%(119,746). 중앙선관위 발행 선거관리보 제58호, 2004. 4. 26. 제17대 국회의원선거결과 각종통계 11~14면 참조.

내에 과반수 지지세력을 확보하는 전화위복의 계기가 된 셈이다.

헌재의 탄핵
기각결정

헌법재판소는 대통령의 권한이 정지된 헌법장애상태를 되도록 빨리 해소
하려고 탄핵심판사건을 집중적으로 심리해서 국회의원 총선거 한 달 후인
2004년 5월 14일 노대통령에 대한 탄핵심판사건을 기각결정했다. 헌법재판소는
노대통령의 공직선거법 위반사실을 부분적으로 확인하면서도 대통령을 파면해
야 할 정도로 대통령의 법 위반행위가 헌법수호의 관점에서 중대한 의미를 가
진다고 볼 수 없고, 대통령에게 부여한 국민의 신임을 임기 중 다시 박탈해야
할 정도로 국민의 신임을 저버린 경우에 해당한다고 볼 수 없으므로 대통령에
대한 파면결정을 정당화하는 사유는 존재하지 않는다고 판시했다.[1] 국민의 직
선 대통령은 민주적 정당성이 강하므로 다른 고위 공직자와 달리 중대한 위법
행위가 있을 때만 탄핵파면이 정당화된다는 논리였다. 헌법의 탄핵사유($\binom{\text{제65조 제}}{\text{1항: "그}}$
$\binom{\text{직무집행에 있어서 헌법}}{\text{이나 법률을 위배한 때}}$)를 보완하는 헌법해석을 한 것이었다. 그러면서도 헌법재판소

대통령의
준법의무강조

는 대통령 권한의 근거인 헌법을 경시하는 대통령은 스스로 자신의 권한과 권
위를 부정하고 파괴하는 것이라고 전제하면서 대통령은 스스로 헌법과 법률을
준수하는 모범을 보여서 법치국가의 실현과 자유민주적 기본질서의 수호에 최
선의 노력을 다해야 한다고 강력히 촉구하기도 했다.

수도이전대체
입법과
이념지향정책
추진

노대통령은 탄핵사건 기각 이후에 국회 다수세력인 여당의 지원을 받으며
그의 대선 공약인 수도이전을 실현하기 위해 특별법[2]을 제정했지만 헌법재판
소의 위헌결정[3]으로 좌절되자, 행정수도의 분할을 위한 대체입법[4]을 무리하게
강행했다. 또 좌파적이고 급진적인 이념지향정책[5]을 추구하는 위헌적인 법률을
만들고 정부규제를 강화하는 실효성 없는 정책을 추진하다가 헌법재판소의 위
헌결정 또는 국민의 저항으로 제동이 걸려 중단되거나 법률개정을 하기도 했
다. 비판적인 메이저언론을 통제할 목적으로 만든 신문법을 비롯한 언론관계법
의 위헌결정,[6] 사학규제와 교육의 하향평준화[7]를 위한 사립학교법, 부유층을

---

1) 헌재결 2004. 5. 14. 2004 헌나 1 및 이 결정에 대한 저자의 판례평석, 헌법판례연구 제 6 권,
   2004. 11. 237면 이하 참조.
2) 신행정수도의 건설을 위한 특별조치법.
3) 헌재결 2004. 10. 21. 2004 헌마 554 등 참조.
4) 신행정수도 후속대책을 위한 연기·공주지역 행정중심복합도시 건설을 위한 특별법(법률 제
   7391호).
5) 이른바 4대 개혁입법(국가보안법 폐지, 사립학교법 개정, 언론관계법 및 과거사 관련법 제정)
   으로 징표되는 정책이 그것이다.
6) 헌재결 2006. 6. 29. 2005 헌마 165 등 참조.
7) 노대통령의 하향식 교육평준화정책은 이른바 3불정책으로 표현되는데, 기여입학제, 고교등급
   제, 대학 본고사를 금지하는 것이 그 핵심이다.

과세대상으로 한 종합부동산세 도입을 위한 조세법 등이 그 대표적인 경우이 언론탄압
다. 노대통령은 그 밖에도 이른바 '취재지원 시스템 선진화 방안'이라는 미명하
에 취재의 자유를 제한하는 언론탄압정책('기자실 대못질')을 강행하는 등 자유민
주주의 헌법정신에 어긋나는 정책을 무리하게 추진하면서 헌법을 경멸하는 발
언('그 놈의 헌법')을 하는 등 헌법수호의 책무를 망각하는 정치행태를 임기 말
까지 계속했다. 노 대통령의 임기 중에 실시된 2006. 5. 제4회 지방자치 동시
선거를 비롯한 각종 보궐선거 등에서 여당이 번번이 참패를 당하면서도 노대통
령과 여당은 오만과 독선의 정치행태를 이어 갔다. 더욱이 2007년 12월의 제
17대 대통령 선거를 앞두고 야당과 야당 유력후보자를 비방하는 발언을 일삼 중앙선관위
다가 중앙선거관리위원회로부터 중립의무를 준수하라는 경고를 받게 되자 오히 상대 헌법
려 중앙선관위가 자신의 언론자유를 침해했다고 헌법소원을 제기하는 전무후무 소원제기
한 소극을 연출하기도 했다.[1]

노대통령은 국민통합의 헌법적인 책무를 망각한 채 전체 국민이 아닌, '노 반통합적
사모'[2]를 비롯한 386세대,[3] 일부 친여 언론매체[4]와 시민단체[5] 그리고 노동자 분파정책
단체의 이익만을 대변하는 편파적 대통령으로 행동하면서 통합의 정치가 아닌
분할과 갈등의 정치로 일관했다. 가진 자와 못 가진 자, 배운 사람과 못 배운
사람, 서울 사람과 지방 사람, 영남과 호남, 방송과 신문 등 다양한 2분법적인
정책으로 모든 국민을 분열시켜 통합을 해쳤다.

---

1) 헌재는 대선이 끝난 후인 2008. 1. 17. 뒤늦게 이 헌법소원을 기각했다. 대통령의 선거개입은
   선거의 공정성을 해칠 우려가 무척 높기 때문에 대통령의 정치활동의 자유와 선거중립의무가
   충돌하면 후자가 강조되고 우선되어야 한다면서 중앙선관위의 대통령에 대한 경고가 정당했다
   고 판시했다. 그러나 이 사건에서 대통령 발언은 사적 성격도 일부 가져 대통령의 권한이나
   직무에만 관련된 것으로 단정하기 어렵다는 논리로 예외적으로 대통령의 헌법소원 적격성을
   인정한 것은 매우 잘못된 판시이다. 왜냐하면 헌재 판시대로 대통령 발언이 선거에 대한 부당
   한 영향력을 행사하여 선거결과에 영향을 미치는 행위였다면 그것은 사적인 발언이 아니라 대
   통령으로서의 발언이었기 때문이다. 직무영역과의 연관성 때문에 대통령 발언이 선거에 미치
   는 부정적인 파급효과를 강조하면서도 발언의 사적 성격을 인정하는 논리는 이율배반적인 자
   가당착이라고 할 것이다. 이 결정으로 앞으로 공직자가 제기하는 헌법소원 적법성 판단에 많
   은 문제점이 표출될 것이다. 헌재결 2008. 1. 17. 2007 헌마 700 참조.
2) 노무현을 사랑하는 사람들의 모임의 준말이다.
3) 60년대 출생해 80학번을 가진 30대 연령의 민주화투쟁 주류세대를 통칭하는 말이다.
4) KBS와 MBC 방송매체를 비롯한 인터넷 신문 오마이뉴스와 한겨레신문이 그 대표적인 언론매
   체다.
5) 참여연대와 민주언론시민연합(민언련)이 그 대표적인 경우다. 참여연대 출신은 노무현정부에서
   무려 158개 직책에 진출할 정도로 승승장구했다. 김영삼정부에서는 22개 직책, 김대중정부에
   서는 113개 직책에 진출했던 것과 비교된다. 통계 노재현 시론, 중앙일보 2007. 1. 4. 38면 참
   조. 또 민언련 출신은 방송위원회 위원장과 위원 등 장·차관급에 5명이 기용되었다. 동아일보
   기자의 눈, 2008. 1. 5. A8면 참조.

대미관계 등
외교정책
실패

　　외교행태를 보더라도 전통적인 우방인 미국에 대해서는 반미적인 언동을
통해서 한미간의 유대를 약화시키면서도 국군 해외파병(이라크와 아프가니스탄),
주한미군의 주둔비용 추가부담, 주한미군 감축 등 미국이 요구한 것은 모두 수
용하는 실리에 반하는 졸렬한 외교정책을 폈다. 미·일간의 유대강화로 인한 따
돌림에는 속수무책이었고, 탈북자의 강제북송, 고구려 역사왜곡 등 우리에게 비

맹목적
친북정책

우호적인 중국에는 저자세 외교로 일관했다. 대북정책에서는 '햇볕정책'을 '포용
정책'으로 포장해 북한이 주장하는 '우리 민족끼리'의 술책에 동조하면서 국제적
인 현안이 된 북한의 인권탄압과 핵개발에 대해선 소극적인 자세로 침묵한 채
엄청난 규모의 경제적인 지원을 하면서도[1] 국군포로와 납북자의 송환을 당당하
게 요구하지도 못하는 저자세 '친북정책'으로 일관했다. 제17대 대통령선거를 불
과 두 달여 앞둔 10월 초 노대통령의 평양방문과 김정일과의 회담 및 '10·4 남
북 공동합의서'는 상호주의 국제외교의 글로벌 스탠더드에 어긋나는 일이었다.

분배우선
정책과
법치주의
후퇴

　　지방균형발전의 구호 아래 발표된 각종 지방 개발사업은 전국을 투기장으
로 만들어 오히려 부동산 시장에 혼란을 초래했다. 서민을 위한다는 편가르기
분배우선정책과 반기업정서로 5년 동안 투자증가율이 연 3%에도 못 미쳐 성장
동력이 크게 위축되고[2] '이태백'으로 풍자되는 100만 청년실업과 빈부격차의
증대라는 역효과를 초래해 민생을 더 어렵게 만들었다. 민주노조, 전교조 등
친북좌파세력의 불법 폭력시위를 방관하거나 소극적으로 대처해 법질서가 훼손
되는 일이 빈번히 발생했다. 그 결과 법치주의가 뿌리채 흔들려 공권력이 무력
화되었다.

큰정부정책과
재정악화

　　'작은 정부보다 일하는 정부'를 내세워 국가기관과 공기업을 비대화하고
공무원과 공기업직원을 엄청나게 늘려 국가재정에 큰 부담을 주었다.[3] 특히 고

---

1) 노대통령 임기 동안 북한에 준 대북경제지원규모는 약 3조1,000억원에 달하는 것으로 추산되
　고 있다. 통일부 통계자료에 따르면 2003년부터 2007년까지 1조2,535억원을 북한에 인도적인
　지원을 한 것으로 되어 있지만, 여기에는 결손처분이 불가피한 경수로 건설분담금 1조8,000억
　원이 빠져 있다.
2) 노대통령 집권기간 동안 세계 평균경제성장률은 4.8%이었는데, 우리는 4.2%의 성장률로 이 평
　균에도 못 미쳤다.
3) 노정부 들어 장·차관급이 31.7%(101 → 133명), 1~3급 고위공무원 27.2%(1,127 → 1,433명),
　행정공무원 7.2%(90만4,500 → 96만9,500명), 각 부처 위원회 14.3%(364 → 416개), 대통령·국
　무총리 소속 위원회 예산 330%(1,007억 → 4,329억원), 공공기관 직원 12.1%(21만3,014 → 23만
　8,766명), 공무원 인건비는 42.7%(15조3,000억 → 21조8,317억원) 늘어났다. 조선일보 사설 참
　조. 또 국가채무도 노무현정부 출범 전인 2002년 말 133조6천억원에서 2007년 말 302조원으
　로 두 배가 넘게 늘어났다. 중앙일보 2008. 1. 18. 1면 기사 참조. 나아가 공기업 부채도 노정
　부 출범 직전인 2002년 195조원에서 2006년 296조원으로 52% 급증했다. 정부의 공기업 지원
　금도 34조원에서 49조원으로 증가했는데, 이 모두가 공기업 임원 낙하산 코드인사의 폐단 때
　문에 생긴 현상이다.

위공무원과 공기업임원의 인사에서는 말로는 '시스템 인사'를 한다면서도 원칙 없는 정실인사[1]를 되풀이해 원성을 사기도 했다. 임기 말까지 계속된 명분과 원칙 없는 측근 구하기 특별사면권의 남용으로 사법권을 심하게 훼손하기도 했다. 노대통령은 취임 초에 우리 헌정사를 '기회주의가 득세한 오욕의 역사'라고 폄하하면서 이른바 '과거청산'의 명목으로 여러 위원회[2]를 만들어 과거사를 들추는 일에 큰 국력을 쏟아 부었다.

특별사면권 남용

무리한 과거 청산

취임 초만 해도 노대통령이 주는 신선한 이미지 때문에 많은 사람이 큰 기대를 했었지만, 국민의 이런 기대는 완전히 무너져 오히려 역대 최악의 대통령으로 평가받게 되었다.[3]

다만 그의 집권기간 동안 정경유착이 줄어들고 선거문화가 개선되었으며, 동남아국가연합(ASEAN) 및 미국과 자유무역협정(FTA)을 체결하고 유럽연합(EU)과도 자유무역협상을 시작한 것은 국제화 시대에 국제거래의 폭을 넓힌 것으로 그나마 긍정적인 업적이라고 할 것이다. 그리고 권위주의가 많이 약화된 점은 평가할 수 있지만 대통령직과 공권력의 권위까지 함께 훼손되는 권위 실종현상이 나타난 것은 아쉬운 일이다.

정경유착감소 와 선거문화 개선

5) 이명박대통령시대의 정치상황

경제 살리기를 최우선 정책으로 내건 이명박(李明博)은 박근혜(朴謹惠)와의 당내 경선을 거쳐 한나라당의 대통령 후보로 확정된 후에도 이른바 BBK의혹 등 과거의 비리의혹 때문에 여당을 비롯한 여타 정치세력의 끊임 없는 공격에 시달렸다. 이 와중에 한나라당 당내 경선에 참여하지 않은 이회창이 보수세력의 대안임을 자처하고 탈당한 후 무소속으로 대선에 뛰어드는 기이한 사태도 벌어졌다. 대통령선거를 불과 10여 일 앞두고 검찰이 수사결과를 발표하면서 그에게 혐의가 없다고 확인했지만, 국회에서는 여권 주도로 그를 수사대상으로 하는 특검법을 통과시켰다. 이명박 후보자는 특검법[4]을 수용하겠다는 뜻을 밝

500여만 표의 압도적인 표차로 당선

---

1) 코드인사, 낙하산인사, 회전문인사, 보은인사 등의 유행어까지 생겼다.
2) 19세기 말에서 일본식민시대를 거쳐 해방 이후 군사독재시대에 이르기까지의 과거사를 청산한다고 만든 위원회는 '동학혁명참여자 명예회복심의위원회', '친일반민족행위 규명위원회', '친일행위자 재산조사위원회', '진실·화해를 위한 과거사정리위원회', '제주 4·3 진상규명위원회', '의문사 진상규명위원회', '특수임무수행자 보상위원회' 등이다.
3) 2008. 2. 17. 조선일보와 한국갤럽의 공동여론조사에 따르면 노대통령이 국정운영을 잘못했다는 평가가 63.2%, 잘했다는 평가는 21.1%, 대통령 당선 자체가 잘못이었다는 평가도 49.7%이었다.
4) 이 특검법은 법치주의 기본원리를 어기고 특정개인을 수사 및 처벌대상으로 한 개인용 처분적 법률일 뿐 아니라, 헌법상의 영장주의 원칙을 무시하고 참고인을 영장 없이 강제구인하도록 했으며, 심판기관인 대법원장이 소추기관인 특별검사후보 2인을 추천하도록 하는 등 위헌적

헌 가운데 실시된 2007년 12월 19일의 제17대 대통령 선거에서 48.7%의 득표로 대통합민주신당[1]의 정동영 후보를 531만여 표의 압도적인 표차로 누르고 대통령에 당선되었다.[2] 이명박 대통령은 2008년 2월 25일 취임해서 이명박정부를 출범시키면서 경제회생과 나라의 선진화를 약속했다.[3]

광우병 파동과 인사정책의 난맥상

이명박 대통령은 임기초 전임 노무현 대통령이 시작한 미국과의 자유무역협정(FTA)을 체결했다. 그러나 곧이어 발생한 광우병 파동에 따른 여러 달에 걸친 격렬한 대규모의 야간 촛불시위사태를 겪으며 새로운 정책을 추진할 정치적인 자신과 추진력이 현저하게 약화한데다 용산참사사태까지 생겨 법질서가 심하게 훼손되었다. 더욱이 인사정책에서 '고소영'(고려대 출신, 소망교회 인맥, 영남출신)으로 징표되는 측근인사논란이 지속되고 대기업 우호적인 정책추진으로 중소기업과 골목상권의 영세업자들로부터 강한 비난을 받았다.

4대강 사업의 정책실패

그뿐 아니라 선거공약으로 내건 '한반도 대운하 계획'이 야당과 환경단체의 강한 저항에 부딪쳐 결국 '4대강 사업'으로 변경 집행하는 과정에서도 야당과 반대세력의 집요한 반대운동에 부딪쳐 4년 만에 22조원의 공사비를 들여 정권 말에야 겨우 완성했다. 그나마 부실공사 논란이 불거져 어려움을 겪기도 했다. 이대통령이 영해안보차원에서 추진한 제주 해군기지건설사업도 임기 말까지 여전히 지지부진한 정체상태에 머물렀다.

다른 한편 국가의 재정부채가 급속도로 증가하고 부동산 경기의 침체로

요소가 많은 법률이었다. 당시 현직 법무부장관을 비롯한 대한변협 등 재야 법조단체가 위헌이라고 지적한 이유도 그 때문이었다. 그런데도 우리 헌재는 헌법재판사상 최단기간인 사건접수 13일 만인 2008. 1. 10. 국회입법형성권의 존중을 내세운 설득력 없는 논리로 참고인 강제구인 조항을 제외한 나머지 위헌적인 조항을 합헌(8 : 2 평결)이라고 결정하는 잘못을 저질렀다. 그 결과 이명박대통령 당선자에 대한 특검수사의 길을 열어주었다. 헌재결 2008. 1. 10. 2007 헌마 1468 참조. 그러나 이명박 특검팀은 38일간의 수사 끝에 2008. 2. 21. 이명박 관련 모든 의혹에 대해서 혐의가 없음이 확인되었다는 수사결과를 발표해 이 사건을 마무리했다.

1) 대통합민주신당은 열린우리당이 국정실패의 책임을 모면하려고 탈당과 창당 등 정치공학적 이합집산을 거듭한 끝에 선거 한 달 전에 일부 시민세력을 합류시켜 만든 일종의 위장 열린우리당이다.

2) 제17대 대통령선거 결과는 다음과 같다. 총유권자 3,765만3,518명, 투표자 2,373만2,854명, 투표율 63.0%(역대 대선 중 최저 기록). 주요 후보자의 득표수와 득표율: 한나라당 이명박 후보 1,149만2,389표(48.7%), 민주신당 정동영 후보 617만4,681표(26.1%), 무소속 이회창 후보 355만9,963표(15.1%). 1, 2위간 표차는 1987년 대통령 직선제 도입 이후 최다인 531만7,708표(득표율 차 22.6%)였다. 이명박 후보는 3개 호남지역을 제외한 전국 13개 시·도에서 최다득표를 하는 신기록을 세웠다.

3) 정부조직을 18부 4처에서 13부 2처로 축소하려는 대통령 당선자의 정부조직개편안은 민주당의 반대에 봉착해 한 달이 넘는 민주당과의 지루한 협상 끝에 대통령 취임 후인 2월 말에야 결국 15부 2처의 정부조직으로 출범했다.
이명박정부 출범시의 국회 의석분포는 재적 298명 중 통합민주당 141석, 한나라당 130석, 자유선진당 8석, 민노당 6석, 창조한국당 1석, 참민주연합 1석, 무소속 11석 등이었다.

부동산값이 폭락하며 부동산거래가 현저히 줄어들면서 은행대출을 받아 집을 산 사람들의 '하우스 푸어'(내집가진 빈곤층)라는 새로운 사회현상이 나타났다. 그 결과 가계부채가 1,000조원에 육박할 정도로 폭발적으로 증가해 커다란 재정 및 경제상의 위험요소로 남게 되었다. 그에 더하여 경제상황의 악화와 대량 실업사태로 빈부격차가 더욱 커져서 사회의 경제적인 양극화 현상은 더욱 심해졌다. 경제성장의 둔화로 인한 일자리부족으로 '워킹푸어'(근로빈곤층)현상과 '청년백수'로 불리는 젊은 대학졸업자들의 실업자가 늘어난데다 사회의 고령화 현상으로 인해서 정년퇴직세대도 퇴직 후의 생활대책을 고심하는 사회적인 불안요인이 심해졌다. 이러한 현상은 저출산 현상과 맞물려 세계에서 가장 낮은 수준인 1.30의 출산율을 기록하는 불명예를 안게 되었다.[1] 사회적으로도 성폭력사건이 빈발해서 성폭력사범에 대한 엄한 처벌과 대응책을 요구하는 국민의 목소리도 커져 성폭력범에 대한 화학적 거세와 전자추적장치부착 등 처벌이 강화되었다.

그 밖에도 대통령 측근에 의해서 야기된 총리실 민간인 불법사찰파동이 생기고, 소위 정권 창출의 공신으로 불리는 대통령의 형을 비롯한 권력측근들이 부정부패에 연루되어 형사처벌을 받는 등 부패정권의 오명까지 남겼다. 국회의장이 부정부패사건으로 불명예 퇴진하는 초유의 사태도 생겼다. 그에 더하여 정권 말에는 대통령 퇴임 후의 사저건축을 둘러싼 내곡동 부지매입과정에서의 부정의혹으로 대통령 가족이 특별검사의 수사대상이 되고 관련자들이 형사처벌을 받는 등 불명예스러운 기록도 남겼다. 게다가 현직검사의 뇌물수수, 성추문, 브로커역할 등 잇단 비위와 지휘부 내분에 따른 검란(檢亂) 사태 등 검찰의 여러 가지 부정부패사건으로 검찰내외에서 검찰개혁을 그 어느 때보다 강하게 요구하는 등 검찰이 위기 상황에 직면해 검찰총장이 불명예 퇴진하는 사태도 생겼다. 또 임기 말인 2013년 1월 말 무리하게 측근들을 위한 특별사면권을 행사하는 바람에 여론의 거센 비난을 사기도 했다.

잇단 부정부패 스캔들

대북정책에서도 북한의 도발로 인한 연평도 포격과 천안함 침몰사태를 겪으며 대화가 완전히 단절된 채 또 다시 냉전시대로 후퇴하는 상황을 초래했다. 그러는 중에 북한에서는 2011년 12월 김정일이 사망하고 그 아들 김정은이 3대째 권력을 세습하는 일이 벌어진데다가 미사일 시험발사와 핵 실험등의 도발적인 사태를 이어가 국내적으로는 물론이고 국제적으로도 한반도 주변정세가 매우 불안한 상태를 이어가고 있다. 더욱이 중국은 미국과 겨루는 세계적인 강

북한 및 주변국 정세변화

---

1) 출산율이 2.1 이상이어야 현재 수준의 인구수를 유지할 수 있다.

국으로 성장 발전한 가운데 시진핑 정권이 들어서고, 일본에는 노다 정권에 이어 아베 수상 등 국수주의의 극우정권이 이어지면서 독도문제 등 한일관계에도 새로운 긴장상태가 고조되고 있다.

제18대 및 제19대 총선 승리와 박근혜의 힘

이명박 대통령의 임기 말년인 2012년 4월 11일 실시한 제19대 국회의원 총선거에서는 지지율이 떨어진 한나라당의 당명을 새누리당으로 바꾸고 박근혜 의원을 총선거의 전면에 내세워 서울에서는 완패했지만 예상과 달리 단독 과반 의석인 152석을 차지했다.[1] 그러나 이 결과는 전적으로 구원투수로 나선 박근혜 의원의 개인적인 인기와 공로였다고 할 것이다. 박근혜 의원은 이대통령의 임기 초인 2008년 4월 9일에 실시한 제18대 국회의원 총선거에[2] 이어 두 번째로 여당에게 선거승리의 결과를 가져다 줌으로써 여당의 잠재적인 대통령 후보자로서의 입지를 확실하게 굳히는 계기가 되었다.

국제적 위상 제고와 긍정적 경제지표

다른 한편 이명박 대통령은 G20 정상회의, 핵 안보정상회의 등을 개최하고, 녹색기후기금(GCF) 사무국을 유치하며, 국제기구화한 글로벌녹색성장연구소(GGGI)를 주도하는 등 국가의 격을 높이는 한편 49회에 걸친 활발한 해외순방을 통해서 84개국의 많은 외국 정상과 정상회담을 하는 등 국제무대에서는 대한민국의 위상을 높였다. 유럽연합(EU), 아세안(ASEAN), 콜롬비아 등과 자유무역협정(FTA)도 체결했다. 미국과 남유럽에서 시작한 4년간의 세계적인 재정 및 금융위기 속에서도 우리나라의 경제상황은 비교적 안정을 유지하며 국가신용등급도 유일하게 상승해 일본과 중국을 앞질렀고 무역도 세계에서 9번째로 1조 달러를 달성하면서 수출규모도 세계 7위에 올랐다. 국민소득도 2만 2천 달러를 상회하는 경제지표를 남겼다.

올림픽 성과

임기 중에 치러진 런던 올림픽에서는 역사상 가장 좋은 종합 5위의 성과

---

1) 제19대 국회의원 총선거의 투표율은 54.3%였는데 각 주요 정당의 의석 수는 다음과 같다(괄호 안은 의석 수에 포함된 비례대표의원): 새누리당 152명(25명), 민주통합당 127명(21명), 통합진보당 13명(6명), 자유선진당 5명(2명), 무소속 3명. 각 정당의 득표율과 득표수는 다음과 같다. 새누리당 42.8%/9,129,226표, 통합민주당 36.45%/7,775,737표, 통합진보당 10.3%/2,198,082표, 자유선진당 3.23%/689,843표. 서울/경기에서의 의석분포는 새누리당 16/21, 통합민주당 30/29, 통합진보당 2/2였다.

2) 제18대 국회의원 총선거(지역구 245, 비례대표 54 총 299석) 결과는 다음과 같다. 투표율 46.1%(전국단위 동시선거 사상 최저 투표율). 정당별 의석수(괄호안은 의석수에 포함된 비례대표 의원수와 정당투표 득표율): 한나라당 153(22/37.48%), 통합민주당 81(15/25.17%), 자유선진당 18(4/6.84%), 친박연대 14(8/13.18%), 민주노동당 5(3/5.68%), 창조한국당 3(2/3.8%), 무소속 25. 초선의원 134명(지역구 87, 비례 47)(44.8%), 여성의원 지역구 당선자 14명 포함 41명(13.7%, 사상 최다기록). 친박연대는 한나라당 공천에서 탈락한 친 박근혜 계열의 후보자 연대이고 영남권에서 당선된 친박무소속연대 12명도 공천에서 탈락한 친 박근혜 성향이다. 자유선진당은 대전·충남을 석권했고, 통합민주당은 호남권을 석권하는 등 고질적인 정당별 지역분할구도가 되살아난 총선거였다.

를 냈고, 2018년의 평창 동계올림픽도 유치했다. '강남 스타일'로 대표되는 한 와 한류문화
확산
류문화의 세계화 현상도 두드러져 우리나라가 세계 속에서 크게 이름을 떨치는
시기이기도 했다.

　결국 이명박 대통령은 선거 당시의 국민의 기대와 달리 경제대통령으로서
의 진면목을 보여주지 못했을 뿐 아니라 경영인(CEO) 스타일의 국정운영으로
인사정책의 실패와 측근의 부정부패 등 전직 대통령들이 겪은 부정부패정권의
테두리에서 벗어나지 못한 채 초라한 '공약 성적표'[1]에 국가재정에도 조 단위
의 세계(歲計) 적자를 남기고 인기 없는[2] 대통령으로 퇴임했다. 다만 외교정책
에서는 좋은 성과를 남겼고 민주화 이후의 역대 대통령 중에서 당적을 보유한
채 퇴임할 수 있었던 최초의 대통령으로 기록되었다.

6) 박근혜대통령시대의 정치상황

　2012년 12월 19일 치러진 제18대 대통령 선거에서 새누리당의 박근혜 대
통령후보가 통합민주당의 문재인 대통령후보를 3.6% 약 1백만 표차로 누르고
대통령에 당선했다. 현행 헌법에 의한 대통령 직선제 도입 후 처음으로 유효투
표 51.6%의 과반수 득표를 한 민주적 정당성이 강한 대통령이 탄생한 셈이
다.[3] 우리 헌정사상 최초의 여성 대통령인 동시에 최초의 부녀 대통령이라는
기록도 세웠다.[4]

　박근혜 대통령은 이미 새누리당의 전신인 한나라당이 위기에 처할 때마다
선거의 구원투수로 등장해 2010년 6·2전국동시지방선거와[5] 2012년 4·11총선

---

1) 이대통령의 공약집 '일류국가 희망공동체 대한민국'(235쪽)에는 11개 분야 92개의 약속이 들어
　있는데 그 중에서도 '7% 성장과 일자리 300만개' 등 10개의 공약은 맨 앞에 따로 열거해 놓았
　다. 그 내용은 다음과 같다. 7% 성장과 일자리 300만개, 공교육 2배와 사교육비 절반, 국가
　책임하의 영·유아보육과 교육, 한반도 대운하, 비핵·개방·3000 통한 평화로운 한반도, 중소기
　업과 자영업을 성공의 기회로, 과학기술 육성, 서민 주요생활비 30% 절감, 서민 주거권을 국
　민 기본권으로, 법과 질서 세우고 국가경영 시스템 재설계 등이다. 그러면서 퇴임시의 정치상
　황을, 국민소득 3만달러, 청년 실업률 3~4% 축소, 합계 출산율 1.5명, 돈 없어 학교 못 다니
　는 사람 없는 사회, 노후소득 보장, 불법파업과 불법시위 없는 나라, 남북경제공동체실현 등으
　로 예고했다.
2) 퇴임당시 여론조사결과는 지지율 24%였는데, 이 결과는 직전의 노무현 대통령보다는 높고 김
　대중 대통령과는 같은 비율이었다.
3) 제18대 대통령 선거의 각종 통계는 다음과 같다. 투표율 75.8%, 박근혜 새누리당 후보 51.6%, 1,577
　만 3,128표 득표, 문재인 통합민주당 후보 48%, 1,469만 2,632표 득표, 두 후보 표차는 1,080,496
　표였다.
4) 1987년 현행헌법 제정 후 김영삼 대통령은 문민교체를 이루었고, 김대중 대통령은 여야와 지
　역간 정권교체를, 노무현 대통령은 3김 시대를 마감한 세대교체를, 이명박 대통령은 탈여의도
　정권교체를 이루었다면 박근혜 대통령은 성별교체를 이룬 대통령으로 기록될 것이다.
5) 2010년 6월 2일 실시한 제 5 회 전국동시지방선거에서 전국적으로 54.5%의 투표율을 보인 가

거를 여당 우세로 치르는 등 정치적인 역량을 보여 주었다. 그렇지만 제18대 대통령 선거에서는 사실상 범야권 단일 후보자가 된 문재인 통합민주당 후보자와 힘겨운 선거전을 치렀다. 박근혜 대통령은 2013년 2월 25일 '경제부흥', '국민행복', '문화융성'을 통한 새로운 희망의 시대를 열겠다고 약속하며 제18대 대통령에 취임했다.

세월호 사건   박 대통령은 임기 초 불거진 국정원 대선개입의혹사건으로 국정원장이 물러나 형사재판을 받는 등 순탄치 않게 시작했다. 또 2014년 4월 16일 서해 여객선 '세월호'가 진도 근해에서 침몰해 승객 476명 중 295명이 사망한 대형 참사가 발생한 가운데, 대통령으로서 신속하게 그에 대처하지 않은 일로 그 후 유족을 비롯한 야당 및 여러 시민단체들의 지속적인 지탄과 의혹제기로 많은 어려움을 겪었다. 이 사건은 결국 선주회사 청해진해운의 노후 여객선 불법개조와 과적 및 선장과 승무원의 직무유기로 인한 사고로 밝혀져 관련자들이 모두 중형의 처벌을 받았다. 이 사건의 책임을 지고 정홍원 국무총리가 물러났다. 세월호 사건은 '관피아'(해양관련 고위공무원이 퇴직 후 감독기구의 요직을 차지해 선주와 밀착해서 부정을 자행하는 폐단)의 실상을 노출했다. 그래서 국무총리 산하에 국민안전처와 인사혁신처를 신설하고 국민안전처에 중앙소방본부와 해양경비안전본부를 두는 대신 소방방제청과 해양경찰청을 해체하고 안전행정부는 행정자치부로 개편하는 등 정부조직법 개정과 세월호 특별법 제정의 계기가 되었다. 이 사건은 그 후에도 박 대통령 임기 동안 지속적으로 야당과 시민단체의 의혹제기로 박 대통령에게 큰 부담이 되었다. 정부는 2015년 4월 침몰한 세월호를 인양해서 침몰원인과 미수습유해를 찾기로 결정한 후 우여곡절 끝에 1,000억원 이상의 비용을 들여 2년 후인 2017년 4월 세월호 인양에 성공해서 4인의 미수습 유해를 발견했지만 5인의 유해는 끝내 수습하지 못했다. 세월호 사건은 희생자 수색작업에 2명의 잠수부가 사망하는 등 사고보상비까지 국가예산 6,000억원 정도가 들어간 매우 불행한 사건이었다.

인사실패와   박 대통령은 세월호 참사 이후 '국가혁신'과 '관피아' 개혁을 약속했지만
소통부재   야당이 협조하지 않아 지지부진한데다, 경제마저 침체되는 최악의 불경기가 겹

운데 한나라당 41%, 민주당 34.4%, 민주노동당 4.7%, 국민참여당 4.5%, 자유선진당 3.7%, 진보신당 1.5%, 무소속 8.3%의 득표율을 보였다. 그 결과 시·도지사는 한나라당 6명, 민주당 7명, 자유선진당 1명을 차지했고, 전국의 지방의회의원과 지방자치단체장 및 교육감과 교육의원을 합해 총 3,991명의 정당소속은 한나라당 1,623명(40.7%), 민주당 1,484명(37.2%), 자유선진당 172명(4.3%), 민주노동당 142명(3.6%), 국민참여당 29명(0.7%), 진보신당 25명(0.6%), 무소속 477명(12.0%)이었다.

쳐 경제살리기에 전념할 수밖에 없게 되었다. 그러나 임기 초부터 나타난 측근 중심의 폐쇄적인 이른바 '수첩인사'로 인사실패를 여러 번 겪으면서도 각계각층과 소통하고 널리 인재를 발굴하려는 노력을 하지 않아 소통과 투명정치의 실종상태가 지속되면서 정치적인 리더십이 활력을 잃고 강력한 추진력을 보여주지 못했다.

그런 가운데 2014년 2월에 안철수가 창당한 '새정치연합'은 6·4 지방선거를 앞두고 민주당의 김한길과 합당해 2014년 3월 '새정치민주연합'을 창당했다. '새정치'를 내걸고 지방선거에 임했지만 힘을 얻지 못하고 여야가 광역자치단체장을 기준으로 8:9의 무승부의 선거결과를 낳았다. 교육감 선거에서는 여권의 후보난립으로 후보 단일화를 이룬 야권의 교육감후보가 압도적으로 많이 당선되는 사태가 생겨 여권에 경종을 울렸다. 반면 2014년 7월 30일 실시된 15개 선거구 국회의원 재보궐선거에서는 집권여당인 새누리당이 서울, 경기, 충청권 및 영남권 등에서 압승하고 심지어 호남에서도 18년 만에 처음으로 당선자를 내는 등 11석을 확보한 반면 야당인 새정치민주연합은 경기 한 곳과 호남권 세 곳을 합해 4명의 당선자를 내는 데 그쳐 참패했다. 이 선거결과로 새누리당이 158석으로 과반수 확보에 성공해 정치지형이 여당 주도로 바뀌고 야당은 당 공동대표가 사퇴하고 비상체제로 전환했다.

재·보선승리

노무현 정부시절 두 번이나 특별사면을 받은 기업인 성완종이 2015년 또다시 부정부패 척결 수사선상에 오르자 이완구 국무총리를 비롯한 박 대통령의 전현직 비서실장 등 친박 유력정치인들과 홍준표 경남지사에 거액의 뇌물을 전달한 사실을 적은 메모지를 남긴 채 자살하는 사건이 발생했다. 특별수사팀의 수사결과 이완구 국무총리와 홍준표 지사가 불구속 기소되고 이완구 총리는 사퇴하고 황교안 법무부장관이 58세의 최연소 국무총리로 임명되었다. 이런 가운데 실시된 2015년 4월 29일 국회의원 4명의 재보궐선거에서 성완종 리스트 파문에도 불구하고 새누리당이 서울과 인천의 세 선거구에서 모두 승리하고 야당 텃밭인 광주에서는 새정치민주연합을 탈당한 무소속후보가 당선되어 새정치민주연합은 또 한 번 참패를 당했다. 새정치민주연합은 재보궐선거 패배의 수습책으로 문재인 대표가 외부인사로 당 혁신위원회를 구성했지만 친노와 비노 측의 갈등으로 탈당자가 증가하는 등 당 내홍을 겪었다. 새누리당도 행정입법권을 제한하려는 국회법 개정을 둘러싼 대통령의 거부권 행사를 계기로 당청갈등이 증폭되어 유승민 원내대표가 사퇴하는 등 당청관계가 냉전기류에 휩싸이기도 했지만 새 원내지도부의 구성으로 가까스로 수습했다.

성완종
리스트 파문과
총리교체

2015년 5월부터 7월까지 이어진 중동호흡기증후군(mers) 전염병 확산사태로 보건당국이 큰 비난과 불신을 받기도 했다. 메르스사태가 진정되자 2015년 8월 박 대통령은 하반기 국정운영 목표로 노동·공공·금융·교육의 4대 개혁과제를 설정하고 그 중에서도 노동개혁을 통해 10%를 넘긴 청년 일자리 창출의 시급성을 강조하면서 임금피크제 도입과 해고유연성 및 정규직의 양보를 요구하며 노사 간의 대타협을 촉구했다. 그렇지만 노조의 강력한 반발로 진통 끝에 공무원 연금제도를 개혁하고, 근로자 성과급제도 및 미성취자 해고제도를 도입했다. 그리고 균형감각을 잃고 좌편향적으로 서술된 중고등학교 국사교과서를 새로 만들어 국정화 하기도 했지만 좌파세력의 반발로 널리 보급하는 데는 실패했다.

2015년 8월 북한이 비무장지대 우리 철책선 근처에 목함지뢰를 매설해 우리 군인 2명이 부상을 당하자 휴전선 전역의 대북 확성기 방송을 재개한 후 북한이 포격도발을 해 위기를 조성하자 우리가 수십 발의 대응사격을 하면서 야기된 일촉즉발의 남북군사대치상황이 발생했다. 북한의 갑작스런 대화제의로 판문점 우리 측 평화의 집에서 열린 2:2 남북 고위급 당국자(우리 측 김관진 안보실장, 홍용표 통일부장관과 북한군 총정치국장 황병서와 노동당 대남비서 김양건)의 43시간 무박 4일간의 마라톤 협상 끝에 북한의 유감표명 등 6개 항에 합의했다. 남북관계 개선을 위한 당국자회담개최, 비정상적인 사태가 발생하지 않는 한 대북확성기방송 중단, 북의 준전시상태해제, 2015년 추석절의 이산가족 상봉 및 향후 지속, 다양한 분야의 민간교류 활성화 등이 그 합의 내용이었다.

2015년 9월 중국 전승 70주년 기념행사에 박 대통령은 서방진영에서는 유일하게 참석해 시진핑 주석과 한중동맹관계를 더욱 굳건히 하고 한·중·일 정상회담 서울개최 합의 등의 성과도 있었다. 그렇지만 전통적인 한미관계와 한일관계에는 부정적인 영향을 미쳤다. 박 대통령은 2015년 10월 미국을 방문해 한미동맹을 재확인하는 외교적 행보를 이어갔고 곧이어 11월에는 한·중·일 정상회담을 서울에서 개최하였다. 일본 아베 총리와는 위안부문제를 조기에 해결하기로 합의하고, 중국 리커창 총리와는 여러 가지 경제현안에 관한 발전적인 방안에 합의했다. 2015년 12월에는 한·일간에 위안부문제 협상을 타결했지만 당사자인 위안부 측은 물론이고 야당과 시민단체 등이 협상내용에 강력히 항의하며 협상무효를 지속적으로 주장했다. 박 대통령은 외국과의 자유무역협정(FTA)에 주력해 캐나다, 중국, 뉴질랜드, 베트남 등과 무역협정을 맺었다. 박 대통령은 여러 번의 순방외교도 펼쳐 좋은 평가를 받았지만, 일본 아베정부의 극우적인 정치행태와 독도영유권 도발 및 식민통치시대의 정당화 내지 인권탄압은폐노력 등 한일관계가 급속도로 악화되기도 했다. 특히 미국이 일본의 재무장정책을 찬성하면서 빚어지는 극동지역의 정치정세와 한·중·일의 대미관계가 미묘하게 변했다. 일본을 앞세워 커져가는 중국을 견제하려는 미국과, 한국을 중국 쪽으로 끌어 들이려는 중국 시진핑 주석의 신팽창주의 외교정책의 중간에 선 한국으로서는 중국과의 협력을 강화하여 일본에 대처하면서도 동시에 미국과의 전통적인 동맹관계를 더욱 굳게 해 한·미·일 동맹도 강화해야 하는 어려운 과제를 안게 되었다.

국내정치적으로도 여야의 정치적인 대립상태가 더욱 심해져 박 대통령의 정책추진은 국회의 입법절차에 막혀 성과를 거두지 못했다. 야당인 새정치민주연합은 문재인 당대표 퇴진을 요구하는 내분사태로 안철수를 비롯한 광주 호남권 출신의원이 대거 탈당해 안철수와 천정배가 주도하는 '국민의 당'을 창당하는 사태가 생겨 새정치민주연합은 당명을 '더불어민주당'으로 바꿨다. 야당의 재편

제19대 국회는 '사상최악의 국회'라는 평가를 받았다. 이른바 '국회선진화법'의 적용으로 국회 내의 폭력은 사라졌지만, 정부와 여당이 강력하게 추진하는 민생법안 처리에는 실패해 식물국회라는 오명을 남겼다. 4년 임기동안 법안처리도 8,000여 건을 처리하는 아주 부진한 실적을 남겼다. 대의민주정치의 근간을 이루는 다수결원리를 왜곡해 식물국회를 만든 국회선진화법은 2016년 5월 26일 헌법재판소의 권한쟁의심판 각하결정으로 제20대 국회에서도 그대로 효력을 유지하게 되었다. 비생산적 국회

2016년 4월 13일 제20대 국회의원 총선거를 앞두고 중앙선거관리위원회 소속 국회의원선거구획정위원회가 여야의 대리전 양상으로 대립하면서 본연의 선거구획정을 포기하고 국회로 떠넘기는 어처구니없는 직무유기사태가 생겼다. 헌정사상 처음으로 국회의원 기존선거구가 효력을 잃어 선거구가 없는 입법비상사태가 생겼다. 그래서 위법적인 선거운동이 행해져도 단속기관인 중앙선거관리위원회와 수사기관은 이를 공공연히 방관·묵인하는 일이 벌어졌다. 선거구획정위원의 선출방법과 의결정족수의 개정 등 선거구획정위원회의 개혁이 불가피한데도 국회는 총선 직전인 2016년 3월 공직선거법을 개정했다. 선거구획정위원회의 개혁은 하지 않고 국회의원 지역구의 획정기준만을 구체적으로 정하는 데 그쳐 국회의 의원정수를 지역구국회의원과 비례대표국회의원을 합하여 300명으로 정했다. 그 결과 지역구의원과 비례대표의원의 수는 총선거를 할 때마다 달라질 수 있게 되었다. 선거구획정위의 직무유기

제20대 국회의원 총선거에서 새누리당이 참패하여 국회 제 1 당의 지위마 여소야대 국회탄생

저 잃은 채 16년 만에 여소야대 국회가 탄생했다. 20년 만에 국회 3당구도가 형성되었다. 더불어민주당은 호남권에서 거의 전패하여 창당 3개월도 안 된 국민의 당에게 거의 전 의석을 내줌으로써 호남의 전통적인 지지기반을 잃었다. 나아가 정당투표에서는 국민의 당이 서울과 인천, 경기 등 수도권과 대구 등 전국적으로 더불어민주당을 앞서는 득표를 했다. 반면 더불어민주당은 의원수가 제일 많은 수도권의 지역구에서 거의 전승의 성과를 거두고 전통적인 여당지지기반인 서울 강남권과 대구 및 낙동강 벨트에서도 당선자를 내어 원내 제 1 당이 되었다.[1] 제20대 국회는 2016년 5월 30일 임기를 시작했지만 부진한 개원협상으로 개원이 늦어지다 원내 제 1 당인 더불어민주당에게 국회의장직을 양보하고 법정개원일보다 일주일 늦게 6월 13일 개원했다.

　새누리당의 참패는 선거를 앞둔 원칙 없는 낙하산 공천파동으로 지지층까지 분노하여 등을 돌리게 만든 결과였다. 야권 분열로 국회 절대다수 의석을 얻을 수 있는 결코 질 수 없는 선거에서 참패한 것은 박 대통령의 오만과 독선 및 편협함에 대한 국민의 준엄한 심판이 작용했다고 볼 수 있다. 선거결과 박 대통령은 임기 1년 10개월을 남긴 상태에서 조기 레임덕에 빠져 국정운영이 더욱 어렵게 되었다.

　2016일 6월 23일 영국이 유럽연합(EU)에서 탈퇴하는 이른바 Brexit 결정을 해 세계경제와 금융시장에 대혼란이 생기고 우리 경제상황에도 영향을 미쳤다.

국방전선 적신호

　북한은 중장거리 미사일 발사에 성공해 국방전선에도 적신호가 켜졌다. 정부는 북한 미사일공격에 대비해서 경북 성주에 미군의 고고도미사일 방어체계 사드(Thaad)배치를 결정 발표하자 야당을 비롯한 종북좌파세력은 물론 일부 시민단체, 그리고 과학적 근거도 없는 전자파 피해 등의 유언비어에 현혹된 일부 현지 주민이 강력하게 반대하는 집회와 시위가 이어졌다. 중국은 우리 국방주권을 무시하는 사드배치반대를 내세우며 대대적인 무역보복에 나서 우리 경제에 악영향을 미쳤다. 그런 가운데 북한은 잠수함발사탄도미사일(SLBM) 완성에도 진력하는 등 미사일과 핵개발에 속도를 냈다. 박 대통령은 유엔공조를 통한 국제적인 대북제재를 강화하는 데 노력하는 한편 대북 강경정책을 펴 남북경제협력사업의 상징인 개성공단을 폐쇄하는 조치를 했다. 또 북한에 동조하는 좌

통진당 해산 결정

파혁명전선을 구축하려는 '통합진보당'에 대한 해산신청을 통해 헌법재판소가 2014년 12월 19일 헌정사상 처음으로 통합진보당 해산결정을 했다.

---

1) 제20대 국회의원 선거결과는 다음과 같다. 투표율 58%. 각 정당의 의석수(괄호안은 비례대표) : 더불어민주당 123(13), 새누리당 122(17), 국민의 당 38(13), 정의당 6(4), 무소속 11, 합계 300명. 정당투표득표율 : 새누리당 33.5%, 국민의 당 26.74%, 더불어민주당 25.54%.

정당의 지도부 개편도 이어져 더불어민주당은 추미애가, 새누리당은 이정현이 각각 당 대표로 선출되었다.

박 대통령은 공기업 등 임명직에 비전문가를 낙하산으로 임명하는 등 독선적인 정치행태를 이어가는 중에 불거진 청와대 우병우 민정수석의 비리의혹이 검찰 수사를 받게 되고, 청와대 특별감찰관 이석수가 사직하는 등 정권의 힘을 빼는 사건들이 연이어 불거졌다.

2016년 7월 JTBC가 이른바 '최순실 태블릿PC'와 그에 담긴 file내용을 보도한 것을 기점으로 박 대통령의 사적인 집사역할을 하던 최순실(최서연으로 개명)이 여러 가지 국정에 개입하고 이권을 챙기며 심지어 정부 고위급 인사에까지 영향을 미친 내용이 각종 언론매체에 연이어 보도되었다. 국민은 박 대통령의 정치행태에 배신감을 느끼고 분노하기 시작했다. 그러자 박 대통령은 10월 25일 1분40초 대국민사과를 했지만 최 씨의 국정개입 사실이 실타래처럼 커지는 내용과는 상반된 내용을 변명하는 데 그쳐 진실을 가리고 거짓까지 더한다는 국민의 분노가 일파만파 번져갔다. 각 대학 교수, 학생들의 하야촉구와 탄핵 등 시국선언과 시위가 전국으로 확산했다. 여당도 특검수사를 요구하며 청와대 비서진을 포함한 대폭적인 인사개혁을 촉구하기에 이르러 대통령의 지지율이 급속하게 하락했다. 10월 29일 서울 청계광장의 촛불집회를 시작으로 주말마다 박 대통령의 퇴진을 요구하는 시위가 이어져 박 대통령의 권력사유화에 대한 국민의 평화적인 저항권행사가 점점 거세지는 양상을 보여 한때는 수십만 명이 모여 항의하기도 했다. 박 대통령은 11월 4일 9분짜리 2차 대국민사과문을 발표하고, 청와대 민정과 정책수석 등 지탄대상 비서관을 비롯해 이른바 '문고리 3인방'까지 해임했지만, 최순실이 자진 귀국해서 검찰에 구속되고 안병준 전 정책수석이 긴급체포, 구속되는 등 정국은 긴박하게 돌아갔다. 박 대통령의 권력사유화에 대한 국민의 퇴진요구와 저항이 날이 갈수록 거세지자 박 대통령은 정치권과 협의 없이 노무현 정부시절 정부요직을 거친 김병준 교수를 국무총리로 전격지명하고 김대중 대통령 비서실장이던 한광옥 국민통합위원장을 비서실장으로 임명하는 등 사태수습에 나섰다. 야당은 국무총리 지명자에 대한 인사청문회 자체를 거부하며 거리시위에 나서는 등 서울 광화문 광장을 비롯한 전국적인 평화적인 시위사태는 열기를 더해가며 대통령 지지율이 4%까지 급락했다. 박 대통령은 마침내 국회가 추천하는 국무총리를 수용하고 실질적으로 국정통할권을 부여하겠다고 제안했지만 야 3당은 일고의 가치도 없다고 일축하고 국민의 시위에 참여하는 장외정치를 이어가 국정이 완전히 마비되는 최악의 헌법장애사태가 이어졌다.

최순실 사건
발생

이런 가운데 11월 8일 실시된 미국 대통령선거에서 일반적인 예측과는 달리 미국우선주의와 신고립주의 그리고 보호무역주의를 내세운 공화당의 도널드 트럼프(Donald Trump) 후보가 민주당의 힐러리 클린턴 후보를 누르고 대통령으로 당선되었다. 공화당도 상원과 하원의 다수당이 되어 명실공히 공화당 주도의 정책추진이 가능해 졌다. 예상치 않은 미국 트럼프 대통령의 당선으로 유럽연합을 비롯한 주요 경제강국들은 새 대통령이 표방하는 미국의 국익우선 대외정책으로 인한 안보와 경제상황의 변화에 민감하게 반응했다. 우리도 핵과 미사일 개발에 전력하는 북한에 대한 대북정책을 비롯해서 주한미군방위비 부담 내지 철수문제 그리고 한미자유무역협정 등 민감한 우리의 안보 및 생존과 직결된 현안에 대한 대책이 그 어느 때보다 시급한 상황에서 박 대통령의 국정 실패로 야기된 정국불안은 아주 위중한 국가위기 상황을 몰고 왔다.

검찰은 2016년 11월 20일 최순실, 안종범, 정호성 등을 기소하면서 중간수사결과를 발표했다. 최순실 등의 범죄사실(직권남용, 강요 및 강요미수, 사기미수, 공무상비밀누설 등)과 박 대통령은 상당부분 공모관계가 있는 것으로 판단한다며 인지절차를 거쳐 박 대통령을 정식 피의자로 입건해 피의자신분으로 조사하겠다는 입장을 밝혔다.

검찰의 수사결과 발표 이후 야당에서 대통령 탄핵논의가 활발해지는 가운데 새누리당의 비박·비주류계 의원 중 30여 명도 탄핵에 동조하겠다는 의사를 밝혀 국회에서 대통령에 대한 탄핵소추의 가능성이 매우 커졌다. 그러자 박 대통령은 11월 29일 제 3 차 대국민성명에서 모든 것을 내려놓겠으니 하루 빨리 국회가 자신의 조기퇴진시기를 포함한 국정 정상화 방안을 마련해주면 그에 따르겠다는 취지로 임기단축 의사를 표명했다. 그럼에도 불구하고 국회는 12월 9일 박근혜 대통령 탄핵소추안을 찬성 234, 반대 56, 무효표 7, 불참 1로 의결했다. 새누리당에서 60여 명이 찬성표를 던진 것으로 나타났다. 이에 따라 헌법재판소가 헌정사상 두 번째로 현직 대통령에 대한 탄핵심판을 하게 되었다. 또 헌법에 따라 직무정지된 대통령의 권한을 황교안 국무총리가 대통령권한대행으로 행사하면서 헌법과 법률이 정하는 절차에 따라 헌법장애상태를 해소해서 헌정질서를 회복해야 하는 무거운 과제를 지게 되었다. 국회는 박 대통령 사건을 수사할 특별검사법도 제정해 박 대통령은 특별검사의 수사를 받게 되었다.

국회의 탄핵소추의결 후 정당구도도 바뀌어 12월 27일 새누리당 의원 29명이 탈당해 개혁보수신당을 창당하기로 하고 '바른정당'으로 명칭을 정해 국회에 교섭단체 등록을 했다.[1] 2017년 2월 13일 새누리당이 당명을 '자유한국당'

---

1) 그 결과 국회의석분포는 더불어민주당 121, 새누리당 99, 국민의 당 38, 바른정당 30, 정의당

으로 개명함으로써 박 대통령이 작명한 새누리당은 소멸했다.

박 대통령에 대한 국회의 탄핵소추 후에도 신속한 탄핵결정을 요구하는 집회와 탄핵을 반대하는 집회가 주말마다 서울 도심에서 끊임없이 이어졌고 헌법재판소를 압박하는 시위양상도 보였다.

헌법재판소는 2017년 1월 31일 박한철 헌법재판소장이 임기만료로 퇴임한 가운데 이정미 헌법재판관이 헌법재판소장 권한을 대행하면서 8인의 재판관이 국회의 탄핵소추 92일 만인 2017년 3월 10일 오전 11시 21분 재판관 전원합의로 박근혜 대통령을 파면하는 탄핵결정을 선고했다.[1]

헌법재판소의 이 파면결정 선고 시점부터 박 대통령은 대통령의 직에서 물러났다. 파면된 박 대통령은 잔여임기를 351일 남기고 2017년 3월 12일 재임 4년 15일 만에 청와대를 떠나 삼성동 사저로 이사했다. 그 후 박 전 대통령은 특검에 출석해 조사를 받은 후 특검이 3월 27일 구속영장을 청구했고 3월 30일 영장실질심사를 거쳐 3월 31일 구속영장 발부로 교도소에 수감되어 형사재판을 받고 있다.

박 대통령은 우리 헌정사상 노무현 대통령에 이어 두 번째로 탄핵심판을 받고 탄핵파면된 최초의 대통령으로 기록될 것이다.

박 대통령은 현행헌법에 따른 대통령 선거에서 처음으로 과반수 득표를 해 강한 민주적 정당성을 확보했다. 그렇지만 임기 시작부터 폐쇄적인 인사와 소통부재, 그리고 독선과 아집으로 언론의 비판을 받으면서도 고치지 않다가 결국은 탄핵파면되고 구속수사를 받는 불행을 겪게 되었다. 헌법이 정한 국무회의 심의를 뒷전으로 밀치고 수석비서관 중심의 비서정치에 익숙해지면서 헌법의 규범력을 약화시킨 정치행태로 불행의 씨앗이 뿌려졌다고 생각한다. 그

헌재의 파면 결정과 구속 재판

6, 무소속 6으로 바뀌었다.

1) 헌법재판소는 다음과 같이 탄핵이유를 밝혔다. 박 대통령은 최서원(순실)의 개인이익을 위해 미르 및 K스포츠재단 등 공익재단의 설립을 위해 기업들에게 거액의 기금출연을 강요하면서도 출연기업은 재단운영에서 배제시켰으며, 최서원이 추천하는 인사를 문화체육관광부 등 관련부처에 발령해 최서원의 이익추구를 돕도록 했다. 박 대통령은 대통령의 동정 등 중요 국가문서를 최서원에게 유출시켜 공무원의 공무상 비밀의무를 어겼다. 박 대통령은 사건이 언론에 보도될 때마다 일관해서 부인하고 이에 관한 검찰과 특별검사의 조사에 성실히 응하겠다고 말하면서도 불응했다. 박 대통령은 헌법재판소 변론기일에도 나오지 않아 대통령으로서 헌법상 성실한 직무수행의무를 어겨 국민의 신뢰를 잃었으므로 대통령을 파면함으로써 얻는 공익이 파면하지 않는 이익보다 훨씬 크기 때문에 파면한다. 헌재결 2017. 3. 10. 2016 헌나 1 참조. 이 탄핵결정은 헌법이론적으로 민주적 정당성과 절차적 정당성 및 탄핵의 논증 면에서 여러 가지 법리적인 쟁점을 내포한 것이어서 앞으로 객관적으로 학문적인 연구의 대상이 되어야 할 것으로 생각한다. 특히 국회 탄핵소추의결서의 특정성 여부, 국회 탄핵소추의결절차의 적법성 여부, 퇴임을 앞둔 후임 헌재소장 임명을 실현하기 위해 필요한 적절한 대책을 강구하지 않은 헌재의 부작위의 적법성 여부, 민주적 정당성을 가장 강하게 갖는 대통령에 대한 8인 재판관 심판결정의 헌법적합성 여부, 탄핵파면사유와 그 논증의 법리적 타당성 여부 등이 주로 연구 대상 쟁점이다.

결과 박 대통령의 임기 중에 이루어 놓은 자유무역협정, 공무원연금제도 개혁, 성과급제도, 미성취자 해고제도 등 어려운 노동개혁 등의 성과와 사드배치결정 등이 전혀 평가를 받지 못하고 부정적인 이미지만 남게 되었다. 그 결과 박 대통령의 정치생활에서 가장 큰 후광을 입은 그의 아버지 박정희 대통령의 평가에까지 부정적인 영향을 미치는 안타까운 일이 생겼다.

평화적 저항 권에 의한 정 권교체

박 대통령의 탄핵파면에 결정적인 영향을 미친 2016년 10월 29일 서울 청계광장의 촛불집회를 시작으로 주말마다 서울과 전국 도시에서 일어난 촛불시위는 불법권력에 항의하며 헌정질서를 바로잡으려는 주권자 국민의 간절한 여망이 담긴 강력한 평화적인 저항권의 행사였다. 일부에서 사용하는 이른바 '촛불혁명'은 정치적인 의미를 가질 뿐 헌법이론적으로는 올바른 평가라고 할 수 없다. 박 대통령의 조기 퇴진과 국무총리의 대통령 권한대행 그리고 후임 대통령의 선거에 따른 여야정권교체에 이르기까지 모든 절차가 헌법과 법률이 정하는 절차에 따라 정상적으로 이루어져 헌법장애상태가 해소된 일이지 기존의 법질서를 새로운 법질서로 바꾼 혁명사태는 결코 발생하지 않았기 때문이다.

7) 문재인 대통령 시대의 정치상황

박근혜 대통령의 탄핵파면으로 60일 이내에 후임 대통령을 선거하도록 정한 헌법 제68조 제2항에 따라 2017년 5월 9일 실시된 제19대 대통령선거에서 5명의 주요정당 추천 후보자가 경쟁하는 가운데 문재인 더불어민주당 대통령 후보자가 41.1%의 득표로 차점자인 자유한국당 홍준표 후보자를 역대 최대의 557만여 표차로 누르고 대통령에 당선되었다.[1]

문재인 대통령은 2017년 5월 10일 '기회는 평등하고, 과정은 공정하며 결과는 정의로운' 나라를 만들겠다는 취임사와 함께 곧바로 제19대 대통령으로 취임해서 5년 임기를 시작했다.

정부조직개편 · 캠코더 인사와 청와대 중심의 국정운영

문 대통령은 정부조직을 18부 4처 18청으로 개편했다.[2] 역대 정부 최장기

---

1) 제19대 대통령 선거의 각종 통계는 다음과 같다. 투표율 77.2%, 투표자 32,672,101명, 사전투표율 26.1%, 재외투표 0.5%, 거소선상투표 0.2%.

주요후보자의 득표율과 득표수 : 문재인 더불어민주당 후보 41.10%, 32,672,101표, 자유한국당 홍준표 후보 24.03%, 7,852,849표, 국민의 당 안철수 후보 21.41%, 6,998,342표, 바른정당 유승민 후보 6.76%, 2,208,771표, 정의당 심상정 후보 6.17%, 2,017,458표. 기타 7명의 군소정당후보 중에는 새누리당 조원진 후보가 그나마 0.31%, 42,949표를 얻은 것을 제외하고는 모두가 소수점 두 자릿수의 낮은 득표를 하는 데 그쳐 선거결과에 영향을 미치지 못했다.

이번 선거를 통해 후보자가 난립하는 경우 절대다수선거제도에 따른 결선투표제도를 도입하지 않은 민주적 정당성의 문제점이 또다시 분명하게 드러났다. 앞으로 개헌할 때 반드시 도입해야 할 필수불가결한 대통령절대다수대표선거제도이다.

2) 미래창조과학부를 과학기술정보통신부로 바꾸고, 중소기업청은 중소기업벤처부로 승격되고, 국

록인 취임 195일만인 2017. 11. 21. 장관급 인사를 마무리했다.[1]

문 대통령은 캠코더(캠프, 코드, 더불어민주당) 중심의 편파적인 인사로 일관하면서 인사청문 대상 중에서 33명은 국회의 인사청문 동의서 채택 없이 단독으로 임명하는 인사 전횡을 했다. 그에 더해서 처음부터 국무회의가 아닌 청와대 비서실 중심으로 국정을 운영해서 중요 국정 사항을 국무회의에서 심의토록 정한 헌법정신을 무시했다. 또 국민과의 소통은 외면한 채 정치적인 효과를 노린 '쇼통정치'를 위해서 연출전문 비서관을 두고 이벤트 만들기에 열중해 쇼정치에는 성공했다.

문 대통령은 임기 초 탈원전을 선언한 후 적법절차를 왜곡하면서 신고리 5·6호기 건설을 중단시켰다. 그러나 신고리 5·6호기는 그 후 공론화 과정을 거쳐 건설을 재개했다. 그렇지만 탈원전정책은 원전 경제성을 은폐·조작하면서까지 5년 내내 계속했다.[2] 탈원전 정책으로 원전 생태계는 무너지고 세계 최고수준인 원전 기술력은 사장되고 국내 산림은 태양광 설치를 위한 벌목으로 황폐화되며 태양광 시장은 중국산 제품으로 넘쳐나는 역기능이 발생했다.[3] 문 대통령은 임기말 대통령선거를 앞두고 원전활용 입장을 밝혔지만 탈원전 정책에 대한 사과는 없었다.

탈원전 에너지 정책

적폐청산이 박근혜, 이명박 전 대통령을 비롯한 과거정권 관련 인사에 대한 수사로 확대되어 임기 내내 이어지면서 국민의 적폐수사 피로감이 증가했다.[4] 박근혜 전 대통령은 특가법상 뇌물, 직권남용, 권리행사방해 등의 혐의로 징역 22년을 확정받은 후 2017년 3월 31일부터 수감생활 4년 9개월 만에 2021.

적폐청산 수사

가보훈처장을 장관급으로 승격시키고, 청와대 경호실장을 차관급인 경호처장으로 격하하고, 행정자치부를 행정안전부로 개명했다. 소방청, 해양경찰청을 신설했다. 과학기술혁신본부, 재난안전관리본부, 통상교섭본부를 각각 과학기술정보통신부, 행정안전부, 산업통상자원부 소속으로 개편했다. 2020년 세계적인 코로나(Covid-19) 팬데믹 상황을 맞아 질병관리처를 질병관리청으로 승격시킨 후 정부조직은 18부 4처 18청이 되었다.

1) 인사편중 문제는 청와대 인사에서도 나타났다. 청와대 1급 이상 비서관 63명 가운데 전대협 등 주사파 운동권과 시민단체 출신이 22명(35%), 비서실장 등 비서관급 이상 30명 중 17명(57%)이다.

2) 예컨대 원전 6기 건설비 25조원에 이용률은 80%이고 수명은 60년인 반면, 문 대통령이 강조하는 신재생 에너지(태양광과 풍력발전)는 발전설비 비용 100조원에 추가건설비 back up 용 가스발전소 건설비와 송전설비 건설비 등이 드는데도 실 가동률은 15%에 불과하다.

3) 정부가 작성한 '2050 탄소 중립안'은 태양광과 풍력을 50배로 늘려 현재의 4% 남짓한 발전 비율을 60% 이상으로 늘려 탄소 중립을 실현하겠다는 것인데, 온실가스 배출량이 태양광의 1/4 밖에 안되는 원전을 몰아내는 것과는 상호 모순되는 허구적인 정책이다.

4) 4명(이재수 전 기무사령관, 변창훈 검사, 정모 변호사와 노회찬 정의당 의원)이 적폐수사와 관련해서 자살했다. 또 전 국정원장 3명, 박근혜 국정농단사건 9명, 이재용 등 재벌책임자 13명, 이명박 전 대통령, 보수단체 지원 관련자 5명 등 고위간부 52명이 구속되는 등 전 방위로 이루어졌다.

12. 말 문 대통령이 특별사면했다. 이명박 전 대통령은 2018년 3월 22일 구속된 후 횡령과 뇌물 등의 죄로 징역 17년을 확정받고 복역 중이지만 2021년 말 특별사면에서는 제외되었다.

개헌안 발의   문 대통령은 2018년 3월 22일 국무회의의 심의를 거치지도 않은 개헌안을 민정수석을 시켜 조문 없이 내용만 발표하게 했다. 개헌안은 국무회의 심의를 거쳐 조문 정리를 한 후 법제처 검토까지 마친 후 국무총리나 법무부장관이 발표하는 것이 합헌적인 절차인데도 이를 무시한 채 개헌안 발표를 일종의 정치적 이벤트로 변질시켰다. 그 후 문 대통령의 해외 순방 중인 3월 26일 국무총리 주재 국무회의에서 개헌안 발의를 심의한 후 문 대통령은 해외에서 전자결재로 개헌안을 발의하자 야당이 강력히 반발했다. 개헌안은 5월 24일 국회 본회의에 상정했지만 야당이 불참한 가운데 114명만 참석해서 의결정족수 미달로 투표 불성립 결정으로 폐기되었다. 개헌안은 대통령 4년 중임제와 대통령 선거 결선투표제 등을 담고 있지만 제왕적 대통령의 권한을 줄이는 내용은 포함하지 않았다.

세월호 괴담 정치   세월호 참사는 검경 수사를 통해 침몰 원인이 다 밝혀졌다.[1] 그런데도 이 사고를 정치적으로 이용한 집권 세력은 근거 없는 괴담을 끊임 없이 유포하면서 국민을 현혹했다.[2] 또 무리한 수사를 9번이나 이어가면서 527억원이 넘는 국가 예산만 낭비한 채 3년 6개월 허송세월 후 아무 성과 없이 끝났다. 광우병 괴담, 천안함 괴담, 사드괴담 등에 이어 불행한 사건 때마다 근거 없는 괴담을 퍼뜨리는 불순한 정치세력은 사후에라도 반드시 처벌해야 앞으로는 소모적인 괴담 정치가 사라질 것이다.

한일 관계   문재인 정부는 박근혜 전 정부의 한일 위안부 합의를 파기했다.[3] 일본은 국가간 합의도 안 지키는 믿을 수 없는 나라라고 크게 반발해 국격손실을 초래했다. 2019년 6월 28일~29일 일본 오사카에서 G20 정상회담이 열렸지만 한일 정상회담이 열리지 않은 것은 한일 관계가 최악이라는 상황을 상징한다. 일본 정부는 반도체 부품 3종의 수출규제를 단행해 우리 삼성 등의 반도체 생산에 경제적인 손실을 주는 경제보복을 단행했다. 또 우리 사법부가 일본의 강제

---

1) 배 상부 불법증축과 평형수 부족 및 대형 화물 고착부실 그리고 선장 운항 미숙 등이다.
2) '정부 인양지연설', '국정원 개입설', '잠수함 충돌설', '고의 침몰설', '정부 수사방해설' 등이다.
3) 한일 위안부 합의에서 피해자 측 창구를 자처한 윤미향(정의연 대표)의 독단적인 농간과 이 합의를 전 정부 공격수단으로 활용하려는 정부의 뜻에 따른 것이었다. 윤미향은 그 후 민주당 비례대표로 국회의원이 되었으나 위안부 피해자 이용수 등의 폭로로 회계부정 사실이 들어나 검찰수사를 받고 사기·횡령·배임 등 8개 혐의로 불구속 기소되어 재판 중이다.

징용 배상을 판결한 것에 반발해서 한국을 무역 백색국가에서 제외하는 경제 보복도 했다. 정부는 미국의 지속적인 요청에도 2016년 11월 박 전 대통령이 체결한 일본과의 한일 군사정보보호협정(GSOMIA)을 재 연장하지 않겠다고 예고해서 미국의 강력한 항의도 받았다. 2019년 11월 23일 정부는 지소미아 종료 몇 시간을 앞두고 종료를 잠정 보류한다고 발표함으로써 미국의 전방위 압박에 굴복한 셈이 되었다. 66년간의 한미 동맹에 깊은 상처를 남겼다. 문 대통령의 반일 정책은 반미의 소극적 표현이자 친북 친중의 적극적 표현이었다는 평가를 받는다. 일본과의 관계는 아베 후임 기시다 후미오 총리 정부에서도 조금도 개선되지 않았다.

평창 동계올림픽은 2018년 2월 9일~25일 동계올림픽 역사상 제일 많은 92개국 2,920명의 선수가 참가했는데, 북한도 참가했다.[1] 평창 동계올림픽에서 우리나라는 동계 스포츠 불모지였던 스켈레톤, 컬링, 설상 경기 등에서까지 메달을 획득하며 92개국 중에서 7위(금·은·동, 각 5·8·4)의 좋은 성적을 거두었다. 경기 운영면에서도 자원 봉사자 15,000명의 희생과 친절한 봉사로 IOC와 외신 및 참가 선수들 모두가 만족을 표시하는 등 세계의 호평을 받았다. 처음의 우려와 달리 유료 관람객만 114만명에 달해서 균형재정도 달성했다. 3월 9일부터 18일까지의 평창 패럴림픽에는 49개국 570명의 선수가 참가했다.

평창 동계올림픽

미국 트럼프 대통령이 2017년 11월 7~8일 1박 2일 우리나라를 방문했고 9년 만에 북한을 테러지원국으로 다시 지정하는 등 국제적인 압박을 강화했다. 2018년 3월 5일 정의용 국가안보실장 등 북한 특사단이 북한 방문 후 6개항의 합의문을 발표했다.[2] 정의용은 바로 미국에 가서 트럼프에게 김정은의 비핵화 의지에 관한 방북 결과를 보고하고 트럼프가 북한의 메시지를 환영하면서 5월 북미 정상회담 의사를 발표하기에 이르렀다. 남북 정상회담이 2018년 4월 27일 판문점 평화의 집에서 열렸다. 회담 후 판문점 선언문[3]이 발표되었는데 과거

남북과 한미 및 미북정상회담

---

1) 북한에서는 김정은의 여동생 김여정을 주축으로 하는 김영남 등 고위급 인사가 선수단과 함께 왔고 이들을 위해서 29억원의 비용을 남북협력기금에서 지출했다. 북한의 올림픽 선수단은 경의선 육로로 입국했다. 응원단은 만경봉호로 묵호항에 입항해서 숙식장소로 활용했다. 평창올림픽에 북한 삼지연 관현악단 140명이 판문점을 통해서 온 후 강릉과 서울에서 공연하기도 했다. 북한 공연단의 방한에 대한 답방형식으로 우리의 대규모 예술단이 2018년 4월 평양을 방문해서 2회 공연하기도 했다.

2) 4월말 판문점 남북 정상회담과, 남북 핫라인 설치 및 정상회담전 첫 통화, 비핵화의지 표명, 대화 전의 도발 중단, 북미 대화 용의 등 6개항이다.

3) 한반도 비핵화의 공동목표 확인, 연내 종전선언 및 평화협정 체결, 8·15 이산가족 상봉, 개성공단에 남북 상설 연락사무소 설치, 서해 NLL 지역에 서해 평화수역 설정, 남북합의내용 철저한 이행 등이 그 내용이었다.

노무현과 김정일의 공동선언의 확대 증보판이었다.

2018년 5월 22일에는 한미정상회담이 미국 워싱턴에서 열려 북미회담과 그 후속 조치를 논의했다. 미국 트럼프 대통령은 5월 23일(현지시간) 북의 미국 적대적인 태도를 이유로 예정되었던 김정은과의 6월 12일 싱가포르 회담을 전격 취소한다고 발표했지만 우여곡절 끝에 북미정상 회담 불씨가 다시 살아나 6월 12일 트럼프와 김정은의 싱가포르 정상회담이 열렸다. 회담 결과 미국이 강조한 CVID가 빠진 포괄적 4개항 합의에 그쳐 2005년 9월 19일의 핵 합의내용[1]보다 후퇴하는 회담결과였다. 트럼프는 회담 후에 한미연합훈련 중지의사를 밝히면서 주한미군의 철수도 희망한다고 말해 우리 안보에 심각한 적신호가 켜졌다. 그런데도 우리 정부는 성공적인 회담으로 평가하면서 한미 훈련 중단 수용 의사를 밝혔다. 미국 트럼프 대통령과 김정은은 2019년 2월 27일과 28일 베트남 하노이에서 2차 북미 정상회담을 했지만 핵 미사일과 화학무기의 폐기와 검증 요구를 김정은이 거부해서 결국 결렬됐다. 회담 결과를 낙관적으로 전망하고 대북지원사업구상을 미리 발표한 정부의 단견이 들어났다. 미국 트럼프 대통령은 2019년 6월 29일 1박 2일 일정으로 방한해 6월 30일 판문점 비무장지대에서 김정은과 상봉 후 미국 대통령으로 처음 북한 땅을 밟고 우리 자유의 집에서 김정은과 50분간 단독 회담 후에 비핵화 실무협상을 재개하기로 합의했다고 밝혔다. 북한은 우리 정부를 비난하면서 '통미봉남'전략을 노골화했다. 그렇지만 북한의 비핵화 진전이 없어 미·북 사이는 다시 냉전 상태로 회귀한 가운데 트럼프는 무력 사용까지 경고하는 지경에 이르렀다. 동시에 우리의 각종 대북 지원정책은 미국의 제동으로 올 스톱 상태가 되었다. 한미 북핵 협력을 위한 실무단을 만들어 미국의 견제는 제도화되기에 이르렀다. 주한 미군 사령관도 교체되고 주한 미국 대사에 해군 장군 출신이 부임했다. 2019년 4월 3일 미국 워싱턴 한미 정상회담은 성과 없이 끝나 외교적인 실패로 기록되었다.

문대통령은 2018년 9월 18일~20일 2박 3일 제3차 남북 정상회담을 위해서 평양을 방문했는데 회담 후에 '평양 공동선언문[2]'을 발표했다. 회담 후 북의 비핵화 없이 NLL 등 우리의 방위력의 약화를 자초했다는 비판이 강하게 제기

문 대통령 방북

---

1) 검증가능한 비핵화, 핵무기와 핵계획 포기, 조속한 핵확산금지조약(NPT)과 국제원자력 기구(IAEA)의 안전조치 복귀 등이었다.

2) 1. 동창리 핵 시험장 전문가 참관 아래 영구 폐기, 2. 미국의 상응조치에 따라 영변 핵 시설 폐기, 3. 해상 기동훈련 중지, JSA 비무장화, 공동유해발굴, 4. 서해 평화 수역 및 시범어로구역 설정, 5. 철도 도로 연결 개성공단 금강산 관광 재개 검토, 6. 이산 가족 상설 면회소, 화상상봉 영상편지추진, 7. 김정은 가까운 시일 내 서울 답장 등이었다.

되었다. 문 대통령은 10월 23일 국무회의에서 판문점 선언과 평양 공동선언문을 비준했다.

판문점 우리 평화의 집에서 열리는 남북 고위급회담 취재 풀기자단에서 통일부 장관이 탈북민 출신 기자를 배제하는 언론자유 침해 사건이 생겼다. 나아가 북한은 대남 총책 김여정이 탈북민 단체의 대북 전단 살포를 금지시키라고 압박하며 2020년 6월 9일 남북 모든 통신선을 폐쇄했다. 정부는 그 후 북이 요구한 남북발전기본법(대북전단살포금지·처벌 규정)을 제정했다. 야당은 김여정 하명법이라고 강력 반발했다. 북한은 문 대통령이 남북공동선언을 기념하는 유화적인 담화를 발표한 하루 뒤인 6월 16일에는 개성의 남북연락사무소 건물을 폭파했다. 2018년 9월 우리가 180억원을 투자해서 건설한 우리 재산을 파괴한 것이다. 부속건물 운영비 등을 포함해서 피해액이 707억원에 이른다. 북한은 다음 무력도발을 예고하는 등 남북관계는 파탄지경이었다. 그러나 우리 정부는 계속 저자세 유화적인 언행으로 일관했다. 심지어 문재인 정부는 우리가 2009년부터 유엔 산하 인권이사회(UNHRC)의 '북한인권결의안'의 공동제안국에 참여한 지 11년 만에 4년 연속 불참하게 되어 국제적인 수치가 되었다.

2019년 11월 2일에는 동해상에서 귀순 의사를 밝힌 북한 선원 2명을 흉악범이라는 이유로 판문점을 통해 강제 북송했다. 또 6·25 전쟁 영웅 백선엽 장군이 사망했는데, 정부와 민주당은 '친일반민족행위자'[1]로 홀대하며 서울 현충원 안장을 불허해서 결국 대전 현충원에 안장되었다. 문 대통령은 북한 인권단체 지원금을 삭감하고 인권재단 사무실도 폐쇄했다. 법이 정한 북한 인권대사는 한 번도 임명하지 않았다.

2020년 9월 21일에 우리 해양경찰 공무원 이대준 씨가 NLL 부근에서 어업지도 중에 실종된 후 북한 경비병에 의해서 해상에서 사살되고 불태워지는 만행이 발생했다. 우리 군과 청와대는 이 사태를 보고받고 지켜보면서 적극적인 구명 조치를 취하지 않았다. 그러면서 피살 공무원이 자진 월북한 사건으로 공식 발표하면서 북한의 행동은 남북 군사합의 위반은 아니라고 북측을 옹호했다. 대통령은 대면 사건보고 33시간이나 침묵하다가 겨우 대변인을 통해 입장을 표명했다. 군과 청와대의 안일한 대응에 국민은 분노했다. 북한은 이례적으로 신속하게 통전부 통지문을 통해 미안하다고 유감을 표명했다. 대통령은 이 유감 표명에 만족하며 국회의 대북 규탄결의안 채택마저 거부했다. 북한은 여러 종류의 미사일을 수시로 발사하면서 핵과 미사일로 우리 안보를 지속적으로

대북 저자세

---

1) 고인이 일본 강점기 간도 특설대에 배치됐다는 이유였다.

위협하는 태도를 버리지 않았다. 그런데도 정부는 '도발'이라는 용어를 쓰지 못하고 '유감', '우려', '규탄' 등 표현만 반복했다.

한·중 관계

문 대통령은 2017년 12월 13일~16일 3박 4일 중국을 방문해 시진핑과 정상회담을 했다. 대미편중 외교를 바로 잡겠다며 사드 3불정책[1]을 언급하면서 '중국몽'에 동참하겠다는 등 친중언행[2]으로 일관했지만, 의전적인 푸대접을 받으며 공동성명과 공동기자회견도 없었다. 또 한국 기자를 중국 경호원이 집단폭행하는 등 불상사도 발생했지만 중국의 대응은 미온적이었다. 2018년 3월 중국은 시진핑 사상을 헌법에 명문화하고 집단지도체제를 포함한 10년의 주석 임기 제한을 삭제하는 헌법개정을 통해 시진핑이 당·정·군을 모두 장악하는 독재체제를 확립했다. 주변국에 미치는 영향이 심각할 것으로 세계가 주목하게 된 가운데 미국과 중국의 대립 경쟁 관계가 심화할 가능성이 높아지고 있다. 경북 성주에 배치하기로 한 사드 미사일 방어체계는 중국과 국내 좌파 세력의 강력한 반대로 중단된 상태에서 정부가 미온적인 태도를 보이자 미국은 한국의 사드 배치 의사를 의심하며 불만을 표출하는 등 한미동맹에 적신호가 켜졌다. 중국은 사드 문제를 트집잡아 롯데그룹의 중국 사업을 접게 만들고 혐한령을 내려 국내 관광산업에 20여조원의 피해를 주었다.

언론정책

공영방송인 KBS와 MBC는 노조의 불법적인 협박행위로 야당성향 이사를 물러나게 한 후 여권 이사를 선임하는 등 방송장악을 노골화하자 야당이 국정을 보이콧하는 등 정치갈등을 유발했다. 그런데도 방통위는 지상파 3사(KBS·MBC·SBS)에 중간광고를 허용했다. KBS와 MBC는 정부정책 홍보방송으로 전락해서 시청률이 각각 12%와 3% 수준으로 추락했다. KBS는 연간 수신료 수입이 6천억원 정도인데 고액 연봉자의 증가 등 방만 경영을 이어갔다.

사법부 상황

문 대통령의 코드인사는 사법부 인사에서도 그대로 나타났다. 법원에서 이념조직(우리법 연구회와 국제인권법 연구회)의 대표를 지낸 춘천지방법원장 김명수를 파격적으로 대법원장에 임명한 후 순차적으로 대법관을 이들 이념조직과 관련있는 법관과 민변 출신으로 채워 대법원을 좌편향 조직으로 만들었다.[3] 각급 법원의 주요 보직도 대부분 같은 조직 출신들로 임명되었다. 심지어 전국 법관

---

1) 사드추가배치 불가, 미국의 미사일 방어(MD) 체계 불참, 한미일 삼각동맹 불참 등이다.
2) 문 대통령은 중국을 '높은 산봉우리', 한국을 '작은 나라'로 지칭하며 중화질서의 복원을 의미하는 시진핑의 '중국몽'에 동참하겠다고 했다.
3) 문 대통령이 임명한 대법관 9명 중 5명이 우리법, 인권법 또는 민변 출신으로 대통령이 민정수석 때 비서관 이었던 사람도 있고 스스로 위장 전입했으면서도 위장 전입한 사람을 유죄 선고한 법관도 포함되었다.

대표회의(117명)의 의장과 부의장도 대법원장과 같은 단체 출신으로 선출되도록 후원했다. 그 결과 전직 대법원장과 대법관 등 사법부에 대해서 실체 없는 재판 거래 의혹을 제기하며 적폐 세력으로 몰아 검찰의 수사를 받게 하고 헌정 사상 처음으로 전직 양승태 대법원장이 2월 11일 구속 기소되었다. 불구속 상태인 전직 대법관 두 명도 공모 혐의로 함께 기소했다. 소추된 대부분의 법관은 무죄판결을 받았다. 양 전 대법원장은 2019년 3월 첫 공판 후 3년이 지나도 아직 재판 중이다. 김명수 대법원장은 여당의 탄핵논의를 구실로 법관(임성근)의 사표 수리를 거부하는 사법행정권 남용을 서슴지 않으면서 거짓말까지 했다. 대법원장이 뒤늦게 거짓말을 사과하는 사태가 생겨 사법권의 신뢰는 땅에 떨어졌다. 전국 법관 대표회의는 헌정사상 처음으로 수사 중인 동료 판사의 탄핵 촉구안을 채택해서 스스로 사법부와 법관의 독립을 포기하는 반 헌법적인 일을 서슴지 않았다.

사법부 조직의 이념적인 편향성은 재판에서도 그대로 나타났다. '기교(技巧)사법', '곡판아문(曲判阿文)'의 재판이라는 유행어가 생기기도 했다.[1] 대법원의 성남시장 은수미의 시장직 유지판결, 대법원의 이재명에 대한 무죄 취지의 파기환송판결,[2] 해직교사를 노조원으로 포함시킨 교원노조에 대한 합법화 판결과 하급심의 유재수 뇌물죄 집행유예판결, 단대 천안 캠퍼스 대통령 비판 대자보 사건에서 대학 측의 불처벌 의사에도 건조물 침입죄를 적용한 유죄판결 등이 대표적이다.

헌법재판소는 김이수 헌법재판소장 지명자가 헌법재판소 설립 이후 처음으로 국회의 임명 동의를 받지 못한 후 소장 공백 사태 298일 만에 2017년 11월 24일 이진성 헌법재판소장이 취임해서 정상화되었다. 그러나 문 대통령이 임명한 유남석 헌법재판소장을 비롯한 5명의 헌법재판관도 우리법연구회와 국제인권법연구회 소속이었거나 민변 출신이어서 헌법재판소도 이념적으로 편향된 조직으로 변질되었다. 헌법재판소는 유남석 재판부에 들어서 공수처법 합헌 결정 등 법리적으로 설득력이 떨어지는 견강부회적인 결정을 하고 있다.

2020년 1월 말 중국 우한 발 코로나(COVID-19) 전염병이 국내에 유입되 코로나 팬데믹 상황

---

1) 정부와 여당의 뜻에 맞게 결론을 정해 놓고 견강부회적으로 억지로 꿰맞추거나 그래도 안되면 법창조적인 논리로 결론을 정당화하는 판결을 이르는 말이다.
2) 선거방송토론회에서 '즉흥적', '소극적' 거짓말에 면죄부를 주며 대법원의 선 판례까지 변경하면서 피고인의 거짓답변 의도까지 피고인에게 유리하게 설명한 7:5의 판결이다. 이 판결은 정해 놓은 결론을 위해서 법리를 비틀고 기교적인 억지논리로 피고인 발언의 속 마음까지 살피려고 애쓴 '기교사법'과 '곡판아문'의 결정판이다.

어 환자가 처음 발생했다. 초기에 정부가 자랑한 '코로나 방역 모범국(K방역)'은 허상이었다. 과학방역이 아닌 '정치방역'으로 코로나 초기에 중국 입국자를 막지 않았고, 마스크 공급 대란, 화이자 백신 조기 확보 실패, 오락가락 방역 대책, 선거 앞둔 성급한 '위드 코로나 정책' 등 방역 실패로 임기 말에는 세계가 경계하는 코로나 위험국이 되었다. 2022년 3월 11일 기준 세계 코로나 확진자 181만 중 21%인 38만명이 우리나라에서 발생했다. 국내 누적 확진자가 1천 8백만명에 누적 사망자도 2만명을 넘어섰다. 확진자 추세가 압도적 세계 1위인데도 정부는 각자도생하라고 방역에서 손을 놓은 상태까지 갔다. 하루 확진자 60만명에 사망자도 429명으로 급증해 200만 확진자가 각자 투병하는 '코로나 무정부 사태'까지 갔다. 의료체계는 붕괴 직전까지 가고, 장례식장도 초 포화상태로 6일장이 다반사가 되었다. 코로나 백신 접종 완료율은 87%로 다른 나라에 비해 적지 않은데 다른 나라가 기피하거나 쓰지 않는 아스트라 제네카(AZ) 백신을 초기에 고령자에게 우선 접종한 것이 이런 결과의 한 원인으로 지적하는 전문가도 있다.[1]

지방자치단체 선거

　2018년 6월 13일 실시한 지방자치 전국 동시 선거에서 여당인 민주당이 전국적(대구, 경북 제외)인 압승을 하고 야당은 역대 최대의 참패를 했다. 서울에서도 서초구를 제외한 24개 구청장을 민주당이 차지했다.[2] 지방 선거에서 패배한 후 야당은 내홍 상태에 빠져 당의 대표가 물러나고 비상대책위원회 체제로 전환했다.

정당 및 대의 민주정치 상황

　2018년 2월에는 안철수와 유승민 주도의 국민의 당과 바른정당이 통합한 소속 의원 30명(국민의 당 21명, 바른정당 9명)의 '바른미래당'이 창당되어 원내 제 3당의 지위를 획득했다. 통합반대 세력은 따로 '민주평화당'을 만들었다.[3]

---

1) 인구 100만명당 누적사망자는 미국 3,052명, 영국 2,641명, 한국 478명, 일본 247명 등이다. 또 코로나 백신 부작용으로 사망한 국민도 1,766명이고 중증 이상의 부작용 사례가 1만3,164건, 부작용 경험자가 43만명이었다(질병관리청 2022년 2월 통계). 그러나 백신 부작용 사망자 중에서 보상을 인정받은 것은 단 두 건뿐이다.

2) 투표율은 역대 지방선거사상 두 번째로 높은 60.2%이었다. 총 4,016명의 지방자치 대표와 12명의 국회의원 재보선 의원이 뽑혔다. 광역단체장 17 : 민주당 14, 한국당 2, 친여무소속 1(제주)/기초단체장 226 : 민주당 151, 한국당 53/교육감 17 : 진보 14(그 중 10명은 전교조 출신), 보수 3, 정당 득표율 : 민주당 51.4%, 한국당 27.8%, 국회의원 재보선 12 : 민주당 11, 한국당 1(재보선결과 국회세력분포도 범여권이 과반을 넘는 156석이 되었다. 민주당 130, 한국당 113, 바른당 30(비례중 3명 친여), 민주평화당 14, 정의당 6, 민중당 1, 무소속 3(친여 2).

3) 2018년 3월 13일 기준 국회의석분포: 재적 293명, 더불어민주당 121, 자유한국당 116, 바른미래당 30(그 중 비례대표 3명은 의원직 유지를 위해 잔류하면서 평화당과 공조), 평화민주당 14, 정의당 6, 대한애국당 1, 민중당 1, 무소속 4. 그 후 4월 2일 민주평화당과 정의당이 합동의원총회에서 공동교섭단체인 '평화와 정의의 의원모임'을 구성하기로 합의해서 제4 교섭단체로 등록함으로써 국회는 여·야 각 2개의 교섭단체에 1석의 의석차 구도가 되었다.

여당은 야당을 배제한 채 친여 야 3당과 야합해서 연동형 비례대표제를 도입하는 선거법 개정과 고위공직자범죄수사처(공수처)법 제정을 추진하기로 합의했다. 이에 반발하는 자유한국당은 국회 철야농성과 장외투쟁을 선언하면서 정국이 냉각상태로 빠졌다. 그 후 우여곡절 끝에 12월 10일 자유한국당을 배제한 채 이른바 '4 + 1협의체'(군소정당과 여당협의체)를 구성해서 국회법이 정하는 사보임과 여·야 동수의 안건조정위원회의 심의 및 필리버스터를 탈법적으로 악용하면서 여권 단독으로 본회의에서 강행 처리했다. 야당과의 협의를 거치지 않은 선거법 개정은 우리 헌정사상 이것이 처음이었다. 국회는 예결위원장도 모르게 밀실에서 협상한 512조 2,505억원의 2020년 예산안도 강행처리했다.

2020년 2월 17일 자유한국당은 국민의 당과 합해 '미래 통합당'을 만들었다. 2020년 4월 15일 국회의원 총선거는 개정 선거법에 의해서 실시했는데 개정된 선거법의 문제점이 그대로 노출되었다. 야당이 비례위성정당인 '미래 한국당'을 창당하자 민주당도 '더불어 시민당'과 '미래 민주당'의 2개 비례 위성당을 만들었다. 또 수십 개의 군소 비례당이 생겨나 정당투표에 참여하는 정당이 무려 37개로 난립하는 사태가 벌어졌다. 코로나 사태로 선거운동도 제한되어 선거 사상 초유의 깜깜이 선거가 되었다. 정부와 여당은 선거를 앞두고 이른바 '코로나 재난 지원금'을 살포하면서 사실상의 포퓰리즘 득표활동에 나서고, 여당 편향 인사로 구성된 중앙선거관리위원회는 편파적인 선거법 해석으로 여당 선거운동을 지원했다. 야당의 '민생파탄 심판'의 선거 구호는 위법하다면서도 여당의 '적폐 청산' 구호는 합법하다는 식이었다.

선거 결과 민주당이 180석에 범여권을 합하면 190석의 압도적인 다수의석을 차지하고 야당은 103석에 그쳐 국회의 정부 견제기능은 완전히 실종되고 통법부화가 가속화하기에 이르렀다. 비례 의석을 늘리려고 공수처법 통과에 협조한 정의당은 6석에 그쳐 정당의 정체성만 훼손하는 결과를 자초한 셈이 되어 민주당에 배신감을 토로했다.[1)]

총선거 후 여·야는 국회 구성에 관한 협상을 했지만 여당이 국회의 오랜

---

1) 선거결과는 다음과 같다. 총유권자 43,961,157명 중 투표율 66.2%(2004년 71% 이후 최고 투표율). 사전 투표율이 사상 최고치인 26.69%였는데, 투표일 후 선거일까지의 투표함 보안과 보관에 의혹이 제기되기도 했다. 정당별 의석수 : 더불어민주당 163, 미래통합당 84, 정의당 6, 무소속 5(여권 1, 야권 4). 비례의석 : 미래한국당 19, 더불어 시민당 17, 국민의 당 3, 열린 민주당 3. 지역구 정당 득표율 : 민주당 49.9%, 미래 통합당 41.5%. 두당 득표율 차이 8.4%인데도 의석수에서는 163 : 84이어서 득표율과 의석수의 비례성의 불균형이 크다. 비례정당 득표율 : 미래 한국당 33.84%, 더불어 시민당 33.35%, 정의당 9.67%, 국민의 당 6.79%, 열린 민주당 5.42%(여권 합계 48.44%, 야권 합계 40.63%).

관행을 깨고 법사위원장을 맡겠다고 고집하면서 협상이 결렬되었다. 여당은 6월 15일 단독으로 국회를 열어 의장단과 법사위원장 등 6개 상임위원장을 선출하고 국회의장은 야당 의원 교섭단체와 협의 없이 일방적으로 야당 의원을 해당 상임위에 배정하기도 했다. 군사독재 시대에도 보지 못한 일당 독주의 시작이었다. 그 후 여당은 야당과의 협상을 포기하고 6월 29일 여당 단독으로 국회를 열어 정보위원장을 제외한 17개 상임위 위원장을 모두 여당이 독차지하는 국회 구성을 마쳤다. 12대 국회 이후 33년 만에 처음 있는 독재정치가 시작한 것이다. 대의민주주의의 몰락이 현실화했다.

여당은 단독으로 상임위를 열어 정부가 제출한 3차 추경안을 상임위별로 한 두 시간 만에 졸속으로 통과시켜 정부 제출안보다 3조 1천억원이 증액된 35조 규모의 추경안을 마련했다.[1] 결국 7월 3일 역대 최대규모인 3차 추경안 35조 1,418억원을 통과시켰다. 한 해에만 59조원의 추경예산이다.[2] 1972년 이후 48년 만에 한해 3차추경을 편성하면서 대부분 적자 국채를 발행해서 충당해야 했다. 이로써 국가채무는 GDP 대비 40% 중반으로 상승했다.

야당은 7월 6일에야 국회에 복귀해서 21대 국회는 임기 시작 46일 만인 7월 16일에 비로소 개원식을 했다. 여당은 정보위원회까지 18개 상임위원회를 독차지했다. 미래 통합당은 2020년 9월 2일 당명을 '국민의 힘'으로 바꾸고 비상대책위원회(비대위)로 운영하다가 2021년 6월 전당대회를 열어 30대의 이준석을 당 대표로 선출하는 등 지도부 구성을 마치고 비대위 체제를 끝냈다.

여당 독주 국회는 야당과의 협치를 외면한 채 대북 전단 살포와 대북 확성기 방송을 금지·처벌하는 남북발전기본법, 5·18 왜곡 금지법, 기업 규제 3법, 임대차 3법 등 국민 생활에 직결되는 쟁점 법률들을 독단적으로 강행처리했다.

2022년 3월 9일 대선에서 국민의 힘 윤석열 후보의 당선으로 정권교체가 확정된 후 여당은 문 대통령을 지키겠다고 공언하면서 74년간 확립된 형사 사법 체계에 중대한 변화를 가져오는 이른바 '검수완박'(검찰수사권 완전박탈)법안을 단독으로 발의했다. 우리가 가입한 OECD 뇌물방지작업반도 법무부에 서신을 보내 법안의 내용과 졸속 처리에 우려를 표명했다. 그런데도 여당은 민형배 의원이 위장 탈당해 안건조정위의 야당 몫으로 참여해서 심의도 하지 않은 채

---

1) 국회 예산정책처가 지적한 추경 내용 문제점 116개 사항 중 1개만 반영하고 오히려 지역구 민원사업 예산 3,964억원 추가하면서 예산정책처에는 질책성 경고까지 했다.
2) 1차 추경 11조 7천억원과 2차 추경 12조 2천억원을 합한 액수다.

법사위까지 통과시키고 본회의에서도 단독 처리했다. 입법의 절차적인 정당성을 침해하고 경찰의 수사 결과(무혐의 결정)에 대한 고발인의 이의신청권을 박탈하고 헌법상 검사의 권한을 제한하는 등 위헌입법을 서슴지 않았다.

2017년 10월 미국 연예계에서 시작된 성추행 관련 MeToo 운동이 2018년 3월 서지현 검사의 상관 성추행폭로로 우리나라에서도 문화, 예술, 종교, 교육계로 확산하면서 천주교 정의구현사제단 소속 신부 및 안희정 충남지사, 박원순 서울시장과 오거돈 부산시장 등 민주당 유명 인사들이 가해자로 밝혀졌다. 박원순 시장은 성추행 사실이 알려지자 자살했는데 많은 국민의 반대를 무릅쓰고 서울특별시장으로 5일장을 했다.

MeToo 운동

대통령 선거 운동 과정에서 문 대통령의 최측근으로 알려진 민주당 김경수 의원이 드루킹 매크로 댓글조작(8,840만건) 사건에 관련된 사실이 알려졌지만 경찰과 검찰은 107일간 부실수사로 일관했다. 결국 2018년 5월 특검법을 제정하고 5월 7일 허익범 변호사를 특검으로 임명해서 김경수를 업무방해와 공직선거법 위반죄로 불구속 기소했다. 김경수는 2021년 7월 21일 대법원에서 업무방해죄로 징역 2년형이 확정되어 경남지사직을 상실하고 복역 중이었는데, 현재는 복권 없는 사면을 받아 출소했다.

드루킹 댓글 조작 사건

문 대통령은 조국의 부인 정경심이 사문서 위조죄로 기소된 상태에서, 사모펀드 의혹 등 본인의 범죄혐의가 짙어 검찰이 피의자로 지목한 조국 민정수석을 2019년 9월 9일 법무부장관에 임명하는 전무후무한 인사 폭거를 했다. 야당과 국민이 강력히 반발해서 정국은 극심한 혼미상태로 접어들었다. 여당과 여권 지지자들이 총 동원되어 서초동 검찰청사 앞 집회를 통해 조국에 대한 검찰 수사를 비난했지만, 조국 사퇴를 촉구하는 교수와 변호사 단체를 비롯해서 전국 대학생연합체 수천 명이 조국 규탄 촛불집회를 열고 10월 9일에는 광화문 광장에 수십만 시민이 조국 사퇴를 촉구하는 시위를 하자 조국은 10월 14일 장관 임명 35일 만에 장관직에서 물러났다. 문 대통령은 2020년 1월 추미애 법무부장관을 통해 조국의 가족 비리 사건과 청와대 관련 수사 책임자인 윤석열 검찰총장과 호흡을 맞춰온 검사장 급을 지방으로 좌천시키고, 서울 중앙지검장, 법무부 검찰국장, 대검 반부패강력부장, 공공수사부장 등 빅 4 검찰 요직을 모두 대통령 측근 검사들로 임명했다. 인사권 남용을 통한 명백한 청와대 권력형 범죄수사의 방해였다. 추미애 법무부장관은 그 후 세 번의 수사지휘권 발동과 윤석열 검찰총장을 징계위에 회부(11월 24일)하는 등 그의 사퇴를 종용하는 무리수를 이어갔다. 전국의 검찰은 일치 단결해서 추 장관의 조치가 위

조국 사태와 검찰 장악

법·부당함을 지적했지만 허사였다. 대한변협과 참여연대 등도 비판 성명을 발표했다. 징계를 반대하는 비판적인 여론이 비등한 가운데 윤 총장 징계위원회는 위원 7명 중에서 친정부 위원 4명만이 참석한 회의에서 정직 2개월의 중징계를 결정했다. 윤 총장이 제기한 행정소송과 정직 집행정지 가처분 신청을 심리한 서울행정법원은 12월 1일 정직 집행정지 결정을 했다.[1] 윤 총장은 당일 직무에 복귀했다. 그러나 임기 4개월 앞두고 상식과 정의가 파괴되는 것을 막고 헌법과 법치와 자유민주주의를 지키겠다며 2021. 3. 4. 스스로 사퇴했다. 그의 후임에는 야당의 반대 속에 피의자 신분인 김오수가 임명되었다. 법무부장관을 비롯해서 서울중앙지검장 등 법집행 최고 책임자가 모두 피고인 또는 피의자인 헌정사상 초유의 사태가 생겼다. 입영 중인 추 장관의 아들 불법 병가 사건의 새로운 증거가 속속 불거졌지만 검찰은 결국 무혐의 처리했다.

경제 재정정책

　　임기 초부터 실증되지 않은 '소득주도 경제 성장'(소주성 정책)의 경제정책을 추구하면서 친노동 반기업의 반시장 경제정책을 펴온 정부는 최저임금을 대폭 인상하고 근로시간을 주 52시간으로 단축해서 경직되게 운영했다. 그 결과 고용 참사와 자영업자 줄도산 사태가 발생했다. 문 대통령은 재정 건전성을 외면하는 재정 운영을 했다.[2] 2017년 400조원 규모의 본 예산을 5년 만에 1.5배가 넘는 607조원으로 키웠다. 그에 더해 매년 빠짐 없이 총 10차례에 걸쳐 151조원의 추경을 편성했다. 5년간 공무원 수를 13만명 가까이 늘려 박근혜 정부의 3배, 이명박 정부의 10배가 넘는 증원이다.[3] 공무원과 공공기관의 인건비만 연간 100조원이 넘는다. 중앙정부 살림뿐 아니라 각종 기금 공공기관도 부실했다.[4] 나아가 전 정부의 SOC사업을 '토건정부'라고 비판했지만 문 정부는 오히려 전 두 정부 9년간의 86억원을 훨씬 넘는 106조원의 역대 최대 SOC예산을 편성해서 144건 예타 면제의 '정치사업'(예컨대 부산 가덕도 신공항 건설)을 마구 늘렸다. 국가부채[5]는 5년간 400조원 넘게 늘어 2022년에는 1,076조원으

---

1) 담당 홍성욱 부장 판사는 절차적인 문제점과 징계사유의 다툼 가능성 등을 이유로 들었다.
2) 문 대통령은 야당시절에 전 정부의 재정정책을 비판하며 '국가채무비율 40%는 재정 건전성의 마지노선'이라고 강조했지만 집권 후엔 '40%의 근거가 뭐냐'고 이 기준을 무시하는 재정운영을 했다.
3) 5년간 공무원 13만명을 늘리는 바람에 향후 공무원과 군인에게 연금으로 지급해야 할 빚이 385조원 늘어 1,140조원에 육박하게 되었다. 전체 국가부채의 절반 이상이 공공 연금 충당 부채이다.
4) 5년간 정부부처 산하 공공기관은 18개 늘어 350개에 달하고, 지방자치단체 산하 공공기관도 118개 신설했다. 공공기관의 임직원이 5년 동안 35%(11만 5,091명) 늘었다.
5) 국가채무는 중앙과 지자체 등이 진 빚 중에서 상환 시점과 금액이 확정된 것을 말하고, 국가부채는 국가채무에 공무원·군인 연금 지급을 위한 연금 충당 부채처럼 확정되지 않은 것까지 합한 것을 말한다.

로 예상된다. 국민 1인당 국가채무도 2017년 1,284만원에서 2022년에는 1,942 만원으로 51% 늘었다. 36%였던 국가채무 비율도 50%대로 높아졌다. IMF는 우 리의 향후 5년간 국가부채 증가 속도는 선진 35개국 중에서 1위가 될거라고 전망했다. 이런 상황이 계속되면 2031년에는 국가채무 비율은 81%로 높아진 다. 가계부채도 5년간 470조원 늘어 2021년 말 1,862조원이 됐다. 미래의 빚인 연금 충당 부채를 제외하고 가계·기업·정부의 3대 경제주체가 당장 짊어진 총 부채만 2021년 처음으로 5,000조원을 넘었다.

최저 임금의 급격한 인상과 반 기업 정책으로 민간 기업의 일자리 창출 능력은 급격하게 위축해서 4년간 주 36시간 이상 풀타임 일자리는 185만개 감 소했다.[1] 또 정부가 고용주 역할을 하며 120조원을 투자해서 450만개의 세금 일자리를 만들었다. 정부가 내건 일자리 정부가 무색하게 '일자리 없앤 정부'가 되었다. *포퓰리즘 고용정책*

정부는 실업급여의 방만한 운영으로[2] 2016년부터 2021년 9월까지 4년 9 개월간 5차례 이상 실업급여를 받기 위해서 상습적으로 취업과 퇴직을 반복한 사람이 10만 2,850명에 이른다.[3] 고용보험기금의 급격한 감소와 적자가 예상되 자 고용노동부는 5년 동안 3번 이상 실업급여를 받은 사람은 세 번째부터 실 업급여를 10~50%까지 순차적으로 줄인다는 대책을 발표했다.

공급은 외면하고 규제와 세금을 무기로 수요 억제만 하는 부동산 대책을 25번이나 발표했지만 집값은 잡히지 않고 천정부지로 올랐다. 부동산 정책 실 패가 가져온 집값 상승으로 국민의 재산보유세만 큰폭으로 올랐다. 부동산 정 책은 유일하게 정부 스스로 실패를 인정한 정책이다. 부동산 정책 실패를 감추 려고 전 월세 임대료를 5% 이상 못 올리게 하는 임대차 3법을 강행했지만, 그 결과는 전세 거래 절벽과 전셋값 폭등의 부작용만 낳았다. 문 정부 5년간 전셋 값이 40% 이상 급등했는데, 상승분의 70% 가량은 임대차법 시행 후에 올랐다. *부동산 정책*

---

1) 임기 초에는 풀타임 고용률이 50%에 가까웠지만 2021년에는 44.5%로 감소했다. 제조업에서만 풀타임 일자리 35만 3,000개가 줄었다. 무모한 탈원전 정책으로 두산 중공업에서만 4년간 2,000개 일자리가 사라졌다. 같은 기간 주당 36시간 미만 시간제 일자리는 229만 3,000개 늘 어났다. 급격히 증가한 최저임금을 피하려는 쪼개기 일자리가 4년 만에 60% 가까이 늘어 151 만 2,000개가 되었다. 또 비정규직 제로의 공약과 반대로 4년간 비정규직도 150만개가 늘었 다. 대졸 이상 고학력 비정규직도 사상 최대인 284만명이다. 그 결과 2017년 32.9%였던 비정 규직 비율이 2021년에는 38.4%까지 증가했다.

2) 문정부 5년간 지출한 구직급여는 43조원에 이른다.

3) 최저임금(182만원)과 1만원 정도의 차이밖에 나지 않는 액수인 실업급여 하한액(180만 3,600 원)을 선호하는 사람이 늘어났기 때문이다. 그 결과 실업자들의 재취업률은 31%(2016년)에서 26%(2021년)로 감소했다.

실패한 부동산 정책의 대안으로 추진한 공공주도 공급정책도 부작용만 초래했다.[1]

K 컬처   BTS를 비롯한 K팝과 '기생충', '미나리', '오징어게임' 등 K무비가 세계적인 이목을 끌고 봉준호 감독의 '미나리'가 아카데미 작품, 감독, 각본상을 차지하고 윤여정이 여우조연상을 받았다. 나아가 2022년 칸영화제에서는 '브로커'의 송강호가 남우 주연상을, 박찬욱 감독이 '헤어질 결심'으로 감독상을 받았다. K 컬처의 전성기를 맞았다.

국제정세   2020년 미국 46대 대통령 선거에서 민주당 바이든(Joe Biden)과 카멀라 해리슨(Kamala Devi Harris)이 각각 대통령과 부통령에 당선되어 2021년 1월 20일 취임했다. 해리슨은 인도계 미국인으로 미국 헌정사상 최초의 여성 부통령이다. 바이든 대통령은 국민통합과 민주주의 복원 및 동맹 강화 등을 강조한 취임 연설을 통해 트럼프의 '미국 우선주의'의 동맹 균열 정책과 작별해서 동맹국을 안도하게 했다. 그리고 '힘의 모범이 아니라 모범의 힘으로 국제사회를 선도하겠다'는 말로 트럼프와는 분명히 다른 국제정치적인 방향을 제시했다. 취임 후 바로 파리기후협약과 이란 핵협정, TPP(환태평양경제동반자협정) 및 WHO에 복귀했다.

트럼프는 대선 패배를 인정하지 않고 지지자들을 선동해서 극렬 지지자들이 워싱턴에 집결해 미국 의회(Kapitol)가 바이든 대통령 당선인의 당선 확정을 위해 집회한 양원합동회의장으로 난입해서 미국 헌정사상 처음으로 미국 의회가 폭도들에 의해서 점령되는 경악할 사태가 생겼다. 트럼프에 대한 하원의 탄핵안에 대해서 상원은 퇴임 후의 탄핵안 심의가 합헌이라고 결정(55:45)하고 심리했지만 증거 불충분으로 기각했다. 트럼프는 미국 헌정사상 두 번씩 탄핵소추를 당한 최초의 대통령이 되었다.

미국이 본 문
재인 정부   미국 '2020년 국가별 인권 보고서' 한국 편에서 우리 공직자들(조국 부부, 윤미향, 김홍걸 등)의 부패사례와 성추행 사례(안희정, 박원순, 오거돈 등)들을 낱낱이 적시했고 대북전단금지법에 대해서 표현의 자유의 제한이라고 규정했다. 북한뿐 아니라 한국의 인권 문제까지 열거한 것은 전례가 없는 일이다. 또 미국 하원 톰 랜토스 인권위원회도 2021. 4. '한국의 시민적 정치적 권리 : 한반도의 인권에 미치는 영향'이라는 주제로 청문회를 열어 대북전단금지법을 비판하면

---

1) LH 직원들이 개발 예정지의 땅을 무더기로 투기매입한 사건이 터져 2-30대를 비롯한 성난 민심은 폭발 직전까지 가 결국 2020년 4월 7일 서울과 부산시장의 보선에서 야당 후보들이 당선되는 기폭제가 되었다.

서 한국의 언론자유의 상황이 악화하고 있다고 지적했다. 미국 뉴욕 타임스는 문재인 정부의 한국 정치를 읽는 중요한 키워드로 'naeronambul'을 제시하기도 했다.[1]

영국은 47년 만에 유럽연합(EU)에서 탈퇴함으로써 유럽연합과 결별했다. 유럽연합 회원국은 27개 국가로 줄었다.

프랑스 마크롱 대통령은 의회개혁을 단행해서 1986년 이후 유지해온 의회 의원 30%를 감축해 하원 577석을 404석으로, 상원 348석을 244석으로 줄여 2022년부터 시행했다. 하원에 비례대표제를 도입해서 15%인 61석을 할당했다. 의회 임기도 3선만 허용했다. 마크롱은 2022년 재선에 성공했다.

독일 메르켈(A. Merkel) 수상은 4선의 16년 임기를 성공적으로 마친 후 2021년 9월 퇴임하고 사민당의 숄츠(Olaf Sholz)가 후임 수상이 되어 녹색당 및 자민당과 연립정부를 구성했다.

러시아 푸틴 대통령은 2022년 2월 우크라이나를 침공해서 제 2 차 세계대전 후에 새로운 전쟁위험을 조성했다. 유럽연합과 미국, 영국 등 NATO 회원국들은 우크라이나에 무기와 재정지원을 하고 나섰다.

유럽연합과 미국 등 130개국(한국 포함)은 조세회피 목적의 paper company를 비롯한 각종 탈세 및 절세 목적의 다국적 기업경영에 종지부를 찍기 위한 글로벌 법인세 개편안에 합의했다. 즉 연간 매출이 200억 유로(EUR) 이상이고 이익률이 10%를 넘는 다국적 기업은 실제로 돈을 번 나라에 법인세를 더 내도록 하고, 법인세율은 15% 이하로 내리지 않기로 하고 2023년부터 시행하기로 잠정 합의했다.

문재인 정권 5년은 주류세력 교체를 목표로 전 정권의 적폐 청산에 집중하면서 내로남불과 집단적 나르시즘(Narcissism)에 빠져 갈라치기 정치로 일관했다. 근거 없는 소주성 경제정책과 국가의 재정건전성을 무시한 포퓰리즘 정책으로 국가부채를 1,000조원 이상으로 늘려 미래 세대에게 큰 짐을 지웠다. 일자리 창출이 아니라 일자리를 오히려 없애는 정책으로 일관했다. 원전 폐기정책으로 우리의 세계적인 원전 기술을 사장시켰다. 부동산 정책 실패로 부동산값과 보유세만 사상 최고로 올렸다. 맹목적인 친북 정책으로 북핵 폐기를 통한 항구적인 국가 안보에는 소홀했다. 자신들이 저지른 부정 불법에 대한 수사를

여백 주석: EU 상황과 우크라이나 전쟁 / 글로벌 법인세 개편안 합의 / 총평

---

[1] 그러면서 naeronambling하는 naeronambulish한 녀석을 보면 naeronambuler라고 부르기도 한다고 설명하면서 영어 번역은 고작 self-serving hypocricy(자기 편의적 위선)라는 설명도 곁들였다.

막으려고 검찰 인사권을 악용했다. 심지어 퇴임을 일주일 앞두고 '검수완박'(검찰수사권 완전 박탈) 법을 불법적으로 강행 통과시켜 공포했다. 통합이 아닌 분열의 정치로 한국 대의 민주정치를 크게 퇴보시킨 정권으로 기록될 것이다.

8) 윤석열 정부의 탄생

문재인 정부에서 적폐 청산 검찰 수사를 주도하다가 파격적으로 검찰총장으로 발탁된 윤석열 검찰총장은 '사람에 충성하지 않는다'면서 문재인 정부의 살아있는 권력에 대한 수사도 서슴지 않았다. 이를 계기로 문 대통령과 법무부장관의 집요한 사퇴 압박을 받았다. 그는 2021년 3월 4일 스스로 검찰총장직을 사임했다. 그에 대한 국민의 지지가 커지자 정치에 입문한 후 국민의 힘에 입당해서 국민의 힘 대통령 후보로 선출되었다. 국민의 당 안철수 후보와 후보 단일화를 이룬 후 2022년 3월 9일 대통령 선거에서 0.73%의 근소한 차이로 더불어민주당 이재명 후보를 누르고 대통령에 당선했다.[1] 윤석열 대통령은 2022년 3월 10일 상식과 공정 및 헌법 가치의 회복을 통한 반지성주의의 청산을 강조하며 제20대 대통령에 취임했다. 우리 헌정사상 검찰총장이 정치에 입문한 지 1년 만에 대통령이 된 최초의 사례이다.

---

1) 선거결과는 다음과 같다. 총 유권자수 44,197,692명, 투표율 77.1%(그 중 사전투표율 36.96% 사상 최고기록), 투표자수 34,067,853명, 후보자별 득표율은 국민의 힘 윤석열 48.56%(16,394,815표), 더불어 민주당 이재명 47.83%(16,147,738표), 두 후보 득표율 격차 0.73%(247,077표), 이 차이는 대통령 직선제 도입 후 8차례 대통령 선거 중에서 최소 득표차이다. 정의당 심상정 2.37%(803,358표), 국가혁명당 허경영 0.83%(281,481표). 윤석열 후보는 인천과 경기 호남과 제주 그리고 세종시를 제외한 서울 등 나머지 지역에서 우세를 보였다.

제 2 장   한국헌법의 근본이념과 기본원리

1. 헌법전문의 내용과 성격

I. 헌법전문의 의의와 헌법상 좌표

헌법전문(憲法前文)은 성문헌법에서만 찾아볼 수 있지만, 헌법전문이 모든 성문헌법의 필수적인 구성요소는 아니다. 예컨대 오스트리아헌법이 전문을 갖지 아니한 것도 그 때문이다. 그러나 오늘날 대부분의 성문헌법은 그 형식에 차이는 있을지라도 전문을 두어 헌법제정의 유래와 헌법의 근본이념 및 기본원리를 밝히고 헌법제정주체와 사회공동체의 헌정에 임하는 자세 및 각오 같은 것을 천명함으로써 헌법으로 하여금 생동감을 갖게 하는 것이 보통이다. 따라서 헌법전문을 둔 헌법질서에서 헌법전문은 모든 헌법규정에 나타나는 규범적 내용의 연혁적·이념적 기초로서의 의의를 가지며, 헌법을 이념적으로 지배하는 기능을 갖게 된다.

헌법내용의 연혁적·이념적 기초로서 헌법을 이념적으로 지배

이렇게 볼 때 헌법전문은 성문헌법규정에 들어 있는 규범적 내용의 연혁적·이념적 기초로서 헌법 전체를 이념적으로 지배하는 성문헌법의 구성부분이라고 정의할 수 있다.

II. 헌법전문의 성격과 효력

헌법전문의 성격과 효력을 어떻게 평가할 것인가의 문제는 실정법의 규정에서 그 해답을 찾을 수 없는 헌법이론적인 문제이기 때문에 당연히 헌법관과 직결된다.

(1) 법실증주의헌법관이 주장하는 선언적 성격

헌법을 '국가의 조직과 작용에 관한 근본규범'이라고 이해하면서 헌법에 들어 있는 이념적이고 가치적인 요소를 무시하는 법실증주의헌법관에서는 헌법전문은 하나의 화려한 언어의 나열에 불과한 선언적 성격만을 갖는다고 한다.

법규범으로서의 성격 및 효력 부인

법실증주의헌법관이 주류를 이루던 19세기에 독일 바이마르공화국헌법의 전문에 관해서 그 선언적 성격만을 인정하고 법적인 규범으로서의 성격을 부인하려는 경향이 강했던 것도 그 때문이다.

(2) 결단주의헌법관이 주장하는 법적 규범력

법규범으로서의 성격 및 효력 강조

헌법을 '국민의 정치적인 결단'이라고 이해하는 결단주의헌법관에서는 헌법 전문에 들어 있는 정치결단적인 요소를 무시하고는 헌법의 규범적 효력을 설명하기가 곤란하기 때문에 헌법전문의 법적인 규범력을 부인하기가 어렵다. 칼 슈미트(Carl Schmitt)가 헌법전문의 규범적 효력을 강조하는 이유도 그 때문이다.

(3) 통합과정론이 주장하는 규범적 효력

헌법의 통일성의 관점에서 규범적 효력 인정

통합과정론의 관점에서는 헌법을 사회통합의 당위적인 가치질서로 이해하기 때문에 헌법전문에 들어 있는 근본적인 이념이나 사회통합의 당위적인 방향과 목표 등을 떠나서 헌법의 규범적 효력을 설명할 수 없다. 스멘트(R. Smend)가 헌법의 통일성을 강조하면서 헌법전문의 규범적 효력을 인정하는 것도 그 때문이다.

(4) 사 견

생각건대 법실증주의헌법관이 극복된 오늘날 헌법전문의 법적 규범성이나 그 규범적 효력을 부인하기는 어렵다고 할 것이다.[1] 따라서 오늘날에 와서는 헌법전문의 성격이나 그 효력을 둘러싼 논쟁은 이미 시대착오적인 것이라고 할 것이다.

재판규범인 동시에 헌법 및 법률해석 기준

결론적으로 헌법전문은 헌법의 이념 내지 가치지표를 제시하고 있는 헌법규범의 일부로서 헌법으로서의 규범적 효력을 나타내기 때문에 구체적으로는 헌법소송에서의 재판규범인 동시에 헌법이나 법률해석에서의 해석기준이 된다고 할 것이다.[2] 헌법전문이 갖는 규범적 효력과 관련해서 헌법전문의 개정한계

---

1) 우리나라에서도 규범적 효력긍정설이 학설과 판례의 지배적인 입장이다. 김철수, 81면; 권영성, 129면.

2) 동지: 【판시】 i) 우리 헌법의 전문과 본문의 전체에 담겨 있는 최고이념은 국민주권주의와 자유민주주의에 입각한 입헌민주헌법의 본질적 기본원리에 기초하고 있다. 기타 헌법상의 제 원칙도 여기에서 연유되는 것이므로 이는 헌법전을 비롯한 모든 법령해석의 기준이 되고, 입법형성권 행사의 한계와 정책결정의 방향을 제시하며, 나아가 모든 국가기관과 국민이 존중하고 지켜가야 하는 최고의 가치규범이다(헌재결 1989. 9. 8. 88 헌가 6, 판례집 1, 205면). ii) 헌법은 그 전문에 '정치·경제·사회·문화의 모든 영역에 있어서 각인의 기회를 균등히 하고'라고 규정하고, 제11조 제 1 항에 '모든 국민은 법 앞에 평등하다'고 규정하여 기회균등 또는 평등의

가 논의되기도 하지만 그것은 헌법개정의 한계와 같은 맥락에서 이해해야 한다.

Ⅲ. 우리 헌법전문의 내용

우리 헌법전문에도 우리 헌법이 추구하는 근본이념과 사회통합의 방향 및 방법 등이 잘 표현되어 있다. 또 우리 헌법이 전제로 하고 있는 인간상이 어떤 것인지를 분명히 밝히고 있다. 그에 더하여 우리 헌법이 추구하는 근본이념도 표명되어 있다.

(1) 사회통합의 당위성·방향·방법·목표

헌법전문은 우리 민족이 추구하는 '동화적 통합의 당위성'을 대한민국 임시정부의 법통과 4·19민주이념을 계승한 '조국의 민주개혁과 평화적 통일의 사명'에 두고, '자유민주적 기본질서'를 '동화적 통합의 방향'으로 제시하면서, '정치·경제·사회·문화의 모든 영역에 있어서 각인의 기회를 균등히 하고, 능력을 최고도로 발휘하게 하며, 자유와 권리에 따르는 책임과 의무를 완수하게 하여' (동화적 통합의 방법) '안으로는 국민생활의 균등한 향상을 기하고 밖으로는 항구적인 세계평화와 인류공영에 이바지함으로써 우리들과 우리들의 자손의 안전과 자유와 행복을 영원히 확보하는' '동화적 통합의 목표'를 달성하겠다는 뜻을 분명히 밝히고 있다. 따라서 헌법전문은 그것이 단순한 '화려한 어휘의 나열' 내지는 '내실 없는 선언적인 것'에 불과한 것이 아니고, 우리 민족이 추구하는 동화적 통합의 '당위성'·'방향'·'방법'·'목표'를 제시해 주는 하나의 이정표 내지는 등대와도 같은 것이라고 보아야 한다.

민주개혁과 평화통일달성의 방법제시

(2) 헌법상의 인간상

그런데 우리 헌법전문이 동화적 통합의 '방향'과 '방법'으로 제시하고 있듯이 '자유와 권리에 따르는 책임과 의무를 완수하여' 자율과 조화를 바탕으로 '자유민주적 기본질서'를 실현하는 일은 누구에게나 다 기대할 수 있는 것은 아

비개인주의적·비집단주의적인 자주적 인간

원칙을 선언하고 있는바, 평등의 원칙은 국민의 기본권보장에 관한 우리 헌법의 최고원리로서 국가가 입법을 하거나 법을 해석 및 집행함에 있어 따라야 할 기준인 동시에 … 국민의 기본권 중의 기본권인 것이다(헌재결 1989. 1. 25. 88 헌가 7, 판례집 1, 2면). ⅲ) 국가보안법 제 7조 제 1 항의 찬양·고무죄를 문언 그대로 해석한다면 헌법전문의 '평화적 통일의 사명에 입각하여 정의·인도와 동포애로써 민족의 단결을 공고히 하고'의 부분과 헌법 제 4 조의 평화적 통일지향의 규정과 양립하기 어려운 문제점이 생길 수도 있다(헌재결 1990. 4. 2. 89 헌가 113, 판례집 2, 60면).

니다. 그것은 '사회성'과 '주체성'을 함께 구비한 '자주적 인간'에 의해서만 비로소 가능한 일이기 때문에, 동화적 통합질서로서의 우리 헌법은 일정한 '인간상'을 전제로 하고 있다고 보아야 한다. 즉 우리 헌법이 전제로 하고 있는 인간상은 역사성이나 사회성에서 유리된 '개인주의적 인간'도 아니고 또 현대적 인간집단의 개성 없는 단순한 구성분자에 불과한 '집단주의적 인간'도 아닌 '자주적 인간' 바로 그것이다. '자주적 인간'이란 '인간공동생활을 책임 있게 함께 형성해 나갈 사명을 간직한 인격체(사회성)로서의 인간'과 '모든 생활영역에서 자결과 자유로운 개성신장을 추구하고 실현시킬 수 있는 능력을 갖춘 인격체(주체성)로서의 인간'을 의미한다. 우리 헌법재판소도 헌법이 전제로 하고 있는 주체적이고 사회적인 민주시민으로서의 인간상을 강조한다.[1]

결론적으로 헌법전문에서 동화적 통합의 전제조건으로 내세우고 있는 '자주적 인간'은 우리 헌법상 기본권보장의 이념적·정신적 출발점인 동시에 그 기초를 의미하기 때문에 우리 헌법질서 내에서는 절대적이고 양보할 수 없는 최고의 가치적인 Konsens요 또 우리 헌법질서의 바탕을 뜻한다.

(3) 헌법이 추구하는 근본이념의 표명

국민주권·정의사회·문화민족·평화추구의 이념

우리 헌법전문에는 또한 우리 헌법이 추구하는 근본이념이 분명하게 나타나 있다. 국민주권의 이념, 정의사회의 이념, 문화민족의 이념, 평화추구의 이념 등이 바로 그것이다. 헌법전문에 표명된 이와 같은 네 가지 근본이념을 구체화하고 실현할 수 있는 여러 가지 원리와 제도를 우리 헌법이 담고 있는 것은 당연하다. 따라서 우리나라의 국가형태와 기본질서는 결국 이와 같은 근본이념이 어떤 원리와 제도에 의해서 어떻게 구체화되고 실현되느냐에 의해서 그 실제적인 모습이 정해진다고 볼 수 있다. 한 나라의 국가형태와 기본질서는 그 나라 헌법이 추구하는 근본이념에 의해서만 정해지는 것이 아니고 실제적으로는 그 근본이념을 실현하는 구체적인 원리와 제도에 의해서 더욱 큰 영향을 받기 때문이다. 이 지구상에 국민주권의 이념을 내세우는 독재국가와 불법국가가 헤아릴 수 없이 많이 생기는 이유도 여기에 있다.

---

1) 【판시】 헌법상의 인간상은 자기결정권을 지닌 창의적이고 성숙한 개체로서의 국민이다. 우리 국민은 자신이 스스로 선택한 인생관·사회관을 바탕으로 사회공동체 안에서 각자의 생활을 자신의 책임하에 스스로 결정하고 형성하는 민주시민이다(헌재결 1998. 5. 28. 96 헌가 5, 판례집 10-1, 541(555면)).

2. 국민주권의 이념과 그 실현원리

Ⅰ. 국민주권의 이념

우리 헌법은 국민주권의 이념을 그 바탕으로 하고 있다. 헌법전문에 헌법 제정의 주체로서 '국민'을 밝힌 것이나 헌법에서 「대한민국은 민주공화국이다. 대한민국의 주권은 국민에게 있고, 모든 권력은 국민으로부터 나온다」($\frac{제1}{조}$)고 천명한 것도 그 때문이다. 따라서 '군주주권'이나 '국가주권', '법주권' 등의 고전적인 사상은 우리 헌법질서에서는 통할 수 없다.

군주주권·국가주권·법주권사상의 배척

사실상 오늘에 와서 이들 고전적인 주권이론은 하나의 역사적인 의미밖에는 갖지 못한다. 보댕(J. Bodin)과 홉스(Th. Hobbes)의 군주주권론이 크라베(H. Krabbe)의 법주권론과 옐리네크(G. Jellinek)의 국가주권론을 거쳐 루소(J.J. Rousseau)와 록크(J. Locke)의 국민주권론으로 발전하는 동안 주권의 문제는 헌법학의 가장 핵심적인 연구분야로 간주되었던 것이 사실이다. 그러나 이제는 적어도 국민주권의 이념이 원칙적으로 배척당하는 일은 없다. 다만 국민주권의 본질에 대한 이해를 둘러싸고 헌법관과 이데올로기에 따른 의견대립이 있을 따름이다.

고전적 주권이론의 역사성

(1) 국민주권의 본질

1) 국민주권의 본질에 관한 고전적 설명

(개) '주권'개념실체설

국민주권이 구체적으로 무엇을 뜻하는가에 대해서 '주권'이라는 개념에 큰 비중을 두고 주권론적인 시각에서 그 본질을 설명하려는 고전적이고 전통적인 입장이 있다. 이 설명에 따르면 '주권'의 주체가 국민이어야 한다는 요청이 국민주권이고, 이 때 주권이란 국가의사를 결정하는 최고의 독립적이고 불가분적이고, 불가양적인 권력을 뜻한다고 한다. 따라서 국민주권이란 '주권'의 귀속주체가 '군주'도 '국가'도 아닌 국민이라는 점을 강조하려는 데 그 개념의 참뜻이 있다고 한다.

최고·독립·불가분·불가양의 선재권력

이 입장은 '주권'이라는 개념 자체를 여전히 하나의 실체적인 개념으로 이해하고 있다는 데 그 특징과 고전성이 있다. '주권'을 이처럼 하나의 실체적 개념으로 이해하는 입장에서는 '주권'과 '국가권력'과 '통치권'과 '헌법제정권력'을

어떻게 구별할 것인가에 관해서 견해가 갈라지기도 한다.[1]

㈏ '국민'개념 2분설

nation주권과
peuple주권의
구별

또 국민주권이 구체적으로 무엇을 뜻하는가에 대해서 '국민'이라는 개념을 nation(국민)과 peuple(인민)로 2분하여 nation주권과 peuple주권의 논리로 국민주권의 본질을 설명하려는 고전적이고 전통적인 입장도 있다. 이 입장은 프랑스혁명의 과정에서 나타난 주권투쟁을 이데올로기투쟁으로 변질시키면서 등장한 이론이다. 이 경우 nation은 '전체로서의 국민'을 뜻하기 때문에 nation주권은 전체국민에게 있지만, peuple은 '유권자의 전체'만을 뜻하기 때문에 peuple주권은 유권자 전체에게 있고 유권자 개인은 총유권자수를 분모로 하는 하나만큼의 주권만을 가지게 된다고 한다.[2]

2) 국민주권의 본질에 관한 현대적 설명

국민주권을
국민에 의한
국가권력의
정당화논리로
이해

국민주권이 구체적으로 무엇을 뜻하는가에 대해서 고전적인 주권론이나 관념적인 '국민'의 개념에서 출발하는 것이 아니고, '국민주권'을 국가권력의 정당화원리로 이해함으로써 진부한 주권논쟁이나 '국민'의 2분논쟁에서 탈피하려는 현대적인 입장이 있다.

그에 따르면 고전적인 주권이론이 본래 군주의 절대권력을 정당화시키기 위해서 탄생되었던 것이고 그것이 이데올로기적인 투쟁과정을 거쳐 오늘의 '국민주권론'으로 발전한 것이기 때문에 이미 고전적인 '주권론'과 현대적인 '국민주권론' 사이에는 이념적인 동질성을 찾을 수 없다는 것이다. 그렇기 때문에

---

1) '주권'과 '국가권력'과 '통치권'을 같은 뜻으로 이해하면서 '헌법제정권력'도 주권의 당연한 내포라고 설명하려는 입장(김철수)이 있는가 하면, '주권'과 '헌법제정권력'은 같은 의미이지만 '통치권' 내지 '국가권력'과는 다르다고 주장하는 입장(권영성)도 있다. 김철수, 102면 이하; 권영성, 52면.

2) 우리나라에는 nation주권과 peuple주권을 사회주의 이데올로기적인 시각에서 이해하려는 견해도 있으나 그것은 여기에서 말하는 '국민'개념 2분설과는 전혀 다른 성질의 것이다. 국민개념 2분설에 관해서 자세한 것은 정종섭, 대의제에 관한 비판적 연구(연세대 박사학위논문), 1989, 151면 이하 참조할 것.
   권영성 교수(133면, 678면)는 국민주권의 원리에 관한 설명을 자주 바꾸는 것이 눈에 띈다. 처음에 이른바 '국가기관으로서의 국민'이론을 따르다가 그것을 폐기한 후 여전히 고전적인 '국민개념 2분설'을 기초로 주권을 설명하더니, 지금은 '국민주권이념설'과 '국민개념 2분설'을 함께 주장하고 있다. 그러면서도 권교수는 여전히 '국민개념 2분설'에 따라 nation주권과 대의제, peuple주권과 직접민주제를 구별해서 설명하고 있다. 그러나 권교수가 대의제와 nation주권, 직접민주제와 peuple주권과를 결합시키고 있는 것은 보다 정확한 검증이 필요한 설명이라고 생각된다. 왜냐하면 대의이념은 '국민개념 2분설'과는 무관하게 그보다 훨씬 먼저 영국에서 생성·발전된 것일 뿐 아니라, 대의제와 직접민주제의 혼합형에서는 그러한 구별이 무의미해지기 때문이다.

오늘의 '국민주권'을 설명하기 위해서 그 이념적인 바탕을 달리하는 고전적인
'주권론'을 끌어들이는 것은 옳지 않고 오히려 국민주권의 본질을 오도할 위험
성이 있다는 것이다.

3) 비판 및 사견

㈎ 고전적 국민주권이론의 문제점

생각건대 국민주권의 본질을 고전적인 시각에서 설명하려는 입장은 모두
문제점이 있다고 할 것이다. 우선 주권개념실체설은 선재하는 '주권'을 전제로
해서 국민이 이를 쟁취한 정치형태를 '국민주권'이라고 이해하고 있지만, 오늘
날 국민을 떠나서 선재하는 '주권'이라는 실체가 과연 존재할 수 있는 것인지
의문이 생기지 않을 수 없다. 또 국민개념 2분설도 '전체로서의 국민'이건 '유
권자의 전체'이건 간에, 국민은 하나의 통일된 행동을 할 수 있는 실체라고 이
해하는 데서 출발하고 있지만, 국민은 다양한 개성과 능력과 이해관계를 가지
는 무수한 인간의 집단을 상징적으로 표현하기 위한 '관념적인 크기'에 지나지
않기 때문에 현실적으로 하나의 '기관'[1]으로서 통일된 행동을 할 수 있는 속성
을 지니고 있지 못하다. 따라서 국민이 최고의 독립성을 가지고 국가의사를 불
가분적으로 결정한다는 논리는 하나의 의제이며 허구에 지나지 않는다.

선재하는 주권논리의 부당성

국민이 통일된 행동주체라는 논리의 허구성

㈏ 사 견

a) 권력의 정당화원리

이렇게 볼 때 '국민주권'이란 국가권력의 정당성이 국민에게 있고, 국가 내
의 모든 통치권력의 행사를 이념적으로 국민의 의사에 귀착시킬 수 있다는 것
을 뜻한다. 따라서 '국민주권'의 가치세계에서는 국민의 정치적 의사형성이 자
유로운 분위기 속에서 '상향식으로' 이루어질 것이 요청된다. 이 점이 '하향식
인' 국가의사조작에 의해서 통치되는 비민주적인 권위적 통치형태와 다른 점이
다. 주기적으로 실시되는 각종 선거나 국민투표는 상향식인 국민의 정치적 의
사형성을 보장하고 통치권행사를 국민의 의사에 귀착시키기 위한 하나의 수단
이기 때문에 '국민주권'이 통하는 곳에서는 국민투표제도나 각종 선거제도가 불
가피하게 된다. 즉 '국민주권'은 반드시 국민 스스로가 모든 국사에 국민투표의

국민주권=국민이 모든 국가권력의 샘, 정당화근거

주권의 소재와 통치권의 담당자 구별, 따라서 직접·간접민주주의 모두 포용

---

1) 많은 국내 헌법학자들이 통치기관을 논하는 자리에서 '국가기관으로서의 국민' 또는 '주권행사
기관으로서의 국민'을 국가기관의 한 유형으로 설명하던 것도 같은 사상적인 세계에서 나온
것이라고 볼 수 있다. 그러나 지금은 그러한 설명을 거의 찾아볼 수 없게 되어 다행이다. 예
컨대 김철수, 1994년판, 669면 이하; 권영성, 1993년판, 707면 이하; 문홍주, 「한국헌법」, 1980,
393면 이하.

형식으로 직접 참여하거나 국민이 직접 '국가기관' 내지 '주권행사기관'으로서 통치권을 손에 쥐고 행사하는 것만을 그 내용으로 하는 것이 아니고 그가 선출한 대표자를 통해서 국사(國事)를 처리시키는 이른바 간접적인 방법을 동시에 그 내용으로 하고 있기 때문에 직접민주주의와 간접민주주의가 모두 '국민주권'의 이념과 조화된다.

b) 주권의 소재와 통치권의 담당자의 구별

즉 국민주권의 원리는 '주권의 소재'와 '통치권의 담당자'가 언제나 같을 것을 요구하는 것이 아니고, 국민이 직접 주권을 행사하는 예외적인 경우 외에는 '통치권의 담당자'가 국민의 의사에 의해서 결정되어야 하고 그를 통해서 국가권력의 행사도 궁극적으로 국민의 의사에 의해 정당화될 것을 요구하는 것이다. 주권자인 국민이 선거권을 행사해서 국가기관을 선출하고, 국민투표 등을 통해서 국가의 의사결정에 직접 참가하는 것 등은 모두가 주권자로서 국가기관을 창조하고 국가정책의 결정에 민주적 정당성을 부여해 주기 위한 국민주권원리의 표현이지 그 자체가 '국가기관'으로서의 행위를 뜻하는 것은 아니다.

c) 국민주권의 이념성

국민이 국가작용의 민주적인 조종자로서 기능케 하는 제도의 필요성과 유형

따라서 국민주권의 현대적 의미는 국민이 '국가기관'으로서 직접 통치권을 행사하는 데 있는 것이 아니고, 주권자인 국민은 모든 '국가권력의 샘'으로서 헌법제정권력으로 기능하고, 선거권을 통해서 헌법상의 여러 국가권력을 창조하고, 그 권능행사에 민주적 정당성을 제공해 줄 뿐 아니라 국가의 정치적인 의사결정과정에 '여론'의 힘으로 영향력을 행사함으로써 국가작용의 민주적인 조종자로서 기능하는 데 있다고 보는 것이 옳다. 그렇기 때문에 자유민주국가에서 통치를 위한 여러 국가기관은 국민주권의 이러한 이념을 실현시키고 그 현대적 의의가 존중될 수 있도록 조직되고 구성되어야 한다.[1] 대의제도·권력분립·정부형태·선거제도·공직제도·지방자치제도·헌법재판제도 등 자유민주주의원리와 법치주의원리가 통치를 위한 기관의 구성에서 중요한 의미를 갖는 것도 그 때문이다.[2]

---

1) 우리 헌법재판소도 국민주권의 이념성과 현실적인 민주적인 선거제도와의 기능적인 연관성을 강조하는 판시를 하고 있다.
【판시】 헌법상의 국민주권론을 추상적으로 보면 전체국민이 이념적으로 주권의 근원이라는 전제 아래 형식적인 이론으로 만족할 수 있으나, 현실적으로 보면 구체적인 주권의 행사는 투표권 행사인 선거를 통하여 이루어지는 것이다. 실질적 국민주권을 보장하기 위하여 유권자들이 자기들의 권익과 전체국민의 이익을 위해 적절하게 주권을 행사할 수 있도록 민주적인 선거제도가 마련되어야 하고, 국민 각자의 참정권을 합리적·합헌적으로 보장하는 선거법을 제정하지 않으면 안 된다(헌재결 1989. 9. 8. 88 헌가 6, 판례집 1, 199(208면)).
2) 국민주권의 현대적 이해에 관해서 자세한 것은 박경철, 국민주권의 본질과 실현조건에 관한

(2) 국민주권규정의 의미

우리 현행헌법이 헌법전문에서 헌법제정의 주체로서 '국민'을 내세우고 우리나라가 '민주공화국'임을 선언하면서 「대한민국의 주권은 국민에게 있고, 모든 권력은 국민으로부터 나온다」고 규정하고 있는 것은 '국민주권'을 선언한 것이다. 하지만 이 규정은 우리나라 국가권력의 정당성이 국민에게 있고, 모든 통치권력의 행사를 최후적으로 국민의 의사에 귀착시킬 수 있다는 뜻이지, 국민이 직접 '통치권'을 손에 쥐고 행사한다는 의미는 아니다. 즉 이 헌법규정은 '주권의 소재'와 '통치권의 담당자'가 언제나 같아야 된다는 뜻이 아니고 국민이 국민투표에 의해서 직접 주권을 행사하는 경우 외에는 통치권의 담당자가 국민의 주권행사에 의해서 결정되기 때문에 통치권의 행사도 궁극적으로 국민의 의사에 의해 정당화된다는 점을 명백히 하고 있다고 할 것이다. 「모든 권력은 국민으로부터 나온다」는 후단의 규정이 이를 명백히 하고 있다.

모든 국가권력의 정당성 근거는 국민

주권의 소재와 통치권담당자의 불일치 가능성 인정

Ⅱ. 국민주권의 실현원리

우리 헌법은 국민주권의 이념을 실현하기 위해서 통치권을 국민의 기본권에 기속시키며 자유민주주의원리와 법치주의원리를 헌법상의 기본원리로 채택하고 이를 구체화하기 위한 여러 가지 제도적인 장치를 마련하고 있다.

세 가지 제도적 장치

(1) 기본권에 기속되는 통치권

우리 헌법은 인간의 존엄과 가치를 그 핵으로 하는 국민의 기본권을 최대한으로 보호함으로써 국민주권의 이념을 실현하기 위해서 국가권력의 행사를 기본권에 기속시키고 있다(제10조 제2문). 그 구체적인 방법으로는 국가권력을 기능적으로 입법·행정·사법으로 나누어 각각 다른 국가기관에 맡기면서(제40조, 제66조 제4항, 제101조 제1항), 입법작용이 기본권실현에 역행하는 일이 없도록 입법작용의 한계를 명시하고(제37조 제2항), 법치행정의 원칙을 실현하기 위해서 행정작용의 내용과 범위를 법률로 정하도록 하고(제96조, 제100조, 제114조 제7항 등), 효과적인 권리구제의 실효를 기하기 위해서 사법권의 독립을 보장하고 있다(제101조~제106조).

그뿐 아니라 법률에 대한 위헌심사제도(제107조 제1항, 제111조~제113조)와 명령·규칙·처분에 대한 위헌·위법심사제도(제107조 제2항)를 통해서 기본권실현에 역행하는 통치권의 행

기본권실현에 역행하는 국가권력행사의 예방장치

_____

연구(연세대 박사학위논문), 2001 참조할 것.

사가 그 효력을 나타낼 수 없도록 제동장치를 마련해 놓고 있다. 또 대통령의 국가긴급권에 대해서도 과잉금지의 원칙을 명문화함으로써($\substack{\text{제76조 제1} \\ \text{항과 제2항}}$) 대통령의 국가긴급권행사가 갖는 헌법보호적인 기능과 의의를 강조하고 있다.

우리 헌법은 이처럼 기본권적인 가치의 실현을 헌법상의 기본원리로 삼고 그것을 구체화하기 위한 여러 가지 수단을 마련하고 있다.

(2) 자유민주주의원리

우리 헌법상의 자유민주주의의 본질=국민의 정치적 합의에 귀착되는 공감대의 정치

우리 헌법은 국민주권의 이념을 실현하기 위해서 자유민주주의원리를 채택하고 여러 가지 제도를 통해서 이를 구체화하고 있다. 그런데 우리 헌법이 채택하고 있는 자유민주주의는 국민이 국가권력의 주체인 통치형태도 아니고 또 치자와 피치자가 동일한 통치형태도 아니며, 그렇다고 다수의 통치를 뜻하는 상대적 민주주의도 아니다.[1] 우리 헌법이 추구하는 자유민주주의는 국가권력의 창설은 물론 국가 내에서 행사되는 모든 권력의 최후적 정당성이 국민의 정치적인 합의에 귀착될 수 있는 통치형태이다. 이 때 국민적 합의의 바탕은 자유·평등·정의와 같은 실질적인 가치이다. 따라서 우리 헌법질서 내에서 자유·평등·정의와 같은 실질적인 가치는 자유민주주의의 가치적인 핵인 동시에 자유민주주의의 실질적인 내용이다. 우리 헌법이 마련한 여러 통치구조상의 제도와 장치는 바로 이러한 내용의 자유민주주의를 실현하기 위한 수단에 지나지 않는다. 우리 헌법상의 국민투표제도·대의제도·선거제도·복수정당제도·지방자치제도 등은 국민주권의 이념에 따라 자유민주주의를 실현하기 위한 제도들이다.

자유민주주의의 실질적 가치로서의 자유·평등·정의와 그 실현수단

1) 국민투표제도

임의적·필수적 국민투표제도

우리 헌법은 국민주권의 이념을 실현하기 위한 원칙적인 방법으로는 대의제도를 통한 간접민주주의를 추구하면서도 예외적으로 국민투표제도를 통한 직접민주주의를 함께 제도화하고 있다. 즉 '외교·국방·통일 기타 국가안위에 관한 중요정책'에 대한 임의적 국민투표제도($\substack{\text{제72} \\ \text{조}}$)와 헌법개정안에 대한 필수적 국민투표제도($\substack{\text{제130조} \\ \text{제2항}}$)가 바로 그것이다.

2) 대의제도

중심적 대의

우리 헌법은 중요정책에 대한 임의적인 국민투표와 헌법개정안에 대한 필

---

1) 민주주의의 본질에 관한 자세한 것은 졸저, 전게서, 방주 317~333 참조할 것.

수적인 국민투표 등 직접민주주의적인 통치수단을 예외적으로 채택하고는 있지만, 기본적으로는 대의의 원리에 입각해서 국민에 의해서 선출된 의원으로 구성되는 국회($^{제41조}_{제1항}$)와 국민에 의해서 직접선거된 대통령($^{제67조}_{제1항}$)을 중심적인 대의기관으로 설치하고 국가의 입법권($^{제40}_{조}$)과 집행권($^{제66}_{조}$)을 맡김으로써 국가의 정책결정과 정책집행이 이들 대의기관의 독자적인 판단과 책임 아래 행해질 수 있도록 하고 있다. 다만 이들 대의기관의 의사결정이 국민의 의사와 일치할 수 있도록 유도하는 여러 가지 input-channel을 함께 제도화함으로써 대의기관이 계속적으로 국민의 통제와 감시를 받도록 했다.

기관으로서의 국회와 대통령

3) 선거제도

우리 헌법은 대의제도를 통한 간접민주주의를 실현하기 위한 불가피한 수단으로 선거제도를 마련하고 있다. 즉 우리 헌법은 모든 국민에게 참정권($^{제24조와}_{제25조}$)을 보장할 뿐 아니라 민주적 선거법의 기본원칙을 헌법($^{제41조\ 제1항과}_{제67조\ 제1항}$)에 명문으로 규정하면서 대통령선거제도($^{제67}_{조}$)와 국회의원선거제도($^{제41조}_{제1항}$), 그리고 지방자치를 위한 선거제도($^{제118}_{조}$) 등을 마련해 놓고 있다.

대의실현의 불가피한 수단으로서의 민주적 선거법

4) 복수정당제도

우리 헌법은 국민주권의 이념이 요구하는 자유민주주의를 실현하기 위하여 복수정당제도를 채택했다. 사실상 오늘의 다원사회에서 복수정당은 대의민주주의가 기능하기 위한 불가결한 요소로 간주되고 있다. 정당은 국민의 정치적 의사형성에 참여해서 이를 촉진시키고 구심점으로 통합시킴으로써 상향식국가의사형성의 중개자로 기능함은 물론, 민주주의가 필요로 하는 권력행사의 정당성을 언제나 국민과 이어지게 하는 교량적 역할을 담당하고 있기 때문이다.[1] 또 정당은 나라를 이끌고 나갈 지도급정치인을 발굴·훈련·양성하는 민주국가의 인선기구적 기능도 가지기 때문이다.[2]

복수정당의 필요성과 기능

우리 헌법은 정당설립 및 활동의 자유를 보장하기 위해서 「정당설립은 자유이며 복수정당제는 보장된다」($^{제8조}_{제1항}$)고 규정하면서 정당이 상향식국가의사형성의 중개자로서의 기능을 충분히 나타내게 하기 위해서 「정당은 그 목적, 조

정당조항과 방어적 민주주의의 제도화

---

1) 【판시】 우리 헌법재판소도 '정당이 국민의 정치적 의사를 형성하고, 각계 각층의 이익을 대변하고, 정부를 비판하면서 정책적 대안을 제시할 뿐 아니라, 국가작용에 영향력을 행사하는 매개체의 역할을 수행하는 등 중요한 공적 기능을 수행하기 때문에 대의민주주의에서 불가결한 정치결사라는' 점을 강조한다(헌재결 1996. 8. 29. 96 헌마 99, 판례집 8-2, 199(207면)).

2) 정당에 관해서 자세한 것은 졸저, 전게서, 방주 369 이하 참조할 것.

직과 활동이 민주적이어야 하며 국민의 정치적 의사형성에 참여하는 데 필요한 조직을 가져야 한다」$\binom{제8조}{제2항}$고 밝히고 있다. 우리 헌법은 이처럼 복수정당제가 갖는 중요한 의미와 기능 때문에 특별히 정당의 보호에 관한 규정$\binom{제8조}{제3항}$을 두면서도 또 한편으로는 투쟁적 내지 방어적 민주주의의 관점[1]에서 위헌정당해 산제도$\binom{제8조}{제4항}$도 함께 마련해 둠으로써 자유민주주의의 실현뿐 아니라 이를 끝까지 지킬 의지도 분명히 밝히고 있다.[2]

5) 지방자치제도

공감대의 정
치실현 수단

우리 헌법은 국민주권의 이념이 요구하는 '공감대의 정치'를 실현시켜 국가권력의 창설과 국가 내에서 행사되는 모든 권력이 국민의 공감대에 바탕을 두도록 하기 위해서 지방자치제도를 채택하고 있다. 오늘날에 와서는 현대의

기능적 권력
통제장치

다원적인 복합사회가 요구하는 정치적 다원주의와 자유민주적 통치구조가 요구하는 기능적 권력통제를 실현하기 위해서 지방자치제도는 하나의 불가결한 제도적인 장치로 인식되고 있다.

단체자치와
주민자치의
혼합형

우리 헌법이 보장하고 있는 지방자치제도$\binom{제117조와}{제118조}$는 지역 중심의 자치단체·자치기능·자치사무의 세 가지를 그 요소로 하고 자치단체에는 의회와 집행기관의 2원적인 자치기구를 두어 주민이 선거케 하는 단체자치와 주민자치의 혼합형이다.

(3) 법치주의원리

실질적 법치
주의의 추구

우리 헌법은 국민주권의 이념에 따라 통치권을 기본권에 기속시킴으로써 국민의 정치적인 합의에 바탕을 두고 창설된 국가권력이 악용 내지 남용되는 일이 없도록 법치주의원리[3]를 헌법상의 기본원리로 삼고 있다. 그런데 우리 헌법이 채택하고 있는 법치주의원리는 법률의 형식만을 중요시하는 '형식적 법치주의' 내지 '법률만능주의'가 아니라, 자유와 평등과 정의를 실현하는 '실질적인 법치주의' 내지 '법의 국가'이다. 오늘날 법치주의원리를 국가의 구조적 원리로

---

1) 방어적 민주주의이론에 대해서는 졸저, 전게서, 방주 350 참조할 것.
2) 헌재결 2014. 12. 19. 2013 헌다 1(통합진보당 해산결정) 참조.
3) 법치주의원리는 독일을 그 발상지로 하는 '법치국가원리'와 영미법상의 '법의 지배'(rule of law), 프랑스법상의 '법의 지배'(règne de la loi) 등을 포괄하는 원리이지만 이들 개념이 완전히 같은 내용을 가지고 있는 것은 아니다. 예컨대 독일의 법치국가원리는 국가의 구조에 관한 '정치적인 형식원리'를 뜻하는 데 반해서 '법의 지배'는 나라의 구조적인 면을 떠나서 인간의 자유를 보호하기 위한 국가작용의 지침적 성격을 띠고 있기 때문이다. 그러나 이 책에서는 그러한 엄격한 구별을 떠나서 법치주의와 법치국가를 같은 뜻으로 사용하기로 한다. 법치국가사상에 관해서 자세한 것은 졸저, 전게서, 방주 409 이하 참조할 것.

이해하면서 법치국가원리에 의해서 국가의 정치질서가 비로소 자유·평등·정의
의 실현형태로 창설 내지 형성될 수 있다고 보는 이유도 그 때문이다.

1) 법치주의의 의의와 내용

(가) 법치주의의 의의

법치주의는 법우선의 원칙에 따라 국가공동생활에서 지켜야 할 법규범을
마련하고 국가작용을 이에 따르게 함으로써 인간생활의 기초가 되는 자유·평
등·정의를 실현하려는 국가의 구조적 원리를 뜻한다. 즉 법치주의는 인간의 존
엄성과 자유를 존중하고 평화로운 인간공동생활의 전제가 되는 정의로운 생활
환경을 조성할 뿐 아니라 국가의 권력작용을 순화시킴으로써 국가존립의 기초
를 튼튼히 하기 위한 것이다. 그렇기 때문에 '합법성'의 근거가 되는 '법률'(lex)
과 '정당성'의 근거가 되는 '법'(jus)을 조화시키는 것이 오늘날 법치주의의 핵심
적인 과제이다.

법우선의 원
칙 실현 위한
구조적 원리

lex와 jus의
조화

(나) 법치주의의 내용

a) 법치주의의 실질적 내용

α) 자유·평등·정의의 실현원리

법치주의는 자유민주주의와 마찬가지로 인간생활의 기초가 되는 자유·
평등·정의의 실현을 그 실질적인 내용으로 하고 있다. 다만 자유민주주의는 자
유·평등·정의의 실현을 주로 정치적인 국가생활, 즉 자유와 평등을 보장하는
통치형태를 통해서 달성하려는 것인 데 반해서, 법치주의는 국가생활의 목적과
내용을 언제나 객관적인 가치에 따르게 함으로써 국가의 기능이나 조직형태를
통해서 국민생활의 자유·평등·정의를 실현하려는 점이 다를 뿐이다. 오늘날
'민주주의적 법치국가'라는 혼성개념이 자주 사용되는 이유도 그 때문이다. 따
라서 법치주의는 자유민주주의의 수정형태도 아니고 또 법치주의와 자유민주주
의는 이념적으로 갈등·대립관계에 있지도 않다.[1]

국가의 기능과
조직형태를
통한 자유·평
등·정의 실현

β) 국가의 구조적 원리

아무튼 법치주의는 자유·평등·정의의 이념을 현실화하기 위한 조건이
다. 그렇기 때문에 법치주의는 선재하는 국가권력에 대한 방어적·투쟁적 원리
가 아니다. 즉 선재하는 국가질서와 무제한한 국가권력을 전제로 해서 이를 사
후에 제한하고 통제함으로써 국민의 자유와 권리를 보호하는 것이 법치주의가

선재하는 국
가권력의 통
제수단이 아
닌 국가권력
의 창설에 관

---

1) 법치주의와 자유민주주의의 상호관계에 대해서 자세한 것은 졸저, 전게서, 방주 433 및 434
   참조할 것.

한 구조적 원리

아니고, 처음부터 자유·평등·정의의 이념을 실현할 수 있도록 국가의 정치질서나 국가권력의 기능적·조직적 형태를 정하려는 것이 바로 법치주의이다. 따라서 법치주의는 단순히 법률에 의하지 않고는 강제되지 않는 '자유의 보장수단' 또는 권리침해에 대해서 사법적 권리구제를 요구하는 비정치적이고 법기술적인 '국가권력의 통제수단'[1]이 아니고, 국가의 전체적인 기능이나 조직형태에 관한 구조적 원리를 뜻하게 된다. 법치주의는 이처럼 국가생활의 내용과 기준과 형식을 정하는 구조적 원리를 뜻하기 때문에 당연히 정치적·헌법적 원리로서의 성격을 띠게 된다.

b) 법치주의의 제도적 내용

기본권보장과 권력분립제도

법치주의는 자유·평등·정의의 이념을 국가의 기능이나 조직형태를 통해서 실현하려는 구조적 원리를 뜻하기 때문에 국민의 개성신장과 국가생활에의 참여를 가능케 하는 기본권의 보장을 그 내용으로 할 뿐 아니라 권력집중에서 올 수도 있는 권력남용의 위험성을 미리 제도적으로 방지하기 위해서 국가의 기능이나 조직이 '견제와 균형'(checks and balances)의 원리(권력분립의 원리)에 의해서 행해질 것을 그 내용으로 한다.[2]

기본권보장과 권력분립제도의 참된 의미

따라서 기본권보장과 권력분립제도는 법치국가에서 빼놓을 수 없는 제도적 내용이 된다. 다만 이 경우에도 기본권은 사회공동체를 지배하는 객관적인 가치관의 표현형태를 뜻하기 때문에 '국가권력으로부터의 자유'를 뜻하는 것이 아니고 '책임 있는 행동을 할 수 있는 자유' 또는 '국가에의 참여의 자유'를 의미한다는 점을 강조해 둘 필요가 있다. 또 권력분립제도도 선재하는 통일적인 국가권력을 통치·입법·행정·사법권 등으로 엄격히 구별해서 각각 다른 기관에 맡긴다는 데 그 의미가 있는 것이 아니고, 자유·평등·정의의 실현을 목적으로 하는 일원적인 국가작용을 처음부터 기능적으로 나누어서 이를 각각 다른 전문기관에 맡김으로써, 책임의 소재를 분명히 하고 국가기관 상호간의 '견제'와 '균형'을 통해서 국가목적(자유·평등·정의)의 실현을 촉진시킨다는 데 그 참된 의미가 있다는 점을 주의할 필요가 있다.

---

1) C. Schmitt의 결단주의에서는 법치주의를 이처럼 '자유를 보장'하고 '국가권력을 통제'하기 위한 형식적이고 비정치적인 기교로 이해하고 있다. 이것이 바로 형식적 법치주의이다. 이 점에 대해서 자세한 것은 졸저, 전게서, 방주 410 및 419 참조할 것.

2) 동지: 【판시】 입헌주의적 헌법은 국민의 기본권보장을 그 이념으로 하고 그것을 위한 권력분립과 법치주의를 그 수단으로 하기 때문에 국가권력은 언제나 헌법의 테두리 안에서 헌법에 규정된 절차에 따라 발동되지 않으면 안 된다(헌재결 1994. 6. 30. 92 헌가 18, 판례집 6-1, 557(568면)).

c) 법치주의의 절차적·형식적 내용

법치주의는 국가작용을 법우선의 원칙에 따라 행함으로써 자유·평등·정의를 실현하려는 국가의 구조적 원리를 뜻한다. 따라서 자유·평등·정의의 실현을 위한 국가작용은 처음부터 무절제한 자유방종한 것일 수는 없다. 국가작용이 명확성·특정성·가측성·예측가능성·객관성·안정성 등의 절차적·형식적 요건을 갖추지 않으면 아니되는 이유이다. 국가작용을 이처럼 절차와 형식면에서 일반적이고 객관적인 기준에 따르게 하는 '법우선의 원칙'은 법치국가의 중요한 절차적·형식적 내용이 된다. 다만 '법우선의 원칙'은 국가작용의 모든 부문을 빠짐없이 법제화할 것을 요구하는 것은 아니다. 이같은 망라적인 법제화 요구는 입법기능의 전능을 믿고 입법권의 우선적 지위를 강조하려는 전근대적 사고방식의 잔재라고 할 것이다. 행정권이나 사법권은 결코 입법권의 명령집행자만은 아니다. 따라서 구체적인 상황에 맞춘 합리적인 국가작용을 가능케 하는 재량의 여지를 처음부터 남겨 두는 것이 오히려 바람직하다.[1] 또 현실적으로도 입법권은 모든 국가작용을 망라적으로 법제화하는 데 필요한 입법자료를 모두 갖추고 있지도 못하다. 더욱이 국가생활의 성격에 따라서는 처음부터 법제화하는 것이 부적당한 부문도 있다. 이렇게 볼 때, '법우선의 원칙'은 국가작용의 모든 부문을 빠짐없이 법제화할 것을 요구한다기보다는 대체로 다음과 같은 국가작용의 행동지침을 그 내용으로 하고 있다고 볼 수 있다. 즉 '입법작용의 헌법 및 법기속', '법치행정', '효과적인 권리구제', '신뢰의 보호 내지 소급효력의 금지 및 명확성의 원칙', '과잉금지'[2] 등이 그것이다.

국가작용의 명확성·예측가능성·객관성 보장

법우선의 원칙의 내용

2) 우리 헌법상의 법치주의제도

우리 헌법은 법치주의원리를 실현하기 위해서 법치주의의 실질적 내용에 속하는 자유·평등·정의와 같은 공감대적인 가치를 기본권으로 보장하면서 기본권실현의 통치구조적인 메커니즘을 '견제와 균형'에 입각한 권력분립제도로 구성함으로써 법치주의의 제도적 내용도 구체화하고 있다.[3] 그뿐 아니라 법치

법치주의의 실질적·제도적·형식적 내용의 구체화

---

1) 그러나 모든 재량행위는 기속재량행위이기 때문에 사법적 심사의 대상이 된다는 점을 주의할 필요가 있다. 사법적 심사의 대상이 되지 않는 자유재량행위는 존재할 수 없다는 것이 오늘날의 통설이다.

2) 더 자세한 내용은 졸저, 전게서, 방주 427~431 참조할 것.

3) 우리 헌법재판소도 기본권보호를 위한 법치국가 이념과 그 수단으로서의 권력분립주의를 강조하는 판시를 하고 있다.
【판시】 우리 헌법은 국가권력의 남용으로부터 국민의 기본권을 보호하려는 법치국가의 실현을 기본이념으로 하고 있고 … 근대자유민주주의 헌법의 원리에 따라 국가의 기능을 입법·사법·행정으로 분립하여 상호간의 견제와 균형을 이루게 하는 권력분립제도를 채택하고 있다(헌

주의의 절차적·형식적 내용의 구현을 함께 추구하고 있다.[1]

(개) 기본권보장

공감대적 가치로서의 기본권보장

우리 헌법은 인간으로서의 존엄과 가치를 그 핵으로 하는 기본권을 모든 국민에게 보장함으로써 자유·평등·정의가 국민의 모든 생활영역에서 실현될 수 있도록 노력하고 있다. 그런데 우리 헌법이 보장하는 기본권은 국가가 베푸는 은혜로서의 기본권도 아니고 또 그렇다고 해서 인간의 선천적인 자유와 권리로서의 기본권도 아니다. 우리 헌법상의 기본권은 우리 사회의 공감대적인 가치에 해당하는 것으로서 사회통합의 실질적인 원동력이 된다. 따라서 우리 헌법은 공감대적인 가치로서의 기본권보장을 통해서 자유·평등·정의에 입각한 통치질서를 마련하려는 것이다.

(내) 권력분립제도

견제와 균형의 원리에 따른 국가조직 및 기능적 권력통제장치

우리 헌법은 '견제와 균형'의 원리를 통해서 권력남용을 막고 법치주의의 실질적 내용을 실현하기 위해서 권력분립제도를 채택하고 있다. 즉 국가권력을 입법권·행정권·사법권으로 나누고 이를 각각 국회·행정부·법원에 맡김으로써 (제40조, 제66조 제 4 항, 제101조) 서로가 권능행사에 있어서 협동적인 통제관계를 유지케 하고 있다. 그에 더하여 고전적인 권력분립제도가 현대의 정당국가에서 그 기능이 크게 약화된 점을 감안해서 우리 헌법은 제 2 차적으로 기능적인 권력통제의 메커니즘을 함께 마련하고 있다. 지방자치제도를 통한 중앙정부와 지방자치단체간의 수직적인 권력통제, 직업공무원제도를 통한 관료조직과 정치세력간의 권력통제, 복수정당제도를 통한 여당과 야당간의 권력통제, 헌법재판제도를 통한 권력통제 등이 바로 그것이다.

(대) 입법작용의 헌법 및 법기속

입법권남용에 대비한 위헌심사제도

우리 헌법은 입법권자가 갖는 입법형성권을 존중하면서도 입법권의 남용으로 인해서 법치주의의 실질적 내용이 침해되는 일이 없도록 법률에 대한 위

재결 1992. 4. 28. 90 헌바 24, 판례집 4, 225(229면과 230면)).

1) 【결정례】 우리 헌법재판소는 우리 헌법상의 법치국가의 내용으로 기본권보장과 권력분립주의 외에도 i) 법적 안정성의 요청(헌재결 1996. 2. 16. 96 헌가 2 등, 판례집 8-1, 51(84면)), ii) 일반적 명확성의 원칙(헌재결 1998. 4. 30. 95 헌가 16, 판례집 10-1, 327(341면)), iii) 소급입법의 제한(헌재결 1998. 11. 26. 97 헌바 67, 판례집 10-2, 701(709면)), iv) 신뢰보호의 원칙(헌재결 1995. 10. 26. 94 헌바 12; 헌재결 1996. 4. 25. 94 헌마 119, 판례집 8-1, 433(445면); 헌재결 1997. 11. 27. 97 헌바 10, 판례집 9-2, 651(668면))을 들고 있고, v) 법적 안정성과 실질적 정의의 조화(헌재결 1995. 10. 26. 94 헌바 12, 판례집 7-2, 447(461면); 헌재결 1996. 2. 16. 96 헌가 2 등, 판례집 8-1, 51(91면과 95면)), vi) 책임주의 원칙(헌재결 2019. 4. 11. 2017 헌가 30; 헌재결 2020. 6. 25. 2020 헌가 7; 헌재결 2021. 4. 29. 2019 헌가 2)도 강조하고 있다. 법인 고용 종업원 등이 업무 관련 범죄행위를 하였다는 이유만으로 법인에 대하여 형벌을 부과하도록 하는 양벌규정은 책임주의 원칙에 위배된다.

헌심사제도($^{제107조 제 1 항, 제111}_{조 제 1 항 제 1 호}$)를 마련하고 있다. 다만 우리 헌법은 구체적 규범통제만을 규정하고 있기 때문에 법률의 위헌여부가 재판의 전제가 되지 않으면 위헌심사를 할 수 없다. 또 법률의 위헌심사도 관할분리제에 따라 위헌심사권과 위헌결정권을 나누어 위헌심사권은 모든 법관에게 주고 있지만 위헌결정권만은 독립한 헌법재판소에 독점시키고 있다($^{제107조 제 1 항, 제111조 제}_{1 항 제 1 호, 제113조 제 1 항}$).

㈃ 법치행정의 보장

행정작용의 내용과 절차의 합법성보장 장치

우리 헌법은 국가작용 중에서도 국민과의 접촉기회가 제일 많은 행정작용이 언제나 법률에 근거를 두고 공정하게 행해지게 함으로써 법치주의의 실질적 내용을 구현하려고 꾀하고 있다. 즉 행정권에 의한 포괄적 위임입법을 금지함은[1] 물론 집행명령도 제한하고($^{제75}_조$), 명령·규칙·처분에 대한 위헌·위법심사제도($^{제107조}_{제 2 항}$)를 두었으며, 행정심판에도 사법절차가 준용되도록 했고($^{제107조}_{제 3 항}$),[2] 행정조직과 행정관청의 직무범위를 법률로 정하게 하고($^{제96조, 제100조, 제114}_{조 제 6 항과 제 7 항}$), 조세법률주의($^{제59}_조$)를 통해서 과세권의 남용을 방지하고 있다. 또 우리 헌법이 채택한 적법절차조항($^{제12조 제 1}_{항과 제 3 항}$)도 행정권에 의한 인신권의 제한에 중요한 제동장치로 기능하고 있다. 그러나 법치행정의 보장을 위해서는 무엇보다도 행정절차법의 합리적인 운용이 필요하다.[3]

㈄ 효과적인 권리구제제도

구체적인 권리구제제도

우리 헌법은 위헌적 또는 위법적인 국가작용은 말할 것도 없고, 합법적인 공권력작용에 의해서 발생하는 국민의 권리침해 내지는 재산상 손해에 대해서도 이를 구제해 줄 수 있는 효과적인 권리구제제도를 마련함으로써 법치주의의 실질적 내용을 실현하고 있다. 국가배상청구권($^{제29}_조$), 손실보상청구권($^{제23조}_{제 3 항}$), 형사보상청구권($^{제28}_조$), 청원권($^{제26}_조$), 헌법소원심판청구권($^{제111조 제 1 항 제 5 호;}_{헌재법 제68조}$), 위헌법률심판신청권($^{제107조 제 1 항;}_{헌재법 제41조}$), 인신보호를 위한 사법절차적 기본권($^{고문을 받지 아니할 권}_{리 및 불리한 진술거부}$ $_{권, 영장제시요구권, 변호인의 도움을 받을 권리, 체포·구속시 이유와}$ $_{권리를 고지받을 권리, 구속적부심사청구권, 합법적인 재판을 받을 권리}$)[4] 등이 바로 그것이다.

---

1) 【판시】 법률이 공법인의 정관에 자치법적 사항을 위임하는 경우에는 포괄위임입법금지원칙은 원칙적으로 적용되지 않는다(헌재결 2001. 4. 26. 2000 헌마 122, 헌재공보 56, 91(94면)).

2) 【판시】 사법절차적 요소로는 판단기관의 독립성·공정성, 대심적 심리구조, 당사자의 절차적 권리보장 등을 들 수 있으므로 이러한 사법절차의 본질적 요소를 전혀 구비하지 아니한 행정심판은 위헌이다(헌재결 2000. 6. 1. 98 헌바 8, 판례집 12-1, 590면).

3) 행정의 공정성·투명성·신뢰성을 확보하고 국민의 기본권을 보호하기 위해서 1996년 말에 제정되고 1998년 초부터 시행되는 행정절차법은 처분·신고·입법예고·행정예고·행정지도 등의 절차를 규정하고 있는 행정절차에 관한 일반법이다.

4) 헌법 제12조, 제16조, 제27조, 제101조, 제103조, 제109조 참조.

㈐ 신뢰의 보호 내지 소급효력의 금지 및 명확성의 원칙

신뢰보호의
구체화

우리 헌법은 신뢰보호의 정신에 따라 법률의 소급효력을 원칙적으로 금지하고,[1] 이와 관련해서 죄형법정주의 내지 형벌불소급 그리고 일사부재리 내지 이중처벌의 금지를 규정(제13조 제 1 항과 제 2 항)함으로써 법치주의의 실질적 내용을 보장하고 있다. 그리고 입법을 포함한 모든 국가작용은 그 내용이 명확하고 구체적이어야 법적 안정성과 예측가능성을 기대할 수 있다. 따라서 국가작용에서 명확성의 원칙을 존중하는 것은 법치주의를 채택한 우리 헌법의 당연한 요청이다.[2]

㈑ 과잉금지의 원칙

기본권제한입
법의 규범적
한계

우리 헌법은 모든 국가작용의 한계로서의 과잉금지의 원칙을 채택함으로써 공권력의 과잉행사로 인해서 법치주의의 실질적 내용이 침해되는 일이 없도록 규정하고 있다. 즉 기본권제한입법의 한계조항(제37조 제 2 항)에서 기본권제한의 목적·형식·방법·내용상의 한계를 분명히 밝힘으로써 국민의 기본권제한은 법률의 근거가 있고 합당한 사유에 의한 합리적인 목적을 위해서만(목적의 합당성) 목적달성에 가장 효과적이고 적절한 방법으로(방법의 적당성) 국민에게 수인(受忍)을 기대할 수 있고 비례성이 유지되는 필요한 최소한의 제한에 그치도록(수인기대가능성·비례성·최소침해성) 하고 있다. 또 국가비상사태가 생겨서 국가긴급권

법치주의 적
용받는 국가
긴급권

을 발동하는 경우에도 그 발동요건을 엄격하게 제한함은 물론(제76조 제 1 항과 제 2 항, 제77조 제 1 항) 국회의 사후통제를 통해(제76조 제 3 항~제 5 항, 제77조 제 4 항과 제 5 항) 긴급권의 과잉발동을 억제토록 하고 있다. 따라서 우리 헌법은 국가긴급권을 법치주의의 예외나 제한형식으로 규정하고 있는 것이 아니라[3] 오히려 국가긴급권에 대해서도 과잉금지의 원칙을

---

1) 신뢰보호의 중요성을 강조한 다음 판시 참조.
  【판시】 법치주의는 정의의 실현과 아울러 법적 안정성 내지 신뢰보호를 목표로 삼지 않으면 안 된다. 국민이 행위시의 법률을 신뢰하고 자신의 행동을 결정했다면 그 신뢰를 보호할 가치가 있는 한 입법자가 이를 함부로 박탈할 수 없다(헌재결 1995. 10. 26. 94 헌바 12, 판례집 7-2, 447(461면)).
  【결정례】 사후에 제정된 콜밴 정원 및 화물제한조항을 그 조항 제정 전에 등록한 콜밴 운송업자에 적용하는 것은 신뢰보호의 원칙에 위배된다(헌재결 2004. 12. 16. 2003 헌마 226 등).
2) 【결정례】 우리 헌재도 명확성의 원칙을 법치국가원리의 내용으로 인식한다. 다만 헌재는 입법에서의 명확성의 원칙을 최소한의 명확성으로 이해하면서 법문언이 법관의 보충적인 가치판단을 통해서 그 의미내용을 확인할 수 있고 그러한 보충적 해석이 해석자의 주관에 따라 좌우될 가능성이 없다면 명확성의 원칙에 반한다고 할 수 없다고 한다(헌재결 1999. 7. 22. 97 헌바 9).
  【독일판례】 독일 연방헌법재판소는 입법에서의 규범 명확성의 원칙을 강조하면서 파악이 쉽지 않은 연속적인 준용 규정은 명확성의 원칙에 어긋난다고 판시했다(1 BvR 1619/17, 2022. 4. 26. 판결).
3) 우리나라에서는 종래 일본의 영향을 받아 국가긴급권을 법치주의의 예외 또는 법치주의에 대

적용케 함으로써 법치주의의 절차적·형식적 내용을 확인한 것이라고 할 것이다.

3. 정의사회의 이념과 그 실현원리

Ⅰ. 정의사회의 이념

우리 헌법은 정의사회의 이념을 그 바탕으로 하고 있다. 헌법전문에서 정의에 기초한 민족단결을 공고히 하고 모든 사회적 폐습과 불의를 타파하며 모든 생활영역에서 기회를 균등히 하고 능력을 최고도로 발휘하게 하여 국민생활의 균등한 향상을 기하겠다는 이념지표를 설정해 놓고 있는 것도 그 때문이다. 또 이른바 '사회적 기본권'의 폭 넓은 보장을 통해서 사회국가원리를 수용하고 있는 것도 그 때문이다. 그에 더하여 우리의 경제질서도 정의사회의 이념에 맞도록 개인과 기업의 경제상의 자유와 창의를 존중함을 기본으로 삼으면서도 경제정의의 실현과 경제민주화를 위한 국가의 규제와 조정을 허용하고 있다.

정의사회의 이념적 지표와 그 표현

결국 우리 헌법이 그 이념적인 바탕으로 하고 있는 정의사회란 일체의 경제적·경제외적 불의를 배격하며 누구나 균등한 기회를 가지고 개성과 능력을 발휘해서 국민생활이 고르고 풍요롭게 되는 정의로운 사회라고 말할 수 있다. 이처럼 정의로운 사회를 이루기 위해서는 '국가'와 '사회'의 영역을 구별하는 2원론적 구조를 바탕으로 사회의 자율성과 사회의 국가지향적 활동영역(input)을 비교적 폭 넓게 인정하면서도 국가의 사회에 대한 간섭과 규제의 가능성(output)도 어느 정도 유보해 두지 않으면 아니된다. 바로 이곳에 정의사회의 이념과 국가와 사회의 2원론[1]과의 연관성(친화성)이 있다.

정의사회의 이념과 국가와 사회의 이원론과의 연관성

한 제한이라고 설명하는 경향이 있었으나, 그것은 국가긴급권의 본질을 대통령의 비상대권으로 이해하고 법치주의의 본질을 오해한 데서 나온 것이기 때문에 찬성할 수 없다. 국가긴급권은 대통령의 비상대권이라고 하기보다는 헌법보호의 비상수단이라고 보아야 하며, 법치주의는 그 본질상 예외를 허용하지 않는 법원리이다. 우리 헌법재판소도 초헌법적인 국가긴급권을 부인하고 있다.

【판시】 대통령에게 초헌법적인 국가긴급권을 부여하고 있는 국가보위에 관한 특별조치법은 헌법을 부정하고 파괴하는 반입헌주의, 반법치주의의 위헌법률이다(헌재결 1994. 6. 30. 92 헌가 18, 판례집 6-1, 557(569면)).

1) 국가와 사회의 상호관계에 관해서 자세한 것은 졸저, 전게서, 방주 268 이하 참조할 것.

Ⅱ. 정의사회의 실현원리

국가활동과
사회자율활동
의 합리적인
분계선 결정
의 중요성과
세 가지 방법

정의사회의 이념을 그 바탕으로 하고 있는 우리 헌법은 '국가'와 '사회'의 기능적인 차이를 전제로 하면서도 그 상호간의 교차적인 영향관계를 인정하는 2원론적인 구조에 뿌리를 두고 있다. 국가와 사회는 상호 영향을 주고 받음으로써 그 기능을 완전히 발휘할 수 있는 2원적인 현상이기 때문이다. 다만 그 상호 영향의 방법과 정도를 결정하는 것은 결국 헌법제정권자의 과제인데 그것은 동시에 국가형태에 관한 헌법정책적 결정이기도 하다. input와 output의 상호 비례관계에 따라 국가의 통치형태가 달라지기 때문이다. 그렇기 때문에 국가활동과 사회자율활동의 합리적인 분계선을 찾는 일이야말로 현대헌법학의 가장 핵심적인 과제 중의 하나이다.

우리 헌법은 정의사회를 이루기 위해서 국가활동과 사회자율활동의 합리적인 분계선을 찾는 데 있어서 세 가지 방법적인 시도를 했다고 볼 수 있다. '사회적 기본권'의 폭 넓은 보장을 통한 사회국가원리의 헌법적 수용[1]과 수정자본주의원리의 채택[2]이 바로 그것이다.

(1) 사회적 기본권의 보장

1) 사회적 기본권의 내용

사회적 기본
권 및 관련규
정

정의사회를 구현하겠다는 이념 때문에 이른바 많은 사회적 기본권(생활권적 기본권)을 규정하고 있는 것이 우리 헌법의 특징 중의 하나이다. 즉 안전과 자유와 행복을 추구하는 국민생활의 상향식평준화를 이룩하여 정의사회를 구현하겠다는 헌법전문의 정신을 구체화하는 여러 규정들로서는 인간의 존엄성과 가치를 절대시하고, 행복추구를 권리화한 것($^{제10}_조$)을 비롯하여 평등권($^{제11}_조$), 직업의 자유($^{제15}_조$), 사유재산권보장($^{제23}_조$)과 재산권의 사회기속성강조($^{제23조}_{제2항}$), 사영기업의 국공유화금지($^{제126}_조$), 교육의 기회균등($^{제31}_조$), 근로의 권리와 최저생활을 보장

---

1) 우리 헌법재판소도 우리 헌법은 사회적 기본권의 보장과 경제조항에 의한 사회국가원리의 간접적인 수용을 통해서 실질적 자유와 평등의 달성을 추구하고 있다고 판시하고 있다(헌재결 2004. 10. 28. 2002 헌마 328 참조).
   【판시】 결국 우리 헌법은 자유시장 경제질서를 기본으로 하면서 사회국가원리를 수용하여 실질적인 자유와 평등을 아울러 달성하려는 것을 근본이념으로 하고 있는 것이다(헌재결 1998. 5. 28. 96 헌가 4 등, 판례집 10-1, 522(534면)).
2) 【판시】 우리나라 헌법상의 경제질서는 사유재산제를 바탕으로 하고 자유경쟁을 존중하는 자유시장경제질서를 기본으로 하면서도 이에 수반되는 갖가지 모순을 제거하고 사회복지·사회정의를 실현하기 위하여 국가적 규제와 조정을 용인하는 사회적 시장경제질서로서의 성격을 띠고 있다(헌재결 1996. 4. 25. 92 헌바 47, 판례집 8-1, 370(380면)).

하기 위한 최저임금제도와 적정한 소득분배($^{제32조,\ 제119}_{조\ 제\ 2\ 항}$), 근로자의 사회적 지위 향상을 위한 노동 3 권($^{제33}_{조}$), 인간다운 생활을 할 권리 및 생활무능력자에 대한 국가적 보호($^{제34}_{조}$), 환경권($^{제35}_{조}$)과 보건권($^{제36조}_{제 3 항}$), 범죄피해자에 대한 국가구조제도 ($^{제30}_{조}$), 여자의 복지와 권익 및 기회균등의 보장($^{제32조\ 제 4 항,\ 제34조\ 제 3}_{항,\ 제36조\ 제 1 항과\ 제 2 항}$), 연소근로 자보호($^{제32조}_{제5항}$)에 관한 규정들이 그것이다. 또 이들 사회적 기본권을 뒷받침해 주는 의미에서 국민의 자유와 복리증진을 위한 노력을 대통령의 선서사항으로 하고($^{제69}_{조}$) 있고, 개인과 기업의 경제상의 자유와 창의존중을 우리나라 경제질서 의 기본으로 명시하면서($^{제119조}_{제 1 항}$) 시장지배와 경제력남용을 방지하고($^{제119조}_{제 2 항}$), 농지 의 소작제도를 원칙적으로 금지하고($^{제121}_{조}$), 농수산물의 가격안정을 통해 농·어 민의 이익을 보호하며 농·어민의 자활능력을 계발하고 농·어업과 중소기업을 보호·육성($^{제123}_{조}$)할 뿐 아니라 소비자를 보호하는 규정($^{제124}_{조}$)을 두고 있다.

2) 사회적 기본권보장의 의의와 성격

헌법에 나타난 이들 규정을 단순한 '주관적 권리'만으로 이해하는 경우에 는 거의 그 실효성이 없다고 보아야 한다. 왜냐하면 이들 사회적 기본권의 실 현에 필요한 전제조건은 대부분 국가의 재정투자를 요하는데, 국가의 재정투자 를 소구(訴求)할 권리가 이들 기본권에서 나온다고 볼 수도 없고 또 국가의 재 정투자가 국민의 소구에 따른 법관의 판결에 의해서 강요될 수 있는 성질의 것도 아니기 때문이다. 따라서 이들 규정은 단순한 주관적 권리만으로 이해해 서는 아니되고 우리 헌법의 객관적 질서로서의 사회국가원리가 이들 여러 규정 에 의해서 우리나라의 구조적인 원리로 받아들여진 것이라고 보아야 한다. 그 러나 객관적 질서로서의 사회국가원리를 실현하기 위한 국가의 사회정책·노동 정책·경제정책·조세정책 등은 이들 사회적 기본권에 내포되고 있는 주관적 권 리로서의 성격 때문에 어디까지나 국민의 자유·평등·정의를 보장하고 이를 증 대시키기 위한 것이어야지, 오히려 자유·평등·정의를 무시하거나 경감시키는 것이어서는 아니된다. 또 사회적 기본권의 내용을 뜻하는 '자유'와 '평등'은 그 것이 어디까지나 정의에 바탕을 둔 '자유'와 '평등'이어야 하기 때문에 반드시 '자유 속의 평등'이어야지 '자유 대신에 평등'을 추구하는 것이어서도 아니된다. 바로 이곳에 우리 헌법상 사회국가실현의 방법적 한계가 있다.

아무튼 우리 헌법상의 사회적 기본권을 해석하는 데 있어서는 이처럼 기 본권의 양면성을 특히 중요시해서 사회적 기본권이 갖는 주관적 권리와 객관적 질서의 기능적인 보완관계를 존중하여야 할 것이다.

사회적 기본 권의 양면성

(2) 사회국가원리

사회적 기본
권보장을 통
한 사회국가
원리의 간접
적 수용

우리 헌법은 정의사회를 구현하기 위해서 사회적 기본권의 폭 넓은 보장을 통해서 사회국가원리[1]를 우리나라의 구조적인 원리로 수용하고 있다.[2] 따라서 우리나라는 민주주의와 법치주의 못지않게 사회국가를 건설할 수 있도록 국가의 정책방향을 정하여야 한다. 우리 헌법이 「국가는 사회보장·사회복지의 증진에 노력할 의무가 있다」($\frac{제34조}{제2항}$)고 선언하면서 국가에게 모성의 보호와 여자의 복지 및 권익향상의무 그리고 노인과 청소년의 복지향상 등의 정책실시의무를 지우고 국가의 재해예방대책과 국민보호의무를 강조하며, 국가의 주택개발정책에 의한 쾌적한 주거생활환경 조성을 정책지표로 제시하고 있는 것도 그 때문이다($\frac{제34조\ 제3항\sim제6항,\ 제35}{조\ 제3항,\ 제36조\ 제2항}$).

다만 이같은 사회국가원리가 구체적으로 어떤 내용을 가지고 있느냐에 대해서는 사회국가원리의 연혁적인 새로움 때문에 아직도 의견이 일치되지 못하고 있다. 사회국가원리의 법적 성격, 사회국가의 내용, 사회국가실현의 방법적 한계 등에 대해서 진지한 논의가 계속되고 있는 이유도 그 때문이다.

1) 사회국가원리의 법적 성격

헌법상의 사회국가원리가 법적으로 어떤 성격을 가지느냐에 대해서는 크게 두 가지 입장이 대립되고 있다.

(가) 규범적 성격부정설

내용 없는 백
지개념 내지
정치적 선언

소수설에 따르면 비록 헌법이 사회국가원리를 수용하고 있다 하더라도 헌법상의 사회국가원리는 국민에게 아무런 기대권이나 주관적 공권을 주지 않는 일종의 '내용 없는 백지개념' 내지 단순한 '정치적인 선언'에 지나지 않는다고 한다.

(나) 규범적 성격긍정설

법규범의 해
석지침

다수설에 따르면 헌법상의 사회국가원리는 당연히 헌법규범적 성격을 갖기 때문에 모든 법규범의 해석지침으로서의 헌법규범적 효력을 나타내는 것이

---

1) 사회국가원리에 관해서 자세한 것은 졸저, 전게서, 방주 437 이하 참조할 것.
2) 사회국가원리를 헌법상의 기본원리로 수용하는 방법에는 세 가지가 있다. 독일 기본법처럼 사회적 기본권을 규정하는 대신 사회국가원리를 명문으로 수용하는 방법, 이탈리아헌법처럼 사회적 기본권에 관한 규정과 사회국가원리를 함께 두는 방법, 우리 헌법과 바이마르공화국헌법처럼 사회적 기본권만 규정하고 사회국가원리를 명문화하지 않는 방법 등이 그것이다. 우리 헌재도 우리 헌법이 특히 제119조 제2항을 통해서 사회국가원리를 수용하고 있다고 판시한다(헌재결 1998. 5. 28. 96 헌가 4 등(병합), 판례집 10-1, 522(534면)).

라고 한다.

(대) **사   견**

생각건대 헌법상의 사회국가원리를 단순한 '내용 없는 백지조항'에 불과하
다고 본다든지, 사회국가원리를 단순한 '정치적인 선언'에 지나지 않는다고 평
가하면서 사회국가실현의 문제를 헌법적 기속에서 해방시켜 정권담당자의 임의
적인 형성기능에 전적으로 맡기려는 시도는 분명히 헌법규범으로서의 사회국가
원리의 의미를 지나치게 과소평가하는 것이라고 아니할 수 없다.

따라서 헌법상의 사회국가원리는 적어도 사회국가실현의 헌법지침적 성격
과 사회국가실현의 수권규범적 성격을 가졌다고 보아야 할 것이다. 이처럼 사
회국가원리가 사회국가실현의 지침적·수권규범적 성격을 가졌다고 하는 것은
국가의 구조가 사회국가의 내용에 맞도록 형성될 것을 헌법적으로 명하는 것이
라고 볼 수 있기 때문에 사회국가원리는 동시에 국가의 구조적 원리로서의 성
격도 함께 간직하게 되는 것이다.

*사회국가실현
의 헌법지침
적·수권규범
적 성격*

2) 사회국가의 내용

(개) 실질적인 자유와 평등의 실현

사회국가의 내용이 구체적으로 무엇이냐에 대해서는 아직도 이렇다 할 정
설이 확립되지 않고 있다. 그렇기 때문에 '사회국가'라는 말이 국가의 모든 정
책을 정당화시키려는 '만능의 권능' 개념으로 자주 오용되고 있다. 실제로도 국
가활동의 모든 분야를 사회국가의 실현과 결부시킬 수 있는 것도 사실이다.[1]
그러나 사회국가원리가 내포하는 가장 핵심적인 내용은 역시 실질적인 자유와
평등의 실현이라고 보는 것이 옳다.[2] 이것은 사회국가원리가 탄생하게 된 역사
적·사회적 내력으로 보아도 명백하다.

자유와 평등과 사유재산권보장을 쟁취한 19세기의 시민사회가 시장의 자율적 기능
을 강조한 아담 스미스(Adam Smith)의 경제이론 등에 힘입어 자율적으로 발전하
는 과정에서 심각한 사회적 불평등이 초래되었고 그 결과 자유와 평등이 많은 사
람에게 하나의 명목적·허구적인 것이 되고 말았다. 그러나 사회의 자율적인 조정
기능은 사회생활의 모든 분야에서 나타나는 이같은 심각한 실질적인 불평등을 해
소시킬 능력이 없었기 때문에 사회 내의 갈등과 대립이 더욱 심화될 수밖에 없었
고 그것은 결국 사회평화와 사회안정을 위태롭게 하는 지경에까지 이르렀다. 자유
사회를 유지하고 보장해야 하는 국가의 기능상 사회에 대한 국가의 간섭이 불가피

*사회국가원리
탄생의 역사
적 배경*

---

1) 이 점에 대해서 자세한 것은 졸저, 전게서, 방주 448 참조할 것.
2) 동지: 헌재결 1998. 5. 28. 96 헌가 4 등, 판례집 10-1, 522(534면).

하게 되었고 그래서 탄생된 것이 바로 사회적 기본권이며 사회국가원리이다.

형식적인 자
유·평등의 모
순극복

사회국가원리는 따라서 형식적인 자유와 평등보다는 실질적인 자유와 평등을 더욱 중요시하지 않을 수 없게 된 것이다. 즉 예컨대 최저임금제도나 일정한 노동조건을 입법화하는 것은 결국 노동자와 사용자간에 실질적인 평등을 실현하기 위한 불가피한 국가활동으로 간주되게 된 것이다. 전세권자를 보호하기 위한 입법조치도 마찬가지이다.

실질적인 자
유·평등 실현
의 당위성

실질적인 자유와 평등을 실현하기 위한 이와 같은 여러 가지 사회정책적인 국가활동은 한편 자유주의의 관점에서 신성불가침한 것으로 간주된 계약의 자유와 개인의 자율적 활동기능을 상당히 제약하게 되는 것이 사실이지만, 사회의 대다수 구성원에게 그들 스스로의 힘만으로는 관철시킬 수 없는 실질적 '자유'와 '평등'의 실현을 적극적으로 뒷받침해 줌으로써 사회평화와 사회안정을 꾀한다는 점에서 그 기능이 정당화되는 것으로 간주되게 된 것이다.

이렇게 볼 때 사회국가는 결국 실질적인 '자유'와 '평등'의 실현수단이라고 볼 수 있다. 예컨대 직업선택의 자유가 실업상태에 의해서 무의미한 것이 되지 않고, 균등하게 교육을 받을 권리가 재력의 차이 때문에 불평등한 교육의 원인이 되지 않도록 '자유'와 '평등'의 효과가 실질적으로 발휘될 수 있는 생활환경을 조성하고 '자유'와 '평등'의 효과가 실질적으로 발휘될 수 있는 사회구조의 골격적인 테두리를 짜는 것이 바로 사회국가원리의 실질적인 내용이다.

㈏ 민주주의 및 법치주의원리와의 상호관계

자유·평등 실
현 위한 삼각
관계

민주주의가 국가의 통치활동에 참여할 수 있는 정치적인 자유와 평등을 그 내용으로 하는 것이고, 법치국가가 국가의 조직과 기능을 통한 자유와 평등의 실현을 꾀하는 것이라면, 사회국가는 국민 각자가 자율적으로 일상생활을 꾸려나갈 수 있도록 사회적인 생활환경을 조성하는 것을 그 내용으로 한다. 이렇게 볼 때, 민주주의원리와 법치국가원리 그리고 사회국가원리는 자유와 평등을 실현하기 위한 3면경과도 같다고 할 것이다. 민주주의가 자유와 평등의 통치형태적 실현수단이고, 법치국가가 자유와 평등의 국가기능적 실현수단이라면, 사회국가는 자유와 평등이 국민 스스로의 자율적인 생활설계에 의해서 실현될 수 있도록 생활여건을 조성해 주는 이른바 사회구조의 골격적인 테두리를 말한다. 따라서 사회구조의 골격적인 테두리를 실질적인 자유와 평등의 실현에 적합하도록 형성하는 것이 사회국가의 가장 핵심적인 과제가 된다.

㈐ 사회국가와 복지국가의 차이

국민 스스로의 생활설계에 의한 실질적인 자유와 평등의 실현이 가능하도록 사회구조의 골격적인 테두리를 형성하는 것이 바로 사회국가라면, 사회국가는 결코 모든 생활수단을 국가가 일일이 급여해 주는 '공산주의적 배급국가'일 수도 없고, 또 국민소득의 균등한 재분배를 그 본질로 하는 '분배국가'일 수도 없다. 또 국민의 일상생활이 하나에서 열까지 철저히 국가의 사회보장제도에 의해서 규율되는 것을 내용으로 하는 이른바 '복지국가'는, 국민 각자의 자율적인 생활설계를 그 근본으로 하는 진정한 의미에서의 사회국가와는 거리가 멀다고 할 것이다.[1] 스스로의 생활질서를 스스로의 책임 아래 결정할 수 있는 것이야말로 모든 자유의 핵심을 뜻하기 때문에 '자유의 조건'을 뜻하는 사회국가는 결코 복지국가와 같을 수는 없다.[2]

사회국가와 복지국가의 이와 같은 본질적인 차이는 사회국가를 실현하기 위해서 노력하는 모든 정치인들에게 사회국가실현의 방법적인 한계를 제시해 주고 있다고 할 것이다.

(여백 주석) 생활의 자율적 설계와 타율적 조종

(여백 주석) 자유의 조건과 자유의 대가

3) 사회국가실현의 방법적 한계

사회국가가 실질적인 '자유'와 '평등'의 조건이라고 보는 경우에도 이 조건을 어떠한 방법으로 실현할 것인가의 문제는 헌법에 특별한 방법의 제시가 없는 한 결국은 입법권자의 재량에 속하는 문제이다. 하지만 사회국가가 '자유'와 '평등'을 그 내용으로 하는 만큼, 사회국가를 실현하기 위한 입법수단은 사회국가의 내용인 '자유'와 '평등'을 지나치게 제한하지 않는 범위 내에서 선택되어져야 한다. 따라서 사회국가실현의 방법적 한계는 어디까지나 사회국가원리의 '체계적합성'의 문제이지, 흔히 주장되는 것처럼 반드시 법치국가원리에서 사회국가실현의 방법적 한계를 찾아야 되는 것은 아니다. 이같은 체계적합성의 관점에서 볼 때 사회국가의 실현은 다음과 같은 이념적인 한계와 실질적인 한계를 존중하는 선에서 이루어져야 한다.

(여백 주석) 체계적합성의 요청에서 나오는 이념적·실질적 한계

---

1) 따라서 우리나라에서 사회국가와 복지국가를 같은 뜻으로 사용하는 것은 학문적으로는 옳지 않다.

2) 모든 국민이 자기 수입의 절반 이상을 세금 기타 부담금의 형태로 국가에 납부하고 그 대가로 일상생활에서 발생하는 모든 위험(질병·사고·실업·재해·폐질·노령 등)을 국가에 전가시킴으로써 국민의 일상생활이 철저히 국가기관에 의해서 타율적으로 조종되는 이른바 스칸디나비아 형태의 복지국가는 외형상으로는 그럴싸하게 보일지 모르나, 자율적인 생활설계의 자유를 상실한 채, 언제나 국가에 의존해서 빵을 달라고 손을 벌려야 하는 구걸식 생활을 불가피하게 하기 때문에, '빵'과 '자유'와 '재난으로부터의 해방'을 한꺼번에 요구하는 현대인의 생활감각에 맞지 않는 것으로 입증되고 있다.

(까) 사회국가실현의 이념적 한계

자율적인 생활설계의 존중

사회국가는 우선 국민 각자가 되도록이면 국가에 의존함이 없이 자기의 생활설계와 자기책임 밑에 자기의 생활감각에 맞는 생활을 누릴 수 있도록 이를 뒷받침해 주고 또 장려하는 방향으로 실현되어져야 한다. 따라서 충분히 자기책임 아래 일상생활에서 오는 생활의 위험(질병·실업·사고·폐질·노령 등)을 감당할 수 있는 고소득층 내지 재력이 있는 부유층을 저소득층 내지 영세민과 구별함이 없이 이를 일괄해서 일률적인 국민보험의 규제대상으로 하는 식의 사회보장제도는 분명히 사회국가실현의 이념적 한계를 일탈한 것이라고 보아야 할 것이다.[1]

생활수준의 상향식 조정의 추구: 자유를 전제로 한, 자유 속의 평등

'생활수준의 하향식조정'을 의미하는 그와 같은 사회보장제도는 '생활수준의 상향식조정'을 그 지표로 하는 현대산업국가의 사회국가적 헌법질서와는 거리가 멀다. 모든 국민의 생활수준을 평준화하고 생활관계의 변화에 따른 위험부담을 일원화시키려는 따위의 그릇된 평등권의 해석은 이미 공산주의를 표방하는 나라에서도 포기한 지 오래이다. 그와 같은 '평준화'·'일원화'의 과열현상은 '자유'와 '평등'의 관계를 잘못 이해한 데서 나오는 결과라고 할 것이다. '평등'은 언제나 '자유'를 전제로 할 때에만 그 의미가 있다는 사실을 망각한 것이라고 볼 수 있다.[2]

국민생활의 다양성은 기본권보장의 필연적 결과

헌법이 보장하는 기본권은 생활의 '평준화'나 '일원화'보다는 생활형태의 다양성을 전제로 하고 있을 뿐 아니라, 기본권에 입각한 국민 각자의 생활설계가 다양한 모습으로 나타나는 것은 오히려 기본권제도가 바라고 있는 결과라고 할 것이다. 따라서 국민 각자의 자유로운 생활설계를 가능케 함으로써 기본권이 추구하는 이같은 생활형태의 다양성을 실현하려는 사회국가는 기본권과 이념적으로나 기능적으로 상호보완적인 관계에 서게 된다.

(내) 사회국가실현의 실질적 한계

사회국가는 그 재원확보의 측면뿐 아니라 국민의 재산권보호의 관점에서도 일정한 방법적 한계를 존중하는 선에서 실현되어야 할 것이다.

a) 사회국가실현의 경제정책적 한계

4대경제목표를 성취할 수 있는 경제정책의 필요성

사회국가를 실현하는 데 있어서는 우선 국가의 재정·경제적인 구조면에서

---

1) 우리 헌재는 이와는 다른 입장을 가지고 있는 것 같다.
   【결정례】 가입강제에 의한 국민연금제도는 사회보험제도의 일종으로서 국민간의 소득재분배 기능을 하는 것이므로 행복추구권의 과잉제한이 아니며 사회적 시장경제질서에 부합하는 제도이다(헌재결 2001. 2. 22. 99 헌마 365).
2) '자유'와 '평등'의 상호관계에 관해서, vgl. *Dürig*, in: Maunz/Dürig/Herzog/Scholz, GG-Kommenter, Art. 3 Ⅰ Rn. 6, 120ff., 134, 135, 137f.; BVerfGE 13, 97(105).

다음과 같은 실질적인 한계를 존중해야 한다. 즉 사회국가는 국민의 실질적인 자유와 평등을 실현하는 데 적합한 사회구조의 골격적인 테두리를 형성하는 것을 그 본질로 하는 것이기 때문에, 일정한 사회정책적인 투자를 불가피하게 한다. 이처럼 사회정책적인 투자에 필요한 재원은 결국 국가예산에서 염출할 수밖에 없는데 국가예산의 규모는 국가의 재정능력에 따라 그 크기가 다르게 마련이고, 국가의 재정능력은 또 그 나라의 GDP와 불가분의 관계에 있고, 한 나라의 GDP는 그 나라의 경제성장에 의해서 좌우되기 마련이다. 따라서 이같은 연쇄적인 상호 의존관계를 계속해서 추적하다 보면, 사회국가실현은 궁극적으로 국가의 경제력과 불가분의 함수관계가 있음을 알 수 있다. 따라서 한 나라의 경제성장률이 크면 클수록 사회국가실현에 필요한 재원확보가 용이하게 된다는 결론이 나온다. 이와 같은 관점에서 '물가안정', '경제성장', '무역수지의 균형', '완전고용'으로 요약되는 이른바 4대경제목표의 조화적인 달성이야말로 사회국가의 실현을 위한 대전제가 된다고 볼 수 있다.

이를 거꾸로 본다면, 경제성장에 악영향을 미칠 수 있는 조세제도나 경제정책은 사회국가실현의 장애적 요인이 되기 때문에 그것은 바로 사회국가실현의 경제정책적 한계가 된다고 말할 수 있다.[1]

b) 사회국가실현의 제도적 · 재산권적 한계

사회국가실현수단으로서 흔히 검토되는 각종 사회보장제도는 그 제도의 성격상 세대를 초월하는 장기적인 제도의 지속을 그 전제로 할 뿐 아니라 이를 쉽사리 취소하거나 번복할 수가 없는 일종의 '돌이킬 수 없는 국가시책'이라는 점을 그 특징으로 한다.

또 일단 국민이 부담금이나 보험료 등을 납부하고 취득한 연금기대권 · 실업보조금청구권 등 공법상의 기대권 내지 청구권 등은 재산권적 보호를 받는 것을 그 특징으로 하기 때문에 사회국가실현수단으로서 사회보장제도를 마련하

(여백주: 사회보장제도의 세대승계적 · 기대권적 의미)

---

1) 예컨대 국가의 재정수입을 늘리는 것만을 중요시한 나머지 국민 각자의 담세능력을 고려치 않는 조세제도라든지, 기업인의 자발적인 투자의욕을 경감시키게 하는 기업경영에 대한 국가의 지나친 간섭들은 결국 경제성장을 둔화시키는 결과를 초래하기 때문에 사회국가실현에 역행하는 경제정책이라고 할 것이다. 기업인의 활발한 투자에 의해서만 완전고용의 전제가 되는 일자리가 마련되고, 남보다 더 노력해서 얻어진 귀중한 소득이 불합리한 조세제도에 의해서 부당하게 잠식되지 않는 곳에서만 국민 한 사람 한 사람이 일할 보람을 느끼고 이를 통해서 경제성장의 기초가 되는 생산능력이 제고될 수 있겠기 때문이다. 이를테면 사회국가를 빙자하는 누진세율의 조정이라든지 사기업에 대한 국가의 간섭은 바로 여기에 그 방법적 한계가 있다. 따라서 국민의 근로 내지 생산의욕을 북돋아줄 수 있는 조세제도나 합리적인 경제정책을 입안하는 일이야말로 경제성장을 촉진시킬 뿐 아니라, 사회투자에 필요한 재원의 확보를 보장해 주고, 사회국가의 실현에 필요한 사회정책적 투자를 가능케 해 주는 가장 효과적인 방법이다.

는 경우에는 처음부터 신중한 검토와 연구를 거듭한 후에 무리함이 없이 단계
적으로 서서히 실시해 나가야 할 것이다. 경솔하게 실시된 사회보장제도에 의
해서 국민에게 심어진 '미래에의 희망'이 제도의 시행착오로 인해서 헛된 꿈으
로 돌아가게 되는 경우 그것은 바로 걷잡을 수 없는 사회혁명의 계기가 된다
는 점을 간과해서는 아니된다.[1]

4) 사회국가원리와 참여권

사회국가와
대국가적 청
구권

사회국가는 국민의 실질적 자유와 평등을 실현하기 위한 사회구조의 골격
적 테두리를 형성하는 것을 그 본질로 하는 것이기 때문에, 헌법상의 사회국가
원리를 근거로 해서 구체적인 생활보장의 수단을 국가에게 요구하는 것은 허용
되지 않는다. 국민에게 의식주를 배급해 주거나 국가를 상대로 한 구체적인 청
구권을 국민에게 부여하려는 것이 사회국가의 목적은 아니기 때문이다. 사회국
가원리는 말하자면 입법기관을 비롯한 모든 국가기관에게 국가활동을 하는 데
있어서 언제나 사회국가실현을 염두에 두도록 명하는 국가활동의 지침적 성격을
가지는 것이기 때문에 국민은 그 직접적인 수신인이 아니라고 보는 것이 옳다.

독일의 판례
변화

이와 같은 관점에서 볼 때 사회국가원리를 근거로 한 국민의 대국가적인
청구권을 부인하던 독일연방헌법재판소가 1972년부터 사회국가원리를 근거로
국민에게 일정한 청구권을 인정하려는 태도를 보이고 있는 점은 눈길을 끌게
한다.[2]

참여권과 평
등권

그러나 독일연방헌법재판소가 생각하는 참여권이 국가로부터 일정한 재정
적·물질적·시설적 급부나 혜택을 요구할 수 있는 권리를 뜻하는 것이라면, 그
것은 분명히 사회국가실현의 제 1 차적인 책임을 지고 있는 입법기관의 재량권
내지 형성권에 속하는 문제를 함부로 법정으로 끌어들이게 되는 위험성을 간직
하고 있을 뿐 아니라, 그것은 또한 사회국가의 내용이나 사회국가실현의 방법
적 한계라는 관점에서도 확실히 문제점이 있다고 할 것이다. 국가가 사실상 독
점하고 있는 고등교육시설을 누구나 균등하게 이용할 수 있도록 기회균등을 요

---

1) 재노비츠(Janowitz)나 데이비스(Davies)가 되풀이해서 이 점을 강조하고 있는 것도 그 때문이
다. 현대적인 사회보장제도의 선구자로 알려지고 있는 독일 Bismarck의 사회정책도 70여년
(1833~1911)의 장구한 세월에 걸쳐 서서히 완성된 것이라는 점을 명심할 필요가 있다.
2) 【독일판례】 즉 국가에 의한 고등교육기관의 사실상의 독점현상(사립대학의 부재현상) 때문에
직업선택의 자유처럼 국민에게 보장된 일정한 헌법상의 기본권이 국가시설(국립대학)에의 참
여의 기회가 보장되지 않는 한 그 실효성을 기대할 수 없는 경우에, 국민은 사회국가원리, 직
업선택의 자유, 평등권 등을 근거로 국가에 의해서 설립·운영되는 고등교육기관(직업교육기
관)에 균등하게 참여할 기회를 요구할 수 있는 주관적 공권을 가진다는 것이다.
Vgl. BVerfGE 33, 303(330ff.); 43, 291(313ff.).

구하는 것은 구태여 새로운 '참여권의 이론'을 빌리지 않더라도 평등권의 이론으로도 충분히 해결할 수 있는 문제라고 보는 것이 옳다.

(3) 수정자본주의원리(사회적 시장경제질서)

우리 헌법은 정의사회의 이념을 구현하기 위해서 경제생활영역에서는 수정자본주의원리를 채택해서 사회적 시장경제질서[1]를 확립했다. 우리 헌법재판소도 같은 취지의 판시를 하고 있다는 것은 이미 앞에서 소개한 바와 같다.[2]

1) 수정자본주의원리의 의의 및 탄생배경

(가) 수정자본주의원리의 의의

수정자본주의원리란 자유방임적이고 고전적인 자본주의원리에 따라 시장과 경제현상의 자율성을 최대한으로 존중하면서도 필요한 경우에는 국가가 시장과 경제현상을 규제하고 간섭할 수 있도록 하는 경제원리를 말한다. 수정자본주의원리는 생산수단의 사유와 경제활동의 자유경쟁을 바탕으로 하는 자본주의적인 자유시장원리에 대한 완전한 포기가 아니고 어디까지나 자본주의원리를 기본으로 삼으면서도 시장과 경제영역에 대한 국가의 규제와 조정과 간섭을 최소한으로 허용하기 위한 것이기 때문에 사회주의경제원리와는 그 본질을 달리한다.

자율적인 경제현상에 대한 국가적 규제와 간섭 최소한으로 허용

(나) 수정자본주의원리의 탄생배경

수정자본주의원리는 극단적인 개인주의와 자유주의의 영향 아래 발전한 고전적 자본주의에 대한 반성에서부터 나온 정의사회의 경제활동적인 실천원리이다. 즉 사적 자치에 입각한 계약의 절대적인 자유와 절대적인 사유재산제도에 바탕을 둔 19세기적인 자본주의가 우리 인류에게 커다란 경제활동의 자유와 높은 경제성장을 가져다 준 것은 사실이지만, 그것은 또한 경제정의와 경제민주화의 측면에서는 많은 폐단과 문제점을 안겨준 것도 부인할 수 없다. 가진

자본주의적 폐단의 시정 통한 사회평화추구

---

1) '수정자본주의원리'와 '사회적 시장경제질서'는 엄격한 의미에서 동의어는 아니다. 왜냐하면 '수정자본주의'는 '자본주의'와 마찬가지로 '사회주의' 내지 '공산주의'와 대립되는 개념이고, '사회적 시장경제질서'는 '시장경제'와 마찬가지로 '계획경제' 내지 '통제경제'와 대립되는 개념이기 때문이다. 그러나 '자본주의'는 '자유시장경제'를 그 근본으로 하고 '사회주의' 내지 '공산주의'는 '계획경제' 내지 '통제경제'를 그 근간으로 한다는 이유 때문에 자본주의원리와 자유시장경제질서가 같은 뜻으로 사용되는 것과 마찬가지로 수정자본주의원리도 사회적 시장경제질서와 혼용되는 경우가 많다. 그렇지만 엄밀히 따진다면 수정자본주의원리를 구체화한 경제질서가 바로 사회적 시장경제질서이기 때문에 원리(Prinzip)와 질서(Ordnung)는 구별하는 것이 옳다. 그러나 여기에서는 편의상 일반적인 관례에 따라 엄격한 구별을 하지 않고 사용하기로 한다.

2) 헌재결 1996. 4. 25. 92 헌바 47, 판례집 8-1, 370(380면) 참조.

계층과 못가진 계층간의 계급대립, '부익부 빈익빈' 현상의 심화, 소수독점자본가의 시장지배와 경제력남용으로 인한 소비자피해 등 경제적 부조리, 시장의 자율기능장애로 인한 간헐적인 경제공황과 그로 인한 대량실업사태, 경쟁적인 해외시장개척을 둘러싼 국제적인 갈등과 긴장고조 등이 그 대표적인 문제점이다. 수정자본주의는 고전적인 자본주의가 남겨놓은 이러한 문제점들을 시정하고 극복함으로써 사회평화와 사회안정을 이루기 위해서 창안된 경제원리이지만 그 방법면에서 어디까지나 사유재산제와 경제활동의 자유경쟁을 전제로 하는 것이기 때문에 생산수단을 국유화하고 경제활동을 국가가 계획하고 통제하는 공산주의경제원리와는 상극적인 것이다.

공산주의에 대한 수정자본주의의 상대적 우월성

오늘날 공산주의 이데올로기를 추구하는 몇 안 되는 나라에서조차 공산주의경제원리에 대한 반성과 개혁의 움직임이 일고 있는 것은 자본주의의 모순과 폐단의 시정·극복책으로서는 수정자본주의원리가 공산주의경제원리보다는 상대적으로 우월하다는 것을 입증해 주는 것이라고 할 것이다. 공산주의도 수정자본주의와 마찬가지로 경제정의의 실현을 목표로 하는 것이지만, 오늘날 공산국가에서도 또 다른 경제적인 부정의가 나타나고 있듯이 공산주의의 계획경제 내지 통제경제만이 경제정의를 실현하는 특허처방일 수는 없다. 바로 이곳에 우리 헌법이 수정자본주의의 사회적 시장경제질서를 마련한 이유가 있다.

2) 우리 헌법상의 사회적 시장경제질서

㈎ 경제활동의 자유와 국가적 규제의 조화

경제민주화를 위한 최소한의 규제와 조정을 통한 경제자율기능 제한

우리 헌법은 경제정의가 무시되고 경제민주화가 이루어지지 않는 곳에서는 정의사회의 이념이 뿌리를 내리기 어렵다는 인식 아래 수정자본주의원리를 경제활동의 기본원리로 삼아 사회적 시장경제질서를 마련하고 있다. 즉 우리 헌법은 인간의 존엄과 가치를 경제생활영역에서도 존중하고 경제적인 개성신장을 촉진시킴으로써 모든 국민에게 인간다운 생활을 할 수 있는 경제적인 자립터전을 마련해 주기 위해서 국민의 경제활동을 보호하는 여러 가지 기본권을 보장하고 있다. 거주·이전의 자유($제14조$), 직업의 자유($제15조$), 재산권($제23조$), 근로활동권($제32조와 제33조$), 인간다운 생활을 할 권리($제34조$) 등이 그것이다. 그러나 국민의 경제적인 개성신장은 합리적인 경제질서를 전제로 해서만 가능하기 때문에 우리 헌법은 경제질서의 기본을 수정자본주의로 잡고 국가가 '개인과 기업의 경제상의 자유와 창의를 존중함을' 원칙으로 하면서도 '균형 있는 국민경제의 성장 및 안정과 적정한 소득의 분배를 유지하고 시장의 지배와 경제력의 남용을 방지하

며, 경제주체간의 조화를 통한 경제의 민주화를 위하여 경제에 관한 규제와 조정을 할 수' 있도록 했다($\frac{제119}{조}$). 그래서 우리 헌법재판소도 우리 경제질서가 사회적 시장경제질서로서의 성격을 띠고 있다고 설명했다.[1]

우리 헌법은 이처럼 경제적인 자유방임주의에 반대하고, 시장 및 경제메커니즘의 자율조정기능에 대한 전통적인 믿음을 완화해서 제한적이나마 시장 및 경제현상을 국가적인 규제와 조정의 대상으로 삼은 것이다.

(나) 사유재산권의 제한

그뿐 아니라 우리 헌법은 경제활동의 기초가 되는 사유재산권에 대해서도 재산권형성적 법률유보조항($\frac{제23조 제 1}{항 제 2 문}$)을 통해서 그 내용과 한계를 법률로 정하게 하면서 재산권의 사회기속성을 특별히 강조하고 있다($\frac{제23조}{제 2 항}$).

재산권의 사회기속성 강조

(다) 경제조항의 내용

또 우리 헌법은 재산권의 사회기속성을 전제로 경제조항($\frac{제 9}{장}$)에서는 재산권제한의 특수형태를 규정하면서 수정자본주의원리를 사회적 시장경제질서로 구체화하고 있다. 즉 농지소작제도의 원칙적인 금지($\frac{제121}{조}$),[2] 국토개발상 필요한 국토·자원 등에 대한 제한($\frac{제120조 제 2}{항, 제122조}$), 소비자보호를 위한 생산품규제($\frac{제124}{조}$), 대외무역의 규제·조정($\frac{제125}{조}$), 사영기업의 예외적인 국·공유화 내지는 그 경영의 통제·관리($\frac{제126}{조}$) 등은 우리 헌법이 추구하는 경제질서의 원활한 기능을 보장하기 위해서 경제정책적인 시정의 방향과 한계를 명시한 것으로서 재산권을 바탕으로 한 경제활동의 제한을 의미하기 때문에 이념적으로는 재산권의 사회기속성을 강조하고 국가의 경제간섭을 허용하는 수정자본주의원리의 구체적인 표현이라고 할 것이다.

수정자본주의의 구체화를 위한 규정

경제조항에서는 그 외에도 경제정의의 실현을 국가가 적극적인 자세로 주

경제정의실현 위한 국가의 정책 수립의 무

---

1) 헌재결 2001. 6. 28. 2001 헌마 132; 헌재결 2003. 11. 27. 2001 헌바 35; 헌재결 2004. 10. 28. 99 헌바 91 참조.

2) 【판결례】 구 농지법 제23조는 경자유전의 원칙을 효율적으로 실현하기 위하여 마련된 강행규정이다. 따라서 구 농지법 제23조가 규정한 예외사유에 해당하지 아니하는 농지임대차계약은 무효이다. 그렇지만 농지임대차가 구 농지법에 위반되어 그 계약의 효력이 없다고 하더라도 그 임대목적이 농지로서의 기능을 상실하게 하는 경우라거나 임대인이 투기의 대상으로 취득한 농지를 투자자본 회수의 일환으로 임대하는 경우 등 사회통념상 헌법 제121조 제 2 항이 정한 농지 임대의 정당한 목적과 전혀 관련성이 없고, 구 농지법의 이념에 정면으로 배치되어 반사회성이 현저하다고 볼 수 있는 특별한 사정이 있는 경우가 아니라면, 농지임대인이 임대차기간 동안 임차인의 권원 없는 점용을 이유로 손해배상 내지는 부당이득반환을 청구하는 데 대하여 임차인이 불법원인급여의 법리(민법 제746조)를 이유로 그 반환을 거부할 수는 없다. 요약하면 농지임대차계약은 무효이므로 차임청구는 못해도 임차인에게 손해배상 내지는 부당이득반환청구는 가능하다는 판시 취지이다(대법원 2017. 3. 15. 선고 2013 다 79887·79894 판결).

도케 하기 위해서 국가에게 국토의 종합적인 이용·개발계획의 수립의무($\binom{제120조}{제2항}$), 농·어촌종합개발계획의 수립·시행의무($\binom{제123조}{제1항}$), 지역간의 균형발전에 필요한 지역경제육성의무($\binom{제123조}{제2항}$), 중소기업보호·육성의무($\binom{제123조}{제3항}$), 농·어민의 이익보호에 도움이 되는 농수산물수급균형과 가격안정대책의 수립의무($\binom{제123조}{제4항}$) 등을 지우고 있다.

㈃ 국가적 경제규제의 한계

과잉경제규제의 위험성

우리 헌법은 경제정의와 경제민주화를 실현하기 위해서 수정자본주의원리에 입각한 사회적 시장경제질서를 마련하면서 국가의 시장·경제간섭을 허용하고 있는 것은 사실이지만, 국가의 시장·경제간섭은 어디까지나 필요한 최소한에 그치는 예외적인 것이어야 한다. 바로 이곳에 우리의 경제질서가 계획경제 내지 통제경제로 변질될 수 없는 헌법적 한계가 있다. 따라서 우리 헌법재판소가 공권력에 의한 국제그룹해체(1985. 2.)의 위헌성을 확인하면서 경영권불간섭의 원칙을 강조한 것은 국가적 경제규제의 헌법적 한계를 분명히 밝힌 중요한 판례라고 할 것이다.[1] 우리의 경제질서가 「개인과 기업의 경제상의 자유와 창의를 존중함을 기본으로 한다」는 헌법규정($\binom{제119조}{제1항}$)에서 볼 때 또 사유재산권을 보장하고 사영기업에 대해서 원칙적으로 국·공유화 또는 경영통제 및 관리를 금지하는 헌법정신은 시장경제의 완전한 포기를 허용하지 않기 때문이다. 이와 같은 헌법정신은 국가가 농·어민과 중소기업의 자조(自助)조직을 육성하고 그 자율적 활동을 보장하라는 헌법규정($\binom{제123조}{제5항}$)에도 잘 나타나 있다.

경제활동적 기본권 존중 통한 자립생활지원이 최선의 사회복지정책

따라서 헌법상의 경제조항($\binom{제119조\sim}{제127조}$)을 해석하고 적용하는 데 있어서 사유재산권을 비롯하여 경제생활을 보호하기 위한 여러 기본권들이 중요한 지침이 되어야 한다.[2] 국가의 경제질서는 국민의 경제생활을 위해서 마련된 것이고 경제질서의 주요목표라고 볼 수 있는 경제성장·물가안정·무역수지균형·완전고용 등은 국민의 창의적인 경제활동 내지 경제적인 생활감각에 의해서만 달성될 수 있기 때문이다. 합리적인 경제정책이 곧 효과적인 사회복지정책이라는 논리가

---

1) 【판시】 우리 헌법은 시장경제원리에 입각한 자유주의 경제체제를 천명하면서 기업의 생성·발전·소멸은 기업의 자율에 맡기고, 특별히 법률이 정하는 예외적인 경우 외에는 사영기업의 국·공유화나 그 경영에 대한 통제·관리를 허용하지 않는다. 따라서 기업활동의 자유에 대한 공권력의 개입은 반드시 법치국가적 절차에 따라야 한다. 대통령이 요건을 충족한 긴급재정·경제명령을 발하는 것 이외에 공권력이 직접 사영기업을 처분·정리하는 것은 헌법의 경제질서 규정과 조화될 수 없다(헌재결 1993. 7. 29. 89 헌마 31, 판례집 5-2, 87(115면 이하)).

2) 【결정례】 우리 헌재는 금융기관의 임직원이 법정이율보다 높은 이자를 주고 고액예금자·사채업자 등을 유치한 경우 예금자도 함께 처벌하게 한 특경법에 대해 사적자치권의 과잉제한이 아니라고 합헌결정했다(헌재결 1999. 7. 22. 98 헌가 3).

여기에서 나온다. 언제나 국가에게 빵을 달라고 요구하는 '구걸식 생활'이 아니고, 자율적인 생활설계에 의해서 자립적인 생활을 꾸려 나가게 뒷받침해 주는 가장 효과적인 방법은 국민에게 자유롭고 창의적인 경제활동을 보장하는 것이기 때문에 경제생활에 관한 여러 가지 기본권을 존중하는 일이야말로 최선의 사회복지정책이고, 그것은 또한 정의사회로 통하는 지름길이기도 하다. 바로 이곳에 부동산투기억제를 이유로 하는 여러 가지 토지공기능강화정책 내지 부동산정책의 헌법적·경제질서적 한계가 있다. 따라서 우리 헌법재판소가 구국토이용관리법상의 토지거래허가제에 관한 규정이 위헌은 아니라고 결정한 것은[1] 헌법이론상 많은 비판의 여지가 있다.[2]

토지거래허가제의 평가

4. 문화민족의 이념과 그 실현원리

I. 문화민족의 이념

우리 헌법은 문화민족의 이념을 그 바탕으로 하고 있다. 헌법전문에서 우리 한민족이 공들여 가꾸어 온 유구한 역사와 전통의 계승을 강조하면서, 문화생활영역에서도 기회균등과 개성신장을 통하여 '우리들과 우리들의 자손의 안전과 자유와 행복을 영원히 확보할 것을 다짐한' 것은 우리 헌법이 우연히 형성된 사회공동체를 전제로 한 것이 아니라, 이미 유구한 역사와 전통에 의해서 가꾸어졌고 또 앞으로도 영원히 이어져 나갈 문화공동체의 통치질서라는 점을 분명히 밝히고 있다.

역사와 전통 있는 문화공동체로서의 한민족의 자긍심

---

1) 【판시】 i) 토지거래허가제가 현재 전혀 목적에 적합하지 아니하다거나 따로 최소침해의 요구를 충족시켜 줄 수 있는 최선의 방법이 있다거나 아니면 쉽게 찾을 수 있다거나 하는 등의 사정이 없는 한 토지거래허가제를 비례의 원칙 내지 과잉금지의 원칙에 어긋난다고 할 수 없다(헌재결 1989. 12. 22. 88 헌가 13, 판례집 1, 357(380면)). ii) 비록 무허가토지거래행위에 대한 처벌규정이 따로 있어도 무허가토지거래행위의 사법적 효력을 인정하면 처벌을 감수하고 투기적 토지거래를 하는 자가 있어 이 법의 입법목적을 달성하기 어렵다. 또 무허가토지거래계약에 그 채권적 효력을 인정하면 투기적 거래로 등기 없이 토지가 전전매매되는 것을 법률상 용인하는 결과가 되고 비록 그에 의해 바로 물권변동의 효력은 생기지 않아도 중간생략의 등기까지 이용하여 여러 가지 탈법적·변칙적인 거래가 성행할 가능성이 있어 투기억제라는 토지거래허가제의 목적달성이 어렵다(헌재결 1997. 6. 26. 92 헌바 5, 판례집 9-1, 595(604면)).

2) 이른바 '토지공개념정책'으로 대표되는 부동산정책의 헌법적·경제질서적 한계에 대해서 자세한 것은 졸고, '토지거래허가제의 헌법상 문제점', 「고시연구」 1989년 8월호, 173면 이하 참조할 것.

Ⅱ. 문화민족이념의 실현원리

헌법전문이 담고 있는 문화민족의 이념을 존중해서 우리 헌법은 문화국가 원리와 혼인·가족제도를 실현하기 위한 여러 가지 규정을 두고 있다.

(1) 문화국가원리

1) 문화국가원리와 국가의 문화정책

문화국가건설의 기초는 문화정책

문화국가원리는 국가의 문화정책과 불가분의 상호관계에 있다. 전통적으로 국가의 문화정책이 문화국가건설의 지렛대로 간주되었기 때문이다. 그런데 국가가 문화정책을 추진하는 데 있어서는 연혁적으로 세 가지 서로 다른 사상에 의해서 지배되어 왔다. 초기자유주의사상이 지배하던 시대에는 국가의 문화불간섭정책을 가장 이상적인 문화정책으로 생각했다.[1] 그 반대로 국가절대주의사

문화정책의 변화과정

상이나 Hegel의 국가관이 지배하던 시대에는 국가의 적극적인 문화간섭정책만을 오히려 당연한 것으로 인식했다. 그러나 오늘날에 와서는 국가가 모든 문화현상에 대해서 철저하게 '불편부당의 원칙'(Prinzip der Nichtidentität)[2]을 지켜서 어떤 문화현상도 이를 우대하거나 선호하는 경향을 보이지 않는 것이 가장 바람직한 문화정책으로 평가되고 있다.[3] 즉 그것은 적어도 문화국가의 원리를 실현하

문화국가의 전제로서의 이원론

기 위해서는 문화현상이 결코 국가적 간섭이나 규제의 대상이 되어서는 아니되고 사회의 자율영역에 맡겨져야 한다는 것을 뜻한다. 문화국가가 국가와 사회의 구별을 전제로 한 이원론을 그 이론적인 바탕으로 하고 있는 것도 그 때문이다.

문화복지정책의 방향과 한계

그렇지만 대부분의 현대국가는 문화현상의 자율성은 존중하면서도 문화국가를 위한 문화정책을 하나의 문화복지정책의 차원에서 파악하고, 모든 문화현상에 대해서 국민에게 균등한 참여기회를 보장해 주기 위해서 문화·교육단체의 조직과 활동이 민주적으로 이루어질 수 있도록 최소한의 규제와 간섭을 하는 것이 보통이다. 그러나 국가의 그와 같은 규제와 간섭은 결코 문화현상 그 자체의 방향이나 문화가치를 정해 주기 위한 것이어서는 아니된다고 하는 곳에 문화국가에서의 문화정책의 한계가 있다. 참된 '문화'는 그 자체가 자유의 영역

---

1) 이와 같은 사상은 W.v. Humboldt에 의해서 대표되고 있다.
   Vgl. Ideen zu einem Versuch, die Grenzen der Wirksamkeit des Staates zu bestimmen, 1792.
2) '불편부당의 원칙'이란 국가가 그 어떤 문화현상도 국가 스스로의 입장인 것처럼 표현해서는 아니되고, 국가는 객관적이고 불편부당한 입장에서 모든 문화현상으로부터 일정한 거리를 유지해나가야 한다는 원칙으로서 H. Krüger에 의해서 처음 사용된 개념이다.
3) 동지: 헌재결 2004. 5. 27. 2003 헌가 1 등 참조.

에서 생기는 것이지 어떤 조직이나 통제를 통해서 형성되는 것이 아니기 때문이다. 따라서 문화국가에서의 문화정책은 그 초점이 '문화' 그 자체에 있는 것이 아니고 '문화'가 생겨날 수 있는 '문화풍토'를 조성하는 데 두어져야 한다.[1) 산업화의 경향이 심화되면 될수록 인간의 정서를 순화시키는 데 큰 몫을 차지하는 '문화풍토'의 조성을 위한 문화정책은 어쩌면 국가정책 중에서도 가장 필요하고 중요한 것인지도 모른다.

우리 헌법도 문화국가원리를 실현하기 위한 여러 가지 문화국가제도를 마련하고 있는데 우리 헌법상의 문화국가제도를 이해하는 데 있어서도 문화국가원리에 내포된 이와 같은 바람직한 문화정책의 내용을 올바로 인식하는 것이 중요하다. 그런 의미에서 문화에 관한 국민의 권리와 국가 및 지방자치단체의 책임을 정하고 문화정책의 방향과 그 추진에 필요한 기본적인 사항을 규정한 문화기본법의 제정은 문화국가 실현을 위한 큰 진전이라고 할 것이다.[2)

2) 우리 헌법상의 문화국가제도

우리 헌법은 문화민족의 이념을 실현하기 위해서 문화국가원리를 채택해서 이를 제도화하고 있다. 즉 우리 헌법은 국가에게 전통문화의 계승·발전과 민족문화의 창달을 위해서 노력하도록 의무를 지워 주었고($제9조$), 특히 대통령에게 이 의무를 다시 한번 확인시켰다($제69조$).

또 문화민족의 이념에 입각한 문화국가의 바탕을 다지기 위해서 무상의무교육제도($제31조 제2항과 제3항$)와 평생교육제도($제31조 제5항$) 등 국가의 교육책임을 강조하면서 문화국가가 요구하는 교육의 다양성이 침해되지 않도록 교육의 자주성·전문성·정치적 중립성 및 대학의 자율성을 보장하고 있다($제31조 제4항$). 그뿐 아니라 문화민족으로서의 건강하고 쾌적한 생활을 통해서 삶의 질을 높이는 한편 건강하고 쾌적한 환경문화유산을 조성해서 이를 후손에게 물려 줌으로써 문화국가의 단절 없는 계승·발전을 확보하기 위해서 환경권의 권리성과 의무성을 동시에 강조하고 있다($제35조 제1항과 제2항$). 전근대적인 연좌제를 폐지한 것도($제13조 제3항$) 개인책임을 중요시하는 문화국가원리의 당연한 표현이다.

문화국가관련
헌법규정

---

1) 예컨대 국가가 문화·예술·교육단체 등을 적극적으로 지원하는 것은 문화풍토의 조성에 큰 도움이 될 것이다. 또 문화재보호정책도 같은 맥락에서 이해해야 한다.

2) 문화기본법에서는 문화를 '삶의 총체적인 양식이면서 인간의 고유한 정신적·물질적·지적·정서적 산물로서 한 사회의 개인과 집단의 감성을 표현하는 가치, 활동이나 제도'라고 정의하고 있다(제 3 조). 그러면서 모든 국민은 문화를 창조하고 문화활동에 참여하여 문화를 향유할 수 있는 권리를 가지며(제 4 조), 국가와 지자체는 문화정책을 시행하고 문화격차를 해소하며 문화향유의 기회를 확대할 책무를 진다는 점을 강조하고 있다(제 5 조).

문화정책의
가치기준적인
기본권

　　그러나 무엇보다도 중요한 것은 문화국가를 건설하기 위해서 국가가 반드시 존중하고 또 그 문화정책의 가치기준으로 삼아야 되는 여러 가지 기본권을 우리 헌법이 보장하고 있다는 점이다. '양심의 자유'($^{제19}_{조}$), '종교의 자유'($^{제20)}_{조}$), '학문과 예술의 자유'($^{제22}_{조}$) 등이 바로 그것이다. '양심의 자유'와 '종교의 자유'는 '사상의 다원성'을 그 본질로 하는 문화국가의 불가결한 활력소를 뜻하고, '학문과 예술의 자유'는 문화국가를 건설하기 위한 필수적인 전제조건이기 때문이다.

개방적인 전
통문화국가건
설 지향

　　결론적으로 우리 헌법은 우리 민족의 전통문화를 계승·발전시키고 민족문화의 창달을 통한 문화국가를 지향하면서도 인류역사의 문화적인 흐름을 존중함으로써 국제사회에서 문화적인 고아가 되지 않도록 노력하는 개방적이고 미래지향적인 전통문화국가의 건설을 위한 여러 제도를 마련하고 있다고 할 것이다. 우리 헌법재판소가 동성동본금혼규정에 대한 헌법불합치결정에서 '헌법 제9조에 따라 계승·발전시켜야 할 전통문화는 이 시대의 사회·경제적 환경에 맞고 오늘날에도 보편타당한 전통윤리 내지 도덕관념이어야 한다'는 점을 강조하는 것도 그 때문이다.[1]

(2) 혼인·가족제도

문화민족의
이념과 조화
되는 혼인·가
족제도

　　우리 헌법은 문화민족의 이념에 알맞게 인간의 존엄과 양성의 평등을 기초로 하는 혼인·가족제도를 마련했다. 「혼인과 가족생활은 개인의 존엄과 양성의 평등을 기초로 성립되고 유지되어야 하며, 국가는 이를 보장한다」($^{제36조}_{제1항}$)는 헌법규정이 바로 그것이다.

1) 혼인·가족제도보장의 의의와 성격

㈎ 혼인·가족제도보장의 헌법상 의의

문명적인 가
족관계보장
통한 사회통
합의 기틀 마
련

　　우리 헌법이 혼인·가족제도의 보장에 관한 규정을 특별히 두고 있는 것은 문화민족의 이념에 알맞는 가족관계를 실현하기 위한 것이라고 보아야 한다. 즉 우리 민족의 통합질서를 뜻하는 우리 헌법은 사회통합의 기초적인 단위로서의 가족생활에 있어서도 문화민족의 이념에 알맞는 문명적인 가족관계를 보장함으로써 혼인 내지 가족생활과 같은 사적인 영역에서부터 사회통합의 문명적인 기틀을 마련하기 위한 것이라고 할 수 있다.

개인의 존엄
과 남녀평등
을 바탕으로
하는 혼인·가
족제도

　　모든 민족은 그 민족 고유의 혼인·가족제도를 가지고 있고, 그것은 아무리 사적인 영역에 속하는 일이라 하더라도 그 사회공동체에서 전통적으로 확립

---

1) 헌재결 1997. 7. 16. 95 헌가 6 등(병합), 판례집 9-2, 1(19면).

된 관행으로서 인간생활의 기본적인 틀을 제시해 주는 것인만큼 헌법에 의해서도 보호되는 것이 마땅하다. 그러나 우리 헌법은 이미 그 전문에서 분명히 밝히고 있는 것과 마찬가지로 모든 '사회적 폐습과 불의를 타파하며' 사회생활의 영역에서도 모든 국민의 기회균등과 능력발휘를 추구하는 문화민족의 통치질서이기 때문에 혼인·가족제도 또한 문화민족의 이념에 맞도록 마련되지 않으면 아니된다. 우리 헌법이 개인의 존엄과 남녀평등의 바탕 위에서만 성립되고 유지되는 혼인·가족제도를 보장하고 있는 이유도 그 때문이다.

(ㄴ) 혼인·가족제도보장규정의 법적 성격

이렇게 볼 때, 혼인·가족제도보장에 관한 우리 헌법규정의 헌법상 의의와 성격에 관한 종래의 논쟁은 문제의 본질을 외면한 것이라고 할 것이다. 먼저 혼인·가족제도보장에 관한 우리 헌법규정을 칼 슈미트의 제도적 보장이론[1]에 따라 설명하려는 입장은 문제가 있다. 칼 슈미트의 논리에 따라 혼인·가족제도를 '전형적이고 전통적인 사법상의 제도'를 헌법적으로 보장하기 위한 것이라고 이해하는 것은 오히려 우리 헌법상의 혼인·가족제도에 담겨져 있는 문화민족의 이념과는 배치되는 결과를 초래할 위험성이 크다. 적어도 유교사상에 의해서 지배되던 우리 사회의 전형적이고 전통적인 고래(古來)의 혼인·가족제도는 인간의 존엄과 남녀평등을 기초로 하는 혼인·가족제도였다고 보기는 어렵기 때문이다. 바로 이 점이 칼 슈미트의 제도적 보장이론을 탄생시킨 기독교문화권의 독일과 유교문화권의 우리나라 혼인·가족제도의 본질적인 차이점이다. 따라서 우리 헌법상의 혼인·가족제도는 그것이 지난날에는 어떠했던 간에 우리 헌법이 추구하는 문화민족의 이념에 알맞게 이제는 인간의 존엄과 남녀평등을 기초로 문명적인 가족관계로 성립되고 유지되어야겠다는 헌법적 결단의 표현이라고 이해해야지, 그것을 우리 사회에 확립된 전형적이고 전통적인 사법상의 혼인·가족제도를 제도적으로 보장하기 위한 것이라고 이해하는 것은 확실히 문제가 있다.

또 혼인·가족제도보장에 관한 우리 헌법규정이 단순한 제도적 보장에 관한 것이냐 아니면 생존권 또는 방어권과 같은 권리보장적인 성격도 함께 갖느냐에 관한 종래의 논란도 불필요하고 무의미한 논쟁이라고 할 것이다. 왜냐하면 그와 같은 논쟁은 혼인·가족제도에 관한 헌법규정을 우선은 제도적 보장에 관한 규정이라고 이해하는 전제 위에서 전개되는 논쟁이기 때문이다.[2]

제도적 보장 이론에 따른 혼인·가족제도 설명의 문제점

유교적인 혼인·가족제도 보장 아닌 문명적인 혼인·가족관계 지향 위한 결단

권리보장적 성격에 관한 논의의 무용성

---

1) C. Schmitt의 제도적 보장이론에 관해서 자세한 것은 졸저, 전게서, 방주 524 이하 참조할 것.
2) 혼인·가족제도에 관한 헌법규정이 제도보장적 성격을 갖는다는 점에 대해서는 국내학자 사이

헌법의 통일성의 관점에서 볼 때 우리 헌법상의 혼인·가족제도에 관한 규정은 그것이 비록 기본권조항 중에 들어 있다고 하더라도 반드시 기본권적인 성격을 가져야 하는 것은 아니다. 이 규정은 혼인·가족생활의 영역에서도 문화민족의 이념을 구현하도록 국가에게 적극적인 제도 내지 법개선을 명하고 있을 뿐 아니라 우리 국민에게도 혼인·가족생활이 인간의 존엄과 남녀평등의 바탕 위에서 성립되고 유지될 수 있도록 문화민족으로서의 윤리적 생활철학을 갖도록 촉구하는 것이라고 보아야 한다. 헌법은 궁극적으로는 하나의 사회통합을 위한 사회공동체의 가치질서요 생활질서를 뜻하기 때문이다. 따라서 국가가 이 규정에 따라 보장하여야 하는 것은 단순한 혼인·가족제도 그 자체가 아니라, 문화민족의 이념에 맞도록 개인의 존엄과 남녀평등을 바탕으로 성립되고 유지되는 문명적인 혼인·가족제도 바로 그것이다. 이에 어긋나는 많은 신분법규정을 적극적인 자세로 개선해야 할 국가의 의무가 바로 여기에서 나온다.[1] 따라서 우리 헌법재판소가 우리 민법(제809조 제1항)의 동성동본금혼규정에 대해서 헌법불합치결정을 하면서 입법개선을 촉구한 판시는 시사하는 바가 크다.[2] 또 혼인·가족

에 이견이 없는 것 같다. 그러나 그 외에 권리보장적 성격도 갖느냐에 대해서는 생존권설(김철수)·원칙규범설(권영성) 등의 대립이 있다. 김철수, 732면; 권영성, 265면 이하.

【판시】 헌법 제36조 제1항은 혼인과 가족생활을 스스로 결정하고 형성할 수 있는 자유를 기본권으로 보장하고 혼인과 가족에 대한 제도를 보장한다. 그리고 혼인·가족 관련 모든 공법·사법영역에 영향을 미치는 헌법원리 내지 원칙규범으로서의 성격도 가진다. 적극적으로는 혼인·가족 보호의 국가적 과제를, 소극적으로는 혼인·가족의 불리한 차별금지의 국가적 의무를 포함한다(헌재결 2002. 8. 29. 2001 헌바 82, 판례집 14-2, 170(180면).

【결정례】 부부의 자산소득합산과세에 의해서 혼인한 부부에게 독신자 또는 혼인하지 않은 부부보다 더 많은 조세를 부과하는 것은 혼인한 부부를 합리적 이유 없이 차별취급하는 것이어서 헌법 제36조 제1항에 위배된다(헌재결 2002. 8. 29. 2001 헌바 82). 같은 맥락에서 세대별 합산과세방식의 종부세법 관련규정도 위헌이다(헌재결 2008. 11. 13. 2006 헌바 112 등 및 2008 헌가 12).

1) 【결정례】 혼인 종료 후 300일 이내에 출생한 자를 전남편의 친생자로 추정하도록 정한 민법 제844조 제2항은 엄격한 친생부인의 소를 통해서만 번복할 수 있도록 해 이혼한 모와 전남편이 새로운 가정을 꾸리는 데 부담이 되고 자녀와 생부가 진실한 혈연관계를 회복하는 데 장애가 되고 있다. 이는 입법형성의 한계를 벗어나 모가 가정생활과 신분관계에서 누려야 할 인격권과 혼인과 가족생활에서의 기본권을 침해한다(잠정적용 헌법불합치결정)(헌재결 2015. 4. 30. 2013 헌마 623, 판례집 27-1하, 107(116면).

2) 【판시】 i) 우리 헌법 제10조가 보장하는 개인의 인격권과 행복추구권은 개인의 자기운명결정권을 전제로 하고 있으며 이 자기운명결정권에는 혼인의 자유와 혼인에서 상대방을 결정할 수 있는 자유가 포함되어 있다. 또 헌법 제36조 제1항은 혼인제도와 가족제도는 인간의 존엄과 양성평등을 존중하는 민주주의원리에 따라 정해져야 함을 천명하고 있어서 국가는 이를 보장해야 한다. 그런데 이 사건 법률조항은 인간으로서의 존엄과 가치 및 행복추구권을 규정한 헌법규정과 혼인·가족생활에 관한 헌법규정에 정면으로 배치될 뿐 아니라 그 입법목적이 혼인에 관한 기본권을 제한할 사회질서나 공공복리에 해당할 수 없어 헌법 제37조 제2항에도 위반된다(헌재결 1997. 7. 16. 95 헌가 6 등(병합), 판례집 9-2, 1(17면)). ii) 8촌 이내 혈족 사이의 혼인을 금지하는 민법 조항(제809조 제1항)은 혼인의 자유의 침해가 아니다. 그러나 이 금혼규

생활에 임하는 모든 국민의 문화적·윤리적인 혼인관과 가족관이 요구되며, 그에 어긋나는 현상들이 때로는 사회적 지탄의 대상이 되고 때로는 법적 응징의 대상이 되는 것도 그 때문이다. 육아휴직을 원하는 경우 허가를 의무화하는 입법(근기법 제74조; 고평등법 제11조; 국공법 제71조 제 2 항 단서; 지공법 제63조/제 2 항 단서; 교공법 제44조 제 1 항; 사립교법 제59조 제 1 항)은 출산과 육아를 가족제도보장의 국가적 과제로 인식한 당연한 결과이다.

2) 우리 헌법이 보장하는 혼인·가족제도의 내용

우리 헌법은 문화민족의 이념에 따라 '개인의 존엄'과 '양성의 평등'을 기초로 성립되고 유지되는 문명사회의 혼인·가족제도를 보장하고 있다.

(가) 자유의사에 의한 일부일처제

오늘날 개화된 문명사회에서 통하는 개인의 존엄과 양성의 평등에 기초한 혼인제도로는 가부장제도 모계중심제도 아닌 남녀평등의 혼인제도이어야 하기 때문에 당연히 일부일처제를 의미한다. 따라서 중혼과 축첩이 금지되는 것은 당연하다. 또 '개인의 존엄'이 존중되는 혼인제도는 타인의 지시나 타율적인 의사결정에 따르는 것이 아니고, 결혼 당사자의 자율적인 의사결정에 의한 것이어야 하기 때문에 인신매매적 결혼, 약취·유인적 결혼 등 모든 강제결혼은 금지된다. 다만 성년의 시기와 행위능력을 법률로 정해 놓고 있는 법질서 내에서 미성년자와 피성년후견인의 혼인에 대해서 부모 또는 후견인의 동의를 얻도록 규정하고 있는 것은(민법/제808조) 혼인에 있어서의 '개인의 존엄'을 침해한 것이라고 볼 수 없다. 또 우생학적으로 충분한 근거가 있는 근친혼제한도 정당화될 수 있다고 할 것이다. 다만 가부장제에서 유래하는 부계혈통주의의 유산이라고 볼 수 있는 여성에 대한 재혼금지기간의 설정은 문제가 있었지만 2005년 민법개정으로 폐지되었다.

중혼·축첩·강제결혼금지

(나) 민주적이고 남녀동권의 가족관계

개인의 존엄과 양성의 평등을 기초로 한 가족제도란 가족생활에서 모든 가족구성원의 인격이 존중되고 특히 부부관계나 부모의 자녀에 대한 관계 또 자녀 상호간의 관계에 있어서 부부나 부모 그리고 자녀가 모두 같은 권리와 의무를 가지는 가족관계를 뜻한다.[1] 우리 헌법이 평등권의 당연한 내용을 혼인·

평등권의 신분법적 실현

정을 위반한 혼인을 어떠한 예외도 없이 처음부터 무효로 하는 민법조항(제815조 제 2 호)은 혼인 당사자와 그 자녀의 법적 지위에 대한 법적인 보호가 필요한 경우 등을 전혀 고려하지 않고 획일적으로 규정한 것이어서 침해 최소성과 법익 균형성 요건을 충족하지 못하여 헌법에 합치하지 아니한다(2024. 12. 31. 시한 잠정적용 헌법불합치결정)(헌재결 2022. 10. 27. 2018 헌바 115).

1) 【결정례】 자는 부의 성과 본을 따르게 정한 부성주의(민법 제781조 제 1 항 본문)는 헌법 제

가족제도에서 다시 한번 강조한 이유는 우리의 전통적인 가족관계가 이 점에 있어서 개선의 여지가 많다고 판단했기 때문이다. 따라서 특히 우리 신분법에 들어 있던 남자우월적인 호주제도[1]·친권·가사권(家事權)·가산권(家産權)·상속권 등에 관한 불평등규정은 2005년 민법개정을 통해 우리 헌법이 추구하는 문화민족의 이념에 맞도록 개정되었다.[2]

5. 평화추구의 이념과 그 실현원리

Ⅰ. 평화추구의 이념

헌법전문의 표현 및 관련 법규정

우리 헌법은 평화추구의 이념을 그 바탕으로 하고 있다. 헌법전문에서 '평화적 통일의 사명'을 강조하고, '밖으로는 항구적인 세계평화와 인류공영에 이바지'하겠다는 뜻을 분명히 밝히고 있는 것이 바로 그 직접적인 표현이다.

이와 같은 헌법전문의 정신에 따라 우리 헌법은 정부로 하여금 통일을 지향하되 반드시 평화적 통일정책을 수립하고 추진하도록 했으며($제4조$), 우리나라가 국제평화의 유지에 노력하고 침략적 전쟁을 부인한다는 점을 분명히 천명하고 있다($제5조 제1항$). 그에 더하여 우리나라는 국제법을 존중하며 국제법에 따라 외국인의 지위도 보장해 주는 등 국제사회의 평화적인 공존질서 확립에 함께 노력하겠다는 의지를 밝히고 있다($제6조$).

평화희구정신의 표현 및 평화적 국제질서의 영향

우리 헌법에서 밝히고 있는 평화추구의 이념은 근원적으로는 우리 민족의 본성적인 평화희구정신의 표현임에 틀림없지만, 제도적으로는 두 차례의 세계

10조와 제36조 제 1 항에 합치되지 않아 2007. 12. 31.까지만 잠정적용한다(헌재결 2005. 12. 22. 2003 헌가 5 등).

1) 【결정례】 남녀를 차별하는 남자 중심의 호주제도는 개인의 존엄과 남녀평등에 반하여 위헌이다(헌재결 2005. 2. 3. 2001 헌가 9 등, 판례집 17-1, 1, 26면).

2) 【판시】 i) 부계혈통주의를 채택한 구국적법조항은 출생한 당시의 자녀의 국적을 부의 국적에만 맞추고 모의 국적은 단지 보충적인 의미만을 부여하는 차별을 하고 있으므로 위헌이다(헌재결 2000. 8. 31. 97 헌가 12, 판례집 12-2, 167(181면)). ii) 독신자도 여전히 일반입양은 할 수 있기 때문에 독신자가 친양자입양만을 할 수 없도록 한 구민법규정은 과잉금지원칙의 위반이라고 볼 수 없어 독신자의 평등권과 가족생활의 자유를 침해하지 않는다(헌재결 2013. 9. 26. 2011 헌가 42, 판례집 21-1 하, 769(777면)).
【판결례】 혼인중 아내가 남편의 동의를 받아 남편이 아닌 제 3 자의 정자를 제공받아 인공수정으로 임신한 자녀를 출생한 경우와, 혼인중 아내가 다른 남자와의 관계에서 임신하여 남편과 혈연관계가 없는 자녀를 출산하였어도 그 자녀를 남편의 자녀로 보는 것이 혼인과 가족제도, 사생활의 비밀과 자유, 부부와 자녀의 법적 지위와 관련된 이익에 보다 합당하다. 그렇게 보는 것이 민법상 친생추정규정의 기본적인 입법취지에도 맞는다(대법원 2019. 10. 23. 선고 2016 므 2510 판결).

대전을 겪는 동안 우리 인류가 경험했던 전쟁의 참혹함과 엄청난 피해에 대한 반성으로부터 비롯된 평화적인 국제질서[1]의 직접적인 영향의 산물이라고 볼 수 있다.

우리 헌법이 천명한 평화추구의 이념이 특별한 의미를 갖는 것은 우리 한 민족이 역사적으로 제국주의적 침략전쟁의 희생물이 되었던 쓰라린 경험과 뜻하지 않은 조국의 분단상황 때문에 야기된 '6·25'의 상처 때문이다. 따라서 우리 헌법의 평화추구이념은 결코 선언적인 의미만을 가질 수는 없고 하나의 실천적인 원리로 존중되고 구현되어야 한다.[2]

불행한 역사적 경험에서 나온 실천적 원리

II. 평화추구이념의 실현원리

우리 헌법은 평화추구의 이념을 구현하기 위해서 평화통일의 원칙과 국제법존중의 원칙을 헌법상의 기본원리로 채택하고 있다.

(1) 평화통일의 원칙

우리 헌법은 분단된 조국의 엄연한 현실과 무력에 의한 통일추구가 불가능한 국제정치적 현실을 인식하고 평화적인 방법에 의해서 조국통일을 실현하겠다는 의지를 하나의 기본원리로 규정하고 있다. 헌법전문에 언급된 조국의 평화적 통일의 사명이 구체적으로 어떤 것인가를 헌법의 여러 조문에서 밝히고 있는데 먼저 제 4 조에서는 우리나라의 통일지향의지를 다시 한 번 천명하면서 우리가 지향하는 통일은 반드시 자유민주적 기본질서에 입각한 평화적 통일이

자유민주적 기본질서에 입각한 평화적 통일

---

1) 평화적인 국제질서가 형성되기 시작한 것은 제 1 차 세계대전 후에 만들어진 1919년의 국제연맹규약에서부터 비롯된다. 그러나 이 규약은 평화파괴자에 대한 가맹국의 군사적 제재를 허용하고 있었다. 그렇기 때문에 전쟁포기에 관한 1928년의 이른바 '부전조약'(不戰條約)은 평화적인 국제질서의 확립을 위한 큰 진전이었으나 이 조약에는 위반에 대한 제재규정이 없었기 때문에 제 2 차 세계대전의 발발을 막지는 못했다. 제 2 차 세계대전이 끝난 후 1945년에 탄생된 국제연합과 국제연합헌장에서는 무력행사를 일반적으로 금지하고 강대국 중심의 안전보장이사회를 두어 이를 견제·감시하는 제도까지 함께 마련했다. 이렇게 확립된 평화적인 국제질서가 우선 제 2 차 세계대전을 일으킨 일본·독일·이탈리아의 전후헌법에 반영되어 전쟁포기, 군비금지, 평화를 위한 주권제약, 전쟁준비 및 평화교란행위금지·처벌 등으로 구체화되었고 다른 나라의 헌법에도 영향을 미쳤다.

2) 【판시】 평화란 헌법의 이념 내지 목적으로서 추상적인 개념에 지나지 아니하고, 개인의 구체적 권리로서 국가에 대하여 침략전쟁에 강제되지 않고 평화적 생존을 할 수 있도록 요청할 수 있는 효력을 지닌 것이라고 볼 수 없다. 따라서 평화적 생존권은 헌법상 보장되는 기본권이라 할 수 없다. 헌재가 헌재결 2003. 2. 23. 2005 헌마 268에서 이 판시와 달리 헌법 제10조와 제37조 제 1 항을 근거로 평화적 생존권을 헌법상의 기본권으로 인정했던 결정은 이를 변경한다 (헌재결 2009. 5. 28. 2007 헌마 369, 헌재공보 152, 1208(1212면)).

라는 점을 분명히 하고 있다. 그런데 자유민주적 기본질서에 입각한 통일이란 우리 헌법이 추구하고 있는 국민주권의 이념과 정의사회의 이념이 존중되는 통치질서에 입각한 통일을 의미한다.

우선적 과제로서의 평화통일정책

이처럼 통일의 방향을 설정하고 있는 우리 헌법은 대통령에게 조국의 평화적 통일을 위해서 노력할 의무를 지워 주고($^{제66조\ 제3}_{항,\ 제69조}$), 대통령이 평화통일정책을 수립하는 데 자문을 받도록 하기 위해서 '민주평화통일자문회의'를 둘 수도 있도록 했다($^{제92}_{조}$).

통일정책에 대한 국민투표의 의미

우리 헌법이 담고 있는 강력한 통일의지와 평화통일의 원칙에 비추어 볼 때 대통령을 비롯한 국민의 대의기관은 국가정책수립의 우선과제를 통일정책에 두고 모든 통일장애적인 요인들을 제거해 나가는 데 노력해야 할 헌법적 의무를 지고 있다고 할 것이다. 그러나 우리 헌법은 조국통일의 문제가 갖는 정책적인 중요성 때문에 통일정책에 관해서는 예외적으로 국민투표를 통해서 그 정책의 민주적 정당성을 확보할 수 있는 길을 열어놓고 있다($^{제72}_{조}$). 그렇기 때문에 우리 국민은 특히 통일정책에 관한 한 자유로운 의견개진과 토론을 통해 최종적인 결정권을 행사할 수 있는 헌법적 수권을 받고 있다고 할 것이다. 바로 이곳에 통일정책을 수립하는 데 있어서의 정부 독단의 한계가 있고 국민적 관심 표명과 적극적인 참여의 정당성이 있다.

(2) 국제법존중의 원칙

우리 헌법은 우리나라가 평화추구의 이념에 따라 국제법을 존중하는 국제사회의 평화애호적인 구성원임을 분명히 천명하고 있다. 우리 헌법에 담겨진 국제법존중원칙의 구체적인 표현은 다음과 같다.

1) 침략적 전쟁의 금지

유엔헌장의 무력행사금지원칙 수용

우리나라는 국제연합(UN)의 회원[1]으로서 UN헌장에 규정된 무력행사금지원칙을 받아들여 이를 헌법에서 명문화해 놓고 있다. 「대한민국은 … 침략적 전쟁을 부인한다」($^{제5조}_{제1항}$)는 규정이 바로 그것이다. 그런데 우리 헌법은 제국주의 내지 패권주의적 발상에 의한 침략전쟁을 부인할 뿐 자위수단으로서의 자위

자위수단으로서의 국군조직

전쟁까지를 부인하는 것은 아니기 때문에 '국군'의 조직이나 국군의 존재 그 자체를 포기하지는 않고 있다. 우리 헌법이 국민의 국방의무($^{제39}_{조}$), 국군의 조직과

---

1) 우리나라는 1991년 9월 17일 제46차 유엔총회에서 북한과 함께 유엔의 정회원국으로 가입되었다.

편성을 전제로 한 대통령의 국군통수권($^{제74}_{조}$), 군인이라는 특수한 신분관계 및 그것을 전제로 한 군사법원에 관한 규정($^{제27조 제2항, 제29조 제2}_{항, 제87조 제4항, 제110조}$), 군사에 관한 중요사항의 국무회의심의($^{제89조 제2호·}_{제6호·제16호}$), 계엄규정($^{제77}_{조}$), 일정한 군사행동에 대한 국회의 동의권규정($^{제60조}_{제2항}$) 등을 두고 있는 이유도 그 때문이다. 이 모든 헌법규정에 의해서 그 존립이 정당화되는 '국군은 국가의 안전보장과 국토방위의 신성한 의무를 수행함을 사명으로' 하기 때문에 국내정치에서는 중립성을 지키게 했다($^{제5조}_{제2항}$). 또 우리 헌법이 국가안전보장에 관련되는 군사정책 등의 수립에 관하여 대통령의 자문에 응하게 하기 위하여 국가안전보장회의를 두도록 한 것도 우리의 방위태세를 공고히 하기 위한 것이다.

2) 조약 및 국제법규의 국내법수용

「헌법에 의하여 체결·공포된 조약과 일반적으로 승인된 국제법규는 국내법과 같은 효력을 가진다」($^{제6조}_{제1항}$)는 헌법규정을 통해서 우리 헌법은 국제법존중의 의지를 가장 직접적으로 표현하고 있다.[1]

(가) 조약의 국내법적 효력

헌법에 의하여 체결·공포된 조약은 국내법과 같은 효력을 가진다. 조약이란 국가간에 국제법상의 일정한 권리와 의무에 관해서 합의·약속한 사항을 정리 기록한 외교문서의 일종이다.[2] 조약이 국내법적 효력을 갖기 위해서는 '헌법에 의하여 체결·공포'되어야 하는데, 그러기 위해서는 조약의 체결·공포절차가 합헌적이어야 할 뿐 아니라 조약의 내용도 헌법에 위배되지 않아야 한다.[3]

> **국내법과 같은 효력 갖는 조약**

a) 조약이 국내법적 효력을 갖기 위한 절차적 요건

우리 헌법은 조약이 갖는 국제사회에서의 큰 의미와 조약이 국회제정의

> **조약의 체결·비준·동의요건**

---

1) 【판시】 우리 헌법재판소는 국제연합의 인권선언이 선언적인 의미를 가지고 있을 뿐 법적 구속력을 가지는 것은 아니지만 그 취지를 살릴 수 있도록 노력해야 한다고 판시했다. 또 국제연합의 인권선언의 실효성을 뒷받침하기 위하여 마련된 이른바 A 및 B 국제규약과 국제연합교육과학문화기구와 국제노동기구가 채택한 '교원의 지위에 관한 권고'는 '우리의 현실에 적합한 교육제도의 실시를 제약하면서까지 교원에게 근로3권이 제한 없이 보장되어야 한다든가 교원단체를 전문직으로서의 특수성을 살리는 교직단체로서 구성하는 것을 제재하고 반드시 일반노동조합으로서만 구성하여야 한다는 주장의 근거로 삼을 수는 없어서 교원노조금지에 관한 법규정이 국제법 존중의 정신에 어긋나는 것이라고 할 수 없다'고 판시했다(헌재결 1991. 7. 22. 89 헌가 106, 판례집 3, 387(425~429면)).

2) 국가간의 외교문서에는 구술설명대로 복사해서 전달하는 '구술(상)서'(Note Verbale), 구술설명 후에 그 요지만을 요약해서 전달하는 '비망록'(Aide Memoire), 구술설명 없이 일방적으로 입장을 전달하는 '각서', 국가간에 국제법상의 권리·의무에 관해서 합의·약속한 사항을 정리기록한 조약 등이 있다. 외교문서로서의 비중과 효력은 조약·각서·비망록·구술서의 순이다.

3) 【판시】 마라케쉬협정은 적법하게 체결·공포된 조약이므로 이 협정에 의해 관세범의 처벌이 가중되어도 위헌은 아니다(헌재결 1998. 11. 26. 97 헌바 65, 판례집 10-2, 685(699면)).

국내법과 같은 효력을 갖게 된다는 점을 감안해서 조약의 체결·비준·동의에 관해서 상세한 규정을 두고 있다. 즉 조약체결·비준권[1]은 국가를 대표하는 대통령이 행사하지만($_{조}^{제73}$) 반드시 국무회의의 심의를 거치도록 했으며($_{제 3 호}^{제89조}$) 특히 중요한 사항에 관한 조약(상호원조 또는 안전보장에 관한 조약, 중요한 국제조직에 관한 조약, 우호통상항해조약, 주권의 제약에 관한 조약, 강화조약, 국가나 국민에게 중대한 재정적 부담을 지우는 조약 또는 입법사항에 관한 조약)을 체결·비준하는 데는 국회의 동의를 받아서 하도록 했다($_{제 1 항}^{제60조}$). 그러나 헌법에 특별히 열거되지 아니한 국가간의 단순한 행정협조적이고 기술적인 사항에 관한 조약(예컨대 Visa 협정, 문화교류를 내용으로 하는 협정 등)의 체결·비준에는 국회의 동의를 요하지 않는다.

α) 조약에 대한 국회동의권의 법적 성격

국회의 동의 = 대통령의 비준의 합법화 및 조약의 국내법적 효력발생요건

그런데 국회의 동의를 요하는 조약의 경우 국회의 동의가 어떤 법적 성격을 가지는 것인지가 문제된다.

국회의 동의가 대통령의 비준행위를 헌법적으로 정당화시켜 주는 것임에는 의심의 여지가 없다. 따라서 국회의 동의는 원칙적으로 대통령이 비준하기 전에 있어야 한다. 그러나 이 국회의 동의가 결코 대통령의 비준권 자체를 발생시키는 것이 아니라는 점을 주의해야 한다. 대통령의 비준권은 이미 헌법의 다른 규정($_{항, 제73조}^{제66조 제1}$)에 의해서 부여된 것이고, 헌법 제60조 제 1 항에 의한 국회의 동의권은 다만 대통령의 비준행위를 국내법상으로 합법화시키는 것에

조약의 국제법적 효력과 국내법적 효력의 구별

불과하다. 따라서 대통령이 국회의 동의 없이 비준한 경우에도[2] 그 비준은 국제법상으로 합법으로 간주되는 것이며, 비준서의 교환 등 조약에 규정된 일정한 절차 후에 당해 조약은 당연히 국제법상 효력이 발생하는 것이다.[3] 왜냐하면 조약의 국제법상의 효력은 국제법에 의해서 결정되는 것이지 어떤 당사국의 국내법에 의해서 좌우되는 것이 아니기 때문이다.[4] 이와 같이 조약의 국제법상

---

1) 헌법 제73조가 '체결'·'비준'을 구분해서 규정하고 있기 때문에 이 경우의 '체결'은 그것을 좁은 의미로 해석해서 전권대표(全權代表)의 지명·파견, 조약내용에 대한 기본방침지시 등의 뜻으로 보아야 할 것이다. 왜냐하면 넓은 의미의 '체결'에는 마땅히 '비준'이 포함되는 것이기 때문이다. 그러나 실제에 있어서는 대통령 자신이 낱말 그대로 조약을 체결하는 것은 극히 드문 현상이고, 대통령은 전권대표에 의해서 작성된 조약안을 비준하는 것이 관례이다. 이 경우 '비준'이라는 것은 국제법상으로 국가를 대표하는 국가원수가 일정한 형식을 갖춘 서면으로 조약이 국제법상 유효함을 확인함으로써 국가의무를 발생케 하는 행위이다.

2) 이러한 경우는 사실상 극히 예외적인 것으로 간주되어야 한다.

3) 이것이 오늘날의 다수설이다. 조약당사국은 상대국 원수의 비준행위가 그 나라 헌법절차에 의해 정당하게 성립된 것인지의 여부를 심사할 권리도 의무도 없다고 한다. 이와 같은 통설은 국제법관계에 있어서의 법적 안정성의 요청, 외국헌법질서나 비준절차에 대한 세부적 심사가 기대가능성의 범위 밖에 있다는 것과 외국원수가 국법상 행한 행위에 대한 신임의 원칙 등을 그 이론적 기초로 하고 있다.

4) 물론 국회의 동의 없이 비준이 행해진 경우, 국회는 대통령의 헌법위반을 이유로 해서 탄핵의 소추를 의결할 수 있겠으나 그것은 어디까지나 국내법상의 책임추궁문제이며, 대통령의 헌법

효력은 국회의 동의 유무를 막론하고 오로지 대통령의 비준행위에 의해서만 발생하는 것이나, 그 조약이 국내법상으로도 효력을 발생하기 위해서는 조약이 헌법 제 6 조 제 1 항이 규정한 요건을 갖추어야 하는 것으로,[1] 즉 조약은 헌법에 의한 절차적 요건을 갖춘 경우에 한해서만 국내법상 효력이 발생하는 것이다. 따라서 대통령의 비준에 대한 국회의 동의는 그것이 대통령의 비준행위를 국내법상으로 정당화시키는 의의 외에도 조약이 국내법상으로 효력을 발생키 위한 전제요건으로서의 성질을 가지는 것이다.[2]

β) 조약에 대한 국회동의의 효과

조약은 국회의 동의라는 절차에 의해서 국내법과 같은 효력을 갖게 된다. 이 경우 「국내법과 같은 효력을 가진다」고 하는 것은 조약이 국내적으로 '법률'과 같은 효력을 가진다는 뜻이다.[3]

> 국내법률과 동일시

γ) 법률과 같은 효력의 유형

조약이 국내적으로 '법률'과 같은 효력을 가지는 경우에도 조약의 국내법상 효력은 조약의 내용에 따라 각각 다르다. i) 첫째로 조약에는 국가간의 정치적인 관계만을 내용으로 하는 소위 정치적인 조약[4]이 있는데, 이러한 순수한 정치적인 조약은 다만 '국가' 스스로에 의해서만 충족될 수 있기 때문에 국민의 권리의무와는 직접적으로 아무런 관계가 없고, 따라서 그러한 조약은 실질적 의미의 법률도 형식적 의미의 법률도 아니다. ii) 둘째로 조약에는 그 내용이 정치적인 것에 국한되는 것이 아니라 국민의 권리의무와도 밀접한 관계가 있어서[5] 조약에 의해서 국가가 일정한 법률의 제정의무를 지는 경우가 있는

> 조약의 내용에 따른 국내법적 효력의 차이

위반을 인정하는 탄핵결정도 조약의 국제법상의 효력에 영향을 미칠 수는 없는 것이다.

1) 【판시】 강제노동의 폐지에 관한 국제노동기구(ILO)의 제105호 조약은 우리가 비준한 바가 없고 헌법 제 6 조 제 1 항에서 말하는 일반적으로 승인된 국제법규로서 헌법적 효력을 갖는다고 볼 수도 없기 때문에 이 사건 위헌성 심사의 척도가 될 수 없다(헌재결 1998. 7. 16. 97 헌바 23, 판례집 10-2, 243(245면)).

2) 동지: 헌재결 1999. 4. 29. 97 헌가 14(한미방위조약 제 4 조에 의한 시설과 구역 및 미군지위에 관한 협정의 합헌결정). 따라서 국내의 일부 헌법학자들이 조약의 국제법적 효력과 국내법적 효력을 구별하지 않고 국회의 동의가 조약의 효력발생요건인가에 관해서 또 국회의 조약에 대한 수정동의권에 관해서 부정설과 긍정설의 논쟁을 벌이는 것은 별로 실익이 없다. 설령 수정동의가 된다 해도 그것은 어디까지나 국내법적 효력의 문제에 국한되고 국제법적 효력에는 영향을 미치지 않기 때문이다. 김철수, 977면 이하; 권영성, 1993년판, 171면 참조.

3) 물론 국회의 동의를 받을 필요가 없는 조약은 국내법상으로 대통령령과 같은 효력을 갖는 것도 있다.

4) 상호원조, 안전보장에 관한 조약, 국제조직에 관한 조약, 강화조약, 불가침조약 등이 이에 속할 것이다.

5) 외국군대의 지위에 관한 조약, 통상조약, 어업조약, 국민에게 재정적 부담을 지우는 조약 등이 이에 속한다.

데,[1] 이 경우에는 조약의 이행에 국회가 제정하는 법률을[2] 필요로 하거나 행정부의 명령 또는 규칙을 필요로 하는 것이 있다. 이러한 조약의 국내법상의 효력은 실제에 있어서 그 조약에 의한 입법조치 등에 의해서 발생하는 것인데, 이 경우 그 조약의 내용을 구체화하는 국회제정의 법률은 형식적 의미의 법률로서 당연히 헌법 제107조 제 1 항에 의한 규범통제의 대상이 되지만 조약 자체는 이 경우에도 실질적 법률도 형식적 법률도 아니다. 또한 헌법재판소에서 조약부속법률 자체를 위헌결정한 경우에도 조약 자체의 국제법상 효력에는 영향을 미치지 않는 것이며, 국가가 새로운 법률의 제정 등에 의해서 조약내용을 이행할 국제법상의 의무를 지는 것이며, 경우에 따라서는 조약상대국에 대해 조약 불이행의 책임을 추궁당하는 예가 있겠으나, 이와 같은 문제는 어디까지나 국제법상의 문제이다. iii) 셋째로 조약에는 입법사항에 관한 조약과 같이, 조약 자체가 국민의 권리의무에 관한 법규범을 포함하고 있어서 조약의 문구나 내용으로 보아, 국내의 법적용기관(특히 법원)에 의해서 조약이 직접 구체적인 사건에 적용될 수 있는 경우가 있다.[3] 이 경우에도 조약은 그것이 일종의 실질적 의미의 법률이라고 할 수 있으나, 그것이 결코 형식적 의미의 법률일 수는 없다. 왜냐하면 이 경우 조약이 국민의 권리의무에 관한 사항을 내용으로 한다 하더라도 그것은 국회가 법률제정의 일정한 형식에 의해 제정한 것은 아니기 때문이다.

b) 조약이 국내법적 효력을 갖기 위한 실질적 요건과 조약의 규범통제

합헌적 조약

조약이 국내법과 같은 효력을 갖기 위해서는 조약체결의 절차가 합헌적이어야 할 뿐 아니라 조약의 내용이 우리 헌법에 저촉되지 않아야 한다. 따라서 국회의 동의를 얻어서 체결·공포된 조약이라 하더라도 그 내용이 헌법에 위

---

1) 대한민국과 일본국간의 어업에 관한 협정(조약 제166호) 제 4 조 제 2 항에 의한 국가의무가 그 예이다. 이 규정에 의해 어업협정시행령이 1965년 12월 18일 공포되었다. 그런데 이 협정은 1999년 체결된 새로운 협정(조약 제1477호)에 의해서 대체되었다.

2) 대한민국과 미합중국간의 상호방위조약(조약 제34호) 제 4 조에 의한 시설과 구역 및 대한민국에서의 합중국군대의 지위에 관한 협정(SOFA)의 실시에 따라 이 협정 제29조에 의해서 제정되는 법률 등이 그 예이다.

3) 고전적인 국제법이론에 의하면, 국제법의 주체는 개인이 아니라 '국가'이기 때문에, 개인의 권리의무를 직접 내용으로 하는 조약의 문제는 부정된다. 그러나 개인의 국제법주체성에 관한 문제는 아직도 유동적인 상태이기는 하나, 조약에 의해서 개인이 직접 권리의무를 취득할 수 있다는 학설이 증가하고 있다. Vgl. *O. Lauterpacht*, International Law, Vol. 1, 7th. Ed. 1948, S. 19ff., 113ff., 579ff.; *Verdross*, Völkerrecht, 3. Aufl., 1955, S. 84ff.; *Menzel*, Bonner Kommentar, EH. 5 zu Art. 25 GG.

【결정례】 한일어업협정은 기본권침해의 직접성이 인정되므로 보충성의 예외에 해당하여 헌법소원의 대상이 된다(헌재결 2001. 3. 21. 99 헌마 139 등(병합)).

배되는 경우에는 마치 위헌법률과 마찬가지로 그 국내법적 효력을 가질 수 없다.[1]

다만 조약의 헌법위배여부를 누가 어떤 방법으로 결정할 것인가의 의문이 제기되는데 조약에 대한 규범통제의 문제가 바로 그것이다. 그런데 조약이 규범통제의 대상이 될 수 있는 것인지에 관해서는 긍정설과 부정설이 있다.

규범통제 인정 여부

α) 긍 정 설

조약은 그 효력이 헌법보다 하위에 있고 또 국내법과 같은 효력을 가지므로 위헌법률처럼 규범통제의 대상이 되는데 다만 조약의 성질에 따라 법률의 효력을 가지는 조약은 헌법재판소가, 명령·규칙의 효력을 가지는 조약은 대법원이 최종적으로 심사하게 된다고 한다. 우리 헌법재판소도 '한미방위조약 제 4 조에 의한 시설과 구역 및 미군의 지위에 관한 협정'을 규범통제의 대상으로 삼아 합헌결정했다.[2] 한일어업협정도 헌법소원심판에서 위헌이 아니라고 결정했다.[3]

조약의 성질에 따른 심사 긍정

β) 부 정 설

조약은 국가간의 약속으로서 국내법과는 달리 고도의 정치성을 띠는 것이고 또 조약체결은 일종의 통치행위적인 성질을 갖기 때문에 사법심사의 대상이 될 수 없다고 한다.[4]

사법심사배제

γ) 사 견

생각건대 국내법과는 완전히 다른 법목적을 추구하는 조약은 그것이 아무리 입법사항을 내용으로 하고 있다 하더라도 그것은 국가간의 타협과 절충의 결과를 의미하는 것이고 조약의 내용 상호간에는 서로 불가분의 관계가 있기 때문에 조약 전체 또는 그 일부 규정의 효력이 쉽게 부인될 수 있는 것이 아니다. 조약의 국제정치성과 조약내용의 단일성·통일성 또 조약무효로 인한 국가 체면손상 등을 고려한다면 조약을 규범통제의 대상으로 삼는데는 보다 신중한 태도가 요청된다고 할 것이다. 기본권침해적인 조약을 대통령이 체결하고

조약의 특성상 조약 자체의 규범통제는 부적당

---

1) 이 내용을 설명하기 위해서 일부 국내 헌법학자들이 구태여 '조약우위설', '헌법우위설' 등 주로 제 2 차 세계대전 발발에 국제법적 책임이 있는 나라의 관련 헌법규정과 관련해서 논의된 이론을 끌어들이는 것은 전혀 불필요한 일이다. 왜냐하면 우리 헌법(제 6 조 제 1 항)은 이 점에 관한 한 이론의 여지 없이 명백한 헌법우선적 효력의 입장을 취하고 있기 때문이다.

2) **【판시】** 이 사건 협정은 우리나라에 주둔하는 미군의 지위에 관하여 다루고 있는데 그 '협정'이라는 명칭에도 불구하고 국회의 동의를 요하는 조약으로 취급되어야 한다. 그런데 1966. 10. 14. 국회의 비준동의와 대통령의 비준·공포를 거친 것으로 인정되어 성립절차상의 하자로 인한 위헌은 아니다(헌재결 1999. 4. 29. 97 헌가 14, 판례집 11-1, 273면). 국내 대부분의 헌법학자가 긍정설을 취하고 있다. 예컨대 김철수, 227면; 권영성, 177면.

3) 헌재결 2001. 3. 21. 99 헌마 139 등(병합) 참조.

4) Vgl. *Kaufmann*, Normenkontrollverfahren und völkerrechtliche Verträge, in: Gedächtnisschrift für *W. Jellinek*, 1955, S. 445ff.(454); *Zacher*, DVBl 1955, S. 697.

국회가 그 조약의 비준에 동의할 가능성을 배제할 수는 없지만, 그러한 헌법저
촉의 조약체결을 제지하는 방법으로서 규범통제제도가 원용될 수는 없다. 또
조약이나 일반적으로 승인된 국제법규의 국내법적 효력은 평화추구이념의 실현
을 위한 것이라는 점도 소홀히 해서는 아니된다.[1]

(ㄴ) 국제법규의 국내법수용

a) 일반적으로 승인된 국제법규의 의의

대다수 국가
가 승인한 국
제법규

　　일반적으로 승인된 국제법규는 국내법과 같은 효력을 가진다. '일반적으로
승인된 국제법규'란 세계 대다수 국가에 의해서 승인된 국제법규를 말한다. '대
다수 국가'라는 말은 단순한 수학적인 다수만을 의미하는 것이 아니고, 국제법
규의 내용과 관련해서 생각해야 한다. 예컨대 해상권(海上權)에 관한 사항을 내
용으로 하는 국제법규는 대다수 해상국가에 의해서 승인되었을 때 비로소 일반
적으로 승인된 국제법규가 된다. 일반적으로 승인된 국제법규는 이처럼 국제사
회의 대다수 나라에 의해서 이미 승인된 것을 말하는 것이고, 우리나라에 의해
서 승인되어야 한다는 것을 의미하는 것은 아니다. 왜냐하면 국제법이란 그와
같이 대다수 국가에 의해서 공인된 경우에 비로소 국제법규로서 성립되는 것이
기 때문이다. 국제법규에는 성문의 국제법규와 불문의 국제관습법[2] 그리고 일
반적으로 승인된 조약[3]이 모두 포함된다.

b) 국제법규의 국내법수용절차

직접 국내법
에 편입

　　우리 헌법(제6조 제1항)은 일반적으로 승인된 국제법규에 대해서는 특별한 수용절
차를 따로 규정하지 않고 직접 국내법으로 편입되게 했다. 이 점이 중요조약에
대해서 국회의 동의라는 수용절차를 거쳐서 국내법으로 편입시킨 것과 다르다.

---

1) 이 문제를 비교헌법의 견지에서 고찰하더라도 독일의 기본법 아래서는 정치적인 관계를 규정
　하거나 입법사항을 대상으로 하는 조약은 입법기관의 동의를 필요로 하고 이 동의는 반드시
　'연방법률의 형식'에 의하게 되어 있는데 규범통제의 대상이 되는 것은 조약 자체가 아니라 이
　조약에 동의한 '동의법'(Zustimmungsgesetze)이라는 것이 통설이다. 따라서 조약 자체는 규범
　통제의 대상이 되지 않게 되어 있다. 또 '예방적인 규범통제'를 인정치 않는 독일의 헌법질서
　내에서도 조약의 동의법에 대해서만은 예외적으로 '예방적인 규범통제'를 인정함으로써 헌법저
　촉의 조약이 비준되는 일이 없도록 사전에 손을 쓰고 있는 것이다. 네덜란드의 헌법도 조약의
　국내법에 대한 우선적 효력을 규정하면서 법관에 의한 조약의 위헌심사를 금지하고 있다. 스
　위스에서도 국내법이 국제법의 심사기준이 될 수 없다는 이유로 조약에 대한 사법적 통제가
　배척되고 있다. 프랑스에서도 외교관계에 관한 행정작용은 그것이 통치작용으로 간주되어 사
　법적 통제의 대상에서 제외되고 있다. 외교권의 행정작용이 법관의 심사대상이 되지 않는 것
　은 미국이나 영국에서도 마찬가지이다. 자세한 내용과 관련 문헌은 졸고, '조약의 국내법상 효
　력과 규범통제의 문제', 「새법정」 1972, 6월호, 6면 이하 참조할 것.
2) 예컨대 전시국제법상의 일반원칙(포로의 살해금지 등), 외교관의 대우에 관한 일반원칙 등이
　이에 속한다.
3) 예컨대 부전조약, 포로에 관한 제네바협정, 집단학살(genocide)금지협정 등이 이에 속한다.

c) 국제법규의 국내법적 효력과 규범통제

일반적으로 승인된 국제법규는 국내법과 같은 효력을 가진다. 국내법과 같은 효력이란 반드시 법률과의 동일한 효력만을 가리키는 것은 아니다.[1] 그런데 일반적으로 승인된 국제법규를 국내법으로 편입시키는 특별한 수용절차를 마련하지 않고 있는 우리 헌법질서 내에서는 국제법규를 국내법으로 집행·적용하는 데 있어서 어려움이 따른다. 즉 국제법규가 과연 일반적으로 승인된 것인지, 또 우리 헌법과 저촉[2]되는지 여부를 미리 조사해야 하는데 우리 헌법에는 그러한 권능기관에 대한 언급이 없고 또 그러한 조사나 평가가 결코 쉬운 일이 아니기 때문이다.

그래서 규범통제의 문제는 일반적으로 승인된 국제법규에 대해서도 발생한다. 즉 어떤 국제법규의 우리 헌법과의 저촉 여부가 재판의 전제가 되었을 때, 법관은 우선 그것이 과연 일반적으로 승인된 국제법규인가를 조사해야 하고, 이 문제가 해결된 다음에는 제 2 차적으로 그것이 헌법과 저촉되는 여부를 심사해야 할 것이고, 경우에 따라서는 그 국제법규의 국내에서의 효력을 부인하거나 그 심판을 헌법재판소에 제청해서 그 판단을 기다려 재판해야 하겠기 때문이다. 또한 헌법에는 저촉되지 않는다 하더라도 국내의 다른 법률과 저촉되는지 여부가 문제될 수도 있고 이 경우 국제법규와 국내법의 어느 편에 우선권을 줄 것인지 결정해야 한다.[3]

그러나 국제법규를 국내법으로 집행·적용하기 위한 그러한 조사나 평가는 엄밀한 의미에서 규범통제로서의 성격을 갖는 것이 아니고 일종의 국내법으로의 수용절차적 성격을 갖는다고 할 것이다. 국회동의라는 수용절차를 거치는 조약과는 달라서 일반적으로 승인된 국제법규가 국내법으로서의 효력을 갖기 위해서 문제가 제기된 경우에는 어떤 형태로든지 확인하는 기관과 절차가 필요하겠기 때문이다. 우리 헌법재판소가 그 역할을 맡고 있다. 한 예로 양심적 병역거부권을 명문으로 인정한 국제인권조약은 아직 없으며 양심적 병역거부권의 보장에 관한 국제관습법이 형성된 것도 아니어서 양심적 병역거부는 우리가 수

국제법의 국내법적 집행·적용상의 어려움

국제법에 대한 규범통제

국내법으로 수용하기 위한 규범심사와 규범통제의 구별

---

1) 【결정례】 우리 헌법재판소가 강제노동의 폐지에 관한 국제노동기구(ILO)의 제105호 조약의 국내법적 효력을 부인하면서 이 조약이 위헌성 심사의 척도가 될 수 없음을 강조한 것도 일반적으로 승인된 국제법규가 헌법적 효력을 가질 수도 있다는 점을 간접적으로 시사한 것이라고 할 것이다(헌재결 1998. 7. 16. 97 헌바 23).

2) 국제법규는 그것이 어떤 국가의 헌법과 저촉될 수는 있어도 결코 위헌일 수는 없다. 왜냐하면 국제법과 국내법은 그 법원(法源), 법률관계, 법적 구조나 법적 성질이 서로 다르기 때문이다.

3) 우리나라의 재판관할권에 속하는 외국인의 민사·형사·조세사건 등에서 사실상 문제가 될 수 있다.

용할 수 있는 일반적으로 승인된 국제법규라고 할 수 없다고 헌법재판소가 확인한 것도[1] 바로 그 때문이다. 바로 이 점이 조약에 대한 규범통제와 일반적으로 승인된 국제법규에 대한 규범통제를 같은 기준과 논리로 설명할 수 없는 이유이다.

3) 외국인의 법적 지위보장

국제법상의 상호주의원칙 채택

우리 헌법은 국제법을 존중함으로써 국제평화의 유지에 노력하기 위해서 외국인의 법적 지위를 보장하고 있다. 「외국인은 국제법과 조약이 정하는 바에 의하여 그 지위가 보장된다」(제6조 제2항)고 한 헌법규정이 바로 그것이다. 그런데 오늘날 외국인의 보호에 관해서 국제법적으로 확립된 관례는 상호주의원칙이기 때문에 우리 헌법도 상호주의원칙을 존중하겠다는 뜻을 분명히 밝힌 것이라고 볼 수 있다.

외국인의 기본권 주체성 문제

외국인의 법적 지위보장과 관련해서 가장 문제가 되는 것은 외국인에게도 우리 헌법상의 기본권을 보장해 줄 것인가의 문제이다. 이 문제에 관해서 우리 헌법규정(제6조 제2항)은 명시적인 언급을 하지 않는다. 헌법 제6조 제2항의 규정은 국제법존중의 원칙에 입각해서 외국인의 지위에 관한 국제법상의 일반원칙을 우리 법질서가 수용하기 위한 헌법상의 근거조항이지 외국인이 기본권을 누릴 수 있는지 없는지를 밝히기 위한 것은 아니기 때문이다. 그러나 외국인의 국내법상의 권리는 모두가 제6조 제2항에만 근거를 두고 기본권규정과 무관한 것은 결코 아니다. 외국인도 우리 민족의 동화적(同化的) 통합을 해치지 않고 그들을 우리 사회에 동화시키는 데 필요한 범위 내에서 기본권의 주체가 될 수 있다고 할 것이다. 그러나 국제법상의 상호주의원칙에 비추어 볼 때 모든 외국인을 언제나 동일하게 기본권주체로 대우해 주어야 한다는 논리는 성립되지 않는다.[2]

---

1) 헌재결 2011. 8. 30. 2007 헌가 12 등, 판례집 23-2 상, 132(157면) 참조.
2) 자세한 것은 기본권 편 '기본권의 주체' 항목 중 외국인의 기본권주체성을 참조할 것.

제 3 장   대한민국의 존립기반과 국가형태

1. 대한민국의 존립기반

한반도에 정착한 한민족의 사회통합의 공감대적 합의

　헌법은 일정한 공감대적 가치에 입각하여 사회공동체를 정치적 일원체인 국가로 조직하기 위한 법질서이기 때문에 헌법은 일정한 존립기반을 가지고 있는 사회공동체를 전제로 한다. 우리나라 헌법이 전제로 하고 있는 사회공동체는 한반도와 그 부속도서를 생활근거지로 하고 살아가는 한민족의 사회공동체이다. 한반도에 정착한 한민족이 우리 사회공동체의 저변에 흐르고 있는 생활감각·시대사상·사회윤리·정의관·정치이념 등의 공감대적 가치를 집약적으로 수렴해서 이를 가장 효과적이고 능률적으로 조정·실현함으로써 우리 사회공동체를 대한민국으로 조직·통합하기 위한 기능적인 조직모형이 바로 우리나라 헌법이다. 따라서 대한민국의 존립기반은 공간적으로는 한반도와 그 부속도서이고 인적으로는 한민족이다. 또 대한민국은 민주공화국 건설을 통하여 자유·평등·정의라는 공감대적 가치를 실현하고자 하는 한민족의 정치적 합의에 권력적인 존립기반을 두고 있다.

I. 대한민국의 인적 존립기반

우리 국적취득한 한국인

　우리나라는 단일민족으로서의 한민족을 그 인적 존립기반으로 하고 있다. 즉 우리나라는 한민족을 중심으로 해서 대한민국의 국민이 될 수 있는 자격(국적)을 취득한 대한국민을 그 인적 존립기반으로 하고 있다. 따라서 대한민국의 국적을 갖지 아니한 한민족은 법적인 의미에서 우리나라의 인적인 존립기반은 아니다.[1] 반면에 한민족이 아니라도 대한민국의 국적을 취득한 사람은 우리나라 국민으로서 우리나라의 인적인 존립기반을 형성한다. 대한민국은 우리나라 국적을 가진 모든 국민을 그 인적인 존립기반으로 하고 있기 때문에 외국인과 무국적자는 설령 우리나라에서 생활하고 있다 하더라도 대한민국의 인적인 존립기반은 아니다. 또 우리 국민은 비록 외국에서 생활하고 있다 하더라도 우리

---

1) 바로 이런 이유로 '민족'이라는 말과 '국민'이라는 말이 법적으로 다르게 사용될 수도 있는 것이다.

의 인적인 존립기반이 된다. 바로 이곳에 인적인 존립기반에서의 국적의 중요성이 있다.

(1) 대한민국국민

국적법의 기
본원리

우리 헌법은 「대한민국의 국민이 되는 요건은 법률로 정한다」$\binom{\text{제2조}}{\text{제1항}}$고 규정함으로써 국적법정주의를 채택하고 있다. 국적법정주의에 따라 국적의 취득과 상실에 관한 자세한 내용을 국적법이 정하고 있다. 우리 국적법은 혈통주의(속인주의)를 기본원리로 삼고 있다.

1) 국적의 취득

우리나라의 국적을 취득하는 방법에는 선천적 취득과 후천적 취득의 두 가지가 있다.

⑺ 선천적 취득

혈통주의원칙

국적의 선천적 취득이란 출생에 의해서 자동적으로 국민이 되는 것을 말하는데 가장 흔한 국적취득의 방법이다. 선천적 취득에도 또 두 가지 유형이 있는데, 부모의 국적에 따라 출생자의 국적이 정해지는 혈통주의(속인주의)와 부모의 국적에 관계 없이 출생지역에 따라 국적이 정해지는 속지주의(출생지주의)가 그것이다. 우리나라는 혈통주의를 원칙으로 하고[1] 속지주의를 가미하고 있다. 즉 출생자의 부모가 모두 불명하거나 무국적일 때에는 우리나라에서 출생했거나 발견된 기아는 예외적으로 우리 국민이 되게 했다$\binom{\text{국적법}}{\text{제2조}}$.

⑴ 후천적 취득

인지·귀화 등

국적의 후천적 취득이란 인지·귀화·국적회복 등 출생 이외의 사실에 의해서 국민이 되는 것을 말하는데 국적취득의 예외적인 방법이다. 예컨대 우리 국민과 혼인한 외국인이 일정한 요건을 갖추고[2] 간이귀화허가를 받은 자$\binom{\text{법 제6조}}{\text{제2항}}$,

---

1) 출생 당시 부 또는 모 어느 한 쪽이 우리 국민이면 그 자녀도 우리 국적을 취득하는 부모양계
혈통주의를 채택했다(법 제 2 조 제 1 항 제 1 호). 따라서 외국인 부와 한국인 모 사이에 출생
한 자녀는 모의 성과 본을 따를 수 있고 모의 호적에 입적하도록 했다(법 부칙 제 8 조).
 【결정례】 부모양계혈통주의를 채택한 1997년 국적법 제 7 조 제 1 항이 모계출생자에 대한 국
적취득의 특례를 법시행 당시 10세 미만인 자에 한정해서 적용하게 한 것은 평등원칙에 위배
된다는 헌재의 헌법불합치결정(헌재결 2000. 8. 31. 97 헌가 12)에 따라 그 적용을 20세 미만
자로 확대하도록 국적법을 개정했다(2001. 12. 29.).
2) 배우자와 혼인한 상태로 2년 이상 계속 우리나라에 주소가 있거나, 혼인 후 3년이 지나고 혼
인한 상태로 1년 이상 계속 우리나라에 주소가 있어야 간이귀화허가를 받을 수 있다. 위장혼
인을 방지하기 위한 규정이다. 그런데 국민인 배우자의 사망·실종·외국인 배우자의 귀책사유
없는 이혼 또는 국민인 배우자와의 사이에 출생한 미성년인 자녀의 양육필요가 있는 경우에는
앞의 기간이나 요건을 충족하지 못해도 법무부장관이 예외적으로 간이귀화를 허가할 수 있게

우리 국민인 부 또는 모가 인지한 미성년자($\frac{법}{제 3 조}$), 우리 국적을 취득한 부 또는 모와 함께 귀화허가를 신청한 미성년자($\frac{법}{제 8 조}$), 법무부장관의 허가를 얻어 귀화한 사람은 모두 우리 국적을 취득하게 된다($\frac{동법 제 4}{조~제 7 조}$).

2) 국적의 상실과 회복·재취득

국적은 한 번 취득한 후에도 다시 상실할 수가 있다. 즉 우리 국적법에 따르면 우리 국민이 자진해서 외국국적을 취득한 때에는 우리 국적을 상실한다 ($\frac{법 제15조}{제 1 항}$).[1] 그리고 우리 국민이 i) 외국인과 혼인하여 그 배우자의 국적을 취득한 때, ii) 외국인의 양자로서 그 국적을 취득한 때, iii) 외국인의 인지로 인하여 외국의 국적을 취득한 때, iv) 외국국적취득으로 우리 국적을 상실하게 된 경우 그 배우자 또는 미성년의 자로서 함께 그 외국의 국적을 취득한 때 등에는 6월 내에 법무부장관에게 우리 국적보유의사를 신고하지 않으면 외국국적취득시에 소급해서 우리 국적을 상실한다($\frac{법 제15조}{제 2 항}$). v) 또 외국인으로서 우리 국적을 얻은 사람이 1년이 지나도 그 외국의 국적을 포기하지 아니한 때($\frac{법}{제10조}$), 그러나 특별한 공로가 있거나 우수인재로 특별귀화한 자, 해외 입양되었다가 우리 국적을 회복한 자, 영주귀국하여 우리 국적을 회복한 65세 이상인 자, 기타 대통령령으로 정하는 자 등은 외국국적을 포기하지 아니하고 국내에서 외국국적을 행사하지 않겠다는 서약을 하면 국적이 상실되지 않는다($\frac{법 제10조}{제 2 항}$). vi) 복수국적자가 법정기간 내에 우리 국적을 선택하지 아니하거나 우리 국적이탈신고를 한 때에는 우리 국적은 상실된다($\frac{법 제12조~}{제14조}$). 예컨대 출생 등의 사유로 복수국적자가 된 미성년자는 만 22세가 되기 전까지($\frac{만 20세 후에 이중국적}{자가 된 때는 2년 내에}$) 우리 국적을 선택하지 않으면 우리 국적을 상실한다($\frac{법}{제12조}$).[2] 복수국적을 예외적으로 허용함에 따라[3] 복수국적자의 법적 지위규정($\frac{법}{의 2}$제11조), 복수국적자에 대한 국적선택명령제도($\frac{법}{의 2}$제14조), 복수국적자에 대한 국적상실결정제도($\frac{법}{의 3}$제14조), 공무

국적상실의
사유

복수국적
제한적
허용

했다(법 제 6 조 제 2 항 제 3 호 및 제 4 호).

1) 【결정례】 대한민국국민이 자진해서 외국국적을 취득한 경우에는 대한민국 국적을 상실하도록 정한 국적법조항은 기본권을 침해하지 않는다(헌재결 2014. 6. 26. 2011 헌마 502).

2) 【결정례】 이중국적자로서 구체적인 병역의무발생(제 1 국민역 편입)시부터 3월 내에 한국국적을 이탈하지 않으면 병역의무의 이행 후에만 국적이탈을 할 수 있게 하는 국적법 규정(제12조 제 1 항 단서 및 제14조 제 1 항 단서)은 국적이탈의 자유의 침해가 아니다(헌재결 2006. 11. 30. 2005 헌마 739).

3) 국적법상 출생 등의 사유로 복수국적자가 된 미성년자는 만 22세가 될 때까지(법 제12조), 그리고 외국에서 거주하다가 만 65세 이후에 영주목적으로 입국하여 제 9 조에 따라 국적회복허가를 받은 사람이 법무부장관이 정하는 바에 따라 우리나라에서 외국국적을 행사하지 않겠다고 서약한 경우(법 제10조 제 2 항)에는 예외적으로 복수국적이 허용된다.

원의 복수국적자에 관한 통보의무제도($\substack{법 \\ 의 \ 4}$ 제14조) 등을 두고 있다. 그러나 우리 국

국적회복·재취득

적을 상실한 사람은 법무부장관의 허가를 받아 우리 국적을 다시 회복할 수

있다($\substack{법 \\ 제9조}$). 그리고 우리 국적을 취득한 외국인이 외국국적 포기의무를 지키지

국적상실의 효과

않아 우리 국적을 상실한 경우 그 후 1년 내에 그 외국국적을 포기하면 우리

국적을 재취득할 수 있다($\substack{법 \\ 제11조}$). 우리 국적을 상실한 사람은 우리 국민이 아니

면 누릴 수 없는 권리를 누릴 수 없고 국민으로 취득한 권리 중 양도가능한

것은 그 권리관련법령이 따로 정한 바가 없으면 3년 이내에 우리 국민에게 양

도하여야 한다($\substack{법 \\ 제18조}$).[1]

(2) 재외국민

국가의 재외국민 보호의무

우리 헌법($\substack{제 2 조 \\ 제 2 항}$)은 국가가 재외국민을 보호할 의무를 진다는 규정을 두고

있는데, 재외국민이란 우리 국적을 가지고 있으면서 외국에서 영주하거나 장기

간 외국에서 체류하며 생활하는 사람을 말한다.[2] 재외국민을 국가가 보호해야

하는 이유는 그들도 우리나라의 인적인 존립기반을 이루고 있기 때문이다.[3] 그

래서 재외동포(외국의 영주권 취득자)가 우리나라의 출입국과 국내에서 부당한 규제와

대우를 받지 않도록 법률로 그들의 법적 지위를 보장해 주고 있다.[4] 그런데 재

---

1) 【판결례】 그런데 1년의 양도의무기간을 어긴 경우 권리를 상실하도록 규정한 구 국적법(제16
조 제 2 항)과 관련해서 우리 대법원은 '우리 국적을 상실한 사람이 1년 이내에 토지를 우리
국민에게 양도하지 아니하였다 하더라도 당연히 그 소유권을 상실하는 것이 아니고, 외국인토
지법 소정의 경매가 있는 때에 비로소 그 소유권을 상실한다'고 판시했다(대법원 1970. 12. 22.
선고 68 사 58 판결). 1998년 5월 외국인토지법의 개정으로 외국인의 토지취득제한이 폐지되
었다. 따라서 이런 문제는 더 이상 발생하지 않게 되었다.

2) 【판시】 이민의 경우에도 국적법 제12조 소정의 사유에 의하여 국적을 상실하지 않는 한 대한
민국 국민으로서의 기본권을 의연 향유한다(헌재결 1993. 12. 23. 89 헌마 189, 판례집 5-2,
622(655면)). 그렇지만 이민을 이유로 해직공무원의 보상에 제한을 둔 것과 관련해서는 '해직
공직자에 대하여 특조법에서 이민간 이후의 보상을 배제하는 규정을 두었다고 하여도 국가가
헌법 제 2 조 제 2 항에 규정한 재외국민을 보호할 의무를 행하지 않은 경우라 할 수 없다'고
판시했다(위 판례집 646면).

3) 【결정례】 선거권·국민투표권 행사를 위해 주민등록요건과 국내거주요건을 요구함으로써 재외
국민의 선거권을 부인하는 것은 국민주권 내지 민주주의 원리에 반해 그들의 선거권과 평등권
을 침해하고 보통선거원칙에도 위배된다(헌재결 2007. 6. 28. 2004 헌마 644 등). 이 결정은 종
전의 합헌결정을 변경한 것이어서 의미가 크다(헌재결 1999. 1. 28. 97 헌마 253 등; 헌재결
1999. 3. 25. 97 헌마 99 참조).

4) 1999년 8월에 제정된 '재외동포의 출입국과 법적 지위에 관한 법률'은 재외동포의 출입국과 국
내체류를 용이하게 했으며, 부동산·금융·외국환거래에서 국민과 동등한 대우를 해 주고 연금
수령과 의료보험의 적용도 받을 수 있게 했다. 즉 외국국적동포는 재외동포체류자격으로 3년
동안 체류할 수 있고, 그 기간의 연장이 가능하며, 재입국허가 없이 자유롭게 출입국할 수 있
다(법 제10조 제 1 항~제 3 항). 또한 재외동포체류자격의 활동범위 안에서 자유롭게 취업 기타
경제활동을 할 수 있고(법 제10조 제 5 항), 일정한 범위 내에서 국내 토지의 취득·보유·이용
및 처분이 가능하며(법 제11조 제 1 항), 국내 금융기관을 이용할 수 있고(법 제12조), 90일 이

외국민보호의 제 1 차적인 책임은 우리의 해외공관이 지고 있으며 재외국민보호의 실효성을 높이기 위해서 재외국민등록제도를 실시하고 있다. 국가의 재외국민보호의무는 단순한 소극적인 의무가 아니고 적극적인 의무이기 때문에 국가는 재외국민이 국제사회에서 대한민국국민으로서 긍지를 가지고 살아갈 수 있도록 국제적인 시각에서 교민정책을 적극적으로 개발하고 추진해 나가야 한다.[1] 또 우리 국민이 아닌 해외한민족의 동질성과 유대강화정책도 함께 추진하는 것이 바람직하다.

Ⅱ. 대한민국의 공간적 존립기반

우리나라는 한반도와 그 부속도서를 그 공간적인 존립기반으로 한다. 전통적으로 한 나라의 공간적인 존립기반을 그 나라의 영토라고 부르고 그 영토 내에서의 배타적인 국가권력행사를 국제법상 영토고권으로 존중해 왔다.

한반도와 그 부속도서

상 국내에 체류하는 때에는 건강보험을 적용 받을 수 있는 등(법 제14조) 폭넓은 혜택을 규정하고 있다. 그러나 병역미필상태에서 우리 국적을 이탈·상실한 외국국적동포는 병역의무종료 연령인 40세까지 재외동포체류자격(F4비자)을 제한함으로써 국적변경을 통한 병역회피를 방지하고 있다(법 제 5 조 제 2 항 제 1 호). 그리고 공직선거법을 고쳐 재외국민도 일정요건을 갖추면 지역구 국회의원 선거권(법 제15조 제 1 항 제 2 호) 및 지방자치를 위한 지방선거의 선거권과 피선거권(법 제15조 제 2 항 제 2 호 및 제16조 제 3 항)을 비롯해서 국민투표권(국민투표법 제14조 제 1 항)과 주민투표권(주민투표법 제 5 조 제 1 항)을 부여한다. 선거기간에 국외에 거주·체류하는 국민은 재외선거인명부에 등록하면 대통령선거와 임기만료에 의한 비례대표국회의원선거에서 재외공관의 재외투표소에서 투표권을 행사할 수 있게 했다(법 제37조 제 1 항 및 제218조~제218조의 30: 국외부재자투표 및 재외선거제도 참조). 다만 지역구국회의원선거와 지방선거의 경우에는 지역의 대표자를 뽑는다는 특성을 고려해서 선거인명부작성기준일 현재 3개월 이상 계속하여 주민등록표에 올라있는 경우에만 국외 부재자신고를 통해(법 제218조의 4 제 1 항) 선거권을 부여하도록 하는 한편(법 제15조 제 1 항 제 2 호 및 제 2 항 제 2 호), 국외에 체류하는 경우에는 지역구국회의원선거에서는 국외부재자투표를 할 수 없도록(법 제218조의 4 제 1 항 괄호안) 제한했다. 그러나 재외선거시 투표참여의 편의성 제고를 위해서 인터넷을 통한 국외부재자신고 또는 재외선거인 등록신청을 가능하게 하고 우편등록도 허용했다. 그리고 주민등록법을 개정해서 국외이주국민의 주민등록 말소제도와 국내거소신고제도를 폐지하고 재외국민용 주민등록증 발급제도를 도입하여 재외국민이 국내에서 생활하는데 불편하지 않도록 하고 국외 이주자가 거주목적으로 국내에 입국할 때에는 재등록 또는 신규등록을 가능하게 했고(법 제 6 조 제 3 항 삭제), 17세 이상 국외 이주자가 국내에 30일 이상 거주할 목적으로 입국할 때는 주민등록증을 발급할 수 있도록 했다(법 제24조 제 5 항).

1)【결정례】 i) 헌법 제 2 조 제 2 항의 재외국민보호의무에 따라 국가는 재외국민이 거류국에서 조약 기타 일반적으로 승인된 국제법규와 당해 거류국의 법령에 의해 누릴 수 있는 모든 분야에서 정당한 대우를 받도록 하는 외교적인 보호를 해야 하며 나아가 재외국민에 대해 정치적 고려에서 법률로 베푸는 법률·문화·교육·기타 제반 영역에서 지원을 한다(헌재결 1993. 12. 23. 89 헌마 189, 판례집 5-2, 622(646면); 헌재결 2010. 7. 29. 2009 헌가 13, 판례집 22-2, 상, 124(135면)). ii) 주민등록과 거소신고가 없다는 이유로 재외국민에게 국민투표권을 주지 않는 것은 헌법이 부여한 참정권을 사실상 박탈하는 것이어서 재외선거인의 국민투표권의 침해이다(헌재결 2014. 7. 24. 2009 헌마 256 등, 판례집 26-2, 상, 173(195면)).

그런데 영토에는 영해와 영공이 포함된다.

(1) 영토·영해·영공

우리 헌법은 우리나라의 영토를 「한반도와 그 부속도서로 한다」($_\text{조}^\text{제3}$)고 밝히고 있다. 따라서 우선 한반도와 그 부속도서의 육지가 우리의 영토임은 의심의 여지가 없다. 또 육지의 표면뿐 아니라 그 지하에까지 우리의 영토고권이 미치는 것은 당연하다. 그런데 우리의 영토는 '영해 및 접속수역법'에 따라 한반도와 그 부속도서의 육지(영해기선: 해안저조선)에 접한 12해리까지의 영해를 포함한다.[1] 그리고 영해기선으로부터 24해리에 이르는 수역에서 영해를 제외한 수역을 접속수역으로 설정하여 우리의 관할권을 행사한다($_\text{조의 2}^\text{법 제3}$).[2] 또 대륙붕에 관한 조약에 따라 우리 연안으로부터 수심 200m까지의 해저 대륙붕에서 천연자원을 개발할 수 있는 권리도 포함한다. 그에 더하여 우리 영토와 영해의 상공도 지배가 가능한 범위까지는 우리의 영토에 속한다.

그러나 우리의 영해와 영공에 대한 우리나라의 국가권력은 국제법상의 무해항해권(無害航海權) 내지 무해항공권(無害航空權) 또는 우주개발권 등에 의해서 제약을 받는 경우도 있으나 그것은 국제법상의 상호주의원칙에 따라 우리의 영토고권의 본질이 침해되지 않는 범위 내에서만 허용된다.

(2) 영토의 변경

우리 헌법은 영토의 변경에 관해서는 침묵하고 있다. 그러나 자연적 원인, 국제조약, 사실행위 등에 의해서 우리의 영토가 변경되는 것을 배제할 수는 없다. 다만 우리 헌법은 침략적 전쟁을 부인하고 있기 때문에 무력적 수단에 의해서 영토를 변경하는 것은 금지하고 있다고 할 것이다. 또 조약에 의한 영토변경도 그것이 영토를 넓히는 것이건 좁히는 것이건 간에 헌법개정을 전제로 해서만 가능하다고 할 것이다. 영토변경은 우리나라의 공간적인 존립기반을 변경하는 것일 뿐 아니라 자동적으로 국가의 인적인 존립기반과 법질서에도 변화를 가져오기 때문이다.[3] 국적변경과 법질서의 폐지 내지 개정이 바로 그것이다.

---

1) 다만 영해 및 접속수역법시행령에 따라 대한해협에 대해서는 일본과의 관계를 고려해서 잠정적으로 3해리까지를 우리의 영해로 하고 있다. 국제적으로는 3해리, 6해리, 12해리, 200해리 등 다양한 영해 주장이 있었지만 1982년 유엔해양법협약 제 3 조에 의해서 12해리를 넘지 않는 범위 내에서 국가가 정하도록 했다. 이 협약은 1994년부터 효력을 발생했다.
2) 해양법에 관한 국제연합협약의 발효(1994. 11. 16.)에 따라 설정된 접속수역 내에서도 관세·재정·출입국관리·보건·위생에 관한 법률위반행위를 단속할 수 있다.
3) 【판시】 영토조항은 우리나라의 공간적인 존립기반을 선언하는 것인바, 영토변경은 우리나라

(3) 북한지역

우리 헌법에 따르면 북한지역도 당연히 우리 대한민국의 영토에 포함된다. 그러나 북한지역에는 '조선민주주의인민공화국'이 국가형태를 갖추고 사실상 그 지역에 대한 통치권을 행사하고 있어서 우리의 국가권력이 미치지 못하고 있는 것이 엄연한 현실이다. 결국 북한지역은 명목상으로만 대한민국의 영토이고 실질적으로는 우리의 영토고권이 미치지 못하는 우리 국가권력의 사각지대이다.

우리 국가권력의 사각지대

그럼에도 불구하고 종래 우리나라에서는 이른바 '구한말영토의 계승논리'나 '미수복지역논리' 또는 '반국가단체지배지역논리'나 '유일합법정부론'을 내세워 북한지역을 현실적으로 우리의 영토로 간주하는 정책을 펴왔고 판례[1]와 학설[2] 또한 이러한 입장을 뒷받침해왔다.

비현실적인 영토귀속논리

그러나 분단국가상황을 전제로 하고 조국의 평화적 통일을 하나의 가치지표로 삼고 있는 우리 헌법질서 내에서 과연 그와 같은 경직된 사고의 논리만으로 조국통일의 대업을 달성할 수 있을 것인지 의문이 생기지 않을 수 없다. 이 점은 우리와 마찬가지로 분단상황에 처해 있던 서독기본법이 분단현실을 인정하는 바탕 위에서 '1민족 2국가론'으로 통일문제를 접근했던 것과는 큰 차이가 있다고 하겠다.[3]

다행히도 1988년 '7·7선언'으로 북한지역을 '민족공동체'로 보려는 시각이 정부당국에 의해서 조심스럽게 개진되기 시작했다. 그 후 1991년의 남북한동시 유엔가입과 1992년의 이른바 '남북기본합의서' 발효와 2000년 남북정상회담에 따른 이른바 '6·15 남북공동선언'은 북한지역의 통치질서를 사실상 인정하는 결과가 되었다. 따라서 이제는 북한을 하나의 실제적인 통치집단으로 인정하

현실적 사고의 필요성

의 공간적인 존립기반의 변동을 가져오고, 또한 국가의 법질서에도 변화를 가져옴으로써, 필연적으로 국민의 주관적 기본권에도 영향을 미치지 않을 수 없다. 이러한 관점에서 본다면 … 영토조항만을 근거로 헌법소원을 청구할 수 없다 할지라도, 국민의 기본권 침해에 대한 권리구제를 위하여 그 전제조건으로서 영토에 관한 권리를 영토권이라 구성하여 이를 헌법소원의 대상인 기본권의 하나로 간주하는 것은 가능한 것으로 판단된다(헌재결 2001. 3. 21. 99 헌마 139 등(병합), 판례집 13-1, 676(695면)).

1) 대법원 1961. 9. 28. 선고 4292 행상 48 판결; 대법원 1983. 3. 22. 선고 82 도 3036 판결; 대법원 1990. 9. 28. 선고 89 누 6396 판결.
【판결례】 '헌법상 북한지역도 대한민국 영토인만큼 북한공민권을 가지고 있으면 대한민국국민이다'(서울고법 1995. 12. 8. 선고 94 구 16009 판결; 대법원 1996. 11. 12. 선고 95 누 1221 판결).
2) 김철수, 104면; 권영성, 124면.
3) 【독일판례】 독일영토 내에 존재하던 서독과 동독 사이에는 국제법상 외국간의 관계가 성립되지 않기 때문에 동·서독간의 기본조약체결이나 동·서독의 유엔 동시가입은 결코 서독에 의한 동독의 국가승인이라고 평가할 수 없다는 1987년 통독 전 서독연방헌법재판소의 판례(BVerfGE 77, 137)는 시사하는 바가 크다. 1980년의 BVerfGE 55, 349(367f.)도 참조.

고, 북한지역까지를 대한민국의 영토로 보려는 경직되고 비현실적인 냉전시대
의 사고[1]에서 하루속히 탈피할 필요가 있다고 생각한다.

남북교류의
헌법적 한계
와 영토조항
의 성격

　　다만 북한을 실제적인 통치집단으로 인정하고 북한과 여러 가지 인적·물
적 교류를 한다고 하더라도 그것은 어디까지나 우리 헌법이 지향하는 자유민주
적인 기본질서에 입각한 통일과업을 달성하는 수단이어야 한다는 헌법의 한계
를 분명히 인식하여야 한다.[2] 바로 이곳에 냉전적인 사고 못지 않게 무조건
적인 통일지상주의를 배척해야 하는 이유가 있다. 또 통일지상주의에 경도되어
성급하게 영토조항의 개헌론을 제기하는 태도도 경계해야 한다. 우리 헌법의
영토조항은 1948년 건국헌법의 제정당시 한반도에서 복잡하게 전개되던 국제
정치적인 시대상황의 표현으로서 그 당시의 역사성을 징표하고 있는 선언적인
규정이라고 보아야 한다. 그리고 영토조항의 역사성은 퇴영적인 성질의 것이
아니라 진보적이고 발전적인 것이어야 하기 때문에 언젠가는 북한지역까지를
우리의 영토로 통합하도록 설계한 미래지향적이고 초시대적인 청사진을 의미하
는 규정이라고 이해할 수도 있다고 할 것이다.

헌법현실 반
영한 판례

　　그런 점에서 북한은 '대화와 협력의 동반자인 동시에 반국가단체라는 성격
도 함께 갖고 있다'고 평가한 판례나,[3] 남·북한의 여러 합의와 화해분위기에도
불구하고 '북한이 여전히 적화통일의 목표를 버리지 않고 각종 도발을 자행하
고 있으며 남·북한의 정치·군사적 대결이나 긴장관계가 조금도 해소되지 않고
있음이 현실인 이상, 국가의 존립·안전과 국민의 생존 및 자유를 수호하기 위
하여 북한을 반국가단체로 보고 이에 동조하는 반국가활동을 규제하는 것 자체
가 헌법이 규정하는 국제평화주의나 평화통일의 원칙에 위배된다고 할 수 없
다'는 우리 헌법재판소의 판시는[4] 우리 한반도의 특수한 헌법현실을 상징적으

---

1) 【결정례】 우리 헌법재판소는 북한이 대화와 협력의 동반자인 동시에 반국가단체라는 성격도
　　함께 갖고 있다고 평가한다(헌재결 1993. 7. 29. 92 헌바 48). 동지: 대법원 1992. 7. 24. 선고
　　92 도 1148 판결.
2) 우리 헌법재판소도 비슷한 입장을 취하고 있다.
　　【판시】 i) 우리 헌법이 지향하는 통일은 평화적 통일이기 때문에 … 자유민주적 기본질서에
　　입각한 통일을 위하여 때로는 북한을 정치적 실체로 인정함도 불가피하게 된다. 북한집단과
　　접촉·대화 및 타협하는 과정에서 자유민주적 기본질서에 위해를 주지 않는 범위 내에서 때로
　　는 그들의 주장을 일부 수용하여야 할 경우도 나타날 수 있다(헌재결 1990. 4. 2. 89 헌가 113,
　　판례집 2, 49(61면)). ii) 우리 헌법이 지향하는 통일은 대한민국의 존립과 안전을 부정하는 것
　　이 아니고, 또 자유민주적 기본질서에 위해를 주는 것이 아니라 그것에 바탕을 둔 통일인 것
　　이다(헌재결 2000. 7. 20. 98 헌바 63, 판례집 12-2, 52(62면)).
3) 예컨대 헌재결 1993. 7. 29. 92 헌바 48, 판례집 5-2, 65(75면); 대법원 1992. 7. 24. 선고 92 도
　　1148 판결.
4) 헌재결 1997. 1. 16. 92 헌바 6 등(병합), 판례집 9-1, 1(23면); 헌재결 1997. 1. 16. 89 헌마
　　240, 판례집 9-1, 45(75면).

로 잘 말해 주고 있다고 할 것이다. 우리의 이러한 특수한 헌법현실 때문에 북
한지역을 벗어나 우리의 통치지역으로 들어오려는 북한주민을 우리 국민으로
받아들이는 정책적인 배려는 반드시 필요하다고 할 것이다.[1] 더 나아가 북한인
권법의 제정(2016년)으로 정부는 북한주민의 인권증진을 위하여 북한인권재단을
설립·운영하고$\left(\begin{smallmatrix}법 & 제10 \\ 조~제12조\end{smallmatrix}\right)$ 북한인권기록센터를 설치하는$\left(\begin{smallmatrix}법 제 \\ 13조\end{smallmatrix}\right)$ 등의 새로운 정책
도 추진해야 한다.

Ⅲ. 대한민국의 권력적 존립기반

우리나라는 한반도와 그 부속도서에 생활터전을 마련한 한민족이 3·1 운
동으로 건립된 대한민국임시정부의 법통을 계승하여 민주공화국가를 건설하겠
다는 정치적인 합의에 그 권력적인 존립기반을 두고 있다. 우리나라의 권력적
인 존립기반을 뜻하는 정치적 합의는 결코 타율적인 합의가 아니고 자생적이고
자율적인 합의로서 우리 사회의 저변에 깔려 있는 공감대적 가치를 그 기초로
하고 있다. 따라서 우리나라에서 행사되는 모든 국가권력의 원천은 바로 국민
사이에 형성된 Konsens로서의 정치적 합의에 있다. 바로 이 점이 세습적인 왕
권이나 독재자의 힘에 그 권력적인 존립기반을 두는 군주국가 또는 독재국가와
다른 점이다. 우리 헌법상의 국가형태가 자유민주주의를 추구하는 민주공화국
일 수밖에 없는 이유도 그 때문이다.

우리나라는 한반도에 정착한 우리 한민족의 자발적인 통치의지와 자유·평
등·정의에 의해서 징표되는 공감대적 가치의 실현집념에 뿌리를 둔 헌법제정
권력의 헌법제정행위와 그 헌법에 의해서 창설된 모든 국가기관의 합헌적인 국
가권력을 그 권력적인 존립기반으로 하고 있다. 바로 이곳에 우리나라에서 행
사되는 모든 국가권력의 근원과 한계가 동시에 들어 있다.

따라서 우리나라의 권력적인 존립기반의 성질상 우리 헌법질서 내에서 차
지하는 권력적 요소의 비중은 양적인 것으로 보기보다는 질적인 것으로 파악하
는 것이 옳다고 본다. 또 통치를 위한 통치나 통치자 개인의 이익을 추구하는
권력행사를 배척하고 통치의 사회통합적·봉사적 기능을 강조하고자 하는 이유

---

1) 1996년 말에 제정한 북한이탈주민의 보호 및 정착지원에 관한 법률은 탈북주민을 우리 국민으
로 인정하고 5년간의 거주지보호, 2년간의 취업보호, 국민연금가입기간에 대한 특례, 영농정착
지원, 정착자산형성지원 등 정착지원, 북한이탈주민지원재단설립에 관한 사항을 자세히 규정하
고 있어 다행이다. 그런데도 2019년 11월 7일 탈북어민 2명을 북한의 요구대로 본인 의사에
반해서 강제로 북송한 일이 생겨 우리 헌법정신을 정면으로 훼손했다.

도 그 때문이다.

고전적 3요소 론의 극복

결론적으로 옐리네크(G. Jellinek)적인 국가의 3요소(국민·영토·국가권력)론[1] 에 입각해서 국가를 그 사회의 공감대적 가치와 무관한 일정한 지역 내의 국 민을 실력으로 지배하는 자기목적적 통치메커니즘으로 보는 입장은 적어도 우 리나라에서는 이제 지양되는 것이 바람직하다.

2. 대한민국의 국가형태

Ⅰ. 국가형태의 개념

사회공동체의 정치적인 통 합형식

사회공동체가 정치적인 일원체로 조직되고 통일되는 형식을 국가형태라고 말한다.[2] 그래서 모든 국가는 어떤 국가형태를 갖든 국가의 고유한 표징 내지 는 사회통합의 상징성 내지 국가의 정체성을 표상하는 국기를 갖고 있다. 독 일, 오스트리아, 프랑스, 이탈리아 등 많은 나라가 국기를 국가의 고유한 상징 으로 헌법에 명시하고 있는 이유이다.[3] 그런데 사회공동체가 정치적인 일원체 로 조직되고 통일되는 양태와 형식은 언제나 한 나라의 헌법에 의해서 확정되 기 때문에 국가형태는 구체적인 헌법과 직결되는 개념이다. 따라서 다양한 사 회전통과 문화권으로 나누어지는 수많은 나라가 각각 특이한 헌법을 가지는 것 처럼 그 국가형태도 다양한 것은 오히려 당연한 현상이다. 국가형태는 이처럼 공간적인 차원에서만 다양성을 가지는 것이 아니고 시간적인 차원에서도 역사 의 흐름에 따라 많은 변천을 겪어 오늘날에 이르고 있다. 예컨대 '민주국가'와 '공산국가'가 Ideologie를 중심으로 한 현대 양극체제하의 상징적인 국가형태라 면, 전제군주국이나 귀족국은 그 역사적인 전성기를 지나 이미 오늘날에는 그 자취를 감춘 지가 오래이다.

---

1) Vgl. *G. Jellinek*, Allgemeine Staatslehre, 3. Aufl., 6. ND(1959), S. 394ff.; 졸저, 전게서, 방주 242 참조할 것.
2) 국가의 본질에 관한 자세한 내용은 졸저, 전게서, 방주 221 이하 참조할 것.
3) 우리의 태극기도 대한민국의 고유한 상징이고 사회통합의 표징이다. 국기모독죄를 처벌하는 이유도 그 때문이다.
   【결정례】 우리 헌재도 국기모독사건 심판에서 국기모독행위를 처벌하는 형법규정(제105조)은 합헌이라고 결정했다. 그런데 이 결정에서 3인 재판관(이석태, 김기영, 이미선)은 정치적 표현의 자유를 이유로 위헌의견을, 그리고 2인 재판관(이영진, 문형배)은 국기모독죄 처벌을 공용사용 국기로 한정해야 한다고 일부위헌 의견을 냈다. 국기의 국가 상징성과 표현의 자유의 헌법적 한 계에 대한 올바른 이해에서 나온 반대의견인지 의문이다(헌재결 2019. 12. 27. 2016 헌바 96).

Ⅱ. 국가형태의 분류

(1) 국가형태분류의 의의와 분류방법

오늘날 국가형태를 헌법학에서 문제삼는 것은 다양한 형태의 국가를 일정한 표준이나 공식에 맞추어 이를 자의적으로 분류하려는 데 있는 것이 아니고 사회공동체를 정치적인 일원체로 통일하기 위한 가장 효과적이고 기능적인 형식을 헌법사적 또는 비교헌법적 접근방법에 의해 경험적으로 찾아내려는 데 있다. 때문에 역사적으로 존재했고 또 현실적으로 존재하는 다양한 국가형태를 유형화하는 것만을 목적으로 하는 분류표준에 관한 논쟁이나 2분법·3분법 등의 분류방법의 시비는 그 자체 별로 큰 학문적 의의를 가질 수 없다고 본다. 더욱이 각자의 주관적 견해에 따라 그 분류결과도 현저히 달라질 수 있겠기 때문이다. 결국 아직도 국가형태의 분류표준이나 방법에 관한 통일적인 이론이 형성되지 않고 있는 한 고전적인 분류방법을 그대로 답습할 수밖에 없다는 논리도 성립될 수 있다. 하지만 국가형태는 궁극적으로 '국가'와 '사회'의 상호 영향관계를 어떻게 형성할 것이냐의 헌법정책적 문제로 귀착된다고 볼 수 있기 때문에 이와 같은 관점에서는 통치조직 내에서 input와 output가 차지하는 비중이 국가형태를 결정하는 중요한 기준이 된다.

기능적인 이상형태의 모색과 고전적 분류방법의 한계

(2) 국가형태의 분류에 관한 고전적 이론

1) 고전적인 2분법과 3분법

(개) Herodot의 3분법

국가형태를 분류하는 것은 고대 그리스의 철학자 헤로도트(Herodot)까지 거슬러 올라갈 수 있다. 즉 소피아(Sophist)학파의 영향을 받은 Herodot는 통치인의 수를 기준으로 해서 국가형태를 일인통치형태·소수통치형태·전체국민의 통치형태의 세 가지로 분류했다.

통치인의 수에 따른 구분

(내) Platon의 2분법

그 후 Platon(427~347 B.C.)은 국가형태를 군주국과 민주국으로 2분하면서 전자가 일원적인 통치질서를 상징하는 것이라면 후자는 자유의 원칙을 실현하는 통치형태라고 보았다. 또 Platon은 한 나라의 통치형태란 고정적인 것이 아니고 일정한 순환법칙에 따라 순환되기 마련인데 통치형태를 한 가지로 고정시키는 방법은 군주국과 민주국의 장점만을 따서 하나의 혼합적인 국가형태를 만드는 것이라고 설명했다.

군주국과 민주국

(다) Aristoteles의 3분법

헤로도트의
3분법에 통치
방법의 도덕
적 평가 가미

Platon의 제자 Aristoteles(384~322 B.C.)는 1인통치형태를 군주국, 소수통치형태를 귀족국, 국민의 통치형태를 민주국이라고 부르면서 군주국은 폭군정치로, 귀족국은 과두정치(寡頭政治) 내지는 금권정치로, 그리고 민주국은 중우정치(衆愚政治)로 변질될 가능성이 있음을 강조했다.

소피아학파의 영향을 받은 Herodot의 3분법에 있어서는 통치자의 수만이 분류기준으로 중요시되었지만, Platon과 Aristoteles에 이르러서는 국가형태를 분류하는 데 있어서 통치인의 수만을 그 기준으로 삼은 것이 아니고 따로 통치방법의 도덕적 평가를 함께 중요시했다는 점이 새롭다. Platon의 혼합형이라든지 Aristoteles의 변질된 세 가지 국가형태는 바로 통치방법의 도덕적 평가를 그 이론적인 기초로 하고 있는 것이다.

(라) Cicero의 3분법

아리스토텔레
스의 영향: 혼
합형태의 불
가피성 강조

국가형태의 분류에 관한 Aristoteles의 사상은 이탈리아의 Cicero(106~43 B.C.)에까지 영향을 미쳤다. 원칙적으로 Aristoteles의 3분법에 따르는 Cicero도 특히 군주국·귀족국·민주국이 내포하고 있는 각각의 결점을 지적하면서 군주국에서는 참여의 발언권이 봉쇄되고 귀족국에서는 대다수 국민의 자유가 무시되는 것이 사실인데 그렇다고 해서 민주국에서 자유와 평등이 문자 그대로 실현될 수는 없는 것이라고 설명했다. 또 Cicero도 Aristoteles처럼 세 가지 순수국가형태가 그대로 지속되지 않고 변질 내지 타락될 위험성이 크다는 점을 강조하면서 민주국가도 중우정치의 과정을 거쳐 결국은 1인독재로 전락될 위험성을 내포하고 있는 것이기 때문에 세 가지 순수형태만으로는 이상적인 통치형태에 도달할 수 없고 세 가지 원형태의 적절한 혼합형태가 불가피하다고 주장했다.

중세에 들어와 Thomas von Aquin(1225~1274)도 혼합적인 국가형태의 장점을 역설한 바 있다.

(마) Machiavelli의 2분법

군주국과 공
화국

그 후 르네상스국가철학의 대표적 인물인 Machiavelli(1469~1527)도 한동안 혼합적 국가형태의 장점을 주장하다가 결국은 세습적 국가권력 담당자의 유무에 따른 군주국과 공화국의 2분법을 주장하기에 이르렀다.

(바) Bodin의 주장

혼합적 국가
형태 부정

주권이론의 창시자 J. Bodin(1530~1596)은 이들과는 달리 혼합적인 국가형태가 이론적으로 불가능하다고 설명하면서 국가의 주권은 군주·귀족·국민 등에 의해서 공동소유될 수 있는 성질의 것이 못 된다는 점을 강조했다. 국가의 주권과 기관의 주권을 동일시하는 데서 나오는 Bodin의 이같은 견해는 국가의 주권이 기능적인 측면에서 여러 국가기관의 공동업무로 처리될 수 있다는 점을 도외시한 것이라는 비난을 받기도 했다.

2) 고전적 분류법의 영향과 국체·정체의 구별

㈎ Jellinek의 2분법과 Rehm의 분류법

2분법과 3분법으로 대표되는 국가형태의 고전적 분류방법은 오늘날까지도 많은 영향을 미치고 있는 것이 사실이다. 오늘날에도 형태를 달리하는 여러 가지 2분법과 3분법이 통용되고 있는 것이 그 단적인 증거이다. 예컨대 G. Jellinek가 '국가의사구성방법'에 따라 국가형태를 군주국과 공화국으로 나누는 것이라든지 렘(H. Rehm)이 '국가권력의 담당자'를 표준으로 한 헌법형태＝국가형태(협의)와 '국가권력의 행사방법'에 의한 정부형태를 구별하는 것이 그것이다.

군주국과 공화국

헌법형태와 정부형태

㈏ 국체와 정체의 구별
a) 국체·정체 구별의 내용

또 특히 일본과 우리나라에서 논쟁이 되어 온 이른바 '국체'(국가형태)와 '정체'(정부형태)의 구별도 따지고 보면 간접적으로는 Platon이나 Machiavelli의 2분법, 그리고 직접적으로는 Rehm의 분류방법에 영향받은 바가 크다고 볼 수 있다. 즉 '국체'와 '정체'를 구별하려는 입장에 따르면 '주권의 소재'를 기준으로 군주국과 공화국으로 나누고 또 이와는 별도로 '통치권의 행사방법'에 따라 직접정체와 간접정체, 전제정체와 제한정체, 민주정체와 독재정체, 단일제와 연방제를 구별하기도 하고 또는 단순히 전제정체와 입헌정체로 나누기도 한다. 또 일설에 따르면 군주국·귀족국·계급국·민주국 등은 '국가권력의 담당자'가 누구냐에 따른 국체의 구분인 데 반해서, 군주정과 공화정, 간접민주정과 직접민주정, 연방제와 단일제, 입헌정과 비입헌정 등은 '통치권의 행사방법'에 의한 정체의 구분이라고 한다.

렘의 영향과 내용의 다양성

주권의 소재와 통치권의 행사방법

b) 국체·정체 구별론에 대한 비판

그러나 현대적인 국민주권사상을 바탕으로 해서 사회공동체가 정치적인 일원체로 조직되고 통일되는 형식을 국가형태라고 이해하는 우리의 관점에서 볼 때 주권의 소재는 마땅히 국민에게 있는 것이기 때문에 '주권의 소재'를 기준으로 한 군주국과 공화국의 구별은 별로 현실적인 의미가 없다고 생각한다. 이렇게 볼 때, 아직도 상징적인 '군주제도'를 두고 있는 영국, 네덜란드, 벨기에, 덴마크, 스웨덴, 스페인, 일본 등의 국가형태를 군주국이라고 부르는 경우

주권의 소재에 따른 구별의 비현실성

에는 그 세습적인 '군주제도'를 특히 안목에 두고 하는 말에 불과하고 이들 나라도 군주에 의한 1인통치가 행해지는 것은 아니기 때문에 고전적 분류방법에 따르더라도 군주국이라기보다는 오히려 민주국이라고 보는 것이 타당할 것이다. 예컨대 군주제도를 두고 있는 벨기에헌법($\frac{제33}{조}$)이 모든 권력의 소재가 국민에 있다고 선언하고 있는 이유도 그 때문이다.

(다) Zippelius의 분류법

통치권의 행사방법에 따른 3분법과 그 현실적 한계

고전적인 3분법에 따라 국가형태를 분류하려는 치펠리우스(R. Zippelius)는 '통치권의 행사방법'만을 기준으로 해서 국가형태를 '일원체제', '과두체제', '민주체제'로 3분하고, 일원체제를 다시 군주제와 독재체제로, 민주체제를 다시 순수한 직접민주체제와 대의민주체제로 나눈다. 그도 '국체'와 '정체'의 2원적인 분류를 무용한 것이라고 생각하고 대안을 제시한 것이라고 할 것이다.

Zippelius의 분류에 따르는 경우에도 일원체제 중의 전제군주제는 이미 도태된 형태로서 오늘날 그 실례를 찾아볼 수 없고, 민주체제 중의 순수한 직접민주체제는 오늘과 같은 상황 아래서는 그 실현이 불가능한 이상적 형태에 불과하다고 할 것이다. 따라서 오늘날의 국가형태로는 영국, 네덜란드, 벨기에, 덴마크, 스웨덴, 스페인, 일본 등 상징적인 세습군주제를 두고 있는 입헌군주제, 특히 아시아·아프리카·남미지역의 많은 나라에서 자주 볼 수 있는 다양한 독재체제, 공산국가에서 볼 수 있는 과두체제, 그리고 자유국가에 속하는 대다수 국가들이 택하고 있는 대의민주체제 등을 들 수 있다.

(라) 연방제와 단일제

연방제의 기능 변화

이 밖에도 연방제와 단일제 내지 중앙집권제가 전통적으로 국가형태의 문제로 다루어져 왔고 아직도 그와 같은 전통적인 입장을 견지하고 있는 헌법학자가 있다.[1] 하지만 연방제는 현대헌법학에서 국가형태의 문제라기보다는 현대국가의 구조적 원리 내지는 권력분립의 문제로 다루어지는 경향이 점점 늘어가고 있다.

(3) input와 output를 기준으로 한 국가형태분류

사회와 국가의 상호영향 관계에 따른 4가지 국가형태 구별

사회공동체가 정치적인 일원체로 조직되고 통일되는 형식을 국가형태라고 볼 때 국가형태는 결국은 '사회'와 '국가'의 상호관계의 문제로 집약된다고 할 수 있다. 즉 '사회'의 '국가'에 대한 영향(input)과 '국가'의 '사회'에 대한 영향(output)을 어떤 비례관계로 정하느냐에 따라 국가형태가 달라지게 된다. 따라서 input와 output의 상호관계는 국가형태를 결정하는 중요한 기준이 된다. output만이 일방

---

1) 예컨대 김철수, 120면 이하; 권영성, 111면.

적으로 지배하는 형태로부터 input가 월등히 강력하게 작용하는 모델에 이르기까지 무수한 모델을 생각할 수 있다. 하지만 input와 output의 상호관계를 기준으로 한 다음과 같은 네 가지 모델이 가장 통상적인 것이라고 볼 수 있다.

1) 전체주의적 모델

output만이 일방적으로 사회에 영향을 미치고 input는 완전히 그 기능을 상실한 결과 국가작용이 사회의 모든 분야에 확대되어 국가영역과 사회영역의 구별이 사실상 지양된 형태를 '전체주의적 모델'이라고 말할 수 있다. '사회'가 정치적인 일원체로 조직되고 통일되는 과정에서 한 정당 또는 특정한 사회세력이 타정당 또는 타사회세력을 억압하고 일방적인 주도권을 장악하게 된 경우에 국가는 결국 그 한 정당 또는 사회세력의 정치적 목적을 달성하기 위한 하나의 수단이나 도구에 불과하게 되고 그 경우 output는 사회의 부분세력만에 의해서 조종되기 때문에 전체주의적 모델은 공산국가에서 볼 수 있는 1당독재의 모델과도 상통하는 점이 있다.

사회영역의 무력화형태: input＝0

2) 자유민주주의적 모델

국가의 정치적인 의사형성과정은 물론 국가작용의 결정과정이 원칙적으로 input에 의해서 이루어지기 때문에 output의 범위가 지극히 축소되는 형태를 자유민주주의적 모델이라고 할 수 있다. 전체주의적 모델의 정반대 모델이라고 할 것이다. 대다수 서구민주국가가 이 모델에 속한다.

사회의 투입 영향강화: input＞output

3) 권위주의적 모델

국가의 정치적 결정과정을 input의 영향에서 단절시키고 국가의 통치조직을 사회세력으로부터 완전히 독립시킴으로써 input의 가능성을 최소한으로 축소시키려는 형태가 바로 권위주의적 모델이다. output가 input보다 상대적으로 큰 비중을 차지하는 것이 그 특징이다. 민주주의를 표방하는 많은 개발도상국의 국가형태는 실제에 있어서는 이 모델에 가깝다 할 것이다.

사회의 투입 영향최소화: input＜output

4) 제도적 모델

공무원제도, 정당제도, 지방자치제도, 대의제도, 각종 사회·직업단체(pressure groups) 등과 같이 국가적 활동단위를 구체적으로 제도화시킴으로써 '사회'와 '국가'를 이어주는 일종의 중재자로 기능케 하고 이를 통해서 input와 output의

투입과 산출의 균형유지: input＝output

적절한 균형관계를 유지하려는 형태가 바로 제도적 모델이다. 이 모델은 권위
주의적 모델과 자유민주주의적 모델의 중간형태라고 볼 수 있다. 일본의 국가
형태가 이 모델에 가깝다고 생각한다.

Ⅲ. 현행헌법상의 우리나라 국가형태

(1) 국가형태에 관한 헌법규정과 고전적 분류방법에 따른 해석

1) 학   설

민주공화국
명시: 군주제
도 배제

현행헌법상의 우리나라 국가형태가 '민주공화국'이라고 하는 것은 헌법($\frac{제1조}{제1항}$)
에 명시적으로 규정되고 있다. 이처럼 '민주공화국'을 대한민국의 국가형태로
선언하고 있는 현행헌법규정이 마키아벨리적 2분법을 그 전제로 하고 있다고
본다면, 우리 헌법이 세습적 국가권력담당자(군주)의 존재를 부인하고 있다는
점에 대해서는 이견이 있을 수 없다. 따라서 군주제도는 그것이 설령 입헌군주
제의 형식을 취한다 하더라도 현행헌법의 가치질서와 조화될 수 없다고 할 것
이다. 이처럼 '민주공화국'의 내용이 제 1 차적으로 군주제도를 배척하는 데 있
다고 하는 점에 대해서는 국내학자간에 의견이 일치되고 있다.

다양한 학설

다만 2원적 분류방법에 따라 '국체'(國體)와 '정체'(政體)를 구분하려는 입장
에서는 '민주공화국'의 '국체적' 또는 '정체적' 의미를 둘러싸고 견해가 대립되고
있다. '민주공화국'을 '국체'에 관한 규정으로 보려는 입장[1]과 이를 '정체'에 관
한 규정으로 해석하려는 입장[2]의 대립이 그것이다.[3] 또 '민주공화국'을 국가형
태의 규정으로 보려는 학자들 중에도 '국체'와 '정체'의 구별을 전제로 하는 입
장[4]과 그 구별을 부인하는 입장[5]으로 나뉜다.

2) 비판 및 사견

국체·정체 구
분 전제한 논
쟁은 무의미

생각건대 주권재민의 사상이 보편화되었을 뿐 아니라 상징적인 군주제도

---

1) 예컨대 문홍주, 127면 이하.
2) 예컨대 박일경, 74면 이하, 박일경 교수는, '군주가 존재 않고 군주가 통치권의 행사에 참여하
   지 않는 정체'를 공화국이라고 이해하고, '국가권력의 보유자'를 표준으로 국체를 분류하기 때
   문에 현행헌법 제 1 조 제 1 항은 공화정체를, 동조 제 2 항은 민주국체를 규정한 것이라고 한다.
3) 현행헌법 제 1 조 제 1 항과 동일한 문구로 되어 있던 구헌법의 국가형태에 관한 규정에 관해서
   유진오(「신고헌법해의」, 45면) 교수는 이를 '국체'와 '정체'를 동시에 규정하고 있다고 해석하면
   서 '민주공화국' 중의 '민주'는 정체를, '공화국'은 국체를 규정한 것이라고 설명한 바 있다.
4) 예컨대 문홍주, 106면.
5) 예컨대 김철수, 122면; 권영성, 110면.

를 가진 이른바 입헌군주국의 헌법조차도 국민주권의 원칙을 인정하고 있는 오늘날 '주권의 소재' 내지는 '국가권력의 보유자'를 기준으로 하는 '국체'의 분류는 무의미하다고 본다. 따라서 '국체'와 '정체'의 구분을 전제로 하는 '민주공화국'에 관한 논쟁은 아무런 실익이 없는 것이라고 생각한다. 하나의 헌법조문을 둘러싼 그와 같은 형식논리적인 논쟁보다는 우리 현행헌법의 구조적 원리 내지 통치질서가 어느 정도의 input를 허용하며 output가 사회질서에 얼마만큼 영향을 미치게 되어 있는가를 거시적인 헌법해석의 안목으로 검토하는 것이 헌법학도의 보다 당면한 과제라고 할 것이다.

(2) input와 output를 기준으로 한 Modell정립의 시도

1) 현행헌법의 2원론적 구조

(가) '사회'의 자율기능존중

우리나라 현행헌법은 원칙적으로 '국가'와 '사회'를 구별하는 2원론의 입장에 서 있다고 볼 수 있다. 왜냐하면 우리 헌법은 그 전문에서 '기회균등'과 '개성신장'을 통한 '안전'과 '자유'와 '행복'의 확보를 헌법제정의 취지로 삼고 있을 뿐 아니라 '국가'가 국민의 기본적 인권을 최대한으로 보장하게 하고($\frac{제10}{조}$) 국민의 자율적 활동을 제한하는 기본권의 제한은 국가안전보장, 질서유지와 공공복리를 위해서 필요한 최소한의 범위에 그치게 함으로써($\frac{제37조}{제2항}$) 사회의 자율성을 크게 존중하려는 전제에서 출발하고 있기 때문이다. 더욱이 신체장애 및 질병·노령 기타의 사유로 생활능력이 없는 국민은 국가의 보호를 받는다($\frac{제34조}{제5항}$)고 명시함으로써 생활수단을 마련하고 생활여건을 조성하는 것은 제 1 차적으로 국가적 영역을 떠나 사회구성원 각자의 자율적인 노력과 활동에 의한 일임을 명백히 하고 있기 때문이다. 따라서 우리 헌법질서 내에서 '사회'의 자율적 영역에 대한 '국가'적 규제는 어디까지나 예외적인 현상이 되고 있다. 이 점은 우리 헌법상의 '경제질서'가 사유재산제도($\frac{제23}{조}$)에 입각한 개인과 기업의 경제상의 자유와 창의를 존중하는 자유시장경제체제($\frac{제119조}{제1항}$)로 되어 있어서 국가의 경제에 관한 규제와 조정 또는 사영기업에 대한 경영의 통제 내지 관리를 예외적인 경우에 국한시키고 있는 규정($\frac{제119조 \ 제2}{항, \ 제126조}$)에서도 그 정신이 잘 나타나고 있다.

(나) '사회'의 '국가'지향적 활동영역의 확대

또 국민의 정치적 활동을 보장함으로써 '사회'의 국가지향적 참여의 길을 터놓기 위해서 각종 정치활동을 위한 기본권($\frac{제21조, \ 제24조,}{제25조, \ 제26조, \ 등}$)을 인정하고 있을 뿐 아니라 복수정당제도($\frac{제8조}{제1항}$)를 헌법으로 보장하고 정당의 내부조직도 국민의

국가와 사회 구별 전제로 예외적으로만 국가적 규제 인정

정치 및 정당 활동 통한 투입과 그 한계로서의 방어적 민주주의

정치적 의사형성에 기여할 수 있도록 민주적인 조직을 갖도록 규정함으로써 (제8조 제2항) 사회 내에 존재하는 여러 갈래의 정치적 가치관이 그대로 국가정책에 반영될 수 있는 제도적 장치를 마련해 놓고 있다. 다만 우리 헌법은 가치중성적인 입장을 떠나 '민주주의'를 그 기본적인 가치질서로 삼고 있기 때문에 모든 국민의 정치활동이나 정당활동은 이 가치질서의 테두리 안에서만 헌법적인 정당성을 인정받을 수 있는 것이다. 따라서 정당에 대한 해산제도(제8조 제4항, 제111조 제1항 제3호, 제113조 제1항)나 기본권제한규정(제37조 제2항)은 우리 헌법상의 민주주의적 가치질서를 지키고 민주주의의 이름으로 우리 헌법상의 민주주의적 가치질서를 파괴하려는 정치세력에 대항하기 위한 이른바 방어적 내지 투쟁적 민주주의의 헌법보호수단이라고 볼 수 있다. 이처럼 우리 헌법이 방어적 내지 투쟁적 민주주의를 채택하고 있다는 사실도 우리 헌법에 전제되고 있는 2원론의 한 증거라고 볼 수 있다. 왜냐하면 '국가'와 '사회'를 동일시하는 1원론의 입장에서는 정당활동은 바로 국가활동을 의미하기 때문에 정당에 대한 국가적 규제나 강제해산이란 이론상 성립될 수 없기 때문이다.

투입의 두 통로

결국 우리 현행헌법은 '사회'의 '국가'에 대한 정치참여의 통로(channel)를 두 가지 형태로 마련해 놓고 있다고 할 수 있다. 그 하나는 주로 정당정치의 통로로서 정당과 국회로 이어지는 channel이고, 두 번째 channel은 일반국민의 정치참여를 보장하는 길로서 각종 선거에의 참여와 국민투표(제72조, 제130조 제2항)의 방법이 그것이다.

2) 현행헌법상의 input와 output

사회의 자율성 및 투입활동 보장과 규제가능성 유보

'국가'와 '사회'의 2원론적 구조를 그 바탕으로 하고 있는 우리 현행헌법은 위에서 본 바와 같이 '사회'의 자율성과 '사회'의 '국가'지향적 활동영역(input)을 비교적 넓게 보장함으로써 일단 민주주의를 제도화하고 있다. 반면에 방어적 내지 투쟁적 민주주의의 수단인 정당해산제도와 국민의 기본권제한을 비롯해서 대통령에게 주어진 강력한 국가긴급권(제76조, 제77조)을 통해서 '국가'의 '사회'에 대한 규제가능성(output)을 광범위하게 유보해 놓고 있다.

어떻든, 우리 현행헌법상의 이와 같은 input와 output의 상호관계를 비교해 볼 때 우리 현행헌법상의 국가형태는 대의민주체제를 그 기본으로 하는 제도적 모델에 가깝지만 권위주의적 모델의 색채도 띠고 있다고 말할 수 있다.

기 본 권

제 1 장 기본권의 일반이론

1. 인권사상의 유래와 인권의 헌법적 수용

I. 인권사상의 유래

기본권의 역사는 인권사상에서 유래한다. 따라서 오늘날 기본권의 본질과 기능을 바르게 이해하기 위해서는 인권사상의 역사적인 유래를 파악하는 것이 필요하다. 그런데 인권사상의 역사는 인류의 역사만큼이나 오래 된 것이기 때문에 그 뿌리를 정확히 밝히는 일은 결코 쉬운 일이 아니다. 그렇기 때문에 우리는 인간공동생활에서 인권사상이 어떤 역사적 상황 속에서 싹터서 어떤 과정을 거쳐 오늘날처럼 기본권의 형태로 여러 나라의 헌법에 수용되게 되었는지를 개괄적으로 살펴보는 일로 만족할 수밖에 없다. 다만 인권사상의 유래를 추적하다 보면 권력의 역사와 마주치게 된다는 점은 우리에게 시사하는 바가 크다. 무절제한 권력의 행사는 언제나 인권사상이 더욱 발전하는 커다란 추진력이 되었었던 점을 확인할 수 있기 때문이다.

인권사상과 권력의 역사적 상관성

(1) 인권사상의 철학적·신학적 기초

인권사상의 기원 내지 유래를 실증적으로 논증하려는 시도는 처음부터 많은 어려움에 봉착할 수밖에 없다. 왜냐하면 인권사상의 뿌리는 단근성(單根性)이 아닌 복근성(複根性)이기 때문이다. 즉 인권사상은 고대 그리스철학을 비롯해서 로마의 스토아학파, 중세의 기독교사상·자연법이론·도덕철학·인성론 등이 복합적으로 작용해서 결실시킨 하나의 복합적인 사상적 열매를 뜻하기 때문이다.

인권은 복합적 사상의 결실

일찍이 Sokrates, Platon, Aristoteles로 대표되는 고대 그리스철학의 사상적 세계 속에도 비록 '국가 속의 자유'라는 제한적인 의미이기는 하지만 인간의 자유가 철학적 인식의 대상이 되었던 것은 사실이다. 그러나 인권의 문제를 보다 분명히 다루기 시작한 것은 로마의 스토아(Stoa)철학이었으며, 그것이 로마권의 고대국가철학을 대표하는 시세로(Cicero)의 인권사상으로 발전했다. 즉 고대 그리스철학이 개인을 국가공동체의 단순한 구성분자로 보고 '국가 속의 자

그리스철학·스토아철학 및 시세로의 인권사상

유'를 주장한 데 반해서 Cicero는 자유에 바탕을 둔 국가론을 정립하고 특히 소유권질서를 국가생활의 가장 중요한 규제영역으로 봄으로써 이미 고전적 자연법이론의 색채를 띠기 시작했다.

이와 같은 스토아철학의 인권사상이 중세의 초기 기독교에 영향을 미쳐 철학적 인권사상이 기독교적·신학적 인권사상으로 발전하게 되었다. 특히 토마스(Thomas von Aquin; 1225~1274)는 Aristoteles와 Stoa철학을 연결시켜 인간을 도덕적 양심에 따라 행동할 수 있는 유일한 생명체로 이해함으로써 인간에 대한 자유보장의 이념적 기초를 마련하는 데 기여했다.

그러나 기독교적·신학적 인권사상은 인간을 개인적인 인격체로 이해하기보다는 신의 세계와 연결된 집단의 구성요소로 파악하려는 경향이 강해서 인권신장과는 배치되는 점이 있었던 것도 숨길 수 없는 사실이다.

(2) 자유주의인권사상

이미 1215년 영국에서는 국왕(John; 1199~1216)이 귀족에 대해서 그들이 전통적으로 누려온 신분적 특권과 자유와 관습을 보장하는 것을 주요내용으로 하는 대헌장(Magna Carta)이 제정되었지만, 그것은 신분적 특권과 신분적 자유의 보장에 관한 것이었기 때문에 엄밀한 의미에서 일반적인 인권의 보장과는 상당한 거리가 있었다.

인권사상이 본격적으로 꽃을 피우기 시작한 것은 그 후 르네상스와 계몽주의의 영향을 받은 자유주의인권사상이 나타나면서부터였다고 할 것이다. 즉 르네상스와 계몽주의시대를 거치면서 인간의 이성과 자연법을 강조하는 자유주의인권사상이 신학적 인권사상을 약화시키면서 인권사상은 비로소 제자리를 잡기 시작했다.

결국 자유주의인권사상의 본격적인 시작은 신학에 바탕을 둔 중세적 자연법사상이 신학적인 테두리를 벗어나면서부터였다고 할 것이다. 즉 네덜란드의 그로티우스(Hugo Grotius; 1583~1645)에 의해서 확립된 자연법이론은 자유주의인권사상에 큰 영향을 미쳤다.

물론 기독교적 인권사상이 자유주의인권사상으로 발전하는 과정은 그렇게 순탄한 것만은 아니었다. 인권에 대한 시각이 신학 내부에서도 통일되어 있지 않았을 뿐 아니라 중세의 암흑기는 인권사상을 질식시키는 요인으로 작용했었기 때문이다. 즉 루터(M. Luther; 1483~1546)의 개혁사상에 내포된 권위주의적

요소는 인권사상과 조화되기 어려웠고, 또 그칠 줄 모르는 중세의 종교전쟁으

로 인해서 야기된 혼란한 사회현상을 배경으로 질서국가에의 동경 속에서 탄생 질서국가사상
된 보댕(J. Bodin; 1530~1596)의 군주주권이론이나 홉스(Thomas Hobbes; 1588~
1679)의 질서국가사상이 자유주의인권사상의 발전에 결정적인 타격을 가했던
것도 간과할 수 없다.

　　그러나 또 한편 칼빈(Calvin; 1509~1564)의 신교사상에는 분명히 인권우호 칼빈의 인권
적인 주장이 들어 있었고, 칼빈주의로 불리는 이 인권우호적인 사상이 사실상 사상과 그 영
Grotius나 Locke로 대표되는 자연법이론의 사상적 고향이 된 것도 부인할 수 향
없다.

　　아무튼 중세의 질서국가적 사상이 질서유지와 국가에 의한 개인의 보호라 신자연법사상
는 국가목적을 내세워 자연법적인 가치를 무시하고 전제적 강권통치로 흐르는
경향에 대한 반대조류로 나타난 것이 푸픈도르프(S. Pufendorf; 1632~1694), 라이
프니츠(v. Leibniz; 1646~1716), 볼프(Ch. Wolff; 1679~1754) 등에 의해서 대표되
는 이른바 신자연법사상이다. 자연법사상을 그 뿌리로 하는 신자연법사상은 천
부의 인간고유의 권리를 강조하고 선천적인 인권의 존중 내지 보호를 국가의
본질적인 과제라고 역설함으로써 자유주의인권사상이 여러 나라의 인권선언과
헌법에 수용되는 결정적인 계기를 만들었다.

Ⅱ. 인권의 헌법적 수용

　　철학적 인권사상이 기독교적·신학적 인권사상을 거쳐 자유주의인권사상으 영국의 인권
로 발전하는 동안 인권사상은 하나의 이념적이고 관념적인 주장의 테두리를 벗 선언과 그 영
어나지 못하다가 그것이 기본권적인 의미를 갖는 실질적인 인권으로 승화된 것 향
은 자유주의인권사상이 영국에서 인권선언으로 구체화되기 시작하면서부터라고
할 것이다. 즉 자유주의인권사상이 영국에서의 인권선언을 시발점으로 해서 미
국독립과 미국헌법제정에 영향을 미치고 자유주의인권선언이 프랑스혁명과 프
랑스인권선언의 사상적인 기폭제가 됨으로써 인권은 비로소 입헌국가의 불가결
한 보장대상으로 헌법에 수용되게 되었다.

(1) 영국에서의 인권선언

　　자유주의인권사상의 영국에서의 전개상황은 인권의 헌법적 수용에 있어서 코크와 록크
매우 중요한 의미를 갖는다. 코크(Sir Edward Coke)와 록크(John Locke; 1633~ 의 자유주의
1704)에 의해서 대표되는 영국의 자유주의인권사상은 고전적 인권의 3요소로 사상의 영향

간주되는 '생명'·'자유'·'재산'[1]이라는 개념을 창출해냈을 뿐 아니라 여러 형태
의 인권선언을 나오게 한 직접적인 원동력이 되었기 때문이다.

권리청원, 국민합의서, 인신보호법, 권리장전

즉 1628년의 '권리청원'(Petition of Rights)은 1215년의 대헌장의 정신을 계
승하여 과세에 대한 의회동의권과 신체의 자유, 정당한 사법절차 등을 보장했
으며, 1647년의 '국민합의서'(Agreements of the People)[2]에는 종교와 양심의 자
유, 평등권, 병역강제로부터의 자유, 신체의 자유, 재산권 등이 들어 있었으며,
1679년의 '인신보호법'(Habeas Corpus Act)에서는 인신보호영장에 의한 구속적부
심제를 두어 신체의 자유에 대한 보호를 강화했고, 1688년 명예혁명의 권리선
언(Declaration of Rights)과 그 소산인 1689년의 권리장전(Bill of Rights)에서도
종래의 인권선언에 들어 있던 사항 이외에도 의회선거제가 보장되고 과세문제·
법률문제·국방문제에 대한 의회의 간섭과 정책통제가 공식화되기에 이르렀다.

불문헌법의 나라인 영국에서는 이들 인권선언에 내포된 전통적 자유와 권
리가 오늘날까지도 중요한 의미를 갖는 것은 두말할 필요가 없다.

(2) 미국에서의 인권선언

버지니아권리장전과 독립선언의 천부인권사상

유럽대륙 특히 영국의 자유주의인권사상은 미국의 건국과 독립에도 결정
적인 영향을 미쳤다. 1776년의 버지니아권리장전(Virginia Bill of Rights)과 '독립
선언'이 그 직접적인 표현이었다. 그러나 자유주의인권사상이 영국에서 처음에
신분적인 자유와 권리보장의 형태로 여러 인권선언을 통해 구체화되었던 영국
적인 상황과는 달리, 미국에서는 인권사상이 건국과 독립의 추진력으로 작용하
고 인권은 신분과는 관계 없는 인간의 천부적인 자유와 권리로 인식되고 보장
되었다는 점을 주목할 필요가 있다. 미국의 독립상황과도 불가분한 관련이 있
는 이같은 미국적인 인권의식 때문에 '버지니아권리장전'에는 생명·자유·재산
권뿐 아니라 저항권 등도 함께 보장되었다. '버지니아권리장전'은 근대적인 인
권선언의 효시로 평가될 만큼 중요한 의미를 가지고, 1789년의 프랑스인권선언
과 함께 인권의 헌법적 수용에 큰 촉매역할을 했다.

인권의 헌법적 보장

그런데 미국에서 인권이 헌법에 정식으로 보장된 것은 '버지니아권리장전'
과 '독립선언'의 정신을 계승한 1776년의 펜실베이니아(Pennsylvania)헌법을 비

---

1) 이 세 가지 고전적인 인권개념이 Locke에서 유래했다는 견해와 Coke에 의해서 처음 사용되었
다는 주장이 대립되고 있지만, 영국의 자유주의인권사상을 그 진원지로 하고 있는 것은 틀림
없다.
2) 이것은 찰스 1세(Charles I)의 몰락과 처형(1649)을 초래한 의회와 국왕과의 세력다툼과 내전
(1642~1646)의 결과 의회지도자 크롬웰(Oliver Cromwell)의 주도하에 만들어진 것이다.

롯한 각 독립국가의 헌법이 제정되면서부터였다. 1787년의 미국연방헌법은 처음 제정 당시에는 인권규정을 두지 않았으나 버지니아 등의 강력한 요구로 1791년에야 비로소 10개 조의 인권조항(The First ten Amendments)을 추가해서 비로소 인권을 수용한 최초의 근대국가의 헌법이 미국에서 탄생했다.

(3) 프랑스에서의 인권선언

자유주의인권사상은 프랑스에서 특히 몽테스키외(Montesquieu; 1689~1755)와 루소(J. J. Rousseau; 1712~1778)에 의해서 권력분립과 국민주권의 실천적 이론으로 발전되어 1789년 프랑스혁명의 사상적인 기폭제가 되고 같은 해 17개 조로 된 '인간과 시민의 권리선언'(Déclaration des droits de l'homme et du citoyen)을 낳게 했다. 프랑스혁명에 의해서 구성된 국민의회에서 채택되고 국왕에 의해 받아들여진 이 프랑스의 인권선언은 그 전문에서 인권의 자연법성과 천부적인 성격 그리고 불가양성을 분명히 밝히면서 모든 국가적인 불행이 이 신성한 인권을 존중하지 않는 권력으로부터 비롯된다는 점을 경고하고 있다. 프랑스인권선언(제16조)이 인권보장과 권력분립이 되어 있지 아니한 나라는 헌법을 가졌다고 볼 수 없다고 단언하고 있는 것도 같은 사상에서 나온 것이라고 볼 수 있다.

프랑스인권선언은 영국의 인권사상이나 인권선언에 의해서 자극받은 것을 부인할 수는 없겠으나, 내용적으로는 미국의 '버지니아권리장전'이나 미국내 각 독립국가의 헌법전으로부터 영향받은 바가 훨씬 컸다는 것이 지배적인 견해이다.

그러나 그럼에도 불구하고 영국의 여러 인권선언과 미국의 버지니아권리장전이 성격상 차이가 있는 것처럼, 프랑스의 인권선언도 그 성격상 다른 나라의 인권선언에서는 찾아보기 어려운 독특한 의미를 가지고 있다는 점을 간과해서는 아니된다. 즉 프랑스인권선언의 저변에 흐르고 있는 기본사상은 전통적인 신분제도와 특권질서의 개선이나 개혁이 아니라 구체제의 폐지와 사회적인 평등을 실현할 수 있는 완전히 새로운 사회질서의 확립이었다. 바로 이곳에 프랑스인권선언의 사회정책적 의미와 혁명적 성격이 있다.

프랑스인권선언은 1791년에 제정된 혁명헌법에 수용되어 인권이 헌법에 수용된 또 하나의 선례를 남겼다.[1]

---

1) 프랑스헌정사에서 인권규정의 운명은 언제나 밝은 것만은 아니었다. 즉 1793년 헌법과 1795년 헌법에서는 인권규정이 더욱 증가되었지만, 1799년 헌법에서는 인권규정을 따로 두지 않았다. 1804년의 Napoleon헌법도 마찬가지였다. 1814년의 루이 18세 헌법과 1830년 헌법이 다시 인권규정을 두었고 1848년 혁명헌법은 인권의 초국가적 성격을 다시 강조했다. 1852년 헌법은 1789년 인권선언을 일반원리로 수용했지만 1875년 헌법은 다시 인권조항을 배제했다. 제 2 차 세계대전 후에 1946년 헌법에서는 그 전문에 인권선언의 정신을 다시 확인·확대함과 동시에

(4) 독일에서의 인권보장

인권보장의
지연 배경

영국과 프랑스에서 그리고 미국에서 자유주의인권사상이 인권선언을 통해 기본권으로 수용되는 동안 독일에서는 여전히 절대군주의 지배체제가 계속되었다. 독일에도 자유주의인권사상이 없었던 것도 아니고 또 칸트(I. Kant; 1724~1804)에 의해서 대표되는 이상주의인권사상이 도덕적 인간의 자율적인 자유를 강조하기도 했지만, 독일에서는 일찍부터 국가권력에 대한 신뢰가 다른 나라에서보다 훨씬 강했기 때문에 인권의 헌법적 수용에는 많은 시간이 필요했다. 뒤늦은 수용마저도 자생적인 것이 아니었고 외세에 의한 타율적인 것이었다. 즉 Napoleon에 의해서 세워진 독일 서북부의 Westfalen왕국이 1807년에 프랑스인권선언과 프랑스헌법을 모방한 헌법을 제정하면서 비로소 인권보장헌법이 독일에 나타났으며 그것이 그 다음해(1808년) 만들어진 남부 바이언왕국헌법의 표본

인권보장헌법
의 역사

으로 작용했다. 그러나 독일에서 인권보장헌법의 본격적인 출현은 그보다 훨씬 후인 1849년 제정된 독일제국헌법(Paulskirchenverfassung)에서부터였다. 이 헌법에서 비로소 독일의 자유주의와 이상주의가 제 모습을 드러냈으며 법의 이념과 국가작용과 개인역할의 합리적인 조화가 모색되었다. 그러나 이 헌법은 여러 가지 사정으로 인해서 시행되지 못하고 말았다. 그 후에 만들어진 헌법(1850년의 프로이슨 헌법과 1871년의 비스마르크헌법)은 인권보장에 관한 한 매우 소극적인 태도를 취했다. 1849년 헌법의 인권보장전통은 1919년의 바이마르헌법에 의해서 비로소 계승되었고, 1949년의 서독기본법에서 완전히 꽃을 피워 1990년 통일독일의 기본법으로 이어지고 있다.

Ⅲ. 인권보장의 현대적 추세

인권의 생활
권화, 국제화,
규범화

20세기에 접어들면서 인권보장의 문제는 큰 변화를 겪게 되었는데 사회국가 내지 복지국가이념에 따른 '자유권의 생활권화현상'과, 세계시민의 정신 내지 국가간의 교류증대로 인한 '인권문제에 대한 국제적 관심의 증가'가 그 대표적인 현상이다. 또 인권보장의 문제를 단순히 선언적인 차원에서 이해하려는 종래의 태도를 탈피해서 인권보장에서 국가존립의 당위적 근거를 찾으려는 경향이 커짐으로써 기본권의 직접적 효력이 당연한 것으로 인식되고 있는 점도 주목해야 한다. 그리고 정보통신기술과 컴퓨터산업의 발달로 인해서 Cyber

개별적인 기본권목록을 두었다. 그러나 1958년 제5공화국헌법에서는 그 전문에 인권선언을 전체적으로 수용한다는 규정만을 두고 있다. 따라서 1789년의 프랑스인권선언과 1946년의 제4공화국헌법 전문은 프랑스 제5공화국헌법의 중요한 구성부분이 되고 있다.

space에서의 인권문제를 소홀하게 다룰 수 없게 되었다.

(1) 자유권의 생활권화현상

인권사상의 유래가 말해 주듯이 인권은 연혁적으로 전래적인 신분특권의 보장 내지 자연법적인 생래적 권리의 보장이라는 형태로 발달해서 근대국가의 헌법에 기본권으로 수용된 까닭에 처음부터 자유권이 기본권의 중심적인 좌표를 차지할 수밖에 없었다. 그러나 인간의 욕구가 커져서 '자유'와 '빵'과 '재난으로부터의 해방'을 함께 요구하게 됨에 따라 자유권 중심의 생활질서가 가져온 사회적 불평등과 폐단을 시정해서 정의사회를 구현하는 것이 정치적 안정과 사회평화의 유지에 절대적으로 필요하다는 인식이 확산되면서부터 사회국가 내지 복지국가의 이념이 국가의 정책적인 가치지표로 떠오르기 시작했다. 이와 같은 현상은 특히 20세기 초반부터 두드러지게 나타나 1919년의 바이마르공화국헌법을 시작으로 해서 사회적 기본권 또는 사회국가원리가 헌법에 수용되기에 이르렀다. 그에 더하여 자유권의 의미와 기능도 단순한 방어권으로서가 아니라 생활권적인 시각에서 이해하려는 경향이 점점 늘어나게 되었다. '자유권의 생활권화현상'이 바로 그것이다. 따라서 적어도 현대국가의 헌법에서는 사회적 기본권 내지 사회국가원리를 명문으로 규정하는 것이 관례로 되고 있는데 우리나라 헌법은 전통적으로 사회적 기본권을 담고 있지만, 독일기본법은 사회국가원리만을 수용하고, 이탈리아헌법은 두 가지를 함께 규정하고 있다.

자유권의 의미와 기능변화 및 사회적 기본권의 중요성 증대

(2) 인권문제에 대한 국제적 관심의 증가

인권이 각국 헌법에 기본권으로 수용되기 시작한 입헌주의 초기만 하더라도 인권문제는 철저히 국가 내의 관심사에 지나지 않았다. 그러나 국가간의 교류가 늘어나고 특히 두 차례의 세계대전을 겪는 동안 인권의 중요성에 대한 국제적 인식이 커짐에 따라 인권문제는 이제 국경을 초월한 세계의 공동관심사로 떠오르게 되었다. 다른 나라의 인권탄압에 대한 간섭이 이제는 더 이상 내정간섭으로만 간주될 수 없게 된 것도 그 때문이다.

초국가적 공동관심사가 된 인권

이처럼 인권문제에 대한 국제적 관심의 증가를 상징적으로 말해 주는 것이 바로 국제연합(UN)의 세계인권선언[1](1948), 유럽인권규약[2](1950), 국제연합

국제적인 인권규약

---

1) 국제연합헌장(1945)의 인권사상을 계승해서 1948년에 채택되었는데 전문과 30개 조문으로 되어 있다. 인간의 존엄성, 평등권, 신체의 자유, 표현의 자유, 정보수집의 자유, 망명자보호청구권, 국제적 평등보호청구권 등이 그 주요내용이다. 그러나 강제력은 없다.

2) 유럽공동체(EC)에서 제정한 것인데 1953년에 회원국에 대해서 효력을 발생했다. 전통적인 인

의 인권규약[1](1966) 등이다. 인권문제에 대한 국제적 관심의 표명이라고도 볼
수 있는 이와 같은 국제적인 인권규약은 그것이 비록 선언적 의미가 강하고
기속력이 약하다고는 하지만 그 실효성이 완전히 부인될 수는 없다고 생각한
다. 왜냐하면 그들 국제적인 인권규약은 인권보장에 대한 하나의 국제적인 최
소당위지표를 제시해 주고 있는 것이기 때문에 이를 무시하는 국가는 국제사회
에서 발언권이 제약될 수밖에 없을 것이기 때문이다.

(3) 기본권의 직접적 효력에 대한 인식 증대

인권보장의
탈선언적 성
격과 기본권
관의 변화

인권이 기본권의 형태로 근대국가의 헌법에 수용될 때만 하더라도 그 선
언적·프로그램적 성격이 강조되었을 뿐 기본권의 직접적 효력에 대한 인식은
거의 없었다고 해도 과언이 아니었다. 인권의 헌법적 수용이 인권선언 또는 권
리장전의 형태로 이루어졌던 그때의 사정과도 불가분의 연관성이 있다고 할 것
이다.

그러나 특히 제 2 차 세계대전을 계기로 나치즘·파시즘·군국주의에 의한
엄청난 인권유린을 체험한 인류는 국제적으로는 각종 인권선언과 인권규약을
통해서 인권의 중요성을 강조하고, 국내적으로는 기본권규정이 갖고 있는 직
접적 효력과 국가권력을 기속하는 힘에 대한 새로운 인식이 나타나기 시작했
다. 그 직접적인 표현이 바로 기본권관의 변화이다. 법실증주의적인 기본권관
이 자취를 감추고 결단주의적 기본권관이 비판의 대상이 된 것도 바로 그 때
문이다.

(4) 정보통신기술과 생명공학의 발달로 인한 인권보호영역의 확대

정보화시대의
새로운 형태
의 인권침해

정보통신기술(IT)과 컴퓨터산업의 발달로 인해서 인간의 생활형태가 급속
도로 변하고 있다. 산업사회의 시대를 지나 이제 정보화사회의 시대로 접어들
고 있기 때문에 인간의 생활도 현실공간(Real space)에 국한되지 않고 사이버공

권보장에 관한 유럽인권규약은 그 후 유럽 사회헌장(1961)에 의해서 그 내용이 확대되었다.
회원국에게는 강제력이 있다.

1) 1966년 제21차 UN총회에서 채택되었는데 A규약(경제적·사회적·문화적 권리에 관한 규약)과
B규약(시민적·정치적 권리에 관한 규약) 및 B규약선택의정서의 셋으로 구성되어 1977년부터
서명국에 효력을 발생했다. 이 인권규약은 서명국에게는 조약으로서의 법적인 강제력을 가진
다. 우리나라는 B규약의 몇 가지 내용(상소권 보장, 일사부재리 및 이중처벌금지, 결사의 자
유, 혼인 및 혼인해소시 배우자평등)이 국내법과 저촉된다는 이유로 인권규약에의 가입을 미
루어 오다가 1990년 3월 국회에서 가입동의안이 의결되었다. 그런데 배우자평등조문의 유보는
우리 개정민법이 발효된 1991년 1월 1일 철회했다. 또 상소권 보장조문(제14조 제 5 항)의 유
보도 2007년 3월 29일 철회했다.

간(Cyber space)에서 이루어지는 부분이 점점 많아지는 추세에 있다. Internet을 통한 정보의 수집을 비롯해서 E-mail 통신과 Internet에 의한 금융 및 상품거래의 폭발적인 증가, E-book의 출현, Homepage를 통한 정보전달과 홍보 등 인간의 생활양식에 엄청난 변화가 일어나고 있다. 특히 사이버 스페이스에서의 표현의 자유와 프라이버시권 등 이른바 사이버 권리(Cyber rights)는 이미 치열한 논란의 대상이 되고 있고, 사이버 법(Cyber law)은 현실공간의 법질서와는 구별해야 한다는 주장도 대두하고 있다. 따라서 종래 농업사회와 산업사회에서 현실공간을 중심으로 이루어진 생활형태를 토대로 정립된 기본권이론이 정보화사회에서도 그대로 통용되기에는 적지 않은 이론적인 어려움에 봉착할 수밖에 없게 되었다. 사이버 공간의 생활에서 현실공간에서의 기본권침해와는 다른 형태의 기본권침해가 확산되고 있기 때문이다. 원치 않는 상업용 E-mail 내지 스팸(Spam),[1] 사이버 스토킹(Cyber stalking),[2] 해킹(Hacking),[3] 도청(Wiretapping), 피싱(Phishing)[4] 등의 수법에 의한 금융사기, 컴퓨터 바이러스를 만들어 전파하는 행위, Internet 매체와 youtube 및 팟캐스트를 통한 허위사실의 유포와 명예훼손 등 기본권침해의 양상이 날로 새로워지고 있다.

이러한 현상에 직면해서 심지어 사이버독립선언문[5]과 사이버인권선언문[6]이 나오는가 하면 새로운 인권침해양상에 대비한 국제적인 움직임도 나타나고 있다. 1966년에 세계지식재산권기구(WIPO)가 멀티미디어 디지털 기술 등의 발전에 대응하기 위해 저작권조약($\substack{제18\\조}$)에서 공중전달권($\substack{전송권\\포함}$)을 채택한 것도 그 한 예이다. 우리나라도 이에 발맞추어 저작권법($\substack{제 2 조 제10호, 제18\\조, 제136조 제 1 항}$)을 개정해서 컴퓨터통신 등에 의한 전송으로부터 저작권을 보호하도록 하고 있다. 그 밖에도 온라인상의 불법복제를 효과적으로 근절하기 위해 온라인서비스제공자 및 불법복제물전송자에 대한 규제를 강화하는 컴퓨터 프로그램의 보호($\substack{저작권법 제103조~제\\103조의 3 및 제104조}$),

상황변화에 대응하는 새 인권이론의 필요성

---

1) 스팸이란 수신을 원치 않는 다수의 사람들에게 메일링리스트(mailinglist)와 유즈넷(Usenet) 등의 네트워크 커뮤니티를 사용하여 동일한 메시지를 송신하는 모든 시도를 말한다.
2) 타인의 은밀한 정보를 인터넷으로 유포시키거나 우연히 알게 된 타인에게 음란성 메일이나 협박성 메일을 지속적으로 보내는 행위를 말한다.
3) 컴퓨터를 이용하여 다른 사람의 컴퓨터 통신망에 침입하거나 기술적인 방법으로 다른 사람의 컴퓨터가 수행하는 기능이나 전자정보에 함부로 간섭하는 일체의 행위를 말한다.
4) 금융기관을 사칭한 인터넷 사이트나 e-메일을 통해 타인의 금융계좌 정보를 알아내 돈을 빼가는 행위를 말한다. 2005년판 옥스퍼드사전에는 유명회사가 e-메일을 보낸 것처럼 가장해 개인정보를 캐내는 행위라고 뜻을 풀이하고 있다.
5) 예컨대 *John Perry Barlow*, A Declaration of the Independence of Cyberspace, Davos 1996.
6) 예컨대 *Robert B. Gelman*, Draft Proposal: Declaration of Human Rights in Cyberspace, 1997.

국가정보화 기본법과 정보통신기반 보호법에 의한 정보화의 촉진과 정보보호시스템의 구축, 정보통신망 이용촉진 및 정보보호 등에 관한 법률에 의한 정보통신망의 건전하고 안전한 이용환경의 조성, 전자문서 및 전자거래 기본법과 전자서명법에 의한 전자거래의 안전성과 신뢰성의 확보, 인터넷주소자원에 관한 법률에 의한 부정한 목적의 도메인이름 선점등록의 금지 등 인터넷주소의 합리적 관리 등을 꾀하고 있다. 그렇지만 아직은 입법적인 대응이 매우 미흡한 상태이다. 따라서 정보화사회의 새로운 인권침해의 형태에 대비하기 위한 새로운 기본권이론의 개발과 인권침해형태의 변화에 대비한 효율적인 인권보호대책은 정보화시대가 요구하는 시급한 헌법적인 과제가 아닐 수 없다.[1]

생명공학과 헌법

또 생명공학(BT)의 발달로 인해서 인간복제가 가능해지고 유전자조작에 의해서 '원하는 인간'의 생산이 가능해지는 등 인권적인 측면에서 새로운 헌법적인 문제도 제기되고 있다.[2]

Ⅳ. 인권의 한국헌법에의 수용

상해임시정부 헌법의 인권 규정

봉건체제와 유교적 전통에 젖어 온 우리 한민족은 서구사상에 접하게 되는 개화기를 일본의 식민통치 아래서 지냈기 때문에 서구의 인권사상에 대한 호기심보다는 일본으로부터의 해방과 독립의 열망이 훨씬 강했다. 그럼에도 불구하고 1919년에 공포된 상해의 대한민국임시정부헌법은 이미 3개 조의 인권보장에 관한 규정을 두고 있었는데, 그것은 그 당시 임시정부 수립의 주역들을 통해 미국헌법의 영향을 받은 것이라고 볼 수 있다. 그러나 이 헌법은 어디까지나 임시헌법으로 그치고 말았기 때문에 큰 의미를 갖는 것은 아니다.

건국헌법의 기본권규정, 타율적인 해방의 산물

따라서 우리나라가 인권을 헌법에 수용하게 된 본격적인 계기는 1945년 광복에 의해서 조성되었다고 보아야 한다. 1948년 건국헌법이 기본권보장에 관한 많은 규정을 담고 있었던 것은 그 당시의 시대상황으로 보아서 오히려 당연한 현상이었다. 그러나 건국헌법에 수용된 기본권규정은 우리 스스로의 인권

---

1) 우리 헌재도 인터넷시대의 표현의 자유문제를 다음과 같이 판시하고 있다.
　【판시】 인터넷은 진입장벽이 낮고 표현의 쌍방향성이 보장되는 등 표현의 자유의 장을 넓히고 질적 변화를 야기하고 있으므로 그 규제수단 또한 헌법의 틀 내에서 다채롭고 새롭게 강구되어야 할 것이다(헌재결 2002. 6. 27. 99 헌마 480, 판례집 14-1, 616(632면)).
2) 생명윤리 및 안전에 관한 법률이 체세포복제배아에 의한 인간복제를 금지하고(제20조), 무분별한 체세포핵이식행위를 금지하며(제31조), 유전자검사를 엄격히 규제하는(제49조와 제50조) 등 생명과학기술의 관리·통제를 통해서 인간의 존엄과 가치의 훼손을 방지하려고 노력하는 이유도 그 때문이다.

투쟁에 의해서 얻어진 산물이 아니고 우리를 해방시킨 연합군과 미군정 당국의 영향에 의한 것이었기 때문에 그 기본권은 다분히 선언적인 의미 이상을 가질 수는 없었다.

우리 한민족이 인권의 중요성을 인식하기 시작한 것은 자유당독재정권 아래서 인권탄압을 경험하면서부터였다. 제 2 공화국헌법이 기본권을 강화해서 기본권에 대한 개별적 법률유보조항을 삭제하고 기본권의 본질적 내용의 침해금지조항을 신설하여 언론·출판·집회·결사에 대한 허가나 검열을 금지시킨 것도 인권의식의 향상에서 나온 결과라고 할 것이다.

인권탄압의 경험과 기본권의 강화

그와 같은 경향은 제 3 공화국헌법에서도 이어져 모든 기본권보장의 이념적 기초에 해당하는 '인간의 존엄과 가치'의 존중에 관한 규정이 처음으로 신설되었다.

그러나 제 4 공화국의 이른바 유신헌법에서는 당시의 특수한 정치적 상황이 그대로 기본권규정에 반영되어, 기본권에 대한 개별적 법률유보조항이 다시 살아나고 기본권의 본질적 내용 침해금지규정이 삭제되었으며, 특히 인신권과 표현의 자유, 재산권, 노동 3 권에 대한 제한가능성을 크게 하는 등 기본권보장이 크게 약화되었다.

유신헌법과 기본권 약화

제 4 공화국에 대한 저항과 반동으로 탄생된 제 5 공화국최초헌법은 다시 기본권을 강화해서 기본권에 대한 개별적 법률유보규정을 대폭 줄이고, 기본권의 본질적 내용 침해금지규정을 다시 두었으며, 행복추구권, 사생활의 비밀과 자유, 환경권 등을 새로운 기본권으로 추가하는 외에 연좌제금지, 구속적부심사제도와 무죄추정의 원칙 등을 통해서 인신권을 강화했으며, 재산권과 노동자의 권리 등도 개선하였다.

제 5 공화국헌법과 기본권 강화

제 5 공화국 전(全)대통령시대의 인권상황에 대한 반성에서 출발한 우리의 현행헌법은 우리 헌정사상 인권의 헌법적 수용의 측면에서는 가장 진보적이고 자유주의적인 내용을 담고 있다고 할 것이다. 적법절차조항 등을 통해 인신권보장내용이 크게 신장되었으며, 범죄피해자의 국가구조청구권과 쾌적한 주거생활권, 근로자의 최저임금제 등이 신설되었고, 특히 표현의 자유, 노동 3 권, 재산권, 대학의 자유, 여성의 지위 등이 강화되었으며 사회보장제도가 확충되었다.

현행헌법의 진보적·자유주의적인 기본권 보장

2. 기본권의 본질과 기능

헌법관과 기
본권관의 관
계

　기본권이 무엇이며 기본권은 어떠한 기능을 가지는 것인가에 대한 대답은
헌법관에 따라 다르기 마련이다. 법실증주의적 헌법관, 결단주의적 헌법관, 통
합과정론적 헌법관이 각각 그들의 입장에서 기본권의 본질과 기능을 다르게 이
해하고 있는 것은 그 때문이다. 따라서 헌법관을 떠나서 기본권을 논하는 것은
마치 나침반 없는 항해와도 같다.

Ⅰ. 법실증주의적 헌법관에서 본 기본권

(1) H. Kelsen의 기본권관

1) 법률 속의 자유

국가권력에
의해 허용된
범위 내의 자
유와 권리

　Kelsen의 사상적 세계에서는 국가란 법질서 그 자체이기 때문에 국민과는
별개의 유리된 완성물일 뿐 아니라 국가는 '법목적'이라는 '자기목적'에 의해서
정당화되기 때문에 국민의 자연법적 자유를 존중하고 권리를 보장하기 위한 국
가권력의 제약이란 있을 수 없고, 국가권력은 그의 강제질서에 의해서 무엇이
든지 규제할 수 있기 때문에 국민은 다만 국가의 강제질서에 의해서 규제되지
아니한 범위 내에서만 '자유'로울 수 있는, 말하자면 '국가가 베푸는 은혜로서의
자유' 내지는 '힘의 자제에 의한 반사적 효과로서의 자유'를 누릴 따름이다.

2) 주관적 공권의 부정

법률유보 속
의 기본권, 선
언적 성격

　결국 Kelsen에 따르면 '국가로부터의 자유' 또는 '국가의 부작위'를 요구할
수 있는 법적인 권리는 있을 수 없게 된다.[1] Kelsen의 관점에서는 설령 국민
의 자유권이 헌법에 보장되는 경우에도 그것은 이론상으로 반드시 법률유보를
전제로 한 보장이다. 따라서 입법기관에게 자유권의 침해를 위임하는 결과밖에
되지 않는 그와 같은 자유권의 보장으로부터 진정한 주관적 공권이 나온다고
볼 수 없다.

---

1) H. Kelsen의 기본권관에 관한 자세한 것은 졸저, 전게서, 방주 502 이하 참조할 것.

(2) G. Jellinek의 기본권관

1) 지위이론

G. Jellinek에 따르면 국민은 국가의 구성요소로서 국가권력의 지배객체임에는 틀림없지만, 국민의 국가권력에 대한 지위는 이를 수동적 지위, 소극적 지위, 적극적 지위, 능동적 지위의 네 가지로 나눌 수 있다고 한다.[1] 국민의 국가에 대한 수동적 지위에서 국민의 국가권력에 대한 복종 '의무'가 나오는 것은 당연하지만, 소극적·적극적·능동적 지위로부터는 국민이 국가권력에 대해서 부작위 또는 작위를 요구하거나 국민이 국정에 참여할 것을 요구할 수 있는 '주관적 공권'이 나온다고 한다. G. Jellinek의 이같은 '지위이론'에 따르면, 국민은 원칙적으로 국가 내에서 법질서에 의해서 규제되지 않는 범위 내에서 각자의 '자유영역'을 가지는데 이 '자유영역'을 침해당하지 않기 위해서 국가의 부작위를 요구할 수 있는 이른바 자유권을 가진다고 한다. 또 국민은 국가를 상대로 해서 힘을 가질 수는 없지만 국가의 일정한 급부를 요구할 수는 있는데 이처럼 국가의 작위를 요구할 수 있는 주관적 공권은 국가작용에서 나오는 단순한 '반사적 이익'과는 엄격히 구분해야 된다고 한다.

국민의 국가
권력에 대한
네 가지 지위

지위이론과
주관적 공권
으로서의 기
본권

2) 주관적 공권의 인정

아무튼 G. Jellinek는 H. Kelsen과는 달리 국민이 국가에 대해서 '주관적 공권'을 가질 수 있다는 점을 인정하면서 국민의 자유영역이나 수익권 그리고 국정참여의 가능성을 어느 정도 보장하려고 하는 것은 사실이지만, 그의 이론적 바탕이 되고 있는 '사실의 규범적 효력'과 '국가법인설' 그리고 '힘의 국가론' 등에 의해서 그 실효성이 크게 잠식되고 있다는 점을 지적해 두지 않을 수 없다.

주관적 공권
을 약화시키
는 논리

(3) 비 판

1) 선재적인 국가권력과 지배객체로서의 국민

국민을 국가의 단순한 지배객체 내지는 국가의 단순한 구성요소로 보고, 국가를 법질서와 동일시하거나 법인이라고 이해함으로써 국민의 이해관계를 떠나 국가의 자기목적 내지는 국가이익을 강조하는 켈즌적·옐리네크적 기본권관은 도저히 그 타당성을 인정할 수 없다고 할 것이다. 국가를 국민과는 유리된

국가를 법질
서와 동일시
하는 국가목
적 국가관

---

1) 자세한 것은 졸저, 전게서, 방주 510 이하 참조할 것.

별개의 완성물이라고 생각한 나머지 국민의 국가권력에 대한 '관계'나 '지위'만을 중요시하고, 국민이 국가의 원동력인 동시에 그 존립근거라는 것을 까맣게 잊고 있는 법실증주의적 기본권관은 확실히 시대착오적인 사상이 아닐 수 없다.

국가권력의
선재논리

'국가'란 '국민'을 떠나서 존재하는 것도 아니고 또 국민을 떠나서는 그 존재가치도 없다. 인간의 사회생활과정에서 일정한 목적에 의해서 조직된 사회의 정치적인 활동단위가 바로 국가를 뜻하기 때문에 '국가권력'은 이 사회의 조직과정에서 비로소 창설되는 것이지, 이 조직과정을 떠나서 독자적으로 존재하는 것일 수는 없다.

2) 자연법의 부인과 기본권의 선언적 성격

은혜적·반사
적 이익으로
서의 기본권

또 자유와 권리를 국가의 부작위에 의한 '은혜적인 것' 또는 국가권력의 자제에서 나오는 단순한 '반사적 이익'이라고 보는 경우에, 기본권은 결국 '통치구조의 장식품'에 불과하거나 아니면 '통치기술상의 전시품'에 지나지 않게 된다. 그러나 국민의 자유와 권리는 '사회'와 '국가'의 교차관계를 비로소 가능케 하는 input의 중요한 수단인 까닭에 그것은 한 나라 헌법의 단순한 '구색'일 수도 없고 또 통치자의 정당성을 높여 주는 전시물일 수도 없다.

기본권의 선
언적·프로그
램적 성격

자연법질서가 인정된다고 해서 국민의 자유와 권리가 효과적으로 보장된다는 증거도 없고 또 국민의 자유와 권리를 자연법적으로만 이해해야 되는 것은 아니라 할지라도 자연법을 터부시하거나 그 실효성을 과소평가하는 경우에는 실정법질서에 의해서 보장되는 자유와 권리는 한낱 '선언적인 것' 내지는 '프로그램적인 것'으로 평가절하될 수밖에 없다. 따라서 법실증주의적 기본권관에서는 자유와 권리의 '본질적 내용의 침해금지' 같은 것은 생각할 수 없게 된다.

바이마르헌법
에 미친 영향

법실증주의가 한창 그 위세를 떨칠 때 그 영향을 받을 수밖에 없었던 1919년의 바이마르공화국헌법이 기본권에 관한 규정을 통치구조의 다음에 다룬 것이라든지, '본질적 내용의 침해금지조항'을 두지 않았던 것이라든지, 그나마 헌법상 보장된 기본권조항조차도 결국은 선언적·프로그램적 기능밖에는 나타낼 수 없었던 역사적 사실들은 결코 우연한 일만은 아니다.

3) 우리 기본권규정의 반법실증주의적 성격

법실증주의적
이해를 배척
하는 현행헌
법의 기본권

다행히도 우리의 현행헌법은 그 기본권편에서 기본권에 관한 법실증주의적 해석을 불가능하게 하는 몇 가지 규정을 두고 있다는 점을 주목할 필요가 있다. 우선 모든 기본권조항의 이념적인 바탕이 되고 있는 제10조에서 「모든 국민은 인간으로서의 존엄과 가치를 가지며 … 국가는 개인이 가지는 불가침의 기본적 인권을 확인하고 이를 보장할 의무를 진다」고 규정함으로써 천부적인 '인간의 존엄과 가치'를 비롯한 국민의 자유와 권리는 국가의 '확인사항'이지 국가의 '은혜사항'이 아님을 명백히 하고 있다. 「국민의 자유와 권리는 헌법에 열거되지 아니한 이유로 경시되지 아니한다」($^{제37조}_{제1항}$)는 조항도 이 점을 뒷받침해 주고 있다. 둘째로 어떠한 경우라도 국민의 자유와 권리에 대한 본질적 내용의 침해가 허용되지 않는다는 점을 명백히 하기 위해서 이른바 '본질적 내용의 침해금지조항'($^{제37조}_{제2항}$)을 두고 있다는 점이다. 적어도 이와 같은 헌법규정을 존중하는 한 우리 헌법질서 내에서는 '먼저 나라가 있고 그 다음에 자유가 있다'는 논리형식은 쉽사리 받아들일 수 없다고 할 것이다.

규정

Ⅱ. 결단주의적 헌법관에서 본 기본권

(1) C. Schmitt의 자유주의적 기본권관

1) 천부적인 '국가로부터의 자유'

C. Schmitt에 따르면 기본권은 인간의 '천부적'이고 '선국가적'인 자유와 권리를 뜻하기 때문에, 비정치적인 성질의 것이고, 그것이 민주주의원리에 의해서 지배되는 정치적인 국가작용에 의해서 부당하게 제한되고 침해되는 것을 막기 위해서 비정치적인 법치국가원리가 적용되어야 한다고 한다. C. Schmitt가 고유한 의미의 기본권을 '자유의 영역'으로 이해하고 이 '자유의 영역'으로부터 국가권력에 대한 '방어권'이 나온다고 설명하면서 기본권의 본질을 '국가로부터의 자유'라고 주장하는 이유도 그 때문이다.

천부적·선국가적인 자유와 권리로서의 방어권

2) 사회적 기본권의 상대성

또 C. Schmitt가 '참정권'이나 '사회적 기본권'을 매우 소홀하게 다루면서 그에 대해서 매우 소극적인 입장을 취하는 것도 그 때문이다. C. Schmitt의 설명에 따르면 국민의 정치적 권리를 뜻하는 '참정권'이나 국가의 급부를 요구하는 '사회적 기본권'은 '자유권'과 같은 '천부적'이고 '선국가적'인 성질을 가지지 않고 '법률이 정하는 바에 따라' 인정되는 일종의 '제한적'이고 '상대적'인 권리에 불과하다고 한다.

참정권과 사회적 기본권의 경시

3) 자유권 중심의 기본권이론

자유권 중심
의 이론

결국 C. Schmitt가 생각하는 기본권은 어디까지나 '국가로부터의 자유'를
그 본질로 하는 '자유권'을 그 주축으로 하기 때문에 국가지향적인 '참정권'이라
든지 '국가로부터의 간섭'을 초래하게 되는 '사회적 기본권'이 그의 기본권공식
에 잘 들어맞지 않는 것이 사실이다. C. Schmitt가 '자유권'과 이들 기본권을
구별할 뿐 아니라 이른바 '제도적 보장'(institutionelle Garantien)을 또 별개의 것
으로 설명하는 것도 따지고 보면 '자유권'을 주축으로 하는 그의 기본권이론을
순화시키기 위한 노력의 표현이라고 볼 수 있다.

4) 기본권과 법치국가원리

기본권과 국
가와의 이념
적 단절관계

어쨌든 C. Schmitt처럼 기본권의 핵심을 '자유권'으로 보고 기본권의 본질
을 '국가로부터의 자유'라고 이해하는 한편 법치국가원리는 이같은 '자유'를 보
장하고 '국가권력을 통제'하기 위한 '형식적이고 비정치적인 기교'라고 설명하는
경우에는, 통제를 받아야 되는 통제대상으로서의 '국가'는 국민의 '자유'와는 별
도로 이미 전제된 것이나 다름없다. 바로 이곳에 국민의 기본권과 국가와의 이
념적인 단절관계가 있다. 따라서 국민의 정치적 결단을 뜻하는 헌법은 비정치
적인 법치국가원리만으로 성립될 수 없고 정치형태의 창설에 관한 민주주의원
리를 필요로 하게 되는 것이라고 한다.

5) 기본권과 통치구조

기본권과 통
치구조의 기
능적 단절관
계

결국 C. Schmitt의 사상적 세계에서는 '헌법'이란 법치국가원리가 지배하는
기본권부분과 민주주의원리가 지배하는 통치구조부분으로 구성되어 있고 기본
권부분과 통치구조부분 사이에는 상하의 관계는 있을지 몰라도 두 부분 사이에
어떤 국가창설적인 기능관계는 없는 것이 된다. 극단적으로 말해서 '기본권'(자
유)을 떠난 민주주의가 가능하다는 논리형식이다.[1]

6) 기본권과 제도적 보장의 구별

(가) 자유와 제도의 구별

공법상·사법
상의 제도보
장

C. Schmitt는 '자유는 제도가 아니다'라는 명제를 강조하면서 '자유'(Freiheit)
와 '제도'(Institution, Institut)는 다르다는 전제 밑에서 그의 제도적 보장이론을

---

1) 자세한 것은 졸저, 전게서, 방주 517 이하 참조할 것.

전개하고 있다.[1] 즉 C. Schmitt에 의하면 설령 기본권으로 규정된 사항이라 할지라도 그것이 자유의 보장을 위한 것이라기보다는 어떤 '공법상의 제도 그 자체'를 헌법적으로 보장하기 위한 것이거나 또는 '전형적이고 전통적인 사법상의 제도'를 헌법적으로 보장하기 위한 것인 경우에는 기본권과 구별하는 의미에서 '제도적 보장'이라고 부르는 것이 옳다고 한다.[2]

(나) 자유권의 절대성과 제도적 보장의 상대성

C. Schmitt의 관점에서는 '자유권'과 '제도적 보장'은 본질적인 차이가 있기 때문에 결코 같이 다루어질 수가 없는데, '자유권'이 원칙적으로 '선국가적'이고 무제한한 성질의 것인 데 반해서 '제도적 보장'은 국가 내에서 국가의 법질서에 의해서 비로소 인정된 제도에 불과하기 때문에 '자유권'에서와 같은 '배분의 원리'가 적용되지 않는다고 한다. 따라서 제도적 보장내용에 대해서는 입법기관이 이를 제한하고 침해하는 것도 가능하지만, 다만 '제도 그 자체'를 폐지하지는 못하게 하는 데에 바로 헌법적인 제도보장의 의미가 있다고 한다.[3]

자유권과 제도적 보장의 차이

(다) 제도적 보장과 주관적 권리

나아가 C. Schmitt는 '제도적 보장'과 '주관적 권리'와의 상호관계에 대해 언급하면서, '제도적 보장'의 본질상 '주관적 권리'가 반드시 '제도적 보장'에 내포되는 것은 아니지만 '제도적 보장'과 '주관적 권리'가 함께 인정되는 경우도 없지 않기 때문에[4] '제도적 보장'과 '주관적 권리'를 택일관계로 보는 것은 잘못이라고 한다. 그러나 C. Schmitt는 설령 '주관적 권리'가 '제도적 보장'의 내용으로 함께 인정되는 경우라 하더라도, 이 경우의 '주관적 권리'는 어디까지나 '제도의 보장'에 기여하는 것이 그 목적이기 때문에 '제도적 보장'에 예속되는

---

1) 자세한 것은 졸저, 전게서, 방주 524 이하 참조할 것.

2) C. Schmitt의 개념표현에 따르면 바이마르공화국헌법상의 '지방자치제도', '직업공무원제도', '대학의 자치', '법관의 독립', '공법인으로서의 종교단체', '신학대학제도' 등과 같이 그것이 전통적으로 내려오는 '공법상의 제도 그 자체'를 헌법적으로 보장하기 위한 것이면 공제도보장(institutionelle Garantie)이라고 부르고, '사유재산제도', '상속제도', '혼인제도' 등과 같이 전형적이고 전통적으로 확립되어 있는 사법상의 제도를 보장하기 위한 것이면 사제도보장(Institutsgarantie)이라는 용어를 사용하고 있다. 그러나 C. Schmitt도 이 두 가지 형태를 모두 통칭하는 개념으로는 '제도적 보장'(institutionelle Garantie)이라는 용어를 사용하고 있다.

3) 따라서 예컨대 행정상의 필요에 따라 지방자치단체를 통폐합하는 것은 가능하지만 '지방자치제도' 그 자체를 완전히 없애버리는 입법조치는 바로 '제도적 보장'의 헌법정신에 위반되는 것이라고 한다.

4) C. Schmitt는 바이마르헌법상의 '사유재산제도'(제153조)를 그 대표적인 예로 든다. 그러나 C. Schmitt에 따르면 '사유재산제도'는 동산·부동산 등 '사물에 대한 사유재산제도'를 보장하는 것이기 때문에, 개개인이 가지는 '재산가치'나 '재산영역'은 '사유재산제도'에 의한 보호를 받는다기보다는 '재산권'이라는 자유권적 측면에 의해서 보호를 받는다고 한다. 그렇지만 C. Schmitt도 그와 같은 '재산권'의 구체적 내용과 한계가 무엇인지에 대해서는 명백한 해답을 주지 못한다.

관계에 있다고 말한다.[1]

(2) 비 판

1) 탈법실증주의적 기본권이론정립

칼 슈미트 기 본권관의 헌 법이론적 공 헌

C. Schmitt가 인간의 '천부적'이고 '선국가적'인 '자유'를 강조하고 이를 보 장하기 위한 수단으로 '배분의 원리'를 끌어들여 국가권력을 통제하고 제한하려 고 노력함으로써 법실증주의가 내세우던 '법률 속의 자유'의 개념을 '국가로부 터의 자유'의 영역으로까지 끌어올린 것은 확실히 그의 커다란 이론상의 공적 이 아닐 수 없다. 또 C. Schmitt가 그의 제도적 보장이론을 통해서 기본권의 질적·유형적 차이를 명백히 함으로써 기본권의 본질과 기능을 이해하는 데 크 게 이론상의 기여를 한 것도 사실이다. 그의 제도적 보장이론이 오늘날 독일을 비롯한 유럽은 물론 일본과 우리나라에서까지 기본권의 설명에 불가결한 항목 으로 등장하고 있는 것만 보아도 그의 공헌을 쉽게 느낄 수 있다.

2) 기본권의 비정치적 성격

기본권과 통 치구조의 분 리 및 기본권 의 input기능 무시

하지만 C. Schmitt는 헌법의 구성부분을 임의적으로 양분해서 '기본권'과 '통치구조'의 이념적·기능적 상호 교차관계를 소홀히 할 뿐 아니라, 기본권의 핵심을 자유권으로 보고 자유권의 본질을 '국가로부터의 자유'라고 이해함으로 써 기본권이 가지는 input의 기능을 도외시하거나 과소평가했다는 비난을 면할 수 없다. 그가 법치국가의 원리를 단순한 비정치적인 형식원리로 이해함으로써 법치국가원리에 내포되고 있는 실질적 내용과 그것을 실현하기 위한 국가의 기 능적인 구조원리로서의 법치국가원리를 미처 파악하지 못한 점도 지적하지 않 을 수 없다.

기본권의 정 치적 통합기 능 무시

C. Schmitt처럼 기본권을 '비정치적인 질'의 것으로 파악하고 기본권을 비 정치적인 법치국가의 헌법적 표현이라고 보는 경우에는 기본권은 말하자면 '법 치행정의 원칙'이 특수화된 '특별한 행정법'에 지나지 않게 되고 기본권이 수행 해야 되는 민주주의적 기능(정치적 기능)이라든지 그 동화적 통합기능같은 것은

---

1) 예컨대 '직업공무원제도'가 공무원 개개인에게는 신분과 직무에 합당한 생활보장을 요구하는 주관적 권리를 주는 것은 사실이지만, 그렇다고 해서 공무원이 일단 얻어 놓은 봉급수준을 계 속해서 보장해 줄 것을 요구하는 권리가 보장되는 것은 아니기 때문에 공무원의 봉급수준을 낮추는 입법조치가 직업공무원제도의 침해가 되지는 않는다고 한다.

어쨌든 C. Schmitt의 이 제도적 보장이론은 '자유는 제도가 아니다'라는 전제 밑에서 출발하 는 것이기 때문에 '자유는 제도일 수밖에 없다'라는 명제를 그 이론적 기초로 하고 있는 해 벌레(P. Häberle)의 '제도적 기본권이론'과는 엄격히 구별할 필요가 있다.

처음부터 고려의 대상이 될 수가 없다.

3) 기본권의 대국가적 효력

또 C. Schmitt처럼 기본권의 본질을 '국가로부터의 자유'라고 보는 경우에는 이른바 '기본권의 사인상호간의 효력' 같은 것은 애당초 생각해 볼 여지조차 없게 되고, 기본권이 국가권력에서 나오는 output에 대한 방어적 기능은 가질지 몰라도 각종 '사회적 압력단체'에서 나오는 자유의 침해에 대해서는 속수무책일 수밖에 없다.

'국가로부터의 자유'논리의 취약점

4) 사회적 기본권에 대한 인식

C. Schmitt가 '자유권'만을 중요시한 나머지 '사회적 기본권'을 소홀하게 생각하는 것도 문제가 있다. 오늘날과 같이 다원적이고 기능적인 고도의 산업사회에서 '자유' 이외에도 '빵'과 '재난으로부터의 해방'을 동시에 요구하는 현대인의 욕구를 충족시켜 주기 위해서는 국가의 사회정책적·경제정책적·노동정책적·조세정책적·교육정책적 생활간섭이 불가피하게 되는 것이 현실이다. 따라서 '자유권'을 기본권의 핵심으로 보고 기본권의 본질을 '국가로부터의 자유'라고 이해하는 것은 오늘날에 와서는 확실히 낙후된 이론이라는 비난을 받지 않을 수 없다.

사회적 기본권의 경시

5) 국민의 헌법상 지위론

또 일본과 우리나라에서 한때 정설처럼 다루어졌던 '국민의 헌법상 지위'에 관한 이론[1]이 국민의 지위를 다원화시켜서 '주권자로서의 국민', '국가기관으로서의 국민', '기본권주체로서의 국민', '통치대상으로서의 국민'으로 나누어서 설명하는 것도 '국민주권'과 '기본권'을 조화시키려는 C. Schmitt의 사상적 세계에 그 이론적인 바탕을 두고 있다고 할 것이다. 왜냐하면 '주권자로서의 국민'과 '국가기관으로서의 국민'은 '국민주권'의 측면에서 본 국민의 지위이고,

국민의 헌법상의 지위이론의 문제점

---

1) 권영성, 1992년판, 151면 이하; 김철수, 1994년판, 125면 이하; 문홍주, 180면 이하; 한태연, 148면. 다만 권영성 교수는 1994년판부터 그가 주장하던 '국가기관으로서의 국민'이론을 폐기하고, 국민의 헌법상의 지위를 '주권자로서의 국민', '기본권주체로서의 국민', '피치자로서의 국민'의 셋으로만 나누어 설명하고 있다. 122면 참조. 김철수 교수는 여전히 국민의 헌법상 지위를 단체로서의 국민의 지위와 개인으로서의 국민의 지위로 구별하면서 전자에는 주권자로서의 국민과 주권행사기관으로서의 국민이, 그리고 후자에는 기본권주체로서의 국민과 의무주체로서의 국민이 속한다는 입장을 취함으로써 고전적인 이론의 틀을 크게 벗어나지 못하고 있다. 132면 이하 참조.

'기본권주체로서의 국민'과 '통치대상으로서의 국민'은 기본권의 측면에서 본 국민의 지위를 상징하고 있기 때문이다. 그러나 국민주권적 측면과 기본권적 측면을 임의로 단절시켜서 전자에게는 힘에 바탕을 둔 '결단'의 원리가, 후자에게는 자연법적 원리가 적용되어야 한다는 C. Schmitt적 2원주의의 문제점은 고사하고라도, 하나의 '관념적인 크기'에 불과한 국민의 '지위'를 논하는 것은 결국은 '무엇에 대한 지위'냐의 문제로 직결되기 때문에 법실증주의적 헌법관에서처럼 '국민'과 유리된 '국가'를 전제로 하지 않을 수 없다. C. Schmitt가 '통제대상으로서의 국가'는 이미 전제되어야 한다고 말하는 것도 그 때문이다. 하지만 '국민의 끊임없는 동화적 통합과정'을 바로 국가라고 이해하는 관점에서는 '국가'는 '국민'을 떠나 '전제'될 수도 없고 또 '국민'과 유리된 '국가'를 상상할 수도 없다.

6) 자유주의적 기본권사상

자유주의적 기본권사상의 한계와 순기능

결론적으로 C. Schmitt의 기본권에 대한 이해는 일응 '자유주의적 기본권관'이라고 평가할 수 있지만 오늘날처럼 민주주의원리·법치국가원리·사회국가원리가 '통치형태적'·'국가기능적'·'사회구조적' 측면에서 상호 유기적으로 실질적인 '법의 국가'를 실현시켜야 되는 사회환경 속에서는 그와 같은 기본권관만에 의해서는 별로 해결되는 바가 없다고 할 것이다.

그럼에도 불구하고 인간의 천부적이고 선국가적인 '자유권'을 강조하는 C. Schmitt의 자유주의적 사상은 현대국가의 기본권이론으로서도 존중되어야 할 점이 많다고 할 것이다. 특히 우리 현행헌법상의 기본권을 이해하는 데 있어서는 C. Schmitt적인 사상의 세계를 언제나 머리 속에 새겨두는 것이 좋으리라고 본다. 우리 헌법에서 채택하고 있는 '인간의 존엄과 가치'에 관한 규정($^{제10}_{조}$)과 기본권에 대한 '본질적 내용의 침해금지조항'($^{제37조}_{제2항}$) 같은 것은 특히 C. Schmitt의 사상적 세계를 연상케 하는 점이 많기 때문이다.

Ⅲ. 통합과정론적 헌법관에서 본 기본권

(1) R. Smend의 기본권관

1) 사회통합의 공감대적 가치질서

법질서의 가치체계

국가는 다양한 이해관계를 가진 사회구성원이 하나의 정치적인 생활공동체로 동화되고 통합되어가는 부단한 '과정'이라고 이해하는 스멘트(R. Smend)의

관점에서 볼 때 헌법은 그와 같은 동화적 통합의 '생활형식' 내지 '법질서'를 뜻
하고 기본권은 그와 같은 '생활형식' 내지 '법질서'의 바탕이 되는 '가치체계' 또
는 '문화체계'를 의미한다고 한다. 따라서 Smend에 따르면 기본권은 민주국가
에서는 헌법질서의 방향을 제시하는 '지침'적인 성격을 가질 뿐 아니라 그 헌법
질서를 정당화시켜 주는 '정당성의 원천'을 뜻하게 된다.

　　결국 Smend의 사상적 세계에서는 사회공동체의 저변에 깔려 있는 '가치질
서' 내지 '문화질서'가 그 나라 헌법에 '기본권'으로 나타나기 때문에, '기본권'이
야말로 사회공동체를 정치적인 일원체로 동화시키고 통합시켜 주는 실질적인
계기인 동시에 원동력이다. 이처럼 동화적 통합의 가치질서 내지는 가치적인
Konsens가 바로 기본권이라고 이해하는 Smend에게는 기본권이야말로 사회공
동체의 동화적 통합을 가능케 하는 '실질적인 요소'를 뜻하기 때문에 기본권에
의해서 비로소 '전체로서의 국가'가 창설되게 된다.

동화적 통합
의 실질적 요
소

2) 통치구조의 기본권실현기능

　　이같은 Smend의 시각에서는 기본권과 통치구조의 이념적인 단절관계란
생각할 수도 없고 또 전자가 비정치적인 법치국가원리에 의해서 그리고 후자가
민주주의원리에 의해서 규율되는 독자적인 헌법의 구성부분을 뜻할 수도 없다.
기본권이 동화적 통합의 의도적인 방향을 뜻하고 기본권이 모든 실정법질서를
정당화시키기 때문에 기본권적 가치질서 내에서만 실정법질서가 효력을 가진다
고 보는 그의 논리형식에 따른다면 기본권은 행정작용과 사법작용은 물론 입법
작용까지도 이를 기속하게 된다.[1]

기본권과 통
치구조의 기
능적 연관성

　　아무튼 이같은 R. Smend의 견해에 따르면 기본권과 통치구조는 단절관계
가 아니고 기능적인 상호 교차관계에 있는 것으로서 통치구조란 동화적 통합의
실질적인 원동력으로서의 기본권을 실현하기 위한 하나의 '정돈된 기능'구조에
지나지 않게 된다. R. Smend가 '헌법을 전체로서' 이해할 것을 강조하는 이유
도 그 때문이다. 결국 R. Smend에게 있어서는 '기본권'과 '국가권력'의 이념적
인 갈등·대립관계는 성립될 수가 없다. 사회공동체의 가치질서를 뜻하는 '기본
권'에 의해서 정치적인 일원체가 형성되고 정당화되기 때문에, 기본권은 '국가
권력의 자제에서 나오는 은혜적인 것'일 수도 없고 또 '국가로부터의 자유'를
뜻할 수도 없다. 기본권은 오히려 국가지향적인 국가창설적 기능을 갖기 때문

기본권의 국
가 지향적인
국가창설적
기능

---

[1] 기본권이 입법작용까지 기속한다는 스멘트의 이론은 적어도 스멘트가 그의 동화적 통합이론을
　　정립한 바이마르공화국헌법 아래서는 통설에 대한 정면으로부터의 도전이 아닐 수 없었다.

에 '국가를 향한 자유'의 측면이 강조되지 않을 수 없다.

3) 기본권의 양면성

객관적 질서
로서의 기본
권

기본권은 결국 국가창설의 원동력인 동시에 그 존립에 '정당성'을 부여하
는, 말하자면 '질서의 원리'를 뜻하기 때문에 사회구성원은 이 '질서'를 지키고
존중하여 동화적 통합을 실현시킬 '책임과 '의무'를 지게 된다. 바로 이곳에 R.
Smend가 기본권에서 '권리'의 측면보다는 '객관적 질서'의 측면을 강조하고, 또
기본권을 개인의 임의적인 행동영역으로 보지 않고 처음부터 전체를 지향한
'비개인적'이고 제도적인 것으로 이해하는 이론적 단면이 있다.[1]

이처럼 R. Smend가 국가지향적인 기본권의 동화적 통합기능을 강조함으
로써 기본권이 가지는 정치적·민주적 의미를 부각시키고, 또 기본권의 질서적
측면과 제도적 의미를 명백히 한 것은 확실히 기본권이해에 대한 새로운 시도
가 아닐 수 없었다.

(2) P. Häberle의 제도적 기본권이론

1) 자유와 법제도의 연관성

자유＝제도

C. Schmitt가 '자유는 제도가 아니다'라는 전제 밑에서 '자유'와 '제도적 보
장'을 구별하면서 그의 제도적 보장이론을 전개하는 것과는 정반대로 해벌레(P.
Häberle)는 '자유는 제도일 수밖에 없다'라는 시각에서 '자유'와 '기본권'을 이해
하고 있다. 즉 P. Häberle는 C. Schmitt가 '자유'를 '임의의 자유', '무제한의 자
유', '주관적인 자유'라고 이해한 나머지 '자유'와 '제도'를 반대개념으로 단정하
는 논리를 비판하면서 자유란 그처럼 법이나 '국가'를 떠나서 존재하는 것이 아
니고 오로지 법 속에서만 현실화될 수 있고 또 충족될 수 있는 것이라고 역설
한다. 따라서 자유를 구체화하고 실현하는 법제도가 없이는 자유는 마치 '법적
으로 공허한 공간'에 지나지 않기 때문에 '자유'는 어디까지나 제도적인 '법적
개념'으로 파악해야 된다고 한다.

2) 기본권의 양면성

기본권의 주
관적 권리와
객관적 제도
로서의 양면
성

따라서 P. Häberle의 관점에서는 기본권은 결코 '개인의 이익'만을 위해서
존재하는 것이 아니고 '공공의 이익' 내지는 '공동체이익'을 함께 추구하고 있는
것이기 때문에 '주관적 권리의 면'과 '객관적 제도의 면'을 다함께 내포하고 있

---

1) R. Smend의 기본권관에 관해서 보다 자세한 것은 졸저, 전게서, 방주 530 이하 참조할 것.

다고 한다.

따라서 기본권을 단순히 '법상의 자유'로만 버려 두지 않고 그것이 '사실상의 자유'를 실현시키는 '보장규범'으로 기능케 하기 위해서는 기본권이 효력을 나타낼 수 있는 '제도적으로 보장된 생활관계'와 이를 뒷받침해 주는 '법률질서'가 불가피하다고 한다.

3) 법률유보의 기능

따라서 국가가 이와 같은 목적을 추구해서 행하는 입법조치는 기본권의 '제한'도 '침해'도 아닐 뿐 아니라 그것은 오히려 공공의 이익과 개인의 이익에 동시에 기여하는 결과가 되는 것이라고 한다. 이같은 P. Häberle의 견해에 따르면 기본권을 터치하는 법적 규제는 기본권에 대한 제한이나 침해를 뜻한다기보다는 오히려 기본권을 모든 사람에게 실효성 있는 것으로 하기 위한 기본권의 '실현'이며 '강화'에 불과하게 된다. 말하자면 기본권에 대한 법률유보는 기본권을 제한하기 위한 것이 아니라 기본권을 실현하고 구체화하기 위한 불가피한 입법기능에 속한다는 논리형식이다. P. Häberle에게는 따라서 기본권의 본질적 내용을 침해할 수 없도록 규정하는 이른바 본질적 내용의 침해금지조항도 하나의 선언적인 의미밖에는 가지지 못하게 된다.[1]

> 법률유보에 의한 기본권의 구체화

(3) 비 판

1) R. Smend에 대한 비판

㈎ 기본권이론의 발전에 미친 긍정적 영향

기본권의 핵심을 자유권으로 보고 자유권의 본질을 소극적으로 이해하는 C. Schmitt적인 기본권사상을 비판하면서 기본권에 내포된 가치 내지 문화질서적 성격과 그 동화적 통합기능을 강조함으로써 기본권과 민주주의의 기능적인 관련성을 뚜렷하게 한 것은 분명히 R. Smend의 이론적인 공적이 아닐 수 없다.

> 기본권 이해의 확대

특히 R. Smend가 기본권이 갖는 '객관적 규범성'을 강조하면서 헌법질서의 통일성을 형성하는 그 기능을 중요시한 점이라든지, 기본권을 개인의 임의적인 영역만으로 보지 않고 '전체의 질서'에 기속된 제도적인 것으로 본 점이라든지, 또 사회공동체를 동화·통합시키고 정치적 일원체로 형성·창설하는 기본권의 정치적·민주적 기능을 강조하면서 기본권을 기능적인 측면에서 정당화시

> 스멘트적 기본권관의 핵심

---

1) P. Häberle의 제도적 기본권이론에 관해서 자세한 것은 졸저, 전게서, 방주 537 이하 참조할 것.

키려고 노력한 점 등은 스멘트적인 기본권관의 핵심적인 내용들로서 많은 설득력을 간직하고 있는 것이 사실이다.

이같은 R. Smend의 기본권에 대한 이해가 오늘날 특히 독일의 학계와 판례에 가장 강력한 영향을 미치고 있는 것도 부인할 수 없다. 특히 기본권에 대한 그의 제도적 관점이 P. Häberle에 의해서 계승·발전되고 있는 것도 이미 살펴본 바와 같다.

㈏ 스멘트 기본권이론의 문제점

정치적 의미의 강조에 따른 주관적 권리성 경시

하지만 R. Smend의 이론은 두 가지 점에서 비판을 면할 수 없다고 본다. 첫째는 R. Smend가 기본권의 객관적 규범질서의 면과 제도적인 면을 강조하는 반면에 기본권이 가지는 '주관적 권리'의 측면을 너무 소홀하게 다루고 있다는 점이고, 둘째는 국가를 창설하고 정당화시키는 기본권의 기능적이고 민주적인 input의 측면을 강조한 나머지 기본권을 지나치게 '정치적인 것'으로 축소시켜서 이해하고 있다는 점이다.

엄밀히 따질 때 민주국가에서의 기본권은 아무리 '의무적 요소'를 내포한다 하더라도 그것은 어디까지나 '자유'와 '권리'를 전제로 한 것이라고 보는 것이 옳지, 거꾸로 '자유'와 '권리'를 떠나서 '의무적 요소' 그 자체를 기본권의 본질이나 핵심인 것처럼 평가하는 태도는 확실히 문제점이 있다고 할 것이다.[1] 따라서 '주관적 권리'와 '객관적 질서'가 서로 긴밀한 상승작용을 이루는 경우에만 기본권적 자유는 비로소 그 자유의 의미를 갖게 된다고 보는 것이 옳다고 생각한다.

스멘트에서 취할 점

그렇지만 기본권이 가지는 동화적 통합기능과 국가창설적 input기능을 중요시하고 기본권에 표현된 가치질서적 측면에서 헌법을 전체로서 이해하려는 스멘트의 시각은 우리 헌법을 해석하는 데 있어서도 반드시 이론적인 지표가 되어야 하리라고 본다.

2) P. Häberle에 대한 비판

기본권의 지나친 제도화

P. Häberle의 제도적 기본권이론은 그 이론전개의 면에서 확실히 그 나름대로 논리가 서는 것이 사실이다. 그럼에도 불구하고 그의 이론이 많은 학자에 의해서 비판되고 배척되는 이유는 P. Häberle가 기본권을 지나치게 제도적인

---

1) R. Smend의 사상적 세계를 그 이론적인 바탕으로 하고 있는 헷세(K. Hesse)가 기본권의 양면성 내지 2중성(Doppelcharakter)을 강조하면서 기본권이 가지는 '주관적 권리'의 면을 중요시하고 있는 것도 결코 우연한 일은 아니다.

것만으로 이해하고 있기 때문이다.

⑺ 공존의 생활질서와 자유의 한계

물론 사회공동체를 전제로 하는 '자유'는 그 본질상 무제한할 수도 없고 또 '절대적'일 수도 없다. 사회생활과 결부된 '자유'는 그것이 타인의 '자유'와 공존해야 하기 때문에 개념필수적으로 일정한 한계가 있을 수밖에 없다. 따라서 자유가 모두에게 자유로서의 의미를 가지기 위해서는 자유에 대한 '제약'이 불가피하다는 P. Häberle의 논리는 그런대로 설득력이 있다.

⑻ 자유의 실현과 법제도

하지만 '자유'에 대한 이같은 '제약'은 자유의 충돌 내지는 '이해관계의 상충'을 해결하기 위한 하나의 수단에 불과하지 그 자체가 '자유'를 뜻할 수는 없다. '자유의 한계'란 결국은 이같은 가치충돌 내지 이해관계의 상충에서 오는 긴장관계를 해결하기 위한 필요성 때문에 성립되는 개념형식이다. 헌법에 규정된 기본권의 제한도 마찬가지로 이같은 한계적 측면에서 이해해야지 P. Häberle처럼 그것을 제도적인 측면에서 파악한 나머지 '기본권'과 '제도'를 동일시하는 것은 옳지 못하다고 본다. P. Häberle가 생각하는 '제도'는 그것이 자유의 실현을 위한 하나의 수단일 수는 있어도 '제도'가 곧 '자유'를 뜻할 수는 없다. 바로 이곳에 해벌레적 제도적 기본권이론의 가장 큰 문제점이 있다. '자유'에 대한 제약은 어디까지나 '자유'를 전제로 해서, 그것을 모든 자유의 주체에게 활용할 수 있도록 해 주기 위한 수단에 불과하지, 그 '제약'에 의해서 비로소 없던 '자유'가 생겨나는 것은 아니다. P. Häberle가 생각하는 '제도'는 자유의 수단이지 자유 그 자체는 아니다. 바로 이곳에 자유를 '제도화'하는 데 있어서의 한계가 있다. 또 바로 이곳에 '본질적 내용의 침해금지조항'이 가지는 창설적·한계적 의미가 있다.

[여백 주석] 자유＝제도논리의 문제점

P. Häberle처럼 기본권에 대한 '침해'나 '제한'은 오히려 기본권의 제도적인 성격에서 나오는 기본권실현의 불가피한 수단이라고 밀고 나가는 경우에는 '법률 속의 자유'라는 법실증주의의 세계로 돌입하게 된다는 점을 주의할 필요가 있다.

[여백 주석] 법률 속의 자유논리

⑼ 우리 헌법과 제도적 기본권이론

우리나라 헌법상의 기본권에 관한 규정은 특히 그 '사회적 기본권'의 분야에서 개방적이고 추상적인 개념을 많이 포함하고 있을 뿐 아니라 적지 않은 조문에서 그 내용의 실현을 '법률'에 맡기고 있기 때문에[1] 그 구체화와 실효성

[여백 주석] 제도적 기본권이론 적용의 장애요인

---

1) '법률에 의하지 아니하고는'(제12조 제 1 항), '법률이 정하는 바에 의하여'(제 2 조 제 2 항, 제 7

을 위해서는 많은 양의 입법조치가 필요한 것이 사실이다. 따라서 '자유'와 '권리'를 제한하는 법률의 제정은 그것이 비단 '제한'의 의미만을 갖는 것이 아니고 '자유'와 '권리'의 내용을 구체화하고 실현시킨다는 의미도 동시에 갖는다는 점을 완전히 부인할 수는 없다. 이같은 사정을 해벌레적인 시각에서 평가한다면 그것은 바로 기본권을 제도적인 측면에서 이해해야 되는 구체적인 예라고 말할 수도 있겠으나, 우리 헌법은 기본권에 관한 규정에서 주관적 권리의 면을 강조하고 있는 점이 뚜렷할 뿐 아니라, '본질적 내용의 침해금지조항'($^{제37조}_{제2항}$)도 분명히 '한계적 사고'의 소산이라고 해석할 수밖에 없기 때문에, 우리 헌법을 해석하는 데 제도적 기본권이론이 원용될 여지는 거의 없다고 할 것이다.

IV. 사   견

(1) '국민의 지위'와 기본권의 관계

1) 법실증주의적 사고의 탈피

국민과 국가
의 관계

기본권의 본질과 기능에 대한 올바른 이해는 먼저 '국민의 지위'와 기본권의 관계를 정확히 파악하는 데서부터 시작해야 한다. 왜냐하면 국민과 국가를 처음부터 별개의 실체로 보고 국민의 국가에 대한 일정한 지위를 기본권발생의 근거라고 이해하는 경우에는 국민의 기본권은 본질적으로 국가의존적인 성격을 가질 뿐 독자적인 민주적 기능을 가질 수 없기 때문이다. 국민의 기본권을 국가권력이 베푸는 '은혜적인 제도' 내지는 국가권력의 '자제현상'이라고 설명하는 법실증주의적 기본권관이 오늘날 통할 수 없는 이유도 그 때문이다.

2) 지위이론의 탈피

지위이론의
문제점

그럼에도 불구하고 오늘날까지도 특히 일본과 우리나라에서 G. Jellinek의 이른바 '지위이론'이 기본권을 이해하는 데 불가결한 이론적인 출발점처럼 되어 있는 것은 안타까운 일이다.[1] 이제는 우리도 옐리네크적 사상의 세계를 탈피할

조 제2항, 제8조 제3항, 제12조 제4항, 제24조~제26조, 제27조 제5항, 제28조, 제29조 제1항, 제30조, 제31조 제4항, 제32조 제1항과 제6항, 제33조 제3항, 제34조 제5항, 제38조, 제39조), '법률로써'(제22조 제2항), '법률로 정한다'(제2조 제1항, 제21조 제3항, 제23조 제1항, 제31조 제6항, 제32조 제2항과 제3항, 제35조 제2항), '법률로써 하되'(제23조 제3항), '법률이 정한 경우'(제27조 제2항), '법률이 정하는'(제27조 제1항, 제28조, 제29조 제2항, 제31조 제2항, 제33조 제3항), '법률이 정하는 자'(제12조 제5항, 제29조 제2항, 제33조 제2항).

1) 이른바 '실정권설'로 불려지는 이 입장은 우리나라에서 고 박일경 교수가 동조했었다. 「신헌법

때가 되었다고 본다. '국민'과 '국가'를 처음부터 유리된 별개의 존재로 보고 국민의 국가에 대한 지위에서 비로소 자유권을 비롯한 여러 가지 기본권이 나온다고 파악하는 옐리네크적 관점에서는 '국가의 권력'은 처음부터 제한된 것이 아니고 국민에게 이른바 '소극적 지위' 등을 인정하기 위한 '자제'에 불과하게 된다. 따라서 '자제'가 제대로 기능을 나타내지 못하거나 '자제'가 오히려 국가발전에 장해가 된다는 사고방식이 지배하게 되는 경우에는 국민의 기본권은 발붙일 곳이 없다.

국가를 법인이라고 이해하고 국가주권설을 주장하는 G. Jellinek의 국가관에서 볼 때는 국민이 주권자인 국가에 대해서 어떤 지위를 가지느냐가 충분히 문제될 수 있지만 오늘날 민주국가에서 국민주권이 일반적으로 인정되고 있는 상황 아래에서는 '국민의 국가에 대한 지위'라는 논리형식 자체가 성립될 수 없다. 구태여 '국민의 지위'를 논한다면 그것은 '국민의 헌법상의 지위'에 불과하고, '국민의 헌법상의 지위'는 기본권에 의해서 비로소 발생하고 그것은 또한 '기본권'에 의해서 징표되고 보장될 수 있을 따름이다. 이렇게 볼 때 G. Jellinek의 '지위이론'이 가지는 가장 근본적인 문제점은 G. Jellinek가 국민의 기본권을 떠나서 국민의 지위를 논할 수 있다고 생각하는 점이다. _{기본권을 떠난 국민의 지위는 허구}

3) 실정권설의 탈피

하지만 기본권을 떠나서 국민의 지위를 논하는 것은 처음부터 국민의 국가(주권자)에 대한 일방적인 복종관계를 전제로 하는 논리형식으로서는 몰라도 국민의 기본권에 의해서 비로소 국가권력이 창설된다는 관점에서는 성립될 수 없는 논리이다. 따라서 국민의 지위가 있다면 그것은 '헌법상의 지위'일 따름이고 그것은 기본권에 의해서 비로소 발생하고 보장되는 것이지, 거꾸로 '지위'가 기본권을 낳게 하는 것은 아니다. 실정권설을 따를 수 없는 가장 중요한 이유이다.

(2) 자연권설(자연법론)의 문제점

칼 슈미트적인 기본권관에서 중요한 구실을 하는 이른바 선국가적·초실정법적인 자연법론적 자유의 사상도 문제점이 없는 것은 아니다.

학원론」(1986), 258면 이하.

1) 인간의 생활질서와 선국가적인 자유

사람은 자연이 아닌 일정한 '질서' 속에서 태어나기 마련이다. 그 '질서'가 '법질서'이건 '도덕질서'이건, '국가질서'이건 '혈족질서'이건 간에 인간은 '질서' 속에서 태어나서 '질서' 속에서 생활해 나가기 마련이다. '질서'는 우리 인간의 출생환경인 동시에 생활환경이다. 따라서 출생환경이나 생활환경을 뜻하는 '질서'를 떠나서 '자유'와 '권리'가 신장될 수도 없고 또 보장될 수도 없다. 결국 인간의 자유와 권리는 '질서' 내의 자유와 권리를 뜻할 수밖에 없다. 따라서 '질서' 내의 자유와 권리는 C. Schmitt가 보는 것처럼 무제한한 것이 아니고, 스스로 일정한 한계가 있기 마련이다. 바로 이곳에 '질서'를 떠나서 무제한한 '선국가적'(先國家的)인 자유와 권리를 주장하는 자연법론의 문제점이 있다.

2) 자유의 한계성

물론 자연법론적 기본권이론은 그것이 풍기는 '자유우호적'인 인상 때문에 우리 인간에게 호소력을 가질 수 있는 소지가 많은 것이 사실이고 또 추상적인 개념형식으로서는 충분히 수긍되는 점이 있지만,[1] 인간의 자유와 평등은 인간의 생활관계를 떠나서는 의미가 없기 때문에 정치적 일원체의 생활관계를 규율하는 헌법의 민주주의적·법치국가적·사회국가적 질서 내에서 비로소 그 실효성을 기대할 수 있다. 따라서 자연법의 이상은 국가권력을 창설하는 경우에 지침적 기능을 하는 것은 몰라도 헌법에 의해서 마련된 민주주의적·법치국가적·사회국가적 질서의 본질적인 구성요소로서의 기본권을 이해하는 데 있어서 자유와 권리의 무제한성을 주장하는 논거는 될 수 없다고 할 것이다. 무제한한 자유는 '자유'라기보다는 이미 타인에 대한 '절대적인 힘'을 뜻한다.

3) 배분의 원리의 한계

이처럼 일정한 헌법질서 속에서 태어나서 헌법질서 속에서 생활해 나가는 인간은 일방적으로 '헌법질서'에 의한 구속만을 받는 것이 아니고 그 '헌법질서'를 형성하고 개선해 나갈 수 있는 '주관적 권리'를 가진 인격의 주체이다. 인간의 자유와 권리가 무제한할 수 없는 것처럼 인간의 생활환경을 뜻하는 '헌법질서' 그 자체도 절대적이고 고정적일 수는 없다. C. Schmitt가 인간의 자유는 원

---

1) 국내의 대부분 헌법학자가 이른바 '자연권설'로 불려지는 이 입장을 따르고 있는 이유도 그 때문인 것 같다. 문홍주, 239면; 김철수, 248면. 권영성, 289면, 교수의 입장은 분명치 않지만 자연권설에 동조하는 듯한 인상을 풍긴다.

칙적으로 무제한한 것이지만 국가권력은 원칙적으로 제한적인 것이라는 '배분의 원리'를 강조하지만, '헌법질서'와 그 속에서 생활해 나가는 자유와 권리의 주체로서의 인간이 서로 영향을 미치면서, 인간은 헌법질서 속에서, 또 헌법질서는 인간에 의해서 인간생활을 위해 합리적으로 형성되고 개선되어 나간다고 보는 우리의 관점에서는, 무제한한 국가권력이 존재할 수 없는 것처럼 무제한의 자유도 인정될 수 없다고 할 것이다.

(3) 기본권의 양면성(기본권의 내용과 성격)

1) 권리적 성격과 질서적 성격

헌법적인 질서 속에서의 자유와 권리를 뜻하는 기본권이 또 다른 질서를 형성해 나갈 수 있는 힘을 가지는 것은 기본권이 가지는 양면성(이중성) 때문이다. 즉 기본권은 한편으로 민주주의적·법치국가적·사회국가적 헌법질서의 기본이 되는 질서적 요소를 뜻하기 때문에 그 헌법질서로서의 힘 때문에 기본권의 주체인 국민을 일단 이 질서 속으로 끌어들이지만, 그 민주주의적·법치국가적·사회국가적 헌법질서는 그러나 기본권의 주체인 국민이 그의 주관적 권리로서의 기본권을 행사함으로 인해서 비로소 그 기능을 나타낼 수 있다.

기본권과 헌법질서의 교차적 관계

기본권은 결국 인간생활의 바탕이 되는 사생활영역에 대한 국가의 불필요한 생활간섭을 배제하고 동화적 통합의 생활형식인 헌법질서 내에서 적극적 또는 소극적으로 정치적 일원체의 정신적·문화적·사회적·경제적·정치적 생활을 함께 형성해 나갈 수 있는 국민 개개인의 '주관적 권리'인 동시에 그것은 또한 동화적 통합의 생활형식인 헌법질서의 기본이 되는 '객관적인 질서'라고 할 것이다. 우리 헌법재판소도 직업의 자유의 양면성을 인정하는 판시를 하고 있다.[1]

주관적 권리인 동시에 객관적 질서

따라서 기본권은 국민 한 사람 한 사람의 '주관적 권리'로서의 성격과 정치적 일원체의 '객관적 질서'로서의 성격을 다 함께 가지고 이 두 가지 성격이 서로 기능적으로 보완관계에 있는 것이라고 할 것이다.[2] 기본권주체가 기본권

기본권의 포기가 불가능한 이유

---

1) 【판시】 직업의 자유는 각자의 생활의 기본적 수요를 충족시키는 방편이 되고 개성신장의 바탕이 된다는 점에서 주관적 공권의 성격을 가지면서도 국민 개개인이 선택한 직업의 수행에 의하여 국가의 사회질서와 경제질서가 형성된다는 점에서 사회적 시장경제질서라고 하는 객관적 법질서의 구성요소이기도 하다(헌재결 1995. 7. 21. 94 헌마 125, 판례집 7-2, 155(162면)). 동지: 헌재결 1996. 8. 29. 94 헌마 113.

2) 헌법이론적으로 기본권의 양면성을 인정하기 위해서는 먼저 기본권의 본질에 관한 실정권설 또는 자연권설의 입장을 탈피하지 않으면 아니된다. 그럼에도 불구하고 국내 헌법학자 중에는 이 점에 있어서 일관성이 없는 태도를 취하는 사람도 있다. 국내 학설의 경향은 기본권의 양면성을 인정하는 입장이 주류를 이루고, 양면성을 부인하는 입장이 소수이다. 부인하는 학자: 문홍주, 197면; 김철수, 250면.

을 임의로 포기할 수 없는 것은 바로 기본권의 이와 같은 양면성 때문이다.

2) 객관적 질서와 국가권력의 한계

객관적 질서
로부터 국가
권력의 한계
도출

기본권이 가지는 '객관적 질서'로서의 성격을 특히 '부정적인(소극적인) 권능규정'이라고 이해하는 경우에는 국가가 기본권에 의해서 보호되고 있는 국민의 생활영역을 침해하는 것은 그의 부정적·소극적인 권능에 속하는 일로서 허용되지 않게 된다. 바로 이곳에 기본권에서 나오는 국가권력의 한계성이 있다. '법률이 정하는 범위 내에서의 기본권효력'이라는 전근대적 사고방식을 버리고 '기본권이 정하는 범위 내에서의 법률의 효력'을 실현시킬 수 있는 것은 바로 기본권이 가지는 '객관적 질서'로서의 성격 때문이다.

양면성의 기
능적 보완관
계

그러나 기본권의 이같은 '객관적 질서'로서의 성격은 기본권의 주체인 국민이 적극적 또는 소극적으로 그의 사생활을 비롯한 정신적·문화적·사회적·경제적·정치적 생활을 형성하고 영위해 나갈 때 비로소 그 '질서'로서의 의미를 갖게 되는 것이기 때문에, 기본권의 주관적 권리의 성격과는 불가분의 밀접한 기능적인 보완관계에 있다.

3) 기본권의 양면성과 제도적 보장이론

제도적 보장
의 양면성

C. Schmitt가 그의 제도적 보장이론을 통해서 객관적 질서로서의 기본권에 주의를 '환기시킨 것'은 그의 큰 공헌이라고 할 수 있지만, 그가 '자유권'과 '제도적 보장'을 엄격히 구별해서 전자에게는 '주관적 권리'만을 인정하고 후자는 객관적 질서의 성격만을 갖는다고 주장한 것은 확실히 그의 이론적인 약점이라고 할 것이다. 전통적인 의미에서의 자유권뿐 아니라 혼인·가족제도, 사유재산제도, 대학의 자치제도 등 그것이 비록 어떤 생활영역에 관한 제도의 보장이라할지라도 그 속에 담겨 있는 주관적 권리를 완전히 도외시하고 그 객관적 질서의 면만을 내세울 수는 없다. 제도보장의 유형에 따라 '주관적 권리'와 '객관적 질서'로서의 내용에 강약의 차이가 있을 따름이다. 따라서 우리 헌법재판소가 기본권은 최대보장의 원칙이, 제도적 보장은 최소보장의 원칙이 적용된다고 획일적인 이분법으로 설명하는 것은 문제가 있는 논리이다.[1]

---

1) 【판시】 제도적 보장은 '최대한 보장의 원칙'이 적용되는 기본권보장과는 달리 '최소한 보장의 원칙'이 적용될 뿐이므로 직업공무원제도도 이 최소한 보장의 원칙의 한계 내에서 폭넓은 입법형성의 자유가 인정된다. 따라서 입법자가 동장의 공직상의 신분을 지방공무원법상 신분보장의 적용을 받지 않는 별정직공무원의 범주에 넣었다 하여 위헌이라 할 수 없다(헌재결 1997. 4. 24. 95 헌바 48, 판례집 9-1, 435(445면)).

4) 양면성의 상호보완적 기능

기본권을 '단층구조'로 이해하고 기본권의 자유 내지 권리적 측면 또는 그 제도적 측면만을 일방적으로 강조하는 종래의 이론형식을 지양해서 기본권의 본질과 기능 그리고 그 내용과 성격을 '다층구조'로 이해하려는 이유도 그 때문이다. 아무튼 이와 같이 '주관적 권리'의 면과 '객관적 질서'의 양면을 다 함께 가지고 있는 다층구조적 기본권은 국가권력을 창설하고 국가적인 공동체 내에서 적극적 또는 소극적으로 정치적 일원체의 정신적·문화적·사회적·경제적·정치적 생활을 함께 형성해 나갈 수 있는 국민 개개인의 헌법적 생활질서인 동시에 민주주의적·법치국가적·사회국가적 헌법질서의 기본이 되는 요소이다.

따라서 우리 헌법상의 기본권을 해석하는 데 있어서는 기본권의 양면성을 특히 중요시해서 기본권이 갖는 주관적 권리와 객관적 질서의 기능적인 보완관계를 존중하여야 할 것이다.

기본권은 양면성을 갖는 다층구조

(4) 국가의 구조적 원리와 기본권의 상호관계

1) 기본권과 민주주의원리의 실현

국가권력의 창설과 그 권력행사의 최후적 정당성이 국민의 가치적인 Konsens에 귀착될 수 있는 통치형태를 민주주의라고 이해하는 우리의 입장에서 볼 때, 국민이 가지는 헌법적 생활질서로서의 기본권은 민주주의를 실현하기 위한 불가결한 통치질서적 요소가 아닐 수 없다. 사생활을 비롯한 국민의 정신적·문화적·사회적·경제적·정치적 생활영역이 국가권력의 불필요한 생활간섭으로부터 보호되지 않는 경우에는 국가권력의 창설이나 국가권력행사에 정당성을 부여해 줄 수 있는 가치적인 Konsens 자체가 형성될 수 없기 때문이다. 국민의 기본권은 민주주의만을 위한 목적적인 것은 아니라 할지라도, 기본권에 내포된 주관적 권리와 그 객관적 질서가 상호 기능적 보완관계를 유지하면서 사회공동체를 동화시키고 통합시키는 기능을 제대로 수행하는 경우에만 민주주의가 필요로 하는 여러 여건(국민의 평등한 정치참여=정치활동상의 기회균등, 자유롭고 개방적인 정치토론, 다수관계의 가변성을 전제로 한 소수의 보호)들이 저절로 형성되기 마련이다. 기본권이 가지는 민주주의적 기능이란 바로 이와 같은 여건조성기능이다.

기본권의 민주주의 여건 조성기능

2) 기본권과 법치국가원리 및 사회국가원리의 실현

또 자유·평등·정의를 그 실질적인 내용으로 하는 법치국가와 사회국가의

법치국가·사

회국가를 위
한 기본권의
방어적·형성
적 기능

실현은 기본권이 갖는 권리로서의 방어적 기능과 질서로서의 형성적 기능이 함
께 그 기능을 나타내는 경우에만 가능한 것이기 때문에, 기본권은 법치국가와
사회국가를 지향하는 헌법국가에서는 직접적인 효력을 갖게 마련이고 결코 선
언적인 기능만을 갖는다고 볼 수는 없다. 국가권력의 창설과 그 권력행사의 최
후적 정당성이 국민의 가치적인 Konsens에 귀착되는 민주주의도 결국은 사람
의 사람에 대한 통치형식에 지나지 않을 뿐 아니라 '권력'은 그 본질상 악용
내지 남용의 가능성을 내포하고 있기 때문에 기본권의 방어적 기능은 민주국가
에서도 불가피하다고 할 것이다. 더욱이 기본권이 가지는 질서로서의 형성적
기능 때문에 국가의 사회정책적·노동정책적·경제정책적·조세정책적 생활간섭
이 오히려 기본권의 주관적 내용을 실현하는 수단이 된다는 점을 생각할 때,
기본권은 사회국가적 시각에서도 중요한 의미를 가진다고 말할 수 있다.

(5) 우리 헌법상 기본권보장의 의의와 성격

기본권의 실
효성보장

우리 현행헌법은 모든 국민에게 기본권을 보장하면서 이를 실효성 있게 하
기 위해 기본권을 제한하는 입법의 한계조항($\binom{제37조\ 제}{2항\ 전단}$)을 두고 또 '본질적 내용
의 침해금지'($\binom{동조\ 동}{항\ 후단}$)를 명문화하고 있다.

1) 실정권설과 자연권설의 탈피

초국가성 및
은혜적 성격
모두 부인

우리 헌법이 이처럼 기본권을 보장하고 있는 것은 일체의 '정치성'과 '국가
형성적 기능'을 배제한 단순한 자연법상의 '선국가적'이고 '천부적'인 인간의 자
유와 권리를 실정법화한 것은 아니다. 또 우리 헌법상의 기본권은 선재(先在)하
는 법질서로서의 국가에 대한 국민의 '지위' 내지 '관계'를 '자유' 또는 '권리'의
형식으로 성문화한 이른바 '법률 속의 자유'로서 '국가권력의 자제'를 전제로 한
'은혜적인 성격'의 것도 물론 아니다.

2) 공감대적 가치의 보장

집약된 공감
대적 가치의
표현 형식

우리 헌법은 우리 민족의 동화적 통합을 실현하기 위한 수단으로 우리 사
회공동체의 저변에 깔려 있는 가치적인 Konsens를 기본권의 형식으로 보장한
것이라고 보아야 할 것이다. 더욱이 민주주의를 그 이념적인 바탕으로 하고 있
는 우리 헌법질서 내에서는 국가권력이 국민을 떠나서 선재하는 것이 아니고,
국민의 기본권행사에 의해서 비로소 창설될 뿐 아니라 국가 내에서 행사되는
모든 권력이 국민의 기본권에 의해서 통제되고 정당화된다고 보아야 하기 때문

에 기본권의 자연법적 성격보다는 그 국가형성적 기능과 동화적 통합기능을 강
조하지 않을 수 없다. 결국 우리 사회의 저변에 흐르고 있는 가치적인 Konsens
가 바로 기본권의 형식으로 집약된 것이라고 보아야 하기 때문에, 기본권이 존
중되고 보호된다고 하는 것은 단순한 자연법적 차원을 넘어서 우리 사회가 동
화되고 통합되어 가기 위한 불가결한 전제조건이다. 바로 이곳에 기본권의 정
치적 성격이 있고, 또 바로 이곳에 기본권의 국가형성적 기능이 있다.

3) 공감대적 가치로서의 인간의 존엄과 가치

우리 헌법상의 기본권이 이처럼 국가권력의 자제에서 나오는 '은혜적인
것'도 아니고, 또 인간의 '선천적'이고 '천부적'인 '자유'와 '권리'를 그 본질로 하
는 단순한 '자연법적인 것'도 아니고, 우리 민족이 동화되고 통합되어 가기 위
한 실질적인 원동력을 의미한다고 볼 때 기본권은 본질적으로 우리 사회구성원
모두가 공감을 느낄 수 있는 '가치의 세계'를 징표하는 것이어야 한다. 우리 헌
법은 그러한 '가치세계'의 핵심적인 내용으로서 '인간으로서의 존엄과 가치'를
내세우고 있다. 즉 헌법 제10조에서 「모든 국민은 인간으로서의 존엄과 가치를
가지며, 행복을 추구할 권리를 가진다」고 선언하고 있는 것이 바로 그것이다.
따라서 제10조의 규정은 자연법적 기본권사상의 구체적인 표현형태라고 하기보
다는 우리 헌법상 기본권보장의 원칙적인 '가치지표'가 역시 '인간으로서의 존
엄과 가치'를 그 가치적인 핵으로 하는 '자주적 인간'들의 동화적 통합질서를
마련하는 데 있다는 것을 명백히 하고 있는 것이라고 할 것이다. 개성신장의
광장을 뜻하는 근로조건의 기준도 '인간의 존엄성'을 보장하도록 정해야 되고
(제32조/제 3 항), 동화적 통합의 단위인 동시에 사회활동의 출발점인 혼인과 가족생활도
'개인의 존엄'을 기초로 성립·유지되어야 한다(제36조/제 1 항)는 헌법규정이 이를 뒷받침
해 주고 있다. 결국 우리 헌법상 '인간으로서의 존엄과 가치'가 불가침한 것은
그것이 단순히 자연법적인 가치의 세계에 속하는 것이기 때문만은 아니고, 우
리 사회의 가치적인 공감대에 해당하는 '인간으로서의 존엄과 가치'가 존중되
고 보호되지 않고는 우리 사회가 동화되고 통합되는 것을 기대할 수 없기 때
문이다. 이렇게 볼 때 우리 헌법이 사생활과 정신생활영역은 물론 정치·경제·
사회·문화생활영역에서 보장하고 있는 여러 가지 기본권은 궁극적으로 '인간
으로서의 존엄과 가치'를 모든 생활영역에서 실현하기 위한 수단에 지나지 않
는다고 할 것이다. 우리 헌법재판소도 '인간의 존엄과 가치는 모든 기본권보장
의 궁극적 목적이라 할 수 있는 인간의 본질이며 고유한 가치'라고 판시하고

공감대적 가
치의 핵심적
내용으로서의
인간의 존엄
성

있다.[1]

4) 기본권과 통치구조의 상호관계

통치구조는
기본권실현의
제도적 장치

자주적인 인격체로서의 인간에게 불가양의 가치인 '인간으로서의 존엄과 가치'가 우리 헌법이 추구하는 통치질서 내에서는 통치질서형 피라밋의 최정점을 차지하는 '목적'에 해당한다면 나머지 기본권들은 이 목적을 실현하기 위한 수단에 해당한다고 말할 수 있다. 그러나 우리 헌법이 보장하고 있는 사생활과 정신생활 그리고 정치·경제·사회·문화생활영역에서의 각종 기본권도 그것이 통치질서형 피라밋의 최저변을 뜻하는 '통치기능과 통치구조'에 대해서는 '목적'으로서의 성격을 갖는다. 왜냐하면 통치기능과 통치구조는 따지고 보면 '인간으로서의 존엄과 가치'를 그 핵심적인 내용으로 하는 '기본권적 가치'를 실현시킴으로써 동화적 통합을 달성하기 위한 기술적인 메커니즘에 불과하기 때문이다.

이처럼 우리 헌법은 '통치의 기술로서 기본권을 보장'하고 있는 것이 아니고, 기본권보장을 통해서 우리 민족의 동화적 통합을 달성하기 위한 말하자면 '기본권보장체계로서의 통치질서'를 마련하고 있다고 보아야 할 것이다. 우리 헌법상의 기본권을 해석하고 적용하는 데 있어서 잠시도 소홀히 할 수 없는 점이다.

3. 기본권의 주체

기본권의 향
유자

헌법이 보장하는 기본권을 누가 누릴 수 있는 것인가를 따지는 것이 기본권주체의 문제이다. 그런데 헌법상 보장된 기본권을 자연인인 국민이 향유할 수 있다고 하는 점에 대해서는 이론이 있을 수 없다. 아직도 논쟁의 대상이 되고 있는 것은 법인과 외국인에게도 기본권을 인정할 수 있는가 하는 점이다.

I. 기본권주체로서의 국민

(1) 국민의 범위

모든 국적 보
유자를 총칭

자연인인 국민은 당연히 기본권의 주체로서 헌법이 보장하는 기본권을 누릴 수 있다. 국민이란 우리나라의 국적을 가진 사람을 총칭하는 법적인 개념이

---

1) 예컨대, 헌재결 1990. 9. 10. 89 헌마 82, 판례집 2, 306(310면) 참조.

다. 이 점에 있어서 이른바 '특별권력관계'에 있는 국민이라고 해서 차이가 있
는 것은 아니다. 이른바 '특별권력관계'를 법치국가원리가 적용되지 않는 기본
권의 사각지대로 인식하던 이른바 고전적 '특별권력관계이론'은 이미 극복된 지
오래일 뿐 아니라, 이른바 '특별권력관계'의 존재를 인정하는 진부한 이론에 따
른다 하더라도 이른바 '특별권력관계'는 기본권제한의 특수형태의 문제이지 기
본권주체의 문제로 다루어질 수는 없다.[1]

　기본권주체로서의 국민이 헌법에 보장된 기본권을 누리는 데 있어서는 기
본권능력과 기본권의 행사능력을 구별하여야 한다. 왜냐하면 우리 헌법은 이
두 가지 능력을 구별하고 있기 때문이다.

(2) 기본권능력과 기본권의 행사능력

1) 기본권능력과 기본권의 행사능력의 의의

　헌법상 보장된 기본권을 향유할 수 있는 능력을 기본권능력이라고 말하고, 기본권의 향
유능력과 구
체적 행사능
력
기본권능력을 가진 기본권주체가 기본권을 구체적으로 행사할 수 있는 능력을
기본권의 행사능력이라고 말한다. 그런데 기본권능력과 기본권의 행사능력이
언제나 일치하는 것은 아니기 때문에 이 구별은 이론상뿐 아니라 실제로도 의
미가 있다.

2) 민법상 능력과의 관계

　헌법상의 '기본권능력'은 민법상의 '권리능력'과 반드시 일치하는 것은 아니 민법상 대응
개념의 불일
치
다. 민법상으로는 예외적으로만 '권리능력'이 인정되는 태아가 헌법상으로는 원
칙적으로 생명권의 주체가 되는가 하면, 민법상 '권리능력 없는 사단'에게 기본
권능력이 인정되고, 반대로 '권리능력' 있는 법인의 '기본권능력'이 생명권, 인신
권, 양심의 자유 등에서 제한되는 경우가 있기 때문이다. 또 '기본권의 행사능
력'도 민법상의 '법률행위능력'과 일치하지 않는다. 민법상으로는 그 '법률행위
능력'이 제한되는 미성년자와 피한정후견인이라도 '기본권의 행사능력'을 가질
수 있고, 반면에 민법상으로는 완전한 '법률행위능력'이 있는 경우라도 헌법상
으로는 그 '기본권의 행사능력'이 제약되는 경우가 있기 때문이다. 민법상 성년
자라고 해서 누구나 공무담임권 내지 각종 피선거권을 가질 수 없는 것은 그
하나의 예이다.

---

[1] 따라서 국내의 일부 헌법학자가 기본권의 주체를 설명하면서 '일반국민'과 '특수한 신분관계에
　있는 국민'을 따로 나누는 태도는 반드시 옳다고 볼 수 없다. 김철수, 270면.

3) 기본권능력과 기본권의 행사능력의 관계

두 개념의 불
일치가 생기
는 세 가지
원인

'기본권능력'을 가진 사람은 모두가 '기본권의 주체'가 되지만 기본권주체가 모든 기본권의 '행사능력'을 가지는 것은 아니다. 예컨대 영아가 '집회의 자유'를 행사할 능력이 없는 것처럼 기본권의 성격상 '기본권능력'과 '기본권의 행사능력'을 구별할 필요성이 있는 경우가 있다. 또 헌법이 명문의 규정을 두어 '기본권의 행사능력'을 따로 정하는 경우도 있다. 공무담임권($^{제25}_{조}$)을 일정한 연령과 결부시켜 헌법($^{제67조}_{제4항}$)이 직접 정하고 있는 것은[1] 그 대표적인 예라고 볼 수 있다.

또 '기본권의 행사능력'을 헌법이 직접 정하지 않고 입법권자의 입법형성권에 일임하고 있는 경우가 있는데, 이 경우에는 '기본권의 행사능력'이 법률에 의해서 비로소 구체적으로 정해진다. 예컨대 우리 헌법($^{제24조, 제25조,}_{제41조 제3항}$)과 선거법($^{제15조,}_{제16조}$)에 의해서 국회의원과 지방자치단체의 의회의원 및 장의 선거권과 피선거권이 2021년까지 각각 18세와 25세로 정해졌던 것이라든지, 국민의 공무담임권이 예컨대 법관정년제를 규정하는 헌법($^{제105조}_{제4항}$)과 법원조직법($^{제45조}_{제4항}$) 및 헌법재판소법($^{제7조}_{제2항}$)에 따라 대법원장과 대법관 및 헌법재판관의 경우 70세, 그리고 기타 법관의 경우 65세까지로 제한되는 것 등이 그 예이다.

헌법에는 명문의 규정이 없음에도 불구하고 민법($^{제4}_{조}$)이 성년기를 19세로 정하고 미성년자의 재산권행사 등 적지 않은 권리행사를 친권 내지는 법정대리인의 동의요건에 의해서 제한하는 것도 이 유형에 속한다고 볼 수 있다. 미성년자가 가지는 '거주·이전의 자유'($^{헌법}_{제14조}$)가 친권자의 '거소지정권'($^{민법}_{제914조}$)에 의해서 제약을 받는 것은 그 대표적인 예이다.

4) 기본권의 행사능력에 대한 입법규제의 근거와 한계

입법형성권의
내용과 한계

'기본권의 행사능력'이 헌법적 수권에 의한 법률에 의해서 구체화된다든지, 심지어는 헌법에는 명문의 규정이 없는데도 입법작용에 의해서 제한될 수 있는 법리는 민주국가에서 입법권자에게 주어져야 되는 광범위한 '입법형성권'에 근거한다고 볼 수 있다. 특히 미성년자의 행위능력을 제한하는 것은 부모의 교육의무에 바탕을 둔 친권과 현대생활에서 매우 중요한 의미를 가지는 '거래의 안전' 내지 '법적 안정성'의 관점에서 불가피하다고 할 수도 있다. 하지만 입법권자가 '기본권의 행사능력'을 구체화하거나 제한하는 경우에도 헌법상 일정한 한

---

1) 우리 헌법상 대통령피선거권은 40세(제67조 제4항)로 헌법이 직접 정하고 있다.

계가 있다고 보아야 한다. 우리 헌법재판소가 18세 미만자의 당구장출입을 금
지하는 법령은 행복추구권의 한 내용인 일반적인 행동의 자유에 대한 침해라고
결정한 것도[1] 그러한 한계를 강조한 것이라고 할 것이다. 따라서 인간의 정신
적·신체적 성숙도가 점점 빨라져가는 생리학적 인식을 무시한 채 예컨대 성년
기를 30세로 올림으로써 모든 사람에게 30세까지 많은 '기본권의 행사능력'을
제한한다면 그것은 확실히 과잉금지의 원칙에 어긋나는 위헌적인 입법이라고
할 것이다. 결국 미성년자의 '기본권의 행사능력'을 제한하는 친권은 미성년자
가 독자적으로 결정할 능력이 없고 법정대리인인 부모의 보호를 필요로 하는
범위 내에서, 또 미성년자의 인격형성과 교육에 도움이 되는 방향으로 규정 내
지 행사될 때에만(헌법차원에서) 정당화된다고 할 것이다. 따라서 우리 헌법재판
소가 '18세 미만자의 노래연습장 출입금지가 청소년들의 행복추구권을 침해한
것이라고 할 수 없다'고 판시한 것은[2] 논란의 여지가 많다고 생각한다.

5) 미성년자의 기본권과 부모의 친권과의 관계

미성년자가 가지는 '기본권적 이익'과 부모의 친권은 대립적인 것이 아니 　조화의 필요
고 '교육의 필요성'이라는 '당위적 명제'에 의해서 연결되는 동일 방향의 이해관 　성과 친권의
계라고 보아야 한다. 독일기본법(제6조제2항)과는 달리 자에 대한 부모의 제 1 차적이 　한계
고 자연적인 교육의 권리와 의무에 관한 규정을 두지 않고, 부모와 자의 관계
가 '보호관계'라는 것을 간접적으로만 암시하고 있는(제31조제2항) 우리 헌법질서 내에
서도 기본권주체로서의 자의 '기본권의 행사능력'과 부모의 자에 대한 '교육권'
(친권)과의 상호 조화를 모색하려는 독일의 이론적인 시도[3]가 본받아져야 된다
고 생각한다. 다행히 우리 헌법재판소도 부모의 자녀에 대한 교육의 의무와 권
리를 강조하는 판시를 하고 있다.[4]

더욱이 「가족생활이 개인의 존엄을 기초로 유지되어야 하며, 국가는 이를
보장한다」(제36조제1항)는 우리 헌법정신을 존중한다면, 가족구성원의 '인격적 가치'를
무시하고 개성신장의 기회를 근본적으로 봉쇄하는 봉건적이고 전근대적인 친권

---

1) 헌재결 1993. 5. 13. 92 헌마 80, 판례집 5-1, 365면 이하 참조.
2) 헌재결 1996. 2. 29. 94 헌마 13, 판례집 8-1, 126면 이하 참조.
3) 자세한 관련문헌은 졸저, 전게서, 방주 585 각주 255) 참조할 것.
4) 【판시】 자녀의 양육과 교육은 일차적으로 부모의 천부적인 권리인 동시에 부모에게 부과된
   의무이기도 하다. '부모의 자녀에 대한 교육권'은 비록 헌법에 명문으로 규정되어 있지는 아니
   하지만, 이는 모든 인간이 누리는 불가침의 인권으로서 혼인과 가족생활을 보장하는 헌법 제
   36조 제 1 항 및 행복추구권을 보장하는 헌법 제10조 및 "국민의 자유와 권리는 헌법에 열거
   되지 아니한 이유로 경시되지 아니한다"고 규정하는 헌법 제37조 제 1 항에서 나오는 중요한
   기본권이다(헌재결 2000. 4. 27. 98 헌가 16 등(병합), 판례집 12-1, 427면).

의 행사는 확실히 부모의 자에 대한 교육권(친권)의 한계를 일탈하는 것이고, 그와 같은 친권행사를 정당화하는 입법이 이루어진다면, 그것은 분명히 '기본권의 행사능력'에 관한 입법권의 한계를 어기는 과잉입법이라고 할 것이다.

Ⅱ. 외국인과 법인의 기본권주체성

헌법관에 따른 상이한 해답

자연인이 아닌 법인과 국내거주(체류) 외국인에게도 헌법상의 기본권을 인정할 수 있는가에 대해서 헌법이 명문의 규정을 둔 경우에는[1] 논란의 소지가 비교적 적다. 그러나 우리나라 헌법처럼 이 문제에 대해서 침묵하고 있는 경우에는 헌법이론적으로 해답을 찾을 수밖에 없기 때문에 논쟁이 생기기 마련이다. 그런데 이 문제는 헌법관과 기본권관에 따라 그 해답 내지는 논증방법이 다를 수 있다.

(1) 외국인의 기본권주체성

1) 외국인의 기본권주체성 부정설

(개) 법실증주의적 논리

국민만의 실정권

기본권을 인간의 선천적이고 천부적인 자유가 아니라 국가권력에 의해서 베풀어지는 '법률 속의 자유'라고 이해하는 법실증주의적 관점에서 볼 때 기본권을 누릴 수 있는 것은 '법적인 크기'로서의 '국민'에 한하고 외국인은 마땅히 제외된다.

(내) 통합과정론적 논리

기본권은 특정민족의 가치질서

R. Smend처럼 기본권을 사회공동체가 하나로 동화되고 통합되어 가기 위한 공감대적 가치질서요 한 민족의 문화질서라고 이해하는 경우 기본권은 일단 동화적 통합을 추구하는 특정한 생활공동체 구성원들을 안중에 둔 개념형식 내지 '법적 형상'임이 명백하다. R. Smend가 바이마르 공화국헌법상의 기본권을 특히 '독일민족'의 '가치질서' 내지 '문화질서'로 이해하는 이유도 그 때문이다. R. Smend처럼 기본권의 권리적인 면보다는 '책임'과 '의무'를 수반하는 그 정치기능적인 면을 강조하는 경우 외국인을 기본권질서에 끌어들여서 외국인에게도 기본권의 주체로서의 지위를 인정하는 것은 이론상의 무리가 있게 된다.

---

1) 예컨대 독일의 기본법은 법인의 기본권주체성을 인정하는 명문의 규정(제19조 제 3 항)을 두고 있다.

2) 외국인의 기본권주체성 긍정설

기본권을 인간의 '천부적'이고 '선국가적'(先國家的)인 자유와 권리로 이해하면서 그 비정치성을 강조하고, '국가로부터의 자유'가 기본권의 본질이라고 파악하는 C. Schmitt의 사상적 세계에서 기본권은 우선 '인간의 권리'이기 때문에 외국인도 '천부적'이고 '선국가적'인 자유와 권리의 주체가 되는 것이 마땅하다. C. Schmitt가 '절대적 기본권'은 국적에 관계 없이 외국인을 포함한 모든 인간에게 다 인정되는 것이라고 말하는 것도 그 때문이다.

그러나 민주적인 시민권으로서의 '참정권'이라든지, 국가의 적극적인 급부를 요구하는 '사회적 기본권'은 원칙적으로 '절대적 기본권'으로서의 자유권과는 그 본질과 기능을 달리한다고 볼 수밖에 없다. 결국 칼 슈미트적인 관점에서 볼 때 이들 '상대적 기본권'에 관해서는 '절대적 기본권'과는 달리 외국인의 기본권주체성을 제한 없이 긍정하기가 어렵게 된다.

3) 비판 및 사견

㈎ 외국인의 기본권주체성 논의의 이론적 전제

법실증주의에 따라 기본권을 '법률 속의 자유'라고 보는 경우 기본권을 어느 범위 내에서 인정할 것인가를 정하는 것은 헌법상의 문제가 아닌 입법정책적인 문제로 귀착된다. 그렇다면 국민의 기본권과 외국인의 법적 권리가 다같이 법률에 의해서 정해지는 입법정책의 소산인데 특별히 기본권의 주체를 헌법상의 문제로 다루면서 외국인이 포함되느냐 제외되느냐를 놓고 논쟁을 벌여야 될 아무런 이유가 없다고 할 것이다.

따라서 헌법상 보장된 기본권을 외국인도 향유할 수 있느냐 없느냐를 논의하는 것이 어떤 실질적인 의미를 가지기 위해서는 입법권자를 비롯한 모든 국가권력을 기속하는 기본권의 '가치규범적 성격'이 전제되지 않으면 아니된다. 그 '가치규범적 성격'을 C. Schmitt처럼 자연법에서 이끌어내느냐 아니면 R. Smend에 따라 생활공동체의 가치적인 Konsens에서 찾느냐는 별개의 문제로 치더라도 어떤 형식으로든지 국가권력에 우선하는 기본권의 생활질서적 기능을 인정치 않고는 기본권과 외국인의 상호관계를 논하는 것은 무의미하다. 기본권의 가치규범적 성격을 전제로 해서 기본권의 권력기속적 가치가 외국인에게도 효력이 미친다고 본다면 기본권은 국민은 물론 외국인에 관한 국가작용의 한계를 뜻하게 되어 '외국인'의 국내법상의 지위는 '헌법상의 지위'로까지 승화될 수

칼 슈미트의 자연권설

절대적·상대적 기본권의 구별

기본권의 가치규범적 성격

있을 것이고, 반대로 외국인은 기본권의 주체가 될 수 없다고 보는 경우에는
외국인의 지위는 단순한 '법률상의 지위'에 지나지 않게 될 것이기 때문이다.

(내) **외국인의 기본권주체성 긍정의 당위성**

생각건대 비록 외국인이라 하더라도 하나의 생활공동체 내에서 그들의 동
화를 촉진시킬 수 있고 또 자국민의 동화적 통합을 해지치 않는 범위 내에서
는 그 기본권주체성을 인정하는 것이 마땅하다고 생각한다.

a) R. Smend적 논리의 문제점

기본권의 정
치편향적 이
해

R. Smend가 기본권이 가지는 국가형성적이고 민주적인 기능을 강조한 나
머지 기본권을 지나치게 '정치적인 것'으로 축소해서 보려는 과오를 범하고 있
다는 점과, 기본권에 내포된 '주관적 권리'의 면을 소홀하게 다루고 있다는 점
에 대해서는 이미 지적한 바 있거니와 그의 사상적 세계에서 외국인의 기본권
주체성을 부인하는 것도 결국 이같은 그의 '정치적'인 기본권관에서 나오는 결
과라고 할 것이다.

b) 세계시민의 관점

생활형태의
국제화·세계
화

더욱이 유럽대륙을 기점으로 해서 '세계시민'의 소리가 점점 높아지고 또
는 민주주의를 지향하는 모든 사회공동체의 가치적인 Konsens가 '자유'와 '평
등' 그리고 '정의'로 집약되는 일정한 기본권질서에 의해서 표현되고 있는 오늘
의 시대상황 속에서 외국인의 기본권주체성을 획일적으로 부인하는 것은 '인류
공영에 이바지함으로써 우리들과 우리들의 자손의 안전과 자유와 행복을 영원
히 확보'(전문)하려는 우리 헌법상의 '동화적 통합의 목표'에 비추어 볼 때에도
바람직하지 않다고 할 것이다.

c) 자국민보호의 수단

상호주의원칙

국제법상의 '상호주의원칙'이 일반적으로 적용되는 오늘의 국제사회에서 외
국인에게도 기본권을 누리게 하는 것은 결국 외국에서 생활하는 자국민을 보호
하는 하나의 수단이 될 뿐 아니라 그것은 또한 국제무대에서 자국민의 발언권
과 행동의 폭을 넓힐 수 있는 효과적인 방법이라고 할 것이다.

d) 문언적 해석의 탈피

헌법 제6조
제2항의 의
미

따라서 우리 헌법의 해석으로도 기본권조항에 나타난 '모든 국민'이라는
문언에 얽매여 기본권의 주체를 국적법상의 '국민'에 국한시킨다든지 '외국인의
국내법상의 권리는 제6조 제2항의 규정에 따라 인정되는 특수한 법적 권리
로서 제2장의 국민의 기본권보장과는 무관한 것'이라는 견해[1]에는 찬동할 수

---

1) 박일경, '기본적 인권과 그 주체', 「고시연구」 1974년 10월호, 12면 이하 참조.

없다.[1]

e) 결   론

결론적으로, 외국인은 우리 민족의 동화적 통합을 해치지 않고 그들을 우리 사회에 동화시키는 데 필요한 범위 내에서 기본권의 주체가 될 수 있다고 할 것이다.[2] 그러나 외국인에게 국정에 관한 참정권을 인정하는 것은 우리 사회가 추구하는 동화적 통합의 '방향'에 엉뚱하고 그릇된 영향을 미칠 가능성이 있기 때문에 허용되지 않는다고 할 것이다.[3] 참정권 이외에 구체적으로 어떤 기본권을 외국인이 향유할 수 있느냐는 개별적인 경우에 결정할 문제이지 처음부터 이를 획일적으로 정할 수는 없다고 할 것이다.[4] 외국인에게 기본권주체성을 인정해 주어야 하는 논거로서의 동화적 통합의 여건은 상황에 따라 달라질 수 있기 때문이다. 같은 이유로, 외국인의 기본권주체성을 인정해 주는 경우에도 모든 외국인을 언제나 동일하게 대우해 주어야 한다는 논리는 성립되지 않는다.[5] 우리 헌법재판소도 외국인의 기본권주체성을 원칙적으로 인정하고 있다.[6]

사회통합의 여건과 상황에 따른 일정 범위의 유동성

헌재의 긍정 판례

---

1) 물론 헌법 제6조 제2항의 규정은 국제평화주의에 입각해서 외국인의 지위에 관한 국제법상의 일반원칙을 우리 법질서가 수용하기 위한 헌법상의 근거조문이지 외국인이 기본권을 누릴 수 있는지 없는지를 밝히기 위한 것은 아니다. 그러나 외국인의 국내법상의 권리는 모두가 제6조 제2항에만 근거를 두고 기본권규정과는 무관한 것은 결코 아니다.

2) 우리나라 대부분의 헌법학자는 외국인의 기본권주체성에 대해서 긍정설을 취하고 있는데 그 논증방법은 대체적으로 결단주의적인 자연권설에 바탕을 두고 있다.

3) 공직선거법(제15조 제2항 제3호)이 우리나라 영주권을 취득한 후 3년이 경과한 18세 이상의 외국인에게 지방선거에서만 선거권을 부여한 것은 외국인의 동화적 통합을 촉진하기 위해서 필요한 조치라고 할 것이다.

4) 따라서 외국인이 주체가 될 수 있는 기본권을 처음부터 확정적으로 열거하는 것은 의미가 없다고 할 것이다. 그럼에도 불구하고 권영성 교수는 평등권, 전통적 자유권, 망명권, 소비자의 권리, 청구권적 기본권, 환경권, 건강권 등을 꼽고 있다(302면 이하). 또 김철수 교수도 인간의 존엄과 가치, 행복추구권, 평등권, 자유권적 기본권, 청구권적 기본권 등은 외국인에게도 보장되는 기본권이라고 한다(273면).

5) 따라서 '부동산 거래신고 등에 관한 법률' 제7조가 상호주의원칙을 규정하는 것은 당연하다.

6) 【판시】 i) 국민과 유사한 지위에 있는 외국인은 기본권주체가 될 수 있다. 인간의 존엄과 가치, 행복추구권은 인간의 권리로서 외국인도 주체가 될 수 있고, 평등권도 인간의 권리로서 참정권 등에 대한 성질상의 제한 및 상호주의에 따른 제한이 있을 뿐이다(헌재결 2001. 11. 29. 99 헌마 494, 판례집 13-2, 714(724면)). ii) 인간의 존엄성보장에 필요한 최소한의 근로조건을 요구할 수 있는 일할 환경에 관한 권리는 외국인 근로자에게 보장된다(헌재결 2016. 3. 31. 2014 헌마 367, 판례집 28-1 상, 471(479면)).
  【결정례】 i) 산업연수생으로 입국한 외국인은 직장선택의 자유의 기본권주체가 될 수 있다. 그러나 외국인 근로자에게 3년의 체류기간 동안 3회까지 사업장을 변경할 수 있도록 하고 대통령령이 정하는 부득이한 사유가 있는 경우에는 1회의 추가변경이 가능하게 하면서 변경허가기간을 신청일로부터 2개월로 제한한 법규정은 직장선택의 자유의 침해가 아니다(헌재결 2011. 9. 29. 2007 헌마 1083 등, 판례집 23-2 상, (64면); 헌재결 2011. 9. 29. 2009 헌마 351, 판례집 23-2 상, 659(673면)). ii) 중국국적동포에 대하여 재외동포체류자격(F-4)신청시 기타 외국국적동포와 달리 연간 납세증명서 등을 제출하도록 요구하는 것은 단순 노무행위 등 취업활동

(2) 법인의 기본권주체성

1) 법인의 기본권주체성 긍정설

㈎ 법실증주의적 논리

a) 사법인의 기본권주체성 긍정

규범적 일원체로서의 자연인과 법인의 동일성

구체적인 법질서에 의해서 형성된 '법적인 크기'로서의 '국민'에는 '자연인' 뿐 아니라 '법인'도 포함되는 것이 원칙인데, 그 이유는 '자연인'과 '법인'이 '규범적 일원체'라는 점에서 차이가 있을 수 없기 때문이다. 따라서 법인도 기본권의 주체로 간주된다. 이처럼 법실증주의의 관점에서 '법인'도 기본권을 누릴 수 있는 것은 '법인'도 '자연인'과 마찬가지로 구체적인 법질서에 의해서 형성된 '규범적 일원체'를 뜻하기 때문이다.[1]

b) 공법인의 기본권주체성 부정

공법인의 기본권주체성 부인과 옐리네크의 이견

그러나 법실증주의의 사상적 세계에서는 공권력의 주체라고 볼 수 있는 '공법인'이 기본권의 주체가 될 수 없는 것은 너무나 자명하다. 그럼에도 불구하고 G. Jellinek가 지방자치단체에게 '독자적인 결정권'이라는 일종의 '소극적 지위'를 인정함으로써 제한된 범위 내에서 공법인의 기본권주체성을 긍정하고 있는 것은[2] 주목할 필요가 있다.

결국 법실증주의의 입장에서는 '법적인 크기'로서의 '사법인'은 기본권의 주체가 되지만, 공법인은 기본권의 객체일 따름이다.

㈏ 통합과정론적 논리

사회통합의 형식과 수단으로서의 공·사법인

법인의 기본권주체성은 R. Smend의 관점에서도 이를 부정적으로 보아야 할 아무런 이유가 없다. '법인'은 그것이 '사법인'이든 '공법인'이든 생활공동체

종사자 중 불법체류가 가장 많이 발생하는 중국국적동포의 증가를 사전에 억제하기 위한 합리적인 이유에 근거한 것이므로 자의적인 차별이 아니어서 평등권 침해라고 볼 수 없다(헌재결 2014. 4. 24. 2011 헌마 474 등, 판례집 26-1 하, 117(132면)). iii) 지역건강보험에 가입한 외국인이 보험료를 체납하면 보험급여 제한의 통지 절차도 없이 예외 없이 다음달부터 곧바로 보험급여를 제한하는 국민건강보험법 규정(제109조 제10항)은 합리적 이유없이 외국인을 국민과 차별하는 것이어서 평등권 침해이다(헌재결 2023. 9. 26. 2019 헌마 1165).

1) 따라서 법실증주의의 입장에서 헌법이론을 전개하고 있는 국내의 일부학자가 '법인의 활동은 결국 그 효과가 자연인에게 귀속하는' 것이기 때문에 법인에게도 기본권주체성을 인정해야 된다고 설명하는 것은 적어도 그 논증방법에 있어서 법실증주의적 순수성을 이탈한 것이라고 보아야 한다. 왜냐하면 그것은 자연법적 기본권사상에서 유래하는 논리형식이기 때문이다. 국내의 대다수 헌법학자들이 법인의 기본권주체성을 긍정해야 되는 논거로 대동소이하게 이 점을 내세우고 있는 것은 주목을 끈다. 문홍주, 179면 이하; 권영성, 307면; 김철수, 276면; 박일경, 「제5공화국헌법」, 171면 참조.

2) Vgl. *G. Jellinek*, System der subjektiven öffentlichen Rechte, 2. Aufl.(1905), S. 275ff.(289).

의 구성부분임에 틀림없고 개개의 인간이 동화되고 통합되어 가는 과정에서 형성될 수 있는 동화적 통합의 형식인 동시에 수단이라고 볼 수 있기 때문이다. 정치적으로 가치적인 동질성의 집단이라고 볼 수 있는 '정당'이 동화적 통합의 과정인 동시에 수단이기 때문에 마땅히 기본권의 주체가 되어야 한다면 '법인'도 같은 차원에서 그 기본권주체성을 인정하는 것이 당연하다.

2) 법인의 기본권주체성 부정설

C. Schmitt처럼 기본권에서 '천부적'이고 '선국가적'인 자유와 권리로서의 성질을 강조하는 경우에 기본권은 국가적인 법질서가 있기 전부터 존재하는 '자연인'이 누릴 수 있는 자유와 권리이지, 국가적인 법질서에 의해서 비로소 창설되는 '법인'에게까지 인정될 수 있는 것은 아니다. C. Schmitt가 모든 형태의 '공·사법인'의 기본권주체성을 부인하는 이유도 그 때문이다.

칼 슈미트의 자연권설의 논리

적지 않은 국내학자들이 '법인'의 기본권주체성을 이끌어내기 위해 '법인'이 아닌 '자연인'을 앞에 내세우는 것은 역시 기본권을 자연법적인 '인권'으로 생각하는 자유주의기본권이론의 부산물이라고 느껴지기는 하지만, 만일 '법인'에게도 기본권이 인정되어야 한다면 그것은 어디까지나 '법인' 스스로의 어떤 고유기능 같은 것을 이유로 한 것이 아니면 아니될 것이다. 바로 이곳에 자유주의의 입장에서 법인의 기본권주체성을 긍정하는 데 있어서의 이론상의 어려움이 있다.[1]

3) 비판 및 사견

㈎ 전통적 논리(논증방법)의 미성숙성

a) C. Schmitt적 부정론의 모순

법인은 기본권을 향유할 수 없다고 주장하는 C. Schmitt의 주장은 그 전제와 결론에 모두 잘못이 있다고 생각한다. 기본권은 인간의 '선천적'이고 '선국가적'인 '자유'와 '권리'가 아닐 뿐 아니라 오늘과 같은 사회발전단계에서 법인이 수행하고 있는 각종 '공적 기능'과 '사적 기능'을 무시한 채 그 기본권주체성(기본권능력)을 획일적으로 부인하는 것은 결과적으로 법인의 사회활동적 기능을 축소 내지 무시하는 결과가 되기 때문이다. 따라서 오늘의 시점에서는 법인의 기본권주체성을 인정할 것인지의 '여부'에 대해서는 이미 그 대답이 긍정적인

그릇된 기본권이해에서 나온 그릇된 결론

---

1) 국내의 많은 헌법학자들이 근본적으로는 C. Schmitt의 결단주의이론체계를 따르면서도 '법인'의 기본권주체성의 문제에서 C. Schmitt와는 정반대로 긍정설을 취하고 있는 것은, 법인의 기본권주체성을 명문화한 독일기본법 제19조 제 3 항의 해석론에 영향받은 바 크다고 느껴지지만, 이론상의 일관성은 없다고 생각한다.

방향으로 집약된 것이라고 보아야 할 것이다.[1]

b) 전통적 긍정론의 문제점

α) 법인구성원의 이익보호론

재단법인과 공법인의 문제

법인이 기본권을 누려야 하는 이유가 국내의 대다수 헌법학자들의 견해[2] 처럼 법인을 구성하는 자연인의 이익을 간접적으로 보장하기 위한 것이라면 자연인을 그 구성요소로 하지 않는 재단법인과 공법인의 경우에는 그 기본권주체성을 인정할 이유가 없게 된다는 모순에 빠지게 된다.[3]

β) 법실증주의적 논거

권리능력 없는 사단의 문제

'자연인'과 '법인'을 다같이 구체적인 법질서에 의해서 형성된 '법적인 크기'로 이해하고 법인도 자연인과 마찬가지로 기본권의 주체가 된다고 생각하는 법실증주의의 관점에서는 '권리능력 없는 사단'(정당·노동조합·종친회 등·)은 기본권의 주체가 된다고 보기가 어려워진다.

γ) 공법인의 문제

부정과 긍정의 문제점

법실증주의 또는 결단주의사상에서 볼 때 '공법인'은 기본권을 보장해 주는 기본권의 객체일 따름이지 절대로 기본권의 주체가 될 수 없게 된다. 또 그렇다고 해서 '공법인'의 기본권주체성을 제한 없이 긍정하는 경우에는 기본권의 대사인적 효력과의 관계에서 심지어 공법인인 국가가 국민을 상대로 해서도 '기본권'을 주장할 수 있다는 결과가 되는데 그것은, 즉 지금까지의 기본권이론의 180° 전환을 의미하게 된다.[4]

---

1) 결단주의의 입장에 서 있는 국내 헌법학자들까지 입을 모아 법인도 기본권을 누릴 수 있다고 주장하는 것이 그 단적인 증거이다.
2) 김철수, 276면; 권영성, 307면; 문홍주, 179면 이하.
3) 권영성 교수는 법인 그 자체의 기능과 목적으로부터 법인의 기본권주체성을 이끌어내려는 저자의 시도를 비판하면서 법인의 기본권주체성은 종국적으로 개별적 자연인의 기본권보장을 위한 것이라는 입장을 취하고 있다. 그러면서도 권리능력 없는 단체·재단법인·공법인 등의 기본권주체성을 인정하고, 법인에게 인정되는 기본권을 설명할 때는 법인의 목적·기능 등을 중요한 기준으로 삼아야 한다고 말한다. 또 독일 Isensee의 주장에 따라 기본권주체로서의 법인은 그 법인을 구성하는 자연인과의 관계에서 법적으로 상대적 독립성을 지켜야 한다고 강조한다. 그렇다면 권교수는 자연인과는 구별되는 법인의 독립적 지위나 독자적 기능·활동을 인정하겠다는 것인지 부정하겠다는 것인지 그 논지의 파악이 매우 어렵다. 더욱이 그가 자주 인용하고 있는 Isensee는 법인이나 단체의 독자적 기능과 목적을 강조하는 기본철학을 가지고 있다는 점을 간과하고, 그 논문의 부분내용을 인용하는 것은 문제가 있다. 306면 이하 참조.
4) 이같은 문제점을 의식해서 공법인의 기본권주체성을 국고작용(Fiskus)의 분야에서만 긍정하려는 이른바 '국고작용설'(Fiskaltheorie)을 따르는 경우 '국고작용설'이 주장된 본래의 목적과는 어떻게 조화될 수 있겠는가의 문제가 또 생기게 된다. 국가권력에 대한 공법적 기속이 실현되지 못할 때 국가권력을 최소한 사법상의 일반원칙에라도 기속시키기 위해서 나타난 이론이 바로 '국고작용설'이었기 때문이다. 이 점에 대해서 자세한 것은 특히 다음 문헌을 참조할 것. *J. Burmeister*, Der Begriff des "Fiskus" in der heutigen Verwaltungsrechtsdogmatik, DÖV 1975,

(나) 법인의 기본권주체성 긍정의 합리적 논거

생각건대 법인의 기본권주체의 문제는 '결사의 자유'와 기본권의 '객관적 규범질서'로서의 성격을 염두에 두고, 더 나아가서는 19세기적인 개인주의적 사상으로부터 탈피해서 인간의 상호 협동과 공동체이익을 중요시하는 현대생활의 '가치적인 당위성'의 측면 등을 거시적이고 종합적으로 검토하는 경우에만 비로소 그 합리적인 설명이 가능하다고 본다.

객관적 규범질서를 전제한 종합적 검토

a) 결사활동의 공적 기능보호

현대사회에서 '결사'는 일종의 동화적 통합의 형식인 동시에 수단이다. 따라서 법인은 그것이 '사익법인'이건 특별법상의 '공익법인'이건을 막론하고 동화적 통합이라는 일정한 '공적 기능'을 수행하고 있음을 부인할 수 없다. 더욱이 '결사의 자유'가 '결사형성의 자유'만을 그 내용으로 하지 않고 결사조직 후의 '결사활동의 자유'를 함께 보호하는 것이라면 그같은 결사활동의 보호는 결사를 구성하는 개인이 아닌 '법인'이나 '사단'·'단체'의 기본권주체성을 인정하는 경우에만 그 실효성이 기대될 수 있는 것은 더 말할 나위가 없다.

결사의 자유의 실효성 확보수단

b) 기본권의 양면성에서 나오는 법인의 책임과 의무

기본권은 방어권적 성질을 가지는 '주관적 공권'만이 아니고 '객관적 규범질서'인 동시에 '제도보장'으로서의 성격을 함께 가지기 때문에(기본권의 양면성) '자유'와 '권리'뿐 아니라 '책임'과 '의무'를 함께 내포하고 있다. 따라서 '객관적 규범질서'의 형성에 적극 참여하고 그 규범질서가 정하는 일정한 생활패턴에 따라 사회생활을 영위함으로써 동화적 통합을 실현시킬 '책임'과 '의무'는 자연인뿐 아니라 '법인'도 마찬가지로 지는 것이라고 보아야 한다.

객관적 규범질서에 따른 동화적 통합의 책임과 의무

c) 법인의 기본권주체성과 그 한계

따라서 독일기본법($\frac{제19조}{제3항}$)처럼 법인에게 기본권을 부여하는 명문의 규정이 없는 우리 헌법의 해석으로도 법인의 기본권주체성을 인정할 수 있다고 본다. 물론 기본권의 성질상 법인에게 인정할 수 없는 기본권은 마땅히 제외된다. '인신권', '생명권', '양심의 자유' 등 '자연적인 인격'을 전제로 한 기본권들이 그것이다.[1] 그러나 구체적으로 법인이 그 주체가 될 수 있는 기본권의 종류를 획일적으로 열거하는 것은 무의미하고 불필요하다. 왜냐하면 '법인'도 그 수행하는 사적·공적 기능이 다양할 뿐 아니라 '법인'·'사단'·'단체' 등의 설립목적에 따라

기본권성질상의 한계

법인설립목적에 따른 차이

S. 695.

1) 헌재가 자연인이 아닌 법인의 행복추구권을 인정할 수 없다고 판시하는 이유도 그 때문이다(헌재결 2010. 7. 29. 2009 헌바 40, 판례집 22-2 상, 337(343면)).

그들에게 특별히 빼 놓을 수 없는 기본권이 각각 다르기 때문이다. 예컨대 출판목적의 법인체에게는 무엇보다도 '언론·출판의 자유'가 중요할 것이고, 교육목적의 재단법인에게는 학문과 예술 및 교육에 관한 기본권이, 그리고 각종 직업단체에게는 직업의 자유, 재산권 등이 특히 중요한 의미를 가지기 때문이다.

d) 공법인의 2중적 지위

공법인의 제한적 주체성

다만 공법인 중에서 국가와 지방자치단체는 '기본권적 가치질서'를 실현시켜야 되는 그들의 통합기능적인 '책임'과 '의무'가 그들이 기본권주체로서 생활하는 데 따르는 '책임'과 '의무'를 훨씬 능가하기 때문에 이 두 가지 종류의 '책임'과 '의무'가 조화될 수 있는 범위 내에서만 기본권의 주체가 된다고 보아야 한다. 따라서 국가와 지방자치단체는 제한된 범위 내에서 스스로 기본권의 주체가 되는 경우에도 그들이 가지는 통합기능적 책임 때문에 절대로 사인을 상대로 그 효력을 주장할 수는 없고, '공법인 대 공법인'의 관계에만 그 효력이 국한된다고 보아야 할 것이다.

e) 결 론

지배적 견해

결론적으로 기본권의 성질이 허용하는 한 사법인은 물론 이에 준하는 '권리능력 없는 사단'도 기본권의 주체가 된다.[1] 또 공법인도 그 스스로 '기본권적 가치질서'를 실현시켜야 되는 통치기능적 책임 내지 의무와 조화될 수 있는 범위 내에서 기본권의 주체가 된다.[2] 지방자치단체[3]·국공립대학·국공영방송국·국책은행 등이 국가에 대해서 기본권을 주장할 수 있는 것은 그 때문이다.

f) 판 례

우리 헌법재판소도 사단법인 한국영화인협회의 기본권능력을 명시적으로 인정하면서 법인은 성질상 법인이 누릴 수 있는 기본권의 주체가 된다고 판시했다.[4] 또 법인인 동아일보사가 인격권에 속하는 양심의 자유의 주체가 된다고

---

1) 이것이 국내 헌법학계의 지배적인 견해이다.

2) 권영성, 309면, 교수도 공법인의 기본권주체성에 대해 부분적 긍정설을 취하고 있다. 김철수, 278면, 교수도 공법인이 기본권을 주장할 수 있는 경우가 있다고 한다.

3) 독일에는 지방자치단체가 국가를 상대로 재산권을 주장할 수 없다는 판례가 있다. 재산권은 사인의 재산(das Eigentum Privater)을 보호하기 위한 것이지 사적인 재산(Privateigentum)을 대상으로 하는 것이 아니라는 논지이다. BVerfGE 61, 82(105ff.) 참조.

4) 【판시】 우리 헌법은 법인의 기본권향유능력을 인정하는 명문의 규정을 두고 있지 않지만, 본래 자연인에게 적용되는 기본권규정이라도 언론·출판의 자유, 재산권의 보장 등과 같이 성질상 법인이 누릴 수 있는 기본권은 당연히 법인에게도 적용하여야 할 것으로 본다. 따라서 법인도 사단법인·재단법인 또는 영리법인·비영리법인을 가리지 아니하고 위 한계 내에서 기본권이 침해되었음을 이유로 헌법소원심판청구를 할 수 있다. 또한, 법인 아닌 사단·재단이라도 대표자의 정함이 있고 독립된 사회적 조직체로서 활동하는 때에는 성질상 법인이 누릴 수 있는 기본권을 침해당하게 되면 그의 이름으로 헌법소원을 할 수 있다(헌재결 1991. 6. 3.

판시한 것은 비판의 여지는 있어도 법인의 기본권능력을 인정한 판례이다.[1] 그리고 법인격과 권리능력이 없는 한국신문편집인협회[2]와 정당[3]도 기본권을 누릴 수 있다고 했다. 그 밖에 헌법재판소는 공법상의 영조물인 서울대학교가 공권력행사의 주체인 동시에 학문의 자유와 대학의 자율권이라는 기본권의 주체라는 점을 명시적으로 밝혔다.[4] 그러나 헌법재판소는 농협법위헌확인사건에서 기본권의 주체가 되는 것은 원칙적으로 사법인에 한하고 공법인은 헌법의 수범자이지 기본권의 주체가 될 수 없다고 하면서도, 공법인적 성격을 많이 가지는 축협중앙회는 그 사법인적 성격도 부인할 수 없으므로 기본권의 주체가 된다고 판시했다. 다만 축협중앙회는 그 공법인의 특성 때문에 기본권의 제약을 피할 수는 없다는 입장을 취하고 있다.[5]

결국 우리 헌법재판소는 사법인과 법인격 없는 사단과는 달리 공법인에 대해서는 그 기본권 주체성은 원칙적으로 부인하면서도 공법인성과 사법인성을 함께 가지는 특수법인의 기본권주체성은 인정하는 입장에 서 있다고 할 것이다. 그리고 공법인이 공권력행사의 주체인 동시에 기본권의 주체라는 이중적 지위를 가지는 경우에도 기본권 주체성을 인정하는 입장이라고 정리할 수 있다.

4. 기본권의 내용과 효력

기본권을 국가권력에 의해서 베풀어진 실정법상의 권리(실정권설=법실증주의)라고 설명하거나 기본권을 인간의 선천적이고 천부적인 초국가성의 자유와 권리(자연권설=결단주의)라고 이해하는 경우 기본권은 국민의 '국가권력에 대한 방어적 권리' 내지는 '국가로부터의 자유'를 뜻하게 된다.

따라서 기본권의 내용은 한마디로 말해서 국민의 국가에 대한 '주관적 공권'으로 요약되고, '주관적 공권'을 그 내용으로 하는 기본권은 어디까지나 국가

주관적 공권의 대국가적 효력

---

90 헌마 56, 판례집 3, 289(295면)). 동지: 헌재결 1996. 3. 28. 94 헌바 42, 판례집 8-1, 199(206면).

1) 헌재결 1991. 4. 1. 89 헌마 160, 판례집 3, 149(155면) 참조. 이 판례의 문제점에 관한 것은 졸고, '사죄광고와 양심의 자유', 「법률신문」 1991. 7. 15.(2045호) 참조.

2) 헌재결 1995. 7. 21. 92 헌마 177·199(병합), 판례집 7-2, 112(118면) 참조.

3) 【판시】 정당추천의 후보자가 선거에서 차등대우를 받는 것은 바로 정당이 선거에서 차등대우를 받는 것과 같은 결과가 되는 것이다(헌재결 1991. 3. 11. 91 헌마 21, 판례집 3, 91(114면)).

4) 헌재결 1992. 10. 1. 92 헌마 68·76, 판례집 4, 659(670면).

5) 헌재결 2000. 6. 1. 99 헌마 553, 판례집 12-1, 686(709면) 참조.

권력을 대상으로 하고 그 효력도 마땅히 국가권력에게만 미치게 된다.[1] 이른바 '기본권의 대국가적(對國家的) 효력'이 그것이다. 이처럼 기본권의 내용을 '주관적 공권'으로만 파악해서 기본권을 '국민 대 국가'의 문제로 한정하는 경우에는 기본권이 사인 상호간의 관계에서 문제될 여지는 전혀 없게 된다.

객관적 가치질서의 대사인적 효력

그럼에도 불구하고 오늘날에 와서는 기본권에 내포된 '객관적 가치질서'로서의 성질을 강조하는 한편 기본권의 효력도 '대국가적인 것'에 국한시키지 않고 사인 상호간에도 기본권의 효력을 미치게 하려는 움직임이 학설과 판례를 통해서 점차 정착되고 있다는 사실을 간과할 수 없다. 이른바 '사인 간의 기본권효력' 내지 '기본권의 대사인적(對私人的) 효력'이라는 주제로 다루어지는 문제가 바로 그것이다.

기본권의 갈등

또 기본권의 효력과 불가분의 관계에 있는 것이 기본권 상호간에 효력상의 갈등을 일으키는 기본권의 충돌문제이다.

I. 기본권의 내용과 대국가적 효력

주관적 공권의 내용

기본권의 제 1 차적인 내용이라고 볼 수 있는 '주관적 공권'은 처음에 H. Kelsen, G. Jellinek, C. Schmitt 등의 사상적 세계를 바탕으로 발전한 것으로 국민이 국가권력에 대해서 가지는 일정한 '법상의 힘'을 나타내는 개념형식임에는 틀림없으나, 그 '법상의 힘'이 구체적으로 어떠한 '힘'을 의미하느냐에 대해서는 이들 사이에도 반드시 견해가 일치하는 것은 아니다.

(1) H. Kelsen의 주관적 공권이론

소극적·제한적인 실정법상의 힘

'주관적 공권'은 어디까지나 법질서에 의해서 인정되는 법질서 내에서의 제한적인 '법상의 힘'을 뜻하기 때문에 국가권력이 '주관적 공권'에 의해 기속된다는, 즉 '주관적 공권'이 국가권력을 기속한다는 논리는 처음부터 성립될 수가 없다. '주관적 공권'은 따라서 국민이 법질서(=국가) 내에서 가지는 '실정법상의 힘'인데, 그 '힘'의 실체는 국가적인 강제질서에 의해서 규제되지 않는 범위 내에서 '자유'로울 수 있는 매우 소극적이고 제한적인 성질의 것에 지나지 않는다. 결국 H. Kelsen에 따르면 '국가로부터의 자유' 또는 '국가의 부작위'를 내용으로 하는 '주관적 공권'은 인정되지 않는다. 하물며 국가의 일정한 작위나 급부를 요

---

[1] 주관적 공권은 G. Jellinek의 말처럼 국민의 국가에 대한 일정한 지위(Status)를 상징하는 개념이기 때문이다.

구할 수 있는 내용의 '주관적 공권'같은 것은 처음부터 생각할 수조차 없다.

따라서 그의 사상적 세계에서는 '주관적 공권'의 대국가적 효력이란 주관적 공권이 국가권력을 기속하는 그러한 적극적인 성질의 것이 아니고, 단순한 선언적 의미만을 갖는 소극적인 성질의 것에 지나지 않게 된다.

기속력 없는
선언적 효력

(2) G. Jellinek의 주관적 공권이론

G. Jellinek는 주관적 공권의 내용이나 성질 그리고 그 효력에 대해서 H. Kelsen과는 다소 견해를 달리한다.

G. Jellinek는 그의 '지위이론'을 통해서 국민의 국가에 대한 '소극적 지위' 뿐 아니라 '적극적 지위'와 '능동적 지위'를 강조하면서, 국민은 이들 지위에서 국가에 대하여 일정한 부작위 또는 작위를 요구하거나 직접 국정에 참여할 것을 요구할 수 있는 '법상의 힘'으로서의 '주관적 공권'을 가진다고 주장한다. 따라서 G. Jellinek에 따르면 주관적 공권의 내용은 '자유권'·'수익권'·'참정권'으로 요약된다. 그러나 G. Jellinek가 주장하는 '주관적 공권'도 국가권력을 기속할 수 있는 적극적인 효력을 가지지는 못하게 된다.

자유권·수익
권·참정권의
기속력 부인

(3) C. Schmitt의 주관적 공권이론

기본권의 본질을 '국가로부터의 자유'라고 이해하는 C. Schmitt의 안목에서 '주관적 공권'은 무엇보다도 '자유의 영역'에 대한 국가의 간섭을 배제할 수 있는 '법상의 힘'을 의미하게 된다는 것은 자명하다. C. Schmitt의 생각에 따르면 이 '법상의 힘'은 이른바 '배분의 원리'(자유의 무제한성과/국가권력의 제한성)에 의해서 뒷받침되기 때문에 적어도 국가권력에 대해서 단순한 선언적 의미가 아닌 직접적 효력을 미치게 된다. 그 직접적 효력은 입법권·행정권·사법권은 물론 심지어는 헌법개정권력까지를 기속하는 힘을 가지기 때문에 초국가성의 '자유의 영역'에 대한 '본질적인 내용의 침해'는 그 어떤 국가권력에 의해서도 허용되지 않는다.

주관적 공권
의 직접적인
국가권력기속
력

그러나 C. Schmitt도 국정에 참여할 수 있는 주관적 공권(참정권)과 국가의 일정한 작위와 급부를 요구할 수 있는 주관적 공권(수익권)은 천부적인 성질을 가지지 않기 때문에 그 국가권력에 미치는 효력도 제한적이고 상대적이어서 국가권력에게 광범위한 입법형성권이 허용된다고 한다.

참정권·수익
권의 제한된
기속력

더 나아가 C. Schmitt는 국민이 국가권력에 대해서 가지는 일정한 '법상의 힘'을 그 실체로 하는 '주관적 공권'과 그와 같은 '법상의 힘'을 내포하지 않는 '제도적 보장'을 구별하고 있다.

제도적 보장
과의 구별

(4) 비판 및 사견

1) 고전적 주관적 공권이론의 문제점

㈎ 소극적 효력론 내지 자유권중심의 이론

법실증주의
및 자유주의
기본권 논리
의 문제점

기본권을 국가의 법질서에 의해서 인정되는 실정법상의 권리라고 이해한
나머지 기본권의 내용으로서의 주관적 공권이 국가권력에 대해서 아무런 기속
적인 효력을 미치지 못한다는 H. Kelsen과 G. Jellinek의 법실증주의적 결론이
오늘의 시점에서 공감을 얻기 어렵다는 것은 두말할 필요조차 없다. 또 기본권
의 자연법적 성질을 강조하면서 기본권을 '자유권' 중심으로 파악하고, 천부적
인 '자유의 영역'을 지키기 위한 주관적 공권만은 국가권력을 기속하는 힘이 있
지만, 수익권·참정권 등의 비천부적인 영역에서는 주관적 공권이 국가권력을
기속하는 힘을 가질 수 없다는 C. Schmitt의 '자유주의적' 입장이 설득력을 가
지는 것도 아니다. 이들은 처음부터 '기본권'과 '국가권력'을 유리적 관계 내지
는 대립적인 관계로 보고, 기본권이 가지는 국가권력창설적 기능과 동화적 통
합기능같은 것을 무시한 채 기본권의 내용을 '주관적 공권'만으로 축소해서 이
해한 나머지 기본권의 대국가적 효력의 강약만을 따지려는 잘못을 범하고 있다
는 점을 지적하지 않을 수 없다.

㈏ 생활권 포함한 적극적 효력론의 필요성

생활권의 중
요성 증대에
따른 자유권
중심 이론의
재검토

기본권의 중점이 '자유권'에서 '생활권'(사회권)으로 옮겨지고 사회국가의 이
념과 함께 '자유권의 생활권화현상'이 날로 더해 가는 사회환경 속에서 기본권
의 내용과 효력을 언제까지나 선언적인 권리 내지는 자유권 중심으로만 설명할
수는 없다. '자유권'중심의 시대에 '국가권력에 의한 자유의 침해가 허용되지 않
는다'는 소극적인 효력론이 당연시되었던 것과 마찬가지로, 오늘날에는 국가가
공권력에 의한 자유의 침해만을 자제하는 소극적인 자세에서 벗어나 국민의 자
유가 실효성 있는 것으로 실현될 수 있도록 적극적인 보호자세를 가져야 할
뿐 아니라, 심지어는 국민의 생존배려를 위한 국가적인 급부활동의 폭을 넓혀
가야 된다는 적극적인 효력론이 강력히 요청되는만큼 기본권의 내용과 효력에
대한 새로운 이론구성이 필요하게 되었다. 우리 헌법재판소도 기본권의 적극적
효력을 강조하는 판시를 하고 있다.[1]

---

1) 【판시】 우리 헌법은 제10조에서 … 소극적으로 국가권력이 국민의 기본권을 침해하는 것을 금
   지하는 데 그치지 아니하고 나아가 적극적으로 국민의 기본권을 타인의 침해로부터 보호할 의
   무를 부과하고 있다. 국민의 기본권에 대한 적극적 보호의무는 궁극적으로 입법자의 입법행위
   를 통하여 비로소 실현될 수 있는 것이기 때문에 … 기본권의 소극적 방어권으로서의 측면과

2) 기본권의 양면성과 국가권력에 대한 기속력

그러기 위해서는 먼저 다음 세 가지 전제조건이 충족되어야 한다. 첫째가 기본권과 국가권력을 대립적인 관계로 보는 고전적인 사상의 청산이고, 둘째가 기본권을 지나치게 '권리'(주관적 공권)의 시각에서만 이해하는 입장의 탈피이고, 셋째가 기본권에 내포된 '양면성'의 인식이다. 다시 말해서 기본권이 가지는 권리로서의 방어적 기능과 질서로서의 형성적 기능의 상호 보완작용에 의해서 국가권력이 비로소 창설되고 유지된다는 논리의 수용이다. 기본권을 사회공동체의 동화적 통합을 달성하기 위해서 꼭 존중되고 실현시켜야 되는 사회의 '가치적인 Konsens'라고 볼 때, 기본권은 국민 개개인의 '주관적 권리'에 그치지 않고 그것은 동시에 동화적 통합의 생활형식을 뜻하기 때문에 기본권은 또한 동화적 통합의 기본이 되는 '객관적인 질서'가 아닐 수 없다. 이처럼 '권리성'과 '질서성'을 동시에 내포하고 있는 기본권을 실현하기 위해 국가권력이 창설되고 그 권력행사가 정당화되는 것이라면 기본권은 적어도 국가권력의 창설적 기능과 사회공동체의 동화적 통합기능을 함께 갖는다는 점을 부인할 수 없다. 따라서 국가권력의 행사가 이 '가치적인 Konsens'로서의 기본권에 기속되는 것은 너무나 당연하다. 즉 국가권력을 기속하는 기본권의 효력은 기본권의 양면성에서 나오는 당연한 논리적인 귀결이다. 독일기본법(제1조제3항)처럼 기본권의 기속력에 관한 명문의 규정을 두는 것은 이같은 이론의 실정법적 수용이라고 보아야 하고, 우리 헌법(제10조제2문)도 표현은 다르지만 동일한 입장을 취하고 있다. 따라서 기본권과 국가권력이 대립관계가 아니라는 것은 더 말할 나위가 없다. 다만 국가권력의 창설과 그 권력행사의 최후적 정당성이 국민의 가치적인 Konsens에 귀착되는 민주주의도 결국은 사람의 사람에 대한 통치형식에 지나지 않을 뿐 아니라 권력은 그 본질상 남용의 가능성을 내포하고 있기 때문에 기본권의 방어적 기능은 민주국가에서도 불가피하다는 인식은 언제나 필요하다.

새로운 기본권이론의 세 전제조건

기본권의 권리성과 질서성에서 나오는 기속력

기본권의 방어적 기능

3) 기본권의 국가권력에 대한 기속력의 의미와 내용

이같은 논리형식에 따라 기본권이 국가권력을 기속한다는 것은 국가의 모든 권력행사가 궁극적으로 기본권적인 가치의 실현에 기여해야 된다는 것이기 때문에, 입법권·행정권·사법권은 물론 헌법개정권력과 지방자치권력까지도 마

모든 국가권력에 대한 포괄적·직접적 효력

근본적인 차이가 있다(헌재결 1997. 1. 16. 90 헌마 110 등(병합), 판례집 9-1, 90(119~120면)). 권영성, 318면, 교수가 이 판례를 기본권의 제 3 자적 효력을 뒷받침하는 내용으로 설명하고 있는 것은 기본권의 적극적 효력과 제 3 자적 효력을 혼동한 오해라고 생각한다.

땅히 기본권을 존중해야 할 헌법적 기속을 받는다는 뜻이다. 따라서 기본권의 양면성을 바탕으로 한 기본권의 대국가적 효력은 모든 국가권력에 포괄적으로 그리고 직접적으로 미치는 것이기 때문에 국가작용의 형태(예컨대 권력작용·관리작용·국고작용 등) 또는 국가권력 내에서의 특수한 신분관계 때문에 그 효력의 정도가 약화될 수는 없다.

모든 생활영역에서의 공감적 가치(자유·평등·정의) 실현의무

또 가치적인 Konsens로서의 기본권은 물론 시대상황의 변천과 생활양태의 변화에 따라 그 내용과 중점이 달라질 수는 있겠으나, 원칙적으로 인간의 존엄과 가치를 그 핵심적인 내용으로 하는 자유·평등·정의의 실현으로 집약될 수 있기 때문에, 기본권에 의한 국가권력의 기속은 사생활영역을 비롯한 정치적·경제적·사회적·문화적·정신적 생활의 모든 영역에서 똑같이 이루어지는 것이라고 볼 수 있다. 그 구체적인 내용은 예컨대 사생활불간섭 내지 사생활보호(국가는 국민의 안방에서 찾을 것이 없다), 정신적·문화적 생활풍토의 조성, 정치적 input의 보장, 경제적 개성신장과 기회균등의 보장, 사회적인 자치능력의 계발 및 보장의무 등이라고 요약할 수 있다.

사회적 기본권의 기능과 효력

이같은 기본권의 국가권력에 미치는 효력은 사회적 기본권의 영역이라고 해서 다를 것이 없다. 따라서 사회적 기본권의 영역에서도 국가권력은 '사회적 기본권'의 형식으로 표현된 사회국가실현을 위해서, 교육의 기회균등, 사회보장, 고용증진, 근로조건의 개선, 영세민생활대책, 환경보전 등 적극적인 교육정책·사회정책·조세정책·근로정책·환경정책 등을 개발해야 할 헌법적 기속을 받고 있다고 보아야 한다. 이와 같은 사회적 기본권의 효력을 경시하고 헌법적 소임을 게을리하는 국가권력은 이미 그 권력의 정당성을 상실한 것이기 때문에 '불법권력'의 이론에 따라 저항권행사의 대상이 된다고 할 것이다.

Ⅱ. 사인 간의 기본권효력

기본권침해가능성의 확대

국민의 생활관계가 국가의존적인 획일관계에서 사회의존적인 다원관계로 변모된 오늘날에는 기본권에 대한 위협이 국가권력뿐 아니라 여러 형태의 사회적인 '압력단체' 또는 사인으로부터도 나올 수 있게 되었다. 따라서 이제는 이들 사회세력 내지 사인으로부터도 기본권을 보호할 현실적인 필요성이 생겼고, 그 결과 기본권의 효력을 '대국가적인 것'에 국한시킬 수만은 없게 되었다. 이른바 '기본권의 대사인적 효력'이라는 문제가 헌법학에 새로이 등장하고 사인 상호간에도 기본권의 효력을 미치게 하려는 경향이 점점 보편화되어 가는 이유도 그 때문이다.

(1) 기본권의 대사인적 효력의 이념적 기초

(개) 법실증주의 내지 자유주의적 기본권사상의 탈피

생활양상의 변화에 따른 '현실적인 필요성' 때문에 기본권의 효력을 '대국가적인 것'에 국한시키지 않고 '대사인적인 것'으로까지 확대시키기 위해서는 먼저 기본권의 본질과 기능에 대한 법실증주의적·자유주의적 사상의 탈피가 선행되지 않으면 아니된다고 생각한다.

(내) 기본권의 양면성 인정

기본권은 사회공동체의 가치적인 Konsens로서 동화적 통합의 실질적인 원동력을 의미하기 때문에 결국 국가창설의 원동력인 동시에 그 존립에 정당성을 부여해 주는 '질서의 원리'를 뜻하게 되고, 사회구성원은 이 질서를 지키고 존중하여 동화적 통합을 실현시킬 책임과 의무를 지게 된다는 인식이 확산되면서부터, 기본권에 내포된 '객관적 가치질서'로서의 성질이 주목의 대상이 되고 그와 함께 기본권의 효력이 사인 상호간에도 미칠 수 있다는 논증이 나타나기 시작했기 때문이다. 따라서 기본권의 'Konsens적 가치성'과 그 동화적 통합기능을 인정하고 기본권에 내포된 '주관적 공권' 외에 그 통합촉진적인 '객관적 질서성'을 중요시하는 이른바 '양면성'의 논리를 받아들이지 않고는 헌법이론적으로 기본권의 대사인적 효력을 논증하기가 어렵다. 바로 이곳에 헌법관 내지 기본권관과 '사인 간의 기본권효력'과의 불가분한 이념적 관련성이 있다.[1]

결국 기본권의 대사인적 효력의 이념적 기초는 '기본권의 양면성'이라고 말할 수 있다. 따라서 기본권의 '양면성'을 공론시하거나 부인할 수밖에 없는 헌법관 내지 기본권관에 집착한 채, 기본권의 대사인적 효력을 긍정하는 것은 논리적인 일관성이 없는 논리의 비약이 아닐 수 없다.[2] 기본권의 '양면성'을 받아들이기가 어려운 헌법관 내지 기본권관을 고수하려는 경우에는 기본권이 사인 간에는 효력을 미칠 수 없다는 입장을 지키는 것이 적어도 헌법이론적으로는 일관성이 있다.

양면성 부정의 논리적 귀결

---

1) 자세한 것은 졸저, 전게서, 방주 596 참조할 것.
2) 국내 헌법학계에서는 헌법관이나 기본권관을 떠나 사인 간의 기본권효력을 긍정하는 것이 일반적인 경향이다. 하지만 법실증주의 또는 자유주의처럼 기본권을 국민의 국가에 대한 '주관적 공권'만으로 이해한 나머지 '기본권의 수신인'을 국가권력으로 한정하고 기본권이 가지는 '양면성'에 대해서 부정적 내지는 회의적인 시선을 보내는 입장에서 어떻게 '현실적인 필요성'이 있다는 이유만으로 기본권의 '대사인적 효력'을 선뜻 인정할 수 있는 것인지 의문이 생기지 않을 수 없다. 예컨대 김철수, 250면과 294면 이하.

(2) 사인 간의 기본권효력에 관한 이론구성

사적 자치의 준거가 되는 사법상의 일반원칙

사인 간의 사적인 법률관계는 원칙적으로 사적 자치의 원칙에 따라 각자의 임의에 맡겨지는 일이지만, 모든 일을 사인 상호간의 임의에만 맡기다 보면 때로는 정의와 형평에 어긋나는 일이 생길 수도 있기 때문에 사법의 일반법이라고 볼 수 있는 민법에서는 '사적 자치'가 이루어질 수 있는 테두리로서 신의성실의 원칙(제2조 제1항), 권리남용금지의 원칙(제2조 제2항), 공서양속의 원칙(제103조), 공정의 원칙(제104조), 불법행위책임(제750조) 등을 규정하고 있다. 따라서 사인 상호간의 법률관계는 우선은 이들 사법상의 일반원칙과 기타 사법규정에 의해서 규율되기 마련이다.

사적 법률관계와 기본권

그러나 그렇다고 해서 사인 간의 법률관계가 기본권과 아주 무관할 수는 없다. 만일 기본권이 사회공동체의 동화적 통합을 달성하기 위해서 꼭 실현시켜야 되고 존중되어야 하는 '객관적인 가치'를 헌법에 규범화한 일종의 '질서의 원리'라고 한다면 사인 상호간의 사적인 법률관계라고 해서 기본권이 무시되어도 좋다는 논리는 성립되기가 어렵기 때문이다. 따라서 '사인 간의 기본권효력'의 문제는 이제 다만 그 이론구성을 어떻게 하느냐의 문제로 집약되고 있다고 해도 과언이 아니다.

이론구성의 두 유형

그런데 기본권의 대사인적 효력을 인정하기 위한 이론구성의 방법은 미국과 독일의 학설이 현저하게 다르다.

1) 미국헌법상의 기본권규정과 사인 간의 기본권효력

(가) 미국헌법상의 기본권규정

기본권규정의 점진적 추가

처음 미국연방헌법이 제정·공포(1787년)될 당시에는 헌법에 기본권에 관한 이른바 권리장전(Bill of Rights)이 포함되지 않았으나 1791년에 있은 10개 조의 수정헌법(10 Amendments) 중 8개 조에 '종교의 자유'(freedom of religion)를 비롯한 상세한 기본권규정이 추가되었다.[1] 그 후에도 1865년의 수정헌법 제13조에 의해 노예제도(slavery)와 강제노역(involuntary servitude)이 폐지되고, 1868년

---

1) 종교의 자유 외에도 '의사표현의 자유', '보도의 자유', '집회의 자유', '청원의 자유'(제 1 조), '무기소지의 자유'(제 2 조), 개인주택병영화의 금지(제 3 조), 주거의 자유(제 4 조), 생명·자유·재산침해시의 적법절차(due process of law)보장(제 5 조), 공공필요에 의한 재산권수용시의 적정보상보장(제 5 조), 이중처벌금지(double jeopardy)(제 5 조), 불리한 진술거부권(제 5 조), 신속한 공개재판을 받을 권리(제 6 조), 배심재판제도(제 7 조), 과다한 보석금의 금지(제 8 조), 잔인한 형벌금지(제 8 조) 등이 보장되고 있다.
   Vgl. The first ten Amendments(took effect December 15, 1791) Art. Ⅰ~Art. Ⅷ.

의 수정헌법 제14조(Sec. 1)에 의해 수정헌법 제 5 조의 '적법절차'(due process of law)가 모든 주에까지 확대적용되게 되고(equal protection of the law), 1870년의 수정헌법 제15조(Sec. 1)에 의해 선거에 있어서의 인종차별금지 등이 실현되었다. 성에 의한 참정권제한은 1920년 수정헌법 제19조(Sec. 1)에 의해 비로소 폐지되었다.

이들 기본권조항 중에서도 권리보호의 면에서뿐 아니라 '사인 간의 기본권효력'의 면에서도 특히 중요한 의미를 가지는 것이 수정헌법 제14조(Sec. 1)의 이른바 '적법절차조항'(due process clause)과 '법의 평등보호조항'(equal protection clause)이다. 「어느 주(State)도 정당한 법적 절차에 의하지 아니하고 국민의 생명·자유·재산을 박탈해서는 아니될」(due process clause)뿐 아니라 「누구나 사법절차에서 법에 의한 평등한 보호를 받아야 된다」(equal protection clause)는 내용의 이들 규정은 수정헌법에 의해서 보장된 모든 기본권에 실질적인 의미를 부여해 주는 '실체적인 기본권'으로 간주되고 있다.

적법절차조항과 평등보호조항의 실체적 기본권으로서의 기능

(나) 국가작용의제이론의 근거와 내용

a) 연방대법원의 판례

그런데 수정헌법 제14조(Sec. 1)의 규정은 미국연방대법원(Supreme Court)이 '사인 간의 기본권효력'에 관해서 이론구성을 하는 데 있어서도 중요한 논거를 제공해 주고 있다는 점을 주목할 필요가 있다. 즉 미국연방대법원은 이른바 '국가작용설'(State-action-doctrine) 내지 '국가동시설'(Doctrine of looks like government)이라고 불려지는 일종의 국가작용의제이론을 구성해서 기본권의 대사인적 효력을 인정하려고 하는데, 이 이론은 사인에게도 기본권의 효력을 미치게 하려면 사인의 행위(private action)를 국가의 행위(State action)와 동시(同視)하거나 적어도 국가작용인 것처럼 의제하지 않으면 아니된다고 한다.

국가의 행위로 의제되는 사인의 행위

b) 이념적 기초

기본권의 효력이 원칙적으로 국가권력에게만 미치고 사인에게는 미칠 수 없다는 전제하에 '사인 간의 기본권효력'을 인정하기 위해서는 최소한 사인의 행위를 국가작용인 것처럼 의제하지 않으면 아니된다는 미국식의 이론구성에서 우리는 이념적으로 아직도 자연법적인 기본권사상이 미국의 헌법이론을 압도하고 있다는 사실을 잘 엿볼 수 있다.

자연권설의 영향

c) 국가작용의제의 전제조건

아무튼 오늘날 미국에서는 국가작용의제이론에 따라 사인 간의 기본권효력을 인정하고 있는데, 기본권의 효력을 사인에게 인정하려는 폭이 크면 클수

록, 국가작용과 동시하거나 국가작용으로 의제해야 되는 사인행위의 폭도 커지
지 않을 수 없다는 점을 주의해야 한다. 사실상 미국의 연방대법원은 특히
1937년대로부터 사인효력의 범위를 되도록 넓게 인정하려는 의도하에 사인행
위와 국가작용과의 상호 관련성을 찾아내는 데 많은 이론적인 모색을 계속하고
있다는 점을 주목할 필요가 있다. 사인의 행위에 국가가 어떠한 형태로든지 관

의제가 허용
되는 다섯 가
지 경우

련되었거나 또는 앞으로 관련될 것이라는 흔적만 있으면, 그것이 i) 국가의 행
정적 기능의 수행에 의한 것이든, ii) 사법적인 집행을 통해서든, iii) 국가의 물
질적·시설적 지원에 의한 것이든, iv) 국가의 재정적 원조 내지는 v) 조세법상
의 특혜에 의한 것이든[1] 그것을 국가행위와 동시하거나 국가작용으로 의제해
서 그 사인의 행위에 기본권의 효력을 미치게 하려는 경향이 특히 인종차별,
의사표현의 자유 및 종교의 자유, 보도의 자유 등의 사례에서 뚜렷하게 나타나
고 있다.[2]

2) 사인 간의 기본권효력에 관한 독일의 이론

(가) 기본법규정과 이론적 기초

사인효력의
헌법적 근거

독일기본법은 모든 근로자에게 근로조건과 경제적 지위향상을 위해서 단
체(예컨대 노동조합)를 조직할 권리를 보장하면서, 이 권리를 제한하거나 방해할 목적의
어떠한 협약이나 조치도 위법하고 무효라는 규정(제9조 제3항)을 둠으로써 근로자의
단결권이 사인인 고용주에게도 그 효력을 미칠 수 있는 헌법적 근거를 마련해
놓고 있다. 하지만 독일에서 오늘날 학설과 판례를 통해서 인정되고 있는 사
인 간의 기본권효력은 그 이론적 근거가 이 헌법조문에 바탕을 둔 실정법적인
것이 아니고, 오히려 헌법이론적인 것이라는 점이 미국에서의 이론구성과 다
르다.

기본권은 객관적 가치질서로서의 성질을 가지기 때문에 공생활뿐 아니라
사생활영역에서도 마땅히 적용되어야 한다는 것이 그 이론구성의 핵심이다.

(나) 학설과 판례

효력 전제한

물론 오늘날 독일에서도 사인 간의 기본권효력을 부인하는 소리[3]가 없는

---

1) 국내 일부 문헌에는 이것을 ① 통치기능의 이론, ② 사법적 집행의 이론, ③ 국유재산의 이론,
④ 국가원조의 이론, ⑤ 특권부여의 이론 등으로 설명하고 있지만 대동소이하다. 문홍주, 194
면 이하; 김철수, 293면 이하; 권영성, 315면 이하.
2) 미국연방대법원이 국가작용의제이론을 처음 적용한 사건은 1883년 Civil Rights Cases, 109
U.S. 3, 17(1883)이고 그 후 Shelley v. Kraemer, 334 U.S. 1, 13(1948)가 잘 알려진 판례이
다. 자세한 문헌 및 판례에 대해서는 졸저, 전게서, 방주 601~604 참조할 것.
3) 이들은 대체로, ① 기본권의 역사와 전통, ② 명시적인 규정의 결핍, ③ 헌법제정권자는 사인

이 바로 '자율적 책임'과 '자유'의 신장을 돕는 길이기 때문이라는 점을 생각할 때 공·사법의 2원체계와 사적 자치의 완전한 배제효과를 가져오는 직접적 사인효력설은 일반적인 지지를 받을 수 없는 이론구성이라 할 것이다.

이렇게 볼 때, 독일기본법 제 9 조 제 3 항($\binom{근로자의}{단결권}$)처럼 헌법이 기본권의 직접적 사인효력을 명시하고 있는 경우를 제외하고는 기본권은 원칙적으로 사법규정을 통해서 간접적으로만 사인 간에 적용될 수 있다고 보는 것이 옳다.[1]

간접적 사인 효력설의 타 당성

3) 우리의 현행헌법과 사인 간의 기본권효력

㈎ 헌법규정과 학설

우리 현행헌법에는 독일기본법($\binom{제9조}{제3항}$)처럼 '근로자의 단결권'($\frac{제33}{조}$)에 관해서 직접적 사인효력을 인정하는 명문규정을 두지도 않았고, 사인 간의 기본권효력을 부인하는 명문의 규정도 없다. 다만 '언론·출판의 자유'에 관해서 그 한계와 책임을 명시하는 규정($\binom{제21조}{제4항}$)을 둠으로써 사인 간에도 경우에 따라서는 기본권에 의한 권리(기본권)침해가 생길 수 있다는 점을 암시하고 있을 뿐이다. 따라서 사인 간의 기본권효력을 인정할 것인지의 여부와 인정한다면 어떠한 방법과 절차를 통해서 기본권을 사인 간에 적용할 것인지의 문제가 학설과 판례에 일임되고 있다고 볼 수 있다.

헌법규정의 모호성

우리나라 학설의 경향은 독일의 이론적인 영향 밑에 원칙적으로 사인 간의 기본권효력을 인정하지만[2] 학자에 따라 그 설명방법이 다소 다를 뿐이다. 사인 간의 기본권효력에 관한 학자들의 대체적인 Konsens를 요약해서 정리해 보면 다음과 같다. 즉 기본권은 그 성질상 사인 간에 적용될 수 없는 것을 제외하고는[3] 사법상의 일반원칙($\binom{민법 제2조와}{제103조 등}$)을 통해서 간접적으로 사인 간에도 효력을 미치는 것이 원칙이지만[4] 헌법의 명문상 사인 간에 직접적인 효력을 미치는 기본권도 있는데, 예컨대 i) 인간의 존엄성과 이를 바탕으로 하는 행복추구권($\frac{제10}{조}$), ii) 근로자의 노동 3 권($\frac{제33}{조}$), iii) 언론·출판의 자유($\frac{제21}{조}$), iv) 참정권

간접적 사인 효력설 중심 의 이론구성

---

1) 보다 자세한 논증은 졸저, 전게서, 방주 611 참조할 것.
2) 국내학자 중에서 윤세창 교수(「신헌법」(1980), 96면)는 사인효력을 부인한다.
3) 사인 간에 적용될 수 없는 기본권의 종류에 대해서도 학자간에 의견대립이 있다. 이 점에 대해서는 예컨대 김철수, 295면; 권영성, 317면 참조할 것.
4) 국내학자 중에서 직접적 사인효력설을 취하는 학자로는 고(故) 김기범(「한국헌법」(1973), 131면 이하) 교수를 들 수 있다. 또 학자 중에는 '간접적 사인효력설'과 '사인효력부인설'을 내용상 동일시하면서 '간접적 사인효력설'은 따지고 보면 '헌법의 근본규범이 사인관계에 그 정신이 적용되는 것'에 지나지 않기 때문에 사인효력부인설과 내용상 실질적인 차이가 없다고 주장하는 사람도 있다. 문홍주, 211면. 이 주장의 문제점에 대해서는 졸저, 전게서, 방주 616 참조할 것.

$\binom{\text{제24조, 제25조, 제72조,}}{\text{제130조 제 2 항 등}}$ 등이 여기에 속한다고 한다.[1]

(나) 비판 및 사견

a) 다수설의 문제점

α) 직접 적용되는 기본권의 범위

범위확대의
부당성

    사인 간의 기본권효력에 관한 국내의 다수설은 개별적인 기본권에 따라 직접적 사인효력 혹은 간접적 사인효력을 인정하려는 2원적인 접근방법을 취하면서도 간접적 사인효력을 보다 강조하는 입장이라고 평가할 수 있다. 그러나 현행법상 사인 간의 기본권효력이 이처럼 2원적인 방법으로 설명될 수 있을 것인지에 대해서는 특히 직접적 사인효력을 인정하는 기본권의 종류와 관련해서 의문의 여지가 없지 않다. 왜냐하면 현행헌법이 직접적 사인효력을 어렴풋이나마 명문으로 인정한 기본권은 '언론·출판의 자유'$\binom{\text{제21조}}{\text{제 4 항}}$뿐이라고 느껴지기 때문이다. 다수설이 직접적 사인효력을 인정하려는 기타의 기본권들, 즉 인간의 존엄성과 행복추구권$\binom{\text{제10}}{\text{조}}$, 근로자의 노동 3 권$\binom{\text{제33}}{\text{조}}$과 참정권$\binom{\text{제24조, 제25조, 제72조,}}{\text{제130조 제 2 항 등}}$ 등은 그 조문 내용으로 보아 직접적 사인효력을 인정하기에는 많은 해석상의 무리가 따른다고 생각된다. 참정권의 사인효력을 인정할 정도로 기본권조문을 확대해석한다면 환경권$\binom{\text{제35}}{\text{조}}$을 비롯해서 통신의 자유$\binom{\text{제18}}{\text{조}}$, 여성근로자차별금지$\binom{\text{제32조}}{\text{제 4 항}}$ 등 직접적 사인효력을 인정해야 되는 기본권은 현행헌법에 얼마든지 있다. 또 실제로 현행헌법상 근로자의 단결권에 관한 규정내용도 이 점에 관해서 직접적 사인효력을 인정하는 독일기본법$\binom{\text{제 9 조}}{\text{제 3 항}}$의 규정내용과는 본질적 차이가 있다.[2]

β) 인간의 존엄성규정의 가치지표적 성격

모든 기본권
의 가치적인
핵

    또 '인간의 존엄성'은 모든 기본권의 '가치적인 핵'으로서의 성격을 가지고 우리 헌법질서의 절대적이고 양보할 수 없는 최고의 '가치적인 Konsens'이기 때문에, 모든 기본권의 '핵'인 '인간의 존엄성'만을 따로 떼어서 그 직접적 사인효력을 논하는 것은 '인간의 존엄성'과 타 기본권과의 이같은 이념적·가치적 연관성을 너무 소홀히 다루는 결과라 할 것이다. '인간의 존엄성'은 우리나라 기본권질서의 이념적·정신적 출발점이고 기초를 의미하기 때문에 직접적이

---

1) Vgl. 박일경, 211면; 김철수, 295면; 권영성, 317면, 교수는 근로자의 노동 3 권만을 직접 적용되는 기본권으로 들고 있다.

2) 따라서 권영성 교수가 아직도 노동 3 권을 직접 적용되는 유일한 기본권으로 꼽고 있는 것은 문제가 있다고 느껴진다. 그렇지만 그가 노동 3 권 이외의 기본권(행복추구권, 여자와 연소근로자의 특별보호 등)을 이제는 사인 간에 직접 적용되는 기본권에서 제외시킨 것은 이론상의 발전이라고 할 것이다.

든 간접적이든 모든 국가생활(^{공생활과}_{사생활})의 가치지표가 된다고 볼 때 '인간의 존엄성'의 직접적 사인효력을 인정하는 것은 결과적으로 모든 기본권의 직접적 사인효력을 긍정하는 것이나 다름없다 할 것이다.

b) 사   견

α) 언론·출판의 자유의 직접적 효력

따라서 현행헌법은 '언론·출판의 자유'가 현대사회에서 가지는 사회통합적·민주적 기능의 중요성을 감안해서 이 기본권에 대해서만 특별히 직접적인 사인효력을 인정하고 있고, 나머지 기본권들은 사법상의 일반원칙을 통해서 간접적으로만 사인 간에 적용될 수 있다고 보는 것이 해석상 무리가 없다고 생각한다. 이렇게 해석할 때에만 현행헌법 제21조 제4항의 헌법상 의의도 명백해진다고 할 것이다. 민법상의 불법행위에 관한 규정(^{제750조}_{이하})만으로도 충분히 해결될 수 있는 사항을 헌법에 특별히 규정한 이유는 '언론·출판의 자유'가 현대사회에서 가지는 사회통합적·민주적 기능 때문에 이 기본권에 대해서 특별히 직접적 사인효력을 인정함으로써 언론의 사회적 책임을 강조하고 동화적 통합의 분위기조성을 촉진시키고자 하는 데 그 헌법상 의의가 있다고 보아야 할 것 같다.

헌법 제21조 제4항의 의미와 직접적 효력

β) 사인효력과 무관한 기본권규정

다만 기본권규정의 성질상 사인 상호간의 관계에는 전혀 영향을 미칠 수 없는 사항들이 있는데, 이들이 '사인 간의 기본권효력'의 문제에서 고찰대상이 될 수 없는 것은 자명하다. 현행헌법의 기본권편 중에는 그와 같은 사항들이 적지 않은데, 그것은 대개가 이른바 '사법절차적 권리'에 속하는 것들이다. 예컨대 실체적 권리로서의 '생명권'과 '신체의 자유'를 제한하려고 할 때 입법권자가 반드시 존중해야 되는 헌법적 지도원리가 여기에 속하는데, 죄형법정주의·이중처벌금지원칙·사전영장주의·연좌제금지·자백의 증거능력제한·무죄추정원칙 등이 그것이다.[1] 또 인신권 중에서도 명백히 사법절차에서의 헌법적 권리라고 볼 수 있는 것들은 처음부터 그 수신인이 국가권력이기 때문에 사인 간의 관계에서 그 적용이 문제될 수가 없다. 여기에 속하는 것으로는, 고문을 받지 아니할 권리 및 불리한 진술거부권(^{제12조}_{제2항}), 영장제시요구권(^{제12조}_{제3항}), 체포·구속이유를 알권리(^{제12조}_{제5항}), 변호인의 도움을 받을 권리(^{제12조 제4}_{항·제5항}), 구속적부심사청구권(^{제12조}_{제6항}), 법관에 의하여 법률에 의한 재판을 받을 권리(^{제27조}_{제1항}), 군사법원재판의 거

사법절차적 권리의 효력상의 특성

---

1) 권영성, 317면 각주 1), 교수가 죄형법정주의는 기본권이 아니라 법원칙 또는 법원리일 뿐이므로 기본권의 제3자적 효력과는 무관한 것이라고 주장하는 것은 설득력이 없다. 이들 법원칙 내지 법원리는 결코 자기목적적인 것이 아니고 인신권이라는 기본권을 보호하기 위한 것이라는 점을 간과하고 있기 때문이다.

부권($\frac{M27\Sigma}{M2 \dot{v}}$), 신속한 공개재판을 받을 권리($\frac{M27\Sigma}{M3 \dot{v}}$), 형사보상청구권($\frac{M28}{\Sigma}$) 등을 들 수 있다. 인신권과 관련된 사법절차에서의 헌법적 권리는 아니지만, 그 수신인이 국가권력일 수밖에 없는 것으로는 소급입법에 의한 참정권제한과 재산권박탈금지($\frac{M13\Sigma}{M2 \dot{v}}$), 청원권($\frac{M26}{\Sigma}$), 국가배상청구권($\frac{M29}{\Sigma}$), 범죄피해자의 구조청구권($\frac{M30}{\Sigma}$), 형사피해자의 공판진술권($\frac{M27\Sigma}{M5 \dot{v}}$) 등도 들 수 있다.

Ⅲ. 기본권의 경쟁 및 상충관계

경쟁 및 상충
관계의 이동
(異同)

기본권의 주체가 국가권력에 대해서 기본권을 주장하거나, 또는 사인 상호간의 관계에서 기본권이 적용되는 경우에 자주 제기되는 문제가 이른바 기본권의 경쟁(Konkurrenzen)[1] 및 상충(Kollisionen) 문제이다.

기본권의 경쟁문제는 동일한 기본권의 주체를 전제로 한 개념형식이고, 기본권의 상충문제는 상이한 기본권의 주체를 전제로 한 개념형식이다. 그러나 기본권의 경쟁문제와 상충문제는 그 성질상 '기본권의 해석'에 관한 문제인 동시에 '기본권의 효력'에 관한 문제라는 점에서는 공통점이 있다.

(1) 기본권의 경쟁관계

1) 기본권의 경쟁관계의 의의와 성질

한 사람이 여
러 기본권의
효력 동시 주
장

일정한 공권력작용에 의해서 어느 기본권주체의 여러 기본권영역이 동시에 침해를 받았거나, 동일한 기본권주체가 국가권력에 대해서 동시에 여러 기본권의 효력을 주장하는 경우에 헌법이 그들 기본권의 제한가능성과 제한정도를 각각 다르게 정하고 있다면 어느 기본권의 효력을 얼마만큼 인정할 것인가의 문제가 제기된다. 이 때 기본권 상호간에는 경쟁관계가 성립된다고 한다.[2] 따라서 기본권의 경쟁문제는 주로 기본권의 대국가적 효력의 측면에서 중요한 의미를 갖는다. 이 점이 주로 기본권주체 상호간에 누구의 기본권을 보다

---

1) '기본권의 경쟁'이라는 개념을 '기본권의 경합'이라고 표현하는 판례와 학자도 있다. 그러나 '경합'의 사전적 의미로 보거나 '경합'이라는 표현이 특히 형법에서 하나의 행위 혹은 수개의 행위가 여러 개의 죄명에 해당하는 것을 표현하는 뜻으로 사용되고 있다는 점을 감안한다면 기본권의 경쟁관계에 그대로 사용하는 것은 되도록 피하는 것이 옳다고 생각한다. 또 원어 Konkurrenzen의 의미도 경합보다는 경쟁이 더 정확하다.

2) 이론상으로는 모든 기본권이 서로 경쟁할 수 있지만, 그 중에서도 특히 '양심의 자유', '종교의 자유', '정치적 의사표현의 자유'(예컨대 언론·출판·집회·결사의 자유), '청원권', '학문과 예술의 자유', '직업의 자유', '거주·이전의 자유', '사유재산권', '환경권' 등이 비교적 자주 경쟁관계에 서게 되는 기본권들이다.

우선시킬 것이냐의 문제로 제기되는 '기본권의 상충'과 다르다.[1]

2) 기본권의 경쟁관계의 효과

㈎ 보완적 경쟁

기본권이 서로 경쟁하는 경우 보통은 기본권의 상호 보완 내지 상승작용
에 의해서 국가권력이 기본권에 기속되는 정도가 심화되고 기본권의 효력이 오
히려 강화되는 것이 원칙이다. 예컨대 국가가 직업선택의 기회균등을 제한한다
면 직업선택의 자유와 평등권은 상호 보완적인 경쟁관계이다. 평등권은 기본권
실현의 방법적 기초를 뜻하기 때문에 많은 경우 다른 기본권과 보완적인 경쟁
관계에 있게 된다.

보완관계

㈏ 배타적 경쟁

그렇지만 경쟁하는 기본권의 성질상 '상호보완'관계가 성립될 수 없는 경
우의 해결책이 마련되어야 한다. 그 중에서 경쟁하는 기본권이 특별법과 일반
법의 관계에 있는 이른바 관념적 경쟁의 경우에는 특별법적인 기본권이 우선적
인 효력을 가진다는 점에는 의문이 없다. 종교목적의 집회를 제한하는 경우 종
교의 자유가 집회의 자유에 우선해서 적용되는 것이 그 한 예이다. 그 밖에 기
본권의 선택적인 보호가 불가피한 경우의 해결책으로는 이른바 '최약효력설'과
'최강효력설'이 대립하고 있다.

택일관계

a) 최약효력설

소수설인 최약효력설에 따르면, 둘 이상의 기본권이 서로 경쟁하는 경우에
그 기본권의 효력은 헌법상 제한의 가능성과 제한의 정도가 제일 큰, 가장 약
한 기본권의 효력만큼만 나타난다고 한다. 이 '최약효력설'은 「한 쇠사슬은 그
제일 약한 부분만큼만 강하다」, 「한 쇠사슬의 강하기는 그 제일 약한 부분에
의해서 정해진다」는 물리적인 법칙을 그 논거로 삼고 있지만, 자연과학에서나
통하는 법칙을 전혀 성질이 다른 헌법학에 그대로 옮겨 놓으려 함으로써 기본
권을 최대한으로 존중하고 보호하려는 헌법정신에 오히려 역행하는 결과를 초
래한다는 비난을 면하기 어렵다.

제한가능성
가장 큰 기본
권선택 보호

---

1) 예컨대 집회와 시위에 참여하는 사람이 '집회의 자유'와 '의사표시의 자유'를 함께 주장한다면
그것은 기본권의 경쟁이론에 따라 해결될 문제이지만, 타인소유의 아파트건물에 입주하고 있
는 전세권자가 아파트건물의 외부벽에 특이한 정치적 선전을 위한 플래카드를 부착하면서 '정
치적 의사표시의 자유'를 주장하고, 그를 못마땅하게 생각하는 건물소유권자가 사유재산권을
근거로 그 플래카드의 철거를 요구한다면 이것은 기본권의 상충문제이다.

b) 최강효력설

제한가능성
가장 작은 기
본권선택 보호

다수설인 최강효력설에 따르면, 서로 경쟁하는 기본권 중에서 그 제한의 가능성과 제한의 정도가 제일 작은, 가장 강한 기본권에 따라서 국민의 자유와 권리가 보호되어야 한다고 한다. 이 주장은 기본권존중사상에 바탕을 둔 것으로 오늘날처럼 인권사상이 고조된 상황 속에서 호감이 가는 학설임에는 틀림없다. 또 기본권을 침해하는 공권력작용은 그것이 헌법상 가장 강하게 보호되고 있는 기본권과도 조화될 수 있을 때 비로소 정당화되는 것이기 때문에 이론적으로도 설득력이 있는 것이 사실이다.

c) 비판 및 사견

최강효력설
획일적 적용
의 문제점

하지만 모든 기본권의 경쟁문제를 획일적으로 최강효력설에 따라서만 해결하려고 하는 경우에는 경쟁관계에 있는 기본권 중에서 구체적인 사안과 가장 밀접한 관계에 있는 핵심적인 기본권이 오히려 제2선으로 물러나야 되는 경우도 생길 수 있을 것이다. 따라서 기본권이 경쟁하는 사례가 발생한 경우에는 그 특정사안과 가장 직접적인 관계가 있는 기본권을 중심으로 해서 최강효력설에 따라 풀어나가려는 융통성 있는 자세가 필요하다고 생각한다. 더욱이 현행 헌법처럼 기본권에 대한 제한가능성과 제한정도를 기본권마다 다르게 정하지 않기 위해 이른바 '개별적인 법률유보조항'을 억제하고 있는 기본권질서하에서는 기본권 상호간의 효력의 우열을 획일적으로 말하기는 어렵다고 할 것이다. 물론 모든 기본권의 핵심이 '인간의 존엄과 가치의 존중'인 동시에 '개성신장'이라고 볼 때 이 기본권의 '핵심권'에 가까우면 가까울수록 그 보호의 필요성이 커지는 것은 사실이다. 그렇지만 특수한 예외적인 경우를 제외하고는 이 '핵심권'과의 근원(近遠)여부를 판단하는 자체가 그리 쉽지 않다고 생각한다. 따라서

기본권 우호
적인 개별적
해결책의 필
요성

경쟁하는 기본권간의 효력의 우열은 기본권을 주장하는 기본권주체의 의도와 기본권을 제한하는 공권력의 동기를 감안해서 개별적으로 판단하되 기본권의 효력이 되도록 강화되는 방향의 해결책을 모색하는 것이 가장 바람직하다고 할 것이다.[1]

---

1) 예컨대 집회에서 행해진 일정한 의사표현 때문에 집회의 해산명령이 내려졌다면 집회참가자는 '집회의 자유'와 '의사표현의 자유'를 동시에 주장하면서 그 해산명령의 위헌성을 주장할 수 있겠지만, 이 경우 그 집회의 의도와 해산명령의 동기로 미루어 '집회의 자유'보다는 '의사표현의 자유'가 문제해결의 주안점이 되어야 할 것이다. '집회 및 시위에 관한 법률'을 이 경우에 적용하려는 것은 옳지 못하다. 반면에 집회의 해산명령이 집회를 통한 의사표현과는 관계 없이 전염병예방 내지는 폭력사태의 방지 등 순수한 국민건강 내지 치안목적을 위해서 행해졌다면 '의사표현의 자유'보다는 '집회의 자유'가 판단의 기준이 되어야 할 것이다.
【판시】 기본권경합의 경우에는 기본권침해를 주장하는 제청신청인과 제청법원의 의도 및 기

(2) 기본권의 상충관계

1) 기본권의 상충관계의 의의와 성질

상이한 기본권주체가 서로 상충하는 이해관계의 다툼에서 각각 나름대로 의 기본권을 들고 나오는 경우 이들 기본권은 서로 상충관계에 있다고 말한다.

사적인 이해관계의 다툼에서 기본권이 상충하게 되는 경우 이해관계의 당사자인 기본권주체는 일단 국가권력을 상대로 자신이 갖는 기본권의 효력을 주장하게 되고, 국가권력은 쌍방당사자가 주장하는 기본권의 내용과 효력을 비교형량해서 양측의 기본권이 충분히 존중될 수 있는 합헌적인 해결책을 찾아내야 하는 헌법적 의무를 지게 된다. 따라서 국가권력이 '이익형량'을 하는 데 있어서 기본권의 내용과 효력을 충분히 인식치 못하고 어느 한쪽의 기본권만을 지나치게 과대평가하거나 또는 반대측의 기본권을 지나치게 과소평가하는 등 잘못된 판단을 하는 경우에는 기본권주체는 상대방 기본권주체를 상대하지 않고 직접 국가권력을 상대로 기본권의 구제수단을 강구할 수 있게 된다. 기본권의 상충관계가 궁극적으로는 기본권의 대국가적 효력의 문제로 평가되는 이유도 바로 그 때문이다. 따라서 기본권의 상충문제는 대립되는 두 기본권주체와 국가권력의 3각관계의 문제라고도 말할 수 있을 것이다.

여러 사람이 각자의 기본권효력 동시 주장

대립기본권주체와 국가권력의 삼각관계

2) 기본권의 상충관계의 해결방법

기본권의 상충관계가 발생한 경우 이익형량에 의한 해결방법과 규범조화적 해석에 의한 해결방법이 있다.

㈎ 기본권의 상충과 이익형량

기본권의 상충문제는 사적인 이해관계의 다툼에서 발생하는 기본권의 충돌을 뜻하기 때문에 전통적인 '이익형량'이라는 수단을 동원해서 해결할 수도 있다. 따라서 '헌법상의 이익형량'의 문제와는 상호 밀접한 관련성이 있다고 할 것이다.[1] 하지만 '이익형량'에 관한 모든 법이론을 기본권의 상충시에 그대로 원용하는 데는 스스로 일정한 한계가 있다. 그 이유는 기본권의 상충시에 그

헌법상 이익형량의 한 유형으로서의 한계

본권을 제한하는 입법자의 객관적 동기 등을 참작하여 사안과 가장 밀접한 관계에 있고 또 침해의 정도가 큰 주된 기본권을 중심으로 해서 그 제한의 한계를 따져 보아야 할 것이다(헌재결 1998. 4. 30. 95 헌가 16, 판례집 10-1, 327(337면)).

1) 그러나 '헌법상의 이익형량'의 문제와 '기본권의 상충' 문제는 완전히 동일한 문제는 아니다. 왜냐하면 공공이익을 위해서 국민의 기본권을 제한하는 경우에도 공익과 사익의 무게를 가늠하는 '헌법상의 이익형량'은 행해지기 때문이다. 따라서 '기본권의 상충'은 헌법상의 이익형량이 행해지는 하나의 유형(계기)에 불과하다.

효력의 우열을 결정하는 일은 바로 헌법적 가치질서에 대한 '형성기능'을 의미하기 때문이다.[1]

a) 이익형량의 전제

기본권의 한계성 인식

기본권의 상충시에 이익형량이 행해지기 위해서는 우선 몇 가지 전제되어야 하는 사항이 있다. 먼저 '무제한한 기본권'을 고집하지 말아야 한다. 기본권이란 그 본질상 타인과 공존하기 위한 '행동의 양식'을 뜻하기 때문에, '타인의 기본권'을 침해하지 않는 범위 내에서만 법적인 보호를 받을 수 있다는 인식이 전제되어야 한다.

기본권의 위계질서

둘째 이익형량이 이루어지기 위해서는 기본권 상호간에 일정한 '위계질서'가 있다는 가설이 전제되어야 한다. 모든 기본권은 독자적인 의미와 기능을 갖기 때문에 원칙적으로 동급의 자유와 권리임에 틀림없다. 하지만 모든 기본권의 가치적인 핵이라고 할 수 있는 '인간의 존엄성'이 다른 기본권보다 상위에 있다는 점을 또한 부인하기 어렵다. 또 모든 기본권을 행사하기 위한 전제가 되는 '생명권'이 역시 다른 기본권보다 앞선다는 것도 스스로 명백하다. 이렇게 볼 때 기본권 상호간에는 제한적이긴 하지만 일정한 '위계질서'가 있다는 논리가 충분히 성립된다고 할 것이다.

b) 이익형량의 기준

위계질서에 따른 표본적 기준

이익형량의 기준을 합리적으로 정하는 일은 기본권의 상충관계를 해결하기 위한 가장 중요하고도 선결적인 과제에 속한다. 그러나 기본권 상호간에 명백한 효력의 우열이 있다고 말할 수 있는 몇 가지 경우를 제외하고는 그 기준을 정하기가 그리 쉽지 않다. 다만 인터넷이 보편화된 시대의 이익형량에서는 시간적인 요소도 하나의 중요한 기준이 될 수 있어 '잊혀질 권리'를 보호해야 한다는 독일 연방헌법재판소의 최근 판례는 참고의 가치가 있다.[2] 기본권의

---

1) 기본권의 상충시에 행해지는 이익형량의 헌법형성기능과 그로부터 발생하는 여러 가지 헌법이론적 문제점에 대해서는 졸저, 전게서, 방주 626 이하 참조할 것.

2) 【독일판례】 i) 38년 전에 발생한 살인사건에 대한 보도의 자유와 국민의 알권리는 그 당시에는 범인의 인격권에 우선하는 공익적 가치를 가졌다. 그러나 38년이 지난 현 시점에서는 사건당사자의 인격권에 근거한 '잊힐 권리'(Recht auf Vergessenwerden)의 보호가치가 현저히 증가했으므로 언론사가 사건당사자의 이 권리를 보호하기 위한 최소한의 조치를 하지 않고 온라인 아카이브에서 사건당사자의 이름으로 38년 전 사건내용을 쉽게 검색할 수 있게 하는 것은 사건당사자의 '잊힐 권리'를 침해한다(BVerfGE v. 6. 11. 2019, 1 BvR 16/13). ii) 같은 날 결정한 '잊힐 권리'의 침해를 부인한 판례도 있다. 즉 2010. 1. 독일 한 방송사가 근로자 해고문제에서 사용자를 매우 부정적으로 평가한 '해고 : 사용자의 못된 속임수'라는 프로그램을 방송했는데 이 프로그램은 사용자가 사전에 제공한 인터뷰 내용으로 끝이 난다. 해당 방송사는 방송 후 이 프로그램을 해당 방송사의 인터넷사이트에 올렸다. 그 결과 Google 검색창에서 누구나 사용자의 이름으로 그 방송내용을 쉽게 검색해 볼 수 있게 되었다. Google을 상대로 한 사용

'위계질서'를 바탕으로 한 몇 가지 기준을 든다면 다음과 같다.

α) 상하기본권의 상충시

상위기본권과 하위기본권이 상충하는 경우에는 상위기본권우선의 원칙에 따라 상위기본권에 우선적인 효력이 인정되는 것이 마땅하다. '인간의 존엄성' 또는 '생명권'과 같은 기본권질서의 가치적인 핵이 다른 모든 기본권보다 상위에 있다고 하는 점에 대해서는 의심의 여지가 없다.[1]

상위기본권 우선

β) 동위기본권간의 상충시

기본권상충사례의 대부분은 동위기본권간의 충돌이라고 볼 수 있는데, 이 경우에는 '인격적 가치우선의 원칙'과 '자유우선의 원칙'에 따라 이익형량이 행해질 수 있으리라고 본다.

인격적 가치와 자유 우선

① **인격적 가치우선의 원칙**　　인격적 가치를 보호하기 위한 기본권은 재산적 가치를 보호하기 위한 기본권보다 우선하는 효력을 인정받는 것이 바람직하다고 생각한다.

② **자유우선의 원칙**　　자유를 실현하기 위한 기본권과 평등을 실현하기 위한 기본권이 상충하는 경우 '자유'의 가치를 '평등'의 가치보다 우선시킴으로써 '자유 속의 평등', '자유의 평등'을 실현하는 것이 옳다고 생각한다. '자유'와 '평등'의 상호관계는 매우 어려운 문제이긴 하지만 '평등'이란 '평등' 그 자체에 의미가 있는 것이 아니고, '자유'의 조건으로서, '자유'를 실효성 있는 것으로 실현하는 데 그 본래의 기능과 의미가 있다고 본다면 '자유우선'의 원칙을 지키는 것이 합리적이라고 생각한다.

자유 대신의 평등 아닌 자유 속의 평등

위에서 든 세 가지 원칙은 기본권의 상충관계를 해결하기 위한 지극히 기초적인 기준에 지나지 않는다. 따라서 이러한 기준만으로는 도저히 합리적으로 해결될 수 없는 기본권의 상충사례가 얼마든지 있을 수 있다. 기본권의 상충관

이익형량방법의 한계

자의 검색폐쇄 요구가 거절되자 법원에 제기한 소송에서도 패소했다. 사용자가 연방헌재에 제기한 재판소원에서 연방헌재는 사용자의 인격권, 개인정보자결권, 잊혀질 권리와 Google의 영업의 자유, 국민의 알 권리, 방송사의 방송의 자유 등 직·간접으로 상충하는 관련 기본권을 이익형량하고 잊혀질 권리와 관련된 시간적인 요소까지 고려해서 헌법소원을 기각하는 결정을 했다(1 BvR 276/17).

1) 【독일판례】 생명권을 다른 기본권보다 우선시킨 가장 대표적인 예는 인공임신중절행위에 대한 독일연방헌법재판소의 판례에서 찾을 수 있다. Vgl. BVerfGE 39, 1(43); 86, 390; 88, 203, 이 판결들에서 동재판소는 임산부의 '개성신장의 자유'보다 태아의 '생명권'에 우선적인 효력을 인정했다.
【판시】 혐연권이 흡연권보다 상위의 기본권이라 할 수 있다. 따라서 상위기본권 우선의 원칙에 따라 흡연권은 혐연권을 침해하지 않는 한에서 인정된다(헌재결 2004. 8. 26. 2003 헌마 457, 판례집 16-2 상, 355(361면)). 혐연권은 건강권과 생명권에 근거한다는 이유도 밝혔다.

계를 해결하기 위한 수단으로서의 이익형량의 방법적 한계가 바로 여기에 있다. 이익형량의 수단이 전혀 미치지 못하거나 이익형량의 수단만으로는 그 해결이 어려운 기본권의 상충관계를 원만하게 풀어나가는 방법은 '규범조화적 해석'뿐이라고 강조하는 소리가 높아지는 이유도 그 때문이다.

(ㄴ) 기본권의 상충과 규범조화적 해석

a) 규범조화적 해석의 의의

헌법의 통일성 유지 위한 조화점 모색   기본권의 상충관계를 해결하기 위한 '조화의 원칙' 내지 규범조화적 해석은 두 기본권이 상충하는 경우에도 이익형량에 의해 어느 하나의 기본권만을 다른 기본권에 우선시키지 않고, 헌법의 통일성을 유지하기 위해서 상충하는 기본권 모두가 최대한으로 그 기능과 효력을 나타낼 수 있는 조화의 방법을 찾으려는 것이다. 기본권의 상충관계를 해결하기 위한 이익형량의 방법과 다른점은 기본권 내의 위계질서를 반드시 그 전제로 하지 않는다는 점이다. 또 이익형량의 방법이 상충하는 두 기본권적 가치를 서로 비교형량해서 보다 큰 기본권적 가치에 효력의 우선권을 주려는 것인 데 반해서, '규범조화적 해석'방법은 상충하는 두 기본권의 효력을 함께 존중할 수 있는 '조화'의 길을 찾으려는 것이기 때문에 어느 의미에서는 이념적으로 서로 대립적인 관계에 있다고도 볼 수 있다. 이처럼 '규범조화적 해석'은 상충하는 기본권 상호간의 긴장·부조화현상을 최대한으로 완화시켜 조화적인 효력을 나타낼 수 있도록 꾀하는 것이기 때문에 헌법의 통일성의 관점에서는 이익형량의 방법보다도 헌법정신에 더 충실한 해결방법이라고 말할 수 있다. 다만 문제는 어떻게 그와 같은 조화점을 찾아내느냐 하는 방법적인 어려움이다.

이익형량방법과의 차이

방법상의 우월성

b) 규범조화적 해석의 구체적 방법

α) 과잉금지의 방법

상충기본권의 양립 위한 최소한의 제약   상충하는 기본권 모두에게 일정한 제약을 가함으로써 두 기본권 모두의 효력을 양립시키되 두 기본권에 대한 제약은 필요한 최소한에 그치도록 하는 (과잉금지의 원칙) 방법이다. 즉 상충하는 두 기본권의 효력을 양립시킨다는 목적을 달성하기 위해서 두 기본권 모두에게 어느 정도의 제약을 가한다는 방법을 택하되, 소기의 목적(두 기본권의 양립)을 달성하기 위해서 두 기본권에게 가해질 수 있는 제약의 정도는 목적달성에 필요한 최소한에 그쳐야 한다는 것이다.[1] 우리 헌법재판소도 보도기관의 보도 및 편집·편성의 자유와 언론보도피

---

1) 예컨대 독일연방헌법재판소가 '인간의 존엄성'과 '예술의 자유'가 상충한 이른바 메피스토 (Mephisto)판결이나 '인격권'과 '보도의 자유'가 상충한 이른바 레바흐(Lebach)판결 등에서 채

해자의 정정보도청구권과의 상충사건에서 규범조화적 해석에 따른 과잉금지의 방법을 그 해결책으로 제시하는 판시[1]를 하고 있다.

β) 대안식 해결방법

상충하는 기본권을 다치지 않는 일종의 대안을 찾아내서 기본권의 상충 관계를 해결하려는 방법이다. 독일기본법상의 병역의무와 양심상의 이유로 인한 집총거부권(執銃拒否權)($^{제4조}_{제3항}$)간의 상충관계를 그 어느 쪽도 희생시키지 않고 현역복무와 비길 수 있는 대체적인 민간역무의 부과에 의해서 조화적으로 해결하는 것으로부터 그 방법적인 시사를 받은 것이라고 볼 수 있다.[2]

상충기본권 보호할 수 있는 대안의 모색

γ) 최후수단의 억제방법

'대안식 해결방법'에 의해서도 상충하는 기본권을 조화시킬 수 없는 경우에 대한 해결책으로서, 유리한 위치에 있는 기본권의 보호를 위해서 가능하고 필요한 수단일지라도 그 모든 수단을 최후의 선까지 동원하는 것만은 삼가려는 방법이다.[3]

극단적 수단에 의한 보호 배제

택한 방법이다. 자세한 것은 졸저, 전게서, 방주 634 참조할 것.

1) 【판시】 파스퇴르유업과의 정정보도청구소송중에 중앙일보사가 정간물등록법(제16조 제 3 항과 제19조 제 3 항)의 위헌을 주장하면서 제기한 이 헌법소원사건에서 헌재는 '헌법의 통일성을 유지하기 위하여 상충하는 기본권을 조화적인 방법으로 해석한다면 문제의 법조항은 반론권을 규정한 것으로 보아야 하기 때문에 결코 과잉금지의 원칙에 위배되지 않는다'고 합헌결정했다(헌재결 1991. 9. 16. 89 헌마 165, 판례집 3, 518(529면) 참조).
【결정례】 i) 채권자취소권(민법 제406조 제 1 항)으로 발생하는 채무자 및 수익자와의 기본권 상충도 이 방법에 의한 해석으로 합헌결정했다(헌재결 2007. 10. 25. 2005 헌바 96). ii) 안마사 자격의 비맹자제외에 관한 의료법 규정도 이 방법을 바탕으로 합헌결정했다(헌재결 2008. 10. 30. 2006 헌마 1098 등).
2) 자(子)의 생명을 구하는 길은 수혈뿐인데도 종교적인 양심 때문에 자에 대한 수혈을 동의할 수 없는 부(父)에게 구태여 그 동의를 강요하는 것보다는 예컨대 후견법원이나 친족회의 동의를 얻어내는 '대안식 해결방법'이 상충하는 두 기본권을 모두 보호하는 최상의 길이라고 믿는 것도 그 하나의 예이다. 자세한 것은 졸저, 전게서, 방주 635 참조할 것.
권영성, 328면 각주 3), 교수는 저자의 이 부분 서술이 '기본권의 충돌의 문제를 공의무와 기본권의 충돌의 문제로 오해한 것'이라고 비판하고 있다. 그러나 이 부분은 권교수가 오해하고 있다. 저자는 독일에서 병역의무와 양심상의 이유로 인한 집총거부권의 상충관계를 대체적인 민간역무의 부과에 의해서 조화적으로 해결한 것으로부터 그 방법적인 시사를 받아 개발된 것이 대안식 해결방법이라고 설명한 것이지(자세한 것은 졸저, 전게서, 방주 635 참조), 권교수가 오해하는 것처럼 '병역의무와 집총거부권'을 민간역무에 의해서 해결하는 그 자체가 대안식 해결방법이라고 주장하는 것이 아니다. 재학중 결혼하면 제적시키는 학칙을 가진 대학이 결혼한 학생을 제적시키는 대신 결혼한 학생의 학기당 이수학점의 상한선을 1/2로 줄이는 학칙개정을 한다면 혼인의 자유와 대학의 자율권을 모두 존중하는 대안식 해결이 된다는 견해가 있지만, 그것은 대안식 해결이 아닌 과잉금지의 방법이라고 설명하는 것이 옳다. 대안식 해결은 상충하는 기본권에 대한 직접적인 제한이 없어야 하기 때문이다.
3) 【독일판례】 모든 질병과 싸워서 이기는 최상의 치료법은 하나님께 열심히 기도하는 것이라는 종교상의 확신 때문에 위독한 배우자의 입원치료를 강력히 권유하지 못하고 결국 배우자를 사망케 한 형사피고인(구조부작위죄, unterlassene Hilfeleistung)(독일형법 제323c조)에게 가장

c) 비판 및 사견

생각건대 이익형량의 방법만으로 기본권의 상충관계를 원만하게 해결할 수 없는 것과 마찬가지로, 규범조화적 해석방법만으로도 모든 상충문제가 무리 없이 풀린다고 보기는 어렵다. 규범조화적 해석의 기준으로 제시된 '과잉금지의 방법'이나 '대안식 해결방법' 또는 '최후수단의 억제방법' 등이 기본권의 상충관계를 해결하기 위한 중요한 기준과 방법임에는 의심의 여지가 없지만, 역시 상충하는 기본권의 문제는 '이익형량'과 이들 '규범조화적 해석방법'을 모두 동원해서 다각적인 검토를 해야 하는 매우 복합적인 성질의 사안이라고 생각한다.

5. 기본권의 내재적 한계와 기본권의 제한

Ⅰ. 기본권의 내재적 한계와 제한의 구별

'기본권의 내재적 한계'[1]의 문제는, 처음부터 그 제한가능성을 전제로 해서 그 제한의 기준과 방법 및 한계를 따지는 헌법해석적인 '기본권제한'의 문제와는 다르다. '기본권의 내재적 한계'는 헌법이론적으로 기본권 속에서 일종의 불문의 한계를 찾아냄으로써 기본권에 대한 불가피한 제한을 정당화시키려는 논리형식이기 때문이다. 따지고 보면 '기본권의 내재적 한계'는 그 헌법이론적인 속성 때문에, 헌법해석적인 '기본권제한'의 이념적인 바탕이 되는 것이라고도 볼 수 있다.

그러나 '기본권의 제한'은 어디까지나 '법률유보'의 본질을 밝히려는 것이기 때문에 그 이론적 기초가 되는 '기본권의 내재적 한계'의 문제와는 엄격히 구별할 필요가 있다.

강력한 사회적인 응징수단이라고 볼 수 있는 형법상의 형벌을 가하는 것은 '종교의 자유'의 '파급효과'(放射效果)를 제대로 인식하지 못한 위헌적인 처사라고 판시한 독일연방헌법재판소의 판결에 그 바탕을 두고 있다. BVerfGE 32, 98 참조.
자세한 것은 졸저, 전게서, 방주 636 참조할 것.
1) 이 개념을 최초로 사용한 것은 독일연방헌법재판소이다.
Vgl. BVerfGE 3, 248(252f.).

Ⅱ. 기본권의 내재적 한계

(1) 기본권의 내재적 한계의 본질

1) 절대적 기본권과 내재적 한계

독일기본법처럼, 한 나라 헌법이 비록 법률에 의해서도 제한할 수 없는 이른바 '절대적 기본권'[1]을 규정하고 있는 경우[2]라고 하더라도 이웃과 더불어 살아가야 하는 인간공동생활에서는 각자의 기본권행사가 일정한 제약을 받을 수밖에 없는 불가피한 경우가 있을 수 있다. 즉 법률에 의해서도 제한할 수 없는 이른바 '절대적 기본권'을 규정하고 있는 헌법질서 내에서 그 절대적 기본권의 제한필요성이 현실적으로 생긴 경우(예컨대 전염병 지역에서의 종교의식의 금지), 이를 합리적으로 해결하기 위해서 생각해 낸 헌법이론적 논리형식이 바로 '기본권의 내재적 한계'라고 볼 수 있다.

절대적 기본
권 전제한 논
리형식

2) 내재적 한계논리의 당위성

기본권은 사회공동체가 동화적인 통합을 이루기 위해서 꼭 실현해야 되는 가치적인 Konsens로서 헌법에 의해서 보장되고 있는 법상의 권리이기 때문에, 모든 '법적인 자유와 권리'에 내재되고 있는 일정한 한계가 기본권에도 내재되고 있다는 논리를 쉽사리 떨쳐 버리기는 어렵다. 기본권의 상충관계를 해결하려는 여러 가지의 이론적인 시도는 따지고 보면 기본권의 내재적 한계를 이미 전제로 하고 있다고 말할 수도 있다.

자유와 권리
의 한계성

3) 내재적 한계논리의 위험성

그러나 또 한편 '기본권의 본질적 내용'이 절대적으로 다칠 수 없는 가치로 보장되고 있는 헌법질서 내에서 함부로 기본권의 내재적 한계를 확대하는 것은 자칫하면 기본권에 대한 '본질적 내용의 보장'을 유명무실하게 할 위험도 없지 않다. 따라서 '기본권의 내재적 한계'에 관한 논의는 매우 조심스런 헌법이론적인 접근이 필요하다.

본질적 내용
보장과의 갈
등

---

1) 예컨대 독일기본법상의 평등권(제 3 조 제 1 항), 신앙과 양심의 자유(제 4 조 제 1 항), 학문과 예술의 자유(제 5 조 제 3 항), 혼인의 자유(제 6 조 제 1 항), 평화로운 집회의 자유(제 8 조 제 1 항), 단체교섭권(제 9 조 제 3 항), 청원권(제17조) 등이 그 예이다.

2) 기본권은 법률에 의한 제한가능성의 유무에 따라 '상대적 기본권'(relative Grundrechte)과 '절대적 기본권'(absolute Grundrechte)으로 나누는 것이 고전적인 분류방법의 하나였다. 그러나 오늘날에는 절대적 기본권의 개념이 성립되지 않는다.

(2) 기본권의 내재적 한계의 논증형식

오늘날 독일의 학설과 판례[1]에서 일반적으로 '기본권의 내재적 한계'를 인정하고 있다. 다만 그것을 논증하는 방법에 있어서는 대체로 다음 네 가지 입장으로 나누어진다고 볼 수 있다.

1) 3한계이론

타인의 권리·
헌법질서·도
덕률

독일기본법은 개성신장의 자유($^{제 2 조}_{제 1 항}$)를 규정하면서, 이 자유는 '타인의 권리'를 침해하지 않고, '헌법질서'와 '도덕률'에 반하지 않는 범위 내에서만 인정된다고 말하고 있는데, 여기에서 '개성신장의 자유'의 한계로 제시되고 있는 '타인의 권리'·'헌법질서'·'도덕률'의 세 가지는 다른 모든 기본권의 내재적 한계로도 적용되어야 한다고 한다. 일종의 사회공동체유보이론이라고도 볼 수 있다.

2) 개념내재적 한계이론

해당 기본권
개념 축소

'기본권의 내재적 한계'를 개별적인 기본권의 개념정의를 통해서 논증하려는 입장이다. 즉 문제가 되고 있는 개별적인 기본권의 개념을 되도록 좁게 해석함으로써, 결과적으로 그 기본권의 내재적 한계를 인정하려는 것이다. 예컨대 독일기본법상 법률유보조항이 없는 '예술의 자유'($^{제 5 조}_{제 3 항}$)의 내재적 한계를 논증하기 위해서 '예술'의 개념에 '윤리적인 요소'를 요구함으로써, 이른바 '도덕적이고 윤리적인' 예술활동만을 예술의 자유에 의해서 보호하려는 것이다.

3) 국가공동체유보이론

국가존립의
보장

모든 기본권은 국가공동체의 존립을 전제로 할 뿐만 아니라 국가공동체에 의해서 비로소 보장되는 것이기 때문에 국가의 존립을 위해서 꼭 필요한 법익을 침해하는 기본권의 행사는 있을 수 없다고 한다. 즉 '국가존립의 보장'을 기본권의 내재적 한계로 보는 입장이다.[2]

---

1) 자세한 것은 졸저, 전게서, 방주 639 이하 참조할 것.
2) 이 '국가공동체유보'이론은 독일연방행정재판소가 그 초기의 판례에서 정립한 것인데, 이 이론은 악용의 위험성이 많다는 학자들의 날카로운 비판이 계속되자 동 재판소가 그 후에 여러 차례 이론적인 수정을 모색하다가 1975년부터는 아주 포기한 이론이다.
  자세한 것은 졸저, 전게서, 방주 643 참조.

4) 규범조화를 위한 한계이론

'헌법의 통일성'을 지키고 헌법이 추구하는 '전체적인 가치질서'를 실현하기 위한 이른바 '규범조화적 해석'의 필요성에서 기본권의 내재적 한계를 이끌어 내려는 입장이다. 즉 아무리 법률유보가 없는 기본권이라 하더라도 그 기본권의 행사에 의해서 타인의 기본권 또는 헌법이 보호하고 있는 다른 가치와 충돌이 생기는 경우에는 '헌법의 통일성'과 헌법이 추구하는 전체적인 가치질서의 관점에서 그 기본권에 대한 개별적인 관계에서의 제한이 불가피하다고 한다.[1]

헌법의 통일성 위한 조화적 해석

5) 비판 및 사견

㈎ 기본권의 본질 및 기능과 내재적 한계

생각건대 기본권의 내재적 한계는 기본권의 본질 내지 기능에 대한 일정한 철학적인 인식 위에서만 수긍될 수 있는 논리형식이다. 즉 기본권의 양면성에 입각해서 그 객관적 가치질서로서의 성격과 그 동화적 통합기능을 인정하는 관점에서 볼 때, 기본권은 그것이 사회공동체를 구성하는 모든 사람에게 균등하게 효력을 미치는 질서의 원리요 '가치적인 Konsens'를 뜻하기 때문에 타인의 기본권은 물론이요, 기타의 공감대적인 가치를 다치지 않는 범위 내에서만 기본권으로서 보호를 받을 수 있는 것은 너무나 자명한 이치이기 때문이다.

기본권에 대한 일정한 철학적 인식의 필요성

㈏ 자유의 본질과 내재적 한계

기본권의 내재적 한계는 또 정의에 바탕을 둔 실질적인 자유의 본질과도 불가분의 상호관계에 있다. 자유가 본래 자유로서의 의미와 기능을 갖는 것은 그 '다양성'과 '개성'에 대한 우호적인 포용력 때문이다. 나의 자유가 소중한 만큼 남의 자유도 소중하기 때문에 내 자유를 존중받기 위해서는 남의 자유도 존중해야 된다는 의미의 '자유의 한계성'은 바로 자유의 본질이다. 따라서 '자유'란 그 본질상 절대로 무제한할 수 없다. 자유가 '다양성'과 '개성'에 대한 우호적인 포용력을 상실하고 타인에 대한 절대적인 힘으로 횡포화하는 경우에 사회공동체의 동화적 통합은 기대하기 어렵다. 따라서 '자유의 한계성'은 사회공동체가 '다양성'과 '개성'을 포함한 채 동화되고 통합되어 가기 위한 필수적인 전제조건이다.

자유의 한계성에서 나오는 내재적 한계

이렇게 볼 때 기본권의 본질 내지 기능의 시각에서는 물론 자유의 본질면

---

1) 독일연방헌법재판소가 1970년에 정립한 이래 오늘날 독일의 학설·판례를 통해 지배적인 이론으로 평가되고 있다.

자세한 것은 졸저, 전게서, 방주 644 참조.

에서도 기본권의 내재적 한계를 부인할 수는 없다고 할 것이다.

(다) 규범조화적 한계

규범조화이론의 논리적 강점

다만 독일기본법상의 이른바 '절대적 기본권'이 가지는 내재적 한계의 논리형식으로서는 역시 '규범조화를 위한 한계이론'이 가장 설득력이 있는 설명이라고 생각한다.

이 규범조화를 위한 한계이론의 가장 강한 강점은, 역시 구체적인 필요시에 기본권의 내재적 한계를 헌법규범의 테두리 속에서 찾으려고 노력함으로써 '기본권의 내재적 한계'를 '추상적이고 일반적인 한계'가 아닌 '구체적인 경우의 개별적'인 한계로 이해하게 된다는 점이다.

그러나 규범조화를 위한 한계이론은 '헌법의 통일성'을 그 주요한 논거로 삼고 있기 때문에 기본권과 통치기능의 연관성을 강조하게 되고 기본권과 통치기능의 상호 교차효과를 중요시하는만큼 통치기능상의 여러 가지 제도가 경우에 따라서는 기본권의 내재적 한계의 논거로 악용될 위험성도 없는 것은 아니다.

(3) 우리 헌법과 기본권의 내재적 한계

1) 독일기본법과의 차이

일반적 법률 유보조항에서 오는 제약

우리 헌법은 '국가안전보장'·'질서유지'·'공공복리'를 위해서 필요 불가피한 경우에 한해서 그리고 기본권의 본질적 내용을 다치지 않는 범위 내에서 모든 기본권을 법률로써 제한할 수 있도록 규정하고 있기 때문에, 독일기본법에서와 같은 '절대적 기본권'을 우리 헌법이 인정하고 있다고 보기는 어렵다. 따라서 '절대적 기본권'을 규정하고 있는 헌법질서 내에서 그 기본권의 제한가능성을 둘러싸고 전개되는 '기본권의 내재적 한계'에 관한 논쟁은 우리나라에서는 현실적으로 제기될 수 있는 이론상의 소지가 희박하다고 보아야 한다.

2) 내재적 한계이론 수용의 한계

내재적 한계 이론의 제한 적 기능

다만 우리 헌법처럼 원칙적으로 모든 기본권을 법률에 의한 제한 대상으로 삼는 경우에도 '신앙과 양심의 자유'처럼 법률에 의한 외부적인 제약을 가하는 것이 적당치 못한 기본권이 있다는 점도 부인하기 어렵다.[1] 따라서 우리 헌

---

1) 법규범이 관심을 가지는 것은 사회적인 접촉을 가지고 사회에 영향을 미치는 인간의 행동양식이기 때문에, 사람의 내심영역에 머물러 있으면서 아무런 외부적인 표출이 없는 인간의 내심작용을 법적인 규제의 대상으로 삼는 것은 사실상 불가능하다. 그와 같은 인간의 숨겨진 내심영역은 도덕률이나 종교상의 계율에 의한 규제는 받을지언정 법규범에 의한 규제를 받을 수는 없다고 보아야 한다.

법상 '기본권의 내재적 한계'가 문제될 수 있다면 이같은 법률의 규제권 밖에 있는 기본권이 다른 기본권 또는 헌법에 의해서 보호되고 있는 다른 '헌법적 가치'와 충돌을 일으키는 경우, 그 구체적인 문제를 해결하기 위한 수단으로 원용되는 때에 국한된다고 보아야 한다.

그렇지 않고 '기본권의 내재적 한계'를 일반화시켜서 이를 모든 기본권에 확대적용하려고 하는 것은 적어도 '일반적인 법률유보'조항과도 조화되기가 어려울 뿐 아니라, 자칫하면 법률에 의한 기본권제한의 최후적 한계로 명시되고 있는 '본질적 내용의 침해금지'를 공허한 것으로 만들어 버릴 위험성마저 갖게 된다.[1] 우리 헌법의 해석상 '기본권의 내재적 한계'를 매우 조심스럽게 다루어야 하는 이유도 여기에 있다. 우리 헌법재판소는 형법상 간통죄규정($\frac{제241}{조}$)의 합헌결정에서 '국민의 성적 자기결정권도 국가적·사회적 공동생활의 테두리 안에서 타인의 권리·공중도덕·사회윤리·공공복리 등을 존중해야 할 내재적 한계가 있다'고 판시[2]함으로써 독일의 3한계이론을 연상시키는 논증을 한 일이 있다. 하지만 헌법 제37조 제 2 항과의 관계에서 과연 그러한 논증이 반드시 필요한 것이었는지 의문이다. 헌법재판소는 그 후에도 세 번 더 이와 유사한 논리로 간통죄처벌규정이 합헌이라고 판시하다가 2015년에는 반대로 간통죄규정을 위헌결정했다.[3] 이 내재적 한계 주제에 대한 앞으로의 판례를 좀더 지켜 보아야 할 것이다. 법률에 의한 기본권의 제한은 기본권의 내재적 한계를 그 이념적인 기초로 하고 있는 것은 사실이지만, 모든 기본권의 제한이 기본권의 내재적 한계에 의해서 정당화되는 것은 아니라는 점을 명심할 필요가 있다.

내재적 한계 이론 확대적 용의 위험성

Ⅲ. 기본권의 제한

현대의 민주적인 헌법국가에서 합리적인 기본권의 제한은 헌법적 가치질서의 실현을 위해서 불가피한 것으로 받아들이고 있다. 다만 현대의 대다수 헌

기본권제한 불가피성과 과잉제한 방 지대책

---

1) 기본권을 제한하려는 입법권자의 입장에서 볼 때도 여러 가지 번거로운 제약이 따르는 법률유보에 의한 제한보다도, '기본권의 내재적 한계'를 내세워, 그것은 기본권의 제한이 아니고, 그 '기본권에는 이러한 한계가 있다는 것을 다만 선언적으로 … 확인한 것에 지나지 않는 것'이라고 주장하는 것이 훨씬 편한 방법이겠기 때문이다.

2) 헌재결 1990. 9. 10. 89 헌마 82, 판례집 2, 306(310면) 참조.

3) 【결정례】 사회구조 및 결혼과 성에 관한 국민의식이 변화되고, 성적자기결정권을 보다 중요시하는 인식이 확산되는 시대상황에 비추어보거나 외국의 입법례를 볼 때 간통죄는 과잉금지원칙을 어기고 국민의 성적자기결정권과 사생활의 비밀과 자유를 침해하여 헌법에 위반된다(7 : 2 결정)(헌재결 2015. 2. 26. 2009 헌바 17 등, 판례집 27-1(상), 20(31면)).

법국가는 공공의 이익을 위해서 필요 불가피한 경우에 한해서 기본권을 제한할
수 있도록 기본권제한의 기준과 방법 및 한계를 헌법에 명문화함으로써 기본권
이 국가권력에 의해서 함부로 침해되는 일이 없도록 미리 충분한 예방조치를
마련해 놓고 있다. 기본권의 한계를 처음부터 헌법의 개별적인 기본권조항에서
명시함으로써 입법권자가 갖는 재량의 여지를 줄이거나, 법률에 의해서만 기본
권을 제한할 수 있도록 하는 것 등이 그것이다.

헌법의 규정 내용

　　우리 헌법은 한편 국가의 기본권보장의무를 강조하면서($^{제10}_{조}$), 또 한편 기본
권의 헌법적 한계를 명시하고($^{예컨대 \; 제21}_{조 \; 제4항}$) 형식상으로는 '일반적인 법률유보조항'
($^{제37조}_{제2항}$)을 두어 필요 불가피한 경우의 기본권제한을 허용하고 있지만, 기본권제
한입법의 한계를 아울러 제시하고 있다. 또한 우리 헌법은 많은 기본권조항에
서 기본권의 내용을 실현하기 위한 입법의 필요성을 암시함으로써 이른바 기본
권형성적 법률유보를 여러 형태로 규정하고 있다.

(1) 기본권의 헌법적 한계

1) 기본권의 헌법적 한계의 의의

헌법제정권자 에 의한 명시 적 제한

　　헌법에서 국민의 기본권을 보장하면서 때때로 개별적인 기본권의 한계를
함께 기본권조항에서 명시하는 경우가 있는데 이를 '기본권의 헌법적 한계'라고
부른다.[1] 따라서 기본권의 헌법적 한계는 말하자면 헌법제정권자에 의한 명시
적인 기본권의 제한이라고 볼 수 있기 때문에 기본권의 내재적 한계와는 그
본질과 기능이 다르다.[2]

2) 기본권의 헌법적 한계의 실례

(가) 우리 헌법상의 예

다섯 가지 헌 법규정의 내용

　　우리 헌법은 기본권의 헌법적 한계를 규정하는 사례가 적지 않다. 예컨대

---

1) 국내 학자 중에는 기본권의 헌법적 한계를 '헌법유보'라는 개념으로 표시하면서, 이를 '법률유
보'와 연관시켜서 일종의 '유보조항'으로 보면서도, 또 이를 내재적 한계의 시각에서 설명하는
등, 다소 이론상의 혼선을 빚고 있는 듯한 느낌을 받는다. 그러나 기본권의 헌법적 한계는 기
본권의 한계를 헌법제정권자 스스로가 헌법에서 명시하고 있는 경우이기 때문에 '유보조
항'(Vorbehaltsklausel)과는 그 성질이 다를 뿐 아니라, 우리 학자들에게 이론적인 영향을 미치
고 있는 독일의 학계에서도 '헌법유보'라는 개념이 거의 사용되지 않고 있다는 점을 감안해서,
이 개념을 되도록 피하는 것이 문제의 본질을 이해하는 데 보다 도움이 되리라고 생각한다.
권영성, 331면 이하.
2) 그렇기 때문에 권영성 교수가 기본권의 '내재적 한계'와 '헌법유보'를 개념적으로는 구별하면서
도 기본권의 '내재적 한계'와 '개별적 헌법유보'를 내용적으로 동일시하는 것은 문제가 있다.
전게서, 330면과 332면 참조.

i) 언론·출판의 자유를 보장하면서도, 언론·출판이 타인의 명예나 권리 또는 공중도덕이나 사회윤리를 침해하지 못하도록 그 한계를 명시한 것($^{제21조}_{제4항}$)이라든지, ii) 국민의 사유재산권을 보장하면서도 공공복리에 적합하게 재산권을 행사하도록 규정한 것($^{제23조}_{제2항}$)이라든지, iii) 국민의 국가배상청구권을 보장하면서도 군인·군무원·경찰공무원 등의 배상청구권을 제한한 것($^{제29조}_{제2항}$)이라든지, iv) 노동 3 권을 보장하면서도 공무원인 근로자는 부분적으로만 노동 3 권을 가질 수 있도록 제한하고 있는 것($^{제33조}_{제2항}$) 등이 그것이다. v) 또 국민의 정치적 의사형성에 참여하는 데 필요한 민주적인 조직과 활동을 전제로 해서 정당설립의 자유를 보장하고($^{제8조\ 제1}_{항과\ 제2항}$) 정당의 목적이나 활동이 민주적 기본질서에 위배되지 못하도록 투쟁적 민주주의의 수단(위헌정당해산제도)($^{제8조}_{제4항}$)을 헌법에서 마련해 놓고 있는 것도 말하자면 정당의 자유에 대한 헌법적 한계라고 볼 수 있다.

이처럼 우리 헌법은 '언론·출판의 자유'와 '재산권' 그리고 '정당활동의 자유'에 대해서는 그 각각의 기본권내용에 관한 헌법적 한계를 명시하고 있지만, 근로자의 '노동 3 권'과 '국가배상청구권'에 대해서는 그 기본권의 주체에 관한 헌법적 한계를 명시하고 있다. 즉 공무원이라는 특수한 신분관계에 있는 사람들에게는 노동 3 권을 예외적으로만 인정하고($^{제33조}_{제2항}$), 군인·군무원·경찰공무원 등의 특수한 신분관계에 있는 사람들에게는 그 직무집행과 관련된 배상청구권을 인정치 않는다($^{제29조}_{제2항}$). 또 근로자의 단체행동권 중에서 '법률이 정하는 주요 방위산업체에 종사하는 근로자의 단체행동권'은 법률이 정하는 바에 의하여 이를 제한하거나, 아주 인정치 않을 수도 있는 헌법적 근거를 마련해 놓고 있다($^{제33조}_{제3항}$).

(나) 독일기본법상의 예

독일기본법에서, '타인의 권리'를 침해하지 않고 '헌법질서'와 '도덕률'에 반하지 않는 범위 내에서만 '개성신장의 자유'($^{제2조}_{제1항}$)를 보장하는 것이나, 양심상의 이유로 인한 집총거부를 인정하면서도, 현역이 아닌 다른 민간역무를 과할 수 있게 한다든지($^{제4조\ 제3항,}_{제12a조\ 제2항}$), '집회의 자유' 중에서 사전신고나 허가를 필요로 하지 않는 집회는 '평화롭고', 무장하지 아니한 집회에 국한시킨다든지($^{제8조}_{제1항}$), 결사의 자유를 보장하면서도($^{제9조}_{제1항}$) 범죄목적의 결사와 헌법질서에 도전하기 위한 결사 그리고 인류공영의 정신에 반하는 결사를 명문으로 금지하고 있는 것은($^{제9조}_{제2항}$) 헌법제정권자가 정한 기본권의 헌법적 한계의 예라고 볼 수 있다. 독일기본법이 언론·출판의 자유($^{제5조}_{제1항}$)를 일반적인 법률과 청소년 보호 내지는 명예

헌법적 한계의 양태

독일기본법상의 규정

권 보호를 위한 법률의 규정과 저촉되지 않는 범위 내에서만 보장하고 있는 것도 같은 유형의 '헌법적 한계'에 속한다고 볼 수 있다.

3) 기본권의 헌법적 한계의 기능과 효과

(개) 입법권자에 대한 방어적 기능

기본권제한입
법의 한계 명
시

헌법제정권자가 기본권의 헌법적 한계를 헌법에 명시하는 것은 주로 입법권자에 대한 방어적인 의미를 갖는다고 볼 수 있다. 즉 입법권자가 법률에 의해서 기본권을 제한하는 경우에 지켜야 되는 재량권의 한계를 처음부터 헌법에 명시함으로써, 적어도 헌법제정권자가 정한 헌법적 한계를 갖는 기본권에 관한 한 입법권자의 기능을 단순히 선언적인 것으로 약화(축소)시키기 위한 것이라고 볼 수 있다. 따라서 입법권자는 헌법제정권자가 스스로 정한 기본권의 한계 내에서 그 기본권을 법률로 구체화하고 현실화하는 것은 가능하지만, 그것은 어디까지나 헌법제정권자가 이미 정한 기본권의 한계를 단순히 선언적으로 확인하는 것에 지나지 않게 된다. 정당활동의 헌법적 한계를 규정한 위헌정당해산제도에서 볼 수 있듯이 헌법재판에 의하지 아니한 정당해산은 입법권자가 규정할 수 없도록 한 것이 그 한 예이다. 이 점이 입법권자가 법률로써 행하는 기본권의 제한과는 그 성질이 다르다. 우리 헌재는 예컨대 헌법 제21조 제4항을 언론·출판에 따르는 책임과 의무를 강조하는 동시에 언론·출판의 자유에 대한 제한의 요건을 명시한 규정으로 보아야지 헌법상 표현의 자유의 보호영역의 한계를 설정한 것이라고 볼 수 없다고 판시함으로써 입법권자에 대한 방어적 기능을 강조하고 있다. 그러면서도 언론·출판의 책임과 의무도 함께 강조함으로써 헌법 제21조 제4항은 아래의 설명처럼 그 남용에 대한 경고적 기능도 함께 갖는다는 점을 상기시키고 있다.[1]

(내) 기본권남용에 대한 경고적 기능

기본권남용
방지

그러나 헌법제정권자가 기본권의 한계를 처음부터 헌법에서 정해 놓는 것은 위에서 말한 입법권자에 대한 방어적 의미 외에도, 문제가 되는 기본권의 내용을 헌법제정권자 스스로 명백히 밝힘으로써 해당되는 기본권이 남용 내지 악용될 수 있는 소지를 줄이는 기능을 갖는다. 정당활동의 자유를 비롯하여 언론·출판의 자유와 재산권의 헌법적 한계가 그러한 예이다. 우리 헌법재판소도 알권리의 남용과 과잉제한을 동시에 경고하는 판시를 하고 있다.[2]

---

1) 헌재결 2009. 5. 28. 2006 헌바 109, 판례집 21-1(하), 545(559~560면); 헌재결 2010. 12. 28. 2008 헌바 157 등 보충의견, 판례집 22-2 하, 684(699면) 참조.
2) 【판시】 표현의 자유나 국민의 알권리는 매우 비중이 큰 귀중한 국민의 기본권이긴 하지만 그

(대) 헌법의 통일성 유지를 위한 헌법정책적 기능

구체적 기본권의 한계를 헌법제정권자가 직접 헌법에 밝혀 놓는 것은 그 기본권과 기타의 헌법적 보호법익과의 합리적인 조화를 실현시켜 헌법의 통일성에 입각한 헌정질서를 확립하려는 헌법정책적인 고려가 함께 작용하고 있다고 볼 수도 있다. 헌법상의 직업공무원제도와 노동 3 권을 조화시키기 위해서 공무원의 노동 3 권을 예외적으로만 인정하는 것이 바로 그러한 경우에 해당한다.

기본권의 규범조화적 실현

(2) 법률에 의한 기본권의 제한

1) 법률유보의 의의

헌법이 보장하는 국민의 기본권을 제한하는 가장 원칙적인 방법은 공공의 이익을 보호하기 위해서 필요 불가피한 경우에 한해서 입법권자가 제정하는 법률로써 기본권을 제한하는 것이다. 즉 입법권자가 법률로써 기본권을 제한할 수 있는 근거를 헌법에서 마련해 놓는 것이다.

형식적 법률에 의한 기본권 제한

이처럼 국민의 대표기관으로 간주되는 국회에서 제정하는 법률에 의해서만 기본권을 제한할 수 있도록, 기본권제한의 방법으로 '법률의 형식'을 요구하는 것을 '기본권의 법률유보'라고 말한다. 법률유보는 따라서 법률에 의한다면 기본권을 얼마든지 제한할 수 있다는 뜻이 아니고, 기본권을 제한하려면 적어도 입법권자가 적법절차에 따라 제정하는 법률에 의하거나, 법률의 근거가 있어야 한다는 뜻이다. 오늘날 대의민주주의국가에서 법률유보가 의회유보로 인식되어 포괄적 위임입법을 금지하는 이유도 그 때문이다. 그러나 엄격히 말하면 법률유보와 의회유보는 동의어가 아니므로 구별해야 한다.[1] 우리 헌법재판

렇다고 해서 어떠한 경우에도 제한할 수 없는 기본권이라고 할 수는 없으며 다른 법익을 침해하지 않는 범위 내에서 존중되어야 할 것이기 때문에 … 개인적 법익, 사회적 법익, 국가적 법익을 침해하는 경우에는 보호될 수 없는 것이며 … 알권리가 법률로써 제한 가능하다고 하더라도 그 본질적인 내용을 침해할 수 없음은 물론, 과잉금지의 원칙에도 위배되어서는 아니된다 (헌재결 1992. 2. 25. 89 헌가 104, 판례집 4, 64(93면 이하)).

1) 법률유보는 기본권 제한에 일반적인 효력을 갖는 법률의 형식을 요구하지만, 법률에 규정할 구체적 내용의 범위까지 제시하지는 않는다. 그래서 위임입법이 가능해지는데, 이때 위임입법의 한계를 제시하는 것이 의회유보의 원칙이다. 포괄적 위임입법이 금지되는 이유도 의회유보의 원칙 때문이지 법률유보의 원칙 때문은 아니다. 즉 기본권 제한의 본질적인 내용이나 국가 공동생활의 핵심적인 영역의 규율은 의회의 전속권한이므로(본질성이론) 의회가 스스로 정해야지 행정입법으로 위임해서는 아니 된다는 것이 의회유보의 원칙이어서 포괄적 위임입법은 금지되는 것이다. 우리 헌재는 이 두 개념을 엄격히 구별해서 판시하지 않고 있어 아쉬움이 있었는데 헌재 2015. 5. 28. 2013 헌가 6 결정에서 구별하기 시작했다.
【결정례】 전기사업법 제16조 제 1 항 중 전기요금에 관한 부분이 전기요금의 산정기준과 요금제 등을 의회가 직접 결정하거나 그에 관여할 수 있도록 규정하지 않고 전기판매사업자의 기본공급약관으로 정하도록 하고 있다고 하더라도 시행령과 물가안정법 및 그 하위법령 등에서 전기

소는 법률유보에는 당연히 의회유보가 포함되기 때문에 입법자가 국민의 기본
권제한의 본질적인 사항은 스스로 정해야 한다는 입장에서, TV수신료결정에서
국회를 배제시킨 것은 법률유보의 원칙에 위배된다고 판시했다.[1] 또 위법건축
물에 대한 시정명령 이행확보수단으로 지속적으로 부과하는 이행강제금은 간접
강제의 일종인 침익적 행정행위이므로 그 부과의 요건·대상·금액·횟수 등을
법률로써 엄격하게 정해야 하는데도 그 구체적인 내용을 대통령령에 백지위임
하는 것은 헌법 제37조 제 2 항과 헌법 제75조에 위배된다고 판시했다.[2] 그리
고 신체의 자유와 집회의 자유를 침해하는 시위진압경찰의 최루액 혼합살수방
식을 경찰관 직무집행법 또는 관련 대통령령등 법령의 구체적 위임 없이 '살수
차 운용지침'에 규정한 것도 법률유보원칙에 위배되고 그 지침에 따른 혼합살
수행위는 신체의 자유와 집회의 자유의 침해라고 결정했다.[3] 이렇게 볼 때 '법
률유보'는 그 자체가 일종의 기본권제한의 한계를 의미하게 된다. 이처럼 법률
유보의 의미와 내용을 올바르게 이해하는 것은 기본권보장의 실효성을 위해서
매우 중요한 의미를 갖는다.

2) 법률유보의 유형

일반적 법률
유보와 개별
적 법률유보

헌법에 '기본권의 법률유보'를 규정하는 방법에는 크게 두 가지가 있는데,
기본권을 제한가능한 것과 제한불가능한 것으로 나누어서, 제한가능한 기본권
에만 개별적으로 법률유보조항을 두는 방법과, 개별적인 기본권조항에서는 원
칙적으로 법률유보를 규정하지 않고, 모든 기본권에 모두 적용될 수 있도록 법
률유보를 일반적으로 규정하는 방법이 그것이다. 전자를 '개별적인 법률유보',
후자를 '일반적인 법률유보'라고 부르는데, 예컨대 독일기본법은 전자의 방법을,
우리나라 헌법(제37조제 2 항)은 원칙적으로 후자의 방법을 택하고 있다.[4]

요금의 산정에 관한 공법상 규제장치를 마련하고 있는 이상 의회유보원칙에 위반된다고 할 수 없
다. 또 전기요금의 인가기준을 대통령령으로 정하도록 위임하고 있더라도 포괄위임금지원칙에 위반
된다고 볼 수 없다(헌재결 2021. 4. 29. 2017 헌가 25). 누진제 전기요금을 다투는 사건의 결정이다.
1) 헌재결 1999. 5. 27. 98 헌바 70, 판례집 11-1, 633면 이하 참조. 이 사례에서 의회유보의 원칙
에 위배된다고 판시하는 것이 더 정확하다.
2) 헌재결 2000. 3. 30. 98 헌가 8, 판례집 12-1, 286면 이하 참조.
【결정례】 그러나 공권력의 기본권제한과 관련된 법률유보원칙은 사법상 고용계약에 의해서
성립·존속하는 청원경찰의 징계에 관해서는 적용되지 않는다. 청원경찰의 근무관계는 근무의
공공성 때문에 일반 근로자와 공무원의 복합적 성질을 가지지만 청원경찰의 징계는 본질적으
로 사적 고용계약상의 문제이기 때문이다(헌재결 2010. 2. 25. 2008 헌바 160, 판례집 22-1,
256(269면)).
3) 헌재결 2018. 5. 31. 2015 헌마 476, 판례집 30-1 하, 183(193면) 참조.
4) 그런데 독일기본법처럼 개별적 법률유보를 원칙으로 하는 나라에서 만일 법률유보조항이 없는

3) 법률유보의 순기능과 역기능

㈎ 순기능과 역기능의 의의

법률유보는 결국 기본권과 법률의 상호관계를 표현하는 개념형식이지만, 법률유보는 순기능과 역기능을 함께 가진다는 점을 주의할 필요가 있다. 즉 헌법에 보장된 기본권을 제한하기 위해서는 반드시 입법권자가 제정하는 법률에 의하거나 법률의 근거가 있어야 한다는 의미로 법률유보를 이해하는 경우에는 법률유보는 오히려 행정권이나 사법권으로부터 기본권을 보호해 주고 기본권을 강화해 주는 순기능을 가진다고 볼 수 있다. 기본권보장 강화기능

반면에 입법권자가 법률로써 한다면 헌법에 보장된 기본권이라도 제한할 수 있다는 의미로 법률유보를 이해하는 경우에는 법률유보는 오히려 입법권자에게 기본권제한의 문호를 개방해 주는 역기능을 가지게 된다. 법률유보가 이처럼 역기능을 가지는 경우에는 법률유보는 위법하거나 법률의 근거가 없는 행정권이나 사법권의 기본권침해로부터 기본권을 보호해 준다는 정도의 의미만을 가지게 된다. 기본권보장 약화기능

따라서 법률유보를 순기능적으로 이해하느냐 역기능적으로 이해하느냐 하는 것은 기본권보장의 시각에서는 매우 중요한 의미를 가진다.

㈏ 순기능과 역기능의 이념적 기초와 그 의미

그런데 법률유보의 순기능에서는 물론이고 그 역기능에서도 공통적인 현상은 입법권자에 대한 커다란 신뢰가 그 논리의 저변에 깔려 있다는 점이다. 즉 입법권자가 기본권을 적대시하지 않으리라는 기대와 신뢰가 그것이다. 이같은 입법권자에 대한 신뢰사상은 따라서 기본권의 법률유보이론을 지탱해 주는 하나의 커다란 지주라고 볼 수 있다. 입법권자에 대한 신뢰

사상적으로는 영국의 '의회주권사상'과 Rousseau의 '총의론'(總意論) 내지 C. Schmitt의 '의지론'(意志論)에 영향받은 바 크다고 볼 수 있다. 즉 군권(君權)과 맞서서 국민의 생명과 자유와 재산을 보호해 준 것이 영국의 '의회'였다는 역사적 사실[1])을 들추지 않는다 하더라도, '법률'을 국민의 '총의'(volonté générale) 내지는 '다수의지'의 표현형태로 이해하고, 그와 같은 '총의'와 '다수의지'의 형 입법권신뢰의 역사적·사상적 배경

기본권을 그 헌법에서 보장했다고 한다면, 그것은 법률에 의해서도 제한할 수 없는 이른바 '절대적 기본권'을 규정한 것이라고 볼 수도 있기 때문에, 그 같은 기본권의 제한가능성과 관련해서 '기본권의 내재적 한계'가 논의된다는 것은 이미 앞에서 언급한 바와 같다.

1) 영국 찰스 1세(Charles Ⅰ; 1625~1649) 때 1628년 의회가 왕으로부터 조세에 대한 의회의 동의권과 자의적인 체포·감금을 금하는 이른바 '권리청원'(Petition of Rights)을 얻어낸 것을 비롯해서 영국의 헌정사에서는 의회의 기본권보호적 기능이 특히 두드러진다.

성에 주권자인 국민이 직접 또는 그 대표자를 통해서 참여하고 있다고 믿는 Rousseau와 C. Schmitt의 사상적 세계에서는 입법권자가 법률로써 기본권을 침해하리라는 생각을 하기가 어렵다. 기본권을 국가권력의 자제에서 나오는 단순한 실정법상의 권리로 이해하는 H. Kelsen의 사상적 세계에서도 법률이 기본권에 적대적일 수 있다는 논리를 납득하기가 어려운 것은 마찬가지이다. 결국 이들 사상의 복합적인 영향에 의해서 기본권을 맡길 수 있는 곳은 입법권자밖에 없다는 '법률유보'이론이 나오게 된 것이다.

법률유보의
태생적 순기
능

따라서 법률유보이론이 정립된 사상적 기초의 면에서 볼 때는 법률유보는 그것을 순기능적으로 이해하는 것이 옳다. 다시 말해서 '법률유보'는 그것이 이념적으로 '기본권제한의 한계'적인 의미를 갖는 것이지, 절대로 '기본권제한의 수권'적인 의미를 갖는 개념형식이 아니라는 점을 강조해 둘 필요가 있다.[1]

(다) **역기능현상의 대응책**

네 가지 역기
능 예방책

그러나 법률유보의 사상적 유래를 들어 아무리 그 순기능적인 의미를 강조한다고 하더라도 결과적으로 '법률유보'라는 법형식은 '법률이 정하는 바에 따른 기본권'의 결과를 초래할 위험성이 크다. 따라서 오늘날 기본권보장을 중요시하는 나라에서는 법률유보가 초래하는 그와 같은 역기능적인 결과를 방지하기 위해서, 첫째 입법권을 기본권에 기속시키고, 둘째 법률유보를 부분적으로는 헌법적 한계로 승화시키고, 셋째 일반적인 법률유보를 피해서 기본권의 성질에 따라서 법률유보를 개별적인 차등유보로 다원화시키고, 넷째 본질적 내용의 침해금지조항을 두어 기본권제한의 최후적 한계를 명시하는 방법을 택하고 있다.[2]

4) 법률에 의한 기본권제한의 한계

법률유보의
개념본성적·
규범적 한계

법률유보의 의미와 기능을 올바로 이해하는 한 기본권의 법률유보 그 자체가 이미 기본권제한의 한계를 뜻한다고 하는 것은(법률유보의 '개념본성적 한계') 앞에서도 이미 강조한 바 있거니와, 입법권자가 공공의 이익을 보호하기 위한 불가피한 사정 때문에 헌법의 수권에 의해서 기본권을 제한하는 법률을

---

1) 따지고 보면 P. Häberle가 그의 '제도적 기본권이론'에서 「법률을 권리침해의 혐의에서 해방시켜야 된다」고 강조하고 있는 것도 법률유보의 이같은 이념적인 순기능을 상기시키는 것에 지나지 않는다고 볼 수도 있다.
2) 특히, 그 중에서도 입법권을 기본권에 기속시키는 것은 법률유보의 이념적 기초가 되고 있는 의회주권사상은 물론이고, 루소적·칼 슈미트적·켈즌적 사상의 세계에서는 쉽사리 설명되지 않는, 기본권제한이론의 일대 변혁을 뜻한다고 볼 수 있다. 자세한 것은 졸저, 전게서, 방주 661 참조할 것.

제정하려 하는 경우에도 자유로운 결정권을 갖는 것이 아니라 절대로 넘어설
수 없는 일정한 한계가 있다(법률유보의 '규범적 한계'). 우리 헌법재판소도 이 점
을 강조하는 판시를 하고 있다.[1]

법률유보의 '규범적 한계'는 다시 목적·형식·내용·방법상의 한계로 나눌
수 있다.

規範的 한계
의 내용

⑺ 목적상의 한계

'기본권의 법률유보'에 의해서 헌법제정권자가 달성하려는 궁극적인 목적은
기본권을 최대한으로 존중하면서도 헌법에 의해서 보호되고 있는 기타의 법익,
기본원칙, 제도 등을 기본권적인 가치와 조화시킬 수 있는 방법을 입법권자에
게 모색시킴으로써 헌법적 가치를 전체적으로 그리고 통일적으로 실현하려는
것이라고 말할 수 있다. 따라서 예컨대 국제평화주의를 하나의 헌법상의 기본
원칙으로 채택하고 있는 우리 헌법질서 내에서(전문·제5조), 국제평화를 파괴하거나,
침략전쟁을 준비하는 방향의 기본권 행사를 막기 위한 법률을 제정해서 기본권
을 제한하는 것은 이같은 목적적 한계의 관점에서 허용될 수 있는 일이라고
할 것이다. '국가의 안전보장' 또는 '헌법의 보호'를 위한 불가피한 기본권의 제
한도 같은 차원에서 평가할 수 있다. 이 경우 다만 '국가의 안전보장'과 '정권
의 안전보장'은 엄격히 구별할 필요가 있다. 그러나 막연히 '사회에 해악'을 끼
친다는 이유로 기본권을 제한하는 법률을 제정하는 것은 우선 목적적 한계의
시각에서 기본권제한의 한계를 넘어서는 일이라고 말할 수 있다.[2] 우리 헌법재

헌법적 가치
의 조화와 통
일적 실현

---

1) 【판시】 i) 헌법 제37조 제 2 항의 규정은 기본권제한입법의 수권규정이지만, 그것은 동시에 기
본권제한입법의 한계규정이기도 하기 때문에, 입법부도 수권의 범위를 넘어 자의적인 입법을
할 수 있는 것은 아니며, 사유재산권을 제한하는 입법을 함에 있어서도 그 본질적인 내용의
침해가 있거나 과잉금지의 원칙에 위배되는 입법을 할 수 없음은 자명한 것이다(헌재결 1990.
9. 3. 89 헌가 95, 판례집 2, 245(253면)). ii) 과잉금지의 원칙이라는 것은 국가가 국민의 기본
권을 제한하는 내용의 입법활동에서 준수하여야 할 기본원칙 내지 입법활동의 한계를 의미하
는 것으로서, 국민의 기본권을 제한하려는 입법의 목적이 헌법 및 법률의 체제상 그 정당성이
인정되어야 하고(목적의 정당성), 그 목적의 달성을 위하여 그 방법이 효과적이고 적절하여야
하며(방법의 적절성), 입법권자가 선택한 기본권제한의 조치가 입법목적달성을 위하여 설사 적
절하다 할지라도 보다 완화된 형태나 방법을 모색함으로써 기본권의 제한을 필요한 최소한에
그치도록 하여야 하며(피해의 최소성), 그 입법에 의하여 보호하려는 공익과 침해되는 사익을
비교형량할 때 보호되는 공익이 더 커야 한다(법익의 균형성)(헌재결 1990. 9. 3. 89 헌가 95,
판례집 2, 245(260면)).

2) 국내 헌법학계에서는 헌법 제37조 제 2 항이 규정하고 있는 '국가안전보장'·'질서유지'·'공공복리'
등의 개념에 관해서 각인각색의 해석을 하고 있다. 그러나 보다 중요한 것은 그 개념의 자구해석
보다는 기본권제한의 목적상의 한계를 헌법의 통일성에 입각해서 기능적이고 본질적인 측면에서
접근하는 것이다. 그렇게 하는 경우 개념해석은 그 속에서 당연히 나오는 것이기 때문이다.
【판시】 국가의 안전보장의 개념은 국가의 존립, 헌법의 기본질서의 유지 등을 포함하는 개념으
로서 결국 국가의 독립, 영토의 보전, 헌법과 법률의 기능, 헌법에 의하여 설치된 국가기관의 유

판소는 동성동본금혼제도의 입법목적의 정당성을 부인했지만,[1] 정정보도청구권
(반론권)[2]과 정기간행물등록제도[3] 및 징발토지의 환매기간설정[4] 등의 입법목적
은 그 정당성을 인정하는 판시를 했다.

처분적 법률
의 배제

(나) 형식상의 한계

기본권을 제한하기 위한 법률은 또 '일반적인 법률'의 형식으로 제정되어야
한다. '일반적인 법률'이란 두 가지 요건을 충족시키는 법률을 말하는데, '규범수
신인(수범자)의 일반성'과 '규율대상의 일반성'이 그것이다. 기본권을 제한하는
법률이 우선 불특정한 다수인을 상대로 불특정한 다수의 경우를 규율하는 '일반
적인 법률'의 형식으로 제정되어야지 일종의 '처분적 법률'의 형식을 가져서는 아
니되는 까닭은 민주주의와 법치주의 그리고 사회국가의 중요한 핵심적인 내용
으로 간주되는 '평등의 실현', '특권배제의 사상'과도 불가분의 밀접한 관계가
있다. 독일기본법은 이 형식상의 한계를 명문화하고 있다(제19조 제1항). 우리 헌법재판
소도 기본권제한 법률의 형식상의 한계를 강조하면서 '기본권의 제한은 원칙적으
로 국회에서 제정한 형식적 의미의 법률에 의해서만 가능하다'고 판시했다.[5]

그러나 5·18특별법상 공소시효정지규정의 합헌결정에서 개별사건법률에 대
해서는 제한적 허용의 입장을 취하고 있다.[6]

지 등의 의미로 이해될 수 있을 것이다(헌재결 1992. 2. 25. 89 헌가 104, 판례집 4, 64 (90면)).

1) 【판시】 동성동본금혼제도는 그 입법목적이 이제는 혼인에 관한 국민의 자유와 권리를 제한할
   사회질서나 공공복리에 해당될 수 없다는 점에서 헌법 제37조 제2항에도 위반된다(헌재결
   1997. 7. 16. 95 헌가 6 등, 판례집 9-2, 1(18면)). 그러나 이 결정은 법 제정 당시에 입법목적
   이 정당하지 않았다는 취지가 아니라, 시대상황의 변화로 이제는 더 이상 정당화할 수 없는
   제도이어서 위헌이라는 판시이다.
2) 【판시】 정정보도청구권은 이른바 반론권을 뜻하는 것으로서 헌법상 보장된 인격권, 사생활의
   비밀과 자유에 그 바탕을 둔 것이며 … 언론보도의 공정성과 객관성을 향상시켜 제도로서의 언
   론보장을 더욱 충실하게 할 수도 있다는 뜻도 함께 지닌 것으로 그 제도의 목적은 정당하다
   (헌재결 1991. 9. 16. 89 헌마 165, 판례집 3, 518(529면 이하)).
3) 【판시】 정기간행물등록제도는 국가가 정기간행물의 실태에 관한 정보를 관리하고, 이를 바탕
   으로 언론·출판의 건전한 발전을 도모하기 위한 장·단기 계획을 수립하고 시행하는 데 필요
   한 참고자료를 획득할 수 있도록 한다는 행정편의적 목적을 가지는 것으로 인정되고 있다. 그
   입법목적은 언론의 사회적 책임의 이행과 언론·출판기업의 건전한 발전을 위하여 필요한 것
   으로서 그 정당성이 인정된다(헌재결 1997. 8. 21. 93 헌바 51, 판례집 9-2, 177(192면)).
4) 헌재결 1995. 2. 23. 92 헌바 12, 판례집 7-1, 152(163면 이하) 참조.
5) 헌재결 2000. 12. 14. 2000 헌마 659, 판례집 12-2, 437(445면) 참조.
   【결정례】 토지 등 소유자가 도시환경정비사업을 시행하는 경우 사업시행인가신청시 제출해야
   하는 토지 등 소유자의 동의는 그들을 상대로 한 수용권 행사 등 행정주체로서의 지위를 갖
   는 사업시행자를 지정하는 문제로서 국민의 권리 의무의 형성에 관한 기본적이고 본질적인 사
   항이므로 법률로 정할 사항인데도 필요한 동의정족수를 자치규약에 정하게 한 것은 법률유
   보원칙에 반하는 위헌규정이다(헌재결 2011. 8. 30. 2009 헌바 128 등, 판례집 23-2 상, 304
   (322면)).
6) 【판시】 비록 특정법률 또는 법률조항이 단지 하나의 사건만을 규율하려고 한다 하더라도 이

(대) 내용상의 한계

기본권을 제한하는 법률은 그 내용면에서도 일정한 한계가 있다. 즉 기본권을 제한해야 할 현실적인 필요성이 아무리 크다고 하더라도 기본권의 '본질적인 내용'을 침해하는 기본권제한입법은 허용되지 아니한다.[1] 헌법상의 기본권은 따지고 보면 '인간의 존엄과 가치'라는 '가치의 핵'을 모든 인간의 생활영역에서 실현하기 위한 일종의 Konsens적 가치질서라고 볼 수 있기 때문에, '인간의 존엄과 가치'를 정면으로 침해하는 기본권의 제한은 법률에 의해서도 허용되지 않는다고 할 것이다. 예컨대 '종교의 자유'와 '양심의 자유'가 보장되고 있는 헌법질서 내에서 국가가 국민 개개인에게 '외형적인 복종'뿐 아니라, 복종해야 되는 '내심적인 확신'까지를 함께 요구하기 위한 입법을 시도한다면, 그것은 분명히 양심의 주체가 가지는 '인간으로서의 존엄성'을 본질적으로 짓밟는 위헌적인 기본권제한입법이라고 할 것이다. 우리 헌법($\frac{제37조}{제2항}$)과 독일기본법($\frac{제19조}{제2항}$)은 이러한 의미의 내용상의 한계를 명백히 밝히고 있다. 그러나 이 내용상의 한계는 법률유보의 '개념본성적 한계'에서 마땅히 나오는 한계라고 볼 수 있기 때문에 헌법이론적으로는 '본질적 내용의 침해금지조항'은 다만 내용상의 한계에 대한 선언적 의미를 갖는 것이라고 평가할 수도 있다. 우리 헌법재판소는 본질적 내용이 개별기본권마다 다를 수 있다는 전제 아래 토지거래허가제도[2]와 사형제도[3]는 각각 재산권과 생명권의 본질적 내용의 침해가 아니라고

러한 차별적 규율이 합리적인 이유로 정당화될 수 있는 경우에는 합헌적일 수 있다. 따라서 개별사건법률의 위헌여부는, 그 형식만으로 가려지는 것이 아니라, 나아가 평등의 원칙이 추구하는 실질적 내용이 정당한지 아닌지를 따져야 비로소 가려진다(헌재결 1996. 2. 16. 96 헌가 2 등, 판례집 8-1, 51(69면)). **[평석]** 그러나 이 판시의 전제로 설명한 논증부분은 문제가 있다. 즉 '우리 헌법은 처분적 법률로서 개인대상 법률 또는 개별사건 법률의 정의를 따로 두고 있지 않음은 물론, 이러한 처분적 법률의 제정을 금지하는 명문의 규정도 두고 있지 않다'고 설명하는 내용은 우리 헌법 제37조 제 2 항에서 기본권 제한의 형식상의 한계를 명시하면서 기본권 제한은 반드시 '법률'로써만 제한할 수 있다는 의미를 올바로 해석하지 않은 결과이기 때문이다. 이 경우 요구하는 '법률'은 바로 일반적인 효력을 갖는 법률을 뜻하는 내용이다. 그리고 개인대상 법률이나 개별사건 법률의 정의야말로 그 개념자체로 너무나 명백하므로 따로 정의를 할 필요가 없이 명확한 의미이다.

1) **【판시】** 기본권의 본질적 내용은 만약 이를 제한하는 경우에는 기본권 그 자체가 무의미하여지는 경우에 그 본질적인 요소를 말하는 것으로서, 이는 개별기본권마다 다를 수 있을 것이다 (헌재결 1995. 4. 20. 92 헌바 29, 판례집 7-1, 499(509면)).

2) **【판시】** 생산이 자유롭지 않은 토지에 대해 처분의 자유를 인정하지 않고 이를 제한할 수밖에 없음은 실로 부득이한 것이며, 토지거래허가제는 헌법 제122조가 인정하고 있는 재산권 제한의 한 형태로서 재산권의 본질적인 침해라고 할 수 없다(헌재결 1989. 12. 22. 88 헌가 13, 판례집 1, 357(376면)).

3) **【판시】** 사형이 비례의 원칙에 따라 최소한 동등의 가치가 있는 다른 생명 또는 그에 못지 아니한 공공의 이익을 보호하기 위한 불가피성이 충족되는 예외적인 경우에 적용되는 한, 그것이 비록 생명을 빼앗는 형벌이라도 헌법 제37조 제 2 항 단서에 위배되는 것으로 볼 수 없다

한다. 그러나 헌법재판소의 결정에 따르면 선거운동원이 아닌 자의 선거운동을 금지하는 것은 국민의 참정권과 정치적 표현의 자유의 본질적 내용을 침해하는 것이고,[1] 특허법의 특허쟁송절차는 법관에 의한 사실확정 및 법률적용의 기회를 박탈한 것으로서 법관에 의한 재판받을 권리의 본질적 내용을 침해하는 것이다.[2] 또 근로기준법의 퇴직금우선변제제도는 질권이나 저당권의 우선변제수령권이라는 본질적 내용을 침해할 소지가 있다.[3] 그리고 축산업협동조합의 복수조합의 설립을 금지하는 것도 결사의 자유 등 기본권의 본질적 내용을 침해하는 것이다.[4]

㈃ 방법상의 한계

과잉금지의 원칙＝적합성·최소침해성·균형성 존중

법률에 의한 기본권의 제한은, 기본권의 제한을 불가피하게 하는 현실적인 (미래의 개연성이 아님) 사정을 감안해서 목적을 달성하기 위해서 필요한 최소한의 범위 내에서만 허용될 뿐 아니라, 보호되는 '법익'과 제한되는 기본권 사이에는 합리적이라고 평가할 수 있는 일정한 비례관계가 성립되어야 한다. 즉 기본권을 제한하기 위한 법률을 제정하려는 입법권자는 기본권제한을 통해서 추구하는 정당한 목적을 달성하는 데 가장 적합한 방법을 선택해야 할 뿐 아니라(적합성의 원칙) 국민의 기본권이 필요한 정도를 넘어서 조금이라도 더 침해되는 일이 없도록 유의해야 한다(최소침해의 원칙). 또 국민의 기본권을 제한하는 정도와 그 제한에 의해서 얻어지는 공익을 엄격하게 비교형량해서 더 큰 공익을 보호하기 위해서 기본권을 제한하는 것이 필요 불가피한 부득이한 경우(비례 내지 균형의 원칙)에만 기본권제한입법을 추진할 수 있다고 할 것이다. 따라서 구태여 국민의 기본권을 제한하지 않고서도 충분히 공익목적을 달성할 수 있거나, 보다 더 가벼운 기본권의 제한만으로도 충분히 공공의 이익을 보호할 수 있는데도 불구하고 단순한 편의주의에 따라 무거운 기본권의 제한입법을 시도하는 것,[5] 그리고 기본권의 제한을 정당화할 만한 공공의 이익이 인정될 수 없는데도 기본권을 제한하기 위한 법률을 제정하는 것 등은 명백히 방법상의 한계를 일탈하는 것이라고 볼 수 있다. 우리 헌법재판소가 개인적인 과외교습을 금지하는 법규정[6]

(헌재결 1996. 11. 28. 95 헌바 1, 판례집 8-2, 537(546면)).
1) 헌재결 1994. 7. 29. 93 헌가 4 등(병합), 판례집 6-2, 15(40면) 참조.
2) 헌재결 1995. 9. 28. 92 헌가 11 등(병합), 판례집 7-2, 264(278면) 참조.
3) 헌재결 1997. 8. 21. 94 헌바 19 등(병합), 판례집 9-2, 243(261면) 참조.
4) 헌재결 1996. 4. 25. 92 헌바 47, 판례집 8-1, 370면 이하 참조.
5) 【판시】 임의적 규정으로도 입법목적을 달성할 수 있는데도 구체적 사안의 개별성과 특수성을 고려할 수 있는 가능성을 일체 배제하는 필요적 규정을 둔다면 최소침해의 원칙에 위배된다 (헌재결 2005. 4. 28. 2004 헌바 65, 판례집 17-1, 528(543면)).
6) 헌재결 2000. 4. 27. 98 헌가 16 등(병합), 판례집 12-1, 427면 이하 참조.

이나, 여객운송사업자가 지입제경영을 한 경우에 그 사업면허를 필요적으로 취소하도록 한 법규정을 위헌결정한 것[1]도 이들 법규정이 목적의 정당성이나 수단의 적합성은 구비했지만 최소침해성과 법익의 균형성을 갖추지 못했기 때문이다. '과잉금지의 원칙'[2]이라고도 불려지는 이 방법상의 한계는 사실상 법률에 의한 기본권제한의 가장 핵심적인 한계를 뜻하는 것으로 기본권질서의 사활을 좌우하는 중요한 한계이다. 과잉금지원칙의 위배여부를 심사기준으로 적용하려면 반드시 제한되는 관련기본권을 명시적으로 밝히는 것이 원칙이다. 이 원칙에 비추어 볼 때 구 영유아보육법 제40조 등 위헌소원사건에서 청구인들은 재산권과 직업의 자유의 침해를 주장했지만 헌법재판소는 제한되는 구체적인 기본권을 밝히지도 않은 채 과잉금지원칙에 위배되지 않는다는 이례적인 결정을 해서 아쉬움을 갖게 한다.[3] 기본권침해에 대한 사법적 심사의 대상도 대개의 경우 이 방법상의 한계가 지켜졌는지를 심사하는 것으로 집약될 정도로 우리나라와 독일의 헌법판례에서도 매우 중요한 의미가 부여되고 있다.[4] 우리 헌법재판소는 우리 헌법이 제37조 제 2 항에서 과잉금지의 원칙 내지 비례의 원칙을 명문으로 인정하고 있다고 판시[5]하면서 법률이 기본권제한의 한계를 일탈했는가를 판단하는 데는 언제나 과잉금지의 원칙(목적의 정당성, 방법의 적절성, 피해의 최소성, 법익의 균형성)을 그 기준으로 삼아야 한다고 한다.[6] 법원의 보석

목적의 정당성·
방법의 적절성·
피해의 최소성·
법익의 균형성

1) 헌재결 2000. 6. 1. 99 헌가 11 등(병합), 판례집 12-1, 575면 이하 참조.
2) 자세한 것은 졸저, 전게서, 방주 431 참조.
3) 헌재결 2016. 4. 28. 2015 헌바 247 등, 판례집 28-1 하, 37(47면) 참조.
4) 독일의 판례에 대해서는 졸저, 전게서, 방주 431 각주 211) 참조. 우리 헌재가 상속세법(제32조의 2), 국가보안법(제 7 조 제 1 항·제 5 항과 제 9 조 제 2 항 및 제19조), 군사기밀보호법(제 6 조, 제 7 조, 제10조), 도로교통법(제50조 제 2 항, 제111조 제 3 호), 구집시법(제 3 조 제 1 항 제 4 호, 제14조 제 1 항) 등에 대해서 한정합헌결정 내지 일부위헌결정을 한 것도 바로 과잉금지원칙의 위반 때문이다(헌재결 1989. 7. 21. 89 헌마 38; 헌재결 1990. 4. 2. 89 헌가 113; 헌재결 1990. 6. 25. 90 헌가 11; 헌재결 1992. 1. 28. 89 헌가 8; 헌재결 1992. 4. 14. 90 헌바 23; 헌재결 1992. 4. 14. 90 헌마 82; 헌재결 1992. 2. 25. 89 헌가 104; 헌재결 1990. 8. 27. 89 헌가 118).
5) 【판시】 과잉금지원칙이라 함은 … 법치국가의 원리에서 당연히 파생되는 헌법상의 기본원리의 하나인 비례의 원칙을 말하는 것이다. 우리 헌법은 제37조 제 2 항에서 입법권의 한계로서 과잉금지원칙을 명문으로 인정하고 있으며 이에 대한 헌법위반 여부의 판단을 헌법재판소에서 관장하도록 하고 있다(헌재결 1992. 12. 24. 92 헌가 8, 판례집 4, 853(878면 이하)).
6) 【판시】 비례의 원칙 혹은 과잉금지의 원칙은 국가작용의 한계를 명시하는 것인데 목적의 정당성, 방법의 적정성, 피해의 최소성, 법익의 균형성(보호하려는 공익이 침해되는 사익보다 더 커야 한다는 것으로서 그래야만 수인의 기대가능성이 있다는 것)을 의미하는 것으로서 그 어느 하나에라도 저촉되면 위헌이 된다는 헌법상의 원칙이다(헌재결 1989. 12. 22. 88 헌가 13, 판례집 1, 357(374면)). 그런데 선택하는 수단은 합리적인 판단에 입각하여 추구하고자 하는 사안의 목적을 달성함에 있어서 필요하고 효과적이며 적절해야 하지만 목적달성에 필요한 유일한 수단이어야 하는 것은 아니다(앞의 판례집 378면 이하). 그 밖에도 예컨대 헌재결 1992. 4. 14. 90 헌마 82; 헌재결 1992. 4. 28. 90 헌바 24; 헌재결 1995. 4. 20. 92 헌바 29; 헌재결

허가결정에 대한 검사의 즉시항고제도[1]와 국채증권 멸실의 경우 공시최고절차의 적용을 배제하는 것[2] 등에[3] 대해서 우리 헌법재판소가 위헌결정한 것도 기본권제한에서 방법의 적절성과 피해의 최소성 및 법익의 균형성 요건을 갖추지 못했기 때문이었다.

5) 기본권의 법률유보에 관한 우리 헌법규정

헌법 제37조
제2항의 일반적인 법률유보

우리 헌법은 기본권의 법률유보를 규정하면서 '개별적인 법률유보'를 원칙적으로 피하고 '일반적인 법률유보'의 형식으로 제37조 제2항에서 기본권제한입법의 한계를 명백히 밝히고 있다. 즉 국민의 모든 자유와 권리는 '국가안전보장·질서유지·공공복리를 위하여' '필요한 경우에 한하여' '법률로써 제한할 수 있지만, '제한하는 경우에도 자유와 권리의 본질적인 내용을 침해할 수 없다'고 못박고 있다. 우리 헌법 제37조 제2항은 그 규정형식상 '일반적인 법률유보'처럼 보이지만, '기본권의 법률유보'에 내포되고 있는 순기능을 특히 강조하는 형식의 문구를 채택하고 있기 때문에, 그 내용상으로는 '기본권제한입법의 한계'를 네 가지 차원에서 강조하고 있다고 할 것이다. 즉 국민의 기본권을 제한하는

기본권제한입법의 한계 강조

법률이 지켜야 되는 목적상의 한계($^{국가안전보장·질서유}_{지·공공복리를 위하여}$), 형식상의 한계($^{법률로써 제한}_{할 수 있으며}$), 내용상의 한계($^{본질적 내용을}_{침해할 수 없다}$), 그리고 방법상의 한계($^{필요한 경우}_{에 한하여}$)를 간결하지만 명백하게 밝히고 있다. 따라서 우리 헌법 제37조 제2항은 그것이 비록 규정형식으로는 '일반적인 법률유보'조항처럼 보이지만 그 내용면에서는 '기본권제한입

1998. 5. 28. 95 헌바 18 참조.

1) 【판시】 검사의 보통항고로도 그 목적달성이 가능한데도 피고인의 신병확보 내지 부당한 보석 허가결정의 시정을 도모한다는 명목으로 검사에게 즉시항고를 허용한 것은 방법의 적정성, 피해의 최소성, 법익의 균형성을 갖춘 것이라고 할 수 없다(헌재결 1993. 12. 23. 93 헌가 2, 판례집 5-2, 578(602면 이하)).

2) 【판시】 국채증권 멸실의 경우 공시최고절차의 적용을 배제한 것은 멸실된 국채 채권자에게 아무런 권리회복의 길을 열어주지 아니한 채 절대적으로 권리를 상실하게 했으므로 기본권제한이 필요최소한도에 그친 것이라고 할 수 없어 과잉금지원칙을 어기고 국민의 재산권을 침해한 것이다(헌재결 1995. 10. 26. 93 헌마 246, 판례집 7-2, 498면).

3) 【결정례】 i) 관세청의 허가를 받아 비보세구역에 장치한 수입물품을 신고 없이 반출한 경우에는 해당물품 전부를 필요적으로 몰수·추징하도록 정하는 것은 구체적 사안의 개별성과 특수성의 고려가능성을 배제하는 것으로 최소침해성의 원칙에 위배되고 법관의 양형재량권도 침해한다(헌재결 2004. 3. 25. 2001 헌바 89). 그러나 무신고 또는 허위신고에 의한 밀수출의 경우를 밀수입과 동일하게 필요적 몰수·추징으로 규정한 것은 합헌이다(헌재결 2008. 12. 26. 2005 헌바 30). ii) 공직선거에서 금품수수 등의 금지의무를 어기고 금품 등을 제공받으면 받은 가액의 50배의 과태료를 부과하게 정한 선거법규정은 과태료의 기준 및 액수가 책임원칙에 맞지 않게 획일적이고 너무 과중해서 과잉금지원칙에 위반된다(헌재결 2009. 3. 26. 2007 헌가 22, 적용중지 헌법불합치결정).

법의 한계조항'이라고 보는 것이 옳다고 생각한다. 우리 헌법 제37조 제 2 항이 '일반적인 법률유보'의 형식으로 규정되고 있다는 점만을 지나치게 의식하고, 그 내용과 '기본권의 법률유보'의 순기능적인 의미를 도외시한 채, 「국민의 모든 자유와 권리는 필요하다면 법률로써 제한할 수 있다」는 식의 이른바 법률유보의 역기능적인 해석을 국내문헌에서 접할 때마다 헌법이론적인 저항감을 느끼게 된다. 그리고 기본권의 법률유보에 명확성의 원칙, 신뢰보호의 원칙, 소급입법의 금지 등 법치주의의 모든 내용을 포함시켜 이해하려는 태도도 옳지 않다. 기본권의 법률유보가 법치주의원리를 대치할 수는 없기 때문이다. 기본권의 법률유보는 법치주의를 실현하는 하나의 수단에 불과하다.[1] 우리 헌법재판소도 'TV수신료결정'에서 법치주의는 법률유보를 그 핵심적 내용의 하나로 하고 있고 법률유보는 의회유보원칙을 내포하는 것으로 이해해야 한다고 판시함으로써 법치주의와 법률유보를 구별하고 있다.[2] 또 법률유보와 관계 없이 법치주의의 한 내용인 신뢰보호의 원칙의 침해여부[3]

법률유보는
법치주의의
한 내용

---

1) 또 국내의 일부학자는 우리 헌법상의 기본권제한과 관련하여 미국연방대법원의 이른바 '이중기준의 원칙'을 원용하면서 정신적 자유에 대한 제한은 경제적 자유에 대한 제한보다 더 엄격한 기준이 적용되어야 한다고 주장한다. 그러나 기본권의 법률유보규정이 없는 미국에서 판례법으로 정립된 이론을 일반적인 법률유보규정을 두고 있는 우리의 경우에 획일적으로 그대로 적용할 수는 없다고 할 것이다. 예컨대 김철수, 322면; 권영성, 341면 참조.

2) 【판시】 헌법은 법치주의를 그 기본원리의 하나로 하고 있으며, 법치주의는 … 법률유보를 그 핵심적 내용의 하나로 하고 있다. 그런데 법률유보원칙은 단순히 행정작용이 법률에 근거를 두기만 하면 충분한 것이 아니라, 국가공동체와 그 구성원에게 기본적이고도 중요한 의미를 갖는 영역, 특히 국민의 기본권실현에 관련된 영역에 있어서는 행정에 맡길 것이 아니라 국민의 대표자인 입법자 스스로 그 본질적 사항에 대하여 결정하여야 한다는 요구까지 내포하는 것으로 이해해야 한다(이른바 의회유보원칙)(헌재결 1999. 5. 27. 98 헌바 70, 판례집 11-1, 633(643면)). 그러나 법률유보와 의회유보는 엄격히 구별해야 한다.

3) 【판시】 신뢰보호원칙 위반여부를 판단하기 위해서는 한편으로는 침해받은 이익의 보호가치, 침해의 중한 정도, 신뢰가 손상된 정도, 신뢰침해의 방법 등과 다른 한편으로는 입법으로 실현하려는 공익적 목적을 종합적으로 비교형량해야 한다(헌재결 1995. 6. 29. 94 헌바 39, 판례집 7-1, 896(910면)). 따라서 첫째, 보호가치 있는 신뢰이익이 존재하는가, 둘째, 과거에 발생한 생활관계를 현재의 법으로 규율함으로써 달성하려는 공익이 무엇인가, 셋째, 개인의 신뢰이익과 공익상의 이익을 비교 형량하여 어떠한 법익이 우위를 차지하는가를 살펴보아야 한다(헌재결 2009. 5. 28. 2005 헌바 20 등, 판례집 21-1 하, 446(458면)).
　【결정례】 i) 성범죄자에 대한 전자장치부착 소급적용이 존재하기 전 출소예정자가 자신은 전자장치부착명령 적용대상자가 아니라는 기대를 가졌어도 보안처분인 전자장치 부착에 관한 그 신뢰의 보호가치는 별로 크지 않아 신뢰이익의 침해정도가 과중하다고 볼 수 없다. 그에 비하여 전자장치부착명령 소급적용으로 달성하려는 공익이 더 크기 때문에 전자장치부착 소급적용은 신뢰보호의 원칙에 위배되거나 사생활의 비밀과 자유 또는 인격권의 침해도 아니다(헌재결 2015. 9. 24. 2015 헌바 35.). ii) 건축법 위반에 대하여 시정명령을 위반하면 종전의 과태료 대신에 이행강제금을 부과하도록 법개정을 하면서 건축법 개정 전의 위법건축물에 대해서는 종전처럼 과태료를 부과하도록 하다가 또다시 법개정을 하면서는 그러한 예외조항을 두지 않은 경우 종전처럼 과태료만 부과될 것이라고 기대한 신뢰는 그리 크지 않은 반면 이행강제금을

를 검토해서 심판한 판례도 있다.[1]

부과함으로써 위법상태를 치유하여 건축물의 안전·기능 등을 증진해야 하는 공익적인 필요는 크기 때문에 신뢰보호의 원칙에 위반되지 않는다(헌재결 2015. 10. 21. 2013 헌바 248). iii) 공무원연금법상 퇴직연금감액조항에 대한 헌재의 헌법불합치결정이 있어 이 결정취지에 따라 개선입법이 이루어질 것을 충분히 예상할 수 있었으므로 국회의 개선입법지연으로 한시적으로 입법공백상태가 발생해 1년간 연금전액을 지급받을 수 있었다고 해서 개선입법이 이루어진 이후에도 비로소 이행기가 도래하는 퇴직연금수급권에 대해서까지 종전대로 연금급여감액이 없으리라는 신뢰는 합리적이고 정당하지 않기 때문에 헌법상 신뢰보호원칙에 위반된다고 볼 수 없다(헌재결 2016. 6. 30. 2014 헌바 365, 판례집 28-1 하, 516(527면)). iv) 세법상의 입법미비를 보완한 개선입법이 이루어진 경우 구법상의 입법미비사항에 기대어 세액을 누락해도 수정수입세금계산서를 발급받아 매입세액 공제를 받을 수 있을 것이라는 신뢰, 즉 세법상의 흠결을 계속 이용할 수 있을 것이라는 점에 대한 신뢰는 헌법상 보호가치와 보호필요성이 크다고 볼 수 없으므로 보호대상에서 제외해도 신뢰보호원칙에 위배되지 않는다(헌재결 2016. 7. 28. 2014 헌바 372 등). v) 할부거래법을 전부 개정하면서 선불식 할부거래의 특징을 갖는 상조계약을 할부거래법의 적용대상에 포함시키고 개정법률 시행 전에 체결한 할부계약에 의해 상조업자가 수령한 선수금에 대해서도 소비자피해보상계약 등을 체결할 의무를 부과하도록 하는 법규정(부칙 제5조 제1항 및 동법 제50조 제1항 제1호)은 소급입법금지원칙이 문제될 여지가 없는 부진정소급입법에 해당한다. 그런데 법 개정 전에 할부상조업자가 선수금을 자유롭게 사용·처분할 수 있을 것이라고 믿은 기대나 신뢰는 그 보호가치가 그다지 크지 않은 반면 할부상조업자의 파산 등에 대비해 소비자를 보호하기 위한 정책적 목적의 실현은 아주 중요한 공익이므로 해당 규정은 신뢰보호의 원칙에 위배되지 않는다(헌재결 2017. 7. 27. 2015 헌바 240, 판례집 29-2 상, 52(63면)). vi) 개인기업을 법인기업으로 전환하도록 독려하기 위하여 도입한 구 조세특례제한법(제32조 제5항 제2호 중)의 이월과세 특례제도규정을 개정해서 법인 전환 후 5년 이내에 법인전환으로 취득한 주식 또는 출자지분의 50% 이상을 처분하는 경우 이월과세된 양도소득세를 납부하도록 사후관리규정을 강화하더라도 신뢰보호원칙에 위배되지 않는다. 법개정 전에 당사자가 5년 이내에 주식을 양도해도 양도소득세이월과세 혜택을 박탈당하지 않을 것이라고 믿었던 신뢰는, 그동안 사회·경제적 상황변동에 따라 법인 전환 시 세제지원제도의 내용이 다양하게 변경된 점에 비추어 볼 때, 불확실하고 잠정적인 것에 불과하다. 그에 비해서 이월과세특례제도를 악용한 탈세방지와 조세형평의 실현 및 기업의 안정적인 구조조정의 정책적 목적 실현의 공익은 매우 중대하기 때문이다(헌재결 2017. 7. 27. 2016 헌바 275, 판례집 29-2 상, 151(162면)).

1) 【판시】 i) 신뢰보호의 원칙은 법치국가원리로부터 파생되는 것으로서 구법질서에 대한 당사자의 신뢰가 합리적이고도 정당하며 법 제·개정으로 야기되는 당사자의 손해가 극심하여 새 입법으로 달성하려는 공익목적이 그러한 당사자의 신뢰파괴를 정당화할 수 없다면 새 입법은 신뢰보호의 원칙상 허용될 수 없다(헌재결 2001. 4. 26. 99 헌바 55, 판례집 13-1, 869(885면 이하)). ii) 구 규칙하에서 허가를 받아서 형성된 법률상의 지위 내지 권리가 규칙개정으로 불리한 영향을 받게 된 때에는 헌법상 보장되는 신뢰이익의 침해여부가 문제되는 것이지 … 직업의 자유의 침해여부의 문제는 아니다(헌재결 2002. 8. 29. 2001 헌마 159, 판례집 14-2, 203(213면))(침해부인 기각결정).

【결정례】 i) 외국의 의사면허 소지자가 국내의 의사면허를 받으려면 3년의 유예기간 후부터는 일률적으로 국가시험 전에 추가로 예비시험을 거치도록 법을 개정한 것은 구법을 믿은 자들의 직업선택의 자유와 평등권의 침해가 아니고, 신뢰보호의 원칙에도 위배되지 않는다(헌재결 2003. 4. 24. 2002 헌마 611). ii) 상장주식의 양도차익을 과세대상으로 법을 개정하면서 개정법 시행 후의 주식양도에 적용하는 것은 신뢰보호의 원칙에 위배되지 않는다(헌재결 2003. 4. 24. 2002 헌바 9). iii) 공무원의 연금액조정을 보수연동의 방식에서 물가연동의 방식으로 바꿔 기존의 연금수급자들에 대해서도 적용하는 공무원연금법규정은 신뢰보호의 원칙에 위배되지 않는다. 또 공무원연금급여액 산정의 기초를 종전의 '퇴직 당시의 보수월액'에서 '최종 3년

우리 헌법에서 '개별적인 법률유보조항'을 찾을 수 있느냐에 대해서 일부 학자는[1] '신체의 자유'($\frac{제12조\ 제1}{항\ 제2문}$)와 재산권($\frac{제23조\ 제1}{항\ 제2문}$)에 관한 규정에는 여전히 개별적인 법률유보조항이 남아 있다고 한다. 그러나 '신체의 자유'에 관해서 '개별적인 법률유보'를 논하는 것은 그런대로 이해할 수 있지만, '재산권'에 관해서 '개별적인 법률유보'를 논하는 것은 납득하기가 어렵다. 재산권에 관해서 규정된 법률유보는 재산권제한적 의미보다는 재산권형성적 의미가 더 강하게 내포되어 있다고 보아야 하기 때문에 이를 '개별적인 법률유보조항'으로 유형화하는 데는 문제점이 있다고 생각한다. 모든 국민의 재산권은 보장하지만 '그 내용과

개별적 법률
유보와 기본
권형성적 법
률유보

간의 평균보수월액'으로 변경하고, 연금지급개시연령을 60세로 늦추는 법개정도 신뢰보호의 원칙에 위배되지 않는다(헌재결 2003. 9. 25. 2000 헌마 93 등). iv) 그러나 주택법개정의 진정소급입법이 신뢰보호원칙을 위배하여 신뢰보호이익을 침해했다고 인정한 결정도 있다(헌재결 2008. 7. 31. 2005 헌가 16). v) 불합리한 법령제도를 시정하기 위한 개정은 중요한 공익적 필요에 따른 것이므로 구제도에 대한 수혜자의 신뢰보다는 우선되어야 한다(헌재결 2008. 11. 27. 2007 헌마 389). vi) 최고보상제도를 도입하는 산재법 개정을 하면서 개정 전의 규정에 따라 피재 전 평균임금기준으로 일정률(30~90%)의 장해연금을 받아오던 사람에 대해서도 2년 반의 유예기간이 지나면 최고보상제도를 적용해서 장해연금액의 20~60%정도 삭감 당하게 규정하는 것은 신뢰보호원칙에 위배되어 재산권을 침해한다(헌재결 2009. 5. 28. 2005 헌바 20 등). vii) 토양오염의 공법적 규제와 관련한 오염원인자조항으로 인하여 발생할 수 있는 예측하지 못한 불이익을 방지하기 위하여 도입된 토양환경평가제도 시행 이전에 토양오염관리대상 시설을 양수한 자에 대하여도 그 양수시기의 제한 없이 토양오염원인자로 간주하여 공법적 제재를 가하는 법조항은 침해를 최소화할 다른 제도적 수단을 예견하지 않고 있어 신뢰보호의 원칙에 위배된다(헌재결 2012. 8. 23. 2010 헌바 28, 판례집 24-2 상, 420(433면)). viii) 입법자가 헌법불합치결정에 따른 입법개선시한을 1년이나 지나 개선입법을 하면서 이미 이행기가 도래하여 수령한 공무원 퇴직연금의 일부분을 사후적으로 환수하도록 소급하여 적용하는 것은 비록 개선입법이 예정되어 있었다고는 하지만 국가기관의 잘못으로 인한 법집행의 책임을 퇴직공무원들에게 전가시키는 것이어서 신뢰보호의 요청이 공익상의 사유에 우선하므로 소급입법이 허용되는 예외사유에 해당하지 않는다. 따라서 헌법 제13조 제2항을 어긴 재산권의 침해이다(헌재결 2013. 8. 29. 2010 헌바 354 등, 판례집 25-2 상, 382(404면)). 헌재결 2013. 8. 29. 2011 헌바 391 등 및 헌재결 2013. 9. 26. 2013 헌바 170도 같은 취지의 결정. ix) 조기노령연금의 수급개시연령을 59세에서 60세로 상향 조정하고 1969년 이후 출생자의 연금수급개시연령을 그 이전에 태어난 가입자보다 1살 더 높게 규정한 국민연금법 규정은 신뢰보호의 원칙에 반하지 않아 재산권의 침해가 아니며 합리적 이유가 있어 평등권도 침해하지 않는다(헌재결 2013. 10. 24. 2012 헌마 906, 판례집 25-2 하, 327(337면)). x) 개정 국가유공자법 시행 직후에 국가유공자로 등록된 사람의 가족에 대해여 취업지원 실시기관 채용시험의 가점적용대상에 포함시키는 경과규정을 두지 않은 것은 헌법상 신뢰보호원칙에 위배되어 직업선택의 자유와 공무담임권을 침해했다고 볼 수 없다(헌재결 2015. 2. 26. 2012 헌마 400.). xi) 공기총 소지허가를 받고 자신이 직접 공기총을 보관하고 있던 사람은 관련 총포법 개정으로 공기총을 허가기관이 지정하는 곳에 보관하다가 필요시에 보관해제를 신청할 수 있게 되었어도 신뢰보호의 원칙을 어긴 것은 아니다. 공기총의 직접 보관에 대한 기대와 신뢰는 헌법상 보호가치 있는 신뢰로 보기도 어렵지만, 설령 신뢰의 보호가치를 인정한다고 해도 사회환경과 정책의 변화에 대응하는 입법자의 입법개선의 필요성이 크고 총기의 일괄보관으로 추구하는 공익이 개인보관의 사익에 비해 훨씬 크기 때문에 신뢰보호의 원칙에 위배하지 않는다(헌재결 2019. 6. 28. 2018 헌바 400).

1) 예컨대 권영성, 335면; 김철수, 301면 각주 1).

한계를 법률로 정한다'는 의미는 이미 존재하는 재산권을 법률로 제한하겠다는 뜻이 아니고, 보장될 수 있는 재산권의 내용과 한계를 법률로 정하겠다는 뜻이기 때문에, 이는 오히려 기본권의 실현에 주안점이 있는 기본권형성적 법률유보라고 평가해야 하리라고 생각한다. 물론 재산권의 내용과 한계를 정하는 법률을 제정하면 그것이 재산권을 형성하는 의미뿐 아니라 재산권을 제한하는 의미도 함께 가지게 되겠지만, 그 중점은 역시 기본권형성에 있다고 보아야 하기 때문에 재산권형성적 법률유보로 성격화하는 것이 옳다고 생각한다.

(3) 기본권형성적 법률유보

1) 기본권의 법률유보와의 구별

기본권의 제
한형식과 실
현형식

기본권의 법률유보와 엄격히 구별하여야 하면서도 실제에 있어서는 그 구별이 쉽지 않은 것이 이른바 '기본권형성적 법률유보'이다. '기본권의 법률유보'가 기본권의 '제한형식'으로서의 법률을 염두에 둔 개념형식이라면, '기본권형성적 법률유보'는 기본권의 '실현형식'으로서의 법률을 염두에 둔 개념형식이다.

따라서 기본권에 관련된 헌법상의 법률유보는, 그것이 기본권의 제한을 주목적으로 하는 '기본권의 법률유보'인지 아니면 기본권의 내용을 실현하는 데 주안점이 있는 '기본권형성적 법률유보'인지를 정확히 구별해서 이해하는 것이 중요하다. 전통적인 '기본권의 법률유보'의 관념에 사로잡혀 기본권에 관한 모든 헌법상의 법률유보를 오로지 기본권의 '제한형식'으로만 이해하려는 태도는 옳지 못하다. 또 그렇다고 해서 Häberle의 제도적 기본권이론처럼 모든 헌법상의 법률유보를 기본권의 '실현형식'으로만 이해하려는 극단적인 반대 입장도 찬성할 수 없다.

2) 기본권형성적 법률유보의 필요성

법률에 의한
기본권실현

헌법에 의해서 보장되는 적지 않은 기본권은 그것이 일상생활에서 기본권으로서의 효력을 나타내기 위해서는 그 내용을 법률적으로 구체화하는 이른바 형성작업이 선행되어야 한다. 이 형성작업은 민주국가에서 우선 입법권자에 의해서 법률의 형식으로 이루어지기 때문에, 법률의 형식으로 행해지는 기본권의 제한과 혼동을 일으키는 수가 있다. 또 실제로도 입법권자가 기본권을 '규율'하는 것은 형성적 의미와 제한적 의미를 함께 갖게 되는 경우가 적지 않다. 하지만 개념적으로는 기본권의 내용을 실현하는 데 그 주안점이 있는 기본권형성적 법률유보와, 기본권의 불가피한 제한을 규율하기 위한 기본권의 법률유보는 구별할 필요가 있다.

'기본권형성적 법률유보'의 논리형식과 관련해서 분명히 해 두어야 할 사실은 입법권자가 기본권의 적으로만 평가되어서는 아니되겠다는 점이다. 입법권자는 헌법의 명시적인 또는 묵시적인 수권에 의해서 개별적인 기본권을 실효성 있는 것으로 형성해야 할 일정한 헌법적 과제를 가지고 있기 때문에 이 과제를 이행하기 위한 입법권자의 기능은 오히려 기본권의 친구로 평가되어야 한다.

3) 우리 헌법상의 기본권형성적 법률유보

우리 헌법의 기본권에 관한 규정 중에는 그 내용의 실현을 '법률'에 맡기고 있는 예가 매우 많기 때문에 기본권의 구체화와 실효성을 위해서는 많은 양의 입법조치가 필요한 것이 사실이다. 따라서 기본권조문 중에 나타나는 '법률'은 기본권제한적인 의미보다 '기본권실현적'이고 '기본권보장적'인 의미가 더 많다는 사실을 유의할 필요가 있다.

(가) 기본권 실현적·행사절차적 법률유보

예컨대 '재산권의 내용'($\frac{제23조 제1}{항 제2문}$), '손실보상의 방법과 내용'($\frac{제23조}{제3항}$), '선거권'($\frac{제24}{조}$), '공무담임권'($\frac{제25}{조}$), '청원권'($\frac{제26}{조}$), '형사보상청구권'($\frac{제28}{조}$), '국가배상청구권'($\frac{제29조}{제1항}$), '교육의 자주성·전문성·정치적 중립성 및 대학의 자율성'($\frac{제31조}{}$), '국가유공자 등의 우선적 근로권'($\frac{제32조}{제6항}$), '범죄피해자의 구조청구권'($\frac{제30}{조}$), '형사피해자의 공판진술권'($\frac{제27조}{제5항}$),[1] 생활무능력자의 보호청구권($\frac{제34조}{제5항}$), '환경권'($\frac{제35조}{제2항}$) 등은 이를 구체화하는 법률의 제정에 의해서 비로소 실현되거나 행사될 수 있는 기본권들이다. 따라서 이들 기본권에 규정된 법률의 유보는 일종의 '기본권실현적' 내지 '기본권행사절차적' 법률의 유보라고 볼 수 있다.

(나) 기본권강화 내지 보장적 법률유보

또 '국선변호인의 도움을 받을 권리'($\frac{제12조}{제4항}$), '저작자·발명가·과학기술자와

---

1) 우리 헌재는 이 기본권과 관련된 기본권형성적 법률유보의 기능을 강조하고, 형사피해자의 개념을 넓게 해석하는 판시를 하고 있다.
【판시】 i) 형사피해자의 재판절차진술권의 취지는 법관이 형사재판을 함에 있어서 피해자의 진술을 청취하여 적절하고 공평한 재판을 하여야 한다는 것을 뜻할 뿐 아니라 이에 더 나아가 형사피해자에게 법관으로 하여금 적절한 형벌권을 행사해 줄 것을 청구할 수 있는 사법절차적 기본권을 보장해 준 적극적 입장에 있는 것이다(헌재결 1989. 4. 17. 88 헌마 3, 판례집 1, 31(37면)). ii) 형사피해자의 재판절차 진술권은 현행 기소독점주의의 형사소송체계하에서 형사사법의 절차적 적정성을 확보하기 위한 것이다. 따라서 형사피해자의 개념은 반드시 형사실체법상의 보호법익을 기준으로 한 피해자 개념에 한정하여 결정할 것이 아니라, 문제된 범죄행위로 말미암아 법률상 불이익을 받게 되는 자의 뜻으로 풀이해야 할 것이다(헌재결 1993. 3. 11. 92 헌마 48, 판례집 5-1, 121(129면)).

예술가의 권리'$\binom{\text{제22조}}{\text{제 2 항}}$, '재산권제한과 보상의 법률유보'$\binom{\text{제23조}}{\text{제 3 항}}$, '정당한 재판을 받을 권리'$\binom{\text{제27조}}{\text{제 1 항}}$, '민간인에 대한 군사재판의 특례'$\binom{\text{제27조}}{\text{제 2 항}}$, '교육제도의 법률유보' $\binom{\text{제31조}}{\text{제 6 항}}$, '근로조건의 법정주의'$\binom{\text{제32조 제 2}}{\text{항과 제 3 항}}$ 등은 오히려 이들 기본권과 제도를 법률로써 보호하고 더 강화하려는 취지가 헌법의 조문에 명백히 나타나고 있기 때문에 이들 규정에 관한 법률의 유보는 '기본권보장적'인 의미가 강한 법률의 유보라고 볼 수 있다.

결국 우리 헌법은 기본권을 실현하기 위해서 '기본권실현적' 내지 '기본권행사절차적'인 법률의 제정을 예정하거나 기본권의 내용을 강화하는 '기본권보장적'인 법률의 제정을 유보하는 등 여러 가지 형태의 '기본권형성적 법률유보'를 규정하고 있다고 할 것이다.

(4) 소위 '특별권력관계'와 기본권의 제한

양립불가설에
서 양립설로

공무원·군인·수형자 등처럼 이른바 '특별권력관계'에 있는 사람들도 일반국민과 마찬가지로 기본권을 주장할 수 있는 것인지, 아니면 이들의 기본권은 법률에 의하지 않고서도 얼마든지 제한할 수 있는 것인지 하는 문제가 이미 바이마르공화국시대 이전부터 진지하게 논의되어 왔다. 처음에는 이른바 '특별권력관계'와 기본권이 양립할 수 없다는 견해가 지배적이었지만 오늘날에 와서는 오히려 그 정반대의 주장이 지배적인 위치를 차지하게 되었다. 따라서 이른바 '특별권력관계'는 이제는 기본권의 주체의 문제가 아니고, 기본권의 효력의 문제일 뿐이다.

1) 고전적인 '특별권력관계'이론의 내용과 그 이념적 기초

포괄적 지배
와 절대적 복
종관계 유지
의 목적

19세기적인 공법이론에 의하면 국가와 국민의 '일반권력관계'와 엄격히 구별해야 되는 이른바 '특별권력관계'가 있는데, 이 '특별권력관계'는 권력의 주체가 국민을 포괄적으로 지배하고, 국민은 권력의 주체에게 절대적으로 복종하는 특별한 법률관계를 뜻하기 때문에, '일반권력관계'에서와는 달리 '법률에 의한 기본권제한의 원칙'이 존중될 필요가 없다고 한다. 국가가 수행해야 되는 여러 가지 특수한 공법상의 목적을 달성하기 위해서는 여러 가지 유형의 '특별권력관계'가 필요한데 '특별권력관계'에서도 '일반권력관계'에서처럼 기본권제한의 여러 가지 한계를 지키려고 하다가는 '특별권력관계' 본래의 목적을 도저히 달성할 수 없기 때문에, '법률에 의한 기본권제한의 원칙'을 무시할 수밖에 없다고 한다.

'법률에 의한 기본권제한의 원칙'을 무시하고 기본권을 제한할 수 있는 이론적인 근거로서는, 특별권력관계성립에 대한 당사자의 동의(예컨대 공무원)와 이 동의 속에 함께 내포되고 있다고 믿은 이른바 '기본권의 포기'가 자주 거론되었다. 그러나 고전적인 '특별권력관계'이론의 이념적 기초를 보다 심층적으로 살펴본다면, 당시의 국가관 내지 기본권사상이 '특별권력관계'이론의 성립에 결정적인 영향을 미쳤다고 볼 수 있다.[1]

동의설·포기설·기본권객체설

2) '특별권력관계'이론의 동요(근대적인 '특별권력관계'이론)

고전적인 특별권력관계이론의 이념적 기초가 되고 있는 기본권관과 국가관이 여러 측면으로부터 비판을 받게 되고, 고전적인 특별권력관계이론의 논거로 제시된 '당사자의 동의'가 '국가와 수형자의 관계' 또는 '병역관계'에서처럼 통할 수 없는 영역이 있을 뿐 아니라, '기본권의 포기'가 이론상 허용될 수 없는 논리형식으로 입증되면서부터 고전적인 특별권력관계이론은 동요와 변질을 경험하지 않을 수 없게 되었다. 그 결과 '특별권력관계'에도 기본권의 효력을 미치게 함으로써 '법률에 의한 기본권제한의 원칙'을 이른바 '특별권력관계'에서도 관철하기 위한 이론구성이 특히 제 2 차 대전 후에 싹트기 시작했다. 즉 '특별권력관계'를 '기본관계'와 '내부관계'로 나누어서 적어도 '특별권력관계'의 설정·변경·존속에 직접적인 영향을 미치는 '기본관계'에서는 기본권의 효력을 완전히 인정하고 그 침해에 대한 사법적 권리구제도 허용하려는 것이다.[2]

기본관계와 내부관계의 구분

3) '특별권력관계'에 대한 새로운 이론적 접근(현대적인 '특별권력관계'이론)

㈎ 특수한 신분관계

헷세(Hesse)에 따르면 종래 '특별권력관계'라는 개념으로 표시하려던 국가

특수한 신분관계론

---

1) 즉 기본권을 국가권력에 대한 국민의 '방어적 권리'로 이해한 당시의 기본권관에서 평가할 때, 공무원·군인 등 이른바 특별권력관계에 있는 사람들은 이미 국가권력의 중요한 구성부분을 뜻하지 순수한 의미의 국민은 아니기 때문에 국민에게 인정되는 기본권을 이들 국가권력의 구성부분에게 인정한다는 것은 이론상 모순이라는 사상이 짙게 깔려 있었다고 볼 수 있다. 따라서 '특별권력관계'에는 기본권의 효력이 미칠 수 없게 되고 기본권침해를 전제로 하는 권리구제절차도 처음부터 생각할 수 없게 된다.

2) 1956년 독일공법학회에서 발표한 울레(C. H. Ule)의 논문에서 최초로 정립된 이 이론은 당시 공법학회에서도 일반적인 공감을 얻었을 뿐 아니라 그 후에도 많은 이론적인 동조자를 얻어, 이른바 '특별권력관계'에서도 기본권의 제한에 일정한 한계가 있음이 일반적인 인식으로 굳어졌다. 마침내 1972년에는 독일연방헌법재판소도 수형자의 기본권을 제한하기 위해서는 반드시 법률의 근거가 있어야 한다는 점을 판례로써 명백히 밝힘으로써 '법률에 의한 기본권제한의 원칙'이 이른바 '특별권력관계'에도 적용되어야 한다는 점을 최초로 확인하기에 이르렀다. 자세한 문헌과 판례는 졸저, 전게서, 방주 671 참조.

와 국민의 관계는 말하자면 일반적인 권리의무의 관계만으로는 설명할 수 없는 매우 밀접한 유착관계를 뜻하는 것으로서, 일반적인 국민이 부담하는 의무보다 더 큰 의무를 과할 수도 있고 또 반대로 일반국민보다는 더 많은 권리를 인정할 수도 있는 일종의 '특수한 신분관계'에 지나지 않는다고 한다. 따라서 개념적으로도 '특별권력관계'보다는 '특수한 신분관계'라고 부르는 것이 현실적으로 존재하는 다양한 형태의 '특수한 신분관계'를 설명하는데 도움이 된다고 한다.

(나) 특수한 신분관계와 기본권의 제한

특수한 신분관계의 규범조화적 유지 위한 기본권 제한

Hesse의 시각에서 평가할 때, 그와 같은 '특수한 신분관계'는 사회공동체가 정치적인 일원체로서 기능하는 데 없어서는 아니되는 '특수한 생활관계'로서, 그 특수한 생활관계마다 독자적인 생활질서를 가지는 것이기 때문에, '특수한 신분관계'를 원활하게 유지하기 위해 불가피한 기본권의 제한은 이른바 '규범조화적 해석'의 방법에 따라 그 정당성 여부가 평가되어야 한다고 한다. 즉 '특수한 신분관계'라고 해서 그 기본권제한에 있어서 완전히 새로운 기준과 한계가 적용되는 것이 아니고, 기본권제한에 관한 일반적 이론이 '특수한 신분관계'에서도 그대로 적용되는 것이라고 강조한다.

기본권제한의 일반원칙 적용

요컨대 종래 법률에 의한 기본권제한의 예외 또는 기본권제한의 특수형태로 설명되어 온 이른바 '특별권력관계'를 Hesse는 다른 모든 기본권제한의 문제와 마찬가지로 '규범조화적 해석'과 '헌법의 통일성'의 테두리 내에서 설명하고 있는 점이 그의 이론적인 독창성이라고 평가할 수 있다. 따라서 Hesse에 따르면 '특수한 신분관계'는 절대로 법률에 의한 기본권제한의 예외가 될 수도 없고, '특수한 신분관계'라고 해서 법률에 의한 기본권제한의 한계가 무시되어야 할 아무런 이유가 없게 된다.[1]

4) 비판 및 사견

기본권의 사각지대 부정

생각건대 이른바 '특별권력관계'가 기본권의 공백지대가 아니라고 하는 점에 대해서는 오늘날 우리나라에서도 이론이 없는 것 같다. 다만 이른바 '특별권력관계'라는 고전적인 개념을 그대로 사용할 것인지의 여부와, 그에 대체할 수 있는 적절한 개념을 선택하는 문제, 그리고 이른바 '특별권력관계'에서 허용되는 기본권제한의 근거와 한계 등에 대해서는 아직도 정설적인 견해가 확립되고 있는 것 같지 않다.

고전적 개념의 부당성

하지만, 이른바 '특별권력관계'라는 개념을 아무런 제한 없이 그대로 사용

---

1) Hesse의 이론에 관해서 자세한 것은 졸저, 전게서, 방주 672 및 673 참조.

하는 것은 오늘날의 헌법관 내지 국가관과 조화되기가 어렵다고 느껴지기 때문에, 되도록이면 이 개념을 사용치 않거나 부득이한 경우 이른바 '특별권력관계'라고 제한해서 사용하는 것이 바람직하다고 생각한다. 우리나라에서도 그와 같은 움직임이 얼마 전부터 일고 있는 것은 매우 다행스런 일이다.[1]

그리고 이른바 '특별권력관계'에서 허용되는 기본권제한의 근거와 한계 등에 대해서는 Hesse의 이론에 따라 이를 이해하는 것이 가장 무리가 없다고 생각한다. Hesse의 이론이 독일에서도 학설과 판례의 일반적인 지지를 받고 있는 것도 그 때문이다. 따라서 이른바 '특별권력관계'를 '법률에 의한 기본권제한의 원칙'이 적용되지 않는 예외의 경우라고 설명하는 것은 시대착오적이라고 할 것이다.[2]

헷세논리의
타당성

5) 우리 헌법과 특수한 신분관계

우리 헌법을 보더라도, 이른바 전통적인 '특별권력관계'에 해당하는 공무원근무관계(제7조, 제29조, 제33조 제2항, 제78조), 병역복무관계(제39조, 제27조 제2항, 제110조), 학생교육관계(제31조), 수형자복역관계(제12조, 제13조, 제27조, 제28조) 등이 헌법에 의해서 직접 설정된 것이거나 적어도 그 설정이 예정된 것이고, 이들 이른바 '특별권력관계'는 우리 대한민국이라는 사회공동체가 기능하는 데 없어서는 아니되는 '특수한 생활관계'로서 공무원근무 · 병역복무 · 학생교육 · 수형자복역 등은 각각 독자적인 생활질서를 가지는 것이기 때문에, 그 각각의 독특한 생활질서가 요구하는 범위 내에서 법률로써 기본권을 최소한으로 제한하는 것은 그와 같은 '특수한 생활관계'를 설정한 헌법의 뜻에도 어긋나지 않는다고 할 것이다. 따라서 그것은 결코 '법률에 의한 기본권제한의 원칙'에 대한 예외일 수가 없고, '법률에 의한 기본권제한의 원칙'이 적용되는 하나의 유형에 지나지 않는다고 보아야 한다. 따라서 기본권침해에 대한 사법적 권리구제수단도 그대로 적용된다. 예컨대 헌법이 이미 공무원근무관계라는 '특수한 생활관계'를 마련해 놓고 있는 이상 공무원의 정상적인 근무관계의 유지를 위해서 국가공무원법을 제정해서 공무원근무라는 독특한 생활관계가 요구하는 필요 불가피한 최소한의 범위 내에서 공무원이 가지는 여러 가지 기본권을 제한하는 것은 그것이 기본권제한입법의 한계를 일탈하지 않는 한 헌

특수한 신분
관계의 유형
과 기능

기본권제한과
권리구제의
일반원칙 적용

---

1) 예컨대 김철수, 330면 참조. 권영성, 342면, 교수는 여전히 특별권력관계라는 개념을 제한 없이 사용하고 있다.

2) 【독일판례】 수형자의 수용소 내의 노동에 대해서 시간당 3유로(독일 근로자에 대한 당시 최저임금은 시간당 10유로)를 지급하도록 규정한 바이에른주와 노르트라인 베스트팔렌주의 행형법 규정은 인간의 존엄과 가치와 관련된 개성 신장의 자유(기본법 제1조 제1항과 제2조 제1항)에 포함된 수형자의 재사회화의 요청에 위배된다. 2025년 6월 30일까지 시한부로 계속 적용하도록 헌법불합치 결정을 한다(BVerfGE 2 BvR 166/16, 2 BvR 1683/17. 2023. 6. 20. 판결).

법규범의 조화적인 실현을 위해서 불가피한 일에 속하지만 그에 대한 사법적 통제도 허용된다. 병역복무관계·학생교육관계·수형자복역관계 등도 모두 마찬가지이다. 우리 헌법재판소도 병역복무관계[1]와 공무원근무관계,[2] 그리고 수형자복역관계[3]가 결코 기본권의 사각지대가 될 수 없고, 기본권의 효력이 미치기 때문에 권리구제가 가능하다는 판시를 하고 있다.[4] 우리 대법원도 같은 입장이다.[5]

특수한 신분관계 유지 위한 기본권의 헌법적 한계 규정

우리 헌법은 한 걸음 더 나아가 공무원의 정상적인 근무관계를 위해서 공무원은 원칙적으로 노동 3 권을 가질 수 없다는 점을 기본권의 헌법적 한계로 명시하고($\frac{제33조}{제2항}$), 공무원의 정상적인 근무관계와 조화될 수 있는 범위 내에서 법률로써 예외를 인정할 수 있도록 하고 있다($\frac{제33조}{제2항}$). 또 병역복무관계를 정상적으로 이끌어 나가기 위해서 필요 불가피하다고 느껴서인지 헌법 스스로가 군인·군무원이 가지는 재판청구권을 일반법원이 아닌 군사법원의 재판청구권으로 제한하고($\frac{제110}{조}$), 군인·군무원·경찰공무원 등이 가지는 국가배상청구권을 제한하고 있다($\frac{제29조}{제2항}$). 이 모든 헌법상의 규제는 헌법 스스로가 설정했거나 그 설정을 예

---

1) 【판시】 인간으로서의 존엄과 가치존중의 헌법정신과 군인복무규율상의 규정은 차치하고서라도 … 군내부의 훈령이라고 볼 군기율을 근본적으로 어긴 실질적인 가혹행위를 검찰관이 단순히 군상사의 명령이라는 이유만으로 항명죄의 객체인 정당한 명령으로 단정한 끝에 항명죄로 처분한 것은 자의금지의 원칙을 어겨 청구인의 평등권과 행복추구권을 침해한 것이다(헌재결 1989. 10. 27. 89 헌마 56, 판례집 1, 309(320면 이하)).
   【결정례】 상관 살해죄의 법정형을 사형으로만 정한 군형법규정은 인간의 존엄과 가치를 존중할 헌법이념에 반하는 위헌규정이다(헌재결 2007. 11. 29. 2006 헌가 13).
2) 【판시】 청구인(법관)은 이 사건 인사처분(전보발령)에 대하여 그 구제를 청구할 수 있고, 그 절차에서 구제를 받지 못한 때에는 … 다시 행정소송을 제기하여 그 구제를 청구할 수 있음이 명백하다(헌재결 1993. 12. 23. 92 헌마 247, 판례집 5-2, 682(692면)).
3) 【판시】 기결수형자도 통신의 자유의 주체이다. 그러나 수형자의 구금의 목적을 달성하기 위해서는 수형자의 서신에 대한 검열은 불가피하다. 다만 통신의 비밀을 보호하는 헌법정신에 따라 그 검열은 합리적인 방법으로 운용되어야 하고 서신수발의 불허는 엄격한 기준에 의하여야 하며 교도관 등이 알게 된 서신내용의 비밀엄수 등은 미결수용자의 경우와 같다(헌재결 1998. 8. 27. 96 헌마 398, 판례집 10-2, 416면 이하).
   【결정례】 구치소에 수용중인 미결수용자에게 구치소 내의 종교의식 내지 종교행사에 참석하지 못하게 하는 구치소장의 조치는 종교의 자유의 침해이다(헌재결 2011. 12. 29. 2009 헌마 527).
4) 따라서 오늘의 상황에서 특수한 신분관계에서의 기본권제한과 관련해서 그 사법적 통제에 관해 부정설·제한적 긍정설·전면적 긍정설 등 논란을 벌이는 것은 전혀 무의미한 일이다.
   권영성, 344면; 김철수, 330면.   따라서 이하 밑줄 제거했습니다.
   【결정례】 군의 영창처분은 징계처분임에도 신분상 불이익 외에 신체의 자유 박탈까지 그 내용으로 삼고 있어 징계의 한계를 초과했다. 영창처분은 그 실질이 구류형의 집행과 유사하게 운영되므로 형사상 절차에 준하는 방식으로 이루어져야 한다. 그리고 영창처분이 가능한 징계사유는 지나치게 포괄적이고 그 기준이 불명확하여 영창처분의 보충성도 담보되지 않는다. 따라서 영창제도를 정한 군인사법 규정(제57조 제 2 항 제 2 호)은 과잉금지원칙을 어겨 신체의 자유를 침해한다(헌재결 2020. 9. 24. 2017 헌바 157 등).
5) 【판결례】 특별권력관계에서도 위법·부당한 특별권력의 발동으로 인하여 권리를 침해당한 자는 그 위법·부당한 처분의 취소를 구할 수 있다(대법원 1982. 7. 27. 선고 80 누 86 판결).

정하고 있는 이른바 '특별권력관계'의 원활한 기능을 위해서 헌법이 스스로 마련한 헌법적 규제 내지 제한에 지나지 않지만, 법률에 의한 규제 내지 제한이 규범조화적인 범위 내에서 가능한 것은 물론이다. 국가 및 지방공무원법,[1] 군인의 지위 및 복무에 관한 기본법, 각종 교육법, 형의 집행 및 수용자의 처우에 관한 법률 등에 의한 기본권의 보호와 제한이 그 예이다.

(5) 국가긴급권에 의한 기본권의 제한

1) 국가긴급권에 의한 기본권제한의 의의와 성질

헌법이 확립해 놓은 헌정생활의 법적·정치적 기초가 중대한 위협에 직면하게 되는 이른바 '국가비상사태' 내지는 '국가긴급상태'를 당해서 이에 효과적으로 대처함으로써 되도록 빠른 시일 내에 헌법질서를 되찾기 위한 헌법보호수단이 바로 '국가긴급권'이다. 헌법보호의
비상수단

이처럼 헌법보호를 위해서 국가긴급권이 발동되어야 하는 국가비상사태는 일시적인 헌법장애상태와는 다르기 때문에 헌법에서 국가긴급권의 발동기준과 내용 그리고 그 한계에 관해서 상세히 규정함으로써 그 남용 내지 악용의 소지를 줄이고, 심지어는 국가긴급권의 과잉행사 때는 저항권의 행사를 가능케 하는 등 필요하다고 생각되는 제동장치도 함께 마련해 두는 것이 현대의 민주적인 헌법국가의 일반적인 경향이다. 우리 헌법도 긴급조치를 필요로 하는 긴급상황과 계엄선포를 요하는 비상사태에 대해서 규정하면서(제76조와
제77조) 국가긴급권의 내용과 효력 및 그 한계에 관해서 밝히고 있다.[2] 국가긴급권
규정의 헌법
상 의의

그런데 이같은 국가긴급권에 의해서 국민의 기본권이 제한될 수 있는 것은 물론인데, 국가긴급권에 의한 기본권의 제한은, 국가긴급권 그 자체가 정당 기본권제한
통한 기본권
보호의 논리

---

1) **【결정례】** 공무원은 근로자의 성격을 갖지만 헌법상 국민 전체에 대한 봉사자이며 책임을 져야 하는 특별한 근무관계에 있으므로 일반근로자와는 달리 초과근무수당(시간외, 야간, 휴일근무수당)의 지급이 근로기준법에 따라 일반근로자에게 지급하는 액수보다 적은 액수의 수당을 지급하도록 정한 공무원 수당 등에 관한 규정은 근로기준법보다 우선적으로 적용되는 것이어서 불합리한 차별대우가 아니다(헌재결 2017. 8. 31. 2016 헌마 404, 판례집 29-2 상, 383(391면)).

2) **【판시】** i) 이러한 점에서 헌재가 '국가보위에 관한 특별조치법'(제 5 조 제 4 항)의 위헌심판사건에서 '이 법은 헌법에 규정된 국가긴급권 이상의 강력한 권한을 대통령에게 부여해서 대통령이 주관적 판단에 따라 특별조치를 할 수 있고 국회승인을 받지 않아도 되도록 규정했으므로 위헌'이라고 판시한 것은 주목할 만하다(헌재결 1994. 6. 30. 92 헌가 18, 판례집 6-1, 557면 이하 참조). ii) 국가비상사태하에서 근로자의 단체교섭권 및 단체행동권을 제한한 구 국가보위에 관한 특별조치법(제11조 제 2 항 중 제 9 조 제 1 항에 관한 부분)은 국가긴급권의 발동요건, 사후통제절차, 시간적 한계를 무시한 초헌법적인 국가긴급권의 창설에 해당하나, 당시의 상황이 이를 정당화할 정도의 극단적 위기상황이라 볼 수 없어 근로 3 권의 본질적인 내용을 침해하는 위헌이다(헌재결 2015. 3. 26. 2014 헌가 5, 판례집 27-1 상, 226(232면)).

하게 발동된 경우에는, 단순한 기본권의 차원이 아닌 헌법질서의 존립의 차원
에서 평가되어야 할 일종의 '긴급헌법'적인 성질의 것이기 때문에 정상적인 헌
법질서를 전제로 하는 기본권의 제한과는 그 성질이 전혀 다르다. 국가긴급권
에 의한 기본권의 제한은 올바른 국가긴급권을 전제로 할 때, 거시적으로는 그
자체가 '기본권보호의 수단'일 수 있다는 역설적인 의미를 갖는다. 이 점이 위
에서 설명한 기본권제한의 일반적인 유형과 본질적으로 다른 점이다.

2) 국가긴급권에 의한 기본권제한의 한계와 대응수단

국가긴급권남
용과 저항권

국가긴급권의 본질상, 기본권제한은 절대로 그 '목적'일 수 없고 하나의
'수단' 내지 '방법'에 그쳐야 하는데도 불구하고, '기본권제한'을 그 '목적'으로
하는 오용된 '국가긴급권'이 발동되는 경우에는, 헌법상 명문의 규정 유무에 관
계 없이 저항권의 행사가 불가피하다고 할 것이다. 국가권력이 행사할 수 있는
가장 강력한 무기가 '국가긴급권'이라면, 그와의 헌법이론적인 균형을 위해서
국민이 갖는 방어무기는 바로 저항권이기 때문이다. 국가긴급권의 본질은 '양의
심성을 가진 사자'이기 때문에 '사자의 심성을 가진 사자'의 행태는 이미 국가
긴급권과는 거리가 멀다.

3) 우리 헌법상의 국가긴급권에 의한 기본권제한

기본권의 과
잉제한 방지

우리 헌법은 국가비상사태가 발생한 경우에 대통령으로 하여금 헌법보호
의 비상수단을 발동케 함으로써 국가긴급권에 의한 기본권제한의 가능성을 열
어 놓고 있다. 그러나 우리 헌법이 규정하고 있는 국가긴급권은 그 요건과 내
용 및 효과면에서 매우 엄격한 제약을 받게 함으로써 국가긴급권남용에 의한
기본권의 과잉제한을 제도적으로 방지하고 있지만 비상계엄의 경우에는 미흡한
점도 없지 않다.

㈎ 긴급재정·경제명령에 의한 기본권의 제한

a) 긴급재정·경제명령의 발동요건

네 가지 요건

대통령이 긴급재정·경제명령을 발동해서 기본권을 제한하기 위해서는 반
드시 다음 네 가지 요건을 충족시켜야 한다. 즉 i) 내우, 외환, 천재, 지변 또는
중대한 재정·경제상의 위기상황이 발생하고(상황요건), ii) 국가안전보장 또는
공공의 안녕질서를 유지하기 위하여 긴급조치가 필요하고(목적요건), iii) 국회의
집회를 기다릴 1일간의 여유(국회법 제5조 제2항)조차 없을 때에 한하여(긴급요건), iv) 최
소한으로 필요한 재정·경제상의 처분을 내용으로 하는(과잉금지요건) 명령을 발

할 수 있다(제76조). 우리 헌법재판소도 긴급재정·경제명령의 발동요건을 강조하면서 '긴급재정·경제명령은 사전적·예방적으로 발할 수 없을 뿐 아니라, 공공복지의 증진과 같은 적극적 목적을 위해서도 발할 수 없는 등 위기의 직접적 원인의 제거에 필수불가결한 최소의 한도 내에서 헌법이 정한 절차에 따라 행사되어야 하고 그 발동요건은 엄격히 해석되어야 한다'고 판시하고 있다.[1]

b) 긴급재정·경제명령의 발동효과

이 네 가지 요건을 충족시킨 긴급재정·경제명령이 발동되면 그 명령은 법률의 효력을 가지기 때문에(제76조), 이 명령으로 기존의 법률을 개정 또는 폐지하는 것도 가능하게 되고(제76조), 또 법률에 의한 것과 마찬가지로 국민의 재정·경제생활영역을 제한하는 조치를 할 수도 있다. 그러나 이 때에도 기본권제한의 내용상의 한계와 방법상의 한계는 반드시 존중되어야만 한다. 따라서 형식상의 한계만을 제외하고는 법률에 의한 기본권제한의 원칙이 그대로 적용된다고 볼 수 있고 국회의 승인요건 때문에 형식상의 한계도 완전히 배제되는 것은 아니라고 할 것이다.

법률의 효력 발생

c) 긴급재정·경제명령에 대한 통제

긴급재정·경제명령은 국회의 집회를 기다릴 여유가 없는 긴급한 상황 속에서 발동된 것이기 때문에 지체없이 국회의 소집을 요구하고 국회에 보고하여 그 사후승인을 받아야 한다. 국회의 승인을 받지 못한 때에는 그 명령은 그때부터 효력을 상실할 뿐 아니라 그 명령에 의해서 개정·폐지된 법률은 당연히 그 효력을 회복한다(제76조 제3항·제4항).

국회의 사후 승인

(내) 긴급명령에 의한 기본권의 제한

a) 긴급명령의 발동요건

대통령의 긴급명령으로 기본권을 제한하기 위해서는 i) 국가의 안위에 관계되는 중대한 교전상태가 발생해서(상황요건), ii) 국가를 보위하기 위한 긴급조치가 필요하고(목적요건), iii) 국회의 집회가 불가능(국회집회불능요건)하여야만 한다(제76조).

세 가지 요건

b) 긴급명령의 발동효과

긴급명령이 발동되면 그 명령은 법률과 같은 효력을 가지기 때문에 기존 법률의 개폐는 물론이고 국민의 기본권을 제한하는 조치를 취할 수 있다. 제한되는 기본권은 긴급재정·경제명령의 경우보다 포괄적이다. 그렇지만 이 때에도 기본권제한의 내용상의 한계와 방법상의 한계가 존중되어야 하는 것은 당연하다.

법률의 효력 발생

---

1) 헌재결 1996. 2. 29. 93 헌마 186, 판례집 8-1, 112(120면 이하) 참조.

c) 긴급명령에 대한 통제

국회의 사후
승인

긴급명령이 국회의 사후승인을 받아야 되는 점과 국회의 승인을 얻지 못한 때의 결과는 긴급재정·경제명령과 같다($\frac{제77조}{항·제4항}$ 제3).

㈐ 비상계엄에 의한 기본권의 제한

a) 비상계엄의 선포요건

세 가지 요건

비상계엄의 선포에 의해서 기본권을 제한하려면 i) 전시·사변 또는 이에 준하는 국가비상사태가 발생하고(상황요건), ii) 병력으로써 군사상의 필요에 응하거나 공공의 안녕질서를 유지할 필요가 있어(필요요건), iii) 법률(계엄법)이 정하는 절차와 방법에 따른 것이어야(준법요건)한다($\frac{제77조}{제1항}$).

b) 비상계엄의 선포효과

계엄법에 따른 기본권제한

비상계엄이 선포된 때에는 계엄법의 규정에 따라 영장제도, 언론·출판·집회·결사의 자유를 특별히 제한할 수 있다. 그러나 그 제한은 어디까지나 계엄법에 따른 것이기 때문에 법률에 의한 제한일 따름이다. 이 점이 법률의 효력을 가진 명령에 의한 제한과 다른 점이다. 또 우리 헌법($\frac{제27조 제2}{항, 제110조}$)은 비상계엄이 선포된 경우에는 민간인에 대해서도 군사법원이 재판할 수 있게 하면서 사형선고의 경우를 제외하고는 예외적으로 군사법원에 의한 단심재판을 허용하고 있다($\frac{제110조}{제4항}$). 그러나 비상계엄의 선포에 의해서 기본권을 제한하는 경우에도 법률에 의한 기본권제한의 규범적 한계는 반드시 존중되어야 한다.

c) 비상계엄에 대한 통제

국회 재적과
반수의 해제
요구권

비상계엄의 선포는 대통령이 국회에 지체없이 통고하여야 하는데 국회가 그 재적의원과반수의 찬성으로 계엄의 해제를 요구한 때에는 대통령은 이를 해제하여야 한다($\frac{제77조 제4}{항·제5항}$). 긴급재정·경제명령 또는 긴급명령의 경우와 달리($\frac{제76}{조}$ $\frac{제3항·제4항,}{제49조 참조}$) 계엄해제요구에는 더 가중된 의결정족수를 요구하고 있는 점을 주목해야 한다. 바로 이곳에 비상계엄의 독소가 들어 있고 그 악용의 소지가 있다.

6. 기본권의 보호

Ⅰ. 기본권의 기속력과 기본권의 보호

기본권은 사회공동체의 동화적 통합을 달성하기 위해서 꼭 존중되고 실현시켜야 되는 사회의 '가치적인 Konsens'이기 때문에 국민 개개인의 '주관적 권리'에 그치지 않고, 동화적 통합의 기본이 되는 '객관적인 질서'를 뜻하게 되고, 국가권력의 행사는 물론, 사인의 법률생활관계도 기본권에 기속된다. 따라서 국가권력이 기본권에 기속된다고 하는 것은 입법권·행정권·사법권 등이 국가 작용을 할 때 마땅히 기본권을 존중해야 할 헌법적인 기속을 받는다는 뜻이다. 따라서 기본권의 기속력과 '기본권의 보호'는 서로가 이념적인 연관성이 있다.[1]

　　한 나라의 기본권질서가 단순한 장식적인 성질의 것인지, 아니면 현실생활에서도 실효성이 있는 생활규범으로서의 성질을 갖는 것인지의 여부를 판단하는 데 중요한 기준이 되는 것이 바로 '기본권의 보호'에 관한 여러 가지 규정들이다. 기본권의 보호가 사적인 단체나 언론기관 등에 의해서 효과적으로 이루어지는 실례도 없는 것은 아니지만, 기본권은 궁극적으로는 국가권력을 행사하는 국가기관에 의해서 가장 효과적으로 보호될 수 있는 것이기 때문에, 무엇보다도 국가기관의 기본권우호적인 헌법감각을 절대적으로 필요로 하는 헌법상의 제도이다. 우리 헌법재판소는 기본권 보호에 관해서 국가가 소극적 방어권으로서의 기본권을 제한하는 경우에는 헌법 제37조 제 2 항의 과잉금지원칙을 준수하도록 요구하지만, 태아의 생명권 보호처럼 국가의 적극적인 기본권 보호의무의 이행 여부는 과소보호금지원칙에 따라 판단해야 한다는 입장을 취하고 있다.[2]

국가기관의 효과적 기본권보호

과잉금지원칙과 과소보호 금지원칙

Ⅱ. 입법기능과 기본권의 보호

　　모든 국가권력이 기본권에 대해서 Janus의 얼굴을 가지는 것처럼 입법권도 그 예외는 아니다. 따라서 '입법권에 대한 기본권의 보호'와 '입법권에 의한 기본권의 보호'를 구별해서 검토할 필요가 있다.

(1) 입법권에 대한 기본권의 보호

　　바이마르공화국시대만 하더라도 기본권은 법률의 범위 내에서만 인정되었지만, 오늘날에 와서는 반대로 법률이 기본권의 범위 내에서만 허용되도록 입

---

1) 그러나 기본권의 효력으로서 '국가권력이 기본권에 기속된다'는 문제와 '기본권의 보호' 문제는 엄격히 구별할 필요가 있다. 전자는 국가권력은 기본권의 기속력을 존중해서 기본권을 침해하여서는 아니된다는 것이지만, '기본권의 보호'는 기본권의 기속력이 지켜졌는지의 여부를 누가 감시하며, 기본권의 기속력에도 불구하고 기본권이 현실적으로 침해된 경우에 어떤 기관이 어떠한 전제하에서 기본권의 침해를 어떠한 형태로 문제삼아야 하느냐 하는 문제이기 때문이다. 국내 학자들이 이 문제를 '기본권침해에 대한 구제'의 시각에서 다루고 있는 이유도 바로 그것이다.

2) 예컨대 헌재결 2008. 7. 31. 2004 헌바 81, 판례집 20-2 상, 91(104면) 참조.
　【결정례】 태아가 살아서 출생한 것을 조건으로 손해배상청구권을 인정하는 것(민법 제 3 조와 제 762조의 확립된 해석)은 국가의 생명권 보호의무를 위반한 것이 아니다(위 결정 1039면 이하).

법권이 기본권에 기속된 까닭에, 입법기관이 기본권에 반하는 법률을 제정하리라고 쉽게 생각할 수 없게 되었다. 그럼에도 불구하고 입법기관이 기본권을 침해하는 위헌적인 법률을 제정하는 경우에는 어떻게 되는가? 또 입법기관이 부작위에 의해서 기본권을 침해하는 것은 위헌법률의 제정(작위)에 의한 기본권의 침해와 어떻게 다른가? 이들 의문에 대한 해답을 찾는 데 어려움을 가져다 주는 두 가지 요인으로 항상 제시된 것이 '법률의 합헌성추정'과 '입법권자의 형성의 자유'였다. 이 두 문제를 폭 넓게 긍정하는 경우에는 입법권에 대한 기본권의 보호는 그만큼 약화될 것이고, 반대로 이 두 문제를 제한적으로만 긍정하는 경우에는 입법영역에서의 기본권의 보호는 그만큼 강화될 것이기 때문이다.

위헌입법과 입법부작위에 의한 침해

입법권에 대한 기본권보호의 특수성

1) 법률의 합헌성추정

법률의 합헌성추정의 내용과 효과

국가기관이 국가작용을 할 때 원칙적으로 헌법을 존중하리라는 일반적인 추정을 할 수 있고, 입법절차에서 지켜질 것이 요구되는 민주적 정당성과 심의절차 등을 감안할 때 입법기관에서 제정된 법률은 원칙적으로 '합헌성의 추정'(favor legis)을 받기 마련이다. 따라서 법률이 받는 '합헌성의 추정'은 예컨대 행정작용의 '합헌성추정'보다는 훨씬 강한 것이 사실이다. 그렇지만 법률이 받는 '합헌성의 추정'은 어디까지나 '추정'에 불과한 것이기 때문에 현실적으로 기본권을 침해하는 위헌적인 법률에 대해서는 그 구체적인 위헌사유를 논거해서 그 무효를 주장할 수 있는 것은 물론이다. 따라서 '법률의 합헌성추정'은 절대로 입법권에 대한 기본권보호의 장애요인이 될 수 없다고 할 것이다. '법률의 합헌성추정'은 다만 위헌의 입증책임을 위헌을 주장하는 사람에게 전가시키고 있기 때문에 전문가가 아닌 일반국민의 입장에서 법률의 위헌을 주장하는 데 적지 않은 심리적·기술적 부담이 될 수는 있다.

2) 입법권자의 형성의 자유

입법형성권의 내용과 한계

입법권자의 형성의 자유는 또 '입법재량'이라고도 부르는데, 입법권자가 어떤 사항을 법률로 규율하려고 할 때 여러 가지의 법적인 규율가능성 중에서 그에게 가장 합목적적이라고 느껴지는 입법의 방법을 선택할 수 있는 자유 내지는 재량의 여지를 말한다. 입법권자에게 이같은 의미의 '형성의 자유'가 있다고 하는 점에 대해서는 별로 다투어지지 않고 있다. 다만 입법권자의 형성의 자유는 그 입법의 영역에 따라 다소 차이가 있을 수 있다고 보아야 하는데, 예컨대 급부작용의 분야에서는 침해작용의 분야에서 보다 더 넓은 형성의 자유를

가진다는 것이 통설이다.[1]

그러나 입법권자가 가지는 이같은 형성의 자유 때문에 입법권에 대한 기본권의 보호가 어렵다는 논리는 성립되지 않는다. 왜냐하면 입법권자의 형성의 자유도 무제한한 것이 아니고 기본권적인 가치를 침해하지 않는 범위 내에서만 허용되는 것이기 때문이다.[2]

3) 입법권자의 부작위

입법권에 대한 기본권의 보호와 관련해서 가장 어려운 문제가 바로 입법권자의 부작위에 의한 기본권의 침해이다. 입법권자가 그 형성의 자유에 의해서 적극적인 자세로 법률을 제정한 경우에는 입법권자가 그 형성의 자유를 남용해서 기본권을 침해했는지의 여부를 판단하기가 별로 어렵지 않지만, 입법권자가 의도적으로 또는 무의식적으로 어떤 사항에 대한 입법적인 규율을 하지 않고, 그로 인해서 기본권이 침해된 경우에는 이른바 입법권자의 부작위를 문제삼아서 그에 대처하는 방법이 강구되어야 하기 때문에 그 보호수단이 그렇게 간단치 않다.

입법부작위
대응의 곤란성

⑷ **입법부작위에 의한 기본권침해의 전제조건**

일반적으로 부작위에 의한 권리침해가 인정되기 위해서는 다른 법률영역에서와 마찬가지로 공법영역에서도 '작위의 법적인 의무'가 존재해야 한다. 따라서 입법권자의 부작위에 의한 기본권의 침해가 인정될 수 있기 위해서는 무엇보다도 '입법의무의 내용과 범위를 분명히 정한 법률제정의 명백한 헌법상의 수권위임'이 입증되어야 한다.[3] 그러한 경우에만 국민 개개인은 입법권자의 일정한 작위(입법)를 요구할 수 있고 부작위에 의한 기본권침해를 논할 수 있다.

헌법상의 명백한 입법의무 위반

---

1) 【판시】 시혜적 조치를 할 것인가를 결정함에 있어서는 국민의 권리를 제한하거나 새로운 의무를 부과하는 경우와는 달리 입법자에게 보다 광범위한 입법형성의 자유가 인정된다. 따라서 관세법 개정 전에 범한 범죄에 대해 무겁게 처벌할 필요가 있어 신법보다 무거운 구법을 적용하도록 정한 것은 입법형성의 자유에 속하는 입법정책의 문제로서 헌법(제10조, 제11조 제 1 항, 제37조 제 2 항)에 위반되지 않는다(헌재결 1998. 11. 26. 97 헌바 67, 판례집 10-2, 701면 이하).

2) 【판시】 입법권자의 법제정상의 형성의 자유는 무한정으로 허용될 수는 없는 것이며 그 입법내용이 정의와 형평에 반하거나 자의적으로 이루어진 경우에는 평등권 등의 기본권을 본질적으로 침해한 입법권행사로서 위헌성을 면하기 어렵다고 할 것이다(헌재결 1992. 4. 28. 90 헌바 24, 판례집 4, 225(232면)).

3) 우리 구헌법(제 8 차 개정헌법)이 지방자치제도(제118조, 제119조)를 규정하면서 '지방의회는 지방자치단체의 재정자립도를 감안해서 순차적으로 구성하되, 그 구성시기는 법률로 정한다' (부칙 제10조)고 밝히고 있던 것은, 말하자면 입법의무의 내용과 범위를 분명히 정한 법률제정의 명백한 헌법적 수권위임이었다고 말할 수 있다. 따라서 구헌법에 의해서 구성된 제11대· 제12대 국회가 그 임기를 다할 때까지 그와 같은 법률을 제정하지 않았던 것은 입법권자의 부작위에 의해서 국민의 참정권이 침해되었던 하나의 사례라고도 볼 수 있다.

⑷ 입법부작위에 의한 기본권침해의 유형

그러나 입법권자의 부작위에 의한 기본권침해도 엄격히 따진다면 두 가지 유형으로 나누어서 평가할 필요가 있다.

a) 입법개선의무위반에 의한 기본권침해

예상착오 및 상황변화의 방치 또는 불완전입법

입법권자가 입법 당시에 내린 예상이 현저하게 빗나갔거나, 입법 후의 여러 가지 사정이 입법 당시와는 많이 달라져서 처음에는 생각할 수 없었던 기본권침해가 현실적으로 나타나는데도 불구하고 입법권자가 그 법률을 고치지 않고 그대로 방치함으로써 법률에 의한 기본권침해를 방관하는 경우이다. 예컨대 헌법재판소가 국회의원의 선거구획정기준을 정한 공직선거법 관련조항에 대하여 1년 2개월의 입법개선시한을 정하여 헌법불합치결정을 하였음에도 국회가 입법개선시한까지 개선입법을 하지 아니하여 국회의원선거가 불과 40여 일 앞으로 다가온 시점까지 국회의원의 선거구에 관한 법률을 개선하지 아니한 2016년 제19대 임기말 국회의 행태는 헌법재판소의 지적처럼 분명히 헌법상의 입법개선의무를 어긴 일이었다.[1] 처음부터 불완전한 입법을 함으로써 기본권을 침해하는 경우도 여기에 포함된다. 우리 헌법재판소는 불완전입법만을 부진정 입법부작위라고 표현하고 있지만[2] 구태여 부진정입법부작위라는 개념을 사용하려면 입법개선의무를 어긴 경우까지를 포함하는 개념으로 이해하는 것이 옳다.

헌법상의 완전입법 및 입법개선의무위반여부와 과소보호금지원칙

입법기관은 헌법의 기본권에 기속되는 까닭에 완전한 입법을 하고 한 번 법률을 제정한 후에도 그 후의 상황변화 등을 고려해서 언제나 기본권의 침해가 없는 방향으로 법률을 개선해 나가야 할 이른바 '입법개선의무'를 헌법상 지고 있다는 점에 대해서는 오늘날 일반적으로 긍정하고 있다.[3] 입법개선의무를 어긴 기본권침해가 다투어지는 경우에 과소보호금지원칙의 위배여부를 기준으로 판단한 우리와 독일의 헌법판례도 있다.[4]

---

1) 그럼에도 불구하고 헌법재판소는 결정을 미루다가 국회가 4·13 국회의원총선거를 불과 40여 일 앞두고 2016. 3. 2. 선거구획정안을 의결하자 뒤늦게 입법부작위의 위헌사태가 해소되어 권리보호이익이 없어졌다는 이유로 각하결정을 했다. 4인의 재판관만이 국회의 입법부작위로 선거운동의 자유와 선거권자의 선거권 등을 침해한다는 반대의견을 냈다. 헌재결 2016. 4. 28. 2015 헌마 1177 등, 헌재공보 235, 806(810면 이하 및 반대의견 813면 이하) 참조.

2) 예컨대 헌재결 1993. 9. 27. 89 헌마 248; 헌재결 1996. 3. 28. 93 헌바 27; 헌재결 1996. 6. 13. 95 헌마 115 참조.

3) 자세한 문헌과 판례에 대해서는 졸저, 전게서, 방주 689 참조.

4) 과소 보호 금지 원칙의 위반 여부를 판단하는 기준으로는 명백성을 기준으로 '명백하게 부적절하거나 명백하게 부족해서 보호 목적에 현저히 미달하는지 여부'와 실효성을 기준으로 '보호 목적을 달성하기 위한 적절하고 효율적인 최소한의 보호조치를 취하였는지 여부'를 사안에 따라서 선택적 또는 병행적으로 적용해야 한다는 것이 우리 헌법재판소와 독일연방헌법재판소의 판례 입장이다. 헌재결 2008. 7. 31. 2006 헌마 711(공직 선거에서의 확성기사용과 쾌적한 생활

b) 단순부작위에 의한 기본권침해

입법권자가 처음부터 입법에 관한 헌법상의 추상적인 수권위임을 무시함으로써 기본권을 침해하는 경우이다. 그러나 입법권자의 단순한 부작위[1]의 경우에는 청원권($^{제26}_{조}$)을 행사하거나, 정치적인 의사표현의 방법을 통해서 간접적으로 입법권자를 움직이는 방법 외에는, 구체적인 입법을 입법권자에게 강요하는 소송절차적인 방법이 있을 수 없다. 우리 헌법재판소도 '일반국민이 입법을 해 달라는 취지의 청원권을 향유하고 있음은 별론으로 하고 입법행위의 소구청구권은 원칙적으로 인정될 수 없다'고 판시하고 있다.[2] 헌법은 원칙적으로 Konsens의 규범이기 때문에 그와 같은 극단적인 Dis-Konsens의 행태에 직면하게 되면, 스스로 후퇴할망정 어떤 해결책을 제시할 수는 없는 것이 그 특징이기 때문이다.

소송절차적
입법강요의
문제점

c) 진정입법부작위에 의한 기본권침해

입법권자가 입법에 관한 구체적이고 명시적인 헌법상의 수권위임을 무시함으로써 기본권을 침해하는 경우이다. 우리 헌법재판소도 '헌법에서 기본권을 보장하기 위하여 명시적인 입법위임을 하였음에도 불구하고 입법자가 이를 이행하지 아니한 경우와 헌법해석상 특정인에게 구체적인 기본권이 생겨 이를 보장하기 위한 국가의 행위의무 내지 보호의무가 발생하였음에도 불구하고 아무런 입법조치를 취하지 아니한 경우'는 진정입법부작위에 의한 기본권의 침해라고 판시하고 있다.[3]

4) 현행헌법상 입법권에 대한 기본권보호수단

아무튼 현행법상 입법권자의 부작위에 대한 기본권의 보호뿐 아니라 입법권자의 위헌입법에 대한 기본권의 보호도 우선 제도적으로 매우 불완전한 것은 부인할 수 없다.

권 보호); 헌재결 2015. 4. 30. 2012 헌마 38(담배사업법과 국민의 생명·신체의 보호); 헌재결 2015. 9. 24. 2013 헌마 384(가축사육시설과 국민의 생명·신체의 보호); 헌재결 2019. 12. 27. 2018 헌마 730(공직선거에서 확성기 사용과 쾌적한 생활권 보호); 헌재결 2020. 3. 26. 2017 헌마 1281(동물장묘업과 환경권의 보호). BVerfGE 88, 203; 1 BvR 2656/18, 1 BvR 96/20, 1 BvR 78/20, 1 BvR 288/20 참조. 우리 헌재는 이 원칙에 대해서 예컨대 다음과 같이 결정한다. 【결정례】 가축사육업 허가·등록요건을 정한 가축사육시설기준에 관한 축산법관련 규정들이 국민의 생명·신체의 안전에 대한 국가의 보호의무에 관한 과소보호금지원칙을 위반했다고 볼 수 없다(헌재결 2015. 9. 24. 2013 헌마 384).
1) 우리 헌재가 사용하는 진정입법부작위와 같은 개념이 아니다.
2) 헌재결 1989. 3. 17. 88 헌마 1, 판례집 1, 9(16면) 참조.
3) 헌재결 1989. 3. 17. 88 헌마 1, 판례집 1, 9(17면), 결정 이후 우리 헌재의 일관된 입장이다.

(개) 위헌입법에 대한 보호수단

대통령의 거
부권·위헌심
사제도

입법기관이 위헌적인 법률을 제정하는 경우에 우선은 대통령이 그와 같은
위헌적인 법률안에 서명·공포하는 것을 거부함으로써(제53조 제2항) 기본권을 보호할
수 있지만, 대통령의 거부권행사가 국회의 재의결에 의해서 효력을 잃거나
(제53조 제4항), 대통령이 처음부터 거부권을 행사하지 않고 서명·공포해서 법률로서
효력을 발생시킨 경우에는 제 2 차적으로 법원과 헌법재판소가 가지는 법률에
대한 위헌심사제도(제107조 제1항과 제111조 제1항 제1호)에 의해서 그 법률을 위헌결정함으로써 기본
권을 보호할 수 있다. 그러나 위헌입법에 의한 기본권침해로부터 기본권을 보
호하는 데 있어서 그처럼 대통령의 법률안거부권 또는 법률의 위헌심사제도만

헌법소원

으로 충분히 그 실효성을 기대할 수 있다고 보기는 어렵다. 따라서 우리 개정
헌법이 새로 마련한 '헌법소원제도'(제111조 제1항 제5호)는 독일의 '헌법소청제도'처럼 위헌
법률에 의한 기본권침해를 국민이 직접 다툴 수 있는 제도로 활성화해서 '위헌

헌재의 입장

입법에 대한 기본권보호'의 길을 넓혀야 할 것이다. 이런 뜻에서 우리 헌법재
판소가 위헌입법에 대한 기본권보호의 제도적인 미비점을 판례로써 보완하고
있는 점은 매우 바람직한 일이다. 즉 우리 헌법재판소는 법률이 직접 그리고
현실적으로 국민의 권리를 침해하거나 박탈할 때에는 누구든지 다른 구제절차
를 거치지 않고도(보충성원칙의 예외 인정) 피해구제를 위한 헌법소원심판청구를
할 수 있도록 했다.[1]

(나) 입법부작위에 대한 보호수단

a) 입법개선의무위반의 경우

헌법소원

입법권자가 그의 입법개선의무를 이행치 않는 경우 국민의 입장에서는 입
법권자가 그의 '입법개선의무'를 이행치 않음으로 인해서 기본권을 침해했다는
사실을 확인하는 헌법소원을 제기할 수도 있고, 또는 개선을 요하는 법률의 위
헌성이 아주 명백해서 더 이상 그 효력을 인정할 수 없는 경우에는 그 법률의
무효선언을 구하는 헌법소원을 제기할 수도 있을 것이다. 이 때 헌법재판소는
입법권자의 입법개선의무위반이 이미 위헌의 상태에 이르렀다고 판단하면 위헌
확인결정 내지 헌법불합치결정을 함으로써 입법권자의 입법개선을 촉구하게 될
것이고, 입법개선의무위반이 아직은 위헌은 아니지만 멀지않아 위헌의 상태에
이르게 된다고 판단하면 순수한 의미의 입법개선촉구결정을 함으로써 기본권을
보호한다. 그러나 우리 헌법재판소는 불완전입법 즉 부진정입법부작위에 의한
기본권침해의 경우 법령소원의 대상은 되어도 입법부작위위헌확인소원은 할 수

<hr>

[1] 헌재결 1989. 3. 17. 88 헌마 1, 판례집 1, 9(20면), 결정 이후 우리 헌재의 일관된 입장이다.

없다는 입장을 취하고 있다. 즉 우리 헌법재판소는 기본권보장을 위한 법규정이 불완전하여 그 보충을 요하는 경우(결함 있는 입법권행사)에는 그 입법부작위를 헌법소원심판청구의 대상으로 삼을 수는 없다는 입장이다. 즉 이 경우에는 입법부작위가 아닌 결함 있는 당해 법률규정 그 자체가 위헌임을 주장하는 적극적인 헌법소원(법령소원)을 제기해야 하기 때문에 제소기간의 준수가 특히 중요하다고 한다.[1] 그러나 이러한 헌법재판소의 입장에 따른다면 처음에는 완전한 입법이었으나 시대상황 내지 사회환경의 변화로 인하여 몇 년 후에 불완전한 법률이 되어 입법개선의무가 발생한 경우에는 권리구제가 불가능해진다. 법령소원의 제소기간이 이미 경과한 경우가 많을 것이기 때문이다. 헌법재판소가 시원적인 불완전입법뿐 아니라 사후적인 불완전입법까지를 부진정입법부작위에 포함시켜 법령소원 외에도 입법개선의무위반 위헌확인소원도 허용하는 방향으로 판례를 발전시킬 필요가 있다.

b) 단순부작위(시원적 부작위)의 경우

입법권자가 처음부터 입법에 관한 헌법상의 추상적인 수권책임을 무시함으로써 기본권을 침해하면 청원권($^{제26}_{조}$)과 정치적인 의사표현을 통해서 간접적으로 대응하는 방법 이외에, 형식상으로는 '공권력의 부작위로 인한 기본권침해'를 이유로 하는 헌법소원심판을 생각할 수도 있을 것이다($^{헌재법 제68}_{조 제1항}$). 그렇지만 입법권자의 시원적(始原的)인 입법부작위는 헌법소송을 통해서 인위적으로 해결될 수 있는 성질의 문제가 아니다. 우리 헌법재판소가 입법부작위에 대한 재판관할권을 매우 제한적으로만 인정하고 있는 이유도 그 때문이다.[2]

간접적 대응과 헌법소원의 한계

c) 진정입법부작위의 경우

i) 헌법에서 기본권보장을 위해 법령에 명시적인 입법위임을 하였음에도 입법권자가 이를 이행하지 않을 때와, ii) 헌법해석상 특정인에게 구체적인 기본권이 생겨 이를 보장하기 위한 국가의 행위의무 내지 보호의무가 발생하였음

---

1) 【판시】 i) 기본권보장을 위한 법규정이 불완전하여 그 보충을 요하는 경우 그 입법부작위를 헌법소원심판청구의 대상으로 삼을 수는 없다(헌재결 1989. 7. 28. 89 헌마 1, 판례집 1, 157면). ii) 부진정입법부작위를 대상으로 헌법소원을 제기하려면 그것이 평등의 원칙에 위배된다는 등 헌법위반을 내세워 적극적인 헌법소원을 제기하여야 하며, 이 경우에는 헌재법 소정의 제소기간(청구기간)을 준수하여야 한다(헌재결 1996. 10. 31. 94 헌마 108, 판례집 8-2, 480면). 그 밖에도 헌재결 1996. 11. 28. 96 헌마 161 참조.
2) 【판시】 외교관계에 관한 비엔나협약 가입으로 인하여 외국의 대사관저에 대하여 강제집행이 불가능하게 된 경우에 국가가 청구인들에게 손실보상을 해 주는 법률을 제정해야 할 헌법상의 명시적인 입법위임은 인정되지 아니하고, 헌법의 해석으로도 그러한 법률을 제정함으로써 청구인들의 기본권을 보호해야 할 입법자의 행위의무 내지 보호의무가 발생했다고 볼 수 없다(헌재결 1998. 5. 28. 96 헌마 44; 판례집 10-1, 687(694면)).

이 명백함에도 불구하고 입법권자가 전혀 아무런 입법조치를 취하지 않고 있는
경우에는 헌법재판소에 입법부작위 위헌확인헌법소원을 제기할 수 있다.[1]

최선의 해결책

그렇지만 입법부작위에 의한 기본권침해를 가장 효과적으로 해결하는 방
법은 무엇보다도 우리 입법기관의 정치의식의 선진화 그리고 '헌법에의 의지'의
강화라고 할 것이다.

(2) 입법권에 의한 기본권의 보호

입법기관은 기본권의 보호를 위해서도 매우 중요한 기능을 갖는다.

1) 절차법제정에 의한 기본권의 보호

청구권에 관한 절차법과 행정절차법 제정

우선 헌법상 보장된 기본권 중에는 입법기관이 그 구체적인 절차법을 제정
하지 않고는 보장될 수 없는 성질의 것이 있다. 예컨대 범죄피해자의 구조청구
권($\frac{제30}{조}$)이나 형사보상청구권($\frac{제28}{조}$), 손실보상청구권($\frac{제23조}{제3항}$) 등은 그 대표적인 예인
데, 이들 기본권은 입법기관의 절차법제정에 의해서 비로소 그 내용이 보장되는
것은 더 말할 필요가 없다. 또 행정작용에 의한 기본권의 침해는 우연한 단발적
인 '결과'가 아니고 그릇된 행정절차의 누적된 소산이라고 볼 수도 있기 때문에,
합리적인 행정절차를 보장할 수 있는 법적인 근거(행정절차법·행정조사기본법)를
마련한 것은 기본권의 보호를 위해서 매우 중요한 의미를 가지게 된다.[2]

2) 청원처리에 의한 기본권의 보호

국회의 청원 처리절차와 방법

입법기관은 그에게 제출되는 청원의 처리를 통해서도 기본권을 보호할 수
있다. 즉 국민은 누구나 국가기관에 문서로 청원할 권리를 가지고 국가기관은
청원에 대하여 심사할 의무를 지기($\frac{제26}{조}$) 때문에, 국민이 기본권과 관련된

---

1) 헌재결 1989. 3. 17. 88 헌마 1; 헌재결 1991. 9. 16. 89 헌마 163; 헌재결 1991. 11. 25. 90 헌마
19; 헌재결 1993. 9. 27. 89 헌마 248; 헌재결 1996. 6. 13. 93 헌마 276 등 헌재의 일관된 판시
내용이다. 이 기준에 따라 헌재는 입법부작위에 의한 재산권침해를 인정하는 판례를 내놓고
있다(헌재결 1994. 12. 29. 89 헌마 2). 행정입법의 부작위가 기본권을 침해하는 경우도 헌법소
원의 대상이 된다(헌재결 1998. 7. 16. 96 헌마 246).

2) 최근에 독일에서 핵에너지발전소의 건설과 관련된 일련의 헌법소청사건을 계기로 기본권과 각
종 절차법의 관계에 대한 새로운 검토가 활발히 행해지고, 그릇된 절차 때문에 기본권이 침해
되는 일이 없도록, 특히 입법기관으로 하여금 사전적·예방적인 기본권의 보호를 위해 각종 절
차법(소송법)의 내용을 재검토하도록 촉구하는 소리가 높아지고 있는 것도 그 때문이다. 독일
연방헌법재판소도 헌법상의 기본권보장에는 '효과적인 권리보호를 받을 권리'(Anspruch auf
effektiven Rechtsschutz)가 마땅히 내포되고 있기 때문에 권리구제절차를 포함한 각종 국가작
용의 절차가 너무 번거롭거나 비능률적이어서는 아니된다고 강조하고 있는 점을 주목할 필요
가 있다. 자세한 것은 졸저, 전게서, 방주 692 참조.

사항에 대해서도 국회에 청원할 수 있는 것은 물론이다. 이 때 국회는 청원 내용이 재판에 간섭하거나 국가기관을 모독하는 내용이 아닌 한 이를 접수 하고(국회법 제123조 제4항), 그 청원서를 소관위원회에 회부하여 심사케 한다(국회법 제124조). 소관위 원회의 심사결과에 따라 청원은 본회의에 부의(附議)될 수도 있고(국회법 제125조 제5항), 또 정부에서 처리함이 타당하다고 인정되는 청원은 의견서를 첨부하여 정부에 이송할 수도 있다(국회법 제126조 제1항). 이 때 정부는 청원의 처리결과를 지체없이 국회에 보고하여 야 한다(국회법 제126조 제2항).

　물론 국회의 이같은 청원의 처리가 기본권의 보호를 위해서 매우 큰 비중 을 차지하는 것은 아니라 하더라도, 다른 국가기관에 의한 기본권의 침해사례 를 국회가 청원사항으로 다루고 있다는 사실만으로도 경우에 따라서는 간접적 인 기본권보호의 효과가 생길 수도 있다. 또 유사한 기본권침해사례가 청원사 항으로 국회에 반복해서 접수되는 경우에 국회는 입법조치를 통해서 기본권침 해의 소지를 아주 없앨 수도 있기 때문에 국회의 청원처리에 의한 기본권보호 를 지나치게 과소평가할 수도 없다고 본다.

청원의 실효성

3) 인권위원의 활동에 의한 기본권의 보호

　입법기관이 기본권의 보호를 위해서 일종의 '인권위원'을 두고 기본권침해 사례를 감시·처리케 하는 경우도 있는데, 독일기본법(제45b조)상의 '병사수임위 원'(兵事受任委員, Wehrbeauftragter)은 그 대표적인 예이다.[1] 스칸디나비아 여러 나라에서 유래하는 일종의 옴부즈만(Ombudsman)의 유형에 속하는 것이지만 우 리나라에는 인권보호와 인권향상의 업무를 수행하는 독립한 국가인권위원회가 설립되어 활동하고 있다.[2] 그 밖에도 군인의 인권보호를 위해서 도입한 군인권 보호관(군인의 지위 및 복무에 관한 기본법 제42조)제도가 일종의 옴부즈만에 해당한다고 할 것이다.

독일의 병사 수임위원 및 우리의 군인 권보호관

---

1) '병사수임위원'은 군인의 기본권보호와 의회가 가지는 군무통제권행사의 보조기관으로서 의회 에서 5년의 임기로 선출되는데, 의회의 지시에 따라서 활동할 수도 있지만, 전혀 독자적인 결 정에 의해서 군인의 기본권보호를 위한 적절한 활동을 할 수 있다. 그리고 군인은 누구든지 명령계통(지휘계통)을 밟지 않고도 직접 '병사수임위원'에게 기본권침해사례를 진정하고 그 보 호를 요청할 수 있다. 자세한 것은 졸저, 전게서, 방주 694 참조.

2) 국가인권위원회는 10년 이상의 인권관련 전문경력을 가진 3년 임기의 위원장 1명과 상임위원 3명을 포함한 11명의 인권위원으로 구성하는데, 상임위원 2명을 포함한 4명은 국회가 선출하 고, 상임위원 1명을 포함한 4명은 대통령이 지명하며 대법원장이 3명을 지명해서 대통령이 임 명한다. 인권위원은 특정 성이 60%를 넘지 않도록 선임해야 한다. 위원장은 위원 중에서 대통 령이 임명하는데 국회 인사청문회를 거쳐야 한다(인권위법 제5조). 인권위원은 고의 과실이 없으면 직무상 행한 발언에 대한 민사상·형사상 책임을 지지 않는다(법 제8조의 2). 기타 인 권위의 기능에 관한 자세한 내용은 국가인권위원회법(2001년 제정 2016. 1. 개정) 참조.

Ⅲ. 집행기능과 기본권의 보호

법률을 집행하는 행정기관도 기본권을 침해할 수 있는 잠재력을 가지는 동시에 또 한편 기본권의 수호자로 기능할 수도 있다.

(1) 집행권에 대한 기본권의 보호

집행권 남용

대통령을 수반으로 하는 정부가 그 집행작용을 함에 있어서 기본권을 침해하는 경우에는 그 침해의 유형과 진지성에 따라 다음과 같이 기본권을 보호할 수 있다.

1) 탄핵심판에 의한 기본권의 보호

탄핵절차와
권한정지

대통령, 국무총리, 국무위원, 행정각부의 장, 중앙선거관리위원회위원, 감사원장, 감사위원 기타 법률에 정한 행정고위공무원이 그 직무집행에 있어서 헌법이나 법률을 어기고 기본권을 침해한 경우에는 국회가 탄핵의 소추를 의결하고($\frac{제65}{조}$), 헌법재판소가 탄핵의 결정을($\frac{제111조 \ 제}{1항 \ 제2호}$) 할 때까지 적어도 그 권한행사를 정지시킴으로써($\frac{제65조}{제3항}$) 기본권을 보호할 수 있다.[1]

2) 사법절차에 의한 기본권의 보호

(가) 국가배상청구에 의한 기본권의 보호

직무상 불법
행위와 배상
청구

공무원의 직무상 불법행위로 기본권의 침해를 받고 정신상·재산상의 손해를 받은 국민은 국가 또는 공공단체에 정당한 배상을 청구함으로써($\frac{제29조}{제1항}$) 기본권의 보호를 받을 수 있다.

(나) 사법절차적 기본권에 의한 인신권의 보호

사법절차적
기본권의 유
형

국가의 집행권에 의해서 위법하게 인신권의 침해를 받은 국민은 헌법이 보장하는 여러 가지 사법절차적 기본권(예컨대 불리한 진술거부권(제12조 제 2 항), 영장제시요구권(제12조 제 3 항), 체포·구속의 이유를 알권리(제12조 제 5 항), 변호인의 도움을 받을 권리(제12조 제 4 항), 체포·구속적부심사청구권(제12조 제 6 항), 정당한 재판청구권(제27조, 제101조, 제103조), 군사법원재판거부권(제27조 제 2 항), 신속한 공개재판을 받을 권리(제27조 제 3 항, 제109조), 형사보상청구권($\frac{제}{28조}$) 등)을 행사함으로써 생명권과 신체의 자유의 보호를 받을 수 있다. 인신보호법이 정하는 법원에의 구제청구를 통해서도 보호받을 수 있다.[2]

---

1) 노무현 대통령에 대한 탄핵심판이 그 예인데 헌재에서 기각할 때까지 그 권한행사가 정지되었었다. 헌재결 2004. 5. 14. 2004 헌나 1 참조. 박근혜 대통령도 탄핵소추된 상태에서 그 권한행사가 정지된 가운데 2017. 3. 10. 사인의 국정개입을 허용하고 대통령권한을 남용했다는 이유로 헌재가 파면결정했다. 그 후 검찰이 직권남용, 뇌물죄 등으로 구속기소해 형사재판을 받고 실형을 선고받았다. 헌재결 2017. 3. 10. 2016 헌나 1, 판례집 29-1, 1~10 참조.
2) 인신보호법 제 1 조 및 제 3 조 참조.

㈜ 행정소송에 의한 기본권의 보호

위법한 행정행위로 인하여 기본권의 침해를 받은 국민은 행정소송을 제기함으로써 기본권의 보호를 받을 수 있는데, 우리나라는 사법형제도를 따라 일반법원(행정법원)[1]으로 하여금 행정소송을 재판케 하고 있다($\frac{제107조}{제2항}$). 그러나 행정재판의 전심절차로서 행정심판을 할 수 있도록 했지만(임의적 전치절차), 행정심판에서도 사법절차가 준용되도록($\frac{제107조}{제3항}$)[2] 함으로써 행정심판절차에서도 기본권보호의 실효를 거두도록 노력하고 있다. 행정심판법상 행정심판고지제도 등이 그것이다. 그리고 개정된 행정심판법은 임시처분과 이의신청제도 등 절차적 권리의 강화는 물론 국선대리인선임제도($\frac{제18조}{의 2}$), 조정절차도입($\frac{제43조}{의 2}$), 재결에 대한 기속력 부여($\frac{제49조}{제2항}$), 인용결정을 불이행하면 이행시까지 금전적인 배상을 하도록 간접강제하는 제도($\frac{제49조\ 제2항}{및\ 제50조의\ 2}$)를 통해서 기본권을 더욱 보호하고 있다.[3] 나아가 헌법재판소는 국가를 상대로 하는 당사자소송의 경우에는 가집행의 선고를 제한하는 행정소송법 규정($\frac{제43}{조}$)에 대해서 평등원칙에 위배된다고 결정해서[4] 행정소송에 의한 기본권 보호를 더욱 강화했다.

위법한 행정
행위와 행정
구제

3) 명령·규칙의 위헌심사에 의한 기본권의 보호

대통령, 국무총리, 행정각부의 장, 지방자치단체 등 헌법상 명령·규칙을 제정할 수 있는 집행기관이 헌법과 법률에 위반되는 명령·규칙을 제정함으로써 국민의 기본권을 침해하는 경우에는 법원이 그 명령·규칙에 대한 위헌심사권을 행사함으로써($\frac{제107조}{제2항}$) 국민의 기본권을 보호할 수 있다. 다만, 명령·규칙의 위헌심사는 그 명령·규칙을 적용해야 되는 구체적인 재판사건을 전제로 해서만 가능하기 때문에($\frac{이른바\ 구체}{적\ 규범통제}$) 그 명령·규칙의 효력을 일반적으로 상실시킬 수는 없다. 그러나 헌법소원에 의해서 헌법재판소가 명령·규칙에 대한 위헌심사를 하고 위헌결정을 하는 경우에는 그러하지 아니하다.[5]

법원과 헌재
의 심사권과
효과

---

1) 행정법원은 1998년 3월 1일부터 설치되었다(법조법 부칙 제 1 조 제 1 항).
2) 【판시】 사법절차 준용의 의미는 판단기관의 독립성·공정성, 대심적 심리구조, 당사자의 절차적 권리보장 등의 요건구비를 뜻한다. 헌법은 행정심판에서 사법절차가 '준용'될 것만을 요구하고 있으므로 이러한 사법절차적 요소를 엄격히 갖추어야 할 필요는 없다고 하더라도, 적어도 사법절차의 본질적 요소를 전혀 구비하지 아니하고 있다면 사법절차 '준용'의 요구에마저 위반된다(헌재결 2000. 6. 1. 98 헌바 8, 판례집 12-1, 590면).
3) 법 제31조와 제16조 제 8 항, 제17조 제 6 항, 제20조 제 6 항 및 제29조 제 7 항 등도 참조. 그 밖에도 행정심판법은 국민권익위원회의 중앙행정심판위원회를 비롯한 모든 행정심판위원회는 원칙적으로 회의정원을 종전 7명에서 9명(중앙행정심판위) 또는 8명으로 늘리고 회의시 외부위촉위원의 비중도 4명 이상에서 6명 이상으로 늘렸다(제 7 조 제 5 항 및 제 8 조 제 5 항).
4) 헌재결 2022. 2. 24. 2020 헌가 12 참조.
5) 【판시】 법무사법시행규칙 제 3 조 제 1 항은 헌법재판소법 제75조 제 3 항에 의하여 취소되어야

(2) 집행권에 의한 기본권의 보호

집행권에 의한 기본권의 보호는 집행권을 담당하는 주체에 따라 나누어서 살펴보기로 한다. 집행권에 의한 기본권보호를 강화하기 위해서 새로 제정해서 2021년 9월부터 시행하고 있는 행정기본법은 법 집행의 기준을 명확하게 제시하여 행정분야에서 기본권 보호를 한층 강화하고 있다.

1) 대통령에 의한 기본권의 보호

기본권보호의 무와 수단

국가의 원수인 동시에 행정부의 수반으로서의 2중적 지위를 가지는 대통령($^{제66}_{조}$)은 기본권의 보호에 있어서도 매우 중요한 위치를 차지하고 있다. 구태여 대통령의 헌법수호의무($^{제66조}_{제2항}$)와 국민의 자유와 복리의 증진에 노력한다는 그 취임선서($^{제69}_{조}$)를 상기시키지 않더라도, 대통령은 그가 가지는 법률안공포권·공무원임면권·사면권·국가긴급권 등을 통해서 기본권을 보호할 수 있다.

㈎ 법률안공포권에 의한 기본권의 보호

실질적 심사 권과 거부권

대통령은 법률안공포권($^{제53조}_{제1항}$)을 가지는데, 이 공포권은 물론 국무회의의 심의($^{제53조}_{제1항}$)와 국무총리 및 관계국무위원의 부서(副署)를 요하는($^{제53조}_{제1항}$) 행위이지만, 대통령은 그의 법률안공포권과 관련해서 법률안에 대한 실질적인 심사권을 가진다는 데 대해서 오늘날 이의를 제기하는 사람은 드물다. 따라서 대통령은 법률안이 기본권을 침해한다고 판단한 경우에는 그 서명·공포를 거부하고 이의서를 붙여 국회에 환부할 수 있다($^{제53조}_{제2항}$). 물론 국회는 그 법률안을 재의결함으로써($^{제53조}_{제4항}$) 그 법률안을 법률로서 확정시킬 수 있지만, 대통령의 법률안거부권은 입법권에 대한 기본권의 보호수단으로서도 그 나름의 헌법적 의미를 가지고 있다.

㈏ 공무원임면권에 의한 기본권의 보호

대통령의 공 무원임면권의 의미와 기능

대통령은 국회의 동의를 얻어 국무총리, 대법원장, 헌법재판소의 장, 대법관 및 감사원장을 임명하고($^{제86조 제1항, 제104조 제1항과 제}_{2항, 제111조 제4항, 제98조 제2항}$), 국무총리의 제청에 의해서 국무위원을, 국회의 선출과 대법원장의 지명에 의해서 헌법재판소재판관을, 감사원장의 제청으로 감사위원을 임명하는($^{제87조 제1항, 제111조}_{제3항, 제98조 제3항}$) 외에 헌법과 법률이 정하는 바에 의하여 기타의 공무원을 임면한다($^{제78}_{조}$). 이같은 대통령의 공무원임면권은 기본권보호의 시각에서도 전혀 무의미하지 않다. 왜냐하면 대

하는 것이므로 이를 '취소'한다는 의미에서 위헌선언한다(헌재결 1990. 10. 15. 89 헌마 178, 판례집 2, 365(373면)).

통령의 공무원임면권은 마땅히 그 해임권을 내포하고, 또 인사에 관한 실질적 심사권을 함께 내포하는 것이라고 보아야 하기 때문에, 공무원의 기본권을 침해하는 위법적인 임명건의 또는 해임건의($\binom{예컨대\ 제87}{조\ 제3항}$)에 대해서는 이를 거부함으로써 해당 공무원의 기본권을 보호할 수 있기 때문이다. 그러나 공무원을 임명하기에 앞서 공무원을 인선하는 데 있어서는 기관장에게 비교적 넓은 판단재량권이 인정된다고 하는 것이 일반적인 견해이기 때문에, 예컨대 경쟁에서 탈락된 후보자의 평등권을 보호한다는 이유로 임명건의된 후보자의 공무원임명을 거부하는 것은 극히 예외적인 경우에만 허용된다고 보아야 할 것이다.

(다) 사면권에 의한 기본권의 보호

대통령은 법률이 정하는 바에 의해서 사면·감형·복권을 명할 수 있는데 ($\binom{제79}{조}$), 사면권의 본질상 사면 여부와 그 범위의 결정이 사면권자의 재량에 달려 있는 문제이긴 하지만,[1] 사법권에 의해서 야기될 수 있는 기본권(인신권)의 침해에 대한 중요한 기본권보호의 수단임에 틀림없다.[2]

재판교정수단

(라) 국가긴급권에 의한 기본권의 보호

대통령이 행사하는 국가긴급권($\binom{제76조}{제77조}$)은 기본권보호를 위한 기본권제한의 의미를 갖는다고 하는 점에 대해서는 이미 언급한 바와 같다.

기본권보호 비상수단

(마) 국정의 최고책임자로서의 기본권의 보호

위에서 열거한 여러 가지 구체적인 방법 외에도, 대통령은 행정부의 수반일 뿐 아니라 국정의 최고책임자로서의 지위를 가지기 때문에 다른 국가기관에 의한 기본권침해를 지적하고 그 시정을 요구함으로써도 국민의 기본권을 보호할 수 있다. 대통령의 이같은 기본권보호의무는 대통령의 헌법수호의무($\binom{제66조}{제2항}$)와 '국민의 자유와 복리의 증진에 노력한다는' 그 취임선서($\binom{제69}{조}$)에서 당연히 나오는 것으로 보아야 한다.

헌법수호의무

2) 국무총리와 국무위원에 의한 기본권의 보호

국무총리와 국무위원은 행정부의 권한에 속하는 중요한 정책을 심의하는

국정심의권과 부서권의 기능

---

1) 【판시】 선고된 형의 전부를 사면할 것인지 또는 일부만을 사면할 것인지를 결정하는 것은 사면권자의 전권사항에 속하는 것이고 징역형의 집행유예에 대한 사면이 병과된 벌금형에도 미치는지 여부는 사면권자의 의사, 즉 사면내용의 해석에 따라 정해질 일이다. 중한 형에 대하여 사면을 하면서 그보다 가벼운 형에 대하여 사면을 하지 않는 것이 형평의 원칙에 반한다고 할 수도 없다(헌재결 2000. 6. 1. 97 헌바 74.).

2) 대통령의 사면결정이 사법심사의 대상이 되는가의 여부에 대해서는 부정설이 지배적이다. Vgl. BVerwGE 14, 73; *v. Mangoldt-Klein*, Das Bonner GG, 2. Aufl.(1966), Bd. 1, Art. 19, Anm. Ⅶ 6 b(S. 576); *Ule*, Verwaltungsprozeßrecht, 3. Aufl.(1963), S. 116.

국무회의의 구성원으로서($\frac{제88}{조}$) 광범위한 국정의 심의에 임하게 된다($\frac{제89}{조}$). 그뿐만 아니라 국무총리와 국무위원은 대통령의 국정행위에 대한 부서권(副署權)을 갖는다($\frac{제82}{조}$). 현행헌법상 국무총리와 국무위원의 임면권을 대통령이 가지고, 국무회의가 의결기관이 아니고 국정에 관하여 대통령을 보좌하는 단순한 심의기관에 불과한 까닭에 국무총리와 국무위원의 독자적인 기본권보호기능에는 일정한 한계가 있는 것이 사실이다. 하지만 국무총리와 국무위원은 국정을 심의하는 데 있어서 국민의 기본권을 보호해야 할 헌법상의 의무($\frac{제10}{조}$)를 지고 있기 때문에 국민의 기본권을 침해하는 일을 스스로 하지 말아야 할 것은 물론이고, 그들이 가지는 부서권을 통해서 기본권을 침해하는 국정행위에 부서하는 것을 거부함으로써 국민의 기본권을 보호할 수 있다. 부서권에는 부서를 거부할 수 있는 실질적인 심사권이 내포되고 있다고 하는 점에 대해서는 학자들 사이에 별로 이견이 없다. 그러나 국무총리와 국무위원이 기본권을 침해하는 국정행위를 어느 정도 적극적인 자세로 막고 또 경우에 따라서는 부서까지 거부할 수 있느냐 하는 것은 국무총리나 국무위원의 개인적인 인격 및 정치적 소신에 달려 있다고 할 것이다.

3) 행정공무원에 의한 기본권의 보호

기본권기속과
법령기속의
갈등

행정공무원도 행정행위를 함에 있어서 기본권에 기속되기 때문에 기본권을 존중해야 하는 것은 더 말할 필요가 없다. 다만 행정공무원은 기본권에 기속되는 외에도 법률과 명령·규칙·행정지시 등에도 기속되기 때문에 구체적인 행정작용을 할 때 기본권을 침해하는 법률·명령·규칙·행정지시 등을 집행해야 할 법적인 의무가 있는가의 문제가 자주 제기된다. 즉 행정공무원이 기본권을 침해한다고 판단되는 법령의 집행을 거부함으로써 기본권을 보호하는 것을 기대할 수 있는가의 문제이다.

이의진술권의
내용과 기능

행정공무원은 기본권을 침해하는 법령이라고 해서 그 집행을 임의로 거부할 수는 없지만 행정공무원에게도 일종의 이의진술권은 있다고 하는 것이 정설이다. 즉 행정공무원은 기본권을 침해하는 법령 또는 행정지시를 맹목적으로 집행할 것이 아니고, 그의 직속상급자에게 이의를 말하고 그것이 묵살당할 경우에는 그 다음의 상급자에게 다시 이의를 진술해야 하고, 그 다음의 상급자도 역시 기본권침해를 인정치 않는 경우에는, 그 법령과 행정지시를 그대로 집행해야 하지만, 그로 인해서 스스로 형법상의 범죄를 범하게 되거나 인간의 존엄성을 심히 다치게 되는 경우에는 그를 따를 필요가 없다고 하는 것이 지배적인 견해이다. 만일 상급자가 기본권침해에 대해서 이의를 진술하는 공무원과 견해를 같이하는 경우에는 역시 행정계통을 밟아 행정각부의 장에까지 그 사유가 전달될 수 있고, 행정각부의 장에 의해서 국무회의의 심의사항으로 제출될 수도 있는 것은 물론이다. 따라서 행정공무원은 그의 이의진술권을 통해서 제한적이긴 하지만 기본권을 보호할 수 있다.

Ⅳ. 사법기능과 기본권의 보호

사법기능은 구체적인 쟁송을 전제로 해서 법을 선언함으로써 법질서의 유지에 기여하는 법인식기능이기 때문에 분쟁해결의 소극적·수동적 기능임을 그 특징으로 한다. 따라서 사법권은 입법권 또는 집행권과 달라서 스스로 능동적으로 활동할 수 없는데다가 분쟁의 당사자만이 소를 제기할 수 있기 때문에 그 활동영역이 다른 국가권력에 비해서 비교적 제한되어 있다. 그럼에도 불구하고 사법기능은 그 조직과 절차의 특수성 때문에 기본권의 보호를 위해서 매우 중요한 의미를 가진다.

사법기능의 특성

(1) 사법권에 대한 기본권의 보호

사법기능의 특질상 사법권에 의한 기본권의 침해는 사법기관의 조직과 절차에 의해서 대개의 경우 방지되는 것이 원칙이지만 예외적으로 사실판단과 법률적용을 잘못함으로 인해서 기본권침해의 사례가 발생할 수도 있다. 사법권에 대한 기본권의 보호가 소홀하게 다루어질 수 없는 이유이다. 현행헌법은 인신보호를 위한 헌법상의 기본원리로 적법절차원리($^{제12조 제1}_{항과 제3항}$), 죄형법정주의($^{제13조}_{제1항}$), 이중처벌의 금지($^{제13조}_{제1항}$), 연좌제금지($^{제13조}_{제3항}$), 자백의 증거능력제한($^{제12조}_{제7항}$), 무죄추정원칙($^{제27조}_{제4항}$) 등을 채택하고 있는데 이들 원칙은 사법권에 대한 기본권의 보호의 시각에서도 중요한 의미를 갖는다.

잘못된 사실 판단과 법률 적용에 대한 인신보호의 기본원리

1) 심급제도에 의한 기본권의 보호

법원에서 사실판단과 법률적용을 잘못함으로 인해서 발생하는 기본권의 침해에 대해서는 상급법원에 상소(항소·상고)하거나, 재심청구를 함으로써 기본권의 보호를 받을 수 있다.

상소제도

2) 형사보상청구에 의한 기본권의 보호

오판에 따른
복역보상

형사피의자로 구금되었다가 불기소처분을 받거나, 죄가 없는데도 법원의 잘못으로 유죄로 확정되어 복역함으로써 인신권의 침해를 받은 국민은 나중에 재심청구 등을 통해서 무죄판결을 받은 때에는 국가에 형사보상을 청구함으로써 기본권의 보호를 받을 수 있다. 형사보상법이 그 자세한 내용을 규정하고 있다.

3) 대통령의 사면권에 의한 기본권의 보호

재판교정기능

대통령은 사면·감형·복권을 명함으로써($^{제79}_{조}$) 사법권에 의하여 야기될 수도 있는 기본권침해에 대한 최후의 보호자로서의 기능을 가진다고 하는 점은 이미 언급한 바 있다.

4) 법관에 대한 탄핵심판에 의한 기본권의 보호

탄핵절차와
권한정지

법관이 그 직무집행에 있어서 헌법이나 법률을 어기고 기본권을 침해한 경우에는 국회는 탄핵의 소추를 의결하고 헌법재판소에 의한 탄핵결정이 있을 때까지 그 권한행사를 정지시킴으로써 기본권의 보호를 받을 수 있다($^{제65}_{조}$).

5) 헌법소원에 의한 기본권의 보호

법원이 기본권을 침해하는 법률의 위헌심판제청신청을 기각하거나($^{헌재법 \ 제68}_{조 \ 제2항}$), 헌법재판소가 위헌결정한 법령을 재판에 적용함으로써 기본권을 침해하는 경우에는 예외적으로 법률과 재판에 대한 헌법소원을 통해서 기본권의 보호를 받을 수 있다.[1]

(2) 사법권에 의한 기본권의 보호

기본권보호실
효 확보수단

우리 헌법은 모든 국민에게 '재판을 받을 권리'($^{제27조}_{제1항}$)를 보장하고 사법권은 법관으로 구성된 법원에 맡기고($^{제101조}_{제1항}$) 있기 때문에 공권력에 의한 기본권침해뿐 아니라 사인에 의한 기본권침해에 대해서도 법원에 정당한 재판을 요구함으로써 사법권에 의한 기본권의 보호를 받을 수 있도록 했다.[2] 현행헌법은 사법권에 의한 기본권보호의 실효를 거두기 위하여 사법권의 독립을 보장하고, 군

---

1) 헌재결 1997. 12. 24. 96 헌마 172 등(병합) 참조.
2) 2007. 12. 21. 인신보호법의 제정으로 위법한 행정처분 또는 사설시설에의 수용 등 부당하게 인신의 자유가 제한당하면 법원에 구제청구를 할 수 있게 되어 사법권에 의한 기본권 보호가 한층 강화되었다. 인신법 제 1 조, 제 3 조, 제 9 조, 제13조 참조.

사법원을 제외한 특별법원의 설치를$\binom{\text{제110조}}{\text{제1항}}$ 금지하고, 법관의 자격을 법률로 정하고$\binom{\text{제101조}}{\text{제3항}}$, 심급제도를 두는$\binom{\text{제101조 제2항,}}{\text{제110조 제2항}}$ 외에도 변호인의 도움을 받아 공개로 구두변론을 할 수 있는 기회를 보장하고 있다$\binom{\text{제12조 제4항,}}{\text{제27조 제3항}}$. 그리고 형사피해자의 재판절차진술권$\binom{\text{제27조}}{\text{제5항}}$도 형사피해자에게 증언의 기회를 주어 형사사법의 절차적 정당성을 보장하기 위한 것이다$\binom{\text{형소법 제}}{\text{294조의 2}}$. 그렇기 때문에 형사피해자의 고소사건을 검사가 자의적으로 불기소하는 경우 이 기본권의 침해를 이유로 헌법소원을 제기할 수 있었다.[1] 그러나 2008년부터 재정신청의 대상이 모든 범죄로 확대되어 헌법소원 대신 관할고등법원에의 재정신청이 가능해졌다.[2]

1) 법률의 위헌결정제청권에 의한 기본권의 보호

법률이 헌법에 위반되는 여부가 재판의 전제가 되는 때에는 법원은 헌법재판소에 그 위헌결정을 제청함으로써$\binom{\text{제107조}}{\text{제1항}}$ 위헌법률에 의한 기본권의 침해로부터 기본권을 보호할 수 있다.

위헌심사권 행사

2) 명령·규칙의 위헌심사에 의한 기본권의 보호

명령·규칙이 헌법이나 법률에 위반되는 여부가 재판의 전제가 된 때에는 법원은 그 명령·규칙의 위헌 여부를 심사하고 위헌이라고 판단된 경우에는 그 명령·규칙의 적용을 거부함으로써$\binom{\text{제107조}}{\text{제2항}}$ 헌법과 법률에 어긋나는 명령·규칙으로부터 기본권을 보호할 수 있다.

위헌심사 및 위헌결정권

3) 재판에 의한 기본권의 보호

행정법상의 법률관계에 관한 분쟁을 다루는 행정소송이 집행권에 의한 기본권침해로부터 기본권을 보호하는 데 매우 중요한 의미를 가지고, 형사재판에 의해서 위법부당한 인권침해로부터 기본권을 보호하게 되는 것은 더 말할 필요가 없다. 그러나 사법상의 법률관계에 관한 분쟁을 심판하는 민사재판도 기본권의 보호와 불가분의 관계에 있다. 우선 공무원의 직무상 불법행위로 인한 국가배상청구사건과 공법상의 손실보상의 청구사건이 모두 민사재판의 형식으로 다루어진다는 사실을 도외시하더라도, 사법상의 법률관계에도 기본권의 효력이 미치기 때문에(사인 간의 기본권효력) 사법상의 법률관계에 관한 다툼을 해결하는 민사재판도 여전히 기본권보호의 의미를 갖게 된다. 특히 민사분쟁의 내용

행정·형사·민사재판의 기본권 연관성

---

1) 헌재결 1989. 4. 17. 88 헌마 3; 헌재결 1997. 2. 20. 96 헌마 76 참조.
2) 형소법 제260조~제262조, 제262조의 2·3·4, 제264조의 2 참조.

이 노사관계에 관한 것인 때에는 민사재판은 '일할 권리' 및 '일하는 사람의 권리'의 보호와 불가분의 관계에 있게 된다.

V. 헌법재판기능과 기본권의 보호

기본권보호의
최후 보루

입법권·집행권·사법권 등의 과잉행사에 의해서 기본권이 침해되는 것을 예방하거나 보완할 수 있는 가장 강력한 기본권의 보호수단이 바로 헌법재판기능이다. 말하자면 헌법재판기능은 기본권보호를 위한 최후의 제도적인 보루라고 할 수 있다. 따라서 헌법재판기능에 의해서도 기본권이 보호될 수 없거나 오히려 헌법재판기능이 기본권을 침해하는 예외적인 경우에는 마지막으로 저항권에 의한 기본권보호밖에는 다른 방법이 없게 된다.

(1) 헌법재판에 대한 기본권의 보호

저항권의 행
사

기본권보호를 그 제도의 당위적인 존재의의로 하는 헌법재판이 오히려 기본권을 침해하는 지극히 비정상적인 상황이 발생하는 경우에는 기본권을 보호하기 위한 최후의 수단은 저항권의 행사밖에는 없다. 그러나 이 점에 대해서는 '기본권보호의 최후수단'을 논할 때 다시 언급하기로 한다.

(2) 헌법재판에 의한 기본권의 보호

간접적·직접
적 보호수단

헌법재판에 의한 기본권의 보호는 다시 간접적인 기본권의 보호와 직접적인 기본권의 보호로 구별할 수 있는데, 예컨대 탄핵심판·권한쟁의·위헌정당해산·기본권의 실효 등은 간접적인 기본권의 보호수단이라면, 구체적 규범통제·추상적 규범통제·헌법소원·민중소송 등은 직접적인 기본권의 보호수단이라고 볼 수 있다.

1) 헌법재판에 의한 간접적인 기본권의 보호

㈎ 탄핵심판

고위공직자의
파면

대통령, 국무총리, 국무위원, 행정각부의 장, 헌법재판소재판관, 법관, 중앙선거관리위원회위원, 감사원장, 감사위원 기타 법률이 정한 공무원이 그 직무집행에 있어서 헌법이나 법률을 어기고 기본권을 침해한 경우에 이들을 탄핵심판함으로써 공직으로부터 파면시키는 것은($\frac{제65}{조}$) 간접적인 기본권보호의 효과가 있다. 우리나라는 헌법재판소가 탄핵심판권을 가진다($\frac{제111조\ 제}{1항\ 제2호}$).

(나) 권한쟁의

헌법기관(국가기관) 상호간의 헌법상의 권한다툼을 조정하기 위한 권한쟁의 제도도 간접적인 기본권보호의 의미를 가진다. 우리나라도 헌법($\frac{\text{제}111\text{조 제}}{1\text{항 제}4\text{호}}$)에서 이 제도를 채택하고 있다. 독일에서는 이 제도가 기관쟁의제도로 마련되어 기본권의 보호에 크게 기여하고 있다($\frac{\text{기본법 제}93\text{조}}{\text{제}1\text{항 제}1\text{호}}$).

권한다툼 조정

(다) 위헌정당해산

정당의 목적이나 활동이 민주적 기본질서에 위배되는 경우에 그 정당을 헌법재판에 의해서 해산시킴으로써 정당의 형식으로 조직된 헌법의 적으로부터 헌법을 보호하기 위한 투쟁적 민주주의의 수단이 위헌정당해산제도인데, 이 위헌정당해산제도는 역시 간접적인 기본권보호의 의미를 갖는다. 민주적 기본질서에는 헌법에 구체적으로 보장된 기본권의 존중이 마땅히 포함되는 것이기 때문에 민주적 기본질서를 부인하고 전제적인 정치체제를 추구하는 위헌정당을 헌법재판에 의해서 해산시키는 것은[1] 비단 기본권을 존중할 의사가 없는 위헌정당으로부터 헌법질서를 보호하는 것에 그치지 않고 국민 개개인의 기본권을 간접적으로 보호하는 의미도 함께 가지게 된다. 우리 헌법도 정부의 제소를 전제로 헌법재판소가 위헌정당을 해산시킬 수 있게 함으로써($\frac{\text{제}8\text{조 제}4\text{항, 제}111}{\text{조 제}1\text{항 제}3\text{호}}$) 간접적으로 기본권을 보호하고 있다. 2014년 우리 헌법재판소가 통합진보당에 대해서 우리 헌정사상 처음으로 정당해산결정을 한 것도 기본권 보호의 의미를 가지고 있다.[2]

방어적 민주주의 수단

(라) 기본권의 실효

헌법적 가치질서를 파괴할 목적으로 기본권을 악용하는 구체적인 경우에 헌법재판에 의해서 특정인의 특정한 기본권을 일정기간 실효시킴으로써 헌법의 적으로부터 헌법질서를 보호하기 위한 기본권의 실효제도도 투쟁적 민주주의의 한 수단이다.[3] 그런데 기본권의 실효제도는 두 가지 측면에서 기본권보호의 의미를 가진다. 우선 이 제도는 기본권이 실효되는 당사자의 기본권을 보호하는 효과를 가지는데 그 이유는 헌법재판절차에 의하지 않고는 기본권을 실효시킬 수 없는 관계로 행정기관의 자의적인 처분으로부터 국민의 기본권을 보호할 수 있기 때문이다. 또 기본권의 존중을 포함한 헌법적 가치질서를 파괴할 목적으로 기본권을 악용하는 사람의 기본권을 실효시킴으로 인해서 간접적으로 다른

기본권보호의 두 측면

---

1) 예컨대 독일에서 있었던 두 건의 위헌정당해산판결 참조할 것. BVerfGE 2, 1; 5, 85.
2) 헌재결 2014. 12. 19. 2013 헌다 1 참조.
3) 이 점에 대해서 자세한 것은 졸저, 전게서, 방주 208 및 209 참조할 것.

선량한 국민의 기본권을 보호하는 효과를 가지게 된다. 우리 헌법은 이 제도를 채택하지 않고 있지만 독일기본법(제18조)은 이를 규정하고 있다.

2) 헌법재판에 의한 직접적인 기본권의 보호

(가) 구체적 규범통제

재판의 전제 가 된 법률의 위헌심사

위헌법률에 의한 기본권의 침해로부터 가장 직접적으로 기본권을 보호할 수 있는 방법이 바로 구체적 규범통제이다. 즉 법률이 헌법에 위반되는 여부가 재판의 전제가 된 경우에는 법원은 그 법률의 위헌 여부를 심사하고 위헌법률 의 적용을 거부함으로써 위헌법률에 의한 기본권의 침해로부터 기본권을 직접 적으로 보호하게 된다. 우리나라는 법원에게는 '위헌심사권'만 인정하고, '위헌 결정권'은 헌법재판소에 전담시키고 있기 때문에(제107조 제1항), 법원에게는 법률에 대 한 위헌심사권과 위헌결정제청권만이 부여되고 있다.

(나) 추상적 규범통제

구체적 재판 과 무관한 위 헌심사

법률의 합헌성에 대한 의문이 제기되거나 다툼이 생긴 경우에 정부 또는 국회 소수당의 신청에 의해서 헌법재판기관이 법률의 위헌 여부를 심사하고 위 헌이라고 판단되는 경우에는 그 법률의 효력을 일반적으로 상실시킴으로써 위 헌법률에 의한 기본권의 침해로부터 기본권을 직접 보호하는 제도이다. 우리 헌법은 이 제도를 채택하지 않고 있지만, 예컨대 독일기본법(제93조 제1 항 제2호)은 연방 정부, 주정부 또는 연방의회의 재적의원 1/3의 신청에 의해서 연방헌법재판소 가 추상적 규범통제를 하도록 규정하고 있다.

(다) 헌법소원

가장 효과적 인 기본권보 호수단

입법권·집행권·사법권 등 공권력의 과잉행사에 의해서 자신의 기본권이 직접 그리고 현실적으로 침해되었다고 주장하는 국민이 헌법재판기관에 직접 기본권의 보호와 구제를 청구함으로써 헌법재판에 의해서 직접 기본권의 보호 를 받는 제도이다. 헌법소원제도가 헌법재판에 의한 기본권의 보호수단 중에서 도 가장 효과적이고 강력한 것임에는 의문의 여지가 없다. 그러나 이 제도를 채택하고 있는 독일에서도 이 제도의 남용 내지 악용을 막기 위해서 이 헌법 소원을 하나의 보충적인 기본권보호의 수단으로 규정하고, 원칙적으로 기본권 침해에 대한 모든 사법적 권리구제절차를 다 거치지 않고는 헌법소원을 제기할 수 없게 하고 있다.[1] 우리 헌법(제111조 제 1항 제5호)에서도 헌법소원에 의한 기본권보

보충적 기본 권보호수단

---

1) Vgl. Art. 93 Abs. 1 Nr. 4a GG u. Art. 90 Abs. 2 BVerfGG; BVerfGE 51, 130(138ff.); 55, 244(247). 그 외에도 연방헌법재판소법(제93a조)은 이른바 헌법소청의 접수여부에 관한 이중적

호의 길을 열어놓고 있다. 즉 공권력의 행사 또는 불행사로 인하여 헌법상 보
장받은 기본권을 침해받은 사람은 헌법재판소에 헌법소원을 제기할 수 있도록
했다.[1] 다만 다른 법률에 구제절차가 마련된 경우에는 먼저 그 절차를 모두 거
친 후에야 헌법소원을 제기할 수 있게 했으며(헌법소원의 보충성) 법원의 재판은
헌법소원의 대상이 될 수 없도록 하고 있다(헌재법 제68조 제 1 항). 그러나 헌법소원의 대상
에서 법원의 재판을 제외시킨 것은 헌법소원의 보충성과 조화되기 어려운 불합리
한 제도로서 기본권보호의 관점에서도 제도적인 개선이 시급하다고 할 것이다.

보충성과 법원의 재판 제외의 부조화

㈜ 민중소송

민중소송은 누구든지 헌법재판기관에 기본권을 침해하는 법률의 무효를
구하는 소송을 제기할 수 있게 함으로써 직접 기본권을 보호하는 헌법재판제도
이다. 말하자면 헌법소원의 제소권을 기본권침해를 받은 당사자에게만 국한시
키지 않고, 모든 국민에게 개방하는 헌법소원의 특수형태라고 볼 수 있다. 독일
에서도 Bayern주에서만 주헌법(제98조 제 4 절)에 의해서 채택하고 있는 기본권보호수단
이다. 헌법소원제도만을 채택하고 있는 우리 헌법에서는 아직 생소한 제도이다.

헌법소원의 제소권 개방

Ⅵ. 기본권보호의 최후수단 —저항권

기본권침해로부터 기본권을 보호하기 위해서 모든 가능한 제도적인 수단
과 방법을 모두 시도해 보았지만, 기본권의 침해가 여전히 계속되고 기본권을
보호할 수 있는 다른 방법이 없는 경우에는 기본권보호의 최후수단으로 저항권
을 생각할 수 있다.[2] 그러나 저항권은 그 본질상 기본권과 헌법질서를 보호하

*예비적·최후
수단적·보충
적·비제도적
보호수단*

인 예심절차를 규정하고 있다. 자세한 것은 다음 문헌을 참조할 것.

H. F. Zacher, Die Selektion der Verfassungsbeschwerden, in: FS f. BVerfG(1976), Bd. 1,
S. 396ff.

1) 헌법재판소가 개원한 1988. 9. 1.부터 2020. 11. 30.까지 모두 40,232건의 헌법소원사건이 접수되
어 인용결정 766건, 기각 7,953건, 각하 26,287건, 취하 907건 등 모두 38,996건이 처리되었
다. 자세한 것은 헌법재판소공보 제290호(2020. 12. 20.) 5면 참조.

2) 국내 헌법학자 사이에는 기본권보호의 최후수단으로서 저항권을 인정할 것인지에 대해서 견해
가 일치되지 않고 있다. 명시적으로 인정하는 학자로는 권영성, 83면; 김철수, 345면, 1283면,
교수를 들 수 있고, 명시적으로 부정하는 학자로는 문홍주, 360면, 교수와 박일경, 251면 이
하, 교수를 들 수 있다.

우리 대법원은 저항권을 부인하고 있다(대법원 1975. 4. 8. 선고 74 도 3323 판결; 대법원
1980. 5. 20. 선고 80 도 306 판결).

우리 헌재는 저항권에 관해서 아직 명시적인 긍정도 부정도 하지 않은 채 입법과정의 하자
는 저항권행사의 대상이 아니라고 판시하고 있다.

【판시】 저항권이 헌법이나 실정법에 규정이 있는지 여부를 가려볼 필요도 없이 제청법원이
주장하는 국회법 소정의 협의 없는 개의시간의 변경과 회의일시를 통지하지 아니한 입법과정

기 위한 예비적이고 최후수단적인 것이기 때문에 절대로 예방적인 기본권보호 또는 편의적인 기본권보호의 방법으로 행사되어서는 아니된다. 또 저항권은 정치적인 선전과 선동의 도구로 악용되어서도 아니된다.[1]

전통적 저항
권논리의 문
제점

저항권을 힘의 행사로 이해하는 전통적인 학설에 따르는 한 저항권은 그것이 아무리 평화적인 방법으로 행사된다 하더라도 공공의 안녕질서를 보장하기 위한 실정법과의 충돌이 일어날 수 있고, 경우에 따라서는 그 행사요건의 충족 여부에 대한 심각한 의견대립이 생기고, 심지어는 국가권력에 의해서 불법적인 행위로 낙인을 찍히게 되는 경우가 많다. 바로 이곳에 힘의 행사로서의 저항권행사의 현실적인 딜레마가 있다.

비판적 복종
의 자세 및
계속적인 저
항수단인 의
사표현의 자
유

따라서 저항권을 '힘의 행사'로만 이해하는 고정관념에서 벗어나 국가권력에 대한 국민의 '비판적인 복종의 자세'로 이해하고 '계속적인 저항'을 일시적이고 폭발적인 힘의 행사에 의한 저항에 못지 않게 중요시해야 하리라고 본다.[2] 결국 국민의 일상생활에서의 정치적인 의사표시를 최대한으로 보장함으로써 언로의 경색 때문에 쌓여가는 불만과 폭발의 가능성을 줄여 가는 정치인의 슬기는 기본권의 보호뿐 아니라 저항권의 순화를 위해서도 매우 중요하다.

7. 기본권의 분류

Ⅰ. 고전적 분류방법의 문제점

기본권의 양
면성

우리 헌법이 보장하고 있는 기본권은 '국가권력의 자제에서 나오는 허용된 범위 내의 자유와 권리'도 아니고, 또 인간의 '선천적인 자유와 권리'도 아니다. 우리 헌법은 우리 대한민국의 동화적 통합을 달성하기 위해서 모든 국민이 지키고 실천해야 되는 일종의 동화적 생활질서를 기본권으로 보장하고 있기 때문에 기본권은 '주관적 공권'인 면과 '객관적 규범질서'의 면을 모두 가지고 있다.

지위이론에
따른 분류의
비현실성

따라서 이같은 시각에서 볼 때, G. Jellinek의 '지위이론'에 바탕을 둔 종래의 고전적인 기본권분류방법은 적지 않은 문제점이 있다고 느껴진다. 우선 고전적인 기본권분류방법의 이념적 기초가 되고 있는 국민의 국가에 대한 예속관

의 하자는 저항권행사의 대상이 되지 아니한다(헌재결 1997. 9. 25. 97 헌가 4, 판례집 9-2, 332(338면)).

1) 저항권에 대해서 자세한 것은 졸저, 전게서, 방주 200 이하 및 방주 706 참조.
2) 이 점에 대해서 자세한 것은 졸저, 전게서, 방주 203 및 707 참조할 것.

계가 오늘날 그대로 받아들여질 수 없는 것은 더 말할 것도 없고, '자유권'과 '수익권'(생활권과 청구권)의 비중관계가 그때와 오늘은 현저하게 달라졌기 때문이다. 기본권의 중점이 자유권에서 생활권(사회권)으로 옮겨지고, '자유권의 생활권화현상'이 두드러져서 전통적인 자유권들이 생활의 수단 내지 영업의 수단으로서 생활권적인 기능을 해야만 되는[1] 오늘날, 자유권 중심의 사고방식에 입각해서 기본권을 분류하는 것은 이미 시대의 요청에 맞지 않게 되었다. 기본권의 분류에 대한 학자들 나름의 다양한 시도가 행해지고 있는 이유도 그 때문이다. 이같은 현상은 우리나라도 예외는 아니다. 분류방법의 바탕은 여전히 옐리네크적인 '지위이론'에 두면서도 학자마다 조금씩 다르게 기본권을 분류하고 있다.[2] 국내학자들의 기본권분류방법은 C. Schmitt의 이론체계에 따라 국가권력에 대한 방어권으로서의 '자유권'을 중심으로 한 것이기 때문에, C. Schmitt에게서와 마찬가지로 생활권(사회권)을 설명하는 데는 그 '법적 성격'에서부터 시작해서 적지 않은 어려움을 겪게 된다. 그러나 기본권의 중점이 이미 자유권에서 생활권으로 옮겨지고, '자유권의 생활권화현상'이 보편화되어 가는 오늘의 시점에서 생활권을 실효성 없는 하나의 장식적 기본권유형으로 구분하는 기본권의 분류방법은 이미 그 분류방법 자체에도 문제가 있다고 하지 않을 수 없다. 따라서 기본권의 유형에 대한 고전적이고 전통적인 개념으로서의 '자유권'·'생활권'(사회권)·'청구권'·'참정권' 등은 그것을 개별적 기본권의 연혁적 의의를 시사해 주는 개념으로 이해하고 이를 구태여 배척할 필요는 없다고 하더라도, 우리 헌법이 보장하는 기본권의 기능을 그 전체적인 시각에서 합리적으로 설명하기 위해서는 '자유권'과 '생활권'을 획일적으로 구별하는 종래의 태도를 버리고, 되도록이면 '자유권의 생활권화현상'에 부응할 수 있는 새로운 기본권의 유형화와 체계화가 모색되어야 하리라고 생각한다.

[우측 여백 주석]
자유권중심사고의 탈피 필요성

기본권의 중점 이동

자유권의 생활권화현상에 부응

Ⅱ. 생활영역에 따른 기본권의 분류

　　그러기 위해서는 하나하나의 기본권이 중점적으로 규율하는 생활영역에 따라 기본권을 체계화하는 것이 가장 합리적이라고 생각한다. 즉 주거의 자유(제16조)를 비롯해서 사생활의 비밀과 자유(제17조) 그리고 통신의 비밀(제18조)을 침해받

[우측 여백 주석]
사생활, 정신·문화·건강생활, 경제생활, 정치·사회생활의 보호

---

1) 예컨대 '거주·이전의 자유', '직업의 자유', '학문과 예술의 자유', '종교의 자유'가 가지는 생활수단으로서의 의미와 '통신의 자유'가 가지는 영업수단적인 의미를 생각해 볼 필요가 있다.

2) 예컨대 문홍주, 223면 이하; 박일경, 257면 이하; 김철수, 257면 이하; 권영성, 291면 이하.

지 아니하도록 보장하고 있는 것은 개인의 존엄을 바탕으로 해서 유지되어야 하는 혼인과 가족생활(제36조 제1항)은 물론, 기타의 사생활영역을 보호하기 위한 것이라고 볼 수 있다. 또 양심의 자유(제19조)와 종교의 자유(제20조)는 '지선'(至善)의 추구 또는 '절대자'와의 부단한 대화를 가능케 함으로써 인간의 내면적인 정신생활을 보호하기 위한 것이라면, 학문과 예술의 자유(제22조) 그리고 능력에 따라 균등하게 교육을 받을 권리(제31조 제1항)는 문화적이고 지적인 풍토의 조성을 통해서 헌법이 지향하는 문화국가(제9조)를 실현하기 위한 문화생활에 관한 기본권이라고 볼 수 있다. 우리 헌법이 '건강하고 쾌적한 환경에서 생활할 권리'(제35조)와 '보건에 관한 국가의 보호'(제36조 제3항)를 규정하는 것은 모든 국민에게 건강한 생활을 보장하기 위한 것이다. 우리 헌법은 경제생활영역에서도 거주·이전의 자유(제14조), 직업의 자유(제15조), 재산권(제23조)을 비롯해서 근로활동권(제32조, 제33조)을 보장함으로써 인간다운 생활을 할 수 있는 경제적인 바탕을 기본권에 의해서 조성하려고 노력하면서도, 또 한편 국가에게는 '개인과 기업의 경제상의 자유와 창의를 존중하고'(제119조 제1항), 적정한 소득분배를 유지하며, 시장지배 내지 경제력의 남용을 방지할 수 있는(제119조 제2항) 합리적인 경제정책을 추구해 나가도록 명함(제127조 제1항)과 동시에 사회보장·사회복지의 증진을 통해서 생활능력이 없는 국민을 보호하도록(제34조 제2항·제5항) 과제를 안겨 주고 있다. 그리고 정치·사회생활영역에서도 언론·출판·집회·결사의 자유(제21조)를 통한 커뮤니케이션을 보호함은 물론, 정당설립의 자유(제8조 제1항), 선거권(제24조), 공무담임권(제25조), 국민투표권(제130조 제2항, 제72조) 등의 참정권과 청원권(제26조)을 통해서 정치적인 의사결정과정에 참여할 수 있는 기회와 통로를 보장하고 있다. 그뿐만 아니라 우리 헌법은 기본권보장의 당위적 전제인 인신

인신권보장

권(제12조, 제13조)을 보장함은 물론, 청원권(제26조), 재판청구권(제27조), 형사보상청구권(제28조), 국가배상청구권(제29조), 범죄피해자의 국가구조청구권(제30조) 등 일련의 '절차적 기본권'을 보장함으로써 기본권을 보호하고 기본권보장의 실효를 거두도록 노력

권리구제청구권

하고 있다. 끝으로 우리 헌법은, 납세의 의무(제38조), 국방의 의무(제39조), 교육을 받게 할 의무(제31조 제2항), 근로의 의무(제32조 제2항), 환경보전의무(제35조 제1항), 재산권행사의 공공

헌법상의 의무

복리적합의무(제23조 제2항) 등을 모든 국민의 헌법상의 의무로 규정함으로써 권리와 의무의 조화적인 상승작용에 의해서 사회공동체의 원활한 기능적인 발전을 성취하려고 노력하고 있다.

제 2 장 우리 헌법상의 개별적 기본권

우리 헌법질서는 '조국의 민주개혁과 평화적 통일의 사명'에 입각하여 '정치·경제·사회·문화의 모든 영역에 있어서 각인의 기회를 균등히 하고 능력을 최고도로 발휘하게 하며, 자유와 권리에 따르는 책임과 의무를 완수하게 하여' '자율과 조화를 바탕으로' '자유민주적 기본질서'를 실현하기 위해서(前文) 국민의 자유와 권리를 헌법적 가치로 보호하고 있다. 즉 '사회성'과 '주체성'을 구비한 자주적 인격체로서의 국민이 사생활과 정신생활영역은 물론, 정치·경제·사회·문화생활영역에서 필요로 하는 일정한 공감대적 가치질서를 기본권으로 보호하고 있다. 좀더 구체적으로 말하면, 우리 헌법은 기본권의 이념적 기초를 '인간의 존엄성'에 두고, 기본권실현의 방법적 기초를 '평등권'에서 찾으면서, 모든 국민에게 사생활과 정신생활, 그리고 정치·경제·사회·문화생활에서 필요로 하는 자유와 권리를 보장하고 있다.

> 인간의 존엄성에 기초한 자유와 권리의 평등한 보장

1. 기본권의 이념적 기초로서의 인간의 존엄성

Ⅰ. 인간의 존엄과 가치

(1) '인간의 존엄과 가치'에 관한 헌법규정

기본권은 본질적으로 우리 사회구성원 모두가 공감할 수 있는 '가치의 세계'를 징표하는 것이어야 한다. 우리 헌법은 그러한 '가치세계'의 핵심적인 내용으로서 '인간으로서의 존엄과 가치'를 내세우고 있다. 즉 헌법 제10조에서 「모든 국민은 인간으로서의 존엄과 가치를 가지며, 행복을 추구할 권리를 가진다」고 선언하고 있는 것이 바로 그것이다.[1]

> 공감적 가치의 핵심내용인 인간의 존엄과 가치

---

1) 이 헌법규정은 연혁적으로 볼 때 우리 헌법의 독창적인 것은 아니다. 인간의 존엄성을 존중하려는 사상은 이미 18세기 자유주의사상의 영향 아래 이루어진 미국독립선언(1776년)과 프랑스혁명(1789년)의 이데올로기적인 바탕으로 작용했었고, 특히 제 2 차 세계대전중에 자행된 인간존엄성에 대한 엄청난 도전을 교훈삼아 서독·이탈리아·일본 등의 전후헌법에 명문으로 수용된 것이 그 실정법화의 시작이었다. 우리 헌정사에서는 제 3 공화국헌법(1962년)이 인간의 존

헌법 제10조
의 의미

이처럼 우리 헌법은 '인간으로서의 존엄과 가치'를 기본권의 핵심적인 내용으로 중요시하며, 국가에게 '인간으로서의 존엄과 가치'를 핵으로 하는 기본권을 보장할 의무를 과함으로써(^{제10}_조) 기본권보장의 원칙적인 가치지표가 '인간의 존엄성'이라는 것을 명백히 밝히고 있다. 「국가는 개인이 가지는 불가침의 기본적 인권을 확인하고 이를 보장할 의무를 진다」(^{제10조}_{제 2 문})는 규정이 바로 그것이다.[1]

(2) '인간의 존엄과 가치'의 규범적 의미

1) '인간의 존엄과 가치'의 의미

인격의 내용
을 이루는 윤
리적 가치

제10조에서 말하는 '인간으로서의 존엄과 가치'가 구체적으로 무엇을 뜻하는 것이냐에 대해서는 학자마다 견해가 다르다.[2] '인간으로서의 존엄과 가치'를 구태여 다른 표현으로 바꾸어서 이해해야 한다면 '인간으로서의 존엄과 가치'란 '인격의 내용을 이루는 윤리적 가치'라고 표현할 수 있을 것이다. 그러나 그 '윤리적 가치'의 구성요소를 하나하나 열거하기는 쉽지 않다. 다만 이 '윤리적 가치'와 관련해서 명백한 사실은, 그것이 인격의 내용을 이루고 있는 것이기 때문에 양도할 수도 포기할 수도 없고 또 때와 장소의 제약도 받지 않는 초국가적인 개념으로서 그것은 자연법사상에 그 뿌리를 두고 있다는 점이다. 헌법에서 「모든 국민은 인간으로서의 존엄과 가치를 가진다」고 하는 것은 결국 모든 국민은 '인격의 내용을 이루는 윤리적 가치'를 인정받는다는 말로써 바로 그 '인격의 내용을 이루는 윤리적 가치'가 우리 헌법의 기본권질서 내에서 최고의 가치로 규범화된 것을 의미하게 된다. 사람의 명예, 이름, 초상 등이 인격의 내용을 이루는 윤리적 가치에 속하는 것은 의문의 여지가 없다. 우리 헌법재판소도 인간의 존엄성을 대체로 인격권으로 이해하고 있는 것으로 보인다.[3]

엄성에 관한 규정을 두기 시작했고, 제 5 공화국최초헌법(1980년)에서 행복추구권이 추가되어 지금의 내용으로 규정되었다.

1) 기본권의 이념적 기초로서의 인간의 존엄과 가치에 관한 보다 상세한 설명은 졸저, 전게서, 방주 708~720 및 관련된 생명권의 내용은 같은 책, 방주 721~759 참조할 것.

2) 예컨대 '인간으로서의 자주적인 인격과 가치'(문홍주), '인간의 인격과 평가'(김철수), '인격성 내지 인격주체성'(권영성) 등 다양한 표현이 나와 있다. 그러나 그 표현과 의미를 둘러싼 논쟁이 그렇게 큰 실익을 갖는 것은 아니라고 생각한다. 왜냐하면 '인간으로서의 존엄과 가치'라는 개념이 반드시 해석을 필요로 할 만큼 우리의 개념감각과 동떨어진 것도 아닐 뿐 아니라, 학자들의 개념풀이도 반드시 명쾌한 것이 아니고 하나의 개념유희에 지나지 않는다고 느껴지기 때문이다. 문홍주, 215면; 김철수, 358면 이하; 권영성, 356면 이하.

3) 【판시】 i) 사죄광고제도는 헌법에서 보장된 인격의 존엄과 가치 및 그를 바탕으로 하는 인격권에 큰 위해도 된다(헌재결 1991. 4. 1. 89 헌마 160, 판례집 3, 149(155면)). ii) 헌법 제10조는 모든 기본권보장의 종국적 목적(기본이념)이라 할 수 있는 인간의 본질이며 고유한 가치인 개인의 인격권과 행복추구권을 보장하고 있다(헌재결 1990. 9. 10. 89 헌마 82, 판례집 2, 306(310면)). iii) 사자(死者)도 인격적 가치에 대한 중대한 왜곡으로부터 보호되어야 하고, 사

그러나 인간의 존엄성의 핵심인 인격의 내용을 이루는 윤리적 가치와 인격권은 구별할 필요가 있다. 인격권이 인간의 존엄성에서 나오는 것이라 하더라도 죽은 사람은 인격권의 주체가 될 수 없지만, 죽은 사람도 그가 살아 있을 때 가졌던 윤리적인 가치는 사후까지도 파급효력을 미쳐 보호받아야 하기 때문이다. 사후에도 그 사람의 명예 등이 훼손되어서는 아니 되는 이유이다. 그 결과 인격권과 표현의 자유가 상충하는 경우에는 두 기본권은 이익형량의 대상이 되지만, 인간의 존엄성과 의사 표현의 자유가 상충하는 경우에는 이익형량의 대상이 될 수 없고 언제나 인간의 존엄성이 우선적인 효력을 갖는다.[1] 따라서 우리 헌법재판소가 인간의 존엄성과 인격권을 동일시하는 듯한 판시를 하는 것은 옳지 않다고 할 것이다.

2) 헌법상의 인간상

우리 헌법이 '인간으로서의 존엄과 가치'라는 표현을 통해서 '인격의 내용을 이루는 윤리적 가치'를 기본권질서의 최고가치로 선언하고 있는 경우에 우리 헌법은 동시에 이 표현을 통해서 우리 헌법질서가 이상으로 하고 있는 인간상을 구체적으로 부각시키고 있다고 볼 수 있다. 즉 윤리적 가치에 의해서 징표되는 자주적 인간상이 바로 그것이다. 우리 헌법재판소도 '헌법상의 인간상은 자기결정권을 지닌 창의적이고 성숙한 개체로서의 국민이다'라고 판시하고 있다.[2] 그것은 역사성이나 사회성에서 탈피된 유리된 개인으로서의 개인주의적 인간도 아니고, 또 그렇다고 해서 현대적 복합사회의 단순한 구성분자로서의 집단주의적 인간도 아니다. 그것은 불가양, 포기불능의 고유한 윤리적 가치의 주체이면서 동시에 사회공동체의 구성원으로서 고유한 인격 내지는 개성의 신장을 통해서 사회공동생활을 책임 있게 함께 형성해 나아갈 사명을 간직한 자주적 인간을 뜻한다. 우리 헌법이 보장하고 있는 각종 기본권은 결국 이와 같은 헌법상의 인간상을 전제로 하고 또 그러한 인간상을 가진 국민이 함께 살

자주적 인간

자에 대한 사회적 명예와 평가의 훼손은 그들의 후손의 인격권, 즉 유족의 명예 또는 유족의 사자에 대한 경애추모의 정을 침해한다고 할 것이다(헌재결 2009. 9. 24. 2006 헌마 1298, 판례집 21-2 상, 685(697면)). iv) 인간의 제대혈을 인격과 분리된 단순한 물건으로 취급한다면 인간의 존엄성을 해치는 측면이 있다. 따라서 경제적 이익을 추구하는 제대혈의 유상거래를 금지하는 법규정(제대혈관리법 제 5 조 제 1 항 제 1 호)은 제대혈의 채취·보관·이식·연구 과정에서 제대혈의 품질과 의학적 안전성을 확보하여 국민 보건상의 위험발생을 미리 차단하기 위한 것으로 계약의 자유와 재산권의 침해가 아니다(헌재결 2017. 11. 30. 2016 헌바 38).

1) 같은 취지의 독일 연방헌법재판소의 다음 판례 참조할 것. 1 BvR 19/22, 1 BvR 110/22(2022년 10월 24일 결정).

2) 헌재결 1998. 5. 28. 96 헌가 5, 판례집 10-1, 541(555면) 참조.

아가기 위한 윤리적 행동규범이라고 보아야 할 것이다.

(3) '인간의 존엄성' 규정의 헌법상 의의

1) 기본권보장의 가치지표

사회통합의
가치지표

　　제10조의 규정은 자연법적 기본권사상의 구체적인 표현형태라고 하기보다는 우리 헌법상 기본권보장의 원칙적인 '가치지표'가 역시 '인간으로서의 존엄과 가치'를 그 가치적인 핵으로 하는 '자주적 인간'들의 동화적 통합질서를 마련하는 데 있다는 것을 명백히 하고 있는 것이라고 할 것이다. 개성신장의 광장을 뜻하는 근로조건의 기준도 '인간의 존엄성'을 보장하도록 정해야 되고($\frac{제32조}{제3항}$), 동화적 통합의 단위인 동시에 사회생활의 출발점인 혼인과 가족생활도 '개인의 존엄'을 기초로 성립·유지되어야 한다($\frac{제36조}{제1항}$)는 헌법규정이 이를 뒷받침해 주고 있다. 결국 우리 헌법상 '인간으로서의 존엄과 가치'가 불가침한 것은 그것이 단순히 자연법적인 가치의 세계에 속하는 것이기 때문만은 아니고, 우리 사회의 가치적인 공감대에 해당하는 '인간으로서의 존엄과 가치'가 존중되고 보호되지 않고는 우리 사회가 동화되고 통합되는 것을 기대할 수 없기 때문이다.

2) 기본권실현의 목적

인간으로서의
존엄과 가치
실현수단으로
서의 기타 기
본권

　　이렇게 볼 때 우리 헌법이 사생활과 정신생활영역은 물론 정치·경제·사회·문화생활영역에서 보장하고 있는 여러 가지 기본권은 궁극적으로는 '인간으로서의 존엄과 가치'를 모든 생활영역에서 실현하기 위한 수단에 지나지 않는다고 할 것이다. 자주적인 인격체로서의 인간에게 불가양의 가치인 '인간으로서의 존엄과 가치'가 우리 헌법이 추구하는 통합질서 내에서는 통합질서형 피라밋의 최정점을 차지하는 목적에 해당한다면 나머지 기본권들은 이 목적을 실현하기 위한 수단에 해당한다고 말할 수 있다.

3) 헌법질서의 최고가치

헌법질서상
절대불가침의
최고가치

　　이렇게 볼 때 우리 헌법 제10조가 보장하는 '인간으로서의 존엄과 가치'는 우리나라 기본권질서의 이념적·정신적인 출발점인 동시에 모든 기본권의 가치적인 핵심으로서의 성격을 갖기 때문에 우리나라 헌법질서의 바탕이며 우리 헌법질서에서 절대적이고 양보할 수 없는 최고의 가치적인 Konsens를 뜻하게 된다. 그것은 인간의 존엄성을 부인하는 헌법개정은 물론, 인간의 존엄성과 인격적 가치를 침해하는 기본권제한은 절대로 합헌적인 국가작용으로 받아들여질 수 없다는 것을 의미한다. 인간의 존엄성보장에 관한 우리 헌법규정($^{제10}_{조}$)이 헌법개정의 한계인 동시에 모든 기본권의 본질적 내용으로서 기본권제한입법의 한계일 수밖에 없는 이유도 바로 여기에 있다.

헌법개정 및 기본권제한의 한계

4) 국가작용의 가치적 실천기준

이처럼 인간의 존엄성을 존중해야 하는 것은 국가권력의 당위적 의무이기 때문에 '인간의 존엄성'은 모든 국가작용의 가치적 실천기준으로서의 성격(국가작용의 기속규범적 성격)을 갖는다. 따라서 우리 헌법질서 내에서 허용될 수 있는 국가작용($^{입법·행정·}_{사법작용}$)의 한계가 스스로 명백해진다고 할 수 있다. 즉 우리 헌법질서 내에서는 적어도 '국가목적적 국가'가 존재할 수 없고, 국가는 어디까지나 국민을 위해서 존재하는 까닭에 국가의 이익과 국민의 이익이 상호 저촉 내지 상반되는 경우에는 국민이익우선의 원칙에 의해서 해결하여야 된다는 것을 명백히 하고 있다는 점에 제10조의 가장 큰 헌법상 의의가 있다고 할 것이다.[1]

모든 국가작용의 기속규범

(4) '인간의 존엄성' 규정에 대한 판례와 비판

1) 판 례

우리 헌법재판소는 우리 헌법 제10조의 의의와 내용에 대해서 아직은 확고한 입장을 갖고 있는 것 같지 않다. 우리 헌법재판소는 헌법 제10조를 인용하는 경우 대부분 '인간으로서의 존엄과 가치 및 행복추구권'을 함께 언급하고 있기 때문에[2] '인간의 존엄성'에 대한 헌법재판소의 입장을 파악하기가 쉽지

최고의 헌법원리 내지 헌법이념

---

1) 따라서 이러한 관점에서 볼 때, '인간의 존엄성'에 관한 헌법규정이 독자적인 기본권으로서의 성질을 갖느냐를 둘러싼 국내 헌법학자들의 논쟁은 무의미하고 불필요하다고 생각한다. '인간의 존엄성'에 관한 헌법규정은 초국가적인 기본원리를 단순히 확인하고 선언한 것에 불과하기 때문에 그 자체에 어떤 독자적인 기본권으로서의 성질이 인정될 수 없다는 주장(기본원리설: 박일경, 문홍주, 권영성)이나, '인간의 존엄성' 규정은 '인간의 존엄권'이라는 주 기본권을 하나의 포괄적 기본권으로서 보장하고 있다는 주장(주기본권설: 김철수)은 기본권의 본질과 기능을 실정권설 또는 자연권설에 따라서 이해하는 결과로 빚어진 논쟁이기 때문이다.

　박일경, 221면; 문홍주, 215면; 권영성, 357면; 김철수, 355면.

2) 【판시】 직장단위의 단체보험(생명보험)에서 개별적 동의를 규약에 의한 집단적 동의로 대체한 것은 타인(보험수익자)의 생명보험의 피보험자로 되는 단체구성원들을 위험에 노출시키면서 본인도 모르는 사이에 생명보험의 피보험자로 되게 함으로써 인간의 존엄성과 가치를 훼손하고 그들의 행복추구권을 침해한다든지 국가의 기본권보장의무를 어겼다고 할 수 없어 헌법 제10조에 위배되지 않는다(헌재결 1999. 9. 16. 98 헌가 6, 판례집 11-2, 228(240면)).

　그 밖에도 동성동본금혼제 헌법불합치결정(헌재결 1997. 7. 16. 95 헌가 6 등, 판례집 9-2, 1(18면)), 간통죄의 합헌결정(헌재결 1990. 9. 10. 89 헌마 82, 판례집 2, 306(312면)), 친생부인의 소의 1년 제척기간의 헌법불합치결정(헌재결 1997. 3. 27. 95 헌가 14 등, 판례집 9-1, 193(204면)), 혼인외 출생자의 인지청구제소기간에 관한 민법 제864조 합헌결정(헌재결 2001.

않다. 그렇지만 헌법재판소는 헌법 제10조가 '다른 헌법규정을 기속하는 최고
의 헌법원리'[1]이며 '헌법이념의 핵심인 인간의 존엄과 가치'를 보장하고 있다고
판시[2]함으로써 헌법 제10조가 우리 헌법질서와 기본권보장의 가치지표임을 확
인하고 있다.[3] 그러면서도 또 한편 '헌법 제10조는 모든 기본권보장의 종국적
목적(기본이념)이라고 할 수 있는 인간의 본질이며 고유한 가치인 개인의 인격
권과 행복추구권을 보장하고 있다. 개인의 인격권·행복추구권에는 개인의 자기
운명결정권이 전제되는 것이고, 자기운명결정권에는 성적 자기결정권 특히 혼
인의 자유와 혼인에 있어서 상대방을 결정할 수 있는 자유가 포함되어 있다'고
판시[4]함으로써 헌법 제10조에서 행복추구권 이외에 인격권이라는 구체적 기본
권을 이끌어 내려는 입장을 취하기도 한다.[5] 그와 같은 입장은 정정보도청구권

인격권·성적
자기결정권의
근거

5. 31. 98 헌바 9, 판례집 13-1, 1140) 등 참조.

1) 헌재결 1992. 10. 1. 91 헌마 31 참조.
2) 헌재결 1992. 4. 14. 90 헌마 82 참조.
3) 【결정례】 서울 구치소장이 구치소 내에서 인간으로서 기본생활에 필요한 최소한의 공간(5인의
보충의견은 2.58제곱미터＝0.78평 제시)조차 확보하지 못하도록 1인당 실제 사용면적이 1.06제
곱미터(0.32평) 내지 1.27제곱미터(0.38평)에 불과한 방에 수용자를 과밀수용한 행위는 비록
비교적 단기간이라 하더라도 우리 헌법의 가치지표인 인간으로서의 존엄과 가치를 침해한 것
이다(헌재결 2016. 12. 29. 2013 헌마 142).
4) 헌재결 1990. 9. 10. 89 헌마 82; 헌재결 1997. 7. 16. 95 헌가 6~13(병합) 참조.
5) 【결정례】 미성년자의 성매수범의 신상공개제도는 인간의 존엄성에서 나오는 범인의 인격권과
사생활의 비밀과 자유의 과잉제한이 아니다(헌재결 2003. 6. 26. 2002 헌가 14).
　　헌재는 다음 i)결정처럼 부모의 태아성별 정보에 대한 접근을 방해받지 않을 권리도 일반적
인격권에서 나온다고 판시하고 있다.
【결정례】 i) 낙태가 사실상 불가능하게 되는 임신 28주 이후에도 태아에 대한 성별정보를 태
아의 부모에게 알려 주지 못하게 하는 의료법 제20조 제 2 항은 의료인의 직업수행의 자유와
부모의 태아성별 정보에 대한 접근을 방해받지 않을 권리의 과잉제한으로 위헌이다(헌재결
2008. 7. 31. 2004 헌마 1010 등). ii) 형법상의 혼인빙자간음죄는 남성의 성적 자기결정권과 사
생활의 비밀과 자유의 침해이다(입법 목적의 정당성, 수단의 적절성, 피해최소성, 법익균형성
모두 부인)(헌재결 2009. 11. 26. 2008 헌바 58). 이 결정은 헌재결 2002. 10. 31. 99 헌바 40
등의 합헌결정을 변경한 위헌결정이다. iii) 배아생성자(정자 및 난자 제공자)는 헌법 제10조에
서 나오는 일반적 인격권에 의해 배아의 관리·처분에 대한 결정권을 갖는다. 그렇지만 배아생
성자의 자발적 의사와 무관하게 입법으로 배아의 보존기간을 5년으로 설정한 것은 배아의 법
적 보호를 요구하는 헌법적 가치를 실현하기 위한 불가피한 수단으로 배아생성자의 자기결정
권을 침해하는 것이 아니다(헌재결 2010. 5. 27. 2005 헌마 346, 판례집 22-1(하), 275(295면
이하)). iv) 방송사업자가 방송심의규정을 어긴 경우 방송사업자의 의사에 반해서 '시청자에 대
한 사과'를 강제하는 방송법규정은 최소침해나 법익균형성에 어긋나는 방송사업자의 인격권(사회
적 신용과 명예)의 침해이다(헌재결 2012. 8. 23. 2009 헌가 27, 판례집 24-2 상, 355(376면)).
【판결례】 성전환자에게 미성년 자녀가 있어도 혼인중이 아니라면 가족관계등록부상의 성별
정정을 허용해야 한다는 대법원 전원합의체 판결도 인격권 내지는 개성신장의 자유와 관련된
판례이다. 즉 대법원은 미성년 자녀를 둔 성전환자에 대한 성별 정정 허가 여부는 성전환자의
기본권 보호와 미성년 자녀의 보호 및 복리와의 조화를 이룰 수 있도록 법익의 균형을 위한
여러 사정들을 종합적으로 고려해서 실질적으로 판단해야 한다고 판시했다(대법원 2022. 11.
24. 자 2020 스 616 결정).

이 헌법상 보장된 인격권에 그 바탕을 둔 것이며, 개인의 일반적 인격권은 인간의 존엄성에서 유래한다는 판시[1]에서도 되풀이되고 있다.[2] 같은 취지의 판시는 사죄광고제도가 헌법에서 보장된 인간의 존엄과 가치 및 그를 바탕으로 하는 인격권에도 큰 위해가 된다는 결정[3]에서도 나타난다. 그에 더하여 헌법재판소와 대법원은 죽음에 임박한 연명치료중인 환자는 인간의 존엄과 가치를 지키기 위해서 연명치료중단에 관한 자기결정권을 갖는다고 판시[4]함으로써 인간의 삶과 연관된 인간의 존엄과 가치를 '존엄사'라는 엉뚱한 이름을 붙여 죽을 권리로 확대하는 위험한 견해를 표명하기도 한다.

【독일판례】 마약검사를 위해서 교도소 수형자를 상대로 36일 동안 4번 교도관이 보는 앞에서 소변을 채취해 제출하게 함으로써 피검자가 신체 은밀한 부분의 노출로 인한 수치심을 호소하면서 손끝 채혈(모세혈액 capillary blood)을 통한 마약 검사를 요구하는데도 이를 거부한 교도소의 조치를 정당화한 법원의 판결(2021. 3)은, 2017년 9월 관련 형집행법이 개정되어 수형자가 동의하는 경우 모세혈액 채취방법도 가능하도록 규정한 사실을 감안할 때 마약 복용의 현저한 정황 여부에 대한 판단을 하지 않았을 뿐 아니라 검사 빈도 및 횟수도 비례의 원칙에 어긋나는데도 이에 대한 검토를 누락해서 청구인의 인격권을 침해한 것이므로 파기 환송한다 (2 BvR 1630/21, 2022. 7. 22. 제 2 원 제1 지정재판부(kammer) 결정).

1) 【판시】 i) 경찰서 유치실에 체포수용중인 자에게 차폐시설이 불충분한 유치실내 화장실 사용을 강제하는 행위는 헌법 제10조에 의해 보장되는 인격권의 침해이다(헌재결 2001. 7. 19. 2000 헌마 546, 판례집 13-2, 103(112면)). ii) 선거법위반 현행범을 체포해서 유치장에 수용하면서 행하는 신체과잉수색행위는 인격권과 신체의 자유의 침해이다(헌재결 2002. 7. 18. 2000 헌마 327, 판례집 14-2, 54(63면)). iii) 일반 피의자에 대한 촬영허용행위는 피의자로서 얼굴이 공개되어 초상권을 비롯한 인격권에 대한 중대한 제한일 뿐 아니라 언론에 보도될 경우 범인으로서의 낙인효과와 그 파급효가 매우 커 과잉금지원칙에 위배되어 초상권과 인격권의 침해이다(헌재결 2014. 3. 27. 2012 헌마 652).

2) 【독일판례】 독일연방헌법재판소는 2017. 10. 10. 인격권에 관한 매우 획기적인 결정을 했다. 그 결정요지: 남·녀의 성징을 함께 갖고 있는 이른바 중성자에게 출생·주민등록부의 성별 표시란에 남·녀의 표시 외에 빈칸으로 놓아두는 방법 이외에 제 3 의 성을 표시할 수 없게 정하고 있는 개인신분법(Personenstandsrecht) 관련규정은 해당자의 인간의 존엄성과 인격권 및 개성신장의 자유를 침해할 뿐 아니라, 성별에 의한 차별금지원칙에도 위배된다. 성에 관한 자아의식은 개인의 인격형성과 성적 동질성의 확립뿐 아니라 사회생활에서 매우 큰 의미를 갖는 인격권의 중요한 내용이기 때문이다. 입법자가 2018년 말까지 이들에 대한 가능한 등록표시 방법을 새로 규정하게 하기 위해서 헌법불합치결정을 한다. 입법자는 등록부의 성별표시란을 아주 없애거나, 남·녀 외의 제 3 의 성을 표시하게 할 수도 있는데, 그 경우에도 그 표시를 중성자로 할른지 아니면 제 3 의 성으로 할른지 여러 가능한 방법 중에서 선택할 수 있을 것이기 때문이다(1 BvR 2019/16).

3) 헌재결 1991. 4. 1. 89 헌마 160 참조.

4) 【결정례】 헌재는 그러나 이를 보장하기 위해서 법원의 재판을 통한 규범의 제시와 입법 중 어떤 방법을 선택할른지는 입법정책의 문제이므로 헌법해석상 연명치료중단에 관한 법률을 제정할 국가의 입법의무가 있다고 보기는 어렵다고 연명치료중단에 관한 자기결정권을 보장하기 위한 입법부작위의 위헌을 다투는 헌법소원을 각하했다(헌재결 2009. 11. 26. 2008 헌마 385).
【판결례】 환자가 회복 불가능한 사망의 단계에 진입했고, 사전의료지시 등을 통한 연명치료중단을 요구하는 환자의 의사를 추정할 수 있는 때에는 연명치료를 중단하고 무의미한 연명치료장치를 제거하는 것이 환자의 인간으로서의 존엄과 가치 및 행복추구권을 존중하는 것이다(대법원 2009. 5. 21. 선고 2009 다 17417 판결).

2) 비   판

헌법 제10조
와 제37조 제
1 항의 관계에
서 인격권 도출

이와 같은 헌법재판소의 판시내용을 종합해 볼 때 우리 헌법재판소는 헌법 제10조의 '인간의 존엄과 가치'를 일반적 인격권의 근거규정으로 이해하려는 것이 아닌가 보여진다.[1] 그러나 일반적 인격권은 헌법 제10조만을 근거로 하는 것이 아니고, 헌법 제10조와 제37조 제 1 항과의 상호관계에서 나오는 기본권으로 해석하고, 헌법 제10조는 헌법재판소가 판시한 것처럼 우리 헌법질서와 기본권보장의 가치지표라고 이해하는 것이 옳다고 생각한다.

(5) '인간의 존엄성' 규정과 제37조의 관계

1) 제37조 제 1 항과의 관계

헌법 제10조
와의 상승작
용

'인간의 존엄과 가치'에 관한 규정은 우리나라 기본권질서의 가치적인 핵심으로서의 성격을 갖기 때문에 헌법에 미처 열거되지 아니한 자유와 권리도 그것이 사회통합의 가치적인 원동력으로서의 의미를 갖는 것이라면 마땅히 '인간의 존엄과 가치'의 구체적인 표현형태라고 보아야 한다. 따라서 우리 헌법 제37조 제 1 항에서 밝히고 있는 것처럼 헌법에 미처 열거되지 아니했다는 이유만으로 절대로 경시될 수 없는 자유와 권리가 있다면 그것은 바로 '인간의 존엄성'을 신장시키기 위한 또 다른 불가피한 수단이라고 보아야 할 것이다. 그렇기 때문에 우리 헌법에 구체적으로 열거되지는 않았지만 결코 경시될 수 없는 일반적인 행동의 자유[2]·일조권·인격권·초상권·성명권·명예권·자신의 혈통을 알권리[3] 등의 자유와 권리도 헌법에 열거된 기본권과 마찬가지로 '인간으

---

1) 【결정례】 사자(死者)는 헌법 제10조에서 유래하는 일반적 인격권의 보호를 받아야 하므로 사후에도 인격적 가치의 중대한 왜곡으로부터 보호되어야 한다. 나아가 사자의 사회적 명예와 평가의 훼손은 사자와의 관계를 통해 스스로의 인격상을 형성하고 명예를 지켜온 그들 후손의 인격권, 즉 유족의 명예 또는 사자에 대한 경배추모의 정을 제한하는 것이다(헌재결 2010. 10. 28. 2007 헌가 23).

2) 【독일판례】 독일 Bayern주 정부가 2020년 4월 Covid-19(코로나) 확산 방지를 위해서 한시적으로 행한 국민의 외출제한과 위반 시에 처벌하는 조치에 대한 효력정지 가처분 신청을 기각한다. 인용한 후 본안소송을 기각하는 경우의 부정적 효과가 그 반대의 경우보다 훨씬 크다. 즉 외출제한조치가 일반적 행동의 자유를 한시적으로 제한하지만, 그 제한은 국민의 생명과 건강권을 보호하기 위한 불가피한 조치여서 누구에게나 수인을 기대할 수 있는 정도이고 예외를 허용하고 있을 뿐 아니라, 위반에 따른 처벌에서도 개별적 특성을 고려한 재량이 가능하도록 규정하고 있는 점을 종합하면 외출제한조치의 효력유지가 불가피하다(1 BvR 755/20).

3) 【유럽인권재판소판례】 프랑스에서 보장하고 있는 '익명출산의 권리'(친생모나 친생부가 자신들의 신상정보에 대해서 익명(비밀)을 요구할 수 있는 권리)(우리의 Baby Box에 놓고 간 신생아의 부모에 해당)는 출생아가 자신의 '혈통을 알 권리'와 상충할 수 있지만 두 법익의 우열을 쉽게 단정하기 어렵다. '익명출산의 권리'는 출산시에 출산모와 출산아의 건강보호, 불법낙태와

로서의 존엄과 가치'를 실현하기 위한 수단이라고 이해해야 한다.[1][2]

2) 제37조 제 2 항과의 관계

'인간으로서의 존엄과 가치'에 관한 규정은 제37조 제 2 항을 근거로 행해 지는 법률에 의한 기본권제한시에 그 최후적 한계로서의 성격과 기능을 갖는 다. 즉 모든 기본권의 '본질적 내용'에 해당되는 것이 바로 '인간으로서의 존엄 과 가치'이다. 따라서 '인간으로서의 존엄과 가치'를 침해하는 기본권제한은 그 것이 아무리 법률에 의해서 행해진다 하더라도 결코 용납되지 않는다.[3]

기본권의 본 질적 내용으 로서의 인간 의 존엄성

영아유기를 방지하기 위해서 프랑스가 도입한 오래된 전통적인 제도이다. 또 프랑스는 2002년 익명출산 당사자가 사후에 본인들의 신상정보에 대한 익명성을 철회할 수 있는 제도도 도입했 다. 결과적으로 '자신의 혈통을 알 권리'도 익명출산으로 안전하고 건강하게 태어날 수 있었던 '생명권'을 전제로 할 뿐 아니라, 제도개선으로 '혈통을 알 권리'를 보호받을 수 있는 가능성도 열려 있다. 따라서 프랑스의 '익명출산의 권리'가 유럽인권협약 제 8 조(사생활보호규정)를 어겼 다고 볼 수 없다(Odievre v. France, 13. 2. 2003, 42326/98).

1) 【판시】 헌법에 명시적으로 규정되지 아니했지만 헌법 제37조 제 1 항에 따라 헌법 제10조에서 규정한 인간의 존엄과 가치를 보장하기 위한 기본권으로서 일반적 행동자유권과 명예권 등을 들 수 있다(헌재결 2002. 1. 31. 2001 헌바 43, 판례집 14-1, 49(57면)).
   【독일판례】 i) 독일연방헌법재판소는 인간의 존엄과 가치의 보장과 개성신장의 자유의 상승작용에 의해서 누구나 자신의 혈통을 알권리가 있다고 판시했다(BVerfGE 90, 263(270f.)). ii) 전화통화의 한쪽 당사자가 상대방의 동의 없이 통화내용을 확성기를 통해 제 3 자가 함께 듣게 하는 것은 인격권의 한 내용인 통화한 말에 대한 상대방의 권리를 침해하는 것이다(BVerfGE 106, 28(37f.)).
2) 이렇게 볼 때, '인간의 존엄성'과 다른 기본권의 관계를 '주'와 '파생'의 관계로 이해하고 제37 조 제 1 항은 제10조에 의하여 확인·선언된 천부인권의 포괄성을 단순히 주의적으로 규정한 것에 지나지 않는다는 '주의규정설'(김철수)은 받아들일 수 없다. '인간의 존엄성'과 다른 기본 권이 목적과 수단의 관계인 것처럼 '인간의 존엄성'과 제37조 제 1 항에서 말하는 자유와 권리 도 목적과 수단의 관계이기 때문이다. 김철수, 356면.
3) 따라서 인간을 권력의 단순한 지배객체로 보고 국가목적을 달성하기 위한 수단으로 이용하는 모든 공권력작용은 허용될 수 없다. 인간을 실험의 대상으로 삼는 일, 수사과정에서의 가혹행 위와 고문 등을 통한 인격침해, 초상의 악용, 강제단종(산), 집단학살, 노예취급, 지나친 사생 활 간섭, 인체에 대한 화인(火印) 내지 특정표지, 가혹한 강제노동 등이 그 대표적인 경우이 다. 따라서 우리 헌재가 비록 단기간이라고 해도 구치소내 과밀수용행위는 인간의 존엄성을 침해한 것이라는 판시(헌재결 2016. 12. 29. 2013 헌마 142)는 인격권의 본질적 내용에 해당하 는 인간의 존엄성을 침해한 것이라는 취지의 판시로 이해하는 것이 합리적이다. 그렇지 않고 헌재가 종전의 판시취지와 달리 인간의 존엄성을 하나의 독자적인 기본권으로 이해하고 인간 의 존엄성을 직접 침해한다고 판시한 것으로 본다면 인간의 존엄성 보장의 헌법상의 의의와 기능에 비추어 볼 때 합리적으로 논증할 수 없는 여러 가지 헌법이론상의 문제가 발생한다. 또 헌재가 종전의 판시를 변경할 의도가 있었다면 당연히 판례변경의 취지에 관한 언급을 했 을 것인데 그런 설명이 없다. 이 헌재결정의 헌법해석상 내지 헌법이론상의 문제점에 대해서 는 조소영의 심층적인 평석논문, 기본권 규범구조에서의 '인간의 존엄성'의 지위, 공법연구 제 48집 제 1 호, 2019. 10, 119면 이하 참조할 것.
   【판결례】 우리 국민으로 출생한 아동은 태어난 즉시 출생등록될 권리를 가지며 이 권리는 법 앞에 인간으로 인정받을 권리로서 모든 기본권 보장의 전제가 되는 기본권이므로 법률로써도 침해할 수 없다. 그렇기 때문에 출생신고를 받아주지 않거나 절차가 복잡하고 오래 걸려 출생 신고를 받아주지 않는 것과 같은 결과가 발생한다면 이는 아동으로부터 사회적 신분을 취득할

Ⅱ. 행복추구권

(1) 행복추구권에 관한 헌법규정

1980년부터 헌법에 수용

우리 헌법은 '인간의 존엄과 가치' 존중에 관한 규정($제10조$)에서 이른바 '행복추구권'을 함께 보장하고 있다. 「모든 국민은 … 행복을 추구할 권리를 가진다」는 내용이 바로 그것이다. 그러나 이 규정은 1980년 우리 헌법에 들어온 이후 오늘날까지 그 내용의 불명확성 때문에 많은 불필요한 논란을 불러일으키고 있다.

(2) 행복추구권의 본질과 내용

다양한 견해

우리 헌법에서 규정하고 있는 행복추구권이 구체적으로 무엇을 내용으로 하는 것인지에 대해서는 아직도 뚜렷한 정설이 확립되지 못하고 있다. 특히 같은 조문에서 규정하고 있는 '인간의 존엄과 가치'와 행복추구권과의 상호관계를 어떻게 이해할 것이며, 다른 기본권과의 관계에서 행복추구권의 내용과 성격을 어떻게 평가할 것인가에 대해서 학자마다 견해가 다르다.[1] 다만 행복추구권의 자연법적 성질과 그 포괄적 성질에 대해서는 대체적인 의견접근이 이루어지고 있는 것 같다.

외국의 입법례

생각건대 행복추구에 관한 우리 헌법규정은 비교헌법적으로 볼 때 외국에 그 선례가 없는 것은 아니지만[2] 우리 헌법규정 중에서 체계적으로 가장 문제가 있는 규정이다. 너무나 당연한 사항을 규정함으로써 오히려 불필요한 의문만을 생기게 하기 때문이다.

조문구조상의 문제점과 올바른 이해

'인간의 존엄과 가치'는 적어도 기본권보장의 가치지표적인 의미를 가지고 그 개념에 내포된 가치적인 성격 때문에 기본권의 이념적인 기초로서 헌법에 명문화될 필요가 있지만, '행복추구'는 특히 '행복'이라는 말의 상대성과 세속성 때문에 규범적인 차원에서 쉽사리 그 가치로서의 성격을 인정하기가 어렵다. 그렇기 때문에 '행복추구권'이 '인간의 존엄과 가치'에 관한 조문에서 함께 규정

기회를 박탈함으로써 인간으로서의 존엄과 가치, 행복추구권 및 아동의 인격권을 침해하는 것이다(대법원 2020. 6. 8. 자 2020 스 575 결정).

1) 행복추구권은 '기본권실현의 최상상태를 추구할 권리'로서 다른 기본권과의 관계에서 독립한 하나의 권리라기보다는 모든 기본권을 총괄하는 의미를 갖는다는 주장(문홍주), 행복추구권은 '무고통상태 내지 만족상태 실현추구권'으로서 '기본권 전반에 관한 총칙적 규정'으로서의 성질을 갖는다는 주장(권영성), 행복추구권을 인간의 존엄성과 합해서 포괄적으로 이해하면서 '알 권리'·'읽을 권리'·'들을 권리'까지 포함한다는 입장(김철수), 또 '인간의 존엄성'에 대해서는 그 기본원리로서의 성격을 강조하면서도 행복추구권에 대해서는 그 기본권성을 강조하는 입장(문홍주, 권영성) 등이 그것이다.

문홍주, 219면; 권영성, 361면; 김철수, 358면, 360면.

2) 예컨대 1776년 미국독립선언, 같은 해의 버지니아권리장전(제 1 조), 그리고 1946년의 일본헌법(제13조) 등이 그것이다.

되고 있다는 그 자체가 조문구조상 문제가 있다. 또 '행복추구'는 기본권의 문제로 다루어지기보다는 인간의 본능의 문제로 다루어져야 할 사항이기 때문에 처음부터 규범화의 대상이 될 수도 없다. 행·불행은 법적인 규제가 미칠 수 없는 영역이다. 국가가 모든 국민의 행복의 주인이 되려면 독재의 길로 들어설 수밖에 없다. 따라서 우리 헌법에 보장된 행복추구권은 독자적인 기본권을 보장했다고 하기보다는 '인간의 존엄과 가치'를 최대한으로 실현하는 것을 그 내용으로 하는 가장 이상적인 사회통합분위기를 추구하며 살아갈 수 있는 모든 국민의 당위적인 삶의 지표를 분명히 밝혀 놓은 것이라고 보아야 할 것이다.[1] 그런 뜻에서 행복추구권이 갖는 포괄규범적 성격이 강조되는 것은 충분히 설득력이 있다고 할 것이다.

이렇게 볼 때, 행복추구권은 그것이 아무리 기본권적인 형식으로 규정되었다 하더라도 어떤 구체적인 권리를 내용으로 한다기보다는 '인간으로서의 존엄과 가치'를 존중받으며 살아갈 수 있는 모든 국민의 당위적이고 이상적인 삶의 지표를 설정해 놓음으로써 '인간의 존엄과 가치'가 갖는 윤리규범적 성격과 실천규범적 성격을 강조하는 것이라고 이해하는 것이 마땅하다고 생각한다.

(3) 행복추구권에 대한 판례와 문제점

1) 헌법재판소의 판시내용

우리 헌법재판소는 행복추구권을 하나의 구체적이고 독자적인 기본권으로 인정하는 입장을 취하면서 행복추구권 속에 '일반적 행동자유권'[2]과 '개성의 자

독자적 기본
권성 인정 및

---

1) 따라서 행복추구권의 독자적인 기본권성을 강조하는 일부 학자들의 견해와 판례의 입장에는 동조할 수 없다. 문홍주, 219면; 권영성, 361면 이하; 김철수, 360면 이하.
2) 【결정례】 i) 언론인 및 사립학교 관계자를 공직자 등에 포함시켜 직무관련성이나 대가성이 없더라도 동일인으로부터 일정 금액을 초과하는 금품 등의 수수를 금지하면서 그 구체적인 액수와, 이들이 받을 수 있는 외부 강의 등의 대가와 음식물·선물·경조사비 등의 가액을 대통령령에 위임하도록 하는 부정청탁 및 금품 등 수수의 금지에 관한 법률 중 관련규정과, 이들의 배우자가 이들의 직무와 관련하여 수수 금지 물품 등을 받은 사실을 안 경우 언론인 및 사립학교 관계자에게 신고의무를 부과하고 미신고시 형벌 또는 과태료의 제재를 하도록 하는 동법 관련규정은 포괄위임금지원칙과 죄형법정주의의 명확성의 원칙에 위배되지 않아 언론인과 사립학교 관계자의 일반적 행동자유권을 침해하지 않는다. 그런데 이 결정에서 위 위임조항과 미신고시 처벌조항에 대해서는 각 4인 재판관의 설득력 있는 반대의견이 있다(헌재결 2016. 7. 28. 2015 헌마 236 등, 판례집 28-2 상, 128(186~201면)). ii) 세월호피해배상 등을 지급받으려는 피해자에게 세월호피해지원법 시행령 제15조에 따른 별지 제15호서식의 배상금 등 동의 및 청구서를 제출하도록 하면서 세월호피해지원법 제16조에서 규정하는 동의의 효력범위를 넘어 세월호참사 전반에 관한 일체의 이의제기를 금지시킬 수 있게 하는 조항은 기본권 제한의 법률유보원칙에 위반하여 법률의 근거 없이 대통령령으로 청구인들에게 세월호참사와 관련된 일체의 이의제기금지의무를 부과함으로써 일반적 행동의 자유를 침해한 것이다(헌재결 2017. 6. 29. 2015 헌마 654, 판례집 29-1, 305(324면)). ii) 명의인의 동의 없이 금융기관에게 금융

유로운 발현권' 등이 함축되어 있다고 이해한다. 또 사적자치권과 '계약의 자유'
도 일반적 행동자유권에서 파생된다고 설명하는 등[1] 행복추구권이 하나의 포괄
적 기본권으로서의 성질을 가진 것으로 판시[2]하고 있다. 소비자의 자기결정권은
행복추구권에서 파생된다고 설명하는 것[3]도 그 때문이다. 그리고 결혼식 하객에
게 음식물 접대를 금지하는 것[4]과 치과전문의 자격시험을 실시하지 않는 것[5]은

거래정보를 요구하는 것을 금지하고 그 위반 행위를 형사처벌하는 금융실명법규정(제 4 조 제
1 항 및 제 6 조 제 1 항 해당부분)은 착오송금으로 돈을 입금받은 예금주가 이를 돌려주기 위
해서 송금한 사람의 거래정보의 제공을 요구하는 경우처럼 구체적인 사안에 따라 죄질과 책임
을 달리 함에도 불구하고, 정보제공자의 요구의 사유나 경위, 행위 태양, 요구한 거래정보의
내용 등을 전혀 고려하지 아니하고 일률적으로 금지하면서 그 위반시 형사처벌을 받도록 규정
했으므로 침해 최소성과 법익 균형성을 어긴 일반적 행동자유권의 침해이다(헌재결 2022. 2.
24. 2020 헌가 5).

1) 【판시】 i) 헌법 제10조는 행복추구권을 보장하고 있고, 행복추구권은 그의 구체적인 표현으로
서 일반적인 행동자유권과 개성의 자유로운 발현권을 포함하기 때문에 기부금품의 모집행위는
행복추구권에 의하여 보호된다. 계약의 자유도 헌법상의 행복추구권에 포함된 일반적인 행동
자유권으로부터 파생하므로, 계약의 자유 또한 행복추구권에 의하여 보호된다(헌재결 1998. 5.
28. 96 헌가 5, 판례집 10-1, 541(549면)). ii) 사적자치권은 일반적 행동자유권의 하나인데 법
률행위의 영역에서는 계약의 자유로 나타난다(헌재결 2003. 5. 15. 2001 헌바 98, 판례집 15-1,
534(547면)). iii) 부모의 분묘를 가꾸고 봉제사를 하고자 하는 권리는 행복추구권의 한 내용이
다(헌재결 2009. 9. 24. 2007 헌마 872, 판례집 21-2 상, 738(744면)).
【결정례】 i) 원사업자에게 파산 등 지급불능사유가 발생했을 때 제 3 자인 발주자로 하여금 수급
사업자에게 하도급대금을 직접 지급하도록 의무화하는 하도급대금직접지급제도는 발사주와 원사업
자의 사적자치권과 재산권을 침해하는 것이 아니다(헌재결 2003. 5. 15. 2001 헌바 98). ii) 자동차
운전자에게 좌석안전띠를 매도록 하고 어기면 범칙금을 부과하는 것은 일반적 행동의 자유의 침
해는 아니다(헌재결 2003. 10. 30. 2002 헌마 518). iii) 학교정화구역 내의 극장영업금지는 학생들
의 문화향유에 관한 행복추구권의 침해이다(헌재결 2004. 5. 27. 2003 헌가 1 등). iv) 임대차 존
속기간을 20년으로 제한하는 민법 제651조 제 1 항은 현재의 사회경제적 현상을 제대로 반영하
지 못할 뿐 아니라 사적 자치에 의한 자율적 거래관계 형성을 왜곡하고 있고 사회경제적 효율성
에도 문제가 생길 수 있으므로 과잉금지원칙을 위반하여 계약의 자유를 침해한다(헌재결 2013.
12. 26. 2011 헌바 234). v) 전국기능경시대회에 참가하여 입상한 사실이 없는 사람에게만 이 대
회에 참가자격을 부여함으로써 입상자의 재도전을 제한하는 법규정(숙련기술장려법 시행령 제27
조 제 1 항 및 제 2 항)은 행복추구권을 침해한다(잠정적용헌법불합치)(헌재결 2015. 10. 21. 2013
헌마 757). vi) 연고자가 없는 시신을 생전의 본인의사와 무관하게 병원 해부용시체로 제공할 수
있게 한 법규정은 시체에 대한 자기결정권의 침해이다(헌재결 2015. 11. 26. 2012 헌마 940).
2) 【판시】 헌법 제10조의 행복추구권은 국민이 행복을 추구하기 위한 활동을 국가권력의 간섭
없이 자유롭게 할 수 있다는 포괄적인 의미의 자유권으로서의 성격을 가진다(헌재결 1995. 7.
21. 93 헌가 14, 판례집 7-2, 1(32면)).
3) 【판시】 소비자가 자신의 의사에 따라 자유롭게 상품을 선택하는 것을 제약함으로써 소비자의
행복추구권에서 파생되는 자기결정권도 제한하고 있다(헌재결 1996. 12. 26. 96 헌가 18, 판례
집 8-2, 680(691면)).
4) 【판시】 결혼하는 사람이 하객들에게 주류와 음식물을 접대하는 행위는 일반적인 행동의 자유
영역에 속하는 행위이므로 헌법 제37조 제 1 항에 의해 경시되지 아니하는 기본권이며 헌법
제10조의 행복추구권에 포함되는 일반적 행동자유권으로서 보호되어야 한다(헌재결 1998. 10.
15. 98 헌마 168, 판례집 10-2, 586(596면)).
5) 【판시】 치과전공의수련과정을 사실상 마쳤지만 치과전문의제도를 시행하기 위한 시행규칙의

행복추구권을 침해하는 것이지만, 생수업체에 수질개선부담금을 부과하는 것은 먹는 샘물을 이용하는 사람의 행복추구권의 침해가 아니라고 한다.[1]

2) 비판 및 사견

그러나 헌법재판소가 행복추구권을 독자적인 기본권으로 인정하고 이 기본권 속에 일반적 행동자유권과 개성의 자유발현권 등이 들어 있다고 주장하려면, 헌법 제10조의 조문구조상 먼저 그들 기본권이 '인간의 존엄과 가치'와는 무관하게 행복추구권에만 함축되어야 하는 이유를 설득력 있게 논증했어야 할 것이다. 그러한 논증 없이 행복추구권을 그런 식으로 확대해석하는 것은 자칫 인간의 존엄과 가치를 공동화시킬 위험성이 있다. 또 헌법재판소가 '인간의 존엄과 가치' 및 행복추구권을 근거로 인간의 자기운명결정권을 인정하고 성적 자기결정을 그 속에 포함시키고 있다면 '일반적 행동자유권' 및 '개성의 자유로운 발현권' 등은 왜 '인간의 존엄과 가치' 및 행복추구권을 함께 근거로 하지 못하고 오로지 행복추구권 속에서만 그 존립근거를 찾아야 하는지에 대해서도 합리적인 설명이 있어야 할 것이다. 따라서 우리 헌법재판소는 헌법 제10조의 규범적 의의와 내용에 대해서 좀더 면밀히 검토해야 할 필요가 있다고 할 것이다. 한 가지 다행한 것은 헌법재판소가 최근에 다른 기본권과 행복추구권을 동시에 적용하려던 종래의 태도[2]를 지양하고 행복추구권을 다른 기본권에 대한 보충적 기본권으로 적용하는 방향으로 입장을 변경하는 듯한 판시를 하고 있다는 점이다.[3] 결국 헌법재판소의 판시와는 달리 행복추구권의 독자적인 기본권성은 인정되기가 어렵다고 생각한다.

> 행복추구권의 독자적 기본 권성 인정의 문제점

미비로 형벌의 위험을 감수하지 않고는 전문과목을 표시할 수 없게 되었으므로 행복추구권을 침해받고 있다(헌재결 1998. 7. 16. 96 헌마 246, 판례집 10-2, 283(309면)).

1) 【판시】 수질개선부담금은 먹는 샘물 판매가격의 상승을 초래하여 결국 소비자의 부담이 커지는 것은 사실이나 그것은 먹는 샘물의 선택권을 박탈·봉쇄하는 것은 아니므로 먹는 샘물을 이용하는 시민의 행복추구권을 침해하는 것도 아니다(헌재결 1998. 12. 24. 98 헌가 1, 판례집 10-2, 819(840면)).

2) 【판시】 자동차매매업자 등의 자동차등록신청대행으로 인해 일반행정사의 업무영역이 반사적으로 잠식당했다 해도 그것은 청구인들의 직업의 자유에 대한 본질적 침해이거나 직업의 자유의 과잉제한이 아니며 행복추구권을 침해하는 것도 아니다(헌재결 1997. 10. 30. 96 헌마 109, 판례집 9-2, 537(545면)).

3) 【판시】 i) 행복추구권은 다른 기본권에 대한 보충적 기본권으로서의 성격을 지니므로, 공무담임권이라는 우선적으로 적용되는 기본권이 존재하여 그 침해여부를 판단하는 이상, 행복추구권 침해여부를 독자적으로 판단할 필요가 없다(헌재결 2000. 12. 14. 99 헌마 112 등, 판례집 12-2, 399(408면)). ii) 행복추구권 자체는 통상의 경우 다른 기본권에 대한 보충적 기본권으로서의 성격을 지니므로 직업의 자유 침해 여부를 판단하는 이상 이에 대한 별도의 판단은 필요 없다(헌재결 2003. 4. 24. 2002 헌마 611, 판례집 15-1, 466(478면)).

2. 기본권실현의 방법적 기초로서의 평등권

I. 평등권보장의 헌법상 의의

기본권실현의 방법적 기초 및 방향제시

우리 헌법은 '인간으로서의 존엄과 가치'를 그 핵으로 하는 기본권의 동화적 통합효과를 증대시키기 위해서 '누구든지 성별, 종교, 또는 사회적 신분에 의하여 정치적·경제적·사회적·문화적 생활의 모든 영역에 있어서 차별을 받지 아니'하고($\substack{제11조\\제1항}$) 모든 생활영역에 균등하게 참여할 수 있는 기회를 보장함으로써 기본권실현의 방법적 기초가 어디에 있으며 기본권실현의 방향이 어떠해야 하는 것인가를 분명히 밝히고 있다. 평등권에 관한 헌법규정($\substack{제11\\조}$)은 말하자

기본권의 실효성 및 사회통합효과 촉진수단

면 '인간으로서의 존엄과 가치'를 그 핵으로 하는 기본권의 실효성과 그 동화적 통합효과를 촉진시켜 주는 수단이라고 볼 수 있다. 예컨대 성별·종교·사회적 신분에 의해서 정치·경제·사회·문화생활영역에서 차별대우가 허용되고, 또 사회적 특수계급의 제도가 인정되며, 심지어 각종 원인에 의한 특권층이 난무하는 분위기 속에서는 기본권이 동화적 통합의 실질적 원동력으로서 그 동화적 통합효과를 나타내기가 어렵기 때문이다. 우리 헌법이 모든 생활영역에서 차별

평등권관련 헌법규정

대우를 금지하고($\substack{제11조 제1\\항 제2문}$), 사회적 특수계급을 부인하며($\substack{제11조\\제2항}$), 영전(榮典)에 따른 특권 인정을 금지($\substack{제11조\\제3항}$)할 뿐 아니라, 여자근로자의 부당한 차별을 금지하며 ($\substack{제32조\\제4항}$), 혼인과 가족생활에서의 남녀평등을 강조하고($\substack{제36조\\제1항}$), 교육의 기회균등을 보장하며($\substack{제31조\\제1항}$), 선거권과 투표권의 평등을 헌법규범으로 명시하거나($\substack{제41조 제1항,\\제67조 제1항}$) 또한 당연한 것으로 전제하고($\substack{제130조\\제2항}$) 선거운동의 기회균등을 강조하는($\substack{제116조\\제1항}$) 이유도 바로 여기에 있다.

평등권을 단순한 자유권의 일종으로만 볼 수 없는 이유도 평등권이 갖는 이같은 기본권실현의 방법적 기초로서의 의미와 기능을 도외시할 수 없기 때문이다. 우리 헌법재판소도 평등권이 다른 기본권과 구별되는 기본권 중의 기본권이라고 판시하고 있다.[1][2]

---

1) 【판시】 평등의 원칙은 국민의 기본권보장에 관한 우리 헌법의 최고원리로서 국가가 입법을 하거나 법을 해석 및 집행함에 있어 따라야 할 기준인 동시에 … 국민의 기본권 중의 기본권인 것이다(헌재결 1989. 1. 25. 88 헌가 7, 판례집 1, 1(2면)).

2) 평등권에 관한 더 자세한 설명은 졸저, 전게서, 방주 760~776 참조할 것.

Ⅱ. 평등권의 의미와 기능

(1) 평등권의 의미

기본권실현의 방법적 기초인 동시에 기본권실현의 방향을 제시해 주는 평등권은 모든 국민에게 여러 생활영역에서 균등한 기회를 보장해 주는 것을 그 내용으로 한다. 평등권을 통해서 모든 국민에게 기회균등을 보장하는 것은 모든 국민으로 하여금 사회통합과정에 능동적으로 참여케 함으로써 기본권의 생활규범성을 높이고 기본권의 동화적 통합효과를 증대시켜 주는 기능을 갖는다. 이처럼 평등권은 우선 '기회균등'을 그 내용으로 하기 때문에 기회균등의 요청에 반하는 어떠한 자의적인 공권력의 발동도 용납하지 않는다. 평등권이 '기회균등'뿐 아니라 '자의금지'까지도 함께 그 내용으로 하고 있다고 주장되는 이유도 그 때문이다.

기회균등 및 자의금지

(2) 평등권의 기능

아무튼 평등권은 국민에 대한 기회균등의 보장과 공권력에 대한 자의금지명령을 통해 인간의 존엄과 가치를 그 핵으로 하는 기본권의 실효성과 동화적 통합효과를 증대시켜 주는 기능을 갖는다고 말할 수 있다.

기본권의 실효성 및 사회통합효과 증대기능

Ⅲ. 평등권의 내용

평등권의 내용과 관련해서 지금까지 자주 논란의 대상이 되는 것은 평등권의 주체에 외국인이 포함되는지의 여부, 평등권의 입법권기속 여부와 입법형성권의 범위, 평등의 규범적 의미 등이었다.

(1) 평등권의 주체(평등권과 외국인)

외국인도 평등권의 주체가 되는지에 대해서는 학자간에도 여러 가지 주장이 대립되고 있는데, 그 다양한 주장을 유형적으로 분류해 보면 부정설, 제한적 긍정설, 상황적 제한설 등으로 나눌 수 있다.

1) 부 정 설

특히 법실증주의적 관점에서 주장되는 부정설에 따르면 i) 평등권은 천부인권이 아니고 실정법상의 권리이며, ii) 평등권을 보장하는 헌법규정도 그 주체를 분명히 '국민'으로 명시하고 있고, iii) 참정권과 재산권 등에서 외국인을 차별하

법실증주의적 논리

는 것은 오히려 당연하기 때문에 외국인은 평등권의 주체가 될 수 없다고 한다.

2) 제한적 긍정설

결단주의적
논리 및 견해
의 다양성

　　원칙적으로 결단주의적 입장에 서 있는 일부 학자들은 제한적이긴 하지만
외국인도 평등권을 누릴 수 있다고 주장한다. 다만 외국인이 누릴 수 있는 평
등권의 범위에 관해서는 견해가 갈린다. i) 기본권의 성질을 기준으로 해서 한
국인이 아니고는 누릴 수 없는 참정권 등만을 외국인에게 주지 않으려는 입장,
ii) 국제법상의 일반원칙인 국가간의 호혜정신 내지 상호주의정신에 따라 외국
인에 대한 평등권의 제한범위를 정하려는 입장, iii) 국가작용의 분야에 따라
입법작용의 분야에서는 외국인의 평등권을 부인하지만 행정작용과 사법작용의
분야에서는 외국인도 평등권의 주체로 인정하려는 입장 등으로 나눌 수 있다.

3) 상황적 제한설

원칙적 긍정
및 융통적 해
석 강조

　　평등권의 이념적 기초가 되고 있는 자연법상의 평등원리에 비추어 볼 때
외국인이라고 해서 평등권의 주체가 될 수 없다고 말하는 것은 이론상 설득력
이 약하기 때문에 평등권의 주체에는 원칙적으로 외국인도 포함되는 것으로 이
해하고, 다만 평등권의 내용과 평등의 의미에 관한 구체적인 해석을 통해서 상
황에 따라 외국인의 평등권을 제한하는 것은 가능하다고 주장한다.

4) 비판 및 사견

㈎ 부정설의 문제점

상황적 제한
설의 타당성

　　생각건대 외국인의 평등권주체성의 문제는 헌법이론적으로 상황적 제한설의
입장에서 이해하는 것이 가장 합리적이라고 느껴진다. 부정설처럼 평등권조항에
나타난 '국민'이라는 문언에 얽매여 평등권의 주체를 내국인에 국한시킨다든지,
제한적 긍정설처럼 기본권의 종류나 국가작용의 분야에 따라 일률적으로 외국인
에 대한 평등권의 허용 여부를 정하려는 것은 평등권의 의미와 기능 및 현대적
인 국제화시대의 실상을 충분히 고려한 것이라고 보기 어렵다. 오늘날처럼 국경

국제화·세계
화시대의 요
청

이 폭 넓게 개방되는 국제화와 세계화의 시대에 폐쇄적인 국제사회를 전제로 한
외국인에 대한 배타적인 자세는 옳지 못하다. 평등권이 기본권실현의 방법적 기
초로서의 의미와 기능을 가지며 기회균등과 자의금지를 그 내용으로 하는 것이
라면 국내거주외국인도 원칙적으로 평등권의 주체가 된다고 보아야 한다.

(나) 외국인의 상황연관성

다만 외국인의 평등권주체성을 인정해 주는 경우에도 모든 외국인을 언제 외국인의 획
일적 취급의
부당성
나 국민과 동일하게 대우해 주어야 한다는 논리는 성립되지 않는다. 평등권이
요구하는 평등은 절대적 평등이 아닌 상대적 평등을 뜻하기 때문이다. 따라서
구체적으로 어떤 범위의 평등권을 외국인이 누릴 수 있느냐는 개별적인 경우에
여러 상황을 참작해서 결정할 문제이지 처음부터 이를 획일적으로 정할 수는
없다고 할 것이다. 그러나 한 가지 분명한 사실은 오늘과 같은 국제화시대에 자국민보호의
수단
외국인의 평등권을 폭 넓게 보장해 주는 것이 외국이나 국제무대에서 활동하는
우리 국민의 발언권과 국제법상의 지위를 그만큼 강화시켜 주는 효과를 나타내
게 되어 결과적으로 국민의 기본권신장에도 도움이 된다는 점이다.

(2) 평등권의 입법권기속 여부와 입법형성권의 범위

연혁적으로 볼 때 평등권은 법률을 집행하거나 적용하는 과정에서 국가의 입법권기속효
과: 기본권제
한입법의 한
계기능
공권력으로부터 차별대우를 받지 않는 것을 그 주된 내용으로 했었다. 그러나
1925년을 전후해서 평등권은 집행권과 사법권뿐 아니라 입법권까지를 기속하
는 것으로 인식되기 시작해서 오늘날에 와서는 '법 앞의 평등'이 단순한 법률집
행과 적용의 평등만을 요구하지 않고 마땅히 입법권까지를 기속한다는 인식이
하나의 정설로 굳어졌다. 평등권이 기본권제한입법의 한계가 된다는 논리도 그
래서 성립된다. 우리 헌법재판소도 입법권이 평등권에 기속될 뿐 아니라 평등
권이 기본권제한입법의 한계가 된다는 점을 분명히 밝히고 있다.[1] 다만 평등권
이 요구하는 평등은 절대적 평등이 아니고 상대적 평등을 뜻하기 때문에 '같은
것'과 '같지 않은 것', '같이 취급할 사항'과 '다르게 취급할 사항'을 결정할 수
있는 넓은 형성의 자유가 입법권자에게 허용된다고 하는 점에 대해서도 이론이
없다. 그러나 입법권자의 형성의 자유가 무제한한 것은 아니기 때문에 정의의
관점에서 자의적이라고 평가될 수 있는 경우까지 형성의 자유에 의해서 정당화
되는 것은 아니다.[2] 바로 이곳에 입법권자에게 주어진 형성의 자유의 한계가 입법형성권의
한계

---

1) 【판시】 '법 앞에 평등'이란 행정부나 사법부에 의한 법적용상의 평등을 뜻하는 것 외에도 입
법권자에게 정의와 형평의 원칙에 합당하게 합헌적으로 법률을 제정하도록 하는 것을 명령하
는 이른바 법내용상의 평등을 의미하고 있기 때문에 … 입법권자의 법제정상의 형성의 자유는
무한정으로 허용될 수는 없다(헌재결 1992. 4. 28. 90 헌바 24, 판례집 4, 225(231면 이하)). 그
밖에도 '소송촉진 등에 관한 특례법'(제 6 조 제 1 항 단서)과 '금융기관의 연체대출금에 관한 특
별조치법'(제 5 조의 2), '국회의원선거법'(제33조와 제34조)의 위헌결정 등을 참조할 것. 헌재결
1989. 1. 25. 88 헌가 7; 헌재결 1989. 5. 24. 89 헌가 37·96; 헌재결 1989. 9. 8. 88 헌가 6; 헌
재결 1991. 3. 11. 90 헌마 28; 헌재결 1991. 3. 11. 91 헌마 21.
2) 【판시】 평등의 원칙은 일체의 차별적 대우를 부정하는 절대적 평등을 의미하는 것이 아니라

있다. 특히 조세관계법률처럼 국민에게 부담을 과하거나 재산권을 제한하는 내용의 법률을 제정하는 경우에는 입법권자의 형성의 자유도 상당히 좁아진다고 하는 것이 우리 헌법재판소[1]와 독일연방헌법재판소의 견해이다.[2] 평등권을 침해하는 법률의 위헌심사는 바로 그와 같은 입법형성권의 한계가 지켜졌는지를 판단해야 하는 어려운 과제를 안고 있다.

우리 헌법재판소가 차별입법의 합헌적 요건을 제시하려고 노력하고 있는 것도 그 때문이다. 즉 '합리적 근거에 의한 차별이라고 하기 위하여는 우선 그 차별의 목적이 헌법에 합치하는 정당한 목적이어야 하고, 다음으로 차별의 기준이 목적의 실현을 위하여 실질적인 관계가 있어야 하며, 차별의 정도 또한 적정한 것이어야 한다'[3]고 판시하고 있다.[4] 그러나 헌법재판소는 또 한편 군필자 가산점제도위헌결정에서 미국 연방대법원이 정립한 완화된 심사와 엄격한 심사를 시도하면서 '평등위반 여부를 심사함에 있어 엄격한 심사척도에 의할 것인지, 완화된 심사척도에 의할 것인지는 입법자에게 인정되는 입법형성권의 정도에 따라 달라지게 될 것이다. 먼저 헌법에서 특별히 평등을 요구하고 있는 경우 엄격한 심사척도가 적용될 수 있다. 헌법이 스스로 차별의 근거로 삼아서는 아니되는 기준을 제시하거나 차별을 특히 금지하고 있는 영역을 제시하고 있다면 그러한 기준을 근거로 한 차별이나 그러한 영역에서의 차별에 대하여 엄격하게 심사하는 것이 정당화된다. 다음으로 차별적 취급으로 인하여 관련 기본권에 대한 중대한 제한을 초래하게 된다면 입법형성권은 축소되어 보다 엄격한 심사척도가 적용되어야 할 것이다. … 가산점제도에 대하여는 엄격한 심사 척도가 적용되어야 하는데, 엄격한 심사를 한다는 것은 자의금지원칙에 따른 심사, 즉 합리적 이유의 유무를 심사하는 것에 그치지 아니하고 비례성원칙에

___

입법과 법의 적용에 있어서 합리적 근거 없는 차별을 하여서는 아니된다는 상대적 평등을 뜻하고 따라서 합리적 근거 있는 차별 내지 불평등은 평등의 원칙에 반하는 것이 아니다(헌재결 1994. 2. 24. 92 헌바 43, 판례집 6-1, 72(75면)).

1) 예컨대 헌재결 1999. 7. 22. 98 헌바 14(시혜적 법률은 부담적 법률보다 광범위한 입법형성의 자유가 인정된다).

2) 넓은 형성의 자유를 인정한 경우: 예컨대 BVerfGE 23, 258(264); 36, 230(235).
   좁은 형성의 자유를 인정한 경우: 예컨대 BVerfGE 35, 324(335).

3) 헌재결 1996. 8. 29. 93 헌바 57, 판례집 8-2, 46(56면) 참조.

4) 【결정례】 i) 따라서 국·공유재산의 보호를 위해서 그에 대한 시효취득을 금지하는 입법을 하는 경우에도 국가나 지방자치단체가 사경제작용의 주체로서 임의로 처분·관리할 수 있는 잡종재산까지도 시효취득의 대상에서 제외시키는 것은 분명히 입법형성권의 한계를 넘어서 평등의 원칙과 재산권보장정신에 어긋나는 위헌적인 입법이라는 것이 우리 헌법재판소의 견해이다. 헌재결 1991. 5. 13. 89 헌가 97; 헌재결 1992. 10. 1. 92 헌가 6·7(병합). ii) 그렇지만 시혜적인 소급입법의 경우 현저하게 불합리하고 불공정한 것이 아닌 한 평등권을 침해한다고 할 수 없다고 한다(헌재결 1999. 7. 22. 98 헌바 14).

따른 심사, 즉 차별취급의 목적과 수단간에 엄격한 비례관계가 성립하는지를 기준으로 한 심사를 행함을 의미한다'고 판시[1]함으로써 방법상의 혼선을 초래하고 있다.[2] 합리성의 판단에도 비례성의 심사가 불가피하기 때문이다.

헌법에 명시
된 입법형성
권의 한계

그런데 입법권자가 가지는 입법형성권의 한계가 때로는 헌법규정에 의해서 직접 정해지는 경우도 있는데 예컨대 성별·종교·사회적 신분 등을 이유로 하는 차별대우입법이 금지되는 것이나($^{\text{제11조 제1}}_{\text{항 제2문}}$), 근로조건에 관한 법률제정시에는 여자근로자의 차별금지($^{\text{제32조}}_{\text{제4항}}$)와 소년의 근로를 특별히 보호하는 규정을 두어야 하는 것($^{\text{제32조}}_{\text{제5항}}$) 등이 바로 그것이다.

평등권침해
입법의 판단
기준

끝으로 입법권이 평등권을 침해했는지의 여부는 단순히 제정법률의 형식적인 요건이나 내용보다는 법률의 실질적인 내용을 기준으로 판단해야 하기 때문에, 법률이 형식면에서는 차별대우를 금지하는 것으로 규정하고 있지만, 그 법률의 집행 내지 적용과정에서 차별대우가 불가피하게 되는 경우에는 그것은 역시 평등권을 침해한 입법권의 행사라고 평가할 수 있다고 할 것이다.

(3) 평등의 규범적 의미

상대적 평등

평등권에 내포된 '평등'의 규범적 의미에 대해서는 예로부터 논란이 많았지만, 오늘날 그것이 산술적인 의미의 절대적인 평등을 뜻하는 것이 아니라, 아리스토텔레스가 주장한 배분적 정의에 입각한 상대적 평등을 의미한다고 하는 점에 대해서는 학설과 판례에서 이견이 없다. 따라서 평등권은 국가권력이 입법·행정·사법의 모든 분야에서 '같은 것은 같게, 같지 아니한 것은 같지 않게' 처리함으로써 실현될 수 있다. 다만 '같은 것'과 '같지 아니한 것'을 구별하는 판단기준을 어떻게 정할 것인가 하는 것이 어려운 문제로 제기된다. 이 문제와 관련해서 영미법상의 '합리성의 원칙'이나 대륙법상의 '자의금지의 원칙' 등이 그 판단기준으로 제시되긴 하지만, 이들 원칙이 모든 문제를 명쾌하게 해결해 주지는 못한다.[3] 왜냐하면 '합리적인 것'과 '불합리한 것', '자의적인 것'과

동(同)·부동
(不同)의 판단
기준: 합리성
및 자의금지
의 원칙과 그
한계

1) 헌재결 1999. 12. 23. 98 헌마 363, 판례집 11-2, 771(787면 이하) 참조.
2)【결정례】 국립사범대 졸업자 중 미임용등록자 임용 등에 관한 특별법에 규정된 특별정원 및 부전공과정제도는 그 밖의 응시자격자들의 공무담임권에 대한 중대한 제한을 초래하게 되는 차별적 취급이므로 비례의 원칙에 따라 평등권침해 여부를 판단해야 한다(헌재결 2006. 3. 30. 2005 헌마 598, 판례집 18-1 상, 439(447면)).
3)【판시】 평등원칙은 행위규범으로서 입법자에게, 객관적으로 같은 것은 같게 다른 것은 다르게, 규범의 대상을 실질적으로 평등하게 규율할 것을 요구하고 있다. 그러나 헌법재판소의 심사기준이 되는 통제규범으로서의 평등원칙은 단지 자의적인 입법의 금지기준만을 의미하게 되므로 헌법재판소는 입법자의 결정에서 차별을 정당화할 수 있는 합리적인 이유를 찾아볼 수 없는 경우에만 평등원칙의 위반을 선언하게 된다. 즉 헌법에 따른 입법자의 평등실현의무는

'그렇지 않은 것'을 구별하는 것은 또 다른 가치판단을 필요로 하는 문제이기 때문이다. 그래서 결국 평등의 문제는 평균적인 동시대인의 정의감정에 비추어 판단할 수밖에 없다고 할 것이다. 물론 '정의'의 실체를 파악하기 위한 철학적인 노력이 아직도 완전히 매듭되지 못했고, '정의'에 관한 연구가 철학의 영원한 과제로 인식되고 있는 오늘날 평등을 그같은 미지의 정의라는 가치와 연관시키는 것이 문제가 없는 것도 아니다. 그럼에도 불구하고 스위스연방대법원의 유명한 판시에 따라 '평등은 정의를 뜻하고, 정의에 반하는 것은 자의'라고 인식할 수밖에 없다고 생각한다. '정의'는 역시 정의(定義)할 수 없는 것이라고 믿어지기 때문이다. 결국 평등과 정의는 이처럼 상호 불가분한 표리의 관계에 있기 때문에 평균적인 동시대인의 정의감정을 해치는 진지성의 정도에 따라 평등권의 침해 여부를 결정할 수밖에 없다고 할 것이다. 예컨대 '입법권자가 입법에 즈음해서 사항적으로 분리취급해야 할 사항을 분리취급하지 않은 경우'에는 정의감정을 해치는 정도가 크기 때문에 평등권의 침해를 인정해야겠지만, '입법권자가 입법에 즈음해서 사항적으로 분리취급할 수도 있는 사항을 분리취급하지 않은 경우'에는 정의감정을 해치는 정도가 약하기 때문에 평등권의 침해를 부인해야 하리라고 본다.[1]

Ⅳ. 평등권의 효과(개별적 평등권)

모든 국민의 '기회균등'과 공권력의 '자의금지'를 그 내용으로 하는 일반적인 평등권은 모든 생활영역에서 여러 가지 형태로 영향을 미치는데, 모든 생활영역에서 차별대우가 금지되고, 사회적 특수계급이 부인되며, 영전에 따른 특권인정이 금지되고, 혼인과 가족생활에의 남녀평등이 강조되며, 교육의 기회균등이 보장되고, 선거권의 평등이 존중되고, 경제질서에서의 사회적 평등이 강조되는 것 등이 바로 그것이다. 이러한 사항들은 물론 '법 앞의 평등'이라는 '일반적인 평등권'의 구체적인 효과에 해당되는 것이지만, '일반적인 평등권'과

헌법재판소에 대하여는 단지 자의금지원칙으로 그 의미가 한정 축소된다(헌재결 1997. 1. 16. 90 헌마 110 등, 판례집 9-1, 90(115면)).

1) 【판시】 i) 헌법재판소가 행하는 규범에 대한 심사는 그것이 가장 합리적이고 타당한 수단인가에 있지 아니하고 단지 입법자의 정치적 형성이 헌법적 한계 내에 머물고 있는가 하는 것에 국한시켜야 하며, 그럼으로써 입법자의 형성의 자유와 민주국가의 권력분립적 기능질서가 보장될 수 있다(헌재결 1997. 1. 16. 90 헌마 110 등, 판례집 9-1, 90(115면)). ii) 장애인과 비장애인 후보자를 구분하지 않고 선거운동방법을 제한한 선거법(제93조 제1항 본문)규정은 서로 다른 것을 자의적으로 같게 취급한 것이 아니어서 평등의 원칙에 위배되지 않는다(헌재결 2009. 2. 26. 2006 헌마 626, 판례집 21-1 상, 211(230면)).

구별하는 의미에서 '개별적인 평등권'이라는 이름으로 불려진다. 아래에서 이들 개별적인 평등권을 나누어서 살펴보기로 한다.

(1) 차별대우금지

차별대우금지는 누구든지 성별·종교 또는 사회적 신분[1]에 의하여 정치적·경제적·사회적·문화적 생활의 모든 영역에 있어서 차별을 받아서는 아니된다는 것을 뜻한다. 헌법에 규정된 차별대우사유와 생활영역은 하나의 예시규정에 불과하기 때문에 인종·출신지역 등을 이유로 하는 종교적·군사적 생활영역에서의 차별대우도 마땅히 금지된다. 우리 헌법은 고용·임금 및 근로조건에 있어서의 여자근로자의 차별을 특히 금지하고 있다(제32조 제4항). 차별대우금지의 효과는 구체적으로 차별입법의 금지, 행정재량권의 한계, 조세평등의 원칙, 교육의 기회균등, 종교평등, 병역평등 등으로 나타난다. 그러나 차별대우금지는 이미 평등의 규범적 의미에서도 지적한 바와 같이 합리적인 사유와 기준에 의한 차별대우까지도 금지하는 것은 아니기 때문에[2] 병역평등에도 불구하고 남·녀를 구

차별사유의 예시적 규정과 차별대우 금지효과

합리적 차별의 예

---

1) 【판시】 사회적 신분이란 사회에서 장기간 점하는 지위로서 일정한 사회적 평가를 수반하는 것을 의미한다(헌재결 1995. 2. 23. 93 헌바 43, 판례집 7-1, 222(236면)).

2) 【합헌결정례】 i) 초·중·고교원에게는 교육위원직 겸직을 금지하면서 대학교원에게는 겸직을 허용해도 평등권침해는 아니다(헌재결 1993. 7. 29. 91 헌마 69). ii) 공무원이 공직선거의 후보자가 되려면 선거일 전 90일까지 퇴직하도록 하면서, 국회의원이 국회의원선거나 대통령선거에, 그리고 지방의회의원이나 지방자치단체의 장이 당해 지방선거에 입후보하는 경우에는 그 직을 가지고 할 수 있도록 예외를 인정한 법규정(선거법 제53조 제 1 항 본문 및 제 1 호)은 평등권침해라고 볼 수 없다(헌재결 1995. 3. 23. 95 헌마 53). iii) 재개발조합의 임원을 수뢰죄의 공무원으로 의제하는 법규정은 평등권침해가 아니다(헌재결 1997. 4. 24. 96 헌가 6, 96 헌바 70(병합)). iv) 임차인의 보증금을 우선변제해 주는 것은 후순위권리자에 대한 불합리한 차별대우는 아니다(헌재결 1998. 2. 27. 97 헌바 20). v) 교원징계재심위의 재심결정에 대해 교원만이 불복할 수 있게 하고 처분권자는 불복하지 못하게 한 것은 평등권침해가 아니다(헌재결 1998. 7. 16. 95 헌바 19·26·30·42·61(병합)). 뒤 388~389면 xx) 변경판시 참조. vi) 대통령선거방송토론회에 참석할 후보자를 당선가능성 기준으로 제한하는 것은 평등권침해가 아니다(헌재결 1998. 8. 27. 97 헌마 372·398·417(병합)). vii) 부동산임의경매절차에서 금융기관에게만 발송송달제도를 인정하는 것은 평등의 원칙에 위배되지 않지만 강제경매절차에서의 그런 특례는 평등의 원칙에 반한다(헌재결 1998. 9. 30. 98 헌가 7, 96 헌바 93(병합)). viii) 관세범에 대한 경합범가중제한규정의 배제는 위헌이 아니다(헌재결 1998. 11. 26. 97 헌바 67). ix) 회원제골프장에 대한 취득세 중과세는 평등원칙에 위배되지 않는다(헌재결 1999. 2. 25. 96 헌바 64). x) 금융기관 임·직원의 수재행위를 공무원의 수뢰행위와 동일하게 처벌하여도 금융기관의 강한 공익성 때문에 다른 사인에 대한 불합리한 차별대우는 아니다(헌재결 1999. 5. 27. 98 헌바 26). xi) 군복무기간을 공무원연금법상 공무원의 재직기간에 산입함에 있어 장교 등의 경우에는 3배로 계산합산하고 병의 경우에는 복무기간만 산입하게 하는 것은 자의적인 차별은 아니다(헌재결 1999. 9. 16. 97 헌바 28). xii) 근로자 4인 이하 사업장을 근기법 전면 적용에서 제외해도 평등원칙에 위배되는 불합리한 차별은 아니다(헌재결 1999. 9. 16. 98 헌마 310). xiii) 관광사업자 중에서 유독 카지노업자에게만 관광진흥기금을 위한 특별부담금을 부담시키는 것은 평등권침해가 아니다(헌재결 1999. 10. 21. 97 헌바 84). xiv) 행정심판기간의 적용에

별하는 것이나,[1] 차별입법의 금지에도 불구하고 사회국가의 정신에 따라 부양

서 처분의 제3자를 처분의 상대방에 비해 차별취급한 것은 평등권침해가 아니다(헌재결 1999. 11. 25. 98 헌바 36). xv) 무소속 입후보 예정자는 후원회의 정치자금과 국고보조를 받지 못하게 정한 정치자금 법규정은 정당민주주의 실현을 위한 합리적 차별이어서 평등권의 침해가 아니다(헌재결 1997. 5. 29. 96 헌마 85). xvi) 또 언론중재절차에서 중재신청인은 1회, 피신청인은 2회 불출석하면 불이익을 받게 한 것은 평등의 원칙의 위배는 아니다(헌재결 1999. 7. 22. 96 헌바 19). xvii) 노조 이외의 다른 사회단체에 대한 선거운동금지는 표현의 자유와 평등권침해가 아니다(헌재결 1999. 11. 25. 98 헌마 141). xviii) 한의사전문의제도를 도입하면서 군전공의요원으로서 수련과정을 이수하거나 이수중인 자들과 그렇지 않은 자들을 차별하고 후자 중에서 군전공의 수련과정과 동등 이상의 수련과정을 이수중인 자만을 특례의 대상으로 한 것은 수련과정의 전문성과 객관성 등의 우열에 근거한 것이므로 입법재량의 범위를 벗어난 직업의 자유의 침해가 아니고 자의적인 차별도 아니어서 평등권을 침해한 것도 아니다(헌재결 2001. 3. 15. 2000 헌마 96 등(병합)). xix) 금융관련법령을 위반하여 벌금형을 선고받은 자는 금고 이상의 형의 집행유예를 선고받은 자 또는 다른 법령위반으로 벌금형을 선고받은 자와 달리 5년간 증권회사의 임원이 될 수 없게 한 것은 합리적 이유를 인정할 수 있어 평등의 원칙에 반하지 않고 과잉금지원칙을 어기는 직업의 자유의 침해도 아니다(헌재결 2001. 3. 21. 99 헌마 150). xx) 공소시효를 단축하는 개정법규정을 소급적용하면서 이미 공소제기되어 재판계류 중인 사건만은 제외하는 것은 평등원칙에 위배되지 않는다(헌재결 2003. 2. 27. 2001 헌바 22). xxi) 국가로부터의 취득, 외국으로부터의 수입취득, 판결문에 의한 취득, 공매취득 등의 경우와는 달리 재판상 화해취득의 경우 그 사실상의 취득가격을 취득세의 과세표준으로 인정하지 않는 것은 합리적 차별로서 조세평등주의에 반하지 않는다(헌재결 2003. 4. 24. 2002 헌바 71 등). xxii) 국가유공자의 자녀가 국내 대학에 취학하면 수업료 등을 면제할 수 있게 하고 면제한 수업료 등의 반액을 국가가 사립대학에 보조하는 간접적인 지원형식을 통해서 국외 대학에 취학한 국가유공자의 자녀를 수혜의 범위에서 배제하더라도 불합리한 차별은 아니다(헌재결 2003. 5. 15. 2001 헌마 565). xxiii) 국가유공자의 상이등급에 따른 연금지급액의 차등은 실질적 평등을 구현하기 위한 합리적인 차별이다(헌재결 2003. 5. 15. 2002 헌마 90). xxiv) 산재보험법의 적용제외 사업의 근로자와 산재보험의 적용대상인 근로자 사이의 차별은 점진적 제도개선에 의한 것으로 평등원칙에 위배되지 않는다(헌재결 2003. 7. 24. 2002 헌바 51). xxv) 참전명예수당을 70세 이상의 참전유공자에게만 지급하는 것은 70세 미만자의 평등권과 인간다운 생활권의 침해가 아니다(헌재결 2003. 7. 24. 2002 헌마 522 등). xxvi) 7급 공무원시험에서 산업기사 이상의 자격등급에 대해서만 가산점을 주고 기능사등급의 자격자에게 가산점을 주지 않는 것은 공직취임의 기회균등을 침해하지 않는다(헌재결 2003. 9. 25. 2003 헌마 30). xxvii) 국가유공자 유족연금의 지급대상을 미성년자녀나 생활무능력인 장애 성년자에 한정하는 것은 평등원칙의 위배가 아니다(헌재결 2003. 11. 27. 2003 헌바 39). xxviii) 대학교원의 정당가입 및 선거운동의 자유를 허용하면서도 초·중등교원에 대해서는 이를 금지하는 것은 합리적인 차별이다(헌재결 2004. 3. 25. 2001 헌마 710). xxix) 먹는 샘물제조업자와 먹는 샘물수입·판매업자에게 수질개선부담금을 함께 부과하더라도 동일한 부과율로 부과·징수하도록 법률에서 정한 것은 아니므로 다른 것을 같게 취급한 것이 아니어서 평등원칙의 위배는 아니다(헌재결 2004. 7. 15. 2002 헌바 42). xxx) 대통령선거소송에서는 다른 소송보다 10배의 인지액을 첨부하게 하는 것은 평등권과 재판청구권의 침해가 아니다(헌재결 2004. 8. 26. 2003 헌바 20). xxxi) 입법자가 헌재의 위헌결정 당시를 기준으로 이미 사범대학을 졸업한 자들과 사범대학에 재학중에 있던 자들을 달리 취급하는 것은 합리적인 이유가 있으므로 평등원칙의 위배가 아니다(헌재결 2004. 9. 23. 2004 헌마 192). xxxii) 경찰공무원과 군인은 그 보수책정에 있어서 비교집단으로 볼 수 있지만 경찰직급의 봉급을 상응하는 군인계급의 봉급보다 적게 책정하는 것은 합리적 이유 있는 차별이다(헌재결 2008. 12. 26. 2007 헌마 444). xxxiii) 주택법상의 주택조합에게는 부과하지 않는 임대주택공급의무를 주택재건축사업에만 부과하는 것은 합리적 이유 있는 차별이어서 평등권 침해가 아니다(헌재결 2008. 10. 30. 2005 헌마 222 등). xxxiv) 군인이 자비해외유학으로 휴직하는 경우 다른 국가공무원과 달리 봉

가족이 있는 근로자와 부양가족이 없는 근로자 사이에 세율을 차등 있게 정하

급을 지급하지 않도록 정한 군인사법규정은 군인직무의 특수성 등 차별을 정당화할 합리적 이유가 있어 평등권 침해가 아니다(헌재결 2009. 4. 30. 2007 헌마 290). xxxv) 사형집행대기기간을 가석방요건기간에 산입하는 규정을 두지 않은 형법(제73조 제 1 항)은 평등권 침해가 아니다(헌재결 2009. 10. 29. 2008 헌마 230). xxxvi) 국회의원선거에서 유효투표총수의 10% 미만 득표 후보자에게 선거비용을 보전해 주지 않는 것은 평등권의 침해가 아니다(헌재결 2010. 5. 27. 2008 헌마 491, 판례집 22-1(하), 300(312면)). xxxvii) 기초의회의원선거가 중선거구제로 바뀌었어도 소선거구제 때와 같은 10% 내지 15%의 기탁금반환기준과 선거비용보전기준을 유지하게 정한 것은 불합리한 입법형성권의 행사로 보기 어렵다(헌재결 2011. 6. 30. 2010 헌마 542, 판례집 23-1(하), 545(567면과 569면)). xxxviii) 변호사시험을 서울에서만 집중실시하는 것은 합리적인 이유가 있어 지방응시생의 평등권의 침해가 아니다(헌재결 2013. 9. 26. 2011 헌마 782 등). 지금은 변호사 시험을 전국으로 확대했다. xxxix) 공직선거 예비후보자의 후원회지정제도에서 대통령 선거 및 지역구 국회의원 선거 예비후보자와 달리 기초자치단체장의 선거 예비후보자에게만 후원회를 금지하는 것은 합리적 이유가 있는 차별이어서 평등원칙에 위배되지 않는다(헌재결 2016. 9. 29. 2015 헌바 228). xl) 유통산업발전법이 전문점, 백화점, 쇼핑센타, 복합쇼핑몰 및 기타 대규모 점포 등과는 달리 대형마트 등에 대해서만 기초자치단체장이 영업시간 제한 또는 의무휴업을 명할 수 있게 규정하고 있더라도 이들 비교집단을 차별하는 데는 합리적 이유가 있어 평등원칙 위배가 아니다. 즉 이들 비교집단의 전문점 등은 취급하는 물품의 종류, 소비층의 범위와 이용형태, 빈도 등에서 대형마트 등과는 차이가 있다. 또 농협 하나로마트는 유통기간이 짧은 농수산물의 판매가 주류를 이루고 있어 영세업자인 농어민들을 보호하기 위한 예외규정의 필요성이 있어 대형마트와 구별되기 때문이다(헌재결 2018. 6. 28. 2016 헌바 77등). xli) 65세 이후에 고용된 자에 대 해서는 65세 이전에 고용된 자와 달리 실업급여를 지급하지 않는 차별대우는 합리적인 이유가 있어 평등권에 위배되지 않는다(헌재결 2018. 6. 28. 2017 헌마 238). 이 결정에서 헌재는 다른 평등권 사례와 달리 구체적인 심사기준의 제시 없는 판시를 했다. xlii) 정치자금법의 기탁금 반환과 보전비용 처리조항이 지역구 국회의원 선거에서 낙선한 자는 당선자와 달리 반환·보전비용을 소속정당에 인계하거나 국고에 귀속시키도록 정하고 있는 것은 이 법의 정치자금에 관한 엄격한 관리규정의 취지와 양자의 선거 후 정치활동 형태의 차이에 비추어 다르게 취급할 합리적인 이유가 있으므로 평등권의 침해가 아니다(헌재결 2018. 7. 26. 2016 헌마 524등). xliii) 의료법인과 달리 개인 의료인은 둘 이상의 의료기관을 운영할 수 없도록 하는 의료법규정은 평등의 원칙에 반하지 않는다. 의료법인은 설립시 국가의 엄격한 관리를 받고 이사회나 정관에 의한 내부 통제가 가능하며 비영리 재단법인의 특성을 갖고 명시적으로 영리추구를 금지하고 있어 그 차별에 합리적인 이유가 있기 때문이다(헌재결 2019. 8. 29. 2014 헌바 212등). xliv) 법관의 명예퇴직수당 정년잔여기간 산정에서는 다른 경력직 공무원과 달리 정년퇴직일 전에 임기만료일이 먼저 도래하는 경우 임기만료일을 정년퇴직일로 보도록 정한 대법원 규칙은 그 차별에 합리적인 이유가 있어 법관의 평등권을 침해하지 않는다. 즉 10년마다 연임절차를 거쳐야 정년까지 근무할 수 있는 법관과 그런 절차 없이 정년까지 근무할 수 있는 다른 경력직 공무원을 동일하다고 보기 어렵고, 법관은 잔여임기를 고려하여 퇴직시점을 스스로 정할 수 있는 점, 평생법관제 정착을 위해서도 법관의 조기퇴직을 유도할 필요성이 크지 않은 점 등을 종합하면 법관이 받을 수 있는 불이익은 자의적인 차별이라고 볼 수 없다(헌재결 2020. 4. 23. 2017 헌마 321). xlv) 국립묘지 안장 대상자 사망 후 재혼하지 않은 배우자나 배우자 사망 후 안장 대상자가 재혼한 경우의 종전 배우자와 달리 안장 대상자 사망 후 재혼한 배우자를 국립묘지에 합장할 수 없게 정한 국립묘지법 규정(제 5 조 제 3 항 제 1 호)은 평등원칙의 위배가 아니다(헌재결 2022. 11. 24. 2020 헌바 463).

1) 【합헌결정례】 병역법(제 3 조 제 1 항 전문)이 남자만을 병역의무자로 정한 것은 남녀 간의 신체적 특징의 차이에 기초해 최적의 전투력 확보를 위한 것이고, 보충역·제 2 국민역 등도 국가비상시에는 병력자원이라는 점에서 신체적 능력과 무관하지 않으므로 남자만의 병역의무는 자의금지원칙에 반하는 평등권 침해가 아니다(헌재결 2010. 11. 25. 2006 헌마 328).

는 것, 남녀차별금지에도 불구하고 여자근로자를 특별히 보호하는 근로조건을
마련하는 것 등은 차별대우금지에 어긋나지 않는다고 할 것이다.[1] 그러나 우리나라

---

1) 【합헌결정례】 i) 해직공무원의 복직시에 5급 이상과 6급 이하를 차별해서 후자만을 복직시키
  는 것은 평등권의 침해가 아니라고 하지만 비판의 여지가 많다(헌재결 1993. 9. 27. 92 헌바
  21). ii) 사립학교교원의 경우 국·공립학교교원에 비해 직권면직·징계의 사유와 절차를 달리해
  도 평등권의 침해는 아니다(헌재결 1997. 12. 24. 95 헌바 29, 97 헌바 6(병합)). iii) 특가법이
  외국인을 위한 탈법행위를 관련외국인과 재산해외도피죄보다 가중처벌토록 했어도 평등원칙이
  나 과잉금지원칙에 반하지 않는다(헌재결 1999. 5. 27. 96 헌바 16). iv) 공무원의 연금급여청구
  권에 대해 국세체납처분의 대상으로 허용하면서 사법상 채권의 실현을 위한 압류만 금지한 것
  은 사법상 채권자를 자의적으로 차별한 평등권의 침해가 아니다(헌재결 2000. 3. 30. 98 헌마
  401 등(병합)). v) 10년 이상 세무공무원 경력자 중에서 일반직 5급 이상 공무원으로 5년 이
  상 재직한 경력자에게만 세무사의 자격을 인정하는 것이 6급 이하 재직경력자들에 대한 자의
  적인 차별은 아니다(헌재결 2000. 4. 27. 97 헌바 88). vi) 법률사무전반을 변호사의 업무영역으
  로 설정하고 법무사, 변리사, 손해사정인 등에게는 법률사무의 일부만을 허용하는 것은 합리적
  인 차별이다(헌재결 2000. 4. 27. 98 헌바 95·96 등(병합)). vii) 과적차량을 운행한 자와 화주
  등을 양벌규정으로 처벌하지 않고, 화주 등은 과적차량의 운행을 지시·요구한 때에만 처벌하
  도록 하는 것은 합리적인 차별이다(헌재결 2000. 6. 1. 99 헌바 73). viii) 개인후원회 구성과
  의정활동 홍보우편물에 대한 우편요금감액제도에서 국회의원과 시·도의원을 차별한 것은 평등
  의 원칙에 위배되지 않는다(헌재결 2000. 6. 1. 99 헌마 576). 이 결정 내용 중에서 후원회 구
  성에 관해서 국회의원과 시·도의원을 차별한 것은 불합리한 차별이어서 평등권을 침해한다는
  위헌결정으로 변경되었다(헌재결 2022. 11. 24. 2019 헌마 528, 2024. 5. 31. 시한 잠정적용).
  ix) 농협 조합원 신분 보유기간 2년을 기준으로 임원의 피선거권부여 여부를 달리하는 것은
  합리적 차별이다(헌재결 2000. 6. 1. 98 헌마 386). x) 의료보험의 직장가입자의 경우에는 실소
  득, 지역가입자의 경우에는 추정소득에 대해서 보험료를 부과하는 이원적인 부과체계는 두 가
  입자간의 본질적인 차이를 고려한 것이다. 그리고 지역가입자에 대해서만 보험료의 일부를 국
  고지원하는 것은 경제적·사회적 약자를 보호하는 사회국가적 의무를 이행하기 위한 것이므로
  평등원칙에 위배되지 않는다. 또 직장가입자와 지역가입자의 재정통합은 보험료부담의 평등을
  보장할 수 있는 법적 제도장치를 두고 있으므로 위헌이 아니다(헌재결 2000. 6. 29. 99 헌마
  289). xi) 주간무도영업행위에 대해서 영업시간을 오전 9시부터 오후 5시까지로 제한하는 것은
  평등권침해가 아니다(헌재결 2000. 7. 20. 99 헌마 455). xii) 개발부담금 부과대상토지를 분양
  등 처분함에 있어서 관계법령의 규정에 의하여 처분가격이 제한된 경우에는 공시지가를 기준
  으로 한 평가액이 아니라 그 처분가격을 개발사업완료시점의 부과대상토지의 가액으로 적용할
  수 있도록 한 것은 평등권침해가 아니다(헌재결 2000. 8. 31. 98 헌바 100). xiii) 방송국 등의
  무선국에게는 전파사용료를 면제하면서 개인택시사업자들의 무선통신망에 대해서 전파사용료
  를 부과·징수하는 것은 평등권침해가 아니다(헌재결 2000. 11. 30. 98 헌바 103). xiv) 대학교
  원의 정년을 초·중등교원의 정년보다 3년 높은 65세로 책정한 것은 합리적 근거에 기초한 것
  이므로 평등권의 침해가 아니다(헌재결 2000. 12. 14. 99 헌마 112 등). xv) 정치자금을 모금하
  기 위한 개인후원회를 두는 데 있어서 국회의원과 달리 지방자치단체장에게는 이를 금지하면
  서 위반행위를 처벌하는 것은 합리적인 차별이다(헌재결 2001. 10. 25. 2000 헌바 5). xvi) 군
  인·경찰상이공무원과 달리 일반공상공무원에게는 연금·사망일시금을 지급하지 않아도 국가에
  대한 공헌, 업무의 위험성, 국가의 재정상태 등을 고려한 것이므로 불합리한 차별은 아니다(헌
  재결 2001. 6. 28. 99 헌바 32). xvii) 대법원장이 인정하는 경력공무원에게 비경력자와 차별하
  여 시험을 거치지 않고 법무사자격을 부여하는 것은 합리적 이유가 있는 차별이므로 평등권과
  직업선택의 자유의 침해가 아니다(헌재결 2001. 11. 29. 2000 헌마 84). xviii) 지방공사직원의
  직무와 관련한 수재행위 등에 대해 공무원의 수뢰죄와 동일하게 처벌하도록 한 것은 합리적
  근거가 있으므로 과잉금지원칙이나 평등의 원칙에 위배되지 않는다(헌재결 2001. 11. 29. 2001
  헌바 4). xix) 소방공무원이 보훈예우법상 경찰공무원보다 불리한 대우를 받더라도 평등권의
  침해가 아니다(헌재결 2005. 9. 29. 2004 헌바 53). xx) 공상군인의 아들만 병역감경혜택을 받

의 신분법분야에는 재산상속비율을 비롯해서 차별대우금지의 관점에서 문제되는
규정이 많았는데 1989년 12월의 민법개정($^{1991년\ 1월}_{1일\ 시행}$)에 의해서 많이 해소되었다.[1]

고 공상공무원의 아들은 혜택에서 제외하더라도 평등권의 침해가 아니다(헌재결 2005. 9. 29.
2004 헌마 804). xxi) 도시계획시설결정의 실효제도를 새로 규율하면서 종전의 이미 경과한
기간을 전혀 반영하지 않고 실효기간을 새로 기산하게 하는 것은 비례원칙과 평등원칙의 위반
이 아니다(헌재결 2005. 9. 29. 2002 헌바 84 등). xxii) 등록세의 특성상 납부의무불이행기간은
1주일을 넘기 어렵기 때문에 신고의무와 납부의무를 하나로 묶어 납부불성실가산세를 획일적
으로 세액의 10%로 정한 것은 평등의 원칙에 위배되지 않는다(헌재결 2005. 12. 22. 2004 헌가
31). xxiii) 국립사범대 졸업자 중 교원 미임용자 임용등에 관한 특별법상의 특별정원 및 부전
공과정제도는 다른 응시자격자들의 교원임용기회를 불리하게 해도 비례의 원칙에 어긋나는 평
등권의 침해는 아니다(헌재결 2006. 3. 30. 2005 헌마 598). xxiv) 국가유공자의 자녀가 생존한
경우와 사망한 경우를 구별하여 전자의 경우와 달리 후자의 경우에는 국가유공자의 손자녀가
예외적으로 취업보호를 받을 수 없게 규정한 것은 평등권의 침해가 아니다(헌재결 2006. 6. 29.
2006 헌마 87). xxv) 중등교사 임용시험에서 동일지역 사범대학 졸업자에게 10% 범위 내의
가산점을 주는 교육공무원법 규정은 공무담임권과 평등권의 침해가 아니다(헌재결 2007. 12.
27. 2005 헌가 11). xxvi) 군인이 퇴직 후 61세 이후에 혼인한 배우자를 재직당시 혼인관계에
있었는지 여부를 묻지 않고 일률적으로 유족의 범위에서 제외하는 것은 재직당시 혼인관계가
없었던 상태에서 퇴직 후 61세 이후에 새로 혼인한 배우자와 본질적으로 동일하게 취급하는
것이고, 일반 공무원의 경우 재직당시 혼인관계에 있었던 이상 도중에 이혼으로 혼인관계가
중단된 사실이 있는지 여부 및 재혼의 시기를 불문하고 유족으로 인정하는 것과 차별취급하는
것이다. 그렇지만 그러한 차별취급은 군인연금의 특성에 따른 연금재정의 안정과 군인연금제
도의 건전한 운영을 위한 것으로서 합리적인 이유가 있을 뿐 아니라, 일반 공무원의 배우자의
경우에는 공무원 퇴직 후 그와 새로 혼인한 때에는 유족급여청구권이 인정되지 않지만, 군인
배우자의 경우 군인 퇴직 후 새로 혼인했더라도 61세 되기 전이면 유족급여청구권을 인정하고
있는 점에서 유리한 측면도 있어 본질적으로 같은 것을 다르게, 다른 것을 같게 취급하는 것
이 아니므로 평등원칙에 어긋나지 않는다(헌재결 2012. 6. 27. 2011 헌바 115, 판례집 24-1
(하), 731(742면)). xvii) 대통령령으로 정하는 공공기관 및 공기업으로 하여금 매년 3/100 이
상씩 34세 이하의 청년미취업자를 채용하도록 한 청년할당제는 35세 이상 미취업자들의 평등
권의 침해가 아니다(헌재결 2014. 8. 28. 2013 헌마 553, 판례집 26-2 상, 429(438면) 4 : 5 결
정). xviii) 대학, 산업대학 또는 전문대학에서 의무기록사 면허에 관한 학문을 전공한 사람과
달리 사이버대학에서 같은 학문을 전공한 경우에는 의무기록사 국가시험에 응시할 수 없게 한
의료기사 등에 관한 법률규정(제4조 제1항 제1호 중 의무기록사 부분)은 평등원칙에 위배되
지 않는다. 의무기록은 환자에 대한 적정한 치료와 간호, 진료비 및 건강보험급여비율 산정은
물론이고 임상의료, 의학연구, 보건정책 등의 중요한 기초가 되는 자료이고 환자의 민감
한 정보를 포함하고 있다는 그 내용의 중요성에 비추어 철저한 관리와 주의가 필요하므로 철저
한 교육과 실기 및 실습수업에 의한 수련을 통한 업무숙련성의 연마는 의무기록사 업무 수행의
필수조건이다. 그러나 강의 콘텐츠의 원격수강이 원칙이고 출석수업은 총 수업의 20% 이내로
제한되어 있는 사이버대학의 관련 학문 전공은 앞에서 말한 의무기록사 전문지식을 담보하기 어
렵기 때문이다(헌재결 2016. 10. 27. 2014 헌마 1037). xix) 친고죄의 고소취소 시한에 관한 규정
을 반의사불벌죄에 준용해서 제1심 판결 선고 전까지만 처벌희망의사표시의 철회를 할 수 있게
한 규정은 합리적 이유가 있어 헌법에 위배되지 않는다. 따라서 쌍방이 명예훼손 등의 반의사불
벌죄로 기소되었는데 서로가 합의하여 서로 처벌을 원치 않는다는 의사를 같은 날 각 법원에 표
시했더라도 제1심 피고인과 달리 항소심의 피고인만 공소기각판결 사유가 되지 않고 재판의 심
급에 따라 다르게 취급했어도 평등원칙에 위배되지 않는다(헌재결 2016. 11. 24. 2014 헌바 451).
1) 민법개정에서도 그대로 존속되었던 남자 중심의 호주제도(민법 제778조, 제781조 제1항 본문
후단, 제826조 제3항 본문)는 헌재의 위헌결정으로 폐지되었다.
【결정례】 i) 남계혈통 위주로 가(家)를 구성하고 승계하는 호주제도는 인간의 존엄과 남녀평등

388 제 3 편 기 본 권

불합리한 차
별의 예

그러나 여자의 경우 결혼퇴직제도, 동일노동에서의 남녀근로자의 임금차별 등
차별대우금지에 반하는 사례가 아직도 일상생활에서는 적지 않게 나타나고 있
다.[1] 이러한 차별대우사례는 평등권의 사법상의 효력과도 관련되는 문제로서
사인 간의 기본권효력에 관한 이론에 따라 평등권의 간접적 사인효력을 인정하
는 바탕 위에서 그 개선책이 강구되어야 할 것이다. 더욱이 국가가 차별입법의
금지를 어기고 법률을 제정함으로써 발생하는 차별대우현상은 국가가 입법개선
을 통해 하루속히 시정하는 것이 마땅하다.[2]

의 원칙에 위배되어 위헌이다(헌재결 2005. 2. 3. 2001 헌가 9 등). ii) 법률혼 배우자에게 명의
신탁한 경우만 부동산실명법에 의한 과징금부과 특례대상으로 인정하여 사실혼 배우자에게 명
의신탁한 경우를 불리하게 차별취급하는 것은 합리적인 이유가 있어 평등권의 침해가 아니다
(헌재결 2010. 12. 28. 2009 헌바 400).

1) 남녀평등의 촉진, 여성의 사회참여확대, 여성의 복지증진 등을 위한 국가와 사회의 책임을 강
   조하는 양성평등기본법이 제정된 것도 그 때문이다. 이 법에서 근로자의 모집·채용·임금 등
   에서 성별을 이유로 하는 차별이 없도록 여가부장관에게 정기적인 점검과 관계기관에게 필요
   한 개선을 요청할 수 있도록 했다(법 제24조 제 6 항). 성별영향평가법도 의미있는 내용을 담
   고 있다.

2) 【위헌결정례】 i) 은행의 경매결정에 항고하기 위해서는 경락대금의 절반을 미리 공탁하도록
   하는 것은 합리적인 근거 없이 은행에 우월한 지위를 부여하는 것으로 헌법이 보장한 평등권
   을 침해하는 것이다(헌재결 1989. 5. 24. 89 헌가 37·96). ii) 국회의원선거법에서 정당추천 후
   보자와 무소속 후보자의 기탁금을 천만원과 이천만원으로 차등을 둔 것은 정당인과 비정당인
   간에 지나친 차별대우를 하는 것으로 우리 헌법의 평등보호규정에 위배된다(헌재결 1989. 9. 8.
   88 헌가 6. 지방의회의원선거법상의 기탁금에 대해서도 동지결정: 헌재결 1991. 3. 11. 91 헌마
   21). iii) 교육공무원법에서 교사의 신규채용시에 국·공립교육대학 및 사범대학 졸업자에게 우
   선권을 주도록 규정한 것은 평등권을 침해한 위헌법률이다(헌재결 1990. 10. 8. 89 헌마 89).
   iv) 회사정리절차진행중에도 금융기관은 정리계획에 따른 변제를 거부하고 성업공사를 통해서
   경매신청을 하게 한 것은 현행 회사정리법상 어느 채권자에게도 부여하고 있지 아니한 금융기
   관만의 특권으로서 합리적 근거를 찾기 어려운 평등의 원리 위반이다(헌재결 1990. 6. 25. 89
   헌가 98 내지 101(병합)). v) 재직기간의 장단에 따라 변호사개업지를 차별제한하는 것은 평등
   권을 침해하는 위헌이다(헌재결 1989. 11. 20. 89 헌가 102). vi) 업무성격상 사기업체 근로자와
   다를 바 없는 정부투자기관 직원에 대해서 공무원과 같이 공직선거일 전 90일까지 퇴직하지
   않으면 후보자가 되지 못하게 하는 법규정(선거법 제53조 제 1 항 제 4 호 및 구지방의회의원선
   거법 제35조)은 평등권과 공무담임권을 침해하는 위헌이다(헌재결 1995. 5. 25. 91 헌마 67; 헌
   재결 1995. 6. 12. 95 헌마 172). vii) 노조의 정당에 대한 기부금지는 사용자단체에 비한 불합
   리한 차별이다(헌재결 1999. 11. 25. 95 헌마 154). viii) 공무원임용시험에서 군필자에게 3~5%
   가산점을 주는 것은 장애인과 여자에 대한 불합리한 차별이다(헌재결 1999. 12. 23. 98 헌바
   33; 헌재결 1999. 12. 23. 98 헌마 363). ix) 상소제기기간을 법정통산의 대상에서 제외한 것은
   평등원칙에 위배된다(헌재결 2000. 7. 20. 99 헌가 7). x) 출생에 의한 국적취득에서 부계혈통주
   의를 규정한 구 국적법(제 2 조 제 1 항 제 1 호)은 평등원칙에 위배된다. 그런데 위헌인 부계혈
   통주의를 부모양계혈통주의로 개정하면서 구법조항의 위헌적인 차별로 인하여 불이익을 받은
   자를 구제하는 데 있어서 신법 시행 전 10년 동안에 태어난 자에게만 신고 등 일정한 절차를
   거쳐 구제하도록 경과규정을 둔 것은 또 다른 차별취급이므로 신법 부칙 조항도 평등원칙에
   위배된다. 신법 시행 당시의 연령이 10세가 되는지 여부는 헌법상 적정한 기준이 아니기 때문
   이다(헌재결 2000. 8. 31. 97 헌가 12). xi) 세무경력공무원에게 세무사자격을 부여하지 않도록
   법을 개정하는 것은 정당한 입법재량권의 행사이다. 그러나 개정법시행일 이전에 이미 자격부

(2) 사회적 특수계급제도의 금지

우리 헌법($^{제11조}_{제2항}$)은 '개별적 평등권'의 하나로 사회적 특수계급제도를 인

여요건을 충족한 사람에게만 구법을 적용해서 세무사자격을 부여하는 것은 구법의 적용이 배제되는 세무공무원의 신뢰이익과 평등권을 침해하여 위헌이다(헌재결 2001. 9. 27. 2000 헌마 152). 특허청 경력공무원에게 변리사자격을 부여하는 경우도 마찬가지이다(헌재결 2001. 9. 27. 2000 헌마 208 등(병합)). xii) 정부수립 이후 해외이주동포에 대해서는 광범위한 혜택을 주어 사실상 이중국적을 허용한 것과 같은 지위를 부여하면서, 정부수립 이전 해외이주동포 중 외국국적취득 이전에 우리 국적을 명시적으로 확인받지 않은 자는 일반 외국인과 동일한 취급을 받게 하는 재외동포법 관련규정은 평등권을 침해하므로 2003. 12. 31.까지 입법개선을 해야 한다(헌재결 2001. 11. 29. 99 헌마 494). xiii) 고엽제후유증 환자가 생전에 등록신청을 한 여부를 기준으로 유족의 등록신청자격 유무를 결정하는 규정은 법 시행 후 등록신청 없이 고엽제후유증으로 사망한 자의 유족을 자의적으로 차별하는 것이어서 위헌이다(헌재결 2001. 6. 28. 99 헌마 516). xiv) 다른 전문직과 달리 약사에 대해서는 법인설립에 의한 약국개설·운영을 금지하는 것은 불합리한 차별로서 평등권침해이다(헌재결 2002. 9. 19. 2000 헌바 84). xv) 상호신용금고의 모든 임원과 과점주주에게 일률적으로 금고의 채무에 대하여 연대책임을 부과하는 것은 부실경영에 책임이 없는 임원과 과점주주의 평등권의 침해이다(헌재결 2002. 8. 29. 2000 헌가 5 등(병합)). xvi) 문화재로 등록·지정된 전통사찰 경지 내의 소유권변동이 사인의 처분행위에 의한 것인지 택지개발 등 공익사업을 위한 공용수용에 의한 것인지를 구별하여 전자의 경우에만 문화재관할 국가기관의 허가를 받도록 하고 후자에 관해서는 그런 효력요건규정을 두지 않은 것은 평등원칙에 위배된다(헌재결 2003. 1. 30. 2001 헌바 64). xvii) 지자체의장이 당해 지자체의 관할구역과 같거나 겹치는 지역구국회의원에 입후보하려면 통상의 공직사퇴시기보다 앞당긴 선거일 전 180일까지 사퇴하게 정한 것은 불합리한 차별대우이고 비례의 원칙을 어긴 공무담임권의 침해이다(헌재결 2003. 9. 25. 2003 헌마 106). xviii) 마약의 단순매수 및 단순판매목적 소지를 영리범과 같게 사형·무기·10년 이상의 징역으로 가중처벌하게 한 특가법규정은 형벌체계상의 균형을 잃어 평등원칙에 위배된다(헌재결 2003. 11. 27. 2002 헌바 24). xix) 군행형법의 적용을 받는 미결수용자의 면회횟수를 법률의 위임 없이 주 2회로 제한하는 것은 접견교통권과 평등권의 침해이다(헌재결 2003. 11. 27. 2002 헌마 193). xx) 교원징계재심위의 결정에 대해 교원만이 행정소송을 제기할 수 있게 하고 학교법인의 제소권한을 부인한 것은 평등원칙에 위배되고 재판청구권의 침해이다(헌재결 2006. 2. 23. 2005 헌가 7 등). 이 판례는 앞의 383면 v) 판시를 변경한 것이다. xxi) 납부불성실가산세를 산출하면서 미납기간의 장단을 고려하지 않고 산출세액의 20/100을 가산세로 획일규정한 것은 최소침해성 및 법익균형성원칙에 어긋나고 평등원칙에 반한다(헌재결 2005. 10. 27. 2004 헌가 21; 헌재결 2005. 10. 27. 2004 헌가 22). xxii) 파산선고 후 연체료 청구권을 재단채권으로 규정하여 국세징수의 예에 의해서 징수할 수 있게 우선적 지위를 인정한 것은 파산선고 후의 손해배상청구권 등과의 관계에서 평등원칙에 위배된다(헌재결 2005. 12. 22. 2003 헌가 8). xxiii) 거소신고만을 할 수 있는 국내거주 재외국민의 주민투표권을 박탈하는 주민투표법 규정은 주민등록이 된 국민 및 주민투표권이 인정되는 외국인과 주민투표권이 인정될 여지가 있는 외국국적 동포에 비해 불합리한 차별이다(헌재결 2007. 6. 28. 2004 헌마 643). xxiv) 외국인 산업연수생에게 퇴직급여, 임금채권 우선변제, 연차유급휴가, 임산부 보호 등에 관한 근기법 규정의 적용을 배제하는 노동부예규는 평등권을 침해하는 자의적인 차별이다(헌재결 2007. 8. 30. 2004 헌마 670). xxv) 우체국보험에 대해서는 일반 인(人)보험과 달리 그 보험금이나 환급금을 전액 압류할 수 없도록 정해서 조세채권자·사법상의 채권자 모두에게 압류가 금지되어 우체국보험 가입자의 채권자를 일반 인보험 가입자의 채권자에 비해 불합리하게 차별취급하는 것이어서 평등원칙에 위배된다(헌재결 2008. 5. 29. 2006 헌바 5). xxvi) 국세징수법에 따른 공매에서의 계약보증금제도와 민사집행법에 따른 경매에서의 매수신청보증제도는 본질적으로 동일한 사법상 위약금약

정하지 않을 뿐 아니라 어떠한 형태로도 이를 창설할 수 없도록 하고 있다.

정과 유사한 성격을 갖는데도 매각결정이 취소되는 경우 공매절차상의 계약보증금에 대해서만 국고에 귀속시키는 것은 경매에서의 집행채무자 및 담보권자에 비해 합리적 이유없이 재산적 이익에서 불리하게 차별하는 것이어서 평등원칙에 위배된다(헌재결 2009. 4. 30. 2007 헌가 8, 적용중지 헌법불합치결정). xxvii) 군인이 퇴직 이전의 공무상 질병 또는 부상이 원인이 되어 퇴직 후에 비로소 폐질상태가 된 경우에는 공무수행으로 퇴직 후 폐질상태가 된 공무원 또는 퇴직 이전에 폐질상태가 확정된 군인의 경우와 달리 상이연금수급권을 인정하지 않는 것은 평등의 원리에 위반되고 평등권을 침해한다(헌재결 2010. 6. 24. 2008 헌바 128, 판례집 22-1 (하), 473(491면)). xxviii) 공무원 임용결격사유에 해당해 공중보건의사 편입이 취소된 사람에게, 복무 중 군인사법상의 임용결격사유에 해당하여 제적되거나 신분을 상실한 군의관, 복무이탈로 공중보건의사 편입이 취소된 사람 등에 비하여 훨씬 장기의 병역의무를 부과하는 것은 평등권의 침해이다(헌재결 2010. 7. 29. 2008 헌가 28, 판례집 22-2 상, 74(87면)), 당해 사건 구법조항 적용중지, 현행법조항 잠정적용 헌법불합치결정). xxix) 중혼의 취소청구권자를 규정하면서 직계존속 및 4촌 이내의 방계혈족은 포함시키면서 직계비속을 포함시키지 않은 것은 자식이 이를 문제 삼아서는 아니된다는 가부장적 사고에 근거한 것으로서 합리성을 인정할 수 없어 평등원칙에 위배된다(헌재결 2010. 7. 29. 2009 헌가 8, 판례집 22-2 상, 113(118면)), 잠정적용 헌법불합치결정). xxx) 국가의 재정상태 등을 고려해서 입법자가 제도의 단계적 개선을 추진하는 경우에도 수혜자를 한정하는 결정은 반드시 합리적인 기준에 따라야 한다. 그런데 고엽제후유의증환자의 사망시기는 복합적인 우연한 사정으로 정해지는데도 사망시기에 따라 그 유족들에 대한 지원여부를 차별취급하는 입법은 불합리한 차별취급에 해당하는 평등권의 침해이다(헌재결 2011. 6. 30. 2008 헌마 715 등, 판례집 23-1(하), 430(441면) 참조). xxxi) 재정신청기각결정에 대하여 법 제415조의 재항고를 금지하는 것은 재정신청인의 재판청구권을 침해하고 법 제415조의 재항고가 허용되는 고등법원의 여타결정을 받은 사람에 비하여 불합리한 차별취급이다(헌재결 2011. 11. 24. 2008 헌마 578). xxxii) 산업기능요원 편입이 취소되어 입영하는 경우 1년 이상 종사한 사람으로 한정하여 복무기간을 단축할 수 있게 정한 병역법규정은 동일한 대체복무인 공익근무요원 중 예술·체육요원이나 국제협력봉사요원을 비롯하여 공중보건의사 등 다른 보충역들과 비교해도 불합리한 차별취급이어서 평등권의 침해이다(헌재결 2011. 11. 25. 2010 헌마 746). xxxiii) A형 혈우병 환자들의 요양급여의 적용기준을 정함에 있어서 제도의 단계적인 개선은 무방하지만, 환자의 출생시기에 따라 요양급여 허용여부를 달리 취급하는 것은 부모의 혼인, 임신, 출산시기와 같은 우연한 결과의 차이에 따른 불합리한 차별이어서 평등권을 침해한다(헌재결 2012. 6. 27. 2010 헌마 716, 판례집 24-1(하), 754(768면)). xxxiv) 주택재건축사업자에게 학교용지부담금을 부과하면서 기존거주자와 토지 및 건축물의 소유자에게 분양하는 개발사업분만을 제외하고 조합설립에 동의하지 않아 매도나 현금청산의 대상이 되어 제 3 자에게 일반분양된 부분을 개발사업으로 증가한 가구수에 포함시킨 것은 동일하게 기존 가구수에 속하는 수분양자 집단과 매도 내지 현금청산 집단을 달리 취급해 재건축사업자에게 부담을 증가시킨 결과를 초래하므로 평등원칙에 위배된다(헌재결 2013. 7. 25. 2011 헌가 32, 판례집 25-2 상, 9(17면)). xxxv) 국가가 독립유공자의 유족에게 유족보상금을 지급함에 있어서 보상금 수급권자의 수를 일률적으로 손자녀 중 1명으로 제한하고, 독립유공자의 선순위 자녀의 자녀인 손자녀가 여러 명인 경우에 획일적으로 그 중 연장자를 우선하게 정한 것은 합리적 이유 없이 나머지 손자녀를 차별하는 평등권의 침해이다(헌재결 2013. 10. 24. 2011 헌마 724, 판례집 25-2 하, 263(274면)). xxxvi) 외국의 의료기관에서의 전문의 과정을 마친 의사와 달리 치과의사만 국내에서의 전문의 과정을 다시 이수해야만 치과전문의가 될 수 있도록 차별하는 법규정은 불합리한 차별대우여서 평등원칙에 위배되고 침해최소성과 법익균형성을 어긴 직업수행의 자유의 침해이다(2016년 말 시한 잠정적용 헌법불합치결정)(헌재결 2015. 9. 24. 2013 헌마 197, 판례집 27-2 상, 636(648면)). xxxvii) 현역병 등으로 병역의무를 이행하고 사립학교 교직원으로 임용된 사람과 달리 1991년 개정 농어촌의료법 시행 전에 공중보건의사로 복무하고 사립학교 교직원으로 임용된 사람에 대해서는 그 복무기간을 사립학교

우리 사회에 뿌리깊은 반상신분제도에 속하는 귀족제도나 노예제도가 허용

교직원의 재직기간에 전혀 반영할 수 없도록 하는 것은 합리적 이유가 없는 차별이어서 평등원칙에 위배된다(헌재결 2016. 2. 25. 2015 헌가 15, 판례집 28-1 상, 13(23면)). xxxviii) 금고 이상의 형을 선고받았다가 재심으로 무죄판결을 받은 사람(갑)과, 수사중이거나 형사재판 계속중이었다가 불기소처분을 받은 사람(을)은 두 집단 모두 급여제한 사유에 해당함이 없이 직무상의 의무를 다한 군인이라는 점에서 차이가 없다. 따라서 두 집단에게 잔여 퇴직급여에 대한 이자 가산 여부를 달리 할 이유가 없다. 그런데도 두 집단을 달리 취급하여 갑에게 잔여 퇴직급여에 대한 이자지급을 하지 않는 것은 합리적 이유가 없는 차별이어서 평등원칙에 위배된다(2017. 12. 31.까지 잠정적용 헌법불합치결정)(헌재결 2016. 7. 28. 2015 헌바 20, 판례집 28-2 상, 104(116면)). xxxix) 사업주의 지배관리 아래 출퇴근하던 중 발생한 사고로 부상 등이 발생한 경우와 달리 사업주의 지배관리 아래 있다고 볼 수 없는 통상적 경로와 방법(자가용, 대중교통수단 이용 등)으로 출퇴근하던 중에 발생한 재해를 업무상 재해로 인정하지 않는 산재보험법 규정(제37조 제 1 항 제 1 호 다목)은 합리적 이유 없는 차별이며, 비혜택 근로자와 그 가족의 정신적·신체적 혹은 경제적 불이익은 매우 중요하다. 그 결과 산재보험의 생활보장적 성격에도 부합하지 않는다. 나아가 출장행위 중 발생한 재해를 업무상 재해로 인정하는 대법원의 판례에 비추어 보아도 합리적 근거를 찾을 수 없어 평등원칙에 위배된다(2017. 12. 31.까지 잠정적용 헌법불합치결정)(헌재결 2016. 9. 29. 2014 헌바 254). 이 결정은 3년 전의 합헌결정(헌재결 2013. 9. 26. 2011 헌바 271 등)을 변경한 새 결정이다. 이 헌법불합치결정에 따른 개선입법에서는 이 결정의 취지를 살려 통상의 출퇴근 사고를 당한 근로자에 대해서는 개선된 신법조항을 소급적용하도록 하여 그 위헌성을 제거할 의무가 있음에도 불구하고 신법조항 시행 후 발생한 재해부터 적용하도록 정한 신법규정은 평등원칙에 위반된다(2020. 12. 31. 시한 적용중지 헌법불합치결정)(헌재결 2019. 9. 26. 2018 헌바 218 등). xl) 퇴직후 공무상 질병 또는 부상으로 인하여 장애상태가 된 때에도 상이연금을 지급하도록 개정된 군인연금법 조항에서 소급적용을 위한 경과규정을 두지 않은 것은 장애의 확정시기라는 우연한 형식적 사정을 기준으로 상이연금의 지급여부를 달리하는 것이어서 불합리하므로 평등의 원칙에 위배된다(2018. 6. 30.까지 잠정적용 헌법불합치결정)(헌재결 2016. 12. 29. 2015 헌바 208 등). xli) 형의 집행이 종료되거나 면제된 경우에는 유예기간 없이 공무원 등으로 임용될 수 있도록 하면서 그보다 더 가벼운 형인 집행유예의 경우에는 기간 종료 후 일정기간 동안 임용자격이 제한되도록 정한 구소년법 및 신소년법 규정(제67조)은 명백한 자의적인 차별이어서 평등원칙에 위배된다(구법에 대한 적용중지 및 신법에 대한 2018년 말까지 계속적용 헌법불합치결정)(헌재결 2018. 1. 25. 2017 헌가 7등, 판례집 30-1 상, 1(11면)). 즉 징역 1년에 집행유예 2년을 선고받은 사람은 징역 1년6월의 실형을 선고받은 사람보다 그 선고형은 가벼운데도 더 긴 기간 동안 공무원 등 임용제한을 받게 되어 불합리하다는 결정이다. xlii) 영유아에 대한 보육료 및 양육수당 지급에서 국내에 주민등록을 한 국민과 달리 국내거주 재외국민인 영유아를 지원대상에서 제외하는 보건복지부지침(2015년도 보육사업안내 부록 2)은 합리적인 이유 없는 차별이어서 평등권의 침해이다(헌재결 2018. 1. 25. 2015 헌마 1047, 판례집 30-1 상, 150(161면)). xliii) 국가가 보훈보상 대상자 및 그 유족에게 지급할 보상금은 국가재정부담능력 등이 허락하는 한도에서 보상금 총액을 일정액으로 제한하되, 그 범위 내에 적어도 같은 순위의 유족들에게는 생활정도에 따라 보상금을 분할해서 지급하는 방법이 가능하다. 그런데도 예외 없이 1명에 한정지급하도록 정해 어떠한 예외도 인정하지 않고 부모 중 연장자우선으로 정한 것은 수긍할 만한 합리적 이유가 없는 연소자 차별대우이어서 평등원칙에 위배된다(헌재결 2018. 6. 28. 2016 헌가 14, 2019. 12. 31. 시한 잠정적용 헌법불합치결정). xliv) 국민체육진흥기금법에 따라 국민체육진흥 계정의 재원마련을 위해 회원제 골프장 이용자에게 부과하는 부가금은 부담금의 성격을 갖는데 이용자의 집단적인 동질성을 제외한 나머지 부담금 부과의 요건을 갖추지 않아 다른 체육시설을 이용하는 국민에 비해 합리적인 이유 없이 차별대우를 받는 것이어서 평등원칙에 위배된다(헌재결 2019. 12. 27. 2017 헌가 21). xlv) 광역자치단체장 예비후보자를 후원회 지정권자에서 제외하는 정자법(제 6 조 제 6 호) 규정은 후원금 모금기간에서 국회의

되지 않는 것은 당연하다.

원선거예비후보자에 비해 합리적 이유 없이 차별하고 있을 뿐 아니라 광역자치단체장의 직무 수행의 염결성을 위한 것이라고 볼 수도 없어 입법재량의 현저한 남용이어서 위헌이다. 그러나 자치구의회의원의 경우는 정치자금의 필요성이 크지 않아 후원회 지정권자에서 제외해도 차별의 합리적인 이유가 있어 위헌이 아니다(헌재결 2019. 12. 27. 2018 헌마 301등). xlvi) 운전면허 취득이 허용된 신체장애를 가진 사람에게 신체장애 정도에 적합하게 제작 승인된 기능시험용 이륜자동차를 제공하지 않아도 되도록 정한 관련 도로교통법 시행규칙 조항은 기본권을 침해하는 공권력의 불행사에 해당해 부작위에 의한 평등권 침해이다(헌재결 2020. 10. 29. 2016 헌마 86). xlvii) 장애인 활동법상의 활동지원급여와 노인장기요양보험법상의 장기요양급여가 그 목적과 대상을 달리 한다고 해도, 혼자서 일상 사회생활을 하기 어려운 65세 미만의 장애인 가운데 치매·뇌혈관성질환 등 노인장기요양보험법 시행령에서 규정한 노인성 질병을 가진 사람을 일률적으로 장애인 활동지원급여 신청자격에서 제외하고 있는 것은 불합리한 차별로서 평등원칙에 위배된다(헌재결 2020. 12. 23. 2017 헌가 22: 헌법불합치결정 2022. 12. 31. 시한잠정적용). xlviii) 6·25 전몰군경 자녀수당을 자녀 중 연장자 1명에게만 지급하도록 정한 국가유공자등 예우 및 지원에 관한 법률 관련규정은 이 수당의 사회보장적 성격과 산업화에 따른 핵가족화 현상을 고려할 때 합리적인 이유가 있다고 볼 수 없어 평등원칙에 위배된다(2022. 12. 31. 시한 잠정적용 헌법불합치결정)(헌재결 2021. 3. 25. 2018 헌가 6). 이 결정은 앞의 xxxv) 및 xliii) 결정과 같은 취지의 결정이다. xlix) 성차별을 시정하기 위해서 공직자윤리법을 개정해서 혼인한 남성과 여성 재산등록의무자가 모두 본인의 직계존·비속의 재산을 등록하도록 개선하면서(제 4 조 제 1 항 제 3 호), 이미 개정 전 법조항에 따라 재산등록을 한 혼인한 여성 등록의무자의 경우에는 종전과 동일하게 배우자의 직계존·비속의 재산을 등록하도록 정한 부칙 제 2 조는 혼인한 남성 등록의무자와 이미 재산등록을 한 혼인한 여성 등록의무자를 달리 취급하고 있다. 그러나 그 차별을 정당화할 수 있는 목적의 정당성을 찾을 수 없어 평등원칙에 위배된다(헌재결 2021. 9. 30. 2019 헌가 3). [평석] 헌재가 비례성 심사에서 목적의 정당성을 위배했다고 위헌결정한 두 번째 결정이다. 그러나 법리적으로 볼 때 개정법률 본문의 목적(혼인한 남·녀 재산등록의무자의 성차별 개선)과 부칙 제 2 조는 규범 상호간의 체계정당성에 어긋나 평등원칙에 위배된다는 점부터 논증했어야 할 것이다. 나아가 개정된 부칙 제 2 조의 입법목적(이미 배우자의 직계 존·비속의 재산을 등록한 혼인한 여성 등록 의무자에게 본인의 직계 존·비속의 재산을 다시 등록하도록 하는 부담을 덜어 주고 행정비용의 증가를 방지한다는 목적)은 남녀 평등실현이라는 개선한 제도의 적용을 배제할만한 정당한 이유가 될 수 없다고 논증했어야 한다. 또 공직을 이용한 재산취득 및 부당한 재산증식을 방지하여 공무집행의 공정성을 확보하고자 공직자의 재산을 등록하도록 정한 공직자윤리법의 입법목적을 달성하기 위한 적합한 수단도 아니기 때문에 위헌이라고 논증하는 것이 보다 합리적인 논증이라고 생각한다. 헌재가 도식적이고 기계적인 논증패턴에 따라 비례성원칙을 적용해 엄격심사를 한다고 전제했기 때문에 목적의 정당성에 위배한다고 판시했지만, 합리성 심사만 해도 부칙 제 2 조의 불합리성은 어렵지 않게 논증할 수 있는 경우이다. 과잉금지원칙에 따른 비례성심사를 처음 도입한 독일 연방헌법재판소는 법률의 위헌심사를 할 때 입법목적에 비추어 적합하고 필요한 최소한의 제한인지 그리고 제한의 정도가 비례성에 맞는지를 심사하지만 입법목적의 정당성을 문제삼은 판례는 찾아볼 수 없다. 입법목적의 정당성을 심사하는 것은 입법자의 입법형성권에 대한 지나친 간섭이어서 권력분립의 원칙에 어긋난다는 확고한 입장에 서 있기 때문이다. l) 국가를 상대로 하는 당사자소송의 경우에는 가집행의 선고를 제한하는 행소법규정(제43조)은 국가가 아닌 지자체 등 공공단체 그 밖의 권리주체가 피고인인 경우에 비하여 합리적인 이유 없이 차별하고 있으므로 평등원칙에 반한다(헌재결 2022. 2. 24. 2020 헌가 12) li) 일시급인 퇴직급여금 지급 자격에서 우리 국민인 유족 및 국내 거주 외국인 유족과 달리 외국 거주 외국인 유족에게는 지급 자격을 인정하지 않는 관련 법 규정(구 근로자의 고용 개선법 제14조 제 2 항 관련 산재보험법 제63조 제 1 항 중 관련 규정)은 불합리한 차별로서 외국 거주 외국인 유족의 평등권을 침해한다(헌재결 2023. 3. 23. 2020 헌바 471).

(3) 특권제도의 금지

우리 헌법(제11조제3항)은 훈장 등의 영전은 이를 받은 자에게만 효력이 있고 어떠한 특권도 이에 따르지 아니한다고 규정함으로써 영전의 세습제나 영전의 특권화를 배제하는 이른바 영전일대의 원칙을 천명하고 있는데, 이는 우리 헌법질서 내에서는 어떠한 특권도 인정될 수 없다는 것을 분명히 한 것이다. 그러나 영전에 수반되는 연금 등의 보훈제도는 특권이라고 볼 수 없다.[1] 또 전직대통령에 대한 특별한 예우도 역시 특권제도의 금지에 반하는 것이라고 보기 어렵다.

영전일대의 원칙

(4) 혼인과 가족생활에서의 남녀평등

우리 헌법(제36조제1항)은 혼인과 가족생활은 개인의 존엄과 양성의 평등을 기초로 성립되고 유지되어야 하며, 국가는 이를 보장한다고 밝힘으로써 사회통합의 기초적 단위인 혼인과 가족생활의 영역에서의 남녀평등의 중요성을 특별히 강조하고 있다. 따라서 혼인과 가족생활에서의 남녀평등에 반하는 신분법상의 여러 규정이 개정되어 혼인과 가족생활에서 남녀평등이 실질적으로 실현되도록 한 것은 다행한 일이다.[2]

신분법상의 남녀평등

그러나 관련법은 이미 2019년 개정되어 그 차별요인은 소멸했다. ⅱ) 교통약자의 이동 편의를 위한 특별교통수단에 표준 휠체어만을 기준으로 휠체어의 고정 설비의 안전기준을 정하는 교통약자의 이동편의 증진법 시행규칙(국토부령 제 6 조 제 3 항 별표1의2)이 침대형 휠체어 사용 장애인 등 표준 휠체어를 사용할 수 없는 장애인을 특별교통수단을 이용할 수 없게 방치하는 입법부작위는 해당 장애인의 평등권을 침해한다(헌재결 2023. 5. 25. 2019 헌마 1234, 2024. 12. 31. 시한 잠정적용 헌법불합치결정). ⅲ) 지역건강보험에 가입한 외국인이 보험료를 체납하면 바로 다음 달부터 보험급여를 제한하는 건강보험법 규정(제109조 제10항)은 예외 규정을 전혀 두지 않고 보험급여 제한의 통지 절차도 없이 외국인을 합리적 이유 없이 국민과 달리 취급하는 것이어서 평등권을 침해한다(헌재결 2023. 9. 26. 2019 헌마 1165; 헌법불합치결정 2025. 6. 30까지 시한부 잠정적용).

1) 【판시】 독립유공자와 그 유족에게 서훈의 등급에 따라 부가연금을 차등지급하는 것은 평등권과 영전일대의 원칙에 위배되지 않는다(헌재결 1997. 6. 26. 94 헌마 52, 판례집 9-1, 659면).

2) 【판시】 i) 친생부인의 소의 제척기간을 출생 후 1년으로 정하는 민법 제847조 제 1 항은 혼인과 가족생활의 기본권을 침해한다(헌재결 1997. 3. 27. 95 헌가 14, 96 헌가 7(병합), 판례집 9-1, 193(194면)). ii) 남성 단기 복무장교에게 육아휴직을 허용하지 않은 것은 양육권의 침해로 볼 수 없고, 육아휴직과 관련하여 단기 복무군인 중 남성과 여성을 차별하는 것은 성별에 근거한 차별이 아니라 직업군인 여부를 기준으로 한 차별이므로 평등권침해가 아니다(헌재결 2008. 10. 30. 2005 헌마 1156, 판례집 20-2 상, 1007(1024면)). iii) 원칙적으로 3년 이상 혼인 중인 부부만이 친양자입양을 할 수 있도록 규정하여 독신자는 친양자 입양을 할 수 없도록 한 구 민법 규정(제908조의 2 제 1 항 제 1 호)은 합리적인 이유가 있어 독신자의 평등권을 침해하지 않는다(헌재결 2013. 9. 26. 2011 헌가 42, 판례집 25-2 상, 610(621면)). iv) 친생부인의 소의 제척기간을 그 사유가 있음을 안 날로부터 2년 내로 제한한 민법규정(제847조 제 1 항)은 부의 친생부인권을 실질적으로 보장함과 동시에 그 상대방인 자의 법적 지위에 대한 불안을 최소화

국가의 교육
여건 개선의
무

(5) 교육의 기회균등

우리 헌법($_{제1항}^{제31조}$)은 모든 국민이 능력에 따라 균등하게 교육을 받을 권리를 보장하고 이를 뒷받침해 주기 위해 적어도 초등교육은 무상의무교육으로 함으로써 누구나 최소한의 교육을 받을 수 있는 길을 마련해 놓고 있다. 그뿐 아니라 교육에 있어서의 기회균등의 원칙은 중·고등교육과 대학교육 그리고 평생교육에서도 존중되어야 하기 때문에 국가는 교육여건의 개선을 위해 노력하여야 할 의무가 있다.[1]

(6) 선거권의 평등

투표의 산술
적 계산가치
와 성과가치
의 평등 실현

우리 헌법은 한편 모든 국민에게 선거권($_{조}^{제24}$)과 공무담임권($_{조}^{제25}$), 국민투표권($_{조 제2항}^{제72조와 제130}$) 등 참정권을 부여하면서, 이들 참정권이 평등권의 정신에 따라 행사될 수 있도록 평등선거의 원칙을 채택해서 선거권의 평등을 실현하려고 꾀하고 있다. 따라서 대통령과 국회의원선거 및 지방자치선거는 물론이고 국민투표 등에서도 선거권과 투표권의 평등이 실현될 수 있는 선거제도와 국민투표제도가 마련되어야 한다. 그러기 위해서는 각종 선거에서 투표의 산술적 계산가치의 평등뿐 아니라 그 성과가치의 평등까지도 함께 실현되도록 선거구의 분할에서 의석배분방법에 이르기까지 합리적인 제도가 연구되어야 한다. 또 선거운동의 기회균등이 보장되어야 한다($_{제1항}^{제116조}$).[2] 우리의 현행국회의원선거제도는 이

하기 위한 것으로서 합리적인 제한이므로 부가 가정생활과 신분관계에서 누려야 할 인격권, 행복추구권 및 개인의 존엄과 양성의 평등에 기초한 가정생활에 관한 기본권을 침해하지 않는다(헌재결 2015. 3. 26. 2012 헌바 357, 판례집 27-1 상, 233(239면)). v) 혼인 종료 후 300일 이내에 출생한 자를 전 남편의 친생자로 추정하는 민법규정(제844조 제 2 항)은 입법형성의 한계를 벗어나 모가 가정생활과 신분관계에서 누려야 할 인격권 및 혼인과 가족생활에 관한 기본권을 침해한다(잠정적용 헌법불합치결정)(헌재결 2015. 4. 30. 2013 헌마 623, 판례집 27-1 하, 107(116면)).

1) 【판시】 i) 국가는 합리적인 기준에 따라 능력이 허용하는 범위 내에서 법적 가치의 상향적 구현을 위한 제도의 단계적 개선을 추진할 수 있는 길을 선택할 수 있어야 한다. … 이러한 측면에서 중학교의무교육을 순차적으로 실시하도록 규정한 교육법(제 8 조의 2)은 평등권의 침해가 아니다(헌재결 1991. 2. 11. 90 헌가 27, 판례집 3, 11(25면 이하)). ii) 또 대입전형자료로 학생부의 평가방법을 개선보완하는 것은 균등한 교육받을 권리의 침해가 아니다(헌재결 1997. 7. 16. 97 헌마 38, 판례집 9-2, 94면 이하).

2) 【결정례】 i) 정당·의석순의 후보자기호결정방법과 현역의원후보자의 의정활동보고회 등은 평등권 내지 선거운동의 기회균등을 침해하지 않는다(헌재결 1996. 3. 28. 96 헌마 9·77·84·90 (병합); 헌재결 1996. 3. 28. 96 헌마 18·37·64·66(병합)). ii) 동일정당후보자의 공동연설회도 선거운동의 기회균등에 위배되지 않는다(헌재결 1997. 10. 30. 96 헌마 94). iii) 언론기관이 후보자를 선별적으로 초청하여 대담·토론회를 개최하고 보도하는 것은 자의적인 차별이 아니다 (헌재결 1999. 1. 28. 98 헌마 172). iv) 기초자치단체장선거에서 후보자의 방송연설을 종합유선

런 관점에서 볼 때 문제점과 개선의 여지가 많다($\frac{후술\ 853}{면\ 참조}$).[1]

(7) 경제질서에서의 사회적 평등

우리 헌법은 모든 국민에게 경제생활에서도 각인의 기회를 균등히 하고
능력을 최고도로 발휘하게 하여(전문), 개인과 기업의 경제상의 자유와 창의를
존중하는 자유경제질서를 추구하면서도($\frac{제119조}{제1항}$) 소득의 분배를 유지하고 시장의
지배와 경제력의 남용을 방지하는, 사회정의의 실현과 균형 있는 국민경제의
발전을 위해서는 필요한 범위 안에서 경제에 관한 규제와 조정을 함으로써($\frac{제119조}{제2항}$)
경제질서에서의 사회적 평등을 실현하는 것을 경제질서의 목표로 삼고 있다.
따라서 산업활동에서의 노사평등과 노사협동을 통한 산업민주화와 산업평화의
추구는 모든 경제활동의 방향지표라고 볼 수 있다.[2]

(옆 주: 노사평등·노사협조 통한 산업민주화 추구)

방송만 이용하도록 제한한 것은 선거운동의 기회균등의 침해가 아닌 불가피한 조치이다(헌재
결 1999. 6. 24. 98 헌마 153). v) 선거벽보에 비정규학력의 게재를 금지하는 것은 선거운동의
자유와 선거운동의 기회균등을 과도하게 제한하는 것이 아니다(헌재결 1999. 9. 16. 99 헌바
5). vi) 노조 이외의 사회단체의 선거운동금지는 선거운동의 기회균등을 침해하지 않는다(헌재
결 1999. 11. 25. 98 헌마 141). vii) 국민건강보험공단 직원의 선거운동금지는 선거운동의 과잉
제한이 아니고, 유사성이 있는 국민연금관리공단이나 근로복지공단 직원과의 불합리한 차별대
우도 아니다(헌재결 2004. 4. 29. 2002 헌마 467). viii) 국회의원 선거에서 지역구국회의원 후
보자와는 달리 비례대표국회의원 후보자에게 예비후보자제도를 허용하지 않는 것은 정당과 비
례대표후보자의 선거운동의 자유를 침해하는 것이 아니다(헌재결 2006. 7. 27. 2004 헌마 217).
ix) 공직선거에서 배우자 있는 예비후보자는 배우자가 그와 함께 다니는 명함교부자 1명을 임
의로 지정할 수 있게 한 법규정은 결과적으로 배우자 없는 예비후보자에 비하여 독자적으로
선거운동을 할 수 있는 선거운동원 1명을 추가로 지정하는 효과를 누릴 수 있게 되어 선거운
동의 기회균등의 원칙에 반한다(헌재결 2013. 11. 28. 2011 헌마 267). 이 규정은 배우자 없는
자의 차별효과를 더욱 크게 해서 배우자 없는 자의 평등권을 침해하고 선거운동의 기회균등의
원칙에도 반한다고 재차 위헌 결정했다(헌재결 2016. 9. 29. 2016 헌마 287). x) 병역의무를 이
행하고 공무를 수행하는 사회복무요원은 공무원에 준하는 공적 지위를 가지므로 선거운동을
금지하는 법규정(병역법 제33조 제2항 제2호 중 공직선거법 제58조 제1항의 선거운동에
관한 부분)은 선거운동의 자유의 침해가 아니다(헌재결 2016. 10. 27. 2016 헌마 252).

1)【판시】 선거구획정을 위한 국회의 재량권에는 헌법상의 한계가 있기 마련인데 합리성과 평등
   의 원칙을 존중하는 방향으로 행사해야 한다. 그런데 현행 국회의원지역선거구구역표 중 부산
   해운대구·기장군 선거구는 투표가치의 불평등이 심해서 도저히 합리성이 있다고 볼 수 없다
   (헌재결 1995. 12. 27. 95 헌마 224·239·285·373(병합), 판례집 7-2, 760면 이하).

2)【결정례】 우리 헌법재판소는 근로자의 노동조합설립 및 노동쟁의행위에 제3자개입을 금지한 노
   동조합법(제12조의 2와 제45조의 2 등) 및 노동쟁의조정법(제13조의 2 등)에 대해서 합헌결정함으
   로써, 근로자들이 사용자와 대등한 관계에 서기 위해서 필요한 전문가 등의 도움을 받는 길을 막고
   있다는 비판을 받고 있다. 헌재결 1993. 3. 11. 92 헌바 33; 헌재결 1990. 1. 15. 89 헌가 103 참조.

V. 평등권의 제한

(1) 법률에 의한 제한

평등권제한의
특성

형식이론적으로 따진다면 평등권도 기본권인만큼 다른 기본권과 마찬가지로 국가안전보장·질서유지·공공복리를 위해서 필요한 경우에 한하여 법률로써 제한할 수 있다고 말할 수 있다. 그러나 평등권은 기본권실현의 방법적 기초로서의 성격과 기능을 갖기 때문에 그 제한의 의미와 효과가 다른 기본권에서와는 다르다. 따라서 평등권을 법률로써 제한하는 경우에는 다각적인 검토와 고려가 선행되어야 한다.

특수한 신분
관계와 평등
권의 제한 및
그 한계

현실적으로 법률에 의한 평등권제한은 이른바 '특별권력관계'(특수한 신분관계)에서 흔히 나타나는 현상인데, 헌법이 이미 공무원관계 등의 특수한 신분관계를 마련해 놓고 있는 이상 이들 특수한 신분관계의 유지를 위해서 필요 불가피한 생활질서의 범위 내에서 그들의 평등권을 제한하는 것은 그것이 기본권제한입법의 한계를 일탈하지 않는 한 헌법규범의 조화적인 실현을 위해서 불가피한 일에 속한다고 보아야 한다. 공무원의 노동 3 권을 제한하는 입법이 허용되는 것도 그 때문이다.[1] 다만 특수한 신분관계가 평등권의 공백지대가 아니라는 사실은 언제나 명심해야 한다. 우리 헌법재판소는 평등권제한법률을 심사함에 있어서 원칙적으로 차별의 합리적 이유의 유무를 검토하는 자의금지원칙에

---

[1] 【결정례】 i) 우리 헌재는 공무원·교육공무원의 노동 3 권을 배제하는 국가공무원법(제66조 제 1 항) 규정을 합헌이라고 결정했다(헌재결 1992. 4. 28. 90 헌바 27~34, 36~42, 44~46 및 92 헌바 15(병합)). 그러나 공무원의 노동 3 권의 전면배제가 아닌 부분제한(이를테면 단체행동권만 배제하거나 노동 3 권 허용 공무원의 범위 확대 등)의 방법도 충분히 고려해 볼 가치가 있을 것이다. ii) 형을 받았거나 징계파면된 공무원의 퇴직급여를 감액지급하는 법규정은 합헌이라는(헌재결 1995. 7. 21. 94 헌바 27·29(병합)) 결정은 헌재결 2007. 3. 29. 2005 헌바 33에 의해 헌법불합치결정으로 변경되어 해당규정은 2008. 12. 31.까지만 잠정적으로 적용되었다. 비직무범죄 또는 과실죄로 형을 받은 경우까지 획일적으로 급여금액을 감액하는 것은 비례의 원칙에 어긋나는 평등권과 재산권의 침해라고 판시했다. 그런데 이 개선입법시한을 지키지 않고 뒤늦게 2009. 12. 31. 개선입법을 하면서 부칙을 통해 개정내용을 2009. 1. 1.부터 소급적용하도록 한 개선입법규정에 대해서 헌재가 소급입법에 의한 재산권침해라고 위헌결정했다. 동시에 비직무범죄라도 과실범은 감액사유에서 제외하지 않아도 선판례의 헌법불합치결정의 기속력에 저촉되지 않는다고 판시했다(헌재결 2013. 8. 29. 2010 헌바 354 등). 그런데 그 후 연금급여감액조항을 2010. 1. 1. 이후에 지급받는 퇴직연금부터 적용하는 것은 장래에 이행기가 도래하는 퇴직연금수급권의 내용을 변경함에 불과하므로 진정소급입법이 아니어서 재산권의 침해가 아니라고 판시했다(헌재결 2016. 6. 30. 2014 헌바 365). 또 범죄의 종류와 내용을 따지지 않고 일률적으로 감액을 규정한 군인연금법의 해당조항에 대해서도 같은 이유로 헌법불합치결정을 했다(헌재결 2009. 7. 30. 2008 헌가 1 등). 나아가 공무원연금법규정을 준용하는 사립학교교직원연금법이 직무관련성과 범죄의 종류 등을 따지지 않고 사립학교 교직원이 재직 중의 사유로 금고이상의 형을 받으면 퇴직급여 및 퇴직수당의 일부를 일률적으로 감액지급하게 정한 것도 평등권과 재산권의 침해라고 결정했다(헌재결 2010. 7. 29. 2008 헌가 15, 판례집 22-2 상, 16(27면)).

따른다. 그러나 헌법에서 특별히 평등을 요구하면서 차별의 근거로 삼아서는 아니되는 기준 또는 차별을 금지하고 있는 영역을 제시하고 있거나, 차별적 취급으로 인하여 관련 기본권에 중대한 제한을 초래하게 되는 경우에는 비례의 원칙(과잉금지원칙)에 따라 엄격한 심사를 하고 있다. 제대군인가산점제도[1]와 국가유공자 등의 가산점제도[2]에 대한 심판이 그 예이다. 그런데 헌법재판소에 따르면 성별에 의한 차별취급의 경우에 언제나 엄격한 심사를 요구하는 것은 아니다. 성별에 의한 불합리한 차별을 엄격하게 통제할 필요가 있는 영역에서 '근로'($\frac{제32조}{제4항}$), '혼인과 가족생활'($\frac{제36조}{제1항}$)처럼 헌법이 특별히 양성평등보호규정을 두어 양성평등을 요구하는 경우에는 엄격한 심사기준을 적용해야 하지만, 병역의무부과에서의 남녀차별의 경우처럼 입법자의 넓은 입법형성권을 인정해야 하는 영역에서는 완화된 심사척도인 자의금지원칙 위반 여부의 판단으로 족하다고 한다.[3]

(2) 평등권의 헌법적 한계

법률에 의한 평등권의 제한과는 그 성격을 달리하는 것이 우리 헌법에 규정된 평등권의 헌법적 한계이다. 즉 우리 헌법은 i) 특수한 신분관계의 원활한 기능을 위해서, ii) 직업공무원제도의 특수성을 감안해서, iii) 정당국가에서 필요로 하는 정당활동을 보호해 주기 위해서, iv) 헌법기관의 통치기능이 순조롭게 행해지게 하기 위해서, v) 또는 사회정책적인 관점에서 평등권을 헌법 스스로가 제한하거나 평등권의 예외를 인정하는 평등권의 헌법적 한계규정을 두고 있다. 근로자의 노동 3 권을 공무원과 주요 방위산업체의 근로자에게는 제한하고($\frac{제33조 제2}{항과 제3항}$), 군인·군무원·경찰공무원 등에게는 국가배상청구권을 제한하고($\frac{제29조,}{제2항}$), 군인·군무원에 대해서는 군사법원의 심판을 받도록 그 재판청구권을 제한하고($\frac{제110}{조}$), 일반결사보다 정당을 특별히 보호하고($\frac{제8}{조}$), 대통령에게 형사상의 특권을 인정하고($\frac{제84}{조}$), 국회의원에게는 불체포특권($\frac{제44}{조}$)과 면책특권($\frac{제45}{조}$)을 인정하고, 현역군인은 국무총리와 국무위원에 임명될 수 없게 하고($\frac{제86조 제3항과}{제87조 제4항}$), 국가유공자·상이군경 및 전몰군경의 유가족에게 우선적인 근로의 기회를 부여하는 것($\frac{제32조}{제6항}$) 등이 바로 그것이다. 이들 헌법규정에 의한 평등권의 제한 내지 특권은 모두가 헌법제정권자가 내린 헌법정책적·사회정책적인 결정이기 때문

(우측 여백: 헌법제정권자의 정책적 결정)

(우측 여백: 구체적인 규정사례)

---

1) 헌재결 1999. 12. 23. 98 헌마 363, 판례집 11-2, 770(787면 이하) 참조.

2) 다만 헌재는 이 결정에서는 비례심사를 하면서도 보다 완화된 기준을 적용했었다. 헌재결 2001. 2. 22. 2000 헌마 25, 판례집 13-1, 386(405면) 참조. 그러나 그 후 국가유공자 본인을 제외한 가족의 경우는 헌법 제32조 제6항이 가산점제도의 근거라고 볼 수 없다는 이유로 그러한 완화된 심사는 부적절하다고 종전 판시를 변경했다. 헌재결 2006. 2. 23. 2004 헌마 675 등 참조.

3) 헌재결 2010. 11. 25. 2006 헌마 328, 판례집 22-2 하, 446(455면) 참조.

에 그것은 평등권의 헌법적 한계에 해당한다고 볼 수 있다.

(3) 평등권침해법률에 대한 구제방법의 특수성

수혜자와 피
해자의 동시
발생

평등권이 입법권까지도 기속한다는 것은 이미 지적한 바 있거니와, 평등권을 침해하는 법률이 제정됨으로써 국민의 기본권이 침해된 경우에 헌법과 법률이 정하는 권리구제절차에 따라 권리구제를 받을 수 있는 것은 당연하다. 다만 평등권을 침해하는 법률은 대부분의 경우 수혜자와 피해자를 동시에 생기게 하기 때문에 피해자에 대한 권리구제를 위해 법률에 대한 위헌결정을 하는 경우 그것은 수혜자의 권리(기득권 내지 신뢰보호의 원칙)를 침해하는 결과를 초래할 수도 있다. 또 법률에 대한 위헌결정까지는 이르지 않고 피해자의 권리구제를 꾀하는 경우에도 자칫하면 수혜자의 기득권을 다치는 조치가 내려질 수 있다.

위헌결정과
신뢰보호문제

그러나 피해자의 권리를 구제하기 위해서 또 다른 피해자를 생기게 한다는 것은 권리구제의 정신에 반할 뿐 아니라, 법치국가의 관점에서 수혜자가 누리고 있는 이익에 대한 신뢰도 마땅히 보호되어야 하겠기 때문에, 평등권침해에 대한 권리구제는 다른 기본권침해의 경우와는 달리 매우 세심한 주의가 요망된

촉구결정의
필요성

다. 독일연방헌법재판소[1]가 평등권을 침해하는 법률에 대한 위헌결정을 하는데 있어서 맹목적인 위헌결정보다는 입법권자에게 입법개선을 촉구하는 형식의 이른바 촉구결정을 자주 하게 되는 이유도 그 때문이다. 또 우리 헌법재판소[2]가 평등권을 침해하는 법률에 대해서 위헌결정 대신에 '헌법불합치결정'이라는 일종의 촉구결정을 한 것도 같은 맥락에서 이해할 수 있다고 할 것이다.

3. 인 신 권

기본권보장의
전제

우리 헌법은 기본권보장의 당연한 전제로서 인신권을 보장하고 있다. 즉 모든 국민에게 기본권의 주체로서 기본권을 행사할 수 있는 당연한 전제가 되는 생명에 관한 권리(생명권)와 신체적 완전성 및 신체활동의 임의성에 관한 권리(신체의 자유)를 실체적 권리로 보장하면서 이 실체적 권리를 보호하기 위해서 입법권자가 존중해야 되는 몇 가지 헌법적 기속원리를 규정함과 동시에 체

---

1) 예컨대 BVerfGE 8, 210(216); 25, 167(173); 33, 171(189f.); 33, 90.
2) 국회의원선거법(제33조와 제34조)에 대한 헌법불합치결정(헌재결 1989. 9. 8. 88 헌가 6)과 지방의회의원선거법(제36조 제 1 항)에 대한 헌법불합치결정(헌재결 1991. 3. 11. 91 헌마 21) 그리고 신국적법 부칙 제 7 조 제 1 항 중 '10년 동안에' 부분에 대한 헌법불합치결정(헌재결 2000. 8. 31. 97 헌가 12) 참조.

포·구속·압수·수색·심문·재판과정에서의 여러 가지 권리를 사법절차적 기본권으로 보장하고 있다.

I. 인신에 관한 실체적 권리

우리 헌법은 인신에 관한 실체적 권리로 '생명권'과 '신체의 자유'를 보장하고 있다.

(1) 생 명 권

1) 생명권의 헌법이론적 근거

독일과는 달리 '생명권'에 관해서는 우리 헌법에 명문규정이 없지만, '생명권'은 '신체적 완전성' 및 '신체활동의 임의성'을 보장하는 '신체의 자유'의 당연한 전제일 뿐 아니라, '인간의 존엄성'을 그 가치적인 핵으로 하는 우리나라 기본권질서의 논리적인 기초이다.[1] 인간생존의 가장 기초가 되는 '생명에 관한 권리'를 부인하면서 '인간의 존엄성'을 논할 수 없고, 생명권이 인정되지 않는 경우에는 신체의 자유를 비롯한 기타의 기본권보장은 실질적으로 무의미해지기 때문이다. 인간의 생명과 유리된 인간의 존엄성을 생각할 수 없는 것처럼, 생명이 없는 인간의 자유와 권리도 생각할 수 없기 때문에, 인간의 존엄성이 기본권적 가치질서의 핵심으로 보장되고 이 인간의 존엄성을 실현하기 위한 여러 가지의 기본권이 보장되는 헌법질서 내에서 생명권은 명문규정의 유무에 관계없이 당연한 헌법상의 권리로 인정된다고 할 것이다.[2]

신체의 자유의 전제·기본권질서의 논리적 기초

명문규정과 무관한 당연한 헌법상 권리

---

1) 생명권에 관해서 더 자세한 것은 졸저, 전게서, 방주 721~759 참조할 것.
  【판시】 i) 인간의 생명은 고귀하고 이 세상에서 무엇과도 바꿀 수 없는 존엄한 인간존재의 근원이다. 이러한 생명에 대한 권리는 비록 헌법에 명문의 규정이 없다 하더라도 … 헌법에 규정된 모든 기본권의 전제로서 기능하는 기본권 중의 기본권이라 할 것이다(헌재결 1996. 11. 28. 95 헌바 1, 판례집 8-2, 537(545면)). 그 밖에도 우리 헌재는 사람의 신체와 생명은 인간존엄성의 근본이므로 생명·신체에 위해를 발생케 할 우려가 있는 의료행위에 대한 규제는 인간존엄성을 보장해야 하는 국가의 헌법적 의무임을 강조한다. 헌재결 1996. 10. 31. 94 헌가 7 참조.
  ii) 담배사업법은 담배성분의 표시나 경고문구의 표시, 담배광고의 제한 등 여러 규제들을 통하여 직접흡연으로부터 국민의 생명·신체의 안전을 보호하려고 노력하고 있다. 또 국가가 개입하여 담배의 제조 및 판매 자체를 금지하여야만 할 정도로 흡연과 폐암사이에 필연적인 관계가 있다거나 흡연자 스스로 자제할 수 없을 정도로 의존성이 높다고 할 수도 없다. 따라서 국가가 생명·신체의 보호의무에 관한 과소보호금지원칙을 위반하여 생명·신체의 안전에 관한 권리를 침해했다고 볼 수 없다(헌재결 2015. 4. 30. 2012 헌마 38, 판례집 27-1 하, 12(32면)).
2) 우리 헌재도 같은 취지의 판시를 하고 있다. 헌재결 1996. 11. 28. 95 헌바 1, 판례집 8-2, 537; 헌재결 2010. 2. 25. 2008 헌가 23, 판례집 22-1(상), 36(55면).

2) 생명권보장의 의의

국가목적의
수단일 수 없
는 생명의 존
귀성

생명권을 헌법상의 권리로 인정하는 가장 큰 의의는 인간생명은 어떠한 경우에도 국가목적의 단순한 수단일 수 없다는 점을 분명히 밝히는 데 있다. 따라서 생명권이 보호되는 헌법질서 내에서는 이른바 '보호가치 없는 생명', '생존가치 없는 생명'이라는 개념이 정책결정의 동인이 되어서는 아니된다. 물론 생명권의 대상인 생명은 자연현상으로서의 생명을 바탕으로 해서 법적인 관점에서 그 내용이 정해지는 법적 개념이기 때문에 예컨대 생명의 시기와 종기를 정하는 것은 입법권자에게 주어진 과제이다.[1] 하지만 태아의 생명권을 완전히 무시하고 인공임신중절(낙태)을 무제한 허용하거나[2] 존엄사의 이름으로 안락사

---

1) 【결정례】 수정 후 원시선이 나타나기 전의 초기배아는 형성 중인 생명의 출발이기는 하지만 모태 속에서 수용될 때 비로소 독립적인 인간으로서 성장가능성을 기대할 수 있고, 수정 후 착상 전의 초기배아를 인간으로 인식하거나 인간취급하는 데 대한 사회적 승인이 아직 존재하지 않는 점 등을 생각할 때 초기배아의 기본권 주체성을 인정하기 어렵다(헌재결 2010. 5. 27. 2005 헌마 346, 판례집 22-1(하), 275(292면)).

2) 【판시】 태아도 헌법상 생명권의 주체가 되며 국가는 헌법 제10조에 따라 태아의 생명을 보호할 의무가 있다(헌재결 2008. 7. 31. 2004 헌바 81, 판례집 20-2 상, 91(101면)).
   【결정례】 사익인 임산부의 자기결정권보다 공익인 태아의 생명권보호가 우선함으로 임산부의 자기낙태죄조항은 위헌이 아니라는 헌재 결정(헌재결 2012. 8. 23. 2010 헌바 402)은 7년 후 임산부의 자기결정권을 침해한다고 위헌결정(헌법불합치결정)으로 변경되었다(헌재결 2019. 4. 11. 2017 헌바 127). [평석] 그런데 이 헌법불합치결정은 세 가지 점에서 비판의 여지가 있다. 첫째, 헌재가 낙태허용의 시기에 관해서 수태 후 22주 이내라는 개선입법의 지침을 제시한 판시가 의학적인 판단과 입법권자의 입법형성권을 침해할 수 있다는 점이다. 우리보다 성문화가 개방적이고 여성의 사회적 지위와 여성의 인권을 중요시하는 독일에서도 수태 후 12주까지의 불가피한 낙태만 허용하고 있다는 점을 참고할 필요가 있다. 둘째, 낙태허용의 근거로 '사회적·경제적 사유'를 폭넓게 언급함으로써 태아의 생명권을 지나치게 경시하고 있다는 점이다. 셋째, 자기낙태죄와 의사낙태죄 같은 형벌법규에 대해서 잠정적용의 헌법불합치결정을 함으로써 개선입법 시한(2020. 12. 31.)까지 오히려 법적용의 혼란을 초래했다는 점이다. 형벌법규에 대한 위헌결정의 소급효를 규정한 우리 헌재법(제47조 제 3 항)의 취지에 비추어 볼 때 본질적으로 형벌법규는 위헌인 경우 한정위헌 내지는 단순위헌결정을 해야지 헌법불합치결정의 대상이 될 수 없기 때문이다. 헌법불합치결정의 부당성을 지적한 3인 재판관의 지적도 바로 그런 취지였다.
   태아의 생명권을 경시하는 입법을 무효선언한 독일연방헌법재판소의 판례도 있다.
   Vgl. BVerfGE 39, 1(36); 86, 390; 88, 203. 장기이식법에 따른 뇌사판정도 특별히 신중을 기해야 한다.
   【미국판례】 임산부의 낙태의 자유는 미국의 역사와 전통에 뿌리를 두고 있지 않으므로 헌법상 적법절차조항(수정헌법 제14조)의 자유(liberty)에 포함되지 않아 헌법이 보호하지 않는다. 따라서 낙태죄는 합헌이다(6:3 판결). 2022년의 이 판결은 미국 연방 대법원이 적법절차조항이 언급한 자유의 기본권을 근거로 낙태죄를 위헌으로 판결한 1973년의 Roe v. Wade 판결과 그 후속 판결인 1992년의 Planned Parenthood of Southeastern Pennsylvenia v. Casey 판결을 폐기 변경한 역사적인 판결이다. 선례구속의 원칙(stare decisis)의 적용여부를 판단하는 다섯 가지 기준, 즉 법원 오류의 본질, 논증의 우수함, 실현 가능성, 다른 법 분야에 미치는 영향, 신뢰이익 보호 등에 따른 검토에도 불구하고 판례변경이 불가피하다고 판단한 것이다. 이 판결로 미국 사회는 낙태 허용 찬반 세력으로 분열되어 극심한 혼란을 겪고 있다. 이제 낙태 처벌

를 무조건 허용하고,[1] 심지어 죽을 권리를 인정하는 입장[2]에는 동의할 수 없다. 나아가 그 연구가 점점 활성화되어 가는 '인공생명'에 대한 보호를 처음부터 배제하는 생명에 관한 입법정책도 생명권의 관점에서 받아들일 수 없다고 생각한다.

3) 생명권침해의 헌법적 한계

또 법률에 의한 생명권의 침해는 언제나 다른 생명을 보호하기 위한 경우에 국한되어야 하고, 그것도 과잉금지의 원리에 따라 비례의 원칙, 최소침해의 원칙이 존중되는 선에서 그쳐야 된다고 할 것이다. 따라서 예컨대 인질범의 경우 범인을 살해하지 않고도 인질을 구출하는 것이 가능한데도 불구하고 인질범을 살해하는 것은 비례의 원칙을 어긴 생명권의 침해이며, 내란·폭동 등과 같은 국가비상사태가 발생한 경우에도 인간생명의 희생이 최소한에 그칠 수 있는 작전명령이 필요하다고 할 것이다. 그뿐만 아니라 형벌에 있어서도 종신형으로 충분히 목적달성이 가능하다면 사형선고는 되도록 피하는 것이 옳다. 사실상 사형제도는 '생명보호의 위협효과' 때문에 일응 그 정당성이 인정된다고 할지라도, 사형수의 생명을 희생시키는 것이 얼마만한 생명보호의 효과가 있는 것인지 그 인과관계를 경험적으로 입증하는 것이 불가능할 뿐 아니라, 사형제도의 폐지론자들이 주장하는 것처럼 '사형이란 특정한 생명의 희생 위에 이루어지는

생명권침해
최소화의 명
제와 비례의
원칙 및 최소
침해의 원칙

여부는 각 주의 입법으로 해결하는 길만이 남아 있다(19-1392 Dobbs v. Jackson Women's Health Organization(06/24/2022).

1) 예컨대 네덜란드는 2001년부터 안락사를 합법화하고 있다. 우리나라도 2016년 1월 국회를 통과한 이른바 welldying법(호스피스·완화의료 및 임종과정에 있는 환자의 연명의료결정에 관한 법률)을 2017년부터 시행하고 있어 자칫 그 남용이 우려되는 상황이다. 연명의료결정의 관리(법 제 9 조~제14조)와 그 이행과정(법 제15조~제20조)에서 효율적인 호스피스제도의 확립 등 엄격한 관리와 세심한 주의가 요망된다.

2) 【독일판례】 기본법이 보장하는 인간의 존엄과 가치를 비롯한 개성신장의 자유와 생명권은 국민이 자신의 개성과 정체성 및 인격적 완전성 등의 추구와 유지에 관해서 스스로 결정할 수 있는 자유와 권리를 포함한다. 따라서 호스피스 대상자뿐 아니라 누구나 이런 관점에서 더 이상 생존의 의미와 가치를 찾을 수 없다고 판단하면 스스로 또는 제 3 자의 도움으로 생을 마칠 수 있어야 한다. 그런데도 독일형법(제217조)은 직업적으로 다른 사람의 자살을 돕는 행위를 처벌하고 있다. 이 규정은 그 기능적인 연관성 때문에 죽고자 하는 사람 뿐 아니라 이 규정의 직접적인 수범인 협조자의 기본권까지 침해한다. 생명권의 객관적 규범성에서 나오는 기본권의 제 3 자적 효력을 무시할 수 없다. 나아가 모방방지라는 제 3 자 보호의 논리도 이 규정을 정당화 할 수 없다. 그 결과 처벌규정은 법익균형성에 어긋나 형벌권의 한계를 벗어난 규정이어서 위헌이다. 그렇다고 해서 제 3 자에게 자살에 반드시 협조할 의무가 생기는 것은 아니다. 입법자는 개선입법에서 넓은 입법형성권을 갖는다. 그 경우 사전 상담 내지 숙려기간 등 절차적인 안전장치를 마련하거나, 자살조력기관의 신뢰성을 담보하기 위한 허가유보규정의 신설 내지 특별히 위험성이 큰 방법의 금지 등 현재의 판시취지에 맞는 다양한 개선방향을 고려해야 한다(2 BvR 2347/15 등 6건. 2020. 2. 26. 판결).
이 판결은 독일사회에 큰 파장을 일으켰고 특히 기독교계의 강력한 비판과 반대에 봉착하고 있다.

형사정책적 실험'에 불과할 수도 있기 때문에 사형선고는 생명권의 관점에서 매우 신중한 검토 후에 지극히 예외적으로만 행해져야 하리라고 본다.[1] 결국 국가권력이 법률에 의해서 생명권을 침해하는 것은 다른 인간의 생명을 구하기 위한 불가피한 경우에 비례의 원칙과 최소침해의 원칙을 존중하는 선에서 그쳐야 할 뿐 아니라, 심지어 그 침해방법과 절차의 면에서도 인간의 존엄성을 존중하는 길을 택해야 한다고 할 것이다.[2]

4) 생명권과 특수한 신분관계

생명권과 관련된 직무명령의 한계

또 아무리 특수한 신분관계(이른바 '특별'권력관계)에 근거하는 직무명령이라고 하더라도 자기생명의 희생이 확실시되는 직무집행을 강요할 수는 없다고 할 것이다. 다만 예외적으로 예컨대 한 사람 공무원의 생명을 희생시키지 않으면 도저히 다수의 생명을 구할 수 없는 절박한 경찰상의 위험에 직면해서 행해진 직무명령은 그것을 위법한 직무명령이라고 할 수는 없지만, 생명권을 존중하는 한 그 직무명령을 어긴 공무원에 대한 국가의 형벌권은 인정될 수 없다고 생각한다. 원칙적으로 '생명권'과 '생명권'이 대립하는 경우에 '다수의 생명'이 '한 사람의 생명'보다 항상 우선해야 된다는 논리는 성립할 수 없기 때문이다. 바로 이곳에 인간생명에 관한 법학적 이익형량의 어려움이 있다.

---

1) 【판시】 사형이 비례의 원칙에 따라서 최소한 동등한 가치가 있는 다른 생명 또는 그에 못지 아니한 공공의 이익을 보호하기 위한 불가피성이 충족되는 예외적인 경우에만 적용되는 한, 그것이 비록 생명을 빼앗는 형벌이라 하더라도 헌법 제37조 제 2 항 단서에 위배되는 것으로 볼 수는 없다(헌재결 1996. 11. 28. 95 헌바 1, 판례집 8-2, 537(546면)). 헌재결 2010. 2. 25. 2008 헌가 23, 판례집 22-1(상), 36에서도 이 판시를 유지하면서 사형제도 합헌결정을 했다.

2) 【독일판례】 9·11 항공기테러처럼 인간생명에 대한 무기로 이용되는 항공기를 격추시킬 수 있는 권한을 공군에 부여하는 항공안전법규정은 무고한 승무원과 탑승객의 생명을 단순한 수단으로 취급하는 것이어서 생명권을 침해하는 위헌이다. 다수생명을 구하기 위해 소수생명의 희생을 감수하는 것과 같은 생명과 생명의 이익형량을 부정한 의미 있는 판례이다. BVerfGE 115, 118(139ff.) 참조.
【판결례】 여호와의 증인을 믿는 환자가 자기결정에 따라 무수혈 수술 중 사망한 업무상 과실치사사건의 상고심 판결에서 대법원은 환자의 자기결정권이 유효하기 위한 전제조건과 무수혈 수술에서 의사가 지켜야 하는 주의의무를 열거하면서 생명권의 우선적 가치를 강조했다. 그러면서도 대법원은 환자의 생명과 자기결정권을 비교형량하기 어려운 복잡한 사정이 있다고 인정되는 경우에 의사가 직업적 양심에 따라 양립할 수 없는 두 개의 가치 중 환자의 자기결정권을 존중하는 방향으로 행위했다면 이러한 행위는 처벌할 수 없다고 판시함으로써 생명권의 가치를 상대화하는 태도를 보이는 것은 생명권의 본질을 왜곡하고 있다는 비판을 면하기 어렵다고 생각한다. 생명권은 결코 상대화할 수 없는 절대적인 가치이기 때문에 종교적인 교리에 따른 무수혈의 자기결정권을 생명권과 비교형량하는 논증 자체가 잘못된 접근이라고 할 것이다(대법원 2014. 6. 26. 선고 2009 도 14407 판결).

(2) 신체의 자유

생명권을 전제로 해서, 우리 헌법은 '신체적 완전성'과 '신체활동의 임의성'을 인신에 관한 실체적 권리로 보장하고 있다(제12조 제1항 제1문). 신체의 생리적 기능과 그 외형적 형상이 물리적인 힘이나 심리적인 압박에 의해서 침해당하지 아니할 자유(신체적 완전성)와 자기의 뜻에 따라 임의로 신체활동을 할 수 있는 자유(신체활동의 임의성)는 모든 기본권의 전제가 되기 때문에[1] 우리 헌법은 이것을 보호하기 위해서 특별히 두 가지 제도적 장치를 마련해 놓고 있다. 즉 인신에 관한 실체적 권리를 제한하는 경우에 입법권자를 비롯한 국가권력이 반드시 존중해야 되는 헌법상의 기속원리를 명백히 밝힘과 동시에,[2] 체포·구속·압수·수

신체적 완전성과 신체활동의 임의성 보장

---

1) 【판시】 i) 신체의 자유는 정신적 자유와 더불어 헌법이념의 핵심인 인간의 존엄과 가치를 구현하기 위한 가장 근본적인 자유로서 모든 기본권보장의 전제조건이다(헌재결 1992. 4. 14. 90 헌마 82, 판례집 4, 194(206면)). ii) 신체의 자유를 보장하고 있는 것은 신체의 안전성이 외부로부터의 물리적인 힘이나 정신적인 위험으로부터 침해당하지 아니할 자유와 신체활동을 임의적으로 자율적으로 할 수 있는 자유를 말하는 것이다(헌재결 1992. 12. 24. 92 헌가 8, 판례집 4, 853(874면)). 【결정례】 i) 교도소 수용자에 대해서 1년 이상 양팔 사용이 불가능하도록 수갑착용을 강제한 것은 신체의 자유와 인간의 존엄성을 침해한 것이다(헌재결 2003. 12. 18. 2001 헌마 163). ii) 금치처분을 받은 수형자에 대한 절대적 운동금지는 인간의 존엄과 가치 및 신체의 자유의 침해이다(헌재결 2004. 12. 16. 2002 헌마 478). iii) 우리 형법에 의한 처벌시에 동일한 범죄행위에 관하여 외국에서 받은 형의 집행을 임의적으로만 감면할 수 있도록 정해 전혀 반영하지 아니할 수도 있도록 한 형법규정(제7조)은 과잉금지원칙에 위배되어 신체의 자유를 침해한다(한시적 잠정적용 헌법불합치결정)(헌재결 2015. 5. 28. 2013 헌바 129, 판례집 27-1 하, 251(258면)). 이 결정 후 형법을 개정해서 의무적으로 산입하게 했지만 외국에서 형이 집행된 경우가 아니라 구속되었다가 무죄로 풀려난 미결구금일수도 의무적으로 산입해야 할지에 대해서는 법원의 심급 간에 이견이 있었지만 대법원 전원합의체에서 삽입하지 않는 것으로 판결해서 원심을 유지했다(대법원 2017. 8. 24. 선고 2017 도 5977 판결). 【독일판례】 코로나 전염병으로부터 국민의 생명과 건강을 지키고 보건 의료체계의 원활한 기능 유지를 위해서 2021년 4월 23일부터 2021년 6월 30일까지 한시적으로 3일 연속 감염자 지수(인구 십만 명 당 감염자 수)가 100을 초과하는 지자체에서는 5일째부터 타인과의 접촉과 외출을 금지하되, 5일 연속 감염자 지수가 100 이하로 감소하면 이틀 후부터 접촉 및 외출 제한조치를 해제하는 것을 내용으로 하는 연방감염병예방법 해당 규정은 기본법이 보장하는 개성 신장의 자유(제2조 제1항)와 신체활동의 자유(제2조 제2항 제2문)를 침해하지 않는다(1 BvR 781/21, 1 BvR 889/21, 1 BvR 860/21, 1 BvR 854/21, 1 BvR 820/21, 1 BvR 805/21, 1 BvR 798/21). 이 결정에서 연방 헌재는 입법자가 입법 당시 활용한 의료전문기관 및 감염병 전문가의 다양한 소견서 등 입법의 기초자료를 바탕으로 기본권 제한의 필요성과 적합성 및 비례성을 상세하게 논증해서 합헌 결론을 냈다. 코로나 확산에 대처하는 우리 방역 정책의 수립과 그 합헌성 여부 판단에도 참고 가치가 큰 2021년 11월 19일 결정이다.

2) 【결정례】 i) 성폭력범죄를 범한 성도착증환자로서 성폭력 재범 위험성이 있다고 인정되는 19세 이상의 사람에 대하여 성충동억제약물치료를 하도록 하는 법규정은 위헌이 아니다. 다만 장기형이 선고된 경우에 법원의 치료명령선고시점(유죄판결시점)과 실제로 성충동억제약물치료가 행해지는 집행시점(형집행종료 2개월 전) 사이에 상당한 시간차이가 있는 경우 치료명령 집행시점에서 불필요한 치료를 방지할 수 있는 이의제기절차를 마련하지 않은 것은 과잉금지원칙을 어긴 신체의 자유의 침해이다(2017년 말 시한 잠정적용 헌법불합치결정)(헌재결 2015.

인신보호법

색·심문·재판과정에서의 여러 가지 권리를 사법절차적 기본권으로 보장하고 있는 것이 그것이다. 그리고 위법한 행정처분 또는 개인에 의한 사설시설에의 부당한 수용 등 형사절차 이외의 구금·수용 등으로 제한되는 신체의 자유를 구제하기 위해서 인신보호법을 제정(2007)하고 피수용자의 구제청구가 용이하게 개정(2010)한 것은 큰 의미가 있다.[1]

Ⅱ. 인신보호를 위한 헌법상의 기속원리 및 사법절차적 기본권

(1) 인신보호를 위한 헌법상의 기속원리

국가권력을 기속하는 일 곱 가지 헌법 원리

인신에 관한 실체적 권리를 제한하려면 헌법이 정하는 기본권제한입법의 한계조항($^{제37조}_{제2항}$)에 따라야 하는 것은 두말할 필요도 없거니와, 우리 헌법은 인신에 관한 실체적 권리의 중요성을 감안해서, 그 외에도 입법권자를 비롯한 국가권력이 존중해야 되는 일곱 가지의 기속원리를 헌법에 더 명문화하고 있다.

i) 적법절차원리($^{제12조 제1}_{항과 제3항}$), ii) 죄형법정주의($^{제12조 제1항 제2문,}_{제13조 제1항과 제2항}$), iii) 이중처벌의 금지($^{제13조 제}_{1항 본단}$), iv) 사전영장주의($^{제12조 제3}_{항, 제16조}$), v) 연좌제금지($^{제13조}_{제3항}$), vi) 자백의 증거능력제한($^{제12조}_{제7항}$), vii) 유죄확정시까지의 무죄추정원칙($^{제27조}_{제4항}$) 등이 그것이다.

---

12. 23. 2013 헌가 9). ii) 행형법(제112조 제3항 본문 중 제108조 제13호에 관한 부분)이 금치처분을 받은 사람에 대해서 금치처분의 집행과 함께 금치기간 동안 실외운동을 원칙적으로 금지하고, 소장의 재량에 의한 예외적인 경우만 허용하는 것은 금치기간의 목적달성이 어려운 예외적인 경우에 한해서 실외운동을 제한하는 덜 침해적인 수단을 배제하고 있어 침해최소성 원칙에 위배되고 법익의 균형성 요건도 갖추지 못해 신체의 자유를 침해한다. 그러나 금치기간 중 공동행사참가를 정지하고, 텔레비전 시청과 신문·도서·잡지 외 자비구매물품의 사용을 제한하는 규정은 기본권 침해가 아니다(헌재결 2016. 5. 26. 2014 헌마 45, 판례집 28-1 하, 335(353, 356면)).

1) 【결정례】 i) 보호의무자 2인의 동의 및 정신과 전문의 1인의 진단을 조건으로 정신질환자를 정신의료기관에 보호입원시켜 치료를 받을 수 있도록 규정한 정신보건법 규정(제24조 제1항 및 제2항)은 입원의 필요성에 대한 판단에 있어 객관성과 공정성을 담보할 만한 장치를 두고 있지 않고 보호입원 대상자의 의사확인이나 부당한 강제입원에 대한 불복제도도 충분히 갖추지 아니하여 입원 대상자의 신체의 자유를 과도하게 제한하고 있어 침해최소성에 반하고 법익의 균형성도 충족하지 못해 신체의 자유를 침해하므로 헌법에 합치하지 아니한다(계속적용 헌법불합치결정)(헌재결 2016. 9. 29. 2014 헌가 9). ii) 강제퇴거 대상자에 대한 보호기간의 상한이 없는 보호는 과잉금지원칙 및 적법절차원칙을 어긴 신체의 자유의 침해이다. 행정상 인신구속을 하면서 의견제출 기회도 보장하지 않고, 보호 개시와 연장 시 공정하고 중립적인 기관에 의한 적법성 판단 기회가 보장되지 않기 때문이다(헌재결 2023. 3. 23. 2020 헌가 1). 이 결정은 헌재결 2018. 2. 22. 2017 헌가 29의 합헌결정을 변경한 것이다.

1) 적법절차원리

(가) 적법절차원리의 의의와 기능

적법절차(due process of law)원리는 공권력($^{입법 \cdot 행정 \cdot}_{사법권}$)에 의한 국민의 생명·자유·재산의 침해는 반드시 합리적이고 정당한 법률에 의거해서 정당한 절차를 밟은 경우에만 유효하다는 원리로서, 영미법계의 나라에서는 인권보장의 가장 핵심적인 헌법상의 원리로 기능하고 있다. 우리나라는 영미법에서 유래하는 이 '적법절차원리'를 제 9 차 개정헌법에서 처음으로 인신보호를 위한 헌법상의 기속원리로 채택함으로써, 특히 공권력에 의한 부당한 인신권의 침해로부터 국민을 보호하겠다는 의지를 나타내고 있다. 「누구든지 법률에 의하지 아니하고는 체포·구속·압수·수색 또는 심문을 받지 아니하며, 법률과 적법한 절차에 의하지 아니하고는 처벌·보안처분 또는 강제노역을 받지 아니한다」($^{제12조 \ 제1}_{항 \ 제2문}$). 「체포·구속·압수 또는 수색을 할 때에는 적법한 절차에 따라 검사의 신청에 의하여 법관이 발부한 영장을 제시하여야 한다」($^{제12조 \ 제}_{3항 \ 본문}$)는 우리 헌법규정이 바로 그것이다.

정당한 법률
근거와 절차
요구

부당한 인신
권침해 방지

(나) 적법절차원리의 연혁과 발전

연혁적으로 적법절차원리는 영국의 '대헌장'(Magna Carta)에 그 기원을 둔다. 즉 1215년에 제정된 '대헌장'이 1225년에 개정되면서 그 제29장에 '국법에 따라'(per legem terrae, by the law of the land)라는 표현이 들어갔는데, 바로 이 표현이 그 후 1355년 에드워드 3세(Edward Ⅲ) 때 만든 법률에서 처음 나타난 '적법절차'(due process of law)라는 개념의 원형이 되었다.

영국의 대헌
장에서 유래

이렇게 14세기에 생겨난 '적법절차'라는 개념이 인권의 절차적 보장에 관한 내용으로 발전하는 데 큰 공헌을 한 사람이 17세기 영국의 코크(Sir Edward Coke)였다. Coke(1552~1634)는 그 당시 영국하원의 야당지도자로서 영국군주의 절대군권을 제한하기 위한 '권리청원'(Petition of Rights, 1628)을 만들어 '의회의 동의 없는 증세금지', '이유고지 없는 체포금지', '정당한 사법절차의 보장' 등을 찰스 1세(Charles Ⅰ)로부터 얻어 내는 데 성공했다. 이 '권리청원'은 물론 법적인 기속력을 갖지는 못했지만, Coke는 '권리청원'에서 'due process of (common) law', 또는 'law of the land'라는 표현을 혼용하면서 주로 대배심원(grand jury)에 의한 공소제기와 소배심원(petit jury)에 의한 판결 등 적법절차를 인권보호를 위한 불가결한 절차로 요구했다.

코크의 권리
청원에서 발
전

적법절차의 이와 같은 고전적인 내용이 그 후 1791년 미국연방헌법수정

미국연방헌법
에서 수용

제 5 조에 수용되어 「누구든지…적법절차에 의하지 아니하고는 생명, 자유 또는 재산을 박탈당하지 아니한다」는 규정으로 나타났고, 이 규정이 1868년 미국연방헌법수정 제14조 제 1 항(Section 1)에 그대로 되풀이되어, 모든 주(State)의 공권력까지를 기속하는 헌법상의 원리로 정착된 후 오늘에 이르고 있다.[1]

일본헌법에서 수용

제 2 차 세계대전 후에 제정된 1947년의 일본헌법(제31조)도 미국의 영향으로 같은 유형의 적법절차조항을 두고 있다.

(다) 적법절차원리의 미국적 운용상황

미국연방대법원에 의한 운용의 변천내용

그렇다면 미국에서 적법절차규정은 그 후 어떻게 운용되어 왔는가? 사실상 일종의 '불특정한 법률개념'이라고 볼 수 있는 적법절차 조항은 미국의 헌정에서 주로 미국연방대법원(Supreme Court)의 무수한 판례를 통해 그 내용과 기능이 자주 변해 온 것이 사실이다. 그 변화의 주된 흐름은 '절차적 적법성만의 보장원리'에서 '실체적 적법성까지의 보장원리'로, '형사절차적 적법성만의 보장원리'에서 '행정절차적 적법성까지의 보장원리'로, '연방공권력만의 기속원리'에서 '모든 주 공권력까지의 기속원리'로, '극단적인 자유주의적 인권사상의 보호원리'에서 '사회국가적 사회정의의 실현원리'로 그리고 '각 주의 주권과 자주입법권의 보호원리'에서 '주입법권에 대한 연방의 통제수단적 원리'로 변해 왔다고 요약할 수 있다.

판례로 확립된 내용

그 결과 적법절차조항은 미국에서 오늘날 인권보호와 관련해서 특히 다음과 같은 판례법적인 기능을 나타내고 있다. 즉 i) 행정절차에도 공정한 고지 및 청문절차(notice and fair hearing)가 반드시 보장되어야 한다.[2] ii) 헌법상 보장된 국민의 권리가 행정작용에 의해서 침해된 경우에는 그에 대한 사법적 심사가 반드시 이루어져야 한다.[3] iii) 형사절차에서는 변호인의 도움을 받을 권리, 공판절차에서의 반대신문권(cross examination) 등이 제한당하지 아니하고, 경찰수사과정에서도 구금기간의 부당한 장기화는 허용되지 아니한다.[4] iv) 적법절차는 단순히 '절차적 차원의 적정성'(procedural due process)만을 요구하는 것이 아니고, 적용된 법률(연방법과 주법)의 내용이 합리적이고 '정당한 법'이어야

---

1) 적법절차원리에 관한 자세한 것은 다음 문헌을 참조할 것.
   Edward S. Corwin(Ed.), The Constitution of the United States, 1953. 이 문헌에 200page 가 넘는 상세한 설명이 들어 있다. 그 밖에도 최근문헌으로는 *Laurence H. Tribe*, American Constitutional Law, 1978, Chap. 10, pp. 501.
2) Vgl. Opp Cotton Mills v. Administrator, 312 U.S. 126, 1941.
3) Vgl. St. Josephs Stock Yards Co. v. United States, 298 U.S. 38, 1936.
4) Vgl. Powell v. Alabama, 287 U.S. 45, 1932; Johnson v. Zerbst, 304 U.S. 458, 1938; United States v. Hayman, 342 U.S. 205, 1952; Mallory v. United States, 354 U.S. 449, 1956; Upshaw v. United States, 335 U.S. 410, 1948.

한다는 '실체적 차원의 적정성'(substantive due process)까지를 그 내용으로 한다.[1]

㈜ 우리 적법절차규정의 내용과 해석

미국에서 이처럼 판례법적으로 확립된 적법절차의 내용은 우리 헌법상의 적법절차규정을 이해하는 데 하나의 참고가 되리라고 생각한다. 그런데 우리 헌법은 적법절차를 규정하면서 제12조 제 1 항에서는 '처벌'·'보안처분'·'강제노역'에 관한 적법절차를, 그리고 제12조 제 3 항에서는 '영장발부'에 관한 적법절차를 규정함으로써 마치 두 항목이 각각 다른 사항을 규정한 것 같은 인상을 주고 있다. 그러나 이 두 적법절차규정은 이를 따로 해석할 것이 아니라, 통일적으로 이해하는 것이 바람직하다고 생각한다. 즉 우리 헌법질서 내에서는 누구든지 합리적이고 정당한 법률의 근거가 있고, 적법한 절차에 의하지 아니하고는 체포·구속·압수·수색을 당하지 아니함은 말할 것도 없고, 형사처벌은 물론이고, 행정벌과 보안처분, 그리고 강제노역을 받지 아니한다고 이해해야 한다.[2] 따라서 헌법이 정하는 현행범 등의 급박한 경우가 아닌 한, 인신체포·구속이나 압수·수색에는 반드시 적법한 절차에 따라 검사의 신청에 의하여 법관이 발부한 영장을 제시해야 하기 때문에 이른바 '비밀영장제도'는 더 이상 허용되지 아니한다. 또 종래 인권탄압의 수단으로 악용되어 온 '보안처분'도 앞으로는 적법절차의 정신에 따라 법관의 선고에 의해서만 가능하도록 그에 대한 사법절차가 입법적으로 확립되어야 한다. 우리 헌법재판소도 구사회보호법(제5조 제1항)에서 규정한 '필요적 보호감호처분'은 법관의 선고 없이 행해지는 것이기 때문에 적법절차원리에 위배되는 위헌적인 조문이라는 결정을 했다.[3]

나아가 적법절차의 미국적 운용상황을 거울삼아, 우리 헌법이 규정하는 적법절차도 '절차적 차원의 적정성'과 '실체적 차원의 적정성'을 다 함께 요구하고 있다고 보는 것이 합리적이라고 생각한다. 우리 헌법재판소도 같은 취지의 판시를 하고 있다.[4] 이렇게 볼 때, 체포·구속·압수·수색·처벌·보안처분·강제노

제12조 제 1 항과 제 3 항의 내용과 통일적 해석의 필요성

절차적·실체적 차원의 적정성 보장

---

1) Vgl. Adair v. United States, 208 U.S. 161, 1908; Woods v. Miller, 333 U.S. 138, 1948; Mugler v. Kansas, 213 U.S. 623, 1887; Coppage v. Kansas, 236 U.S. 1, 1915; Lochner v. New York, 198 U.S. 45, 1905; Adkins v. Children's Hospital, 261 U.S. 525, 1925; Phelps Dodge Corp. v. National Labor Relations Board, 313 U.S. 177, 1941.

2) 【판시】 현행 헌법에서는 제12조 제 1 항의 처벌, 보안처분, 강제노역 등 및 제12조 제 3 항의 영장주의와 관련하여 각각 적법절차의 원칙을 규정하고 있지만 이는 그 대상을 한정적으로 열거하고 있는 것이 아니라 그 적용대상을 예시한 것에 불과하다(헌재결 1992. 12. 24. 92 헌가 8, 판례집 4, 853(876면)).

3) 헌재결 1989. 7. 14. 88 헌가 5·8, 89 헌가 44(병합) 참조.

4) 【판시】 우리 헌법의 적법절차원리는 법률이 정한 형식적 절차와 실체적 법률내용이 모두 합리성과 정당성을 갖춘 적정한 것이어야 한다는 실질적 의미를 지니고 있는 것이다(헌재결

역의 근거가 되는 법률은 정당한 절차에 의해서 제정되고, 실체적(내용적)으로
도 '정당한 법'일 것이 요청된다.[1] 또 수사과정에서의 임의동행과 보호실유치,
체포 및 구인기간의 구속기간 불산입, 부당한 장기구금, 변호인선임권 내지 접
견권제한 등은 모두가 적법절차원리에 반한다고 보아야 한다.[2] 미란다원칙을
어긴 구속, 제 1 회 공판기일 전 증인신문을 비롯해서[3] 피고인에게 공판조서 내
지 증거서류 등에 대한 열람·등사를 방해함으로써 형사피고인의 방어적 진술
권이 부당하게 제약당한 재판 또는 비공개재판에 의한 처벌도 적법절차원리에
반한다. 개정된 형사소송법이 변호인의 피의자신문참여를 허용하고($\frac{제243조}{의 2}$), 피
의자 진술거부권의 고지절차($\frac{제244조}{의 3}$)와 수사과정기록제도($\frac{제244조}{의 4}$) 등 피의자의 방
어권을 보장하고, 긴급체포제도($\frac{제200조}{의 4}$)와 구속전 피의자심문제도($\frac{제201조}{의 2}$) 그리고

1992. 12. 24. 92 헌가 8, 판례집 4, 853(876면)). 그 밖에도 헌재결 1993. 7. 29. 90 헌바 35;
   헌재결 1994. 12. 29. 94 헌마 201 참조.
1) 【결정례】 i) 법원의 재판이 아닌 검사의 구형에 의하여 구속영장의 효력이 좌우되도록 한 형
   소법 제331조 단서 규정은 적법절차원리를 어긴 위헌법률이다(헌재결 1992. 12. 24. 92 헌가 8).
   ii) 노동위원회의 미확정의 구제명령을 위반한 사용자를 형벌로 제재하는 노조법규정(제46조)은
   위헌이다(헌재결 1995. 3. 23. 92 헌가 14). iii) 반국가행위자에 대해서 필요적 궐석재판과 필요
   적 재산몰수를 규정한 반국가행위자처벌특조법은 위헌이다(헌재결 1996. 1. 25. 95 헌가 5). iv)
   자기에게 아무런 책임 없는 사유로 출석하지 못한 사유를 가리지 아니하고 피고인에게 공격·
   방어의 기회를 부여하지 아니한 상태에서 제 1 심 궐석재판을 허용하는 것은 그 절차가 심히
   적정치 못해 적법절차의 원칙에 위배된다(헌재결 1998. 7. 16. 97 헌바 22). v) 그렇지만 음주
   측정불응행위를 음주운전행위와 동일한 형벌로 처벌하는 것은 합리성과 정당성을 갖춘 입법이
   므로 적법절차의 위배가 아니다(헌재결 1997. 3. 27. 96 헌가 11). vi) 보안관찰처분의 집행정지
   내지 가처분을 원천적·일률적으로 봉쇄하는 법규정은 적법절차원칙에 위배된다(헌재결 2001.
   4. 26. 98 헌바 79 등(병합)). vii) 지문채취강요는 영장주의에 의해야 할 강제처분이 아니며,
   피의자 신분확인을 위한 지문채취를 거부하면 경범죄로 처벌할 수 있도록 간접강제하는 것은
   적법절차원칙에 위배되지 않는다(헌재결 2004. 9. 23. 2002 헌가 17 등). viii) 주식회사 정리계
   획에 동의한 이해관계인이 정리계획변경을 위한 관계인집회에 출석하지 않은 경우에는 정리계
   획변경에 동의한 것으로 간주하는 규정은 동의간주를 정당화할 수 있는 여러 가지 합리적 근
   거가 있으므로 적법절차원리에 어긋나지 않는다(헌재결 2008. 1. 17. 2006 헌바 38). ix) 범죄
   수사 및 예방을 위하여 특정범죄 수형자로부터 DNA감식자료를 채취할 수 있도록 하면서 채취
   거부 가능성을 고지하고 서면동의를 받으며 동의가 없으면 법관이 발부한 영장에 의하게 하며
   신체나 명예에 대한 침해를 최소화하도록 규정하고 있으므로 신체의 자유를 침해하지 않는다. 나
   아가 DNA확인정보를 수형인 등이 사망할 때까지 관리하게 한 삭제조항은 개인정보자기결정권의
   침해가 아니다(헌재결 2014. 8. 28. 2011 헌마 28 등, 판례집 26-2 상, 337(362면과 366면)).
2) 【판결례】 i) 따라서 변호인접견이 이루어지지 않은 상태에서 작성된 검찰조서의 증거능력을
   인정할 수 없다는 서울형사지법의 판결은 적법절차원리를 존중한 중요한 판결이라고 평가할
   수 있다(서울형사지법 1990. 1. 30. 선고 89 고합 1118 판결). ii) 또 우리 대법원도 형사피의자
   에 대한 안기부장의 접견불허가처분은 위법하다고 판시했다(대법원 1991. 3. 28. 자 91 모 24
   결정).
3) 【판시】 피고인 등의 참여권을 판사의 재량사항으로 규정한 공판기일 전 증인신문절차는 피고
   인들의 공격·방어권을 과다히 제한하는 것으로써 … 피고인 등에게 당사자로서의 지위를 보장
   하고 있는 헌법상의 적법절차의 원리 및 청구인의 공정한 재판을 받을 권리를 침해하고 있다
   (헌재결 1996. 12. 26. 94 헌바 1, 판례집 8-2, 808면 이하).

체포·구속적부심사제도($^{제214조}_{의\ 2}$) 및 긴급압수·수색·검증제도($^{제217}_{조}$)를 개선하고 보석조건을 다양화($^{제99}_{조}$)하는 등 인신구속제도를 개선한 것은 적법절차의 실현에 크게 기여할 것이다.[1] 적법절차원리는 형사처벌이 아닌 행정상의 불이익처분의 경우에도 적용된다.[2] 적법절차원리를 어긴 공권력의 인신권침해는 헌법소원의 대상이 되어 헌법재판소의 심판을 받게 된다. 우리 헌법재판소는 적법절차원리의 위배여부를 법률의 위헌여부를 판단하는 기준으로 삼는 결정을 하기도 한다.[3]

2) 죄형법정주의

(가) 형벌법정주의의 의의

우리 헌법 제12조 제 1 항 2문과 제13조 제 1 항 전단에서 천명하고 있는 죄형법정주의(nulla poena sine lege)는 행위시의 법률에 의해서 범죄를 구성하지 아니하는 행위로 처벌받지 아니하는 원칙을 말하는데, 구체적으로는 다음 세 가지 사항을 그 내용으로 한다. 첫째 법률 없으면 범죄 없다(nullum crimen sine lege), 둘째 사전에 제정된 법률에 의하지 아니하고는 처벌되지 아니한다(nulla poena sine lege praevia). 셋째 죄 없으면 벌 없다(nulla poena sine culpa)는 원칙이 바로 그것이다.[4]

세 가지 기본
적인 내용

---

1) 형사절차에서의 적법절차원리와 불가분의 관계에 있는 것이 검찰의 인권경시적인 수사관행이었다. 그런데 2019. 12. 1.부터는 법무부가 제정한 '인권보호수사규칙'에 따라 심야조사(오후 9시~오전 6시)와 1회 8시간 이상의 장시간조사를 원칙적으로 금지하고, '별건수사'도 금지했다. 종전에도 법무부 훈령인 '인권보호수사준칙'이 있었지만 유명무실했던 일이 반복되지 않도록 앞으로는 검찰의 수사절차에서도 적법절차원리가 철저히 존중되어 인권보호가 강화되는 계기가 되기를 바란다.

2) 【판시】 적법절차의 원칙은 헌법조항에 규정된 형사절차상의 제한된 범위 내에서만 적용되는 것이 아니라 국가작용으로서 기본권제한과 관련되든 관련되지 않든 모든 입법작용 및 행정작용에서 광범위하게 적용된다고 해석해야 한다(헌재결 1992. 12. 24. 92 헌가 8, 판례집 4, 853(877면)).
【결정례】 i) 따라서 공소가 제기된 변호사에 대해서 법무부장관이 일방적으로 그 업무의 정지를 명할 수 있게 규정한 변호사법 제15조는 적법절차원리를 존중하지 않아 위헌이다(헌재결 1990. 11. 19. 90 헌가 48). ii) 그리고 관세법을 어겨 압수당한 물품을 재판 없이 국고귀속시키는 구 관세법규정도 적법절차원리에 위배된다(헌재결 1997. 5. 29. 96 헌가 17). iii) 무죄판결 받은 피고인을 즉시 석방하지 않고 석방절차를 이유로 교도소로 강제연행하는 것은 위헌이다(헌재결 1997. 12. 24. 95 헌마 247).

3) 【결정례】 산업단지 인·허가 절차 간소화를 위한 특례법에서 정하는 의견청취동시진행조항과 환경영향평가법에서 정하는 환경기준참고조항은 산업단지 계획의 승인 및 그에 따른 산업단지의 조성 및 운영과 관련하여 국민의 생명·신체의 안전을 위한 국가의 기본권보호의무와 적법절차원리를 위배한 것은 아니다(헌재결 2016. 12. 29. 2015 헌바 280).

4) 【판시】 죄형법정주의는 범죄의 구성요건과 그에 대한 형벌의 내용을 국민의 대표로 구성된 입법부가 성문의 법률로 정하도록 함으로써 국가형벌권의 자의적인 행사로부터 개인의 자유와 권리를 보장하려는 법치국가형법의 기본원칙으로서 형벌법규의 보장적 기능을 수행하는 것이다(헌재결 1995. 9. 28. 93 헌바 50, 판례집 7-2, 297(307면)).

(나) 죄형법정주의의 내용

다섯 가지 파생원칙

그런데 죄형법정주의는 이상의 세 가지 기본적인 내용의 실효성을 보장하기 위해서 i) 형벌법규의 성문법주의 및 관습형법의 금지, ii) 소급효력의 금지, iii) 유추해석의 금지, iv) 절대적 부정기형의 금지, v) 불명확한 구성요건의 금지 등 다섯 가지 사항을 그 파생원칙으로 존중할 것을 함께 요구하고 있다. 우리 헌법재판소는 이 중에서 형벌법규의 성문법주의와 형벌불소급의 원칙을 죄형법정주의의 2대원칙이라고 평가하면서[1] 구성요건명확성의 원칙도 강조하는 판시[2]

---

1) 【판시】 죄형법정주의는 어떠한 행위가 처벌될 수 있는 행위인가를 국민이 사전에 예측할 수 있도록 성문법의 형태로 형벌법규가 제정되어야 함을 의미하고(헌법 제12조 제 1 항 후단) 이는 형벌불소급의 원칙(헌법 제13조 제 1 항 단서)과 함께 형사법에 관한 헌법의 2대원칙이라고 할 수 있다(헌재결 1993. 5. 13. 92 헌마 80, 판례집 5-1, 365(382면)).

2) 【판시】 i) 죄형법정주의는 범죄와 형벌이 법률로 정해져야 함을 의미하는 것으로 이러한 죄형법정주의에서 파생되는 명확성의 원칙은 누구나 법률이 처벌하고자 하는 행위가 무엇이며 그에 대한 형벌이 어떠한 것인지를 예견할 수 있고 그에 따라 자신의 행위를 결정지을 수 있도록 구성요건이 명확할 것을 요구하는 것이다. … 다소 광범위하고 법관의 보충적인 해석을 필요로 하는 개념을 사용하였다 하더라도 그 적용단계에서 다의적으로 해석될 우려가 없는 이상 그 점만으로 명확성의 요구에 배치된다고 보기 어렵다(헌재결 1989. 12. 22. 88 헌가 13, 판례집 1, 357(383면)). ii) 명확성원칙의 위반여부는 통상의 판단능력을 가진 사람이 그 의미를 이해할 수 있는가를 기준으로 판단해야 하고, 당해 법규범이 수범자에게 법규의 의미를 알수 있도록 공정한 고지를 함으로써 예측가능성을 주고 있는지 여부 및 당해 법규범이 구체적이고 충분한 내용을 규율함으로써 자의적인 법 해석이나 집행이 배제되고 있는지 여부가 기준이 된다(헌재결 2021. 4. 29. 2018 헌마 100). iii) 사회복무요원이 정당 이외의 '정치단체에 가입하는 등 정치적 목적을 지닌 행위'를 금지하고 위반 시에 복무기간을 연장하는 불이익을 주는 병역법규정(제33조 제 2 항 본문 제 2 호 중)은 명확성 원칙에 위배된다(헌재결 2021. 11. 25. 2019 헌마 534).

【결정례】 i) 불량만화의 반포 등 행위를 금지하고 그 위반자를 처벌하는 미성년자보호법 및 아동복지법의 여러 표현(잔인성, 조장, 우려, 덕성, 심히 해할 우려 등)은 명확성의 원칙에 반하여 위헌이다(헌재결 2002. 2. 28. 99 헌가 8). ii) 대통령령이 정하는 경우를 제외하고 전기통신역무를 이용하여 타인의 통신을 매매하거나 타인의 통신용에 제공하는 행위를 형사처벌하도록 정한 것은 명확성의 원칙에 위반되고 위임입법의 한계를 벗어난 것이다(헌재결 2002. 5. 30. 2001 헌바 5). iii) 형사처벌의 구성요건을 입법부 제정의 형식적 법률도 아니고 헌법이 허용하는 위임입법의 형식인 법규명령도 아닌 특수법인의 정관에 위임하는 것은 처벌법규의 명확성 원칙과 죄형법정주의에 위배된다(헌재결 2010. 7. 29. 2008 헌바 106, 판례집 22-2 상, 288(299면)). iv) 중소기업협동조합법(제53조 제 3 항 및 동 제 5 항)에 따른 선거에서 호별방문 금지 및 금지되는 선거운동의 방법을 정관에서 정하도록 위임한 조항은 형사처벌의 구성요건에 관한 중요한 부분인데도 헌법에서 위임입법의 형식으로 예정하고 있지도 않은 특수법인의 정관에 위임하는 것은 사실상 정관작성자에게 처벌법규 형성권을 준 것이어서 죄형법정주의에 위배된다. 그리고 선거운동제한조항은 내용을 예측하기 어렵고 내용의 불명확성으로 명확성 원칙에 위배된다(헌재결 2016. 11. 24. 2015 헌가 29). 같은 이유로 새마을금고의 '정관으로 정하는 기간 중에' 새마을금고 임원 선거운동을 위한 호별방문을 한 자를 처벌하는 새마을금고법(제85조 제 3 항)에 대해서도 위헌결정했다(헌재결 2019. 5. 30. 2018 헌가 12). v) 파견근로자보호 등에 관한 법률 제42조 제 1 항 중 '공중도덕상 유해한 업무' 부분은 건전한 상식과 통상적 법 감정을 가진 사람으로 하여금 자신의 행위를 결정해 나가기에 충분한 기준이 될 정도의 의미내용을 가지고 있지 않아 수범자로서는 실제 단속되거나 형벌을 받기 전에 자신의 행위가 금지되는 것인지 예측하기 어렵다. 그리고 자의적 법해석과 집행을 가져올 위

를 하고 있다.[1] 또 재정신청의 공소시효정지규정($\frac{구\ 형소법}{제262조의\ 2}$)을 고소사건에 대한 헌법소원이 심판에 회부된 경우에 유추적용해서 피의자에게 불리하게 공소시효의 정지를 인정하는 것은 죄형법정주의에 반한다고 밝혔다.[2] 따라서 예컨대 벌칙규정의 일반적·포괄적 위임입법은 형벌법규의 성문법주의에 반하기 때문에 허용되지 않고 적어도 처벌원칙, 형벌의 종류, 최고형 등에 대한 명확한 기준은 처벌의 근거법률에서 제시되어야 한다. 우리 헌법재판소도 이 점을 강조하면서 처벌법규를 명령(행정입법)에 포괄적으로 위임하는 것은 허용되지 않고, 다만 특히 긴급한 필요가 있거나 미리 법률로써 자세히 정할 수 없는 부득이한 사정이 있는 경우에 한정되어야 하고, 이러한 경우일지라도 법률에서 범죄의 구성요건을 예측할 수 있을 정도로 구체적으로 정하고, 형벌의 종류 및 상한과 폭을 명백히 규정해야 한다고 판시했다.[3] 또 헌법재판소에 따르면 형벌법규라고 하더라도 일정사항의 위임이 불가능하지는 않지만, 죄형법정주의의 원칙상 최소한도 범죄의 구성요건의 윤곽만큼은 수권규정 자체에서 예측될 수 있어야 한다. 그렇기 때문에 18세 미만자의 당구장출입금지표시를 하도록 규정한 체육시설의 설치·이용에 관한 법률시행규칙 제 5 조는 모법의 위임 없이 모

험성도 크다. 따라서 죄형법정주의 명확성의 원칙에 위배된다(헌재결 2016. 11. 24. 2015 헌가 23).

1) 【판시】 처벌법규의 구성요건이 어느 정도 명확해야 하는가는 일률적으로 정할 수 없고, 각 구성요건의 특수성과 그러한 법적 규제의 원인이 된 여건이나 처벌의 정도 등을 고려하여 종합적으로 판단해야 한다(헌재결 1990. 1. 15. 89 헌가 103, 판례집 2, 4(19면)).
【결정례】 경범죄 처벌법상 '과다노출 금지'조항(제 3 조 제 1 항 제33호)의 규정내용은 그 의미내용이 불명확하고 시대상황 및 국민의 법감정 변화에도 맞지 않고 노출금지되는 신체부위를 특정하는 입법기술이 불가능하거나 현저히 곤란하지도 않다. 따라서 죄형법정주의의 명확성의 원칙에 위배된다(헌재결 2016. 11. 24. 2016 헌가 3).

2) 헌재결 1993. 9. 27. 92 헌마 284, 판례집 5-2, 340(346면 이하) 참조.

3) 헌재결 1991. 7. 8. 91 헌가 4. 동지: 헌재결 1997. 5. 29. 94 헌바 22; 헌재결 1997. 9. 25. 96 헌가 16; 헌재결 1998. 3. 26. 96 헌가 20; 헌재결 2000. 1. 27. 98 헌가 9.
【판시】 모법이 법률의 시행에 필요한 사항을 행정입법에 위임할 때 예상·의도하지 아니한 처벌규정을 행정입법이 창출해서 모법의 벌칙조항에 적용하는 것은 죄형법정주의의 명확성의 원칙에 위배된다(헌재결 2003. 3. 27. 2001 헌바 39, 판례집 15-1, 246(254면)).
【결정례】 i) 어업단속·위생관리·유통질서 등 어업조정을 위해 필요한 사항을 규정한 대통령령에 위반한 경우 그 처벌에 관한 사항을 대통령령에 위임하는 것은 형벌법규를 불필요하게 하위법령에 위임하고 있을 뿐 아니라, 하위법령에 의한 처벌의 대상이 될 행위 및 그 처벌의 정도 등을 전혀 예측할 수 없게 정한 구 수산업법규정(제53조 제 2 항과 제 3 항)은 죄형법정주의에 위배된다(헌재결 2010. 9. 30. 2009 헌바 2, 판례집 22-2 상, 1(22면)). ii) 신용협동조합 임원의 선거운동의 기간 및 방법을 정관에 맡겨 정관으로 정하기만 하면 선거운동의 기간 및 방법에 관한 추가적인 규제를 설정할 수 있도록 범죄구성요건을 정관에 위임한 신용협동조합법 조항(제27조의 2 제 2 항 내지 제 4 항)은 범죄와 형벌은 형식적 의미의 법률로 정하여야 한다는 죄형법정주의를 위반한 것이다(헌재결 2020. 6. 25. 2018 헌바 278).

법의 처벌조항의 구성요건을 정한 것이어서 위헌이라고 한다.[1]

(대) 형벌 강화와 공소시효 연장 및 보안처분의 소급입법

소급입법에
의한 형벌강
화 금지

또 우리 헌법은 소급입법에 의한 참정권의 제한 또는 재산권의 박탈만을 금지하고 있지만($\substack{제13조 \\ 제2항}$), 우리 헌법이 채택하고 있는 죄형법정주의의 정신상, 예컨대 소급입법에 의한 형벌의 강화도 허용되지 아니한다. 따라서 예컨대 음주운전에 의한 교통사고의 증가를 방지하기 위해서 음주운전자에 대한 벌칙을 강화하는 입법을 하고 이를 현재 계류중인 사건에도 적용케 하는 것은 소급효력의 금지에 반한다고 할 것이다. 그러나 공소시효에 관한 규정은 소급효력의 금지에 해당되지 아니한다고 하는 것이 우리 헌법재판소와 독일연방헌법재판소의

공소시효의

소급연장 허용
및 보안처분
의 소급적용
허용

입장이다.[2] 그에 따르면 예컨대 25년인 사형에 해당하는 살인범죄의 공소시효를 폐지하고($\substack{형소법 제249조 \\ 및 제253조의 2}$) 이를 과거에 행해진 범죄에 적용하는 것은 죄형법정주의의 위반이 아니다.[3] 또 우리의 5·18특별법이나 헌정질서파괴특례법에서 공소시효의 정지 내지 적용배제를 규정하고 있는 것도 죄형법정주의에 어긋나지 않는다.[4] 그리고 성범죄자에 대한 전자장치부착명령 및 신상정보공개고지명령과 같은 보안처분은 행위자의 과거 범죄에 대한 징벌이 아니라 장래 위험성에 근거한 비형벌적 성격의 처분이므로 원칙적으로 재판 당시 현행법을 소급적용할 수 있다. 그러나 벌금형을 미납하는 경우 1일 환형유치금액의 형평성을 높여 고액의 벌금형을 선고받은 사람의 이른바 '황제노역'을 금지하기 위해서 형법상 노역장유치조항을 고쳐 벌금액에 따라 차등적으로 유치기간을 300일부터 1,000일 이상으로 강화하는 것은 문제가 없지만($\substack{법 제70조 \\ 제2항}$), 이 개정규정을 이미 종료된 범죄행위에 대해서도 적용할 수 있게 하는 것은 소급입법에 의한 처벌

---

1) 헌재결 1993. 5. 13. 92 헌마 80. 그 밖에도 헌재결 1995. 9. 28. 93 헌바 50 참조.
   【결정례】 i) 또 법조문이 법관의 보충적인 해석을 필요로 하는 개념을 사용한 것만으로 죄형법정주의의 명확성 원칙에 위배되지는 않는다(헌재결 1997. 3. 27. 95 헌가 17). ii) 행정질서벌에 해당하는 과태료는 죄형법정주의의 규율대상이 아니다(헌재결 1998. 5. 28. 96 헌바 83). iii) 또 건전한 상식과 통상적인 법감정을 가진 사람이면 누구나 그 의미를 알 수 있는 '3회 이상 체납'규정은 죄형법정주의에 위배되지 않는다(헌재결 1999. 12. 23. 99 헌가 5·6 등(병합)).

2) 【판시】 소급입법의 금지에 관한 헌법의 규정은 행위의 가벌성에 관한 것이기 때문에 소추가능성에만 연관될 뿐 가벌성에는 영향을 미치지 않는 공소시효에 관한 규정은 원칙적으로 그 효력범위에 포함되지 않는다(헌재결 1996. 2. 16. 96 헌가 2, 96 헌바 7·13(병합), 판례집 8-1, 51(83면 이하)). Vgl. z.B. BVerfGE 25, 269(LS 2 u. 3).

3) 2015. 7. 31. 형소법 개정으로 사람을 살해한 범죄(종범 제외)로 사형에 해당하는 범죄에 대하여는 공소시효의 적용을 배제했기 때문에(법 제253조의 2) 아직 공소시효가 완성되지 않은 살인범도 공소시효와 무관하게 소추할 수 있게 되었다(법 부칙 제 2 조).

4) 자세한 법이론은 졸고, '5·18불기소처분의 헌법이론적 문제점', 「5·18, 법적 책임과 역사적 책임」, 1995, 이대출판부, 83면 이하 참조. 동지: 헌재결 1996. 2. 16. 96 헌가 2, 96 헌바 7·13(병합) 참조.

에 해당하여 금지된다.[1] 또 보안처분이라도 형벌적 성격이 강하여 신체의 자유를 박탈하거나 그에 준하는 정도로 신체의 자유를 제한하는 경우에는 소급처벌 금지원칙이 적용된다. 보안처분의 이름으로 형벌불소급의 원칙을 무력화하는 것을 허용할 수는 없기 때문이다.[2]

㈜ 범죄책임과 형벌 간의 비례성 보장

죄형법정주의의 내용인 '죄 없으면 벌 없다'는 원칙은 범죄가 없으면 당연히 형벌도 없어야 한다는 뜻이다. 나아가 무고한 국민을 단죄해서는 아니 되는 것은 물론이고 죄가 있어서 처벌을 받는 경우에도 범죄책임에 상응하는 정도의 형벌만을 받아야 한다는 의미도 함께 내포하고 있다. 즉 범죄 책임과 형벌 간에는 언제나 비례성이 존중되어야 한다는 뜻이다. 우리 헌법재판소는 일관해서 처벌법령이 정하는 형벌과 형량의 적절성을 따질 때 책임과 형벌 간의 비례성이 존중되었는지를 기준으로 판단하고 있다.[3]

3) 이중처벌의 금지(일사부재리의 원칙)

㈎ 이중처벌금지의 헌법상 의의

우리 헌법(제13조 제1항 후단)에 '동일한 범죄에 대하여 거듭 처벌받지 아니한다'고 규정한 것은 한 번 형사판결이 확정되어 기판력(실체적 확정력)이 발생하면 같은 사건에 대해서는 다시 심판할 수 없다는 이른바 이중처벌의 금지원칙을 선언한 것이다. 이중처벌의 금지원칙은 법치국가의 중요한 내용으로 간주되는 법적 안정성과 신뢰의 보호에 바탕을 둔 '일사부재리의 원칙'(ne bis in idem)이 특별히 국가의 형벌권을 기속하는 원리로 기능하는 경우에 자주 사용되는 개념이다. 이처럼 이중처벌의 금지원칙은 법적 안정성과 신뢰의 보호를 위한 일사부재리의 원칙의 형벌권적 내용이기 때문에 이 두 개념은 엄격히 따지자면 완

> 법적 안정성 및 신뢰보호 위한 법치국가 요청

---

1) 【결정례】 개정된 형법 제70조 제 2 항을 이 법 시행 후 최초로 공소제기되는 경우부터 적용하도록 하는 부칙 제 2 조는 극히 예외적으로만 허용되는 진정소급입법에 해당해 기존의 법질서에 의해서 형성된 법적 지위에 대한 강한 신뢰이익을 침해하기 때문에 소급입법금지원칙에 위배되어 위헌이다(헌재결 2017. 10. 26. 2015 헌바 239). 대법원 2018. 2. 13. 선고 2017 도 17809 판결도 헌재의 이 위헌결정의 취지에 어긋나는 판결을 파기했다.

2) 같은 취지의 판례 헌재결 2012. 12. 27. 2010 헌가 82등; 헌재결 2015. 9. 24. 2015 헌바 35 참조.

3) 예컨대 【결정례】 i) 가족 중 성년자가 예비군 훈련 통지서를 예비군 대원 본인에게 전달하여야 하는 의무는 국가에 대한 행정 절차적 협조의무에 불과한데도, 그 위반행위에 대해서 과태료 등 행정처벌 대신 형사처벌하도록 정한 예비군법(제15조 제10항) 조항은 책임과 형벌 간의 비례원칙을 어긴 것이어서 위헌이다(헌재결 2022. 5. 26. 2019 헌가 12). ii) 주거 침입 강제추행죄 및 주거 침입 준강제추행죄의 법정형 하한을 7년 이상으로 정한 성폭법규정(제 3 조)은 법관의 정상참작 감경만으로 집행유예선고가 불가능해서 형벌 개별화의 가능성 및 형벌 체계상 책임과 형벌의 비례성에 어긋나는 위헌이다(헌재결 2023. 2. 23. 2021 헌가 9).

전한 동의어는 아니다. 또 이중처벌의 금지원칙은 죄형법정주의와는 그 기능의
방향과 목적을 달리한다.

불이익을 위
한 재심절차
문제

(나) 이중처벌금지원칙의 효과

이중처벌의 금지원칙이 인신의 보호를 위한 중요한 헌법상의 기속원리라
고 하는 것은 두말할 필요도 없다. 따라서 우리나라의 입법권자는 이 헌법상
의 기속원리를 존중해서, 확정판결이 있은 때에는 '면소의 선고'를 해야 하고
($^{형소법 제326}_{조 제 1 호}$), 유죄의 확정판결에 대한 재심은 그 선고받은 자의 이익을 위해서
만 가능하도록($^{형소법}_{제420조}$) 법률로 정하고 있다. 따라서 무죄의 확정판결이 있은 경
우에는 설령 새로운 사실이나 증거에 의해서 범죄의 확증이 생기더라도 선고받
은 자의 불이익을 위한 재심절차는 허용되지 않게 된다.[1]

예외적인 재
심절차의 허
용 예

이같은 결과가 법적 안정성과 신뢰의 보호에 바탕을 두는 이중처벌의 금
지의 관점에서는 당연한 일이지만, 법치국가의 또 다른 중요한 내용인 '정의'
실현의 관점에서는 문제점이 없지도 않다. 독일에서는 이같은 경우에 확정판결
의 기초가 된 증서가 위조인 것이 판명되거나, 증인이나 감정인 등이 고의로
위증한 것이 밝혀지거나, 법관이 뇌물을 받고 판결한 것이 밝혀지거나, 무죄선
고받은 자가 진실된 범행을 하느님께 선서하고 고백한 때에는 예외적으로 선고
받은 자의 불이익을 위한 재심절차를 허용하고 있다.[2]

(다) 이중처벌금지원칙의 적용범위

형벌과 징계
및 반복적 처
벌문제

그리고 국가의 형벌권과 징계권은 그 처벌의 목적과 방향이 전혀 다르기
때문에 이를 동시에 발동해도 이중처벌의 금지원칙에 반하지 아니한다는 독
일연방헌법재판소의 판례[3]가 있다. 또 반복적인 범행에 대해서 반복적인 처
벌을 하는 것은 물론 이중처벌이 아니기 때문에 허용되지만,[4] 양심상의 결단

---

1) 【독일판례】 살인죄와 국제법 위반죄에 대한 새로운 확실한 범죄증거가 발견된 경우에는 이들
범죄혐의에 대한 무죄판결이 확정된 사람에 대해서도 다시 수사할 수 있도록 개정한 형소법
규정(제362조 제 5 호)을 이미 살인죄의 무죄판결이 확정된 사람에게 소급적용하는 것은 기본
법(제103조 제 3 항)이 금지하는 이중처벌금지원칙과 소급효력의 금지원칙(기본법 제103조 제
3 항 및 제20조 제 3 항)에 위반되어 무효이다(2 BvR 900/22, 2023. 10. 31. 판결).

2) Vgl. §362 StPO: Art. 103 Abs. 3 GG.

3) Vgl. BVerfGE 21, 391(401).

4) 【결정례】 i) 2회 이상 음주운전한 사람을 가중처벌하는 도로교통법규정(제148조의2 제 1 항
중 제44조 제 1 항을 1회 이상 위반한 사람 부분)은 책임과 형벌 간의 비례원칙에 위반한다.
재범 음주운전 사이에 아무런 시간적 제한이 없이 과거 범행을 이유로 이후 범행을 가중처벌
하는 예는 찾기 어렵고 공소시효나 형의 실효를 인정하는 취지에도 부합하지 않을 뿐 아니라
과거 음주운전 행위의 처벌정도에 대한 고려 없이 음주운전 죄질의 경중을 따지지도 않고 가
중처벌하는 것이기 때문이다(헌재결 2021. 11. 25. 2019 헌바 446(병합)). ii) 앞의 결정과 같은
이유로 2회 이상 음주운전자가 선박을 운전하는 행위를 가중처벌하는 해사안전법 규정에 대해
서도 위헌결정을 했다(헌재결 2022. 8. 31. 2022 헌가 10). iii) 음주측정거부 재범 및 음주운전

에 의해서 병역의무를 되풀이해서 거부하는 것은 동일한 행위로 보아야 하기 때문에 이에 대한 반복적인 처벌[1]은 이중처벌의 금지원칙에 반한다는 독일연방헌법재판소의 판례[2]를 주목할 필요가 있다. 우리 헌법재판소는 "이중처벌금지원칙에서 말하는 '처벌'은 원칙적으로 범죄에 대한 국가의 형벌권 실행으로서의 과벌을 의미하는 것이고, 국가가 행하는 일체의 제재나 불이익처분을 모두 그 '처벌'에 포함시킬 수는 없다"고 판시하고 있다.[3] 따라서 누범가중처벌제도[4]와 상습범가중처벌[5]은 일사부재리의 원칙에 위배되지 않는다고 한다. 또 헌법재판소에 따르면 형벌의 집행을 마친 사람에게 별도로 보안관찰처분을 하는 것이나[6] 형벌과 보호감호를 서로 병과하여 선고하는 것,[7] 그리고 공무원 또는 공무원이었던 자의 범죄행위에 대해 형벌을 과하는 외에 다시 연금급여를 제한하는 것,[8] 미성년자의 성매수행위로 처벌받은 자의 신상정보를 공개하는 것,[9] 공정거래위원회가 부당내부거래를 한 사업자에게 형벌과 과징금을 함께 부과하는 것[10]은 이중처벌이 아니다.

금지위반 범죄 후 음주측정거부 또는 그 역순의 경우에 가중처벌하는 도로교통법 규정도 i)의 판시와 같은 이유로 위헌이다(헌재결 2022. 5. 26. 2021 헌가 30). iii) 음주 측정 거부 전력자의 거듭된 음주측정거부와 음주측정 거부전력자의 음주운전 금지위반행위에 대해서 가중처벌을 규정한 도로교통법 규정에 대해서도 같은 취지의 위헌결정을 했다(헌재결 2022. 8. 31. 2022 헌가 14; 헌재결 2022. 8. 31. 2022 헌가 18 등).

1) 독일기본법은 양심상의 이유로 인한 집총거부를 허용하고 있지만(제 4 조 제 3 항), 동시에 집총거부자에 대한 민간봉사역무의 부과를 인정하고 있기 때문에(제12a조 제 2 항), 민간봉사역무까지를 거부하는 경우에는 민간봉사역무법에 의한 처벌의 대상이 된다. 2001년 2월 민간봉사역무기간은 병역복무기간(12개월)보다 3개월 긴 15개월로 되어 있었는데(민간봉사역무법 제24조 제 2 항), 이 연장근무규정은 합헌이라는 연방헌법재판소의 판례가 있다. BVerfGE 48, 127(171); 69, 1(28) 참조. 그런데 2009년에는 두 가지 복무기간을 9개월로 동일하게 정했었다. 그렇지만 독일은 2011년부터 병역의무를 폐지하고 모병제로 전환해서 필요한 병력을 지원병으로만 충당하고 있다.
2) Vgl. BVerfGE 23, 191(202ff.).
   이 판례에 대한 저자의 평석,「법률신문」, 1982년 9월 13일(1460호), 12면 참조할 것.
3) 헌재결 1994. 6. 30. 92 헌바 38, 판례집 6-1, 619(627면) 참조.
4) 헌재결 1995. 2. 23. 93 헌바 43, 판례집 7-1, 222(235면) 참조.
5) 헌재결 1995. 3. 23. 93 헌바 59, 판례집 7-1, 388(395면 이하) 참조. 이 결정의 결정이유 중 형사특별법에 의한 가중처벌규정을 정당화한 판시 부분은 그 후 새 결정에 의해서 그 입법목적에 따른 새로운 가중처벌사유가 추가될 때에만 그 가중처벌은 정당화될 수 있다는 취지로 구 판례의 판시취지가 일부 변경되었다는 점을 유의해야 한다. 헌재결 2015. 2. 26. 2014 헌가 16등, 판례집 27-1 상, 13(17면) 참조.
6) 헌재결 1997. 11. 27. 92 헌바 28, 판례집 9-2, 548(565면 이하) 참조.
7) 헌재결 1991. 4. 1. 89 헌마 17 등, 판례집 3, 124(130면).
8) 헌재결 2002. 7. 18. 2000 헌바 57, 판례집 14-2, 1(19면) 참조.
9) 헌재결 2003. 6. 26. 2002 헌가 14, 판례집 15-1, 624(641면) 참조.
10) 헌재결 2003. 7. 24. 2001 헌가 25, 판례집 15-2 상, 1(10면) 참조.
   【결정례】 공정거래위원회가 부당내부거래를 한 대기업 계열사에게 형벌과 함께 매출액의 2%

4) 사전영장주의

(가) 헌법규정과 헌법상 의의

헌법상의 예
외규정

우리 헌법은 인신의 체포·구속·압수·수색은 물론, 주거에 대한 압수나 수색(가택수색)에는 반드시 법관이 발부한 영장을 사전에 제시하게(제12조 제3항, 제16조) 함으로써 사전영장주의를 규정하고 있다. 체포영장(형소법 제200조의 2)과 구속전 필요적 피의자심문제도(영장실질심사제도)(형소법 제201조의 2)는 사전영장주의의 실현을 위한 제도상의 표현이다. 사전영장주의의 헌법상 의의는 사법권독립에 의해서 그 신분이 보장되는 법관을 인신의 자유를 제한하는 수사과정에 처음부터 참여시킴으로써 인신보호에 만전을 기하자는 데 있다.[1] 그리고 '영장주의는 구속의 개시시점에 한하지 않고 구속영장의 효력을 계속 유지할 것인지 아니면 취소 또는 실효시킬 것인지의 여부도' 사법권 독립의 원칙에 의하여 신분이 보장되고 있는 법관의 판단에 의하여만 결정되도록 하려는 것이다.[2] 압수·수색(가택수색 포함)의 경우에도 마찬가지이다. 그런데도 일부 권력형 행정조사에서는 사전영장주의에 어긋나는 형태로 이루어져 시급한 개선이 필요하다. 즉 국세청 세무조사의 경우 세무공무원이 조세범칙조사와 임시보관조사를 한다면서 납세자에게 동의를 요구한 다음 영장 없이 사무실 등을 수색하는 관행이 그 예이다. 또 공정거래위원회의 불공정거래행위조사는 상대방의 동의를 전제로 하는 영장 없는 임의조사인데도 조사방해를 이유로 또는 조사 결과에 따라서는 처벌도 받을 수 있어 사실상 영장에 의한 강제조사와 같은 결과를 초래한다. 이런 형태의 권력형 행정조사는 분명히 사전영장주의의 헌법정신에 어긋난다.

(나) 사전영장주의의 예외

따라서 입법권자는 사전영장주의에 대한 예외를 인정하는 입법을 임의로 할 수 없고, 헌법이 스스로 인정하는 예외의 경우에 국한해야 한다. 즉 i) 현행

범위 내에서 과징금을 부과할 수 있게 한 것은 이중처벌금지원칙, 무죄추정원칙, 비례성원칙, 적법절차원칙, 권력분립의 원칙에 위배되지 않는다.

1) 【판시】 공판단계에서는 검사의 신청 없는 법관의 직권영장발부도 위헌이 아니다(헌재결 1997. 3. 27. 96 헌바 28·31·32(병합), 판례집 9-1, 331면 이하).

2) 【판시】 i) 검사가 10년 이상 구형한 경우에는 법원의 무죄판결에도 불구하고 구속영장의 효력을 지속하도록 한 형소법 제331조는 영장주의와 적법절차의 원칙에 위배된다(헌재결 1992. 12. 24. 92 헌가 8, 판례집 4, 853(885면)). ii) 법원의 구속집행정지결정에 대하여 검사가 즉시항고할 수 있도록 한 형소법규정(제101조 제3항)은 헌법상의 영장주의 및 적법절차원칙과 과잉금지원칙에 위배된다(헌재결 2012. 6. 27. 2011 헌가 36, 판례집 24-1(하), 703(710면 및 712면)). iii) 법관의 영장없이 구속, 압수, 수색할 수 있도록 했던 구 특례법규정은 영장주의에 위배되어 위헌이다(헌재결 2012. 12. 27. 2011 헌가 5).

범인인 경우와 긴급체포를 요하는 장기 3년 이상의 형에 해당하는 죄를 범하고 도피 또는 증거인멸의 염려가 있는 때(제12조 제3항 단서), 또는 ii) 대통령이 비상계엄을 선포한 경우(제77조 제3항)에 한해서 사전영장주의에 대한 예외를 규정할 수 있다. 그러나 현행범인이라도 경미한 죄의 현행범인인 경우에는 주거가 불명한 때만 체포영장 없이 체포가 가능하고(형소법 제214조), 긴급체포[1]의 경우에도 사후에 구속영장을 반드시 제시해야 하는데, 체포 후 지체없이 48시간 내에 영장청구를 해야 하고, 긴급체포 후 피의자를 석방한 경우에는 석방사유 등을 법원에 사후 통지하도록 법률(형소법 제200조의 3과 4)이 정하고 있다. 그런데 우리 헌법 제16조는 주거에 대한 압수·수색의 경우에는 영장주의의 예외를 명문화하고 있지 않다. 그래서 우리 헌법재판소는 이 경우에도 현행범인 체포의 경우와 긴급체포의 경우에는 영장주의의 예외를 인정할 수밖에 없다고 해석하고 있다. 그러면서 체포영장에 의한 체포의 경우에도 체포영장이 발부된 피의자가 타인의 주거 등에 '소재할 개연성'이 소명되고, 그 장소를 수색하기에 앞서 별도로 수색영장을 발부받기 어려운 '긴급한 사정'이 있는 경우에 한하여 영장주의의 예외를 인정할 수 있다고 보아야 한다는 전제아래 이 두 가지 요건 중 피의자의 '소재 개연성'만 소명되면 '긴급한 사정'의 존재 여부를 구별하지 않고 영장 없이 타인의 주거 등을 수색할 수 있게 허용하는 형사소송법규정(형소법 제216조 제1항 제1호 중 해당규정)은 위헌이라고 결정했다.[2]

긴급체포의 요건과 제약

(다) 사전영장주의의 효과

사전영장주의는 인신의 자유에 대한 제한을 최대한으로 억제하기 위한 헌법상의 기속원리이기 때문에, 인신의 자유를 되도록 쉽게 제한하는 데 그 목적이 있는 이른바 '별건(別件)체포·구속'[3]의 수사방법은 허용되지 않는다.[4] 그리고 사전영장주의는 인신보호를 위한 헌법상의 기속원리이기 때문에 인신의 자유를 제한하는 모든 국가작용의 영역에서 모두 존중되어야 한다.[5] 따라서 우리 헌

별건체포·구속 금지
행정상의 즉시강제

---

1) 긴급체포란 피의자를 우연히 발견한 경우 등과 같이 체포영장을 받을 시간적 여유가 없어서 체포영장 없이 피의자를 체포하고 사후에 구속영장을 청구하게 하는 개정 형소법상의 새 제도이다(법 제200조의 3과 4).

2) 헌재결 2018. 4. 26. 2015 헌가 19, 헌재공보 259, 687(692면)(헌법불합치결정 2020. 3. 31. 시한 잠정적용) 참조.

3) '별건체포·구속'이란 영장신청이 용이한 증거자료에 의해서 우선 영장을 발부받아 인신을 체포·구속해 놓고, 발부된 영장에는 표시되지 아니한 다른 범죄를 주로 수사하는 수사기술상의 편의주의를 말한다.

4) 동지: 예컨대 김철수, 470면; 권영성, 409면.

5) 【결정례】 참고인에 대한 동행명령제도와 동행거부에 대한 벌금형규정은 영장주의원칙에 위배되고 과잉금지원칙에 어긋나 신체의 자유와 평등권의 침해이다(헌재결 2008. 1. 10. 2007 헌마 1468).

법재판소의 견해[1]와는 달리 형사절차는 물론 예컨대 행정상의 즉시강제(입검·수)에서도 원칙적으로 존중되어야 한다. 다만 사전영장주의를 고수하다가는 도저히 행정목적을 달성할 수 없는 지극히 예외적인 경우에만 형사절차에서와 같은 예외가 인정된다고 할 것이다.[2]

㈃ 디지털 시대와 사전영장주의

오늘의 디지털 시대에 사전영장주의를 해석·적용할 때는 변화한 디지털 생활문화를 함께 고려해야 한다. 특히 디지털 생활의 필수품이 된 휴대폰(스마트폰)을 압수·수색하는 경우에는 다른 물건처럼 법 규정(특히 형소법 제216조 제 / 1항 제2호와 제218조)을 도식적·기계적으로 적용해서는 아니 된다. 휴대폰은 단순한 물건이 아니라 소유자의 모든 신상정보를 포함한 민감한 사생활정보까지 모두 저장하고 있는 디지털 저장장치이기 때문에 휴대폰의 압수·수색·탐색 남용은 인격권과 개인정보 자기결정권 및 사생활의 비밀과 자유를 침해할 가능성이 크다. 따라서 수사기관이 체포현장에서 비록 피의자로부터 임의로 제출 받은 휴대폰이라고 하더라도 그 저장정보까지 영장 없이 탐색할 수는 없다고 할 것이다. 휴대폰에 저장된 정보에 대한 강제적인 탐색은 적법절차에 따라야 하고 반드시 법관이 발부한 영장이 필요하다고 할 것이다. 법관도 필요 최소한의 범위로 휴대폰압수·수색·검색영장을 발부해야 한다.[3] 압수한 휴대폰의 비밀번호를 밝히라고 강요하는 것은 자기에게 불리한 진술거부권(제12조/제2항)을 침해하는 위헌적인 일이어서 허용되지 않는다.

5) 연좌제금지

우리 헌법은 근대법의 이념인 '자기책임의 원리'를 받아들여, 누구든지「자기의 행위가 아닌 친족의 행위로 인하여 불이익한 처우를 받지 아니한다」

휴대폰 압수 수색

자기책임의 원리: 친족 및 타인의 행위로 인한 불이익처우금지

---

1) 【판시】 불법게임물의 수거·폐기라는 행정상 즉시강제는 그 본질상 급박성을 요건으로 하고 있어 법관의 영장을 기다려서는 그 목적을 달성할 수 없으므로 원칙적으로 영장주의가 적용되지 않는다. 합리화할 수 있는 급박성이 없다면 행정상 즉시강제는 과잉금지원칙에 위배된다 (헌재결 2002. 10. 31. 2000 헌가 12, 판례집 14-2, 345(359면)).

2) 【판시】 도로교통법 제41조 제2항에 의한 음주측정은 … 당사자의 자발적 협조가 필수적인 것이다. 따라서 당사자의 협력이 궁극적으로 불가피한 측정방법을 두고 강제처분이라고 할 수 없을 것이다. 이와 같이 음주측정을 두고 영장을 필요로 하는 강제처분이라 할 수 없는 이상 영장주의에 위배되지 아니한다(헌재결 1997. 3. 27. 96 헌가 11, 판례집 9-1, 245(258면)).

3) 【판결례】 현행범 체포 현장이나 범죄 현장에서 소지자 등이 임의로 제출하는 물건(휴대폰)은 형소법 제218조에 의하여 영장 없이 압수하는 것이 허용되고 이 경우 검사나 사법경찰관은 별도로 사후에 영장을 받을 필요가 없다(대법원 2019. 11. 14. 선고 2019 도 13290 판결). 이 판결은 항소심의 올바른 판결을 파기한 잘못된 판결이다. 따라서 앞으로 개선할 필요가 있다. 항소심 판결: 의정부지법 2019. 8. 22. 선고 2018 노 2757 판결 참조.

(제13조)고 규정함으로써 우리 사회의 오랜 병폐에 속하는 연좌제를 금지하고 있
(제3항)
다. 따라서 아무리 가까운 친족의 행위라 하더라도 그것이 형사법상의 불이익
은 물론이고, 행정법상 또는 정치상 불이익처분의 원인이 될 수 없게 되었다.[1]
우리 헌법규정은 연좌제금지의 범위를 친족의 행위로 인한 불이익처우금지로
제한하고 있지만,[2] 타인의 행위로 인한 불이익처우금지도 당연히 포함된다고
보아야 한다.[3] 친족의 행위에 대해서조차 책임을 지지 아니하는데 하물며 타인
의 행위에 대해서 책임을 져야 한다는 것은 지극히 불합리하기 때문이다. 그러
나 하급자의 행위에 대한 책임을 물어 상급자를 인사조치하는 것은 연좌제금   하급자의 행
지에 반하지 아니한다고 보아야 한다. 왜냐하면 감독관청이 지는 감독불충분의   위에 대한 책
                                                                            임의 성격

---

1) 【판시】 i) 친족의 재산까지도 반국가행위자의 재산이라고 검사가 적시하기만 하면 반국가행위
   자 처벌에 관한 특별조치법 제7조 제7항에 의하여 증거조사 없이 몰수형이 선고되게 되어
   있으므로 특조법 제8조는 헌법 제13조 제3항에도 위반된다(헌재결 1996. 1. 25. 95 헌가 5,
   판례집 8-1, 1(21면)). ii) 승객이 사망하거나 부상한 경우 자동차손해배상보장법이 운행자에게
   위험책임의 원리에 기하여 무과실책임을 지운 것만으로 자유시장경제질서나 연좌제금지의 원
   칙에 위반된다고 할 수 없다(헌재결 1998. 5. 28. 96 헌가 4 등, 판례집 10-1, 522(535면)).
2) 【결정례】 i) 연좌제금지는 친족의 행위와 본인간에 실질적으로 의미 있는 아무런 관련성이 없
   는데도 오로지 친족이라는 사유 그 자체만으로 불이익한 처우를 하지 못하게 하는 것이므로
   배우자의 선거범죄로 인한 당선무효규정은 연좌제에 해당하지 않는다(헌재결 2005. 12. 22.
   2005 헌마 19). ii) 선거법 위반으로 배우자가 형사처벌을 받으면 당선을 무효로 할 뿐 아니라
   반환받은 기탁금 및 선거비용을 다시 반환하도록 하는 관련 법률규정은 연좌제에 해당하지 않으
   며 공무담임권과 재산권을 침해하지 않는다(헌재결 2016. 9. 29. 2015 헌마 548).
3) 【결정례】 i) 면세용 담배를 공급받은 자가 담배를 용도 외로 부정사용한 경우, 세법상 의무위
   반행위의 주체도 아니고 위반행위에 대한 통제권이 없는 담배제조자에게 가산세가 부가된 담
   배소비세를 징수하는 것은 자기책임의 원리에 위배된다(헌재결 2004. 6. 24. 2002 헌가 27). ii)
   종업원의 부정의료행위에 대해 영업주의 책임유무를 떠나 동일하게 처벌하는 양벌규정(보건범
   죄단속특조법 제6조)은 책임주의 원칙에 반한다(헌재결 2007. 11. 29. 2005 헌가 10). 청소년
   보호법상의 양벌규정에 대해서 같은 이유로 위헌결정했다(헌재결 2009. 7. 30. 2008 헌가 10).
   법인의 대리인·사용인 기타 종업원의 업무상 위법행위에 대해서 법인도 처벌하는 양벌규정을
   둔 많은 법률조항을 위헌결정한 이유도 같다. 예컨대 헌재결 2009. 7. 30. 2008 헌가 14; 헌재
   결 2009. 7. 30. 2008 헌가 16; 헌재결 2009. 7. 30. 2008 헌가 17; 헌재결 2009. 7. 30. 2008 헌
   가 18; 헌재결 2009. 7. 30. 2008 헌가 24; 헌재결 2009. 10. 29. 2009 헌가 6(의료법상의 양벌
   규정 위헌결정) 등 참조. 그 후에도 구 도로교통법, 구 식품위생법, 성매매알선행위처벌법, 게
   임산업진흥법, 구 폐기물관리법, 구 산업안전보건법, 구 농산물품질관리법, 조세범처벌법을 비
   롯한 많은 법률의 양벌규정도 모두 위헌결정했다(헌재결 2010. 7. 29. 2009 헌가 14 등; 헌재결
   2010. 7. 29. 2009 헌가 18 등; 헌재결 2010. 7. 29. 2009 헌가 25; 헌재결 2010. 10. 28. 2010
   헌가 14 등); 헌재결 2016. 10. 27. 2016 헌가 10(종업원 등이 화물 적재시 고정조치 위반시의
   법인 양벌규정의 위헌결정) 참조. 그러나 헌재는 양벌규정이라도 법인의 임원·직원·사용인 등
   에 대한 선임·감독상의 주의의무위반을 법인처벌의 근거로 하는 면책조항이 있는 경우(예컨대
   구 관세법규정부분)는 책임주의원칙에 반한다고 볼 수 없으므로 위헌이 아니라고 판시했다(헌
   재결 2010. 10. 28. 2010 헌가 55). 또 법인 대표자의 법규위반행위에 대한 법인의 책임은 법인
   자신의 법규위반행위로 평가할 수 있는 행위에 대한 법인의 직접책임이므로 책임주의원칙에
   반하지 않는다고 판시했다(예컨대 2011. 10. 25. 2010 헌바 307).

책임은 타인의 행위에 의한 불이익이 아니고, 바로 자기행위($^{갑독}_{臨만}$)에 대한 책임이기 때문이다.

6) 자백의 증거능력제한

⑺ 자백의 증거능력제한의 내용과 헌법상 의의

임의성 없는 자백·보강증거 없는 유일한 자백의 증거능력제한

인신에 관한 실체적 권리를 보호하기 위한 하나의 중요한 헌법상의 기속원리가 바로 '자백의 증거능력제한'($^{제12조}_{제7항}$)이다. 고문·폭행·협박·구속의 부당한 장기화 또는 기망 기타의 방법을 동원해서 받아낸 이른바 '임의성이 없는 자백'과 피고인의 자백이 그에게 불리한 유일한 증거인 경우에는 이를 뒷받침해 주는 다른 보강증거가 없는 한 이를 유죄의 증거로 삼거나 이를 이유로 처벌할 수 없게 함으로써, 자백을 받아내기 위한 인신의 자유에 대한 부당한 침해를 막을 수 있기 때문이다. 사실상 '자백은 증거의 왕'이라는 사상에 의해서 국가의 수사권과 소추권 그리고 재판권이 행사되는 경우에는 헌법이 보장하는 인신에 관한 실체적 권리는 물론이고, 심지어 인신의 보호를 위한 사법절차적 기본권으로서의 '고문을 받지 아니할 권리' 및 '불리한 진술거부권'($^{제12조}_{제2항}$)도 쉽게 그 규범적 효력을 잃게 될 것이 명백하다. 따라서 인신보호를 위한 기속원리로서의 '자백의 증거능력제한'은 인신보호를 위한 사법절차적 기본권으로서의 '고문을 받지 아니할 권리' 및 '불리한 진술거부권'과는 상호 불가분의 기능적인 상관관계에 있다. 결국 고문 등의 불법적인 방법으로 받아낸 '임의성이 없는 자백'과 '보강증거가 없는 유일한 자백'의 증거능력을 제한함으로써 직접적으로는 자백강요를 위한 인신의 침해를 막을 수 있고, 간접적으로는 진범발견을 촉진시켜 형벌권에 의한 정의를 실현하고, 나아가서는 형사보상청구($^{제28}_{조}$)사건을 줄여서 국가의 재정에 기여한다는 다원적인 기능을 가지는 것이 바로 자백의 증거능력제한이다.

⑻ 자백의 증거능력과 증명력

증거능력과 증명력의 구별

우리나라의 입법권자는 자백의 증거능력을 제한하는 헌법상의 기속원리를 존중해서 i) '임의성 없는 자백'은 처음부터 그 증거능력을 부인하고, ii) '자백의 임의성'은 인정되지만 그것이 유일한 범죄의 증거인 때에는 그 증거능력은 인정하되 그 증명력을 약화시킴으로써 법관의 자유심증주의를 제한하고, iii) '임의성 있는 자백'이 보강증거에 의해서 뒷받침될 때만 그 증명력을 인정해서 이를 유죄의 증거로 삼을 수 있게 하고 있다($^{형소법 제309}_{조, 제310조}$). 그런데 전문증거(hearsay evidence)는 보강증거로 볼 수 없다.[1] 하지만 입법권자는 또 한편 즉결심판과

---

1) 그러나 원진술자가 사망·질병·외국거주·소재불명 등으로 인해서 진술할 수 없을 때는 예외적

같은 약식재판절차에서는 보강증거 없는 유일한 자백만으로 처벌할 수 있게 하
고 있는데,[1] 이것은 정식재판의 길이 열려 있는 한 위헌이라고 볼 수는 없다.
자백의 증거능력을 제한하는 헌법상의 기속원리가 그 기능을 최대한으로 발휘
하기 위해서는, 미국증거법상의 '불법의 과실도 불법'[2]이라는 원칙을 받아들여
고문 등에 의해서 받아낸 임의성 없는 자백은 물론이고, 그 자백을 통해서 얻
어진 다른 증거의 증거능력까지를 부인하는 입법조치가 선행되어야 하리라고
생각한다. 개정형사소송법($^{제307}_{조}$)은 범죄사실의 인정은 합리적인 의심이 없는 정
도의 증명에 의한다고 증거재판주의를 강화하고 있다. 또 적법한 절차에 따르
지 않고 수집한 증거는 증거로 할 수 없도록 했다($^{법, 제308}_{조의 2}$).

7) 유죄확정시까지의 무죄추정원칙

⑺ 무죄추정원칙의 헌법상 의의

우리 헌법은 법원에 의한 유죄의 판결이 확정될 때까지는 그 누구도 범인
으로 단정되어서는 아니된다는 무죄추정원칙을 명문화하고($^{제27조}_{제4항}$) 있는데, 이것
은 재판제도가 있는 법치국가에서는 너무나도 당연한 논리적인 귀결이다. 그뿐
아니라 인간의 존엄성을 기본권질서의 가치적인 핵으로 보장하고 있는 헌법질
서 내에서 무죄추정원칙은 국가적인 형벌작용의 필연적인 기속원리가 아닐 수
없다.[3] 유죄의 확정판결이 있기도 전에 유죄로 취급되어 부당한 처우를 받는
상황이 허용되는 경우에는 '인간의 존엄성'은 찾을 길이 없게 되기 때문이다.[4]

으로 증거능력을 인정할 수 있다(형소법 제314조 및 제316조 제 2 항).

1) 즉결심판에 관한 절차법 제10조 참조할 것.
2) 이 원칙에 대해서는 vgl. Mapp v. Ohio, 367 U.S. 643(1961); Weeks v. United States, 232
   U.S. 383(1914); United States v. Jeffers, 342 U.S. 481(1951); Kremen et al. v. United
   States, 353 U.S. 346(1957).
3) 【판시】 피고인이라도 유죄의 확정판결이 있기까지는 원칙적으로 죄가 없는 자에 준하여 취급
   하여야 하고 … 불이익을 입힌다 하여도 필요한 최소제한에 그치도록 비례의 원칙이 존중되어
   야 한다는 것이 무죄추정의 원칙이며, 여기의 불이익에는 형사절차상의 처분에 의한 불이익뿐
   아니라 그 밖의 기본권제한과 같은 처분에 의한 불이익도 입어서는 아니된다는 의미도 포함된
   다고 할 것이다(헌재결 1990. 11. 19. 90 헌가 48, 판례집 2, 393(402면 이하)).
4) 【결정례】 i) 위법사실에 대한 확증도 없이 막연한 의구심에 근거하여 특정인의 위법사실을 국
   가가 실명과 함께 공표했다면, 그것이 비록 공익목적을 위한 것이라도 명예훼손에 해당되어
   국가는 손해배상책임이 있다(대법원 1993. 11. 26. 선고 93 다 18389 판결). ii) 유죄확정 전에
   피의자(피고인)의 소유에 속하는 압수물건을 국고에 귀속시키는 구 관세법규정은 무죄추정원
   칙에 위배된다(헌재결 1997. 5. 29. 90 헌가 17). iii) 미결수용자가 구치소 밖에서 수사·재판을
   받을 때 재소자용 의류를 입게 하는 것은 무죄추정원칙에 반하고 인격권도 침해한다(헌재결
   1999. 5. 27. 97 헌마 137 등(병합)). iv) 판결확정 후의 수형자는 별건 미확정 형사재판의 피고
   인으로 법정에 출석할 때 사복착용을 허용하지 않고 재소자용 의류를 입게 하는 것은 재판을
   받을 권리 및 인격권을 침해한다(잠정적용 헌법불합치결정). 그러나 민사재판의 당사자로 출석

(4) 무죄추정원칙의 적용대상

형사피고인 및 형사피의자

우리 헌법은 형사피고인에 대한 무죄추정원칙만을 밝히고 있지만, 형사피의자도 마땅히 무죄추정원칙에 의한 인신의 보호를 받는다.[1] 공소가 제기된 형사피고인에게 무죄추정원칙을 적용하면서, 아직 공소조차 제기되지 아니한 형사피의자에게 그 적용을 배제하는 것은 자가당착에 지나지 않기 때문이다. 헌법에서 말하는 '유죄의 판결'에는 실형의 판결은 물론, 형의 면제, 선고유예와 집행유예판결도 포함되지만, 실체적인 문제에 대한 판단이 없이 재판을 형식적으로 종결시키는 면소판결은 제외된다고 할 것이다. 따라서 면소판결을 받은 사람은 계속해서 무죄추정을 받는다.

유죄판결의 범위

(4) 무죄추정원칙의 효과

헌법이 무죄추정원칙을 헌법상의 기속원리로 채택해서 인신의 자유에 대한 부당한 제한을 금지하고 있기 때문에, 유죄의 확정판결이 있을 때까지 국가의 수사권·공소권·재판권·행형권(行刑權) 등의 행사에는 반드시 일정한 방법상의 한계가 있다. 국가보안법상의 구속기간연장 규정($\text{제}19\atop\text{조}$)을 찬양·고무죄($\text{제}7\atop\text{조}$)와 불고지죄($\text{제}10\atop\text{조}$) 등에 적용하는 것은 신체의 자유, 무죄추정원칙에 따른 불구속수사의 원칙, 신속한 재판을 받을 권리를 침해하는 위헌이라는 헌법재판소의 결정은 그 방법상의 한계를 제시해 주는 하나의 예라고 볼 수 있다.[2] 따라서 유죄의 입증책임을 회피하는 방법으로, 무죄의 입증책임을 피의자(피고인)에게 전가시킨다든가, 의심이 간다는 사실만으로 확증도 없이 피의자(피고인)에게 불리한 처분을 한다든지,[3] 유죄의 확정판결도 있기 전에 피의자(피고인)의 인권을 무시하는 처우를 하는 것 등은 허용되지 않는다고 할 것이다. 예컨대 피의자를

하는 수형자에게 사복착용을 불허하는 것은 인격권의 침해가 아니다(헌재결 2015. 12. 23. 2013 헌마 712).

【판시】 수사담당 경찰공무원을 증인으로 신문하는 것은 무죄추정의 원칙이나 적법절차원칙에 반하거나 인간으로서의 존엄과 가치를 침해한다고 볼 수 없다(헌재결 2001. 11. 29. 2001 헌바 41, 판례집 13-2, 699(706면)).

1) 동지: 헌재결 1992. 1. 28. 91 헌마 111, 판례집 4, 51(58면) 참조.

2) 헌재결 1992. 4. 14. 90 헌마 82 참조.

【결정례】 군사법경찰관의 구속기간연장을 허용하는 군사법원법규정은 무죄추정의 원칙과 과잉금지원칙에 위반되어 신체의 자유, 신속히 재판받을 권리 및 평등권을 침해한다(헌재결 2003. 11. 27. 2002 헌마 193).

3) 이것은 사실상 형사법상의 기본원리인 in dubio pro reo(의심스러우면 범인에게 유리하게)에 도 정면으로 반한다.

【판시】 공정거래위원회가 행하는 법위반사실의 공표명령은 공소제기조차 되지 아니하고 단지 고발만 이루어진 단계에서 아직 법원의 유무죄의 판단이 내려지기 전에 관련 행위자를 유죄로 추정하는 불이익한 처분으로 무죄추정원칙에 위배되고 불리한 진술거부권도 침해한다(헌재결 2002. 1. 31. 2001 헌바 43, 판례집 14-1, 49(60면)).

수사하기 위해서 소환하면서 수사기관의 포토라인에 세워 기자들의 촬영을 허용해 보도하게 하는 행위,[1] 피의자의 피의사실을 수사기관이 함부로 공표함으로써 명예를 훼손시킨다든지, 미결수에 대한 행형을 기결수와 동일하게 한다든지 하는 것 등이 그것이다. 우리 형법($^{제126}_{조}$)이 피의사실공표죄를 규정하고 있는 것은 당연한 일이라고 할 것이다.[2] 또 불구속수사·재판의 원칙도 존중하여야 한다.[3] 그런데도 수사편의를 위해서 구속영장청구를 남발하고 법원도 구속영장을 쉽게 발부하는 등 인신구속을 가볍게 여기는 풍조가 좀처럼 고쳐지지 않고 있다. 더욱이 구속영장이 청구된 형사피의자가 법원의 영장실질심사를 마친 후 법원의 구속여부결정이 나올 때까지 장시간 구치소 또는 유치장 등에서 감금된 상태에서 범죄인에 준하는 처우를 받고 있는 현행제도는 분명히 무죄추정원칙에 반하는 위헌적인 조치이다. 이 점의 제도개선이 시급하다. 불구속수사·재판의 원칙을 확립하기 위해서는 구속의 재심청구에 해당하는 구속적부심사청구권($^{제12조}_{제 6 항}$)의 규범적 효력을 실무에서 적극적으로 활성화해야 할 것이다. 그런 맥락에서 보석조건을 다양화 하고($^{형소법 제98조}_{와 제99조}$) 기소 후에만 허용되던 보석제도를 기소 전의 수사단계까지 확대한 보증금납입조건부 피의자석방제도($^{형소법 제214조의}_{2 제 5 항~제 7 항}$)는 당연한 제도개선이다. 또 헌법재판소의 결정에 따라 인신보호법($^{제15}_{조}$)을 개정해서

---

1) 관련판례 헌재결 2014. 3. 27. 2012 헌마 652 참조.

2) 【결정례】 i) 공소제기된 변호사에 대하여 법무부장관이 확정판결시까지 변호사업무정지명령을 할 수 있도록 한 변호사법 제15조는 위헌이다(헌재결 1990. 11. 19. 90 헌가 48). ii) 형사사건으로 공소제기되면 형이 확정되지 않더라도 직위해제할 수 있게 한 사립학교법 제58조의 2 제 1 항 단서조항은 헌법상의 무죄추정원칙에 위배된다(헌재결 1994. 7. 29. 93 헌가 3·7(병합)). iii) 형사사건으로 공소제기되면 형이 확정되지 않더라도 당해 공무원에게 일률적으로 직위해제하는 것은 무죄추정의 원칙에도 위배된다(헌재결 1998. 5. 28. 96 헌가 12).

3) 【판시】 i) 무죄추정의 원칙으로 인하여 불구속수사, 불구속재판을 원칙으로 하고 예외적으로 피의자 또는 피고인이 도망할 우려가 있거나 증거를 인멸할 우려가 있는 때에 한하여 구속수사 또는 구속재판이 인정될 따름이다(헌재결 1992. 1. 28. 91 헌마 111, 판례집 4, 51(58면)). ii) 법원의 보석허가결정에 대한 검사의 즉시항고제도(형소법 제97조 제 3 항)는 위헌이다(헌재결 1993. 12. 23. 93 헌가 2, 판례집 5-2, 578(579면)). iii) 고의적인 소송지연이나 남상소방지를 이유로 미결구금일수 중의 일부를 형기에 산입하지 않을 수 있게 허용하는 것(형법 제57조 제 1 항 중)은 무죄추정의 원칙과 적법절차의 원리를 어기고 신체의 자유를 침해하는 위헌이다(헌재결 2009. 6. 25. 2007 헌바 25, 판례집 21-1(하), 784(801면)). iv) 상소를 기각당한 때와 달리 상소제기 후 상소 취하시까지의 미결구금일수를 형기에 산입하도록 규정하지 않은 형소법 조항(제482조 제 1 항과 제 2 항)은 무죄추정원칙 및 적법절차원리 그리고 평등원칙에 위배되는 신체의 자유의 침해이다(헌재결 2009. 12. 29. 2008 헌가 13). v) 소년보호사건에서는 형사상 미결구금일수 필수산입과는 달리 1심 결정에 의한 소년원 수용기간을 항고심 결정에 의한 보호기간에 산입하지 않더라도 신체의 자유의 침해가 아니며 평등원칙에 위배되지 않는다. 소년원 사건에서 소년은 피고인이 아닌 피보호자이고 소년원은 구금시설이 아닌 소년보호기관으로서 소년의 보호와 교육에 주안점을 두고 운영되고 있기 때문이다(헌재결 2015. 12. 23. 2014 헌마 768).

피수용자의 구제청구사건의 결정에 대하여 즉시항고기간을 7일로 연장하고 수용
해제에 대한 즉시항고가 집행정지효력이 없도록 한 것도 바람직한 제도개선이다.

(2) 인신보호를 위한 사법절차적 기본권

헌법상의 규
정내용

우리 헌법은 인신보호를 위해서 입법권자를 비롯한 국가권력이 반드시 존
중해야 하는 헌법상의 기속원리를 명문화하는 외에도 여러 가지 사법절차적 기
본권을 보장함으로써 수사 및 재판과정에서 인신의 자유가 부당하게 제한되지
않도록 노력하고 있다. 고문을 받지 아니할 권리 및 불리한 진술거부권($^{제12조}_{제2항}$),
영장제시요구권($^{제12조}_{제3항}$), 변호인의 도움을 받을 권리($^{제12조}_{제4항}$), 체포·구속시 이유와
권리를 고지받을 권리($^{제12조}_{제5항}$), 구속적부심사청구권($^{제12조}_{제6항}$), 정당한 재판을 받을 권
리($^{제27조 제1항·제2항·제3항,}_{제101조, 제103조, 제109조}$), 형사보상청구권($^{제28}_{조}$) 등이 그것이다. 이러한 인신보호
를 위한 사법절차적 기본권은 인간의 권리로 볼 수 있으므로 국민만이 아니라
외국인도 당연히 그 주체가 된다.

1) 고문을 받지 아니할 권리 및 불리한 진술거부권

(가) 고문을 받지 아니할 권리

고문금지의
실효성 담보

우리 헌법은 우선 고문을 받지 아니할 권리 및 불리한 진술거부권($^{제12조}_{제2항}$)을
인정함으로써, 형사피의자(피고인)에 대한 일체의 심리적·육체적 폭력행사를 금
하고, 이를 실효성 있는 것으로 뒷받침해 주기 위해 고문 등에 의한 자백의 증
거능력을 제한함은 물론, 고문을 한 공무원에 대해서는 직권남용죄에 의한 처
벌을 규정하고($^{형법}_{제125조}$), 고문을 당한 사람에게는 공무원의 직무상 불법행위를 이
유로 하는 국가배상청구권($^{제29}_{조}$)을 인정하고 있다.[1] 수사과정의 투명성을 높이기
위한 수사과정기록제도($^{형소법}_{제244조의 4}$)는 고문금지의 실효성을 높여 줄 것이다.

(나) 불리한 진술거부권

자기부죄진술
거부권

또 불리한 진술거부권에 의해서 형사피의자와 형사피고인은 물론이고, 증
인·감정인 등은 유죄 여부의 기초가 되는 사실뿐 아니라 양형의 기초가 되는
사실에 대해서도 자기에게 불리하다고 생각되는 진술을 거부할 수 있다. 수사
기관은 신문 전에 진술거부권과 변호인의 도움을 받을 권리가 있음을 알려야

---

1) 김근태씨의 고문에 대한 국가배상판결(서울민사지법 1992. 1. 30. 선고 86 가합 5126 판결)을
비롯하여 권인숙씨의 성고문과 박종철씨의 고문치사에 대한 국가배상판결도 있다. 우리나라가
1995년 1월 국제고문방지협약에 정식가입한 것은 인신보호를 위한 큰 진전이다.
【판결례】 밤샘조사로 잠을 재우지 않고 받아낸 자백은 증거능력이 없다(대법원 1997. 6. 27.
선고 95 도 1964 판결).

한다(형소법 제244조의 3). 불리한 진술거부권은 현재 피의자나 피고인으로서 수사 또는 공판절차에 계속중인 자뿐 아니라 장차 피의자나 피고인이 될 자에게도 보장되며, 형사절차 외에 행정절차와 국회에서의 조사절차 등에서도 보장된다.[1] 또한 고문 등 폭행에 의한 강요는 물론이고 법률로써도 진술을 강요당하지 아니함을 의미한다. 따라서 우리 헌법재판소는 교통사고를 일으킨 운전자에게 신고의무를 부담시키고 있는 도로교통법(제50조 제 2 항 및 제111조 제 3 호)은 자기부죄진술거부권을 침해할 소지가 있기 때문에, 이 규정은 피해자의 구호 및 교통질서의 회복을 위한 조치가 필요한 상황에만 적용하고, 형사책임과 관련되는 사항에는 적용되지 않는 것으로 한정해서 해석해야 한다고 판시했다.[2] '거짓말탐지기'의 사용에 의한 수사에는 일정한 한계가 있다. 독일에서는 본인의 명시적 동의가 있고 과학적 수단에 의해 합리적이고 객관적인 신빙성이 있도록 실시되는 '거짓말탐지기'의 사용만을 허용하고 있다.[3] 그리고 오늘날 인터넷과 함께 스마트폰 사용이 필수적인 생활수단이 되고 있어 스마트폰에는 소유자의 공적 및 사생활 영역에 관한 광범위한 각종 정보가 저장되어 있다. 그렇기 때문에 범죄수사를 위해서 스마트폰을 압수수색할 때는 당연히 영장이 필요하지만, 비록 영장을 받아 스마트

'거짓말탐지기'
사용의 한계

---

1) 【결정례】 국회증언감정법상의 증인의 경우 형사절차에서의 증인과 달리 진술거부권을 고지받을 권리가 인정되지 않아도 자기 형사책임과 관련한 증언거부권을 적극적으로 행사할 수 있다. 따라서 진술거부권을 고지 받지 않았어도 진술거부권의 제한이라고 볼 수 없다. 또 형법상 위증죄보다 더 무거운 법정형을 정하고 있어도 그 차별취급에는 합리적 이유가 있으므로 평등원칙에 위배되지 않는다(헌재결 2015. 9. 24. 2012 헌바 410, 판례집 27-2 상, 528(536면)).

2) 헌재결 1990. 8. 27. 89 헌가 118 참조.
   【판시】 i) 음주측정 요구는 불리한 진술강요에 해당하지 않는다(헌재결 1997. 3. 27. 96 헌가 11, 판례집 9-1, 245면 이하). ii) 군무이탈죄에 대한 공소시효가 완성된 자라도 군복무의무를 면하는 것은 아니므로 군복무에 복귀하라는 정당한 명령에 위반한 행위를 형사처벌한다고 하여 형사상 자기에게 불리한 진술을 강요당하지 않을 권리보장규정에 위반되지 않는다(헌재결 1995. 5. 25. 91 헌바 20, 판례집 7-1, 615(617면)). iii) 특가법의 도주차량운전자의 가중처벌은 사고피해자에 대한 구호의무위반을 그 필수적 구성요건으로 하고 있으며 경찰관에 대한 사고신고의무위반은 그 범죄구성요건이 아니며, 구호조치를 취하기만 하면 사고신고를 하지 않아도 그 범죄는 성립하지 아니하므로 진술거부권을 침해한다고 할 수 없다(헌재결 1997. 7. 16. 95 헌바 2 등, 판례집 9-2, 32(40면)). iv) 구 국가보안법상의 불고지죄에서 고지의무가 발생했으나 아직 상당한 기간이 경과하지 아니한 단계에 있어서는 고지의무의 대상이 되는 것은 타인의 범죄사실에 대한 것이고, 신고기간이 경과하여 일단 불고지죄가 성립한 이후의 단계에 있어서는 더 이상 처벌의 전제가 되는 고지의무는 존재하지 않으므로 그 신고를 하지 않았다 해도 이미 성립한 불고지죄에 대한 자수 등의 문제가 생길 뿐이어서 진술거부권을 침해한 것은 아니다(헌재결 1998. 7. 16. 96 헌바 35, 판례집 10-2, 159면 이하).
   【결정례】 정당의 회계책임자는 불법 정치자금이라도 그 수수내역을 회계장부에 기재·신고할 의무를 지게 해도 불리한 진술거부권의 침해가 아니다(헌재결 2005. 12. 22. 2004 헌바 25).

3) Vgl. etwa BGHS 5, 332; *Radbruch*, Grenzen der Kriminalpolizei, in: FS f. Sauer(1949), S. 123. 우리나라 대법원판례(대법원 1979. 5. 22. 선고 79 도 547 판결)도 비슷한 입장인 것 같다.

폰을 압수수색하는 경우에도 자칫 불리한 진술거부권 또는 사생활의 비밀과 자유가 침해되지 않도록 세심한 법률적인 제한이 필요하다. 특히 스마트폰의 비밀해제를 위한 지문 등 생체정보를 검증하기 위한 영장발부 절차에서는 불리한 진술거부권의 보호를 위한 더 엄격한 제한이 필요하다. 그런데 수사기관이 피의자를 심문하면서 피의자에게 진술거부권을 미리 고지하지 아니한 경우에는 그 자백의 임의성이 인정되는 경우에도 그 자백의 증거능력을 인정할 수 없다는 것이 우리 대법원의 입장이다.[1] 나아가 형사소송규칙($^{제127}_{조}$)에는 공판절차에서 재판장도 피고인에게 진술거부권을 고지하도록 했다.

2) 영장제시요구권

일반체포영장
(사전영장)과
사후구속영장
(긴급체포의
경우)의 엄격
구별

누구든지 체포·구속·압수·수색과 주거에 대한 압수·수색에 즈음해서는 법관이 발부한 체포·구속영장 내지 압수·수색영장의 제시를 요구할 수 있다($^{제12조\ 제3}_{항,\ 제16조}$). 영장제시요구권은 사전영장주의와도 불가분의 기능적인 상호관계에 있기 때문에, 현행범인과 긴급체포를 요하는 예외적인 경우($^{이\ 때도\ 지체없이\ 48시간\ 내}_{구속영장을\ 청구하고,\ 석방시\ 석방사유를\ 법원에\ 통지}$)[2]를 제외하고는 영장제시요구권을 무시하고 임의로 인신의 자유와 주거의 자유를 제한해서는 아니된다.[3] 수사를 위한 소환 내지는 출석요구에 불응하는 형사피의자를 본인의 의사에 반해서 구인(拘引) 또는 긴급구인할 수 없다고 보아야 하는 이유도 그 때문이다.[4] 또 강압적인 수단에 의한 임의동행도 허용되지 않는다.

3) 변호인의 도움을 받을 권리

변호인선임
및 접견교통
권

누구든지 체포·구속을 당한 때에는 즉시 변호인의 도움을 받을 권리를 가진다($^{제12조}_{제4항}$). 이 권리는 형사절차뿐 아니라 행정절차에도 적용된다.[5] 변호인의

---

1) 대법원 1992. 6. 23. 선고 92 도 682 판결 참조.
2) 긴급압수·수색·검증도 긴급체포 후 24시간 내에만 허용되고, 계속 압수할 필요가 있으면 사후압수·수색영장을 청구해야 한다(형소법 제217조).
3) 【판결례】 형사피의자를 강제연행한 뒤 일반영장을 발부받은 경우 영장발부 때까지 인신을 붙잡아 둔 것은 불법체포구금으로서 국가는 손해배상책임을 진다(대법원 1993. 11. 24. 선고 93 다 35155 판결).
4) 【판결례】 일반형사피의자를 구속영장 없이 경찰서 보호실에 유치한 것은 적법한 공무수행이라고 볼 수 없다. 따라서 이러한 위법한 공무집행을 방해한 행위에 대해서는 공무집행방해죄가 성립되지 않는다(대법원 1994. 3. 11. 선고 93 도 958 판결).
5) 【결정례】 헌재는 이 변호인의 도움을 받을 권리를 형사절차에서 피의자 또는 피고인의 방어권을 보장하기 위한 것으로서 출입국관리법상 보호 또는 강제퇴거의 절차에도 적용된다고 보기 어렵다고 결정한 선 판례(헌재결 2012. 8. 23. 2008 헌마 430)를 변경하였다. 그래서 제12조 제4항 본문에 규정된 '구속'은 형사절차상 구속뿐 아니라 행정절차상 구속까지 의미한다고

도움을 받을 권리를 사법절차적 기본권으로 인정하고 있는 것은 '무기평등(武器
平等)의 원칙'을 형사소송절차에서도 실현시킴으로써 국가권력의 일방적인 형벌
권행사에 의한 인신의 침해를 막기 위한 것이므로 '변호인의 충분한 도움을'
받을 수 있어야 한다.[1] 따라서 누구든지 체포·구속을 당한 때뿐 아니라 불구
속피의자나 피고인인 경우에도 즉시 변호인을 선임하고, 피의자신문에 변호인
을 참여시키고,[2] 변호인과 자유로이 접견·협의할 수 있는[3] 것은 물론이고,[4]

해석하면서 출입국항에서의 난민신청자에 대해 난민심사불회부 결정이 내려진 후 송환대기실
에 수용된 상태에서 변호인의 접견신청 거부는 변호인의 도움을 받을 권리를 침해한다고 확인
했다(헌재결 2018. 5. 31. 2014 헌마 346, 판례집 30-1 하, 166(178면)).

1) 동지: 헌재결 1992. 1. 28. 91 헌마 111 참조.
2) 【결정례】 피의자 신문 시 변호인이 피의자 옆에서 조력하는 것은 변호인의 피의자신문 참여권
의 주요 부분이므로, 수사관이 피의자 신문에 참여한 변호인에게 피의자 뒤에 앉으라고 요구한
행위는 변호인의 피의자 신문 참여를 지나치게 제한함으로써 과잉금지원칙을 어겨 변호인의 변
호권을 침해하는 위헌임을 확인한다(헌재결 2017. 11. 30. 2016 헌마 503). 이 결정에서 3인의 재
판관은 변호인의 변호권을 법률상의 권리에 불과할 뿐 헌법상의 권리가 아니라는 입장을 밝혔다.
3) 【판시】 변호인과의 자유로운 접견은 신체구속을 당한 사람에게 보장된 변호인의 조력을 받을
권리의 가장 중요한 내용이어서 국가안전보장·질서유지·공공복리 등 어떠한 명분으로도 제한
될 수 있는 성질의 것이 아니다(헌재결 1992. 1. 28. 91 헌마 111, 판례집 4, 51(60면 이하)).
그러나 법률의 위임을 받아 대통령령으로 접견이 가능한 일반적인 시간대를 규정하는 것은 가
능하다. 앞의 판시에서 어떠한 명분으로도 제한할 수 없다는 취지는 구속된 자와 변호인간의
접견이 실제로 이루어지는 경우에 '자유로운 접견', 즉 대화내용에 대하여 비밀이 완전히 보장
되고 어떠한 제한, 영향, 압력 또는 부당한 간섭 없이 자유롭게 대화할 수 있는 접견은 아무
런 제한도 가할 수 없다는 뜻이다(헌재결 2011. 5. 26. 2009 헌마 341, 판례집 23-1(하), 201
(208면과 209면)).
【결정례】 i) 변호인의 도움을 받을 권리는 불구속피의자나 피고인에게도 인정되며, 형소법 제
243조와 관계 없이 수사개시에서부터 재판종료시까지 변호인을 참여시켜 조언과 상담을 구할
권리를 포함한다. 그러나 국선변호인의 도움을 받을 권리는 피고인에게만 인정된다(헌재결
2004. 9. 23. 2000 헌마 138). ii) 따라서 형이 확정된 수형자와 변호사와의 접견을 일반접견에
포함시켜 그 횟수를 제한하는 것은 허용된다(헌재결 2004. 12. 16. 2002 헌마 478)는 이 결정
은 2015년 위헌결정으로 변경되었다. 즉 수형자와 소송대리 변호인과의 접견을 일반접견과 동
일하게 1회 30분 이내 월 4회로 제한하면서 소송대리 변호인과의 접견을 성격이 전혀 다른
일반접견의 횟수에 포함시키는 것은 침해최소성과 법익균형성을 어긴 재판청구권과 변호인접
견권의 침해이다(잠정적용 헌법불합치결정)(헌재결 2015. 11. 26. 2012 헌마 858).
4) 【결정례】 i) 검찰이 변호인접견을 허용하지 않은 채 작성한 구속피의자신문조서의 증거능력을
부인한다(서울형사지법 1990. 1. 30. 선고 89 고합 1118 판결). ii) 또 수사상 필요 때문에 변
호인접견권을 제한하는 것은 허용될 수 없다(대법원 1990. 2. 17. 자 89 모 57 결정). iii) 그리고
임의동행한 불구속피의자의 변호인접견을 제한하는 것도 위법하다(대법원 1996. 6. 4. 선고 96
모 18 결정). iv) 구속피의자 또는 미결수의 변호인접견시 관계공무원이 입회해서 녹취, 청취,
촬영하는 등 개입하는 행위는 위헌이다(헌재결 1992. 1. 28. 91 헌마 111). v) 그런데 변호인접
견교통권의 주체는 체포·구속당한 피의자·피고인에만 한정되는 것이어서 변호인 자신은 그 주
체가 아니고, 다만 형소법 제34조에 의한 권리만을 갖는다(헌재결 1991. 7. 8. 89 헌마 181). vi)
미결수용자와 변호인 사이의 서신을 검열하는 것은 위헌이다(헌재결 1995. 7. 21. 92 헌마 144).
vii) 변호인의 조력을 받을 권리는 '형사사건에서 변호인의 조력을 받을 권리'를 의미한다고 보
아야 하므로 형사절차가 종료되어 교정시설에 수용 중인 수형자나 미결수용자가 형사사건의 변
호인이 아닌 민사·행정·헌법재판 등에서 변호사와 접견할 경우에는 원칙적으로 변호인의 조력

428 제 3 편 기 본 권

변호인이 소송기록을 자유로이 열람할 수 있는 것까지도 변호인의 충분한 도움
을 받을 권리로 보장하고 있다.[1] 변호인의 수사서류 열람·등사권은 피고인의
신속·공정한 재판을 받을 권리 및 변호인의 도움을 받을 권리의 중요한 내용
이고 구성요소이며 이를 실현하는 구체적 수단이다.[2] 이처럼 변호인이 피의자
에게 도움을 줄 핵심적인 부분은 헌법이 보장하는 변호인의 도움을 받을 권리
와 불가분의 표리관계이다. 그러나 그것은 어디까지나 선임절차를 마친 변호인
에 관한 내용이다. 그렇기 때문에 우리 헌법재판소가 아직 선임절차를 마치지
않은 변호인이 피의자와 접견교통하려는 권리를 마치 변호인의 도움을 받을 권
리와 표리관계에 있다고 논증하면서 '변호인이 되려는 자의 피의자 접견교통권'
을 변호인의 독자적인 기본권이라고 판시한 결정[3]은 재검토가 필요한 논증이
다. 변호인이 되려는 사람이 피의자와 접견교통하는 것은 변호인으로 선임되기
위한 변호인의 직업수행의 한 유형에 불과한 일이기 때문이다. 이미 선임절차
를 마친 변호인이 의뢰인인 피의자에게 도움을 줄 권리와는 분명히 구별해야
한다. 체포·구속된 피의자에게 변호인의 도움을 받을 권리를 실효성 있게 보장
하기 위한 취지였다고 해도 무리한 논증이다. 피의자 가족 등의 의뢰를 받고
피의자와 접견교통하려는 변호인에게 독자적인 기본권을 인정하지 않아도, 피
의자가 변호인의 충분한 도움을 받을 권리의 보호영역을 이 부분까지 확장하는
논증을 하는 것이 보다 헌법정신에 충실한 헌법해석이기 때문이다. 헌법재판소

을 받을 권리의 주체가 될 수 없다. 이 결정에서 헌재는 기결수형자는 원칙적으로 변호인의 도
움을 받을 권리의 주체가 아니라고 판시하고 있지만 의문이다(헌재결 1998. 8. 27. 96 헌마 398).
viii) 수형자(기결수)가 비형사사건인 민사, 행정, 헌법소송 등과 관련하여 변호사를 접견할 때 원
칙적으로 접촉차단시설이 설치된 장소에서 접견을 하도록 정한 관련시행령규정은 재판청구권을
과잉제한해 과잉금지원칙에 반하므로 위헌이다(헌재결 2013. 8. 29. 2011 헌마 122).

1) 【결정례】 i) 그러나 변호인이 있는 경우 변호인과 별도로 피고인에게도 공판조서의 열람이 허
용되어야만 하는 것은 아니다(헌재결 1994. 12. 29. 92 헌바 31). ii) 검사가 보관하는 수사기록
을 제 1 회 공판기일 이전에는 변호인이 열람·등사하지 못하게 하는 것은 변호인의 도움을 받
을 권리와 신속·공정한 재판을 받을 권리의 침해이다(헌재결 1997. 11. 27. 94 헌마 60). iii)
피구속자의 변호인에게 고소장과 피의자신문조서의 열람·등사를 거부하는 경찰서장의 결정은
변호인 자신의 헌법상 기본권인 변호권을 침해한다. 변호인이 피고인을 조력할 핵심적 부분에
대해서 변호인 자신의 기본권(변호권)을 인정한 판례이다(헌재결 2003. 3. 27. 2000 헌마 474).
2) 헌재결 2010. 6. 24. 2009 헌마 25, 판례집 22-1(하), 621(636면)도 같은 취지이다.
【결정례】 i) 법원의 수사서류 열람·등사 허용결정에도 불구하고 검사가 열람만 허용하고 해당
수사서류의 등사를 거부한 행위는 청구인의 신속하고 공정한 재판을 받을 권리와 변호인의 도
움을 받을 권리를 침해한다(헌재결 2017. 12. 28. 2015 헌마 632). ii) 별건으로 공소제기 후 확
정되어 검사가 보관 중인 증인의 진술조서에 대해서 법원이 허용한 열람·등사를 검사가 거부
한 행위는 청구인의 신속하고 공정한 재판을 받을 권리와 변호인의 조력을 받을 권리를 침해
한 것으로 위헌임을 확인한다(헌재결 2022. 6. 30. 2019 헌마 356).
3) 헌재결 2019. 2. 28. 2015 헌마 1204, 판례집 31-1, 141(160면). 이 결정에서 3인의 재판관이
반대의견에서 논증하는 취지도 충분히 경청할 부분이 있다고 할 것이다.

는 헌법창설적인 권한을 갖는 기관이 아니기 때문에 헌법에서 명문으로 인정하지 않은 변호인의 기본권을 함부로 창설하는 것은 헌법재판소의 헌법상 권한 범위를 벗어난 일이다. 변호인의 도움을 받을 권리가 실효성 있게 보장되기 위해서는 변호인과 의뢰인 사이의 신뢰관계 형성이 무엇보다도 중요하다. 따라서 변호사와 의뢰인 간의 의사교환자료에 대한 비밀보장은 지켜져야 한다. 그렇기 때문에 변호사에 대한 압수수색으로 변호사의 도움을 받고자 하는 의뢰인이 변호사에게 제공한 사건관련 모든 정보가 수사기관에 노출되는 사태가 생기는 일은 기본권 보장에 어긋나는 일이다. 그것은 변호인의 도움을 받을 권리를 공허하게 만들 가능성이 있으므로 변호인이 의뢰인에게 법적인 도움을 주는 데 불가피한 핵심적인 비밀정보자료에 대한 압수요건을 엄격하게 제한하는 입법조치가 절실하다. 헌법재판소는 변호인의 도움을 받을 권리의 보호영역을 형사절차에 국한함으로써 가사소송을 제외하고 있다. 즉 변호인의 도움을 받을 권리는 신체의 자유의 내용으로 규정되어 있고, 형사절차에서 국가권력의 수사나 공소에 대항하여 피의자나 피고인의 방어권 및 대등한 당사자의 지위를 보장하는데 그 의의가 있으므로 가사소송에서 변호사의 도움을 받는 것은 헌법 제12조 제4항의 변호인의 도움을 받을 권리의 보호영역에 포함되지 않는다고 판시한다.[1]

우리 헌법은 형사피고인이 경제상의 이유 등으로 스스로 변호인을 선임할 수 없는 경우에는 국가가 변호인을 선임해서 피고인을 위해 변호케 하는 국선변호인제도[2]를 마련해서^(제12조 제4항) 인신보호의 실효를 꾀하고 있다. 그러나 인신보호의 실효성을 높이기 위해서는 형사피고인뿐 아니라 형사피의자에게도 국선변호인제도의 혜택을 받도록 하는 입법정책이 절대적으로 필요하다.

국선변호인제도

4) 체포·구속시 이유와 권리를 고지받을 권리

㈎ 헌법규정과 헌법상의 의의와 기능

누구든지 체포·구속[3]의 이유와 변호인의 조력을 받을 권리가 있음을 고지

미란다원칙 수용한 사법 절차적 기본권

---

1) 헌재결 2012. 10. 25. 2011 헌마 598 참조.
2) 국선변호인제도에 관한 현행법에 따르면: 피고인이 구속된 때를 비롯해서 ① 피고인이 미성년자인 때, ② 피고인이 70세 이상인 때, ③ 피고인이 듣거나 말하는데 모두 장애가 있는 사람인 때, ④ 피고인이 심신장애의 의심 있는 자인 때, ⑤ 피고인이 빈곤, 기타 사유로 변호인을 선임할 수 없어서 국선변호인의 선임을 청구한 때, ⑥ 사형, 무기 또는 단기 3년 이상의 징역이나 금고에 해당하는 사건(이른바 필요적 변호사건)에 변호인이 없거나 출석하지 아니한 때에는 법원이 직권으로 변호인을 선정하여야 한다(형사소송법 제33조, 제282조, 제283조; 군사법원법 제62조 제1항).
3) 【결정례】 구속은 형사절차상의 구속뿐 아니라 행정절차상의 구속도 포함된다는 종전의 판례를 다시 확인했다(헌재결 2004. 3. 25. 2002 헌바 104; 2018. 5. 31. 2014 헌마 346, 판례집 30-1

받지 아니하고는 체포 또는 구속을 당하지 아니할 권리를 가진다($\frac{제12조\ 제}{5항\ 전단}$). 또 체포·구속을 당한 자의 가족 등에게는 그 이유와 일시, 장소를 지체없이 통지하여야 한다($\frac{제12조\ 제}{5항\ 후단}$). 체포·구속이 사람의 생활관계에 미치는 심각한 영향을 고려할 때, 체포·구속을 당하는 사람이 그 이유를 정확히 알고, 변명의 기회를 가지며, 변호인 등의 도움을 받아 자신의 입장을 분명히 밝히는 것은 인권보호를 위해서 매우 중요한 의미를 갖는다. 또 체포·구속을 당한 자의 가족 등의 입장에서는, 그 이유와 일시, 장소 등을 정확·신속하게 파악하는 것은 역시 가족의 체포·구속에 따르는 생활대책의 강구와 방어권의 행사를 위해서 절대적으로 필요하다. 우리 헌법은 제 9 차 개정헌법에서 이른바 '체포·구속시 이유고지 및 가족통지제도'를 필수적인 형사사법제도로 마련함으로써, 인신보호를 위한 사법절차적 기본권을 한층 강화하고 있다. 영국·미국 등 서구 선진국에서는 너무나 당연한 국민의 권리로 이미 오래 전부터 관행화되어 오던 것이지만(미란다원칙),[1] 우리 헌법은 인신권의 침해가 극심했던 지난 날을 거울삼아 새로 헌법에 명문화했다.

(나) 석명요구권과 절차기속

'체포·구속시 이유와 권리를 고지받을 권리'는 국민의 입장에서는 일종의 주관적 공권에 해당하는 '석명요구권'(釋明要求權)을 보장받게 된 것이지만, 국가권력의 입장에서는 체포·구속시 반드시 존중해야 되는 형사사법적인 절차기속을 의미하기 때문에, 국가의 공권력이 이 절차기속을 무시하는 경우, 국민은 그의 석명요구권으로 대항할 수 있다. 또 피의자에 대한 구속전 필요적 심문제도($\frac{형소법}{제201조의\ 2}$)도 존중해야 한다. 이 절차기속을 무시한 체포·구속이 행해진 경우, 그것은 국민의 석명요구권의 침해인 동시에 적법절차의 원리에도 어긋나는 위헌적인 공권력행사가 되어 국가배상[2] 및 헌법소원의 대상이 된다.

(다) 형사소송법의 규정내용

헌법규정의
구체화
　　우리 형사소송법은 '체포·구속시 이유고지 및 가족통지제도'를 구체화하는

하, 166(175면)).

1) Miranda원칙은 미국에서 수정헌법 제 5 조의 freedom from self-incrimination을 근거로 연방대법원의 판례를 통해서 확립된 매우 중요한 사법절차적 기본권이다. 다음 판례를 참조할 것. Miranda v. Arizona, 384 U.S. 436(1966).

2) 【판결례】 수사기관이 피의자를 구속·체포할 때는 적법한 절차에 따라 혐의사실과 구속사유, 변호사의 도움을 받을 권리를 알려줘 최소한의 방어권을 행사할 수 있게 해야 하는데, 검찰이 이를 알리지 않고 피의자를 30시간 15분간 불법구금했다면 국가는 불법행위로 피의자에게 정신적 고통을 준만큼 1천만원을 지급하여야 한다(서울민사지법 1994. 6. 16. 선고 93 가합 77369 판결).

규정을 두고 있다. 즉 그에 따르면, 피고인(피의자)에 대하여 범죄사실의 요지, 구속의 이유와 변호인을 선임할 수 있음을 말하고 변명할 기회를 준 후가 아니면 구속할 수 없다($\frac{형소법}{제72조}$). 또 피고인(피의자)을 구속할 때에는 변호인이 있는 경우에는 변호인에게, 변호인이 없는 경우에는 피고인(피의자)의 법정대리인, 배우자, 직계친족, 형제자매와 가족, 동거인 중에서 피고인(피의자)이 지정한 사람에게 피고사건명, 구속일시·장소, 범죄사실의 요지, 구속의 이유와 변호인을 선임할 수 있는 취지를 지체없이 서면으로 통지해야 한다($\frac{형소법 제30조}{제2항과 제87조}$). 헌법 제12조 제5항에서 말하는 체포·구속은 적법절차에 의한 영장구속은 물론이고, 현행범인체포 등 긴급을 요하는 때의 영장 없는 긴급체포의 경우를 포함한다($\frac{제12조 제3항 단서; 형소법}{제200조의 2와 3, 제213조의 2}$). 그러나 검사 또는 사법경찰관리 아닌 자가 현행범인을 체포한 때에는 이 규정의 적용은 없고, 즉시 검사나 사법경찰관리에게 인도해야 하는데($\frac{형소법 제213}{조 제1항}$), 현행범인을 인도받은 검사나 사법경찰관리는 이 규정에 의한 절차기속을 받는다.

5) 체포·구속적부심사청구권

⑺ 헌법규정과 연혁 및 헌법상 의의

누구든지 체포·구속을 당한 때에는 그 적부의 심사를 법원에 청구할 권리를 가진다($\frac{제12조}{제6항}$). 이 구속적부심사청구권은 연혁적으로는 1679년 영국의 인신보호법(Habeas Corpus Act)에서 유래하는 것으로 전해지고 있는데, 인신보호를 위한 매우 중요한 사법절차적 기본권임은 두말할 필요도 없다.

인신보호를 위한 헌법적 기속원리로서 사전영장주의가 채택되고 있는 우리나라에서 체포·구속적부심사청구권을 국민의 사법절차적 기본권으로 인정하는 것은, 체포·구속영장발부에 대한 재심사의 기회를 마련함으로써 인신의 보호에 만전을 기하기 위한 것이라고 평가할 수 있다. 사전영장주의에 대한 일종의 보완적 기능을 가지는 것이 체포·구속적부심사청구권이라고 볼 수 있다. 따라서 체포·구속적부심사청구권은 체포·구속영장발부에 대한 재심절차적 성격과 기능을 가지는 것이기 때문에 원칙적으로 영장발부에 관여한 법관은 체포·구속적부심사절차에는 참여하지 않아야 하는데, 우리 입법권자는 이 점을 형사소송법($\frac{제214조의}{2 제12항}$)에서 반영하고 있다.

사전영장주의의 보완적 기능

⑻ 형사소송법의 규정내용

체포·구속적부심사청구권을 구체화하고 있는 현행형사소송법($\frac{제214조}{의 2}$)은 법률유보규정을 없앤 새 헌법상의 체포·구속적부심사청구권의 취지에 맞게 적부심사대상을 모든 유형의 체포·구속된 자로 확대하고, 적부심사시한을 48시간 이내로 제한하는 등 제도개선을 꾀하고 있다. 또 구속된 피의자를 보증금의 납부를 조건으로 석방할 수 있도록 한 것도(형소법 제214조의 2 제5항~제7항) 수사단계의 보석제도라고 평가할 수 있어 제도개선의 일환이다. 제도개선 전에 긴급체포 등 체포영장 없이 체포된 피의자도 체포적부심사청구권을 가진다는 것이 우리 대법원의 입장이었지만 이제는 입법적으로 해결되었다.[1] 그리고 종래 형사피고인의 구속적부심사청구권을 부인했었는데, 이것은 구속적부심사청구권의 부당한 제약일 뿐 아니라, 인신보호를 위한 헌법상의 기속원리로서의 유죄확정시까지의 무죄추정원칙에도 어긋나는 법률규정이라고 생각한다. 헌법재판소도 적부심청구권을 규정하는 형소법 제214조의 2 제1항에 대해서 적극적으로 보완할 부분이 있다고 헌법불합치결정을 했었다.[2] 이제는 형소법개정으로 체포·구속적부심청구 후 검사의 전격기소가 있는 경우에도 법원이 석방결정을 할 수 있다(같은 조 제4항 후단 및 제5항).

피고인의 청구권배제의 부당성과 입법개선

(다) **적부심사기준과 결정의 효과**

심사기준과 결정의 효과

체포·구속적부의 심사는 체포·구속의 당·부당에 대한 사후적인 재심사로서의 성격과 체포·구속을 반드시 계속해야만 되는가에 대한 현재상황에 대한 심사로서의 성격을 함께 가진다고 보아야 하기 때문에 체포·구속영장집행 당시의 사정과 적부심사시의 사정을 함께 고려해서 인신의 보호에 유리한 방향으로 결정해야 한다. 현행법은 그러나 법원의 적부심사결정에 대해서는 항고를 허용치 않음으로써(형소법 제214조의 2 제8항) 검사와 형사피의자가 이를 더 이상 다툴 수 없게 하고 있다. 체포·구속적부심사의 결정에 의해서 석방된 사람을 동일한 범죄사실을 이유로 다시 체포·구속하는 것은 원칙적으로 허용되지 않는다는 것도 자명하다(형소법 제214조의 3). 그렇지 아니한 경우에는 체포·구속적부심사청구권의 의의가 상실되기 때문이다.

6) 정당하고 공정한 재판을 받을 권리

권리의 내용

인신보호를 위해서는 물론 진실발견을 위해서도 합리적이고 공정한 재판절차는 매우 중요한 의미를 가지기 때문에 우리 헌법은 정당한 재판을 받을 권리를 사법절차적 기본권으로 보장하고 있다.[3] 즉 구체적으로 i) 헌법과 법률에 의

---

1) 대법원 1997. 8. 27. 자 97 모 21 결정 및 형소법 제214조의 2 제1항 참조.
2) 【결정례】 피의자가 구속적부심을 청구한 후 검사의 전격기소로 인해 피고인 신분으로 바뀌는 바람에 적부심청구의 당부에 대한 법원의 실질적인 심사를 받을 수 없어 신체의 자유를 회복할 수 있는 청구인의 절차적 기회가 박탈되는 것은 적부심청구권의 본질적 내용을 제대로 구현하지 못한 것이어서 헌법에 합치하지 아니한다(헌재결 2004. 3. 25. 2002 헌바 104).
3) 【판시】 정당한 재판을 받을 권리의 본질적 내용은 '법적 분쟁이 있는 경우 독립된 법원에 의하여

한 재판을 받을 권리($^{제27조 \ 제1항, \ 제}_{101조, \ 제103조}$), ii) 민간인의 군사법원재판의 거부권($^{제27조}_{제2항}$), iii) 신속한 공개재판을 받을 권리($^{제27조 \ 제3}_{항, \ 제109조}$) 등이 그것이다.

㈎ 헌법과 법률에 의한 재판을 받을 권리

a) 헌법과 법률에 의한 재판을 받을 권리의 의의와 성격

헌법과 법률에 의한 재판을 받을 권리는 '헌법과 법률이 정한 법관에 의하여 법률에 의한 재판을 받을 권리'($^{제27조}_{제1항}$)를 말하는데,[1] 여기에는 두 가지 상이한 성격의 권리가 함께 내포되고 있다.[2] 즉 i) 권리·의무에 관한 다툼이 생긴 경우 법관의 재판을 요구할 수 있는 제소권 내지 재판청구권으로서의 실체적 권리[3]와 ii) 일단 재판이 행해지는 경우, 그 기능과 신분이 독립한 법관에 의해

> 실체적 권리 (재판청구권) 와 사법절차 적 권리의 이 중성격

사실관계와 법률적 관계에 관하여 적어도 한 차례 법관에 의하여 심리·검토를 받을 수 있는 기회가 부여될 권리'가 인정된다는 것이다(헌재결 2000. 6. 29. 99 헌바 66 등, 판례집 12-1, 848(867면)). 【결정례】 i) 행정소송법상의 항고소송의 대상이 되는 '처분' 개념에 따라 처분성이 인정되지 않는 공권력의 행사라도 헌법소원이나 행정소송법상의 당사자소송에 의한 권리구제의 길이 열려 있으므로 '처분' 개념을 규정한 법률조항이 재판받을 권리를 침해했다고 할 수 없다(헌재결 2009. 4. 30. 2006 헌바 66). ii) 형사재판에서 증거의 증명력 판단에 관한 법관의 자유심증주의는 공정한 재판을 받을 권리의 침해가 아니다(헌재결 2009. 11. 26. 2008 헌바 25).

1) 【판시】 i) 「헌법과 법률이 정한 법관에 의하여」 재판을 받을 권리라 함은 헌법과 법률이 정한 자격과 절차에 의하여 임명되고 물적 독립과 인적 독립이 보장된 법관에 의한 재판을 받을 권리를 의미하는 것이다. 「법률에 의한」 재판을 받을 권리라 함은 '법관의 자의와 전단을 배제하고 절차법이 정한 절차에 따라 실체법이 정한 내용대로 재판을 받을 권리'를 보장한다는 것이다(헌재결 1992. 6. 26. 90 헌바 25, 판례집 4, 343(349면)). ii) '법률에 의한 재판'이란 합헌적인 법률로 정한 내용과 절차에 따라, 즉 합헌적인 실체법과 절차법에 따라 행하여지는 재판을 의미한다. 따라서 형사재판에서는 적어도 그 기본원리라고 할 수 있는 죄형법정주의와 적법절차주의에 위반되지 아니하는 실체법과 절차법에 따라 규율되는 재판이 되어야 할 것이다(헌재결 1993. 7. 29. 90 헌바 35, 판례집 5-2, 14(31면)).

2) 【판시】 재판청구권은 재판이라는 국가적 행위를 청구할 수 있는 적극적 측면과 헌법과 법률이 정한 법관이 아닌 자에 의한 재판이나 법률에 의하지 아니한 재판을 받지 아니하는 소극적 측면을 아울러 가지고 있다(헌재결 1998. 5. 28. 96 헌바 4, 판례집 10-1, 610(618면)).

3) 【결정례】 i) 재판청구권의 정신에서 볼 때 제소기간과 같은 불변기간은 명확하게 규정되어야 한다. 따라서 국세기본법 제56조 제 2 항이 제소기간을 규정하면서 그 괄호부분에서 통상인의 주의력으로는 쉽게 이해할 수 없는 규정을 둠으로써 국민의 재판청구권행사를 어렵게 만드는 것은 위헌이다(헌재결 1992. 7. 23. 90 헌바 2, 92 헌바 2, 92 헌바 25(병합) 참조. 동지: 헌재결 1993. 12. 23. 92 헌가 12, 92 헌바 11; 헌재결 1996. 11. 28. 96 헌가 15; 헌재결 1998. 6. 25. 95 헌가 15). ii) 또 검찰이 자의적으로 기소유예처분을 하는 것은 형사피의자의 재판청구권을 침해하는 것이다(헌재결 1992. 6. 26. 92 헌마 7). iii) 그리고 특허청의 결정에 대해서 하급법원의 심사를 배제하는 것은 재판청구권의 침해이다(헌재결 1995. 9. 28. 92 헌가 11, 93 헌가 8·9·10(병합) 참조). iv) 그러나 경락허가결정에 대해서 항고하려면 경락대금의 1/10을 공탁하도록 한 것은 재판청구권의 침해가 아니다(헌재결 1996. 4. 25. 92 헌바 30). v) 또 민사소송제기 때의 인지첩부제도도 합헌이다(헌재결 1996. 8. 29. 93 헌바 57). vi) 민사소송법(제118조 제 1 항 단서)이 정하는 소송구조의 거부 자체가 재판청구권의 본질을 침해하는 것은 아니다(헌재결 2002. 6. 27. 2001 헌바 100 등). vii) 국정원 직원(퇴직자 포함)이 소송사건 당사자로서 직무상의 비밀에 속하는 사항을 진술하려면 언제나 미리 국정원장의 허가를 받도록 하는 것은 최소침해성과 법익균형성에 어긋나는 재판청구권의 침해이다(헌재결 2002. 11. 28. 2001

서 적법한 절차의 공정한 재판을 받을 수 있는 사법절차적 기본권으로서의 절
차적 권리가 바로 그것이다. 따라서 '헌법과 법률에 의한 재판을 받을 권리'는
재판청구권이라는[1] 실체적 권리로서의 성격과 인신보호를 위한 사법절차적 기

헌가 28). viii) 특별항고권을 제한하는 민소법규정(제449조 제 1 항)은 재판청구권의 침해가 아
니다(헌재결 2007. 11. 29. 2005 헌바 12). ix) 형사재판에서 7일의 항소제기기간은 재판청구권
과 평등권 침해가 아니다(헌재결 2007. 11. 29. 2004 헌바 39). x) 법원의 확정판결과 같은 효
력을 갖는 재판상 화해는 결정기관의 제 3 자성과 독립성, 심의절차의 공정성과 신중성, 결정금
액의 적정성, 당사자간의 불제소합의 유무 등 여러 요소를 종합적으로 평가해서 재판청구권의
침해 여부를 판단하는데, 국가배상법상의 배상결정에 대한 재판상 화해조항은 재판청구권을
침해하지만, 특수임무수행자보상법상의 보상결정에 대한 재판상 화해조항은 위헌이 아니다(헌
재결 1995. 5. 25. 91 헌가 7(위헌); 헌재결 2009. 4. 30. 2006 헌마 1322(합헌)). xi) 교도소에
수감중인 수용자가 민사재판 등의 소송수행을 목적으로 출정하는 경우 소요되는 출정비용을
예납하지 않았거나 영치금과의 상계에 동의하지 않았다는 이유로 교도소장이 수용자의 출정을
제한하는 것은 형벌집행의 필요한도를 벗어난 수용자의 재판청구권의 침해이다(헌재결 2012.
3. 29. 2010 헌마 475, 판례집 24-1(상), 615(624면)). xii) 즉시항고제기기간을 3일로 정하고
등기우편으로 즉시항고장을 제출하는 경우 발신주의 특례를 두지 아니한 형소법규정(제405조)
은 재판청구권의 침해가 아니라는 결정(헌재결 2012. 10. 25. 2011 헌마 789)은 2018년 위헌결
정으로 변경되었다. 즉 즉시항고의 대상이 되는 형사재판에는 당사자의 법적 지위에 중대한
영향을 주는 것들이 많이 있고, 형사재판이라는 이유만으로 민사소송 등의 반에도 미치지 못
하는 지나치게 짧은 즉시항고 제기기간을 정한 것은 실질적으로 즉시항고 제기를 어렵게 하고
즉시항고제도를 공허하게 만드는 것이어서 입법재량권의 한계를 일탈한 재판청구권의 침해이
다(헌재결 2018. 12. 27. 2015 헌바 77, 2019년 말까지 시한부 잠정적용 헌법불합치결정). xiii)
피수용자인 구제청구자의 즉시항고 제기기간을 3일로 정한 인신보호법규정(제15조)은 형사소
송법(제405조)이 정하고 있는 즉시항고 제기기간 3일과는 달리 피수용자의 재판청구권의 침해
이다(헌재결 2015. 9. 24. 2013 헌가 21, 판례집 27-2 상, 461(470면)). xiv) DNA 채취대상자
에게 DNA감식자료채취영장 발부 과정에서 자신의 의견진술기회를 절차적으로 보장하지 않고,
발부 후 그 영장발부에 대하여 불복할 수 있는 기회를 주거나 채취행위의 위법성 확인을 청구
할 수 있도록 하는 구제절차를 마련하고 있지 않은 'DNA신원확인정보의 이용 및 보호에 관한
법률' 제 8 조는 채취대상자를 범죄수사 및 범죄예방의 객체로만 취급하는 불완전·불충분한 입
법이어서 침해최소성과 법익균형성을 어긴 재판청구권의 침해이다(2019. 12. 31. 시한 잠정적용
헌법불합치결정)(헌재결 2018. 8. 30. 2016 헌마 344).
【판결례】 형소법 제373조를 근거로 피고인의 비약적 상고와 검사의 항소가 경합한 경우 피고
인의 비약적 상고에 항소로서의 효력을 인정할 수 없다고 판시한 대법원 선판결과 결정(예컨
대 2005년 2005 도 2967)은 모두 피고인의 비약적 상고에 항소로서의 효력을 인정하기로 변
경한다. 해당 형소법 규정에 대해서 피고인의 재판청구권을 보장하는 방향으로 합헌적인 법률
해석을 할 필요가 있기 때문이다(대법원 2022. 5. 19. 선고 2021 도 17131 판결).
1) 【판시】 i) 재판청구권은 재판절차를 규율하는 법률과 재판에서 적용될 실체적 법률이 모두
합헌적이어야 한다는 의미에서의 법률에 의한 재판을 받을 권리뿐만 아니라, 제27조 제 3 항과
의 관계에서 비밀재판을 배제하고 일반 국민의 감시하에서 심리와 판결을 받음으로써 공정한
재판을 받을 수 있는 권리를 포함하고 있다. 이 공정한 재판을 받을 권리 속에는 신속하고 공
개된 법정의 법관의 면전에서 당사자주의와 구두변론주의가 보장되어 공격·방어권이 충분히
보장되는 재판을 받을 권리가 포함되어 있다(헌재결 1996. 1. 25. 95 헌가 5, 판례집 8-1, 1(14
면)). ii) 국가소추주의와 기소독점주의는 재판청구권의 침해가 아니다(헌재결 2007. 7. 26.
2005 헌마 167). iii) 재심사유를 상소심에서 주장한 경우에는 그 재심사유를 이유로 재심의
소를 제기할 수 없게 정한 재심의 보충성에 관한 민소법규정은 재판청구권의 침해가 아니다
(헌재결 2012. 12. 27. 2011 헌바 5). iv) 수형자가 민사 및 헌법소원사건 등에 있어서 변호사

본권으로서의 성격을 함께 간직하고 있다는 점을 주의할 필요가 있다. 그러나 여기에서는 그 사법절차적 기본권으로서의 내용만을 살펴보기로 한다.

b) 헌법과 법률에 의한 재판을 받을 권리의 사법절차적 권리의 내용

헌법과 법률에 의한 재판을 받을 권리의 사법절차적 권리의 내용은 대체로 네 가지로 요약할 수 있다. 즉 i) 재판담당기관의 독립성·중립성·전문성의 보장,[1] ii) 재판준거법률의 합헌성 보장, iii) 재판절차의 합법성 보장, iv) 형사피해자의 재판절차진술권($\frac{제27조}{제5항}$)보장이 바로 그것이다.

네 가지 내용

α) 재판기관의 독립성·중립성·전문성의 보장

따라서, 첫째 모든 국민에게는 헌법상 그 신분과 직무의 독립성과 중립성이 보장되지 않고 법률이 정한 법관의 자격을 구비하지 아니한 사람의 재판을 거부할 수 있는 권리가 인정된다($\frac{제101조,\ 제103조,\ 제}{105조,\ 제106조\ 참조}$). 법관의 제척·기피·회피 제도도 이러한 헌법정신의 한 표현이라고 볼 수 있다.[2] 그러나 재정범에 대한 국세청장 등의 통고처분,[3] 교통사범에 대한 경찰서장의 통고처분, 약식절차 및 행정심판 등은 정식재판의 기회가 보장되는 한 정당한 재판을 받을 권리의 침해라고 보기 어렵고,[4] 배심재판은 배심원이 사실의 판단에만 관여하

와 접견교통할 수 있는 권리는 헌법상 재판받을 권리의 한 내용 또는 그로부터 파생되는 권리로서 보장할 필요가 있다. 따라서 수형자가 헌법소원 사건의 국선 대리인인 변호사를 접견함에 있어서 그 접견 내용을 녹음·기록하는 행위는 실질적으로 당사자대등의 원칙에 따른 무기평등을 무력화시킬 수 있어 재판을 받을 권리를 침해한다(헌재결 2013. 9. 26. 2011 헌마 398, 판례집 25-2 하, 26(39면)).

1) 【결정례】 i) 변호사징계에 대해서 법무부 변호사징계위원회를 사실확정에 관한 한 사실상 최종심으로 기능하게 하는 것은 평등권과 법관에 의한 재판받을 권리를 침해하고 헌법 제101조 제 1 항 및 제107조 제 3 항에 위반된다(헌재결 2000. 6. 29. 99 헌가 9). ii) 청소년보호위원회 등에 의한 청소년 유해매체물의 결정은 법률상 구성요건의 내용을 보충하는 것에 불과하므로 법관에 의한 재판받을 권리의 침해가 아니다(헌재결 2000. 6. 29. 99 헌가 16). iii) 조세범에 대한 벌금액을 체납액 상당액으로 정액화하더라도 법관의 양형재량권을 지나치게 제한한 법관독립성의 침해라거나 재판청구권의 침해는 아니다(헌재결 1999. 12. 23. 99 헌가 5·6 등(병합)). iv) 산업재해보상보험급여결정에 대해서 행정소송을 제기하려면 먼저 심사청구·재심사청구 등 2중의 행정심판을 거치도록 한 것은 재판청구권의 침해가 아니다(헌재결 2000. 6. 1. 98 헌바 8). v) 지방세부과처분에 대해 무조건적으로 2중의 행정심판절차를 거쳐야만 행정소송을 제기할 수 있게 제약하는 것은 사법적 권리구제를 부당히 방해하는 것이어서 재판청구권을 침해한다(헌재결 2001. 6. 28. 2000 헌바 30). vi) 토지수용법이 위법한 수용재결에 대한 제소를 금지하고 이의신청절차를 거쳐 이의재결에도 불복하는 경우에만 제소하게 함으로써 이의신청절차를 사실상 필요적 전심절차화한 것은 재판청구권의 침해가 아니다(헌재결 2001. 6. 28. 2000 헌바 77).

2) 【결정례】 기피신청이 소송지연을 목적으로 함이 명백한 경우에는 신청을 받은 법원 또는 법관이 이를 기각할 수 있게 규정한 형소법조항(제20조 제 1 항)은 공정한 재판을 받을 권리의 침해가 아니다(헌재결 2006. 7. 27. 2005 헌바 58).

3) 【결정례】 통고처분을 행정쟁송의 대상에서 제외하는 관세법규정과 도로교통법규정은 위헌이 아니다(헌재결 1998. 5. 28. 96 헌바 4; 헌재결 2003. 10. 30. 2002 헌마 275).

4) 【결정례】 피고인이 정식재판을 청구한 경우 약식명령의 형보다 중한 형을 선고하지 못하게

고 법률문제에 관한 심리에 참여하지 아니하는 한 역시 기본권의 침해라고 볼
수는 없다고 생각한다.[1] 사법보좌관의 처분도 실질적 쟁송에 해당하지 않는 사
항에 관한 것이고 법관에 이의신청이 허용되므로($\frac{법조법}{제54조}$) 기본권의 침해는 아니
다.[2] 또 군사법원의 법관자격은 일반법관의 자격과 다르게 정할 수도 있지만
($\frac{제110조 제 3 항,}{제101조 제 3 항}$), 군사법원의 설치근거가 헌법이고($\frac{제110조}{제 1 항}$), 군사법원의 법관자격도
법률로 정하도록 되어 있고($\frac{제110조}{제 3 항}$), 군사법원의 상고심은 대법원이 관할하기 때
문에($\frac{제110조}{제 2 항}$), 군사법원의 재판은 헌법과 법률에 의한 재판을 받을 권리의 침해가
아니라고 할 것이다.[3] 그러나 군사법원의 재판관할권은 법률이 정하는 군사범죄
에 국한된다.[4]

β) 재판준거법률의 합헌성 보장

둘째 모든 국민은 헌법과 법률에 의한 재판을 받을 권리에 내포되고 있
는 재판준거법률의 합헌성 보장 때문에 헌법에 위반되는 법률·명령·규칙에 의
한 재판을 거부할 권리를 가진다. 국민이 가지는 법률에 대한 위헌심사청구권
($\frac{제107조}{제 1 항}$)과 명령·규칙에 대한 위헌·위법심사청구권($\frac{제107조}{제 2 항}$)은 바로 여기에서도 나온
다. 도주차량운전자에 대한 가중처벌을 규정한 '특가법'($\frac{제 5 조의 3}{제 2 항 제 1 호}$)이 위헌결정된
것은 형벌체계상의 정당성과 균형을 무시한 과잉입법은 결코 정당한 재판준거
법률이 될 수 없다는 것을 확인한 의미 있는 판례이다.[5] 우리 헌법재판소는 재

하는 것(불이익변경금지원칙)은 공정한 재판을 받을 권리 및 법관의 양형결정권의 침해가 아
니다(헌재결 2005. 3. 31. 2004 헌가 27 등).

1) 국민의 형사재판 참여에 관한 법률 제46조 참조. 공판절차에 참여한 배심원은 유·무죄에 관해
서만 평의·평결하지만, 그 결정은 법원을 기속하지 않는다.

2) 【결정례】 사법보좌관에게 소송비용액 확정결정절차를 처리하도록 정한 법조법 규정은 법관에
의한 재판받을 권리의 침해가 아니다(헌재결 2009. 2. 26. 2007 헌마 8 등).

3) 【결정례】 군인신분 취득 전에 범한 일반형사범죄에 대한 군사법원의 재판관할권은 헌법 제27
조 제 1 항에 의한 재판청구권의 침해가 아니다(헌재결 2009. 7. 30. 2008 헌바 162).

4) 【판결례】 군사법원이 일반국민의 군형법상 범죄에 대해 재판권을 가지게 되었다고 하더라도
경합범으로 공소제기된 일반범죄에까지 재판권이 미친다고 할 수 없다. 따라서 군사범죄는 군
사법원이, 이 밖의 일반범죄에 대해서는 일반법원이 재판권을 갖는다(대법원 2016. 6. 16. 선고
2016 초기 318 판결). 대법원의 이 전원합의체 결정은 종전의 이와 반대되는 선판례를 변경한
것으로 헌법이 보장하는 정당한 재판을 받을 권리를 강조한 것이어서 의미가 크다.

5) 헌재결 1992. 4. 28. 90 헌바 24 참조.
   【결정례】 i) 야간흉기협박죄를 5년 이상 징역형에 처하게 한 폭처법 규정(제 3 조 제 2 항)은
   다른 범죄와의 관계에서 형벌체계상의 균형을 상실해 평등원칙과 과잉금지원칙에 위배된다(헌
   재결 2004. 12. 16. 2003 헌가 12). 이 결정은 헌재결 1995. 3. 23. 94 헌가 4의 합헌결정의 판
   시취지를 변경한 것이다. ii) 상관살해죄의 법정형을 사형으로만 정한 군형법규정은 범행의 동
   기와 태양 등을 무시하고 책임과 형벌간의 비례성을 어긴 것이어서 인간의 존엄과 가치를 존
   중할 헌법이념에 반한다(헌재결 2007. 11. 29. 2006 헌가 13). iii) 종업원의 부정의료행위에 대
   해 영업주의 책임유무를 떠나 같게 처벌하는 양벌규정은 책임주의 원칙에 반하는 위헌이다(헌
   재결 2007. 11. 29. 2005 헌가 10).

판이 합헌적인 실체법과 절차법에 따라 행해져야 한다는 점을 매우 강조하고
있다.[1]

　γ) 재판절차의 합법성 보장

　셋째 모든 국민은 헌법과 법률에 의한 재판을 받을 권리에 의해서 적법
한 절차에 의하지 아니한 재판을 거부할 권리를 가진다.[2] 적법한 재판절차에는

적법한 재판
절차 보장

---

1) 헌재결 1993. 7. 29. 90 헌바 35.
　【결정례】 i) 합리적 근거 없는 항고권제한은 당연히 위헌이다(헌재결 1989. 5. 24. 89 헌가 37·
　96(병합)). ii) 반국가적 범죄의 전과자가 국보법의 찬양·고무죄처럼 경미한 반국가적 범죄를
　다시 범하는 경우에도 그 법정형의 최고를 사형으로 정한 것은 실질적 법치국가이념에 반하고
　형벌법규 명확성의 원칙에도 어긋난다(헌재결 2002. 11. 28. 2002 헌가 5). iii) 그러나 검사작
　성 피의자신문조서는 피고인이 그 진정성립은 인정하되 내용을 부인하는 경우에도 특히 신빙
　할 수 있는 상태에서 행해진 때에는 증거능력을 갖는다는 규정(형소법 제312조 제 1 항)은 명
　확성의 원칙을 어긴 공정한 재판을 받을 권리의 침해가 아니다(헌재결 2005. 5. 26. 2003 헌가
　7). iv) 원진술자의 외국거주로 공판정에서 진술할 수 없는 경우에 그 원진술이 특신상태에서
　행해진 때에 한해서 직접주의와 전문법칙의 예외를 인정해서 전문증거의 증거능력을 인정해도
　공정한 재판을 받을 권리의 침해가 아니다(헌재결 2005. 12. 22. 2004 헌바 45).
2) 【결정례】 i) 필요적 궐석재판제도의 남용은 위헌이고 범죄구성요건과 무관한 재산에 대한 필
　요적 몰수규정도 위헌이다(헌재결 1996. 1. 25. 95 헌가 5). ii) 공판전 증인신문제도도 위헌이다
　(헌재결 1996. 12. 26. 94 헌바 1). iii) 제 1 심궐석재판제도도 위헌이다(헌재결 1998. 7. 16. 97
　헌바 22). iv) 그러나 형사소송에서 직접주의와 전문법칙에 대한 필요한 최소한의 예외를 인정
　하는 형소법 제314조는 합헌이다(헌재결 1998. 9. 30. 97 헌바 51). v) 또 법원의 소송지휘권과
　증거결정취소권도 합헌이다(헌재결 1998. 12. 24. 94 헌바 46). vi) 피고인을 퇴정시키고 증인신
　문을 할 수 있게 한 특정범죄신고자보호법의 증인비공개조항은 공정한 재판받을 권리의 침해
　가 아니다(헌재결 2010. 11. 25. 2009 헌바 57). vii) 위험발생의 염려가 없는 압수물임에도 검
　사가 사건종결전에 임의로 이를 폐기한 행위는 설사 피압수자의 소유권 포기가 있다 해도 피
　고인의 증거활용기회를 박탈하는 일이므로 적법절차원리에 반하고 공정한 재판을 받을 권리를
　침해한다(헌재결 2012. 12. 27. 2011 헌마 351). viii) 성폭력범죄 피해아동의 진술이 수록된 영
　상녹화물은 피해아동의 법정진술 없이도 증거능력을 인정할 수 있도록 한 청소년성보호법 규정
　(제18조의2 제 5 항 중 관련부분)은 피해자의 2차 피해를 방지하기 위한 것으로 피고인의 반대
　신문권 행사를 제한하지만 과잉금지원칙에 반하는 피고인의 공정한 재판을 받을 권리의 침해
　는 아니다(헌재결 2013. 12. 26. 2011 헌바 108). [평석] 이 결정은 청소년성보호법에 관한 것
　이고 다음 ix) 결정은 성폭력처벌법에 관한 것으로 비록 심판대상 법률은 다르지만 사실상 같
　은 쟁점(미성년 성피해자의 2차 피해 방지와 피고인의 반대신문권 보장의 상충문제)에 관한
　것인데도 각각 합헌과 위헌결정으로 다른 결론을 냈다. 그런데도 ix) 결정에서 판례변경의 명
　시적인 언급도 없고 다른 결정을 하는데 대한 아무런 설명이 없다. 그래서 앞으로 법의 적용
　과정에서 혼란이 불가피하다. 법적 안정성을 실현해야 할 헌재가 왜 이런 혼란을 자초한 것인
　지 이해하기 어렵다. ix) 성폭력 범죄사건에서 영상물에 수록된 19세 미만 피해자 진술의 경
　우 조사과정에 동석했던 신뢰 관계인 내지 진술조력인의 법정진술에 의해서 그 성립의 진정함
　이 인정된 경우에는 증거능력이 인정될 수 있도록 정한 성폭력범죄처벌법 규정(제30조 제 6 항
　중 관련부분)은 미성년 피해자의 2차 피해를 방지하기 위한 것이긴 하지만, 피고인의 반대신
　문권을 보장하면서도 미성년 피해자를 보호할 수 있는 조화로운 방법을 적극적으로 활용할 수
　있음에도 피고인의 반대신문권을 실질적으로 배제해서 그의 방어권을 과도하게 제한하고 있어
　침해 최소성과 법익균형성을 어긴 공정한 재판을 받을 권리의 침해이다(헌재결 2021. 12. 23.
　2018 헌바 524).
　【판결례】 공소장일본주의(기소범죄사실에 포함된 범죄사실만 열거해야)에 위배되는 공소제기

심급제와 최고법원인 대법원에의 상고절차가 포함된다고 보아야 한다.[1] 우리 헌법이 비상계엄하의 군사재판을 단심으로 하는 것을 예외로 규정하고($\substack{제110조 \\ 제4항}$), 군사법원의 상고심을 대법원으로 하고 있을 뿐($\substack{제110조 \\ 제2항}$) 아니라 법원의 조직을 최고법원인 대법원과 각급법원으로 하고 있는 것($\substack{제101조 \\ 제2항}$) 등은 심급제와 상고절차에 대한 간접적인 근거를 제시해 주는 규정이라고 볼 수 있다. 따라서 심급제를 원칙적으로 폐지한다든지, 대법원에의 상고를 부당하게 제한하는 것 등은 단순한 입법정책의 문제가 아니고, 헌법과 법률에 의한 재판을 받을 권리와 저촉될 수 있는 소지가 크기 때문에 매우 신중한 헌법차원의 검토가 선행되어야 한다. 그런데 우리 헌법재판소는 헌법상의 재판청구권은 모든 사건에 대해 상소심 내지 상고심절차에 의한 재판받을 권리까지도 당연히 포함하지는 않는다는 전제 아래 예컨대 개인회생절차에서의 면책취소신청 기각결정에 대한 즉시항고권을 규정하지 아니한 채무자 회생 및 파산에 관한 법률($\substack{제627 \\ 조}$)과[2] 청구액수의 다과에 따라 상고권을 제한한 소액사건심판법($\substack{제3 \\ 조}$)은 합헌이라고 판시한 점을 주목할 필요가 있다.[3] '상고심절차에 관한 특례법'도 민사·가사·행정·특허소송의 상고사건의 경우 심리불속행제도에 의해서 무익한 상고나 남상고(濫上告)를 제한하고 있다. 그런데 이 심리불속행제도는 재판청구권의 침해가 아니라는 헌법재판소 판례가 있다.[4] 그리고 피고인이 형사재판에서 '사실, 법리, 양형'과 관련해서 자신에게 유리한 주장 및 자료를 제출할 수 있는 기회를 보장하는 것은 공정한 재판을 받을 권리에 포함되지만 형사공탁에서도 피공탁자의 특정을 일반 공탁제도와 동일하게 정하는 것($\substack{공탁규칙 제20조 \\ 제2항 제5호}$)은 피고인의 공정한 재판을 받을 권리의 침해가 아니라는 헌법재판소의 판례도 있다.[5]

는 공소기각판결이 원칙이다. 기타 사실의 열거는 객관적 진실 파악에 장애가 되기 때문이다. 다만 피고인측의 이의제기 없이 증거조사절차가 종료한 때에는 소송절차의 효력을 더 이상 다툴 수 없다(대법원 2009. 10. 22. 선고 2009 도 7436 판결).

1) 【판시】 중죄인 또는 외국에 도피중인 피고인에게 상소의 제기 또는 상소권회복청구를 전면 봉쇄하는 것은 재판청구권의 침해이다(헌재결 1993. 7. 29. 90 헌바 35, 판례집 5-2, 14(32면 이하)).

2) 헌재결 2017. 7. 27. 2016 헌바 212, 판례집 29-2 상,139(147면 이하) 참조.

3) 헌재결 1992. 6. 26. 90 헌바 25. 동지: 헌재결 1995. 1. 20. 90 헌바 1; 헌재결 1995. 10. 26. 94 헌바 28.

4) 헌재결 1997. 10. 30. 97 헌바 37 등; 헌재결 2007. 7. 26. 2006 헌마 551 등.
   【결정례】 i) 소송비용의 재판에 대한 독립적인 상소금지는 합헌이다(헌재결 1996. 2. 29. 92 헌바 8). ii) 상소 내지 재심사유의 결정은 입법정책의 문제이다(헌재결 1996. 3. 28. 93 헌바 27). iii) 고등법원결정에 대한 보통항고제한도 합헌이다(헌재결 1996. 10. 31. 94 헌바 3). iv) 범죄인인도 심사는 전형적인 사법절차가 아니므로 범죄인인도 심사를 서울고법의 전속단심제로 하고 그 결정에 대한 불복을 불허하는 것은 적법절차를 어기거나 재판청구권과 신체의 자유의 과잉제한이 아니다(헌재결 2003. 1. 30. 2001 헌바 95).

5) 헌재결 2021. 8. 31. 2019 헌마 516·586·768 등 참조.

δ) 형사피해자의 재판절차진술권 보장

넷째 형사피해자는 법률이 정하는 바에 의하여 당해 사건의 재판절차에서 진술할 수 있다(제27조). 형사사건의 피해자에게 당해 사건의 재판절차에서 진술할 기회를 보장하는 것은 범죄사건의 실체적 진실을 발견하는데도 도움이 될 뿐 아니라 형사피해자의 권리구제를 통한 사법적 정의의 실현을 위해서도 필요하다.[1] 따라서 형사피해자가 고소한 사건에 대해서 검사가 사실판단과 법률적용의 착오로 불기소처분하는 경우 형사피해자는 개선된 재정신청제도(형소법)를 통해 재판절차진술권을 보장받는다.[2] 또 형사피해자의 재판절차진술을 처음부터 봉쇄하는 법률규정은 재판절차진술권의 침해이다. 예컨대 업무상 과실 또는 중대한 과실로 인한 교통사고로 피해자가 중상해를 입은 경우까지 가해 운전자가 자동차종합보험에 가입했으면 원칙적으로 공소를 제기할 수 없도록 한 법률규정(교특법 제4조)에 대해서 우리 헌법재판소가 피해자의 재판절차진술권과 평등권의 침해를 이유로 위헌이라고 판시[3]한 것도 그 때문이다.[4]

(나) 민간인의 군사법원재판의 거부권

군인 또는 군무원이 아닌 국민은 평화시와 전시를 막론하고 원칙적으로 군사법원에 의한 재판을 거부할 권리를 가진다. 군사법원의 재판권은 예외적으로만 민간인에게 미치는데, i) 중대한 군사상 기밀, 초병·초소·유독음식물공급·포로·군용물에 관한 죄 중 법률이 정한 경우와 ii) 비상계엄이 선포된 경우(제27조)에만 민간인은 군사법원의 재판을 받을 수 있다.[5]

민간인에 대한 예외적 군사재판

---

1) 우리나라는 범죄로 인해서 생명·신체의 피해를 입은 형사피해자에게 범죄피해자 보호법과 그 시행령에서 정하는 절차와 방법에 따라 보호·지원을 하며 국가는 민간단체가 펼치는 범죄피해자 보호·지원사업도 지원·감독하고 있다.

2) 과거에는 검사의 불기소처분을 다투는 헌법소원사건이 폭주했지만 이제는 재정신청제도가 개선되었기 때문에 헌법소원은 원칙적으로 허용되지 않는다. 저자의 헌법소송법론 제11판, 408~409면 참조.

3) 헌재결 2009. 2. 26. 2005 헌마 764 등, 판례집 21-1 상, 156(172면 이하) 참조. 이 결정은 헌재결 1997. 1. 16. 90 헌마 110 등의 합헌결정을 일부 변경한 새 판시이다. 따라서 중상해가 아닌 상해를 입은 경우에는 종전의 합헌결정이 그대로 유효하다. 위 판례집 21-1 상, 178면 참조.

4) 그 밖에 다음 결정도 참조.
   【결정례】 거짓·과장의 광고와 관련하여 그 내용이 진실임을 입증할 책임은 사업자 측에 있다. 그런데 사업자가 언론사에 광고 보도자료를 배포하여 기자 이름이 명시된 신문 기사의 형식을 취한 광고에 대해서 공정위가 표시광고법상 광고라고 보기 어렵다는 이유로 심사대상에서 제외한 행위는 정의와 형평에 반하는 조사 또는 잘못된 법률의 적용 또는 증거 판단에 따른 자의적인 것이어서 청구인의 평등권과 재판절차진술권을 침해한 것이다(헌재결 2022. 9. 29. 2016 헌마 773).

5) 【결정례】 민간인에 대한 군사법원의 예외적인 재판관할권을 규정한 헌법 제27조 제 2 항의 규정은 엄격하게 해석해야 한다. 그 결과 헌법 제27조 제 2 항에서 말하는 '군용물'에는 군사시설

(대) 신속한 공개재판을 받을 권리

공개재판의
예외

모든 국민은 신속한 재판을 받을 권리를 가짐은 물론, 모든 형사피고인은 원칙적으로 지체없이 공개재판을 받을 권리를 가진다(제27조 제3항). 다만 국가의 안전보장 또는 안녕질서를 방해하거나, 선량한 풍속을 해할 염려가 있는 예외적인 경우만은 법원의 결정으로 심리만은 비공개재판을 받을 수도 있다. 그러나 재판의 판결은 반드시 공개해야 한다(제109조). 신속한 재판을 받을 권리와 공개재판을 받을 권리는 인신구속의 부당한 장기화를 막고, 객관적인 진실발견을 위한 매우 중요한 절차를 뜻할 뿐 아니라 재판의 공정성을 보장하는 데에도 절대적으로 필요하기 때문에 우리 헌법은 이것을 인신보호를 위한 사법절차적 기본권으로 규정하고 있다. 따라서 우리 헌법재판소가 사건의 성격상 증거수사 등에 많은 시간이 소요되지 않는 가벼운 사건들까지도 구속기간을 최장 50일까지 연장할 수 있도록 규정한 국가보안법 제19조의 일부내용은 신속한 재판을 받을 권리를 침해하는 위헌이라고 결정한 것은 정당하다.[1] 또 항소법원에의 기록 송부시에 검사를 거치도록 한 구 형소법(제361조 제1항 및 제2항)규정에 대해서 신속·공정한 재판받을 권리의 침해를 이유로 위헌결정한 것도 의미가 있는 판례이다.[2] 그렇지만 우리 헌법재판소는 법원의 재판지연은 헌법 및 법률상의 작위의무의 위반이라 볼 수 없으므로 신속한 재판을 받을 권리의 침해를 이유로 하는 헌법소원은 부적법하다고 판시했다.[3] 그런데 개정 형사소송법은 공판준비절차(법 제266조의 5)를 도입하고 집중심리 및 즉일선고원칙(제267조의 2 및 제318조의 4)을 천명함으로써 재판지연을 제도적으로 막았다.

7) 형사보상청구권

(개) 형사보상청구권의 의의 및 헌법적 기능

헌법규정내용

형사피의자 또는 형사피고인으로서 구금되었던 자가 불기소처분을 받거나 무죄판결을 받은 때에는 국가의 형사사법작용으로 인해서 받은 물질적·정신적 피해에 대한 정당한 보상을 국가에 청구할 수 있는 권리를 우리 헌법은 형사

사후구제절차
적 기능

보상청구권(제28조)으로 규정하고 있다. 형사보상청구권은 국가의 형사사법작용에 의해서 인신에 관한 실체적 권리가 잘못 침해된 경우에, 그것을 사후에 구제해

이 포함되지 않는다. 따라서 군사시설 중 전투용에 공하는 시설을 손괴한 일반국민이 비상계엄이 선포되지 않은 경우에도 군사법원에서 재판받도록 정한 구 군사법원법 규정은 헌법과 법률이 정한 법관에 의한 재판받을 권리를 침해한다(헌재결 2013. 11. 28. 2012 헌가 10).

1) 헌재결 1992. 4. 14. 90 헌마 82.
2) 헌재결 1995. 11. 30. 92 헌마 44.
3) 헌재결 1999. 9. 16. 98 헌마 75.

주기 위한 것이라는 점에서 주로 사전적·예방적 의미를 가지는 다른 사법절차
적 기본권과 그 성격이 다르다. 즉 인신보호를 위한 사법절차적 기본권 중에서
최후적 보루로서의 기능을 가지는 일종의 사후구제절차적 권리이다.

(나) **형사보상청구권의 이론적 근거(본질)**

형사피의자 또는 형사피고인으로서 구금되었던 자가 불기소처분 또는 사
법경찰관의 불송치결정을 받거나 무죄판결을 받은 경우에 국가에 정당한 보상
을 청구할 수 있도록 하는 것은, 국가의 형사사법작용으로 야기된 인신권침해
의 결과에 대한 책임을 국가에게 지움으로써 사후적이나마 국민의 권리를 구제   무과실·결과
해 주려는 것이지, 국가의 그릇된 형사사법작용에 대한 원인책임을 추궁키 위   책임의 손실
한 것은 아니다. 따라서 형사보상청구권은 형사사법작용의 위법성, 공무원의   보상
고의·과실 등과는 무관한 일종의 무과실·결과책임으로서의 손실보상이다.[1] 이
점이 불법행위에 대한 원인책임의 성격이 강한 국가배상청구권($\frac{제29}{조}$)과 본질적
으로 다르다. 형사보상청구와 국가배상청구가 동시에 행해질 수 있는($\frac{보상법}{제6조}$) 이
유도 두 청구권의 이론적 근거가 다르기 때문이다.

(다) **형사보상청구권의 내용**

형사보상청구권은 헌법규정($\frac{제28}{조}$)에 의해서 당연히 발생하는 헌법적 청구권   헌법 직접효
이다. 물론 이 청구권은 헌법의 규정대로 '법률이 정하는 바에 의하여' 행사되   력규정
는 것이지만, 그것은 어디까지나 청구절차에 관한 것이고, 청구권 그 자체는
헌법에 의해서 직접 생기는 것이다(직접효력규정).

a) **형사보상청구권의 발생요건**

형사보상청구권의 발생요건으로 현행헌법은 '형사피의자' 또는 '형사피고인'   발생요건상의
으로 '구금'되었다가 '법률이 정하는' '불기소처분'을 받거나 '무죄판결'을 받은   개선 및 청구
것을 요구하고 있다. 법률($\frac{형사보상 및 명예}{회복에 관한 법률}$)은 그 요건을 다음과 같이 정하고 있다.   권의 범위 확
대

α) **형사피의자의 보상요건**

구 헌법하에서는 형사피의자로서 '구금'되었다가 검사의 불기소, 기소유
예, 기소중지처분, 사법경찰관의 불송치결정 등에 의해서 풀려난 사람은 설령
검사의 공소제기가 있었더라면 무죄판결을 받았을 것이 명백한 경우에도 피의

---

1) 이것이 이른바 '손실보상설'이라고 일컬어지는 우리나라의 통설이다. 문홍주, 339면; 박일경,
    370면; 김철수, 791면; 권영성, 581면. 이설(異說)인 '손해배상설'에 따르면, 구금되었던 자가
    무죄판결을 받은 것은 국가에게 객관적인 위법행위가 있다고 보아야 하기 때문에, 공무원의
    고의·과실을 따질 필요 없이 국가가 그 손해를 배상해 주는 일종의 불법행위책임의 특수형태
    라고 설명한다. 또 이른바 '2분설'에 따르면, 형사보상은 오판에 대한 보상과 구금에 대한 보상
    으로 나눌 수 있는데, 전자는 위법행위에 입각한 손해배상이지만, 후자는 적법행위에 바탕을
    둔 손실보상이라고 한다.

자구금에 대한 보상을 청구할 수 없게 되어 있었다. 그러나 인신보호를 위한
최후적 보루로서의 형사보상청구권의 정신상 이러한 경우에도 보상청구가 가능
하도록 헌법규정을 해석·운용해야 한다는 당위적인 논리에 따라 새 헌법에서
는 '형사피의자로서 구금되었던 자가 법률이 정하는 불기소처분을 받은' 경우에
도 형사보상을 청구할 수 있도록 형사보상청구권의 범위를 넓혀 놓았다. 이에
따라 새로 형사보상의 대상이 된 '법률이 정하는 불기소처분'의 내용에 관해
서 형사보상 및 명예회복에 관한 법률은, 구금된 이후에 비로소 불기소처분
또는 사법경찰관이 불송치결정할 사유가 생긴 경우와, 불기소처분이 종국적
인 것이 아니거나, 정상을 참작해서 불기소처분한 경우를 제외한 모든 불기소
처분과 불송치결정에 대해서 '피의자보상'을 하도록 정하고 있다($^{법 제27조}_{제1항}$). 그리
고 공소제기 대신 치료감호가 청구된 경우 무혐의로 청구기각판결이 확정되어도
형사보상청구가 가능하다($^{법 제26조}_{제1항 제2호}$). 따라서 기소편의주의에 따른 불기소처분
($^{기소유예·기소}_{중지처분 등}$)은 새 헌법에서도 여전히 형사보상의 대상이 되지 아니한다. 또 형
사피의자가 수사 또는 재판을 그르칠 목적으로 허위자백을 했기 때문에 구금된
것으로 인정되는 경우와 구금기간중에 다른 사실에 대하여 수사가 행해지고 그
사실에 관하여 범죄가 성립한 경우 그리고 보상을 하는 것이 선량한 풍속 기
타 사회질서에 반한다고 인정할 특별한 사정이 있는 경우 등에는 보상의 전부
또는 일부를 하지 않을 수도 있도록 정하고 있는데($^{법 제27조}_{제2항}$), 이 규정은 악용될
소지가 있기 때문에 매우 신중한 운용이 필요하다.

β) 형사피의자와 형사피고인의 보상요건

법률상의 보
상제한사유

구금중의 무
죄판결

형사피의자로서 구금되었다가 검사의 불기소처분 또는 사법경찰관의 불
송치결정을 받은 사람은 국가에 대하여 구금에 대한 보상을 청구할 수 있다. 또
형사피고인의 형사보상청구권은 '형사피고인'으로서 '구금'되었다가 '무죄판결'[1]
을 받아야 생기는 권리이기 때문에, 불구속기소 후 무죄판결을 받은 사람은 청
구권이 없다. 그러나 구금중에 이루어진 무죄판결인 이상 그것이 당해 절차에
의한 것이건, 재심·비상상고절차에 의한 것이건을 가리지 아니한다. 또 면소와

---

1) 무죄판결에는 주문무죄가 없는 이유무죄도 포함된다.
【판결례】 형소법 제194조의2 제1항의 '무죄판결이 확정된 경우'에서 말하는 '무죄판결'에는
판결 주문에서 무죄가 선고된 경우뿐만 아니라 판결이유에서 무죄로 판단된 경우에도 재판에
소요된 비용 가운데 무죄로 판단된 부분의 방어권 행사에 필요하였다고 인정된 부분에 관하여
는 보상을 청구할 수 있다고 보아야 한다. 다만 법원은 이러한 경우 형소법 제194조의2 제2
항 제2호를 유추적용하여 재량으로 보상청구의 전부 또는 일부를 기각할 수 있다(대법원
2019. 7. 5. 자 2018 모 906 결정). 아래 대법원 2016. 3. 11. 자 2014 모 2521 결정도 같은 취
지의 판례이다.

공소기각의 재판은 외형상(형식설)으로는 무죄판결과는 다른 것이 사실이지만 실질적인 재판효과면에서는 무죄판결과 같다고 볼 수 있기 때문에 역시 청구권이 인정된다고 할 것이다(실질설=효과설). 현행보상법은 보상청구권의 발생요건이 갖추어진 경우라도 법원이 보상청구를 기각할 수 있는 세 가지 사유를 규정($\frac{법}{제4조}$)하고 있다. 즉 첫째 형사미성년자 또는 심신장애자의 행위라는 이유 때문에 무죄판결이 행해진 경우, 둘째 본인이 수사 또는 심판을 그르칠 목적으로 허위의 자백을 한 경우, 셋째 경합범의 경우 범죄의 일부에 대해서만 무죄판결이 내려진 경우가 그것이다.[1]

법률상의 청구기각사유

    그런데 헌법재판소는 재심절차에서 형사보상청구권을 강화하는 결정을 했다. 즉 원 판결의 근거가 된 가중처벌규정에 대하여 위헌결정이 있었음을 이유로 개시된 재심절차에서, 공소장의 교환적 변경을 통해 위헌결정된 가중처벌규정보다 법정형이 가벼운 처벌규정으로 적용 법조문이 변경되어 피고인이 무죄판결을 받지는 않았으나 원 판결보다 가벼운 형으로 유죄판결이 확정됨에 따라 원 판결에 따른 구금형 집행이 재심절차에서 선고된 형을 초과하게 된 경우, 그 초과 집행된 구금에 대하여 보상요건을 규정하지 않는 것은 현저히 자의적인 차별로서 평등원칙에 위배하여 피고인의 평등권을 침해한다고 형사보상법 제26조 제 1 항에 대해서 위헌결정을 했다.[2] 따라서 앞으로 개선입법이 되면 그런 경우도 형사보상의 길이 열릴 것이다.

    b) 정당한 보상의 내용

    이같은 청구기각사유에 해당하지 아니하는 청구권자는 국가의 형사사법작용 때문에 받은 정신적·물질적 피해에 대한 정당한 보상을 국가에 요구할 수 있는데, 구금중에 받은 적극적인 재산상의 손실뿐 아니라, 구금되지 않았더라면 얻을 수 있었던 소극적인 이익의 상실 그리고 구금으로 인한 정신상의 고통과 신체상의 손상 등에 대해서 그 보상을 구할 수 있다($\frac{법 제5조}{제2항}$). 그 밖에도 무죄판결

현행법상 보상액의 비현실성 개선조정

---

1) 【판결례】 형사보상청구권은 판결주문에서 무죄가 선고된 경우뿐 아니라 판결이유에서 무죄로 판단된 경우에도 미결구금 가운데 무죄로 판단된 부분의 수사와 심리에 필요했다고 인정된 부분에 관해서도 보상을 청구할 수 있다. 다만 형사보상법 제 4 조 제 3 호를 유추적용하여 법원의 재량으로 보상청구의 전부 또는 일부를 기각할 수 있을 뿐이다(대법원 2016. 3. 11. 자 2014 모 2521 결정).

2) 2023년 12월 31일 시한부 잠정적용 헌법불합치결정. 헌재결 2022. 2. 24. 2018 헌마 998, 2019 헌가 16 등 참조. 이 결정에는 재판관 3인의 반대의견이 있다. 즉 i) 형법조항에 위반한 범죄의 증명이 있어 판결로써 형이 선고되었고, ii) 판결의 주문과 이유 어디에도 무죄의 판단이 이루어지지 않았으며, iii) 원심절차와 재심절차의 공소사실이 완전히 같고, iv) 죄의 수 역시 같다는 점에서 '무고한 사람을 구금'한 경우에 해당한다고 볼 수 없어 평등원칙에 위반되지 않는다고 설명한다.

이 확정된 경우에는 당해 사건의 재판에 소요된 비용의 보상을 요구할 수 있는데 이 무죄판결비용보상청구권은 형사소송법에서 규정하고 있다($\substack{\text{법 제194조}\\\text{의 2 및 3}}$). 현행법은 구금에 대한 보상액을 1일당 보상청구의 원인이 발생한 연도의 '최저임금법'에 따른 일급 최저임금액 이상 대통령령이 정하는 금액 이하의 비율에 의한 보상금으로 인상해서 정하고($\substack{\text{법 제5조}\\\text{제1항}}$), 사형집행에 대한 보상은 사형 전 구금에 대한 보상액 외에 3천만원 이내를 가산한 금액으로 규정하고 있다($\substack{\text{법 제5조}\\\text{제3항}}$). 하지만 헌법이 명하는 '정당한 보상'이 '완전한 보상'을 의미한다고 이해할 때 구금으로 인한 여러 가지 피해를 보상하기에는 너무도 부족한 액수라고 생각한다.

또 형사소송법($\substack{\text{제194조의}\\\text{2~5}}$)에는 형사보상청구권과는 별도로 형사비용보상청구권에 관해서 규정하고 있다. 즉 무죄가 확정된 피고인에게는 구속여부에 관계없이 국가가 그 재판에 소요된 소송비용(공판출석 여비·일당·숙박료·변호사보수)을 보상하도록 했다. 다만 피고인이었던 사람이 수사 또는 재판을 그르칠 목적으로 거짓자백 등으로 기소된 경우와 경합범의 일부에 대해서만 무죄판결이 확정된 경우, 형사미성년 내지 심신장애를 이유로 하는 무죄판결인 경우, 그 형사비용이 피고인이었던 사람에게 책임지울 사유로 발생한 경우 등에는 형사비용의 전부 또는 일부를 보상하지 않을 수 있다($\substack{\text{형소법 제194}\\\text{조의 2 제2항}}$). 형사비용보상청구권은 무죄판결이 확정된 사실을 안 날부터 3년, 무죄판결이 확정된 때부터 5년 이내에 하여야 하는데 무죄판결을 선고한 법원의 합의부에서 결정하고 이 결정에 대해서는 즉시항고를 할 수 있다($\substack{\text{법 제194}\\\text{조의 3}}$). 자세한 보상금액에 관해서는 형사소송비용 등에 관한 법률과 형사보상법을 준용한다($\substack{\text{법 제194}\\\text{조의 3~5}}$).[1]

소송비용의
보상문제

---

1) 【결정례】 i) 형사비용보상청구권은 입법자가 사회적 여건이 허락하는 범위 안에서 사법절차에서의 피해자의 구제범위를 확대해 나가는 과정에서 비로소 형성된 권리이다. 따라서 헌법적 차원에서 명시적으로 요건을 정해 보장한 형사보상청구권과는 권리의 근거가 다르다. 또 형사비용보상청구권은 형사재판을 진행하는 과정에서 피고인의 판단과 선택에 따라 지출한 비용을 보상한다는 점에서 인신구속의 피해를 당한 사람에게 구금기간 동안 발생한 재산적·정신적 손해에 대한 보상을 목적으로 한 형사보상청구권과는 분명한 차이가 있다. 그렇기 때문에 비용보상청구권의 제척기간을 형사보상청구권의 제척기간보다 짧게 6개월로 정했던 개정전 구법 규정(제194조의 3 제2항)은 위헌이 아니라고 결정했다(4:5 결정)(헌재결 2015. 4. 30. 2014헌바 408등, 판례집 27-1 하, 1(8면)). ii) 군사법원 피고인의 비용보상청구권의 제척기간을 무죄판결이 확정된 날부터 6개월로 정한 구 군사법원법 규정(제227조의12 제2항)은 과잉금지원칙을 어긴 재판청구권과 재산권의 침해이거나(4인 재판관), 형사보상법에 따라 5년의 제척기간을 적용받는 자에 비하여 자의적으로 차별하고 있어서 평등원칙에 위배된다(4인 재판관). 평등원칙 위배를 이유로 헌법불합치결정의 주문형식이 타당하다는 재판관 1인을 포함해서 전원 일치된 위헌의견이지만 위헌의 이유에 대한 논증은 4:4로 갈린다(헌재결 2023. 8. 31. 2020 헌바 252).

(라) 형사보상청구의 절차와 방법

형사피의자는 불기소처분 또는 불송치결정의 통지를 받은 날로부터 3년
이내에 불기소처분 또는 불송치결정 사실을 증명하는 서류를 첨부해서 불기소
처분을 한 검사의 소속 지방검찰청 또는 불송치결정을 한 경찰관이 소속한 경
찰관서의 관할 지방검찰청의 피의자보상심의회에 보상청구를 한다. 심의회의
결정에 대해서 이의가 있으면 행정심판 또는 행정소송을 제기할 수 있지만 그
렇지 않으면 보상결정을 송달받은 후 2년 이내에 보상금 지급청구를 하여야
하고 청구기간이 지나면 그 권리를 상실한다($\frac{법}{제28조}$). 형사피고인의 형사보상청
구는 무죄판결이 확정된 사실을 안 날로부터 3년 이내, 무죄재판이 확정된 때
부터 5년 이내에,[1] 무죄판결을 행한 법원에 해야 하는데($\frac{법 제7조와 제8조, 형소}{법 제194조의 3 제2항}$),
보상청구에 대해서는 법원합의부에서 재판하게 된다($\frac{법}{제14조}$). 법원은 보상액을
산정할 때 재심에서 무죄가 된 실질적 이유를 고려해야 한다($\frac{법 제5조,}{제2항 제4호}$). 그리
고 보상청구를 받은 법원은 6개월 이내에 보상결정을 해야 한다($\frac{법 제14조}{제3항}$). 법원
이 보상결정을 해서 보상결정서를 송달하면 2년 이내에 그 법원에 대응한 검
찰청에 보상금지급을 청구하고 지급청구서를 제출받은 검찰청은 3개월 이내에
보상금을 지급해야 하고 이 기간 이후부터는 지급일까지의 지연일수에 대한 법
정 지연이자를 지급해야 한다($\frac{법}{제21조의 2}$). 보상결정에 대한 보상청구권은 청구기
간 2년이 지나면 권리를 상실한다($\frac{법 제21조}{제3항}$). 법원은 보상결정의 확정 후 2주일
내에 보상결정의 요지를 관보에 게재하여 공고해야 하는데, 보상결정을 받은
사람은 관보공시 이외에 2종 이상의 일간신문을 지정하여 공시하도록 신청할
수 있고, 이 경우 신청일로부터 30일 이내에 그 신문에 공시해야 한다. 다른
법률에 따른 충분한 손해배상이 이루어졌다는 이유로 보상청구를 기각하는 결
정이 확정되었을 때에도 공시규정은 준용된다($\frac{법}{제25조}$). 보상결정을 받은 사람의
명예회복을 위한 최소한의 배려이다. 그 밖에도 명예회복을 위해서 무죄재판서
를 법무부 홈페이지에 게재하도록 요구할 수도 있다($\frac{법 제30조~}{제34조}$). 그런데 법원의
형사보상결정에 대해 불복신청을 금지한 구 형사보상법규정은 형사보상청구권
과 재판청구권의 본질적 내용을 침해하는 위헌이라는 결정[2]에 따라 보상청구
의 기각결정에 대한 즉시항고 이외에 이제는 보상결정에 대해서도 1주일 이내

---

1) 【결정례】 형사보상청구권의 제척기간을 무죄재판이 확정된 때로부터 1년으로 정한 법규정(제
   7조)은 침해의 최소성과 법익균형성을 어긴 입법재량의 한계를 벗어난 것으로 형사보상청구
   권의 침해이다(2011년 말까지 적용중지 헌법불합치결정)(헌재결 2010. 7. 29. 2008 헌가 4, 판
   례집 22-2 상, 1(9면)).
2) 헌재결 2010. 10. 28. 2008 헌마 514, 판례집 22-2 하, 180(192면) 참조.

에 즉시항고를 할 수 있게 되었다($\frac{\text{법}}{\text{제20조}}$).

4. 사생활영역의 보호

헌법상의 관
련기본권

우리 헌법은 모든 국민의 사생활영역에서 인간의 존엄성이 침해되는 일이
없도록 주거의 자유($\frac{\text{제16}}{\text{조}}$), 사생활의 비밀과 자유($\frac{\text{제17}}{\text{조}}$) 그리고 통신의 비밀($\frac{\text{제18}}{\text{조}}$)
등을 보장함으로써 국민의 사생활이 공간적으로, 내용적으로 최대한으로 보호될
수 있도록 노력하고 있다. 또 개인의 존엄이 존중되는 혼인과 가족생활을 제도적
으로 보장하고 있는 것도($\frac{\text{제36조}}{\text{제1항}}$) 사생활영역의 보호와 불가분의 관계에 있다.

사생활보호의
중요성

국민 한 사람 한 사람의 사생활영역은 인간공동생활의 기초인 동시에 동
화적 통합의 단위를 뜻하기 때문에 인간공동생활의 가장 원초적인 영역인 사생
활을 보호하는 것은 사회공동생활의 활력소를 유지해 나간다는 뜻에서도 매우
중요한 의의를 갖는다. 따라서 국민의 사생활영역을 보호하는 기본권은 국가권
력에 대한 방어권인 동시에 사회공동체의 객관적 가치질서를 뜻하게 된다.

Ⅰ. 주거의 자유

(1) 주거의 자유의 의의

1) 사생활공간의 보호

현행헌법은 국민의 사생활을 우선 '공간적'으로 보호해 주기 위하여 주거
의 자유를 침해받지 않도록 보장하면서 주거에 대한 압수나 수색을 할 때에는
반드시 법관이 발부한 영장의 제시가 있어야 하도록 하고 있다($\frac{\text{제16}}{\text{조}}$). 인간의
'사생활공간'에 대한 보호가 우선 선행되지 않고는 '사생활의 내용'에 대한 보호
도 기대하기가 어렵기 때문에 주거의 자유는 사생활의 비밀과 자유를 지키기
위한 불가결의 기초라고 볼 수 있다.

2) 주거의 범위

주거의 범위
확대 및 주거
의 개념

오늘날 '주거'의 범위를 되도록 넓게 인정해서 '공간적으로 외부와 구획된
모든 사적인 생활공간'으로 이해하는 것도 사생활의 양상이 옛날과 달라져서
주택 이외의 생활공간으로 확산되어 나가기 때문에 이들 생활공간에서 이루어

지는 사생활의 내용도 함께 보호해야 할 필요성이 증대되었기 때문이다. 따라서 '주거'의 개념에는 거주용의 주택은 물론이요, 호텔의 객실·상점·공장·회사·학교·작업장까지도 포함된다.

3) 주거의 자유의 주체

주거의 범위를 이처럼 넓혀서 이해하는 경우 공장·회사·학교·작업장 등에서 구체적으로 누가 주거의 자유의 주체가 되는가의 문제가 제기되는데, 원칙적으로 그 생활공간의 장($\frac{공장장·사장·}{학교장 등}$)이 주거의 자유의 주체가 된다고 하는 것이 지배적인 견해이다. 그러나 주택과 호텔 객실의 경우에는 반드시 그 주택이나 호텔의 소유권자가 아니라도[1] 현실적인 거주자가 주거의 자유의 주체가 되는 것은 물론이다.

(2) 주거의 자유의 내용

1) 거주자의 동의 없는 침입금지

주거의 자유는 사적인 생활공간을 권원 없는 침해로부터 보호하는 것을 그 내용으로 한다. 따라서 거주자의 동의 없이 그의 사적인 생활공간에 들어가는 것은 주거의 자유에 대한 침해이다. 이 때 거주자의 동의란 명시적인 동의뿐 아니라 추정적인 동의도 포함되기 때문에 거주자의 생활공간에 들어가는 것이 그의 의사에 반하지 않는다고 볼 수 있는 경우에는 주거의 자유에 대한 침해가 아니다. 불법적인 목적으로 타인의 생활공간에 들어가는 것이 일반적으로 주거의 자유에 대한 침해가 되는 것도 그 때문이다.

2) 가택수색과 영장주의

주거의 자유는 물론 사인에 의해서도 침해될 수 있기 때문에 현행법은 사인에 의한 주거의 침해를 막기 위해서 형법에 주거침입의 죄($\frac{제319조}{이하}$), 민법에 자력구제($\frac{제209}{조}$)의 규정 등을 두고 있지만, 주거의 자유에 대한 침해가 주로 문제되는 것은 국가권력에 의한 침해이다. 헌법에서 '주거에 대한 압수나 수색을 할 때에는 검사의 신청에 의하여 법관이 발부한 영장제시'를 요구하고 있는 것도 국가권력에 의한 주거의 침해를 최대한으로 억제하기 위한 것이다. 가택수색은 본래 '숨겨진 비밀의 발견'을 목적으로 하는 것이기 때문에, 그것이 함부

사인에 의한 침해방지대책

공권력에 의한 침해방지

---

1) 그러나 공장·회사 등의 종업원은 그 장으로부터 주거의 자유의 행사를 위임받았다고 볼 수 있는 경우도 있을 수 있을 것이다.

로 허용되는 경우 주거에 대한 침해의 정도가 매우 클 것은 당연하다. 따라서 헌법은 가택수색에 영장을 요구하고 있다. 특히 디지털시대에 가택수색은 흔히 전자정보의 저장매체(휴대폰 또는 PC)에 대한 압수수색으로 행해지는 경우가 많은데 이 경우 전자정보의 제한 없는 출력·복제 또는 저장매체의 외부반출 행위는 사생활 보호를 위한 영장주의의 취지에 어긋나는 일로 함부로 허용할 수 없다.[1] 이같은 영장주의는 국민의 생활공간에 대한 국가의 부당한 침해를 방지함으로써 국민의 사생활을 보호하기 위한 것이기 때문에 형사상의 목적에 의한 것은 물론이고 행정상의 목적 또는 사법상의 목적에 의한 주거침해의 경우에도 마땅히 존중되어야 한다.

3) 단순한 주거제한과 영장주의의 예외

그러나 주거침해가 언제나 주거에 대한 압수나 수색을 뜻하는 것은 아니기 때문에 이른바 가택수색에 해당되지 않는 단순한 주거제한의 경우에는 영장주의의 적용이 없고, 다만 법치국가적 요청을 충족시키면 된다고 할 것이다. 예컨대 행정공무원이 경찰·소방·위생·세무·영업감독 등의 목적으로 개인의 주거에 들어가는 것은 그것이 법률에 근거가 있고, 그 행위가 행정상의 목적달성을 위해서 꼭 필요한 합리적인 범위 내의 일이라고 평가될 수 있는 경우에는 주거의 자유에 대한 침해라고 볼 수 없다.[2] 또 민사집행법상의 강제집행절차에 따라 집행관에 의해서 강제집행이 실시되고 집행관이 그의 강제력사용권($\frac{제5}{조}$)에 의해서 주거에 대한 압수나 수색을 하는 경우에도 그것은 영장주의의 위반은 아니다.[3] 왜냐하면 집행판결이나 집행문에는 이미 주거에 대한 압수나 수색을 허용하는 법관의 의사가 함께 내포되고 있다고 보아야 하기 때문이다. 따라서 사법상의 목적에 의한 주거침해의 경우에도 영장의 제시가 불필요한 때가 있을 수 있다.

---

1) 【판결례】 가택수색에서 혐의사실과 관련된 정보를 적법하게 탐색하는 과정에서 별도의 혐의와 관련된 정보를 우연히 발견한 경우, 더 이상의 추가탐색을 중단하고 별도의 혐의에 대한 영장을 발부받은 경우에 한하여 그러한 정보에 대하여도 적법하게 압수수색할 수 있다(대법원 2015. 7. 16. 자 2011 모 1839 결정).

2) 국내 헌법학자들간에 견해의 대립을 보이고 있는 이른바 '영장필요설'·'영장불요설'·'절충설' 등은 이 점에 대한 문제의 본질을 바르게 이해하는 경우에는 무의미한 논쟁이라고 생각한다.

3) 【독일판례】 그러나 독일연방헌법재판소는 집행관의 강제집행에도 법관의 영장이 필요하다는 판시를 했다. BVerfGE 51, 97(111f.) 참조.

4) 주거 내의 도청장치금지

사람의 주거 내에 도청장치를 설치함으로써[1] 주거 내에서 이루어지는 사적인 대화를 도청하거나 녹음하는 행위는 사생활의 비밀에 대한 침해가 될 뿐 아니라 주거의 자유에 대한 침해도 된다고 할 것이다. 왜냐하면 그와 같은 도청장치의 설치로 인해서 주거의 '주거'로서의 기능이 상실되기 때문이다. 이 경우 주거 내의 대화는 마치 행정관청에서 행하는 대화와 다를 것이 없는 결과를 초래하기 때문이다. 그러나 주거 내에 들어가지 않고 주거 밖에서 창문을 통해서 흘러나오는 주거 내의 대화를 도청하는 행위는 사생활의 비밀의 침해는 될지언정 주거의 자유에 대한 침해는 아니다. 주거의 자유는 공간적으로 주거 내에서 끝나기 때문이다.

사생활의 비밀 및 주거의 자유침해

(3) 주거의 자유의 제한과 한계

주거의 자유를 제한하는 경우에도 헌법이 정하는 기본권제한입법의 한계조항($^{제37조}_{제2항}$)을 존중해야 하는 것은 두말할 필요 없다. 따라서 아무리 긴급을 요하는 경우에도 법률의 근거가 없는 주거침해는 허용되지 아니한다. 또 법률에 의해서 주거의 자유를 제한하는 경우에도 과잉금지의 원칙을 존중해야 하기 때문에 목적달성을 위해 필요한 최소한의 제한에 그쳐야 한다. 예컨대 행정공무원이 소방특별조사 등의 행정상의 목적을 위해서 영업장소에 들어가는 것은 화재예방, 소방시설 설치 · 유지 및 안전관리에 관한 법률($^{법 제4}_{조의 3}$) 등에 근거가 있는 경우에 허용이 되지만, 원칙적으로 영업시간 내에 한한다고 할 것이다($^{법 제4}_{조의 3}$). 또 경찰공무원이 경찰관 직무집행법($^{제7}_{조}$)이 정하는 바에 따라 인명 · 신체 또는 재산에 대한 위해가 절박한 때에 그 위해를 방지하거나 피해자를 구조하기 위해 부득이한 경우에 필요한 최소한의 범위 내에서 타인의 주거에 출입하는 것은 주거의 자유에 대한 합리적 제한이라고 할 것이다. 또 현행 형사소송법($^{제216}_{조}$)이, 가택수색에 대한 영장주의의 헌법상의 요청에도 불구하고, 현행범인을 체포하는 경우, 긴급체포를 요하는 경우, 체포 · 구속영장을 집행하는 경우 등에 영장 없이도 주거에 대한 강제처분을 할 수 있도록 규정하고 있는 것은 그 강제처분이 과잉금지원칙에 어긋나지 않는 한 주거의 자유에 대한 불가피한 제한이라고 볼 수 있다.

과잉금지원칙의 존중

---

1) 비밀 촬영장치의 설치도 이에 준해서 생각할 수 있다.

Ⅱ. 사생활의 비밀과 자유

(1) 사생활의 비밀과 자유의 의의

1) 헌법규정

나만의 영역
보호

우리 헌법은 인간의 존엄성과 행복추구권에 관한 규정($\frac{M10}{\mathbb{Z}}$)을 두면서도 그와는 별도로 사생활의 비밀과 자유에 관한 규정($\frac{M17}{\mathbb{Z}}$)을 따로 두고 혼인과 가족생활에서도 개인의 존엄이 존중되어야 한다는 뜻을 명백히 밝힘으로써($\frac{M36\mathbb{Z}}{M1\,\overline{w}}$) 모든 국민의 사생활의 비밀과 자유를 보호하고 있다.

2) 사생활보호의 헌법상 의의와 기능

인간의 존엄
성과의 불가
분성

사람은 누구나 자기 스스로의 뜻에 따라 삶을 영위해 나가면서 개성을 신장시키기를 바라기 때문에 사생활의 내용에 대한 외부적인 간섭을 원치않을 뿐아니라, 다른 사람에게 알리고 싶지 않은 '나만의 영역'을 혼자 소중히 간직하기를 바라기 때문에, '나만의 영역'이 자신의 의사에 반해서 남에게 알려지는 것을 원치 않는다. 이처럼 사생활의 내용과 양상이 나의 뜻에 따라 정해지고, '나만의 영역'이 나에게만 간직될 수 있는 것을 사생활의 자유와 비밀이라고 말한다.

이같은 사생활의 비밀과 자유는 인간행복의 최소한의 조건이다. 따라서 사생활의 내용에 대해서 외부적인 간섭을 받게 되고, '나만의 영역'이 타의에 의해서 외부에 공표되었을 때, 사람은 누구나 인간의 존엄성에 대한 침해 내지 인격적인 수모를 느끼게 된다. 사생활의 비밀과 자유를 존중하고 보장하는 것이 '인간의 존엄성' 내지 '행복추구권'과 불가분의 관련이 있다고 평가되는 이유도 그 때문이다. 사생활의 비밀과 자유를 지키는 것은 곧 인간의 존엄성을 지키는 것과 같다는 논리의 설득력이 바로 여기에서 나온다. 독일의 학설과 판례[1]가 인간의 존엄성을 핵으로 하는 인격권 내지 개성신장의 자유의 한 내용으로 사생활의 비밀과 자유를 보호하고 있는 것도 같은 맥락에서 이해할 수 있다.

(2) 사생활의 비밀과 자유의 내용

1) 사생활내용의 보호

주거의 자유
와의 차이

국민의 사생활영역을 주로 '공간적'으로 보호하기 위한 것이 주거의 자유라고 한다면, 사생활영역을 '내용적'으로 보호해 주기 위한 것이 사생활의 비밀

---

1) BVerfGE 6, 32(41); 6, 389(433). *H.-U. Evers*, Privatsphäre und Ämter für Verfassungs-schutz, 1960, S. 198ff.(201).

과 자유이다. '사생활의 비밀과 자유'는 통신의 자유($^{제18}_{조}$)와 함께 국민의 사생활 영역을 내용적으로 보호함으로써 개성신장을 위해서 반드시 필요한 '나만의 영역'을 형성하고 지켜 나갈 수 있도록 하는 중요한 사생활보호의 기능을 가진다.

2) 사생활의 자유와 사생활의 비밀

'사생활의 비밀과 자유'는 구체적으로 '사생활의 자유'와 '사생활의 비밀'로 나눌 수 있는데, '사생활의 자유'가 사생활의 설계 및 그 내용에 대해서 외부로부터의 간섭을 받지 아니할 권리라고 한다면, '사생활의 비밀'은 사생활과 관련된 전혀 사사로운 '나만의 영역'이 본인의사에 반해서 타인에게 알려지지 않도록 나만이 간직할 수 있는 권리이다. '사생활의 자유'와 '사생활의 비밀'은 이처럼 개인의 프라이버시에 관한 헌법상의 권리이기 때문에 소극적인 면과 적극적인 면을 모두 내포하고 있는 기본권이다. 따라서 모든 국민은 사생활의 내용과 비밀에 대한 간섭 내지 침해가 있는 경우에 이를 소극적으로 배제할 수 있는 것은 물론이고, 사회공동체의 일반적인 생활규범의 테두리 내에서 사생활을 자유롭게 설계·형성해 나갈 수 있고, 또 '나만의 영역'이 함부로 공개되지 않도록 적극적으로 통제할 수 있는 권리를 함께 갖게 된다. 따라서 예컨대 재판절차에서 실체적 정의의 발견이라는 중요한 공익목적으로 당사자 동의 없이 이루어진 대화내용의 녹음파일을 증거자료로 활용하는 데는 반드시 대화상대방의 동의가 필요할 뿐 아니라 사생활의 비밀과 자유의 헌법적인 보호가치를 훨씬 능가하는 또 다른 중대한 헌법적인 공익목적이 있는지 엄격한 이익형량을 거쳐서 예외적으로만 허용된다. 그렇지만 아무리 중대한 공익목적이라고 할지라도 개인의 핵심적인 사생활영역을 침해하는 것은 허용되지 않기 때문에 이 영역은 처음부터 공익과의 이익형량의 대상이 될 수 없다는 점을 명심해야 한다.[1]

프라이버시에 관한 소극적·적극적 권리

3) 혼인과 가족관계의 사생활

또 개인의 존엄에 바탕을 둔 혼인과 가족생활을 보장하는 헌법정신에 따라 혼인 여부, 혼인시기, 배우자선택, 자녀의 수와 같은 사생활형성에 관한 사항은 기본권주체의 일신전속권이기 때문에 어떤 외부적 간섭에 대해서도 이를 배제할 권리를 가진다. 따라서 일정한 연령에 달하는 모든 남녀에게 의무적인 결혼을 강요하고, 불임수술을 강요하는 것 등은 허용되지 않는다.

---

1) 독일 연방헌법재판소도 이미 1973년 같은 취지의 판시를 했다. BVerfGE 34, 238(245, 248ff.) 참조할 것.

4) 사생활침해와 법적 책임

개인의 프라
이버시침해의
예

또 개인의 사생활내용을 조사한다는 구실 아래 그 사람의 일거일동을 일
일이 추적해서 감시함으로써 심한 불쾌감을 주는 행위, 사생활의 비밀을 알아
내기 위해서 사적인 대화내용을 도청하고 본인도 모르게 녹음하는 행위, 사인
의 사사로운 일기내용을 본인의 허락 없이 매스미디어를 통해서 보도하는 행
위, 사인의 사진을 본인이 원치 않는 목적을 위해서 사용하는 행위, 사인의 사
생활내용 내지는 개인의 신상정보를 권한 없이 공표하는 행위 등은 사생활의
비밀과 자유에 대한 침해를 뜻하기 때문에 허용되지 아니한다. 이같은 사생활
의 비밀과 자유에 대한 침해는 주로 기본권주체의 정신적인 안정과 평화 그리
고 그 인격적 가치를 해치게 되지만, 그것이 사법상·공법상의 불법행위책임의
원인이 되는 것은 물론이고 형사책임의 대상이 될 수도 있다.

(3) 사생활의 비밀과 자유의 한계

1) 공적 인물의 사생활과 공익적 한계

유명인사와
범죄인의 사
생활과 공공
이익

모든 국민은 누구나 '나만의 영역'을 갖는 자주적 인격의 주체임과 동시에,
사회공동체의 구성원으로서 남과 더불어 책임 있게 함께 사회생활을 형성해 나
갈 사명을 간직한 사회적 인격의 주체이기도 하기 때문에 '나만의 영역'을 주장
하는 데에도 스스로 일정한 한계가 있다. 특히 '사생활'과 '공생활'의 한계가 희
미할 수밖에 없는 이른바 유명인사($^{public\ figures,}_{정치인,\ 체육인\ 등}$ 연예인,)가 무제한 '나만의 영역'을
내세울 수 없는 이유는 그들의 '사생활'이 공적인 관심사가 되어 이미 공공이익
의 한 부분을 이루고 있기 때문이다.[1] 또 범죄인도 물론 사생활의 보호를 받아
야 하지만 범행과 관련이 있는 사생활의 비밀은 보호가치가 없기 때문에 그것
이 공개된다고 해서 사생활의 침해가 되는 것은 아니다. 범행과 관련 있는 범
인의 사생활을 공개하는 것은 오히려 공공의 이익에 속하기 때문이다.

---

1)【판시】 언론에 의한 명예훼손의 경우 개인 대 개인의 사적 관계에서는 명예보호라는 인격권
   이 우선하지만, 그 표현이 공공적·사회적·객관적인 의미를 가진 정보에 해당하는 것은 그 평
   가를 달리해야 한다. … 즉 공적 인물과 사인, 공적인 관심사안과 사적인 영역에 속하는 사안
   간에는 심사기준에 차이를 두어야 한다. 공적 인물이 그의 공적 활동과 관련된 명예훼손적 표
   현은 그 제한이 완화되어야 하는 등 개별사례에서의 이익형량에 따라 그 결론도 달라지게 된
   다(헌재결 1999. 6. 24. 97 헌마 265, 판례집 11-1, 768(775면과 777면)).
   【결정례】 공직선거에 후보자등록을 하려면 실효된 형을 포함한 금고 이상의 형의 전과기록을
   제출케 하고 이를 선거기간 중 선거구민에게 공개하도록 하는 선거법규정(제49조 제 4 항 제 5
   호)은 사생활의 비밀과 자유, 개인정보자기결정권 및 평등권의 침해가 아니다(헌재결 2008. 4.
   24. 2006 헌마 402 등)(헌재결 2013. 12. 26. 2013 헌마 385).

2) 가벼운 사생활제한과 수인의무

사생활의 비밀과 자유에 대한 침해는 사생활침해의 의도와 어느 정도 객관적인 침해의 진지성을 전제로 하기 때문에 사생활침해의 의도가 없는 가벼운 사생활침해의 결과에 대해서는 이를 수인해야 한다. 예컨대 수사기관이 어떤 사건의 수사과정에서 우연히 그 사건과 무관한 제 3 자의 사생활의 비밀을 알게 된 경우에도 수사기관이 그것을 다른 목적에 이용하거나 공개하지 않는 한 사생활비밀의 침해는 없다고 할 것이다. 또 사람의 동태를 살펴보는 공권력작용이 있더라도 그것이 계속적인 추적·감시가 아니고 개별적인 사항에 국한된 일시적인 관찰정도에 그친다면, 그 관찰로 인해서 설령 감시받는 사람에게 불쾌감을 심어준다 해도 사생활자유의 침해라고 볼 수는 없다.[1]

의도 없는 가벼운 사생활 침해와 수인의무

3) 여론 및 행정조사와 사생활의 자유

(가) 허용의 전제조건

같은 이유로 통계 내지 여론조사의 목적으로 사생활영역에 속하는 사항에 대해서 여러 가지를 물어봄으로써 사람을 괴롭히는 행위는 그 조사자료가 조사대상자와 함께 추상화되어 통계 내지 여론조사의 목적에만 사용되는 한 사생활의 침해라고 할 수 없다. 또 국가가 행정상 꼭 필요한 여러 가지 국민의 신상에 관한 사항(예컨대 이름·연령·생년월일·가족관계·주소·직업·종교·재산정도 등)을 국민에게 물어보는 행위는 그것이 국민의 권리의무[2]와도 관련된 사항들이기 때문에 허용된다고 할 것이다.

(나) 국가의 개인정보보호의무

그러나 국민에 대한 공권력의 이같은 정보요구권에도 일정한 한계가 있기 때문에 무한정 허용되는 것은 아니라는 점을 주의할 필요가 있다. 오늘날 사회국가의 요청과 조세정책을 통한 합리적인 소득재분배의 필요성 때문에 국민의 경제적인 사생활영역에서는 국민의 재산, 소득상황 등에 대한 국가의 정보요구권을 비교적 폭 넓게 인정하려는 경향이 있는 것이 사실이지만, 국민의 비경제적인 사생활영역에 관한 정보는 그것이 잘못 다루어지면 사생활의 비밀과 자유

공권력의 행정자료조사권과 그 한계

---

1) 예컨대 밤중에 해변을 거니는 사람의 동태를 살펴보는 해안경비원의 행위가 여기에 속한다.
   【결정례】 공직자 병역공개제도에서 공적 관심도가 약한 4급 이상 공직자들까지 모든 질병명을 제한 없이 공개토록 한 것은 사생활의 비밀과 자유의 침해이다(헌재결 2007. 5. 31. 2005헌마 1139).
2) 예컨대 국민의 교육을 받을 권리와 의무(제31조), 근로의 권리와 의무(제32조), 인간다운 생활을 할 권리 및 생활무능력자의 보호요구권(제34조), 납세의 의무(제38조), 국방의 의무(제39조) 등을 들 수 있다.

의 본질적 내용이라고 볼 수 있는 '인간의 핵심영역'을 다칠 위험성이 크기 때문에 극히 제한적으로만 허용해야 한다는 소리가 높아지고 있다. 여러 가지 전산정보의 관리에 관한 신중론[1]이 대두되는 이유도 그 때문이다. 2011년에 '개인정보 보호법'을 새로 제정해서 구법의 개인정보 보호의 사각지대를 해소하고 개인정보의 보호수준을 높인 것은 다행한 일이다. 특히 자기정보를 본인이 직접 관리·통제하는 자기정보관리통제권을 강화한 것(제4조)은 사생활의 비밀과 자유를 강조한 의미 있는 진전이다.[2] 이제 개인정보의 부당사용 또는 무단유출로 인한 개인 사생활의 침해가 더 강력한 법적인 규제를 받게 된 것은 국민의 정보자결권의 보호를 위해서 다행한 일이다.[3] 국민의 개인정보자결권은 인격권의 한 표현으로서 개성신장과 사회생활에서 큰 의미를 갖는 개인정보가 본인의 의사와 무관하게 생산되어 무분별하게 조사·수집·보관·처리·이용되는 것으로부터 보호받을 권리이다. 국민은 자기관련 정보생산의 유일한 주체일 수는 없지만, 적어도 자기관련 정보의 생산에 본질적으로 관여하고 그것이 어떤 내용과

개인의 신상 정보자결·관 리권 보호

---

1) *D. C. Sanders*, Computers and Managements in a Changing Society, 1974, pp. 487; *A. F. Westin*, Privacy and Freedom, 1967 참조.

2) 정보보호법은 대통령소속의 개인정보 보호위원회(15인 이내)를 두어 정보보호의 중심기능을 맡기고(제7-8조), 개인정보의 수집·이용·제공 등 단계별 보호기준을 마련했으며(제15-22조), 민감정보(신념·정치활동·건강·성생활 등)의 처리를 제한하고(제23조), 고유식별정보의 처리제한을 강화하며(제24조), 원칙적으로 주민등록번호를 개인정보로 처리하는 것을 금지하며(제24조의 2), 개인정보 처리자는 2016. 8. 5. 이내에 보유하고 있는 주민등록번호를 모두 파기하도록 하며(부칙 제 1 조와 제 2 조), 영상정보처리기기의 설치제한의 근거를 마련하고(제25조), 개인정보 영향평가제도를 도입하는 등(제33조) 정보주체의 권리(열람·정정·삭제·처리정지 등)를 보장하며(제35조-제39조), 20인 이내의 개인정보 분쟁조정위원회를 설치(제40조-제44조)해 분쟁조정을 60일 이내에 처리토록 하고 집단분쟁조정제도(제49조-제50조)와 단체소송제도(제51조-제57조)를 도입하면서 벌칙규정(제70조-제74조)을 강화했다. 나아가 2015년에는 개인정보의 수집·유출·오용·남용으로부터 사생활의 비밀보호를 한 층 더 강화하기 위하여 법을 개정해서 개인정보보호위원회의 기능을 강화하고(법 제8조 제 4 항·제 5 항, 제 8 조의 2, 제40조 제 3 항·제 4 항, 제63조 제 4 항), 징벌적 손해배상제 및 법정손해배상제를 도입하여 개인정보 유출 등에 따른 피해구제를 강화하며(제39조 제 3 항·제 4 항 및 제39조의 2), 개인정보의 불법 유통 등으로 인한 범죄수익은 몰수·추징할 수 있도록 제재수준을 강화했다(제70조 각 호 및 제74조의 2).

3) 【판결례】 i) 사생활의 비밀보호와 알권리의 상충시에 알권리의 제한이 불가피하다(서울고법 1995. 12. 28. 선고 95 구 5815 판결). ii) 수사기관의 장이 구 전기통신사업법 제54조 제 3 항 및 제 4 항에 의하여 전기통신사업자에게 통신자료의 제공을 요청하고 전기통신사업자가 위 규정에 정한 형식적·절차적 요건을 심사하여 수사기관의 장에게 이용자의 통신자료를 제공했다면, 수사기관의 장이 통신자료 제공 요청권한을 남용하여 정보주체 또는 제 3 자의 이익을 부당하게 침해하는 것임이 객관적으로 명백한 경우와 같은 특별한 사정이 없는 한 이로 인해 해당 이용자의 개인정보자기결정권이나 익명표현의 자유 등이 위법하게 침해된 것으로 볼 수 없다(대법원 2016. 3. 10. 선고 2012 다 105482 판결).
【결정례】 법률상 근거없이 국가가 개인의 정치적 견해에 대한 정보를 수집·보유·이용하는 등의 행위를 하는 것은 법률유보원칙에 반하는 개인의 자기정보결정권에 대한 침해이다(헌재결 2020. 12. 23. 2017 헌마 416).

방법으로 타인에게 알려지고 이용되는지에 대해서는 영향을 미칠 수 있어야 한
다.[1] 이 개인정보의 공개와 이용에 관한 결정권은 사적 영역의 정보뿐 아니라
공적 생활에서 형성된 정보와 이미 공개된 정보를 포함한다.[2] 따라서 주민등록
번호의 변경을 허용하지 않는 것은 개인정보자기결정권의 침해이다.[3] 우리 헌

---

1) 【결정례】 수사기관 등의 요청에 따라 전기통신사업자가 이용자의 개인정보(성명, 주민번호, 주소, 전화번호, 가입 및 해지일)를 제공할 수 있도록 정한 전기통신사업법 제83조 제 3 항이 통신자료를 취득한 이후에 통신자료의 취득 사실을 이용자에게 통지하는 사후 통지 절차를 두지 않은 것은 적법절차원칙에 위배되어 개인정보자기결정권을 침해한다(헌법불합치 결정 2023. 12. 31. 시한 잠정적용)(헌재결 2022. 7. 21. 2016 헌마 388 등).
   【독일판례】 연방 헌법보호법에 따라 정보기관이 비밀리에 어렵게 수집한 개인정보를 치안질서 유지목적으로 치안경찰 또는 검찰에게 제공할 수 있게 정한 연방 헌법보호법 관련 규정은 법익균형성과 침해 최소성을 침해할 뿐 아니라 정보의 분리원칙에도 어긋하는 것이어서 헌법에 합치하지 아니한다. 2023년 말까지 재판부가 허용한 판시 범위에서 잠정 적용한다(1 BvR 2354/13, 2022. 9. 28. 결정). *정보의 분리원칙＝더 엄격한 조건을 충족해서 수집한 개인 정보를 그보다 쉬운 조건으로도 수집할 수 있는 정보로 활용하기 위해서 제공하는 것을 금지하는 원칙. 독일 연방헌법재판소는 이미 1 BvR 1619/17, 2022. 4. 26. 판결에서도 이 원칙을 강조했다(뒤 482면 참조).
2) 【판결례】 공인의 개인정보가 이미 정보주체의 의사에 따라 일반적으로 접근할 수 있는 정보원에 공개된 경우 그 내용이 민감정보나 고유식별정보에 해당하지 않는다면 이 공개된 개인정보를 영리목적으로 수집하여 제 3 자에게 제공했더라도 정보수용자의 알권리 등 그 공개의 공익이 그 공개를 금지하여 얻을 수 있는 사익에 비해 우월하므로 개인정보처리자에게 영리목적이 있었다는 사정만으로 개인정보자기결정권의 침해로 볼 수 없다. 개인정보 보호법(제15조와 제17조)에는 개인정보 수집·이용과 제 3 자 제공에 원칙적으로 정보주체의 동의의 필요성을 규정하면서도 그 대상이 되는 개인정보를 공개된 것과 공개되지 않은 것으로 나누어 달리 규율하고 있지는 않다. 그렇더라도 정보주체가 공개한 정보를 객관적으로 보아 정보주체가 동의한 범위 내에서 처리하는 것으로 평가할 수 있는 경우에도 별도의 동의를 받을 것을 요구한다면 개인정보처리자에게 무의미한 비용만을 부담시키는 결과를 초래해 불합리하다. 따라서 이런 경우 별도의 동의를 받지 않았어도 위법한 것으로 볼 수 없다(대법원 2016. 8. 17. 선고 2014 다 235080 판결).
   【결정례】 공공기관이 보유하고 있는 정보에 대하여 정당한 이해관계가 있는 사람이 그 정보에 접근하기 위하여 정보의 공개를 요구할 수 있는 정보공개청구권의 행사기간을 6개월 내로 지나치게 짧게 정하고 있는 변호사시험법 부칙 제 2 조 해당 특례조항은 정보공개청구권을 침해한다(헌재결 2019. 7. 25. 2017 헌마 1329).
   【독일판례】 범인색출 내지 수사목적에 활용하기 위해서 공공도로에 설치한 통과차량 자동촬영장치는 비 표적 대상 국민의 개인정보자기결정권의 침해에 해당한다. 이 경우 촬영정보가 즉시 삭제되고 더 이상 저장·활용되지 않는다는 이유로 개인정보자기결정권의 침해가 아니라고 판시한 선판례(BVerfGE 120, 378)를 변경한다. 개인정보자기결정권의 보호영역에 공권력의 감시를 의식하지 않고 생활할 자유를 포함시킨 연방헌재 최초의 판례이다. 따라서 심판대상인 Bayern주 경찰법의 해당 규정은 개인정보자기결정권의 관점에서 수인기대가능성과 투명성을 충족하지 못하고 권리보호 및 감독기능의 요건도 충분히 갖추지 않아 부분적으로 위헌이지만 2019년 말까지 잠정적용토록 헌법불합치결정을 한다(1 BvR 142/15, 2018. 12. 18. 결정).
3) 【결정례】 i) 주민등록번호는 개인식별번호로서 뿐 아니라 표준식별번호로까지 기능하는 개인정보통합연결자(key data)로 사용되고 있다. 그런데도 주민등록번호 유출 또는 오남용으로 인해서 발생할 수 있는 피해 등에 대한 고려 없이 적절하고 합리적인 절차에 따른 주민등록번호변경에 관한 규정을 두지 않은 채 주민등록번호변경을 일률적으로 허용하지 않는 주민등록법규정(제7조)은 과잉금지원칙에 반하는 개인정보자기결정권의 침해이다(2017년 말 시한 잠정적용 헌법불

법재판소는 이 기본권이 헌법 제17조를 비롯해서 제10조의 일반적 인격권과 국민주권 및 민주주의원리 등을 이념적 기초로 하는, 헌법에 명시되지 아니한 독자적 기본권으로 이해하고 있다.[1] 아무튼 인간의 가장 '내면적인 사생활영역'

___

합치결정)(헌재결 2015. 12. 23. 2013 헌바 68). ii) 가족관계의 등록 등에 관한 법률에 규정된 각 종 증명서(가족관계증명서, 기본증명서, 혼인관계증명서, 입양관계증명서, 친양자입양관계증명서 등)에 대한 교부청구권을 형제자매에게 부여하는 규정(제14조 제 1 항)은 침해의 최소성과 법익 의 균형성을 갖추지 않아 개인정보자기결정권의 침해이다(헌재결 2016. 6. 30. 2015 헌마 924). iii) 주민등록법(제29조 제 6 항 및 제 7 항)과 같이 가정폭력 피해자가 가정폭력 가해자를 지정 하여 가족관계증명서 및 기본증명서의 교부를 제한하는 등의 가정폭력 피해자의 개인정보를 보 호하기 위한 구체적인 방안을 마련하지 아니한 가족관계등록법(제14조 제 1 항 본문 중 해당부 분)은 과잉금지원칙을 위반하여 청구인의 개인정보자기결정권을 침해하는 부진정입법부작위여 서 위헌이다(2021. 12. 31. 시한 잠정적용 헌법불합치결정(헌재결 2020. 8. 28. 2018 헌마 927)).

1) 헌재결 2005. 5. 26. 99 헌마 513 등, 판례집 17-1, 668(682면) 참조.
【결정례】 i) 개인정보자결권은 타인에게 형성될 정보주체의 인격상에 대한 결정권을 보호하기 위한 것인데 주민등록을 위한 지문채취를 통한 지문정보는 인격적 정보내용이 없어 정보주체 의 파악이 거의 불가능한 중립적·객관적인 것이므로 지문날인에 의한 지문정보의 수집·보관· 전산화·이용은 과잉금지의 원칙을 어긴 개인정보자결권의 침해가 아니다(헌재결 2005. 5. 26. 99 헌마 513 등). ii) 교육정보시스템(NEIS)에 성명·생년월일·졸업일자의 정보를 보유하는 것 은 개인정보자결권의 침해가 아니다(헌재결 2005. 7. 21. 2003 헌마 282 등). iii) 근로소득자의 연말정산을 위해서 수진자의 병명 등 구체적인 진료정보가 아닌 수진자의 진료비 지급내역에 관한 자료만을 본인의 동의 없이 의료기관이 국세청에 제출·전송해 보관되게 하는 것은 개인 정보자결권의 침해가 아니다(헌재결 2008. 10. 30. 2006 헌마 1401 등). iv) 채무불이행자명부 를 누구나 열람·복사할 수 있게 한 민사집행법규정(제72조 제 4 항)은 채무이행의 간접강제 및 거래의 안전도모를 위한 것으로 채무자의 개인정보자기결정권의 침해가 아니다(헌재결 2010. 5. 27. 2008 헌마 663, 판례집 22-1(하), 323(336면)). 이 결정은 합헌:위헌의견이 4:5 결정이다. v) 아동·청소년 대상 성폭력 범죄자에 대하여 법관이 유죄판결을 선고하는 경우에 만 범인의 신상정보를 공개하도록 명령할 수 있게 한 법규정은 적법절차를 어긴 것이 아니어 서 범인의 인격권과 개인정보자기결정권을 침해하지 않는다(헌재결 2013. 10. 24. 2011 헌바 106 등, 판례집 25-2 하, 156(164면)). 같은 범죄자에 대한 신상정보 고지조항(법 제38조의 2 제 1 항 본문 제 1 호)에 대해서도 같은 취지의 결정을 했다(헌재결 2016. 5. 26. 2014 헌바 68 등, 판례집 28-1 하, 244(259면)). vi) 성범죄특례법 위반죄로 유죄판결이 확정된 사람의 신상 정보를 등록하도록 정한 동법 제42조 제 1 항은 개인정보자기결정권을 침해하지 않는다. 그러 나 일단 신상정보가 등록되면 법무부장관이 20년간 일률적으로 그 신상정보를 보존·관리하도 록 정한 동법 제45조는 재범위험성의 정도, 성범죄의 종류, 등록대상자의 특성 등에 따라 등 록기간을 차등화할 여지도 없고, 사후에 등록기간 단축을 위한 심사의 여지도 없어 침해의 최 소성원칙에 반하고 법익의 균형성도 갖추지 않아 개인정보자기결정권을 침해한다(시한부 잠정 적용 헌법불합치결정)(헌재결 2015. 7. 30. 2014 헌마 340등, 판례집 27-2 상, 370(385면, 389 면)). vii) 아동·청소년 성매수자는 그 죄질이 무겁고, 그 행위태양 및 불법성이 다양하다고 보기 어려우므로, 입법자가 개별 아동·청소년 성매수자의 행위태양, 불법성을 구별하지 않는 것이 불필요한 제한이라고 볼 수 없다. 또한 침해되는 사익은 크지 않은 반면 아동·청소년 성 매수자 등록조항을 통해 달성되는 공익은 매우 중요하므로 등록조항은 개인정보자기결정권을 침해하지 않는다(헌재결 2016. 2. 25. 2013 헌마 830, 판례집 28-1 상, 227(238면)). viii) 강제 추행죄로 유죄판결이 확정된 자의 신상정보 등록조항과 제출조항 및 정기적인 대면확인조항과 배포조항 그리고 DNA감식시료 채취조항(성폭력범죄 처벌특례법 제42조 등)은 일반적 행동자 유권 및 개인정보자기결정권과 신체의 자유를 침해하지 않는다(헌재결 2016. 3. 31. 2014 헌마 457). 강간·주거침입강간상해죄로 유죄가 확정된 사람의 신상정보의 등록 및 제출조항에 대

은 그것이 '인간의 존엄성'과 밀착된 영역을 뜻하기 때문에 국가의 정보요구권
의 한계가 된다고 하는 점에 대해서 이론이 없다. 성범죄의 희생자를 형사소송
절차에서 증인심문하는 데 있어서의 기술상·방법상의 한계가 바로 여기에서
나온다. 또 정보화사회의 진전에 따라 개인정보 보호의 필요성은 날로 커지고
있다는 점을 감안할 때 국가권력에 의하여 개인정보자기결정권을 제한함에 있
어서는 개인정보의 수집·보관·이용 등의 주체, 목적, 대상 및 범위 등을 법
률에 구체적으로 규정함으로써 그 법률적 근거를 보다 명확히 하는 것이 필요
하다.[1]

해서도 같은 취지의 결정을 했다(헌재결 2017. 9. 28. 2016 헌마 964). ix) 아동·청소년으로 인
식될 수 있는 가상의 아동·청소년 이용음란물배포죄로 유죄판결이 확정된 자의 신상정보 등
록조항(성폭력범죄 처벌특례법)은 개인정보자기결정권의 침해가 아니다(4 : 5 결정)(헌재결
2016. 3. 31. 2014 헌마 785, 판례집 28-1 상, 509(523면)). 아동·청소년 이용음란물을 단순히
소지한 죄로 징역형이 확정된 경우에도 신상정보등록대상자로 규정한 동일법조항에 대해서도
같은 결정을 했다(헌재결 2017. 10. 26. 2016 헌마 656). x) 통신매체이용음란죄로 유죄판결이
확정된 자는 개별행위 유형이나 태양 및 재범위험성 등을 전혀 고려하지 않을뿐 아니라 법관
등의 판단 등 별도의 절차없이 필요적으로 신상정보등록대상자가 되도록 하고 등록된 이후 그
결과를 다툴 방법이 없도록 한 법규정(성폭력범죄 처벌특례법 제42조 제 1 항)은 침해의 최소
성과 법익균형성을 어긴 개인정보자기결정권의 침해이다(헌재결 2016. 3. 31. 2015 헌마 688,
판례집 28-1 상, 540(548면)). xi) 소년에 대한 수사경력자료의 삭제와 보존기간에 대해서 규
정하면서 법원에서 불처분결정된 소년부송치 사건에 대해서는 해당사건의 경중이나 결정 이후
경과한 시간 등에 대한 고려 없이 일률적으로 당사자가 사망할 때까지 보존하게 한 구·신 형
실효법 규정(제8조의 2 제 1 항 및 제 3 항)은 침해 최소성과 법익 균형성을 어긴 개인정보 자
기결정권의 침해이다(헌법불합치결정, 구법 적용중지, 신법 시행부 잠정적용: 헌재결 2021. 6.
24. 2018 헌가 2). xii) 국가적인 법익침해죄와 관련된 보안관찰처분 대상자가 출소한 후 신고
한 정보에 변동이 생길 때마다 7일 이내에 변동 신고 의무를 부과하면서 아무런 기간의 제한
을 두지 않고 위반 시 처벌하도록 정한 보안관찰법 규정(제 6 조 제 2 항 및 제27조 제 2 항 관
련부분)은 지나치게 장기간 대상자를 불안정한 지위에 있게 한다는 점에서 침해의 최소성에
위배된다. 나아가 추구하는 공익목적에 비해서 과도한 기본권의 제한이어서 법익 균형성도 어
긴 사생활의 비밀과 자유 및 개인정보자결권의 침해이다(헌재결 2021. 6. 24. 2017 헌바 479).
1) 같은 취지로 헌재는 선판례(헌재결 2005. 5. 26. 99 헌마 513등)를 유지하면서도 현행 주민등록
법을 개정하여 지문정보의 수집, 보관, 활용에 대하여 그 목적, 대상과 범위, 기한 등의 요건
을 구체적으로 규정하는 입법개선이 필요하다고 촉구했다. 헌재결 2015. 5. 28. 2011 헌마 731,
판례집 27-1 하, 279(290면) 참조.
【결정례】 i) 수사를 위해서 필요한 경우 전기통신사업자에게 특정한 피의자와 피내사자 뿐 아
니라 관련자들에 대한 위치정보 추적자료의 제공요청도 가능하게 하는 통신비밀보호법 관련규
정(제12조 제11호 바목·사목)은 보충성 등의 요건이나 대상범죄를 제한하는 등 정보주체의 기
본권을 보다 적게 침해하는 방법을 외면하고 있어 침해최소성과 법익균형성을 어긴 개인정보자
기결정권과 통신의 자유를 침해한다. 또 정보주체에게 위치정보추적자료 제공과 관련해서 적절
한 고지를 하고 의견진술기회를 주어야 한다. 그런데도 수사진행 중이거나 기소중지결정이 있
는 경우에는 정보주체에게 통지의무를 정하지 않고, 통지하는 경우에도 그 사유에 대해서는 통
지하지 않을 수 있도록 하며 수사기관의 권한남용에 대한 아무런 제재규정도 없어 적법절차원
칙을 어긴 개인정보자기결정권의 침해이다(헌재결 2018. 6. 28. 2012 헌마 191등, 2020. 3. 31.
시한 잠정적용 헌법불합치결정). ii) 수사기관이 피의자를 검거하기 위하여 불가피한 상황이 아
니었음에도 불구하고 형소법 제199조 제 2 항과 구 경찰관직무집행법 제 8 조 제 1 항을 근거로

(4) 사생활의 비밀과 자유의 제한

프라이버시
침해가능성의
증대

오늘날 사회구성원 상호간의 상호 의존적 생활관계가 증대되고, 국가의 생존배려적 활동이 커짐에 따라 국민의 사생활영역에 대한 간섭의 필요성 또한 커지고 있다. 또 상향식 헌법침해에 대한 헌법보호의 수단으로서 사생활의 비밀과 자유를 제한하는 것이 불가피한 경우가 있다. 사실상 비밀이란 언제나 무엇인가 두려움을 가져다 주기 때문에 특히 헌법보호의 관점에서 사생활의 비밀이 헌법보호기관의 관심사가 되는 것인지도 모른다.

공적 기능과
의 조화 및
기본권상충시
의 해결

아무튼 사생활의 비밀과 자유도 공공복리를 위해서 필요 불가피한 경우에는 법률에 의해서 제한할 수 있지만, 그 제한은 기본권제한입법의 한계조항(제37조 제2항)에 따라 필요한 최소한에 그쳐야 한다. 즉 사생활의 비밀과 자유의 제한은 보다 큰 공공의 이익을 위해서 절대로 필요하고 그 제한으로 인해서 개인의 '핵심영역' 내지는 '내면적인 사생활영역'을 다치지 않는 범위 내에서만 허용된다고 할 것이다. 결국 국민의 사생활의 비밀과 자유에 대한 제한은 국가가 그에게 주어진 다른 공적 기능(예컨대 형사사법작용·경찰작용·정보활동·· 인구정책·조세정책·사회복지정책 등)을 수행하기 위해서 부득이 행하는 경우와,[1] 사인 상호간의 기본권의 상충의 형태(예컨대 프라이버시의 권 리 對 보도의 자유 등)

국민건강보험공단에 피의자의 민감정보에 해당하는 요양급여정보의 제공을 요청하고, 국민건강보험공단은 민감정보 제공조항(개인정보보호법 제18조 제2항) 등이 정한 요건해당 여부에 대한 실질적 판단 없이 여러 해의 피의자 요양급여정보를 제공한 행위는 침해최소성과 법익균형성을 어긴 피의자의 개인정보자기결정권의 침해이다(헌재결 2018. 8. 30. 2014 헌마 368).
【독일판례】 독일 연방헌법재판소는 국가의 존립과 안전을 위한 정보기관의 정보기술을 이용한 개인정보 수집 보관 공유에도 엄격한 한계가 있다는 점을 분명히 밝히면서 사생활의 핵심영역에 대한 정보활동은 허용되지 않는다고 판시했다. 그 밖에도 일반적인 인격권에 근거하는 정보자결권, 정보기술제도의 완전성과 신뢰에 대한 보호와 통신비밀의 자유 및 주거의 자유 등을 침해하지 않는 범위 내에서만 허용된다는 점을 강조했다. 특히 정보기관이 수집한 정보를 다른 목적으로 다른 기관에 제공 공유하는 경우에는 정보의 분리원칙(informationelles Trennungsprinzip)을 존중해야 한다고 판시했다. 즉 더 쉬운 조건 충족으로도 수집할 수 있는 정보로 활용할 목적으로 더 어렵고 까다로운 조건을 충족해서 수집한 정보를 제공 공유해서는 아니 된다는 것이다(1 BvR 1619/17, 2022. 4. 26. 판결).
1) 【판시】 피고인이나 변호인에 대한 공판정에서의 녹취는 진술인의 인격권 또는 사생활의 비밀과 자유에 대한 침해를 수반하고, 실체적 진실발견 등 다른 법익과 충돌할 개연성이 있으므로, 녹취를 금지해야 할 필요성이 녹취를 허용함으로써 달성하고자 하는 이익보다 큰 경우에는 녹취를 금지 또는 제한함이 타당하다(헌재결 1995. 12. 28. 91 헌마 114, 판례집 7-2, 876면). 그리고 독일에서도 범인의 일기장을 형사소송절차에서 증거자료로 채택한 것이 사생활비밀침해라는 헌법소원에 대하여 독일연방헌법재판소는 4 : 4의 결정으로 기각했다. BVerfGE 80, 367(376) 참조.
【결정례】 i) 형법상 강제추행죄로 유죄판결이 확정된 자는 신상정보 등록대상자가 되도록 규정한 성폭력특례법 규정은 개인정보자기결정권의 침해가 아니다(헌재결 2014. 7. 24. 2013 헌마 423 등, 판례집 26-2 상, 226(236면)). 공중밀집장소추행죄에 대해서도 같은 취지의 결정을 했다(헌재결 2017. 12. 28. 2016 헌마 1124). ii) 배우자 있는 자의 간통행위 및 그와의 상간행위를 처벌하는 간통죄규정은 성적자기결정권과 사생활의 비밀과 자유를 침해하여 위헌이다. 헌

로 나타나게 되는데, 어느 경우이건 간에 이익형량과 헌법의 통일성을 존중하는 규범조화적 해석방법을 합리적으로 활용해서 사생활을 가장 잘 보호하면서도 형평의 정신에도 맞는 해결책을 찾아야 할 것이다.[1]

Ⅲ. 통신의 비밀

국민의 사생활을 보호하기 위한 하나의 수단으로 우리 헌법은 모든 국민에게 통신의 비밀($^{제18}_조$)을 보장하고 있다. 현대생활에서 가지는 통신수단의 다양한 기능을 생각할 때 통신의 비밀을 보장하는 것은 단순한 사생활보호 이상의 헌법적 의의를 가진다. 더욱이 중요한 핵심 통신업무가 국가 또는 소수의 독점 기업에 의해서 독점되고 있기 때문에 모든 국민은 좋건 싫건 국가와 통신기업의 통신업무에 의존할 수밖에 없는 이른바 간접적인 이용강제의 상황 속에서 통신의 비밀보장이 가지는 기본권으로서의 의의는 매우 크다고 할 것이다.

사생활보호수단

(1) 통신의 비밀보장의 의의와 헌법상 기능

1) 통신의 비밀보장의 의의

통신의 비밀이란 편지·전화·전보·소포·우편환·텔렉스·이메일 등의 통신수단을 이용함에 있어서 그 통신형태·통신내용·통신의 당사자·배달의 방법 등이 본인의 의사에 반해서 공개되는 일이 없어야 한다는 것을 뜻한다.

재는 그 밖에도 국민의 가치관 변화, 간통의 경미한 사회적 해악, 형벌에 의한 혼인과 가정의 타율적 유지의 한계, 처벌비율의 감소, 민사상 배우자 보호제도 확립, 일률적·획일적 처벌의 문제점, 개별성 및 특수성 고려 가능성 배제, 형벌로 인한 부작용 등을 위헌결정의 이유로 들었다(헌재결 2015. 2. 26. 2009 헌바 17등, 판례집 27-1 상, 20(48면)). iii) 어린이집에 CCTV 설치를 의무화하고 CCTV 영상정보열람청구에 응하도록 하는 영유아보육법 관련규정은 어린이집 보육교사 등 관계자들의 사생활의 비밀과 자유, 개인정보자기결정권 및 직업수행의 자유의 침해가 아니다(헌재결 2017. 12. 28. 2015 헌마 994).

1) 【판시】 i) 유명인사의 사진을 카다로그에만 사용하기로 하고 월간잡지광고에도 사용했다면 초상권의 침해이다(서울지법 1988. 9. 9. 선고 87 가합 6032 판결). ii) 언론·출판의 자유가 민주사회에서 비록 중요한 기능을 수행한다고 하더라도 그것이 인간의 존엄성에서 유래하는 개인의 일반적 인격권 등의 희생을 강요할 수는 없다(헌재결 1991. 9. 16. 89 헌마 165, 판례집 3, 518면(527면)). iii) 국민의 알권리와 언론의 자유는 민주제의 근간이 되는 핵심적인 기본권이고 명예보호는 인간의 존엄과 가치(행복추구)의 기초가 되는 권리이므로 이 두 권리의 비교형량과 우위결정은 헌법적 평가로서 중요하다. 즉 언론피해자의 신분(공인·사인), 보도내용의 성질(공적인 관심사·순수한 사적 영역의 사안), 언론피해자의 책임(위험자초 여부), 보도내용의 민주적 기능(공공성·사회성 구비한 사실로 여론형성에의 기여 여부) 등을 종합적으로 판단해서 평가를 해야 한다. 그 결과 공적 인물의 공적 활동과 관련된 명예훼손적인 표현은 그 제한이 더 완화되어야 하는 등 개별사례별로 결론이 달라질 수밖에 없다(헌재결 1999. 6. 24. 97 헌마 265, 판례집 11-1, 768(777면)).

2) 통신의 비밀보장의 헌법상 기능

(개) 사생활보호의 수단

통신의 비밀을 보장하는 것은, 첫째 사생활보호의 수단적인 의의를 갖는
다. 여러 가지 통신수단에 의해서 이루어지는 의사교환의 비밀을 보장한다는
것은 사생활의 내용과 그 비밀을 보호하는 것이 되기 때문이다. 더욱이 여러
가지 통신수단에 의해서 사람의 사생활영역이 주거에 국한되지 않고 공간적으
로 넓어질 수 있다고 생각할 때 통신의 비밀보장은 헌법상 보호받을 수 있는
사생활의 영역을 넓혀주는 데 중요한 기능을 한다고 볼 수 있다. 아무튼 통신
의 비밀이 지켜진다고 하는 것은 주거의 자유와 더불어 사생활의 비밀을 보호
하기 위한 불가결의 수단적인 의의를 가진다. 대체로 사생활의 비밀에 대한 침
해가 주거의 자유 또는 통신의 비밀에 대한 침해와 동반해서 일어난다는 경험
에 비추어 볼 때 통신의 비밀보장은 주거의 자유와 함께 사생활의 비밀을 보
호하는 방파제와도 같다고 할 것이다.

(내) 커뮤니케이션 촉진수단

통신의 비밀을 보장하는 것은, 둘째 사회구성원 상호간에 커뮤니케이션이
원활히 이루어질 수 있도록 촉진하는 의의를 갖는다. 사회공동생활에서 차지하
는 커뮤니케이션의 기능과 의의가 커지면 커질수록 이를 뒷받침해 주는 여러
가지 제도적인 장치가 필요한데 언론·출판·집회·결사의 자유와 함께 통신의
비밀보장은 그에 기여하는 중요한 수단이다. 사실상 여러 가지 통신수단에 의
해서 이루어지는 의사 및 정보교환의 비밀을 보장해 준다고 하는 것은 오늘날
정치·경제·사회·문화생활의 모든 영역에서 중요한 의의를 갖는다. 따라서 통
신의 비밀이 보장된다는 것은 비단 사생활영역에서만이 아니고 모든 생활영역
에서 동시에 그 헌법상 의의를 찾을 수 있다고 할 것이다.

(2) 통신의 비밀보장의 내용과 한계

1) 통신의 비밀보장의 내용

(개) 통신의 공개금지

통신의 비밀은 편지의 비밀, 전신($\binom{전화·전보·텔렉}{스·팩스·이메일}$)의 비밀과 기타 우편($\binom{소포·}{우편환}$)의
비밀[1]을 포괄하는 개념으로서, 통신의 비밀을 보장한다는 것은 이들 통신의 내

---

1) 넓게 보면 '우편의 비밀'에 '편지의 비밀'과 '전신의 비밀'이 포함된다고 볼 수 있지만, 예컨대
 '우편의 비밀'과 '편지의 비밀'이 완전히 일치하는 것은 아니다. 왜냐하면 '편지의 비밀'이라고

용뿐 아니라 그 통신의 형태, 통신의 당사자($^{발신인과}_{수신인}$), 그리고 그 전달의 방법 ($^{배달부를 통한 배달, 사서함 전달, 사람편에}_{의한 전달, 등기우편, 속달우편, 보통우편 등}$) 등이 본인의 의사에 반해서 공개되는 일이 없 도록 보장한다는 뜻이다. 따라서 통신의 비밀보장의 주요내용은 열람금지·누설 금지·정보금지라고 할 수 있다. 열람금지란 통신의 내용을 알기 위해서 통신물 을 열거나, 또는 읽거나 도청하는 행위를 금하는 것이고, 누설금지란 통신업무 때문에 알게 된 사실을 남에게 알리는 행위를 금하는 것이고, 정보금지란 통 신업무내용을 정보활동의 목적에 제공하거나 제공받으려는 행위를 금지하는 것이다.[1]

열람·누설·
정보금지

(내) 사인에 의한 통신침해금지

또 통신의 비밀보장은 그 효력이 국가권력에게만 미치는 것이 아니고 사 인에게도 미치기 때문에 사인에 의한 통신의 비밀침해도 금지되는 것은 물론이 다. 사인에 의한 통신의 비밀침해행위가 형법상 비밀침해죄($^{제316}_{조}$)에 해당하고, 통신비밀보호법($^{제16}_{조}$)에[2] 따른 처벌대상이 되며, 전자통신서비스 제공자도 개인정 보 보호법($^{제58조 및 제59조와 제71}_{조 제5호 및 제6호}$)에 따라 처벌될 뿐 아니라 민법상 불법행위책임의 원인이 되는 것은 그 때문이다.[3]

통신의 비밀
보장의 대사
인효력

(다) 통신시설의 하자로 인한 침해금지

또 전화통화의 내용이 케이블의 혼선 때문에 누설되는 일이 없도록 통신 시설을 하자 없이 관리해 줄 것을 요구할 수 있는 권리도 통신의 비밀보장의 한 내용이라고 볼 수 있다.

할 때에는 우편경로를 통하지 않는 '사신(私信)의 비밀'까지도 포함되기 때문이다.

1) 예컨대 호텔교환원이 호텔숙박객의 통신내용을 정보기관에 제공하거나, 정보기관이 그 제공을 요구하는 행위가 원칙적으로 허용되지 않는 것은 그 때문이다.

2) 【판결례】 통신비밀보호법에서 보호하는 타인 간의 대화는 원칙적으로 현장에 있는 당사자들 이 육성으로 말을 주고 받는 의사소통행위를 가리킨다. 따라서 상대방과 통화 중 전화기 너머 로 들리는 음향이나 비명소리는 통신비밀보호법이 보호하는 타인 간의 대화에 해당하지 않기 때문에 그것을 우연히 들은 제 3 자의 증언은 경우에 따라서는 한 통화당사자가 연루된 형사사 건의 증거로 사용할 수 있다. 예컨대 갑과 병의 통화가 끝나자마자, 병이 미처 전화기를 끄기 전에 갑과 을의 싸움이 시작되어 병이 을의 비명소리를 전화기 너머로 듣게 된 경우에 을이 갑을 상해와 협박죄 등으로 고소한 형사사건에서 을의 증거로 제출한 병의 증언을 증거로 채 택했다(대법원 2017. 3. 15. 선고 2016 도 19843 판결).

3) 【독일판례】 전화통화의 한쪽 당사자가 상대방의 동의 없이 통화내용을 확성기를 통해 제 3 자 가 함께 듣게 하는 것은 통신의 비밀의 침해에 해당하지 않지만, 인격권의 한 내용인 '통화한 말에 대한 상대방의 권리'를 침해하는 것이다(BVerfGE 106, 28(37f.)).

2) 통신의 비밀보장의 한계

㈎ 통신수단이용의 전제와 한계

불법목적의 위법한 통신 이용의 금지

그러나 통신의 비밀을 보장하는 데에도 스스로 일정한 한계가 있다. 즉 헌법이 보장하는 통신의 비밀은 어디까지나 합법적이고 정당한 통신이용을 그 대상으로 하는 것이기 때문에 예컨대 허가 없이 행해지는 무선통신이 보호받을 수 없는 것은 당연하다. 또 통신수단을 이용한 헌법질서의 침해나 범죄행위가 비밀보장의 대상이 될 수 없는 것은 물론이다. 국가에 의한 통신시설의 독점현상 때문에 국민이 통신시설을 이용하고자 원하는 경우 그것을 거부할 권리가 국가에게 없다고 하더라도, 통신의 비밀은 통신시설의 이용으로 인해서 공공의 안녕질서를 해치지 않는다는 당연한 전제하에 보장되는 것이기 때문에 국가의 안전, 질서유지, 법률의 규정, 공서양속을 해치는 통신물의 취급만은 국가가 거부할 수 있다고 할 것이다. 누구도 국가의 시설을 불법한 목적으로 위법하게 이용할 수 있는 권리를 가질 수는 없기 때문이다.

㈏ 통신기관의 조사권과 한계

합법적인 통신업무수행의 필요성

따라서 통신업무에 종사하는 공무원이 통신물을 통신업무상 필요한 검사의 목적으로 검토하는 것은 통신의 비밀에 대한 제한이 아니다. 그러나 통신업무종사자의 그와 같은 조사권은 어디까지나 합법적인 통신업무수행을 위한 필요성 때문에 인정된 것이지 범인을 색출하거나 정보탐지의 목적으로 주어진 것이 아니기 때문에 외형적 조사 내지는 육안적 통제에 그쳐야지 통신의 비밀을 침해하는 방향으로 악용되어서는 아니된다. 또 통신업무를 취급하다가 우연히 중죄에 해당하는 범죄의 예비·음모사실을 알게 된 경우 그 사실을 수사당국에 알리더라도 그것은 통신의 비밀의 침해가 아니라고 할 것이다. 그런 경우는 이른바 의무의 상충관계가 성립된다고 볼 수 있는데 역시 범죄예방을 위한 수사기관에의 고지의무가 누설금지의무보다 우선한다고 생각한다. 그러나 그런 경우에도 통신물 그 자체를 수사기관에 제공하는 것은 허용되지 아니하며, 통신물의 압수에는 법관이 발부한 압수·수색영장이 있어야 한다고 할 것이다.

(3) 통신의 비밀의 제한

1) 법률유보와 과잉금지원칙

헌법이 보장하는 통신의 비밀도 보다 큰 법익을 보호하기 위해서 필요 불가피한 경우에는 제한할 수 있지만, 그 제한은 반드시 법률의 근거가 있어야 하며, 법률에 의한 제한일지라도 과잉금지의 원칙을 존중해야 한다. 따라서 현행헌법($\frac{제37조}{제2항}$)이 정하는 이같은 기본권제한의 한계를 넘지 않는 범위 내에서 통신물에 대한 열람금지·누설금지·정보금지 등이 제한될 수 있다고 할 것이다.

2) 실정법상의 통신제한조치

그러나 예외적으로 범죄수사를 위한 우편물의 검열과 전기통신의 감청 등 통신제한조치를 하려면 반드시 법원의 사전허가를 받아야 하고($\frac{법}{와}$ 제5조), 국가안보를 위한 정보수사기관의 통신제한조치에도 내국인의 경우에는 고등법원수석부장판사의 허가가 필요하고, 외국인의 경우에는 대통령의 승인이 있어야 한다($\frac{법}{제7조}$). 아무튼 통신비밀보호법에 따라 통신제한조치를 하는 데 있어서는 극히 제한적 해석을 해야 한다고 생각한다. 또 반국가단체와의 통신을 금하는 국가보안법($\frac{제8}{조}$), 수용자 서신수수의 무검열원칙을 제한하는 행형법($\frac{제43조}{제4항}$),[1] 파산관재인에게 채무자의 우편물의 개피(開披)를 허용하는 파산법($\frac{제484조}{제2항}$), 피고인에 관련된 우편물의 검열, 제출명령과 압수처분을 규정하는 형사소송법($\frac{제91조}{제107조}$) 등의 규정을 해석·적용하는 경우에도 통신의 비밀을 보장하는 헌법정신과 헌법이 정하는 기본권제한의 한계를 존중해야 하는 것은 두말할 필요가 없다.[2] 나아가서 이들 법률에 의해서 통신의 비밀을 제한하는 경우에도 제한사유와는 무관한 제3자의 통신의 비밀이 침해되는 일이 없도록 특별히 주의해야 한다. 통신제한의 실정법규정

3) 전화도청과 영장주의

전화의 도청은 그것이 전화선에 의한 도청이건 송수화기에 설치된 기타 전자도청장치에 의한 도청이건 구별할 필요가 없이 통신의 비밀에 대한 중대한 제한을 뜻할 뿐 아니라 사생활의 비밀을 침해하고, 경우에 따라서는 주거의 자유에 대한 침해가 되기 때문에 법률의 근거가 있는 경우에 한해서 극히 예외적인 경우에만 허용된다고 할 것이다. 전화의 도청을 제한 없이 폭 넓게 허용하는 것은 통신의 비밀의 본질적 내용을 침해하는 것이기 때문에 구미국가에서 제한적 허용

---

1) 【판시】 현행 행형법령에 따라 행해지는 수형자의 서신검열로 인해 수형자의 통신의 비밀이 일부 제한되는 것은 정당한 목적을 위한 것이고 유효적절한 방법에 의한 최소한의 제한이며 통신의 자유의 본질적 내용의 침해가 아니다(헌재결 1998. 8. 27. 96 헌마 398, 판례집 10-2, 416(429면)).
2) 【결정례】 교도소수용자가 외부로 보내려는 모든 서신을 미봉함 상태로 교정시설에 내게 하는 법규정은 과잉금지원칙에 어긋나는 통신비밀의 자유의 침해이다(헌재결 2012. 2. 23. 2009 헌마 333, 판례집 24-1(상), 280(288면 이하)).

도 법률에서 그 허용사례를 극히 제한하고 있는 실정이다.[1] 통신비밀보호법에 따라 도청을 예외적으로 허용하는 우리의 현재상황으로는 법원의 사전허가(영장) 없는 도청은 절대로 허용될 수 없다고 할 것이다.[2] 따라서 불법적인 도청에 의해서 얻어진 자료는 증거능력을 인정할 수 없다. 나아가 오늘의 인터넷시대에 인터넷회선을 통한 감청(패킷감청)은 통신과 사생활의 비밀과 자유에 대한 중대한 제한이어서 수사기관이 인터넷회선 감청으로 취득하는 자료에 대해 사후적으로 감독 또는 통제할 수 있는 아무런 법률규정의 마련 없이 이루어지는 인터넷회선 감청은 위헌적인 기본권 침해이다.[3]

5. 정신·문화·건강생활영역의 보호

양심·종교의
자유

우리 헌법은 모든 국민에게 인간의 존엄성을 실현하고 행복추구의 실질적

---

1) 1968년에 제정된 미국의 '종합범죄단속·가두안전법'(Omnibus Crime Control and Safe Street Act)에 따르면 ① 중대범죄에 대해서, ② 도청이 불가피한 사정이 있을 때만, ③ 법관의 영장을 받아서, ④ 조건부로 도청이 허용되지만, ⑤ 의회의 사후심사를 받게 되어 있다. 또 독일도 1968년의 헌법개정에 의해서 도청이 허용될 수 있는 헌법적 근거(기본법 제10조 제2항 제2문)를 마련하고 곧이어 '통신의 비밀제한법'(Gesetz zur Beschränkung des Brief-, Post- und Fernmeldegeheimnisses)을 만들어 헌법보호를 위해서, 또는 독일에 주둔하는 북대서양조약기구의 군부대의 안전을 위해서 꼭 필요한 경우에는 도청을 허용하고 있다. 그러한 도청행위에 대해서는 사법적인 권리구제가 불가능하지만(기본법 제10조 제2항 제2문, 제19조 제4항 제3문) 5명의 의원으로 구성된 연방국회의 도청감시위원회와 이 위원회에 의해서 임명된 도청심사위원회(3명의 위원으로 구성되며 심사권의 독립이 보장됨)의 통제를 받게 되어 있다.
그러나 도청을 허용하는 1968년의 이같은 헌법개정이 ① 사법적 권리구제절차를 배제했고, ② 사후에도 본인에게 도청사실을 알려 주지 않을 뿐 아니라, ③ 불특정한 법률개념에 의해서 통신의 비밀을 제한할 수 있게 하는 등 법치국가의 원칙을 무시한, 그리고 헌법개정의 한계를 일탈한 헌법개정이었다는 학계의 비판에 대해서 독일연방헌법재판소는 그의 '도청판결'(Abhörurteil)(E 30, 1)에서 부정적인 반응을 보였다. 그러나 그 후 이 판결에 대해서는 아직도 비판의 소리가 높다. 그런데도 독일연방헌법재판소는 구동구권국가와의 통신에 대한 전략적 감시를 원칙적으로 합헌이라고 판시했다(BVerfGE 67, 157).
2) 【결정례】 범죄수사를 위한 통신제한조치(통신감청)기간을 무제한 연장 허가할 수 있도록 그 총기간과 총연장횟수의 제한을 두지 아니한 통신비밀보호법조항(제6조 제7항 단서)은 사생활의 자유와 통신의 비밀을 침해하는 위헌이다(2011년 말 시한 잠정적용 헌법불합치결정)(헌재결 2010. 12. 28. 2009 헌가 30).
통신비밀보호법은 범죄수사를 위한 통신사실 확인자료의 열람·제출요구 등에도 반드시 법원의 허가를 받도록 하고(법 제13조 제2항), 사후에 처리결과 및 그 사실을 본인에게 알리도록 하는 등(법 제13조의 3) 엄격히 제한하고 있다.
3) 통신비밀보호법(제5조 제2항 중) '인터넷회선을 통하여 송·수신하는 전기통신'에 관한 부분에 대해서 헌재가 2020. 3. 31. 시한부 잠정적용의 헌법불합치결정을 한 이유도 그 때문이다. 헌재결 2018. 8. 30. 2016 헌마 263 참조.

인 바탕을 마련해 주기 위해서 인간의 내면적인 정신생활을 보호하고 있는데, '양심의 자유'($\frac{제19}{조}$)와 '종교의 자유'($\frac{제20}{조}$)가 바로 그것이다. '양심의 자유'와 '종교의 자유'는 인간의 정신생활영역에서 '나만의 세계'를 간직할 수 있도록 보장하는 것이기 때문에 '정신적인 강제로부터의 해방'을 위한 필수적인 전제조건일 뿐 아니라 '사상의 다원성'을 그 뿌리로 하는 자유민주적 기본질서의 불가결한 활력소가 아닐 수 없다.

우리 헌법은 또 단일배달민족의 전통문화를 계승·발전시키고 민족문화의 창달에 노력($\frac{제9}{조}$)하면서도 인류역사의 문화적인 흐름을 존중함으로써 국제사회에서 문화적인 고아가 되지 않는 개방적이고 미래지향적인 전통문화국가를 건설하기 위하여 문화국가실현의 기초인 교육의 권리와 의무($\frac{제31}{조}$)를 비롯해서 학문과 예술의 자유($\frac{제22}{조}$)를 보장하고 있다. 모든 국민에게 보건에 관한 국가의 보호 아래($\frac{제36조}{제3항}$) 건강하고 쾌적한 환경에서 생활할 권리($\frac{제35}{조}$)를 보장하는 한편 환경보전을 위해서 노력할 의무를 부과한 것은 건강하고 쾌적한 환경문화유산을 조성해서 이를 후손에게 물려줌으로써 문화국가의 단절 없는 계승·발전을 확보하기 위한 것이라고 볼 수 있다.

학문·예술의 자유, 교육받을 권리, 보건권 및 환경권

Ⅰ. 양심의 자유

사람은 그 누구에 의해서도 대체될 수 없는 나만의 양심에 따라 행동함으로써 인격적인 자기표현을 할 수 있기 때문에 인간으로서의 존엄과 가치를 가진다. 사람의 양심이 인간존엄성의 기초요 뿌리라고 평가되는 이유도 그 때문이다. 따라서 인간의 존엄성을 그 가치적인 핵으로 하는 헌법질서 내에서 양심의 자유를 보장하는 것은 매우 중요한 헌법상의 의의를 갖는다.[1]

양심은 인간 존엄성의 기초

(1) 양심의 자유의 의의 및 그 헌법상의 기능

1) 양심의 자유의 의의

㈎ 구체적인 상황에서의 구체적인 양심

우리 헌법($\frac{제19}{조}$)은 자기양심에 어긋나는 신념이나 행동을 강요당하지 않고 자기양심에 따라 행동할 수 있는 양심의 자유를 보장하고 있다. 헌법이 보호하려는 양심은 어떤 일의 옳고 그름을 판단함에 있어서 그렇게 행동하지 않고는 자신의 인격적인 존재가치가 파멸되고 말 것이라는 강력하고 진지한 '마음의 소리'이다. 우

구체적인 상황에서의 진지하고 절박한 마음의 소리(양심)보호

---

1) 양심의 자유에 관한 더 자세한 설명은 졸저, 전게서, 제 4 판, 2010, 572면~590면 참조.

리 헌법이 양심의 자유에 의해서 보호하려는 양심은 이처럼 진지하고 절박한 구체적인 양심이지, 막연하고 추상적인 개념으로서의 양심이 아니다.[1] 즉 우리의 일상생활에서 일어나는 구체적인 상황에 즈음해서 어떻게 행동하는 것이 옳은 것인가를 말해 주는 인간의 '내면적인 법관'을 보호하려는 것이 바로 양심의 자유이다.

(나) 종교의 자유와의 차이

연혁적인 동
일성과 구별
필요성

양심은 '인간의 윤리적인 자동성'을 그 본질로 하고, 양심의 자유는 인간의 윤리적·도덕적 자동성에 입각한 당위적인 행동양태를 보호한다는 점에서 종교의 자유와는 다르다. 연혁적으로 종교적인 양심이 신앙으로 보호되어야 할 역사적인 필요성 때문에 '신앙과 양심의 자유'가 하나의 기본권유형으로 발전되어 온 것이 사실이고, 아직도 독일기본법($\substack{제4 \\ 조}$)처럼 이를 구별치 않고 있는 나라도 있지만, 신과 피안에 대한 내적 확신으로서의 신앙을 보호하기 위한 종교의 자유와 양심의 자유를 구별해서 다루는 것이 헌법이론상으로는 옳다고 본다. 인간 내지 사물의 본성에 관한 고차원적이고 형이상학적인 인식과 이해를 바탕으로 하는 신앙의 세계와, 인간의 윤리적이고 도덕적인 자기실현을 본질로 하는 양심의 세계와는 엄격히 말해서 그 범주가 같지 않기 때문이다. 우리 헌법이 이를 따로 규정하고 있는 것은 따라서 옳다고 생각한다.

(다) 양심의 본질적 특성

Konsens가 불
가능한 특성

양심은 옳고 바른 것을 추구하는 윤리적·도덕적 마음가짐으로서 인간의 윤리적·도덕적 내심영역의 문제이기 때문에 단순한 사유·의견·사상·확신 등과는 다르다고 할 것이다.[2] 어떤 사항에 대해서 가지는 사람의 '생각'·'의견'·'사상'·'확신' 등도 어느 정도 윤리적·도덕적 관련성을 갖는 것이 사실이지만, 그것들은 다른 사람이 그 사항에 대해서 가지는 '생각'·'의견'·'사상'·'확신' 등과 마주치고 서로 대화 혹은 토론을 하는 과정에서 그 내용이 동화되거나 변질될 수 있는 포용성향을 내포하고 있다. 하지만 구체적인 상황과 관련된 사람

---

1) 【판시】 음주측정에 응할 것인가의 고민은 선과 악의 범주에 관한 진지한 윤리적 결정을 위한 고민이라 할 수 없으므로 … 음주측정요구와 그 거부는 양심의 자유의 보호영역에 포괄되지 아니하므로 그 불응에 대한 처벌은 양심의 자유의 침해가 아니다(헌재결 1997. 3. 27. 96 헌가 11, 판례집 9-1, 245(263면 이하)).

2) 우리 헌재는 양심에 세계관·인생관·주의·신조 등까지 포함시키는 판시를 하고 있다.
【판시】 i) 양심이란 세계관·인생관·주의·신조 등은 물론 이에 이르지 아니하여도 보다 널리 개인의 인격형성에 관계되는 내심에 있어서의 가치적·윤리적 판단도 포함된다(헌재결 1998. 7. 16. 96 헌바 35, 판례집 10-2, 159(166면)). 그러나 ii) 단순한 사실관계의 확인과 같이 가치적·원리적 판단의 개입여지가 없거나 다소의 가치관련성을 가진다 해도 개인의 인격형성과는 무관한 사사로운 사유나 의견 등은 양심의 자유의 보호대상이 아니다(헌재결 2002. 1. 31. 2001 헌바 43, 판례집 14-1, 49(56면)).

의 양심은 그것이 이른바 사이비양심이 아닌 한 쉽게 변할 수 없는 특질을 가
지고 있기 때문이다. 다시 말해서 인간의 양심은 Konsens가 불가능한 독특한
성질을 가지고 있다. 우리 헌법이 양심의 자유 외에 종교의 자유, 언론·출판의
자유, 학문과 예술의 자유를 보장함으로써 이들 영역을 따로 보호하고 있는 이
유도 그 때문이다.

㈜ 최상의 기본권

양심의 자유를 헌법에서 보장하는 것은 역시 중요한 현실적인 의의를 갖
는다. 왜냐하면 양심의 자유가 보호되지 않는 곳에는 종교의 자유는 물론, 학
문과 예술의 자유, 정치활동의 자유, 사법권의 독립 등이 실질적으로 보장될
수 없기 때문이다. 양심의 자유가 일찍부터 '최상의 기본권' 내지 모든 '기본권
의 초석'이라고 불려지는 이유도 그 때문이다.

모든 기본권
의 초석

2) 양심의 자유의 헌법상 기능

우리 헌법이 보장하는 양심의 자유는 자유민주적 기본질서를 창설하는 다
음과 같은 여러 가지 기능을 가진다.

㈎ 사회정신성숙촉진기능

양심의 자유는 오늘날처럼 기계문명이 고도로 발달한 기술·산업사회에서
상실되기 쉬운 개성과 윤리적인 인간성을 지키고, 사물의 옳고 그름에 대한 국
가의 독점적인 결정권을 배제함으로써 다양한 윤리적 가치관이 함께 존중되는
가운데, 사회공동체가 풍요로운 정신적인 성숙을 이룰 수 있도록 뒷받침해 주
는 기능을 갖는다.

국가의 독점
적인 선악결정
권 배제

㈏ 동화적 통합기능

인간의 양심은 Konsens가 불가능한 특성을 가지고 있다고 하는 것은 이미
언급한 바 있거니와, 그처럼 Konsens가 불가능한 양심의 영역은 당연히 다수결
리의 지배대상이 될 수 없다. 이렇게 '다수화'될 수 없는 양심의 세계를 모든 국
민에게 기본권으로 보장한다고 하는 것은 다수결원리에 의해서 지배되는 민주주
의정치질서 내에서 중요한 동화적 통합의 기능을 나타내게 된다. 왜냐하면 국민
한 사람 한 사람의 입장에서 다수의 결정에 승복하는 것이 결코 자신의 인격적
인 파국을 뜻하지는 않는다는 최소한의 보장이 있을 때 국민은 누구나 주저없이
다수의 결정에 따르게 되고, 다수의 결정이 모두에 의해서 다수의 결정으로서
존중될 수 있을 때 사회공동체의 정치적인 통합이 비로소 가능해지기 때문이다.[1]

다수화될 수
없는 양심과
다수결원리의
조화

---

1) 이 점에 대해서 자세한 것은 졸저, 전게서, 제 4 판, 2010, 방주 772 참조.

(다) 정당화기능

자유인의 자유로운 합의의 바탕

우리 헌법은 양심의 자유에 의해서 지선의 추구를 모든 국민의 정신작용으로 보장하고 있기 때문에 어떠한 '의제된 진리'도 절대적인 효력을 나타낼 수 없다. 즉 국민 한 사람 한 사람에게 각자의 양심세계를 허용하고, 옳고 그름에 대한 개개인의 양심의 결정을 존중함으로써 자유인의 자유로운 Konsens에 의해서 창설·유지되는 자유민주적 기본질서를 정당화시키는 기능을 갖는다.[1]

(라) 예방적 기능

불법적 통치의 출현방지

양심의 자유는 다양한 윤리적 가치관의 존재를 보장하고, 의제된 절대적인 진리를 내세워 옳고 그름에 대해서 다르게 판단하는 사람을 억압하는 것을 배척함으로써, 이른바 '합법적인 불법'이나 불법적인 통치권력이 출현하는 것을 방지하는 예방적 기능을 갖는다.

(2) 양심의 자유의 양면성

양심강제배제권 및 객관적 가치질서

양심의 자유는 공권력에 의한 직접·간접의 '양심강제'를 배제할 수 있는 단순한 주관적인 공권에 그치지 않고, 정의와 자결의 원리에 바탕을 둔 사회공동체를 형성하고 지탱시켜 주는 객관적인 가치질서를 의미하지 않을 수 없다. 양심의 자유의 양면성이 바로 여기에 있다. 국가권력이 양심의 자유에 대해서 안일한 소극적인 자세를 버리고 양심의 자유가 위협받는 생활영역이 발견될 때마다 양심의 갈등이 감소될 수 있는 대안을 제시하거나 아니면 양심의 자유가 신장될 수 있는 적극적인 가능성을 모색해서 실천에 옮기는 적극적인 성의를 보여야 할 헌법적 의무를 지게 되는 것도 그 때문이다.

(3) 양심의 자유의 내용

양심강제로부터의 자유

양심의 자유는 자기양심에 반하는 신념이나 행동을 강요당하지 않고, 자기양심에 따라 행동할 수 있는 '양심강제로부터의 자유'를 그 내용으로 한다. 구체적으로는 '양심형성 및 결정의 자유', '양심을 지키는 자유', '양심실현의 자유' 등이 그것이다.

1) 양심형성 및 결정의 자유

선·악, 정·사의 판단자유 및 양심의 다수화 금지

양심형성 및 결정의 자유는 구체적인 사항에 관한 양심의 형성 내지 결정

---

[1] 양심의 자유가 갖는 이같은 정당화기능의 시각에서 볼 때, 국민 한 사람 한 사람의 양심과 국가의 법질서 사이에 긴장과 갈등이 자주 일어나게 되면 그것은 벌써 그 정치질서 내지 법질서의 정당성이 위협을 받고 있다는 신호가 된다고 할 것이다.

과정에서 어떠한 외부적인 간섭이나 압력·강제도 받지 아니하고 오로지 자기의 '내면적인 소리'에만 따를 수 있는 자유이다. 양심형성 및 결정의 자유가 실효성을 나타내기 위해서는 옳고 그른 것에 대한 자유로운 토론이 가능해야 할 뿐 아니라 불안과 억압이 따르지 않는 자유로운 분위기가 보장되어야 하고, 대다수의 사회구성원과는 다른 윤리적 가치관을 가지는 이른바 outsider에 대한 관용의 풍토가 조성되어야 한다. 다수의 도덕적 가치관이나 윤리적 확신이 언제나 옳다는 식으로 이른바 '의제된 진실'이 그 절대적인 효력을 강요하는 경우 양심형성 및 결정의 자유는 설 곳이 없다. 따라서 양심형성 및 결정의 자유가 실질적으로 보장되기 위해서는 다수의 양심이 소수의 양심을 무시해서도 아니되고, 소수의 양심이 다수에게 강요되어서도 아니된다. 이처럼 사물의 선·악, 정·사(正·邪)의 판단에 관한 자유로운 Konsens의 분위기와 '양심의 다수화 금지'는 양심형성 및 결정의 자유의 핵심적인 내용이다.

2) 양심을 지키는 자유

'양심을 지키는 자유'는 인간의 내면세계에서 형성·결정된 양심의 표명을 직접·간접으로 강요당하지 않는 자유를 말한다. i) 양심을 언어나 행동으로 표명하도록 강제당하지 않는 자유와, ii) 양심에 어긋나는 행동을 강요당하지 않는 자유를 함께 내포한다. 양심을 특히 언어에 의해서 표명하도록 강요당하지 않는 자유를 '침묵의 자유'라고 말하고, 양심을 일정한 행동에 의해 간접적으로 표명하도록(예컨대 십
자가밟기) 강요되지 않는 자유를 '양심추지의 금지'라고 말한다.[1] 따라서 '양심을 지키는 자유'는 구체적으로 '침묵의 자유', '양심추지금지'와 양심에 반하는 '작위의무로부터의 해방'의 세 가지를 그 내용으로 한다고 볼 수 있다.

인신보호를 위한 사법절차적 기본권에 속하는 '불리한 진술거부권'($^{제12조}_{제2항}$)과 보도의 자유의 내용에 속하는 취재원묵비권($^{제21조}_{제1항}$)은 '양심을 지키는 자유'의 내용으로서의 '침묵의 자유'와는 그 권리의 성격과 목적을 달리한다.

오늘날 '침묵의 자유'와 '양심추지(推知)의 금지'가 '양심을 지키는 자유'의 내용이 되는 점에 대해서는 별로 다투어지지 않고 있지만,[2] 양심에 반하는 '작

침묵의 자유·
양심추지금지

불리한 진술
거부권·취재
원묵비권과
침묵의 자유

양심에 반하
는 작위의무
로부터의 해
방

---

1) 국내 헌법학자들은 대체로 '침묵의 자유'라는 표현을 넓은 의미로 써서 '양심을 지키는 자유'의 대명사처럼 사용하고 있지만 옳지 않다고 생각한다.
  문홍주, 266면; 김철수, 563면; 권영성, 453면.
2)【판시】 양심의 자유에는 널리 사물의 시시비비나 선악과 같은 윤리적 판단에 국가가 개입해서는 아니되는 내심적 자유는 물론, 이와 같은 윤리적 판단을 국가권력에 의하여 외부에 표명하도록 강제받지 아니할 자유까지 포괄한다고 할 것이다(헌재결 1991. 4. 1. 89 헌마 160, 판례집 3, 149(153면)).

위의무로부터의 해방'이 양심의 자유에 의해서 보호될 수 있는지에 대해서는
반드시 견해의 일치를 보이고 있는 것 같지는 않다. 양심상의 이유로 인한 병
역거부, 양심상의 이유로 인한 직무명령의 거부, 양심상의 이유로 인한 계약불
이행 등의 예에서 보는 바와 같이 양심에 반하는 작위의무의 거부는 대부분이
양심을 지키기 위해서 법질서를 어기거나 타인의 권리를 침해해야 되는 사례에
해당하기 때문에 이를 획일적으로 긍정하거나 부정하기가 어렵다고 할 것이다.
결국 부작위에 의한 '양심실현의 자유'의 측면에서, 또는 양심의 자유의 내재적
한계의 측면에서 이를 조심스럽게 접근해야 하리라고 본다.[1)2)]

3) 양심실현의 자유

학설대립   '양심실현의 자유'는 양심의 결정을 행동으로 옮겨서 실현할 수 있는 자유
를 말한다. 사람이 그 양심에 따라 행동하는 것은 일종의 인격적인 자기실현이
기 때문에 이를 폭 넓게 허용하는 것이 마땅하지만, 양심의 자유도 무제한한
자유일 수는 없기 때문에 양심에 따라 행동하는 데에도 스스로 일정한 한계가
있기 마련이다. 양심실현의 자유를 인정할 것인지의 여부에 대해서는 부정설·
긍정설·절충설이 대립하고 있다.

(가) 부 정 설

내면적 자유   양심의 자유의 내용을 인간의 '내면적인 자유'에 국한시킴으로써 양심의
로 축소 이해

---

1) 따라서 일부 국내학자들이 '양심실현의 자유'에 대해서는 일반적으로 부정적인 태도를 보이면
   서, '양심에 반하는 행위의 강제금지'를 획일적으로 '침묵의 자유'의 한 내용으로 설명하고 있
   는 것은 헌법이론상으로는 모순이라고 지적할 수 있다.
      문홍주, 266면; 김철수, 563면 이하; 권영성, 454면.
2) 우리 헌법재판소는 양심에 반하는 '작위의무로부터의 해방'을 긍정하는 바탕 위에서 기사에 의
   한 명예훼손의 경우 법원이 판결로써 사죄광고를 명령하는 것은 양심의 자유에 대한 침해라고
   결정했다.
   【판시】 i) 사죄광고의 강제는 양심도 아닌 것이 양심인 것처럼 표현할 것의 강제로 … 양심에
   반하는 행위의 강제금지에 저촉되는 것이며 따라서 양심의 자유의 제약이라고 보지 않을 수
   없다(헌재결 1991. 4. 1. 89 헌마 160, 판례집 3, 149(154면)). ii) 특히 국보법 등 위반으로 복
   역중인 자에게 가석방신청시에 준법서약서의 제출을 요구하는 것은 단순한 헌법적 의무의 확
   인·서약에 불과해서 양심의 자유의 침해가 아니다(헌재결 2002. 4. 25. 98 헌마 425 등(병합),
   판례집 14-1, 351(365면)). iii) 구 학교폭력예방법 규정(제17조 제 1 항 제 1 호)에서 학교폭력
   가해 학생에게 피해자에 대한 서면사과를 규정한 것은 가해 학생의 선도와 피해 학생의 피해
   회복 및 정상적인 교육 관계 회복을 위한 특별한 교육적 조치이므로 가해 학생의 양심의 자유
   와 인격권의 침해가 아니다(헌재결 2023. 2. 23. 2019 헌바 93).
      i)에 대한 저자의 평석, 「법률신문」, 1991년 7월 15일 15면 참조.
   【결정례】 공정거래위원회가 공정거래법에 따라 법위반사실을 공표하라고 명령하게 하는 것은
   사죄 내지 사과하라는 의미요소를 가지고 있다고 볼 수 없어 양심의 자유의 침해는 아니다.
   그러나 그것은 일반적 행동자유권과 명예권의 과잉제한에 해당하고 무죄추정원칙에 위배되며
   진술거부권의 침해이다(헌재결 2002. 1. 31. 2001 헌바 43).

결정을 행동(작위 · 부작위)으로 표현하는 것을 양심의 자유에서 제외시키려는 입장이다. 이 부정설은 국가의 법질서나 개인의 권리가 국민 한 사람 한 사람의 양심상의 이유 때문에 무시될 수 없다는 점을 강조한다.

(나) 긍 정 설

양심의 자유를 넓게 이해해서 양심의 결정을 표현하는 행위까지 양심의 자유에 포함시키려는 입장이다. 양심의 자유가 단순히 내면적인 자유만을 보호하기 때문에 양심에 따른 행동이 언제나 법적인 제재를 받아야 한다고 한다면, 헌법이 보장하는 양심의 자유의 내용은 결국 법질서에 어긋나지 않게 행동하는 자유 정도로 축소하게 되어 기본권보장정신에 어긋난다는 것을 그 주요논거로 삼고 있다.

양심의 표현 행위 포함

(다) 절 충 설

작위가 아닌 부작위에 의한 양심의 실현은 당연히 양심의 자유의 내용에 속한다고 주장하는 입장이다. 양심의 자유에서 양심에 반하는 '작위의무로부터의 해방', 즉 일종의 '부작위의 자유'를 이끌어 내려는 입장이다. 어떤 일을 행하는 것이 절대적으로 '악'하다는 양심의 판단이 서는 경우 그 행위를 강요하는 것은 인간의 존엄성을 침해하는 것이기 때문에 허용될 수 없다는 것을 그 논거로 내세운다.

부작위에 의한 양심실현 긍정

(라) 비판 및 사견

생각건대 양심의 자유를 인간의 내면적인 자유로 축소해서 이해하려는 부정설의 입장이나, 양심의 자유를 양심의 명에 따른 '부작위의 자유'(소극적인 양심의 실현) 정도로 파악하려는 절충설의 입장에는 동조할 수 없다. 사실상 양심실현의 자유를 빼버린 양심의 자유는 그다지 큰 의미가 없다. 양심형성 내지 양심결정과 같은 인간의 내심영역은 그 본질상 어차피 국가권력의 영향권 밖에 있기 마련인데, 양심의 자유에 의해서 보호되는 것이 이같은 내심영역에 국한되는 것이라면 양심의 자유를 특별히 헌법상의 기본권으로 보장하고 있는 의미가 무엇이겠는지 의문이 생기지 않을 수 없다.

부정설 · 절충설의 부당성

따라서 양심의 자유에는 양심실현의 자유도 함께 포함된다고 보는 것이 옳다. 우리 헌법재판소도 같은 취지의 판시를 하고 있다.[1] 다만 양심의 결정을

내재적 한계의 제약받는 양심실현의 자유

---

1) 【판시】 우리 헌법상의 양심의 자유는 내심적 자유(forum internum)뿐만 아니라, 양심실현의 자유(forum externum)를 포함한다. 내심적 자유는 절대적 자유지만 양심실현의 자유는 타인의 기본권이나 다른 헌법적 질서와 저촉되는 경우 헌법 제37조 제 2 항에 따라 법률에 의해 제한할 수 있는 상대적인 자유이다. 양심실현은 작위 · 부작위의 어느 방법으로도 실현이 가능하다(헌재결 1998. 7. 16. 96 헌바 35, 판례집 10-2, 159(166면)).

행동으로 표현하는 것이 원칙적으로 양심의 자유에 의해서 보호된다고 하더라
도, 거기에는 스스로 일정한 한계가 있다. 왜냐하면 양심의 자유에 내포되고
있는 내재적 한계에 의해서 일정한 제약을 받게 되기 때문이다. 양심상의 이유
로 인한 살인행위나 방화 또는 재산권침해가 허용될 수 없는 것은 그 때문이
다. 이처럼 양심의 자유의 내용으로서 양심실현의 자유를 긍정하는 경우에도
양심의 자유의 내재적 한계를 명백히 제시함으로써 양심의 표현에는 일정한 한
계가 있다는 것을 밝혀두는 것은 사회공동체의 법적인 평화와 헌법질서의 유지
를 위해서 반드시 필요하다. 또 양심의 자유의 내재적 한계를 일탈하지 않는
경우라 하더라도 양심의 결정이 행동으로 표현됨으로써 국가의 법질서 또는 타
인의 권리와 충돌을 일으키는 때에는 여러 가지 어려운 법리적인 문제가 제기
된다는 점도 과소평가해서는 아니된다.[1]

(4) 양심의 자유의 제한형태

1) 제한의 2원적 구조

㈎ 양심의 자유의 내재적 한계와 법률유보

내재적 한계
의 제약과 법
률에 의한 제
한

　　우리 헌법은 독일기본법과는 달리 양심의 자유를 절대적 기본권으로 규정
하지 않고 다른 기본권과 마찬가지로 기본권제한입법의 한계조항($\substack{제37조 \\ 제2항}$)에 의해
서 제한할 수 있도록 하고 있다. 그러나 양심의 자유는 법률에 의한 제한이 사
실상 어려운 인간의 내심영역에 관한 것이기 때문에 양심의 자유에 대한 제한
형태는 본질적으로 기본권의 내재적 한계이론에 따른 제한일 수밖에 없다는 점
을 간과할 수 없다. 더욱이 양심의 자유를 내면적 자유만으로 이해하고 양심의
표현을 양심의 자유에서 제외시키려는 입장에서 볼 때, 양심의 표현형태에 대
한 제한은 이미 양심의 자유에 대한 제한은 아니다.[2] 그러나 양심의 자유의 내
용에 양심실현의 자유를 함께 포함시키려는 입장에 서는 경우에는 양심의 자유
에 대한 제한은 내재적 한계에 의한 제한 외에도 법률에 의한 제한이 함께 가
능하다고 할 것이다. 즉 양심의 표현이 그 내재적 한계를 넘지 않은 경우라도
그 표현행위가 법질서 또는 타인의 권리를 침해하게 될 때 이들을 서로 조화
시키기 위한 제한은 불가피하기 때문이다.

---

1) 이 점에 대해서 자세한 것은 졸저, 전게서, 제 4 판, 2010, 방주 778 참조.
2) 이른바 '내심무한계설'을 주장하는 국내 학자들이 양심의 표현형태에 대한 제한을 마치 양심의
　자유에 대한 제한인 것처럼 설명하고 있지만, 양심의 자유를 내면적 자유만으로 이해하는 경
　우 그것은 이미 양심외적 제한이지 양심의 자유에 대한 제한은 아니다.

(나) 양심의 자유의 제한과 규범조화적 해석

결국 양심의 자유를 법률로써 제한해야 할 현실적인 필요성은 양심의 자유의 행사에 의해서 타인의 자유나 권리가 침해되거나 또는 양심의 자유와 기타의 헌법적 가치가 갈등을 일으키는 경우에 생긴다고 할 수 있는데, 그 어느 경우이건 간에 헌법의 통일성에 입각한 규범조화적 해석에 의해서 필요한 최소한의 범위 내에서 양심의 자유도 제약을 받아야 하는 것은 당연하다고 할 것이다. 독일(기본법 제4조 제3 항과 제12a조 제2항)과는 달라서 명문의 규정이 없는 우리 헌법질서 내에서 양심상의 이유로 인한 병역거부가 일반적으로 인정될 수 없는 것도, 헌법이 규정하는 국방의 의무(제39 조)와의 규범조화적 해석의 결과로서 당연하다고 할 것이다.[1] 따라서 양심의 자유의 내재적 한계 또는 그 제한의 정도는 '추상적이고 일반적인 공식'에 따라 논할 수는 없고, 구체적인 경우에 규범조화적 해석의 결과로서 얻어지는 '구체적이고 개별적'인 성질의 것일 수밖에 없다고 할 것이다.[2] 바로 이곳에 양심의 자유의 제한형태에 관한 일반론의 한계가 있다.

법률에 의한
제한과 규범
조화적 해석

---

1) 【결정례】 i) 양심적 병역거부자의 형사처벌규정은 양심과 종교의 자유의 침해가 아니다(헌재결 2004. 8. 26. 2002 헌가 1). ii) 병역법의 병역종류조항(제5조)에 양심적 이유로 인한 병역거부자를 위한 대체복무에 관해서 규정하지 않은 부진정입법부작위는 침해의 최소성과 법익의 균형성을 어겨 양심의 자유를 침해한다. 그러나 양심상의 이유로 병역을 거부하는 사람을 처벌하는 병역법조항(제88조 제1항)은 대법원이 양심에 따른 병역거부자는 같은 조항에서 정한 형벌면제 사유인 '정당한 사유'에 해당하지 않는다고 판시해왔으므로 위헌이 아니다(헌재결 2018. 6. 28. 2011 헌바 379). 이 결정은 재판관들의 의견이 아주 다양하게 갈린 판례이므로 반드시 결정 전문을 읽어 볼 필요가 있다. 그리고 헌법논총 제29집, 69~73면, 2018, 헌재창립 30주년 기념 특집호에 게재된 저자의 논문 '헌법재판과 헌법실현'의 이 결정에 대한 평가도 참고할 것. 【판결례】 여호와의 증인 신도에 대한 양심적 병역거부자 형사처벌은 헌법 제19조가 규정한 양심의 자유에 어긋나는 것이 아니다(대법원 2004. 7. 15. 선고 2004 도 2965 판결; 대법원 2015. 8. 13. 선고 2015 도 8636 판결). 대법원은 2018년 이 판례를 변경하는 새 판결을 했다. 즉 여호와의 증인 신도인 피고인이 종교적 양심을 이유로 입영하지 않고 병역을 거부한 구체적 사건에서 '양심적 병역거부자에게 집총과 군사훈련을 수반하는 병역의무의 이행을 강제하고 그 불이행을 처벌하는 것은 양심의 자유에 대한 과도한 제한일 뿐 아니라 헌법상 기본권 보장체계에 비추어 타당하지도 않고 소수자의 보호라는 자유민주주의 정신에도 위배되므로 진정한 양심에 따른 병역거부라면 병역법 제88조 제1항의 '정당한 사유'에 해당한다'고 유죄판단의 원심을 파기했다(2018. 11. 1. 2016 도 10912). 더 나아가 대법원은 진지한 양심에 따른 예비군 훈련 거부의 경우에도 예비군법(제15조 제9항 제1호)에서 정한 '정당한 사유'에 해당한다고 보아야 한다고 판시했다(대법원 2021. 1. 28. 선고 2018 도 8716 판결).

2) 【판시】 i) 보안관찰처분은 보안관찰대상자의 내심의 작용을 문제삼는 것이 아니라, 재범의 방지를 위하여 내려지는 특별예방적 목적의 처분이므로, 보안관찰처분이 양심의 자유를 보장한 헌법규정에 위반된다고 할 수 없다(헌재결 1997. 11. 27. 92 헌바 28, 판례집 9-2, 548(571면 이하)). ii) 국가보안법상의 불고지죄는 양심의 자유를 제한하고 있다 하더라도 그것이 헌법 제37조 제2항이 정한 과잉금지의 원칙이나 기본권의 본질적 내용에 대한 침해금지의 원칙에 위반된 것이라고 볼 수 없다(헌재결 1998. 7. 16. 96 헌바 35, 판례집 10-2, 159(167면)).

2) 양심실현의 한계

(가) 양심의 실현과 법의 기속력—특히 양심범의 문제[1]

a) 양심범과 국가의 형벌권

양심범·법의
기속력·국가
형벌권의 관계

국가의 법질서는 사회공동생활을 규율하기 위한 불가피한 수단이기 때문에 사회구성원 모두에 의해서 존중되고 지켜져야 하는 것은 두말할 필요가 없다. 그러나 법의 기속력을 존중하고 법을 따르는 것이 바로 자기의 인격적인 존재가치의 파멸을 뜻하게 되는 매우 절박한 갈림길에 설 때 법과 양심의 어느 쪽을 후퇴시킬 것인가를 정하는 것은 법학의 영원한 과제일는지도 모른다. 진정한 '양심의 소리'에 따라 법규범에 반하는 행동을 하지 않을 수 없는 이른바 '양심범'에 대한 헌법이론적 평가가 아직도 분명하지 못한 것도 이 문제의 어려움을 웅변으로 말해 주고 있다. 그러나 한 가지 분명한 것은 양심범에게도 법의 기속력은 미친다는 점이다. 다만 법의 기속력이 양심범에게도 미친다는 문제와, 법을 양심범에게도 집행·적용해야 한다는 문제와는 그 성질이 다르기 때문에 이 두 가지 문제를 동일시함으로써 초래되는 이론적인 혼란은 피해야 하리라고 본다.[2]

b) 국가의 형벌권의 제약

양심범의 특
수성과 형벌
권의 양보

생각건대 양심의 자유에 내포된 '관용의 원리'에 비추어 보거나, 헌법적 가치질서의 핵이라고 볼 수 있는 인간의 존엄성을 존중하는 뜻에서도 양심의 자유와 형벌권의 갈등시에 형벌권을 행사하는 것이 인간의 존엄성을 침해하는 결과가 되는 경우에는 국가의 법질서가 후퇴하는 것이 바람직하다고 생각한다.[3] 양심의 자유는 양심의 결정에 따라 행해진 행위의 불법 여부의 판단뿐 아니라, 책임성의 판단과 양형의 판단에까지도 그 파급효과를 미친다고 생각할 때, 모든 양심범이 양심의 자유 때문에 반드시 무죄가 되는 것은 아니라 하더라도 국가가 형벌권을 행사할 때는 양심범의 특수성을 최대한으로 존중해야 할 헌법

---

1) 양심범에 대한 헌법적 평가에 대해서 자세한 것은 졸저, 전게서, 제4판, 2010, 방주 780 참조할 것.
2) 양심범의 경우에서 볼 수 있는 것과 같은 양심의 자유와 국가의 형벌권과의 갈등문제는 양심의 자유를 '내면적인 자유'만으로 이해하고 양심실현의 자유를 부인하는 관점에서는 생기지 않는다. 왜냐하면 양심실현의 자유에 관한 부정설의 입장에서는 양심범을 일반범죄와 다르게 취급해야 할 아무런 이유도 없기 때문이다. 양심의 자유가 양심실현의 자유를 함께 보장했다고 이해할 때, 양심의 실현이 국가의 법질서를 침해했지만, 그것이 양심의 자유의 내재적 한계를 일탈했다고 볼 수 없는 경우에 비로소 양심의 자유와 국가의 형벌권과의 긴장·갈등이 생기게 된다.
3) 동지: BVerfGE 32, 98(108f.).

적인 의무를 진다고 할 것이다.

일찍부터 일반형벌과는 다른 도덕적으로 중성적인 특별형벌이 양심범에 대해서 주장되는 이유도 그 때문이라고 할 것이다. 따라서 양심의 자유에는 '달리 생각하는 양심에 대한 법의 양보 요구'도 함께 내포되고 있다고 이해해서 양심범에 대해서는 국가권력이 최대한의 관용을 베풀고 비례의 원칙에 반하는 형벌권의 행사를 삼가해야 할 의무를 지고 있다고 할 것이다.

특별형벌 및
신중한 형벌
권행사

그러나 또 한편 형법상의 책임의 문제를 범인의 양심의 시각에서만 평가하는 경우, 사회공동생활의 중요한 법익에 대한 법적인 보호가 소홀해질 우려가 없는 것도 아니기 때문에 양심과 형벌권의 목적을 합리적으로 조화시킬 수 있는 적절한 방법의 모색이 절실히 요청된다고 할 것이다.

양심과 형벌
권의 갈등과
조화

그와 같은 방법을 모색함에 있어서는, 양심과 형벌권 사이에 야기된 갈등에 행위자가 의도적으로 영향을 준 것인지, 아니면 행위자의 의도와는 별로 관계가 없는 어떤 외부적인 사정 때문에 갈등이 생기게 된 것인지를 구별해서, 갈등발생에 행위자의 직접적인 영향이 작으면 작을수록 양심을 보다 우선적으로 보호하는 것이 마땅하다고 생각한다. 바로 이곳에 양심범을 일반예방성격의 형벌로 다스리는 데 있어서의 헌법적 한계가 있다.

갈등야기의
책임에 따른
구별

(나) 양심의 실현과 타인의 권리

양심의 자유는 양심의 자유를 행사함으로써 타인의 권리($\substack{\text{생명·자유·건}\\\text{강·재산 등}}$)를 침해하는 것까지를 보호하려는 것은 아니다. 즉 타인의 희생 위에 이루어지는 내 양심의 실현은 원칙적으로 허용되지 않는다. 그러나 양심의 표현에 의해서 부득이 타인의 권리가 침해되는 경우, 그 침해행위가 양심의 자유의 내재적 한계를 일탈했다고 볼 수 없다면, 그와 같은 양심의 표현은 비록 타인의 권리를 침해했다고 하더라도 보호되지 않으면 아니된다. 이 때 양심의 자유와 침해된 그 타인의 권리 사이에는 이른바 상충관계가 성립된다고 보아야 한다. 따라서 기본권의 상충관계를 해결하기 위한 여러 가지 법원리가 이 경우에도 적용되는 것은 물론이다. 즉 합리적인 이익형량과 헌법의 통일성에 입각한 규범조화적 해석방법을 모두 동원하는 다원적인 해결책이 모색되어야 한다.[1]

기본권의 상
충관계이론
적용

---

1) 예컨대 사회적으로 심각한 빈부의 격차현상을 어떻게 해서든지 시정해야 한다는 이유를 내세워 부자들만이 출입하는 고급식품점에 들어가 물건을 훔쳐내서 가난한 사람들에게 나누어 주는 행위는 아무리 양심의 자유를 내세운다 해도 정당화될 수 없다. 그러한 행위는 우선 진정한 양심의 결정이라고 보기가 어렵고, 당면한 현안문제를 해결하기 위한 것이라기보다는 일종의 시위적 성격이 크고, 설령 현존하는 부조리를 사회여론에 고발할 시위적 행동이 필요하다고 하더라도 그것이 꼭 타인의 재산권침해이어야 할 이유가 없으며, 양심과 법질서와의 갈등이 본인 자신의 행위에 의해서 임의로 조작되었기 때문에 양심을 우선적으로 보호해야 할 불

(다) 양심의 실현과 기본권의 경쟁관계

최강효력설의
적용

양심의 결정을 행동으로 표현하는 경우에 그것은 종종 양심의 자유만을
실현하는 것이 아니고 동시에 다른 기본권(예컨대 언론·출판의 자유,)을 실현하는 결과
가 되는 때가 있다. 이 때 양심의 자유와 그 다른 기본권 사이에는 이른바
경쟁관계가 성립한다고 볼 수 있다. 따라서 기본권의 경쟁관계에 관한 이
론이 적용되어야 하는 것은 물론이다. 그런데 이 문제에 대해서 일부 국내학자
들은 이른바 '내심무한계설'을 주장함으로써[1] 결과적으로 최약효력설에 따라 양
심의 자유를 제한할 수 있다고 생각하는 것 같지만, 최강효력설을 중심으로 하
는 융통성 있는 해결책을 모색해야 한다고 할 것이다.

3) 양심의 자유의 본질적 내용

내적 확신에
입각한 복종
강요 금지

양심의 자유의 본질적 내용이 무엇인가의 문제는 양심의 자유의 내용을
내면적 자유만으로 이해하느냐 아니면 '양심을 지키는 자유'와 '양심실현의 자
유'까지를 포함시켜서 이해하느냐에 따라 그 대답이 달라질 수 있다고 할 것이
다. 그렇지만 양심의 자유의 내용을 내면적 자유만으로 이해하는 경우에도 양
심의 자유는 국내 일부 학자[2]가 주장하는 것처럼 본질적 내용만으로 구성되어
있는 기본권은 아니다. 물론 '양심실현의 자유'와 '양심을 지키는 자유'보다는
'양심형성 내지 결정의 자유'가 양심의 자유의 본질적 내용에 더 가까운 것은
사실이지만, '양심형성 내지 결정의 자유'가 곧 본질적 내용에 해당하는 것은
아니다. 양심의 자유의 본질적 내용은 국가권력이 모든 국민에게 외형적인 복
종을 요구할 수는 있어도 복종의 당위성에 관한 '내적인 확신'을 강요할 수는
없다는 데 있다고 생각한다. 따라서 '양심의 자유'가 기본권으로 보장되고 기본
권의 본질적 내용의 침해금지(제37조 제2항)가 명시된 우리 헌법질서 내에서는 어떠한
상황 아래서도 국가권력이 모든 국민에게 내적인 확신에 입각한 복종을 강요할

가피한 경우에 해당되지 않는다. 그러나 '여호와의 증인'을 믿는 부모가 종교상의 양심 때문에
의학적으로 꼭 필요한, 자에 대한 수혈을 거부함으로써 자를 사망케 한 경우에는 자의 생명의
희생에도 불구하고 부모의 양심이 보호되어야 한다고 생각한다.
　독일연방헌법재판소도 이와 유사한 사건에 대해서 같은 취지의 판결을 내린 바 있다.
　자세한 것은 졸저, 전게서, 제 4 판, 2010, 방주 781 참조할 것.
1) 내심무한계설은 양심이 외부에 표명된 때에는 일정한 제한이 따르지만, 외부에 표명되지 아니
하고 내심의 작용으로 머물러 있는 이상 전혀 제한을 받지 않는다는 주장이다. 예컨대 문홍주,
267면; 김철수, 566면; 권영성, 456면.
　이에 반해서 '내심한계설'은 사람의 양심작용이 외부에 표현되지 않고 내심에 머물러 있는
경우에도 법질서에 의한 제한을 받는다고 주장한다. 예컨대 박일경, 295면.
2) 예컨대 김철수, 569면.

수는 없다고 할 것이다. 이것을 지키는 것이야말로 양심의 자유의 본질적인 내
용을 지키는 것이다.

Ⅱ. 종교의 자유

(1) 종교의 자유의 의의

1) 신에 대한 내적 확신

우리 헌법은 인간의 내면적인 정신영역에서의 개성신장을 돕는 하나의 방
법으로 종교의 자유($^{제20}_{조}$)를 보장하고 있다. 종교의 자유는 종교생활을 그 보호
대상으로 하는 것인데, 종교란 인간의 형이상학적인 신앙을 그 내용으로 하는
것으로서 상념의 세계에만 존재하는 초인적인 절대자에 대한 귀의 또는 신과
내세(피안)에 대한 '내적인 확신'의 집합개념이다. 즉 종교의 내용은 신앙이고,
신앙의 내용은 절대자에 대한 귀의 또는 신과 피안에 대한 내적 확신이다. 따
라서 종교이기 위해서는 신과 피안에 대한 우주관적인 확신을 필요로 한다.

신과 내세에 대한 내적 확신

2) 사상과의 구별

우리의 일상생활에서 경험하게 되는 어떤 상황이나 사건에 대한 단순한
'주장'은 그것이 아무리 내적인 확신에서 나온 것이라 하더라도 신과 피안에 대
한 관련성이 없는 한 하나의 사상일 수는 있을지 몰라도 종교는 아니다.

신과의 관련성 유무

3) 미신과의 구별

또 종교가 아무리 우주관적인 신앙을 그 내용으로 한다 해도 '미신'과는 다
르다. 흔히 종교는 '초과학적'인 것이고 '미신'은 '비과학적'인 것이라고도 주장되
지만, 종교와 미신을 구분하는 것이 그렇게 쉽지만은 않다. 종교는 과학의 방법
적 기초가 되는 자연법칙의 기원을 철학적으로 추구하는 것이기 때문에 초과학
적이지만, 미신은 과학의 방법적 기초가 되는 자연법칙을 부인하거나 자연법칙에
역행하려는 것이기 때문에 비과학적이다. 즉 종교는 과학의 전제가 되는 물질세
계의 기원과 목적 같은 물질 이전의 세계를 다루는 철학이나 신학을 뜻하기 때
문에 현존하는 물질세계를 전제로 하는 미신과는 다르다고 할 것이다. 미신은
내세지향성보다 복을 빌고 액운을 면하려는 현세지향성이 강하고 그 믿음의 내
용이나 믿음의 실천방법이 사회의 평균적인 시대감각에 맞지 않을 때가 많다.

종교의 초과
학성과 미신
의 비과학성

4) 양심과의 구별

옳고 바른 것
의 추구 및
신에 대한 내
적 확신

또 인간의 양심이 신앙적인 색채를 띨 때, 그것은 종교적인 양심이라고 볼 수 있지만 순수한 양심은 옳고 바른 것을 추구하는 윤리적·도덕적 마음가짐을 뜻하기 때문에 신과 피안에 대한 내적인 확신을 그 내용으로 하는 종교와는 다르다. 그러나 사람의 신앙과 양심이 서로 결합해서 종교적인 양심으로 표현될 때는 기본권주체의 의도를 감안해서 기본권의 효력이 강화되는 방향으로 해석해야 할 것이다.

결국 종교의 자유는 절대자에 대한 귀의 또는 신과 피안에 대한 내적인 확신의 자유이기 때문에 기본권의 역사상 가장 오래 된 기본권에 속한다.

(2) 종교의 자유의 내용

신앙강제로부
터의 자유 및
신앙다원화
실현의 가치
질서

종교의 자유도 다른 기본권과 마찬가지로 국민의 국가에 대한 주관적 공권인 동시에 사회공동체의 객관적인 가치질서에 속한다. 즉 종교의 자유는 우선 신앙의 자유와 신앙을 실천하는 자유가 국가권력의 직접·간접의 간섭에 의해서 방해를 받지 않을 이른바 '신앙강제로부터의 자유'를 그 내용으로 한다. 종교의 자유는 또 사회공동생활을 이끄는 정신적인 가치관이 국가권력의 간섭 없이 자유롭게 형성될 수 있도록 보장함으로써 신앙의 다원화를 실현하는 객관적인 가치질서이다. 국민의 신앙생활영역에서 국가의 종교적 중립성이 요청되는 이유도 그 때문이다. 따라서 종교의 자유는 국민의 신앙생활에 대한 국가권력의 침해를 막는 단순한 방어권만이 아니고, 국가의 종교적 중립에 의해서 다양한 신앙생활을 실현하기 위한 객관적인 가치질서이다. 바로 여기에 종교의 자유의 양면성이 있다.

종교의 자유의 구체적인 내용은 '신앙의 자유'와 '신앙실행의 자유'로 나눌 수 있다.

1) 신앙의 자유

신앙선택·개
종·신앙포기·
신앙고백·신
앙침묵의 자유

신앙의 자유는 '신앙을 가지는 자유'와 '신앙을 가지지 않는 자유'를 말하는데, '신앙을 가지는 자유'에는 신앙선택, 신앙변경(개종), 신앙포기, 신앙고백, 신앙침묵의 자유 등이 속한다. 무신론도 일종의 신앙이기 때문에 신앙의 자유에 의한 보호를 받는다. 신앙의 자유에서 특히 자주 문제가 되는 것은 신앙고백의 자유이다. 신앙고백이란 누구나 자기의 종교적인 확신을 언어(말과), 예술

(음악·그림·조각 등) 등의 행동형식으로 표시하는 것을 말하는데, '적극적인 신앙고백'뿐 아니라 소극적인 신앙고백, 즉 신앙에 대한 침묵도 포함된다는 것이 정설이다. 따라서 어떠한 형식이든지 적극적인 신앙고백을 강요함으로써 신앙의 침묵을 지킬 수 없는 상황에 처하게 하는 행위는 소극적인 신앙고백의 자유의 침해이다. 예컨대 종교적인 형식의 선서를 강요하는 행위가 허용되지 아니하는 이유는 그 때문이다. 그러나 단순히 종교의 분포를 파악함으로써 행정의 자료로 삼기 위한 종교에 관한 통계조사, 국립병원에 입원한 환자에 대해서 정신적 간호를 하기 위한 종교의 조사, 수형자들에 대한 종교적인 교회(敎懷)를 위한 종교조사 등은 소극적인 신앙고백의 자유에 대한 침해가 아니라고 할 것이다. 종교학교가 아닌 일반학교에서 특정종교의식에 따라서 행해지는 기도시간이 문제되는 것은 그 특정종교집단에 속하지 아니하는 학생들의 신앙침묵이 이른바 '말하는 침묵'으로 노출되어 소극적인 신앙고백의 자유를 침해하기 때문이다.

적극적·소극적 신앙고백의 자유

2) 신앙실행의 자유

신앙실행의 자유는 여러 가지 종교행사 내지 종교활동을 통해서 신앙을 실천하는 자유이다. 신앙실행의 자유에는 종교의식의 자유, 종교선전(포교)의 자유, 종교교육의 자유, 종교적 집회·결사의 자유 등이 포함된다. 종교의 자유에 이와 같은 신앙실행의 자유가 함께 보장되고 있다는 점에 대해서는 이론이 없다. 종교의 자유가 그 본래의 기능을 나타내기 위해서는 신앙의 자유뿐 아니라, 종교적인 확신에 따라 행동하고 교리에 따라 생활할 수 있는 신앙실행의 자유가 함께 보장되지 않으면 아니되기 때문이다. 신앙실행의 자유는 적극적인 신앙실행뿐 아니라 소극적인 신앙실행도 함께 내포하고 있기 때문에 누구도 자신의 종교적인 확신에 반하는 행위를 강요당하지 아니한다. 따라서 예컨대 일정한 종교적인 행위를 해야 할 의무를 설령 사법상의 계약에 의해서 부담한 경우라도 그 계약내용을 강제집행하는 것은 소극적인 신앙실행의 자유의 침해를 뜻하기 때문에 강제집행은 불가능하다는 독일의 판례가 있다.[1]

신앙실천의 자유

(가) 종교의식의 자유

일정한 종교의식을 통해서 신앙을 실현하는 자유이다. 종교상의 예배·독경·예불·기도·예배행진·헌금모금·성찬식·교회의 종울림·사찰의 타종 등과 같은 종교상의 의식과 축전 등의 행사를 할 수 있는 자유이다.[2]

종교의식을 통한 신앙실천

---

1) Vgl. OLG Köln, MDR 1973, S. 768.
2) 【결정례】 구치소 내에서 실시하는 종교의식 내지 종교행사에 무죄가 추정되는 미결수용자에

(나) 종교선전의 자유

적극적·외향
적인 신앙실
천행위

자신의 종교적인 확신을 남에게 선전하고 전파함으로써 신앙을 실현하는
자유이다. 신앙을 선전하는 이른바 포교 내지 선전은 단순한 신앙고백과는 다
르다. 신앙고백은 자신의 신앙을 언어나 예술 등의 형식으로 표시하는 데 그치
지만, 포교는 자신의 신앙에 대한 동조자를 규합하기 위한 적극적인 신앙의 실
천행위이다. 종교선전의 자유에는 순수한 교리적인 방법으로 타 종교를 비판하
고 다른 신앙을 가진 사람을 개종시키는 자유도 포함된다. 또 종교선전은 종교
의식과도 다르다. 종교의식은 종교상의 교리와 관행에 따라서 행해지는 종교 내
적인 행사임에 반해서, 종교선전은 다른 종교의 신자 또는 무신론자를 그 대상
으로 하는 외향적인 행사이기 때문이다. 종교선전은 '순수한 방법으로' 행해져야
하기 때문에 불공정한 종교선전까지 보호하는 것은 아니다. 예컨대 공권력의 행
사와 결부시켜서 종교선전하는 것이 허용되지 않는 것도 그 때문이다.[1] 종교단

포교의 자유
와 봉사활동

체에서 행하는 여러 가지 봉사활동은 종교단체가 종교적인 확신에 따라 당연한
종교상의 의무라고 생각해서 행하는 활동일 뿐 아니라 종교선전의 의미도 포함
되어 있기 때문에 신앙실행의 자유에 의해서 보호를 받아야 된다고 하는 것이
지배적인 견해이다. 종교단체에서 벌이는 여러 가지 모금·수집운동도 그것이
순수한 자비심이나 이웃사랑 등의 종교적 감정의 표현으로서 어떤 대가를 전제
로 하는 것이 아니라면 역시 종교선전의 자유에 속한다고 할 것이다. 그러나 종
교선전의 자유에 내포된 공권력의 방해금지의무로부터 공공시설을 일반적인 이
용관계의 관례를 무시하고 종교선전행사에 제공해야 할 의무는 나오지 않는다.

(다) 종교교육의 자유

교리에 따른
교육의 자유
와 사립학교
의 경우

가정과 학교에서 종교의 교리에 입각한 교육을 실시할 수 있는 자유가 바
로 종교교육의 자유이다. 종교이념에 입각해서 설립된 학교 기타 육영기관에서
종교교육을 시키는 것은 종교선전의 일환으로 원칙적으로 허용되지만, 자유선
택이 아닌 추첨에 의해서 학교가 강제로 배정되는 입시제도하에서는 아무리 종
교이념에 입각해서 설립된 사립학교라 하더라도 획일적인 종교교육을 실시하는
것은 소극적인 신앙고백의 자유(신앙침묵의 자유)와 소극적인 신앙실행의 자유
를 침해할 가능성이 크기 때문에 문제가 있다고 생각한다. 종교의 자유는 자
신의 종교적인 확신에 대해서 남에게 요구하는 만큼의 인내와 관용을 타 종교

계만 참석을 금지한 구치소장의 조치는 종교의 자유의 침해이다(헌재결 2011. 12. 29. 2009 헌
마 527).
1) 예컨대 국·공립학교교사가 일반 수업시간에 특정한 종교를 선전하는 행위가 여기에 속한다.

에 대해서도 베풀어야 할 의무를 내포하고 있는 것이 사실이다. 즉 적극적인 신앙고백 및 신앙실행의 자유와 소극적인 신앙고백 및 신앙실행의 자유가 상호 갈등을 일으키는 경우에는 어느 한쪽만을 우선적으로 보호할 수는 없기 때문이다.

또 가정에서의 종교교육의 자유도 부모의 교육권과 자녀의 종교의 자유를 합리적으로 조화시킬 수 있도록 규범조화적인 요청에 맞도록 행사되어야 한다.[1]

부모의 교육권과 자녀의 종교자유

㈃ 종교적 집회·결사의 자유

종교적 집회·결사의 자유는 같은 신앙을 가진 사람끼리 종교적 목적의 단체를 조직하고 종교행사를 위해서 모임을 가질 수 있는 자유이다. 종교적 집회·결사의 자유는 우리 헌법이 보장하고 있는 일반적인 집회·결사의 자유($\frac{제21}{조}$)의 특별법에 해당한다고 볼 수 있기 때문에 종교적인 목적의 집회와 결사는 일반적인 집회·결사보다는 특별한 보호를 받는다. 일반적인 집회·결사의 자유에 관한 내용은 그것이 종교의 자유의 정신에 저촉되지 않는 한 종교적 집회·결사의 자유에 그대로 적용된다. 따라서 결사조직의 자유, 결사활동의 자유, 가입·탈퇴의 자유, 강제결사금지, '움직이는 집회' 등이 모두 여기에도 적용된다.

일반적인 집회·결사의 자유의 특별법적 성격

(3) 종교의 자유의 한계와 제한

종교의 자유가 인간의 신앙생활을 보호함으로써 정신생활영역에서의 개성신장을 촉진시키는 기능을 가진다고 하는 것은 이미 언급한 바 있다. 그렇지만 종교의 자유에도 일정한 한계가 있고, 또 기본권제한입법의 한계조항($\frac{제37조}{제2항}$)에 의해서 종교의 자유를 제한할 수 있는 것도 자명하다고 할 것이다.

1) 신앙의 자유

종교의 자유 중에서 내면적 자유에 해당하는 신앙의 자유는 법률에 의한 규제나 제한이 불가능하거나 적당치 못한 인간의 내심영역에 관한 것이기 때문에 기본권의 내재적 한계에 의한 제약을 받는 외에는 따로 법률에 의한 제한을 할 수는 없다고 할 것이다.

내재적 한계의 제약

2) 신앙실행의 자유

신앙실행의 자유는 신앙의 외형적인 표현형태를 뜻하기 때문에 기본권의

내재적 한계의 제약 및 법률에 의한 규제와 제한

---

1) 독일에서는 '아동의 종교교육에 관한 법률'(Gesetz über die religiöse Kindererziehung) 제5조에 따라 만 14세가 지나면 자녀에게 신앙선택의 자유가 완전히 보장된다.

내재적 한계에 의한 제약을 받는 외에도 법률에 의한 제한을 받을 수가 있다고 할 것이다. 즉 신앙실행의 자유는 우선 헌법의 통일성의 관점에서 헌법질서와 타인의 기본권을 침해하지 않는 범위 내에서 그리고 사회공동체의 질서유지를 위해서 제정된 일반법규(예컨대 민법·형법 등)를 어기지 않는 범위 내에서만 주장할 수 있는 내재적 한계의 제약을 받기 때문에, 이 내재적 한계를 일탈하는 신앙실행에 대해서는 법률로써 규제와 제한을 가할 수 있음은 물론이다.[1] 예컨대 남·여평등을 기초로 하는 혼인·가족제도(제36조 제1항)가 보장되는 현행 헌법질서 내에서 아무리 종교의 자유가 보장된다 해도 일부다처제를 선전하는 종교를 허용하는 것은 헌법의 통일성을 지키기 위한 '체계정당성의 원리'[2]에 반하기 때문에 그에 대한 규제가 불가피하다고 할 것이다. 또 아무리 종교의식의 자유가 보장된다고 하더라도 종교적인 의식이라는 미명 아래 행해지는 간음행위나 인간제물 등이 허용될 수 없는 것은 물론이다. 또 공무원이 근로시간중에 종교적 집회의 자유를 주장하면서 종교적인 집회를 하는 것이 허용되지 않는 것은 모두가 종교의 자유의 내재적 한계를 일탈하는 신앙의 표현행위이기 때문이다.

내재적 한계 내의 신앙실천의 자유의 제한가능성

신앙실행의 자유에 대한 제한 중에서 가장 문제가 되는 것은 내재적 한계를 벗어나지 아니한 신앙의 실천행위를 국가안전보장·질서유지·공공복리 등의 이유로 제한할 수 있는가의 점이다. 생각건대 인근주민들을 소리공해로부터 보호하기 위해 교회의 종울림을 한밤중에는 하지 못하도록 제한하는 것처럼 그 제한의 정도가 근소한 경우에는 마땅히 이를 수인해야 할 의무가 있다고 할 것이다. 그러나 그 제한의 정도가 근소한 정도를 넘어서서 심각한 정도에 이른 경우에는 사정이 다르다. 국민보건의 관점에서 감염병 확산을 막기 위해 감염병 지역에서 시한부로 종교적 의식이나 종교적 집회를 하지 못하도록 제한하는 경우처럼 '심각한 위험'을 막기 위해서 불가피한 최소한의 범위 내에서만 종교의 자유에 대한 제한이 가능하다고 할 것이다.[3] 이 때 종교의 자유에 대한 제

---

1) 【판결례】 여호와의 증인에 대한 종교적인 신념 때문에 환자에 대한 최신의 치료법인 수혈을 완강하게 거부함으로써 치사케 했다면 유기치사죄에 해당한다(대법원 1980. 9. 24. 선고 79 도 1387 판결).
　　독일에도 유사한 판례가 있다. BVerfGE 32, 98 참조.
2) 체계정당성의 원리에 관해서 자세한 것은 다음 문헌을 참조할 것.
　　Ch. Degenhart, Systemgerechtigkeit und Selbstbindung des Gesetzgebers als Verfassungspostulat, 1976.
3) 【독일판례】 Covid-19(코로나) 감염병이 확산하는 상황에서 2020년 부활절을 앞둔 시기에 Hessen주 정부의 종교적 집회금지조치는 종교의 자유에 대한 심각한 제한이다. 그러나 집회금지효력정지 가처분 신청을 인용했을 때의 방역에 미치는 부정적인 결과, 즉 비종교인까지 포함한 불특정 다수 국민의 생명·건강에 심각한 위해를 초래한다는 점과 국가의료체계의 붕괴

한의 필요성 여부의 판단기준으로는 '명백하고 현존하는 위험의 원리'(clear and present danger- clause)를 생각할 수 있고,[1] 제한의 정도에 대한 판단기준으로는 과잉금지의 원칙을 생각할 수 있다. 따라서 '명백하고 현존하는 위험의 원리'와 과잉금지의 원칙을 어긴 신앙실현의 자유에 대한 제한은 바로 종교의 자유의 본질적 내용을 침해하는 것이기 때문에 절대로 용납될 수 없다고 할 것이다.[2]

> 명백하고 현존하는 위험의 원리의 제약 및 법률에 의한 규제와 제한

(4) 국가의 종교적 중립성의 원칙

1) 국교부인과 정교분리의 원칙

우리 헌법은 종교의 자유를 규정하면서 국가의 종교적 중립성의 원칙(제20조 제2항)을 따로 두어 국교를 인정할 수 없는 점과 종교와 정치가 분리되어야 한다는 점을 명백히 밝히고 있다. 종교의 자유의 당연한 결과라고 볼 수 있는 국교불인정과 정교분리를 현행헌법이 이처럼 따로 강조하고 있는 것은 국가와 종교가 서로 불가분의 밀접한 상호관계를 유지하면서 별개의 생활질서로 발전되어 온 역사적 흐름 속에서 오늘날 종교의 자유가 수행하고 있는 동화적 통합의 객관적 기능을 명백히 함으로써 종교의 자유에 함께 내포되고 있는 객관적 가치질서로서의 성격을 돋보이게 하려는 의도가 함께 작용하고 있다고 볼 수 있을 것이다.

> 국교 불인정과 정교분리 강조

2) 종교의 자유와 정교분리원칙

종교의 자유가 보장되는 헌법질서 내에서는 국교가 인정될 수도 없고, 국가권력이 종교에 대한 간섭을 하거나 특정한 종교를 우대 또는 차별대우하기

> 종교에 대한 차별대우정책 금지

를 막기 위한 불가피한 조치라는 전문기관의 의견을 감안하고 종교집회금지가 4. 19까지 시한부라는 점 등을 종합하면 천주교에서 부활절이 갖는 특별한 의미를 감안해도 효력정지가처분 신청을 기각하는 것이 불가피하다. 그러나 행정당국은 종교적 집회금지기간을 연장할 때마다 종교의 자유의 침해를 최소화 할 수 있는 조건부 허용(엄격한 준수사항 준수조건 등) 또는 지역별 허용 가능성 여부 등을 엄격하게 검토해야 한다. 이 결정 취지는 다른 종교집단에도 적용된다(1 BvQ 28/20).

1) 동지: BVerfGE 33, 71.
2) 【판시】 i) 학교의 설립인가제도와 학원의 등록제도는 국민의 학습권을 실질적으로 보장하기 위한 제도이므로, 종교단체가 내부의 순수한 성직자를 양성하는 것이 아니라, 학교나 학원의 형태로 종교교육기관을 운영하는 경우에도 인가·등록제도를 적용하는 것은 종교의 자유의 침해가 아니다(헌재결 2000. 3. 30. 99 헌바 14, 판례집 12-1, 325면). ii) 1차 사법시험시행일을 일요일로 정해 공고·시행해도 기독교인인 수험생의 종교의 자유의 본질적 내용을 침해하는 것이 아니다. 일요일은 특별한 종교의 종교의식일이 아니라 일반적인 공휴일로 보아야 하기 때문이다(헌재결 2001. 9. 27. 2000 헌마 159, 판례집 13-2, 353(361면)).
【결정례】 교도소에 수용중인 미결수용자에게 정당한 이유없이 교도소내 종교집회에 참석할 기회를 제한하는 것은 종교의 자유를 침해한다(헌재결 2014. 6. 26. 2012 헌마 782, 판례집 26-1 하, 670(677면)).

위한 정책수립 내지 정치활동을 하는 것이 금지되는 것은 너무나 당연하다. 따라서 예컨대 국가권력이 어떤 특정한 종교적인 확신을 모든 국민에게 심어 주기 위해서 여러 가지 정책적인 노력을 기울이는 것은 종교의 자유가 요구하는 국가의 종교적 중립성의 원칙에 대한 명백한 침해가 아닐 수 없다.[1] 일부 국내 학자[2]가 국가의 종교적 중립성의 원칙(제20조 제2항)이 종교의 자유(제20조 제1항)에 당연히 내포되고 있다고 이해하는 것도 무리가 아니다.[3]

3) 정교분리원칙의 헌법상의 의의와 기능

제20조 제1항과 제2항의 관계 및 제2항의 의미

그러나 국가의 종교적 중립성의 원칙을 밝힌 현행헌법 제20조 제2항이 제20조 제1항에서 보장하고 있는 종교의 자유의 내용을 다시 한 번 강조하기 위한 단순한 부연규정 내지 주의규정에 불과하다고 볼 수만은 없다고 생각한다. 어떤 헌법규범을 함부로 주의규정이라고 이해함으로써 그 동화적 통합을 위한 객관적 생활규범으로서의 기능을 약화시키는 것은 헌법의 특질을 저버린 안일한 해석론이기 때문이다. 결국 우리 헌법이 특히 강조하고 있는 국가의 종교적 중립성의 원칙은 종교의 자유의 당연한 내용을 다시 한 번 강조한 것에 지나지 않는 것이 아니라 종교평등의 원칙을 명백히 하고, '정치의 종교화'와

종교평등강조 및 정치의 종교화 내지 종교의 정치화 금지

'종교의 정치화'를 금지함으로써 종교의 자유가 수행해야 하는 객관적 가치질서로서의 기능을 강조하는 데 그 참된 헌법적 의미가 있다고 할 것이다. 즉 첫째 평등권에 관한 헌법규정(제11조)과의 관련하에 '종교평등의 원칙'을 명백히 함으로써 차별 없는 종교생활의 보장을 통해서 정신적인 생활영역에서도 동화적 통합의 풍토를 조성하려는 헌법적인 의도가 담겨 있다. 둘째 오늘의 북한에서와 같은 '정치의 종교화', 즉 정치인의 신격화 내지 정치권력의 우상교(paganism)화현상을 막고, '종교의 정치화', 즉 신앙실행의 자유가 정치활동화하는 것을 방지함으로써 정치의 세계와 종교의 세계가 2원적으로 독자적인 생활질서를 형성해

---

1) 동지: BVerwGE 15, 136f.
　【결정례】 육군 훈련소 훈련병들에게 훈련소 내 종교시설에서 개최되는 개신교, 불교, 천주교, 원불교 종교행사 중 하나에 참석하도록 권유한 행위는 정교분리원칙을 어기고 청구인들의 종교의 자유를 침해했으므로 위헌임을 확인한다(헌재결 2022. 11. 24. 2019 헌마 941). 그러나 3인 재판관은 군인복무기본법(제15조 제3항)과 육군 훈련소 '훈육 및 병영생활 지침서'의 규정상 미참석자의 자유시간이 보장되어 있고 불참에 대한 제재나 불이익이 부과될 수 없는 점 등을 고려할 때 참석권유가 참석강제의 법적 효과를 낼 수 없기 때문에 헌법소원의 대상인 공권력의 행사라고 볼 수 없다고 부적법 반대의견을 냈다. 소송법적인 측면에서 충분히 설득력이 있다.
2) 예컨대 김기범, 「한국헌법」(1973), 191면.
3) 따라서 이른바 정교분리원칙이 종교의 자유에 당연히 내포되는 것은 아니라는 일부 주장에 대해서는 찬성할 수 없다. 예컨대 박일경, 287면; 김철수, 575면; 권영성, 462면.

나가게 하려는 헌법적인 의도가 담겨 있다. 따라서 종교의 자유의 내용으로서 국가의 종교적 중립성의 원칙이 특히 강조되는 우리 헌법질서에서는 국가권력이 특정종교를 특별히 보호 내지 우대하거나 탄압 내지 적대시하는 행위,[1] 국가권력이 종교선전 또는 종교교육 등의 종교활동을 하는 행위, 국가권력이 종교에 간섭하거나 종교단체가 정치에 개입하는 행위 등이 단순한 주관적 공권의 침해라는 차원을 넘어서 객관적 가치질서를 해치는 반헌법적 행위로 지탄을 받게 된다.

Ⅲ. 학문과 예술의 자유

(1) 학문과 예술의 자유의 헌법상 의의

우리 헌법은 '학문과 예술의 자유'(제22조)를 보장하고 있는데 '학문과 예술의 자유'는 다음과 같은 여러 가지 기능을 갖는다. 즉 학문과 예술의 자유는, 첫째 정신·문화생활영역에서의 개성신장의 수단이다. 둘째 모든 국민에게 지적인 양식과 미적인 감각세계를 넓혀 줌으로써 문화적인 공동생활을 실현하는 수단(문화국가실현의 수단)이다. 셋째 학문과 예술의 다양성을 보장하는 수단이다. 넷째 문화풍토 조성을 통한 국가간의 문화교류와 국제사회에서의 문화적인 지위향상을 꾀하는 수단이다.

우리 헌법이 이와 같은 다원적인 기능과 목적을 갖는 학문과 예술의 자유를 보장하고 있기 때문에, 그것은 국민에게 단순히 하나의 주관적 공권으로서의 학문과 예술의 자유를 보장해 준다는 의미 이상의 헌법적 의의를 가지지 않을 수 없다. 학문과 예술의 자유의 객관적 가치질서로서의 성격이 바로 그로부터 나온다. 따라서 학문과 예술의 자유를 해석하는 데 있어서는 학문과 예술의 자유에 내포된 이같은 기능적 의의 내지 그 객관적 가치질서로서의 성격을 존중하는 의미에서 국가가 국민에게 일방적으로 학문과 예술활동을 보장해 준다는 소극적인 방향이 아니고, 국가와 국민이 함께 노력해서 학문과 예술의 자유가 추구하는 국가의 문화질서적 목표를 달성해야 한다는 적극적인 방향으로 이해해야 한다.

> 학문과 예술의 자유의 네 가지 기능

> 학문과 예술의 자유의 양면성

---

1) 국가권력이 모든 종교를 평등하게 보호하는 것은 '무종교의 자유'와의 관계에서 무방하다는 견해(문홍주)와, 그것은 무종교의 자유에 대한 부당한 차별대우를 뜻하기 때문에 허용될 수 없다는 견해(김철수, 권영성)가 대립되고 있다. 그러나 이 논쟁은 문제의 본질을 바르게 파악하는 경우에는 무의미해진다. 왜냐하면 모든 종교를 평등하게 보호하는 내용이 무엇이냐에 따라 무신론자에 대한 차별대우의 유무가 비로소 정해지기 때문이다. 결국 구체적인 사안을 전제로 한 평등권의 해석의 문제로 집약이 되기 때문이다.
  문홍주, 270면; 김철수, 576면; 권영성, 463면.

(2) 학문과 예술의 자유의 객관적 가치질서로서의 성격

학문과 예술
의 자유의 객
관적 기능과
국가적 과제

'학문의 자유'가 학자의 개인적인 진리추구욕을 충족시켜 주기 위한 주관적인 기능을 초월해서 사회 전체의 지적인 수준을 향상시켜 주는 사회적 기능을 수행하게 된다는 것은 의심의 여지가 없다. '예술의 자유'도 예술가의 개인적인 탐미욕을 충족시켜 주는 일에 그치지 않고 사회의 미적인 감각세계(심미안)를 넓혀 주는 객관적 기능을 수행하고 있다. 학문과 예술의 자유가 국민의 국가에 대한 주관적 공권에 그치지 않고, 정신·문화생활영역에서의 객관적 가치질서로 이해되어야 하는 이유도 바로 그 때문이다. 학문과 예술의 자유가 이처럼 정신·문화생활에 관한 객관적 가치질서로서의 성격을 가지는 우리 헌법

문화·예술정
책의 당위적
방향

질서 내에서 국가는 국민의 학문과 예술활동에 대한 간섭 내지 침해금지의 소극적인 차원을 넘어서 학문과 예술을 진흥시킬 수 있는 적극적인 문화·예술정책을 펴 나가야 할 헌법적 과제를 안고 있다고 할 것이다. 특히 국가에 의해서 운영되는 각종 연구기관·문화회관 등이 인적·재정적·제도적·조직적 측면에서

학문과 예술
에 대한 입법
형성권의 한계

학문과 예술의 발전에 이바지할 수 있는 방향으로 운영되어야지 학문외적 내지 예술외적인 목적에 기여하기 위한 것이어서는 아니된다. 이른바 어용학문과 어용예술이 용납될 수 없는 이유도 그 때문이다. 국가가 학문과 예술을 규율하기 위한 입법권을 행사하는 경우에도 연구기관 내지 연구활동의 독립성과 자율성을 최대한으로 보장함으로써 학문과 예술의 발전을 뒷받침해 주어야 한다. 따라서 학문과 예술분야에 대한 국가의 입법형성권에는 스스로 일정한 한계가 있기 마련이다.

(3) 학문과 예술의 자유와 타기본권과의 경쟁관계

언론·출판·
집회·결사의
자유 및 직업
의 자유와의
관계

'학문과 예술의 자유'는 그것을 행사하는 과정에서 특히 언론·출판·집회·결사의 자유 및 직업의 자유와 자주 경쟁관계에 서게 되는데 전자는 배제관계(특별법관계)이고 후자는 보완관계라고 볼 수 있다. 즉 i) 학문과 예술활동의 소산인 언론·출판은 학문과 예술의 자유에 의해서 보호되기 때문에 언론·출판의 자유의 규제대상에서 제외된다. 예컨대 순수한 학술적인 의사표시 또는 예술적인 의사표시는 '의사표시의 자유'로서가 아니고 학문과 예술활동의 자유로서 보호된다. ii) 학문과 예술활동을 위한 집회·결사에 대해서는 단순한 집회·결사와는 달리 학문과 예술의 자유에 의해서 보호받는다. '집회 및 시위에 관한 법률'($^{제15}_조$)에서 학술단체와 학술집회를 그 규제대상에서 제외시키고 있는 이유도

그 때문이다. iii) '학문과 예술의 자유'가 특히 '직업의 자유'($\frac{제15}{조}$)와 경쟁관계에 서게 되는 경우에는 그 기본권의 효력이 상호 보완되기 때문에 보다 강한 보호를 받는다고 보아야 한다. '학문과 예술의 자유'뿐 아니라 '직업의 자유'의 본질적 내용도 함께 존중되어야 하기 때문이다.[1]

'학문의 자유'와 '예술의 자유'는 다같이 인간의 정신·문화생활영역을 그 보호대상으로 하고 있지만, 그 활동영역과 활동의 양상이 다르기 때문에 이를 나누어서 살펴보기로 한다.

(4) 학문의 자유

1) 학문의 자유의 의의

(가) 진리탐구의 자유

'학문의 자유'란 '진리탐구의 자유'를 뜻한다. 진리탐구란 인간의 생활권 내에서 일어나는 실체적 내지 관념적 현상($\frac{과거 \cdot 현재 \cdot 미래}{의 현상 포함}$)과 그들 상호관계를 논리적·철학적·실험적 방법으로 분석·정리함으로써 새로운 사실과 진리를 찾아내려는 모든 인간적 노력의 대명사이다. 즉 진리탐구란 사물의 바른 이치(진리)를 찾아내려는 모든 인간적 노력의 대명사이기 때문에 매우 포괄적인 개념이다. 진리추구의 방법도 단순한 관찰과 사색은 물론 답사·발굴·실험·조사·독서·집필·제작 등에 이르기까지 매우 다양하기 때문에 학문의 자유에 의해서 보호되는 영역도 매우 넓다. 독일연방헌법재판소[2]가 '진리를 찾아내기 위한 진지하고 계획적인 모든 활동'을 보호하기 위한 것이 바로 학문과 연구의 자유라고 이해하고 있는 이유도 그 때문이다. 결국 '학문의 자유'에 의해서 보호되는 학술활동은 그 내용면에서 일정한 분야를 대상으로 그 사물의 생성원리를 밝히려는 노력의 과정과, 그 과정을 통해서 얻어진 결과에 대한 평가 내지 활용까지를 포괄하는 개념이기 때문에 순수학문뿐 아니라 이른바 응용학문까지도 포함하지

(우측 여백) 진지하고 계획적인 진리 탐구활동의 보호

---

1) '교수의 자유'(Lehrfreiheit)와 '직업행사의 자유'(Berufsausübungsfreiheit)와의 경쟁관계가 특히 자주 문제가 된다.

　기본권의 실효제도를 규정하고 있는 독일기본법(제18조)은 '직업의 자유'를 실효시킬 수 있는 기본권으로 열거하고 있지 않기 때문에, '교수의 자유'와 '직업의 자유'가 경쟁관계에 서게 되는 경우, '교수의 자유'를 실효시키면 결과적으로 실효될 수 없는 '직업의 자유'까지도 실효되는 효과가 나타난다. 따라서 이런 경우에는 특별히 엄격한 요건하에서만 '교수의 자유'를 실효시킬 수 있다고 하는 것이 학설과 판례의 입장이다.

　Vgl. BVerfGE 25, 88(97); *Leibholz-Rinck*, Grundgesetz-Kommentar, Art. 18, Anm. 2; *W. Schmitt Glaeser*, Mißbrauch und Verwirkung von Grundrechten im politischen Meinungs-kampf, 1968, insbes. S. 194ff.(204f.).

2) BVerfGE 35, 79(113).

만, 그것이 학문의 자유에 의해서 보호되기 위해서는 적어도 단순한 지식의 활용에 그치지 않고 새로운 진리를 찾아내려는 진지하고 계획적인 노력이 함께 깃들여 있어야 한다.

(ᄂ) 학문과 지식의 구별

과정인 학문과 결과인 지식

이렇게 볼 때 개념상으로도 '학문'과 '지식'은 구별해야 한다. '학문'은 진리탐구의 과정까지를 포함하는 개념이지만, '지식'은 단순히 학문연구의 결과일 따름이기 때문이다. 따라서 '학문의 자유'의 한 내용으로서의 '교수의 자유'는 '교육의 자유'와는 그 본질이 다르다. '교수의 자유'가 단순한 연구결과(지식)의 전달에 그치지 않고, 수강자들에게 진리추구에 대한 독자적(자주적)이고 비판적인 사고능력을 길러 줌으로써 함께 진리탐구를 모색하는 학문활동의 한 형태인데 반해서, '교육의 자유'는 단순한 지식의 전달을 그 내용으로 하는 교육활동에 관한 것이기 때문이다. 따라서 '교육의 자유'는 '학문의 자유'의 한 내용이 될 수 없고, 교육에 관한 기본권($^{제31}_{조}$)의 보호영역에 속한다고 보아야 한다. '진리의 발견'에 초점을 맞추어 움직이는 학문과, 지식의 전달 및 인격형성에 초점을 맞추어 행해지는 '교육'을 동위선상에 놓고 평가할 수는 없기 때문이다. 우리 헌법재판소도 대학에서의 교수의 자유와 초·중·고교에서의 수업의 자유를 구별하는 판시를 하고 있다.[1]

교육의 자유와 교수(학문)의 자유의 차이

2) 학문의 자유의 내용

학문의 자유는 진리탐구를 위한 모든 인간적인 노력을 그 보호대상으로 하는데 구체적으로는 학문연구의 자유, 학술활동의 자유, 학문기관의 자유를 그 내용으로 한다.

(가) 학문연구의 자유

연구과제·방법·기간·장소선택의 자유

학문연구의 자유는 진리탐구의 과제·방법·기간·장소 등을 임의로 정해서 시행할 수 있는 자유이다. 구체적으로는 연구과제를 자유로 선택하고 또 변경할 수 있는 '연구과제의 자유', 연구방법($^{문헌적 방법, 실험적 방법, 경}_{험적 방법, 답사적 방법 등}$)을 자유로 결정할

---

1) 【판시】 학문의 자유라 함은 진리를 탐구하는 자유를 의미하는데, 그것은 단순히 진리탐구의 자유에 그치지 않고 탐구한 결과에 대한 발표의 자유 내지 가르치는 자유 등을 포함하는 것이다. 다만 진리탐구와 결과발표는 같은 차원에서 거론하기가 어려우며, 전자는 신앙의 자유·양심의 자유처럼 절대적인 자유라 할 수 있으나, 후자는 표현의 자유와도 밀접한 관련이 있는 것으로서 경우에 따라서는 헌법 제21조 제 4 항은 물론 제37조 제 2 항에 따른 제약이 있을 수 있다. 물론 수업의 자유는 두텁게 보호되어야 합당하겠지만 그것은 대학에서의 교수의 자유와 완전히 동일할 수는 없는 것이며, 대학에서의 교수의 자유가 더욱 보장되어야 하는 반면, 초·중·고교에서의 수업의 자유는 제약이 있을 수 있다(헌재결 1992. 11. 12. 89 헌마 88, 판례집 4, 739(756면)).

수 있는 '연구방법의 자유', 연구기간의 장단, 그 구체적 시기 등을 정할 수 있
는 '연구기간의 자유', 연구장소를 선택하고 또 이동할 수 있는 '연구장소의 자
유' 등이 이에 속한다.

학문연구의 자유는 특히 연구방법·연구장소 등과 관련해서 공공의 안녕질 학문내적인
자율통제의
필요성과 중
요성
서 내지는 타인의 기본권과 갈등을 일으킬 수 있지만 그에 대한 제약은 어디
까지나 학문내적인 자율통제 내지는 자기기속의 관점에서 이해해야 할 것이다.
즉 학문연구의 자유에 의해서 보호되는 영역은 사이비학문연구가 아닌 '학문적
인 학문연구'이기 때문에 그 연구방법과 연구장소의 선택·시행 등도 그 당위성
이 학문적으로 논증될 수 있어야 하고 학문적인 자기통제과정을 거친 것이어야
한다. 따라서 학문연구의 자유에 대한 공권력의 간섭은 원칙적으로 이같은 학
문내적인 자기통제과정을 감시하는 선에서 그쳐야 한다. 진리의 발견을 위해서
높은 전문성에 의해 움직이는 학문연구를 학문외적인 상식적인 인식의 차원에
서 함부로 간섭하는 것은 '학문의 자유'를 보장하는 헌법정신에도 반하기 때문
이다.[1]

결국 연구방법 내지 연구장소 등이 공공의 안녕질서에 위해를 가져다 줄
개연성이 있는지의 판단은 우선은 학문의 자기통제에 맡겨 두는 것이 옳다. 그
러나 이같은 자기통제를 소홀히 하는 학문연구는 이미 그 내재적 한계를 일탈
한 경우에 해당하므로 공권력에 의한 제약을 받는 것이 불가피하다. 예컨대 아
무런 위해방지조치도 없이 독극물을 이용한 실험을 하거나 방사물질을 이용한
실험을 하다가 타인의 생명·건강을 위태롭게 하는 경우에는 이익형량에 의한
제한은 물론이고 법적인 규제도 불가피하다고 할 것이다.[2]

(나) **학술활동의 자유**

'교수(敎授)의 자유'가 그 핵심이지만 '연구결과발표의 자유'와 '연구를 위한
집회·결사의 자유'도 함께 그 내용으로 하는 것이 학술활동의 자유이다.

---

1) 【판결례】 i) 학문의 자유는 새로운 것을 창조하려는 노력이며 이 연구자료가 기존의 사상 및
가치체계와 상반되거나 저촉된다고 하여도 용인되어야 할 것이다(대법원 1982. 5. 25. 선고 82
도 716 판결). ii) 순수한 학문연구의 목적으로 반국가단체를 이롭게 하는 내용의 문서·도서·
기타 표현물을 제작·수입·복사·소지·운반·반포·판매 또는 취득하는 행위는 국보법 제 7 조
제 5 항에 위반되지 않는다(대법원 1983. 2. 28. 선고 82 도 2894 판결). iii) 반국가단체를 이롭
게 할 목적으로 불온서적을 소지하고 있었다면 학문의 자유의 한계를 넘은 것이다(대법원
1986. 9. 9. 선고 86 도 1187 판결).
2) 【독일판례】 독일연방헌법재판소는 예술의 자유에 의해서 타인의 인격권을 침해한 경우에 대
해서 동지의 판결을 했다. Vgl. BVerfGE 30, 173(193ff.).

a) 교수의 자유

'교수의 자유'는 '학문연구의 자유'와 불가분의 상호관계에 있다. 교수는 연구에 의해서 얻어진 결과를 정확하게 전달하는 행위인 동시에 그 자체가 하나의 연구과정을 뜻하기 때문이다. 교수의 자유는 학문기관 내에서 수강자에게 진리에 대한 독자적(자주적)이고 비판적인 사고능력을 길러 줌으로써 함께 진리탐구를 모색하는 학술활동의 자유를 뜻하기 때문에 단순한 지식의 전달을 그 내용으로 하는 '교육'과는 다르다. 초등학교, 중·고등학교에서는 교육은 행해지지만 교수가 행해진다고 보기 어렵기 때문에 학문의 자유가 인정될 수 없다.[1] 따라서 교수의 자유는 대학을 비롯한 학문기관 내에서 행해지는 학술활동을 보호한다는 데 그 주안점이 있다. 이 점이 장소적·대상적 제약을 받지 않는 연구결과발표의 자유와 다르다. 교수의 자유에서 중요한 것은 '교수내용의 자유'와 '교수방법의 자유'인데, 교수내용의 자유를 보장하는 것이야말로 학문발전의 원동력이다. 다만 교수의 자유가 헌법침해의 수단으로 악용되는 것까지 헌법이 보호하는 것은 아니기 때문에 교수의 자유에도 스스로 일정한 내재적 한계가 있다고 할 것이다. 따라서 우리 헌법상의 민주적 기본질서를 부인 내지 파괴하는 내용의 교수는 허용되지 않는다. 그러나 헌법내용에 대한 학문적 비판이나 법질서에 대한 헌법이론적 조명과 비판은 물론 가능하다.

b) 연구결과발표의 자유

연구결과발표의 자유는 학문연구에 의해서 얻어진 학문적 인식을 교수 이외의 형태로 발표할 수 있는 자유이다.[2] 학술논문의 학술지 발표·저서출판·학술강연·학술세미나 등이 여기에 속한다. 연구결과발표의 자유는 '발표내용의 자유'와 '발표방법의 자유' 등이 그 주요내용이기 때문에 발표내용이 학문연구의 결과인 이상 그것을 발표하는 방법이나 대상·장소 등에 의해서 그 보호의 진지성이 달라진다고 볼 수 없다. 중요한 것은 오로지 '발표내용의 학문성'이지 발표대상이나 발표장소가 아니다.[3] 연구결과발표의 자유에서 특히 중요한 것은

---

1) 우리 헌재도 교수의 자유와 수업의 자유가 완전히 동일할 수는 없다고 다음과 같이 판시했다. 【판시】 수업의 자유는 무제한 보호되기는 어려우며 초·중·고교의 교사는 자신이 연구한 결과에 대하여 스스로 확신을 갖고 있다고 하더라도 그것을 학회에서 보고하거나 학술지에 기고하거나 스스로 저술하여 책자를 발행하는 것은 별론으로 하고 수업의 자유를 내세워 함부로 학생들에게 여과 없이 전파할 수는 없다(헌재결 1992. 11. 12. 89 헌마 88, 판례집 4, 739(757면)).

2) 【판결례】 대학의 실험실에서 진리탐구를 위하여 실험을 하고 그 실험결과를 발표하는 것이 학문의 자유에 속한다 하더라도, 그 실험결과가 잘못되었는데도 이를 사회에 알려서 선의의 제3자를 해친다면, 이는 학문의 자유권의 범위를 넘어선 것으로 허용될 수 없다(대법원 1967. 12. 26. 선고 67 다 591 판결).

3) 따라서 '발표내용'보다 '발표대상' 내지 '발표장소'에 초점을 맞추어서 이해하려는 입장에는 찬

연구결과의 발표가 학문외적인 고려에 의해서 제약을 받아서는 아니된다는 점이다. 연구결과발표도 학문 내의 자체통제에 의해서 그 진위가 판별될 수 있을 때 가장 큰 통제효과를 나타내기 때문이다.

c) 연구를 위한 집회·결사의 자유

연구를 위한 집회·결사의 자유는 학문연구의 목적으로 모임을 갖거나 단체를 조직할 수 있는 자유이다. 각종 학회·학술단체·학술세미나·학술강연회 등을 조직하고 개최할 수 있는 자유가 그것인데, '연구결과발표의 자유'의 이론적인 전제가 된다고 볼 수 있다. 일반적인 집회·결사의 자유와의 상호관계에 대해서는 이미 앞에서 언급한 바와 같이 배제관계라고 보아야 한다. 그러나 집회·결사의 자유에 관한 주요내용은 여기에 그대로 적용된다.

학회조직 및 학술활동의 자유

(대) 학문기관의 자유

'학문기관의 자유'는 학문연구기관이 그 기관의 운영에 관한 일을 외부의 간섭 없이 자율적으로 결정할 수 있는 자유이다. '학문의 자유'의 실현을 위해서는 특히 학문연구기관의 독립성과 자율성이 절대적으로 필요하기 때문에 '학문기관의 자유'는 학문연구와 학술활동을 실효성 있게 뒷받침해주기 위한 불가결한 기본권이다. 학문의 연구가 유럽에서 대학을 중심으로 행해진 역사적 전통 때문에 '학문기관의 자유'는 본래 '대학의 자유'를 의미했었다. 그러나 오늘날에는 학문연구의 양상도 달라지고 학문연구기관도 다원화되었기 때문에 '학문기관의 자유'를 단순히 '대학의 자유'만으로 이해하는 데는 무리가 있다. 따라서 '학문기관의 자유'는 구체적으로는 아직도 학문연구의 주된 온상이 되고 있는 '대학의 자유'와 기타 '연구기관의 자유'를 함께 포괄하는 개념으로 이해하는 것이 옳다고 본다. 그렇지만 '대학의 자유'의 내용은 대학 이외의 연구기관에도 원칙적으로 그대로 해당된다고 볼 수 있기 때문에 여기서는 '대학의 자유'에 관해서만 살펴보기로 한다.

기관운영의 독립성과 자율성보장

대학 및 기타 연구기관의 자유

a) 대학의 자유의 본질

α) 대학의 자치

'대학의 자유'는 학문연구기관으로서의 대학이 대학의 운영에 관한 모든 사항을 외부의 간섭 없이 자율적으로 결정할 수 있을 때만 그 실효성을 기대할 수 있기 때문에 '대학의 자치'를 그 본질로 한다. 우리 헌법이 대학의 자율성보장에 관한 규정($^{제31조}_{제4항}$)을 따로 두고 있는 이유도 그 때문이다. 우리 헌법재판소도 서울대가 94학년도 입시요강에서 선택인 제 2 외국어 과목 중 일본어를

대학의 자치 및 자율성보장

성할 수 없다. 예컨대 김철수, 581면.

제외한 조치는 학문의 자유와 대학의 자율권에 바탕을 두고 이루어진 적법한
자율권의 행사라고 판시함으로써 대학의 자율성을 강조하고 있다.[1] 그러나 사
립대학교가 학교법인의 정관에 따라 교수의 기간임용제를 채택할 수 있도록 한
것은 대학의 자율권을 존중하는 것이어서 허용되지만 재임용기준·요건과 재임
용배제사유의 사전통지절차 및 재임용거부에 대한 구제절차 등을 규정하지 않
은 법률조항은 헌법의 교원지위법정주의에 위배된다고 판시했다.[2]

β) 대학의 자치제도보장

**대학의 자치
제도보장과
대학의 자율권**

그런데 대학의 자유가 보장된다고 하는 것은 대학의 자율적인 결정권이
제도적으로 보장된다는 것을 의미하기 때문에 '대학의 자유'에서는 '대학의 자
치제도'를 보장한다는 제도적 보장의 면이 특히 중요시될 수밖에 없다. '대학의
자유'를 헌법학자들이 특히 제도적 보장으로 이해하려는 이유도 그 때문이다.
그러나 대학의 자유를 제도적 보장으로 이해하는 경우에도 그것은 '자유'와 '제
도'의 단절관계[3]를 전제로 한 것도 아니요 또 그렇다고 해서 '자유는 제도일
수밖에 없다'는 논리형식(제도적 기본권이론)[4]에 따른 것도 아니라는 점을 강조
해 둘 필요가 있다. 우리 헌법재판소도 대학의 자율성은 학문의 자유의 확실한
보장수단으로 반드시 필요한 것으로서 대학에게 부여된 헌법상의 기본권이라는
점을 강조함으로써 제도적 보장만으로 이해하는 입장을 피하고 있다.[5]

γ) 학문의 자유와 대학의 자치제도

**대학자치제도
의 의의 및
헌법이론적
근거**

'대학의 자유'를 제도적 보장으로 이해하는 이유는 '대학의 자치제도'가 대
학에서의 학문연구와 학술활동을 실효성 있게 하기 위한 '대학의 자유'의 실현수
단인 동시에 그 본질이기 때문이다. 따라서 대학의 자유에 내포되고 있는 제도적
보장은 학문의 자유의 증대수단으로서의 제도적 보장이고, 그 헌법이론적 근거는
학문의 자유에 내포되고 있는 객관적 가치질서로서의 성격에 있다고 할 것이다.

δ) 대학의 자치의 헌법적 근거

**학문의 자유
의 수단인 대
학의 자치**

'대학의 자치'를 '학문의 자유'와는 별개로 교육에 관한 기본권에서만 이
끌어 내려는 견해,[6] 또 '대학의 자치'가 '학문의 자유'에 관한 규정과 교육에 관

---

1) 헌재결 1992. 10. 1. 92 헌마 68·76(병합) 참조.
2) 헌재결 2003. 2. 27. 2000 헌바 26 참조. 이 판례는 헌재의 종래 합헌결정을 변경한 것이다. 헌
   재결 1998. 7. 16. 96 헌바 33 등(병합) 참조.
   【결정례】 임용기간이 만료한 교수에 대한 재임용거부를 재심청구대상으로 법률에 명시하지
   않은 것은 교원지위법정주의에 위반된다(헌재결 2003. 12. 18. 2002 헌바 14 등(병합)).
3) 이 점에 대해서는 C. Schmitt의 제도적 보장이론 참조.
4) 이 점에 대해서는 P. Häberle의 제도적 기본권이론 참조.
5) 헌재결 1992. 10. 1. 92 헌마 68·76(병합) 참조.
6) 예컨대 김철수, 583면.

한 기본권규정의 통합적 해석에 의해서 비로소 보장된다는 이른바 통합적 해석설[1]에 찬성할 수 없는 이유도 그 때문이다. 또 '대학의 자유'를 단순히 '대학의 자치'의 제도적 보장으로만 보려는 입장[2]도 경계해야 한다. '대학의 자유'는 '대학의 자치'를 그 본질로 하지만 이 경우 '대학의 자치'는 결코 자기목적적인 제도가 아니고 학문연구의 자유와 학술활동의 자유를 실효성 있게 보장하기 위한 수단으로서의 성질을 가진다고 보아야 하기 때문이다.

결론적으로 말해서, '대학의 자유'는 학문의 자유의 대명사가 아니고 학문의 자유의 한 내용일 뿐이며, 대학의 자유의 본질은 '대학의 자치'에 있지만 '대학의 자치'는 자기목적적인 것이 아니고 학문의 자유의 주체로서의 대학에게 학문연구와 학술활동을 실효성 있게 수행케 하기 위한 수단이다. 그리고 '대학의 자치'는 구태여 교육에 대한 기본권과 결부시키지 않더라도 학문의 자유에 내포된 객관적 가치질서로서의 성격으로부터 당연히 나오는 헌법적 요청이다. 이렇게 볼 때 대학의 자율성보장에 관한 헌법규정($\frac{제31조}{제4항}$)은 '대학의 자치'의 근거규정이 아니라, 그 보완규정이라고 이해하는 것이 옳다.

학문의 자유·
대학의 자유·
대학의 자치
의 상호관계

b) 대학의 자유의 내용

α) 대학운영의 자주적 결정권

대학의 자유는 대학운영에 관한 대학의 자주적인 결정권을 그 내용으로 한다. 대학운영에 대한 국가의 간섭·조종·침해를 최대한으로 줄이고 대학의 자주적인 결정권을 최대한으로 보장하기 위한 것이 바로 대학의 자치제도이다.

따라서 대학의 자유는 대학의 자치를 그 본질로 하는 것인데, '대학의 자유'의 실효성을 높이기 위해서 꼭 필요한 대학자치의 영역은 대학인사·대학학사·대학질서·대학재정 등 대학운영에 관한 모든 분야를 망라한다. 대학운영에 관련된 모든 분야에서의 간섭 없는 자주적인 결정권을 그 주된 내용으로 하는 대학의 자유는 기본권주체인 대학[3]의 주관적 공권으로서의 성격이 함께 내포되어 있기 때문에 대학운영에 간섭하려는 국가권력에 대한 방어권이 당연히 인

대학의 자치
영역

국가의 운영
간섭에 대한
방어권

---

1) 예컨대 권영성, 「헌법학원론」(1981), 416면.
2) 예컨대 한상범, 「한국헌법」(1973), 173면 이하.
3) 【판시】 대학자치의 주체를 기본적으로 대학으로 본다고 하더라도 교수나 교수회의 주체성이 부정된다고 볼 수 없고 대학, 교수, 교수회 모두가 단독 혹은 중첩적으로 주체가 될 수 있다고 보아야 한다(헌재결 2006. 4. 27. 2005 헌마 1047 등, 판례집 18-1 상, 601(613면)).
   【결정례】 국립대학인 강원대학교 법학전문대학원도 학문의 자유 및 대학의 자율권의 독립된 주체이다. 따라서 교육부장관이 설치인가심사기준상의 객관적 장학금 지급기준, 설치인가 신청서 내용의 합리적인 해석, 이미 지급된 장학금 규모와 행정조치로 발생할 불이익의 정도 등에 대한 객관적이고 종합적인 고려없이 학생모집정원 2.5%의 감축결정을 한 것은 침해최소성과 법익균형성을 어긴 대학의 자율권의 침해이므로 취소한다(헌재결 2015. 12. 23. 2014 헌마 1149).

정된다. 따라서 대학의 자치를 실현하기 위해서 대학의 내부기구로서 설치하는 각종 보직·위원회·교수회·학생회 등의 활동에 대한 국가의 간섭과 조종도 마땅히 배제된다고 할 것이다.[1]

β) 대학구성원의 참여권의 한계

학원의 민주화·대학민주주의의 한계

그러나 대학 내부에 이같은 각종 기구를 두고 그를 통해서 대학의 자치를 실현하려고 하는 것은 어디까지나 학문의 자유를 실효성 있게 보장함으로써 학문의 자유가 맡고 있는 여러 가지 헌법적 기능을 수행케 하려는 데 그 궁극적인 목적이 있기 때문에 대학 내에 설치되는 여러 기구의 조직·운영·기능 등에는 스스로 일정한 한계가 있기 마련이다. 대학의 인사·학사·재정·질서 등의 사항에 관한 학생회의 발언권은 존중되어야 하지만, 그 결정참여권에는 일정한 한계가 있을 수밖에 없는 이유도 그 때문이다.[2] 이른바 '학원의 민주화' 내지는 '대학민주주의'를 내세워 모든 대학 내의 기구에 대학구성원(교수·조교·학생·사무원)이 동률로 참여할 것을 주장하고 나오는 일부의 움직임에 대해서 독일연방헌법재판소[3]가 일찍이 적신호를 보낸 사실을 주목할 필요가 있다. 대학의 자치는 학문연구의 실적을 높이기 위한 것이지 통치형태에 관한 민주주의원리를 대학 내에서 실험해 보기 위한 것은 아니다. 따라서 '대학의 자유'는 '학문성'을 전제로 한 것이기 때문에, '학문성'을 일탈하지 않는 한 대학구성원으로서의 학생의 활동도 마땅히 대학의 자유에 의한 보호를 받는다.

학문의 자유의 주체인 대학생

대학의 자유의 보호대상에서 학생의 활동을 빼놓을 수 없는 또 하나의 중요한 이유는 학문의 자유의 중요내용인 '교수의 자유'는 학생의 참여를 떠나서 생각할 수 없기 때문이다. 대학의 학생은 학문의 자유의 주체이지 학문의 자유의 효과만을 향유하는 학문외적인 집단은 아니다.

---

1) 【결정례】 i) 대학의 장 후보자 선정을 위한 직접선거과정에서 선거관리를 그 대학소재지 관할 선관위에 위탁하게 정한 교육공무원법 제24조의 3 제 1 항은 대학자율의 침해가 아니다(헌재결 2006. 4. 27. 2005 헌마 1047 등). ii) 오랜 전통의 여자대학교가 여자대학으로서의 전통을 유지하는 방향으로 남성배제의 입학전형계획을 마련하는 것은 대학의 자율성의 본질적인 부분에 해당하므로 교육부장관은 이를 보장해야 한다(헌재결 2013. 5. 30. 2009 헌마 514, 판례집 25-1, 337(346면)). iii) 사립학교의 개방이사제, 개방감사제, 임시이사의 임기제, 대학평의원회, 학교법인의 이사장과 특정관계에 있는 사람의 학교장 임명의 제한 등을 규정하는 사립학교법 관련규정은 학교법인의 사학의 자유의 침해가 아니다(헌재결 2013. 11. 28. 2007 헌마 1189 등). iv) 임시이사가 선임된 학교법인의 정상화를 위한 이사 선임에 관하여 사학분쟁조정위원회에 주도권을 부여한 사립학교법 관련규정은 학교법인과 종전이사 등의 사학의 자유의 침해가 아니다(헌재결 2013. 11. 28. 2011 헌바 136, 2009 헌바 206).

2) 【판시】 대학생들의 대학자치에의 참여권은 인정되지만 대학생들의 건의내용과 다른 학사결정이 내려졌어도 참여권의 침해는 아니다. 또 신입생자격 제한은 재학생들의 학문의 자유와는 무관하다(헌재결 1997. 3. 27. 94 헌마 277, 판례집 9-1, 404(409면 이하)).

3) Vgl. BVerfGE 35, 79.

3) 학문의 자유의 한계와 제한

(가) 학문의 자유의 내재적 한계와 자율적 자체통제

학문의 자유도 헌법의 통일성의 관점에서 일정한 내재적인 제약을 받는다고 하는 점은 이미 학문의 자유의 내용과 관련해서 언급한 바 있다. 따라서 학문의 자유가 그 내재적 한계를 지키는 한 학문의 자유를 법률로써 제한해야 할 구체적인 필요성은 현실적으로 생기지 않는다고 할 것이다. 특히 학문의 자유의 본질과 학문의 자유가 수행하고 있는 여러 가지 기능을 생각할 때 학문의 자유에 대한 외부적인 제한은 자칫하면 학문의 자유의 본질적 내용을 다치게 될 위험성이 크기 때문에, 학문의 자유에 대한 제한은 원칙적으로 학문 내의 자체통제력에 맡겨 두는 것이 옳다고 생각한다. 독일기본법($_{제3항}^{제5조}$)이 학문의 자유를 절대적 기본권으로 규정하면서 헌법 이외의 어떠한 통제도 배척하고 있는 이유도 그 때문이다.

내재적 한계와 학문 내의 자체통제력

(나) 학문의 자유에 대한 타율적 제한의 한계

우리 헌법이 비록 학문의 자유도 기본권제한입법의 한계조항($_{제2항}^{제37조}$)에 의해서 제한할 수 있는 것처럼 규정하고 있지만, 학문의 자유의 특성을 감안해서, 그에 대한 제한은 학문의 자유의 내재적 한계를 감시하는 선에서 그쳐야 한다고 생각한다. 학문의 자유에서 특히 그 내재적 한계와 학문 내의 자율적인 자체통제력이 강조되는 이유도 그 때문이다. 학문의 본질상 학문은 학문적인 질타에 가장 약하고 학문 내의 자율적인 자체통제력에 의해서만 발전되고 성숙해 가는 것이기 때문에, 학문외적인 힘에 의해서 그 방향을 조종하려는 시도는 대개의 경우 실패하기 마련이다. 따라서 학문의 자유에 대한 외부적인 제한은 '학문의 자유'가 자체 내의 통제력을 상실하고 공공의 안녕질서에 중대한 위해를 끼칠 명백하고 현존하는 위험이 있는 경우에 한해서 예외적으로만 허용된다고 할 것이다. 그러나 이 때에도 과잉금지의 원칙을 존중하는 선에서 그 제한이 이루어져야 한다.[1] 그렇지 아니한 경우에는 학문의 자유의 본질적 내용을 침해하는 위헌적인 사태가 발생하게 된다. 또 학문의 자유에 내포된 대학의 자유의 본질상 어떠한 상황도 대학의 자치제도를 완전히 폐지하는 입법조치를 정당화시키지 못한다고 할 것이다.

외부적 제한의 예외성과 그 한계

---

1) 【판시】 치과전문의 자격시험이 실시되지 아니하더라도 치과의사가 어느 전문분야에 관하여 전문적인 교육을 받고, 연구를 함에 있어 법률상 또는 현실적으로 특별한 제한이나 불이익을 받고 있다고는 할 수 없으므로 치과전문의제도의 불시행으로 인하여 청구인들의 학문의 자유가 침해되었다고 할 수는 없다(헌재결 1998. 7. 16. 96 헌마 246, 판례집 10-2, 283(309면)).

㈐ 학문의 자유의 본질적 내용

본질적 내용
의 일반성과
개별성

학문의 자유의 본질적 내용과 관련해서 특히 주의할 점은, 학문의 자유의 본질적 내용의 침해금지는 '일반성'과 '개별성'을 함께 내포하는 개념이라는 점이다. 즉, '학문의 자유'를 제한하는 법률에 의해서 '학문의 자유' 그 자체가 일반적으로 무의미하게 되는 일이 있어서도 아니되지만, 그 법률의 적용에 의해서 어느 특정인의 '학문의 자유'가 완전히 무의미해지는 결과가 초래되어서도 아니된다. 그런데 학문의 자유의 본질적 내용의 침해금지는 그 '일반성'의 측면에서는 절대적 기준을 뜻하기 때문에 학문의 자유를 일반적으로 무의미하게 하는 입법조치는 절대로 금지되지만, 그 '개별성'의 측면에서는 상대적 기준을 뜻하기 때문에 보다 큰 법익을 보호하기 위해서 필요 불가피한 최소한의 범위 내에서 학문의 자유를 개별적으로 제한하는 것은 가능하다[1]고 할 것이다.

(5) 예술의 자유

1) 예술의 자유의 의의

미적 감각세
계 내지 창조
적 경험세계의
표현의 자유

'예술의 자유'는 인간의 '미적인 감각세계' 내지는 '창조적인 경험세계'의 표현형태에 관한 기본권이다. '예술의 자유'가 인간의 예술활동을 보호함으로써 정신·문화생활영역에서의 개성신장을 돕고, 문화국가의 실현에 이바지하는 객관적 기능을 수행한다고 하는 것은 이미 언급한 바 있다. '예술의 자유'에서 국민의 주관적 공권으로서의 측면보다는 문화국가지향적인 객관적 가치질서로서의 측면을 더욱 중요시하려는 학자[2]가 있는 것도 그 때문이다.

㈎ 예술의 개념정의

예술＝미의
추구

개념정의의
어려움

예술평가주체
의 문제

'예술의 자유'가 다른 기본권과 달리 그 내용을 파악하기 힘든 기본권으로 느껴지는 이유는 '무엇이 예술이냐'에 대한 평가의 어려움 때문이다. 미학(Ästhetik)적인 관점에서 '미'(Schönheit)의 추구를 예술의 본질이라고 이해하는 경우 「미'가 무엇이냐」의 의문이 생기게 되고, 일단 형이상학의 차원에서 '미'를 '완전성'(Kant), '조화'(Thomas v. Aquin), '형상과 원형의 일치'(Platon), '이상의 지각형태'(Hegel) 등으로 표현한다고 해도 그 개념 자체가 애매할 뿐 아니라, '미'를 '미'라고 평가할 수 있는 사람은 기본권주체 자신이냐 아니면 기본권을 보장해 주는 국가이냐의 의문이 또 다시 꼬리를 물고 일어나기 마련이다. '미'

---

1) Vgl. BVerfGE 22, 219; 27, 351; 30, 53.
2) 대표적으로는 W. Knies를 들 수 있다.
　Vgl. Schranken der Kunstfreiheit als verfassungsrechtliches Problem, 1967, insbes. S. 177ff.

에 대한 심판권을 국가에게만 일임하는 경우, 자칫하면 '예술의 자유'가 공동화할 위험이 따르고, 그렇다고 기본권주체만이 '미'에 대한 판단권을 갖는다고 하면 '예술'의 이름 아래 전개될 여러 가지 불미스런 작태를 막을 길이 없게 된다. 예술의 자유에 관한 지금까지의 논쟁이 주로 예술의 개념정의에 집중될 수밖에 없었던 이유도 여기에 있다.

a) 학   설[1]

'예술의 자유'는 '무엇이 예술이냐'의 질문 자체를 금지하는 이른바 '정의금지'도 함께 그 내용으로 하고 있다고 역설하는(정의금지설) 학자가 있는가 하면, 그와 정반대로 '예술의 자유'는 예술의 정의를 전제로 하는 기본권이기 때문에 오히려 '정의명령'을 내포하고 있다고 주장하는(정의명령설) 사람에 이르기까지 그 주장이 매우 대립적이다.

〔정의금지설과 정의명령설〕

또 예술의 정의를 긍정하는 입장에서도 학설이 많이 갈리고 있다. 예술은 단순한 의사표시도 아니고 단순한 보도도 아닌 나머지 것이라는 이른바 공제식 정의, 예술의 판단에는 일정한 객관적인 예술 법칙성이 중요시되어야 한다는 주장(객관설), 예술성의 평가에서 중요한 것은 예술가 자신의 판단이기 때문에 법관은 그 주장을 그대로 받아들여야 한다는 견해(주관설), 예술을 미학적인 범주에 끌어들이려는 고정관념에 반대하며 예술을 질적인 내용이 아닌 외형적인 형태에 따라 형식적으로 이해하려는 입장(형식설) 등 예술을 보는 시각이 매우 다양하다.

〔객관설·주관설·형식설〕

b) 비판 및 사견

생각건대 '예술'이 형태적으로 법률외적 현상임에는 틀림없지만, 헌법이 보호하려는 '예술의 자유'는 헌법의 통일성의 시각에서 합리화될 수 있는 일정한 예술활동을 그 보호대상으로 하는 것이기 때문에 역시 예술의 개념을 정의하는 것은 불가피하다고 할 것이다. 정의할 수 없는 것은 보호하기도 어렵기 때문이다. 따라서 국가가 '예술의 자유'를 보호하기 위해서는 '무엇이 예술인가'가 먼저 밝혀져야 한다. 다만 문제는 '누가 정의하느냐'와 '어떻게 정의하느냐'인데 '누가'의 문제에 있어서는 궁극적으로 법적용 내지 법집행자가 정의할 수밖에 없다고 할 것이다. 다만 법적용 내지 법집행자의 판단이 기속력을 갖기 위해서는 적어도 그 판단이 '받아들일 만하다'는 평가를 받을 수 있어야 한다.[2] 또 '어떻게'의 문제에 있어서는 역시 미의 추구를 그 본질로 하는 예술의 특성상 어느 정도의 미학적인 시각에서의 관념적(실질적)인 평가가 불가피하다고 생각

〔개념정의의 필요성〕

〔평가주체인 법적용·집행자〕

〔미학적 요소에 따른 실질적 평가의 필요성〕

---

1) 자세한 문헌은 졸저, 전게서, 제 4 판, 2010, 방주 799 및 800 참조할 것.

2) 동지: BVerwGE 39, 197(203ff.).

한다. 그렇지 않고 예술의 개념을 형식적으로 이해해서 예술의 개념으로부터 '미학적인 요소'를 완전히 제거하려는 것은 결과적으로 예술의 정의를 포기하거나 아니면 예술가의 주관에 맡기는 것에 지나지 않게 된다. 다만 예술의 개념이 어느 정도의 미학적인 요소를 요구한다고 하더라도 '예술의 개방성'과 '예술감각의 가변성'을 충분히 고려해서 지나치게 과장된 예술성의 요구는 삼가해야

지나친 예술성 요구의 위험성

한다. 예술의 개념을 지나치게 객관화·전문화시켜서 높은 예술성을 요구하는 경우, 헌법이 국민 모두의 기본권으로 보장하는 '예술의 자유'가 자칫 '예술적인 천재들만의 특권'으로 변질될 가능성이 커지기 때문이다. 따라서 예술성을 판단함에 있어서는 어떤 객관적인 기준에만 의존해서 기본권주체의 주관을 완전히 무시해 버릴 수도 없다고 할 것이다. 어떤 객관적인 기준을 내세워 그에 따라 행해지는 예술작품의 '수준검사'가 일반적으로 배척되는 이유도 그 때문이다.[1]

(나) **예술의 특질**

객관화될 수 있는 미적 감각세계의 창조적·개성적 표현형태

결국 헌법에 의해서 보호받는 예술이기 위해서는 예술가와 일반대중(평균적 통사대인) 사이에 미적 감각세계에 입각한 유형·무형의 대화가 가능해야 한다고 생각한다. 즉 예술은 기본권주체의 미적인 감각세계의 창조적이고 개성적인 표현형태를 뜻하고, 그 표현형태가 타인의 지각능력(보고, 듣고, 느끼고)에 의해 하나의 작품으로 수용되는 과정에서 정신적인 대화가 이루어지는 것이기 때문에, 예술작품은 그 주안점이 '표현'에 있지 '전달'에 있지 않다는 점을 강조해 둘 필요가 있다. '학

전달이 아닌 표현 그 자체가 목적

문의 자유'와 '언론·출판의 자유'의 주안점이 '전달'에 있는 것과 다른 점이다. 또 예술은 '표현' 그 자체에 목적과 의의가 있기 때문에 일종의 '자기목적적'인 것이고 어떤 '목적'을 전제로 한 수단 내지 도구가 아니라는 점도 유의해야 한다. 많은 경우에 '예술'과 '비예술'을 구별하는 기준이 될 수 있는 것이다.

결론적으로 '예술의 자유'는 객관화될 수 있는 주관적·미적 감각세계를 창조적이고 개성적으로 추구하고 표현할 수 있는 자유라고 말할 수 있다.

---

1)【결정례】 우리 헌재가 음반에 대한 등급심사제도와 영화 및 비디오물에 대한 공연윤리위원회의 심의제도에 대해서 위헌결정한 것은 그것이 비록 헌법 제21조 제 2 항의 사전검열금지의 위반을 이유로 한 것이긴 해도 의미 있는 판례이다. 헌재결 1996. 10. 31. 94 헌가 6; 헌재결 1996. 10. 4. 93 헌가 13 등; 헌재결 1998. 12. 24. 96 헌가 23 참조. 그러나 헌재는 영화의 등급심사 자체는 사전검열이 아니라고 판시했다.
【판시】 심의기관에서 허가절차를 통하여 영화의 상영 여부를 종국적으로 결정할 수 있도록 하는 것은 검열에 해당하나, 예컨대 영화의 상영으로 인한 실정법위반의 가능성을 사전에 막고, 청소년 등에 대한 상영이 부적절할 경우 이를 유통단계에서 효과적으로 관리할 수 있도록 미리 등급을 심사하는 것은 사전검열이 아니다(헌재결 1996. 10. 4. 93 헌가 13 등, 판례집 8-2, 212(213면)).

2) 예술의 자유의 내용

예술의 자유는 객관화될 수 있는 주관적인 미적 감각세계를 창조적이고도 예술창작·영
향영역의 보호 개성적으로 추구하고 표현할 수 있는 자유를 그 내용으로 한다. 따라서 '예술 창작영역'과 '예술영향영역'을 함께 그 보호대상으로 한다. 구체적으로는 예술창작의 자유, 예술표현의 자유, 예술적 집회·결사의 자유 등이 그것이다.

⑦ 예술창작의 자유

'예술창작의 자유'는 예술창작활동을 할 수 있는 자유로서 창작소재, 창작 자기목적적·
자기실현적
창작활동보호 형태($_{향예술 등}^{조형예술·음}$), 창작과정 등의 임의로운 결정권을 포함한 모든 예술창작활동의 자유를 그 내용으로 한다. 다만 예술에 내포된 강한 '자기목적성' 때문에, 목적 이 아닌 수단이나 도구로서 행해지는 상업광고물 등은 그것이 비록 예술형태를 갖춘다 하더라도 '예술창작의 자유'의 보호를 받지 못한다고 할 것이다. 또 예 술창작의 자유는 자기실현적인 정신·문화적인 활동을 보호받기 위한 것이기 때 문에 단순한 기능적인 능력의 발휘에 의해서 이루어지는 작업활동($_{수공업 등}^{예컨대 요리·}$) 은 원칙적으로 그 보호대상에서 제외된다.

⑭ 예술표현의 자유

'예술표현의 자유'는 예술영향영역에 관한 것으로서 창작한 예술품을 예술 창작예술품의
전시·공연·
보급의 자유 품으로 보호하고 이를 일반대중에게 전시·공연·보급할 수 있는 자유이다. 예술 표현의 자유에 의해서 예술가와 일반대중 사이의 예술적인 감각을 통한 유형· 무형의 대화가 가능하게 되고, 문화적인 생활환경이 조성되게 된다. 예술품보 급의 자유와 관련해서 독일연방헌법재판소[1]는 예술품보급을 업으로 하는 예술 출판사와 음반제작사 등도 예술의 자유의 보호를 받는다고 한다.[2]

예술표현의 자유에는 국가기관에 대해서 예술작품을 전시·공연·선전·보 급해 줄 것을 요구할 수 있는 권리는 내포되고 있지 않다. 따라서 국가의 일정 한 시설을 예술품의 전시를 위해 제공해 줄 것을 요구할 수는 없다.

또 예술표현의 자유는 예술품을 예술품으로 표현할 수 있도록 보장하는 재산권·직업
의 자유·언론
의 자유의 규
제 영역과의
구별

---

1) Vgl. BVerfGE 30, 173(191); 36, 321(331).
2) 【판시】 비디오물을 포함하는 음반제작자에 대하여 일정한 시설을 갖추어 문공부에 등록할 것 을 명하는 것은 음반제작에 필요한 기본시설을 갖추지 못함으로써 발생하는 폐해방지 등의 공 공복리 목적을 위한 것으로서 헌법상 금지된 허가제나 검열제와는 다른 차원의 규정이고 예술 의 자유나 언론·출판의 자유를 본질적으로 침해했다거나 과잉금지원칙에 반한다고 할 수 없 다. … 그러나 음반제작에 필요한 기본시설을 자기소유이어야 하는 것으로 해석하는 한, 헌법상 금지된 허가제의 수단으로 남용될 우려가 있으므로 예술의 자유, 언론·출판의 자유, 평등권을 침해할 수 있게 되고 죄형법정주의에 반하는 결과가 된다(헌재결 1993. 5. 13. 91 헌바 17, 판 례집 5-1, 275면).

것이지, 예술품을 경제적으로 활용할 수 있도록 하기 위한 것은 아니기 때문에, 예술품의 경제적인 활용은 원칙적으로 재산권($^{제23}_{조}$)에 의한 보호를 받게 된다고 할 것이다.[1] 또 예술품을 직업적인 차원에서 취급하는 경우에는 '직업의 자유'($^{제15}_{조}$)의 규제대상이지 '예술의 자유'의 문제는 아니다. 예술표현의 자유의 실효성을 높이기 위해서 되도록 많은 사람이 예술작품에 접할 수 있는 기회를 가질 수 있도록 적절한 예술정책을 펴 나가는 것은 예술의 자유에 내포된 객관적 가치질서로서의 성격으로부터 나오는 당연한 결과이다. 그렇지만 예술작품에 쉽게 접근할 수 있는 기회를 보장해 주도록 요구할 수 있는 권리가 그로부터 나오는 것은 아니다. 표현된 예술품에 대한 비평(예술비평)은 언론의 자유의 규제영역이지 예술의 자유의 문제는 아니라고 할 것이다.

(다) 예술적 집회 · 결사의 자유

예술단체의 기본권 주체성 문제

예술적 집회 · 결사의 자유는 예술활동을 위해서 집회를 개최하고 결사를 조직할 수 있는 자유이다. 다만 예술의 개념에 내포된 강한 개성적 특성 때문에, 예술단체의 기본권주체성에는 스스로 일정한 한계가 있다는 점을 주의할 필요가 있다. 즉 극장 · 박물관 · 미술관 · 예술학교 등은 그 자체로서 예술의 자유의 주체가 될 수는 없다. 또 교향악단도 그 자체로서 예술의 자유의 주체라고 볼 수 없고, 교향악단을 구성하는 음악가 한 사람 한 사람이 예술의 자유의 주체이고, 이들이 다만 예술의 자유를 집단적으로 함께 행사하고 있다고 이해하는 것이 옳다.

3) 예술의 자유의 한계와 제한

법률유보조항의 기능적 한계

우리 헌법은 예술의 자유도 기본권제한입법의 한계조항($^{제37조}_{제2항}$)에 의해서 제한할 수 있는 것처럼 규정하고 있지만, 예술의 자유의 기능과 본질상 법률로써 예술의 자유를 제한하는 것은 적당치 않다고 할 것이다. 그러나 그렇다고 해서 '예술의 자유'가 무제한한 기본권일 수는 없다.

(가) 예술의 자유의 내재적 한계

내재적 한계의 내용

법률에 의한 제한이 부적당한 기본권이면 기본권일수록 그 내재적 한계에 의한 제약이 강조되어야 한다. 따라서 예술의 자유도 일정한 내재적 한계의 범위 내에서만 보호받을 수 있는 것은 두말할 필요가 없다. 즉 헌법의 통일성의 관점에서, 우리 헌법이 추구하는 민주적 기본질서에 반하는 예술활동이 허용될 수 없는 것은 당연하고, 헌법이 보호하고 있는 타인의 권리와 명예, 재산권 등을 침해해서는 아니되고 또 사회공동생활의 윤리적 기초가 되는 공중도덕이나

---

1) 동지: BVerfGE 31, 229(239f.).

사회윤리를 어기는 예술활동이 금지되는 것은 물론이다. 이와 같은 내재적 한계를 지키기 위해서 예술의 자유에 대해 가해지는 제약은 불가피하다고 할 것이다. 예컨대 공산주의를 찬양하는 예술작품이 금지되고,[1] 예술작품에 의해 타인의 명예나 인격을 침해해서는 아니되고,[2] 음란물의 제작·반포행위가 금지되는 것은 그 때문이다. 또 건축예술은 그 창작영역과 영향영역이 함께 나타나기 때문에 재산권의 사회기속성에 의한 제약을 받을 수밖에 없다. 건축법을 어기는 건축예술이 허용될 수 없는 것은 그 때문이다.

(내) 예술의 자유의 제한

다만 예술의 자유를 제한하는 경우에도 예술의 개념을 주관적인 차원에서 이해하느냐, 아니면 객관적으로 이해하느냐에 따라 그 제약의 양상과 폭이 달라진다는 점을 주의해야 한다. 즉 예술의 개념을 주관적인 것으로 이해하는 경우에는 예술의 자유에 대한 제약은 주로 타 법익과의 갈등해소 내지는 상충하는 기본권의 조화의 필요성 때문에 생기게 되지만, 예술의 개념을 객관적으로 보는 경우에는 그 객관성의 기준에 따라 예술의 자유에 대한 제한의 폭이 달라지게 된다. 객관화될 수 있는 주관적인 미적 감각세계를 창조적이고 개성적으로 표현하는 형태언어가 바로 예술이라고 이해하는 경우 예술의 자유에 대한 제약은 결국 타 법익과의 갈등 내지는 기본권의 상충시에 제기되겠지만, 그 제약의 정도는 과잉금지의 원칙에 따라 필요 불가피한 최소한에 그쳐야 할 것이다.

> 타 법익과의 갈등 내지 기본권의 상충으로 인한 제약

따라서 특히 공중도덕이나 사회윤리를 이유로 하는 '예술의 자유'에 대한 제한은 매우 신중을 기해야 한다고 생각한다. 자칫하면 예술의 개방성을 무시하고 새로운 예술의 경향을 억압하는 방향으로 악용될 소지가 있기 때문이다. 결국 예술의 자유에 대한 제한은 예술의 자유에 내포된 내재적 한계를 일탈하는 경우의 규범조화적·실정법적 제한이 그 주종을 이룬다고 할 것이다. 그러나 그 경우에도 '예술창작의 자유'는 특별한 보호를 받는다고 보아야 한다. 따라서 예술형태·예술내용·예술경향 등에 대한 국가의 간섭주의는 예술의 자유의 본질적 내용의 침해가 된다.[3] 모든 예술품에 대한 국가의 이른바 '수준심사'가 허

> 예술의 자유의 본질적 내용

> 예술의 수준심사 및 예술간섭주의의 배제

---

1) **【판결례】** 우리 대법원은 계급혁명의 합법성과 정당성을 찬양하는 내용의 '꽃파는 처녀'라는 작품의 제작을 국가보안법상의 이적표현물제작죄(제 7 조 제 5 항)로 처벌했다(대법원 1990. 12. 11. 선고 90 도 2328 판결).

2) **【독일판례】** 독일 Bayern주 수상 Strauß를 동물(교미하는 돼지)로 희화화한 정치풍자만화는 타인의 명예를 침해한 것으로 예술의 자유에 의해 보호될 수 없다는 독일연방헌법재판소의 판례도 있다(BVerfGE 75, 369).

So ähnlich z.B. BVerfGE 30, 173(Mephisto-Urteil).

3) Vgl. BVerfGE 30, 173; BVerfGE 119, 1.

용되지 않는 것도 그 때문이다. 하지만 예컨대 국가가 영화예술의 진흥책의 일
환으로 우수영화를 선정해서 조세감면 등의 혜택을 주는 것은 허용된다고 할
것이다.[1] '예술의 자유'에 내포된 객관적 가치질서를 존중해서 국가가 영화예술
을 진흥시키기 위한 문화정책의 일환으로 평가할 수 있기 때문이다. 따라서 예
술을 진흥시키기 위한 문화정책과 '예술간섭주의'는 전혀 다르기 때문에 국가의
문화정책이 예술간섭주의로 흐르지 않도록 특별한 경계를 요한다.

(6) 저작자·발명가·과학기술자와 예술가의 보호

지식재산권
보호제도

우리 헌법은 학문과 예술의 자유를 제도적으로 뒷받침해 주고 학문과 예
술의 자유에 내포된 문화국가실현의 실효성을 높이기 위해서 저작자·발명가·
과학기술자와 예술가의 권리보호를 국가의 과제로 규정($\frac{\text{제22조}}{\text{제2항}}$)하고 있다. 저작자·
발명가·과학기술자와 예술가의 권리를 보호하는 것은 학문과 예술을 발전·진
흥시키고 문화국가를 실현하기 위한 불가결한 수단일 뿐 아니라 학자·발명가·
과학기술자·예술가의 지식재산권 내지 무체재산적 권리를 보호한다는 의미도
함께 가지고 있다.[2] 이와 같은 헌법의 취지에 따라 저작권[3]·산업재산권[4]·예
술공연권 등의 지식재산권을 보호하기 위해서 저작권법·특허법·영화법·공연법
등이 제정되었고, 저작자·발명가·과학기술자와 예술가의 권익을 옹호하고 그
들의 지위를 향상시킴으로써 민족문화의 창조·발전에 공헌할 목적으로 지식재

---

1) 동지의 독일판례가 있다.
   Vgl. BVerfGE 33, 52(71f.); BVerwGE 23, 194(199f.).
2) 【판시】 입법자가 기사 1급 등 일반기술자에게까지 엔지니어링활동의 문호를 개방한 것은 기
   술사법 등에 의하여 보장되는 기술사의 과학기술자로서의 권리 자체에 어떤 제한을 가하는 것
   이 아니므로 기술사의 과학기술자로서의 권리를 침해하는 것이 아니다(헌재결 1997. 3. 27. 93
   헌마 159, 판례집 9-1, 344(360면 이하)).
3) 우리나라는 아직은 저작권침해를 인정하는 판례가 많지 않지만, 저작권보호를 위해서는 외국
   에서처럼 저작권침해를 폭 넓게 인정할 필요가 있을 것이다. 다른 사람의 연구성과를 교묘하
   게 활용해서 마치 자신의 창작품인 것처럼 내놓는 우리나라의 학계풍토가 정화되고, 학문발전
   이 촉진되기 위해서도 저작권침해에 대한 법원의 단호한 입장이 절실히 요청된다. 저작권침해
   로 인한 배상책임을 인정한 다음 대법원판례를 참조할 것. 대법원 1989. 10. 24. 선고 88 다카
   19269 판결. 반면에 저작권 침해를 부인하는 다음 헌재결정도 참조할 것.
   【결정례】 청중·관중으로부터 당해 공연에 대한 반대급부를 받지 않는 경우에는 상업용 목적
   으로 공표된 음반·영상제작물을 재생하여 공중에게 공연할 수 있다고 규정한 저작권법 규정
   (제29조 제 2 항 본문 등)은 저작재산권자 등의 재산권과 공중의 문화적 혜택 향수의 공익간의
   조화를 위한 것이고, 저작권자의 권리보호 필요성이 큰 경우에는 공연제한의 예외를 폭넓게
   규정하고 있어 저작재산권자 및 저작인접권자의 재산권을 침해하지 않는다(헌재결 2019. 11.
   28. 2016 헌마 1115).
4) 산업재산권은 특허권, 실용신안권, 상표권, 의장권 등을 모두 포함하는 개념으로서 과거의 공
   업소유권을 대신하는 새로운 학문용어이다.

산기본법을 비롯해서 발명진흥법[1]·과학기술기본법·국가기술자격법·숙련기술장 새로운 형태
려법·문화재보호법·학술진흥법 등이 제정·시행되고 있다. 그런데 컴퓨터산업 의 지식재산
의 발달과 컴퓨터의 생활기계화 및 인터넷 이용의 확산이 가속화됨에 따라 컴 권보호
퓨터 프로그램 저작권 등의 새로운 형태의 지식재산권을 보호해야 할 필요성이
증대되고 있는 현실이다.[2] 나아가 인공지능(AI=Artificial Intelligence)과 초현실세
계에서의 사회·문화·경제활동을 가능하게 하는 메타버스(metaverse)의 기술이
발달함에 따라 가상공간에서 생산된 창작 표현물에 대한 권리와 재화에 대한
상표권, 디자인권 등 지식재산권을 보호해야 할 필요성도 함께 대두하고 있다.
따라서 국가는 이와 같은 새로운 유형의 지식재산권을 보호하기 위한 입법적
대응을 게을리 해서는 아니된다.[3]

Ⅳ. 교육을 받을 권리

우리 헌법은 문화국가·민주국가·사회국가에서 차지하는 교육의 중요성을 권리인 동시
감안해서 '배우는 것'을 모든 국민의 권리로 규정(제31조 제1항)하면서도 국민교육이 가 에 책임
정과 국가의 공동책임임을 명백히 밝히고 있다(제31조 제2항~제6항). 현행헌법이 교육에
관해서 이처럼 상세히 규정하면서 교육강국을 추구하는 것은 국민교육이 가지

---

1) 사문화된 발명보호법을 폐지하고 새로 제정(1994. 3.)한 이 법률에서는 직무발명보상제도를 확
   대실시하는 한편 산업재산권으로 등록된 우수발명의 실용화를 촉진하기 위해서 정책자료의 우
   선지원은 물론 시작품(試作品)제작을 지원토록 규정하고 있다.
2) 【판결례】 인터넷 사이트 운영자가 해외 동영상 사이트에 무단 복제되어 게시된 국내 공중파 방
   송사의 프로그램을 사이트 이용자들이 무제한 재생해 볼 수 있도록 임베디드 링크(embedded
   link)한 것은 공중송신권을 직접 침해한 것은 아니지만 적어도 공중송신권 침해행위를 방조한
   것이어서 이 같은 불법 복제물에 대한 임베디드 링크 행위는 저작권을 침해하는 행위에 해당해
   손해배상책임을 져야 한다. 이 판결은 인터넷상의 무분별한 불법복제물 유통에 제동을 걸어 콘
   텐츠 창작자들의 보호를 실현하기 위한 중요한 판결이다(대법원 2017. 9. 7. 선고 2017 다
   222757 판결).
3) 우리나라는 1987년 세계저작권협약과 제네바음반협약에 가입했는데, 1995. 1. 1. 출범한 WTO
   체제에 따른 무역관련지적재산권협정(WTO/TRIPS)을 수용해서 외국인 저작물의 소급보호를
   인정하고 저작물의 보호를 강화하는 내용으로 저작권법을 개정(1995. 12.)했다. 그리고 WTO/
   TRIPS의 의무조항에 따라 저작권 분야의 대표적 국제규범인 '베른협약'(문학·예술적 저작물의
   보호를 위한 베른협약)에도 1996년 가입했다. 그리고 멀티미디어 디지털 기술 등의 발전에 대
   응하기 위해 1996년 12월에 채택된 WIPO(세계지적재산권기구)저작권조약 제18조에서의 공중
   전달권(전송권 포함)의 개념을 국내법에 수용하기 위해서 저작권법(제 2 조 제10호, 제18조 등)
   을 개정해서 컴퓨터통신 등에 의한 전송으로부터 저작권을 보호하도록 했다. 그리고 온라인상
   의 불법복제를 효과적으로 근절하기 위해 온라인서비스제공자 및 불법전송물전송자에 대한 규
   제를 강화하는 저작권법(제133조의 2 등) 개정(2009. 4., 2011. 12.)도 단행했다. 나아가 2011년
   에는 유럽연합(EU)과 체결한 자유무역협정에 따라 저작권의 보호기간을 50년에서 70년으로
   연장하고(제39조~제42조), 방송사업자의 공연권을 인정하며(제85조의 2), 기술적 보호조치의
   무력화를 금지하는 등(제104조의 2~4) 저작권의 보호를 강화하는 저작권법 개정이 이루어졌다.

는 다음과 같은 여러 가지 헌법상의 의의와 기능 때문이다.

(1) 교육을 받을 권리의 헌법상 의의와 기능

개성신장, 문
화국가·민주
국가·사회국
가실현수단

'교육을 받을 권리'는, 첫째 교육을 통해 개인의 잠재적인 능력을 계발시켜 줌으로써 인간다운 문화생활과 직업생활을 할 수 있는 기초를 마련해 준다는 의의와 기능을 가지고 있다(능력계발을 통한). 둘째 문화적이고 지적인 사회풍토를 조성하고 문화창조의 바탕을 마련함으로써 헌법이 추구하는 문화국가실현(제9조)을 촉진시켜 준다는 의의와 기능을 가지고 있다(문화국가실현의 수단). 셋째 합리적이고 계속적인 교육을 통해서 민주주의가 필요로 하는 민주시민의 윤리적 생활철학[1]을 어렸을 때부터 습성화시킴으로써 헌법이 추구하는 민주주의의 정착화에 이바지한다는 의의와 기능을 가지고 있다(민주국가실현의 수단). 넷째 능력에 따른 균등한 교육을 통해서 직업생활과 경제생활영역에서 실질적인 평등을 실현함으로써 헌법이 추구하고 있는 사회국가적 이상에 보다 가까이 가게 한다는 의의와 기능을 가지고 있다(사회국가실현의 수단).[2]

(2) 교육을 받을 권리의 법적 성질

직업의 자유
및 평등권과
의 관계

'교육을 받을 권리'는 그것이 가지는 다원적인 헌법상의 의의와 기능 때문에 헌법의 통일성에 입각한 거시적인 이해가 필요하다. 즉 '교육을 받을 권리'는 먼저 '직업의 자유'(제15조)와 관련시켜서 이해해야 한다. 초등학교부터의 단계적인 교육이 직업교육적 의미도 함께 가진다는 점을 도외시한다 하더라도 교육과 직업은 불가분의 상호관계에 있다는 점을 부인할 수 없다. '직업선택의 자유'를 행사하는 데 교육이 미치는 결정적인 영향을 생각한다면 이 점은 스스로 자명해진다. 또 '교육을 받을 권리'는 교육분야에서 평등권을 실현하고 구체화

국가의 구조
적 원리와의
관계

하는 수단이라고 볼 수 있기 때문에 평등권(제11조)과도 불가분의 관계에 있다. 나아가서 '교육을 받을 권리'는 우리 헌법이 지향하는 문화국가와 민주복지국가의 이념이 실현될 수 있는 방법적인 기초를 의미하기 때문에 우리 헌법이 채택한 국가의 구조적 원리와도 뗄 수 없는 관계에 있다. 이렇게 볼 때 '교육을 받을 권리'는 그것을 단순한 자유권 또는 사회권(생존권)만으로 이해할 수는 없다.

통합적 성질
의 주관적 공
권 및 객관적
가치질서

'교육을 받을 권리'는 여러 가지 통합적인 성질을 가지는 주관적 공권인 동시에 객관적 가치질서라고 할 것이다. 우리 헌법이 '교육을 받을 권리'를 규정하면서

---

1) 이 점에 대해서는 졸저, 전게서, 방주 349 참조할 것.
2) 여기에서 서술된 내용이 자구표현까지 동일하게 헌재의 결정문에 그대로 수용되고 있다. 헌재
  결 1994. 2. 24. 93 헌마 192, 판례집 6-1, 173(177면) 참조.

가정과 국가의 교육책임을 강조하고($\binom{\text{제31조 제2항·}}{\text{제3항·제5항}}$), 교육의 자주성·전문성·정치적 중립성 및 대학의 자율성을 보장하며($\binom{\text{제31조}}{\text{제4항}}$), 행정권에 의한 임의적인 교육형성을 막기 위해 교육제도의 법률주의($\binom{\text{제31조}}{\text{제6항}}$)를 채택하고 있는 것도 '교육을 받을 권리'에 내포된 주관적 공권으로서의 내용뿐 아니라 그 객관적 가치질서로서의 성질을 함께 강조하기 위한 것이라고 할 것이다. 따라서 '교육을 받을 권리'에 내포된 이같은 강한 객관적 가치질서로서의 성질을 무시한 채 그 법적 성질이 자유권이냐 사회권이냐를 둘러싸고 전개되는 일부학자들의 논쟁[1]은 다분히 형식논리적인 태도라고 생각한다. 우리 헌법재판소도 교육을 받을 권리가 복합적인 성질을 가진 기본권이라는 점을 강조하고 있다.[2]

(3) 교육을 받을 권리의 내용과 그 보장책

'교육을 받을 권리'[3]는 교육의 기회균등을 그 내용으로 하지만 교육의 기회균등을 실현시키는 것은 기본권주체 스스로의 노력만으로는 불가능하기 때문에 우리 헌법은 '교육을 받을 권리'의 실효성을 높이기 위해서 '가정과 국가의 교육책임'($\binom{\text{제31조 제2항·}}{\text{제3항·제5항}}$)을 강조하고 교육의 자주성·전문성 및 정치적 중립성 및 대학의 자율성($\binom{\text{제31조}}{\text{제4항}}$)을 보장하며, 교육제도의 법률주의($\binom{\text{제31조}}{\text{제6항}}$)를 채택하는 등 합리적인 교육환경의 조성에 눈을 돌리고 있다.

교육의 기회 균등 및 그 실효성 증대 대책

---

1) 예컨대 문홍주, 303면; 김철수, 691면; 권영성, 613면.

2) 【판시】 i) 교육을 받을 권리는 우리 헌법이 지향하는 문화국가·민주복지국가의 이념을 실현하는 방법의 기초이며, 다른 기본권의 기초가 되는 기본권이다. 교육을 받을 권리가 교육제도를 통하여 충분히 실현될 때에 비로소 모든 국민은 모든 영역에 있어서 각인의 기회를 균등히 하고 능력을 최고도로 발휘하게 되어 국민생활의 균등한 향상을 기할 수 있고, 인간으로서의 존엄과 가치를 가지며, 행복을 추구할 수 있기 때문이다(헌재결 1991. 2. 11. 90 헌가 27, 판례집 3, 11(18면)). ii) 교육을 받을 권리(수학권)의 보장은 국민이 인간으로서의 존엄과 가치를 가지며 행복을 추구하고 인간다운 생활을 영위하는 데 필수적인 조건이자 대전제이며, 헌법 제31조 제2항 내지 제6항에서 규정하고 있는 교육을 받게 할 의무, 의무교육의 무상, 교육의 자주성·전문성·중립성보장, 평생교육진흥, 교육제도 및 교육재정, 교원지위 법률주의 등은 국민의 수학권의 효율적인 보장을 위한 규정이다(헌재결 1992. 11. 12. 89 헌마 88, 판례집 4, 739(750면 이하)).

3) 우리 헌법재판소는 교육을 받을 권리를 수학권(修學權)이라고 표현하면서 교사의 수업권과 구별하고, 교사의 가르칠 권리(교육권)는 따로 평가하는 판시를 하고 있다.
   【판시】 교육권(가르칠 권리)을 헌법 제31조 제1항에서 도출하고 있으나, 이 조항은 교육을 받을 권리(이른바 수학권)를 보장하는 것이고, 교원으로서 학문연구의 결과를 가르치는 자유로서의 수업권은 학문의 자유로부터 파생될 수 있다고 할 것이지만, 가르칠 권리(교육권)라는 것은 이러한 수업권과는 무관하게 결국 교원의 자격을 계속 유지할 권리를 뜻하는 데 지나지 않으므로 이는 역시 공무담임권의 문제로 귀착될 뿐이라 하겠다(헌재결 2000. 12. 14. 99 헌마 112 등, 판례집 12-2, 399(408면 이하)).

1) 교육을 받을 권리의 내용

㈎ 취학의 기회균등

교육을 받을 권리는 교육의 기회균등을 그 내용으로 한다. 교육의 기회균
등은 모든 국민이 균등한 교육의 기회를 가질 수 있는 권리를 말한다. 우리 헌
법이 「모든 국민은 능력에 따라 균등하게 교육을 받을 권리를 가진다」(제31조 제1항)고
한 것이 바로 그것이다. 교육의 기회균등이 교육영역에서 평등권을 실현하기
위한 것이라는 것은 이미 말한 바와 같다. 따라서 평등권의 이해에 관한 여러
가지 이론이 교육의 기회균등에 그대로 통용될 수 있는 것은 물론이다. 그 결
과 교육의 기회균등은 모든 국민이 현실적으로 유치원에서부터 대학원에 이르
기까지 동일한 교육을 받아야 한다는 것을 뜻하지 않고 '취학의 기회균등'을 의
미하기 때문에, 모든 국민에게 '취학의 기회'가 평등하게 보장되어야 한다는 것
을 그 내용으로 한다.[1] '취학의 기회'가 평등하게 보장되고 있는 한 그 취학의
기회를 어떻게 활용하느냐 하는 것은 기본권주체의 자유로운 결정영역이다. 그
러나 취학의 기회균등이 실질적으로 이루어졌다고 하기 위해서는 사람의 선천
적이고 후천적인 능력의 차이를 고려해서 모든 국민계층이 능력의 우열에 관계
없이 능력에 상응하는 교육을 받을 수 있도록 취학의 기회가 보장되어야 한다.
교육시설이 특정지역 또는 특정종별에 편중됨이 없이 지역적·종별적으로 적정
하게 분포되도록 배려해야 하고 영재교육뿐 아니라 평균인의 교육과 지진아의
교육도 함께 중요시해서 이들 모두에게 능력에 맞는 취학의 기회가 보장되어야
하는 이유도 그 때문이다. 또 교육의 기회균등은 취학에 있어서 수학능력 이외
의 이른바 교육외적 요인(성별·종교·사회적 신분·재산·신체조건·눈치·배짱 등)에 의한 제약을 배제하기 때문에
(교기본법 제4조), 수학능력보다는 교육외적 요인이 보다 강하게 작용할 수 있는 학생선
발제도 내지 입학시험제도는 교육의 기회균등에 어긋나는 위헌적인 제도임을
면치 못한다. 입학시험제도를 마련하는 데 있어서의 정책적 한계가 바로 여기
에서 나온다.[2]

교육의 기회
균등＝취학의
기회균등

능력에 상응
하는 취학기
회보장

교육외적 요
인의 영향력
차단

---

1)【결정례】 i) 우리 헌재는 중학교 의무교육에 관해서 국가의 재정능력을 감안해서 그 실시의
시기와 범위 등 구체적인 실시에 필요한 세부사항을 법률이 아닌 대통령령으로 정하도록 규정
한 구 교육법(제8조의 2)은 의무대상교육을 법률로 정하게 한 헌법 제31조 제2항에 위반되지
않는다고 판시했다(헌재결 1991. 2. 11. 90 헌가 27). ii) 예컨대 지능이나 수학능력 등이 있다고
하여 만 6세가 되기 전에 앞당겨서 입학을 허용하지 않는다고 해서 능력에 따라 균등하게 교육
을 받을 권리를 본질적으로 침해한 것으로 볼 수 없다(헌재결 1994. 2. 24. 93 헌마 192).
2)【결정례】 i) 거주지를 기준으로 한 중·고교입학제한은 학교선택권의 침해가 아니라는 것이
우리 헌재의 입장이다(헌재결 1995. 2. 23. 91 헌마 204). ii) 또 17명의 재학생이 있는 초등학
교분교의 폐교처분은 균등한 교육을 받을 권리와 의무교육을 무상으로 받을 권리의 침해가 아

(ᄂ) 교육시설에의 참여청구

교육의 기회균등에서 모든 교육시설에 균등하게 참여할 것을 요구할 수 있는 이른바 교육청구권이 나오느냐의 문제에 대해서 독일연방헌법재판소[1]는 이른바 참여권(Teilhaberechte)의 이론으로 이를 긍정하고 있다. 참여권이론의 당·부당을 떠나서, 국가가 교육시설을 사실상 독점하고 있는 영역에서는 평등권의 이론만으로도 그와 같은 권리를 인정할 수 있다고 생각한다.[2] 교육이 인간의 직업생활·사회생활·경제생활 등에 미치는 심각한 영향을 생각할 때, 교육의 기회균등은 마땅히 교육시설에 균등하게 참여할 수 있는 권리를 포함하는 것으로 보는 것이 옳다. 따라서 학생의 학교 교육 학습권은 교육을 받을 권리의 내용이다.[3]

교육시설에의 균등한 참여 기회보장(평등권적 접근)

2) 교육을 받을 권리의 보장책

우리 헌법은 교육의 기회균등을 실효성 있는 것으로 보장하기 위해서 가정과 국가의 교육책임을 강조하고 교육의 자주성·전문성 및 정치적 중립성 및 대학의 자율성을 보장하며 교육제도의 법률주의를 채택하고 있다.

헌법상의 대책

(ᄀ) 가정과 국가의 교육책임

교육을 통해서 인간의 능력을 계발하고 개성을 신장시키며 민주시민으로서 자립화의 길을 갈 수 있도록 하는 것은 가정과 국가의 공동책임임을 헌법은 명백히 밝히고 있다. 즉 혼인과 가족생활이 제도적으로 보장되고 있는(제36조 제1항) 현행헌법질서 내에서 자녀에 대한 교육은 제 1 차적으로 그 부모와 보호자의 권리인 동시에 의무라는 자연원리적인 인식에서 출발해서[4] 「모든 국민은 그

부모의 자녀에 대한 교육책임

니라는 법원의 판례가 있다(서울고법 1995. 5. 16. 선고 94 구 11554 판결). iii) 또 특수목적고교에 비교평가에 의한 내신특례를 인정하고 그 시행에 따른 합리적인 경과조치를 정하는 것은 교육의 기회균등에 대한 침해가 아니라는 것이 헌재의 입장이다(헌재결 1996. 4. 25. 94 헌마 119).

1) Vgl. BVerfGE 33, 303(Numerus-clausus-Urteil); 35, 79; 37, 104; 43, 291.

2) 이 점에 대해서 자세한 것은 졸저, 전게서, 방주 460 참조할 것.

3) 【독일판례】 코로나 방역 대책의 일환으로 2021년 4월 22일부터 2021년 6월 30일까지 한시적으로 일반적인 접촉 및 외출 금지조치보다 높은 기준인 3일 연속 감염지수(인구 십만명 당 감염자 수)가 165를 초과한 경우에만 학교 등교수업을 금지하면서 졸업 학년을 예외로 하며 교사와 학생에게 주 2회 PCR 검사를 실시해서 교대수업은 가능하게 하면서 디지털 비대면 수업을 위한 장비 설치를 위한 연방 재정지원을 하는 등 국가의 교육의무 이행과 학생의 학교교육 학습권 보장을 위한 필요한 조치를 함께 실시했기 때문에 시한부 등교 금지조치는 학생의 학교 교육 학습권의 침해가 아니다(1 BvR 971/21, 1 BvR 1069/21. 2021년 11월 19일 결정). 앞 403면의 접촉 및 외출제한조치 등 코로나 관련 독일판례와 함께 비교할 것.

4) 【결정례】 i) 우리 헌재도 이 점을 지적하면서 부모의 자녀교육권이 다른 교육주체와의 관계에서 원칙적인 우위에 있다고 강조한다(헌재결 2000. 4. 27. 98 헌가 16 등(병합)). ii) 그렇지만 현행 무시험 추첨배정에 의한 고교입학전형제도는 불가피한 교육평준화정책에 근거한 것으로서 학부모의 자녀 학교선택권을 침해하지 않는다고 결정했다(헌재결 2009. 4. 30. 2005 헌마

보호하는 자녀에게 적어도 초등교육과 법률이 정하는 교육을 받게 할 의무를
진다」($\substack{제31조\\제2항}$)고 밝히고 있다. 그러나 부모와 보호자의 이같은 권리와 의무는 국
가가 이에 상응하는 적절한 교육시설을 마련하는 경우에만 비로소 그 실효성을
나타낼 수 있기 때문에, 국가는 반드시 무상의무교육제도를 마련해서($\substack{제31조\\제3항}$), 교
육의 권리·의무에 알맞은 교육여건을 갖출 책임이 있음을 명백히 하고 있
다.[1] 그뿐 아니라 현행헌법은 교육적령기에 교육의 기회를 놓친 사람에게 나
중에라도 교육을 받을 수 있는 기회를 보장해 주고, 학문의 부단한 발전에 따라
지식내용의 신진대사가 끊임없이 일어나는 현실을 감안해서 누구나 최신의 지식을
배울 수 있는 기회를 보장해 주기 위한 이른바 평생교육의 진흥책임(의무)을
국가에게 지우고 있다($\substack{제31조\\제5항}$). 이와 같은 국가의 교육책임은 문화환경을 조성하
고, 직업을 알선하고, 사회보장을 넓혀 나가야 하는 현대국가의 기능적인 과제
와 불가분의 관계에 있는 것이기 때문에 매우 중요한 책임이라고 할 것이다.
따라서 가정과 국가의 교육책임을 강조하는 헌법정신에 맞는 교육제도를 마련
하는 일이야말로 국가의 중요한 당면과제가 아닐 수 없다.

교육에 관한 교육관계법도 모든 국민에게 적어도 6년의 초등교육과 3년의
중등교육을 받을 권리를 인정하고, 학령아동의 친권자 또는 그 후견인에게는
그 보호하는 아동에게 초등교육과 중등교육을 받게 할 의무를 지우고, 국가와
지방자치단체에게는 이를 위한 교육시설의 확보에 노력토록 하고($\substack{초교육법 제12\\조와 제13조}$),
학생 또는 교원이 자유민주적 기본질서를 확립하고 평화적 통일을 지향하는 교
육 또는 연수를 받을 수 있도록 필요한 시책을 수립·실시하도록 하며($\substack{교기본법\\제17조의 6}$),
학령을 초과한 자 또는 일반국민에게 필요한 교양을 주기 위한 적절한 교육

여백 좌측 메모:
무상의무교육
제도

국가의 평생
교육진흥책임

교육법 내용
과 교육현실
의 불일치

---

514). iii) 공문서의 작성·이용 및 초·중등학교의 교과용 도서의 편찬·검정·인정에 표준어 사
용을 강제하면서 서울말을 표준어로 정한 것은 행복추구권과 부모의 자녀 교육권의 침해가 아
니다(헌재결 2009. 5. 28. 2006 헌마 618).

1)【판시】 '교육을 받을 권리'란 모든 국민에게 저마다의 능력에 따른 교육이 가능하도록 그에
필요한 설비와 제도를 마련해야 할 국가의 과제와 아울러 이를 넘어 사회적·경제적 약자도
능력에 따른 실질적 평등교육을 받을 수 있도록 적극적인 정책을 실현해야 할 국가의 의무를
뜻한다. 그러나 국민이 국가에 직접 특정한 교육제도나 교육과정 또는 학교시설을 요구할 수
있는 것을 뜻하지는 않는다(헌재결 2000. 4. 27. 98 헌가 16 등, 판례집 12-1, 427(428면)).
【결정례】 i) 국공립중학교에서 의무교육 대상자인 학생으로부터 학교운영지원비를 징수하는
것은 국가가 부담하여야 하는 의무교육의 실질적인 균등보장을 위한 필수불가결한 비용을 부
담시키는 것이어서 헌법(제31조 제3항)이 정하는 의무교육무상원칙에 위반된다(헌재결 2012.
8. 23. 2010 헌바 220). ii) 국어기본법의 관련규정에 따른 고시에 의해서 초·중등 교육과정에
서 한자를 국어과목의 일환으로 가르치지 않고 한자 내지 한문을 필수과목으로 하지 않았다고
해서 학생들의 자유로운 인격발현권 및 부모의 자녀교육권을 침해한다고 볼 수 없다(헌재결
2016. 11. 24. 2012 헌마 854).

시책과 남녀평등교육을 적극적으로 실현할 시책을 강구토록 하고(초교육법 제44조, 교기본법 제17조의 2),
의무교육을 하는 학교에서는 수업료와 학교운영지원비를 받지 못하게 하는
(초교육법 제 12조 제4항) 등 일련의 규정을 마련해 놓고 있다. 그러나 적어도 국가가 무상의
의무교육책임을 지고 있는 초·중등교육의 영역에서조차 교육의 수요에 맞는
충분한 교육시설이 확보되지 못하고 있어 사립학교에의 취학이 불가피하고, 수
업료를 비롯한 각종 교육비용을 개인이 부담해야 되는 등 우리의 교육현실은
헌법의 정신과는 상당한 거리가 있다고 할 것이다. 무상의무교육의 내실을 기 　　**적극적인 교육**
할 수 있도록 교육시설을 확충함은 물론, 하루속히 무상의무교육을 전면적으로 　　**정책의 요청**
실시하고 정상적인 학교교육 이외의 제 2 의 교육과정을 마련하는 국가의 적극
적인 교육정책이 절실히 요청된다고 생각한다.[1]

(나) **교육의 자주성·전문성·정치적 중립성 및 대학의 자율성의 보장**

우리 헌법이 교육을 통해서 달성하려는 여러 가지 목표(개성신장·문화국가·민주국가·사회국가 실현)는 　　**교육의 실효**
교육의 자주성과 전문성 그리고 정치적 중립성과 대학의 자율성이 보장되는 경 　　**성확보수단**
우에만 기대할 수 있기 때문에 헌법에 이에 관한 명문의 규정을 두고 있다(제31조 제4항).
그런데 교육의 자주성과 전문성·정치적 중립성과 대학의 자율성은 '교육기관의
자유', '교육의 자유' 그리고 '교육환경의 자유'와 '대학의 자치'를 보장함으로써
비로소 달성될 수 있다.

a) **교육기관의 자유**

교육의 자주성·전문성·정치적 중립성과 대학의 자율성이 확립되기 위해서 　　**교육운영의**
는 먼저 교육기관의 자유가 우선적으로 보장되어야 한다. '교육기관의 자유'는 　　**자주적 결정**
교육을 담당하는 교육기관의 교육운영에 관한 자주적인 결정권을 그 내용으로 　　**권 및 그 실**
한다. 구체적으로는 교육기관의 국가에 대한 자유와 설립자에 대한 자유 등이 　　**효성확보**

---

1) 따라서 대학의 시간제등록제(고교육법 제36조), 산업체근무자를 위한 기술대학제도(고교육법
제55조 이하), 학력인정 및 학점은행제(학점인정법 제 7 조~제 9 조), 독학사제도(독학학위취득
법) 등은 매우 바람직한 평생교육진흥책이라고 할 것이다.
【결정례】 i) 교육시설을 확보할 국가의 의무를 다하지 않고 학교용지확보를 위해서 공동주택
수분양자들에게 학교용지부담금을 부과하는 법률규정은 의무교육 무상원칙에 반하고 평등의
원칙과 비례의 원칙에도 위배된다(헌재결 2005. 3. 31. 2003 헌가 20). ii) 의무교육무상의 원칙
이 의무교육비용을 오로지 국가 또는 지자체의 예산으로 해결해야 함을 의미하는 것은 아니므
로 의무교육을 위탁받은 사립학교 법인이 관련 법령에 따라 이미 부담하게 된 경비까지 종국
적으로 국가나 지자체의 부담으로 한다는 취지로 볼 수는 없다. 따라서 의무교육을 실시하는
사학법인이 적법하지 않게 공유재산을 점유하고 있을 때 점유목적이 의무교육실시라는 공익과
연결되어 있다는 이유만으로 공유재산 및 물품 관리법 제81조 제 1 항 본문이 정하는 변상금
부과대상에서 제외해야 한다거나 변상금부과 예외사유에 포함시켜야 한다고 볼 수 없다. 그
결과 사익추구의 목적으로 공유재산을 무단 점유한 경우와 동일하게 변상금을 부과해도 평등
원칙에 위배되지 않는다(헌재결 2017. 7. 27. 2016 헌바 374, 판례집 29-2 상, 191(198면)).

그것이다. 그리고 '교육기관의 자유'가 실효성을 나타내기 위해서는 교육영역 전체의 자주성이 확립되어야 하는데, 그러기 위해서는 교육감독기구·교육관리 기구 등이 임명제가 아닌 선거제에 의해서 구성되는 것이 바람직하다. 또 교육을 실제로 담당하는 교사에 대한 신분보장이 교육기관의 자유를 위한 중요한 전제임은 물론이다.[1]

b) 교육의 자유

교육내용·방법의 자주적 결정권 및 국가적 간섭의 한계

교육의 자주성·전문성·정치적 중립성과 대학의 자율성이 확립되기 위해서는 교육내용이나 교육방법 등에 관한 자주적인 결정권을 그 전제로 하는 '교육의 자유'가 보장되어야 한다.[2] '교육의 자유'는 교육효과를 증대시키기 위한 불가결한 수단이다. '교육의 자유'가 보장되는 경우에만 교사에게 교육의 정열을 기대할 수 있고, 교사가 갖는 교육의 정열은 결국 피교육자의 이익이 되기 마련이다. 따라서 모든 교육내용이나 교육방법 등을 획일적으로 정함으로써 피교육자의 능력과 적성에 알맞은 교육을 불가능하게 하는 교육정책은 '교육의 자유'의 침해인 동시에 교육의 자주성·전문성·정치적 중립성과 대학의 자율성의 요청에도 어긋난다고 할 것이다. 민주국가의 교육은 절대로 정형화된 '획일인간'을 양성하기 위한 것이 아니고, 피교육자의 능력과 소질을 계발함으로써 개성신장을 촉진시키기 위한 것이기 때문에 그 교육내용과 교육방법도 스스로 다양성을 가질 수밖에 없는데, 그에 대한 결정권은 전문적인 교육자에게 맡겨야 한다. 교육은 법률의 제정이나 법률의 집행만으로 행해질 수 없는 지극히 인간적인 영역이다. 바로 이곳에 교육내용·교육방법 등에 대한 국가적 간섭이나 국외자개입의 한계가 있다.[3] 따라서 민주주의가 필요로 하는 다양한 세계관, 다양한

---

1) 【판시】 교육의 자주성과 교원의 지위는 국민의 교육을 받을 권리를 침해할 경우에는 그에 따른 제약을 받을 수밖에 없으며 '근무성적이 극히 불량한 때'를 면직사유로 정하고 있어도 그 개념이 지나치게 추상적이고 다의적이어서 불명확하다고 할 수 없다. 그리고 교원으로서의 의무 내지 책임에 대응하여 최소한의 자질과 근무를 확보하기 위하여 필요한 사항을 규정한 것으로 헌법 제31조 제4항의 교원의 신분보장 및 교육의 자주성 등을 침해한다고 볼 수 없다 (헌재결 1997. 12. 24. 95 헌바 29 등, 판례집 9-2, 780(787면 이하)).

2) 【판시】 교육의 자주성·전문성·정치적 중립성은 교육이 국가의 백년대계의 기초인만큼 국가의 안정적인 성장 발전을 도모하기 위하여서는 교육이 외부세력의 부당한 간섭에 영향받지 않도록 교육자 내지 교육전문가에 의하여 주도되고 관할되어야 할 필요가 있다는 데서 비롯된 것이다(헌재결 1996. 4. 25. 94 헌마 119, 판례집 8-1, 433(447면)).

3) 동지: BVerfGE 34, 165(183f.).
  【결정례】 i) 우리 헌재는 교과서의 국정제(國定制)는 교육의 자주성과 전문성 및 교사의 수업의 자유에 대한 침해가 아니라고 하면서, 교사의 수업권은 학생의 교육을 받을 권리(수학권)를 위해서 제한될 수도 있는 것이라고 판시했다(헌재결 1992. 11. 12. 89 헌마 88). ii) 그러나 학교운영위원회의 설치는 교육참여권보장을 위한 것이기 때문에 허용되는데 국·공립학교와 달리 사립학교에서는 그 설치를 임의사항으로 하는 것이 위헌은 아니다(헌재결 1999. 3. 25. 97 헌마

사상의 형성에 역행하는 어떠한 교육내용이나 교육방법에 대한 간섭도 용납될 수 없다.

c) 교육환경의 자유

교육의 자주성·전문성·정치적 중립성과 대학의 자율성이 확립되기 위해서는 교육환경이 정치적인 공해로부터 해방되어야 한다. 정치적인 오염으로부터 교육환경을 지키는 일이야말로 교육의 기능과 목적을 달성하는 데 절대적으로 필요하다. 지식의 전달을 그 본질로 하는 교육의 광장은 정치의 비무장지대이다. 교육기본법(제14조 제4항)에서 교원은 정치의 목적으로 학생을 지도 또는 선동할 수 없다고 규정하고 있는 것도 교육을 정치의 목적으로 악용하지 못하도록 금하고 있는 것이다. 그러나 교육의 장에 끌어들이지 않고, 교육에 영향을 미치지 않는 범위 내에서 행하는 정치활동까지도 모든 교육자에게 금할 수는 없다. 현행정당법(제22조)이 강사 이상의 교수들에게 정치활동을 허용하고 있는 것도 그 때문이다. 그러나 초·중·고등학교의 교사들에게 획일적으로 정치활동을 금하고 있는 것은 참정권의 시각에서 문제가 있다고 생각한다.[1]

정치적 공해의 배제 및 교육의 정치적 이용 금지

d) 대학의 자치

교육의 자주성·전문성·정치적 중립성과 대학의 자율성이 확립되기 위해서는 '대학의 자치'가 실현되어야 한다. '대학의 자치'는 학문의 자유에 속하는 '대학의 자유'의 실현수단인 동시에 그 본질에 속하는 것이기 때문에 학문의 자유에 의해서 당연히 제도적으로 보장되는 것이다.[2] 그럼에도 불구하고 우리 헌법

대학의 자유의 본질 및 실현수단

---

130). iii) 학교교과교습학원 및 교습소의 심야교습을 제한하고 있는 학원법(제16조 제 2 항) 및 서울특별시, 경기도, 대구 및 인천광역시의 관련조례는 학생인격의 자유로운 발현권, 학부모의 자녀교육권, 평등권 및 학원운영자의 직업수행의 자유를 침해하지 않는다(헌재결 2016. 5. 26. 2014 헌마 374, 판례집 28-1 하, 360(372면)).

1) 【판시】 교육위원과 초·중등학교 교원의 겸직을 금지하였다고 하여도 그것만으로 교육의 전문성을 보장한 헌법 제31조 제 4 항에 위반된다고 할 수 없다(헌재결 1993. 7. 29. 91 헌마 69, 판례집 5-2, 145(153면)).
【결정례】 교원노조의 집단적인 정치활동을 금지하는 것은 교육의 정치적 중립성을 확보하고 학생들의 학습권 보장을 위한 것으로 과잉금지원칙에 위배되지 않는다(헌재결 2014. 8. 28. 2011 헌바 32 등, 판례집 26-2 상, 242(261면)).

2) 【판시】 i) 대학의 자율성은 학문의 자유의 확실한 보장수단으로 꼭 필요한 것으로서 이는 대학에게 부여된 헌법상의 기본권이다. … 대학의 자율은 대학시설의 관리·운영만이 아니라 학사관리 등 전반적인 것이라야 하므로 연구와 교육의 내용, 그 방법과 대상, 교과과정의 편성, 학생의 선발, 학생의 전형도 자율의 범위에 속해야 하고 따라서 입학시험제도도 자주적으로 마련될 수 있어야 한다. 서울대는 공권력행사자의 지위와 함께 기본권주체로서의 지위도 갖기 때문에 일본어를 입시선택과목에서 제외시킨 것은 적법한 자율권의 행사이다. 따라서 청구인이 받는 불이익은 이 적법한 자율권행사의 결과 초래된 반사적 불이익이어서 부득이한 일이다. 더욱이 피청구인이 보장받는 학문의 자유와 대학의 자율권도 청구인의 교육의 기회균등 못지않게 중요하다(헌재결 1992. 10. 1. 92 헌마 68 등, 판례집 4, 659(670면 이하)). ii) 대학입

이 교육에 관한 기본권에서 대학의 자율성을 또 한 번 명문으로 강조하는 것은, 오늘의 전문화된 고도의 산업사회에서 고급인력의 양성과 학문발전을 위해서 대학교육이 차지하는 비중이 특히 크기 때문에, 대학의 기능과 사명을 다할 수 있도록, 대학에게 독자적인 계획과 책임하에 학문연구와 학술활동 및 직업교육을 실효성 있게 수행케 하려는 취지라고 이해할 수 있다.[1] 이렇게 볼 때,

학문의 자유에 내포된 내용 '대학의 자율성'은 학문의 자유에 내포된 객관적 규범질서로서의 성격으로부터 당연히 나오는 당위내용이기 때문에, 대학의 자율성에 관한 헌법규정은 '대학의 자치'에 관한 창설적 규정이라기보다는 그에 대한 하나의 보완규정이라고 보는 것이 옳다고 생각한다. '대학의 자율성'을 법률로 규정하는 경우의 입법형성권의 한계가 바로 여기에서 나온다.

전체적인 교육정책과의 조화 요청 교육의 자주성·전문성·정치적 중립성 및 대학의 자율성의 보장이 교육을 받을 권리의 실효성을 위해서 중요하다는 것은 더 말할 필요가 없지만, 국가의 전체적인 교육정책과도 조화가 이루어져야 하기 때문에 헌법은 이들 사항을 법률유보에 의해서 제한하고 있다. 바로 이곳에 '학문의 자유'와 '교육의 자유'의 제한형태상의 차이가 있다.

(대) 교육제도의 법률주의

교육제도의 입법형성권과 그 한계 우리 헌법은 교육제도에 관한 기본적인 사항은 대의기관에서 제정하는 법률로 정하게 함으로써 교육을 받을 권리가 행정기관의 부당한 간섭에 의해 침해되는 일이 없도록 예방조치를 강구하고 있다. 즉 법률로 정해야 되는 기본적인 사항은 학교교육·평생교육 등의 교육제도와 교육제도의 운영에 관한 사항, 교육재정에 관한 사항 그리고 교원의 지위에 관한 사항 등이다($^{제31조}_{제6항}$).[2] 이같은 교육제도의 법률주의는 이른바 '본질성이론'[3]을 구체화한 것으로서 교육에 관한

학지원자가 모집정원에 미달한 경우라도 대학이 정한 수학능력이 없는 자를 불합격처분한 것은 재량권의 남용이라 볼 수 없다(대법원 1983. 6. 28. 선고 83 누 193 판결).

1) 【결정례】 일부 교육대학교의 '2017학년도 신입생 수시모집 입시요강'에서 검정고시로 교교졸업학력을 취득한 사람들은 초등교사로서의 품성과 자질 등을 다방면에서 평가할 자료인 고교생활기록부가 없다는 등의 이유로 그들의 수시모집 지원을 제한한 것은 균등한 교육을 받을 권리를 침해하므로 위헌임을 확인한다(헌재결 2017. 12. 28. 2016 헌마 649).

2) 【판시】 교육법정주의는 교육제도와 교원의 지위를 행정권력에 의한 부당한 침해로부터 보호하고, 국민의 균등한 교육을 받을 기본권을 실효성 있게 보장하기 위하여 교육제도 및 교원지위에 관한 기본적인 사항을 법률로 정하도록 한 것이지만 교원의 권리에 해당하는 사항뿐 아니라 국민의 교육을 받을 권리를 저해할 우려 있는 행위의 금지 등 교원의 의무에 관한 사항도 규정할 수 있는 것이다. … 교원의 지위에 관련된 사항에 관한 한 헌법 제31조 제 6 항이 근로기본권에 관한 헌법 제33조 제 1 항에 우선하여 적용된다(헌재결 1991. 7. 22. 89 헌가 106, 판례집 3, 387(416~420면)).

3) 본질성이론에 대해서는 졸저, 전게서, 방주 427 참조할 것.

기본방침의 결정은 그것이 원칙적으로 입법기관의 형성권에 속한다는 점을 분명히 밝힌 것이다. 그러나 입법기관이 그 형성권에 의해 교육에 관한 기본방침을 정하는 경우에 반드시 명심해야 할 사항은, 교육제도의 법률주의는 어디까지나 교육을 받을 권리를 실효성 있는 것으로 보장하기 위한 것이기 때문에 결코 자기목적적이거나 주객이 전도되어서는 아니된다는 점이다.[1] 교육제도의 법률주의에 의해 제정된 주요법률로는 교육기본법·유아교육법·초·중등교육법·고등교육법·교육공무원법·사립학교법·교육세법·교원의 지위 향상 및 교육활동 보호를 위한 특별법·지방교육자치에 관한 법률·학점인정 등에 관한 법률·

---

1) 【결정례】 i) 중학교의무교육을 순차적으로 실시하도록 규정한 구 교육법 제 8 조의 2는 평등권의 침해가 아닐 뿐 아니라 입법형성권과 위임입법의 한계를 벗어난 것이라고 볼 수 없다는 것이 헌법재판소의 입장이다. 그러나 소수의견(변정수, 이시윤)은 그 반대의 입장이다(헌재결 1991. 2. 11. 90 헌가 27). ii) 또 사립학교교원의 노동운동을 금지하고 있는 사립학교법의 규정(제55조와 제58조 제 1 항 제 4 호)에 대해서도 우리 헌법재판소는 합헌결정을 했다(헌재결 1991. 7. 22. 89 헌가 106). iii) 교원징계재심위의 결정에 대해 교원은 행정소송을 할 수 있지만 처분권자는 불복하지 못하게 정한 것은 평등권침해가 아니라고(헌재결 1998. 7. 16. 95 헌바 19·26·30·42·61(병합) 등) 판시했었지만 그 후 위헌결정을 통해 판시를 변경했다. 즉 학교법인의 제소권한을 부인하는 것은 학교법인의 재판청구권을 침해하고 평등원칙과 헌법 제101조 제 1 항 및 제107조 제 2 항에 위배된다고 판시했다(헌재결 2006. 2. 23. 2005 헌가 7 등). 그러나 국가의 출연으로 설립된 공법인 형태의 한국과학기술원 총장이나 광주과학기술원이 교원소청 결정에 행정소송을 제기하지 못하게 정한 법규정(교원의 지위향상 및 교육활동 보호특별법 제10조)은 재판청구권의 침해가 아니다(헌재결 2022. 10. 27. 2019 헌바 117). iv) 개인적인 과외교습을 광범위하게 금지하는 법규정은 피교육자의 인격의 자유로운 발현권, 부모의 교육권, 과외교습행위자의 직업선택의 자유 및 행복추구권을 제한하는 데 있어서 목적의 정당성과 수단의 적합성은 인정되지만 최소침해성과 법익의 균형성을 갖추지 못한 과잉제한으로 위헌이다(헌재결 2000. 4. 27. 98 헌가 16 등(병합)). v) 고교 퇴학 후 6월이 지나야 대입검정고시에 응시할 수 있도록 고졸검정고시의 응시자격을 제한하는 것은 과잉금지원칙에 반하는 교육을 받을 권리의 침해가 아니다(헌재결 2008. 4. 24. 2007 헌마 1456). vi) 고졸(입)검정고시에 합격한 자는 다시 검정고시에 응시할 수 없다고 고지한 초중등교육법시행령과 관련검정고시규칙 등 교육청공고는 상위법령에 열거되지 아니한 응시자격제한을 새로 정한 것으로서 기본권제한의 법률유보원칙을 어긴 교육받을 권리의 침해이다(헌재결 2012. 5. 31. 2010 헌마 139 등, 판례집 24-1(하), 595(615면 및 618면)). vii) 사학분쟁을 조정하기 위하여 대통령(3인), 국회의장(3인), 대법원장(5인)이 위촉하는 11인의 위원으로 구성하는 사립학교법에 따른 사학분쟁조정위원회의 설치·기능·조정은 권력분립의 원칙과 교육제도의 법정주의에 위배되지 않으며 대학의 자율성도 침해하지 않는다(헌재결 2015. 11. 26. 2012 헌바 300). viii) 전기 학교이던 자사고의 학생선발을 일반고와 동시에 선발하도록 관련 대통령령을 개정한 것은 초·중등교육법 제47조 제 2 항의 위임에 따른 것으로 교육제도의 법정주의에 어긋나거나 자사고 운영 학교법인의 신뢰를 침해해 사학운영의 자유를 침해했다고 볼 수 없다. 또 학생선발에서 자사고를 과학고와 달리 취급하는 데는 합리적인 이유가 있어 평등원칙에 위배하지 않는다(4 : 5 판시) 그러나 자사고를 지원한 학생에게 평준화지역 후기학교에 중복 지원하는 것을 금지하는 시행령규정(제81조 제 5 항 중 제91조의 3에 따른 부분)은 자사고 불합격자에 대해 아무런 고교진학대책을 마련하지 않고 있어 고교진학 기회에서 불합리한 차별대우를 하는 것으로 차별목적과 차별정도 간에 비례성도 갖추지 못해 평등원칙에 반하는 위헌규정이다(전원합의 판시)(헌재결 2019. 4. 11. 2018 헌마 221).

장애인 등에 대한 특수교육법·영재교육 진흥법 등이 있다.

V. 보건에 관한 권리

우리 헌법은 국민의 건강생활을 보장하기 위해서 보건에 관한 규정을 두고 있다. 「모든 국민은 보건에 관하여 국가의 보호를 받는다」($^{제36조}_{제3항}$)고 한 것이 바로 그것이다.

(1) 보건에 관한 권리의 헌법상 의의와 성격

다른 기본권과의 이념적·기능적 연관성

국민보건에 관한 헌법적 배려는 우리 헌법질서의 핵심적인 가치라고 볼 수 있는 인간의 존엄과 가치를 건강생활영역에서도 존중하기 위한 구체적인 표현이라고 볼 수 있다. 그뿐 아니라 모든 국민이 건강하고 쾌적한 환경에서 생활을 누리는 것은 개인적인 행복추구의 한 내용이 될 수도 있기 때문에 '보건에 관한 권리'는 헌법이 보장하고 있는 환경권($^{제35}_{조}$) 및 행복추구권($^{제10}_{조}$)과도 불가분의 이념적

국가의 의무 수반하는 국민의 권리

인 상호관계에 있다. 또 국민 한 사람 한 사람의 건강이 국가의 공권력작용에 의해서 침해되지 않는 것은 우리 헌법이 보장하고 있는 인신에 관한 실체적 권리와도 밀접한 관계가 있다. 따라서 보건에 관한 헌법규정은 건강하고 위생적인 생활환경을 조성함으로써 모든 국민이 가정과 사회에서 '질병의 노예'가 되지 않고 개성을 신장시키며 행복을 추구할 수 있도록 적극적인 보건정책을 펴 나갈 국가의 의무를 수반하는 국민의 권리라고 보아야 한다. 바로 이곳에 보건에 관한 권리의 양면성이 있다. 다만 현행헌법이 보건에 관한 권리를 혼인·가족생활에 관한 규정($^{제36조}_{제1항}$)과 함께 다루고 있는 것은 모자보건의 영역에 관한 국가의 특별한 보호와 모성의 보호($^{제36조}_{제2항}$)를 통해서 '우리들과 우리들의 자손의 행복을 영원히 확보'(헌법전문)하고자 하는 헌법적 의지를 구체화한 것이라고 볼 수도 있다.

(2) 보건에 관한 권리의 내용

1) 국가의 소극적 침해금지와 적극적 보호의무

국가권력에 의한 건강생활침해금지 및 국가의 적

보건에 관한 권리는 국민이 자신의 건강생활에 대해서 국가의 보호를 받을 수 있는 것을 그 내용으로 한다.[1] 구체적으로는 국가권력에 의한 건강생활의 침해

---

1) 【판시】 헌법 제36조 제3항에 의한 권리를 헌법소원을 통하여 주장할 수 있는 자는 직접 자신의 보건이나 의료문제가 국가에 의하여 보호받지 못하고 있는 의료수혜자적 지위에 있는 국민이라고 할 것이므로 의료시술자적 지위에 있는 안과의사가 자기 고유의 업무범위를 주장하여 위 헌법규정을 원용할 수 없다(헌재결 1993. 11. 25. 92 헌마 87, 판례집 5-2, 468(478면)).

금지와 보건생활의 침해에 대한 국가의 적극적인 보호의무를 그 내용으로 한다.[1] 따라서 국가는 그 스스로의 공권력작용에 의해서 국민의 건강생활을 침해하지 말아야 함은 물론이고, 필요한 경우에는 그 형벌권을 발동해서라도 국민의 건강생활을 해치는 행위를 막아 주어야 한다.[2] 국가의 이와 같은 적극적인 보호의무는 기본권의 객관적 가치질서로서의 성격에서 나오는 것이기 때문에[3] 국가는 단순한 소극적인 침해금지만으로 만족해서는 아니되고 국민보건을 위해서 필요한 적극적인 시책을 펴 나가야 할 의무를 진다. 예컨대 국가의 공권력작용으로 행해지는 강제적인 예방접종에 의해서 국민의 건강을 해치는 일이 없도록 세심한 주의를 해야 함은 물론, 오염된 상수도에 의해서 국민보건이 악화되는 일이 없도록 깨끗한 상수도시설의 유지에 노력해야 하고, 비위생적인 오물처리 과정이나 시설 때문에 전염병이 발생하는 일이 없도록 해야 하는 것 등은 국가의 소극적인 침해금지의 측면이지만, 비위생적인 식품의 제조·판매로 인해서 국민건강을 해치는 일이 없도록 식품의 유통과정에 대한 관리·감시를 철저히 하고, 마약 때문에 국민건강에 악영향이 미치지 않도록 마약의 단속을 철저히 하는 것 등은 국가의 적극적인 건강보호의무에서 나오는 일이다.

각종 전염병에 대한 예방접종을 실시하고, 전염병환자를 격리시키고, 전염병오염지역에 대해서 소독을 실시하며, 보건경찰상의 이유로 전염병지역에서의 집회를 금지하고, 접객업소 종업원들에게 정기적인 건강진단을 실시하는 등의 행위도 같은 맥락에서 이해할 수 있다.[4]

----

1) 【판시】 헌법 제36조 제3항을 보건에 관한 권리 또는 보건권으로 부르고, 국가에 대하여 건강한 생활을 침해하지 않도록 요구할 수 있을 뿐 아니라 보건을 유지하도록 국가에 대하여 적극적으로 요구할 수 있는 권리로 이해한다 하더라도 치과전문의제도를 시행하고 있지 않기 때문에 국민의 보건권이 현재 침해당하고 있다고 보기는 어렵다(헌재결 1998. 7. 16. 96 헌마 246, 판례집 10-2, 283(310면 이하)).

2) 【판시】 무면허 의료행위를 일률적, 전면적으로 금지하고 이를 위반한 경우에는 그 치료결과에 관계 없이 형사처벌을 받게 하는 것은 인간으로서의 존엄과 가치를 보장하고 국민보건에 관한 국가의 보호의무를 다하고자 하는 것이다(헌재결 1996. 10. 31. 94 헌가 7, 판례집 8-2, 408(418면 이하)).

3) 독일연방헌법재판소는 이른바 그 낙태판결에서 동일한 논증을 하고 있다.
   Vgl. BVerfGE 39, 1. 이 판결에 대해서 자세한 것은 졸고, '인공임신중절과 헌법', 「공법연구」 제5집(1977), 79면 이하 참조할 것. BVerfGE 86, 390; 88, 203도 참조할 것.

4) 【독일판례】 감염병 예방법이 의료 및 요양시설 종사자에게 2022년 말까지 시한부로 코로나(COVID-19) 예방접종 또는 감염완치증명을 요구하고 불응 시에는 해당 시설의 출입 및 근무 금지를 명하며 위반 시 행정벌을 과할 수 있게 정한 것은 신체적 완전성과 직업의 자유에 대한 제한이지만, 입법 시점의 의학적인 전문지식과 경험을 바탕으로 종사자 본인과 동료들의 건강뿐 아니라 시설 수용자들의 건강에 대한 종사자들의 보호책임을 고려할 때 침해 최소성과 법익 균형성을 어긴 기본권 침해라고 볼 수 없어 헌법소원을 기각한다(1 BvR 2649/21, 2022. 4. 27. 결정).

극적인 건강 생활보호의무

소극적 침해 금지와 적극적 건강보호 의무의 내용

국가가 종합적이고 체계적인 보건의료정책을 수립해서 시행하도록 하고 (보건의료기본법 제15조~제23조),[1] 국가가 국민의 정신건강을 증진시키고 정신질환을 예방하며 정신질환자의 의료 및 장애극복을 위한 필요한 조치를 하도록 하고(정신건강복지법 제4조), 현행모자보건법이 영유아의 건전한 발육을 도모하기 위해서 그 건강관리에 필요적절한 조치를 국가에게 명하고(제3조 제5조), 임산부의 안전분만과 건강을 위해서 국가가 협조하도록 정하고 있는 것(제10조)도 모두가 국가의 적극적인 건강보호의무에서 나오는 당연한 결과를 규정한 것이다.

2) 보건에 관한 권리와 담배전매사업

담배전매사업
의 문제점

국민의 보건에 관한 권리와 관련해서 특히 문제가 되는 것은 국가의 담배전매사업이다. 즉 직접흡연은 말할 것도 없고 간접흡연도 사람의 건강에 해롭다는 의학적인 연구결과가 점점 많아지고, 흡연해독설이 의학적으로는 하나의 보편적인 상식으로 인정되어 가는 상황 속에서, 국가가 전매사업으로 담배를 제조·판매하고, 심지어 공영 매스 미디어를 통해서 담배의 판촉활동을 벌이는 것은 국민의 건강을 보호해야 할 국가의 의무와 조화되기가 어렵다. 서구선진국들이 담배의 제조·판매사업을 민영화하고, 담배의 과다한 선전을 규제할 뿐아니라, 담배의 포장에는 담배의 해독사실을 명기케 하는 등 국민보건을 위한 적극적인 시책을 펴고 있는 것을 타산지석으로 삼아야 하리라고 생각한다. 그

혐연권보호

뿐 아니라 국가가 관리·경영하는 모든 공공시설은 물론이고 기타 많은 사람이 함께 이용하는 시설물에는 원치 않는 간접흡연으로 인해서 건강을 해치는 일이 없도록, 흡연실과 비흡연실을 구분하는 등 적절하고도 적극적인 대책을 강구하는 것이 바람직하다고 할 것이다.[2] 뒤늦게나마 1995년 제정된 '국민건강증진법'이 개정되어(2011. 6.) 흡연의 해독을 홍보하고(제8조), 공중이용시설을 폭넓게 금연구역화하며(제9조 제4항), 담배에 관한 경고문구를 담배갑에 표시하게 하고(제9조의 2) 담배광고를 금지 또는 제한할 수 있도록(제9조의 4) 규정한 것 등은 만시지탄이 있다.

---

1) 보건의료기본법(2000. 1. 12.)은 보건의료에 관한 국민의 알권리와 보건의료서비스에 관한 자기 결정권을 구체적으로 규정함으로써 국민의 건강권이 실효성 있게 보장되도록 했다(법 제10 조~제12조).

2) 【결정례】 국민건강을 위해서 혐연권은 흡연권보다 상위 기본권으로 보호받아야 한다(헌재결 2004. 8. 26. 2003 헌마 457).
   헌법차원에서 본 비흡연자보호의 문제에 대해서는 다음 문헌을 참조할 것.
   R. Scholz, Verfassungsfragen zum Schutz des Nichtrauchers, DB Beilage Nr. 10/79; *J. H. Kaiser*, Raucher- und Nichtraucher-Kontroversen in der Verwaltung, DÖV 1978, S. 755ff.

(3) 보건에 관한 권리침해와 구제수단

국가의 공권력작용 또는 사실행위에 의해서 건강을 해친 국민은 마땅히 국가배상청구권($^{제29}_{조}$)을 행사할 수 있는 것은 물론이다. 예컨대 관수용예방접종약의 제조과정에 잘못이 있거나 국·공립의료기관이 주사를 잘못해서 예방접종후의 부작용으로 건강을 해친 국민이 가지는 국가배상청구권은 그 하나의 예이다.

국가배상청구권에 의한 권리구제

(4) 보건에 관한 권리주체의 의무

'보건에 관한 권리'를 가지는 모든 기본권주체는 나의 생활영역으로부터 타인의 건강을 해치는 원인이 발생하지 않도록 국가의 국민보건을 위한 여러 가지 시책에 협조하고 국가의 조치를 감수할 의무를 진다.[1] 그 이유는 그렇게 하는 것이 바로 나의 건강을 지키는 길인 동시에 국민건강에 도움이 되기 때문이다. 예컨대 감염병의 예방 및 관리에 관한 법률에 따라 실시되는 건강진단과 예방접종($^{제19조와}_{제46조}$)을 수인하고 신고의무($^{제12}_{조}$)를 이행하며 결핵예방법에 따른 환자의 업무종사의 일시 제한조치($^{제13}_{조}$)를 감수하는 것 등이 그것이다. 그러나 보건에 관한 권리의 주체에게 과해지는 여러 가지 의무는 국민보건의 관점에서 합리적이라고 판단될 수 있는 필요한 최소한에 그쳐야 함은 더 말할 나위가 없다(과잉금지의 원칙). 따라서 비흡연자의 건강을 보호한다는 이유로 흡연자에게 흡연을 금하도록 명하는 조치는 흡연자의 개성신장의 자유를 필요 이상 제한한 위법적인 조치라고 할 것이다. 또 국가의 불임수술명령에 관한 모자보건법의 규정을 삭제한 것도 환영할 일이다.

국가의 보건 시책에 협조하고 수인할 의무

수인의무의 과잉금지

Ⅵ. 환 경 권

우리 헌법은 주로 국민의 건강생활을 보호하기 위해서 환경권을 기본권으

---

[1] 우리 헌재는 국민보건에 관한 사항에 대해서 입법권자의 형성재량권을 상당히 넓게 인정하고 있다. 그러나 헌재는 입법형성권과 함께 수인의무의 과잉금지원칙도 함께 존중해야 할 것이다. 【판시】 i) 외국에서 침구사자격을 얻은 사람들을 위하여 국내에서도 그들의 침구사자격을 인정하는 법률을 제정하여야 한다는 '헌법상의 명시적 위임'은 없다. 오히려 침구사자격 인정 여부는 입법자가 국민보건향상이라는 공공복리를 고려하여 합목적적으로 정할 '재량사항'이다(헌재결 1991. 11. 25. 90 헌마 19, 판례집 3, 599면). ii) 주류가 국민건강에 미치는 영향이 크고, 국가의 재정에도 직접 영향을 미치는 것이기 때문에 입법자는 주류에 대하여 국민보건과 세수확보를 위한 규제에 있어서는 일반 상품과는 달리 광범위한 입법형성의 자유를 가진다(헌재결 1996. 12. 26. 96 헌가 18, 판례집 8-2, 680(690면)). 그 밖에도 헌재결 1993. 3. 11. 89 헌마 79 참조.

헌법규정 내용 로 보장하면서 「모든 국민은 건강하고 쾌적한 환경에서 생활할 권리를 가지며,
국가와 국민은 환경보전을 위하여 노력하여야 한다」(제35조), 「환경권의 내용과
행사에 관하여는 법률로 정한다」(제35조), 「국가는 주택개발정책 등을 통하여 모
제8차 개정 든 국민이 쾌적한 주거생활을 할 수 있도록 노력하여야 한다」(제35조)고 규정하
헌법에서 유래 고 있다. 환경권은 우리의 헌정사를 통해서 볼 때 제8차 개정헌법이 처음으로
기본권으로 채택한 것인데 그 본질면에서 다른 기본권과 상이한 점이 많기 때
문에 그 이해에 특별한 주의를 요한다.[1]

(1) 환경권의 의의와 특성

1) 환경권의 의의

쾌적한 환경   환경권은 '건강하고 쾌적한 환경에서 공해 없는 생활을 누릴 수 있는 권리'
속의 무공해   라고 말할 수 있는데 우리 헌법은 그 내용과 행사를 법률로 정하게 하고 있어
생활권   서 그것이 구체적으로 무엇을 뜻하는지 그 권리의 성격과 내용 등이 뚜렷하지
않다. 그러나 환경권에 의해서 보장하려는 '건강하고 쾌적한 환경'은 우선 자연
환경을 말하는 것이라고 볼 때, 자연환경은 그것을 권리의 객체 내지는 법적 규
율의 대상으로 삼는 데는 스스로 일정한 한계가 있다. 자연환경은 자연법칙에
따라 움직이지 사람의 희망이나 국가가 제정한 법규에 따르지 않기 때문이다.

따라서 헌법이 '건강하고 쾌적한 환경'을 기본권으로 보장한다고 하는 것
환경보전의무 은 결국 자연환경에 나쁜 영향을 미치는 '행위'를 '자제' 내지 '규제'해서라도 자
의 의미 연환경이 '건강하고 쾌적한 환경'으로 보전될 수 있도록 노력하겠다는 것이다.
우리 헌법이 국가의 환경보전의무를 환경권의 한 내용으로 규정하고 있는 이유
도 그 때문이다.

2) 환경권의 특성

다른 기본권   환경권은 건강하고 쾌적한 환경에서 공해 없는 생활을 누릴 수 있는 권리
과 구별되는   이지만, i) 환경 그 자체는 권리의 대상이 될 수 없고, 환경에 영향을 미치는
네 가지 특성   인간의 행위를 규제함으로써 비로소 그 실효성을 나타낼 수 있기 때문에 어느
의미에서는 타기본권의 제한을 전제로 하는 기본권이라는 특성을 갖는다. ii)
또 환경권은 다른 어느 기본권보다도 그 의무성이 강해서 환경보전의무의 이
행, 상린관계의 존중 등을 통해서만 비로소 실현될 수 있는 기본권이라는 특성
을 갖는다. iii) 셋째 환경권은 외형상 산업발전으로 인한 환경오염과 상극적인

---

1) 환경권에 관해서 자세한 것은 졸저, 전게서, 제4판, 2010, 방주 817 이하 참조할 것.

관계에 있는 것처럼 보이기 때문에 산업발전을 억제하거나 산업체활동을 제약하는 경제성장의 장애요인으로 기능할 수도 있다는 특성을 갖는다.[1] iv) 넷째 환경권은 현재 살고 있는 현존세대만의 기본권이 아니라 미래세대의 기본권적인 성격도 아울러 가지고 있다는 특성을 갖는다.[2]

(2) 환경권의 헌법상 의의와 기능

1) 경제생활에 관한 기본권행사의 한계

헌법이 보장하는 환경권은 '환경보호'를 통해서만 실현될 수 있는 기본권이기 때문에 국가의 환경보호정책과 불가분의 관계에 있다. 그런데 국가의 환경보호정책은 환경에 영향을 미치는 인간의 행동 내지는 경제활동을 규제(명령·금지)·조정(계획)함으로써 환경수요에 미치지 못하는 제한된 자연환경을 관리하고 분배하는 '환경관리'기능을 그 본질로 하기 때문에, 수익자와 피해자를 동시에 생기게 하는 경우가 많다. 많은 환경정책적 결정이 이른바 '양면적 효력을 가지는 행정행위'인 이유도 그 때문이다. 따라서 피해자의 관점에서는 근시안적으로 볼 때 환경권이 오히려 기본권의 행사(예컨대 영업의 자유)를 제한하는 효과를 나타낸다는 점을 부인할 수 없다. 이처럼 환경권은 특히 경제생활에 관한 기본권행사의 한계로서의 의의와 기능을 가지게 된다.

환경보호정책과 상충하는 기본권행사의 제한

2) 국제협조적인 환경보호정책선언

또 환경권은 환경보호에 의해서 실현되는데, 자연환경은 행정구역이나 국경에서 끝나지 않기 때문에 중앙집권적이고 국제협조적인 환경보호정책을 불가피하게 한다. 바로 이곳에 환경권의 인권으로서의 성격이 있다. 따라서 한 나라 헌법이 환경권을 국민의 기본권으로 보장한다고 하는 것은 단순한 국민으로서의 권리가 아니고 인권으로서의 환경권을 존중해서 자기 나라뿐 아니라 이웃나라에 영향을 미칠 수 있는 환경오염을 자제하고 규제하겠다는 정책선언적 의

자연환경의 특성으로 인한 환경권의 인권성

---

1) 그러나 사실은 그와는 정반대이다. 후술 '환경산업의 발전촉진' 항목 참조할 것.
2) 자세한 것은 졸저, 제 4 판, 2010, 전게서, 방주 819 참조. 권영성 교수(646면 각주 1))는 환경권의 특성에 관해서 저자의 이 부분 설명내용을 비판하면서 엉뚱하게도 행복추구권·인격권·평등권·양심의 자유·종교의 자유 등과 환경권을 같은 차원에서 평가하는 서술을 하고 있다. 그러나 권교수는 환경권의 법적 성격을 총합적 기본권(그 주된 성격은 사회적 기본권)으로 설명하면서 환경권의 특성에 관한 저자의 서술을 비판하는 점으로 보아, 권교수야말로 환경권의 법적 성격과 환경권의 특성을 혼동하고 있거나 환경권의 특성을 제대로 인식하지 못하고 있는 것으로 느껴진다. 환경파괴가 미래세대의 생활에 영향을 미치기 때문에 현존세대의 환경보전의무(특성 ii)가 미래세대의 환경권적인 성격도 갖는다는 내용을 이해하지 못하면서 어떻게 환경권을 논할 수 있는가.

의와 기능을 함께 가지고 있다고 할 것이다.[1]

3) 환경산업의 발전촉진

환경권과 산업발전은 적대적이 아닌 우호적 협력 관계

또 환경권은 환경보호를 그 필수적인 전제로 하기 때문에 환경보호에 반하는 여러 가지 산업공해에 대해서는 적대적인 관계에 있을 수밖에 없다. 환경권은 산업발전 내지 경제발전의 희생 위에서만 효력을 나타낼 수 있다고 주장하면서 환경권과 산업발전을 택일관계로 이해하는 입장이 있는 것도 그 때문이다. 그러나 환경권과 산업발전 내지 경제발전은 결코 조화될 수 없는 적대관계가 아니고, 오히려 우호적인 상린관계에 있다는 점을 잊어서는 아니된다. 산업공해가 자연환경을 해치는 것은 사실이지만, 그와 같은 산업공해를 막는 것이 바로 환경보호정책의 할 일이고, 산업공해를 막을 수 있는 효과적인 방법은 환경산업의 육성뿐이다. 그런데 환경산업의 육성에는 경제적인 투자가 필요하고,

기술집약적인 환경산업의 경제발전 및 입법기능 전문화 촉진효과

경제적인 투자는 경제성장에 의해서만 가능하기 때문에 산업발전을 억제할 것이 아니고 오히려 뒷받침해 주어야 한다. 환경산업의 발전은 또한 새로운 일자리를 마련함으로써 실업문제 해결에도 도움이 될 수 있다는 점을 감안한다면 환경권과 경제발전은 상극적이고 양립할 수 없다는 논리는 쉽게 성립될 수 없다고 할 것이다. 더욱이 산업공해를 막기 위한 환경산업은 고도의 기술집약적인 산업일 수밖에 없기 때문에 기술발전을 촉진시키고, 그에 따라 환경보호를 위한 입법기능도 함께 전문화되게 된다. 결국 환경권은 기술집약적인 환경산업의 발전을 촉진시키고 환경보호를 위한 입법기능을 전문화시킨다는 실정법상의 의의와 기능을 가지게 된다. 바로 이곳에 환경권과 경제질서 그리고 국가적인 의사결정기능의 전문화와의 불가분의 상관관계가 있다.

4) 기본권의 전제조건의 보호

인간의 존엄성 등 많은 기본권의 실효성지원수단

끝으로 환경권은 모든 국민에게 '건강하고 쾌적한 환경에서 생활할 권리'를 보장하는 것인데, 그것은 '인간다운 생활을 할 권리'($^{제34}_{조}$)와는 달리 정신적이고 '환경적인 최저생활'을 보장하는 것이라고 이해할 수 있기 때문에, '물질적인 최저생활'을 보장하는 '인간다운 생활을 할 권리'와 함께 우리 헌법이 그 가치적인 핵으로 하는 '인간의 존엄과 가치'를 비롯한 행복추구권·생명권 및 신체적 완전성에 관한 권리, 보건에 관한 권리, 그리고 재산권 등을 실효성 있는

---

1) 독일에서 1972년 중요한 환경보호에 관한 입법기능을 연방의 권한으로 하기 위한 기본법개정을 단행하고, '유럽연합'(EU)이 환경보호를 위해서 회원국의 공동보조를 꾀하고 있는 것도 그 때문이다.

것으로 뒷받침하기 위한 이른바 '기본권의 전제조건의 보호'라는 헌법상의 의의
와 기능을 가지고 있다.[1]

(3) 환경권의 법적 성격

환경권은 많은 기본권의 실효성확보를 위해서 그 보장이 불가피한 일종의
'기본권의 전제조건의 보호'로서의 의미를 가지는 한편 특히 경제생활에 관한
기본권의 헌법적 한계로서의 의미도 함께 가지고 있기 때문에, 그 법적 성격도
이를 '자유권'·'사회권'·'인격권' 등 획일적으로 말할 수는 없다고 생각한다.[2]

자유권·사회
권·인격권설
의 부당성

환경권은 국가와 국민의 환경보전의무를 전제로 하는 권리와 의무의 복합
형태인데, '기본권의 전제조건을 보장'하는 기본권으로서의 성질과 기본권의 헌법
적 한계로서의 성질을 함께 가지고 있는 종합적인 기본권이라고 말할 수 있다.[3]

종합적 기본권

또 환경권은 인간이 누리는 '생활의 질'을 위해서 인간에게 '행동형태'를
환경보호에 맞게 바꿀 것을 촉구하는 의미도 함께 내포하고 있기 때문에, 우리
헌법이 전제로 하고 있는 자주성과 사회성을 함께 구비한 윤리적 인격체로서의
인간의 당연한 생활질서로서의 성질도 가지고 있다.

윤리적 인격
체의 당위적
생활질서의
성질

그뿐 아니라 환경권은 효과적인 환경보전정책 내지는 환경입법에 의해서
만 그 실효성을 기대할 수 있기 때문에 법률제도의 보장이라는 '제도적 보장'의
성질도 함께 내포하고 있다. 환경법을 제정·정비해야 할 국가적인 의무가 여기
에서 나온다.[4]

제도적 보장
의 성질

(4) 환경권의 내용

우리 헌법은 환경권의 내용과 행사에 관하여는 법률로 정하도록, 환경권을
일종의 기본권형성적 법률유보규정(제35조 제2항)으로 보장하고 있다. 따라서 환경권의
구체적인 내용은 법률에 의해서 정해지겠지만, 우리 헌법이 보장하는 환경권은

방어권·공해
배제청구권·
생활환경조성
청구권

---

1) 【판결례】 우리 대법원이 생수의 국내시판불허조치(보사부고시)를 무효라고 판시하면서 직업의
자유 및 행복추구권과 함께 국민이 갖는 '깨끗한 물을 마실 권리', 즉 환경권을 특히 강조하고
있는 이유도 바로 그 때문이다. 대법원 1994. 3. 8. 선고 92 누 1728 판결 참조. 이 결정은 환
경권의 한 내용으로 '깨끗한 물을 마실 권리'를 처음으로 명시적으로 인정한 매우 의미 있는 판
례이다.
2) 환경권의 법적 성격에 관해서 국내학자들은 이를 자유권·사회권·인격권 등에 초점을 맞추어
서 설명하려고 노력한다. 권영성(총합적 기본권), 김철수(생존권), 문홍주(생활권적 기본권); 권
영성, 646면; 김철수, 740면; 문홍주, 317면.
3) 동지: 헌재결 2008. 7. 31. 2006 헌마 711, 판례집 20-2 상, 345(357면): 환경권은 종합적 기본
권으로서의 성격을 지닌다.
4) 주요 환경관계법으로는 자연환경보전법, 환경정책기본법, 대기환경보전법, 물환경보전법, 환경
개선비용 부담법, 환경기술 및 환경산업 지원법, 환경영향평가법, 소음·진동관리법 등이 있다.

최소한 건강하고 쾌적한 환경에서 공해 없는 생활을 할 수 있도록 국가의 환경보호를 요구할 수 있는 것을 그 주된 내용으로 한다고 볼 수 있다. 구체적으로는 국가의 환경침해에 대한 방어권, 국가 이외의 제 3 자가 일으키는 환경오염을 막아줄 것을 요구할 수 있는 공해배제청구권, 건강하고 쾌적한 생활환경 조성청구권 등을 그 내용으로 한다.

1) 국가의 환경침해에 대한 방어권

국가의 각종
환경오염행위
에 대한 방어
권

환경권은 제 1 차적으로 국가의 권력작용·관리작용·국고작용·사실작용 등에 의해서 발생하는 환경오염행위에 대한 방어권을 그 내용으로 한다. 예컨대 국영기업에서 발생하는 매연과 폐수로 인한 환경오염, 오물수거 과정이나 그 처리시설에서 나오는 환경오염, 동사무소의 스피커를 통해서 나오는 소음공해[1] 등에 대한 방어권이 그것이다. 국가의 환경침해에 대한 이같은 방어권이 어느 정도 자유권적인 요소를 가지는 것은 사실이다. 그렇지만 기본권을 인간의 천부적이고 선국가적인 자유와 권리로 이해한 자유주의적·슈미트적인 기본권사

환경적대적
국가시책지양
요구권의 성
질 내포

상에서는 이같은 내용의 환경권이 자유권으로는 낯선 존재였다는 사실 또한 부인할 수 없다. 따라서 이 방어권도 순수한 자유권으로 보기보다는 환경보호에 반하는 국가시책을 지양해 줄 것을 요구하는 성질이 강하게 내포되어 있다고 보는 것이 옳다고 생각한다.

방어권과 수
인의무

국가의 환경침해에 대한 방어권은 사회공동생활에서 감수해야 되는 수인의 한도를 넘는 침해의 경우에만 행사할 수 있다는 점을 주의해야 한다. 그 수인의 한도가 어느 정도이냐에 대해서는 환경권의 제한과 관련해서 뒤에 살펴보기로 한다.

2) 공해배제청구권

사적 환경오
염방지요구권

공해배제청구권은 국가 이외의 다른 원인에 의해서 발생하는 환경오염을

---

1) 【결정례】 전국 동시 지방선거의 선거운동과정에서 확성기 사용을 허용하면서 그 숫자만 제한할 뿐 사용시간과 사용지역에 따른 수인한도 내에서 확성장치의 최고출력 내지 소음규제 기준에 관한 규정을 두지 않은 것은 국가가 국민의 건강하고 쾌적한 환경에서 생활할 권리를 보호하기 위한 적절하고 효율적인 보호조치를 하지 않은 것이어서 과소보호금지원칙에 비추어 위헌이다. 이 결정은 헌재의 아래 합헌결정을 변경한 결정이다(헌재결 2019. 12. 27. 2018 헌마 730). 공직선거법에서 선거운동용 확성장치의 출력수 등 소음에 대한 허용기준을 정하지 않은 것은 일종의 부진정입법부작위에 해당하지만 과소보호금지원칙에 비추어 정온한 환경에서 생활할 권리를 보호하기 위한 입법자의 의무를 과소하게 이행했다고 평가할 수 없다는 의견(4인)과 과소보호금지 의무를 위반했다는 의견(4인)이 나뉘어 헌법소원을 기각한다(헌재결 2008. 7. 31. 2006 헌마 711).

막아줄 것을 요구할 수 있는 권리이다. 이같은 권리가 환경권의 내용이 된다는 것은 국가가 지는 환경보전의무를 생각해도 너무나 당연하다. 따라서 국가의 부작위에 의해서도 환경권이 침해될 수 있는데 특히 공해배제를 위한 불충분한 입법 내지는 행정작용이 문제가 된다.[1] 오늘날 환경오염의 대부분 원인이 국가 이외의 사적인 영역에서 나온다는 점을 상기할 때 공해배제청구권이 갖는 의미와 중요성은 매우 크다.[2]

공해배제청구권은 건강하고 쾌적한 생활환경에 나쁜 영향을 미치는 인간의 행위를 규제해 줄 것을 요구하는 것이기 때문에, 자연히 국가의 명령·금지를 구하는 것이 된다. 그런데 국가의 명령·금지에 의해서 규제되어야 하는 공해가 타인의 기본권행사에 의해서 발생하는 것일 수도 있기 때문에(예컨대 사인이 운영하는 공장에서 발생하는 소음·진동 등), 그 규제는 어디까지나 타인의 기본권을 존중하면서 이루어져야 한다. 결국 이 경우는 공공복리에 의한 기본권제한의 한계를 지키는 선에서 공해배제청구에 따른 규제가 행해져야 한다.

타인의 권리 행사와의 조화 필요성

그러나 공해배제청구권에 따른 환경오염행위의 규제가 언제나 타인의 기본권제한의 형태로 나타나는 것은 아니다. 국가의 환경관리행정에 의해서도 환경오염행위가 규제될 수 있기 때문이다. 예컨대 물은 누구나가 이용할 수 있는 환경요소임에는 틀림없지만, 인간이 이용할 수 있는 물의 가용범위는 제한되어 있기 때문에, 수질오염을 막고 물의 이용을 조정하기 위한 환경오염규제는 기본권제한이 아닌 환경관리, 즉 물의 경제성을 높이기 위한 국가시책의 성질을 가진다고 할 것이다. 자연환경을 구성하는 여러 환경요소(물(지표수와 지하수)·공기·동식물·돌·경관 등)에 대한 개인적인 권리의 한계가 바로 여기에서 나오며,[3] 이른바 '자연에 접근할 수 있는 권리'(등산·낚시·수영·보트 타기·숲속의 산책 등)의 한계도 여기에 있다.[4]

환경관리적 성질의 환경 오염 및 훼손 규제

---

1) 【결정례】 구 동물보호법(제33조 제 3 항 제 5 호)이 동물장묘업의 지역적 등록제한사유를 불완전·불충분하게 규정하여 동물장묘업이 설치될 지역주민의 환경권을 침해했다는 헌법소원심판에서 헌재는 과소보호금지원칙을 기준으로 삼아 관련된 모든 규정을 종합할 때 과소보호금지원칙을 어긴 환경권의 침해가 아니라고 판시했다(헌재결 2020. 3. 26. 2017 헌마 1281).
2) 다른 나라의 환경오염행위(예컨대 핵실험, 다국적하천에의 폐수방출 등)에 대해서도 공해배제청구권을 행사할 수 있음은 물론이다.
3) 따라서 지하수 시판을 목적으로 하는 무분별한 지하수개발을 규제하는 것은 국가의 환경보전의무에서 나오는 당연한 환경관리적인 환경오염규제라고 볼 수 있다.
   【판시】 먹는 샘물제조업체에 대한 수질개선부담금의 부과는 환경침해적 행위를 억제하고 환경보전에 적합한 행위를 유도하기 위한 수단이므로 타당성이 있다(헌재결 1998. 12. 24. 98 헌가 1, 판례집 10-2, 819(836면)).
4) 독일 Bayern주헌법(제141조 제 3 항)은 '자연에 접근할 수 있는 권리'를 기본권으로 인정하는 명문의 규정을 두고 있다.

3) 생활환경조성청구권

생활환경조성청구권은 국가에게 건강하고 쾌적한 생활환경을 만들고 보전해 줄 것을 요구할 수 있는 권리이다. 말하자면 '생활의 질'을 높이기 위해서 국가에게 환경급부적인 생존배려를 요구하는 것이다. 여기에는 자연환경을 자연환경 그대로 보전하는 것뿐 아니라 인공환경($\frac{도로 \cdot 교량 \cdot}{등산로\ 등}$)과 쾌적한 주거환경을 조성하고 보전하는 것까지도 포함된다.

환경권에 이와 같은 의미의 청구권이 내포되어 있느냐에 대해서는 논란의 여지가 있지만, 우리 헌법은 모든 국민이 쾌적한 주거생활을 할 수 있도록 국가에게 주택개발정책 등 일정한 의무를 부과하고 있을 뿐 아니라($\frac{제35조}{제3항}$),[1] 환경권이 다른 '기본권의 전제조건보장'적 성격을 갖는다는 시각에서, 그리고 국가의 환경보전의무와 관련해서 이를 긍정적으로 이해하는 것이 바람직하다고 생각한다. 따라서 국가·지방자치단체에게 상수도 취수원을 깨끗하게 보전함으로써 깨끗한 상수도물을 공급해 주도록 요구하는 것도 환경권의 내용으로 인정된다고 할 것이다.

다만 생활환경조성청구권을 환경권의 내용으로 인정하는 경우에도 그것이 자칫하면 오히려 국민의 자유영역을 좁히는 방향으로 역기능할 수도 있다는 점을 주의할 필요가 있다. 왜냐하면 지금까지 자유롭게 접근할 수 있었던 환경요소들이 국가의 환경조성계획에 흡수되어 오히려 자유롭게 접근할 수 없는 금지구역으로 변해 버릴 가능성이 있기 때문이다.

또 국가가 인공적인 생활환경과 쾌적한 주거환경을 조성해서 보전하기 위해 특정한 환경요소에 대한 독점권과 규제권을 행사하는 경우에는 평등권의 관점에서 권리침해가 생기지 않도록 세심한 주의를 요한다. 예컨대 국립공원·도립공원·해수욕장 등의 조성·관리와 주거지역 내지 주택단지조성·관리에 따르는 문제들이 그것이다. 따라서 생활환경조성청구권은 주로 평등권과의 상승작용에 의해서 그 주관적 공권으로서의 성질이 강화된다고 할 것이다.

환경정책의 결정에 참여할 수 있는 권리가 생활환경조성청구권에서 나오느냐의 문제는 이를 부정하는 것이 옳다고 본다. 환경의 광역성 때문에 그 참여의 범위가 애매하기 때문이다.

향상된 생활의 질을 위한 환경급부적인 생존배려요구권

환경조성계획 확대로 인한 역기능의 위험성

국가의 독점·규제권행사와 평등권

환경정책결정 참여권의 문제

---

1) 【판시】 토초세법은 과세대상토지가 택지상한법에 따른 소유제한 범위 내의 택지인지 여부에 관계 없이 토초세 과세 여부를 결정하도록 되어 있어 인간다운 생활을 할 권리와 국가의 사회보장·사회복지 증진의무 및 쾌적한 주거생활보장의무에도 배치된다(헌재결 1994. 7. 29. 92 헌바 49 등, 판례집 6-2, 64(112면)).

(5) 환경권의 한계와 제한

1) 환경권의 한계

환경권은 다분히 상린관계적인 권리의 성격이 짙기 때문에 '경미한 침해'에 대해서는 이를 수인하고 감수해야 할 의무를 함께 내포하고 있는 기본권이다. 따라서 국가에 의한 환경침해의 경우는 물론이고 국가 이외의 제 3 자의 생활영역에서 발생하는 환경오염의 경우에도 그 정도가 경미한 때에는 그에 대한 방어권과 공해배제청구권이 인정될 수 없다고 할 것이다. 또 생활환경조성청구권에서도 평등권의 침해를 논하기 위해서는 어느 정도의 진지성이 인정될 수 있어야 한다고 생각한다. 환경권을 지나치게 무리하게 내세움으로써 모든 경미한 환경공해까지 배제하려고 시도하는 것은 오히려 환경권의 효력을 스스로 약화시키는 결과를 초래할 수도 있기 때문이다. 최상의 환경복지의 추구는 반대로 최하의 생활환경을 가져다 줄 수도 있다는 점을 염두에 두어야 한다. 그러나 또 한편 환경공해를 수인해야 하는 한도를 너무 높게 잡는 것은 환경권의 정신에 반하기 때문에 구체적인 경우에 관련법익을 최대한으로 조화시킬 수 있는 선에서 그 수인한도를 정해야 하리라고 본다.

환경권의 상
린관계성과
수인의무

2) 환경권제한의 한계

㈎ 환경권제한과 과잉금지원칙

환경권의 수인한계를 넘는 환경권의 제한이 어느 범위까지 가능하냐의 문제는 이를 획일적으로 말하기가 어렵다. '기대가능성'을 그 판단의 기준으로 삼으려는 사람이 있지만, 경우에 따라서는 진지하고, 수인을 기대하기가 어려운 환경공해라도 공공복리 등의 관점에서 불가피한 경우가 있을 수 있기 때문에 기대가능성의 논리는 받아들일 수 없다고 생각한다. 환경권의 제한필요성은 공공복리 등의 공익과 환경권이 갈등관계에 있거나, 기본권이 상충관계에 있는 경우에 생긴다고 볼 수 있는데 기본권제한입법의 한계조항(제37조
제2항)의 정신상 과잉금지의 원칙에 따라 그 제한의 정도를 정해야 하리라고 생각한다. 즉 환경권에 대한 제한은, 환경침해를 불가피하게 하는 목적의 합헌성, 그 제한방법(수단)의 적합성, 최소침해성, 환경침해를 통해서 추구하는 목적과 합리적인 비례관계(법익의 균형성)가 유지될 수 있는 범위 내에서만 허용된다고 할 것이다. 이같은 과잉금지의 원칙을 어긴 환경권의 제한은 환경권의 본질적 내용의 침해에 해당한다고 보아야 한다. 그런데 헌법재판소는 국가의 환경보전의무 이행 여부

기대가능성
기준의 부당
성

과잉금지원칙
의 존중과 과
소보호금지원
칙

의 심사는 과소보호금지원칙을 기준으로 삼는다.[1]

(내) 환경권의 본질적 내용

생명·건강에
대한 위협의
평가

따라서 국민의 생명·건강에 결정적인 위협을 주는 제한만을 환경권의 본질적 내용의 침해라고 이해하려는 입장[2]에는 찬성할 수 없다. 왜냐하면 국민의 생명·건강에 결정적인 영향을 미치는 환경침해는 '보건에 관한 권리'의 본질적 내용의 침해가 되겠지만, 환경권의 시각에서는 그 평가가 다를 수 있기 때문이다. 환경권은 '보건에 관한 권리'와의 관계에서도 그 전제조건의 보장이라는 성격을 가지는 것은 사실이지만, 그렇다고 해서 보건에 관한 권리의 본질적 내용과 환경권의 본질적 내용이 반드시 같아야 할 필연성은 생기지 않는다. 환경권은 보건에 관한 권리 외에도 또 다른 기본권의 전제조건의 보장이라는 성격을 가지고 있다는 점을 도외시해서는 아니된다. 따라서 국민의 생명·건강에 별로 영향을 미치지 않는 환경공해라 할지라도 그것이 과잉금지의 원칙을 어기는 현상일 때에는 환경권의 본질적 내용의 침해라고 볼 수 있다는 점을 주의해야 한다.

(6) 환경권침해에 대한 권리구제의 특수성

1) 타기본권과의 관계

다른 기본권
의 동시침해
는 기본권의
경쟁관계 성
립

수인한도를 넘는 위법한 환경권의 침해가 있는 경우 기본권보호의 일반이론에 따라 권리구제를 받을 수 있는 것은 두말할 필요가 없다. 다만 환경권이 가지는 타 기본권의 전제조건의 보장이라는 성격 때문에 환경권침해가 동시에 다른 기본권을 침해하는 형태로 나타나는 경우가 있다는 점을 주의해야 한다. 예컨대 위법한 환경오염으로 인한 생명·건강·재산 등의 피해가 그것이다. 이때에는 원칙적으로 기본권의 경쟁관계의 이론에 따라 그 권리구제가 이루어져야 할 것이다. 따라서 환경권을 사회적 기본권으로 이해하기 때문에 생기는 사법적 권리구제의 어려움은 이 경우에는 발생하지 않는다.

2) 조화적인 권리구제와 사전적·예방적 권리보호

공해 재발방
지와 피해배
상의 조화

또 위법한 환경권의 침해가 공기업 또는 사기업에 의해서 발생한 경우에는 기업활동을 완전히 배제하거나 중지시키는 방향의 권리구제가 아니라[3] 공해방지를 위한 환경산업을 육성하고 장려하면서 피해자에게도 적절한 피해배상을 해

---

1) 예컨대 헌재결 2008. 7. 31. 2006 헌마 711; 헌재결 2020. 3. 26. 2017 헌마 1281 참조.
2) 예컨대 권영성, 651면 참조.
3) 그것은 기업체가 가지는 영업권·재산권 등 기본권의 효력 때문에 헌법이론적으로 사실상 불가능하다.

주는 방향의 조화적인 권리구제가 바람직할 것이다. 환경권이 경제성장의 장애요
인으로 기능해서 오히려 '생활의 질'을 저하시키는 일이 있어서는 아니되겠기 때
문이다. 이렇게 볼 때 환경권침해에 대한 권리구제는 환경산업의 육성·발전에
의한 사전적·예방적인 권리보호일 때, 가장 그 실효성이 크다고 할 것이다.[1]
환경산업의 육성·발전을 촉진시켜야 하는 이유이다. 헌법이 국가와 국민에게
명한 환경보전의무는 결과적으로는 환경산업을 육성·발전시킬 것을 명한 것이
라고 해도 과언이 아니라고 생각한다.

환경산업육성
이 최선의 권
리보호

3) 당사자적격과 인과관계의 증명

환경권침해에 대한 권리구제는 그 사법적 권리구제절차에서 특히 소의 이
익 내지 원고적격을 정하는 데 어려움이 있다. 사법적 권리구제절차는 어디까지
나 개인의 주관적 공권의 침해를 전제로 해서 그 주관적 공권을 보호하기 위한
것이지, 객관적인 법질서의 보호를 위한 것이 아니다. 따라서 소송기술적으로
사법적 권리구제절차에서는 누구든지 자기 자신의 권리침해를 이유로 해서만
소를 제기할 수 있다. 그런데 국가의 환경정책적인 결정은 많은 경우에 '양면적
효력을 가지는 행정행위'를 뜻하기 때문에 피해자뿐 아니라 수익자도 함께 생기
기 마련이다. 이 때 그 결정에 대한 소권을 인정하기 위해서는 그 행정행위로
인해서 피해를 받는 피해자의 범위를 먼저 정해야 되는데, 그 피해기준을 어디
에 두느냐에 따라 피해자범위에 현저한 차이가 생길 수 있다. 예컨대 원자력발
전소의 건립에 의한 방사능피해의 범위를 직경 5km로 할 것인지 50km, 아니면
100km로 할 것인지를 정하는 일이야말로 매우 어려운 문제가 아닐 수 없다.
피해자범위를 너무 넓게 잡는 경우에는 자칫하면 전통적인 소권의 한계를 벗어
나 이른바 민중소송으로 발전할 위험성이 있고, 그 반대의 경우에는 권리보호에
소홀하게 되기 쉽다.[2]

환경정책의
양면적 효력

피해기준에
따른 피해자
범위의 유동
성

---

1) 환경정책기본법(제 8 조)도 환경오염의 사전예방원칙을 도입해서 국가 및 지방자치단체의 사전
예방적 환경오염관리를 강조하면서 사업자도 환경오염물질의 배출을 원천적으로 줄이도록 의
무화했다.

2) 독일에서 한때는 환경보호를 목적으로 하는 여러 단체에게도 소권을 인정하기 위해 이른바
'단체소송'(Verbandsklage)을 긍정하는 이론이 강력히 제기되었으나, 지금은 오히려 부정적이
고 비판적인 경향으로 역전한 것 같은 느낌을 준다. 단체소송의 범위를 함부로 넓혀가는 것은
전통적 소송법질서에 반하고, 실제로도 소권을 인정할 단체의 선별이 평등권의 시각에서 쉽지
않다는 것 등이 그 주요 이유인 것 같다. 이 점에 대해서는 vgl. *F. Ossenbühl*, Aktuelle
Probleme des Umweltschutzes, VR 1979, S. 1ff.(7).
  우리나라에서도 최근에 환경권침해로 인한 권리구제의 특수성과 효율성을 내세워 단체소송
제도의 활용이 활발히 논의되고 있으나 아직은 실효성 있는 단계가 아닌 것 같다.

아무튼 환경권침해에 대한 권리구제는 그 당사자적격의 문제뿐 아니라 인과관계의 증명[1]에 있어서도 어려움이 적지 않다. 환경산업의 육성·발전에 의한 사전적·예방적 권리보호를 되풀이 강조하는 이유도 여기에 있다. 훌륭한 환경보호정책만이 최선의 권리구제수단이기 때문이다.

(7) 환경보호를 위한 입법의 문제

1) 환경보호에 관한 국회의 입법책임

환경입법의 대의민주주의 내지 법치주의적 요청

환경보호를 위한 국가의 의사결정이 법률의 형식으로 이루어져야 함은 두말할 필요가 없다. 우리나라에서도 환경보호를 위한 국가의 의사결정이 환경정책기본법과 자연환경보전법 그리고 해양환경관리법으로 표현되고 있다는 것은 주지의 사실이다. 이처럼 환경보호를 위한 국가의 기본적인 정책결정을 대의기관이 제정한 법률로써 하도록 하는 것은 국민의 권리·의무와 관계되는 중요사항을 행정기관이 아닌 입법기관으로 하여금 결정케 함으로써 국민의 권리보호에 만전을 기한다는 대의민주정치적인 의미와 법치주의적 의미를 함께 충족시키기 위해서이다. 따라서 환경보호를 위한 환경입법에는 국민의 권리·의무와 관련되는 모든 중요사항이 구체적으로 규정되는 것이 바람직하다.[2]

2) 환경보호입법의 전문성

입법기술상의 요청에 따른 위임입법의 불가피성

그러나 또 한편 환경보호에 관한 환경법은 그 규제영역이 넓을 뿐 아니라 그 사안의 성질상 매우 전문적인 지식을 요구하는 분야가 많기 때문에 대의기관인 국회에서 그 세부적인 사항까지를 모두 법률로써 규정하기에는 입법기술상 어려움이 많다. 환경법의 규율영역이라고 볼 수 있는 대기보전, 소음·진동규제, 수질·토양보전, 오물처리대책, 방사물질규제, 자연생태계보호만 하더라도

---

1) 우리 대법원은 인과관계의 증명에 관해서 필연성이 아닌 개연성의 증명만으로도 족하다고 하는 이른바 개연성기준에 따라 판단하고 있다. 따라서 환경권침해와 손해발생 사이에 상당한 정도의 가능성만 증명되면 권리구제를 해 주고 있다.
【판결례】 연탄공장 주변의 분진의 양이 법정허용치를 넘지 않은 점은 인정되지만 연탄공장 인근에서 12년간 살아온 사람은 석탄분진을 오랫동안 흡입하여 왔으므로 분진허용치의 초과여부에 관계 없이 그 사람의 진폐증이 석탄가루에 의해 발병된 것으로 인정된다(대법원 1984. 6. 12. 선고 81 다 558 판결).
2) 【독일판례】 2016년 11월 지구온난화방지를 위한 Paris 국제기후협약에 따라 제정한 독일의 기후보호법이 2050년까지 탄소배출을 없애기로 하면서 2030년까지의 탄소감소목표와 방법만을 정한채 2031년부터의 구체적 내용을 정하지 않은 불완전입법은 입법의무 위반이어서 위헌이므로 입법자는 2022년 12월 31일까지 그 불완전한 부분에 관해서 구체적인 입법을 할 의무가 있다(2021. 3. 24. 결정 1 BvR 2656/18, 1 BvR 96/20, 1 BvR 78/20, 1 BvR 288/20).

물리학·화학·생물학·지질학·방사선학·의학 등 자연과학의 전문적인 지식이 없이는 다루기가 어려운 사안들이다. 따라서 이들 전문적인 사항은, 필요한 경우 위임입법 등의 행정입법에 넘기거나 심지어는 행정행위에 의해서 처리토록 하는 것이 불가피한 것처럼 생각될 수도 있다.

3) 환경보호에 관한 위임입법의 한계

그러나 대의민주주의와 법치주의를 지키기 위한 본질성이론[1]의 시각에서 볼 때 그와 같은 처리형태가 무제한 허용될 수 없는 것은 명백하다. 환경보호에 관한 사안의 전문성이 아무리 크다고 하더라도 환경법분야에서 기술적인 사항을 포함한 모든 근본적인 결정사항은 국회가 스스로 정해야지 그것을 행정기관의 결정사항으로 넘겨서는 아니된다. 이 경우 환경에 관한 근본적인 결정사항이란 국민의 자유와 권리의 영역을 경미한 정도 이상으로 다치게 되는 결정사항을 뜻한다고 이해해야 하기 때문에, 예컨대 핵발전시설의 설치 여부, 발전소의 위치, 발전시설의 용량, 안전수칙에 관한 사항 등은 여기에 속한다고 보아야 한다.[2]

본질성이론=기본권 관련 근본적 결정사항의 위임금지

4) 국회입법기능의 전문화방안

그런데 이처럼 환경진단에서부터 그 환경보호대책에 이르기까지 고도의 전문적인 지식을 요하는 사항을 행정기관의 위임입법 내지는 행정행위로 넘기지 않고 국회 스스로가 법률로 정하기 위해서는 국회 입법기능의 전문화가 선행되어야 한다. 그러기 위해서는 국회의 입법기능이 고도의 전문적이고 기술적인 영역에까지 미칠 수 있도록 하기 위한 새로운 의사결정의 메커니즘이 연구·개발되어야 한다. 그 가장 효과적인 방법의 하나는 특수한 전문인 및 기술인력을 정치적인 의사결정과정에 참여시켜서, 그들이 내린 전문적인 진단과 판단을 환경입법에 충분히 반영시키되, 그 반면에 그들을 단순한 조언자에 머물게 하지 말고, 정치적인 책임권으로 끌어들여서 그들이 내린 결정에 대해서는 그들 스스로가 정치적인 책임을 질 수 있도록 제도적인 장치를 마련하는 것이 필요하다고 생각한다. 그렇게 함으로써 환경법분야에서도 위임입법을 줄이고, 대의민주주의와 법치주의의 요청을 충족시킬 수 있기 때문이다. 환경법분야처럼 법률지식과 과학기술의 협조적인 조화가 요청되는 분야도 드물다.

새로운 의사결정의 메커니즘의 필요성

전문인의 입법참여와 책임추궁제도

---

1) 본질성이론에 관한 것은 졸저, 전게서, 방주 427 참조할 것.
2) 핵발전시설에 따른 기본권적인 문제점에 대해서는 특히 독일연방헌법재판소의 다음 판례를 참조할 것. Vgl. BVerfGE 49, 89.

6. 경제생활영역의 보호

경제활동보호
기본권은 경
제조항해석·
적용의 중요
지침

우리 헌법은 인간의 존엄과 가치를 경제생활영역에서도 실현하고 경제적인 개성신장을 촉진시킴으로써 모든 국민에게 인간다운 생활을 할 수 있는 경제적인 자립터전을 마련해 주기 위해서 국민의 경제활동을 보호하는 여러 가지 기본권을 보장하고 있다. '거주·이전의 자유'($\frac{제14}{조}$), '직업의 자유'($\frac{제15}{조}$), '재산권'($\frac{제23}{조}$), '근로활동권'($\frac{제32조,}{제33조}$), '인간다운 생활을 할 권리'($\frac{제34}{조}$) 등이 그것이다. 국민의 경제적인 개성신장은 합리적인 경제질서를 전제로 해서만 가능하기 때문에, 국가는 '개인과 기업의 경제상의 자유와 창의를 존중'($\frac{제119조}{제 1 항}$)해야 함은 물론, '균형 있는 국민경제의 성장 및 안정과 적정한 소득의 분배를 유지하고, 시장의 지배와 경제력의 남용을 방지하며, 경제주체간의 조화를 통한 경제의 민주화를 위하여'($\frac{제119조}{제 2 항}$) 노력해야 하고, 원칙적으로 '사영기업을 국유 또는 공유로 이전하거나 그 경영을 통제 또는 관리'하지 못하도록 정하고 있다($\frac{제126}{조}$). 따라서 헌법상의 경제조항($\frac{제119조~}{제127조}$)을 해석하고 적용하는 데 있어서 경제생활을 보호하기 위한 여러 기본권들이 중요한 지침이 되어야 한다. 국가의 경제질서는 국민의 경제생활을 위해서 마련된 것이고 경제질서의 주요목표라고 볼 수 있는 경제성장·물가안정·무역수지균형·완전고용 등은 국민의 창의적인 경제활동 내지 경제적인 생활감각에 의해서만 달성될 수 있기 때문이다. 합리적인 경제정책은 곧 효과적인 사회복지정책이라는 논리가 여기에서 나온다. 언제나 국가에게 빵을 달라고 요구하는 '구걸식 생활'이 아니고, 자율적인 생활설계에 의해서 자립적인 생활을 꾸려 나가게 뒷받침해 주는 가장 효과적인 방법은 국민에게 자유롭고 창의적인 경제활동을 보장하는 것이기 때문에 경제생활에 관한 여러 가지 기본권을 존중하는 일이야말로 최선의 사회복지정책이 될 수도 있다.[1]

경제활동기본
권존중이 최
선의 사회복
지정책

I. 거주·이전의 자유

현행헌법은 모든 국민에게 원하는 곳에서 자유롭게 생활해 나감으로써 개성을 신장시킬 수 있도록 하기 위해 '거주·이전의 자유'($\frac{제14}{조}$)를 보장하고 있다.

---

1) 【결정례】 임대차 존속기간을 20년으로 제한하는 민법 제651조 제 1 항은 현재의 사회경제적 현상을 제대로 반영하지 못할 뿐 아니라 사적 자치에 의한 자율적 거래관계형성을 왜곡하고 사회경제적 효율성에도 문제가 생길 수 있으므로 과잉금지원칙을 어긴 계약의 자유의 침해이다(헌재결 2013. 12. 26. 2011 헌바 234).

(1) 거주·이전의 자유의 의의 및 기능

1) 거주·이전의 자유의 의의

'거주·이전의 자유'는 국가권력의 간섭 없이 자유롭게 체류지와 거주지를 결정할 수 있는 자유이다.

체류지 및 거주지의 자유 결정권

2) 신체의 자유와의 기능상의 차이

거주·이전의 자유는 인신에 관한 실체적 권리로서의 '신체의 자유'와도 관계가 있다. 하지만 '신체의 자유'는 주로 국가의 수사권발동으로부터 신체활동의 임의성을 보장하기 위한 것이고, '거주·이전의 자유'는 장소적인 관점에서 국민에게 자유로운 생활형성권을 보장하기 위한 것이기 때문에 그 기본권으로서의 기능이 서로 다르다.[1]

신체활동의 임의성보장 vs 자유로운 생활형성권 보장

3) 경제적 개성신장의 수단

우리나라와 같은 자본주의국가에서 모든 국민이 자유롭게 체류지와 거주지를 정하면서 생활관계를 형성해 나가고 경제활동을 펴 나갈 수 있다고 하는 것은 특히 경제적인 개성신장의 촉진과 시장경제질서의 정착을 위해서 매우 중요하다. '거주·이전의 자유'가 경제적인 개성신장의 수단으로서의 기능과 함께 시장경제질서의 활력적인 기초로서의 기능을 갖는다고 평가되는 이유도 그 때문이다.

시장경제질서의 활력적 기초

4) 타기본권의 실효성증대기능

모든 국민이 국가의 간섭을 받지 않고 자유롭게 체류지와 거주지를 정해서 마음대로 옮겨 다닐 수 있다고 하는 것은 구태여 경제적인 개성신장과 결부시켜서 생각하지 않더라도, 사생활을 비롯한 정신·문화·건강·정치·사회활동을 자기가 원하는 방향으로 형성해 나가는 것과도 밀접한 관계가 있기 때문에, '거주·이전의 자유'는 이들 생활영역을 보호하기 위한 여러 가지 기본권의 실효성을 증대시켜 주는 기능을 아울러 가지고 있다.

경제적 자유인의 필수적 기본권

결론적으로 거주·이전의 자유는 국가의 간섭 없이 자유롭게 체류지와 거주지를 정해서 헌법이 보장하는 여러 가지 자유와 권리를 행사함으로써 개성을

---

1) 따라서 '거주·이전의 자유'를 '신체(인신)의 자유'와 관련시켜서 설명하는 입장은 옳지 않다고 생각한다. 예컨대 권영성, 439면.

신장시키고 행복을 추구하며 '인간다운 생활'을 모색하는 경제적인 자유인의 필수적인 기본권이다.

(2) 거주·이전의 자유의 내용

국내거주이전·해외여행이주·국적변경의 자유

거주·이전의 자유는 국가의 간섭을 받지 않고 체류지와 거주지를 자유롭게 정할 수 있는 것을 그 내용으로 하는데, 구체적으로는 국내에서 체류지와 거주지를 자유롭게 정할 수 있는 국내에서의 거주·이전의 자유와 체류지와 거주지를 국외로 정할 수 있는 해외여행 및 해외이주의 자유 그리고 대한민국의 국적을 이탈할 수 있는 국적변경의 자유 등을 그 내용으로 한다.

1) 국내에서의 거주·이전의 자유

㈎ 체류지와 거주지의 자유선택권

협의의 거주·이전의 자유

국내에서의 거주·이전의 자유는 대한민국의 영토 내에서 체류지와 거주지를 자유롭게 정할 수 있는 좁은 의미의 거주·이전의 자유이다. 따라서 우리 헌법이 정하는 대한민국의 영토 안에서, 그리고 우리나라의 통치권이 실질적으로 미칠 수 있는 지역 내에서 어디든지 체류하고 거주지를 정할 수 있음은 물론, 한 번 정한 체류지와 거주지를 마음대로 바꿀 수 있는 자유가 모두 포함 된다.

체류·거주목적 불문

거주지는 생활의 근거지를 말하고 체류지는 일시적으로 머무는 곳이지만, 헌법이 보호하는 거주와 체류는 어떤 특정한 목적과 결부된 것만을 뜻하는 것이 아니기 때문에, 직업 내지 영업상의 이유로 인한 거주와 체류는 물론, 단순한 휴양목적의 거주와 방문, 관광, 여행목적의 체류도 모두 보호를 받는다. 따

관광의 자유와 고향의 권리 포함

라서 국내에서의 거주·이전의 자유에는 '관광의 자유'가 마땅히 포함된다. 또 '고향의 권리'도 당연히 보호의 대상이 되기 때문에 지역개발·인구정책·직장알선 등의 이유를 내세워 고향을 떠나 다른 곳으로 이사할 것을 강요당하지 않

가출의 자유 불포함

는다. 그러나 미성년자의 이른바 '가출의 자유'는 좁은 의미의 거주·이전의 자유에 포함되지 않는다. 혼인·가족생활이 제도적으로 보장($\frac{제36조}{제1항}$)되고 있는 우리 헌법질서 내에서 미성년자에 대한 부모의 제1차적인 교육권($\frac{제31조}{제2항}$)과 이를 근거로 하는 부모의 자녀에 대한 거소지정권($\frac{민법}{제914조}$)과의 조화적인 해석에서 나오는 당연한 결과이다. 부부의 동거의무($\frac{민법 제826}{조 제1항}$)도 같은 차원에서 거주·이전의 자유에 대한 침해가 아니다.

㈏ 거주·이전의 자유와 사법 및 사회법상의 제약

거주·이전의

거주·이전의 자유를 제한하는 사법상 계약의 효력이 문제되는 경우가 있

는데, 그와 같은 계약의 효력을 획일적으로 논할 수는 없다. 구체적인 계약내용에 따라서 개별적으로 판단해야 할 것이다. 그러나 한 가지 분명한 사실은 기한을 정하지 않고 종신 때까지 효력을 미치도록 체결한 그와 같은 계약은 거주·이전의 자유와 조화되기가 어렵다고 할 것이다. 거주·이전의 자유가 신의성실·공서양속·권리남용금지 등의 원칙을 통해서 간접적으로 사인 간에도 효력을 미치기 때문이다. 또 사회보장제도(예컨대 영세민구호사업)와의 관련 때문에 수혜대상자의 거주지를 제한하는 것은 원칙적으로 허용된다고 할 것이다. 수혜자의 이익을 위한 제한이기 때문이다. 또 수재민수용을 위한 집단거주지를 설치하는 것은 그것이 입주강요를 내용으로 하지 않는 한 거주·이전의 자유의 침해는 아니다.

자유 제한하는 사법상 계약의 효력

사회보장정책에 의한 거주지제한

2) 해외여행 및 해외이주의 자유

(가) 출국의 자유와 입국의 자유

해외여행 및 해외이주의 자유는 대한민국의 통치권이 미치지 않는 곳으로 여행하고 이주할 수 있는 광의의 거주·이전의 자유이다. 구체적으로는 외국에서 체류 또는 거주하기 위해서 우리나라를 떠날 수 있는 '출국의 자유'와 외국체류 또는 거주를 중단하고 다시 우리나라로 돌아올 수 있는 '입국의 자유'를 모두 포함한다. 이같은 내용의 해외여행 및 해외이주의 자유가 거주·이전의 자유의 실효성을 위해서 매우 중요한 의미를 가진다는 것은 두말할 필요가 없다. 또 연혁적으로도 거주·이전의 자유가 종교적·정치적인 박해로부터의 해방을 위해서 중요한 보호기능을 나타낼 수 있었던 것은 바로 해외여행 및 해외이주의 자유 때문이었다는 점을 상기할 때, '출국의 자유'와 '입국의 자유'가 오늘날에도 중요한 기능을 나타낼 수 있는 것은 물론이다. 사실상 정치적 망명객의 보호에 관한 제네바협정(1951년 7월 28일)에 의해 정치적 망명이 중요한 인간의 권리로 인정되고 있는 국제법질서 내에서 해외여행 및 해외이주의 자유는 정치적 망명권의 실질적인 전제조건이라고 할 것이다. 따라서 우리 헌법의 해석에 있어서도 거주·이전의 자유의 내용으로 '출국의 자유'와 '입국의 자유'를 포함시키는 것은 너무나 당연하다.[1]

광의의 거주·이전의 자유

출국의 자유와 입국의 자유의 의의 및 기능

---

1) 【판시】 헌법상 거주·이전의 자유 속에 국외이주의 자유가 포함된다고 하여도 1980년 해직공무원의 보상금 산출기간을 산정함에 있어 해외이민을 제한 사유로 정했다고 하더라도 그 자체는 누구에게도 거주·이전의 자유를 제한하는 것이라거나 국외이주를 제한하는 규정이 아니므로 이 규정에 따라 보상의 차별이 있더라도 재외국민의 평등권과 거주이전의 자유를 침해한 것이라 할 수 없다(헌재결 1993. 12. 23. 89 헌마 189, 판례집 5-2, 622(624면)).
　　독일연방헌법재판소는 '출국의 자유'를 '거주·이전의 자유'의 당연한 내용으로 인정하지 않고, 독일기본법상의 '행동의 자유'(제 2 조 제 1 항)의 내용으로 인정하고 있다. 그 가장 중요한

(내) 북한주민의 입국의 자유

북한주민의
입국의 자유

'입국의 자유'는 원칙적으로 외국에서 국경을 넘어 대한민국의 영토 내로 들어오는 것을 말하지만, 대한민국의 영토에 속하면서도($\frac{제3}{조}$) 우리 통치권이 미치지 않는 북한지역에서 우리의 통치지역으로 들어오는 것도 여기에 포함시켜야 하리라고 본다. 따라서 귀순용사와 월남 북한주민은 '입국의 자유'에 의한 보호를 받는다.[1] '북한이탈주민 보호 및 정착지원법'이 이를 보장하고 있다.

(대) 출국의 자유의 제약과 한계

병역의무자의
출국제한의
정당성

또 '출국의 자유'와 관련해서 예컨대 병역의무자의 출국을 제한하는 것은 거주·이전의 자유의 침해가 아니라고 할 것이다. 헌법의 통일성의 관점에서 국방의 의무($\frac{제39}{조}$)와 거주·이전의 자유를 서로 조화적으로 해석하는 것이 마땅하기 때문이다.[2] 또 국가의 형벌권 실현을 위한 불가피한 최소한의 출국제한도 허용된다.[3] '출국의 자유'에 대한 사실상의 제약을 뜻하는 여권제도는 그것이 단순한 출국신고의 성격을 갖도록 운영되는 한 거주·이전의 자유에 대한 침해

여권제도의
헌법적 한계

라고 볼 수는 없다고 할 것이다. 그러나 여권제도가 마치 출국허가제도의 형식으로 운영되고, 여권발급이 원칙이 아닌 예외로 취급되며, 불특정한 법률개념이 여권발급의 제한사유로 악용되는 등의 경우는 거주·이전의 자유의 침해라고 할 것이다. 또 '출국의 자유'는 어디까지나 자발적인 의사에 의한 것이어야

자국민의 외
국인도금지

하기 때문에, 누구도 자기 나라를 떠나도록 강요당하지 아니할 권리를 가진다. 자국민을 외국에 인도하는 데 있어서의 헌법적 한계가 여기에서도 나온다.[4]

논거는 '거주·이전의 자유'에 관한 기본법규정에 '연방공화국의 영토 내에서'(im ganzen Bundesgebiet)라는 명문의 규정이 있다는 것이다.

　　Vgl. BVerfGE 6, 32(34ff.); *Wernicke*, in: Bonner Kommentar, Art. 11, Erl. Ⅱ 1 d.

1) 【독일판례】 통독전 동독주민의 서독입국에 대해서 서독에 동일한 판례가 있었다.
　　Vgl. BVerfGE 2, 266(272f.); 77, 137(이 결정에서 연방헌법재판소는 통독전 옛 동독 시민이 옛 서독에 입국한 경우 자동적으로 옛 서독의 국적을 취득한다는 입장을 확인했다).

2) 【판결례】 우리 대법원도 병역의무자에 대한 해외여행허가제도와 귀국보증제도는 헌법과 병역법이 정하는 병역의무를 성실하게 이행하게 하기 위한 불가피한 병역법상의 조치라고 판시했다. 대법원 1990. 6. 22. 자 90 마 310 결정 참조.

3) 【결정례】 i) 법무부령이 정하는 금액 이상의 추징금 미납자를 출국금지할 수 있게 한 법률규정은 출국의 자유의 침해가 아니며, 포괄위임입법금지원칙에 위배되지 않는다(헌재결 2004. 10. 28. 2003 헌가 18). ii) 형사재판에 계속중인 사람에 대한 출국금지결정은 형벌권을 피하기 위한 해외도피를 방지하려는 행정처분일 뿐이어서 출국의 자유를 침해하지 않으며, 무죄추정의 원칙에서 금지하는 유죄 인정의 효과로서의 불이익이 아니어서 무죄추정원칙에도 위배되지 않는다. 나아가 피고인의 공격·방어권 행사와도 직접 관련이 없으므로 공정한 재판을 받을 권리의 침해도 아니다(헌재결 2015. 9. 24. 2012 헌바 302, 판례집 27-2 상, 514(525면)).

4) 예컨대 독일기본법(제16조 제 2 항)은 자국민을 외국에 인도하지 못하도록 명문으로 규정하고 있다.

3) 국적변경의 자유

국적변경의 자유는 대한민국의 국적을 가진 사람이 우리 국적을 버리고 외국에 귀화해서 그 국적을 취득할 수 있는 자유이다. 따라서 무국적의 자유는 여기에 포함되지 아니한다. 이와 같은 국적변경의 자유는 그 사상적인 유래가 국가권력의 정당성에 관한 계약이론에서 나온다. 즉 통치권의 행사가 계약내용에 반하는 경우에는 그 통치권의 영향범위를 마음대로 벗어날 수 있어야 하기 때문에 국적변경의 자유는 국가권력의 정당성의 기초가 되는 사회계약에 당연히 포함되어 있다고 한다. 즉 통치권에 복종하는 것을 피하는 방법으로 통치권의 영향범위를 벗어나서 타국적을 취득하는 것은 사회계약에 의해서 성립·유지되고 있는 사회공동체에서는 당연한 권리로 인정되어야 한다고 한다. 이러한 사상적 유래에 의해서 오늘날에는 국적변경의 자유가 거주·이전의 자유의 당연한 내용으로 간주되고 있다. 그러나 탈세의 목적 또는 병역기피의 목적으로 국적을 변경하는 것은 거주·이전의 자유에 의해서 보호받을 수 없다.[1] 거주·이전의 자유와 같은 헌법상의 기본권이 범죄의 수단으로 악용되어서는 아니되기 때문이다.

국적포기 및 타국적취득의 자유

이념적 기초로서의 사회계약이론

범죄목적의 악용 금지

(3) 거주·이전의 자유의 제한

거주·이전의 자유는 기본권제한입법의 한계조항(제37조 제2항)의 범위 내에서만 제한할 수 있다. 예컨대 군작전상 필요에 의한 군사작전지역 내에서의 거주·이전의 제한, 국가안보상의 이유에 의한 북한지역의 여행 제한, 국제외교상의 필요에 의한 미수교국 내지 분쟁지역의 여행 및 이주 제한, 특수신분관계의 목적달성을 위한 거주·이전의 제한, 수사상 불가피한 거주·이전의 제한, 국민보건상의 필요에 의한 전염병감염지역의 여행 제한 등 거주·이전의 자유에 대한 제한은 여러 가지 원인에 의해서 생길 수 있다.[2] 그러나 그 어떤 경우에도 과잉

합리적 제한과 과잉금지원칙

---

1) 【결정례】 이중국적자가 국적선택제도를 병역의무면탈목적으로 악용하지 못하도록 병역의무 발생시부터 3월이 지나면 국적이탈을 할 수 없게 한 국적법규정(제12조와 제14조)은 국적이탈의 자유의 침해가 아니라는 결정은(헌재결 2006. 11. 30. 2005 헌마 739) 2020년 위헌결정으로 변경되었다. 즉 신고기간 내에 국적이탈신고를 하지 못한 데 대하여 사회통념상 정당한 사유가 인정되고 병역의무 이행의 공평성 확보라는 입법목적을 훼손하지 않음이 객관적으로 인정되는 경우까지 예외적으로 국적이탈을 허가하는 방안을 마련하지 않은 것은 과잉금지원칙을 어긴 국적이탈의 자유의 침해이다(잠정적용 헌법불합치결정: 헌재결 2020. 9. 24. 2016 헌마 889).
2) 【결정례】 i) 보사부령이 정하는 지역에 한하여 한약업사를 허가하도록 규정함으로써 한약업사의 영업지역을 제한하는 약사법(제37조 제2항)이 한약업사의 거주·이전의 자유를 부당하게 침해하지도 않을 뿐 아니라, 평등권과 직업선택의 자유에 대한 침해도 아니다(헌재결 1991. 9.

금지의 원칙을 존중해야 한다. 따라서 합법적인 목적달성을 위해서 적절한 수단과 방법으로 필요 불가피한 최소한의 제한에 그쳐야 한다. 거주·이전의 자유가 헌법이 보호하는 다른 법익과 갈등을 일으키는 경우에는 합리적인 이익형량과 헌법의 통일성에 입각한 규범조화적인 해석에 의해서 모두의 법익이 함께 보호될 수 있는 적절한 조화점을 모색해야 한다. 거주·이전의 자유를 제한하는 여러 법률(출입국관리법·여권법·해외이주법·국가보안법·민방위기본법·감염병의 예방 및 관리에 관한 법률·군사기지 및 군사시설 보호법·소년법·보안관찰법·국적법 등)을 해석적용하는 경우에 반드시 유념해야 할 사항이다.

규범조화적 해석의 필요성

서울의 인구집중을 막기 위해 서울 전입을 막는 입법은 그 입법내용에 따라서는 과잉금지의 원칙을 어기는, 거주·이전의 자유의 침해가 될 수도 있다. 거주·이전의 자유를 제한하지 않는 기본권우호적인 다른 방법으로 인구집중을 막아보려는 정책적 노력이 선행되어야 할 뿐 아니라, 더욱이 인구집중의 원인이 국가의 정책적인 잘못에 기인한다면 우선 그 정책적인 잘못부터 바로잡는 것이 '방법의 적합성'과 '최소침해성'의 관점에서 바람직하기 때문이다. 우리 헌법재판소는 수도권의 인구 및 경제력집중을 억제하기 위한 간접적인 방법으로 중과세제도를 채택하는 것을 합헌으로 결정했다.[1]

서울의 인구 집중억제 정책의 한계

Ⅱ. 직업의 자유

우리 헌법은 모든 국민에게 생활의 기본적인 수요를 스스로의 노력에 의해서 충족시킬 수 있도록 하기 위해 '직업의 자유'($제15조$)를 보장하고 있다. 모든

경제적 개성 신장의 필수적 전제조건

---

16. 89 헌마 231). ⅱ) 또 집합건물을 재건축할 필요가 있는 경우 재건축반대자에 대해 그들의 구분소유권 및 대지사용권을 시가에 매도할 것을 청구하는 것은 평등권과 거주이전의 자유의 본질적 침해가 아니다(헌재결 1999. 9. 16. 97 헌바 73, 98 헌바 62, 98 헌바 60(병합)). ⅲ) 거주지를 기준으로 중·고등학교의 입학을 제한하는 것은 거주·이전의 자유의 제한이라고 할 수 없고, 설혹 거주·이전의 자유를 다소 제한하더라도 헌법 제14조 및 제37조 제 2 항에 위반되지 아니한다(헌재결 1995. 2. 23. 91 헌마 204). ⅳ) 지방자치단체장의 피선거권 자격요건으로서 90일 이상 주민등록을 요구함으로써 그 체류지와 거주지의 자유로운 결정과 선택에 사실상 제약을 받는다고 하더라도 거주·이전의 자유가 침해되었다고 할 수는 없다(헌재결 1996. 6. 26. 96 헌마 200). ⅴ) 법인의 대도시 내의 부동산등기에 대하여 통상세율의 5배를 규정하고 있다 하더라도 법인은 이를 감수하기만 하면 되므로 그 때문에 법인이 대도시 내에서 향유해야 할 직업수행의 자유나 거주·이전의 자유가 침해되었다고 볼 수 없다(헌재결 1998. 2. 27. 97 헌바 79).

1) 【판시】 법인 등의 경제주체가 수도권 내의 과밀억제권역 안에서 본점이나 주된 사무소로 사용하기 위하여 취득하는 부동산에 대하여 통상취득세율의 5배로 중과세하더라도, 과밀억제권역 내에 인구유입 또는 경제력집중을 유발하는 효과가 없는 경우에는 적용하지 않는다면 기업의 거주·이전의 자유 및 직업의 자유를 침해하는 것이라고 볼 수 없다(헌재결 2000. 12. 14. 98 헌바 104, 판례집 12-2, 387(397면)). 같은 취지의 결정 헌재결 2014. 7. 24. 2012 헌바 408, 판례집 26-2 상, 88(95면); 대법원 2014. 5. 29. 선고 2014 두 1116 판결 참조.

국민에게 '일자리'를 마련해 주는 일이야말로 경제적인 개성신장을 위한 필수적인 전제조건일 뿐 아니라 사회정의를 추구하는 현대의 사회(복지)국가적 과제의 최급선무가 아닐 수 없다. '복지국가'를 지향하는 우리 헌법질서 내에서 직업의 자유가 차지하는 비중이 클 수밖에 없는 이유도 그 때문이다.

(1) 직업선택의 자유와 직업의 자유

현행헌법은 '직업의 자유'를 보장하면서 '직업선택의 자유'라는 표현을 쓰고 있다. 그러나 그것은 직업의 '선택'만을 보호하기 위한 의도적인 표현이라고 보기가 어렵다. 생활양식 내지는 생활환경의 변화 때문에 '자유권의 생활권화현상'이 두드러지고 '직업'이 갖는 생활권적 의미가 날로 더해 가는 오늘날 '직업의 자유'는 비단 '자유권'만의 문제는 아니다. 따라서 현행헌법에 보장되고 있는 이른바 '직업선택의 자유'는 그 '직업선택'이라는 표현에도 불구하고 국민에게 단순히 '직업선택'의 길만을 보장하고 있다고 볼 수는 없다. 국민의 직업생활과 관련되는 종합적이고 포괄적인 기본권으로서의 '직업의 자유'가 헌법($^{제15}_{조}$)에 명문화된 것이라고 보아야 한다. 우리 헌법재판소도 헌법 제15조가 '종합적이고 포괄적인 직업의 자유를 보장하는 것'이라고 해석하고 있다.[1]

봉건사회처럼 엄격한 신분제도와 직업의 세습제도에 의해서 국민의 직업생활이 규제되고 제한되던 시대에는 특히 제 3 신분계급에 속하는 대다수 시민계급의 입장에서 신분의 장벽을 뚫고 각자가 원하는 직업을 마음대로 '선택'할 수 있는 자유가 더 없이 소중한 것이었지만, 그 때와는 시대상황을 달리하는 오늘의 다원적 산업사회에서는 신분제도와 직업의 세습제도가 모두 타파된 이상 직업의 '선택'만이 특히 문제될 수는 없다. 직업의 '선택'뿐 아니라 국민의 경제생활과 직결되는 '직업의 행사(수행·종사)'가 생활권적 측면에서 종합적이고 포괄적으로 보장되는 것이 더욱 절실한 시대적인 요청이다. 따라서 고전적이고 전통적인 견해처럼, '직업의 자유'를 '직업선택'을 중심으로 하는 주관적 공권 내지 자유권만의 시각에서 볼 수는 없다. 입법론적으로도 현행헌법상의 '직업선택의 자유'는 '직업의 자유'로 개정되는 것이 바람직하다.

(2) 직업의 자유의 의의

'직업의 자유'는 인간의 사회적·경제적 생활의 기초가 되는 '직업' 내지 '일자리'에 관한 종합적이고 포괄적인 기본권이다. 이 경우 '직업' 내지 '일자리'는

오른쪽 여백 주석:

직업생활에 관한 포괄적 기본권

직업'선택' 강조의 역사적 유래와 직업 행사의 중요성

직업의 개념적 요소: 생활수단성·계속성·공공무해성

---

1) 예컨대 헌재결 1993. 5. 13. 92 헌마 80, 판례집 5-1, 365(374면) 참조.

사람이 살아 가는 데 필요한 정신적 또는 물질적 생활수단을 얻거나 유지하기 위해서 행하는 계속적인 활동으로서 공공에 해가 되지 않는 성질의 것이어야 한다.[1] 결국 직업은 공공에 해가 되지 않는 모든 생활수단적 소득활동을 전부 망라하는 개념이다. 따라서 전통적으로 사회 통념상 인정된 제한된 직업의 종류만이 보호를 받는 것이 아니고, 역사의 발전 내지 사회환경의 변화에 따라 등장하는 여러 가지 새로운 직업도 그것이 직업의 세 가지 개념적 요소인 i) 생활수단성, ii) 계속성, iii) 공공무해성을 충족시키는 한 헌법에 의한 보호를 받는다.

직업의 개념적 요소의 구체적 내용

이를 나누어서 살펴보면, 첫째 직업이기 위해서는 우선 그 활동이 생활수단적 성격을 가져야 한다. 그러나 모든 사람이 반드시 하나의 직업만을 가져야 하는 것은 아니다. 둘 또는 그 이상의 생활수단적 활동에 의해서 생활의 기본적 수요를 충족시키고 있는 경우 그 생활수단적 활동을 모두 직업이라고 볼 수 있다. 겸직의원 또는 대학에 정기적으로 출강하는 변호사 등이 그 대표적인 예에 속하는데, 이 경우에는 물론 주직업과 부직업의 구별은 가능할 것이다. 그러나 단순한 취미활동은 직업이 아니다. 둘째 직업이기 위해서는 그 생활수단적 소득활동이 반드시 종신적일 필요는 없지만, 그래도 어느 정도의 계속성을 가져야 한다. 그러나 계속성의 요건을 충족했는지의 여부는 각각의 구체적인 경우에 따라서 판단할 수밖에 없다. 셋째로 헌법상 보호를 받는 직업은 공공에 해가 되지 않는 공공무해성의 생활수단적 활동이어야 한다. 매춘 또는 밀수꾼 등의 활동은 그것이 아무리 생활수단적 소득활동이라 하더라도 헌법상 보호를 받는 직업일 수 없는 이유이다. 따라서 생활수단적 소득활동이 모두 헌법상의 직업은 아니다.

(3) 직업의 자유의 성격

양면성의 내용

사람이 살아가는 데 필요한 생활수단을 얻거나 유지하기 위한 직업을 갖는다는 것은 우리 헌법이 바탕으로 하고 있는 '자주적 인간'에게 있어서는 개성신장의 불가결한 전제조건이다. 따라서 개성신장에 입각한 동화적 통합을 추구하는 자유민주적 헌법질서 내에서는 '직업의 자유'는 마땅히 양면성을 갖는다. 개성신장의 수단으로서의 직업을 국민 누구나가 자유롭게 선택하고 행사할 수 있는 것은 일면 주관적 공권의 성격을 갖는 것도 사실이지만, 또 한편 국가의 사회질서와 경제질서는 국민 개개인이 선택한 직업의 행사 내지 수행에 의해서

---

1) 【결정례】 우리 헌재의 표현에 의하면 직업이란 생활의 기본적 수요를 충족시키기 위한 계속적인 소득활동을 의미하며 그 종류나 성질은 중요하지 않다고 한다. 그러나 공공에 해가 되지 않아야 한다는 점을 강조하는 것이 옳다고 할 것이다. 헌재결 1993. 5. 13. 92 헌마 80 참조.

비로소 형성되는 것이기 때문에 직업의 자유는 동시에 사회적 시장경제질서의 불가결한 요소로서 우리 헌법질서를 구성하는 일종의 객관적인 가치질서를 뜻한다.[1] 모든 국민 앞에 직장의 문이 공평하게 활짝 열려져 있고, 각자가 직업을 가지고 노력한 만큼의 대가가 굴절 없이 돌아가는, 그래서 저마다의 능력을 최고도로 발휘할 수 있도록 유도함으로써 사회발전 내지 경제발전의 에너지를 한데 모을 수 있는 것이 바로 우리 헌법이 추구하는 '민주복지국가' 및 사회적 시장경제질서의 장점인 동시에 가치지표이기 때문이다.

사회적 시장 경제질서의 불가결한 요 소에 속하는 객관적 가치 질서

(4) 직업의 자유의 주체

모든 기본권의 주체는 마땅히 직업의 자유의 주체가 된다. 따라서 자연인뿐 아니라 법인, 내국인(국민)뿐 아니라 외국인도 그들이 갖는 기본권능력의 범위 내에서, 또 배분적 정의에 입각한 평등권의 해석상 합리적이라고 판단되는 범위 내에서 헌법이 보장하는 직업의 자유를 가진다. 우리 헌법재판소도 '법인은 직업수행의 자유의 주체가 될 수 있다'고 판시했다.[2]

자연인·법 인·국민·외 국인의 주체 성

다만 직업의 자유의 주체와 관련해서 명백히 되어야 할 사항은 '직업의 자유'와 '영업의 자유'의 상호관계이다. 국내의 대다수 학자들은 이 문제를 단순히 '직업의 자유'의 내용의 문제로 다루고 있다. 즉 직업(선택)의 자유는 영업의 자유보다는 넓은 개념이기 때문에 영업의 자유는 직업수행의 자유 내지는 직업종사의 자유의 일환으로 마땅히 직업(선택)의 자유에 포함된다고 한다.[3]

직업의 자유 와 영업의 자 유의 관계

생각건대 영업의 자유가 경우에 따라서는 직업의 자유의 한 내용으로 이해될 수 있다는 점은 명백하다. 특히 자연인이 직업의 자유의 주체인 경우에는 '영업'은 '직업'의 한 형태이기 때문에 '영업의 자유'는 마땅히 '직업의 자유'의 한 내용으로 간주될 수 있다. 하지만 법인이 '직업의 자유'의 주체가 되는 경우에는 사정이 다르다. 왜냐하면 법인이 가지는 '직업의 자유'는 법인의 기능상 마땅히 '영업의 자유'를 뜻할 수밖에 없기 때문이다. 따라서 「법인도 결국은 그 실질적 기초가 자연인이므로 자연인이 향유하는 자유를 가진다」[4]고 설명하면

자연인과 법 인에 따라 구 별되는 영업 의 자유의 의 미

---

1) 【판시】 직업의 자유는 생활의 기본적 수요를 충족시키는 수단이요 개성신장의 바탕이 된다는 점에서 주관적 공권의 성격이 강하지만, 각자의 직업수행에 의해서 국가의 사회·경제질서가 형성된다는 점에서 사회적 시장경제질서라고 하는 객관적 법질서의 구성요소이기도 하다. 따라서 각 개인이 향유하는 직업의 자유는 공동체의 경제사회질서에 직접적인 영향을 미치는 것이기 때문에 공동체의 동화적 통합을 촉진시키기 위해서 필요불가피한 경우에는 헌법 제37조 제2항에 따라 제한을 가할 수 있다(헌재결 1996. 8. 29. 94 헌마 113, 판례집 8-2, 141(153면 이하)).

2) 헌재결 1996. 3. 28. 94 헌바 42, 판례집 8-1, 199(206면) 참조.

3) 예컨대 김철수, 501면; 권영성, 528면; 문홍주, 254면.

4) 김철수, 499면.

서 '영업의 자유'에 관해 자연인과 법인을 전혀 동일하게 다루는 태도는 지양되어야 한다. '영업의 자유'는 자연인의 경우에는 '직업의 자유'의 한 내용에 지나지 않지만, 법인의 경우에는 '직업의 자유' 바로 그것이다.[1]

(5) 직업의 자유의 내용

직업선택·직업교육장선택·직업행사·직장선택의 자유

'직업의 자유'는 직업에 관한 포괄적인 자유와 권리를 그 내용으로 한다. 구체적으로는 i) 원하는 직업 내지 직종을 자유롭게 선택할 수 있는 '직업선택의 자유', ii) 원하는 직업 내지 직종에 종사하는 데 필요한 전문지식을 습득하기 위한 직업교육장을 임의로 선택할 수 있는 '직업교육장선택의 자유', iii) 선택한 직업을 영위하면서 사회적·경제적 생활관계를 형성해 나가는 '직업행사의 자유', iv) 선택한 직업을 수행해 나가기 위한 직장을 임의로 선택할 수 있는 '직장선택의 자유' 등을 그 내용으로 한다.

광의의 직업선택의 자유

그런데 직업교육장을 선택하는 것은 직업교육 후의 직업선택과 불가분의 상호관계에 있기 때문에 이 두 가지를 묶어서 광의의 '직업선택의 자유'라고 부를 수 있다. 이 경우의 '직업선택의 자유'에는 어떤 직업을 시작하기 위한 '직업결정 내지 개시의 자유'뿐 아니라 한 번 선택한 직업을 계속해서 가지는 '직업계속의 자유' 및 선택한 직업을 버리고 또 다른 직업을 선택하는 '직업포기 내지 변경의 자유'가 모두 포함된다.[2]

광의의 직업행사의 자유

또 일단 선택한 직업을 수행해 나가는 방법으로 직장을 구하거나 직장을 옮기는 것과 같은 직장선택은 넓은 의미에서는 직업행사의 한 형식에 지나지 않기 때문에 '직장선택의 자유'는 광의의 '직업행사의 자유'에 포함된다고 말할 수 있다. 결국 헌법상 보장된 '직업의 자유'는 '직업선택의 자유'와 '직업행사의 자유'로 그 내용을 크게 두 가지로 대별할 수 있다고 할 것이다. '직업의 자유'를 이처럼 '직업선택의 자유'와 '직업행사의 자유'로 나누는 것은 '직업의 자유'

---

1) 그런데도 우리 헌재는 자도소주 50/100 이상 구입명령제도 위헌결정에서 자연인의 직업의 자유와 법인의 영업의 자유를 명확히 구별하지 않는 듯한 판시를 하고 있어 아쉽다.
【판시】 i) 직업의 자유는 영업의 자유와 기업의 자유를 포함하고, 이러한 영업 및 기업의 자유를 근거로 원칙적으로 누구나가 자유롭게 경쟁할 수 있다. 경쟁의 자유는 기본권의 주체가 직업의 자유를 실제로 행사하는 데서 나오는 결과이므로 당연히 직업의 자유에 의하여 보장되고, 다른 기업과의 경쟁에서 국가의 간섭이나 방해를 받지 않고 기업활동을 할 수 있는 자유를 의미한다(헌재결 1996. 12. 26. 96 헌가 18, 판례집 8-2, 680(691면)). ii) 법인의 설립은 그 자체가 간접적인 직업선택의 수단이다(헌재결 1996. 4. 25. 92 헌바 47, 판례집 8-1, 370(380면)).
2)【판시】 국민은 누구나 자유롭게 직업을 선택하고, 그 직업에 종사하며, 이를 변경할 수 있다. 이에는 직장을 선택할 자유와 전직의 자유 등이 포함된다(헌재결 1989. 11. 20. 89 헌가 102, 판례집 1, 329(336면); 헌재결 1993. 5. 13. 92 헌마 80, 판례집 5-1, 365(374면)).

에 대한 제한에 있어서 양자간에 그 한계가 각각 다르기 때문이다.

(6) 직업의 자유에 대한 제한과 그 한계

헌법상 보장된 '직업의 자유'도 신성불가침의 자유는 아니다. 직업의 자유를 제한하는 것이 공동체의 동화적 통합을 촉진시키기 위해서 필요 불가피한 경우에는 기본권제한입법의 한계조항($^{제37조}_{제2항}$)의 범위 내에서 직업의 자유를 제한할 수 있다. 즉 국가안전보장·질서유지·공공복리를 위해서 필요 불가피한 경우에만 법률로써 직업의 자유를 제한할 수 있고, 제한하는 경우에도 직업의 자유의 본질적 내용을 침해할 수 없는 것은 이미 헌법($^{제37조}_{제2항}$)이 명문으로 규정하고 있다. 그러나 이 조문의 해석과 관련해서 직업의 자유에 대한 제한이 구체적으로 어느 정도까지 가능한지의 문제에 대해서는 1993년까지 국내에 문리해석 정도의 설명밖에는 나와 있지 않았다.[1] 또 국내의 판례도 이 문제를 깊이 다루지 않고 있었다.[2] 다행히 우리 헌법재판소가 이른바 '당구장결정'[3]에서 직업의 자유제한에 관한 단계이론을 수용하는 판시를 하면서부터 학계에서도 이 문제를 주목하는 경향이 나타나고 있다.

헌법상 제한
규정의 해석
및 기능상의
한계

아무튼 모든 기본권이 다 그러하듯이 '직업의 자유'도 그것이 동화적 통합의 전제가 되는 개성신장의 불가피한 수단이기 때문에 직업의 자유에 대한 제한과 그 한계를 구체적으로 밝히는 것은 기본권을 실현한다는 뜻에서도 중요한 의미를 가진다.

1) '직업의 자유'에 대한 제한과 단계이론

'직업의 자유'는 특히 현대의 사회국가 내지 복지국가에서는 개성신장과 불가분의 상호관계에 있다. 국민 모두가 '일자리'를 가지고 각자의 직업을 통해 생활의 기본적 수요를 충족시켜 나갈 때 비로소 사회국가가 추구하는 개성신장은 가능하기 때문이다.[4] 따라서 '직업의 자유'에 대한 국가적 제약은 궁극적으

직업의 자유
에 대한 제한
과 개성신장
의 함수관계

---

1) 예컨대 문홍주, 255면; 김철수, 504면 이하; 권영성, 1993년판 469면 이하.
2) 예컨대 대법원 1960. 9. 30. 선고 4292 행상 20 판결; 대법원 1963. 8. 22. 선고 63 누 97 판결; 대법원 1963. 8. 31. 선고 63 누 101 판결; 대법원 1983. 3. 8. 선고 82 누 443 판결; 헌재결 1989. 11. 20. 89 헌가 102; 헌재결 1990. 10. 15. 89 헌마 178.
3) 【판시】 직업결정의 자유나 전직의 자유에 비하여 직업종사(직업수행)의 자유에 대하여서는 상대적으로 더욱 넓은 법률상의 규제가 가능하다고 할 것이다(헌재결 1993. 5. 13. 92 헌마 80, 판례집 5-1, 365(374면)).
4) 사회국가의 참뜻이 '베푸는 곳'에 있지 않고 '자유'와 '개성신장'의 전제조건을 마련하는 데 있다는 점에 관해서 자세한 것은 다음의 졸고를 참조할 것. Rechtsstaatliche Grenzen der Sozialstaatlichkeit? in: Der Staat, 1979, S. 183ff.; 또는 Neue Entwicklungen im öffentlichen Recht, 1979, S. 281ff.

로 그 제한이 개성신장에 어느 정도의 영향을 미치는가에 따라 스스로 그 한
계가 정해진다고 말할 수 있다. 같은 '직업의 자유'에 대한 제한이라도 '직업의

**침해의 정도
에 따른 단계
적 제한**

선택' 그 자체를 임의로 제한하는 것은 개성신장의 길을 처음부터 막는 것이기
때문에 개성신장에 대한 침해의 진지성이 크다고 보아야 하지만, '직업의 행사'
를 제한하는 것은 '직업선택'의 경우보다는 개성신장에 대한 침해의 진지성이
작다고 보아야 하기 때문에, '직업선택'에 대한 제한은 '직업행사'에 대한 제한
보다 더 엄격한 제약을 받는다고 할 것이다. 결국 국가안전보장·질서유지·공
공복리의 필요상 '직업의 자유'를 제한하는 법률제정이 불가피한 경우라도 '직
업선택의 자유'를 제한하는 것은 '직업행사의 자유'를 제한하는 것보다 더 엄격
한 전제조건이 충족된 경우에 한한다고 할 것이다. '직업의 자유'에 대한 제한
은 따라서 다음과 같이 단계적으로 행해져야 한다.

**직업의 자유
에 대한 3단
계제한 방법
(단계적 제한
이론)**

즉 국가안전보장·질서유지·공공복리의 필요상 직업의 자유에 대한 제한이
불가피하다고 판단하는 입법권자는 '과잉금지의 원칙'[1]에 따라 우선 '직업의 자
유'에 대한 침해가 제일 적은 방법으로 목적달성을 추구해 보고, 그 제한방법
만으로는 도저히 그 목적달성이 불가능한 경우에만 그 다음 단계의 제한방법을
사용하고, 그 두 번째 제한방법도 실효성이 없다고 판단되는 최후의 불가피한
경우에만 마지막 단계의 제한방법을 선택해야 한다. 이것이 바로 '직업의 자유'
의 제한에 관한 '단계이론'이다.[2]

㈎ 제1단계: '직업행사(수행)의 자유'의 제한

**개성신장의
침해가 제일
적은 제한방
법**

'직업의 자유'에 대한 제한이 불가피한 상황이 생기면 입법권자는 우선
개성신장에 대한 침해의 진지성이 제일 작은 '직업행사의 자유'를 제한하는
방법으로 목적달성을 모색해 보아야 한다. 그러나 '직업행사의 자유'를 제한하
는 경우에도 반드시 지켜야 되는 일정한 한계가 있다. 즉 국가안전보장·질서

**필요성·적합
성·최소성의
요건**

유지·공공복리의 관점에서 합리적이고 합목적적이라고 판단되는 필요 불가피
한 최소한의 범위 내에서만 직업행사를 제한할 수 있다. 따라서 '직업행사의
자유'에 대한 제한의 요건 및 한계는 '필요성'·'적합성'·'최소성'이라고 할 것이
다. '필요성'이란 국가안전보장 등을 위해서 그 제한이 필요 불가피할 뿐 아

---

1) 이 점에 대해서 자세한 것은 졸저, 전게서, 방주 431 참조할 것.
2) 단계이론은 독일에서 연방헌법재판소의 판례를 통해서 정립된 이론인데 오늘날에 와서는 학설·
   판례가 모두 이 이론을 수용하고 있다. 단계이론을 확립한 최초의 주요판례는 이른바 '약국판
   결'(Apotheken-Urteil)이다. Vgl. BVerfGE 7, 377(400ff.). 단계이론에 관해서 자세한 것은 다음
   문헌을 참조할 것. *H. H. Rupp*, Das Grundrecht der Berufsfreiheit in der Rechtsprechung
   des BVerfG, AöR 92(1967), S. 212ff. 우리 헌재도 당구장결정에서 이 단계 이론을 수용하는
   판시를 하고 있다는 점은 이미 앞에서 말한 바와 같다(헌재결 1993. 5. 13. 92 헌마 80).

니라 목적달성을 위한 다른 방법이 없는 것을 말한다. '적합성'이란 채택된 제한의 방법으로 국가안전보장 등의 목적달성이 현실적으로 가능할 것을 말한다. '최소성'이란 보다 적은 제한방법으로는 국가안전보장 등의 목적달성이 불가능할 정도로 필요한 최소한의 제한일 것을 말한다. 이같은 세 가지 요건을 충족시키는 경우에는 '직업행사의 자유'에 대한 제한이라 할지라도 이를 합헌적인 것으로 보아야 한다. 공정거래법에 의해 백화점에서 실시하는 바겐세일의 연중 횟수와 기간 등을 제한하는 영업행위의 규제조치, 택시의 합승행위금지, 택시의 격일제영업제도, 유흥업소 및 식당의 영업시간의 제한, LPG충전소의 장소적 제약, 보석감정업자가 밀수품의 감정행위를 하지 못하도록 제한하는 것[1] 등은 모두가 '직업행사의 자유'에 대한 제한이기 때문에 앞에서 말한 '필요성'·'적합성'·'최소성'의 요건을 충족했는지에 따라 그 위헌 여부가 정해질 것이다.[2] 그런 기준에 비추어 볼 때 법관, 검사, 장기복무군법무관 및 그 밖의

1) 【판시】 감정행위는 보석감정업이라는 직업을 수행하는 활동임이 명백하며, 밀수품의 감정행위를 금지하는 것은 보석감정업자로서 감정할 수 있는 직업수행의 자유를 일부 제한하고 있다고는 할 것이나 좁은 의미의 직업선택의 자유를 제한하고 있다고는 볼 수 없다(헌재결 1998. 3. 26. 97 헌마 194, 판례집 10-1, 302(314면 이하)).
【결정례】 i) 일반음식점영업소를 금연구역으로 지정하여 운영하도록 한 국민건강증진법규정(제9 조 제 4 항 전문 제24호) 및 동시행규칙(제 6 조 제 1 항 제 3 호) 관련부분은 법률유보원칙을 위반하거나 위임입법의 한계를 벗어난 것도 아니어서 직업수행의 자유를 침해하지 않는다(헌재결 2016. 6. 30. 2015 헌마 813, 판례집 28-1 하, 662(670면)). ii) 법학전문대학원을 마치고 변호사자격을 취득한 변호사는 6개월 이상 법률사무종사기관에서 법률사무에 종사하거나 대한변호사협회에서 연수를 마치지 않으면 단독으로 변호사사무소를 개설하거나 법무법인 및 법무조합 등의 구성원이 될 수 없으며 사건을 단독 또는 공동으로 수임하지도 못하도록 제한한 변호사법 규정(제21조의 2 및 제31조의 2)은 직업행사의 자유에 대한 침해가 아니다(헌재결 2014. 9. 25. 2013 헌마 424).
2) 【합헌결정례】 i) 영화법(제26조)에서 국산영화의무상영제를 규정하는 것은 합헌이다(헌재결 1995. 7. 21. 94 헌마 125). ii) 노래연습장에 18세 미만자의 출입을 금지하거나 그 영업시간을 제한하는 것은 위헌이 아니다(헌재결 1996. 2. 29. 94 헌마 13 및 94 헌마 213). iii) 또 물리치료사와 임상병리사에게 독자적인 직업행사를 금지하는 것도 위헌이 아니다(헌재결 1996. 4. 25. 94 헌마 119, 95 헌마 121(병합)). iv) 엔지니어링활동문호를 개방함으로써 기술사가 받게 되는 반사적 불이익은 기술사의 직업수행을 제한하는 것은 아니다(헌재결 1997. 3. 27. 93헌마 159). v) 자동차매매업자 등의 자동차등록신청대행으로 행정사가 받는 업무영역 잠식은 직업행사의 과잉제한이 아니다(헌재결 1997. 10. 30. 96 헌마 109). vi) 피라미드 판매조직을 규제하는 것은 직업의 자유의 침해가 아니다(헌재결 1997. 11. 27. 96 헌바 12). vii) 약사의 기존한약조제권을 제한하는 것은 직업의 자유에 대한 본질적 침해가 아니다(헌재결 1997. 11. 27. 97 헌바 10). viii) 터키탕 안에 이성의 입욕보조자를 두지 못하게 제한하는 것은 직업의 자유의 침해가 아니다(헌재결 1998. 2. 27. 97 헌마 64). ix) 택시운송수입금 전액관리제의 도입은 기업의 자유에 대한 침해가 아니다(헌재결 1998. 10. 29. 97 헌마 345). x) 먹는 샘물제조업자에 판매가액의 20/100의 수질개선부담금을 부과하는 것은 과도한 기업활동의 제한이 아니다(헌재결 1998. 12. 24. 98 헌가 1). xi) 탁주의 공급구역제한제도는 과도한 직업행사의 자유와 평등권의 침해가 아니다(헌재결 1999. 7. 22. 98 헌가 5). xii) 학교환경정화구역안 학교경계선

공무원직에 재직한 변호사는 퇴직 전 1년부터 퇴직한 때까지 근무한 법원, 검

으로부터 200미터 이내에서 노래연습장 영업을 금지하는 것은 직업행사의 자유의 과도한 제한
이 아니다(헌재결 1999. 7. 22. 98 헌마 480·486). xiii) 미성년자의 단란주점 출입제한과 주류
제공금지는 직업행사의 자유의 과잉제한이 아니다(헌재결 1999. 9. 16. 96 헌마 39). xiv) 식품·
식품첨가물이 마치 특정질병의 치료·예방을 직접적이고 주된 목적으로 하는 것인 양 표시·광
고하여 소비자로 하여금 의약품으로 혼동·오인하게 하는 표시·광고만을 금지하는 것은 직업
행사의 자유와 표현의 자유의 과잉제한이 아니다(헌재결 2000. 3. 30. 97 헌마 108). xv) 무도
장 영업행위를 오전 0시부터 오후 5시까지는 할 수 없도록 제한하는 것은 직업행사의 자유에
대한 과잉제한이 아니다(헌재결 2000. 7. 20. 99 헌마 455). xvi) 법인 등의 경제주체가 수도권
내의 과밀억제권역 안에서 본점이나 주된 사무소로 사용하기 위하여 취득하는 부동산에 대하
여 중과세하는 것은 기업 등의 거주·이전의 자유 및 직업의 자유(기업의 자유, 영업의 자유)
를 침해하는 것이라 볼 수 없다(헌재결 2000. 12. 14. 98 헌바 104). xvii) 백화점 등의 셔틀버
스운행을 금지하는 것은 직업행사의 자유의 정당한 제한이고, 평등의 원칙과 신뢰보호의 원칙
에 위배되지 않는다(헌재결 2001. 6. 28. 2001 헌마 132). xviii) 명의대여행위를 한 건설업자의
건설업등록을 필요적으로 말소하도록 한 것은 비례의 원칙을 존중한 것으로서 직업수행의 자
유 및 재산권을 침해한 것이 아니다(헌재결 2001. 3. 21. 2000 헌바 27). xix) 수도권지역에서
공장총량제를 정해 총허용량의 범위 내에서만 공장신설 등을 할 수 있게 제한한 것은 직업수
행의 자유나 재산권의 침해가 아니다(헌재결 2001. 11. 29. 2000 헌바 78). xx) 우리 헌재는 일
반주거지역·준주거지역·준공업지역 안에서는 단란주점영업을 하기 위한 건축을 못하게 하는
것은 재산권의 적법한 사회적 제약이며 직업수행의 자유의 과잉제한이 아니라고 판시했다. 그
러나 그것은 객관적 사유에 의한 직업선택의 자유의 제한의 관점에서도 판단했어야 한다고 생
각한다(헌재결 2002. 8. 29. 2000 헌마 556). xxi) 의료요양기관의 강제지정제는 불가피한 직업
행사의 자유의 제한으로서 최소침해의 원칙에 위배되지 않는다(헌재결 2002. 10. 31. 97 헌바
76 등). xxii) 약국에게 병원과 약국 사이의 셔틀버스운행을 금지하는 것은 정당한 직업수행의
자유의 제한이고 학교서틀버스 등과의 합리적 차별이다(헌재결 2002. 11. 28. 2001 헌마 596).
xxiii) 비영업용 차량 외부에 광고물을 부착하는 신종 광고대행업을 제한하는 것은 직업행사의
자유의 침해가 아니다(헌재결 2002. 12. 18. 2000 헌마 764). xxiv) 법무사의 보수기준제는 직
업행사의 자유의 과잉제한이 아니다. 그리고 보수기준제가 없는 변호사와의 차별은 합리적인
이유가 인정되므로 평등원칙에 위배되지 않는다(헌재결 2003. 6. 26. 2002 헌바 3). xxv) 의료
기관의 조제실에서의 외래환자에 대한 원외처방전 조제금지는 비례의 원칙에 위배되지 않으
므로 의료기관의 직업행사의 자유를 침해하지 않는다(헌재결 2003. 10. 30. 2000 헌마 563).
xxvi) 의료기관 내에서의 약국개설을 금지하면서 기존약국은 유예기간 1년 후에 폐쇄하게 한 것
은 직업행사의 자유의 침해가 아니다(헌재결 2003. 10. 30. 2001 헌마 700 등). xxvii) 초등학교
환경위생정화구역 안에서 여관영업을 금지하는 것은 직업수행의 자유와 재산권의 침해가 아니다
(헌재결 2004. 10. 28. 2002 헌바 41). 이 판시는 중·고등학교 및 대학의 해당구역에서도 그대로
타당하다(헌재결 2006. 3. 30. 2005 헌바 110). xxviii) 노래연습장 안에서의 주류의 판매·제공·보
관행위와 주류반입 묵인행위의 금지는 직업의 자유와 평등권 침해가 아니다(헌재결 2006. 11. 30.
2004 헌마 431). xxix) 24시간 찜질방 영업자는 심야시간대에 보호자 동행 없는 청소년 출입을
제한하도록 하고 위반시에는 행정처분과 형사처벌을 받을 수 있게 정한 보건복지부령은 직업수
행의 자유의 침해가 아니며 법률유보원칙과 죄형법정주의에 반하지 않는다(헌재결 2008. 1. 17.
2005 헌마 1215). xxx) 학원의 야간교습시간을 05시부터 22시까지로 제한하는 자치조례는 직업
수행의 자유, 인격의 자유로운 발현권 및 자녀교육권의 침해가 아니다(헌재결 2009. 10. 29. 2008
헌마 635). xxxi) 학교경계선으로부터 200m 이내의 학교환경정화구역 내에서의 'PC방 시설 및
영업'을 제한하더라도 직업수행의 자유와 재산권의 침해가 아니다(헌재결 2008. 4. 24. 2006 헌바
60 등; 헌재결 2010. 11. 25. 2009 헌바 105). xxxii) 16세 미만 청소년에게 오전 0시부터 6시까지
PC를 통한 인터넷게임의 제공을 금지하는 '강제적 셧다운제'를 정한 청소년 보호법 규정은 헌법
이 명한 청소년보호의무의 일환으로 마련된 제도이므로 해당 청소년의 일반적 행동자유권, 부모

찰청, 군사법원, 금융위원회, 공정거래위원회, 경찰관서 등 국가기관이 처리하

___

의 자녀교육권, 인터넷 게임 제공자의 직업수행의 자유 및 평등권의 침해가 아니다(헌재결 2014. 4. 24. 2011 헌마 659 등, 판례집 26-1 하, 176(196면)). xxxiii) 각 중앙관서의 장이 경쟁의 공정한 집행 또는 계약의 적정한 이행을 해칠 염려가 있는 자 등에 대하여 2년 이내의 범위에서 대통령령이 정하는 바에 따라 국가를 당사자로 하는 계약의 입찰참가자격을 제한하도록 정한 국가를 당사자로 하는 계약에 관한 법률 규정(제27조 제 1 항)은 제재처분의 주체, 사유, 기간, 방법 등 본질적인 사항을 법률에서 직접 규정하고 있어 법률유보원칙과 포괄위임입법금지원칙에 위배되지 아니하고 직업수행의 자유도 침해하지 않는다(헌재결 2016. 6. 30. 2015 헌바 125 등, 판례집 28-1 하, 589(603면)). xxxiv) 근로자 파견의 대상 업무에서 제조업의 직접생산공정업무를 원칙적으로 제외하면서 이를 위반할 경우 처벌하는 파견근로자보호법 관련규정은 사용업주의 직업수행의 자유의 침해가 아니다(헌재결 2017. 12. 28. 2016 헌바 346).

【위헌결정례】 i) 주류판매업자에 대한 자기 도(道) 생산소주의 50% 이상 구입명령제도는 위헌이다(헌재결 1996. 12. 26. 96 헌가 18). ii) 대학교와 유치원정화구역 내의 당구장영업금지는 위헌이다(헌재결 1997. 3. 27. 94 헌마 196 · 225, 97 헌마 83(병합)). iii) 행정사에 대한 포괄적 겸직금지규정은 최소침해의 원칙을 어긴 위헌이다(헌재결 1997. 4. 24. 95 헌마 90). iv) 식품에 '음주전후', '숙취해소'라는 표시 자체를 일체 금지하는 것은 과잉금지원칙에 위배되는 기본권(직업행사의 자유·광고표현의 자유·특허권)의 침해이다(헌재결 2000. 3. 30. 99 헌마 143). v) 여객운송사업자가 지입제 경영을 한 경우에 그 사업면허를 필요적으로 취소하도록 한 것은 피해최소성과 법익균형성의 원칙을 어긴 영업의 자유의 침해이다(헌재결 2000. 6. 1. 99 헌가 11 · 12(병합)). vi) 구성원 모두가 약사인 법인에게까지 약국의 개설·운영을 금지하는 것은 개개의 약사들이 법인을 설립하는 방법으로 그들의 직업을 수행할 자유를 과도하게 침해하는 것이고 결사의 자유도 침해한다(헌재결 2002. 9. 19. 2000 헌바 84). vii) 지적기술자의 자격취득자가 비영리법인을 설립해야만 초벌측량의 용역대행을 할 수 있게 하는 것은 수단의 적합성·피해의 최소성·법익의 균형성을 어긴 직업선택의 자유의 침해이다(헌재결 2002. 5. 30. 2000 헌마 81). viii) 학교정화구역 내의 극장영업금지는 직업수행의 자유의 최소침해가 아니고, 표현 및 예술의 자유도 침해한다(헌재결 2004. 5. 27. 2003 헌가 1 등). ix) 의료광고를 금지하면서 위반하면 벌금에 처하는 의료법규정은 최소침해성과 법익균형성을 어긴 직업수행의 자유와 표현의 자유의 침해이다(헌재결 2005. 10. 27. 2003 헌가 3). x) 자동차운전면허 소지자가 자동차를 이용하여 범죄행위를 하면 범죄의 경중·고의 유무를 구별하지 않고 필요적 운전면허취소사유로 정한 것은 명확성의 원칙에 위배되고 최소침해성과 법익균형성을 어긴 직업의 자유 내지 일반적 행동자유권의 침해이다(헌재결 2005. 11. 24. 2004 헌가 28). xi) 양방과 한방의 복수면허를 가진 의사가 하나의 면허에 따른 의료기관만을 개설할 수 있게 하는 의료법규정(제33조 제 2 항)은 직업의 자유와 평등권의 침해이다(헌재결 2007. 12. 27. 2004 헌마 1021). xii) 미신고 수입물품을 감정한 자로부터 그 물품을 필요적으로 몰수·추징하게 한 조항 중 몰수부분과 달리 추징부분은 과잉금지원칙에 위배되는 직업수행의 자유의 침해이다(헌재결 2008. 10. 30. 2008 헌바 11). xiii) 한국방송광고공사와 이 공사가 출자한 회사만이 지상파 방송광고판매대행을 할 수 있게 하는 방송법규는 순수 민영 방송광고판매대행사의 직업수행의 자유와 평등권의 침해이다(헌재결 2008. 11. 27. 2006 헌마 352). xiv) 농협·축협 조합장이 금고 이상의 형을 선고 받으면 범죄유형, 죄질, 고의·과실범 등을 따지지 않고 형이 확정될 때까지 이사가 그 직무를 대행하게 하는 법규정은 최소침해성과 법익균형성을 어긴 직업수행의 자유의 침해이다. 나아가 수협 조합장, 신협 이사장, 중소기업협동조합 이사장 등에 비해 차별대우를 하는 것이어서 평등권도 침해한다(헌재결 2013. 8. 29. 2010 헌마 562 등, 판례집 25-2 상, 477(493면)). xv) 건설업 법인의 임원이 건설업과 관련 없는 죄로 형을 선고받은 경우까지도 법인이 건설업을 영위할 수 없도록 하는 것은 수단의 적합성, 침해최소성, 법익균형성 원칙에 위배되어 직업수행의 자유를 침해한다(헌재결 2014. 4. 24. 2013 헌바 25). 이 결정은 종전의 합헌결정 헌재결 2010. 4. 29. 2008 헌가 8을 변경한 새 판례이다. xvi) 학원의 임원이 학원법을 위반하여 벌금형을 선고받으면 일률적으로 학원법인의 등록을 실효시키는 학원법규정은 최소침해

는 사건을 퇴직한 날부터 1년 동안 수임할 수 없도록 하면서 국선변호 등 공익목적의 수임과 사건당사자가 친족(민법 제767조 적용)인 경우의 수임만 예외로 하는 변호사법 규정(제31조 제3항~제5항)은 직업행사의 자유의 침해는 아니다. 직업행사(수행)의 자유에 대한 제한은 다음에서 말하는 제2단계 내지 제3단계에 속하는, '직업선

성과 법익균형성을 어긴 법인의 직업수행의 자유의 침해이다(헌재결 2015. 5. 28. 2012 헌마 653, 판례집 27-1 하, 301(311면)). xvii) 전문과목을 표시한 치과의원은 표시한 전문과목에 해당하는 환자만을 진료하게 한 의료법규정(제77조 제3항)은 목적달성을 위한 수단의 적절성, 침해최소성, 법익의 균형성요건을 갖추지 못한 직업수행의 자유의 침해이다. 또 의사전문의와 한의사전문의와 달리 치과전문의의 경우에만 진료과목의 표시를 이유로 진료범위를 제한하는 것은 합리적 근거가 없는 평등권 침해이다(헌재결 2015. 5. 28. 2013 헌마 799, 판례집 27-1 하, 361(376면)). xviii) 세무사 자격을 가진 변호사에 대하여 법률사무로서의 세무대리 외에 세무관청과 관련된 실무적 업무에 관하여는 세무대리를 허용하지 않는 세무사법 관련규정은 직업선택의 자유를 침해한다(헌재결 2018. 4. 26. 2015 헌가 19, 판례집 30-1 상, 530(540면))(헌법불합치결정 2019. 12. 31. 시한 잠정적용). 그러나 헌재는 개정된 변호사법 시행일(2018. 1. 1.) 이후 변호사의 자격을 취득한 변호사에게는 기존의 변호사와는 달리 더 이상 세무사 자격을 부여하지 않는 구 세무사법 제3조에 대해서는 2021년 직업선택의 자유를 침해하지 않는다고 5:4 합헌결정을 했다. 그런데 2017년 12월 26일 법을 개정하고 2018년 1월 1일부터 시행하게 하면서 세무사자격시험의 일부 면제나 유예기간조항도 두지 않은 부칙조항은 시행일 이전에 사법시험에 합격한 사람 또는 법전원 입합전형에서 입학자로 선발된 사람들을 전혀 배려하지 않은 것으로 신뢰보호의 원칙에 반하여 직업선택의 자유를 침해한다는 헌법불합치의견이 5인이었다(헌재결 2021. 7. 15. 2018 헌마 279 등 병합). 부칙조항에 대한 헌법불합치의견이 법리적으로 보다 설득력이 있다고 생각한다. xix) 아동학대관련 범죄로 형이 확정된 후 형의 집행종료 또는 집행면제된 후 10년 동안 체육시설 및 초·중등교육법 제2조 각 호의 학교를 운영하거나 이에 취업 또는 사실상 노무를 제공할 수 없도록 한 아동복지법 관련 규정은 죄질, 재범위험성, 10년 내 재범위험성 해소 가능성 여부, 범행의 정도 등을 고려하지 않고 일률적으로 취업제한을 하고 있어 침해최소성과 법익균형성을 어긴 직업선택의 자유의 침해이다(헌재결 2018. 6. 28. 2017 헌마 130 등). xx) 아동학대 관련 범죄로 벌금형이 확정된 날로부터 10년이 지나지 아니한 사람은 어린이 집을 설치·운영하거나 어린이 집에 근무할 수 없도록 정한 영유아보육법규정(제16조 제8호 후단, 제20조 제1호, 제48조 제2항 제2호)은 앞 xix)와 같은 이유로 직업선택의 자유의 침해이다(헌재결 2022. 9. 29. 2019 헌마 813). xxi) 수형자의 재심청구를 위한 소송대리인인 변호사가 소 제기 전 단계에서 수형자와 접견하려면 소송 계속 중인 사실을 소명하는 자료의 제출을 요구함으로써 수형자와의 변호인 접견을 제한하고 접견 시간과 접견 환경이 불리한 일반접견만을 허용하는 형의 집행 및 수용자의 처우에 관한 법률 시행규칙(제29조의 2 제1항 제2호 중 '수형자 접견'에 관한 부분)은 '집사'변호사의 접견권 남용행위를 방지하기 위한 실효적인 수단도 아닐 뿐 아니라 수형자의 재판청구권 제한 효과까지 고려할 때 수단의 적합성과 침해 최소성 및 법익 균형성에 위배되어 변호사의 직업수행의 자유를 침해한다(헌재결 2021. 10. 28. 2018 헌마 60). [평석] 헌재는 이 결정에서 단순히 변호사의 직업수행의 자유뿐 아니라 수형자의 재판청구권 제한 가능성까지 고려해서 일반적인 직업수행의 자유의 제한 경우보다 엄격하게 심사해야 한다고 판시했다. 그러나 변호사의 직업수행의 자유의 제한은 주로 헌법이 보장하는 변호인의 도움을 받을 권리와의 관계에서 발생하는 것이 일반적이어서 이 사건의 특수한 문제만은 아니다. 그런데도 특별히 엄격한 심사를 해야 한다고 전제하면서 논증에서는 어떤 부분이 엄격한 심사의 결과인지를 밝히지 않아 헌재가 말하는 엄격한 심사의 실체가 무엇인지 분명하지 않다. 헌재는 평등권 심사에서 미국 연방 대법원의 판시경향을 모방해서 엄격심사를 도입한 이후 재산권 심사에서도 불필요하게 엄격심사를 언급하더니 이제 직업의 자유의 심사에서까지 실체가 불분명한 엄격심사를 말하고 있지만 전혀 의미가 없다고 생각한다. 이 사건에서 수형자의 재판청구권과의 연관성을 고려한

택의 자유'에 대한 제한보다는 그 허용의 폭이 크다고 볼 수 있다.[1)]

다면 엄격심사가 아니라도 당연히 같은 결론에 이를 수밖에 없기 때문이다. ii) 대한변호사협회의 '유권해석에 위반되는 광고'를 금지하는 협회규정(제 4 조 제14호중)은 예측가능성이 현저히 떨어지고 법집행기관의 자의적인 해석을 배제할 수 없는 등 수권 법률의 위임 범위 내에서 명확하게 규율 범위를 정하고 있다고 보기 어려워 법률유보원칙에 위배되어 표현의 자유와 직업의 자유를 침해한다. 또 변호사 등을 광고·홍보·소개하는 '대가수수광고'를 금지하는 협회규정(제 5 조 제 2 항 제 1 호중)도 변호사들이 광고업자에게 유상으로 광고를 의뢰하는 것을 사실상 금지해서 침해최소성과 법익균형성에 어긋나 표현의 자유와 직업의 자유를 침해한다(헌재결 2022. 5. 26. 2021 헌마 619).

1) 【합헌판시】 i) 일반적으로 직업선택의 자유를 제한함에 있어, 어떤 직업의 수행을 위한 전제요건으로서 일정한 주관적 요건을 갖춘 자에게만 그 직업에 종사할 수 있도록 제한하는 경우에는, 이러한 주관적 요건을 갖추도록 요구하는 것이, 누구에게나 제한 없이 그 직업에 종사하도록 방임함으로써 발생할 우려가 있는 공공의 손실과 위험을 방지하기 위한 적절한 수단이고, 그 직업을 희망하는 모든 사람에게 동일하게 적용되어야 하며, 주관적 요건 그 자체가 그 제한 목적과 합리적인 관계가 있어야 한다는 비례의 원칙이 적용되어야 할 것이다(헌재결 1995. 6. 29. 90 헌바 43, 판례집 7-1, 854(868면)). ii) 형의 집행유예를 받고 그 기간이 종료한 후 1년이 경과하기 전에는 세무사자격시험에 응시할 수 없도록 규정한 것은 직업선택의 자유의 침해가 아니다(헌재결 2002. 8. 29. 2002 헌마 160, 판례집 14-2, 252(258면)). iii) 주택관리사·기술자들을 확보하지 않은 채 이들을 채용한 것처럼 허위등록한 주택관리업자의 등록을 필요적으로 말소하게 한 법규정은 직업선택의 자유의 과잉제한이 아니다(헌재결 2003. 6. 26. 2001 헌바 31, 판례집 15-1, 691(701면)). iv) 시력이 두 눈 각각 0.5 이상이 되지 않는 자는 제 1 종 운전면허를 취득하지 못하게 하는 것은 직업선택의 자유와 직업수행의 자유의 침해가 아니다. 일반적 행동자유권의 침해도 아니다(헌재결 2003. 6. 26. 2002 헌마 677). v) 등록한 운전학원이 아니면 유상운전교육업과 운전시설제공업을 못하게 하는 것은 직업선택의 자유의 침해가 아니다(헌재결 2003. 9. 25. 2001 헌마 447 등). vi) 대학졸업 이상의 학력소지자만 학원강사가 될 수 있게 하는 학원강사자격제는 직업선택의 자유의 침해가 아니다(헌재결 2003. 9. 25. 2002 헌마 519). vii) 평생교육법에서 학력인정시설의 설치자를 변경하려면 새로운 설치자가 그 교사 및 교지의 소유권자이어야 한다는 소유요건규정을 경과규정 없이 신설해도 직업선택의 자유와 신뢰보호원칙의 침해가 아니다(헌재결 2004. 8. 26. 2003 헌마 337). viii) 의료인 아닌 자가 개인적으로 의료기관을 개설하거나 영리법인이 직접 의료기관을 개설하지 못하게 제한하는 것은 직업선택의 자유의 침해가 아니다(헌재결 2005. 3. 31. 2001 헌바 87, 판례집 17-1, 321(334면)). ix) 금고 이상의 형을 선고받고 그 집행이 종료되거나 그 집행을 받지 아니하기로 확정한 후 5년을 경과하지 아니한 경우를 변호사의 결격사유로 규정한 것은 직업선택의 자유와 평등권의 침해가 아니다(헌재결 2006. 4. 27. 2005 헌마 997, 판례집 18-1상, 586(599면)). x) 주취중 운전금지 규정 3회 위반자에 대한 필요적 운전면허 취소는 직업(선택 및 수행)의 자유와 일반적 행동의 자유의 침해가 아니다(헌재결 2006. 5. 25. 2005 헌바 91). xi) 사법시험법을 폐지하는 변호사시험법 부칙조항은 직업선택의 자유의 침해가 아니다(헌재결 2017. 12. 28. 2016 헌마 1152).

【합헌결정례】 i) 주취운전으로 사람을 사상하고 구호 및 신고의무를 어겨 벌금 이상의 형을 받고 운전면허가 취소된 사람에게 적용되는 5년의 운전면허결격기간 규정은 직업수행과 직업선택의 자유에 대한 제한효과를 함께 갖지만 비례의 원칙에 위배되지 않는다(헌재결 2005. 4. 28. 2004 헌바 65). ii) 금고 이상의 형을 받고 그 집행이 종료·면제되지 않은 자를 농수산물 중도매인의 업무에서 배제하는 것은 직업선택의 자유의 침해가 아니다(헌재결 2005. 5. 26. 2002 헌바 67). iii) 파산선고를 사립학교 교원의 당연퇴직사유로 정하는 것은 직업선택의 자유의 침해가 아니다(헌재결 2008. 11. 27. 2005 헌가 21). iv) 금고 이상의 형의 집행유예를 사립학교 교원의 당연퇴직사유로 규정하는 사립학교법조항(제57조)은 직업선택의 자유의 침해가 아니다(헌재결 2010. 10. 28. 2009 헌마 442). v) 금고 이상의 형의 집행유예를 선고받고 그 유

(나) 제 2 단계: 주관적 사유에 의한 '직업선택의 자유'의 제한

직업이 요구
하는 일정한
자격에 의한
제한

'직업의 자유'에 대한 제 2 단계제한은 일정한 주관적 사유를 이유로 해서 '직업선택의 자유'를 제한하는 것이다. 즉 '직업선택의 자유'를 그 직업이 요구하는 일정한 자격과 결부시켜서 제한하는 경우이다. 다시 말해서 직업의 성질상 그 직업수행이 일정한 전문성·기술성 등을 요하는 경우 그 직업의 정상적인 수행을 보장하기 위해서 직업선택을 일정한 교육과정이수 또는 시험합격 등과 같이 기본권 주체 스스로가 충족시킬 수 있는 일정한 주관적 사유 내지 전제조건과 결부시켜서 제한하는 경우이다. 예컨대 변호사시험에 합격하지 않고는 법조인직업을 선택할 수 없게 한다든지, 의료인직업을 선택하는 사람에게 소정의 국가고사합격을 요구하는 것이라든지, 1종면허의 소지자가 아니면 영업용 택시운전기사직업을 선택할 수 없는 것 등이 그것이다. 직업교육장을 의미하는 대학의 선택이 학력고사성적에 의해서 제한을 받던 것도 일종의 주관적 사유(전제조건)에 의한 '직업선택의 자유'의 제한이다.

기본권주체의
노력으로 극
복될 수 있는
사유에 의한
제한

주관적 사유(전제조건)에 의한 '직업선택의 자유'의 제한에서 특징적인 것은 '직업선택의 자유'를 제한하는 사유가 되는 그 전제조건 자체를 기본권주체 스스로가 충족시킬 수 있고, 기본권주체는 스스로의 노력에 의해서 그 전제조건을 충족시키면 그 제한에서 벗어날 수 있다는 점이다. 바로 이 점이 기본권주체와는 무관한 어떤 객관적 사유(전제조건) 때문에 '직업선택의 자유'를 제한하는 제 3 단계와 다르다. 따라서 기본권주체 스스로의 노력만으론 충족될 수 없는 어떤 객관적 사유(전제조건)가 '직업선택의 자유'를 제한하는 데 함께 작용한다면 그것은 이미 직업의 자유에 대한 제 2 단계의 제한만은 아니다. 그러므로 제 2 단계보다는 더욱 엄격한 요건을 충족시키는 경우에만 허용된다 할 것이다.

제한목적과
제한방법 사
이의 합리적
비례관계요건

주관적 사유(전제조건)에 의한 '직업선택의 자유'의 제한에도 반드시 일정한 한계가 있다. 즉 국가안전보장 등을 달성하려는 공공의 목적과 '직업선택의 자유'를 제한하는 방법 사이에 합리적인 비례관계가 유지되는 범위 내에서만 직업의 자유에 대한 제한이 정당화된다고 할 것이다.[1] 따라서 예컨대 미용사직업

예기간이 지난 후 2년이 지나지 아니한 사람은 변호사시험에 응시할 수 없도록 규정한 변호사시험법규정은 직업선택의 자유와 평등권의 침해가 아니다. 또 법학전문대학원 석사학위 취득후 5년 이내로 변호사시험 응시기간을 제한하고 병역의무이행기간만을 위 응시기간에 포함하지 않는다고 규정한 변호사시험법 규정도 직업선택의 자유와 평등권의 침해가 아니다(헌재결 2013. 9. 26. 2012 헌마 365).

1) 【위헌결정례】 i) 자동차운전학원에서 운전면허를 취득한 졸업생 중에서 대통령령이 정하는 비율을 초과하는 교통사고를 일으키면 해당 학원에 대해 운영정지·등록취소를 할 수 있도록 한 도로교통법(제71조의 15 제 2 항 제 8 호) 규정은 명확성의 원칙과 포괄위임입법금지원칙에 위

을 원하는 사람에게 미용사자격시험에 합격할 것을 요구하는 것은 좋지만, 미

배되며 직업의 자유의 침해이다(헌재결 2005. 7. 21. 2004 헌가 30). ii) 운전면허를 받은사람이 자동차등을 이용하여 살인 또는 강간 등 국민의 생명과 재산에 큰 위협을 초래할 수 있는 범죄를 저지르면 그 구체적 사안의 개별성과 특수성을 고려할 수 있는 여지없이 그 위법의 정도나 비난의 정도가 극히 미약한 경우를 포함하여 모든 경우에 필요적으로 운전면허를 취소하도록 정한 구 도로교통법규정(제93조 제 1 항 제11호)은 침해의 최소성과 법익의 균형성을 어긴 것이어서 운전을 생업으로 하는 자의 직업의 자유를 침해하고, 운전을 생업으로 하지 않는 자의 일반적 행동의 자유를 침해한다(헌재결 2015. 5. 28. 2013 헌가 6, 판례집 27-1 하, 176(188 면)). iii) 수상조종면허를 받은 사람이 동력수상레저기구를 이용하여 범죄행위를 하면 그 범죄행위의 유형, 경중, 위법성의 정도, 전과유무, 범행의 동기 등 여러 사정을 전혀 고려하지 않고 필요적으로 조종면허를 취소하도록 정한 구수상안전레저법 규정(제13조 제 1 항 제 3 호)은 침해최소성과 법익균형성을 어겨 수상조종을 생업으로 하는 사람의 직업의 자유를 그리고 그것을 취미로 하는 사람의 일반적 행동의 자유를 침해한다(헌재결 2015. 7. 30. 2014 헌가 13, 판례집 27-2 상, 45(51면)). iv) 마약류 관련법을 위반하여 금고이상의 형을 받기만 하면 범죄유형이나 죄질, 재범률이나 중독위험성 여부, 사안의 개별성과 특수성 등에 대한 고려없이 위법의 정도와 비난의 정도가 미약한 경우까지 일률적으로 20년간 택시운송사업의 운전업무에 종사할 수 없도록 하는 법규정은 침해최소성과 법익균형성을 어긴 직업선택의 자유의 침해이다(헌재결 2015. 12. 23. 2014 헌바 446). v) 성인대상 성범죄로 형을 선고받아 확정된 자는 어떠한 예외도 없이 10년이 경과하기 전에는 일률적으로 의료기관 취업을 10년간 금지하는 법규정은 침해의 최소성과 법익균형성을 어긴 직업선택의 자유의 침해이다. 설령 그러한 결격제도는 정당하다고 하더라도 범죄행위의 유형과 구체적 태양 등을 구체적으로 고려하지 않은 채 범죄의 경중이나 재범의 위험성에 관한 개별적 판단없이 일률적으로 금지하는 것은 죄질이 가볍고 재범의 위험성이 적은 사람에게는 부당한 기본권 침해가 된다(헌재결 2016. 3. 31. 2013 헌마 585 등, 판례집 28-1 상, 453(467면)). 아동·청소년대상 성범죄로 형 또는 치료감호를 선고받아 확정된 자에 대한 동일한 내용의 취업제한조항도 같은 취지의 위헌결정을 했다(헌재결 2016. 4. 28. 2015 헌마 98, 판례집 28-1 하, 109(121면)). 또 성인대상 성범죄로 형을 선고받아 집행을 종료한 날부터 10년 동안 아동·청소년 관련기관의 취업을 제한하는 규정, 학원개설이나 위 기관에 취업을 제한하는 규정, 장애인 복지시설에 취업을 제한하는 규정, 아동복지시설의 취업을 제한하는 규정 등도 모두 같은 이유로 직업의 자유를 침해한다는 이유로 위헌결정했다(헌재결 2016. 7. 28. 2013 헌마 436; 헌재결 2016. 7. 28. 2015 헌마 359; 헌재결 2016. 7. 28. 2015 헌마 915; 헌재결 2016. 7. 28. 2013 헌바 389). 같은 취지로 성적목적공공장소(여자화장실)침입전과자에 대한 10년간 취업제한규정도 직업의 자유를 침해하지만, 그들을 등록대상자로 정한 규정은 개인정보자기결정권의 침해가 아니다(헌재결 2016. 10. 27. 2014 헌마 709). vi) 운전면허를 가진 사람이 다른 사람의 자동차를 훔치기만 하면 그 절취행위에 이르게 된 경위, 행위의 태양, 당해 범죄의 경중이나 그 위법성의 정도, 운전자의 형사처벌 여부 등 구체적 사건의 개별성과 특수성을 고려할 여지를 전혀 주지 않고 필요적으로 운전면허를 취소하도록 정한 구 도로교통법(제93조 제 1 항 제12호 중 해당부분)은 침해의 최소성과 법익의 균형성을 어겨 운전을 생업으로 하는 사람의 직업의 자유와 그 외 사람들의 일반적 행동의 자유를 침해한다(헌재결 2017. 5. 25. 2016 헌가 6, 판례집 29-1, 104(112면)). vii) 청원경찰이 범죄행위로 금고 이상의 형의 선고유예를 받으면 범죄의 종류나 내용을 불문하고 당연퇴직하도록 정한 청원경찰법 규정(제10조의 6 제 1 호중 제 5 조 제 2 항에 의한 국공법 제33조 제 5 호에 관한 부분)은 침해의 최소성과 법익균형성을 어긴 직업의 자유의 침해이다(헌재결 2018. 1. 25. 2017 헌가 26, 판례집 30-1 상, 12(19면)). viii) 거짓이나 그 밖의 부정한 수단으로 운전면허를 받은 경우 부정 취득한 운전면허를 취소하는 데 그치지 않고, 정당한 방법으로 취득한 나머지 운전면허까지 필요적으로 취소하도록 하는 구도로교통법 조항(제93조 제 1 항 단서 중 제 8 호 해당 부분)은 과잉금지원칙에 반하여 일반적 행동의 자유 또는 직업의 자유를 침해한다(헌재결 2020. 6. 25. 2019 헌가 9 등). ix) 변호사 시험에 코로나 19 확진자의 응시를 금

용사자격시험을 지나치게 까다롭게 해서 의과대학에서나 배울 수 있는 인체생리학은 물론 해부학에 관한 상세한 전문지식을 요구하는 것, 자동차정비공의 직업에 반드시 공과대학 기계과 졸업자격을 요구하는 것 등은 목적과 제한방법 사이에 합리적인 비례관계가 유지되지 않는 경우라 할 것이다.

(다) 제 3 단계: 객관적 사유에 의한 '직업선택의 자유'의 제한

기본권주체와 무관한 객관적 사유에 의한 제한

직업의 자유에 대한 제 3 단계제한은 기본권주체와는 무관한 어떤 객관적 사유(전제조건) 때문에 '직업선택의 자유'를 제한하는 것이다. 기본권주체와는 무관한 어떤 객관적 사유(전제조건) 때문에 '직업선택의 자유'를 제한하는 것은 앞에 말한 주관적 사유에 의한 제한의 경우보다 그 허용의 폭이 좁다고 보아야 한다. 일정한 직업을 희망하는 기본권주체의 개인적인 능력 내지 자격과는 하등 관계가 없고 기본권주체가 그 조건충족에 아무런 영향도 미칠 수 없는 어떤 객관적인 사유(전제조건) 때문에 직업선택의 자유가 제한되는 것은 '직업의 자유'에 대한 침해의 진지성이 제일 큰 까닭에 매우 엄격한 요건을 갖춘 예외적인 경우에만 허용되어야 한다. 즉 '명백하고 현존하는 위험의 원리'에 따라 '직업의 자유'보다 월등하게 더 중요한 공공의 이익에 대한 '명백하고 현존하는

명백하고 현존하는 위험의 요건

위험'을 방어하기 위해서만 기본권주체와는 무관한 객관적 사유(전제조건)를 내세워 '직업선택의 자유'를 제한할 수 있다고 할 것이다. 퇴직공직자에 대한 유관사기업체에의 취업제한(공윤법 제17조 제 1 항)과 경비업자에게 경비업 이외의 영업을 금지하는 것은[1] 그러한 유형에 속한다고 볼 수 있다. 따라서 '명백하고 현존하는 위험'이 없음에도 불구하고 단순히 공공의 이익을 증대시킨다는 목적 또는 특정한 직업을 가진 사람들의 수를 제한함으로써 그 직업에 종사하는 사람들의 사회적 prestige를 보호해 준다는 등의 목적은 '직업선택의 자유'에 대한 제한을 정당화시킬 수 없다. 이와 같은 기준에 비추어 볼 때 일정 업종에 대한 적정분포의 관점, 기존업체보호의 관점, 동일업종의 수 제한의 관점 등에 따라 행해지는 현행법상의 각종 영업허가제·영업지정제·영업특허제 등은 경우에 따라서는 '직업선택의 자유'에 대한 제한의 한계를 일탈하는 것으로 위헌일 수 있

지하고 자가 격리자 및 고위험자의 응시를 제한한 법무부 공고는 기본권을 덜 제한하면서도 감염병 확산을 예방하고 시험을 원활하게 운영 관리할 수 있는 방법들이 있었던 점에 비추어 과잉금지원칙을 어긴 직업선택의 자유의 침해이다(위헌확인 결정 헌재결 2023. 2. 23. 2020 헌마 1736). 이 헌법소원 사건과 함께 제기된 효력정지가처분신청사건에서는 6일 만에 신속하게 효력정지의 인용결정을 해서 해당자들의 응시를 가능하게 했다(헌재결 2021. 1. 4. 2020 헌사 1304).

1) 【판시】 경비업자에게 경비업 이외의 영업을 금지하는 것은 객관적 사유에 의한 직업선택의 자유의 제한으로서 과잉금지원칙에 위배된다(헌재결 2002. 4. 25. 2001 헌마 614, 판례집 14-1, 410(431면)).

다.[1] 또 군법무관으로 임명되어 변호사자격을 취득한 사람이 공무상의 질병·부상으로 인하여 10년간 군법무관으로 근무하지 못하고 전역한 경우 변호사자격을 박탈하는 것은 직업선택의 자유의 과잉제한이다.[2]

2) 직업의 자유의 본질적 내용

현행헌법질서 내에서 제10조와 제37조 제 2 항의 정신상 직업의 자유를 법률로써 제한하는 경우에도 절대로 그 '본질적 내용'을 침해할 수는 없다. 직업의 자유의 본질적 내용은 말하자면 직업의 자유에 대한 제한의 최종적 한계를 뜻하기 때문에 그 본질적 내용의 실체를 밝히는 것은 반드시 필요하다.

생각건대 '직업의 자유'의 본질적 내용이 무엇이냐의 문제에 대한 해답은 역시 헌법을 전체적이고 종합적으로 이해하는 경우에만 가능하다고 본다. 즉 헌법질서를 기본권보장체계로서 이해하고, 우리 헌법질서에서 절대적이고 양보할 수 없는 최고의 가치적 Konsens(공감대)를 제10조에서 찾고 나머지 기본권들은 제10조에 담겨진 가치적 Konsens의 구체화수단이라고 파악하는 우리의 안목에서는 제10조야말로 우리 기본권질서의 이념적·정신적 출발점이고 그 기초가 된다. 이처럼 제10조에 모든 기본권의 핵으로서의 성격을 인정하는 경우 '직업의 자유'의 본질적 내용은 결국 제10조의 내용이 될 수밖에 없다. 그것은 즉 제10조에 깔려 있는 '자주적 인간상'과도 불가분의 상호관계에 있다. 따라서

제한의 최종적 한계

직업의 자유의 본질적 내용

개성신장을 불가능하게 하는, 객관적 사유에 의한 제한은 본질적 내용의 침해

---

1) 【판시 및 결정례】 i) 종전의 규정에 의한 폐기물재생처리신고업자의 사업이 개정규정에 의한 폐기물중간처리업에 해당하는 경우에 영업을 계속하기 위하여는 법시행일부터 1년 이내에 개정규정에 의한 폐기물중간처리업의 허가를 받도록 함으로써 법률개정을 통해서 신고제에서 허가제로 직업요건을 강화하는 과정에서 종전의 규정에 의한 폐기물재생처리신고업자의 신뢰이익을 충분히 보호하고 있으므로 과잉금지의 원칙에 위반하여 직업결정의 자유를 침해하는 것이라고 볼 수 없다(헌재결 2000. 7. 20. 99 헌마 452, 판례집 12-2, 128(149면 이하)). ii) 그 밖에도 공중목욕장업법의 해석과 관련해서 목욕장업 상호간의 거리제한과 같은 분포의 적정을 이유로 헌법상 보장된 영업의 자유가 제한될 수 없다는 대법원판례가 있다(대법원 1963. 8. 22. 선고 63 누 97 판결). iii) 또 변호사의 개업지를 제한하는 변호사법(제10조 제 2 항)과 법무사의 직업선택을 사실상 특정집단에게 독점시키는 법무사법시행규칙(제 3 조 제 1 항)에 대한 위헌결정은 큰 의미를 갖는다(헌재결 1989. 11. 20. 89 헌가 102; 헌재결 1990. 10. 15. 89 헌마 178). iv) 그러나 유료직업소개업의 허가제는 위헌이 아니라는 것이 헌재 입장이다(헌재결 1996. 10. 31. 93 헌바 13). v) 의료기관을 개설한 학교법인은 의약품도매상의 영업허가를 받을 수 없게 한 약사법규정은 직업선택의 자유의 과잉제한이 아니다(헌재결 2004. 1. 29. 2001 헌바 30). vi) 새마을금고 임원선거과정에서 선거범죄를 범하여 벌금 100만원 이상의 형의 선고를 받은 경우 임원이 될 수 없거나 선출된 임원직에서 당연히 퇴직하게 하면서 선거범죄와 다른 죄의 동시적 경합범의 경우 분리선고규정을 두지 않아 선고형 전부를 선거범죄에 대한 형으로 의제하게 하는 법규정은 부진정 입법부작위로써 직업선택의 자유를 침해하고 평등원칙에 위배된다(헌재결 2014. 9. 25. 2013 헌바 208, 판례집 26-2 상, 505(520면)).

2) 따라서 그런 경우에도 변호사자격을 유지하도록 군법무관임용법을 개정(2000. 12.)한 것은 바람직한 입법개선이다(법 제 7 조 참조).

직업의 자유
제한의 2중적
한계: 단계적
한계와 본질
적 한계

자주적 인간상의 핵심적인 내용인 개성신장을 불가능하게 하는 정도로 기본권 주체와는 무관한 객관적 사유(전제조건) 때문에 '직업선택의 자유'를 제한하는 것은 '직업의 자유'에 대한 본질적 내용의 침해라고 보아야 한다.[1] 바로 이곳에 '직업의 자유'에 대한 제한의 2중적 한계가 있다. 즉 '직업의 자유'에 대한 제한은 우선 앞에 말한 단계이론에 따라 단계적으로 행해져야 하는데 이것을 직업의 자유에 대한 제한의 '단계적 한계'라고 말한다면, 위에서 말한 제10조와의 상호관계에서 나오는 한계는 직업의 자유에 대한 제한의 '본질적 한계'라고 말할 수 있을 것이다. '단계적 한계'를 무시한 직업의 자유에 대한 제한이 위헌인 것과 마찬가지로 '본질적 한계'를 무시한 직업의 자유의 제한도 위헌임은 더 말할 나위가 없다.[2]

Ⅲ. 재산권의 보장

자율적 생활
의 물질적 토
대로서의 재
산권

현행헌법은 모든 국민에게 경제활동을 통한 개성신장을 돕고 자주적이고 자율적인 생활의 물질적인 터전을 스스로 마련할 수 있도록 하기 위해서 재산

---

1) 【결정례】 비시각장애인은 안마사 자격인정을 받지 못하게 정하는 것은 당사자의 능력이나 자격과 상관없는 객관적 허가요건에 의한 직업선택의 자유의 과잉제한이어서 직업선택의 자유의 본질적 내용까지 침해하는 위헌이다(헌재결 2006. 5. 25. 2003 헌마 715 등). 그러나 헌재는 2년 후 동일한 내용을 규정한 의료법 해당 조항에 대해서 합헌결정을 한 후(헌재결 2008. 10. 30. 2006 헌마 1098 등) 그 후에도 일관해서 합헌입장을 유지하고 있다(헌재결 2017. 12. 28. 2017 헌가 15).

2) 【결정례】 i) 형사사건으로 기소된 변호사에 대한 법무부장관의 업무정지명령은 제한목적과 제한방법 사이에 합리적인 비례관계가 지켜지지 아니한 직업의 자유에 대한 과잉제한으로써 위헌이다(헌재결 1990. 11. 19. 90 헌가 48). ii) 형사사건으로 기소된 사립대학교 교수를 형이 확정되기도 전에 단순히 공소제기를 이유로 직위해제하는 것은 직업의 자유에 대한 과잉제한으로서 그 근거규정(사립학교법 제58조의 2 제 1 항 단서)은 위헌이다(헌재결 1994. 7. 29. 93 헌가 3·7(병합)). 국가공무원의 경우도 같다(헌재결 1998. 5. 28. 96 헌가 12). iii) 당구장을 경영하는 영업주로 하여금 당구장출입문에 18세 미만자의 출입금지 표시를 반드시 하도록 규정하는 것은 직업행사(수행)의 자유에 대한 위헌적인 제한이다(헌재결 1993. 5. 13. 92 헌마 80). iv) 교육공무원을 신규채용할 때 국·공립 사범대 등의 출신자를 우선 채용하게 법으로 정하는 것은 사립대학졸업자 및 교직과정이수자 등이 교육공무원이라는 직업을 선택함에 있어서 중대한 제한을 받는 것이 되어 평등권뿐 아니라 직업선택의 자유를 침해하는 위헌이다(헌재결 1990. 10. 8. 89 헌마 89). v) 건축사의 업무범위위반행위를 필요적 등록취소사유로 규정하는 것은 직업의 자유의 본질적 내용의 침해이다(헌재결 1995. 2. 23. 93 헌가 1). vi) 보건복지부장관이 정하는 바에 따라 의료보험요양기관의 지정을 취소하게 하는 법규정은 위임입법의 한계를 일탈한 직업행사의 자유의 침해이다(헌재결 1998. 5. 28. 96 헌가 1). vii) 치과전문의자격시험실시에 관한 보건복지부장관의 입법부작위는 직업의 자유의 침해이다(헌재결 1998. 7. 16. 96 헌마 246). viii) 그러나 직업안정법에 의한 근로자공급사업의 허가제는 위헌이 아니다(헌재결 1998. 11. 26. 97 헌바 31). ix) 생명보험에서 음주운전 등 중과실에 의한 보험사고의 경우 보험자가 면책되지 않게 한 것은 영업의 자유와 계약의 자유의 침해는 아니다(헌재결 1999. 12. 23. 98 헌가 12 등(병합)).

권을 보장하고 있다.[1] 그러면서도 재산권의 사회적 제약 내지 사회적 기속성을 강조함으로써 우리 헌법이 추구하는 사회국가의 이념과 재산권을 조화시키려고 노력하고 있다.

즉 모든 국민은 지식재산권($\substack{제22조\\제2항}$)과 특허권($\substack{제120조\\제1항}$)을 포함해서 소급입법에 의해서도 박탈되지 않는 재산권을 보장받지만($\substack{제13조 제2항, 제\\23조 제1항 전단}$) 그 내용과 한계는 입법권자의 입법형성권에 의해 법률로 정해질 뿐 아니라($\substack{제23조 제\\1항 후단}$) 재산권의 행사는 공공복리에 적합하도록 해야 할 의무를 지고 있다($\substack{제23조\\제2항}$). 그뿐 아니라 공익상 긴절히 필요한 경우에는 보상을 전제로 한 재산권의 침해($\substack{수용·사\\용·제한}$)가 허용되고($\substack{제23조\\제3항}$), 사영기업의 국공유화 내지는 그 경영의 통제·관리가 예외적으로는 가능하게 되어 있다($\substack{제126\\조}$). 또 현행헌법은 농지소작제도의 원칙적인 금지($\substack{제121\\조}$), 국토개발상 필요한 국토·자원 등에 대한 제한($\substack{제120조 제2\\항, 제122조}$), 소비자보호를 위한 생산품규제($\substack{제124\\조}$), 대외무역의 규제·조정($\substack{제125\\조}$) 등을 통해서 국민의 재산권을 직접·간접으로 제한할 수 있도록 하고 있다. 따라서 개인과 기업의 경제상의 자유와 창의를 존중함을 원칙으로 하면서도($\substack{제119조\\제1항}$) '균형 있는 국민경제의 성장 및 안정과 적정한 소득의 분배를 유지하고, 시장의 지배와 경제력의 남용을 방지하며, 경제주체간의 조화를 통한 경제의 민주화를 위하여 경제에 관한 규제와 조정'($\substack{제119조\\제2항}$)을 할 수 있도록 한 우리의 경제질서는 국민의 재산권과 불가분의 상호관계에 있다.

재산권보장과 재산권의 사회적 제약의 조화 모색

재산권보장과 경제질서의 불가분관계

(1) 재산권보장의 헌법상 의의와 기능

모든 국민에게 재산권을 보장하는 것은 단순히 사유재산에 대한 임의적인 처분권과 그 침해에 대한 방어권을 보장하고 있다는 주관적인 공권의 차원을 넘어서 다음과 같은 여러 가지 헌법상 의의와 기능을 가지고 있기 때문에, 재산권보장은 객관적 가치질서로서의 성격을 함께 내포하고 있다.

재산권의 양면성

1) 생활의 물질적인 기초확보

재산권보장은 우선 모든 국민에게 생활의 기본적 수요를 스스로 충족시킬 수 있는 경제활동의 바탕을 마련해 줌으로써 경제적인 개성신장을 돕고 자유로운 사회생활의 물질적인 터전을 확보해 준다는 의의와 기능을 가지고 있다. 따라서 헌법에 의해서 보장되는 국민의 재산권은 경제적인 개성신장의 수단인 동시에 자유의 기초요 자유의 전제조건을 뜻하기 때문에 재산권이 갖는 자유보장

경제적 개성 신장의 수단

---

1) 재산권에 관한 더 상세한 헌법이론적인 설명은 졸저, 전게서, 방주 777~813 참조.

재산권의 자
유보장기능

기능을 무시할 수 없다.[1] 재산권의 행사가 타인의 자유를 제한하는 방향으로 악용 내지 남용되어서는 아니되는 이유도 재산권의 이같은 자유보장기능 때문이다. 재산권이 절대로 사람에 대한 지배권을 내포할 수 없는 이유이다.

2) 자본주의경제질서의 기초

사유재산권은
경제활동의
전제조건

국민의 재산권을 보장하는 것은 개인의 경제상의 자유와 창의를 존중함을 그 바탕으로 하는 자본주의적 자유경제질서의 이념적인 기초인 동시에 그 전제조건이다.[2] 사유재산권의 부인 내지 공권력에 의한 자의적인 경영간섭이 우리의 경제질서 내에서 있을 수 없는 이유이다. 공권력에 의한 국제그룹해체가 위헌이라고 확인된 이유도 그 때문이다.[3]

3) 사회국가실현의 수단

자율적 생활
설계의 자유
의 전제

재산권의 보장은 사회국가실현의 이념적인 바탕인 동시에 그 수단이다. 사회국가가 추구하는 자유의 조건으로서의 물질적인 최저생활권은 재산권의 보장 하에서만 가능할 뿐 아니라 '인간다운 생활'을 뒷받침해 주기 위한 각종 사회보장정책은 결국 최소한의 '재산형성'과 불가분의 관계에 있기 때문이다. 재산권이 부인되는 곳에는 사회국가가 아닌 사회주의국가 내지 사회적(복지적) 경찰국가만이 발을 붙일 수 있다. 사회국가가 추구하는 '자율적인 생활설계의 자유'는 재산권을 전제로 해서만 가능하기 때문이다.

4) 직업의 활력소

재산형성의
꿈은 직업수
행의 중요한
활력소

재산권은 '직업의 자유'의 기능적이고 이념적인 전제조건이다. 왜냐하면 헌법상 보장되고 있는 '직업의 자유'는 재산권보장의 바탕 위에서만 그 본래의 기능을 나타낼 수 있기 때문이다. 즉 재산권이 부인되는 경우에는 재산권과 결부된 직업의 행사가 불가능할 뿐 아니라 직업수행의 중요한 활력소라고 볼 수

---

1) 【판시】 재산권은 국민이 각자의 인간다운 생활을 자기책임하에 자주적으로 형성하는 데 필요한 경제적 조건을 보장해 주는 기능을 한다. 그러므로 재산권의 보장은 곧 국민 개개인의 자유실현의 물질적 바탕을 의미한다고 할 수 있고, 따라서 자유와 재산권은 상호보완관계이자 불가분의 관계에 있다. 재산권의 이러한 자유보장적 기능은 재산권을 어느 정도로 제한할 수 있는가 하는 사회적 의무성의 정도를 결정하는 중요한 기준이 된다(헌재결 1998. 12. 24. 89 헌마 214 등, 판례집 10-2, 927(945면)).
   【결정례】 음주측정거부운전자에 대한 필요적 운전면허취소 규정은 재산권, 직업선택의 자유, 행복추구권, 양심의 자유의 침해가 아니다(헌재결 2004. 12. 16. 2003 헌바 87).
2) 동지: 헌재결 1997. 8. 21. 94 헌바 19 등, 판례집 9-2, 243(257면 이하) 참조.
3) 헌재결 1993. 7. 29. 89 헌마 31 참조.

있는 재산형성의 꿈이 사라지기 때문이다. 따라서 재산권이 보장되지 않는 경우 직업이 요구하는 창의적인 활동과 직업이 갖는 개성신장의 수단으로서의 기능은 기대할 수 없게 되고 직업의 '생활수단적 기능'만이 직업생활을 지배하기 때문에 경제발전의 에너지적인 기능을 나타낼 수 있는 직업으로서의 활력소가 줄어들 수밖에 없다.

(2) 재산권의 의의 및 범위

1) 재산권의 의의

헌법이 보장하는 재산권은 '사적인 유용성'과 임의적인 처분권능이 인정되는 모든 재산가치 있는 권리를 뜻한다. 따라서 헌법상의 재산권은 민법상의 소유권($^{제211}_{조}$)보다는 넓은 개념이다. 즉 민법상의 소유권은 어떤 물건에 대한 절대적인 지배권을 뜻하지만, 헌법상의 재산권은 재산가치(경제적 가치) 있는 모든 사법상·공법상의 권리를 뜻한다.[1]

재산가치 있는 사법상·공법상 권리

2) 재산권의 범위

동산·부동산에 대한 모든 종류의 물권($^{소유권·점유권·지상권·}_{전세권·질권·저당권 등}$)은 물론 재산가치 있는 모든 사법상의 채권($^{급료청구권·이익배당청구권·회원권·}_{주주권·임차권·손해배상청구권}$)과 특별법상의 권리($^{광업권·}_{어업권·}$ $_{수렵권}$등)가[2] 모두 헌법상의 재산권에 포함된다. 재산가치 있는 공법상의 권리($^{직업}_{군인}$ $^{과 공무원의 급료청}_{구권, 연금청구권}$), 군사원호대상자의 원호보상급여금청구권, 손실보상청구권 등도 그것이 자신의 노력에 의해서 얻어진 대가로서의 성질이 강하고, 자신 또는 가족의 생명·건강·자유·재산 등의 특별한 희생에 의해서 얻어진 보상적 성질이 강한 권리인 경우에는 마땅히 헌법상의 재산권에 속한다고 보아야 한다.[3]

사법상·공법상 권리의 구체적 예

---

1) 동지: 헌재결 1992. 6. 26. 90 헌바 26, 판례집 4, 372면.

2) 【결정례】 i) 생활용수의 수질보전을 위해 내수면 가두리양식어업의 면허를 연장해 주지 않으면서 보상의 대상에서 제외하는 것은 재산권과 평등권의 침해가 아니다(헌재결 2001. 3. 21. 99 헌바 81 등(병합)). ii) 골프장사업승인권은 재산권의 보호대상이 아니다. 그것은 골프장영업을 할 수 있게 하는 행정처분에 불과해 어떤 재산적 가치가 내포되어 있다고 보기 어렵다. 대법원판결이 사업계획승인권을 양도의 대상으로 본 것과 사업계획승인권이 헌법상 재산권의 보호대상인지 여부는 쟁점과 판단대상이 다른 별개의 문제이다(헌재결 2010. 4. 29. 2007 헌바 40, 판례집 22-1(상), 606(615면)).

3) 동지: 헌재결 1995. 7. 21. 94 헌바 27 등; BVerfGE 19, 94(111ff.); 17, 337(355); 40, 65 (82ff.); 53, 257(289ff.). 독일의 연방대법원(BGHZ 6, 270(278))은 재산가치 있는 모든 공법상의 권리를 재산권에 포함시키려고 하지만 독일연방헌법재판소(BVerfGE 4, 219(240f.))는 국가가 주로 그의 사회보장적 과제를 이행하기 위해서 일방적으로 베푸는 생존배려적 급부는 재산권에서 제외시키고 있다. 이 점에 대해서 자세한 것은 다음 문헌을 참조할 것.

W. Weber, Öffentlich-rechtliche Rechtsstellungen als Gegenstand der Eigentumsgarantie in der Rechtsprechung, AöR 91(1966), S. 382ff.

지식재산권의
별도보장

또 이른바 '지식재산권'이라고 볼 수 있는 여러 권리(저작권·산업재산권·출판권·공연권 등)도 헌법상의 재산권에 속하지만 우리 헌법은 이와 같은 '정신적 재산권'에 대해서는 이를 '학문과 예술의 자유'($\frac{제22}{조}$)와 관련시켜 따로 보호하고 있다.

상속권 포함

우리 헌법은 상속권에 관해서는 언급이 없지만 상속권도 재산권에 포함시켜야 옳다.[1] 상속권에는 유언의 자유가 포함되고 유언의 자유는 법정의 상속권

【결정례】 i) 우리 헌재도 연금수급권의 재산권적 성질을 인정하면서 연금 중 기여금에 상당한 부분의 지급정지는 재산권제한의 한계를 지켜야 한다고 강조한다. 따라서 지급정지되는 연금액이 연금액의 1/2을 초과하면 재산권침해로 위헌이다(헌재결 1994. 6. 30. 92 헌가 9). 동지: 헌재결 1996. 10. 4. 96 헌가 6. ii) 그러나 연금수급권자에게 2 이상의 급여의 수급권이 발생한 때 수급권자의 선택에 의해 그 중의 하나만을 지급하는 것은 국민연금의 사회보장적 성격에 비추어 재산권, 평등권, 인간다운 생활권의 침해가 아니다(헌재결 2000. 6. 1. 97 헌마 190). iii) 국가의 보훈원에 자진 입소하는 국가유공자(상이군경) 등에게 보훈원에서 생활하는 동안 종전에 지급받던 부가연금·생활조정수당 등의 지급을 정지시키는 것은 재산권, 평등권, 인간다운 생활권의 침해가 아니다(헌재결 2000. 6. 1. 98 헌마 216). iv) 공무원 퇴직연금의 수급자가 학교의 교직원으로 재직하는 기간 동안 퇴직연금의 지급을 정지하고, 부정한 방법으로 지급받은 급여를 국세체납처분의 예에 따라 환수하는 것은 재산권, 평등권, 직업의 자유의 침해가 아니다(헌재결 2000. 6. 29. 98 헌바 106). v) 임금채권은 재산권의 보호를 받지만 근로기준법에서 3년의 단기소멸시효를 규정한 것은 불합리한 재산권제한은 아니다(헌재결 1998. 6. 25. 96 헌바 27). vi) 의료보험조합의 적립금은 재산권의 보호대상이 아니지만, 의료보험수급권은 재산권의 보장을 받는 공법상의 권리이다(헌재결 2000. 6. 29. 99 헌마 289). vii) 공무원이 퇴직 후의 범죄로 금고 이상의 형을 받으면 공무원연금법상의 퇴직급여청구권을 제한하게 하는 것은 과잉금지원칙을 어긴 재산권의 본질적 내용의 침해이다(헌재결 2002. 7. 18. 2000 헌바 57). viii) 의료보험수급권의 제한사유인 범죄행위로 인한 보험사고에 경과실에 의한 범죄행위가 포함되는 것으로 해석하면 과잉금지원칙에 위배되어 재산권과 사회보장수급권의 침해이다(헌재결 2003. 12. 18. 2002 헌바 1). ix) 국민연금가입자 자격을 상실하고 1년이 경과한 자들의 반환일시금청구권을 제한하는 법개정은 금지된 소급입법이 아니며, 신뢰보호의 원칙과 과잉금지원칙에 어긋나는 재산권의 침해가 아니다(헌재결 2004. 6. 24. 2002 헌바 15). x) 공무원 퇴직연금 수급자에게 사업·근로소득(부동산 임대소득 등은 제외)이 있으면 그 소득과 연계하여 퇴직연금의 일부(1/2한도)의 지급을 정지하는 것은 소급입법에 의한 재산권침해가 아니며 신뢰보호원칙의 위배도 아니고 평등권의 침해도 아니다(헌재결 2008. 2. 28. 2005 헌마 872 등). 사립학교 교원의 퇴직연금수급권의 경우도 같다(헌재결 2009. 7. 30. 2007 헌바 113). xi) 구 예산회계법이 정하는 손해배상청구권의 소멸시효규정을 공무원에 의한 반인권적 침해로 생긴 국민의 손해배상청구권에도 적용하는 것은 불법행위 피해자의 재산권 침해로 볼 수 없다(헌재결 2008. 11. 27. 2004 헌바 54). xii) 계모가 사망한 경우 계자를 계모의 상속인으로 인정하지 않는 계모자간의 상속권부인(민법 제1000조 제1항 제1호)은 계자의 상속권 침해가 아니다(헌재결 2009. 11. 26. 2007 헌마 1424).

1) 【결정례】 i) 우리 헌재도 상속권을 재산권의 일종으로 보면서 상속인이 귀책사유 없이 상속재산을 초과하는 상속채무까지 전부 부담하게 하는 민법규정은 상속인의 재산권과 사적 자치권을 침해한다는 이유로 헌법불합치결정을 했다(헌재결 1998. 8. 27. 96 헌가 22 등(병합)). ii) 그러나 공무원이 유족 없이 사망한 경우 그 급여의 수급권자를 직계비속으로 한정한 것은 유족 등의 상속권침해는 아니다(헌재결 1998. 12. 24. 96 헌바 73). iii) 또 공무원의 유족연금수급권을 18세 이상의 자녀에게 배제하는 규정도 연금수급권에 포함된 사회보장수급권적인 성질 때문에 재산권의 침해는 아니라고 한다(헌재결 1999. 4. 29. 97 헌마 333). iv) 진정상속인의 상속회복청구권의 행사기간을 상속개시일부터 10년으로 제한하는 민법규정은 재산권, 사적 자치권, 재판청구권, 평등권을 침해하여 위헌이다(헌재결 2001. 7. 19. 99 헌바 9 등(병합)). v)

과 달리 상속에 관해서 자율적으로 정할 수 있는 자유이다. 따라서 행위능력 있
는 문맹자와 농아자도 자신의 뜻에 따라 유언할 수 있는 적절한 방법이 법적
으로 보장되어야 한다.[1]

그러나 단순한 기대이익, 반사적 이익 또는 '경제적인 기회', 우연히 생긴
법적 지위 등은 재산권에 속하지 않는다.[2] 또 단골손님, 사업거래처 등이 가지

기대이익·반
사적 이익·경
제적 기회 등
의 제외

그러나 상속회복청구권의 행사기간을 상속권의 침해행위가 있은 날부터 10년 또는 상속침해를
안 날로부터 3년으로 제한하는 민법규정은 재산권, 사적 자치권, 재판청구권, 평등권을 침해하
지 않는다(헌재결 2002. 11. 28. 2002 헌마 134; 헌재결 2004. 4. 29. 2003 헌바 5). 그리고 공
동상속인에게 이 제척기간을 적용해도 재산권과 재판청구권의 침해가 아니다(헌재결 2006. 2.
23. 2003 헌바 38 등). vi) 상속재산에 관한 포괄·당연승계주의는 상속의 포기·한정승인제도
등을 통해 상속인을 보호하고 있으므로 재산권, 사적자치권, 행복추구권의 침해가 아니다(헌재
결 2004. 10. 28. 2003 헌마 13). vii) 상속에서 유류분의 기초재산을 산정할 때 가산되는 증여
재산의 평가시기를 상속개시시로 하는 것과, 공동상속인의 증여재산은 그 증여시기와 관계없
이 모두 유류분 산정을 위한 기초재산에 산입하게 정하는 민법규정(제1113조 제 1 항 및 제
1118조 중)은 재산권과 평등권의 침해가 아니다(헌재결 2010. 4. 29. 2007 헌바 144, 판례집
22-1(상), 622(633면 이하 및 636면 이하). viii) 상속 개시 후 인지 또는 재판의 확정에 의하
여 공동상속인이 된 사람의 가액지급청구권을 상속회복청구권의 일종으로 보고 상속회복청구
권에 관한 제척기간을 적용하여 상속권의 침해행위가 있은 날부터 10년이 지나면 가액지급청
구권을 소멸하게 하는 것은 재산권, 평등권, 재판청구권의 침해가 아니다(헌재결 2010. 7.
29. 2005 헌바 89, 판례집 22-2 상, 212(217면)).
 1) 유언의 방식에 관한 우리 민법규정은 이 점에서 검토가 필요하다.
 【독일판례】 판단능력 있는 문맹농아자의 유언가능성을 차단하는 유언형식에 관한 독일 민법
규정은 평등권과 재산권의 침해이다(BVerfGE 99, 341(350ff.)).
 【결정례】 유족들의 생존권 보호 및 상속재산 형성에 대한 기여보장과 법적 안정성이라는 공
익목적을 추구하는 유류분제도에서 피상속인이 생전에 증여한 재산의 가액을 가산하여 유류분
을 산정하도록 하는 것은 재산권의 침해가 아니다(헌재결 2013. 12. 26. 2012 헌바 467).
 2) 【판시】 i) 재산권의 범위에는 동산·부동산에 대한 모든 종류의 물권은 물론, 재산가치 있는
모든 사법상의 채권과 특별법상의 권리 및 재산가치 있는 공법상의 권리 등이 포함되나, 단순
한 기대이익·반사적 이익 또는 경제적인 기회 등은 재산권에 속하지 않는다. 치과전문의 자격
의 불비로 인하여 급료를 정함에 있어 불이익을 받는 것은 사실적·경제적 기회의 문제에 불
과할 뿐 재산권의 침해라고 보기 어렵다(헌재결 1998. 7. 16. 96 헌마 246, 판례집 10-2, 283
(309면 이하)). ii) 약사의 한약조제권은 재산권의 범위에 속하지 않는다(헌재결 1997. 11. 27.
97 헌바 10). iii) 국유재산법(제 7 조)의 관재담당공무원에 대한 국유재산취득의 제한은 단순한
기회의 제한에 불과하므로 재산권의 침해는 아니다(헌재결 1999. 4. 29. 96 헌바 55).
 【결정례】 i) 법률에서 군법무관의 보수를 법관 및 검사의 예에 준해서 대통령령으로 정하라
고 위임했다면 군법무관의 보수내용은 법률로써 일차적으로 형성한 것이고 그로부터 상당한
수준의 보수청구권이 인정된다고 해석되므로 그것은 단순한 기대이익을 넘어서는 법률에 의해
서 인정된 재산권의 한 내용으로 보아야 한다. 따라서 37년간의 행정입법부작위는 재산권의
침해이다(헌재결 2004. 2. 26. 2001 헌마 718). ii) 입법의 흠결로 생기는 이익에 대한 신뢰는
헌법상 보호가치가 적고 법제도에 대한 단순한 기대이익에 불과할 뿐 재산권의 보호대상이 아
니다(헌재결 2008. 5. 29. 2006 헌바 99＝대법원 2001. 5. 29. 선고 98 두 13713 판결). iii) 일
제에 의해서 군무원으로 강제동원되어 그 노무제공의 대가를 지급받지 못한 미수금피해자에게
대일청구권협정의 후속조치로 제정된 법률(태평양전쟁 전후 국외 강제동원희생자 등 지원법
제 5 조 제 1 항)에 의해 지급되는 미수금지원금은 인도적 차원의 시혜적인 금전급부에 해당해
재산권보장 대상이 아니다. 나아가 이 지원금의 산정방식은 그 나름의 합리적인 기준에 따른

는 재산가치를 부인할 수는 없지만 그 유동성 때문에 그것은 개별적으로는 재산권에서 제외된다고 보아야 할 것이다.[1] 그러나 스스로의 노력과 자본투자 등에 의해서 이루어 놓은 인적·물적 종합시설로서의 사업 내지 영업은 그 존립의 기초가 되는 부동산·동산·시설물·상품·채권·사업연락망·사업장통행권 등과 함께 재산권의 범위에 포함되어야 한다고 생각한다.[2]

3) 재산권범위의 확대원인

생활양식·사회경제구조 변화 및 사회국가현상

오늘날 헌법이 보호하는 재산권의 범위가 소유권에 국한되지 않고 재산가치 있는 모든 사법상의 권리와 많은 공법상의 권리에까지 확대되지 않을 수 없게 된 이유는 무엇보다도 생활양식 및 사회경제구조의 변화 그리고 사회국가의 경향 때문이라고 할 것이다. 즉 주로 소유물에 의존하던 자급자족의 시대와는 달리 오늘날과 같은 상호 의존적·사회보장적 생활영위시대에는 소유물이 갖는 생활수단으로서의 의미가 약화될 수밖에 없다. 소유물보다는 노동의 대가로서의 임금 또는 여러 가지 사회보장적 성격의 급부가 국민생활에 불가결한 물질적 기초가 되고 있다. 따라서 경제생활의 기초가 되는 모든 재산가치 있는 사법상·공법상의 권리까지 재산권으로 보호해 주지 않으면 아니되게 되었다. 예컨대 봉급생활자의 경우 봉급청구권이 재산권으로 보호되지 않는 경우 생활영위가 사실상 어렵다는 것은 너무나 자명하다.

(3) 재산권보장에 관한 일반규정의 규범구조

헌법 제23조의 특징

우리 헌법은 재산권의 보장과 관련이 있는 여러 가지 규정을 두고 있지만 그 중에서도 재산권보장에 관한 중심적이고 일반적인 규정은 제23조라고 볼 수 있다. 그런데 이 헌법규정은 그 규범구조면에서 다른 기본권규정과는 다른 특징을 가지고 있다.

1) 재산권형성적 법률유보

보장할 재산권의 구체적 내용의 형성유보

헌법에 의해서 보장되는 재산권은 그 내용과 한계가 법률로 정해지기 때

것으로 헌법에 위반되지 않는다(헌재결 2015. 12. 23. 2009 헌바 317 등).

1) 【판시】 재산권은 재산가치 있는 구체적 권리이기 때문에 영리획득의 단순한 기회나 기업활동의 사실적·법적 여건은 그것이 비록 기업에게는 중요한 의미를 갖는다고 하더라도 재산권보장의 대상은 아니다(헌재결 1996. 8. 29. 95 헌바 36, 판례집 8-2, 90(104면): 산재보험의 적용범위를 시행령에 위임한 구 산재보험법 합헌결정).

2) 지하철공사로 인해서 사업장의 통행이 막혀 발생한 영업상의 손실에 대한 보상의 문제가 생기는 이유도 그 때문이다.

문에(^{제23조}_{제1항}), 우리 헌법상의 재산권보장은 말하자면 기본권형성적 법률유보[1]에 의해서 실현되고 구체화될 수 있다는 규범구조상의 특징을 가지고 있다. 다시 말해서 재산권의 내용과 한계를 정하는 법률은 동시에 헌법에 의해서 보호받을 수 있는 재산권의 구체적인 모습을 형성하는 기능을 가지고 있다. 따라서 재산권의 내용과 한계를 정하는 법률은 재산권을 제한한다는 의미보다는 재산권을 형성한다는 의미를 더 많이 가지게 된다는 점을 주의할 필요가 있다. 우리 헌법재판소도 이 점을 강조하고 있다.[2]

그렇지만 재산권형성적 법률유보와 재산권제한적 법률유보를 혼용해서는 아니 된다. 재산권의 사회기속성에 따라 재산권의 내용과 한계를 정하는 재산권의 형성과 공공필요에 의한 재산권의 제한은 엄연히 다르기 때문이다. 예컨대 토지소유권자의 토지이용권은 지하수가 시작되는 지표면까지만 미치도록 지하수개발권을 토지소유권과 분리하는 입법은 토지재산권의 사회적 기속성을 근거로 한 재산권의 내용과 한계를 정하는 재산권 형성이라고 볼 수 있다. 반면에 도시계획에 따른 건축형태와 건물 높이 등의 제한은 공공의 필요성에 따른 재산권의 제한에 해당한다고 할 것이다. 따라서 과잉금지원칙에 따른 심사의 대상이 된다.[3]

---

1) 이 점에 대해서 자세한 것은 앞부분 329면 이하 참조할 것.
2) 【판시】 헌법상의 재산권에 관한 규정은 다른 기본권 규정과는 달리 기본권형성적 법률유보의 형태를 띠고 있다. … 헌법이 보장하는 재산권의 내용과 한계를 정하는 법률은 재산권을 제한한다는 의미가 아니라 재산권을 형성한다는 의미를 갖는다. 이러한 법률의 경우에도 사유재산제도나 사유재산을 부인하는 것은 재산권보장 규정의 침해를 의미하고, 결코 재산권형성적 법률유보라는 이유로 정당화될 수 없다(헌재결 1993. 7. 29. 92 헌바 20, 판례집 5-2, 36(44면)).
   【결정례】 i) 사회보장수급권에 속하는 산재보험수급권은 법률형성에 의해 비로소 획득하는 권리이므로 실제임금보다 적은 최고보상기준금액을 정해도 재산권 침해는 아니다(헌재결 2004. 11. 25. 2002 헌바 52). ii) 불법행위로 인한 손해배상청구권의 단기소멸시효기간을 손해 및 가해자를 안 날부터 3년으로 정한 민법규정(제766조 제1항)은 재산권을 과잉제한하는 입법형성권의 자의적인 행사가 아니다(헌재결 2005. 5. 26. 2004 헌바 90). iii) 적법한 공용제한된 토지에 대해서만 소유자의 수용청구권을 인정하고 위법한 공용제한에는 수용청구권을 인정하지 않는 것은 재산권의 내용과 한계에 관한 합리적인 입법형성권의 행사이므로 재산권과 평등권의 침해가 아니다(헌재결 2005. 7. 21. 2004 헌바 57).
3) 그런데 우리 헌재는 때로는 이 두 가지를 엄격히 구별하지 않고 혼용하는 경우가 있다. 예컨대 특별관리지역 지정 당시부터 지목이 대지인 토지와 그 지정 당시부터 있던 기존의 단독주택이 있는 토지가 아닌 토지에 대한 단독주택신축을 불허하는 공공주택건설에 관한 특별법 시행령 관련규정에 대한 헌법소원사건의 심판에서 헌재는 한편으로 재산권형성적 규정으로 설명하면서 또 한편 과잉금지원칙에 따라 재산권의 과잉제한여부를 심사하고 있기 때문이다(헌재결 2017. 9. 28. 2016 헌마 18, 판례집 29-2 상, 504(518면)).

2) 재산권행사의 헌법적 한계

재산권의 사
회기속성

이처럼 재산권의 내용과 한계를 법률로 정하게 한 것은 재산권의 헌법적
한계를 구체화하기 위해서이다. 즉 재산권의 행사는 공공복리에 적합하도록 해야
할 의무를 수반하기 때문에($_{제2항}^{제23조}$) 우리 헌법상의 재산권은 강한 사회기속성이
라는 제약을 받도록 규범화될 수밖에 없다. 따라서 재산권의 사회기속성은 단
순한 윤리적 의무가 아니고 재산권행사의 헌법적 한계라고 보아야 한다.[1]

3) 재산권보장적 법률유보

재산권침해시
의 손실보상
보장

나아가서 재산권보장에 관한 우리 헌법규정은 공공필요에 의한 재산권의
제한과 보상과의 상호관계를 명백히 하기 위해서 재산권보장적 법률유보($_{제3항}^{제23조}$)
와 재산권행사절차적 법률유보($_{제3항}^{제23조}$)를 함께 두는 규범구조를 택하고 있다. 즉
공공필요에 의한 재산권의 수용·사용·제한 및 그에 대한 보상은 법률로써 하
되, 정당한 보상을 지급하도록 하고 있다. 따라서 재산권침해에 대한 손실보상
을 규정하는 헌법규정은 단순한 입법방침규정이 아니라 직접효력규정이다.[2] 그
결과 공공필요에 의한 재산권의 제한과 보상의 불가분성은 입법권자를 비롯한
모든 국가권력을 기속하는 강행규정의 성격을 갖는다.

상반구조적
규범구조

결론적으로 재산권보장에 관한 일반규정은 재산권형성적 법률유보와 재산
권의 사회기속성(헌법적 한계)을 명시하는 규범구조를 통해서 재산권보장의 한
계를 밝히면서도 재산권의 침해를 최소한으로 줄이기 위해서 재산권보장적 법
률유보와 재산권행사절차적 법률유보를 함께 마련하는 상반구조적 규범구조를
택하고 있다.[3]

(4) 재산권보장의 법적 성격

1) 학   설

자유권설·제
도보장설·절
충설

「모든 국민의 재산권은 보장된다」($_{항 제1문}^{제23조 제1}$)는 헌법규정의 법적 성격에 관

---

1) 기본권의 헌법적 한계에 관해서는 앞부분 312면 이하 참조할 것.
　　김철수, 551면, 교수는 '법적 의무'로 보고, 권영성, 519면, 교수는 '내재적 제약'으로 설명한다.
　　【판시】 그러나 우리 헌재는 재산권의 사회기속성(공공복리적합의무)은 헌법상의 의무로써 입
　　법형성권의 행사에 의해 현실적인 의무로 구체화된다고 한다. 헌재결 1989. 12. 22. 88 헌가
　　13, 판례집 1, 371면 참조.
2) 동지: 문홍주, 293면; 김철수, 557면. 그러나 우리 대법원(대법원 1976. 10. 12. 선고 76 다
　　1443 판결)은 입법방침규정으로 보고 있다.
3) 상반구조적 규범구조에 대해서는 졸저, 전게서, 방주 50 참조할 것.

해서는 여러 가지 견해가 대립되고 있다. 즉 그것은 천부적인 인권으로서의 재산권을 보장한다는 뜻이지만 재산권에 내포된 사회성과 의무성이 특히 도의적이고 윤리적인 차원에서 강조되어야 한다는 견해(자유권설),[1] 재산권의 보장은 천부인권으로서의 재산권의 보장이 아니고 사유재산제도의 보장에 지나지 않는다는 견해(제도보장설),[2] 그리고 재산권의 보장은 제도와 권리를 함께 보장한다는 견해(절충설)[3] 등의 대립이 그것이다.

2) 비판 및 사견

㈎ 재산권보장규정의 이중적 의미

생각건대 우리 헌법상의 재산권보장은 천부적인 인권으로서의 재산권을 보장하기 위한 것도 아니고, 칼 슈미트(C. Schmitt)적인 발상에 의한 제도적 보장에 관한 것도 아니며, 또 그렇다고 해서 해벌레(P. Häberle)적인 논리형식에 따른 제도적 기본권도 아니다. 「모든 국민의 재산권을 보장한다」는 것은 사유재산을 허용하는 법률제도와 이 법률제도에 의해서 인정된 사유재산에 관한 사적인 이용·수익·처분권 등의 구체적인 권리를 함께 보장한다는 의미로 이해해야 하리라고 생각한다. 우리 헌법재판소도 재산권보장규정의 이중적 의미를 강조하면서 헌법상의 재산권보장은 재산권을 개인의 기본권으로 보장한다는 의미와 개인이 재산권을 향유할 수 있는 법제도로서의 사유재산제도를 보장한다는 이중적 의미를 가지고 있다고 판시했다.[4]

사유재산제도와 사유재산권 동시 보장

재산권이 갖는 경제적인 개성신장 내지 자유보장기능은 재산의 사적 유용성과 임의처분권을 떠나서 생각할 수 없고, 재산의 사적 유용성과 임의처분권은 사유재산제도를 전제로 해서만 가능하기 때문에, 사유재산제도의 보장과 이를 바탕으로 하는 구체적인 권리의 보장이 재산권보장에 함께 내포되어 있다고 보는 것이 옳다.

㈏ 재산권에 관한 입법형성권의 한계

물론 재산권의 사회기속성($\substack{제23조\\제2항}$)과 재산권형성적 법률유보($\substack{제23조\ 제1\\항\ 제2문}$) 때문에 재산권의 구체적인 내용과 한계는 입법권자의 입법형성권에 의해서 정해질 사항이지만, 입법권자가 재산권에 관해서 입법형성권을 행사하는 경우에는 적어도

사유재산제도와 구체적 재산권 존중의무

1) 예컨대 문홍주, 290면.
2) 예컨대 강병두, 「신헌법」, 176면.
3) 예컨대 김철수, 536면; 권영성, 509면.
4) 헌재결 1993. 7. 29. 92 헌바 20; 헌재결 1994. 2. 24. 92 헌가 15 등 참조. 독일기본법상의 재산권보장의 성격에 관해서도 이것이 독일에서의 통설이다.

사유재산제도와 사유재산을 바탕으로 한 구체적인 권리가 존중될 수 있도록 재산권의 내용과 한계를 정해야 한다.[1] 입법권자가 지켜야 되는 이같은 헌법적 제약은 재산권보장의 성격에서 나온다. 사유재산을 완전히 폐지하는 법률제도가 허용될 수 없는 것과 마찬가지로, 사유재산의 사적 유용성과 임의처분권을 완전히 부인하는 법률제도도 위헌임을 면치 못하는 이유도 그 때문이다. 재산권의 내용과 한계를 정하는 입법권자의 형성권이 매우 넓은 것은 사실이지만 재산권보장의 이같은 성격을 무시하는 입법형성권이 정당화될 수 없는 것은 물론이다.[2]

(5) 재산권보장의 내용

사유재산제도
와 사유재산
권의 보장

재산권보장은 사유재산을 허용하는 법률제도, 즉 사유재산제도와 사유재산에 관한 사적인 이용·수익·처분권 등 주관적 공권으로서의 구체적인 사유재산권의 보장을 그 내용으로 한다.

---

1) 동지: 헌재결 1993. 7. 29. 92 헌바 20 참조. So auch BVerfGE 31, 229(239); 50, 290(339).
2) 【판시】 고양시장이 건축법에 근거해서 구속적 행정계획인 도시설계를 작성하여 건설부장관의 승인을 받아 설계지구 내의 다가구주택의 가구수를 3가구 이하로 제한하는 것은 '재산권의 내용과 한계를 정하는 재산권형성인 동시에 공익적 요청에 의한 재산권의 사회적 제약을 구체화하는 것이므로 재산권의 과잉제한이 아니다'(헌재결 2003. 6. 26. 2002 헌마 402, 판례집 15-1, 787(800면)).
   【결정례】 i) 도시계획시설결정의 실효제도를 새로 규율하면서 종전의 도시계획시설결정에 대해서 이미 경과한 기간을 전혀 반영하지 않고 실효기간을 새 제도 시행시점부터 새로 기산하게 하는 것은 정당한 입법형성권의 행사이므로 재산권의 침해가 아니다(헌재결 2005. 9. 29. 2002 헌바 84 등). ii) 회사정리계획에 따라 새로 정리회사의 주주가 된 사람이 3년 내에 주권의 교부를 청구하지 않은 때에는 주주로서의 권리를 잃도록 한 구회사정리법(제262조 제 4 항) 규정은 피해의 최소성과 법익균형성을 어긴 재산권의 침해이고, 일반주주와의 관계에서 합리적인 비례성을 갖추지 못한 평등권의 침해이다(헌재결 2012. 5. 31. 2010 헌가 85, 판례집 24-1(하), 257(267면)). iii) 상속및증여세법(제19조 제 2 항)이 배우자 상속공제의 요건으로 배우자 상속재산기한 등까지 배우자의 상속재산을 분할하여 신고하도록 하면서 법정기한 내에 배우자 상속재산의 분할을 만료하지 못할 부득이한 사유가 있음에도 무조건 상속개시일 부터 1년 6월 이내에 분할 및 신고를 하지 않으면 배우자상속공제를 받지 못하게 규정한 부분은 비례의 원칙에 위배되는 재산권과 평등권의 침해이다(시한부 잠정적용 헌법불합치결정)(헌재결 2012. 5. 31. 2009 헌바 190, 판례집 24-1(하), 347(360면 이하)). iv) 역사문화지구에서 허용될 수 있는 건축물의 층수, 용적률, 건폐율 등의 무보상 건축제한내용을 지방자치단체가 조례로 정하도록 위임하는 것은 재산권의 침해가 아니며 포괄위임금지원칙에 위반되지 않는다(헌재결 2012. 7. 26. 2009 헌바 328, 판례집 24-2 상, 64(85면)) v) 국회의원이 보유한 직무관련성 있는 주식의 매각 또는 백지신탁을 명하는 구 공직자윤리법 관련규정은 재산권 침해가 아니다(헌재결 2012. 8. 23. 2010 헌가 65, 판례집 24-2 상, 438(450면)). vi) 토양오염 관리대상 시설의 소유자, 점유자, 운영자에게 무과실책임을 부담시키면서 일반적인 책임한도제도 등 피해 최소화대책도 없고 면책사유나 책임 제한수단을 전혀 인정하지 않은 것은 합리적인 이유가 없어 재산권과 평등권의 침해이다(헌재결 2012. 8. 23. 2010 헌바 167, 헌재공보 191, 1566(1571면)). 이 위헌결정 후에 개정된 토양환경보전법(제10조의 4 제 2 항 단서)에 대해서는 재산권 등의 침해가 아니라는 합헌결정이 있다(헌재결 2016. 11. 24. 2016 헌바 11).

1) 사유재산제도의 보장

㈎ 생산수단의 사유보장

사유재산제도의 보장은 생산수단의 사유를 허용하는 법률제도의 보장을 그 내용으로 한다. 생산수단의 사유는 생산수단에 대한 사적인 이용·수익·처분권에 의해서 징표되지만, 사유재산제도가 생산수단에 대한 모든 가능한 이용·수익·처분권을 보장하는 것은 아니고, '사유재산권'이라는 법적 효과를 가능케 하기 위한 최소한의 규범질서(법률제도)를 보장하는 것이다. '사유재산권'의 구체적인 내용을 정하는 것은 재산권형성적 법률유보에 의해서 입법권자의 입법형성권에 속한다. 이처럼 사유재산을 허용하는 법률제도의 보장은 사유재산에 대한 사적인 이용·수익·처분권 등 주관적 공권이 인정되기 위한 필수적인 전제조건일 뿐 아니라 재산권보장의 객관적 가치질서를 뜻하기 때문에, 사유재산을 부인하는 법률제도는 그것이 어떠한 동인에 의해서 어떠한 내용으로 만들어지더라도 재산권보장에 관한 객관적 가치질서의 침해를 의미하고, 결코 재산권형성적 법률유보($\frac{제23조\ 제1}{항\ 제2문}$)에 의해서 정당화될 수 없다.

사유재산 부인하는 법률제도의 금지

㈏ 사유재산제도와 경제체제

생산수단의 사유를 허용하는 사유재산제도가 재산권의 중요한 내용으로 보장되고 있는 것은 사실이지만, 그것이 곧 어떤 특정한 경제체제를 전제로 하고 있는 것은 아니라는 점을 주의할 필요가 있다. 사인의 자유로운 경제활동이 폭넓게 인정되고 '계약의 자유'와 '경쟁의 자유' 등이 보장될 수 있는 어떠한 경제체제도 사유재산제도와 조화될 수 있는 것은 물론이다. 따라서 우리나라의 헌법이 지향한다고 볼 수 있는 '사회적 시장경제체제'는 단순한 재산권보장의 결과라기보다는 우리 헌법의 통일성에 입각한 규범조화적 해석의 결과라고 보는 것이 옳다.[1]

사유재산제도와 시장경제체제의 제한적 연관성

㈐ 국·공유화정책 및 상속제도제한의 한계

사유재산제도가 보장되고 있는 현행헌법질서 내에서는 모든 생산수단의 원칙적인 국유화 내지는 공유화는 허용되지 않는다. 따라서 모든 사영기업을, 보상을 지급하고 국유화 내지 공유화하는 입법조치는 위헌임을 면치 못한다. 현행헌법에 '국방상 또는 국민경제상 긴절한 필요로 인하여 법률이 정하는 경우

사영기업의 총체적 국·공유화 금지

---

[1] 우리 헌재도 재산권보장규정과 경제조항을 연관시켜 우리의 경제질서를 이해하고 있다.
【판시】 헌법 제23조 제1항 전문과 제119조 제1항은 우리 헌법이 사유재산제도와 경제활동에 관한 사적자치의 원칙을 기초로 하는 자본주의 시장경제질서를 기본으로 하고 있음을 선언하고 있는 것이다(헌재결 1997. 8. 21. 94 헌바 19 등, 판례집 9-2, 243(257면 이하)).

를 제외하고는 사영기업을 국유 또는 공유로 이전'할 수 없다고 한 것($^{제126}_{조}$)
도 그 때문이다. 또 사유재산의 상속제도는 사유재산제도와 불가분의 이념적·
제도적인 상관관계에 있기 때문에 상속제도를 원칙적으로 부인하는 입법조치도
허용되지 않는다. 나아가서 모든 생산수단의 국·공유화를 전제로 해서만 가능
한 완전한 계획경제체제의 도입이 허용될 수 없는 것도 명백하다.

상속제도 부
인 및 계획경
제질서 도입
금지

2) 사유재산권의 보장

㈎ 사유재산권보장의 내용

사유재산권의 보장은 사유재산에 관한 사적인 이용·수익·처분권 등 주관
적 공권의 보장을 그 내용으로 하기 때문에 사유재산제도를 그 이념적인 전제
조건으로 한다. 즉 '사유재산권'은 '사유재산제도'의 바탕 위에서 사유재산을 임
의로 이용·수익·처분할 수 있는 주관적 공권이다.[1] 그러나 사유재산권은 재산
권의 사회기속성($^{제23조}_{제2항}$)과 재산권형성적 법률유보($^{제23조 제1}_{항 제2문}$)에 의한 제약을 받는
다. 즉 사유재산에 관한 사적인 이용·수익·처분권의 행사는 공공복리에 적합
하도록 해야 할 헌법적 제약을 받기 때문에 모든 국민은 입법권자가 그의 입법
형성권에 의해서 법률로 정하는 범위 내에서만 사유재산에 관한 사적인 이용·
수익·처분권을 보장받는다.[2] 하지만 입법권자는 재산권의 기능과 재산권에 대

사유재산의
사적인 이용·
수익·처분권
보장

사회기속성과
재산권형성적
법률유보에
의한 제약 및
한계

---

1) 【결정례】 i) 영리획득의 단순한 기회나 기업활동의 사실적·법적 여건은 재산권보장의 대상이
아니다(헌재결 1996. 8. 29. 95 헌바 36). ii) 관재담당공무원에 대한 국유재산취득제한은 단순한
기회의 제한에 불과해서 재산권침해가 아니다(헌재결 1999. 4. 29. 96 헌바 55). iii) 단순한 재
산상 이익의 기대는 재산권의 보호대상이 아니다(헌재결 1999. 7. 22. 98 헌바 14).

2) 【결정례】 i) 재산세에 관해 저당권 등의 피담보채권보다 우선징수하도록 규정한 국세기본법은
담보권의 본질적인 내용의 침해는 아니다(헌재결 1999. 5. 27. 97 헌바 8·89 등(병합)). ii) 그
러나 정당한 지목을 등록함으로써 토지소유자가 누리게 될 이익은 재산권의 내용이므로 정당
한 변경신청을 거부하는 것은 재산권의 침해이다(헌재결 1999. 6. 24. 97 헌마 315). iii) 어음
법에서 발행일과 수취인을 어음의 필요적 기재사항으로 정하고 그 기재를 흠결하면 어음의 효
력이 없다고 규정하는 것은 재산권의 침해라고 볼 수 없다(헌재결 2000. 2. 24. 97 헌바 41).
iv) 귀속재산을 매수한 자가 정당한 사유에 의하여 분납금을 납부하지 아니하는 예외적인 경
우까지도 그 재산에 대한 매매계약이 해제되도록 하는 것은 적법절차를 위반하고 과잉금지원
칙에도 위배되는 재산권의 침해이다(헌재결 2000. 6. 1. 98 헌가 13). v) 화의인가결정의 효력
을 보증인이나 물적 담보 등에 미치지 않게 함으로써 화의채무자에 비하여 보증인이나 담보제
공자 등을 차별하여 그들에게 불이익한 결과를 초래한다고 해도 이는 합리적 이유가 있는 것
으로 평등의 원칙, 재산권보장, 경제질서에 위반되지 않는다(헌재결 2000. 8. 31. 98 헌가 27
등). vi) 개별공시지가를 기초로 개발부담금을 산정하는 것은 납부의무자의 재산권을 침해한다
고 볼 수 없다(헌재결 2000. 8. 31. 99 헌가 104). vii) 상호신용금고의 예금자우선변제제도는
일반채권자의 평등권 및 재산권을 침해하는 위헌이다(헌재결 2006. 11. 30. 2003 헌가 14 등).
viii) 민법(제406조 제 2 항)이 정하는 채권자취소권의 행사기간은 채권자의 재산권과 재판청구
권의 침해가 아니다(헌재결 2006. 11. 30. 2003 헌바 66). ix) 실체법상 우선권이 없는 공정거
래법상의 과징금 및 가산금채권을 파산재단채권으로 인정하여 국세징수의 예에 의해 우선 징

한 시대감각, 우리 헌법이 추구하는 사회정의의 실현과 사회국가적 요청 등을
충분히 고려해서 사유재산권의 구체적인 내용을 정해야 할 것이다.

사유재산권이 비록 이와 같은 제약을 받는다 하더라도 그 제약의 범위 내
에서는 다음과 같은 실질적인 내용이 보장되고 있다. 즉 i) 법률의 근거가 없
거나 위법한 사유재산권의 침해를 방어할 권리(위법한 재산권침해금지),[1] ii) 공공
필요에 의한 사유재산권의 침해시에 적절한 보상을 요구할 수 있는 권리(재산
권의 무보상침해금지),[2] iii) 소급입법에 의해서 사유재산권을 침해받지 아니할 권
리(소급입법에 의한 사유재산권침해금지),[3] iv) 국가권력 이외의 타인에 의해서 사
유재산권이 침해되는 일이 없도록 국가의 보호를 요구할 수 있는 권리(국가외적
인 침해에 대한 보호의무) 등이 그 실질적인 보장내용이다.

사유재산권의
실질적 보장
내용 네 가지

수하게 하는 구 파산법규정(제38조 제 2 호)은 일반 파산채권자들의 재산권을 침해하고 평등원
칙에도 위배된다(헌재결 2009. 11. 26. 2008 헌가 9). x) 명예퇴직공무원이 재직중 사유로 금고
이상의 형을 선고받은 경우에는 범죄의 직무관련성과 과실 여부를 따지지 않고 명예퇴직수당
전액을 환수하게 하는 국공법규정(제74조의 2 제 3 항 제 1 호)은 재산권과 평등권의 침해가 아
니다(헌재결 2010. 11. 25. 2010 헌바 93).

1) 【결정례】 i) 상호신용금고의 부실경영에 책임이 없는 임원과 과점주주에게 금고의 채무에 대
하여 연대책임을 지우는 것은 그들의 재산권의 침해이다(헌재결 2002. 8. 29. 2000 헌가 5 등
(병합)). ii) 국립대구교육대학교 총장후보자 직접선거에서 총장후보자가 되려는 사람은 천만원
의 기탁금을 납부하도록 규정하면서 후보자가 15/100 이상을 득표한 경우에만 기탁금의 반액을
반환하도록 하고 나머지 기탁금은 대학발전기금에 귀속하도록 정한 해당 대학 총장후보자선정규
정(제24조 제 2 항)은 최다득표자조차도 기탁금의 반액을 반환받지 못할 정도로 지나치게 까다롭
게 규정한 것이어서 과잉금지원칙을 어긴 재산권의 침해이다(헌재결 2021. 12. 23. 2019 헌마
825).

2) 【판시】 자연해몰지는 재산권의 객체가 아니므로 국가가 이를 공공사업지구로 편입·매립하여 사용
해도 보상의 문제는 생기지 않는다(헌재결 1999. 11. 25. 98 헌마 456, 판례집 11-2, 634(635면)).

3) 【결정례】 i) 관행어업권의 등록제도는 소급입법에 의한 재산권의 침해가 아니고, 신뢰보호의
원칙이나 과잉금지원칙에도 어긋나지 않는다(헌재결 1999. 7. 22. 97 헌바 76, 98 헌바 50 등
(병합)). ii) 학교환경정화구역 안의 기존의 노래연습장에 5년간의 유예기간을 두고 이전·폐쇄
하게 하는 입법은 소급입법에 의한 재산권침해가 아니다(헌재결 1999. 7. 22. 98 헌마 480·
486). iii) 폐기물재생처리신고업이 개정규정에 의하여 폐기물중간처리업에 해당하는 경우에 영
업을 계속하기 위해서는 법시행일부터 1년 이내에 개정규정에 의한 허가를 받도록 하는 것
은 재산권의 침해 또는 소급입법에 의한 재산권의 박탈이 아니다(헌재결 2000. 7. 20. 99 헌
마 452). iv) 친일 반민족행위자의 재산을 국가에 귀속시키는 소급입법은 진정소급입법이지
만 재산권 침해가 아니다. 이 경우는 진정소급입법에 의한 재산권박탈을 정당화할 수 있는
헌법전문의 근거가 있다고 보아야 하고, 또 소급입법을 예상할 수 있었던 예외적 사안일 뿐
아니라 그로 인한 법적 신뢰의 침해는 심각하지 않은데 반해 이를 통해 달성되는 공익적
중대성은 매우 크기 때문에 헌법의 이념 속에서 용인될 수 있기 때문이다(헌재결 2011. 3.
31. 2008 헌바 141 등). 또 재산이 국가에 귀속되는 대상인 '친일 반민족행위자'의 범위를
일부 확대하는 법개정을 하고 소급해서 적용하게 한 법률에 대해서도 앞의 결정과 같은 취
지로 헌법 제13조 제 2 항에 반하지 않는다고 결정했다. 헌재결 2013. 7. 25. 2012 헌가 1,
판례집 29-2 상, 292(300면) 참조.

(ㄴ) 사유재산권과 세금징수 문제

과세권의 재
산권적 한계

　　사유재산권의 보장과 관련해서 자주 논의되는 것이 국가의 재정권에 의한
세금징수의 문제이다. '조세는 국가의 재정수요를 충족시킨다는 본래의 기능 외
에도 소득의 재분배, 자원의 적정배분, 경기 조정 등 여러 가지 기능을 가지고
있으므로 국민의 조세부담을 정함에 있어서는 재정·경제·사회정책 등 국정전
반에 걸친 종합적인 정책판단을 필요로' 한다.[1] 지금까지 확립된 지배적인 견
해에 따르면 세금징수는 원칙적으로 사유재산권의 침해가 아니라고 한다. 다만
세금징수 때문에 납세의무자의 사유재산에 관한 사적인 이용·수익·처분권이
중대한 위협을 받게 되고 그의 사유재산 상태가 심각하게 악화되는 상황이 초
래되는 경우에는 세금징수도 예외적으로 사유재산권의 침해가 될 수 있다고 하
는 것이 우리 헌법재판소의 입장이고,[2] 독일에서도 학설·판례가 한결같이 주

---

1) 헌재결 2017. 8. 31. 2015 헌바 339, 판례집 29-2 상, 292(300면).
2)【판시】 조세의 부과징수는 국민의 납세의무에 기초하는 것으로서 원칙으로 재산권의 침해가
　　되지 않는다고 하더라도 그로 인하여 납세의무자의 사유재산에 관한 이용·수익·처분권이 중대
　　한 제한을 받게 되는 경우에는 그것도 재산권의 침해가 될 수 있는 것이다(헌재결 1997. 12.
　　24. 96 헌가 19 등, 판례집 9-2, 762(773면)). 그 밖에도 다음 결정례를 참조할 것.
　　【결정례】 i) 우리 헌법재판소도 배우자나 직계존비속간의 채무인수를 조건으로 하는 부담부
　　증여의 경우 그 채무액은 과세가액에서 공제하지 않는다는 상속세법규정(제29조의 4 제 2 항)
　　은 재산권도 침해하는 위헌규정이라고 한다(헌재결 1992. 2. 25. 91 헌가 5, 90 헌바 3, 90 헌
　　가 69). ii) 또 상속세 또는 증여세부과의 경우 재산상속 또는 증여 당시를 기준으로 하지 않
　　고 그 조세의 부과 당시를 기준으로 해서 상속재산 또는 증여재산의 가액을 평가하도록 규정
　　한 구상속세법규정(제 9 조 제 2 항 본문)은 재산권보장규정에 어긋나는 위헌규정이다(헌재결
　　1992. 12. 24. 90 헌바 21). iii) 그리고 상속재산에 합산되는 증여재산을 증여 당시가 아닌 상
　　속개시 시점을 기준으로 평가해서 과세하는 것은 위헌이다(헌재결 1997. 12. 24. 96 헌가 19,
　　96 헌바 72). iv) 토지초과이득세처럼 미실현이득을 과세대상으로 하는 것은 원본에 대한 과세
　　가 되어 국민의 재산권을 부당하게 침해할 개연성이 크기 때문에 극히 예외적인 경우에만 그
　　채택이 정당화된다(헌재결 1994. 7. 29. 92 헌바 49·52(병합)). v) 그리고 이혼시 분할재산에
　　대한 증여세부과는 재산권보장의 헌법이념에 부합하지 않는다(헌재결 1997. 10. 30. 96 헌바
　　14). vi) 가공의 미실현이익에 대해 개발부담금을 부과하여 원본을 잠식하는 것은 재산권의 침
　　해이다(헌재결 1998. 6. 25. 95 헌바 35, 97 헌바 81, 98 헌바 5·10(병합)). vii) 그러나 과세기
　　간 중에 세율을 변경하여 소급적용하는 것은 소급과세금지위반이 아니다(헌재결 1998. 11. 26.
　　97 헌바 58). viii) 증여 후 6월이 지나면 증여소급소멸의 합의가 있어도 증여세를 부과하게
　　허용하더라도 계약의 자유를 과잉제한하거나 재산권을 침해하는 것은 아니다(헌재결 1999. 5.
　　27. 97 헌바 66 등(병합)). ix) 또 증여세 등 납부불성실가산세를 부과하는 것은 재산권을 과
　　잉제한하는 것이 아니다(헌재결 1999. 6. 24. 98 헌바 68). x) 차령과 관계 없이 배기량만을 기
　　준으로 자동차세를 과세해도 자동차에 관한 이용·수익·처분권이 중대한 제한을 받는 것은 아
　　니므로 재산권침해는 아니다(헌재결 2002. 8. 29. 2001 헌가 24). xi) 자산증여자와 수증자가
　　특수관계에 있고, 수증자가 증여받은 자산을 2년 내에 다시 양도하는 경우 증여자와 양수자
　　사이의 양도행위를 의제하여 증여자에게 양도소득세를 부과하는 것은 조세회피 방지와 조세평
　　등을 실현하기 위한 정당한 재산권의 제한이다. 그러나 이 경우 증여세의 부과를 그대로 존속
　　시켜 양도소득세 과세와 양립시키는 것은 재산권을 과잉제한하는 이중과세이므로 위헌이다(헌
　　재결 2003. 7. 24. 2000 헌바 28). xii) 1억원 이상의 상속재산을 상속개시일 전 2년 이내에 처

장하고 있다.¹⁾ 세금과는 그 성질이 다른 특별부담금의 부과에도 헌법적 한계가 있는 것은 물론이다.²⁾ 즉 일반적인 재정수요를 충당할 목적과는 다른 특별한 공익적 정책과제를 실현할 필요성이 아주 절실(compelling interest)할 때 일부 국민에게만 부과하는 것이 부담금이다. 이 부담금을 부과 받는 국민 상호간에는 '집단적 동질성', '객관적 이해 관련성', '집단적 책임(과제 실현에 두드러진 책임 갖는 집단)', '집단적 효용성' 등의 요건을 충족해야 부담금은 헌법적으로 정당성을

분하고 그 용도가 불분명한 경우 이를 상속세과세가액에 산입하게 규정한 법률조항을 추정규정이 아닌 간주규정으로 해석하면 재산권의 침해이다(헌재결 2003. 12. 18. 2002 헌바 99). xiii) 부부나 가족관계를 기준으로 한 공동사업자 합산과세제도는 조세회피목적이 없다는 반증의 기회를 납세자에게 제공하지 않아 회복할 수 없는 피해를 초래하게 되므로 피해의 최소성과 법익의 균형성을 어긴 재산권의 침해이다(헌재결 2006. 4. 27. 2004 헌가 19). xiv) 그러나 소비세 성격의 부가가치세를 경매 목적물 소유자에게 부담시켜도 재산권의 침해는 아니다(헌재결 2006. 2. 23. 2004 헌바 100). xv) 부당행위계산의 부인으로 인해 과소신고·납부하게 된 세액에 대해서 가산세를 부과하는 것은 재산권의 침해가 아니다(헌재결 2006. 4. 27. 2005 헌바 54). xvi) 부동산실명법(제 5 조 제 2 항 본문) 위반에 대한 과징금부과시점에 명의신탁관계가 종료된 경우에도 과징금부과 당시의 부동산가액을 과징금산정기준으로 삼는 것은 과징금부과시점에 명의신탁관계가 존재하는 경우와는 달리 재산권과 평등권의 침해이다(헌재결 2006. 5. 25. 2005 헌가 17 등). xvii) 주거목적의 1주택 장기보유자에 대해서까지 일률적으로 재산세보다 상대적으로 고율의 누진세율을 적용해서 종부세를 부과하는 것은 재산권의 침해이다(헌재결 2008. 11. 13. 2006 헌바 112 등). xviii) 유산세방식의 상속세제도에서 상속개시 전에 피상속인으로부터 상속재산가액에 가산되는 재산을 증여받고 상속을 포기한 자를 상속인의 범위에 포함시키지 않아 상속포기자가 증여받은 재산에 대한 누진세액 부분이 상속인에게 전가되게 하는 것은 상속인의 재산권과 평등권의 침해이다(헌재결 2008. 10. 30. 2003 헌바 10). xix) 고급오락장으로 사용할 목적이 없는 고급오락장의 취득에 대하여까지 취득세 중과세를 부과하는 법적용은 과잉금지원칙을 어긴 재산권침해이며 평등원칙에도 위배된다(헌재결 2009. 9. 24. 2007 헌바 87). 이 결정은 종전의 합헌결정(헌재결 2005. 5. 26. 2004 헌바 27 등)을 변경한 새 판시이다. xx) 체납건강보험료를 국세체납처분의 예에 의하여 강제징수할 수 있게 하고, 보험료 체납으로 인해 보험급여가 제한되는 기간에도 보험료 납부의무를 지게 하는 국민건강보험법규정은 재산권과 인간다운 생활을 할 권리의 침해가 아니다(헌재결 2009. 10. 29. 2008 헌바 86). xxi) 수도권에서 1세대 3주택 이상을 소유한 자에 대해서는 주택양도소득에 대한 장기보유특별공제를 배제하고 과세표준에 60%의 단일 세율을 적용하는 소득세법규정은 재산권과 평등권의 침해가 아니다(헌재결 2010. 10. 28. 2009 헌바 67). xxii) 부동산 임대업자가 1세대 3주택 또는 비사업용 토지를 양도하는 경우 종합소득산출세액과 양도소득세율을 적용한 산출세액을 비교하여 그 중 많은 종합소득산출세액으로 계산해서 중과세하는 구 소득세법 관련규정은 재산권의 침해가 아니다. 투기목적의 주택소유를 억제하여 국민 다수의 주거생활과 주택가격 안정을 위한 것이고 토지에 대한 투기수요를 억제하고 투기로 인한 이익을 환수하여 부동산 시장의 안정과 과세형평을 도모하기 위한 것으로서 과잉금지원칙에 위배되지 않는다(헌재결 2017. 8. 31. 2015 헌바 339, 판례집 29-2 상, 292(303면)).
1) 이 점에 대해서 자세한 것은 졸저, 전게서, 방주 788 참조할 것.
2) 【결정례】 i) 특별부담금의 성격을 갖는 문예진흥기금의 모금근거가 되는 구문화예술진흥법의 관련규정을 위헌결정하면서 4인의 재판관이 특별부담금의 헌법적 한계일탈로 인한 재산권침해를 위헌이유로 꼽은 점을 주목할 필요가 있다. 또 다른 4인 재판관은 포괄위임입법금지를 어긴 것이라고 지적했다(헌재결 2003. 12. 18. 2002 헌가 2). ii) 영화상영관 입장권에 대한 부과금제도는 그 액수가 소액이고 한시적이므로 관람객의 재산권과 영화관 경영자의 직업수행의 자유의 침해가 아니다(위헌의견 5인)(헌재결 2008. 11. 27. 2007 헌마 860).

갖는다. 그렇기 때문에 재정조달 목적의 부담금은 원칙적으로 허용되지 않는다.[1]

(다) 사유재산권과 사유재산의 처분금지

사유재산권은 사유재산에 관한 임의적인 이용·수익·처분권을 그 본질로 하기 때문에 사유재산의 처분금지를 내용으로 하는 입법조치는 원칙적으로 재산권형성적 법률유보에 의한 입법권능을 일탈한 것이라고 할 것이다.[2] 다만 그와 같은 입법에 의해서 보호하려는 공공이익과의 비례관계에서 과잉금지의 원칙을 벗어나지 아니한 지극히 예외적인 경우에만 허용된다고 할 것이다.[3] 예컨대 농업구조를 본질적으로 해치는 것을 막기 위해서 필요 불가피한 지극히 예외적인 경우가 아니고서는 농지의 처분을 금지하는 법률을 제정할 수 없다.[4]

---

1) 그런데도 헌재는 조세와 부담금을 정확히 구별하지 않고 재정조달목적 부담금을 정당화하는 결정을 해서 아쉽다. 이 결정은 깨끗한 물을 마실 국민의 권리(환경권) 및 국가의 기본적인 과제와도 관련 있는 문제인데 이런 부분은 전혀 고려하지 않은 결정이다.
   【결정례】 한강수계 상수원의 공공수역으로부터 취수된 원수를 정수하여 공급받는 최종 수요자에게 수도요금에 부가해서 물부담금을 별도로 부과하는 것은 재정조달목적의 수익자 부담금의 성격을 갖지만, 부담금 부과의 헌법적 정당성을 가져 수도요금과 함께 부과되더라도 중복적인 재원부담이 아니어서 재산권을 침해하지 않고 평등원칙에도 위배하지 않는다(헌재결 2020. 8. 28. 2018 헌바 425). 부과근거법인 한강수계 상수원수질개선 및 주민지원 등에 관한 법률 제19조 제1항 및 제5항 참조.
2) 【결정례】 i) 문화재를 선의취득한 후에 비로소 도굴된 것이라는 사실을 알게 되었는데도 계속 보유·보관하는 행위를 처벌하고 그 문화재를 필요적으로 몰수하게 하는 문화재보호법 규정은 재산권의 침해이다(헌재결 2007. 7. 26. 2003 헌마 377). ii) 비록 법률혼 관계에 있었지만 별거·가출 등으로 실질적인 혼인관계가 존재하지 않았던 기간을 전혀 고려하지 않고 일률적으로 혼인관계에 포함시킴으로써 연금형성에 기여한 바가 없는 이혼배우자에게까지 법률혼기간 기준으로 분할연금수급권을 인정한 국민연금법규정은 재산권을 침해한다(2018. 6. 30.까지 잠정 적용 헌법불합치결정)(헌재결 2016. 12. 29. 2015 헌바 182).
3) 따라서 구 국토이용관리법상의 토지거래허가제(제21조의 3 제1항)와 그 위반에 대한 벌칙규정(제31조의 2)을 합헌이라고 하는 헌법재판소의 결정(헌재결 1989. 12. 22. 88 헌가 13)은 비판의 여지가 많다. 이 점에 대해서 졸고, 「헌법재판소자료」 제2집(1989), 35면 이하 참조.
   【결정례】 i) 헌재는 무허가토지거래계약의 사법상 효력을 부인하는 법규정도 합헌이라고 판시했다(헌재결 1997. 6. 26. 92 헌바 5). ii) 부부 중 한쪽에 대한 채무명의만을 가지고 부부공유의 유체동산을 강제집행하는 것은 합헌이다(헌재결 1999. 3. 25. 96 헌바 34). iii) 수도권과밀억제지역에서 주택재건축사업의 임대주택공급의무는 용적률의 증가로 생기는 개발이익을 환수하고 세입자의 주거안정을 도모하기 위한 것이므로 주택재건축조합과 조합원의 재산권을 침해하지 않는다(헌재결 2008. 10. 30. 2005 헌마 222 등).
4) 【결정례】 농업회사법인이 취득부동산을 법이 정한 2년간 농업경영에 사용하지 않고 매각하거나 다른 용도로 사용하게 된 원인이 공익사업에 따른 토지수용의 결과로서 농업회사법인의 선택권이 제한된 상태에서 이루어진 일이라 하더라도 기업적 농업경영을 장려하려는 목적으로 도입한 취득세 감면제도 본래의 취지를 달성하지 못하게 된 점은 같으므로 이런 경우에 정당한 사유 유무를 따지지 않고 감면된 취득세를 추징하는 법(구지방세특례제한법 제94조 제2호 관련)규정은 현저하게 비합리적이고 불공정하다고 볼 수 없어 재산권의 침해가 아니다(헌재결 2018. 2. 22. 2016 헌바 420, 판례집 30-1 상, 298(304면)).

(라) 지식재산권과 경제적 이익의 한계

사유재산권에는 지식재산권도 당연히 포함되기 때문에, 저작자·발명가·과학기술자와 예술가가 자기의 작품으로부터 나오는 경제상의 이익을 주장할 수 있을 뿐 아니라 이를 현실적으로 거두어들일 수 있는 권리를 가지는 것은 당연하다. 예컨대 이미 발표된 저작물을 공공의 목적을 위해서 학교의 교과서 등에 발췌·수록하는 것은 저작권의 침해라고 볼 수 없지만,[1] 저작자가 이 경우 일정한 대가를 요구하는 것을 금지할 수는 없다고 할 것이다. 다만 재산권의 사회기속성 때문에 지식재산권에서 나오는 경제적인 이익을 주장하는 데에도 일정한 한계가 있음을 주의해야 한다.

재산권의 사회기속성으로 인한 지식재산권의 제약

(6) 재산권의 사회기속성(헌법적 한계)

1) 사회기속성의 의의와 그 이론적 근거

우리 헌법은 국민의 재산권을 보장하면서도 재산권의 행사가 일정한 제약을 받는다는 점을 명백히 밝히고 있다(제23조 제2항). 즉 재산권의 행사는 공공복리에 적합하여야 할 헌법적 한계를 가지는데, 이것을 재산권의 사회기속성이라고 한다. 따라서 재산권의 사회기속성은 사유재산제도에 관한 것이 아니고 사유재산제도를 전제로 하는 '사유재산권'에 관한 것이다.

사유재산권 행사의 공공복리 적합의무

현행헌법상 사유재산권은 재산권형성적 법률유보(제23조 제1항 제2문)에 의해서 그 내용과 한계가 정해지는데 그것은 재산권의 사회기속성을 구체화해서 재산권행사의 헌법적 한계를 명백히 하기 위한 것이다. 즉 모든 국민이 사소유물을 중심으로 생활의 기본적 수요를 스스로 충족시켜 나갈 수 있던 자급자족의 시대와는 달리, 오늘날에는 사소유물이 갖는 생활보장적 기능이 약화되고, 국민의 생활관계가 역무교환적·상호의존적·국가의존적인 관계로 변질됨에 따라, 나의 재산권의 행사는 부분적으로 타인의 생활에 영향을 미치게 되었다. 따라서 사유재산에 관한 19세기적 자유방임주의를 그대로 받아들이는 경우 여러 가지 사회적 문제가 따르기 마련이다. 19세기적인 자유주의적 재산권사상의 핵심적인 내용으로 간주되었던 사유재산에 관한 무제한의 자율적 권리와 사유재산을 바탕으로 한 무제한의 계약의 자유가 제약을 받지 않을 수 없게 된 까닭이다. 결국 국가는 사유재산에 관한 무제한의 자율적 권리와 계약의 자유를 제한하는 대가로 재산권보장의 범위를 사소유물에 국한시키지 않고 재산가치 있는 모든

경제생활양태의 변화로 인한 자유방임주의적 재산권질서 포기

---

1) 현행저작권법(제25조 제1항)은 이미 공표된 저작물을 고등학교 이하의 학교의 교육목적상 필요한 교과용도서에는 게재할 수 있도록 허용하고 있다.

사법상 또는 공법상의 권리에까지 확대시켜서 모든 국민에게 생존보장의 실효
성을 확보해 주기 위해 재산권의 사회기속성을 따로 명문화한 것이라고 말할
수 있다.

2) 사회기속성의 헌법상 의의와 기능

생존보장·공사익의 조화·사회정의실현기능

현행헌법은 i) 현대생활에서 재산권이 갖는 사회관련적 의미를 강조함으로
써 '남과 더불어' 살아갈 수밖에 없는 사회발전단계에서 모든 국민에게 생존보
장의 실효성을 확보해 주고, ii) 재산권과 관련된 사익과 공익의 적절한 조화점
을 모색하는 수단으로 재산권의 사회기속성을 강조한 것이라고 볼 수 있다.
iii) 또 현행헌법이 재산권의 헌법적 한계 내지는 사회기속성에 관한 명문의 규
정을 따로 둔 것은 우리 헌법이 추구하는 사회정의의 실현 내지는 동화적 통
합과 불가분의 이념적 상호관계에 있고, 이를 위한 헌법제정권자의 헌법정책적
고려가 함께 작용한 것이라고도 볼 수 있다. 재산권의 행사가 악용 내지 남용
됨으로써 사회의 여러 계층간에 위화감이 조성되고, 재산권의 행사가 정치·사
회적인 권력형성의 이기적인 수단으로 오용되는 상황 속에서는 사회정의의 실
현과 사회공동체의 동화적 통합은 기대할 수 없기 때문이다. 재산권의 사회기
속성이 생활화될 수 있는 적절한 정책을 개발해야 할 국가의 의무도 여기에서

경제조항상의 특수한 재산권제한의 이념적 기초로서의 기능

나온다. iv) 더 나아가서 재산권의 사회기속성은 현행헌법의 경제조항($\frac{제9}{장}$) 중
에 내포되고 있는 여러 가지 재산권제한의 특수형태를 정당화시켜 주는 이념적
기초로서의 의미와 기능도 함께 가지고 있다고 생각한다. 즉 농지소작제도의
원칙적인 금지($\frac{제121}{조}$), 국토개발상 필요한 국토·자원 등에 대한 제한($\frac{제120조 제 2}{항, 제122조}$),
소비자보호를 위한 생산품규제($\frac{제124}{조}$), 대외무역의 규제·조정($\frac{제125}{조}$), 사영기업의
예외적인 국·공유화 내지는 그 경영의 통제·관리($\frac{제126}{조}$) 등은 우리 헌법이 추구
하는 경제질서의 원활한 기능을 보장하기 위해서 경제정책적인 시정의 방향과
한계를 명시한 것이기는 하지만 그것은 또한 재산권을 바탕으로 한 경제활동의
제한을 의미하기 때문에 이념적으로는 재산권의 사회기속성과도 불가분의 상호
관계에 있다고 보아야 한다.

3) 사회기속성의 한계

사회기속성에 관한 입법형성권의 한계

재산권은 사회기속성을 갖기 때문에 사유재산에 관한 무제한의 임의적인
이용·수익·처분권이 허용되지 않고, 재산권의 내용과 한계는 입법권자에 의해
법률로 정해진다는 것은 이미 언급한 바 있다.

그렇지만 재산권의 사회기속성을 구체화하기 위한 입법권자의 입법형성권에도 일정한 한계가 있다고 보아야 한다. 헌법이 정하는 재산권형성적 법률유보와 재산권의 사회기속성을 지나치게 확대해석해서 입법권자가 보상이 필요없는 사회적인 제약의 범위를 너무 넓게 정하는 경우에는 재산권보장의 실효성이 상실되기 때문이다. 우리 헌법재판소가 그린벨트제도에 대한 헌법불합치결정에서 '입법자는 재산권의 내용을 구체적으로 형성함에 있어서 헌법상의 재산권보장과 재산권의 제한을 요청하는 공익 등 재산권의 사회적 기속성을 함께 고려하고 조정하여 양 법익이 조화와 균형을 이루도록 해야 한다'[1]고 강조하는 이유도 그 때문이다. 또 우리 헌법과 거의 비슷한 내용으로 규정된 독일기본법상의 재산권보장에 관한 규정($\frac{제14}{조}$)의 해석과 관련해서 독일에서 사회기속성의 한계가 강조되고 있는[2] 이유도 그 때문이다.

그러나 구체적으로 보상이 필요 없는 재산권의 사회적인 제약과 반드시 보상을 해 주어야 하는 '재산권수용'의 한계를 명확히 구별하는 것은 매우 어려운 일이 아닐 수 없다. 오늘날에는 재산권의 공용수용이 재산권의 소유자변경의 형태로만 나타나지 않고, 재산권의 '공용사용' 내지 '공용제한'으로까지 확대되는 바람에, 보상이 필요한 경우($\frac{제23조}{제3항}$)와 보상이 없어도 무방한 재산권의 사회적 제약의 구별이 더욱 어렵게 되었다. 예컨대 문화재적 가치가 있는 주택의 소유주에게 그 주택구조를 바꾸지 못하도록 제한하는 것,[3] 전세권자를 보호하기 위해서 가옥소유자의 계약의 자유를 제한하는 것, 도시계획을 이유로 건축을 제한하는 것, 지하철공사를 이유로 사유토지의 지하개발을 금지하거나 영업장소의 통행권을 제한하는 것 등이 어느 범위까지 가능한 것인지, 가능하다면 그것이 '재산권의 수용'에 해당하는 것인지 아니면 단순한 재산권의 사회적인 제약에 해당하는 것인지를 바르게 판단하는 일이야말로 재산권보장의 실효성을 위해서 매우 중요한 의미를 갖는다.[4] 학설과 판례가 이 문제를 둘러싸고 심한 견해차이

재산권의 사회적 제약과 재산권수용의 구별 필요성과 실제상의 어려움

---

1) 헌재결 1998. 12. 24. 89 헌마 214 등, 판례집 10-2, 927(944면 이하) 참조.
2) Vgl. z.B. BVerfGE 50, 290(339ff.); 52, 1(29f.); *W. Leisner*, Sozialbindung des Eigentums, 1972, insbes. S. 185ff.
3) 【독일판례】 문화재적 가치가 있는 빌라의 소유자가 그 빌라를 유지·보수하는 데 감당하기 힘든 많은 돈이 필요함에도 불구하고 그 빌라를 현상태대로 계속 보존하라고 강요하는 것은 소유자에게 지나치게 가혹하기 때문에 국가는 소유자의 처분권(빌라철거)을 인정하든지 그 빌라를 매입해서 문화재로 관리하든지 선택해야 한다는 독일연방헌법재판소의 판례가 있다. BVerfGE 100, 226ff. 참조.
4) 【결정례】 i) 행정청이 아닌 주택건설사업자가 새로 설치한 도로를 그 도로를 관리할 국가 또는 지자체의 소유로 귀속하게 하는 주택건설촉진법 규정(제33조 제 8 항)은 재산권의 법률적 수용이라는 법적 외관을 가지고 있으나 새로 설치한 도로와 그 부지의 소유권을 개별적이고 구체적으로 박탈하려는데 그 본질이 있는 것이 아니라, 공공시설의 설치와 그 비용부담자 등

를 보이고 있는 것도 그 때문이다. 세부적인 사항에 관한 다양한 견해차이를 도외시한다면 오늘날 대체로 다음과 같은 일반적인 판단기준이 제시되고 있다.

(개) **사회기속성의 한계설정을 위한 이론**[1]

a) 사회기속이론

위험방지 위한 방어적 제한과 공익목적 위한 능동적 제한의 구별

구체적인 사유재산권에서 나오는, 공공의 법익에 대한 위험을 방어하기 위한 방어적인 행위로서의 재산권의 제한일 때는 단순한 사회적인 제약에 해당하지만, 사유재산권을 다른 특정한 공적 목적을 위해서 이용하려는 능동적인 행위로서의 재산권의 제한은 재산권의 공용수용에 해당한다고 한다. 가장 대표적인 예가 국민보건을 위해서 광견병에 걸린 개를 보상 없이 공권력이 살해하는 경우이다. 이 경우에는 개의 소유자가 자기의 생활영역에서 발생하는 사회적 위험을 스스로 막아야 할 의무가 있고, 양심적인 소유자가 그 사실을 알았으면 즉시 했어야 할 일을 공권력이 단순히 대행한 것에 지나지 않기 때문에 재산권의 사회적인 제약에 해당된다고 한다. 공해업소의 조업을 정지시키는 일, 밀수용 선박을 보상 없이 몰수하는 일 등도 유사한 경우지만 언제나 과잉금지의 원칙이 존중되어야 함은 두말할 필요가 없다.

b) 특별희생이론

일반적 희생과 특별한 희생의 구별

재산권제한의 효과가 일반적인 성질을 가져서 사회 전체에 미치는 경우에는 재산권의 단순한 사회적 제약에 해당하지만, 재산권제한의 효과가 개별적인 성질을 가져서 일종의 특별한 희생을 뜻하게 되는 경우에는 보상이 따르는 재산권의 제한에 해당한다고 한다. 재산권의 사회기속성의 한계를 평등권의 시각에서 판단하려는 것이다.

c) 기대가능성이론

제한의 진지성의 정도에 따른 구별

재산권제한의 진지성에 비추어 재산권의 주체에게 그 제한의 수인을 기대할 수 있는 정도면 재산권의 단순한 사회적 제약이라고 보아야 하지만, 그렇지 아니한 경우에는 보상을 요하는 재산권의 제한에 해당한다고 한다. 특별희생이론과의 차이점은 특별희생이론이 그 주안점을 남과 비교해서 '특별한 희생'인지의 여부에 두는 데 반해서 기대가능성 내지 진지성이론은 남과의 비교를 떠나

에 관하여 규율하고 있는 것이므로 재산권의 내용과 한계를 정한 것이어서 재산권의 침해가 아니다(헌재결 2015. 2. 26. 2014 헌바 177, 판례집 27-1 상, 184(193면)). ⅱ) 2010년 북한의 공격으로 우리 천안함이 침몰한 후 통일부 장관의 개성공단 신규 투자 불허 및 투자 확대 금지 등 대북 조치로 인하여 개성공단 경제협력사업자가 입은 손실은 개성공단이라는 특수한 지역에 위치한 사업용 재산이 받는 사회적 제약이 구체화된 것일 뿐 보상 의무가 발생하는 공용제한은 아니다(헌재결 2022. 5. 26. 2016 헌마 95).

1) 자세한 관련문헌에 관해서는 졸저, 전게서, 방주 794~803 참조할 것.

서 재산권주체 개인의 주관적인 사정을 고려할 때 수인이 가능한지의 여부에
그 주안점을 두는 점이 다르다.

d) 사적 유용성이론

재산권이 제한된 상태에서 아직도 사적인 유용성이 유지되고 있으면 재산
권의 단순한 사회적인 제약이고, 그렇지 않고 재산권이 완전히 다른 목적을 위
해 제공되고 있다면 보상을 해야 하는 재산권의 제한이라고 한다.

제한된 재산
권의 사적 유
용성 존부에
따른 구별

e) 상황기속이론

특히 토지 등의 부동산에 관한 재산권의 제한이 그 토지 내지 부동산의 입
지조건 또는 그 자연적인 형상을 고려해서 그것을 현상태대로 보전하기 위한
것인 때에는 재산권의 단순한 사회적인 제약으로 감수해야 하지만, 그렇지 아니
한 경우에는 보상을 요하는 재산권의 제한이라고 한다. 예컨대 지금까지 농경지
내지는 임야로만 이용되던 토지를 green belt로 지정함으로써 그 개발을 제한하
는 것이 그 대표적인 경우이다.[1] 헌법상의 환경권과도 관련이 있는 이론이다.

현상태 보전
목적의 유무
에 따른 구별

(ㄴ) 비판 및 사견

생각건대 재산권의 단순한 사회적인 제약과 보상을 요하는 재산권의 제한
과의 한계를 어느 하나만의 이론으로 획일적으로 판단하기는 어렵다고 생각한
다. 오늘날 공법상 손실보상의 판단기준으로 널리 받아들여지고 있는 특별희생
이론만 하더라도 재산권제한효과의 일반성의 판단기준을 어디에 두느냐에 따라
단순한 사회적인 제약도 될 수 있고 재산권의 제한도 될 수 있다. 예컨대 도시
계획을 위한 건축제한의 경우 모든 대지소유자를 기준으로 하면 특별희생이 되
지만, 도시계획선에 걸린 대지소유자만을 기준으로 하면 특별희생이 되지 않는
다. 따라서 재산권의 사회기속성의 한계는 각 구체적인 경우에 관련되는 여러
가지 판단기준을 함께 고려해서 종합적으로 평가하여야 한다고 생각한다. 그러
나 그 어떠한 판단기준에 따른다 해도 과잉금지의 원칙 특히 비례의 원칙을
어기는 재산권의 제한은 재산권의 단순한 사회적 제약이라고 평가하기 어렵다
고 할 것이다.[2]

사안별로 다
양한 기준에
따른 종합적
평가

과잉금지원칙
존중

---

1) 【결정례】 그린벨트지정으로 토지를 종래의 목적으로 사용할 수 있으면 합헌이지만, 종래의
   목적으로 사용할 수 없거나 전혀 이용방법이 없는 경우에 보상을 하지 않는 것은 재산권의 침
   해라는 헌법불합치결정이 있다(헌재결 1998. 12. 24. 89 헌마 214, 90 헌바 16, 97 헌바 78(병
   합)). 헌재의 이 결정취지를 존중하기 위해서 국회는 개발제한구역의 지정으로 토지의 효용가
   치가 현저히 감소된 경우 그 토지의 소유자에게 매수청구권을 인정하는 등 재산권을 존중하는
   입법을 했다(개발제한구역의지정및관리에관한특별조치법 제16조~제18조 등).
2) 【결정례】 비행정청인 사업시행자가 도시계획사업을 시행하여 새로이 설치한 공공시설을 그
   시설관리주체인 국가·지자체에 무상귀속시키는 법규정은 재산권의 내용과 한계를 정하는 입법

(7) 재산권의 제한과 그 한계

재산권제한의
일반형태와
특수형태의
차이

현행헌법은 재산권의 사회기속성의 한계를 넘는 적법한 재산권의 제한과 그에 대한 보상의 원칙을 명문화하고 있다(제23조 제3항). 그 밖에도 재산권의 사회기속성을 그 이념적인 기초로 해서 국민의 경제활동을 제한하는 여러 가지 규정을 경제조항 중에 두고 있다고 하는 것은 이미 언급한 바 있다. 전자를 재산권제한의 일반형태라고 한다면, 후자는 재산권제한의 특수형태라고 말할 수 있다. 재산권제한의 일반형태의 경우에는 반드시 보상이 따라야 하지만, 재산권제한의 특수형태는 보상과 무관하게 이루어진다는 점에서 차이가 있다.

적법한 제한
과 위법한 제
한

현행헌법은 공공필요에 의해 법률로써 적법하게 행해지는 재산권의 제한과 보상에 관해서만 규정하고 있기 때문에 법률의 근거가 없거나 법률을 어긴 위법한 재산권의 제한, 입법부작위에 의한 재산권침해[1] 그리고 다른 행정목적을 위한 공권력의 행사가 재산권제한의 결과를 초래했을 경우 등에 손실보상의 필요성 여부가 문제될 수 있다.[2] 적법한 재산권제한에 따르는 보상과 위법한 재산권침해에 대한 권리구제 그리고 사실행위에 의한 재산권침해의 경우를 나누어서 살펴보기로 한다.

형성권의 범위를 넘는 재산권의 침해가 아니다(헌재결 2003.8.21. 2000 헌가 11 등).

1) 【판시】 해방 후 군정법령으로 사설철도회사의 전재산을 수용하면서 보상절차가 이루어지지 않은 단계에서 군정법령이 폐지됨으로써 대한민국의 법령에 의한 수용은 있었으나 그에 대한 보상 없이 30년이 지나도록 입법자가 아무런 입법조치를 취하지 않고 있는 것은 입법재량의 한계를 넘는 입법의무불이행으로서 보상청구권이 확정된 자의 헌법상 보장된 재산권을 침해하는 것이다(헌재결 1994.12.29. 89 헌마 2, 판례집 6-2, 395(415면)).

2) 【판시】 i) 면허 없이 공유수면을 매립한 자에 대하여 원상회복의무를 면제하는 대신 매립공사 구역 내의 시설 기타 물건을 국유화하는 것은 재산권의 강제수용이 아니다(헌재결 2000.6.1. 98 헌바 34, 판례집 12-1, 607면 이하). ii) 공정거래법과 동 시행령규정의 위임에 따른 신문고시는 재산권제한의 과잉금지원칙을 존중했고 우리 경제질서조항에도 위배되지 않는다(헌재결 2002.7.18. 2001 헌마 605, 판례집 14-2, 84(104면)).
【결정례】 i) 증권거래에서 단기매매차익반환제도를 통해서 내부자거래를 예방적·간접적으로 규제하는 것은 과잉금지원칙을 어긴 재산권의 본질적 내용의 침해가 아니고 평등원칙에도 위배되지 않는다(헌재결 2002.12.18. 99 헌바 105 등(병합)). ii) 지역난방시설의 사용자가 부담하는 공사비는 수익자부담금에 해당하므로 그들에게 에너지 공급시설에 대한 지분권이나 지역난방공사의 주주로서의 권리를 인정하지 않는 것은 재산권의 침해가 아니다(헌재결 2003.5.15. 2001 헌바 90). iii) 금감위가 공적자금의 투입이 불가피한 부실금융기관에 대해서 주식소각이나 주식병합의 방법으로 자본금감소를 명할 수 있게 한 것은 국민경제의 안정을 위한 불가피한 수단이므로 주주의 재산권의 침해가 아니다(헌재결 2003.11.27. 2001 헌바 35). iv) 그러나 후(後)출원상표의 출원 후에 선(先)등록상표를 무효로 한다는 심결이 확정되어 소급효가 생긴 경우에도 후출원상표의 등록을 거절하거나 후등록상표에 대한 무효심결을 하도록 하는 상표법규정은 상표권자의 재산권을 침해한다(헌재결 2009.4.30. 2006 헌바 113 등).

1) 적법한 재산권제한과 보상

현행헌법은 재산권제한의 정당성사유로 i) 공공필요, ii) 법률의 형식, iii) 보상의 세 가지를 규정하고 있다.[1]

적법한 제한의 3요건

(개) 공공필요

재산권제한의 정당성사유로서의 '공공필요'란 공공이익을 위한 일정한 공익사업을 실현하거나 국가안전보장·질서유지 등의 공익목적을 달성하기 위해서 재산권의 제한($\frac{수용·사}{용·제한}$)이 불가피한 경우를 말한다. 기본권제한입법의 한계조항($\frac{제37조}{제2항}$)이 이 경우에도 존중되어야 함은 물론이다.[2] 따라서 재산권의 제한을 정당화시키는 '공공필요'의 요건이 존재하는지의 여부를 판단하는 데 있어서는 과잉금지의 원칙이 그 기준이 된다.[3] 공공필요에 의한 재산권의 제한은 공익목적

공익목적 위해 제한이 불가피한 경우

과잉금지원칙이 판단기준

---

1) 【결정례】 i) 헌법 제23조 제 3 항은 재산권 수용의 주체를 국가로 한정하지 않고 있다. 따라서 산업단지 지정·수용처럼 국가 등 공적 기관의 최종적인 승인을 받아 민간기업이 수용의 주체가 되더라도 공공필요성과 정당보상요건을 충족하는 경우에는 헌법 제23조 제 3 항에 위배되지 않는다(헌재결 2009. 9. 24. 2007 헌바 114). ii) 지구단위계획에 따른 민간주택건설사업자에게 시가에 따른 매도청구권을 인정해서 대지매매를 강제하고 소유권을 이전시켜 실질적인 공용수용을 허용하는 구 주택법규정(제18조의 2 제 1 항 제 1 문)은 매매대상토지소유자의 재산권에 대한 본질적 내용의 침해는 아니다(헌재결 2009. 11. 26. 2008 헌바 133). iii) 민간개발자가 관광단지 조성계획상 토지면적 중 사유지의 2/3 이상을 취득한 경우에 민간개발자를 토지수용의 주체로 인정한 것은 다른 공적인 사업시행자와 마찬가지로 공공필요에 의한 것으로 재산권의 침해가 아니다(헌재결 2013. 2. 28. 2011 헌바 250). iv) 조기노령연금의 수급개시연령을 59세에서 60세로 상향 조정한 국민연금법 규정은 신뢰보호의 원칙을 위반한 재산권의 침해가 아니다(헌재결 2013. 10. 24. 2012 헌마 906, 판례집 25-2 하, 327(336면)).

2) 기본권제한입법의 한계조항(제37조 제 2 항)을 기본권에 관한 일반적인 법률유보조항이라고 이해하는 입장에서, 재산권제한사유로서의 '공공필요'라는 개념이 제37조 제 2 항에서 언급한 국가안전보장·질서유지·공공복리의 개념보다 넓은 개념이냐, 같은 개념이냐를 놓고 논쟁을 벌이고 있다. 그러나 제37조 제 2 항을 기본권제한입법의 한계조항이라고 이해하는 저자의 관점에서 볼 때, 재산권제한사유로서의 '공공필요'도 마땅히 제37조 제 2 항의 한계 내에서만 인정될 수 있기 때문에 그와 같은 논쟁은 무의미하고 불필요하다고 생각한다.

예컨대 문홍주 교수는 제23조 제 3 항의 '공공필요'와 제37조 제 2 항의 '국가안전보장' 등을 같다고 이해하고, 김철수 교수와 권영성 교수는 '공공필요'를 보다 넓은 개념으로 이해한다. 문홍주, 293면; 김철수, 554면; 권영성, 520면.

3) 【결정례】 i) 경과실로 인한 실화자에 대해서 피해자의 손해배상청구권을 배제하는 입법은 재산권의 과도한 제한이 아니라고 했던 판시(헌재결 1995. 3. 23. 92 헌가 4 등)는 위헌결정으로 변경되었다(헌재결 2007. 8. 30. 2004 헌가 25). ii) 우리 헌재는 하천의 효율적인 관리를 위해서 제외지를 국유화하는 입법의 위헌심사에서 그 공공필요성을 인정했다(헌재결 1998. 3. 26. 93 헌바 12). iii) 또 카지노업자에게 총매출액의 10/100의 범위 내에서 특별부담금을 부과해서 관광진흥개발기금을 조성하는 것에 대해 공공필요성을 인정해서 재산권침해를 부인했다(헌재결 1999. 10. 21. 97 헌바 84). So auch BVerwGE 2, 36; 13, 75(77); 19, 171(172f.). iv) 오늘날 공익사업의 범위가 확대되는 경향에 대응하여 '공공필요'의 요건중 공익성은 추상적인 공익 일반 또는 국가의 이익 이상의 중대한 공익을 요구하므로 기본권 일반의 제한사유인 '공공복리'보다 좁게 보는 것이 타당하다. 따라서 지구개발사업의 시행자로 지정되기만 하면 민간개

을 달성하기 위해 필요한 최소한의 범위 내에서의 공권적인 대체작용의 성질을 가지기 때문에 국가가 공공재산을 증식시키기 위해서 국민의 재산권을 제한하는 것은 여기에 포함될 수 없다. 국가가 단순히 재산취득의 목적만으로 재산권을 제한할 수 없는 이유이다. 예컨대 토지수용은 부동산취득이 목적이 아니고, 공익사업의 시행을 위해 필요한 토지의 확보가 그 목적이기 때문에, 공용수용한 토지를 장기간 그대로 방치하는 것은 허용되지 않는다. 따라서 공익사업의 폐지·변경 등으로 인해서 취득한 토지의 전부 또는 일부가 필요 없게 된 경우 토지소유자는 공익사업이 폐지·변경된 날 또는 사업완료일로부터 10년 이내에 재산권을 근거로 환매권을 행사할 수 있는 것은 물론이다.[1] 현행 공익사업을 위한 토지 등의 취득 및 보상에 관한 법률(이하 '토지 보상 법'으로 약함)(제91조,제92조)도 이를 입법화하고 있다. 도시계획사업을 10년간 집행하지 않는 경우 대지소유자가 도시·군계획시설설정의 해제 또는 매수청구권을 갖게 한 것도 같은 취지의 입법이다 (국토의 계획 및 이용에 관한 법률 제47조 및 제48조의 2).[2]

환매권의 요건

발자가 공익성이 낮다고 볼 수 있는 고급골프장 사업의 시행을 위해서 다른 사람의 재산을 수용할 수 있도록 허용하는 규정은 헌법 제23조 제 3 항에 위반된다(헌법불합치결정)(헌재결 2014. 10. 30. 2011 헌바 129 등, 판례집 26-2 상, 639(650면)).

1) 【판시】 환매권은 헌법상의 재산권보장으로부터 도출되는 것으로서 헌법이 보장하는 재산권의 내용에 포함되는 권리라고 할 수 있다. 또 이 권리는 피수용자가 수용 당시 이미 정당한 손실보상을 받았다는 사실로 말미암아 부정되지 않는다(헌재결 1994. 2. 24. 92 헌가 15 등, 판례집 6-1, 38(57면)). 그 밖에도 다음 결정례를 참조할 것.

【결정례】 i) 공원조성을 위해 토지를 수용했다가 용도가 변경되었을 경우 수용된 토지가 아파트신축 등의 새로운 공익사업에 필요하다고 하더라도 원소유자의 환매권을 인정해야 한다는 대법원판례가 있다. 대법원 1992. 4. 28. 선고 91 다 29927 판결 참조. ii) 환매권은 재산권의 내용에 포함되는 권리이지만 5년, 10년 등의 환매기간의 제한은 재산권의 침해가 아니라는 것이 헌재의 입장이었다(헌재결 1996. 4. 25. 95 헌바 9); 헌재결 1998. 12. 24. 97 헌마 87·88(병합). 그러나 헌재는 이 판례를 변경해서 토지보상법(제91조 제 1 항 중)이 '토지의 협의 취득일 또는 수용 개시일부터 10년 이내'로 환매권을 제한하는 것은 침해최소성과 법익균형성을 어겨 환매권자의 재산권을 침해한다고 적용중지 헌법불합치결정을 했다(헌재결 2020. 11. 26. 2019 헌바 131). iii) 수용토지를 다른 공익사업으로 변경사용하도록 허용한 부진정소급입법에 의한 환매권제한은 위헌이 아니다(헌재결 1997. 6. 26. 96 헌바 94). iv) 환매목적물인 토지에 관하여 통상적인 지가변동분을 넘는 지가상승이 발생한 경우 사업시행자에게 환매금액 증액청구권을 부여한 공익사업법 제91조 제 4 항은 재산권의 내용의 한계를 일탈하여 재산권을 침해한다고 볼 수 없다. 환매권의 내용에 반드시 토지가 취득되지 않았다면 원소유자가 누렸을 법적 지위의 회복을 요구할 권리가 포함된다고 볼 수 없고, 개발이익은 토지 취득 당시의 객관적 가치에 포함된다고 볼 수 없으며, 환매권자가 증액된 환매금액을 부담하게 될 것을 우려해 환매권을 행사하지 못해도 이는 사실상의 제약에 불과하기 때문이다(헌재결 2016. 9. 29. 2014 헌바 400).

2) 【결정례】 이것은 도시계획시설결정으로 토지소유자의 사적 이용권이 완전히 배제되는 경우 보상 없이 장기간 이를 감수하게 하는 것은 비례의 원칙을 어긴 재산권의 침해라는 헌재의 불합치결정(헌재결 1999. 10. 21. 97 헌바 26)과 같은 취지의 입법이다.

(나) 법률의 형식

a) 법률 이외의 형식에 의한 제한금지

현행헌법은 재산권제한의 요건으로 '법률의 형식'을 요구하고 있다. 따라서 재산권의 제한은 국회가 입법절차에 따라 제정한 형식적 의미의 법률에 의해서만 가능하고, 행정명령 또는 조례에 의한 재산권의 제한은 허용되지 않는다고 보아야 한다.[1] 그러나 법률의 효력을 갖는 국가긴급권발동에 의한 제한은 물론 가능하다.[2]

행정명령 및 조례에 의한 제한금지

그런데 재산권제한의 요건으로서의 '법률'은 원칙적으로 일반적인 성질의 법률이어야 하고 특정인의 재산권만을 표적으로 하는 개별적인 법률이어서는 아니된다.

처분적 법률 배제

b) 불가분조항의 요건

그리고 그와 같은 일반적인 법률에는 재산권제한사항만이 규정될 것이 아니고 제한에 따르는 보상의 기준과 방법이 함께 규정되어야 한다고 생각한다.

이처럼 같은 법률 속에 재산권제한사항과 보상의 기준과 방법 등이 함께 규정되어야 하는 것은 서로 뗄 수 없는 사항들을 함께 다루어야 된다는 이른바 '불가분조항'(package deal clause: Junktim-Klausel)의 요구를 충족시키기 위한 것이다. 독일에서는 '불가분조항'의 요구에 반하는 재산권제한법률은 위헌이기 때문에 마땅히 규범통제에 의해서 무효화되어야 한다고 한다.[3] 재산권을 제한하기 위한 법률에 제한사항만을 규정케 하지 않고 보상에 관한 사항을 함께 두게 하는 것은 재산권보호의 의미도 있지만, 재산권을 제한하려는 법률집행자에게 재산권제한의 결과(재정부담)에 대해서 경고하는 의미도 함께 내포하고 있다.[4]

불가분조항의 요청과 의의

(다) 보 상

재산권제한이 정당화되기 위해서는 반드시 정당한 보상을 지급해야 한다 (제23조 제3항). 보상의 기준은 재산가치의 상계 정신에 따르느냐 손해배상 정신에 따르느

정당보상의 기준

---

1) Vgl. BVerfGE 56, 249(259ff., 262). 동지: 김철수, 554면.
   그러나 권영성, 521면, 교수는 조례에 의해서 재산권의 사용을 일시적으로 제한할 수 있다고 하지만 찬성할 수 없다.

2) 【판결례】 군사상의 긴급한 필요에 의한 재산권의 수용 또는 사용이라도 그것이 법률의 근거 없이 이루어진 경우에는 재산권자에 대한 불법행위가 된다(대법원 1996. 10. 18. 선고 66 다 1715 판결).

3) Vgl. etwa BVerfGE 4, 219(228ff.); 24, 367(418); 46, 268(268f.).

4) 【판시】 i) 수용법률에서 손실보상에 관한 규정을 두고 있지 않더라도 헌법조항을 직접적인 근거로 하여 손실보상을 청구할 수 있다(대법원 1967. 11. 2. 선고 67 다 1334 판결). ii) 이 사건 법 자체에는 보상규정이 없었으나, 사후의 개정하천법에 의해 뒤늦게 보상법률이 마련되었고 후속 시행령에 의해 대다수의 제외지 소유자들이 이미 손실보상을 받았으므로 헌법 제23조 제3항의 '법률에 의한 보상'의 요건을 충족한 것으로 볼 수 있다(헌재결 1998. 3. 26. 93 헌바 12, 판례집 10-1, 226(249면)).

냐에 따라 그 내용이 달라질 수 있다. 또 같은 가치상계 정신에 따른다 해도 상당

보상,[1] 정당보상,[2] 입법보상,[3] 이익형량보상[4] 등에 따라 보상의 정도가 달라진다.

구 헌법상의 이익형량보상 의 내용

손해배상 정신에 따르는 경우에는 재산권제한으로 인해서 발생한 모든 직접·간접의 손실을 모두 보상하는 완전보상이 된다. 구 헌법은 공익 및 관계자의 이익을 정당하게 형량하여 보상의 기준과 방법을 정하는 이익형량보상을 택하고 있었다. 따라서 보상의 기준과 방법은 입법권자가 이익형량해서 정해야 할 사항이었지만, 입법권자가 이익형량을 함에 있어서는 재산권제한으로 인해서 발생하는 손해뿐 아니라, 그 제한으로 인해서 생길 수도 있는 이익(예컨대 개발이익) 등을 종합적으로 검토해서 합리적으로 정해야 할 것이었다. 따라서 이익상계가 불가피한 경우에는 시가 이하의 보상도 있을 수 있었다고 할 것이다.[5] 또 평상시의 보상과 전시의 보상이 다를 수도 있었을 것이다.

정당보상은 완전보상의 의미

그러나 현행헌법은 정당보상을 규정하고 있다. 정당보상은 원칙적으로 완전보상을 의미한다. 우리 헌법재판소도 같은 취지의 판시를 하고 있다.[6] 따라서 현행 공익사업을 위한 토지 등의 취득 및 보상에 관한 법률, 부동산 가격공시에 관한 법률, 국토의 계획 및 이용에 관한 법률, 주택법 등이 정하는 것처럼 지가공시제를 채택하고 시가에 훨씬 미치지 못하는 공시지가에 따라 보상을 하는 것은 문제가 있다고 생각한다. 그것은 정당한 보상이라고 볼 수 없기 때문이다. 따라서 시급한 제도개선이 요청된다. 그러나 기준지가 내지 공시

보상방법과 보상액산정시 기

지가가 시가와 차이가 없다면 개발이익을 보상액의 산정에서 배제하고 행하는 보상제도는 정당보상의 원리에 어긋나지 않는다고 할 것이다.[7] 보상의 방

---

1) 우리 제 1 공화국헌법(제15조 제 3 항)과 제 2 공화국헌법(제15조 제 3 항)은 이에 따랐다.

2) 우리 제 3 공화국헌법(제20조 제 3 항)과 현행헌법의 입장이다.

3) 우리 제 4 공화국헌법(제20조 제 3 항)의 입장이었는데, 보상범위뿐 아니라 심지어 보상 여부까지도 법률이 정하게 되어 있다는 대법원판례(대법원 1976. 10. 12. 선고 76 다 1443 판결)에 따라 보상청구권은 단순한 방침규정에 불과했다.

4) 개헌 전의 제 5 공화국헌법(제22조 제 3 항)의 입장이었다.

5) Vgl. BVerfGE 24, 367(420f.); 46, 268(285).

6) 【판시】 정당한 보상이란 원칙적으로 피수용재산의 객관적인 재산가치를 완전하게 보상하는 것이어야 한다는 완전보상을 뜻한다(헌재결 1998. 3. 26. 93 헌바 12, 판례집 10-1, 226(249 면)). 동지: 헌재결 1989. 12. 22. 88 헌가 13; 헌재결 1990. 6. 25. 89 헌마 107; 헌재결 1993. 7. 29. 92 헌바 20; 헌재결 1995. 4. 20. 93 헌바 20·66, 94 헌바 4·9, 95 헌바 6(병합).

7) 【결정례】 i) 토지수용시에 개발이익이 포함되지 아니한 공시지가를 기준으로 보상하는 것은 합헌이다(헌재결 1999. 12. 23. 98 헌바 13·49, 99 헌바 25(병합)). ii) 공특법상 개발이익을 환매권자에게 귀속시키지 않는 것은 재산권 침해가 아니다(헌재결 2005. 4. 28. 2002 헌가 25, 판례집 17-1, 461(472면)). iii) 공익사업인정고시일 전의 시점을 공시기준일로 하는 공시지가를 보상액 산정의 기준으로 정하거나, 수용재결 당시의 가격을 보상액 산정의 기준으로 삼는 것, 그리고 개별공시지가 아닌 표준지 공시지가를 보상액 기준으로 정한 것은 개발이익을 배제하고 재산가치를 가장 객관적으로 정당하게 보상하는 것이다(헌재결 2011. 8. 30. 2009 헌바 245,

법은 금전보상과 현물보상이 모두 가능하지만 채권보상($\binom{\text{토보상법 제63조}}{\text{제7항과 제8항}}$)은 정당한 보상방법이라고 보기 어려운 면이 있는데도 금전보상보다는 대토보상과 채권 보상을 장려하고 있다($\binom{\text{법 제63조 제2항~}}{\text{제4항 및 제9항}}$).[1] 보상액의 산정시기는 원칙적으로 보상시 기를 기준으로 하고,[2] 보상액의 지급시기가 늦어지면 지급시기 또는 판결시기 가 그 기준이 되는 것이 마땅하다.[3] 우리 토지보상법은 토지보상액의 산정시기 및 방법에 관해서 사업인정고시일에 가장 가까운 시점에 공시된 공시지가를 기 준으로 하되($\binom{\text{제70조}}{\text{제4항}}$), 보상액을 산정할 때 당해 공익사업으로 인한 개발이익은 배제하도록 정했다($\binom{\text{제67조}}{\text{제2항}}$).[4]

2) 위법한 재산권침해와 권리구제

재산권제한의 정당성요건을 갖추지 아니한 재산권제한은 위법한 재산권침 해가 된다. 즉 i) 공공필요에 의하지 아니한 재산권침해, ii) 법률을 어기거나, 법률의 근거가 없거나 법률의 형식에 의하지 아니한 재산권침해,[5] iii) 보상규 정이 없는 법률에 의한 재산권침해, iv) 과잉금지의 원칙을 어긴 재산권침해[6]

재산권제한의
정당성요건미
비

판례집 23-2 상, 323(335면)).

1) 정당보상의 의미에 관한 대법원판례(대법원 1990. 2. 24. 선고 69 다 1769 판결)는 시사하는 바 크다.

2) Vgl. BGHZ 12, 374.

3) 【판시】 손실보상금의 기능을 가지는 농지개량사업에 의한 청산금의 지불기한을 토지수용법 등과는 달리 90일로 정하고 이 기한까지의 이자지급을 규정하지 않은 것은 농지개량사업의 특 수성을 고려한 정당한 입법형성권의 행사이므로 재산권과 평등권의 침해가 아니다(헌재결 2000. 4. 27. 99 헌바 58, 판례집 12-1, 544(545면)). Vgl. BGHZ 44, 57ff.

4) 【결정례】 보상액의 산정시기와 방법에 관한 현행법규정(제67조 제 2 항과 제70조 제 4 항)은 재산권의 침해가 아니다(헌재결 2009. 9. 24. 2008 헌바 112).

5) 【결정례】 2016년 2월 10일 정부의 개성공단 전면 중단조치는 북한의 핵과 미사일 위협에 대 응하는 국가안보와 현지 체류 국민의 신변 안전을 위해서 최대한 기밀 유지 속에서 신속하게 처리할 필요가 있었기 때문에 국가안전보장회의 상임회의 협의를 거쳤고 관련 기업인들과의 간담회도 개최했기 때문에 국가작용의 효율성 등에 따른 필수적인 절차는 거친 것으로 보아야 한다. 따라서 국무회의 심의, 이해 관계자의 의견청취절차 등을 거치지 않았더라도 적법절차원 칙을 위반하여 개성공단 투자기업인 청구인들의 영업의 자유와 재산권을 침해했다고 볼 수 없 다(헌재결 2022. 1. 27. 2016 헌마 364). [평석] 개성공단 전면 중단조치는 헌법 제89조에 따라 당연히 국무회의의 심의를 거쳐야 하는 중요 국정 사항인데 기밀유지와 신속처리의 필요성을 들어 국가안보회의 상임회와 관련 기업인들과의 간담회로 대체했어도 무방하다는 이 판시는 설득력이 없다. 국무회의가 국가안보회의 상임회와 기업인들과의 간담회보다 기밀유지와 신속 처리에 더 방해가 된다는 논리는 참으로 이해할 수 없는 논리이다.

6) 【결정례】 i) 공무원연금법의 연금지급정지제도는 연금을 대체할 만한 소득이 전제되어야 하는 데도 그 전제가 충족되지 않은 경우에도 일률적으로 연금 전액의 지급을 정지하는 것은 지급 정지제도의 본질 및 취지에 어긋날 뿐 아니라 침해 최소성과 법익 균형성을 갖추지 못했다. 따라서 구 공무원연금법(제47조 제 1 항 제 2 호)의 '지방의회의원'에 관한 부분은 과잉금지원칙 을 위배하여 재산권을 침해한다. 실질적인 내용은 같고 조문 구조만 바뀐 현행 공무원연금법 해당 규정에 대해서도 법질서의 정합성과 소송 경제적인 이유로 같이 헌법불합치결정을 한다.

등이 그것이다. 이처럼 위법한 재산권침해가 발생한 경우에는 '재산권수용유사의 침해'(enteignungsgleicher Eingriff)이론[1])과 국가배상책임이론에 따라 권리구제를 받을 수 있다고 할 것이다. 헌법에 심지어 적법한 재산권침해에 관해서도 그 손실을 보상해 주도록 규정하고 있는데, 하물며 위법한 재산권침해에 대해 권리구제를 해 주는 것은 너무나 당연한 논리적인 귀결이기 때문이다. 다만 고의·과실이 없는 경우와 있는 경우를 나누어서 살펴볼 필요가 있다.

㈎ 고의·과실이 없는 위법한 재산권침해

고의·과실이 없는 위법한 재산권침해의 경우에는 '재산권수용유사의 침해이론'에 따라 손실보상을 해 주어야 할 것이다.[2]) 즉 공법상의 손실보상이론을 확대적용하는 것이다.

(왼쪽 여백 표제)
재산권수용유사의 침해이론 및 국가배상책임이론에 의한 구제

손실보상이론 확대적용

다만 구 법 조항은 적용중지를, 현행법 조항은 2023년 6월 30일까지 시한부 계속 적용을 명한다(헌재결 2022. 1. 27. 2019 헌바 161). 이 위헌결정은 헌재의 종전 합헌결정(헌재결 2017. 7. 27. 2015 헌마 1052)을 변경한 판례이다. [평석] 헌재는 구 법 조항에 대한 적용중지의 헌법불합치결정을 하는 이유를 다음과 같이 설명한다. 즉 '구 법 조항은 이미 개정되어 향후 적용될 여지가 없지만 당해 사건과 관련해서는 여전히 적용되고 있으므로, 계속 적용을 명하는 경우에는 이에 대한 위헌 선언의 효력이 당해 사건에 미치지 못할 우려가 있다'. 그러나 구 법 조항에 대해서 단순 위헌결정을 하면 그 위헌의 효력은 당연히 당해 사건에 미치게 되므로 헌법불합치결정을 할 이유가 없다. 따라서 구 법 조항에 대해서 헌법불합치결정을 하면서 적용중지를 명하는 것과 단순 위헌결정을 해서 효력을 잃게 하는 것이나 효과는 같다. 다만 헌재가 단순 위헌결정을 하지 않은 이유는 실질적인 내용이 같은 현행법 규정까지 효력을 잃게 되는 법적 공백 상태를 방지하려고 함께 헌법불합치결정을 한 것으로 이해할 수 있다. 그러나 그런 취지라면 구 법 조항과 현행법 조항을 분리해서 전자에는 단순 위헌결정을, 후자에는 잠정적 용의 헌법불합치결정을 하는 것이 보다 합리적이라고 생각한다. 법적 근거도 없이 남용되고 있는 헌법불합치결정을 줄이기 위해서다. ii) 수사 결과 의료법 제33조의 위반이 확인된 요양기관(속칭 사무장 병원)에 대해서 요양급여 비용의 지급을 보류할 수 있게 정한 국민건강보험법규정(제47조의2 제1항 전문 중 의료법 제33조 제2항 관련 부분)은 이들 기관의 재산권을 침해한다. 지급보류처분의 처분 취소에 관한 명시적 규율이 없고, 하급심 법원에서라도 확정전의 무죄판결이 선고된 경우에는 그 때부터 요양급여 비용을 일정 부분 지급하도록 할 필요가 있고, 사정변경 사유가 발생한 경우 지급보류 처분이 취소될 수 있도록 함으로써 의료기관 개설자가 수인해야 했던 재산권 제한 상황에 대한 적절하고 상당한 보상에 대한 규율이 필요한데도 이런 사항들을 전혀 규율하지 않았기 때문이다(헌재결 2023. 3. 23. 2018 헌바 433).

1) '재산권수용유사의 침해'에도 엄밀히 따져서 두 가지 유형이 있다. 하나는 국가기관이 재산권 침해를 예견할 수 있었던 경우이고, 또 하나는 국가기관이 다른 합법적인 공권력작용을 행하다가 그 부수적인 효과로 재산권침해가 초래되었기 때문에 처음에는 전혀 재산권침해를 예견할 수 없었던 경우이다. 후자의 경우를 특히 '재산권수용침해'(enteignender Eingriff)라고 부르는 것이 독일에서의 관례지만, 여기서는 이를 구별치 않기로 한다. 이 점에 대해서 자세한 것은 다음 문헌을 참조할 것.
   F. Ossenbühl, Staatshaftungsrecht, 2. Aufl.(1978), S. 136f.; *B. Bender*, Staatshaftungsrecht, 2. Aufl.(1974), S. 25ff.
2) So auch BGHZ 6, 270(289ff.).
   독일의 새 국가배상법(제2조 제2항)에는 재산권수용유사의 침해에 대한 국가의 보상책임을 명문화하고 있다.

(나) 고의·과실이 있는 위법한 재산권침해

국가기관이 고의·과실에 의해 위법하게 국민의 재산권을 침해한 경우에는
공무원의 직무상 불법행위로 인한 손해배상청구권($^{제29}_{조}$)과 재산권수용유사의 침
해이론에 의한 보상청구권이 함께 인정된다고 할 것이다.[1] 따라서 이 경우에는
단순한 재산가치의 회복에 그치지 않고 간접적인 손해도 보상받을 수 있다고
할 것이다.

손해배상 및
보상청구권
함께 인정

3) 사실행위에 의한 재산권침해와 권리구제

공권력이 행하는 사실행위에 의해서 국민의 재산권이 침해되는 결과가 초
래된 경우에도 '재산권수용유사의 침해이론'에 따라 손실보상을 해 주어야 한
다. 예컨대 농수산부가 실시한 돼지콜레라예방주사의 부작용으로 죽은 돼지의
보상문제가 그것이다. 이 경우 국가가 제조한 관수용 돼지콜레라백신의 부작용
원인이 백신제조과정의 잘못으로 판명이 된 때에는 국민은 국가를 상대로 죽은
돼지의 보상을 청구할 수 있다.[2]

재산권수용유
사의 침해이
론 적용 구제

4) 손실보상이론의 변질

위법한 재산권침해 내지 사실행위에 의한 재산권침해에 대한 권리구제에서
살펴본 바와 같이, 오늘날 손실보상의 이론은 점점 확대되어 가는 경향에 있다
는 사실을 주목할 필요가 있다. 즉 국가작용의 적법·위법·사실행위성을 구별치
않고, 또 의도적인지 아니면 단순한 부수적인 효과인지를 따지지 않고 공권력작
용에 의해서 재산권침해의 결과가 나타난 경우에는 이에 대해서 폭 넓게 손실
보상을 해 줌으로써 재산권을 보호하는 방향으로 나아가고 있다. 현행헌법상의
재산권보장의 정신도 이와 같은 시대의 흐름에 순응하는 것이라고 보아야 한다.

결과책임 강
조 및 손실보
상이론의 확대

5) 재산권제한의 한계(재산권의 본질적 내용)

현행헌법상 공공필요에 의해 법률로써 재산권을 제한하는 경우에도 일정
한 한계가 있다는 점을 주의해야 한다($^{제37조}_{제2항}$). 즉 사유재산제도와 상속제도의
전면적인 폐지는 재산권보장에 내포된 객관적 가치질서로서의 제도적 보장의
성격 때문에 절대로 허용되지 아니한다. 또 소급입법에 의한 재산권의 박탈도
재산권의 본질적 내용의 침해이기 때문에 위헌임을 면치 못한다.[3] 그런데도 헌

사유재산 및
상속제도의
폐지·소급입
법에 의한 재
산권박탈은
본질적 내용
침해

---

1) So auch BGHZ 7, 296(297f.); 13, 88(90ff.).
2) 당시 국가는 돼지 가격의 80%를 보상하였다. 동아일보 1983년 4월 5일, 제 5 면의 관련사건기
   사 참조할 것.
3)【판시】 재산권의 본질적 내용의 침해는 그 침해로 사유재산권이 유명무실해지고 사유재산제

법재판소는 친일반민족행위자의 재산을 국고에 귀속시키는 진정소급입법을 예
외적으로 합헌으로 결정한 판례를 주목할 필요가 있다.[1] 그러나 아직 진행과정
에 있는 사안을 대상으로 하는 부진정소급입법의 경우에는 소급입법에 의한 재
산권 침해가 문제될 여지는 없고, 다만 기존의 법적인 상태에 대한 당사자의
신뢰를 법치국가적인 관점에서 헌법적으로 어느 정도 보호해 주어야 할 것인지
가 문제될 뿐이다.[2] 사유재산제도와는 달라서 구체적인 사유재산권은 그것이
일종의 '재산가치의 보장'이라고 볼 수 있기 때문에 재산권의 수용·사용·제한
시에 행해지는 보상은 말하자면 재산가치를 회복시켜 주는 기능을 갖는다. 따
라서 재산가치의 회복(보상)이 없는 사유재산권의 제한은 재산권의 본질적 내용
의 침해가 된다.[3] 재산권의 사회기속성과 국가의 재산권형성적 법률유보를 지

도가 형해화되어 헌법이 재산권을 보장하는 궁극적인 목적을 달성할 수 없게 되는 지경에 이
르는 경우라고 할 것이다. 사유재산제도의 전면적인 부정, 재산권의 무상몰수, 소급입법에 의
한 재산권 박탈 등이 본질적인 침해가 된다(헌재결 1989. 12. 22. 88 헌가 13, 판례집 1, 357
(373면)). 동지: 헌재결 1993. 9. 27. 92 헌가 5.

【결정례】 부당환급받은 세액을 징수하는 근거규정인 구 법인세법조항(제72조 제5항 및 부칙
제9조)에서 새로운 과세요건사실을 추가하는 개정을 하면서 과세요건사실의 발생시기에 관한
제한 없이 법 개정 전에 발생한 과세요건사실에까지 진정소급적용하는 부칙규정을 두는 것은
신뢰보호의 요청에 우선하여 진정소급입법을 할 중대한 공익상 필요성을 인정할 수 없어 재산
권을 침해한다(헌재결 2014. 7. 24. 2012 헌바 105, 판례집 26-2 상, 23(30면)).

1) 【결정례】 i) 헌재는 합헌결정의 근거로 헌법전문의 정신과, 소급입법을 예상할 수 있었던 예외적
사안이고, 크지 않은 법적 신뢰의 침해에 비해 달성되는 공익적 중대성은 매우 크다는 점을 논거
로 제시했다. 재판관들의 견해는 다양하게 갈렸는데, 친일반민족행위자의 재산은 헌법상 보호가
치가 없다는 별개의견, 진정소급입법이 아닌 부진정소급입법이라는 별개의견, '사정에 의한 취득'
이 포함된다는 해석의 일부한정위헌의견, 헌법 제13조 제2항을 근거로 한 일부위헌의견 등이다
(헌재결 2011. 3. 31. 2008 헌바 141 등). ii) 재산이 국가에 귀속되는 대상인 '친일 반민족 행위
자'의 범위를 일부 확대하고 소급해서 적용하게 한 친일재산귀속법 개정법률조항도 정당화 사유
가 있어 소급입법금지원칙에 위반되지 않는다(헌재결 2013. 7. 25. 2012 헌가 1). 헌법이론상 진
정소급입법이 허용되는 예외적인 경우에 대해서는 졸저, 전게서, 방주 430 각주 208 참조할
것. iii) 헌재는 1945. 8. 9. 이후에 한국의 일본인 재산을 대상으로 성립된 거래를 전부 무효로
하는 내용의 미군정법령 제2호 제4조 본문(1945. 9. 25. 공포)과 1945. 8. 9. 이후 한국의 일
본인이 소유·관리하는 재산을 1945. 12. 25.자로 전부 미국 군정청이 취득하도록 한 미 군정법
령 제33호 제2조 전단(1945. 12. 6. 공포) 등 진정소급입법에 의한 재산권 침해를 합헌이라고
결정했다(헌재결 2021. 1. 28. 2018 헌마 88).

2) 예컨대 헌재결 2010. 7. 29. 2008 헌마 581 등, 판례집 22-2 상, 404(418면)도 같은 취지의 판
시를 한다.

3) 【판시】 i) 조세채권이 담보물권의 우선권을 제한하고 담보물권에 우선하도록 허용함으로써 담
보물권제도에 대한 법적 신뢰성을 허물어뜨려 재산권의 본질적 내용을 침해할 뿐 아니라 과잉
금지원칙에도 위배된다(헌재결 1990. 9. 3. 89 헌가 95, 판례집 2, 245면). ii) 퇴직금채권자에게
그 퇴직금의 액수에 관하여 아무런 제한 없는 우선변제수령권을 인정함으로 인하여 질권자나
저당권자가 그 권리의 목적물로부터 거의 또는 전혀 변제를 받지 못하게 되는 경우에는 그 질
권이나 저당권의 본질적 내용을 이루는 우선변제수령권이 형해화하게 되어 본질적 내용의 침
해소지가 생긴다(헌재결 1997. 8. 21. 94 헌바 19 등, 판례집 9-2, 243(261면)). iii) 사회보장적
급여의 성질을 갖는 공무원연금법의 각종 급여수급권 전액에 대해서 사법상 채권에 의한 압류

나치게 확대적용함으로써 재산권이 갖는 사회기속성의 한계를 너무 넓게 잡는 것은 결과적으로 재산권의 무보상침해를 허용하는 것이기 때문에 그 자체가 재산권의 본질적 내용의 침해가 된다고 할 것이다. 재산권의 사회기속성의 한계를 바르게 설정하는 일이 중요하다고 평가되는 이유도 그 때문이다.[1] 따라서 국가가 토지의 공기능을 강화하기 위한 토지정책(소위 토지공개념정책)을 추진하는 데 있어서도 재산권의 본질적 내용은 반드시 존중해야 한다. 우리 헌법재판소도 헌법 제23조 제 1 항 제 2 문 및 제 2 항과 제122조가 '토지공개념'의 기초가 된다고 전제하면서도, 이것을 근거로 하는 '토지소유자 등에 대한 여러 가지 의무의 부과와 제재라도 헌법 제37조 제 2 항에 의한 한계가 있음은 물론, 재산권의 본질적 내용을 침해할 수 없다'[2]고 강조하고 있다.[3]

재산권의 무
보상침해도
본질적 내용
침해

를 금지한 것은 채권자의 재산권을 본질적으로 침해한 것이 아니다(헌재결 2000. 3. 30. 98 헌마 401 등(병합), 판례집 12-1, 344면). iv) 회사정리절차에서 정리담보권자에게 적용되는 신고 및 신고추완제도와 미신고시의 실권제도 그리고 법원의 정리계획인가결정에 대한 즉시항고권의 배제는 재산권의 본질적 내용, 평등권, 재판청구권의 침해가 아니다(헌재결 2005. 6. 30. 2003 헌바 47).

1) 【결정례】 i) 그런데 우리 대법원은 도시개발제한구역 안에 있는 토지의 소유자가 재산권행사에 많은 제약을 받더라도 그 제약은 공공복리를 위해서 감수해야 할 정도를 넘지 않는 것이므로 개발제한구역을 설정한 도시계획법(제21조 제 1 항과 제 2 항)이 손실보상의 규정을 두지 않았어도 헌법 제23조 제 3 항과 제37조 제 2 항에 위배되지는 않는다고 한다(대법원 1990. 5. 8.자 89 부 2 결정). 그렇지만 개발제한구역설정으로 인한 재산권제한은 대법원의 생각처럼 획일적으로 평가할 수 있는 성질의 것이 아니고, 개별적인 사안에 따라 보다 신중하고 심층적인 검토가 필요한 문제라고 생각한다. ii) 헌법재판소가 개발제한구역지정 당시의 상태대로 토지를 사용·수익·처분할 수 있는 경우와 그렇지 않은 경우를 구별해서 후자의 경우에는 헌법불합치결정을 한 것은 합리적이다. 헌재결 1998. 12. 24. 89 헌마 214 등(병합) 참조. iii) 수도권의 인구집중유발시설에 과밀부담금을 부과하는 것은 과잉금지원칙이나 평등권을 위반하는 재산권의 침해가 아니다(헌재결 2001. 11. 29. 2000 헌바 23). 또 건교부장관이 정하는 표준건축비를 기준으로 일률적으로 과밀부담금을 부과하는 것은 재산권의 과잉제한이 아니고 포괄위임금지원칙에 어긋나지 않는다(헌재결 2004. 6. 24. 2004 헌바 23). iv) 건설공사를 위하여 문화재발굴허가를 받아 매장문화재를 발굴하는 경우 그 발굴비용을 사업시행자가 부담하게 하는 구 문화재보호법규정은 재산권의 침해가 아니다(헌재결 2010. 10. 28. 2008 헌바 74). v) 고압송전선 설비지인 미보상 선하지에 대한 공용사용과 이에 따른 구분지상권의 존속기간을 정한 전원개발촉진법(제6조의 2 제 1 항)은 미보상 선하지 소유자의 재산권을 침해하지 않는다(헌재결 2019. 12. 27. 2018 헌바 109).

【독일판례】 2014년 10월 1일 이전에 건축한 국민이 선호하는 도시주거지역의 임대주택에 대해서 5년 시한으로 해당지역의 평균적인 임대료(매년 임대시세 반영 변경)보다 10% 이상 임대료를 인상하지 못하게 제한하는 민법 개정규정(제558조 제 2 항)은 과잉금지원칙에 어긋나지 않아 임대인의 재산권과 계약의 자유를 침해하지 않고 평등원칙에도 위배되지 않는다. 2019. 7. 18. 결정한 독일연방헌재 1 BvR 1595/18 참조.

2) 헌재결 1998. 6. 25. 95 헌바 35 등, 판례집 10-1, 771(798면) 참조.

3) 【판시】 i) 또 한편 우리 헌재의 견해에 따르면 '토지재산권은 그 특성상 다른 재산권보다 더 엄격한 규제의 필요성이 있기 때문에 토지재산권에 대한 입법재량권은 다른 정신적 기본권에 비해 넓다'고 한다(헌재결 1989. 12. 22. 88 헌가 13, 판례집 1, 373면). ii) 그러나 택지소유상한을 가구당 200평으로 낮게 설정하고 기존의 택지소유자도 법적용의 대상으로 삼는 등 불합

그런데 헌법재판소는 재산권 침해여부를 과잉금지원칙에 따라 심사하는 경우에 '추구하는 공익이 침해되는 사익보다 현저히 적어 합리적인 입법형성권의 한계를 일탈한 것이 아닌 이상 헌법에 위배되지 않는 완화된 심사기준을 적용하기로 한다'[1]고 판시하면서 재산권에 관한 과잉금지원칙의 적용에서도 엄격한 기준심사와 완화된 기준심사가 있는 듯이 논증했다. 그러나 이 논증은 분명히 문제가 있다고 생각한다. 먼저 공익과 사익의 이익형량은 과잉금지원칙에 따른 심사의 결과이지 심사의 전제일 수 없기 때문이다. 나아가 엄격한 기준심사와 완화된 기준심사의 차이가 구체적으로 무엇인지 분명치 않다. 헌법재판소가 평등권 관련 심사에서 적용해온 엄격·완화 등의 심사기준을 재산권 관련 심사에서도 무분별하게 적용하려는 입장은 지양해야 할 것이다. 그런데도 다른 사건에서도 이 심사기준을 그대로 적용하고 있다.[2]

Ⅳ. 근로활동권

(1) 헌법규정의 내용과 타기본권과의 관계

1) 헌법규정의 내용

근로의 권리와 근로자의 노동 3 권

우리 헌법은 모든 국민에게 일할 기회를 통해서 인간다운 생활을 영위케 하기 위해서 '근로의 권리'($^{제32}_{조}$)와 '근로자의 노동 3 권'($^{제33}_{조}$)을 보장하고 있는데, 이것을 '근로활동권'이라고 말한다. 헌법이 근로활동권을 보장하는 것은 경제적인 국력신장의 밑거름이 될 뿐 아니라 우리 헌법이 추구하는 사회정의와 사회평화의 실현을 위해서도 중요한 의미를 갖는다. 모든 국민이 일할 기회를 가지

리한 규제를 한 택지소유상한법은 그 전체를 위헌결정했다(헌재결 1999. 4. 29. 94 헌바 37 외 66건(병합)). 이 위헌결정은 법률이 폐지된 뒤에 나왔다는 아쉬움이 있다. iii) 부동산실명법이 부동산의 명의신탁약정과 그에 따른 물권변동을 무효로 하더라도 시장경제질서, 사적자치 및 재산권의 본질적 내용의 침해는 아니다. 그러나 명의신탁자, 기존의 명의신탁자, 장기미등기자, 기존의 양도담보권자 등의 이 법 위반행위에 대해서 일률적으로 부동산평가액의 30%에 해당하는 과징금을 부과하는 것은 과잉금지원칙을 어긴 재산권의 침해이고 평등의 원칙에도 위배된다(헌재결 2001. 5. 31. 99 헌가 18 등(병합), 판례집 13-1, 1017(1110면)).

1) 헌재결 2017. 9. 28. 2016 헌바 76, 판례집 29-2 상 406(412면) 참조.

2) 【결정례】 해상여객운송사업의 면허권은 사법상의 재산권과 달리 공적인 성격이 강하므로 해상여객운송사업의 독과점을 규제하고 도서민의 해상교통권을 보장하기 위한 경쟁체제로의 전환을 위한 제도개선에 의한 기존 면허권자의 재산권 침해여부는 보다 완화된 심사기준을 적용해야 한다. 그 결과 재산권 침해가 아니다(헌재결 2018. 2. 22. 2015 헌마 552, 판례집 30-1 상, 315(324면)). 헌재의 이 결정도 결국은 법익균형성 심사를 통해 당연히 논증될 수 있는 결과를 미리 예단하면서 완화된 심사기준을 적용해야 한다고 전제하는 것은 논증의 설득력을 해치는 일이다.

고, 근로조건의 향상을 위한 노력을 통해서 합리적인 작업환경을 유지하며 작업능률을 높일 수 있다고 하는 것은 근로자 개인의 이익인 동시에 사회평화와 경제성장에도 도움이 되기 때문이다. 모든 국민은 '근로의 권리'뿐 아니라 '근로의 의무'를 지고, 국가는 고용의 증진과 적정임금의 보장에 노력하고, 최저임금제를 실시해야 하며, 근로의무의 내용과 조건을 민주주의원칙에 따라 정하도록 한 것(제32조 제1항)도 그 때문이다. 그뿐 아니라 우리 헌법은 근로활동영역에서도 인간존엄성과 평등권의 헌법적인 가치지표를 실현하기 위해서 합리적인 근로조건의 보장에 관한 규정(제32조 제3항~제5항)을 두어 여자근로자의 차별대우를 금지하고 연소근로자를 특별보호하며, 사회정책적인 견지에서 원호대상자의 우선적인 취업기회를 보호해 주고 있다(제32조 제6항). 또 모든 근로자에게 원칙적으로 단결권·단체교섭권·단체행동권을 보장함으로써 자주적인 노력을 통해서 작업환경의 개선을 실현할 수 있는 길을 열어 놓고 있다(제33조).

근로의 의무와 국가의 고용증진, 최저임금 실현 노력

합리적 근로조건 보장

2) 타기본권과의 관계

헌법이 보장하는 이와 같은 근로활동권은 헌법의 통일성의 요청 때문에 다른 헌법규정과의 관련 속에서 이해해야 한다.

첫째 근로활동권은 '인간다운 생활을 할 권리'(제34조)와 불가분의 이념적인 상호관계에 있다. '인간다운 생활영위'는 누구나가 일할 기회를 가지고 합리적인 작업환경 속에서 보다 좋은 작업환경을 추구하며 자립적이고 자조적으로 살아갈 수 있을 때 비로소 가능한 것이기 때문에, 근로활동권은 '인간다운 생활영위'을 그 이념적인 바탕으로 해서 그것을 실현하는 수단적인 의미를 갖는다.

인간다운 생활영위권 실현수단

둘째 근로활동권은 직업의 자유(제15조)와도 뗄 수 없는 관계에 있다. 근로활동은 직업적인 의미를 가질 때 비로소 그 창의성과 독창성이 발휘될 수 있고, 근로활동의 자유를 떠난 직업의 자유를 이념적으로 생각할 수 없기 때문이다. 그 불가분성에 의해서 징표되는 직업과 근로는 경제적인 개성신장의 수단이며, 경제활동의 출발점이다. 다만 직업의 자유와는 달리 근로활동권은 자연인만의 권리라는 점이 다를 뿐이다.

직업의 자유와의 불가분성

셋째 근로활동권은 우리나라의 경제질서가 유지되기 위한 중요한 이념적인 기초이다. 우리 헌법이 추구하는 자유경제질서는 모든 국민의 자유롭고 창의적인 직업적 근로활동과 근로시장의 자율성을 그 바탕으로 하고 있기 때문이다.

자유경제질서의 이념적 기초

집회·결사의
자유와의 관
계

넷째 근로활동권은 집회·결사의 자유($\frac{제21}{조}$)와도 관계가 있다. 집회·결사의
자유를 떠나서 근로자의 노동 3 권을 생각할 수 없기 때문이다. 이 때 근로자의
근로활동으로서의 집회·결사는 일반적인 집회·결사에 대해서 특별법적인 관계
에 있게 된다.

거주·이전은
직업적 근로
활동수단

다섯째 근로활동권은 거주·이전의 자유($\frac{제14}{조}$)를 떠나서 그 실효성을 기대할
수 없다. 거주·이전은 직업적인 근로활동의 불가결한 전제조건이며 그 수단일
수 있기 때문이다.

재산권보장과
의 관계

여섯째 근로활동권은 재산권의 보장($\frac{제23}{조}$)과도 무관하지 않다. 근로자가 근
로활동의 대가로서 주장할 수 있는 임금청구권과 적정임금을 보장받기 위한 단
체활동의 권리는 재산가치 있는 사법상·공법상의 권리를 확보하기 위한 불가
피한 수단이기 때문이다. 그뿐 아니라 임의적인 근로활동은 생산수단의 사유를
전제로 하는 것이기 때문이다.

근로활동권은 이처럼 여러 가지 기본권 내지 헌법규정과 이념적·수단적인
상호관계에 있기 때문에 그 법적인 성격을 평가하는 경우에도 이를 종합적인
관점에서 검토해야 한다.

아래에서 '근로의 권리'와 '근로자의 노동 3 권'을 나누어서 살펴보기로 한다.

(2) 근로의 권리(일할 권리)

1) 근로의 권리의 의의 및 그 헌법상 기능

㈎ 근로의 권리의 의의

일할 능력의
임의적인 상
품화 보장

모든 국민은 헌법에 의해서 '근로의 권리'를 보장받고 있는데($\frac{제32조 제1}{항 제1문}$), '근
로의 권리'란 자신의 일할 능력을 임의로 상품화할 수 있는 권리를 말한다. 따
라서 모든 국민에게 자신의 일할 능력을 임의로 상품화할 수 있는 권리를 보
장한다고 하는 것은 생활의 기본적인 수요를 충족시킬 수 있는 생활수단적 경

생활수단적
경제활동보장

제활동을 보장하는 것이다. '일할 권리'에는 육체적인 일뿐 아니라 정신적인 일
도 함께 포함되지만, 생활수단적인 의미를 갖지 않는 단순한 취미생활을 위한
일은 여기에 포함되지 아니한다.

㈏ 근로의 권리의 헌법상 기능

모든 국민에게 자신의 일할 능력을 임의로 상품화할 수 있는 권리를 보장
하는 것은 다음과 같은 여러 가지 헌법상 의의와 기능을 갖는다.

자주적 인간
의 불가피한
생활수단

첫째 '근로의 권리'는 '일'을 통한 개성신장의 기본적인 조건을 뜻하기 때

문에 우리 헌법이 바탕으로 하고 있는 '자주적인 인간'의 불가피한 생활수단으로서의 의의를 갖는다.

둘째 '근로의 권리'는 모든 국민에게 '일할 능력'의 임의적인 상품화를 통해 생활의 기본적 수요를 자조적으로 충족시키게 한다는 헌법상 의의를 갖는다.

셋째 '근로의 권리'는 모든 국민에게 '일할 능력'을 자신의 임의에 따라 상품화하는 것을 허용하기 때문에, 우리 헌법이 추구하는 자본주의경제질서의 이념적·방법적 기초로서의 의의를 갖는다.

넷째 '근로의 권리'는 모든 국민에게 생활의 기본적인 수요를 자조적으로 충족시킬 수 있는 기회를 열어 주는 것이기 때문에 생활무능력자에 대한 국가의 보호의무($^{제34조}_{제5항}$)를 덜어 주는 기능을 갖는다.

다섯째 '근로의 권리'는 모든 국민이 자신의 '일할 능력'을 임의적으로 상품화할 수 있는 자율적인 노동시장을 통해서만 그 실효성을 나타낼 수 있기 때문에 국가의 고용정책·노동정책·사회정책의 원칙적인 방향지표로서의 기능을 갖는다. 즉 '근로의 권리'는 국가가 고용증진정책, 임금정책, 남녀고용평등정책, 노사분쟁의 조정, 직업훈련계획, 실업대책, 산업재해대책 등을 마련하는 데 있어서 그 헌법적 방향지표로서의 기능을 갖는다.[1] 우리 헌법이 국가의 고용증진과 적정임금보장 및 최저임금제시행의무를 명문화하고($^{제32조}_{제1항}$), 근로조건을 민주주의원칙에 따라 인간의 존엄성을 존중하도록 법률로 정하도록 하고($^{제32조 제2}_{항·제3항}$), 여자근로자에 대한 특별보호와 고용·임금 및 근로조건에 있어서 여자근로자가 부당한 차별을 받지 않도록 규정한 것($^{제32조}_{제4항}$)[2]도 '근로의 권리'가 갖는 이같은 기능을 말해 주고 있다.

기본적 수요의 자조적 충족수단

자본주의의 이념적 기초

국가적 보호의무 경감 기능

고용·노동·사회정책의 방향지표 기능

2) 근로의 권리의 법적 성격

'일할 권리'의 법적 성격에 대해서는 이를 자유권적인 성질의 소극적인 권리라고 이해하는 입장, 생활권적인 성질의 적극적인 권리라고 이해하는 입장, 특히 그 의무성을 강조하는 입장 등 여러 견해가 대립되고 있다.

---

1) 그래서 고용정책기본법, 직업안정법, 고령자고용법, 기간제 및 단시간근로자보호 등에 관한 법률, 고용보험법, 산업재해보상보험법, 중소기업기본법, 국민평생직업능력개발법, 직업교육훈련촉진법, 남녀고용평등과 일·가정 양립지원법 등이 제정되었다.

2) 【판결례】 남녀근로자의 정년을 차별해서 규정한 것은 남녀의 차별적 대우를 금지한 근로기준법(제 5 조)과 남녀고용평등법(제 8 조)에 위배되어 무효라는 대법원판례가 있다(대법원 1993. 4. 9. 선고 92 누 15765 판결).

(개) 자유권설

취업방해배제
권

'일할 권리'를 자연법적인 시각에서 파악하는 입장인데, '취업을 국가에 의해 방해받지 아니할 권리'를 그 본질로 하는 일종의 방어권적인 성질의 소극적인 권리라고 설명한다.

(나) 생활권설

'일할 권리'를 생활권적인 성질의 권리로 이해하는 입장인데, 다시 프로그램규정설·규범적 기대권설·법적 권리설 등으로 갈라진다.

a) 프로그램규정설

국가의 정치
적 의무 선언

'일할 권리'는 국민에게 일할 기회를 마련해 주고, 실업대책을 강구함으로써 모든 국민이 인간다운 생활을 할 수 있도록 보장하려는 국가의 노력을 표시함에 불과한 선언적인 규정에 지나지 않는다고 한다.[1] 즉 '일할 권리'는 국가권력의 정치적·도의적 의무를 선언함에 불과하다는 것이다.

b) 규범적 기대권설

고용증진정책
기대권

'일할 권리'는 국가에 대해서 일자리를 요구하거나 일자리를 주지 못하는 때에는 생활비를 요구할 수 있는 성질의 권리가 아니고 국가의 고용증진정책·완전고용정책에 의해서 실현될 수 있는 일종의 규범적 기대권이라고 한다.[2]

c) 법적 권리설

추상적 권리
설과 구체적
권리설

'일할 권리'는 적어도 구체적인 입법의 해석지침이 되기 때문에 단순한 프로그램규정은 아니고 법적 권리로서의 성질을 가진다고 한다. 그러나 법적 권리이긴 하지만 구체적인 입법에 의해서만 비로소 실현될 수 있는 추상적인 성질의 권리라는 견해(추상적 권리설)와 국가에 대해 일할 기회를 적극적으로 요구할 수 있는 구체적인 성질의 권리라는 견해(구체적 권리설)[3]로 갈라진다.

---

1) 예컨대 박일경, 344면.
2) 예컨대 문홍주, 307면.
3) 예컨대 김철수, 706면; 권영성, 619면. 권교수는 종래 그가 동조하던 추상적 권리설에서 구체적 권리설로 견해를 바꾸면서 '불완전한 구체적 권리'라는 표현을 쓰고 있다. 권교수가 사회적 기본권이 현대생활에서 갖는 기능의 중요성을 뒤늦게나마 인식해서 사회적 기본권의 법적 성격을 구체적 권리로 보려는 이론구성을 시도하는 것은 바람직한 입장의 변화라고 보여지지만, 모든 사회적 기본권을 '청구권적 기본권과 동일한 수준의 불완전하나마 구체적인 권리'(550, 594면)라고 이해하는 것은 문제가 있다고 느껴진다. 왜냐하면 그가 강조하는 '불완전성'이 소구권 때문이라면, 적어도 청구권적 기본권은 대부분의 경우에 소구권이 인정되기 때문이다. 그가 청구권적 기본권으로 분류 설명하고 있는 재판청구권·국가배상청구권·손실보상청구권·형사보상청구권·범죄피해자구조청구권 등은 결코 소구권이 없는 불완전한 권리는 아닌 것이 분명하다. 따라서 사회적 기본권의 불완전한 권리로서의 성격이 청구권적 기본권과 동일한 수준이라는 설명은 재검토가 필요한 것으로 판단된다.

㈐ 근로의 공기능설

'일할 권리'를 사회주의적인 시각에서 이해하는 입장인데, '근로'를 국가적 인 생존배려의 반대급부로 파악하고, '일할 권리'를 권리라기보다 생존배려를 받기 위한 당연한 공적인 의무의 성질을 갖는 것이라고 설명한다. 모든 생산수 단을 국유화하고 사기업을 인정치 않는 사회주의국가에서는 '근로'는 권리성보 다는 공적인 의무성이 강할 수밖에 없다.

근로는 생존 배려의 반대 급부

㈑ 비판 및 사견

생각건대 '일할 권리'를 '일할 의무'로 파악하려는 사회주의적인 공기능설을 받아들일 수 없는 것은 물론이다. 또 '자유권의 생활권화' 현상이 특히 국민의 경제생활영역에서 그 비중을 더해가는 오늘날 '일할 권리'를 단순히 방어권적인 자유권으로만 이해하는 데도 어려움이 따른다. 마찬가지 이유로 '일할 권리'를 단순한 프로그램규정으로 이해한 나머지 그 실효성보장을 국가권력의 선심적인 정책에만 의존시키려는 프로그램규정설과 규범적 기대권설도 찬성할 수 없다. 헌법이 보장하는 국민의 기본권은 본질적으로 단순한 입법방침일 수도 없고 수 혜적인 기대권만일 수도 없기 때문이다. 우리 헌법재판소도 근로기본권이 자유 권적 성격보다는 생존권 내지 사회권적 기본권의 성격이 보다 강하다고 평가하 면서 그 권리의 실질적 보장을 위한 국가의 적극적인 개입을 강조하고 있다.[1]

근로의 공기 능설·자유권 설·프로그램 규정설·규범 적 기대권설 의 부당성

결국 '일할 권리'는 원칙적으로, '법적 권리'라고 보아야 할 것이지만, 그 법적 권리의 구체적인 성질과 내용이 무엇이냐가 문제된다. 우리 헌법이 보장 하는 '일할 권리'는 그것을 근로활동권의 전체적인 테두리 내에서 '근로활동권' 내지 '일할 권리'가 갖는 헌법상의 기능적인 시각에서 종합적으로 평가해야 하 리라고 생각한다. '일할 권리'의 법적 성격에 관한 지금까지의 여러 가지 논쟁 은 '일할 권리'가 수행해야 되는 여러 가지 헌법실현적 기능을 도외시하고 그것 을 단순히 '일할 자리에 관한 권리'로만 좁혀서 이해하기 때문에 나타난 현상이 라고 말할 수 있다. '일할 권리'는 반드시 '일할 자리에 관한 권리'만을 뜻하는 것은 아니고, '일할 환경에 관한 권리'도 함께 내포하고 있기 때문에 건강한 작 업환경, 일에 대한 정당한 보수, 합리적인 근로조건의 보장 등을 요구할 수 있 는 권리가 모두 '일할 권리'에서 나온다고 할 수 있다. 현행헌법이 이와 관련되 는 국가의 여러 가지 의무규정을 두고($^{제32조 제1항 제2문, 제2}_{항 제2문, 제3항~제6항}$) 근로자의 노동3권 ($^{제33}_{조}$)을 보장하고 있는 것도 모두가 이를 뒷받침해 주고 있다. 따라서 '일할 권 리'는 헌법에 의해서 직접 효력이 발생하는 종합적인 성질의 법적 권리라고 보는

일할 자리에 관한 권리와 일할 환경에 관한 권리

---

1) 헌재결 1991. 7. 22. 89 헌가 106, 판례집 3, 387(420면) 참조.

것이 옳을 것 같다. '일할 권리'의 법적 성격이 '일할 권리'의 구체적인 내용에 따라 다르게 평가될 수 있는 이유도 그 때문이다. '일할 자리에 관한 권리'는 일종의 복합적 성질의 권리인 데 반해서 '일할 환경에 관한 권리'는 원칙적으로 생활권적 성질의 구체적 권리이다. '일할 권리'의 내용에서 다시 언급하기로 한다.

3) 근로의 권리의 내용

다양한 종합
적 성질의 법
적 권리

'일할 권리'는 '일할 자리에 관한 권리'와 '일할 환경에 관한 권리'를 그 내용으로 한다.

(가) 일할 자리에 관한 권리

세 가지 복합
적 내용

'일할 자리에 관한 권리'는 i) 구체적인 취업의 기회를 박탈당하지 아니할 권리(자유권적인 소극적 권리), ii) 고용증진을 위한 사회정책·노동정책·경제정책 및 남녀고용평등정책을 요구할 수 있는 권리(생활권적 구체적 권리),[1] iii) 원호대상자의 우선적인 일자리 요구권(생활권적인 구체적 권리) 등을 그 내용으로 한다. 즉 일할 의사와 능력을 가진 기본권주체가 일할 기회를 찾는 데 있어서 국가권력이 신원조회 등의 제도를 악용 내지 남용함으로써 일할 기회를 빼앗는다든지, 고용증진에 역행하는 여러 가지 시책을 편다든지, 고용에 있어서 여자근로자의 부당한 차별을 허용한다든지, 원호대상자의 우선적인 취업의 기회를 무시하는 인사행정을 하는 것 등을 금지할 뿐 아니라,[2] 이를 어기는 공권력의 작용에 대해서는 여러 가지 권리구제절차가 허용된다. 그러나 '일할 자리에 관한 권

일자리·생활
비지급요구권
배제

리'는 모든 국민에게 '일할 자리'를 요구하거나[3] '일할 자리'에 갈음해서 생활비의 지급을 요구할 수 있는 구체적인 권리를 보장하는 것은 아니다. 또 '일할 의무'($\frac{제32조}{제2항}$)에 관한 규정은 실업보험의 한계적 기능을 갖기 때문에 '일할 자리에

---

1) '고용보험법'(제4장)이 정하는 구직급여와 취업촉진수당 등 실업급여 규정에 따라 이 권리는 그 실효성이 한층 커지게 되었다.
　【결정례】 i) 장애인고용의무제도는 계약의 자유, 직업수행의 자유, 재산권의 침해가 아니다(헌재결 2003. 7. 24. 2001 헌바 96). ii) 사용자가 기간제 근로자를 사용하는 경우 최장 2년까지만 사용할 수 있도록 정한 기간근로자법 규정은 기간제 근로자의 계약의 자유의 침해가 아니다(헌재결 2013. 10. 24. 2010 헌마 219 등, 판례집 25-2 하, 248(259면)).
2) 【결정례】 6급 이하 공직자채용시험에서 국가유공자 등의 유가족에게 가산점을 주는 것은 합헌이라는 헌법재판소의 결정(헌재결 2001. 2. 22. 2000 헌마 25)은 위헌결정(헌법불합치결정)으로 변경되었다. 즉 헌법의 명시적 근거 없이 국가유공자의 가족들에게 10%의 가산점을 주는 제도는 일반 공직시험응시자의 평등권과 공무담임권을 침해한다(헌재결 2006. 2. 23. 2004 헌마 675 등).
3) 【결정례】 근로자의 직장존속보장청구권은 근로의 권리에 들어 있지 않고 헌법에 근거가 없다. 따라서 두 개의 국영사업체를 통·폐합하는 법률을 제정하면서 직원들의 고용관계 당연승계에 관한 규정을 두지 않았어도 근로자의 권리를 침해하는 것은 아니다(헌재결 2002. 11. 28. 2001 헌바 50).

관한 권리'와도 관련성이 있다. 즉 '일할 의무'는 '일할 자리에 관한 권리'에서 나오는 '일자리 선택'의 실업보험적 한계를 뜻한다고 보아야 하기 때문에 주어진 일자리를 거절하고 그 대신 실업보험금(실업생계비)의 지급을 요구하는 것은 허용되지 않는다.

(나) 일할 환경에 관한 권리

'일할 환경에 관한 권리'는 합리적인 작업환경의 보장을 요구할 수 있는 생활권적 성질의 구체적인 권리이다. 구체적으로 i) 합리적인 근로조건의 보장을 요구할 수 있는 권리, ii) 일한 대가에 알맞은 적정한 임금의 보장 내지 최저임금제시행을 요구할 수 있는 권리를 그 내용으로 한다.[1]

a) 합리적인 근로조건의 보장을 요구할 수 있는 권리

현행헌법은 모든 근로자에게 합리적인 근로조건을 보장해 주기 위해서 합리적인 근로조건에 관한 네 가지 헌법적 기준을 제시하고 있다. 첫째 인간의 존엄성을 존중하는 근로조건($\frac{제32조}{제3항}$), 둘째 여자근로자를 특별히 보호하며 부당하게 차별하지 않는 근로조건($\frac{제32조}{제4항}$), 셋째 연소근로자를 특별히 보호할 수 있는 근로조건($\frac{제32조\ 제5항\ 및\ 근}{기법\ 제64조\ 제1항}$), 넷째 민주주의원칙에 어긋나지 않는 근로조건 등이 그것이다. 민주주의원칙에 어긋나지 않는 근로조건이라 함은 근로자의 경영참가, 노사협의기구에서의 근로자의 발언권존중 등이 실현되어야 함을 뜻한다.[2] 그러나 기업의 경영구조 내에서 노동력을 제공할 뿐인 근로자가 자본을 출자하는 기업주와 동등한 경영결정권을 요구하고 나서는 것까지를 허용하는 것은 아니다. 그것은 기업주의 재산권을 침해할 가능성이 크기 때문이다.[3]

합리적인 근로조건에 관한 이같은 네 가지 헌법적 기준은 계약자유의 원칙에 따라 근로계약을 체결하는 데 있어서의 헌법적 한계를 뜻하게 된다. 따라서 모든 근로자는 건강한 작업환경의 보장과 합리적인 임금·근로시간·휴일·연차유급휴가·퇴직금제도·재해대책 등이 실현될 수 있도록 근로계약의 체결·변경시에 근로조건의 서면명시·교부($\frac{법}{제17조}$) 등 적절한 조치를 요구할 수 있고 특히 여자와 연소근로자는 남녀임금평등·생리휴가·임산부 출퇴근 시간 조정·임산부보호산전후휴가·유산 및 사산여성보호휴가·수유시간·육아휴직·야간작업과 위험작업금지·근로시간단축 등을 보장하도록 요구할 수 있다. 현행근로기준

실업급여의 지급제한사유

합리적 작업 환경보장요구 권

합리적 근로 조건의 네 가지 헌법적 기준

노동계약의 헌법적 한계

---

1) 【판시】 일할 환경에 관한 권리 중 근로자가 기본적 생활수단을 확보하고 인간의 존엄성을 보장받기 위하여 최소한의 근로조건을 요구할 수 있는 권리는 자유권적 기본권의 성격도 아울러 가지므로 외국인 근로자에게도 그 기본권 주체성을 인정함이 타당하다(헌재결 2007. 8. 30. 2004 헌마 670, 판례집 19-2, 297(305면)).
2) 근로자참여 및 협력증진에 관한 법률에서 그 내용을 자세히 정하고 있다.
3) 근로자의 경영참가의 한계에 대해서는 졸저, 전게서, 방주 351 및 352 참조.

법에서 이들 사항을 규정하고 있다.[1] 또 근로자가 합리적인 근로조건의 보장을 요구할 수 있는 권리에는 부당해고로부터의 보호요구권도 함께 내포되고 있다고 보아야 하기 때문에, 국가는 해고예고제도[2]·해고심사제도 등을 입법화해서라도 모든 근로자를 '해고의 공포'로부터 해방시켜 주어야 한다. 따라서 경영상의 이유에 의한 해고제도($\frac{법}{제24조}$)[3]는 매우 엄격한 제한이 필요하다.[4] 근로기준법

---

1) 예컨대 1주(7일)당 법정근로시간을 40시간(15세 이상 18세 미만은 35시간)으로 정하고(법 제50조, 제69조), 1주당 최대근로시간을 원칙적으로 52시간으로 제한하며(제53조), 휴일근로에 대한 가산임금 중복할증(8시간 이내는 통상임금의 50%, 8시간 초과는 100%)을 규정하고(제56조), 근로시간 특례업종의 범위를 5개로 축소하는 등(제59조)이다. 또 탄력적 근로시간제의 단위기간을 3월 이내로 하며(법 제51조), 근로자와 사용자의 임금과 휴가의 선택을 가능하게 하고(법 제57조), 여성근로자에게 월 1일의 무급생리휴가를 주며(법 제73조), 1년간 8할 이상 출근한 근로자에게 15일의 유급휴가를 주고 2년마다 1일의 휴가를 가산하되 휴가일수의 상한을 25일로 정하면서 최초 1년간의 근로에 대한 유급휴가를 다음 해 유급휴가에서 빼는 규정을 삭제하여 1년차에 최대 11일, 2년차에 15일의 유급휴가를 각각 받을 수 있도록 한 것(법 제60조), 연차 유급휴가일수 산정 시 육아휴직으로 휴업한 기간을 출근한 것으로 보도록 명시하고(법 제60조제6항 제3호), 임신 후 12주 이내 또는 36주 이후에 있는 여성근로자가 임금삭감 없이 1일 2시간의 근로시간 단축을 신청할 수 있게 하며(법 제74조 제7항 및 제8항), 다태아 임신여성 근로자의 출산전후 휴가일수를 30일 늘려 120일로 정하면서 이 중 유급휴가도 75일로 확대하도록 한 것(법 제74조), 육아휴직 대상 자녀 연령을 만 8세 이하 또는 초등학교 2학년 이하로 상향조정하고(고평등법 제19조 제1항), 산전후 휴가종료 후 휴가 전의 업무와 동일하거나 동등한 대우를 받는 직무로 복귀시키도록 하는 규정(법 제74조 제6항) 등이 그 대표적인 예이다.
【결정례】(i) 상시 사용근로자 5인이라는 기준에 따라 근기법의 전면적용 여부를 달리한 것은 합리적 이유가 있고 인간의 존엄성을 전혀 보장할 수 없을 정도의 기준이라고 볼 수 없다(헌재결 1999. 9. 16. 98 헌마 310). (ii) 동물의 사육사업 근로자에 대하여 근로기준법 제4장에서 정한 근로시간 및 휴일 규정의 적용을 제외하도록 한 구 근기법 규정(제63조 제2호 중)은 근로의 권리와 평등권의 침해가 아니다(기각결정: 각하 3, 기각 1, 헌법불합치 5)(헌재결 2021. 8. 31. 2018 헌마 563).
【판결례】1주 동안 개근한 근로자에게 사용자가 지급해야 하는 '주휴수당'은 최저임금의 산정 기준에 포함해야 한다(대법원 2018. 10. 12. 선고 2018 도 6486 판결).
2) 【결정례】일용근로자로서 3개월을 계속 근무하지 아니한 근로자를 해고예고제도의 적용제외 사유로 정한 근기법(제35조 제1호)은 입법재량의 범위 내에 있는 규정으로서 근로의 권리를 침해하지 않는다(헌재결 2017. 5. 25. 2016 헌마 640, 판례집 29-1, 234(240면)).
3) 경영상 이유에 의한 해고의 4가지 요건: i) 긴박한 경영상 필요, ii) 해고 회피노력, iii) 합리적이고 공정한 기준설정(남녀차별금지), iv) 노사간 성실한 협의.
4) 【판결례】i) 근로자가 이력서 등에 허위사실을 기재하고 채용된 경우 고용회사가 채용 당시 그와 같은 허위기재사실을 알았더라면 근로자를 고용치 않았을 것으로 보여지는 한 이를 해고사유로 들어 해고하는 것이 부당하다고 할 수 없다(대법원 2000. 6. 23. 선고 98 다 54960 판결). ii) 기간제 근로자가 갖는 계약갱신기대권은 기간제법 시행 이후에도 인정되므로 사용자가 합리적 이유 없이 정규직 전환을 거절하며 근로계약의 종료를 통보하면 부당해고와 마찬가지여서 무효다(대법원 2016. 11. 10. 선고 2014 두 45765 판결). iii) 학습지회사가 특수형태 근로자에 속하는 학습지교사들에 대해서 위탁계약을 해지하거나 재계약을 체결하지 않은 것이 부당해고와 부당노동행위에 해당하는지의 소송에서 대법원은 근기법상의 근로자는 사용자와의 관계에서 지휘명령 또는 종속성(사용종속성)의 정도가 강한데 학습지교사는 그 정도의 엄격한 사용종속성의 관계에 있지 않아 근로자로 볼 수 없다고 판시했다. 그러면서 근기법상의 근로

이 경영상 해고시 50일의 사전통보의무($^{법\ 제24조}_{제3항}$), 경영상 해고된 근로자의 우선 재고용의무($^{법\ 제25조}_{제1항}$), 해고사유와 해고시기의 서면통보의무($^{법}_{제27조}$), 정당한 이유 없는 해고에 대한 금전보상제도($^{법\ 제30조}_{제3항}$), 정당한 이유 없는 해고 등에 대한 구제명령불이행자에 대한 이행강제금 및 벌칙부과($^{법\ 제33조\ 및}_{제111조}$) 등을 자세히 규정한 이유도 그 때문이다.

b) 적정한 임금의 보장과 최저임금제시행을 요구할 수 있는 권리

현행헌법은 국가에게 적정임금보장의무와 최저임금제시행의무($^{제32조\ 제1항}_{제2문}$)를 명하고 있기 때문에, 모든 근로자는 국가에게 적정한 임금 내지 최저임금을 보장해 주도록 요구할 수 있는 권리를 갖는다. 적정임금보장요구권과 관련해서 문제되는 것이 파업기간중의 임금지급에 관한 것이다. 무노동·무임금의 원칙을 경직되게 적용하는 경우에는 헌법상 보장된 쟁의권의 실효성이 약화될 수도 있을 것이다. 그렇기 때문에 임금 2분설에 따라 임금을 교환적 부분과 생활보장적 부분으로 구별해서, 실제상의 근로제공의 대가로 받는 교환적 부분은 무노동·무임금의 원칙에 따르되, 근로자로서의 귀속신분 때문에 받는 생활보장적 부분은 파업기간중에도 지급해야 한다는 것이 우리 대법원의 입장이었다.[1] 그러나 대법원은 1995년 입장을 바꿔서 노사간에 임금지급을 합의한 경우가 아니면 무노동·무임금원칙을 지켜야 한다고 강조함으로써 임금2분설을 배척하고 있다.[2] 1996년의 노조정법($^{제44}_{조}$)은 무노동·무임금을 법문화했다. 임금제도에는 최저임금제·물가연동식생활급제·고정급제·능률임금제·장려임금제 등이 있다.[3]

여백 주석: 적정임금 및 최저임금보장 요구권

여백 주석: 무노동·무임금 문제

자에 해당하지 않는다고 하더라도 노조법상으로는 완화된 사용종속성의 기준과 경제적 종속성의 관점에서 근로자에 해당한다고 볼 수 있다고 이원적인 근로자개념을 제시하고 있다. 이러한 이원적인 근로자 판단은 앞으로 논란의 여지가 있다(대법원 2018. 6. 15. 선고 2014 두 12598 및 2014 두 12604 판결 참조).

【결정례】 6월이 되지 못한 월급근로자를 해고예고제도의 적용에서 배제하는 근기법규정은 입법형성권의 범위를 벗어나 근로자의 기본권을 침해하는 것이 아니고, 주급·일급근로자 등과의 관계에서 위헌적인 차별도 아니다(헌재결 2001. 7. 19. 99 헌마 663)라고 결정한 판례를 변경해서 해당 근기법규정(제35조 제3호)은 근로의 권리를 침해하고 6개월 이상 근로자와 합리적 이유없이 차별하고 있으므로 평등원칙에도 위배된다고 새로 결정했다(헌재결 2015. 12. 23. 2014 헌바 3). 헌재의 이 위헌결정 취지에 따라 국회는 2018. 12. 27. 근기법을 개정해서 해고예고의 적용예외사유를 '계속근무기간 3개월 미만의 경우'로 일원화 했다(제26조 제1 호).

1) 대법원 1992. 3. 27. 선고 91 다 36307 판결; 대법원 1992. 6. 23. 선고 92 다 11466 판결.

2) 대법원 1995. 12. 21. 선고 94 다 26721 판결 참조.

3) 【판결례】 8시간의 기준근로시간을 초과하는 약정근로시간에 대한 임금으로 월급 또는 일급형태로 지급되는 고정수당을 시간급 통상임금으로 환산하는 경우 총 근로시간 수에 포함되는 약정근로시간 수는 특별한 정함이 없다면 근로자가 실제로 근로를 제공키로 약정한 시간 수 자체이다. 이 판결은 연장 및 야간근로시의 가산율(1.5시간)을 합산해야 한다는 기존 판례를 변경한 것이다. 시급통상임금을 계산할 때 분모가 되는 총 근로시간이 줄어 근로자에 유리해졌다. 예컨대 하루 10시간(8시간+2시간) 근로 대가로 10만원의 고정수당을 지급했다면 고정수당

현행헌법은 최저임금제를 채택하고 있기 때문에 법률이 정하는 최저임금 이하의 임금으로 근로자를 사용할 수 없게 되었다.[1][2] 또 법정퇴직금제도($\binom{근기법}{제34조}$)[3]와 임금채권우선변제제도($\binom{근기법 제38조 및}{임금채권보장법}$)도 필요하다.[4]

4) 근로의 권리와 사인 간의 효력문제

간접적 사인
간 효력

현행헌법상의 '일할 권리'가 그 객관적 가치질서로서의 성격 때문에 사인 간에도 간접적인 효력을 미친다고 하는 점에 대해서는 재론할 필요가 없다.[5]

의 시간급은 1만원이 된다(대법원 2020. 1. 22. 선고 2015 다 73067 판결).

1) 2024년의 최저임금은 시간당 9,860원, 하루(8시간 기준) 78,880원, 한 달(주 40시간, 월 209시간 기준) 2,060,740원이다. 주휴수당(주 15시간 이상 근로자 휴일에도 하루치 임금지급)을 더하면 실질 최저시급은 11,544원이다. 기타수당과 성과급 등은 빠진 액수이다. 2017년 최저임금법(제 5 조)의 개정으로 3개월 미만 단순노무의 수습근로자라도 고용노동부장관이 정하여 고시한 직종에 종사하는 근로자에게는 최저임금액보다 감액지급할 수 없게 되었다. 그리고 최저임금 포함여부에 관해 논란이 되었던 매월 정기적으로 지급되는 상여금과 현금으로 지급되는 식비, 숙박비, 교통비 등 복리후생적 임금은 일정비율을 최저임금 산입범위에 포함하도록 2018년 최저임금법(제 6 조 제 4 항과 제 6 조의 2 및 제28조 제 3 항 그리고 부칙 제 2 조)이 개정되었다. 그리고 최저임금을 계산할 때 주휴수당을 포함해야 한다는 2007의 대법원 판결(2006 다 64245)이 2018년 다시 확인되었다.
   【판결례】 유급휴일에 대한 임금인 주휴수당은 소정의 근로에 대해 매월 1회 이상 정기적으로 지급되는 임금이므로 최저임금법 제 6 조 제 4 항 및 같은 법 시행규칙이 정하는 '비교대상 임금에 산입되지 않는 임금 또는 수당'에 해당한다고 볼 수 없으므로 비교대상 임금을 산정할 때 주휴수당을 가산해야 한다(대법원 2018. 10. 12. 선고 2018 도 6486 판결).
   【결정례】 비교대상 임금을 시간에 대한 임금으로 환산할 때 소정 근로시간수 외에 법정 주휴시간 수까지 포함하여 나누도록 정한 최저임금법 시행령 제 5 조는 포괄적 위임입법에 해당하지 않으며 사용자의 계약의 자유 및 직업의 자유를 침해하지 않는다(헌재결 2020. 6. 25. 2019 헌마 15).

2) 【판결례】 우리 대법원은 외국인이 국내에 입국해서 비록 불법노동계약에 의해서 근로활동을 하는 경우에도 그 노동계약 자체는 유효하기 때문에 근로기준법상의 근로자보호규정에 따라 외국인근로자의 임금채권이 보호되어야 하고, 산업재해보상보험법도 마땅히 적용된다고 판시함으로써 불법취업 외국인노동자를 인도적으로 보호하려는 입장을 취했다. 서울고등법원 1993. 11. 26. 선고 93 구 16774 판결 참조.

3) 【결정례】 4주간을 평균하여 1주간의 근로시간이 15시간 미만인 초단시간 근로자를 퇴직급여제도의 적용대상에서 제외하고 있는 근로자의 퇴직급여 보장법 규정(제 4 조 제 1 항 단서 중 해당 부분)은 인간의 존엄성 보장을 위한 근로조건의 기준(헌법 제32조 제 3 항)이나 평등원칙에 위배되지 않는다. 퇴직금 제도는 근로자의 해당 사업 또는 사업장에의 전속성이나 기여도가 그 성립의 전제인데 초단시간 근로자는 이 요건을 충족했다고 보기 어렵기 때문이다(헌재결 2021. 11. 25. 2015 헌바 334 등(병합)).

4) 【결정례】 우리 헌재가 근기법의 퇴직금무제한우선변제규정은 저당권 등의 본질적 내용을 침해할 소지가 있다고 헌법불합치결정을 한 후 임금채권우선변제기간을 최종 3월분의 임금과 최종 3년간의 퇴직금으로 제한하는 법개정이 이루어졌다. 헌재결 1997. 8. 21. 94 헌바 19, 95 헌바 34, 97 헌가 11(병합) 참조. 헌재는 개정된 임금채권우선변제제도에 대해서는 다른 채권자들의 재산권의 본질적 내용의 침해로 볼 수 없고 평등권 침해도 아니라고 판시했다. 헌재결 2008. 11. 27. 2007 헌바 36 참조.

5) 사인 간의 기본권효력에 대해서 자세한 것은 앞부분 288면 이하 참조.

또 일부 국내학자[1]가 여자와 연소근로자를 보호하기 위한 헌법규정(제32조 제4항과 제5항)만은 사인 간에도 직접 효력을 미친다고 주장하고 있지만, 그러한 견해가 옳지 못하다고 하는 점도 이미 앞에서 언급한 바 있다.[2]

(3) 근로자의 노동 3 권

1) 노동 3 권의 의의 및 그 헌법상 기능

(개) 노동 3 권의 의의

현행헌법은 근로활동권의 하나로 근로자(일하는 사람)에게 자주적인 단결권·단체교섭권·단체행동권을 보장하고 있는데(제33조 제1항) 이것이 바로 '일하는 사람의 기본권'이라고 불리는 노동 3 권이다. 다시 말해서 노동 3 권이란, 근로자가 근로조건의 유지·향상을 위해서 자주적으로 단체를 조직하고, 단체의 이름으로 사용자와 교섭을 하고, 소기의 목적을 달성하기 위해서 집단적으로 시위행동을 할 수 있는 권리를 말한다. 이 같은 노동 3 권을 구체화하는 실정법으로는 노동조합 및 노동관계조정법·근로자참여 및 협력증진에 관한 법률·노동위원회법·교원의 노동조합설립 및 운영 등에 관한 법률·공무원의 노동조합설립 및 운영 등에 관한 법률 등이 있다.

> 단결권·단체교섭권·단체행동권

(내) 노동 3 권의 헌법상 기능

근로자에게 노동 3 권을 보장하는 헌법상 의의와 기능은 다음과 같다.

첫째, 근로자에게 노동 3 권을 보장해 주는 것은 '일할 환경에 관한 권리'의 실효성을 보장해 주는 수단으로서의 기능을 갖는다. 합리적인 근로조건과 일한 대가에 알맞은 적정한 임금 내지 법정의 최저임금의 보장을 요구할 수 있는 '일할 환경에 관한 권리'는 근로자에게 노동 3 권이 보장될 때 비로소 그 실효성을 기대할 수 있기 때문이다.

> 근로환경에 관한 권리의 실효성 보장 수단

둘째, 근로자의 노동 3 권은 근로자에게 '인간다운 생활'을 보장해 주기 위한 제도적인 장치로서의 기능을 갖는다. 바로 여기에 헌법이 보장하는 '인간다운 생활영위권'을 제도적으로 뒷받침하려는 헌법제정권자의 강한 의지가 나타나 있다.

> 인간다운 생활보장장치

셋째, 근로자의 노동 3 권은 경제적 약자인 근로자에게 경제적 강자인 사용자에 대항할 수 있는 헌법상의 권리를 보장함으로써 사회평화와 사회정의의 실현에 이바지한다는 헌법상의 의의를 가진다.

> 사회정의실현 수단

넷째, 근로자의 노동 3 권은 '계약자유의 원칙'과 '재산권보장'의 역기능적

> 실질적 노사 평등 실현수단

---

1) 예컨대 권영성, 625면.
2) 앞부분 295면 이하 참조할 것.

현상을 막고 헌법이 추구하는 실질적 평등이 노사관계에서도 실현되도록 뒷받침해 준다는 헌법상의 의의를 갖는다. 즉 계약자유의 원칙과 재산권보장이 사회적인 불평등의 원인이 되지 않도록 이를 순기능적인 방향으로 유도한다는 기능을 갖는 것이 바로 근로자의 노동 3 권이다.

평등이념·재산권·계약자유의 조화 추구

다시 말해서 현행헌법이 추구하는 가치지표로서의 실질적인 평등이념, 재산권보장, 계약의 자유 등을 내용적으로 조화시키기 위한 하나의 헌법적인 표현이 바로 근로자의 노동 3 권이라고 볼 수 있다. 근로자의 노동 3 권이 사용자의 재산권, 계약의 자유 등과 이념적으로 갈등을 일으킬 수 있는 소인이 있는 것도 그 때문이다.[1]

2) 노동 3 권의 법적 성격

노동 3 권의 법적 성격에 대해서는 자유권설·생활권설·혼합권설 등이 대립하고 있다.

(가) 자유권설

국가적 간섭·제재로부터의 자유

근로자의 노동 3 권은 자유권에 속하는 '집회·결사의 자유'의 특수형태에 지나지 않기 때문에 일종의 자유권적인 성질의 권리라고 한다. 즉 노동 3 권은 '근로자가 국가로부터 단결 내지 단체행동을 이유로 제재를 받지 않는 것을 그 주요 내용으로' 하기 때문에 자유권이라고 한다.[2] 이 견해에 따르면 노동 3 권은 '국가적 간섭·방해·제재로부터의 자유'를 그 본질로 하게 된다.

(나) 생활권설

적극적 보장 요구권

근로자의 노동 3 권은 국가에 대해서 노동 3 권의 보장을 적극적으로 요구할 수 있는 생활권적 성질의 권리라고 한다. 즉 근로자 개인으로서는 사용자와 대결할 수 없기 때문에 집단적으로 사용자에게 대결할 수 있는 권리를 부여하는 노동 3 권은 마땅히 사인 간에도 직접 효력이 미치는 근로자의 생활권이라고 한다.[3]

(다) 혼합권설

자유권과 생활권의 혼합권

노동 3 권은 자유권으로서의 성질과 생활권으로서의 성질을 함께 가지는 일종의 혼합권적인 성질의 권리라고 한다. 즉 노동 3 권의 행사로 인해서 야기

---

1) 이 점에 대해서 자세한 것은 vgl. BVerfGE 50, 290.
2) 예컨대 박일경, 303면 이하, 박교수는 '일할 권리'는 수익권이지만 노동 3 권은 자유권이라고 이해한다.
3) 예컨대 문홍주, 309면; 김철수, 715면. 김철수 교수는 노동 3 권을 원칙적으로 생존권으로 이해하면서도 노동 3 권이 갖는 복합적 성격을 부인하지는 않는다고 한다.

될 수도 있는 형사책임과 민사책임을 물을 수 없다는 점에서는 '국가로부터의 자유'라는 자유권적인 성질을 갖는다고 볼 수 있지만, 노동 3 권의 행사를 방해하고 침해하는 사용자 등의 행위에 대해서 국가에게 그 적극적인 개입과 대책을 요구할 수 있다는 점에서는 생활권적인 성질을 갖는다고 한다.[1]

㈜ 비판 및 사견

노동 3 권의 법적 성격을 둘러싼 자유권설과 생활권설의 대립은 결국은 모든 기본권을 '자유권'·'생활권' 등의 규격품으로 이해하기 때문에 나타나는 현상이라고 말할 수 있다. '자유권의 생활권화현상'이 두드러지고, 헌법의 통일성이 강조되는 오늘의 학문발전단계에서 그와 같은 규격화된 논증방법은 문제의 본질을 파악하는 데 큰 도움이 되지 못한다고 생각한다. 근로자에게 보장되는 노동 3 권은 경제·사회생활영역에서 근로자와 사용자간의 심한 불균형을 시정함으로써 실질적인 평등을 실현하고 사회공동체의 동화적 통합을 촉진시키기 위해서 인정되는 기본권이기 때문에 그것을 '자유권'·'생활권'의 어느 하나의 시각으로만 볼 수는 없다고 생각한다.

자유권·생활권설의 부당성

이념적으로 볼 때 근로자의 노동 3 권이 국가권력의 간섭 없이 자주적으로 행사되고 근로자와 사용자 사이에 체결되는 단체협약이 국가적인 간섭이나 방해 없이 자율적으로 이루어질 수 있도록 보장한다는 의미에서는 노동 3 권의 자유권적인 성질을 부인할 수 없다. 그러나 또 한편 노동 3 권의 실현은 국가의 제도적인 뒷받침에 의해서 비로소 가능하다는 점에서는 노동 3 권이 갖는 생활권적 성질도 무시할 수 없다고 할 것이다. 결국 근로자의 노동 3 권은 자유권적인 면과 생활권적인 면을 함께 내포하고 있는 하나의 복합적인 성질의 기본권이라고 할 수 있다. 우리 헌법재판소도 같은 입장이다.[2] 따라서 '자유권의 생활권화현상'에서 볼 수 있는 이른바 '자유권과 생활권의 교차효과'를 노동 3 권에서도 존중하여야 할 것이다. 즉 노동 3 권의 생활권적인 성질을 존중해서 노동 3 권을 제도적으로 구체화하는 입법을 할 때에는 노동 3 권에 내포된 자유권적인 면을 존중해야 할 헌법적 의무를 명심하여야 한다. 바로 이곳에 노동 3 권을

자유권과 생활권의 복합적 기본권

자유권과 생활권의 교차효과

---

1) 예컨대 권영성, 628면 이하.

2) 【판시】 근로 3 권은 국가공권력에 대하여 근로자의 단결권의 방어를 일차적인 목표로 하지만, 근로 3 권의 보다 큰 헌법적 의의는 … 근로조건에 관한 노사간의 실질적인 자치를 보장하려는 데 있다. 근로자는 노동조합과 같은 근로자단체의 결성을 통하여 집단으로 사용자에 대항함으로써 사용자와 대등한 세력을 이루어 근로조건의 형성에 영향을 미칠 수 있는 기회를 가지게 되므로 이러한 의미에서 근로 3 권은 '사회적 보호기능을 담당하는 자유권' 또는 '사회권적 성격을 띤 자유권'이라고 말할 수 있다(헌재결 1998. 2. 27. 94 헌바 13·26, 95 헌바 44(병합), 판례집 10-1, 32(44면)).

제도화하는 데 있어서의 헌법적 한계가 있고, 바로 이곳에 복합적 권리로서의 노동3권의 강점이 있다.

3) 노동3권의 향유자

노조정법상의 근로자

헌법이 보장하는 노동3권을 향유할 수 있는 사람은 근로자인데, 근로자란 '직업의 종류를 불문하고, 임금·급료 기타 이에 준하는 수입에 의하여 생활하는 자'($\binom{노조정법 제}{2조 제1호}$)이다. 즉 노동3권을 향유하기 위해서는 다음과 같은 세 가지 요건을 갖추어야 한다.

노동력제공의 대가로 생활하는 사람

첫째 노동력제공의 대가를 받아 생활하는 사람이어야 한다. 노동력은 정신노동력과 육체노동력을 모두 포함하고 노동력의 대가로 생활하는 외국인도 여기에 속한다. 현행헌법은 노동3권의 향유자에 관한 헌법적 한계를 명시하고 있는 점을 주목해야 한다. 즉 공무원인 근로자는 법률이 정하는 자에 한하여

공무원인 근로자에 대한 헌법적 제약

노동3권을 가질 수 있도록 규정하고 있다($\binom{제33조}{제2항}$). 이에 따라 현행법률은 단순한 노무에 종사하는 공무원만이 노동3권을 향유하도록 정하고 있는데($\binom{국공법 제66조}{제1항 단서;}$ $\binom{지공법 제58조}{제1항 단서}$), 노무에 종사하는 공무원의 범위는 대통령령등 또는 지방자치단체의 조례로 정하게 하고 있다($\binom{국공법 제66조 제2항;}{지공법 제58조 제2항}$).[1] 그러나 공무원노조법이 제정되어(2005. 1. 27.) 2006년부터는 6급 이하 일반직 공무원도 공무원노조를 설립할 수 있고, 단체교섭권과 단체협약체결권을 가지지만($\binom{법 제5조~}{제10조}$), 쟁의행위와 정치활동은 금지된다($\binom{제4조 및}{제11조}$).[2]

---

1) 현행법상 철도·체신·의료 등 현업기관 노무공무원이 이에 속한다.
   【결정례】 i) 공무원의 공무외 집단행동을 금지하고, 사실상 노무에 종사하는 공무원 중 대통령령 등이 정하는 자에 한하여 노동3권을 인정하는 국공법(제66조 제1항)은 노동3권과 평등권 및 집회·결사의 자유의 침해가 아니며 명확성 및 포괄위임금지원칙과 국제법규에 위배되지 않는다(헌재결 2007. 8. 30. 2003 헌바 51 등). 헌재는 그 밖에도 공노조법상의 노조가입 범위, 단체교섭권, 교섭의 절차, 단체협약의 효력, 쟁의행위금지 및 벌칙 규정 등을 합헌결정했다(헌재결 2008. 12. 26. 2005 헌마 971). 소방공무원을 노조가입대상에서 제외한 규정도 합헌결정했다(헌재결 2008. 12. 26. 2006 헌마 462). ii) 지자체가 지방공무원법의 위임에도 불구하고 '사실상 노무에 종사하는 공무원의 범위'에 관한 조례를 정당한 이유 없이 36년간 제정하지 않은 조례입법부작위는 지방공무원이 헌법상의 노동3권을 향유할 권리를 사전에 차단·박탈하는 진정입법부작위로서 위헌이다(헌재결 2009. 7. 30. 2006 헌마 358).
2) 공무원노조는 국회·법원·헌재·선관위·행정부·자치단체 등을 최소단위로 하여 설립할 수 있다(법 제5조 제1항).
   【결정례】 교원노조법 제2조 본문에서 초·중등교육법상의 교원과 달리 대학교원에게 단결권을 보장하지 않은 것은 근로자인 대학교원의 단결권을 침해한다. 공무원이 아닌 대학교원의 경우 입법목적의 정당성부터 법익균형성까지 인정할 수 없어 과잉금지원칙에 위배되고, 공무원인 대학교원의 경우 입법형성권을 벗어나 위헌이다(헌재결 2018. 8. 30. 2015 헌가 38, 2020. 3. 31. 시한 잠정적용 헌법불합치결정). [평석] 이 결정은 과잉금지원칙의 심사에서 입법목적의 정당성 까지 부인한 헌재 최초의 결정이다. 그러나 오히려 평등권의 관점에서 논증하면서 법

둘째 노동력을 제공하는 사람과 그 대가를 지급하는 사람이 동일인이 아니어야 한다. 따라서 자기가 경영하는 사업에 종사하는 이른바 자영사업종사자는 원칙적으로 노동 3 권을 향유할 수 없다. 예컨대 개인택시사업자도 여기에 속한다.[1]

비자영사업자

셋째 현실적으로 노동력을 제공하든지, 아니면 적어도 잠재적으로라도 노동력을 제공하는 사람이어야 한다. 즉 노동력제공의 의사와 능력이 있어야 하기 때문에, 노동력제공의 의사와 능력이 없는 사람은 노동 3 권을 향유할 수 없다. 따라서 현재 실업중인 사람이라도 노동력을 제공할 의사와 능력이 있는 한 노동 3 권을 향유할 수 있다고 보아야 한다.[2] 그렇지 않고 노동력제공의 의사와 능력이 있는 실업자를 노동 3 권의 향유자에서 제외시키는 경우 사용자의 부당한 해고 등에 대항할 수 있는 효과적인 근로활동이 많은 제약을 받게 되기 때문이다.[3] 그래서 해고된 조합원이 노동위원회에 부당노동행위의 구제신청을 한 경우에는 중앙노동위원회의 재심판정이 있을 때까지는 종사근로자로 본다는 규정을 신설하는 법 개정이 이루어졌다(노조정법 제5조 제3항). 사용자가 노동 3 권의 향유자가 될 수 없는 것은 당연하다. 하지만 사용자는 그가 가지는 헌법상의 '집회·

노동력제공의 의사와 능력 이 있는 사람

사용자의 대 항권

정의견의 쟁점파악과 논증방법을 비판한 평등원칙에 위배되지 않는다는 반대의견의 논증이 더 설득력이 있다고 생각한다. 심판대상인 교원노조법에서 대학교원을 포함하지 않은 것은 일종의 불완전한 입법에 해당하는 부진정입법부작위이고 이로 인해서 초·중등교원과 대학교원이 단결권 보장에서 차별대우가 발생했기 때문이다. 따라서 차별대우가 대학교원 단결권 불인정의 결과로 나타났기 때문에 그런 결과를 초래한 차별대우가 정당한 것인지를 심사하는 것이 논증의 순리이기 때문이다.

1) 대법원 1972. 3. 28. 선고 72 도 334 판결 참조.
2) 따라서 국내 일부학자들처럼 노동력제공의 의사와 능력을 묻지 않고 모든 실업자를 일률적으로 노동 3 권의 주체로 보는 것은 문제가 있다. 예컨대 문홍주, 310면; 김철수, 716면.
   【판결례】 서울행정법원은 노조설립신고반려처분취소청구소송에서 일시적 실업자나 구직 중에 있는 사람도 노동 3 권을 보장할 필요성이 있는 한 노조법상의 근로자로 보아야 한다고 판시했다(서울행정법원 2001. 1. 16. 선고 2000 구 30925 판결).
3) 【판결례】 i) 우리 대법원도 이 점을 감안해서 해고당한 근로자가 노동위원회에서 그 해고의 효력을 다투고 있다면, 옛 노조법(제 3 조 제 4 호 단서)의 정신에 비추어 노조원으로서의 지위를 상실하는 것이 아니라고 판시했다(대법원 1992. 3. 31. 선고 91 다 14413 판결). ii) 고용부장관이 해직자가 조합원으로 가입하여 활동하는 것을 허용하는 전교조에 대하여 두 번이나 전교조 해당 규약을 시정하라고 지시했지만 이행하지 않는다고 '교원노조법에 의한 노조로 보지 아니함'을 통보한 행위는 법률유보 원칙을 어겨 무효이다(대법원 2020. 9. 3. 선고 2016 두 32992 판결). 이 판결로 전교조는 다시 합법적인 노조로 인정되었다. [평석] 그러나 이 판결은 대법원 다수의견이 법리를 왜곡한 잘못된 판결이다. 노조법(제 2 조 제 4 호)에 따라 이미 노조의 적격성을 갖추지 못하게 된 것을 법규정에 따라 통지한 행정처분은 확인적인 행정행위에 불과하기 때문이다. 그런데도 이 행정처분을 시행령 차원의 통지로 해석하면서 창설적인 침익적인 처분으로 판시하면서 법률유보원칙을 원용한 것은 그릇된 법 창조적인 법해석이다. 헌재는 이미 해직자가 배제된 현재의 근로자만이 조합원이 될 수 있게 규정한 노조법 제 2 조 제 4 호 (라)목에 대해서 합헌결정했었다(헌재결 2015. 5. 28. 2013 헌마 671).

결사의 자유'($\frac{\text{제}21}{\text{조}}$)와 '재산권'($\frac{\text{제}23}{\text{조}}$)을 바탕으로 근로자의 노동 3 권에 맞설 수 있다고 하는 것도 자명하다. 사용자에게 직장폐쇄권(Aussperrung, lockout)이 인정되는 것도($\frac{\text{노조정법}}{\text{제}46\text{조}}$) 그 때문이다. 사용자가 갖는 이같은 권한은 재산권·자본주의경제질서·무기평등·쟁의당사자의 기능 등의 시각에서 불가피한 것으로 받아들여지고 있다.[1]

4) 노동 3 권의 내용

근로자가 갖는 노동 3 권은 근로자의 자주적인 단결권·단체교섭권 및 단체행동권을 그 내용으로 한다.

(개) 단 결 권

a) 단결권의 의의

자주적인 단체조직권

목적성과 자주성

근로자의 단결권이라 함은 근로자가 작업환경의 유지·개선을 실현하기 위해서 자주적으로 단체를 조직할 수 있는 권리를 말한다. 따라서 근로자의 단결권은 '목적성'과 '자주성'을 그 특징으로 한다. 즉 i) 일할 환경의 유지·개선을 실현하기 위한 일종의 압력단체의 조직권이다. ii) 근로자가 국가권력이나 사용자의 간섭을 받지 않고(타율성과 강제성 배제) 자주적으로 단체를 조직할 수 있는 권리이다. 국가권력에 의한 자주성침해는 위헌이 되고, 사용자에 의한 자주성침해는 부당노동행위($\frac{\text{노조정법}}{\text{제}81\text{조}}$)가 된다.[2] '계속성'은 근로자의 단결권의 필수요

계속성은 불필요

소가 아니다. 왜냐하면 노동조합과 같은 계속적인 단체의 조직뿐 아니라 일시적인 쟁의단체의 조직권도 함께 포함되기 때문이다.[3]

b) 단결권의 내용

조직 및 가

근로자의 단결권은 근로자가 작업환경의 유지·개선을 위한 목적으로 자주

---

1) 이 점에 대해서 자세한 독일 문헌은 졸저, 전게서, 제 4 판, 2010, 699면 각주 888) 문헌 참조할 것.
2) 【결정례】 i) 그런데 우리 헌재는 자주성의 요건을 너무 확대해석해서 옛 노조법(제12조의 2와 제45조의 2)상의 제 3 개입금지규정을 합헌이라고 결정했다(헌재결 1993. 3. 11. 92 헌바 33). 그러나 '자주성'은 무엇보다도 국가권력과 사용자에 대한 것임을 간과해서는 아니된다. ii) 법인의 종업원이 법에서 정한 부당노동행위(노조정법 제81조)를 하면 법인의 선임·감독상의 주의의무 이행 여부를 따지지 않고 곧바로 법인에게도 벌금형을 부과하도록 한 양벌규정(노조정법 제94조 중)은 법치국가원리에서 나오는 책임주의 원칙에 위배되어 위헌이다. 그러나 법인대표자의 부당노동행위에 벌금형을 부과하는 것은 자신의 행위에 대한 책임을 지는 것이므로 책임주의 원칙에 위배되지 않는다(헌재결 2020. 4. 23. 2019 헌가 25).
   【판결례】 사용자가 단체협약에 따라 근로시간이 면제되는 노조 전임자에게 비슷한 경력의 다른 노동자보다 지나치게 많은 급여를 지급하는 것은 노조전임자 급여지원행위나 노조운영비 원조행위로 볼 수 있어 부당노동행위에 해당한다(대법원 2018. 5. 15. 선고 2018 두 33050 판결).
3) Vgl. z.B. BVerfGE 4, 96.

적으로 i) 노동조합 및 쟁의단체를 조직할 수 있는 자유,[1] ii) 노동조합 및 쟁의단체에의 가입·탈퇴의 자유, iii) 노동조합 및 쟁의단체와 무관할 수 있는 소극적인 단결권[2] 등을 그 내용으로 한다. 근로자의 이같은 단결권은 '결사의 자유'에 대한 특별법적 성질을 가지기 때문에 단결권이 적용되는 범위 내에서는 '결사의 자유'의 효력은 배제된다. 근로자의 단결권에 의한 노동조합 등이 '결사의 자유'에 의한 '일반결사'와 본질적으로 다른 점은 일반결사에서는 결사구성원이 개별적으로도 할 수 있는 일을 단체의 형태로 행하는 것이지만, 노동조합 및 쟁의단체에서는 그 구성원이 혼자서는 할 수 없는 일을 단체의 힘으로 행한다는 점이다. 따라서 일반결사와 달라서 노동조합 및 쟁의단체는 특히 그 조직면에서 다음과 같은 요건을 갖출 것이 요청된다. i) 자주조직, ii) 독립성보장, iii) 반대방향의 이해관계자의 참여금지(Gegnerfreiheit), iv) 단체협약내용을 조직내부에 침투시킬 수 있는 충분한 대의조직 등이 그것이다.[3] 노동조합 및 쟁의단체 등이 이와 같은 요건을 모두 갖추고 있을 때, 그 단체의 활동($^{단체교섭·}_{단체행동}$)과 단체의 목적($^{근로조건}_{의 향상}$)이 소기의 성과를 거둘 수 있다. 따라서 주로 정치·사회운동을 목적으로 하는 근로자단체는 노동조합으로 인정받지 못한다($^{노조정법 제2조·}_{제4호 마목}$).[4] 그러나 교원노조를 제외한 노동조합의 선거운동은 허용된다($^{선거법 제87조 제1항 제}_{5호 및 교노조법 제3조}$).

　　근로자의 단결권은 근로자 개개인이 위에 말한 내용의 권리를 행사하는 것만을 내포하지 않고, 근로자의 단결권에 의해서 조직된 단체 그 자체가 또 그와 같은 내용의 권리를 행사할 수 있는 것까지를 포함한다고 보아야 한다.[5]

입·탈퇴의 자유와 소극적 단결권

결사의 자유의 특별법적 성질

노조결사와 일반결사의 차이

노조결사의 4요건

근로자 개인 및 조직된 단체의 권리

---

1) 【결정례】 노조설립신고제와 요건미비신고서 반려제도는 노조결사허가제로 볼 수 없고 근로자의 단결권의 침해도 아니다(헌재결 2012. 3. 29. 2011 헌바 53, 24-1(상), 538(547면 이하)).

2) 김철수, 720면, 교수는 소극적인 단결권은 자유권에 속하는 '결사의 자유'에서는 인정될 수 있지만, 생존권으로서의 단결권에서는 인정될 수 없다고 한다. 권영성, 632면, 교수는 소극적인 단결권은 일반적 행동의 자유 내지 헌법 제37조 제1항에 의해서 보장된다고 한다.

3) 이 점에 대해서는 vgl. BVerfGE 50, 290(367ff., 373ff.).

4) 【결정례】 우리 헌재가 노조의 정당에 대한 정치자금 기부금지규정을 위헌결정하면서 노조의 기본권이 아닌 표현의 자유와 결사의 자유의 침해를 논리로 제시한 것도 그 때문이다(헌재결 1999. 11. 25. 95 헌마 154).

5) 【판시】 헌법 제33조 제1항은 근로자 개인의 단결권만이 아니라 단체 자체의 단결권과 단체활동권도 보장하고 있다. 그러나 단체활동권의 보호범위는 근로조건의 유지·개선이라는 헌법적 단결목적의 달성에 기여하는 활동으로 제한된다(헌재결 1999. 11. 25. 95 헌마 154, 판례집 11-2, 555(573)면). Vgl. BVerfGE 4, 96(101f.); 17, 319(333).
　　【결정례】 교원노조의 조합원을 재직중인 교원으로 한정하고 해직된 교원이나 미취업 교원자격소지자를 제외하는 것은 교원노조의 자주성과 주체성확보라는 교원노조의 역할과 기능상 불가피하다. 또 교원지위법정주의에 따라 교원과 관련한 근로조건의 대부분은 법령이나 조례등으로 정해지고 그 직접적인 적용대상은 재직중인 교원이므로 교원이 아닌 사람을 교원노조의 조합원자격에서 배제하는 것은 단결권의 부당한 제한으로 볼 수 없다. 해직교사도 별도의 노동조합을 설립하거나 그에 가입하는 데는 제한이 없다. 나아가 부당노동행위 구제신청을 한 사

예컨대 여러 산업별 단위노동조합들이 산업별 연합단체를 구성하고, 산업별 연합단체가 다시 총연합단체를 구성하는 것 등이 그것이다($^{노조정법}_{제10조～제13조}$).

c) 단결권의 효력

대국가적 효력: 소극적·적극적 효력

근로자의 단결권은 대국가적 효력과 대사인적 효력을 갖는다. 대국가적 효력은 다시 소극적 효력과 적극적 효력으로 나눌 수 있는데, 소극적 효력은 단결권에 대한 국가권력의 간섭배제효과를 뜻하기 때문에 국가권력이 단결권을 침해하는 경우 국가는 그 위헌의 책임과 불법행위의 책임을 지게 된다. 국가권력에 대한 적극적 효력은 단결권행사가 사용자의 부당노동행위 등에 의해 방해받지 않도록 보호해 주어야 할 국가의 의무를 뜻한다. 이 보호의무를 어기는 국가권력은 부작위에 의한 단결권침해를 범하는 것이기 때문에 소극적 효력의 경우와 마찬가지로 위헌의 책임과 불법행위의 책임을 면하기 어렵다.

대사인적 효력: 대사용자·근로자 상호간의 효력

단결권의 대사인적 효력은 다시 사용자에 대한 효력과 근로자 상호간의 효력으로 나눌 수 있는데, 대사용자의 면에서는 사용자가 근로자의 단결권을 침해하는 부당노동행위를 하지 못하도록 방어하는 효과가 있고($^{노조정법 제81}_{조 이하 참조}$),[1] 근로자 상호간의 관계에 있어서는 특히 단체탈퇴 내지 소극적 단결권을 상호 존중해야 할 헌법적 의무를 생기게 한다.[2] 그러나 단결권의 대사인적 효력은

람에게만 예외적으로 조합원 자격을 인정하는 것은 합리적 이유가 있다. 그리고 교원노조에 일부 해직교원이 포함되어 있다는 이유로 이미 설립해서 활동 중인 교원노조의 법적 지위를 박탈할 것인지의 여부는 행정당국의 재량사항이고 법원은 법외노조통보조항에 따라 행정당국의 판단이 적법한 재량의 범위 안에 있는 것인지 충분히 판단할 수 있어 최소성에 위반되지 않는다. 법익의 균형성도 갖추었다(헌재결 2015. 5. 28. 2013 헌마 671, 2014 헌가 21(병합), 판례집 27-1 하, 336(353면)).

【판결례】 산별노조하부조직인 지부·지회가 독자적인 단체교섭권과 단체협약권까지 보유하지 않더라도 독자적으로 단체교섭을 진행하고 단체협약을 체결할 능력까지 보유해 기업별노조에 준하는 지위를 가진 경우이거나, 독자적인 규약과 집행기관을 가지고 독립한 단체로 활동해 법인 아닌 사단인 근로자단체에 준하는 지위를 가진 경우에도 독자적으로 기업별노조로 변경이 가능하다(대법원 2016. 2. 19. 선고 2012 다 96120 판결).

1) 【판결례】 사용자가 주기적 또는 고정적으로 노조에 대해서 노조운영비의 원조를 하는 행위는 노조 전임자에게 급여를 지급하는 행위와 마찬가지로 노조의 자주성을 잃게 할 위험성을 지닌 것으로 노조정법 제81조 제 4 호의 본문에서 금지하는 부당노동행위에 해당하며, 그런 행위가 노조의 적극적인 요구나 투쟁의 결과로 이루어진 일이라도 동일하다(대법원 2016. 1. 28. 선고 2012 두 12457 판결).

2) 이 점과 관련하여 우리 노조정법(제81조 제 2 호)의 규정내용을 주목할 필요가 있다. 즉 우리 노조정법은 단체협약에서 예외적으로 union-shop조항을 인정해서, 노동조합이 당해 사업장에 종사하는 근로자의 2/3 이상을 대표하고 있을 때에는 근로자가 그 노동조합의 조합원이 될 것을 고용조건으로 하는 단체협약의 체결을 허용하고 있다. 그렇지만 이 경우에도 사용자는 근로자가 당해 노동조합에서 제명된 것을 이유로 해고 등 신분상 불리한 행위를 할 수 없도록 하고 있다.

【판결례】 따라서 이러한 union-shop협정이 체결된 경우 근로자가 노조에서 임의로 탈퇴했다가 그 탈퇴의사를 철회한 경우 그 철회의사를 노조측에서 수용하지 않았다고 하더라도 그것은

독일기본법(제9조 제3항 제1문과 제2문)[1]의 경우와는 달리 사법상의 일반원칙을 통한 간접적 효력에 지나지 않는다고 생각한다.[2] 따라서 예컨대 근로자의 단결권을 침해하는 부당노동행위의 효력은 당연무효가 되는 것이 아니고,[3] 구제신청 내지 행정소송이 있는 경우에 노동위원회의 구제명령 내지 법원의 판결에 의해 비로소 무효가 되는 것이다(노조정법 제81조~제86조). 노동위원회와 법원이 근로자의 단결권에 관한 헌법규정을 사안판단의 기초로 삼아야 하기 때문에 단결권의 효력은 간접적으로만 사인 간에 효력을 미치게 된다.

간접적 사인 간 효력

㈏ 단체교섭권

a) 단체교섭권의 의의와 내용

근로자의 '단체교섭권'이라 함은 근로자가 작업환경의 유지·개선을 위해서 근로자단체의 이름으로 사용자 또는 사용자단체와 자주적으로 교섭할 수 있는 권리를 말한다.[4] 이와 같은 단체교섭권이 인정되지 아니하는 단결권은 사실상 무의미하기 때문에 단체교섭권은 근로자단체의 중요한 활동의 자유에 속한다.[5] 노조대표가 사용자와 단체교섭을 하는 경우 단순한 교섭권뿐 아니라 교섭결과

자주적 교섭 및 협약체결권

결코 해고사유가 될 수 없다는 대법원판례는 단결권의 대사인적 효력의 관점에서 의미가 있는 판례라고 할 것이다. 대법원 1993. 2. 4. 선고 92 가합 64489 판결 참조.

【결정례】 union-shop을 허용하는 노조정법(제81조 제2호 단서)은 근로자의 소극적 단결권과 평등권의 침해가 아니다(헌재결 2005. 11. 24. 2002 헌바 95 등).

1) 우리 헌법과는 달리 독일기본법 제9조 제3항 제1문과 제2문은 직접적 사인효력을 인정하는 명문의 규정을 두고 있다. 즉 그 조문내용은 다음과 같다.「노동 및 경제조건을 유지하고 개선하기 위해서 단체를 조직하는 권리는 누구에게나 그리고 모든 직업에 보장된다. 이 권리를 제한하거나 방해하기 위한 협정은 무효이며, 이를 꾀한 조치는 위법이다.」이 규정의 해석에 관해서는 다음 판례를 참조할 것. BVerfGE 19, 304; 28, 295.

2) 국내의 일부학자들은 근로자의 단결권이 사인 간에 직접적인 효력을 미친다고 한다.
예컨대 문홍주, 310면; 김철수, 718면; 권영성, 639면. 이같은 입장의 부당성에 대해서는 앞부분 295면, 296면 참조할 것.

3) 직접적 사인효력설에 따르는 경우 근로자의 단결권을 침해하는 모든 부당노동행위는 당연 무효가 되어야 한다.

4) 【결정례】 사용자가 근로자의 후생자금 또는 경제상의 불행 기타 재액의 방지와 구제 등을 위한 기금의 기부와 최소한 규모의 노조 사무소를 제공하는 이외의 운영비원조행위를 금지하는 노조 운영비원조금지규정(노조정법 제81조 제4호 중)은 노조가 사용자로부터의 자주성을 확보하여 근로3권이 실질적으로 행사되도록 보장하는 것이 궁극적인 목적이다. 따라서 노조의 자주성이 저해되거나 저해될 위험이 현저하지 않은 경우까지도 운영비원조행위를 금지하는 것은 수단의 적합성, 침해최소성, 법익균형성에 어긋나는 단체교섭권의 침해이다. 헌재가 이미 위헌결정한 노조전임자 급여지원행위와는 그 판단기준이 같을 수 없다(헌법불합치결정 2019. 12. 31. 시한 잠정적용)(헌재결 2018. 5. 31. 2012 헌바 90, 판례집 30-1 하, 66(83면)). 그런데 대법원은 이에 앞서 2016년부터 헌재의 이 결정과는 달리 사용자가 노조에게 최소한의 비품과 시설의 제공을 넘어 통신비·전기·수도료 등 사무실 유지비와 사무용품 등을 지급하는 것은 부당노동행위에 해당해 위법이라고 판시했다. 최종 대법원 2017. 1. 12. 선고 2011 두 13392 판결 참조.

5) Vgl. BVerfGE 20, 312(317ff.); 50, 290(367).

를 단체협약으로 체결할 수 있는 권한까지도 갖는다고 보아야 한다.[1] 하나의
사업 또는 사업장에 2개 이상의 복수노조의 조직이 허용되는 경우 대표권을
갖는 교섭대표노조를 정해야 하는 이유도 그 때문이다.[2] 그렇기 때문에 복수노
조의 경우 교섭창구 단일화 절차에 관해서 법률에서 상세하게 규정하고 있다.[3]

노조는 조직면에서 단체협약내용을 조직 내부에 관철시킬 수 있는 충분한 대의
조직을 갖추어야 한다는 노조결사의 요건에 비추어 볼 때 노조교섭대표의 단체
협약체결권을 부인하고, 교섭대표는 교섭권만 갖고, 교섭결과에 대해서는 노조

목적상의 제약   회원의 찬반투표를 통해 단체협약체결 여부를 따로 결정해야 한다는 것은 대표
성의 논리에도 어긋나기 때문이다. 그러나 단체교섭권은 어디까지나 작업환경
의 유지·개선을 위해서 인정되는 권리이기 때문에 목적상의 제약을 받는다.[4]
단체교섭은 주로 합리적인 근로조건과 적정한 임금의 보장 등 교섭당사자의 이

단체협약의   해관계가 서로 상반되는 문제에 대해서 행해지는 것이 보통이기 때문에, 그 단
보호   체교섭의 결과 맺어지는 노사간의 단체협약에 대해서는 일반사법상 계약에 대
한 보호보다도 더 강력한 보호가 요청된다고 할 것이다. 단체협약에 대해서 심
지어 규범적 효력을 인정하려는 견해가 많아지는 것도 그 때문이다. 노동조합
및 노동관계조정법도 단체협약의 보호를 위한 규정을 두고 있다(제33조).

---

1)【판시】 비록 헌법이 제33조 제 1 항에서 '단체협약체결권'을 명시하여 규정하고 있지 않다 하
더라도 근로조건의 향상을 위한 근로자 및 그 단체의 본질적인 활동의 자유인 '단체교섭권'에
는 단체협약체결권이 포함되어 있다고 보아야 한다(헌재결 1998. 2. 27. 94 헌바 13·26, 95 헌
바 44(병합), 판례집 10-1, 32(42면)). 동지: 대법원 1993. 4. 27. 선고 91 누 12257 판결. 1996
년의 노조정법(제29조)은 이것을 명문으로 규정했다.
2)【결정례】 동일한 사업장에 복수노조가 있는 경우 교섭창구단일화제도에 따라 단체교섭에서
교섭대표가 된 노조에만 단체교섭권을 부여하는 노조법규정은 비교섭대표노조의 단체교섭권을
침해하지 않는다(헌재결 2012. 4. 24. 2011 헌마 338, 판례집 24-1(하), 235(245면)).
【판결례】 하나의 사업 또는 사업장 단위에서 노조가 그 조직형태와 관계없이 2개 이상 병존
하는 경우 각 노조는 원칙적으로 교섭창구 단일화 절차에 따라 교섭대표노조를 정해 사용자에
게 단체교섭을 요구해야 한다. 교섭창구 단일화 제도의 취지 내지 목적, 관련규정의 내용, 교
섭대표 노동조합의 개념 등을 살펴보면, 하나의 사업 또는 사업장 단위에서 유일하게 존재하
는 노동조합은, 설령 노조법 및 그 시행령이 정한 절차를 형식적으로 거쳤다고 하더라도 교섭
대표 노동조합의 지위를 취득할 수 없다고 해석해야 한다(대법원 2017. 10. 31. 선고 2016 두
36956 판결). 하나의 사업 또는 사업장에 후발 복수노조가 생긴 경우 먼저 조직된 단일 노조
의 교섭대표 지위를 보장해야 하는 기간과 관련해서 중요한 의미를 갖는 판결이다.
3) 노조정법 제29조의 2 제 1 항-제10항, 제29조의 3-5, 제41조 제 1 항, 제42조의 6 제 2 항 참조.
4)【판결례】 법원행정처가 법원직원의 근로조건관련 규칙을 제·개정할 때 법원공무원노조의 의
견을 수렴하도록 하는 것은 근무조건과 관련이 있어 단체교섭사항에 해당한다. 그러나 근로조
건과 직접 관련이 없는 정책결정에 관한 사항이나, 법원의 업무와 승진제도 개선 등 기관의
관리·운영에 관한 사항은 법원공무원의 근무조건과 직접 관련된다고 볼 수 없어 법원공무원
노조와의 단체교섭사항이 아니다(대법원 2017. 8. 18. 선고 2012 두 10017 판결).

b) 단체교섭권의 효력

근로자의 단체교섭권은 우선 국가에 대해서 효력을 미친다. 즉 노사협의에 국가권력이 불필요하게 간섭하는 것을 배제할 수 있을 뿐 아니라(소극적 효력),[1] 노사간의 협의가 원만하고 효과적으로 이루어질 수 있는 단체교섭제도를 마련해 줄 것과,[2] 단체교섭의 결과 체결된 단체협약의 내용이 특별히 존중될 수 있도록 적절한 조치를 강구해 줄 것을 요구할 수 있는 권리(적극적 효력)가 바로 그것이다. 노동조합 및 노동관계조정법($\frac{제29조\sim}{제36조}$)에 규정된 단체협약에 관한 여러 가지 규정을 해석·적용하는 경우에 이같은 단체교섭권의 효력이 충분히 존중되어야 할 것이다.[3] 따라서 단체협약에 대한 행정관청의 시정명령권을 인정하는 노동조합 및 노동관계조정법($\frac{제31조}{제3항}$)의 규정은 중대한 위법사유가 있는 경우에 한해서 적용되어야 한다고 생각한다.

국가에 대한 소극적 효력과 적극적 효력

근로자의 단체교섭권은 사용자가 성실하게 교섭에 응해 오는 경우에만 그 실효성을 기대할 수 있기 때문에 사용자에게도 효력을 미친다. 즉 사용자가 정당한 이유 없이 단체교섭에 불응하거나 해태하는 것은 근로자가 갖는 단체교섭권의 침해를 뜻하기 때문에 부당노동행위로 평가될 뿐 아니라($\frac{노조정법 제}{81조 제3호}$) 불법행위의 책임을 발생시키고, 근로자의 단체행동을 정당화시키는 사유가 된다.

사용자에 대한 성실한 교섭호응 요구권

(다) 단체행동권

a) 단체행동권의 의의

근로자의 단체행동권이라 함은 근로자가 작업환경의 유지·개선을 관철시키기 위해서 집단적으로 시위행동을 함으로써 업무의 정상적인 운영을 저해할 수 있는 권리를 말한다. 단체행동권은 근로자와 사용자간에 단체교섭이 원만하게 이루어지지 않은 노동쟁의를 전제로 해서만 허용되는 최후수단적인 성질을 갖는 근로자의 기본권이다. 이를 근로자의 '쟁의권'이라고도 부르고 쟁의권에 의한 단체행동을 쟁의행위라고 한다. 근로자의 쟁의권이 행사되면 사용자의 해고권에 의해서 근로자가 받는 불이익만큼이나 심각한 불이익이 사용자에게 돌아가기 때문에 노동3권 중에서도 가장 강력하고 본질적인 권리임에는 틀림없

쟁의권=집단적 시위행동 및 업무운영 저해권

---

1) 【판시】 택시사납금제 금지규정에 의한 단체협약의 자유에 대한 제한은 헌법이 입법자에게 부과한 과제의 이행을 위하여 필요한 범위 안에서 이루어진 것이므로 노사의 단체협약체결의 자유를 필요 이상으로 과도하게 제한하여 헌법에 위반된다고 볼 수 없다(헌재결 1998. 10. 29. 97 헌마 345, 판례집 10-2, 621(634면)).
2) Vgl. BVerfGE 4, 96(106).
3) 【결정례】 정부출연·위탁기관인 고속철건설공단이 회계·인사·보수에 관한 사항을 단체협약으로 정하거나 변경하는 경우 건교부장관의 승인을 얻도록 한 것은 단체교섭권과 평등권의 침해가 아니다(헌재결 2004. 8. 26. 2003 헌바 28).

사용자의 직
장폐쇄권

다.[1] 사용자가 직장폐쇄로 근로자의 단체행동에 맞설 수 있게 하는 이유도 그 때문이다. 하지만 방위산업체에 종사하는 근로자의 쟁의행위는 국가의 존립과 사회·경제질서에 심각한 영향을 미칠 수 있기 때문에 현행헌법은 법률이 정하

쟁의권에 대
한 헌법 및
법상의 제약

는 주요방위산업체에 종사하는 근로자에게는 법률이 정하는 바에 의하여 그 단체행동권을 제한 내지 부인할 수 있는 헌법적 근거조항($\frac{제33조}{제3항}$)을 두고 있다.[2] 그 뿐 아니라 쟁의행위를 최대한으로 억제하고 산업평화를 도모하기 위해 법으로 쟁의행위의 기본원칙과 제한·금지사항을 정하고 있다($\frac{노조정법 제}{37조 이하}$). 그 밖에도 노사정협의제도도 마련하고 있다.[3]

b) 단체행동권의 내용 및 효과

동맹파업·태
업·불매운동·
감시행위·생
산관리 등

단체행동권은 단체교섭내용을 관철시키기 위한 집단적인 실력행사를 그 내용으로 하는데 집단적인 실력행사의 구체적인 방법으로는 동맹파업(strike)·태업(sabotage)·불매운동(boycott)·감시행위(picketting)·생산관리 등이 있다. 동맹파업은 집단적으로 노동력의 제공을 거부하는 것이고, 태업은 의도적으로 작업능률을 떨어뜨리는 집단행동을 말한다. 불매운동은 사용주가 생산하는 상품을 사지 않는 집단행동이고, 감시행위는 파업효과를 높이기 위해서 파업상태를 순찰감시하는 시위행위이다. 생산관리는 근로자단체가 생산시설을 점유해서 기업경영을 스스로 행하는 실력행사를 뜻한다. 특히 생산관리는 사용자의 재산권을 침해하는 정도가 매우 크기 때문에 재산권 및 경제질서에 관한 헌법규정과의 규범조화가 가능한 범위 내에서만 허용될 수 있다고 할 것이다.

형사·민사책
임의 배제 및
불리한 처우
금지

근로자가 행하는 단체행동은 그것이 여러 형태의 실력행사로 나타나기 때문에 다른 법익과 충돌을 일으키는 경우도 있을 수 있다. 그러나 정당한 쟁의행위는 형사책임과 민사책임을 발생시키지 않는 효과가 있을 뿐 아니라 ($\frac{노조정법}{제3조, 제4조}$),[4] 사용자도 단체행동권을 행사했다는 이유로 근로자를 해고하거나 근로자에게 불이익한 처우를 해서는 아니된다($\frac{노조정법 제81조}{제5호 및 제43조}$). 쟁의행위기간중의

---

1) 독일기본법은 근로자의 단체행동권을 명문으로 규정하지 않고 있기 때문에 그 인정 여부에 대해서 견해가 대립하고 있지만, 이를 인정하는 것이 학설·판례의 지배적인 경향이다.

2) 그런데 노조정법(제41조 제2항)은 전력·용수 및 주로 방산물자를 생산하는 업무에 종사하는 사람만 쟁의행위를 할 수 없도록 그 범위를 축소해서 규정했다.

3) 그러나 종래의 중앙노사협의회에 정부대표를 참여시켜 노사정협의체제로 바꾸고 협의사항 외에 합의사항을 추가하는 등의 부분적인 제도개선만으로 산업평화를 기대하기는 어렵다고 할 것이다(근참법 및 경제사회발전노사정위원회법 참조).

4) 동지: 헌재결 1998. 7. 16. 97 헌바 23, 판례집 10-2, 243(253면) 참조.
【판시】 정당성을 결여한 집단적 노무제공 거부행위가 구 형법 제314조의 위력업무방해죄에 해당된다는 법해석(대법원 판례)은 헌법이 보장하는 근로3권의 내재적 한계를 넘어선 행위를 규제하는 것이므로 근로3권을 침해하지 않는다(헌재결 1998. 7. 16. 97 헌바 23, 판례집 10-2, 243(259면)).

근로자대체제도($^{노조정법}_{제43조}$)를 당해 사업내 대체근로만 허용할 뿐 근로자 파견을 원칙적으로 금지하는 이유도 그 때문이다[1]($^{파견근로자보호법}_{제16조 제 1 항}$). 그렇지만 사용자가 최후의 불가피한 경우에 직장폐쇄로 대항하는 것까지 배제하는 효과는 없다고 할 것이다.[2] 노동조합 및 노동관계조정법($^{제 2 조 제 6}_{호, 제46조}$)이 사용자의 직장폐쇄를 인정하고 있는 것도 같은 취지라고 생각한다.

사용자의 직장
폐쇄권 인정

c) 단체행동권의 한계

근로자가 단체행동을 함에 있어서는 그 목적·방법·절차상의 한계를 존중해야 한다. 즉 첫째 단체행동권은 구체적인 작업환경의 유지·개선을 관철하기 위한 목적으로만 행사되어야 한다. 즉 단체행동권은 근로조건의 향상을 효과적으로 관철하기 위해서 필요 불가피한 범위 내에서만 인정되는 권리이다.[3] 따라서 명백한 정치목적의 단체행동(정치적 파업)은 허용되지 않는다고 할 것이다. 그와 같은 단체행동은 일반적인 집회·결사의 자유 내지 의사표현의 자유에 의해서 보호받는 것은 별개의 문제로 치더라도, 근로자의 단체행동권에 의한 보호를 받을 수는 없다고 할 것이다. 그러나 근로자의 작업환경의 유지·개선과 불가분의 상호관계에 있는 국가의 경제정책 내지 산업정책 등을 이유로 하는 단체행동은 정치적 파업이라고 볼 수 없다고 생각한다.[4]

목적·방법·
절차상의 한계

정치적 파업
금지

둘째 쟁의행위로서의 실력행사는 사업장시설을 해치지 않는 비파괴, 비폭력적인 방법으로 행해져야 한다($^{노조정법}_{제42조}$).[5] 사업장시설의 파괴 및 폭력적인 방법으로 쟁의행위의 목적이 달성될 수 있다고 보기 어렵기 때문이다.

파괴·폭력적
방법금지

셋째 단체행동권은 단체교섭권을 통해서 목적달성이 도저히 불가능한 최후순간에 행사될 때만 정당화될 수 있다. 따라서 조정·중재 등의 조정절차를 먼

조정·중재 등
의 조정절차
준수

---

1) 【독일판례】 체신노조의 파업중에 공무원을 대체근로시킨 것은 쟁의권침해라는 독일 연방헌법재판소의 판례가 있다. BVerfGE 88, 103 참조.
2) 김철수, 722면, 교수는 이 점에 대해서 이견을 말하면서, 사용자의 직장폐쇄권을 부인하고 있는데, 이는 사용자와 노동자간의 무기평등 내지 쟁의동권(爭議同權, Kampfparität)의 관점에서 보나, 재산권보호의 시각에서 보나 옳지 않다고 생각한다.
3) 【판시】 쟁의행위는 주로 단체협약의 대상이 될 수 있는 사항을 목적으로 하는 경우에만 허용되는 것이고, 단체협약의 당사자가 될 수 있는 자에 의해서만 이루어져야 한다(헌재결 1990. 1. 15. 89 헌가 103, 판례집 2, 4(14면)). 동지: BVerfGE 17, 319(333f.).
　　【결정례】 교육행정정보시스템(NEIS) 반대를 위한 전교조의 쟁의행위는 근로조건의 개선을 목적으로 하는 쟁의행위가 아니므로 형법상의 업무방해죄의 규율대상이지 교원노조법 위반으로 처벌할 사안이 아니다(헌재결 2004. 7. 15. 2003 헌마 878).
4) 동지: 권영성, 638면.
5) 【결정례】 사업장의 안전보호시설의 유지·운영을 정지·폐지·방해하는 행위를 처벌하는 노조정법(제42조 제 2 항) 규정은 명확성의 원칙에 위배되지 않으며 단체행동권의 침해도 아니다(헌재결 2005. 6. 30. 2002 헌바 83).

저 거쳐야 하고($^{노조정법}_{제45조}$), 조정기간($^{조정신청 후 일반사업은 10일, 공}_{익사업은 15일, 교원노조는 30일}$) 내지 중재기간($^{중재회부}_{후 15일}$) 등의 전치절차가 반드시 지켜져야 한다($^{노조정법 제54조, 제63조;}_{교노조법 제 9 조 제 3 항}$).

d) 단체행동권의 제한

주요방위산업체 근로자의 쟁의권 제한

현행헌법은 단체행동권을 특히 그 주체의 면에서 제한하는 규정을 두고 있다. 즉 법률이 정하는 주요방위산업체에 종사하는 근로자의 단체행동권은 법률이 정하는 바에 의하여 이를 제한하거나 인정하지 아니할 수 있다($^{제33조}_{제 3 항}$)고 정하고 있다. 이 헌법규정에 따라 노동조합 및 노동관계조정법($^{제41조}_{제 2 항}$)은 '방위산업법'에 의하여 지정된 방위산업체에 종사하는 근로자 중 전력·용수 및 주로 방산물자를 생산하는 업무에 종사하는 사람은 쟁의행위를 할 수 없다고 정하고 있다.[1] 2006년부터 허용된 공무원노조도 쟁의행위를 할 수 없도록 금지했다

제 3 자 개입 제한

($^{법}_{제11조}$). 또 필수공익사업($^{노조정법}_{제71조 제 2 항}$)의 업무 중 그 정지·폐지가 공익을 현저히 해치는 업무로서 대통령령이 정하는 필수유지업무에 대한 쟁의행위는 금지된다 ($^{노조정법 제42조의 2}_{내지 제42조의 5}$). 그러나 제 3 자가 행정관청에 신고 없이 쟁의행위에 간여하거나 이를 조종·선동하는 경우 형사처벌하도록 했던 제 3 자 지원신고제도($^{구 노조정법}_{제40조}$)와 벌칙규정($^{구 노조정법}_{제89조 제 1 호}$)은 노사자율성을 침해하는 문제가 있어 폐지·삭제되었다.[2]

5) 노동 3 권의 제한과 그 한계

노동 3 권의 헌법적 제약

현행헌법은 근로자의 노동 3 권을 보장하면서, 노동 3 권을 향유할 수 있는 사람의 범위에 관해서 헌법적 한계를 명시하고 있을 뿐 아니라($^{제33조}_{제 2 항}$), 주요방위산업체 근로자의 단체행동권을 제한하는($^{제33조}_{제 3 항}$) 등 헌법 스스로가 이미 노동 3 권에 대해서 여러 가지 제약을 가하고 있다. 따라서 노동 3 권에 대한 이같은

노동 3 권의 헌법적 제약과 제37조 제 2 항과의 관계

헌법적 제약의 테두리 내에서 근로자에게 노동 3 권이 보장되는 것은 물론이다. 다만 문제는 노동 3 권을 보장하는 헌법규정과 헌법 제37조 제 2 항과의 관계에서, 입법권자가 노동 3 권을 어느 정도까지 법률로 제한할 수 있는 것인가 하는 점이다. 헌법 제37조 제 2 항을 기본권제한입법의 한계조항으로 이해하는 우리의 관점에서 볼 때, 근로자의 노동 3 권은 그것을 보장하는 헌법규정 내에 이미

---

1) 【결정례】 i) 국가·지방자치단체에 종사하는 근로자의 쟁의행위까지 포괄적으로 금지하던 1996년 개정 전의 옛 규정은 일부 공무원의 노동쟁의를 인정하고 있는 헌법 제33조 제 2 항에 위배되므로 국회는 1995년 12월 말까지 이 법조항을 개정해야 한다는 헌법불합치결정이 있었다(헌재결 1993. 3. 11. 88 헌마 5). 헌재결 1998. 2. 27. 95 헌바 10 참조. ii) 특수경비원이 수행하는 경비업무의 정상적인 운영을 저해하는 쟁의행위를 금지하는 경비업법규정(제15조 제 3 항)은 단체행동권의 침해가 아니다(헌재결 2009. 10. 29. 2007 헌마 1359; 헌재결 2023. 3. 23. 2019 헌마 937).

2) 헌법재판소는 노동 3 권의 자주성요건을 이유로 제 3 자개입을 금지했던 옛 노동쟁의조정법의 규정을 합헌이라고 결정했다.

구체적인 헌법적 제약이 함께 내포되고 있기 때문에, 헌법 제37조 제 2 항과는 다음과 같은 관계가 성립한다고 생각한다.

즉 i) 헌법 제37조 제 2 항은 근로자의 단결권과 단체교섭권 및 단체행동권을 제한하는 경우의 한계조항을 뜻하기 때문에, 국가안전보장 등을 위해서 필요 불가피한 최소한의 범위 내에서만 법률로써 단결권과 단체교섭권 및 단체행동권을 제한할 수 있고, 그 경우에도 이들 권리의 본질적 내용은 침해할 수 없다고 할 것이다. 과잉금지의 원칙을 어긴 지나친 제한은 이들 권리의 본질적 내용을 침해할 가능성이 크다고 볼 수 있는데, 예컨대 노동조합의 조직을 금지하거나[1] 복수노조의 설립을 금지하고[2] 노동조합의 내부적 인사문제에 대해서 국가가 간섭하는 행위,[3] 필수유지업무지정권 내지 긴급조정권(노조정법 제42조의 2 및 제76조)의 남용 등 단체교섭과정에 국가권력이 부당하게 간섭해서 단체교섭의 자율성을 침해하는 행위,[4] 쟁의행위를 심히 제한하는 법률을 제정하는 행위[5] 등이 그 예라 할 것이다.

과잉금지원칙과 본질적 내용 침해금지

【판시】 제 3 자개입금지는 헌법이 인정하는 근로 3 권의 범위를 넘어 분쟁해결의 자주성을 침해하는 행위를 규제하기 위한 입법일 뿐, 근로자가 단순한 상담이나 조력을 받는 것을 금지하고자 하는 것은 아니므로, 근로자 등의 위 기본권을 제한하는 것이라고는 볼 수 없다(헌재결 1990. 1. 15. 89 헌가 103, 판례집 2, 4(17면)). 동지: 헌재결 2004. 12. 16. 2002 헌바 57.

1) **【결정례】** i) 따라서 우리 헌재가 사립학교교원의 노동운동을 금지한 사립학교법(제55조 및 제58조 제 1 항 제 4 호)을 위헌이 아니라고 결정한 것은 비판의 여지가 많다고 할 것이다(헌재결 1991. 7. 22. 89 헌가 106 참조). 이제는 교원노조법에 의해서 교원의 노조설립은 허용되지만 단체행동권은 배제된다.
  【독일판례】 독일에는 노조가입권유를 사용자가 방해해서는 아니된다는 판례가 있다(BVerfGE 93, 352 참조).
2) 따라서 노동관계법 개정으로 복수노조의 설립이 허용되었다.
3) Vgl. dazu BVerfGE 19, 303(322).
4) 우리 헌재는 공익사업에 대한 강제중재규정을 합헌이라고 판시했다.
  【판시】 강제중재는 사전중재이고 준사법기관의 성격을 갖는 노동위원회가 결정주체가 되지만, 긴급조정은 사후조정이고 노동부장관이 그 결정주체라는 점에서 각각 그 기능 및 효용성이 다르다. 따라서 강제중재제도는 긴급조정제도에 흡수될 수 있는 불필요한 제도로서 근로자의 단체행동권을 과잉제한하는 것이 아니고 두 제도는 상호보완적인 관계에 있는 불가피한 쟁의조정제도이다. 그리고 국민생활에 중대한 영향을 미치는 공익사업의 경우 근로자의 이익·권리확보에 비해 중재에 의한 신속한 분쟁해결로 국민의 일상생활을 보호해야 할 필요성이 현저히 크기 때문에 일반사업장의 근로자와 차별하는 것은 합리적 이유 있는 차별이다(헌재결 1996. 12. 26. 93 헌바 17 등, 판례집 8-2, 729(762면 이하)).
  【결정례】 필수공익사업장에서의 노동쟁의를 노동위원회가 직권으로 중재에 회부함으로써 파업 전에 노사분쟁을 해결하는 직권중재제도는 단체행동권의 과잉제한이 아니다(헌재결 2003. 5. 15. 2001 헌가 31). 직권중재제도는 2006. 12. 법개정으로 폐지되었다.
5) **【결정례】** i) 예컨대 옛 노동쟁의조정법(제13조의 2 및 제45조의 2)이 노동쟁의행위에 대한 제 3 자개입금지를 규정한 것이 그 한 예인데, 우리 헌재는 이 규정이 근로자가 단순한 상담이나 조력을 받는 것을 금지하고자 하는 것은 아니고, 제 3 자의 조종·선동·방해행위만 배제하기 위한 것이므로 위헌이 아니라고 판시했다(헌재결 1990. 1. 15. 89 헌가 103 참조). 2006년의 법개정으로 이제 제 3 자개입은 허용된다. ii) 그러나 근로자들의 집단적 노무제공거부행위를 형법의 위력업무방해죄로 처벌하는 것을 합헌이라고 판시한 헌재의 결정은 문제가 있다(헌재결

공무원 노동 3
권 규율의 준
거제시

　　ii) 헌법 제37조 제 2 항은 노동 3 권의 주체가 될 수 있는 공무원인 근로자
의 범위를 정하는 데 있어서의 기준을 제시하는 규정이라고 볼 수 있기 때문
에, 입법권자가 공무원인 근로자의 노동 3 권에 관해서 규율하는 경우에도, 노
동 3 권을 보장하는 헌법정신을 충분히 존중해서 되도록 넓은 범위의 공무원이
노동 3 권을 향유할 수 있도록 해야 할 것이다. 그러나 그 어떤 경우에도 모든
공무원의 노동 3 권을 전면적으로 부정하는 입법은 허용되지 않는다고 본다.[1]
공무원의 노동 3 권을 인정하는 것은 헌법이 이미 보장하는 것이기 때문에 입법
사항이 아니고, 단지 노동 3 권의 주체가 될 수 있는 공무원의 범위만이 입법권자

공무원 노동 3
권 과잉제한
의 문제점

에 의해서 정해질 입법사항이기 때문이다.[2] 이런 관점에서 현행법$\binom{\text{국가공무원 복}}{\text{무규정 제28조}}$
이 '과학기술정보통신부 소속 현업기관의 작업 현장에서 노무에 종사하는 우정
직공무원'에 한해 노동 3 권을 누릴 수 있도록 그 범위를 극도로 제한하고 있는
것은 문제가 없지 않다고 느껴진다. 6급 이하 일반직 · 별정직 공무원에게 허용
되는 공무원직장협의회의 조직이 2006년부터 공무원노조로 발전할 수 있도록
공무원노조법이 제정된 것은 다행이다.

　　iii) 헌법 제37조 제 2 항은 주요방위산업체에 종사하는 근로자의 단체행동
권을 제한하는 데 있어서$\binom{\text{제33조}}{\text{제 3 항}}$도 그 한계조항을 뜻하기 때문에, 국가안전보장
등을 위해서 필요 불가피한 범위 내에서만 그들의 단체행동권을 제한할 수 있

1998. 7. 16. 97 헌바 23). iii) 청원경찰 업무의 공공성을 이유로 하여 청원경찰의 구체적 직무
내용, 근무장소의 성격, 근로조건이나 신분보장 등 여러 요소들을 전혀 고려하지 않고 모든 청
원경찰의 근로 3 권 전부를 획일적으로 제한하는 청원경찰법 제 5 조 제 4 항 중 관련부분은 침
해최소성과 법익균형성을 어긴 근로 3 권의 침해이다. 교원과 일부공무원은 물론이고 주요방위
산업체의 근로자와 경비업법에 따른 특수경비원의 경우에도 쟁위행위만 금지될 뿐 단결권과
단체교섭권은 허용되는 시대상황에도 맞지 않는다. 따라서 이들처럼 단체행동권만 제한해도
청원경찰의 기능에 지장이 생긴다고 단정할 수 없다(2018년 말까지 시한부 잠정적용 헌법불합
치결정)(헌재결 2017. 9. 28. 2015 헌마 653, 판례집 29-2 상, 485(501면)). 이 위헌결정 전에
헌재는 2008년 '청원경찰은 업무의 공공성이 매우 큰 근로자이므로 근로 3 권을 제한하는 청원
경찰법 제11조는 노동 3 권의 과잉제한이 아니라고' 합헌결정했었다(헌재결 2008. 7. 31. 2004
헌바 9). iv) 노조전임자에 대한 급여지급을 전면 금지하는 데 따른 절충안으로 노조전임자에
대한 근로시간면제제도를 도입했으므로 노조가 이를 위반하여 급여지급을 요구하면서 이를 관
철할 목적의 쟁의행위를 못하게 정한 노조정법규정(제24조 제 5 항)은 과잉금지원칙을 어기고
노사자치의 원칙 또는 단체교섭권 및 단체행동권을 침해한다고 볼 수 없다. 그리고 국내법적
효력을 갖는 국제노동기구협약 제135호(기업의 근로자 대표에게 제공되는 보호 및 편의에 관
한 협약)에 배치된다고 보기 어렵다(헌재결 2014. 5. 29. 2010 헌마 606).

1)【결정례】 따라서 공무원의 쟁의행위를 전면금지하고 있던 옛 노쟁조법(勞爭調法)(제12조 제 2
항)에 대한 헌법불합치결정은 당연하다(헌재결 1993. 3. 11. 88 헌마 5).

2)【결정례】 사실상의 노무종사자를 제외한 다른 공무원의 노동운동을 금지한 국가공무원법(제
66조 제 1 항)은 입법형성권의 범위를 벗어난 것도 아니고, 평등의 원칙에도 위반되지 않는다
는 판례가 있다(헌재결 1992. 4. 28. 90 헌바 27 등, 92 헌바 15(병합); 헌재결 2005. 10. 27.
2003 헌바 50 등).

다고 할 것이다.[1] 따라서 이들 주요방위산업체 종사자들의 단체행동권을 전면적으로 부인하는 입법권의 행사는 지극히 예외적인 특수상황이 아니고서는 정당화되기 어렵다고 생각한다.

이들 주요방위산업체가 국방과 국민경제 내지는 국민생활에 미치는 직접적이고도 생존적인 의미를 충분히 고려한다 하더라도, 국방과 국민경제의 발전 및 국민생활의 안정이 이들 주요방위산업체 종사자들의 일방적인 희생 위에 이루어질 수는 없다고 보아야 하기 때문이다. 따라서 그들이 '인간다운 생활'과 '합리적인 작업환경'을 보장받기 위한 노력으로서 행하는 단체행동을 전적으로 부인할 수는 없다고 생각한다.

주요방위산업체 근로자의 단체행동권 제한의 한계

공무원노조의 단체행동권을 금지하는 것은 공무원이 국민 전체에 대한 봉사자이며 국민에 대하여 책임을 진다는 헌법규정(제7조 제1항)과의 규범조화의 관점에서 정당화된다고 할 것이다.[2]

공무원노조 쟁의금지의 정당성

6) 노동 3 권과 사인 간의 효력

국내의 많은 학자들은 노동 3 권이 사인 간에 직접 효력을 미치는 가장 대표적인 기본권이라고 주장한다.[3] 헌법에 직접적인 사인효력에 관한 명문의 규정은 없지만, 사용자를 개념필수적으로 전제하고 있는 노동 3 권의 성질상 사용자에게 직접 그 효력이 미치는 것은 당연하다는 논거를 제시하고 있다.

직접적 사인효력설의 논거

생각건대 근로자의 노동 3 권이 대국가적인 면과 대사인적인 면을 동시에 내포하고 있는 것은 사실이지만, 그렇다고 해서 헌법상 아무런 명문의 근거도 없이 노동 3 권의 직접적인 사인효력을 선뜻 인정하고 나서는 것은 옳지 않다고 생각한다. 노동 3 권의 직접적 사인효력을 인정한다고 하는 것은 결과적으로 노동 3 권의 '주관적 사권'성을 인정해서 노동 3 권을 근거로 한 사법상의 권리

직접적 사인효력설의 문제점(부당성)

---

1) 【판시】 단체행동이 금지되는 '방산업체 종사 근로자'의 범위를 주요방산물자를 직접 생산하거나 생산과정상 그와 긴밀한 연계성이 인정되는 공장에 속하는 근로자로 한정함으로써 해석상 그 범위의 제한이 가능하고, 그 결과 주요방위산업체가 보유한 공장 중 방산물자 생산과 무관한 공장에 종사하는 근로자의 단체행동권은 제한을 받지 않는다고 할 것이므로 평등의 원칙에 반하거나 단체행동권의 본질적 내용을 침해하고 과잉금지원칙에 위배된 규정이라 볼 수 없다(헌재결 1998. 2. 27. 95 헌바 10, 판례집 10-1, 65(84면)).

2) 【결정례】 공무원의 집단적인 의사표현을 제한하는 것은 공무원의 정치적 중립성의 훼손을 막아 공무의 공정성과 객관성에 대한 신뢰를 확보하기 위한 것으로 표현의 자유의 침해가 아니다(헌재결 2014. 8. 28. 2011 헌바 32 등, 판례집 26-2 상, 242(258면)).
  【독일판례】 독일 연방헌법재판소는 2018. 6. 12. 공무원의 쟁의금지(Beamtenstreitverbot)에 대해서 합헌결정하면서 공무원의 쟁의는 전통적 직업공무원제도의 본질상 공무원의 봉사 및 성실의무에 어긋난다고 판시했다(2BvR 1738/12, 2BvR 646/15, 2BvR 1068/14, 2BvR 1395/13).

3) 예컨대 문홍주, 310면; 김철수, 718면; 권영성, 639면.

가 생길 수 있다는 말이 된다. 따라서 사인 간의 사법상의 노동계약이라도 그 것이 노동 3 권을 무시하고 체결된 것인 때에는 마치 민법상의 금지규정을 어 긴 법률행위처럼 당연히 무효가 된다는 결론에 이르게 된다. 그렇다면 구체적 으로 그 무효의 효과는 무엇이겠는가. 예컨대 노동조합에 가입하지 아니한다는 조건을 노동계약의 내용으로 해서 고용된 근로자가 후에 노동조합에 가입한 경 우, 사용자가 노동계약위반을 이유로 그 노동자를 해고시킨다면, 해고당한 근 로자는 헌법이 보장하는 단결권을 내세워 그 해고조치의 무효를 주장할 수 있 겠지만, 그 주장의 실질적인 효과는 무엇인가. 그와 같은 무효주장만으로 다시 당연히 복직이 되는 것도 아니고, 결국에 가서는 노동조합 및 노동관계조정법 ($\frac{제82}{조}$)이 정하는 바에 따라 구제신청을 하고 노동위원회의 구제명령($\frac{제84}{조}$)을 받아 야 권리구제가 가능하다. 따라서 이 경우 단결권은 노동위원회가 당사자의 구 제신청을 받아 부당노동행위의 성립 여부를 판단하는 데 있어서 하나의 판단지 표가 되고, 근로자의 단결권은 노동위원회의 이같은 법률해석을 통해서 간접적 으로 사용자에게도 그 효력을 미치게 된다는 점을 주의해야 한다.

간접적 사인 효력설의 타 당성

　　결론적으로 독일기본법상의 근로자의 단결권에 관한 규정($\frac{제9조}{제3항}$)과는 달리, 사인 간의 직접적 효력에 관한 아무런 명문의 규정도 없는 우리 헌법상의 노 동 3 권을 이해하는 데 있어서는, 이 기본권에 내포된 객관적 가치질서로서의 성질을 논거로 하는 간접적 사인효력설이 옳다고 생각한다.[1] 다만 사용자에게 노동 3 권의 효력을 간접적으로 미치게 하는 데 필요한 사법상의 매개물이 없 을 수도 있는데, 이런 경우에는 사회공동체의 '객관적인 가치질서'로서의 노동 3 권에서 나오는 '기속효과'가 직접 사용자에게 미치게 된다.[2] 그러나 그것은 '주 관적 공권'으로서의 노동 3 권의 효력이 주관적 사권의 형식으로 직접 사용자에 게 미친다는 다른 학자들[3]의 견해와는 그 본질과 내용을 달리한다는 점을 잊 어서는 아니된다.

---

1) 이 점에 대해서 더 자세한 것은 앞부분 293면 이하 참조할 것.
2) 이러한 이론에 입각한 독일의 대표적 판례는 BVerfGE 25, 256(263ff.)이다.
3) 기본권의 양면성을 부인하는 입장에서는 기본권은 단순한 주관적 공권에 지나지 않게 되고, 기본권의 객관적 가치질서로서의 성질이 부인된다.
　　예컨대 문홍주, 197면; 김철수, 250면의 입장이다.

V. 인간다운 생활을 할 권리

(1) '인간다운 생활을 할 권리'의 의의 및 그 헌법상 기능

1) '인간다운 생활을 할 권리'의 의의

(개) 헌법규정의 내용

우리 헌법은 모든 국민에게 '인간다운 생활을 할 권리'를 보장하면서^(제34조 제1항) 이 권리의 실효성을 확보하기 위해서 국가의 사회정책적 의무를 강조하고 있다. 즉 '국가는 사회보장·사회복지의 증진에 노력할 의무'^(제34조 제2항)와 '생활능력이 없는 국민을 보호해야 할 의무'^(제34조 제5항), '여자의 복지와 권익향상을 위하여 노력할 의무'^(제34조 제3항), '노인과 청소년의 복지향상을 위한 정책을 실시할 의무'^(제34조 제4항), '재해를 예방하고 그 위험으로부터 국민을 보호해야 할 의무'^(제34조 제6항) 등을 지도록 한 것이 바로 그것이다.

인간다운 생활영위권 위한 국가의 사회정책적 의무

(내) 물질적 최저생활권의 보장

'인간다운 생활을 할 권리'라 함은 '물질적인 궁핍으로부터의 해방'을 그 주 내용으로 하는 물질적인 최저생활권을 말한다. 즉 우리 헌법질서의 가치적인 핵이라고 볼 수 있는 '인간의 존엄성과 가치'는 최소한도 최저한의 물질적인 생활보장을 전제로 해서만 논할 수 있기 때문에, 우리 헌법은 모든 국민에게 최저한의 물질적인 생활을 할 수 있는 권리를 기본권으로 보장하고 있다.

(대) 문화적 최저생활권의 보장문제

학자에 따라서는 '인간다운 생활을 할 권리'가 물질적인 최저생활뿐만 아니라 '문화적 최저생활'을 보장하는 것이라고 주장하는 사람도 있지만,¹⁾ 그와 같은 주장은 헌법의 기본권규정을 지나치게 확대해석한다는 비난을 면하기 어렵다. '물질적인 최저생활'보다는 '문화적인 최저생활'의 보장이 바람직하고 또 국민의 입장에서 보다 이익이 되는 것은 사실이지만, 우리 헌법의 통일성에 입각해서 볼 때, '인간다운 생활을 할 권리'가 모든 국민에게 '물질적인 최저생활'의 차원을 넘어서 '문화적인 최저생활'까지를 보장하고 있다고 보기는 어렵다고 생각한다.²⁾ 더욱이 '인간다운 생활을 할 수 있는 권리'를 하나의 프로그램규정

인간다운 생

---

1) 예컨대 박일경, 348면; 김철수, 677면; 권영성, 601면.
2) 우리 헌법재판소도 같은 판시를 하고 있다.
【판시】 i) 인간다운 생활을 할 권리로부터는 인간의 존엄에 상응하는 생활에 필요한 '최소한의 물질적인 생활'의 유지에 필요한 급부를 요구할 수 있는 구체적인 권리가 상황에 따라서는 직접 도출될 수 있다고 할 수는 있어도, 동 기본권이 직접 그 이상의 급부를 내용으로 하는 구체적인 권리를 발생케 한다고는 볼 수 없다(헌재결 1995. 7. 21. 93 헌가 14, 판례집 7-2,

활권의 헌법
적 의미

내지 추상적 권리로 이해하면서 그 권리 내용을 '문화적 최저생활'의 보장으로
까지 끌어올리는 것은 아무런 실효성이 없는 이론전개라는 인상을 지워버리기
어렵다. '사회성'과 '주체성'을 구비한 자주적 인격체로서의 국민을 전제로 하는
우리 헌법질서는 기본권보장의 원칙적인 가치지표가 '인간의 존엄성'이라는 점
을 존중해서 모든 국민에게 적어도 물질적인 최저생활을 보장함으로써, 자율적
인 생활형성의 바탕을 마련해 준다는 데 '인간다운 생활권'의 참된 헌법적 의미
가 있다고 생각한다.

㈐ 인간다운 생활권의 헌법상의 의의

우리 헌법은 모든 국민이 '물질적인 최저생활'을 넘어서 인간의 존엄성에
맞는 건강하고 문화적인 생활을 추구하고 또 현실적으로 누리는 것을 진실로
바라고 또 그것을 위해서 행복추구권을 비롯해서 생명권, 신체적 완전성에 관
한 권리, 보건에 관한 권리, 환경권, 재산권, 근로활동권, 직업의 자유 등을 보
장하고 있다. 따라서 이들 여러 가지 기본권을 적절히 활용해서 인간의 존엄성
에 상응하는 건강하고 문화적인 생활을 꾸려나가는 것은 기본권주체 스스로의

궁핍으로부터
의 해방보장

노력에 의해서 이루어질 일이고, 국가로서는 모든 국민에게 우선 '궁핍으로부터
의 해방'을 보장해 줌으로써, 사회·경제생활의 최소한의 바탕을 마련해 준다는
데 '인간다운 생활권'의 헌법적 의의가 있다고 할 것이다. 국가의 사회정책적
의무에 관한 헌법규정이 이와 같은 해석을 뒷받침해 주고 있다. 생활무능력자
에 대한 국가의 공적 사회부조를 포함한 '사회보장'은 우선은 위험부담의 사회
분배를 통한 '궁핍과 재난으로부터의 해방'을 위한 것이지, 모든 국민에게 풍요

풍요로운 문
화생활은 국
민의 자조적
영역

로운 문화적인 생활을 안겨 주기 위한 것은 아니다. '풍요로운 문화생활'을 성
취시키는 것은 국민 한 사람 한 사람의 자조적인 생활설계에 속하는 일이지,
국가가 해야 할 일은 아니다. 국가는 그와 같은 생활설계를 할 수 있는 조건과
여건을 마련하는 데 그쳐야 한다. 바로 이곳에 자유민주주의의 개방성이 있고,
사회국가실현의 방법적 한계가 있다.

2) '인간다운 생활을 할 권리'의 헌법상 기능

인간존엄성실
현의 최소한의
방법적 기초

이렇게 볼 때, '인간다운 생활을 할 권리'는 다음과 같은 헌법상의 의의와
기능을 가진다고 할 것이다.

1(30면)). ii) 인간다운 생활을 할 권리와 국가의 사회보장·사회복지 증진의무로부터 근로자가
산재보험의 운영주체인 국가에게 산재보험을 모든 사업에 강제적용하거나 또는 적용제외사업
으로 정해진 사업을 적용대상사업에 포함시켜 달라는 것과 같은 적극적인 국가의 행위를 요구
할 수 있는 권리는 나오지 않는다(헌재결 2003. 7. 24. 2002 헌바 51).

즉 첫째 '인간다운 생활을 할 권리'는 정신적이고 환경적인 최저생활을 보장하는 환경권과 함께 우리 헌법이 그 가치적인 핵으로 하는 '인간의 존엄성'을 실현하기 위한 최소한의 방법적 기초를 뜻한다. 즉 '인간다운 생활을 할 권리'의 이념적인 기초는 인간의 존엄성이기 때문에 현행 헌법은 '인간다운 생활을 할 권리'를 실현하기 위해서 특히 국민의 경제활동을 보호하기 위한 여러 가지 기본권(거주·이전의 자유, 직업의 자유, 재산권, 근로활동권)을 보장하고 있다. 따라서 경제활동에 관한 이들 기본권의 이념적인 기초는 '인간다운 생활을 할 권리'이고, '인간다운 생활을 할 권리'의 이념적 기초는 인간의 존엄성에 있다.

둘째 '인간다운 생활을 할 권리'는 우리나라 경제질서의 가치지표로서의 의의를 가진다. 왜냐하면 모든 국민에게 생활의 기본적 수요를 충족시키고 균형 있는 국민경제의 발전을 실현시키는 합리적인 경제정책이야말로 가장 효과적이고 재정부담이 적은 사회복지정책을 뜻하기 때문이다. 바로 이곳에 '인간다운 생활을 할 권리'와 경제정책의 불가분의 함수관계가 있다.

[측주] 경제질서의 가치지표로서의 의의

셋째 '인간다운 생활을 할 권리'는 사회국가실현의 국가적 의무를 제시하는 헌법상의 기능을 갖는다. 국가의 사회보장·사회복지증진의무와 장애인·여자·노인·청소년의 복지증진의무 그리고 생활무능력자의 보호의무 및 재난위험으로부터의 국민보호의무가 바로 그 방향을 제시하고 있다.[1] 그러나 우리 헌법이 추구하는 사회국가는 자유의 조건으로서의 사회국가를 실현하려는 것이지 자유의 대가로서의 사회국가를 실현하려는 것이 아니라는 점을 특히 명심할 필요가 있다.[2]

[측주] 사회국가실현의 국가적 의무제시 기능

(2) '인간다운 생활을 할 권리'의 법적 성격

1) 학   설

'인간다운 생활을 할 권리'의 법적 성격에 관해서는 지금까지 프로그램규정설과 추상적 권리설 및 구체적 권리설이 대립하고 있다.

프로그램규정설에 따르면 '인간다운 생활을 할 권리'는 '입법자에 대하여 장래의 정책적 지침을 제시한 것으로서 법적으로는 강제력이 없는' 단순한 입법방침규정에 불과하다고 한다.[3] 또 학자에 따라서는 프로그램규정이긴 하지만

[측주] 프로그램규정설

---

1) 【결정례】 건강보험에의 가입강제와 직장가입자와 지역가입자 간의 보험료차등부과는 국가가 사회보험방식의 의료보장을 실현하기 위한 것이므로 행복추구권·재산권·평등권의 침해가 아니다(헌재결 2003. 10. 30. 2000 헌마 801).

2) 이 점에 대해서 자세한 것은, 졸저, 전게서, 방주 452 및 453 참조할 것.

3) 예컨대 박일경, 348면 이하.

일면에 권리성도 있다고 주장한다.[1]

추상적 권리
설과 구체적
권리설

이에 반해서 추상적 권리설과 구체적 권리설은 '인간다운 생활을 할 권리'를 국가에 대한 국민의 법적 권리로 이해하지만 구체적·현실적인 청구권은 없기 때문에 구체적 권리가 아닌 추상적 권리[2] 또는 불완전한 구체적 권리[3]라고 한다.

2) 비판 및 사견

(개) 비   판

형식논리적
학설 대립

생각건대 '인간다운 생활을 할 권리'의 법적 성격에 관한 이와 같은 견해의 대립은 '인간다운 생활을 할 권리'가 갖는 여러 가지 헌법상의 의의와 기능을 도외시한 형식논리에 지나지 않는다고 생각한다. '인간다운 생활을 할 권리'를 단순한 생활권적 기본권으로 이해하면서 전개되는 그와 같은 논쟁은 별로 실익이 없는 논쟁이라고 할 것이다. 내용면에서도 프로그램규정이라고 보는 경우와 권리성이 있는 프로그램규정이라고 보는 경우 그리고 소구권이 없는 추상적 권리 또는 불완전한 구체적 권리라고 보는 경우 등이 현실적으로 무엇이 어떻게 다르게 나타나는지 의문이 생기지 않을 수 없다.

(내) 사   견

법적 성격의
기능적 파악
필요성

따라서 '인간다운 생활을 할 권리'의 법적 성격은 그것을 헌법의 통일성의 시각에서 기능적으로 파악하는 것이 보다 바람직하다고 생각한다. 즉 '인간다운 생활을 할 권리'는 인간의 존엄성을 실현하기 위한 최소한의 방법적 기초를 뜻하고, 경제생활에 관한 기본권들의 이념적 기초를 뜻할 뿐 아니라 국가의 경제정책과도 불가분의 함수관계에 있기 때문에, 사회국가실현의 국가적 의무를 내

사회국가실현
의 국가적 의
무 내포하는
국민의 구체
적 권리: 보호
청구권과 사
회복지수혜권

포하는 국민의 구체적인 권리라고 할 것이다. 그 권리의 구체적인 내용은 생활무능력자의 국가에 대한 보호청구권과 각종 사회복지수혜권이다.[4] 따라서 '인간다운 생활을 할 권리'는 단순히 국민의 기본권적인 시각에서만 그 법적 성격을 평가할 것이 아니고, 사회국가를 실현시켜야 되는 국가의 구조적 원리, 국가의 존립근거, 국가의 당위적인 과제 등의 관점에서 이해해야 하리라고 본다.[5] 그 결과 적어도 생활무능력자에게 '궁핍으로부터의 해방'을 보장하고 실현

---

1) 예컨대 문홍주, 313면.
2) 예컨대 김철수, 678면, 교수의 입장은 추상적 권리설인지 구체적 권리설인지 분명치가 않다.
3) 예컨대 권영성, 603면.
4) 【결정례】 우리 헌재는 연금수급권은 헌법 제34조에서 도출되는 사회보장수급권과 재산권의 성질을 함께 가지는 것이기 때문에 광범위한 입법형성권이 허용된다고 판시한다(헌재결 1999. 4. 29. 97 헌마 333).
5) 우리 헌재도 비슷한 입장인 것 같다.

시키지 못하는 국가는 가장 본질적인 국가의 의무를 이행하지 못하는 것이 되 국가의 부작
어 그 존립근거 내지 정당성의 문제가 제기될 수 있다. 이 때 국민은 국가기관 위와 권리구
의 헌법침해를 이유로 해서 국가의 법적·정치적 책임을 추궁할 수 있으리라고 제
본다. 국가기관의 부작위를 이유로 하는 적극적이고 효과적인 권리구제절차(의
무이행소송)를 시급히 마련해야 되는 이유가 여기에서도 나온다.[1]

(3) '인간다운 생활을 할 권리'의 내용

'인간다운 생활을 할 권리'는 생활무능력자가 국가에게 '궁핍으로부터의 해
방'을 요구할 수 있는 권리와 국가의 사회국가실현의무를 그 내용으로 한다.

1) 생활무능력자의 보호청구권

생활무능력자의 보호청구권이라 함은 신체장애·질병·노령 기타 근로능력 생활무능력자
의 상실로 인하여 자조적인 생활유지의 능력이 없는 사람이 국가에 대해서 생 의 생계보장
계보호 및 의료보호 등을 요구할 수 있는 구체적인 권리를 말한다. 이와 같은 및 의료보호
권리를 실현시키고 구체화하기 위하여 제정된 대표적인 법률이 국민기초생활 요구권과 그
보장법과 의료급여법인데, 그 밖에도 국가유공자 등 예우 및 지원에 관한 법률 내용
(援護關係統合法)·재해구호법·장애인고용촉진 및 직업재활법 등이 있다. 생활무
능력자는 헌법과 이들 법률에 의해서 생계보장·의료보호·국가보상·가료보호

【판시】 i) 생활능력 없는 국민에 대한 국가의 보호의무를 규정하고 있는 헌법 제34조는 모든
국가기관을 기속한다. 사회부조의 전형적인 한 형태인 생계보호의 구체적 수준을 정하는 것은
입법부 또는 행정부 등 해당기관의 넓은 재량에 맡겨져 있다. 따라서 이들 기관이 생계보호에
관한 입법을 전혀 하지 않았거나 그 내용이 현저히 불합리하여 헌법상 용인할 수 있는 재량의
범위를 명백히 일탈한 경우에 한해서 헌법에 위반한다고 할 것이다(헌재결 1997. 5. 29. 94 헌
마 33, 판례집 9-1, 543면). ii) 인간다운 생활을 할 권리에 관한 헌법의 규정은 모든 국가기관
을 기속하지만, 그 기속의 의미는 적극적·형성적 활동을 하는 입법부 또는 행정부의 경우와
헌법재판에 의한 사법적 통제의 기능을 하는 헌법재판소에 있어서 동일하지 아니하다. 입법부
와 행정부에 대하여는 … 행위의 지침 즉 행위규범으로 작용하지만, 헌법재판에 있어서는 입법
부와 행정부가 국민으로 하여금 인간다운 생활을 영위하도록 하기 위하여 객관적으로 필요한
최소한의 조치를 취할 의무를 다하였는지를 기준으로 국가기관의 행위의 합헌성을 심사해야
한다는 통제규범으로 작용한다(판례집 9-1, 543(553면 이하)). iii) 사회보장수급권은 헌법 제
34조 제 1 항 및 제 2 항 등으로부터 개인에게 직접 주어지는 헌법적 차원의 권리이거나 사회
적 기본권의 하나라고 볼 수는 없고, 국가의 사회보장, 사회복지증진의무를 포섭하는 이념적
지표로서의 인간다운 생활을 할 권리를 실현하기 위하여 입법자가 입법재량권을 행사하여 사
회보장입법으로 형성되는 법률적 차원의 권리에 불과하다(헌재결 2003. 7. 24. 2002 헌바 51,
판례집 15-2 상, 103(118면)).

1) 우리 행정소송법(제 4 조 제 3 호)은 항고소송의 한 종류로 '부작위위법확인소송'만 인정하고, 독
일의 '부작위의무화소송' 내지 영미의 '직무집행명령' 같은 것은 인정치 않고 있어 권리구제에
미흡하다. 그러나 공권력의 부작위에 의한 기본권침해를 헌법소원으로 다툴 수 있도록 한 것
은 그나마 다행한 일이다(헌재법 제68조 제 1 항).

(加療保護)·교육보호·재해구호·연금 등 급여금지급·정착대부금지급 등을 청구할 수 있다. 그런데 국민기초생활 보장법은 '건강하고 문화적인 최저생활을 유지할 수 있는' 수준에서 생활급여를 하여야 한다고 규정함으로써($\frac{제4조}{제1항}$) 최소한도 물질적인 최저생활이 유지될 수 있도록 노력하고 있다. 그래서 생활이 어렵고 자활능력이 없는 국민은 누구나 국가로부터 최저생계비를 지원받을 수 있도록 했고($\frac{제1조,}{제7호}\frac{제2조}{}$) 소득이 최저생계비에 못 미치는 가구에 대해서 국가가 생계급여와 수급자의 필요에 따라, 주거·의료·교육·장제·해산·자활급여를 함께 제공하도록 했다($\frac{제7조~}{제15조}$). 이같은 입법의 정신이 행정의 실제면에서도 존중되어야 할 것이다.[1]

2) 국가의 사회국가실현의무

(개) 사회국가실현의무의 의의와 내용

자조적 생활유지 위한 사회보장실현의무

국가의 사회국가실현의무라 함은 모든 국민이 '물질적인 궁핍'과 '재난'에 봉착함이 없이 자율적인 생활설계에 의한 자조적인 생활유지가 가능하도록 합리적인 사회보장제도를 마련할 의무를 말한다. 우리 헌법은 특히 사회적 약자라고 볼 수 있는 여자의 복지와 권익향상 그리고 장애인 및 노인과 청소년의 복지향상을 사회보장정책에서 특별히 배려할 것과 현대산업사회에서 흔히 발생할 수 있는 각종 재해를 예방하고 재해위험으로부터 국민을 보호할 수 있는 합리적이고 실효성 있는 사회보장정책을 추구하도록 국가에게 명하고 있다.[2]

네 가지 사회정책적 목표

따라서 우리 헌법이 '인간다운 생활을 할 권리'의 내용으로서 강조하고 있는 사회보장제도는 적어도 다음과 같은 네 가지 사회정책적 목표를 추구하고 실현할 수 있는 것이어야 한다. 첫째 물질적인 궁핍으로부터 해방될 수 있는

---

1) 【판시】 보건복지부장관이 고시한 생활보호사업지침상의 '94년 생계보호기준'이 일반 최저생계비에 못 미친다고 하더라도 그 사실만으로 곧 그것이 헌법에 위반된다거나 청구인들의 행복추구권이나 인간다운 생활을 할 권리를 침해한 것이라고는 볼 수 없다(헌재결 1997. 5. 29. 94헌마 33, 판례집 9-1, 543(556면)).
   【결정례】 최저생계비고시에서 가구별 인원수만을 기준으로 하고 장애인 가구와 비장애인 가구를 구별하지 않았어도, 장애인 가구는 다른 법령에 의한 각종 급여 및 부담감면 등으로 인해 최저생계비에 장애로 인한 추가지출비용을 반영하여 생계급여액을 상향조절한 것과 비슷한 효과를 받고 있으므로 인간다운 생활을 할 권리 및 평등권이 침해되었다고 볼 수 없다(헌재결 2004. 10. 28. 2002 헌마 328).
   【독일판례】 독일연방헌법재판소는 독일 기본법 제1조 인간의 존엄성 존중규정과 제20조 사회국가규정으로부터 인간다운 생활을 영위하기 위한 최저생계비보장 청구권이 나온다고 판시했다(2010. 2. 9. Hartz IV 판결)(BVerfGE 125, 175).
2) 【결정례】 일정규모 이상의 사업주에게 장애인고용의무제도를 시행하고 장애인의무고용률 2%를 어긴 경우 장애인고용부담금을 부과하는 것은 사업주의 계약의 자유, 직업수행의 자유(기업인의 자유), 재산권의 침해가 아니다(헌재결 2003. 7. 24. 2001 헌바 96).

최저한의 생계보장($\frac{절대적\ 빈}{곤의\ 추방}$)과[1] 인간생존을 위해서 필수적인 양호(養護)보장, 둘째 국가와 사용자에의 생활예속성 감소, 셋째 빈부격차의 해소, 넷째 자신의 노력에 의해서 성취한 생활수준이 경제사정의 악화에 영향받지 않고 유지될 수 있는 방법의 보장 등이 그것이다.[2]

⑷ 사회국가실현의 방법적 한계

이와 같은 네 가지 사회정책적인 지표에 의해서 마련되는 사회보장제도는 스칸디나비아식 모델의 이른바 '복지국가'의 실현과는 본질적으로 다르다는 점을 주의할 필요가 있다. 우리 헌법이 '인간다운 생활을 할 권리'의 내용으로 국가에게 부과하고 있는 사회국가실현의무는, 국가로 하여금 국민 스스로의 생활설계에 의한 인간다운 생활의 실현이 가능하도록 사회구조의 골격적인 테두리를 형성할 의무를 지도록 한 것이지, 모든 생활수단을 국가가 일일이 급여해주고 국민의 일상생활이 하나에서 열까지 국가의 사회보장제도에 의해서 규율되는 것을 내용으로 하는 배급국가 내지는 '복지국가'의 실현을 명한 것은 아니다. 바로 이곳에 우리나라에서의 사회국가실현의 방법적 한계가 있다.[3] 자신의 생활을 자신의 책임 아래 결정할 수 있는 것이야말로 모든 자유의 핵심을 뜻하기 때문에 우리 헌법은 '자유의 조건'으로서의 사회국가의 실현을 국가에게 명하고 있는 것이다. 따라서 국가는 모든 사회보장제도를 구상하고 제도화하는 데 있어서 언제나 이 점을 명심해야 한다. 여러 가지 사회보험제도는 그것이 '자유의 조건' 내지 '자유의 증대'를 위한 것이어야지, 오히려 자유를 감소시키고 자유의 대가로서의 의미를 가지게 되면 이미 사회국가실현의 방법적 한계를 일탈한 것이라고 보아야 한다. 모든 국민을 하나의 '연대집단'(Solidargemeinschaft)으로 묶는 '국민보험'제도의 문제점이 여기에 있다.[4]

사회보장에 관한 실정법으로는 앞에서 말한 생활보호청구권과 관련되는 여러 법률 외에도 사회보장기본법[5]을 비롯해서 국민연금법·공무원연금법·군인

북유럽모델의 복지국가실현 과의 차이

자유의 대가 가 아닌 자유 의 조건으로 서의 사회국 가실현의무

사회보장에 관한 실정법 의 예

---

1) 【결정례】 우리 헌재도 인간다운 생활을 할 권리를 실현해야 하는 사회국가의 요청 때문에 국민소득 중에서 최저생계비는 비과세대상이라는 점을 강조한다(헌재결 1999. 11. 25. 98 헌마 55).
2) 이 점에 대해서는 vgl. *H. F. Zacher*, Einführung in das Sozialrecht, 1983, S. 10.
　【결정례】 우리 헌재는 주거생활의 안정을 인간다운 생활을 할 권리의 필요불가결의 요소로 보면서 임차인에 대한 보증금 우선변제제도를 합헌결정했다(헌재결 1998. 2. 27. 97 헌바 20).
3) 이 점에 대해서 자세한 것은 졸저, 전게서, 방주 436 참조할 것.
4) 이 점에 대해서 자세한 것은 졸고, '헌법과 사회국가와 사회보장', 「성곡논총」, 제 6 집(1975), 56면 이하 참조할 것.
5) 사회보장기본법은 국민에게 인간다운 생활을 할 수 있는 최저생활을 보장하기 위해서 국가가 매년 최저생계비를 공표하고, 최저생계비와 최저임금을 참작해서 사회보장급여(사회보험, 공공부조, 사회복지서비스)수준을 정하도록 했으며 매 5년마다 사회보장장기발전방향을 수립·시행

연금법·사립학교교직원 연금법·국민건강보험법[1]·산업재해보상보험법·사회복지사업법·아동복지법·노인복지법·장애인복지법 등이 있다.

(4) '인간다운 생활을 할 권리'의 제한과 그 한계

법률에 의한 제한이 부적합한 보호청구권

'인간다운 생활을 할 권리'는 사회국가실현의 국가적 의무를 내포하는 구체적 청구권(생활무능력자의 보호청구권)을 그 내용으로 하기 때문에 그 자체가 공공복리의 실현에 해당한다. 따라서 기본권제한입법의 한계조항(제37조 제2항)과의 관계에서 공공복리를 이유로 한 '인간다운 생활권'의 제한은 허용될 수 없다. 또 '인간다운 생활을 할 권리'를 물질적인 최저생활의 보장이라고 이해하는 우리의 관점에서

단계적 이행이 가능한 사회국가실현의무

볼 때 국가안전보장·질서유지를 위해서 '인간다운 생활을 할 권리'가 반드시 제한되어야 할 필요가 있는 경우를 쉽게 생각할 수 없다. 따라서 '인간다운 생활을 할 권리'는 법률로써 제한하기에 적합하지 않은 기본권이라고 할 것이다. 다만 '인간다운 생활을 할 권리'에 내포된 국가의 사회국가실현의무만은 국가안전보장, 국가의 재정사정 등을 고려해서 단계적으로 점진적인 이행이 가능할 것이고 또 그것이 바람직한 방법이다.[2] 그러나 생활무능력자의 보호청구권을

인간다운 생활권의 본질적 내용

충족시키기 위한 정도의 진정한 생활보장 내지는 사회보장제도는 '인간다운 생활을 할 권리'의 본질적 내용에 해당하는 것이기 때문에 반드시 실현되어야 한다고 생각한다.[3] '인간다운 생활을 할 권리'가 가지는 여러 가지 헌법상 의의와 기능을 생각한다면 너무나 당연한 일이다.

하게 했다.

1) 의료보험법과 국민의료보험법을 통합한 법률로서 직장보험·지역보험 및 공무원과 사립학교교원보험을 통합해서 규율했다(2000. 7. 1. 시행).

2) 【판시】 퇴직연금 또는 퇴직일시금의 사회보장·사회복지적인 성질에 따라 연금제도의 내용을 결정함에 있어서 그 구체적인 내용은 원칙적으로 입법자가 사회정책적 고려와 국가의 재정 및 기금의 상황 등 여러 가지 사정을 참작하여 폭 넓게 그의 형성재량으로 결정할 수 있는 사항이라 할 것이다(헌재결 1996. 10. 31. 93 헌바 55, 판례집 8-2, 457(462면)).

3) 그런 의미에서 1999년 8월 '국민기초생활보장법'의 제정은 늦었지만 바람직한 입법이다. 이 법은 2000년 10월 1일부터 시행하고 있다.
  【결정례】 i) 공무원임용시험에서 장애인의무채용비율(2%)은 장애인보호를 위한 합리적인 제도로서 위헌이 아니다(헌재결 1999. 12. 23. 98 헌바 33). ii) 국민연금의 가입대상을 18세 이상 60세 미만의 국민으로 제한한 것은 자의적으로 60세 이상의 국민을 차별취급한 것이 아니어서 평등권 내지 인간다운 생활권의 침해가 아니다(헌재결 2001. 4. 26. 2000 헌마 390). iii) 장애인의 이동권을 보장하기 위하여 저상버스를 도입해야 할 구체적 내용의 국가의무는 헌법으로부터 나오지 않는다(헌재결 2002. 12. 18. 2002 헌마 52). iv) 상이등급 7급인 전상군경 국가유공자에게 월 18만원의 기본연금을 지급하더라도 예우법에 따른 기타의 보훈혜택과 일반국민으로서의 사회보장 등의 혜택을 고려할 때 인간다운 생활권의 침해로 볼 수 없다(헌재결 2003. 5. 15. 2002 헌마 90).

7. 정치·사회생활영역의 보호

우리 헌법은 민주주의를 실현하고 사회공동체의 동화적 통합을 촉진시키기 위해서 국민의 정치·사회생활을 보호하는 여러 가지 기본권을 보장하고 있다. 참정권(제8조 제1항, 제24조, 제25조, 제130조 제2항), 청원권(제26조), 언론·출판·집회·결사의 자유(제21조)가 그것이다. 우리 헌법이 추구하는 민주주의는 국가권력의 창설과 국가 내에서 행사되는 모든 권력의 최후적 정당성을 국민의 가치적인 Konsens(공감대)에 귀착되게 하는 통치형태를 뜻하기 때문에, 국민의 국가에 대한 input의 수단으로서의 기능을 가지는 이들 기본권은 단순한 기본권으로서뿐 아니라, 국가권력의 창설 내지는 정당성의 샘인 동시에 사회구성원 상호간의 커뮤니케이션을 가능케 함으로써 동화적 통합의 바탕을 마련하는 국가·사회생활의 초석이라고 볼 수 있다. 국민의 정치적 의사형성에 참여할 수 있는 정당설립의 자유, 선거권, 공무담임권, 국민투표권 등이 보장되지 않고, 국민이 자신의 관심사와 이해관계에 대해서 청원할 수 있는 길이 막히고, 여론형성의 불가피한 방편인 언론·출판·집회·결사의 자유가 억압당하는 상황 속에서는 국민주권과 국민의 정치적인 자유와 평등을 실현하기 위한 민주주의정치원리는 하나의 구두선에 지나지 않게 된다. 이는 통치기능이 특정인 또는 특정계급에 의해서만 독점행사되는 정치적인 후진국에서 자주 볼 수 있는 현상이다. 정치적인 선진화를 모색하고 민주주의이념에 입각한 동화적 통합을 달성하려는 우리나라에서 이들 기본권을 특별히 보호해야 하는 이유도 여기에 있다.

[옆단주: 참정권·청원권·의사표현의 자유]

[옆단주: 국가에 대한 투입수단 내지 국가권력의 정당성의 원천]

[옆단주: 민주적인 동화적 통합 실현기능]

Ⅰ. 참 정 권

(1) 참정권의 의의와 그 헌법상 기능

1) 참정권의 의의

참정권이라 함은 모든 국민이 정당설립·선거·공무담임·국민투표 등을 통해서 국가권력의 창설과 국가의 권력행사과정에 적극적으로 참여함으로써 자신의 정치소견을 국정에 반영할 수 있는 권리를 말한다. 참정권은 정치·사회생활영역에 관한 기본권 중에서도 그 정치적인 성격이 가장 강한 기본권이다. 참정권을 '정치권'이라고 부르는 사람[1]이 있는 것도 그 때문이다.

[옆단주: 정치소견의 국정반영권]

---

1) 예컨대 문홍주, 319면.

2) 참정권의 헌법상 의의와 기능

국가권력창설
및 정당성의
기초

참정권은, 첫째 국가권력창설적 기능을 갖는다. 국민은 참정권행사의 여러 가지 방법을 통해서 국가권력의 창설에 적극적으로 참여함으로써 국가권력이 국민적 정당성을 인정받을 수 있는 기초를 마련하기 때문이다. 따라서 국가권력의 창설과 국가 내에서 행사되는 모든 권력의 최후적 정당성을 국민의 가치적 공감대에 귀착시킬 수 있는 통치형태로서의 민주주의를 그 정치이념으로 채택하고 있는 우리 헌법질서 내에서 참정권은 국가의 구조적인 원리를 실현하기 위한 불가피한 수단이다.[1]

정치적 공감
대형성

둘째 참정권은 국민의 정치적인 Konsens(공감대)를 형성하는 기능을 갖는다. 현실적인 정치사안에 대한 국민의 다양한 의사는 정치적 동질성의 집단인 정당 설립 및 활동과 더불어 선거와 국민투표를 통해서 구체적인 형태로 집약되어 나타나기 때문에, 참정권이야말로 정치적인 공감대형성을 위한 불가피한 수단이다.

input의 수단

셋째 참정권은 input의 수단으로서의 기능을 갖는다. 국민의 정치적인 의사가 참정권을 통해서 국정에 직접 반영되기 때문에 '국민의 통치'(of the people), '국민에 의한 통치'(by the people), '국민을 위한 통치'(for the people)를 그 본질로 하는 민주국가에서 참정권은 가장 강력한 input의 수단이다.

(2) 참정권의 법적 성격

참정권에 대
한 결단주의
적 이해의 문
제점

참정권의 법적 성격을 어떻게 평가하느냐의 문제는 헌법관과 불가분의 상호관계에 있다. 즉 국민의 기본권을 인간의 선천적이고 천부적이고 선국가적인 자유와 권리로 보고 기본권의 본질을 '국가로부터의 자유'라고 이해하는 결단주의의 시각에서는 국민의 기본권과 '국민주권' 사이에 이념적인 긴장·갈등관계가 생길 수 있다고 하는 것은 이미 앞에서[2] 지적한 바 있다. '다수의 의사'로 표현되는 국민의 주권행사에 의해서 인간의 천부적인 자유와 권리가 침해될 수 있기 때문이다. 또 국가영역을 정치적인 영역과 비정치적인 영역으로 나누고, 국민의 기본권을 비정치적인 것으로 이해하면서, 기본권은 정치적인 영역에 속하는 '국가권력으로부터의 자유'를 뜻한다고 파악하는 결단주의의 사상에서 볼

---

1) 우리 헌재도 참정권의 국민주권적인 기능을 강조한다.
　【판시】 참정권은 국민주권의 상징적 표현으로서 국민의 가장 중요한 기본적 권리의 하나이며 다른 기본권에 대하여 우월적 지위를 가진다. 따라서 이러한 국민주권이 현실적으로 행사될 때에는 국민 개인이 가지는 불가침의 기본권으로 보장된다(헌재결 1989. 9. 8. 88 헌가 6, 판례집 1, 199(208면)).
2) 이 점에 대해서 자세한 것은 앞부분 251면 이하 참조할 것.

때, 참정권의 법적 성격을 설명하는 데 어려움이 따르는 것은 당연하다. C. Schmitt가 국민의 참정권을 일종의 '제한적'이고 '상대적'인 권리에 지나지 않는다고 이해하면서 천부적인 성질을 부인하는 것도 그 때문이다.[1] 이 입장에서는 참정권이 갖는 국가권력창설적 기능같은 것을 합리적으로 논증하기가 어렵기 때문에, 국민의 지위를 인위적으로 다원화시켜서, '국가기관으로서의 국민'을 의제하고 이 국가기관에 참가할 수 있는 권리를 참정권이라고 설명하게 된다.[2]

그러나 단순히 '관념적인 크기'에 불과한 국민이 '국가기관으로서의 국민'으로 기능할 수 없는 것은 두말할 필요도 없고,[3] 참정권이 그처럼 의제된 '국가기관'에 참가할 수 있는 권리에 불과하다고 볼 수도 없다. 참정권은 국가권력을 창설하고 국가권력에 정당성을 부여하는 민주시민의 정치적 기본권을 뜻하기 때문에 특히 '국가를 향한 권리'로서의 성격이 강하다고 할 것이다. 또 참정권은 그 국가권력창설적·정당성부여적 기능 때문에 객관적 가치질서로서의 성질도 함께 가지게 된다.[4] 참정권이 갖는 이같은 양면성 때문에 참정권의 행사에 있어서 특히 민주시민으로서의 윤리적 생활태도가 중요시되는 것은 사실이지만,[5] 그렇다고 해서 참정권을 국민의 의무시하는 견해[6]는 옳지 못하다고 할 것이다.

'국가기관으로서의 국민'이론의 허구성

참정권의 양면성

(3) 참정권에서의 기본권능력과 기본권의 행사능력

참정권은 모든 국민의 권리이지만, 현행헌법은 참정권에 관해서 기본권능력과 기본권의 행사능력을 구별하는 경우도 있기 때문에 국민이 참정권을 행사하기 위해서는 헌법이 정하는 참정권의 행사능력을 갖추어야 한다. 즉 우리 헌법은 참정권의 행사능력을 헌법에 직접 규정하기도 하고, 또 입법권자의 입법형성권에 일임하기도 한다. 예컨대 피선거권의 행사능력을 대통령의 경우 만 40세(제67조 제4항)로 헌법이 직접 정하고 있는 것은 전자에 속한다. 헌법(제24조, 제25조, 제41조 제3항)과 선거법(제15조와 제16조)에 의해서 국회의원과 지방자치단체의 의회의원 및 장의 선거

헌법과 법률에 의한 참정권의 행사능력제한

---

1) Vgl. *C. Schmitt*, Verfassungslehre, 1928, ND 1970, S. 169, 170.
2) 국내에서 대표적인 학자는 한태연, 391면; 문홍주, 320면 이하, 그리고 비슷한 입장에 있는 학자로는 김철수, 815면, 교수와 권영성, 1993년판, 481면 이하. 그러나 권교수가 1994년에 '국가기관으로서의 국민'이론을 포기했다는 점에 대해서는 이미 앞에서(172면) 말한 바와 같다.
3) 이 점에 대해서는 졸저, 전게서, 방주 320 참조할 것.
4) 【판시】 참정권은 선거를 통하여 통치기관을 구성하고 그에 정당성을 부여하는 한편, 국민 스스로 정치형성과정에 참여하여 국민주권 및 대의민주주의를 실현하는 핵심적인 수단이라는 점에서 아주 중요한 기본권 중의 하나라고 할 것이다(헌재결 1995. 5. 25. 91 헌마 67, 판례집 7-1, 722(738면)).
5) 이 점에 대해서는 졸저, 전게서, 방주 349 참조할 것.
6) 참정권의 의무성을 강조하는 대표적인 국내학자는 고 박일경 교수이다. 박일경, 357면 이하.

권과 피선거권이 2021년까지 각각 만 18세와 만 25세로 정해졌던 것이라든지, 헌법($^{제105조}_{제4항}$)과 법원조직법($^{제45조}_{제4항}$) 및 헌법재판소법($^{제7조}_{제2항}$)에 따라 법관 및 재판관 정년제가 실시되고 있는 것은 후자에 속한다. 현행헌법이 이처럼 참정권에 관해서 그 기본권 능력과 행사능력을 구별하고 있는 것은 참정권행사에 내포된 정치형성적인 의미 때문에 불가피한 것이긴 하지만, 특히 입법형성권에 의해서 그 행사능력이 정해지는 경우에는 기본권을 부당하게 제한하는 결과가 되지 않도록 특별한 주의를 요한다고 할 것이다.[1]

(4) 참정권의 내용

네 가지 구체적 내용

참정권은 국가권력의 창설과 국가의 권력행사과정에 적극적으로 참여할 수 있는 권리를 그 내용으로 하는데, 구체적으로는 정당설립 및 활동의 자유, 선거권, 공무담임권, 국민투표권[2] 등이 그것이다.

1) 정당설립 및 활동의 자유

(가) 정당설립 및 활동의 자유의 의의

정권획득 위한 계속적 정치결사조직·활동권

정당설립 및 활동의 자유라고 함은 정권획득 내지 정치적 영향력 행사를 목적으로 국민의 정치적 의사형성에 참여하는 항구적 또는 계속적 정치결사를 자발적으로 조직하고 활동할 수 있는 자유를 뜻한다.[3] 참정권 중에서도 가장

---

1) 【결정례】 i) 선거권연령을 공무담임권의 연령인 18세와 달리 20세로 정한 것은 입법재량의 한계를 벗어난 것이 아니다(헌재결 1997. 6. 26. 96 헌마 89). ii) 검찰총장은 퇴직 후 2년간 공직취임과 정당활동이 금지되고, 경찰청장은 퇴직 후 2년간 정당활동을 못하게 정한 것은 검찰과 경찰의 정치적 중립성과 공정한 직무수행을 보장하기 위한 것이라고 볼 때 입법형성권의 한계를 일탈한 기본권 행사능력의 과잉제한이라고 말하기 어렵다고 할 것이다(검찰청법 제12조 제4항과 제5항; 경찰법 제11조 제4항 참조). 따라서 헌재의 위헌결정은 비판의 여지가 많다. 헌재결 1997. 7. 16. 97 헌마 26; 헌재결 1999. 12. 23. 99 헌마 135 참조. iii) 확정판결을 받은 선거범에 대하여 선거권 및 피선거권을 제한하는 규정은 … 그것이 합리적 재량의 한계를 벗어난 것이 아닌 한 위헌이 아니다(헌재결 1993. 7. 29. 93 헌마 23). iv) 선거범과 다른 죄의 경합범을 선거범으로 보아 선거권을 제한하는 것은 자의적인 입법도 아니고 과잉금지원칙에도 위반되지 않는다(헌재결 1997. 12. 24. 97 헌마 16). v) 선거권 연령을 19세 이상으로 정한 것은 입법자의 합리적인 입법재량의 범위를 벗어난 것으로 볼 수 없어 19세 미만인 사람의 선거권과 평등권의 침해가 아니다(헌재결 2013. 7. 25. 2012 헌마 174).
　　기본권능력과 기본권의 행사능력에 관해서 자세한 것은 앞부분 271~272면 이하 참조할 것.
2) 【결정례】 국민투표권과 달리 주민투표권은 지자법이 보장하는 법률상의 권리일 뿐이지 헌법이 보장하는 기본권 또는 헌법상 제도적으로 보장되는 주관적 공권으로 볼 수 없다(헌재결 2005. 12. 22. 2004 헌마 530).
3) 【판시】 정당은 정치적 결사로서 국민의 정치적 의사를 적극적으로 형성하고 각계 각층의 이익을 대변하며, 정부를 비판하고 정책적 대안을 제시할 뿐 아니라, 국민 일반의 정치나 국가작용에 영향력을 행사하는 매개체의 역할을 수행하는 등 현대의 대의민주주의에 없어서는 안 될 중요한 공적 기능을 수행하고 있다(헌재결 1996. 8. 29. 96 헌마 99, 판례집 8-2, 199(207면)).

능동적이고 적극적인 성질을 가지는 정치적 기본권이다. 우리 헌법은 정당설립 및 활동의 자유를 보장하기 위해서 '정당의 설립은 자유이며, 복수정당제는 보장된다'(제8조)고 규정하고 있다.

(4) 정당설립 및 활동의 자유의 내용

정당설립 및 활동의 자유는 '외형적(외향적) 자유'와 '내형적(내향적) 자유'로 나눌 수 있다. 정당을 설립하고 활동하는 데 있어서 국가적 간섭으로부터 자유로울 수 있는 권리는 '외형적 자유'에 속한다. 정당이 후원회를 통해서 정당활동에 필요한 정치자금을 모금하는 것도 정당활동보장의 내용이라는 것이 우리 헌법재판소의 입장이다.[1] 정당의 중앙당도 후원회를 둘 수 있도록 정치자금법이 개정되었다.[2] 그리고 '내형적 자유'는 당원이 정당 내에서 정당활동을 하는 데 있어서의 자유를 뜻하는데, 입당·탈당의 자유는 물론 정치적 의사발표, 정당수뇌부의 당운영에 대한 당원의 비판의 자유 등은 여기에 속한다. 따라서 정당설립 및 활동의 자유는 개인의 자유권적 성격과 정당의 단체권적 성격을 동시에 가지는데, 전자로부터는 누구나 정당을 설립하고(설립허가제의 금지), 자기가 선택한 정당에 입당하고,[3] 정당 내에서 정치활동을 하고,[4] 정당으로부터 탈당할 수 있는 개인의 자유가 나온다고 본다면, 후자에는 단체로서의 정당이 존립하고 활동할 수 있는 정당의 정당으로서의 신장의 자유 등이 포함된다고 할 것이다. 이렇게 볼 때, 우리 헌법이 보장하고 있는 '복수정당제도'는 정당설립의 자유에 내포된 개인의 자유권적 성격으로부터 나오는 당연한 결과이다.[5] 그렇기 때문에 정당설립요건을 너무 엄격하고 까다롭게 정하는 것은 문제가 있다.[6]

외향적 자유와 내향적 자유

개인의 자유권적 성격과 정당의 단체권적 성격

---

1) **【결정례】** 정당후원회제도의 전면적인 금지는 정당활동을 보장하는 헌법정신에 위배된다. 그렇기 때문에 정당후원회제도의 전면적인 금지보다는 정당후원회제도를 두되 모금한도액을 제한하고 기부내역을 완전히 공개하도록 하는 등 정치자금 투명성확보수단을 선택하는 것이 헌법정신에 부합한다. 현행 기탁금제도는 정당지정기탁금제도가 아닌 일반 기탁금제도로서 당비나 기탁금제도로 정당후원회를 대체할 수 없다. 또한 국고보조금제도는 정당간의 자유경쟁체재를 저해하고 정당의 국민 의존성을 경감시키는 등 정당활동의 자유와 국민의 정치적인 표현의 자유를 해치는 부작용이 있다. 이런 부작용을 줄이기 위해서 과도한 국고보조금에 의존하는 정당수입의 구조개선도 동시에 마련할 필요성이 있다(헌재결 2015. 12. 23. 2013 헌바 168).

2) 법 제6조 제1호 및 제9조 제1호 참조. 중앙당 후원회는 1년에 50억 원 한도(선거가 있는 해에는 그 2배)로 정치자금을 모금할 수 있고 개인의 연간 기부금 한도액은 500만 원이다(법 제12조 제1항 제1호 및 제13조 제1항).

3) **【결정례】** 누구든지 복수 정당의 당원이 되지 못하게 금지하는 정당법 규정(제42조 제2항)은 정당 가입·활동의 자유를 침해하지 않는다(헌재결 2022. 3. 31. 2020 헌마 1729).

4) 따라서 정당법(제22조 제1항)을 개정해서 대학 교원의 범위에 포함되는 강사도 정당의 발기인 및 당원이 될 수 있게 허용하고 정당가입 연령을 16세로 인하한 것은 바람직한 개선입법이다.

5) 이 점에 대해서 자세한 것은 졸저, 전게서, 방주 401 참조할 것.

6) 따라서 정당설립에 필요한 법정시·도당 수를 5 이상의 시·도당으로 정하고 각 시·도당은 1천인

㈐ 정당활동의 기회균등

선거에서의 기회균등

정당설립 및 활동의 자유가 그 참정권적인 기능을 충분히 나타내기 위해서는 특히 정당활동의 기회균등이 보장되어야 한다. 정당활동의 기회균등은 특히 선거제도와 불가분의 함수관계에 있기 때문에 선거법의 제정시에는 정당활동의 기회균등이 실질적으로 보장될 수 있는 제도적인 장치가 마련되어야 한다(제116조, 제1항).[1) 그런데 정당활동의 기회균등은 그 정신상 절대적인 기회균등을 원칙으로 하지만 선거결과에 의해서 나타나는 정당의 득표율에 따라 상대적인 차별대우를 하는 것은 허용된다고 할 것이다.[2)

민주적 당내 조직과 당내 활동의 기회 균등

정당활동의 기회균등의 원칙은 정당 상호간에만 해당되는 것이 아니고 정당내부에서의 정치활동의 기회균등을 동시에 포함하고 있다. 따라서 정당의 내부조직이 민주적이어야 한다. 우리 헌법이 '정당은 국민의 정치적 의사형성에 참여하는데 필요한 조직을 가져야 한다'(제8조, 제2항)고 규정하고 있는 이유도 그 때문이다.[3)

㈑ 정당설립 및 활동의 자유의 헌법적 한계

정당의 자유의 헌법적 한계로서의 위헌정당해산제도

정당설립 및 활동의 자유가 참정권으로서 갖는 중요한 의미와 기능 때문에 우리 헌법은 정당의 보호에 관한 규정(제8조, 제3항)을 두면서도, 또 한편으로는 투쟁적 내지 방어적 민주주의의 관점에서 위헌정당해산제도를 마련하고 있다는 점을 주의해야 한다. 즉 정당의 설립과 활동이 민주적이어야 한다는 전제하에

이상의 법정당원수를 갖도록 하면서 언론인의 정당가입을 전면 허용하는 등의 정당법 전부개정(2005. 6.)과 정당가입의 허용 폭을 더 넓히고 시·도당 당원명부를 전산으로 통합관리할 수 있게 한 개정(2012. 2.)은 올바른 입법개선이다(법 제17조와 제18조 및 제22조와 제24조 제 2 항 참조). 【결정례】 i) 위헌적인 정당을 금지해야 할 공익조차도 정당설립의 자유에 대한 입법적 제한을 정당화하지 못한다고 우리 헌재가 강조한다(헌재결 1999. 12. 23. 99 헌마 135). ii) 정당의 시·도당이 1천명 이상의 당원을 갖도록 정한 정당법 규정은 정당설립의 자유와 정당활동의 자유 등 정당의 자유를 침해하지 않는다(헌재결 2022. 11. 24. 2019 헌마 445). iii) 등록을 정당설립요건으로 정한 정당법 조항(제14조 제 1 항), 등록된 정당만이 정당 명칭을 사용할 수 있게 하는 정당 명칭 사용 금지조항(제41조 제 1 항 및 제59조 제 2 항 중 관련부분), 정당의 시·도당은 1천인 이상의 당원을 가져야 한다는 조항(제 4 조 제 2 항 중 제18조에 관한 부분)은 모두 정당의 정치적 의사형성의 참여를 높이기 위한 규정으로 정당설립의 자유의 침해가 아니다(헌재결 2023. 9. 26. 2021 헌가 23).

1) 【판시】 정당이 선거에 있어서 기회균등의 보장을 받을 수 있는 헌법적 권리는 정당활동의 기회균등의 보장과 헌법상 참정권 보장에 내포되어 있다(헌재결 1991. 3. 11. 91 헌마 21, 판례집 3, 91(114면)).

2) 이 점에 대해서 자세한 것은 졸저, 전게서, 방주 402 참조할 것. 【결정례】 그렇지만 국회의원선거에 참여하여 의석을 얻지 못하고 유효투표총수의 2% 이상을 득표하지 못한 정당에 대한 등록취소조항은 과잉금지원칙에 반하는 정당설립의 자유의 침해이다(헌재결 2014. 1. 28. 2012 헌마 431 등, 판례집 26-1(상), 155).

3) 이 점에 대해서 자세한 것은 졸저, 전게서, 방주 403 참조할 것.

서는 「정당의 목적이나 활동이 민주적 기본질서에 위배될 때에는 정부는 헌법재판소에 그 해산을 제소할 수 있고, 정당은 헌법재판소의 심판에 의하여 해산된다」($\frac{제8조}{제4항}$)고 규정하고 있다. 바로 이곳에 참정권으로서의 정당설립 및 활동의 자유의 헌법적 한계가 있다.[1] 우리 헌법재판소가 2014년 우리 헌정사상 처음으로 통합진보당의 해산결정을 한 이유도 통합진보당이 자유민주주의를 악용해서 우리 헌법질서를 침해하는 위헌적인 정당활동을 했기 때문이다.[2]

2) 선 거 권

㈎ 선거권의 의의와 기능

선거권이라 함은 통치권 내지 국정의 담당자를 결정하는 국민의 주권행사를 뜻한다. 우리 헌법은 '국민주권'을 선언하고 있는데($\frac{제1조}{제2항}$), '국민주권'의 참뜻은 '주권의 소재'와 '통치권의 담당자'가 언제나 같아야 된다는 것이 아니고, 통치권의 행사가 궁극적으로 국민의 의사에 의해 정당화된다는 데 있다. 따라서 '통치권의 담당자'를 국민이 직접 정하게 함으로써 통치권의 행사를 국민의 의사에 귀착시킬 수 있도록 하는 하나의 방법으로 주권자인 국민에게 선거권을 부여하고 있다. 선거권은 국민주권의 이념과 불가분의 관계에 있을 뿐 아니라 '국민주권'을 그 하나의 실질적 요소로 하는 민주주의의 실현을 위한 불가결의 객관적 가치질서를 뜻한다. 선거권의 양면성이 여기에서 나온다. 이처럼 선거권은 주권자인 국민의 주권행사에 관한 주관적 공권인 동시에 국민주권에 입각한 민주주의를 실현하기 위한 객관적 가치질서로서의 성격을 함께 가지게 된다.

국정담당자
결정의 주권
행사

주권의 소재
와 통치권담
당자의 구별

선거권의 양
면성

㈏ 선거권의 구체적 내용

우리 헌법은 선거권의 행사능력을 연령조건과 결부시켜 법률에서 따로 정하도록 하고 있는데($\frac{제24}{조}$), 현행법에 따르면 모든 국민은 만 18세가 되어야 선거권을 행사할 수 있다($\frac{선거법}{제15조}$).[3] 현행헌법상의 선거권은 대통령선거권($\frac{제67조}{제1항}$), 국회의원선거권($\frac{제41조}{제1항}$), 지방자치를 위한 지방의회의원선거권($\frac{제118}{조}$) 등을 그 내용으로 하지만, 현행헌법은 지방자치단체의 장의 선거권도 원칙적으로 배제하지는 않고 있어($\frac{제118조}{제2항}$) 지방자치단체의 장 선거권도 선거법($\frac{제15조}{제2항}$)이 인정하고 있다.

선거연령 및
선거권의 내
용

---

[1] 이 점에 대해서 자세한 것은 졸저, 전게서, 방주 405 참조할 것.

　　정당에 관해서 자세한 것은 졸저, 전게서, 방주 369 이하 참조할 것.

[2] 헌재결 2014. 12. 19. 2013 헌다 1 참조.

[3] 【결정례】 선거권 연령을 19세 이상으로 정한 것은 입법자의 합리적인 입법재량의 범위를 벗어난 것이 아니어서 19세 미만인 사람의 선거권과 평등권의 침해가 아니다(헌재결 2013. 7. 25. 2012 헌마 174).

㈐ 선거권과 선거제도

선거제도의
기본원칙: 보
통·평등·직
접·비밀선거
원칙

선거권과 불가분의 관계에 있는 것이 선거제도인데 현행헌법은 선거제도의 기본원칙으로서 보통·평등·직접·비밀선거의 원칙만을 명시하고(제41조 제1항, 제67조 제1항), 선거권의 행사에 관한 나머지 구체적인 사항은 입법사항으로 위임하고 있기 때문에, 선거법의 제정에 의해서 선거권이 비로소 구체화된다고 볼 수 있다. 선거권에 관한 법률유보에 내포되고 있는 선거권형성적인 의미를 무시할 수 없는 이유도 그 때문이다. 그러나 헌법에 규정된 이같은 선거권형성적 법률유보는 선거

선거제도에
관한 입법형
성권과 그 한
계

권을 실현하고 보장하기 위한 것이지 선거권을 제한하기 위한 것이 아니기 때문에, 입법권자가 그의 입법형성권에 의해서 여러 가지 선거법을 제정하는 경우에는 헌법에 명시된 보통·평등·직접·비밀선거의 원칙을 존중함은 물론이고, 국민의 선거권이 부당하게 제한되는 일이 없도록 세심한 주의를 해야 한다.[1] 이와 같은 관점에서 헌법 스스로가 정하는 선거권의 행사능력의 제한을 넘어서, 각종

수형자·전과
자의 선거권
제한 문제점

선거법이 광범위한 선거권의 결격사유를 규정함으로써 피성년후견인·수형자·전과자 등에게 선거권을 제한하고 있는 것[2]은 헌법상 문제가 있다고 생각한다. 정

---

1) 【판시】 i) 선거권의 법률유보에 따라 선거권연령의 구분이 입법자의 몫이라 하여도, 이에 관한 입법은 국민의 기본권을 보장해야 한다는 헌법의 기본이념과 연령에 의한 선거권제한을 인정하는 보통선거제도의 취지에 따라 합리적인 이유와 근거에 터잡아 합목적적으로 이루어져야 할 것이며, 그렇지 아니한 자의적 입법은 헌법상 허용될 수 없다(헌재결 1997. 6. 26. 96 헌마 89, 판례집 9-1, 674(680면)). ii) 임기 만료에 의한 공직선거에서 투표소를 오후 6시에 닫도록 한 공직선거법 규정은 과잉금지원칙을 어긴 것이 아니어서 선거권과 평등권의 침해가 아니다(헌재결 2013. 7. 25. 2012 헌마 815 등, 판례집 25-2 상, 324(337면)).
　【결정례】 i) 사진첨부된 신분증명서를 제시해야만 투표하게 하는 것은 신분확인을 위한 합리적 입법이므로 선거권의 침해가 아니다(헌재결 2003. 7. 24. 2002 헌마 508). ii) 원양어선 선원의 선거권 행사를 위한 아무런 법적 장치(모사전송투표 등)를 마련하지 않은 것은 선거권의 침해이다(헌재결 2007. 6. 28. 2005 헌마 772). iii) 정해진 일과시간 이전에 투표할 수 없게 정한 선거법 규정은 선거권과 평등권의 침해이다(시한부 잠정적용 헌법불합치결정)(헌재결 2012. 2. 23. 2010 헌마 601, 판례집 24-1(상), 320(332면)). iv) 공직선거법의 개표조항(제178조 제2항)에서 개표사무를 보조하기 위해서 투표지분류기를 사용할 수 있도록 정한 것은 선거권을 침해한다고 볼 수 없다(헌재결 2016. 3. 31. 2015 헌마 1056, 판례집 28-1 상, 556(566면)). v) 재외투표기간 개시일에 임박하여 또는 재외투표기간 중에 재외선거사무 중지결정(코로나 팬데믹 상황 이유)이 있었고 그에 대한 재개결정이 없었던 예외적인 상황에서 재외투표기간 개시일 이후에 귀국한 재외선거인 등이 국내에서 선거일에 투표할 수 있도록 하는 절차를 마련하지 않은 공직선거법 제218조의16 제3항 중 '재외투표기간 개시일 전에 귀국한 재외선거인 등'에 관한 부분은 침해의 최소성과 법익의 균형성에 어긋난 선거권의 침해이다. 이들에게 선거권을 보장하면서도 중복투표를 차단하여 선거의 공정성을 훼손하지 않을 수 있는 대안이 존재하고, 추구하는 공정선거의 공익에 비해서 불충분·불완전한 입법으로 인한 선거권 제한은 결코 가볍다고 볼 수 없고 국민주권의 실현 수단인 선거권 보장의 공익이 더 크기 때문이다(헌재결 2022. 1. 27. 2020 헌마 895. 2023년 12월 31일까지 잠정적용 헌법불합치결정).
2) 선거법 제18조 참조할 것.
　【결정례】 다음 i)·ii) 두 합헌결정은 헌재결 2007. 6. 28. 2004 헌마 644 등의 새 판시에 의해 위헌결정으로 변경되었다. 그 결과 선거법을 고쳐 국내거소신고를 한 재외국민의 지방자치 선

치상황에 대한 정확한 인식능력과 판단능력을 갖추지 못해서 올바른 주권행사를 기대할 수 없는 피성년후견인의 경우는 몰라도, 형사책임과 선거권을 결부시켜서 수형자와 전과자 등의 선거권을 제한하는 것은 선거권이 갖는 국민주권의 실천적 기능을 충분히 고려하지 아니한 입법권의 과잉행사라는 비난을 면하기 어렵다.[1] 늦었지만 헌법재판소의 2014년 위헌결정에 따른 2015년 선거법($\frac{제18}{조}$) 개정으로 이제는 형의 집행유예를 선고받은 사람은 선거권을 갖게 되었지만, 1년 이상의 징역 또는 금고형의 선고를 받은 사람은 여전히 선거권의 제한을 받는다.[2] 따라서 벌금형 또는 1년 이하의 형의 선고를 받은 사람은 선거권의 제한을 받지 않게 되었다. 형사책임을 지는 것과 주권을 행사하는 것은 헌법이론적으로 전혀 다른 차원의 문제이기 때문에 바람직한 방향으로 개선되고 있다고 할 것이다.[3] 그러나 선거범죄에 대한 선거권 제한에 대해서는 여전히 합헌결정을 했다.[4]

거권과 피선거권을 인정하고, 대통령선거와 임기만료에 의한 국회의원선거에서는 국외부재자 투표제도 및 재외선거제도를 도입했다. i) 주민등록이 안 된 재외국민의 선거권을 부인하는 것은 정당하다(헌재결 1999. 1. 28. 97 헌마 253·270(병합)). ii) 그리고 해외거주자들의 부재자투표권을 부인하는 것은 평등권과 선거권의 침해가 아니다(헌재결 1999. 3. 25. 97 헌마 99).

1) 그런데도 우리 헌재는 다른 판시를 하고 있어 아쉬웠다. 다행히 2014년에야 비로소 종전판례를 바꿔 위헌결정을 했다. 아래 결정례의 판례변화를 참조할 것.
  【결정례】 i) 금고 이상의 형의 선고를 받은 수형자는 선거권이 없다는 공선법(제18조 제 1 항 제 2 호 전단) 규정은 선거권의 과잉제한이 아니다(헌재결 2004. 3. 25. 2002 헌마 411). 그런데 헌재는 2009년 이 선례결정을 되풀이하면서도 5인 재판관은 위헌의 반대의견을 냈다는 점은 고무적인 현상이었다(헌재결 2009. 10. 29. 2007 헌마 1462). ii) 수형자와 집행유예자 모두의 선거권을 전면적·획일적으로 제한하는 것은 침해 최소성 원칙에 어긋나 선거권을 침해한다(헌재결 2014. 1. 28. 2012 헌마 409 등, 판례집 26-1 상, 136(147면)).
  【독일판례】 국민주권과 자유민주주의 헌법질서에서 선거권이 갖는 중요한 기능에 비추어 피성년후견인과 정신장애상태에서의 범죄로 정신병동에 수용중인 수형자의 선거권을 제한하는 연방선거법 해당규정은 보통선거의 원칙과 평등원리에 위배되고 장애인 차별금지를 명문으로 규정한 기본법(제 3 조 제 3 항 2절)에도 위배된다(2 BvC 62/14, 2019. 1. 29. 결정).

2) **【결정례】** 1년 이상의 징역형 또는 금고형의 실형을 선고받고 그 집행이 종료되지 않은 사람은 가석방처분 여부와 고의범·과실범 등 범죄의 종류 및 침해된 법익을 불문하고 선거권을 제한하는 선거법규정(제18조 제 1 항 제 2 호)은 과잉금지원칙에 위배되지 않아 선거권의 침해가 아니다(헌재결 2017. 5. 25. 2016 헌마 292등, 판례집 29-1, 209(221면)). 이 결정은 헌재결 2014. 1. 28. 2012 헌마 409 등 결정의 후속결정이다.

3) **【판시】** 참정권의 제한은 국민주권에 바탕을 두고 자유·평등·정의를 실현시키려는 헌법의 민주적 기본질서를 침해할 위험성이 큰 것으로서 민주주의의 원리와는 배치되는 것이기 때문에 어디까지나 최소한의 정도에 그쳐야 할 것이다(헌재결 1991. 3. 11. 90 헌마 28, 판례집 3, 63(80면)). 그런 의미에서 재외선거인 등록신청시 반드시 여권의 제시만을 요구하고 여권 이외의 공신력 있는 국적증명서류의 제시를 인정하지 않는 선거법 규정의 선거권 침해여부의 심사에서 합헌의 법정의견보다 4인 재판관의 반대의견이 논리적으로 설득력이 크다고 생각한다. 헌재결 2014. 4. 24. 2011 헌마 567, 판례집 26-1 하, 135(144면 이하) 참조.
  국가권력의 형식오용에 의한 기본권침해의 문제에 대해서는 다음 문헌을 참조할 것.
  v. Pestalozza, Formenmißbrauch des Staates, 1973: auch BVerfGE 16, 161; 38, 80f.

4) **【결정례】** 선거범으로 100만원 이상의 벌금형을 선고 받고 그 형이 확정된 후 5년을 지나지

3) 공무담임권

(개) 공무담임권의 의의와 기능

공무담임권이라 함은 선거직공무원을 비롯한 모든 국가기관의 공직에 취임할 수 있는 권리를 말한다. 따라서 공무담임권은 여러 가지 선거에 입후보해서 당선될 수 있는 피선거권과 국정과 관계되는 모든 공직에 임명될 수 있는 공직취임권을 포괄하는 개념이다.[1] 우리 헌법은 모든 국민에게 이와 같은 공무담임권을 보장함으로써($\frac{제25}{조}$)[2] 주권자인 국민에게 직접 국정의 담당자로서 참정권을 행사할 수 있는 길을 열어 놓고 있다.

(내) 공무담임권의 내용

하지만 공무담임권은 현실적인 권리가 아니고 공무담임의 기회보장적 성격의 것이기 때문에,[3] 선거에서의 당선, 공직채용시험의 합격 등 주관적 전제

않은 자 또는 선거범으로 집행유예의 선고를 받고 그 형이 확정된 후 10년을 경과하지 아니한 자의 선거권을 제한하는 선거법규정(제18조 제1항 제3호 중)은 선거의 공정성 확보, 법원의 합리적 평가의 가능성, 제한되는 선거권 횟수의 제한성 등을 종합적으로 고려할 때 선거권의 침해로 볼 수 없다(헌재결 2018. 1. 25. 2015 헌마 821).

1) 동지: 헌재결 1996. 6. 26. 96 헌마 200, 판례집 8-1, 550(557면) 참조.
2) 【결정례】 공무원의 승진기대권은 공직신분의 유지나 업무수행과 같은 법적 지위에 직접 영향을 미치는 것이 아니고, 간접적·사실적 또는 경제적 이해관계에 영향을 미치는 것에 불과해 공무담임권의 보호영역에 포함되지 않는다(헌재결 2010. 3. 25. 2009 헌마 538, 판례집 22-1 (상), 561(572면)).
3) 【판시】 i) 공무담임권의 보호영역에는 공직취임의 기회균등뿐 아니라 공무원신분의 부당한 박탈금지까지 포함된다. 따라서 공무원이 금고 이상의 선고유예의 판결을 받으면 과실범의 경우까지 예외 없이 당연퇴직되게 하는 법규정은 최소침해성과 법익균형성의 원칙에 어긋나는 공무담임권의 침해이다(헌재결 2002. 8. 29. 2001 헌마 788 등(병합), 판례집 14-2, 219(229면)). 이 결정은 헌재결 1990. 6. 25. 89 헌마 220(합헌결정)의 판례변경이다. ii) 그러나 공무원이 재직중 수뢰죄를 범하여 금고 이상의 형의 선고유예를 받으면 당연퇴직하게 정한 국가공무원법 개정규정은 공무담임권과 평등권을 침해하지 않는다(헌재결 2013. 7. 25. 2012 헌바 409, 판례집 25-2 상, 230(242면)).
【결정례】 i) 자격정지 이상의 형의 선고유예를 받은 경우에 군공무원직에서 당연히 제적하도록 한 군인사법규정은 과잉금지원칙에 위배하여 공무담임권을 침해한다(헌재결 2003. 9. 25. 2003 헌마 293 등). 경찰공무원의 경우도 같은 판시를 했다(헌재결 2004. 9. 23. 2004 헌가 12). ii) 그러나 법원의 판결에 의하여 자격이 정지된 공무원을 당연퇴직하게 하는 법률조항은 공무담임권의 침해가 아니다(헌재결 2005. 9. 29. 2003 헌마 127). iii) 또 선거기간 중에 선거운동과 관련하여 정상적 업무 외의 출장으로 벌금 100만원 이상의 형벌을 받은 경우를 공무원의 당연퇴직사유로 정한 것은 공무담임권의 침해가 아니다(헌재결 2005. 10. 27. 2004 헌바 41). iv) 공무원이 특정장소에서 특정보직을 받아 근무하는 공무수행의 자유는 공무담임권의 보호영역에 포함되지 않는다(헌재결 2008. 6. 26. 2005 헌마 1275). v) 비례대표지방의회의원 또는 국회의원이 선거범죄로 의원직을 상실하여 비례대표지방의회의원의 결원이 생긴 때에는 차순위후보자가 자동승계하지 못하게 정한 규정(공선법 제200조 제2항 단서 중)은 대의제 민주주의 원리 및 자기책임의 원리에 반하는 것으로서 승계예정자의 공직취임의 기회를 자의적으로 배제하는 공무담임권의 침해이다(헌재결 2009. 6. 25. 2007 헌마 40; 헌재결 2009. 10. 29. 2009 헌마 350).

조건에 의해서 공무담임권이 제한되는 것은 공무담임권에 내포되고 있는 당연한 제약이라고 할 것이다.[1] 현행헌법이 '법률이 정하는 바에 의하여 공무담임권을 가진다'고 규정하고 있는데 이것의 의미도 바로 그것이다.[2]

(다) 피선거권의 제한

우리 헌법은 특히 피선거권에 관해서 그 행사능력을 헌법이 직접 규정하고 있는 경우가 있다. 즉 대통령피선거권에 관해서 '대통령으로 선거될 수 있는 자는 국회의원의 피선거권이 있고, 선거일현재 40세에 달하여야 한다'(제67조 제4항)고 정하고 있다. 또 헌법(제24조, 제25조, 제41조 제3항)의 수권에 의해서 제정된 선거법(제15조와 제16조)은

헌법과 선거법상의 선거권·피선거권 제한

---

1) 【결정례】 i) 또 일정한 공직의 겸직을 금지하는 것은 공무담임권의 침해라고 볼 수 없다. 예컨대, 교육위원과 초중등교원간의 겸직금지규정(지방교육자치에 관한 법률 제9조 제1항 제2호)이 그 한 예이다. 동지: 헌재결 1993. 7. 29. 91 헌마 69. ii) 그러나 지방고등고시시행계획공고에서 응시상한연령의 기준일을 자의적으로 늦추어 응시자격을 박탈한 것은 공권력행사에 의한 공무담임권의 침해이다(헌재결 2000. 1. 27. 99 헌마 123). iii) 국가인권위원회의 인권위원은 퇴직 후 2년간 비교육직 공무원으로 임명되거나 공직선거에 나갈 수 없게 하는 법규정은 공무담임권과 피선거권의 과잉제한이고 평등원칙에도 반하여 위헌이다(헌재결 2004. 1. 29. 2002 헌마 788). iv) 그러나 형사사건으로 기소된 국가공무원을 직위해제할 수 있게 한 법규정은 공무담임권의 침해가 아니며 적법절차원칙과 무죄추정원칙에 위배되지 않는다(헌재결 2006. 5. 25. 2004 헌마 12). v) 5급 공무원 공채시험 응시연령 상한을 32세까지로 제한하는 것은 32세 이상 국민의 공직취임권을 과잉제한하여 위헌이다(헌재결 2008. 5. 29. 2007 헌마 1105). vi) 판사임용자격에 일정기간 법조경력을 요구하는 법조법 개정규정을 법개정전에 사법연수원에 입소한 사법연수생이 사법연수원을 수료하는 해의 판사임용에 지원하는 경우에도 적용하는 것은 신뢰보호의 원칙을 어기는 공무담임권의 침해이다(헌재결 2012. 11. 29. 2011 헌마 786).

2) 【결정례】 i) 법률의 명시적인 근거 없이 하위법령에 근거해서 교사임용시험에서 사범계대학출신자 등에게 가산점을 주는 것은 법률유보원칙에 위배되어 비사범계출신자의 공무담임권을 침해한다(헌재결 2004. 3. 25. 2001 헌마 882). ii) 국가공무원법상 임용결격조항은 임용결격자에 대한 임용금지 뿐 아니라 임용결격자에 대한 임용이 이루어진 경우에도 이를 당연무효로 하는 내용까지 포함하고 있다. 따라서 임용결격자인데도 공무원으로 근무하다 퇴직한 자에 대한 퇴직급여 지급 거부는 정당하다(헌재결 2016. 7. 28. 2014 헌바 437, 판례집 28-2 상, 84(90면)). iii) 아동에 대한 성희롱 등 성적 학대 행위로 형을 선고받아 확정된 사람에 대해 범죄의 경중과 재범 위험성 등을 고려하지 않고 일률적·영구적으로 아동 관련 직무 여부를 불문하고 모든 일반직 공무원 및 부사관에 임용될 수 없도록 정한 법규정(공무원법과 아동복지법 및 군인사법 관련규정)은 침해 최소성을 어긴 공무담임권의 침해다(헌재결 2022. 11. 24. 2020 헌마 1181, 2024. 5. 31 시한 잠정적용 헌법불합치결정). iv) 국가공무원이 피성년 후견인이 되면 곧바로 당연 퇴직하게 해서 공무원의 신분을 박탈하는 국가공무원법 규정(제69조 제1항 중 제33조 제1호에 관한 부분)은 침해 최소성과 법익 균형성을 어긴 공무담임권의 침해이다. 피성년 후견인이 된 국가공무원을 당연퇴직시키는 대신 정신상의 장애 또는 공무상 질병 보상의 경우처럼 휴직을 통한 회복의 기회를 부여할 수도 있기 때문이다(헌재결 2022. 12. 22. 2020 헌가 8). v) 아동 청소년 이용 음란물임을 알면서 이를 소지한 죄로 형이 확정된 사람은 국가와 지방의 일반직 공무원으로 임용될 수 없도록 정한 규정(국공법과 지공법 각 제2조 제2항 제1호)은 공무담임권을 침해한다. 해당 규정은 그 범위가 너무 포괄적이고 결격사유 해소 가능성을 전혀 인정하지 않을 뿐 아니라 범죄의 종류나 죄질 등 개별 범죄의 비난 가능성 및 재범위험성 등을 고려하여 덜 침해적인 방법으로도 입법목적을 달성할 수 있기 때문이다(헌재결 2023. 6. 29. 2020 헌마 1605, 잠정적용 헌법불합치결정).

국회의원과 지방의회의원의 선거권과 피선거권을 각각 만 18세와 만 25세[1] 이상으로 제한하고 있다가 73년 만에 피선거권도 18세로 낮췄다. 피선거권을 구체화하기 위한 선거법에는 그 밖에도 피선거권의 행사능력을 제한하는 여러 가지 규정을 두고 있는데 피성년후견인, 형이 실효되지 아니한 일정한 전과자 등은 피선거권을 갖지 못하도록 정하고 있는 것이 그 예이다.[2] 그러나 피선거권의 행사능력을 제한하는 입법은 과잉금지의 원칙을 존중하는 범위 내에서만 허용된다고 보아야 할 것이다.[3]

공직취임권과 임명권의 관계

선거직 이외의 공직에 취임할 수 있는 공직취임권은 대통령이 갖는 공무원임면권($\frac{제78}{조}$), 대법원장이 갖는 법관임명권($\frac{제104조}{제3항}$)과의 상호관련 속에서 이해해야 하는데, 국가공무원법·교육공무원법·법원조직법·국회법·헌법재판소법 등에서 그 임용요건과 자격기준 등에 대해서 자세히 규정하고 있다.[4]

4) 국민투표권

정책결정참가권

국민투표권이라 함은 특정한 국정사안에 대해서 국민이 직접 그 정책결정에 참가함으로써 주권을 직접적으로 행사할 수 있는 권리를 말한다. 간접민주주의를 채택하고 있는 현행헌법질서 내에서 국민투표권은 하나의 예외적인 참정권의 유형에 속한다고 볼 수 있다. 그러나 현행헌법은 대의제도에 입각한 간접민주주의를 지향하면서도 예외적으로 국민투표제도를 도입함으로써 국민에게

중요정책에 대한 임의적 국민투표와 헌법개정의 필수적 국민투표

---

1) 【결정례】 국회의원 피선거권의 행사연령을 25세로 정한 것은 여러 요소를 고려한 적절한 입법형성권의 행사로서 공무담임권의 본질적 내용의 침해가 아니다(헌재결 2005. 4. 28. 2004 헌마 219).
2) 선거법 제19조 참조.
   【결정례】 i) 50만원 이상의 벌금형을 선고받은 선거범이 6년간 지방의회의원 피선거권을 제한당하는 것은 공무담임권의 침해가 아니라는 판례가 있다(헌재결 1993. 7. 29. 93 헌마 23). ii) 선거범죄로 100만원 이상의 벌금형이 확정되면 5년간 피선거권을 제한하는 선거법규정은 공무담임권과 평등권 침해가 아니다(헌재결 2008. 1. 17. 2004 헌마 41). iii) 국회의원 당선자가 불법적인 정치자금수수로 100만원 이상의 벌금형이 확정되면 국회의원직에서 당연퇴직하게 한 정치자금법 규정은 공무담임권과 평등권 침해가 아니다(헌재결 2008. 1. 17. 2006 헌마 1075).
3) 【결정례】 i) 시·도지사선거에서의 5천만원기탁금제도는 공무담임권의 침해가 아니다(헌재결 1996. 8. 29. 95 헌마 108). ii) 공직선거후보자가 되려는 공무원은 선거일 전 90일까지 그 직을 사직하게 한 것은 그 필요성과 합리성이 인정되며 공무담임권의 본질적 내용의 침해도 아니며 과잉금지원칙에 위배되지 않는다(헌재결 1995. 3. 23. 95 헌마 53). iii) 그러나 정부투자기관의 직원을 임원이나 집행간부들과 마찬가지로 지방선거후보자 등록 전에 사퇴하도록 한 것은 공무담임권, 평등원칙 및 헌법 제37조 제2항을 침해한다(헌재결 1995. 6. 12. 95 헌마 172). iv) 지방자치단체장이 임기중 그 직을 사퇴하고 대통령·국회의원선거 등 다른 공직선거에 출마하지 못하게 제한하는 것은 공무담임권을 침해하고 평등원칙에도 위배되는 위헌규정이다(헌재결 1999. 5. 27. 98 헌마 214).
4) 【결정례】 초등교사 임용시험에서 출신교대 소재지에서 응시하는 경우 제1차시험 성적의 10% 범위내의 지역가산점을 부여하는 제도는 전국적으로 실시하고 있어서 공무담임권과 평등권의 침해라고 볼 수 없다(헌재결 2014. 4. 24. 2010 헌마 747, 판례집 26-1 하, 101(115면)).

국정의 담당자로서 직접적으로 주권을 행사할 수 있는 기회를 부여하고 있다.[1]
즉 외교·국방·통일 기타 국가안위에 관한 중요정책에 대해서 대통령이 필요하
다고 인정할 때 실시되는 국민투표와($^{제72}_{조}$) 헌법개정안에 대한 국민투표($^{제130조}_{제2항}$)
가 그것인데, 중요정책에 대한 국민투표가 대통령의 판단에 따른 임의적인 것
인 데 반해서 헌법개정안에 대한 국민투표는 필수적인 사항이라는 차이가 있
다. 따라서 헌법개정안이 국회에서 그 재적의원 2/3 이상의 찬성을 얻어 의결
된 경우에는 반드시 30일 이내에 국민투표에 붙여 국회의원선거권자 과반수의
투표와 투표자 과반수의 찬성을 얻어야 헌법개정으로 확정될 수 있다($^{제130조 제1}_{항~제3항}$).
이와 같은 국민투표제도는 이념적으로 Rousseau의 국민주권사상을 그 바탕으
로 하고 있는 것이고, 또 외형상 국민주권사상에 충실한 것처럼 보이는 것은
사실이지만, 헌정의 실제에 있어서는 '국민적 정당성'을 표방한 독재정치의 수 이념과 실제
단으로 악용되는 사례가 많다.[2] 이러한 관점에서 현행헌법은 국민투표제도와 의 차이
같은 유형에 속하는 국민발안제도와 국민소환제도[3]를 채택하지 않았지만, 우리
의 대의민주주의의 수준으로 볼 때 도입할 필요성이 있다고 생각한다.

(5) 참정권의 제한과 그 한계

국민의 참정권은 기본권제한입법의 한계조항($^{제37조}_{제2항}$)의 범위 내에서만 제한 소급입법에
할 수 있다. 그러나 국가안전보장 등의 목적달성을 위해서 아무리 필요한 경우 의한 참정권
라도 소급입법에 의해서 참정권을 제한하는 것은 허용되지 아니한다는 취지를 제한 금지
현행헌법은 명문으로 규정하고 있다($^{제13조}_{제2항}$). 우리 헌법이 그 구조적 원리로서
채택하고 있는 법치국가의 정신상 당연한 사실을 현행헌법이 따로 명시하고 있
는 것은 다분히 헌정사적인 반성의 의미가 담겨 있다.

우리 헌법은 참정권의 제한에 관해서, 특히 그 행사능력을 헌법이 직접 제 참정권형성적
한하고 있는 경우가 있다는 것은 이미 언급한 바 있다. 그리고 참정권의 구체 입법작용과
적인 행사방법을 법률로 정하게 하는 기본권실현적 내지 행사절차적 법률유보 참정권제한적
에 의해서 참정권이 구체화되기 위해서는 법률의 제정이 필요하다는 것도 이미 입법작용의
구별

---

1) 【결정례】 국내에 주민등록과 거소신고를 하지 않은 재외국민(재외선거인)도 헌법 제72조와
  제130조의 국민투표권자에 포함된다고 보아야 한다. 국민투표는 선거와 달리 국민이 직접 국
  가의 정치에 참여하는 절차이므로 국민투표권은 대한민국 국민의 자격이 있는 사람에게 반드
  시 인정되어야 하는 권리이다. 따라서 추상적 위험 내지 선거기술상의 이유로 재외선거인에게
  국민투표권을 주지 않는 것은 헌법이 부여한 참정권을 사실상 박탈하는 것이어서 재외선거인
  의 국민투표권을 침해한다(2015년 말 시한 헌법불합치결정)(헌재결 2014. 7. 24. 2009 헌마 256
  등, 판례집 26-2 상, 173(195면)).
2) 이 점에 대해서 자세한 것은 졸저, 전게서, 방주 127 및 141 참조할 것.
3) 이들 제도에 대해서 졸저, 전게서, 방주 355 참조할 것.

지적한 바와 같다. 그런데 참정권을 형성하는 입법작용과 참정권을 제한하기
위한 입법작용은 그 본질과 기능이 다르기 때문에, 참정권을 형성하는 입법작
용에 의해서 참정권이 제한되는 일이 없도록 특별한 주의를 요한다.[1] 참정권의
제한은 특히 국민주권에 바탕을 두고 '자유'·'평등'·정의'를 실현하려는 우리
헌법의 민주적 가치질서를 직접적으로 침해하게 될 위험성이 크기 때문에 언제
나 필요한 최소한의 정도에 그쳐야 한다.[2] 과잉금지의 원칙이 특별히 존중되어
야 하는 이유도 그 때문이다.[3] 과잉금지의 원칙에 반하는 참정권의 제한과 소
급입법에 의한 참정권의 제한 등은 참정권의 본질적 내용의 침해에 해당되기
때문에 절대로 허용될 수 없다.[4]

과잉금지의
원칙

---

1) 【결정례】 i) 따라서 공직선거에 입후보하려면 과다한 고액의 기탁금을 내도록 함으로써 경제
력이 약한 계층의 참정권을 제한하는 선거제도는 위헌임을 면치 못한다(헌재결 1989. 9. 8. 88
헌가 6; 헌재결 1991. 3. 11. 91 헌마 21). ii) 또 선거운동의 자유는 국민주권의 원칙과 참정권
등에 의해서 보장되는 기본권의 성격을 갖기 때문에 선거운동원이 아닌 사람의 선거운동을 금
지한 구대통령선거법(제36조 제 1 항)은 헌법에 보장된 표현의 자유와 참정권을 지나치게 제한
하고 있어 위헌이다(헌재결 1994. 7. 29. 93 헌가 4·6(병합)).

2) 동지: 헌재결 1991. 3. 11. 90 헌마 28, 판례집 3, 63(80면) 참조. 국외에 거주·체류하는 국민
의 선거권과 피선거권을 제한하고, 주민등록 없이 국내에 거소신고를 한 재외국민의 지방자치
선거권과 피선거권 및 국민투표권과 주민투표권을 부인하는 관계법률이 위헌결정되어 2009년
개정된 이유도 그 때문이다.

3) 【결정례】 i) 따라서 사회단체의 선거운동금지는 헌재의 합헌결정에도 불구하고 비판의 여지가
많다(헌재결 1999. 11. 25. 98 헌마 141). ii) 초·중등교원의 정당가입과 선거운동을 금지하는
것은 교원의 정치적 중립성의 요청에 비추어 과잉금지원칙에 위배되지 않는다(헌재결 2004. 3.
25. 2001 헌마 710). iii) 언론인의 선거운동은 다양한 관점에서 이미 충분히 규제하고 있는데
도 그와 별도로 언론인으로 하여금 선거운동의 기간과 방법, 태양 등을 불문하고 일체의 선거
운동을 금지하고 이에 따라 언론인이 언론매체를 이용하지 아니하고 업무외적으로 개인적인
판단에 따른 선거운동조차 할 수 없도록 하는 선거법규정은 언론인의 정당가입이 허용되는 현
실에서 침해의 최소성에 반하고 법익의 균형성도 충족하지 못해 언론인의 선거운동의 자유를
침해한다. 그에 더하여 다양한 언론매체 중에서 어느 범위로 언론인을 한정할지 언론인의 구
체적인 범위를 대강이라도 예측 가능하도록 정하지 아니한 채 포괄적으로 대통령령에 위임하
고 있는 것은 포괄위임입법금지원칙에도 위배된다(헌재결 2016. 6. 30. 2013 헌가 1, 판례집 28-
1 하, 413(424면 및 428면). iv) 국회의원 비례대표 후보자에게도 지역구 국회의원 후보자와
동일한 액수의 기탁금을 규정한 법조항(제56조 제 1 항 제 2 호)은 기탁금제도의 목적달성에 지
나치게 과다한 금액일 뿐 아니라, 재정상태가 열악한 신생정당이나 소수당에게는 선거의 참여
를 위축시킬 수도 있는 역기능을 나타내므로 침해의 최소성원칙과 법익균형성원칙에도 위배되
는 공무담임권의 침해이다(헌재결 2016. 12. 29. 2015 헌마 1160 등). v) 지방의회의원은 정치
적 중립의무는 없지만 선거의 공정성을 준수할 의무는 있다. 선거의 공정성은 정치적 중립성
과는 별개의 보호법익으로서 모든 국민이 준수해야 하기 때문이다. 따라서 공무원의 <u>지위를
이용한</u> 선거운동이 금지(선거법 제85조 제 2 항)되는 대상에서 지방의회의원을 제외하는 명문
규정이 없는 이상 지방의회의원이 제외된다고 해석할 수 없다. 그것은 과잉금지 원칙을 위반
한 정치적 표현의 자유의 침해가 아니다. 반면에 명문규정에 따라 지방의회의원은 <u>선거결과에
영향을</u> 미치는 행위와(선거법 제 9 조) 공무원으로서의 <u>지위를 보유한</u> 채 하는 선거운동(선거
법 제60조 제 1 항 제 4 호)은 할 수 있다(헌재결 2020. 3. 26. 2018 헌바 3).

4) 【결정례】 경합범을 선거범으로 의제해서 참정권을 제한하는 공직선거법(제18조 제 3 항)에 대

Ⅱ. 청 원 권

(1) 청원권의 의의와 그 헌법상 기능

1) 청원권의 의의

청원권이라 함은 국민이 공권력과의 관계에서 일어나는 여러 가지 이해관 이해관계 내
지 국정에 관
한 의견진술권
계 또는 국정에 관해서 자신의 의견이나 희망을 진술할 수 있는 권리를 말한
다.[1] 우리 헌법에 「모든 국민은 법률이 정하는 바에 의하여 국가기관에 문서로
청원할 권리를 가진다. 국가는 청원에 대해서 심사할 의무를 진다」($^{제26}_{조}$)고 규정
함으로써 청원권을 보장하고 있다.

2) 청원권의 헌법상 기능

청원권은 연혁적으로 볼 때 특히 영국에서 비정상적인 권리구제수단 또는 고유기능의
퇴색
의회에 대한 국민의 정치적인 압력의 수단으로 중요한 기능을 담당했었지만,[2]
오늘날에는 사법적인 권리구제절차의 정비와 각종 input수단의 보장으로 인해
서 청원권이 갖는 그 고유한 기능은 많이 퇴색된 것이 사실이다.

그럼에도 불구하고 청원권은 아직도 특히 국민의 정치생활영역에서 중요
한 기능을 수행하고 있다는 점을 간과할 수 없다.

즉 첫째 청원권은 국민적 관심사를 국가기관에 표명할 수 있는 수단으로 직접적인 대
국가적 의사
표명수단
서의 기능을 갖는다. 언론·출판·집회·결사의 자유에 의해서 국민적 관심사가
표명될 수도 있지만, 청원권은 국민적 관심사를 형식에 구애됨이 없이 국가기
관에 직접 표명할 수 있는 수단이라는 점에서 언론·출판·집회·결사의 자유와
는 또 다른 기능을 갖게 된다.

해서 위헌의견이 다수(5인)이지만 기각결정한 판례가 있다(헌재결 1997. 12. 24. 97 헌마 16).

　　과거 참정권을 제한하기 위해서 제정된 법률로서 대표적인 것으로 '정치풍토쇄신을 위한 특
별조치법'을 들 수 있는데, 이 법률은 제 5 공화국의 최초헌법시행일 이전에 국회의원의 직에
있던 사람, 정당의 간부, '정치적·사회적 부패나 혼란에 현저한 책임이 있는 사람'들을 정치활
동금지자로 묶고, 이들에게는 원칙적으로 1988년 6월 30일까지 선거권과 국민투표권만 인정하
고 피선거권과 정당설립 및 활동의 자유를 제한하고 있었다(제 2 조, 제 4 조, 제 8 조, 제 9 조).
이 법률은 제 5 공화국이 탄생되는 과정에서 구헌법부칙(제 6 조 제 4 항)에 근거를 두고 제정된
과도적 법률의 성격을 가지는 것이긴 했지만, 그 참정권제한의 진지성이 매우 큰 것이었다.
앞으로 이와 같은 법률이 다시 나타나지 않도록 경계해야 한다.

1) 우리 헌재도 같은 취지로 청원권을 정의하고 있다.
　　헌재결 1994. 2. 24. 93 헌마 213 등, 판례집 6-1, 183(190면) 참조.
2) 청원권의 역사적 유래에 관해서 자세한 것은 다음 문헌을 참조할 것.
　　E. Friesenhahn, Zur neueren Entwicklung des Petitionsrechts in der Bundesrepublik
Deutschland, in: FS f. H. Huber(1981), S. 353ff.

국회와 국민
의 유대강화
기능

둘째 청원권은 특히 국회와 국민의 유대를 지속 내지 강화시켜 주는 수단으로서의 기능을 갖는다. 국민은 물론 국회뿐 아니라 다른 국가기관에도 청원할 수 있지만, 국민의 대변기관인 국회에 대한 청원은 특히 중요한 정치적 의미를 가지게 된다. 국회의 기능 중에서도 국민의 대변자적인 기능이 여전히 가장 본질적인 것이라면, 청원에 나타나는 국민의 관심사와 이해관계를 스스로 처리하거나 또는 타 기관으로 하여금 처리케 함으로써 국민의 신임을 유지하는 일이야말로 대의정치가 기능하기 위한 불가결한 전제조건이다. 청원권은 그와 같은 전제조건의 충족에 기여하는 기능을 하게 된다.

국회의 국정
통제지원기능

셋째 청원권은 국회의 국정통제의 기초를 마련해 주고 이를 뒷받침해 주는 기능을 갖는다. 청원의 형식으로 접수되는 여러 가지 행정상의 비리와 부조리현상을 근거로 국회는 행정부에 대한 국정통제기능을 행사할 수 있기 때문이다. 또 청원으로 나타나는 여러 가지 사회고발적인 내용은 국회 스스로의 입법정책적인 자료도 될 수 있지만, 행정부를 정책적으로 견제하는 면에서도 중요한 기초자료가 된다고 할 수 있다.

비정규적인
권리구제수단

넷째 청원권은 제한적이긴 하지만 비정상적인 권리구제수단으로서의 기능을 갖는다. 즉 엄격한 절차와 형식에 의한 정상적인 행정적·사법적 권리구제수단에 의존함이 없이 형식과 절차를 초월해서[1] 권리구제를 받을 수 있는 수단으로서의 기능을 갖는다. 청원권이 갖는 권리구제수단으로서의 기능을 강화하는 방법으로 서구의 선진 여러 나라에서는 이른바 옴부즈만(Ombudsman)제도를 활용하고 있다. 그런데 우리나라에서는 국무총리 소속하에 '국민권익위원회'와 지방자치단체에 '시민고충처리위원회'가 설치되어 국민의 권익구제창구를 일원화했으며 신속하고 충실한 원스톱 서비스를 제공하고 있다.[2]

(2) 청원권의 법적 성격

복합적 성격
의 기본권

청원권은 오늘날 여러 가지 다원적인 기능을 수행하고 있기 때문에 그 법적 성격도 스스로 다원적일 수밖에 없다. 즉 국민이 자신의 이해관계 내지 관심사에 관해서 국가기관에 자유롭게 의견 또는 희망을 진술할 수 있다는 점에서는 그 자유권적 성격을 부인할 수 없다.[3] 또 청원은 국가에게 적어도 수리

---

1) 정상적인 권리구제절차에서 요구되는 당사자적격, 소의 이익, 출소기간 등의 제한을 전혀 받지 않는다는 점에서 비정상적인 권리구제수단이다.

2) 2008년 부패방지 및 국민권익위원회의 설치와 운영에 관한 법률이 시행됨에 따라 과거 부분적으로 비정규적인 권리구제의 창구역할을 하던 국민고충처리위원회와 국가청렴위원회는 폐지되었다.

3) 예컨대 한태연, 355면, 교수는 자유권적 성격을 강조한다.

및 심사의무를 생기게 한다는 점에서 그 청구권적 성격도 무시할 수 없다.[1] 그뿐 아니라 국민은 청원권의 행사에 의해서 자신의 정치적 견해를 밝힐 수 있다는 점에서는 그 input수단적 성격도 간과할 수 없다. 또 청원권이 국민의 권리구제수단으로서의 기능을 갖는다는 점에서는 그 기본권보장적 성격도 빼놓을 수 없다.[2] 이렇게 볼 때 청원권은 이와 같은 여러 가지 성격을 함께 가지는 복합적 성격의 기본권이라고 말할 수 있다.[3] 그러나 청원권의 기능에서도 살펴본 바와 같이 오늘날 청원권은 주로 국민의 정치생활영역과 가장 밀접한 관계에 있기 때문에, 청원권을 정치·사회생활영역을 보호하기 위한 기본권의 하나로 여기에서 다루기로 한다.

(3) 청원권의 내용

청원권은 국민이 공권력과의 관계에서 일어나는 여러 가지 이해관계 또는 국정에 관해서 국가기관·지방자치단체와 그 소속기관·행정권을 갖는 법인·단체 또는 그 기관이나 개인에 문서로 의견이나 희망을 진술할 수 있는 권리를 그 내용으로 한다. 청원권에 내포된 자유권적 성격으로부터는 국가에 대한 방어권이 생기는데, 그 구체적인 내용은 청원방해금지, 청원을 이유로 하는 불이익처분금지, 단체청원을 위한 서명운동방해금지 등이다. 또 청원권에 내포된 청구권적 성격으로부터는 국가에 대한 청원수리 및 심사요구권이 생긴다. 청원권을 보장하는 헌법정신을 존중해서 현행청원법은 국가기관으로 하여금 청원에 대해서 수리·심사는 물론 처리·통지의무까지를 지도록 하고 있다(법제9조). 청원권은 또 국민의 국가에 대한 input수단적 성격도 가지기 때문에, 원칙적으로 모든 국정사항에 대해서 자신의 의견 또는 희망을 서면화해서 국가기관에 제출할 수 있는 권한을 내포하고 있다. 그뿐 아니라 청원권이 갖는 권리구제수단적 성격 때문에 자기 자신 또는 타인의 권리구제를 목적으로 국가기관에 청원하는 것이 금지되지 아니한다.

현행청원법은 청원사항과 청원의 방법과 절차 등에 관해서 자세히 규정하고 있다.

이해관계 또는 국정에 관한 문서청원권

국가의 수리·심사·처리·통지의무

---

[1] 예컨대 김철수, 753면, 교수는 청원권을 청구권적 기본권으로 이해한다. 동지: 박일경, 325면, 교수는 수익권이라고 이해한다.

[2] 예컨대 문홍주, 329면.

[3] 자유권과 청구권의 2중적 성격설을 주장하는 사람도 있다. 예컨대 권영성, 552면.

1) 청원처리기관과 청원사항

청원처리기관과 청원사항

모든 청원대상 기관

모든 청원대상기관($^{법}_{제3조}$)이 그 소관업무에 관해서 청원을 처리할 수 있다 ($^{법}_{제9조}$). 따라서 입법부·행정부·사법부는 물론 그 밖의 지방자치단체와 그 소속기관 또는 행정권을 위임·위탁받은 법인·단체 또는 그 기관이나 개인도 청원처리기관에 속한다. 청원법은 피해의 구제, 공무원과 관련된 사항, 입법에 관한 사항, 공공제도 및 시설에 관한 사항, 기타 공공기관의 권한에 속하는 사항 등을 광범위하게 청원사항으로 규정하고 있다($^{법}_{제4조}$). 그러나 i) 다른 법령에 의한 조사·불복·구제절차가 진행중인 사항, ii) 허위사실로 타인을 형사 또는 징계처분 받게 하거나 국가기관 등의 중상모략 사항, iii) 사인 간의 권리관계 또는 개인의 사생활에 관한 사항, iv) 청원인의 성명·주소 등이 불분명하거나 내용이 불

청원불수리· 금지사항

명확한 청원사항은 수리하지 않고($^{불수리사유명}_{시통지의무}$)($^{법}_{제5조}$), 타인을 모해하기 위한 허위 사실의 청원($^{법}_{제11조}$)은 금지하고 있다.[1] 또 청원권은 이른바 불평분자의 욕구를 충족시키기 위한 것은 아니기 때문에 같은 내용의 청원을 같은 기관에 되풀이해서 하는 것은 허용되지 않는다($^{법}_{제8조}$).[2] 그리고 공무원이 자신의 직무에 관계되는 청원을 하고자 할 때는 원칙적으로 직무계통을 밟아야 한다고 생각한다.

2) 청원의 절차와 방법

청원서의 요건과 제출기관 및 절차

청원은 헌법이 정하는 대로 문서($^{전자문서}_{포함}$)로 하여야 하지만, 청원의 절차와 방법에 관해서 청원법은 다음과 같이 규정하고 있다. 즉 청원서에는 청원의 이유와 취지를 명시하고 필요한 참고자료를 첨부한 후 청원인의 성명·주소 또는 거소 등을 기재하고 서명해야 한다. 그리고 공동청원의 경우에는 3인 이하의 대표자를 선임해서 청원서에 표시해야 한다($^{법}_{제6조}$). 청원서는 청원사항을 관장하는 기관에 제출하고 어떤 처분 또는 처분의 시정을 요구하는 청원서는 처분관서에 제출해야 한다($^{법 제7조}_{제1항}$). 청원서를 접수한 기관은 청원서에 미비한 사항이 있다고 판단할 때에는 그 청원인에게 보완하여야 할 사항 및 기간을 명시하여 이를 보완할 것을 요구할 수 있다($^{법 제7조}_{제2항}$). 그리고 국회에 청원하려고 하는 경우에는 국회의원의 소개를 받거나 국회규칙으로 정하는 기간 동안 국회규

---

1) 【독일판례】 독일에도 법률에서 금지하고 있는 사항을 요구하는 청원, 모욕적인 내용의 청원 그리고 협박적인 내용의 청원 등은 청원권에 의한 보호를 받을 수 없다는 연방헌법재판소의 판례가 있다. Vgl. BVerfGE 2, 225(229f.).

2) Vgl. auch BVerfGE 2, 225(231f.).

칙으로 정하는 일정한 수 이상의 국민의 동의를 받아 청원서를 제출해야 한다
(국회법 제123조
제1항~제4항).[1] 국회는 전자청원시스템을 도입해서 청원에 대한 접근성을 향상
시킬 의무가 있다(법의 제123
조의 2). 우리 헌법과 청원법에는 규정이 없지만 독일기본법
(제17a
조)에는 군인의 집단적 청원을 제한하는 규정이 있다.

3) 청원의 효과

청원의 제 1 차적인 효과는 청원을 받은 국가기관에게 청원서를 접수·심사
할 의무를 생기게 한다는 데 있다. 그러나 청원서를 접수한 기관이 그 주관에
속하지 않는다고 판단한 때에는 주관기관에 이송하고 이를 청원인에게 통지해
야 한다(법 제7조
제3항). 청원서를 접수한 모든 주관관서는 청원사항을 성실, 공정, 신
속히 심사·처리하고 원칙적으로 90일 이내에 그 결과를 청원인에게 통지해 주
어야 한다(법 제9조 제1
항과 제3항).[2] 그리고 부득이한 사유가 있으면 60일의 범위 내에서 1
회에 한하여 처리기간의 연장이 허용되지만, 이 경우 그 사유와 처리예정기한
을 지체없이 청원인에게 통지해야 한다(법 제9조
제4항). 이 청원법의 취지에 맞게 국
회의 청원심사와 보고에 관한 국회법의 규정도 보완했다(국회법 제125조 제4
항~제6항 신설). 청원이
이 기간내에 처리되지 아니하는 경우 청원인은 청원을 관장하는 기관에 이의신
청을 할 수 있다(법
의 2 제9조). 청원인에 대한 처리통지는 단순한 접수사실의 확인
이 아니고, 심사하고 처리한 내용을 알려야 하지만, 법률에 특별한 규정이 없는
한 그 처리이유를 밝혀야 할 의무는 없다고 하는 것이 우리 헌법재판소[3]와 독

접수·심사·
처리·통지의
무 발생

---

1) 【결정례】 i) 지방의회에 청원하려면 지방의회의원 1인의 소개를 받도록 한 것은 청원권의 침
해가 아니다(헌재결 1999. 11. 25. 97 헌마 54). ii) 국회에 청원서를 제출하려면 국회의원의 소
개를 받도록 정한 것은 청원권의 침해가 아니다(헌재결 2006. 6. 29. 2005 헌마 604).

2) 【판시】 i) 적법한 청원에 대하여 국가기관이 이를 수리·심사하여 그 결과를 청원인에게 통보
하였다면 이로써 당해 국가기관은 헌법 및 청원법상의 의무이행을 다한 것이고, 그 통보 자체
에 의하여 청구인의 권리의무나 법률관계가 직접 무슨 영향을 받는 것도 아니므로 비록 그 통
보내용이 청원인의 기대에 못미친다고 하더라도 그러한 통보조치가 헌법소원의 대상이 되는
구체적인 공권력의 행사 내지 불행사라고 볼 수 없다(헌재결 2000. 10. 25. 99 헌마 458, 판례
집 12-2, 273(276면 이하)). ii) 그리고 청원사항의 처리는 국가기관의 자유재량행위로서 그에
대한 소구권은 인정할 수 없다는 것이 우리 대법원의 입장이다(대법원 1990. 5. 25. 선고 90
누 1458 판결). 따라서 청원처리에 의한 기본권침해가 있는 경우 헌법소원에 의한 권리구제의
길을 밟을 수밖에 없다. 예컨대 구체적인 권리행사로서의 성질을 갖는 청원에 대한 거부행위
는 헌법소원의 대상이 되는 공권력의 행사이기 때문이다(헌재결 2004. 10. 28. 2003 헌마 898).

3) 【판시】 청원사항의 처리결과에 심판서나 재결서에 준하여 이유를 명시할 것을 요구하는 것은
청원권의 보호범위에 포함되지 아니하므로, 청원 소관관서는 청원법이 정하는 절차와 범위 내
에서 청원사항을 성실·공정·신속히 심사하고 청원인에게 그 청원을 어떻게 처리하였거나 처
리하려 하는지를 알 수 있는 정도로 결과통지함으로써 충분하다(헌재결 1994. 2. 24. 93 헌마
213 등, 판례집 6-1, 183(190면)).

일에서의 지배적인 견해이다.[1]

대정부 및 대
국회청원의
효과

청원서가 정부에 제출되었거나 청원내용이 정부의 정책에 관계되는 사항인 때에는 그 청원의 심사는 국무회의의 심의사항이다(제89조 제15호). 청원이 국회에 접수된 때에는 의장이 청원취지서를 각 의원에게 배부하며 소관위원회로 하여금 심사·처리케 하고(국회법 제124조 제1항) 소관위원회가 그 처리결과를 의장에게 보고하면 의장은 청원인에게 통지해야 한다. 그리고 국회가 채택한 청원으로서 정부

불이익처분금
지

에서 처리함이 타당하다고 인정되는 청원은 의견서를 붙여 정부에 이송하고, 정부는 그 처리결과를 지체없이 국회에 보고해야 한다(동 제126조). 청원권의 자유권적 성격에서 나오는 청원의 효과로서는 '누구든지 청원하였다는 이유로 차별대우를 받거나 불이익을 강요당하지 아니한다'(법 제12조)는 점이다. 모해목적청원금지규정(법 제11조)을 어긴 사람은 형사처벌의 대상이 된다(법 제13조).

(4) 청원권의 제한과 그 한계

청원금지사항
과 이중청원
금지에 의한
제한

과잉금지원칙
과 본질적 내
용

청원권은 기본권제한입법의 한계조항(제37조 제2항)의 범위 내에서 제한할 수 있는데, 청원법이 일정한 청원금지사항과 반복·이중청원의 금지를 규정하고 있는 것은 청원권의 제한에 해당한다고 할 것이다. 그러나 청원권의 제한도 과잉금지의 원칙을 존중해야 함은 두말할 필요가 없다. 즉 그 제한이 합당한 사유로 이루어져야 하고, 제한의 방법도 적당해야 할 뿐 아니라, 제한의 정도도 필요한 최소한에 그쳐야 한다. 따라서 청원서의 수리·심사를 원칙적으로 거부하는 입법조치는 청원권의 본질적 내용의 침해라고 할 것이다.

Ⅲ. 언론·출판의 자유

정치·사회질
서의 중추신경

우리 헌법은 모든 국민에게 의사접촉의 길을 열어 놓기 위해서 '언론·출판의 자유'(제21조)를 보장하고 있다. 언론·출판의 자유는 '집회·결사의 자유'(제21조)와 함께 정치생활과 사회생활의 방법적 기초를 뜻할 뿐 아니라 민주시민의 중요한 의사표현의 수단을 뜻하기 때문에 현대의 민주국가에서는 그 정치·사회

집회·결사의
자유와의 관계

질서의 중추신경에 해당하는 중요한 기본권이다. '언론·출판의 자유'와 '집회·결사의 자유'는 그 헌법상의 의의와 기능의 면에서 공통점이 많기 때문에 우리 헌법은 이를 같은 조문에서 규정하고 있지만, '집회·결사의 자유'는 '언론·출판의 자유'와 달라서 반드시 다수인의 공동행동을 전제로 하는 것이기 때문에,

---

1) 동지: BVerfGE 2, 225(229f.); 13, 54(90).

이를 나누어서 살펴보기로 한다.

(1) 언론·출판의 자유의 헌법상 의의와 기능

언론·출판의 자유는 인간의 존엄성, 동화적 통합, 민주적 통치질서의 관점에서 매우 중요한 의의와 기능을 가진다.

1) 인간의 존엄성에 필요한 개성신장의 수단

언론·출판의 자유는 우리 헌법이 전제로 하고 있는 자주적 인간의 정치적· 사회적·문화적·지적인 개성신장의 수단으로서의 의의와 기능을 가지고 있다. 우리 헌법재판소도 '언론의 자유는 개인이 언론활동을 통하여 자기의 인격을 형성하는 개인적 가치인 자기실현의 수단인 동시에 정치적 의사결정에 참여하는 사회적 가치인 자기통치를 실현하는 수단'이라는 점을 강조한다.[1] 우리 헌법질서가 인간의 존엄성에 바탕을 둔 자주적 인간의 공동생활형식을 뜻한다고 볼 때, 모든 국민에게 의사표현의 자유를 보장함으로써 모든 생활문제에 대해서 자신의 견해를 분명히 할 수 있게 하는 것은 마치 자주적 인간에게 '도덕적으로 필요한 생명의 공기'[2]를 공급해 주는 것이나 다름없다.

[측주] 자주적 인간의 견해 표명 수단

2) 사회통합을 위한 여론형성의 촉진수단

언론·출판의 자유는 사회구성원 상호간에 의사접촉을 가능하게 하고 여론형성을 촉진시킴으로써 사회공동체를 동화시키고 통합시키는 수단으로서의 의의와 기능을 가지고 있다.

[측주] 사회구성원간의 의사접촉 수단

3) 민주적 통치질서의 전제조건

언론·출판의 자유는 민주주의통치질서가 성립하기 위한 필수적인 전제조건으로서의 의의와 기능을 가지고 있다.[3] 국가권력의 창설과 국가 내에서 행사되는 모든 권력의 최후적 정당성이 국민의 가치적인 공감대에 귀착될 수 있게 하는 통치형태가 바로 민주주의이기 때문에 언론·출판의 자유를 보장함으로써 여론에 의한 input의 통로를 열어놓고,[4] 매일매일 되풀이되는 국민투표를 제도

[측주] input의 수단, 여론형성방편, 공감대의 표출 내지 인식 수단, 계속적 국민투표수단, 비판적 복종의 수단

---

1) 헌재결 1999. 6. 24. 97 헌마 265, 판례집 11-1, 768(775면) 참조.
2) Vgl. *R. Smend*, Das Recht der freien Meinungsäußerung, VVDStRL 4(1928), S. 44ff.(50).
3) 【판시】 언론·출판의 자유는 현대 자유민주주의의 존립과 발전에 필수불가결한 기본권이며 이를 최대한도로 보장하는 것은 자유민주주의 헌법의 기본원리의 하나이다(헌재결 1992. 6. 26. 90 헌가 23, 판례집 4, 300(306면)).
4) 【판결례】 국가기관이 자신이 관리·운영하는 홈페이지에 게시된 국민의 글이 정부의 정책에

화하고, 의사표현과 정보의 전파를 통한 정치적 Konsens형성을 가능하게 하는 것이야말로 민주주의의 실현을 위해서 필수불가결한 전제조건이 아닐 수 없다. 따라서 input의 수단이며, 여론형성의 불가피한 방편이며, 사회의 저변에 흐르고 있는 가치적 공감대의 표출 내지 인식수단이며, 통치기능에 대한 계속적인 국민투표적 통제수단이며, 국가권력에 대한 비판적인 복종의 수단인 언론·출판의 자유는 민주주의헌법질서의 초석인 동시에 그 기둥이다. 한 나라의 민주주의가 얼마나 성숙했는가를 판단하는 데 있어서 언론·출판의 자유가 중요한 평가의 가치척도라고 인식되는 이유도 그 때문이다.

민주주의의 방법적 기초 내지 민주정치의 창설적 전제

결국 언론·출판의 자유는 민주주의를 실현하기 위한 방법적 기초인 동시에 민주정치의 창설적인 전제를 뜻하기 때문에 언론·출판의 자유가 보장되지 않는 곳에는 국민의 가치적인 공감대에 바탕을 둔 민주정치를 기대하기 어렵다. 통합과정론을 제창한 스멘트(R. Smend)[1]가 '언론의 자유'를 모든 기본권질서의 가장 핵심적인 것으로 평가하는 이유도 바로 그 때문이다.

(2) 언론·출판의 자유의 법적 성격

언론·출판의 자유의 양면성과 그 내용

언론·출판의 자유가 국가권력에 대한 방어권으로서의 성격을 가진다고 하는 것은 의심의 여지가 없다. 즉 언론·출판의 자유가 국가권력의 간섭이나 방해를 받지 않고 자유롭게 의사표현을 하고 의사표현을 통해서 여론형성에 참여하고, 자신의 의견을 정하는 데 필요한 정보를 수집·접수할 수 있는 주관적 공권의 성격을 가진다고 하는 것은 명백하다. 그러나 언론·출판의 자유는 의사형성 내지 의사표현에 대한 국가적인 영향을 배제할 수 있는 주관적 공권에 그치지 않고, 의사표현과 여론형성 그리고 정보의 전달을 통해서 국민의 정치적 공감대에 바탕을 둔 민주정치를 실현하고 동화적 통합을 이루기 위한 객관적 규범질서로서의 성격을 함께 가진다. 즉 모든 국민이 말하고, 듣고, 말할 자

찬성 또는 반대하는 내용인지에 따라 선별적으로 그 글의 삭제 여부를 결정하는 것은 특별한 사정이 없는 한 국민의 기본권인 표현의 자유와 자유민주적 기본질서에 배치되므로 허용되지 않는다(대법원 2020. 6. 4. 선고 2015 다 233807 판결). 그러나 대법원은 이 판결에서 2011. 6. 9. 해군 홈페이지 자유게시판에 제주 강정마을 해군기지 건설사업에 반대한다는 취지의 항의 글 100여 건을 집단적으로 게시하자, 같은 날 해군본부가 이러한 항의 글을 일괄 삭제한 조치는 객관적 정당성을 상실한 위법한 직무수행에 해당하지 않아 손해배상 책임이 없다고 원심을 파기 환송했다. 제주해군기지 건설사업이 절차상·실체상 하자가 없다는 대법원 전원합의체 판결(대법원 2012. 7. 5. 선고 2011 두 19239 판결)이 나왔고, 해군본부가 이 사건 삭제조치를 하면서 해당 자유게시판에 이 사건 삭제조치를 하는 이유를 밝히는 입장문을 게시하는 등 공개적으로 이루어진 조치로서 국가기관이 인터넷 공간에서 반대의견 표명을 억압하거나 일반 국민의 여론을 호도·조작하려는 시도라고 보기 어려운 점 등을 고려한 판단이라고 밝혔다.

1) Vgl. *a.a.O.*

료를 수집하고, 들은 것을 정리하고, 전파하는 자유를 가지는 것은 단순한 방어적인 의미에서의 주관적 공권으로서의 성격을 떠나서, 민의에 바탕을 둔 민주주의를 실현하고 사회공동체의 동화적 통합을 달성하기 위해서 국가권력과 모든 사회구성원이 반드시 존중하고 실천해야 되는 객관적 가치질서로서의 성격을 가지게 된다. 언론·출판의 자유의 양면성이 바로 그것이다.

언론·출판의 자유의 내용으로 간주되는 자유언론제도의 보장은 언론·출판의 자유에 내포된 이같은 객관적 가치질서로서의 성격에서 나오는 당연한 결과라고 볼 수 있다. 따라서 사회 내에 존재하는 다양하고도 상이한 의견들이 굴절 없이 그대로 표현될 수 있는 길을 막고, 여론형성이 인위적으로 조작될 위험성이 따르는 언론기관의 독과점현상은 자유언론제도와 조화될 수 없고, 그것은 객관적 가치질서로서의 언론·출판의 자유에 대한 중대한 위협을 뜻하게 된다.[1] 매스미디어(mass media)의 다원적 구조와 언론기관 내부조직의 민주화를 통해서 다양한 의견들이 표출될 수 있는 의사표현의 통로를 열어 놓고, 여론형성의 과정을 보호함으로써 동화적 통합의 바탕을 마련해야 할 필요성이 바로 그 때문에 생긴다.

객관적 가치질서로서의 성격과 자유언론제도의 요청

언론·출판의 자유가 갖는 이같은 양면적인 성격은 언론·출판의 자유의 구체적인 내용에 따라 그 중점과 비중이 다소 다르게 나타나게 된다. 즉 의사표현의 자유와 알권리에서는 주관적 공권으로서의 성격이 보다 강하게 나타나지만, 보도의 자유에서는 오히려 그 객관적 가치질서로서의 성격이 보다 강하게 나타나게 된다.

언론·출판의 자유의 내용에 따른 양면성의 차이

아무튼 언론·출판의 자유의 기능과 이같은 법적 성격을 올바르게 이해하지 않고는 언론·출판의 자유와 관련되는 여러 가지 문제들을 원만하게 해결하기 어렵다.

(3) 언론·출판의 자유의 내용

언론·출판의 자유는 자신의 의사를 표현·전달하고, 의사형성에 필요한 정보를 수집·접수하고, 객관적인 사실을 보도·전파할 수 있는 자유를 그 내용으로 한다. 또 보도매체를 이용해서 자기의 입장을 밝히고 여론형성에 기여할 수 있는 이른바 Access권도 언론·출판의 자유에 속한다고 볼 수 있다.

의사표현·정보·보도의 자유 및 액세스권

---

1) 이 점에 대해서는 vgl. BVerfGE 10, 121; 20, 175f.; 52, 296.

1) 의사표현의 자유

(가) 의사표현의 자유의 의의와 내용

의사표명 통
한 여론형성
참여권

'의사표현의 자유'라 함은 자신의 의사를 표현하고 전달하며, 자신의 의사표명을 통해서 여론형성에 참여할 수 있는 권리를 말한다.

의사표현 및 전달의 형식에는 아무런 제한이 없다.[1] 따라서 언어·문자·도형, 전단, 플래카드, 현수막, 제스처, 심볼, 표지, 음반, 광고, 비디오물,[2] 인터넷[3] 등을 이용한 의사표현이 모두 포함된다.[4]

소극적·적극
적 내용

의사표현의 자유는 소극적인 내용과 적극적인 내용으로 나누어지는데, 자신의 의사를 표현하고 전달하는 데 국가권력의 간섭이나 방해를 받지 아니할 자유가 그 소극적인 내용이라면 자신의 의사표명을 통해서 여론형성에 참여할

여론형성기능

수 있는 권리는 그 적극적인 내용이다. 민주정치가 여론정치이고 여론은 국민

---

1) 【판시】 의사표현의 자유는 언론·출판의 자유에 속하고, 여기서 의사표현의 매개체는 어떠한 형태이건 그 제한이 없다(헌재결 1996. 10. 31. 94 헌가 6, 판례집 8-2, 395(401면)).

2) 【결정례】 i) 우리 헌재도 의사표현의 자유를 넓게 인정해서 음반 및 비디오물의 제작은 언론·출판의 자유에 의해서도 보호된다고 판시했다(헌재결 1993. 5. 13. 91 헌바 17). ii) 또 옥외광고물도 언론의 자유의 보호를 받는다고 판시했지만, 옥외광고물의 사전허가·신고제는 합헌이라는 입장이다(헌재결 1998. 2. 27. 96 헌바 2). iii) 음란표현도 언론·출판의 자유의 보호영역에는 해당하므로 언론의 자유의 보호영역에 해당하지 아니한다는 취지로 판시한 헌재의 종전 판시(헌재결 1998. 4. 30. 95 헌가 16, 판례집 10-1, 327(340면 이하))는 이를 변경한다(헌재결 2009. 5. 28. 2006 헌바 109 등, 판례집 21-1 하, 545(560면)).

3) 【결정례】 i) 인터넷게시판을 설치 운영하는 정보통신서비스제공자에게 본인확인 조치의무를 부과하는 법령은 과잉금지원칙에 반하는 인터넷게시판 이용자의 표현의 자유, 개인정보자기결정권 및 인터넷게시판을 운영하는 정보통신서비스제공자의 언론의 자유를 침해한다(헌재결 2012. 8. 23. 2010 헌마 47 등, 판례집 224-2 상, 590(607면)). ii) 구 공직선거법이 정하는 실명확인 조항(제82조의 6 제 1 항, 제 6 항, 제 7 항)은 선거의 공정성을 위한 것이고, 선거운동기간에 한하여 인터넷 언론사 홈페이지의 게시판·대화방 등에 정당·후보자에 대한 지지·반대의 정보를 게시하는 경우에만 실명확인을 구하는 내용으로서 구 전기통신망법이 정하는 본인확인제와는 본질적인 차이가 있으므로 정치적 익명표현의 자유, 개인정보자기결정권 및 언론의 자유를 침해하지 않는다(헌재결 2015. 7. 30. 2012 헌마 734등, 판례집 27-2 상, 308(324면)). iii) 이른바 사이버스토킹을 처벌하는 정보통신망 이용촉진 및 정보보호 등에 관한 법률 규정(제74조 제 1 항 제 3 호 및 제44조의 7 제 1 항 제 3 호)은 죄형법정주의의 명확성원칙에 위배되지 아니하고 과잉금지원칙을 어기는 표현의 자유의 침해가 아니다(헌재결 2016. 12. 29. 2014 헌바 434). iv) 공공기관이 설치 운영하는 인터넷 게시판을 이용하려는 자는 사적인 인터넷 게시판 이용자와 달리 반드시 실명 확인을 거치도록 하는 규정은 공공기관 인터넷의 성격과 기능 및 그 이용자가 공동체 구성원으로서 갖는 강한 책임을 고려할 때 침해 최소성과 법익 균형성을 어긴 익명 표현의 자유의 침해가 아니다(헌재결 2022. 12. 22. 2019 헌마 654).

4) 【결정례】 수용시설의 안전과 질서유지에 위반되는 행위로 금치처분을 받은 수용자들에게 금치기간 중 집필을 금지하는 것은 집필허가의 예외규정을 마련하고 금치기간도 30일 이내로 단축하고 있으므로 표현의 자유의 침해가 아니다(헌재결 2014. 8. 28. 2012 헌마 623, 판례집 26-2 상, 381(390면)).

개개인의 자유로운 의사표현을 통해서만 형성될 수 있는 것이기 때문에 의사표
현의 자유야말로 여론형성을 위한 전제조건이며 민주정치의 사활에 관련되는
중요한 의미를 가진다. 따라서 같은 의사표현이라도 여론형성과의 관계가 크면
클수록 그 보호의 진지성이 커진다고 할 수 있다.[1] 특히 선거 시기에 의사표현
의 자유는 국민주권 행사의 일환이고 대의민주주의의 중요한 활력소이다. 따라
서 선거 기간 중에 정당 또는 후보자에 대한 지지 또는 반대의 의사표시를 포
함해서 선거 쟁점이 된 정책이나 후보자의 행적 등에 대한 다양한 형태의 의
사표시는 폭넓게 보장해야 한다. 그런데도 공직선거법은 정치적 표현의 자유를
지나치게 제한했고 헌법재판소는 그런 제한을 합헌이라고 결정해 왔는데 최근
에 입장을 바꿔 그런 선 판례를 변경한 것은[2] 바람직한 일이다. 거짓표현과 악
의적인 험담은 건전한 민주적인 여론형성을 왜곡해서 오히려 부정적인 영향을
미치기 때문에 그 보호가치는 줄어들 수밖에 없는 이유도 그 때문이다.[3] 독일
에서는 인터넷 SNS를 이용해 타인을 악의적으로 험담하는 내용의 의사표현은
법으로 금지하면서 처벌의 대상으로 삼고 있다(Hassredeverbot).[4] 결국 의사표현

---

1) So auch BVerfGE 7, 198(208f.); 12, 113(125); 42, 163(170).
2) 헌재결 2022. 7. 21. 2017 헌가 1등 병합(광고물 설치·진열·게시·표시물 착용 선거운동 금지
   처벌 규정 헌법불합치결정); 헌재결 2022. 7. 21. 2017 헌가 14(어깨띠 등 표시물: 모자나 옷·
   표찰·수기·마스코트·소품, 그 밖의 표시물 사용 선거운동 금지처벌 규정 헌법불합치결정); 헌
   재결 2022. 7. 21. 2017 헌바 100; 헌재결 2022. 7. 21. 2018 헌바 164 등(선거운동 기간 중 향
   우회·종친회·동창회 등을 제외한 '그 밖의 집회와 모임' 금지처벌 규정 헌법불합치결정); 헌재
   결 2022. 11. 24. 2021 헌바 301(그 밖의 광고물 게시 등 위반시 처벌규정 헌법불합치결정); 헌
   재결 2023. 3. 23. 2023 헌가 4(선거 운동 기간 중 인쇄물 살포 금지 및 처벌 규정 헌법불합치
   결정(2024. 5. 31. 시한 한시적 잠정적용)); 헌재결 2023. 6. 29. 2020 헌가 12(화환 설치 금지규
   정 헌법불합치결정(2024. 5. 31. 시한 한시적 잠정적용)) 등 참조.
3) 그런데도 우리 대법원은 이재명 피고인이 대통령 선거 TV 토론에서 명백히 허위사실을 주
   장해 항소심에서 유죄판결을 받은 사건의 상고심에서 "표현의 자유가 제 기능을 발휘하기
   위해서는 그 생존에 필요한 '숨쉴 공간'이 필요하다"는 해괴한 논리로 2020년 무죄 취지의 파
   기 환송 판결을 했다. 대법원 2020. 7. 16. 선고 2019 도 13328 판결 참조. [평석] 주권자가
   공직자의 자질을 검증할 수 있는 가장 중요한 계기가 되는 TV 토론에서 국민의 올바른 정치
   적 판단을 방해해서 건전한 정치적 여론형성을 왜곡할 수 있는 명백한 거짓말을 정당화한
   이 판시내용은 반드시 변경되어야 한다. 공직선거를 앞둔 TV 토론에서 거짓말은 오히려 '숨
   쉴 공간'을 막아 질식시켜야 표현의 자유가 건전한 민주적인 여론형성에 도움이 되기 때문
   이다.
4) 그리고 유럽사법재판소(European Court of Justice, ECJ)는 2019. 10. 3. Facebook, Twitter 등
   SNS 서버 운영자에게 인권침해 내용 게시글을 의무적으로 삭제하도록 하는 판결을 했다. 따라
   서 유럽연합 회원국은 이 판결에 따른 후속조치를 해야 한다.
   【독일판례】 인터넷 SNS에서 인격적인 비방을 당한 정치인 피해자가 그 SNS 서버를 상대로
   비방자들의 신상정보를 요구했지만 서버 운영자는 비방 22건 중에서 12건에 대해서만 정보를
   제공하고 10건의 정보제공을 거부한 조치의 정당성을 인정한 법원의 판결을 다투는 재판소원
   사건에서 독일연방헌재는 법원의 판결은 피해 정치인의 인격권과 비방자들의 표현의 자유의
   이익형량을 잘못했다고 파기결정을 했다. 즉 이런 경우 정치인이라는 공인의 인격권이 갖는

의 자유는 타인과의 의사접촉을 통한 여론형성의 자유를 그 본질로 한다고 볼
수 있다.[1]

(나) 의사의 개념

a) 학 설

평가적 의사
설과 사실전
달 포함설

의사표현의 자유에서 특히 문제가 되는 것은 '의사'의 개념을 어떻게 이해
할 것이냐이다. '의사'의 개념을 좁게 해석해서 합리적이고 평가적인 사고의 과정
을 거친 '평가적인 의사'만을 '의사'로 보려는 입장(평가적 의사설)[2]과, '단순한 사
실의 전달'까지도 '의사'에 포함시키려는 입장(사실전달포함설)[3]이 대립하고 있다.

b) 비판 및 사견

사실전달포함
설의 논거

생각건대 '의사'의 개념에 단순한 사실의 전달까지도 포함시키려는 입장은
'평가적인 의사'와 '단순한 사실의 전달'을 확연하게 구별하는 것이 불가능하다
는 것을 그 주요논거로 하고 있다.[4] 사실상 '단순한 사실의 전달'이라도 그것이

개방성 때문에 표현의 자유와 형량이 필요하지만, 심한 욕설, 막말 모욕, 공식적인 비판, 인간
존엄성의 침해와 같은 표현은 공인의 인격권과의 형량에서 결코 우위를 인정할 수 없기 때문
이라고 판시했다(1 BvR 1073/20, 2021. 12. 19 결정).

1)【판시】시민단체의 제 3 자편의 낙선운동을 금지하는 선거법규정은 국민의 정치적 의사표현의
자유나 참정권을 침해하는 것이 아니다(헌재결 2001. 8. 30. 2000 헌마 121 등(병합), 판례집
13-2, 263(272면)).
【결정례】i) 선거운동의 자유는 표현의 자유 및 선거권과도 불가분의 관련성이 있어 국민주
권행사의 일환이므로 그 제한은 매우 엄격한 기준에 따라야 한다(헌재결 2018. 2. 22. 2015 헌
바 124, 판례집 30-1 상, 216(228면)). ii) 집권세력의 정책 등에 대하여 정치적인 반대의사를
표시하는 것은 헌법이 보장하는 정치적 자유의 가장 핵심적인 부분인데도 반정부적인 정치적
견해를 표현한 자를 문화예술지원대상에서 제외한 조치(이른바 문화예술계블랙리스트)는 헌법
의 근본원리인 국민주권주의와 자유민주적 기본질서에 반하는 표현의 자유의 침해이며 자의적
인 차별행위로서 평등원칙에도 위배된다(헌재결 2020. 12. 23. 2017 헌마 416). iii) 선거운동
기간 중에 인터넷 홈페이지 게시판 등에 정당·후보자에 대한 지지·반대의 정보 등을 게시하
려는 이용자에 대한 실명확인조치 및 실명인증 없는 게시물의 삭제를 강제하는 선거법 과태료
조항(제82조의 6 제 1 항 등)은 침해최소성과 법익균형성을 어겨 이용자의 익명표현의 자유와
개인정보자결권 및 인터넷 언론사의 언론의 자유를 침해한다(헌재결 2021. 1. 28. 2018 헌마
456; 2018 헌가 16 등). iv) 비 당원에게도 투표권을 부여해서 하는 정당 내 경선에서 서울교
통공사의 상근직원에 대해서 경선운동을 일률적으로 금지·처벌하는 것은 침해최소성과 법익균
형성을 어긴 정치적 표현의 자유의 침해이다(헌재결 2022. 6. 30. 2021 헌가 24).
2) 독일에서의 통설적인 입장이다.
【결정례】의사표현에 속하는 상업광고는 정치적·시민적 표현행위와는 차이가 있다. 그래서
상업광고규제에 의한 영업제한의 위헌여부를 비례의 원칙에 따라 심사하는 경우에는 피해의
최소성보다는 제한필요성의 심사정도로 심사기준을 완화하는 것이 상당하다(헌재결 2008. 5.
29. 2007 헌마 248).
자세한 것은 졸저, 전게서, 방주 935의 각주 문헌 참조.
3) Z.B. *R. Herzog*, in: Maunz/Dürig/Herzog/Scholz, RN 55 zu Art. 5 Abs. 1 u. 2.
국내학자 중에는 권영성, 1993년판, 408면, 교수가 명시적으로 이 입장을 따랐다.
4) Vgl. *R. Herzog*(*a.a.O.*), RN 51.

사람의 입이나 글을 통해서 전달되는 경우에는 전달하는 사람의 주관적인 색채가 개입할 소지가 많고, 전달할 사실을 선정하는 그 자체가 일종의 평가적인 의사표시라고 볼 수도 있다.[1] 하지만 단순한 통계숫자의 전달처럼 전달하는 사람의 주관이 개입할 여지가 전혀 없는 경우도 있을 수 있기 때문에, 엄격한 의미에서는 '단순한 사실의 전달'은 '의사'의 개념에 포함되지 아니한다고 보는 것이 옳다고 생각한다. 그러나 '사실의 전달'이라도 그것이 '평가적인 사고과정'을 거친 '평가적인 의사'표시로서의 성격이 강하게 나타나는 경우에는 '사실의 전달'이 아닌 '의사표현'으로서 보호를 받아야 한다고 생각한다.[2]

단순한 사실의 전달과 평가적인 의사와의 구별

따라서 의사표현의 자유는 원칙적으로 합리적인 사고과정을 거친 평가적인 의사를 표현하고, 그것을 타인에게 전달하고, 그 의사표현을 통해서 여론형성에 직접 참여할 수 있는 자유를 보호하기 위한 것이라고 보아야 한다. 그렇지만 의사표현이 사고과정을 거친 이상 사고과정의 질은 문제가 되지 않을 뿐아니라 그 표현된 의사내용이 설득력을 갖는지의 여부도 중요하지 않다고 할 것이다. 다만 의사표현의 질과 내용에 비추어 그것이 순수한 학문적이고 예술적인 성질의 것인 때에는 '의사표현의 자유'의 문제가 아니고 '학문과 예술의 자유'($^{제22}_{조}$)의 보호대상이 된다고 보아야 한다.

합리적 사고과정 거친 평가적 의사의 보호

학문·예술의 자유의 보호 대상과 구별

2) 정보의 자유(알권리)

(가) 정보의 자유의 의의와 내용

정보의 자유라 함은 일반적으로 접근할 수 있는 정보원(情報源)으로부터 의사형성에 필요한 정보를 수집하고, 수집된 정보를 취사·선택할 수 있는 자유를 말한다. 정보의 자유에는 의사형성에 필요한 정보를 적극적으로 수집하는 자유와 소극적으로 정보에 접하는 자유가 모두 포함되는데, '의사표현의 자유'는 이같은 '정보의 자유' 내지 '알권리'를 통해서 의사형성에 필요한 정보를 손에 쥘 수 있을 때만 그 실효성을 기대할 수 있다.[3]

의사형성 위한 정보수집·취사·선택권

---

1) 동지: BVerfGE 12, 205(260); 31, 314(326).
2) 다같이 언론·출판의 자유의 내용에 속하지만 '평가적인 의사'처럼 그것이 '의사표현의 자유'에 의해서 보호되는 영역과 '단순한 사실의 전달'처럼 '보도의 자유'에 의해서 보호되는 영역을 구별하는 것은 단순한 형식논리만의 문제는 아니다.
3) 【판시】 정보를 수집하고 처리할 수 있는 권리를 말하는 알권리는 언론·출판의 자유의 한 내용으로 마땅히 보장되어야 하는 것이다(헌재결 1995. 7. 21. 92 헌마 177 등, 판례집 7-2, 112 (125면)). 이처럼 우리 헌재도 알권리를 언론·출판의 자유 또는 표현의 자유의 한 내용으로 인정하면서 알권리를 지나치게 제한하는 조치 내지 법률규정의 문제점을 지적하고 있다. 즉, 임야조사서 또는 토지조사부의 열람·복사신청에 불응하거나, 자신의 형사확정소송기록에 대한 복사신청을 거부하고, 군사상의 기밀을 구체적 기준도 없이 애매하고 광범위하게 규정하는 것

(나) 정보의 자유의 헌법상 의의와 기능

의사표현 위
한 선행조건,
행복추구의
전제조건, 생
활권적·참정
권적 의미

'정보'는 의사형성의 기초자료를 뜻하기 때문에 정보의 자유는 의사표현을 위한 선행조건으로서의 의미를 가지게 된다. 그뿐 아니라 누구나 자신의 관심사에 대해서 정보를 수집하고 알고자 노력하는 것은 행복추구의 한 양태를 뜻할 수도 있기 때문에 '정보의 자유' 내지 '알권리'를 보장하는 것은 자주적 인간에게 행복추구의 전제조건을 보장하는 것이나 다름없다. 또 오늘의 정보는 어제의 자본과 같다는 의미에서 정보의 자유 내지 알권리는 이른바 현대인의 생활권적인 의미도 가진다. 그리고 정치·사회환경을 비롯한 여러 가지 생활문제에 대해서 정확히 아는 국민만이 스스로 올바른 판단을 하고 민주적 의사형성과정에서 건설적인 여론형성에 기여할 수 있다는 뜻에서 '정보의 자유' 내지 '알권리'가 가지는 참정권적인 의미도 무시할 수 없다. 우리 헌법재판소는 알권리가 자유권적 성질과 청구권적 성질을 공유한다고 한다.[1]

(다) 정보의 자유와 정보공개

따라서 모든 정보원을 차단하고 봉쇄함으로써 보도기관은 물론 일반국민에게도 일체 정보를 주지 않는 조치는 국민의 '알권리'를 침해하는 위헌적인 조치임을 면치 못한다.[2]

그러나 또 한편 '정보의 자유' 내지 '알권리'를 근거로 해서 국가기관에게 모든 정보의 공개를 요구하는 것은 허용되지 않는다고 할 것이다. '정보의 자유' 내지 '알권리'가 가지는 여러 가지 의의와 기능을 염두에 두고 생각한다고 하더라도 '정보의 공개'를 불가능하게 하는 불가피한 사유가 있다면 그와 같은 공공이익도 충분히 존중해야 하기 때문에 '정보의 자유' 내지 '알권리'와 정보의 부분적인 봉쇄를 불가피하게 하는 공공이익 사이에 규범조화적인 해석을 모색해야 하리라고 본다.[3] 그렇더라도 정보공개법이 정하는 비공개대상정보의 범위

등이 바로 그것이다. 헌재결 1989. 9. 4. 88 헌마 22; 헌재결 1991. 5. 13. 90 헌마 133; 헌재결 1992. 2. 25. 89 헌가 104 참조.

1) 헌재결 1991. 5. 13. 90 헌마 133, 판례집 3, 234(246면) 참조.

2) 【판시】 알권리의 실현은 법률의 제정이 뒤따라 이를 구체화시키는 것이 충실하고도 바람직하지만, 그러한 법률이 제정되어 있지 않다고 하더라도 불가능한 것은 아니고 헌법 제21조에 의해 직접 보장될 수 있다고 하는 것이 헌법재판소의 확립된 판례인 것이다(헌재결 1991. 5. 13. 90 헌마 133, 판례집 3, 234(246면)).

3) 【결정례】 i) 이 문제에 대해서 우리 헌법재판소는 「국민이 국가기관이 갖고 있는 정보자료의 공개를 요구할 경우 타인의 사생활이나 공익을 침해하는 사항이 아닌 한 이를 공개하여야 한다」는 결정을 했다(헌재결 1989. 9. 4. 88 헌마 22). ii) 또 형사피고사건이 확정된 후 형사피고인이었던 자가 자신의 소송기록에 대하여 열람·복사를 요구한다면 특별한 사정이 없는 한 원칙적으로 허용하는 것이 알권리의 보장정신에 맞는다고 한다(헌재결 1991. 5. 13. 90 헌마 133). iii) 헌법재판소는 군사기밀보호법(제 6 조, 제 7 조와 제10조)에 대한 한정합헌결정에서

는 지나치게 넓어서 문제가 있다고 할 것이다(정보공법 제9)[1]

(라) 일반적으로 접근할 수 있는 정보원

불특정다수인에 개방된 정보원

'정보의 자유' 내지 '알권리'는 '일반적으로 접근할 수 있는 정보원'으로부터 자기에게 필요한 사항을 알 수 있는 권리를 뜻하기 때문에 '일반적으로 접근할 수 있는 정보원'을 어떻게 이해하느냐 하는 것이 중요한 의미를 가진다.

그런데 '일반적으로 접근할 수 있는 정보원'이라 함은 그 수를 예상할 수 없는 불특정다수인에게 개방된 정보원을 말한다고 볼 수 있는데, 대개의 경우 그와 같은 정보원은 불특정다수인에게 일정한 정보를 알리기에 적합한 시설적·기술적인 여건을 갖추고 있는 것이 보통이다. 신문·잡지·방송·TV·인터넷·뉴스영화·기록영화 등이 그 대표적인 예에 속한다. 또 공공도서관의 소장도서도 일반적으로 접근할 수 있는 정보원이라고 볼 수 있다. '일반적으로 접근할 수 있는 정보원'을 이용하는 데 일정한 대가를 요구하는 것은 '정보의 자유'에 대한 침해라고 볼 수 없지만, 정보원에의 접근을 현저히 어렵게 하는 과다한 대

정보원이용료 요구와 정보의 자유

군사기밀의 범위는 국민의 표현의 자유와 알권리의 대상영역을 가능한 최대한 넓혀 줄 수 있도록 필요한 최소한도로 한정해서 해석하는 것이 온당하다고 판시했다(헌재결 1992. 2. 25. 89 헌가 104). 그 후 군사기밀보호법이 전면 개정되어 군사기밀의 범위가 좁아지고, 국민도 군사기밀공개요청권(제 9 조)을 갖게 되었다. iv) 또 국보법상의 국가기밀도 합헌적으로 축소·제한 해석해야 한다고 한정합헌결정을 함으로써 국가기밀을 확대해석해 온 대법원의 확립된 판례에 제동을 걸었다(헌재결 1997. 1. 16. 92 헌바 6·26, 93 헌바 34·35·36(병합)). v) 변호사시험 성적비공개(법 제18조 제 1 항 본문)는 법전원 간의 과당경쟁 및 서열화방지, 교육과정 충실이행, 다양한 분야의 전문적인 양질의 변호사 양성이라는 입법목적을 달성하기 위한 적절한 수단이 아니며 침해의 최소성과 법익의 균형성요건도 갖추지 못해 변호사시험 합격자의 알권리(정보공개청구권)를 침해하는 위헌규정이다(헌재결 2015. 6. 25. 2011 헌마 769 등, 판례집 27-1 하, 513(527면)). vi) 변호사시험 성적을 공개하도록 2017년 변호사시험법(제18조 제 1 항)을 개정하면서 그 부칙(제 2 조)의 특례조항으로 개정법 시행 전에 변호사시험에 합격한 사람은 개정법 시행일부터 6개월 내에만 본인의 성적을 공개청구할 수 있게 제한한 것은 그 기간이 너무 짧아 침해의 최소성과 법익의 균형성을 어긴 정보공개청구권의 침해이다(헌재결 2019. 7. 25. 2017 헌마 1329).

【판결례】 방송사의 미방영프로그램은 정보공개법상의 법인 등의 경영·영업상 비밀에 관한 사항에 해당하여 공개대상에서 제외된다(대법원 2010. 12. 23. 선고 2008 두 13101 판결).

1) 2004. 1. 전문개정된 정보공개법은 전자적 정보공개의 근거를 마련하고(제15조), 공공기관의 정보공개여부 결정기간을 10일로 단축하고(제11조 제 1 항), 비공개결정시 그 이유를 구체적으로 명시하도록 하고(제13조 제 4 항), 정보공개청구시 사용목적기재 의무조항을 삭제하는(제10조 제 1 항) 등 알권리를 위해 개선된 내용을 담고 있지만 여전히 비공개대상이 너무 추상적이고 넓다. 다만 형소법 개정(제59조의 3)에 의해 2013년부터는 누구든지 확정 판결서 등의 정보를 보관하는 법원에서 그 정보를 열람·복사할 수 있게 된 것은 진전이다.

【판결례】 확정된 형사재판기록은 정보공개법상의 정보공개청구 대상에 포함되지 않으므로 재판확정기록의 열람·등사절차 등을 규정하고 있는 형소법 제59조의 2의 절차에 따라야 한다. 정보공개법 제 4 조 제 1 항과 형소법 제59조의 2의 관계에서 재판확정기록의 열람·등사 등의 공개는 정보공개법보다 형소법 규정이 특별규정이기 때문이다(대법원 2016. 12. 15. 선고 2013 두 20882 판결).

가의 징수는 문제가 없지 않다고 할 것이다. 또 '일반적으로 접근할 수 있는
정보원'으로부터 정보를 수집하는 것을 불가능하게 하거나 본질적으로 어렵게
만드는 국가시책은 '정보의 자유' 내지 '알권리'의 시각에서 문제가 있다고 보아
야 한다.[1]

3) 보도의 자유

⑺ 보도의 자유의 의의와 기능

의사표현의
자유의 특수
형태

'보도의 자유'라 함은 출판물 또는 전파매체에 의해 의사를 표현하고 사실
을 전달함으로써 여론형성에 참여할 수 있는 자유를 말한다. 즉 매스컴(mass
communication)의 자유가 바로 그것이다. 보도의 자유는 의사표현의 자유와 달
라서 '평가적인 의사표현'뿐 아니라 '단순한 사실의 전달'을 함께 내포하고 있
고, 의사표현과 사실전달의 수단으로 출판물 또는 전파매체가 이용된다는 점에
서 '의사표현의 자유'의 특수형태라고 볼 수 있다. 또 출판물 또는 전파매체에

자유언론제도
와의 관계

의한 의사표현 또는 사실의 전달이 갖는 높은 정보효과와, 그것이 여론형성에
미치는 커다란 영향 때문에 보도의 자유는 동화적 통합을 촉진시키고, 국가권
력을 감시·통제하는 데 매우 중요한 기능을 맡고 있다. 보도의 공정성이 특히
중요시되고, 보도기관의 자주성과 독립성이 강조되고, 보도기관의 다원성 내지
다원적 구조를 저해하는 언론기관의 독과점현상이 배척되는 등 자유언론제도가
강조되는 이유도 그 때문이다.

⑷ 보도의 자유의 내용

보도의 자유는 출판물에 의한 보도의 자유와 전파매체에 의한 보도의 자
유로 나눌 수 있다.

a) 출판물에 의한 보도의 자유

신문의 자유

출판물에 의한 보도의 자유는 신문·잡지·통신 등 출판물에 의한 언론의

---

1) 【결정례】 i) 미결수용자가 자비로 신문을 구독하는 것은 일반적으로 접근할 수 있는 정보에 대
한 능동적 접근에 관한 개인의 행동으로서 알권리의 행사이지만 구독하는 신문의 일부기사를
삭제하는 교도소장의 행위는 알권리의 과잉제한이 아니라는 헌재의 판시가 있다(헌재결 1998.
10. 29. 98 헌마 4). ii) 정치자금법상 회계 보고된 회계자료 중 영수증과 예금통장 등은 사본
교부가 되지 않아 열람을 통해 확인할 수밖에 없고 열람 중 필사도 허용되지 않는데도 회계자
료의 열람 기간을 공고일부터 3월간으로 제한한 것(제42조 제2항 본문 중)은 열람 기간을 지
나치게 짧게 정한 것이어서 침해 최소성과 법익 균형성을 어겨 국민의 알 권리를 침해한다(헌
재결 2021. 5. 27. 2018 헌마 1168). 이 결정은 전의 합헌결정(헌재결 2010. 12. 28. 2009 헌마
466)을 변경한 것이다.
【독일판례】 통독 전의 서독에는 동독신문을 구독하는 것도 '정보의 자유' 내지 '알권리'에 의
해 보호를 받는다는 연방헌법재판소의 판례가 있었다. Vgl. BVerfGE 27, 71(79f.).

자유를 말하는데, '신문의 자유'가 그 대표적인 것이다. '신문의 자유'는 보도·
논평 및 여론 등을 전파할 목적으로 기사를 취재·편집하고 신문을 발행해서
보급시키는 자유를 그 내용으로 한다. 구체적으로 신문발행의 자유, 신문편집·
보도의 자유, 취재의 자유, 신문보급(배포)의 자유 등이 그것이다.

α) 신문발행의 자유

신문발행의 자유에 관해서 현행 '신문 등의 진흥에 관한 법률'(신문법)은   발행주체 및
등록관청에 등록한 법인이 아니면 일간신문이나 일반주간신문을 발행할 수 없   소유제한 등
게 하고($\frac{제9조,}{조}\frac{제13}{제3항}$), 인터넷신문 또는 인터넷뉴스서비스를 전자적으로 발행하는   의 제약
경우에도 등록해야 한다($\frac{제9}{조}$). 또 직권등록취소를 인정하며($\frac{제23}{조}$) 대기업의 일반
일간신문의 소유를 제한하는($\frac{제18}{조}$) 등 여러 가지 제약을 가하고 있다. 또 신문
발행의 자유는 신문기업의 독과점현상에 의해서도 위협을 받게 되기 때문에 군
소신문이 경쟁능력을 유지토록 하는 적절한 제도적인 장치는 필요하다고 할 것
이다. 그렇지만 신문사가 영향을 미칠 수 없는 신문의 시장점유율을 기준으로
시장지배적 신문사업자를 추정하는 것($\frac{구 신문법}{제17조}$)이나 여론집중도를 추정하는 것
($\frac{신문법}{제17조}$)은 불합리하므로 신문사의 합병·인수 등에 따른 신문기업의 독과점을
방지하고 여론독과점현상을 방지할 수 있는 보다 과학적이고 합리적인 방법을
개발하는 방향으로 개설할 필요가 있다. 흔히 말하는 '신문의 횡포'는 국가권력
의 간섭에 의해서보다는 신문의 자유경쟁에 의해서만 가장 효과적으로 방지할
수 있기 때문에 신문발행의 자유를 최대한으로 보장함으로써 자유경쟁을 제도
화할 필요가 있다. 우리 헌법재판소도 언론과 사상의 다양성을 통한 자유경쟁
을 강조한다.[1] 우리 헌법재판소는 '언론의 자유는 어디까지나 언론·출판자유의
내재적 본질적 표현의 방법과 내용을 보장하는 것을 말하는 것이지 그를 객관
화하는 수단으로 필요한 객체적인 시설이나 언론기업의 주체인 기업인으로서의
활동까지 포함되는 것으로 볼 수 없다'고 언론의 자유와 언론기업인의 자유를
구별하는 판시를 하고 있다.[2]

β) 신문편집·보도의 자유

신문편집·보도의 자유는 우선 편집·보도내용에 대해서 국가적 간섭을   사전검열금지
배제할 수 있는 것을 그 주된 내용으로 한다. 편집·보도내용에 대한 사전검열

---

1)【판시】 시민사회 내부에서 서로 대립되는 다양한 사상과 의견들의 경쟁을 통하여 유해한 언
론·출판의 해악이 자체적으로 해소될 수 있다면 국가의 개입은 최소한도에 그쳐야 한다. 입헌
민주국가에서 언론·출판의 자유를 거론할 때 견해의 다양성과 공개토론이 강조되는 소이가
여기에 있다(헌재결 1998. 4. 30. 95 헌가 16, 판례집 10-1, 327(338면)).

2) 헌재결 1992. 6. 26. 90 헌가 23, 판례집 4, 300(307면) 참조.

제도가 금지되는 것도 그 때문이다. 그러나 사후검열은 물론 가능하다.[1] 또 사후검열의 결과, 예컨대 반국가적 내용의 글이 담긴 신문을 압수하는 등의 조치가 허용되는 것도 물론이다. 그러나 현행법이 정하는 발행정지명령제도(신문법 제22조 제1항과 제2항)는 남용의 소지가 있기 때문에 신중한 법운용이 요청된다. 또한 신문이 갖는 공적 기능 때문에 의식적으로 허위사실을 보도하는 것까지 편집·보도의 자유가 보호하는 것은 아니라고 할 것이다.[2] 둘째 편집·보도의 자유는 편집·보도 내용이 특정인의 주관적인 의사를 표현하고 그것을 여론화하기 위한 도구로 이용되는 것을 방지하는 효과도 갖는다. 경영권과 편집권의 분리를 비롯한 신문사 내부조직의 민주화가 강력히 요청되는 이유도 그 때문이다. 신문사 내부에서 경영인과 편집인 및 기자들의 상호관계는 원칙적으로 사법상의 계약에 의해서 규율되지만, 그 사법상의 계약에 의해서 편집·보도의 자유를 제한하는 것은 신문의 자유의 객관적 가치질서로서의 성격 내지 파급효과 때문에 일정한 제약을 받는다는 점을 주의할 필요가 있다. 우리 헌법재판소가 언론의 자유와 언론 기업인의 자유를 구별하는 이유도 그 때문이다. 신문법(제4조와 제5조)은 편집의 자유와 독립을 보장하면서 편집위원회를 임의적인 기구로 규정하고 있다.

γ) 취재의 자유

취재의 자유는 신문의 자유의 불가결한 한 내용이다. 취재의 자유가 보장되지 않고 '주는 뉴스'만을 편집·보도하는 경우, 그것은 이미 신문의 기능을 상실한 output의 창구에 지나지 않기 때문이다. 그러나 취재활동도 다른 공공 이익을 침해하지 않는 범위 내에서만 허용되는 것이기 때문에, 예컨대 사생활의 비밀을 침해하는 취재활동, 중대한 국익을 해치는 취재활동, 형법 또는 다른 법률에서 금하고 있는 방법으로 취재하는 행위 등이 허용될 수 없는 것은 당연[3]하다. 취재의 자유에는 취재원묵비권(取材源黙秘權)이 당연히 포함된다고 보아야 한다.[4] 취재원을 밝히지 아니할 권리는 신문의 진실보도·사실보도 및 공정보도를 위한 불가결한 전제조건이기 때문이다. 취재원묵비권이 인정되지 않는 경우 취재원의 봉쇄효과를 가져오게 되어 신문이 진실보도의 공적 기능을

---

1) 동지: 헌재결 1992. 6. 26. 90 헌바 26, 판례집 4, 362(370면 이하); BVerfGE 33, 55(71f.).
   【결정례】 구 신문법의 정기간행물납본제도에 따라 발행된 정기간행물 2부를 공보처에 납본하게 하는 것은 사전검열이라고 볼 수 없다는 헌재의 결정이 있다(헌재결 1992. 6. 26. 90 헌바 26).
2) 언론중재 및 피해구제법 제14조는 언론의 진실보도의무를 매우 강조하고 있다.
3) 예컨대 투표의 비밀을 침해하는 방법으로 행하는 출구조사(선거법 제167조 제2항)가 그 한 예이다. 취재활동의 한계에 관해서는 vgl. BVerfGE 25, 296(303ff.).
4) 【독일판례】 독일연방헌법재판소의 견해에 따르면 취재원묵비권은 취재의 자유의 본질적 내용에 해당한다(BVerfGE 36, 193(204)).

수행하기 어렵게 된다.

δ) 신문보급의 자유

신문보급(배포)의 자유가 신문이 가지는 공적인 기능을 비로소 가능케 하는 중요한 의미를 가진다는 것은 의심의 여지가 없다. 따라서 신문보급 내지 배포에 대한 국가적 간섭은 신문의 자유에 대한 중대한 침해를 뜻하게 된다. 따라서 신문의 공동배달 등을 위해서 설립하는 한국언론진흥재단의 신문유통지원기구(신문법제33조)가 오히려 신문보급의 자유를 제약하는 요인으로 작용하지 않도록 주의해야 한다. 공공도로상에서 신문을 보급하는 행위가 '도로의 특별사용'에 해당되는지의 여부에 대해서 독일에서 논쟁이 심했고, 한때는 긍정설이 유력했지만, 최근에는 신문의 자유가 가지는 중요한 공적 기능과 언론·출판의 자유의 파급효과를 존중하는 뜻에서 오히려 부정설이 지배적인 입장으로 굳어지고 있다.[1]

보급·배포에 대한 국가의 간섭배제

ε) 신문의 개념

신문의 개념과 관련해서 독일에서는 보도·논평 및 여론 등을 전파할 목적으로 기계적 또는 화학적 방법으로 제조된 물질적 형태의 대량복사라고 이해함으로써 '정기성'과 '계속성'을 그 필수적인 개념요소로 보지 않는 데 반해서,[2] 우리 현행법(신문법 제2조 제1호)은 정기성과 계속성을 신문의 개념요소로 요구하고 있다. 따라서 독일에서는 일간 또는 주간 등의 정기적으로 간행되는 신문뿐 아니라 임시로 발행되는 여러 형태의 유인물도 신문의 범위에 포함시키는 데 반해서, 우리나라에서는 그것이 신문이 아닌 단순한 의사표현의 한 형식으로 평가받게 된다. 또 신문의 광고부분도 신문의 자유에 의한 보호를 받는다는 우리 헌법재판소[3]와 독일연방헌법재판소의 판례가 있고 학설도 이를 지지하고 있다.[4]

정기성·계속성요건

신문광고부분의 보호

인터넷 신문은 컴퓨터 등 정보처리능력을 가진 장치와 통신망을 이용하여 정치·경제·사회·문화 등에 관한 보도·논평 및 여론 또는 정보 등을 전파하기 위한 전자간행물로서 독자적인 기사 생산과 지속적인 발행 등 대통령령으로 정하는 기준을 충족하는 것을 말하고, 인터넷뉴스서비스(인터넷포털)[5]란 신문, 인

인터넷 신문

---

1) 이 점에 대해서 자세한 것은 졸저, 전게서, 제 4 판, 2010, 743면 각주 982) 및 983)의 문헌 참조할 것.
2) Vgl. *M. Löffler*, Presserecht-Kommentar, Bd. 2, 2. Aufl.(1968), § 1 LPG RN 36.
3) 【판시】 광고물도 사상·지식·정보 등을 불특정다수인에게 전파하는 것으로서 언론·출판의 자유에 의한 보호를 받는 대상이 됨은 물론이다(헌재결 1998. 2. 27. 96 헌바 2, 판례집 10-1, 118(124면)).
4) Vgl. BVerfGE 21, 271(278f.); *P. Lerche*, Werbung und Verfassung, 1967, S. 76ff.(88).
5) 그런데 오늘날 인터넷 포털이 뉴스플랫폼으로 기능하면서 국민 대다수가 이 인터넷 포털을 통

터넷신문, 뉴스통신, 방송 및 잡지 등의 기사를 인터넷을 통하여 계속적으로 제
공하거나 매개하는 전자간행물을 말하는데 모두 신문법과 언론피해구제법의 적
용을 받는다(신문법 제 2 조 제 2 호와 제 5 호 및 언피구법 제 2
조 제 1 호·제10호·제18호와 제15조 제 1 항 단서).

b) 전파매체에 의한 보도의 자유

방송·방영의
자유

전파매체에 의한 보도의 자유는 방송·TV 등 유선·무선의 전파매체에 의
한 언론의 자유, 즉 방송과 방영의 자유를 말한다. 방송과 방영의 자유는 방송
편성의 자유로 구체화되는데 방송사업자가 방송프로그램을 기획·편성 또는 제
작하는데에 간섭을 받지 않을 자유뿐 아니라, 방송 사업자가 공중에게 방송프
로그램을 송신하는 과정에서 그 내용에 변경이 가해지는 등의 간섭을 받지 않
을 자유도 포함된다.[1]

방송·방영과
신문보도의
특성상 차이

방송·TV처럼 인간의 사유영역(思惟領域)을 전파매체에 의해서 일반대중에
게 전달하는 것은 신문 등의 출판물에 의한 보도와는 다른 특성을 가지고 있
다. 즉 첫째 보도의 신속성은 출판물에 의한 경우보다 훨씬 빠르지만, 심층적
인 보도의 면에서는 출판물에 의한 경우보다 뒤떨어진다. 따라서 방송·방영의
자유는 주로 보도기능 및 정보기능을 그 주된 사명으로 한다. 둘째 전파매체에
의한 보도의 시설과 기술은 신문 등의 경우보다 몇 갑절 더 많은 비용이 소요
될 뿐 아니라, 전파의 주파수가 제한되어 있기 때문에 그 시장독점적 현상이
신문의 경우보다 더욱 두드러지게 나타나기 마련이다. 방송기관 내부조직의 다
원화와 민주화가 신문의 자유에서보다 더욱 강력히 요청되는 이유도 그 때문이
다. 오늘날 방송과 TV가 여론형성에 미치는 커다란 영향을 감안한다면, 독일연
방헌법재판소가 그 TV판결[2]에서 밝힌 바와 같이 되도록이면 사회의 모든 계층
과 이해집단이 TV프로그램 편성에 함께 참여해서 TV 및 방송내용에 영향을 미
칠 수 있는 제도적인 장치가 마련되는 것이 바람직하다.

방송통신위원
회의 기능과
책임

우리 방송법은 '방송의 자유와 독립'($\frac{제1}{조}$)을 보장하면서 텔레비전 방송, 라
디오 방송, 데이터 방송, 이동 멀티미디어 방송 등을 통합적으로 규정하고 있
다($\frac{제2}{조}$). 방송통신위원회법은 방송통신위원회[3]를 설치하여 방송통신업무를 전담

해서 뉴스를 접하고 있다. 따라서 포털에 대한 감시와 감독을 할 필요가 있다.
1) 【판결례】 광고회사가 케이블 TV 가입자를 모집해서 셋톱박스기를 통해 자신들이 만든 자막
   광고가 나오도록 편성한 방송프로그램을 내 보내는 것은 본래의 방송프로그램 내용을 왜곡해
   서 방송하는 것이어서 방송의 자유의 침해이다(대법원 2014. 5. 29. 선고 2011 다 31225 판결).
2) Vgl. BVerfGE 12, 205(259ff.).
3) 방송통신위원회는 방송통신위원회의 설치 및 운영에 관한 법률(방통위법)에 따라 2008년에 설
   치된 대통령 소속 중앙행정기관인데 방송과 통신 및 전파연구·관리에 관한 업무 등을 수행한
   다(제 3 조와 제11조). 위원회는 위원장과 부위원장 각 1인을 포함한 5인의 상임위원으로 구성

하게 했다. 또 방송법은 방송편성의 자유와 독립을 보장하면서도($\frac{제4}{조}$) 방송의 공적 책임과 공정성 및 공익성을 강조하고($\frac{제5조와}{제6조}$) 방송평가위원회와 방송통신심의위원회[1]가 이의 준수여부를 평가·심의할 수 있게 하고 있다($\frac{제31조~제33조, 제35}{조의 4, 제69조의 2}$).[2] 그 밖에도 방송법은 방송시장경쟁상황평가위원회[3]($\frac{제35조}{의 5}$)를 통해 방송시장($\frac{인터넷}{포함}$ $\frac{멀티미}{방송}$ $\frac{디어}{}$)의 효율적인 경쟁체제 구축과 공정한 경쟁환경을 조성하게 했다.

신문의 자유에서와 마찬가지로 방송·방영내용에 대한 사전검열은 허용되지 않지만, 방송국의 자발적인 자체검사는 물론 가능하다고 할 것이다. 우리

한다(제4조). 위원장과 위원은 방송 및 정보통신분야의 전문성을 갖춘 사람 중에서 대통령이 임명하는데, 3인은 국회의 추천(여당 교섭단체 1인, 그 외 교섭단체 2인 추천)을 받아야 하고 위원장은 국회의 인사청문을 거쳐야 한다. 부위원장은 위원 중에서 호선한다(제5조). 위원장은 국무회의와 국회의 출석·발언권을 가지며 탄핵소추의 대상이 된다. 위원장의 직무는 부위원장, 위원회가 미리 정한 위원 순으로 대행한다(제6조). 위원의 임기는 3년이며 한 번 연임할 수 있으며, 결원이 생기면 지체 없이 보궐위원을 임명해야 하는데 전임자의 잔임기간 재임한다(제7조). 위원회의 회의는 위원장 또는 위원 2인 이상의 요구에 의해 위원장이 소집하는데, 재적위원 과반수의 찬성으로 의결한다(제13조). 위원회는 방송·통신 기본계획, 방송사업자의 허가·재허가·승인·등록·취소 등 소관업무 전반에 관한 심의·의결권을 갖는다(제12조). 위원회의 사무조직 등 필요사항은 대통령령으로 정한다(제17조).

1) 방송통신심의위원회는 9인의 위원으로 구성하는데 위원장과 부위원장 각 1인을 포함한 3인의 위원은 상임이고 나머지 4인은 비상임이다. 위원은 모두 대통령이 위촉하지만, 그 중 3인은 국회의장이 국회 각 교섭단체 대표의원과 협의해서 추천한 자를, 그리고 3인은 국회 소관 상임위에서 추천한 자를 위촉한다. 위원장과 부위원장 및 상임위원 3인은 위원들이 호선한다. 위원의 임기는 3년이며 한 번 연임할 수 있다. 결원으로 위촉된 보궐위원은 전임자의 잔여임기만 재임한다. 위원장 유고시에는 부위원장, 심의위원회가 미리 정한 심의위원 순으로 그 직무를 대행한다(방통위법 제18조 제1항~제6항). 위원회의 직무·회의·제재조치 등 나머지 중요사항은 방통위법(제19조~제29조)에서 규정하고 있으며, 위원회의 구성·운영 등 필요사항은 대통령령으로 정하도록 했다(방통위법 제18조 제7항). 그리고 방송평가위원회는 방통위 위원장이 방통위의 동의를 얻어 위촉하는 위원으로 구성하는데 구성·운영 등 자세한 사항은 방통위 규칙으로 정한다(방송법 제31조).

2) 【판결례】 방송법상 방송의 공정성·공공성의 심의대상 프로그램에는 시청자가 제작한 전문 TV 채널 시민방송도 포함된다. 그러나 방송의 공정성·공공성의 평가에서는 방송 매체별, 채널별, 프로그램별 특성을 모두 고려해서 그 준수 여부를 판단해야 한다. 그런데 시청자가 제작방영한 이승만과 박정희를 비판하는 다큐 '백년전쟁'에 대해서 방통위가 방송의 공정성·객관성 및 죽은 사람의 명예준수의무를 지키지 않았다고 행한 징계 및 경고처분 등의 제재조치는 이런 요건을 모두 고려한 조치로 볼 수 없어 부당하다. 이런 요소를 모두 고려한다면 해당 방송프로그램이 방송 심의규정상 방송의 객관성, 공정성, 균형성 유지의무를 위반했다고 보기 어렵고, 방송 전체의 내용과 취지에 비추어 볼 때 죽은 사람의 명예를 존중해야 하는 규정도 위반했다고 볼 수 없으므로 이와 다른 취지의 원심을 파기한다(대법원 2019. 11. 21. 선고 2015 두 49474 판결)(7 : 6 판결). 이 판결은 김명수 대법원 구성원들의 역사관이 그대로 반영된 판결로서 우리 헌정사의 정통성을 왜곡해 이념적으로 매우 편향된 판결일 뿐 아니라 역사의 영역까지 함부로 결론을 냈다는 비판을 면하기 어렵다. 특히 우리 헌법이 보장하는 표현의 자유(방송의 자유 포함)는 분명히 헌법적인 한계를 명시하고 있다(제21조 제4항)는 점을 간과한 판결이라고 생각한다.

3) 방송시장경쟁상황평가위원회는 방통위 위원장이 방통위위원회의 동의를 받아 위촉하는 9인으로 구성하는데, 이 위원회는 매년 방송시장의 경쟁상황 평가를 실시하고 평가가 종료된 후 방통위는 3개월 내에 국회에 보고해야 한다(법 제35조의 5 제2항과 제4항).

방송법은 이 점에 대해서도 여러 가지 규정을 두고 있다.[1]

c) 보도의 자유와 자유언론제도의 보장

강한 객관적 가치질서로서 의 성격과 자 유언론제도

매스미디어(mass media)에 의한 언론의 자유는 민주주의의 실현과 관련되는 강한 공적인 기능 때문에 단순한 '의사표현의 자유'에서보다 그 객관적 가치 질서로서의 성격이 특히 강하게 나타나게 된다. '보도의 자유'를 특히 제도적 보장의 측면에서 이해하지 않을 수 없는 이유도 그 때문이다. 사실상 사회 내에 공존하는 여러 이해계층의 다양한 의견이 매스미디어를 통해서 표출되고 전파될 수 있는 자유언론제도의 보장이야말로 '보도의 자유'의 가장 본질적인 내용이 아닐 수 없다. 따라서 언론기업의 독과점현상은 '보도의 자유'의 제도적 보장의 관점에서 문제가 있다. 언론시장을 독점하는 것은 그것이 국가의 보도 기관에 의한 것인 때에는 더 말할 필요도 없고, 사기업에 의한 경우에도 '다양한 의견의 표출'을 보장하려는 '보도의 자유'의 제도적 보장에 반한다고 할 것이다. 또 보도의 자유에 내포된 제도적 보장의 성격 때문에 국가는 언론기업의 독과점을 금지하는 입법을 추진해야 할 의무가 있을 뿐 아니라, 언론기업의 수적·외형적인 복수성만의 보장이 아니고, 보도내용이 다양화될 수 있도록 언론 기관의 내부조직도 민주화해야 할 의무를 진다고 할 것이다. 그러기 위해서는 사회 각계각층의 의견이 보도매체를 통해서 표출될 수 있도록 공정하고 합리적인 보도를 가능케 하는 제도적인 장치가 마련되어야 한다. 우리 언론관계법을 해석적용하는 경우에 특별히 이 점을 유념해야 한다고 생각한다. 보도의 자유의 제도적 보장으로서의 자유언론제도는 언론기업의 독과점을 금지하는 그 자체가 목적이 아니고 보도의 다양성을 보장함으로써 사회 내에 존재하는 다양한 의견들의 분출구를 제공해 주고, 그를 통해서 동화적 통합을 촉진시키고 여론에 의한 국정통제의 실효를 기하기 위한 것이다. 따라서 자유언론제도의 보장이 결코 언론에 대한 간섭 내지 규제를 정당화하는 수단으로 역기능해서는 아니된다. '보도의 자유'에는 제도적 보장의 성격 외에도 주관적 공권성이 함께 내포되고 있다는 점을 잠시도 잊어서는 아니된다. 자유언론제도의 보장은 보도의 자유에 내포된 민주주의실현적 기능과 그 객관적 가치질서의 실효성을 높이기 위한 것이지, 결코 보도의 자유에 내포된 주관적 공권을 부인하기 위한 것은 아니기 때문에, 보도의 자유를 제도적 보장만으로 축소시켜서 이해하려는

자유언론제도 와 언론기업 의 독과점금 지 및 보도의 다양성 보장

자유언론제도 의 역기능 방 지

---

[1] 방송평가(제31조), 공정성심의(제32조 및 제33조), 시청자권익보호(제35조), 방송시장경쟁상황평가(제35조의 5), 보편적 시청권(제76조~제76조의 3), 방송내용기록·보존(제83조), 금지행위(제85조의 2), 방송프로그램 자체심의(제86조), 시청자위원회의 방송평가(제87조~제89조), 안정적인 시청권 보장을 위한 방송분쟁조정제도(제91조의 7), 제재조치(제100조) 등이 바로 그 예이다.

잘못을 범해서는 아니된다. 이와 같은 관점에서 현행언론관계법은 언론기업의 소유제한 등에 관해서는 충분한 규정을 두어(신문법 제18조:방송법 제8조) 자유언론제도의 보장에 노력하는 측면도 있지만,[1] 대기업은 물론이고 일간신문도 구독률이 20% 이상인 경우에는 지상파방송사업 등의 겸영이나 주식·지분소유를 금지하고, 주식·지분의 소유가 허용되는 일간신문·뉴스통신도 지상파 방송의 소유지분 10%, 종합편성 또는 보도에 관한 전문편성을 행하는 방송채널사업(케이블 및 위성방송)의 소유지분 30%를 초과해서 소유할 수 없게 규제하면서(방송법 제8조) 신문과 방송을 합한 시청점유율을 30%로 제한하는 규정(방송법 제69조의 2 및 제18조 제1항 제11호)은 오히려 자유언론제도를 구실로 언론의 자유를 침해하는 역기능을 할 가능성이 크다고 생각한다. 구 신문법(제17조)이 시장지배적 일간신문의 기준으로 정하고 있던 1개 사업자의 시장점유율 30% 이상 또는 3개 사업자의 시장점유율 60% 이상 규정도 기준설정의 합리적인 근거를 찾기 어려워 신문의 자유를 침해하는 내용이었다. 따라서 헌법재판소의 위헌결정은 당연하다.[2]

4) Access권

㈎ Access권의 의의와 내용

보도매체접근이용권

액세스권이라 함은 넓은 의미에서 매스미디어(mass media)에 접근해서 매스미디어를 이용할 수 있는 보도매체접근이용권을 말한다. Access권은 구체적으로 다음의 두 가지 사항을 그 내용으로 한다. 즉 mass media를 자신의 의사표현을 위해 이용할 수 있는 광의의 Access권과 자기와 관계가 있는 보도에 대한 반론 내지 해명의 기회를 요구할 수 있는 반론권 및 해명권이 그것이다.

광의의 액세스권과 반론권

광의의 Access권은 모든 국민에게 민주적 여론형성과정에 참여할 수 있는 기회를 부여한다는 데 그 헌법이론적 근거가 있지만, 반론권 및 해명권은 인간의 존엄성을 바탕으로 한 인격권의 보호를 그 이론적 근거로 한다고 볼 수 있다. 예컨대 광고주와 매스미디어의 상호관계는 광의의 Access권의 문제이지만, 정정보도청구는 반론권 및 해명권의 문제이다.

---

1) 【결정례】 이종미디어(신문·통신·방송)간의 겸영금지는 허용되지만, 모든 일간신문의 지배주주에게 신문의 복수소유를 일률적으로 금지하는 것은 신문의 자유를 침해하는 위헌이다(헌재결 2006. 6. 29. 2005 헌마 165 등).

2) 【판시】 독자의 선택결과인 발행부수의 많음 하나만을 기준으로 일반사업자보다 신문사업자를 더 쉽게 시장지배적 사업자로 추정하여 규제의 대상으로 삼고 신문발전기금의 지원대상에서 배제하는 것은 신문사업자의 평등권과 신문의 자유를 침해하고 자유로운 신문제도에 역행하며 시장경제질서에 어긋나 위헌이다(헌재결 2006. 6. 29. 2005 헌마 165 등, 판례집 18-1 하, 337(399면)).

⑷ Access권의 특성과 근거

국민과 보도
기관의 관계

이같은 Access권은 그것이 국민과 국가의 관계에서 발생하는 문제가 아니고, 국민과 보도기관 사이에서 생기는 문제라는 점에서 그 권리의 특성이 있다. 구태여 Access권을 국가와 결부시켜 논한다면, 보도매체를 균등하게 이용할 수 있는 여건의 조성과 반론권 및 해명권이 보장될 수 있는 제도적인 장치를 마련해야 할 국가적 의무를 말할 수 있겠지만, 그것은 엄격한 의미에서는 Access권의 본질이라고 볼 수 없다.[1]

언론의 자유
의 객관적 가
치질서에서
나오는 매스
미디어에 대
한 권리

따라서 Access권은 어디까지나 국민의 국가에 대한 권리가 아니고, 국민의 매스미디어에 대한 권리라고 보아야 하는데, 그와 같은 권리가 인정될 수 있는 헌법이론적 근거는 언론·출판의 자유의 객관적 가치질서로서의 성격에서 찾아야 한다고 할 것이다. 즉 민주주의실현을 위한 방법적 기초인 동시에 민주정치의 창설적인 전제가 되는 언론·출판의 자유의 객관적 규범으로서의 기능을 생각할 때, 여론형성에 중대한 영향을 미치는 보도매체에 접근해서 그것을 의사표현의 방법으로 이용하고, 자신과 관련된 보도에 대해서 반론 및 해명의 기회를 요구함으로써 공정한 여론형성에 기여하는 것은 모든 민주시민의 당연한 권리가 아닐 수 없다. 또 보도기관이 갖는 강한 공적인 기능과 진실보도의 책임

보도기관에
대한 통제수
단

면에서 볼 때도 Access권은 보도기관에 대한 강력한 통제수단으로서의 의의도 내포하고 있다고 볼 수 있다.

⑸ Access권의 한계

보도의 자유
와의 상충 및
해결방안

그러나 또 한편 보도기관이 가지는 '보도의 자유'도 마찬가지로 헌법적인 가치로 보호되어야 하기 때문에 Access권만을 일방적으로 우선시킬 수는 없다. 결국 '보도의 자유'와 'Access권'의 상충관계가 성립된다고 볼 수 있기 때문에 기본권의 상충이론에 따라 해결해야 하는데 인격적 가치의 침해에 대한 반론권 및 해명권은 우선적으로 보호되어야 할 것이다.[2] 또 Access권에 의해서 요구되

---

1) 【결정례】 언론보도의 피해자가 아닌 사람의 시정권고 신청권을 규정하지 않은 언론중재 및 피해구제 등에 관한 법률(제32조 제 1 항)이 액세스권의 침해라고 주장하지만, 액세스권은 그 주체·객체·내용 등 구체적인 권리로서의 실질이 명확하게 확립된 개념이라고 볼 수 없어 표현의 자유에 포섭해서 볼 때 과잉금지원칙을 어긴 표현의 자유의 침해라고 볼 수 없다(헌재결 2015. 4. 30. 2012 헌마 890, 판례집 27-1 하, 57(64면)). [평석] 그러나 이 사건을 계기로 헌재는 액세스권의 본질을 자세히 밝히고 청구인의 주장과는 달리 이 사건은 액세스권에 해당하지 않아 상위개념인 표현의 자유에 포섭해서 심판한다고 판시하는 것이 보다 합리적이었다고 생각한다. 아쉬움이 남는 결정이다.

2) 【판시】 우리 헌법은 언론·출판의 자유를 보장하는 동시에 그것이 인간의 존엄성에서 유래하는 개인의 일반적 인격권 등의 희생을 강요할 수는 없음을 분명히 밝히고 있다. … 인격권이 언론의 자유와 서로 충돌하게 되는 경우에는 헌법을 규범조화적으로 해석하여 조화시키기 위한

는 내용이 민주적인 여론형성과 관계가 크면 클수록 그 보호의 필요성과 진지성도 커진다고 볼 수 있다.[1]

우리 언론관계법은 '정정보도청구권'(언피구법 제14조와 제15조, 제26조)과 '반론보도청구권'(언피구법 제16조)[2] 및 '추후보도청구권'(언피구법 제17조)의 형식으로 언론피해의 구제에 관해서 규정을 두고 있다.[3] 그리고 정정보도청구와 반론보도청구 및 추후보도청구에 의한 분쟁을 조정·중재하고 언론침해사항을 심의케 하기 위해서 40인 이상 90인 이내로 구성되는 언론중재위원회를 두고 있다(언피구법 7조 내지 제13조). 또 언론중재위원회의 절차를 거치지 않고서도 법원에 정정·반론·추후보도청구의 소를 제기할 수 있게 하고 있다(언피구법 제26조와 제27조).[4] 그런데 언론보도내용에 대한 언론중재위원회의 직권시정권고권(언피구법 제32조 제 1 항)은 보도의 자유를 침해할 소지가 크기 때문에 개선할 필요가 있다.

정정 및 반론
보도청구권
및 언론중재위

(4) 언론·출판의 자유의 한계

1) 헌법규정

우리 헌법은 언론·출판의 자유의 헌법적 한계를 명시하고 있다. 즉 「언론·

헌법적 한계
규정

노력이 따르지 않을 수 없다(헌재결 1991. 9. 16. 89 헌마 165, 판례집 3, 518(524, 526면 이하)). 우리 헌법재판소는 이 결정을 통해서 정정보도청구권제도에 대하여 합헌이라고 결정했다.

1) So auch etwa BVerfGE 7, 198(208ff.); 12, 113.

2) 【판결례】 반론보도의 대상은 사실적 주장에 한하고, 의견표명이나 비평기사(사설·논평·칼럼 등)는 반론보도청구대상이 될 수 없다(대법원 2006. 2. 10. 선고 2002 다 49040 판결).
   【독일판례】 비록 독자들의 관심을 끌 수 있는 톱 기사로 보도한 내용이라도 보도내용의 진실 여부가 확인되지 않은 상황에서 단순한 의혹제기를 한 보도에 대한 반론보도청구권의 인정은 보도의 자유의 침해이다. 나아가 반론보도문의 게재 위치와 크기를 정해주는 것은 보도매체의 편집권의 침해이다(1 BvR 442/15, 2018년 2월 7일 결정).

3) 【결정례】 우리 헌재도 정간물법 개정(1995. 12.) 전의 정정보도청구권제도는 그 사전적 의미 와는 달리 단순한 반론권 내지 해명권을 규정한 것이라는 입장을 취하고 있었다.
   헌재가 정간물법(제16조 제 3 항과 제19조 제 3 항)을 합헌이라고 결정한 이유도 그 때문이다(헌재결 1991. 9. 16. 89 헌마 165; 헌재결 1996. 4. 25. 95 헌바 25 참조). 정간물법 개정으로 법률상의 용어도 반론보도청구권으로 정리되었다.
   그런데 정간물법의 대체입법의 하나로 새로 제정한 언론중재 및 피해구제법(제14조와 제15조)은 우리 헌재가 위헌취지의 판시를 한 정정보도청구권을 또 다시 도입하면서 진실하지 않은 언론보도로 인한 피해자의 권리구제를 규정하고 있어 앞으로 논란이 예상된다.
   【결정례】 정정보도청구권은 언론사의 고의·과실이나 위법성을 요하지 않기 때문에 기존의 불법행위법에 기초한 손해배상이나 형사책임과는 성격이 다른 청구권으로서 반론보도청구권의 불충분한 피해구제를 보충하는 기능을 하는 것으로 신문의 자유의 침해가 아니다. 그러나 정정보도청구의 소를 가처분절차에 따라 재판하게 하는 것은 언론의 자유의 침해이다. 이 위헌인 법률조항을 이 법 시행 전의 언론보도에 소급적용하게 하는 것도 위헌이다(헌재결 2006. 6. 29. 2005 헌마 165 등).

4) 정정보도청구소송은 민소법절차규정 그리고 반론 및 추후보도청구소송은 민사집행법의 가처분 절차규정에 따라 재판한다. 법원은 청구가 이유 있으면 정정·반론·추후보도의 방송·게재 또는 공표를 명할 수 있다. 선거법에서는 방송 및 정기간행물의 선거보도에 관한 반론보도청구권을 따로 규정하고 있다(법 제 8 조의 3 및 제 8 조의 4).

출판은 타인의 명예나 권리 또는 공중도덕이나 사회윤리를 침해하여서는 아니
된다. 언론·출판이 타인의 명예나 권리를 침해한 때에는 피해자는 이에 대한
피해의 배상을 청구할 수 있다」($^{제21조}_{제4항}$)고 규정하고 있다.

2) 언론·출판의 자유에 대한 헌법적 한계규정의 의의와 기능

사회통합 위
한 헌법정책
적 결단

　　언론·출판의 자유가 가지는 여러 가지 헌법상의 의의와 기능을 고려해서
언론·출판의 자유를 중요한 기본권적 가치로 보호하면서도, 언론·출판의 자유
가 자칫 동화적 통합의 분위기를 해치는 방향으로 행사되는 일이 없게 하기
위해서 헌법제정권자는 언론·출판의 자유가 넘어설 수 없는 헌법적 한계를 명
시하는 헌법정책적 결단을 내린 것이라고 평가할 수 있다.

언론의 자유
의 역기능방
지 위한 강력
한 의지표명

　　사실상 언론·출판에 의해서 명예나 권리 등 재산 이외의 손해를 받은 사
람은 민법($^{제751}_{조}$)에 의한 손해배상청구와 형법($^{제309}_{조}$)에 의한 고소 등에 의해서도
권리구제를 받을 수 있는 길이 보장되고 있음에도 불구하고 헌법에 따로 이에
관한 규정을 둔 것은 언론·출판의 자유의 헌법적 한계를 명백히 밝힘으로써,
언론·출판의 자유가 역기능이 없이 명실공히 동화적 통합의 실질적 원동력으로
기능할 수 있게 하려는 헌법제정권자의 강력한 의지를 밝히려는 데 그 헌법상
의의가 있다고 생각한다. 현행헌법은 언론·출판의 자유 외에도 재산권($^{제23조}_{제2항}$)과
정당조항($^{제8조 \, 제2}_{항·제4항}$) 등 기본권의 헌법적 한계에 관한 몇 가지 규정을 두고 있다.[1]

직접적 사인
효력명시 통
한 언론의 사
회적 책임 강
조

　　또 언론·출판의 자유의 헌법적 한계에 관한 규정($^{제21조}_{제4항}$)은 사인 간의 기본
권효력에 관하여 명시하고 있다는 점에서도 그 헌법상 의의를 찾을 수 있다고
생각한다.[2] 즉 민법상의 불법행위에 관한 규정($^{제751}_{조}$)만으로도 충분히 해결될 수
있는 사항을 헌법에 특별히 규정한 이유는 '언론·출판의 자유'가 현대사회에
서 가지는 사회통합적·민주적 기능 때문에 이 기본권에 대해서 특별히 직접
적 사인효력을 인정함으로써 언론의 사회적 책임을 강조하고 동화적 통합의
분위기 조성을 촉진시키고자 하는 데 그 헌법상 의의가 있다고 보아야 할 것
같다.[3]

내재적 한계
론의 부당성

　　따라서 헌법제정권자의 깊은 헌법정책적 고려의 표현이며 사인 간의 기본
권효력을 명시하고 있는 '언론·출판의 자유'의 헌법적 한계에 관한 조항을 기

---

1) 앞부분 '기본권의 헌법적 한계' 항목(312면) 참조할 것.
2) 【독일판례】 독일연방헌법재판소도 언론·출판의 자유의 사인 간의 효력을 인정하고, 직접 보
　도의 자유를 근거로 한 손해배상청구권을 허용하고 있다. Vgl. BVerfGE 25, 256(263f.).
3) 이 점에 대해서 자세한 것은 앞부분 297면 참조할 것.

본권의 내재적 한계와 결부시켜서 이해하고 있는 일부 국내 학자들의 견해[1]에
는 찬성할 수 없다. 이는 기본권의 내재적 한계의 본질을 잘못 이해하고 있는
데서 나오는 결과라고 생각한다.[2]

3) 언론·출판의 자유에 대한 헌법적 한계의 내용

현행헌법은 언론·출판의 자유가 넘어설 수 없는 구체적 한계에 대해서 '타인의 명예와 권리', '공중도덕'이나 '사회윤리'의 침해금지를 들고, '명예와 권리' 침해에 대해서는 피해배상청구를 인정하고 있지만, '공중도덕'이나 '사회윤리'의 침해에 대해서는 그 법적 효과에 관한 명시적인 언급을 하지 않고 있다. 따라서 헌법이 정하고 있는 '언론·출판의 자유'의 헌법적 한계가 구체적으로 무엇을 뜻하는 것인지 그 구체적인 내용은 헌법의 통일성에 입각해서 헌법상의 다른 보호가치 내지 가치지표와의 상호관계하에서 살펴야 하리라고 생각한다.

> 타인의 명예와 권리, 공중도덕, 사회윤리침해금지와 피해배상책임

첫째 '언론·출판의 자유'의 한계로서의 '명예와 권리'는 우리 헌법이 보장하고 있는 '인간의 존엄과 가치' 및 그를 바탕으로 하는 '인격권'($^{제10}_{조}$)과 사생활의 비밀보호($^{제17}_{조}$)와의 상호관계하에서 이해해야 한다. 따라서 예컨대 헌법에서 말하는 '명예'는 형법에 의한 '명예보호'보다는 더 넓은 개념이라고 보아야 한다.

> 헌법상의 명예의 내용

둘째 '언론·출판의 자유'의 한계로서의 '공중도덕'이나 '사회윤리'는 다음과 같은 헌법상의 가치질서와의 상호관계하에서 이해해야 한다. 즉 i) '우리들의 자손의 안전과 자유와 행복을 영원히 확보'하려는 헌법정신(전문)과의 상호관계하에서 청소년보호 내지는 청소년교육에 역행하는 언론·출판은 허용되지 않는다. 예컨대 폭력을 영웅시하는 보도가 문제될 수 있는 것도 그 때문이다. ii) 또 헌법이 추구하는 '전통적인 문화국가'의 정신($^{제9}_{조}$)에 어긋나는 언론·출판은 허용되지 않는다. 예컨대 나체문화를 선전하거나 근친혼 등을 선전·장려하는 언론·출판이 지탄을 받아야 되는 이유도 그 때문이다. iii) 그리고 우리 헌법이 보장하는 남녀동권에 바탕을 둔 혼인·가족제도($^{제36조}_{제1항}$)에 반하는 언론·출판이 허용되지 않는다. 예컨대 일부다처제를 주장하거나 사생아의 출생을 신성시하는 언론·출판이 용납되지 않는 것은 당연하다.

> 공중도덕·사회윤리의 준거기준

셋째 우리 헌법이 지향하고 있는 민주적 기본질서($^{제1조,\ 제4}_{조,\ 제8조}$)와의 상호관계하에서 민주적 기본질서를 부인하거나 파괴하려는 반민주적 언론·출판은 보호받을 수 없다고 할 것이다. 공산주의를 찬양·선전하는 언론·출판이 금지되는

> 반민주적 언론 배제

---

1) 예컨대 권영성, 330면.
2) 기본권의 내재적 한계에 관해서 자세한 것은 앞부분 307면 이하 참조할 것.

것도 그 때문이다.

4) 헌법적 한계를 일탈한 언론·출판의 책임

민사·형사·행정법상의 책임

언론·출판이 이상과 같은 헌법적 한계를 일탈한 경우에는 언론·출판의 자유로서 보호될 수 없는 것은 물론이고, 그 일탈행위가 헌법상의 다른 가치를 실현하고 보호하기 위해서 제정된 실정법질서와 저촉되는 경우에는 오히려 그 법적인 책임을 추궁받게 된다. 예컨대 i) 언론·출판이 타인의 인격권이나 사생활의 비밀을 침해한 경우에는 민법상의 손해배상책임($^{제751}_{조}$)과 형법상의 명예훼손책임($^{제309조,}_{제310조.}$)과 주거침입책임($^{제319}_{조}$) 등을 지게 된다.[1] ii) 또 반문화국가적 언론·출판은 예컨대 형법상의 음란문서에 관한 책임($^{제243}_{조}$)과 발행정지·등록취소 등의 행정법상의 책임을 면할 수 없다($^{신문법}_{제22조.}$). iii) 마침내 반민주적 언론·출판은 예컨대 국가보안법($^{제7}_{조}$)상의 책임을 진다.

한계일탈 여부 판단시에 유의할 점

그런데 구체적인 경우에 언론·출판이 과연 그 헌법적 한계를 일탈했느냐의 여부를 판단하는 데 있어서는 언론·출판의 자유가 가지는 여러 가지 헌법상의 의의와 기능을 충분히 염두에 두고, 또 다른 헌법상의 보호가치도 충분히 존중될 수 있도록 이익형량 내지는 규범조화적인 해석을 해야 한다.[2] 따라서

---

1) 그러나 공공의 이익에 관한 것으로서 진실하거나 진실하다고 믿을 만한 정당한 사유가 있는 언론 등의 보도에 대한 면책규정이 있다(언피구법 제 5 조 제 2 항).
   【판결례】 인터넷 포털게시공간에 제 3 자가 타인의 명예를 훼손하는 게시물을 기재한 경우 불법성이 명백하다면 피해자의 삭제요청이 없더라도 사업자는 이를 삭제할 의무가 있고 방치할 경우 사업자는 피해자에게 손해배상을 해야 한다(대법원 2009. 4. 16. 선고 2008 다 53812 판결).
   【결정례】 공연히 허위의 사실을 적시하여 타인의 명예를 훼손한 사람을 처벌하는 형법규정(제307조 제 2 항)은 헌법에 위배하지 않는다. 이 경우 민사적 구제방법만으로는 입법목적의 달성이 어렵고, 덜 침익적인 수단도 상정하기 쉽지 않다. 그리고 형법 제310조에 위법성조각사유를 통해 공적인물과 국가기관에 대한 비판 억압 수단으로 남용되지 않도록 하는 규정을 두고 있기 때문이다(헌재결 2021. 2. 25. 2016 헌바 84). 또 공연히 사실을 적시하여 사람의 명예를 훼손한 사람을 형사처벌하는 형법규정(제307조 제 1 항)도 같은 이유로 표현의 자유를 침해하지 않는다(4인 재판관은 '진실한 것으로서 사생활의 비밀에 해당하지 아니한' 사실 적시에 관한 부분에 대한 위헌의견)(헌재결 2021. 2. 25. 2017 헌마 1113 등).
2) 【결정례】 i) 제21조 제 4 항은 언론·출판의 자유에 따르는 책임과 의무를 강조하는 동시에 언론·출판의 자유에 대한 제한의 요건을 명시한 규정으로 볼 것이고 헌법상 표현의 자유의 보호영역 한계를 설정한 것이라고는 볼 수 없다(헌재결 2009. 5. 28. 2006 헌바 109, 판례집 21-1 하, 545(560면)). ii) 우리 헌재도 인격권과 언론의 자유의 규범조화적 해석의 필요성을 강조한다. 예컨대, 헌재결 1991. 9. 16. 89 헌마 165 참조. Vgl. BVerfGE 7, 198(207ff.). iii) 특정신문의 정치적 논조를 이유로 그 특정신문의 광고주를 상대로 집단적인 소비자불매운동을 벌일 때 헌법이 보장하는 소비자보호(제124조)의 헌법적인 가치를 함께 고려해야 한다. 그렇지만 형법상 위력에 의한 업무방해, 강요, 공갈죄 등의 구성요건에 해당하는 위법한 방법을 사용해서 소비자불매운동을 한다면 헌법이 보장하는 소비자보호운동의 한계를 벗어난 것으로 형사처

'언론·출판의 자유'와 '언론·출판의 자유'의 한계가 된다고 볼 수 있는 여러 가지 헌법상의 보호가치 사이에는 일종의 '교차효과적인 관계'가 성립한다고 볼 수 있다. 즉 헌법이 보호하는 여러 가지 가치는 언론·출판의 자유의 헌법적 한계가 되지만, 또 그들 헌법적 가치를 구체적으로 해석·적용하는 경우에는 언론·출판의 자유가 그 해석지침이 되어야 한다. 예컨대 헌법이 보호하는 사람의 명예는 언론의 자유의 헌법적 한계가 되지만, 또 명예권의 구체적인 내용을 해석하는 경우에는 언론의 자유가 그 해석지침이 되어야 한다.[1] 이 때 언론·출판의 내용이 민주주의의 실현을 위한 여론형성과의 관계가 크면 클수록 언론·출판의 보호가치가 더 커지고, 언론·출판의 자유의 헌법적 한계가 그만큼 약해진다고 보아야 한다.[2] 언론·출판의 자유와 타 헌법적 보호가치가 기본권의 상충관계로 나타나게 되는 경우 특히 명심해야 할 점이다.[3] 또 언론·출판의 자유

벌의 대상이 될 수밖에 없다. 소비자보호운동에도 일정한 한계가 있기 때문이다. 즉 소비자불매운동은 객관적으로 진실한 사실에 기초하고, 불매운동에 참여하는 소비자의 의사결정의 자유가 보장되어야 하며 불매운동과정에서 폭행, 협박, 기물파괴 등 위법수단이 동원되지 않아야 하고 물품공급자 및 사업자 이외의 제 3 자를 상대로 한 불매운동의 경우 제 3 자의 영업의 자유 등 권리침해가 없어야 한다(헌재결 2011. 12. 29. 2010 헌바 54).

1) 【결정례】 그렇기 때문에 언론·출판에 의한 명예훼손의 경우 명예회복의 효과가 있는 다른 처분(이를테면 명예훼손기사의 취소광고, 민사패소판결문의 신문·잡지 게재 등)이 있다면 구태여 언론사의 사죄광고를 강제할 것까지는 없다고 할 것이다.
   동지: 헌재결 1991. 4. 1. 89 헌마 160 참조.
   【판결례】 특정정당 당대표를 역임한 인물을 단순히 '종북'이나 '주사파'라고 하는 등 부정적인 표현으로 지칭했다고 해서 명예훼손이라고 단정할 수 없고, 그러한 표현행위로 인하여 객관적으로 평판이나 명성이 손상되었다는 점까지 증명되어야 명예훼손책임이 인정된다. 특히 정당의 핵심인물처럼 공적인물인 경우에는 비판을 감수해야 하고 그러한 비판에 대해서는 해명과 재반박을 통해 극복해야 한다. 나아가 그러한 비판이나 공격이 상대방의 기본입장을 왜곡시키는 것이 아닌 한 부분적인 오류나 다소의 과장이 있다 하더라도 섣불리 불법행위의 책임을 인정함으로써 언론을 봉쇄해서는 안 된다(대법원 2018. 10. 30. 선고 2014 다 61654 판결). 대법원은 공인이론을 원용해서 공인의 비판수용성을 강조하고 표현의 자유의 범위를 넓혀 언론의 자유를 더욱 강하게 보장하려는 입장을 보였다. 이는 대법원 2002. 12. 24. 선고 2000 다 14613 판결의 판시취지와는 다른 입장이다.
2) 【결정례】 우리 헌재도 언론에 의한 명예훼손의 경우 그 표현이 국민의 알권리를 충족시켜 주는 것이고 민주적 여론형성에 기여하는 것이라면 그 제한은 순수한 사적 영역의 경우보다 더 완화되어야 한다고 판시했다(헌재결 1999. 6. 24. 97 헌마 265). Vgl. BVerfGE 12, 113(124); 20, 162(176f.); 42, 163(170).
3) 【독일판례】 사람을 험담·비방·모욕하는 말이 인격권을 침해하는 명예훼손죄에 해당하는지를 판단하기 위해서는 표현의 자유와 인격권을 세심하게 이익형량해야 한다. 즉 그 표현이 나오게 된 구체적인 상황, 그 표현이 공적인 여론형성을 위한 것인지 아니면 특정인을 향한 개인적인 감정표현인지, 표현 내용이 특정인의 사적인 영역에 관한 것인지 아니면 공적인 생활영역과 관련된 것인지, 특정인이 정치인, 직업관료 등 공적 인물인지 일반시민인지, 표현이 비보존적인 형태로 되어 그 영향권이 소수인지 아니면 SNS와 같은 보존적인 매체인 인터넷에 의한 불특정 다수인지, 표현이 흥분상태에서 나온 즉흥적인 것인지 아니면 오랜 숙의과정을 거친 의도적인 것인지 등의 여러 요소를 검토해야 한다. 그러나 다음 경우는 이익형량을 떠나

의 헌법적 한계를 다시 확인하는 성질을 가지는 언론관계법상의 관계규정
(신문법 제3조 제3항; 언피구법 제31조; 방송법 제5조와 제6조)을 해석·적용하는 경우에도 반드시 존중해야 할 사항이
다. 다만 인터넷 포털 뉴스서비스업자가 뉴스 in-link 방식을 통해 댓글조작을
방치함으로써 민주적인 여론형성에 심각한 부정적 영향을 미치면서 경제적인
이익을 추구하는 것은 엄격한 법적인 규제장치를 통해 사전에 방지하는 것이
언론출판의 자유의 헌법적 한계를 존중하는 것이고 언론의 공정한 민주적 여론
형성을 촉진하는 일이다.[1]

(5) 언론·출판의 자유에 대한 제한과 그 한계

1) 언론·출판의 자유에 대한 제한의 한계원리

허가·사전검
열제도금지
및 법률유보
사항

언론·출판의 자유에 대한 제한은 기본권제한입법의 한계조항(제37조 제2항)의 범위
내에서만 가능하다. 그런데 우리 헌법은 언론·출판에 대한 허가·검열제도를
금지하고(제21조 제2항),[2] '통신·방송의 시설기준과 신문의 기능을 보장하기 위하여 필
요한 사항'만을 법률로 정하게(제21조 제3항) 하고 있다.[3] 언론·출판의 자유가 가지는
헌법상의 의의와 기능을 생각할 때, 언론·출판의 자유에 대한 제한은 자칫하면

서 인격권의 침해로 볼 수 있다. 즉 개별적 인격권이 아닌 인간 존엄성의 핵심인 인격 자체를
부정하는 표현, 사회통념상 허용되는 범위를 벗어난 일상생활에서 절대로 금기시되는 표현
(Fäkalsprache), 사실관계와 무관한 근거 없는 비방, 개인적인 증오감이 특정 사건을 계기로
폭발해서 격한 감정으로 SNS 등을 통해 특정인을 모욕·경멸하는 표현 등이다. 이 판시는 연
방 헌재가 표현의 자유와 인격권의 상충관계에서 명예훼손죄가 성립하는 헌법적인 기준을 종
합적으로 정리한다고 밝힌 최신(2020. 5. 19.) 결정이다(1 BvR 2397/19; 1 BvR 2459/19 등).

1) 2017년 19대 대통령선거에 즈음해 발생한 이른바 '드루킹 사건'이 인터넷포털뉴스서비스업자의
   댓글조작 방치로 발생한 대표적 사건이었다. 이 사건은 결국 2018년 특검법 제정의 계기가 되
   었고 관련자들이 형사재판을 받게 되었다.
2) 【결정례】 i) 초·중등학교의 교과용도서는 국정 또는 검·인정한 것에 한하도록 규정한 교육법
   (제157조)은 교과서제도에 관한 것으로서 사전검열금지원칙에 어긋난 것도 아니고, 출판의 자
   유를 침해한 것도 아니라는 것이 우리 헌재의 입장이다(헌재결 1992. 11. 12. 89 헌마 88 참
   조). ii) 또 정간물등록법(제7조 제1항)에 따른 정기간행물발행등록제 그 자체는 허가나 검열
   이 아니기 때문에 합헌이라고 한다(헌재결 1992. 6. 26. 90 헌가 23). iii) 같은 의미에서 음반
   법(제3조)에 따른 음반제작자의 등록제와 음반제작시설 설치등록제도는 허가나 검열이 아니
   어서 합헌이라고 한다(헌재결 1993. 5. 13. 91 헌바 17). iv) 그러나 영화와 음반 및 비디오물
   에 대한 공륜과 공진협의 사전심사제도는 위헌이다(헌재결 1996. 10. 4. 93 헌가 13, 91 헌바
   10(병합); 헌재결 1996. 10. 31. 94 헌가 6; 헌재결 1998. 12. 24. 96 헌가 23; 헌재결 1999. 9.
   16. 99 헌가 1; 헌재결 2000. 2. 24. 99 헌가 17). v) 또 음비게법상의 영상물등급위원회의 외
   국음반 국내제작추천제도는 사전검열에 해당하는 것으로 헌법 제21조 제2항에 위반된다(헌재
   결 2006. 10. 26. 2005 헌가 14). vi) 음비게법에 따른 비디오물의 등급분류는 사전검열이 아니
   어서 허용된다(헌재결 2007. 10. 4. 2004 헌바 36).
3) 【판시】 헌법 제21조 제3항의 규정취지에 비추어 볼 때 방송사업에 대한 진입규제로서의 사
   업허가제는 허용된다(헌재결 2001. 5. 31. 2000 헌바 43 등(병합), 판례집 13-1, 1167(1181면)).

민주적인 헌법질서의 중추신경을 다치게 될 위험성이 따르기 때문에 극히 필요허용되는 제
한 최소한의 정도에 그쳐야 한다. 즉 i) 언론·출판의 자유에 대한 제한이 가해한사유·방법·
지지 않고는 국가안전보장·질서유지·공공복리가 '명백하고 현존하는 위험'에정도
봉착하게 되는 경우(제한사유)에만, ii) '명확성의 원칙'을 충족시킬 수 있는 형
식적 의미의 법률에 의해서(제한방법),[1] iii) 과잉금지의 원칙에 따라 '명백하고
현존하는 위험'을 피하기 위해서 필요 불가피한 최소한의 제한(제한정도)만이 허
용된다고 할 것이다.

결국 언론·출판의 자유의 제한에 관해서는 특히 '명백하고 현존하는 위험명백·현존 위
의 원리', '명확성의 원칙', '과잉금지의 원칙' 등이 중요한 판단기준이 된다고험의 원리, 명
볼 수 있다.[2] 그런데 이러한 원칙을 적용하는 데 있어서는 구체적인 경우에 개확성의 원칙,
과잉금지원칙

---

1) 우리 헌법재판소도 표현의 자유를 규제하는 입법의 합헌성 요건으로 명확성의 원칙을 강조한다.
   【판시】 표현의 자유를 규제하는 법률은 그 규제로 인해 보호되는 다른 표현에 대하여 위축적
   효과가 미치지 않도록 규제되는 표현의 개념을 세밀하고 명확하게 규정할 것이 헌법적으로 요
   구된다(헌재결 1998. 4. 30. 95 헌가 16, 판례집 10-1, 327(342면)).
   【결정례】 공익을 해할 목적으로 인터넷 등 전기통신설비를 이용하여 공연히 허위사실을 유포
   한 자를 형사처벌하는 전기통신기본법(제47조 제 1 항)은 '공익'개념이 모호하고 추상적이며 포
   괄적이어서 명확성의 원칙에 위배되어 표현의 자유를 과잉제한하므로 위헌이다(헌재결 2010.
   12. 28. 2008 헌바 157). 이른바 사회적인 파장이 컸던 '미네르바 결정'인데 비의도적이고 착오
   에 의한 허위사실의 유포와 달리 의도적이고 고의적인 허위사실의 유포는 분명히 표현의 자유
   의 보호대상이 아니어서 헌법 제37조 제 2 항의 규제대상이라는 점을 분명하게 밝히지 못한
   점이 아쉬움으로 남는 결정이다.
2) 【결정례】 i) 우리 헌재도 국가보안법(제 7 조)에 대한 위헌심판에서 '명백하고 현존하는 위험
   의 원칙'과 '명확성의 원칙'을 강조하면서 '국가보안법 제 7 조 제 1 항 및 제 5 항은 각 그 소정
   행위가 국가의 존립·안전을 위태롭게 하거나 자유민주적 기본질서에 위해를 줄 경우에만 적
   용'해야 한다고 한정합헌결정을 했다(헌재결 1990. 4. 2. 89 헌가 113). 동지: 헌재결 1990. 6.
   25. 90 헌가 11; 헌재결 1992. 1. 28. 89 헌가 8; 헌재결 1992. 4. 14. 90 헌바 23; 헌재결 1992.
   2. 25. 89 헌가 104; 헌재결 1996. 10. 4. 95 헌가 2. ii) 선거에 관한 여론조사결과의 공표금지
   는 합헌이라는 판례가 있다(헌재결 1995. 7. 21. 92 헌마 177·199(병합)). iii) 또 정간물의 등
   록제와 그 위반자를 행정형벌로 처벌하는 것은 위헌이 아니다(헌재결 1997. 8. 21. 93 헌바
   51). iv) 출판사 등의 등록취소사유로서 '음란'개념은 명확성의 원칙에 반한다고 할 수 없지만,
   '저속'개념은 명확성의 원칙에 반한다(헌재결 1998. 4. 30. 95 헌가 16). v) 전기통신사업법(제
   53조)이 공공의 안녕질서·미풍양속을 해하는 내용의 불온통신을 금지하면서 그 금지대상을 대
   통령령으로 정하게 하는 것은 명확성의 원칙·과잉금지원칙 및 포괄위임금지원칙에 위배된다
   (헌재결 2002. 6. 27. 99 헌마 480). vi) 비영업용 차량 외부에 차량소유자 관련 광고 이외의 광
   고물 부착을 금지하는 것은 표현의 자유의 침해가 아니다(헌재결 2002. 12. 18. 2000 헌마 764).
   vii) 의료광고의 금지는 최소침해성과 법익균형성을 어긴 표현의 자유의 침해이다(헌재결 2005.
   10. 27. 2003 헌가 3). viii) 선거운동기간 중 인터넷홈페이지의 게시판·대화방 등에 정당·후보
   자에 대한 지지·반대의 글을 게재하려면 실명인증을 받도록 한 선거법규정(제82조의 6 제 1 항
   등)은 사전검열금지원칙을 어기거나 표현의 자유의 침해가 아니다(헌재결 2010. 2. 25. 2008 헌
   마 324 등, 판례집 22-1(상), 347(361면 이하)). ix) 선거일 전 180일부터 선거일까지 선거에
   영향을 미치게 하기 위해서 해서는 아니 되는 금지행위에 '정보통신망을 이용해서 인터넷 홈페
   이지 또는 그 게시판·대화방 등에 글이나 동영상 등 정보를 게시하거나 전자우편을 전송하는
   행위'가 포함된다고 해석하는 것은 정치적 표현의 자유와 선거운동의 자유에 대한 침해이므로

및 개별성의
원칙

별적인 상황에 따라 그 기준이 다를 수 있기 때문에 어떤 획일적인 설명은 불가능하다고 생각한다. 예컨대 공무원처럼 특수한 신분관계에 있는 사람들의 언론·출판의 자유는 그 특수한 신분관계의 존립과 유지의 필요성 때문에 특수한 신분관계에 있지 아니한 경우보다 '명백하고 현존하는 위험'과 '과잉금지'의 요건이 완화될 수도 있기 때문이다.[1] 공무원의 공무상 지득한 사실의 공표금지(국공법 제60조)는 과잉금지의 원칙에 반한다고 볼 수 없지만, 일반 국민이나 보도기관이 정부의 정책입안에 관해서 지득한 사실을 공표치 못하도록 하는 입법조치는 그것과는 다른 평가를 받게 되는 것도 그 때문이다.

2) 언론·출판의 자유의 본질적 내용

본질적 내용
침해: 허가·
사전검열제,
정보원의 차
단, 신고제·
등록제의 악
용 등

언론·출판의 자유의 본질적 내용은 언론·출판의 자유가 가지는 민주주의 창설적 기능과의 상호관계하에서 이해해야 한다. 따라서 언론·출판의 자유로 하여금 민주주의창설적 기능을 전혀 나타낼 수 없도록 하는 여러 조치는 본질적 내용의 침해금지의 관점에서 문제가 있다고 할 것이다. 예컨대 i) 언론·출판의 허가제와 사전검열제를 도입하는 입법조치,[2] ii) 실질적으로 허가제나 사

위헌이다(한정위헌결정). 이 결정은 공직선거법이 금지하고 있는 인터넷상의 정치적 표현 내지 선거운동을 허용한 것으로 선거일 전 180일부터 선거일까지 SNS에 의한 선거운동이 가능해졌다(헌재결 2011. 12. 29. 2007 헌마 100). 이 결정은 헌재결 2009. 7. 30. 2007 헌마 718의 선판례(판례집 21-2(상), 311면 이하)가 합헌이라고 결정(4:5 결정)한 내용이 사실상 변경된 것이다. x) 인터넷 신문의 취재 및 편집인력을 5명 이상 상시고용하고 이를 확인할 수 있는 서류를 제출할 것을 정한 신문 등의 진흥에 관한 법률 시행령 관련규정은 과잉금지원칙에 위반되어 인터넷 신문사업자의 언론의 자유를 침해한다(헌재결 2016. 10. 27. 2015 헌마 1206). xi) 농협이사 선거의 후보자는 선거공보의 배부 외의 선거운동을 할 수 없도록 정하여 선거권자인 대의원들에게 전화 또는 문자메시지로 지지를 호소하는 선거운동을 할 수 없도록 규정한 농협법의 관련규정은 결사의 자유 및 표현의 자유에 대한 침해최소성원칙과 법익균형성원칙을 어겨 위헌이다(헌재결 2016. 11. 24. 2015 헌바 62). xii) 인터넷 언론사에 대해 선거일전 90일부터 선거일까지 후보자 명의의 칼럼 등을 게재하는 보도를 제한하는 인터넷 선거보도 심의기준 등에 관한 규정(제82조 제2항)은 선거의 공정성을 해치지 않는 보도까지 광범위하게 제한하고 있어 침해 최소성에 어긋나고 인터넷신문의 특성(높은 접근성, 개방성, 자율성, 자주성)을 고려하지 않고 있어 법익균형성에도 반하여 표현의 자유를 침해한다(헌재결 2019. 11. 28. 2016 헌마 90). xiii) 북한접경지역에서 대형 풍선 등을 이용한 대북전단살포를 금지하고 위반자를 형벌로 처벌하는 남북관계 발전법 해당 부분은 침해최소성과 법익균형성을 어기고 민주주의의 근간이 되는 중요한 표현의 자유를 과잉 제한하는 것이어서 위헌이다(헌재결 2023. 9. 26. 2020 헌마 1724).

1) 【결정례】 공무원이 그 지위를 이용하지 않고 사적인 지위에서 하는 선거운동의 기획행위까지 포괄적으로 금지하는 것은 공무원의 정치적 표현의 자유를 침해한다(헌재결 2008. 5. 29. 2006 헌마 1096). 이 결정은 헌재의 종전 합헌결정(헌재결 2005. 6. 30. 2004 헌바 33)을 변경한 것이다.

2) 【판시】 i) 영상물등급위원회의 등급분류보류제도는 우리 헌법이 절대적으로 금지하고 있는 사전검열에 해당하는 것이어서 위헌이다(헌재결 2001. 8. 30. 2000 헌가 9, 판례집 13-2, 134(151면)). ii) TV 방영금지가처분은 사법부가 사법절차에 의해 심리·결정하는 것이므로 사전검열에 해당하지 않고 과잉금지원칙에 위반되지 않는다(헌재결 2001. 8. 30. 2000 헌바 36, 판례집 13-

전검열제와 동일 내지 유사한 법적 효과를 가져오게 하는 언론·출판의 신고제와 등록제를 도입하는 입법조치, iii) 모든 정보원을 국유화 내지 공영화하기 위해서 국영 내지 공영보도기관만을 허용하는 입법조치, iv) 보도기관의 등록취소요건을 너무 완화함으로써 행정기관의 임의적인 등록취소를 가능케 하는 입법조치 등이 이에 해당한다고 볼 수 있다. 현행헌법은 '언론·출판에 대한 허가나 검열은 인정되지 아니한다'($_{제2항}^{제21조}$)고 언론·출판의 자유의 본질적 내용을 분명히 밝히고 있다. 그러나 언론·출판의 사전검열금지원칙은 모든 형태의 사전적 규제를 금지하는 것은 아니고, 의사표현의 발표 여부가 오로지 행정권의 허가에 달려 있는 사전심사만을 금지하는 것으로 이해해야 한다는 것이 헌법재판소의 견해이다. 그래서 헌법재판소는 원칙적으로 i) 허가를 받기 위한 표현물 제출의무의 존재, ii) 행정권이 주체가 된 사전심사절차의 존재, iii) 허가를 받지 아니한 의사표현의 금지, iv) 심사절차를 관철할 수 있는 강제수단의 존재 등 4가지 요건을 갖춘 사전심사절차의 경우에만 절대적 사전검열금지원칙을 제한적으로 적용하고 있다.[1] 신문법이 정하는 정기간행물발행에 대한 등록제도($_{조}^{제9}$)와 발행정지명령 및 등록취소제도($_{제23조}^{제22조와}$), 신문법($_{조}^{제17}$)이 정하는 여론집중도조사, 방송법($_{제69조의 2 및 제35조의 4}^{제18조 제 1항 제11호와}$)에 따른 시청률조사에 의한 조치, '방송법'($_{제18조}^{제9조 및}$)이 정하는 추천·허가·승인·등록제도와 허가·승인·등록의 취소제도,[2] 등의 요건을 해석·적용하는 경우에도 특별히 언론·출판에 대한 허가·검열을 금지하는 헌법과 헌법재판소 판례의 정신을 염두에 두어야 한다.[3]

언론관계법 규정의 합헌적 해석·적용의 중요성

---

2. 229(233면)).

【결정례】 i) 방송위 또는 방송통신심의위의 위탁을 받아 광고자율심의기구가 행하는 방송광고사전심의는 행정기관에 의한 사전검열로서 헌법이 금지하는 사전검열에 해당하여 표현의 자유의 침해이다(헌재결 2008. 6. 26. 2005 헌마 506). 비디오에 대한 영상물등급위원회의 등급분류보류제도도 사전검열에 해당되어 위헌이다(헌재결 2008. 10. 30. 2004 헌가 18). ii) 상업광고의 성격을 갖는 의료광고도 사전검열이 금지되는 표현의 자유의 보호대상이다. 따라서 보건복지부 장관 등 행정권의 영향력 아래 있는 공무수탁사인인 의사협회 등이 행하는 의료광고사전검열제도는 표현의 자유의 침해이다(헌재결 2015. 12. 23. 2015 헌바 75). iii) 의료기기와 관련해서 심의를 받지 않거나 심의 받은 내용과 다른 내용의 광고를 금지하고 이를 어기면 행정제재와 형벌을 받도록 규정한 의료기기법 해당 규정은 헌법이 정한 사전검열 금지원칙에 위배된다. 심의주체가 식약처장의 위탁을 받은 민간기구(한국 의료기기 산업협회)라고 해도 그 심의 업무 처리에서 독립성과 자율성이 완전히 보장되어 있다고 보기 어려워 행정권이 주체가 된 사전심사에 해당하기 때문이다(헌재결 2020. 8. 28. 2017 헌가 35 등).

1) 헌재결 2010. 7. 29. 2006 헌바 75, 판례집 22-2 상, 232(253면); 헌재결 2005. 2. 3. 2004 헌가 8, 판례집 17-1, 51(59면); 헌재결 1996. 10. 4. 93 헌가 13 등, 판례집 8-2, 212(223면) 참조.

2) 【판시】 '음란한 간행물'을 이유로 하는 출판사의 등록취소제도는 위헌이 아니지만 '저속한 간행물'을 이유로 하는 등록취소제는 위헌이다(헌재결 1998. 4. 30. 95 헌가 16, 판례집 10-1, 327(344 및 353면)).

3) 【결정례】 i) 정간물법(제 7 조 제 1 항)에서 정하는 정기간행물의 등록요건 가운데 「윤전기 등

3) 국가비상사태와 언론·출판의 자유의 제한

허가 및 사전
검열제 등의
특별조치 허
용과 그 의미

헌법보호수단으로서의 국가긴급권이 발동된 경우에는 헌법의 통일성이 요구하는 규범조화적 해석의 필요성 때문에 '명백하고 현존하는 위험'과 '과잉금지'의 기준이 정상적인 정치상황의 경우와 다를 수 있는 것은 물론이다. 비상계엄이 선포된 때에는 언론·출판의 자유에 관하여 특별한 조치를 할 수 있도록 한 것($^{제77조}_{제3항}$)은 그 때문이다. 언론·출판의 자유에 대한 '특별한 조치'란 언론·출판에 대한 허가 또는 사전검열제 등을 뜻하는 것으로서 언론·출판의 자유의 본질적 내용을 침해하게 되는 것이지만, 그 자체가 헌정질서의 정상회복을 촉진시키기 위한 불가피한 수단이고, 과잉금지의 원칙을 지키는 한 헌법의 침해라고 볼 수 없다고 할 것이다. 왜냐하면 언론·출판의 자유의 규범적 효력을 잠정적으로 정지시킴으로써 헌법 전체의 완전한 규범적 효력을 되찾을 수 있기 때문이다.

Ⅳ. 집회·결사의 자유

집단적인 의
사표현 및 집
단적 형태의
공동이익추구
권

우리 헌법은 '집회·결사의 자유'($^{제21조}_{제1항}$)를 보장하고 있는데 '집회·결사의 자유'는 타인과의 접촉을 통해서 개성을 신장시키고, 의사를 형성하며, 집단적인 의사표현을 하고, 집단적인 형태로 공동의 이익을 추구함으로써 민주정치의 실현과 동화적 통합에 기여하는 매우 중요한 기본권이다. 민주국가에서의 의사형성은 정보와 커뮤니케이션을 통해서만 가능하다고 볼 수 있기 때문에 집회·결사의 자유는 '언론의 자유'를 '보완해 주는 기능'을 가진다고 말할 수 있다. 더욱이 의사표현의 일반적인 통로라고 볼 수 있는 보도매체가 언론기업의 독과점

언론자유의
보완기능

현상 또는 국가권력의 간섭에 의해서 제 구실을 못하게 되는 경우에 '집회·결사의 자유'가 갖는 '보완적 기능'은 민주주의의 실현을 위해서 매우 중요하다. 현행헌법이 '집회·결사의 자유'를 언론·출판의 자유와 함께 규정하고 있는 이

필요한 인쇄시설의 경우 해당시설을 반드시 자기소유이어야 하는 것으로 해석하는 한」헌법에 위반된다는 한정위헌결정(헌재결 1992. 6. 26. 90 헌가 23)이 있다. 동지: 헌재결 1993. 5. 13. 91 헌바 17. ii) 그러나 정기간행물발행시에 간행물 2부를 공보처장관에게 납본토록 한 정간물법(제10조 제1항)의 납본제도는 헌법에 위배되지 않는다(헌재결 1992. 6. 26. 90 헌바 26). iii) 건강기능식품의 표시·광고에 대해서 사전심의절차를 법률로 정한 것은 헌법이 절대적으로 금지하는 사전검열에 해당하지 않는다(헌재결 2010. 7. 29. 2006 헌바 75)는 이 결정은 위헌이라고 변경되었다. 즉 건강기능식품의 기능성 광고는 상업광고지만 표현의 자유의 보호대상이므로 사전검열금지 대상도 된다. 그런데도 건강기능식품의 기능성 광고를 대상으로 사전검열에 해당하는 네 가지 요건을 모두 충족한 사전검열을 하도록 한 규정(건강기능식품법 제18조 제1항 제6호 등)은 헌법에 위반된다(헌재결 2018. 6. 28. 2016 헌가 8등).

유도 그 때문이다.

집회 · 결사의 자유는 '언론의 자유'와는 달리 다수인의 집단행동에 관한 것이기 때문에 의사표현 내지 input의 수단으로서 개인적인 행동의 경우보다 더 효과적이고 강한 영향을 미치게 된다. 하지만 또 한편 그만큼 공공의 안녕질서 및 '법적 평화'와 마찰을 일으키게 될 가능성이 큰 것도 사실이다. 그렇지만 '집회 · 결사의 자유'가 기본권으로 보장되고 그 민주적 통합기능이 강조되는 헌법질서 내에서 '집회 · 결사의 자유'를 단순히 경찰법상의 차원으로 끌어내리려는 시도는 단호히 배척되어야 한다. '집회 · 결사의 자유'는 민주주의실현 및 동화적 통합과 불가분의 관계에 있는 헌법적 차원의 문제이기 때문이다. 집회의 자유와 결사의 자유를 나누어서 살펴보기로 한다.

집회 · 결사의 자유의 순기능과 역기능

(1) 집회의 자유

1) 집회의 자유의 의의와 그 헌법상 기능

㈎ 집회의 자유의 의의

'집회의 자유'라 함은 공동의 목적을 가진 다수인이 자발적으로 일시적인 모임을 가질 수 있는 자유를 말한다. 여러 사람이 한 자리에 모여 공동의 관심사를 이야기하고 함께 의사표현을 하는 것은 남과 더불어 살아가는 인간공동생활에서는 불가결한 하나의 생활양식이 아닐 수 없다. 또 타인과의 접촉을 통해서 정보를 교환하고 의사를 형성하고 집단적으로 의사표현을 하는 것은 정치적인 의사형성과정에서 가장 보편적이면서도 효과적인 행동양식이라고 볼 수 있다.

공동목적의 다수인이 자발적으로 일시적 모임을 갖는 자유

㈏ 집회의 자유의 헌법상 기능

집회의 자유를 기본권으로 보장하는 것은 다음과 같은 헌법상의 의의와 기능을 갖는다.

첫째 남과 더불어 사회공동생활을 책임 있게 함께 형성해 나갈 사명을 간직한 사회적 인간에게 타인과 접촉하고, 정보와 의견을 교환하며, 공동의 목적을 위해서 집단적으로 의사표현을 할 수 있게 함으로써 개성신장의 길을 열어주고 동화적 통합을 촉진시킨다는 의의와 기능을 가진다.

집단적 의사표현에 의한 개성신장 및 통합촉진

둘째 타인과의 접촉을 통해서 공감대적인 의사를 형성케 하고 그것을 집단적인 형태로 표현케 함으로써 의사표현이 갖는 input의 기능을 증대시켜 줄 뿐 아니라, 의사표현의 일반적인 메커니즘이 그 효능을 발휘하지 못할 때 그것을 보완해 주는 기능을 갖는다.

의사표현의 input기능 증대

셋째 국민의 정치적인 의사형성과정에 집단적인 형태로 참여케 함으로써

약화된 대의기능 대신하

는 직접민주
주의 수단

의사표현의 실효성을 증대시켜 주고 정치적인 요구를 관철시킬 수 있도록 할
뿐 아니라, 대의기능이 약화된 경우에 그에 갈음하는 직접민주주의의 수단으로
서의 의의를 갖는다.

소수의견의
국정반영창구

넷째 의사표현의 통로가 봉쇄되거나 제한된 소수집단에게 의사표현의 수
단을 제공해 주고 '소수의 의견'이 국정에 반영될 수 있는 창구를 마련해 줌으
로써 '소수의 의사'가 실효성을 나타나게 한다는 의의를 가진다.[1]

집회의 자유는 이처럼 개성신장 및 동화적 통합의 촉진기능, input기능, 의
사표현의 보완적 기능, 효과적인 정치투쟁의 기능, 직접민주주의적 기능, 소수의
보호기능 등을 통해서 민주정치의 실현에 결정적으로 기여하는 객관적 가치질
서로서의 성격을 가지게 된다. '집회의 자유'의 양면성이 바로 여기에서 나온다.

2) 집회의 자유의 법적 성격

양면성

집회의 자유는 제1차적으로 집회에 대한 국가권력의 간섭이나 방해를 배
제할 수 있는 주관적 공권으로서의 성격을 가진다. 집회의 자유는 또한 민주주
의를 실현하려는 사회공동체가 절대로 포기할 수 없는 객관적 가치질서로서의
성격을 가진다. 이 점은 '집회의 자유'의 기능 내지 의의와 관련해서 이미 살펴
본 바와 같다. '집회의 자유'는 타인과의 접촉을 통해서 공동의 의사를 형성하
고 형성된 의사를 집단적으로 표현함으로써 여론형성과 정치과정에 영향을 미
치는 효과적인 수단이라는 의미에서 의사표현의 자유로서의 성격도 아울러 가

제도보장의
성격 부인설
의 타당성

진다. '집회의 자유'는 '결사의 자유'와 달라서 제도보장으로서의 성격을 가지는
것은 아니다. 다수인의 일시적인 모임은 법리상 제도적으로 보장될 수 있는 성
격의 것이 아니기 때문이다. 다수인의 계속적인 결합을 뜻하는 결사에 있어서
는 입법형성권에 의해서 그 결사형태, 결사조건, 결사의 유형 등을 법률로 정
할 수 있기 때문에 적어도 입법형성권에 의해서 침해될 수 없는 '결사제도' 그
자체를 보장했다고 보는 것이 의미가 있지만, 다수인의 일시적인 모임인 집회
의 경우에는 입법권에 의한 제한의 한계는 문제될 수 있어도 집회 그 자체의
권리가 문제될 수는 없기 때문이다.[2]

---

1) 우리 헌재도 이러한 여러 기능을 강조하고 있다. 헌재결 1992. 1. 28. 89 헌가 8(판례집 4, 20
면) 참조.
2) 따라서 김철수, 631면 이하, 교수는 '집회의 자유'와 '결사의 자유'의 제도보장적 성격을 모두
긍정하고 있지만, 집회의 자유에 관한 한 옳지 않다고 생각한다. 또 권영성, 490면, 교수가 집
회의 자유의 제도보장적 성격을 부인하는 것은 결과적으로 옳지만, 그 논증방법에는 문제가
있다고 생각한다. 권교수가 칼 슈미트적인 사상적 세계에서 자유권과 제도보장을 전혀 별개의
것으로 이해하고 있기 때문이다. 권교수가(494면) '결사의 자유'의 제도보장적 성격까지를 부인

3) 집회의 자유의 내용

'집회의 자유'는 공동의 목적을 가진 다수인이 누구의 간섭도 받지 않고 평화적으로 일시적인 모임을 가질 수 있는 자유를 보장하는 것이다. 즉 공동의 목적을 가진 다수인이 일시적으로 평화적인 집단행동을 할 수 있는 자유의 보장이다. 구체적으로 집회를 주최·주관·진행하고 집회에 참여할 수 있는 적극적인 자유와 집회에 불참할 수 있는 소극적인 자유를 그 내용으로 한다. 집회는 일시적인 모임을 뜻하기 때문에 계속적인 조직인 결사와는 다르다.

공동목적의 다수인의 일시적인 평화적 집단행동자유

적극적·소극적 내용

(가) 집회의 인적 요건

집회가 성립하기 위한 최소한의 사람 수에 대해서는 독일에서는 3인설과 2인설이 대립하고 있지만 3인설이 다수설이다.[1]

3인설과 2인설

(나) 집회의 목적적 요건

'집회'의 개념적 요소에 속하는 '공동의 목적'의 범위에 관해서는 세 가지 견해가 대립하고 있다.[2]

공동목적의 의미

a) 협 의 설

협의설에 따르면 민주적인 공동생활에 관한 공적인 관심사를 의논하고 천명함으로써 여론형성 내지 의사형성에 기여하기 위한 것만을 공동의 목적으로 이해하려고 한다. 그 공적인 관심사는 반드시 정치적인 것에 국한될 필요는 없지만 적어도 공동생활과 관계되는 '공적인 사항'에 관한 것이어야 한다고 한다. 이에 따르면 예컨대 체육대회는 집회가 아니다.

공동생활관련사항

b) 광 의 설

광의설에 따르면 꼭 공적인 사항을 함께 협의하고 의사표현하기 위한 것에 국한될 필요가 없고 언론의 자유에 준해서 의사표현을 위한 모든 집회를 다 포함시켜야 한다고 한다. 다만 연극회·음악회·영화감상회·체육대회 등 단순히 오락적인 성격의 모임은 집회에서 제외된다고 한다.

모든 의사표현을 위한 집회

c) 최광의설

최광의설에 따르면 결사의 자유와의 상호관계하에서 타인과 접촉하기 위한 목적이면 족하고 꼭 의사표현을 위한 것이어야 하는 것은 아니라고 한다. 그러나 다수인 상호간에는 적어도 '내적인 유대'에 의한 '의사접촉의 요소'가 존재해

내면적 유대에 의한 모든 의사접촉

하는 것은 그의 이같은 기본권사상에서 유래하는 것이라고 볼 수 있는데, 기본권의 양면성과 제도보장의 관계를 바르게 이해하는 경우에는 그 결론이 달라질 수밖에 없다고 생각한다.

1) 자세한 것은 졸저, 전게서, 제4판, 2010, 방주 956 관련문헌 참조.
2) 이 점에 대해서 자세한 것은 졸저, 전게서, 제4판, 2010, 방주 957 관련문헌 참조.

야 한다고 한다. 따라서 예컨대 축구경기장의 축구선수 상호간에는 '내적인 유대'에 의한 '의사접촉의 요소'가 존재한다고 볼 수 있기 때문에 집회가 성립되지만, 관중들 상호간에는 이를 인정할 수 없기 때문에 집회가 될 수 없다고 한다.

d) 비판 및 사견

협의설과 최광의설의 부당성

생각건대 연혁적으로 볼 때는 집회의 자유가 정치적인 집회의 보호를 위해서 주장된 것이 사실이지만, '공동의 목적'을 협의설처럼 좁게 해석하는 경우에는 집회의 자유의 보호영역을 너무 좁히게 된다는 결점이 따른다. 또 그렇다고 해서 최광의설처럼 단순히 타인과의 접촉의 목적만을 집회의 요건으로 이해하는 경우에는 집회의 자유가 지나치게 사교적인 권리의 성격을 띠게 된다는 점도 부인할 수 없다. 결국 헌법이 보장하는 집회의 자유는 주로 언론의 자유의 보완적 기능을 위한 것이라는 관점에서 광의설이 옳다고 할 것이다. 다만

광의설의 타당성

집회와 군집의 구별

이 경우에도 다수인 상호간에는 '내적인 유대감'에 의한 '의사접촉'이 있어야 하기 때문에 '집회'와 '군집'은 구별할 필요가 있다. 집회는 헌법상의 보호대상이지만 군집은 경찰법상의 규제대상이다. 또 공동의 목적의 요건이 충족된 경우라도 그것이 정당활동($^{제8}_{조}$), 학·예술활동($^{제22조}_{제1항}$), 종교활동($^{제20조}_{제1항}$), 근로활동($^{제33조}_{제1항}$)

타 기본권보호대상 집회

과 관련된 집회인 때는 '집회의 자유'와는 관계 없고, 각각 그들 기본권에 의한 보호를 받는다.

㈐ 집회의 집회형식적 요건

평화적 집회인 한 집회형식 불문

헌법은 집회의 자유를 통해 평화적인 집단행동을 보호하려는 것이기 때문에 폭력적이고 폭동적인 집회는 보호대상에서 제외된다.[1] 평화적인 집회인 이상 그것이 옥내에서 행해지건 옥외에서 행해지건, 또 공개적인 집회이건 비공개집회이건, 장소고정적 집회이건 장소이동적 집회(시위)이건을 가리지 않고 보호를 받는다. 다만 옥내집회보다는 옥외집회가, 비공개집회보다는 공개집회가, 장소고정적 집회보다는 장소이동적 집회가 공공의 안녕질서 및 법적 평화와 갈등을 일으킬 가능성이 크기 때문에 집회의 형식은 집회의 자유에 대한 제한과 불가분의 관계에 있다. 현행 집회 및 시위에 관한 법률은 옥외집회와 시위에 대해

집시법상의 제한

서 특별히 광범위한 제한을 가하고 있다.[2] '평화적인 집단행동'과 관련해서, 예

---

1) 【판시】 헌법에 명시적 규정은 없지만 집회의 자유에 의해서 보호되는 것은 단지 평화적·비폭력적 집회이다(헌재결 2003. 10. 30. 2000 헌바 67 등, 판례집 15-2 하, 41(53면)).

2) 예컨대 제 5 조 제 1 항(집회·시위의 금지), 제 8 조 제 5 항(주거지역·학교부근·군사시설주변 등에서의 집회·시위금지·제한), 제10조(집회·시위금지시간), 제11조(집회·시위금지장소), 제12조 제 1 항(교통소통목적의 제한), 제13조(질서유지선의 설정), 제17조 제 5 항(질서유지인의 명단사전통보의무) 참조.

컨대 공공도로상에서의 연좌시위(連坐示威)는 교통소통을 방해함으로써 '법적인 평화'를 해하고 교통수단을 이용하려는 많은 통행인들에게 심리적인 폭력을 가하는 것이기 때문에 평화적인 집단행동이라고 볼 수 없다는 견해(심리적 폭력설)도 있지만, 다수설은 사람이나 물건에 대한 물리적인 폭력이 없는 한 평화적인 성격을 인정해야 한다고 한다(물리적 폭력설).[1] 현행 집회 및 시위에 관한 법률(제12조)은 주요도시내 주요도로에서의 교통소통을 저해하는 농성집회를 제한·금지할 수 있도록 하고 있다.

공공도로상의 연좌시위와 물리적 폭력설

㈃ 집회의 주최자 요건

집회에는 일반적으로 주최자 내지 주관자가 있는 것이 원칙이지만 주최자 내지 주관자는 집회의 필수적인 요소는 아니다. 계획적인 집회와는 달라서 '우발적인 집회'에서는 주최자 내지 주관자가 없을 수도 있기 때문이다.

계획적 집회와 우발적 집회

㈄ 집회의 의사표현요건

집회는 집단적인 의사형성 내지 의사표현의 수단이기 때문에 집회에서 의견교환이나 의사표현이 행해지는 것은 당연히 집회의 본질적인 내용에 속한다. 사실상 집회를 주최하고 집회에 참여하는 그 자체가 일종의 추정적인 의사표현이라고 볼 수 있기 때문에 의사표현과 무관한 집회를 생각할 수 없다.[2] 국내의 일부학자[3]가 집회에서 행해지는 연설이나 토론 등은 언론의 자유에 속한다고 하지만, 그것은 집회의 당연한 내용이지 따로 언론의 자유의 문제가 되는 것은 아니다.[4] 결국 집회에서 행해지는 의사표현의 내용에 따라 집회의 성격이 정해지게 되는데, 집회에서 행해지는 의사표현의 내용에 따라 그 보호의 진지성에 차등을 두는 것은 마치 집회의 검열(허가)제에 해당되기 때문에 허용되지 않는다고 할 것이다.

집회에서의 의사표현은 집회의 본질적 내용

---

1) 이 점에 대해서 자세한 것은 졸저, 전게서, 제 4 판, 2010, 방주 958의 각주 문헌 참조.

2) 【판시】 집회·시위의 규제에는 집회에 있어서의 의사표현 자체의 제한의 경우와 그러한 의사표현에 수반하는 행동 자체의 제한 두 가지가 있을 수 있다. 전자의 경우에는 제한되는 기본권의 핵심은 집회에 있어서의 표현의 자유라고 볼 것이다(헌재결 1992. 1. 28. 89 헌가 8, 판례집 4, 4(17면)).

3) 예컨대 김철수, 634면; 권영성 교수는 다른 곳에서(466면), 집회에 참가하여 발언하거나 결사에 가입해서 발언하는 것을 제한할 경우에 '집회·결사의 자유'가 '언론·출판의 자유'에 대한 특별법으로 우선한다고 말하고 있는 점이 주목된다.

4) 【판시】 우리 헌재도 '집회의 자유는 불만과 비판을 공개적으로 표출케 해서 … 건전한 여론표현과 여론형성을 촉진시키며 대의기능이 약화되었을 때 소수의견의 국정반영의 창구의 의미를 가진다'고 판시하고 있다(헌재결 1992. 1. 28. 89 헌가 8, 판례집 4, 4(20면)).

4) 집회의 자유에 대한 제한과 그 한계

㈎ 집회의 자유와 공공의 안녕질서유지

집회의 자유
에 내포된 양
극현상과 제
한의 기준

집회의 자유는 집단적인 형태로 의사표현을 할 수 있는 자유이기 때문에 공공의 안녕질서 내지는 법적 평화와 갈등을 일으키게 될 가능성이 크다고 하는 것은 이미 앞에서 지적한 바와 같다. 또 집단적인 시위행동이 민주주의를 파괴하기 위한 그릇된 목적으로 행해진다면 민주적 기본질서가 중대한 위협을 받게 된다는 점도 부인할 수 없다. 그러나 또 한편 집회의 자유가 민주주의실현 내지 동화적 통합을 위해서 불가결한 중요한 기능을 가지고 있다는 점도 잊어서는 아니된다. 집회의 자유에 대한 제한은 '집회의 자유'에 내포된 이같은 양극현상 때문에 특히 세심한 주의를 요한다. 집회의 자유에 대한 제한시에 이익형량, 규범조화적 해석, 과잉금지의 원칙, 명백하고 현존하는 위험의 원리 등이 특별히 중요한 의미를 가지는 이유도 그 때문이다.[1]

㈏ 집회의 자유의 본질적 내용

집회허가제
및 우발적 집
회의 사전신
고 강요금지

기본권제한입법의 한계조항의 범위 내에서 집회의 자유를 제한하는 경우에 '집회허가제'를 금지하는($\frac{제21조}{제2항}$) 헌법정신과 위의 원칙이 엄격히 존중되어야 함은 물론이고, 집회의 자유의 본질적 내용은 침해하지 말아야 한다.[2] 집회에 대해서 허가제를 도입하는 법률의 제정, 집회의 사전신고제를 운영하는 과정에서 우발적 집회에 대해서 사전신고가 없었다는 이유만으로 해산명령을 발하는 것 등은 집회의 자유의 본질적 내용의 침해라고 보아야 한다. 우발적 집회의

---

1) 【결정례】 집회 시위현장에서 진압경찰이 해산명령을 관철하기 위해서 시위대를 향해서 사용하는 직사살수행위는 사람의 생명이나 신체에 중대한 위험을 초래할 수 있는 공권력 행사에 해당하기 때문에 필요 최소한의 범위 내에서 법익의 균형성도 갖추어야 하는데, 직사살수행위로 시위 참여자가 상해를 입고 결국 사망에 이르게 한 것은 생명권 및 집회의 자유를 침해한 위헌적인 공권력 행사임을 확인한다(헌재결 2020. 4. 23. 2015 헌마 1149).

2) 【판시】 야간의 옥외집회의 금지에 관한 집시법 제10조의 규정은 예외를 허용할 수 있는 단서규정을 두고 있고, 야간이라도 옥내집회는 일반적으로 허용되는 점들을 고려할 때 집회의 자유의 본질적 내용을 침해한 것이라고 볼 수 없다(헌재결 1994. 4. 28. 91 헌바 14, 판례집 6-1, 281(301면))는 이 결정은 그 후 헌법 제21조 제 2 항의 규범력을 제대로 인식하지 못한 잘못된 결정으로서 변경이 불가피하다고 위헌(헌법불합치)결정으로 바뀌었다(헌재결 2009. 9. 24. 2008 헌가 25, 판례집 21-2(상), 427(463면). 그런데 헌재가 이 결정에서 정한 잠정적 계속적용시한인 2010. 6. 30.까지 법 개정이 되지 않아 해당 법규정은 효력을 상실했다. 그 후 헌재는 집시법 제10조 본문 중 일몰 후 일출 전 야간옥외시위금지규정에 대한 위헌심사에서 이 조문을 일몰후 24시까지의 야간 옥외시위에 적용하는 것은 위헌이라고 한정위헌결정을 했다. 그러나 이 한정위헌결정은 합헌적 법률해석의 한계를 벗어나 입법권을 침해한 것이라는 비판을 면하기 어렵다고 생각한다(헌재결 2014. 3. 27. 2010 헌가 2 등). 같은 취지의 결정 헌재결 2014. 4. 24. 2011 헌가 29, 판례집 26-1 상, 574(584면).

특징은 사전신고가 불가능하다는 데 있기 때문에 우발적 집회에 획일적으로 사전신고를 요구하는 것은 부당하다고 할 것이다. 우발적 집회에 대해서는 i) 그 집회의 목적이 자유민주적 기본질서와 조화될 수 있는 일반적인 성질의 것이고, ii) 그 집회의 방법이 허용된 것이고, iii) 집회의 목적과 방법이 내적인 관련성을 유지하고 합리적인 비례관계에 있는 한, 비록 사전신고가 없었다고 하더라도 신고된 경우와 마찬가지로 보호되어야 하리라고 생각한다.[1] 긴급집회는 계획적이고 주최자가 있다는 점에서 우발적 집회와는 구별되지만, 긴급집회의 특성상 사전신고의무를 상황에 따라 완화해 줄 필요가 있다.[2]

긴급집회의
사전신고의무
완화

(대) 집회의 자유의 제한법률

현행 집회 및 시위에 관한 법률은 옥외집회 및 시위에 대해서 30일 전부터 48시간 전의 사전신고의무($_{제 6 조}$)를 규정하고 있을 뿐 아니라, '야간집회 및 시위와 교통소통에 방해가 되는 집회 및 시위' 등을 원칙적으로 금지하고($_{제 12조}^{제 10조와}$), 옥외집회의 시간과 장소를 제한하며($_{제 11조}^{제 10조 ~}$), 과다소음규제를 위해 확성기 등의 사용을 제한하고($_{제 14}^{조}$), 집회·시위장소에 경찰관이 자유롭게 출입할 수 있게($_{제 19}^{조}$) 하는 등 많은 제한을 가하고 있다.[3] 따라서 사전신고제를 마치 허가제

집시법의 제
한내용 및 합
헌적인 해석·
적용의 요청

---

1) Vgl. BVerwGE 26, 135(138); *F. Ossenbühl*, Versammlungsfreiheit und Spontandemonstration, Der Staat 10(1971), S. 53ff.; BVerfGE 69, 315(350f.)도 우발적 집회는 사전신고가 불가능하다는 점을 강조한다.

2) 동지: BVerfGE 85, 69.

3) 현행 집회 및 시위에 관한 법률은 다음에 열거하는 집회 및 시위를 금지 또는 제한할 수 있도록 했다.

① 헌법재판소의 결정에 의해서 해산된 위헌정당의 목적을 달성하기 위한 집회 및 시위(제 5 조 제 1 항 제 1 호)(절대적 금지)

② 집단적인 폭행·협박·손괴·방화 등 공공의 안녕질서에 직접적인 위협을 가할 것이 명백한 집회 및 시위(제 5 조 제 1 항 제 2 호)(절대적 금지)

③ 일출시간전 또는 일몰시간후 질서유지인이 없는 집회 및 시위(제10조)(상대적 제한)

④ 국회의사당, 각급법원, 헌법재판소, 외국의 외교기관, 대통령·국회의장·대법원장·헌법재판소장·국무총리공관과 외교사절의 숙소 등의 경계지점으로부터 100m 이내 장소에서의 단순행진이 아닌 옥외집회 및 시위. 다만 외국의 외교기관과 외교사절의 숙소의 경우 그 기능과 안녕을 침해할 우려가 없는 비표적집회·소규모집회·휴일의 집회는 허용하며 국회의사당, 각급 법원, 헌법재판소, 국무총리 공관 인근의 집회도 국회·각급법원·헌법재판소·국무총리공관의 기능이나 안녕을 침해할 우려가 없거나 대규모 집회 또는 시위로 확산될 우려가 없는 경우에는 허용된다(제11조)(상대적 제한).

⑤ 주요도시내 주요도로의 교통소통에 방해가 되는 질서유지인이 없는 집회 및 시위. 다만 심각한 교통불편의 우려가 있으면 질서유지인이 있어도 금지가능(제12조)(상대적 제한)

⑥ 주거지역 등 사생활의 평온에 심각한 피해가 발생할 수 있거나, 학교주변지역 등 학습권을 현저히 침해할 우려가 있거나, 군사시설 주변지역 등 군작전 수행에 심각한 피해가 발생할 우려가 있는 집회 및 시위(제 8 조 제 5 항)(상대적 제한)

⑦ 질서유지선(police line)을 침범하는 집회 및 시위(제13조)(상대적 제한)

【결정례】 i) 각급 법원과 국회의사당의 경계지점으로부터 100미터 이내 장소에서의 옥외집회·

와 같은 것으로 운영하거나, 경합되는 집회신고($^{제8조}_{제2항}$)를 집회금지의 수단으로 악용하거나,[1] 불특정한 법률개념들을 지나치게 확대해석·적용하는 것은 집회의

시위의 금지는 집회·시위의 자유의 침해가 아니라는(헌재결 2005. 11. 24. 2004 헌가 17; 헌재결 2009. 12. 29. 2006 헌바 20) 합헌판례는 2018년 위헌결정으로 변경되었다. 먼저 국회의사당 인근에서의 옥외집회를 예외적으로 허용해도 집시법에 규정된 여러 규제수단(제5조, 제6조-제16조~제18조, 제22조, 제24조 등)으로 충분히 국회의 헌법적 기능을 보호할 수 있으므로 국회의 활동에 대한 구체적인 위험상황이 존재하지 않는 경우까지도 예외 없이 국회의사당 인근에서의 집회를 금지하는 집시법규정(제11조 제1호 중 국회의사당 부분)은 침해의 최소성과 법익의 균형성을 어긴 집회의 자유의 침해이다(헌재결 2018. 5. 31. 2013 헌바 322 등, 판례집 30-1 하, 88(107면)). 국무총리 공관 인근의 집회금지도 같은 이유로 집회의 자유의 침해이다(헌재결 2018. 6. 28. 2015 헌가 28 등). 또 법관의 독립이나 법원의 재판에 영향을 미칠 가능성이 없거나 낮은 경우에도 과도하게 각급 법원 인근에서의 옥외집회와 시위를 금지하는 해당 법규정도 침해의 최소성과 법익의 균형성을 어긴 것이어서 집회의 자유를 침해한다(헌재결 2018. 7. 26. 2018 헌바 137, 2019. 12. 31. 시한 잠정적용 헌법불합치결정). ii) 국내 주재 외교기관의 경계지점으로부터 100미터 이내 지점에서의 옥외집회·시위를 원칙적으로 금지하되 외교기관의 기능·안녕을 침해할 우려가 없다고 인정되는 세 가지의 경우에는 예외적으로 옥외집회와 시위를 허용하는 집시법규정(제11조 제4호 중)은 집회의 자유의 침해가 아니다(헌재결 2010. 10. 28. 2010 헌마 111). iii) 신고하지 아니한 시위에 대한 관할 경찰서장의 해산명령에 불응한 자에 대하여 형사처벌하도록 정한 집시법 규정(제24조 제5호)은 과잉금지원칙을 위반하여 집회 시위의 자유를 침해한다고 볼 수 없다(헌재결 2016. 9. 29. 2014 헌바 492). iv) 신고범위를 뚜렷이 벗어난 집회와 시위에 대한 해산명령불응죄를 처벌하는 것은 집회·시위의 자유의 침해가 아니다(헌재결 2016. 9. 29. 2015 헌바 309). v) 재판에 영향을 미칠 염려가 있거나 미치게 하기 위한 집회와 헌법의 민주적 기본질서에 위배되는 집회와 시위를 금지하고 그 위반자를 처벌하는 폐지된 구 집시법의 절대적 금지조항은 규정내용의 불명확성으로 침해 최소성 요건에 위반되고 법익균형성도 상실하여 위헌이다(헌재결 2016. 9. 29. 2014 헌가 3). vi) 집회의 목적, 집회장소의 위치 및 면적, 질서유지선의 설정방법 등에 비추어 질서유지선의 설정범위인 '최소한의 범위'를 합리적으로 해석할 수 있으므로 질서유지선의 설정범위를 정한 집시법 규정(제13조 제1항 등)은 죄형법정주의의 명확성의 원칙에 위배되지 않는다(헌재결 2016. 11. 24. 2015 헌바 218). vii) 대통령 관저 경계 지점으로부터 100미터 이내 장소에서의 옥외집회 또는 시위를 금지하고 이에 위반한 자를 형사 처벌하는 집시법 규정(제11조 제3호 및 관련 처벌조항)은 보호하고자 하는 법익(대통령의 헌법적 기능 보호)에 대한 위험 상황이 구체적으로 존재하지 아니하는 소규모 집회까지도 예외 없이 금지하고 있어 침해 최소성과 법익 균형성을 어겨 집회의 자유를 침해한다(2022. 12. 22. 2018 헌바 48, 한시적 잠정적용(2024. 5. 31. 시한) 헌법불합치 결정). viii) 국회의장 공관 인근 집회를 금지하는 같은 법 해당 부분도 vii) 판시와 같은 이유로 집회의 자유의 침해이다(헌재결 2023. 3. 23. 2021 헌가 1). 같은 집시법 제11조 제3호에 규정된 대법원장과 헌법재판소장 공관 인근의 집회도 같은 결정을 하게 될 것이다.

1) 악용의 위험을 줄이고 경합되는 집회신고를 합리적으로 조절하기 위해서 시간과 장소를 분할하는 분할개최를 권유해서 거부되는 경우에만 후순위집회의 금지를 통고하고, 선순위 집회개최자는 집회시작 1시간 전에 집회개최사실을 통지하게 하며, 신고한 집회를 하지 않게 될 경우 집회일시 24시간 전에 철회신고서를 제출하게 하고 이를 어기면 과태료를 부과할 수 있도록 집시법(제6조 제3항, 제8조 제2항~제4항, 제26조 제1항, 제2항)을 개정(2016. 1. 27.)했다.
【결정례】 i) 옥외집회 신고서를 접수하고 접수증을 교부한 후 접수순위를 정하기 어렵다는 이유로 법률상 근거도 없이 신고서를 반려한 행위는 법률유보원칙에 위반되는 집회의 자유의 침해이다(헌재결 2008. 5. 29. 2007 헌마 712). ii) 법 제10조 본문의 야간 옥외집회금지부분은 그 단서와의 관계에서 사실상 헌법이 금지하는 허가제를 규정한 내용이어서 위헌이라고 헌법

자유에 대한 위헌적인 침해가 된다고 할 것이다.[1] 헌법재판소의 결정으로 야간
옥외집회의 허가제는 금지되고 야간 옥외시위도 24시까지는 할 수 있게 되었다.

국가비상사태하에서의 집회의 자유제한은 또 다른 관점에서 이해해야 한
다고 하는 것은 언론·출판의 자유에서 이미 자세히 설명한 바와 같다.

(2) 결사의 자유

1) 결사의 자유의 의의와 그 헌법상 기능

㈎ 결사의 자유의 의의

결사의 자유라 함은 공동의 목적을 가진 다수인이 자발적으로 계속적인
단체를 조직할 수 있는 자유를 말한다. 즉 '결사의 자유'는 임의적인 사적 결사
의 자유로서 사회적인 집단형성에 대한 국가적 간섭·조작으로부터의 자유를
그 내용으로 한다. 국민 한 사람 한 사람이 타인과 더불어 단체를 조직하고,
견해를 같이하는 사람끼리 일정한 기간 동안 결합함으로써 공동의 목적을 추구
하고, 단체의사를 형성하며 그 조직의 한 구성원으로 그 단체의사에 복종하면
서 살아가는 것은 사회공동체의 가장 기본적인 조직원리를 뜻한다.

공동목적 다
수인의 자발
적인 계속적
단체조직권

사회의 기본
적 조직원리

불합치결정을 했다(헌재결 2009. 9. 24. 2008 헌가 25). 따라서 잠정적용시한을 경과한 2010. 7.
1.부터 효력을 상실했다. 관련 벌칙규정은 소급하여 효력을 상실했다(대법원 2011. 6. 23. 선고
2008 도 7562 판결). iii) 법 제10조 본문 중 일몰후 일출전 야간 옥외시위금지 부분을 일몰후
24시까지의 야간옥외시위에 적용하는 한 헌법에 위반된다(헌재결 2014. 3. 27. 2010 헌가 2
등). 이 결정은 소수의견의 지적대로 합헌적 법률해석의 한계를 벗어났다고 할 것이다.

1) 【결정례】 i) '현저히 사회적 불안을 야기시킬 우려가 있는 집회 또는 시위'를 금지한 구집시법
규정에 대해서 우리 헌재가 이 규정은 그 소정행위가 공공의 안녕과 질서에 직접적인 위협을
가할 것이 명백한 경우에 한하여 적용된다고 해석할 때만 합헌이라고 한정합헌결정을 한 것도
그 때문이다. 헌재결 1992. 1. 28. 89 헌가 8 참조. ii) 보호법익에 대한 구체적인 위험상황이
없는 경우(집회금지장소 내의 다른 항의대상에 대한 집회, 소규모집회, 휴무일의 집회 등)에도
국내 주재 외국의 외교기관으로부터 1백미터 안에서의 옥외집회를 예외 없이 금지하는 것은
최소침해의 원칙에 어긋나는 집회의 자유의 침해이다(헌재결 2003. 10. 30. 2000 헌바 67 등).
iii) 그러나 옥외집회의 사전신고제도와 미신고 옥외집회 주최자에게 행정형벌을 과하도록 규정
한 집시법규정은 신고제를 사실상 허가제로 변화시킨 것은 아니므로 집회의 자유의 침해가 아
니다(헌재결 2009. 5. 28. 2007 헌바 22). iv) 국무총리 공관 인근 옥외집회·시위금지와 위반시
처벌을 규정한 집시법 해당규정은 소규모 옥외 집회·시위와 국무총리를 대상으로 하는 집회·시
위가 아닌 경우 등 예외적으로 허용하는 것이 가능한 집회까지도 일률적·전면적으로 금지하고
있어 필요한 최소한의 범위를 넘는 과도한 제한이어서 침해의 최소성 원칙에 위배되고 달성하려
는 공익이 제한되는 집회의 자유보다 크다고 단정할 수 없어 법익의 균형성에도 위배된다. 위헌
적 부분과 합헌적 부분이 공존하고 있어 2019. 12. 31. 시한으로 입법개선 때까지 잠정적용토록
헌법불합치결정을 한다(헌재결 2018. 6. 28. 2015 헌가 28 등, 판례집 30-1 하, 297(311~312면)).
v) 집회·시위를 목적으로 하는 '인천애뜰' 잔디마당의 사용을 전면적·일률적으로 제한하는 인
천광역시 조례는 법률유보원칙을 어긴 것은 아니지만, 침해최소성과 법익균형성을 어기고 집
회·시위의 효과를 높이기 위한 집회·시위 장소 선택권을 과도하게 제한하는 것이어서 집회·
시위의 자유를 침해한다(헌재결 2023. 9. 26. 2019 헌마 1417).

(나) **결사의 자유의 헌법상 기능**

개성신장·사
회통합·소수
보호·의사정
리기능

결사의 자유는 i) 개성신장의 수단으로서의 기능과, ii) 사회공동체의 동화
적 통합기능 그리고 iii) 자유로운 사회집단구성을 가능케 하는 소수의 보호기
능은 물론, iv) 의사형성의 수단인 동시에 의사를 수렴·여론화시키는 수단으로
서의 기능을 갖는다.

이처럼 사회공동체의 조직의 원리인 동시에, 사회집단구성에 관한 기본원
칙을 뜻하는 결사의 자유는 국민의 국가권력에 대한 주관적 공권에 그치지 않
고 사회공동체를 국가적인 영향권으로부터 분리·독립시켜 나가기 위한 불가결
한 객관적 가치질서로서의 성격을 가지게 된다.

2) 결사의 자유의 법적 성격

양면성

결사의 자유는 국가의 간섭 없이 자유롭게 사회적인 단체를 조직할 수 있
는 권리를 뜻하기 때문에 국민의 국가에 대한 주관적 공권으로서의 성격을 가
진다고 하는 것은 두말할 필요가 없다. '결사의 자유'는 또한 사회의 자립성을
유지시켜 주는 객관적 가치질서로서의 성격을 갖는다는 것도 위에서 지적한 바
있다. 결사의 자유는 그 밖에도 결사조직을 통해서 민주적인 의사형성과정에
참여할 수 있는 '국가를 향한 자유권'으로서의 성격을 가진다. 또 결사의 자유

결사의 제도
보장적 성격
과 그 내용

는 결사조직 상호간의 협동기능을 포함한 결사의 제도보장적 성격을 가진다고
볼 수 있다.[1] 즉 결사의 종류·형태·수·존립요건 등은 입법권자가 그 입법형
성권에 의해서 임의로 정할 수 있지만, 결사를 제도적으로 금지하는 입법형성
권의 행사는 허용하지 않는다고 할 것이다. 왜냐하면 결사의 자유에는 '결사'
그 자체의 보호가 함께 내포되고 있기 때문이다.[2] 그러나 결사의 자유에 내
포된 제도보장은 C. Schmitt적인 사상의 세계에서 주장되는 '제도보장'도 아니
고, 또 P. Häberle적인 '제도적 기본권이론'[3]과도 다르다는 것을 주의할 필요가
있다.

3) 결사의 자유의 내용

결사의 자유는 공동의 목적을 추구하기 위해서 다수인(2인이상)이 자유롭게 계
속적인 단체를 조직할 수 있도록 보장하는 것이다.

---

1) 동지: 김철수, 631면. 반대견해: 권영성, 494면.
2) So auch BVerfGE 4, 96(101f.); 30, 227(241); 50, 290(354).
3) 이들 이론에 관해서 자세한 것은 앞부분 252면 이하와 258면 이하 참조할 것.

㈎ 결사의 자유의 구체적 내용

구체적으로는 사적 결사[1]에 대한 국가의 간섭배제를 그 내용으로 하는 결사조직의 자유, 결사존립의 자유, 결사해체의 자유, 결사활동의 자유, 결사가입·탈퇴의 자유 등 적극적인 자유와 사적인 결사의 조직을 강요당하지 않고 사적 결사에의 가입을 강제당하지 않는 소극적인 자유를 그 내용으로 한다.[2] 또 결사의 자유에는 결사내부조직, 내부적인 의사결정기구, 업무처리방법 등에 대한 이른바 결사내향적 자율권이 함께 보장되고 있다.[3]

'결사의 자유'는 이처럼 국민의 적극적 결사의 자유와 소극적 결사의 자유 그리고 결사의 내부사항에 대한 자율권을 보장할 뿐 아니라 '결사의 자유'에 내포된 제도보장의 성격 때문에 '결사' 그 자체의 자유도 함께 보장하고 있다.[4]

적극적 내용과 소극적 내용

결사내부적 자율권

결사 그 자체의 자유보장

---

1) 【판시】 공법상의 결사는 결사의 자유에 포함되지 않는다(헌재결 1996. 4. 25. 92 헌바 47, 판례집 8-1, 370(377면)).

2) 동지: 헌재결 1996. 4. 25. 92 헌바 47, 판례집 8-1, 370(377면) 참조.
   【결정례】 i) 사립학교 설립법인은 전국 또는 시·도 단위로 연합해야만 교원노조와 단체교섭을 할 수 있고 개별학교법인은 단체교섭을 할 수 없게 한 교원노조법규정(제6조 제1항)은 결사의 자유와 평등권의 침해가 아니다(헌재결 2006. 12. 28. 2004 헌바 67). ii) 변리사가 변리사회에 의무적으로 가입하도록 규정한 변리사법은 소극적 결사의 자유, 직업수행의 자유, 평등권의 침해가 아니다(헌재결 2008. 7. 31. 2006 헌마 666; 헌재결 2017. 12. 28. 2015 헌마 1000). iii) 안마사가 사법상 결사체인 안마사회에 의무적으로 가입하게 한 의료법규정은 소극적 결사의 자유의 침해가 아니다(위헌의견 5인)(헌재결 2008. 10. 30. 2006 헌가 15). iv) 화물자동차운송사업은 국가경제의 중추적인 역할을 담당하는 물류사업의 하나로 일정부분 공익적인 성격을 띠는데 협회들이 그 공동목적을 달성하기 위하여 설립한 연합회는 사법인이지만 정부로부터 일정한 권한을 위탁받아 공익적인 업무를 전국적·통일적으로 처리한다. 따라서 화물자동차운송사업자로 구성된 협회로 하여금 전국적인 단일조직인 화물자동차 운송사업연합회에 의무적으로 가입해야 하고 임의적으로 탈퇴할 수 없도록 정한 법규정(화물자동차운수사업체법 제50조 제1항 후문 관련규정)은 결사의 자유를 침해하지 않는다(헌재결 2022. 2. 24. 2018 헌가 8).

3) 같은 취지 BVerfGE 50, 290(354).
   【결정례】 i) 사법인적인 성격의 농협·축협의 조합장 직선제에서 선거운동기간을 13일로 제한하고 조합장선거의 후보자에게 합동연설회 또는 공개토론회의 개최나 언론기관 및 단체가 주최하는 대담·토론회를 허용하지 않은 입법자의 선택은 조합 구성원의 특성과 투표성향 및 지역적 토착성 등을 고려할 때 조합장 선거의 공정성 확보라는 중요한 공익실현을 위해서 불가피하므로 조합자율권의 과잉제한이 아니어서 결사의 자유를 침해하지 않는다(헌재결 2017. 7. 27. 2016 헌바 372, 판례집 29-2 상, 174(185면)). ii) 새마을금고는 공공성이 강한 특수법인으로서 자주적인 협동조합이므로 그 임원의 지위가 가지는 공공성의 요청이 다른 협동조합들에 비해서 더욱 크다. 그래서 그 임원선거에서 공정성을 확보하는 것은 임원의 윤리성을 담보하고 새마을금고의 투명경영을 도모하기 위한 것이므로 그 임원선거와 관련하여 법정된 선거운동방법 외의 방법으로 선거운동을 하는 경우 형사처벌하는 것은 침해최소성이나 법익균형성을 어긴 것이 아니어서 결사의 자유와 표현의 자유를 침해하지 않는다(헌재결 2018. 2. 22. 2016 헌바 364, 판례집 30-1 상, 246(257면)).

4) 【판시】 법인 등 결사제도 그 조직과 의사형성에 있어서, 그리고 업무수행에 있어서 자기결정권을 가지고 있어 결사의 자유의 주체가 된다고 봄이 상당하므로, 축협중앙회는 그 회원조합들과 별도로 결사의 자유의 주체가 된다(헌재결 2000. 6. 1. 99 헌마 553, 판례집 12-1, 686면).

결사간의 상호 협동 및 결합의 자유가 보장되는 것은 그 때문이다. 결사의 외향적 활동은 대부분 다른 기본권의 보장영역과도 관련이 있기 때문에 그들 기본권과의 사이에 기본권의 경쟁관계가 성립하는 것이 보통이다. 예컨대 회사법인의 영업행위가 직업의 자유에 의해서도 보호되는 것은 그 예이다.[1]

(ㄴ) 결사의 결사목적적 한계

불법목적결사
금지

결사의 목적에는 아무런 제한이 있을 수 없지만, 예컨대 범죄목적의 결사, 반민주주의적 결사, 반국가적 결사, 국제평화에 반하는 결사 등 법률이 금하고 있는 목적을 위한 결사가 보호를 받을 수 없는 것은 스스로 명백하다. 또 정치적 결사인 정당($\frac{제8}{조}$), 종교적 결사인 종교단체($\frac{제20조}{제1항}$), 학술 및 예술적 결사인 학술단체·예술단체·연예단체($\frac{제22조}{제1항}$), 근로활동적 결사인 노동조합($\frac{제33조}{제1항}$) 등의 특수결사는 결사의 자유에 의해서 보호되기 이전에 각각 그들 기본권에 의한 보호를 받는다.[2] 따라서 결사의 자유의 보호를 받는 결사는 이들 특수결사를 제외한 나머지 모든 사법적 결사를 뜻한다.

타 기본권보
호대상인 특
수결사

(ㄷ) 공법상의 강제결사

a) 독일의 학설·판례

소극적 결사
의 자유의 효
력배제

결사의 자유와 공법상의 강제결사와의 상호관계는 다투어지는 문제이다. 공적인 과제를 수행하기 위해서 공법상의 강제결사를 조직하는 것은 '일반적인 행동의 자유'를 제한하게 될지는 몰라도 소극적 결사의 자유에 대한 침해라고 볼 수 없다는 것이 독일에서 학설과 판례[3]의 입장이었다. 즉 소극적인 결사의 자유는 사법상의 강제결사금지를 뜻하는 것이고 공법상의 강제결사에는 그 효력이 미치지 아니한다는 주장이다.

b) 비판 및 사견

2원주의 정신
에 위배

그러나 이같은 학설과 판례의 입장은 반드시 재고되어야 한다고 생각한다. 결사의 자유의 이념적 기초는 국가와 사회를 구별하는 2원주의이기 때문에, 결사의 자유로 하여금 국가적인 영향권으로부터 독립된 사회의 영역을 보존케 하는 헌법상의 기능을 제대로 수행케 하기 위해서는 공법상의 강제결사에도 반드

---

1)【판시】영리단체도 결사의 자유에 의해 보호된다. 따라서 직업수행의 방법으로 법인을 설립·운영하는 자유는 직업수행의 자유의 본질적 부분의 하나이다(헌재결 2002. 9. 19. 2000 헌바 84, 판례집 14-2, 268(277면)).

2)【판시】결사의 자유에 의하여 보호되는 '결사'의 개념에는 법이 특별한 공공목적에 의하여 구성원의 자격을 정하고 있는 특수단체의 조직활동까지 그에 해당하는 것으로 볼 수 없다. 따라서 주택조합의 조합원자격을 제한해도 유주택자의 결사의 자유를 침해하는 것이 아니다(헌재결 1994. 2. 24. 92 헌바 43, 판례집 6-1, 72(77면)).

3) 자세한 것은 졸저, 전게서, 제4판, 2010, 방주 968 관련문헌 참조할 것.

시 일정한 한계가 있다고 보아야 한다. 그렇지 않고 공법상의 강제결사를 무제한 허용하는 경우에는 국가가 그 output의 창구를 마련하는 수단으로 공법상의 강제결사를 임의로 넓혀 나가게 되고, 그것은 사회영역의 국가화현상을 초래해서 자율적인 사회영역이 마침내는 없어지고 말 것이기 때문이다. 독일에서도 판례에 대한 비판의 소리가 높아지고 있다.[1]

〔여백 주석〕 output창구확대 통한 사회영역 침해위험성

따라서 단순히 막연한 '공적 과제'를 내세워 입법권자가 임의로 공법상의 강제결사를 조직케 할 것이 아니고, 다음과 같은 두 가지 전제조건이 충족될 수 있는 경우에 한해서 강제결사가 허용된다고 보는 것이 옳다. 즉 첫째 직업의 전문성·공익성 때문에 공법상의 강제결사가 공익목적을 달성키 위해서 필요 불가피하고, 둘째 결사구성원 상호간에 직업적·신분적 연대의식 내지는 동질의식이 존재하는 경우에 한해서만 공법상의 강제결사를 허용해야 한다고 생각한다. 예컨대 변호사법에 의한 변호사회,[2] 변리사법에 의한 변리사회,[3] 의료법에 의한 각종 의료인단체(의사회등), 약사법에 의한 약사회 등이 그 대표적인 예이다.

〔여백 주석〕 공법상 강제결사의 허용요건: 직업의 전문성·공익성 및 구성원 상호간의 직업적·신분적 연대의식

4) 결사의 자유에 대한 제한과 그 한계

㈎ 결사의 자유의 제한

결사의 자유에 대한 제한은 기본권제한입법의 한계조항(제37조 제 2 항)의 범위 내에서만 허용된다. 그러나 우리 현행헌법(제21조 제 2 항)은 결사에 대한 허가제를 금지하고 있다는 점을 잊어서는 아니된다.[4] 결사의 자유의 제한에는 이익형량, 규범조화적 해석, 과잉금지의 원칙, 명백하고 현존하는 위험의 원리 등이 존중되어야 함은 물론이다. 따라서 명백하고 현존하는 위험의 원리 또는 과잉금지의 원칙을 무시하고 결사활동을 지나치게 제한하거나, 공법상의 강제결사의 필요요건을 무시한 강제결사의 조직은 결사의 자유에 대한 침해라고 보아야 할 것이다.[5] 또 국가와 지방자치단체가 비영리민간단체에 대한 재정지원을 구실로 민

〔여백 주석〕 결사허가제금지와 제한기준

---

1) 자세한 것은 졸저, 전게서, 제 4 판, 2010, 방주 968 관련문헌 참조할 것.
2) 대한변협에 변호사의 등록 및 징계에 관한 포괄적인 자율심사권을 부여하고 법무부는 그 결정에 대한 이의신청사건만 심의하게 한 것도 이 단체의 공익성 때문이다(변호사법 제 7 조~제13조, 제90조~제96조).
3) 헌재결 2017. 12. 28. 2015 헌마 1000 참조.
4) 【판결례】 요건을 갖춘 사회단체의 등록신청에 대해서 설립목적 등이 유사한 다른 사회단체가 이미 등록되었다는 이유로 행정관청이 그 등록접수를 거부하는 것은 결사의 자유에 대한 침해라는 대법원판례가 있다(대법원 1989. 12. 26. 선고 87 누 308 판결). 이것은 사회단체로 등록되지 않더라도 단체활동에는 지장이 없다는 이유로 행정관청의 임의적인 등록접수 거부를 허용하던 1967년 이래의 판례를 바꾼 것이다.
5) 【결정례】 (i) 기존의 축협중앙회를 해산하여 신설되는 농협중앙회에 합병토록 한 농협법은 결사의 자유·직업의 자유·재산권의 과잉제한이라고 볼 수 없다(헌재결 2000. 6. 1. 99 헌마

간단체(NGO)의 활동을 부당하게 간섭·규율하는 일이 없도록 민간단체지원법을 신중하게 운용해야 할 것이다.[1]

(나) 결사의 자유의 본질적 내용

결사의 자유를 제한하는 경우에도 결사의 자유의 본질적 내용은 그 어떤 경우에도 제한될 수 없기 때문에, 예컨대 결사 그 자체를 금지하는 입법조치,[2] 결사조직의 사전허가제를 도입하는 입법조치, 사법상의 강제결사를 허용하는 입법조치 등은 결사의 자유의 본질적 내용을 침해하는 것으로서 위헌임을 면치 못한다고 할 것이다.

국가비상사태시에 행해지는 결사의 자유의 제한은 헌법보호의 차원에서 이해해야 한다는 것은 언론·출판의 자유 및 집회의 자유의 경우와 같다.

(좌측 여백 주석) 결사 자체의 금지, 사전허가제, 사법상의 강제결사 등의 배척

---

553). (ii) 결사의 자유에는 결사체 존속의 자유도 포함되기 때문에 사단법인의 존속여부가 소수사원의 의사에 좌우되거나 과반수에 이르지 못하는 사원의 동의만으로 해산을 가능하게 하는 것은 사단법인의 존립을 위태롭게 할 위험성이 있다. 그러나 사단법인 정관변경의 의결요건보다 가중된 총사원 3/4 이상의 동의를 사단법인 해산결의의 요건으로 정한 민법규정(제78조)은 과잉금지원칙을 어긴 것이 아니어서 결사의 자유를 침해하지 않는다(헌재결 2017. 5. 25. 2015 헌바 260, 판례집 29-1, 135(140면)). (iii) 초·중등교원은 정당 이외의 '그 밖의 정치단체의 결성에 관여하거나 이에 가입할 수 없다'고 정한 국공법 제65조 제 1 항 중 관련규정은 규제나 형벌조항에 대해서 헌법이 요구하는 명확성의 원칙의 엄격한 기준을 충족하지 못하여 정치적 표현의 자유와 결사의 자유를 침해한다(헌재결 2020. 4. 23. 2018 헌마 551).
[평석] 이 결정은 그동안 헌재가 일관해서 적용해온 명확성의 원칙의 해석기준을 벗어나 해당문구의 표현만을 기준으로 해석한 결과로서 설득력이 약하다고 생각한다. 규제 또는 형벌법규에 대해서 헌재가 명확성의 기준을 엄격하게 적용해온 것은 맞지만, 헌재의 확립된 판시에 따르면 '그 밖의 정치단체'의 명확성 원칙 위배 여부의 판단은 해당문구뿐 아니라 관련조문을 종합적·체계적·통일적으로 해석해야 한다. 그런데도 법정의견은 해당문구의 표현만을 근거로 명확하지 않은 개념이라고 위헌결정했다. 이 점에서 헌재의 확립된 판시취지에 따른 3인의 반대의견의 해석과 논증이 더 설득력이 있다고 할 것이다. 즉 공무원의 정치적 중립성 및 교육의 정치적 중립성을 선언한 헌법의 취지와 해당 표현이 사용된 관련조문('공무원은 정당이나 그 밖의 정치단체의 결성에 관여하거나 이에 가입할 수 없다'(국공법 제65조 제 1 항))의 앞뒤 문맥 등을 체계적·종합적으로 고려하면 '그 밖의 정치단체'는 특정 정당이나 특정 정치인을 지지·반대하는 단체로서 그 결성에 관여·가입하는 경우 공무원의 정치적 중립성 및 교육의 정치적 중립성을 훼손할 가능성이 높은 단체라고 한정하는 해석이 충분히 가능하고 당연하기 때문이다. 따라서 명확성의 원칙을 어겼다는 법정의견은 동의하기 어렵다.
1) 비영리민간단체지원법 제 3 조~제11조 및 제13조 참조.
2) 【판시】 동종의 업종별 축협이 복수로 설립되는 것을 금지하는 것은 원칙적으로 조합공개의 원칙에 반한다. 결국 복수조합설립금지규정은 양축인이 자주적으로 협동조합을 설립하여 그들의 권익을 보호할 수 있는 결사의 자유와 직업행사의 자유의 본질적 내용을 침해한다(헌재결 1996. 4. 25. 92 헌바 47, 판례집 8-1, 370(386면)).

8. 권리구제를 위한 청구권

우리 헌법은 공권력의 작위 또는 부작위에 의해서 국민의 자유와 권리가 침해된 경우에 권리구제를 받을 수 있는 청구권을 기본권의 형식으로 규정함으로써 기본권보장의 실효성을 높이려고 노력하고 있다. 청원권($^{제26}_{조}$) · 재판청구권($^{제27}_{조}$) · 형사보상청구권($^{제28}_{조}$) · 국가배상청구권($^{제29}_{조}$) · 범죄피해자구조청구권($^{제30}_{조}$) 등이 그것이다. 이들 기본권은 그 구체적인 기능의 면에서는 서로 다른 점이 많지만 권리구제를 위한 청구권으로서의 성격을 갖는다는 점에서는 공통점이 있다. 또 권리구제를 위한 이들 기본권은 일종의 '절차적 기본권'으로서의 성질을 갖는다는 점에서도 유사한 점이 있다.

이 중에서 청원권은 권리구제를 위한 청구권인 동시에 정치 · 사회생활영역을 보호하기 위한 기본권으로서의 성격도 강하게 내포하고 있기 때문에 이미 그와 관련해서 살펴본 바 있다. 또 재판청구권과 형사보상청구권[1]도 인신보호를 위한 사법절차적 기본권과 함께 앞에서 다루었기 때문에 여기서는 국가배상청구권과 범죄피해자구조청구권만을 검토하기로 한다.

청원권 · 재판청구권 · 형사보상청구권 · 국가배상청구권 · 범죄피해자구조청구권

Ⅰ. 국가배상청구권

국민이 공무원[2]의 직무상 불법행위로 인해서 손해를 받은 경우에 이를 구제해 주기 위해서 현행헌법은 국가배상청구권($^{제29}_{조}$)을 보장하고 있다. 국가배상청구권은 공무원의 국민에 대한 책임을 밝힌 헌법정신($^{제7조}_{제1항}$)과 법치국가적 요청을 실현하기 위해서 인정되는 매우 중요한 기본권이다. 국가배상청구권을 구체화하기 위해서 국가배상법이 제정 · 시행되고 있다.

공무원의 직무상 불법행위로 인한 손해배상

---

1) 권영성 교수(573면 이하)는 형사보상청구권과 손실보상청구권을 한데 묶어 '국가보상청구권'이라 부르면서 청구권적 기본권에서 함께 설명하고 있다. 그러나 그와 같은 서술태도는 문제점이 있다고 생각한다. 왜냐하면 형사보상청구권과 손실보상청구권은 그 권리의 성질이 전혀 다르기 때문이다. 형사보상청구권이 잘못된 공권력행사로 받게 된 정신적 고통에 대한 정신적 위자료의 성질이 강한 것이라면, 손실보상청구권은 적법한 재산권수용에 대한 재산가치의 전보정신에 따른 것이기 때문이다. 권교수는 스스로도 손실보상제도는 재산권을 확보하기 위한 수단적 기본권이라는 측면에서 그 헌법적 의의를 살펴야 한다고 하면서도, 또 재산권에 관한 서술과 상당 부분 중복되지 않을 수 없다고 하면서도(573면 각주 2)) 구태여 성질이 전혀 다른 형사보상청구권과 한데 묶어 '국가보상청구권'으로 다루려는 것은 설득력과 합리성이 약하다고 생각한다.

2) 공무를 위탁받은 사인도 공무원에 포함될 수 있도록 2009. 국배법(제 2 조 제 1 항 본문)이 개정되었다.

(1) 국가배상책임의 이념적 기초

국가배상청구권은 국가의 배상책임을 그 이론적인 전제로 하는데, 국가의 배상책임은 다음과 같은 이념적인 기초 위에서만 인정이 되는 현대의 법치국가적인 가치에 속한다고 볼 수 있다.

1) 국가무책임사상의 지양

절대국가사상
과 군권절대
주의사상의
극복

국가배상책임은 국가무책임사상의 지양을 그 이념적인 기초로 한다. 즉 대륙법계통의 나라에서 통하던 절대국가사상과 군권절대주의 및 이를 바탕으로 하는 '짐이 국가'라는 전근대적 사고방식이 지양되지 않고서는 국가의 배상책임을 논할 수 없다. 또 근대의 영미법적인 국가관을 상징하던 「왕은 악을 행할 수 없다」라든지 「주권자는 소추되지 않는다」는 사상 역시 국가의 배상책임과 조화될 수 없는 것도 명백하다.

2) 국가와 사회의 2원론

국가와 사회
의 구별

국가배상책임은 국가와 사회의 이질성을 인정하는 2원론을 그 이념적인 기초로 하고 있다. 즉 국가배상책임은 2원론을 바탕으로 해서 국가의 사회에 대한 output의 과정에서 생기는 불법행위책임을 의미하기 때문이다.

3) 보호가치 있는 생활영역

불법행위로부
터 보호받을
가치인정

국가배상책임은 국민의 보호가치 있는 생활영역을 인정하는 이념적인 기초 위에 서 있다. 즉 국가의 불법행위로부터 보호받을 만한 일정한 가치를 국민이 가지고 있다고 하는 것을 그 이념적인 기초로 하고 있다. 국가배상청구권이 기본권적 가치를 보호하고 실현하는 권리로서의 성격을 갖게 되는 이유도 그 때문이다. 국가배상청구권을 '기본권을 보장하기 위한 기본권'이라고 부르는 것도[1] 이같은 관점에서 이해할 수 있다.

4) 국가의 책임윤리

기본권적 가
치실현 수임
자로서의 책
임윤리

국가배상책임은 사회공동체의 동화적 통합을 위한 일정한 책임윤리를 그 이념적인 기초로 하고 있다. 현대사회에서 인간생활의 기능적인 상호 의존관계가 증대함에 따라 동화적 통합을 이루기 위한 새로운 책임윤리가 필요하게 되

---

1) 예컨대 문홍주, 327면.

었다. 즉 사법의 영역에서도 전통적인 '과실책임의 원칙'만을 고집해 가지고는 동화적 통합의 바탕이라고 볼 수 있는 '손해 및 희생의 공평한 사회분담'이 이루어지기 어렵게 되었다. '위험책임이론'이나 '무과실책임이론'이 나타나게 된 까닭이다. 공법의 영역에서도 국가가 일방적인 시혜자라는 사상이 더 이상 통하지 않고, 국가는 기본권적 가치를 실현시켜야 할 '수임자'로 기능하게 되었기 때문에, '수임자'로서 지켜야 되는 일정한 책임윤리가 강조되고, 책임윤리에 입각한 국가책임이 동화적 통합의 불가결한 전제조건으로 인식되게 되었다. 공익과 사익의 합리적인 조정이 이루어지지 않고, 실질적인 정의의 실현이 외면당하는 공법이론만으로는 사회공동체의 동화적 통합을 성취시킬 수 없다는 인식에 바탕을 두고 있는 것이 바로 국가의 배상책임이다. 국가배상책임의 본질이 원칙적으로 국가의 '자기책임'인 이유도 그 때문이다.

(2) 국가배상청구권의 의의 및 법적 성격

1) 국가배상청구권의 의의

국가배상청구권이라 함은 공무원 또는 공무를 위탁받은 사인의 직무상 불법행위로 인하여 재산 또는 재산 이외의 손해를 받은 국민이 국가 또는 공공단체에 그 손해를 배상해 주도록 청구할 수 있는 권리를 말한다. 이같은 권리가 인정되게 된 이념적 기초는 앞에서 살펴본 바와 같다. 현행헌법은 「공무원의 직무상 불법행위로 손해를 받은 국민은 법률이 정하는 바에 의하여 국가 또는 공공단체에 정당한 배상을 청구할 수 있다. 이 경우 공무원 자신의 책임은 면제되지 아니한다」($^{제29조}_{제1항}$)고 규정함으로써 국가배상청구권을 인정하고 있다.

공무원의 직무상 불법행위로 발생한 손해배상청구권

2) 국가배상청구권의 법적 성격

국가배상청구권의 법적 성격에 관해서는 여러 가지 견해가 대립하고 있는데 직접효력규정설 대 입법방침규정설, 재산권설 대 청구권설, 공권설 대 사권설의 대립이 그것이다.

결론부터 말하자면, 국가배상청구권은 헌법규정($^{제29}_{조}$)에 의해서 직접효력을 발생하는 재산가치 있는 공권적인 청구권이라고 할 수 있다.

직접효력의 재산가치 있는 공권적 청구권

㈎ 입법방침규정설의 내용과 비판

국가배상청구권에 관한 헌법규정이 단순한 입법방침규정에 지나지 않는다는 주장은 이 규정에 내포된 '법률이 정하는 바에 의하여'라는 법률유보를 그 주요논거로 하고 있지만, 이 법률유보의 성격은 '기본권실현적' 내지 '행사절차

법률유보 포함한 입법방침규정

적' 법률유보에 해당하는 것이고,[1] 기본권의 '존부확인적' 성격의 법률유보가 아니기 때문에, 이를 논거로 하는 입법방침규정설은 옳지 않다고 생각한다.[2]

법실증주의적·
자유주의적
기본권관과
직접효력규정
설의 부조화

국가배상청구권을 직접효력규정이라고 볼 것인지 아니면 단순한 입법방침규정이라고 볼 것인지의 문제는 본질적으로는 기본권관과도 불가분의 관계에 있다. 즉 법실증주의 내지 결단주의의 사상에 따라 기본권을 이해하는 경우에는 이를 직접효력규정이라고 보기가 어렵게 된다. 법실증주의의 관점에서 볼 때 모든 기본권은 원칙적으로 프로그램규정에 지나지 않는다는 것은 이미 주지의 사실이고, 결단주의의 시각에서도 자유권적인 성질의 기본권을 제외한 다른 기본권을 직접효력을 발생하는 현실적인 권리라고 이해하는 데에는 이론상의 어려움이 따르기 때문이다.[3] 따라서 원칙적으로 법실증주의 또는 결단주의의 입장에 서서 직접효력규정설을 주장하는 것도 헌법이론상의 문제점이 있다.

(ᄂ) 재산권설의 내용과 비판

재산권 아닌
청구권

국가배상청구권은 공권력의 불법행위로 인한 재산 또는 재산 이외의 손해를 구제해 주기 위한 청구권에 속한다. 따라서 국가배상청구권은 권리구제를 위한 '절차적 기본권'으로서의 성격을 갖는 것이지, 그 자체가 재산권에 속하는 것은 아니다. 그러므로 국가배상청구권을 재산권이라고 주장하는 입장[4]은 옳지 못하다. 헌법상의 재산권($\frac{제23}{조}$)은 사유재산제도와 그를 바탕으로 하는 구체적 재

재산가치 있
는 청구권

산권의 보장을 위한 것이고, 국가배상청구권($\frac{제29}{조}$)은 공무원의 직무상 불법행위에 의해서 비로소 발생하는 권리구제를 위한 '청구권'인데 단지 그것이 재산가치를 가지는 청구권일 따름이다.

(ᄃ) 사권설의 내용과 비판

사권설의 논
거와 공권적
사권설

국가배상청구권을 사권이라고 이해하는 데는 많은 법리상의 문제점이 따른다.[5] 그럼에도 불구하고, 국가의 배상책임은 국가가 사적인 사용자의 지위에서 지는 책임인데, 이를 공권이라고 보는 경우에는 많은 제약이 가능할 것이기 때문에 권리보장상 사권이라고 보는 것이 옳다고 주장하는 사람이 있다.[6] 또 학자에 따라서는 국가배상청구권을 '공권적인 것에 사권적인 것'이 보완된 이른바 '공권적 사권'이라고도 한다. 또 국가배상청구권의 법적 성격을 국가배상법

---

1) 이 점에 대해서 자세한 것은 앞부분 329면 참조할 것.
2) 동지: 문홍주, 346면; 김철수, 797면.
3) 이 점에 대해서 자세한 것은 앞부분 252면 및 255면 참조할 것.
4) 한때 우리 대법원(대법원 1971. 6. 22. 선고 70 다 1010 판결)의 소수의견이었지만, 지금 이 입장을 취하는 헌법학자는 없는 것 같다.
5) 공권설을 따르는 사람은 예컨대 권영성, 567면, 교수이다.
6) 예컨대 김철수, 798면.

의 성격과 결부시켜서, '공권과 공법', '사권과 사법'이 서로 이어지는 것이라고 설명하기도 한다.[1]

그러나 국가배상청구권은 위에서도 살펴본 바와 같이 헌법규정에 의해서 직접 효력이 인정되는 헌법상의 주관적 공권이기 때문에 그것이 사권일 수도, '공권적 사권'일 수도 없다.[2] 또 국가배상청구권은 모든 국민에게 권리구제를 위해서 인정된 헌법상의 권리이지 국가배상법 때문에 비로소 인정되는 권리는 아니다. 따라서 국가배상법의 성질 여하에 따라 국가배상청구권의 법적 성격이 달라질 수도 없다.

사권설 및 공권적 사권설의 부당성

역사적으로 공법과 사법의 2원체계에 따라 공법영역과 사법영역을 구별하면서도, 공법영역을 되도록 줄이고 사법영역을 그만큼 넓혀 나가려는 노력은 국민의 권리구제적인 의미가 컸다는 것을 부인할 수 없다. 즉 비록 국가작용이라 하더라도 사법상의 일반원칙에 기속되게 함으로써 철저한 당사자주의를 적용시켜 국가권력의 탈선과 권리침해를 막는다는 효과를 기대했던 것이 사실이다. 그러나 오늘날에는 소송법이론의 발전으로 인해서 구태여 공법을 사법으로, 공권을 사권으로 의제하지 않는다 하더라도 공권의 청구절차를 민사사건으로 다루는 것이 얼마든지 가능하게 되었다. 예컨대 독일기본법(제19조 제4항)에서도 공권력에 의한 권리침해시에 행정소송절차가 아닌 민사소송절차에 의한 권리구제가 원칙임을 명시하고 있다. 또 독일에서 예컨대 위법한 행정행위로 인해서 손해를 입은 국민은 그 행정행위의 취소청구소송은 행정소송절차에 따르더라도, 그 행정행위로 인한 손해배상청구소송은 민사소송절차에 따르게 하는 등 이른바 '2원적 권리구제절차'를 인정하고 있는 것도[3] 청구권의 법적 성질과 그 소송절차는 다를 수 있다는 것을 말해 주는 좋은 예라고 할 것이다.[4] 우리나라 국가배상법이 국가배상사건을 소송절차상 민사사건으로 다루고 있는 것과 국가배상청구권의 법적 성격을 공권으로 보는 것과는 서로 모순되는 것이 아니다.[5]

사법영역확대의 권리구제적 의미

소송법이론의 발전으로 인한 2원적 권리구제절차

청구권의 법적 성격과 소송절차의 구별당위성

---

1) 예컨대 김철수, 799면; 권영성, 567면.
2) 따라서 국가배상청구권을 직접효력규정으로 설명하면서 이를 사권이라고 이해하는 것은 문제가 있다. 예컨대 김철수, 797면 이하.
3) 이 점에 대해서 자세한 것은 예컨대 vgl. *F. Ossenbühl*, Staatshaftungsrecht, 2. Aufl.(1978), S. 69f.
4) 독일에서도 공권설이 지배적이다. Vgl. *F. Ossenbühl*, a.a.O., S. 6.
5) 【결정례】 국가배상사건은 민간인 상대의 손해배상사건과는 다른 측면이 있어 순수하게 사법적인 것으로만 단정할 수 없으므로 국가가 가집행된 국가배상금을 회수하기 위해서 행하는 국가채권의 납입고지에 대해서 민법상의 최고의 경우와 달리 종국적인 시효중단의 효과를 인정한다고 해도 국고작용의 영역에서 국가를 합리적 이유 없이 우대하는 것은 아니다(헌재결 2004. 3. 25. 2003 헌바 22).

공권적인 청구권이라 하더라도 이를 되도록이면 민사사건으로 다루려는 독일과 우리나라의 입법태도는 따지고 보면 민사사건으로 하는 것이 권리구제에 보다 더 효과적이라는 전통적인 심리에 기인하는 것에 불과하다.

(3) 국가배상청구권의 주체

주체에 관한 헌법적 한계

대한민국의 국민이면 누구나 국가배상청구권의 주체가 되고 자연인과 법인 사이에 차이가 없다. 그러나 현행헌법은 국가배상청구권의 주체에 관한 헌법적 한계를 명시함으로써 군인·군무원·경찰공무원 등의[1] 국가배상청구권을 인정치 않고 있다(제29조 제2항). 외국인은 국제법상의 상호주의원칙에 따라 국가배상청구권이 인정된다. 즉 외국인이 피해자인 경우에는 상호의 보증이 있는 때에 한하여 국가배상법이 적용된다(국배법 제7조).

(4) 국가배상청구권의 내용과 범위

두 가지 내용

국가배상청구권은 공무원의 직무상 불법행위로 인한 손해배상청구권과 공공시설의 하자로 인한 손해배상청구권을 그 내용으로 한다.

1) 공무원의 직무상 불법행위로 인한 손해배상청구권

㈎ 의   의

불법행위책임

공무원 또는 공무를 위탁받은 사인의 직무상 불법행위로 손해를 받은 국민이 국가 또는 지방자치단체에 그 손해의 배상을 청구할 수 있는 권리를 말한다(국배법 제2 조 제1항).

㈏ 권리발생요건

네 가지 요건

이같은 권리가 발생하기 위해서는 다음과 같은 네 가지 요건이 충족되어야 한다.

a) 공무원의 행위

신분설과 업무설

공무원 또는 공무를 위탁받은 사인의 행위가 있어야 한다. 공무원인지의 여부는 신분에 따르지 않고(신분설), 실질적인 담당업무에 따라 판단해야 한다(업무설). 따라서 촉탁·고용원 등도 공무원일 수 있다. 이 점에 관해서 소집중인 예비군·집행관·시청소차운전사·철도건널목간수·철도차장·소방원·통장·구청이 위촉한 교통자원봉사대원 등은 공무원이지만, 시영버스운전사·의용소방대원 등

---

1) 【결정례】 향토예비군대원과 전투경찰순경의 국가배상청구권을 배제한 국배법(제2조 제1항 단서)규정은 합헌이다(헌재결 1996. 6. 13. 94 헌바 20; 헌재결 1996. 6. 13. 94 헌마 118, 95 헌바 39(병합)).

은 공무원이 아니라는 우리 대법원의 판례가 있다.[1] 또 우리나라에 주둔하고   구체적 사례
있는 미국군인·주한미군부대고용원·한국증원부대구성원(카튜사) 등은 공무원
에 속하지 않지만, 이들의 직무상 불법행위로 인해서 발생한 손해에 대해서도 한
미상호방위조약($^{제 4}_{조}$)에 의한 민사특별법에 따라 우리 정부가 배상해야 한다.[2]

b) 직무상의 행위

직무상의 행위가 있어야 한다. 직무의 범위에는 권력작용과 관리작용만이   국고작용 제외
포함되고[3] 사법상(私法上)의 작용(국고작용)[4]은 이에 포함되지 않는다고 할 것이
다.[5] 국가의 사법상의 작용에 의한 손해발생에 대해서는 구태여 국가배상청구
권의 이론이 아니라도 권리구제의 방법이 따로 있기 때문이다. 직무상의 행위
에 관해서 국가배상법($^{제 2 조}_{제 1 항}$)이 정하는 '직무를 집행하면서'라는 의미는 직무행위   직무행위외형
그 자체만을 뜻하는 것은 아니고, 직무행위의 외형을 갖춘 행위까지도 포함한   설
다는 견해(외형설)가 학설·판례의 입장이다.[6]

c) 불법행위

불법행위가 있어야 한다. 불법행위이기 위해서는 고의·과실(책임성)로 법령   책임성과 위
을 어긴(위법성) 사실이 있어야 하는데, 불법행위는 작위에 의해서뿐 아니라 부   법성
작위에 의해서도 생길 수 있다. 불법행위의 입증책임은 불법행위를 주장하는
피해자에게 있다. 이 점이 불법행위를 요건으로 하지 않는 공공시설의 하자로   피해자의 입
인한 손해배상청구권·형사보상청구권·손실보상청구권 등과 다른 점이다.   증책임

d) 손해발생

손해가 발생했어야 한다. 그 손해는 불법행위와 무관한 제 3 자에게 발생해   상당인과관계
야 하는데, 재산적 손해뿐 아니라 재산 이외의 정신적 손해까지도 포함되며,   있는 모든 손
   해 포함

---

1) 대법원 1970. 5. 26. 선고 70 다 471 판결; 대법원 1968. 5. 7. 선고 68 다 326 판결; 대법원
1971. 6. 4. 선고 70 다 2955 판결; 대법원 1966. 10. 11. 선고 66 다 1456 판결; 대법원 1970.
6. 9. 선고 70 다 696 판결; 대법원 1970. 7. 28. 선고 70 다 961 판결; 대법원 1966. 6. 28. 선
고 66 다 808 판결; 대법원 1991. 7. 9. 선고 91 다 5570 판결.
2) 【결정례】 그러나 6·25사변중 적과의 교전중에 적군의 포탄에 맞아 부상한 경우 그 부상은
우리 공무원의 직무행위에 의해서 생긴 것이 아니기 때문에 국가배상청구권의 요건을 충족시
킨 것이 아니라는 헌재의 판례가 있다(헌재결 1989. 7. 28. 89 헌마 61 참조).
3) 동지: 권영성, 569면.
4) 문홍주, 343면; 김철수, 801면, 교수는 사법작용(私法作用)까지도 포함시키고 있지만, 사권설을
따르지 않는 한 옳지 않다고 생각한다.
5) 【판결례】 국가배상법이 정한 손해배상청구의 요건인 '공무원의 직무'에는 국가나 지방자치단
체의 권력적 작용뿐 아니라 비권력적 작용도 포함되지만, 단순한 사경제의 주체로서 하는 작
용은 포함되지 아니한다(대법원 1999. 11. 26. 선고 98 다 47245 판결).
6) 김철수, 801면; 권영성, 569면; 대법원 1966. 6. 28. 선고 66 다 781 판결; 대법원 1966. 3. 22.
선고 66 다 117 판결; 대법원 1966. 5. 31. 선고 66 다 664 판결; 대법원 1967. 2. 28. 선고 66
다 2434 판결; 대법원 1971. 8. 31. 선고 71 다 1331 판결.

적극적 손해와 소극적 손해가 모두 포함된다. 다만 불법행위와 손해발생은 상당인과관계가 있어야 한다.

2) 공공시설의 하자로 인한 손해배상청구권

시설하자 및 관리책임

도로·하천 기타 공공시설의 설치·관리의 하자로 인하여 손해를 받은 국민이 국가 또는 지방자치단체에 그 손해의 배상을 청구할 수 있는 권리를 말한다(국배법 제5). 일종의 무과실책임이라는 점에서 공무원의 직무상 불법행위로

무과실책임 및 무면책 규정

인한 손해배상의 경우와 다르다. 또 면책규정이 없다는 점에서 민법상의 공작물 등 점유자 등의 책임(제758조 제1항 단서)과도 다르다. 따라서 i) 공공시설, ii) 설치·관리의 하자, iii) 손해발생의 세 가지 요건만이 충족되면 발생하는 권리이다. 이들 요건과 관련해서, 철도건널목자동경보기고장, 고압전주시설하자, 공중변소의 관리하자, 배수로의 시설 및 관리하자, 도로노면정리불완전 등의 경우에 국가의 배상책임이 있다는 우리 대법원의 판례가 있다.[1]

(5) 국가배상책임의 본질 및 배상책임자

1) 학 설

자기책임설· 대위책임설· 절충설

국가배상책임의 본질이 국가 자신의 고유책임인지 아니면 공무원을 대신해서 지는 일종의 대위책임인지에 대해서는 자기책임설[2]·대위책임설[3]·절충설 등이 대립하고 있다. 그런데 국가배상책임의 본질을 자기책임이라고 보느냐 대위책임이라고 보느냐에 따라 누구를 상대로 배상을 청구할 수 있느냐의 문제도 영향을 받기 때문에, 국가배상책임의 본질을 바르게 파악하는 것은 권리구제의 관점에서도 매우 중요한 의미를 갖는다.

---

1) 대법원 1969. 12. 9. 선고 69 다 1386 판결; 대법원 1970. 9. 29. 선고 70 다 1938 판결; 대법원 1971. 8. 31. 선고 71 다 1331 판결; 대법원 1973. 9. 25. 선고 73 다 971 판결; 대법원 1969. 3. 4. 선고 68 다 2298 판결; 대법원 1997. 6. 24. 선고 97 다 10444 판결.
【판결례】 i) 영조물인 도로의 경우도 … 그것을 이용하는 자의 상식적이고 질서 있는 이용방법을 기대한 상대적인 안정성을 갖추는 것으로 족하다(대법원 2000. 4. 25. 선고 99 다 54998 판결). ii) 다목적댐의 규모와 시설에 설치상 하자가 있다고 하기 위해서는 … 홍수조절을 위하여 댐규모, 수위의 조절 등의 조치가 필요불가결한 것임에도 불구하고 이를 하지 아니하였음이 댐설치의 일반기준 및 사회통념에 비추어 명백하다고 볼 만한 사정이 인정되어야 한다(대법원 1998. 2. 13. 선고 95 다 44658 판결).
2) 예컨대 문홍주, 345면; 권영성, 570면.
3) 예컨대 김철수, 803면. 그러나 김철수 교수도 자기책임설을 완전히 배제하지는 않는다.

2) 비판 및 사견

(가) 자기책임설의 타당성

생각건대 국가배상책임의 본질은 국가가 자신의 행위에 대하여 자기책임 을 지는 것이기 때문에 국가가 배상책임자이고 국가에 대해서만 배상청구를 할 수 있다고 할 것이다. 즉 국가가 공무원의 불법행위에 대한 배상책임을 지는 것은 국가의 기관에 해당하는 공무원의 행위에 대한 일종의 위험부담으로서의 자기책임을 지는 것이지, 공무원이 져야 할 책임을 국가가 대신해서 져주는 일 종의 사용자책임의 성질을 가지는 것은 아니다.

국가의 위험
부담으로서의
자기책임

(나) 절충설의 부당성

또 공무원의 경과실의 경우에는 국가의 공무원에 대하여 구상권이 없기 때문에 국가의 자기책임이지만, 공무원의 고의 및 중과실의 경우에는 공무원에 대해서 구상할 수 있기 때문에 일종의 대위책임에 불과하다는 절충설도 옳지 않다고 생각한다. 이같은 절충설(중간설)은 국가배상법이 정하는 구상권의 유무 에 따라 국가배상책임의 본질을 정하려는 입장인데, 국가배상책임의 본질은 어 디까지나 헌법이론적인 접근에 의해서만 파악될 수 있는 헌법차원의 문제이지 구상권에 관한 실정법률의 규정에 따라 정해질 성질의 문제는 아니다.

구상권의 유
무와 배상책
임의 본질은
별개의 문제

(다) 대위책임설의 문제점

국가배상책임을 국가의 자기책임이 아닌 대위책임이라고 이해하는 입장은 연혁적으로 볼 때 국가무책임사상에 그 뿌리를 두고 있는 다분히 권위적인 국 가사상의 잔영이라고 말할 수 있다. 국가는 책임을 질 수 없다는 사상을 고수 하기 위해서는 대위책임의 이론구성이 비교적 설득력이 있다고 믿어진 것이다. 또 대위책임설의 진원지라고 볼 수 있는 바이마르공화국헌법규정(제131 조)이[1] 당시 에 한창 위세를 떨치던 법실증주의적 해석법학의 영향을 받아 대위책임설에게 유리한 고지를 제공해 준 것도 사실이다. 하지만 오늘날 국가무책임사상도 지 양된 지 오래이고, 법실증주의가 이미 고전적인 이론으로 평가되고 있는 상황 속에서, 아직도 대위책임설의 입장에서 국가배상책임의 본질을 이해하려고 하 는 것은 매우 낙후적인 이론이 아닐 수 없다. 순수한 법이론을 따른다면 국가 배상책임은 단순한 공무원 개인의 책임이든지 아니면 국가 자신의 책임이든지 둘 중의 하나에 속하는 것이지, 그 중간적인 어떤 이론구성은 모두 기교적이라

대위책임설의
연혁과 고전성

---

[1] 국가의 배상책임에 관한 규정인데, 독일기본법의 국가배상책임에 관한 규정(제34조)은 이 바이 마르헌법규정을 거의 그대로 받아들인 것이다.

는 비난을 면하기 어렵다.

㈜ 구상권의 의미와 성질

또 대위책임설의 논거가 되고 있는 국가의 공무원에 대한 구상권은 어디
까지나 국가기관 내부의 책임추구의 한 형식에 지나지 않는 것이지, 그것이 곧
공무원의 국민에 대한 원칙적인 배상책임을 입증하는 것이라고 볼 수는 없다.
'이 경우 공무원 자신의 책임은 면제되지 아니한다'는 헌법규정($^{제29조 제}_{1항 단서}$)은 제 1
차적으로는 공무원의 국가 내부에서의 책임($^{기관내부에서의 변상책임,}_{공무원법상의 책임 등}$)을 명시하는 규
정이고, 제 2 차적으로는 '공무원의 국민에 대한 책임'($^{제7조}_{제1항}$), 즉 국민에 대한 형
사책임 및 정치적 책임을 밝히는 규정이라고 보아야 할 것이다.[1] 따라서 공무
원의 책임은 법적으로 2원적인 성질의 책임이다. 자기책임설에 따른다 해도 공
무원의 직무상 불법행위로 인해서 공무원에게 형사책임 또는 정치적 책임이 발
생한 경우까지 국가가 직접 형사책임 또는 정치적 책임을 질 수는 없기 때문
에, 그런 경우에는 공무원에 대해서 형벌권 또는 징계권을 발동하고, 국민의
입장에서 기관의 정치적 책임을 추궁하는 것은 오히려 당연하다.

㈜ 자기책임설과 대국가적 청구권

국가배상책임의 본질을 자기책임이라고 이해하는 경우에는 국민에 대한 배
상책임자는 마땅히 국가가 되고, 국민은 국가에 대해서만 배상청구를 할 수 있
게 된다(대국가적 청구권설).[2] 다만 공무원의 선임감독권자와 공무원의 봉급
등의 비용부담자가 따로 있는 경우에 국민은 그 어느 쪽에 대해서도 선택적으
로 배상청구를 할 수 있다고 할 것이다($^{국배법 제6}_{조 제1항}$).

㈜ 대위책임설과 선택적 청구권

그러나 대위책임설에 따르는 경우에는 국가와 가해공무원이 모두 배상책
임자가 되고 국민은 국가에 대한 배상청구와 가해공무원에 대한 배상청구를 선
택적으로 할 수 있다는 결론에 도달하게 된다(선택적 청구권설). 따라서 자기책
임설에 따르면서 선택적 청구권설을 주장하거나[3] 대위책임설을 따르면서 대국
가적 청구권설을 주장하는 것은 법리상 문제가 있다고 생각한다.[4]

---

1) 따라서 헌법 제29조 제 1 항 단서를 국가의 공무원에 대한 내부적 구상권의 근거규정만으로 이
   해하면서, 공무원의 국민에 대한 책임을 도외시하는 것은 옳지 못하다고 생각한다.
       예컨대 권영성, 「헌법학원론」(1981), 478면.
2) 동지: 예컨대 권영성, 571면.
3) 예컨대 문홍주, 346면.
4) 【판결례】 우리 대법원은 1994년부터 대국가적 청구만을 허용했다가(대법원 1994. 4. 12. 선고
   93 다 11807 판결) 1996년에는 공무원의 고의·중과실의 경우에 한해서는 선택적 청구를 인정
   하는 새 판례를 내놓고 있다(대법원 1996. 2. 15. 선고 95 다 38677 판결). 동지: 대법원 1997.
   2. 11. 선고 95 다 5110 판결.

(6) 국가배상의 청구절차

우리 헌법은 국가배상청구의 절차를 법률로 정하게 하고 있는데, 국가배상법이 이를 규정하고 있다.

1) 배상청구절차

현행법은 배상심의전치주의를 폐지하고 배상청구 절차를 원칙적으로 행정상의 절차와 사법상의 절차의 2원절차로 정하고 있다. 행정상의 절차는 배상신청($\substack{제12 \\ 조}$)에 따른 배상심의절차를 뜻한다. 즉 배상청구를 하려는 사람은 배상심의회($\substack{제10조 \\ 제11조}$)에 배상을 신청하거나($\substack{제12 \\ 조}$) 배상신청을 하는 대신 직접 사법상의 절차에 따른 소송을 제기할 수 있다($\substack{제9 \\ 조}$).[1] 이 때 원칙적으로는 일반법원에 민사소송법에 의한 손해배상청구소송을 제기하지만, 예외적으로 행정소송법($\substack{제10 \\ 조}$)에 의해 행정소송진행중 변론이 종결될 때까지 소송병합절차에 따라 손해배상청구소송을 병합할 수도 있다.

행정상의 배
상심의절차와
사법상의 소
송절차

2) 배상의 기준과 범위

헌법은 배상의 기준과 범위에 관해서 다만 '정당한' 배상이라고만 규정하고 있다. 헌법에서 말하는 '정당한' 배상이란 공무원의 직무상 불법행위 또는 공공시설의 하자와 상당한 인과관계에 있는 모든 손해의 배상을 뜻한다고 볼 수 있다. 따라서 적극적 손해뿐 아니라 기대이익의 상실과 같은 소극적 손해 및 정신적 손해까지 포함시켜야 한다.[2] 배상의 구체적 기준에 관해서 국가배상법($\substack{제3 \\ 조}$)은 생명·신체의 해와 물건의 손해에 대한 배상기준을 정하고 있는데 Hoffmann식이 아닌 Leibniz식 계산방법을 따르고 있다.[3] 그러나 국가배상법이 정하는 기준은 어디까지나 하나의 기준을 제시한 것이지 배상의 상한선을 제시한 것은 아니라고 보아야 한다.[4]

소극적 손해
포함한 정당
한 배상

국가배상법은
상한선 아닌
기준만 제시

---

1) 【결정례】 배상결정전치주의는 법관에 의한 신속한 재판을 받을 권리와 평등권을 침해하는 것으로 볼 수 없다(헌재결 2000. 2. 24. 99 헌바 17·18·19(병합)). 이 결정은 국가배상법 개정(2000. 12.) 전에 배상신청의 필요적 전치주의에 관한 것이었다.

2) 【결정례】 5·18 민주화 운동과 관련하여 사망·행방불명·상이를 입은 자 또는 그 유족이 적극적·소극적 손해의 배상에 상응하는 보상금 등 지급결정에 동의했다는 사정만으로 재판상 화해의 성립을 간주하고 보상금등의 성격과 중첩되지 않는 정신적 손해에 대한 국가배상청구권의 행사까지 금지하는 5·18보상법 규정(제16조 제 2 항 해당부분)은 침해의 최소성과 법익의 균형성을 위반하여 청구인의 국가배상청구권을 침해한다(헌재결 2021. 5. 27. 2019 헌가 17).

3) 다만 유족배상·장해배상·장래의 의료비 등을 일시에 신청하는 경우에는 그 중간이자 공제방식은 라이프니치식(複割引法)이 아니고 대통령령이 정한다(법 제 3 조의 2).

4) 이것이 우리 대법원의 입장이기도 하다.

3) 내부적 구상권

고의·중과실의 요건

국가배상법은 내부적 구상권에 대해서 다음과 같이 규정하고 있다. 즉, 첫째 국가가 공무원의 직무상 불법행위로 인한 손해배상을 한 경우, 불법행위를 한 공무원에게 고의나 중대한 과실이 있는 경우에는 국가 또는 지방자치단체가 그 공무원에게 구상권을 행사할 수 있도록 하고 있다(제2조제2항). 그러나 단순한 경

배상책임기관에 대한 구상권

과실의 경우에는 구상할 수 없다. 그리고 공무원의 선임감독권자와 봉급 등 비용부담자가 다른 경우 실제로 배상을 한 기관은 배상을 해야 할 책임이 있는 기관에게 구상권을 행사할 수 있다(제6조제2항). 둘째 공공시설의 설치·관리의 하자를 이유로 손해배상을 한 경우에, 손해의 원인에 대하여 책임질 자가 따로 있을 때에는 국가 또는 지방자치단체는 그 자에 대하여 구상할 수 있도록 했다(제5조제2항).

(7) 국가배상청구권의 제한

1) 국가배상청구권의 헌법적 한계

청구권주체에 관한 헌법적 한계

현행헌법은 국가배상청구권을 그 주체의 면에서 제한하는 헌법적 한계규정을 두고 있다. 즉 「군인·군무원·경찰공무원 기타 법률이 정하는 자가 전투·훈련 등 직무집행과 관련하여 받은 손해에 대하여는 법률이 정하는 보상 외에 국가 또는 공공단체에 공무원의 직무상 불법행위로 인한 배상은 청구할 수 없다」(제29조제2항)는 규정이 바로 그것이다.

이중배상금지 규정의 부당성: 보상과 배상의 이질성

이 헌법규정을 구체화하는 국가배상법(제2조 제1항 단서)은 군인·군무원·경찰공무원 외에도 향토예비군대원에게도 국가배상청구권을 제한하고 있다.[1] 이들 직업은 특별히 위험부담이 높은 직종에 속하는 것으로 이들 직업을 가진 사람이 그

【판결례】 국가배상법 제 3 조의 배상액기준은 배상심의회에 있어서 배상액결정의 우선의 기준이 될 뿐 배상액의 상한선을 규정함으로써 배상범위를 법적으로 제한하는 규정이 아니다(대법원 1970. 2. 24. 선고 69 다 1069 판결). 그 밖에도 대법원 1970. 1. 29. 선고 69 다 1203 판결 참조.

1) 【판시】 i) 국가배상법 제 2 조 제 1 항 단서는 헌법 제29조 제 2 항에 직접 근거하고, 실질적으로 그 내용을 같이하는 것이므로 헌법에 위반되지 않는다(헌재결 1995. 12. 28. 95 헌바 3, 판례집 7-2, 842(848면)). ii) 전투경찰순경은 헌법 제29조 제 2 항 및 국가배상법 제 2 조 제 1 항 단서 중의 '경찰공무원'에 해당한다고 보아야 한다(헌재결 1996. 6. 13. 94 헌마 118 등, 판례집 8-1, 500(513면)). iii) 현역병으로 입영하여 소정의 군사교육을 마치고 경비교도로 임용된 자는, 군인의 신분을 상실하고 군인과는 다른 경비교도로서의 신분을 취득하게 되었다고 할 것이어서 국가배상법 제 2 조 제 1 항 단서가 정하는 군인 등에 해당하지 아니한다(대법원 1998. 2. 10. 선고 97 다 45914 판결). iv) 공익근무요원은 보충역에 편입되어 있는 자이기 때문에, 소집되어 군에 복무하지 않는 한 군인이라고 말할 수 없으므로 국가배상법 제 2 조 제 1 항 단서에 의하여 국가배상청구가 제한되는 군인 등에 해당한다고 할 수 없다(대법원 1997. 3. 28. 선고 97 도 4036 판결).

직무집행과 관련하여 받은 손해에 대하여는 국가보상제도에 따른 보상이 있으면 되고 따로 국가배상청구권을 2중으로 인정할 필요가 없다는 이중배상금지사상에서 나온 규정임이 명백하다.[1] 그러나 이들 직업에 종사하는 사람이 전사·순직·공상을 입은 경우에 본인 또는 그 유가족이 국가유공자예우 등에 관한 법률 등의 규정에 의해서 받는 재해보상금·유족연금·상이연금 등은 어디까지나 사회보장적인 성격의 것이고, 국가배상청구권은 일종의 불법행위책임적 성격의 것이기 때문에 국가보상과 국가배상은 전혀 그 성질이 다르다는 점을 주의해야 한다. 보상과 배상 사이에는 법리상 '이중배상'이라는 개념이 성립될 수 없다. 우리나라 대법원이 국가배상법의 관계 조문을 되도록 좁게 해석함으로써 가능하면 국가보상과 국가배상을 양립시키려는 판례[2]를 남기고 있는 것은 매우 바람직한 일이다.

2) 국가배상청구권에 대한 제한과 그 한계

국가배상청구권은 기본권제한입법의 한계조항(제37조 제2항)의 범위 내에서 제한할 수 있지만 과잉금지의 원칙이 존중되어야 한다. 따라서 방법의 적합성·최소침해성·비례성 등이 지켜져야 한다. 그러나 그 어떤 경우에도 국가배상책임을 부인하는 입법은 국가배상청구권의 본질적 내용의 침해이기 때문에 허용되지 않는다고 할 것이다.[3] 국가배상청구권의 제한은 결국 국가배상책임의 내용과 범위, 국가배상청구권의 절차 등의 문제에 국한해야 할 것이다.[4] 그러나 '정당한'

과잉금지의 원칙과 본질적 내용의 침해

---

1) 【판결례】 군인·군무원 등이 전투·훈련 기타 직무집행과 관련하여 공상을 입은 경우라 하더라도 군인연금법 또는 국가유공자예우 등에 관한 법률에 의하여 재해보상금, 유족연금, 상이연금 등 별도의 보상을 받을 수 없는 경우에는 국가배상법 제 2 조 제 1 항 단서의 적용대상에서 제외된다(대법원 1996. 12. 20. 선고 96 도 42178 판결).

2) 【판결례】 i) 경찰관이 숙직실에서 숙직하다가 연탄가스 중독으로 사망한 경우 공무원연금법에 의한 순직연금 외에도 손해배상청구소송이 가능하다(대법원 1979. 1. 30. 선고 77 다 2389 판결). ii) 국가유공자에 해당되어 보상금 등 보훈급여금을 지급받을 수 있는 경우에는 국가배상법 제 2 조 제 1 항 단서에 따라 국가배상청구권을 행사할 수 없다. 그렇지만, 국가배상법에 따른 손해배상금을 지급받은 다음 국가유공자법에 정한 보상금 등 보상급여금의 지급대상에 해당해 보훈급여금을 청구하는 경우에는 그 지급을 거부할 수 없다. 손해배상금과 보훈급여금의 목적과 산정방식 등의 차이를 고려하면 국배법에 따라 손해배상을 받았다는 사정을 들어 보상금 등 보훈급여금의 지급을 거부하는 것은 법취지에 어긋난다. 결과적인 중복지원의 문제는 입법적으로 해결해야 한다(대법원 2017. 2. 3. 선고 2014 두 40012 판결; 대법원 2017. 2. 3. 선고 2015 두 60075 판결).

3) 【결정례】 일반국민이 직무집행중인 군인과 공동불법행위를 한 경우에 국배법 제 2 조 제 1 항 단서를 일반국민의 국가에 대한 구상권행사도 허용되지 않는다고 해석하는 것은 위헌이다(헌재결 1994. 12. 29. 93 헌바 21).

4) 【결정례】 i) 국가배상청구권에 대해서 민법상의 소멸시효기간을 준용하는 것은 정당한 제한이지 본질적 내용의 침해도 아니고 과잉금지원칙에 위배되지도 않는다(헌재결 1997. 2. 20. 96 헌

배상을 명하는 헌법정신을 무시하고 배상의 기준을 지나치게 낮추는 입법조치는 허용되지 아니한다고 할 것이다. 이같은 관점에서 국가배상책임의 범위를 지나치게 제한하고 있는 여러 가지 특별법($^{우편법 \cdot 전기통}_{신사업법 \ 등}$)은 재고되어야 한다.

Ⅱ. 범죄피해자구조청구권

타인의 범죄 행위로 생긴 생명·신체의 피해구제청구권

    타인의 범죄행위로 인하여 생명·신체에 해를 입은 국민을 구제해 주기 위해서 현행헌법은 범죄피해자가 국가에게 구조를 청구할 수 있는 길을 열어 놓고 있다($^{제30}_{조}$). 범죄 없는 사회를 만드는 것이 가장 이상적이긴 하지만, 사회현실은 그와는 다르기 때문에, 범죄로 인한 각종 피해를 최소화하는 길을 택할 수밖에 없다. 특히 타인의 범죄행위로 인해서 뜻하지 않게 생명을 잃거나, 신체상의 피해($^{부상 \cdot 질병 \cdot}_{건강악화 \ 등}$)를 받아 직업활동과 사회활동이 영향을 받고, 그로 인해 자신과 가족의 생활이 어렵게 될 때, 그것이 전혀 본인의 귀책사유라고 볼 수

국가의 재해 보상정신의 표현

없는 경우에는 사회정의의 관점에서도 국가가 그에 대한 적절한 구조를 해 주는 것이 바람직하다. 이와 같은 국가의 재해보상정신에 따라 적지 않은 나라($^{뉴질랜드 \cdot 영국 \cdot 미국 \cdot 캐나}_{다 \cdot 독일 \cdot 스위스 \cdot 일본 \ 등}$)[1]가 특히 1960년대부터 본격적으로 입법화해서 실시하고

제 9 차 개헌 의 산물

있는 제도를 우리나라는 제 9 차 개정헌법에서 처음으로 채택했다. 그리고 범죄피해자의 구조청구권을 구체적으로 실현하기 위해서 범죄피해자보호를 위한 기본법적 성격을 가지는 범죄피해자보호법[2]을 제정·시행하고 있다.

바 24). ⅱ) 국가배상청구에 관한 소멸시효 기산점과 시효기간을 정한 민법 제766조 제 1 항과 국가재정법 제96조 제 2 항은 위헌이 아니다. 그렇지만 과거사정리법이 정하는 민간인 집단희생사건, 사망·상해·실종사건 기타 중대한 인권침해사건과 조작의혹사건에 민법 제166조 제 1 항과 제766조 제 2 항의 객관적 기산점을 적용하도록 규정하는 것은 소멸시효제도를 통한 법적 안정성과 가해자 보호만을 지나치게 중시한 나머지 국가배상청구권의 보장필요성을 외면한 입법형성권의 한계를 벗어난 것으로 헌법에 위반된다(헌재결 2018. 8. 30. 2014 헌바 148등). ⅲ) 민주화운동과 관련하여 보상금 등의 지급에 동의한 때에는 '민주화 운동과 관련하여 입은 피해'에 대해 재판상 화해가 성립한 것으로 간주하는 민주화보상법(제18조 제 2 항)은 보상금 등의 산정에서 적극적·소극적 손해만 고려하고 정신적 손해는 전혀 고려하고 있지 않으므로 정신적 손해를 포함한 재판상 화해로 간주해 정신적 손해에 대한 국가배상청구권의 행사까지 금지하는 것은 침해최소성과 법익균형성에 어긋나 관련자와 그 유족의 국가배상청구권을 침해한다(헌재결 2018. 8. 30. 2014 헌바 180 등).

1) 이들 나라의 범죄피해자보상제도에 관해서 자세한 것은 법무부, '범죄피해자보상제도', 「법무자료」 제89집(1987) 참조할 것.

2) 1988. 7. 1.부터 시행하던 범죄피해자구조법은 2010. 8. 15. 범죄피해자보호법의 시행으로 폐지되었다.

(1) 국가구조책임의 본질과 이론적 근거

1) 질서국가사상과 사회국가사상의 영향

공권력을 독점하고 치안질서를 유지할 책임을 지고 있는 국가가 범죄를 효과적으로 예방하지 못함으로 인하여 발생하는 각종 범죄행위가 선의의 국민에게 불의의 피해를 입히게 되는 경우, 그것은 국가치안책임의 태만에 그 원인이 있다고 볼 수 있다. 따라서 국가가 책임을 지고 범죄피해자가 받은 생명·신체상의 해를 보상해 주는 것이 당연하다. 범죄피해자구조제도는 이처럼 국가의 치안책임 내지 질서유지의무에 그 이론적인 바탕을 두고 있다. 이같은 사상은 연혁적으로는 Hobbes와 Spinoza의 질서국가사상[1])에 그 뿌리를 두고 있다고 볼 수 있지만, 오늘날의 범죄피해자구조는 이같은 국가책임사상에만 근거하고 있다고 말하기는 어렵다. 왜냐하면 범죄피해자에 대한 국가구조가 오늘날의 국가보상제도로 정착하기까지에는 J. Bentham의 공리주의적 사회철학[2])과 금세기에 나타난 사회국가사상[3])의 영향이 크게 작용했다고 보아야 하겠기 때문이다. 따라서 범죄피해자에 대한 국가구조제도는 16/17세기 Hobbes와 Spinoza의 질서국가사상에서 싹터, 18/19세기 Bentham의 공리주의사회철학에서 자라나, 20세기 사회국가사상에 의해 열매가 맺어진 사회보장의 한 형태라고 말할 수 있다. 사회보장·사회복지의 증진에 노력해야 할($^{제34조}_{제2항}$) 우리나라가 이 제도를 채택하게 된 것은 결코 우연은 아니다.

> 국가의 치안
> 책임 및 질서
> 유지의무에
> 기초

> 사회국가사상
> 의 영향받은
> 사회보장의
> 한 형태

2) 국가구조책임의 보충성

국가구조제도의 이와 같은 사상적 기초와 그 이론적 근거에 비추어 볼 때, 범죄피해자에 대한 국가의 구조책임은 어디까지나 보충적인 성질을 갖는다는 점을 잊어서는 아니된다. 따라서 국가는 우선 범죄자로 하여금 그 범죄로 인해서 발생한 모든 손해를 배상케 하는 제도부터 먼저 마련해야 한다. 우리나라에서도 민법상 불법행위로 인한 손해배상책임제도($^{제750조}_{이하}$)와 '소송촉진 등에 관한 특례법'상의 배상명령제도(^{제25조})[4])가 범죄로 인한 피해의 배상에 중요한 기능과

> 범죄자의 배
> 상책임이 우
> 선

---

1) 이 사상의 자세한 내용은 졸저, 전게서, 방주 234 참조.
2) Vgl. *J. Bentham*, A Fragment on Government, 1776; *the same*, An Introduction to the Principles of Morals and Legislation, 1789.
3) 자세한 것은 졸저, 전게서, 방주 437 이하 참조.
4) 형사재판절차에서 형사피고인에게 유죄판결을 선고할 경우 법원이 직권 또는 범죄피해자의 신청에 의하여 피고사건의 범죄행위로 인해서 발생한 직접적인 물적 피해 또는 치료비 손해의

의미를 갖게 되는 것은 그 때문이다. 그러나 민법상의 불법행위책임제도나 형
사소송절차상의 배상명령제도는 어디까지나 범죄자의 배상능력을 전제로 할 때

범죄자의 배
상능력 없는
경우의 보충
제도

만 그 실효성을 기대할 수 있기 때문에, 범죄자가 배상능력이 없는 경우에 범
죄피해자를 구제해 주기 위해서 보충적으로 국가구조제도를 마련할 필요가 있
다. 우리 헌법과 범죄피해자보호법이 정하는 범죄피해자구조제도도 바로 이와
같은 당위적 요청에 따른 보충적인 사회보장제도의 일종이다.

(2) 범죄피해자구조청구권의 의의 및 법적 성격

1) 범죄피해자구조청구권의 의의

타인의 범죄
행위로 인한
생명·신체의
피해보상청구
권

범죄피해자구조청구권이라 함은 본인의 귀책사유 없는 타인의 범죄행위로
인하여 생명을 잃거나 신체상의 피해를 입은 국민이나 그 유족이 범죄자(가해
자)로부터 충분한 피해배상을 받지 못한 경우, 국가에 대하여 일정한 보상을
청구할 수 있는 권리를 말한다. 현행헌법은 '타인의 범죄행위로 인하여 생명·
신체에 대한 피해를 받은 국민은 법률이 정하는 바에 의하여 국가로부터 구조
를 받을 수 있다'($^{제30}_{조}$)고 규정함으로써 범죄피해자의 국가구조청구권을 인정하
고 있다. 국가는 수사 및 재판과정에서 범죄피해자의 형사절차상의 권리 및 범
죄피해구조금 지급 등 보호·지원 등에 관한 정보를 범죄피해자에게 제공하여
야 한다($^{법 제8조}_{의 2}$).

2) 범죄피해자구조청구권의 법적 성격

재해보상적
청구권설과
사회국가적
수혜권설

범죄피해자구조청구권의 법적 성격에 관해서는 여러 가지 견해가 있을 수
있다. 특히 우리 현행헌법은 해당조문에서 이 권리가 구체적인 '재해보상적 청
구권'인지, 추상적인 '사회국가적 수혜권'인지 분명하지 않은 표현을 쓰고 있기
때문에 이 권리의 법적 성격에 관한 다툼이 있을 수 있다. 그러나 범죄피해자
구조제도가 본질적으로 범죄피해 발생에 대한 국가책임이론과 사회책임이론에
그 뿌리를 두고 있고, 범죄자(가해자)의 배상능력이 없음을 전제로 하는 보충적
인 성질을 갖는 제도라는 점을 감안할 때, 그 구체적인 보상청구권으로서의 성
질을 부인하기는 어렵다고 생각한다. 그리고 이 구체적인 보상청구권은 역시
사회보장제도의 테두리 내에서 이해해야 할 것이다. 다만 사회보장제도는 매우
포괄적이고 다의적인 개념이기 때문에, 범죄피해자구조제도가 차지하는 사회보

사회보상적
성질 갖는 사
회보장제도

장적 좌표를 정확히 인식하는 것이 특히 중요하다. 범죄피해자구조제도는 사회

배상을 명할 수 있도록 하는 제도이다.

공동체가 그 구성원에게 지는 사회적 책임과 의무의 제도적 표현형태로서, 사회공동체가 책임져야 할 예상하지 않은 불의의 범죄피해로 인해서 특정인이 지나친 타격을 받지 않도록, 그 피해를 보상해 주기 위한 사회보상적 성질을 갖는 사회보장제도라고 보아야 한다. 따라서 같은 사회보장제도이지만, 주로 사회보험적 성질을 갖는 '장래생활보장'(soziale Vorsorge)제도, 또는 생활무능력자의 생계대책적 성질을 갖는 '생활보호제도'와는 그 본질을 달리한다.[1] 이렇게 볼 때, 범죄피해자의 국가구조청구권은 사회보장제도에서 나오는 사회보상적 성질의 구체적인 청구권이라고 말할 수 있다. 따라서 우리 현행헌법($^{제30}_{조}$)이 정하는 법률유보는 단순한 입법방침규정이 아니고, 입법의무의 내용과 범위를 분명히 정한 기본권형성적 법률유보에 해당하는 것으로서 입법권자를 기속하는 효력을 나타낸다. 그 결과, 어떤 형태로든지 범죄피해자구조제도를 만드는 것은 입법권자의 헌법적 의무이다.[2]

> 사회보상적 성질의 구체적 청구권

> 기본권형성적 법률유보와 입법의무

(3) 범죄피해자구조청구권의 내용

1) 구조청구권의 주체와 발생요건

국가로부터 구조를 받을 수 있는 구조대상 범죄피해자는 구체적으로 다음과 같은 사람이다. 즉 i) 타인의 범죄행위로 인하여 생명·신체에 피해를 입은 사람과 그 배우자, 직계친족 및 형제자매이다($^{제3조 제1항}_{제1호}$). 그리고 범죄피해방지 및 범죄피해자 구조활동으로 피해를 당한 사람도 범죄피해자이다($^{제3조}_{제2항}$). 그 밖에도 자기 또는 타인의 형사사건의 수사 또는 재판에 협조($^{수사단서 제공, 진술,}_{증언, 자료제출 등}$)했다는 이유로 보복피해를 입은 사람도 포함된다($^{제16조}_{제2호}$). 구조대상 범죄피해란 우리나라 영역 안에서 또는 우리나라 영역 밖에 있는 우리 선박이나 항공기 안에서 행해진 범죄행위로 생명을 잃었거나 장해 또는 중상해를 입은 경우이다($^{제3조 제1항}_{제4호}$). 장해는 범죄로 인한 부상이나 질병이 치료된 후에 남은 신체의 장해이고, 중상해는 범죄행위로 신체나 그 생리적 기능에 손상을 입은 경우인데 장해 및 중상해

> 범죄피해자 본인 또는 유족

---

1) 사회보장의 모범국이라고 볼 수 있는 독일에서도, 이 세 가지 유형의 사회보장제도를 구별해서, 각각 상이한 성질의 사회보장적 권리를 인정해 주고 있는데, '폭력범죄희생자보상법'(Gesetz über die Entschädigung für Opfer von Gewalttaten)을 나치정권에 의한 희생자보상제도 등과 함께 사회보상적 사회보장제도로 성격화하고 있다. Vgl. darüber *Hans F. Zacher*, Einführung in das Sozialrecht, 1983, S. 18~19.
2) 【판시】 범죄로부터 국민을 보호하여야 할 국가의 의무가 이루어지지 아니할 때 국가의 의무위반을 국민에 대한 기본권침해로 규정할 수 있다. 이와 같은 침해가 있음에도 불구하고 이것을 배제해야 할 국가의 의무가 이행되지 아니한다면 이 경우 국민은 국가를 상대로 헌법 제10조, 제11조 제1항 및 제30조에 규정된 보호의무위반 또는 법 앞에서의 평등권위반이라는 기본권침해를 주장할 수 있다(헌재결 1989. 4. 17. 88 헌마 3, 판례집 1, 31(37면)).

해의 구체적 내용에 관해서는 대통령령으로 정하게 하고 있다($_{제5호\ 및\ 제6호}^{제3조\ 제1항}$). ii) 구조금은 구조피해자가 피해의 전부 또는 일부를 배상받지 못하는 경우에만 청구할 수 있다. iii) 구조청구권의 주체는 타인의 범죄행위로 피해를 받은 사람과 그 유족이다. 유족이라 함은 피해자의 배우자($_{포함}^{사실혼}$)와 사망 당시 피해자의 수입에 의하여 생계를 유지하던 자녀($_{포함}^{태아}$), 부모, 손자녀, 조부모, 형제자매뿐 아니라 피해자에게 생계를 의존하지 않았던 피해자의 자녀, 부모, 손자녀, 조부모,

상호보증 있
는 외국인형제자매를 말한다($_{제3호\ 및\ 제2항}^{제18조\ 제1항\ 제1호~}$). 유족의 순위는 위에서 열거한 순서와 같은데 다만 부모의 경우에는 양부모가 친부모보다 선순위이다($_{제3항}^{제18조}$). iii) 외국인은 상호의 보증이 있는 경우에만 이 권리의 주체가 된다($_{조}^{제23}$). iv) 구조청구권은 우리나라의 주권이 미치는 영역 내($_{항공기\ 포함}^{우리\ 선박\ 또는}$)에서 발생한 범죄행위로 인한 피해자만이 그 주체가 된다($_{항\ 제1호}^{제3조\ 제1}$).[1]

제척사유　　구조청구권의 주체와 그 발생요건에는 다음과 같은 제척사유가 있다는 점을 주의해야 한다. 즉 i) 피해자와 가해자간에 친족관계($_{4촌이내\ 친족,\ 동거친족}^{부부(사실혼포함),\ 직계혈족,}$)가 있는 경우($_{제1항}^{제19조}$), ii) 피해자가 범죄행위를 유발했거나, 범죄피해의 발생에 귀책사유가 있는 경우($_{및\ 제4항}^{제19조\ 제3항}$), iii) 유족이 피해자를 고의로 사망케 한 경우($_{제4항}^{제18조}$), iv) 정당행위 내지 정당방위 또는 과실에 의해서 피해가 발생한 경우($_{제4호}^{제3조\ 제1항}$), v) 사회통념상 구조금 지급이 부적당하다고 인정되는 경우 등이 바로 그것이다($_{제6항}^{제19조}$).

2) 구조청구권의 내용과 보충성

범죄피해구조
금지급청구권　　범죄피해자는 범죄피해구조금의 지급을 국가에 청구할 수 있다($_{조}^{제25}$). 이 때 범죄행위로 사망한 사람의 유족은 유족구조금을, 그리고 중장해자는 장해구조금 및 중상해구조금을 일시금으로 지급받는데, 유족구조금의 경우 유족 중에서 선순위자($_{및\ 제2항}^{제18조\ 제1항}$)에게 지급하고, 같은 순위의 유족이 2인 이상인 때에는 균분하여 지급한다($_{제2항}^{제17조}$). 그런데 구조금액은 피해자의 피해당시 월급액이나 월실수입액 또는 평균임금에 24개월 이상 48개월 이하의 범위에서 유족의 수와 연령 및 피해자의 장해 또는 중상해의 정도와 부양가족의 수 및 생계유지상황 등을 고려하여 법률과 대통령령이 정하는 금액으로 정하게 되어 있다($_{조}^{제22}$). 구조금수령권은 양도 또는 담보로 제공하거나 압류할 수 없다($_{조}^{제32}$).

타 법령에 의
한 피해보상
이 우선　　구조금의 지급은 범죄로 인한 피해보상에 있어서 보충성을 갖는다. 즉 피해자가 범죄피해를 원인으로 하여 국가배상법 기타 법령에 의한 급여 등을 지

---

1) 【결정례】 해외에서 발생한 범죄피해를 범죄피해자구조청구권의 대상인 범죄피해에 포함시키지 않은 것은 평등원칙 위반이 아니다(헌재결 2011. 12. 29. 2009 헌마 354).

급받을 수 있는 경우에는 구조금은 지급하지 아니한다. 그리고 이미 다른 방법으로 손해배상 등을 받은 경우에는 그 받은 금액의 한도 내에서 구조금을 삭감할 수 있으며, 국가가 구조금을 지급한 때에는 구조금수령자가 가지는 손해배상청구권을 대위하게 되어 있다($\frac{제20조와}{제21조}$). 따라서 범죄피해자는 결과적으로 가해자가 불명하거나, 자력이 없는 관계로 피해의 전부 또는 일부를 배상받지 못하는 때에 한해서 보충적으로만 구조금을 청구할 수 있다($\frac{제16조}{제1호}$).

구조금청구의
보충성

(4) 범죄피해자구조청구권의 행사절차

범죄피해자에 대한 구조금지급에 관한 사항을 심의·결정케 하기 위하여 지방검찰청에 법무부장관의 지휘·감독을 받는 '범죄피해구조심의회'를 두고 법무부에 '범죄피해구조본부심의회'를 설치한다($\frac{제24}{조}$). 구조금의 지급신청은 신청자의 주소지·거소지 또는 범죄발생지를 관할하는 지구심의회에, 범죄피해의 발생을 안 날로부터 3년, 또는 당해 범죄피해가 발생한 날로부터 10년 이내에 하여야 한다($\frac{제25}{조}$).[1] 신청을 받은 지구심의회는 신청인·관계인의 조사, 피해자건강상태의 진단, 행정기관 기타 필요단체에의 조회 등 필요한 조사를 하고($\frac{제29}{조}$), 신속하게 신청의 인용 여부를 결정해야 한다($\frac{제26}{조}$). 구조금지급신청을 기각 또는 각하하는 결정에 대해서는 2주 이내에 지구심의회를 거쳐 본부심의회에 재심을 신청할 수 있다($\frac{제27}{조}$). 그리고 피해정도의 불명 등 신속하게 결정할 수 없는 사정이 있는 때에는 대통령령이 정하는 금액의 범위 내에서 긴급구조금의 지급을 결정할 수 있다. 긴급구조금이 지급된 때에는 나중에 정식결정에 의해서 정산이 되는 것은 물론이다($\frac{제28}{조}$). 구조금수령권은 구조금지급결정이 신청인에게 송달된 날로부터 2년간 행사하지 아니하면 시효소멸한다($\frac{제31}{조}$). 그리고 구조금의 지급이 있은 후라도 신청인의 사위 기타 부정한 방법으로 구조금을 지급받은 사실이 발견된 때 또는 제척사유가 사후에 발견된 때에는 심의회의 결정으로 지급된 구조금의 전부 또는 일부를 환수할 수 있다($\frac{제30}{조}$).

범죄피해구조
심의회의 기
능과 심의절
차

(5) 범죄피해자구조청구권의 형성 및 제한과 한계

범죄피해자의 국가구조청구권은 기본권제한입법의 한계조항($\frac{제37조}{제2항}$)의 범위 내에서 제한할 수 있지만, 과잉금지의 원칙이 존중되어야 한다. 그리고 범죄피해자에 대한 국가구조책임을 부인하는 입법은 국가구조청구권의 본질적 내용의

과잉금지원칙
과 본질적 내
용 침해금지

---

1) 【결정례】 범죄피해발생일부터 5년이 경과한 경우에는 구조청구권을 행사할 수 없게 한 것은 합리적인 이유가 있어 평등원칙에 위배되지 않는다(헌재결 2011. 12. 29. 2009 헌마 330). 이 결정당시의 구법에는 구조청구권의 소멸시효가 5년이었다.

침해이기 때문에 그 어떤 경우에도 허용되지 않는다고 할 것이다. 범죄피해자 보호법이 범죄피해자 보호와 지원을 위한 국가와 지방자치단체의 책무를 강조하고 있는 이유도 그 때문이다($\frac{제4조와}{제5조}$). 그리고 범죄피해자 지원법인의 등록제도와 보조금제도를 마련하고 엄격한 감독을 통해서 범죄피해자 구조제도가 실효를 거두도록 정하고 있다($\frac{제33조~}{제40조}$). 나아가 범죄피의자와 범죄피해자 사이의 형사분쟁을 공정하고 원만하게 해결하여 범죄피해자의 피해를 실질적으로 회복하는데 기여하도록 형사조정제도도 마련하고 있다($\frac{제41조~}{제46조}$). 그리고 헌법($\frac{제27조}{제5항}$)이 보장하는 형사피해자의 재판절차진술권을 실현할 수 있도록 범죄피해자가 해당 사건의 형사절차에 참여하는 것을 보장하는 규정을 두고 있다($\frac{제8}{조}$). 따라서 국가구조청구권의 제한은 결국 이 권리에 관해서 헌법이 정하는 기본권형성적 법률유보규정에 입각해서 범죄피해보상의 내용과 범위 그리고 절차 등을 법률로 정하는 문제에 국한된다고 볼 수 있다.

9. 국민의 의무

기본권과 함께 사회통합의 당위적 전제

사회공동체의 동화적 통합을 궁극적인 목적으로 하는 한 나라의 헌법질서 내에서 사회공동체의 가치적인 공감대인 동시에 동화적 통합의 실질적인 원동력이라고 볼 수 있는 국민의 기본권을 존중하고 실현하는 것이 통치질서의 당위적인 과제라고 하는 것은 이미 여러 차례 강조한 바 있다. 그런데 사회공동체의 존립과 그 동화적 통합을 위한 또 하나의 당위적 전제가 되는 것이 국민의 의무라는 것을 잊어서는 아니된다. 국민의 자유와 권리만이 강조되고 국민의 의무가 경시되거나 소홀하게 평가되는 경우에는 마침내 자유와 권리마저도 상실하게 된다는 점을 명심할 필요가 있다. 국민의 의무는 자유와 권리를 지켜나가기 위한 수단으로서의 성격을 갖고 있기 때문이다.

세 가지 상이한 의무유형

헌법학적인 개념으로서의 국민의 의무는 엄격한 의미에서 세 가지 상이한 유형을 내포하고 있다. 국가창설적인 국민의 의무, 기본권에 내포된 국민의 윤리적 의무, 헌법이 정하는 국민의 기본적인 의무 등이 그것이다.[1]

---

1) 국민의 의무에 관한 헌법이론적인 접근에 대해서는 졸저, 전게서, 제4판, 2010, 방주 997 각주 1076)의 문헌을 참조할 것.

Ⅰ. 국가창설적 국민의 의무(순종의무와 평화의무)

국가를 사회의 '조직된 결정 내지 활동단위'라고 이해할 때 국가의 존립과 기능은 국민의 국법질서에 대한 '순종의무'를 그 당연한 이념적인 기초로 한다. 국법질서순종
의무

국가권력의 창설과 국가 내에서 행사되는 모든 권력의 최후적 정당성이 국민의 가치적인 공감대에 귀착될 수 있는 통치형태로서의 민주주의를 그 구조적인 원리로 하고 있는 민주국가에서는 국민으로 하여금 정치적인 의사형성과 정에 참여케 하고, 국가권력을 엄격한 법치국가적 원리에 기속되게 하고, 중요한 모든 생활영역을 기본권으로 보호함으로써 '다수의 힘'에 의한 권리침해의 가능성을 줄이는 등의 방법을 통해서 국민의 국법질서에 대한 순종의무가 자칫 불법권력에 대한 복종의무가 되지 않도록 노력하고 있다. 불법권력에
대한 복종의
무는 배척

자유민주적 기본질서는 국민의 자발적인 참여와 복종의 바탕 위에서만 존립할 수 있다는 특징을 가지고 있다. 즉 자유민주적 기본질서는 강요된 복종만으로는 그 기능을 나타낼 수 없다. 모든 국민이 민주주의의 실현을 위한 여러 가지 형식원리를 존중하고 민주절차에 의해서 제정된 법률에 자발적으로 순종함으로써 사회평화를 위해서 기여하겠다는 민주시민으로서의 강한 의무감을 가질 때, 자유민주주의는 비로소 제 기능을 발휘할 수 있다. 자발적 참여
와 복종은 자
유민주주의의
기초

이렇게 볼 때 국가의 법질서에 순종해야 하는 국민의 의무는 단순한 법적 의무라고 하기보다 민주시민의 덕성이라고 말할 수 있다. 오늘과 같은 다원적인 기능사회에서 다양한 이해의 갈등이 심각하면 할수록, 자신의 이해에 상반되는 법질서에도 순종할 수 있는 민주시민으로서의 덕성이 필요하다. 순종의무는
민주시민의
덕성

아무리 민주적인 법치국가라 하더라도 모든 법질서가 정당하고 합리적이라는 것을 보장할 수는 없다. 그렇기 때문에 민주적인 헌법은 모든 국민에게 법질서에 대해서 비판할 수 있는 자유를 보장하고, 정당한 절차를 통해서 그 법률을 개정할 것을 요구하고 또 실제로 개정될 수 있도록 입법기관에 압력을 가할 수 있는 여러 가지 방법을 마련해 놓고 있다. 입법개선 위
한 비판은 허
용

그러나 헌법절차에 따라 정당하게 제정된 법률에 대한 순종을 거부하고, 법률에 따라 내려진 행정작용 및 사법작용의 효력을 부인할 수 있는 권한을 민주헌법은 용인하지 않는다. 법질서에 대한 국민의 순종의무를 부인하고, 법질서의 준수 여부를 국민 한 사람 한 사람의 자율적인 판단에 맡긴다고 한다면, 자유국가의 필연적인 현상인 의견의 다양성 때문에 멀지않아 무질서상태가 초래될 것이 분명하고, 그렇게 되면 질서를 다시 회복하기 위한 국가의 노력이 어쩌면 국민에게 순종의 필요성과 당위성을 인식시키기 위한 이른바 '교육독재' 순종의무는
교육독재 막
는 자유의 조
건

로 변질될 위험성마저 있기 때문이다. 이렇게 볼 때 법질서에 대한 순종은 역설적으로 표현한다면 자유의 조건일 수도 있다.

아무튼 국가의 법질서에 대한 순종의무는 민주국가가 존립하기 위한 국가창설적인 의무가 아닐 수 없다. 모든 국민이 국가의 법질서에 순종함으로써 법적 평화는 유지될 수 있기 때문에 국민의 법질서에 대한 순종의무는 또 다른 시각에서 국민의 '평화의무'를 당연히 내포한다고 볼 수 있다.

국민의 이같은 '순종의무'와 '평화의무'는 국민의 저항권과 이념적인 갈등관계에 있는 것이 사실인데, 저항권의 예외적인 성격이 그로부터 나오며, 저항권의 행사요건으로서 보충성·최후수단성·성공가능성 등이 요청되는 이유도 그 때문이다. 또 저항권을 물리적인 힘의 행사로 보지 않고 비판적인 '복종의 자세'로 이해하려는 것도 그 때문이다.[1]

현대국가의 헌법은 국민의 '순종의무'와 '평화의무'를 헌법에 구태여 명문화하지 않는 경향이 있는데, 그 이유는 명문규정의 유무를 떠나 그것은 국가존립의 당연한 이념적인 기초를 뜻하기 때문이다.[2] 그러나 이들 국민의 의무는 그렇다고 해서 전국가적인 의무로서의 성격을 가지는 것은 아니다. 국민의 '순종의무'와 '평화의무'는 사회의 '조직된 결정 내지 활동단위'로서의 국가를 창설하고 존속시키려는 국민의 국가지향적인 의사로부터 나오는 것으로서 국가를 전제로 한 것이지 국가를 떠나서 논할 수 있는 성질의 것이 아니기 때문이다.

우리 현행헌법에는 국민의 '순종의무'와 '평화의무'에 관한 명문규정이 없지만, 그것은 우리 헌법질서의 당연한 이념적인 기초에 속한다.

Ⅱ. 기본권에 내포된 국민의 윤리적 의무

국민의 기본권이 동화적 통합의 실질적인 원동력으로서의 제 기능을 나타내기 위해서는 기본권에 내포된 국민의 윤리적 의무로서의 속성이 충분히 인식되어야 한다. 즉 기본권적인 자유는 관용과 책임의 '도덕적 품성'에 의해서 그 내용이 보완되는 경우에만 비로소 그 강력한 동화적 통합기능을 나타낼 수 있다. 모든 국민이 이같은 도덕적인 품성을 지니지 못한 채 기본권을 악용 내지 남용함으로써 국가의 특정한 존립형식으로서의 자유민주적 기본질서를 위태롭

---

1) 이 점에 대해서 자세한 것은 앞부분 89면 이하 참조할 것.
2) 【판시】 헌법과 법률을 준수할 의무는 국민의 기본의무로서 헌법상 명문규정은 없으나 우리 헌법에서도 자명한 것이다(헌재결 2002. 4. 25. 98 헌마 425 등(병합), 판례집 14-1, 351(363면)).

게 하고, 타인의 자유와 권리를 침해하고, 사회공동체의 기본적인 도덕률을 파괴하는 경우에 동화적 통합은 기대할 수 없다. 따라서 모든 국민이 그에게 주어진 기본권을 온건하고 평화적인 방법으로 바르게 행사해야 된다는 것은 모든 기본권에 내포된 당연한 '묵시적인 도덕유보'라고 할 수 있다. 이같은 '묵시적인 도덕유보'에서 기본권행사와 관련된 국민의 윤리적 의무가 나온다고 할 수 있다. 사회공동체의 모든 생활영역이 국민의 기본권행사에 의해서 형성되기 때문에 사회공동생활은 기본권주체가 그의 기본권을 어떻게 행사하느냐에 따라 영향을 받게 되어 있다. 다시 말해서 사회공동체의 여러 가지 생활양상은 국민이 기본권행사에 어떠한 도덕성을 발휘하느냐에 따라 그 내용과 형태가 정해지기 마련이다. 그런데 국민이 기본권과 관련해서 가지는 이같은 윤리적 의무는 국가권력이 임의로 조정할 수 있는 성질의 것이 아니고 국민 각자가 기본권에 내포된 '도덕유보'를 얼마나 진지하게 받아들이고 생활화하느냐에 따라서 그 내용이 정해지기 마련이다. 그렇지만 이같은 윤리적 의무가 어느 정도 지켜지는 것은 동화적 통합의 불가결한 당위적인 전제조건이 아닐 수 없다. 국민이 기본권에 내포된 윤리적 의무를 성실하게 지킬 수 있게 하는 가장 효과적인 방법은 역시 민주시민으로서의 자질을 키워 주는 교육제도라고 생각한다.

윤리적 의무 준수 촉진수단인 교육제도

아무튼 기본권에 내포된 이같은 윤리적 의무는 그 본질상 절대적 기본권의 '내재적 한계'를 비롯해서 기본권제한 또는 사인 간의 기본권효력의 이념적 기초가 되는 것이기도 하다. 그러나 기본권에 내포된 이같은 국민의 윤리적 의무는 어디까지나 국민의 민주시민으로서의 도덕성에 호소하는 윤리적 의무로서의 성격을 가지는 것이기 때문에 법적 의무와는 그 성격을 달리한다. 따라서 모든 기본권에는 반드시 필수적인 '동반자로서의 법적 의무'가 내포되고 있다는 논리형식은[1] 경계할 필요가 있다. 예컨대 선거권은 선거를 해야 할 법적인 의무를 당연히 내포하고 있다는 이론 등이 그것이다. 이같은 논리는 필연적으로 자유의 종말을 가져오게 된다는 점을 주의해야 한다. 기본권을 법적 의무로 파악하는 경우 그 법적 의무의 구체적인 내용은 국가에 의해서 정해지는데, 국가는 법적 의무에 대한 그의 입법형성권을 통해서 국민의 기본권행사를 임의로 조정하게 될 것이기 때문이다. 기본권을 그처럼 법적인 의무로 역기능하게 하는 변증법적인 논리형식과 통치기술에 의해서 유지되고 있는 것이 바로 공산주의국가들이다.[2] 그러나 자유민주국가에서의 기본권은 우선은 기본권주체의 임

기본권에 수반되는 동반자로서의 법적 의무 논리의 부당성

---

1) Z.B. *R. Smend*, Bürger und Bourgeois im deutschen Staatsrecht, in: Staatsrechtliche Abhandlungen, 2. Aufl.(1968), S. 309ff.
2) 그 가장 대표적인 실례가 1968년에 제정된 통독전 동독헌법의 '근로의 권리'에 관한 규정이다.

의적인 권능을 뜻하기 때문에 기본권의 대칭물로서의 법적인 의무가 있을 수 없다. 따라서 국민의 기본권과 국민의 법적 의무가 언제나 일치한다는 논리형식은 단호히 배척되어야 한다.

Ⅲ. 헌법상의 국민의 기본적 의무

헌법에 명문
화된 국민의
의무

국가창설적인 국민의 의무 또는 기본권에 내포된 국민의 윤리적 의무와는 달리 오늘날 많은 나라가 국민의 일정한 의무를 헌법에 명문으로 규정하는 경우가 있다. 이같은 헌법상의 의무를 국민의 기본적인 의무라고 부르는 것이 일반적인 관례이다. 우리 헌법은 국민의 납세의무($^{제38}_{조}$)와 국방의 의무($^{제39}_{조}$)를 비롯해서 교육을 받게 할 의무($^{제31조}_{제2항}$), 근로의 의무($^{제32조}_{제2항}$), 환경보전의무($^{제35}_{조}$), 재산권 행사의 공공복리적합의무($^{제23조}_{제2항}$) 등을 국민의 기본적인 의무로 규정하고 있다.

선국가적인
것이 아닌 헌
법상의 의무

그런데 국민의 기본권을 인간의 선천적이고 천부적이며 선국가적인 자유와 권리로 이해할 수 없는 것처럼 국민의 기본적인 의무도 절대로 선국가적인 것일 수 없다. 그것은 사회공동체의 동화적 통합질서인 헌법에 의해서 비로소 인정된 헌법상의 의무에 지나지 않는다.

직접적 효력
설과 헌법윤
리적인 선언
적 효력설

헌법이 정하는 국민의 기본적인 의무가 기본권과 마찬가지로 '직접적인 효력'을 가지는 것인지 아니면 단순한 '헌법윤리적인 선언적 효력'밖에 없는 것인지에 대해서는 견해가 대립되고 있지만, 헌법윤리적인 선언적 효력설이 옳다고 생각한다. 국민의 기본적인 의무의 내용은 헌법에 의해서 직접 정해지는 것이 아니고, 법률에 의해서 비로소 구체적으로 정해지기 때문에, 헌법상의 기본적인 의무조항은 기본적인 의무를 규정하는 구체적인 입법의 헌법적 근거가 된다는 의미에서 간접적 효력 내지 선언적 효력을 갖는다고 보는 것이 옳을 것이다.

제도보장적·
법률유보적
성격

법치국가적 헌법의 구조원리에 따를 때 헌법제정권자는 오로지 국가권력만을 의무의 주체로 하기 때문에 헌법이 정하는 국민의 기본적 의무는, 일정한 국민의 의무를 정하고, 그 의무를 이행하도록 강제력을 발동할 수 있는 헌법상의 과제 및 수권을 입법권자에 준 것이라고 보아야 한다. 이렇게 볼 때 규범구조적인 측면에서 국민의 기본적 의무는 일종의 제도보장적·법률유보적 성격을 갖는 것이라고 할 수 있다. 헌법제정권자는 헌법에 단순히 '의무프로그램'만을 규정한 것이고, 이 헌법제정권자가 정한 '의무프로그램'을 현실적인 의무로 구체화하는 것은 입법

이 헌법 제24조 제2항은 '근로의 권리'와 '근로의 의무'를 불가분의 일원적인 것으로 규정하고 있다. 즉, '모든 근로능력 있는 국민은 사회공동체를 위해서 유익한 일을 해야 하는 명예로운 의무를 진다. 근로의 권리와 근로의 의무는 일체를 이룬다'는 규정이 바로 그것이다.

권자의 수권사항이다. 결국 헌법이 정하는 국민의 기본적 의무는 입법권자가 정하는 형식적 의미의 법률에 의해서 비로소 현실적인 의무로 구체화된다.

(1) 납세의 의무

납세의 의무라 함은 국가활동의 재정적 기초를 마련하기 위하여 국민에게 직접적인 반대급부 없는 금전적 부담을 지우는 것을 말한다. 우리 헌법에 「모든 국민은 법률이 정하는 바에 의하여 납세의 의무를 진다」($^{제38}_{조}$)고 한 것이 그것이다.

납세의 의무는 국가가 모든 국민에게 경제상의 개성신장과 경제활동의 자유를 보장하는 대가로 국민에게 지우는 경제적인 부담으로서의 성격을 갖는 동시에 사회국가실현의 방법적 기초로서의 성격을 갖는다.

납세의무에 대응하는 국가의 권력이 과세권인데 과세권의 발동은 모든 경제주체를 그 대상으로 하기 때문에 국내에서 경제활동을 하는 외국인도 과세원인이 발생한 경우에는 원칙적으로 납세의무를 진다. 다만 국제법상의 일반원칙에 따라 외국인의 납세의무를 면제해 줄 수 있는 것은 물론이다.

납세의무는 국민이 국가 또는 지방자치단체에게 직접적인 반대급부가 없는 세금을 납부해야 할 의무를 뜻하는데, 세금은 금전적인 부담이라는 점에서는 사용료·수수료 등과 같지만, 직접적인 반대급부를 그 조건으로 하지 않는다는 점에서 이들 금전부담과는 그 성격이 다르다.

납세의무를 구체화해야 할 책임을 지고 있는 입법권자는 조세평등의 원칙($^{제11}_{조}$)과 조세법률주의($^{제59}_{조}$)를 존중해야 한다. 조세법률주의는 과세요건법정주의와 과세요건명확주의를 그 내용으로 한다.[1][2] 따라서 국민의 담세능력을 고려

직접적 반대급부 없는 금전적 부담

사회국가실현의 방법적 기초

과세권의 대상

사용료·수수료와의 차이

조세평등의 원칙과 조세법률주의

---

1)【판시】 i) 과세요건명확주의의 위배 여부는 납세자의 과세대상 예측가능성과 행정관청의 자의적인 법적용의 가능성 그리고 보다 확정적인 문구의 선택을 입법자에게 기대할 수 있는가 등의 기준에 따라 판단한다(헌재결 2002. 5. 30. 2000 헌바 81, 판례집 14–1, 466(474면)). ii) 과세요건법정주의는 납세의무자, 과세물건·과세표준·과세기간·세율 등의 모든 과세요건과 조세의 부과·징수절차는 모두 국회가 법률로 규정할 것을 요구한다(헌재결 1992. 12. 24. 90 헌바 21 등, 판례집 4, 890(899면)).
【결정례】 우리 헌재는 다음의 경우에는 조세법률주의 및 조세평등주의에 위배된다고 판시했다. 즉, i) 조세회피방지를 위해서 증여의제를 규정한 상속세법규정(제32조의 2)을 조세회피목적 없는 진정한 명의신탁 등의 경우에도 무차별적으로 적용해서 증여세를 부과하는 것(헌재결 1989. 7. 21. 89 헌마 38), ii) 조세채권을 그보다 먼저 성립한 담보물권(전세권·질권·저당권 등)보다 우선시킴으로써 조세채권이 담보채권보다 1년 소급해서 우선하게 한 국세기본법규정(제35조 제 1 항 제 3 호)(헌재결 1990. 9. 3. 89 헌가 95. 동지: 헌재결 1991. 11. 25. 91 헌가 6), iii) 배우자 및 직계존·비속간의 부담부증여의 경우 증여세의 과세가액 산정에 있어서 수증자가 인수한 채무액을 공제하지 않도록 규정한 상속세법규정(제29조의 4 제 2 항)(헌재결 1992. 2. 25. 90 헌가 69, 91 헌가 5, 90 헌바 3(병합)), iv) 불성실납세신고자에 대해서 상속세(증여세)를 부과할 경우 과세대상인 상속재산(증여재산)의 가액을 상속(증여) 당시를 기준으로 하지 않고 그 조세부과 당시를 기준으로 평가하도록 한 구상속세법규정(제 9 조 제 2 항 본문)

해서 공정하고 평등한 과세가 되도록 노력하여야 한다. 또 조세의 종목과 세율

(헌재결 1992. 12. 24. 90 헌바 21), v) 미실현이득을 과세대상으로 삼고 중요한 과세기준의 결정을 행정입법으로 위임한 토지초과이득세법(헌재결 1994. 7. 29. 92 헌바 49·52(병합)), vi) 불확정규정을 간주규정으로 확대적용하는 것(헌재결 1994. 6. 30. 93 헌바 9), vii) 과점주주 전원에게 법인의 체납액 전부에 대한 납세의무를 부과하는 것은 조세평등의 원칙에 어긋난다(헌재결 1997. 6. 26. 93 헌바 49, 94 헌바 38·41, 95 헌바 64(병합)). 동지: 헌재결 1998. 5. 28. 97 헌가 13. viii) 법인세부과에서 공과금의 손금불산입을 원칙으로 하는 것은 입법재량의 한계를 벗어난 실질적 조세법률주의의 위반이다(헌재결 1997. 7. 16. 96 헌바 36~49(병합)). ix) 이혼시 상속세 인적공제액초과의 재산분할을 받으면 그 초과부분에 증여세를 부과하는 것은 조세평등과 조세법률주의의 위반이다(헌재결 1997. 10. 30. 96 헌바 14). x) 증여의제로 증여세의 과세대상 내지 과세물건을 대통령령에 위임하는 것은 조세법률주의와 백지위임금지원칙에 위배된다(헌재결 1998. 4. 30. 95 헌바 55). xi) 상속재산의 평가방법을 포괄적으로 대통령령에 위임한 것은 위헌이다(헌재결 1998. 4. 30. 96 헌바 78; 헌재결 2001. 9. 27. 2001 헌가 5). xii) 중과세대상인 고급오락장용 건축물 및 사치성재산으로 사용되는 토지 등을 불명확하게 규정한 지방세법은 조세법률주의와 포괄위임금지원칙의 위반이다(헌재결 1999. 3. 25. 98 헌가 11·14·15·18(병합)). xiii) 부동산취득의 신고가액이 시가표준액 미달일 때 시가표준액을 과세표준으로 적용하게 한 것은 조세평등주의와 조세법률주의에 위배되지 않는다. 그러나 과세대상에 대한 시가표준액에 관해서 대통령령에 위임한 것은 조세법률주의와 위임입법의 한계를 위반했다(헌재결 1999. 12. 23. 99 헌가 2). xiv) 특별부가세의 과세대상의 범위를 시행령에 포괄적으로 위임한 것은 조세법률주의와 위임입법의 한계를 위반했다(헌재결 2000. 1. 27. 96 헌바 95 등(병합)). xv) 상속재산의 가액평가기준 내지 방법에 관해 '상속개시 당시의 현황'이라고만 정한 구상속세법규정은 과세요건법정주의와 과세요건명확주의에 반한다(헌재결 2001. 6. 28. 99 헌바 54). xvi) 양도소득세의 과세대상이 되는 자산의 기준과 범위를 법률에서 한정하지 않은 채 대통령령에 위임한 것은 조세법률주의와 포괄위임금지원칙에 위배된다(헌재결 2003. 4. 24. 2002 헌가 6). xvii) 지방세인 취득세의 가산세부과에서 미납기간의 장단을 전혀 고려하지 않고 산출세액의 20/100을 가산세로 획일규정한 것은 비례의 원칙과 평등의 원칙에 위배된다(헌재결 2003. 9. 25. 2003 헌바 16). xviii) 법률이 전부 개정되면 특별한 명시적 언급이 없는 한 종전의 부칙규정도 모두 소멸한다. 따라서 조세감면규제법을 전부 개정하면서 그 부칙규정의 계속효에 대한 특별한 언급없이 개정 시행한 후 제정한 시행령 등에서 종전 법률의 부칙규정을 위임의 근거로 명시했고 그 후 조세특례제한법 개정법률에서 이 부칙조항의 문구를 바꾸는 입법을 한 사실이 있다고 하더라도 이는 이미 실효된 종전 법률의 부칙조항을 위임의 근거 또는 변경대상으로 한 것이므로 입법자의 추정적 의사 또는 법률의 공백상태방지 및 과세형평성을 이유로 그러한 부칙규정을 실효되지 아니한 것으로 해석하는 과세처분은 권력분립의 원칙과 조세법률주의의 원칙에 어긋나는 위헌이다. 이 결정은 사실상 대법원의 법률해석의 위헌성을 지적한 의미 있는 판례이다(헌재결 2012. 5. 31. 2009 헌바 123 등, 판례집 24-1(하), 281(296면 이하)).

2) 【결정례】 우리 헌재가 합헌으로 결정한 사례: i) 가산세의 산정에서 법인을 개인보다 불리하게 하는 것은 합헌이다(헌재결 1996. 8. 29. 92 헌바 46). ii) 그리고 납세고지서의 발송일을 기준으로 조세채권을 피담보채권보다 우선시키는 것은 위헌이 아니다(헌재결 1997. 4. 24. 93 헌마 83). iii) 무한책임사원에게 일률적으로 제 2 차 납세의무를 부과하는 것은 합헌이다(헌재결 1999. 3. 25. 98 헌바 2). iv) 금융소득에 대해서만 분리과세방식을 취해 단일세율을 적용함으로써 동일소득계층간에도 금융소득의 비중이 많은 납세자가 상대적으로 더 많은 세금을 부담해도 조세평등주의나 경제질서에 위배되지 않는다(헌재결 1999. 11. 25. 98 헌마 55). v) 통상의 취득세율의 7.5배로 중과세하는 대상을 대통령령에 위임하여 '대통령령으로 정하는 법인의 비업무용토지'라고 규정한 것은 조세법률주의와 포괄위임입법금지원칙에 위배되지 않는다(헌재결 2000. 2. 24. 98 헌바 94 등(병합)). vi) 국세기본법이 시행되기 이전에 과세표준신고서를 제출한 사람에게 후발적 사유에 의한 경정청구권을 인정하지 않는 규정은 위헌이 아니다(헌재결 2000. 2. 24. 97 헌마 13·245(병합)). vii) 차령을 무시하고 배기량만을 기준으로 자동차세를 과세하는

을 법률로 정하도록 한 헌법정신을 존중해서, 과세요건과 징세절차 등 과세의 본질적인 사항은 반드시 입법권자가 직접 정하여야 한다.[1] 특히 인플레현상과 누진세율의 적용으로 인한 2중적인 소득감소의 결과가 초래되지 않도록 입법권자가 과세원인 및 요건에 대한 적시의 대응책을 마련해야 한다.[2] 우리 헌법재판소가 국가과세권의 헌법적 한계로 '평등권, 재산권, 조세법률주의와 위임입법의 한계, 소급과세의 금지' 등을 들면서 이것을 조세법률에 대한 위헌심사기준으로 삼고 있는 것도 그 때문이다.[3]

납세의무를 구체화하는 대표적인 법률은 국세기본법·국세징수법을 비롯해서 법인세법·상속세 및 증여세법·소득세법·부가가치세법[4]·관세법·지방세법

<hr>

것은 조세평등주의의 위반이 아니다(헌재결 2002. 8. 29. 2001 헌가 24). viii) 이미 납부한 택지부담금을 양도소득의 필요경비에 포함시키지 않은 것은 실질적 조세법률주의에 위배되거나 재산권의 과잉제한이 아니다(헌재결 2002. 5. 30. 2001 헌바 65 등). ix) 지배주식에 부수된 경영권 프리미엄의 가치를 일반주식 등 가치의 110%로 정하여 지배주식이전시 획일적으로 상속 및 증여세의 과세기준으로 삼는 것은 조세평등주의에 위반되거나 재산권의 침해가 아니다(헌재결 2003. 1. 30. 2002 헌바 65). 지분율 50% 이하인 최대주주의 주식에 대하여 20%의 가산율을 규정한 경우도 같다(헌재결 2007. 1. 17. 2006 헌바 22). x) 저당권이 설정된 상속재산의 가액평가를 대통령령에 위임하면서 구체적인 기준이나 범위를 제시하지 않았어도 상속재산의 피담보채권액이나 감정가액 등이 대통령령에서 정할 평가방법의 기준이 되리라고 객관적으로 충분히 예측할 수 있고, 위임의 필요성과 합리성도 존재하므로 조세법률주의 및 포괄위임금지원칙에 위배되지 않는다(헌재결 2004. 8. 26. 2003 헌바 26). xi) 외환위기 이후 구조조정을 위한 세제지원 입법에서 부동산과 선박을 구별하여 유통화전문회사가 부동산을 양수한 경우에만 등록세·취득세를 면제해 주도록 한 것은 조세평등주의와 조세법률주의에 위배되지 않는다(헌재결 2004. 10. 28. 2002 헌바 70). xii) 증여세 이외의 다른 조세를 회피할 목적의 명의신탁을 원칙적으로 증여로 추정할 수 있도록 조세범위를 확장하는 조항을 통하여 증여세를 부과하도록 하는 입법은 조세정의와 조세평등 및 실질과세를 실현하기 위한 것으로 과잉금지원칙이나 평등원칙에 위배되지 않는다(헌재결 2004. 11. 25. 2002 헌바 66). xiii) 비상장법인의 발행주식 총수의 51/100 이상의 주식에 관한 권리를 실질적으로 행사하는 과점주주에게 제 2 차 납세의무를 부과하는 것은 조세평등주의 및 재산권의 침해가 아니다(헌재결 2010. 10. 28. 2008 헌바 42 판례와 2008 헌바 49).

1) 【결정례】 i) 부동산 양도차익의 산정에 있어 실지거래가액을 적용하기 위한 지정지역의 기준과 요건, 그 방법 및 대상 부동산의 구체적 범위를 대통령령에 위임한 것은 조세법률주의와 포괄위임입법금지원칙에 위배되지 않는다(헌재결 2006. 11. 30. 2006 헌바 36 등). ii) 조세특례제한법(제 2 조 제 3 항)이 조세감면대상이 되는 업종의 분류를 법규명령이 아닌 행정규칙, 즉 통계청장이 고시하는 한국표준산업분류에 의하도록 했어도 조세법률주의나 포괄위임입법금지원칙에 위배되지 않는다(헌재결 2006. 12. 28. 2005 헌바 59).
【판결례】 세무재조사가 국세기본법(제81조의 4 제 2 항)이 금지하는 세무재조사에 해당하는 이상 그 재조사로 얻은 과세자료를 제외하고 과세처분이 가능했다고 하더라도 그 과세처분은 위법하다. 국세기본법이 금지한 중복세무조사금지를 철저히 지키라는 판결이다(대법원 2017. 12. 13. 선고 2016 두 55421 판결).

2) 재산권보장과 조세정책의 상호관계에 대해서는 저자의 다음 논문을 참조할 것.
   'Eigentumsgarantie und Steurpolitik in Korea(독문)', 심태식박사화갑기념논문집(1983), 469면 이하, 특히 488면 참조.

3) 헌재결 2002. 8. 29. 2001 헌가 24, 판례집 14-2, 138(150면) 참조.

4) 【판결례】 부가세는 실질소득이 아닌 거래외형에 부과하는 거래세에 해당하므로 신탁건물의

등이 있다.

(2) 국방의 의무

국토방위의무

국방의 의무라 함은 외적으로부터 국가를 보위해서 국가의 정치적 독립성과 영토의 완전성을 지키는 국토방위의 의무를 말한다. 우리 헌법은 국제평화의

헌법상의 국방의지

유지에 노력하고 침략적 전쟁을 부인한다는 뜻을 명백히 밝히면서도(제5조 제1항), 또 한편 우리나라를 침략하는 외적과 맞서서 국가의 안전을 보장하고 국토를 방위하는 신성한 의무를 수행케 하기 위해서 국군을 둔다는 점도 명시하고 있다(제5조 제2항). 헌법이 정하는 국방의 의무는 우리 헌법이 표명하고 있는 이같은 강력한 국방의 의지와의 상호관계하에서 이해해야 한다. 따라서 국방의 의무는

적극적인 국방의무

제1차적으로 법률이 정하는 바에 따라 국군의 구성원이 되어야 하는 의무를 말하는데, 현행법은 현역군조직은 물론, 예비군조직·민방위조직·전시근로동원조직 등에 참여해서 국가의 안전과 국토방위를 위해서 노력해야 할 국민의 국

합리적인 병역제도의 확립

방의무를 구체화하고 있다. 병역법·예비군법·민방위기본법 등이 규정하는 바가 바로 그것이다. 그런데 우리 헌법은 적극적인 국방의 의무와 관련해서 '누구든지 병역의무의 이행으로 인하여 불이익한 처우를 받지 아니한다'(제39조 제2항)고 규정함으로써[1] 병역의무의 실효성을 보장할 수 있는 합리적인 병역제도의 확립을 입법권자에게 촉구하고 있다.

소극적인 국방의무

국방의 의무는 또한 이같은 적극적인 국방의 의무뿐 아니라 소극적인 국방

매각에 따른 부가세의 납세의무자는 재화의 공급이라는 거래행위를 통해 그 재화를 사용·소비할 수 있는 권한을 거래상대방에게 이전한 수탁자로 보아야 한다. 이 판시는 대법원의 종전 판시(2006 두 8372 등)를 변경한 것이다. 즉 종전판례에서는 '신탁재산의 공급에 따른 부가세의 납세의무자는 그 처분 등으로 발생한 이익과 비용이 최종적으로 귀속되는 신탁계약의 위탁자 또는 수탁자가 되어야 한다'고 판시했었다(대법원 2017. 5. 18. 선고 2012 두 22485 판결).

1) 【결정례】 i) 군법무관으로의 복무가 병역의무의 이행으로 이루어지는 경우, 군법무관 출신에 대해서 변호사 개업지를 차별 제한하는 것은(변호사법 제10조 제2항) 병역의무의 이행으로 불이익한 처우를 받게 되는 것이기 때문에 이를 금지한 헌법 제39조 제2항에 위반된다는 헌재의 판례가 있다(헌재결 1989. 11. 20. 89 헌가 102 참조). ii) 그러나 실역에 복무중인 예비역 등에게 군형법을 적용하는 것은 병역의무이행 중의 불이익일 뿐 병역의무이행으로 인한 불이익에 해당하지 않는다(헌재결 1999. 2. 25. 97 헌바 3). iii) 불이익한 처우란 단순한 사실상·경제상의 불이익을 모두 포함하는 것이 아니라 법적인 불이익을 의미하므로 군필자에 대한 가산점제도처럼 적극적 보상조치를 요구하는 것은 아니다(헌재결 1999. 12. 23. 98 헌바 33). iv) 군인이 군미필자 응시자격제한 때문에 공무원 채용시험에 응시하지 못하는 것은 병역의무 중에 입는 불이익일 뿐 헌법이 금지하는 병역의무 이행으로 인한 불이익이 아니다(헌재결 2007. 5. 31. 2006 헌마 627). 【판시】 전투경찰순경으로서 대간첩작전을 수행하는 것도 넓은 의미에서 국방의 의무를 수행하는 것이므로 현역병으로 입영한 군인을 전투경찰로 전환할 수 있게 한 것은 행복추구권, 양심의 자유 및 평등권을 침해한 것이라 할 수 없고, 또한 병역의무의 이행을 원인으로 하여 행하여진 불이익한 처우라고 볼 수 없다(헌재결 1995. 12. 28. 91 헌마 80, 판례집 7-2, 851(871면 이하)).

의 의무도 함께 내포한다고 볼 수 있는데, 국토방위를 위해서 불가피한 군작전 명령에 복종하고 협력해야 하는 의무가 바로 그것이다. 따라서 군사작전상 불가 피한 재산권의 수용·사용·제한은 물론, 거주·이전의 제한 등 기본권의 제한은 국민의 국방의무와도 불가분의 상호관계에 있다. 소극적인 국방의 의무와 국가 안전보장을 위해서 불가피한 기본권제한과의 상호관계가 바로 여기에서 나온다.

(3) 교육을 받게 할 의무

우리 헌법은 개성신장을 촉진시키고 문화국가·민주국가·사회국가실현의 바탕이 되는 교육여건을 조성하기 위해서 모든 국민에게 '교육을 받을 권리'를 보장하면서도 이 권리의 실효성을 확보하기 위한 수단으로서 가정과 국가의 교육책임을 강조하고 있다. 즉 현행헌법은 '모든 국민은 그 보호하는 자녀에게 적어도 초등교육과 법률이 정하는 교육을 받게 할 의무를 진다'$\binom{제31조}{제2항}$고 규정함으로써 자녀에 대한 교육은 제1차적으로 그 부모와 보호자의 의무라는 점을 명백히 밝히고 있다. 그러나 부모와 보호자의 이같은 의무는 국가가 이에 상응하는 적절한 교육시설을 마련하는 경우에만 비로소 그 실효성을 나타낼 수 있다고 하는 특징을 가지고 있다. 현행헌법이 무상의무교육제도$\binom{제31조}{제3항}$를 비롯한 여러 가지 교육여건을 갖추어야 하는 국가의 교육책임을 강조하고 있는 것도 '교육을 받게 할 의무'에 알맞는 교육제도를 마련하는 것이 입법권자의 가장 시급한 과제라는 것을 인식한 때문이라고 할 수 있다. 따라서 '교육을 받게 할 의무'와 국가의 교육책임을 강조하는 헌법정신에 맞는 교육제도를 마련하는 일 이야말로 국가의 중요한 당면과제가 아닐 수 없다. 현행교육기본법은 모든 국민에게 적어도 6년의 초등교육과 3년의 중등교육을 받을 권리를 인정하고$\binom{제8}{조}$, 학령아동의 친권자 또는 그 후견인에게는 그 보호하는 아동에게 초등교육과 중등교육을 받게 할 의무를 지우고$\binom{헌법 제31}{조 제2항}$, 국가와 지방자치단체에게는 초등교육과 중등교육을 위한 교육시설의 확보에 노력토록 하고$\binom{초·중교법 제12조}{제1항과 제2항}$, 의무교육을 하는 학교에서는 수업료를 받지 못하게 하는$\binom{초·중교법 제}{12조 제4항}$ 등 일련의 규정을 마련해 놓고 있다. 다만 2012년까지는 국가재정을 고려해서 3년의 중등교육에 대한 의무교육은 대통령령이 정하는 바에 의하여 순차적으로 실시하도록 했었다$\binom{구 초·중교법}{제8조의 2}$.[1] 그런데 2021년부터는 고등학교 모든 학년으로 무상교육을 확대

가정과 국가의 교육책임

자녀교육은 우선 부모와 보호자의 의무

교육제도마련은 입법권자의 책임

교육법의 규정내용

실정법적 의무

---

1) 【판시】 초등교육 이외의 의무교육의 실시범위를 정하는 것은 '입법자의 형성의 자유'에 속한다. '무상의 중등교육을 받을 권리'는 헌법상 권리로서 보장되는 것은 아니다. 따라서 입법자가 중학교교육에 대한 의무교육을 단계적으로 실시하는 것으로 법률에 규정함에 따라 아직 중학교교육의 무상혜택을 받지 못하는 지역이 있더라도 그들의 헌법상 보장된 권리가 '침해'되고

시행하고 있다($_{의\,2}^{법\,제10조}$). 따라서 이같은 일련의 법률규정에 의해서 구체화되는 '교육을 받게 할 의무'는 단순한 윤리적 의무가 아닌 실정법적 의무로서의 성질을 가지게 된다.

(4) 근로의 의무

윤리적 의무설과 법적 의무설

우리 헌법은 '근로의 의무'를 규정하면서 '모든 국민은 근로의 의무를 진다. 국가는 근로의 의무의 내용과 조건을 민주주의원칙에 따라 법률로 정한다'($_{제2항}^{제32조}$)고 밝히고 있다. 헌법이 정하는 근로의 의무가 구체적으로 무엇을 의미하는지에 대해서는 윤리적 의무설[1]과 법적 의무설[2]이 대립하고 있다.

근로의 공기능적 이해의 부당성

생각건대 자유민주주의를 추구하는 우리나라 헌법질서 내에서 근로를 국가적인 생존배려의 반대급부로 파악하는 근로의 공기능적 이해가 수용될 수 없는 것은 당연하다. 또한 본인의 자유의사를 무시하고 모든 국민에게 획일적으로 근로의 법적 의무를 지게 하는 것은 체계정당성의 관점에서 많은 이론상의 어려움이 따른다. 자유민주주의의 자본주의국가에서는 이른바 '게으를 자유'도 인정되어야 하기 때문이다. '게으를 자유'는 그러나 게으른 결과에 대한 책임을 자기 스스로가 지고 그 책임을 사회공동체에 전가시키지 않는다는 것을 그 당연한 논리적인 전제로 한다. 따라서 이 경우 '인간다운 생활을 할 권리'의 내용에 속하는 생활보호청구권이 인정될 수 없는 것은 물론이다. 그렇다면 우리 헌법에서 말하는 근로의 의무는, 모든 국민에게 획일적인 근로를 명하는 경우에 그에 반드시 복종해야 되는 법적인 의무로 이해할 수는 없다고 할 것이다.

법적 의무설의 부당성

획일적인 근로강제입법금지

물론 헌법상의 '근로의 의무'는 일종의 프로그램규정이기 때문에 입법권자가 법률로써 근로의 의무의 내용을 구체적으로 정할 수 있을 것이고, 그렇게 되면 법적인 의무로서의 현실적인 근로의 의무가 생길 수도 있다. 그러나 그 경우에도 입법권자는 '근로의 의무의 내용과 조건을 민주주의원칙에 따라'서 정해야 하는 헌법적인 기속을 받기 때문에 획일적인 법적 의무로서의 근로의 강제를 입법화할 수는 없다고 할 것이다. 이렇게 볼 때 근로의 의무는 적어도 '근로의 강제'를 뜻할 수는 없다는 결론이 나온다.[3] 따라서 법률에 의해서 근로의 의무를 부과하는 경우에는 언제나 선택적 이행을 함께 제시해야 한다고 생각한다.[4]

선택적 이행방안제시의무

있다고 볼 수 없다(헌재결 1991. 2. 11. 90 헌가 27, 판례집 3, 11(22면 이하)).

1) 예컨대 문홍주, 366면; 권영성, 668면.
2) 예컨대 박일경, 356면; 김철수, 844면.
3) 동지: 문홍주, 366면. 문교수의 지적대로 전시근로동원법은 국방의 의무에 근거를 둔 것이고, 근로의 의무에서 나온 것이 아니다.
4) 동지: 권영성, 668면.

신체적인 역무 대신에 금전에 의한 대납을 허용하는 방법이 그 예이다.

결국 '근로의 의무'는 모든 국민으로 하여금 '일자리 선택'의 실업보험적인 한계를 명백히 인식시키고, 입법권자로 하여금 이같은 내용을 제도화하게 함으로써 누구나 주어진 일자리를 거절하고 그 대신 실업보험금(실업생계비)의 지급을 요구하는 일이 없도록, 그리고 근로능력도 갖추고 근로의 기회도 주어지는 경우에는 사회보장적인 국가의 급부를 요구할 수 없게 하려는 데 그 근본취지가 있다고 보아야 할 것이다.

실업급여의 한계적 의미 (기능)

(5) 환경보전의무

다른 기본권과는 구별되는 환경권의 특성 때문에 우리 헌법은 환경권에 관해서 국가와 국민의 환경보전의무를 함께 규정하고 있다는 것은 이미 환경권을 논하는 자리에서 자세히 살펴본 바 있다. 따라서 여기서는 환경보전의무의 본질적인 내용만을 다시 한 번 강조하는 데 그치기로 한다. 즉 건강하고 쾌적한 환경에서 공해 없는 생활을 누릴 수 있는 국민의 권리는, 자연환경을 해치는 행위를 스스로 자제함으로써 자연환경이 '깨끗한 환경'으로 보전될 수 있을 때 비로소 실현될 수 있기 때문에 우리 헌법은 환경권의 불가결한 대응의무로서 국민의 환경보전의무를 명문화하고 있다. 따라서 환경보전의무는 헌법상의 다른 기본적인 의무와는 달리 '권리대응적인 의무'로서의 성격을 가진다는 점을 주의할 필요가 있다. 즉 환경권은 다른 어떤 기본권보다도 특별히 그 의무성이 강한 특성을 갖기 때문에, 환경권과 환경보전의무는 불가분의 표리관계에 있다는 점을 간과해서는 아니된다. 또한 환경보전의무는 우리 후손들이 가지는 기본권의 '예선효과'(豫先效果)의 관점에서도 중요한 의미를 가진다는 점을 강조할 필요가 있다.[1]

환경권의 특성에서 나오는 권리대응적 의무

후손들이 가지는 기본권의 예선효과

(6) 재산권행사의 공공복리적합의무

우리 헌법은 재산권을 공공복리에 적합하도록 행사해야 할 헌법상의 의무를 규정하고 있다. 이처럼 재산권의 행사를 기본권주체의 임의에 맡기지 않고, 공공복리에 적합하도록 한 헌법규정(제23조 제2항)은 재산권의 사회기속성 내지는 재산권의 헌법적 한계에 관한 것이라는 것은 이미 재산권을 논하는 곳에서 자세히 언급한 바 있다.[2] 재산권의 행사가 악용 내지 남용됨으로써 사회의 여러 계층

재산권의 사회기속성 내지 헌법적 한계

---

1) 자세한 것은 환경권에 관한 설명을 참조할 것, 앞부분 517면 이하.
2) 이같은 관점에서 볼 때 헌법 제23조 제 2 항의 내용과 성격에 관한 이른바 '재산권행사의무설'과 '재산권제한설'의 논쟁은 문제의 본질을 잘못 이해한 불필요한 논쟁이라고 생각한다.

간에 위화감이 조성되고, 재산권의 행사가 권력형성의 이기적인 수단으로 오용
되는 상황 속에서는 사회정의의 실현과 사회공동체의 동화적 통합은 기대할 수
없다. 따라서 우리 헌법은 특별히 재산권의 사회기속성 내지 그 헌법적 한계를
명시함으로써 재산권행사가 공공복리에 적합해야 한다는 것을 강조하고 있다. 그
결과 사유재산에 관한 무제한의 임의적인 이용·수익·처분권이 허용되지 않고,
재산권의 내용과 한계는 법률로 정해지게 된다는 점도 이미 지적한 바 있다.[1]

재산권형성적
법률유보

---

1) 자세한 것은 앞부분 557면 이하 참조할 것.

제4편

통치구조

제 1 장 통치구조의 본질과 기능

통치구조는 기본권에 의해서 징표되는 공감대적 가치를 실현함으로써 사회공동체의 동화적 통합을 달성하기 위해서 마련된 통치권능의 조직적·기능적 메커니즘이다. 따라서 통치구조는 결코 기본권적인 가치와 유리될 수 없고, 언제나 기본권실현의 수단적인 의미와 기능을 갖는다.

그러나 통치구조의 본질과 기능에 관한 이와 같은 이해는 모든 헌법관에 의해서 다같이 이론 없이 받아들여지는 것은 아니기 때문에 통치구조를 보는 각 헌법관의 입장을 정확히 알아야 한다.

통치구조는 기본권실현의 수단인 통치권능의 조직적·기능적 메커니즘

1. 통치구조와 헌법관

헌법의 본질,[1] 국가의 본질과 기능[2] 그리고 기본권의 본질과 기능[3]에 대한 이해가 헌법관에 따라 다른 것처럼 통치구조의 본질과 기능을 보는 시각에도 현저한 차이가 있다. 법실증주의·결단주의·통합과정론은 각각 그들의 입장에서 통치구조를 다르게 이해하고 있기 때문이다.

헌법관에 따른 상이한 통치구조 이해

Ⅰ. 법실증주의적 헌법관에서 본 통치구조

(1) 법실증주의와 통치구조

1) 국가·법 동일사상

한스 켈즌(Hans Kelsen)[4]에 의해서 대표되는 순수법학이론 내지 법실증주의헌법관에 따르면 '법'과 '국가'는 동일하기 때문에 국가는 즉 '법질서'를 뜻하고, 국가로서의 '법질서'는 인간의 행동양식에 관한 '강제질서'인데, 이 '강제질

국가는 법질서

---

1) 이 점에 관해서 자세한 것은 졸저, 전게서, 방주 1 이하 참조.
2) 이 점에 관해서 자세한 것은 졸저, 전게서, 방주 221 이하 참조.
3) 이 점에 관해서 자세한 것은 졸저, 전게서, 방주 501 이하 참조.
4) H. Kelsen의 통치구조관에 대해서 자세한 것은 졸저, 전게서, 방주 815 이하 참조할 것.

서'를 실현하는 것이 곧 국가목적(=법목적)을 실현하는 것이 된다. '국가목적'이 '법목적'이요, '법목적'이 '국가목적'인 Kelsen적 관점에서 모든 '국가작용'은 법질서를 실현하기 위한 '법작용'에 지나지 않는다. Kelsen의 사상적 세계에서 모든 국가가 마땅히 '법치국가'일 수밖에 없는 이유도 그 때문이다. 따라서 현대적 법치국가의 관점에서 국가작용의 정당성을 따지는 것은 전혀 무의미한 일이 되고 만다.

국가는 자기 목적적 강제 질서

국가를 이처럼 법질서와 동일시함으로써 법질서의 실현에 의해서 비로소 국가목적이 달성된다고 믿는 경우에는 Kelsen의 말대로 국가는 일종의 '자기목적적인 강제질서'인 동시에 '힘의 조직'에 지나지 않게 된다. Kelsen의 생각처럼 '국가의 주권'이 국민이 아닌 국가 스스로인 법질서 속에 있게 되는 이유도 그 때문이다. 국민을 떠나서 국가권력이 스스로 정당화될 수 있다는 이론이다.

국가주권설= 법주권설

'국가의 주권'을 법질서 속에서 찾고, 국민과 영토를 법규범의 단순한 인적·공간적 효력범위 정도로밖에 평가하지 않는 Kelsen의 안목에서 볼 때에는 국가란 결국 다름 아닌 '규범'과 '힘'을 그 본질적인 요소로 하는 자기목적적 존재형식에 지나지 않게 된다.

2) 통치와 법의 실현

통치기능은 법의 실현기 능=법정립기 능

국가의 법목적성을 강조하고 국가와 법의 동일성에 입각해서 국가의 법목적실현이 바로 국가목적실현으로 이해되는 경우에 국가의 통치기능은 다름 아닌 법의 실현기능으로 집약된다. 이 경우 법의 실현기능이란 Kelsen의 말을 빌리면 '규범의 단계적 정립기능'인 동시에 또한 '규범의 단계적 실현기능'을 뜻한다. Kelsen이 강조하는 '규범의 계층구조론'에서 볼 때 국가의 규범정립기능도 헌법을 정점으로 법률정립기능·명령정립기능·규칙정립기능·처분기능 등으로 단계화되고, 그에 따라서 국가목적을 뜻하는 규범의 실현도 단계적으로 이루어진다는 논리이다.

규범의 계층 구조론

3) 3권분립과 단계적 법정립기능

3권분립은 규 범정립의 단 계에 불과

아무튼 Kelsen은 국가의 통치기능을 '법정립기능'으로 이해한 나머지 전통적인 3권분립과 그에 따른 국가의 입법·행정·사법기능을 단순한 규범정립의 단계로서 설명하려고 한다. 즉 그에 따르면 '입법'과 '집행'은 따지고 보면 같은 법정립기능에 속하지만, 법단계론의 관점에서 입법은 상위법을, 집행은 하위법을 정립한다는 차이가 있기 때문에, 하위법을 정립하는 집행기관은 입법기관에 의해서 정립된 상위법의 정신에 따라 그것을 구체적으로 실현하는 내용의 하위 법을 정립해야 할 책임이 있다고 한다. 또 Kelsen의 설명에 따르면 입법기능과 집행기능이 서로 다른 기관에 맡겨져야 하는 것은 집행작용의 법적 안정성과 '예측가능성'의 요청 때문에 바람직하지만, 그렇다고 해서 두 기관 사이에 완전한 독립성이 유지될 수는 없다고 한다. 입법기능과 집행기능을 한 손에 쥐고 마음대로 통치하던 절대군주제에 대한 항의적 이데올로기로서는 몰라도 현대의 민주공화국가에서는 입법기능과 집행기능이 상호 완전독립된 국가기관에 의해서 행사될 수는 없기 때문에,[1] 몽테스키외(Montesquieu)적인 권력분립이론은 현실적으로 '기관의 독립성'의 요청이라고 하기보다는 '기능의 분리'를 주장하는 이론으로 받아들여야 한다고 한다. 그뿐 아니라 Kelsen의 시각에서는 집행기능을 다시 행정과 사법작용으로 구별하려는 전통적인 시도는 충분한 근거가 없을 뿐 아니라, 오늘날처럼 행정사법작용이 증가하고 있는 상황 속에서는 그 합리적인 구별의 기준을 찾기도 어렵다고 한다.

권력분립이론을 기관의 독립성보다 기능의 분리 요청으로 이해

결국 Kelsen의 관점에서 국가기능은 궁극적으로 단계를 달리하는 법정립기능이라고 요약될 수가 있고, 모든 국가기관도 따지고 보면 상이한 단계의 '법정립기관'에 지나지 않게 된다. 따라서 국가의 통치기능이란 말하자면 여러 단계의 법정립기관에 의해 효력상 우열의 차이가 있는(규범의 계층 구조에 맞는) 법을 정립해서 법목적(=국가목적)을 실현하는 법의 강제기능이라고 말할 수 있다.

통치기능=다단계의 법정립 통한 법목적실현기능

4) 통치기능의 본질

이렇게 볼 때 Kelsen의 사상적 세계에서 국가의 통치기능이란 다름 아닌 '법정립기능'이고, 국가의 통치구조도 '법정립구조'에 지나지 않게 된다. 단계적인 법정립기능에 맞추어 법정립구조도 단계적인 구조의 양상을 띠는 것은 당연하다. 법의 본질이 Kelsen의 말처럼 '인간의 행동양식에 관한 강제규범'이라고 본다면 결국 국가의 통치기능은 인간의 행동양식을 강제력에 의해서 정해 주는 명령적 기능이 되고 국가의 통치구조는 인간의 행동양식을 정해 주기 위한 권능구조에 지나지 않게 된다. Kelsen의 국가가 법의 강제력을 확보하기 위한 거대한 '관료조직'과 '강제기구'를 필요로 하는 '관권국가'일 수밖에 없는 이유도 그 때문이다. '법'의 본질이 강제력에 있고 '법'이 즉 '국가'라면 '국가'의 강제력

통치구조=행동양식규정 위한 권능구조

국가작용의 자생적 정당성

---

1) H. Kelsen은 현대의 민주국가에서 대통령이 법률제정에 관여하고, 반면에 내각이 그의 집행작용에 관해 의회에 책임을 지는 것을 들어 입법기관과 집행기관이 완전독립성을 유지할 수는 없게 되었다고 주장한다.

은 국가의 본질적인 속성에 속한다. Kelsen이 모든 '관권작용'의 '자생적 정당성'을 강조하는 것도 결코 우연은 아니다.

(2) 비 판

순수법학이론의 내재적 모순

통치구조에 관한 Kelsen의 시각은 그 이론적 기초가 되고 있는 순수법학이론의 관점에서 본다면 당연한 논리적 귀결이라고 볼 수도 있다. 그러나 순수법학이론 그 자체에 내포되고 있는 논리적 모순 때문에 Kelsen의 통치구조에 관한 설명도 설득력이 없다고 생각한다.

1) 자기목적적 국가관

㈎ 국가주권사상의 문제점

국가주권론 및 그 파생논리의 부당성

우선 문제가 되는 것은 Kelsen의 자기목적적 국가관이다. Kelsen처럼 국민과 국가를 별개의 것으로 보고, 국가주권(=법주권)을 강조하면서 국가를 국민의 의사와는 무관한 독자적인 완성물로서 스스로 '자기목적'을 추구하는 '강제기구'라고 평가하는 것은, 오늘날의 국민주권사상이나 국민의 이익을 위한, 국민의 의사에 바탕을 둔, 국민에 의한 민주적 통치질서의 요청과는 너무나 거리가 있는 구시대적 이론이라고 말할 수 있다. 국민을 떠난 국가가 존재할 수도 없고, 국민의 이익을 무시한 국가이익을 인정할 수 없다는 우리의 시각에서 볼 때, Kelsen의 '자기목적적 국가'란 그가 추구하는 이른바 순수법학적 형식논리의 비극적 부산물에 지나지 않는다고 평가할 수 있다.

㈏ 국가의 정당성에 대한 오해

국가는 자기목적 가진 선재물이 아니라 인간의 필요에 의한 산물

국가란 인간의 사회생활과정에서 일정한 목적에 의해서 조직된 사회의 정치적인 활동단위를 뜻하기 때문에 인간의 필요성에 의해서 존재하는 것이지, 인간적인 이해관계를 떠나 또 다른 독자적인 '자기목적'을 위한 실체일 수는 없다. Kelsen의 자기목적적 국가는 결국 '국가목적적 국가'를 뜻하게 되고, '국가지상주의'의 이론적인 바탕이 된다는 점을 주의하지 않으면 아니된다. 국가를

국가지상주의·국가목적적 국가론의 위험성

위한 국가가 마침내 통치를 위한 통치를 낳고, 그것은 또 통치의 전능적 권력행사로 이어져서 독재정치의 온상이 된다는 점을 잊어서는 아니된다. 국가는 어디까지나 인간중심의 것이고, 인간의 이익 때문에 그 권력행사가 정당화되는 것이라고 생각하는 저자의 입장에서는 국가목적적 국가론으로 흐르기 쉬운 Kelsen의 자기목적적 국가관을 받아들일 수 없는 것은 자명한 이치이다. 공감

국가=사회통합을 추구하

대적 가치관에 입각해서 사회구성원의 동화적 통합을 촉구하고 보장하는 인간

의 조직된 활동단위를 국가라고 이해하는 우리의 안목으로 볼 때, 국가의 정당성은 바로 사회구성원의 자발적인 통합의지와 통합촉진적인 Konsens에서 찾아야 한다고 믿기 때문에[1] 국민의 이해관계나 Konsens를 떠난 국가의 자기목적적 통치기능은 있을 수 없다.

는 인간의 조직된 활동단위

2) 법정립기능중심의 통치기능론

⑦ 단계적 법정립기능의 문제점

두 번째로 지적할 점은 Kelsen이 통치기능을 '법정립기능'으로 좁혀서 이해하고 있는 점이다. 법정립기능이 통치기능에 속하는 것은 사실이지만, 그것이 통치기능의 전부일 수는 없기 때문이다. Kelsen이 통치기능＝법정립기능의 등식을 성립시키기 위해서 입법기능 외에 집행기능까지를 법정립기능으로 평가한다는 것은 이미 앞에서 소개한 바 있지만, 그가 생각하는 단계적 법정립기능이란, 법단계설에서 나오는 법효력론으로서는 몰라도, 국가의 통치기능에 관한 설명으로서는 문제점이 있다고 할 것이다.

법정립기능은 통치기능의 전부가 아닌 일부일 뿐

⑭ 권력분립의 기능에 대한 오해

전통적으로 국가의 통치기능을 입법·행정·사법의 세 기능으로 나누고, 이들 세 기능을 상이한 국가기관에 맡김으로써 통치기능의 독점에서 오는 권력의 독재화를 방지하고 국민의 자유와 권리를 보호한다는 권력분립이론은 세 가지 통치기능의 기능적인 차이를 전제로 한 이론이라고 볼 수 있다. 따라서 세 가지 통치기능의 성격상의 차이를 무시하거나 과소평가하고, 모든 통치기능을 일률적으로 법정립의 단계적인 차원에서만 이해하려는 Kelsen적 시각은 모든 국가작용을 법작용시함으로써 국가권력의 '법치성' 내지는 '자생적 정당성'을 입증하려는 법실증주의적인 논증형식으로서는 몰라도, 현대민주국가의 민주적 정당성에 입각한 통치기능의 이론으로서는 그 보편적 타당성을 인정하기가 어렵다고 생각한다.

법효력론과 통치기능론의 혼동

㉑ 입법·행정·사법의 독자적 기능원리의 무시

법을 정립하고(입법), 법을 집행하고(행정), 법을 적용하는(사법) 통치기능 상호간에는 물론 상호 연관성도 있고 또 경우에 따라서는 엄밀한 기능상의 구별이 어려운 때가 있는 것도 사실이지만, 원칙적으로 세 기능 사이에는 독자적인 기능원리가 지배한다는 점을 잊어서는 아니된다. 입법기능에서 존중되어야

입법·행정·사법기능간의 연관성과 각각의 독자적 기능원리

---

1) 국가의 본질과 저자의 국가관에 관해서 자세한 것은 졸저, 전게서, 방주 221 이하(특히 방주 267) 참조할 것.

하는 민주적 정당성에 입각한 다수결원리,[1] 체계정당성의 원리,[2] 행정기능에서 존중되어야 하는 법치행정의 원리나 국가책임의 원리, 행정계통의 원리, 그리고 사법기능에서 존중해야 하는 실체적 진실발견의 원리와 죄형법정주의, 형벌불소급의 원리 등이 바로 그것이다. 따라서 행정기능과 사법기능을 단순한 하위단계의 법정립기능만으로 볼 수는 없다. 행정기능과 사법기능은 결코 입법기능의 단순한 명령집행기능 내지는 하수적 기능만은 아니고, 구체적인 상황에 맞추어 각각의 기능원리를 존중하면서 합리적인 결정을 할 수 있는 독자적인 통치기능이라고 보아야 한다. 결국 행정기능과 사법기능에 내포된 법정립적 의미는 그 일부분에 지나지 않는다고 할 수 있다.

행정·사법기능은 입법기능의 하수적 기능 아닌 독자적 통치기능

3) 통치권의 자생적 정당성논리

(가) 통치권의 민주적 정당성 무시

통치권의 민주적 정당성·절차적 정당성 무시

세 번째로, Kelsen이 통치권의 '자생적 정당성'을 주장하면서 통치권의 '민주적 정당성'이나 '절차적 정당성'을 소홀히 하는 점은 비판을 면하기 어렵다. 그가 생각하는 통치권의 '자생적 정당성'은 물론 국민과 유리된 '법질서로서의 국가'의 본질에서 나오는 논리적인 귀결이긴 하지만, 현대의 민주국가적 관점에서 볼 때 도저히 받아들이기 어려운 견해이다. 국가권력의 창설과 국가 내에서 행사되는 모든 권력의 정당성이 국민의 Konsens에서 나와야 한다고 믿는 저자의 입장에서 볼 때, 통치권의 '자생적 정당성'이란 마치 독재자의 자기변호적인 궤변에 지나지 않는다고 생각한다. 국민주권의 현대민주국가에서는 국민의 Konsens와 직결되는 '민주적 정당성'만이 통치권행사를 정당화시켜 줄 수 있기 때문이다. 따라서 '민주적 정당성'이 아닌 '자생적 정당성'을 바탕으로 하는 Kelsen의 통치구조에 관한 견해는 이미 시대성을 상실한 이론이라고 볼 수 있다.

(나) 법률만능주의의 위험성

법의 이름으로 행해지는

더욱이 국가의 통치권이 국가의 변신인 Mida의 왕의 입을 통해 '법의 이름'으로 나타나서 법의 '자생적 정당성'을 낳기 때문에, Mida의 왕은 어떠한 내

---

1) 이 점에 대해서 자세한 것은 졸저, 전게서, 방주 338 이하 참조할 것.
2) 이 점에 대해서 자세한 것은 Ch. Degenhart, Systemgerechtigkeit und Selbstbindung des Gesetzgebers als Verfassungspostulat, 1976.
【판시】 체계정당성의 원리란 규범 상호간의 구조와 내용 등이 모순됨이 없이 체계와 균형을 유지하도록 입법자를 기속하는 헌법적 원리로서 법치주의원리로부터 도출된다. 체계정당성 위반 자체가 바로 위헌이 되는 것은 아니고 이는 비례의 원칙이나 평등원칙위반 내지 입법의 자의금지위반 등의 위헌성을 시사하는 하나의 징후일 뿐이다(헌재결 2004. 11. 25. 2002 헌바 66, 판례집 16-2 하, 314(334면)). 같은 취지의 판시반복: 헌재결 2005. 6. 30. 2004 헌바 40 등, 판례집 17-1, 946(962면 이하).

용의 '법'도 정당화시킨다는 결론으로 이어져서 이른바 법률만능주의의 통치현상에 직면하게 된다는 사실을 간과할 수 없다. '법으로 다스린다'는 논리에 내포된 법실증주의적 독소요인이 바로 그 곳에 있다.

4) 기본권과 유리된 자기목적적 권능구조

㈎ 국가권력이 베푸는 은혜로서의 기본권

끝으로 Kelsen의 통치구조는 국민의 기본권과는 무관한 일종의 자기목적적 권능구조라는 점에서 문제가 있다. Kelsen의 시각에서 국민의 기본권이 별로 큰 의미를 가질 수 없다는 점은 우리가 이미 잘 알고 있는 일이지만,[1] 국민의 자유와 권리가 Kelsen적인 통치질서 내에서 얼마나 나약한 존재인가 하는 것은 그의 통치구조에 관한 설명에서도 잘 나타나고 있다. 즉 법질서와 동일시되는 국가가 여러 계층의 권능기구(＝법정립기구)를 마련하고 그 기구에서 제정한 계층적(단계적)인 법규범을 '자생적 정당성'의 관권작용에 의해서 '강제'와 '힘'으로 실현시킴으로써 비로소 국가목적(＝법목적)이 달성된다고 생각하는 Kelsen의 사상적 세계에서 한 나라의 통치구조는 결국 '법목적'으로 징표되는 '자기목적'을 달성하기 위한 자생적 권능(강제)구조에 지나지 않는다. 이처럼 국가가 '자기목적' 때문에 '자생적 정당성'에 입각해서 강제력으로 '인간의 행동양식'을 규율하게 되는 상황 속에서 국민의 자유와 권리가 설 땅은 없다. 국민의 기본권이 국가에 의한 '은혜로서의 성격' 내지 국가권력의 자제에 의한 '반사적 이익으로서의 성격'을 갖게 되는 것은 너무나 당연한 논리적인 귀결이다.

㈏ 무통제의 관권구조

결론적으로 Kelsen이 생각하는 통치구조는 국민의 기본권실현과는 무관한 자생적 권능구조로서 법정립이라는 자기목적을 달성하기 위한 관권구조에 지나지 않게 된다. '힘'과 '강제'와 '관권'과 '무통제'로 징표되는 그와 같은 통치구조가 궁극적으로 법률만능주의적 통치현상을 초래해서 '법률의 독재' 내지는 '법'의 이름으로 행해지는 강권통치를 낳게 하리라는 것은 예측하기 어렵지 않다.

---

1) H. Kelsen의 기본권관에 관해서 자세한 것은 앞부분 248면 이하 참조. H. Kelsen이 자유권을 말하면서 「소위 자유권」(die sogenannten Freiheitsrechte)이라는 표현을 쓴다는 점을 주목할 필요가 있다. Vgl. Allgemeine Staatsleher, S. 154.

Ⅱ. 결단주의적 헌법관에서 본 통치구조

(1) 결단주의와 통치구조

1) 2원질서론과 통치구조

칼 슈미트의
이원질서론

칼 슈미트(Carl Schmitt)의 결단주의[1]에 따르면 헌법질서($\frac{통치}{질서}$)는 국민의 선 국가적 자유의 보장에 관한 비정치적 구성부분과 '국민의 정치적인 통일체'로서 의 국가를 정치형태적으로 어떻게 형성하는 것인가에 관한 정치적 구성부분의 이원질서 내지 복합질서라고 볼 수 있는데 전자의 경우에는 형식적인 법치국가 원리가, 후자의 경우에는 주권재민의 민주주의원리가 지배하게 된다. 따라서 이와 같은 안목에서 볼 때 한 나라의 통치구조는 결국 그 나라의 정치형태를 어떠한 '정치적 형성원리'에 따라서 정할 것인가를 규율하는 통치질서의 정치적 구성부분에 지나지 않게 된다. C. Schmitt가 현대의 자유민주국가의 통치구조 를 민주주의통치원리의 실현에 관한 제도적인 메커니즘으로 이해하는 이유도 그 때문이다.

통치구조는
민주주의원리
가 지배하는
헌법질서의
정치적 구성
부분

2) 통치구조와 기본권의 분리

기본권과 이
념적으로 분
리

어쨌든 C. Schmitt는 통치구조를 일단 기본권과는 이념적으로 분리시켜서 국가의 정치적인 권력구조의 문제로 이해하기 때문에, 현대국가의 통치구조에 서 중요한 것은 민주주의원리를 어떠한 형태로 구체화시킬 것인가의 문제라고 주장한다. C. Schmitt가 통치질서의 정치적 구성부분($\frac{통치}{구조}$)과 관련해서 민주주의 의 여러 실현형태와 의회제도 등을 집중적으로 다루고 있는 것도 그 때문이다.

3) 동일성이론과 국민의 자기통치

치자＝피치자
의 동일성이
론

그런데 C. Schmitt처럼 민주주의를 동일성이론에 따라 치자와 피치자가 동 일한 통치형태라고 이해하면서 '국민의 자기통치'에 의해서 비로소 주권재민의 이념이 실현될 수 있다고 믿는 경우에는 통치구조의 중심적인 과제는 결국 '국 민의 자기통치'를 합리적이고 실효성 있게 제도화하는 것이라고 볼 수 있다. '정치적인 통일체'로서의 국민이 '현실적인 크기'로 존재하면서 '통일된 정치의 사'를 가지고 '통일된 정치활동'을 할 수 있다는 것을 논증하기 위해서 C. Schmitt가 벌이는 꾸준한 노력도[2] 따지고 보면 '국민의 자기통치'가 가능하다는

통치구조의
중심과제는
국민의 자기
통치의 제도
화

---

1) 결단주의의 통치구조관에 대해서 자세한 것은 졸저, 전게서, 방주 823 이하 참조할 것.
2) C. Schmitt는 그가 주장하는 동일성이론의 이론적인 전제로서 '국민'이 단순한 '관념적인 크

것을 입증하려는 것이라고 평가할 수 있다.

4) 동일성사상과 대의이념의 조화의 문제

C. Schmitt가 민주주의를 이처럼 '국민의 자기통치'형태라고 이해하기 때문에 민주국가의 통치구조에서는 모든 국민이 평등하게 정치적인 의사결정에 참여하고, 모든 정치적인 결정이 국민에 의해서 직접 행해질 수 있는 제도적인 장치가 불가피하게 된다. C. Schmitt의 통치구조에서 선거제도와 국민투표제도 그리고 의회제도와 의회해산제도 등이 중요한 의미를 갖게 되는 것도 그 때문이다. 그러나 C. Schmitt의 생각에 따르면 민주주의는 한편 치자＝피치자의 '동일성'의 이상을 실현하는 것이지만 또 한편 민주주의의 실현에는 '대의성'의 필요성과 중요성도 무시할 수 없는 것이기 때문에 이 두 가지 '정치적 형성원리'를 어떻게 합리적으로 조화시켜서 제도화하느냐 하는 것이 결국 통치구조의 과제라고 볼 수 있다. 주권자인 국민은 원칙적으로 그 누구에 의해서도 대표될 수 없기 때문에 대의정치사상은 본질적으로 치자＝피치자의 '동일성의 원리'에 반한다고 보면서도, 또 한편 이 두 '정치적인 형성원리'의 조화를 모색하는 C. Schmitt의 노력에서 우리는 C. Schmitt적인 민주주의철학과 그에 바탕을 둔 통치구조론의 문제점을 느낄 수 있다.

동일성의 실현과 대의성의 필요성간의 갈등과 조화의 문제점

5) 통치구조와 국민의 자기통치적 메커니즘

아무튼 C. Schmitt가 생각하는 통치구조는 국가의 정치형성적 구조에 해당하는 것으로서 현대자유민주국가에서는 무엇보다도 국민의 '자기통치'를 위한 정치형성적 구조가 불가피하게 된다. 말하자면 국민의 '자기통치구조'인 셈이다. C. Schmitt가 국가의 입법작용과 통치작용 등 전형적인 정치형성적 작용은 말할 것도 없고 심지어 비정치적인 행정작용과 사법작용의 영역에까지 국민의 자기통치적인 메커니즘을 끌어들이려고 노력하는 것도 그 때문이다. 행정작용에서 선거직공무원의 수를 늘려야 한다든지 비공무원인 국민의 명예직행정참여기회를 넓혀야 한다고 주장하는 것이 바로 그것이다. 또 법관의 '법기속'과 '독립성'과의 불가분의 상호관계를 강조하고 '정치적 사법작용'의 분리취급을 주장함으로써, 사법작용의 비정치적 성격을 중요시하면서도 법관의 선거제도와 비법

통치구조는 국민의 자기통치구조

자기통치적 메커니즘의 확대 강조

기'(ideelle Größe)에 불과한 것이 아니고, '통일된 전체'로서 '통일된 정치의사'를 가질 수 있다는 점을 자주 강조하고 있다. 그러나 현대의 다원적인 산업사회에서 '국민'은 다양한 이해관계를 가지는 다원적인 인간의 집단을 상징적으로 표현하기 위한 '관념적인 크기'에 지나지 않는다는 점을 잊어서는 아니된다.

률가로서의 국민이 직접 참여하는 배심재판제도에 호의적 반응을 나타내는 것
도 바로 그 때문이라고 볼 수 있다.

통치구조＝기
본권과 유리
된 국민의 자
기통치장치

결론적으로 C. Schmitt에게 있어서 통치구조는 국가의 권력작용에 관한 정
치형성적인 구조로서 이념적으로 국민의 기본권보장과는 무관한 것이고, 현대
자유민주국가에서는 치자＝피치자의 요청($^{통일성의}_{요청}$)을 충족시켜 주기 위한 국민의
자기통치의 메커니즘이라고 평가할 수 있다.

(2) 비 판

자유주의적
국가관정립의
공로

C. Schmitt의 결단주의이론이 법실증주의의 자기목적적인 국가관을 탈피하
고, 인간의 선천적이고 초국가적인 자유와 권리의 보장을 국가의 목적이자 과
제로 내세우면서 이를 위해서 국가권력의 제한($^{배분의}_{원리}$)과 권력분립의 필요성 등
을 강조함으로써 자유주의적인 국가관을 정립한 것은 확실히 큰 이론적인 발전
이라고 볼 수 있다.

그러나 결단주의적인 통치질서론은 특히 다음 세 가지 점에서 비판을 면
하기 어렵다고 생각한다.

1) 기본권의 국가형성적 기능 무시

자유주의적
기본권사상과
기본권의
input기능 무
시

결단주의는 자연법사상을 바탕으로 국민의 자유와 권리를 오로지 자연법
질서의 측면에서만 파악함으로써 국민의 '기본권'을 자유권의 질서로 좁혀서 이
해할 뿐 아니라, 자유권의 본질을 '국가로부터의 자유'라고 설명함으로써 자유
권에 내포된 input기능과 국가형성적 기능을 무시하고 있다.[1]

2) 통치질서의 2원적 이해

㈎ 기본권과 통치구조의 이념적 분리

법치주의 지
배받는 기본
권부분의 비
정치성과 민
주주의가 지
배하는 통치
구조부분의
정치성의 구
분과 단절

결단주의는 국가의 헌법질서($^{통치}_{질서}$)를 2원적인 것으로 이해함으로써, 기본권
보장에 관한 규정과 그를 위한 법치국가원리를 통치질서의 비정치적인 구성부
분으로, 그리고 국가의 권력작용을 규율하기 위한 정치형성적인 원리를 통치질
서의 정치적인 구성부분으로 분리시켜 다루고 있다. 다시 말해서 결단주의는
한 나라의 통치질서를 별개의 2원질서로 이해하면서 그 각 질서의 성격과 지
배원리를 각각 다른 곳에서 찾고 있다. 법치국가원리의 지배를 받는 기본권부
분의 비정치적 성격과, 민주주의원리의 지배를 받는 통치구조부분의 정치적 성

---

1) 자세한 것은 졸저, 전게서, 방주 528 참조할 것.

격을 강조하는 것이 바로 그것이다.

㈏ 기본권과 통치구조의 기능적 연관성 무시

그러나 한 나라의 통치질서는 사회공동체가 일정한 가치적인 공감대를 바탕으로 정치적인 통합을 이루기 위한 정치적인 생활질서를 뜻하기 때문에 그것을 전체로서 파악해야지, 그것을 인위적으로 두 구성부분으로 나누어 기본권부분과 통치구조부분을 구별하고, 그 두 구성부분 사이에 인위적인 장벽을 쌓으려는 결단주의적 논리는 통치질서의 본질과 기능을 무시하고 있다는 비판을 면하기 어렵다고 생각한다. '헌법의 통일성'이 강조되고 헌법의 동화적 통합기능이 중요시되는 현대의 다원적인 산업사회에서 헌법질서(통치질서)의 가치실현기능과 통합기능을 약화시키는 결과를 초래하는 결단주의적 2원질서론이 설득력을 갖기는 어렵다고 느껴진다. C. Schmitt가 자유의 보장을 국가의 목적 내지 과제로 보는 것은 옳지만, 그 자유는 결코 그의 생각처럼 선국가적인 것이기 때문에 국가가 보장하고 실현해야 되는 것이 아니고, 자유가 공감대적인 가치에 해당하는 것으로서 그 자유실현이 곧 사회공동체의 동화적 통합을 달성하는 원동력이 되기 때문이다. 따라서 한 나라의 헌법질서(통치질서)는 그 전체가 공감대적 가치로서의 기본권보장을 통한 사회공동체의 정치적인 통합질서라고 보아야 하기 때문에 기본권과 통치구조는 결코 C. Schmitt의 견해처럼 별개의 지배원리에 따라 별개의 목적을 추구하는 이념적인 단절관계에 있지 않다. 기본권이 한 나라 통치질서의 목적이라면 통치구조는 이 목적달성을 위한 수단 내지 방법에 지나지 않기 때문에, C. Schmitt의 생각처럼 통치구조 그 자체가 어떤 독자적인 목적을 가지는 것은 아니라고 보아야 한다.

이원질서론의 모순과 부당성

통치질서의 가치실현 및 통합기능 약화

기본권의 목적성과 통치구조의 수단성

3) 법치국가원리와 민주주의원리의 오해

㈎ 법치주의와 민주주의의 본질에 대한 오해

결단주의는 법치국가원리를 '자유보장'과 '권력통제'를 위한 '비정치적이고 형식적인 기교'라고 이해함으로써 그 실질적 의미와 기능을 오해하고 있을 뿐 아니라, 민주주의를 동일성이론에 따라 국민의 '자기통치형태'로 이해함으로써 민주주의이념의 기초가 되는 인류사회의 기본가치를 소홀히 하는 결과 스스로 법치국가원리와 민주주의원리의 이념적인 단절관계를 자초하고 있다. 결단주의적 통치질서론에서 불가피하게 나타나는 기본권편과 통치구조편의 이념적인 단절관계는 따지고 보면 법치국가원리와 민주주의원리에 대한 그릇된 인식에서 비롯되는 것이라고도 볼 수 있다.

법치국가원리와 민주주의원리의 단절관계 전제

(나) 법치주의와 민주주의의 이념적·기능적 연관성

자유·평등·
정의실현 위
한 국가창설
의 구조적 원
리로서의 공
통점

그러나 법치국가원리와 민주주의원리는 C. Schmitt의 주장처럼 '비정치성' 또는 '정치성'에 의해 징표되는 상이한 본질의 원리가 아니고, 다같이 자유·평등·정의와 같은 인류사회의 기본가치, 즉 공감대적 가치를 실현하기 위한 국가창설과 존립의 구조적 원리에 속한다고 보아야 한다.[1] 다만 법치국가원리는 국가의 모든 기능과 조직을 법우선의 원칙에 따라 형성·조절함으로써 실질적인 자유·평등·정의를 실현하려는 국가의 기능형태적 구조원리인 데 반해서, 민주주의원리는 통치권이 특정인 또는 특정계층에 의해서 독점행사되는 것을 배제함으로써 국민주권과 국민의 정치적인 자유와 평등을 실현하기 위한 국가의 통치형태적 구조원리라는 차이만이 있을 따름이다. 그렇기 때문에 법치국가원리와 민주주의원리는 같은 목적을 추구하는 이념적·기능적인 연관성을 가지고 있다는 점을 잊어서는 아니된다.

기능형태적
구조원리와
통치형태적
구조원리의
차이

(다) 법치주의와 민주주의의 대립·갈등논리

그렇지 않고 C. Schmitt처럼 법치국가원리를 선재하는 국가권력에 대한 '자유의 보장수단' 내지 '권력의 통제수단'으로 이해하고, 민주주의원리를 치자 =피치자의 동일성이론에 따라 국민의 자기통치형태로 파악하는 경우에는 이 두 가지 원리 사이에 이념적인 대립·갈등관계를 초래하게 된다. 왜냐하면 국민의 자기통치로 이해되는 민주주의질서 내에서는 국가권력은 결국 자기통치의 표현이요 그 결과를 뜻하기 때문에 국가권력에 대한 '자유의 보장'이라든지 '국가권력의 통제'란 결국 '자기보장'과 '자기통제'에 지나지 않아 이론상 자가당착적인 넌센스에 지나지 않기 때문이다.[2] 이 점이 C. Schmitt가 내세우는 2원질서론의 가장 심각한 문제점이다. 물론 C. Schmitt도 이와 같은 문제의 심각성을 어느 정도 느끼고 있었기 때문에 두 원리 사이의 양자택일의 문제에서, 때로는 법치국가원리의 우위성을, 또 때로는 민주주의원리의 우위성을 주장하고 있지만 근본적인 해결책을 제시하지는 못하고 있다는 점을 상기할 필요가 있다. C. Schmitt가 두 원리의 합리적인 조화의 길을 찾지 못하는 한 그의 통치질서론은 처음부터 갈등의 이론에 지나지 않는다고 말할 수 있다.

갈등극복의
해결책 미제
시

모순성 내포
한 미성숙이
론

결론적으로 C. Schmitt처럼 한 나라의 통치질서를 2원질서로 보고 통치구조만을 정치질서로 파악해서 통치구조를 국가의 권력작용에 관한 정치형성적인 구조라고 이해하는 시각은 기본권질서와의 사이에서 발생하는 이념적인 긴장·

---

1) 이 점에 대해서 자세한 것은 졸저, 전게서, 방주 327, 423, 433 참조.
2) 이 점에 대해서 자세한 것은 졸저, 전게서, 방주 434 참조.

갈등관계를 원만히 해결하지 못하는 한 모순성을 내포한 미성숙이론으로 평가될 수밖에 없을 것이다.

Ⅲ. 통합과정론적 헌법관에서 본 통치구조

(1) 통합과정론과 통치구조

1) 통합질서와 통합구조

국가를 동화적 통합의 과정으로 이해하고 헌법을 동화적 통합의 법질서로, 그리고 기본권을 동화적 통합의 가치지표 내지 실질적인 원동력으로 파악하는 Smend의 관점에서[1] 한 나라의 통치질서는 바로 동화적 통합질서를 뜻하기 때문에 국가의 통치구조도 결국 사회공동체를 정치적인 일원체로 동화시키고 통합시키기 위한 '통합구조'에 지나지 않게 된다. Smend가 국가기관과 국가기능을 철저하게 통합기관과 통합기능으로 설명하고 있는 이유도 그 때문이다. 또 Smend가 헌법에 의해서 실현시켜야 되는 '사회통합의 기능적인 전체'를 강조하면서 단순한 '기술법'인 행정법과 달리 '통합법'인 헌법은 그 강한 정치적 성격 때문에 부분적인 해석보다는 '전체적인 해석'이 필요하다고 역설하는 이유도 그 때문이다.

국가는 사회통합과정, 헌법은 사회통합의 법질서, 기본권은 사회통합의 가치지표, 통치구조는 사회통합구조

2) 헌법의 통일성

헌법규정 하나하나의 어의적인 의미보다는 헌법에 의해서 추구하는 '사회통합의 기능적인 전체'의 관점에서 '헌법을 전체로서' 파악할 것을 요구하는 Smend의 주장은 바로 '헌법의 통일성'을 존중할 것을 요구하는 것이라고 볼 수 있다. 이처럼 '헌법을 전체로서' 파악하고 '헌법의 통일성'을 존중해야 된다는 스멘트적인 사상의 세계에서 기본권과 통치구조의 이념적인 단절을 의미하는 결단주의적인 2원질서론이 발 붙일 수 없는 것은 너무나 당연하다. 결국 Smend의 시각에서 한 나라의 헌법질서(통치질서)는 사회공동체의 공감대적 가치로서의 기본권실현을 통해서 사회공동체의 동화적 통합을 달성키 위한 '통합질서'에 해당하기 때문에 통치구조도 자기목적적인 구조가 아니고 기본권적 가치를 실현하기 위해서 마련된 헌법상의 통합기능적인 메커니즘에 지나지 않는다.

헌법의 통일성 강조

기본권과 통치구조의 이념적·기능적 연관성 강조

---

1) 통합과정론의 통치구조관에 대해서 자세한 것은 졸저, 전게서, 방주 829 이하 참조할 것.

3) 기본권과 통치구조의 이념적·기능적 불가분성

통치구조는
기본권실현
위한 정돈된
기능구조, 기
본권의 목적
성과 통치구
조의 수단성

따라서 기본권과 통치구조는 결코 서로 다른 원리의 지배를 받는 단절관계가 아니고 기능적인 상호 교차관계에 있는 것으로서 통치구조란 동화적 통합의 실질적인 원동력으로서의 기본권을 실현하기 위한 하나의 '정돈된 기능구조'에 불과하게 된다. 기본권의 '목적성'과 통치구조의 수단성의 관계가 여기에서 나온다. 결단주의에서처럼 기본권과 통치구조의 이념적인 갈등·대립관계가 성립될 수 없는 이유이다. 국민의 기본권이 단순한 초국가적인 자유와 권리가 아닌 것처럼, 국가도 국민과는 별도로 선재하는 완성물이 아니고, 공감대적 가치로서의 기본권실현을 통한 계속적인 통합과정을 뜻하기 때문에, 국민의 기본권은 국가창설의 실질적인 원동력이 되고 또 국가존립의 가치질서적 당위성을 의미하게 된다. Smend가 기본권의 본질론에서 '국가를 향한 자유'의 면을 특히 강조하는 이유도 바로 그 때문이다.

기본권은 국
가창설의 실
질적 원동력

4) 통치권행사의 가치지표로서의 기본권

국가지향적인
기본권의 통
합기능과 양
면성

Smend처럼 국가지향적인 기본권의 동화적 통합기능을 강조함으로써 기본권이 가지는 정치적·민주적 의미를 중요시하고, 또 기본권의 질서적 측면과 제도적 의미를 특별히 부각시키는 경우, 기본권은 이미 개인이 누리는 사적인 자유의 영역만은 아니라고 볼 수 있다. 바로 이곳에 '기본권의 양면성'이 강조되는 이론적인 단면이 있다.

통치권행사의
가치지표인
기본권

어쨌든 Smend에게 있어서 헌법상의 통치구조는 기본권과 유리된 단순한 권력구조가 아니고, 어디까지나 기본권적 가치를 실현하기 위해서 마련된 헌법상의 기능적·제도적 메커니즘이기 때문에, 기본권적 가치는 통치권행사의 가치지표이다.

5) 통치기능과 통합효과

기관보다 기
능중심의 통
치구조론

이와 같이 헌법질서(통치질서)의 동화적 통합기능을 특히 강조하는 Smend의 사상적 세계에서는 단순한 '기관중심'의 통치구조란 있을 수 없고, 통치구조는 어디까지나 기능중심으로 이해되어야 한다. Smend가 '통치기능'의 '통합기능적 성격'을 강조하면서 최상의 통합효과를 나타낼 수 있는 기능의 분배와 기관의 설치를 요구하고 있는 것도 그 때문이다. Smend에 따르면 '통치기관'의 '동화적 통합효과'는 물론 '통치기관'을 구성하는 인적인 요소에 의해서도 나타날 수 있

결과보다 과
정과 절차중

지만 그보다는 '통치기관의 구성과정'과 '통치기관의 기능양태'에 따라 크게 좌
우된다고 한다. 그가 선거의 결과보다는 선거방식과 선거과정을, 그리고 통치
기능의 형식적인 합법성보다는 그 절차와 방법을 더욱 중요시하는 이유도 그
때문이다.

심의 통치구
조론

이러한 입장에서 Smend는 헌법상의 권력분립의 메커니즘도 동화적 통합
의 기능적인 측면에서 이해하고 있다는 점을 주목할 필요가 있다.[1]

6) 기본권실현의 권능구조

결론적으로 Smend의 헌법관에 따르면 한 나라의 헌법질서(통치질서)는 사회공
동체의 동화적 통합을 달성하기 위한 동화적 통합질서에 해당하고 사회공동체
의 동화적 통합은 그 사회의 저변에 깔려 있는 공감대적 가치의 실현에 의해
서만 기대될 수 있는 것이기 때문에, 기본권의 이름으로 징표되는 그 공감대적
가치의 실현은 한 나라 통치질서의 가장 핵심적이고 중심적인 과제에 속하게
된다. 따라서 헌법상의 통치구조는 결코 기본권적인 가치와 분리해서 생각할
수 없고, 그것은 결국 기본권적 가치의 실현을 위해서 마련된 헌법상의 기능적·
제도적 메커니즘에 지나지 않게 된다.

기본권적 가
치실현이 통
치구조의 제
도적·기능적
목표

(2) 비   판

1) 스멘트의 이론적 공적(통치권행사의 기본권적 한계 강조)

Smend의 사상적 세계에서 헌법상의 통치구조는 법실증주의 또는 결단주의
에서와는 달리 기본권적 가치의 실현에 봉사하는 일종의 봉사적인 권능구조로
서의 의미를 갖기 때문에, 결코 기본권적 가치를 침해하는 권능행사가 정당화될
수 없게 된다. 통치권행사의 기본권적 한계가 바로 그로부터 나온다. 통치권의
'자생적 정당성'과 통치권행사의 '형식적 합법성'만을 중요시하는 법실증주의와
달리, 또 통치권과 통치권행사의 '민주적 정당성'만을 중요시하는 결단주의와 달
리, Smend의 통합과정론에서는 통치권의 '민주적 정당성'뿐 아니라 통치권행사
의 기본권적 한계를 보장하기 위한 '절차적 정당성'이 강조되는 이유도 그 때문
이다. 이와 같은 시각에서 볼 때 Smend에게 있어서 통치구조의 문제는 궁극적
으로 기본권실현을 보장하기 위한 통치권행사의 제한적인 권능구조의 문제로
집약된다고 볼 수 있다. 이처럼 Smend가 기본권과 통치구조의 이념적·기능적
상호관계를 설득력 있는 논리로 부각시킴으로써, 헌법질서의 전체적인 연관성을

통치권의 민
주적 정당성
과 함께 절차
적 정당성강
조 통해 통치
권행사의 기
본권적 한계
제시

기본권과 통
치구조의 이
념적·기능적
연관성 논증

---

1) 이 점에 대해서 자세한 것은 졸저, 전게서, 방주 832 참조할 것.

분명히 밝힌 점은 그의 큰 이론적인 공적이라고 보아야 할 것이다.

2) 스멘트이론의 문제점

(가) 기본권의 권리성 경시

기본권의 의
무성 및 책임
성의 지나친
부각

그렇지만 Smend의 통치질서에 관한 설명은 그의 뛰어난 논리성에도 불구하고 다소 문제가 있다고 느껴진다. Smend가 한 나라의 통치질서를 통합질서로 이해하고 기본권실현을 통한 동화적 통합을 강조하는 것은 좋지만, Smend의 사상적 세계에서는 기본권의 '주관적 권리'로서의 성격이 많이 탈색되고 오히려 그 '객관적 규범질서'로서의 성격과 '제도적' 성격이 지나치게 큰 비중을 차지하게 되어 기본권이 마치 '권리'로서보다는 '의무'와 '책임'의 징표인 것처럼 인식될 가능성이 있다는 점이다.

(나) 정치적 기능중심의 기본권 이해

기본권의 정치
적 기능 편중

또 기본권을 국가창설적인 민주적 기능과 input기능면에서 주로 설명하고 있기 때문에 기본권의 사적·사회적 기능이 도외시된 채 오로지 그 정치적 기능만이 기본권의 전체기능인 것처럼 착각을 불러일으킬 위험성이 있다는 점이다.[1]

스멘트이론의
개선방향

결론적으로 Smend의 통치구조에 관한 이해는 기본권과 통치구조의 이념적·기능적 불가분성과 통치구조의 통합기능을 위한 구조로서의 성격으로 징표되는데, Smend가 경시하고 있는 기본권의 '주관적 권리'의 면과 그 '사적·사회적 기능'의 면을 그의 이론체계 내에서 적절히 소화시키고, 국가작용 중에서 '사법작용'과 '고유한 행정작용'이 간직하고 있는 '통합가치'를 그의 가치중심의 권력분립이론에서 올바르게 평가한다면 헌법질서의 이해에 크게 유익한 길잡이가 될 수 있는 이론이라고 생각한다.

2. 통치구조와 기본권

통치구조는
기본권보장
위한 권능의
기능적·제도
적 제동장치

한 나라의 헌법에 의해서 징표되는 통치질서는 국민의 자유와 권리를 최대한으로 존중하고 보호하기 위한 기본권의 마그나카르타이다. 따라서 국민의 자유와 권리를 보장하기 위한 기본권조항은 한 나라 통치질서의 가장 기본이 되는 가치지표인 동시에 국가 내에서 행사되는 모든 기능의 정당성근거를 뜻한

---

1) Smend적인 기본권관의 문제점에 대해서는 졸저, 전게서, 방주 543 참조.

다. 국민의 기본권을 도외시한 채 단순히 통치기구의 권능적인 시각에서 통치질서를 이해하는 것은 옳지 못하다. 통치구조는 결코 자기목적적인 것이 아니고 국민의 자유와 권리를 최대한으로 존중하고 보장하기 위한 수단인 동시에 기본권을 최대한으로 보장하기 위한 권력 내지는 권능의 기능적·제도적 제동장치에 지나지 않기 때문이다.[1]

통치구조에 관한 권력분립의 원리도 시원적으로 자유보장의 수단으로 착안되었듯이 통치구조는 여전히 기본권의 시녀이다. 국가의 통치기능을 입법·행정·사법으로 나누고, 이들 권능을 상이한 국가기관에 맡김으로써 권능 상호간의 견제와 균형을 통해서 국민의 자유와 권리를 최대한으로 보장하려는 Montesquieu적인 고전적·구조적 권력분립이론은 말할 것도 없고, 연방과 지방(주), 여당과 야당, 국가와 사회, 각종 사회적 압력단체 상호간의 기능적인 권한분배와 통제를 통해서 국민의 자유와 권리를 보호하려는 현대적·기능적 권력분립이론에 이르기까지 그 주안점은 권력의 집중을 막고 권력행사에 대한 효율적인 통제를 통해서 권력집중에서 올 수도 있는 권력의 남용과 그로 인한 인권침해를 방지하는 데 있다.

따라서 통치구조의 가장 핵심적인 과제는 통치질서의 가치지표에 해당하는 국민의 기본권을 최대한으로 존중하고 실현할 수 있는 구조적·기능적인 메커니즘을 찾아내는 것이다. 통치기관의 조직과 권한분배, 권능행사의 절차와 방법, 통치기관 상호간의 통제수단 등 통치구조적인 장치를 마련하는 데 있어서 언제나 기본권적 가치를 가장 효과적으로 실현할 수 있는 제도적인 장치를 찾아내야 하는 것도 그 때문이다. 기본권실현과는 완전히 유리된 통치구조에 관한 자기목적적 논의가 하나의 공허한 제도론에 지나지 않을 뿐만 아니라 사회공동체의 정치적 통합이라는 통치질서의 궁극적인 목표달성에도 도움이 될

[옆단 주석]

권력분립이론은 자유보장 수단

통치구조의 핵심적 과제는 기본권을 가장 효과적으로 실현시킬 수 있는 제도적 장치의 모색

---

1) 권영성, 673면 각주 1), 교수는 통치구조와 기본권의 관계에 관해서 저자의 이곳 서술과 동일한 입장을 새롭게 개진하면서 각주 2)에서는 통치구조는 기본권의 보장에 한정된 것이 아니라 민주공화제적인 국가체제도 함께 그 실현목표로 하고 있다고 주장한다. 그러면서 '한국헌법의 해석론으로는 민주공화제적인 국가공동체의 유지·수호와 기본권보장체계의 존중이라는 양자를 2대실현목표로 하는 제도적·기술적 장치가 바로 통치구조라는 의미에서, 전자와 후자는 … 목적과 수단의 관계'라고 설명한다. 그렇다면 권교수는 민주공화제적인 국가체제와 기본권의 관계를 과연 제대로 인식하고 있는지 의문이다. 인간의 존엄과 가치를 핵으로 하는 공감대적 가치로서의 기본권이 존중되고 보장되는 통치질서는 당연히 민주공화국일 수밖에 없다는 점을 간과하고 있는 것은 아닌지 묻고 싶다. 권교수가 거론하는 일제식민통치와 공산주의는 바로 인간의 존엄과 가치를 포함한 기본권적 가치를 무시했기 때문에 탄생한 통치체제라는 점을 상기할 필요가 있다. 따라서 권교수의 사고는 여전히 기본권과 통치체제를 구별하는 결단주의적 이원론적 사상을 탈피하지 못한 것이 아닌가 하는 의구심이 든다.

수 없는 것은 너무나 당연하다.

　　자유민주주의를 표방하는 현대국가의 통치질서는 결국 자유·평등·정의와 같은 공감대적 가치의 실현을 통한 사회공동체의 동화적 통합질서를 뜻한다고 보아야 하기 때문에 자유·평등·정의와 같은 공감대적 가치의 실현에 역행하는 통치권능이 처음부터 발붙일 수 없도록 통치권의 창설과 행사에 대한 적절하고도 합리적인 절차와 견제장치를 마련하는 것이야말로 통치구조의 가장 핵심적인 요청인 동시에 그 과제가 아닐 수 없다. 통치권능의 '민주적 정당성'을 확보하기 위한 각종 제도를 마련하고, 통치권능의 남용이나 악용을 방지하기 위한 각종 통제장치를 조직적인 측면과 기능적인 차원에서 제도화하고, 공감대적 가치의 실현을 현실적으로 뒷받침해 줄 수 있는 합리적이고 생산적인 재정·경제 질서를 확립하고, 국가비상사태를 당해서도 기본권실현이라는 통치기능적인 목표가 변질되는 일이 없도록 효율적인 헌법보호의 수단을 강구해야 하는 이유는 모두가 그 때문이다.

제 2 장   자유민주적 통치구조의
근본이념과 기본원리

현대자유민주국가의 통치질서 내에서 통치구조는 결코 '자생적 권능구조'도 아니며, 또 단순한 '정치형성적 구조'도 아니다. 현대자유민주국가의 통치질서를 일종의 '통합질서'라고 이해할 때 기본권 위에 군림하는 힘의 '관권구조'나 기본권과 유리된 '자기통치'의 '정치형성적 구조'를 통치질서의 핵심적인 구성부분으로 받아들이기는 어렵다. 힘의 '관권구조'나 단순한 '정치형성적 구조'는 통치권행사를 '물리적인 힘' 또는 '다수의 힘'으로 일시적으로 뒷받침해 줄 수는 있을지 몰라도 사회공동체의 동화적 통합이라는 통치질서의 궁극적인 목적달성과는 상당한 거리가 있기 때문이다. 한 나라의 통치질서가 추구하는 동화적인 분위기 속의 사회평화와 사회안정은 사회구성원의 가치적 일체감 내지 정치적 연대의식을 떠나 단순히 물리적 내지 '다수'의 힘만으로 성취될 수는 없다. 선진자유민주국가가 Konsens를 바탕으로 하는 통치질서를 마련하고 Konsens에 입각한 사회통합을 모색하는 것도 그 때문이다.

물리적인 힘 내지 다수의 힘에 의한 통치의 한계와 Konsens에 기초한 사회통합의 당위성

이같은 관점에서 현대자유민주국가의 통치질서를 단순한 자기목적적 '법정립질서' 또는 법치국가원리와 민주주의원리를 실현하기 위한 '이원질서'라고 이해하는 법실증주의와 결단주의의 이론은 이미 그 시대성을 상실했다고 볼 수 있다. 이들 이론은 비록 그 논증방법은 다르다 하더라도 다같이 전근대적인 '힘의 통치'를 그 이론적인 바탕으로 하고 있기 때문이다. 하지만 자유민주적 통치구조에서는 '관권'이나 '힘'의 요소가 결코 그 근본이념으로 간주될 수는 없다. '힘의 통치'가 결과적으로 우리 인류에게 어떤 비극을 가져다 주었는지는 현대사가 웅변으로 말해 주고 있다.

관권과 힘의 요소를 중심으로 하는 법실증주의적·결단주의적 통치구조론의 극복

이와 같은 당위적인 인식에 입각해서 '관권'이나 '힘'의 요소를 자유민주적 통치구조의 근본이념으로 받아들일 수 없다면 자유민주적 통치구조를 지배하는 근본이념과 기본원리는 과연 무엇이겠는가?

생각건대 자유민주적 통치구조의 중심적이고 기본적인 과제는 무엇보다도 모든 권능이 기본권적 가치의 실현을 위해서 행사되도록 '권능의 기본권기속'을

기본권실현,

권능의 민주
적 정당성, 권
력통제

제도화하고 통치질서 내에서 행사되는 모든 권능의 '민주적 정당성'을 확보하고, 권능의 남용이나 악용이 불가능하도록 권능행사에 대한 합리적이고 효율적인 통제수단을 마련하는 것이라고 볼 수 있다. 결국 '기본권실현', '민주적 정당성', '권력통제'의 세 가지 근본이념과 기본원리에 의해서 규율되고 운용되어야 하는 것이 자유민주적 통치구조이다.

1. 자유민주적 통치구조의 기본과제

통치구조의
기능적 과제

자유민주주의를 이념으로 하는 현대의 자유민주국가에서 그 통치구조는 결코 자기목적적인 권능구조가 아니고 다양한 이해관계를 내포하고 있는 사회공동체를 일정한 공감대적 가치의 실현을 통해서 동화시키고 통합시키기 위한 제도적인 장치에 해당하기 때문에 사회의 정치적인 통합을 실현해야 하는 중요한 기능적인 과제가 주어진 권능구조이다. 통치구조에 주어진 이와 같은 기능적인 과제를 해결하기 위해서 자유민주적 통치구조가 반드시 존중하고 지켜야 되는 근본이념과 기본원리가 있는데, 통치권의 '기본권기속성', '민주적 정당성'[1] 그리고 통치권행사의 '절차적 정당성'의 요청이 바로 그것이다.

통치권의 기
본권기속성,
민주적 정당
성, 통치권행
사의 절차적
정당성

Ⅰ. 통치권의 기본권기속성

모든 권능행
사를 기본권
에 기속시키
는 통치구조

자유민주적 통치구조의 제 1 차적인 과제는, 국가 내의 모든 권능이 자기목적적 '권능목적' 때문에 있는 것이 아니고 Konsens에 바탕을 둔 기본권적 가치의 실현을 위해서 존재하는 것이기 때문에, 모든 권능행사는 언제나 기본권에 기속된다는 통치권의 '기본권기속성'을 확보할 수 있는 제도적인 장치를 마련하는 것이다. 한 나라의 통치구조가 기본권실현을 통한 사회통합을 위해서 마련된 헌법상의 기능적·제도적 메커니즘이라는 관점에서 나오는 당연한 결론이다. 따라서 한 나라 통치질서의 가치지표를 뜻하는 국민의 기본권을 도외시한 채

---

1) '민주적 정당성'의 개념은 독일어 "demokratische Legitimation"의 우리말 번역으로서 때로는 '국민적 정당성'이라는 말로도 번역될 수 있다고 생각한다. 그러나 민주주의정치이념과의 관련성을 분명히 할 필요가 있을 때에는 '국민적 정당성'보다는 '민주적 정당성'이라는 용어를 사용하는 것이 더 적절하다고 느껴진다. 왜냐하면 Legitimität(정당성)의 논리는 때로 독재정치의 '탈법통치' 내지 '불법통치'를 합리화시키기 위한 목적으로 오용될 수도 있는데 그 때마다 정치적 후진국에서는 흔히 국민의 이름을 내세운 '국민적 정당성'의 용어가 난무하기 때문이다. 그러나 이 책에서는 두 가지 용어를 동일한 내용으로 혼용하는 경우가 있을 것임을 밝혀 둔다.

단순히 통치기관의 권능적인 시각에서 통치구조를 이해하는 것은 옳지 못하다. 통치구조는 기본권에 의해서 징표되는 통치질서의 가치지표를 실현함으로써 사회의 정치적인 통합을 이루기 위한 수단에 지나지 않기 때문에 통치질서 내의 모든 권능행사는 언제나 기본권적 가치의 실현에 초점이 맞추어져야 한다. 즉 통치질서 내의 모든 권능은 어디까지나 기본권실현의 수단이고 기본권에 봉사하는 기능에 지나지 않기 때문에 통치권능은 절대로 '자기목적적'인 것일 수 없다. 자유민주적 통치구조에서 통치권능의 '기본권기속성'의 원리가 중요시되는 이유도 그 때문이다. 따라서 통치구조의 주요내용인 통치기관의 조직과 권한분배, 권능행사의 방법과 절차, 통치기관 상호간의 관계를 규율하는 경우에는 통치권의 '기본권기속성'의 원리가 실현될 수 있는 제도적인 장치를 찾아내는 것이 중요하다. 우리 헌법재판소도 통치권의 기본권기속성을 강조하는 판시를 하고 있다.[1]

> 통치권능의
> 자기목적성
> 부인

Ⅱ. 통치권의 민주적 정당성

(1) 통치권의 창설과 존속의 원리

자유민주적 통치구조는 통치권의 '기본권기속성'뿐 아니라 통치권의 '민주적 정당성'의 요청을 충족시킬 수 있는 것이어야 한다. 통치권에 관한 '민주적 정당성'의 요청이란 통치권의 창설은 물론이고 국가 내에서 행사되는 모든 권능이 언제나 국민의 Konsens에 바탕을 두어야 할 뿐 아니라, 국민의 Konsens에 귀착될 수 없는 통치권행사는 정당화될 수 없다는 원리이다. 통치권이 필요로 하는 '민주적 정당성'은 그러나 단순히 통치권의 창설과 존속에 관한 당위적 전제조건만은 아니다. 아무리 통치권생성의 정당성이 인정된다 하더라도 통치권능을 행사하는 통치기관의 헌법적 권능이 그 기관이 바탕으로 하고 있는 '민주적 정당성'의 크기와 일정한 균형관계를 유지하지 못하는 경우에는 통치권의 참된 '민주적 정당성'은 인정되기가 어렵다. 통치기관의 선출 내지 구성방법과 그 통치기관에게 주어지는 헌법적 권능 사이에는 불가분의 상관관계가 성립될 수밖에 없는 이유도 그 때문이다.

> 국민의
> Konsens가 통
> 치권의 창설
> 및 권능행사
> 의 근원이 되
> 는 통치구조

---

1) 【판시】 이른바 통치행위를 포함하여 모든 국가작용은 국민의 기본권적 가치를 실현하기 위한 수단이라는 한계를 반드시 지켜야 한다(헌재결 1996. 2. 29. 93 헌마 186, 판례집 8-1, 111(116면)).

(2) 통치기관의 구성방법과 민주적 정당성의 관계

민주적 정당
성의 질적인
크기와 통치
기관의 권능
사이의 비례
관계

통치기관이 누리는 '민주적 정당성'의 크기는 그 기관의 선출 내지 구성방법에 따라 정해지고, 큰 '민주적 정당성'에 바탕을 둔 통치기관에게는 그에 상응하는 큰 헌법적 권능이 주어지는 것이 바로 '민주적 정당성'의 요청이다. 원칙적으로 국민의 직접선거에 의해서 선출된 통치기관은 간접선거에 의해서 선출된 통치기관보다는 그 '민주적 정당성'이 크다고 보아야 한다. 국민의 직접선거에 의한 대통령의 권한이 간접선거에 의한 대통령의 권한보다 클 수 있는 이유도 그 때문이다. 결국 현대자유민주국가에서 통치권이 필요로 하는 '민주적 정당성'은 통치권창설(생)의 '민주적 정당성'과 통치권의 양에 관한 '민주적 정당성'을 함께 포괄하는 것이라고 볼 수 있다.

(3) 통치권의 민주적 정당성확보를 위한 제도적 장치

기본권은 민
주적 정당성
의 근원이고
그 신진대사
촉진시키는
input수단

어쨌든 자유민주국가에서는 통치권이 '민주적 정당성'에 뿌리를 두고 있어야 하기 때문에 통치권의 창설과 통치권의 행사가 '민주적 정당성'에 의해서 뒷받침될 수 있는 여러 가지 제도적 장치가 마련되어야 한다. 선거제도1)와 국민투표제도 등은 그 대표적인 예이다. 또 언론·출판·집회·결사의 자유와 같은 의사표현의 자유를 통한 '계속적인 국민투표'도 '민주적 정당성'의 시각에서 중요한 input기능을 갖게 된다. 나아가 참정권을 비롯한 여러 가지 기본권의 행사도 단순한 방어권적 기본권만의 문제가 아니고 통치권이 갖추어야 하는 '민주적 정당성'의 근원이 됨은 물론이고, '민주적 정당성'의 '신진대사'를 촉진시키는 중요한 input기능을 갖게 된다. 기본권과 통치구조의 이와 같은 기능적인 상호 교차관계를 도외시한 채 통치질서를 기본권과 통치구조의 이원질서로 이해하는 결단주의를 받아들일 수 없는 이유도 그 때문이다. 또 국민의 기본권과는 무관하게 통치권이 자생적으로 생성·존속할 수 있다고 생각하면서 통치질서를 '자기목적적인 강제질서'로 이해한 나머지 통치구조의 '민주적 정당성'의 요청을 무시하는 법실증주의적 헌법관이 배척될 수밖에 없는 이유도 여기에 있다.

---

1) 【판시】 주권자인 국민은 선거를 통하여 직접적으로는 국가기관의 구성원을 선출하고 간접적으로는 여하한 정부를 원하느냐에 관한 국민의 의사를 표시한다. 이러한 정치행위를 참정권이라고 하고, 이를 모아 집합적인 총의로 최종결정을 하는 것을 헌법상 주권의 행사라고 한다 (헌재결 1989. 9. 8. 88 헌가 6, 판례집 1, 199(208면)).

Ⅲ. 통치권행사의 절차적 정당성

(1) 합리적이고 효율적인 권력통제장치

자유민주적 통치구조는 통치권행사의 '절차적 정당성'의 요청을 충족시킬 수 있는 제도적인 장치를 마련해야 한다. 즉 권능의 남용 내지 악용이 불가능하도록 권능에 대한 합리적이고 효율적인 통제수단을 마련함으로써 통치권의 행사가 그 행사방법과 행사과정의 측면에서도 정당성을 가질 수 있도록 적절한 권력통제장치를 마련해야 한다. 아무리 '민주적 정당성'의 요청을 충족시키는 통치권이라 하더라도 통치권은 현실적으로 권력행사를 그 본질로 하기 때문에 통치권의 남용 내지 악용으로 인해서 생길 수 있는 권력의 '독재화' 내지 '폭력화' 현상을 막을 수 있는 제도적인 장치가 반드시 필요하다. 다시 말해서 통치권행사에 대한 효율적인 견제·감시장치를 마련함으로써 통치권이 그 '기본권기속성'을 잃지 않도록 해야 한다.

권능의 남용·악용을 막는 효율적인 통제장치

(2) 권력통제의 수단

자유민주적 통치구조에서 권능의 분산과 권능간의 균형관계, 권능에 대한 견제·감시수단의 형평성 그리고 통제수단의 효율성 등이 강력히 요구되는 이유도 그 때문이다. 통치권의 '기본권기속성'의 요청은 통치권행사의 '방법'과 '과정'이 정당성을 가질 수 있도록 적절한 제도적인 대책이 강구되는 경우에만 비로소 그 실효성을 기대할 수 있다. 따라서 자유민주적 통치구조가 필요로 하는 권력통제의 메커니즘은 통치권행사에 관해서 이와 같은 '방법과 과정의 정당성' 즉 '절차적 정당성'을 보장하기 위한 불가결한 제도적인 장치이다.

권력통제장치는 통치권행사의 방법과 과정의 정당성보장 위한 불가결한 제도

Ⅳ. 결   론

자유민주주의를 지향하는 현대국가의 통치구조는 궁극적으로 통치권의 '민주적 정당성'과 통치권행사의 '절차적 정당성'을 최대한으로 확보함으로써 통치권의 '기본권기속성'을 지속적으로 지켜 나가게 하기 위한 제도적인 장치라고 볼 수 있다. 따라서 통치구조상의 여러 가지 제도, 예컨대 대의제도·권력분립제도·선거제도·헌법재판제도를 비롯해서 통치구조상의 여러 가지 기구와 권능 등은 결국은 통치권의 '기본권기속성'의 요청을 충족시키기 위한 제도요 기구요 권능으로서의 의미와 성격을 갖게 된다. 이와 같은 시각에서 통치구조를 자기

통치구조 내의 여러 제도·기구·권능은 통치권의 기본권기속성 실현수단

목적적 '관권구조'로 이해하는 법실증주의적 사고방식은 물론이고, 통치권의 '민주적 정당성'만을 중요시한 나머지 그 '기본권기속성'을 소홀히 한 채 통치권행사의 '방법과 과정의 정당성'(=절차적 정당성)을 경시하는 결단주의적 입장도 비판을 면할 수 없다고 할 것이다.

세 가지 근본이념과 기본원리의 제도적 실현과 운영의 중요성

결론적으로 자유민주적 통치구조는 통치권의 '기본권기속성'과 '민주적 정당성' 그리고 통치권행사의 '절차적 정당성'의 세 가지 요청을 충족시킬 수 있도록 제도화되어야 한다. 또 자유민주적 통치질서 내에서 통치구조상의 여러 가지 제도와 기구와 권능을 해석하고 운영하는 경우에도 언제나 자유민주적 통치구조의 이와 같은 근본이념과 기본원리가 존중되도록 특별한 주의가 필요하다. 제도적으로 자유민주적 통치구조의 기본적인 요건을 갖추지 못했거나, 운영면에서 자유민주적 통치구조의 근본이념과 기본원리를 무시하는 통치질서는 사회공동체의 동화적인 통합이라는 헌법의 목표를 달성하기가 어렵다고 할 것이다.

2. 우리 현행헌법상의 통치구조골격과 그 문제점

자유민주적 통치구조의 요건 충족

우리 현행헌법은 현대자유민주국가의 헌법질서에서 흔히 볼 수 있는 바와 같이 국민의 자유와 권리를 기본권으로 보장하는 한편, 국가의 권능기구와 권능에 관한 통치구조적인 메커니즘을 마련해 놓고 있다. 그런데 우리 헌법상 기본권보장의 의의와 성격에 비추어 볼 때[1] 자유민주적 통치구조의 세 가지 근본이념과 기본원리가 우리 헌법질서에도 적용된다고 할 것이다.

Ⅰ. 통치권의 기본권기속성

(1) 국가의 기본권보장의무 강조

기본권적 가치실현을 통치구조의 근본이념과 기본원리로 수용

우리 헌법은 우리나라 통치질서의 가치지표를 뜻하는 기본권실현을 통해서 우리 배달민족의 동화적 통합을 달성하기 위한 통치구조를 마련해 놓고 있다. 즉 인간의 존엄과 가치를 그 핵으로 하는 국민의 기본권을 모든 생활영역에서 보호하기 위해 국가권력을 기능적으로 입법·행정·사법으로 나누어 각각

---

1) 이 점에 대해서는 앞부분 268면 이하 참조할 것.

다른 국가기관에게 맡기고($^{제66조 제4항, 제40}_{조, 제101조 제1항}$) 그들 국가권력의 행사를 기본권에 기속시키고 있다($^{제10조}_{제2문}$).

(2) 통치권의 기본권적 한계 강조규정

입법작용이 기본권실현에 역행하는 일이 없도록 입법작용의 한계를 명시하고($^{제37조}_{제2항}$), 법치행정의 원칙을 실현하기 위해서 행정작용의 내용과 범위를 법률로 정하도록 하고($^{제96조, 제100조,}_{제114조 제7항 등}$) 사법권의 독립을 보장함으로써($^{제101조~}_{제106조}$) 효과적인 권리구제의 실효를 기하도록 한 것은 그 때문이다. 그뿐 아니라 법률에 대한 위헌심사제도($^{제107조 제1항,}_{제111조~제113조}$)와 명령·규칙·처분에 대한 위헌·위법심사제도($^{제107조}_{제2항}$) 그리고 헌법소원제도($^{제111조 제1}_{항 제5호}$)를 통해서 기본권실현에 역행하는 통치권의 행사가 그 효력을 나타낼 수 없도록 제동장치를 마련해 놓고 있다. 또 대통령의 국가긴급권에 대해서도 과잉금지의 원칙을 명문화함으로써($^{제76조 제1}_{항과 제2항}$) 대통령의 국가긴급권행사가 갖는 헌법보호적인 기능과 의의를 강조하고 있다. 경제생활영역에서도 국민의 기본권을 실현하기 위해서 국민의 경제활동상의 자유와 창의를 최대한으로 존중하고 국가권력에 의한 경제간섭을 필요한 최소한의 범위로 국한시키고($^{제119}_{조}$) 있을 뿐 아니라 사영기업의 국·공유화와 사영기업에 대한 국가의 경영간섭을 예외적으로만 허용하고 있다($^{제126}_{조}$).

통치권을 기본권에 기속시키기 위한 구체적 규정

(3) 통치권의 기본권기속성 강화수단

우리 헌법은 이처럼 기본권적인 가치의 실현을 통치구조상의 근본이념 및 기본원리로 받아들여 그것을 구체화하기 위한 통치구조상의 여러 제도를 마련하는 한편, 그들 제도가 민주적 정당성을 상실한 국가권력의 남용 내지 악용으로 인해서 그 실효성을 상실하는 일이 없도록 통치권의 민주적 정당성과 통치권행사의 절차적 정당성을 확보하기 위한 제도를 함께 마련해 놓고 있다. 통치권을 기본권에 기속시키는 통치구조상의 근본이념과 기본원리는 국가권력의 민주적 정당성을 확보하고 국가권력의 행사를 순화시킬 수 있는 효과적인 권력통제장치에 의해서만 그 실효성을 기대할 수 있기 때문이다.

통치권의 기본권기속을 위한 민주적·절차적 정당성의 중요성

Ⅱ. 통치권의 민주적 정당성

우리 현행헌법은 통치권의 민주적 정당성을 확보하기 위해서 국민의 국가권력에 대한 input통로(channel)를 열어 놓고 있을 뿐 아니라 모든 헌법기관으

로 하여금 적어도 간접적으로나마 민주적 정당성을 인정받을 수 있도록 하는
제도를 마련해 놓고 있다.

(1) 국가권력에 대한 input-channel

기본권행사와 국민투표 및 선거제도

우리 헌법은 통치권의 창설은 물론 국가 내에서 행사되는 모든 권능의 최
후적 정당성을 국민의 정치적 합의에 귀착시킬 수 있도록 통치권의 민주적 정
당성을 확보하기 위해서 한편 기본권행사를 통한 정치적인 Konsens형성의 길
을 열어 놓음과 동시에, 또 한편 '민주적 정당성의 신진대사'를 가능케 하는 국
민투표 및 선거제도 등을 마련해 놓고 있다.

1) 상설적인 input-channel

정치·사회생활영역의 기본권

우리 헌법이 보장하고 있는 참정권을 비롯한 정치·사회생활에서의 기본권
(언론·출판·집회·결
사의 자유, 청원권 등)은 민주적 정당성의 바탕이 되는 정치적 Konsens형성의 길을
열어 놓음과 동시에 국가권력에 대한 정치적인 input의 길을 상설화하고 있
는 것이라고 볼 수 있다. 그런데 '민주적 정당성의 신진대사'를 실현하기 위한

국민투표·선거·지방자치·복수정당제도 등의 기능과 상설적 투입통로와의 관계

국민투표제도·선거제도·지방자치제도·복수정당제도 등은 이 상설적인 input-
channel과 불가분의 기능적인 상관관계가 있다. 왜냐하면 이들 여러 제도는 참
정권과 언론·출판·집회·결사의 자유 그리고 청원권 등 특히 정치·사회생활영
역을 보호하기 위한 기본권에 내포된 객관적 규범질서로서의 성격과 제도보장
의 효과에서 나오는 당연한 결과이기도 하기 때문이다. 언론·출판·집회·결사
의 자유만 하더라도 이들 자유에 내포된 객관적 규범질서로서의 성격과 제도보
장의 효과 때문에 이들 자유의 행사가 단순한 '주관적 공권'의 행사에 그치지
않고 일종의 '계속적인 국민투표'로서의 input기능을 갖게 된다. 청원권도 마찬
가지이다. 또 정당설립 및 활동의 자유에 내포된 복수정당제도가 '민주적 정당
성의 신진대사'를 위한 불가피한 제도라는 것은 두말할 필요가 없다. 이렇게
볼 때, 특히 국민의 정치·사회생활영역을 보호하기 위한 기본권의 보장은 통치
권으로 하여금 '민주적 정당성'을 갖도록 하는 가장 기본적이고도 실효성 있는
제도적 장치라고 말할 수 있다.

2) 주기적인 input-channel

선거 및 국민투표제도

우리 헌법은 정권이 특정인 또는 특정계층에 의해서 독점되는 것을 막음
으로써 평화적인 정권교체의 정치적 정의를 실현하고 통치권이 갖는 '민주적

정당성의 신진대사'를 촉진시키기 위해서 선거제도와 국민투표제도 등 주기적인 input-channel을 마련해 놓고 있다. 즉 '외교·국방·통일 기타 국가안위에 관한 중요정책'에 대한 임의적 국민투표제도($^{제72}_{조}$)와 헌법개정안에 대한 필수적 국민투표제도($^{제130조 제 2}_{항·제 3 항}$)를 비롯해서 국회의원선거제도($^{제41}_{조}$), 대통령선거제도($^{제67}_{조}$), 지방자치를 위한 선거제도($^{제118}_{조}$) 등이 그것이다. 이들 선거제도는 '임기제도'를 당연한 이념적인 전제로 하고 있다. 우리 헌법이 대통령·국회의원 등 선거직헌법기관의 임기를 규정하고 있는 것($^{제70조,}_{제42조}$)도 그 때문이다.

그런데 헌법기관의 헌법적 권능과 그 헌법기관의 민주적 정당성 사이에는 언제나 정비례관계가 유지되는 것을 이상으로 하는 '민주적 정당성'의 원리에 비추어 볼 때 국가원수인 동시에 행정수반으로서의 2중적 지위를 가지고 광범위한 통치기능을 부여받고 있는 대통령의 선거를 구헌법이 대통령선거인단을 통한 간접선거로 하고 있던 것은 민주적 정당성의 관점에서 문제가 없는 것도 아니었다.[1] 대통령의 간접선거는 미국의 대통령선거제도[2]처럼 직접선거와 같은 효과를 나타낼 수 있도록 제도화하지 않는 한 헌법이론상으로는 특히 '민주적 정당성'과 '체계정당성'[3]의 관점에서 대통령제정부형태와 조화되기가 어렵다. 현행헌법($^{제67}_{조}$)이 대통령의 선거방법을 간접선거에서 직접선거로 바꾼 것은 그 때문이다.

또 국회의원선거제도가 주기적인 input-channel로서, 또 통치권의 '민주적 정당성'확보를 위해서 매우 중요한 통치구조적 의미를 갖는다고 볼 때 1991년 12월 이전의 구국회의원선거법에 의한 전국구(지금의 비례대표)의석의 배분방법은 '투표가치의 평등'을 요구하는 평등권($^{제11}_{조}$) 내지 평등선거제도($^{제41조}_{제 1 항}$)의 관점에서뿐 아니라 입법기관이 확보해야 되는 '민주적 정당성'의 차원에서도 문제가 없지 않았다.[4] 현행 '공직선거법'은 다행히 각 정당이 정당투표에서 얻은 득표

헌법적 권능과 민주적 정당성 사이의 비례관계유지 요청과 선거제도 내용

비례대표의석 배분방법과 민주적 정당성의 요청

---

1) 비록 대통령선거인의 수를 5천명 이상으로 함으로써 제 4 공화국헌법에 비해서 대통령의 선출기반을 넓혔고 그 때와는 달리 정당으로 하여금 대통령후보를 추천할 수 있도록 했었고, 정당원이 대통령선거인에 당선될 수 있도록 했었다고는 하지만, 선거인단에 의해서 간접선거된 대통령은 국민에 의해서 직접선거된 대통령보다 그 '민주적 정당성'이 뒤떨어지는 것이 사실이다.

2) 미합중국의 대통령선거제도에 관해서 자세한 것은 다음 문헌 참조할 것. z.B. *S. Magiera*, Die Vorwahlen (Primaries) in den Vereinigten Staaten, 1971.

3) '체계정당성'의 이론에 대해서는 특히 다음 문헌 참조할 것. *Ch. Degenhart*, Systemgerechtigkeit und Selbstbindung des Gesetzgebers als Verfassungspostulat, 1976.

4) 예컨대 제 1 당과 제 2 당 사이에 지역구의석수가 비슷하게 나타나고 득표율에 있어서는 오히려 제 2 당이 제 1 당보다 앞선 경우를 상정할 때, 그럼에도 불구하고 제 1 당이 지역구의석총수의 1/2을 확보하지 못한 경우 제 1 당에게 무조건 전국구의석의 1/2을 배분해야 되는 것은 국회의원선거 결과 제 1 당이 국민으로부터 획득한 '민주적 정당성'의 크기와는 조화되기가 어렵기 때문이다. 1991년 12월 국회의원선거법개정에 의해서 제 1 당에 대한 우선배분제도가 폐지되고,

비율에 따른 비례대표의석배분방법을 택함으로써 민주적 정당성의 요청을 충분히 반영했다.[1]

(2) 국회를 통한 간접적인 '민주적 정당성'의 제도

국회의 헌법
기관 구성관
여를 통한 민
주적 정당성
의 부여

우리 현행헌법은 행정부·사법부·헌법재판소·감사원·중앙선거관리위원회 등의 헌법기관의 구성에 국회가 관여케 함으로써 이들 헌법기관으로 하여금 간접적이나마 '민주적 정당성'을 인정받을 수 있는 제도적인 장치를 마련해 놓고 있다. 즉 국회는 헌법재판소의 장, 대법원장, 국무총리, 감사원장, 대법관임명에 대한 동의권(제104조 제1항과 제2항, 제86조 제 1항, 제98조 제2항, 제111조 제4항)을 가질 뿐 아니라, 헌법재판소재판관 3인과 중앙선거관리위원회위원 3인의 선출권(제111조 제3항, 제114조 제2항)을 가지고 이들의 임명 동의 내지 선출시에 인사청문회를 실시하는 등(국회법 제46조의 3 및 제65조의 2) 이들 헌법기관의 구성에 관여하게 되어 있다. 이처럼 주요헌법기관의 구성에 국민의 대의기관인 국회로 하여금 직접·간접으로 관여케 한 것은 적어도 주요헌법기관의 존립과 기능이 직접적이든 간접적이든 '민주적 정당성'의 바탕 위에서 이루어져야 한다는 자유민주적 통치구조의 근본이념과 기본원리를 받아들여서 제도화하고 있는 것이라고 볼 수 있다.

Ⅲ. 통치권행사의 절차적 정당성

권력분립에
의한 권력통
제장치

우리 현행헌법은 기본권적 가치의 실현을 위해서 창설된 여러 헌법상의 권능이 그 기본권기속성의 원리를 존중해서 궤도를 이탈하는 일이 없이 그 맡은 기능을 충실히 수행케 하기 위해서 권력분립에 의한 권력통제의 메커니즘을 통치구조상의 기본원리로 받아들이고 있다. 즉 우리 헌법은 국가권력을 그 기능과 성격에 따라 입법·행정·사법으로 나누어 각각 다른 국가기관에 분담시킴

정당을 통한
권력융화현상
에 대응: 절충
형정부형태
및 임기차등
제도 채택

으로써 권력 상호간의 '견제와 균형'을 통해 국민의 자유와 권리를 보호한다는 Montesquieu의 고전적·구조적 권력분립이론에 따라 통치구조의 기본골격을 짜면서도, 정당을 통한 입법부와 행정부간의 권력융화현상을 회피하기 위한 방법으로 의원내각제가 아닌 대통령제중심의 절충형정부형태를 채택하는 한편, 헌법기관들의 임기를 각각 다르게 하는 이른바 '임기차등제도'를 통해 '견제와 균형'의 메커니즘이 '민주적 정당성'과의 연관 속에서 그 본래의 구실을 해낼 수

지역구의석 비율에 따라 단순배분하도록 했던 것은 그나마 발전적인 제도개선이었다고 볼 수 있다.

1) 선거법 제189조 참조.

있도록 배려하고 있다. 그뿐 아니라 우리 헌법은 현대의 기능적 권력통제의 메 커니즘을 통해 Montesquieu적인 구조적 권력분립제도의 약점을 보충하고 권력 통제의 실효를 기함으로써 통치권행사의 절차적 정당성을 보장하려고 꾀하고 있다.

기능적 권력
통제장치

(1) 고전적·구조적 권력분립제도에 의한 권력통제

우리 헌법은 Montesquieu의 고전적·구조적 권력분립이론에 따라 국가권 력을 입법권·행정권·사법권으로 나누어 행정권은 대통령을 수반으로 하는 정 부에($\substack{제66조\\제4항}$), 입법권은 국회에($\substack{제40\\조}$), 사법권은 법관으로 구성된 법원에($\substack{제101조\\제1항}$) 맡 기고, 이들 3권이 서로 견제하면서 균형을 유지할 수 있는 '견제와 균형'의 메 커니즘을 제도화하고 있다.

3권분립에 의
한 견제·균형
장치

1) 행정부와 입법부의 상호견제장치

i) 대통령의 국회임시회소집요구권($\substack{제47조\\제1항}$), 정부의 법률안제출권($\substack{제52\\조}$), 대통 령의 법률안거부권($\substack{제53조\\제2항}$), 대통령과 국무총리·국무위원 또는 정부위원의 국회 출석·발언권($\substack{제81조,\\조\ 제1항}^{제62}$) 등이 행정부에 부여한 중요한 입법부 견제수단이라면, ii) 대통령·국무총리·국무위원·행정각부의 장 등에 대한 국회의 탄핵소추의결 권($\substack{제65\\조}$), 국무총리와 국무위원에 대한 해임건의권($\substack{제63\\조}$), 국무총리와 감사원장임 명동의권($\substack{제86조\ 제1항,\\제98조\ 제2항}$), 국정감사 및 조사권($\substack{제61\\조}$), 국무총리·국무위원·정부위원 등에 대한 국회출석요구권($\substack{제62조\\제2항}$), 예산안 및 국가재정작용에 관한 심의확정권 ($\substack{제54조,\\제58조}$), 특정한 조약의 체결·비준에 대한 동의권($\substack{제60조\\제1항}$), 선전포고 및 특정한 군사행동에 대한 동의권($\substack{제60조\\제2항}$), 일반사면에 대한 동의권($\substack{제79조\\제2항}$), 국회의장의 법률 공포권($\substack{제53조\\제6항}$), 계엄해제요구권($\substack{제77조\\제5항}$) 등은 입법부가 갖는 중요한 행정부 견제수 단이라고 볼 수 있다.

입법부 견제
수단 4가지

행정부 견제
수단 11가지

2) 행정부와 사법부의 상호견제장치

i) 대통령이 갖는 대법원장과 대법관임명권($\substack{제104조\ 제1\\항과\ 제2항}$)과 대통령의 사면·감 형·복권권($\substack{제79조\\제1항}$)은 행정부에게 준 사법부 견제수단이라면, ii) 명령·규칙·처분 에 대한 법원의 최종적인 위헌·위법심사권($\substack{제107조\\제2항}$)은 사법부가 가지는 행정부 견제수단이다.

사법부 견제
수단

행정부 견제
수단

3) 입법부와 사법부의 상호견제장치

사법부 견제
수단

입법부 견제
수단

i) 국회가 행사하는 대법원장 및 대법관임명동의권($^{제104조 제1}_{항과 제2항}$), 사법부예산심의확정권($^{제54}_{조}$), 법관에 대한 탄핵소추의결권($^{제65}_{조}$) 등은 입법부의 사법부 견제수단이고, ii) 법률에 대한 법원의 위헌심사권과 위헌결정제청권($^{제107조}_{제1항}$)은 그 반대로 사법부의 입법부 견제수단이다.

권력융화현상
방지 위한 보
완제도의 필
요성

대통령제골격
의 정부형태
와 임기차등
제도의 권력
통제적 기능

그러나 이러한 '견제와 균형'의 메커니즘은 그것이 실효성 있는 권력통제의 메커니즘으로 기능하기 위해서는 입법부·행정부·사법부가 각각 '민주적 정당성'에 뿌리를 두고 존립하면서 권력 상호간에 정치적인 독립성을 유지하고 정당을 통한 권력융화현상을 막을 수 있는 또 다른 보완적인 제도가 마련되지 않으면 아니된다. 우리 헌법이 '임기차등제도'를 택해서 대통령의 임기 5년($^{제70}_{조}$)과 국회의원의 임기 4년($^{제42}_{조}$), 대법원장과 대법관의 임기 6년($^{제105조 제1}_{항과 제2항}$)을 각각 다르게 정함으로써 이들의 존립기반적 독립성을 보장하려고 꾀한 점이라든지, 정부형태면에서도 대통령제 골격을 따름으로써 입법부와 행정부간의 존립기반적 상호 의존관계 내지 권력융화현상을 피하려고 한 점은 바로 그와 같은 맥락에서 이해할 수 있다고 생각한다. 사실상 순수한 대통령제도, 의원내각제도 아닌 우리 헌법상의 정부형태가 갖는 헌법이론상의 당위성은 '임기차등제'와의 보완작용에 의해서 나타낼 수 있는 그 권력통제적 기능에서 찾아야 하리라고 본다. 정부형태가 결코 자기목적적인 것이 아니고, 권력분립주의의 조직적·구조적 실현형태라고 한다면 권력분립에 의해서 달성하려는 기본권적 가치의 실현과 권력통제의 기능에서 그 제도의 의미를 찾는 것이 마땅하기 때문이다. 따라서 정부형태를 통치권의 절차적 정당성의 관점에서 이처럼 기능적으로 이해하려 하지 않고, 지나치게 제도중심으로만 논하는 것은[1] 별로 실익이 없다고 생각한다.

(2) 기능적 권력통제의 메커니즘

권력통제의
실효성 증대
수단

우리 헌법은 고전적 권력분립이론을 통치구조의 기본원리로 받아들이면서도 그 권력통제의 실효성을 확보하기 위한 수단으로 헌법기관의 임기차등제도와 대통령제를 골격으로 하는 정부형태를 채택하고 있다는 것은 이미 말한 바 있다. 그런데 우리 헌법은 한 걸음 더 나아가 기본권실현을 위한 권력통제제도

---

1) 국내 헌법교과서의 정부형태에 관한 논술은 대부분 기능중심이라기보다는 제도중심적인 인상을 풍기고 있다. 문홍주, 382면 이하; 김철수, 874면 이하; 권영성, 705면 이하.

의 실효성을 높이기 위해서 몇 가지 기능적인 권력통제의 메커니즘[1]을 마련해 놓고 있다는 점을 잊어서는 아니된다.

1) 여당과 야당간의 기능적 권력통제(소수의 다수에 대한 기능적 권력통제)

우리 헌법은 원칙적으로 다수결원리를 의사결정의 방법으로 채택하면서 도[2] 소수에게도 일정한 헌법상의 견제기능을 부여함으로써 소수의 보호를 통해서 다수의 독주를 견제할 수 있는 여당과 야당간의 기능적인 권력통제[3]를 제도화하고 있다. 국회의원의 법률안제출권($\frac{제52}{조}$)을 비롯해서 국회재적의원 1/4 에게 부여한 국회의 임시회소집요구권($\frac{제47조}{제1항}$), 국회재적의원 1/3의 국무총리와 국무위원에 대한 해임건의발의권($\frac{제63조}{제2항}$), 대통령을 제외한 고위직공무원에 대한 탄핵소추발의권($\frac{제65조}{제2항}$) 등은 국회의 소수세력(야당)이 행사할 수 있는 다수세력 (여당)에 대한 기능적인 권력통제수단이라고 볼 수 있다.

소수의 보호를 통한 다수의 독주 견제

2) 관료조직과 정치세력간의 기능적 권력통제

우리 헌법은 공무원의 국민에 대한 봉사와 책임을 강조하고 공무원의 정치적 중립성과 신분을 보장하는 직업공무원제도를 확립함으로써($\frac{제7}{조}$) 공무원중심의 관료조직이 유동적인 정치세력을 직능적으로 견제할 수 있는 기능적인 권력통제의 바탕을 마련해 놓고 있다. 집행작용을 이른바 '정치적 집행작용'과 '고유한 행정작용'으로 나누고 특히 '고유한 행정작용'의 영역에서 법치행정의 원리와 공무원의 책임원리($\frac{제29조 제}{1항 단서}$)가 강조되는 것도 따지고 보면 관료조직의 정치세력에 대한 견제의 의미를 가진 것이라고 볼 수 있다.

직업공무원제도의 확립에 의한 정치세력의 견제

3) 지방자치단체와 중앙정부간의 기능적 권력통제

우리 헌법은 '보충의 원리'[4]에 입각해서 지방자치를 제도적으로 보장함으로써($\frac{제117조,}{제118조}$), 지방자치의 제도적 보장을 침해하거나 지방자치단체의 자치기능을 지나치게 제약하는 중앙정부의 독선적인 업무비대화 현상을 견제할 수 있는 제도적인 장치를 마련해 놓고 있다. 따라서 헌법이 보장하는 지방자치를 실현

지방자치의 제도적 보장 통한 중앙정부의 독선적 업무 견제

---

1) 기능적 권력통제의 메커니즘에 대해서 자세한 것은 이 책 767면 이하 참조.
2) 헌법 제49조, 제67조 제 2 항, 제77조 제 5 항, 제53조 제 4 항, 제63조 제 2 항, 제64조 제 3 항, 제65조 제 2 항, 제113조 제 1 항, 제128조 제 1 항, 제130조 제 1 항과 제 2 항 등 참조.
3) 여당과 야당의 기능적인 권력통제의 문제에 관해서는 특히 다음 문헌 참조할 것.
   N. Gehrig, Gewaltenteilung zwischen Regierung und parlamentarischer Opposition, DVBl 1971, S. 633ff.
4) 보충의 원리에 관해서 자세한 것은 졸저, 전게서, 방주 491 참조.

하는 것은 단순한 민주주의의 요청만은 아니고 기능적 권력통제를 통한 국가권력의 '절차적 정당성' 확보의 관점에서도 매우 중요한 의미를 갖는다는 점을 잊어서는 아니된다.[1]

4) 헌법재판을 통한 기능적 권력통제

통치권행사를 절제하게 하는 가장 강력한 권력통제수단

우리 헌법은 제4의 국가작용이라고 평가할 수 있는 헌법재판을 제도화함으로써($\frac{제111조\sim}{제113조}$) 국가권력의 과잉행사로 인해서 헌법적 가치질서가 침해되는 것을 예방할 수 있는 강력한 권력통제장치를 두고 있다. 법률에 대한 위헌심사제도($\frac{제107조\ 제1항,\ 제111}{조\ 제1항\ 제1호}$), 탄핵심판제도($\frac{제65조,\ 제111조}{제1항\ 제2호}$), 위헌정당해산제도($\frac{제8조\ 제4항,\ 제111}{조\ 제1항\ 제3호}$), 권한쟁의심판제도($\frac{제111조\ 제1}{항\ 제4호}$), 헌법소원제도($\frac{제111조\ 제1}{항\ 제5호}$) 등이 그것이다. 헌법재판이야말로 통치권행사로 하여금 절제를 지키게 함으로써 그 절차적 정당성을 확보케 하는 가장 강력한 기능적 권력통제수단이라고 볼 수 있다.

5) 독립한 선거관리조직을 통한 기능적 권력통제

선거관리의 기능적 분리 통한 견제

우리 헌법은 통치권의 '민주적 정당성'을 위해 매우 중요한 의미를 가지는 각종 선거관리와 정당에 관한 사무를 일반행정업무와 기능적으로 분리시켜서 이를 독립한 중앙선거관리위원회에 맡김으로써($\frac{제114조\sim}{제116조}$) 일반행정관서의 부당한 선거간섭을 기능적으로 배제 내지 견제할 수 있도록 했다.

Ⅳ. 우리 통치구조의 헌법이론상의 문제점

민주적 정당성과 권력통제장치의 문제점

우리의 현행 통치구조는 자유민주적 통치구조의 근본이념과 기본원리를 받아들여서 이를 제도화하려고 노력하고 있는 것은 사실이지만, 헌법이론상 적지 않은 문제점을 내포하고 있다는 것을 부인할 수 없다.

(1) 민주적 정당성이 취약한 통치구조

우선 통치권의 '민주적 정당성'의 요청과 조화되기 어려운 통치구조상의

---

1) 지방자치를 포함한 모든 자치제도가 기능적인 권력통제의 관점에서도 중요한 의미를 갖는다는 점에 대해서는 졸저, 전게서, 방주 911 참조. 우리 헌재도 같은 취지의 판시를 하고 있다. 【판시】 지방자치는 권력분립원리의 지방차원에서의 실현(지방분권)을 가져다 줄 수 있다. … 중앙정부와 지방자치단체 간에 권력을 수직적으로 분배하는 문제는 서로 조화가 이루어져야 하고, 이 조화를 도모하는 과정에서 입법 또는 중앙정부에 의한 지방자치의 본질의 훼손은 어떠한 경우라도 허용되어서는 안 된다(헌재결 1999. 11. 25. 99 헌바 28, 판례집 11-2, 543(551면 이하)).

문제를 지적하지 않을 수 없다.

1) 대통령의 상대다수선거제도

새 헌법은 대통령직선제도를 도입함으로써 대통령의 헌법적 권능과 그가 바탕으로 하고 있는 민주적 정당성간의 균형관계를 유지하려고 꾀한 점은 긍정적으로 평가할 수 있으나, 대통령선거방법에서 상대다수선거제도를 채택했기 때문에 선거권자의 과반수에도 미치지 못하는 소수의 지지만으로도 대통령에 당선될 수 있게 해서($\frac{\text{제67조 제2}}{\text{항과 제3항}}$) 결과적으로 국가원수인 대통령이 행사하는 통치권의 민주적 정당성이 약화되는 경우가 생길 수 있도록 했다.[1] 그러나 자유민주국가가 필요로 하는 통치권의 민주적 정당성의 관점에서 볼 때, 대통령직선제도하에서는 절대다수선거제도에 의해서 선거권자 과반수의 지지를 받는 대통령이 당선될 수 있는 제도적인 장치가 함께 마련되어야 한다.[2]

민주적 정당성이 취약한 소수지지 대통령의 선출 가능성

2) 국민의 심판권 박탈한 단임제

새 헌법은 대통령의 임기를 5년 단임으로 정함으로써($\frac{\text{제70}}{\text{조}}$) 국민에 의한 심판의 길을 처음부터 제도적으로 막아 민주적 정당성의 이념 그 자체를 경시하고 있다. 물론 대통령의 단임 및 중임금지규정이 1인 장기집권으로 얼룩진 우리 헌정사에 대한 반성적 의미를 갖고, 장기집권으로 인한 독재의 우려에서 나온 것이라고 볼 수도 있지만, 대통령의 독재를 막을 수 있는 강력한 권력통제장치를 마련해 놓고 대통령의 중임을 허용하는 것이 보다 합리적이고 민주적인 해결책이다. 대통령의 임기조항은 통치구조의 전체적인 테두리 내에서 검토되어야 할 뿐 아니라, 국민에 의해서 직선된 대통령에 대해 국민이 선거를 통해 심판의 기회를 갖는 것은 대통령직선제에 내포된 대의민주정치의 본질적 요청이기 때문이다.

헌정사의 반성적 의미 있지만 민주적 정당성이념 경시

선거 통한 심판은 직선제의 본질적 요청

---

1) 제13대 대통령선거에서 노태우 대통령이 유효투표 37%, 제14대 대통령선거에서 김영삼 대통령이 유효투표 42%, 제15대 대통령선거에서 김대중 대통령이 유효투표 40.3%, 제16대 대통령선거에서 노무현 대통령이 48.9%, 제17대 대통령선거에서 이명박 대통령이 48.7%, 제18대 대통령선거에서 박근혜 대통령이 51.6%, 제19대 대통령선거에서 문재인 대통령이 41.1%, 제20대 대통령선거에서 윤석열 대통령이 48.56%의 지지만으로 당선된 것이 그 단적인 예이다.
2) 프랑스 제 5 공화국헌법(제 7 조 제 1 항)을 비롯해서 오스트리아헌법(제60조 제 2 항), 1990년 3월 제정 소련연방헌법(제127조의 1의 2항), 1992년 제정 폴란드헌법(제86조)이 대통령선거에 관한 절대다수선거제도를 채택하고 있는 것도 그 때문이다. 그 밖에도 러시아 · 우크라이나 · 슬로바키아 · 우루과이 · 페루 · 브라질 · 콩고 · 핀란드 · 불가리아 · 이란 · 인도네시아 · 아프가니스탄 · 칠레 · 크로아티아 · 키프로스 · 케냐, 콜롬비아, 터키, 체코 헌법 등도 마찬가지이다.

3) 부통령제의 실종

대통령궐위시에 발생하는 민주적 정당성의 위기

우리 헌법은 부통령제도를 두지 않고, 대통령 궐위시에 국무총리 내지 국무위원이 그 권한을 대행하게 함으로써($\frac{제71}{조}$) 통치권의 민주적 정당성에 잠시나마 공백상태가 생길 수 있도록 했다. 그러나 통치권의 민주적 정당성을 높이기 위한 대통령직선제에서는 미국처럼 대통령선거시에 부통령을 함께 뽑아 대통령 궐위시에 부통령으로 하여금 대통령직을 승계하게 하는 것이 원칙이다. 국민에 의해서 직선된 대통령이 그의 강력한 민주적 정당성을 바탕으로 국정을 주도해 나가는 대통령중심의 통치구조에서 대통령의 궐위는 중대한 헌법장애상태인 동시에 경우에 따라서는 국가비상사태를 뜻할 수도 있기 때문에 대통령 궐위시에 대비해서 그 직위승계권자를 미리 뽑아 놓는 것은 통치권의 민주적 정당성의 관점에서 반드시 필요하다. 국무총리(서리) 내지 국무위원이 대통령 궐위로 야기되는 정치적 혼란을 제대로 수습하기에는 그들이 갖는 민주적 정당성의 기반이 너무나 약하다.

민주적 정당성 갖는 직위승계권자의 중요성

4) 평등선거에 반하는 지역선거구의 인구편차

공직선거법 제정(1994. 3.) 전의 구국회의원선거법($\frac{제133}{조}$)은 전국구의원의 배분방법을 평등선거의 원리에 어긋나게 정했었지만[1] 그 후 비례대표 국회의석을 각 정당의 득표율에 따라 배분하도록 고침으로써($\frac{제189}{조}$) 비례대표의석배분방법상의 문제점은 해소되었다. 그러나 2019년 제 1 야당을 배제한 반대의적 정치적인 선거법 개정으로 이른바 준연동형 비례대표선거제도를 도입함에 따라 직접선거와 평등선거의 원칙에 위배되는 현상이 또다시 나타나게 되었다. 그 밖에도 선거구간에 선거인수의 편차가 큰 것은 분명히 평등선거의 원칙에 어긋나는 일이기 때문에 우리 헌법재판소는 2004년부터는 선거구간의 인구편차를 3:1이 넘지 않도록 조정하라고 결정[2]했었는데 2014년에는 인구편차의 새 기준을

위헌적인 준연동형제와 과다한 인구편차는 투표가치의 불평등 초래

---

1) 즉, 지역구총선거에서 5석 이상의 의석을 차지한 각 정당의 지역구의석 비율에 따라 전국구의석을 배분하도록 하되, 지역구에서 의석을 얻지 못하였거나 5석 미만을 차지한 정당이라도 그 득표수가 유효투표총수의 3% 이상인 경우에는 우선 1석씩을 배분해 주도록 했었다.

2) 【결정례】 우리 헌재는 처음(1995년)에 전국 선거구의 평균인구수에서 상·하 60%의 편차(이 경우 상·하한 인구수의 비율은 4:1)를 넘는 선거구획정은 위헌이라고 결정했었다(헌재결 1995. 12. 27. 95 헌마 224·239·285·373(병합)). 그러나 2001년에는 이 결정을 바꿔 선거구의 인구비율이 3:1이 넘으면 위헌이라고 헌법불합치결정을 하면서 이 기준을 2004년부터 적용한다고 판시했다(헌재결 2001. 10. 25. 2000 헌마 92 등(병합), 판례집 13-2, 502(519면)). 이 결정에 따라 2004년 새선거법에서 선거구간의 인구편차를 3:1(105,000명~315,000명)로 조정했다. 그러나 그 후 헌재는 2014년 선진국 수준인 2:1로 다시 선거구간 인구편차를 줄이도록

2 : 1로 제시하면서 2016년부터 이 기준에 따라 국회의원 선거가 실시되어야
한다고 결정한 것은 다행한 일이다.[1] 선거구간의 큰 인구편차를 정당화하기 위
해서 종종 거론되는 '지역대표의 논리'는 평등선거원리의 본질을 왜곡하는 잘못
된 항변이다. '지역대표의 논리'는 연방국가구조에서 연방을 구성하는 주 내지
지방대의기구에서나 통용되는 논리에 불과하기 때문이다.

(2) 권력통제의 실효성이 약화된 통치구조

1) 통제장치의 명목적 성격

우리 통치구조는 통치권행사의 '절차적 정당성'을 보장하기 위한 권력통제
의 메커니즘을 마련하고 있는 것은 사실이지만, 대통령중심의 능률적인 국정의
운영이라는 대통령제정부형태의 제도적인 이념이 훨씬 강하게 강조되고 있기
때문에, 고전적·구조적 측면에서는 물론이고 기능적인 측면에서도 그 권력통제
의 실효성이 매우 약화되고 있다는 점을 지적할 수 있다. 구조적인 측면에서
볼 때 국무회의를 단순한 심의기관으로 한 것($^{제88조,}_{제89조}$)이 그 단적인 예이다. 또
기능적인 측면에서도 행정조직의 지나친 수직성 때문에 행정조직 내부의 기능
적인 권력통제가 사실상 불가능해서, 예컨대 부서제도($^{제82}_{조}$)가 갖는 권력통제적
기능을 기대하기 어렵다. 그뿐 아니라 야당의 여당에 대한 권력통제를 실효성
있게 뒷받침해 줄 수 있는 헌법재판수단($^{추상적}_{규범통제}$)의 결핍 때문에 야당과 여당간
의 기능적인 권력통제가 유명무실하게 되어 있다. 결국 기본권을 중심으로 하
는 헌법적 가치의 실현을 위한 가장 강력한 기능적 권력통제장치라고 볼 수
있는 헌법재판제도가 있는 것은 사실이지만, 그것이 불완전한 형태로 제도화되
어 있기 때문에 통치권행사의 '절차적 정당성'을 보장해 주기는 어렵다.

권력통제의
실효성 약화:
국무회의의
심의기관화,
부서제도의
형식화, 추상
적 규범통제
의 미채택

2) 3권간의 불균형한 견제·균형장치

그에 더하여 우리 헌법상 입법·행정·사법권 상호간의 견제·균형의 메커
니즘이 불균형 내지 불합리하다는 점도 문제점으로 지적될 수 있다. 즉 i) 새

국회의 해임
건의권, 국정
감사 및 조사
권 등 국회권

결정했다(헌재결 2014. 10. 30. 2012 헌마 190 등). 선진국의 제도 및 판례 등에 관한 자세한
사항은 이 책 829면 및 졸고, '정치개혁입법의 평가',「고시연구」1994년 5월호, 106면 이하
참조할 것.
1)【결정례】 인구편차 상하 33⅓%(선거구간 인구편차 2 : 1)를 넘어 인구편차를 완화하는 것은 지
나친 투표가치의 불평등을 야기하는 것으로서 이는 대의민주주의의 관점에서 바람직하지 아니
하고 국회를 구성함에 있어 국회의원의 지역대표성이 고려되어야 한다고 할지라도 이것이 국
민주권주의의 출발점인 투표가치의 평등보다 우선시 될 수는 없다(헌재결 2014. 10. 30. 2012
헌마 190 등, 판례집 26-2 상, 668(683면)).

능의 편중적
강화

헌법은 대통령에게 국회해산권은 주지 않으면서 국회의 국무총리 또는 국무위원에 대한 해임건의권만 규정하고 있다($\frac{제63}{조}$). 그러나 국회의 해임건의가 대통령을 기속하지 않는 것이라면, 그러한 기속력 없는 해임건의권은 헌법이론상 전혀 무의미한 헌법규정이다. 왜냐하면 설령 헌법에 명문규정이 없다 하더라도 국회는 그런 종류의 해임건의를 언제든지 할 수 있기 때문이다. 반대로 국회의 해임건의가 대통령을 기속한다고 해석한다면, 그것은 실질적으로 해임의결권을 의미하게 되어 국회해산권이 없는 대통령제의 본질과 조화되기 어렵다. ii) 우리 헌법은 국회에 국정감사권과 국정조사권을 함께 주고 있는데($\frac{제61}{조}$), 그것은 국회의 국정통제기능을 강화한다는 긍정적인 면도 있겠지만, 행정부의 효율적인 국정수행에 불필요한 장애요인으로 작용하게 될 역기능도 무시할 수 없다고 생각한다. '강한 정부에 약한 국회'라는 우리 헌정사의 오랜 질곡에서 벗어나려는 국회의 지나친 기능강화가 자칫 또 다른 국정마비 내지 부조리의 원인이 될 수도 있다. 입법부와 행정부의 균형적인 견제라는 관점에서도 국회에만 지나친 행정부 견제수단을 주는 것은 헌법이론적으로 문제가 있다. 따라서 국회 재적의원 1/5 정도의 요구만 있으면 국정조사가 언제나 행해질 수 있도록 국회에 국정조사권만을 인정하는 것이 합리적이라고 생각한다. iii) 새 헌법에 사법권독립이 불완전하게 보장되어 사법적 권력통제의 실효성이 의문시된다. 새 헌법은 대통령의 대법원장과 대법관 임명에 국회의 동의를 받도록 함으로써 간접적으로 사법권의 민주적 정당성을 높이고 있고, 대법원장이 대법관회의의 동의를 얻어 법관임명권을 행사케 함으로써($\frac{제104}{조}$) 법관인사에 대한 행정부의 간섭을 배제할 수 있는 제도적인 장치를 마련하고 있다. 그러나 대법관 수의 상·하한선을 헌법에 명시하지 않고 있어 행정부가 법률개정만으로 대법관의 수를 임의적으로 조정해서 사법부에 영향을 미칠 수 있게 되어 있다.[1] 따라서 우리 제 3 공화국과 제 4 공화국헌법에서처럼 대법관의 수를 헌법에 명시하는 것이 바람직하다.

불완전한 사
법권독립: 유
동적인 대법
관수의 문제

　　이렇게 볼 때 우리의 현행통치구조는 자유민주적 통치구조의 근본이념과 기본원리를 불완전하게 실현하고 있기 때문에 그 제도와 운영의 양면에서 모두 진지하고 냉철한 재검토가 요청된다고 할 것이다.

---

1) 미국 F. Roosevelt 대통령의 court-packing-plan이 그 대표적인 예이다. 자세한 것은 다음 문헌 참조할 것.

　　K. Loewenstein, Verfassungsrecht und Verfassungspraxis der Vereinigten Staaten 1959, S. 416ff.

제3장 통치를 위한 기관의 구성원리

기본권적인 가치를 실현함으로써 사회공동체의 동화적 통합을 달성하기 위해서는 가치실현과 관련되는 구체적인 권능과 그 권능을 담당할 국가기관이 필요하다. 자유민주주의를 그 정치이념으로 하는 현대의 자유민주국가에서도 가치실현의 권능에 입각한 명령과 그에 대한 복종의 관계가 성립하는 것은 그 때문이다. 다만 자유민주국가에서의 명령·복종관계는 독재국가의 경우와는 달라서 국가기관의 명령권은 어떠한 형식으로든지 주권자인 국민의 의사에 귀착되어야 하고(명령권의 민주적 정당성) 국민의 복종은 맹목적이고 절대적인 복종이 아닌 비판적인 복종이어야 한다는 점에서, 민주적인 동시에 제한적인 성질을 가질 따름이다.

자유민주국가에서의 민주적·제한적인 명령·복종관계

국민의 헌법상 지위와 국민의 국가기관의제논리

그럼에도 불구하고 동일성이론에 따라 '국민주권'과 민주주의이념을 '국민의 자기통치형태'로 이해한 나머지 '국민전체'를 하나의 '통치기관' 내지 '국가기관'으로 의제하려는 결단주의적 논리[1]는 자유민주적 통치질서가 필요로 하는 통치를 위한 기관의 본질을 오해하고 있는 것이라고 볼 수 있다.

결단주의사상의 논리적 귀결

국가의 '주권이 국민에게 있고, 모든 권력이 국민으로부터 나온다'는 국민주권의 원리는 국가권력의 정당성이 국민에게 있고, 모든 통치권력의 행사를 최후적으로 국민의 의사에 귀착시킬 수 있어야 한다는(국가권력의 민주적 정당성) 뜻이지 국민전체가 직접 '국가기관' 내지 '주권행사기관'으로서 통치권을 손에 쥐고 행사한다는 의미는 아니다. 즉 국민주권의 원리는 '주권의 소재'와 '통치권의 담당자'가 언제나 같을 것을 요구하는 것이 아니고, 국민이 직접 주권을 행사하는 예외적인 경우 외에는 '통치권의 담당자'가 국민의 의사에 의해서 결정되어야 하고 그를 통해서 국가권력의 행사도 궁극적으로 국민의 의사에 의해 정당화될 것을 요구하는 것이다. 주권자인 국민이 선거권을 행사해서 국가기관

국민주권은 국가권력의 민주적 정당성 강조의 논리

국민주권원리의 참뜻과 '국가기관으로서의 국민'이론

---

1) 권영성 교수가 종래 그가 추종하던 '국가기관으로서의 국민'이론을 폐기하고, 국민주권의 원리를 국민개념 2분설에 따라 설명하려고 시도하고 있다는 점과 그 문제점에 대해서는 이미 앞에서(172면) 언급한 바 있다. 권영성, 133면 이하 및 677면 이하 참조.

의 부당성

을 선출하고, 국민투표 등을 통해서 국가의 의사결정에 직접 참가하는 것 등은
모두가 주권자로서 국가기관을 창조하고 국가정책의 결정에 민주적 정당성을
부여해 주기 위한 국민주권원리의 표현이지 그 자체가 '국가기관'으로서의 행위
를 뜻하는 것은 아니다. 국민은 그 전체로서 하나의 '기관'을 구성해서 하나의
통일된 행동을 할 수 있는 속성을 지니고 있지 못하다. '국민'은 다양한 개성과

국민은 상징
적 의미의 관
념적 크기에
불과

능력과 이해관계를 가지는 무수한 인간의 집단을 상징적으로 표현하기 위한 하
나의 '관념적 크기'에 지나지 않기 때문이다. '국가기관으로서의 국민'이라는 논
리형식에 전제되고 있는 '통일된 전체'로서의 '국민'이라든지 국민전체의 '통일
된, 유일한 정치의사'라는 것은 정치현실과는 거리가 먼 하나의 의제에 불과하
다. 더욱이 하나의 '거시적인 조직'으로 징표되는 다원적인 현대국가에서 국민
이 직접 국가'기관'으로서 통치권을 행사한다는 것은 하나의 환상에 지나지 않
는다고 볼 수 있다. '거시적인 조직으로서의 현대국가'에서 '국민의 정치적인 무
력화'[1]가 심각한 문제로 제기되고 있는 것도 그 때문이다.

국민주권의
현대적 의미:
국가권력의
샘으로서의
국민

하지만 국민주권의 현대적 의미는 국민이 '국가기관'으로서 직접 통치권을
행사하는 데 있는 것이 아니고, 주권자인 국민은 모든 '국가권력의 샘'으로서
헌법제정권력으로 기능하고, 선거권을 통해서 헌법상의 여러 국가권력을 창조
하고, 그 권능행사에 민주적 정당성을 제공해 줄 뿐 아니라 국가의 정치적인
의사결정과정에 '여론'의 힘으로 영향력을 행사함으로써 국가작용의 민주적인
조종사로서 기능하는 데 있다고 보는 것이 옳다.

국민은 헌법
제정권력의
주체, 국가권
력의 원천 및
정당성근거

결국 현대의 자유민주국가에서 '국민'은 그 자체로서 '국가기관'이라고 하기
보다는 주권자인 동시에 헌법제정권력의 주체로서 모든 국가권력의 원천이며
그 정당성근거를 뜻한다고 보는 것이 합리적이라고 생각한다. 따라서 주권자인
국민의 합의에 의해 정당화되는 여러 가지 권능과 국가기관은 자유민주국가가
국가로서의 기능을 다하기 위한 필수적인 전제조건이다.

국민주권이념
실현 위한 통
치기구의 조
직원리

다만 자유민주국가에서 통치를 위한 여러 국가기관은 '국민주권'의 이와
같은 이념을 실현시키고 그 현대적 의미가 존중될 수 있도록 조직되고 구성되
어야 한다. 대의제도·권력분립·정부형태·선거제도·공직제도·지방자치제도·헌
법재판제도 등이 통치를 위한 기관의 구성에서 중요한 의미를 갖는 것도 그
때문이다.

---

1) W. Weber에 의해서 만들어진 "Mediatisierung des Volkes"라는 개념은 특히 정당정치의 발달
로 인해 국민이 정치 1선에서 제2선으로 후퇴해서 일종의 정치적인 배석자의 지위로 전락하
는 현상을 나타내는 말이지만, 일단 '국민의 정치적인 무력화'라고 번역해 보기로 한다. Vgl. W.
Weber, Spannungen und Kräfte im westdeutschen Verfassungssystem, 3. Aufl.(1970), S. 19.

1. 대의제도

I. 대의제도의 의의와 발생근거

(1) 대의제도의 의의

대의제도란 국민이 직접 정치적인 결정을 내리지 않고 그 대표를 통해서 간접적으로만 정치적인 결정에 참여하는 기관구성의 원리요, 의사결정의 원리를 말한다. 다시 말해서 대의제도는 국민이 직접 정책결정에 참여하는 대신 정책결정을 맡을 대의기관을 선거하고 이 대의기관의 정책결정 내지 통치권행사를 여론 내지 주기적인 선거를 통해 통제 내지 정당화시킴으로써 대의기관의 선거를 통해 국민주권을 실현하는 통치기관의 구성원리를 뜻한다. 따라서 통치를 위한 기관의 구성원리로서의 '대의제도'는 국민주권의 이념을 존중하면서도 현대의 대중사회가 안고 있는 여러 가지 민주정치에 대한 장애요인들을 합리적으로 극복하기 위해서 창안된 '조직원리'라고 말할 수 있다. 따라서 대의제도는 국민주권의 이념을 실현하기 위한 통치기관의 구성원리로서 매우 중요한 의미를 가지고 있다. '대의이념'이 현대국가의 본질적인 구성원리로 강조되고, 여러 형태의 대의기관이 마치 통치기관의 대명사처럼 불려지는 이유도 그 때문이다.

대표 통한 간접적 정책결정참여

대의기관의 선거 통해 국민주권실현

대의이념은 현대국가의 본질적 구성원리

(2) 대의제도의 발생근거

1) 국민의 자주성과 자결능력에 대한 회의

현대의 자유민주국가는 모든 국민의 정치적인 자주성과 자결력을 그 존립의 바탕으로 하고 있다. 따라서 민주정치가 제대로 기능하기 위해서는 모든 국민이 올바른 사고력과 판단력을 가지고 정치문제에 대한 자주적이고 독자적인 의사결정을 할 수 있는 것이 절대적으로 필요하다. 민주주의가 모든 국민의 수준 높은 윤리적 생활철학을 요구하고,[1] 그렇기 때문에 민주주의가 가장 어려운 통치형태로 간주되는 것도 무리가 아니다.

자유민주주의가 요구하는 국민의 자주성과 자결능력

그렇지만 민주주의를 이처럼 가장 어려운 통치형태로 평가하는 인식의 밑바탕에는 국민의 정치적인 자결력에 대한 깊은 회의가 깔려 있다는 점을 잊어서는 아니된다. 흔히 현대인을 집단적인 '대중인간'으로 부르면서 그 판단능력

국민의 정치적 자결능력 부족으로 인한 대안의 필요성

---

1) 민주주의가 필요로 하는 윤리적 생활철학에 대해서는 졸저, 전게서, 방주 349 참조할 것.

과 자결력에 대한 회의를 나타내게 된 곳에 바로 민주주의의 현대적인 비극이 도사리고 있다고 볼 수 있다. 국민의 정치적인 자결력과 책임감을 바탕으로 하는 민주정치가 그 기초를 상실하는 것을 의미하는 이와 같은 현상은 대의제도[1]의 발생근거인 동시에 그 정당성근거라고도 말할 수 있다.

2) 통치공간의 광역성

국토의 광역성

또한 넓은 국토를 가지고 다양한 기능을 수행해야 되는 현대국가에서는 통치를 위한 기관을 구성하는 데 있어서 대의제도가 반드시 필요한 것이 사실이다.

3) 대의제도의 필연성

이렇게 볼 때 현대의 자유민주국가가 통치를 위한 국가기관을 구성함에 있어서 국민의 직접적인 정책결정참여(예컨대 국민투표·국민발안 등)보다는 국민이 그 대표자를 통해서 정책결정에 간접적으로 참여하는 대의제도를 그 기본적인 구성원리로 삼고 있는 것도 결코 우연한 일만은 아니다.

Ⅱ. 대의제도의 이념적 기초

(1) 기관구성권과 정책결정권의 분리

1) 동일성이론 및 직접민주주의사상의 탈피

치자와 피치자의 구별 및 동일성이론의 극복

대의제도는 우선 민주주의에 대한 합리적인 이해를 그 이념적인 바탕으로 하고 있다. 즉 대의제도는 치자와 피치자의 구별을 부인하는 이른바 동일성이론에 입각한 극단적인 직접민주주의이념과는 조화되기가 어렵다. 대의제도는 국민이 직접 정치적인 결정을 내리지 않고 그 대표를 통해서 간접적으로만 정치적인 결정에 참여하는 기관구성의 원리요, 의사결정의 원리를 뜻하기 때문이다. 대의제도가 때때로 대의민주주의, '간접민주주의' 또는 '의회민주주의'와 같은 말로 쓰이는 이유도 여기에 있다.[2]

---

1) 대의제도에 관해서 자세한 것은 졸저, 전게서, 방주 857 이하 참조할 것.
2) '대의제도'·'간접민주주의'·'대의민주주의'·'의회민주주의'라는 개념은 때때로 동의어처럼 쓰이기도 하지만, 엄격한 의미에서는 구별해서 사용하는 것이 옳다. 즉 '대의제도'는 '간접민주주의'·'대의민주주의'·'의회민주주의'의 세 가지 개념을 포괄하는 가장 넓은 개념형식이다. 그리고 '대의민주주의'는 민주주의의 유형을 나타내는 '간접민주주의'의 대명사이기도 하다.
    그러나 '대의민주주의'와 '의회민주주의'는 결코 동의어가 아니라는 점을 주의할 필요가 있다. 왜냐하면 '의회민주주의'는 특히 정부형태와 관련해서 '의원내각제'처럼 강한 의회의 정치적 기능을 강조하기 위해서 사용되는 개념형식이기 때문이다. 따라서 미국, 우리나라처럼 '대의민주주의'이지만 '의회민주주의'는 아닌 나라도 있고, 영국·독일·일본처럼 '대의민주주의'이루소(Rousseau)의 사상적 세계에서 유래하는 극단적인 직접민주주의이념에 따르면 모든 정치적인 문제에 대해서 주권자인 국민이 직접 결정을 내리는 것만이 민주주의의 실현이고, 대의제도는 민주주의의 약화를 뜻하게 된다.[1] Rousseau가 그의 사회계약론에서 '정치권력의 불가분성'과 '정치적 통일'을 강조하고, '국민의사'의 절대성을 내세워 '대의제도'와 '권력분립'을 배척하고, 심지어 압력단체의 '중간권력'의 존재까지도 부인하는 것은 그의 극단적인 직접민주주의철학에서 나오는 당연한 결과이긴 하지만, 오늘날의 정치현실과는 조화되기가 어렵다고 할 것이다.

루소의 직접민주주의 철학의 내용과 문제점

Rousseau의 직접민주주의철학에 뿌리를 두고 주장되는 C. Schmitt의 동일성이론[2]이 대의제도와 이념적으로 조화될 수 없는 것도 그 때문이다.[3][4]

칼 슈미트의 동일성 논리와의 부조화

2) 국민의 기관구성과 대의기관의 정책결정

대의제도는 치자가 동시에 피치자가 되는 국민의 자기통치제도가 아니고 치자와 피치자가 다르다는 것을 전제로, 치자에게는 '정책결정권'과 '책임'을, 그리고 피치자에게는 '기관구성권'과 '통제'를 손안에 쥐어 주는 통치기관의 구성원리이다. 일찍이 록크(J. Locke)에 의해서 정립된 '신임사상'이 대의제도에서 중요한 의미를 갖게 되는 것도 그 때문이다. 따라서 대의제도의 본질은 국민이 직접 정치문제에 대한 결정권을 행사하는 데 있는 것이 아니고, 주권자인 국민은 정치문제에 대한 결정권을 행사할 기관을 선임하고 그 기관을 통제·감시함으로써 기관의 민주적 정당성이라는 젖줄에 계속해서 우유를 공급하는 위치에 머물러 있는 데 있다. 즉 '기관구성권'과 '정책결정권'의 분리를 전제로 해서 전자만을 주권자인 국민이 행사한다는 데 대의제도의 본질이 있다. 영·미 등의 국가에서도 대의제도가 "government of the people, for the people, with but not by the people"[5]이라고 평가되는 것도 같은 맥락에서 이해할 수 있다고 본다.

치자의 정책결정권, 피치자의 기관구성권분리

신임사상의 대의적 기능

면서 동시에 '의회민주주의'인 나라도 있다.

　이런 점에 대해서는 졸저, 전게서, 방주 358 참조할 것.

1) 자세한 것은 졸저, 전게서, 방주 858 참조할 것.

2) C. Schmitt의 동일성이론에 입각한 민주주의철학에 관해서는 졸저, 전게서, 방주 321 참조할 것.

3) 이 점은 C. Schmitt 스스로도 시인한다. Vgl. *C. Schmitt*, Verfassungslehre, 5. Aufl.(1970), S. 262.

4) C. Schmitt가 두 가지 정치적인 형성원리로 '동일성'(Identität)원리와 '대의'(Repräsentation)의 원리를 들고, 이 두 가지 정치적인 형성원리가 상호 공존할 수 있다고 강조하면서도, 대의제도를 동일성원리에 입각한 '자기통치'가 실현될 수 없는 경우의 불완전한 보충원리로 생각하는 것도 그 때문이다.

　Vgl. *C. Schmitt*, Verfassungslehre, S. 204ff.

5) *L. S. Amery*, Thoughts on the Constitution, 3rd ed.(1949), S. 2.

극단적 직접
민주주의 추
구의 위험성

치자와 피치자의 구별을 부인하고 치자요 피치자인 국민의 의사를 절대시
함으로써 이른바 '총의' 내지 '일반의지'(volonté générale)로 표현되는 국민의 의
사에 만병통치의 효력을 부여하려는 극단적인 직접민주주의의 이론은 그 외형
상의 민주적 색채와는 달리 현실적으로는 국민의 이름을 내세운 전제적인 통치
를 불러들일 가능성이 크다는 점을 주의할 필요가 있다. '민주'와 '전제'가 이처
럼 이념적으로 가장 이웃한 사이에 있다는 사실은 우리 모두에게 민주주의를
이해하고 제도화하는 데 있어서 심각한 경각심을 불러일으킨다고 할 것이다.

3) 대의이념과 권력분립

권력분립원리
와의 이념적
연관성

대의제도는 말하자면 이와 같은 경각심을 바탕으로 마련된 통치기관의 구
성원리이기 때문에 그 본질상 '정치권력의 절제' 위에서만 제대로 꽃을 피울 수
있다. 대의제도가 권력의 '견제와 균형'(checks and balances)의 메커니즘인 권력
분립의 원리와 이념적인 연관성을 갖게 되는 것도 그 때문이다. 대의제도야말로
정치권력을 여러 국가기관에 나누어 맡길 수 있는 가장 중요한 전제조건이다.

대의의 이념
은 신임·책
임·통제·절
제

이렇게 볼 때 대의제도는 '신임'과 '책임'과 '통제'와 '절제'를 바탕으로 하는
통치기관의 구성원리라고 말할 수 있다. 따라서 대의의 원리를 제도화하는 데
있어서는 극단적인 직접민주주의를 단순히 배척하는 데 그칠 것이 아니라 대의
제도에 내포되고 있는 이와 같은 이념들이 충분히 생동할 수 있는 제도적인
메커니즘을 찾아내도록 노력해야 한다.

결국 대의제도는 통치권력이 주권자인 국민의 정치적 Konsens에서 나와서
'신임'과 '책임'과 '절제'에 의해서 행사되기 때문에 그 대의기관의 의사결정이
국민전체에게 기속력을 미치지만, 대의기관의 통치권력은 주권자의 '기관구성
권'과 계속적이고 다양한 정치통제에 의해서 그 민주적 정당성을 상실할 수도
있는 통치기관의 구성원리라고 결론지을 수 있다.

(2) 정책결정권의 자유위임

1) 자유위임에 의한 정책결정과 국민의사와의 불일치 문제

대의기관의
정책결정이
국민전체를
기속하는 논
리적 근거

'대의제도'는 대의기관에 의해서 내려지는 여러 가지 '의사결정'(정책결정)이
국민전체를 기속한다는 이념적인 기초 위에서 마련된 통치기관의 구성원리이
다. 그런데 대의기관의 의사결정이 국민을 정치적으로 또는 법적으로 기속할
수 있는 것은 대의기관의 의사결정이 국민의 의사와 완전히 일치되기 때문이
아니고, 대의기관의 의사결정과 국민의 의사가 일치할 수 있도록 유도하는 여

러 가지 input-channel이 제도적으로 보장되고 있기 때문이다.[1] 대의기관에 의
해서 정해지는 '국가의사'와 '국민의사'가 일치한다는 희망적인 상념은 대의제도
의 이념적·기능적 기초에 대한 오해에서 비롯된다고 볼 수 있다. '국가의 의사'
와 '국민의 의사'가 일치하는 상태를 유도하는 것이 물론 민주정치의 이상임에
는 틀림없지만, 대의제도는 그 '일치의 가능성'을 높여 주기 위한 여러 가지
input-channel을 제도적으로 보장함으로써 대의기관의 의사결정이 국민의 정치
적인 Konsens에 의해서 정당화되도록 노력하는 의사결정의 메커니즘이지, '국
가의사'와 '국민의사'가 현실적으로 그리고 항상 일치한다는 정치적인 환상에서
출발하는 제도가 아니라는 점을 잊어서는 아니된다. 바로 이곳에 '국민의사'와
는 다른 '국가의사'($^{\text{대의기관}}_{\text{의 의사}}$)가 존재할 수 있고 '국민의사'와는 거리가 있는 '국가
의사'라도 국민에 대한 기속력을 가질 수 있는 이론적인 근거가 있다. 다만 그
와 같은 '국가의사'는 국민의 기본권행사 또는 선거 등을 통해서 그 민주적 정
당성이 박탈될 수도 있다는 데 대의제도의 본질이 있다.

*대의제도의
본질적 요소
로서의 input-
channel*

2) 대의제도와 대리제도 및 대표제도의 차이

통치를 위한 기관의 구성원리로서의 '대의제도'가 '대리제도' 내지 '대표제
도'와 그 본질을 달리하는 것도 그 때문이다. '대의제도'는 '정당성의 원리'에 그
기초를 두는 데 반해서 '대리제도' 내지 '대표제도'는 '의사대리'를 그 본질로 하
기 때문이다. 이렇게 볼 때 국민에 의해서 선출되는 대의기관의 구성원은 국민
의 의사를 단순히 대변해 주는 '대변자'가 아니고 국민으로부터 부여받은 '민주
적 정당성'에 입각해서 기본권실현의 방향으로 독자적인 의사결정을 해야 하는
'국가기관'이다. 예컨대 일정한 선거구에서 선출된 국회의원도 그를 뽑아 준 선
거구민만을 대표하는 것이 아니고 전체국민을 대표하기 때문에 선거구의 이익
에 집착하기보다는 전국민의 이익을 위하여 행동해야 된다는 대의제도의 기본
적인 요청이 그로부터 나온다. 각종 사회적 압력단체 내지 이익집단에서는 '대
리' 내지 '대표의 원리'가 적용될 수는 있어도 '대의의 원리'가 적용될 수는 없
는 이유도 그 때문이다. '대의'는 '전체'를 위한 독자적인 의사'결정'을 그 기능
의 기초로 하지만, '대리' 내지 '대표'는 '부분'을 위한 간접적인 의사'전달' 내지

*정당성의 원
리에 따른 대
의제도와 의
사대리에 기
초하는 대리
제도 및 대표
제도의 차이*

---

[1] 따라서 대의기관의 행위가 국민의 행위로 간주되는 논리적 근거와 관련해서 논의되는 고전적·
    법실증주의적 논리형식은 법실증주의적인 헌법관에서 유래하는 지극히 형식적이고 공허한 이
    론으로서 이미 그 시대성을 상실했다고 보는 것이 옳다. 그럼에도 불구하고 국내 일부 헌법학
    자는 아직도 이 문제를 상세히 다루고 있다. 예컨대 김철수, 854면 이하; 문홍주, 431면 이하;
    권영성, 682면 이하.

의사'실현'을 그 본질로 하기 때문이다.

3) 자유위임관계와 명령적 위임관계

명령적 위임
관계와의 부
조화

이렇게 볼 때 대의제도는 이른바 '명령적 위임관계'와는 이념적으로 조화
되기가 어렵다. 대의기관은 법적 의미에서 국민의 '대리기관'은 아니기 때문이
다. 국민이 선출한 대의기관은 일단 국민에 의해서 선출된 후에는 법적으로 국
민의 의사와 관계 없이 독자적인 양식과 판단에 따라 정책결정에 임하기 때문
에, 선출 후에도 정책결정을 할 때마다 국민의 의사를 타진하고 국민의 구체적
인 지시에 따라서 행동하고 그 위임사항만을 집행하는 이른바 '명령적 위임관

대의제도와
자유위임관계
의 이념적 연
관성

계'와는 달리 '자유위임관계'를 그 본질로 한다.[1] 이처럼 대의제도에 있어서의
'대의관계'는 '자유위임관계'를 그 본질로 하기 때문에 대의기관의 정책결정이
설령 국민의 의사에 반한다 하더라도 다음 선거나 기타 input-channel을 통해
서 그 책임과 신임을 물을 때까지는 당연히 국민을 기속하고 국민의 추정적인
동의가 있는 것으로 간주되는 것이 그 특징이다. 대의제도가 '신임'과 '책임'을
그 이념적 기초로 하고 있다고 평가되는 이유도 그 때문이다.

4) 대의기관의 구성방법과 정책결정의 질

대의기관구성
방법의 중요성

따라서 대의제도에서는 대의기관의 구성방법의 여하에 따라 그 대의기관
이 내리는 '정책결정의 질'이 좌우되기 마련이다. 대의기관의 구성 내지 선출에
관한 합리적인 제도 마련이 대의제도의 성패에 큰 영향을 미치는 것은 그 때
문이다.[2] 대의제도와 선거제도 내지 정부형태와의 불가분한 이념적인 연관성이
여기에서 나온다.

결론적으로 대의제도는 '기관구성권'과 '정책결정권'의 분리를 전제로 하고
'정책결정권'의 자유위임을 그 이념적인 바탕으로 하는 통치기관의 구성원리라
고 말할 수 있다.

---

1) '명령적 위임관계'와 '자유위임관계'의 자세한 내용에 대해서는 졸저, 전게서, 방주 862의 각주
   문헌 참조할 것.
2) 대의제도에 내포되고 있는 이같은 간접민주주의의 속성에 관해서는 졸저, 전게서, 방주 356
   참조.

Ⅲ. 대의제도의 발전과정

(1) 대의제도의 이념적 발전과정

오늘날에 와서는 '대의' 없는 통치구조를 상상할 수 없지만, 근대적인 의미의 대의제도가 확립된 것은 그리 오래되지 않다.

1) Burke의 대의이론

대의제도가 통치를 위한 기관의 구성원리로 인정된 것은 18세기 후반 영국에서 비롯되었다고 볼 수 있다. 즉 사상적으로는 버크(E. Burke)의 '대의이론'이 현대적인 대의제도의 이념적인 온상이라고 할 것이다. Burke(1729~1797)가 18세기 후반(1774) 그의 대의이론을 통해서 의원 개개인은 그의 선거구민만을 대표하는 것이 아니고 전체국민을 대표할 뿐 아니라 그 선거구민의 지시에 따라 움직이는 것이 아니고 독자적인 양식과 판단에 따라 행동한다는 점을 강조한 것이 근대적인 대의이론의 효시로 간주되고 있다.

18세기 후반 영국 버크의 대의이론에서 출발

2) 중세의 대리제도-대표권-대의사상

오늘날에 와서는 '대리'와 '대의'를 개념적으로 엄격히 구별하고 있지만 근대적인 의미의 '대의의 원리'도 시원적으로는 중세의 '대리제도'에서 나온 것이라고 볼 때 대의제도의 기원은 엄밀히 따져서 중세까지도 거슬러 올라갈 수 있다고 할 것이다.

시원적으로는 중세의 대리제도에서 유래

중세의 봉건적인 신분사회에서는 소속신분을 대리해서 영주에게 신분이익을 대변한다는 이른바 부분적인 '신분대리'의 현상은 있었어도 한 신분이 영주의 통치하에 있는 모든 계층의 신분을 전체적으로 대표한다는 대의현상이 있을 수 없었던 것은 당연하다. 그러나 여러 영주의 통치지역이 세력이 강한 영주를 중심으로 일종의 '통합국가'로 발전하고, 통합국가의 통치자는 소속영주 전체의 이익을 위해서 통치하기 때문에 필요한 재정적 협력을 소속영주들로부터 요구할 수 있도록 되었다. 이 때 재원의 염출을 협의하기 위해서 소집하는 영주회의에서 통합국가의 통치자는 모든 영주들에게 결정사항의 원만한 집행을 담보하기 위해서 '완전한 대표권'을 가지고 회의에 나올 것을 요구하게 되었다. '완전한 대표권'이란 자기지배하에 있는 모든 계층의 신분을 위해서 발언하고 행동할 수 있는 권한을 말한다. 일종의 기초적인 형태의 '대의권'이라고 볼 수 있다. 이처럼 처음에는 로마법의 전통[1]에 따라 재원 염출에만 국한되었던 '대의

중세 신분사회에서의 '신분대리'가 대표권으로, 대표권이 대의권으로 발전

---

1) Quod omnes tangit, ab omnibus approbetur(모두에 관계되는 일은 모두가 동의해야만 효력

권'이 중세 말경에는 이미 중요한 모든 안건의 협의로 확대되고, 그 후 16세기에 와서는 Renaissance와 계몽주의 내지 자연법사상에 힘입은 자유주의적 국가사상의 영향으로 이미 Konsens의 이론이 싹트고 마침내 통치권도 피치자의 동의에서 나와야 한다는 근대적인 대의사상으로 발전하게 되었다.

나라마다 상이한 발전과정 거침

그러나 이와 같은 대의제도의 이념적인 발전과정에도 불구하고 대의제도는 중세 유럽 여러 나라의 정치적·사회적 전통의 차이 때문에 나라에 따라 다소 상이한 발전과정을 거쳤다는 점을 잊어서는 아니된다.[1]

(2) 영국에서의 대의제도의 발전과정

1) 영국적 대의제도의 이데올로기적 기초

군주와 국민에 맞서기 위한 항의적 이념

버크의 대의론과 록크의 신임사상의 영향

대의제도의 모국이라고 볼 수 있는 영국에서는 17세기 영국의회가 강력한 군권에 맞서서 국민의 대표기관으로서의 기능을 충분히 수행하는 한편, 주권을 내세우는 국민으로부터도 그 독자적인 지위를 확보하기 위한 투쟁적·항의적 이데올로기로서의 의미를 갖고 대의제도가 싹트기 시작했다. 따라서 Burke에 의해서 확립된 영국의 대의제도는 말하자면 그 이념적인 바탕이 어디까지나 통일군주에 대한 의회기능의 강화에 있었다. 특히 영국에서 일찍이 17세기에 이른바 '의회주권'이 확립된 것도 영국의 이같은 대의제도 발전과 무관하지 않다. 또 일찍이 J. Locke에 의해서 정립된 '신임사상'도 영국적 대의제도의 발전 및 '의회주권'의 확립에 적지 않은 사상적인 영향을 미쳤다는 점을 부인하기 어렵다.

2) 부분이익의 중요성에 대한 인식 증대

미국식민지에 대한 과세문제에서 제기된 전체와 부분이익의 연관성

Burke에 의해서 확립된 영국의 근대적인 대의사상도 그 후 미국식민지에 대한 과세문제를 둘러싼 논쟁과정에서[2] 전체이익을 구성하는 '부분이익'의 중요성이 강조되고, 다원적인 복합사회의 '전체이익'의 실현은 그 복합사회를 구성하는 부분집단의 이익을 적절하게 존중해 주는 경우에만 기대될 수 있다는 인식이 자리를 넓혀가기 시작했다. 따라서 전체이익을 추구하는 의회의 활동이 명실공히 그 실효성을 나타내기 위해서는 되도록이면 모든 부분집단의 이익을

이 있다)는 로마법에서 나온 법원리이다.

1) 영국·프랑스·독일에서 대의제도가 발전한 과정에 관해서 보다 자세한 것은 졸저, 전게서, 방주 865, 869, 873 이하 참조할 것.

2) 즉 영국의회에게는 미국식민지에 대한 과세권이 인정될 수 없다는 논거로 제시된 「대표 없는 곳에 세금 없다」(No taxation without representation)는 논리를 둘러싼 논쟁이 바로 그것이다.

대표하는 사람들이 빠짐없이 의회의 구성원으로서 의회활동에 참여하는 것이 필요하다고 생각하게 되었다.

　　물론 이같은 인식의 변화는 Burke적인 대의이론의 완전한 포기를 뜻하는 것이 아니고 그 부분적인 수정을 뜻하는 것에 지나지 않는다. 왜냐하면 의회가 경험적으로 조사된 국민의사의 단순한 대변기관이 아니고, '전체국민이익의 집행기관'이라는 대의의 기본이념은 그대로 인정되기 때문이다. 다만 의회를 통해서 실현되고 관철되는 '전체이익'이란 형이상학적인 관념적 존재형식이 아니고, 사회를 구성하는 각종 이익집단들의 끊임없는 이해관계의 조정과정을 통해서 비로소 얻어지는 현실적이고 구체적인 존재형식이라는 사실이 새로이 강조되고 있을 뿐이다. 말하자면 Burke의 형이상학적 대의이론이 Bentham적인 공리주의의 영향에 의해서 다소 다른 색채를 띠게 된 것이다. 19세기의 영국의회가 스스로를 '이익대표'라고 생각하게 된 것도 그 때문이다. 밴담의 공리주의 영향과 버크이론의 부분수정

3) 선거의 성격과 의미변화

　　그 후 영국의 선거제도개혁(1884/85)에 의해서 유도된 국가와 사회의 '저변으로부터의 민주화'가 단행된 후부터는 경험적으로 조사된 국민의 의사를 실현하는 것이 곧 전체국민의 이익을 실현하는 것이라는 인식이 더 짙어졌다. 즉 의회의 대의활동은 언제나 선거를 통해서 나타난 국민의사를 존중하는 방향으로 행해져야 한다는 것이다. 그것은 즉 의회선거의 성격이 대의를 실현시킬 대표자의 선출에서 현실정치에 대한 국민투표적 성격으로 변화되었음을 뜻한다. 영국의 왕과 수상에게 인정된 제한 없는 의회해산권이 이와 같은 성격의 변화를 잘 입증해 주고 있다. 이렇게 볼 때 영국의 대의제도는 오늘날 중요한 전환기에 서 있다고 말할 수 있다. 대표자선출에서 현실정치에 대한 국민투표로 성격변화

　　결론적으로 영국에서의 대의제도는 17/8세기에 '군주주권'과 '국민주권'에 대한 투쟁적·항의적 이데올로기로서의 성격을 가지고 발전해서 일찍이 '의회주권'을 확립하는 데 기여한 바 있지만, 18세기 말 내지 19세기 초부터는 '공리주의'의 영향으로 '이익대표'의 중요성이 강조되고 19세기 말 선거제도의 개혁 이후 오늘날에 와서는 통치를 위한 기관의 구성(선거)이 마치 현실정치에 대한 국민투표적 성격을 띠게 되어 통치의 패턴이 대의를 통한 간접민주정치보다는 경험적으로 조사된 '국민의 의사'를 존중하고 실현하기 위한 국민투표적 직접민주정치의 방향으로 변하고 있다고 할 것이다. 그렇지만 이같은 변화에도 일정한 한계가 있기 때문에 영국적인 의회정치의 본질은 여전히 대의제도에 바탕을 3단계 발전과정

둔 의회민주주의라는 점을 잊어서는 아니된다.

(3) 프랑스에서의 대의제도의 발전과정

1) 루소와 쉬에스의 사상적 대립

프랑스혁명의
제도적 산물

프랑스에서 대의제도가 확립된 것이 시기적으로 영국보다 뒤떨어진 것은 사실이지만, 1789년 프랑스대혁명을 전후해서 프랑스에서 일기 시작한 대의제도에 관한 치열한 논의는 그 진지성에 있어서 결코 영국의 그것보다 뒤지지 않는다고 말할 수 있다. 결국 프랑스에서의 대의제도는 프랑스혁명의 과정에서 발생한 하나의 제도적인 산물이라고도 볼 수 있다. 그렇다면 프랑스대혁명을 전후해서 일어난 대의제도의 논쟁이란 과연 어떤 것인가? 그것은 한마디로 말해서 혁명헌법을 제정하는 데 있어서 Rousseau의 사상을 따를 것인가 아니면 쉬에스(Abbé Sieyès)의 주장을 받아들일 것인가에 관한 이론 다툼으로 집약될 수 있다고 할 것이다.

루소의 반(反)
대의사상과
쉬에스의 대
의사상의 대
립

Rousseau는 국민주권사상에 입각해서 국가존립의 근거를 사회구성원의 사회계약에서 찾고(사회계약론) '경험적 국민의사'(가시적 국민의사)[1]와 '추정적·잠재적 국민의사'[2]가 언제나 일치한다는 가정 아래 국민의 '총의'(volonté générale)를 중요시한 나머지 직접민주주의의 통치형태를 찬양하고 헌법제정에서부터 법률제정에 이르기까지 전체국민이 직접 맡을 것을 강력히 주장했다. 즉 이와 같은 Rousseau의 사상에는 '국민의사는 대표될 수 없다'는 그의 확고한 신념이 깔려 있었다고 할 것이다. 그에 반해서 Sieyès는 철저한 대의사상에 입각해서 이른바 '경험적인 국민의사'로부터 완전히 독립된 대의기관의 의사만이 진정한 국민의 이익을 대변할 수 있다고 강조하면서 심지어 국민에게 속하는 헌법제정권력(pouvoir constituant)까지도 국민이 선출하는 대의기관에 의해서 행사될 수 있음을 역설했다.

경험적 국민
의사와 추정
적 국민의사
의 우선순위

Sieyès의 이같은 대의사상은 '국민의사는 대표될 수 없다'는 Rousseau의 주장과는 정반대의 입장일 뿐 아니라 Rousseau가 그처럼 강조하는 '경험적인 국민의사'와 '잠재적인 국민의사'의 항상적인 일치론에 대한 정면으로부터의 도전을 뜻한다. Sieyès의 대의론에서는 대의되는 사람이 갖는 이른바 '경험적 국민의사'보다는 대의하는 사람이 판단한 '추정적 국민의사'에 더 큰 가치를 부여

---

1) '경험적인 국민의사'란 경험적으로 조사되거나 표현 내지 인식된 국민의 의사를 말한다.
2) '추정적(잠재적)인 국민의사'란 경험적으로 조사되거나 표현된 국민의사와는 달리, '객관적으로 추정되는 국민의 진정한 의사'를 지칭하는 개념이다.

해서 '추정적 국민의사'를 신성시하는 반면 '경험적인 국민의사'는 무시하는 결과가 되기 때문이다.

2) 쉬에스사상의 혁명헌법에의 수용

아무튼 Sieyès의 대의사상은 1791년 프랑스혁명헌법에[1] 그 실정법적인 뿌리를 내려 입헌사상 최초의 대의민주제헌법을 탄생시키기에 이르렀다. 즉 국민주권의 원칙을 확인하고 주권의 통일성·불가분성·불가양성을 선언한 프랑스 '국민회의'는 제 3 계급(식민계급)의 주도하에 혁명헌법을 제정함에 있어 Sieyès의 대의사상을 받아들여 통치를 위한 기관의 구성원리로 삼았다. 그 결과 직접민주주의적인 여러 제도, 그 중에서도 특히 의회의 직접선거제도, 의회해산제도, 의원에 대한 명령적 위임, 국민투표제도, 국민투표의 형식을 통한 헌법제정권력의 행사 등을 제도적으로 배제하기에 이르렀다. 1791년의 프랑스혁명헌법상 국민의 대의기관으로 설치된 입법기관(Corps législatif)이 가장 핵심적인 통치기관으로 기능하게 된 것도 그 때문이다. 주권자인 국민이 선출한 대표자로 구성된 입법기관은 법적으로 '경험적 국민의사'에 기속되지 않고 독자적인 판단에 따라 국사를 결정할 수 있었기 때문에, 주권자인 국민은 그 대표자의 선출에 있어서만 주권적이었지, 구체적인 국사의 결정에서는 완전히 소외되는 이른바 극단적인 대의제도가 확립된 것이었다. 더욱이 '경험적 국민의사'의 형성과 표출에 중심적인 역할을 담당해 온 모든 사회적 압력단체(pressure groups)의 조직을 엄격히 금지시킨 1791년 프랑스혁명헌법상의 대의제도는 그 지나치게 극단적인 성격 때문에 심지어 '대의전제주의'라는 새로운 개념을 탄생시키기도 했다.

결국 1791년의 프랑스혁명헌법은 입헌사상 처음으로 대의제도를 정착시켰다는 점에서 그 헌법사적인 의의를 인정받아야 하지만, 주권자인 국민의 '경험적 의사'를 국정에 그대로 반영시킬 수 있는 '국민투표적 요소'를 철저하게 배

(우측 난외주)
프랑스혁명헌법(1791)은 입헌사상 최초의 대의민주주의 헌법

극단적 대의제도 확립으로 대의전제주의 탄생

국민투표적 요소 철저배제로 의회해산제도 부정

---

1) 1791년에 제정된 프랑스혁명헌법은 대의제도에 관한 다음과 같은 명문규정을 두었다.

① La Nation, de qui seule émanent tous les pouvoirs, ne peut les exercer que par délégation. La Constitution française est représentative; les représentants sont le Corps législatif et le Roi (Titre III Art. 2).

국가권력의 유일한 원천으로서의 국민은 대표에 의해서만 그 권력을 행사할 수 있다. 프랑스헌법은 대의민주제이다. 대의기관은 입법기관과 군주이다(제 3 편 제 2 조).

② Les représentants nommes dans les départements ne seront pas représentants d'un département particulier, mais de la nation entiére, et il ne pourra leur étre donné aucun mandat (Titre III Chap. 1 Section III Art. 7).

지방에서 선출된 대표는 그 지방의 대표자가 아니라 전국민의 대표자이며, 대표는 어떠한 명령적 위임도 받을 수 없다(제 3 편 제 1 장 제 3 절 제 7 조).

제시켰기 때문에 의회해산제도가 채택될 수 없었고, 그 후에도 이 문제가 계속해서 하나의 부정적인 전통으로 이어지게 되었다. 그 결과 그 후 1848년(제 2공화국)의 프랑스헌법($^{제68}_{조}$)에서는 의회해산을 시도하는 대통령은 자동적으로 그 직을 상실할 뿐 아니라 심지어 반역죄에 의해서 다스리도록 규정하기에 이르렀다.[1]

3) 대의제도의 전통적 계승

변모된 형태의 계승발전

그 결과 1791년 프랑스혁명헌법에서 뿌리를 내린 철저한 대의제도는 1946년(제 4 공화국)과 1958년(제 5 공화국)의 프랑스헌법에도 그 기본골격이 그대로 이어지게 되었다. 그러나 프랑스에서의 대의제도도 혁명 당시의 엄격하고 순수한 모습이 시간의 흐름과 함께 많이 변모된 것도 사실이다. 따라서 오늘날 프랑스의 대의민주주의는 대의의 원리에 대한 강한 믿음보다는 국민투표적 직접민주주의원리에 대한 전통적인 불신에 의해서 그 맥을 유지하고 있다고 평가하는 것이 옳을지도 모른다.

국민투표적 직접민주주의에 대한 혐오

결론적으로 프랑스에서의 대의제도는 1789년 프랑스혁명을 계기로 발전한 혁명의 제도적인 산물로서 Sieyès의 철저한 대의사상이 그 이론적인 바탕이 되었고, 그 후 여러 세기 동안 프랑스헌법제도에서 통치기관의 구성원리로 중추적인 기능을 맡아 왔지만, 오늘날에 와서는 여러 가지 정치정세와 사회구조의 변화로 인해서 대의의 원리에 두었던 프랑스 국민의 이성적인 믿음이 많이 약화된 채 주로 직접민주주의원리에 대해서 프랑스 국민이 갖는 감성적인 혐오감에 의해서 겨우 그 기능을 지탱하고 있다고 말할 수 있다.

(4) 독일에서의 대의제도의 발전과정

1) 영국과 프랑스의 사상적·제도적 영향

독자적 이론개발의 부재

영국과 프랑스에서 대의제도가 각각의 정치상황을 배경으로 이론적인 논쟁을 통해서 일찍부터 뿌리를 내린 것과는 대조적으로, 독일에서는 대의제도의 발전이 매우 뒤늦게서야 이루어졌다. 따라서 독일에서의 대의제도의 발전에는 영국과 프랑스의 이론적·제도적인 영향이 클 수밖에 없었다. 더욱이 뚜렷한 대의이론을 펴낸 이렇다 할 이론가를 갖지 못했던 18/19세기의 독일에서는 영국

---

1) 그러나 모든 헌법이 다 그러하듯이 1848년의 프랑스헌법도 1851년 Napoleon 3세의 국가정변을 막지 못하고 엄격한 해산금지규정에도 불구하고 의회가 해산되는 결과가 초래되고 말았다. Napoleon 3세는 자신의 정변을 국민투표의 방법으로 정당화시켰다.

이나 프랑스의 경우와는 달리 독자적인 철학이나 경험을 바탕으로 대의제도가
발전했던 것이 아니고, 이웃 나라의 정치상황을 관찰하고 연구함으로써 얻어진
일종의 수용적 성격을 띤 것이었다고 말할 수 있다. 사실상 독일에서 대의제도
가 지극히 비독일적이고 낯선 것으로 사시(斜視)되었던 것도 그 때문이었다.

2) 독일에서의 반대의제적 전통과 사상

영국에서 일찍부터 '의회주권'이, 그리고 프랑스에서 '국민주권'이 그 자리
를 굳혀가는 동안에도 독일에서는 군주주권론에 따라 군주와, 군주에 봉사하는
관료조직만이 국민의 이익을 존중하고 공공복리를 실현하는 국민의 진정한 대
표자로 인식되었기 때문에 의회가 국민의 '추정적·잠재적 의사'를 대표한다는
따위의 대의의 논리가 쉽사리 발을 붙일 수 없었는지도 모른다. 군주를 중심으
로 하는 정부가 국민의 진정한 대표자라는 뿌리깊은 인식 때문에 의회의 구성
원은 객관적이고 잠재적인 국민의 의사를 대표하는 국민의 대표자라기보다는
권위적인 국가권력과 국민과의 사이에서 국민의 경험적인 의사를 국가에게 전
달하는 대변자 내지 '국민의 사신'[1]에 지나지 않는 것으로 평가되었다. 독일 바
이마르공화국에까지 면면히 이어진 선량의 참된 사명에 관한 그릇된 인식
$\left(\begin{smallmatrix}즉\ 경험적으로\ 조사된\ 국민의\ 의사를\ 그대로\\국정에\ 반영시키는\ 대변인으로서의\ 선량\end{smallmatrix}\right)$은 이처럼 독일에서 뿌리가 깊고, 그것은 동시
에 독일에서의 대의제도의 발전에는 장애물이 될 수밖에 없었다.

군주주권론의 영향으로 인한 반(反)대의적 정치전통

독일에서 이처럼 대의제도의 정착이 늦어진 원인을 독일적인 자유주의에서 찾으려
는 견해도 있지만 별로 설득력이 없다고 생각한다. 그보다는 이웃나라 프랑스에서
일어난 혁명의 이념적인 발화점이라고 볼 수도 있는 Rousseau의 직접민주주의사상
이 게르마니아민족의 가슴 속에 이미 너무 큰 인상을 남겨 놓았기 때문에 새로운
대의제도에 대한 거부감이 처음부터 지나치게 크게 작용했었다고 보는 것이 옳을
지도 모른다. 또 독일에서 대의제도의 발전이 늦어지게 된 데는 1849년의 혁명을
전후해서 독일에서 거세게 일었던 초기사회주의운동이 적지 않게 작용했었다는 점
도 무시할 수 없다고 생각한다.

대의제도 수용 지연의 원인

---

1) 사신(Bote)은 타인의 의사를 단순히 전달하는 데 그치지만, 대리인(Vertreter)은 수임사항에 관
해서는 독자적인 판단권과 결정권을 갖되, 위임자의 지시에 기속된다는 점에서 구별된다. 그러
나 대표자(Repräsentant)는 대표되는 사람의 의사에 기속됨이 없이 독자적인 양식과 판단에
따라 행동하게 된다. 따라서 대의가 요구되는 경우에 대표자를 선출하는 행위에는 매우 큰 법
적인 의미가 부여되기 마련이다.

3) 바이마르헌법의 반대의제적 성격

바이마르헌법
의 직접민주
제적 성격

결과적으로 이런 저런 원인들이 복합적으로 작용해서 독일에서는 대의제
도보다는 직접민주주의적인 통치제도가 더 큰 비중을 가지고 발전했다고 말할
수 있는데, 그 실증적인 예가 바로 1919년의 바이마르공화국헌법이다. 바이마
르공화국헌법의 아버지들이 바이마르헌법을 제정함에 있어서 이웃 서방나라들
의 헌법을 참고로 할 수밖에 없었음에도 불구하고, 그들 헌법과는 비교도 할
수 없는 많은 직접민주제적 요소가 바이마르헌법에 수용되었다. 바이마르헌법
은 그 제정 당시부터 강력한 직접민주주의의 신봉자들에 의해서 의식적으로 또
는 무의식적으로 이웃 서방나라들의 헌정제도까지 잘못 소개하면서 직접민주주
의의 통치형태쪽으로 유도된 것이었기 때문에 처음부터 대의제도는 경시될 수
밖에 없었다.

의회해산제도
와 강력한 대
통령지위의
이념적 배경

바이마르헌법에서 대통령의 의회해산권이 처음부터 제헌논의의 중심과제로 등장할
수밖에 없었던 것도 그 때문이었다. 또 대통령의 의회해산권이 인정되지 않는 프랑
스헌법이 비민주적인 헌법으로 매도되고, 의회는 그때 그때의 '경험적 국민의사'를
반사시키는 기관이어야 하기 때문에 의회의 의사결정과 '경험적 국민의사' 사이에
불일치가 발견되는 경우에는 의회가 마땅히 해산되는 것이 민주주의원리에 맞는
것이라는 신앙 비슷한 인식이 지배적이었다. 따라서 의회는 '경험적 국민의사'를 반
영시키는 국민의 '사신기관' 정도로 인식되었기 때문에 '경험적 국민의사'에 반하는
의회의 결정이 효력을 가질 수 있다는 대의적인 사고는 고개를 들 수가 없었다.
그 결과 국가를 대표하고, 모든 국민의 전체적인 이익을 실현하는 국민의 참된 대
표기관은 의회가 아니라 대통령이라는 인식이 함께 싹트게 되었다. 바이마르헌법상
대통령의 강력한 지위는 바로 이같은 이념적인 배경 아래서 제도화된 것이었다. 의
회가 '경험적 국민의사'의 대변기관이라면 행정부의 장인 대통령은 '추정적 국민의
사'를 대표하는 참된 대의기관이라고 믿어진 것이다. 따라서 국민을 진실로 대표하
는 대통령과 같은 중립적인 기관에게 의회해산권을 주는 것은 의회가 '경험적 국민
의사'로부터 멀어지는 것을 막기 위한 불가피한 제도로 받아들여졌다. 프랑스의
대의제도발전과정에서 철저하게 배척된 의회해산제도가 뒤늦게 바이마르공화국에
서 꽃을 피우게 된 것이다. 바이마르헌법상 대통령이 갖는 의회해산권에 대해서 C.
Schmitt가 의회의 의사보다는 국민의 의사를 존중하기 위한 바이마르헌법상의 핵심
제도라고 평가하는 것도 이 제도에 전제되고 있는 직접민주주의적 요청을 잘 말해
주고 있다고 생각한다.

바이마르헌법
의 직접민주

아무튼 바이마르헌법은 처음부터 대의제도가 아닌 국민투표적 직접민주주
의를 이상으로 삼고 제정된 것이었기 때문에 직접민주주의적 사고가 많이 내포

될 수밖에 없었지만 그것이 표본으로 삼은 외국의 헌법제도에 대한 진실발견의   제의 태생적
결함
면에서 잘못이 있었던 관계로 그 탄생 때부터 결함을 안고 태어났고, 그 낳을
때의 결함 때문에 단명할 수밖에 없었다고 볼 수 있다.

4) 독일기본법의 초대의제적 성격

현행독일기본법이 바이마르헌법의 부정적 경험을 거울삼아 직접민주주의적   바이마르실패
의 교훈
통치방법을 배제하고 철저한 대의의 원리에 입각한 통치구조를 마련하고 있는
것도 결코 우연한 일은 아니다.

이렇게 볼 때 독일에서의 대의제도의 발전은 엄격히 따져서 1949년 기본   1949년 기본
법에 수용된
대의제도
법의 제정과 때를 같이한다고 해도 과언이 아니라고 생각한다. 이처럼 유럽 여
러 나라 중에서도 가장 뒤늦게 대의제도의 대열에 뛰어든 통독전 서독이 그
기본법에서 대의의 원리를 가장 철저하게 존중해서 이른바 '초대의적 헌법'을
마련함으로써 오히려 또 다른 의미에서의 바이마르적인 우려를 낳게 하고 있는   국민투표적
요소 철저배
제한 초대의
제의 역기능
현상
것은 일종의 아이러니가 아닐 수 없다. 물론 기본법의 아버지들은 바이마르헌
법의 결함을 고쳐 보려는 노력에 의해서 현행 기본법과 같은 대의제도를 마련
했겠지만 '경험적 국민의사'가 국정에 그대로 반영될 수 있는 제도적인 장치가
전혀 결핍된 오늘날의 독일헌정에서 '경험적 국민의사'를 국가의 정책결정에 반
영시키려는 여러 가지 대체적인 직접민주주의(^{국민투표적}_{성향})의 움직임(^{각종 여론연구소의 여}_{론조사결과 발표, 여러}
^{형태의 신}_{민운동 등})이 나타나고 있는 것은 오히려 불가피한 현상일지도 모른다. '국민의 정
치적 무력화'를 개탄하는 소리가 높은 것이나, 영국의 이른바 '위임이론'(mandate
theory)에 따라 선거시에 국민에게 제시되지 않은 정책의 결정에는 국민투표를
요구하는 소리가 높아지는 것도 모두가 '초대의제도'(超代議制度)에 대한 경고적
인 의미 내지는 직접통치형태에 대한 향수적 의미가 있다고 보아야 할 것이다.

결론적으로 대의제도에 관한 한 후발국이라고 볼 수 있는 독일에서 대의   직접민주제도
입 가능성 희
박
의 원리가 가장 철저하게 제도화되어 오히려 지나친 대의제도의 폐단을 우려하
는 소리가 높아지고 어떠한 형태로든지 '경험적 국민의사'가 국정에 반영될 수
있는 제도적인 장치를 마련해야 한다는 인식도 서서히 그 자리를 넓혀가고 있
지만 그 실현가능성은 희박한 상태이다.[1]

---

1) 통독 전에 서독기본법개정을 위한 연구를 목적으로 1973년에 설치되었던 서독연방국회의 앙케
트위원회(Enquete-Kommission Verfassungsreform des deutschen Bundestages)는 그 최종연
구보고서에서 당시 서독기본법 제29조에서 규정하는 경우(각주의 경계변경) 외에 따로 국민투
표·국민발안·국민여론조사 등의 직접민주적인 방법을 채택하는 것을 반대하는 결론을 내리고
있다는 점을 주목할 필요가 있다.
　Vgl. Beratungen und Empfehlungen zur Verfassungsreform, Zur Sache 3/76, S. 52ff.(55).

Ⅳ. 대의제도의 기능과 현대적 실현형태

(1) 대의제도의 기능

대의기관 선거 통한 국민주권 실현

대의제도는 주권자인 국민이 직접 국가의 정책결정에 참여하는 대신 정책결정을 맡을 대의기관을 선거하고 이 대의기관의 정책결정 내지 통치권행사를 여론 내지 주기적 선거를 통해 통제 내지 정당화시킴으로써 대의기관의 선거를 통해 국민주권을 실현하는 통치기관의 구성원리를 뜻한다. 대의제도가 간접민주주의의 통치제도로 이해되는 이유도 그 때문이다. 그렇다면 이같은 대의제도는 통치질서 내에서 어떠한 기능을 갖는 것인가?

1) 책임정치실현기능

자유위임에 따른 신임과 책임

대의제도는 '국가기관구성권'과 '국가정책결정권'의 분리를 전제로 해서 국민과 대의기관 사이의 신임에 입각한 '자유위임관계'를 그 이념적 기초로 하고 있다. 대의제도의 본질로 간주되는 이 '자유위임관계'의 요청상 대의기관은 일단 선출된 후에는 법적으로 경험적 국민의사와 관계 없이 독자적인 양식과 판단에 따라 정책결정에 임하고 선거구민뿐 아니라 국민전체의 공공이익을 대표하는 까닭에 대의기관의 정책결정이나 정책수행이 설령 경험적 국민의사에 반한다 하더라도 다음 선거에서 그 책임과 신임을 물을 때까지는 당연히 국민의 추정적인 동의가 있는 것으로 간주되어 '책임정치'의 실현에 크게 기여하는 기능을 갖게 된다.

2) 통치기관의 기초적 구성원리로서의 기능

(가) 대의제도와 선거제도

참여보다 통제와 정당화의 메커니즘 발전에 기여

대의제도는 그 본질상 국민의 정책결정'참여'가 아닌 정책의 '통제' 내지 '정당화'에 의존하는 통치기관의 구성원리이기 때문에 효율적인 권력통제의 메커니즘과 선거를 통한 민주적인 정당화절차를 그 필수적인 부속장치로 요구하게 된다. 대의제도가 권력통제의 메커니즘을 발전시키고 민주적인 선거제도를 정착시키는 데 중요한 기여를 한다고 평가되는 이유도 그 때문이다.

선거제도와의 연관성

사실상 선거 없는 대의제도를 상상할 수 없기 때문에 합리적인 선거제도

또 독일통일 후에 통일조약(제 5 조)에 따라 구성된 '공동헌법심의위원회'(Gemeinsame Verfassungskommission)의 최종보고서(1993년)의 기본법개정권고 내용 중에도 직접민주주의제도를 부분적으로라도 도입하는 문제는 포함되어 있지 않다. 이 점에 관해서 자세한 것은 졸편저, 「독일통일의 법적 조명」, 1994, 249면 이하 참조할 것.

와 선거제도의 공정한 운영이 대의제도의 성패를 좌우하는 결정적인 관건이 된다는 것은 두말할 필요가 없다. 대의제도가 선거제도의 연구를 촉진시키고 합리적인 선거제도의 정착·발전에 기여하는 기능을 갖는다면, 선거제도는 대의제도의 기능적인 출발점으로서 그 사활을 좌우하는 통치기관의 구성원리라고 말할 수 있다.

㈕ 대의제도와 권력분립제도

또 대의제도는 대의기관의 정책결정과 정책수행에 대한 효율적 통제에 의해 유지되는 통치기관의 구성원리이기 때문에 권력분립과 같은 권력통제의 메커니즘과도 불가분의 이념적·기능적 관련성을 갖는다. 그런데 대의제도와 권력분립제도는 상호 보완적인 양면적 관계를 갖는다는 점을 주의할 필요가 있다. 우선 대의제도는 국가권력을 여러 국가기관에 나누어서 맡기기 위한 하나의 제도적 전제조건을 뜻한다는 점이다. 왜냐하면 국민의 직접통치형태는 주권자인 국민의 이름으로 무엇이든지 결정할 수 있다고 믿기 때문에 본질적으로 국가권력의 한계를 부인하게 되고 그 결과 국가권력의 한계를 정해 주기 위한 권력분립의 원칙과 이념적으로 조화되기 어렵기 때문이다. 국민의 직접통치형태만을 민주주의라고 이해한 Rousseau가 그의 사회계약론에서 권력분립의 원리를 배척한 것도 바로 그 때문이다. 반대로 권력분립제도는 대의제도가 제대로 기능하기 위한 제도적인 전제조건으로서 대의제도의 기능적인 활력소를 뜻할 뿐 아니라 대의제도에 의해서 비로소 그 제도적인 존재가치가 인정된다는 점이다. 이렇게 볼 때 대의제도는 권력분립제도의 조직원리로서의 기능을 비로소 실효성 있게 해 주는 중요한 기능을 갖는다고 말할 수 있다.

권력분립제도와의 상호 보완적인 양면적 관계

㈖ 대의제도와 기타 통치기관의 구성원리

더 나아가 대의제도는 비단 선거제도와 권력분립제도뿐 아니라 대의기관의 구성원리 내지 권력분립의 조직적 실현형태로서의 정부형태, 대의에 입각한 국가정책의 실현수단으로서의 공직제도, 대의의 원리의 지역적 실현형태인 지방자치제도 등 통치기관의 다른 구성원리와도 이념적·기능적인 연관성을 갖기 때문에 말하자면 통치를 위한 기관의 여러 가지 구성원리 중에서도 가장 기초적이고 중추적인 구성원리로서의 기능을 갖는다고 할 수 있다.

정부형태·공직제도·지방자치제도와의 연관성

3) 엘리트에 의한 전문정치실현기능

대의제도는 '기관구성'과 '정책결정'을 분리해서 '정책결정'을 위한 전문기관을 따로 설치하는 것을 그 본질로 하기 때문에 현대와 같은 고도의 산업사회

사항강제가 요구하는 정

책결정의 전
문성 확보

에서 요구되는 전문적인 정책결정을 보장하는 데 크게 기여하는 기능을 갖는다는 점도 간과해서는 아니된다. 오늘날처럼 대부분의 정책결정이 순수한 정치적인 결정이라기보다는 전문적인 식견을 요구하는 '사항강제'(Sachzwang)[1]에 의한 정책결정이라는 점을 고려할 때 전문가의 의견이나 발언권이 존중될 수 있는 '정책결정기관'을 따로 설치해서 그 기관이 국민의 경험적인 의사와는 관계 없는 독자적인 결정을 내리도록 하는 대의제도야말로 현대의 분업화된 산업사회가 요구하는 이른바 '엘리트민주주의'를 실현하는 데 가장 적합한 통치기관의 구성원리라고 볼 수 있다. 대의기관의 기능이 단순한 정치적인 정책결정기능에서 전문적인 정책결정기능으로 바뀌고, 그에 따라 대의기관의 구성을 위한 선거가 전문적인 지식과 책임감이 강한 엘리트를 선발하는 성격을 아울러 띠게 된다면 대의제도는 어차피 엘리트를 선발하고 양성하는 기능까지 함께 가지게 된다고 말할 수 있다. 물론 대의기관의 지나친 엘리트화가 자칫하면 국민과의 거리를 넓혀 대의가 과두적으로 변질될 위험성도 없는 것은 아니지만, 이같은 위험성을 언제나 염두에 두고 '국민과의 근거리' 유지에 노력한다면 대의제도의 엘리트민주주의적 기능은 충분히 그 긍정적인 실효성을 나타낼 수 있다고 생각한다.

4) 제한정치·공개정치의 실현기능

(가) 대의권능의 한시성

제한적·한시
적으로 위임
된 대의기관
의 권능

대의제도는 선거에 의한 기관구성과 대의기관의 정책결정 내지 정책수행에 대한 민주적 통제를 그 본질적인 요소로 하기 때문에 대의기관의 권능은 무제한하고 절대적인 것이 아니고 다음 선거에서 그 신임과 책임을 물어 그 민주적 정당성을 인정받아야 되는 제한적이고 한시적인 성질의 것으로서 통치권의 순화와 제한정치의 실현에 크게 이바지하는 기능을 갖게 된다. 대의제도가 대의기관의 임기제도를 그 필수적인 전제로 하는 것도 바로 대의제도에 내포된 책임정치의 이념에서 나오는 당연한 결과라고 볼 수 있다.

(나) 정책결정과정의 투명성과 언론의 자유

회의공개와
정책결정과정
의 투명성 보
장은 통제의
불가결한 요
건

대의제도는 이처럼 책임정치의 구현을 그 이념적 기초로 하고 대의기관에 맡겨진 통치권의 행사가 국민의 통제에 의해서 순화되고 정당화되어야 하는 까닭에 대의기관의 정책결정과정을 국민에게 공개하는 것이 반드시 필요하다. 대의제도에서 회의공개의 원칙이 강조되고 정책결정과정의 투명성이 요구되는 것

---

1) 이 점에 대해서 자세한 것은 졸저, 전게서, 방주 365 참조.

도 그 때문이다. 그런데 회의공개는 완전한 '언론의 자유'의 보장 없이는 무의
미하기 때문에 '언론·출판의 자유'를 보장하는 것은 회의공개원칙을 살리기 위
한 전제조건에 속한다. 회의공개를 통해서 대의기관의 정책결정과정이 국민 앞
에 상세히 공개되고, 그에 대해서 국민이 자유로이 의사표현을 함으로써 여론
형성에 적극적으로 참여할 수 있을 때 대의기관에 대한 통제와 책임추궁은 비
로소 그 실효성을 나타낼 수 있다. 대의제도가 결과적으로 공개정치의 실현과
'언론·출판의 자유'의 신장에 기여하는 기능을 갖게 되는 이유가 바로 여기에
서 나온다. 대표적인 대의기관이라고 볼 수 있는 의회의 활동과 관련해서 '의
사공개의 원칙'과 의원의 '면책특권'이 특히 중요한 의미를 갖게 되는 이유도
그 때문이다.

언론의 자유
는 회의공개
원칙의 전제

의사공개원칙
과 면책특권
의 대의제적
의미

5) 사회통합기능

대의제도는 사회공동체의 동화적 통합을 촉진시키는 통합기능을 갖는다.
국민에 의해서 선거된 대의기관의 구성원은 선거구의 부분이익만을 대변하는
선거구민의 대변자가 아니고 국민전체의 공공복리의 관점에서 전체를 위해서
생각하고 활동하는 이른바 전국민의 대표자이다. 대의기관이 이처럼 일부 국민
의 경험적 의사에 얽매이지 않고 전체국민의 추정적 의사에 따라 공동선을 실
현하기 위해서 노력한다고 하는 것은 결국 모든 사회구성원이 다 함께 인정할
수 있는 공감대적인 가치를 존중하는 결과가 되어 사회통합의 중요한 계기를
마련하는 것이라고 볼 수 있다. 국민전체의 공공복리의 관점과는 관계 없이 소
속집단의 부분이익만을 추구하고 대변하는 각종 사회적 이익집단과는 달라서
대의기관은 부분이익의 단순한 합계로서의 전체이익이 아니고, 부분이익을 초
월한 공감대적 가치를 추구하고 실현시킴으로써 사회공동체를 통합시키는 중요
한 사명을 간직하고 있다고 할 것이다. 사회 내에 존재하는 모든 사회적 이익
집단의 부분이익을 아무리 빠짐없이 합한다 하더라도 그것이 결코 '전체이익'을
뜻할 수는 없다고 하는 곳에 각종 이익단체의 활동과는 관계 없이 따로 Konsens
에 입각한 사회통합을 추구하는 대의기관의 존재이유가 있다. 각종 형태의 사
회적 이익단체는 기껏해야 일부 국민의 경험적 의사를 대변하고 실현하려고 하
는 '실존적(생존적) 대의'현상에 지나지 않기 때문에 국민이 선거한 대의기관의
'헌법적 대의'기능과는 그 추구하는 목적이 다르다. 사회적 이익단체가 그 실존
적 대의활동을 통해서 국가대의기관의 의사결정에 영향을 미치려고 노력하는
것은 그들이 추구하는 부분이익의 실현을 위한 부분통합의 이기적 활동에 지나

전체이익과
추정적 국민
의사실현 노
력으로 사회
통합의 계기
마련

부분이익의
실존적 대의
와 전체이익
의 헌법적 대
의의 차이

지 않지만, 국가대의기관의 헌법적 대의활동은 그들 부분이익의 요청을 받아들이건, 배척하건 관계 없이 언제나 '새로운 전체'를 향한 통합기능이라는 점을 강조해 둘 필요가 있다.

대의제도의 다원적 기능

결론적으로 대의제도는 국민과 대의기관의 신임을 바탕으로 하는 책임정치와 공개정치를 통해서 통치권을 순화시키고, 합리적인 선거제도를 통해서 현대의 산업사회가 요구하는 전문인과 엘리트에 의한 전문정치를 가능케 할 뿐 아니라, 권력통제를 위한 권력분립적 통치조직을 통해 국민의 자유신장을 돕고, 부분이익이 아닌 전체의 공감대적인 공공이익을 실현함으로써 사회공동체를 통합시키는 다원적 기능을 갖는다고 말할 수 있다.

(2) 대의제도의 현대적 실현형태

추정적 국민 의사와 경험적 국민의사의 동시존중

현대 자유민주국가의 통치구조에서 대의제도는 중요한 조직원리를 뜻한다. 다만 현대의 대다수 헌법국가는 대의제도를 통치기관의 구성원리로 수용하는데 있어서 대의의 본질과 이념에 따라 대의기관으로 하여금 추정적 국민의사를 그 경험적 의사보다 존중하도록 요구하면서도, 또 한편 대의기관의 의사결정에 경험적 국민의사도 최대한으로 반영될 수 있는 제도적인 장치를 마련하려고 노력하는 모습을 보여 주고 있다. 민주정치가 물론 국민의 직접통치를 요구하지도 않고 국가의 의사결정이 반드시 경험적 국민의사에 따라 이루어져야만 민주주의가 실현되는 것도 아니지만 주권자인 국민의 추정적 의사뿐 아니라 그 경험적 의사까지도 국정에 반영할 수 있는 합리적인 방법이 있다면 구태여 그 길을 피할 이유가 없다는 현실정치적인 인식에서 출발하는 것이 바로 대의제도의 현대적인 유형이라고 볼 수 있다. 말하자면 대의제도의 본질적인 골격을 그대로 유지하면서도 경험적인 국민의사를 최대한으로 국정에 수용하기 위한 여러 가지 통로를 아울러 마련하고, 이 통로를 통해서 들어오는 경험적 국민의사

정당국가 및 직접민주제적 요소와의 조화

가 이 통로를 지나는 동안 합리적이고 이성적인 추정적 의사로 용해될 수 있도록 모색하는 것이 바로 현대적인 모습의 대의제도이다. 대의제도와 정당국가현상 및 직접민주제적 요소와의 조화를 실현하려고 노력하는 이유도 바로 그 때문이다.

1) 대의제도와 정당국가현상의 조화

(가) 대의제도와 정당국가현상의 부조화를 주장하는 논리

a) 선거의 의미와 기능의 변질

대의제도의 고전적인 형태만을 고집하는 관점에서 본다면 대의제도와 정당국가적 현상은 서로 조화될 수 없다는 편견에 사로잡히기 쉽다. 헌법이론적으로는 물론이고 헌법현실적인 면에서도 현대의 정당국가적인 현상이 대의제도의 실현에 적지 않은 문제점을 안겨 주는 것은 사실이다. 왜냐하면 정당국가적인 경향이 심해지면 질수록 대의기관의 구성을 위한 선거가 국민의 진정한 대표자를 뽑는 행위라기보다는 마치 정당의 지도자(Leader)나 정당의 정강정책에 대한 일종의 국민투표적인 행위로서의 성질을 띠게 되어 선거의 대표선정기능이 상대적으로 그만큼 약화될 수밖에 없기 때문이다.

대표선정 기능의 약화

b) 의원의 정당기속강화

그뿐 아니라 정당국가적인 경향이 크면 클수록 의원의 정당 내지 교섭단체기속이 강해져서 의원 개개인의 판단과 의사결정의 독립성이 제약을 받게 되기 때문이다. 이처럼 대의기관의 구성을 위한 선거가 정당지도자에 대한 국민투표적인 성격을 띠게 되고, 의원 개개인의 양심과 양식에 따른 판단과 결정이 정당 내지 교섭단체기속 때문에 제약되는 결과를 초래하는 정당국가적 현상이 외견상 대의제도의 이념 내지 본질과 조화되기 어려운 것처럼 보이는 것은 부인할 수 없다. 대의제도와 정당국가가 조화될 수 없다는 주장도 바로 이런 점에 그 논거를 두고 있다.

의원의 자유 위임적 의사 결정약화

(나) 대의제도와 정당국가현상의 조화를 주장하는 논리

a) 선거의 여전한 대의적 기능

정당국가적인 현상이 인물중심의 선거에서 정당중심의 선거로 선거의 성격을 변질시킨 것은 사실이지만, 국민의 선거행위에 의해서 어느 특정정당이 바로 국가의 대의기관으로 바뀌는 것도 아니고, 국가의 대의기관은 여전히 그 정당의 의사결정기구와는 다른 형태로 구성되고 활동하고 또 통제된다는 점에서 대의기관의 구성을 위한 국민의 선거는 정당의 지도자나 정강정책에 대한 단순한 국민투표적 성격 이상의 대의제도적 의미를 여전히 갖는다고 보는 것이 합리적이라고 생각한다. 따라서 대의기관의 구성을 위한 선거가 갖는 이같은 대의제도적 의미를 소홀히 생각하고 정당국가에서의 국민의 선거행위를 오로지 정당에 대한 국민투표적인 시각에서만 이해함으로써 대의제도의 '대의적 요소'

선거의 국민 투표적 성격 의 과장

선거의 대의 제적 의의

가 정당국가에서는 더 이상 그 기능을 나타낼 수 없게 되었다고 과장하는 주
장은 경계해야 하리라고 본다. 현대정당국가에서 정당의 헌법상 지위가 강화된
사실을 상기시키거나, 국가의 정책결정에서 정당의 발언권과 정치적 비중이 커
지고, 정당을 통한 권력통합현상으로 인해서 민주정치의 양상과 의회의 운영방
식이 달라진 사실을 지적하는 것은 수긍이 가지만, 그렇다고 해서 정당국가를

정당의 의사
결정기구와
국가의 의사
결정기구의
구별

'정당＝국가'로 이어지는 국민투표적 관점에서만 이해한 나머지 인간적 신임관
계에 바탕을 두는 인간정치적 대의의 요소를 정당국가에서 완전히 배제하려는
경향은 비판을 면할 수 없다고 할 것이다. 정당국가도 정당을 통한 국민의 직
접통치형태는 아니라는 점을 유의할 필요가 있다. 정당 내지 교섭단체의 정책
결정은 국민의 선거행위에 의해서 정해지는 것이 아니고, 어디까지나 정당 내
지 교섭단체의 고유한 결정사항으로 남아 있기 때문이다. 또 아무리 정당국가

선거의 인물
선거적 요소
의 상존

라 하더라도 결국은 정당지도층이나 정당소속입후보자에 대한 선거구민의 인간
적 신임관계가 없이는 국민과 정당과의 접근관계가 성립될 수 없다. 나아가 정
당국가라 하더라도 무소속정치인의 선거참여나 정치활동을 제한하거나 차별대
우하는 것은 자유·평등선거의 원리를 침해하는 것으로 허용되지 않는다고 볼
때 정당국가에서의 선거가 언제나 정당에 대한 국민투표적 성격만을 갖는다고
말할 수는 없다.

b) 의원의 정당기속과 자유위임관계의 조화

선거인과 의원간의 인간적인 신임을 바탕으로 하는 대의제도적인 '자유위
임관계'가 정당국가적 경향에서 나오는 의원의 정당 내지 교섭단체기속 요청과
대립되는 것처럼 보이지만, 대의가 반드시 의원 개개인의 개별적 행동만을 전

과거의 개별
적 대의와 현
대의 집단적
대의

제로 하지도 않을 뿐 아니라 의원 개개인이 전체국민의 이익을 희생시키지 않
는 범위 내에서만 소속정당 내지 교섭단체의 방침에 기속된다고 생각한다면 정
당 내지 교섭단체기속과 자유위임관계가 반드시 모순 내지 대립적인 것이라고
만 보기는 어렵다. 정당국가현상이 아직 두드러지게 나타나지 못했던 대의제도
의 고전적 형태에서는 의원 개개인의 독자적인 개별활동만을 이상적인 대의활
동으로 간주했었지만, 정당국가경향이 심화된 오늘날의 대의활동은 개별활동이
아닌 집단행동으로 나타날 수도 있다는 점을 유념할 필요가 있다. 정당국가에
서 나타나는 집단적 대의현상은 대의제도의 현대적 실현형태의 관점에서 이해

자유위임관계
의 정당기속
에 대한 우월
성

해야 한다. 그렇지만 정당국가적 경향에도 불구하고 정당 내지 교섭단체기속보
다는 언제나 자유위임관계에 우선적인 효력을 인정하는 것이 옳다. 따라서 정
당국가적 경향에 의해서 자유위임관계를 그 기본으로 하는 대의적 요소가 소멸

내지 약화된 것이라고 보기는 어렵다.[1]

결론적으로 대의제도의 바람직한 현대적 실현형태는 정당국가적 현상에서 나타나는 여러 가지 새로운 정치양상을 대의제도에서 충분히 수용함으로써 국민의 직접통치의 필요성을 줄이는 것이라고 말할 수 있다. 또 반면에 정당국가 현상도 대의의 이념과 조화될 수 있는 방향으로 정착되어야 하리라고 본다.

대의제도와 정당국가의 동시 변모 필요성

2) 대의제도와 직접민주제적 요소와의 조화

㈎ 대의제와 직접민주제의 조화의 전제와 형식

현대의 대다수 자유민주국가는 대의제도를 통치기관의 구성원리로 삼으면서도 필요하다고 인정되는 경우에는 국민의 직접통치적 요소를 통치구조에서 보충적으로 채택하는 경향을 보이고 있다. 따라서 대의제도의 현대적 유형은 경직된 순수한 대의제도가 아니고, 국민의 직접통치적 요소를 함께 허용하는 완화된 형태의 대의제도라고 볼 수 있다.[2] 즉 대의의 요소와 '직접통치적 요소'의 공존과 상용의 원리에 의해서 지배되는 것이 바로 대의제도의 현대적 유형이다. 대의제에 입각한 통치구조를 가지는 나라에서도 여러 가지 직접통치적 요소의 제도를 마련함으로써 대의적 요소와 직접통치적 요소의 조화를 모색하는 것은 그 때문이다. 행정부에 의한 의회해산제도, 법률안의 국민발안 내지 국민투표제도, 헌법개정안에 대한 국민투표제도, 국가원수의 국민에 의한 직접선거제도, 대의기관의 국민소환제도 등이 대의제도에 입각한 현대국가의 통치구조에서 자주 나타나는 직접민주제적 요소들이다.

직접민주제적 요소의 보충적 채택

자주 등장하는 직접민주적 요소

이들 직접민주제적인 여러 제도들은 따지고 보면 국민의 직접통치를 실현하기 위한 이른바 '극단적 직접민주주의'의 이념에 그 바탕을 두는 것이기 때문에, 자칫하면 국민에 의해서 행사되는 국가권력의 절대성과 무제한성의 제도적인 표상인 것처럼 잘못 인식되어, 국가권력의 제한성과 법적 기속성을 바탕으로 하는 대의의 이념과 조화될 수 없다고 생각될 소지가 없는 것도 아니다. 그러나 대의의 이념과 직접민주주의적인 이념의 조화에 근거를 두는 현대적인 형태의 대의제도에서는 이미 국가권력의 절대성과 무제한성에 관한 '극단적 직접

국가권력의 제한성과 법적 기속성을 전제로 한 채택

---

1) **【독일판례】** 독일연방헌법재판소를 비롯해서 오늘날 독일의 통설이 독일기본법상의 정당조항(제21조)과 대의제도의 자유위임관계에 관한 헌법조항(제38조 제 1 항 제 2 문)을 대립·갈등적인 관계로 보지 않는 이유도 그 때문이다.
   Vgl. BVerfGE 4, 144(149); 40, 296(311ff.).

2) 이 점과 관련해서 일부 일본학자(예컨대 히구치(樋口陽一))는 이른바 '반대표'(半代表) 내지는 '반직접민주제'(半直接民主制)의 개념을 사용하기도 하지만, 그것은 문제의 본질과 내용을 정확히 표현치 못하는 부적합한 개념이라고 생각한다.

민주주의'의 환상을 버린 것이라고 보는 것이 옳다. 왜냐하면 대의제도와 직접
민주주의적인 요소와의 조화는 '국가권력의 제한성'과 '국가권력의 법적 기속성'
의 전제 위에서만 실현될 수 있는 것이기 때문이다.

(나) 직접민주제적 요소의 기능변화 및 대의제와 조화의 한계

국민발안·국
민투표제의
현대적 기능

사실상 대의제도의 현대적 유형에서 흔히 나타나는 직접민주주의적인 여
러 제도들은 그 전통적이고 고유한 국민의 직접통치적인 제도로서의 의미가 많
이 약화되어 대의제도와 조화될 수 있는 새로운 제도로 정착되어 가고 있다는
점도 무시할 수 없다. 선거에 의한 대의기관의 구성뿐 아니라 국가의 정책결정
에까지 국민이 직접 관여할 수 있는 길을 열어 주는 국민발안 내지 국민투표
제도만 하더라도 외형상 주권자인 국민에게 법률안 등에 대한 최종적인 결정권
을 주는 것처럼 보이지만 실질적으로는 대의기관에 의해서 이미 그 내용이 정

루소적인 의
미의 국민입
법권 배제

해진 법률안 내지 국가정책에 대한 선택권 내지 가부결정권만을 주는 것에 지
나지 않는다. 국민에게 법률안 또는 국가정책에 관한 추상적인 제안권과 선택
권 그리고 가부결정권만 주는 것이 아니라, 법률안 또는 국가정책의 세부적이

의회해산제도
의 의미 변화

고 구체적인 내용까지를 국민이 결정하게 하는 이른바 루소적인 의미의 '국민
입법권'은 대의제도의 현대적인 유형에서도 허용될 수 없는 것으로 평가되고
있다. 또 의회해산제도도 행정부와 입법부의 대립시에 주권자인 국민에게 공정
한 심판권을 행사하게 한다는 그 본래의 의미보다는 집권당으로 하여금 유리하
다고 생각되는 선거시기를 선택하게 하는 여당의 선거정략적인 무기로 활용되
고 있는 것이 현실이다.

집단적 소환
형식의 의회
자진해산제와
대의제의 부
조화

따라서 오늘날 대의제도의 측면에서 문제가 되는 것은 의회의 자발적인
해산인데, 특히 그 자발적인 해산이 선거인의 주도권이나 요구에 의해서 실현
되는 경우,[1] 그것은 분명히 대의기관의 집단적인 소환에 해당하는 것으로서 소
수당의 선거정략적인 무기로 악용될 수도 있을 뿐 아니라 선거인과 의회와의
신임관계에 그 기초를 두고 있는 대의제도의 심각한 제한이 될 수도 있다. 따
라서 선거인의 주도권 내지 요구에 의한 의회의 자발적 해산제도는 대의제도의
현대적 유형에서도 그 수용에 일정한 한계가 있다고 할 것이다.

헌법개정국민
투표제의 의미

또 헌법개정안에 대한 국민투표제도는 오늘날 직접민주주의적인 관점에서보
다는 헌법의 최고규범적인 성격과, 헌법에 의해서 마련된 헌정제도와 법질서의

---

1) 예컨대 독일의 몇 개 주헌법과 스위스의 몇 개 Kanton헌법에서 채택하고 있는 제도이다.
   Vgl. Art. 18 BayVerf.(1백만 명 이상의 유권자가 요구하는 경우); Art. 43 Bad.-Württem-
   bergischer Verf.; *Giacometti*, Das Staatsrecht der schweizerischen Kantone, 1941, S. 296.

안정추구라는 관점에서 그 제도적인 당위성을 인정하려는 경향이 높아지고 있다.

국민에 의한 대통령직접선거제도는 국민에 의해서 집행부의 수장이라는 대통령직선제
의 대의제적
의미
대의기관이 선거된다는 점에서 대의제도와 근본적으로 상충될 소지는 없다고
느껴지지만, 다만 바이마르공화국헌법처럼 원칙적으로 의원내각제정부형태를
채택하면서 대통령을 직선하는 것은 특히 의회에 강력한 안정세력이 확보되지
못한 상황하에서는 국민의 경험적인 의사를 홀로 대표한다고 착각하는 대통령
의 권위적인 통치를 불러들일 소지가 없는 것도 아니다. 그러나 미국의 헌정제
도에서 보는 것처럼 정당조직의 강력한 지방분권성으로 인해서, 같은 정당소속
의원의 대통령으로부터의 독립성이 정당차원에서도 최대한으로 보장되는 대통
령제정부형태에서 대통령을 국민이 직접선거하는 것은 오히려 입법부와 행정부
의 상호견제의 실효성을 높여 주기 때문에 제한정치의 실현이라는 대의제도의
이념과 잘 조화된다고 볼 수 있다. 그러나 같은 대통령제정부형태라고 하더라
도 강력한 중앙집권식정당제도하에서 정당의 내부조직과 의사결정이 비민주적
인 하향식으로만 이루어지는 경우에는 대통령선거가 마치 국민의 직접통치를
실현하는 투표로 변질되어 정당당수를 겸하는 대통령의 직접선거제도가 오히려
대의의 실현이라기보다는 직접민주주의적인 수단으로 변질될 가능성이 크다는
점을 잊어서는 아니된다. 바로 이곳에 후진적인 정당풍토에서 대통령직선제도
와 대의제도와의 갈등의 소지가 있다.

(대) 여론조사와 대의제도의 관계

직접민주주의적인 요소를 완전히 배제해 버리고 대의의 원리만을 충실히 관주도 여론
조사의 반(反)
대의적 성격
실현시켜 통치구조를 마련한 헌법질서하에서[1] 어떤 특정한 국정사안에 관해서
관(官)의 주도하에 경험적인 국민의사를 조사키 위한 국민여론조사를 실시하는
것은 대의제도의 이념상 허용되지 않는다고 보는 것이 옳다.[2] 왜냐하면 독일기

---

1) 예컨대 독일기본법이 그 대표적인 예이다.
　　독일기본법상 직접민주주의적 요소로 평가될 수 있는 제도는 수상선거 또는 수상에 대한 신
　임투표와 관련된 의회해산제도(제63조 제 4 항과 제68조 제 1 항)와 주경계의 변경에 관한 국민
　투표(제28조)뿐인데, 이 두 가지 제도는 각각 의원내각제정부형태를 안정시키고 연방국가적인
　구조를 지키기 위한 것이기 때문에 엄격한 의미에서 국민의 직접통치를 실현하기 위한 것이라
　고 보기는 어렵다.
2) 【독일판례】 이 점에 대해서는 이미 독일연방헌법재판소의 판례가 있다. Vgl. BVerfGE 8,
　104ff.(122ff.). 즉 1958년 독일연방정부가 원자력무기를 군의 장비로 도입하려고 하자, 일부 주
　정부와 지방자치단체가 공동으로 그에 관한 국민여론조사를 실시해서 연방정부의 국방정책을
　저지시키려고 시도함으로써 발단된 사건이었다.
　　그러나 동재소는 그러한 국민여론조사를 금지시키는 판결에서 주정부에 의한 연방정부권
　한침해의 관점만을 그 논거로 삼았으므로 대의제도의 관점에서 그러한 국민여론조사가 어떻게
　평가되는지의 문제는 독일에서도 여전히 미해결의 숙제로 남아 있다고 할 것이다.

본법에 의해서 명시적으로 대의기관에만 주어진 국가의 정책결정권이 그와 같은 여론조사에 의해서 제한 내지 침해될 가능성을 배제할 수 없기 때문이다. 특정사안에 관한 국민의 의사를 경험적으로 조사한다는 것은 단순한 민주적인 여론형성의 차원을 넘어서 국가의 대의기관으로 하여금 정책결정을 하는 데 있어서 무시할 수 없는 확정된 정책내용을 미리 정해 주는 것과 같은 효과를 나타내기 때문이다.

직접민주제적 요소의 수용과 한계

결론적으로 현대의 대다수 헌법국가는 여러 가지 직접민주주의적인 요소를 함께 수용함으로써 국가의 정책결정에서 경험적인 국민의사까지도 함께 존중할 수 있는 방향으로 대의의 원리를 제도화하고 있다고 볼 수 있지만, 국민의 직접통치적인 성격을 강하게 내포하고 있는 몇 가지 직접민주주의적 제도는 대의제도의 현대적 유형에서도 그 수용을 기대하기 어렵다고 할 것이다.[1]

V. 우리 현행헌법상의 대의제도

(1) 현대적 유형의 대의제도

우리 현행헌법은 통치를 위한 여러 가지 국가기관을 구성하는 데 있어서 대의의 원리를 그 기초적인 구성원리로 삼고 있다고 볼 수 있다. 그러나 우리 현행헌법이 채택하고 있는 대의제도는 고전적인 형태의 경직된 대의제도가 아니고, 정당국가의 이념은 물론이고 직접민주주의적인 여러 요소와도 그 조화와 공존이 가능한 현대적인 유형의 대의제도라는 점을 강조해 둘 필요가 있다.

(2) 정당국가 및 직접민주제의 요소 포함

실제로 우리 헌법은 정당조항($^{제8}_{조}$)을 비롯한 여러 정당관련규정($^{제89조 \ 제14호,}_{제41조 \ 제3항,}$ $^{제111조 \ 제1항 \ 제3호, \ 제114}_{조 \ 제1항, \ 제116조 \ 제2항}$)을 통해서 정당국가로서의 기틀을 마련하고, 중요정책에 관한 임의적인 국민투표제도($^{제72}_{조}$)와 헌법개정안에 대한 필수적 국민투표제도($^{제130조}_{제2항}$), 그리고 대통령직선제도($^{제67}_{조}$)와 같은 직접민주주의적인 여러 통치수단을 함께 채택하고는 있지만, 기본적으로는 대의의 원리에 입각해서 국민에 의해서

중심적 대의기관은 직선 대통령과 국회

선출된 의원으로 구성되는 국회($^{제41조}_{제1항}$)와 국민에 의해서 직접선거된 대통령($^{제67조}_{제1항}$)을 중심적인 대의기관으로 설치하고 국가의 입법권($^{제40}_{조}$)과 집행권($^{제66}_{조}$)을 맡김으로써 국가의 정책결정과 정책집행이 이들 대의기관의 독자적인 판단과 책임

---

1) 대의제도의 현주소와 개선책에 관한 자세한 헌법이론적 설명은 졸저, 전게서, 방주 890 이하 참조할 것.

에 의해서 행해질 수 있도록 하고 있다.

(3) 자유위임관계의 실현규정

특히 국회의원의 자유위임관계에 관해서는 명문의 규정을 두어 '국회의원은 국가이익을 우선하여 양심에 따라 직무를 행한다'($\frac{제46조}{제2항}$)고 정하고 있다. 국회의원의 청렴의무에 관한 규정($\frac{제46조}{제1항}$)과 국회의원의 지위남용금지에 관한 규정($\frac{제46조}{제3항}$) 그리고 국회의원의 면책특권에 관한 규정(^{제45})과 의원의 겸직제한 규정($\frac{제43}{조}$), 국회의 자율권에 관한 규정($\frac{제64}{조}$) 등도 따지고 보면 대의제도의 이념적 기초로 간주되는 자유위임적인 의원활동을 뒷받침해 주기 위한 것이라고 풀이할 수도 있다.

(4) 공개 및 책임정치실현규정

그뿐 아니라 국회의사공개의 원칙($\frac{제50}{조}$)과 국회의 국정감사 및 조사권($\frac{제61}{조}$) 그리고 국무위원 등의 국회출석·답변의무($\frac{제62}{조}$) 등은 대의제도에서 필요로 하는 공개정치를 실현하기 위한 것이고, 국무총리·국무위원 등에 대한 국회의 해임건의권($\frac{제63}{조}$)과 국회의 탄핵소추의결권($\frac{제65}{조}$)은 신임에 바탕을 둔 책임정치를 확립함으로써 신임과 책임정치를 요구하는 대의의 이념을 구현하기 위한 제도적인 장치들이라고 볼 수 있다.

(5) 권력분립제와 선거제도

또 우리 현행헌법상의 권력분립제도($\frac{제66조 제4항, 제40}{조, 제101조 제1항}$)도 이미 앞에서 말한 대로 대의제도와 이념적·기능적 관련성을 갖는다는 점을 간과해서는 아니된다. 나아가 대의제도가 선거를 통한 대의기관의 구성과 정책결정권의 분리를 그 이념적 기초로 하고 있다면, 우리 헌법상의 각종 선거제도($\frac{대통령·국회의원·지방자}{치단체의 장과 의원 등}$)와 이들 선거를 공정하게 관리하고 실시하기 위한 선거관리에 관한 규정($\frac{제114조~}{제116조}$)들도 대의제도를 정착시키기 위한 것이라고 말할 수 있다.

대의제의 전제인 선거제도와 권력분립제도

(6) 비례대표제의 의미와 기능

그리고 국회의원선거에 있어 비례대표제($\frac{제41조}{제3항}$)를 채택한 것은, 물론 선거에 나타난 국민의 경험적 의사를 되도록 충실하게 국회의 의석분포에 반영하려는 직접민주제적인 색채가 없는 것은 아니지만 또한 대의제도에서 필요로 하는 전문정치의 실현을 위한 전문인의 확보에 기여하는 의미도 함께 가진다는 점을

비례대표제의 전문정치 연관성

잊어서는 아니된다.

이렇게 볼 때 우리 현행헌법은 국민의 기본권적인 자유의 실현을 통한 사회공동체의 동화적 통합을 달성하기 위해서 통치기관을 구성하는 데 있어서도 국가권력의 제한성과 그 법적 기속성의 전제에서 대의제도를 그 기초적인 구성원리로 채택함으로써 대의민주주의를 추구하고 있다. 그러나 우리 헌법상의 대의제도는 복수정당과 제한된 형태의 국민투표를 통해서 나타나는 경험적 국민의사의 수렴에도 소홀하지 않는 대의제도의 현대적 실현형태에 속한다고 결론지을 수 있다.

2. 권력분립의 원칙

Ⅰ. 권력분립의 원칙의 의의와 권력분립의 유형

(1) 권력분립의 원칙의 의의

권력분산과
견제·균형 통
한 기본권보
호원리

권력악용·남
용방지수단

권력분립의 원칙이라 함은 국가권력을 그 성질에 따라 여러 국가기관에 분산시킴으로써 권력 상호간의 견제와 균형을 통해서 국민의 자유와 권리를 보호하려는 통치기관의 구성원리를 말한다.

국민의 자유와 권리를 실현하기 위한 통치기구를 조직하는 데 있어서 통치권의 행사가 전제화되는 것을 막을 수 있는 통치기관의 구성원리를 찾아내려는 인간의 노력은 그 역사가 오래이다. 권력의 집중이 권력의 전제와 횡포를 낳고 권력의 횡포 앞에 인간의 자유와 권리는 그 설 땅을 잃게 된다는 오랜 인류역사의 경험에서 얻어진 귀중한 결론이 바로 권력분립의 원칙이다. '권력분립의 원칙'은 현대자유민주국가의 통치질서에서 빼 놓을 수 없는 통치기관의 구성원리로 간주되고 있다. 권력분립의 원칙이 종래 법치국가원리를 실현하기 위한 가장 핵심적인 수단으로 인식되어 온 것도 이 원칙이 시원적으로 자유실현의 수단으로 창안된 제도이기 때문이다.

(2) 권력분립의 유형

전통적으로 국가권력을 그 성질에 따라서 입법권·행정권·사법권의 셋으로 분류하고 이를 각각 의회·행정부·법원에 나누어 맡김으로써 이들 국가기관 상호간에 서로 그 권력행사를 감시·통제하게 해 온 역사적 유래 때문에 '권력분

립의 원칙'은 흔히 '3권분립의 원칙'이라고도 일컬어져 왔다. 그러나 국가권력은
크게는 '입법권'과 '법집행권'의 둘만으로도 나눌 수 있고, 또 작게는 '입법권'·
'통치권'·'행정권'·'사법권'의 넷으로도 분류할 수 있기 때문에 '3권분립'만을 고
집하는 것은 옳지 못하다. 그뿐 아니라 전통적인 권력분립이론이 국가권력의
'수평적인 분립'만을 염두에 두고 있었으나 오늘날에 와서는 국가권력의 '수직
적인 분립' 또한 중요시되고, 권력의 기계적이고 조직적인 분리보다는 실효성
있는 권력통제장치가 요구되고 있다는 점도 잊어서는 아니된다. 또 고전적·조
직적 권력분립이론은 선재하는 국가권력을 전제로 그것을 분리·견제·통제함으
로써 국민의 자유와 권리를 보호하려는 소극적 원리로서의 성격을 가졌지만 오
늘날의 기능적 권력통제이론은 국가권력을 민주적 정당성에 따라 창설하고 그
권력행사의 절차적 정당성을 보장하기 위한 적극적 원리로서의 성격을 갖는다
는 점도 명심해야 한다. 따라서 권력분립의 원칙을 이해하는 데 있어서는 그
고전적인 논리형식에 집착하기보다는 오히려 그 현대적인 기능을 정확하게 파
악하도록 노력해야 한다.

(여백주: 수평적·수직적 분립)

(여백주: 조직적 권력분립과 기능적 권력통제)

Ⅱ. 고전적 권력분립이론의 유래와 내용 및 영향

(1) 고대 그리스의 국가철학과 권력분립사상

국가권력을 제한해야 된다는 인식은 이미 고대 그리스의 국가철학에서 싹
튼 것이라고 볼 수 있다. 즉 고대 그리스의 국가철학을 대표하는 플라톤(Platon),
아리스토텔레스(Aristoteles), 폴리비오스(Polybios) 등에 의해서 가장 이상적인 국
가형태로 주장된 이른바 '혼합형태'로서의 통치질서론은 권력제한의 인식에서
출발한 권력분립사상의 가장 원시적인 형태라고 평가할 수 있다.[1] 더욱이
Aristoteles에 의해서 주장된 국가권력의 3분론은 국가의 기능을 그 성질에 따
라 세 가지 부문으로 구분하려고 시도한 것으로서 많은 고전적인 국가사상가들
의 주목을 끌기에 충분한 새로운 이론이었다.[2]

(여백주: 혼합형태의 통치질서론은 권력제한의 인식에서 출발)

(여백주: 아리스토텔레스의 국가권력 3분론)

---

1) 이미 서력 기원전 3, 4세기경에 고대 그리스에서 주장된 이른바 '혼합형태'(status mixtus,
gemischte Staatsform)는 군주국에서 나타나는 군주의 1인독재를 제한하기 위해서 귀족계급과
시민계급의 정치참여를 허용하는 국가형태를 뜻하는 것이었기 때문이다. 고대 그리스의 국가
철학과 국가형태의 분류에 관해서는 졸저, 전게서, 방주 290 참조할 것.
2) 즉 Aristoteles는 고대 그리스국가의 통치권을 심의권(beratende Gewalt), 집행권(exekutive
Gewalt), 사법권(richterliche Gewalt)의 셋으로 나누고 특히 심의권에는 전쟁과 평화에 대한
결정권, 군사동맹의 체결과 해제권, 법률제정권, 사형·유배, 재산몰수에 관한 결정권, 재정심의
권 등이 속한다고 보았다. 자세한 것은 졸저, 전게서, 방주 895 참조할 것.

혼합정부론과
3분론의 한계

　　이렇게 볼 때 고대 그리스의 국가철학, 특히 그 국가형태에 관한 혼합정부론에서 권력제한의 원시적인 씨앗을 발견할 수 있고, Aristoteles의 3분론에서 국가작용의 상이한 유형에 관한 인식을 찾아볼 수 있다. 그렇지만 고전적인 권력분립론의 기원은 고대 그리스의 국가철학에서보다는 17/8세기의 영국의 정치상황에서 찾는 것이 합리적이라고 생각한다.

(2) 고전적 권력분립이론의 탄생과 발전

1) 자유주의적 국가사상의 영향

17세기 영국
적 정치상황
의 산물

　　'국가권력의 제한', '권력남용의 저지', '자유실현'의 세 가지 기본목적에 의해서 징표되는 고전적 권력분립이론은 전제군주에 의한 전제정치가 제한정치로 바뀌는 17세기의 영국적인 정치상황에서 처음으로 나타난 법치국가실현의 한 수단이었다고 볼 수 있다. 그런데 고전적 권력분립이론의 탄생에 결정적인 영향을 미친 것이 바로 자연법사상에 바탕을 두는 자유주의적 국가사상이었다.

자연법사상
및 국가주권
과 기관주권
의 구별에서
출발

자유주의적 국가사상은 국가권력을 기속하는 자연법질서를 인정하고, '국가주권'과 '기관주권'을 구별해서 군주에게는 '기관주권'만을 인정하고, 국가에 속하는 '국가주권'과는 달리 군주의 '기관주권'은 나눌 수 있는 것으로 보아 그때까지만 해도 군주에게 독점된 '기관주권'을 여러 국가기관에 나누어 맡기는 것이 가능하다고 생각했다. 즉 국가작용을 그 기능형태에 따라 여러 가지로 나누고,

기관주권의
분리 통한 권
력남용방지
및 자유실현

이 여러 형태의 국가작용을 각각 상이한 국가기관에 맡김으로써 국가작용의 독점에서 오는 권력남용을 막고 그를 통해 자연법적인 자유를 실현할 수 있다고 믿었다.[1] 바로 이와 같은 사상을 명예혁명(1688년) 후의 영국적인 정치상황의 분석과 설명에 이용한 것이 다름 아닌 J. Locke(1632~1704)와 Montesquieu(1689~1755)의 고전적인 권력분립이론이다.

2) J. Locke와 Montesquieu의 고전적 권력분립이론

(가) J. Locke의 이론과 보통법의 영향

a) J. Locke의 이론

명예혁명의
이론적 부산
물: 시민정부
에 관한 두
논문

　　John Locke가 '시민정부에 관한 두 논문'(1690)[2]에서 정립한 그의 고전적 권력분립이론은 따지고 보면 명예혁명 후의 영국의 정치상황을 이론적으로 분석한 명예혁명의 이론적인 부산물이라고도 볼 수 있다. 즉 Locke는 당시의 정

---

1) 자세한 것은 졸저, 전게서, 방주 896 참조할 것.
2) *J. Locke*, Two Treatises on Civil Government, 1690.

치상황에서 나타나는 구체적인 통치권의 표현형태에 따라 국가권력을 입법권·
집행권·외교권[1]·대권[2]의 네 가지로 나누고 이 네 가지 권한이 국왕과 의회의
두 기관에 의해서 행사된다는 점을 강조함으로써 그 당시 통치권의 핵심이 이
두 기관에 집중되고 있었던 정치상황을 그대로 그의 이론에서 정당화시키고 있
다. 따라서 Locke는 엄밀한 의미에서 국가권력의 4권분립을 주장한 것이라고
보아야 한다. 다만 Locke가 집행권과 외교권에 관해서 '이 두 권한이 다른 것
은 분명하지만 그렇다고 이 두 권한을 각각 다른 기관에 맡기기도 어려운 일'[3]
이라고 말한 점을 들어 Locke의 권력분립론을 흔히 입법권과 집행권의 2권분
립론이라고 주장하는 경향이 없는 것도 아니다.[4] 그런데 Locke의 이론을 2권
분립론이라고 볼 것인가, 아니면 4권분립론이라고 볼 것인가는 문제의 본질면
에서 그렇게 중요한 것이 아니라고 생각한다. 왜냐하면 국가의 통치기능을 그
성질에 따라 분류하고 이 상이한 통치기능을 각각 다른 국가기관에 맡겨야 한
다는 권력분립적 인식이 Locke이론의 핵심적인 내용을 뜻하기 때문이다. 그러
나 Locke의 이론에는 그의 입법권우위사상이 보여 주듯이 Montesquieu에서처
럼 '권력균형'의 관점이 뚜렷히 나타나지 못하고 그 이론의 중점이 '권력분리'에
있었던 것은 사실이다. 그렇지만 국가권력을 기능적으로 분리하는 것이 결과적
으로 권력남용을 막고 그것이 자유의 보호에 도움이 된다는 잠재적인 인식은
Locke도 가지고 있었다고 보는 것이 옳다.

4권분립론과
2권분립론

권력균형보다
는 권력분리
강조

b) 보통법의 영향

Locke의 권력분립이론은 결코 그의 독창적인 사상이 아니고 이미 전래적
인 보통법의 전통에 따라 영국에 확립되어 온 기존의 권력분립사상을 다만 이
론적으로 정리한 것에 지나지 않는다. 즉 전래적으로 영국의 헌정생활과 법률문
화에서 중요한 기능을 담당해 온 것이 이른바 보통법(Common Law)의 사상이다.

록크는 전래
적 보통법사
상의 이론적
정리자

---

1) J. Locke의 설명에 따르면 선전, 강화 및 조약체결과 같은 외국과의 외교관계를 처리하는 권
한이 외교권에 속한다고 한다.

2) '대권'은 예컨대 국민전체의 공공복리(public good)를 위해서 행사하는 국왕의 대권을 말한다.

3) J. Locke는 집행권과 외교권의 관계에 관해서 다음과 같이 말한다:
"… really distinct in themselves, yet they are hardly to be separated and placed at the
same time in the hands of distinct persons." Vgl. *J. Locke*, Ⅱ, §145~148.

4) 국내학자 중에도 예컨대 김철수, 861면; 권영성, 690면.
하지만 외교권을 집행권에 포함시킨다 하더라도 그가 말하는 '대권'을 도외시한 채 Locke의
이론을 2권분립론으로 단정하는 것은 문제가 있다고 생각한다. 2권분립론의 정당성근거를 구
태여 찾는다면 Locke의 이론을 기능중심이 아닌 기관중심으로 이해하는 것이다. 즉 국가의 네
가지 통치기능이 국왕과 의회의 두 통치기관에 의해서 행사된다는 시각에서 Locke의 이론을
이해하는 경우 2권분립이라는 말이 성립될 수도 있겠지만, 그것은 이미 그가 생각한 기능중심
의 권력분립이론은 아니다.

보통법과 자
연법이 강조
하는 이성과
합리성: 누구
도 자신의 심
판관이 될 수
없다

더욱이 보통법사상이 자연법사상과 융화되어 '이성'과 '합리성'이 강조되어 군권을 제한하는 중요한 원리로 작용하게 되었다. 이러한 보통법의 전통 때문에 영국에는 일찍부터 정치도 일정한 '법적인 절차'에 따라 행해져야 한다는 관념이 지배하고 보통법과 자연법이 요구하는 「누구도 자기 자신의 심판관이 될 수 없다」는 기초적인 법원리에 따라 '사람의 통치'가 아닌 '법의 통치' 그리고 '힘의 통치'가 아닌 '법의 통치'를 실현하기 위해서는 입법권과 집행권을 구별해서 의회에게는 입법권만을 행사케 해야 된다는 권력분립사상이 이미 확고하게 뿌리를 내리고 있었다. 입법권이 동시에 행정권을 행사하는 것은 마치 입법기관이 법 위에 서서 자신의 심판관으로 행세하는 결과가 되어 「누구도 자신의 심판관이 될 수 없다」는 기초적인 법원리에 반하는 것으로 인식된 것이다.

록크에 의해
정리된 보통
법정신의 이
론적 결실

록크이론의
한계

Locke가 정립한 고전적 권력분립이론은 이처럼 보통법의 정신에 잠재하고 있는 권력분립사상을 명예혁명이라는 유리한 시대상황을 이용해서 체계적으로 정리한 보통법정신의 이론적인 결실이라고 볼 수 있다. 그러나 Locke의 이론에는 아직 사법권에 관한 언급이 없고[1] 권력분립의 당위성에 관한 논증보다는 권력분립의 상황설명이 그 주류를 이루고 있다는 점에서 Montesquieu에 의한 이론계승과 발전이 불가피했다고 말할 수 있다.

(나) Montesquieu에 의한 Locke이론의 계승과 발전

a) Locke이론의 계승

록크의 영향
과 영국에서
의 경험에서
나온 '법의 정
신'

Montesquieu(1689~1755)는 1729년부터 1731년까지의 2년간에 걸친 영국체류에서 얻은 영국헌정에 대한 경험을 토대로 쓴 유명한 '법의 정신'(1748)에서 영국헌정을 모델로 한[2] 고전적 권력분립이론을 완성했다. Montesquieu의 권력분립이론이 탄생하는 데 직접적인 영향을 미친 요인으로서 Locke의 이론적 영향과[3] 그 자신이 영국에서 얻은 헌정생활의 경험을 들 수 있다.[4]

---

1) J. Locke가 그 이론을 정립할 때에는 아직 '법관의 독립'을 보장하는 "Act of Settlement"(1701)가 제정되기 전이었기 때문에 Locke는 그때까지의 보통법의 전통에 따라 사법권과 집행권을 동일한 것으로 간주했을 것이 분명하다.
   Dazu vgl. *K. Loewenstein*, Verfassungslehre, 3. Aufl.(1975), S. 44; *C. J. Friedrich*, Verfassungsstaat der Neuzeit, 1953, S. 201.

2) 따라서 국내 일부학자가 Montesquieu의 권력분립이론이 마치 당시의 프랑스정치상황과 직접적인 관련이 있는 것처럼 설명하고 있는 것은 옳지 않다(예컨대 권영성, 690면). Montesquieu가 영국의 헌정을 그 이론의 모델로 하고 있는 것은 그의 권력분립이론이 그의 '법의 정신' 중에서도 '영국의 헌법'(제11편 제 6 장)에 관한 부분에서 다루어지고 있다는 것만 보아도 명백하다.

3) Locke의 이론이 Montesquieu에 미친 영향은 Locke의 '시민정부론'(제 2 논문)과 Montesquieu의 '법의 정신'(제11편 제 6 장)을 비교하면 분명히 나타난다.

4) Montesquieu가 마침 영국에 체류하던 시기는 야당(Tories당)이 정치적인 자유와 시민의 자유

b) Montesquieu의 3권분립이론

α) 국가권력의 3형태

Montesquieu는 모든 국가에 세 가지 형태의 권력이 존재한다는 전제하에 '입법권', '국제법에 속하는 사항의 집행권', '시민권에 속하는 사항의 집행권'을 든다. 그에 따르면 '입법권'에 의해서 통치자는 법률을 제정·개정·폐지하고, '국제법에 속하는 사항의 집행권'에 의해서 통치자는 선전·강화와 외교사절의 파견·영접을 하며, 국가안전을 확보하고 외국의 침략에 대비하며, '시민권에 관한 사항의 집행권'에 의해서 통치자는 범인을 처벌하고 개인 간의 쟁송을 재판하게 된다고 한다. 그러면서 Montesquieu는 '국제법에 관한 사항의 집행권'을 단순히 '집행권'으로, 그리고 '시민권에 관한 사항의 집행권'을 '사법권'이라고 부르는 것이 좋겠다는 제안을 한다.

입법권·국제법에 속하는 사항의 집행권·시민권에 속하는 사항의 집행권(사법권)

β) 권력독점 내지 집중방지

Montesquieu는 국가권력을 이처럼 입법권·집행권·사법권의 셋으로 나누는 데 그치지 않고, 이 세 가지 국가권력은 시민의 자유가 보장될 수 있도록 각각 다른 국가기관에 나누어서 맡겨야 한다고 강력히 주장한다. 그의 설명에 따르면 시민의 자유를 보장하기 위해서는 오로지 권력분립을 조직적으로 실현시키는 길뿐인데, 그 이유는 입법권과 집행권을 동일한 국가기관에 맡기는 경우에는 전제적인 법률을 만들어 전제적으로 집행할 것이 명백하고, 입법권과 사법권이 한 손에 들어가면 입법자가 동시에 법관이 되어 시민의 생명과 자유에 대한 자의적인 권한이 생기게 되고, 집행권과 사법권이 함께 주어지면 법관이 전제자의 권한을 갖게 되어 시민의 자유는 사라지기 때문이라고 한다. 따라서 국왕이건 귀족이건 시민이건, 한 사람 또는 한 기관이 이 세 가지 권한을 함께 행사하게 되면 모든 것을 잃게 된다고 경고한다.

3권분리와 3권분담(분산) 강조

γ) 권력간의 견제와 균형 통한 자유보장

Montesquieu의 이같은 이론은 시민의 자유를 보장하기 위한 수단으로서 구상되고 주장된 이론이라는 점에 그 특징이 있다. 그의 권력분립이론이 법치국가의 원리로 간주되는 이유도 그 때문이다. 권력의 집중이 권력의 남용을 낳고, 권력남용이 결국은 독재와 인권침해를 초래한다는 기본적인 인식에서 출발하는 Montesquieu의 3권분립이론은 권력의 분산을 통한 권력제한을 실현시

권력분산 통한 권력제한이 자유보장 수단

보장을 위한 권력분립의 중요성을 거듭 강조하면서 Walpole정부(Whigs당)에 의한 의회무력화 공작을 비판하고 여론의 동조를 구하던 때였기 때문에 영국헌정생활의 산 모습을 체험하는 좋은 계기가 되었다고 볼 수 있다.

킴으로써 시민의 자유를 보호하겠다는 것이 그 주안점이라고 볼 수 있다. 따라서 Montesquieu에게는 권력의 분리는 결코 자기목적적인 것이 아니고 권력제한의 한 수단이기 때문에, 분리된 권력 상호간에 일정한 '권력견제'가 이루어지는 것이 중요하다. 그가 '힘의 힘에 대한 견제'(le pouvoir arrête le pouvoir)만이 시민의 자유를 보장해 준다고 강조하는 이유도 그 때문이다.[1] 결국 Montesquieu의 3권분립이론은 국가권력을 그 기능에 따라 입법권·집행권·사법권의 셋으로 나누어서 이 세 가지 기능을 각각 다른 세 기관에 맡김으로써 이 세 기관끼리 권력을 상호견제케 하고 그를 통해 시민의 자유를 보호하겠다는 법치국가적인 자유보장이론이라고 말할 수 있다.

δ) 조직의 분리 통한 권력제한

따라서 Montesquieu의 3권분립이론에서 유념해야 하는 일은 그가 국가'기능의 분리'와 국가'조직의 분리'를 함께 요구했지만, 그가 주장한 '조직의 분리'는 결코 자기목적적인 것이 아니고 '조직의 분리'를 '권력견제'와 '권력제한'의 한 방법으로, 그리고 '권력제한'을 '자유실현'의 수단으로 생각했다는 점이다. 다만 Montesquieu가 국가의 기능을 분리하고 그 기능을 맡을 국가기관의 조직을 분리하기만 하면 자동적으로 '권력견제'와 '권력제한'의 결과가 생길 것이라고 믿었다는 점에서 그의 사상의 고전성을 느낄 수 있다.

(3) 고전적 권력분립이론의 영향

1) 3권분립이론이 미친 헌정제도적 영향

3권분립이론을 완성한 Montesquieu는 그의 시대에는 말할 것도 없고 2세기 반이 지난 오늘날까지도 세계 대다수 헌정국가에 가장 큰 영향을 미치고 있는 고전적인 사상가의 위치를 굳히고 있다. 즉 영국식민지시대의 미국의 여러 주와 미국연방헌법(1787)을 비롯해서 유럽제국의 헌법제정에 결정적인 영향을 미치고 오늘날까지도 현대국가의 통치기구의 조직에 여전히 불멸의 고전적인 표본을 제시해 주고 있다.

㈎ 미국연방헌법에 미친 영향

특히 1787년 미국연방헌법의 제정에 미친 그의 사상적인 영향은 절대적인 것이어서 미국연방헌법의 아버지들은 Montesquieu의 3권분립이론을 금과옥조

분산된 권력 간의 견제·균형의 중요성

법치국가적 자유보장이론

조직분리 통한 권력견제·제한, 권력제한 통한 자유실현

이론의 고전성

통치조직에 관한 불멸의 고전적 표본

3권분립론의 표본적 제도화

---

1) Montesquieu는 셋으로 분리된 각 권력 내에서의 견제장치도 중요시한다. 그가 입법권을 '귀족원'과 '시민의회'의 두 기관에게 맡기는 것이 좋다고 제안하면서 이 두 기관의 상호견제를 언급하는 것이 그 단적인 증거이다.

로 삼아 통치기관을 구성했다고 해도 과언이 아니다. 미국연방헌법에 나타나는 통치구조상의 특징(3권의 엄격한 기능상·조직상의 분리와 견제 균형의 제도)은 바로 Montesquieu의 3권분립론을 가장 표본적으로 제도화한 결과라고 평가되고 있다.

(나) 프랑스혁명에 미친 영향

또 Montesquieu는 프랑스혁명에도 적지 않은 영향을 미쳐 1789년 프랑스혁명 당시 국민회의가 제정한 인권선언(제16조)에는 Montesquieu의 사상을 그대로 표현해서 '인권보장과 권력분립이 확립되지 아니한 나라는 헌법을 갖지 않은 것'이라고 단언하고 있다. 1791년의 프랑스혁명헌법이 엄격한 권력분립을 그 기본골격으로 하고 있는 것은 두말할 필요도 없다.

인권선언과 혁명헌법에의 영향

(다) 독일헌정에 미친 영향

반면에 19세기의 독일은 그 당시 독일적인 특수성 때문에 Montesquieu의 영향을 상대적으로 적게 받은 예로 꼽히고 있다. 영국이나 프랑스와는 달리 비교적 늦게까지 군주의 절대적인 권한이 이렇다 할 저항을 받지 않았을 뿐만 아니라 독일제국의 연방국가적인 성격 때문에 단일국가를 모델로 하고 있는 Montesquieu적인 권력분립의 도식을 그대로 독일적 상황에 적용하는 데 어려움이 있기 때문이었다. 국가작용을 그 기능에 따라 분류하는 것은 가능했지만, 때로는 같은 국가기능이 여러 국가기관의 공동기능으로 되어 있었기 때문에[1] Montesquieu의 도식대로 '기능의 분리'와 '조직의 분리'를 엄격하게 관철시키기가 어려웠다. 따라서 독일에서는 우선은 권력통합의 실현이 중요시되고 '권력분립'은 권력통합하에서의 제 2 차적인 문제로 생각되었다. 1919년의 바이마르헌법도 이의 큰 예외는 아니었다. 현 기본법의 아버지들이 비로소 권력분립의 원칙을 통치기관의 구성원리로 채택한 것은 바이마르헌법하에서 국가긴급법(제48조)을 악용해서 실현시킨 극단적인 '권력통합'과 '권력의 일원화'가 엄청난 폐해를 가져다 준 헌정사에서 얻은 지혜라고 볼 수 있다.

독일적 특수성으로 인한 적은 영향

기본법에서 비로소 제도화

아무튼 Montesquieu의 3권분립이론은 우리 인류의 헌정사에 큰 공을 세우고 아직도 그 영향이 계속되고 있지만 그 이론의 고전성 때문에 오늘날에 와서는 그 이론의 시대적응적 변용이 불가피하게 되었다.[2]

시대적응적 변용의 불가피성

---

1) 예컨대 1850년 프로이슨헌법(제62조)에 따르면 입법권이 국왕과 양원제의회에 함께 주어지고 있었을 뿐 아니라 국왕과 양원의 합의에 의해서만 법률제정이 가능했다.

2) 오늘날 사회구조의 변화로 인한 각종 이익집단의 출현과 정당국가적 경향으로 인해서 정치의 양상이 달라졌을 뿐 아니라, 국가의 급부국가적 기능이 강조되고 통치질서의 본질에 관한 통합과정론적 인식이 자리를 넓혀 감에 따라 Montesquieu의 3권분립이론은 권력제한과 자유실현이라는 그 본래의 기능을 제대로 다하지 못하게 되었다. 그 결과 현대의 자유민주국가에서는 권력제한의 실효성을 높여 주고 통치권행사의 절차적 정당성을 보장해 주는 새로운 권력통

2) 3권분립이론에 내포된 기본이념의 영속성

네 가지 기본
이념

그러나 Montesquieu의 3권분립론이 아무리 오늘의 정치상황에는 그대로 적용될 수 없는 고전적 이론으로 전락했다 하더라도 현대국가의 통치질서에서도 반드시 존중하고 명심해야 되는 네 가지 헌법상의 원칙을 제시해 주고 있다는 점을 소홀히 생각해서는 아니된다. 첫째 권력의 집중이 권력남용을 초래하고 권력이 남용되면 국민의 자유와 권리가 침해될 위험성이 크기 때문에 권력을 여러 국가기관에 분산시켜야 된다는 인식이다(권력남용의 방지를 위한 권력분산). 둘째 국가권력을 여러 국가기관에 분산시키는 데 있어서는 기능중심으로 입법권·집행권·사법권의 셋으로 나누고 이를 각각 조직이 독립한 상이한 국가기관에 맡겨야 된다는 인식이다(국가작용의 기능별 3권분리와 조직의 분리). 셋째 국가권력의 분산은 결국 권력 상호간의 '견제와 균형'(checks and balances)으로 인한 권력제한을 위한 것이라는 인식(권력제한의 메커니즘으로서의 권력간의 견제와 균형), 넷째 3권분리는 분리 그 자체가 목적이 아니고 국민의 자유와 권리를 보장하기 위한 수단에 불과하다는 인식(자유보장의 수단으로서의 권력분립) 등이 바로 그것이다.

권력남용방지
위한 권력분
산

기능별 3권분
리와 조직의
분리

권력제한 위
한 견제·균형

권력분립은
자유보장수단

Montesquieu의 이 같은 네 가지 기본인식은 아무리 사회구조가 변하고 정치의 양상이 달라졌다 하더라도 한 나라의 통치질서에서 반드시 존중해야 되는 헌법상의 원리를 뜻한다.[1] 현대국가의 정부형태도 본질적으로는 고전적 권력분립이론의 조직적·구조적 실현형태에 지나지 않는다.

상존하는 구
성원리로서의
실효성

이렇게 볼 때 Montesquieu의 3권분립이론은 그 이론의 고전성에도 불구하고 현대국가의 통치질서에서 통치를 위한 기관의 구성원리로서 아직도 중요

제의 메커니즘을 모색하지 않을 수 없게 되었다. Montesquieu의 3권분립이론이 오늘날 고전적 권력분립이론이라고 불려지는 이유도 그 때문이다.

1) 오늘날 헌법상의 당연한 원리로 간주되고 있는 '겸직금지의 원칙'만 하더라도 이미 그 이념적인 기원은 Montesquieu의 3권분립이론에서 찾을 수 있다고 본다. 그가 그의 이론에서 '기능의 분리'와 '조직의 분리'를 함께 요구한 것은 바로 기능만 분리하고 조직은 같이하는 겸직을 금한 것이라고 풀이되기 때문이다. 또 오늘날 국가작용(입법·행정·사법작용)을 기능중심으로 이해할 것인가(실질적 의미의 입법·행정·사법작용), 아니면 기관중심으로 이해할 것인가(형식적 의미의 입법·행정·사법작용)에 관한 많은 논의도 따지고 보면 그 뿌리는 Montesquieu의 3권분립론에 의해 이미 심어진 것이라고 볼 수 있다. 그가 '기능의 분리'와 '기관의 분리'를 함께 실현시켜야 된다고 주장한 것은 실질적 의미의 입법·행정·사법작용과 형식적 의미의 입법·행정·사법작용이 언제나 일치하는 것이 이상적이라는 그의 사상을 다른 방법으로 표현한 것에 지나지 않는다고 보여지기 때문이다. 종래 많은 사람에 의해서 법치국가의 원리와 권력분립의 원칙이 목적과 수단의 관계로 설명되어 온 것도 그 유래는 자유보장의 수단으로서 권력분립을 주장한 Montesquieu에 있다고 보아야 한다.

한 몫을 차지하고 있다고 결론지을 수 있다.

Ⅲ. 시대상황의 변화와 새 권력분립제의 모색

Montesquieu의 고전적 권력분립이론이 오늘날까지도 현대국가의 통치질서에 많은 제도적인 영향을 미치고 있는 것은 사실이지만, 오늘날에 와서는 Montesquieu의 이론적 바탕이 되고 있던 18세기의 사정과는 비교할 수 없을 정도로 시대상황이 많이 변했고, 사회구조와 정치제도가 달라졌을 뿐 아니라 통치질서를 이해하는 헌법관에도 큰 흐름의 변화가 생겼기 때문에 통치기구의 조직원리로서의 권력분립제에 대한 재검토가 필요하게 되었다.

그렇다면 Montesquieu의 이론에 대한 수정적 수용과 새 권력분립제의 모색을 불가피하게 만든 시대상황의 변화란 도대체 어떤 것인가? 그것은 물론 여러 가지를 들 수 있겠지만, 그 중에서도 가장 중요한 것은 역시 다음 다섯 가지라고 생각한다. 즉 i) 민주주의이념의 정착으로 인한 봉건적 신분사회의 몰락과 만민평등의 자유민주적 평등사회의 실현, ii) 사회구조와 사회기능의 변화로 인한 각종 사회적 이익단체(pressure groups)의 출현과 그 정치적·사회적 영향 증가, iii) 정당국가의 발달로 인한 권력통합현상, iv) 사회국가의 요청에 의한 국가의 급부국가적 기능의 확대, v) 헌법관의 변화 등이 바로 그것이다.

(1) 자유민주적 평등사회의 실현

Montesquieu가 그의 권력분립이론을 정립하던 1748년경의 유럽사회는 나라마다 정도의 차이는 있어도 엄격한 봉건적 신분사회의 제한군주제 내지는 전제군주제였다. 왕족·귀족·시민·노예계급으로 구분되는 신분의 세습제가 국가생활과 사회생활의 모든 분야에서 차별대우를 정당화시켰던 봉건적 신분사회의 시대적 배경 아래서 구상된 Montesquieu의 3권분립론은 어차피 당시의 시대상황적인 산물로서의 성질을 가질 수밖에 없었다.[1]

그러나 오늘날의 시대상황은 어떠한가? 민주주의이념이 보편적인 가치로 정착되어 세습적인 신분계급이 폐지된 것은 말할 것도 없고, 봉건적인 신분사회에서 통하던 여러 형태의 차별대우가 헌법에서 명문으로 금지되는 만민평등의 자유민주적 평등사회가 실현된 것이다. 따라서 봉건적 신분사회의 제한군주

시대상황·사회구조·정치제도 및 헌법관의 변화

3권분립론의 재검토를 촉진시킨 다섯 가지 주요원인

봉건적 신분사회에서 탄생된 이론의 시대적 한계

민주주의이념의 보편화 및 신분계급 폐지

---

[1] 그가 세습적인 군주를 당연한 집행권의 담당자로 생각한 점이라든지, 입법권을 맡을 의회의 구성에 관해서 '귀족원'과 '시민의회'의 양원제를 주장한 점, 그리고 사법권을 집행권의 테두리 내에서 이해하려고 한 점 등이 바로 그 단적인 증거이다.

제를 전제로 한 Montesquieu적인 3권분립론이 그대로 현대의 평등사회와 평등의 이념에 의해서 구성되어야 할 자유민주적 통치기구의 조직원리로 받아들여질 수는 없게 되었다.

(2) 사회적 이익단체의 출현과 영향 증가

전무했던 사회의 투입기능

Montesquieu의 시대와 현시대의 두드러진 차이의 하나가 국가 내에서 차지하는 사회의 기능이 달라지고 그와 함께 사회구조도 사회의 현대적 기능에 적합하도록 변했다는 점이다. 전제군주제 내지는 제한군주제하에서는 국가의 사회에 대한 일방적인 output만이 있고 사회의 국가에 대한 input기능은 거의 그 모습을 찾아볼 수 없었던 시대였다.[1] 그 당시 사회 내에 이익단체의 조직이 정치적으로 별로 큰 의미를 가지지 못하고 따라서 이익단체의 출현을 기대할 수 없었던 이유도 바로 그 때문이었다.

사회적 압력단체 출현으로 사회의 투입기능 강화

그러나 자유민주주의의 통치질서가 확립되면서부터 국가와 사회의 양면적 교차관계[2]가 중요시되고 국가의 사회에 대한 output 못지 않게 사회의 국가에 대한 input기능이 Konsens에 입각한 국가활동의 기초라고 생각되었다. 국가의 정책결정에 대한 사회참여의 길이 열리고 국가의 정책결정에 관심을 표명하는 여러 이익단체가 생기게 된 것은 그 당연한 결과이다. 이른바 사회적 압력단체 (social pressure groups)로 불려지는 각종 이익단체의 출현이 바로 그것이다. 현대자유민주적 통치질서 내에서는 '집회·결사의 자유' 등을 통해 이같은 이익단체의 출현을 오히려 조장하고 있다고 볼 수 있다. 각종 이익단체의 조직이 Konsens형성과 사회의 동화적 통합을 달성하는 하나의 수단이요 과정일 수도 있기 때문이다.

압력단체의 순기능·역기능

물론 강한 발언권을 갖는 사회적 압력단체의 출현과 그 영향력의 증가가 민주정치의 신장을 위해서 긍정적인 효과를 가져오는 점이 많지만 그 반면에 대의제도에 대한 위협과 국민의 자유침해의 위험성 등 부정적인 측면[3]이 없는 것도 아니다.

이익단체 역할 인정의 불가피성

이처럼 긍정적이든 부정적이든 국가의 통치질서 내에서 현실적으로 하나의 '힘의 집단'(Machtgruppe)으로 활동하면서 국가작용에 적지 않은 영향을 미

---

1) '국가'와 '사회'의 상호관계의 문제에 대해서는 졸저, 전게서, 방주 268 이하 참조할 것.
2) 이 점에 대해서 졸저, 전게서, 방주 282 참조할 것.
3) 예컨대 Kaiser가 사회적 압력단체에 대한 국가적 규율의 필요성을 강조하는 이유도 그 때문이다.
   Vgl. *J. H. Kaiser*, Die Repräsentation organisierter Interessen, 1956, S. 308ff.(319ff.), 338ff.(338).

치고 있는 각종 사회적 이익단체의 존재를 무시한 채 Montesquieu의 고전적인 권력분립의 도식에 따라 국가권력을 기능적·조직적으로만 분리하는 것이 권력분립의 목적달성에 별로 큰 도움이 되지 못한다는 인식이 커지게 된 것이다. 새로운 권력분립의 메커니즘을 모색하게 된 또 하나의 이유이다.

(3) 정당국가의 발달로 인한 권력통합현상

Montesquieu의 시대에도 정당조직이 없었던 것은 아니다. 그러나 그 당시의 정당은 그 조직이나 기능면에서 아직도 원시적인 형태를 벗어나지 못했고, 집행권을 독점한 국왕의 존재로 인해서 정당의 활동은 자연히 의회 내의 입법활동에 국한될 수밖에 없었다.

그러나 현대국가는 '정당국가'로 불려질 정도로 정당의 조직과 기능이 커져서 정당이 국정운영의 중추적인 기능을 담당하게 되었다. 특히 20세기에 들어와서 더욱 강화된 정당국가적 경향 때문에 현대의 자유민주국가에서는 모든 국가작용이 집권당의 정책에 따라 행해질 정도로 정당의 정치적 활동영역이 넓어졌다. 그것은 즉 국가작용을 아무리 그 기능에 따라 입법·행정·사법작용으로 나누고 또 그 조직을 분리한다 하더라도 정당을 통한 권력통합현상 때문에 결국에 가서는 모든 국가작용이 집권당의 정책대로 행해지고, 집권당의 정책은 실질적으로 집권당의 수뇌부에 의해서 결정되기 때문에 국가의 권력이 정당의 수뇌부로 집중되는 결과를 초래하고 말았다.

이렇게 볼 때 오늘날에는 권력통합요인으로서의 정당의 정치적 기능을 도외시한 채 Montesquieu의 고전적인 도식대로만 국가권력을 분산시키는 것은 권력제한과 자유실현이라는 권력분립의 목적과는 정반대의 결과를 초래할 수도 있다는 점을 간과해서는 아니된다. 새로운 권력분립제를 모색하지 않을 수 없는 커다란 시대상황의 변화라고 말할 수 있다.

(4) 급부국가적 기능의 확대

Montesquieu가 그의 권력분립이론을 정립할 당시의 18세기의 국가는 주로 질서유지적·야경국가적 기능에만 국한되었던 소극적인 국가였다.

그러나 오늘날의 자유민주국가는 '빵'과 '자유'와 '재난으로부터의 해방'을 동시에 요구하는 국민의 기본적 수요를 충족시켜 주어야 하는 사회국가이어야 하기 때문에 국가의 적극적이고 생존배려적인 기능이 급격히 증가하게 되었다.

사회국가의 요청에 의한 국가의 급부국가적 기능이 확대됨으로 인해서 집

[방주]
정당민주정치에서의 정당의 역할증대 및 정당수뇌부에 권력집중

권력통합요인으로서의 정당

야경국가의 질서유지기능

사회국가의 생존배려기능

행정국가적

경향과 사법
권의 비중 강
화

행권의 비중이 커지고, 집행권의 영역확대로 인한 행정국가적 현상이 마침내 자유보호의 필요성을 더 크게 해 주는 결과를 초래한 셈이다. 행정국가적 경향과 비례해서 사법권의 강화를 의미하는 사법국가의 요청이 함께 나타나는 것도 결코 우연한 일만은 아니다. 국가기능의 중점이 이와 같이 집행권과 사법권으로 모아지는 시대상황 아래에서 사법권을 경시하는 Montesquieu의 고전적 3권분립론[1]이 통치기구의 조직원리로서 그대로 적용될 수 없다는 것은 스스로 자명한 일이다.

(5) 헌법관의 변화

헌법질서에
대한 시각변
화

오늘의 시대상황 속에서 Montesquieu의 고전적 권력분립이론이 비판되고 그 재검토가 요청되는 중요한 원인 중의 하나는 헌법질서를 보는 시각에 근본적인 변화가 생겼다는 점이다.

선재하는 국
가권력과 선
천적인 자유
사상

선재하는 국가권력을 전제로, 그것을 셋으로 분리하고 권력간에 견제와 균형을 유지케 하는 권력통제의 제도적 메커니즘에 의해 국민의 선천적이고 초국가적인 자유와 권리를 보호하겠다는 사고방식은 Montesquieu의 사상적 세계에서 나온 것이긴 하지만, 법실증주의와 결단주의의 헌법관에서도 본질적으로 큰 저항 없이 수용할 수 있는 논리형식이다.

국가권력의
선재성 부정

그러나 한 나라의 통치질서는 국민의 자유와 권리를 떠나서 결코 선재하는 질서일 수도 없을 뿐 아니라, 선재하는 국가권력도 존재할 수 없다는 통합과정론적인 관점에서 볼 때, 선재하는 국가권력을 전제로 한 Montesquieu적인 권력분립론은 마땅히 비판되고 재검토될 수밖에 없다. 권력분립의 원칙은 Montesquieu가 생각하는 것처럼 선재하는 국가권력의 단순한 '소극적 제한원리'가 아니고 기본권실현수단으로서의 국가권력을 창설하고, 국가권능과 그 한계를 설정하고, 권능간의 견제와 협동관계를 정함으로써 통치권행사의 절차적 정당성을 보장해 주기 위한 국가권력의 '적극적인 창설원리'라고 이해하는 것이 옳다.

소극적 제한
원리 아닌 적
극적 창설원
리로서의 권
력분립

법치국가원리
로의 한정적
이해 극복 필
요성

Montesquieu의 이론에 따라 권력분립의 원칙을 법치국가의 차원에서만 이해하려는 전통적인 입장도 이제는 지양되는 것이 마땅하다. 권력분립의 원칙은 권력제한을 통해서 국민의 천부적인 자유를 실현하기 위한 법치국가적 원리로서의 성격을 갖는다기보다는 국가권력의 창설과 합리화, 그리고 국가권력행사

---

1) Montesquieu가 사법권을 경시한 것은 Loewenstein도 지적하고 있다. Vgl. *K. Loewenstein*, Verfassungslehre, 3. Aufl.(1975), S. 44.

의 절차적 정당성을 보장해 주는 자유민주적 통치기구의 '중추적인 조직원리'로
서의 성격을 갖는다고 보는 것이 합리적이다.[1]

어쨌든 지금까지 살펴본 시대상황의 변화로 인해서 Montesquieu의 3권분
립론은 그 이론적 고전성이 더욱 짙어져 현대자유민주국가에의 이론적 수용에
한계가 생기고, 특히 헌법질서에 관한 헌법관의 변화로 인해서 그 접근방법의
재검토와 새 권력분립제의 모색이 현대헌법학의 당면과제로 등장하게 되었다.

새 권력분립
제의 모색

Ⅳ. 현대의 기능적 권력통제이론과 그 모델

현대의 자유민주국가에서는 단순한 초국가적 자유의 보호수단으로서의 권
력분립의 기술보다는 자유민주적 통치구조의 근본이념과 기본원리를 실현하기
위한 통치기구의 조직원리를 모색한다는 관점에서 국가권력행사의 절차적 정당
성을 보장할 수 있는 실효성 있는 권력통제의 메커니즘을 찾게 되었다.

실효성 있는
권력통제장치
모색

따라서 현대자유민주국가의 통치구조에서는 국가권력의 엄격하고 기계적인
분리보다 입법·행정·사법의 세 가지 기본적인 국가기능이 기본권적 가치의 실
현을 위해서 서로 기능적인 협력관계를 유지하면서도 서로의 기능을 적절히 통
제함으로써 국가의 통치권행사가 언제나 '협동'과 '통제' 아래에서 조화될 수 있
는 제도적인 메커니즘을 마련하는 데 신경을 쓰고 있다. 기계적이고 획일적인
'권력분리'에서 목적지향적이고 유동적인 '기능분리'로, 그리고 권력간의 '대립적
인 제한관계'가 '기관간의 협동적인 통제관계'로 바뀐 것을 의미한다.[2] 권력분
립의 주안점이 '형식적인 권력분리'에서 '실질적인 기능통제'로 옮겨진 셈이다.

형식적인 권
력분리에서
실질적인 기
능통제로 중
점이동

오늘날 연방국가제도, 지방자치제도, 직업공무원제도, 복수정당제도, 헌법
재판제도, 국가와 사회의 교차관계적 2원론 등이 실질적인 기능통제의 관점에
서 중요한 새 권력분립제의 모델로 등장하고 있는 것도 바로 그 때문이다. 또
Loewenstein이 특히 정치동태적인 측면을 중요시해서 국가의 통치기능을 '정책
결정'(policy determination), '정책집행'(policy execution), '정책통제'(policy control)

실질적 기능
통제모델

---

1) Vgl. dazu BVerfGE 3, 225(247).
2) 같은 성질의 국가기능이 여러 국가기관에 의해서 함께 행해지는 상황 아래서 '기관간의 협동
   적인 통제관계'는 국정수행의 당연한 패턴으로 등장하게 된 것이다. 예컨대 입법기능이 입법부
   와 행정부에 의해서 함께 행해지는 것, 사법기능이 입법부와 사법부에 의해서 함께 행해지는
   것 등이 그 예이다.
   따라서 현대국가에서는 국가작용의 기능별 분리와 기능별 기관구성에도 불구하고 실질적 국
   가작용(국가작용의 내용을 중심으로 한 실질적 개념)과 형식적 국가작용(국가작용의 기관을
   중심으로 한 형식적 개념)의 2원적인 고찰이 불가피하게 되었다.

의 세 가지로 나누려고 시도하는 것도 고전적이고 형식적인 권력분리의 정당성
과 실효성에 대한 회의에서 나온 이론적인 모색이라고 평가할 수 있다.

(1) 연방국가제도의 권력분립적 기능

국가형태의
문제에서 권
력통제 위한
조직원리로
기능 변화

연방국가에서
의 수직적 권
력분립과 수
평적 권력분
립(헷세)

연방국가[1]는 종래 단일국가와 대립되는 한 국가형태의 문제로 다루어져
왔다. 그러나 오늘날에 와서는 연방국가제도가 현대국가의 과업을 능률적으로
성취하기 위한 현대국가의 중요한 구조적 원리인 동시에 권력통제의 실효성을
높일 수 있는 국가의 조직원리로 평가되고 있다.

입법·행정·사법 등 국가작용을 연방과 지방간에 수직적으로 분할하는 연
방국가적 구조가 권력분립적 효과를 더욱 증대시킬 것이라는 생각은 이미 미국
의 연방헌법을 제정할 때부터 특히 연방론자(Federalist)들에 의해서 주장된 바
있었지만[2] 오늘날에 와서는 새로운 기능적 권력통제의 모델로 많은 학자들에
의해서 그 중요성이 강조되고 있다. 특히 Hesse에 따르면[3] 오늘날 연방국가구
조가 정당화되는 가장 강력한 이유는 그것이 현대적인 권력분립의 한 수단을
의미하기 때문이라고 한다. 즉 연방국가적 구조는 두 가지 측면에서 강력한 권
력분립의 효과를 발휘하게 된다고 한다. 그는 연방국가적 구조가 연방과 지방
간의 '수직적인 권력분립'과 '수평적인 권력분립'[4]의 두 입장을 함께 나타내게
되는 점을 강조한다. Montesquieu의 고전적 3권분립이론이 특히 정당국가적
경향으로 인한 권력통합현상 때문에 그 권력분립의 실효성을 크게 상실하고 있
는 오늘날 연방국가적 구조에 의한 수평적 권력분립의 효과야말로 정당국가적
경향에 의한 권력통합현상을 저지하고 수정할 수 있는 가장 강력한 권력통제수
단이라는 것이다.[5]

새 권력분립
제의 한 모델

아무튼 연방국가제도는 이제 단순한 국가형태만의 문제가 아니고, 권력통
제의 실효성을 높여 줌으로써 통치권행사의 절차적 정당성을 보장해 주는 중요
한 새 권력분립제의 한 모델로 등장하고 있다는 사실을 간과해서는 아니된다.

---

1) 연방국가에 관해서 자세한 것은 졸저, 전게서, 방주 461 이하 참조할 것.
2) Vgl. *Madison*, The Federalist, Kritische Ausgabe v. J. E. Cooke, Wesleyan Uni. Press,
   1961, No. 10, S. 63.
3) Vgl. *K. Hesse*, Der unitarische Bundesstaat, 1962.
4) 그러나 그 중에서도 연방정부와 연방의회를 한 당사자로 하고, 지방의 대표로 구성되는 연방
   참사원(Bundesrat, Senat)을 또 다른 당사자로 하는 수평적 권력분립의 의미가 더욱 중요시된
   다고 한다.
5) 그러나 연방국가제의 존립근거를 그 권력분립적 기능에서만 찾으려는 입장을 비판하는 소리가
   없는 것도 아니다. 졸저, 전게서, 방주 910 참조.

(2) 지방자치제도의 권력분립적 기능

지방자치제도는 지방자치단체가 독자적인 자치기구를 설치해서 자치단체의 고유사무를 스스로의 책임 아래 처리함으로써 '주민근거리행정'을 실현시켜 다원적인 복합사회의 다원적이고 이해상반적인 다양한 행정수요를 충족시킴으로써 행정목적을 효율적으로 달성하기 위한 행정조직의 한 유형으로 인식되어 왔다. 지방자치제도가 종래 주로 집행작용의 차원에서 다루어져 온 것도 그 때문이다. 그리고 지방자치가 민주정치의 실현에 크게 기여하는 이른바 '풀뿌리의 민주정치'[1]로 간주되어 온 것도 사실이다.

그러나 오늘날에 와서는 지방자치제도가 단순히 '주민근거리행정'을 실현시키고 민주정치의 기초를 다지기 위한 제도라는 전통적 인식 못지 않게, 그 권력분립적 기능에 대한 새로운 인식이 커지고 있다는 점을 간과할 수 없다. 적지 않은 학자들이[2] 지방자치제도에서 '수직적 권력분립'의 요소를 강조하고 있는 것도 바로 그 때문이다. 특히 '단체자치'가 유럽에서 일찍이 중앙집권에 의한 '타율행정'과 '수동적 행정'에 대한 항의적 성격을 띠고 발달했었다는 점을 상기할 때, 지방자치제가 중앙정부의 통치권행사에 대한 견제적 기능을 갖는다는 점에 대해서는 의심의 여지가 없다.

지방자치단체의 이러한 견제적 기능이 더욱 커지기 위해서는 무엇보다도 지방자치단체의 기관구성이 그 지역주민의 민주적 정당성에 뿌리를 두고 있어야 하기 때문에 지방자치단체의 기관을 민주적인 방법으로 구성하는 것이 반드시 필요하다. 지방의회는 물론이고 지방자치단체장도 주민의 선거에 의해서 구성함으로써 자치기관 스스로의 민주적 정당성과 그 자체 내의 견제·균형의 메커니즘을 확보하는 것은 지방자치제도의 권력분립적 기능을 높이기 위한 전제조건이다.[3] 현대 대다수 헌법국가가 지방자치를 제도적으로 보장하고 지방자치단체에 선거에 의한 집행기관과 의결기관을 따로 설치하는 것은 바로 그 권력분립적인 관점에서도 당연한 일이라고 할 것이다.[4]

여백주석:
- 지방자치의 전통적 이해
- 지방자치의 권력분립적 기능과 수직적 권력분립의 요소
- 지방자치기관의 민주적 정당성확보는 권력분립적 기능제고 위한 전제조건

---

1) Vgl. *James Bryce*, The American Commonwealth, 1888, New Edition 1950; *derselbe*, Modern Democracies, 2 Bde, 1921, deutsch u. d. T. Moderne Demokratien, 1931. 헌재결 1999. 11. 25. 99 헌바 28 참조.

2) 관련문헌은 졸저, 전게서, 방주 911 참조할 것.

3) 【결정례】 우리 헌재도 지방자치제도의 권력분립적 기능을 지적한다(헌재결 1999. 11. 25. 99 헌바 28).

4) 권력분립의 관점에서 지방자치제도와 구별을 요하는 것이 '지방분권적 행정조직'(dezentraler Verwaltungsaufbau)이다. '지방분권적 행정조직'은 행정업무를 중앙행정관서에 집중시키지 않고 지방행정관서에 대폭 이양시킴으로써 행정업무의 능률과 신속성을 도모하기 위한 행정업무

(3) 직업공무원제도의 권력분립적 기능

고전적 특별 권력관계의 논리

종래 직업공무원제도는 주로 공무원의 공복(公僕)으로서의 책임과 그 정치적 중립성을 강조함으로써 국가적 과제를 불편부당하게 합리적으로 수행하고 공무원의 국가에 대한 충성의 대가로 그 신분을 보장함으로써 국가와 공무원의 특별한 관계를 유지한다는 이른바 특별권력관계의 관점에서 다루어져 왔다.

권력분립적 요소의 탐색

그러나 오늘날에 와서는 국가적 과제를 수행하기 위한 단순한 도구로서의 직업공무원제도라는 고전적 관념에서 탈피해서, 직업공무원제도가 현대자유민주국가의 통치이념을 실현하기 위한 불가결한 통치기관의 구성원리로 평가받게 되었다. 직업공무원제도 속에서 권력분립적 요소를 찾아내려고 노력하는 학자들의 시도[1]도 따지고 보면 이 제도가 갖는 통치기구의 조직원리로서의 기능을 높여 주기 위한 것이라고 풀이할 수 있다.

권력분립적 기능 두 가지: 정치세력에 대한 관료조직의 견제기능, 행정조직 내부의 수직적 권력분립

어쨌든 오늘날 직업공무원제도는 두 가지 측면에서 권력분립적 기능을 갖는 것으로 인식되고 있다. 첫째는 국가의 행정업무가 정권교체 또는 정당국가에서의 권력통합에 영향받지 않고 계속적으로 동일한 기준과 방법에 의해서 처리되기 위해서는 공무원의 정치적 중립성과 신분보장이 필요한데 직업공무원제도는 이를 보장함으로써 정태적이고 계속적인 행정조직이, 동태적이고 한시적인 정치세력을 견제하고 통제하는 중요한 권력분립적 효과를 나타낸다는 것이다. 말하자면 직업공무원제도의 본질적인 요소로 간주되는 공무원의 정치적 중립성, 공무원의 신분보장, 공무원의 헌법존중의무 등이 '정치세력'에 대한 '관료조직'의 견제기능을 높여 준다는 이야기이다. 둘째 직업공무원제도는 물론 위계적인 조직형태를 벗어날 수는 없지만, 이 제도의 기본정신에 따라 능력본위승진제, 신분보장, 합리적인 상벌제, 경력직·전문직주의 등이 엄격하게 지켜지는 경우에는 행정조직 내부의 '수직적 권력분립'의 효과를 기대할 수 있다는 것이다. 공무원법을 마련하고 직업공무원제도를 정착시키는 데 있어서 이 제도의 권력분립적 기능을 충분히 살릴 수 있도록 직업공무원제도의 여러 본질적 요소가 철저히 지켜져야 한다고 강조하는 소리가 점점 커지는 것도 그 때문이다. 아무튼 직업공무원제도는 현대헌법학에서 그 자체가 통치기관의 구성원리로 간

의 분산조직을 뜻한다. 따라서 '지방분권적 행정조직'이 행정기능의 중앙집중으로 인한 행정권의 비대화를 어느 정도 약화시키는 것은 사실이지만, 행정조직의 계층구조와 중앙행정관서가 갖는 행정지시 등 훈령권 때문에 그 권력분립적 효과는 거의 기대할 수 없다. '지방자치제도'와 단순한 '지방분권적 행정조직'을 혼동해서는 아니되는 이유가 여기에 있다.

1) 관련문헌은 졸저, 전게서, 방주 912 참조.

주될 뿐 아니라, 권력분립의 관점에서도 그 헌법상의 의의가 커지고 있다는 점을 잊어서는 아니된다.

(4) 복수정당제도의 권력분립적 의미

종래 복수정당제도는[1] 민주주의의 필수요소로 간주되고 평화적 정권교체를 위한 당연한 전제로 인식되어 왔다. 그러나 정당국가의 발달과 정당국가적 경향으로 인해서 정당이 국정운영의 중심적인 기관으로 부상하고 국가의 모든 기능이 집권당의 손 안에서 좌우되는 권력통합현상으로 인해 고전적인 3권분립의 실효성이 의문시되자 Montesquieu가 주장한 '힘의 힘에 대한 견제' 원리를 정치적인 힘의 표상으로 등장한 정당의 차원에서 적용해 보려는 새로운 권력분립의 모델이 제시되고 있는데, 그것이 바로 복수정당제를 전제로 하는 여당과 야당간의 권력분립이다. 정당국가에서 정치적인 힘의 중력이 정당으로 옮겨진 상황하에서 정당이 차지하는 정치적 힘의 역학관계를 무시한 채 권력통제를 논한다는 것이 무의미하다는 현실적인 인식에서 출발하는 것이 바로 여당과 야당간의 권력분립이론이다. 여당과 야당의 헌법상 지위와 기능을 권력분립의 시각에서 재정립해야 한다고 하는 것이 이 이론의 골자이다. 특히 국가작용의 모든 분야를 지배하게 되는 여당의 '힘'에 대항해서 그를 견제하고, 여당수뇌에 의해서 행사되는 통치권을 효과적으로 통제하기 위해서는 '잠재적인 여당'을 의미하는 야당의 헌법상 지위와 권한을 강화해야 한다는 것이다. 따라서 여당과 야당의 관계는 정권획득을 위해서 국민의 지지를 얻으려는 단순한 정권적 차원의 경쟁자가 아니고, 통치권행사의 절차적 정당성을 보장해 주기 위한 권력분립의 관계라는 새로운 인식이 반드시 필요하다.

이렇게 볼 때 종래 민주정치의 관점에서만 다루어져 온 '다수'와 '소수'의 관계 그리고 '소수의 보호' 등은 이제 권력분립의 차원에서도 중요한 의미를 갖게 되었다고 할 것이다.

(5) 헌법재판제도의 권력통제적 기능

헌법재판제도는 연혁적으로 헌법의 최고규범성을 지킴으로써 헌법에 의해서 마련된 헌정생활의 안정을 유지하고 헌법적 가치질서를 실현하기 위한 일종의 헌법보호수단으로서 발달되어 왔다. 헌법재판의 가장 원시적인 제도가 규범통제와 탄핵심판이었다는 사실이 헌법보호수단으로서의 헌법재판제도의 연혁적

복수정당제의 고전적 의미와 기능

정당의 위상 강화와 정당에 의한 권력통합현상

여당과 야당간의 권력분립론

다수와 소수의 관계 및 소수보호의 재평가

헌법재판제도의 연혁적 의미와 기능

---

1) 정당에 관해서 자세한 것은 졸저, 전게서, 방주 369 이하 참조할 것.

의미를 잘 말해 주고 있다. 헌법재판제도의 이러한 연혁적 유래 때문에 헌법재판은 종래 사법작용의 한 유형으로 간주되고 사법부의 기능으로 인식되어 왔다.

헌법재판의 정치형성적 기능과 권력분립적 의미

그러나 주로 정치규범으로서의 헌법의 해석과 적용에 관한 헌법재판은 전통적인 의미의 사법작용과는 그 성질이 다를 뿐만 아니라, 헌법재판이 헌정생활에 미치는 영향이 크다는 사실을 인식하게 되면서부터 헌법재판의 정치형성적 기능을 깨닫게 되었다. 현대헌법학의 관점에서 볼 때 권력분립의 궁극적인 목적이 통치권행사의 절차적 정당성을 보장함으로써 기본권적 가치를 중심으로 하는 헌법적 가치를 실현하기 위한 것이라면 헌법재판에 의해서 추구하는 헌법보호와 결국 동일한 방향의 목적을 지향하고 있다고 볼 수 있다. 따라서 헌법재판제도를 권력분립의 관점에서 이해하는 것은 적어도 현대헌법학의 입장에서는 오히려 당연한 것으로 받아들여지게 된다. 헌법재판은 통치권행사의 기본권기속과 절차적 정당성을 보장함으로써 사회공동체의 동화적 통합에 기여키 위한 제 4 의 국가작용이기 때문이다. 헌법재판이 입법·행정·사법 등 다른 국가기능에 대한 강력한 통제효과를 나타내는 것은 헌법규범의 해석과 적용에 대한 규범의 최종적인 인식작용인 헌법재판의 본질상 당연한 것이기 때문에 헌법재판은 국가권력의 분립이나 국가기능의 분리라는 제도적 메커니즘을 통해서 달성하려는 권력통제의 가장 강력한 수단이 될 수밖에 없다.

제 4 의 국가작용으로서 가장 강력한 권력통제수단

'헌법에의 의지'를 전제로 하는 권력통제수단

다만 헌법재판은 단순한 제도만으로는 그 실효성을 기대할 수 없고, 합리적인 제도 못지 않게 헌법을 존중하고 지키려는 강한 '헌법에의 의지'를 전제로 하는 권력통제수단이기 때문에 어느 의미에서는 가장 실현하기가 어려운 권력통제장치일는지도 모른다. 그러나 헌법적 가치질서에 대한 폭 넓은 Konsens가 형성되고, 정치인과 국민 모두가 강력한 '헌법에의 의지'를 가지고, 헌법재판이 언제나 법리적인 설득력과 정치적인 타당성에 의해서 행해질 수만 있다면 헌법재판제도야말로 가장 강력하고 이상적인 권력통제수단이라고 말할 수 있다. 미국·독일·프랑스 등 정치적 선진국의 헌법재판제도가 이를 웅변으로 증명해 주고 있다.

(6) 기능적 권력분립의 모델로서의 국가와 사회의 구별

국가와 사회의 관계에 관한 일원론과 이원론의 대립

종래 '국가'와 '사회'의 상호 연관성에 대해서는 각자의 국가관·헌법관에 따라 이를 완전히 동일한 것으로 보려는 1원론과 이를 각각 다른 영역으로 보고 이를 구별하려는 2원론이 대립되어 왔다.[1] 그런데 오늘날에 와서는 '국가'와

---

1) 이 점에 대해서 자세한 것은 졸저, 전게서, 방주 268 이하 참조할 것.

'사회'의 구별을 기능적 권력분립의 관점에서 정당화하려는 입장이 더욱 강해지고 있다.

더욱이 현대의 다원적인 복합사회에서처럼 다양한 이해관계의 대립으로 인해서 각종 이익집단의 조직과 그 이익집단의 대국가적 활동이 불가피한 상황 아래서 '국가'와 '사회'를 기능적으로 구별하는 것은 '사회적 압력단체'가 존립할 수 있는 이론적인 전제조건이기도 하다. 그뿐 아니라 '국가'와 '사회'의 기능적 구별은 '사회여론'의 국가에 대한 정책통제적 기능을 높여 줌으로써 국가정책의 합리성을 지키게 하는 중요한 전제가 된다.

국가와 사회 구별의 당위성

따라서 통치기구를 조직하는 데 있어서 '국가'와 '사회'를 구별해서 '국가'의 output 못지 않게 '사회'의 input기능을 존중하고, output와 input기능의 균형적인 조화 속에서 통치가 행해질 수 있도록 하는 조직 모델을 찾는 것은 권력분립의 관점에서도 중요한 의미를 가질 수밖에 없다.

input · output 의 조화모델 모색

이렇게 볼 때 '국가'와 '사회'를 구별하는 2원론의 입장, 특히 '국가'와 '사회'의 구별을 전제로 한 '양면적 교차관계론'은 '국가'와 '사회'의 상이한 기능을 인정하고 '국가'에 대한 여러 형태의 '사회'참여를 가능케 함으로써 권력통제의 실효성을 나타내게 하는 새로운 권력분립론의 의의도 함께 갖는다고 할 것이다. 현대헌법학에서 '국가'와 '사회'의 2원론이 강조되는 이유가 바로 여기에 있다.

양면적 교차 관계론의 권 력통제적 기 능

(7) 정치동태적인 기능분류이론

Loewenstein은 전통적인 국가권력의 3분론(입법·행정·사법)이 현대국가에서 흔히 나타나는 기능수행기관의 다원화와 기능수행상 불가피한 기관간의 협동관계 때문에 무의미해졌다는 점을 특히 강조한다.[1] 그에 따르면 국가기관을 그 기능에 따라 획일적으로 입법기관·집행기관·사법기관으로 구분하는 것은 '기능의 분산'현상 때문에 불가능할 뿐 아니라 전혀 구시대적인 발상에 지나지 않고, 오늘날 중요한 것은 국가기능이 어떤 기관에 의해서 행해지든 그 기능의 내용과 비중에 상응하는 통제의 메커니즘을 마련하는 일이라고 한다.

전통적 3분론 의 퇴색

정치동태적 헌법학을 대표하고 있는 Loewenstein은 헌법을 '권력통제의 기본도구'라고 이해하면서 헌법의 목적은 상이한 국가기능을 여러 국가기관에 분산시킴으로써 한 사람의 손 안에 절대적인 권력이 형성되는 것을 막기 위한 것이라고 설명한다. 따라서 그의 사상적 세계에서는 한 나라의 헌법이 전체로

헌법은 권력 통제의 기본 도구

---

1) Vgl. *K. Loewenstein*, Verfassungslehre, 3. Aufl.(1975), S. 43, 45.

서 하나의 거대한 '권력통제'의 메커니즘에 해당한다. 그의 시각에서는 이처럼 헌법 전체가 정치권력에 대한 통제의 메커니즘을 뜻하기 때문에 '권력통제'를 위한 또 다른 기계적 권력분립은 무의미할 수밖에 없다. 그에게 있어서 중요한 것은 정치동태적인 관점에서 국가작용을 기능별로 분류함으로써 그와 같은 국가기능이 하나의 권력주체에 독점되지 않고 여러 권력주체에게 분산되도록 하고 여러 권력주체 상호간에 '견제와 균형'을 통한 권력통제가 이루어지도록 하는 것이다. Loewenstein이 국가기능을 그 정치동태적인 표현형식에 따라 '정책결정'(policy determination),[1] '정책집행'(policy execution),[2] '정책통제'(policy control)[3]의 세 가지로 나누는 것은 그 분류 자체에 어떤 권력통제의 의미를 부여하기 위한 것이 아니고, 그와 같은 분류를 기초로 해서 따로 통제의 메커니즘을 마련키 위한 것이다. 그가 헌법을 정치권력에 대한 통제의 차원에서 접근하면서 이른바 '수평적 통제'와 '수직적 통제'를 구별하고, '수평적 통제'를 또 다시 '기관간의 통제'(Inter-Organ-Kontrolle)와 '기관 내의 통제'(Intra-Organ-Kontrolle)[4]로 나누며, 이러한 통제의 메커니즘이 실질적으로 존재하는지의 여부에 따라 정치제도를 '입헌민주정치'와 '전제정치'로 구별하는 등 '권력통제'를 그의 헌법이론의 중심과제로 다루고 있는 것도 정치동태 내지 정치현상을 중요시하는 그의 사상을 잘 나타내 주고 있다. 즉 그가 국가기능을 '정책결정'·'정책집행'·'정책통제'의 셋으로 나누는 것은 이 세 가지 국가기능 사이에 어떤 권력통제가

정치동태적 표현형식에 따른 정책결정·집행·통제의 구별

실효성 있는 통제장치의 유무에 따라 입헌민주정치와 전제정치 구별

1) *K. Loewenstein a.a.O.,* S. 39ff.(40ff.).

　Loewenstein에 따르면 사회공동체의 정치적 운명에 관한 근본적이고 기본적인 결정을 내리는 것이 바로 '정책결정'인데, 예컨대 정치형태·정부형태·경제질서, 중요한 외교문제에 관한 결정 등이 여기에 속한다고 한다. 그러나 이러한 정책결정권은 입법부와 행정부가 함께 가지게 되고, 경우에 따라서는 국민의 참여도 필요하게 된다고 한다.

2) *K. Loewenstein, a.a.O.,* S. 39ff.(43ff.).

　Loewenstein에 따르면 '정책집행'은 결정된 정책을 현실화시켜 시행하는 기능이기 때문에 모든 국가작용의 영역에 관련된다고 한다. 예컨대 '정책집행'은 입법의 형식으로도 행해질 수 있고, 또 '행정입법'이나 '행정행위'에 의해서도, 그리고 '사법작용'에 의해서도 가능하다고 한다.

3) *K. Loewenstein, a.a.O.,* S. 39ff.(45ff.).

　Loewenstein은 국가기능 중에서도 정책통제기능을 가장 핵심적인 기능이라고 하면서 입헌주의의 역사가 효과적이고 실효성 있는 정책통제수단의 모색의 역사였다고 주장한다. 그리고 정책통제기능은 정치형태와 정부형태에 따라 다르지만 입헌민주정치체제하에서는 행정부·의회·국민의 세 권력주체가 이 기능을 가지게 된다고 한다.

4) Darüber vgl. *K. Loewenstein, a.a.O.,* S. 167ff., 188ff., 232ff., 266ff.

　Loewenstein의 설명에 의하면 대통령의 법률안거부권, 정부의 의회해산권, 법원의 위헌법률심사권 등은 대표적인 '기관간의 통제수단'이고, 양원제의회제도에서의 양원의 관계, 집행부 내의 부서제도 등은 대표적인 '기관 내의 통제수단'이다(vgl. ebenda, S. 168). 그리고 예컨대 연방국가제도, 인권보장, 다원적 사회구조와 이익단체의 조직 등은 '수직적 권력통제'를 위한 것이라고 한다(vgl. ebenda, S. 296ff.).

이루어진다는 뜻이 아니고, 이 세 가지 국가기능이 여러 권력주체에 의해서 독
자적으로 또는 협동적으로 행해지는 경우에 '기관 내의 통제', '기관간의 통
제' 또는 '수직적 통제'가 항상 따라야 된다는 점을 강조하기 위한 것이다.
Loewenstein이 특히 '정책통제기능'을 가장 핵심적인 국가기능이라고 이해하고
정책통제는 '분산된 권력'과 '통제된 권력'[1]의 두 가지 요소가 함께 작용해야
효과적이라고 주장하면서, 정책통제의 이념적 기초요, 그 가장 효과적인 기술
로서의 '정치적 책임'의 중요성을 강조하는 것도 그 때문이다.

분산된 권력
과 통제된 권
력을 요소로
하는 정책통
제기능의 중
요성 강조

　　결론적으로 Loewenstein의 정치동태적인 기능분류이론은 기능분류 그 자
체에 의미가 있다기보다는, 기능분류를 바탕으로 한 '기능의 분산'과 '기능의 통
제'를 실현시켜 정치권력을 효과적으로 통제할 수 있는 정치형태의 모델을 찾
아내려고 노력했다는 점에서 그 의의를 찾을 수 있다고 할 것이다.[2]

기능분류·기
능분산·기능
통제 통한 권
력통제모델

Ⅴ. 우리 현행헌법상의 권력분립제도

(1) 권력분립과 권력통제의 이념수용

　　우리 현행헌법은 통치를 위한 기관을 구성하는 데 있어서 권력분립의 원
칙과 권력통제의 모델을 함께 채택함으로써 통치권행사의 절차적 정당성을 확
보하려고 노력하고 있다.[3] 즉 Montesquieu의 고전적 3권분립이론에 따라 국가
권력을 전통적인 3분법에 의해서 입법·집행·사법권의 셋으로 나누고, 이를 국
회·정부·법원에 각각 나누어 맡김으로써 권력분산을 통한 권력견제와 균형의
효과를 추구하는[4] 한편 복수정당제도, 직업공무원제도, 지방자치제도, 헌법재판

고전적 권력
분립과 기능
적 권력통제
의 동시 실현

---

1) *K. Loewenstein, a.a.O.,* S. 47.
　　Loewenstein은 '분산된 권력'과 '통제된 권력'이 다르다는 점을 강조하면서 예컨대 상·하양
원에 의한 법률제정, 미국대통령에 의해서 임명된 공무원에 대한 상원의 임명동의, 대통령의
국정행위에 대한 국무위원의 부서, 헌법개정안에 대한 필수적인 국민투표 등은 '분산된 권력'
의 예이고, 의회의 내각불신임권, 내각의 의회해산권, 대통령의 법률안거부권, 법관의 위헌법률
심사권 등은 '통제된 권력'의 실례에 속한다고 한다. 그리고 '통제된 권력'의 특징은 그 권한이
권력주체의 자주적인 재량권에 의해서 그 행사 여부가 결정된다는 점에 있다고 한다.
2) 따라서 국내 일부학자들처럼 Loewenstein의 이론을 '정책결정'·'정책집행'·'정책통제'라는 기능
분류중심으로만 설명하는 것은 그의 사상을 정확히 전달하지 못할 위험이 있다. 예컨대 김철
수, 864면; 권영성, 698면 참조.
3) 우리 헌재도 기본권보장의 수단으로서의 권력분립주의를 강조하고 있다.
　　【판시】 입헌주의적 헌법은 국민의 기본권보장을 그 이념으로 하고 그것을 위한 권력분립과
법치주의를 그 수단으로 하기 때문에 국가권력은 언제나 헌법의 테두리 안에서 헌법에 규정된 절
차에 따라 발동되지 않으면 안 된다(헌재결 1994. 6. 30. 92 헌가 18, 판례집 6-1, 557(568면)).
4) 【판시】 우리 헌법은 근대자유민주주의 헌법의 원리에 따라 국가의 기능을 입법·사법·행정으
로 분립하여 상호간의 견제와 균형을 이루게 하는 권력분립제도를 채택하고 있다(헌재결

제도, 독립한 선거관리제도 등 새로운 기능적 권력통제의 메커니즘도 함께 마련하고 있다고 하는 것이 바로 그것이다. 따라서 우리 현행헌법은 '고전적 권력분립'뿐 아니라 '기능적 권력통제'의 모델도 함께 실현시킨 것이라고 평가할 수 있다. 그뿐 아니라 우리 현행헌법은 통치권행사의 절차적 정당성을 확보한다는 관점에서 '견제·균형의 메커니즘'을 통치기관의 인적인 구성과 권능행사의 차원에서도 실현하려고 노력하고 있다.

(2) 견제·균형의 메커니즘

1) 기관구성시의 견제·균형장치

임기제·임기차등제·헌법기관구성에서의 임명동의권·제청권 및 3부의 공조권

국민에 의해서 선출되는 대통령과 국회의원의 임기를 다르게 정함으로써 ($\frac{제70조,}{제42조}$) 집행권과 입법권의 주체의 선출기반을 달리해서 의원내각제적 기관의존성을 배척하고, 대통령의 국무총리($\frac{제86조}{제1항}$)·감사원장($\frac{제98조}{제2항}$)·대법원장($\frac{제104조}{제1항}$)·대법관($\frac{제104조}{제2항}$)·헌법재판소의 장($\frac{제111조}{제4항}$) 임명에 국회의 동의를 얻도록 하고,[1] 대통령의 국무위원($\frac{제87조}{제1항}$)·대법관($\frac{제104조}{제2항}$) 임명에는 각각 국무총리와 대법원장의 제청을 받도록 하고, 헌법재판소($\frac{제111조 제2}{항~제4항}$)와 중앙선거관리위원회($\frac{제114조}{제2항}$) 구성에 대통령·국회·대법원장이 함께 관여케 하고, 모든 통치권담당자의 임기제를 마련한 것 등은 통치기관의 인적인 구성에서부터 '견제·균형'을 실현하려고 꾀한 것이다.

2) 권력행사에서의 견제·균형장치

입법·집행·사법작용에서의 견제·균형장치

또 법률안제출권을 국회와 정부에 함께 주고($\frac{제52}{조}$), 대통령에게 법률안에 대한 공포권 및 거부권을 주고($\frac{제53}{조}$), 정부에도 행정입법권을 인정하고($\frac{제75조,}{제95조}$), 국회에 예산심의권 등 재정에 관한 권한을 주고($\frac{제54조}{이하}$), 국회로 하여금 대통령의 긴급재정·경제처분 및 명령승인권($\frac{제76조}{제3항}$)과 계엄해제요구권($\frac{제77조}{제5항}$)을 갖도록 하고, 대통령의 국정행위에 대한 부서제도($\frac{제82}{조}$)를 두고, 대통령의 겸직금지($\frac{제83}{조}$)를 명시하고, 국회에게 중요한 외교·군사행위에 대한 동의권을 주고($\frac{제60}{조}$), 선거관리사무를 기능적으로 분산시키고($\frac{제114조}{제1항}$), 헌법재판소로 하여금 탄핵심판과 법률의 위헌심사, 그리고 권한쟁의와 헌법소원의 심판을 하도록 한 것($\frac{제111조}{제1항}$) 등은 통치권행사가 견제·균형의 원리에 따라 합리적으로 이루어지도록 꾀한 것이라고 할 수 있다.[2]

1992. 4. 28. 90 헌바 24, 판례집 4, 225(229면)).

1) 국회는 인사청문특별위원회의 인사청문회를 실시해서 동의 여부를 결정할 수 있도록 국회법(제46조의 3)이 정하고 있다.

2) 더 자세한 것은 이 책의 앞부분 737면 이하 참조할 것.

3) 기관 내의 권력통제

또 우리 현행헌법은 이른바 '기관 내의 권력통제'가 가능하도록 각 기관의 내부조직을 다원화하고 있는데, 예컨대 집행기관을 대통령과 국무총리를 중심으로 하는 행정부로 2원화시키고($\binom{제66조,}{제86조}$), 행정부 내에 그 기능의 독립성이 보장되는 감사원을 따로 설치하고($\binom{제97조}{이하}$), 각종 자문회의($\binom{제90조, 제91조, 제92조,}{제93조, 제127조 제3항}$)를 두어 대통령의 자문에 응하게 하고, 법원의 조직을 합의제와 부제로 하게 하는 것($\binom{제102조}{제1항}$) 등이 그 예이다.

2원화된 집행 기관 및 감사 원의 독립

4) 견제·균형과 통제의 이념 강조

이렇게 볼 때 우리 현행헌법은 국가기능의 엄격한 분리와 통치기관의 단절적인 조직분리를 지양하고, 국가기능의 상호 연관성을 인정하는 전제하에서 입법·행정·사법기능 중에서 특히 그 핵심적인 영역만을 국회·행정부·법원에서 독점적으로 맡게 하되 이들 통치기관의 권능행사가 그 기관 내에서까지도 언제나 견제·균형의 원리에 따라 행해질 수 있도록 그 권력분립의 중점을 '분리'보다는 '견제·균형'과 '통제'에 두고 있다고 말할 수 있다.

분리보다 견제·균형 및 통제의 실효성 중요시

따라서 우리 현행헌법을 해석하고 운용하는 데 있어서는 이와 같은 권력분립의 이념과 실현형태를 존중해서 어느 통치기관의 통치기능도 견제와 균형의 테두리를 벗어나는 일이 없도록 그 통제의 역학관계에 특별히 신경을 써야 하리라고 본다. 권력분립의 원칙이 통치기관의 구성원리로 채택된 헌법질서 내에서는 어느 국가기관도 타 국가기관 위에 군림하는 현상이 용납될 수 없고, 통제된 통치권의 행사만이 헌법이 추구하는 기본권적 가치실현과 조화될 수 있기 때문이다.

통제의 역학 관계 존중하는 헌법의 운용수칙

3. 정부형태

Ⅰ. 정부형태의 의의와 그 유형적 다양성

(1) 정부형태의 의의

정부형태라 함은 권력분립주의의 조직적·구조적 실현형태를 말한다. 권력분립의 원칙을 통치기관의 구성원리로 채택하는 경우에도 그 권력분립의 원칙

권력분립의 조직적·구조

적 실현형태

에 내포되고 있는 '기능과 조직의 분리', '견제·균형의 메커니즘', 그리고 '통제
의 원리' 등을 구체적으로 어떤 형태로 실현하느냐에 따라 한 나라의 통치구조
는 그 조직적·기능적인 측면에서 현저한 차이를 보일 수 있다. 한 나라의 정
부형태가 마치 그 나라 통치구조의 실질적인 표현형태로 간주되는 이유도 그
때문이다. 하지만 한 나라의 통치구조는 권력분립의 원칙만을 조직적·구조적으
로 실현한 통치의 틀이 아니라 대의제도를 비롯한 선거제도·공직제도·지방자
치제도 등 모든 통치기관의 구성원리를 복합적이고 종합적으로 실현한 통치권
행사의 제도적인 틀에 해당하는 것이기 때문에 정부형태와 통치구조 내지 통치
형태를 같은 것으로 평가하는 시각은 옳지 못하다. 다만 통치구조 내에서 정부
형태가 가장 중심적인 좌표를 차지한다는 점을 부인하기는 어렵다.

기능·조직의
분리, 견제·
균형장치, 통
제원리의 실
현형태에 따
른 통치구조
의 차이

정부형태와
통치구조의
구별

(2) 정부형태의 유형적 다양성

정부형태 관
련사항

국가의 의사결정이 구체적으로 어떻게 내려져서 어떻게 시행되며, 정책결
정과 정책집행의 책임을 지고 정치를 해나가는 국가기관이 어떻게 구성되어 어
떠한 견제와 통제를 받으며, 주권자인 국민은 국가의 정치적 의사형성과정에
어느 정도 참여의 기회를 가지고 국가권력의 주체인 동시에 수신자로 기능하는
것인지 등이 정부형태와 직접적으로 관련되는 문제들이다.[1]

2원적 분류방
법과 다원적
분류방법

이러한 문제들을 해결하는 방법은 여러 가지가 있을 수 있고, 그 다양한
해결방법은 또 각 나라의 구체적인 정치전통과 사회구조에 따라 각각 상이한
헌법현실로 나타날 수도 있기 때문에 정부형태에 관해 어떤 정형을 논하기는
어렵다. 정부형태의 분류에 관해서 학자에 따라 그 기준과 방법에 차이가 있고
전통적인 2원적 분류방법 이외에 다양한 기준에 의한 정부형태의 다원적 분류
방법이 학문적 논의의 대상이 되는 것은 그 때문이다. 엄격한 의미에서는 전혀
동일한 정부형태란 현실적으로 있을 수 없기 때문에 이 지구상에 존재하는 국
가의 수만큼 그 정부형태도 다양하다고 볼 수 있다.

Ⅱ. 정부형태의 표본유형과 그 변형

표본적 정부

그러나 이들 모든 다양한 정부형태는 고전적이고 전통적인 정부형태로서

---

1) 따라서 국내 일부학자들이 정부형태를 설명하는 자리에서 마치 '광의의 정부형태'와 '협의의
정부형태'가 따로 있는 것처럼 설명하는 것은 전혀 무의미할 뿐 아니라 정부형태의 본질과도
조화되기 어렵다. 적어도 정부형태라는 개념은 이런 문제들을 모두 포함하는 포괄적인 개념이
기 때문이다.

의 '대통령제'(Präsidialsystem, presidential government)와 '의원내각제'(parlament-
arisches Regierungssystem, parliamentary government)를 그 나라의 정치실정에 맞
게 변형시킨 것이라고 볼 수 있기 때문에 어디까지나 그 표본이 되는 정부형
태의 유형은 역시 '대통령제'와 '의원내각제'라고 말할 수 있다.

형태: 대통령제와 의원내각제

(1) 대통령제와 의원내각제

대통령제와 의원내각제는 정부형태 중에서 가장 고전적이고 전통적인 유
형에 속한다. 미국연방헌법의 아버지들이 새 독립국가를 건설함에 있어서
Montesquieu의 권력분립사상을 충실하게 받아들여 연방헌법의 통치기구를 마
련함으로써 탄생된 대통령제와, 영국입헌주의의 발전과정에서 특히 큰 정치적
공헌을 한 강력한 의회의 의회주의를 배경으로 탄생된 의원내각제는 그 제도의
발생기원부터도 상이한 정치상황에서 출발했다고 볼 수 있다. 아무튼 대통령제
는 그 기원을 1787년의 미국연방헌법에서 찾을 수 있고, 의원내각제는 의회정
치의 모국인 영국에서 그 입헌군주제와 함께 17세기에 그 모습을 갖춘 정부형
태라고 말할 수 있다. 오늘날까지도 대통령제와 의원내각제의 표본을 각각 미
국과 영국에서 찾으려는 경향이 있는 것도 두 제도의 이같은 역사적 기원 때
문이다.

발생기원의 상이성과 특성

1) 대통령제

(가) 대통령제의 의의와 그 본질적 요소

a) 대통령제의 의의

대통령제(Präsidialsystem, presidential government)[1]는 의회로부터 독립하고
의회에 대해서 정치적 책임을 지지 않는 대통령중심으로 국정이 운영되고 대통
령에 대해서만 정치적 책임을 지는 국무위원에 의해 구체적인 집행업무가 행해
지는 정부형태를 말한다. 그 발상국이 미국이고 그 표본적인 유형을 미국의 정
부형태에서 찾을 수 있다는 것은 이미 말한 바와 같다. 대통령제는 고전적 권
력분립사상에 입각해서 통치기관의 조직 및 기능의 분리(separation of powers)
와 권력에 대한 '견제·균형의 원리'(checks and balances of powers)를 충실하게

의회에서 독립된 대통령 중심의 국정 운영

표본적 유형은 미국정부 형태

조직·활동·

---

1) 대통령제를 표현하는 영어와 독어의 개념은 매우 다양해서 Präsidialsystem(Stern, Maunz),
präsidentielles Regierungssystem(Fraenkel), Präsidentialismus, presidential government
(Friedrich), Presidentialism(Loewenstein), Präsidialregierung(Loewenstein) 등의 용어가 혼용
되고 있으나, 이 책에서는 Präsidialsystem(독어)과 presidential government(영어)라는 용어로
통일해서 쓰기로 한다.

실현하기 위한 정부형태를 뜻하기 때문에 통치기관의 조직·활동·기능상의 독
립성이 최대한으로 보장되는 권력분립주의의 실현형태라고 말할 수 있다.

　b) 대통령제의 본질적 요소

　　α) 독립성의 원리에 의한 조직과 활동

　　　대통령제의 가장 본질적인 요소는 입법부와 집행부의 조직과 활동이 '독
립성의 원리'에 의해서 지배된다는 점이다. 대통령을 의회가 선출치 않고, 대통
령을 중심으로 한 집행부의 구성원들이 의회에 대해서 정치적 책임을 지지 않
는 대신, 의회의 조직과 활동도 집행부와 완전히 독립해서 독자적으로 이루어
지고 대통령에게 의회해산권이 인정되지 않는 것은 그 때문이다. 다같이 민주
적 정당성에 바탕을 두고 조직된 상호 독립된 국가기관에 의해 입법기능과 집
행기능이 행해지지만 주기적인 선거를 통해서 주권자인 국민에 대해서만 그 정
치적 책임을 지는 것이 바로 대통령제의 제도적 특징이며 그 본질적 요소이다.
i) 집행부구성원이 의회의 의원을 겸할 수 없다든지, ii) 대통령의 의회해산권과
의회의 집행부구성원에 대한 불신임권이 인정되지 않고, iii) 집행부에게 법률안
제출권이 없는 것은 물론, iv) 집행부구성원은 의회의 요구가 없는 한, 의회출
석·발언권을 갖지 못하는 점 등은 모두가 대통령제의 본질적 요소인 '독립성의
원리'에서 나오는 당연한 제도적 징표들이다.

　　β) 견제·균형의 요소

　　　다만 대통령제에서 대통령의 법률안거부권(vetopower)은 '독립성의 원리'
에 대한 예외적 성격을 갖지만, 법률안제출권도 없고 법률안심의과정에서 의회
출석·발언권도 갖지 못하는 집행부가 의회의 입법활동을 견제할 수 있는 유일
한 수단으로서 권력분립사상에 내포되어 있는 견제·균형의 이념을 실현하기
위한 불가피한 제도라고 볼 수 있다. 또 대통령의 조약체결과 대법원장 등 고
위직공무원의 임명에 대해서 의회(상원)가 갖는 동의권도 '독립성의 원리'로는
설명되기가 어렵지만, 견제·균형의 원리에 의해서 이해해야 하리라고 본다.

　　　이렇게 볼 때 대통령제는 '독립성의 원리'에 충실하면서도 견제·균형의 요
청상 불가피한 경우에는 그 예외를 허용하는 권력분립주의의 실현형태라고도
말할 수 있다.

　(내) 대통령제의 유래와 그 사상적 배경

　　　대통령제의 역사적 유래는 미합중국연방헌법의 제정사에서 찾아야 한다.[1]

---

1) 미합중국연방헌법의 제정사에 관해서 자세한 것은 졸저, 전게서, 방주 921 참조할 것.

미합중국연방헌법의 모태가 된 필라델피아(Philadelphia)헌법회의의 55명은 주로 상류계급출신들로서 영국의 전통교육을 받았고 계몽주의를 비롯한 합리적인 세계관을 가진 지식인들이었다. 이들 미국연방헌법의 아버지들은 기본적으로 영국보통법(Common Law)의 기본원리와 마그나 카르타(Magna Carta), 영국혁명의 자유주의정신, Locke와 Montesquieu의 정치사상 등을 바탕으로 짧은 기간 내에 간결하면서도[1] 가장 수명이 길고 효과적인 헌법을 제정하는 데 성공했다고 볼 수 있다.

일치(필라델 피아헌법회의 활동)

그렇다면 연방국가적 구조[2]와 엄격한 권력분립, 그리고 사법권의 강화로 징표되는[3] 미국연방헌법상의 대통령제정부형태는 과연 어떠한 사상적 배경하에서 탄생된 것인가? 미국연방헌법의 아버지들이 직접·간접으로 영국의 정치제도를 체험했고 의회중심의 영국정치제도에 관해서 적지않은 호감을 가지고 있던 사실을 상기할 때, 바로 그들이 무엇 때문에 영국의 정치제도와는 판이하게 다른 대통령제를 채택했었는가를 살피는 일은 대통령제를 이해하는 데 있어서 매우 중요한 의미를 갖는다고 할 것이다. 한 가지 분명한 사실은 미국연방헌법의 아버지들이 Philadelphia에서 연방헌법에 관한 논의를 할 때 정부형태에 관한 이상적인 모델로서의 의원내각제와 대통령제를 놓고 그 장·단점을 비교한 후에 대통령제를 택한 것은 아니라는 점이다.

영국정치제도 의 모방을 기 피한 이유

즉 대통령제는 영국적 정치상황의 부정적 측면을 거울삼아 이를 긍정적으로 발전시키려는 역사교훈적 산물로서의 성격을 갖는 한편, 제한된 정부의 책임정치를 실현하려는 자유민주주의이념에 뿌리를 두고 탄생된 미국의 독창적인 정부형태라고 볼 수 있다.

미국의 독창 적인 정부형 태

a) 영국헌정의 역사교훈적 영향

먼저 미국연방헌법상의 정부형태에 적지 않은 영향을 미쳤을 것으로 추측되는 필라델피아헌법회의 당시의 영국의 헌정상황은 어떠했었는가? 한마디로 요약하면 미국연방헌법이 제정될 당시의 영국의 헌정상황은 의원내각제가 이론적으로 또 현실적으로 아직 정착되지 않았던 정치적 혼란기였다고 말할 수 있다. 의회다수세력의 지지를 받지 못한 피트(William Pitt) 내각이 계속해서 소수내각

피트 소수내 각 재임시의 정치적 혼란 이 보여준 영 국제도의 부 정적 모습

---

1) 미국연방헌법은 제정 당시 전문 7조로 되어 있었지만, 그 후 27개의 수정조문(Amendments) 이 추가되었다.

2) 미국연방헌법은 헌법사에서 연방국가헌법의 효시로 간주되고 있다. 13개의 국가연합에서 출발한 미국의 역사상 미국의 국가형태가 연방국가일 수밖에 없었던 것은 오히려 불가피한 일이었다고 볼 수 있다.

3) K. Loewenstein에 따르면 연방제도, 공화적 정부형태, 권력분립, 제한된 통치권 행사(limited government), 국민주권주의, 사법권의 우위 등 여섯 가지가 미국연방헌법의 특색이라고 한다.

으로 재임함으로써 야기되는 정치적 혼란(1783년~1784년)과 헤스팅즈(Warren Hastings) 장관을 상대로 한 탄핵소추(impeachment)가 정치의 중심문제로 다루어졌던 18세기 말의 영국정치상황은 Philadelphia에 모인 미국연방헌법의 아버지들에게 영국의 정치제도에 대한 회의를 불러일으키기에 충분했다고 볼 수 있다. 말하자면 소수내각으로 인한 영국의 정치혼란에 대한 생생한 경험과 연방국가의 성격상 안정된 다수세력의 형성이 어려우리라는 직감적 정치전망이 미국연방헌법의 아버지들로 하여금 영국식 정부형태의 채택을 어렵게 했다고 말할 수 있다.

b) 군주제에 대한 반동과 공화제의 책임정치추구

전통적 군주사상의 탈피 및 책임정치의 추구

두 번째로 미국연방헌법의 아버지들이 대통령제를 그 정부형태로 채택한 것은 다분히 유럽의 전통군주제에 대한 항의적 의미를 갖는다고 볼 수 있다. 즉 '왕권신수설'(the divine right of kings)에 입각해서 「왕은 잘못을 저지를 수 없다」(The king can do no wrong)는 유럽식의 전통적인 군주사상이 영국을 비롯한 유럽대륙에서 전제군주제와 제한군주제의 이념적 기초로 작용하고 있었기 때문에 전통적인 군주사상을 탈피해서 신이 아닌 국민으로부터 그 권한을 부여받고 잘못된 권한행사에 대해서는 국민에 대하여 책임을 질 수 있는 정부형태를 마련해 보겠다는 강한 집념이 대통령제를 탄생시킨 또 하나의 사상적 배경이라고 할 수 있다.

군주무책임론의 잔재 청산 통한 대통령 책임강조

아무튼 영국의 정부형태는 '책임지지 않는 왕'의 전통을 유지하면서 의회에 대해 법적·정치적으로 책임질 수 있는 내각을 둔다는 데 그 특징이 있었지만, 미국연방헌법의 아버지들은 '법적으로 무책임한 군주' 대신에 '책임지는 대통령'을 국가원수의 자리에 앉힘으로써 의회에 대해서는 법적인 책임을 그리고 국민에 대해서는 정치적 책임을 지는 대통령중심으로 정치가 행해지도록 모색한 것이다. 미국연방헌법(제1조 제2항 끝절 과 제3항 제6절)에 대통령에 대한 탄핵심판제도를 두어 대통령의 법적 책임을 강조하면서도 그의 국정행위에 대한 부서제도와 국무위원에 대한 불신임제도를 두지 않은 것은 이 두 제도가 무책임한 군주의 존재를 전제로 한 군주제의 잔재라고 믿었기 때문이었다.

c) 자유보호를 위한 '제한된 정부'에의 집념

계몽주의 및 자유주의 사상의 영향받아 제한된 정부추구

세 번째로 미국연방헌법의 아버지들은 계몽주의와 자유주의사상의 영향을 받은 진취적인 국가철학을 가진 사람들이 대부분이었기 때문에 천부적인 국민의 자유와 권리의 보호에 도움이 되는 '제한된 정부'(limited government)를 만들겠다는 의지가 Montesquieu의 권력분립이론을 원색적으로 받아들이게 하고,

그 결과 입법·집행·사법권의 조직적·기능적 독립에 입각한 대통령제를 낳게 했다고 볼 수 있다.

결론적으로 1787년에 제정된 미국연방헌법에 그 기원을 두고 있는 대통령제는 영국의 의회주의적 의원내각제에 대한 반성과 군주제에 대한 반동, 그리고 인간의 자유실현을 위한 '제한된 정부'에의 열망 등이 Montesquieu의 3권분립모델에 따라 제도화된 미국의 독창적인 정부형태라고 말할 수 있다.[1]

미국연방헌법 (1787)에 기 원둔 미국의 독창적 정부 형태

(다) 미합중국대통령제의 내용과 성공요인

a) 헌법상의 제도내용

미합중국의 대통령제는 앞에서 설명한 대통령제의 본질적 요소를 그대로 갖춘 정부형태라는 데 그 표본적인 의미가 있다.

α) 3권분립적 조직의 분리와 독립

미국연방헌법은 국가권력을 입법권·집행권·사법권의 셋으로 나누어, 입법권은 국민이 선거하는 의원으로 구성되는 하원(House of Representatives)과 상원(Senate)에($^{제1}_{조}$),[2] 집행권은 역시 국민(Electoral College)에 의해서 선거되는[3] 대통령에($^{제2}_{조}$), 그리고 사법권은 연방대법원(Supreme Court)과, 의회가 설치하는 기타의 연방하급법원에($^{제3}_{조}$) 나누어서 맡기고 있다. 하원의원과 상원의원의 임기는 각각 2년($^{제1조}_{제2항}$)과 6년($^{제1조\ 제3항,}_{수정\ 제17조}$)이고, 대통령의 임기는 4년($^{제2조}_{제1항}$)이며, 연방대법원의 법관은 상원의 동의를 얻어 대통령이 임명하지만($^{제2조}_{제2항}$) 원칙적으로 종신직(tenure)이다($^{제3조}_{제1항}$). 따라서 조직적인 면에서 입법부·집행부는 완전히 독립되어 있는데, 대통령의 궐위시에 대통령직을 계승하는 부통령을 대통령선거시에 함께 뽑도록 한 것도($^{제2조}_{제1항}$) 집행부조직의 독립성을 보장해 주기 위한

입법·집행· 사법부의 조 직과 상호 독 립성의 유지

---

1) 따라서 대통령제정부형태를 바르게 이해하고 대통령제의 본질적인 내용을 파악하기 위해서는 언제나 대통령제가 나타나게 된 이같은 사상적 배경에 대한 뚜렷한 인식을 갖는 것이 절대적으로 필요하다. 대통령제가 미합중국의 토양에서만 성공할 수 있는 정부형태라고 평가되고, 대통령제가 미합중국 이외의 나라에서 별로 성공하는 사례가 없는 것도 어쩌면 대통령제의 본질적 내용과 그 탄생의 사상적 배경을 무시한 채 대통령제를 지나치게 제도외적 요소와 혼합시키기 때문이라고도 볼 수 있다. 대통령제가 뿌리 내릴 수 있는 책임정치풍토가 조성되고 대통령제에 내재하고 있는 권력분립의 정신과 '제한된 정부'의 이념을 존중하고 실현하려는 강력한 정치도의가 확립되지 못한 사회에 대통령제를 이식하려는 것은 마치 사막에 장미꽃을 심으려는 것이나 다름없다.

2) 미합중국연방헌법의 조문구조는 우리의 헌법조문구조와 달라서 Article, Section, Clause 등으로 나누어져 있지만, 우리의 조문표기 관례에 따라 조, 항, 절 등으로 표시하기로 한다.

3) 미국대통령선거제도가 흔히 간접선거제도라고 불려지지만 오늘날에 와서는 직접선거와 다름없게 그 제도가 변질되었다는 점을 유의할 필요가 있다. 미국대통령선거제도에 대해서 자세한 것은 다음 문헌 참조할 것. 졸고, 대통령직선제, 「월간조선」, 1985년 5월호, 92면 이하; *F. A. Hermens*, Demokratie oder Anarchie? 1951, S. 307ff.; *S. Magiera*, Die Vorwahlen(Primaries) in den Vereinigten Staaten, 1971.

제도적인 장치라고 할 것이다. 양원제의회의 상원과 하원의 조직도 하원은 각 주의 주민 수에 따라, 그리고 상원은 각 주에서 두 명씩 뽑히는 임기가 다른 대표들로 분리해서 구성된다. 다만 사법부에 속하는 최고법원의 구성만은 대통령과 상원의 협력에 의해서 이루어지지만, 최고법원의 법관이 종신직으로 되어 있기 때문에 관직의 독립성이 역시 유지된다고 볼 수 있다. 이같은 입법부·집행부·사법부의 조직의 독립성은 집행부 또는 사법부의 관직과 의원직을 겸할 수 없게 하는 겸직금지규정(제 1 조 제 6 항)에 의해서 강조되고 그 기능과 활동의 독립성으로 이어진다.

β) 3권간의 기능상의 독립

대통령과 의
회활동의 독
립성보장

즉 대통령은 의회에 대해서 탄핵심판절차(하원의 탄핵소추에 의한 상원의 탄핵심판, 제 2 조 제 4 항과 제 1 조 제 3 항 제 6 절)에 의한 법적인 책임을 지는 경우 이외에는 그 임기 동안 그가 임명하고 그에게만 정치적 책임을 지는 그의 집행부구성원(Cabinet)들의 도움을 받아 집행권을 행사하고, 대통령을 비롯한 집행부구성원들은 의회의 입법활동에 간섭할 수 없다(제 1 조 제 7 항). 집행부에 법률안제출권이 없으며, 의원의 요청이 없는 한 의회에 출석·발언할 수도 없고, 대통령에게는 교서에 의한 의견진술권만이 주어진다(제 2 조 제 3 항). 대통령에게 의회해산권이 없는 것과 마찬가지로 의회에게 집행부에 대한 불신임권이 없는 것은 물론이다. 의회활동의 독립성을 보장하기 위해서 의원에게는 불체포특권과 면책특권이 주어진다(제 1 조 제 6 항).

γ) 3권간의 견제·균형장치

상원의 조약
체결비준동의
권과 고위공
무원임명동의
권 및 의회의
예산심의권

미국연방헌법은 이처럼 3권분립이론에 충실해서 3권의 조직적·기능적 독립성을 최대한으로 보장하기 위한 정부형태를 마련하면서도, 또 한편 3권의 '견제·균형'을 위한 메커니즘도 잊지 않고 있다. 대통령의 권한에 속하는 외국과의 조약체결에는 상원출석의원 2/3의 동의를 받도록 하고, 대사·공사·연방대법원법관·기타 고위직공무원의 임명에 상원의 동의를 필수요건으로 정하고(제 2 조 제 2 항), 의회로 하여금 집행부의 예산안 및 재정지출에 대한 심의권을 갖도록 하는(제 1 조 제 7 절 제 9 항) 한편,

대통령의 법
률안거부권
내용

대통령에게는 의회제정법률안에 대한 서명·공포권과 거부권을 인정하고(제 1 조 제 7 항 제 2 절) 있는 것이 바로 그것이다. 즉 대통령은 의회제정법률안에 대해서 이의가 있는 경우에는 법률안의 이송을 받은 날로부터 10일 이내에 그 법률안이 발의된 의회에 환부하고 그 재의를 요청할 수가 있다. 그러나 환부거부된 법률안이라도 양원에서 각각 그 재적의원 2/3의 찬성으로 재의결(override)된 경우에는 그 법률안은 법률로서 확정된다. 환부거부가 허용되는 10일 내에 의회가 회기만료로 폐회케 되는 경우에는 대통령은 그 법률안을 의회

에 환부치 않고 그대로 보류시킴으로써 폐기시킬 수가 있는데 이를 보류거부
(pocket veto)라고 한다. 의회가 재의결할 기회를 갖지 못하는 이 보류거부는
환부거부보다 그 거부의 효력이 강하다고 볼 수 있다. 의회가 이미 그 회기를
끝낸 후에도 대통령은 보류거부 대신에 법률안에 서명할 수 있는지의 다툼에
대해서 연방대법원은 이를 긍정적으로 판결했다.[1] 의회가 아직 회기중인데도
10일 이내에 환부거부되지 아니한 법률안은 자동적으로 법률로서 확정된다. 그
리고 사법부가 행사하는 법률에 대한 위헌심사제도는 미국연방헌법에 명문의
규정은 없지만, 연방헌법($\frac{제6조}{제2절}$)에 명시된 최고법조항(supreme law of the land-
clause)을 근거로 해서 1803년부터 판례로[2] 확립된 헌법전통으로서 입법권에
대한 중요한 견제기능을 하고 있다.

대법원의 위
헌법률심사제
도

b) 대통령제의 성공요인

미국의 대통령제가 의회전제(專制) 내지 대통령독재체제로 변질될 가능성
을 충분히 내포하고 있으면서도 전체적으로 통치기구의 구성원리로서의 제 기
능을 잘 나타내고 있는 이유는 과연 무엇이겠는가?[3] 결론부터 말한다면 미국에
서 대통령제가 성공하고 있는 것은 여러 가지 복합적인 요인들이 함께 작용하
는 결과라고 볼 수 있기 때문에 어느 하나의 요인만을 들어 그 성공요인이라
고 말하기는 어렵다고 생각한다. 그러나 미국대통령제가 성공하는 가장 큰 이
유는 권력분리가 '권력유리'(權力遊離) 현상으로 경직되지 않고, 대통령 또는 상
원의 상대적인 권한증가에도 불구하고 사법권을 비롯한 견제·균형의 메커니즘
이 제대로 그 기능을 발휘하고, 국민의 투철한 '헌법에의 의지'가 무서운 여론
의 힘으로 뭉쳐 통치권행사를 감시하기 때문이라고 볼 수 있다.

여러 요인들
의 복합작용

결국 미국의 대통령제를 성공시킨 요인들을 구태여 열거해 본다면, i) 연
방국가적 구조에 의한 수직적 권력분립의 성공적 정착, ii) 정당을 통한 권력통
합현상을 방지할 수 있는 지방분권적 정당조직의 특수성, iii) 사법권의 강력한
권력통제적 기능, iv) 여론의 강한 정치형성적 기능과 그 input효과, v) 정치인
과 국민의 투철한 민주의식과 현명한 정치감각, vi) 각종 선거의 공정한 시행
을 통한 민주적 정당성의 확보와 평화적 정권교체의 기회보장 등이라고 할 것
이다.[4] 결국 이들 모든 요인들이 서로 보완 내지는 상승작용을 해서 미국의 대

여섯 가지 성
공요인의 상
호보완·상승
작용

---

1) Vgl. Edwards v. United States, 226 U.S. 482(1932).
2) Vgl. Marbury v. Madison, 5 U.S.(1 Cr.) 137(1803).
3) 대통령제의 미국에서의 운용실태에 관해서 자세한 것은 졸저, 전게서, 방주 929 이하 참조
　할 것.
4) 문홍주, 391면 이하, 교수는 미국대통령제의 성공이유로 다음 일곱 가지를 들고 있다. (i) 연방

통령제를 성공시키고 있다고 볼 수 있다. 특히 의원내각제에서와는 달리 의회의 집행부불신임과 집행부에 의한 의회해산이 제도적으로 허용되지 않는 대통령제에서는 입법권과 집행권이 모두 국민으로부터 부여받은 신임을 바탕으로 일정기간 그 권능행사를 자기책임하에서만 행할 수 있기 때문에 권능행사의 절차적 정당성을 확보하기 위한 권력통제의 메커니즘과 임기 만료 후에 그 정치적 책임을 추궁할 수 있는 합리적이고 공정한 선거제도야말로 대통령제의 사활을 좌우하는 관건이 된다고 할 것이다.

효율적 권력 통제, 합리적 선거제도, 분권적·민주적 정당조직의 결핍이 낳는 신대통령제

권력통제의 메커니즘이 제대로 기능하지 않고, 선거제도가 불합리하고 그 운영이 불공정한 정치풍토에서 정당까지 권력통합의 매개체로 작용하는 경우에는 대통령제가 대통령독재체제 내지는 이른바 신대통령제로 변질된다는 사실을 많은 나라의 헌법현실이 웅변으로 증명해 주고 있다. 따라서 대통령제에서는 최소한 권력통제와 평화적 정권교체의 메커니즘이 합리적으로 마련되어 효율적으로 운영되어야 하고, 조직과 기능의 분리라는 제도본질적 이념이 정당을 통한 권력통합현상에 의해서 공동화되는 일이 없도록 정당조직을 지방분권적으로 다원화시킬 필요가 있다. 미국연방헌법상의 대통령제와 그 헌법현실이 우리에게 주는 중요한 교훈이라고 생각한다.

2) 의원내각제

(가) 의원내각제의 의의와 그 본질적 요소

a) 의원내각제의 의의

의회에 책임 지는 내각중 심의 국정운 영

의원내각제(parlamentarisches Regierungssystem, parliamentary government)는 의회에서 선출되고 의회에 대해서 정치적 책임을 지는 내각(cabinet) 중심으로 국정이 운영되는 정부형태를 말한다. 의원내각제는 의회주의와 대의의 이념에 입각한 책임정치를 일상적으로 실현시키는 데 그 주안점을 두기 때문에 의회와 내각의 조직·활동·기능상의 의존성을 지속적으로 지켜나가게 되는 권력분립주의의 실현형태이다. 즉 입법부와 집행부의 상호관계가 '의존성의 원리'에 의해서 규율되는 정부형태로서 '독립성의 원리'에 충실한 대통령제와 대조적이다.

의존성의 원리

b) 의원내각제의 본질적 요소

α) 의존성의 원리에 의한 조직과 활동

제도적 징표

집행부의 장인 수상이 의회에서 선출되고 수상에 의해서 인선되는 각료

제도, (ii) 대통령과 의원임기의 차이, (iii) 상원의원의 독자성, (iv) 정당구조에서의 위계적 규율의 결여, (v) 미국국민이 갖는 고도의 민주주의적 정치교양, (vi) 공정한 선거, (vii) 법원의 헌법수호기능.

들이 수상의 정책지침에 따라 구체적인 집행업무를 담당하지만, 수상과 함께 언제나 의회에 대해서 그 정치적 책임을 지는 것이 의원내각제의 제도적 징표이다. 따라서 i) 의회의 내각불신임권과 내각의 의회해산권, ii) 의원직과 각료직의 겸직허용, iii) 내각의 법률안제출권과 각료의 자유로운 의회출석·발언권, iv) 내각 내에서의 수상의 우월적 지위, v) 잠재적인 여당으로서의 소수의 보호제도 등은 의원내각제의 본질적 요소에 속한다. 의회와 내각은 그 조직과 기능이 상호 의존적이어서 의회의 신임을 받지 못하는 내각이 존속할 수 없고, 의회도 수상에 의해 해산될 수 있을 뿐 아니라 내각은 의회다수당 내지 다수세력의 정책집행기구로서의 성격을 갖기 때문에 의회와 내각의 상호관계는 마치 '협동적이고 병렬적인 통합관계'와도 같다고 볼 수 있다. 수상과 의회의 임기가 상대적 의미를 갖게 되는 것은 그 때문이다.

의회와 내각은 협동적·병렬적 통합관계

β) 집행기관의 조직모체로서의 의회

국민이 선출하는 의원들의 의회가 집행기관의 조직 모체로 기능하고 또 통치기구 내에서 중심적인 좌표를 차지하기 때문에 의원내각제는 의회주의[1]의 가장 순수하고도 직접적인 표현형태로 평가된다. 의원내각제에서 의회활동의 공개성과 자유토론 등 의회주의의 기본원리가 특히 강조되는 이유도 그 때문이다.

의회가 집행기관의 조직모체

γ) 통합 및 견제의 요소

대통령제에서의 견제·균형의 메커니즘은 주로 '조직과 기능분리'라는 '독

'분리 및 견

---

1) '의회주의'는 민주적 정당성에 바탕을 두는 의회로 하여금 국가의사결정의 원동력이 되게 하려는 정치원리를 뜻하기 때문에 원칙적으로 '의원내각제'와 동의어가 아니다. '의회주의'는 정치원리이고 '의원내각제'는 정부형태원리 내지 권력분립의 실현형태를 의미하기 때문이다.

또 '의회주의'와 '의회민주주의'라는 개념도 엄격한 의미에서는 구별하는 것이 좋다. 왜냐하면 '의회민주주의'는 흔히 '의원내각제'를 지칭하는 개념으로 사용되기도 하지만, '의회주의'는 정부형태면에서는 중립적인 개념이기 때문이다.

그러나 '의회주의'·'의회민주주의'·'의원내각제'가 개념적으로 혼용되는 경향이 없는 것도 아니다. 특히 K. Loewenstein처럼 의회주의의 본질을 의회와 집행부의 실질적인 상호 견제수단에서 찾고 의회의 정부불신임권과 정부의 의회해산권을 의회주의의 제도적 징표라고 이해하는 경우에는 의회주의는 즉 의원내각제의 대명사에 지나지 않게 된다. 그러나 Loewenstein도 의회의 정부불신임권과 정부의 의회해산권만으로 의회주의가 되는 것이 아니고, 신대통령제처럼 두 요소를 갖추었어도 대통령의 권한이 강화된 경우에는 의회주의라고 볼 수 없다는 점을 강조한다. 결국 Loewenstein은 의회주의를 '기관간의 통제'(Inter-Organ-Kontrolle)수단인 불신임권과 해산권이 제도상으로 뿐 아니라 헌법현실에서도 제대로 기능하는 의원내각제와 동의어로 이해한다.

Vgl. *K. Loewenstein*, Zum Begriff des Parlamentarismus, in: K. Kluxen (Hrsg.), Parlamentarismus, 5. Aufl.(1980), S. 65ff.(67).

또 Bracher는 의원내각제와 의회민주주의를 동일시하면서, 대통령제와 대칭적인 것으로 이해한다.

의회주의에 관해서 자세한 것은 졸저, 전게서, 방주 937의 각주 문헌 참조할 것.

립성의 원리'를 전제로 해서 통치기관간의 협동적 정책결정을 촉진시키기 위한
제도로서의 성격을 갖는 것이지만, 의원내각제에서의 견제·균형의 메커니즘은
의회와 내각의 조직과 기능의 의존성을 전제로 해서 다수에 대한 소수의 통제
효과를 높이기 위한 제도로서의 성격을 갖게 된다. 대통령제가 '분리 및 견제'
의 정부형태라면 의원내각제는 '통합 및 견제'의 정부형태이기 때문에 견제의
메커니즘이 주로 다수에 대한 소수의 통제장치적인 의미를 갖게 된다는 데 그

특징 있다. 의원내각제에서의 '다수와 소수의 상호관계' 및 '소수의 보호'가 기
능적 권력통제의 관점에서 대통령제에서보다 더 큰 의미를 갖게 되는 것도 그
때문이다.

δ) 상징적인 국가원수

말하자면 의원내각제는 '통합'과 '갈등'의 적절한 조화 속에서 그 진가를
나타낼 수 있는 정부형태이기 때문에 '통합'을 지속시키고 '갈등'을 건설적인 방
향으로 유도하기 위한 상징적인 국가원수가 필요하게 되는데, 입헌군주제에서
의 '군주', 공화제에서의 대통령이 의원내각제에서 그러한 상징적인 국가원수로
서 기능하게 된다. 따라서 상징적이면서 정치적으로는 중립적인 국가원수의 존
재가 의원내각제에서는 불가결한 제도의 내용으로 간주된다.

ε) 의회내 안정세력의 필요성

또 의원내각제는 내각의 조직과 활동이 의회의 세력분포에 따라 직접적
인 영향을 받기 때문에 의회 내에 안정세력이 확보되어 내각을 정치적으로 뒷
받침해 주는 것이 제도의 성공적인 운용을 위해서 반드시 필요하다. 군소정당
의 난립보다 소수의 대정당제도가 정착할 수 있는 합리적인 선거제도 등의 마
련이 의원내각제의 전제조건으로 강조되는 이유도 그 때문이다.

ζ) 직업공무원제도의 확립

끝으로 의원내각제는 의회의 내각불신임권과 내각의 의회해산권 때문에
정국의 불안정을 가져올 소지가 특히 큰 관계로 정치적으로 중립적인 위치에서
집행업무를 담당해 나가는 직업공무원제도가 필수요건으로 간주된다.

(내) 의원내각제의 유래와 발전 및 그 사상적 기초

a) 의원내각제의 유래

의원내각제는 의회정치의 모국인 영국에서 유래하는 것으로 전해지고 있
다. 즉 찰스 1세(Charles I) 때 소위 '장기의회'(Long Parliament, 1640~1649)에
의해서 확립된 의회우위의 회의정부제(assembly government)가 의원내각제의 기
원이라고 전해진다. 따라서 의원내각제는 영국에서 입헌군주제 내지 공화정

(1649~1660)이 확립된 17세기에 그 모습이 드러난 정부형태라고 말할 수 있다.[1]

b) 의원내각제의 제도적 정착 및 발전

영국의 헌정사에서 '의원내각제'의 골격이 어느 정도 갖추어진 것은 국왕과 의회의 마지막 실력대결이 의회의 승리로 끝나고 선거제도와 의회제도의 개혁이 단행되기 시작한 1832년 후였다고 보는 것이 옳을 것이다. 특히 1867년과 1884/5년에 이루어진 선거권의 확대와 선거제도의 민주화 및 그에 따른 정당조직의 정비는 중앙당의 통제력과 정당규율이 강화되어 정당소속의원들의 의회 내의 행동통일이 보장되면서부터 영국의 정부형태는 비로소 오늘과 같은 의원내각제[2]의 제 모습을 갖추게 되었다고 할 것이다. 영국에서 의원내각제가 처음에는 의회우위제도에서 출발해서 내각우위의 내각책임제로 발전하게 된 과정과 원인은 다음과 같다.

의회의 정치적 승리 및 선거제도와 의회제도의 민주적 개혁, 정당조직의 정비

α) 의회우위제도의 성립

1832년부터 시작된 여러 차례(1867년과 1884/5년)의 선거제도의 개혁에 의해서 선거권이 점점 확대되어[3] 종래 봉건제후들의 독무대였던 의회(하원)에 재력이 있는 시민계급의 참여가 가능해지면서부터 하원(Commons)이 마치 사회적·경제적 엘리트들의 집합장으로 간주되게 되었다. 하원을 중심으로 하는 의회주권이 확립되는 중요한 사회심리적 전제조건이 충족된 셈이었다. 따라서 국가의 모든 중요한 정치적 정책결정과 정책통제기능은 말할 것도 없고, 국민의 시선도 당연히 하원으로 집중되는 의회중심의 통치기틀이 마련된 것이다. 통치구조 내에서 차지하는 하원의 이같은 우세한 지위 때문에 내각은 흡사 하원의 한 집행위원회와 같은 지위를 벗어나기 어려웠다.

선거권확대와 하원의 엘리트집단화가 가져온 하원의 우세한 지위

내각의 집행위적 지위

β) 내각책임제로의 발전과 그 원인

그러나 시간이 흐름에 따라 정치의 현실은 내각의 지위를 점점 향상시켜 결국에 가서는 오늘날과 같은 내각우위의 내각책임제로 발전하게 되었는데, 그 주요원인으로서는 특히 다음 네 가지를 들 수 있다고 할 것이다.

① 산업사회화에 따른 입법수요의 증가 및 전문입법의 필요성   산업혁명의 영향으로 인해서 사회구조가 변하고 산업에 종사하는 노동자 및 서민계급의 권리의식 및 발언권이 커지고, 다원화된 산업사회의 여러 가지 정책수요에 부응하기 위한 국가작용의 영역이 질·양면에서 넓어짐에 따라 하원의 입법작

산업사회가 요구하는 전문입법분야에서의 내각의 주도권과 발언권 강화

---

1) 자세한 것은 졸저, 전게서, 방주 939 이하 참조할 것.
2) 오늘날 영국의원내각제의 실제 모습에 대해서는 다음 문헌 참조할 것.
   J. Harvey/L. Bather, The British Constitution, 2. Aufl.(1970).
3) 영국에서 선거제도가 완전히 민주화되어 보통·평등선거제도가 확립된 것은 1918년부터였다.

용도 그만큼 전문화되고 신속해질 수밖에 없었다. 하원의 전통적인 의사규칙과 회의진행방법에 여러 가지 혁명적인 개혁이[1] 이루어진 것도 그 때문이었다. 하지만 하원의 제도적인 개혁에도 불구하고 하원 혼자서 이같은 시대적 요청을 충족시키기에는 그 전문성의 면에서는 넘을 수 없는 일정한 한계가 있었기 때문에 전문적인 입법분야에서의 내각의 주도권과 발언권이 상대적으로 커지게 되었다. 또 내각은 내각대로 전문적인 입법수요와 법률집행의 원활한 수행을 위해서 전문적인 행정기구의 마련에 노력하게 되어 'Civil Service'라는 전문적인 관료조직이 처음으로 생기게 되었다.[2] 영국에서 직업공무원제도의 효시라고 볼 수 있는 이 'Civil Service'의 탄생은 의원내각제의 정착에도 큰 의미를 갖는다.[3]

전문적 관료조직의 역할

    ② 선거제도의 민주적 개혁에 따른 정당조직의 정비   선거권의 꾸준한 확대와 비밀선거(Ballot Act, 1872) 등 선거제도의 민주적 개혁에 발맞추어 진행된 정당조직의 정비 및 정당규율의 강화를 들 수 있다. 선거구중심의 산만하던 정당조직이 중앙당중심으로 정비되어[4] 중앙당의 통제력과 지도력이 커지고 정당소속의원들의 이탈표(cross-voting)가 줄어들었을 뿐 아니라 정당의 당수가 수상을 겸하는 관례에 따라 수상이 하원의 다수당을 이끌게 되었다는 점이다. 일종의 '정당정부'(party government)가 형성된 것이다. 따라서 수상을 중심으로 하는 내각은 하원다수당의 간부회의와 같은 성격을 띠게 되어 모든 중요한 정책결정이 실질적으로 내각에서 이루어지고 하원은 내각이 마련하는 정책 내지 법률안을 단순히 형식적으로 추인만 하는 일종의 통법부로 전락될 수밖에 없었다. 영국의 의원내각제가 흔히 '내각책임제'(Cabinet Government)라고 불려지는

중앙당의 통제력·지도력 강화에 따른 정당정부의 출현

내각은 하원 다수당의 간부회의, 하원의 추인기관 (통법부)화

---

1) 예컨대 하원의장(Speaker)에 의한 토론중단(Closure, 1882), 다수당에 의한 토론종결신청 (Guillotine, 1887), 본회의를 줄이기 위한 상임위원회(Standing Committee)의 설치, 예산토론의 단축(Balfour, 1896), 긴급입법을 이유로 하는 의원발언권의 제한(Rules of Urgency, 1902) 등이 그것이다. Dazu vgl. *Lord Campion*, An Introduction to the Procedure of the House of Commons, 3rd ed.(1958), S. 36ff.

2) 영국에서 행정개혁의 산물이라고 볼 수 있는 "Civil Service"라는 관료조직은 1825년부터 1875년 사이에 정착된 것으로 전해지고 있다. Vgl. dazu *Oliver Mac Donagh*, The Nineteenth-Century Revolution in Government: A Reappraisal, Historical Journal Ⅰ, 1958, S. 52ff.

3) 정치적으로 중립적인 'Civil Service'가 조직되어 법률집행과 모든 행정업무를 중립적이고 독자적으로 수행해 나가는 전통이 확립됨으로 인해서 비로소 의원내각제의 본질적 요소라고 볼 수 있는 내각의 불신임과 의회해산이라는 통치의 메커니즘이 국가정책의 계속성이라는 측면에서 큰 위험부담 없이 제대로 기능할 수 있었기 때문이다.

4) Disraeli가 이끄는 보수당(Tories)의 중앙당(National Union)은 1872년에, 그리고 Chamberlain을 당수로 하는 자유당(Whigs)의 중앙당(National Liberal Federation)은 1877년경에 생긴 것으로 전해지고 있다. Vgl. dazu *Ivor Bulmer-Thomas*, The Growth of the British Party System, Bd. 1, 1965.

이유도 그 때문이다.

③ **정당정치의 발달로 인한 선거의 국민투표적 성격** 또 정당정치의 발달과 여론정치의 실현으로 인해서 하원의 구성을 위한 선거의 성격과 양상이 지역구입후보자의 인물을 중심으로 하는 인물선거에서 정당과 정당의 리더(leader)에 대한 국민투표적 선거로 변질되었다는 점도 꼽을 수 있다. 선거에서 다수당이 된 정당의 지도자는 마치 국민에 의해서 직선된 영도자처럼 강력한 민주적 정당성을 인정받아 의회와 내각의 실질적인 리더가 될 뿐 아니라, 정치의 실력자로 클로즈업되어 국민의 신임과 존경을 받게 되었다. 영국의 수상은 내각의 수반일 뿐 아니라, 원내다수당의 사령탑이고 여당의 당수로서의 지위를 겸하는 강력한 지위를 가질 뿐 아니라, 수상의 내각인선에 대한 국왕의 거부권이 사실상 폐지되고, 수상의 요청이 있으면 국왕에 의해서 당연히 의회가 해산되는 헌정전통이 1850년 이래 확립되어 영국의 수상은 명실공히 영국 통치질서 내에서 가장 강력한 헌법상의 지위와 권한을 행사하게 되었다. 오늘날 영국의 의원내각제가 '수상정부제'(Prime Ministerial Government)라고 평가되는 것도 충분한 이유가 있다고 할 것이다.

④ **내각과 국민과의 직접적인 유대관계 형성** 하원선거의 성격과 양상이 국민투표적인 방향으로 바뀜으로 인해서 내각의 하원에 대한 의존성보다는 내각의 여론과 선거인에 대한 의존성이 더욱 커져서, 의원내각제에서 예상하지 않던 내각과 국민과의 직접적인 유대관계가 형성되었다는 점도 주목을 요하는 점이다. 이같은 현상은 정당당수가 선거전에서 직접 국민 속에 파고드는 대중상대적 선거운동과 대정당에게 유리한 1구 1인의 상대적 다수선거제도($^{1885년}_{이래}$)에 의해서 더욱 가속화되었을 뿐 아니라, 국민의 직접적인 심판을 기대하는 수상의 하원해산권에 의해서 더욱 굳어졌다고 볼 수 있는데, 어쩌면 하원의 지위와 발언권을 약화시키고 영국의 의원내각제를 '내각책임제' 내지는 '수상정부제'로 발전시킨 결정적인 이유일는지도 모른다.

이처럼 영국의 헌정에서 정당정치의 발달과 함께 정치의 중심이 개개 의원으로부터 정당으로 옮겨지고, 정당을 통한 권력통합현상으로 인해 통치의 주도권이 하원에서 수상에게로 넘어가는 과정에서 의원내각제의 불가결한 본질적 요소라고 볼 수 있는 여론 및 공개정치의 전통과 야당의 보호에 관한 헌법전통이 확립되었다는 점도 잊어서는 아니된다.[1]

중간 여백의 소제목:
- 정당당수(수상후보)에 대한 국민투표로 변질된 하원선거
- 수상의 지위 강화로 인한 수상정부제 출현
- 내각의 선거인에 대한 의존성 증가와 국민과의 직접적 유대형성
- 하원의 지위와 발언권의 상대적 약화
- 여론 및 공개정치전통과 야당보호전통 확립

---

[1] 영국헌정에서의 여론 및 공개정치의 실현과 야당보호제도의 확립에 관해서 자세한 것은 졸저, 전게서, 방주 946 및 947 참조할 것.

전통주의와
실용주의의
조화 속에 단
계적으로 확
립된 토착성
과 전통성 강
한 정부형태

결론적으로 영국의 의원내각제는 17세기에 그 기원을 두고 18세기의
Walpole에서 20세기의 처칠(W. Churchill)에 이르기까지 오랜 세월에 걸쳐 '타
성'(惰性)과 '발전' 그리고 '전통주의'와 '실용주의'의 적절한 조화 속에서 꾸준히
단계적으로 확립된 정부형태이기 때문에 그 제도의 생명력과 시대적응력이 특히
강하다고 볼 수 있다. 영국의회의 기원을 11세기의 대회의(Magnum Concilium,
Great Council)[1]에서 찾는다면 영국의 의원내각제는 거의 900년에 걸친 의회정
치의 산물이라고 말할 수도 있기 때문에 1787년 연방헌법의 제정에 의해서 그
골격이 일시에 마련된 미국의 대통령제보다도 토착성과 전통성이 훨씬 강한 정
부형태라고 평가할 수 있다. 영국의원내각제의 모방에 일정한 한계가 있는 것
도 바로 그 강한 토착성과 전통성 때문이다.

c) 의원내각제의 사상적 기초[2]

α) 절대군주에 대항한 영국의회의 전통과 법수호기관적 성격

전통적 권한
수호 위한 의
회의 노력과
의회의 보통
법수호기능

영국의 의회정치에서 유래하는 의원내각제는 오랜 세월에 걸친 헌법관
행의 산물로서, 주로 절대군주(Stuart왕조)에 대한 항의적 이데올로기로서의 성
격을 띠고 생성·발전된 제도라고 볼 수 있다. 즉 의회가 절대군주와 맞서서
싸운 것은 주로 오랜 관행에 의해서 형성된 전통적인 의회의 권한을 지키기
위한 것이었기 때문에 영국의회는 정치적인 대의기관이었다기보다는 보통법의
전통을 지키기 위한 법심의기관으로서의 성격이 강했다고 할 것이다.

β) 정교분리와 의회의 정치기관으로의 변신

명예혁명 때
의 정치의 탈
종교화 및 의
회의 정치기
관화

본래 절대군주에 대항하는 법수호기관으로서 기능하던 영국의회가 정치
적 기관으로 탈바꿈한 것은 명예혁명(1688년) 때였다. 국가와 교회의 상호관계
에 있어서 종교와 정치를 분리하는 정교분리의 원칙이 싹트고 신앙의 자유주의
가 고개를 들기 시작한 것이다.

물론 이같은 정치발전은 당시에 꽃을 피운 자연과학의 발달($^{Newton의}_{법칙 등}$)과 그에 영향
을 받은 경험주의(Bacon), 공리주의(Calvin) 등에 의해서 촉진되었을 뿐 아니라 이
탈리아에서 건너온 마키아벨리(Machiavelli)적인 정치사상에 자극받았던 것도 부인
할 수 없다. 이들 사상의 복합적인 영향과 시대조류의 흐름에 따라 정치가 인간공
동생활을 합목적적으로 형성해 나가기 위한 수단으로 인식되고, 종교를 지키기 위
한 국가의 기능 대신에 국가와 사회를 지키기 위한 교회의 사명이 강조되게 되었
다. 말하자면 희랍철학적인 자유의 열정과, 신교적인 종교의 자유와, 칼빈교적인

---

1) 'Magnum Concilium'은 왕족과 왕측근귀족으로 구성되어 국왕의 국사를 자문하고 사법권을 행
   사하던 영국의 원시적 형태의 의회였다.
2) 자세한 것은 졸저, 전게서, 방주 949 이하 참조할 것.

공리주의와 Machiavelli적인 정치사상이 함께 작용해서 정치를 세속화시킨 셈이다.

그 결과 정치의 투쟁적 성격과 정책경쟁적 의미가 일반적으로 인식되어 의회가 정치의 무대로 바뀌고 의회에서의 자유토론과 정책비판의 자유가 폭 넓게 인정되었다.

γ) 대립주의의 영향

그런데 17세기 후반부터 18세기에 걸쳐 영국에서 활발히 전개된 정치의 본질에 관한 다양한 이론추구도 영국적인 의회민주주의의 발전에 중요한 사상적 기초가 되었다는 점을 잊어서는 아니된다.

해링튼의 대립주의이론의 영향

즉 해링튼(Harrington)[1]은 그의 자유주의적 국가구조론(Oceana, 1655년)을 통해서 자유국가란 주권이 제한되는 국가가 아니라 베니스(Venice)처럼 주권이 여러 기능영역으로 나누어져서 주권이 형평을 이루는 'equal system'의 나라를 뜻하기 때문에 통치기능도 '토론'과 '결정'의 두 기관으로 나누어 '슬기'(wisdom)와 '이해'(interest)가 서로 견제와 교정역할을 하도록 해야 한다고 주장했다. 즉 이해관계의 대립은 정치에 있어서도 상호 견제와 상호 교정의 최상의 정치를 가능케 한다고 한다. 의회의 운영도 이해관계의 대립을 통한 상호 견제와 상호 교정이 이루어질 수 있어야 좋은 정치를 기대할 수 있기 때문에 이해의 대립을 전제로 한 의회에서의 자유토론이야말로 좋은 정치를 실현하기 위한 필수요건이라고 한다. 이처럼 '대립주의'(Antagonismus)를 자유주의적 국가구조의 이상모델로 생각한 Harrington의 정치사상은 17/8세기 영국의 정치이론을 대표하는 것으로서, 그 당시 '지배와 피지배', '법치와 자의', '힘과 법', '질서와 자유'의 대립관계를 정치의 본질로 이해하는 것이 Bacon, Hobbes, Milton, Temple, Halifax, Davenant 등 모든 정치사상가들의 공통된 태도였다.

이해관계대립은 상호견제와 교정에 의한 최상의 정치실현 전제

δ) 국가 및 정치현상에 대한 인간학적·도덕심리학적 이해와 야당의 지위 향상

정치의 본질을 '대립주의'의 시각에서 이해하고 정치현상에 내재하는 2원주의적 요소를 중요시하는 18세기의 사상적 경향은 그 당시 심리주의(Psychologismus)에 바탕을 두고 유행하던 심리학적 또는 인간학적인 정치학과도 불가분의 관계에 있다는 점을 소홀히 할 수 없다.

감성과 이성의 갈등구조(2원주의)는 인간과 국가의 본질적 요소

국가현상을 인간의 생리 내지 인간심리의 차원에서 설명하려고 노력하던 당시의 심리학적 또는 인간학적인 정치학은 인간과 국가를 그 본질면에서 같은 것으로 보고

---

1) Vgl. *James Harrington*, The Oceana and the Other Works, Ed. Toland, 1737; *A. E. Levett*, Harrington, in: F.J.C. Hearnshaw (Ed.), The Social and Political Ideas of some great Thinkers of the 16th and 17th Century, 1929, S. 193f.

인간의 심리 속에 작용하는 '감성'(passion)과 '이성'(reason)의 대립과 갈등이 국가에도 마찬가지로 나타난다고 믿었다. 인간이 '감성'(passion) 및 '충동'(appetite)과 '이성'(reason)의 끊임없는 대립과 갈등에 의해서 비로소 도덕적 인간이 되는 것처럼 국가도 이상적인 도덕국가가 되기 위해서는 '감성' 및 '충동'적인 부분과 '이성'적인 두 부분으로 구성되는 것이 불가피하다고 보았다.

대립주의와 2원주의가 야당의 지위를 강화

아무튼 국가와 정치현상을 이처럼 인간학적·도덕심리적인 관점에서 설명하려던 당시의 정치사상은 앞에서 말한 '대립주의'와 함께 영국의 의회주의발전에 큰 영향을 미쳐, 정권을 둘러싼 '분열'과 '대립'과 '갈등' 속에서도 조화를 이룰 수 있는 영국 의회민주주의의 사상적 기초가 되었다고 할 것이다. 정치사상적 '대립주의'와 인간심리에 바탕을 두는 도덕철학적인 '이원주의'(Dualismus)가 영국의 의회정치에서 야당의 통치기능적 지위를 크게 높이고, 불법 내지 위법을 이유로 하는 탄핵적 문책 대신에 실정 내지 부도덕을 이유로 하는 내각불신임이 여론의 적극적인 지원에 의해서 의회정치의 확고한 관례로 확립되면서 영국의 의회민주주의는 튼튼한 뿌리를 내리게 되었다.

ε) 보통법에 수용된 자연법사상과 야당의 지위향상

보통법원리에 의해 강화된 야당의 여당 비판기능

결국 영국의원내각제의 기틀이 된 야당의 지위향상은 사상적으로는 '대립주의'와 국가현상에 대한 인간학적·심리학적 접근방법에서 나온 도덕철학적인 '이원주의'에 힘입은 바 크다고 볼 수 있지만, 영국의 보통법에 의해서 수용된 자연법원리도 야당의 지위와 통제기능을 강화시키는 데 큰 사상적 지주가 되었다는 점을 간과할 수 없다. 즉 「누구도 자신의 심판관이 될 수 없다」는 영국보통법의 원리 때문에 영국의 헌정에서 정권과 무관한 야당은 객관적인 입장에서 여당의 심판관이 될 수 있다는 자연법적인 논거와 도덕적인 권위를 인정받을 수 있었다.

자신을 심판할 수 없는 인간은 타인을 심판하기에는 가장 적합한 속성을 지니고 있기 때문에, 정권에 관여하지 않는 야당이 여당을 심판하는 것은 영국의 전통적인 도덕철학 내지 보통법의 원리와도 조화된다는 논리이다. 그 결과 야당은 일종의 '국민의 당'으로서 전체국민의 입으로 기능할 뿐 아니라 '국민의 감각'을 대변하는 것으로 인정받게 된 것이다.

대립주의·2원주의·자연법 사상에 기초 회민주주의

이렇게 볼 때 영국의회민주주의는 정치적 대립과 갈등을 자유민주주의의 불가결한 기본요소로 생각하고, 정치의 순화를 위해서 야당활동의 보호가 반드시 필요하다는 '대립주의'와 '이원주의' 그리고 '자연법'사상에 그 기초를 두고

발전해 온 통치기구의 조직원리라고 결론지을 수 있다. 영국의회의 오랜 법전
통과 17/8세기에 전성하던 유럽의 여러 사상적 흐름이 조화를 이루어 나타난
영국의 의원내각제는 16/7세기의 종교적 분열이 18세기의 사상적 통일을 거쳐
19세기의 '다원 속의 통합' 내지는 '갈등 속의 통합' 형태로 발전된 의회민주주
의의 가장 대표적이고 성공적인 표본이라고 할 것이다.

의원내각제의
성공적 표본

(다) 프랑스의 의원내각제

의회와 내각의 조직·활동·기능상의 의존성을 그 본질로 하는 의원내각제
는 프랑스헌정사에서도 찾아볼 수 있는데, 프랑스 제 3 공화국(1875~1940)과 제
4 공화국(1946~1958)의 정부형태가 바로 그것이다. 또 현재의 프랑스 제 5 공화
국(1958~) 정부형태도 대통령의 직선을 위한 헌법개정이 단행된 1962년까지는
의원내각제적 성격이 적지 않았다고 볼 수 있다.[1]

a) 프랑스 제 3 공화국의 의원내각제

프랑스 제 3 공화국헌법의 제정자들은 적어도 의도적으로는 의회의 지위와
권한을 직전의 과도기(1871~1875) 정부형태에서보다 크게 약화시킴으로써 의회
와 내각의 세력균형이 실제로 실현될 수 있는 의원내각제를 모색했다고 볼 수
있다. 그러나 그러한 헌법제정자들의 의도가 반드시 그대로 제도화된 것은 아
니었다. 왜냐하면 두 차례의 Napoleon 절대권력을 경험한 프랑스 사람들의 피
속에는 집행권의 강화에 대한 일반적인 혐오감이 자리잡고 있었기 때문이다.

의회지위약화
통한 의회와
내각의 세력
균형 모색

b) 프랑스 제 4 공화국의 의원내각제

제 2 차 세계대전이 끝나고 1946년에 제정된 프랑스 제 4 공화국헌법은 제
3 공화국의 경험을 토대로 집행부의 지위와 권한을 강화함으로써 의회의 일방
적 독주를 방지함과 동시에 대통령의 자의적 내각구성권을 제한함으로써 대통
령의 독재를 예방하기 위해서 제 3 공화국의 의원내각제를 다소 변형시키는 정
부형태를 채택했다.

의회의 독주
및 대통령독
재 예방 모색

c) 프랑스 제 5 공화국의 정부형태

강력한 실력자인 드골(de Gaulle)에 의해서 주도된 프랑스 제 5 공화국헌법
(1958년)[2]은 제 3·4 공화국헌정의 경험을 거울삼아 집행권을 강화시키는 데 주
안점을 두고 그 정부형태를 마련했기 때문에 제도적으로 앞서 있던 두 공화국

집행권 강화
모색 및 직선
제개헌 후의
신대통령제적

---

1) 프랑스헌정사에 나타나는 정부형태의 구체적인 제도내용과 그 운용실태에 관해서 자세한 것은
   졸저, 전게서, 방주 955 이하 참조할 것.
2) 드골헌법은 헌법상의 제정절차를 벗어나 비정상적인 국민투표(79.2%의 지지율)에 의해서 제
   정되었다. 그 자세한 제정경위에 대해서는 vgl. *K. Loewenstein*, Verfassungslehre, 3. Aufl.
   (1975), S. 94f., 431.

의 의원내각제와는 다른 점이 많다. 특히 대통령의 직선제개헌이 단행된 1962년 이후의 현 프랑스정부형태는 신대통령제(Neo-Presidentialism)적 요소가 강하기 때문에 의원내각제와는 다르다.[1] 그런데 1962년까지의 정부형태도 Loewenstein[2]에 따라 순수한 의원내각제가 아니고 '순화(제어)된 의원내각제' 또는 '규제된 의원내각제'라고 보는 경우에는 프랑스에서의 참된 의원내각제적 경험은 이미 제 4 공화국에서 끝났다고 할 수 있다.

(라) 독일의 의원내각제

a) 바이마르공화국의 정부형태

다양한 평가

독일헌정사상 최초의 공화국인 바이마르공화국은 영국 또는 프랑스에서와는 달리 뚜렷한 의회정치의 전통과 경험도 없이 오로지 군주제의 폐지와 민주정치의 집념만 가지고 그 헌법을 제정했기 때문에 그 정부형태에 있어서도 전혀 새로운 시도였다. 바이마르공화국 정부형태의 성격에 관해서는 학자간에도 견해가 갈려 '의원내각제',[3] '절름발이의원내각제',[4] '혼합형의원내각제',[5] '부진정의원내각제',[6] 또는 '이원정부제'[7] 등 다양한 표현이 사용되고 있지만, 학자들의 공통된 의견은 전통적인 순수형태의 의원내각제로 볼 수는 없다는 점이다.[8]

b) 독일의 의원내각제

바이마르경험
에서 나온 발
전적 변화

제 2 차 세계대전 후 서독과 통일 후(1990년)의 독일은 기본법(Grundgesetz)에 의해서 의원내각제를 그 정부형태로 채택하고 있는데[9] 독일의 현의원내각제는 바이마르공화국의 정부형태를 바탕으로 그 제도적인 모순과 결함을 시정한 것으로서 바이마르의 제도적 경험이 그 바탕이 되고 있는 것은 의심의 여

---

1) 2008. 7. 21. 헌법개정 후에도 마찬가지다. 더 자세한 개정내용은 졸저, 전게서, 방주 959 및 960 참조할 것.
2) Vgl. *K. Loewenstein*, a.a.O., S. 94, 103.
3) So *G. Anschütz*, Kommentar zur WRV, Art. 54 Anm. 1; *H. Peters*, Geschichtliche Entwicklung und Grundfragen der Verfassung, 1969, S. 82f.
4) So *R. Thoma*, HdbDStR Ⅰ, S. 504.
5) So *C. Schmitt*, Verfassungslehre, 5. Aufl.(1970), S. 340f.
6) So *K. Loewenstein*, *a.a.O.*, S. 90ff.
7) So *K. Loewenstein*, *a.a.O.*, S. 90ff.
8) 바이마르공화국 정부형태의 제도내용과 운용실태에 관해서 자세한 것은 졸저, 전게서, 방주 962 및 963 이하 참조할 것.
9) 독일통일은 서독이 동독을 흡수하는 흡수통일의 방법을 택했기 때문에 일부 개정·폐지·신설된 조문(전문(개정), 제51조 제 2 항(개정), 제146조(개정), 제135a조 제 2 항(신설), 제143조(신설), 제23조(폐지))를 제외하고는 서독기본법이 그대로 통일독일의 기본법으로서의 효력을 갖고 있는데 정부형태면에서는 전혀 달라진 점이 없다. 독일기본법은 통일 후에도 여러 차례(최후개정 2014. 12. 23.) 개정되었지만 정부형태의 변화는 없다. 중요한 개정내용은 졸편저, 독일통일의 법적 조명, 1994, 249면 이하 참조.

지가 없다. 그러나 독일기본법상의 의원내각제는 바이마르헌법의 정부형태와는 그 본질과 내용이 전혀 다르다는 점을 잊어서는 아니된다. '의원내각제'라는 정부형태의 유형으로 평가하기가 어려웠던 것이 바이마르의 제도였다면, '의원내각제'의 본질적 요소를 모두 갖추고 있는 것이 독일의 현정부형태이기 때문이다. Loewenstein처럼 독일의 정부형태를 '통제적 의원내각제'(kontrollierter Parlamentarismus)라고 부르면서 그 '민주적 권위'(demoautoritär)의 요소를 지적하는 사람이 있긴 하지만,[1] 그것은 어디까지나 프랑스 제 3·4 공화국의 고전적 형태와의 제도적인 차이를 강조하기 위한 것이지, '의원내각제'의 본질을 문제삼기 위한 것은 아니라고 할 것이다.

통제적 의원내각제

아무튼 독일의 현의원내각제는 그 제도의 내용면에서 선례가 없는 독창적인 것임에 틀림없고, 또 오늘과 같은 독일의 정치안정을 이룩하는 데 결정적인 기여를 한 제도라는 점에 이의가 있을 수 없다. 그러나 정부형태 하나만으로 독일의 안정된 헌정질서를 단순화시키는 것은 옳지 못하다고 생각한다. 자유민주적 기본질서, 기본권의 직접적 효력과 국가권력기속, 사회적 법치국가원리, 연방국가적 구조, 광범위한 통제기능을 갖는 헌법재판제도, 민주적 정당국가원리와 선거제도 등이 함께 조화를 이루어 독일의 헌법질서를 형성하고 있어, 이들 여러 헌법상의 원리 내지 제도와 정부형태가 서로 기능적인 보완효과를 나타냄으로써 오늘의 정치안정이 이룩되었다고 보는 것이 옳다.[2]

독일제도의 독창성과 정치안정의 요인

헌법상 원리와 정부형태의 기능적 보완

3) 대통령제와 의원내각제의 구조적 허실(장·단점 비교의 상대성)

㈎ 연혁적·본질적 차이

대통령제와 의원내각제는 연혁적으로 각각 다른 역사적 상황 속에서 생성·발전된 것이기 때문에 그 제도의 이념과 본질면에서 차이가 있는 것은 당연하다. 대통령제가 미국적인 건국의 상황 속에서 Montesquieu의 3권분립사상의 영향을 받아 국가권력을 조직과 기능면에서 완전히 분리함으로써 분리를 통한 견제·균형을 실현하기 위한 권력구조로 마련된 것이라면 의원내각제는 영국이 자랑하는 의회정치의 역사적인 전통 속에서 대의의 이념과 군권제한이라는 입헌주의의 요청에 따라 책임정치의 실현을 위한 권력구조로 발전된 것이었기 때문에 그 제도의 기능적 메커니즘이 다를 수밖에 없다. 대통령제에서 그 본질적인 내용으로 요구되는 집행권과 입법권의 조직과 활동상의 독립성이 의

생성환경 및 제도의 이념·본질상의 차이

---

1) Vgl. dazu *K. Loewenstein, a.a.O.,* S. 92ff.
2) 독일의 정부형태의 제도내용과 그 운용실태에 관해서 자세한 것은 졸저, 전게서, 방주 964 이하 참조할 것.

원내각제에서는 오히려 이질적인 요소로 배척되는 이유도 그 때문이다. 따라서 대통령제와 의원내각제는 그 순수한 형태만을 놓고 볼 때, 어느 의미에서는 구조적으로 정반대의 제도라고도 볼 수 있다. 대통령제의 강점이라고 볼 수 있는 사항들은 의원내각제의 약점이 될 수도 있고, 또 그 반대의 현상이 일어날 수도 있다.

형태적인 상 반성

(내) 두 정부형태의 이른바 장·단점의 상대성

하지만 두 제도의 구조적인 허실(虛實)을 지나치게 고정관념만으로 평가하는 것은 옳지 않다고 생각한다. 일반적으로 대통령제의 장점이요 의원내각제의 단점이라고 지적되는 정국안정의 문제만 하더라도, 오늘의 독일헌법현실이 보여 주듯이 대통령제에 못지 않게 정국이 안정되는 의원내각제도 있을 수 있기 때문이다. 또 대통령제의 장점이라고 강조되는 의회다수세력의 횡포방지와 소수보호의 문제도 구조적으로는 오히려 의원내각제에서 잠재적인 다수로서의 야당의 보호를 통해 소수보호가 제도적으로 더욱 강력히 실현되고 있다는 점을 잊어서는 아니된다. 의원내각제의 장점으로 거론되는 능률적인 국정의 운영과 책임정치의 실현, 민주적 정당성의 강화 등은 임기제에 의해서 주기적인 선거가 행해지고 평화적 정권교체가 보장되는 대통령제에서도 마찬가지로 나타나는 현상들일 뿐 아니라, 대통령제의 단점으로 꼽히는 국력분산과 국력소모적인 정치투쟁과 정치혼란은 군소정당이 난립한 의원내각제에서 더욱 심화될 수 있다. 나아가 의회다수당과 집행부의 정치적 동질성으로 인한 독재정치의 위험성은 두 제도가 모두 간직하고 있는 구조적인 허점으로서 대통령제에서는 정당조직의 유연성과 지방분권을 통해서, 그리고 의원내각제에서는 기능적 권력통제의 메커니즘을 통해서 보완하고 대처할 수밖에 없는 일이다. 또 대통령과 의회가 정면대결로 치닫는 극한적인 정치상황을 전제로 중재기관의 결핍이 흔히 대통령제의 단점으로 지적되면서 의원내각제의 상징적인 군주나 국가원수의 중재자적 기능이 바로 이 제도의 장점으로 찬양되기도 하지만, 의원내각제의 상징적인 국가원수가 그러한 극한적인 정치상황 속에서 실질적인 중재기능을 한다는 것은 하나의 이상에 불과할 뿐 아니라, 극한적인 정치상황을 몰고 온 근본원인에 대한 정치적인 타협 없이는 어떠한 중재적 기능도 그 실효를 기대하기 어렵다고 할 것이다. 끝으로 의원내각제의 장점으로 간주되는 '인재기용기회증대'도 단명내각을 염두에 둔 다분히 희망적 관점의 색채가 농후할 뿐 아니라 정당제도가 합리적으로 마련된 정치풍토에서는 그 점에 있어서 대통령제와 큰 차이가 있다고 보기는 어렵다.

구조적 허실 의 상대성과 비정형성

(다) 두 정부형태의 구조적 우열론의 한계

이렇게 볼 때, 종래 대통령제와 의원내각제의 장·단점으로 거론된 여러 가지 현상과 논리형식은 경직된 전통적인 고정관념의 산물로서 그 타당성과 설득력에 한계가 있다는 점을 지적하지 않을 수 없다. 정부형태로서의 대통령제와 의원내각제가 어떤 절대적인 정형이 아닌 것처럼 두 제도의 구조적 장·단점도 상대적인 성격밖에는 가질 수 없다는 점을 간과해서는 아니된다. 정부형태가 한 나라의 통치질서 내에서 차지하는 통치기능적인 의미 및 다른 제도들과의 기능적인 관련성을 무시한 채 정부형태를 단순히 하나의 자기목적적인 제도만으로 생각하는 제도중심의 사고방식과 거기에서 나오는 양 제도의 장·단점에 관한 천편일률적인 표피적 설명[1]은 이제 지양되는 것이 옳다고 생각한다. 대통령제와 의원내각제는 제도적인 면에서 그 어느 것도 타 제도에 대한 구조적 우수성을 주장할 수 없다고 보아야 한다. 어느 것이나 그 제도의 본질적 요소를 존중하고 헌법상의 다른 제도 내지 원리와 조화될 수 있도록 체계정당성에 따라 마련되고 운용된다면 정치안정을 기대할 수 있다는 점을 명심하고 합리적인 제도의 마련에 힘쓰는 것이 두 제도의 구조적인 우열을 따지는 일보다 훨씬 중요하다고 할 것이다.

전래적 장·단점논리의 허구성과 한계

절대적인 구조적 우열론의 지양

(2) 절충형정부형태

1) 절충형정부형태의 의의

절충형정부형태란 일정한 제도적 요소를 그 본질로 하는 특정한 유형의 정부형태를 말하는 것이 아니고, 대통령제와 의원내각제를 변형시켰거나 두 제도의 요소를 적절히 혼합시킨 모든 정부형태의 집합개념이다. 따라서 대통령제와 의원내각제를 제외한 나머지 정부형태는 모두가 절충형정부형태라고 볼 수 있다.

두 제도요소 혼합시킨 모든 정부형태의 집합개념

2) 절충형정부형태의 다양성과 그 변형의 한계

대통령제와 의원내각제를 변형시키거나 두 제도의 요소를 적절히 혼합시켜 제 3 의 정부형태를 마련하는 것은 물론 가능하고 또 나라의 정치상황에 따라서는 오히려 바람직할 수도 있다. 다만 문제는 두 제도를 변형시키거나 혼합시키는 데 있어서 변형 및 혼합의 한계와 헌법상의 체계정당성을 엄격히 지켜야 한다는 점이다. 제 3 의 정부형태로서의 이른바 절충형정부형태가 많은 나라에서 실패하게 되는 가장 큰 원인 중의 하나가 체계정당성의 원리를 무시한

혼합의 한계로서의 체계정당성의 원리

---

1) 예컨대 문홍주, 388면, 395면; 김철수, 879면, 881면.

무리한 변형과 혼합 때문인데, 바이마르공화국의 정부형태가 그 대표적인 예이다. 사실상 순수한 대통령제 또는 의원내각제는 그 발생국에서나 원형대로 찾아볼 수 있는 정부형태이기 때문에 오늘날 세계 대다수 국가의 정부형태는 따지고 보면 이 두 제도를 변형시켰거나 혼합시킨 절충형이 그 주종을 이루고 있다고 보아야 한다.

절충형의 다 양한 표현형 식

바이마르공화국의 정부형태를 둘러싸고 '부진정의원내각제'·'혼합형의원내각제'·'이원정부제'·'절름발이의원내각제' 등 다양한 개념이 사용되고, 프랑스 제5공화국의 정부형태가 '신대통령제'·'반대통령제'·'공화적 군주제' 등으로 불려지는 이유도 그들 제도의 절충적 성격을 나타내기 위한 것이지, 어떤 새로운 유형의 정부형태를 징표하기 위한 것은 아니라고 할 것이다. 바이마르식의 절충형이 의원내각제를 바탕으로 하고 있다면, 현 프랑스식의 절충형은 대통령제를 그 기본으로 삼고 있다는 인식에서 나온 학자들의 개념장난에 불과하다. 또 우리나라의 일부 헌법학자[1]에 의해서 거론되는 이른바 '이원적 집정부제' 내지 '이원정부제'도 결코 새로운 제도나 이론이 아니고 바이마르제도에 관한 Loewenstein의 설명과 개념을 그대로 받아들이고 있는 것에 지나지 않는다.[2]

3) 절충형정부형태의 기본유형과 그 구별기준

따라서 정부형태의 분류에 있어서 3권분립이론을 바탕으로 해서 그 기준을 집행부와 입법부의 상호관계에 두고 두 기관 사이의 '독립성'과 '의존성'을 중요시하는 경우에는 대통령제·의원내각제·절충형의 세 가지 유형이 있을 따름이다. 다만 절충형의 경우, 그 변형과 혼합의 정도에 따라 다시 i) 변형된 대통령제 내지는 대통령제중심의 절충형과, ii) 변형된 의원내각제 내지는 의원내각제중심의 절충형을 구별할 수는 있을 것으로 보인다. 전자는 대통령제를 기본으로 의원내각제적 요소를 가미한 제도이고 후자는 그 반대의 경우이다. 기본이 되는 제도가 어느 것이냐를 판단하는 것이 경우에 따라서는 쉽지 않을 수도 있지만, i) 국민의 직접적인 민주적 정당성에 그 존립의 기초를 두는 국가원수가 존재하는지의 여부, ii) 집행권의 실질적인 담당자가 누구인지, iii) 조직·활동·기능적인 면에서 입법기관과 집행기관 사이에 독립성과 의존성의 어느 쪽이 더 강조되고 있는지 등을 종합적으로 검토하면 대통령제와 의원내각제

변형된 대통 령제와 변형 된 의원내각 제 및 그 구 별기준

---

1) 예컨대 문홍주, 395면 이하; 김철수, 882면 이하; 권영성, 724면 이하.
2) 따라서 문홍주, 395면 이하, 교수가 구태여 이원정부제와 절충형을 개념적으로 구별하려고 하는 것은 의미가 없다고 생각한다. 왜냐하면 집행부의 이원적 분권도 절충형의 개념으로 충분히 커버될 수 있기 때문이다.

중 어느 것이 중심이 되고 있는지 구별이 될 수 있다고 생각한다. 이같은 판단
기준에 따른다면 예컨대 우리 현행헌법상의 정부형태를 비롯해서 현 프랑스 제
5 공화국과 핀란드(1919년 헌법)의 정부형태는 '대통령제중심의 절충형'에 속하
고, 현 오스트리아의 정부형태는 의원내각제중심의 절충형이라고 볼 수 있다.

Ⅲ. 정부형태의 다원적 분류이론

3권분립이론을 바탕으로 통치권의 세 가지 유형인 입법권·집행권·사법권
의 조직·활동·기능상의 상호관계가 구체적으로 어떻게 제도화되고 있는가를
기준으로 하는 고전적이고 전통적인 정부형태의 2원적 분류(대통령제와 의원내각
제)와는 달리 국가권력의 이념적·제도적 표현형태를 기준으로 해서 정부형태를
다원적으로 분류하려는 이론이 있는데, Loewenstein의 다원적 분류이론[1]이 그
대표적인 것이다.[2]

국가권력의
이념적·제도
적 표현형태
를 기준으로
한 분류

(1) Loewenstein의 다원적 분류이론

Loewenstein은 국가권력의 분산 여부를 기준으로 해서 정치체제(politisches
System)를 우선 전제주의(Autokratie)와 입헌민주주의(konstitutionelle Demokratie)[3]
의 둘로 크게 나누면서, 전제주의정치체제하에서는 국가의 통치권이 유일한 통
치기관에 독점되어 정책결정과 정책집행의 구별이 없을 뿐 아니라 효율적인 권
력통제장치가 없는 것이 그 특징이라고 한다.[4] 그에 반해서 입헌민주주의정치

전제주의와
입헌민주주의
의 정치체제
구분

---

1) Darüber vgl. *K. Loewenstein*, Verfassungslehre, 3. Aufl.(1975), S. 50ff., 67ff.
2) 그 밖에도 '정부형태'(Regierungsform)와 정치체제(politische Form, politisches System)를 같
   은 차원에 두고 정치체제에 속하는 자유민주주의·권위주의·공산주의·전제주의 등을 정부형태
   의 분류와 연관시키려는 이론적인 시도가 있긴 하지만, '정부형태'와 '정치체제'를 동일시하는
   그 출발점부터가 잘못된 것이기 때문에 여기서는 고려의 대상에서 제외하기로 한다. Vgl. dazu
   Th. Stammen, Regierungssysteme der Gegenwart, 3. Aufl.(1972); *M. Duverger*, Institutions
   Politiques et Droit Constitutionnel, 7. ed.(1963); *S. E. Finer*, Comparative Government,
   1970, S. 66ff.; *B. Crick*, Basic Forms of Government, 1973, S. 11ff.; 권영성, 761면 이하.
3) *K. Loewenstein* 자신이 비민주주의적인 '입헌주의'(Konstitutionalismus)가 있을 수 있다고 지
   적하면서, '입헌주의'와 '입헌민주주의'(konstitutionelle Demokratie)를 개념적으로 구별해야 한
   다고 강조하면서도 '전제주의'에 대칭되는 개념으로 '입헌주의'라는 개념을 사용하고 있는 것은
   전후 모순이 아닐 수 없다. 따라서 '전제주의'와 대칭으로 사용하는 '입헌주의'는 언제나 '입헌
   민주주의'로 쓰기로 한다. Vgl. *K. Loewenstein, a.a.O.*, S. 67f.
4) *K. Loewenstein*은 전제주의정치체제를 지칭하는 여러 가지 개념형식(Diktatur, Despotismus,
   Tyrannei, Polizeistaat, Totalitarismus, Autoritarismus)의 유사성에 언급하면서 전제주의를 다
   시 크게 '권위체제'(autoritäres Regime)와 '전체체제'(totalitäres Regime)로 나눈다. 전자는 정
   치권력이 독점되고 국가의사결정과정에서 국민이 소외되는 정치체제인 데 반해서, 후자는 정
   치생활에서뿐 아니라 사회생활과 도덕생활의 영역에까지 국가가 정하는 일정한 이데올로기를

체제하에서는 국가의 통치권이 상호 독립한 여러 통치기관에 분산되어 국가의
정책결정이 이들 여러 통치기관의 협동에 의해서만 이루어지게 되는데, 국가정
책의 결정과 집행 및 통제가 이들 여러 통치기관의 어떠한 상호작용에 의해서
행해지느냐에 따라 다시 입헌민주주의의 상이한 여러 가지 정부형태가 나타난
다고 한다.

입헌민주주의
의 공통요소
와 그 다양한
실현형태

즉 Loewenstein의 견해에 따르면 주권재민사상에 따라 모든 권력이 국민
으로부터 나오고 통치권행사가 언제나 국민의 의사에 따라 행해지며, 자유롭고
공정한 선거를 통해서 사회 내의 여러 정치세력간에 정권경쟁이 이루어지고,
국가권력이 의회와 집행부와 국민의 3원주체에 의해서 형성되고, 국가권력이
여러 권력주체에 분산되어 이들 권력주체 상호간에 상호 교차적인 권력통제가
행해지는 것이 입헌민주주의에 속하는 모든 정부형태의 공통분모에 해당된다고
한다. 결국 이 공통분모에 속하는 사항들이 현실적으로 어떻게 구체화되고 제
도화되느냐에 따라 입헌민주주의의 다양한 정부형태가 나타나게 되는데, 특히

국가권력의 3
주체의 지위
에 따른 구분

국가권력의 세 주체(의회·집행부·국민) 중에서 누가 우월한 지위를 갖게 되느냐
하는 것이 정부형태구별(분류)의 중요한 기준이 된다고 한다. 하지만 Loewen-
stein도 순수한 정부형태보다는 여러 정부형태의 요소가 혼합된 모자이크정부
형태가 주종을 이루고 있다고 하는 점과, 모든 나라에 적용되는 최상의 정부형
태가 있을 수 없다는 점을 특히 강조한다.

입헌민주주의
의 6가지 기
본유형

그러면서도 Loewenstein은 '직접민주주의'(unmittelbare Demokratie)·'회의정
부제'(Versammlungs-Regierung)·'의원내각제'(Parlamentarismus)·'내각책임제'
(Kabinett-Regierung)·'대통령제'(Präsidentialismus)·'집정부제'(執政府制, Direktorial-
regierung)[1]의 여섯 가지를 입헌민주주의정부형태의 기본유형으로 꼽는다.[2]

명령과 권력적 강제수단으로 관철시키려는 명실공히 전체적인 권력추구의 체제라고 한다. 따
라서 무제한한 경찰권력과 일당주의는 전체주의의 불가결한 요소인데 개혁 전의 소련과 중국
을 비롯한 이른바 인민민주주의를 표방하는 공산국가와 이탈리아의 파시즘, 나치시대의 독
일 등이 그 대표적인 예라고 한다. Loewenstein의 설명에 따르면 '권위체제'는 '절대군주제'
(absolute Monarchie)와 Napoleon식의 정치체제(국민투표적 황제체제(Bonapartismus, Napoleons
plebiszitärer Cäsarismus)), 그리고 신대통령제(Neopräsidentialismus)의 세 가지 유형으로 세
분되는데, 프랑스의 루이 14세, 보나파르트 나폴레옹의 통치체제, 터키의 케말파샤(Kemal
Pascha)체제가 각각 그 대표적인 예라고 한다. Vgl. darüber *a.a.O.*, S. 52~66.

1) 스위스의 정부형태를 칭하는 '집정부제'란 용어는 일본학자들의 개념사용을 우리 학자들이 그
대로 받아들인 것인데 Loewenstein이 사용하는 영어의 'Directory Government'나 독어의
'Directorial-Regierung'은 우리 말로는 오히려 '대표정부제' 또는 '위원회정부제'라고 옮겨 쓰는
것이 좋다고 생각한다. 그러나 고정관념에 사로잡힌 독자들의 개념상의 혼란을 덜어 주는 의
미에서 이 책에서도 '집정부제'란 개념을 함께 사용키로 한다.

2) Loewenstein이 제시하는 정부형태의 여섯 가지 기본형의 내용에 관해서는 졸저, 전게서, 방주
977~984 참조할 것.

나아가 Loewenstein은 모든 권력주체에게 국가권력이 균등하게 배분되어 권력주체간에 절대적인 균형관계가 유지되는 이른바 '이상적인 정부형태'의 꿈은 초기입헌민주주의 이래 하나의 꿈으로 끝나고, 정치상황에 따라 입법부와 집행부가 서로 번갈아 우월적 지위를 갖게 되는 것이 헌정사의 현실인데 궁극적으로는 집행부의 강화와 입법부의 약화가 세계적인 추세라는 점을 지적한다.

입법부와 집행부의 우월성 경쟁

(2) 비 판

정부형태에 관한 Loewenstein의 다원적 분류이론은 정치동태를 중요시하는 그의 헌법이론과 Montesquieu의 고전적 3권분립이론 대신에 국가기능을 정책결정과 정책집행 그리고 정책통제로 나누는 그의 기능분리이론에 바탕을 두고 시도되는 새로운 시각임에 틀림없다. 또 비교헌법 내지는 비교정부론의 차원에서 가치 있는 연구임도 부인하기 어렵다. 하지만 Loewenstein의 분류이론은 다음과 같은 다섯 가지 점에서 비판을 면하기 어렵다고 생각한다.

정치동태론 내지 기능분리이론에 기초

비교헌법학적 연구성과

1) 정치체제와 정부형태의 동일시

우선 그는 정치체제와 정부형태를 같은 선상에 두고 이론을 전개하고 있다. 정부형태는 권력분립주의의 조직적·구조적 실현형태를 뜻하는 것으로서 통치기구의 한 조직원리에 지나지 않기 때문에 그 자체에 어떤 독자적인 목적이 있다기보다는 기본권으로 징표되는 공감대적 가치를 최상의 방법으로 실현함으로써 정치적 일원체의 국민적 통합을 달성하기 위한 하나의 수단이요, 통치를 위한 기관의 구성원리에 지나지 않는다. 반면에 정치체제는 헌법에 의해서 규범적으로 또 현실적으로 표현되는 헌정질서의 정치학적 대명사에 해당하기 때문에 정부형태와는 그 개념형식과 개념효용이 전혀 같지 않다. 따라서 한 나라에 대한 정치체제적인 평가가 언제나 정부형태적인 평가와 일치한다고 볼 수는 없는데도 Loewenstein은 이 두 가지를 같은 차원에서 평가함으로써 정치학적 개념형식과 헌법학적 개념형식을 엄격하게 구별치 않고 있다는 비난을 면하기 어렵다고 생각한다. 이같은 방법론상의 비판은 정치체제와 정부형태를 같은 것으로 간주하고 출발하는 다른 다원적 분류이론에도 그대로 적용된다고 할 것이다.

정치학적 개념형식과 헌법학적 개념형식을 혼동

2) 정치현상중심의 이론

제도의 평가
보다 정치현
상에 대한 정
치분석적 성
격

Loewenstein의 다원적 분류이론은 지나치게 정치현상을 중요시하는 동태론적 성격이 짙어서 정태적인 제도의 평가와 분류라기보다는 오히려 여러 나라의 정치현상에 대한 정치분석적인 경향이 짙다. 물론 헌법상의 제도와 원리를 논함에 있어서 헌법현실로 불려지는 정치현상을 완전히 도외시할 수도 없고 또 그것이 바람직한 일도 아니지만, 우선은 제도가 평가의 기준이 되어야지 정치현상이 그 출발점이 되어서는 아니된다고 생각한다. 그러나 이 점은 정치동태학적 헌법이론을 추구하는 Loewenstein으로서는 불가피한 일일지도 모른다.

3) 분류의 기교적 색채

지나친 기교
적 색채

Loewenstein의 다원적 분류이론은 다분히 기교적 색채가 농후하다. 그 대표적인 예가 영국의 정부형태를 의원내각제에서 독립시켜 따로 내각책임제로 분류하고 있다는 점이다. 그가 어차피 의원내각제를 하나의 집합개념으로 이해함으로써 고전적 의원내각제, 이원정부제, 통제적 의원내각제, 순화된 의원내각제 등을 모두 의원내각제의 상이한 표현형태로 간주한다면 왜 영국의 제도만은 구태여 따로 이 테두리에서 분리시켜야만 하는 것인지 그 설득력이 약하다고 생각한다.

4) 모델선정의 주관성

모델 선정의
비객관성 내
지 자의성

Loewenstein의 다원적 분류이론은 서구선진제국과 옛소련 등의 일부 공산국가가 그 모델이 되고 있는데, 그 모델의 선정이 지극히 자의적이라는 인상을 씻어버리기 어렵다. Loewenstein처럼 특정국가의 정치체제를 그 이론정립의 기초로 삼는 경우에는 모델의 선택에 따라 그 이론체계도 달라질 수 있는 위험성을 배제하기 어렵다는 점을 지적하지 않을 수 없다.

5) 이론전개의 일관성 결여

Loewenstein의 다원적 분류체계는 그 이론전개와 예시면에서 부분적으로 일관성이 결핍되어 있다. Loewenstein은 한편 '신대통령제'(Neopräsidentialismus)를 전제주의정치체제의 한 유형으로서의 '권위체제'(autoritäres Regime)에 귀속시키면서도 또 한편 프랑스의 현 제5공화국정부형태에 '신대통령제'라는 개념을 부여하고 있기 때문이다. 그러나 프랑스의 현정치체제는 전제주의라기보다는 입헌민주주의정치체제라고 보는 것이 보다 합리적이라고 생각한다.

결론적으로 Loewenstein의 다원적 분류이론은 따지고 보면 정부형태에 관한 전통적인 2원적 분류이론을 토대로 대통령제와 의원내각제의 다양한 운용실태에 따라서 두 형태를 다원화시킨 것이라고도 볼 수 있기 때문에 전혀 새로운 이론적인 시도라고 보기도 어렵거니와, 그 방법론적인 문제점을 비롯한 여러 가지 모순과 결함 때문에 일반적인 이론으로서 인정받기는 더욱 어렵다고 할 것이다. 다만 정치동태적인 측면에서 그리고 비교헌법적인 차원에서 볼 때 참고의 가치는 충분히 있다고 생각한다.[1]

일반론으로서의 이론적 한계와 비교헌법학적 가치

IV. 대한민국의 정부형태

우리나라가 지금까지 채택했던 정부형태는 제 2 공화국(1960년)의 의원내각제를 제외하고는 거의 모두가 대통령제와 의원내각제의 요소를 집권자 내지는 실력자의 기호에 따라 임의로 혼합시킨 절충형이었다는 데 그 공통적인 특징이 있다. 또 지금까지의 모든 정부형태가 절충형이었지만, 대통령제와 의원내각제의 요소를 혼합시키거나 변형시키는 데 있어서 헌법이론상의 체계정당성의 원리보다는 일정한 정치목적달성을 더욱 중요시했기 때문에 그 정부형태적인 기능면에서 적지 않은 문제점을 노출시키고 말았다는 점도 하나의 공통된 현상이었다. 사실상 지금까지의 우리 헌정사는 합리적인 제도와 슬기로운 운용의 역사였다기보다는 모순된 제도와 강권적인 운용의 역사였다고 보는 것이 솔직한 평가라고 생각한다. 아래에서 지금까지의 헌정사를 통해 나타난 정부형태의 내용과 그 문제점을 개관해 보기로 한다.

의원내각제 (제 2 공화국) 와 절충형

체계정당성보다 정략적 의도에 따른 제도변형 및 그 운용

(1) 제 1 공화국의 정부형태

제 1 공화국(1948~1960년)에서는 정부형태에 손을 대는 두 차례의 개헌으로 인해서 정부형태가 자주 바뀌었는데 그 내용은 다음과 같다.

---

1) 더욱이 Loewenstein이 프랑스의 현 제 5 공화국정부형태를 비롯한 터키의 케말파샤(Kemal Pascha)정권, 독일의 Hitler Nazi정권, 페론(Perón)정권을 위시한 많은 라틴아메리카의 정치체제, 이집트의 나세르(Nasser)정권, 월남의 고디엠(Ngo Diem)정권, 한국의 이승만정권 등을 모델로 제시하고 있는 '신대통령제' 내지는 '공화적 군주제'(Megalokratie)라는 새로운 정부형태의 개념이라든지, '군사독재'현상에 대한 정치체제적인 연구는 오늘날 많은 정치적 후진국의 정치현상을 설명하고 이해하는 데 큰 이론적인 기여를 하고 있는 것이 사실이다.

1) 최초헌법상의 정부형태

(개) 제도내용

국회선출대통령이 집행권의 실질적 담당자, 입법부와 집행부의 의존적 요소

우리의 건국헌법에 해당하는 제 1 공화국의 최초헌법(1948년)이 채택한 정부형태적 구조는 다음과 같았다. i) 대통령은 국회에서 임기 4년으로 간접선거되고 집행권의 실질적인 담당자로 기능하며 국회에 출석·발언하고, 법률안제출권을 갖지만, 국회에 대해서 정치적인 책임을 지지 않았다. ii) 대통령유고시에 그를 계승할 부통령을 두었다. iii) 대통령에 의해서 임면되는 국무총리와 국무위원이 국무원을 구성해서 중요국책을 의결하는데, 대통령의 국무총리임명에는 국회의 승인을 받아야 했다. iv) 국무총리와 국무위원의 국회의원직 겸직이 허용되었고, 국회출석·발언권, 법률안제출권 등이 인정되었다. v) 대통령의 국무에 관한 행위는 국무총리와 관계국무위원의 부서를 받도록 했다. vi) 대통령은 법률안에 대한 거부권을 가졌다.

(나) 평가 및 문제점

대통령제중심의 절충형

우리의 최초헌법이 택한 정부형태는 대통령제와 의원내각제의 요소를 혼합한 절충형 중에서도 '대통령제중심의 절충형'이라고 평가할 수 있지만,[1] 다음과 같은 문제점이 지적될 수 있다고 생각한다. i) 첫째 집행부와 입법부의 조직상의 의존성(국회의 대통령선출·국무총리임명승인·겸직허용)은 철저하게 제도화하면서도 집행부와 입법부의 활동·기능상의 의존성은 거의 도외시함으로써 견제·균형의 메커니즘이 전혀 마련되어 있지 않은데다가 국회에 대해서 전혀 책임을 지지 않는 대통령에게 법률안거부권만을 줌으로써 대통령의 국회에 대한 지위를 일방적으로 강화시켜 힘의 균형이 처음부터 고려되지 않았다는 점이다. ii) 둘째 집행부의 법률안제출권, 국회출석·발언권 등 입법절차에의 참여가 폭 넓게 허용되고 있는데도 불구하고 또다시 대통령에게 법률안거부권을 주는 것은 불필요한 제도일 뿐 아니라 국회의 입법기능을 약화시키고 집행부의 권한을 강화시켜 주는 결과를 초래하게 되었다는 점이다. iii) 셋째 대통령이 행정권의 수반으로서 실질적인 집행권자인데도 불구하고 또다시 국무총리를 둠으로써 행정구조상 불필요한 2원구조를 만들었을 뿐 아니라 국회의 승인을 받아 임명되는 국무총리를 대통령이 임의로 해임시킬 수 있도록 했는데 이것은 대통령제와 의원내각제요소를 잘못 혼합시킨 체계정당성의 결함이었다.

견제·균형장치 결핍, 법률안거부권, 국회기능 약화, 행정부의 2원구조

---

1) 동지: 예컨대 문홍주, 405면; 권영성, 735면.
　이견: 예컨대 김철수, 884면, 교수는 의원내각제의 요소를 가미한 대통령중심제라고 평가한다.

2) 제1차 개헌(발췌개헌) 후의 정부형태

(개) 제도내용

i) 대통령과 부통령은 임기 4년으로 국민이 직접선거토록 직선제를 도입했다. ii) 국회를 단원제에서 양원제로 고쳤다. iii) 국무총리는 여전히 대통령이 임명하고 국회의 승인을 받아야 하지만, 국무위원은 국무총리의 제청에 의해서 대통령이 임명토록 했다. iv) 국회의 국무원에 대한 불신임제도를 신설해서 국무총리와 국무위원의 연대책임과 개별책임을 제도화했다.

대통령직선제, 양원제, 국무원불신임제

(내) 평가 및 문제점

제1차 개헌 후의 정부형태도 개헌 전과 마찬가지로 여전히 '대통령제중심의 절충형'이라고 평가할 수 있을 것으로 보인다.[1] 그러나 집행부의 불필요한 2원구조라든지, 집행부의 입법절차 참여의 길이 열려 있는데도 대통령의 법률안거부권이 인정된 점 등은 여전히 문제점으로 남게 된 셈이다. 다만 집행부와 입법부의 활동·기능상의 의존성을 높이기 위한 국회의 국무원불신임제도를 신설한 것은 발전적인 개선으로 보여지지만, '견제·균형의 메커니즘'에서 불신임제도와 표리의 불가분한 관계에 있는 국회해산권이 배제됨으로써 집행부와 입법부의 '힘의 균형관계'가 합리적으로 유지되었다고 보기 어렵다. 더욱이 대통령이 갖는 국무총리임명권 때문에 국무총리의 국무위원제청권이 실질적으로는 유명무실해지고 대통령의 직선제에 의해서 그 민주적 정당성이 강화된 대통령의 권한만을 더욱 크게 해 주는 결과를 초래해서 실질적인 집행권의 귀속처라고 볼 수 있는 대통령의 통치기구 내의 좌표만을 필요 이상 격상시키는 셈이 되고 말았다. 말하자면 대통령직의 '성역화'가 실현된 셈이다.

대통령제중심의 절충형

국회해산권 없는 불신임제, 불균형한 견제장치, 대통령직의 성역화

3) 제2차(사사오입) 개헌 후의 정부형태

(개) 제도내용

i) 국무총리제를 폐지함으로써 집행부의 구조를 일원화시켰다. ii) 국회의 국무원에 대한 연대적 불신임제를 폐지하고 국무위원 개개인에 대한 개별적 불신임제만 두었다. iii) 국무위원의 국회의원겸직허용, 집행부의 법률안제출권, 국회출석·발언권 등을 그대로 두었다. iv) 대통령의 법률안거부권도 계속 유지시켰다. v) 일정한 국정사안(주권의 제약 또는 영토의 변경을 가져올 국가안위에 관한 중대사안)에 대한 국민투표제를 도입

국무총리제폐지, 개별적 불신임제, 국민투표제 도입

---

1) 동지: 예컨대 문홍주, 405면.
   이견: 예컨대 김철수, 884면, 교수는 바이마르형의 '이원정부제'라고 평가한다.

했다.

(나) 평가 및 문제점

이른바 사사오입개헌으로 불려지는 제 2 차 개헌 후의 정부형태는 의원내
각제적인 요소가 많이 줄어들기는 했지만, 여전히 '대통령제중심의 절충형'이었
다고 볼 수 있다.[1] 왜냐하면 불신임제, 겸직허용, 법률안제출권, 국회출석·발언
권 등 의원내각제의 본질적 요소에 속하는 사항들이 그대로 남아 있기 때문이
다. 집행부의 2원구조를 지양하고 대통령제에서처럼 대통령중심의 일원적인 구
조로 바꾼 것은 대통령제로의 접근을 의미하는 것이긴 했지만, 허다한 의원내
각제적 요소가 그대로 남아 있는 한, 그것을 대통령제로 평가할 수는 없다고
생각한다. 집행부에게 법률안제출권, 국회출석·발언권 등 입법참여기회를 보장
하면서도 대통령의 법률안거부권을 여전히 존속시킨 점이라든지, 대의제도의
후퇴를 의미하는 국민투표제를 새로이 도입함으로써 국회의 대의기능을 약화시
킨 점 등은 제 2 차 개헌 후의 정부형태가 갖는 문제점으로 지적될 수 있고, 이
와 같은 문제점 때문에 정부형태의 운영면에서 Loewenstein이 말하는 신대통
령제의 방향으로 변질되었다면 그것은 제도의 문제라기보다는 헌법현실의 문제
라고 보는 것이 옳을 것이다.

(2) 제 2 공화국의 정부형태

학생주도 4·19혁명에 의해서 탄생된 제 2 공화국헌법(1960년)은 비록 단명
이긴 했어도 우리 헌정사상 의원내각제를 채택한 유일한 헌법이었다.

1) 제도내용

제 2 공화국헌법이 채택한 의원내각제의 주요내용은 다음과 같았다. i) 국
가의 원수이며 의례상 국가를 대표하는 대통령은 양원합동회의에서 간접선거되
는데, 의례적이고 형식적인 권한만을 갖는 것이 원칙이었지만, 국무총리를 지
명하고, 헌법재판소심판관을 임명함은 물론 정부의 계엄선포요구에 대한 거부
권을 행사하고, 위헌정당에 대한 정부의 해산제소를 승인하는 등 예외적으로
실질적 권한도 몇 가지 갖고 있었다. ii) 실질적인 집행권은 국무총리를 수반으
로 하는 국무원에 속했는데 국무총리는 대통령이 지명해서 민의원의 동의를 얻
어 임명하고 국무위원은 국무총리가 임면하여 대통령이 이를 확인했었다. iii)

**대통령제중심
의 절충형(내
각제요소 감
소)**

**유일의 의원
내각제**

**간선대통령,
양원제, 국무
총리와 국무
위원과반수
의원직 겸직,
불신임권과
해산권, 헌법
재판소**

---

1) 국내의 대다수 헌법학자들은 '신대통령제'로 평가하는 Loewenstein의 견해에 동조하는 것 같
다. 예컨대 문홍주, 406면; 김철수, 885면; 권영성, 1993년판, 633면.

대통령의 국무상 행위는 원칙적으로 국무원의 발의와 의결에 따르되 관계국무위원의 부서를 받도록 했다. iv) 국무총리와 국무위원의 과반수는 반드시 국회의원 중에서 임명토록 했다. v) 국무원구성원은 법률안을 국회에 제출할 수 있고, 자유로이 국회에 출석·발언할 수 있었다. vi) 국회는 양원제인데 민의원이 국무원불신임권을 갖는 반면, 국무원도 민의원해산권을 가졌고, 민의원해산권은 민의원으로부터 불신임을 받은 경우, 법정기일 내에 신년도예산안이 민의원에서 통과되지 않은 경우, 민의원이 조약비준을 거부한 경우 등에만 행사하게 했었다. vii) 헌법재판소를 두어 광범위한 헌법재판기능을 맡도록 했었다.

2) 평가 및 문제점

제 2 공화국의 정부형태는 입법부와 집행부의 조직과 활동·기능상의 의존성을 제도적으로 실현시킨 의원내각제였다는 데 대해서 국내학자간에도 이론이 없는 것 같다.[1] 또 제도내용상으로도 중대한 결함이나 체계정당성에 반하는 사항은 별로 발견되지 않는다고 생각한다. 다만 국무총리임명에 있어서 선거의 의미를 부각시키는 대신 임명동의의 형식을 취함으로써 국무원구성에 관한 국회의 권한보다는 대통령의 지명권과 임명권을 강조한 듯한 인상을 준 점이라든지, 민의원의 국무원불신임권과 국무원의 민의원해산권과의 견제·균형의 메커니즘이 너무 산만하고 불확실하게 제도화된 점 등이 지적될 수도 있다고 할 것이다. 따라서 제 2 공화국이 1년도 채 못가 무너지고 만 것은 그 제도에 문제가 있었던 것이 아니고 5·16군사쿠데타 때문이었다.

체계정당성에 적합

국무총리임명 동의 방법 및 불신임권과 해산권의 모호한 견제·균형관계

(3) 제 3 공화국의 정부형태

1961년 5·16군사쿠데타에 의해서 들어선 혁명정부가 모든 통치권을 독점한 혁명위원회(국가재건최고회의)제도를 채택한 것은 쿠데타의 성공을 위한 과도기적 제도였기 때문에 큰 의미를 부여할 가치가 없다.[2] 따라서 쿠데타가 성공한 후의 1962년헌법의 정부형태를 살펴보기로 한다.

국가재건최고 회의제

---

1) 예컨대 문홍주, 406면; 김철수, 885면; 권영성, 735면.
2) 국내 일부학자가 5·16군사정부의 정부형태를 구태여 '회의정부제'의 유형으로 설명하려는 것은 옳지 못하다고 생각한다. 왜냐하면 '회의정부제'는 적어도 이념적으로는 국민의 대의기관인 의회를 전제로 하는 것인데, 당시의 국가재건최고회의는 단순한 쿠데타주체세력으로 구성된 혁명위원회였지 국민의 대의기관은 아니었기 때문이다. 예컨대 권영성, 736면; 김철수, 885면 참조.

1) 제도내용

직선대통령, 국무총리제, 보좌기관인 국무회의, 단원제, 해임건의권, 겸직의 허용, 필수적 정당공천제와 당적이탈·변경시의 의원직 상실 등 정당국가적 요소

적어도 형식적으로는 국민투표에 의해서 확정된 제 3 공화국헌법(1962년)은 다음과 같은 내용의 정부형태를 마련했었다. i) 대통령은 임기 4년으로 국민에 의해서 직선되는데 집행권의 실질적인 담당자로서 국무총리를 임명하고 그리고 그의 제청에 의해서 국무위원을 임명하여 국무회의를 구성·주재하고 중요정책을 심의케 했으나 국무회의는 대통령의 단순한 보좌기관이었다. ii) 대통령의 국무상 행위는 국무총리와 관계국무위원의 부서를 받도록 했다. iii) 대통령은 탄핵소추를 받는 경우 이외에는 그 임기 동안 누구에 대해서도 정치적 책임을 지지 않고 집행권을 행사할 수 있었다. iv) 대통령 유고시에 그를 승계할 부통령을 두지 않고 국무총리가 그 권한을 대행하며 잔임기간 2년 미만을 남겨 두고 대통령이 궐위되었을 때에 한해서는 국민에 의한 직선을 피하고 국회에서 후임대통령을 간접선출케 해서 전임대통령의 잔임기간만 재임케 했다. v) 단원제국회는 국무총리와 국무위원의 해임건의권을 통해서만 집행권을 견제할 수 있었으나 해임건의는 기속력이 없었다. vi) 정부에게 법률안제출권과 국회출석·발언권을 주면서도 대통령은 법률안거부권을 행사할 수 있었다. vii) 1969년의 개헌(제 6 차)에 의해서 국무총리와 국무위원의 국회의원겸직이 예외적으로나마 허용되었다. viii) 대통령은 계엄선포권을 비롯한 긴급명령과 긴급재정·경제명령권을 행사할 수 있었다. ix) 정당국가적 요소를 도입해서 대통령의 당수직겸임을 허용했을 뿐 아니라, 국회의원의 필수적인 정당공천제와 당적이탈·변경시 및 소속정당 해산시의 의원자격상실제를 통해서 정당기속을 강화함으로써 대통령의 정당을 통한 국회지배를 용이하게 했었다.

2) 평가 및 문제점

대통령제중심의 절충형

집행부의 2원 구조, 입법부와 집행부의 불균형한 견

제 3 공화국의 정부형태에 대해서는 학자에 따라 다소 견해차이가 있는 듯하나 역시 '대통령제중심의 절충형'이라고 보는 것이 옳을 것 같다.[1] 제 3 공화국정부형태는 그 제도내용면에서 대통령제적 요소가 강한 것은 사실이지만 또한편 정부의 법률안제출권과 국회출석·발언권을 비롯한 국무총리와 국무위원의 국회의원겸직허용, 국회의 국무총리와 국무위원에 대한 해임건의권, 국무총리제를 통한 집행부의 2원적 구조와 대통령의 국무행위에 대한 부서제도 등

---

1) 동지: 예컨대 문홍주, 407면; 권영성, 736면.
   이견: 예컨대 김철수, 885면, 교수는 '강력한 대통령제' 내지는 '이원정부제'로 보는 것 같다.

적지 않은 의원내각제적 요소도 함께 내포하고 있어서 대통령제로 평가하기는 어렵기 때문이다. 더욱이 예외적인 현상이긴 하겠지만 잔임기간 2년 미만을 남겨 두고 대통령이 궐위되었을 때 국회에서 후임대통령을 선출케 한 것은 집행부의 조직을 국회에 의존시킨 것으로서 대통령제의 본질과 조화되기는 어렵다고 할 것이다. 사실상 제 3 공화국의 정부형태가 대통령을 통치권행사의 중심기관으로 부각시킴과 동시에 그의 통치기능을 실효성 있게 담보하기 위한 여러 가지 제도적인 장치를 마련하고 있고, 특히 국회의원의 정당기속을 강화하기 위한 정당국가적 요소를 도입해서 당수를 겸하는 대통령의 우월적 지위를 확보하는 실질적인 기틀을 마련하고 있어서 강력한 대통령의 통치를 가능케 하고 있다는 점을 부인하기는 어렵다. 또한 제 3 공화국의 정부형태는 이처럼 우월적 지위에 서 있는 대통령의 강력한 통치를 추구하면서도 의원내각제적 요소를 가미해서 집행부의 입법부에 대한 견제의 메커니즘은 폭 넓게 인정하면서도 입법부의 집행부에 대한 그것은 기속력이 없는 단순한 해임건의권에 국한시켜 두 통치기관간의 힘의 균형관계가 집행부쪽으로 현저하게 기우는 불균형의 정부형태였다는 점도 부인하기 어렵다. 결과적으로 제 3 공화국의 정부형태야말로 Loewenstein이 말하는 '신대통령제'적인 요소를 고루 갖춘 절충형이었다고 말할 수 있다.

제장치 등 신
대통령제적
요소

(4) 제 4 공화국의 정부형태

1972년의 이른바 유신헌법에 의해서 마련된 제 4 공화국의 정부형태는 우리 헌정사상 대통령의 지위와 권한을 가장 강화시킨 반면, 헌법이론상 허다한 문제점을 내포하고 있는 가장 비정상적인 제도였는데 그 주요내용과 문제점은 다음과 같았다.

비정상적 제
도

1) 제도내용

제 4 공화국의 정부형태는 다음의 여러 가지 특이한 제도내용으로 구성되어 있었다. i) 대통령은 국가의 원수이며 행정권의 수반으로서 대통령선출을 위해서 따로 구성된 통일주체국민회의에서 임기 6년으로 간접선거되는데 그 임기 중 탄핵소추를 받지 않는 한, 어떠한 정치적 책임도 지지 않았다. ii) 대통령은 국무총리와 국무위원을 임명하여 국무회의를 구성하고 중요정책을 심의케 했지만 국무회의는 의결기관이 아니었고, 단순한 심의기관 내지 보좌기관에 지나지 않았다. iii) 대통령의 국무총리임명에는 국회의 동의를 받도록 했고, 국무위원

대통령간선제,
해임의결권과
연대책임제,
대통령의 임
의적 국회해
산권, 국회의
원 1/3추천권,
예방적 긴급
조치권, 국민
투표부의권,

법관임명권,
헌법위원
1/3 임명권

은 국무총리의 제청으로 대통령이 임명했는데, 이들은 국회의원을 겸할 수 있었다. iv) 국회는 국무총리와 국무위원에 대한 해임의결권을 갖는데 국무총리에 대한 해임의결은 전체국무위원의 연대책임을 초래했었다. v) 대통령은 임의로 국회를 해산할 수 있었다. vi) 대통령은 국회의원정수의 1/3에 해당하는 수의 국회의원을 통일주체국민회의에 추천해서 선출케 했었다. vii) 정부가 법률안제출권과 국회출석·발언권을 통해 입법절차에 참여할 수 있었음에도 대통령에게는 법률안거부권을 인정했었다. viii) 대통령은 전통적인 국가긴급권 외에도 예방적인 긴급조치권을 갖고 있었다. ix) 대통령은 국가의 중요정책을 국민투표에 회부할 수 있을 뿐 아니라 대통령이 발의한 헌법개정안은 반드시 국민투표에 의해서만 확정토록 했다. x) 대법원장은 국회의 동의를 얻어 대통령이 임명하고 기타 법관도 대법원장의 제청으로 대통령이 임명하며 헌법위원회위원정수의 1/3에 해당하는 3인의 위원도 대통령이 임의로 임명했었다.

2) 평가 및 문제점

다양한 평가
의 공통점: 대
통령제의 범
주에 포함시킴

제 4 공화국의 정부형태에 대해서는 국내학자 사이에도 그 평가가 매우 다양하다. '영도적(領導的) 대통령제',[1] '절대적 대통령중심제',[2] '변형된 대통령제',[3] '권위주의적 대통령제' 내지 '전제적(專制的) 혼합정부제',[4] '신대통령제',[5] '혼합형정부형태',[6] '권력융화주의적 대통령제'[7] 등이 바로 그것이다. 이들 다양한 평가의 저변에 흐르고 있는 공통된 점은 대통령제의 범주에 포함시키는 것이 옳다는 판단에서 대체로 '대통령제'의 칭호를 선호하면서도 미국의 대통령제에서는 찾아볼 수 없는 대통령의 절대적인 지위와 권한을 특히 강조하는 의미에서 '영도적'·'절대적'·'권위주의적' 등의 여러 가지 수식어를 붙이고 있는 점이라고 할 수 있다. 일부 학자는 유신헌법상의 정부형태가 갖는 대통령제적 특징을 강조하기 위해서 그 의원내각제적 요소를 애써 과소평가하려는 입장을 취하기까지 한다.[8]

생각건대 제 4 공화국의 정부형태에 관한 이같은 다양한 평가는 이 정부형

1) 예컨대 박일경, 「제 5 공화국헌법」(1980), 275면.
2) 예컨대 문홍주, 408면 이하.
3) 예컨대 한태연, 452면 이하; 권영성, 736면.
4) 예컨대 권영성, 736면.
5) 예컨대 김철수, 886면.
6) 예컨대 갈봉근, 「유신헌법론」(1977), 219면.
7) 예컨대 한상범, 「한국헌법」(1973), 233면.
8) 예컨대 문홍주, 409면 참조.

태의 독창적인 제 요소 때문에 비롯된 것이라고 믿어지지만, 헌법이론상으로는
여전히 그 절충적 성격을 부인할 수 없고, 절충형 중에서도 '대통령제중심의
절충형' 내지는 '변형된 대통령제'라고 보는 것이 합리적이라고 생각한다. 제 4
공화국정부형태에서 타 통치기관에 비해 대통령의 지위와 권한이 월등한 것은
사실이지만, 그렇다고 해서 대통령의 막강한 통치기능만을 의식한 채 의원내각
제적 요소를 완전히 도외시하려는 입장은 지나치게 편파적인 평가라는 비난을
면하기 어렵다고 할 것이다. 따라서 헌법에 내포되고 있는 여러 가지 정부형태
적 요소들을 모두 함께 평가의 대상으로 삼는다면 역시 대통령제와 의원내각제
적 요소가 섞여 있다는 것을 부인하기는 어렵고, 다만 그 섞인 비율면에서 대
통령제적 요소가 훨씬 큰 비중을 차지하고 있을 따름이다. '변형된 대통령제'
내지는 '대통령제중심의 절충형'이라는 평가가 그래서 나온다.

대통령제중심
의 절충형

　　어쨌든 유신헌법의 정부형태는 그 제도의 내용면에서도 적지 않은 문제점
을 내포하고 있었는데 그 주요사항만을 열거하면 다음과 같다. i) 첫째 대통령
선거방법과 대통령의 지위와 권한 사이에 조화되기 어려운 민주적 정당성의 갭
(gap)이 존재한다는 점이다. 즉 통일주체국민회의에서 간접선거되는 대통령으로
하여금 제약 없는 국회해산권, 예방적 긴급조치권, 국회의원정수 1/3의 추천권
등 지나치게 많은 권한을 행사케 함으로써 대통령의 권한이 그의 선거방식에
따른 민주적 정당성의 크기와 현저한 불균형관계에 있다는 점이다. 이 점은 제
4 공화국통치구조의 가장 결정적인 결함이었다. ii) 둘째 이념과 제도면에서는
대통령제를 지향하면서도 대통령에게 국회의원정수 1/3의 추천권을 줌으로써
집행부와 입법부의 조직의 독립성이라는 대통령제의 본질적 요소를 스스로 파
괴했다는 점이다. 바로 이 점 때문에도 유신체제의 정부형태를 대통령제로만
평가하는 데 이론상 무리가 따른다. 대통령이 가진 국회의원추천권을 대통령의
권한의 시각에서만 볼 것이 아니라 그로 인해서 집행부와 입법부의 조직의 독
립성이 깨지고 만다는 정부형태적인 의미를 보다 정확히 이해할 필요가 있다.
iii) 셋째 대통령의 권력행사를 통제할 수 있는 실효성 있는 권력통제장치가 전
혀 마련되어 있지 않은데다가, 집행부의 입법참여기회의 보장에도 불구하고 대
통령에게 법률안거부권을 부여함으로써 대통령과 국회의 힘의 균형이 제도적으
로 깨지고 말았다는 점이다. iv) 넷째 의원내각제적 요소에 해당하는 국회의
국무총리와 국무위원에 대한 해임의결권과 대통령의 국회해산권 사이에 전혀
기능적인 관련을 배제한 채 대통령의 국회해산권을 자의로운 권한으로 제도화
함으로써 그나마 채택된 해임의결권이 유명무실한 제도로 되고 말았다는 점이

제도상 문제
점: 대통령의
민주적 정당
성과 권한 사
이의 지나친
불균형, 대통
령의 국회의
원추천권, 대
통령통제장치
결핍, 대통령
의 자의적인
국회해산권,
통일주체국민
회의 통한 국
회무력화

다. v) 다섯째 대통령의 선출기반이 통일주체국민회의인데도 불구하고, 대통령에
게 중요정책의 국민투표회부권을 주고 대통령발의헌법개정안의 필수적인 국민투
표제를 도입하는 한편 국회가 제안한 헌법개정안은 통일주체국민회의의 의결을
거치도록 함으로써 대통령과 국회 사이에 조직기반적인 기능교체의 결과를 초래
했는데, 그것은 오로지 국회무력화의 제도적인 징표에 지나지 않았다는 점이다.

**정권연장과
독재체제확립
이 주목적**

이러한 여러 가지 제도상의 문제점을 내포하고 있던 제4공화국의 정부형
태는 처음부터 합리적인 제도의 마련보다는 이른바 '유신'(維新)으로 표방되는
정권연장과 독재체제의 고착에 그 주목적을 두었던 당시의 정치상황을 그대로
반영한 지극히 비정상적인 헌법상의 제도였다고 볼 수 있다.

(5) 제5공화국의 정부형태

**직선제개헌
전후의 차이**

1980년에 탄생된 제5공화국정부형태는 1987년 대통령직선을 위한 개헌
전과 개헌 후(이른바 제6공화국)[1]에 다소 차이가 있다.

1) 제도내용

**선거인단의
대통령간선제,
심의기관인
국무회의, 개
별적 해임의
결권, 국회해
산권, 겸직허
용, 국민투표
부의권, 대법
원판사제, 헌
법위원회제**

정부형태를 징표하는 특징적인 요소로는 대체로 다음 사항을 들 수 있다.
i) 국가의 원수이며 행정권의 수반인 대통령은 임기 7년으로 대통령선거인단에
의해서 간접선거되는데, 국회의 탄핵소추를 받지 않는 한 그 임기중 아무런 정
치적 책임도 지지 않는다($^{제38조 제1항과 제4항,}_{제39조, 제45조, 제101조}$), ii) 대통령은 국회의 동의를 얻어
국무총리를, 그리고 그의 제청으로 국무위원을 임명해서 국무회의를 구성하고
국정을 심의케 하지만 대통령의 단순한 보좌기관이며 심의기관에 불과하다
($^{제62조~}_{제65조}$). iii) 대통령의 국법상 행위는 국무총리와 관계국무위원의 부서가 있어
야 한다($^{제58}_{조}$). iv) 국무위원은 의원직을 겸할 수 있다($^{제79조; 국회}_{법 제31조}$). v) 국회는 국무
총리와 국무위원에 대한 개별적인 해임의결권을 갖는데, 국무총리에 대한 해임
의결은 전국무위원의 연대책임을 초래한다($^{제99}_{조}$). vi) 대통령은 국회해산권을 갖는
다($^{제57}_{조}$). vii) 대통령을 비롯한 국무총리와 국무위원은 법률안제출권과 국회출석·
발언권을 갖는데도 대통령에게는 따로 법률안거부권이 인정된다($^{제56조, 제88조,}_{제89조, 제98조}$).
viii) 대통령은 특히 국가긴급권과 헌법개정발의권 및 중요정책에 대한 국민투
표회부권 등을 갖는다($^{제51조, 제52조, 제47}_{조, 제129조 제1항}$). ix) 대통령은 국회의 동의를 얻어 사법

---

1) 1987년 대통령직선을 위한 제9차 개헌 후의 헌정기를 '제6공화국'이라고 부르는 것에 대해
   서 저자는 동의하지 않지만, 그러한 호칭이 관행화되었기 때문에 3당합당(1990년 1월) 후의
   정치적 상황변화를 염두에 둔 정치적 의미로만 제한해서 사용하기로 한다.
   앞의 123면 이하 참조.

부의 장인 대법원장을 임명하고, 그의 제청에 의해서 대법원판사를 임명한다 (제105조). x) 헌법위원회를 설치해서 법률의 위헌결정, 탄핵심판, 위헌정당의 해산 기능을 맡기고 있는데 그 위원정수의 1/3은 대통령이 임명한다(제112조).

2) 평가 및 문제점

제 5 공화국의 정부형태를 평가하는 학자들의 시각은 매우 다양하다. '대통령제를 토대로 한 절충형',[1] '프랑스식이원정부제',[2] '프랑스형대통령제' 내지 '반대통령제',[3] '대통령우월의 대통령제',[4] '위기정부적 대통령주의제',[5] '대통령책임제',[6] '대통령중심제'[7] 등 다양한 표현이 나와 있다. 이들 견해의 공통점은 정부형태를 대통령제의 카테고리로 분류하거나 아니면 1962년까지의 프랑스 제 5 공화국의 정부형태와 같은 유형으로 평가하려는 경향이 크다는 점이다. 따라서 개헌 전의 정부형태에 관한 여러 주장의 공통분모를 찾는다면 '대통령제', '변형된 대통령제', '프랑스형의 대통령제', '이원정부제' 등으로 요약할 수 있다고 할 것이다.

다양한 평가의 공통요소: 대통령제의 범주에 포함

생각건대 제 5 공화국의 정부형태는 그 제도내용으로 볼 때 대통령제와 의원내각제의 요소를 함께 내포하고 있다는 점에서는 절충형으로 분류되는 것이 옳겠지만 그 비중면에서 대통령제의 요소가 의원내각제의 요소보다 크다는 의미에서 '대통령제중심의 절충형'으로 평가하는 것이 옳다고 생각한다. 프랑스를 비롯한 선진외국의 정부형태와 우리의 제도를 비교하는 것은 물론 가능하고, 또 우리 제도를 이해하는 데 도움이 될 수도 있지만, 그것은 어디까지나 비교헌법학 내지 비교정부론의 차원에서 행해지는 것이어야 한다. 따라서 우리 정부형태에 대한 평가의 기준으로 외국의 정부형태를 끌어들여 제 5 공화국의 정부형태를 '프랑스형' 또는 '프랑스식의 대통령제'라고 평가하는 것은 비교헌법학적 설명으로서는 몰라도 우리 제도에 대한 헌법이론적 평가로서는 부적절하다고 느껴진다. 또 제 5 공화국의 정부형태에 내포되고 있는 의원내각제적 요소 때문에 당시의 집행부구조가 대통령과 국무총리의 2원적으로 되어 있던 것은 사실이지만 국무총리의 임명에만 국회의 동의가 필요할 뿐 그 해임이 대통령의

대통령제중심의 절충형

'프랑스식 대통령제'의 평가의 부당성

1) 예컨대 문홍주, 411면.
2) 예컨대 김철수, 887면.
3) 예컨대 권영성, 737면.
4) 예컨대 박일경, 413면.
5) 예컨대 한태연, 「헌법학」(1983), 460면 이하.
6) 예컨대 윤세창, 「신헌법」(1980), 192면.
7) 예컨대 구병삭, 「헌법학 Ⅱ」(1983), 146면.

임의에 속하고, 기능면에서도 단순한 대통령의 보좌기관에 불과한 국무총리의 헌법상 지위와 권한을 생각할 때 과연 당시의 정부형태가 Loewenstein의 개념형식에서 나타나는 '이원정부제'라고 볼 수 있겠는가도 의문의 여지가 많다고 생각한다. 또 제5공화국 정부형태의 중요한 구성부분에 속하는 의원내각제적 요소를 완전히 도외시한 채 그 당시 제도를 일방적으로 '대통령제'의 유형으로 분류하는 것도 합리적인 평가라고 보기 어렵다. 이렇게 볼 때 제5화국의 정부형태는 위에서 말한 것처럼 '대통령제중심의 절충형' 또는 '변형된 대통령제'라고 보는 것이 가장 타당한 평가라고 느껴진다.

2원정부제의 평가의 부당성

제5공화국의 정부형태는 제4공화국의 그것에 비해서는 헌법이론상 문제점이 적다고 보여지지만, 그래도 적지 않은 결함을 내포하고 있었다. i) 첫째 간접선거되는 대통령의 민주적 정당성에 비해 그의 헌법상 지위와 권한이 지나치게 불균형적으로 강화되고 있다는 점이다. 통치기관의 민주적 정당성과 그의 헌법상 권능 사이에 합리적인 정비례관계가 유지되어야 하는 것은 민주적 통치구조의 본질적인 요청이기 때문이다. ii) 둘째 헌법은 집행부구조를 2원화함에 따라 집행기능도 2원화해서 정치적 통치기능은 대통령의 고유한 전속권한사항으로, 그리고 고유한 행정기능은 대통령을 수반으로 하는 정부에 맡기고 있어서 대통령지위의 2중성을 인정하고 있는 셈인데, 이것은 대통령직을 성역화해서 대통령의 정치적 무책임성을 정당화시키는 구조로서는 몰라도 정부형태면에서는 민주적 정당성의 관점에서 문제가 있다는 점이다. 왜냐하면 고유한 행정기능에 대해서는 국무총리와 국무위원의 해임의결권을 통해서 그 정치적 책임을 추궁할 수 있다고 하지만, 대통령의 고유한 전속권한에 속하는 정치적 통치기능에 대해서는 대통령의 간접선거제도 때문에 주권자인 국민이 대통령에게 직접 정치적 책임을 물을 수 있는 통로가 전혀 마련되어 있지 않았기 때문이다. iii) 셋째 대통령을 수반으로 하는 행정권이 그 법률안제출권과 국회출석·발언권 등을 통해서, 그리고 국무위원과 의원의 겸직제도를 통해서 입법부의 입법절차에 능동적으로 참여할 수 있는 기회가 얼마든지 있는데도 불구하고 대통령에게 법률안거부권을 주는 것은 국회의 입법권에 대한 지나친 제약과 간섭을 의미하게 되고 입법부와 집행부의 힘의 균형이 무시된다는 점이다. iv) 넷째 대통령의 국회해산권은 그 요건상 다소의 제약이 있기는 하지만 그 실질요건이 불특정하고 추상적인 개념으로 일관되고 있었을 뿐 아니라, 국회해산권의 본질상 국회의 불신임권(해임의결권)과 상호견제기능을 나타내도록 제도화되어야 하는데도 불구하고 두 제도가 전혀 기능적인 관련성을 상실한 채 상호 독

대통령의 민주적 정당성과 권한 사이의 불균형, 집행구조의 2원화 및 대통령직의 성역화, 국회해산권과 해임의결권의 부조화, 대통령탄핵제도의 형식화, 국무총리의 무력화

립된 제도로 규정되고 있었다는 점이다. 따라서 헌법상의 제도내용만으로 볼 때에는 국회의 국무총리 또는 국무위원에 대한 해임의결과 대통령의 국회해산 사이에는 필연적인 연관성이 없는 것으로 되어 있었다. v) 다섯째 대통령의 탄핵소추절차를 지나치게 엄격하게 정하고 있을 뿐 아니라 대통령의 탄핵심판기관인 헌법위원회의 구성에도 대통령에게 그 위원정수 1/3의 인선권을 주는 등 헌법상 대통령에 대한 유일한 책임추궁방법조차도 실효성 없게 제도화함으로써 헌법정책적으로 대통령의 전제와 독주를 심리적으로 뒷받침하고 있었다는 점이다. vi) 여섯째 국회의 동의를 받아서 임명되는 국무총리의 헌법상 지위와 권한을 단순한 대통령의 보좌기관 내지는 행정각부의 통할·조정기관으로 제한함으로써 그 기관존립의 헌법상 정당성이 의문시될 뿐 아니라 대통령과 국무총리의 이같은 집행부구조 내의 위계질서 때문에 국무총리의 국무위원임명제청권과 해임건의권이 유명무실해지고, 국무총리해임을 대통령의 임의에 맡기는 것은 그에 대한 국회에서의 임명동의절차와도 조화되기 어렵다는 점이다.

아무튼 이러한 여러 가지 결함과 문제점을 가진 제 5 공화국헌법상의 정부형태는 그 제도와 운영의 양면에서 권력분립의 원칙이 요구하는 권력 상호간의 '견제와 균형'의 메커니즘이 합리적으로 실현된 것이었다고 평가하기는 어렵다고 생각한다.

비합리적 견제·균형장치

(6) 이른바 제 6 공화국의 정부형태

1987년 6월항쟁에 의해 개정된 현행헌법은 대통령의 선거방법을 직접선거로 바꾼 것을 비롯하여 정부형태면에서 다소의 변화는 있지만 본질적으로는 개헌 전의 그것과 그 궤를 같이한다고 볼 수 있는데 그 제도내용과 문제점은 다음과 같다.

직선제개헌

1) 제도내용

현행헌법상의 정부형태를 징표하는 특징적인 요소로는 다음 사항을 들 수 있다. i) 국가의 원수이며 행정부의 수반인 대통령은 임기 5년으로 국민에 의해서 직선되는데 그 임기중 국회의 탄핵소추를 받지 않는 한 아무런 정치적 책임도 지지 않는다(제66조 제 1 항과 제 4 항, 제67조 제 1 항, 제70조, 제65조), ii) 대통령은 상대다수대표선거제도에 의해서 선거되는데, 최고득표자가 2인 이상인 때에는 국회에서 그 재적의원 과반수가 출석한 공개회의에서 다수결로 당선자를 결정한다(제67조 제 2 항). iii) 대통령은 국가긴급권과 헌법개정발의권 및 중요정책에 대한 국민투표회부권 등 통치

대통령직선제, 국무총리제, 심의기관인 국무회의, 국민투표제, 해임건의권, 겸직허용, 국정조사 및 감사권, 대법원장과 대법관임

명동의권, 헌
법재판소설치

적 권한을 갖는 국정의 최고책임자이다($\binom{제66조 제 1 항, 제72조, 제76}{조, 제77조, 제128조 제 1 항}$). iv) 대통령 궐위
시에는 국무총리 또는 국무위원이 그 권한을 대행하고 60일 이내에 그 후임자
를 선거한다($\binom{제68조 제 2}{항, 제71조}$). v) 최고의 국정심의기관은 대통령과 국무총리 및 국무위
원으로 구성되는 국무회의이지만 의결기관이 아니고 대통령의 단순한 보좌기관
에 불과하며, 국무회의의 부의장인 국무총리는 국회의 동의를 얻어 대통령이
임명하고, 국무위원은 그의 제청으로 대통령에 의해 임명된다($\binom{제86조 \sim}{제89조}$). vi) 대통
령의 국법상 행위는 국무총리와 관계국무위원의 부서(副署)가 있어야 한다($\binom{제82}{조}$).
vii) 국회는 국무총리와 국무위원의 해임건의권을 갖는다($\binom{제63}{조}$). viii) 국무위원은
국회의원직을 겸할 수 있다($\binom{제43조; 국회}{법 제29조}$). ix) 대통령에게 국회해산권이 없다. x)
정부는 법률안제출권과 국회출석·발언권을 갖는 외에, 대통령은 또 법률안거부
권도 갖는다($\binom{제52조, 제53조,}{제62조, 제81조}$). xi) 국회는 국정조사권뿐 아니라 국정감사권도 갖는다
($\binom{제61}{조}$). xii) 최고법원인 대법원은 대법원장과 대법관으로 구성되는데 대법원장은
국회의 동의를 얻어, 그리고 대법관은 대법원장의 제청으로 역시 국회의 동의
를 얻어 각각 대통령이 임명한다($\binom{제104조 제 1}{항과 제 2 항}$). xiii) 헌법재판을 위해 따로 헌법재
판소를 설치하는데 헌법재판소의 장은 대통령이 국회의 동의를 얻어 재판관 중
에서 임명하고, 재판관 9인도 모두 대통령이 임명하지만, 국회와 대법원장은
각 3인씩의 선출권 내지 지명권을 갖는다($\binom{제111조 제 2}{항\sim제 4 항}$).

2) 평가 및 문제점

대통령제에
더 접근

개헌 후의 현 정부형태가 개헌 전의 그것에 비해서 대통령제에 보다 접근
하고 있다는 점에 대해서는 별다른 이견이 없을 것으로 보인다. 국내학자들이
현 정부형태를 '비교적 순수한 대통령제',[1] '제 3 공화국과 유사한 대통령제',[2]
'대통령중심제',[3] '한국형대통령제'[4] 등으로 대통령제에 초점을 맞추어 평가하는
것도 바로 그런 이유에서일 것이다.

(가) 대통령제중심의 절충형 내지 변형된 대통령제

생각건대 현 정부형태가 개헌 전에 비해서, 의원내각제의 요소에 속하는
대통령의 국회해산권과 국회의 국무위원불신임권을 없애고, 대통령의 선출방법
을 간접선거에서 직접선거로 바꾸는 등 대통령제의 요소를 강화하고 있는 것은

강화된 대통

사실이지만, 그렇다고 해서 현 정부형태를 순수한 대통령제로 평가하기에는 헌

---

1) 문홍주, 411면.
2) 김철수, 888면.
3) 구병삭, 신헌법원론, 1989, 758면.
4) 권영성, 738면.

법이론상 적지 않은 문제점을 내포하고 있다. 왜냐하면 현행헌법에는 아직도 의원내각제적 요소가 적지 않게 들어 있기 때문이다. i) 대통령의 국법상 행위에 대한 국무총리와 관계국무위원의 부서제도, ii) 정부의 법률안제출권과 국회 출석·발언권, iii) 국무위원의 의원직겸직허용, iv) 국회의 국무총리와 국무위원에 대한 해임건의권, v) 대통령선거시에 최고득표자가 2인 이상인 경우의 국회에서의 대통령결선제도 등이 바로 그것이다. 현행헌법에 들어 있는 이와 같은 의원내각제적 요소는 대통령제의 본질적 요소에 속하는 입법부와 집행부의 '조직과 기능상의 상호 독립성'을 적지 않게 제약하는 것이기 때문에 역시 현 정부형태도 개헌 전의 제5공화국과 마찬가지로 일단 절충형으로 분류할 수밖에 없다고 느껴진다. 즉 개헌 전의 제5공화국에 비해서 의원내각제적 요소가 줄어든 '대통령제중심의 절충형' 내지 '변형된 대통령제'라고 평가하는 것이 옳다고 생각한다. 현행헌법상의 적지 않은 의원내각제의 요소를 무시한 채 우리 정부형태를 서슴없이 '대통령제'의 유형으로 분류하는 것은 이론상 문제가 있기 때문이다.

⒩ **강화된 대통령제적 요소**(대통령직선제)

현 정부형태가 개헌 전과 비교해서 본질적으로 달라진 점은 없다고 하더라도 그 제도면에서는 의원내각제의 요소를 약화시키는 대신 대통령제를 강화함으로써 제도적인 개선을 꾀하고 있다는 점은 의심의 여지가 없다. 예컨대 대통령직선제를 통해서 대통령의 헌법적 권능과 그가 바탕으로 하고 있는 민주적 정당성간의 균형관계를 유지하려고 노력한 것이 그 대표적인 개선점이다.

⒟ **현 정부형태의 문제점**

그러나 현재의 정부형태도 적지 않은 문제점을 내포하고 있다.

a) 대통령의 상대다수대표선거제

첫째 대통령선거방법상의 문제점이다. 통치권의 민주적 정당성의 요청 때문에 개정헌법이 대통령직선제를 채택했음에도 불구하고, 이념적으로 그것과 조화되기 어려운 상대다수선거제도에 따라 대통령을 선거하게 함으로써 선거권자의 과반수에도 미치지 못하는 소수만을 대표하는 대통령이 탄생될 수 있게 되었다는 점이다. 그에 더하여 대통령선거에서 최고득표자가 2인 이상인 때에는 선거권자인 국민이 아닌 국회에서 다수결로 그 당선자를 결정하게 함으로써 대통령직선제에 내포된 제도본질적 기능을 변질시키고 있는 것도 문제점으로 지적되어야 한다. 따라서 현행 대통령선거방법은 민주적 정당성이 강한 대통령이 선출될 수 있도록 절대다수대표선거제도와 국민에 의한 결선투표제도로 개

(옆 난외 주석)

령제요소: 국회해산권 및 불신임권 삭제, 대통령직선제

의원내각제적 요소

개선된 제도 내용

민주적 정당성의 취약성

선되어야 한다.

b) 대통령의 단임제

국민의 심판
권 박탈

둘째 대통령단임제와 대통령직선제의 이념적인 갈등의 문제점이다. 헌법이
론적으로 볼 때 국민에 의해 직선되어 강력한 민주적 정당성을 갖는 대통령의
경우 선거를 통한 민주적 정당성의 신진대사가 보장될 수만 있다면 중임허용이
원칙인데도 불구하고 우리 헌법은 단임제로 규정하고 있다. 국민이 직선한 대
통령에 대해서 국민이 다음 선거를 통해 심판의 기회를 갖는 것은 대통령직선
제가 추구하는 대의민주적 책임정치의 본질적인 요청이다. 중임금지규정이 장
기집권으로 인한 독재의 우려에서 나온 것이라면 대통령독재를 막을 수 있는
권력통제장치를 강화함으로써 독재의 가능성을 제도적으로 막고, 대통령중임을
허용하는 것이 대통령직선제의 대의민주적 이념과 조화된다.

c) 부통령제도의 결여

대통령 궐위
시의 민주적
정당성의 공
백상태

셋째 대통령 궐위시의 권한대행에 있어서의 문제점이다. 대통령직선제가
통치권의 민주적 정당성을 강화하기 위한 것임에도 불구하고, 개정헌법은 부통
령제도를 두지 않음으로써, 대통령이 궐위되거나 사고로 인하여 그 직무를 수
행할 수 없게 되는 때에 국무총리나 국무위원으로 하여금 대통령의 권한을 대
행하게 해서 민주적 정당성의 심각한 공백상태를 초래하게 된다는 문제점이 바
로 그것이다. 국무총리가 비록 국회의 동의를 얻어서 임명된다고는 하지만, 국
무총리가 국회의 임명동의를 통해서 얻게 되는 민주적 정당성의 크기는 행정각
부의 통할·조정기관으로서는 충분하지만, 대통령의 권한을 행사하기에는 크게
부족하기 때문이다. 통치기관의 민주적 정당성과 그의 헌법상 기능 사이에 합
리적인 정비례관계가 유지되어야 한다는 민주적 통치구조의 본질적인 요청은
대통령 궐위시라고 해서 결코 무시되어서는 아니된다. 대통령선거시에 함께 선
거되는 부통령을 두어 대통령 궐위시에 그 직을 승계하게 하는 것이 대통령제
적 요소를 강화한 개정헌법의 정부형태에 맞는다.

d) 불균형하고 실효성이 약한 권력간의 견제수단

3권간의 불균
형한 견제수
단

넷째 권력간 견제수단의 불균형의 문제점이다. 즉 개정헌법은 국회에 국무
총리와 국무위원에 대한 해임건의권, 국정감사 및 조사권 등을 주어 국회의 대
행정부견제수단은 강화한 반면, 대통령의 국회해산권은 폐지함으로써 행정부의
대국회견제수단을 약화시켜 입법부와 행정부의 상호 견제장치가 형식상으로는
불균형하게 되어 있다는 점이 문제이다. 그뿐 아니라 대통령에 의한 대법원장
과 대법관의 임명 및 대법관의 연임제 등 사법권독립이 불완전해서 타권력에

대한 사법권의 견제기능이 약화될 수밖에 없다는 점도 문제점으로 지적할 수 있다.

e) 민주적 정당성이 취약한 헌법재판소

다섯째 헌법재판소 구성상의 문제점이다. 강력한 권력통제기관으로서의 헌법재판소가 그 권력통제기능에 상응한 강력한 민주적 정당성의 바탕 위에 구성되는 것이 바람직함에도 불구하고, 현행헌법상의 헌법재판소는 그 구성면에서 그에게 주어진 권력통제기능을 효율적으로 수행하기에는 그 민주적 정당성이 취약하다는 점을 지적하지 않을 수 없다. 헌법재판소의 민주적 정당성은 대법원보다도 약하게 되어 있다. 헌법재판소가 수행해야 되는 기능으로 볼 때, 그 구성원은 적어도 국회에서 각 교섭단체의 의석비율에 따라 가중된 의결정족수로 선출하는 것이 가장 바람직하다고 생각한다.

이렇게 볼 때, 우리의 현 정부형태는 민주적 정당성과 권력통제의 면에서 여러 가지 문제점을 내포하고 있기 때문에 앞으로 운영의 묘를 살려 나가야 할 뿐 아니라, 문제점에 대한 개선책이 강구되어야 할 것이다.

재판관선임방법상의 문제점

4. 선거제도

대의제도에 바탕을 둔 통치구조 내에서 선거제도는 그 필수불가결한 조직원리를 의미한다. 대의제도는 선거를 통해서만 실현될 수 있는 통치기관의 구성원리로서 선거 없는 대의제도를 상상할 수 없기 때문이다. 따라서 합리적 선거제도를 마련하고 선거제도를 공정하게 운영하는 것은 대의제도의 성패를 좌우할 뿐 아니라 대의적인 통치구조의 기능적 출발점인 동시에 그 전제조건이다.

대의적 통치구조의 기능적 전제조건

사실상 주권자인 국민의 의사는 선거를 통해서 구체화되고 현실화되는 것이기 때문에 자유민주국가의 통치질서에서는 국민의 의사가 굴절 없이 통치기관의 구성에 반영되고, 모든 통치권의 민주적 정당성이 확보될 수 있는 선거제도를 마련하는 것이 통치구조의 가장 기본적인 요청이라고도 볼 수 있다. 오늘날의 통치질서가 대의민주적 통치질서일 수밖에 없는 것이라면 선거제도야말로 현대자유민주국가의 통치구조의 기능적인 전제조건인 동시에 그 골격적인 핵심이라고도 할 수 있다.

주권자의 의사가 굴절 없이 반영되는 선거제도의 중요성

선거제도는 국민의 참정권을 실현함으로써 국가권력의 창설과 국가 내에서 행사되는 모든 권력의 최후적 정당성을 국민의 정치적인 공감대에 귀착시키

참정권의 실효성 높여 주

는 선거제도

게 하는 통치기구의 조직원리라는 점에서 국민의 참정권과도 불가분의 관계에 있다.[1] 선거제도를 마련하는 데 있어서 특히 참정권의 헌법상 의의와 기능을 존중해서 참정권에 내포된 기본권적인 의미와 내용이 최대한으로 보장되고 실현될 수 있는 제도적인 장치를 찾아내야 하는 이유도 바로 그 때문이다. 현대의 자유민주국가의 헌법질서에 흔히 '자유'·'평등'·'보통'·'직접'·'비밀'선거의 원칙이 선거법의 기본원칙으로 명시되거나 강조되는 것도 헌법이 보장하는 참정권의 실효성과 기능을 높여 주는 합리적인 선거제도의 마련을 통해서 명실공히 공감대에 바탕을 둔 민주정치를 실현해서 사회공동체의 동화적 통합을 촉진하기 위한 것이라고 볼 수 있다.

I. 선거의 의의와 기능

(1) 선거의 의의와 유형

1) 선거의 의의

선거절차에
따른 대표자
결정행위

가장 효과적
인 통치권 통
제수단

선거의 대의
민주적 기능

선거는 선거인이 다수의 후보자 중에서 일정한 선거절차에 따라 특정인을 대표자로 결정하는 행위로서 국민의 대의(표)기관을 구성하는 민주적 방법인 동시에 통치기관으로 하여금 민주적 정당성을 확보케 함으로써 대의민주주의를 실현하기 위한 불가결한 수단이다.[2] 현대의 산업화된 대중사회에서 국민이 그 주권에 의해서 통치권을 통제할 수 있는 가장 효과적이고 최상의 방법이 바로 선거이기 때문에 많은 사람이 선거의 민주정치적 의미와 기능을 강조하는 것은 결코 과장이라고 평할 수 없다.

그러나 민주국가가 아닌 많은 나라에서도 선거가 행해지는 바와 같이 선거는 민주주의와 무관한 기관구성의 단순한 기술일 수도 있다는 점을 잊어서는

---

1) 우리 헌재도 이 점을 강조한다.
   【판시】 i) 대의민주정치를 원칙으로 하는 오늘날의 민주정치 아래에서의 선거는 국민의 참여가 필수적이고, 주권자인 국민이 자신의 정치적 의사를 자유로이 결정하고 표명하여 선거에 참여함으로써 민주사회를 구성하고 움직이게 하는 것이다. 따라서 국민의 주권행사 내지 참정권행사의 의미를 지니는 선거과정에의 참여행위는 원칙적으로 자유롭게 행해질 수 있도록 최대한 보장해야 한다(헌재결 1994. 7. 29. 93 헌가 4 등, 판례집 6-2, 15(28면)). ii) 대의제민주주의에 바탕을 둔 우리 헌법의 통치구조에서 선거제도는 국민의 주권행사 내지 참정권행사의 과정으로서 국가권력의 창출과 국가 내에서 행사되는 모든 권력의 정당성을 국민의 정치적인 합의에 근거하게 하는 통치기구의 조직원리이다(헌재결 1996. 8. 29. 96 헌마 99, 판례집 8-2, 199(206면)).
2) 【판시】 현대민주국가에 있어서 선거는 국가권력에 대하여 민주적 정당성을 부여하고 국민을 정치적으로 통합하는 중요한 방식이다(헌재결 1995. 7. 21. 92 헌마 177 등, 판례집 7-2, 112(122면)).

아니된다. 이 경우 선거는 세습제나 당연직 또는 임명에 의한 기관구성의 방법과 기관구성
에 갈음하는 기관구성의 또 다른 기술에 지나지 않기 때문에 반드시 민주적의 단순한 기
의미와 기능을 갖는 것은 아니다. 보통선거의 원칙 등 오늘날과 같은 민주적인술로서의 기
선거제도가 확립되기 이전부터 선거가 실시되었던 것은 선거가 처음에는 민주능
주의이념의 실현과는 관계 없이 단순히 기관구성의 하나의 기술로 기능했었기
때문이다. 오늘날에도 공산국가를 비롯한 전체주의국가에서 행해지는 각종 선
거는 '대의민주주의이념의 실현'보다는 '기관구성의 단순한 기술'로서의 의미와
기능이 더욱 강하다고 볼 수 있다.

2) 선거의 유형

선거는 선거에서의 '선택의 가능성'과 '선거의 자유'의 보장 여부를 기준으경쟁적 · 비경
로 '경쟁적 선거'(kompetitive Wahlen)와 '비경쟁적 선거'(nicht-kompetitive Wahlen),쟁적 · 반경쟁
그리고 '반(半)경쟁적 선거'(semi-kompetitive Wahlen)의 셋으로 구별한다.[1] 선거적 선거
인에게 '선택의 가능성'과 '선거의 자유'가 완전히 보장되는 '경쟁적 선거'가 민
주주의 정치체제의 선거라면, 그러한 보장이 전혀 없는 '비경쟁적 선거'는 전체
주의 정치체제의 선거이고, '선택의 가능성'과 '선거의 자유'에 여러 제한이 따
르는 '반경쟁적 선거'는 권위주의 정치체제의 선거이다. 정치체제와 선거의 의
미 및 기능과의 상관성이 강조되는 이유도 그 때문이다.

(2) 선거의 의미와 기능

1) 선거의 의미

정치체제 내지는 통치질서에 따라 선거의 의미는 같지 않다.정치체제에
따른 차이
㈎ 자유민주주의체제에서의 선거의 의미

a) 통치권의 기초 내지 정당화근거

자유민주주의체제에서는 선거가 통치권의 기초인 동시에 그 민주적 정당통치권의 창
성의 근거를 의미하기 때문에 통치권의 담당자가 선거에 의해서 정해지기 마련출 및 정당화
이다. 자유민주적 통치질서에는 '선거'와 '민주주의'의 개념이 불가분적으로 상
호 밀착되어 선거가 없거나, 여러 정치집단간에 정권을 쟁취하기 위한 공개적
이고 개방적인 경쟁 없는 민주주의를 논할 수 없게 된다. '경쟁적 선거'야말로
자유민주질서의 가장 상징적인 징표인 동시에 자유민주질서를 다른 정치체제와
구별시켜 주는 중요한 인식의 기준이 된다.

---

1) Vgl. darüber *D. Nohlen*, Wahlrecht und Parteiensystem, 1985, S. 16ff.

b) 국민의 민주적인 정치참여의 본질적인 수단

대다수 국민
이 정치형성
과정에 참여
하는 거의 유
일한 수단

자유민주적 통치질서에서 선거는 민주적인 정치참여의 가장 본질적인 수단으로서의 의미를 갖게 된다. 물론 자유민주적 통치질서에서 주권자인 국민은 정당을 비롯한 각종 정치단체 또는 노동조합에 가입하거나 정치적인 집회 내지 시위에 참여하는 등 선거 이외에도 민주적인 정치참여의 길을 보장받고 있기 때문에 선거는 민주적 정치참여의 한 형식에 지나지 않는다고 평가할 수도 있다. 하지만 선거는 주권자의 주류를 이루는 대다수 국민들에게 있어서 정치형성과정에 참여하는 거의 유일한 형식과 수단을 의미한다는 점에서 민주적인 정치참여의 여러 형식과 수단 중에서도 가장 중요한 의미를 갖게 된다는 점을 잊어서는 아니된다.[1]

(나) 사회주의체제에서의 선거의 의미

공산당통치는
역사적 필연

사회주의국가에서 선거는 자유민주국가에서와는 전혀 다른 의미를 갖게 된다. 왜냐하면 사회주의국가에서의 공산당의 통치나 공산당의 정치주도권능은 선거에 그 뿌리를 두는 것이 아닐 뿐 아니라 선거도 통치권력의 정당화를 위한 목적으로 실시되는 것이 아니기 때문이다. 공산당의 통치권능은 선거에서 나오는 것이 아니다. '마르크스주의' 내지 '레닌주의'에 비추어 볼 때 공산당에 의한 통치체제나 공산당의 일당통치는 사회발전의 객관적인 법칙의 필연성에서 나오는 역사적인 사명 내지 과제이기 때문에 노동자·농민계급과 그들로 구성된 공산당의 통치는 바로 역사적인 필연을 뜻하게 된다. 따라서 선거는 통치권

선거는 통치
권행사의 수
단에 불과

행사의 수단 내지 도구에 지나지 않고 통치권행사의 근거와 기준 또는 그 정당성 부여의 방법일 수 없다. 선거가 공산당과 국가기관의 절대적인 통제하에서만 실시되고 야당이 형성될 수 없는 것도 그 때문이다.

(다) 권위주의체제에서의 선거의 의미

현존 정치구
도의 정당성
과시수단

권위주의정치체제[2]에서 선거는 현존하는 정치적인 세력관계의 정당성을 과시하는 수단으로서의 의미를 갖게 된다. 자유민주주의체제에서와는 달리 정권교체는 선거의 목적이 될 수 없기 때문에 여당이 계속적으로 여당으로 남게 된다. 전체주의정치체제에서와 다른 점은 야당의 설립과 활동이 선거에서 허용된다는 점이다. 그러나 선거절차에 대한 감시나 통제가 불완전한 것이 특징이다.

---

1) 서민대중은 시간과 재력과 활동면에서 사회의 중류 내지 상류계급의 사람들보다 불리한 입장
   에 서 있기 때문에 그 신분적 핸디캡이 크게 작용하는 정당활동·선거운동참여·각종 정치단체
   가입 또는 시민운동참여 등의 정치참여방법보다는 그들의 서민적 핸디캡이 가장 적게 나타나
   는 선거를 통한 정치참여가 그들의 거의 유일한 민주적인 정치참여의 형식일 수밖에 없게 된다.
2) 권위주의적 정치체제에 관해서는 졸저, 전게서, 방주 301 참조할 것.

이처럼 비록 정권을 빼앗지는 못한다 하더라도 여당의 통치구조적 좌표를 약화시키는 선거결과는 얼마든지 나타날 수 있기 때문에, 국민의 지지율의 증감에 민감한 반응을 보이는 여당세력에게 선거가 어느 정도 정치적 영향을 미칠 수는 있다. 다만 권위주의정치체제에서는 선거관계법률의 잦은 개정을 통해서 민주적인 통치질서의 실현을 위해 노력한다는 인상을 국민에게 심어주려고 노력하는 것은 사실이지만 통치질서의 진정한 민주화가 선거를 통해 실현되기는 어렵기 때문에 선거의 의미도 매우 제한적일 수밖에 없다는 점 또한 부인할 수 없다.

정권교체 배제로 인한 제한적 기능

2) 선거의 기능

선거의 기능은 매우 다양하지만 정치체제에 따라 그 기능이 상이할 뿐 아니라, 같은 자유민주주의정치체제에서도 선거가 언제나 동일한 기능을 나타내는 것은 아니다.

정치체제별 기능의 상이성

㈎ 경쟁적 선거의 기능

'선택의 가능성'이 존재하고 '선거의 자유'가 보장되는 '경쟁적 선거'에서도 민주주의를 어떻게 이해하느냐에 따라 선거의 기능에 대한 평가가 다를 수 있다. '선거인이 피선거인에게 그 신임을 표현하고 무기속적인 자유위임을 하는 것'이 선거의 기능이라고 말한다면 그것은 민주주의에서 특히 '신임의 요소'를 강조하는 입장이고, '통치기능을 수행할 수 있는 대의기관을 구성하는 것'이 선거의 기능이라고 말한다면 그것은 '대의의 요소'를 특히 중요시한 평가라고 볼 수 있다. 또 '정부에 대한 통제'가 바로 선거의 기능이라고 주장한다면 그것은 '국민에 의한 통치'의 요소를 민주주의에서 특히 강조하는 입장이라고 볼 수 있다.

강조점의 차이: 신임의 요소, 대의의 요소, 국민의 통치

생각건대 자유민주적 정치체제를 징표해 주는 경쟁적 선거는 어느 하나의 기능만을 나타낸다고 볼 수는 없고, 역사적인 상황에 따라 여러 가지 혼합형태로 나타나는 병렬적이고 다원적인 기능을 갖는다고 보는 것이 옳을 것 같다. 선거는 '신임의 부여'기능과 '대의기관의 구성'기능, 그리고 '정치적 통제'기능을 함께 나타내지만 다만 선거가 행해지는 역사적인 상황에 따라 그 기능의 정도와 진지성에 차이가 있을 따름이라고 보는 것이 옳을 것이다.

신임부여·대의기관구성·정치적 통제기능의 혼합효과와 개별효과

또 선거의 기능은 자유민주국가의 사회적·역사적·정치적 조건에 따라서도 차이가 있게 마련이다. 다원적이고 이질적인 요소로 구성된 복합적 사회구조에서 선거는 상이한 여러 이질적 사회·문화집단에게 정치적인 대의를 실현시켜 준다든지, 다수형성을 통해서 사회분열을 정치적으로 극복하는 기능을 갖는다고도 말할 수 있다. 그러나 동질적인 요소로 구성된 일원적 사회구조에서 선거

사회구조·정치제도·정당제도에 따라 정해지는 구체적 기능

는 정권획득을 목적으로 하는 정당간의 정책투쟁을 유도하는 기능을 갖는다고 할 것이다. 이 경우에도 소수의 대정당만으로 구성된 복수정당제도에서는 선거가 절대다수당이 되기 위한 정당간의 경쟁계기를 마련하게 되겠지만, 군소정당이 난립한 복수정당제도에서는 선거가 제1차적으로는 정권보다는 득표율을 둘러싼 정당간의 경쟁의 광장으로 기능하게 된다.

통치권의 민주적 정당화 기능

결국 경쟁적 선거의 구체적인 기능을 정해 주는 것은 궁극적으로는 '사회구조', '정치제도' 그리고 '정당제도' 등 세 가지 구조적 요인들이라고 말할 수 있다.[1] 하지만 선거의 기능을 정해 주는 구조적 요인들이 어떠하든 간에 '경쟁적 선거'는 언제나 통치권행사를 민주적으로 정당화시켜 주는 기능[2]을 갖게 된다는 점은 부인할 수 없다고 할 것이다.

(나) 비경쟁적 선거의 기능

정당성 및 통제기능의 결핍과 사회주의 발전에 기여하는 4가지 기능

'선택의 가능성'이 봉쇄되고 '선거의 자유'가 보장되지 않는 비경쟁적 선거는 '정치권력의 정당성'이나 '정치권력의 통제'를 위한 것이 아니다. 그렇다고 해서 비경쟁적 선거가 전혀 아무런 기능도 갖지 않는 것은 아니다. '비경쟁적 선거'는 통치권행사의 도구로서 마르크스와 레닌주의의 이념에 입각한 사회주의의 발전에 기여하는 다음의 네 가지 기능을 갖게 된다. 즉 i) 모든 사회세력을 사회주의실현을 위해 동원하는 기능, ii) 공산주의정책의 기준을 분명하게 밝히는 기능, iii) 사회주의 이데올로기에 입각해서 국민의 정치적·도덕적 통일성을 강화하는 기능, iv) 최대의 선거참여와 공산당의 일원적인 입후보명단에 대한 최대의 다수투표를 통해서 모든 근로계층과 공산당의 단결과 단합을 입증하고 확인하는 기능 등이 바로 그것이다. 따라서 사회주의국가에서 실시되는 비경쟁적 선거는 자유민주주의국가에서 행해지는 경쟁적 선거와는 그 기능의 면에서 현저한 차이를 보인다는 점을 주목할 필요가 있다.

(다) 반경쟁적 선거의 기능

권위주의정권 안정화기능

반경쟁적 선거는 여러 다양한 선거의 유형을 포괄하는 개념이기 때문에 그 기능을 단정적으로 말하기는 어렵다. 그렇지만 반경쟁적 선거는 아무래도 권위정권을 안정시킨다는 기능이 그 가장 주된 기능이라고 볼 수 있는데 구체적으로는 다음의 다섯 가지 기능을 갖는다. 즉 i) 현존하는 정치적 세력관계의

---

1) 사회의 신분구조, 인종과 종교분포, 이익단체의 수와 유형 그리고 사회적 대립관계의 깊이 등이 '사회구조'에서 중요시된다면, '정치제도'에서는 정부형태가 어떤 것인지 또 단일국가인지 연방국가인지, 그리고 정치적인 갈등의 해결이 단순히 경쟁에 맡겨지는지 아니면 조화점의 모색이 강구되는지 등이 중요하다. 그리고 '정당제도'에서는 정당의 수, 정당간의 크기의 차이 내지는 이념적인 대립의 양상 등이 선거의 기능을 정해 주는 중요한 요인들이라고 할 것이다.
2) 그 구체적인 내용에 대해서 자세한 것은 졸저, 전게서, 방주 1001 참조할 것.

정당성을 추구하고, ii) 국내정치적인 긴장을 완화시키고, iii) 국제적인 평판과 지위를 높이고, iv) 야당을 가시적으로 표출시키고, v) 권력구조의 체제안정적인 현실적응을 모색하는 기능 등이 바로 그것이다. 그러나 권위주의 정치체제가 그 형태면에서 다양한 만큼 반경쟁적 선거의 기능도 언제나 나라와 정권에 따라 개별적으로 검토할 필요가 있다.

Ⅱ. 민주적 선거법의 기본원칙

경쟁적이고 민주적인 선거가 되기 위해서는 '선택의 가능성'이 주어지고 '선거의 자유'가 보장되는 것만으로는 부족하고 선거절차의 모든 과정에서 국가권력이 절대적으로 정치적인 중립을 지킴으로써 선거권과 피선거권의 결정, 선거구의 분할, 후보자의 추천과 결정, 선거운동, 투표, 개표와 합산, 득표수에 상응한 의석의 배분, 그리고 선거에 관한 소송 등에서 모든 선거참여자와 정당에게 균등한 지위와 기회가 보장되는 것이 필요하다.

선택가능성과 선거자유보장 및 국가권력의 중립성 요청

따라서 국민주권에 입각한 대의민주주의를 실현해야 된다는 민주정치의 현대적인 당위명제를 충족하기 위해서 현대의 대다수 자유민주국가는 선거법의 기본원칙을 헌법 또는 각종 선거법에 명문으로 규정하고 그 합리적인 운용을 위한 제도적인 장치를 마련해 놓고 있다. 보통·평등·직접·비밀·자유선거의 원칙이 바로 그것이다. 우리 현행헌법(제41조 제1항과)(제67조 제1항)도 이같은 선거법의 기본원칙을 명문으로 규정하고 있다.

보통·평등·직접·비밀·자유선거원칙

통치권의 민주적 정당성을 확보하기 위한 수단으로서의 이같은 선거법의 기본원칙은 국민의 의사표현의 자유와 함께 자유민주적 통치질서의 가장 기본적인 전제조건이다.[1] 따라서 선거법의 기본원칙이 국가권력을 기속하는 것은 당연하다.[2] 또 선거법의 기본원칙은 비록 그것이 국민의 기본권의 형식으로 규정되고 있지는 않다 하더라도 기본권과 유사한 성격을 갖는 국민의 주관적 공권을 발생시킨다고 보는 것이 옳을 것이다.[3]

국가권력에 대한 기속력과 기본권적 성격

---

1) 그러나 선거법의 기본원칙은 역사적인 정치발전과정에서 오랜 세월에 걸쳐 점진적으로 확립된 것이기 때문에 그 구체적인 내용도 시대와 나라에 따라 다르다는 점을 유의할 필요가 있다. 예컨대 보통선거의 원칙만 하더라도 19세기에는 단순히 남자만의 선거권을 의미했고 스위스에서는 1971년에 와서야 비로소 여자의 선거권이 인정되었다.

2) 【판시】 현대 선거제도를 지배하는 보통, 평등, 직접, 비밀, 자유선거의 다섯 가지 근본원칙은 선거인, 입후보자와 정당은 물론, 선거절차와 선거관리에도 적용되며, 선거법을 제정하고 개정하는 입법자의 입법형성권의 행사에도 당연히 준수하여야 한다(헌재결 1989. 9. 8. 88 헌가 6, 판례집 1, 199(211면)).

3) 민주적 선거법의 기본원칙과 그것이 요구하는 선거제도의 구체적인 내용에 관해서 자세한 것

(1) 보통선거의 원칙

제한선거배제

보통선거라 함은 제한선거에 대한 개념으로서 평등선거의 원칙과 마찬가지로 일반적인 평등원리의 선거법상의 실현원리이다. 즉 모든 국민은 누구나 선거권과 피선거권을 가져야 한다는 원리이다.[1] 따라서 국민인 이상 성별·인종·언어·재산정도·직업·사회적 신분·교육수준·종교·징견 등에 의해서 선거권과 피선거권의 제한을 받아서는 아니된다는 것을 뜻한다.[2] 그러나 불가피하고 합리적인 기준에 의해서 선거권과 피선거권을 제한하는 것은 보통선거의 원칙에 위배된다고 할 수 없다. 예컨대 국적, 연령, 거주지, 정신적인 판단능력, 법률상의 행위능력, 시민으로서의 완전한 자격능력($^{예컨대 자격}_{정지 여부}$) 등을 기준으로 하는 선거권과 피선거권의 제한이 바로 그것이다.[3]

불합리한 기준에 의한 제한 금지

(2) 평등선거의 원칙

차등선거배제

평등선거라 함은 차등선거 내지 불평등선거에 대한 개념으로서 일반적인 평등원리의 선거법상의 실현원리이다. 따라서 모든 선거참여자가 모든 선거절차에서 균등한 기회를 가져야 함은 물론이고 선거를 통한 정치적 의사형성과정에서 모든 국민은 절대적으로 평등한 영향력을 행사할 수 있어야 한다. '투표가치의 평등'과 '선거참여자의 기회균등'이 평등선거의 핵심적인 두 가지 내용으로 간주되는 이유도 그 때문이다.

투표가치의 평등과 선거참여자의 기회균등보장

1) 투표가치의 평등

투표가치차등

평등선거의 원칙은 우선 모든 선거인의 투표가치가 평등하게 평가될 것을

은 졸저, 전게서, 방주 1005 이하 참조할 것.

1) 주요 선진민주국가에서 보통선거의 원칙이 확립된 것은 그리 오래지 않다. 예컨대 프랑스 (1848, 1946), 독일(1869/71, 1919), 영국(1918, 1928), 스위스(1848/79, 1971), 일본(1925, 1947), 벨기에(1919, 1948), 이탈리아(1912/18, 1946), 캐나다(1920, 1920), 오스트리아(1907, 1918), 노르웨이(1897, 1913), 스웨덴(1921, 1921).

　＊나라 이름 안의 숫자는 첫번째 숫자가 모든 남자에게 선거권이 인정된 해이고, 두 번째 숫자가 여자까지를 포함한 보통선거가 처음 실시된 해를 표시한다.

　Vgl. darüber D. Noblen, Wahlsysteme der Welt, Daten und Analysen, 1978.

2) 【결정례】 i) 우리 헌법재판소의 결정에 따르면 국회의원선거법에서 과다한 기탁금액(1천만원 내지 2천만원)을 규정하여 입후보의 기회를 제한함으로써 재력 없는 사람이 국회에 진출할 수 있는 길을 봉쇄하는 것은 보통·평등선거의 원리에 위배된다고 한다(헌재결 1989. 9. 8. 88 헌가 6). ii) 지방의회의원선거법(제36조 제 1 항) 중 광역의회의원후보자의 기탁금(700만원)에 대해서도 같은 취지의 결정을 했다(헌재결 1991. 3. 11. 91 헌마 21).

3) 동지: 헌재결 1997. 6. 26. 96 헌마 89, 판례집 9-1, 674(679면) 참조.

　【결정례】 선거권 연령을 19세 이상으로 정한 것은 입법자의 합리적인 재량의 범위를 벗어난 것이 아니다(헌재결 2013. 7. 25. 2012 헌마 174).

요구한다. 평등선거는 이처럼 제 1 차적으로 투표가치가 동일하게 평가되는 선 거를 뜻하기 때문에 선거인의 재산·수입·납세·교육·종교·인종·성·정치적 소 견 등에 따른 투표가치의 차등평가는 허용되지 않는다.

평가금지

그런데 '투표가치의 평등'에서 특히 주의해야 할 점은 '투표가치의 평등'에 는 투표의 '산술적 계산가치의 평등'(Zählwertgleichheit der Stimmen)뿐 아니라 투표의 '성과가치의 평등'(Erfolgswertgleichheit der Stimmen)도 함께 포함된다는 사실이다. 따라서 평등선거에서는 이 두 가지 내용의 투표가치의 평등이 함께 실현될 수 있어야 한다. 다수대표선거제도에서는 그 제도의 성격상 투표의 산 술적 계산가치면에서 절대적인 평등이 실현되면 되지만, 비례대표선거제도에서 는 투표의 '산술적 계산가치'뿐 아니라 그 '성과가치'까지도 평등해야 한다.[1]

산술적 계산 가치와 성과 가치의 평등

보통선거와 평등선거의 원칙에서 나오는 이같은 'one man, one vote, one value'의 요청 때문에 입법권자는 특별히 선거구의 분할, 의석배분방법 등 을 정하는 데 세심한 주의를 해야 한다. 선거인수에 있어서 선거구간의 편차가 너무 크게 벌어지도록 선거구를 분할한다든지,[2] 투표의 성과가치의 평등을 무 시한 정책적 의석배분방법을 채택한다든지[3] 하는 것 등이 모두 평등선거의 원

선거구 분할· 의석배분방법 의 중요성

---

1) 동지: 헌재결 1998. 11. 26. 96 헌마 54, 판례집 10-2, 742(747면) 참조.

2) 【외국판례】 독일연방헌법재판소는 이미 1963년에 선거구간의 선거인수의 편차가 1/2 이상으 로 벌어지는 것은 평등선거의 원칙에 반하기 때문에 입법권자는 선거구를 재조정해야 한다는 판례를 내놓은 바 있다. Vgl. BVerfGE 16, 130(141f.)과 독일연방선거법(BWG) 제 3 조 제 1 항 제 3 호 참조. 명백한 편차허용율의 적시는 없어도, 선거구간에 선거인수의 차이가 지나치게 큰 것은 평등선거원칙에 반한다는 판례가 미국과 일본에도 있다. Vgl. Baker v. Carr(369 U.S. 186); Reynolds v. Sims(377 U.S. 533); Wesberry v. Sanders(376 U.S. 1); 일본대법정 민집 제30권 3호(1976년 4월), 233면; 대법정 민집 제37권 9호(1985년 11월), 1면. 또 영국에서는 25%를 넘는 선거인수의 차이는 원칙적으로 시정을 요하는 사항으로 간주된다. Vgl. darüber W. Ridder, Die Einteilung der Parlamentswahlkreise und ihre Bedeutung für das Wahl- recht in rechtsvergleichender Sicht (Deutschland, Großbritannien, USA), 1976, S. 183.

3) 1991년 12월 이전의 우리 구국회의원선거법상의 전국구의석배분방법이 바로 그 대표적인 예이 다. 우리 공직선거법이 정당투표를 위한 후보명부작성에서 남·녀를 동률로 정하도록 한 내용 은 아래 독일 연방헌재의 판례의 취지와는 다르다는 점을 알아 둘 필요가 있다. 우리 국회의 여성의원 비율이 독일보다 현저히 낮다는 점을 고려할 필요는 있지만, 헌법이론적으로만 볼 때는 아래 논증은 충분한 설득력이 있다.

【독일판례】 연방의회선거 때 정당투표를 위한 정당후보명부 작성에서 남·녀후보를 동률로 정 하여야 할 연방의회의 입법의무는 존재하지 아니한다. 기본법에 따라 연방의원은 누구의 지시 도 받지 않고 양심에 따라 직무를 행하는(제38조 제 1 항 제 2 절) 모든 국민의 대표라는 점을 고려할 때 국민의 남·녀 구성비율이 반드시 동일한 비율로 연방의회에 반영되어야 하는 것은 아니다. 또 입법자는 연방선거법 제정에서 자유 및 평등선거의 원칙(제38조 제 1 항 제 1 절)뿐 아니라 앞서 말한 의원의 자유위임의 원칙(제38조 제 1 항 제 2 절)과 정당활동의 자유를 보장 하는(제21조 제 1 항) 기본법 규정도 함께 실현하는 조화로운 규정을 마련할 의무가 있기 때문 이다(2 BvC 46/19). 이 판례의 원인이 된 2017년 연방의회 선거에서 연방의원 709명 중 여성 의원은 218명(30.7%)으로 전 의회기의 여성의원 비율 36.3%보다 감소했다. 이 선거의 선거권

칙에 반하는 것은 물론이다.

2) 선거참여자의 기회균등

균등한 기회 보장과 무소 속 및 비정당 인의 차별대 우금지

평등선거에서 중요시되어야 하는 또 다른 내용은 모든 선거참여자와 정당에게 모든 선거절차에서 '균등한 기회'가 보장되어야 한다는 점이다. 현대의 정당국가에서 정당의 지위와 기능이 커지고 선거가 정당중심으로 행해지게 된다는 점을 감안할 때 선거에서 모든 정당에게 균등한 기회가 주어지는 것은 민주정치의 실현을 위해 특히 중요한 의미를 갖는다. 그러나 무소속후보자나 비정당정치단체라고 해서 선거절차에서 불리한 대우를 받아서는 아니된다.[1]

국가의 중립 성요청과 합 리적 차별대 우

평등선거를 실현하기 위한 기회균등의 요청은 모든 선거절차에서 국가의 공권력이 엄격한 중립을 지킬 때에만 그 실효성을 기대할 수 있기 때문에 국가의 공권력이 정당간의 선거전에 편파적으로 개입하거나 간섭하는 것은 허용되지 않는다. 그러나 국가의 공권력이 합리적이고 불가피한 이유 때문에 정당을 차별대우하는 것은 허용된다고 할 것이다. 예컨대 국영방송이 선거참여정당에게 선거운동을 위한 방송시간을 할당하는 경우에도 정당의 크기$\binom{\text{직전선거에서의 득표}}{\text{율 또는 의석수 등}}$에 따라 방송의 횟수와 방송시간의 장단을 조정하는 것은 가능하다.[2] 또 입후보등록을 위해서 일정수 이상의 선거인의 추천을 받도록 하는 것도 기회균등의 원칙을 어기는 일이 아니다.[3] 나아가 군소정당의 난립을 막고 의회안정세력을 확보함으로써 효율적인 정책수행을 뒷받침하기 위해서 선거법에 이른바 '저지조항'을 두어 일정률 이상의 득표를 한 정당에게만 비례대표제에 의한 의석배분[4]

자 중 51.5%는 여성 유권자였다.

1) 동지: BVerfGE 41, 399.

【결정례】 i) 우리 헌법재판소는 국회의원선거법에서 정당추천후보자와 무소속후보자의 기탁금을 1천만원과 2천만원으로 차등을 둔 것은, 정당인과 비정당인 간에 지나친 차별대우를 하는 것으로 보통·평등선거원칙에 위배된다고 결정했다(헌재결 1989.9.8. 88 헌가 6). ii) 또 헌법재판소는 무소속후보자에게도 선거운동에서 균등한 기회가 보장되지 않는 한 국회의원선거법 제55조의 3 및 제56조(정당추천후보자에 대한 선거유세 및 소형인쇄물우대)는 위헌이라고 결정했다(헌재결 1992. 3. 13. 92 헌마 37·39). iii) 그러나 비정당단체에 대한 선거운동금지는 합헌이라고 한다(헌재결 1995. 5. 25. 95 헌마 105).

2) So auch BVerfGE 7, 99(108); 14, 121; 34, 160(163).

3) So auch BVerfGE 24, 300(341); 30, 227(246).

【독일판례】 그러나 독일연방헌법재판소의 판례에 따르면 선거구유권자수의 0.25%를 넘는 선거인의 추천을 요구하는 것은 허용되지 않는다고 한다. Vgl. BVerfGE 4, 375(384); 12, 132(134).

4) 【독일판례】 독일연방선거법에 의해서 연방의회선거에서 유효투표의 5%(5%-Sperrklausel) 이상을 득표한 정당에게만 비례대표제에 의한 의석배분을 하는 것은 기회균등의 원칙을 어기는 위헌이 아니라는 독일연방헌법재판소의 판례가 있다. 또 동 재판소는 '5% 저지조항'에도 불구하고 소수민족을 대표하는 정당에게는 그 저지선을 낮추는 예외규정을 두는 것도 가능할 뿐아니라, '5% 저지조항'과의 택일관계를 인정해서 지역선거구에서 3명 이상의 당선자를 낸 정당

을 하고 선거운동경비를 보상하는 것,[1] 지역구국회의원후보자에게만 예비후보자 제도를 두는 것[2] 등도 기회균등의 정신에 반한다고 볼 수 없다.[3] 또 일정한 수준의 득표를 하지 못한 후보자의 기탁금을 국고에 귀속시키는 제도도 기회균등에 위배되지 않는다는 것이 우리 헌법재판소의 입장이다.[4]

(3) 직접선거의 원칙

직접선거라 함은 간접선거에 대한 개념으로서 선거인 스스로가 직접 대의기관을 선출하는 것을 말한다. 직접선거의 경우 간접선거에서처럼 선거인과 대의기관 사이에 또 다른 중간선거인이 없기 때문에 선거인과 대의기관 사이에는 직접적인 신임과 위임관계가 성립하게 된다. 따라서 직접선거에서 중요한 것은 선거인이 특정인 또는 특정정당에 대한 투표를 통해서 그에 대한 신임을 표시하기 이전에 이미 그 특정인 또는 특정정당의 득표에 영향을 미칠 수 있는 모든 법적·정치적 영향행위가 완결되어야 한다는 점이다. 이같은 관점에서 볼 때 이미 투표가 행해진 다음에 비례대표제에 의한 전국구후보의 순위나 사람을 바꾸는 행위는 직접선거의 원칙에 대한 침해라고 할 것이다.[5]

간접선거배제

직접적 신임·
위임관계 성
립

에게는 그 정당의 득표율이 설령 5% 이하인 때라도 의석배분을 받도록 하는 것이 가능하다고 판결했다. Vgl. BVerfGE 34, 81(100ff.); 5, 77(83); 6, 84(96). 졸저, 전계서, 제 6 판, 2013, 845면 각주 538의 통일독일연방의회선거에서의 특례규정과 판례 참조할 것.
　우리의 선거법(제189조)이 지역선거구에서 5명 이상의 당선자를 냈거나 정당투표에서 유효투표총수의 3% 이상의 득표를 한 정당만이 전국구의석배분에 참여할 수 있도록 규정한 것도 같은 차원에서 정당화된다고 할 것이다. 저지조항의 문제에 대해서 자세한 것은 다음 문헌 참조할 것. *G. Leibholz*, Strukturprobleme der modernen Demokratie, 3. Aufl.(1967), S. 41ff.; *H. Meyer*, Wahlsystem und Verfassungsordnung, 1973, S. 225ff.

1) 독일정당법(제18조 이하)에 따르면 유럽의회 또는 독일연방의회선거에서 정당에 대한 전체유효투표의 0.5% 이상을 득표하거나 각 주의회선거에서 1.0% 이상 득표한 정당에게는 그 정당이 얻은 매표마다 0.70유로(Euro)씩의 선거운동경비를 보상해 주고 있다. 다만 각 정당이 얻은 4백만표까지는 매표당 0.85유로씩 보상해 준다. 무소속후보자의 경우에도 지역구유효투표의 10% 이상을 얻은 사람은 마찬가지로 선거운동경비의 보상을 받는다.

2) 【결정례】 i) 예비후보자제도를 비례대표국회의원후보자에게 허용하지 않는 것은 정당과 이들 후보자의 선거운동의 자유를 침해하는 것이 아니다(헌재결 2006. 7. 27. 2004 헌마 217). ii) 국회의원 선거운동 기간 중 비례대표국회의원 후보자가 공개장소에서 연설과 대담을 하지 못하게 하는 공선법규정은 선거운동의 자유와 정당활동의 자유 및 평등권의 침해가 아니다(헌재결 2013. 10. 24. 2012 헌마 311, 판례집 25-2 하, 276(290면)). 이 결정은 헌재결 2016. 12. 29. 2015 헌마 1160 등에서 4 : 5로 다시 합헌으로 확인했다.

3) 【독일판례】 그 반면에 정부가 선거시기에 정부시책에 대한 국민의 지지와 협조를 얻기 위한 정책홍보의 차원을 넘어서 정부·여당의 선거운동목적으로 국가예산으로 지나친 정부선전을 하는 것은 선거참여자의 기회균등의 요청에 위배된다는 독일연방헌법재판소의 판례가 있다. Vgl. BVerfGE 44, 125.

4) 헌재결 1995. 5. 25. 92 헌마 269 등, 판례집 7-1, 768(782면) 참조.

5) So auch z. B. BVerfGE 7, 63(72).

(4) 비밀선거의 원칙

공개선거배제

비밀선거라 함은 '공개투표' 내지 '공개선거'에 대한 개념으로서 투표에 의해서 나타나는 선거인의 의사결정이 타인에게 알려지지 않도록 하는 선거를

공개투표금지 및 선거관리 업무의 중요 성

말한다.[1] 따라서 구두로 투표하고 선거업무종사원이 그것을 기록하는 방법의 공개투표는 물론이고, 공개석상에서 거수 또는 호명의 방법으로 행하는 '공개투표'가 모두 비밀선거의 원칙에 반하는 것은 물론이다.

오늘날 비밀선거의 실현은 선거업무담당기관이 투표의 비밀을 보장할 수 있는 투표용지·기표소·투표함 등을 사전에 완벽하게 준비함으로써만 가능하기 때문에 비밀선거의 성패는 그 큰 부분이 선거준비와 선거업무조직에 달려 있다고 할 것이다. 선거업무담당기관을 일반행정기관과는 별도의 독립기관으로 구성해야 된다는 요청이 그래서 나온다. 우리 헌법상의 선거관리위원회(제114조 이하)조직은 이같은 관점에서 볼 때 적어도 그 제도면에서는 합리적인 것이라고 생각한다.

선거의 자유 분위기 보장

아무튼 비밀선거는 선거의 자유분위기를 보장하는 가장 중요한 제도적 장치라고 할 것이다. 타인에게 투표의 공개를 요구하는 행위나 선거인 스스로가 투표를 공개하는 행위가 모두 금지되는 것은 그것이 선거의 자유분위기를 해치기 때문이다. 그러나 투표의 비밀을 침해하지 않는 범위 내에서 행하는 이른바 출구조사는 비밀선거의 원칙에 위배되지 않는다고 할 것이다.

(5) 자유선거의 원칙

강제선거배제

자유선거란 강제선거에 대한 개념으로서 선거인이 강제나 외부의 어떠한 간섭도 받지 않고 자기의 선거권을 자유롭게 행사할 수 있는 것을 말한다. 자

선거의 내용 및 선거의 가 부(투표 여부) 의 임의결정 보장

유선거에서 중요한 것은 선거인이 그 선거권을 자유롭게 행사하는 것이기 때문에 선거권행사 그 자체를 제한하는 것이 아닌 한 외부의 영향이 완전히 배제되는 것은 아니다.[2] 또 자유선거의 원칙은 '선거의 내용'(wie)뿐 아니라 '선거의 가

---

1) 【결정례】 신체의 장애로 인하여 자신이 기표할 수 없는 선거인은 그 가족 또는 본인이 지명한 2인을 동반하여 투표를 보조하게 할 수 있도록 정한 선거법 규정(제157조 제 6 항)은 중증 장애인의 실질적인 선거권을 보장하고 선거의 공정성을 확보하기 위한 불가피한 예외적인 경우에 한하고 있으므로 비밀선거의 원칙에 반하지 않고 중증 장애인의 선거권도 침해하지 않는다(헌재결 2020. 5. 27. 2017 헌마 867).
   [평석] 그런데 이 결정의 계기가 된 사건처럼 중증장애인이 특별히 신뢰하는 1인의 투표보조인만을 동반했는데도 반드시 2인의 투표보조인을 동반하게 강제하는 것은 비록 투표보조인 상호간에 서로 견제하여 선거인의 의사에 반하여 기표하는 행위를 방지하기 위한 것이라는 명분에도 불구하고 비밀선거의 원칙에서 재고의 여지가 있다고 할 것이다. 그래서 이 결정에 반대의견을 낸 3인 재판관의 논증을 깊이 음미할 필요가 있다.
2) 따라서 선거에 관한 여론조사의 결과를 선거일 전 6일부터만 공표·보도하지 못하게 하는 것

부'(ob)까지도 선거인의 자유로운 결정에 맡겨질 것을 요구하기 때문에 '선거의 무'를 헌법적 차원이 아닌 법률로 규정하는 것은 허용될 수 없다고 생각한다.[1]

우리 현행헌법은 자유선거의 원칙을 명문으로 규정하지는 않고 있지만 민주적 선거법의 나머지 네 가지 기본원칙을 채택하고 있기 때문에 그 속에는 자유선거의 원칙도 당연히 포함된다고 보는 것이 옳다. 우리 헌법재판소도 같은 취지의 판시를 하고 있다.[2]

> 명문규정 없지만 당연

Ⅲ. 선거제도의 유형

통치권의 민주적 정당성을 확보하고 대의민주주의의 이념을 실현할 수 있도록 민주적 선거법의 기본원칙을 존중하는 합리적인 선거제도를 마련하는 것은 현대자유민주국가의 통치구조에서도 가장 본질적인 요청이라고 볼 수 있다.

> 합리적 선거제도의 중요성

한 나라의 통치질서는 어떠한 선거제도를 가지느냐에 따라 그 정치양상이 크게 달라지기 마련이다. '다수대표선거제'(Mehrheitswahlsystem)와 '비례대표선거제'(Verhältniswahlsystem)의 어느 것을 택하느냐, '다수대표제'를 택한다면 절대다수대표제로 하느냐 상대다수대표제에 따르느냐, '비례대표제'를 택한다면 의석배분방법을 어떻게 정하느냐, '저지규정'을 두느냐 않느냐, 둔다면 그 저지선을 몇 %로 하느냐, 다수대표제와 비례대표제를 병용한다면 그 비율관계를 어떻게 정하느냐, 선거구의 크기는 어느 정도로 하느냐, 선거구의 분할은 어떤 방법으로 하느냐, 한 선거구에서 몇 명의 의원을 뽑게 하느냐, 선거운동은 공영제로 하느냐 자유경쟁에 맡기느냐, 선거에 관한 소송이 어떻게 처리되느냐 등에 따라 한 나라의 정당제도와 정치질서가 큰 영향을 받게 마련이다.[3]

> 선거제도가 갖는 정당제도 및 정치질서형성기능

은 허용된다고 할 것이다(선거법 제108조).

1) 【독일판례】 i) 독일연방헌법재판소가 자유선거의 원칙은 단순한 '투표행위보호' 이상의 의미를 갖는다고 강조하는 것도 '선거 여부'(투표 여부)의 보호까지를 포함시키려는 의도로 볼 수 있다. Vgl. BVerfGE 7, 63(69).

ii) 자유선거와 관련해서 제기되는 또 다른 문제는 정당국가적 경향으로 인해서 정당공천후보자 중에서만 택일하도록 선거인의 선거권이 사실상 제한되는 현상이 무소속선거인의 자유선거권과 조화될 수 있는가의 점이다. 독일연방헌법재판소의 견해에 따르면 '무소속국민의 정치적인 무력화'를 뜻하는 그와 같은 현상은 자유선거의 원칙상 허용되어서는 아니되기 때문에 후보자의 추천권을 정당에게만 독점시키는 것은 자유선거의 원칙에 반할 뿐 아니라 보통·평등선거의 원칙과도 조화되기 어렵다고 한다. Vgl. BVerfGE 41, 399(417).

2) 【판시】 자유선거원칙은 우리 헌법에 명시되지는 않았지만 민주국가의 선거원리에 내재하는 법원리로서 국민주권의 원리, 의회민주주의의 원리, 참정권규정에서 그 근거를 찾을 수 있고 투표의 자유, 입후보의 자유 및 선거운동의 자유를 포함한다(헌재결 1999. 9. 16. 99 헌바 5, 판례집 11-2, 326(336면)).

3) 선거제도에 관해서 자세한 것은 졸저, 전게서, 방주 1012 이하 참조할 것.

(1) 다수대표선거제도

1) 다수대표선거제도의 의의와 그 제도적 장·단점

(개) 다수대표선거제도의 의의

다수대표선거제도는 다수결원리의 선거제도상의 실현형태로서 다수의 후보자 중에서 선거인으로부터 다수표를 얻은 사람을 당선자로 결정하는 선거제도를 말한다. 비례대표선거제도보다 더 오랜 역사를 가지고 있는 이 제도는 영국과 프랑스 그리고 미국과 캐나다 등에서 가장 성공적으로 시행되고 있다.

(내) 다수대표선거제도의 유형

다수대표선거제도는 다시 '절대다수대표선거제'와 '상대다수대표선거제'로 나눌 수 있는데, 전자는 적어도 유효투표의 과반수 이상의 득표자만을 당선자로 하는 제도로서, 제 1 차 투표에서 당선자가 나오지 않는 경우 최다득표자와 차점득표자 2인을 상대로 제 2 차 투표가 실시되는 것이 보통이다. '상대다수대표선거제'의 경우에는 그와 같은 최소득표선이 없기 때문에 누구나 상대적으로 가장 많은 득표를 한 후보자가 당선자로 결정된다.

(다) 다수대표선거제도의 장·단점

a) 장   점

다수대표선거제도가 특히 소선거구제를 택할 때 비례대표선거제에 비해서 선거인 간의 유대관계는 물론, 선거인과 대표자간의 유대관계 형성을 보다 용이하게 할 뿐 아니라 양당제도의 확립과 정부의 정책집행을 뒷받침해 주기 위한 다수세력의 형성이라는 면에서는 상대적으로 유리한 제도라는 점을 부인하기 어렵다. 하지만 또 한편 구체적인 사회구조 또는 정치조건에 따라서는 오히려 비례대표선거제도가 이 점에서 보다 우수한 기능을 나타낼 수도 있기 때문에 제도의 우열을 단정적으로 말할 수는 없다고 할 것이다.

b) 단   점

다수대표선거제도에서는 낙선된 모든 후보자에게 주어진 선거인의 투표는 대의기관의 구성에서 완전히 도외시되기 때문에 대의기관의 의사결정과정에서 정치적인 소수세력의 이해관계를 충분히 반영할 수 있는 통로가 마련되기 어렵다는 제도상의 약점이 있다. 또 다수대표선거제에서는 선거구의 분할과 크기가 선거결과에 특별히 큰 영향을 미치게 되는데 모든 선거구를 동일한 크기로 분할하는 것이 기술적으로 어렵기 때문에 선거구분할을 통해서 행정적으로 선거결과를 조종할 수도 있다는 비난 또한 면하기 어렵다. 그뿐 아니라 특히 '상대

다수득표자를 당선자로 결정 (다수결원리)

영미국가·프랑스제도

절대다수대표선거제·상대다수대표선거제

양당제도확립 및 다수세력 형성에 유리

소수세력의 소외, 선거구 분할의 불균형, Bias현상 발생

다수대표선거제도'에서는 정당의 득표율과 그 의석확보수 사이에 정비례관계가 성립되지 않는 이른바 'Bias현상'[1]이 나타날 수도 있어 '표에서는 이기고 의석수에서는 지는' 불합리한 결과가 초래될 수도 있다.

2) 다수대표선거제도와 선거구의 분할

⑺ 선거구분할의 중요성과 이상형

다수대표선거제도와 선거구와는 기능적으로 불가분의 상호관계에 있다. 다수대표선거제도는 합리적인 선거구의 획정과 분할을 통해서만 평등선거와 대의의 이념을 실현할 수 있기 때문이다. 즉 평등선거의 원칙이 요구하는 '투표가치의 평등'이나 '비례적인 대의'의 관점에서 볼 때 선거인의 수가 완전히 동일하게끔 선거구를 분할하고 선거구의 크기($^{지역적 크기가 아니고}_{선거구의 대표정수}$)를 정할 수만 있다면 그것이 가장 이상적이라고 할 것이다.

투표가치의 평등 및 비례적 대의에 맞는 선거구분할

⑴ 선거구간의 선거인수 차이

그러나 현실적으로 '선거구의 분할'에 있어서는 현존하는 지역적 행정단위를 기준으로 할 수밖에 없기 때문에 선거인의 수가 선거구마다 완전히 동일할 것을 기대하기는 어렵다. 그럼에도 불구하고 선거구간에 선거인수의 차이가 너무 크게 벌어지지 않도록 일정한 주기마다 선거구를 재조정한다는 것은 다수대표선거제도의 불가결한 전제요건이다.[2] 우리 선거법($^{제24조, 제24조의 2}_{및 제24조의 3}$)은 국회의원 지역선거구의 공정한 획정을 위해서 중앙선거관리위원회에 소속된 독립한 지위

선거구간 선거인편차의 최소화

우리 선거구획정제도의 비효율성

---

1) Bias현상은 영국의 선거제도연구에서 유래하는 개념으로서 특히 타 정당에 비해 득표수에서는 앞섰지만 의석수에서는 뒤지는 현상을 나타내는 말이다.

2) 우리 헌재도 선거구분할에서의 인구비례의 원칙과 투표가치의 평등을 강조한다.
【판시】 i) 선거구의 획정에 있어서는 인구비례의 원칙을 가장 중요하고 기본적인 기준으로 삼아야 할 것이고, 여타의 조건들은 그 다음으로 고려되어야 할 것이다. … 따라서 선거구획정에 관한 국회의 재량권에는 이러한 헌법적 요청에 의한 한계가 있다. … 투표가치의 불평등이 국회가 통상 고려할 수 있는 제반사정, 즉 여러 가지 비인구적 요소를 모두 참작한다 해도 일반적으로 합리성이 있다고는 도저히 볼 수 없을 정도로 투표가치의 불평등이 생긴 경우에는 헌법에 위반된다(헌재결 1995. 12. 27. 95 헌마 224 등, 판례집 7-2, 760(773면)). ii) 현재 우리나라의 제반여건 아래서는 적어도 국회의원선거에 관한 한 전국선거구의 평균인구수에 그 60/100을 더하거나 뺀 수를 넘거나 미달하는(즉, 상하 60%의 편차를 초과하는) 선거구가 있을 경우에는, 그러한 선거구의 획정은 국회의 합리적 재량의 범위를 일탈한 것으로 위헌이다(위 판례집, 779면). iii) 상하 60% 편차의 기준을 제시한 후 5년 이상이 지난 지금에는 평균인구수 기준 상하 50%의 편차(인구비율 3 : 1)를 기준으로 위헌 여부를 판단하고 … 앞으로 상당한 기간이 지난 후에는 인구편차가 상하 33⅓%(인구비율 2 : 1) 또는 그 미만의 기준으로 위헌 여부를 판단할 것이다(헌재결 2001. 10. 25. 2000 헌마 92 등(병합), 판례집 13-2, 502(516면)). iv) 국회의원 선거구간 인구비율이 2 : 1을 넘게 선거구를 분할하는 것은 지나친 투표가치의 불평등을 야기하는 것으로 지역대표성이 국민주권주의의 출발점인 투표가치의 평등보다 우선할 수 없을 뿐 아니라 대의민주주의의 관점에서도 옳지 않다(헌재결 2014. 10. 30. 2012 헌마 190 등).

를 가지는 국회의원선거구획정위원회를 두도록 2015년 선거법을 개정해 2016년 4월의 국회의원 총선거부터 적용하도록 했다(부칙_{제2조}).[1] 종전에 국회 내에 설치된 선거구획정위원회는 그 기구의 성질상 지역선거구의 공정한 획정업무를 수행하는 데 여러 제약과 한계에 봉착할 수밖에 없었다.[2] 따라서 지역선거구의 공정한 획정을 실현하려면 선진외국에서처럼 국회가 관여하지 않는 중립적인 기구를 설치하는 것이 불가피하다.[3] 그런데 새로 구성된 선거구획정위원회도 중립적인 기구로 활동하기 보다는 사실상 여·야의 대리기구로 전락해서 전혀 제

---

1) 국회의원선거구획정위원회는 임기만료 국회의원선거 전 18개월부터 두되(법 제24조 제 1 항 및 제 2 항), 중앙선거관리위원장이 위촉하는 9명의 위원으로 구성하되, 위원장은 위원중에서 호선한다(법 제24조 제 3 항). 국회의 소관 상임위 또는 선거구획정에 관한 사항을 심사하는 특별위원회는 중앙선거관리위원회 위원장이 지명하는 1명과 학계, 법조계, 언론계, 시민단체, 정당 등으로부터 추천받은 사람 중 8명을 의결로 선정하여 국회의원선거구획정위원회 설치일 전 10 일까지 중앙선거관리위원회 위원장에게 통보하여야 하고 국회의원선거구획정위원회 위원의 임기는 국회의원선거구획정위원회의 존속기간으로 한다(법 제24조 제 4 항부터 제 6 항까지). 국회의원 및 당원 등은 국회의원선거구획정위원회 위원이 될 수 없다(법 제24조 제 7 항 및 제 8 항). 선거구획정위원회는 법 제25조 제 1 항에 규정된 선거구획정기준에 따라 재적위원 2/3 이상의 찬성으로 선거구획정안을 의결하고 국회의원선거의 선거일 전 13개월까지 국회의장에게 제출하여야 한다(법 제24조 제11항). 국회는 국회의원선거구획정위원회가 제출한 선거구획정안을 그대로 반영하되 선거구획정안이 법 제25조 제 1 항의 기준에 명백하게 위반된다고 판단하는 경우에만 그 이유를 붙여 재적위원 2/3 이상의 찬성으로 선거구획정안을 다시 제출해 줄 것을 한 번에 한해서 요구할 수 있다(법 제24조의 2 제 3 항). 선거구획정위원회는 이 요구를 받은 날부터 10일 이내에 선거구획정안을 마련하여 국회의장에게 제출해야 한다(법 제24조의 2 제 4 항). 국회는 선거구법률안을 법률안이 제안된 후 처음 개의하는 본회의에 부의해서 수정없이 바로 표결해야 하는데, 선거구법률안은 법사위의 심사대상에서 제외된다(법 제24조의 2 제 5 항 및 제 6 항). 국회는 국회의원지역선거구를 선거일 전 1년까지 확정해야 한다(법 제 24조의 2 제 1 항).

2) 구선거법에 의해서 처음 구성된 선거구획정위원회의 활동상과, 이 위원회가 마련한 '최소 7만 최대 30만'의 선거구획정안이 국회에서 무시된 채 여·야간에 주고받기식의 당리당략적인 선거구분할안이 1995년 7월 확정된 것은 그 단적인 예이다. 그 결과 전국 선거구의 평균인구수 (175,460명)에서 ±60%의 편차(280,736명~70,184명＝4：1)를 넘는 일부 선거구를 헌재가 위헌 결정하는 사태까지 발생했다(헌재결 1995. 12. 27. 95 헌마 224 등(병합)). 【결정례】 선거구획정위원회는 국회의 자율권에 의해서 구성·조직하는 국회 내부의 비상설회의체기관으로서 그 위원선임 및 선거구획정안 제출은 국회의 기관 내부의 행위에 불과해서 국민에게 직접적인 법률효과를 발생시키지 않으므로 헌법소원의 대상이 아니다(헌재결 2004. 2. 26. 2003 헌마 285).

3) 다수대표선거제도인 미합중국에서는 매 10년마다 선거구를 재조정하도록 의무화하고 있고, 영국에서도 4개지역(England, Scotland, Wales, Northireland) 선거구조정위원회(Boundary Commissions)로 하여금 매 10~15년 간격으로 선거구현황을 조사·보고토록 한 것은 바로 그 때문이다. 독일에도 상설선거구위원회(Ständige Wahlkreiskommission)가 구성되어 있다. 이 위원회는 연방대통령에 의해서 임명되는 7인으로 구성되는 중립적인 기구인데, 연방통계청장과 연방행정법원의 대법관 1명을 반드시 포함시키고 있다. 그리고 이 기구는 연방의회 임기개시 후 15개월 이내에 선거구획정에 관한 의견서를 연방내무장관을 거쳐 연방의회에 제출하고, 그 의견서는 즉시 연방정부관보에 공표된다. 그리고 이 기구가 작성한 선거구획정보고서는 기속력을 갖는다. 독일연방선거법(BWahlG) 제 3 조 참조.

구실을 하지 못하는 일이 2015년 구성 직후부터 나타나 선거구획정을 포기하고 오히려 국회로 떠넘기는 어처구니없는 직무포기사태가 현실이 되고 있다. 획정위원의 선출방법과 의결정족수의 개정 등 선거구획정위원회의 개혁이 불가피해 보인다.[1] 그런데 2016년 3월 제20대 국회의 4·13총선 직전 개정된 공직선거법은 선거구획정위원회의 개혁은 하지 않고 국회의원 지역구의 획정기준만을 구체적으로 정했다.[2]

(다) Gerrymandering현상

또 선거구분할과 관련해서 자주 제기되는 문제는 정략적인 관점과 고려에 의해서 선거구를 특정인 또는 특정정당에게 유리한 방향으로 분할하는 이른바 Gerrymandering현상이다.[3] Gerrymandering은 선거결과를 조작하는 효과가 있기 때문에 다수세력에 의해서 자주 이용되는 방법이긴 하지만 공정한 대의를 실현하는 데 있어서 바람직한 현상이 아닌 것은 두말할 필요가 없다. 우리 헌법재판소도 게리맨더링을 금지하는 판시를 하고 있다.[4]

정략적 선거구분할

---

1) 2016년 1월 국회에는 선거구획정위원회 위원의 선정방법을 바꿔 중앙선거관리위원장이 지명하는 위원수를 3명으로 늘리고 기타 정당 등의 추천위원을 6명으로 줄이는 동시에 재적위원 2/3 이상의 찬성이 아닌 과반수 찬성으로 의결할 수 있도록 공직선거법(제24조 제4항과 제11항)을 개정하는 안이 제출되어 있다. 최소한 이런 정도의 개정은 불가피해 보인다. 현재의 구성 및 의결방법으로는 헌법재판소의 위헌결정에 따라 현행 선거구가 전부 무효화된 2016년의 시작시점까지도 전혀 제 구실을 못하고 있어 헌정사상 처음으로 선거구가 없는 입법비상사태가 발생했다. 그 결과 위법적인 선거운동이 행해지고 있어도 단속기관인 중앙선거관리위원회와 수사기관이 이를 공공연히 묵인하는 일이 벌어지고 있다. 선거 후에 그 후유증이 매우 심각할 것으로 예상된다.

2) 즉 국회의원지역구는 시·도의 관할구역 안에서 인구·행정구역·지리적 여건·교통·생활문화권 등을 고려하여 획정해야 하며(법 제25조 제1항), 획정의 기준이 되는 인구는 선거일 전 15개월이 속하는 달의 말일 현재 인구로 하고(법 제25조 제1항 제1호), 하나의 자치구·시·군의 일부를 분할하여 다른 국회의원지역구에 속하게 할 수 없도록 하되, 인구범위에 미달하는 자치구·시·군으로서 인접한 하나 이상의 자치구·시·군의 관할구역 전부를 합하는 방법으로는 그 인구범위를 충족하는 하나의 국회의원지역구를 구성할 수 없는 경우에는 그 인접한 자치구·시·군의 일부를 분할하여 구성할 수 있도록 했다(법 제25조 제1항 제2호).

3) Gerrymandering이라는 개념은 Mr. Gerry라는 사람이 미국 Boston시에서 자기의 당선이 확실히 보장될 수 있도록 선거구를 분할했었는데 그 선거구의 지형모습이 마치 Salamander(도롱뇽)라는 짐승의 모습과 비슷했기 때문에 생겨난 말이다. 따라서 우리 말로는 'Gerry식 선거구분할'로 번역하거나 아니면 그대로 원어를 사용할 수밖에 없다고 생각한다.

4) 【판시】 선거구의 획정은 사회적·지리적·역사적·경제적·행정적 연관성 및 생활권 등을 고려하여 특단의 불가피한 사정이 없는 한 인접지역이 1개의 선거구를 구성하도록 함이 상당하며, 이 또한 선거구획정에 관한 국회의 재량권의 한계이다. 그런데 특단의 불가피한 사정이 없는데도, 충북 옥천군을 사이에 두고 접경지역 없이 완전히 분리되어 있는 보은군과 영동군을 1개의 선거구로 획정한 것은 재량의 범위를 벗어난 자의적인 선거구획정이다(헌재결 1995. 12. 27. 95 헌마 224 등, 판례집 7-2, 760(788면 이하)). 그러나 우리 헌재는 '인천 계양 1 동과 강화군 통합선거구획정'(헌재결 1998. 11. 26. 96 헌마 54)과 목포시 신안군 갑선거구란 및 목포시 안군 을선거구란의 경우(헌재결 1998. 11. 26. 96 헌마 74 등)에는 게리맨더링이 아니라고

⒭ 소선거구·중선거구·대선거구

a) 선거구의 크기와 정당제도 및 대의기능과의 상관성

선거구별 대표자정수의 차이: 1구 1인대표제와 1구다수대표제의 대의기능상 차이

다수대표선거제도에서 '선거구의 크기', 즉 선거구별 대표자정수를 어떻게 정하는가는 정당제도뿐 아니라 대의의 비례면에서도 매우 중요한 의미를 갖게 된다. '1구 1인대표제'와 '1구다수대표제'는 그 정당제도에 미치는 영향과 대의의 비례면에서 반드시 같은 결과를 나타낸다고 보기는 어렵기 때문이다. 예컨 대 '1구 1인대표제'가 '1구 5인대표제'에 비해 양당제도의 확립과 안정다수세력의 형성에 유리한 효과를 나타낸다면, 반대로 '1구 5인대표제'는 '1구 1인대표 제'보다는 정치적 소수세력의 대표선출을 용이케 하고 대표자의 지역초월적 대 의기능을 촉진하는 효과를 나타낸다고 할 수 있다. 따라서 같은 다수대표선거 제도라도 구체적으로 어떤 내용의 제도를 마련하느냐에 따라 정당제도를 비롯 한 대의기관의 구성과 기능은 적지 않은 영향을 받게 된다. 구체적으로 말해서 선거구의 크기와 당선에 필요한 득표율과의 상호관계는 소선거구와 대선거구의 경우에는 반비례한다고 볼 수 있기 때문에 소선거구에서는 당선되기 위해 비교 적 높은 득표율을 필요로 하지만 대선거구에서는 낮은 비율의 득표율로도 당선 될 수가 있다는 결론이 나온다. 그것은 즉 여러 정치세력의 비례적인 대의를 실현한다는 관점에서 볼 때 소선거구보다는 중선거구나 대선거구가 보다 소수 세력의 보호에 유리하다는 이야기가 된다. '소선거구'·'중선거구'·'대선거구' 등 선거구의 크기, 즉 한 선거구에서 뽑을 수 있는 대표자의 수를 정하는 문제가 단순한 기술적인 문제가 아니라 중요한 통치구조적인 의미를 갖게 된다고 평가 되는 이유도 그 때문이다.

선거구의 크기가 갖는 통치구조적 의미

b) 1구 1인대표제의 예

프랑스와 영국의 1구 1인대표제

하지만 제도적으로 '절대다수대표제도'는 '1구 1인대표제'를 당연한 전제로 한다는 점을 유의할 필요가 있다. 그 가장 표본적인 시행형태를 프랑스의 선거 제도에서 찾을 수 있다. 영국은 '상대다수대표제'이지만 '1구 1인대표제'를 택해 서 그 양당제도와 의원내각제 성공의 기틀로 삼고 있다. 우리 현행국회의원선 거제도에서 지역구의원은 '상대다수대표제'와 '1구 1인대표제'에 따라 선출하고 있는데 '투표가치의 평등'이나 '비례적 대의'의 관점에서 선거구의 분할에 많은 문제점이 있다.

현행 상대다 수·1구 1인대 표제의 문제 점

판시했다. 인천서구·강화군 을선거구도 자의적인 선거구획정이 아니다(헌재결 2001. 10. 25. 2000 헌마 92 등(병합), 판례집 13-2, 502(516면)).

(2) 비례대표선거제도

1) 비례대표선거제도의 의의와 그 제도적 장·단점

㈎ 비례대표선거제도의 의의

'비례대표선거제도'는 소수보호의 정신과 정치세력의 지지도에 상응한 비례적인 대의의 실현형태로서 각 정치세력의 득표율에 비례하여 대표자수를 각 정치세력에 배분하는 선거제도를 말한다. 비례대표선거제도는 각 정치세력의 득표율에 비례하는 정치적 대의기능을 각 정치세력에 부여함으로써 되도록이면 전혀 대의(대표)되지 않는 정치세력이 나타나지 않게 하려는 선거제도이기 때문에 대의정의의 이상을 추구함과 동시에 사회의 다양한 이해관계나 정치적인 세력판도가 그대로 대의기관의 구성에 투영되도록 하려는 것이다.

비례대표선거제도는 다원적인 산업사회와 대중민주주의의 나라에서 대의의 이념을 합리적으로 실현하기 위해서 창안된 선거제도이기 때문에 다수대표선거제도보다 늦게 제도화되었다. 따라서 '비례대표선거제도'는 정당제도의 발달 및 정당국가적 경향에 힘입어 20세기에 들어와서 비로소 선거제도로서 정착되기 시작했다고 볼 수 있다. '비례대표선거제도'의 가장 표본적인 유형은 독일 바이마르공화국의 선거제도에서 찾을 수 있다.

㈏ 비례대표선거제도의 장·단점

a) 장   점

비례대표선거제도는 투표의 '산술적 계산가치의 평등'뿐 아니라 그 '성과가치의 평등'까지도 함께 실현하려는 제도이기 때문에 '평등선거'의 원리와 잘 조화된다고 할 것이다. 또 비례대표선거제도가 소수정치세력의 의회진출을 용이하게 함으로써 '소수의 보호'에 기여하는 제도인 것도 부인할 수 없다. 또 비례대표선거제도가 다수대표선거제도하에서의 선거구분할의 불가피한 불균형을 시정하는 기능을 갖는 점도 과소평가할 수 없다.

b) 단   점

그러나 비례대표선거제도도 적지 않은 결점과 문제점을 내포하고 있다. 선거절차와 과정이 정당의 일방적인 정치적 영향과 주도하에서 행해지기 때문에 일반대중이 정치에서 소외당하기 쉽고, 후보자의 선정과 그 순위결정권이 정당의 간부들에게 독점되어 금권·파벌정치 등 부조리의 온상이 될 수 있고, 군소정당의 난립으로 인해서 국민의사가 분산되고 정국주도를 위한 안정된 다수세력의 형성이 어렵다는 점 등이 바로 그것이다. 나아가 비례대표선거제도는 자

득표비율에 따른 대표자수 배분

비례적 대의 및 대의정의 실현 추구

20세기에 정착된 선거제도

표본적 유형은 바이마르 선거제도

산술적 계산가치와 성과가치의 평등 동시실현, 소수보호에 유리

정당간부의 영향력 증가, 금권·파벌정치, 군소정당 난립, 현존 정치구도 고착, 변칙운용가능성

칫하면 현존하는 정당질서와 정치적인 세력판도를 고착시켜서 국민 사이에 확산되는 정치의 기류변화가 쉽게 선거결과에 나타나지 않는다는 결점 또한 과소평가할 수 없다. 또 비례대표선거제도는 정부와 여당에 의해서 절대다수세력 내지는 2/3다수세력의 확보수단으로 변칙운용될 가능성도 있다.[1)

대의이념과의
갈등, 의원내
각제 정착에
불리하게 작용

그러나 비례대표선거제도가 간직하는 가장 큰 헌법이론상의 문제점은 무엇보다도 이 제도에 내재하고 있는 대의의 이념과의 갈등 및 안정다수세력을 바탕으로 하는 의원내각제와의 조화의 어려움이라고 할 것이다. 비록 한 선거구에서 선출된 대표자라고 하더라도 그 선거구만을 대표하는 것이 아니고 전체국민을 대표한다는 대의제도의 이념면에서 볼 때 전국민의 대의기능을 부인하고 단순한 집단대표의 기능만을 강조하는 비례대표사상은 궁극적으로는 대의부정사상과 그 맥을 같이하게 된다. 대의제도의 발상지인 영미계의 국가에서 비례대표선거제도가 정착하지 못하는 이유도 이 선거제도에 내재하고 있는 이념적인 반(反)대의요소 때문이라고 볼 수도 있다. 또 이념적인 면을 떠나 기능적인 차원에서 살핀다 하더라도 정치적인 안정다수세력의 확보를 그 기능적인 출발점으로 하는 의원내각제에서 비례대표선거제도는 오히려 그 기능을 저해하는 측면이 강하다고 할 수 있다. 비례대표선거제도는 의도적으로 '소수의 보호'를 위해 '다수의 형성과 기능'을 희생시키는 제도이기 때문이다.

선거제도 우
열평가의 상
대성

그러나 영국의 헌정사가 보여 주듯이 다수대표선거제도가 언제나 안정된 다수세력의 형성을 보장해 주는 것이 아닌 것처럼 비례대표선거제도도 반드시 안정된 다수세력의 형성을 방해하는 제도라고 단정하기는 어렵다고 할 것이다. 따라서 선거제도의 우열은 지극히 상대적인 성질의 것이기 때문에 그 우열을 논하는 데 있어서는 무엇보다도 구체적인 사회구조 또는 정치조건 등이 우선적인 고려의 기준이 되어야 한다고 생각한다.

2) 비례대표선거제도의 구체적 실현형태

다수대표선거
제도와의 이
념·목적상의
차이 및 그것
이 실현형태
에 미치는 영
향

다수대표선거제도가 다수결원리에 따라 주로 기능적·정치적 대의의 실현에 초점을 둔다면 비례대표선거제도는 비례의 원리에 따른 사회적·비례적 대의의 실현에 그 주안점을 두기 때문에 그 구체적인 제도의 형성도 이같은 제

---

1) 이탈리아의 독재자 무솔리니(Mussolini)에 의해서 제정된 Acerbo법률(1924년)에 근거한 이른바 의석배분상의 보너스제도가 바로 그 가장 대표적인 것이다. 이 제도에 따르면 가장 많은 득표를 한 제 1 당이 자동적으로 전체의석의 과반수 내지는 2/3를 차지했었다. 우리 구국회의원선거법(1991년 12월 개정 전)상 전국구의석배분에 있어서 제 1 당이 차지하던 보너스도 바로 그와 같은 범주에 속한다고 할 수 있다.

도의 이념과 목적에 맞게 이루어져야 한다. 다수대표선거제도가 추구하는 목적이 정책집행을 뒷받침할 수 있는 안정다수세력의 형성이라면, 비례대표선거제도는 사회 내지 정치집단의 실제세력에 상응하는 다원적이고 사회투영적인 대의의 실현을 추구하기 때문에 그 구체적 실현형태도 다수대표선거제도와는 다른 점이 많다. 그것은 특히 입후보방식, 선거인의 투표방법, 의석배분방법과 저지규정 등에서 나타난다.

⑷ 입후보방식

비례대표선거제도에서는 그 입후보방식이 다수대표선거제도와 다르다. 즉 다수대표선거제도는 '개인별 독립입후보'방식을 원칙으로 하기 때문에 선거인의 투표는 후보자 중에서 특정인물을 선택하는 의미를 갖게 된다. 그에 반해서 비례대표선거제도는 '명부제 연대입후보'방식에 따르기 때문에 선거인의 투표는 원칙적으로 특정인물이 아닌 특정명부를 선택하는 의미를 갖는다. 다만 명부제 연대입후보방식에도 '고정명부제'와 '가변명부제' 그리고 '개방명부제'의 세 가지 유형이 있다. 명부의 내용과 순위가 처음부터 고정적인 '고정명부제'[1]와는 달리 '가변명부제'와 '개방명부제'는 선거인에게 명부선택권뿐 아니라 인물선택권까지를 함께 줌으로써 정당의 수뇌부에 의해서 일방적으로 정해지는 후보자선정과 명부 내의 후보순위를 주권자의 손으로 고칠 수 있게 한다는 데 그 특별한 민주적 의미가 있다. 말하자면 비례대표선거제도에 인물선거적 요소를 가미한 것이라고 볼 수 있다. 다만 '가변명부제'와 '개방명부제'는 그 시행에 적지않은 기술상의 어려움이 따르고, '가변명부제'와 '개방명부제'가 제대로의 기능을 나타내기 위해서는 선거인이 식별할 수 있는 적정규모의 명부가 작성되어야 한다는 점 그리고 경우에 따라서는 정당이 꼭 필요로 하는 후보자가 선거에서 낙선되고 상대적으로 지명도가 높은 후보자가 그의 정치역량과는 관계 없이 득을 보는 현상이 나타날 수도 있다는 점 등 몇 가지 문제점이 없는 것도 아니지만, 그 문제점에 비해서 제도의 장점이 훨씬 크다고 느껴진다.

⑷ 선거인의 투표방법

비례대표선거제도에서의 투표방법은 그 입후보방식에 따라 다르다. 즉 '고정명부제'의 비례대표선거제도에서는 선거인은 원칙적으로 하나의 투표권만을 갖고 각 정당이 제시하고 있는 명부 중에서 한 정당의 명부만을 그 전체로서 선택하게 된다. 그에 반해서 '가변명부제'의 경우에는 선거인에게는 적어도 두

우측 난외 주석:
개인별 독립 입후보방식과 명부제 연대 입후보방식

고정명부제·가변명부제·개방명부제의 차이

가변·개방명 부제의 장·단점

명부제유형에 따른 차이

---

1) 예컨대 독일연방의회의 선거에서 제 2 투표(die zweite Stimme)는 이 방법에 따르고 있다. Vgl. §34 Abs. 2 BWahlG.

개의 투표권이 주어져서, 하나의 투표는 명부의 선택에, 또 하나의 투표는 명부 내의 후보자의 선택에 사용토록 한다.

다양한 투표 방법

아무튼 비례대표선거제도에서의 투표방법에는 단수투표방법·복수투표방법·집중투표방법·다수투표방법·선택투표방법·기속투표방법 등 다양한 방법이 있고 후보자의 입후보방식에 따라 여러 형태의 혼합도 가능하다.[1]

(대) 의석배분방법과 저지규정

a) 의석배분방법

고정의석수와 유동의석수

비례대표선거제도에서 의석배분방법이 문제되는 것은 특히 고정의석수를 놓고 여러 정치세력이 선거경쟁을 벌이는 경우이다. 선거 전에 대의기관을 구성할 의원수를 확정하지 않고 선거인의 투표율에 따라 의원수가 정해지게 하는 이른바 유동의석수의 제도하에서는 선거인의 투표수에 따라 각 정당이 차지하는 의석수가 자동적으로 정해지기 때문이다.[2]

고정의석수의 배분방법: 돈 트식과 해어/ 니마이어식

고정의석수를 놓고 각 정당이 그 득표율에 따라 의석을 배분하는 방법은 여러 가지가 있을 수 있겠으나 가장 널리 행해지는 방법은 이른바 돈트식(d'Hondt)계산방법과 해어/니마이어식(Hare/Niemeyer)계산방법의 두 가지라고 볼 수 있다.[3] 돈트식계산방법에 따른 의석배분은 득표율에 정확히 비례하는 결과를 얻기가 어렵고 군소정당보다는 대정당에게 상대적으로 유리하다고 평가되고 있다. 해어/니마이어식계산방법은 돈트식계산방법과는 달리 수학적으로 비례에 꼭 맞는 의석배분방법으로서 대정당보다는 군소정당에 유리한 배분결과가 나타난다고 평가된다. 의회 내의 상임위원회구성 등에 이 방법이 자주 채택되는 이유도 그 때문이다.

우리 선거법상 국회의원선거에서 정당의 비례대표의석의 배분방법은 원칙적으로 득표율기준인데 대체로 해어/니마이어식계산방법의 테두리에 속한다고 볼 수 있다.[4]

b) 의석배분상의 저지규정

군소정당난립 방지 및 다수 세력형성 촉 진수단

비례대표선거제도의 의석배분방법과 관련해서 흔히 제기되는 문제는 군소

---

1) 자세한 것은 졸저, 전게서, 방주 1021 참조할 것.
2) 예컨대 독일 바이마르공화국 당시 연방의회의 선거법에 따르면 각 정당은 매 6만표마다 1석의 연방의회의석을 차지할 수 있었기 때문에 각 정당이 차지하는 의석수는 선거인의 투표율에 따라 좌우되었다. Vgl. §30 ReichswahlG v. 27. 4. 1920(RGBl. S. 627).
3) 두 가지 계산방법의 구체적인 내용과 그 실제적인 계산의 실례는 졸저, 전게서, 방주 1022 참조할 것.
4) 또 독일의 연방의회선거에서는 종래 돈트식계산방법에 따랐지만 1985년의 선거법개정 이래 1993년 선거법개정에서도 해어/니마이어식계산방법에 따르고 있다. Vgl. §6 BWahlG.

정당의 난립을 막기 위해서 이른바 '저지규정'을 둘 것인지, 만일 둔다면 그 저지선을 어느 정도로 정할 것인가의 문제이다. '저지규정'이란 선거에서 일정수 이상의 득표율을 올렸거나 당선자를 낸 정당에게만 의석배분에 참여케 함으로써 군소정당의 난립을 막고 다수세력의 형성을 촉진하려는 제도이다. 우리나라의 현행선거법($^{제189}_{조}$)이 국회의원선거의 경우 원칙적으로 지역구에서 5명 이상의 당선자를 냈거나 정당투표에서 유효투표총수의 3% 이상을 득표한 정당만이 비례대표의 의석배분에 참여할 수 있도록 규정한 것이라든지, 독일의 연방의회선거법($^{제4조 제2항}_{제2문 제2호}$)이 전국을 단위로 전체유효투표의 5% 이상을 얻은 정당만을 비례대표의 의석배분에 참여할 수 있게 한 것 등은 '저지규정'의 좋은 예이다.

우리의 저지
규정: 5명당선
또는 3%득표

이같은 저지규정은 군소정당의 의회진출을 막고 그로 인해 새 정당의 설립을 어렵게 할 뿐 아니라 기존의 대정당들에게 상대적으로 유리한 정당풍토를 조성하는 등 정치양상에 적지 않은 영향을 미치기 때문에 선거제도에서도 중요한 의미를 갖는다.[1] 우리 선거법($^{제189조}_{제1항}$)이 저지규정의 하한선을 비례대표 광역의원 선거의 경우($^{법 제190조}_{의 2}$)와 달리 유효투표총수의 3% 이상으로 낮추어 정한 것은 소수당의 의회진출기회를 보장함으로써 저지조항의 역기능을 줄여 보려는 취지라고 할 것이다.

저지조항의
영향과 역기
능방지책

c) 초과의석과 조정의석의 발생

끝으로 비례대표선거제도의 의석배분방법과 관련해서 언급해야 할 사항은 이른바 '초과의석'(Überhangmandat)과 조정의석(Ausgleichsmandat)의 문제이다. 즉 2023년 개정 전의 독일연방의회의원선거처럼 지역구중심의 다수대표선거제도와 전국구중심의 비례대표선거제도를 함께 채택함으로써 모든 선거인에게 지역구 후보자를 뽑기 위한 투표권과 고정명부제에 따른 정당을 선택하기 위한 투표권의 두 가지가 같이 주어지는 경우에는 '초과의석'과 '조정의석'이 생겨 의회의 의석수가 초과의석 및 조정의석수만큼 증가하는 예외적인 현상이 나타날 수도 있다. 특정정당이 지역구에서 확보한 의석수가 정당에 대한 제2투표의 득표율을 기준으로 그 정당에게 배분된 의석수보다 많은 경우에는 그 많은 수만큼의

구 독일식 선
거제도의 산
물

---

1) 또 저지선을 이스라엘에서처럼 낮게 하는 경우(1.5%) 그 실효성이 기대되기 어렵고, 스리랑카에서처럼 너무 높게 하는 경우(12.5%)에는 비례대표선거제도의 의의와 기능 그리고 평등선거의 관점에서 문제가 제기될 수도 있을 뿐 아니라 저지선의 달성을 전국단위로 요구하느냐 지역단위로만 요구하느냐에 따라 정당의 정치활동이 큰 영향을 받기 때문에 '저지규정'의 마련에는 다각적인 고려가 따라야 한다. 독일통일 후 처음 실시한 연방의회의원선거에서(1990년 12월 2일) 일시적인 과도적 조치를 취해 서독지역과 동독지역을 분리해서 정당별 득표율을 계산한 것도 저지규정이 정당에 미치는 심각한 영향을 고려했기 때문이었다. 졸저, 전게서, 제6판, 845면 각주 538) 참조.

'초과의석'이 생기고 초과의석으로 인해서 각 정당의 득표율과 의석비율이 차이
나는 것을 조정하기 위해서 초과의석을 받지 못하는 다른 정당에게는 득표율에
상응한 의석비율에 맞추기 위해서 조정의석을 주기 때문이다.[1] 그 결과 2017
년 실시한 독일 연방의회 선거에서 연방선거법($\binom{제1조}{제1항}$)이 정한 법정의석인 598석
보다 무려 111석이 더 많은 709석의 의원이 선출되었다. 그러나 독일 연방헌법
재판소는 이미 2012년 연방선거법에 대한 위헌결정에[2] 이어 2021년에도 다시
한번 초과의석은 합리적인 비례성의 원칙에 맞도록 원내 교섭단체 구성 정족수
의 1/2(15석)이 넘지 않는 범위 내에서 조정할 필요가 있다고 판시했다.[3] 그
후 독일은 2023년 연방선거법을 개정해서 초과의석과 조정의석 제도를 없애고
연방의회의 의원 정수를 630석의 고정 의석제로 바꿨다.[4]

Ⅳ. 우리나라의 선거제도

통치권의 민
주적 정당성
확보 위한 민
주적 선거제
도

    자유민주주의이념을 실현하기 위해서 대의민주주의통치질서를 마련하고 있
는 우리나라의 통치구조에서 선거제도가 차지하는 의의와 기능은 매우 크다고
할 수 있다. 국민주권의 원리($\binom{제1조}{제2항}$)를 실현하고 통치권의 민주적 정당성을 확
보하기 위해서 우리 현행헌법은 모든 국민에게 참정권을 보장하고 있을 뿐 아
니라 민주적 선거법의 기본원칙을 헌법($\binom{제41조\ 제1항과}{제67조\ 제1항}$)에 명문으로 규정하면서 대
통령선거제도($\binom{제67}{조}$), 국회의원선거제도($\binom{제41}{조}$), 지방자치를 위한 선거제도($\binom{제118}{조}$) 등
을 마련해 놓고 있다.

(1) 대통령선거제도

제 9 차 개헌
에 의한 직선
제

    현행헌법상 대통령은 국민의 보통·평등·직접·비밀선거에 의해서 선출한

---

1) 자세한 내용은 졸저, 전게서, 방주 969 및 1024 참조할 것.
2) BVerfGE 131, 316 참조.
3) 2 BvF 1/21(2021년 7월 20일 결정) 참조. 그래서 개정(2020. 11. 14. 및 2021. 6. 3.)한 연방선
   거법(제6조)은 4 초과의석부터 조정의석을 배정하도록 정했는데 2021년 9월 26일 20대 연방
   의회 선거에서도 무려 138석의 초과의석과 조정의석이 생겨 전체의석이 의원정수 598석보다
   훨씬 많은 736석으로 늘어났다. 의원수의 지나친 증가는 의회 운영의 비효율과 국가재정에 부
   담으로 작용한다는 여론이 매우 커졌다.
4) 바뀐 독일 선거제도의 핵심적인 내용은 630석의 의석을 철저한 비례대표 선거원칙에 따라 배
   분하는 것이다. 즉 모든 유권자는 지역구 후보자(제1투표)와 각 정당에 투표(제2투표)하는
   두 개의 투표권을 갖지만 의석 배분은 철저하게 각 정당이 득표한 제2투표의 비율에 따라
   이루어진다는 점이다. 따라서 각 정당이 얻은 제2투표의 득표율이 각 정당에게 배분되는 전
   체의석수의 기준이 된다. 보다 자세한 내용은 머지 않아 출간될 졸저, 전게서의 신 10판 방주
   969에서 자세히 설명할 예정이다.

다($^{제67조}_{제1항}$). 1987년 제 9 차 개헌에 의해 제 4 공화국 때부터 실시되어 온 대통령 간접선거제도가 직접선거제도로 바뀌었다.

1) 선거제도의 내용

㈎ 선거권과 선거방법

대통령은 선거일 현재 18세에 달한 선거권자에 의해서 무기명투표로 선출되는데($^{법\,제15조\,제1항,\,제17조,\,제146조\,및\,제218조와\,제218}_{조의\,2~제218조의\,30\,국외부재자투표\,및\,재외선거제도}$), 대통령후보자 중에서 유효투표의 다수를 얻은 사람이 대통령으로 당선된다($^{법}_{제187조}$). 대통령후보자가 1인일 때에는 그 득표수가 선거권자총수의 1/3 이상에 달하여야 당선인으로 결정된다($^{제67조\,제3항;\,법}_{제187조\,제1항\,단서}$). 대통령선거에서 최고득표자가 2인 이상인 때에는 중앙선거관리위원회의 통보에 의하여 국회는 그 재적의원 과반수가 출석한 공개회의에서 결선투표를 행하고 다수표를 얻은 자를 당선인으로 결정한다($^{제67조\,제2항;}_{법\,제187조\,제2항}$).

상대다수대표선거제 및 예외적인 국회 결선투표제

㈏ 피선거권

대통령의 피선거권에 관해서 현행헌법과 선거법은 국회의원의 피선거권이 있고 선거일 현재 5년 이상 국내에 거주하고 있는 40세에 달한 국민은 대통령으로 당선될 수 있도록 했다($^{제67조\,제4항;}_{법\,제16조\,제1항}$).

40세에 달한 국회의원 피선거권자

㈐ 입후보등록요건

대통령선거에 입후보하려면 정당의 추천을 받거나, 선거권자 3,500인 이상 6,000인 이하의 추천을 받아야 한다($^{법\,제47조,\,제48조}_{제2항\,제1호}$). 그뿐 아니라 정당추천후보자와 무소속후보자는 균등하게 3억원을 기탁한 후,[1] 후보자가 사퇴하거나 등록이 무효된 때 또는 후보자의 득표수가 유효투표총수의 10%를 초과하지 못한 때에는 그 기탁금은 기탁금에서 부담하는 비용을 공제한 후 국고에 귀속된다($^{법\,제56조\,제1항과}_{법\,제57조\,제2항}$).[2]

정당 또는 선거권자 추천과 기탁금

---

1) 대통령선거의 예비후보자로 등록신청을 할 때도 이 액수의 20/100에 해당하는 금액의 예비후보자기탁금을 납부해야 한다(법 제60조의 2 제 2 항). 예비후보자기탁금은 사망 또는 경선탈락으로 후보자등록을 하지 않는 경우에만 반환받는다(법 제57조 제 1 항 제 1 호 다목). 【결정례】 i) 우리 헌재는 선거법개정 전 3억원의 기탁금에 대해서 합헌결정을 했다(헌재결 1995. 5. 25. 92 헌마 269·299·305(병합) 참조). 그러나 종전 5억원의 기탁금은 지나치게 많은 액수이어서 공무담임권을 침해하는 위헌이므로 2009년 말까지 입법개선을 하라고 헌법불합치결정을 했다(헌재결 2008. 11. 27. 2007 헌마 1024 참조). ii) 대통령선거 예비후보자등록을 신청하는 사람에게 대통령선거 기탁금의 20%에 해당하는 6천만원을 기탁으로 납부하게 정한 선거법 규정은 공무담임권의 침해가 아니다(헌재결 2015. 7. 30. 2012 헌마 402).

2) 【판시】 일정한 수준의 득표를 하지 못한 후보자의 기탁금을 국고에 귀속시키는 것은 기탁금제도의 본질적 요소이므로 기탁금제도 자체의 정당성이 인정되는 이상 그 기탁금의 국고귀속규정도 위헌이라고 할 수 없다(헌재결 1995. 5. 25. 92 헌마 269 등, 판례집 7-1, 768(783면)).

㈜ 선거시기

선거시기의
법정

대통령선거시기에 관해서 현행헌법은 대통령의 임기가 끝나는 경우와 대통령궐위시 또는 대통령당선자가 사망하거나 판결 기타의 사유로 그 자격을 상실한 때를 구별해서, 전자의 경우에는 임기만료 70일 내지 40일 전에, 그리고 후자의 경우에는 사유 발생일로부터 60일 이내에 후임대통령을 선거토록 규정하고 있다(제68조). 선거법은 이 헌법규정에 따라 임기만료에 의한 대통령선거는 그 임기만료일 전 70일 이후 첫번째 수요일에 하도록 법정하고(법 제34조 제1항 제 1 호), 대통령궐위로 인한 선거 또는 재선거는 그 사유가 확정된 때부터 60일 이내에 실시하되 선거일은 늦어도 선거일 전 50일까지 공고하도록 했다(법 제35조 제 1 항).[1]

㈜ 투·개표 및 당선인결정·공고

중간집계와
최종집계공표
및 당선인결
정·통지

대통령선거의 투표는 각 투표소에서 하지만, 개표는 구·시·군선거관리위원회가 이를 행하고 시·도선거관리위원회별의 중간집계를 거쳐 중앙선거관리위원회가 최종 집계·공표함과 동시에 당선인을 결정·공고하고 지체없이 당선인에게 당선통지를 한다(법 제146조 이하, 제172조 이하, 제187조). 다만 국회의 결선투표에 의하여 당선인이 결정된 때에는 국회의장이 이를 공고·통지한다(법 제187조).

㈜ 재 선 거

사유와 시기

또 선거법은 대통령선거에 관해 당선인이 없거나 선거의 전부무효 내지 당선무효의 확정판결이 있거나 당선인이 그 임기 시작 전에 사망·사퇴 또는 피선거권을 상실한 경우에는 그 사유확정일로부터 60일 이내에 재선거를 실시토록 정하고 있다(법 제195조 및 제35조 제 1 항).

㈜ 선거에 관한 소송

선거소송과
당선소송

끝으로 대통령선거에 관한 소송으로 선거소송과 당선소송의 두 가지를 인정하고 있는데 전자는 선거일로부터 30일 이내에 선거인·대통령후보자·대통령후보자추천정당이 당해 선거관리위원회위원장을 피고로, 후자는 대통령후보자 또는 대통령후보추천정당이 당선결정일로부터 30일 이내에 대통령당선인 또는 중앙선거관리위원회위원장 내지 국회의장을 피고로 하여 대법원에 소를 제기하는 것이다(법 제222조와 제223조). 대법원은 소가 제기된 날로부터 180일 이내에 신속히 처리해야 한다(법 제225조).[2]

---

1) 제18대 박근혜 대통령이 2017. 3. 10. 우리 헌정사상 처음으로 헌재의 파면결정으로 임기를 11개월 정도 남기고 물러남에 따라 대통령 궐위로 인한 보궐선거를 2017. 5. 9. 실시한 것이 그 예이다.
2) 선거사범의 재판기간도 제 1 심은 6월 이내, 제 2 심 및 제 3 심은 각각 전심선고 후 3월 이내에 반드시 하도록 강행규정을 두어 1년 이내에 재판이 종결되도록 했다(법 제270조). 그리고 선

2) 대통령선거제도의 특징과 문제점

우리의 대통령선거제도는 직접선거제도 중에서도 '상대다수대표선거제도'라고 평가할 수 있다. 이 점 '형식적 간접선거제도'인 미국의 대통령선거제도[1]와 다르고, 또 '절대다수대표선거제도'인 프랑스·오스트리아·러시아·폴란드 등의 대통령선거제도와도 다르다. 우리의 대통령선거제도에서 국민에 의해서 직선되는 대통령은 일응 강력한 민주적 정당성을 갖는다고 볼 수 있다. 그러나 상대다수선거제도 아래서는 1987년 12월 제13대 대통령선거 때처럼 전체 선거권자 과반수에도 미치지 못하는 소수(32%)의 득표만으로 대통령에 당선되는 일이 생겨, 당선된 대통령의 민주적 정당성에 심각한 이의가 제기될 수 있다.[2] 따라서 대통령직선제가 추구하는 통치권의 민주적 정당성의 제고를 위해서는 반드시 투표자 과반수의 지지를 얻어야 대통령으로 당선될 수 있도록 프랑스 등과 같은 절대다수대표선거제도로 고쳐야 하리라고 본다. 그에 더하여 현행대통령선거제도는 흔한 일은 아닐지라도 최고득표자가 2인 이상인 때 국회에서 결선투표를 통해 당선자를 결정케 함으로써 우리 헌법이 채택하고 있는 대통령직선제와 체계적인 면에서 갈등을 일으키고 있다는 점도 문제가 아닐 수 없다. 대통령직선제는 이른바 '대의의 대의'를 허용하지 않기 때문이다.

상대다수대표선거제도의 취약점과 절대다수대표선거제도 도입 필요성

예외적인 국회결선투표제의 모순

(2) 국회의원선거제도

1) 선거제도의 내용

(가) 자유민주적 선거원칙과 선거법의 주요내용

우리 현행헌법은 국회의원의 선거에 관해서 보통·평등·직접·비밀선거의 원칙을 선언하고(제41조 제1항), 국회가 200인 이상의 선거구대표와 비례대표로 구성된다는 취지만을 명시할 뿐(제41조 제2항과 제3항) 그 선거에 관한 자세한 사항은 법률로 정하게 하고 있는데 선거법에서 그 구체적인 사항을 상세히 규정하고 있다. 그에 따르면 국회의원선거는 원칙적으로 그 임기만료일 전 50일 이후 첫번째 수요일에 하도록 선거일을 법정했다(법 제34조 제1항 제2호 및 제2항). 우리의 선거제도는 지역구중심의 다수대표선거제도와 전국을 단위로 하는 비례대표선거제도의 혼합형태라고 볼

선거일의 법정, 다수대표선거제도와 비례대표선거제도의 혼합형, 단수투표제, 1구 1인 대표제, 비례대표 정당투표제 및 의석의 해어/니마이어식배분, 저지규정, 소수보호의 특례

거범의 공소시효는 선거일 후 6월(법인도피시는 3년)이다(법 제268조).

1) 미국의 대통령선거제도에 관해서 자세한 것은 다음 문헌을 참조할 것.

　　S. Magiera, Die Vorwahlen (Primaries) in den Vereinigten Staaten, 1971.

2) 특히 헌법 제67조 제3항에 규정된 최소한의 민주적 정당성의 정신에 비추어 볼 때 더욱 그러하다.

수 있다. 또 '단수(單數)투표제', '1구 1인대표제', 비례대표의 '정당투표제' 및 해어/니마이어식 유형의 분할방법, 저지규정 등이 우리 선거법의 주요내용이다. 즉 국회는 253명의 지역구국회의원($\substack{시·도의원정수 \\ 최소 3인}$)과 47명의 비례대표국회의원을 합해 300명으로 구성되는데,[1] 지역구대표는 각 지역선거구에서 상대다수대표선 거에 의해서 선출되고, 비례대표는 정당별 후보명부에 대한 정당투표에 의해 선거된다.[2] 우리 선거법은 '1구 1인대표제'를 택했기 때문에 각 지역선거구에서 최고득표자만이 그 선거구의 대표로 선출된다($\substack{법 제188조 제 \\ 1 항과 제21조}$). '1구 1인대표제'이므 로 모든 선거인은 1표만을 투표하는 단수투표제이다($\substack{법 \\ 제146조}$). 지역구선거에서 5 석 이상의 의석을 얻었거나 정당투표에서 유효투표총수의 3% 이상을 득표한 정당은 47명의 비례대표의 배분에 참여하게 되는데, 이 때 정당들이 비례대표 후보명부에 대한 정당투표에서 얻은 득표비율에 따라 해어/니마이어식 유형의 계산방법으로 배분받게 된다($\substack{법 \\ 제189조}$). 그런데 2019년 12월 이 배분방법에 대한 특례조항을 만들었다($\substack{법 부칙 \\ 제 4 조}$). 그 결과 비례대표 47석 중에서 30석에는 이른바 준연동형제를 도입해 정당득표율에 비해 지역구 당선자가 적은 경우 30석의 범위 안에서 나머지 의석을 비례대표로 채워주게 했다. 정당투표제도의 도입취 지와 어긋나고 투표의 성과가치의 평등도 왜곡되는 현상이 생기게 되었다.[3] 2004년 정당투표제가 도입되기 이전에는 지역구선거에서 의석을 얻지 못하였거

---

1) 2016년 3월 제20대 국회의원 총선거(4. 13.)를 앞두고 공직선거법을 개정해서 국회의 의원정수를 지역구국회의원과 비례대표국회의원을 합하여 300명으로 정했다(법 제21조 제 1 항). 그 결과 지역구의원수와 비례대표의원수는 총선거 때마다 달라질 수도 있다.

2) 정당은 비례대표후보자 중에서 50/100 이상을 여성으로 추천하되 후보자명부의 매 홀수순위에는 여성을 추천해야 한다(50% 여성의무할당제)(법 제47조 제 3 항). 그리고 지역구후보자 중 30% 이상을 여성으로 추천하도록 노력해야 한다(법 제47조 제 4 항).

3) 이 선거법은 비례대표국회의원선거에서 유효투표의 3% 이상 득표했거나 지역구선거에서 5석 이상을 차지한 정당에게 비례대표의석을 배분한다(법 제189조 제 1 항). 그리고 비례대표의석 정당별 할당방법을 자세히 정하고 있는데, 연동배분의석수와 잔여배분의석수 및 조정의석수의 복잡한 산출공식을 정하면서(법 제189조 제 2 항) 비례대표국회의원선거 득표비율은 각 의석할 당정당의 득표수를 모든 의석할당정당의 득표수의 합계로 나누어 산출하도록 했다(제 3 항). 그리고 정당에 배분된 비례대표의석수가 그 정당이 추천한 비례대표의원후보자수를 초과하는 때에는 그 초과의석은 공석으로 했다(제 5 항). 이른바 준연동형비례대표선거제도를 도입하면서 비례의석 배분방법이 난수표처럼 복잡해 직접선거의 원칙에 위배될 소지가 크다. 유권자가 자신의 투표가 선거에 어떻게 반영되는지 모른 채 투표하게 되기 때문이다.

【독일판례】 연방의회 선거는 국민의 정치적 의사형성과 투입의 핵심적인 수단이기 때문에 입법자는 선거법을 제정할 때 특히 의석배분방법의 명확성 원칙을 존중할 의무가 있다. 선거인은 선거전에 자신의 투표가 입후보자의 당선 여부에 어떻게 영향을 미치는지에 대해서 분명히 알 수 있게 선거법을 제정하지 않으면 선거인의 의사와 일치하지 않는 의석수의 발생으로 의회의 민주적인 정당성이 훼손되기 때문이다. 이러한 명확성의 원칙 외에도 평등선거의 원칙과 정당의 기회균등의 보장은 입법형성권을 행사하는 선거관련 입법에서 반드시 준수해야만 한다 (2 BvF 1/21, 2021월 7월 20일 결정).

나 5석 미만을 차지한 정당으로서 그 득표수가 유효투표총수의 3% 이상 5% 미만인 정당이 있는 때에는 전국구의석에서 그 정당에게 우선 1석씩을 배분해 주고 나머지는 5석 또는 5% 이상을 얻은 정당들이 배분받았었다$\left(\substack{\text{법 제189조}\\\text{제 1 항 단서}}\right)$.[1] 이처럼 지역구에서 비록 5석 또는 5% 이상을 얻지는 못했지만, 유효투표총수의 3% 이상을 얻은 정당에게도 전국구의석에서 우선 1석씩을 배분해 주도록 했던 것은 소수당의 의회진출기회를 보장함으로써 대의정의를 실현하려는 취지였다고 할 것이다. 이제는 정당투표제가 도입되어 3%의 저지규정으로 이 문제를 해결했다.

(ㄴ) 선거권과 피선거권

국회의원선거에서 만 18세가 된 모든 국민은 특별한 결격사유$\left(\substack{\text{법}\\\text{제18조}}\right)$가 없는 한 원칙적으로 선거권을 가지는데 해당국회의원지역선거구안에 주민등록이 되어 있거나, 주민등록표에 3개월 이상 계속 올라있고 해당 국회의원지역선거구 안에 주민등록이 되어 있는 재외국민은 선거권을 가지고$\left(\substack{\text{제24조; 법 제}\\\text{15조 제 1 항}}\right)$,[2] 만 18세가 된 국민으로서 일정한 결격사유$\left(\substack{\text{법}\\\text{제19조}}\right)$가 없으면 국회의원피선거권을 갖는다$\left(\substack{\text{법 제16조}\\\text{제 2 항}}\right)$.

18세

(ㄷ) 입후보등록요건

국회의원선거에 지역선거구에서 입후보하려는 사람은 정당의 추천을 받거나 해당 선거구내 선거인 300인 이상 500인 이하의 추천을 받아 해당 선거구선거관리위원회에 입후보등록을 해야 한다$\left(\substack{\text{법 제47조 제 1 항과 제48조}\\\text{제 2 항 제 2 호 및 제49조}}\right)$.[3] 당내 공천 경선 탈락자는 당해 선거의 같은 선거구에서 후보자로 등록될 수 없다$\left(\substack{\text{법 제57조의 2}\\\text{제 2 항}}\right)$. 비례대표의 후보자등록은 각 정당이 후보순위를 정한 비례대표후보명부를 작성해서 본인의 후보승낙서와 함께 중앙선거관리위원회에 신청함으로써 이루어진

정당 또는 선거인추천

---

1) 【결정례】 헌재는 정당투표 없이 정당의 지역구선거 득표비율에 따라 비례대표의석을 배분하는 선거법 제189조 제 1 항을 위헌결정하면서 그 부수조항인 동조 제 2 항 내지 제 7 항도 함께 위헌선언했다. 헌재결 2001. 7. 19. 2000 헌마 91 등(병합) 참조. 그러나 정당투표제가 도입되어, 이 조항의 의석배분방법은 다시 정해졌다.

2) 아래 헌재의 판시에 따라 선거법을 고쳐 국외부재자투표제도 및 재외선거제도를 도입해서 우리 국민은 외국에 있어도 선거권을 행사할 수 있게 되었다(법 제218조~제218조의 30 참조). 다만 국내거소신고를 한 영주권자라도 국외에 체류하는 경우에는 지역구국회의원선거에서 국외부재자투표를 할 수 없도록 했다(법 제218조의 4 제 1 항).
【판시】 국내에 주민등록을 하는 거주요건에 따라 선거권을 제한하는 것은 공공복리를 위해서 불가피하다는 1999년 헌재결정은 2007년 위헌결정으로 변경되었다. 즉 단지 주민등록에 따라 선거권 행사 여부를 결정하는 것은 주민등록을 할 수 없는 재외국민의 선거권 행사를 전면 부인하는 것으로 그들의 선거권과 평등권을 침해하고 보통선거원칙에도 위배된다고 새 판시를 했다(헌재결 1999. 1. 28. 97 헌마 253 등, 판례집 11-1, 54(55면); 헌재결 2007. 6. 28. 2004 헌마 644 등, 판례집 19-1. 859(879면)).

3) 【판시】 무소속후보자에게만 선거권자의 추천을 받도록 한 것은 불합리한 차별이라고 할 수 없다(헌재결 1996. 8. 29. 96 헌마 99, 판례집 8-2, 199(208면)).

등록기간중
당적변경금지

다($^{법}_{제2항}$ ^{제49조}). 비례대표의 국회의원후보는 그 순위를 변경할 수 없다($^{법}_{제1항}$ ^{제50조}). 정당원인 사람은 무소속후보자로 등록할 수 없으며 후보자등록기간중에 그 소속정당으로부터 탈당하거나 당적을 바꾸거나 또는 2 이상의 당적을 가지는 경우에는 당해 선거에서는 후보자로 등록될 수 없도록 했다($^{법}_{제6항}$ ^{제49조}). 공무원 등 국회의원과 겸직이 허용되지 않는 신분을 가진 사람이 국회의원선거에 입후보

겸직금지

하기 위해서는 지역구후보자의 경우 선거일 전 90일까지 그리고 비례대표후보자의 경우 선거일전 30일까지 그 직에서 해임되어야 한다($^{법}_{제53조}$).[1]

기탁금제도

우리 선거법은 국회의원선거에서 입후보의 난립을 막기 위해서 기탁금제도를 채택하고 있는데, 그에 따르면 지역구후보자는 1천5백만원, 비례대표후보자는 5백만원을 그 등록시에 중앙선거관리위원회규칙이 정하는 바에 따라 관할선거관리위원회에 기탁해야 한다($^{법 제56조 제 1 항 제}_{2 호와 제2의 2호}$).[2] 선거법은 이 기탁금의 처리에 관해서도 규정하고 있는데 그에 따르면 후보사퇴·등록무효·일정득표수미달($^{후보자의 득표수가 유효}_{투표총수의 10/100 미만}$)의 사유가 발생하거나 비례대표후보자의 경우 그 소속정당의 비례대표후보자 중 당선자가 없는 때에는 그 후보자의 기탁금은 일정액의 비용을 공제한 후 국고에 귀속토록 했다($^{법}_{제57조}$).[3]

---

1) 【판시】 공무원으로서 공직선거의 후보자가 되려는 사람의 사전사퇴제도는 선거의 공정성과 공직의 직무전념성을 보장함과 아울러 포말후보의 난립을 방지하기 위한 것으로서 그 필요성과 합리성이 인정된다(헌재결 1998. 4. 30. 97 헌마 100, 판례집 10-1, 480(494면)).

2) 장애인과 청년의 정치참여를 활성화하기 위해서 장애인 또는 선거일 현재 29세 이하인 경우에는 기탁금을 50%로, 30세 이상 39세 이하인 경우에는 기탁금을 70%로 조정한다. 국회의원선거의 예비후보자등록신청에도 해당선거 기탁금의 20/100에 해당하는 예비후보자기탁금을 납부해야 한다(법 제60조의 2 제 2 항). 예비후보자는 사망 또는 경선탈락으로 후보등록을 하지 않는 경우에만 기탁금을 반환받는다(법 제57조 제 1 항 제 1 호 다목).

【결정례】 i) 우리 헌법재판소는 구국회의원선거법(제33조와 제34조)상의 차등기탁금제도(정당공천후보자 1천만원, 무소속후보자 2천만원)가 첫째 기탁금을 너무 과다하게 책정함으로써 재력 없는 사람의 입후보를 막아 모든 국민에게 입후보의 자유와 기회균등을 보장한 참정권을 침해했고, 둘째 정당추천후보자와 무소속후보자의 기탁금을 차등 있게 함으로써 보통·평등선거원칙을 어겼고, 셋째 유효투표총수의 1/3을 얻지 못한 낙선자 등의 기탁금을 국고에 귀속시키게 한 것은 그 기준이 너무 엄격하여 선거제도의 원리에 반하고 선거경비를 후보자에게 부담시킬 수 없도록 한 헌법 제116조에도 위배된다고 주장하면서 차등기탁금제도는 1991년 5월 말을 시한으로 입법권자가 개정할 때까지만 그 효력을 지속한다고 헌법불합치결정을 했었다(헌재결 1989. 9. 8. 88 헌가 6). 국회의원선거법은 이 결정취지에 따라 1991년 12월 개정되었지만, 기탁금의 액수를 1천만원으로 한 것은 여전히 문제점으로 남아 있었는데도 통합선거법은 이 액수를 오히려 배로 인상했었다. 그러자 헌재가 이 기탁금액수는 너무 과다해서 젊은 층과 무자력자의 피선거권과 평등권을 침해하여 위헌이라고 결정한 후 국회가 1,500만원으로 인하하는 선거법개정을 했다. 헌재결 2001. 7. 19. 2000 헌마 91 등(병합) 참조. 1,500만원의 기탁금조항은 합헌이다(헌재결 2003. 8. 21. 2000 헌마 687 등). ii) 비례대표국회의원 후보자의 기탁금 1,500만원은 너무 과다해서 군소정당의 정당활동의 자유를 침해하므로 헌법에 합치되지 아니한다(적용중지 2018. 6. 30. 개선시한)(헌재결 2016. 12. 29. 2015 헌마 509).

3) 후보자가 당선·사망한 경우와 소속정당의 공천을 신청했으나 공천받지 못했거나 후보자의 득

⑷ 재 선 거

우리 선거법은 선거의 전부무효·당선무효·당선인의 사망·사퇴·피선거권 사유와 시기
상실 등 일정한 사유가 발생하면 1년에 한 번 4월 중 첫 번째 수요일¹⁾에 재선
거를 실시토록 규정하고 있다. 다만 지방자치단체장의 경우에만 1년에 두 번 4
월(전년도 9월 1일부터 2월 말까지 실시사유가 확정된 선거)과 10월(3월 1일부터 8월 31일까지 실시사유가 확정된 선거) 중 첫 번째 수요일에 실시
한다(법 제35조 제 2 항과 제195조 및 제203조 제 3 항과 제 4 항)·

⑸ 선거에 관한 소송

끝으로 국회의원선거에 관한 소송으로는 선거소송과 당선소송의 두 가지 선거소송과
당선소송 및
선거범의 처
리
를 인정하고 있는데, 전자는 선거일로부터 30일 이내에 선거인·정당 또는 후

표수가 유효투표총수의 15/100(장애인 또는 39세 이하인 후보자는 10/100) 이상인 때에는 기
탁금 전액을, 유효투표총수의 10/100 이상 15/100(장애인과 39세 이하인 후보자는 5/100 이상
10/100) 미만인 경우에는 기탁금의 50/100을 반환한다. 기탁금 반환시에는 기탁금에서 부담할
일정액의 비용을 공제한다.

【결정례】 i) 기탁금의 국고귀속제도는 후보난립을 방지하기 위한 합리적인 제도이므로 사유재산
권의 침해나 평등원칙의 위배가 아니다(헌재결 1997. 5. 29. 96 헌마 143). ii) 그러나 국회의원선
거에서 유효투표총수의 20/100 이상 득표한 경우에만 기탁금을 반환하도록 정한 것은 민주주의
원리에 반하고 피선거권의 과잉침해이어서 위헌이다(헌재결 2001. 7. 19. 2000 헌마 91 등(병합)).
iii) 유효투표총수의 15/100 이상 득표의 기탁금반환기준은 합헌이다(헌재결 2003. 8. 21. 2000 헌
마 687 등). iv) 공직선거법이 국회의원 선거에서 기탁금 반환요건을 사망 또는 당내경선 탈락
등 객관적 사유 때문에 후보자로 등록하지 못한 경우로 한정하고 질병을 이유로 한 경우에는 기
탁금 반환을 허용하지 않는 것은 예비후보자의 진지성과 책임성을 담보하기 위한 최소한의 제한
이므로 재산권과 평등권의 침해가 아니다(헌재결 2013. 11. 28. 2012 헌마 568). v) 당선인 자신
이 선거범죄 또는 선거비용관련위반죄(정자법 제49조)를 범하여 당선무효가 확정된 때에는 반환
받은 기탁금 및 보전 받은 선거비용을 반환하도록 정한 선거법규정(제265조의 2 제 1 항 전문 중
관련부분)은 재산권의 침해가 아니다(헌재결 2018. 1. 25. 2015 헌마 821 등). vi) 지역구 국회의
원 예비후보자가 정당의 공천심사위의 심사에서 탈락하면 해당 선거에 무소속 등으로 후보등록
은 가능한데도 본선거의 후보자로 등록하지 않은 경우에 그가 납부한 기탁금 전액을 반환하지
않도록 정하는 선거법 규정(제57조 제 1 항 제 1 호 다목 관련부분)은 침해최소성과 법익균형성에
반하여 당사자의 재산권을 침해한다. 정당의 공천심사위의 심사에서 탈락한 예비후보자가 당내
경선탈락자와 달리 무소속 등으로 본선거 후보등록이 가능하다는 이유로 기탁금반환을 하지 않
는 것은 오히려 무분별한 후보 난립을 초래할 가능성이 있어 기탁금제도의 취지에 어긋나고
정당제 민주주의의 발전에도 역행하는 불완전하고 불충분한 위헌규정이기 때문이다(2019. 6. 30.
까지 잠정적용 헌법불합치결정)(헌재결 2018. 1. 25. 2016 헌마 541, 판례집 30-1 상, 173(182면)).

1) 선거일이 민속절 등 공휴일과 겹치거나 선거일 전 후일이 공휴일과 겹치면 그 다음 주 수요일
에 실시한다. 그리고 임기만료에 의한 국회의원총선거와 지방선거가 있는 해에는 4월 첫 번째
수요일에 실시하는 보궐선거 등은 국회의원선거 등과 동시에 실시한다(법 제203조 제 3 항).
나아가 임기만료에 따른 대통령선거가 있는 해에는 1월 31일까지 실시사유가 확정된 보궐선거
등은 대통령선거와 동시에 실시한다(법 제203조 제 4 항). 다만 보궐선거는 그 선거일부터 계
산하여 잔여임기가 1년 미만이면 실시하지 않을 수 있다(법 제201조 제 1 항). 그리고 비례대
표국회의원에 임기만료일 전 120일 이내에 궐원이 생긴 때에는 의석승계자를 결정하지 않는다
(법 제200조 제 3 항).

【결정례】 국회의원의 선거일과 투표시간에 관한 규정 그리고 상대다수득표에 의해 당선인을
결정하는 공직선거법규정은 위헌이 아니다(헌재결 2003. 11. 27. 2003 헌마 259 등).

보자가 관할지역구 선거관리위원회위원장을 피고로, 후자는 당선결정일로부터
30일 이내에 정당 또는 후보자가 당선인 또는 당해 선거구선거관리위원회위원
장을 피고로 하여 각각 대법원에 소를 제기하는 것인데(법 제222조), 대법원은 소
가 제기된 날로부터 180일 이내에 신속히 처리하여야 한다(법 제225조). 그리고 선거
범의 처리도 신속히 하기 위해서 공소시효를 선거일 후 6월(법인 도편 시는 3년)로 하고,
그 재판기간도 제 1 심은 공소제기일로부터 6월 이내, 제 2 심 및 제 3 심은 각각
3월 이내로 정했다(법 제268조 및 제270조).

2) 국회의원선거제도의 특징과 문제점

특징적인 제 도내용

우리의 현행국회의원선거제도는 지역구다수대표선거제도와 비례대표선거제
도의 혼합형태여서 1인 2표제를 채택한 점, 지역구다수대표선거제도에서는 상
대다수의 '1구 1인대표제'를, 그리고 비례대표의 선거에서는 50% 여성공천할당
제와 정당투표에 의한 정당별 득표기준에 따른 배분방법을 따르고 있는 점, 그
리고 비례대표의석배분에서 3%의 저지규정을 통해서 소수당의 의회 진출기회
를 보장한 점, 비례대표의석배분상의 저지규정도 득표율기준(3%)과 의석기준(5
석)을 함께 정한 점 등이 그 특징적인 내용이라고 평가할 수 있다.

헌법판례 통한 문제점 개선

준연동형제 도입의 문제 점

그러나 이러한 여러 특징적인 내용에 의해서 징표되는 우리의 국회의원선
거제도는 제도개선 전에는 대의기관의 민주적 정당성의 관점에서 그리고 특히
비례대표선거제도가 요구하는 직접·평등선거의 원리에 비추어 문제점이 많았
다. 우리 헌법재판소가 '1인 1표제하에서 비례대표후보자명부에 대한 별도의
투표 없이 지역구후보자에 대한 투표를 정당에 대한 투표로 의제하여 비례대표
의석을 배분하는 것은 직접·평등선거의 원칙에 반하여 위헌'이라고 판시한 이
유도 그 때문이다.[1] 2004년 비례대표후보자명부에 대한 별도의 정당투표제가
도입되어 제17대 총선거부터 시행되고 있다.[2] 그런데 2019년 12월 선거법 개
정으로 군소정당에게 유리한 이른바 50%(2020년 총선거에서는 30석) 준연동형
제[3]를 도입해서 정당투표제도를 왜곡하는 현상이 생기게 되었다.

---

1) 헌재결 2001. 7. 19. 2000 헌마 91 등(병합), 판례집 13-2, 77(100면) 참조.
2) 【결정례】 국회의원 임기만료일 전 180일 이내에 비례대표국회의원에 궐원이 생긴 때에는 그
   궐원된 의석의 승계를 허용하지 않는 선거법(제200조 제 2 항 단서 중)규정은 대의제 민주주의
   원리에 위배되고 승계예정자들의 공무담임권을 침해한다(한시적 적용 헌법불합치결정, 헌재결
   2009. 6. 25. 2008 헌마 413).
3) 정당의 득표율에 비해 지역구 당선자가 적은 경우 나머지를 비례대표 50% 범위 안에서 보전
   해주는 계산방법이 난수표 같은 제도인데 대의민주주의 선진국에서는 그 예를 찾아볼 수 없
   다. 이 제도로 위성정당과 군소정당이 난립하고 투표의 성과가치의 평등과 직접선거의 원칙을
   훼손할 가능성이 높아졌다. 이 개정선거제도의 헌법상 문제점에 대해서는 저자의 다음 칼럼

또 제16대 총선거에서의 선거구간 인구편차는 3.88：1(9만~35만)로 조정되었
었지만[1] 헌법재판소가 제시한 선거구간 인구편차의 기준(전국선거구의 평균인구수(1999. 현재 208,000명)의 상하 60%편차)
에 맞지 않기 때문에 대의평등과 대의정의의 정신에 어긋났었다고 할 것이다.
그것이 대의기관의 민주적 정당성을 약화시키는 요인으로 작용했었다는 것은
재론을 요하지 않는다.[2] 다행히 우리 헌법재판소는 2001년 국회의원 선거구간
의 인구편차가 3：1을 초과하면 위헌이라고 판시하면서 이 기준을 2004년부터
적용하도록 하되 장기적으로 인구편차가 2：1이 넘지 않도록 선거구를 조정하
는 것이 바람직하다고 입법개선을 촉구하는 새로운 헌법불합치결정을 했다.[3]

헌재의 판시
기준에 어긋
나는 선거인
편차

참조할 것. 국회 정당성도 파괴할 '위헌 선거법', 문화일보 2019. 12. 30. 포럼면.

【결정례】 입법자는 헌법 제41조 제 1 항을 존중하는 한 선거제도에 관한 광범위한 입법형성권
을 가지고 있다. 준연동형 비례대표제를 도입한 선거법 규정(제189조 제 2 항)은 선거권자의
투표이후에 의석 배분 방법을 변경하는 것과 같은 사후 개입을 허용하고 있지 않아 직접 선거
원칙에 위배되지 않는다. 또 이 조항이 위성정당 창당과 같은 지역구 의석과 비례대표 의석의
연동을 차단하기 위한 선거전략을 통제하는 제도를 마련하고 있지 않지만, 개정 전 병립형 선
거제도보다 선거의 비례성을 향상시키고 있어 투표 가치를 왜곡하거나 선거의 대표성의 본질
을 침해할 정도로 현저히 비합리적인 입법이라고 보기 어려워 평등선거원칙에도 위배되지 않
는다(헌재결 2023. 7. 20. 2019 헌마 1443). **[평석]** 우선 이 결정이 재판관 전원 일치된 의견의
결정이라는 점에서 매우 당혹스럽고 우려스럽다. 직접 선거의 원칙은 선거권자가 투표할 때
그 투표가 어떤 방법으로 국회 구성에 영향을 미치는지에 대한 확실한 인식을 가지고 투표할
수 있도록 선거제도를 마련하라는 선거의 기본 원칙이다. 그런데 준연동형 선거제도는 그 의
석 배분 방법이 난수표 같이 복잡해서 선거권자로서는 자기 투표가 어떻게 계산되는지 알지
못하는 상태에서 투표를 하게 되기 때문에 직접 선거원칙에 위배되는 것이다. 그런데도 헌재
는 선거권자의 투표 이후에 의석 배분 방법을 변경하지 않기 때문에 직접선거의 원칙에 위배
되지 않는다고 판시한다. 직접선거의 원칙은 투표 이후에 의석 배분 방법을 바꾸지 않는 것도
중요하지만 투표 전에 의석 배분 방법에 대한 분명한 인식을 가지고 투표하게 하는 것도 못지
않게 중요하다. 헌재는 투표 이후의 문제만을 합헌 결정의 논거로 삼아 직접 선거원칙의 본질
을 오해하고 있어 매우 안타깝다. 또 준연동형 선거제도가 개정 전 병립형 선거제도보다 선거
의 비례성을 향상시키고 있어 평등선거의 원칙에 위배되지 않는다는 판시도 납득하기 어렵다.
병립형 선거제도와 준연동형 선거제도의 비례성 계산 결과의 구체적인 수치 제시도 없이 막연
히 후자가 비례성을 향상시키고 있다는 판시는 논증의 허점이 있어 설득력을 갖기 어렵다.

1) **【결정례】** 제14대 국회의원총선거를 기준으로 할 때 전남 장흥선거구는 45,880명, 서울 송파
을선거구는 229,208명이었다. 이 편차는 제15대 총선거에서는 약 5.9：1로 더 커질 전망이었
다(1995년 7월의 개정선거법 참조). 그런데 1995년 12월 헌재의 '선거구획정표'에 대한 위헌결
정으로 선거구간의 인구편차가 4：1(7만 5천~30만)로 조정되어 제15대 총선거를 실시했다.
헌재결 1995. 12. 27. 95 헌마 224 등(병합) 참조.

2) 영국·독일 등 정치적인 선진국처럼 중립적인 선거구조정위원회를 구성해서 선거구획정에 관한
권한을 맡기는 것이 바람직하다. 선거법(제24조)이 정하는 국회 내의 선거구획정위원회는 공정
한 업무수행을 기대하기 어렵다. 앞부분 872면 참조할 것.

【결정례】 i) 우리 헌재는 인구편차가 큰 지역선거구분할에 대해서 위헌결정을 했다(헌재결
1995. 12. 27. 95 헌마 224·239·285·373(병합)). 그러나 4：1의 인구편차를 하나의 기준치로
제시한 것은 문제가 있다고 할 것이다. ii) 또 선거구분할의 불합리성을 인정하면서도 여러 사
정을 고려해서 위헌은 아니라고 판시하는 것도 문제이다(헌재결 1998. 11. 26. 96 헌마 54).

3) 헌재결 2001. 10. 25. 2000 헌마 92 등(병합), 판례집 13-2, 502(519면) 참조.

그 결과 선거구간의 인구편차를 3 : 1로 줄이는 선거법개정(2004년)이 이루어졌다. 그러나 우리나라 국회의 민주적 정당성을 높이기 위해서 이 편차는 앞으로 2 : 1 수준으로 더 줄여 나가야 했다. 다행히 헌법재판소의 2014년 결정으로 2016년부터는 이 2 : 1 기준을 적용하게 되었다.[1] 반면에 우리 헌법재판소는 2007년 지방자치를 위한 시·도의원 지역선거구 획정에서는 선거구간의 인구편차를 오히려 4 : 1까지 확대하는 판시를 해 비판을 자초했었는데,[2] 2018년 광역의회의원 뿐 아니라 기초의회 의원 선거에서도 선거구 간의 인구편차는 상하 50%인 인구비례 3 : 1로 줄여 종전의 판례를 변경하는 결정을 했다.[3]

(3) 지방자치를 위한 선거제도

지방자치제도의 보장

우리 헌법은 '풀뿌리의 민주정치'를 실현하고 기능적인 권력통제를 실효성 있게 하기 위해서 지방자치를 제도적으로 보장하고 있다($\binom{제117조와}{제118조}$). 따라서 지방자치단체는 주민의 복리에 관한 사무를 처리하고 재산을 관리하며, 법령의 범위 안에서 자치에 관한 규정을 제정하기 위해서 의결기관인 지방의회와 집행기관인 지방자치단체의 장을 두고, 이같은 자치기구를 구성하는 선거를 실시한다. 지방자치기구의 구성을 위한 선거에는 지방의회의원선거와 지방자치단체의 장 선거 그리고 지방교육자치에 관한 법률에 따른 교육감의 선거 등이 있다.

지방자치선거 내용

---

1) **【결정례】** 국회의원 선거구간 인구편차 상하 $33\frac{1}{3}$%를 넘는 선거구 분할은 지나친 투표가치의 불평등을 야기하는 것으로 대의민주주의의 관점에서 바람직하지 않다. 지역대표성이 국민주권주의의 출발점인 투표가치의 평등보다 우선시 될 수는 없다(헌재결 2014. 10. 30. 2012 헌마 190 등, 판례집 26-2 상, 668(683면)).

2) **【판시】** 시·도의원 지역선거구 획정에서는 국회의원 선거구 획정에서 요구되는 기준보다 더 완화된 인구편차 허용기준을 적용하는 것이 타당하다. 현시점에서는 상하 60%(4 : 1) 인구편차 기준을 적용하는 것이 적절한데, 지방선거에서는 인구비례뿐 아니라 지역대표성과 도·농간의 인구격차도 함께 고려해야 하기 때문이다(헌재결 2007. 3. 29. 2005 헌마 985 등). 기초의회(구·시·군)의원 지역선거구 획정에서도 같은 취지의 판시를 했다(대표적으로 헌재결 2009. 3. 26. 2006 헌마 14; 헌재결 2009. 3. 26. 2006 헌마 67; 헌재결 2010. 7. 29. 2010 헌마 208).

3) **【결정례】** 광역자치단체 의원 선거와 자치구 시·군의원 선거구 인구편차의 허용한계에 관한 헌재의 선판례에서 제시한 4 : 1의 인구편차는 투표가치의 불평등이 너무 커서 현 시점에서는 인구편차 상하 50%인 인구비례 3 : 1로 변경하는 것이 타당하다. 자치단체 선거구획정에 있어서는 인구편차 외에도 행정구역 내지 지역대표성 등 2차적 요소도 인구비례의 원칙 못지 않게 고려해야 할 필요성이 크기 때문이다(헌재결 2018. 6. 28. 2014 헌마 166; 헌재결 2018. 6. 28. 2014 헌마 189). 헌재는 이 인구비례기준을 헌재결 2019. 2. 28. 2018 헌마 415(병합)에서 재확인했다. 그리고 이 기준에 어긋나는 선거구 세 곳(마포구 '아'선거구, 강서구 '라'선거구, 강남구 '바'선거구)이 포함된 서울특별시 자치구 의회의원 선거구와 선거구별 의원정수에 관한 조례를 선거구 불가분의 원칙에 따라 헌법불합치결정하고 2021. 12. 31.까지만 잠정 적용하도록 결정했다(헌재결 2021. 6. 24. 2018 헌마 405).

1) 지방의회의원과 지방자치단체의 장 선거제도

지방의회의원과 지방자치단체의 장은 지역주민의 보통·평등·직접·비밀·자 선거원칙
유선거에 의해서 선출된다($\substack{\text{지자법 제38조}\\\text{및 제107조}}$). 선거일 현재 18세 이상의 국민으로서 선거
인명부작성기준일 현재 당해 지방자치단체의 관할구역 안에 주민등록이 된 주 선거권과 피
선거권
민과 주민등록표에 3개월 이상 계속하여 올라 있고 해당 지방자치단체의 관할
구역에 주민등록이 되어 있는 재외국민 및 영주권 취득 후 3년이 지난 18세
이상의 외국인으로서 당해 지방자치단체의 외국인등록대장에 등재된 자는 선거 부분적 비례
대표제
권을, 그리고 선거일 현재 계속하여 60일 이상 당해 지방자치단체의 관할구역
안에 주민등록이 되어 있는 주민으로서 18세 이상인 자는 그 지방자치단체의
의회의원 및 장의 피선거권을 가진다($\substack{\text{선거법 제15조 제 2}\\\text{항과 제16조 제 3 항}}$).[1] 지방의회의원과 지방자
치단체장의 선거는 상대다수대표선거제도와 비례대표선거제도에 따른다. 즉 광
역·기초의회의원선거에서는 의원정수의 10/100의 범위 내에서 정당의 비례대
표제가 함께 적용된다($\substack{\text{선거법 제20조 및}\\\text{제22조와 제23조}}$). 그래서 지역구후보자와 비례대표후보자에
게 각각 1표씩 투표하는 1인 2표제가 시행된다($\substack{\text{선거법 제146조}\\\text{제 2 항 후단}}$).[2] 그런데 지역구
구·시·군의회($\substack{\text{기초}\\\text{의회}}$)의원선거는 선거구마다 2인 이상 4인 이하의 의원을 뽑는
중선거구제에 따른다($\substack{\text{선거법 제26조}\\\text{제 2 항}}$).[3] 지방의회의원과 지방자치단체장의 임기는 4년

---

1) 【결정례】 i) 선거법개정 전 90일의 거주요건에 의한 피선거권제한은 위헌이 아니다(헌재결
   1996. 6. 26. 96 헌마 200). ii) 60일의 거주요건에 의한 피선거권제한도 합헌이다(헌재결 2004.
   12. 16. 2004 헌마 376). iii) 주민등록이 불가능한 국내거주 재외국민인 주민의 지방자치 피선
   거권을 부인하는 것은 공무담임권의 침해이다(헌재결 2007. 6. 28. 2004 헌마 644 등).
2) 즉 지방의회선거구별로 비례대표후보자에 대한 유효투표총수의 5% 이상 득표한 정당에게 각
   정당의 득표비율에 따라 의원정수 10%의 비례대표의원을 배분하되(해어/니마이어식 계산), 한
   정당이 비례대표의원 2/3 이상을 차지할 수는 없도록 5% 저지조항의 예외를 인정했다(선거법
   제190조의 2). 또 비례대표후보자 중 50/100 이상을 여성으로 추천하도록 여성의무할당제를
   도입하면서 비례대표후보자명부순위에 따라 매 홀수 순위마다 여성 1인이 포함되도록 하면서
   추천비율과 순위를 위반한 후보자 등록신청은 수리할 수 없고, 이를 위반한 후보자등록은 무
   효로 했다(법 제47조 제 3 항, 제49조 제 8 항, 제52조 제 1 항 제 2 호). 그리고 임기만료에 의
   한 지역구국회의원 또는 지역구 지방의회의원선거후보자 중 30/100 이상을 여성으로 추천하도
   록 노력해야 하며(법 제47조 제 4 항), 이런 의무를 준수한 정당에게는 공직후보자여성추천보
   조금을 따로 지급할 수 있게 했다(정자법 제26조). 그리고 지역구 광역 또는 기초의회의원 선
   거 중 어느 하나의 선거에 국회의원 지역구마다 1명 이상을 여성으로 추천해야 하는데 이 여
   성추천의무규정을 어긴 후보자 등록은 원칙적으로 모두 무효이다(법 제47조 제 5 항 및 제52조
   제 2 항).
   【독일판례】 국회의원선거에 적용되는 5% 저지조항을 지방자치단체장이 직선되는 지방자치제도
   에서 지방의원 비례대표선거에도 획일적으로 적용하는 선거제도는 지방자치의 본질 및 기능과
   조화되기 어렵다. BVerfGE 120, 82ff. 참조. 이 독일판례의 판시에 따른다면 지방선거의 저지선
   을 국회의원선거보다 오히려 더 높여 놓아 문제의 소지가 크다고 할 수 있다.
3) 다만 2022. 6. 1. 시행하는 제 8 회 전국동시 지방선거에 한정하여 국회의원 선거구 기준 전국

이며 지방자치단체장의 계속 재임은 3기에 한한다($\frac{\text{지자법 제39}}{\text{조, 제108조}}$). 지방의회의원은
겸직금지 국회의원을 비롯한 일정한 직을 겸할 수 없도록 했는데, 그 중에는 농·수산업
협동조합, 산림조합, 엽연초생산협동조합, 신용협동조합, 새마을금고의 상근 임·
직원과 이들 조합의 중앙회장이나 연합회장이 포함된다($\frac{\text{지자법 제43조}}{\text{제 1 항 제 6 호}}$).[1] 지방자치
단체의 장도 국회의원과 지방의회의원 등 법률이 정하는 일정한 직을 겸할 수
기탁금제도 없다($\frac{\text{지자법}}{\text{제109조}}$). 지방의회의원과 지방자치단체의 장 선거에도 기탁금제도가 적용되
는데[2]($\frac{\text{선거법}}{\text{제56조}}$),[3] 일정수 이상의 득표를 하지 못하면 선거공영비용을 공제한 후
당해 지방자치단체에 귀속된다($\frac{\text{선거법}}{\text{제57조}}$).[4] 그런데 장애인과 선거일 현재 39세 이
하 청년 후보자에게는 기탁금도 인하하고($\frac{\text{29세 이하 50\%,}}{\text{30세 이상 70\%}}$) 반환의 조건도 완화했다
($\frac{\text{10\% 이상 득표시 전액 또는 5 이}}{\text{상 10\% 미만 득표시 반액으로}}$)($\frac{\text{법 제56조}}{\text{와 제57조}}$). 지방자치를 위한 선거제도에서 특징적인 것은
지방자치단체의 의회의원 및 장 선거의 피선거권연령을 18세 이상으로 통일했
피선거권 다는 점이다($\frac{\text{선거법 제16}}{\text{조 제 3 항}}$). 지역구 지방의회의원선거와 비례대표 기초의회($\frac{\text{시·군·}}{\text{구··}}$)
연령 18
세 의원선거 및 기초자치단체의 장 선거에 관한 소송은 시·도·특별자치도 선거관
의원회에 소청을 거쳐 관할 고등법원에, 그리고 시·도·특별자치도지사 선거에
선거에 관한 관한 소송과 비례대표 시·도·특별자치도의원선거에 관한 소송은 중앙선거관리
소송

11개 선거구내 기초의원 선거구당 선출인원을 3인 이상 5인 이하로 확대해서 시행한다(제26조
제 4 항 및 부칙 제17조).

1) 【판시】 공무원도 아닌 명예직의 협동조합의 조합장들에게 입후보를 원천봉쇄하고 겸직금지규
정으로 참정권에 제약을 가하고 있는 지방자치법 제33조 제 1 항 제 6 호 중 농업협동조합·수
산업협동조합·축산업협동조합·산림조합·엽연초생산협동조합·인삼협동조합의 조합장에 관한
부분은 참정권 제한 최소화의 원칙에 합치될 수 없어 헌법에 위반된다(헌재결 1991. 3. 11. 90
헌마 28, 판례집 3, 63(81면 이하)).

2) 기초의회의원후보자는 200만원, 광역의회의원후보자는 300만원, 기초자치단체장후보자는 1,000
만원, 광역자치단체장후보자는 5천만원, 장애인과 29세 이하인 후보자는 해당 기탁금의 50/100,
30세 이상 39세 이하인 후보자는 70/100만 내면 된다. 지방자치선거의 예비후보자등록신청에
도 해당 기탁금의 20/100에 해당하는 액수의 예비후보자기탁금을 납부해야 한다(법 제60조의
2 제 2 항 및 제57조 제 1 항 제 1 호 다목). 이상의 기탁금액수와 반환요건에 대한 합헌결정 헌
재결 2004. 3. 25. 2002 헌마 383 등 참조.

3) 【결정례】 i) 시·도의회의원 후보자에 대한 700만원의 기탁금은 헌법에 합치되지 아니한다(헌
재결 1991. 3. 11. 91 헌마 21). 이 결정 후 기탁금액수가 400만원으로 감액되었다. 지금은 300
만원이다. ii) 기초의회의원선거에서의 200만원의 기탁금은 과다하다고 할 수 없다(헌재결
1995. 5. 25. 91 헌마 44). iii) 시·도지사선거에서의 5천만원의 기탁금은 공무담임권을 침해한
다고 볼 수 없다(헌재결 1996. 8. 29. 95 헌마 108). iv) 당선인 자신이 선거범죄 또는 선거비
용관련규정 위반죄(정자법 제49조)를 범하여 당선무효가 확정된 때에는 반환받은 기탁금 및
보전 받은 선거비용을 반환하도록 정한 선거법 규정(제265조의 2 제 1 항 전문 중 관련부분)은
재산권의 침해가 아니다(헌재결 2018. 1. 25. 2015 헌마 821 등).

4) 【결정례】 지자체장 선거에서 정당의 공천심사에 탈락한 후 후보자등록을 하지 않은 경우를
기탁금 반환사유로 규정하지 않은 선거법 제57조 제 1 항 제 1 호 다목은 과잉금지원칙에 반하
여 재산권을 침해한다(헌법불합치결정)(헌재결 2020. 9. 24. 2018 헌가 15 등).

위원회에 소청을 거쳐 대법원에 제소할 수 있다(선거법 제219조~제221 조, 제222조~제226조).

2) 지방교육자치를 위한 선거제도

지방교육자치에 관한 법률(이하 법이라 한다)은 광역자치단체인 시·도에만   교육감
지방교육자치를 시행하도록 하면서 교육전문의결기관으로 교육위원회를, 그리
고 교육전문집행기관으로 교육감을 두도록 했었다(법 제4조 와 제18조). 그러나 교육위원
회는 2014년 6월 30일 이후 폐지되어 그 이후부터 시·도의회 상임위원회와 시·
도의회가 지방교육자치에 관한 심의 및 의결기관으로 기능하면서 교육감의 교
육집행업무를 통제하고 있다.

교육감은 2007년부터 주민의 보통·평등·직접·비밀선거를 통해(법 제22조 와 제43조) 임   교육감선거
기 4년으로 선출하는데 계속적인 재임은 3기에 한한다(법 제21조). 정당은 교육감선거에
서 후보자를 추천할 수 없는데, 법이 이처럼 따로 정한 사항을 제외하고는 공직
선거법의 시·도지사선거에 관한 규정을 교육감선거에 준용한다(법 제22조와 제49조). 교육
감후보자는 당해 시·도지사의 피선거권이 있어야 하며 후보등록일로부터 과거
1년간 정당의 당원이 아니어야 하고, 교육경력 또는 교육행정경력이 3년 이상 있
나 두 경력을 합해서 3년 이상 있어야 한다(법 제24조). 교육감은 국회의원·지방의회
의원 등 법률이 정한 일정한 직을 겸할 수 없다(법 제23조). 교육감 밑에 교육감의 추천
과 교육부장관의 제청으로 국무총리를 거쳐 대통령이 임명하는 부교육감 1인
(인구 800만 이상, 학생 170 만 이상인 시·도는 2인)을 두는데 국가공무원법(제2조 의 2)의 규정에 따른 고위 공무원
단에 속하는 일반직 국가공무원 또는 장학관으로 보한다(법 제30조).

5.   공직제도

기본권적인 가치의 실현을 목적으로 하는 여러 가지 통치기능은 현실적으   공직자는 국
로 공직자에 의해서 행해지기 때문에 공직자는 통치기능의 필수적인 전제조건   가작용의 인
이다. 통치기능을 담당하는 여러 유형의 공직자 중에서도 '공무원단'은 국가적   적 수단 및
인 통치를 가능케 해 주는 국가작용의 '인적 수단이며 도구'이다. 그렇기 때문   도구, 통치기
에 공무원의 효율적인 공직수행을 뒷받침해 주는 합리적인 공무원제도를 마련   능의 필수적
하는 일은 현대국가의 통치질서에서 매우 중요한 의미를 갖게 된다. 현실적으   전제조건
로 헌법이 마련한 통치구조는 모든 공직자들의 창의적이고 성실하고 책임 있는
근무자세에 의해서만 비로소 실현가능하다. 예컨대 우리 헌법에 표현된 공무원

의 지위·책임·정치적 중립성 등에 관한 명문규정($제7조$)도 이같은 기본인식에서 나온 것이라고 볼 수 있다. 따라서 통치기관을 구성하는 데 있어서 헌법이 정한 통치구조를 가장 능률적이고 책임 있게 실현할 수 있는 공직제도를 마련하는 일은 헌법상의 수권인 동시에 헌법적 명령이다. 특히 '직업공무원제도'(Berufsbeamtentum)가 현대국가의 통치기관의 불가결한 구성원리로 간주되는 이유도 그 때문이다.[1] 따라서 공직제도, 특히 그 중심적인 내용을 이루는 직업공무원제도는 중요한 헌법적 제도이지 단순한 공무원법의 영역에 속하는 행정법적 제도만은 아니다.[2] 우리 헌법재판소도 직업공무원제도가 입법권자를 기속한다고 판시한다.[3]

직업공무원제도는 통치기관의 불가결한 구성원리

I. 공직제도와 공무원제도

직업공무원제도는 크게는 '공직제도', 작게는 '공무원제도'를 전제로 하는 것이기 때문에 공직제도와 공무원제도의 개념과 본질을 밝히는 것은 직업공무원제도의 이해에 도움이 된다.

공직제도와 공무원제도의 본질

(1) 공직의 인력구조변화

역사적으로 볼 때 국가작용을 수행하는 공직자는 '공무원'인 것이 원칙이었다. 그러나 국가의 활동영역이 넓어지고 사회국가적 경향에 의한 급부국가적 생존배려의 행정영역이 새로이 엄청난 업무량을 가져다 주게 되자 공무원만으로 그 증대된 많은 국가작용의 수요를 감당하기가 어렵게 되었다. 그 결과 증대된 업무량을 능률적이고 신속하게 처리하기 위한 새로운 인력이 필요하게 되었다. 그래서 나타난 것이 공직제도의 2원화현상이다. 즉 종래 국가고권작용에

공직의 업무량증가로 인한 공직 인력구조의 2원화현상

---

1) 미국에서 직업공무원제도가 대통령의 절대적인 권한을 제한하는 중요한 요인으로 작용함으로써 미국의 정치안정에 기여한 점, 영국의 'Civil Service'(전문적인 관료조직)가 법률집행과 행정업무를 중립적이고 독자적으로 수행해 나감으로써 의원내각제 정착의 바탕을 마련한 점, 그리고 프랑스 제3·4공화국시대의 극단적인 내각불안정에도 불구하고 프랑스를 지켜 준 프랑스 관료조직(agents publics)의 공로 등이 이를 잘 입증해 주고 있다. 프로이센시대부터 확립되어 온 독일의 직업공무원제도가 오늘날 독일의 통치질서에서 정치안정과 법치국가실현의 주춧돌로 기능하고 있다는 사실도 이미 잘 알려진 일이다.
2) 공직제도에 관해서 자세한 것은 졸저, 전게서, 방주 1032 이하 참조할 것.
3)【판시】헌법 제 7 조는 직업공무원제도의 확립을 내용으로 하는 입법의 원리를 지시하고 있는 것으로서 법률로서 관계규정을 마련함에 있어서도 헌법의 위와 같은 기속적 방향제시에 따라 공무원의 신분보장이라는 본질적 내용이 침해되지 않는 범위 내라는 입법의 한계가 확정된 것이다(헌재결 1989. 12. 18. 89 헌마 32 등, 판례집 1, 343(353면)).

의해서만 설정될 수 있었던 전통적인 공무원관계 이외에 일종의 근무계약에 의해서 형성된 공법상의 근무관계를 바탕으로 하는 제 2 의 공직자집단이 생기게 된 것이다. 따라서 개념적으로도 '공직자'라는 말은 이 2원적 인력구조에 속하는 모든 공직담당자를 총칭하는 개념이기 때문에 '공무원'이라는 개념보다 포괄적이다.

하지만 공직제도 내의 인력구조가 2원화되고 공직자의 수가 점점 팽창해진다고 하는 것은 증가된 공무수요에 대응하기 위한 불가피한 현상이긴 하지만 공직구조의 비대화를 초래하고 공무수행의 경제성을 약화시킬 뿐 아니라, 비공무원인 공직자들이 행사할 수도 있는 헌법과 노동법상의 여러 가지 권리($\binom{\text{예컨대}}{\text{쟁의권}}$) 때문에 오히려 통치기능의 수행에 부정적인 영향을 미칠 수도 있다는 점을 간과할 수 없다.

2원적 인력구조의 부작용

(2) 공직자 및 공무원의 의의와 범위

공직자는 최광의로는 국가와 공공단체 등 모든 공법상의 단체·영조물·재단 등에서 공무를 수행하는 모든 인적 요원을 총칭하는 개념이다. 여기에는 공무원을 비롯해서 심지어 '선거직공직자'까지가 모두 포함된다.

광의의 공직자에는 공무원을 비롯해서 근무계약관계에 있는 공직자·법관·직업군인과 병역복무중의 군인 등이 포함된다. 그러나 협의의 공직자는 공무원 및 근무계약에 의한 공직자만을, 그리고 최협의로는 공무원만을 지칭하는 개념이다. 직업공무원제도는 최협의의 공직자를 전제로 한 통치기구의 조직원리이다.[1] 그러나 일반적으로 좁은 의미의 공직제도 즉 공무원제도에서 말하는 공무원은 협의의 공직자, 즉 공무원 및 근무계약에 의한 공직자만을 지칭하는 것이 관례이다.

최광의·광의·협의·최협의의 공직자

우리 헌법은 '공직자'라는 개념 대신 언제나 '공무원'이라는 개념을 사용하고 있기 때문에 그것이 어떤 의미로 쓰였는지를 그때 그때 밝힐 필요가 있다. 예컨대 헌법 제 7 조 제 1 항에서의 '공무원'은 최광의의 '공직자'를, 그리고 같은 조문 제 2 항에서의 '공무원'은 최협의의 '공직자'를 뜻한다고 보아야 한다.

헌법 제 7 조의 공무원의 의미

---

1) 【판시】 우리나라는 직업공무원제도를 채택하고 있는데, 여기서 말하는 공무원은 국가 또는 공공단체와 근로관계를 맺고 이른바 공법상 특별권력관계 내지 특별행정법관계 아래 공무를 담당하는 것을 직업으로 하는 협의의 공무원을 말하며 정치적 공무원이라든가 임시직 공무원은 포함하지 않는다(헌재결 1989. 12. 18. 89 헌마 32 등, 판례집 1, 343(352면)).

(3) 공무원제도의 특성

충성의 근무
관계

공무원관계는 사법상의 근무관계에서와는 달리 국가나 공공단체의 임명행위에 의해서 성립되는 충성의 근무관계라는 특성을 갖는다. 이같은 공무원관계의 특성이 가장 잘 나타나는 것이 직업공무원의 경우이지만, 그것은 비록 약화된 형태나마 근무계약에 의해서 임용된 '비공무원인 공무담당자'에게도 그대로 나타나게 된다. 현대국가의 통치질서에서 적어도 공직제도의 핵심적인 내용인 직업공무원제도에 관해서 그 기본적인 사항만이라도 헌법에 규정하려는 경향이 커지는 것은 그 때문이라고 할 것이다. 우리 현행헌법도 이 점에서 예외는 아니다.[1]

공직제도의
통치구조적
의미와 기능

공직수행의 사명을 띤 공무원에 관해서 헌법에서 그 봉사적 기능과 책임 그리고 정치적 중립성을 강조하는 것은 전문적이고 합리적이고 합법적인 공직수행을 보장함과 동시에 정치세력에 대한 조정적·통제적 기능을 해낼 수 있는 직업공무원제도의 모델을 제시하는 것이기 때문에 기본권실현과 기능적 권력통제의 관점에서도 중요한 의미를 갖는다고 할 것이다. 바로 이곳에 직업공무원제도를 포함한 넓은 의미의 공직제도가 갖는 통치구조적 의미가 있다.

Ⅱ. 자유민주적 통치구조와 공직제도의 기능적 연관성

자유민주적
통치구조가
요구하는 공직
제도의 요건

헌법상의 통치구조가 기본권적 가치의 실현을 위해서 마련된 수단적 권능구조라면 공직자는 이 권능구조의 실현조건에 해당한다고 볼 수 있다. 따라서 한 나라의 통치질서에서 통치구조와 공직자 내지 공직제도는 기능적으로 불가분의 연관성을 갖게 된다. 더욱이 자유민주주의를 통치질서의 기본이념으로 추구하고 있는 통치구조에서는 공직제도 역시 자유민주주의의 이념과 조화될 수 있어야 하기 때문에 특별히 다음과 같은 몇 가지 요청을 충족시킬 수 있어야 한다. 민주적 공직윤리, 민주적인 지시계통, 정치적 중립성, 법치주의, 사회국가적 요청 등이 바로 그것이다.

(1) 민주적 공직윤리의 제고

관직 내지 직
책사명과 투
철한 수임자
정신

자유민주적 통치구조의 공직제도에서 우선적으로 요청되는 것은 오로지 '공공복리'의 관점만을 직무처리지침으로 삼을 수 있는 확고한 민주적 공직윤리

---

1) 우리 헌법 제 7 조, 제29조, 제33조 제 2 항, 제78조 참조.

의 정착이다. 모든 공직자가 투철한 '관직 내지 직책사명'을 가지고 일체의 사적인 이해관계나 인연을 초월해서 국민의 '충직한 수임자'로서 그 맡은 바 임무를 충실히 수행해 나갈 수 있을 때 비로소 국가의 통치기능은 그 실효를 나타낼 수 있기 때문이다.

따라서 이러한 민주적 공직윤리가 확립될 수 있는 공직제도를 마련하는 것이야말로 자유민주적 통치구조의 중요한 과제이다.

자유민주국가에서 모든 공직자는 이같은 민주적 공직윤리에 따라 생활해야 하는 공직자인 동시에 개인적인 자유와 권리를 추구하는 기본권의 주체라는 2중적 지위를 갖기 때문에 자칫하면 두 가지 상이한 생활질서가 서로 혼합이 되어 공직자의 관직행사가 오도될 위험성이 없는 것도 아니다. 바로 이 점도 공직제도의 마련에서 유념해야 할 사항이다.

공직자의 2중적 지위

(2) 민주적 지시계통의 확립

자유민주적 통치구조에서는 대의민주주의에 입각한 신임 및 책임정치의 실현과 조화될 수 있는 공직제도가 마련되어야 하는데, 그러기 위해서는 민주적 정당성의 정신에 따라 그 행위의 귀책사유가 밝혀질 수 있고 책임추궁이 가능한 합리적인 지시계통이 확립되는 것이 필요하다. 따라서 아무리 말단관직의 공권행사라 하더라도 그것은 결국은 민주적 정당성의 연결통로(직무지시계통)를 따라 최종적으로는 국민의 대의기관인 의회에 책임을 질 수 있는 정무직 공직자에까지 거슬러 올라갈 수 있어야만 한다. 그러기 위해서는 의회에 대해서 책임을 지는 정무직공직자를 정점으로 말단관직에 이르기까지 민주적이고도 수직적인 직무지시계통이 확립되고, 의회에 대해서 책임을 지는 최상급공직자에게는 직무지시권이, 그리고 하급공직자들에게는 지시기속 및 복종의무가 지워져야 한다. 따라서 모든 공직자가 상급자의 직무지시에 기속되고 그에 복종하는 것은 대의민주주의의 결과인 동시에 대의민주주의가 기능하기 위한 전제조건이기도 하다.

신임 및 책임 정치실현이 가능한 직무 계통(상명하복)

그러나 또 한편 대의민주적 공직제도는 공직자에게 일체의 창의적 직무수행의 금지와 그의 맹목적 복종만을 요구하는 것은 아니라는 점을 잊어서는 아니된다. 모든 공직자가 주어진 직무를 창의적이며 능동적으로 수행해 나가고 비록 상급자의 직무지시라 하더라도 그것이 법의 정신에 어긋나거나 합목적적인 것이 아니라고 판단되는 경우에는 충직한 비판을 할 수 있는 용기와 투철한 민주적인 사명의식을 가지고 '생각하면서 복종'하는 자세를 지켜나갈 때 대

직무지시 및 복종의 한계

의민주적 공직제도는 비로소 제 기능을 나타낼 수 있게 된다. 바로 이곳에 대의민주적 공직제도에서의 복종의 한계가 있다.

(3) 정치적 중립성의 요청

공직자의 여당시녀화 방지

자유민주적 통치구조에서는 모든 공직자의 정치적 중립성이 유지될 수 있는 공직제도를 마련하는 것이 매우 중요하다. 특히 정당민주국가에서 모든 공직자가 모든 정당에 대해 중립을 지키는 것은 바로 정당민주국가의 전제조건이다. 공직자의 정당정치적 중립성이 지켜지지 않고 공직자가 여당의 시녀로 전락하는 경우에는 정당민주국가의 존립근거라고 볼 수 있는 정권교체나 정책의 변화는 이루어지기 어렵기 때문이다.

한시적 정권과 영속적 공직제도의 견제

자유민주적 정당국가의 특징은 '한시적 정권'과 '영속적 공직제도'가 서로 견제와 보완작용을 함으로써 정치적 안정을 도모하면서도 정치적 신진대사를 가능하게 한다는 데 있다. 따라서 '한시적 정권'과 그 진퇴를 같이하는 '한시적 공직제도'는 자유민주적 정당국가의 이념과 조화되기 어렵다. 선거를 원칙으로

보완작용 및 엽관제도금지

하는 공직제도나, 선거에서 승리한 정당이 모든 관직을 그 선거의 전리품으로 생각하고 소속당원들에게 논공행상의 상품으로 분배하는 이른바 '엽관제도' (spoils system)가 자유민주적 정당국가의 공직제도에서 단호히 배척되어야 하는 이유도 그 때문이다. 우리 헌법재판소도 엽관제도를 배척하는 판시를 하고 있다.[1] 그러나 공직자에게 요구되는 정당정치적 중립성은 어디까지나 관직행사에 국한되는 것이기 때문에 공직자의 국민으로서의 정당활동까지를 금지하는 것은 아니라는 점을 잊어서는 아니된다.

공직자의 의원겸직금지

끝으로 모든 공직자가 정치적 중립성을 지키기 위해서는 법률의 집행이나 적용을 맡고 있는 공직자가 동시에 법률의 제정에 관여하는 현상, 즉 집행공직자의 의원겸직이 허용되어서는 아니된다. 입법기관의 의원직과 집행기관의 공직을 동시에 맡을 수 없게 하는 이른바 '겸직금지'도 그것이 권력분립의 원칙에서 나오는 제도이긴 하지만, 자유민주적 정당국가의 공직제도가 필요로 하는 공직자의 정치적 중립성의 요청과도 불가분의 연관성을 갖는다는 점을 간과해서는 아니된다.

---

1) 【판시】 우리 헌법이 채택하고 있는 직업공무원제도는 공무원이 정치과정에서 승리한 정당원에 의하여 충원되는 엽관제를 지양하고 정권교체에 따른 국가작용의 중단과 혼란을 예방하고 일관성 있는 공무수행의 독자성과 영속성을 유지하기 위한 공직구조에 관한 제도적 보장을 마련한 것이다(헌재결 1997. 4. 24. 95 헌바 48, 판례집 9-1, 435(442면 이하)). 동지: 헌재결 1989. 12. 18. 89 헌마 32 등, 판례집 1, 343(352면); 헌재결 1992. 11. 12. 91 헌가 2, 판례집 4, 713(724면) 참조.

(4) 법치주의의 요청

자유민주국가의 공직제도는 법치주의의 이념을 실현할 수 있는 것이어야 한다. 즉 모든 공직자로 하여금 법률을 준수하고 법의 정신에 따라 직무를 수행하게 함으로써 직무지시계통 속에서 복종의 의무만을 내세운 불법이 자행되는 일이 없도록 공직제도가 합리적으로 마련되어야 한다. 현실적으로 법률을 지키고 법의 정신에 따라서 직무를 수행해야 되는 공직자 개개인의 법적 책임과, 대의기관을 상대로 모든 소속공직자의 직권행사를 정당화시켜야 되는 최상급공직자의 포괄적인 정치적 책임 사이에는 어느 정도 긴장·갈등관계가 존재하는 것이 사실이다. 이 긴장·갈등관계를 원만하고 합리적으로 해소할 수 있는 방법을 찾아내는 것이야말로 자유민주국가의 입법권자에게 주어진 커다란 과제이다.

공직자 개개인의 창의력과 능동적인 직무의욕을 북돋아 주면서도 공직자의 능동적이고 창의적인 직무집행에서 발생하는 불법행위의 책임은 국가나 공공단체가 떠맡음으로써 공직자의 법적 책임과 국민의 권리보호를 함께 조화적으로 실현할 수 있는 제도가 가장 바람직한 법치주의적 공직제도라고 할 것이다. 공무원의 직무상 불법행위로 인한 국민의 손해배상청구권과 국가배상책임의 원리(예컨대 우리
헌법 제29조)는 이와 같은 관점에서 이해해야 하고 또 그 적용영역을 확대해석하는 것이 바람직하다고 생각한다.

(5) 사회국가적 요청

자유민주국가에서는 최소한의 사회정의를 실효성 있게 실현할 수 있는 사회국가적 공직제도가 마련되는 것이 바람직하다. 사회국가이념을 추구하는 현대의 자유민주국가에서 공직제도는 사회국가의 실현수단인 동시에 공직제도 그 자체가 사회국가의 대상이며 과제이다. 즉 사회국가의 이념에 따라 모든 생활영역에서 최소한의 사회정의를 실효성 있게 실현하는 데 공직제도가 큰 몫을 차지할 수 있어야 한다.

또 한편 사회국가에서의 공직제도는 그 자체가 사회국가의 대상이며 과제이기 때문에 공직제도도 사회국가의 이념에 따라 운영되어야 한다. 모든 공직자들의 보호가치 있는 이익과 권리를 인정해 주고, 공직자에게 자유의 영역이 확대될 수 있도록 공직자의 직무의무를 가능한 선까지 완화하고, 공직자들의 직무환경을 최대한으로 개선해 주고, 공직수행에 상응하는 생활부양을 해 주고, 퇴직 후나 재난·질병에 대처한 사회보장의 혜택을 마련하는 등 공직제도

준법의무와 정치적 책임의 조화 및 불법방지의무

공직자의 법적 책임과 국민의 권리보호: 국가배상책임제도

사회정의실현에 적합한 공직구조

공직제도 내의 사회정의실현

내의 사회정의를 위해 노력하는 것은 궁극적으로 공직자들의 사기를 진작시키고 생활안정을 돕게 되어 민주적인 공직윤리의 정착에도 크게 기여하게 된다는 점을 잊어서는 아니된다.[1]

결론적으로 자유민주적 통치구조가 그 본래의 기능을 제대로 수행해 나가기 위해서는 위에서 열거한 여러 가지 요건을 충족할 수 있는 공직제도가 마련되어야 한다.[2]

Ⅲ. 국민의 공무담임권과 공직자선발제도의 상호관계

공직제도는 공무담임권실현 위한 통치구조적 수단

모든 국민에게 '공무담임권'을 보장하고 있는 자유민주적 헌법질서에서 공직제도는 이 공무담임권을 실현하기 위한 통치구조적인 수단이라는 의미도 갖는다. 따라서 공직자선발제도는 단순한 공직의 인력충원이라는 차원을 넘어서 중요한 헌법적 의의와 기능을 갖는다는 점을 유념해야 한다.

(1) 공직자선발제도의 두 유형

선거 및 임명에 의한 공직자선발

국민의 공무담임권이 선거직공직의 피선거권과 기타 공직의 취임권을 그 내용으로 한다는 것은 이미 기본권을 논하는 자리에서 자세히 말한 바 있다. 그런데 선거에 의한 공직자선발과 임명에 의한 공직자선발은 각각 다른 기준과 관점에 의해서 규율되는 것이기 때문에 이를 같이 평가할 수는 없다.

1) 선거직공직자선발

민주적 선거법에 의한 피선거권 존중

선거에 의한 공직자선발에서는 국민의 피선거권을 존중해야 하는데, 국민의 피선거권은 민주적 선거법의 기본원칙을 존중하는 선거에 의해서만 실현될 수 있다.

정치적 신임에 의해 정당화되는 관직

선거에 의한 공직자의 선발에서는 적성·능력 등의 법적인 기준보다는 정치적 역량과 정치적 관점이 결정적인 작용을 할 수밖에 없는데, 선거직공직은 능력주의 내지 성(실)적주의(Leistungsprinzip)가 아닌 국민의 정치적 신임에 의해서 정당화되는 관직이기 때문이다. 선거에 의해서 표현되는 국민의 신임 이외

---

1) 이 단락의 내용이 그대로 헌재의 판시로 인용되고 있다. 헌재결 2002. 8. 29. 2001 헌마 788 등(병합), 판례집 14-2, 219(228면) 참조.

2) 독일의 헌정사가 보여 주듯이 합리적이고 능률적이며 책임과 관직사명을 존중하는 공직제도가 확립될 경우에는 공직제도 그 자체만으로도 헌법상의 통치구조를 대체하는 효과가 나타나게 된다는 사실을 기억할 필요가 있다.

Dazu vgl. *H. J. Schoeps*, Preußen — Geschichte eines Staates, 1981, S. 175, 437ff.

에 선거직공직을 정당화시켜 주는 또 다른 정당화사유가 있을 수 없다.

2) 비선거직공직자선발

비선거직공직의 경우에는 그 공직자선발에서 정치적 관점은 오히려 금기 사항에 속하고, 공직이 요구하는 전문성·능력·적성·품성 등 '능력주의'가 그 바탕이 되어야 한다. 비선거직공직에 관한 국민의 공직취임권이 원칙적으로 공직취임의 기회균등을 보장하는 것에 지나지 않는다고 이해되는 이유도 선발권자의 주관적 선택이 가능하기 때문이다.

능력주의 내지 성적(실적)주의의 적용

따라서 국민의 공무담임권은 국민의 신임에 의해서 정당화되는 공직에 관한 것인지, 아니면 능력주의에 의해서 정당화되는 공직에 관한 것인지에 따라 그 실현형태가 다를 뿐 아니라 공직자선발제도와의 상관관계도 다르게 나타난다. 이처럼 공직제도가 각각 다른 원리와 기준에 의해서 선발되는 선거직과 비선거직의 2원적인 공직자로 구성된다고 하는 것은 현대자유민주국가의 통치구조가 필요로 하는 다원적 기능통제의 관점에서도 매우 큰 의미를 갖는다고 볼 수 있다.

공직자의 2원적 구성과 다원적 기능통제

그런데 선거직공직에 관해서는 대의제도와 선거제도를 논하는 자리에서 충분히 설명이 되었기 때문에 여기에서는 비선거직공직자의 선발과 국민의 공직취임권과의 상호관계에 관해서만 살펴보기로 한다.

(2) 공직취임권과 공직자선발제도

1) 공직취임권의 내용 및 능력중심의 공직자선발

헌법이 보장하는 '공직취임권'은 모든 국민에게 누구나 그 능력과 적성에 따라 공직에 취임할 수 있는 균등한 기회를 보장한다는 뜻이다. 즉 공직취임에 관한 기회균등의 보장을 그 내용으로 한다. 따라서 공직자선발에서 능력과 적성 등 해당 관직이 요구하는 직무수행능력과 무관한 요소(예컨대 성별·종교·사회적 신분·소속정당·출신지역·가족관계·병역의무이행 등)를 이유로 하는 어떠한 차별도 허용되지 않는다.[1] 즉 공직자선발의 유일한 기준은 해당 관직이 요구하는 직무수행능력이어야 하기 때문에 국민의 공직취임권과 조화될 수 있는 공직자선발제도는 마땅히 '능력주의'(성적주의)에 바탕을 두어야 한다.[2]

공직취임의 기회균등보장

능력주의에 따른 공직자선발을 통해 자의적이고 정실적인 인선이 지양된다

능력주의의 이중적 성격

---

1) 【결정례】 따라서 공무원임용시험의 군필자 가산점제도는 불합리한 차별이므로 위헌이다(헌재결 1999. 12. 23. 98 헌바 33; 헌재결 1999. 12. 23. 98 헌마 363).
2) 【판시】 직업공무원제도하에서는 과학적 직위분류제, 성적주의 등에 따른 인사의 공정성을 유지하는 장치가 중요하다(헌재결 1989. 12. 18. 89 헌마 32 등, 판례집 1, 343(352면)).

는 것은 결국 공직취임의 기회균등의 보장에도 도움이 된다. 이렇게 볼 때 공직
취임권이 요구하는 공직자선발에서의 능력주의는 한편 공직제도의 객관적 규범
인 동시에 또 한편 공직지망자의 주관적 공권이라는 이중적 성격을 갖게 된다.

2) 공직취임권과 국가의 인력수급계획

공직인력수급
계획의 정치
적·정책적 성
격 및 그 한
계

국가와 공공단체의 공직에 관한 인력수급계획은 국민의 공직취임권에 따
라서 정해지는 것이 아니고, 국가와 공공단체가 해결해야 할 공적인 과제의
양, 국가의 인력예산규모·인력정책 등에 의해서 결정된다는 점을 잊어서는 아
니된다. 따라서 국가의 인력수급계획은 어디까지나 정치적·정책적인 결정사항
이지 기본권적인 결정사항은 아니다. 그러나 공직의 인력수급계획은 국가의 재
정상태·국가적 과제의 양·공직의 전체적인 규모 등 여러 여건에 의해서 제약
을 받는 비교적 경직된 성질의 것이기 때문에 국가가 그것을 예산절감·경제정
책·고용정책 등의 도구로 삼는 데에는 일정한 한계가 있다는 점을 간과해서는
아니된다.

3) 공직취임권과 선발기능의 조화

능력주의의
무시 및 당파
적 정실인사
내지 엽관제
의 문제점

공직자의 선발제도에서 가장 중요한 것은 국민의 공직취임권과 국가기관
의 공직자선발기능을 합리적으로 조화시킴으로써 해당 관직에게 기대되는 공적
기능이 그 실효성을 나타낼 수 있도록 하는 것이다. 능력주의에 따른 공직자선
발이 그와 같은 조화의 수단이라고 하는 것은 이미 앞에서 지적한 바 있다.

능력주의를 기초로 하는 공직취임권과 조화될 수 없는 것은 능력과 무관
한 요건(성별·종교·사회적 신분·인종·출
신지역·소속정당·가족관계 등)을 내세워 공직자선발에서 차별대우하는 것이
다. 또 능력주의에 바탕을 둔 공직취임권과 조화될 수 없는 것이 엽관제(spoils
system) 내지는 파당적 정실인사(Parteipatronage)제도이다.[1]

4) 공직취임권과 직업의 자유의 관계 및 사법적 권리구제의 특수성

(가) 공직취임권과 직업의 자유의 관계

상호 보완기능

공직을 희망하는 사람은 직업선택의 자유와 공직취임권을 함께 주장할 수

---

1) 한 정당에 의해서 엽관제와 파당적 정실인사가 한 번 도입되기 시작하면 다른 정당에 의해서
그것이 되풀이 반복될 수밖에 없기 때문에, 이러한 인사제도는 국민의 공직취임권을 가장 계
속적으로 침해하는 암적인 공직자선발방법이다. 그러한 인사제도가 공직자의 정치적 중립성을
약화시키는 것은 두말할 필요도 없다. 정당간의 담합에 의해서 이루어지는 파당적 정실인사도
결코 그 예외일 수는 없다. 우리 헌재가 엽관제의 지양을 거듭 강조하고 있는 것도 바로 그
때문이다.

있고, 이 경우 공직취임권이 직업선택의 자유를 보완해 주는 기능을 갖기 때문에, 공직취임권을 침해하는 공직자선발제도는 동시에 직업선택의 자유까지도 함께 다치게 된다고 생각할 수 있다. 그러나 직업선택의 자유는 기본권의 주체에게 그가 선택한 직업을 국가가 보장해 줄 것을 요구할 권리를 주는 것은 아니고, 직업선택이 국가권력에 의한 부당한 간섭 없이 자유롭게 이루어지는 것을 그 내용으로 하기 때문에 공직자선발제도와 직접적인 연관성이 있는 것은 아니다. 물론 공직취임권도 공직희망자에게 그 희망공직을 보장해 주는 것이 아니고 다만 능력주의에 따른 공직취임의 기회균등만을 보장한다는 점에서 별로 큰 효과상의 차이는 없다고 볼 수 있다. 그러나 공직취임권은 적어도 공직자를 선발하는 국가 내지 공공단체에게 능력주의를 존중하는 공정한 선발을 요구할 수 있는 권리를 주고, 이 권리침해에 대해서는 사법적 권리구제가 인정된다는 점에서 직업선택의 자유보다는 그 기본권의 효과가 현실적이고 구체적이라고 할 것이다. 사영기업에 일자리를 구하는 사람이 그의 직업선택의 자유를 근거로 공직취임권과 같은 기본권적 보호를 받을 수 없는 것도 그 때문이다. 또 공직취임권이 공직에 대해서만 그 효력이 있다는 것은 두말할 필요도 없다. 따라서 공직을 직업으로 선택하는 경우에는 직업선택의 자유는 공직취임권을 통해서 그 기본권적 보호를 받게 된다는 점을 주의할 필요가 있다.[1]

직업의 자유와 공직취임권의 기능상·효력상의 차이

(내) 공직취임권의 침해에 대한 사법적 권리구제의 특수성

다만 공직취임권의 침해가 사법적 권리구제절차에 따라 다투어지는 경우에도 그것은 어디까지나 공직을 지망하는 자기 자신의 능력을 옳게 평가해 줄 것을 소구하는 것이어야지, 선발된 타 경쟁자의 공직임명을 다투는 것이거나, 그 공직취임의 정지를 요구할 수는 없다는 점을 명심할 필요가 있다. 이른바 '공직자경쟁소송'(Beamten-Konkurrentenklage)이 허용될 수 없다고 평가되는 이유도 바로 그 때문이다.

공직자경쟁소송의 금지

또 사법부는 공직취임권에 관한 소송에서 그 심판의 폭이 매우 좁다는 사실도 무시할 수 없다. 공직자선발에 있어서는 해당 공직의 성격 및 공직지망자의 능력과 장래성 등에 대한 어느 정도의 주관적인 평가가 불가피하기 때문에 그와 같은 구체적인 선발기능은 어디까지나 공직자선발기관에 맡겨 두어야지, 사법기관이 그 기능을 대신해서 할 수는 없기 때문이다. 사법기관이 원고의 주장을 이유 있다고 받아들이는 경우에도 원고를 불임명하는 피고의 결정을 취소하는 판결밖에는 내릴 수 없는 것도 그 때문이다.

사법적 심판의 한계

---

1) 동지 : 헌재결 2001. 2. 22. 2000 헌마 25, 판례집 13-2, 386(413면) 참조.

5) 대의민주적 통치구조와 공직자선발권

실질적 선발
권자의 대의
적 책임의 중
요성

공직자선발이 갖는 정치적·통치기능적 의미는 결코 과소평가할 수 없다. 따라서 공직자선발권의 행사도 대의민주주의이념에 따라 국민의 대의기관에 의해 통제를 받도록 하는 것이 바람직하다. 대의기관에 책임질 수 없는 기관에 의한 인사권의 행사나 인사문제에 대한 관여권을 제한하려는 것도 같은 취지라고 볼 수 있다. 그렇기 때문에 공직자의 선발에 있어서 그 형식적 임명권은 비록 대통령이 갖는다 하더라도($\frac{헌법}{제78조}$), 적어도 그 실질적 선발권만은 대의기관에 대해서 책임을 지는 각료에게 돌아갈 수 있어야 한다고 본다. 모든 공직자의 민주적 정당성은 결국 공직자의 실질적 선발권을 갖는 각료의 대의기관에 대한 책임을 바탕으로 한다. 따라서 공직자의 실질적 선발권을 구체적으로 누가 갖느냐 하는 문제는 공직제도의 이같은 민주적 정당성의 관점에서 매우 중요한 의미를 갖는다.

6) 공직자선발절차의 중요성

능력주의의
절차적 담보

능력주의에 따른 공직자선발제도가 제대로 기능하고 그를 통해서 국민의 공직취임권이 보호받기 위해서는 무엇보다도 공직자를 선발하는 절차가 합리적이어야 한다.

인사절차법의
순기능과 역
기능

공직자선발제도에서 가장 바람직한 것은 공직자선발절차가 상세하게 법률로 규정되는 것이지만, 언제나 그러한 세부적인 인사절차법을 기대할 수는 없기 때문에 공직자를 선발하는 기관은 언제나 어느 정도의 융통성을 가지고 인선에 임할 수밖에 없다. 다수의 공직지망자 중에서 적격자를 선발하는 판단은 종합적으로 수집된 다양한 인사자료에 대한 평가를 바탕으로 하는 일종의 예언적·전망적 성격을 띠지 않을 수 없기 때문에 형식적인 서류에만 의존할 수는 없고, 선발기관의 생활경험·인간지식·탐색기술 등을 모두 동원해야 한다.

특별한 주의
의무

한번 그르친 공직자선발은 특히 직업공무원제도에서는 그 시정이 매우 어렵기 때문에 공직자선발에는 특별한 주의의무가 요청된다. 그러나 이 주의의무는 공직의 성질에 따라 차이가 있다고 보아야 한다. 해당 공직의 독립성·통제가능성·공안관련성 등이 중요한 판단기준이 된다고 생각한다.

Ⅳ. 직업공무원제도

(1) 직업공무원제도의 의의와 그 제도적 보장의 유래 및 의미

1) 직업공무원제도의 의의

공직제도의 가장 핵심적인 내용이 직업공무원제도(Berufsbeamtentum)이다. 직업공무원제도는 국가와 공법상의 근무 및 충성관계를 맺고 있는 직업공무원에게 국가의 정책집행기능을 맡김으로써 안정적이고 능률적인 정책집행을 보장하려는 공직구조에 관한 제도적 보장을 말한다. 공직제도의 역사가 시원적으로 직업공무원제도에서 유래한다고 말할 수 있을 정도로 직업공무원제도는 15세기경부터 오늘에 이르기까지 오랜 시간에 걸쳐 점차적으로 확립되어 온 헌법상의 제도이다.[1]

공직구조에 관한 제도적 보장

2) 제도적 보장의 유래와 의미

직업공무원제도가 헌법상의 제도적 보장으로 정착된 것은 역시 바이마르공화국헌법($^{제128조~}_{제131조}$)에서 비롯되었다고 볼 수 있다. 직업공무원제도의 제도적 보장으로서의 특성과 내용이 헌법이론적으로 밝혀지기 시작한 것도 바이마르공화국시대였다.[2] 즉 C. Schmitt의 제도적 보장이론에 따르면 직업공무원제도가 헌법상의 제도적 보장으로 규정된 헌법질서 내에서는 입법권자가 직업공무원제도를 구체적으로 형성하는 것은 가능하지만 직업공무원제도 그 자체를 폐지하는 것은 절대로 허용될 수 없다고 한다. 따라서 이같은 시각에서 볼 때 제도적 보장으로서의 직업공무원제도는 공직구조에 관한 헌법적 결단이라고 할 수 있다.

우리 현행헌법($^{제7}_{조}$)도 직업공무원제도의 헌법적 근거규정을 마련함으로써 이를 제도적으로 보장하고 있다.[3]

바이마르헌법과 칼 슈미트의 제도적 보장이론에서 유래

공직구조의 헌법적 결단: 제 7 조

(2) 직업공무원제도의 내용

직업공무원제도는 국가의 정책집행기능을 원칙적으로 직업공무원에게 맡겨서 행사케 한다는 이른바 '기능유보'와 직업공무원을 위한 이 '기능유보'를 성공적으로 실현하기 위한 여러 가지의 '구조의 보장'을 그 주된 내용으로 한다고 볼 수 있다.

기능유보와 구조의 보장

---

1) 이 점에 관한 자세한 것은 졸저, 전게서, 방주 1051 관련문헌 참조할 것.
2) Darüber vgl. *C. Schmitt*, Verfassungslehre, 5. Aufl.(1970), S. 172, 181, 272; *derselbe*, Freiheitsrechte und institutionelle Garantien der Reichsverfassung, in: Verfassungsrechtliche Aufsätze, 2. Aufl.(1973), S. 140ff.
3) 동지: 헌재결 1997. 4. 24. 95 헌바 48 참조.

1) 정책집행기능의 공무원전담

(개) 기능유보의 내용

국가의 정책집행을 원칙적으로 공무원에게 맡김으로써 사인·공무수임사인 또는 근무계약에 의한 공직자들에 의해서 정책집행기능이 행사되는 것을 방지하려고 하는 것이 바로 직업공무원제도에 내포된 '기능유보'의 내용이다. 따라서 직업공무원제도가 통치기관의 구성원리로 채택된 헌법질서 내에서 국가의 정책집행기능이 공무원 이외의 다른 사람에게 맡겨지는 것은 원칙적으로 허용되지 않는다.

(내) 기능유보의 실효성 확보수단

공무원의 쟁의행위금지

직업공무원제도는 국가의 정책집행기능을 공무원에게 맡기는 것이 법치주의의 실현 및 단절 없고 일관된 정책집행에 가장 도움이 된다는 인식에서 나온 통치구조의 기본원리이기 때문에, 이같은 단절 없는 정책집행을 위협할 수도 있는 공무원의 쟁의권과는 이념적으로 조화될 수 없다. 직업공무원제도에서 공무원의 쟁의행위가 금지되는 것은 그 때문이다.

2원화된 공직인력구조와 계약법상의 권리의 한계

또 공직인력구조의 2원화현상과 근무계약에 의한 공직담당자의 수가 증가하는 것이 직업공무원제도에서 문제점으로 제기되는 것도 바로 그 때문이다. 공직인력구조의 2원화현상을 직업공무원제도와 조화시키기 위한 이론적인 노력으로 근무계약에 의한 공직담당자를 가급적 공무원으로 수용하는 방안과 그들의 급료자율교섭권과 쟁의권 등 계약법상의 권리를 부인하거나 최소한으로 제한하기 위한 이론이 모색되고 있는 것도 바로 그 때문이다.

(대) 기능유보의 범위

기능유보의 범위 결정의 문제

하지만 직업공무원제도에 내포된 이같은 '기능유보'의 요청에도 불구하고 현실적으로 국가의 모든 정책집행기능이 공무원만으로 해결될 수는 없고, 어차피 국가의 인사정책이나 공직인력구조에 관한 어느 정도의 예외가 인정될 수밖에 없다. 그렇기 때문에 반드시 공무원에 의해서 처리되어야 할 정책집행기능의 유형과 범위를 정하는 일이야말로 매우 중요한 의미를 갖게 된다. 이 점에 관해서는 아직도 논란이 많다.[1]

법형식과 내용 고려

생각건대 현대국가가 지향하는 사회국가적·문화국가적 목표를 달성하기 위해서는 국가작용이 이루어지는 법형식과 국가작용의 내용을 함께 고려해서 기능유보의 범위를 정해야 하리라고 본다. 따라서 사인이나 공무수임사인 또는

---

[1] 그 논란의 구체적인 내용에 대해서 자세한 것은 졸저, 전게서, 방주 1053 참조할 것.

근무계약에 의한 공직자에 의해서도 충분히 그 실현이 가능한 국가작용(예컨대 체신·철도·오물수거·상하수도관리 등)이라 할지라도 그 작용의 내용으로 보아 공공생활의 안전을 위해서 공법상의 엄격한 규율이 꼭 필요한 경우에는 이를 기능유보의 범위에 포함시키는 것이 바람직하다.[1]

결론적으로 모든 관리작용이 모두 기능유보에 포함된다고 볼 수는 없지만 적어도 공공생활의 안전과 직접적으로 관련성이 있고 그 작용이 공법의 형식을 취할 수밖에 없는 관리작용은 원칙적으로 기능유보에 속한다고 보는 것이 옳다고 생각한다.

2) 직업공무원제도의 기본이 되는 구조적 요소

국가의 정책집행기능이 원칙적으로 공무원에 의해서 행해질 것을 요구하는 기능유보는 공무원과 국가의 관계가 특별히 밀접하다는 것을 전제로 한다. 공무원과 국가의 밀접한 관계를 제도적으로 표현해 주는 것이 바로 직업공무원제도의 구조적 요소이다.

공법상의 근무 및 충성관계의 제도적 표현

(가) 직업공무원제도의 주요요소

그런데 직업공무원제도의 구조는 그것이 하루 아침에 형성된 것이 아니고 오랜 시일에 걸쳐 점차적으로 형성된 것이며 또 시대에 따라 변할 수도 있기 때문에 각 나라의 특수성과 그 제도적 전통을 무시하고 획일적으로 논할 수 없다. 그러나 또 한편 직업공무원제도를 헌법상의 제도적 보장으로 선언하고 있는 헌법질서 내에서는 직업공무원제도가 '공법상의 근무 및 충성관계'를 바탕으로 하고 공무원과 국가 사이에 헌신적인 봉사와, 특별한 보호의 상관관계가 원활하게 기능할 수 있도록 형성되어야 한다는 사실만은 다툴 수 없다. 현대의 자유민주국가에서 공무원의 원칙적인 종신주의, 국가의 공무원에 대한 생활부양의무, 공무원임명·보직·승진시의 능력주의, 공무원의 정치적 중립성, 민주적인 직무지시계통, 공무원의 신분보장과 징계절차의 엄격성, 공무원의 직무상 불법행위에 대한 국가의 배상책임 등이 직업공무원제도의 가장 기본이 되는 구조적 요소로서 간주되는 이유도 그 때문이다.

구조적 요소의 내용: 종신주의, 부양의무, 능력주의, 정치적 중립성, 민주적 지시계통, 신분보장, 징계절차, 국가의 배상책임

(나) 직업공무원제도의 입법적 형성과 체계조화의 요청

직업공무원제도의 이와 같은 여러 구조적 요소는 공무원이 국민전체에 대한 봉사자로서 정책집행이라는 국가적 과제를 원만히 수행함으로써 헌법이 지

직업공무원제도에 관한 입법형성권의 한계

---

1) 예컨대 보험가입의무와 보험료강제징수를 그 내용으로 하는 국민보험의 업무가 공무수임사인에게 맡겨지는 것이 기능유보의 관점에서 문제될 수 있는 것도 그 때문이다.

향하는 자유민주적인 통치목표를 성공적으로 달성하는 데 반드시 필요한 요건들이다. 따라서 직업공무원제도의 여러 구조적 요소는 결코 자기목적적이거나 공무원의 개인적 이익만을 위해서 존재하는 것은 아니다. 그것은 정책집행이라는 국가적 과제를 공평무사하게 성실히 수행케 하기 위한 제도적 장치에 불과하기 때문에 자유민주국가에서는 그 헌법이 지향하는 자유민주주의와 법치국가원리 및 사회국가의 이념 등과 조화될 수 있는 것이어야 한다. 바로 이곳에 직업공무원제도를 구체적으로 형성하는 데 있어서 입법권자가 존중해야 되는 헌법적 한계가 있다. 직업공무원제도에서 요구되는 공무원의 충성의무, 정책집행의 효율성, 공무원관계의 공법적 성격, 공무원의 법적 신분보장과 경제적 생활보장 등을 구체적으로 제도화하는 데 있어서 입법권자에게 주어진 넓은 형성권은 그러한 헌법적 원리에 의한 제약을 받을 수밖에 없다. 그것은 모든 법적인 제도가 지켜야 되는 '체계조화'의 요청 내지 '체계정당성의 명령' 때문이다.[1]

체계조화적인 제도형성

구조적 요소의 권리보장적 의미

직업공무원제도의 기본이 되는 여러 구조적 요소를 체계조화적으로 실현하고 제도화한다는 것은 통치를 위한 기관의 구성원리를 실현한다는 의미뿐 아니라 공무원에게도 공무원으로서의 일정한 권리를 보장해 준다는 의미도 함께 갖게 된다.[2]

(대) 특수한 신분관계인 공무원의 권리와 의무

공무원의 이중적 지위와 소위 특별권력관계이론

그런데 직업공무원제도를 구체적으로 실현함으로써 공무원이 누리게 되는 이같은 여러 권리와 특전은 엄격한 의미에서는 공무원에게만 부과되는 특별한 책임과 의무의 반대급부적인 성격을 갖는다고 볼 수 있기 때문에 반드시 '법 앞의 평등' 정신에 어긋난다고는 말할 수 없다.

직업공무원제도하에서 공무원은 국가와 '특수한 생활관계'를 형성하고 있기 때문에 말하자면 정책집행자로서의 지위와 기본권주체로서의 지위를 함께 갖게

---

1) 예컨대 일반사기업체의 근로자들과 마찬가지로 공무원에게 근무조건의 향상을 위한 노동쟁의권을 주는 것은 법치주의를 실현하고 일관된 정책집행을 보장하기 위한 기능유보와 체계적으로 조화되기가 어렵다. 우리 헌법(제33조 제2항)이 공무원의 노동3권을 예외적으로만 인정하는 것도 우리 헌법상의 직업공무원제도와의 조화 때문이다.

2) 예를 든다면 공무원에 대한 국가의 생활부양의무를 구체화한다는 것은 공무원에게 그 전인적 봉사에 알맞는 소구가능한 급료청구권과 연금청구권을 당연한 권리로 인정해 주는 것이나 다름없다. 따라서 퇴직군인이 전역한 후에 정부투자기관 등에 근무할 때 퇴역연금의 절반 이상(국고지원 부분)을 지급정지하는 것은 헌법상의 재산권침해일 뿐 아니라 공무원에 대한 국가의 생활부양의무의 관점에서도 문제가 있다.

【판시】 정부투자기관에 재취업한 퇴역군인의 경우 연금의 1/2을 초과하여 지급정지한다면 그것은 퇴역연금수급자의 퇴역연금수급권을 제한하는 정도가 지나쳐 비례의 원칙에 어긋나므로 헌법 제23조 제1항 및 제37조 제2항뿐 아니라 제11조에도 위반된다(헌재결 1994. 6. 30. 92헌가 9, 판례집 6-1, 543(544면)).

된다. 공무원이 갖는 이 2중적 지위 때문에 종래 '이른바 특별권력관계'의 이론으로 공무원의 근무관계를 설명하고 공무원의 기본권주체로서의 지위를 일방적으로 부인 내지 약화시키려는 시도가 오랜 동안 계속되어 왔었다.[1]

그러나 공무원의 기본권주체로서의 지위를 부인하던 시대는 이미 지나갔다. 직업공무원제도가 요구하는 공무원의 정상적인 근무관계의 유지를 위해서 필요 불가피한 최소한의 범위 내에서 공무원의 기본권을 제한하는 것은 그것이 기본권제한입법의 한계를 일탈하지 않는 한 헌법규범의 조화적인 실현을 위해서 불가피한 일에 속한다.[2] 이 경우 공무원의 기본권을 제한하는 것은 국민의 기본권을 실현하기 위한 불가결한 전제조건일 수도 있다.

(3) 직업공무원제도의 기능

자유민주주의를 지향하는 현대의 헌법국가에서 직업공무원제도는 통치구조의 중요한 조직원리로서 국가의 통치기능을 수행하는 데 매우 큰 기여를 하게 된다. 국가와 '공법적인 근무 및 충성관계'에 있고 국민전체에 대한 봉사자이며 국민에 대해서 책임을 지는 공무원이 국가의 정책집행을 도맡아 행사한다는 것은 바로 민주주의와 법치주의를 실현할 수 있는 가장 확실한 담보를 뜻하기 때문이다. 직업공무원제도의 기본이 되는 여러 구성요소가 체계조화적으로 제도화되고, 그 제도들이 합리적으로 운영된다면 헌법이 추구하는 동화적 통합의 통치목표는 보다 빠르게 달성될 수 있다. 그뿐 아니라 직업공무원제도의 구조적 요소에 속하는 공무원의 정치적 중립성이 제대로 지켜지게 되면 통치권행사의 절차적 정당성을 확보하는 데 중요한 몫을 차지하게 된다. 직업공무원제도가 갖는 기능적 권력분립의 효과가 바로 그것이다. 또 직업공무원제도는 공무원의 지위와 권리를 보호하게 되는 것은 물론이고, 국민의 공직취임권의 실현과도 밀접한 관계가 있다. 직업공무원제도의 본질적 요소의 하나인 능력주의가 잘 지켜질 때 궁극적으로 모든 국민은 공직취임의 균등한 기회를 보장받게 되기 때문이다.

이렇게 볼 때 직업공무원제도는 민주주의와 법치주의의 이념에 따라 정책집행이 실현될 수 있는 바탕을 마련함으로써 사회공동체의 동화적 통합을 촉진시켜 줄 뿐 아니라, 기능적 권력분립의 한 메커니즘으로 기능함으로써 헌정생활을 안정시키고, 공무원의 지위를 보호하고, 국민의 헌법상의 권리를 실현하

사회통합의 촉진, 기능적 권력통제장치, 공무원의 지위보호, 공무담임권실현의 제도적 기초

---

1) 자세한 것은 졸저, 전게서, 방주 669~671 참조할 것.
2) 예컨대 공무원의 의사표현의 자유의 제한에 관해서 vgl. BVerfGE 39, 334(367).

기 위한 제도적 기초가 되는 등 여러 가지 기능을 나타낸다고 말할 수 있다.

(4) 우리 현행헌법상의 직업공무원제도

1) 직업공무원제도와 기타 공직에 관한 헌법규정

(가) 직업공무원제도에 관한 헌법규정

제 7 조, 제33
조 제 2 항,
제29조 제 1
항, 제78조

우리 현행헌법도 직업공무원제도를 보장하는 여러 가지 규정을 두고 있다. 공무원의 지위·책임과 정치적 중립성에 관한 기본조문($\frac{제7}{조}$)을 비롯해서 대통령의 공무원임면권($\frac{제78}{조}$), 공무원의 노동 3 권을 제한하는 규정($\frac{제33조}{제2항}$), 공무원의 직무상 불법행위로 발생한 손해에 대한 국가·공공단체의 배상책임($\frac{제29조}{제1항}$), 직업공무원제도의 구조적 요소에 관한 법률유보($\frac{제7조}{제2항}$)규정 등이 바로 그것이다.

입법권자의
제도화의무

따라서 입법권자는 직업공무원제도에 관한 이 헌법상의 규정들을 구체화하고 이 헌법정신에 따라 직업공무원제도의 구조적 요소들을 제도화해야 할 헌법적 의무를 지고 있다. 직업공무원제도에 관한 일반법으로서의 국가공무원법과 지방공무원법, 그에 관한 특별법으로서의 교육공무원법·경찰공무원법·소방공무원법 등은 그 대표적인 입법의 소산이라고 볼 수 있다.

(나) 기타 공직에 관한 헌법규정

직업공무원제
도에 포함되
지 않는 특수
기능의 공직
자

그리고 우리 헌법은 이와 같은 직업공무원제도와는 별도로 공직에 관한 또 다른 규정을 두고 있는데 국민의 선거권($\frac{제24}{조}$)과 공무담임권($\frac{제25}{조}$)을 바탕으로 하는 각종 선거직공직자($\frac{대통령·국}{회의원 등}$)와 정무직공직자($\frac{국무총리·국무위원·헌법재판소의 장·}{감사위원·중앙선거관리위원회위원 등}$), 국군의 구성원으로서의 직업군인과 일반군인($\frac{제 5 조, 제39조, 제89}{조 제16호, 제110조}$), 사법기능을 맡는 법관($\frac{제101조 제 1 항,}{제103조~제106조}$)에 관한 규정 등이 그것이다.

그러나 이들 공직자는 그 성격과 기능이 일반공무원과 다를 뿐 아니라 그들이 수행하는 공직의 기능과 성격이 특수해서 직업공무원제도에 포함시킬 수 없다. 그들이 수행하는 공직의 기능과 성격상 직업공무원제도의 구조적 요소가 그들 공직자에게 그대로 적용될 수는 없기 때문이다.

선거직·정무
직공직자

선거직공직자를 포함한 정무직공직자는 민주주의·대의제도·권력분립제도·지방자치제도 등의 원리에 의해 규율되는 통치기관을 뜻하기 때문에 직업공무원제도에서 제외되는 것이 마땅하다.[1] 우리 헌법이 그 선거직공직자의 선출방법과 기능 및 책임 등에 관해서 특별히 상세한 규정을 하고 있는 것도 그 때문이다.

---

1) 【결정례】 우리 헌재도 정치적 공무원과 임시직 공무원을 직업공무원에서 제외하고 있다(헌재결 1989. 12. 18. 89 헌마 32 등).

또 군인은 국가의 안전보장과 국방이라는 특수한 사명을 간직하고 있어   군인
특히 상명하복의 엄격한 규율 및 군사행동의 기민성과 효율성이 요구되기 때문
에 직업공무원제도의 테두리에서 벗어날 수밖에 없다. 우리 헌법이 군사재판의
관할을 위한 군사법원을 따로 설치하고($^{제110}_{조}$) 현역군인은 국무위원으로 임명될
수 없도록 한 것($^{제87조}_{제4항}$) 등은 그 때문이다.

또 법관은 그들이 맡는 사법기능의 성격상 보다 강한 전문성과 독립성 그   법관
리고 특별한 신분보장이 요청되기 때문에 직업공무원제도의 구조적 요소의 많
은 부분이 수정 또는 제한되어 적용될 수밖에 없다. 우리 헌법이 사법기능을
법관에게만 유보시키고($^{제101조}_{제1항}$), 법관의 심판기능상의 독립을 명시($^{제103}_{조}$)하면서
그를 뒷받침하기 위하여, 법관자격의 법정주의($^{제101조}_{제3항}$), 법관인사의 독립($^{제104}_{조}$),
법관의 임기제($^{제105조 제1}_{항~제3항}$), 법관정년의 법정주의($^{제101조}_{제4항}$)를 채택하는 한편 신분상
불리한 처분사유를 제한($^{제106}_{조}$)하는 등 사법권의 독립에 관해서 따로 상세히 규
정하는 것도 바로 그 때문이다.

따라서 여기서는 그들 특수기능의 공직자를 제외하고 일반공무원의 직업
공무원제도에 관해서만 살펴보기로 한다.

2) 직업공무원제도의 구체적 내용

(가) 민주적이고 법치적인 직업공무원제도

a) 자유민주주의이념에 따른 직업공무원제도

우리 헌법은 공직제도와 직업공무원제도의 기본조항이라고 볼 수 있는 제   공무원의 국
7 조 제 1 항에서 「공무원은 국민전체에 대한 봉사자이며, 국민에 대하여 책임   민에 대한 봉
을 진다」고 천명함으로써 우리 헌법상의 직업공무원제도가 국민주권에 바탕을   사와 책임의
두고 국민주권의 자유민주주의를 실현하기 위한 수단으로서의 성격을 갖는다는   의미
점을 명백히 하고 있다.[1] 즉 우리 헌법질서 내에서 공무원은 국민 위에 군림하
는 존재일 수도 없고 또 특정한 개인 또는 집단 내지 정당에게만 충성하는 사
복(私僕)도 아니고 주권자인 전체국민의 이익을 위해서 존재하고 활동하는 공복
(公僕)으로서 그 행위에 대해서도 주권자인 국민에게 책임을 진다는 뜻이다.[2]
따라서 공무원은 이와 같은 헌법정신에 따라 정책집행에 관한 국민의 수임자로

---

1) 【판시】 헌법 제 7 조는 바로 직업공무원제도가 국민주권원리에 바탕을 둔 민주적이고 법치주
   의적인 공직제도임을 밝힌 것이다(헌재결 1997. 4. 24. 95 헌바 48, 판례집 9-1, 435(443면)).
2) 【판시】 직업공무원제도는 모든 공무원으로 하여금 어떤 특정 정당이나 특정 상급자를 위하여 충
   성하는 것이 아니라 국민전체에 대한 봉사자로서 법에 따라 그 소임을 다할 수 있게 함으로써 공
   무원 개인의 권리나 이익을 보호함에 그치지 아니하고 나아가 국가기능의 측면에서 정치적 안정
   의 유지에 기여하도록 하는 제도이다(헌재결 1997. 4. 24. 95 헌바 48, 판례집 9-1, 435(443면)).

서 모든 힘을 다 바쳐 그 맡은 바 사명을 완수하고 그 결과에 대해서 국민에

공법상의 근
무 및 충성관
계

게 책임을 져야 한다. 우리 헌법상의 직업공무원제도도 원칙적으로 '공법상의
근무 및 충성관계'를 그 바탕으로 할 수밖에 없는 이유는 그 때문이다. 우리의
직업공무원제도가 '공법상의 근무관계'를 바탕으로 한다는 것은 대통령에게 주
어진 공무원임면권(제78조)에 의해서도 단적으로 나타나며, 또 우리의 직업공무원
제도가 '충성관계'를 전제로 한다는 것은 공무원의 노동 3 권제한 규정(제33조 제 2 항)에
서도 엿볼 수 있다.

b) 법치주의이념에 따른 직업공무원제도

공무원의 불
법행위책임과
국가의 배상
책임의 내용

나아가 우리의 직업공무원제도가 법치국가의 이념과 '국가책임'의 원리 위
에 마련되고 있다는 것은 공무원의 직무상 불법행위로 인한 손해에 대한 국가
의 손해배상책임과 공무원의 책임에 관한 헌법규정(제29조 제 1 항)이 잘 말해 주고 있
다. 우리 헌법재판소도 우리의 '직업공무원제도가 법치주의적인 공직제도임을'
밝히고 있다.[1] 우리 헌법이 국가의 배상책임 이외에 따로 공무원의 책임을 명
시하고 있는 것은(제29조 제 1 항 단서) 제 1 차적으로는 국가내부에서의 공무원의 책임(기관내
부에서의 변상책임·공무원법상의 책임 등)을 명시하는 것이지만 제 2 차적으로는 '공무원의 국민에 대한 책

공무원의 책
임에 관한 논
란

임'(제 7 조 제 1 항), 즉 국민에 대한 형사책임 및 정치적 책임을 밝히는 것이라고 보아야
한다. 따라서 공무원의 직무상 불법행위로 인한 공무원 자신의 책임(제29조 제 1 항 단서)과
공무원의 국민에 대한 책임(제 7 조 제 1 항)을 별개의 것으로 이해하는 것은 우리 헌법이
지향하는 직업공무원제도의 정신과 조화되기 어렵다고 생각한다. 그뿐 아니라
공무원의 국민에 대한 '책임의 성격'에 관한 논란[2]도 불필요한 것이다. 왜냐하
면 공무원의 국민에 대한 책임은 직업공무원제도에서는 제 1 차적으로 법적인
배상책임과 형사책임을 뜻하는 것이고, 제 2 차적으로는 민주적인 직무지시계통
을 통한 대의적·정치적 책임을 뜻하는 것이기 때문이다. 더욱이 일반적인 견해
에 따라 우리 헌법 제 7 조 제 1 항에서의 '공무원'을 광의의 공직자로, 그리고
제 7 조 제 2 항의 '공무원'을 협의의 공직자로 이해하려는 입장에 서서 광의의
공직자(제 7 조 제 1 항)의 국민에 대한 책임의 성격에 관해서 논란을 벌이는 것은 전혀
무의미한 일이라고 생각한다. 그 이유는 공직자의 유형[3]에 따라 그 책임의 성

---

1) 헌재결 1997. 4. 24. 95 헌바 48, 판례집 9-1, 435(443면) 참조.
2) 예컨대 김철수, 193면; 권영성, 221면 이하 참조.
3) 우리 국가공무원법(제 2 조)과 지방공무원법(제 2 조)은 공무원을 우선 국가공무원과 지방공무원
   으로 나눈 다음, 이를 다시 경력직공무원과 특수경력직공무원으로 구분한다. 경력직공무원의
   종류로는 일반직공무원(1~9급), 특정직공무원(법관·검사·경찰·군인·교직자 등) 두 가지가 있
   다. 또 특수경력직공무원은 다시 정무직공무원(선거직·국무위원 등), 별정직공무원(비서관·비
   서 등) 두 가지 유형으로 나뉜다. 그런데 1급 내지 3급에 해당하는 실·국장급 일반직·별정직·

격도 스스로 달라지기 때문이다.

(나) 공무원의 신분과 정치적 중립성의 보장

우리 헌법은 직업공무원제도의 구조적 요소에 관해서는 구체적으로 정하지 않고 이를 입법권자의 입법형성권에 맡기는 법률유보의 규정만을 두고 있다. 다만 '공무원의 신분과 정치적 중립성'의 보장만은 이를 헌법(제7조)이 스스로 명시하고 있기 때문에 직업공무원제도를 구체적으로 마련하는 입법권자에게 일정한 기속적인 방향을 제시하고 있다. 우리 헌법재판소도 '공무원의 정치적 중립과 신분보장은 직업공무원제도의 중추적 요소'라고 판시하고 있다.[1]

입법형성권의 의무

a) 공무원의 신분보장

공무원의 신분보장은 공무원임명·보직·승진시의 능력주의(성적주의)와 합리적인 징계절차에 의해서만 실현될 수 있을 뿐 아니라 참된 신분보장은 종신직이라야 가장 그 실효성이 크다고 볼 수 있기 때문에 공무원의 신분보장을 직업공무원제도의 기본적인 구조적 요소로 밝히고 있는 우리 헌법질서 내에서는 이들 요소가 모두 직업공무원제도의 바탕이 되어야 한다고 할 것이다.[2][3]

신분보장제도: 능력주의, 합리적 징계절차, 원칙적 종신직, 생활보장

특정직 공무원을 고위 공무원단으로 구성하되 계급을 폐지하며 범정부차원에서 적격심사 등 통합적 인사관리를 하는 이른바 고위공무원단제도(국공법 제 2 조의 2)가 2006. 7. 1.부터 시행되어 계급제적 전통과 연공서열을 중시하는 직업공무원의 인사관행에 큰 변화가 생겼다.

1) 헌재결 1989. 12. 18. 89 헌마 32 등, 판례집 1, 343(353면) 참조.

2) 【판시】 국가보위입법회의법 부칙 제 4 항 후단이 규정하고 있는 "… 그 소속공무원은 이 법에 의한 후임자가 임명될 때까지 그 직을 가진다"라는 내용은 직접 '자동집행력'을 갖는 '처분적 법률'로서 합리적 근거 등을 제시하지 아니한 채 '임명권자의 후임자 임명이라는 처분'에 의하여 그 직을 상실하게 하는 것으로 직업공무원제도의 본질적 내용을 침해하고 있다. 또한 실질적으로 소급입법에 의한 공무원의 신분보장규정의 침해이다(헌재결 1989. 12. 18. 89 헌마 32 등, 판례집 1, 343(354면)).

3) 【결정례】 i) 따라서 1980년 이른바 국보위가 공직자정화작업으로 행한 공무원의 대량해임조치는 직업공무원제도의 명백한 침해이다. 그런데 그들의 구제를 위해서 1989년 제정된 '1980년 해직공무원의 보상 등에 관한 특별조치법' 제 4 조가 5급 이상 공무원을 복직대상에서 제외시킨 것은 위헌이 아니라는 잘못된 판례가 있다(헌재결 1993. 9. 27. 92 헌바 21). ii) 공무원정년제도는 직업공무원제를 보완하는 기능을 수행하는 합헌적인 제도이다(헌재결 1997. 3. 27. 96 헌바 86). iii) 또 동장을 별정직공무원으로 분류해서 신분보장을 하지 않는 것은 위헌이 아니다(헌재결 1997. 4. 24. 95 헌바 48). iv) 계급정년제를 새로 규정하면서 소급적용해도 소급입법에 의한 기본권침해가 아니다(헌재결 1994. 4. 28. 91 헌바 15 등). v) 금고 이상의 형의 선고유예를 받은 경우의 당연퇴직규정은 공무원의 신분보장에 위배되지 않는다(헌재결 1990. 6. 25. 89 헌마 220)는 판례는 헌재결 2002. 8. 29. 2001 헌마 788 등(병합) 결정으로 위헌으로 변경되었다. 그러나 공무원이 재직중 수뢰죄를 범하여 금고이상의 형의 선고유예를 받으면 당연퇴직하게 정한 국가공무원법 개정규정은 공무담임권의 침해가 아니다(헌재결 2013. 7. 25. 2012 헌바 409). vi) 지방자치단체 상호간에 이루어지는 지방공무원의 전출·입명령은 그 근거가 되는 지방공무원법에는 명문이 없어도 언제나 해당 공무원의 동의를 얻어야 하는 것으로 해석되므로 공무원의 신분보장에 반하지 않는다(헌재결 2002. 11. 28. 98 헌바 101 등). vii) 지자체의 직제폐지로 인한 지방공무원의 직권면직규정은 직업공무원제도의 신분보장에 위배되지 않는다(헌재결 2004. 11. 25. 2002 헌바 8).

또 공무원의 신분보장은 공무원의 생활안정을 떠나서는 무의미한 것이기 때문에, 공무원의 생활안정을 실현하는 구체적인 제도가 함께 마련되어야 한다. 직업공무원제도에 관한 현행실정법에는 이와 같은 헌법정신이 어느 정도 반영되고 있는 것은 사실이지만 실질적인 신분보장을 위해서는 아직도 개선의 여지가 많다고 할 것이다.[1]

b) 공무원의 정치적 중립성의 보장

엽관제도·파당적 정실인사금지 및 공무원의 정치활동제한·금지

우리 직업공무원제도는 공무원의 정치적 중립성을 그 필수적인 구조적 요소로 하고 있기 때문에 공무원인사에서의 '엽관제도'(獵官制度)나 '파당적 정실인사'(派黨的 情實人事)는 절대로 허용되지 않는다고 할 것이다.[2] 공무원의 정당정치적 중립성을 실현하기 위해서 우리 실정법은 공무원의 정당 기타 정치단체가입을 원칙적으로 금지하고 기타 정치활동과 집단행위도 금지 내지 제한하고 있다(국가공무원법 제65조, 제66조; 지방공무원법 제57조; 정당법 제22조). 하지만 이같은 획일적 정당가입금지와 정치활동금지가 과연 정치적 중립성의 필수적 요건인지에 대해서는 의문의 여지가 있다.

공무원의 2중적 지위의 조화 및 직업공무원제도폐지 금지

결론적으로 우리 헌법상의 직업공무원제도는 공무원의 신분과 정치적 중립성을 보장할 수 있는 구조적 바탕 위에서 공무원의 공복으로서의 기능과 공무원의 기본권주체로서의 지위가 최대한으로 조화될 수 있는 방향으로 제도화되어야 하는데, 어떤 경우라도 직업공무원제도 그 자체를 폐지할 수는 없다고 할 것이다. 바로 이곳에 직업공무원제도에 관한 입법형성권의 한계가 있으며, 제도적 보장으로서의 직업공무원제도의 헌법적 의의가 있다.

6. 지방자치제도

민주정치와 권력분립의 이념 실현

지방자치제도는 지역중심의 지방자치단체가 그 지역 내의 공동관심사(공공과제)를 단체의 자치기구에 의해서 스스로의 책임 아래 처리함으로써 국가의 과제를 덜어 주고 지역주민의 자치역량을 길러 민주정치와 권력분립의 이념을 실현하는 자유민주적 통치기구의 중요한 조직원리이다.[3]

종래 지방자치제도가 '주민근거리행정'을 실현하기 위한 행정작용의 한 형

---

1) 【결정례】 예컨대 임용결격사유를 간과하고 공무원으로 임용한 후 오랜 시간이 경과한 후에도 자동해직 등 신분상 불이익처분을 하는 것이 그 대표적인 경우인데 우리 헌재는 이것을 합헌결정해서 아쉽다(헌재결 1997. 11. 27. 95 헌바 14, 96 헌바 63·85(병합)).
2) 동지: 예컨대 헌재결 1992. 11. 12. 91 헌가 2 참조.
3) 지방자치제도에 관해서 자세한 것은 졸저, 전게서, 방주 1060 이하 참조할 것.

태로만 이해되어 왔지만,[1] 오늘날에 와서는 현대의 다원적인 복합사회가 요구
하는 '정치적 다원주의'와 자유민주적 통치구조가 요구하는 기능적 권력통제를
실현하기 위한 통치구조상의 불가결한 제도적인 장치로 인식하게 되었다. 오늘
날 많은 자유민주국가의 헌법에서 지방자치제도를 그 헌법적 규율의 대상으로
삼고 있는 것도 그 때문이다.[2] 우리 현행헌법($\frac{제117조와}{제118조}$)도 지방자치를 규정하고
이를 제도적으로 보장하고 있다.

기능적 권력
통제 위한 불
가결한 제도
적 보장

Ⅰ. 지방자치의 본질과 기능

(1) 지방자치의 의의와 본질 및 기능

1) 지방자치의 의의

　지방자치란 지역중심의 지방자치단체가 독자적인 자치기구를 설치해서 그
자치단체의 고유사무를 국가기관의 간섭 없이 스스로의 책임 아래 처리하는 것
을 말한다. 이와 같은 지방자치가 실시되는 경우 지역 내의 공동관심사에 대한
지역주민의 자율적 처리의욕이 커지고, 지역주민이 직접 피부로 느낄 수 있는
'주민접촉행정'이 이루어지고, 다원적인 복합사회가 요구하는 정치적 다원주의
가 실현될 수 있을 뿐 아니라 기능적 권력통제의 효과가 나타나는 등 통치기
능면에서 여러 가지 긍정적인 영향을 미치게 된다.

자치단체의
자치기구가
고유사무를
자율적으로
처리

2) 지방자치의 연혁과 유형(단체자치와 주민자치)

㈎ 지방자치의 연혁

　지방자치는 연혁적으로 프랑스의 '단체권력'(pouvoir municipal)과 지방분권사
상, 독일의 조합 및 단체(Genossenschaft)사상, 영국의 지방자치(local government)
등에 그 유래를 두는 것으로 전해지고 있다.[3] 그런데 프랑스와 독일 등에서 형
성된 지방자치사상은 지역에 관한 고유사무의 자율적인 처리가 주로 지역단체
(municipal, Genossenschaft)의 고유권한이라는 측면에서 주장되었던 데 반해서,
영국의 지방자치사상은 지역에 관한 고유사무의 자율적인 처리가 주로 그 지역

프랑스 · 독일 ·
영국의 자치
사상에서 유
래

단체자치와
주민자치의
연혁적 차이

---

1) 예컨대 김철수, 1120면 이하, 교수가 행정작용의 한 유형으로 지방자치제도를 설명하고 있는
　것은 그러한 입장이라고 볼 수 있다.
2) Vgl. z.B. Art. 28 Abs. 1 Satz 2 GG; Art. 77 der Verfassung Frankreichs; Art. 15, 116ff. der
　Verfassung Österreichs; Art. 5, 114ff. der Verf. Italiens; dazu vgl. auch *Humes-Martin*, The
　Structure of Local Government‒A Comparative Study of 81 Countries, 1969.
3) 자세한 관련문헌에 대해서는 졸저, 전게서, 방주 1062 참조할 것.

주민(citizen)의 고유권한이라는 측면에서 주장되었다는 점에서 그 연혁적인 차이가 있다.

(나) 단체자치와 주민자치의 논리 및 그 극복

독자적 자치
기구의 유무

종래 자치사무의 처리를 위해서 국가로부터 독립한 단체의 자치기구를 따로 두느냐(단체자치), 아니면 국가의 지방행정관청이 지방주민(명예직 공무원)의 참여하에 자치사무를 처리하느냐(주민자치)에 따라 지방자치를 두 가지 유형으로 구별해 왔다. 우리나라와 일본에서 전자가 흔히 '단체자치', 후자가 '주민자치'라는 이름으로 불려왔다.

단체자치와
주민자치의
차이

'단체자치'에서는 단체의 자치기구가 2원적으로 구성되어 의결기관과 집행기관이 분리되고, 단체의 고유사무 외에도 국가의 위임사무까지도 자치기구가 맡아서 처리했지만, '주민자치'에서는 국가의 지방행정관청이 단체의 자치기구로 기능하는 관계로 그와 같은 2원적 기관구성이나 사무의 구별이 있을 수 없었다.

획일적 구별
논리의 고전
성 및 그 실
용성의 약화

이러한 차이는 특히 18세기와 19세기 유럽 각 나라의 정치전통 내지 국가사상과도 불가분의 관계가 있는 것으로, 그 후에도 이들 나라의 지방자치제도에 적지 않은 영향을 미친 것은 사실이지만, 오늘날에 와서는 그와 같은 획일적인 구별이 별로 큰 의미를 갖지 못하게 되었다. 왜냐하면 현대자유민주국가에서의 지방자치는 한결같이 자유민주주의를 실현하기 위한 수단으로 간주되어 단체자치적인 요소와 주민자치적인 요소의 적절한 조화가 모색되고 있기 때문이다.[1] 또 지역단체의 자치사무가 지역'단체'의 고유권한이냐, 지역'주민'의 고유권한이냐 하는 문제는 자기목적적 제도나 자기목적적 단체가 있을 수 없다고 이해하는 저자의 관점에서 볼 때 특별히 문제될 것이 없다고 생각한다. 국가목적적 국가관이나 국가법인설 등 법만능주의적 논리형식으로서 나타난 그와 같은 형식논리는 이제 지양되는 것이 옳다. 그와 같은 형식논리보다는 지방자치의 이념과 본질 그리고 그 기능 등을 바르게 파악하고 지방자치제도를 합리적으로 형성·운용하는 일이 더 중요하다.

3) 지방자치의 본질과 기능

(가) 전통적인 이론과 그 문제점

다섯 가지 관
점

지방자치는 지금까지 대체로 다음 다섯 가지 관점에서 설명되어 왔다. 국가와 사회의 대립적 2원론의 관점, 행정목적적 관점, 민주정치적 관점, 지역발

---

1) 【판시】 우리 헌법상 자치단체의 보장은 단체자치와 주민자치를 포괄하는 것이다(헌재결 2006. 2. 23. 2005 헌마 403, 판례집 18-1 상, 320(334면)).

전적 관점, 제도보장적 관점 등이 바로 그것이다.[1]

a) 국가와 사회의 대립적 2원론의 관점

α) 대립적 2원론의 내용

지방자치는 종래 국가와 사회를 대립적인 관계로 파악하는 2원주의에 입각해서 이해되어 왔다. 지방자치의 본질에 관해서 그것이 지역단체의 선국가적인 고유의 권한이냐(자치고유권설) 아니면 국가를 전제로 국가에 의해서 비로소 위임된 권한이냐(자치위임설)의 논쟁과 지방자치단체의 사무를 고유사무와 위임사무로 나누어서 평가하는 것, 그리고 지방자치단체에 관한 국가의 감독권을 강조하는 것 등은 모두가 지방자치단체를 사회의 영역에 속하는 것으로 보고 이를 국가와는 별개의 것으로 파악하는 2원주의적 발상에서 나온 것이라고 할 수 있다.

국가와 사회를 대립적 관계로 파악하는 2원주의적 설명

β) 대립적 2원론의 문제점

그러나 전통적으로 지방자치의 이념적 기초가 되어 온 국가와 사회의 대립적인 2원론의 입장은 오늘날 그 이론적인 바탕을 상실했다고 보아야 한다.

국가와 사회는 각각 그 기능적인 차이를 가지면서도, 서로가 공감대적 가치의 형성과 실현에 함께 기여하는 기능적 상호 교차관계에 있기 때문이다. 따라서 국가와 사회의 대립적 2원론에 바탕을 두고 주장되는 명예직중심의 고전적 지방자치이론은 이제 그 설득력이 약화되었다고 볼 수 있다.

대립적 2원론의 극복 및 교차관계적 2원론의 타당성

국가와 사회의 교차관계적 2원론의 시각에서 볼 때, 지방자치는 국가가 사회에 대해서 가지는 조정적·통합적·형성적 기능이 소기의 성과를 거두기 위한 사회 내의 자발적인 input기능에 해당한다고 볼 수 있다.

지방자치는 사회 내의 자발적 input기능

b) 행정목적적 관점

α) 행정학적 접근내용

지방자치는 종래 행정작용의 한 형태로만 이해되어 왔다. 행정작용의 침투력을 높여서 행정성과의 극대화를 꾀하기 위해서는 되도록이면 '주민근거리행정'을 실현해야 된다는 행정목적과 행정기능의 차원에서 지방자치의 문제를 다루어 왔기 때문에 지방자치가 마치 '지방행정'이라는 행정학적 장르에 속하는 행정학의 고유영역인 것처럼 간주되어 왔다.

주민근거리 행정실현 위한 행정작용의 한 형태 (지방행정)

β) 행정학적 접근의 문제점

그러나 이처럼 지방자치를 단순한 행정작용의 한 형태로만 이해하거나, 지방자치의 주된 기능을 '행정발전'이라는 논리형식으로 설명하는 지나친 행정위주의 접근방법은 지방자치의 정치형성적 기능을 과소평가하거나 무시하는 과

지방자치의 정치형성적 기능 무시

---

[1] 자세한 것은 졸저, 전게서, 방주 1063 및 1064 관련문헌 참조할 것.

오를 범하기가 쉽다.

행정기능이
아닌 정치형
성기능이 지
방자치의 중
심기능

지방자치가 국가시책에 대한 사회 내의 Konsens형성을 위한 사회 내의 자발적인 기능이라면 지방자치는 단순히 지방행정 또는 행정작용의 차원에서만 평가할 수 있는 문제는 아니다. 지방주민의 자치참여는 단순한 '행정참여' 내지 '행정절차참여'의 차원을 넘어 국가시책에 대한 input적 참여라는 정치형성적 의미를 갖는다는 점을 간과해서는 아니된다.[1]

우리 헌법상의 지방자치를 실현하고 제도화하는 데 있어서도 행정기능중심의 지방자치제도보다는 정치형성기능중심의 지방자치제도가 되도록 노력해야 하는 이유는 그 때문이다.

c) 민주정치적 관점

α) 풀뿌리의 민주정치로서의 지방자치

민주시민 양
성

지방자치는 흔히 '풀뿌리의 민주정치' 또는 '민주주의의 초등학교'라는 논리형식에 따라 이해되어 왔기 때문에 지방자치와 민주정치의 불가분한 연관성이 강조되어 왔다. 지방주민의 지역문제에 대한 자치능력을 길러줌으로써 민주정치에 필요한 민주시민을 양성하는 데 지방자치가 큰 몫을 차지한다는 논리이다.

β) 정치적 다원주의의 실현수단으로서의 지방자치

폭 넓은 공감
대 형성 위한
정치적 다원
주의 실현

생각건대 지방차치가 민주정치의 발전을 위한 불가결한 전제조건이라는 점에 대해서는 예나 지금이나 이론이 있을 수 없다. 다만 지방자치가 추구하고 있는 민주정치의 참모습에 대한 올바른 인식은 오늘날과 같은 민주주의의 다양화시대에는 반드시 필요하다. 지방자치의 민주정치적 기능은 민주주의라는 통치형태에 대한 올바른 이해와 인식의 바탕 위에서만 기대할 수 있기 때문이다. 민주주의의 본질은 '공감대의 정치'를 실현하는 것이고, '공감대의 정치'란 국가권력의 창설과 국가 내에서 행사되는 모든 권력이 국민의 공감대에 바탕을 두는 정치를 뜻한다. 따라서 지방자치가 진실로 민주정치의 발전에 기여하기 위해서는 폭 넓은 공감대형성에 보탬이 될 수 있도록 제도화해야 한다. 그러기 위해서는 '정치적 다원주의'가 실현될 수 있는 지방자치제도가 마련되어야 한다.[2] 지방자치단체에서는 국가차원에서와는 다른 정치세력이 형성될 수 있고,

---

1) 【판시】 지방자치는 단순히 주민근거리행정의 실현이라는 행정적 기능만이 아니라 정치형성적 기능도 아울러 가진다(헌재결 2003. 1. 30. 2001 헌가 4, 판례집 15-1, 7(18면)).

2) 우리 헌재도 지방자치제도와 정치적 다원주의실현의 연관성을 강조하는 판시를 하고 있다.
【판시】 지방자치제도는 민주정치의 요체이며 현대의 다원적 복합사회가 요구하는 정치적 다원주의를 실현시키기 위한 제도적 장치로서 지방의 공동관심사를 자율적으로 처리함과 동시에 주민의 자치역량을 배양하여 국민주권주의와 자유민주주의의 이념구현에 이바지함을 목적으로 하는 제도이다(헌재결 1991. 3. 11. 91 헌마 21, 판례집 3, 91(100면)).

국가차원에서와는 다른 정치집단이 정치적인 영향을 미칠 수 있을 때 '정치적 다원주의'는 비로소 기대될 수 있다. 지방자치단체의 기관구성과 국가기관의 구성이 서로 다른 기준과 원리에 의해서 이루어질 수 있는 것도 바로 그 때문이다. 예컨대 지방자치단체에서는 그 기관구성에 있어서 지역대표성을 중요시해야 하는 데 반해서, 국가기관의 구성에서는 지역대표성보다는 정치대표성이 중요시되어야 한다고 평가되는 이유도 바로 거기에서 나온다.

d) 지역발전적 관점

α) 지역발전촉진수단으로서의 지방자치

지방자치는 지역개발과 지역발전을 촉진하기 위한 불가피한 수단으로 이해되어 왔다. 즉 정책에 관한 지역적 이니시어티브와 정책결정권의 분권적 다핵화를 통해서 지역특성에 맞는 정책을 개발하고 정책수행의 현장성과 능률성을 높여 지역개발과 지역발전을 촉진하기 위해서 지방자치가 불가피하다고 주장되어 왔다.

지역특성에 맞는 정책개발 통한 지역발전촉진수단

β) 지역발전촉진논리의 한계

그러나 지방자치가 지역개발과 지역발전의 촉진에 도움이 된다는 논리는 오늘날처럼 국가정책의 통일성과 균형 있는 지역발전이 요청되는 시대에는 그 설득력이 많이 약화된 것이 사실이다. 사회국가이념의 실현을 위한 복지정책영역이 확대된 데다가 국가정책을 장기적이고 범지역적으로 수립하고, 그것을 통일적으로 수행해 나가야 할 필요성이 커짐에 따라 지역특성을 고려한 지방자치단체의 고유사무와 국가위임사무의 엄격한 구분이 어렵게 되었다는 점을 먼저 지적하지 않을 수 없다. 더욱이 국가가 정책수행의 통일성을 확보하기 위해서 법령으로 규율하는 생활영역이 넓어짐에 따라 지방자치단체의 자치입법권이 상대적으로 줄어들게 되었다는 점도 간과할 수 없는 일이다. 또 통신과 교통수단의 발달로 인해서 국민의 1일생활권이 넓어짐에 따라(예컨대 주거지와 직장근무지의 상이) 주민의 지역밀착도가 희박해지고 주민의 이해관계가 반드시 어느 하나의 지방자치단체에만 국한되지 않게 되었다. 그리고 아직까지도 남아 있는 지역특성에 따른 제한적인 범위의 지역적인 복리사업조차도 지방자치단체의 경계에서 끝나는 이른바 지역폐쇄적인 사업보다는 이웃 지방자치단체에도 영향을 미치는 지역연계적인 사업이 많을 뿐 아니라, 많은 경우 이웃 지방자치단체 상호간의 합동적인 사업추진 내지 협동체제가 불가피해져서 이른바 '지방자치단체조합'의 기능이 날이 갈수록 중요시되고 있다는 점도 지방자치를 폐쇄적인 지역단위의 문제로만 생각하려는 태도에 반성을 촉구하고 있다.

국가정책의 통일성요청 증가로 인한 지역폐쇄적 정책의 감소

복지정책영역·범지역적 정책영역확대, 자치입법권의 축소, 고유사무와 위임사무의 구별기준 모호

e) 제도보장적 관점

α) 제도적 보장으로서의 지방자치

공법상의 제
도보장

지방자치는 전통적으로 공법상의 제도보장(institutionelle Garantie)으로 설명되어 왔다. 지방자치를 C. Schmitt의 논리형식에 따라 제도적 보장으로 이해한다는 것은 지방자치제도 그 자체의 폐지만을 제외하고는 입법권자에게 지방자치의 제도화에 관한 광범위한 입법형성권이 부여된다는 이야기이다.

자치에 관한
광범위한 입
법형성권 강
조

β) 제도적 보장이론의 문제점

제도적 보장
이론의 수정
불가피성

생각건대 C. Schmitt의 제도적 보장이론이 기본권에 내재되고 있는 양면성, 특히 객관적 규범질서로서의 성격 때문에 수정이 불가피해진 상황 속에서 지방자치제도의 법적 성격을 설명하는 이론으로 그 독점적인 타당성을 주장하기에는 많은 이론적인 문제점이 있다고 느껴진다. 지방자치가 자유민주국가에서 수행하고 있는 여러 가지 제도적인 기능을 감안할 때 과연 지방자치에 관한 제도적 보장이 지방자치의 전면적인 폐지만을 금지하는 정도의 효과밖에는 나타내지 못한다고 주장할 수 있는 것인지 의문을 가지지 않을 수 없다. 제도적 보장이론이 강조하는 지방자치제에 관한 입법형성권은 헌법의 통일성을 존중하고 규범조화의 정신에 따라 행사되는 경우에만 정당화된다고 믿어지기 때문이다.

헌법의 통일
성 존중하는
자치형성권만
정당

지방자치이론
의 수정 내지
보완의 필요
성

결론적으로 지방자치의 본질과 기능 그리고 그 법적 성격 등에 관한 지금까지의 전통적인 설명은 오늘의 시대상황과 사회환경에 비추어 볼 때 그 이론적인 수정 내지는 보완이 불가피하다고 말할 수 있다. 그 이론적인 수정 내지 보완이 어떤 방향으로 행해지느냐 하는 것은 지방자치제도의 실현 및 그 통치구조상의 좌표에도 큰 영향을 미치는 것이기 때문에 매우 신중하고도 합리적인 접근이 필요하다.

(4) 지방자치의 본질과 기능에 관한 현대적 보완이론

기본권실현과
의 연관성, 기
능적 권력통
제효과, 보충
의 원리

지방자치의 합리적인 제도화와 운용을 위해서는 지방자치의 본질과 기능에 관한 현대적인 이해가 필요하다. 그러기 위해서는 지방자치를 우선 기본권실현과 연관시켜서 이해해야 함은 물론, 지방자치를 통해서 나타나는 기능적 권력통제의 효과를 정확히 파악하고 지방자치를 보충의 원리의 측면에서 접근해야 하리라고 본다.

a) 지방자치와 기본권의 상호관계

기본권실현과
불가분한 객
관적 가치질
서

지방자치의 본질과 기능을 바르게 이해하기 위해서는 무엇보다도 먼저 지방자치와 기본권의 상호관계를 옳게 파악해야 한다. 결론부터 말한다면 지방자치는 자유권과 무관한 제도적 보장에 그치지 않고 오히려 기본권실현과 불가분의 관계에 있는 헌법상의 객관적 가치질서에 속한다. 지방자치가 지역주민에 의한 자치기구의 선거 및 자치기구에의 주민의 적극적인 참여에 의해서 비로소 실현될 수 있는 제도라면 지방자치는 국민의 선거권과 공무담임권의 실현과도 불가분의 관계에 있는 제도라는 점은 두말할 필요가 없다. 또 헌법상의 '거주·이전의 자유'가 모든 국민에게 기동성과 활동성 그리고 거주지선택의 자유를 보장하는 것이라면 지방자치는 이와 같은 기본권의 실현과도 관계가 있다. 그것은 지방자치가 어느 지역에서도 거의 비슷한 '거주가치' 내지 '체재가치'를 발견할 수 있는 생활환경적인 여건을 조성하는 데 큰 몫을 차지하게 된다는 이야기이다. 지방자치가 바로 그와 같은 동질적 생활환경조성에 기여할 수 있도록 제도화되고 운영되어야 한다고 강조되는 이유도 그 때문이다. 어느 지방자치단체에서도 거의 비슷한 생활환경과 정치적 input의 기회, 그리고 행정급부를 접할 수 있을 때 헌법이 보장하는 '거주·이전의 자유'와 평등권은 비로소 그 규범적인 실효성을 나타낼 수 있다는 점을 잊어서는 아니된다. 기본권실현과 지방자치의 불가분한 상관관계가 바로 여기에서도 나온다.[1]

선거권, 공무담임권, 거주·이전의 자유와의 연관성

b) 지방자치와 기능적 권력통제의 효과

지방자치는 기능적 권력통제를 실현하기 위한 하나의 제도적인 장치에 속한다는 점을 잊어서는 아니된다. Montesquieu의 사상적 세계에 바탕을 둔 조직적·구조적 권력분립이 사회구조의 변화 및 정당국가적 경향 등 때문에 그 본래의 권력통제기능을 제대로 나타내지 못하고 있는 오늘날 통치권행사를 효과적으로 통제할 수 있는 제도적이고 기능적인 장치가 반드시 필요한데, 지방자치제도는 바로 그와 같은 기능적 권력통제장치의 중요한 한 부분을 맡고 있다는 점을 간과해서는 아니된다. 정책개발의 이니시어티브와 정책결정권을 중앙정부와 지방자치단체에 기능적으로 분산시킴으로써 정책기능의 분권적 다핵화를 실현시키고 그를 통해서 중앙정부와 지방자치단체 상호간의 기능적 권력통제를 가능케 하는 것이 오늘날 자유민주국가의 통치구조에서 불가결한 요소로 간주되고 있다는 점을 유의할 필요가 있다. 지방자치제도가 단순한 명목상의 제도에 그쳐서는 아니되고, 권력통제의 기능을 충분히 발휘할 수 있는 방향으로 제도화되고 운영되어야 하는 이유도 그 때문이다.[2]

정책결정권의 분권적 다핵화 통한 중앙정부와 자치단체의 기능적 권력통제

---

1) 【결정례】 지방자치단체의 폐치·분합은 단순한 자치권의 침해뿐 아니라 대상지역주민들의 기본권을 침해할 수도 있다(헌재결 1994. 12. 29. 94 헌마 201; 헌재결 1995. 3. 23. 94 헌마 175).
2) 우리 헌재의 판시에도 이러한 사상이 잘 나타나고 있다.
   【판시】 중앙정부의 권력과 지방자치단체간의 권력의 수직적 분배는 서로 조화가 요청되고 그

지방자치단체
의 정치단체
성과 기관구
성방법의 민
주적 정당성
요건

　　지방자치단체가 단순한 전문적인 기능단체 내지는 행정단위일 수 없고 중
앙정부를 기능적으로 통제해야 되는 정치단체로서의 성격을 아울러 갖지 않을
수 없다면, 지방자치단체가 확보해야 되는 민주적 정당성이 매우 중요한 의미
를 갖게 된다. 지방자치단체기관의 구성방법이 민주적 정당성과 불가분의 함수
관계에 있기 때문에 기관의 민주적 정당성을 강화할 수 있는 기관구성방법이
모색되어야 한다. 지방의회가 원칙적으로 지역주민의 선거를 통해서 구성되어
야 하는 것은 말할 것도 없고, 지방자치단체의 장의 선거방법도 민주적 정당성
의 관점에서 마련되어야 한다. 그래야만 지방자치제도에 부여된 기능적 권력통
제의 실효성을 기대할 수 있기 때문이다.

지방자치단체
의 기능(역할)
변화

　　또 지방자치와 관련해서 주장되어 온 지역개발 내지 지역발전의 논리가
오늘날 여러 가지 환경적·정치적 여건변화 때문에 그 설득력이 많이 약화되었
다는 점은 이미 앞에서 지적한 바 있거니와, 통일적인 정책개발과 정책수행의
필요성이 커지면 커질수록, 또 그로 인한 중앙집권식 행정체제가 굳어지면 질
수록 중앙행정부에 대한 지방분권적 권력통제의 기능이 더욱 중요시되지 않을
수 없다고 할 것이다. 말하자면 지방자치단체는 그의 전통적인 고유권한을 중
앙행정기관에 넘겨 주는 대신 주민의 민주적 정당성을 바탕으로 중앙정부에 대
한 권력통제의 기능을 확보한 것이라고 말할 수도 있다. 지방자치가 '지역주민
의 참여에 의한 권력통제의 메커니즘'[1]으로 평가되는 이유도 그 때문이다.

　　c) 지방자치와 보충의 원리(기능분배의 원리)

보충의 원리
실현제도: 보
충의 원리에
서 나오는 지
방자치의 당
위성

　　지방자치는 헌법상의 일반원칙인 '보충의 원리'(Subsidiaritätsprinzip)[2]를 실
현하기 위한 중요한 헌법상의 제도라는 점이 강조되어야 한다. 즉 사회의 기능
이 개개 사회구성원의 기능에 비하면 '보충적'인 것처럼, 국가의 기능은 지방자
치단체의 기능에 비하면 '보충적'이어야 하기 때문에, 국가의 기능은 지방자치
단체의 기능을 뒷받침해 주는 데 그쳐야지 지방자치단체의 기능을 무시하고 그
것을 자신의 기능으로 흡수해서는 아니된다는 것이 바로 '보충의 원리'에서 나

국가와 지방
자치단체의
기능분배의
원리

오는 지방자치의 당위성에 관한 논리이다. '보충의 원리'는 이처럼 국가와 지방
자치단체가 각각 어떠한 기능과 의무를 가져야 하는가를 밝혀 주는 이른바 '기

　　조화과정에서 지방자치의 핵심영역은 침해되어서는 안 되는 것이므로, 이와 같은 권력분립적·
지방분권적인 기능을 통하여 지역주민의 기본권보장에도 이바지하는 것이다(헌재결 1998. 4.
30. 96 헌바 62, 판례집 10-1, 380(384면)).

1) *M. Imboden*, Gemeindeautonomie und Rechtsstaat, in: Staat und Recht, 1971, S. 331ff.
(332).

2) Darüber vgl. *J. Isensee*, Subsidiaritätsprinzip und Verfassungsrecht, 1968.

능분배의 원리'라고도 말할 수 있다. 따라서 통일적인 정책수행의 필요성이 아무리 커진다 하더라도 지방분권식 지방자치제도 대신에 중앙집권식 행정체제를 확립하는 데에는 헌법상 명백한 한계가 있다는 점을 유의해야 한다. '보충의 원리'는 지방자치제도 그 자체에 대해서는 물론이고 지방자치단체가 처리해야 되는 업무의 질과 양을 정하는 데 있어서 매우 중요한 시사를 한다고 생각한다.[1]

지방자치제도
의 다원적인
기능에 대한
탈전통이론적
인식의 요청

위에서 말한 것을 종합적으로 정리한다면, 지방자치는 기본권실현의 관점에서는 물론, 기능적 권력통제의 관점에서 그리고 보충의 원리의 관점에서도 매우 중요한 의미를 갖는 헌법상의 제도인 동시에 통치기구의 조직원리이다. 따라서 지방자치를 국가영역과는 완전히 단절 내지 대립된 사회영역의 문제로만 파악하는 자세를 지양하고, 지방자치를 지역발전에 기여하는 행정작용의 특수형태 내지는 제도적 보장이라고만 이해하는 전통적 입장을 과감하게 탈피해서 지방자치제도가 갖는 기본권실현기능과 민주주의적 기능 그리고 권력통제적 기능을 바르게 인식하고 '보충의 원리'와 '체계정당성의 원리'[2]에 부합되는 지방자치제도를 마련해야 하리라고 생각한다.

(2) 지방자치의 제도적 보장내용

우리 현행헌법($^{제117조와}_{제118조}$)이나 독일기본법($^{제28조}_{제2항}$)처럼 지방자치를 제도적으로 보장하고 있는 경우에 그 제도적 보장의 구체적인 내용을 밝히는 것은 지방자치의 실현을 위해서 매우 중요한 의미를 갖는다.

제도적 보장
의 구체적 내
용

1) 지방자치의 본질적인 보장내용

전래적인 제도적 보장이론에 따른다면 지방자치의 제도적 보장은 자치기능보장·자치단체보장·자치사무보장의 세 가지를 그 본질적인 내용으로 한다고 말할 수 있다.[3]

자치기능·자
치단체·자치
사무보장

따라서 지방자치기능을 구체화하고, 지방자치단체의 종류와 크기를 정하

자치에 관한
입법형성권의
한계

---

1) 우리 지방분권 및 지방행정체제개편에 관한 특별법(제9조)도 지방자치에서의 이 보충의 원리를 강조하고 있는 점을 주목할 필요가 있다.
   【판시】 지방자치의 제도적 보장은 한마디로 국민주권의 기본원리에서 출발하여 주권의 지역적 주체로서의 주민에 의한 자기통치의 실현으로 요약할 수 있고, 이러한 지방자치의 본질적 내용인 핵심영역은 어떠한 경우라도 입법 기타 중앙정부의 침해로부터 보호되어야 한다는 것을 의미한다(헌재결 1998. 4. 30. 96 헌바 62, 판례집 10-1, 380(384면)).
2) Darüber vgl. *Ch. Degenhart*, Systemgerechtigkeit und Selbstbindung des Gesetzgebers als Verfassungspostulat, 1976.
3) 【판시】 지방자치의 제도적 보장의 본질적 내용은 자치단체의 보장, 자치기능의 보장 및 자치사무의 보장이다(헌재결 1994. 12. 29. 94 헌마 201, 판례집 6-2, 510(522면)).

고, 지방자치사무의 범위를 정하는 등 지방자치의 실현을 위한 입법형성권의 행사시에는 그 입법형성권행사에 의해서 지방자치제도의 세 가지 본질적인 내용을 침해하는 일이 없어야 한다. 그러한 침해는 지방자치의 제도적 보장에 대한 침해를 뜻하기 때문이다.

⑺ 자치단체보장

자치단체 폐지금지

이러한 관점에서 볼 때 지방자치단체의 수를 조정하기 위한 지방자치단체의 통·폐합은 가능하지만, 모든 지방자치단체를 폐지하는 것은 금지된다. 즉 국가가 행정조직의 개편을 위해서 행정구역으로서의 지방자치단체를 통·폐합하는 것은 가능하지만, 그것은 어디까지나 공공복리의 관점에서 합리적이고 객관적인 기준에 따라서 행해야지 자의적인 방법으로 이루어져서는 아니된다.[1]

⑻ 자치사무보장

고유사무 보장

또 전국민의 공공복리의 관점에서 지방자치단체의 자치사무의 범위를 조정하는 것은 가능하지만, 지방자치단체로 하여금 오로지 국가의 위임사무만을 처리케 함으로써 국가의 집행기관으로 기능케 하는 것도 허용되지 않는다. 지방자치가 지방자치단체로 하여금 지역의 특성에 알맞는 독창적인 정책을 개발해서 독자적인 의사결정을 하고 자치기구를 통해 자기책임하에 집행함으로써 지역주민의 복리증진을 꾀하고 국가발전에 기여한다는 데 그 제도의 존재의의가 있는 것이라면, 지방자치단체의 이와 같은 자치기능을 무시하고 국가의 위임사무만을 처리케 하는 것은 지방자치제도의 본질적 요소와 조화될 수 없기 때문이다.

⑼ 자치기능보장

자치고권 보장

지방자치제도의 본질적 보장내용에 속하는 자치기능에는 지방자치단체가 국가의 지시나 감독을 받지 않고 법이 정하는 바에 따라 독자적인 책임하에 처리할 수 있는 여러 가지 '자치고권'이 포함되는데, 지역고권[2]·인사고권·재정

---

1) 【판시】 영일군과 포항시의 폐치·분합에서 입법자는 그 지리적 위치, 역사, 생활권의 동일여부 등을 입법의 기초로 삼았으며, 예상되는 긍정적·부정적 효과를 합리적으로 형량하고 있고, 적절한 후속조치를 마련하여 기본권제한이 최소한도로 그치게 하고 있으므로 헌법상의 가치질서를 침해했다고 볼 수 없다(헌재결 1995. 3. 23. 94 헌마 175, 판례집 7-1, 438(458면)).

2) 【판시】 i) 자치권이 미치는 관할구역의 범위에는 육지는 물론 바다도 포함되므로, 공유수면에 대한 지방자치단체의 자치권한이 존재한다(헌재결 2004. 9. 23. 2000 헌라 2, 판례집 16-2 상, 404(428면)). 같은 취지의 헌재결 2015. 7. 30. 2010 헌라 2에서 헌재는 종래 국가기본도상의 해상경계선을 공유수면에 대한 불문법상 해상경계선으로 보아온 선례를 바꿔 중간선 등거리원칙에 따라 홍성군과 태안군의 공유수면에 관한 권한쟁의를 조정해 태안군의 독점관할권의 주장을 부정하고 홍성군에게도 일부 공유수면에 대한 관할권을 인정하는 결정을 했다. ii) 그러나 지방자치단체의 영토고권은 우리 헌법과 법률상 인정되지 않는다. 영토고권은 국가의 고유·

고권·계획고권·조직고권·조세고권·조례고권[1] 등이 바로 그것이다. 이와 같은 여러 자치고권의 실질적인 보장이 지방자치를 비로소 실효성 있게 하는 것임은 두말할 필요가 없다.

2) 지방자치의 본질적인 내용의 제한과 그 한계

지방자치의 제도적 보장이 '자치기능'·'자치단체'·'자치사무'의 세 가지 내용을 보장하고 있지만, 구체적으로 그 각각의 보장영역의 한계를 설정하는 것은 그리 쉬운 일이 아니다.

본질적 내용의 판단기준

(가) 제도밀착기준설

이 학설은 '그것을 빼버리면 그 제도의 구조나 형태가 바뀔 정도로 그 제도와 밀착된 사항'이 바로 그 제도의 본질적 요소라고 주장한다.[2] 이 이론이 어느 정도의 기준을 제시해 주는 것은 사실이지만, 그 기준만으로는 문제의 해결이 어려운 것이 사실이다. 왜냐하면 제도의 '구조나 형태변화'를 가릴 또 다른 기준이 필요하겠기 때문이다.

제한정도에 따라 판단

(나) 공 제 설

지방자치제도에 대한 입법적 제한사항을 제외하고도 아직 지방자치라고 평가할 만한 요소가 남아 있느냐를 그 판단기준으로 삼으려는 입장이다.[3]

제한사항을 뺀 나머지로 판단

(다) 제도사적 판단설

이 학설은 지방자치제도의 발전역사나 발전과정에 비추어 마땅히 있어야 할 지방자치의 표현형태에 따라 판단하려는 입장이다.[4]

역사적 당위요소에 따라 판단

(라) 비판 및 사견

생각건대 지방자치의 본질적인 내용의 침해가 있는지의 여부에 대한 판단은 어느 하나의 기준만으로는 어렵다고 느껴진다. 지방자치가 다분히 역사적·전통적 제도로서의 성격을 갖는 것이라면 구체적인 역사적 상황과 정치현실을

종합적 판단의 필요성

전속권한이다(헌재결 2006. 3. 30. 2003 헌라 2). iii) 공유수면과 매립지의 관할귀속은 그 성질상 달리 보아야 한다. 따라서 신생 매립지는 개정 지자법 제 4 조 제 3 항에 따라 종전의 관할구역과의 연관성이 단절되고, 행안부장관의 결정이 확정됨으로써 비로소 관할 지자체가 정해지며, 그 전까지 해당 매립지는 어느 자자체에도 속하지 않는다(헌재결 2020. 7. 16. 2015 헌라 3).

1) 【판결례】 청주시의회가 제정한 '청주시행정정보공개조례'에 대해 청주시장이 정보공개법 등 모법이 없는 상태에서 제정된 조례는 무효라며 제기한 조례안재의결취소청구소송에서 대법원은 청구기각결정을 하면서 국가의 입법미비를 이유로 지방의회의 적극적인 조례제정권행사를 가로막을 수 없다고 판시했다. 대법원 1992. 6. 23. 선고 92 추 17 판결 참조.

2) Vgl. *K. Stern*, Das Staatsrecht der BRD, Bd. 1, 2. Aufl.(1984), S. 416.

3) So v.a. BVerwGE 6, 19(25), 342(345).

4) So v.a. BVerfGE 17, 172(182); 22, 180(205); 23, 353(366); 50, 195(201).

무시하고 그 본질적 내용의 침해를 논하기는 어렵다. 그러나 또 한편 지방자치가 아무리 역사적 산물로서의 제도보장이라 하더라도 그 속에는 일정한 다칠 수 없는 핵심적인 영역이 내포되고 있다고 보아야 한다. 따라서 구체적인 경우에 위의 여러 관점이 모두 그 판단의 기준이 되어야 한다고 생각한다.

Ⅱ. 우리 현행헌법상의 지방자치제도

(1) 지방자치에 관한 헌법규정

지방자치의 제도보장과 법률유보

우리 현행헌법은 지방자치에 관해서 「지방자치단체는 주민의 복리에 관한 사무를 처리하고 재산을 관리하며, 법령의 범위 안에서 자치에 관한 규정을 제정할 수 있다」($\frac{제117조}{제1항}$)고 규정하면서 「지방자치단체에는 의회를 둔다」($\frac{제118조}{제1항}$)는 사실을 명백히 밝히고 있다. 그러면서도 '지방자치단체의 종류', '지방의회의 조직·권한·의원선거와 지방자치단체의 장의 선임방법 기타 지방자치단체의 조직과 운영에 관한 사항은 법률'로 정하게 하고 있다($\frac{제117조 제2항과}{제118조 제2항}$). 이 헌법의 입법위임에 의해서 그 동안 지방자치관련법률이 제정 또는 개정되어 지방의회의 의원선거는 이미 마쳤었고 지방자치단체장의 선거는 1992년 6월 말까지 실시하게 되었었지만 그 실현이 미루어지다가 통합선거법의 제정으로 1995년 6월 27일 지방의회의 의원선거와 동시에 실시해서 본격적인 지방자치의 시대가 시작된 것이다.[1]

(2) 지방자치의 제도내용과 그 실태

2원적 자치기구와 혼합형

우리 현행헌법이 보장하고 있는 지방자치제도는 지역중심의 '자치단체'·'자치기능'·'자치사무'의 세 가지를 그 요소로 하고 자치단체에는 의회와 집행기관의 2원적인 자치기구를 두는 '단체자치'와 '주민자치'의 혼합형이라고 볼 수 있다. 지방자치에 관한 현행실정법으로서는 '지방자치법'($\frac{지자}{법}$)·'제주특별자치도 설치 및 국제자유도시 조성을 위한 특별법'($\frac{제주}{특법}$)·강원 특별자치도 설치에 관한 법률($\frac{강원}{특법}$), '공직선거법'($\frac{선거}{법}$)·'지방재정법'($\frac{지재}{법}$)·'지방세법'($\frac{지세}{법}$)·'지방교부세법'($\frac{지교}{세법}$)·'지방교육자치에 관한 법률'($\frac{지교}{자법}$)·'지방자치분권 및 지방행정체제개편에 관한 특별법'($\frac{분권}{법}$)·'주민투표법'($\frac{투표}{법}$)·'주민소환에 관한 법률'($\frac{소환}{법}$)·'세종특별자치시 설치 등에 관한 특별법'($\frac{세종}{시법}$)·'지방자치단체를 당사자로 하는 계약에 관한 법률', '국가

---

1) 1960년 완전히 도입된 지방자치단체장 직선제는 1961년 5·16 이후 임명제로 바뀌었다가 1995년 34년 만에 다시 부활된 것이다.

경찰과 자치경찰의 조직 및 운영에 관한 법률'[1] 등이 있다.

1) 지방자치단체의 종류

지방자치단체의 종류는 법률로 정하게 되어 있는데 지방자치에 관한 현행 법률은 지방자치단체를 서울특별시·광역시($\frac{부산\cdot대구\cdot인천\cdot}{광주\cdot대전\cdot울산}$)·특별자치시($\frac{세}{종}$)·도 및 특별자치도($\frac{제주와}{강원}$)와 시·군·구의 두 종류로 나누고, 전자는 정부의 직할 아래 그리고 시는 도의 관할구역 안에, 군은 광역시·특별자치시나 또는 도의 관할구역 안에 두며, 자치구는 특별시와 광역시·특별자치시의 관할구역 내에 두도록 했다.[2] 그리고 군과 시·구의 행정구역으로 읍·면과 동을 두고 있다. 읍·면에는 리를 둔다. 그러나 도농복합형태의 시를 설치하는 경우 이러한 시에는 도시의 형태를 갖춘 지역에는 동을, 그 밖의 지역에는 읍·면을 두되, 자치구가 아닌 구를 둘 경우에는 당해 구에 읍·면·동을 둘 수 있다($\frac{지자법 제 3 조 제 4 항}{및 제 7 조 제 2 항}$).[3] 제주특별자치도에는 지방자치단체가 아닌 행정시를 두는데 도시의 형태를 갖춘 지역에는 동을, 그 밖의 지역에는 읍·면을 둔다($\frac{제주특법}{제16조}$).[4]

광역자치단체
와 기초자치
단체

2) 지방자치단체의 기구

지방자치단체에는 의결기관인 지방의회와 집행기관인 지방자치단체의 장의 2원적인 자치기구를 두도록 헌법이 규정하고 있다. 그 밖에 교육자치를 위한 지방교육자치기구도 있다. 지방의회와 지방자치단체 장의 선임방법을 포함한 지방자치단체의 기관구성형태는 따로 법률로 정하는 바에 따라 주민투표를 거쳐 달리 할 수 있다($\frac{지자법}{제 4 조}$).

지방의회와
자치단체의
장 및 교육자
치기구

---

1) 2021년 7월 1일부터 자치경찰제가 전국적으로 전면 시행되었다. 경찰권 일부를 지방자치단체에 부여해 경찰의 설치·유지·운영에 관한 책임을 맡긴 것이다. 생활·안전, 여성·청소년, 교통 등 주민생활과 밀접한 사무들이 자치경찰 사무로 수행된다. 18개 시·도지사 직속의 합의제 행정기관인 각 7인의 자치경찰위원회가 설치되어 자치경찰에 대한 지휘감독권, 정책수립 및 예산편성권, 일부의 인사권 등을 행사하게 된다. 법 제4장(제18조~제27조) 참조.

2) 2019년 현재 17개의 광역자치단체와 226개의 기초자치단체가 있다. 지자체별 재정자립도는 정부의 홈페이지 lofin.mois.go.kr 참조.

3) 【결정례】 법률에 의한 지방자치단체의 폐치·분합은 헌법소원의 대상이 되지만, 반드시 주민투표에 의한 주민의사확인절차를 거쳐야 하는 것은 아니다(헌재결 1994. 12. 29. 94 헌마 201; 헌재결 1995. 3. 23. 94 헌마 175).

4) 【결정례】 제주행정특별법과 제주도국제자유도시조성특별법에 따른 제주도 내 기초자치단체의 폐지는 해당지역 주민의 기본권(선거권·피선거권·평등권·청문권)의 침해가 아니다(헌재결 2006. 4. 27. 2005 헌마 1190).

(가) 지방의회

a) 지방의회의 구성

주민이 선거하는 임기 4년의 의원

지방의회는 지역주민에 의해서 선거되는 지방의회의원으로 구성되는데 지방의회의원의 임기는 4년이다(지자법 제38조와 제39조). 그리고 일정한 의정활동비와 월정수당을 지급받는다(지자법 제40조). 또 헌법재판소 결정으로 늦어도 2024년 6월부터는 지방의원도 후원회를 둘 수 있게 되었다.[1] 선거인명부작성기준일 현재 지방의회의 관할구역 안에 주민등록이 된 18세 이상(선거일 기준)의 주민과 3개월 이상 계속하여 주민등록표에 올라있고 해당 지방자치단체의 관할구역 안에 주민등록이 되어있는 재외동포 및 영주권 취득 후 3년이 경과한 18세 이상의 외국인으로서 관할구역의 외국인등록대장에 등재된 사람은 선거권을, 그리고 18세 이상의 사람으로서 선거일 현재 계속하여 60일 이상 그 지방자치단체의 관할구역 안에 주민등록이 된 국민은 피선거권을 갖는다(선거법 제15조 제1항 및 제2항 및 제16조 제3항, 제17조와 제18조 및 제19조).

피선거권과 겸직금지

지방의회의원은 국회의원을 비롯한 국가·지방공무원과 농·수산업협동조합, 산림조합, 엽연초생산협동조합, 신용협동조합, 새마을금고의 임·직원과 이들 조합·금고의 중앙회장이나 연합회장 등을 겸할 수 없다(지자법 제43조).[2] 그 밖에도 지방자치법(제43조 제2항 내지 제4항 및 제6항)은 지방의원의 겸직금지 및 영리행위제한을 더욱 강화하고 있다. 지방의회의원정수는 선거법(제22조, 제23조 및 제26조)에서 따로 정한다.[3] 지방의회는 의원 중에서 임기 2년의 의장 1명과 부의장 1명(시·도는 2명)을 선거하는데, 지방의회의원총선거 후 처음으로 선출하는 의장·부의장선거는 최초집회일에 실시한다(지자법 제57조).

b) 지방의회의 권한

자치입법권, 자치재정권, 행정사무감사·조사권

지방의회는 조례의 제정 및 개폐 등의 자치입법권, 예산의 심의·확정 및 결산승인 등 자치재정권(지자법 제47조),[4] 행정사무 감사권 및 조사권(지자법 제49조 및 제50조) 등을 가진다.

---

1) 헌재결 2022. 11. 24. 2019 헌마 528 참조.

2) 【결정례】 i) 헌법재판소가 상근직인 농지개량조합 조합장을 제외한 나머지 비상근직인 농·수산·축산업협동조합, 산림조합, 엽연초생산협동조합, 인삼협동조합의 조합장에 대한 겸직금지규정은 평등권과 공무담임권을 침해하는 위헌규정이라고 결정한 후(헌재결 1991. 3. 11. 90 헌마 28) 법이 개정되었다. ii) 지방공사 직원의 지방의원직 겸직금지규정은 평등권, 공무담임권, 직업선택의 자유의 침해가 아니다(헌재결 2004. 12. 16. 2002 헌마 222 등).

3) 2022. 6. 1. 지방선거에 앞서 선거법개정으로 세종시와 제주도를 제외한 광역의원 729명, 기초의원 2,978명으로 각각 39명과 51명이 증원되었다. 세종특별자치시 시의회의원 정수도 18명(세종시특별법 제19조), 제주특별자치도 의회의원은 45명 이내로 정하면서 비례대표를 20/100 이상으로 하도록 했다(제주특별법 제8조). 그래서 제주도는 2023년 현재 32명의 선거구 의원과 비례대표 8명 그리고 교육의원 5명 등 합해서 45명이다.

4) 지자체장이 발의하는 의안 중 예산상 또는 기금상의 조치를 수반하는 의안일 때는 비용추계자료 등을 의안에 첨부해야 한다(지자법 제66조의 3). 또 지방의회가 결산을 심사한 결과 위법 등의 사유가 있으면 본회의 의결 후 지자체 또는 해당 기관에 변상 및 징계조치 등 그 시

c) 지방의회의 회의

지방의회의 회의는 정례회와 임시회로 구별하고 지방의회는 매년 2회 정례회를 개최하는데 정례회의 집회일 기타 정례회의 운영에 관하여 필요한 사항은 대통령이 정하는 바에 따라 당해 지방자치단체조례로 정한다. 지방의회의 임시회는 필요에 따라 개최하는데 정례회와 임시회의 회기는 지방의회가 연간 총회의일수의 범위 안에서 자율적으로 정한다. 지방의회의 연간회의일수와 정례회 및 임시회의 회기는 해당 지방자치단체의 조례로 정한다($\frac{\text{지자법}}{\text{제56조}}$). 임시회의 소집은 긴급할 때를 제외하고는 집회일 3일 전에 공고해야 한다($\frac{\text{지자법 제54조}}{\text{제 3 항}}$).

정례회와 임시회 및 연간 회기일수 제한

(ㄴ) 지방자치단체의 장

지방자치단체의 장은 임기 4년으로 주민이 직접 선거하지만 계속 재임은 3기(12년)에 한한다($\frac{\text{지자법 제107}}{\text{조 및 제108조}}$).[1] 지방자치단체장의 선거방법은 따로 법률로 정하는데 선거법($\frac{\text{제15조와}}{\text{제16조}}$)이 바로 그것이다. 지방자치단체의 장은 국회의원과 지방의회의원 기타 법령이 정하는 직을 겸할 수 없다($\frac{\text{지자법}}{\text{제109조}}$). 그런데 지방자치단체의 장은 그 임기중에는 그 직을 사퇴하고 다른 공직선거($\frac{\text{대통령·국회의원·지방의원·}}{\text{다른 지방자치단체장선거}}$)에 입후보할 수 없도록 한 규정($\frac{\text{선거법 제53}}{\text{조 제 3 항}}$)이 위헌결정되었기 때문에[2] 이제는 그것이 가능해졌다.

주민직선의 4년 임기

겸직금지

지방자치단체의 부단체장은 주민이 선거하지 않고 임명하게 되어 있다. 즉 특별시·광역시·특별자치시 및 도와 특별자치도의 부시장과 부지사는 정무직 또는 일반직 국가공무원으로 보하며 당해 시·도지사의 제청으로 행정안전부장관을 거쳐 대통령이 임명토록 하되 제청된 자에게 법적 결격사유가 없는 한 30일 이내에 그 임명절차를 마치도록 했다($\frac{\text{지자법 제123}}{\text{조 제3 항}}$). 다만 대통령령이 정하는 바에 의하여

부단체장의 임명방법

정을 요구하고, 시정요구를 받은 지자체 또는 기관은 지체없이 처리하고 그 결과를 지방의회에 보고해야 한다(지자법 제134조 제 1 항 제 2 문).

1) 【결정례】 i) 지방자치단체장의 3기초과연임제한은 공무담임권과 평등권의 침해가 아니다(헌재결 2006. 2. 23. 2005 헌마 403). ii) 지자체장의 계속 재임을 3기로 제한함에 있어 폐지·통합되는 지자체장으로 재임한 것까지 포함시킬지 여부는 입법자의 재량에 속하는 일이다(헌재결 2010. 6. 24. 2010 헌마 167, 판례집 22-1(하), 656(668면)).

2) 【판시】 단체장이 선거에 출마하기 위해 임기만료 3개월 전에 사퇴함으로써 발생할 수 있는 행정의 혼란은 그 정도가 심각한 것도 아니고 직무대리의 방법으로 효율적으로 대처할 수 있다. … 이 사건 법조항에 의한 청구인들의 피선거권제한은 민주주의 실현에 부정적인 효과를 미치고 기본권적 피해는 매우 큰 데 비해 그에 의한 공익적 효과는 매우 적어서 합리적 비례관계를 크게 일탈한 것이므로 보통선거원칙을 어기고 피선거권을 침해하는 위헌적 규정이다(헌재결 1999. 5. 27. 98 헌마 214, 판례집 11-1, 675(676면)). 【결정례】 지자체장이 당해 지자체의 관할구역과 같거나 겹치는 지역구 국회의원선거에 입후보하려면 해당 선거일 전 180일까지 사퇴하도록 정한 선거법규정은 평등권과 공무담임권의 침해이다(헌재결 2003. 9. 25. 2003 헌마 106). 그러나 사퇴시한을 단축시켜 선거일 전 120일까지로 개정한 선거법규정은 평등권과 공무담임권의 침해가 아니다(헌재결 2006. 7. 27. 2003 헌마 758 등).

특별시의 부시장은 3인, 광역시와 특별자치시의 부시장과 도와 특별자치도의 부지사는 2인(인구 800만 이상의 경우(경기도)에는 3인)을 둘 수도 있는데, 이 때 1인은 정무직·일반직 또는 별정직 지방공무원으로 보하되 정무직과 별정직으로 보할 때의 자격기준은 당해 지방자치단체의 조례로 정한다(지자법 제123조 제2항 단서). 그러나 시의 부시장과 군의 부군수 및 자치구의 부구청장은 일반직 지방공무원으로 보하되 그 직급은 대통령령으로 정하며 당해 지방자치단체의 장이 임명한다(지자법 제123조 제4항). 그런데 인구 100만 이상의 대도시는 제1부시장과 제2부시장 2명의 부시장을 두는데 그 중 한 명은 일반직·별정직 또는 임기제 지방공무원으로 임명할 수 있게 했다(지방분권법 제42조).

권한   지방자치단체장은 당해 지방자치단체를 대표하고, 그 사무를 총괄·관리·집행하고(지자법 제114조와 제116조), 소속직원을 지휘·감독하며 그 임면·교육훈련·복무·징계 등에 관한 사항을 처리한다(지자법 제118조).[1] 그리고 지방자치단체의 주요결정사항 등에 대하여 주민투표에 부칠 수 있다(지자법 제18조).

직무대리 및 권한대행   지방자치단체의 부단체장은 당해 지방자치단체장을 보좌하여 사무를 총괄하고 소속직원을 지휘·감독하며 지방자치단체장의 직무대리권을 가질 뿐 아니라 지방자치단체장이 궐위 또는 공소제기된 후 수감중이거나,[2] 60일 이상 장기입원중인 경우(지자법 제124조 제1항), 주민소환투표대상으로 공고된 경우(소환법 제21조) 그리고 그 직을 가지고 당해 지방자치단체장 선거에 입후보한 경우에는 예비후보자 또는 후보자로 등록한 날부터 선거일까지 그 자치단체장의 권한을 대행한다(지자법 제123조 제5항과 제124조 제2항). 그리고 부단체장을 3인 두는 광역시와 도에서는 그 중 1인으로 하여금 특정지역(예컨대 경기도 북부지역)의 사무를 담당하게 할 수 있다(지자법 제123조 제6항).

    (다) **지방교육자치기구**

광역자치단체에만 설치: 교육감   지방교육자치에 관한 법률(이하 법이라 한다)은 광역자치단체인 시·도에만

---

1) 지방자치단체장의 권한행사는 지방의회의 통제를 받는 외에도 지방주민의 감사청구제도(지자법 제16조)와 주민소송제도(법 제17조 내지 제19조: 2006.1.1.부터 시행)에 의해서도 감시를 받는다. 주민소송제도는 지자체장의 위법한 재무·회계행위에 대해서 주민이 감사청구를 한 후 감사결과에 불복하면 90일 이내에 그 중지·취소·변경을 구하거나 위법확인·손해배상·부당이득반환 등을 청구하는 소를 제기할 수 있는 제도이다.

2) 【결정례】 i) 지자체장이 공소제기된 후 구금상태에 있는 경우 부단체장이 그 권한을 대행하게 한 규정은 과잉금지원칙이나 무죄추정원칙에 반하는 공무담임권의 침해가 아니다. 또 지자체장이 입원한 경우 또는 기소 후 구금상태에 있는 국무위원 및 국회의원과 달리 정한 것은 자의적 차별이 아니다(헌재결 2011.4.28. 2010 헌마 474). ii) 그러나 지자체장이 금고 이상의 형을 선고받으면 그 권한행사를 정지시키는 지자법 제111조 제1항 제3호는 공무담임권과 무죄추정의 원칙 그리고 평등권을 침해한다고 적용중지 헌법불합치결정을 했었다. 합헌취지의 선판례(헌재결 2005.5.26. 2002 헌마 699 등)를 변경한 것이다(헌재결 2010.9.2. 2010 헌마 418, 판례집 22-2 상, 526(550면)).

지방교육자치를 시행하도록 하면서 교육전문집행기관으로 교육감을 두도록 했다(법 제4조와 제18조). 과거의 교육위원회는 시·도의회의 상임위원회에 그 기능을 넘기고 2014년 6월 30일 이후 폐지되었다. 그 결과 시·도의회는 당해 시·도의 교육·학예에 관한 조례안·예산안 및 결산·특별부과금 등 부과 징수에 관한 사항, 기금의 설치·운용 등 법률에서 정한 사항에 관한 심의·의결권 등의 권한을 갖는다.

교육감도 주민의 보통·평등·직접·비밀선거를 통해(법 제22조와 제43조) 임기 4년으로 선출하는데 계속적인 재임은 3기에 한한다(법 제21조). 정당은 교육감선거에서 후보자를 추천할 수 없는데, 법이 이처럼 따로 정한 사항을 제외하고는 공직선거법의 시·도지사선거에 관한 규정을 교육감 선거에 준용한다(법 제22조와 제49조). 교육감후보자는 당해 시·도지사의 피선거권이 있어야 하며 후보등록일로부터 과거 1년간 정당의 당원이 아니어야 하고, 교육경력 또는 교육행정경력이 3년 이상 있거나 두 경력을 합해서 3년 이상 있어야 한다(법 제24조). 교육감은 국회의원·지방의원 등 법률이 정한 일정한 직을 겸할 수 없다(법 제23조). 교육감은 교육규칙의 제정(법 제25조), 교육·학예에 관한 시·도의회의 의결에 대한 재의요구 및 제소권(법 제28조), 시·도의회의 의결을 요하는 소관 사무 중 법률이 정한 일정한 사항에 대한 선결처분권(법 제29조) 등 교육·학예에 관한 소관 사무에 관해서 당해 시·도를 대표하며 그에 관련된 모든 집행사무를 책임진다(법 제18조~ 제20조).[1] 교육감과 시·도지사 사이에 지방교육관련 업무협의를 활성화하기 위해서 조례로 '지방교육행정협의회'를 두어야 하고(법 제41조), 각 시·도 교육감 상호간의 교류와 협력증진 및 공동문제의 상호 협의를 위해서 전국적인 교육감협의체를 설치할 수 있다(법 제42조). 교육감 밑에 교육감의 추천과 교육부장관의 제청으로 국무총리를 거쳐 대통령이 임명하는 부교육감 1인(인구 800만 이상, 학생 170만 이상인 시·도는 2인)을 두는데 국가공무원법(제2조의 2)의 규정에 따른 고위공무원단에 속하는 일반직 국가공무원 또는 장학관으로 보한다. 부교육감은 교육감을 보좌하여 사무를 처리하며(법 제30조), 교육감의 권한대행 및 직무대리권도 가지는데 이 경우 지방자치법의 규정(제124조)을 준용한다(법 제31조). 시·도의 교육·학예에 관한 사무를 분장하기 위해서 1개 또는 2개 이상의 시·군·자치구를 관할구역으로 하는 하급교육행정기관으로 교육지원청을 두어 장학관으로 보하는 교육장을 두는데, 그 임용에 관해서는 대통령령으로 정한다(법 제34조와 제35조).

교육감의 직선과 자격

교육감의 권한

지방교육 행정협의체 및 교육감 협의체

부교육감

교육지원청

---

1) 【결정례】 교육감 소속 교육장·장학관 등에 대한 징계사무는 법령에 의해 교육감에게 위임된 국가사무이고 교육감의 고유사무가 아니므로 교육부장관이 학교폭력사실의 학생부 기록지시를 어긴 해당 지자체 교육공무원 등에 대하여 징계의결을 요구하는 업무지시는 교육감의 권한침해가 아니다(헌재결 2013. 12. 26. 2012 헌라 3).

3) 지방자치단체의 자치사무와 자치기능

자치사무처리·
자치재정·자
치입법기능

우리 현행헌법은 지방자치단체의 자치사무와 자치기능에 관해서 「주민의
복리에 관한 사무를 처리하고 재산을 관리하며, 법령의 범위 안에서 자치에 관
한 규정을 제정할 수 있다」($\frac{제117조}{제1항}$)고 정하고 있다. 따라서 지방자치단체는 i)
'주민의 복리에 관한 고유사무'를 자기책임 아래 독자적으로 처리할 수 있는 자
치기능(자치사무처리기능)과, ii) 지방자치단체의 '재산을 관리'하며 법령의 범위
안에서 자치활동에 필요한 재정고권과 조세고권을 행사할 수 있는 자치기능(자
치재정기능), 그리고 iii) 법령의 범위 안에서 자치에 관한 규정(의회제정조례와 집
행기관의 규칙)을 제정할 수 있는 조례고권적 자치기능(자치입법기능) 등을 갖는
다. 그리고 지방자치단체의 중요결정사항에 관해서는 주민의 직접참여를 보장

주민투표제도
와 주민소환
제도

하기 위해서 주민투표제도를 두고 있다. 나아가 선출직 지방공직자를 통제하기
위한 주민소환제도를 도입했다.

㈎ 자치사무처리기능

고유사무와
단체위임사무
및 기관위임
사무

지방자치단체의 자치사무는 '주민의 복리에 관한 고유사무'가 주된 내용이
지만, 지방자치단체는 그 밖에도 '법령에 의하여 지방자치단체에 속하는 사무'
(단체위임사무)($\frac{지자법 제13}{조 제1항}$)와 국가 또는 광역자치단체가 지방자치단체의 장에게 위
임한 사무(기관위임사무)도 처리한다. 그렇지만 위임사무는 지방자치단체의 자치
권에 속하는 사항은 아니기 때문에 국가가 사무처리경비의 일부 또는 전부를
부담하게 되고 그에 따라서 국가의 감독권도 강화된다.[1]

---

1) 단체위임사무의 경우 국가의 소극적 감독(사후·합법·합목적)만 허용되고, 경비도 국가와 분담
   할 수 있으나 국회의 국정감사는 배제된다. 기관위임사무에서는 국가가 사전감독도 할 수 있
   고 경비는 국가가 부담하며 국회의 국정감사가 허용된다. 고유사무처리경비는 지방자치단체가
   전액부담하며 국가는 사후의 합법성감독만 할 수 있다. 따라서 행정안전부장관 또는 시·도지
   사는 자치사무의 감사 전에 해당 사무의 위법 여부 등을 먼저 확인해야 한다(법 제171조 제2
   항). 또 감사원 감사 등이 실시된 사안에 대한 중복감사는 새로운 사실의 발견·중요 사항 누
   락 등 대통령령이 정하는 예외적인 경우에만 허용된다. 그리고 주무부장관의 위임사무 감사와
   행정안전부장관의 자치사무감사는 지자체의 수감부담 경감과 감사 효율성 제고를 위해 같은
   기간 동안 함께 실시할 수 있다(법 제171조의 2).
   【결정례】 i) 감사원이 지자체의 자치사무에 대해서 합법성뿐 아니라 합목적성 감사를 할 수 있
   게 정한 감사원법 관련규정(제24조 제1항 제2호 등)은 지자체의 자치권을 침해한다고 볼 수
   없다(헌재결 2008. 5. 29. 2005 헌라 3). ii) 그러나 중앙행정기관의 지자체 자치사무에 대한 감사
   권은 사후적인 합법성 감사에 한하므로 특정한 위법행위가 확인되었거나 위법행위가 있었으리라
   는 합리적 의심이 가능한 경우 그 특정대상에 대한 감사만이 허용된다. 따라서 법령위반사항을
   적발하기 위한 사전적·일반적인 포괄감사는 허용되지 않는다(헌재결 2009. 5. 28. 2006 헌라 6).
   iii) 경기도가 양주시의 고유사무에 대하여 감사자료가 아닌 사전 조사자료의 명목으로 감사자
   료를 요청한 것은 경기도가 보고수령권을 남용하여 양주시의 고유사무에 대한 합법성 감사의
   한계를 어긴 자치권의 침해이다(헌재결 2022. 8. 31. 2021 헌라 1). 또 경기도가 남양주시에 대

(나) 자치재정기능

지방자치단체의 자치재정기능의 주요내용은 재정고권과 조세고권이다. 지방자치단체는 재정고권에 의해서 지방자치예산을 편성하고[1] 행정목적달성과 공익상 필요한 경우 재산을 보유하거나 특정한 자금운용을 위한 기금을 설치할 수 있으며($_{제159조}^{법}$), 주민의 복지증진을 위해 공공시설을 설치·운영할 수 있다($_{제161조}^{법}$). 또 조세고권에 의해서 법률이 정하는 바에 따라 주민에게 지방세를 부과할 수 있고($_{제152조}^{법}$),[2] 공공시설의 이용 또는 재산의 사용에 대한 사용료($_{제153조}^{법}$)와 특정인을 위한 사무에 대한 수수료($_{제154조}^{법}$) 그리고 공공시설의 설치로 인한 수익자로부터 분담금($_{제155조}^{법}$)을 징수할 수 있다. 사용료·수수료·분담금 징수에 관한 사항은 조례로 정하고 대통령령으로 정하는 표준금액으로 징수하는 것이 원칙이지만 표준금액의 50/100의 범위에서 조례로 가감조정은 할 수 있다($_{제 1 항}^{법 제156조}$).

재정고권과
조세고권

(다) 자치입법기능

지방자치단체의 자치입법기능에는 지방의회의 조례제정권과 지방자치단체의 장의 규칙제정권이 속한다.

조례제정권과
규칙제정권

a) 조례제정권

지방자치단체는 법령의 범위 안에서 그 사무에 관해서 조례를 제정할 수 있다.[3] 다만 주민의 권리제한 또는 의무부과에 관한 사항이나 벌칙을 정할 때에는 법률의 위임이 있어야 한다($_{제28조}^{법}$).[4] 지방자치단체가 조례로 규정할 수 있

내용과 한계

한 감사를 하면서 특정되지 않은 감사 항목을 포함시키고, 특정된 감사 항목과 관련성이 없는 감사 항목을 감사 개시 이후에 감사 항목으로 추가한 것은 합법적인 감사의 한계를 벗어난 것이어서 남양주시의 자치권의 침해이다. 위법 사항을 특정하지 않고 언론보도 또는 현장 제보 등을 근거로 법령위반 사항을 적발하기 위한 감사는 허용되지 않기 때문이다(헌재결 2023. 3. 23. 2020 헌라 5).

1) 다만 지방자치단체장은 지방예산편성과정에 '주민참여예산위원회'를 설치해야 한다(지방재정법 제39조 제 2 항). 그리고 행정안전부장관은 지자체 재정위험수준을 점검하고 재정진단을 실시해 필요하면 재정 주의 지방자치단체를 지정할 수 있으므로(지방재정법 제55조 제 2 항과 제 3 항 및 제55조의 1 제 1 항 제 2 호) 재정건전성에 신경을 써야 한다.

2) 【결정례】 종래 구(區)세였던 재산세를 구와 특별시의 공동세로 변경한 국회의 입법행위로 구의 재산세수입이 약간 감소하는 데 그쳤으므로 구의 자치재정권의 본질적 내용을 침해한 것이 아니다(헌재결 2010. 10. 28. 2007 헌라 4).

3) 【판시】 법령의 규정이 자치입법권에 우선하며, 법령에는 법률과 법규명령은 물론이고 법규명령으로서 기능하는 행정규칙이 포함된다(헌재결 2002. 10. 31. 2001 헌라 1, 판례집 14-2, 362(371면)).

4) 【판시】 조례의 제정권자인 지방의회는 선거를 통해서 그 지역적인 민주적 정당성을 지니고 있는 주민의 대표기관이고 헌법이 지방자치단체에 포괄적인 자치권을 보장하고 있는 취지로 볼 때, 조례에 대한 법률의 위임은 법규명령에 대한 법률의 위임과 같이 반드시 구체적으로 범위를 정하여 할 필요가 없으며 포괄적인 것으로 족하다(헌재결 1995. 4. 20. 92 헌마 264 등, 판례집 7-1, 564(572면)). 같은 취지 헌재결 2023. 12. 21. 2020 헌바 374 참조.

【판결례】 서울특별시·충남도의회 등이 법률의 위임 없이 '증언·감정 등에 관한 조례'를 제정해서 공무원의 증언거부, 허위진술·감정에 대해 3개월 이하 징역 또는 10만원 이하 벌금에

는 사무는 자치사무와 단체위임사무에 한하고 기관위임사무는 제외된다.[1] '다만, 기관위임사무에 있어서도 그에 관한 개별법령에서 일정한 사항을 조례로 정하도록 위임하고 있는 경우에는 자치조례제정권과 무관하게 이른바 위임조례를 제정할 수 있다. 이 때 그 내용은 개별법령이 위임하고 있는 사항에 관한것으로서 개별법령의 취지에 부합하는 것이라야만 한다.'[2] 기초자치단체의 조례는 광역자치단체의 조례에 위반해서는 아니된다($^{법}_{제30조}$). 지방자치단체는 조례로써 조례위반행위에 대하여 천만원 이하의 과태료를 정할 수 있다($^{법 제34조}_{제 1 항}$). 조례제정 또는 개폐는 광역자치단체는 행정안전부장관에게, 기초자치단체는 시·도지사에게 그 전문을 첨부해서 보고해야 한다($^{법}_{제35조}$).[3] 또 지방의회의 조례제정권은 지방자치단체장의 재의요구권($^{법 제32조}_{제 3 항}$)과 제소권에 의한 통제를 받는다 ($^{법}_{제192조}$). 그리고 주민의 조례제정 및 개폐청구권[4]에 의한 제약도 받는다($^{주민발안법}_{제 3 조}$). 나아가 지방의회는 심사대상 조례안에 대해서 5일 이상 그 취지, 주요내용 등 전문을 공보나 인터넷 홈페이지 등에 게재하는 방법으로 예고할 수 있다($^{법 제}_{77조}$).

b) 규칙제정권

내용   지방자치단체의 장은 법령 또는 조례가 위임한 범위 안에서 그 권한에 속하는 사무에 관하여 규칙을 제정할 수 있다($^{법}_{제29조}$). 기초자치단체의 규칙은 광

처할 수 있도록 한 것을 대법원은 무효판결했다. 대법원 1995. 6. 30. 선고 93 추 52·113 판결 참조.

【결정례】 법률의 위임에 따라 학원의 야간교습시간을 05시부터 22시까지로 정한 서울특별시 자치조례는 직업수행의 자유, 인격의 자유로운 발현권 및 자녀교육권의 침해가 아니다(헌재결 2009. 10. 29. 2008 헌마 635).

1) 동지: 대법원 1992. 7. 28. 선고 92 추 31 판결.
2) 대법원 1999. 9. 17. 선고 99 추 30 판결 참조.
3) 【결정례】 지방세법에서 지방자치단체가 과세면제조례를 제정할 때 미리 감독관청(행자부장관)의 허가를 받도록 정한 것은 자치입법권의 침해가 아니다(헌재결 1998. 4. 30. 96 헌바 62).
4) 18세 이상의 주민으로 해당 지자체 관할 구역에 주민등록이 되어 있는 사람은 지방의회에 조례의 제정·개정·폐지를 청구할 수 있다(법 제 2 조). 이 경우 특별시와 인구 800만 이상의 광역시나 도의 경우 해당 지자체 청구권자 총수의 1/200, 인구 800만 미만인 광역시 등은 청구권자 총수의 1/150, 인구 50만 이상 100만 미만인 시·군 및 자치구는 청구권자 총수의 1/100 이내에서 해당 자치단체의 조례로 정하는 청구권자 수 이상이 연대 서명하여 청구한다(법 제 5 조). 주민조례청구를 하려는 경우 대표자를 선정한다(법 제 6 조). 청구권자는 청구인 명부에 성명·생년월일·주소 등을 적고 서명 또는 날인하고, 대표자는 청구인 정족수 요건을 충족한 청구인 명부를 지방의회 의장에게 제출한다. 지방의회 의장은 그 내용을 5일 이내에 공표하여야 하고, 공표한 날부터 10일간 청구인 명부나 그 사본을 공개된 장소에서 열람할 수 있도록 한다. 열람기간 중에 청구인 명부 서명에 이의신청을 받아 지방의회 의장은 청구인 명부를 수정한다(법 제 9 조~제11조). 지방의회는 주민청구조례안이 수리된 날부터 1년 이내에 해당 조례안을 의결하되, 필요한 경우 본회의 의결로 1년 이내의 범위에서 한 차례만 그 기간을 연장할 수 있다. 그리고 주민청구조례안은 지자법에도 불구하고 지방의회의원의 임기가 끝나더라도 다음 지방의회의원의 임기까지는 회기 중에 의결되지 못한 이유로 폐기되지 아니한다(법 제13조).

역자치단체의 규칙에 위반해서는 아니 된다(법제30조). 규칙의 제정 또는 개폐시의 보고의무는 조례의 경우와 같다(법제35조).

⒧ **주민투표**

지방자치단체의 폐치·분합 또는 주민에게 과도한 부담을 주거나 중대한 영향을 미치는 주요결정사항으로서 그 지방자치단체의 조례로 정하는 사항은 주민투표에 부칠 수 있다. 그러나 지방자치단체의 예산·회계·계약 및 재산관리, 조세 및 공과금의 부과·감면, 행정기구의 설치·변경, 공무원의 신분·보수에 관한 사항 등은 주민투표에 부칠 수 없다(지자법 제18조 및 주민투표법 제7조). 주민투표의 청구[1]는 투표권을 갖는 18세 이상의 주민(법제5조) 1/20(강원특별자치도는 1/30) 이상 1/5 이하의 범위 내에서 조례로 정하는 수 이상의 주민의 서명으로 할 수 있는데, 지방자치단체의 장, 지방의회, 중앙행정기관의 장도 일정한 절차를 밟아 주민투표를 청구할 수 있다(법 제9조 및 강원특법 제11조). 그런데 공직선거일 전 60일부터 선거일까지는 주민투표를 발의할 수 없다(법 제13조 제3항). 주민투표에 부친 사항은 투표권자 1/3 이상의 투표와 유효투표 과반수의 득표로 확정되는데, 지방자치단체의 장 및 지방의회는 확정된 내용대로 필요한 조치를 해야 한다(법제24조). 주민투표의 효력에 대해서는 소청절차를 거쳐 관할 고등법원(기초자치단체의 경우) 또는 대법원(광역자치단체의 경우)에 주민투표소송을 제기할 수 있다(법제25조).[2] 주민투표의 절차 등에 관해서는 주민투표법이 자세히 규정하고 있다.

⒨ **주민소환**

선출직 지방공직자의 위법·부당행위, 직무유기 또는 직권남용 등을 통제하기 위한 주민소환제도가 시행된다.[3] 즉 지방자치선거권 있는 일정 수 이상의 주

(우측 여백) 대상·청구권자·결정정족수

(우측 여백) 선출직 대상 주민소환투표

---

1) 【판시】 주민투표권은 법률이 보장하는 권리일 뿐이지 헌법이 보장하는 기본권 또는 헌법상 제도적으로 보장되는 주관적 공권으로 볼 수 없다(헌재결 2005. 12. 22. 2004 헌마 530); 헌재결 2001. 6. 28. 2000 헌마 735, 판례집 13-1, 1431(1439면 이하)).
【결정례】 주민등록이 아닌 국내 거소신고만을 할 수 있는 국내 거주 재외국민의 주민투표권을 박탈한 주민투표법규정(제5조 제1항 해당부분)은 평등권의 침해이다(헌재결 2007. 6. 28. 2004 헌마 643).
2) 【결정례】 지방자치단체의 주요결정사항에 관한 주민투표와 달리 국가정책사항에 관한 주민투표에 대해서는 주민투표소송을 배제하고 있는 것은(법 제8조 제4항) 전자와 달리 법적 구속력을 인정하지 않고 단순한 자문적인 주민의견수렴절차에 그치도록 한 양자 사이의 본질적인 차이에 근거한 것이므로 재판청구권이나 평등권 침해가 아니다(헌재결 2009. 3. 26. 2006 헌마 99).
3) 주민소환법(2006. 5. 24.)은 2007. 5. 24.부터 시행되었다(부칙).
【결정례】 우리 주민소환제는 헌법이 아닌 법률적 차원에서 보장한 것으로 기본적으로 정치적인 절차로서의 성격이 강해서 입법형성의 여지가 큰 만큼 주민소환의 개방적 청구사유, 발의요건, 동일사유의 재청구, 권한행사의 정지, 주민소환투표 결과의 확정요건 등의 현행법규정은 대의제의 본질적인 내용을 침해한다고 볼 수 없고 입법자 판단의 큰 잘못도 인정할 수 없어 자치단체장의 공무담임권을 침해하지 않는다(헌재결 2009. 3. 26. 2007 헌마 843).

민($^{광역자치단체장의 경우 10\%, 기초자}_{치단체장 15\%, 지방의회의원 20\%}$)은 선출직 지방공직자($^{교육감은 포함되지만 비례}_{대표 지방의회의원은 제외}$)를 대상으로 관할선거관리위원회에 주민소환투표의 실시를 청구할 수 있다($^{지자법 제25조·}_{법 제 7 조 ·}$). 다만 선출직 지방공직자의 임기개시일부터 1년이 지나지 않았거나, 임기만료일부터 1년 미만인 때 또는 해당 공직자에 대한 주민소환투표를 실시한 날부터 1년 이내에는 주민소환투표의 청구가 제한된다($^{법}_{제8조}$). 적법한 주민소환투표실시청구가 있는 때에는 관할선거관리위원회가 주민소환투표안을 공고하여 발의하고($^{법}_{제12조}$), 공고일부터 20일 이상 30일 이하의 범위 안에서 투표일을 정한다. 다만 소환대상 공직자가 자진사퇴, 피선거권 상실 또는 사망한 때에는 투표를 하지 않는다

권한행사정지 ($^{법}_{제13조}$). 주민소환투표대상자는 주민소환투표안을 공고한 때부터 주민소환투표결과를 공표할 때까지 그 권한행사가 정지되며 지방자치단체장의 경우 부자치단체장이 그 권한을 대행한다. 권한행사가 정지된 지방의회의원은 그 정지기간

주민소환 정족수 동안 인터넷 게재 이외의 의정활동보고를 할 수 없다($^{법}_{제21조}$). 주민소환은 주민소환투표권자 총수의 1/3 이상의 투표와 유효투표 과반수의 찬성으로 확정되며 ($^{법}_{제22조}$), 해당 공직자는 투표 결과가 공표된 시점부터 그 직을 상실하며, 그로 인해 실시하는 해당 보궐선거에 후보자가 될 수 없다($^{법}_{제23조}$). 주민소환투표소송은 해당 선거관리위원회에의 소청을 거쳐 각각 대법원($^{광역자치단체}_{장과 교육감}$)과 관할 고등법원 ($^{지방의회의원 및}_{기초자치단체장}$)에 제기할 수 있다($^{법}_{제24조}$).

㈎ 주민감사청구와 주민소송

감사청구대상 과 청구권자 지방자치단체장의 사무처리가 법령에 위반하거나 공익을 현저하게 해친다고 인정하는 경우 선거권 있는 해당주민은 조례가 정하는 일정수($^{시·도 300명, 50만}_{이상 대도시 200명,}$ $^{시·군·자치구}_{150명 미만}$) 이상의 주민연서로 3년 내에 주무부장관($^{광역자치단}_{체의 경우}$) 또는 시·도지사 ($^{기초자치단}_{체의 경우}$)에게 감사청구를 할 수 있다($^{지자법 제21조}_{제 1 항~제 3 항}$). 감사청구를 받은 주무부장관 또는 시·도지사는 원칙적으로 60일 이내에 감사를 종료하고 감사결과를 청구인의 대표자와 당해 지방자치단체의 장에게 서면통지하고 공표하며($^{법 제21조}_{제 9 항}$), 감사청구사항이 다른 기관에서 이미 감사한 사항이거나 감사중인 사항이면 청구인 등에게 그 사실과 결과를 지체 없이 알려야 하며($^{법 제21조}_{제10항}$), 감사결과에 따른 필요한 조치를 기간을 정해 당해 자치단체장에게 요구할 수 있다. 이 경우 당해 자치단체장은 성실이행의무를 지며 그 조치결과를 지방의회와 감사기관에 보고해야 한다($^{법 제21조}_{제12항}$). 감사기관은 조치요구내용과 당해 자치단체장의 조치결과를 청구인 대표자에게 서면통지하고 공표해야 한다($^{법 제21조}_{제13항}$).

주민소송의 대상과 요건 공금지출·재산관리·계약체결·공과금 부과 등에 관한 감사청구에 대해서 감사기관이 정해진 기간 내에 감사를 종료하지 않거나, 감사기관의 감사결과

또는 조치요구에 불복이 있거나, 감사기관의 조치요구를 당해 자치단체장이 이행하지 않거나, 자치단체장의 이행조치에 불복이 있는 감사청구인은 90일 이내에 당해 자치단체장을 상대로 관할 행정법원에 주민소송을 제기할 수 있는데 이 소송은 비재산권을 목적으로 하는 소송[1]으로 본다. 주민소송에서 승소한 주민은 당해 자치단체에 변호사보수 등의 소송비용 및 감사청구절차진행에 소요된 비용의 보상을 청구할 수 있고 당해 자치단체는 객관적으로 인정되는 비용을 보상해야 한다($\frac{법 제22조}{제1항~제18항}$). 주민소송의 판결결과에 따라 해당 당사자는 손해배상($\frac{법}{제23조}$) 또는 변상($\frac{법}{제24조}$) 등의 이행의무가 발생한다.

(3) 지방자치에 관한 입법형성권의 한계

우리 현행헌법은 지방자치제도의 구체적인 실현에 관해서 법률유보규정을 둠으로써 이를 입법권자의 입법형성권에 맡기고 있다. 그러나 지방자치에 관한 이와 같은 법률유보규정은 그것이 결코 입법권자에게 입법형성권에 의한 자의적인 입법독재를 허용한 것이 아니라는 점을 명심할 필요가 있다.

〔측면〕 법률유보와 입법형성권

따라서 지방의회의 구성과 지방자치단체장의 선거시기에 관한 결정은 지방자치를 제도적으로 보장하는 헌법정신과 지방자치의 본질과 기능 등을 종합적으로 고려해서 체계적인 조화가 이루어질 수 있는 방향으로 내려져야 한다.[2] 바로 이곳에 지방자치를 실시하는 데 있어서 준수해야 되는 체계정당성의 한계가 있다.

〔측면〕 체계정당성의 요청

(4) 현행 지방자치제도의 문제점

그런데 지금의 지방자치법과 공직선거법은 지방자치의 본질과 기능을 존중한 실효성 있고 합리적인 지방자치제도를 마련한 것이라고 보기 어렵다. 물론 개정된 지방자치법과 공직선거법은 정당추천제를 확대하고 지방의회의 권한을 강화하는 등 지방자치를 정착시키려는 의지가 부분적으로 나타나고 있는 것은 사실이다. 그렇지만 지방자치의 본질을 무시하거나 지방자치를 오히려 약화시키는 내용도 들어 있다. 그런데 2010년 '지방행정체제 개편에 관한 특별법'이 제정되어 지방행정체제개편추진위원회가 구성되고 2012년 6월 말까지 지방행정체

〔측면〕 개정지방자치법의 개선점과 문제점

---

1) 민사소송 등 인지법 제 2 조 제 4 항 참조.
2) 【결정례】 i) 지방자치단체의 존립을 위한 자치사무에 해당하는 지방선거의 선거관리비용을 해당 지자체에 부담시키는 입법은 지자체의 재정권의 침해가 아니다(헌재결 2008. 6. 26. 2005 헌라 7). ii) 인구 50만 이상의 일반시(예 : 창원시)에는 자치구가 아닌 구(행정구)를 두고 그 구청장은 시장이 임명하도록 정한 지자법(제 3 조 제 3 항 및 제118조 제 1 항) 규정은 입법자의 지방자치에 관한 입법형성권의 범위에 속하는 일이어서 지방자치제도와 민주주의의 본질에 반하지 않을 뿐 아니라 행정구 주민의 평등권 침해도 아니다(헌재결 2019. 8. 29. 2018 헌마 129).

제 개편에 관한 종합적인 기본계획을 마련하게 되어 있었는데 2013년 이 법률이 '지방분권 및 지방행정체제개편에 관한 특별법($^{지방}_{분권법}$)'으로 대체되었다. 이 지방분권법에 따라 대통령소속으로 5년 한시적으로 지방자치발전위원회($^{위원장\ 1명과\ 부위원}_{장\ 2명을\ 포함\ 27명}$)가 구성되어 지방자치단체의 자치역량을 강화하기 위한 활동을 하고 있다. 그러나 과거 지방행정체제 개편추진위원회가 마련했던 개편안 등을 원칙적으로 승계하게 되어 있어($^{법\ 제1조,\ 제44조~제}_{52조\ 및\ 부칙\ 제4조}$) 앞으로 지방자치의 구조가 바뀔 가능성이 있다. 특히 특별시와 광역시 및 시·군·구의 개편과 도의 지위 및 기능의 재정립을 비롯해서 읍·면·동의 주민자치제 도입 등 앞으로의 지방자치제변화에 관심이 모아지고 있다. 그런데 지방자치단체에 국제교류·협력을 추진할 수 있게 허용하고($^{지자법\ 제193}_{조~제195조}$), 특별지방자치단체를 설치할 수 있게 하는($^{지자법\ 제199}_{조~제211조}$) 등 지방자치를 강화하는 방향으로 개선되고 있다.

1) 권력분립적 기능의 약화

2002년 지방선거까지는 정당추천제를 다시 후퇴시켜 기초자치단체의원선거에서는 정당추천제를 배제함으로써 지방자치가 갖는 기능적 권력통제의 기능을 약화시키는 결과를 초래했었다. 이것은 지방자치를 행정현상으로 인식하는 고전적인 고정관념의 제도적인 표현이었다고 볼 수 있는데, 이는 지방자치가 수행해야 하는 정치형성기능과는 조화되기 어렵다. 다행히 우리 헌법재판소는 지방자치의 정치형성기능을 인정해서 관련규정($^{선거법}_{제84조}$)을 위헌결정했다.[1] 그 후 공직선거법을 개정해서(2005. 6.) 기초자치단체의원선거에서도 정당추천제와 비례대표제를 도입했다($^{법\ 제47조\ 제1항)}_{및\ 제23조\ 제3항}$).[2]

2) 생활권 무시한 자치단체

또 지방자치단체의 종류와 기구면에서 개정지방자치법은 개정 전과 마찬가지로 농촌지역에서의 기초자치단체를 읍·면이 아닌 군으로 하고 있어 농촌지역

---

1) 【결정례】 우리 헌재는 공직선거법 제47조 제1항의 문언상 정당이 비공식적으로 후보자를 추천하거나 특정후보자를 지지·반대한다는 의사표명을 금지하지 않고 있다는 전제하에서, 정당원인 후보자가 특정정당으로부터 지지·추천받음을 표방할 수 없도록 한 법 제84조 본문부분은 후보자의 표현의 자유와 유권자의 알권리를 침해하고 평등원칙에도 위배된다고 판시함으로써 종전의 합헌결정을 변경했다(헌재결 2003. 1. 30. 2001 헌가 4). 우리 헌재는 처음에 기초의원선거후보자에 대해서 정당표방을 금지하고 정당의 당원경력만 표시하게 한 것은 지방자치의 본질적 기능을 살리기 위해서 불가피한 합헌적인 규정이라고 판시했었다(헌재결 1999. 11. 25. 99 헌바 28). 그러나 그러한 판시는 지방자치의 권력분립적 기능을 강조하는 판시내용(헌재결 1998. 4. 30. 96 헌바 62)과 배치되는 측면이 있었다.
2) 【결정례】 정당의 기초의원 후보자 추천제는 공무담임권과 지방자치제의 본질적 내용의 침해가 아니다(헌재결 2007. 11. 29. 2005 헌마 977).

에서의 실제적인 생활권(生活圈)을 무시하고 있을 뿐 아니라, 서울특별시 등 대도시에 구의회를 두어 대도시가 갖는 통합생활권적 생리를 여전히 외면하고 있다.

3) 지방의회의원에 대한 월정액의 수당 지급

지방자치법은 지방의회의원을 본래 명예직으로 규정하면서도 공무여비 및 회의수당 외에 매월 월정액의 의정활동비를 지급하도록 했었다($\text{지자법}_{\text{제40조}}$). 2003년 개정된 지방자치법은 지방의회의원을 명예직으로 했던 규정을 삭제했다. 그러나 지방의회의원은 여전히 명예직의 성질을 갖는 것이기 때문에 의정활동비와 월정수당을 따로 지급하는 것은 지방의회의원의 신분과 조화되기도 어렵거니와 자립도가 낮은 지방재정을 더욱 어렵게 만들어 지방자치의 조기정착을 지연시키는 결과를 초래하게 될 것이다. 지방의회의원은 직업이 아닌 봉사직으로 두는 것이 옳다.

명예직 성질의 신분과 월정수당의 부조화

4) 지방자치단체에 대한 중앙정부의 통제·간섭권강화

종래 지방자치단체에 대한 감독권으로는 감독관청의 자치사무감사권($\text{제190}_{\text{조}}$), 자치단체장의 명령·처분에 대한 시정명령 및 취소권($\text{제188}_{\text{조}}$),[1] 지방의회 의결사항에 대한 재의요구지시권($\text{제192조}_{\text{제1항}}$) 등이 있었다. 그런데 개정지방자치법[2]은 그 밖에도 감독관청에게 지방의회 재의결사항에 대한 제소지시 및 직접제소권($\text{제192조}_{\text{제4항}}$)과 직무이행명령 및 대집행권($\text{제189}_{\text{조}}$)을 추가로 부여함으로써 지방자치단체를 통제할 수 있는 제도적인 장치를 더욱 강화했다. 다만 중앙행정기관과 지방자치단체 간 이견을 협의·조정하기 위하여 행정협의조정위원회($\text{위원장 1인 포함}_{\text{명 이내로 구성}}$ 13)를 둘 수 있게 했지만($\text{지자법}_{\text{제187조}}$) 그 실효성은 의문이다.

제소지시 및 직접제소권과 직무이행명령 및 대집행권

법리적으로 볼 때 중앙정부와 지방자치단체간의 권한분쟁은 헌법($\text{제111조 제}_{\text{1항 제4호}}$)과 헌법재판소법($\text{제61조}_{\text{이하}}$)이 정하는 권한쟁의심판제도에 의해서 해결하는 것이 원

대법원의 기관소송관할권확대

---

1) 【판결례】 지자법 제169조 제 1 항은 지자체의 자치행정사무 처리가 법령 및 공익의 범위 안에서 행해지도록 감독하기 위한 규정이므로 그 적용대상을 항고소송의 대상이 되는 행정처분으로 제한할 이유가 없다. 따라서 서울시가 서울시의회 입법조사관의 정책지원요원(사실상 서울시의회 의원 개인별 유급 보좌인)으로 임용하기 위해서 낸 공무원 채용공고는 직권취소의 대상이 될 수 있는 지자체의 사무에 관한 처분에 해당한다. 그런데 공무원의 임용은 개별 지방의회에서 정할 사항이 아니라 국회의 법률로써 규정할 입법사항이고 지자법 등 다른 법률에서도 입법보조원을 지방의회에 둘 수 있는 법적 근거가 없다. 따라서 서울시의 채용공고는 위법하고 이를 직권취소한 행자부장관의 조치는 적법하다(대법원 2017. 4. 13. 선고 2016 추 5087 판결). 즉 서울시가 행자부장관을 상대로 제기한 직권취소처분 취소소송에서 서울시가 패소했다.
2) 지자체장에 대한 재의요구지시권의 실효성을 높이기 위해서 지자체장이 재의요구지시에 불응하거나 재의요구지시 전에 위법조례안을 공포한 경우 주무부장관 또는 시·도지사가 대법원에 직접 제소하거나 집행정지결정을 신청할 수 있게 했다(제172조 제 7 항).

칙이다. 그럼에도 불구하고 지방자치법이 지방자치단체에 대한 중앙정부의 통
제권을 더욱 강화하면서 대법원의 기관소송관할권을 확대한 것은 지방자치의
본질 내지 지방자치의 현대적인 기능과 조화되기 어렵다. 지방자치는 이제 더

**중앙정부와
지방자치단체
의 기능적인
상호통제의
관계 정립 요
청**

이상 행정기능중심의 지방행정의 특수형태가 아니고 국가의 정치형성적인 기능
내지 기능적인 권력통제수단에 속한다. 따라서 중앙정부와 지방자치단체는 이
제는 일방적인 지시·감독의 관계가 아니고 기능적인 상호 통제의 관계라는 점
을 인식해야 한다. 새로 도입된 직무이행명령권과 제소지시권 및 직접제소권
등 중앙정부의 통제권이 악용·남용되는 경우 우리의 지방자치는 심각한 위기
에 직면할 수도 있을 것이다. 중앙정부는 권력지키기에만 급급할 것이 아니라
지방자치가 정치적 다원주의를 실현하는 불가결한 수단이라는 점을 유념해서
지방자치단체의 자치권을 최대한으로 존중하는 방향으로 지방자치단체와의 관
계를 정립해 나가야 할 것이다.

5) 지방자치단체 부단체장의 신분과 임명방법의 2원화

개정지방자치법은 지방자치단체 부단체장의 신분과 임명방법을 2원적으로
규정하고 있다. 즉 기초자치단체의 부단체장은 일반직 지방공무원으로 보하며

**기초자치단체
와 광역자치
단체의 부단
체장의 차별
적인 임명방
법**

당해 자치단체장이 임명하지만, 광역자치단체의 부단체장은 정무직 또는 일반
직 국가공무원으로 보하며, 당해 자치단체장의 제청으로 행정안전부장관을 거
쳐 대통령이 임명하도록 했다. 다만 이 경우 제청된 자에게 법적 결격사유가
없는 한 30일 이내에 그 임명절차를 마치도록 하고 있다. 그리고 광역자치단체
에는 대통령령이 정하는 바에 의하여 3인(특별시) 또는 2인 내지 3인(광역시·도)[1]
의 부단체장을 둘 수도 있는데 이 때 한 사람은 정무직·일반직 또는 별정직 지
방공무원으로 하고 정무직과 별정직의 자격기준은 당해 자치단체의 조례로 정
하게 했다(지자법
제123조).

**대통령의 광
역자치단체
부단체장 임
명권의 역기
능**

이처럼 자치단체의 종류에 따라 부단체장의 신분과 임명방법을 다르게 규
정하는 것은 지방자치의 본질에 비추어 볼 때 타당성이 없다. 지방자치법상 부
단체장은 당해 자치단체장을 보좌하는 일종의 보조기관에 불과한데(지자법 제123조
제5항과 제6항)
광역자치단체의 경우 그 부단체장을 구태여 국가공무원으로 해서 대통령이 임
명해야 할 기능적인 필요성은 없다. 대통령이나 행정안전부장관이 국가공무원
인 부단체장을 통해서 광역자치단체의 자치사무를 간섭하겠다는 정치적인 의도
에서 나온 제도라면, 그것은 오히려 지방자치단체장과 부단체장 사이의 긴장관

---

1) 인구 800만 이상의 광역시·도만 3인의 부단체장을 둔다.

계를 의도적으로 조장하겠다는 것에 지나지 않는다. 그러한 긴장관계가 해당 지방자치단체뿐 아니라 국익에도 도움이 되지 않는다는 것은 너무나 명백하다. 광역자치단체의 부단체장을 세 사람 또는 두 사람 둘 수도 있게 한다는 발상은 대통령의(사실상은 행정안전부장관의) 부단체장 임명권을 관철하기 위한 하나의 타협안으로 보여지지만 그것은 재정낭비만을 가져올 뿐 지방자치에 도움이 되는 제도라고 볼 수 없다. 대통령의 부단체장 임명권이 당해 지방자치단체장의 제청권에 기속되는 것이라면 왜 구태여 대통령의 임명권을 고집해야 하는지 설득력이 약하다. 법적 결격사유 있는 사람이 부단체장에 임명되는 것을 방지하겠다는 것이 그 유일한 이유라면 그것은 대통령령 등 다른 방법으로도 통제가 얼마든지 가능하다. 따라서 지방자치단체의 부단체장은 기초자치단체와 광역자치단체를 구별할 필요 없이 그 신분을 지방공무원으로 일원화해서 당해 자치단체장이 지방의회의 동의를 얻어 임명하도록 통일하는 것이 바람직하다. 그렇게 하는 것이 부단체장의 자치단체장 직무대리 내지 권한대행권 때문에 요구되는 민주적 정당성도 확보하게 하는 방법이다.

7. 헌법재판제도

전통적으로 헌법재판(Verfassungsgerichtsbarkeit)은 통치기능의 한 유형으로 간주되어 왔다. 그러나 오늘날 자유민주국가에서 헌법재판제도는 정치생활을 헌법의 규범적 테두리 속으로 끌어들임으로써 정치를 순화시키고 '헌법을 실현'하는 헌법보호의 중요한 수단일 뿐 아니라, 그 강력한 권력통제적 기능 때문에 통치기구의 불가결한 구성원리로 인식되고 있다. 즉 헌법재판제도가 통치권의 기본권기속과 통치권행사의 절차적 정당성을 확보하기 위한 기능적 권력통제의 한 메커니즘으로 이해되면서부터 헌법재판제도는 권력분립의 차원에서 통치를 위한 기관의 구성원리로도 중요한 의미를 갖게 되었다. 이 책에서 헌법재판제도를 통치기구의 다른 조직원리들과 함께 다루려고 하는 이유도 바로 그 때문이다.

자유민주적 통치구조에서 합리적이고 실효성 있는 헌법재판제도를 마련한다는 것은 '헌법이 정치의 시녀'라는 그릇된 논리를 배격하고 '정치'와 '헌법'의 양면적 교차관계를 헌정생활의 모델로 정착시킴으로써 정치생활이 헌법에 의해서 규범적으로 주도되고, 그것이 또한 감시되고 통제되는, 이른바 '정치생활의 규범화현상'을 통치구조를 통해 실현하는 의미를 갖는다.

헌법보호수단 및 기능적 권력통제장치

정치생활의 규범화현상의 통치구조적 실현

자유민주적
통치구조의
불가결한 구
성요소

자유민주적 헌법국가에서 Konsens에 바탕을 둔 헌법을 실현하고 헌법적
가치질서를 지키는 것이 동화적 통합의 필수적인 전제조건이라면, 헌법재판제
도를 합리적이고 실효성 있게 마련함으로써 정치생활의 규범화현상을 실현하고
헌법적인 가치질서가 정치에 의해 침해되지 못하게 지키는 것은 동화적 통합을
추구하는 자유민주적인 통치구조에서 가장 우선적이고 선결적인 과제가 아닐
수 없다. 미국·독일·프랑스·오스트리아·스위스 등 서구의 정치적인 선진국들
이 오늘날 안정된 헌정생활을 누리고 있는 것은 이들 나라들이 비록 형태는
다르더라도 헌법재판제도를 통치구조의 불가결한 구성요소로 끌어들여 이를 합
리적으로 제도화해서 운영하고 있기 때문이다.[1]

'헌법에의 의
지'를 필수적
인 전제로 하
는 권력통제
장치

그런데 헌법재판제도에서 특히 강조해야 할 일은 단순한 제도만으로는 헌
법재판이 결코 그 실효성을 나타낼 수 없다는 점이다. 헌법재판은 합리적인 제
도 못지 않게 헌법을 존중하고 지키려는 강한 '헌법에의 의지'를 필수적인 전제
로 하는 특수한 권력통제장치이기 때문이다. 헌법재판제도가 헌법제도 중 가장
실현하기 어려운 통치기관의 구성원리로 간주되어, 한 나라 헌정질서의 성패는
헌법재판제도에 달려 있다고 평가되는 이유도 그 때문이다. 아무튼 오늘날에
와서는 미국형이든 유럽대륙형이든 어떤 형태로든지 헌법재판제도를 그 통치구
조 속에 마련하지 않고는 자유민주적 통치구조의 기본요소를 갖추었다고 평가
받기 어렵게 되었다.

I. 헌법재판의 개념과 본질

(1) 헌법재판의 개념과 그 이념적 기초

1) 헌법재판의 개념

헌법실현작용·
헌법구조의
내재적인 제
도

헌법재판은 헌법을 운용하는 과정에서 헌법의 규범내용이나 기타 헌법문
제에 대한 다툼이 생긴 경우에 이를 유권적으로 해결함으로써 헌법의 규범적
효력을 지키고 헌정생활의 안정을 유지하려는 헌법의 실현작용이다. 헌법의 규
범내용이나 헌법문제에 대한 다툼은 헌법의 규범구조적 특성($\substack{추상성·개방성·\\미완성성 등}$) 때문

---

[1] 역사적으로도 헌법재판은 이미 19세기 초부터 이들 서구선진국들의 헌정생활에서 중요한 정치
주도적 기능을 해 왔다고 볼 수 있는데, 1803년에 확립된 미국연방대법원(Supreme Court)의
법률에 대한 위헌심사제도, 1820년대로부터 유럽대륙제국에서 비롯된 탄핵심판(impeachment)·
권한쟁의·헌법분쟁 등 국사재판제도(國事裁判制度, Staatsgerichtsbarkeit) 등이 바로 그것이다.
자세한 관련문헌에 관해서는 졸저, 전게서, 방주 1075의 각주 및 헌법재판제도에 관한 보다 자
세한 내용은 졸저, 「헌법소송법론」, 2023년판을 참조할 것.

에 나타나는 불가피한 현상이기 때문에 헌법재판은 어느 의미에서 헌법구조의 내재적인 제도라고도 볼 수 있다.

2) 헌법재판의 이념적 기초

(개) 헌법재판의 이념적 기초로서의 헌법의 성문성과 경성

이처럼 헌법재판은 헌법구조의 내재적인 제도요 또 헌법실현작용을 뜻하기 때문에 헌법을 가지는 모든 '헌법국가'에서 마땅히 필요로 하는 제도이지만, 성문의 경성헌법을 가진 헌법국가에서 그 제도적인 의의와 기능이 특히 크기 마련이다. 따라서 불문의 연성헌법을 가진 영국과 같은 나라에서는 헌법재판의 문제가 특별히 따로 논의되지 않는다.

성문의 경성 헌법

(내) 헌법재판의 이념적 기초로서의 헌법의 최고규범성

헌법재판은 적어도 이념적으로는 '헌법의 최고규범성'을 전제로 해서 '헌법'과 '일반법률'의 효력상의 차이를 인정하고, 헌법이 가지는 정치생활 주도적·권력통제적·자유보장적·사회통합적 기능 등을 성문의 헌법전으로 명백히 규정하거나 인정하는 경우에 그 제도적 의의가 뚜렷해지기 마련인데 영국과 같이 헌정생활이 불문의 연성헌법에 의해서 주도되는 경우에는 헌법재판의 내용이나 그 실효성이 명백하지 않게 된다. 헌법재판은 지나치게 강한 '의회주권'과는 이념적으로 조화되기 어렵다는 것을 영국의 헌정질서가 잘 말해 주고 있다고 할 것이다.

헌법과 법률의 효력상 우열

(대) 헌법재판의 이념적 기초로서의 기본권의 직접적 효력성

헌법재판은 또 '기본권의 직접적 효력성'과 '통치권의 기본권기속성'을 전제로 할 때 그 실효성이 제일 크게 나타난다. 입법·행정·사법 등의 통치권행사가 기본권실현을 위해서 행해지고, 이들 통치권행사가 언제나 기본권적 가치에 기속되는 헌법질서 내에서 헌법재판은 비로소 그 헌법보호제도로서의 의미를 가장 강하게 갖게 되기 때문이다. '기본권의 직접적 효력성'과 '통치권의 기본권기속성'이 헌법에 명문화된 독일기본법($^{제1조\ 제1}_{항과\ 제3항}$)질서하에서 헌법재판이 특히 꽃을 피우고 있는 것도 바로 그 때문이다.

기본권의 직접적 효력과 기본권에 기속되는 통치권

(래) 헌법재판의 이념적 기초로서의 헌법개념의 포괄성

헌법재판은 헌법의 규범내용이나 헌법문제에 관한 헌법분쟁을 유권적으로 해결하는 헌법실현작용을 뜻하기 때문에 헌법재판에서는 형식적 의미의 헌법뿐 아니라 실질적 의미의 헌법($^{예컨대\ 국회법·정}_{당법·선거법\ 등}$)까지도 모두 그 검토의 대상이 되는 것은 당연하다. 그렇기 때문에 헌법재판은 그것이 형식적 의미의 헌법에 관한 것이건 실질적 의미의 헌법에 관한 것이건 헌법문제에 관한 헌법분쟁을 유권적

모든 헌법분쟁의 유권적 해결

으로 해결함으로써 헌법을 실현해서 헌법규범과 헌법현실 사이의 gap이 필요 이상 커지는 것을 막는 가장 효과적인 헌법보호수단으로 간주된다. 그것은 즉 헌법재판이 입법권·행정권·사법권 등의 과잉행사에 의해서 헌법적 가치질서가 침해되는 것을 예방하거나 시정할 수 있는 가장 강력한 권력통제수단으로 기능 한다는 것을 뜻한다. 헌법재판이 단순한 통치기능의 차원을 넘어서 권력통제의 메커니즘으로 작용하며 통치권행사의 절차적 정당성의 확보라는 측면에서 통치 기관의 중요한 구성원리로 인식되는 이유도 그 때문이다.

(2) 헌법재판의 특성과 법적 성격

1) 헌법재판의 특성

다른 법인식 작용과의 차 이

헌법재판도 민사재판·형사재판·행정재판 등과 마찬가지로 법률문제에 대 한 분쟁해결을 목적으로 한다는 점에서는 이들과 같은 법인식작용에 속한다고 볼 수 있다. 그럼에도 불구하고 다른 유형의 재판작용과는 달리 헌법재판만이 특별히 통치기관의 구성과 관련해서 문제가 되는 까닭은 무엇인가?

그것은 헌법재판의 다음과 같은 특성 때문이라고 볼 수 있다.

(개) 정치형성재판으로서의 특성

정치생활이 헌법에 의해 주도되게 하 는 재판

헌법재판은 특히 헌법문제에 관한 다툼을 그 대상으로 하고 있고, 헌법문 제에 관한 다툼은 바로 '정치규범으로서의 헌법'에 관한 다툼으로서 국가의 정 치질서와 직결되기 때문에 헌법재판은 정치생활을 형성하는 재판으로서의 특성 을 갖는다. 즉 헌법재판은 한 나라의 법질서 중에서 최고의 효력을 가지는 헌 법의 규범적 효력을 지킴으로써 헌법으로 하여금 율동적인 정치생활을 규범적 으로 주도할 수 있는 힘을 계속해서 가지게 하기 위한 수단인 까닭에 마땅히 법적인 영역과 정치적인 영역을 이어 주는 교량적인 역할을 하게 된다.

따라서 헌법재판은 다른 재판작용에서처럼 국민의 일상생활에서 나타나는 여러 가지 법적 분쟁을 해결해 준다는 기술적 성격의 단순한 법인식작용과는 그 성격을 전혀 달리한다. 이처럼 헌법재판의 대상과 기준이 되는 헌법의 최고 규범 및 정치규범적 성격 때문에 헌법재판이 정치형성재판으로 기능하게 된다 는 점에서 헌법재판은 국가의 정치생활과 불가분의 관계에 있다. 헌법재판을 제도화하는 데 있어서 헌법재판의 이와 같은 정치형성기능이 특별히 고려되어 야 하는 이유도 그 때문이다.

(내) 비강권재판으로서의 특성

집행강제수단 이 없는 재판

헌법재판은 그 판결이나 결정의 실효성보장의 측면에서도 다른 재판작용과는 그 성격을 달리한다. 즉 민사·형사·행정재판 등에 있어서는 그 재판에서 행해지는 판결이나 결정의 집행이 언제나 국가권력에 의해서 보장되기 마련이다. 민사집행법상의 강제집행절차, 형사소송법상의 재판의 집행절차, 행정법상의 행정강제 등이 그 대표적인 집행의 수단들이다. 하지만 헌법재판에서는 일부 경우를 제외하고는 그 소송의 당사자가 대개의 경우 국가권력을 상징하는 헌법기관 자신일 뿐 아니라 설령 국민이 헌법재판에 참여한 경우라도 반드시 헌법기관 내지 국가권력을 상대로 하는 것이기 때문에 헌법재판의 판결이나 결정내용은 이들 헌법기관 내지 국가권력의 성의 있고 자발적인 집행의지가 없이는 도저히 그 실효성을 기대할 수 없다는 특징을 갖는다.[1]

헌법재판이 헌법보호의 가장 강력한 제도적 메커니즘으로 기능하기 위해서는 결국 헌법기관의 기본적인 민주성향과 헌법적 가치질서를 하나의 생활규범으로 지켜 나가려는 국민의 강한 '헌법에의 의지'(Wille zur Verfassung) 내지 '헌법적 감각'이 먼저 확립되어야 한다고 강조되는 이유도 그 때문이다. 헌법재판의 고등식물적 특성이 바로 그로부터 나온다.

강한 헌법에의 의지를 전제로 하는 재판

(다) 공감대적 가치실현재판으로서의 특성

헌법재판은 헌법적 가치질서에 대한 모든 사회구성원의 확고하고 폭 넓은 공감대를 전제로 해서만 그 실효성을 나타낼 수 있다는 특성을 갖는다. 국민의 폭 넓은 Konsens에 바탕을 두지 않는 헌법질서는 헌법재판이 아무리 통치기관의 구성원리로 채택된다 하더라도 그 헌법적 기능을 다하기 어렵다. 헌법재판이 헌법실현작용이고, 헌법의 실현은 '제도'와 '의지'가 함께 서로 보완·상승작용을 할 때에만 비로소 기대할 수 있는 것이라면, 국민에게 강한 '헌법에의 의지'를 심어줄 수 없는 헌법을 헌법재판제도만으로 실현하기에는 많은 무리가 따르기 때문이다. 헌법재판이 헌법의 가치내용을 실현하는 작용이라면 먼저 실현대상으로서의 헌법의 가치내용에 대한 모든 국민의 Konsens가 전제되어야 한다. 그래야만 국민의 마음 속에 '헌법에의 의지'가 심어지고, 그 '헌법에의 의지'가 헌법재판에서 행해지는 재판이나 결정 등의 실효성을 뒷받침해 주는 담보적인 의미를 갖게 된다.

헌법에 대한 폭 넓은 공감대에 의해서만 실효성이 기대되는 재판

---

1) 예컨대 법률의 위헌판결이 내려진 경우에도 위헌으로 판명된 법률을 헌법정신에 맞도록 개정하거나 새로 제정하려는 입법기관이나 행정기관의 헌법준수적 노력과 성의가 없이는 법률을 위헌으로 결정한 헌법재판은 아무런 의미가 없게 되기 때문이다.

2) 헌법재판의 법적 성격

헌법재판이 다른 재판작용과는 다른 특성을 갖는 것이라면 헌법재판의 법적 성격을 어떻게 평가할 것인가 하는 문제가 제기된다. 그런데 헌법재판의 법적 성격에 관해서는 학자들 사이에도 견해가 갈린다. 헌법재판의 법적 성격을 둘러싼 학자들간의 견해대립은 매우 다양하지만 이를 유형적으로 분류해 보면 사법작용설·정치작용설·입법작용설·제 4 의 국가작용설 등으로 나눌 수 있다.[1]

(가) 사법작용설

a) 사법작용설의 내용

헌법재판의 법적 성격을 사법작용이라고 이해하는 입장에 따르면, 헌법재판도 결국 헌법규범에 대한 법해석작용을 그 본질로 하는만큼 다른 법률해석작용과 마찬가지로 전형적인 사법적 법인식작용에 지나지 않는다고 한다. 이 견해는 결국 헌법의 해석과 일반법률의 해석이 방법상 아무런 차이가 없는 것이라는 입장에 서고 있다. 즉 이 입장은 사비니(v. Savigny)의 해석법학적 사상을 그 바탕으로 하는 것으로 헌법과 일반법률이 규범구조적으로 동일하다는 생각을 가지고, 헌법해석이 일반법률의 해석과 크게 다를 것이 없다는 전제 밑에서 출발하고 있음을 쉽게 파악할 수 있다.

b) 비   판

그러나 헌법의 해석과 일반법률의 해석을 본질적으로 동일시하는 데서 출발하는 이 사법작용설은 사법의 해석에 관한 Savigny의 이론을 사법과는 그 규범구조가 전혀 다른 헌법의 해석에 그대로 적용시키려고 하는 데 무리가 있을 뿐 아니라, 헌법은 일반법률과는 다른 많은 구조적 특질을 가지고 있기 때문에 헌법과 일반법률을 구조적으로 동일시하려는 그 출발점부터가 일종의 의제에 불과하다고 할 것이다.

(나) 정치작용설

a) 정치작용설의 내용

헌법재판의 법적 성격이나 본질을 사법작용과는 다른 정치작용으로 이해하려는 C. Schmitt의 견해에 따르면, 헌법재판은 헌법문제에 대한 다툼을 전제로 하는 것인데, 헌법문제에 대한 다툼은 그 본질상 '법률분쟁'이 아닌 '정치분쟁'이기 때문에 정치분쟁을 해결하는 것은 어디까지나 정치작용이지 사법작용일 수 없다고 한다. C. Schmitt가 헌법재판을 '사법적 형태의 정치적 결단'이라고

사법·정치·입법·제 4 의 국가작용설의 대립

헌법해석과 일반법률해석의 동일시: 법실증주의 입장

헌법의 규범 구조적 특질을 무시

헌법분쟁은 법률분쟁 아 닌 정치분쟁: 결단주의 입장

---

1) 자세한 문헌적 고찰에 관해서는 졸저, 전계서, 방주 1082 이하 참조할 것.

보는 이유도 그 때문이다. 이 정치작용설은 헌법을 '정치적 결단'이라고 보는 입장에 서서 '정치적 결단으로서의 헌법'은 사법작용의 대상으로서 적당치 못하다는 사상에 바탕을 두고 있다.

b) 비   판

그러나 헌법의 정치결단적 성격만을 지나치게 강조한 나머지 헌법의 규범으로서의 성격을 완전히 도외시하는 데에서 출발하는 정치작용설은 헌법재판의 법적 성격을 바르게 이해하고 있다고 보기 어렵다.

헌법의 규범적 성격 도외시

㈐ 입법작용설

a) 입법작용설의 내용

헌법재판을 입법작용이라고 이해하는 입장에 따르면, 헌법재판은 헌법해석을 통한 헌법의 실현작용인데, 헌법을 해석한다는 것은 헌법이 가지는 규범구조적인 특질($\frac{추상성 \cdot 개방성 \cdot}{미완성성\ 등}$) 때문에 결국 헌법의 보충 내지 형성적 기능을 뜻하게 된다고 한다. 그런데 이와 같은 법률의 보충 내지 형성적 기능은 일반법률의 해석을 그 내용으로 하는 전통적인 사법작용에서는 오히려 입법권에 대한 침해를 뜻한다고 하여 금지되기 때문에, 헌법재판은 헌법규범의 내용을 구체화하는 법정립작용에 지나지 않는다고 한다.[1]

헌법규범을 구체화하는 법정립작용

b) 비   판

이 입법작용설은 특히 헌법이 가지는 규범구조적인 특질 때문에 헌법의 해석은 일반법률의 해석과는 그 방법과 내용면에서 본질적인 차이가 있다는 인식을 바탕으로 하고 있는 것으로서 일응 올바른 이론적인 전제 밑에서 출발하고 있다고 볼 수 있다. 그러나 일반법률의 해석에서도 정도의 차이는 있을지언정 법률의 보충 내지 형성적 기능을 완전히 도외시할 수는 없을 뿐 아니라, 설령 헌법의 해석과 일반법률의 해석이 그 방법과 내용면에서 본질적인 차이가 있다고 하더라도 그와 같은 차이가 헌법재판을 입법작용으로 만드는 것이라고 보기는 어렵다고 생각한다. 또한 헌법재판은 그것이 아무리 법정립적 기능과 유사한 효과를 나타낸다고 하더라도 그로부터 어떻게 헌법재판이 입법작용이라는 결론을 이끌어낼 수 있는 것인지 의문을 갖지 않을 수 없다. 왜냐하면 헌법재판에 내재하는 입법기능은 헌법재판의 효과일 수는 있어도 그것이 결코 헌법재판의 본질과 성격 그 자체일 수는 없다고 느껴지기 때문이다.

헌법재판의 효과와 헌법재판의 본질 혼동

---

1) 미국연방대법원의 위헌법률심사기능과 관련해서 미국연방대법원을 '입법작용의 제 3 원'(dritte Kammer der Gesetzgebung), 또 심지어 '진정하고 유일한 제 2 원'(wahre und einzige zweite Kammer)이라고 표현하는 학자가 있는 것도 같은 맥락에서 나온 것이라고 볼 수 있다.

(라) 제 4 의 국가작용설

국가작용통제
위한 독특한
성격의 제 4
의 국가작용

헌법재판을 제 4 의 국가작용이라고 이해하려는 입장에 따르면, 헌법재판은 국가의 통치권행사가 언제나 헌법정신에 따라 행해질 수 있도록 입법·행정·사법 등의 국가작용을 통제하는 기능이기 때문에 사법작용일 수도 없고 입법작용일 수도 없을 뿐 아니라 그렇다고 행정작용일 수도 없는 독특한 성격을 갖는 제 4 의 국가작용이라고 한다.

(마) 사   견

제 4 의 국가
작용설의 타
당성

생각건대 헌법재판의 법적 성격이나 본질을 사법작용이라고 이해하는 사람이 아직 많은 것은 사실이지만, 헌법재판은 전통적인 의미의 사법작용과는 그 성격이 전혀 다를 뿐 아니라 헌법재판은 또 순수한 정치작용 또는 입법작용과는 그 본질과 성격을 달리하기 때문에 제 4 의 국가작용이라고 보는 것이 가장 무난하다고 생각한다.

사법작용설·
정치적 사법
작용설의 문
제점

헌법해석이 가지는 정치형성적인 효과라든지 헌법규범에 내포된 구조적인 특성이라든지 또는 헌법을 해석할 때 참작해야 하는 정치적 관점 등을 고려해 볼 때 역시 헌법재판은 순수한 '사법작용'이라고 보기는 어렵다고 할 것이다. 헌법재판을 구태여 '사법작용'이라고 보고 싶다면 C. Schmitt의 표현대로 '정치적인 사법작용'이라고 말할 수밖에 없을 것이다. 그러나 규범적인 합법성의 관점 이외에 정치적인 합목적성의 관점이 함께 작용한다는 뜻에서의 '정치적인 사법작용'은 이미 전통적인 의미의 합법성만의 '사법작용'과는 그 성질이 다르기 때문에 그것은 분명히 순수한 사법작용은 아니라고 할 것이다. 사법작용적인 법인식기능과 정치작용적인 합목적성의 판단기능이 함께 공존하는 헌법재판에서는 법리적인 설득력과 정치적인 타당성이 적절한 균형관계를 유지함으로써 법적인 관점에서나 정치적인 관점에서나 수긍할 수 있는 해결책이 모색되어야 한다. 헌법재판을 사법작용이 아닌 제 4 의 국가작용이라고 이해하려는 이유도 바로 여기에 있다.

목적지상주의
사고의 법리
적 한계 제시

결론적으로 말해서, 헌법재판은 정치적인 관점뿐 아니라 법적인 관점을 함께 존중함으로써 정치적인 사고의 영역에서 흔히 강조되는 철학$\left(\begin{smallmatrix}목적이 모든 수단\\을 정당화시킨다\end{smallmatrix}\right)$의 법리적 한계를 명시하고 정치라는 위성이 이탈하지 못하도록 그 궤도를 그려주는 제 4 의 국가작용이라고 생각한다.[1]

---

1) 제 4 의 국가작용이 기존의 국가작용과 구별되는 특성이 무엇인지 실체가 분명치 않다는 일부의 비판은 제 4 의 국가작용설의 내용을 올바로 이해하고 있는지 의문이다. 삼권분립의 원리에 따라 행해지는 입법·행정·사법작용이 각각 하나의 고유한 영역의 국가작용이라면, 헌법재판은 그들 국가작용과는 그 본질이 달라(본질의 구체적인 차이는 이 책에서 자세히 설명한 그대로

그런데 헌법재판이 입법·행정·사법작용을 실효성 있게 통제하는 제 4 의 국가작용으로 기능하기 위해서는, 무엇보다도 헌법재판을 담당하는 기관의 구성에서도 타 통치기관의 구성에서와 마찬가지로 '민주적 정당성'의 요청이 충족되어야만 한다. 민주적 정당성에 뿌리를 두지 못한 통치기관에게 헌법재판기능을 맡기는 것은 '제 4 의 국가작용'이 아닌 '각색된 정치작용'에 문호를 개방하는 결과가 되기 때문이다.

헌법재판기관의 민주적 정당성 요청

Ⅱ. 헌법재판의 기능과 헌법상 의의

헌법재판이 법인식적인 헌법의 실현작용이라는 것은 이미 언급한 바 있거니와 모든 국민의 '기본적인 공감대'에 바탕을 두고 성립·제정된 헌법을 실현한다는 것은 사회공동체의 동화적 통합을 달성하기 위한 불가결한 수단이다. 따라서 헌법재판은 공감대에 입각한 동화적 통합을 추구하는 헌법질서 내에서는 가장 중요한 사회통합의 견인차적인 의의와 기능을 갖는다고 볼 수 있다. 헌법재판의 이와 같은 사회통합의 견인차적인 의의와 기능은 다음 여러 가지 구체적이고 세부적인 기능에 의해서 뒷받침되고 있는데 헌법재판의 종류에 따라 그 각 기능은 그 중점만이 다르게 나타날 따름이다. 헌법재판의 헌법보호기능·권력통제기능·자유보호기능·정치적 평화보장기능 등이 바로 그것이다.

사회통합의 견인차적인 의의와 기능

(1) 헌법재판의 헌법보호기능

헌법재판은 최고규범으로서의 헌법을 하향식 또는 상향식헌법침해로부터 보호함으로써 헌법의 규범적 효력을 지켜서 헌정생활의 법적인 기초를 다지는 기능을 갖는다. 헌법재판은 물론 제 1 차적으로는 헌법의 적으로부터 헌법을 지키는 기능을 갖게 되지만, 심지어는 민주적 정당성의 이름으로 행해지는 통치권의 남용 내지 악용으로부터도 헌법을 보호하는 기능을 갖는다. 탄핵심판제도·위헌정당해산제도·기본권실효제도 등이 대표적인 것들이다. 헌법재판이 입법권을 비롯한 통치권행사의 절차적 정당성을 확보하는 중요한 수단으로 평가되는 이유도 바로 그 때문이다.

하향식·상향식 헌법침해에 대한 헌법의 규범력보호

다. 다시 한 번 되풀이하면, 목적이 모든 수단을 정당화할 수 없다는 법리적인 한계를 분명히 밝혀주고 정치가 헌법이 정해준 정상궤도에서 이탈하지 못하도록 감시하라고 헌법이 부여한 헌법보호의 헌법적 과제를 수행하는 국가작용이므로) 그 어느 국가작용에도 귀속시킬 수 없어 또 하나의 독립한 국가작용으로 볼 수밖에 없다는 뜻인데 그 이상 더 분명한 실체에 관한 설명이 왜 필요한가.

(2) 헌법재판의 권력통제기능

정치의 탈헌
법적 경향에
대한 제동장
치

제 4 의 국가작용인 헌법재판은 정치생활을 법적인 영역으로 끌어들임으로써 정치생활을 규범화하는 작용이기 때문에 헌법의 규범적인 테두리를 벗어나려는 정치의 탈헌법적 경향에 대한 강력한 제동장치로서 기능함과 동시에 통치권행사가 언제나 헌법적 가치질서와 조화될 수 있도록 감시하고 견제하는 권력통제기능을 갖게 된다. 헌법재판이 오늘날 권력분립주의의 현대적 실현형태로서 중요한 기능적 권력통제의 메커니즘으로 간주되는 이유도 그 때문이다. 즉 사회구조의 변화와 정당국가적 현상 때문에 제대로 권력분립의 실효성을 나타내지 못하고 있는 고전적·구조적 권력분립이론을 보완하는 새로운 권력통제의 메커니즘으로서 헌법재판제도는 현대자유민주적 통치구조에서 매우 큰 헌법상의 의의를 가지게 된다.

권력분립이론
보완장치

소수의 보호
와 평화적 정
권교체에 기
여

특히 자유민주적 통치구조 내의 다수와 소수의 기능적인 상호 견제의 메커니즘은 소수를 보호하는 헌법재판제도에 의해서 비로소 그 실효성을 기대할 수 있는 것이기 때문에 헌법재판은 민주정치의 전제가 되는 '소수의 보호'와 그를 통한 '평화적 정권교체'를 실현하는 데에도 큰 기여를 하게 된다고 볼 수 있다. 소수에게 주어지는 추상적 규범통제의 신청권, 권한쟁의의 제소권, 헌법소원제소권 등 소수보호의 의미를 갖는 헌법재판제도와 소송절차적 수단들이 다수의 권력행사에 대한 강력한 통제효과를 나타낸다는 것은 두말할 필요가 없다.

(3) 헌법재판의 자유보호기능

기본권의 법
률유보 내지
기본권제한입
법의 한계조
항의 규범력
보장

헌법재판은 그 강력한 권력통제기능을 통해 통치권의 기본권기속성과 통치권행사의 절차적 정당성을 확보함으로써 국민의 자유와 권리를 보호해 주는 기능을 갖는다. 위헌법률에 의한 기본권침해가 규범통제와 헌법소원제도에 의해서 예방 또는 시정되는 것이 그 가장 대표적인 예이다. 사실상 헌법이 보장하는 기본권과 기본권의 법률유보 및 기본권제한입법의 한계조항 등은 헌법재판제도에 의해서 그 규범적 효력이 제대로 지켜질 수 있을 때 비로소 그 실효성을 나타낼 수 있다. 국민의 자유와 권리가 한 나라 통치질서 내에서 행사되는 모든 국가적 권능의 정당성근거인 동시에 또 통치권의 목적을 뜻하는 것이라면 국민의 기본권을 실질적으로 보장하는 헌법재판제도야말로 자유민주적 통치구조에서 가장 중요한 통치기구의 조직원리라고도 볼 수 있다. 헌법재판을 단순한 통치기능적인 차원에서만 다룰 수 없는 이유가 여기에서도 나온다.

(4) 헌법재판의 정치적 평화보장기능

헌법재판은 헌법기관간의 권한쟁의 또는 연방국가적 구조에서 오는 여러 가지 헌법적인 분쟁을 유권적으로 해결함으로써 헌정생활의 안정과 정치적 평화를 보장하는 기능을 갖는다. 헌정생활의 안정과 정치적 평화의 유지는 사회공동체가 정치적으로 통합을 이루기 위한 불가결의 전제조건을 뜻하기 때문에, 헌법재판은 특히 연방국가의 헌법질서에서는 불가결한 통치기구의 구성원리로 인식되고 있다. 연방과 주 또는 여러 주 사이의 권한다툼을 원만히 해결하는 것은 연방국가로서의 통치질서를 지속하기 위한 최소한의 선행조건을 뜻하기 때문이다. 바로 이곳에 헌법재판제도와 연방국가제도와의 특별한 친화관계가 있다. 또 헌법재판제도는 단일국가에서도 권력분립이나 정부형태의 운영 여하에 따라서는 헌정생활의 안정과 정치적 평화유지를 위해서 중요한 조정적 기능을 나타내게 된다는 점을 경시해서는 아니된다. 헌법재판의 평화실현적인 기능이 바로 그것이다.

헌법기관간의 권한쟁의조정 및 분쟁해결의 정치적 평화유지기능

Ⅲ. 헌법재판의 기관

헌법재판의 기관을 어떻게 구성할 것인가 하는 문제는 헌법재판의 실효성 확보라는 면에서 매우 중요한 의미를 갖는다. 그런데 헌법재판을 어느 기관에게 맡길 것인가 하는 문제는 헌법재판의 법적 성격을 어떻게 이해하느냐에 따라 그 대답이 달라질 수 있다.

헌법재판의 법적 성격평가와의 연관성

(1) 헌법재판기관으로서의 사법부(사법형)

헌법재판을 사법작용으로 이해하는 입장에서는 헌법재판을 위한 기관을 따로 설치할 필요 없이 다른 재판과 마찬가지로 헌법재판도 일반법원에 맡기면 된다는 결론에 이르게 된다. 즉 사법작용설의 입장에서는 헌법재판은 마땅히 일반법원의 관할사항에 속할 뿐 아니라 사법기관은 헌법재판을 담당할 수 있는 가장 이상적인 기관이라고 주장하게 되는데 그들이 제시하는 주요논거는 다음과 같다.

사법작용설의 입장

첫째 사법기관의 중립성과 그 조직의 안정성을 든다. 즉 헌법재판이 정치권력의 통제기능을 제대로 발휘하기 위해서는 정치의 세계와는 단절된 중립적인 사법부가 이를 담당하는 것이 바람직할 뿐 아니라, 독립된 헌법재판기관을 따로 설치하는 것보다 전국적이고 비교적 안정된 조직을 가지고 있는 사법부에

사법조직의 중립성과 안정성의 논리

게 헌법재판기능을 맡기는 것이 통치권력에 대항해서 헌법을 실현하는 데 오히
려 효과적이라는 것이다.

**사법권강화의
논리**

둘째 사법권강화 내지 사법권독립에 도움이 된다는 점을 내세운다. 즉 사
법부에게 헌법재판기능을 맡기는 것이 오히려 사법권을 강화하는 결과가 되어
권력분립의 이상에 충실하게 된다고 한다.

**비교헌법적
논리**

셋째 비교헌법적인 관점에서 외국의 예를 든다. 즉 미합중국의 연방대법원
(Supreme Court)이나 스위스의 연방대법원이 각각 헌법재판기관으로 기능하면서
도 비교적 헌법재판의 실효를 거두고 있다는 사실을 지적한다.

(2) 독립한 헌법재판기관(독립기관형)

**정치작용설·
입법작용설·
제 4 국가작용
설의 입장**

헌법재판을 정치작용·입법작용 또는 제 4 의 국가작용이라고 이해하는 입
장에서는 헌법재판의 성격상 헌법재판을 일반법원의 관할사항으로 하는 것은
오히려 바람직하지 못하다는 결론에 이른다. 헌법재판은 그 성격상 사법작용이
아니기 때문에 전통적인 사법작용의 영역에서 분리시키는 것이 마땅하다는 이
들의 입장에서 볼 때, 헌법재판은 일반법원이 아닌 독립기관에서 맡는 것이 바
람직할 뿐 아니라, 헌법재판작용에 요구되는 민주적 정당성의 요청 때문에 이
독립기관의 구성에는 특별히 민주적 정당성의 관점이 존중되어야 한다고 한다.

**사법형 주장
논거에 대한
비판**

이들의 시각에서 볼 때 법원을 헌법재판기관으로 삼으려는 사법작용설의
논거는 다음과 같은 비판을 면하기 어렵다고 한다. 즉 미국이나 스위스에서 최
고법원이 제한된 범위의 헌법재판기능을 성공적으로 수행하고 있는 것은 사실
이지만 그것은 오랜 전통 속에서 '제도'와 '의지'가 함께 뿌리를 내리고 있는 예
외적인 현상에 불과하기 때문에 그것을 일반화할 수 없을 뿐 아니라, 그러한
전통이 확립되지 못한 나라에서 사법부에게 헌법재판기능을 맡기는 것은 역시
득보다는 실이 더 많은 결과를 초래할 위험성이 크다는 것이다.

또 헌법재판기능에 의해서 사법권이 강화되기보다는 오히려 헌법재판기능
때문에 사법부가 정치의 물결에 휩쓸려들 가능성이 더 크다고 한다. 더욱이 사
법권의 독립이 실질적으로 보장되고 있는 경우에는 사법부에게 헌법재판기능을
맡기는 것이 오히려 '사법권의 우월', '법관의 통치', '법관의 거부권'이라는 결과
를 가져와 대의민주주의가 요구하는 통치작용의 민주적 정당성이라는 관점에서
심각한 헌법이론상의 문제가 제기될 수 있다고 한다. 반대로 사법권의 독립이
형식상으로만 보장되고 있는 경우에는 그러한 무력한 사법부에게 헌법재판기능
을 맡기는 것은 유명무실할 뿐 아니라 오히려 사법권을 더욱 약화시키는 결과

만을 초래하고 헌법재판에 의한 헌법실현을 처음부터 포기하는 것이나 다름없게 된다고 한다.

(3) 사　견

생각건대 헌법재판은 사법작용이 아니라 제 4 의 국가작용이라고 이해하는 저자의 관점에서 헌법재판이 가지는 여러 가지 제도 및 기능상의 특징을 감안할 때 헌법재판은 역시 일반법원이 아닌 독립한 기관에서 맡는 것이 더 바람직하다고 생각한다. 이 경우 독일·오스트리아·이탈리아·터키·스페인 등처럼 헌법재판소라는 독립기관을 따로 설치하는 것도 가능하고, 또 프랑스처럼 헌법위원회를 두는 것도 가능하겠지만, 어느 경우라도 헌법재판기관은 다른 헌법기관에 뒤지지 않는 강력한 민주적 정당성에 바탕을 두고 구성되는 것이 절대적으로 필요하다.

독립기관형의 타당성과 민주적 정당성 요건

(4) 우리 역대헌법의 헌법재판기관

우리나라는 제 3 공화국에서만 대법원을 중심으로 한 일반법원에 헌법재판기능을 맡겼었고, 제 1 공화국과 제 2 공화국·제 4 공화국 그리고 현 제 6 공화국헌법에서는 일반법원과는 별개의 독립한 기관을 설치해서 헌법재판기능을 맡기고 있는데, 제 2 공화국헌법과 현행헌법은 헌법재판소를, 제 1 공화국·제 4 공화국헌법과 개헌 전의 제 5 공화국헌법은 헌법위원회를 설치하고 있다. 현행헌법 $\binom{\text{제111조 제2}}{\text{항과 제3항}}$은 헌법재판소의 구성에 있어서 입법·행정·사법부가 같은 비율로 헌법재판소재판관의 추천권을 갖도록 함으로써 적어도 이념적으로는 헌법재판기관이 필요로 하는 민주적 정당성의 요청을 인식하고 있다고 볼 수 있다.

우리 헌정사의 제도적 경험의 다양성

Ⅳ. 헌법재판의 종류

헌법재판은 이를 여러 가지 관점과 기준에 따라 분류할 수 있지만 대체로 다음의 여섯 가지 종류로 구분하는 것이 보편화되고 있다. '기관쟁의제도'(Organstreitverfahren)·'규범통제제도'(Normenkontrollverfahren)·'헌법소원제도'(Verfassungsbeschwerdeverfahren)·'선거심사제도'(Wahlprüfungsverfahren)·'특별한 헌법보호제도'(besondere Verfassungsschutzverfahren)·'연방국가적 쟁의'(föderative Streitigkeiten) 등이 그것이다.

기관쟁의·규범통제·헌법소원·선거심사·특별한 헌법보호제도·연방국가적 쟁의 등

(1) 기관쟁의제도

헌법적 권한
과 의무의 범
위와 내용에
대한 헌법기
관간의 분쟁
조정

국가기관간에 그 헌법적 권리의무에 관해서 다툼이 생긴 경우에 이를 조정하기 위한 헌법재판을 흔히 '기관쟁의'라고 부른다. 즉 국가기관 상호간에 그 헌법적 권한과 의무의 범위와 내용에 관해서 다툼이 생기는 경우에는 국가의 통치기능이 마비될 염려가 있을 뿐 아니라 이에 대한 권위적인 조정이 따르지 않는다면 각 국가기관간에 통치기능상의 한계가 불명하게 되어 국가기관 상호간의 견제와 균형의 권력분립적 메커니즘이 마비 내지 파괴될 위험성이 있다. 따라서 기관쟁의는 국가기관 상호간의 권한과 의무의 한계를 명백히 함으로써 국가기능의 수행을 원활히 하고 권력 상호간의 견제와 균형의 효과를 유지시킴으로써 헌법적 가치질서를 보호한다는 데 그 목적과 의의가 있다.

당사자능력과
권리보호의
이익

기관쟁의의 당사자능력과 관련해서 주의할 점은 기관쟁의의 소송당사자 상호간에는 독자적인 권한과 의무를 전제로 한 어떤 '헌법적인 법률관계'가 존재해야 한다는 점이다. 또 기관쟁의는 추상적인 규범통제와는 달라서 구체적인 '권리보호의 이익'이 있을 때에만 허용되는 것이기 때문에 어떤 헌법기관의 일정한 작위 또는 부작위에 의해서 타 헌법기관의 헌법상 권한과 의무가 침해되었거나, 직접적이고 현실적인 위협을 받는 경우에만 그 소를 제기할 수 있다.

우리나라는 제 2 공화국헌법($\frac{제83조의}{3 \ 제3호}$)과 현행헌법($\frac{제111조 \ 제1}{항 \ 제4호}$)에서 권한쟁의라는 이름으로 이 제도를 채택하고 있다. 예컨대 독일기본법도 이 제도를 채택하고 있다.

(2) 규범통제제도

법률의 위헌
심사 및 결정

규범통제제도는 법률의 위헌 여부를 심사해서 위헌법률의 효력을 상실시킴으로써 헌법의 최고규범성을 지키는 헌법재판의 가장 핵심적인 제도이다. 규범통제는 주관적인 권리보호의 면보다는 객관적인 법질서보호의 면을 중요시하

객관소송

는 일종의 '객관적 소송'이라는 데 그 특징이 있다. 규범통제제도는 다시 '추상적 규범통제제도'와 '구체적 규범통제제도'로 나눌 수 있다.

1) 추상적 규범통제제도

구체적 재판
과 무관한 위
헌심사

법률의 위헌 여부가 재판의 전제가 되지 않은 경우라도 법률의 위헌 여부에 대한 다툼이 생긴 경우에 일정한 국가기관의 신청에 의해서 독립한 헌법재판기관이 그를 심사·결정하는 제도이다. 추상적 규범통제의 신청권을 어떤 기

관에게 줄 것인가 하는 문제는 나라마다 다르지만 법률제정에 관여하는 모든 규범통제 신
청권자
헌법기관에게 그 신청권을 부여하는 것이 관례이다. 특히 국회의 야당에게 그
와 같은 신청권을 주는 것은 여당의 횡포와 전제를 견제한다는 의미도 갖게
되어 현대정당국가에서는 민주주의의 원만한 운영을 위해서 매우 바람직한 제
도로 평가되고 있다.

우리나라는 아직 한 번도 이 제도를 채택한 일이 없다.[1] 독일은 이 제도 독일의 성공
사례
를 성공적으로 운영하고 있는 대표적인 나라이다.

2) 구체적 규범통제제도

구체적 규범통제는 법률의 위헌 여부가 재판의 전제가 된 경우에 소송당 구체적 재판
전제한 위헌
심사
사자의 신청 또는 법원의 직권에 의해서 규범심사를 하는 제도이다. 1803년의
미국연방대법원의 위헌심사[2]가 이 제도의 효시로 간주되고 있다. 우리나라는
제헌 이래 이 제도를 전통적으로 채택해 왔는데 현행헌법($\binom{제107조\ 제1항,}{제111조\ 제1항}$)도 이를
규정하고 있다.

구체적 규범통제는 그것이 자칫하면 민주적 정당성을 바탕으로 하고 있는 위헌심사권과
위헌결정권의
관할분리제
입법부의 법정립기능을 침해할 위험성이 크기 때문에, 구체적 규범통제를 제도
화하는 경우에는 국회의 입법기능을 존중하면서도, 헌법의 최고규범성을 수호
할 수 있는 적절한 방법이 모색되어야 한다. 예컨대 법률에 대한 '위헌심사권'
과 '위헌결정권'을 구별해서 전자는 각급법원에 맡기면서도 후자만은 이를 최고
법원에 1원적으로 귀속시키는 것은 그 하나의 방법이 될 수 있는데, 많은 나라
에서 이 방법을 채택하고 있다. 규범통제를 독립한 헌법재판소나 헌법위원회의
관할사항으로 하는 것도 따지고 보면 이와 같은 이론이 적용되고 있는 하나의
예에 불과하다고 볼 수 있다. 우리 현행헌법에서 각급법원이 법률의 위헌심사
권을 가지지만 위헌결정권만은 헌법재판소의 전속관할사항으로 하고 있는 것도
결국 이 이론의 영향이라고 할 수 있다. 또 규범통제를 법률의 공포 전에 함으 사전적·예방
적 위헌심사
제: 프랑스
로써 위헌법률이 공포발효됨으로 인해서 발생하는 여러 가지 문제점을 미리 예
방하는 방법도 생각할 수 있는데 프랑스에서 행하고 있는 '사전적 규범통제제
도'는 이 유형에 속하는 대표적인 예이다.

---

1) 우리 제 2 공화국헌법(제83조의 3 제 1 호)은 '법률의 위헌여부심사'를 헌법재판소의 관장사항으
로 하고 있었는데 이것이 추상적 규범통제까지 포함시킨 것인지 분명하지 않다. 다만 1961년
에 제정된 헌법재판소법(법률 제601호)에서는 구체적 규범통제에 관해서만 규정하고 있었다.

2) Darüber näher vgl. Marbury v. Madison, 5 U.S.(1 Cranch) 137(1803).

(3) 헌법소원제도

국가의 공권력($^{입법 \cdot 행정 \cdot}_{사법권}$)에 의해서 헌법상 보장된 자유와 권리가 위법하게 침해되었다고 주장하는 국민이 헌법재판기관에 직접 권리구제를 신청할 수 있는 제도이다. 헌법소원의 제소권자를 권리침해를 받은 당사자에 국한시키지 않고 누구든지 제 3 자를 위해서도 소원을 제기할 수 있게 하는 제도를 특히 민중소송(Popularklage)이라고 부르는데, 예컨대 독일의 바이언(Bayern)주헌법($^{제66}_{조}$)은 민중소송제도를 명문으로 규정하고 있다. 헌법상 보장된 국민의 자유와 권리는 헌법소원제도에 의해서 뒷받침되는 경우에 비로소 그 실효를 거둘 수 있다는 것은 더 말할 나위가 없다. 이 제도를 채택하고 있는 독일이나 스위스의 예가 이를 웅변으로 입증해 주고 있다. 우리 현행헌법($^{제111조 제}_{1항 제 5 호}$)도 이 제도를 채택하고 있다.

(4) 선거심사제도

대의기관의 구성을 위한 선거의 합헌성을 보장하기 위한 제도로서 주로 대통령선거와 국회의원선거 또는 국민투표가 실시된 경우에 그 합헌성과 합법성에 대한 다툼이 생긴 경우에 헌법재판기관이 이에 대한 최종적인 결정을 내리는 제도이다. 각각 그 제도의 내용과 양태는 다르지만 독일과 프랑스가 부분적으로 이 제도를 채택하고 있다. 독일에서는 그 기본법에 따라 연방국회의원선거에 대해서 다툼이 있는 경우에 선거무효나 당선무효에 관한 심사권을 연방국회가 가지는데, 연방국회가 내린 결정에 대해서 이의가 있는 사람은 연방헌법재판소에 그 심사를 요구하는 소송을 제기할 수 있고, 연방헌법재판소가 이에 대한 최종결정을 내린다.

우리나라는 전통적으로 각급선거소송을 법원의 관할사항으로 하고 있는데 대통령선거에 관한 소송과 국회의원선거에 관한 소송 그리고 시·도지사선거와 교육감선거에 관한 소송을 대법원의 전속관할사항으로 하고 지방의회의원선거와 기초자치단체장의 선거에 있어서는 그 선거구를 관할하는 고등법원에 소를 제기하게 하고 있다($^{선거법 제222조와 제223조 및 지}_{교자법 제 3 조, 제49조, 제57조}$). 그러나 우리의 제 2 공화국 헌법($^{제83조의}_{3 제 6 호}$)은 '대통령·대법원장과 대법관의 선거에 관한 소송'을 헌법재판소의 관할사항으로 하고 있었다.

(5) 특별한 헌법보호제도

특별한 헌법보호제도는 일종의 '소추절차적 헌법재판'이라고도 볼 수 있는

데 헌법적 가치질서, 즉 국가의 '특정한 존립형식'을 지키기 위한 제도로서 탄핵심판제도, 기본권의 실효제도, 위헌정당의 해산제도 등이 여기에 속한다. 자유민주주의를 헌법적인 가치질서로 채택한 헌법국가에서 이와 같은 특별한 헌법보호제도를 헌법에 규정한다고 하는 것은 결국 민주주의의 이름으로 민주주의를 파괴하려는 개인 또는 정치세력에 대항해서 민주주의를 지키기 위한 방어적 내지 투쟁적 민주주의를 실현하기 위한 것이라고 볼 수 있다. 우리나라 헌법($\binom{제65조, 제111조 제}{1항, 제8조 제4항}$)은 탄핵심판과 위헌정당의 해산권을 헌법재판소의 관할사항으로 규정하고 있다. 그러나 민주주의를 파괴할 목적으로 헌법상 보장된 정치적인 기본권을 악용하는 사람에게 일정기간 기본권을 박탈하는 것을 내용으로 하는 기본권의 실효제도는 채택하지 않고 있다. 예컨대 독일의 기본법($\binom{제18}{조}$)은 이 제도를 두고 있다.[1]

핵심판, 기본권의 실효, 위헌정당해산제도

(6) 연방국가적 쟁의

연방국가적 쟁의란 연방국가적 구조에서 오는 연방과 지방(주) 또는 지방국 상호간의 관할권에 관한 다툼을 조정하고 해결하기 위한 헌법재판을 말한다. 연방국가적 쟁의는 그 성격과 기능이 '기관쟁의'와 비슷한 점이 많기 때문에 기관쟁의에 관한 절차규정이 준용되는 경우가 많다. 연방국가적 쟁의는 다시 두 가지 유형으로 나눌 수 있는데, 연방법을 지방정부가 집행하는 과정 또는 지방정부에 대한 연방정부의 행정감독의 과정에서 발생하는 연방과 지방의 분쟁과 연방과 지방간 또는 여러 지방 사이에 발생하는 기타의 공법상 분쟁이 그것이다. 어느 경우를 막론하고 연방정부와 지방정부만이 소송당사자가 된다. 연방국가적 구조를 가지는 미국·독일·오스트리아·스위스 등의 나라에서는 매우 중요한 의미를 가지는 제도이지만, 중앙집권적 단일국가인 우리나라에서는 문제가 되지 않는다.

연방과 주 및 주 상호간의 관할권 다툼의 조정·해결

두 가지 유형 및 소송당사자

V. 헌법재판의 한계

(1) 헌법재판의 한계론과 그 논증형식

때때로 '정치문제'(political-question)라는 이름으로 헌법재판의 한계가 논의되고 있는데[2] 그것은 주로 다음 세 가지 관점에서 주장되는 논리형식이라고

제도본질적인 한계론과 정책적 한계론

---

1) Darüber näher vgl. z. B. *W. Schmidt Glaeser*, Mißbrauch und Verwirkung von Grundrechten im politischen Meinungskampf, 1968.
2) 관련문헌에 대해서는 졸저, 전게서, 방주 1104 참조할 것.

볼 수 있다. 첫째는 헌법을 규범이라고 보지 않고 '정치적 결단'이라고 보는 결 단주의적 입장에서는 '헌법(정치적 결단)'에 대한 사법적 형태의 통제가 일응 모 순이라는 생각을 갖기 때문이고(결단주의적 논증형식), 둘째는 헌법재판을 특히 전통적인 사법작용이라고 이해하는 입장에서는 사법작용의 성격상 '정치문제'를 그 심판의 대상에서 제외시키는 것이 마땅하다는 결론에 이르기 때문이고(사법 작용설의 논증형식), 셋째는 비록 헌법재판을 사법작용의 범주에서 분리시키려는 입장을 취하는 경우에도 헌법재판이 가지는 여러 특성을 감안해서 일정한 '정 치문제'에 대해서는 오히려 간섭을 자제하는 미덕을 발휘하는 것이 결과적으로 헌법재판의 권위와 실효성을 높이게 된다는 정책적인 고려가 작용하기 때문이 라고 할 것이다(정책적 고려의 논증형식).

결단주의적 논증형식과 사법작용설의 논증형식이 헌법재판의 한계를 헌법 재판의 제도본질적인 문제로 파악하는 것과는 달리 정책적 고려의 논증형식은 헌법재판의 한계를 헌법재판제도를 지키기 위한 수단의 문제로 이해하고 있다 는 점에서 근본적인 차이가 있다.

(2) 비판 및 사견

다양한 한계 논리의 구별 필요성

헌법재판의 한계로 논의되는 '정치문제이론'(political-question-doctrine)이나 '사법적 자제'(judicial-self-restraint) 또는 '법률의 합헌적 해석'[1] 등의 논리는 결국 은 헌법재판의 기능을 높이기 위한 제도방어적 수단에 불과하다고 할 것이다. 그렇기 때문에 헌법재판의 한계가 논의될 때에는 그것이 결단주의적 관점에서 주장되는 논리형식인지, 사법작용설의 관점에서 주장되는 논리형식인지, 아니면 헌법재판의 실효성을 증대시키기 위한 정책적 고려의 관점인지를 분명히 밝혀 야 할 필요가 있다고 본다.

제도본질적 한계론의 부 당성과 정책 적 한계론의 타당성

그러나 헌법재판을 제 4 의 국가작용이라고 이해하는 저자의 입장에서 볼 때 헌법재판의 한계는 결코 헌법재판의 제도본질적인 내용일 수는 없고, 그것 은 오로지 헌법재판의 기능과 실효성을 높이기 위한 정책적 고려의 산물에 지 나지 않는다고 생각한다. 헌법재판은 율동적인 정치생활을 헌법규범의 테두리 속으로 끌여들여서 헌법으로 하여금 국가생활을 주도할 수 있는 규범적인 힘을 가지도록 하는 헌법의 실현수단이기 때문에 당연히 모든 국가작용이 그 규제와 통제의 대상이 되는 것이 마땅하다. 따라서 헌법재판의 대상에서 제외되어야

---

1) 자세한 것은 앞부분 헌법해석론 참조할 것.

하는 국가작용의 분야는 있을 수 없다고 보아야 할 것이다.[1]

Ⅵ. 우리 현행헌법상의 헌법재판제도

우리 현행헌법도 헌법재판제도를 통치기관의 구성원리로 채택해서 헌법보호와 권력통제 그리고 자유 및 정치적 평화보장의 메커니즘으로 기능하게 하고 있는데 구체적 규범통제제도($^{제107조}_{제1항}$), 탄핵심판제도($^{제65}_{조}$), 위헌정당해산제도($^{제8조}_{제4항}$), 권한쟁의제도($^{제111조 제}_{1항 제4호}$), 헌법소원제도($^{제111조 제}_{1항 제5호}$) 등이 바로 그것이다. 그리고 우리 헌법($^{제111조~}_{제113조}$)은 이들 헌법재판을 전담할 기관으로 독립한 헌법재판소를 따로 설치함으로써 유럽대륙형의 모델에 따르고 있다.[2]

헌법재판소의
관할사항

(1) 헌법재판기관으로서의 헌법재판소

1) 헌법재판소의 조직과 헌법상 지위

㈎ 헌법재판소의 조직

헌법재판소는 대통령·국회·대법원장이 각각 3인씩 추천해서 대통령이 임명하는 9인의 재판관으로 구성하는데 헌법재판소의 장은 재판관 중에서 대통령이 국회의 동의를 얻어 임명한다($^{헌법 제111조}_{제2항~제4항}$).[3] 헌법($^{제111조}_{제2항}$)은 법관의 자격을 가

재판관 임명
의 3부 공조
체제

---

1) 【결정례】 i) 따라서 우리 헌재가 대통령의 지방자치단체장 선거일 공고의 문제를 고도의 정치적 문제로 평가하면서 심판을 회피하려는 태도를 보이는 것은 옳지 않다(헌재결 1994. 8. 31. 92 헌마 126 및 92 헌마 174). ii) 그러나 헌재는 그 후 금융실명제를 위한 긴급재정·경제명령 등에 대한 헌법소원사건에서 모든 통치행위가 헌법재판의 대상이 된다고 판시했다(헌재결 1996. 2. 29. 93 헌마 186). iii) 국군의 이라크파병결정은 고도의 정치적 결단이 요구되는 사안으로서 대의기관의 판단은 가급적 존중되어야 하기 때문에 사법적 기준만으로 이를 심판하는 것은 자제되어야 한다. 이 결정은 통치행위이론을 수용한 것이 아니라 사법적 자제설에 따른 판시라고 보아야 한다(헌재결 2004. 4. 29. 2003 헌마 814). iv) 정부와 일본의 일본 위안부 피해자 문제 합의(2015. 12. 28.) 내용은 구두형식 합의이고 헌법상 조약체결 절차를 거치지 않았고 합의 내용상 한·일 양국의 구체적인 권리 의무의 창설 여부도 불분명한 추상적 선언적 내용에 불과하다. 따라서 피해자들의 법적 지위에 영향을 미친다고 볼 수 없으므로 피해자들의 배상청구권 등 기본권 침해가능성이 없어 헌법소원심판청구의 대상이 아니다(각하결정)(헌재결 2019. 12. 27. 2016 헌마 253). v) 한·일 협정(1965. 6. 22.)에 따라 정부는 사할린 한인의 대일 청구원 문제에 관한 한·일 양국간의 해석상 분쟁을 해결해야 하는 헌법상 작위의무를 지속적으로 해 왔다. 그러나 그에 따른 가시적 성과가 불충분하다고 해도 정부가 헌법상 작위의무를 이행하지 않는다고 볼 수 없다. 따라서 정부의 작위의무불이행을 전제로 하는 위헌심판 청구는 부적법하다(헌재결 2019. 12. 27. 2012 헌마 939). **[평석]** 한인 위안부 및 사할린 한인문제에 대한 헌재의 각하결정은 문제의 본질과 법리적인 논증을 회피하기 위한 소극적인 결정으로서 헌법재판의 한계의 관점에서도 비판을 면하기 어렵다고 생각한다.

2) 아래의 서술 내용에 관한 보다 자세한 것은 졸저, 「헌법소송법론」, 2023년판 참조할 것.

3) 헌법재판소 창설 당시 상임재판관(6인)과 비상임재판관(3인)으로 2원화되었던 재판관신분이 1991년 11월 헌법재판소법 개정에 의해 모두 재판관으로 일원화되었다. 그리고 2005. 7. 29. 헌

진 사람만이 헌법재판소의 재판관이 될 수 있도록 제한하고 있다.

재판관의 임기와 신분보장 및 정치적 중립성과 대우

헌법재판소 재판관의 임기는 6년이지만 정년 70세까지는 연임이 가능하고 강력한 신분보장을 받아 탄핵 또는 금고 이상의 형의 선고에 의하지 아니하고는 파면되지 아니한다(헌법 제112조 제1항과 제3항). 그러나 헌법재판소 재판관은 공정한 직무수행을 위해서 정치적 중립을 지켜야 하기 때문에 정당에 가입하거나 정치에 관여하는 것은 허용되지 아니한다(헌법 제112조 제2항). 헌법재판소장과 재판관은 다른 공직과 영리를 목적으로 하는 사업을 영위할 수 없으며, 각각 대법원장과 대법관에 준하는 보수와 대우를 받는다(법 제14조와 제15조).

재판관회의

헌법재판소에는 재판관전원으로 구성되는 재판관회의를 두어 헌법재판소규칙의 제정과 개정, 헌법재판관련 입법의견의 국회제출[1] 등에 관한 사항, 예산요구, 예비금지출과 결산에 관한 사항, 사무처장·사무차장·헌법재판연구원장·헌법연구관·헌법연구관보 및 3급 이상 공무원의 임면에 관한 사항, 기타 특히 중요하다고 인정되는 사항으로서 헌법재판소장이 부의하는 사항 등을 심의·의결한다. 재판관회의는 재판관 7인 이상의 출석과 출석인원 과반수의 찬성으로 의결한다(법 제16조 및 제19조의2 제2항과 제4항). 이 의결정족수 때문에 재판관의 임기가 만료되거나 정년이 도래하는 때에는 임기만료일 또는 정년도래일까지 후임자를 임명해야 한다(법 제6조 제3항). 그리고 임기 중 재판관이 결원된 때에는 30일 이내에 후임자를 임명해야 한다(법 제6조 제4항).[2] 국회 폐회·휴회 중에 국회에서 선출한 재판관의 임기만료·정년도래·결원의 상황이 생기면 국회는 다음 집회 개시 후 30일 이내에 후임자를 선출해야 한다(법 제6조 제5항).

사무처

헌법재판소에는 행정사무를 처리하기 위하여 사무처를 두고 사무처장과 사무차장을 임명하는데 사무처장은 헌법재판소장의 지휘를 받아 사무처의 사무를 관장하며, 소속공무원을 지휘·감독하고, 국회 또는 국무회의에 출석하여 헌법재판소의 행정에 관하여 발언할 수 있다(법 제17조). 또 헌법재판소의 사무처장은 헌법재판소장이 행한 처분에 대한 행정소송의 피고가 되어 소송업무를 수행한

법재판소법 개정으로 국회선출 재판관뿐 아니라 모든 재판관은 국회의 인사청문을 거쳐 임명·선출 또는 지명하도록 했기 때문에 대통령과 대법원장은 재판관을 임명 또는 지명하기 전에 국회에 인사청문을 요청해야 한다(헌재법 제6조 제1항 및 제2항).

1) 헌재법 제10조의 2에 의해서 헌법재판소장은 헌법재판업무관련 입법의견을 국회에 서면으로 제출할 수 있다.

2) 【결정례】 헌법재판소 재판관의 선출권과 지명권 및 임명권은 각 헌법기관의 권리인 동시에 의무이기 때문에 예컨대 국회가 퇴임한 후임재판관을 법정기간이 경과한 후에도 '상당한 기간'내에 선출하지 않아 장기간 재판관 공백사태를 빚었다면 국민의 공정한 재판을 받을 권리를 침해하는 것이다(헌재결 2014. 4. 24. 2012 헌마 2, 판례집 26-1 하, 209(219면)).

다($^{법 \, 제17조}_{제5항}$).

헌법재판소에는 헌법연구관($^{1급 \, 내지 \, 3급}_{상당 \, 특정직}$)과 헌법연구위원($^{2급 \, 내지 \, 3급 \, 상당}_{별정직 \, 또는 \, 임기제}$) 또는 헌법연구관보($^{4급 \, 상당}_{별정직}$)를 두고 헌법재판소장의 명에 따라 사건의 심리 및 심판에 관한 조사·연구에 종사케 한다($^{법 \, 제19조 \, 및}_{제19조의 \, 2와 \, 3}$). 그리고 헌법재판소에 헌법재판연구원을 두어 헌법 및 헌법재판연구와 헌법연구관과 소속 공무원 등의 교육을 맡게 한다($^{법 \, 제19}_{조의 \, 4}$).

(나) 헌법재판소의 헌법상 지위

헌법재판소는 헌법재판을 전담하기 위해서 설치된 헌법기관이기 때문에 제 1 차적으로는 헌법재판기관이다. 그런데 헌법재판이 헌법적 가치질서를 지키기 위한 것이기 때문에 헌법재판소는 또한 헌법보호기관이기도 하다. 나아가 헌법재판소는 그 자유보호기능과 권력통제기능 그리고 정치적 평화보장기능에 상응하는 헌법상의 지위를 아울러 갖는데 자유보호기관으로서의 지위, 권력통제기관으로서의 지위, 정치적 평화보장기관으로서의 지위 등이 바로 그것이다. 따라서 헌법재판소의 헌법상 지위는 헌법재판소의 기능과 불가분의 상관관계가 있다고 할 것이다. 기능을 떠난 맹목적인 지위란 있을 수 없기 때문이다. 또 헌법재판을 제 4 의 국가작용이라고 이해하는 관점에서 볼 때 헌법재판소는 입법·행정·사법기관과 병렬적인 제 4 의 국가기관이라고도 평가할 수 있다고 생각한다. 이렇게 볼 때 헌법재판소가 국가의 최고기관인지를 둘러싼 논의[1]는 전혀 불필요하다고 할 것이다.

헌법재판의 기능에 상응하는 지위: 자유보호기관·권력통제기관·정치적 평화보장기관·제 4 의 국가기관

2) 헌법재판소의 일반심판절차

우리 헌법($^{제113조}_{제1항}$)은 헌법재판소의 심판절차에 관해서 헌법재판소가 「법률의 위헌결정, 탄핵의 결정, 정당해산의 결정 또는 헌법소원에 관한 인용결정을 할 때에는 재판관 6인 이상의 찬성이 있어야 한다」고만 규정하고 있을 뿐, 나머지 사항은 법률로 정하게 하고 있다. 헌법재판소법이 심판절차를 상세히 규정하고 있다. 그에 따르면 헌법재판소의 심판에서는 헌법재판소법에 특별한 규정이 있는 경우를 제외하고는 헌법재판의 성질에 반하지 아니하는 한도 내에서 민사소송에 관한 법령의 규정이 준용되지만($^{법}_{제40조}$),[2] 예외적으로는 형사소송에

헌재법의 특별규정과 민소법 등의 준용 및 변호사 강제주의

---

1) 예컨대 김철수, 1290면; 권영성, 1070면.

2) 【판시】 헌재법이나 행소법에 헌법소원심판청구의 취하와 이에 대한 피청구인의 동의나 그 효력에 관하여 특별한 규정이 없으므로 소의 취하에 관한 민소법 제239조는 검사가 한 불기소처분의 취소를 구하는 헌법소원심판절차에 준용된다고 보아야 한다(헌재결 1995. 12. 15. 95 헌마 221·233·297(병합), 판례집 7-2, 697면).

관한 법령의 규정과 행정소송법의 규정도 준용된다($^법_{제40조}$). 그리고 헌법재판에는 변호사강제주의가 적용된다($^{법 \ 제25조}_{제3항}$).[1] 무자력자가 헌법소원을 청구하고자 하는 경우 또는 공익상의 필요가 인정되는 경우에는 국선변호인이 선정된다($^법_{제70조}$).

공개재판 및 일사부재리원칙과 사건처리기간

헌법재판소의 재판은 공개의 원칙에 따라 행해지기 때문에, 심판의 평의를 제외하고는 그 심리절차와 결정의 선고가 모두 공개되는 것이 원칙이다($^법_{제34조}$). 헌법재판소는 헌법재판사건을 접수한 때에는 그 수리일로부터 180일 이내에 종국결정의 선고를 해야 한다($^법_{제38조}$). 헌법재판소의 재판에는 일사부재리의 원칙이 적용된다($^법_{제39조}$).

전원재판부의 구성과 심판 및 심판의 공시

헌법재판소의 심판은 원칙적으로 재판관전원으로 구성되는 재판부에서 관장하고, 재판부는 헌법재판소장이 재판장이 된다. 그리고 재판부는 재판관 7인 이상의 출석으로 사건을 심리해서 종국심리에 관여한 재판관의 과반수의 찬성으로 사건에 관한 결정을 한다. 다만 법률의 위헌결정, 탄핵의 결정, 정당해산의 결정, 헌법소원에 관한 인용결정 그리고 헌법 또는 법률의 해석적용에 관한 헌법재판소의 종전 판시를 변경하는 경우에는 재판관 6인 이상의 찬성이 있어야 한다($^{헌법 \ 제113조 \ 제1항;}_{법 \ 제22조와 \ 제23조}$). 결정은 심판에 관여한 재판관전원이 서명·날인한 결정서로 하며 결정서에는 주문 및 결정이유와 재판관의 의견 등이 표시되어야 한다($^{법 \ 제36조 \ 제2}_{항과 \ 제3항}$).[2] 헌법재판소의 종국결정은 관보에 게재함으로써 이를 공시한다($^{법 \ 제36조}_{제5항}$).

(2) 헌법재판의 유형

1) 구체적 규범통제

재판 전제한 사후적 규범통제

우리 현행헌법($^{제107조}_{제1항}$)은 「법률이 헌법에 위반되는 여부가 재판의 전제가 된 경우에는 법원은 헌법재판소에 제청하여 그 심판에 의하여 재판한다」고 구

---

1) 【판시】 i) 변호사강제주의가 '무자력자의 헌법재판을 받을 권리'를 크게 제한하는 것이라 하여도 '국선대리인제도'라는 '대상조치'가 별도로 마련되어 있는 이상 그러한 제한을 두고 재판을 받을 권리의 '본질적 내용의 침해'라고는 볼 수 없다(헌재결 1990. 9. 3. 89 헌마 120 등, 판례집 2, 288면). ii) 그런데 심판계속중에 변호인이 사임하더라도 대리인선임의 보정명령 없이 심판할 수 있는 경우도 있다. 즉 대리인 변호사 법에 따라 심판청구서를 제출했고 추가로 제출한 청구이유서에서 사건의 핵심적인 쟁점사항에 대해서 상세히 주장하고 있고, 피청구인의 답변요지도 청구기각의견 외에 별다른 주장이 없어 청구인의 주장과 소명 그 자체에 부족함이 없다면, 피청구인의 답변서제출 전에 청구인의 대리인이 사임한 경우라도 구태여 다시 보정명령을 발해서 새로운 대리인을 선임하게 하고 그 대리인이 심판을 수행하게 할 필요는 없다(헌재결 1996. 10. 4. 95 헌마 70, 판례집 8-2, 363면).

2) 2005. 7. 29. 헌법재판소법(제36조 제3항)의 개정으로 종전에 의견표시의무에서 빠졌던 탄핵심판과 정당해산심판의 결정서에도 관여 재판관이 의견표시를 하도록 했다.

체적 규범통제를 규정하고 있다. 우리 헌법상의 구체적 규범통제제도는 서명·
공포된 형식적 법률을 대상으로 하는 사후적인 규범통제를 그 내용으로 하는
것으로서 법률에 대한 '위헌심사권'과 '위헌결정권'을 분리해서, 전자는 일반법
원의 권한으로 맡기고, 후자는 헌법재판소에 이를 독점시키는 2원적인 관할분
리제를 채택하고 있다는 데 그 특징이 있다. 이와 같은 2원적인 관할분리제는
주로 유럽대륙국가들의 헌법재판제도에서 흔히 나타나는 제도로서 헌법의 특
성, 민주주의의 관점, 권력분립의 관점, 법적 안정성의 관점, 전문성의 관점 등
을 그 이론적인 근거로 하고 있다.

2원적 관할분
리제와 그 논
거

(가) 법률에 대한 위헌심사와 헌법재판소에의 제청

a) 법원의 위헌심사

법원은 법률이 헌법에 위반되는지의 여부가 재판의 전제가 된 때에 직권
또는 소송당사자의 신청에 의해서 그 법률의 위헌 여부를 심사할 수 있다.

직권 또는 소
송당사자의
신청

우리 헌법재판소의 판례에 의해서 확립된 법원의 위헌심사요건은 다음과
같다.

α) 재판의 의미

재판은 법원이 행하는 모든 형태의 법인식기능을 다 포함한다. 따라서
본안재판·소송절차재판(예컨대 가집행)·종국재판·중간재판을 가리지 아니하고, 판결·결
정·명령 등 재판의 형식도 따지지 아니한다.[1] 그 결과 법원의 증거채부결정
을[2] 비롯해서 체포·구속·압수·수색영장발부,[3] 구속적부심청구[4]와 보석허가신
청[5]에 관한 재판이 모두 다 포함된다.

β) 재판의 전제성

재판의 전제성이란 법원에 현재 계속중인 구체적인 사건에 당해 법률이
적용되는 것을 말하고, 그 법률의 위헌 여부가 재판주문과 이유에 어떤 영향을
주는 것을 의미한다. 그뿐 아니라 그것은 재판의 내용이나 효력 중 어느 하나
라도 법률의 위헌 여부에 따라 그 법률적 의미가 달라지는 경우까지를 포함하
는 개념이다.[6]

---

1) 헌재결 1994. 2. 24. 91 헌가 3, 판례집 6-1, 30면 참조.
2) 헌재결 1996. 12. 26. 94 헌바 1, 판례집 8-2, 818면 참조.
3) 헌재결 1993. 3. 11. 90 헌가 70, 판례집 5-1, 21면 참조.
4) 헌재결 1995. 2. 23. 92 헌바 18, 판례집 7-1, 186면 참조.
5) 헌재결 1993. 12. 23. 93 헌가 2, 판례집 5-2, 589면 참조.
6) 헌재결 1992. 12. 24. 92 헌가 8, 판례집 4, 864면 이하 참조.
　【판시】 i) 적법한 헌법소원심판청구 후에 '당해 소송에서 청구인이 승소하여 청구인에게 유리
　한 판결이 확정된 경우에는 그 법조항에 대하여 헌재가 위헌결정을 한다 하더라도 당해 사건

γ) 위헌심사대상

법원의 위헌심사는 현재 시행중인[1] 형식적 의미의 법률[2]을 대상으로 한다. 폐지된 법률은 재판의 전제성 요건을 충족하는 경우에만 예외적으로 위헌심사의 대상이 된다.[3] 긴급명령[4]을 비롯해서 형식적 의미의 법률과 동일한 효력을 갖는 조약 및 일반적으로 승인된 국제법규와 관습법 등은[5] 위헌심사의 대상이 된다. 진정입법부작위는 위헌심사의 대상이 되지 않는다. 그러나 부진정입법부작위의 경우에는 불완전한 법률조항 자체가 위헌심사의 대상이 된다.[6] 개별헌법규정은 위헌심사의 기준이지 위헌심사의 대상이 아니다.[7] 헌법재판소가 이미 위헌으로 결정한 법률조항도 위헌심사의 대상이 될 수 없다.[8]

제청신청기각에 대한 구제방법

법원이 갖는 이와 같은 위헌심사권은 헌법과 법률을 지키고 양심에 따라 독립하여 심판해야 되는 법관의 기능상($\frac{제103}{조}$) 당연한 법관의 권능이라고도 볼 수 있다. 아무튼 각급법원은 법률의 위헌심사에서 위헌의 요소를 찾지 못한 경우에는 합헌결정을 해서 그 법률을 재판의 근거로 삼을 수 있다. 이 때 법률의 위헌심사를 신청한 소송당사자는 법원의 제청신청기각결정에 대해서 항고할 수는 없지만, 헌법재판소에 헌법소원심판을 청구할 수 있다($\frac{법\ 제41조,\ 제}{68조\ 제2항}$).[9]

재판의 결론이나 주문에 영향을 미치지 아니하므로 재판의 전제성이 부정되는 부적법한 청구가 된다'(헌재결 2000. 7. 20. 99 헌바 61, 판례집 12-2, 108(113면)). ii) 헌재법 제68조 제 2 항의 규범통제형 헌법소원에서 실제 재판의 전제가 되는 것은 시행령조항이라고 볼 여지가 있더라도, 당해 사건 법률조항이 그 시행령조항의 기초를 이루는 위임규정으로서 재판의 계기가 된 공권력작용의 근거가 된다고 할 수도 있고, 그 위헌여하에 따라 그 시행령조항의 효력 및 소송중인 공권력작용의 위법 내지 취소여부가 판가름나게 되어 소송의 결론이 달라진다면 당해 사건 법률조항의 위헌여부는 재판의 전제가 된다(헌재결 2003. 7. 24. 2002 헌바 51, 판례집 15-2 상, 103(110면)). iii) 제 1 심과 항소심에서 원고적격의 결여로 소가 각하되어 상고심에 계류중인 사건의 경우 당해 사건에서 원용할 만한 원고적격에 관한 대법원의 확립된 판례가 없어 각하판결의 유지여부가 불분명하더라도 헌재는 규범통제형 헌법소원에서 재판의 전제성을 인정할 수 있다(헌재결 2004. 10. 28. 99 헌바 91).

1) 헌재결 1997. 9. 25. 97 헌가 4, 판례집 9-2, 337면 참조.
2) 헌재결 1996. 6. 13. 94 헌바 20, 판례집 8-1, 482면 참조.
3) 헌재결 1989. 7. 14. 88 헌가 5 등, 판례집 1, 82면 참조.
4) 헌재결 1996. 2. 29. 93 헌마 186, 판례집 8-1, 111면 참조.
5) 헌재결 1999. 4. 29. 97 헌가 14, 판례집 11-1, 273면; 헌재결 2001. 9. 27. 2000 헌바 20, 판례집 13-2, 322(328면); 헌재결 2016. 4. 28. 2013 헌바 396 참조.
6) 헌재결 1996. 3. 28. 93 헌바 27, 판례집 8-1, 185면 참조.
7) 헌재결 1996. 6. 13. 94 헌바 20, 판례집 8-1, 482면 참조.
8) 헌재결 1989. 9. 29. 89 헌가 86, 판례집 1, 288면 참조.
9) 【결정례】 i) 재판의 전제가 되는 대통령령은 헌재법 제68조 제 2 항에 의한 헌법소원의 대상이 될 수 없다(헌재결 1999. 1. 28. 97 헌바 90). ii) 그리고 단순히 법률의 해석을 다투면서 명백히 한정위헌을 구하는 심판청구도 허용되지 않는다(헌재결 1999. 3. 25. 98 헌바 2; 헌재결 1999. 7. 22. 97 헌바 9). 규범통제에서 한정위헌청구는 법조항 자체의 위헌성 문제로 볼 여지가 있는 경우에만 적법하다(헌재결 2001. 9. 27. 2000 헌바 20). iii) 또 헌재법 제68조 제 2 항

b) 헌법재판소에의 제청

법률의 위헌심사를 한 각급법원은 그 법률이 헌법에 위반되는 것으로 판단한 경우[1]에는 스스로 위헌결정을 할 수 없고 헌법재판소에 제청하여 그 결정에 따라 재판하여야 하는데, 법원의 제청은 당해 사건의 재판을 정지시키는 효력이 있다($\frac{법}{제42조}$). 법원은 재판의 전제가 되는 법률조항의 특정한 해석이나 적용부분의 위헌성에 대한 합리적인 의심이 있는 경우에도 한정위헌심사의 제청을 할 수 있다.[2] 법원의 제청은 제청서로 해야 하는데 하급법원의 제청서는 대법원을 경유하여 헌법재판소에 송부된다($\frac{법 \ 제41조}{제5항}$). 이 때 대법원은 공문서를 첨부하여 제청서를 헌법재판소에 송부해야 한다($\frac{법 \ 제41조}{제5항}$).

제청의 요건·효과·절차

(나) 헌법재판소의 심판

a) 헌법재판소의 심리원칙

α) 재판의 전제성 요건의 심사

법률이 재판의 전제성 요건을 갖추고 있는지의 여부는 되도록 법원의 이에 관한 법률적 견해를 존중해야 한다. '다만 그 전제성에 관한 법원의 법률적 견해가 명백히 유지될 수 없을 때에만 헌법재판소는 이를 직권으로 조사할 수 있다'.[3] 그 결과 법률의 위헌 여부가 제청법원이 심리중인 사건의 재판결과에 어떠한 영향을 준다면 제청결정은 적법한 것으로 취급될 것이고,[4] 법률의 위헌 여부가 재판의 결론에 아무런 영향을 미칠 수 없는 경우에 한하여 재판의 전제성을 부인하게 된다.[5] 다만 법률의 위헌 여부가 재판의 전제성을 결여할 가능성이 높은 경우에도 그것은 법원이 판단할 사항으로서 헌법재판소가 미리 판단하는 것이 적절치 않다는 이유로 일단 재판의 전제성 요건을 갖춘 것

법원의 견해 존중

에 따른 헌법소원은 법률의 위헌성을 적극적으로 다투는 제도이므로, 법률의 부존재, 즉 입법부작위를 헌재법 제68조 제 2 항의 헌법소원으로 다툴 수는 없다(헌재결 2000. 1. 27. 98 헌바 12). iv) 나아가 헌재법 제68조 제 2 항의 헌법소원은 법률의 위헌여부심판의 제청신청을 하여 그 신청이 기각된 때에만 청구할 수 있으므로, 위헌여부심판의 제청신청을 하지 않았고 따라서 이에 대한 법원의 기각결정이 없었던 부분에 대한 심판청구는 부적법하다(헌재결 2000. 2. 24. 98 헌바 73).

1) 【결정례】 위헌의 확신뿐 아니라 위헌의 의심만으로도 제청이 가능하다(헌재결 1993. 12. 23. 93 헌가 2). '위헌의 의심'은 '합리적인 의심'을 뜻하고 막연하고 단순한 의심만으로는 제청할 수 없다는 판시이다.

2) 헌재결 2017. 10. 26. 2015 헌바 223 참조.

3) 헌재결 1993. 5. 13. 92 헌가 10 등, 판례집 5-1, 239면 참조.
【판시】 법원이 당해 법률의 위헌여부와 관계 없이 각하하여야 할 사건이라면 재판의 전제성을 인정할 수 없다(헌재결 2003. 10. 30. 2002 헌가 24, 판례집 15-2 하, 1(7면)).

4) 헌재결 1990. 6. 25. 89 헌가 98 등, 판례집 2, 142면 참조.

5) 헌재결 1998. 9. 30. 98 헌가 7 등, 판례집 10-2, 499면 참조.

으로 보고 본안판단을 한 판례도 있다.[1] 확정된 종국판결이 있은 후에 동일 사항에 대하여 다시 후소가 제기된 경우에는 전소의 기판력 때문에 재판의 전제성은 없다.[2] 법원의 제청 당시 재판의 전제성이 인정되는 한 당해 소송이 종료되었더라도 예외적으로 객관적인 헌법질서의 수호·유지를 위하여 필요한 경우에는 심판의 필요성을 인정하여 위헌 여부를 판단한다.[3]

β) 심판의 범위

원칙적으로 제청법률만 심판

헌법재판소는 제청된 법률 또는 법률조항의 위헌여부만을 최종적으로 심판하는 것이 원칙이다. 그러나 위헌제청되지 아니한 법률조항이라도 위헌제청된 법률조항과 일체를 형성하고 있으면 그에 대해서 함께 판단할 수 있다.[4] 또 법질서의 통일성과 소송경제적인 측면에서 필요한 경우 제청법률의 심판범위를 확대하거나[5] 축소하는 것도[6] 가능하다.[7] 제청된 법률조항을 위헌결정하는 경우 그로 인해서 당해 법률 전부를 시행할 수 없다고 인정할 때에는 그 전부에 대하여 위헌결정을 할 수 있다($\frac{법}{제45조}$).

γ) 심판의 기준

헌법원리 포함한 모든 헌법적 관점

헌법재판소가 법률의 위헌 여부를 심판하는 경우에는 헌법의 통일성의 관점에서 규범조화적인 헌법해석에 따라야 하기 때문에 개별적인 헌법규정뿐 아니라 이들 규정의 기초가 되는 기본적인 헌법원리도 당연히 그 심판의 기준이 되어야 한다. 그리고 헌법재판소는 위헌심판에서 제청법원이나 제청신청인의 법적인 주장에 구애받지 않고 심판대상 법률조항의 법적 효과를 고려하여 모든 헌법적인 관점에서 심사한다.[8]

δ) 심판절차와 방법

법률의 위헌결정에는 헌법재판소재판관 6인 이상의 찬성이 있어야 한다($\frac{제113조}{제1항}$). 그리고 헌법재판소에서 위헌심판을 할 때에 소송당사자 및 법무부장관은 법률의 위헌 여부에 대한 의견서를 제출할 수 있다($\frac{법}{제44조}$). 헌법재판소의 결정

---

1) 헌재결 2001. 10. 25. 2001 헌바 9, 판례집 13-2, 491(498면) 참조.
2) 헌재결 2000. 6. 21. 2000 헌바 47 참조.
3) 헌재결 1993. 12. 23. 93 헌가 2 참조.
4) 헌재결 1999. 9. 16. 99 헌가 1; 헌재결 2002. 8. 29. 2001 헌바 82, 판례집 14-2, 170(183면) 참조.
5) 헌재결 1999. 3. 25. 98 헌가 11 참조. 법령소원의 경우에도 같다. 헌재결 2001. 2. 22. 99 헌마 365 참조.
6) 헌재결 1997. 4. 24. 96 헌가 3 등 참조.
7) 【결정례】 우리 헌재는 규범통제형 헌법소원(헌재법 제68조 제2항) 사건에서, 당초 위헌제청신청과 그에 대한 법원의 기각결정에서 다루어지지 아니한 법률조항을 심판대상조문에 포함시켜 함께 판단한 경우도 있다(헌재결 2001. 1. 18. 2000 헌바 29).
8) 헌재결 1996. 12. 26. 96 헌가 18 참조.

서는 결정일로부터 14일 이내에 대법원을 경유하여 제청법원에 송달한다($\frac{법}{제46조}$).

b) 헌법재판소의 결정유형

우리 현행법은 규범통제의 결과를 '합헌결정과 위헌결정'의 두 가지로만 규정하고 있지만, 이와 같은 양자택일적인 심판방법만으로는 규범통제에서 나타나는 모든 유형의 문제를 전부 포용할 수 없다. 따라서 독일연방헌법재판소가 그 동안 꾸준히 판례를 통해 발전시킨 '위헌확인결정'[1]과 '촉구결정'[2] 등 다양한 결정형태[3]를 함께 고려할 필요가 있다고 생각한다. 우리 헌법재판소도 그러한 필요성을 인식해서 합헌결정과 위헌결정 외에 이른바 변형결정이라는 제 3 의 결정형식을 함께 채택하고 있다. 위헌불선언결정, 한정합헌결정, 한정위헌결정, 일부위헌결정, 조건부위헌결정, 헌법불합치결정, 부분위헌결정 등이 바로 그것이다. 이러한 변형결정은 합헌적 법률해석의 요청과 사법적 자제의 필요성에서 나오는 불가피한 현상이긴 하지만, 앞으로 보다 합리적인 방향으로 정리될 필요가 있다고 생각한다. 특히 한정위헌결정과 일부위헌결정은 그 한계가 매우 불분명하고, 일부위헌결정과 부분위헌결정은 개념상 혼동을 일으킬 가능성이 크기 때문이다. 지금은 헌법재판소가 변형결정의 유형으로 한정합헌결정과 한정위헌결정 그리고 헌법불합치결정의 세 가지만 활용하고 있다.

심판방법 및 변형결정의 유형과 한계

α) 위헌불선언결정

실질적으로는 합헌결정과 같지만, 다만 합헌을 주장하는 재판관의 수가 위헌을 주장하는 재판관의 수보다 적은 경우(예컨대 4 : 5)에 선택하는 결정유형이다. '… 는 헌법에 위반된다고 선언할 수 없다'는 주문형식을 취하게 된다.[4] 그러나 1996년부터는 이 결정유형을 탈피해서 합헌 내지 기각결정을 하고 있다.[5]

위헌주장이 다수지만 6인 미만

β) 한정합헌결정

전형적인 합헌적 법률해석의 결과로서, 심판의 대상이 된 법조문을 헌법과 조화될 수 있는 방향으로 축소해석함으로써 그 법조문의 효력을 유지시키는 결정유형이다. 변형결정 중에 가장 흔한 결정유형이다. '국가보안법 제 7 조 제

헌법과 조화되게 축소해석: 합헌적 법률해석

---

1) Dazu vgl. z. B. BVerfGE 6, 257; 21, 173; 30, 292; 17, 148; 27, 391; 38, 187. 예컨대 헌재결 1995. 7. 21. 92 헌마 144 참조.
2) Dazu vgl. z. B. BVerfGE 8, 210(216); 25, 167(173); 33, 171(189f.).
3) 이 점에 대해서 자세한 것은 졸고, '서독에 있어서의 헌법재판', 「공법연구」 제 9 집(1981), 53면 이하 참조.
4) 【결정례】 국토이용관리법상의 무허가거래자에 대한 벌칙조항(제31조의 2)에 대해서 내려진 결정이다. 헌재결 1989. 12. 22. 88 헌가 13. 동지: 헌재결 1993. 5. 13. 90 헌바 22, 91 헌바 12·13, 92 헌바 3·4; 헌재결 1994. 6. 30. 92 헌바 23.
5) 헌재결 1996. 12. 26. 93 헌바 17; 헌재결 1996. 12. 26. 90 헌바 19, 92 헌바 41, 94 헌바 49(병합); 헌재결 1997. 12. 24. 97 헌마 16 참조.

1 항 및 제 5 항은 각 그 소정행위가 국가의 존립·안정을 위태롭게 하거나 자유민주적 기본질서에 위해를 줄 경우에 적용된다고 할 것이므로 이러한 해석하에 헌법에 위반되지 아니한다'[1]는 결정주문이 그 대표적인 예이다.[2]

γ) 한정위헌결정

헌법과 조화 되지 않는 내용 배제: 합헌 적 법률해석

심판의 대상이 된 법조문을 축소해석한 합헌적 법률해석의 결과라는 점에서 한정합헌결정과 같지만, 심판의 대상이 된 법조문의 해석 중에서 특히 헌법과 조화될 수 없는 내용을 한정해서 밝힘으로써 그러한 해석의 법적용을 배제하려는 결정유형이다. '민법 제764조의 「명예회복에 적당한 처분」에 사죄광고를 포함시키는 것은 헌법에 위반된다',[3] 또는 '정기간행물의 등록 등에 관한 법률 제 7 조 제 1 항은 제 9 호 소정의 제 6 조 제 3 항 제 1 호 및 제 2 호의 규정에 의한 해당시설을 자기소유이어야 하는 것으로 해석하는 한 헌법에 위반된다'[4]는 결정주문 등이 바로 그 예이다.

δ) 일부위헌결정

실질적으로 한정위헌결정 과 동일

우리 헌법재판소는 1970년대 독일에서 논의되던 이른바 '질적 일부위헌'(qualitative Teilnichtigkeit)[5]이라는 개념을 수용해서 합헌적 법률해석의 한 유형으로 일부위헌결정을 하고 있다. 즉 심판의 대상이 된 법조문을 그대로 놓아둔 채 그 법조문의 특정한 적용사례에 대해서만 위헌이라고 선언하는 것이다.[6] '국유재산법 제 5 조 제 2 항을 동법의 국유재산 중 잡종재산에 대하여 적용하는 것은 헌법에 위반된다',[7] '국가보안법 제19조를 동법 제 7 조와 제10조의 죄에 적용하는 것은 헌법에 위반된다',[8] '화재로 인한 재해보상과 보험가입에 관한 법률 제 5 조의 「특수건물」부분에 동법 제 2 조 제 3 호 가목 소정의 「4층 이상의 건물」을 포함시키는 것은 헌법에 위반된다'[9]는 결정주문 등이 바로 그것이다. 그런데 일부

---

1) 헌재결 1990. 4. 2. 89 헌가 113. 동지: 헌재결 1990. 6. 25. 90 헌가 11; 헌재결 1992. 1. 28. 89 헌가 8; 헌재결 1992. 4. 14. 90 헌바 23.

2) 그 밖에도 다음 판례 참조. 헌재결 1989. 7. 21. 89 헌마 38; 헌재결 1990. 8. 27. 89 헌가 118; 헌재결 1992. 2. 25. 89 헌가 104; 헌재결 1994. 8. 31. 91 헌가 1.

3) 헌재결 1991. 4. 1. 89 헌마 160. 동지: 헌재결 1994. 6. 30. 93 헌바 9.

4) 헌재결 1992. 6. 26. 90 헌가 23. 동지: 헌재결 1992. 11. 12. 91 헌가 2.

5) Vgl. *Wassilos Skouris*, Teilnichtigkeit von Gesetzen 1973, passim.

6) 국내학자 중에서 일본문헌에 따라 일부위헌결정을 '적용위헌결정'이라는 말로 표현하려는 사람도 있다. 그는 합헌적 법률해석과 적용위헌이론을 구별하려고 하지만, 모든 적용위헌결정은 따지고 보면 합헌적 법률해석의 결과에 해당하기 때문에 그 구별은 옳지 않다고 생각한다. 예컨대 김철수, 1325면.

7) 헌재결 1991. 5. 13. 89 헌가 97. 동지: 헌재결 1992. 10. 1. 92 헌가 6·7(병합).

8) 헌재결 1992. 4. 14. 90 헌마 82.

9) 헌재결 1991. 6. 3. 89 헌마 204.

위헌결정은 내용면에서 한정위헌결정과 구별하기가 어렵다. 한정위헌결정도 일부 위헌의 내용을 포함하고 있고, 일부위헌결정도 내용상 한정위헌결정으로 평가할 수 있기 때문이다. 따라서 일부위헌은 한정위헌의 내용을 가리키는 개념으로 이해하고, 법률에 대한 위헌심판의 결정유형으로는 합헌적 법률해석의 의미가 보다 분명하게 나타나는 한정위헌결정의 주문형식으로 통일하는 것이 바람직할 것이다. 우리 헌법재판소도 늦었지만 그런 방향으로 가고 있어 다행이다.

> 한정위헌결정으로 통일 필요성

ε) 조건부위헌결정

우리 헌법재판소는 구국회의원선거법 제55조의 3과 제56조에 대한 헌법소원심판사건[1]에서, 이 법 '제55조의 3의 규정 중 「정당연설회에 당해 지역구 후보자를 연설원으로 포함시킨 부분」과 이 법 제56조의 규정 중 「정당이 후보자를 추천한 지역구마다 2종의 소형인쇄물을 따로 더 배부할 수 있도록 한 부분」은 당해 지역구에서 정당이 그와 같은 정당연설회를 개최하거나 소형인쇄물을 제작·배부하는 경우에는, 무소속후보자에게도 각 그에 준하는 선거운동의 기회를 균등하게 허용하지 아니하는 한 헌법에 위반된다'는 주문의 이른바 조건부위헌결정을 함으로써 하나의 새로운 유형의 합헌적 법률해석을 시도했다.

> 법조문의 확대해석 유도

그런데 이러한 주문형식의 조건부위헌결정은 심판의 대상이 된 법조문을 '축소 내지 제한해석'한 것이 아니라 오히려 '확대해석'한 결과로서 분명히 합헌적 법률해석의 한계를 벗어난 것이라는 비난을 면할 수 없다. 그러한 확대해석에 의해서 심판의 대상이 된 법조문은 입법권자가 제정한 규범내용과는 '완전히 다른 내용'을 갖게 되기 때문이다. 심판의 대상이 된 법조문 중 문제된 부분만을 위헌결정하는 이른바 '부분위헌결정'의 유형을 선택하는 것이 옳았다고 생각한다.[2]

> 축소·제한해석해야 하는 합헌적 법률해석의 한계 일탈

ζ) 헌법불합치결정

헌법불합치결정이란 실질적으로는 위헌결정에 해당하지만, 법률의 공백상태를 방지하고 입법권자의 입법개선을 촉구하기 위해서 심판의 대상이 된 법조문을 위헌결정하는 대신 단순히 '헌법에 합치되지 아니한다'고 결정하면서 동시에 그 법조문의 효력시한을 정해 주는 결정유형을 말한다.[3] 우리 헌법재판소

> 실질적 위헌결정, 입법개선촉구하는 사법적 자제의 표현

---

1) 헌재결 1992. 3. 13. 92 헌마 37·39(병합).
2) 자세한 것은 이 결정에 대한 저자의 평석,「공법연구」제20집(1992년), 319면 이하 참조.
3)【판시】주로 평등원칙에 위반된 경우에 정당화되지만, 자유권의 침해시에도 합헌·위헌부분의 경계가 불분명하여 단순위헌결정에 의한 적절한 구분이 어렵고 입법자에게 위헌상태를 제거할 수 있는 여러 가지의 가능성을 인정할 수 있는 경우에는 입법자의 입법형성권이 헌법불합치결정을 정당화하는 근거가 될 수 있다(헌재결 2002. 5. 30. 2000 헌마 81, 헌재공보 69, 492(500면)).

는 국회의원선거법(개정 전의 제33
조와 제34조)의 기탁금조항[1]과 지방의회의원선거법(개정 전의 제
36조 제 1 항) 중의 광역의회의원후보자의 기탁금부분[2]에 대해서 헌법불합치결정을 했다.[3] 헌법불합치결정은 일종의 사법적 자제의 표현으로서 넓은 의미의 입법개선촉구결정에 포함된다. 그렇지만 좁은 의미의 입법개선촉구결정은 '아직은 위헌이라고 볼 수 없지만' 머지않아 위헌이 될 가능성이 큰 경우에 채택되는 결정유형인데 반해서,[4] 헌법불합치결정은 '지금도 이미 위헌이지만' 위헌결정으로 인한 법적 공백상태를 방지할 필요가 있고, 입법권자에게 시한을 정해서 입법개선을 촉구해 두는 것이 위헌결정하는 것보다 합목적적이라고 판단되는 경우에 채택하는 결정유형이다. 그렇기 때문에 헌법재판소가 민법의 동성동본금혼규정(제809조
제 1 항)에 대해서 입법개선의 시한(1998.
12. 31)을 정해 주면서도 그 때까지 이 법규정의 적용중지를 명한 것이나(시한부 적용중지),[5] 토초세법에 대해서 시한을 정하지 않은 채 적용중지를 명하는(시한 없는 적용중지) 헌법불합치결정을 한 것은 법리적으로 문제가 있다.[6] 친생부인의 소의 1년제척기간규정(민법 제847
조 제 1 항)에 대한 헌법불합치결정도 마찬가지이다.[7] 우리 헌법재판소의 재검토가 요청되는 부분이다.

협의의 입법
개선촉구결정
과의 차이

η) 부분위헌결정

법조문의 일
부문구 내지
표현만 위헌
선언

심판의 대상이 된 법조문을 그대로 놓아둔 채 그 법조문 중 일부 문구나 표현만을 위헌이라고 선언하는 결정유형이다. 소송촉진 등에 관한 특례법

---

1) 헌재결 1989. 9. 8. 88 헌가 6.

2) 헌재결 1991. 3. 11. 91 헌마 21.

3) 【결정례】 i) 그 밖에도 노동쟁의조정법 제12조 제 2 항에 대해서도 같은 결정을 했다(헌재결 1993. 3. 11. 88 헌마 5). ii) 또 특허법에 대한 헌법불합치결정도 있다. 헌재결 1995. 9. 28. 92 헌가 11, 93 헌가 8·9·10(병합) 참조.

4) 【판시】 i) 동일유형의 선거법에 대해서 위 두 선거법의 규정이 동일한 것이 바람직하겠지만, 그렇지 못한 것은 입법정책의 졸렬에서 기인한 것으로 그것이 체계부조화 내지 부적합이 될 수는 있다. 그런데 체계상의 부조화 내지 부적합도 경우에 따라서는 위헌의 사태를 초래할 수 있으므로 선거법전반에 관한 체계적 재검토와 시정조치가 시급히 요망된다(헌재결 1993. 7. 29. 93 헌마 23, 판례집 5-2, 221(233면)). ii) 소송물가액에 따른 인지액 등 소송비용이 많이 지출된 경우에는 소송비용의 재판도 소송당사자에게 상당한 이해관계가 있어 그 재판에 대해서만 독립해서 다툴 실익이 있으므로 본안재판의 법적 안정성을 크게 해치지 않는 범위 내에서 소송비용의 재판에 대한 독립적인 불복을 허용하는 것이 입법정책적으로 바람직하다(헌재결 1996. 2. 29. 92 헌바 8, 판례집 8-1, 98(108면)).

5) 헌재결 1997. 7. 16. 95 헌가 6 등 참조. 동지: 헌재결 1997. 8. 21. 94 헌바 19 등(근로자퇴직금 무제한 우선변제규정에 대한 헌법불합치결정) 참조.

6) 헌재결 1994. 7. 29. 92 헌바 49·52(병합) 참조.
【결정례】 더욱이 헌재가 토초세법 전부에 대해서 헌법불합치결정을 해 놓고, 이 결정에 따른 법률의 부분개정이 있는 경우 구법이 모두 폐지되는 것은 아니라는 논리를 펴는 것은 매우 잘못된 논리라고 할 것이다. 헌재결 1995. 7. 27. 93 헌바 1 등(병합) 참조.

7) 헌재결 1997. 3. 27. 95 헌가 14 등 참조.

제 6 조 제 1 항 중 '다만 국가를 상대로 하는 재산권의 행사에 관하여는 가집행의 선고를 할 수 없다'라는 부분은 헌법에 위반된다,[1] '국세기본법 제56조제 2 항 중 괄호 내인 「결정의 통지를 받지 못한 경우에는 제81조 단서의 결정기간이 경과한 날」 부분은 헌법에 위반된다',[2] '국세기본법 제35조 제 1 항 제 3 호 중 '으로부터 1년'이라는 부분은 헌법에 위반된다'[3]는 주문형식이 그 예이다.[4] 부분위헌결정은 위헌결정의 한 형식으로서 심판의 대상이 된 법조문의 일부분을 위헌이라고 선언하는 것이기 때문에, 심판의 대상이 된 법조문은 그대로 유효하게 놓아둔 채 그 법조문의 특정한 적용사례만을 위헌이라고 선언하는 '일부위헌결정'과는 구별해야 한다. 그렇지만 개념상 혼동을 일으킬 소지가 크다. 따라서 혼동을 피하는 뜻에서도 '일부위헌결정'은 한정위헌결정의 형식으로 통일하는 것이 바람직하다고 생각한다.

일부위헌결정과의 혼동 가능성

(ㄸ) 법률에 대한 위헌결정의 효력

헌법재판소가 법률에 대한 위헌결정을 한 경우에는 위헌으로 결정된 법률 또는 법률의 조항은 그 결정이 있는 날로부터 효력을 상실하지만(ex-nunc 효력),[5] 형벌에 관한 조항만은 소급하여 그 효력을 상실한다(ex-tunc 효력).[6] 다만 해당형벌법규에 대하여 종전에 합헌으로 결정한 사건이 있는 경우에는 그 결정이 있는 날의 다음 날로 소급하여 효력을 상실하도록 소급효의 효력을 제한했다($\frac{법\ 제47조}{제\ 2항과\ 제\ 3항}$). 그 결과 위헌으로 결정된 법률에 근거한 유죄의 확정판결에 대하여는 형사소송법상의 재심청구가 가능하다($\frac{법\ 제47조}{제\ 4항과\ 제\ 5항}$). 그리

향후 무효원칙과 예외적 소급원칙

---

1) 헌재결 1989. 1. 25. 88 헌가 7.
2) 헌재결 1992. 7. 23. 90 헌바 2, 92 헌바 2, 92 헌바 25(병합).
3) 헌재결 1990. 9. 3. 89 헌가 95. 동지: 헌재결 1991. 11. 25. 91 헌가 6.
4) 그 밖에도 부분위헌결정의 예로는 다음 판례가 있다. 헌재결 1991. 3. 11. 90 헌마 28; 헌재결 1991. 7. 8. 91 헌가 4; 헌재결 1992. 1. 28. 91 헌마 111; 헌재결 1993. 12. 23. 92 헌가 12; 헌재결 1993. 12. 23. 92 헌바 11.
5) 【판결례】 우리 대법원은 법률에 대한 위헌결정의 효력을 서서히 확대시켜 왔다. 즉 대법원판례는 ⅰ) 당해 사건에 한한 소급효(대법원 1991. 6. 11. 선고 90 다 5450 판결), ⅱ) 위헌제청을 불문하고 법원에서 그 법률의 위헌 여부가 다투어지고 있는 모든 사건에 대한 소급효(대법원 1991. 12. 24. 선고 90 다 8176 판결), ⅲ) 위헌법률이 재판의 전제가 되어 법원에 계류된 모든 일반사건에 대한 소급효(대법원 1992. 2. 14. 선고 91 누 1462 판결), ⅳ) 법률에 대한 위헌결정 이후에 소송이 제기된 일반사건에 대한 효력(대법원 1993. 1. 15. 선고 92 다 12377 판결) 등으로 변해 왔다. 따라서 법률에 대한 헌법재판소의 위헌결정은 이제 당해 법률을 사실상 소급해서 무효로 만드는 효과를 나타내게 되었다. 동지: 헌재결 1993. 5. 13. 92 헌가 10, 91 헌바 7, 92 헌바 24, 92 헌바 50(병합).
6) 【결정례】 그러나 교통사고처리특례법의 경우처럼 이 소급효를 인정함으로써 오히려 형사처벌 면제자들에게 형사상 불이익이 미치게 되는 경우에는 소급효가 배제된다(헌재결 1997. 1. 16. 90 헌마 110·136(병합) 참조).

국가기관기속력

고 법률의 위헌결정은(한정합헌·한정위헌·헌법불합치결정 포함) 법원 기타 국가기관이나 지방자치단체를 기속한다(제47조.).[1] 위헌결정의 기속력은 결정주문만이 아니라 결정주문을 뒷받침해 주는 주요논거에도 미친다고 보아야 한다. 이론적으로 법률에 대한 위헌결정의 효력을 언제부터 발생시킬 것인가에 대해서는 소급무효(ex-tunc-Wirkung)·향후무효(ex-nunc-Wirkung)·미래무효(ex-post-Wirkung)의 세가지 헌법정책적 방법이 고려될 수 있겠지만, 그 세 가지 방법이 모두 장·단점이 있다. 우리 현행법은 법적 안정성을 중요시해서 원칙적으로 향후무효의 입장을 따르면서도 실질적 정의실현의 관점에서 형벌에 관한 조항만은 소급무효의 방법을 따르고 있다. 그런데 우리 헌법재판소가 법률에 대해서 위헌결정 대신에 헌법불합치결정을 하는 경우[2]에는 현실적으로 미래무효의 효력도 나타나게 된다. 그 결과 헌법재판소가 정하는 미래의 일정한 시점까지는 계속해서 효력을 유지하게 된다. 미래무효의 효력은 법적 공백상태의 방지를 그 이론적인 근거로 하고 있다. 또 무효의 효력도 개별사건에만 국한시키지 않고 그 법률조항 자체의 효력을 상실시키는 이른바 일반적 효력을 인정한 것은 규범통제가 갖는 객관적 소송으로서의 성질을 존중한 것이라고 볼 수 있다.

소급무효·향후무효·미래무효의 법리

객관적 소송과 일반적 효력

2) 탄핵심판제도

고위공직자의 헌법 침해에 대한 헌법보호수단

우리 현행헌법은 국회가 탄핵의 소추를 의결하고(제65조 제1항) 헌법재판소가 탄핵심판을 하는(제111조 제1항) 탄핵심판제도를 규정하고 있다. 이와 같은 탄핵심판제도는 이념상 고위직공직자에 의한 하향식헌법침해로부터 헌법을 보호하기 위한 중요한 헌법재판제도임에는 틀림없지만, 현대국가에서는 고전적인 제도로서의 역사적인 의미 이상의 실질적인 기능을 기대하기 어렵게 되었다. 더욱이 우리나라의 탄핵제도는, 소추절차가 지나치게 엄격해서 현실적으로 제약요건이 많다. 우리 헌정사상 탄핵심판사건이 실패로 돌아갈 수밖에[3] 없었던 것은 그 좋은 증거이다. 그러나 대통령을 비롯한 고위직공직자를 대상으로 그 법적인 책임을

제도의 고전성과 현실적 제약 및 기능

---

1) 【판시】 헌재의 법률에 대한 위헌결정에는 단순위헌결정은 물론, 한정합헌, 한정위헌결정과 헌법불합치결정도 포함되고 이들은 모두 당연히 기속력을 가진다(헌재결 1997. 12. 27. 96 헌마 172 등, 판례집 9-2, 842(845면)).

2) 【판시】 헌법불합치결정에 따른 개선입법이 제한 없이 소급적용되는 것은 아니지만, 특별한 사정이 없는 한 헌법불합치결정 당시의 시점까지 소급되는 것이 원칙이다(헌재결 2004. 1. 29. 2002 헌가 22 등, 판례집 16-1, 29(56면)).

3) 1985년 신민당 국회의원 102명이 발의한 당시의 유태흥 대법원장에 대한 탄핵소추결의안이 바로 그것이었지만, 결국 부결되고 말았다. 2004년 노무현대통령에 대한 탄핵소추는 국회에서 재적의원 2/3가 훨씬 넘는 193명의 높은 찬성으로 이루어졌지만 헌재에서 파면사유는 아니라고 기각했다.

특히 헌법이 정하는 특별한 소추절차에 따라 추궁함으로써 헌법을 보호한다는 탄핵심판제도의 제도적인 의의나 기능을 너무 경시해도 아니된다. 미국처럼 탄핵심판제도가 아직 제 기능을 나타내는 나라도 있기 때문이다. 우리도 제18대 박근혜 대통령이 2016년 12월 9일 국회의 탄핵소추의결로 헌법재판소의 탄핵심판을 받게 되었는데 2017년 3월 10일 헌법재판소의 탄핵결정으로 파면되었다.[1] 우리 헌정사상 대통령에 대한 두 번째 탄핵심판인데 탄핵심판을 통해 탄핵파면된 최초의 대통령이다.

우리 헌법은 탄핵심판에 관해서 소추기관과 심판기관을 나누어서 국회에게는 소추권을, 그리고 헌법재판소에는 심판권을 맡기고 있다.

소추기관과 심판기관의 분리

㈎ 탄핵의 소추절차

우리 헌법상 탄핵의 소추기관은 대의기관인 국회이다. 따라서 국회가 행하는 탄핵소추의 의결은 탄핵대상자에 대한 대의적 책임추궁의 의미도 함께 갖게 된다.

국회의 탄핵 소추의결

a) 탄핵의 대상이 되는 공직자

우리 헌법은 탄핵의 대상이 되는 공직자를 대통령·국무총리·국무위원·행정각부의 장·헌법재판소재판관·법관·중앙선거관리위원회위원·감사원장·감사위원 기타 법률이 정하는 공무원으로 하고 있다($^{제65조}_{제1항}$).[2] 따라서 헌법에 열거된 공직자와 그 직위나 직무성격이 비슷하다고 볼 수 있는 고위공직자($^{검찰총장·정부위}_{원·합참의장·군}_{참모총장·대사··}_{경찰청장 등}$)는 모두 탄핵의 대상이 될 수 있다고 할 것이다. 그러나 탄핵제도가 갖는 특별한 소추절차적 성격을 감안할 때 다른 방법으로 그 법적 책임을 물을 수 있는 공직자는 탄핵의 대상에서 제외된다고 보아야 하는데, 국회의원이나 고위직업공무원 등이 그 대표적인 예이다.

대통령 등 고위직 공직자

b) 탄핵의 사유

현행헌법은 탄핵의 사유에 관해서 '직무집행에 있어서 헌법이나 법률을 위배한 때'라고만 규정하고 있다. 따라서 직무집행과 관계가 없는 행위, 헌법이나 법률의 해석을 그르친 행위, 그릇된 정책결정행위, 정치적 무능력으로 야기되는 행위 등은 탄핵의 사유가 되지 아니한다고 보아야 한다.[3] 그러나 직무집행

헌법과 법률을 어기는 직무집행

---

1) 헌재결 2017. 3. 10. 2016 헌나 1 참조.

2) 검찰청법(제37조)이 검사를 탄핵의 대상으로 하고 있는 것이 그 한 예이다. 따라서 검찰총장이 탄핵의 대상이 되는 공직자인지에 대한 논란은 불필요하고 무의미하다. 경찰법(제11조 제 5 항·제 6 항)도 경찰청장의 임기를 2년으로 보장하면서 탄핵의 대상으로 하고 있다.

3) 헌재도 같은 입장이다. 그러나 헌재는 대통령의 탄핵에서는 다른 공직자의 경우와 달리 파면결정의 효과가 매우 크기 때문에 중대한 위헌·위법행위가 있어야만 파면할 수 있다는 입장이다.

　【결정례】 대통령의 파면사유인 헌법수호의 관점에서 중대한 위법행위란 자유민주적 기본질서

에 있어서의 위헌이나 위법행위가 반드시 고의나 과실에 의해서 발생한 경우만
이 탄핵사유에 포함되는 것은 아니다.

c) 탄핵의 소추

발의정족수와
의결정족수

탄핵소추는 국회가 행하는데, 국회재적의원 1/3 이상의 발의와 국회재적의
원 과반수의 찬성이 있어야 한다. 다만 대통령에 대한 탄핵소추만은 국회재적
의원 과반수의 발의와 국회재적의원 2/3 이상의 찬성이 있어야 한다($\frac{제65조}{제2항}$).[1]
국회의 탄핵소추는 국회법제사법위원회의 위원장이 소추위원이 되어 그 직무를

소추위원인
법사위원장의
기능

행한다. 즉 법제사법위원회 위원장인 소추위원이 대표하여 소추를 행하고 헌법
재판소의 심판에 관여한다($\frac{법 제49조}{제1항}$). 소추위원은 소추의결서의 정본을 헌법재판
소에 제출하여 그 심판을 청구하며, 심판의 변론에 있어서 피청구인을 신문할
수 있다($\frac{법 제49조}{제2항}$). 국회법($\frac{제134}{조}$)에 따라 국회의장도 탄핵소추의 의결 후에 지체없
이 소추의결서의 등본을 헌법재판소에 송달하게 되어 있다.

d) 탄핵소추의 효과

권한행사정지
및 사후사직
금지

국회에서 탄핵소추가 의결된 때에는 그 피소추자는 헌법재판소에서 탄핵
심판이 있을 때까지 그 권한행사가 정지된다($\frac{제65조}{제3항}$). 소추의결서가 송달된 후에
행해진 사직원의 접수 또는 해임은 무효이다($\frac{국회법 제134}{조 제2항}$).

(내) 탄핵의 심판절차

헌재의 심판

탄핵의 심판은 헌법재판소가 하는데 이 심판절차는 국회의 소추위원이 소
추의결서의 정본을 헌법재판소에 제출함으로써 개시된다.

a) 증거조사

직권 또는 신
청조사와 형
소법규정 준
용

헌법재판소는 소추의결서를 받은 때에는 지체없이 그 등본을 피소추자 또
는 변호인에게 송달하고, 직권 또는 신청에 의하여 필요한 증거조사를 해야 하
는데 증거 및 증거조사에는 형사소송법의 관련규정이 준용된다.[2] 또 헌법재판
소는 피소추자를 소환하여 신문할 수 있다($\frac{법 제31조}{와 제52조}$). 나아가 헌법재판소는 동일

를 위협하는 행위로서 법치국가원리와 민주국가원리를 구성하는 기본원칙에 대한 적극적인 위
반행위를 뜻한다. 그 밖에 뇌물수수, 부정부패, 국익의 명백한 침해 등 국민의 신임을 배반하
는 행위도 파면사유가 된다(헌재결 2004. 5. 14. 2004 헌나 1). 같은 취지의 결정 헌재결 2017.
3. 10. 2016 헌나 1 참조.

1) 【결정례】 국회법 제130조 제2항은 같은 법 제93조와의 관계에서 탄핵소추에 관한 특별규정
이므로 탄핵소추의 경우에는 질의와 토론 없이 표결할 것을 규정한 것으로 해석할 수 있다(헌
재결 2004. 5. 14. 2004 헌나 1).

2) 【결정례】 국회의 탄핵소추의결서에 기재되지 아니한 새로운 사실을 탄핵심판절차에서 소추위
원이 임의로 추가하는 것은 허용되지 않는다(헌재결 2004. 5. 14. 2004 헌나 1). 같은 취지의
헌재결 2017. 3. 10. 2016 헌나 1 참조. 박근혜 대통령 탄핵결정의 자세한 법리적인 문제점에
대해서는 졸저, 헌법소송법론 2023년판, 탄핵심판 설명 부분을 참조할 것.

한 사유에 관한 형사소송이 계속하는 동안 심판절차를 정지할 수 있다($\frac{법}{제51조}$).

b) 변론주의

탄핵사건의 심판은 변론주의에 따라 변론의 전취지와 증거조사의 결과를 종합하여 정의 및 형평의 원리에 입각하여 행한다. 따라서 당사자가 변론기일에 출석하지 아니한 때에는 다시 기일을 정해야 하고, 다시 정한 기일에도 출석하지 아니하면 그 출석 없이 심리할 수 있다($\frac{법}{제52조}$).

변론기일지정과 궐석심리

㈐ 탄핵의 결정 및 그 효과

헌법재판소는 재판관 6인 이상의 찬성으로 탄핵의 결정을 할 수 있다($\frac{제113조}{제1항}$). 그러나 탄핵소추를 받은 자가 심판 전에 파면된 경우에는 심판청구를 기각한다($\frac{법 제53조}{제2항}$). 피소추자는 탄핵결정의 선고에 의하여 그 공직에서 파면된다($\frac{제65조\ 제4항;}{법 제53조\ 제1항}$). 그러나 이에 의하여 민사상이나 형사상의 책임이 면제되지는 아니한다($\frac{제65조\ 제4항;}{법 제54조\ 제1항}$). 따라서 탄핵결정이 있은 후에도 민사소송이나 형사상의 소추가 별도로 가능하다. 탄핵결정을 받은 자는 탄핵결정의 선고를 받은 날로부터 5년이 경과하지 아니하면 헌법 제65조 제1항에 규정된 공직 등 공무원이 될 수 없다($\frac{법 제54조}{제2항}$). 이와 같은 시한부공직취임제한규정은 탄핵제도의 본질상 불가피한 것으로 헌법을 규범조화적으로 이해하는 경우 그 위헌의 문제가 제기될 수 없다. 또 탄핵결정을 받은 자에 대한 사면의 문제도 탄핵제도의 본질을 바르게 이해하고 헌법을 규범조화적으로 해석한다면 마땅히 부정적인 결론에 이를 수밖에 없다.

결정정족수와 파면 및 민·형사상의 책임

시한부공직취임 제한과 사면 금지

3) 위헌정당해산제도

우리 헌법($\frac{제8조}{제4항}$)은 「정당의 목적이나 활동이 민주적 기본질서에 위배될 때에는 정부는 헌법재판소에 그 해산을 제소할 수 있고 정당은 헌법재판소의 결정에 의하여 해산된다」고 위헌정당해산제도를 규정하고 있는데,[1] 헌법재판소법($\frac{제55조\sim}{제60조}$)이 그 심판절차를 보다 상세히 규정하고 있다.

반민주적 정당에 대한 헌법보호(방어적 민주주의 수단)

㈎ 정당해산의 제소

정부는 정당의 목적이나 활동이 민주적 기본질서에 위배될 때에는 국무회의의 심의를 거쳐 헌법재판소에 그 해산을 제소할 수 있다($\frac{제8조\ 제4항,\ 제89조}{제14호;\ 법 제55조}$). 현행헌법은 제소권자를 정부로 국한하고 있는데, 정부의 제소권행사는 정치적 재량에 속하는 일로서 위헌정당의 해산을 제소하는 것이 정부의 기속적인 의무는

정부의 재량적 제소권

---

1) 정당의 헌법상 지위와 기능 그리고 위헌정당해산과 관련된 정당특권에 관해서 자세한 것은 졸저, 전게서, 방주 400 이하 참조할 것.

제소사유의
제한적 해석

아니다. 제소여부·제소시기 등의 결정은 정부의 정치적 판단에 달려 있다.[1] 헌법이 정하는 제소사유는 엄격하게 해석해야 한다. 그렇지 않은 경우에는 위헌정당해산제도가 야당탄압의 수단으로 악용될 위험이 있고, 자유민주주의를 지키기 위한 제도가 오히려 자유민주주의를 파괴하는 제도로 역기능할 가능성이 있기 때문이다.

제소절차와
방법

정부가 위헌정당의 해산을 제소하는 경우에는 법무부장관이 정부를 대표해서 제소장을 헌법재판소에 제출해야 하는데, 제소장에는 피제소정당과 제소의 이유를 명시하고 필요한 경우 증거물을 첨부하여야 한다($\frac{법}{제56조}$). 정당해산제소에도 일사부재리의 원칙이 적용되기 때문에 정부는 동일한 정당을 동일한 사유로 재차 제소할 수는 없다.

(나) 정당해산제소의 심리

가처분결정
및 통지의무

헌법재판소는 제소인의 신청 또는 직권으로 종국결정의 선고시까지 제소된 정당의 활동을 정지하는 가처분결정을 할 수 있다($\frac{법}{제57조}$). 헌법재판소의 장은 정당해산의 제소가 있는 때 또는 가처분결정을 한 때 및 그 심판이 종료한 때에는 그 사실을 국회와 중앙선거관리위원회에 통지하여야 한다($\frac{법 제58조}{제 1 항}$).

(다) 정당해산의 결정과 그 효과

결정정족수
및 결정의 창
설적 효력과
집행

헌법재판소에서 정당해산의 결정을 할 때에는 재판관 6인 이상의 찬성이 있어야 한다($\frac{제113조}{제 1 항}$). 헌법재판소가 정당의 해산을 명하는 결정을 한 때에는 그 결정서를 정부와 당해 정당의 대표자 그리고 국회와 중앙선거관리위원회에 송달해야 한다($\frac{법 제58조}{제 2 항}$). 정당은 헌법재판소에서 정당의 해산을 명하는 결정이 선고된 때에 비로소 해산되기 때문에($\frac{법}{제59조}$) 정당해산결정은 일종의 창설적 효력을 갖는다. 정당해산결정은 중앙선거관리위원회가 정당법의 규정에 의하여 이를 집행한다($\frac{법}{제60조}$).

해산결정의
세 가지 효력:
자동해산, 대
체정당 금지,
소속의원 의
원직 상실

헌법재판소의 해산결정의 효력은 이를 세 가지로 나눌 수 있다. 첫째 정당은 헌법재판소의 해산결정에 의해서 자동적으로 해산된다. 따라서 중앙선거관리위원회가 헌법재판소의 통지를 받고 정당법($\frac{제47}{조}$)에 따라 그 정당의 등록을 말소하고 공고하는 행위는 단순한 선언적·확인적 의미밖에는 없다. 그리고 해산된 정당의 잔여재산은 중앙선거관리위원회규칙이 정하는 바에 따라 국고에 귀속한다($\frac{정당법 제48조}{제 2 항과 제 3 항}$). 둘째 해산된 정당과 유사한 목적을 가진 이른바 '대체정당'의 창설이 금지된다. 따라서 해산된 정당의 대표자 및 간부는 해산된 정당

---

1) 권영성, 1102면, 교수는 종래 그가 주장하던 제소의무설에서 제소재량설로 입장을 바꾼 것으로 보인다. 1994년판 227면과 2001년판 197면 비교 참조.

의 강령 또는 기본정책과 동일하거나 유사한 정당을 설립할 수 없고($^{정당법}_{제40조}$), 해산된 정당의 명칭과 동일한 명칭은 다시는 정당의 이름으로 사용하지 못하게 된다($^{정당법}_{제41조}$). 셋째 위헌정당에 소속하고 있던 의원은 당연히 그 의원직을 상실하게 된다.[1] 이 점에 관해서는 명시적인 법률규정은 없으나 정당해산제도에 내포되고 있는 '투쟁적 민주주의'의 정신상 당연하다고 본다. 우리 헌법재판소도 2014년 통합진보당의 해산결정에서 같은 이유로 통합진보당 소속 국회의원의 의원직을 상실하도록 결정했다.[2][3]

4) 권한쟁의제도

우리 현행헌법($^{제111조 제}_{1항 제4호}$)은 '국가기관 상호간, 국가기관과 지방자치단체간 및 지방자치단체 상호간의 권한쟁의에 관한 심판'을 헌법재판소의 관할사항으로 정함으로써 우리 헌정사상 제 2 공화국헌법에 이어 두 번째로 권한쟁의제도를 채택하고 있다. 그러나 제 2 공화국헌법의 권한쟁의제도가 국가기관간의 권한쟁의심판만을 그 내용으로 했던 것과 달리, 우리 현행헌법상의 권한쟁의제도는 그 심판사항을 국가기관과 지방자치단체간 및 지방자치단체 상호간의 권한쟁의까지 포함시키고 있어 제도적으로 보다 확대된 것이다.

국가기관과 지방자치단체 간 및 지방자 치단체 상호 간의 권한쟁 의심판

권한쟁의제도는 국가기관 상호간 또는 국가기관과 지방자치단체간 그리고 지방자치단체 상호간에 그 헌법적 권한과 의무의 범위와 내용에 관해서 다툼이 생긴 경우에 이를 권위적이고 유권적으로 심판함으로써 국가기능의 수행을 원활히 하고, 권력 상호간의 견제와 균형을 유지시켜 헌법의 규범적 효력을 보호한다는 데 그 목적과 의의가 있다.[4] 우리 헌법재판소법에서 정하는 권한쟁의심판에 관한 규정을 살펴보기로 한다.

헌법적 권한 과 의무에 관 한 분쟁해결

㈎ 권한쟁의심판의 청구

국가기관 상호간, 국가기관과 지방자치단체간 및 지방자치단체 상호간에 권한의 존부 또는 범위에 관하여 다툼이 있을 때에는 당해 국가기관 또는 지방자치단체는 헌법재판소에 권한쟁의심판을 청구할 수 있다($^{법 제61조}_{제1항}$). 다만 헌법재판소법($^{제61조}_{제2항}$)은 피청구인의 처분 또는 부작위가 헌법 또는 법률에 의하여 부여받은 청구인의 권한을 침해하였거나 침해할 현저한 위험이 있는 때에 한하

국가기관 또 는 지방자치 단체

청구사유제한

---

1) 동지: 권영성, 1104면; 문홍주, 175면. 이견: 김철수, 1335면 이하.
2) 헌재결 2014. 12. 19. 2013 헌다 1 참조.
3) So auch BVerfGE 2, 1(74ff.); 5, 85(392).
4) 동지: 헌재결 1995. 2. 23. 90 헌라 1, 판례집 7-1, 147면; 헌재결 1997. 7. 16. 96 헌라 2, 판례집 9-2, 163면 참조.

여 권한쟁의심판을 청구할 수 있도록 그 청구사유를 제한하고 있다. 피청구인의 부작위에 대한 권한쟁의심판청구는 피청구인에게 헌법상 또는 법률상 유래하는 작위의무가 있음에도 불구하고 피청구인이 그러한 의무를 다하지 아니한 경우에만 허용된다.[1]

(나) 권한쟁의심판의 종류와 소송당사자능력

a) 국가기관 상호간의 권한쟁의심판

소송당사자
능력: 헌법기
관, 헌법기관
의 구성부분,
원내교섭단체

국가기관 상호간의 권한쟁의와 관련해서 헌법재판소법($^{제62조 \, 제1}_{항 \, 제1호}$)은 '국회, 정부, 법원 및 중앙선거관리위원회 상호간의 권한쟁의'라고만 언급하고 있다. 그러나 권한쟁의의 소송당사자가 되기 위해서는 적어도 독자적인 권리와 의무를 전제로 한 어떤 '헌법적인 법률관계'가 존재해야 한다.[2] 따라서 헌법에 의해서 일정한 권리·의무의 주체로 설치된 '헌법기관'이 소송당사자능력을 갖는 것은 당연하다. 나아가 독자적인 권능과 의무를 가지고 헌법기관의 기능에 참여하는 헌법기관의 구성부분($^{예컨대 \, 국회의}_{상임위원회}$)도 소송당사자능력을 갖는다고 보아야 한다.[3] 국회의 원내교섭단체는 대의민주국가의 의회활동에서 불가결한 요소일 뿐 아니라 국회의 의사결정과정에서 중요한 기능적인 권력통제기능을 수행하고 있고, 또 우리 헌법이 원내 소수세력에게 여러 가지 독자적인 권한($^{법률안제출권, \, 탄핵}_{소추발의권, \, 국회임}$ $^{시회소집요구권, \, 국무총리와 \, 국무위원에 \, 대한 \, 해}_{임건의발의권, \, 국정감사 \, 및 \, 국정조사발의권 \, 등}$)을 부여하고 있기 때문에 독일처럼 그에게 당사자능력을 인정하는 것이 바람직하다.[4]

국회의원과
정당의 당사
자능력

국회의원의 소송당사자능력에 관하여 우리나라와 독일에는 이를 긍정하는 헌법재판소의 판례가 있다.[5] 정당의 소송

---

1) 헌재결 1998. 7. 14. 98 헌라 3, 판례집 10-2, 74(81면) 참조.

2) 【판시】 헌법 제111조 제1항 제4호에서 말하는 국가기관에의 해당 여부는 그 국가기관이 헌법에 의해 설치되고 헌법과 법률에 의해 독자적인 권한을 부여받고 있는지, 그리고 헌법에 의해 설치된 국가기관 상호간의 권한쟁의를 해결할 수 있는 적당한 기관과 방법이 있는지 등을 종합적으로 고려해서 판단해야 한다(헌재결 1997. 7. 16. 96 헌라 2, 판례집 9-2, 154(163면)).

3) So auch BVerfGE 27, 240(246).

4) Vgl. BVerfGE 1, 351(359); 67, 100(125ff.) st. Rspr(확립된 판례).

5) 【판시】 국회의원과 국회의장은 헌법 제111조 제1항 제4호의 권한쟁의심판의 당사자가 될 수 있다고 보아야 한다. 국회의원과 국회의장을 권한쟁의심판의 당사자로 열거하지 않은 헌재법 제62조 제1항 제1호의 규정은 한정적·열거적인 조항이 아니고 예시적인 조항으로 해석하는 것이 헌법에 합치한다(헌재결 1997. 7. 16. 96 헌라 2, 판례집 9-2, 154(164면 이하)). 【결정례】 i) 우리 헌재는 처음에는 국회교섭단체와 국회의원의 청구인적격을 부인하는 실정법 중심의 제도운영을 했었다. 헌재결 1995. 2. 23. 90 헌라 1 참조. ii) 그 후 국회의장과 국회의원간의 권한쟁의를 인정하는 위 판시내용의 새 판례를 내 놓았다. 이 판례에 대한 저자의 평석, 「판례월보」 1997년 11월호, 9면 이하 참조. iii) 그러나 헌재는 1년 뒤에는 원내 다수당에게는 당사자능력을 부인하는 모순된 결정을 하고 있다(헌재결 1998. 7. 14. 98 헌라 1·2). 이 결정에 대한 저자의 평석, 「고시연구」 1999년 1월호, 162면 참조. iv) 그 밖에도 국회의장과 국회의원간의 권한쟁의심판을 인정하면서도 국회 본회의의 변칙적인 법안처리를 그대로 인정하는 아쉬운 결정을 했다(헌재결 2000. 2. 24. 99 헌라 1). Vgl. BVerfGE 62, 1(31f.).

당사자능력에 관해서는 독일연방헌법재판소가 처음에는 이를 폭 넓게 긍정하는 입장을 취했으나,[1] 1966년부터[2] 정당이, 국민의 '정치적 의사형성과정에 참여하는 헌법적 기능'과 관련해서 국가기관과 쟁의하는 경우에만 예외적으로 인정하고 있다.[3] 정당은 원칙적으로 기관(권한)쟁의보다는 헌법소원을 통해서 보호하는 것이 바람직하다는 입장이라고 볼 수 있다.[4] 우리나라에서도 정당에게는 권한쟁의의 당사자능력을 인정치 않고 있다.

b) 국가기관과 지방자치단체간의 권한쟁의심판

정부와 특별시·광역시·특별자치시·도 또는 특별자치도·시·군·구(자치구)간의 권한쟁의가 발생한 경우만을 규정함으로써($\frac{법 제62조 제}{1항 제2호}$), 국가기관을 정부에 한정하고 있다. 아무튼 우리 헌법처럼 지방자치단체를 권한쟁의의 소송당사자로 하는 것은 바이마르공화국시대부터 다투어진 문제로서[5] 우리의 경우 지방자치의 실효성을 기하기 위해서 매우 중요한 의미를 갖는다고 생각한다. 더욱이 지방자치관련법률에서 행정안전부장관 등에게 지방의회의결에 대한 재의요구지시권과 지방자치단체장의 명령·처분에 대한 시정명령 내지 취소권을 주었고 주무부장관 등에게 지방자치단체장에게 직무이행을 명할 수 있도록 한 것과 관련해서 앞으로 이를 둘러싼 국가기관과 지방자치단체간의 권한쟁의가 적지 않을 것으로 예상된다. 이 경우 지방자치단체의 장과 지방의회가 각각 권한쟁의의 소송당사자능력을 갖는 것은 물론이다.[6] 그러나 지방자치단체는 위임사무가 아닌 고유사무에 대해서만 권한쟁의심판청구를 할 수 있다.[7] 또 교육·학예에 관한 지방자치단체의 사무와 관련해서 권한쟁의가 발생한 경우에 해당 교육감이 소송당사자가 된다($\frac{법 제62조}{제2항}$).

c) 지방자치단체 상호간의 권한쟁의심판

특별시·광역시·특별자치시·도 또는 특별자치도 상호간, 시·군·구 상호간, 특별시·광역시·특별자치시·도 또는 특별자치도와 시·군·구간의 권한쟁의

소송당사자: 정부, 지방자치단체의 장, 지방의회, 교육감

광역·기초자치단체 상호간

---

1) Z.B. BVerfGE 4, 27(31).
2) Vgl. BVerfGE 20, 56(100f.).
3) Vgl. BVerfGE 44, 125(137); 60, 53(61); 66, 107(115); 84, 290.
4) Vgl. z.B. BVerfGE 6, 273(276); 24, 300(330); 47, 198(232); 67, 149(151).
5) Vgl. dazu *E. Friesenhahn*, Die Staatsgerichtsbarkeit, in: Anschütz/Thoma, Handbuch des deutschen Staatsrechts Ⅱ, 538f.
6) 그런데도 우리 지방자치법(제169조 제 2 항, 제170조 제 3 항, 제172조 제 3 항과 제 4 항)은 이런 경우 대법원에의 제소를 규정함으로써 제도적인 혼선을 일으키고 있다.
7) 【결정례】 예컨대 성남시와 경기도지사의 권한쟁의심판에서 경기도지사의 직접처분이 성남시의 고유권한을 침해했다고 무효확인결정을 했다. 그리고 이 결정에서 기관위임사무에 관한 권한쟁의심판청구는 부적법하다고 판시했다(헌재결 1999. 7. 22. 98 헌라 4).

심판을 그 내용으로 한다. 다만 지방교육자치에 관한 법률($\frac{\text{제}2}{\text{조}}$)의 규정에 의한 교육·학예에 관한 지방자치단체의 사무와 관련해서 권한쟁의가 발생한 경우에는 해당 교육감이 소송당사자가 된다.

㈐ 권한쟁의심판의 청구사유와 기간

구체적 권리
보호의 이익
과 제척기간

어떤 국가기관 또는 지방자치단체의 일정한 작위 또는 부작위에 의하여 다른 국가기관 또는 지방자치단체의 헌법 내지 법률상 권리와 의무가 침해되었거나 적어도 직접적이고 현실적인 침해의 위협을 받는 등 구체적인 '권리보호의 이익'이 있을 때에만, 권한쟁의심판의 청구가 가능하다.[1] 심판의 청구는 권리침해의 작위 또는 부작위가 명백히 표현된 때부터 일정한 제척기간 내에 정해진 기재사항을 갖춘 서면으로 하여야 하는데, 우리 헌법재판소법은 그 사유가 있음을 안 날로부터 60일 이내, 그 사유가 있은 날로부터 180일 이내에 하도록 정했다($\frac{\text{법 제}63\text{조}}{\text{와 제}64\text{조}}$). 참고로 독일에서는 6월로 정하고 있다.[2]

㈑ 권한쟁의심판청구에 대한 심리 및 결정과 그 효력

소송당사자의
처분권 제한

권한쟁의제도는 구체적인 분쟁을 계기로 특정한 국가기관과 지방자치단체의 헌법상의 권한과 의무의 한계를 명백히 밝히기 위한 것이지, 기관구성원의 주관적 권리를 보호하기 위한 제도가 아니기 때문에 다른 분쟁사건과 달리 소송당사자의 소송과정에서의 처분권($\frac{\text{예컨대}}{\text{소의 취하}}$)에는 일정한 제약이 따른다.[3] 또 권한쟁의소송은 물론 구체적인 '권리보호의 이익'을 전제로 하는 것이지만, 국가기관과 지방자치단체의 헌법상 권한과 의무에 관한 명백한 한계설정을 추구하는 일종의 객관적 소송으로서의 성질도 가질 뿐 아니라, 헌법재판소의 심판이 다른 국가기관과 지방자치단체도 기속하기 때문에 다른 국가기관이나 지방자치

소송참가

단체의 소송참가가 허용되는 것이 바람직할 것이다.[4] 권한쟁의소송은 무엇보다도 소송당사자 사이에 발생한 분쟁의 해결이 최우선적인 목표이기 때문에 헌법

---

1) 【결정례】 i) 국회의장이 교섭단체 대표의원의 요청에 따라 상임위원을 개선하는 행위는 권한쟁의의 대상이 된다(헌재결 2003. 10. 30. 2002 헌라 1). ii) 장래처분을 대상으로 하는 권한쟁의는 장래처분이 확실히 예정되어 있고 장래처분에 의해서 권한이 침해될 위험성이 있어 권한의 사전보호의 필요성이 매우 큰 예외적인 경우에만 허용된다(헌재결 2004. 9. 23. 2000 헌라 2).

2) Vgl. Art. 64 Abs. 3 BVerfGG.

3) Vgl. dazu BVerfGE 24, 299(300). 그러나 우리 헌재는 소취하를 인정하는 판시를 하고 있다.
【판시】 권한쟁의심판은 개인의 주관적 권리구제를 목적으로 삼는 것이 아니라 헌법적 가치질서를 보호하는 객관적 기능을 수행하는 것이다. … 그러나 국회의원의 법률안 심의·표결권의 침해를 이유로 국회운영위원회 위원장 등을 상대로 청구된 권한쟁의심판에서 권한쟁의심판의 공익적 성격만을 이유로 심판청구의 취하를 배제하는 것은 타당치 않다. 소취하에 관한 민소법 제239조는 권한쟁의심판절차에 준용된다(헌재결 2001. 6. 28. 2000 헌라 1, 판례집 13-1, 1218(1225면)).

4) So auch BVerfGE 1, 351(359f.).

재판소는 그 결정으로 권한쟁의의 원인이 된 구체적인 처분이나 조치의 유효·무효를 분명히 밝혀야 된다. 따라서 헌법재판소는 심판의 대상이 된 국가기관 또는 지방자치단체의 권한의 존부 또는 범위에 관해서 판단하고, 권한침해의 원인이 된 피청구인의 처분을 취소하거나 그 무효를 확인할 수 있고, 헌법재판소가 부작위에 대한 심판청구를 인용하는 결정을 한 때에는 피청구인은 결정취지에 따른 처분을 하여야 한다($\frac{법}{제66조}$). 또 헌법재판소는 직권 또는 청구인의 신청에 의하여 종국결정의 선고시까지 심판대상이 된 피청구인의 처분의 효력을 정지하는 가처분결정을 할 수 있다($\frac{법}{제65조}$).[1] 이 때 헌법재판소는 재판관 7인 이상의 출석으로 심리하고 종국심리에 관여한 재판관의 과반수의 찬성으로 결정을 한다($\frac{법}{제23조}$). 헌법재판소의 권한쟁의심판의 결정은 모든 국가기관과 지방자치단체를 기속한다($\frac{법 \ 제67조}{제 1 항}$). 따라서 관계국가기관이나 지방자치단체는 헌법재판소의 결정에 따라 그 처분이나 부작위를 시정해야 하고, 다른 국가기관이나 지방자치단체도 헌법재판소의 결정을 존중해야 한다. 그러나 국가기관이나 지방자치단체의 처분을 취소하는 헌법재판소의 결정은 그 처분의 상대방에 대하여 이미 생긴 효력에는 영향을 미치지 아니한다($\frac{법 \ 제67조}{제 2 항}$).

쟁의 원인된 처분·조치의 유·무효 심판 및 취소 혹은 무효확인

가처분결정

기속력

처분취소결정의 효력

5) 헌법소원제도

우리 현행헌법($\frac{제111조 \ 제}{1 항 제 5 호}$)은 '법률이 정하는 헌법소원에 관한 심판'을 헌법재판소에 맡김으로써 우리 헌정사상 처음으로 헌법소원제도를 채택했다. 헌법소원제도는 공권력($\frac{입법·행정·}{사법권}$)의 남용·악용으로부터 헌법상 보장된 국민의 자유와 권리를 보호하는 헌법재판제도이기 때문에 통치권의 기본권기속성을 실현할 수 있는 가장 실효성 있는 권력통제장치에 속한다.[2] 다만 우리 헌법은 헌법소원제도에 관한 구체적인 사항을 입법사항으로 위임해 놓고 있기 때문에 헌법재판소법($\frac{제68조~}{제75조}$)에서 그 자세한 내용을 정하고 있다. 헌법재판소법에는 권리구제형헌법소원($\frac{제68조}{제 1 항}$)과 규범통제형 헌법소원($\frac{제68조}{제 2 항}$)을 규정하고 있는데, 우리 헌법재판

헌정사상 처음 채택

기본권 침해 구제 및 실효성 있는 권력통제장치

---

1)【판시】 가처분신청은 본안사건이 부적법하거나 이유 없음이 명백하지 않는 한, 가처분을 인용한 뒤 종국결정에서 청구가 기각되었을 때 발생하게 될 불이익보다 가처분기각 뒤에 청구인용 때의 불이익이 큰 경우에 인용한다(헌재결 1999. 3. 25. 98 헌사 98, 판례집 11-1, 264면).

2)【결정례】 i) 우리 헌재는 헌법소원제도가 개인의 권리구제뿐 아니라 객관적인 헌법질서의 유지·수호에도 그 목적이 있음을 강조한다(예컨대 헌재결 1993. 9. 27. 92 헌바 21). ii) 따라서 권리보호의 이익이 없는 헌법소원도 동종의 기본권침해의 반복위험이 있거나, 헌법질서의 수호·유지를 위해 긴요한 사항이어서 그 해명이 중대한 의미를 갖는 경우에는 헌법소원의 적법성은 인정된다(헌재결 2001. 9. 27. 2000 헌마 159). iii) 헌법소원의 적법요건으로 권리보호의 이익을 요구하는 것은 재판청구권을 침해하는 것이 아니다(헌재결 2001. 9. 27. 2001 헌마 152).

가처분제도
미비 등 제도
상의 문제점

소는 후자를 통상 위헌소원이라고 표현하고 있다.[1] 현행 헌법소원제도는 법원의 재판을 헌법소원의 대상에서 제외하고 있고, 가처분제도를 규정하지 않는 등 미비한 점이 많다.[2] 헌법소원제도가 일찍부터 정착되어 국민의 기본권보호에 큰 몫을 하고 있는 독일의 제도와 운용실태는 우리에게도 큰 도움이 되리라고 생각한다. 아래에서 권리구제형 헌법소원을 중심으로 설명한다(규범통제형 헌법소원 관련부분은 앞의 규범통제 참조).

(가) 헌법소원의 제소권자

공권력에 의
한 기본권 피
해자

'공권력의 행사 또는 불행사로 인하여 헌법상 보장된 기본권을 침해받은 자'는 헌법소원심판을 청구할 수 있다(법 제68조 제1항). 따라서 헌법소원의 제소권자는 모든 기본권의 주체이다. 자연인뿐 아니라 사법인도 헌법소원을 제소할 수 있다. 정당이 헌법소원의 제소권을 갖는 것은 물론이다. 그러나 헌법소원은 민중소송제도와는 다르기 때문에 국가의 공권력작용[3]에 의해서 자기 스스로의 자유와 권리가 직접·현실적으로 침해된 기본권주체만이 그 권리구제를 위해서 헌법재판소에 소원할 수 있다.[4]

직접성·현재
성·자기관련
성

---

1) 그러나 위헌소원이라는 표현은 적절치 못하다고 생각한다. 권리구제형 헌법소원도 따지고 보면 위헌적인 공권력작용을 다투는 것이기 때문에 본질면에서 같은 위헌소원이라고 볼 수 있기 때문이다. 헌재법 제68조 제2항의 헌법소원은 어디까지나 구체적 규범통제의 부산물로 볼 수 있기 때문에 규범통제형 헌법소원이라고 표현하는 것이 옳다고 할 것이다.
   【판시】 민사소송의 보조참가인은 위헌제청신청 및 헌재법 제68조 제2항의 위헌소원의 청구인적격이 있다(헌재결 2003. 5. 15. 2001 헌바 98, 판례집 15-1, 534(543면)).
2) 자세한 것은 졸고, '헌법소원제도의 이론과 우리 제도의 문제점', 「고시연구」 1989년 4월호, 51면 이하 참조할 것.
   그러나 우리 헌재는 사법시험령 효력정지가처분신청에 대한 결정에서 가처분을 허용하는 판시를 함으로써 법률의 미비점을 운용을 통해서 개선하려는 의지를 보이고 있다.
   【판시】 헌재법은 명문의 규정을 두고 있지 않지만, 제68조 제1항 헌법소원절차에서도 가처분의 필요성이 있을 수 있고 또 이를 허용하지 아니할 상당한 이유를 찾아볼 수 없으므로, 가처분이 허용된다(헌재결 2000. 12. 8. 2000 헌사 471, 판례집 12-2, 381(384면)).
3) 【결정례】 i) 한국토지공사도 그 업무내용에 따라서는 공권력의 주체이다(헌재결 1996. 10. 4. 95 헌마 34). ii) 질의회신은 공권력행사가 아니다(헌재결 1997. 10. 30. 95 헌마 124). iii) 외국이나 국제기구의 공권력작용은 이에 포함되지 않는다(헌재결 1997. 9. 25. 96 헌마 159). iv) 수사과정에서의 비공개지명수배처분은 헌법소원의 대상이 되는 공권력행사가 아니다(헌재결 2002. 9. 19. 99 헌마 181). 판시취지에 비추어 공개지명수배도 같다고 보아야 한다. v) 장관의 대학 총장에 대한 학칙시정지시처럼 규제적·구속적 성격을 강하게 갖는 행정지도는 공권력의 행사로서 헌법소원의 대상이 된다(헌재결 2003. 6. 26. 2002 헌마 337 등). vi) 공정거래위의 무혐의조치와 심사불개시결정은 헌법소원의 대상이 된다(헌재결 2004. 3. 25. 2003 헌마 404).
4) 예컨대 헌재결 1997. 3. 27. 94 헌마 277; 헌재결 1997. 9. 25. 96 헌마 133; 헌재결 1997. 9. 25. 96 헌마 41 참조.
   【결정례】 정관의 작성이라는 매개행위를 통해서 비로소 기본권과의 관련성이 생겨 직접성요건을 흠결한 경우에도 정관에 기본권관련사항을 위임할 수 있는가라는 특수한 헌법문제를 해명할 필요가 있으므로 직접성을 인정한다(헌재결 2001. 4. 26. 2000 헌마 122).
   【판시】 i) 기본권의 제한이 아직 현실화된 것은 아니지만 형사재판절차가 현재 계속중에 있

(나) 헌법소원의 제소요건

헌법소원은 그 본질상 예비적이고 보충적인 권리구제수단이기 때문에 공권력에 의한 기본권침해가 있는 경우에는 우선 통상적인 사법적 권리구제절차에 따라 권리구제를 받도록 노력해야 한다. 행정심판법과 행정소송법 등에 의한 권리구제절차가 그 대표적인 예이다.[1] 따라서 실정법에 규정된 이와 같은 통상적인 권리구제절차를 밟지 않고 직접 헌법재판소에 헌법소원을 제기하는 것은 허용되지 않는다(헌법소원의 보충성). 헌법재판소는 제 1 차적으로 헌법의 수호기관이지 권리구제를 위한 하나의 특별심급기관은 아니기 때문이다. 우리 헌법재판소법($\frac{제68조 제}{1항 단서}$)도 이 점을 분명히 밝히고 있다. 다만 통상적인 권리구제절차를 거치게 함으로써 제소권자에게 회복할 수 없는 중대한 불이익이 발생할 것이 확실시되는 예외적인 경우에만은 불법적인 공권력작용을 직접 헌법소원의 대상으로 삼도록 하는 것이 바람직할 것이다. 우리 헌법재판소도 판례[2]를 통해 다음 세 가지 경우에 보충성의 예외를 인정하고 있다. 즉 i) 심판청구인이 그의 불이익으로 돌릴 수 없는 정당한 이유 있는 착오로 전심절차를 밟지 않은 경우, ii) 전심절차로 권리가 구제될 가능성이 거의 없는 경우, iii) 권리구제절차가 허용되는지의 여부가 객관적으로 불확실하여 전심절차이행의 기대가능성이 없는 경우 등이 바로 그것이다.[3]

> 보충적 권리구제수단

> 보충성의 요건

> 보충성요건의 예외

(다) 헌법소원의 대상

모든 위헌적인 공권력작용은 원칙적으로 헌법소원의 대상이 된다고 보아

> 모든 위헌적 공권력 작용

어 기본권제한의 가능성이 구체적으로 현출된 단계에 있으면 헌법소원이 허용된다(헌재결 1995. 11. 30. 94 헌마 97, 판례집 7-2, 677(687면)). ii) 평등권 침해를 주장하는 헌법소원에서 비교집단에게 혜택을 주는 법규정이 위헌선고되면 청구인의 법적 지위가 상대적으로 향상된다고 볼 여지가 있는 때에는 청구인이 그 법규정의 직접적인 적용을 받는 자가 아니라도 자기관련성이 인정된다(헌재결 2001. 11. 29. 2000 헌마 84, 판례집 13-2, 750면(756면)). iii) 법률에 의한 기본권침해로 인한 헌법소원의 경우 자기관련성의 인정여부는 법의 목적 및 실질적인 규율대상, 법규정에서의 제한·금지가 제 3 자에게 미치는 효과나 진지성의 정도, 규범의 직접적인 수규자에 의한 헌법소원의 제기가능성 등을 종합적으로 고려하여 판단해야 한다(헌재결 2000. 6. 29. 99 헌마 289, 판례집 12-1, 913(934면)).

1) 【결정례】 국민고충처리위원회나 정부합동민원실 등에 제출한 진정은 법률에 의한 구제절차에 해당하지 않는다(헌재결 1997. 9. 25. 96 헌마 159).

2) 헌재결 1989. 9. 4. 88 헌마 22. 동지: 헌재결 1992. 1. 28. 91 헌마 111; 헌재결 1993. 5. 13. 91 헌마 190.

3) 【결정례】 i) 수사기록에 대한 검찰의 등사신청거부처분은 그 행정처분성이 명백하여 취소소송의 대상이 된다고 할 것이므로 보충성의 예외를 인정할 수 없다(헌재결 2000. 2. 24. 99 헌마 96). ii) 피구속자의 변호인이 구속적부심의 청구를 위해서 신청한 피구속자에 대한 고소장과 피의자신문조서의 열람·등사를 거부당한 경우 경찰서장의 정보비공개결정에 대해서 바로 헌법소원을 제기한 경우 행정소송에 의한 권리구제가 기소 전에 이루어질 가능성이 거의 없으므로 헌법소원은 적법하다(헌재결 2003. 3. 27. 2000 헌마 474).

야 한다. 즉 위헌법률,[1] 위헌적인 행정처분, 위헌적인 사법작용 등이 모두 헌법소원의 대상이 되어야 한다.

a) 위헌법률

침해의 직접
성·현재성·
자기관련성
요건

다만 위헌적인 법률을 직접 헌법소원의 대상으로 하는 데에는 일정한 한계가 있다. 왜냐하면 아무리 위헌적인 법률이라 할지라도 법률은 그 집행 내지 적용을 통해서 비로소 국민의 기본권을 침해하게 되기 때문에 위헌적인 법률 그 자체를 다투는 것은 추상적 규범통제에 따라야지 헌법소원에 의하는 것은 제도본질상 일정한 한계가 있기 때문이다. 다만 위헌법률의 집행 내지 적용을 기다리지 않고도, 위헌법률 그 자체가 특정한 기본권주체 자신의 기본권을 직접 그리고 현실적으로 침해하는 예외적인 경우에만은 법률도 헌법소원의 대상으로 삼을 수 있다고 보아야 한다.[2] 우리 헌법재판소도 법률이 직접적으로 국민의 권리를 침해하거나 박탈할 때는 누구든지 다른 구제절차를 거치지 않고도 피해구제를 위한 헌법소원심판청구를 할 수 있다고 결정했다.[3]

---

1) 【결정례】 i) 법률조항에 대하여 한정위헌을 주장하는 헌법소원은 허용되지 않는다. 다만 헌법소원의 취지가 법률조항의 불명확성을 다투는 것으로 이해할 수 있는 경우에는 예외적으로 허용된다(헌재결 1999. 3. 25. 98 헌바 2; 헌재결 1999. 7. 22. 97 헌바 9; 헌재결 2000. 3. 30. 98 헌바 7·18(병합)). ii) 헌법소원청구 당시에는 공포되지 않은 법률이라도 심판청구 후에 유효하게 공포·시행되고 그 법률로 기본권침해를 받았다면 헌법소원의 대상성이 인정된다(헌재결 2001. 11. 29. 99 헌마 494).

2) 예컨대 평등권을 침해하는 선거구의 불평등한 획정(선거법 제25조), 차별대우금지원칙에 어긋나는 가족법의 규정, 개발제한구역을 설정하는 법률, 정당한 보상을 규정하지 않은 토보상법, 평등권을 침해하는 정치자금에 관한 법률, 특정인만을 규율대상으로 하는 처분적 법률 등이 바로 그것이다.

3) 【판시】 i) 기본권침해의 직접성이란 집행행위 없이 법률 그 자체에 의해 자유의 제한, 의무의 부과, 권리 또는 법적 지위의 박탈이 생긴 경우를 말한다(헌재결 1992. 11. 12. 91 헌마 192, 판례집 4, 813면). ii) 법령에 근거한 구체적인 집행행위가 재량행위인 경우에도 기본권침해는 집행기관의 재량권행사에 의하여 비로소 발생하므로 원칙적으로 법령에 의한 기본권침해의 직접성이 인정될 여지는 없다. 그러나 예컨대 형벌이나 행정벌에 관련되어 법관의 양형재량이라는 구체적인 법적용·집행을 통해서 기본권이 제한되는 경우에는 국민에게 합헌성이 의심되는 형벌조항에 위반되는 행위를 하고 그 적용·집행행위인 법원의 판결을 기다려 헌법소원을 하라고 요구할 수는 없으므로 재량행위임에도 불구하고 법령에 의한 기본권침해의 직접성을 인정할 수 있다(헌재결 1998. 4. 30. 97 헌마 141, 판례집 10-1, 496(503면 이하)). iii) 법령의 집행행위가 있는 경우라도 그 집행행위를 대상으로 하는 구제절차가 없거나, 있더라도 권리구제의 기대가능성이 없고 기본권침해를 당한 자에게 불필요한 우회절차를 강요하게 되는 경우에는 당해 법령을 직접 헌법소원의 대상으로 삼을 수 있다(헌재결 1997. 8. 21. 96 헌마 48, 판례집 9-2, 295(303면)). iv) 법규범이 집행행위를 예정하고 있더라도 법규범의 내용이 집행행위 이전에 이미 국민의 권리관계를 직접 변동시키거나 국민의 법적 지위를 결정적으로 정하는 것이어서, 국민의 권리관계가 집행행위의 유무나 내용에 의해서 좌우될 수 없을 정도로 확정된 상태라면 그 법규범의 권리침해의 직접성이 인정된다(헌재결 1997. 7. 16. 97 헌마 38, 판례집 9-2, 94(104면)). v) 법령규정이 그 규정의 구체화를 위하여 하위규범의 시행을 예정하고 있는 경우에는 당해 법령규정은 기본권침해의 직접성이 없다(헌재결 2002. 12. 18. 2001 헌마

b) 입법부작위

그에 더하여 우리 헌법재판소는 입법권자의 입법부작위에 대해서도 제한적으로 그 재판관할권을 인정했다. 즉 진정입법부작위의 경우에는 '헌법에서 기본권보장을 위해서 명시적인 입법위임을 하였음에도 입법자가 이를 이행하지 않거나, 헌법해석상 특정인에게 구체적인 기본권이 생겨 이를 보장하기 위한 국가의 행위의무 내지 보호의무가 발생하였음이 명백함에도 입법자가 아무런 입법조치를 취하지 않고 있는 경우에만 예외적으로 헌법소원이 허용된다'.[1] 그리고 부진정입법부작위의 경우에는 불완전한 법규자체를 대상으로 하여 적극적인 헌법소원을 제기해야 한다(앞 344면 이하 참조).[2][3]

c) 위헌적인 행정처분

위헌적인 행정처분은 앞에서 언급한 대로 우선은 행정쟁송의 대상이 되겠지만[4] 제소기간의 경과, 소의 이익 부인 등으로 인해서 통상적으로는 더 이상 다툴 방법이 없게 된 예외적인 경우에만 헌법소원의 대상이 된다고 할 것이다. 예를 들면 다음과 같은 경우이다. 즉, 첫째 이미 헌법재판소 스스로가 밝힌 대로 구 형사소송법(제260조)상 재정신청의 대상이 될 수 없었던 '검찰의 소극적 공소권행사'(불기소처분)에 의해서 기본권 침해를 받은 경우[5] 또는 범죄피의자에 대한 검찰의 기소유예처분[6] 둘째 그 동안 행정소송절차에서 소의 이익이 부인되어 온 '권력적 사실행위'(교도소 내의 과잉제한조치, 강제철거, 고문행위, 강제접종, 사회보호위원회의 결정, 유치장내 화장실 사용강제 등) 또는 구속력

권력적 사실
행위·계획적
행정작용

111, 판례집 14-2, 872(878면)). 동지: 헌재결 2004. 9. 23. 2003 헌마 231 등, 판례집 16-2 상, 586(598면).

1) 헌재결 1989. 3. 17. 88 헌마 1, 판례집 1, 9(17면) 참조.

2) 헌재결 1989. 7. 28. 89 헌마 1, 판례집 1, 157(163면 이하) 참조.

3) 【결정례】 i) 우리 헌재는 입법부작위에 의한 재산권 침해도 인정하는 판례를 내놓고 있다(헌재결 1994. 12. 29. 89 헌마 2). ii) 또 헌법에서 유래하는 행정입법의무를 상당한 기간 이행하지 않는 행정입법부작위에 의한 기본권(직업의 자유 등) 침해를 확인하는 판례도 있다(헌재결 1998. 7. 16. 96 헌마 246).

4) 【결정례】 행정소송에서 기판력이 생긴 원행정처분에 대한 헌법소원은 허용되지 않는다(헌재결 1998. 5. 28. 91 헌마 98, 93 헌마 253(병합)).

5) 【결정례】 우리 헌재는 고소사건에 대한 검찰의 자의적인 불기소처분은 평등권과 재판절차진술권을 침해하고, 기소유예처분은 평등권과 법관에 의한 재판받을 권리 그리고 행복추구권을 침해한다는 입장을 취하고 있다(헌재결 1989. 4. 17. 88 헌마 3; 헌재결 1999. 9. 16. 99 헌바 219; 헌재결 1999. 12. 23. 99 헌마 364; 헌재결 1999. 12. 23. 99 헌마 403; 헌재결 1992. 6. 26. 92 헌마 7 참조).

6) 예컨대 헌재결 2015. 10. 21. 2015 헌마 32 참조. 재정신청대상을 모든 고소사건으로 확대하는 형소법개정(2007. 4.)으로 검찰의 불기소처분은 법원의 통제대상이 되었기 때문에 불기소처분은 이제 재정신청(형소법 제260조) 대상이지 헌법소원의 대상이 되지 않는다. 헌법소원제도의 취지에 맞는 바람직한 제도개선이다. 자세한 것은 졸저, 헌법소송법론 참조.

이 있는 비권력적·유도적인 권고·조언·행정지도 등의 비권력적 사실행위[1]에 의해서 기본권 침해를 받은 경우, 셋째 역시 행정소송의 이익이 부인되어온 '계획적 행정작용'(도시계획, 행정계획, 가옥 대장상의 지목변경 등)[2] 또는 청원처리[3]에 의해서 그리고 사전안내의 성격을 갖는 통지행위(예컨대 사법 시험일자공고)[4]로 기본권의 침해를 받은 경우, 넷째 계엄선포 및 긴급재정·경제처분과 같은 이른바 '통치행위'에 의한 기본권 침해의 경우,[5] 다섯째 행정청이 헌법 또는 법률상의 구체적인 작위의무를 해태하여 기본권을 침해한 경우[6] 등이 바로 그것이다.

d) 법원의 재판

법원의 재판에 대한 예외적 헌법소원

헌법재판소법(제68조 제1항)은 법원의 재판은 원칙적으로 헌법소원의 대상에서 제외시키고, 다만 재판의 전제가 된 법률의 위헌심판제청신청을 기각하는 법원의 결정만은 헌법소원으로 다툴 수 있도록 했다(법 제68조 제1항과 제2항). 그렇지만 법리적으로 볼 때 헌법의 해석을 그르쳤거나 헌법정신에 어긋나는 법원의 판결이나 결정은 마땅히 헌법소원의 대상이 되어야 한다.[7] 우리 헌법재판소도 헌법재판소가 위

---

1) 【결정례】 어겼을 경우 행·재정상 불이익을 받는 등 규제적·구속적 성격을 강하게 갖는 행정지도는 예외적으로 헌법소원의 대상이 된다(헌재결 2003. 6. 26. 2002 헌마 337 등).

2) 【결정례】 비구속적 행정계획안이나 행정지침은 국민의 기본권에 직접적으로 영향을 끼치고, 앞으로 법령의 뒷받침에 의하여 그대로 실시될 것이 틀림없이 예상될 수 있을 때에만 예외적으로 헌법소원의 대상이 된다(헌재결 2000. 6. 1. 99 헌마 538 등(병합)).
【판시】 소관청이 지목의 등록사항을 직권정정하는 행위나, 등록사항변경신청을 거부(반려)하는 행위는 행정소송의 대상이 되는 행정처분이 아니라는 것이 대법원의 일관된 판례이므로 이 사건 헌법소원청구는 보충성의 요건에 반하지 않는다(헌재결 1999. 6. 24. 97 헌마 315, 판례집 11-1, 802(817면 이하)). 동지 헌재결 2001. 1. 18. 99 헌마 703 참조. 대법원 1990. 5. 25. 선고 90 누 1458 판결 참조.
【판결례】 대법원은 지목변경신청반려행위의 처분성을 부인하던 종래의 판례를 바꿔 그것이 항고소송의 대상이 되는 행정처분에 해당한다는 새 판시를 했다(대법원 2004. 4. 22. 선고 2003 두 9015 판결). 따라서 앞으로는 지목변경신청반려처분에 대한 헌법소원은 보충성의 요건을 충족해야 하므로 사실상 어려워졌다. 관련판례 헌재결 2004. 6. 24. 2003 헌마 723 참조.

3) 【결정례】 i) 그러나 교육공무원의 고충처리결정은 헌법소원의 대상이 아니다(헌재결 1996. 12. 26. 96 헌마 51). ii) 그리고 기본권침해와는 무관한 단순히 청원인의 기대를 충족시키지 않는 청원처리는 헌법소원의 대상이 아니다(헌재결 1994. 2. 24. 93 헌마 213·214·215(병합)).

4) 헌재결 2001. 9. 27. 2000 헌마 159 참조.
【결정례】 동장이 사진첨부된 주민등록표 등본은 발급근거가 없어 발급해 줄 수 없다고 통지하는 것은 법적 지위에 영향을 미치지 않으므로 헌법소원의 대상이 되는 공권력행사가 아니다(헌재결 2003. 7. 24. 2002 헌마 508).

5) 【결정례】 우리 헌재도 통치행위를 헌법소원의 대상으로 인정한다(헌재결 1996. 2. 29. 93 헌마 186).

6) 동지: 헌재결 1996. 11. 28. 92 헌마 237.
【결정례】 재정신청사건의 공소유지담당변호사가 무죄판결에 대해 항소를 제기하지 않은 것은 단순한 공권력의 불행사이므로 헌법소원의 대상이 아니다(헌재결 2004. 2. 26. 2003 헌마 608).

7) 사실상 헌법소원제도의 본질적 특성인 보충성을 강조하고 사법작용(재판)을 헌법소원의 대상에서 원칙적으로 제외시키는 우리 제도 아래서 헌법소원의 대상이 될 수 있는 것은 지극히 제한된

헌결정한 법률을 적용해서 기본권을 침해하는 법원의 재판은 예외적으로 헌법소원의 대상이 된다고 결정했다.[1] 그리고 헌법재판소 한정위헌결정의 기속력을 부인하는 모든 재판도 여기에 포함시켰다.[2] 그러나 헌법재판소가 위헌이라고 결정한 법령이라도 '법령의 위헌결정 이전에 그에 근거하여 행하여진 행정처분에 대하여 위헌결정 이후에 행하여진 법원의 재판에서 이를 무효라고 보지 않았다고 하더라도, 그 재판은 헌법재판소가 위헌으로 결정한 법령을 적용함으로써 국민의 기본권을 침해한 경우라고는 볼 수 없다'고 판시했다.[3] 이처럼 법원의 판결이나 결정을 헌법소원의 대상으로 삼는 것은 어디까지나 법원의 그릇된 헌법해석이나 헌법인식을 바로잡아 헌법의 최고규범성을 지키고, 국민의 기본권을 보호하는 것이 그 목적이기 때문에 헌법재판소가 또 하나의 심급기관으로 기능하게 되는 것은 아니다. 법원의 판결이나 결정이 헌법소원의 대상이 되었을 때 헌법재판소가 법원의 사실판단에 관해서는 간섭하지 말아야 하는 이유도 바로 그 때문이다.

e) 위헌명령·규칙·조례

명령·규칙과 조례는 예외적으로만 헌법소원의 대상이 된다. 즉 집행행위의 매개 없이 명령·규칙·조례에 의하여 자신의 기본권을 직접 그리고 현실적으로 침해받은 기본권주체는 권리구제를 위해서 헌법재판소에 헌법소원심판을 청구할 수 있다.[4] 우리 대법원은 현행헌법 제107조 제 2 항의 규정에 비추어 볼 때 헌법재판소가 명령·규칙의 위헌심사를 하는 것은 헌법정신에 위배된다는 견해를 밝히고 있다.[5] 그러나 명령·규칙에 대한 재판전제적인 위헌심사권은 최종적으로 대법원이 갖지만, 처분적 명령·규칙·조례에 대한 헌법소원의 경우 명령·규칙·조례의 위헌심사권은 헌법재판소에 속한다고 보는 것이 헌법

침해의 직접성·현재성·자기관련성 요건

몇 가지 사항에 불과하다고 할 것이다. 바로 이곳에 현행헌법소원제도의 모순과 허구성이 있다.
1) 헌재결 1997. 12. 24. 96 헌마 172·173(병합) 참조.
【결정례】 그러나 헌재는 헌법불합치결정을 하면서 신법의 적용을 명한 경우 법원이 구법을 적용하여 재판했어도 신법과 구법의 내용에 차이가 없다면 위헌결정된 구법의 적용으로 기본권침해가 발생했다고 볼 수 없으므로 헌법소원의 대상이 되는 재판에 해당하지 않는다고 판시했다(헌재결 1999. 10. 21. 96 헌마 61 등(병합)). 재판소원의 범위를 다시 축소하는 결정이어서 비판의 여지가 많다.
2) 【판시】 예외적으로 헌법소원의 대상이 되는 법원의 재판이란 헌법재판소가 위헌결정한 법령을 적용한 재판에 한정되는 것이 아니라, 헌법재판소 위헌결정의 기속력을 부인하는 모든 재판을 포함하는 것이다(헌재결 2003. 4. 24. 2001 헌마 386, 판례집 15-1, 443(459면)).
3) 헌재결 2001. 2. 22. 99 헌마 605, 헌재공보 54, 222(224면) 참조.
4) 헌재결 1990. 10. 15. 89 헌마 178. 동지: 헌재결 1993. 5. 13. 92 헌마 80; 헌재결 1995. 2. 23. 90 헌마 214.
5) 명령·규칙의 위헌심사권에 관한 대법원연구보고서, 「법정신문」 1990. 11. 19. 및 11. 26. 참조.

소원제도와 규범통제제도의 체계정당성에 부합한다고 생각한다.[1]

　　㈃ 헌법소원에 대한 심판

　　a) 청구기간과 청구방식

　　α) 청구기간

제척기간　　　　헌법소원의 심판은 일정한 제척기간내에 청구하여야 하는데, 현행법은 소원사유가 있음을 안 날로부터 90일 이내, 소원사유가 발생한 날로부터 1년 이내에 청구하도록 규정하고 있다.[2] 다만, 다른 법률에 의한 구제절차를 거친 헌법소원의 심판은 그 최종결정을 통지받은 날로부터 30일 이내에 청구하여야 한다($\frac{법 제69조}{제1항}$).[3] 그리고 재판의 전제가 된 법률의 위헌심판제청신청을 기각하는 법원의 결정을 대상으로 하는 헌법소원만은 기각결정의 통지를 받은 날로부터 30일 이내에 청구하여야 한다($\frac{법 제69조}{제2항}$).

---

1) 헌재결 1995. 4. 20. 92 헌마 264·279(병합)도 조례를 헌법소원의 대상으로 인정하고 있다. 동지: 헌재결 1995. 10. 26. 94 헌마 242; 헌재결 1995. 12. 28. 91 헌마 114: 헌재결 1996. 4. 25. 95 헌마 331.
　【판시】 i) 행정규칙이 행정조직 내부에서만 효력을 가지지 않고, 법령의 구체적 내용을 보충했거나 행정관행의 확립 등으로 행정기관이 그 규칙에 따라야 할 자기구속을 당하게 되는 경우에는 대외적인 구속력을 가져 헌법소원의 대상이 된다(헌재결 1990. 9. 3. 90 헌마 13, 판례집 2, 298(303면); 헌재결 2001. 5. 31. 99 헌마 413). ii) 신문고시는 행정규칙에 해당하지만 대외적 구속력을 갖는 법규명령적 성격도 함께 가지므로 헌법소원의 대상이 된다(헌재결 2002. 7. 18. 2001 헌마 605, 판례집 14-2, 84(93면)).
　【판시】 주차장법시행령이 정한 기준을 강화 또는 완화하는 조례가 그 법령조항에 따라 제정되어 있는 경우에 시행령조항은 그 자체로 직접 청구인의 기본권을 침해하고 있지 않으므로 직접성의 요건이 흠결된다(헌재결 2001. 1. 18. 2000 헌마 66, 판례집 13-1, 151(161면)).
2)【판시】 90일의 기간과 1년의 기간을 모두 준수해야 적법한 청구가 되고 그 중 어느 하나라도 경과하면 부적법한 청구가 된다(헌재결 2004. 4. 29. 2003 헌마 484, 판례집 16-1, 574(583면)).
3)【결정례】 i) 헌법재판소 발족 전의 공권력행사에 대한 소원청구의 경우 그 청구기간의 기산일은 헌재가 실제로 재판을 개시할 수 있었던 1988년 9월 19일이다(헌재결 1993. 7. 29. 89 헌마 31; 헌재결 1994. 12. 29. 91 헌마 2). ii) 헌재는 법령소원의 경우 기본권침해가 확실히 예상되는 때로부터도 청구기간을 기산한다는 종전의 판시(헌재결 1990. 6. 25. 89 헌마 220)를 바꿔, 구체적인 기본권침해가 있는 때로부터 청구기간을 기산해야 한다고 새롭게 판시했다(헌재결 1996. 3. 28. 93 헌마 198). iii) 헌법소원의 청구기간을 제한하는 헌재법 제69조 제1항은 재판청구권의 침해가 아니다(헌재결 2001. 9. 27. 2001 헌마 152). iv) 법개정으로 종래 합법적으로 영위하던 직업행사를 일정한 유예기간 후 금지하는 경우 유예기간경과 후가 아닌 법규정의 시행시에 기본권침해가 생기므로 헌법소원의 청구기간은 이때부터 시작된다(헌재결 2003. 1. 30. 2002 헌마 516). 5명의 재판관은 이 결정에 반대하고 유예기간경과 후에 기본권침해가 생긴다고 주장했다. v) 청구기간 연장에 관한 헌재법 제69조 제1항 본문의 개정내용은 구법시행 당시 심판청구되었으나 신법시행 후에 심리중인 헌법소원사건의 청구기간 판단에서도 적용된다(헌재결 2003. 7. 24. 2003 헌마 97). vi) 확립된 판례로 행정소송의 대상이 되지 않는 행정처분에 대해 행정소송을 거쳐 헌법소원을 제기하는 경우 청구기간의 산정은 제69조 제1항 단서가 아닌 본문의 규정에 의한다(헌재결 2003. 9. 25. 2002 헌마 789).

β) 청구방식

헌법소원을 제기하려면 일정한 요건을 갖춘 헌법소원심판청구서를 헌법재판소에 제출해야 하는데($\substack{법 \ 제26조 \\ 와 \ 제71조}$), 청구서에는 필요한 증거서류 또는 참고자료를 첨부할 수 있다($\substack{법 \ 제26조 \\ 제2항}$). 그리고 헌법재판절차에서 변호사강제주의($\substack{법 \ 제25조 \\ 제3항}$)에 따라 헌법소원을 제기하는 사람은 본인 스스로가 변호사의 자격이 있는 경우를 제외하고는 대리인선임서류 또는 국선대리인선임통지서를 첨부하여야 한다($\substack{법 \ 제70조와 \\ 제71조 \ 제3항}$).

심판청구서와 변호사강제주의

b) 공탁금납부명령과 사전심사제도

합리적으로 제기된 헌법소원에 대해서는 본안심리를 개시해서 헌법소원이 이유 있는지를 판단하는 것이 원칙이지만, 헌법소원의 남용으로 인한 헌법재판소의 업무량 과다현상을 방지하기 위해서 현행법은 두 가지 예방장치를 마련해 놓고 있다. 공탁금납부명령제도와 사전심사제도가 바로 그것이다.

남소방지수단

α) 공탁금납부

헌법재판소는 헌법소원심판의 청구인에 대하여 헌법재판소규칙으로 정하는 공탁금의 납부를 명할 수 있는데, 헌법소원의 심판청구를 각하할 경우와 헌법소원의 심판청구를 기각하는 경우에 그 심판청구가 권리남용이라고 인정되는 경우에는 공탁금의 전부 또는 일부를 국고에 귀속시킬 수 있다($\substack{법 \ 제37조 \ 제 \\ 2항과 \ 제3항}$).

공탁금국고귀속

β) 지정재판부의 사전심사

또 헌법재판소장은 헌법재판소에 재판관 3인으로 구성되는 지정재판부를 두어 헌법소원심판의 사전심사를 맡게 할 수 있다. 지정재판부는 헌법소원심판청구가 그 대상·청구기간·청구방식 등 형식요건에 하자가 있거나, 그 내용면에서 부적법하고 중대한 흠결이 있는 경우에는 재판관 3인의 전원일치합의에 의해 헌법소원의 심판청구를 각하하는 결정을 한다($\substack{법 \ 제72조 \ 제 \\ 1항～제4항}$). 그러나 지정재판부가 헌법소원심판청구 후 30일이 경과할 때까지 각하결정을 하지 않은 경우에는 심판회부결정이 있는 것으로 본다. 그리고 지정재판부는 각하결정을 하지 않는 경우에는 헌법소원을 심판에 회부하는 결정을 해야 한다($\substack{법 \ 제72조 \\ 제4항}$). 지정재판부는 헌법소원을 각하하거나 심판회부결정을 한 때에는 그 결정일로부터 14일 이내에 청구인 또는 그 대리인 및 피청구인에게 그 사실을 통지하여야 한다. 나아가 헌법재판소장은 그 밖에도 법무부장관과 기타 청구인이 아닌 사건의 모든 당사자에게도 심판회부결정사실을 지체없이 통지하여야 한다($\substack{법 \\ 제73조}$).

3인지정재판부의 사전심사 및 결정

c) 헌법소원의 심리절차

헌법소원이 제기된 경우에는 재판부가 먼저 청구서를 심사해서 심판청구가

보정명령 및

부적법하지만 보정할 수 있다고 인정하는 경우에는 상당한 기간을 정하여 보정을 요구해야 한다($\frac{법}{제28조}$). 그리고 헌법재판소는 청구서의 등본을 피청구기관 또는 피청구인에게 송달하여야 한다($\frac{법 제27조}{제1항}$). 청구서 또는 보정서면의 송달을 받은 피청구기관 등은 헌법재판소에 답변서를 제출할 수 있을 뿐만 아니라($\frac{법}{제29조}$), 헌법소원의 심판에 이해관계가 있는 국가기관 또는 공공단체와 법무부장관도 헌법재판소에 그 심판에 관한 의견서를 제출할 수 있다($\frac{법}{제74조}$). 헌법재판소도 직권 또는 당사자의 신청에 의하여 필요한 증거조사를 할 수 있고($\frac{법}{제31조}$), 다른 국가기관 또는 공공단체 등에 대하여 필요한 자료의 제출을 요구할 수 있다($\frac{법}{제32조}$).

관계인에의 기록송달

관계기관의 의견서 제출과 증거조사

변론기일지정

헌법소원에 관한 심판은 원칙적으로 서면심리에 의하기 때문에 공개하지 아니하지만($\frac{법 제30조 제2항}{과 제34조 제1항}$), 재판부가 필요하다고 인정하는 경우에는 변론기일을 정하고 당사자와 관계인을 소환하여 변론을 열고, 당사자·이해관계인 기타 참고인의 진술을 들을 수 있다($\frac{법 제30조 제2항}{단서와 제3항}$).

본안심리절차와 그 과제

헌법소원에 대한 본안심리가 정식으로 개시되면 모든 관련당사자들에게 서면 또는 구두로 의견진술의 기회가 주어져야 한다. 본안심리의 초점은 헌법소원의 대상이 되고 있는 공권력작용이 헌법에 위반되는지의 여부를 가리는 것이기 때문에 어디까지나 헌법의 합리적인 해석이 그 중심적인 과제이다. 헌법재판소가 사실심과는 다른, 유권적이고 최종적인 헌법해석기관으로 평가되는 이유도 그 때문이다. 또 헌법소원에 대한 본안심리가 궁극적으로는 공권력작용의 바탕이 되고 있는 실정법의 위헌 여부를 따지는 규범통제로 귀착되게 되는 이유도 그 때문이다.

규범통제에로 귀착

헌법소원은 주관적인 권리구제뿐 아니라 객관적인 헌법질서의 수호·유지를 함께 추구하는 헌법재판제도이기 때문에 일단 본안심리가 시작된 후에는 당사자의 소취하가 있는 경우에도 필요하다면 중요한 헌법문제의 해명을 위한 본안판단을 할 수 있다고 할 것이다.[1]

소취하효과의 제약

(마) 헌법소원의 인용결정과 그 효력

헌법소원에 대한 본안심리의 결과 헌법소원이 이유 있다고 판단된 때에는 헌법소원에 대한 인용결정을 하는데, 이 때 헌법재판소재판관 6인 이상의 찬성

인용결정의 정족수

---

1)【결정례】 i) 따라서 5·18사건에 대한 헌재의 종료선언결정은 문제가 있다. 헌재결 1995. 12. 15. 95 헌마 221·233·297(병합)) 참조. 저자의 판례평석,「헌법판례연구(1)」, 1999, 327면 이하 참조. ii) 헌법재판소법 제75조 제7항의 재심사유에는 헌재의 한정위헌결정이 당연히 포함되는데도 대법원이 한정위헌결정을 재심사유에서 배제하는 해석을 하는 것은 소송당사자의 재판청구권을 침해하는 것이라는 재판관 전원일치의 평의를 마친 상태에서 소의 취하를 이유로 종료선언결정을 한 것도 비판받아야 한다(헌재결 2003. 4. 24. 2001 헌마 386).

이 있어야 한다($^{제113조}_{제1항}$).$^{1)}$ 즉 헌법소원에 대한 인용결정이란 헌법소원의 대상이 되고 있는 공권력작용이 위헌이거나 위헌적인 법률에 근거하고 있다는 점을 결정으로 밝히는 것이다.

헌법재판소가 헌법소원을 인용할 때에는 인용결정서의 주문에서 침해된 기본권과 침해의 원인이 된 공권력의 행사 또는 불행사를 특정하고, 기본권침해의 원인이 된 공권력의 행사를 취소하거나, 그 불행사가 위헌임을 확인할 수 있다($^{법 제75조 제}_{2항과 제3항}$). 또 헌법재판소는 공권력의 행사 또는 불행사가 위헌인 법률 또는 법률의 조항에 기인한 것이라고 인정할 때에는 인용결정에서 당해 법률 또는 법률의 조항이 위헌임을 선고할 수 있다. 법률의 위헌이 선고된 경우에는 구체적 규범통제에서의 위헌결정의 효력에 관한 규정($^{법 제45조}_{와 제47조}$)이 준용된다($^{법 제75조 제}_{5항과 제6항}$).

인용결정의 형식과 내용 및 효력

법률의 위헌심판제청신청을 기각하는 법원의 결정이 헌법소원의 대상이 되고 그것이 헌법재판소에 의해서 인용된 경우에 당해 헌법소원과 관련된 소송사건이 이미 확정된 때에는 당사자는 재심을 청구할 수 있고($^{법 제75조}_{제7항}$),$^{2)}$ 재심에 있어 형사사건에 대하여는 형사소송법규정이, 그리고 그 외의 사건에 대하여는 민사소송법의 규정이 준용된다($^{법 제75조}_{제8항}$). 헌법재판소가 공권력의 불행사에 대한 헌법소원을 인용하는 결정을 한 때에는 피청구기관이나 피청구인은 결정취지에 따라 새로운 처분을 하여야 한다($^{법 제75조}_{제4항}$).

인용결정과 재심청구사유 및 절차

헌법소원에 대한 헌법재판소의 인용결정이 소원제기인과 피청구기관을 비롯한 모든 국가기관과 지방자치단체를 기속하는 것은 당연하다($^{법 제75조}_{제1항}$). 따라서 예컨대 검사의 기소유예처분을 취소하는 인용결정이 있으면 검찰은 그 인용결정의 주문과 이유에 설시된 취지에 맞도록 성실히 다시 수사하여 새로운 결정을 해야 한다.

인용결정의 기속력

---

1) 【결정례】 i) 헌법소원 인용의견이 5인이고, 각하의견이 4인인 경우 기각주문을 낸 판례가 있다(헌재결 2000. 2. 24. 97 헌마 13·245(병합)). ii) 헌법소원 인용의견이 5인이고, 기각의견이 4인인 경우에도 기각결정을 했다(헌재결 2000. 12. 14. 2000 헌마 659).

2) 【결정례】 재심청구권자를 한정하고 있는 헌재법 제75조 제7항은 합헌이다(헌재결 2000. 6. 29. 99 헌바 66 등(병합)).

제 4 장   우리 헌법상의 통치기관

국가권력의 샘인 국민의 합의에 의해 창설되고 정당화되는 통치기관 및 권능

자유민주주의를 지향하는 헌법질서라 하더라도 주권자인 국민은 그 자체로서 국가기관이라고 하기보다는 모든 '국가권력의 샘'으로서 헌법제정권력의 주체이며 모든 국가권력의 정당성근거를 뜻한다. 따라서 주권자인 국민의 합의에 의해서 정당화되는 여러 통치기관과 권능은 자유민주국가가 국가로서의 기능을 다하기 위한 필수적인 전제조건이다.

다만 자유민주국가에서는 통치를 위한 여러 통치기관과 통치권능은 국민주권의 이와 같은 참 이념을 존중하고 실현할 수 있도록 조직되고 구성·운영되어야 한다. 자유민주적 통치구조의 근본이념과 기본원리를 비롯해서 자유민주적 통치기관의 여러 가지 구성원리가 중요한 의미를 갖는 것도 그 때문이다.

통치질서 내에서의 국민의 역할

우리 현행헌법도 통치기관을 조직해서 통치기능을 수행케 하는 데 있어서 자유민주적 통치구조의 기본원리를 존중하고 통치기구의 자유민주적 조직원리를 따르고 있다. 따라서 주권자인 국민은 헌법제정권력으로 기능하고 선거권을 통해서 헌법상의 여러 통치기관과 통치권능을 창설함으로써 그 권능행사에 민주적 정당성을 제공해 주고, 국가의 정치적인 의사결정과정에 여론의 힘으로

입법·집행·사법권의 구분과 분담

영향력을 행사해 국가작용의 민주적인 조종자로서 기능하는 데 그치고, 구체적인 통치권의 행사는 이를 입법권·집행권·사법권으로 구분해서 각각 국회, 대통령을 수반으로 하는 정부 그리고 법원에 나누어 맡기고 있다.

1. 국   회

의회주의의 이념에 기초

입법기관으로서의 국회의 지위, 기능, 조직, 운영 및 국회의원의 지위와 권한에 관한 우리 헌법규정은 대다수 헌법국가에서와 마찬가지로 의회주의 (Parlamentarismus)의 이념을 그 바탕으로 하고 있다. 즉 국민에 의해서 선거되는 의원들로 구성된 합의체국가기관인 의회가 국정운영의 중심기구로 기능하여야 한다는 의회주의가 우리 헌법상의 국회에 관한 규정에서 중요한 가치지표로 작용하고 있다. 그렇기 때문에 의회주의의 역사는 우리 국회의 기능과 무관할

수가 없다.

I. 의회주의의 성쇠

(1) 의회주의의 개념

　의회주의는 시원적으로는 합의체국가기관인 의회로 하여금 군권(君權)을 견제해서 국정운영에 합리성을 부여하려는 정치원리로 생성되었지만 민주주의 정치이념이 확산되면서부터는 의회주의도 민주적인 색채를 띠지 않을 수 없게 되었다. 그 결과 의회주의란 민주적 정당성에 바탕을 두고 구성된 합의체의 국민대표기관이 국가의사결정의 원동력이 되어야 한다는 정치원리를 뜻하게 되었다.

민주적 정당성 갖는 의회가 정책결정의 중심이 되게 하는 정치원리

　따라서 의회주의는 원칙적으로 '의원내각제'와 동의어가 아니다. '의회주의'는 정치원리이고 '의원내각제'는 정부형태원리 내지 권력분립의 실현형태를 의미하기 때문이다. '의원내각제'는 '의회주의'와 대의의 이념에 입각해서 책임정치를 일상적으로 실현하려는 권력분립주의의 실현형태이기 때문에 '의회주의'와는 구별하여야 한다. 그러나 의회가 통치기관의 조직모체로 기능하고 또 통치기구 내에서 중심적인 좌표를 차지하는 '의원내각제'가 '의회주의'의 가장 순수하고도 직접적인 표현형태로 평가되는 것은 사실이다. 또 '의회주의'와 '의회민주주의'라는 개념도 엄격한 의미에서는 구별하는 것이 좋다. 왜냐하면 '의회민주주의'는 흔히 '의원내각제'를 지칭하는 개념으로 사용되기도 하지만 '의회주의'는 정부형태면에서는 중립적인 개념이기 때문이다.[1]

정치원리로서의 의회주의와 정부형태원리로서의 의원내각제·의회민주주의와의 구별

---

1) 그러나 '의회주의', '의회민주주의', '의원내각제'가 개념적으로 혼용되는 경향이 없는 것도 아니다. 특히 K. Loewenstein처럼 의회주의의 본질을 의회와 집행부의 실질적인 상호 견제수단에서 찾고 의회의 정부불신임권과 정부의 의회해산권을 의회주의의 제도적 징표라고 이해하는 경우에는 의회주의는 의원내각제의 대명사에 지나지 않게 된다. 그러나 Loewenstein도 의회의 정부불신임권과 정부의 의회해산권만으로 의회주의가 되는 것이 아니고, 신대통령제처럼 두 요소를 갖추었어도 대통령의 권한이 강화된 경우에는 의회주의라고 볼 수 없다는 점을 강조한다. 결국 Loewenstein은 의회주의를 '기관간의 통제'(Inter-Organ-Kontrolle)수단인 불신임권과 해산권이 제도상으로뿐 아니라 헌법현실에서도 제대로 기능하는 의원내각제와 동의어로 이해한다.

　Vgl. *K. Loewenstein*, Zum Begriff des Parlamentarismus, in: K. Kluxen(Hrsg.), Parlamentarismus, 5. Aufl.(1980), S. 65ff.(67).

　또 Bracher는 의원내각제와 의회민주주의를 동일시하면서 대통령제와 대칭적인 것으로 이해한다.

(2) 의회주의의 연혁과 발전

중세의 영주
회의에서 기
원

의회주의의 기원은 중세의 영주회의(Ständeversammlung)[1]에까지 거슬러 올라갈 수 있다. 즉 중세의 봉건적인 신분사회에서 신분의 엄격한 3분현상을 반영하는 승려계급·귀족계급·시민계급의 대표들로 영주회의를 구성해서 조세문제와 법률제정에 관한 군주의 자문기관으로 기능한 것이 의회주의의 기원으로 간주되고 있다. 영주회의의 구성원들은 출생에 의해서 자동적으로 출신계급의 대표로 임명되었기 때문에 자유위임에 바탕을 둔 대의이념과는 거리가 먼 명령적 위임의 신분대표에 지나지 않았다.

영국의 대의
제도: 선거제
도개혁이 발
전 계기

의회주의가 제 모습을 갖추어 근대적인 형태로 발전하게 된 것은 역시 의회정치의 모국인 영국에서 대의제도가 확립되고 선거제도의 개혁이 있은 후부터였다. 또 의회와 군주의 오랜 세력다툼에서 의회가 마침내 승리한 것도 의회주의의 발전과 불가분의 관계에 있다.

의회주권확립
의 중요전기
는 명예혁명

이미 튜도어(Tudor)시대로부터 상원(House of Lords)과 하원(House of Commons)의 양원으로 구성된 의회(Parliament)가 군주와 더불어 중심적인 정치세력으로 기능하면서 영국을 로마교황의 정치적 영향권에서 독립시키고 세계의 대국으로 그 국세를 성장시킨 공로 때문에 의회의 권위가 매우 컸지만, 의회가 정치의 본산으로 승격된 것은 역시 하원과 스튜어트(Stuart)왕조와의 정치투쟁에서 Stuart왕조를 몰락시킨 명예혁명(1688) 후였다고 할 것이다. Stuart왕조의 왕정복고(1660)에 종지부를 찍은 명예혁명은 영국헌정사에서 국왕에 대한 의회의 정치적 우위를 확보하고 의회주권의 바탕을 마련하는 중요한 전기를 뜻한다.

권리장전의
내용

1689년에 제정된 '권리장전'(Bill of Rights)에 따라 의회의 선거제도와 의회의 입법 및 군권통제기능이 일반적으로 인정되어 조세문제와 법률제정·국방문제 등에 대한 의회의 정책간섭이 공식화되기에 이르렀다.

프랑스·독일·
미국에 미친
영향

영국에서 발전한 의회주의가 프랑스에도 영향을 미쳐 프랑스에서도 1789년 대혁명 후에는 국민의회가 국민의 대표기관인 동시에 일반의지의 표상으로서 국가의사결정의 중심적인 기구로 기능했다. 의회주의정치원리가 독일과 신생독립국가인 미합중국의 정치발전에도 적지 않은 영향을 미친 것은 때마침 고조된 대의의 이념과 자유주의정치사상, 선거제도의 민주적인 개혁 등에 의해서

---

1) 국내 문헌에서는 '등족회의'(等族會議)라는 일본식의 번역이 많이 통용되고 있으나, 역시 우리의 언어감각과는 거리가 멀 뿐 아니라 신분대표적 성격을 나타내기 위해서도 '영주회의'(領主會議)로 부르기로 한다.

국민의 정치참여가 폭 넓게 이루어졌기 때문이다.[1]

이처럼 의회가 국민의 두터운 신임을 받으면서 국민이익의 대변자인 동시에 국정운영의 중심적인 통치기관으로 기능하게 된 의회주의의 발전은 17/8세기를 지배하던 여러 사상의 복합적인 영향에 의한 것으로서 그것이 결국은 국민의 대표기관인 의회가 제정한 법률에 의하지 않고는 기본권을 제한할 수 없다는 기본권의 법률유보이론을 탄생시키는 모태적인 기능을 했다는 사실을 주목할 필요가 있다.[2]

여러 사상의 복합적 영향으로 생긴 의회의 권위가 법률유보이론의 모태

(3) 의회주의의 약화

의회주의의 정치원리에 따라 의회가 통치기구 내에서 가장 중심적인 좌표를 차지하는 정치형태는 그 후 영국·프랑스·독일 등의 의원내각제정부형태에서 가장 뚜렷하게 나타났지만, 오늘날에 와서는 심지어 이들 나라에서조차도 의회주의의 정치원리가 점점 그 빛을 잃어가고 있다. 그것은 즉 이제는 의회가 더 이상 국정운영의 중심적인 통치기관으로 기능할 수 없게 되었다는 것을 뜻한다. 의회주의의 약화에는 다음과 같은 여러 가지 요인들이 복합적으로 작용하고 있다고 볼 수 있다.

의회의 위상 약화와 그 원인

1) 정당국가적 경향으로 인한 의회기능의 약화

정당국가적 경향이 심화되면 될수록 의원들의 정당기속이 강화되어 자유위임적인 의원활동이 제약을 받을 뿐 아니라, 의회의 정책결정권이 실질적으로는 정당 수뇌부 내지 간부회의로 넘어가고 의회는 단지 형식적인 정책결정기관 내지 정책결정의 추인기관으로 그 지위가 약화되었다. 그에 따라 의회활동의 공개를 통한 정책결정의 가시화(투명화)라든지 정책결정을 위한 의회 내의 자유토론 등 의회주의의 핵심적인 기본원리가 모두 공허화되는 현상이 나타났다.

정당기속과 정당 수뇌부의 권한강화로 인한 의회의 추인기관화

2) 국가적 과제의 증가로 인한 의회역량의 한계

의회주의의 발생기원이 말해 주듯이 의회는 처음에 정치적인 정책과제 때문에 구성되었다. 그러나 사회국가의 요청에 따라 국가의 정책적 과제는 오히려 경제·사회·과학·환경 등의 분야에 그 수가 크게 증가하게 되었다. 이처럼 날로 증가하는 새로운 전문분야에서의 정책수요를 의회가 혼자의 힘으로 충족

새로운 정책수요에 대응하기 위한 전문성·능률성의 한계

---

1) 의회주의가 유럽 여러 나라에서 의원내각제의 정부형태를 탄생시키면서 발전하게 된 역사적인 과정에 대해서 자세한 것은 졸저, 전게서, 방주 939 이하 참조할 것.

2) 이 점에 대해서 자세한 것은 졸저, 전게서, 방주 659 참조할 것.

시키기에는 의원들의 전문성에 한계가 있고, 의회가 갖는 합의체의사결정기관으로서의 능률성의 한계 때문에 의회도 이제는 그 기능이 스스로 벽에 부딪치고 말았다. 전문성이 결여된 의회의 지루한 정책결정보다는 고도의 전문적인 지식을 축적하고 있는 행정관료들의 민첩하고 효율적인 정책결정이 오히려 국정운영에서 빛을 보게 되었다. 행정국가적 경향이 피할 수 없는 결과이고 그것은 동시에 반의회주의적 현상으로 나타나게 되었다.

3) 선거제도의 결함으로 인한 의원의 질저하 및 의회대표성의 약화

인물선거의 정당선거로의 성격변화와 의원·선거인 간의 유대 약화

의원의 선거제도가 입후보자 개개인의 인물선거에서 정당의 정강정책 내지 정당의 지도자에 대한 신임투표적 성격으로 바뀌어 의원의 인격 내지 개인적인 능력보다는 의원이 속한 정당 내지 정파가 선거인의 투표행태에 큰 영향을 미치게 되었다. 그 결과 의회주의의 초기에 영국의 의회에 각계 각층의 엘리트들만이 뽑혀오던 현상은 차차 사라지고, 정당에 충성하는 직업정치인들의 의회진출이 늘어나 의원의 질이 전체적으로 저하되고 의원과 선거인간의 직접적인 유대가 약화되는 현상을 초래했다.

대의적 소외 계층의 증가

그에 더하여 다수대표선거제도 또는 비례대표선거제도가 갖는 각각의 제도적인 결함 때문에 의회에 대표되지 않는 국민계층이 늘어나 의회의 전국민 대표성이 심각한 회의에 직면하게 되었다.

4) 의회주의의 표상으로서의 의원내각제의 부정적인 경험

의원내각제실패의 경험

의회주의의 가장 순수하고도 직접적인 표현형태로 간주되는 의원내각제가 영국, 프랑스(제 3 공화국과 제 4 공화국), 바이마르공화국, 이탈리아 등에서 극도의 정국불안정이라는 부정적인 경험[1]을 안겨주자 그것이 즉 의회주의 그 자체의 본질적인 결함으로 인식되어 의회주의를 비판 내지 기피하는 현상이 나타났다.

5) 반의회주의적 결단주의헌법철학의 영향

루소의 영향 받은 반대의 적 사상

20세기적인 통치질서를 사상적으로 지배하던 C. Schmitt의 결단주의철학에 내포된 반의회주의적 경향도 의회주의의 약화에 적지 않은 영향을 미쳤다고 볼 수 있다. 루소의 직접민주주의사상에 입각해서 치자·피치자 동일성이론에 따른 국민투표적 직접민주주의를 신봉하던 그에게 의회활동의 공개성과 의회에서의

---

1) 예컨대 바이마르공화국 14년간에 무려 21개의 내각이 바뀌었고, 프랑스 제 3 공화국은 65년간 100개 이상의 내각을 교체시켰고, 제 2 차 세계대전 후 프랑스 제 4 공화국은 13년간에 25개의 정부를 가졌었다. 자세한 것은 졸저, 전게서, 방주 957, 958, 963 참조할 것.

자유토론마저도 앗아간 정당국가적 정치행태에서 의회주의란 한낱 허구적인 것
으로 비칠 수밖에 없었다.[1]

6) 의회운영방식과 의사절차의 비효율성으로 인한 의회기능의 약화

의회주의의 기본원리에 따른 의회에서의 무제한한 자유토론은 결과적으로
의사진행의 비능률을 가져왔고, 그것이 국정운영의 장애적인 요인으로 기능하
자 심지어 의회무용론으로까지 발전하는 사태가 자주 일어났다. 더욱이 의사진
행의 지루함 때문에 의원들의 의회참석률이 크게 떨어지고 그것이 국민의 눈에
는 의원들의 무성의로 비쳐져 의원에 대한 국민의 신뢰에도 매우 부정적인 영
향을 미치게 되었다.

비능률적인
무제한의 자
유토론식 의
사절차에 대
한 혐오

(4) 의회기능의 약화에 대한 대응책

현대의 고도로 전문화된 산업사회를 바탕으로 하는 통치질서가 정당국가
적 조직을 통해서 사회국가를 지향할 때 의회주의의 정치원리가 제 기능을 나
타내지 못한다고 하는 것은 오늘날 하나의 보편적인 인식으로 굳어지고 있다.
그럼에도 불구하고 의회주의의 정치원리는 그 속에 담겨 있는 국민주권이념과
자유민주주의이념 때문에 쉽사리 포기할 수 없는 정치원리로 평가되고 있다.
현대의 자유민주국가에서 의회기능의 약화를 기정사실로 받아들이면서도 또 한
편으로는 의회기능의 활성화방안을 강구하려는 노력이 끊임없이 진행되고 있는
것도 바로 그 때문이다.

의회기능의
활성화방안

그런데 의회기능의 활성화방안을 모색한다는 것은 결국 의회기능이 약화
된 원인을 살펴서 그것을 치유 내지는 제거한다는 의미를 갖게 된다.

1) 정당국가적 문제점에 대한 대응책

정당국가적 경향 때문에 나타나는 문제점에 대해서는 의원의 정당 내지
교섭단체기속과 의원의 자유위임적 대의활동과의 조화점을 모색한다는 차원에
서 집단적 대의의 이론[2]을 도입하고 정당조직과 정당의사결정의 민주화를 통
해서 정당기속의 민주적 정당성을 높이는 방법이 강구되고 있다.

집단적 대의
이론도입 및
정당의사결정
의 민주화

---

1) Dazu vgl. *C. Schmitt*, Die Prinzipien des Parlamentarismus, in: K. Kluxen(Hrsg.), Parlamen-
   tarismus, 5. Aufl.(1980), S. 41ff.
2) 이 점에 대해서 자세한 것은 졸저, 전게서, 방주 885 및 886 참조.

2) 의회의 전문성 보완책

직능대표제도
입 및 전문위
원회 기능 강
화

의회의 취약한 전문성을 보완하기 위해서는 직능대표제를 통한 전문인의 의회진출의 길을 넓힌다든지, 의회의 부설기관으로 전문위원회를 확대개편해서 그 기능을 강화하는 방안이 제시 내지 활용되고 있다.[1]

3) 선거제도의 개선

대표성 높이
는 선거제도
로 개선

선거제도의 결함 내지 모순으로부터 나오는 의회기능의 약화에 대응하기 위해서는 민주적 선거법의 5대기본원칙을 철저히 존중하는 합리적인 선거제도를 마련하고 특히 다수대표선거제도의 경우 절대다수대표선거제도를, 그리고 비례대표선거제도의 경우 가변명부제와 개방명부제를 원칙으로 하는 것 등이 하나의 방안으로 논의되고 있다. 이러한 관점에서 독일이나 프랑스의 선거제도[2]는 그들 나라의 특수한 정치전통의 산물이긴 하지만 결함이나 모순이 비교적 적은 제도로 평가되고 있다.

4) 의회운영의 효율성의 제고방안

전통적 의회
기능회복방안
과 의회의 새
로운 존립근
거 모색

의회운영방식의 문제점으로 인한 의회기능의 약화현상에 대한 대응책으로서는 두 가지 서로 다른 움직임이 있다. 하나는 회기불계속의 원칙 대신에 회기계속의 원칙을 채택하고, 입법절차상의 3독회제도를 폐지하고 의안처리의 상임위원회중심주의를 채택함으로써 비효율적인 본회의의 소집을 되도록 줄이는 등 의회운영방식의 개선을 통해서 의회의 전통적인 기능을 회복시키려는 움직임이다. 또 하나는 의회의 전통적인 기능을 회복시키기보다는 의회 내의 야당의 지위를 향상시켜 의회의 정치통제적 기능을 강화함으로써 의회의 새로운 존립근거를 찾으려는 움직임이다. 영국에서 1937년에 야당보호법(Ministers of the Crown Act)을 제정해서 의회내 야당의 존립과 활동을 제도적으로 보장함으로써 야당의 지위와 역할에 대한 법적 근거를 마련한 것도 바로 그러한 인식이 함께 작용하고 있었다고 할 수 있다. 의회의 국정감사 또는 국정조사기능을 강화해서 의회를 국민의 청문법정으로 기능하게 하는 것도 같은 맥락에서 이해할 수 있다고 할 것이다.

의회주의 쇠

아무튼 의회주의의 퇴색은 필연적으로 의회기능의 변화를 초래하지만 그

---

1) 우리 국회사무처법상의 복수전문위원제도(법 제 8 조 및 제 9 조)도 의회의 전문성 제고에 도움이 될 수 있는 제도로 정착·운용되어야 할 것이다.
2) 자세한 것은 졸저, 전게서, 방주 960 및 969 참조할 것.

것은 결코 의회의 실종사태로까지 발전할 수는 없다고 하는 곳에 의회주의쇠퇴   퇴의 한계
의 한계가 있다.

Ⅱ. 국회의 헌법상 지위

국회는 국민에 의해서 선거되는 의원들로 구성되는 합의체의 국가의사결   합의체 국가
의사결정기관
정기관이다. 의회주의에 뿌리를 두는 국회의 기능과 활동은 국회의 지위와도
불가분의 관계에 있다. 의회주의의 가장 순수하고도 직접적인 표현형태인 의원
내각제에서의 국회의 지위가 대통령제에서의 그것보다 강력하다고 주장하는 소   의회주의의
본질에 의해
정해지는 국
회의 지위
리가 있는 것도 그 때문이다. 그렇지만 의원내각제의 국회가 대통령제의 국회
보다 언제나 우월한 지위를 갖는다는 논리는 성립되지 아니한다. 의원내각제가
내각책임제를 거쳐 수상정부제로까지 발전하는 경우에는 국회의 지위는 오히려
야당에 의해서 주도되는 대통령제의 국회의 지위보다 약하기 때문이다. 따라서
국회의 헌법상의 지위는 어디까지나 의회주의의 본질에서 이끌어내야지, 상대
적인 의미밖에는 갖지 못하는 정부형태, 국가형태, 헌법의 유형 등을 기준으로
국회의 지위를 설명하는 것은 타당하지 않다.[1]

그런데 의회주의의 본질에 비추어 볼 때, 국회는 국민의 대의기관이며, 입   대의·입법·
국정통제기관
법기관인 동시에 국정통제기관으로서 합의체의 국가의사결정기관이라는 특성을
갖는다고 할 것이다.

(1) 대의기관으로서의 지위

국회는 국민의 대의기관으로서의 지위를 갖는다.[2] 즉 대의제도의 이념이   대의제도이념
이 가장 직접
적으로 표현
된 통치기관
가장 순수하고도 직접적으로 표현되고 있는 통치기관이 바로 국회이다. 대의제
도의 정신에 따라 국민에 의해서 선출된 의원이 독자적인 양식과 판단에 따라
정책결정에 임하고 그 결과에 대해서 국민에게 책임을 지는 대의기관으로서의
국회는 헌법상의 통치기관 중에서도 그 국민대표성이 가장 강한 헌법기관이다.
국회가 국민대표기관이라고 평가되는 이유도 그 때문이다.

그렇지만 국회가 국민대표기관이라고 할 때에는 그것은 어디까지나 대의   무용한 국민

---

1) 따라서 국내 일부학자가 국회의 헌법상의 지위를 논하면서 국가형태, 정부형태, 헌법의 유형
   등이 마치 국회의 지위를 결정해 주는 중요한 요인인 것처럼 설명하는 것은 문제가 있다고 할
   것이다. 예컨대 권영성, 811면 이하.

2) 【판시】 대의제 민주주의는 헌법의 기본원리에 속한다(헌재결 1998. 10. 29. 96 헌마 186, 판례
   집 10-2, 600(606면)).

대표기관성에
관한 논쟁

의 이념을 전제로 한 개념형식이기 때문에 엄격한 법적 대리 또는 법적 대표 관계가 성립된 것을 뜻하지는 않는다. 따라서 국회의 국민대표기관성에 관한 학설의 대립(법적 대표설, 헌법적 대표설, 정치적 대표설 등)[1]은 무용한 논쟁에 지나지 않는다. 국회가 국민의 대표기관이라고 하는 것은 언제나 대의적인 대표기관이라는 뜻이기 때문이다. 대의제도와 의회주의의 본질을 바르게 이해하는 경우 국회의 국민대표기관성이 특별히 문제될 것이 없다.

대의기관의
지위 강조한
우리 헌법

우리 헌법도 국민에 의해서 선출된 의원으로 구성되는 국회($\frac{제41조}{제1항}$)를 중심적인 대의기관으로 설치하고, 특히 의원의 자유위임관계에 관해서는 명문의 규정을 두어 「국회의원은 국가이익을 우선하여 양심에 따라 직무를 행한다」($\frac{제46조}{제2항}$)고 정하는 등 대의기관으로서의 국회의 지위를 강조하고 있다.[2]

(2) 입법기관으로서의 지위

국회입법의
원칙

국회는 기능적으로 볼 때 우선 입법기관으로서의 지위를 갖는다. 의회주의의 본질상 국회입법의 원칙은 국회의 지위를 설명해 주는 가장 고전적이고 상징적인 논리형식이다. 우리 헌법도 「입법권은 국회에 속한다」($\frac{제40}{조}$)고 규정함으로써 국회입법의 원칙을 밝히고 있다.

국회입법의
원칙의 의미

그런데 국회가 입법기관으로서의 지위를 갖는다는 것은 국회가 단독으로 입법권을 행사한다든지(국회단독입법의 원칙), 국회가 입법권을 독점적으로 행사한다는(국회독점입법의 원칙) 의미는 결코 아니다. 정부의 법률안제출권($\frac{제52}{조}$)과 대통령의 법률안공포권($\frac{제53조}{제1항}$) 내지 법률안거부권($\frac{제53조}{제2항}$)이 말해 주듯이 국회의 입법권은 다른 통치기관의 입법과정참여를 배제하지 않는다. 또 대통령이 갖는 긴급명령권과 긴급재정·경제명령권($\frac{제76}{조}$), 행정부의 행정입법권($\frac{제75조와}{제95조}$), 여러 헌법기관($\frac{헌법재판소·대법원·}{중앙선거관리위원회}$)의 규칙제정권($\frac{제113조 제 2 항, 제108}{조, 제114조 제6항}$), 지방자치단체의 자치입법권($\frac{제117조}{제1항}$) 등에서 볼 수 있듯이 국회의 입법권은 다른 통치기관의 입법기능을 완전히 부인하지도 않는다.

국회중심입법
의 원칙과 본
질성 이론

그렇기 때문에 국회가 갖는 입법기관으로서의 지위는 다음과 같은 두 가지 측면에서 이해해야 하리라고 생각한다. 첫째는 우리 헌법질서 내에서 국회가 가장 중심적인 입법기관이라는 뜻이고, 둘째는 우리 헌법질서 내에서 적어도 '법률'의 형식으로 행해지는 입법기능은 반드시 국회만이 행사할 수 있고, '법률'의 형식으로 행해지는 입법기능 속에는 국민에게 부담을 과하고 국민을

---

1) 예컨대 김철수, 916면; 권영성, 812면; 문홍주, 431면 이하.
2) 자세한 것은 앞부분 '우리 현행헌법상의 대의제도'(778면) 참조할 것.

구속하는 법규사항은 물론이고 통치기관의 조직과 권한에 관한 본질적이고 기본적인 사항이 반드시 포함되어야 한다는(본질성이론)[1] 뜻이다.[2]

오늘날 의회주의의 쇠퇴에 따른 국회의 기능약화현상은 국회의 입법기관으로서의 지위에까지도 영향을 미치고 있어, 국회의 통법부화현상이 지적되기도 하지만 그렇다고 해서 국회의 입법기관으로서의 지위가 부정되거나 과소평가될 수는 없다.

입법기관의 지위 과소평가는 부당

(3) 국정통제기관으로서의 지위

국회는 국정통제기관으로서의 지위를 가지는데 국회의 국정통제기능도 의회주의의 본질에서 나오는 당연한 기능이다. 국회가 국정통제기관이라는 것은 국회가 중심적인 대의기관인 동시에 입법기관이요 예산심의기관으로서 집행부와 사법부의 국정수행을 감시·견제·비판함으로써 통치권행사의 절차적 정당성을 보장한다는 뜻이다. 따라서 국회가 갖는 국정통제기관으로서의 지위는 의회주의의 당연한 요청이기도 하지만 3권분립주의에 입각한 통치구조 내에서는 '견제와 균형'의 불가피한 수단으로서의 의미도 갖는다. 국회가 집행부와 사법부를 감시·견제·비판하는 것과 마찬가지로 국회도 이들 기관에 의해서 감시·견제·비판당하는 이유는 그 때문이다.[3]

의회주의의 요청, 3권분립에 의한 견제·균형의 불가피한 수단

오늘날 자유민주국가의 통치구조에서 의회주의의 쇠퇴와는 달리 통치권행사의 절차적 정당성의 요청은 점점 더 커지고 있기 때문에 국회의 국정통제기관으로서의 지위는 더 한층 강조되고 있다.

중요성 더 커지는 지위

우리 현행헌법도 시대의 흐름에 따라 국회의 국정통제기관으로서의 지위를 그 어느 때보다도 강화하고 있다. 국회의 탄핵소추의결권($제65조$)과 국정감사 및 조사권($제61조$)이 그 가장 대표적인 것이지만 국회가 갖는 여러 가지 정책통제기능도 국회의 국정통제기관으로서의 지위와 불가분의 관계에 있다.[4]

헌법상의 국정통제제도

---

1) 본질성이론에 관해서 자세한 것은 졸저, 전게서, 방주 427 참조할 것.
2) 이와 같은 시각에서는 우리 헌법 제40조에서 말하는 '입법권'의 개념 내지 범위를 둘러싼 형식설(법률사항설), 실질설(법규사항설)의 논쟁은 불필요하고 무의미하다.
【결정례】 우리 헌재도 TV수신료의 결정에서 국회가 배제되는 것은 위헌이라는 헌법불합치결정을 했다(헌재결 1999. 5. 27. 98 헌바 70).
3) 이렇게 볼 때 국회가 국가의 최고기관인지에 관한 논의는 전혀 무의미한 공론이라고 생각한다. 김철수, 920면; 권영성, 816면.
4) 뒷부분 국회의 통제기능 참조할 것.

(4) 합의체의 국가의사결정기관으로서의 지위

대의기관 중 유일한 합의 체기관

국회는 대의기관 중에서도 유일한 합의체인 국가의사결정기관으로서의 지위를 갖는다. 의회주의의 기본원리로서 자유토론이 강조되는 것도 그 때문이다. 그런데 합의체의 통치기관인 국회는 순기능과 역기능을 함께 나타낸다. 합의체기관의 순기능은 중지를 모아 합리적인 결정을 함으로써 고독하게 이루어지는 독단적인 결정이 초래할 수도 있는 시행착오의 위험부담을 최소한으로 줄

합의체기관의 순기능과 역 기능: 다수결 원리

일 수 있다는 데 있다. 그러나 이와 같은 순기능은 합의체기관의 의사결정과정에서 자유토론에 입각한 다수결원리[1]가 제대로 기능하는 경우에만 기대할 수 있다. 자유토론이 배제되고 다수결원리가 오히려 다수의 횡포로 역기능하는 경우에는 합의체기관의 의사결정은 대부분 고독하게 이루어지는 독단적인 결정보다 질적으로 저하되는 것이 보통이다. 의회주의가 추구하는 이상과 의회의 현실적인 모습 사이의 gap은 바로 다수결원리의 역기능에서 유래하는 경우가 많

소수의 보호 의 중요성

다. 그렇기 때문에 다수결원리의 역기능을 되도록 줄이기 위해서 합의체기관의 의사결정과정에서 '소수의 보호'가 특별히 강조되고 있다.

우리 헌법도 국회의 의사결정방법으로서 다수결원리를 채택하면서도[2] 소수의 권리를 보호하기 위한 규정을 함께 두고 있다.[3]

의사결정의 비능률성

합의체인 국회는 합의체기관의 특성상 불가피하게 나타나는 의사결정의 비능률성 때문에 때때로 그 역기능이 강조되기도 한다. 그것이 결국 의회주의 쇠퇴의 한 원인으로 작용했다는 것은 이미 앞에서 언급한 바와 같다.

III. 국회의 구성과 조직

(1) 국회의 구성원리

양원제와 단 원제

국회의 구성은 양원제나 단원제로 이루어지고 있는데 양원제와 단원제는 각각 특수한 정치상황을 배경으로 탄생된 제도이기 때문에 다분히 역사적이고 정치전통적인 특성을 가지고 있다. 양원제에도 여러 유형이 있고, 단원제의 구성방법도 다양할 수밖에 없는 이유도 그 때문이다. 따라서 양원제와 단원제의 어떤 표준적인 구성원리를 말하기는 어렵다. 우리 헌정사상의 양원제국회(제 2 공화국헌

---

1) 다수결원리의 이념과 전제조건에 관해서 자세한 것은 졸저, 전게서, 방주 338~346 참조할 것.
2) 제49조, 제67조 제 2 항, 제77조 제 5 항, 제53조 제 4 항, 제63조 제 2 항, 제64조 제 3 항, 제65 조 제 2 항, 제128조 제 1 항.
3) 제52조, 제47조 제 1 항, 제63조 제 2 항, 제65조 제 2 항.

법)도 그것이 어떤 표준적인 양원제의 구성원리에 따랐다기보다는 그 당시의 정치상황을 반영한 하나의 실험적인 유형에 속하는 것이었다. 이렇게 볼 때 양원제와 단원제 그 자체가 국회의 구성원리로서의 의미를 갖는다고 할 것이다.

1) 양 원 제

(개) 양원제의 의의와 연혁

양원제(이원제)란 국회를 두 개의 상호 독립한 합의체기관으로 구성하고 상호 독립해서 활동하되 원칙적으로 두 합의체기관의 일치된 의사만을 국회의 의사로 간주하는 국회의 구성원리를 말한다. 양원제는 영국 튜도어(Tudor)시대의 상원(House of Lords)과 하원(House of Commons)에 그 기원을 두고 있는데, Montesquieu도 그의 '법의 정신'(1748)에서 양원제를 주장했고, 1787년에 제정된 미합중국연방헌법도 양원제를 채택했다.[1] 연혁적으로 볼 때 양원제는 영국과 같은 입헌군주제의 정치전통 그리고 미국과 같은 연방국가적 구조와 특별히 밀접한 관계에 있다. 양원제가 입헌군주제의 2원적인 신분사회의 대의에 보다 유리할 뿐 아니라 양원제가 연방국가의 구조적인 특성을 살리는 데에도 보다 실용적이기 때문이다. 그러나 오늘날에는 양원제의 국가가 점점 줄어드는 추세인데 그것은 의회주의의 쇠퇴와도 무관하지 않다고 생각한다.

상호 독립한 두 개의 합의체기관, 두 기관의 일치된 의사추구

입헌군주제·연방제와의 연혁적 연관성

(내) 양원제의 유형과 제도적 징표

a) 양원제의 유형

양원제는 여러 가지 기준에 따라 구별할 수 있지만, 주로 상원의 성격이 양원제의 유형을 정해 주는 중요한 요인으로 작용한다. 신분형양원제와 민주형양원제, 연방형양원제와 단일국형양원제 등이 양원제의 보편적인 유형이다. 우리 제 2 공화국헌법상의 양원제(민의원과 참의원)는 민주형인 동시에 단일국형에 속하는 것이었고 일본의 양원제가 이와 같지만 영국의 양원제는 신분형[2]·단일국형, 미국과 독일[3]의 양원제는 민주형·연방형이다.

신분형·민주형·연방형·단일국형

---

1) 영국과 미국의 양원제에 관해서 자세한 것은 졸저, 전게서, 방주 927 이하와 방주 939 이하 참조할 것.

2) 영국상원은 전통적으로 세습의원(귀족)과 임명직 종신의원(귀족)으로 구성했었는데, 1999년 600년 전통의 상원제도를 개혁하는 상원개혁법이 제정되었다. 상원은 이제 소수(92명)의 세습의원과 500여명의 임명직 종신의원 및 성공회 성직자 등 628명으로 구성되는 신분기구로 개편되었다. 그런데 2011년경부터는 미국 상원을 모방해서 상원의원(400명 내외) 모두를 국민의 선거로 뽑는 상원의 민주적 개혁작업이 진행되고 있다.

3) 독일의 양원제는 엄격한 의미에서는 전통적인 양원제와는 다르다. 왜냐하면 연방참사원(Bundesrat)은 국민이 선거한 의원으로 구성된 의회가 아니라 독일연방공화국을 구성하는 16개 주의 정부각료 또는 그들이 파견한 행정공무원으로 구성(68명)되고 있는 일종의 주대표기

b) 양원제의 제도적 징표

조직독립·의
결독립·의사
병행의 원칙

양원제는 국회가 두 개의 독립한 합의체기관으로 구성되고 상호 독립해서 활동하되 두 원의 상치되는 의사를 조정해서 두 원의 일치된 의사를 결정할 필요가 있는 경우에만 예외적으로 두 원이 합동으로 회의하게 되는 국회의 구성원리이다. 따라서 양원제의 제도적 징표로는 '조직독립의 원칙', '의결독립의 원칙', '의사병행의 원칙' 등을 들 수 있다. 양원의 선거방법, 의원수, 의원임기, 의원의 피선자격 등이 서로 같지 않을 수 있는 것은 양원제의 이와 같은 제도적 징표 때문이다. 그런데 양원제의 또 다른 제도적 징표는 양원의 권한이 완전히 수평적인 균형을 이루기는 어렵다는 점이다. 양원간의 권한관계는 정도의 차이는 있어도 현실적으로 언제나 불균형한 관계일 수밖에 없다.[1] 미국처럼 상

양원간의 권
한불균형관계

원의 권한이 우월한 경우도 있고,[2] 독일처럼 하원이 권한면에서 우월한 지위에 있는 경우도 있다. 따라서 '양원간의 권한불균형관계'도 양원제의 제도적 징표에 속한다고 할 것이다.

2) 단 원 제

(가) 단원제의 의의

하나의 합의체

단원제(일원제)란 국회를 하나의 합의체기관으로 구성하는 국회의 구성원리를 말한다. 양원제와 달리 단원제에서는 민주적 구성방법이 보편화되어 국회가 국민에 의해서 선거되는 의원들로 구성되는 것이 관례이다.

(나) 단원제의 사상적 유래

쉬에스의 사
상과 프랑스
혁명헌법
(1791)

단원제는 사상적으로 쉬에스(Sieyès; 1748~1836)의 대의민주주의이론에서 유래하는 것으로 알려지고 있다. 즉 Sieyès가 양원제의 폐단과 모순을 지적하면서, 양원제에서 「제 2 원이 제 1 원과 같은 결정을 한다면 제 2 원은 무용한 존재이고, 반대로 제 2 원이 제 1 원과 다른 결정을 한다면 제 2 원은 유해한 존재이다」라고 강조한 것이 단원제의 사상적 유래로 평가되고 있다. 1791년의 프랑

구이기 때문이다.
　자세한 것은 졸저, 전게서, 방주 968 참조할 것.
1) 그렇기 때문에 양원간의 권한관계가 균형을 이루고 있는지에 따른 양원제의 구별(균형형 또는 완전형과 불균형형 또는 불완전형)은 하나의 공리에 불과하다. 예컨대 권영성, 819면; 김철수, 908면.
2) 미국의 양원제에서는 상·하원의 권한이 결코 동등하지 않다. 이 점에 대해서는 졸저, 전게서, 방주 927, 928, 929 참조.
　따라서 미국의 양원제를 균형형(완전형)으로 꼽는 일부학자들의 견해는 문제가 있다. 예컨대 권영성, 상게서; 김철수, 상게서.

스혁명헌법이 단원제를 채택한 최초의 헌법으로 알려지고 있는데, Sieyès의 이 같은 사상이 크게 작용했었다고 볼 수 있다. 아무튼 Sieyès의 이 주장은 오늘날까지도 양원제의 단점이자 단원제의 장점으로 자주 거론되고 있다.

오늘날에는 양원제의 국가가 줄어드는 대신 단원제의 국가가 증가하고 있는데, 단원제는 특히 의회정치의 경험이 많지 않은 나라에서 선호하는 경향이 있다. 우리 헌정사에서도 건국헌법(1948년)이 단원제를 채택한 것을 시작으로 제 1 차 개정헌법(1952년)과 제 2 공화국헌법(1960년)을 제외하고는 지금까지 계속해서 단원제를 채택했다.

단원제의 증
가추세와 우
리의 경험

3) 양원제와 단원제의 제도적 허실

국회의 구성원리로서의 양원제와 단원제를 논하는 데 있어서 흔히 두 제도의 장·단점이 비교되면서 두 제도의 장·단점은 상호 표리의 관계에 있는 것으로 설명되어 왔다. 즉 일반적으로 양원제의 장점인 동시에 단원제의 단점으로 꼽히는 것은 i) 의안처리의 신중 내지 하원의 급진성 내지 경솔방지, ii) 국회의 권력분립적 구성, iii) 상원이 갖는 하원과 정부간의 완충역할, iv) 연방국가적 구조의 국회 반영, v) 지역대표와 직능대표제의 활용 등이다. 또 양원제의 단점인 동시에 단원제의 장점으로는 i) 의안처리의 지연, ii) 국가예산 낭비, iii) 국회의 책임소재불명, iv) 국회의 대정부견제력의 약화, v) 상원의 보수화로 인한 국민의사의 굴절반영 등이 지적되어 왔다.

장·단점논리
의 내용

그러나 그와 같은 정형적인 제도상의 장·단점이 양원제와 단원제에 내재하고 있다고 보기는 어렵다. 양원제는 그 연혁이 말해 주듯이 오늘날까지도 입헌군주제와 연방국가적 구조에서 그 제도적인 기능을 잘 나타내고 있는 반면, 단원제는 대다수 단일국가와 신생독립국가에서 비교적 뿌리를 쉽게 내리고 있는 것은 사실이지만 양원제의 장·단점은 연혁적이고 제도본질적인 것이라고 하기보다는 그것을 채택하는 나라의 사회구조와 정치전통 그리고 의회주의의 역사 내지 국회운영실태 등에 의해서 좌우되는 지극히 상대적인 성질의 것에 지나지 않는다고 할 것이다. 따라서 양원제와 단원제의 제도적인 허실을 따질 때는 언제나 획일적인 단정을 피하고 해당 국가의 정치풍토를 먼저 살펴보는 것이 필요하다.

획일적인 제
도적 장·단점
평가의 부당
성

(2) 현행헌법상의 국회의 구성

우리 현행헌법은 국회의 구성을 단원제로 하고 있는데, 그것은 우리 헌정

단원제, 임기

4년의 지역구 의원과 비례 대표의원 300명

사의 오랜 전통이기도 하다.[1] 즉 「국회는 국민의 보통·평등·직접·비밀선거에 의하여 선출된 국회의원으로 구성」하는데 국회의원의 수는 200인 이상으로 하며(제41조), 국회의원은 4년의 임기(제42조) 동안 법률이 정하는 직을 겸할 수 없도록(제43조) 했다. 그 밖에 국회의 구성을 위한 국회의원선거에 관한 자세한 사항은 헌법의 수권(제41조 제3항)에 의하여 선거법에서 상세히 규정하고 있다. 그에 따르면 우리의 국회의원선거제도는 지역구중심의 상대다수대표선거제도와 전국을 단위로 하는 비례대표선거제도의 혼합형태라고 볼 수 있다. 또 '단수투표제', '1구 1인대표제', 정당투표에 의한 비례대표의 준연동형제 유형의 분할방법, 저지규정 등이 우리 국회의원선거제도의 주요내용이다. 즉 국회는 지역구다수대표(253명)와 비례대표(47명)를 합해 300명으로 구성되는데, 지역구대표는 각 지역선거구에서 상대다수대표선거에 의해서 선출되고, 비례대표는 정당별 후보명부에 대한 별도의 정당투표에 의해 선거된다.[2]

(3) 국회의 조직

의장·부의장·
위원회·교섭
단체·사무처·
도서관·예산
정책처

국회는 합의체의 국가의사결정기관이기 때문에 국회가 통치기관으로 기능하기 위해서는 합리적인 조직에 의한 효율적인 운영이 필요하다. 우리 국회도 국회의 기관으로서 의장과 부의장을 두어 국회를 대표하게 하고, 국회 내에 여러 위원회와 교섭단체를 두어 국회운영의 효율성을 높이고, 국회사무처와 국회도서관 및 국회예산정책처와 국회입법조사처로 하여금 국회의 사무를 처리하고 국회의원의 의정활동을 뒷받침하게 하고 있다. 국회는 세종특별자치시에 국회분원으로 국회세종의사당을 두는데 그 설치와 운영 및 그 밖에 필요한 사항은 국회규칙으로 정한다(법 제22조의4).

1) 국회의 기관(의장과 부의장)

의장 1인, 부
의장 2인

우리 헌법(제48조)은 국회의 기관으로서 의장 1인과 부의장 2인을 선출하도록 했는데 국회법에서 자세히 규정하고 있다.[3]

---

1) 우리 헌정사상 양원제는 제도상으로 두 번(1952년의 제 1 차 개정헌법과 1960년의 제 2 공화국헌법) 채택했으나 양원이 실제로 구성된 것은 제 2 공화국 때의 한 번뿐이었다. 그것도 제 2 공화국의 단명으로 인해서 불과 몇 달만의 경험으로 끝나고 말았다.
2) 국회의원의 선거에 대해서 자세한 것은 앞부분 873면 이하 참조할 것.
3) 원구성이 지연되는 문제점을 해소하기 위하여 국회법은 국회의원총선거 후 최초의 임시회는 의원의 임기개시 후 7일에 최다선의원(2인 이상이면 그 중 연장자)의 사회로 집회하게 하고 (법 제 5 조 제 3 항 및 제18조) 의장단구성시기를 총선 후 최초의 임시회 집회일에, 그리고 처음 선출된 의장단의 임기가 만료되는 후반기의 경우 전반기 임기만료일 전 5일로 이를 법정하

㈎ 선 거

의장과 부의장은 국회에서 무기명투표로 선거하되 재적의원 과반수의 득표로 당선된다. 재적의원 과반수의 득표자가 없는 경우에는 2차투표를 하고, 2차투표에서도 당선자가 없을 때에는 최고득표자와 차점자에 대한 결선투표를 하되 재적의원 과반수의 출석과 출석의원 다수득표자를 당선자로 한다($^{법}_{제15조}$). 의장과 부의장은 모두 국회의 기관이기 때문에 그 어느 쪽이 궐위되더라도 지체없이 보궐선거를 해야 한다($^{법}_{제16조}$).

무기명투표·절대다수선거

㈏ 임 기

의장과 부의장의 임기는 2년이다. 다만, 국회의원총선거 후 처음 선출된 의장과 부의장의 임기는 그 선출된 날부터 개시하여 의원의 임기개시 후 2년이 되는 날까지로 한다. 보궐선거에 의하여 당선된 의장 또는 부의장의 임기는 전임자의 잔여기간으로 하며, 의장과 부의장의 임기는 언제나 같이 종료한다($^{법}_{제 9 조}$).

2년의 동일임기

㈐ 지위 및 권한

의장과 부의장은 국회의 대표자, 의사정리 및 질서유지책임자, 사무감독자로서의 지위를 가지며($^{법}_{제10조}$) 이 지위에 상응하는 권한이 주어진다. 국회의 정기회 및 임시회집회공고권($^{법 제 4 조}_{와 제 5 조}$), 연간 국회운영기본일정수립권($^{법 제 5}_{조의 2}$), 위원회출석·발언권($^{법}_{제11조}$), 무소속의원의 상임위원선임권($^{법 제48조}_{제 2 항}$), 의사일정의 작성·변경권($^{법 제76조}_{이하}$),[1] 의안소관위원회의 결정권($^{법 제81조}_{제 2 항}$), 국회의결의안의 정부이송권($^{법 제98조}_{제 1 항}$), 확정법률의 대리공포권($^{제53조 제 6 항;}_{법 제98조 제 3 항}$), 의원의 청가서수리권($^{법 제32조}_{제 1 항}$), 폐회중의 의원사직허가권($^{법 제135조}_{제 1 항}$), 국회내경호권($^{법}_{제143조}$), 방청허가권($^{법}_{제152조}$), 윤리심사대상의원과 징계대상의원의 윤리특위회부권($^{법}_{제156조}$), 의원발언허가권($^{법}_{제99조}$) 등이 바로 그것이다. 의장의 직무는 부의장이 대리하는데, 의장이 직무대리자를 지정할 수 없는 때에는 큰 교섭단체 소속부의장의 순으로 의장의 직무를 대리한다($^{법}_{제12조}$).

대표자·의사정리 및 질서책임자·사무감독자의 지위와 대응권한

의장의 직무대리

㈑ 사임 및 겸직제한

의장과 부의장이 사임하고자 할 때는 반드시 국회의 동의를 얻어야 하고($^{법}_{제19조}$), 의장과 부의장은 원칙적으로 의원 이외의 직을 겸할 수 없다($^{법}_{제20조}$). 따라서 의장과 부의장은 다른 의원과는 달리 국무위원의 직을 겸할 수 없다. 의장은 의장직에 있는 동안은 당적을 가질 수 없다($^{법 제20}_{조의 2}$).

국회동의요건과 겸직금지 및 의장의 당적 보유금지

고 있다(제 5 조 제 3 항 및 제15조 제 2 항).

1) 의장의 이 권한은 원칙적으로 국회법 제76조의 2에서 정하는 기준에 따라야 하기 때문에 본회의 개의일시는 매주 목요일 오후 2시, 대정부질문(법 제122조의 2)을 위한 본회의 개의일시는 개의일 오후 2시로 정해야 한다.

2) 국회의 위원회

국회법에 규
정

우리 헌법은 국회의 위원회에 대해서는 규정하지 않았지만, 국회에 여러 위원회를 두어 의안처리의 효율성을 높이고 국회의 기능을 활성화하는 것이 의회주의의 쇠퇴를 막는 하나의 방안이라는 인식 아래 국회법에서 위원회에 관해서 자세히 규정하고 있다.

(개) 위원회제도의 의의와 기능

a) 위원회제도의 의의

상임위중심주
의·본회의결
정주의

국회의 위원회란 국회 본회의의 의안심의에 앞서 의안을 예비적으로 심사하고 의안의 본회의상정 여부를 결정함으로써 본회의의 의사진행을 촉진하기 위해서 구성된 소수 의원들의 합의체기관을 말한다. 우리 국회법은 국회운영에 있어서 '상임위원회중심주의'와 '본회의결정주의'를 채택하고 있기 때문에 위원회는 실질적으로 국회의 기능을 대행하고 있다고 볼 수 있다. 위원회가 종종 '소국회'로 불려지는 이유도 그 때문이다.

b) 위원회제도의 순기능

의안처리의
전문성·효율
성 제고

위원회제도는 국회심의의안의 양적 증대와 질적 전문화, 국회의안처리의 효율성의 요청 등 때문에 도입된 제도이기 때문에 위원회제도는 결과적으로 의안처리의 전문성과 효율성을 높여서 국회를 의안심의의 질곡으로부터 해방시킴으로써 의회주의의 회복에 기여하는 기능을 갖는다.

c) 위원회제도의 역기능

의원의 국정
심의 기회박
탈 등 국회기
능 약화 촉진

그러나 위원회제도는 순기능만 있는 것은 아니다. 위원회제도가 잘못 운영되거나 그릇된 목적으로 악용되는 경우에는 i) 위원회와 유관행정관서의 지나친 밀착현상을 야기시켜 국회의 대행정부견제기능을 약화시키고, ii) 각종 이익집단들의 로비활동을 용이하게 해서 의안처리의 공정성을 해칠 우려가 있고, iii) 당리당략적인 의사방해를 용이하게 하며, iv) 국회의원들에게 폭 넓은 국정심의의 기회를 박탈하는 등 오히려 국회의 기능을 약화시키는 역기능이 나타날 수도 있다는 점을 잊어서는 아니된다.

(내) 위원회의 종류와 직무

상임위·특별
위원회

우리 국회법상의 위원회로는 상임위원회와 특별위원회의 두 가지 종류가 있다(법 제35조).

a) 상임위원회

상설기구적

상임위원회는 일정한 소관사항에 속하는 의안과 청원 등을 심사하고 기타 법률이 정하는 직무를 행하게 하기 위하여 상설적으로 설치된 위원회를 말한다. 상임위원회는 특별한 사정이 없는 한 국회 폐회중에도 최소한 월 2회($\frac{정보위원회}{만은 1회}$) 정례 례회의를 열도록 의무화하고 있는($\frac{법}{제53조}$) 이유도 상임위원회의 상설기구적인 성격 때문이다. 상임위원회의 수와 소관사무는 국회법이 정하고 있는데($\frac{법}{제37조}$) 현재 국 회운영·법제사법·정무·기획재정·교육·과학기술정보방송통신·외교통일·국방· 행정안전·문화체육관광·농림축산식품해양수산·산업통상자원중소벤처기업·보건 복지·환경노동·국토교통·정보·여성가족 등 17개의 상임위원회가 있다. 국회 의장을 제외한 모든 국회의원은 둘 이상의 상임위원회의 위원이 되지만,[1] 각 교섭단체의 대표의원은 국회운영위원회의 위원이 된다($\frac{법}{제39조}$). 상임위원회의 위 원정수는 국회규칙으로 정하지만, 정보위원회의 위원정수는 12인으로 한다($\frac{법}{제38조}$). 상임위원은 교섭단체 소속의원수의 비율에 따라 각 교섭단체대표의원의 요청으 로 의장이 선임하고[2] 2년간 재임한다. 다만 국회의원총선거 후 처음 선임된 위 원의 임기는 그 선임된 날부터 개시하여 의원의 임기개시 후 2년이 되는 날까 지로 한다. 상임위원회에는 임기 2년의 위원장 1인을 두어 위원회를 대표하게 하는데 상임위원장은 법($\frac{제48조 제 1 항}{내지 제 3 항}$)에 따라 선임된 당해 상임위원 중에서 국회 본회의에서 선거하는데[3] 재적의원 과반수의 출석과 출석의원 다수의 득표자를 당선자로 한다($\frac{법 제41조, 제}{49조, 제17조}$). 상임위원회에는 또 각 교섭단체별로 간사 1인을 두 는데 간사는 위원회에서 호선한다($\frac{법}{제50조}$).

b) 특별위원회

특별위원회는 여러 상임위원회소관과 관련되거나 특히 필요하다고 인정되 는 안건을 효율적으로 심사하기 위하여 본회의의 의결로 일시적으로 설치하거 나 국회법에 따라 설치되는 위원회이다($\frac{법}{제44조}$). 국회법에서 명시적으로 설치한

성격, 17개 상위, 국회폐 회중 월 2회 의 정례회의, 2년 임기

상설인 예결 특위와 비상 설특위

---

1) 국무총리·국무위원의 직을 겸한 의원은 상임위원을 사임할 수 있다(법 제39조 제 4 항).

2) 이 경우 각 교섭단체대표의원은 국회의원총선거 후 최초의 임시회의 집회일부터 2일 이내에 그리고 국회의원총선거 후 처음 선임된 상임위원의 임기만료시에는 그 임기만료일 전 3일 이 내에 의장에게 위원의 선임을 요청해야 하며, 이 기한 내에 요청이 없으면 의장이 위원을 선 임할 수 있다(법 제48조 제 1 항). 그리고 정보위원회의 위원은 의장이 각 교섭단체대표의원으 로부터 당해 교섭단체 소속의원 중에서 후보를 추천받아 부의장 및 각 교섭단체대표의원과 협 의하여 선임 또는 개선하지만, 각 교섭단체대표의원은 자동적으로 정보위원회의 위원이 된다 (법 제48조 제 3 항). 상임위원회 위원은 임시회의 경우 동일회기중에, 정기회의 경우 선임 또 는 개선 후 30일 이내에는 원칙적으로 개선될 수 없다(법 제48조 제 6 항).
【결정례】 교섭단체대표의원의 요청에 따른 국회의장의 상임위원 개선행위는 그 요청이 위헌· 위법이 아닌 한 해당 국회의원의 법률안 심의·표결권의 침해로 볼 수 없다(헌재결 2003. 10. 30. 2002 헌라 1).

3) 이 선거는 국회의원총선거 후 최초 집회일부터 3일 이내에 실시하며, 상임위원장의 임기만료 시에는 그 임기만료일까지 실시한다(법 제41조 제 3 항).

특별위원회로는 윤리특별위원회($\frac{법}{제46조}$)와 임기 1년인 50인의 예산결산특별위원회 그리고 인사청문특별위원회[1]가 있는데 예산결산특별위원회는 상설이다($\frac{법 제45조와 제46}{조 및 제46조의 3}$).[2] 비상설특별위원회는 구성할 때 활동기한을 정하고 그 활동기한의 종료시까지만 존속하는 한시적인 위원회이다($\frac{법 제44조 제2}{항 및 제3항}$).[3] 특별위원회의 위원도 상임위원회의 위원과 같은 방법으로 선임하지만,[4] 예산결산특별위원회의 위원은 교섭단체 소속의원수의 비율과 상임위원회의 위원수의 비율에 의하여 각 교섭단체대표의원의 요청으로 의장이 선임한다($\frac{법 제45조}{제2항}$). 그리고 예산결산특별위원회의 위원장은 예산결산특별위원회의 위원 중에서 임시의장 선거의 예에 준해서 본회의에서 선거한다($\frac{법 제45조}{제4항}$). 나머지 특별위원회의 위원장은 위원회에서 호선한다($\frac{법}{제47조}$).

c) 연석회의

의견조정기구

연석회의는 소관위원회가 필요에 따라 다른 위원회와 협의하여 여는 것인데 위원회와는 달라서 의견을 교환할 수는 있어도 표결은 할 수 없는 일종의 의견조정장치이다.

(다) 위원회의 운영

위원회의 개회, 상임위의 정례회의, 소위원회구성, 공청회, 청문회, 심사보고

위원회는 소관사항을 분담·심사하기 위하여 상설소위원회를 둘 수 있고, 필요한 경우 특정한 안건의 심사를 위하여도 소위원회를 둘 수 있다. 이 경우 국회규칙으로 정하는 바에 따라 필요한 인원 및 예산 등을 지원할 수 있다($\frac{법 제57조}{제1항}$). 상임위원회는 소관 법률안의 심사를 분담하는 둘 이상의 소위원회를 둘 수 있고, 법률안을 심사하는 소위원회는 매월 2회 이상 개회한다($\frac{법 제57조 제2항}{및 제6항}$). 위원회의 운영은 위원장의 책임 아래 이루어지는데 위원장은 간사와 협의하여 위원회의 의사일정과 개회일시를 정한다($\frac{법}{제49조}$). 위원장($\frac{소 위원회의}{위원장 포함}$)은 예측가능한 국

---

1) 인사청문특별위원회는 헌법에 의하여 그 임명에 국회의 동의를 요하는 대법원장·헌법재판소장·국무총리·감사원장·대법관과 국회에서 선출하는 헌법재판소 재판관·중앙선거관리위원회 위원에 대한 임명동의안 또는 의장이 각 교섭단체대표의원과 협의하여 제출한 선출안 등을 심사하기 위하여 둔다(법 제46조의 3).

2) 대통령직인수법 제5조 제2항에 의하여 대통령당선인이 국무총리후보자에 대한 인사청문회의 실시를 요청하는 경우에도 의장은 각 교섭단체대표의원과 협의하여 인사청문특별위원회를 구성해서 인사청문을 실시한다(법 제46조의 3 제1항 단서). 국내 일부학자는 국회법 제63조의 2의 전원위원회를 국회의 다른 위원회와 같은 차원에서 설명하고 있지만, 전원위원회는 국회의 법안심의과정에서 국회의원 전원으로 구성해서 기능하는 예외적인 기구이기 때문에 입법의 절차에서 다루는 것이 합리적이라고 생각한다. 예컨대 권영성, 828면 참조.

3) 그런데 활동기한의 종료시까지 의장에게 심사보고서를 제출한 때에는 심사한 안건이 본회의에서 의결될 때까지 존속하는 것으로 본다(법 제44조 제3항 단서).

4) 그 선임은 특별위원회구성결의안이 본회의에서 의결된 날부터 5일 이내에 해야 한다(법 제48조 제4항).

회운영을 위하여 특별한 사정이 없는 한 다음 기준에 따라 의사일정과 개회일시를 정하는데 위원회는 매주 월요일·화요일 오후 2시, 소위원회는 매주 수요일·목요일 오전 10시에 개회하도록 정한다($\frac{법 제49}{조의 2}$). 위원회는 본회의의 의결이 있거나 의장 또는 위원장이 필요하다고 인정할 때 그리고 재적위원 1/4 이상의 요구가 있을 때 개회한다($\frac{법}{제52조}$). 상임위원회($\frac{소위원회}{포함}$)는 국회 폐회중에도 3월·5월의 세 번째 월요일부터 1주간 정례적으로 정례회의를 개회한다. 다만 국회운영위원회에 대해서는 이를 적용하지 아니하고, 정보위원회는 3월·5월에 월 1회 이상 개회한다($\frac{법 제53조}{제1항}$) 정례회의는 당해 상임위원회에 계류중인 법률안 및 청원 기타 안건과 주요현안 등을 심사한다. 헌법재판소의 종국결정이 법률의 제정 또는 개정과 관련이 있어 그 결정서 등본을 송부 받은 국회의장은 그 등본을 해당 법률의 소관 위원회와 관련위원회에 송부한다. 위원장은 송부된 종국결정을 검토하여 소관 법률의 제정 또는 개정이 필요하다고 판단하면 해당 소위원회에 회부하여 심사하도록 한다($\frac{법 제58조}{의 2}$). 위원회는 헌법재판소의 위헌결정으로 제정 또는 개정되는 법률안인 경우 국회사무처의 의견을 들을 수 있다($\frac{법 제58조}{제8항}$). 위원회는 그 소관에 속하는 사항에 관하여 법률안 기타 의안을 제출할 수 있는데($\frac{법}{제51조}$) 위원회는 재적위원 1/5 이상의 출석으로 개회하고, 재적위원 과반수의 출석과 출석위원 과반수의 찬성으로 의결한다($\frac{법}{제54조}$). 그러나 위원회는 발의 또는 제출된 법률안이나 의안이 그 위원회에 회부된 후 15일($\frac{법사위의 체계·자구}{심사의 경우에는 5일}$) 또는 20일($\frac{제정 및 전부개정법률안 및}{법률안 외의 의안의 경우}$)의 숙려기간을 경과하지 아니한 때에는 이를 의사일정으로 상정할 수 없는 것이 원칙이다($\frac{법}{제59조}$). 반면에 위원회에 회부되어 상정되지 않은 의안($\frac{예산안, 기금운용계획안 및 임대형}{민자사업한도액안은 제외}$) 및 청원은 위의 숙려기간 경과 후 30일이 지난 날($\frac{청원의 경우에는 위원회에}{회부된 후 30일이 경과한 날}$) 이후 처음으로 개회하는 위원회에 상정된 것으로 본다($\frac{법 제59}{조의 2}$). 위원회는 필요에 따라 소위원회를 둘 수 있고 정보위원회를 제외한 상임위원회는 그 소관사항을 분담·심사하기 위해서 상설소위원회를 두고 국회규칙이 정하는 인원 및 예산 등을 지원할 수 있다($\frac{법 제57조}{제1항}$). 위원회는 안건심사에서 상설소위원회에 회부하여 이를 심사·보고하도록 하고, 위원회의 안건심사에서 제정법률안 및 전부개정법률안에 대해서는 축조심사를 생략할 수 없고 공청회 또는 청문회를 개최해야 한다($\frac{법}{제58조}$). 소위원회는 위원회가 의결로 정하는 범위 내에서 활동하는데 국회폐회중에도 활동이 가능하다. 소위원회의 회의는 원칙적으로 공개한다. 그리고 소위원회는 안건심사에서 축조심사를 생략할 수 없다($\frac{법 제57조}{제8항}$). 소위원회 회의도 속기방법에 의한 회의록을 작성해야 한다($\frac{법}{제69조}$). 예산결산위원회는 필요한 경우에는 소위원회 외에

상설소위원회

여러 개의 분과위원회로 나눌 수도 있다($\substack{\text{법 제57조} \\ \text{제9항}}$). 위원회와 소위원회는 중요한 안건 또는 전문지식을 요하는 안건을 심사함에 있어서 재적위원 1/3 이상의 요구가 있으면 이해관계자 또는 전문가의 의견청취를 위하여 공청회를 열 수 있고($\substack{\text{법} \\ \text{제64조}}$), 중요한 안건의 심사에 필요한 증언·진술의 청취와 증거채택을 위하여 증인 등을 출석시켜 청문회를 열 수 있다($\substack{\text{법} \\ \text{제65조}}$). 그리고 대통령이 각각 임명하는 헌법재판관·중앙선거관리위원회 위원·국무위원·방송통신위원회 위원장·국가정보원장·공정거래위원회 위원장·금융위원회 위원장·국가인권위원회 위원장·국세청장·검찰총장·경찰청장·합동참모의장·한국은행총재·특별감찰관·KBS사장 및 대법원장이 각각 지명하는 헌법재판관과 중앙선거관리위원 후보자에 대한 인사청문을 소관상임위원회의에서 실시한다($\substack{\text{법 제65조의} \\ \text{2 제2항}}$). 위원회는 안건의 심사를 마친 때에는 심사경과와 결과 기타 필요한 사항($\substack{\text{예컨대 소수의견의 요지 및} \\ \text{관련위원회의 의견요지}}$)을 서면으로 의장에게 보고하고($\substack{\text{법} \\ \text{제66조}}$), 위원장은 그 안건이 본회의에서 의제가 된 때에는 위원회의 심사경과 및 결과와 소수의견 및 관련위원회의 의견 등 필요한 사항을 본회의에 보고한다($\substack{\text{법} \\ \text{제67조}}$).

위원회는 이견을 조정할 필요가 있는 안건($\substack{\text{예산안, 기금운용계획안, 임대형 민자사업 한도} \\ \text{액안 및 체계·자구심사를 위하여 법사위에 회} \\ \text{부된 법률안은 제외}}$)을 심사하기 위해 재적위원 1/3 이상의 요구로 여·야 동수로 위원회에 조정위원장 1명을 포함한 6명의 안건조정위원회를 두는데, 해당안건에 대해서는 대체토론이 끝난 후에 안건조정위원회에 회부해서 심의한다($\substack{\text{법 제57조의 2 제1항} \\ \text{과 제3항 및 제4항}}$). 심의 후 안건에 대한 조정안을 재적 조정위원 2/3 이상의 찬성으로 의결하며, 의결된 조정안에 대해서는 소위원회의 심사를 거친 것으로 보아 30일 이내에 표결한다($\substack{\text{법 제57조의 2} \\ \text{제6항과 제7항}}$). 안건조정위원회는 원칙적으로 90일 동안 활동하는데($\substack{\text{법 제57조의} \\ \text{2 제2항}}$), 이 기간 내에 조정안이 성립되지 않으면 심사경과를 위원회에 보고하는데, 위원장은 해당안건이 소위원회의 심사 전이면 소위원회에 회부한다($\substack{\text{법 제57조의} \\ \text{2 제8항}}$). 신속처리대상안건($\substack{\text{법 제85조의} \\ \text{2 제2항}}$)을 심사하는 안건조정위원회는 그 안건이 법제사법위원회에 회부 또는 본회의에 부의된 것으로 보는 때에는 그 활동을 종료한다($\substack{\text{법 제57조의} \\ \text{2 제9항}}$).

3) 국회의 교섭단체

(가) 교섭단체의 의의와 기능

동일정당소속 의원들의 원내정치단체

교섭단체란 원칙적으로 같은 정당소속의원들로 구성되는 원내정치단체를 말한다. 교섭단체는 정당국가에서 의원의 정당기속을 강화하는 하나의 수단으로 기능할 뿐 아니라 정당소속의원들의 원내행동통일을 기함으로써 정당의 정책을 의안심의에서 최대한으로 반영하기 위한 투쟁집단적인 기능도 갖게 된다. 그러나 의원의 교섭단체기속이 너무 지나치게 강조되는 경우에는 의원의 자유위임적 원내활동과 갈등을 일으킬 수도 있다. 바로 이곳에 교섭단체의 역기능이 있다. 그럼에도 불구하고 교섭단체는 국회의사결정의 불가결한 촉진제 구실을 한다는 점을 과소평가할 수는 없다.

교섭단체의 순기능과 역기능

(4) 교섭단체의 구성

국회에 20인 이상의 소속의원을 가진 정당은 하나의 교섭단체가 된다. 그러나 다른 교섭단체에 속하지 아니하는 20인 이상의 의원으로 따로 교섭단체를 구성할 수 있다. 따라서 여러 정당의 소속의원끼리 하나의 교섭단체를 구성하는 것도 가능하다.[1] 교섭단체에는 대표의원을 두고 소속의원의 연서·날인한 명부를 의장에게 제출함으로써 비로소 교섭단체가 된다($\frac{법}{제33조}$). 교섭단체대표의원을 흔히 원내대표라고 부르는데, 대표의원은 정당의 원내 지도자로서 소속의원들의 통일된 의사형성과 행동통일을 위해 노력한다.[2] 교섭단체의 의사결정을 위해서 대표의원이 소집하는 의원총회가 있다.

20인 이상의 의원

교섭단체대표의원(원내대표)

4) 국회사무처·국회도서관 및 국회예산정책처와 국회입법조사처

국회에는 의정활동의 보조기관으로 국회사무처와 국회도서관 및 국회예산정책처와 국회입법조사처를 둔다. 국회사무처는 국회의 입법·예산결산심사 등의 활동을 지원하고 행정사무를 처리하는데 사무총장 1인과 기타 필요한 공무원($\frac{사무차장·입법차장·실장·}{수석전문위원·전문위원 등}$)으로 구성되며, 사무총장은 의장이 각 교섭단체대표의원과의 협의를 거쳐 본회의의 승인을 얻어 임면한다. 사무총장은 의장의 감독을 받아 국회의 사무를 통할하고 소속공무원을 지휘·감독하며($\frac{법}{제21조}$), 국회의장이 행한 처분에 대한 행정소송의 피고가 된다($\frac{국회사무처법}{제4조 제3항}$). 또 사무총장은 국회의원 총선거 후 최초의 임시회집회공고와 폐회 중에 의장·부의장이 모두 궐위된 때의 임시회집회공고에 관해서는 의장의 직무를 대행한다($\frac{법}{제14조}$). 국회도서관은 국회의 도서 및 입법조사분석업무를 처리하는데($\frac{국회도서관법}{제2조}$) 도서관장 1인과 기타 필요한 공무원을 둔다. 도서관장은 의장이 국회운영위원회의 동의를 얻어 임명

국회사무처·국회도서관·국회예산정책처·국회입법조사처의 조직과 기능

---

1) **【결정례】** 교섭단체에 한하여 정책연구위원을 배정하는 국회법(제34조 제1항) 규정은 비교섭단체 내지 그 정당에 대한 불합리한 차별은 아니다(헌재결 2008. 3. 27. 2004 헌마 654).

2) 교섭단체를 가진 정당의 대표나 교섭단체대표의원은 매년 첫번째 임시회와 정기회에서 각 1회 40분까지 연설 기타 발언을 할 수 있다. 전·후반기 원구성을 위한 임시회의 경우와 의장이 각 교섭단체대표의원과 합의하는 경우에는 추가로 각 1회 연설·발언할 수 있다(법 제104조 제2항).

한다($\frac{법}{제22조}$). 의원의 입법연구활동지원과 의회운영 및 제도에 관한 연수 기타 국회소속공무원 등에 대한 전문적 교육을 실시하기 위해서 설치했던 의정연수원은 폐지되고 그 기능은 국회사무처로 흡수·통합되었다. 국회예산정책처는 국가의 예산결산·기금 및 재정운용과 관련된 사항에 관하여 연구·분석하고 의정활동을 지원하는데 처장 1인과 필요한 공무원을 둔다. 예산정책처장은 의장이 예산정책처장추천위원회의 추천을 받아 국회운영위원회의 동의를 얻어 임면한다($\frac{법 제22조의 2 및}{예산정책처법 제5조}$). 국회예산정책처의 조직과 활동에 관해서 필요한 사항은 국회예산정책처법으로 정하는데, 예산정책처장은 그 직무를 수행함에 있어서 위원회 또는 국회의원의 요구가 있으면 필요한 자료를 제공하여야 하고($\frac{예산정책처법}{제8조}$) 의장의 허가를 받아 국가기관 등에 직무수행에 필요한 자료의 제출을 요청할 수 있다($\frac{같은 법}{제10조}$). 국회입법조사처는 입법 및 정책관련 사항을 조사 연구하고 관련정보 및 자료를 제공하는 등 입법정보 서비스와 관련된 의정활동을 지원하는데, 처장 1인과 필요한 공무원을 둔다. 처장은 국회입법조사처장추천위원회의 추천을 받아 의장이 국회운영위원회의 동의를 얻어 임명한다($\frac{법 제22}{조의 3}$). 입법조사처법이 필요한 사항을 정하고 있다.

Ⅳ. 국회의 회의운영과 의사원칙

헌법·국회법·
국회규칙·관
행

국회의 회의운영과 의사원칙에 관해서는 헌법과 국회법에서 자세히 규정하고 있지만 헌법과 국회법에 따로 규정이 없는 사항에 대해서는 국회의 자율권에 의해서 국회규칙으로 정하든지 국회의 관행에 따른다.

(1) 국회의 회의운영

국회의장은 국회의 연중 상시운영을 위해서 각 교섭단체대표의원과 협의하여 매년 12월 31일까지 법이 정하는 기준에 따라 다음 연도의 국회운영기본일정($\frac{국정감사}{를 포함}$)을 정하여야 한다. 총선거 후 처음 구성되는 국회는 6월 30일까지 당해연도 국회운영일정을 정해야 한다($\frac{법 제5}{조의 2}$). 국회운영기본일정은 2월·4월 및 6월 1일과 8월 16일의 임시회 집회를 기준으로 작성해야 한다. 다만 국회의원 총선거가 있는 월의 경우에는 그러하지 아니하며, 집회일이 공휴일인 때에는 그 다음 날에 집회한다($\frac{법 제5조의 2}{제2항 제1호}$).

국회의 회의는 회기, 정기회와 임시회, 회계연도 등에 따라 운영된다($\frac{제44조, 제47}{조, 제54조}$).

1) 회   기

회기(Sitzungsperiode)란 국회가 의안처리를 위하여 집회한 날로부터 폐회일까지의 국회활동기간을 말한다. 회기는 의결로 정하는데 국회는 집회 후 즉시 이를 정하여야 하지만 연장할 수 있다(제7조).[1]

국회활동기간

회기와는 구별하여야 하는 것이 의회기 또는 입법기(Legislaturperiode)이다. 의회기(입법기)란 '제 몇 대국회'라는 말처럼 한 번 구성된 국회가 동일한 의원들로 활동하는 전체 기간을 말한다. 따라서 의회기는 원칙적으로 의원의 임기와 일치하지만 의회해산 기타 정변 등에 의해서 의원임기와 의회기가 일치하지 않는 경우도 있다. 의회기는 원칙적으로 여러 회기로 구분되는데, 회기에 의한 국회의 회의운영이 특별히 중요한 의미를 갖는 것은 미국처럼 '회기불계속의 원칙'이 적용되는 경우이다. 이 경우에는 회기중에 처리되지 못한 의안은 자동적으로 폐기되기 때문이다.

의회기(입법기)와의 구별

회기의 기간은 정기회의 집회와 임시회의 집회가 같지 않다.

국회는 회기중이라도 의결로 기간을 정하여 휴회할 수 있지만, 휴회중이라도 대통령의 요구가 있거나, 의장이 필요하다고 인정하거나 또는 재적의원 1/4 이상의 요구가 있을 때에는 회의를 재개한다(제8조). 따라서 휴회는 회기종료시에 하는 폐회와는 다르다.

휴회와 폐회

2) 정기회와 임시회

국회의 집회는 정기회와 임시회로 구분된다.

㈎ 정 기 회

정기회란 국회가 매년 1회 정기적으로 집회하는 것을 말한다. 우리 국회는 매년 9월 1일에(그 날이 공휴일이면 그 다음날) 정기회를 집회해서 최장 100일 동안 활동한다(제47조; 법 제4조).

9월 1일 집회 100일간의 회기

정기회의 의안은 회계연도에 맞춘 예산안심의규정(제54조) 때문에 제 1 차적으로 다음 회계연도의 예산안처리이다. 예산안처리를 위한 자료수집을 위해서 국회는 매년 정기회 집회일 이전에 30일 이내의 기간을 정하여 국정전반에 대하여 소관 상임위원회별로 국정감사를 한다. 다만, 본회의의 의결로 그 시기를

예산안처리 위한 국정감사

---

1) 회기는 주단위로 운영하되 월요일부터 수요일까지는 위원회활동을 그리고 목요일은 본회의활동을 한다. 다만 임시회의 회기중 1주는 정부에 대하여 질문을 한다(법 제5조의 2 제2항 제3호).

변경할 수는 있다($^{국감법 제2조}_{제1항 단서}$). 정기회가 '예산국회'·'감사국회'로 불려지는 이유도 그 때문이다.

(내) 임 시 회

30일 이내 회기, 총선 후 최초임시회법정, 집회요구권자, 집회공고

임시회란 국회가 필요에 따라 수시로 집회하는 것을 말한다. 임시회의 회기는 30일($^{8월 16일 집회 임시회의}_{회기는 8월 31일까지}$)로 한다($^{법 제5조의 2}_{제2항 제2호}$). 그런데 국회법은 국회 상시개원체제를 도입하여 2월·4월 및 6월 1일과 8월 16일에 30일 회기($^{8월 16일 집회 임시회}_{회기는 8월 31일까지}$)의 임시회를 집회하게 했다($^{법 제5조의 2}_{제2항 제1호}$). 국회의원총선거 후 최초의 임시회는 국회의원임기 개시 후 7일에 국회사무총장의 집회공고에 따라 집회한다($^{법 제5조 제}_{3항, 제14조}$). 그리고 처음 선출된 의장의 임기가 폐회중에 만료되는 때에는 늦어도 임기만료일 전 5일까지 임시회가 집회한다($^{법 제5조}_{제3항}$). 임시회의 집회를 요구할 수 있는 사람은 대통령과 국회 재적의원 1/4 이상인데 대통령이 임시회의 집회를 요구할 때에는 기간과 집회요구의 이유를 밝혀야 한다($^{제47조 제1항}_{과 제3항}$). 국회 재적의원 1/4이 임시회집회를 요구할 수 있도록 한 것은 소수의 보호를 위한 것으로 매우 중요한 의미를 갖는다. 임시회의 집회요구가 있는 경우에는 의장은 집회기일 3일 전에 공고한다($^{법 제5조}_{제1항}$).[1] 임시회의 의안은 임시회의 집회이유에 따라 정해지기 때문에 유동적이다.

3) 회계연도

예산 1년주의에 따른 국가예산편성과 집행의 기준기간

회계연도란 국가예산편성과 집행의 기준기간을 말한다. 우리나라의 회계연도는 매년 1월 1일에 시작해서 같은 해 12월 31일에 끝나는데($^{회계법}_{제5조}$) '예산 1년주의'와의 상호연관성 때문에 국회의 의사운영과도 불가분의 관계에 있다. 즉 정부가 회계연도마다 예산안을 편성하여 회계연도 개시 90일 전까지 국회에 제출하면, 국회는 회계연도 개시 30일 전까지 이를 의결하도록 헌법이 규정하고 있기 때문이다($^{제54조}_{제2항}$). 따라서 국회의 정기회는 회계연도에 맞춘 예산안심의를 의사운영의 기본과제로 삼을 수밖에 없다. 그 결과 정기회 기간중에 예산안 부수법안 이외의 법률안 상정은 긴급하고 불가피한 사유로 위원회 또는 본회의의 의결이 있는 경우로 제한할 수밖에 없을 것이다($^{법 제93}_{조의 2}$).

(2) 국회의 의사원칙

효율적·민주

국회의 의사원칙을 어떻게 정하는가 하는 것은 의안처리의 효율성과도 직

---

1) 다만 헌법 제76조 제1항과 제2항 및 제77조가 규정하는 국가비상사태에서는 집회기일 1일 전에 공고할 수 있다(법 제5조 제2항).

결될 뿐 아니라 국회의 의사결정의 민주성과도 불가분의 관계에 있다. 의안처리의 효율성을 높이면서도 국회의 의사결정이 민주성을 잃지 않도록 하는 효율적이면서도 민주적인 의사절차가 요구되는 것은 그 때문이다. 적인 의사절차의 요청

우리 헌법과 국회법은 이와 같은 요청에 따라 '의사공개의 원칙'·'다수결의 원칙'·'회기계속의 원칙'·'일사부재리의 원칙'·'정족수의 원리' 등을 의사절차의 기본원리로 채택하고 있다. 의사절차의 기본원리

1) 의사공개의 원칙

우리 헌법은 「국회의 회의는 공개한다」($^{제50조}_{제1항}$)고 의사공개의 원칙을 규정하고 있다. 따라서 우리 국회의 의사절차는 공개회의를 원칙으로 하여야 한다. 의사공개의 원칙은 의회주의의 핵심적인 기본원리일 뿐 아니라 대의제도의 이념에 따라 주권자인 국민이 국회의원의 의정활동을 감시하고 비판함으로써 책임정치를 실현할 수 있는 불가결의 전제조건이기 때문이다. 우리 헌법($^{제50조 제}_{1항 단서}$)이 규정하는 의사공개의 원칙에 대한 예외사유($^{출석의원 과반수 찬성 또는 의장이}_{인정하는 국가안전보장상의 필요}$)를 해석 운용하는 데 있어서 매우 신중을 기해야 하는 이유가 여기에서 나온다. 의회주의의 핵심적 원리 및 책임정치의 전제조건

이렇게 볼 때 의사공개의 원칙은 본회의와 위원회 및 소위원회의 의사절차에서 모두 존중하여야 하는데[1] 정보위원회의 회의만은 특례규정에 따라 공청회·인사청문회를 제외하고는 공개하지 않았는데, 헌법이 정한 의사공개의 원칙을 어긴 위헌규정이라는 2022년 헌법재판소의 결정[2]에 따라 이젠 공개한다($^{법 제54}_{조의 2}$). 의사공개의 원칙에 따라 구체적으로는 방청의 자유, 보도의 자유, 중계방송의 자유, 회의록열람·공표의 자유 등이 보장된다.[3] 국회에 의한 음성 또는 영상방송($^{법}_{제149조}$)도 의사공개에 기여한다. 다만 비공개회의의 결정이 있는 경우에는 이러한 자유가 제한 내지 배제된다. 우리 헌법은 비공개회의 내용의 공표에 관하여는 따로 법률로 정하도록 했다($^{제50조}_{제2항}$).[4] 의사공개의 예외

---

1) 동지: 헌재결 2000. 6. 29. 98 헌마 443 등(병합).
 【결정례】 헌법 제50조 제 1 항 본문의 의사공개원칙과 마찬가지로 동항 단서의 예외적인 회의 비공개에 관한 규정 역시 본회의뿐 아니라 위원회, 소위원회에 적용되므로 국회법 제57조 제 5 항 단서에서 정한 소위원회의 회의비공개규정은 위헌이 아니다(헌재결 2009. 9. 24. 2007 헌바 17).
2) 헌재결 2022. 1. 27. 2018 헌마 1162/2020 헌마 428(병합) 참조.
3) 【판시】 위원회의 방청불허는 회의의 질서유지를 위해서 필요한 경우로 제한되는데, 그 필요성의 판단은 국회의 의사자율권에 근거한 위원장의 판단재량에 속한다. 따라서 방청불허행위가 명백히 자의적인 것이 아닌 한 국민의 알권리를 침해하는 공권력 행사는 아니다(헌재결 2000. 6. 29. 98 헌마 443 등(병합), 판례집 12-1, 886면 이하).
4) 국회법(제155조 제 2 호와 제 5 호)이 정보위원회의 위원이 국가기밀누설금지의무(법 제54조의

2) 다수결의 원칙

합의체기관의
합리적 의사
결정방법

우리 헌법은 국회의 의사결정방법으로 다수결원리를 채택하고 있다. 「국회
는 헌법 또는 법률에 특별한 규정이 없는 한 재적의원 과반수의 출석과 출석
의원 과반수의 찬성으로 의결한다. 가부동수인 때에는 부결된 것으로 본다」
($^{제49}_{조}$)는 것이 그 대표적인 규정이다.[1] 다수결원칙은 민주주의를 실현하기 위한
하나의 형식원리에 불과하지만 합의체통치기관으로서의 국회가 의안을 심의해
서 국회의 의사를 결정하기 위한 불가피한 수단이다. 의사결정방법으로서의 전
원일치의 합의는 사실상 기대할 수 없고, 단독결정은 가장 비민주적인 의사결
정방법이기 때문이다.

형식원리인
다수결원리의
한계와 절차
의 중요성

그런데 다수결원리는 그 자체가 민주주의원리를 뜻하는 것이 아니고 민주
주의를 실현하기 위한 하나의 형식원리에 지나지 않기 때문에 민주주의의 실질
적 가치라고 볼 수 있는 자유·평등·정의·국민주권의 본질적 내용은 어떤 경
우라도 다수결의 대상이 될 수 없다고 할 것이다. 바로 이곳에 의사절차에서
다수결원리를 적용하는 데 있어서의 한계가 있다. 다수결원칙에서 결과뿐 아니
라 그 결과에 이르는 과정이 더욱 중요하다고 평가되는 이유도 그 때문이다.[2]

3) 회기계속의 원칙

동일의회기
내에서만 적
용

우리 헌법($^{제51}_{조}$)은 회기계속의 원칙을 채택해서 「국회에 제출된 법률안 기
타의 의안은 회기중에 의결되지 못한 이유로 폐기되지 아니한다」고 규정하고
있다. 따라서 회기 내에 의결하지 못한 의안심의는 다음 회기에 계속할 수 있
다. 이 점이 미국이 채택하는 회기불계속의 원칙과 다르다. 그러나 회기계속의
원칙은 선거에 의한 대의민주주의의 본질상 같은 의회기 내에서만 효력이 있어
야 한다. 우리 헌법($^{제51조}_{단서}$)이 국회의원의 임기가 만료된 때에는 회기가 계속되
지 않도록 한 것도 바로 그 때문이다.

---

2 제 2 항)에 위반하여 국회에서 직무상 발언하거나 의원 스스로 비공개회의의 내용을 공표한
  때 징계할 수 있도록 한 것이 그 하나의 예이다.
1) 그 밖에도 제67조 제 2 항, 제77조 제 5 항, 제53조 제 4 항, 제63조 제 2 항, 제64조 제 3 항, 제
   65조 제 2 항, 제128조 제 1 항, 제130조 제 1 항 등을 참조할 것.
2) 다수결원리에 관해서 자세한 이론적인 검토는 졸저, 전게서, 제 6 판, 2013, 방주 338 이하 참
   조할 것.

4) 일사부재의의 원칙

우리 국회법($^{제92}_{조}$)은 한 번 「부결된 안건은 같은 회기중에 다시 발의 또는 제출하지 못한다」고 일사부재의의 원칙을 채택하고 있다. 의사절차의 능률성이 라는 관점에서는 물론이고, 소수집단의 의도적인 의사방해를 막기 위해서도 불가 피한 원칙이다. 의사진행의 능률을 높이고 소수의 의사방해를 막기 위한 방법으 로는 발언횟수 및 시간의 제한($^{법 제103조,}_{제104조}$),[1] 교섭단체별 발언자수 제한($^{법 제104조}_{와 제105조}$)[2] 등도 생각할 수 있지만 일사부재의의 원칙이 가장 실효성이 있는 방법이다.

의사절차의
능률성 확보
및 소수의 의
사방해 방지
수단

그러나 일사부재의의 원칙을 지나치게 경직되게 운영하는 경우에는 국회 의 의사결정이 왜곡될 우려가 있고 또 다수집단에 의한 악용의 소지도 없지 않 기 때문에 매우 신중한 적용이 요청된다고 할 것이다. 따라서 한 번 철회된 안건 의 재의, 회기를 달리하는 안건의 재의, 사유를 달리하는 해임건의안건의 재의, 위원회처리안건의 본회의재의 등은 일사부재의의 원칙에 반한다고 볼 수 없다.

신중한 운영
의 필요성

5) 정족수의 원리

우리 헌법과 국회법은 여러 규정에서 국회의 회의가 성립하기 위한 최소 한의 출석의원수와 국회의 의결이 성립하기 위한 최소한의 찬성의원 수를 규정 하고 있는데 전자를 의사정족수, 후자를 의결정족수라고 말한다. 그리고 국회 의 의사절차에서 이처럼 의사정족수와 의결정족수를 요구하는 것을 정족수의 원리라고 말한다. 합의체의 국가의사결정기관으로서의 국회가 의안심의와 의사 절차를 원만하게 진행해서 국회의 의사결정에 민주적 정당성과 절차적 정당성 을 부여하기 위한 불가피한 원리이다.

의사정족수와
의결정족수

㈎ 의사정족수

우리 국회법($^{제73}_{조}$)은 「본회의는 재적의원 1/5 이상의 출석으로 개의한다」고 의사정족수를 규정하고 있다. 따라서 회의중 의원들의 퇴장 등으로 이 의사정족 수에 달하지 못하게 되었을 때에는 의장은 원칙적으로 회의를 중지하거나 산회를 선포하여야 한다. 그런데 국회법은 본회의 개의 후에 의사정족수에 미달하더라도 의장은 교섭단체대표의원이 의사정족수의 충족을 요청하는 경우 이외에는 회의를

재적의원 1/5,
위원회도 재
적위원 1/5

---

[1] 동일의제 2회 한정발언원칙(법 제103조)과 15분발언원칙(의사진행, 신상 및 보충발언은 5분, 다른 의원의 발언에 대한 반론발언은 3분)(법 제104조 제 1 항) 및 5분자유발언원칙(법 제105 조 제 1 항과 제 2 항).

[2] 의제별 총발언시간의 교섭단체별 할당(교섭단체별 총시간할당제)(법 제104조 제 3 항) 및 의제 별 발언자수의 교섭단체별 할당(교섭단체별 발언자수 할당제)(법 제104조 제 4 항 및 제 5 항) 그리고 5분자유발언의 발언자수의 교섭단체별 할당(법 제105조 제 3 항).

계속할 수 있도록 규정하고 있다($^{제73조}_{제3항}$). 의사정족수를 개의정족수(開議定足數)라고도 한다. 위원회의 의사정족수도 재적위원 1/5 이상의 출석이다($^{법}_{제54조}$).

(나) 의결정족수

의결정족수는 다시 일반정족수와 특별정족수로 나뉜다.

a) 일반정족수

과반수출석과 과반수찬성

우리 헌법($^{제49}_{조}$)과 국회법($^{제109}_{조}$)은 국회는 헌법 또는 국회법에 「특별한 규정이 없는 한 재적의원 과반수의 출석과 출석의원 과반수의 찬성으로 의결한다」고 의결정족수를 정하면서 가부동수는 부결된 것으로 간주하도록 했다. 위원회도 재적위원 과반수의 출석과 출석위원 과반수의 찬성으로 의결한다($^{법}_{제54조}$).

b) 특별정족수

신중을 요하는 의안처리의 경우 및 쟁점안건의 효율적 신속심의 수단

우리 헌법은 특히 신중을 요한다고 판단되는 의안처리에 대해서는 의결정족수를 한층 높이고 있는데 이를 특별정족수라고 한다.

특별정족수를 규정한 예로서는 i) 헌법개정안의 의결($^{재적의원 2/3 이상의}_{찬성, 제130조 제1항}$), ii) 국회의원의 제명처분($^{재적의원 2/3 이상의}_{찬성, 제64조 제3항}$), iii) 탄핵소추의결($^{재적의원 과반수 또는 재적의원 2/3}_{이상의 찬성(대통령의 경우), 제65조}$$_{제2}_{항}$), iv) 국무총리·국무위원해임건의($^{재적의원 과반수의}_{찬성, 제63조 제2항}$), v) 계엄의 해제요구($^{재적의원}_{과반수의}$$_{찬성, 제77}_{조 제5항}$), vi) 거부된 법률안의 재의결($^{재적의원 과반수 출석과 출석의원}_{2/3 이상의 찬성, 제53조 제4항}$) 등을 들 수 있다. 그 밖에도 국회법에는 쟁점안건에 대한 효율적이고 신속한 심의를 위해서 특별정족수를 정하고 있다. 즉 재적의원 3/5 이상의 찬성으로 국회 본회의에서의 무제한 토론($^{필리버}_{스터}$) 종료의결($^{법 제106조의}_{2 제6항}$), 소관 상임위 재적위원 3/5 이상의 찬성으로 신속처리안건지정의결($^{법 제85조의}_{2 제1항}$) 그리고 법사위 재적위원 3/5 이상의 찬성으로 심의지연안건에 대한 본회의 부의의결($^{법 제86조}_{제3항}$)을 할 수 있게 했다. 이 경우 소관 상임위는 180일 이내에, 법사위는 90일 이내에 심사를 마쳐야 하고 이 기간이 지나면 바로 본회의에 부의된 것으로 본다($^{법 제85조의 2 제}_{4항과 제5항}$). 그러면 본회의에 부의된 것으로 보는 날부터 60일 이내에 본회의에 상정되어야 한다($^{법 제85조의}_{2 제6항}$). 신속처리안건으로 지정된 안건은 최장 330일 이내에 본회의에 상정되어 본회의 심의가 되도록 한 것이다. 그렇지만 본회의에서 재적의원 1/3의 소수세력이 무제한 토론으로 심의를 지연시키는 것($^{법 제106조의}_{2 제1항}$)을 종료시키려면 재적의원 3/5의 의결이 필요하므로($^{법 제106조의}_{2 제6항}$) 신속처리안건이 신속하게 처리되기 위해서는 재적의원 3/5 이상의 찬성을 받을 수 있는 안건이어야 한다.[1]

---

1) 그렇기 때문에 2019년 12월 20대 국회가 이른바 3~4일 단기간의 쪼개기 임시회를 통해 신속처리안건으로 올라 있는 법안에 대한 야당의 무제한토론을 인위적으로 단축시켰을 뿐 아니라 신속처리안건으로 지정된 법안내용과 다른 내용의 법안을 야당을 배제한 채 통과시킨 것은 국

V. 국회의 기능

국회의 기능은 통치권의 기본권기속성, 대의의 이념, 의회주의의 역사와 불가분의 관계에 있으며 권력분립의 원칙과 정부형태도 국회의 기능의 범위와 한계를 정해 주는 중요한 요인으로 작용하게 된다. 통치권의 기본권기속성의 관점에서 볼 때 국회는 무엇보다도 입법을 통한 기본권실현기능을 갖게 되고, 대의의 이념에서 볼 때 국회는 국민의 추정적인 의사를 대변하여야 할 제1차적인 책임을 지고 있으며, 의회주의의 역사에 비추어 본다면 국회는 국정운영의 중심적인 통치기관으로서 포괄적인 기능을 수행하되 오늘날에는 특히 국정통제기능이 중요시된다. 그리고 권력분립의 원칙에 입각해서 말한다면 국회는 입법권의 행사를 통해서 다른 통치기관을 견제·감시해야 할 기능을 가지며, 정부형태면에서도 국회는 내각의 산실로서 내각의 정책에 대해서 '지원적인 통제'를 하여야 할 입장에 서거나(의원내각제) 독립성의 원칙에 따라 대통령의 정책에 대해서 '견제적인 통제'를 하여야 할 책임을 지게 된다(대통령제).

통치기구의 이념 및 기본 원리에 의해 정해지는 국회의 기능

따라서 국회의 기능은 이들 여러 이념과 원리가 각각 어떤 비중을 가지고 어떻게 제도화되고 운영되느냐에 따라 크게 그 양상이 달라질 수 있다. 그럼에도 불구하고 국회의 기능을 결정해 주는 이들 이념과 원리를 통합적으로 고찰한다면 국회는 입법·재정·통제·인사·자율기능 등을 갖는다고 말할 수 있다. 그런데 이들 다섯 가지 기능이 행해지는 형식은 매우 다양해서 의결·동의·승인·통지 등 여러 형식이 있다.[1]

입법·재정·통제·인사·자율기능

(1) 입법기능

국회는 입법기관이기 때문에 우선 입법기능을 갖는다. 우리 헌법(제40조)도 「입

입법권은 국회에 속한다

회법이 정한 신속처리안건의 취지와 그 처리절차를 정한 특별정족수의 정신에 어긋난다고 할 것이다. 이러한 국회운영은 대의민주주의의 헌법원리에 어긋난다. 그런데도 헌재는 이를 다투는 권한쟁의 심판에서 제20대 국회 임기종료에 맞추어 뒤늦게 이런 일련의 신속처리안건 처리과정이 위법하지 않다는 결정(5:4)을 해서 커다란 실망감을 준다. 헌법과 국회법의 정신을 존중하고 합리적인 법령해석을 한다면 그러한 처리과정의 위법성과 그로 인한 국회의원들의 심의·표결권 침해를 주장한 4인의 반대의견의 결론에 이를 수밖에 없다고 생각한다. 특히 본회의 심의단계에서 수정동의로 제출된 수정안은 본회의 상정원안의 취지 및 내용과 직접관련이 있어야 한다는 국회법(제95조 제5항)의 규정을 명백하게 무시한 수정안을 가결선포한 국회의장의 행위를 견강부회적인 논리로 합법화한 법정의견은 참으로 납득하기 어렵다. 헌재결 2020. 5. 27. 2019 헌라 3 등 및 2019 헌라 6 참조. 이 사건과 직접적인 관련이 있는 헌재결 2020. 5. 27. 2019 헌라 1도 함께 참조할 것.

1) 국내 일부 헌법학자들이 국회기능행사의 형식에 따라 국회의 권한을 의결권·동의권·승인권·통지권·통제권 등으로 분류하는 것은 국회기능의 본질면에서 별로 의미가 없다.

법권은 국회에 속한다」고 국회의 입법기능을 강조하고 있다. 그러나 국회가 갖
는 입법기능이 구체적으로 무엇을 의미하는가에 대해서는 보다 면밀한 검토가
필요하다.

1) 입법의 개념

법규범정립작
용

입법이란 법규범의 정립작용을 말한다. 법규범이란 일반적이고 추상적인
구속력을 가지고 국가의 강제력에 의해서 그 효력이 담보되는 국가의 의사표시
를 말한다. 불문의 관습법도 법규범으로서의 성질을 갖지만 그것은 오랜 기간
에 걸친 반복적인 관행을 전제로 하는 것이기 때문에 입법의 개념에서 제외된
다. 입법은 매우 포괄적인 개념으로서 모든 법규범의 정립작용을 총칭하는 것
이기 때문에 제정주체에 관한 한 중립적인 성질을 갖는다. 따라서 법률·명령·

국회·행정·
사법·자치입
법

규칙·조례제정이 모두 입법에 포함된다.[1] 국회입법·행정입법·사법입법·자치
입법 등의 개념이 바로 그 때문에 성립한다.

2) 국회가 갖는 입법기능의 의의와 성질

행정·사법·
자치입법과
규율영역 달
리하는 국회
중심입법의
원칙

일반적인 입법의 개념과 엄격히 구별하여야 하는 것이 국회가 갖는 구체
적인 입법기능이다. 즉 우리 헌법($^{제40}_{조}$)이 국회에게 준 '입법권'은 결코 모든 법
규범의 정립작용을 국회만이 행사하라는 뜻은 아니기 때문이다. 그렇다면 헌법
상 국회가 갖는 '입법권'이란 구체적으로 어떤 의미와 성질을 내포하는 것인가?
그것은 우선 국회단독입법의 원칙이나 국회독점입법의 원칙을 뜻하는 것이 아
니라는 것은 이미 언급한 바 있다. 이 점은 일반적인 입법의 개념을 제정주체

법률형식의
법규범정립
국회독점·본
질성이론에
따른 입법

와 분리해서 중립적으로 이해하고 우리 헌법을 통일적으로 해석하는 경우 너무
나 자명한 이치이다. 그렇기 때문에 우리 헌법이 정하는 「입법권은 국회에 속
한다」($^{제40}_{조}$)는 말은 다음 두 가지 내용을 내포하고 있다고 할 것이다. 즉 첫째
적어도 '법률'의 형식으로 이루어지는 법규범의 정립작용만은 그 내용이 무엇이
든 간에 반드시 국회가 맡아야 되고, 둘째 국민의 권리·의무의 형성에 관한
사항($^{예컨대}_{본권제한}$기)을 비롯해서 국가의 통치조직과 작용에 관한 기본적이고 본질적인
사항은 반드시 '법률'의 형식으로 정해져야 한다는 뜻이다.[2] 국회가 갖는 입법

---

1) 따라서 입법의 개념 그 자체를 둘러싼 실질설과 형식설의 논쟁은 무의미하다. 그러한 논쟁의
원인은 '입법'의 개념과 국회가 갖는 '입법권'을 동일시하는 데 있다고 보여진다.
　　그러나 일반적인 '입법'의 개념과 국회가 갖는 구체적인 '입법권'의 개념은 같지 않기 때문에
그것을 구별해서 생각한다면 입법개념 그 자체가 실질적인 입법 또는 형식적인 입법의 어느
하나만을 뜻한다고 할 수는 없다.
2) 이것을 구태여 형식설과 실질설의 개념형식으로 풀이한다면 첫째의 의미는 형식설에 해당할

기능을 이렇게 이해할 때 국회입법은 행정입법·사법입법·자치입법 등과 그 규율영역을 달리하게 되고 그것은 또한 행정입법·사법입법·자치입법기능에 뚜렷한 한계를 제시해 주게 된다. 결국 「입법권은 국회에 속한다」는 말은 '국회단독입법의 원칙'도 '국회독점입법의 원칙'도 아닌 '국회중심입법의 원칙'을 천명한 것이라고 이해하여야 한다.[1]

3) 국회가 갖는 입법기능의 내용과 범위

국회가 갖는 입법기능의 가장 중요한 내용은 법률제정기능이지만, 그 밖에도 헌법개정의결과 조약의 체결·비준에 대한 동의도 입법기능의 범위에 속하는 것이다. 그리고 국회의 규칙제정 기능도 그것이 국회의 자율기능에 속하는 것이긴 하지만 넓은 의미에서는 입법기능의 범위에 포함시킬 수도 있다.

법률제정권·헌법개정의결권·조약체결비준동의권·국회규칙제정권

㈎ 법률제정권

a) 법률의 개념과 효력

국회는 법률의 제정권을 갖는다. 이 경우 '법률'이란 국회가 헌법이 정하는 일정한 입법절차에 따라 심의·의결하고 대통령이 서명·공포함으로써 효력을 발생하는 법규범을 말한다. 국회가 제정하는 법률을 흔히 형식적 의미의 법률이라고 말하는데 형식적 의미의 법률은 우리나라의 법질서 내에서 헌법에 다음가는 강한 규범적 효력을 가지고 헌법과 함께 명령·조례·규칙·처분 등의 효력근거가 된다. 법률에 위배되는 명령·조례·규칙·처분 등의 효력이 부인되는 이유도 그 때문이다.

국회가 헌법절차에 따라 제정하는 법규범

명령·조례·규칙·처분의 효력근거

b) 법률의 필수적 규율사항

그런데 법치국가원리를 헌법상의 구조적 원리로 채택하고 있는 우리 헌법질서 내에서는 모든 국가작용이 법우선의 원칙에 따라 법률의 근거가 있어야 하기 때문에 법률의 수요가 매우 많다. 그렇지만 그 중에서도 특히 국민의 권리·의무의 형성에 관한 사항(법규사항)이라든지 통치조직과 작용에 관한 기본적이고 본질적인 사항(헌법상의 법률사항)은 반드시 법률의 형식으로 규율되어야 한다. 하지만 법우선의 원칙은 결코 국가작용의 모든 분야를 빠짐없이 법률로

법규사항과 헌법상의 법률사항

것이고, 둘째의 의미는 실질설과 본질성이론에 해당할 것이다. 그러나 이것은 일부에서 주장하는 이른바 양립설과는 그 본질이 다르다. 왜냐하면 이른바 양립설은 형식설과 실질설의 무제약적 양립 또는 상황적 택일을 주장하는 것이기 때문이다. 따라서 우리 헌법 제40조가 말하는 입법권의 의미와 범위를 둘러싼 형식설과 실질설의 논쟁은 지양되어야 한다.

1) 따라서 일부학자가 국회단독입법의 원칙을 강조하는 것은 문제가 있다고 생각한다. 예컨대 김철수, 966면.

만 규율할 것을 요구하는 것은 아니다.[1] 바로 이곳에 행정입법·자치입법 등이 허용될 수 있는 이론적인 근거가 있다.

c) 처분적 법률의 문제

개별사건법률·
개인대상법률·
한시적 법률

국회가 갖는 법률제정권의 범위와 관련해서 특히 문제가 되는 것은 이른 바 처분적 법률의 제정권도 거기에 포함되느냐의 점이다. 처분적 법률이란 일반적·추상적 사항을 규율하는 일반적 법률과는 달리 개별적·구체적 사항을 규율하는 법률을 말하는 것으로서 그 규율대상이나 규범수신인이 특정되어 있거나 그 효력이 한시적인 것이 특징이다. '개별사건법률'·'개인대상법률'·'한시적 법률' 등이 바로 그것이다. 이러한 처분적 법률은 법규범이 갖추어야 하는 기본적 특성으로서의 일반성과 추상성이 결여되어 있을 뿐 아니라 그 과잉행사가

처분적 법률
에 대한 시각
의 변화

자칫 기본권침해의 결과를 초래할 수도 있다는 점 때문에 부정적인 시각으로 보는 경향이 많았다. 또 처분적 법률은 권력분립의 원칙과 평등의 원칙에도 위배되는 것으로 지적되어 왔다. 그러나 특히 제 2 차 세계대전 이후 사회국가의 요청에 따른 법률수요가 증가하고 빠른 속도로 변화하는 생활관계에 효과적으로 대처해야 할 임기응변적 정책추구의 필요성이 커짐에 따라 처분적 법률에 대한 시각도 많이 호전되고 있는 것이 사실이다. 그렇지만 독일을 비롯한 서구 선진국에서는 아직도 처분적 법률에 대해서 경계의 태도를 버리지 않고 있다.[2]

개인대상법률
금지의 경향

특히 '개인대상법률'은 어떠한 경우에도 허용될 수 없다고 하는 것이 독일에서 학설과 판례의 공통된 입장이다.[3] 결국 오늘날 다소 사정이 완화되긴 했지만 처분적 법률은 여전히 국회가 갖는 법률제정권의 한계를 뜻한다고 이해하는 것이 옳을 것이다.[4]

---

1) 이 점에 대해서 자세한 것은 졸저, 전게서, 제 6 판, 2013, 방주 426 참조할 것.
   【판시】 법률이 공법인의 정관에 국민의 권리·의무의 형성과 관련이 없는 자치법적 사항을 위임한 경우에는 헌법상의 포괄위임입법금지원칙은 원칙적으로 적용되지 않는다(헌재결 2001. 4. 26. 2000 헌마 122, 판례집 13-1, 962(973면)).
2) 독일기본법(제19조 제 1 항)은 처분적 법률에 의한 기본권침해를 명문으로 금지하고 있다.
3) Vgl. *H. Schneider*, Gesetzgebung, 1982, S. 23ff.(28). 따라서 우리나라에서 일부 학자가 처분적 법률에 대해서 매우 개방적으로 수용하려는 논리를 전개하고 있는 것은 경계해야 한다.
   예컨대 권영성, 747면; 김철수, 967면; 문흥주, 453면.
4) 우리 헌재도 국가보위입법회의법과 보훈기금법을 처분적 법률로 규정하면서 위헌결정했다.
   【판시】 i) 국가보위입법회의법 부칙 제 4 항 후단이 규정하고 있는 "… 그 소속공무원은 이 법에 의한 후임자가 임명될 때까지 그 직을 가진다"라는 내용은 직접 '자동집행력'을 갖는 '처분적 법률'로서 '임명권자의 후임자 임명이라는 처분'에 의하여 그 직을 상실하게 하는 것으로 직업공무원제도의 본질적 내용을 침해하고 있다(헌재결 1989. 12. 18. 89 헌마 32 등, 판례집 1, 343(352면)). ii) 보훈기금법 부칙 제 5 조는 분조합 또는 분조합원의 사유자산을 박탈하여 보훈기금에 귀속시키기 위한 개별적 처분법률인데 보훈기금법의 어디에도 이 사건 분조합의 자산을 수용하기 위하여 헌법이 정한 공용수용의 요건과 절차를 규정하고 있지 아니하다(헌재

d) 법률제정권의 헌법상 의의와 입법형성권

국회가 갖는 법률제정권은 기본권실현 내지 구체화의 수단인 동시에 대의민주주의 내지 법치주의의 실현수단이라고 볼 수 있다. 국민의 기본권을 형성·제한하거나 통치작용에 필요한 기본적이고 본질적인 사항은 반드시 국회가 제정하는 법률에 의해서 규율되도록 한 것이 바로 그것이다. 더욱이 우리 헌법처럼 기본권조항 중에 많은 기본권형성적 법률유보조항을 내포하고 있고 통치기관의 조직과 직무범위, 통치기능의 범위와 한계, 직업공무원제도와 지방자치제도 그리고 선거제도, 헌법재판의 구체적인 내용, 경제활동의 기본적인 틀 등이 모두 법률사항으로 수권되고 있는 경우에는 국회의 법률제정권은 통치작용의 가장 기본이 되는 법질서형성적인 의미를 갖지 않을 수 없다. 국회의 이와 같은 법질서형성기능은 물론 헌법과 기본권에 기속되는 것이긴 하지만, 그 기속의 범위 내에서는 대의민주주의의 정신에 따라 폭 넓은 입법형성권이 인정되는 기능이라는 점도 간과해서는 아니된다. 따라서 국회는 헌법에 명기된 법규사항과 법률사항뿐 아니라 스스로 필요하다고 판단하는 사항에 대해서도 언제나 법률로 규정할 수 있다.[1] 그러나 법률만능주의가 최상의 법치주의는 아니라는 인식이 반드시 필요하다.

통치작용의 기본이 되는 법질서 형성기능과 폭 넓은 입법형성권

(나) 헌법개정안의결권

국회의 입법기능에는 헌법개정에 관한 권한도 포함되는데, 국회는 그 재적의원 과반수의 찬성을 얻어 헌법개정안을 발의하고, 20일 이상의 공고기간을 거쳐 그 재적의원 2/3 이상의 찬성으로 헌법개정안을 의결할 수 있는 권한을 갖는다(제128조 제1항과 제130조 제1항). 물론 국회의 의결로 헌법개정이 확정되는 것도 아니고 또 국회는 법률의 제정 때와는 달리 한 번 공고된 헌법개정안에 대해서 수정할 수도 없지만 국회에서의 헌법개정안발의와 의결은 헌법개정절차에서 가장 핵심적인 부분이기 때문에 국회가 갖는 헌법개정안의결권은 국회의 입법기능 중에서도 매우 중요한 의미를 갖는다. 헌법의 최고규범성을 비롯한 여러 특성과 헌법개정이 헌법질서에 미치는 심각한 영향을 고려해서 우리 국회법(제112조 제4항)은 헌법개정안에 대한 표결만은 반드시 기명투표로 하도록 했다.

개헌발의 정족수와 의결정족수

기명투표

결 1994. 4. 28. 92 헌가 3, 판례집 6-1, 203(220면)).

1)【판시】 입법목적을 달성하기 위한 수단의 선택은 기본적으로 입법재량에 속한다. 그러나 입법재량도 자유재량은 아니므로 가장 합리적이고 효율적인 수단은 아니라 할지라도 적어도 현저하게 불합리하고 불공정한 수단의 선택은 피해야 한다(헌재결 1996. 4. 25. 92 헌바 47, 판례집 8-1, 370(387면)).

㈐ 조약의 체결·비준에 대한 동의권

조약의 국내
법상 효력발
생의 전제

헌법(제60조 제1항)에 특히 열거한 중요 조약(상호원조 또는 안전보장에 관한 조약, 중요한 국제조직에 관한 조약, 우호통상항해조약, 주권의 제약에 관한 조약, 강화조약, 국가나 국민에게 중대한 재정적 부담을 지우는 조약, 입법사항에 관한 조약)의 체결·비준에 대해서 국회가 동의권을 갖는 것도 국회의 입법기능에 속한다고 볼 수 있다. 조약은 국회의 동의라는 절차를 거쳐야 비로소 국회가 제정한 국내법과 같은 효력을 가지기 때문이다(제6조 제1항).[1] 그런데 조약을 체결하고 비준하는 것은 국가를 대표하는 대통령의 권한이기(제73조) 때문에 국회가 그에 대한 동의권을 갖는다는 것은 대통령의 외교권에 대한 국회의 통제라는 의미도 함께 갖게 된다.

아무튼 특정한 중요 조약의 체결·비준에 대한 국회의 동의는 그것이 대통령의 비준행위를 국내법상으로 정당화시켜 줄 뿐 아니라 조약이 국내법상으로 효력을 발생하기 위한 전제조건으로서의 성질을 가진다.[2]

㈑ 국회규칙제정권

자율 및 입법
기능

국회는 법률에 저촉되지 아니하는 범위 안에서 의사와 내부규율에 관한 규칙을 제정할 수 있다(제64조 제1항). 이것은 국회의 자율기능에 속하는 것이긴 하지만 그것은 또한 국회가 갖는 입법기능에도 포함된다고 볼 수 있다. 국회규칙은 다른 통치기관의 규칙과 마찬가지로 그 규율대상이나 효력이 그 기관 내에 한정되는 것이 원칙이지만 국회방청규칙처럼 국회에 들어가는 외부인에게도 효력이 미치는 경우도 있다.

4) 국회가 갖는 입법기능의 한계

능동적 한계
와 수동적 한
계

국회가 갖는 입법기능도 다른 통치기능과 마찬가지로 일정한 한계가 있다. 입법기능의 능동적 한계와 수동적 한계가 바로 그것이다. 입법기능의 능동적 한계란 입법기능의 본질에서 나오는 한계를 말하며, 입법기능의 수동적 한계란 다른 통치기관의 입법관여기능 내지 입법통제기능 때문에 나타나는 한계를 말한다.

㈎ 입법기능의 능동적 한계

헌법원리상의
한계와 이론
상의 한계

입법기능의 능동적 한계는 다시 헌법원리상의 한계와 이론상의 한계로 나눌 수 있다.

---

1) 동지: 헌재결 1999. 4. 29. 97 헌가 14(한미방위조약 제4조에 따른 시설과 구역 및 미군지위에 관한 협정의 합헌결정).
　【판시】 1992년에 발효된 남북기본합의서는 일종의 공동성명 또는 신사협정에 준하는 성격을 가짐에 불과하여 법률이 아님은 물론 국내법과 동일한 효력이 있는 조약이나 이에 준하는 것으로 볼 수 없다(헌재결 2000. 7. 20. 98 헌바 63, 판례집 12-2, 52(66면)).
2) 자세한 것은 앞부분 209면 이하 참조할 것.

a) 헌법원리상의 한계

국회의 입법기능은 우리 헌법에 의해서 주어진 수권기능이기 때문에 우리 헌법이 추구하는 근본이념과 기본원리를 존중하고 헌법이 정해 준 입법기능의 내용과 범위를 지켜야 할 헌법원리상의 한계를 준수하여야 한다. 즉 우리 헌법이 추구하는 국민주권·정의사회·문화민족·평화추구의 이념을 존중하여야 하기 때문에 구체적인 입법권의 행사는 언제나 기본권에 기속되고 자유민주주의·법치주의·사회국가·문화국가·사회적 시장경제질서·평화통일·국제적 우호주의를 실현할 수 있는 방향으로 이루어져야 한다.

헌법상의 근본이념과 기본원리에 의한 제약

이와 같은 헌법상의 근본이념과 기본원리를 비롯한 그 구체적인 실현원리를 존중해야 하는 입법기능의 한계는 입법기능의 내용에서뿐 아니라 입법기능의 담당자를 구성하고 입법기능을 행사하는 과정과 절차에서도 반드시 지켜져야만 한다.

입법기관구성·입법과정과 절차에도 적용

또 우리 헌법은 예외적으로 입법기능이 존중해야 할 한계를 명문으로 분명히 밝힌 경우도 있는데 i) 참정권제한 또는 재산권 박탈을 위한 소급입법의 금지(제13조제2항), ii) 기본권의 본질적 내용을 침해하는 입법의 금지(제37조제2항) 등이 바로 그것이다. 또 우리 헌법은 입법형성권의 한계를 명문으로 분명히 밝힌 경우도 있는데 재산권의 손실보상에 관한 법률에서 반드시 정당한 보상의 지급을 그 내용으로 하여야 한다는 것이 바로 그것이다(제23조제3항).

명문화된 한계

아무튼 헌법원리상의 한계는 입법기능의 한계 중에서도 가장 포괄적이고 본질적인 성질을 갖는 것으로서 이 헌법원리상의 한계가 특히 기본권과의 관계에서 과잉금지의 원칙으로 표현된다는 점은 이미 기본권편에서 자세히 살펴보았다. 또 처분적 법률이 제한되는 이유도 바로 이 헌법원리상의 한계 때문이다.

과잉금지와 처분적 법률제한

b) 이론상의 한계

국회의 입법기능은 법질서를 형성하는 기능이기 때문에 모든 법질서형성기능이 존중하여야 하는 일정한 이론상의 한계를 무시할 수 없다. 즉 '체계정당성(적합성)의 원리'(Prinzip der Systemgerechtigkeit oder Systemgemäßheit)가 바로 그것이다. 체계정당성의 원리란 법규범 상호간에는 규범구조나 규범내용면에서 서로 상치 내지 모순되어서는 아니된다는 것이다.[1] 체계정당성의 요청은 동일

체계정당성의 원리에 의한 제약

---

1) Vgl. *Ch. Degenhart*, Systemgerechtigkeit und Selbstbindung des Gesetzgebers als Verfassungspostulat, 1976. BVerfGE 81, 156(207). 체계정당성의 원리의 내용과 기능에 관한 우리 헌재의 판시(이 책 694면 각주 2) 참조.
　【결정례】 i) 우리 헌법재판소도 특가법(제5조의 3 제2항 제1호)에 대한 위헌결정에서 형벌에 관한 입법시에는 형벌체계상의 정당성이 존중되어야 한다는 점을 강조한다. 헌재결

법률에서는 물론이고 상이한 법률간에도 그것이 수직적인 관계이건 수평적인 관계이건 반드시 존중되어야 하기 때문에 규범통제를 불가피하게 한다. 상·하 규범간의 규범통제와 동등규범간의 규범통제, 신·구규범간의 규범통제 등이 입 법기능에서 반드시 선행 내지 병행되어야 하는 것은 그 때문이다. 대다수 헌법국가에서와 마찬가지로 우리 헌법도 상·하규범간의 규범통제만은 이를 국회에게만 맡겨 놓지 않고 법원 또는 헌법재판소에 맡기고 있는데 위헌법령심사제도(제107조)가 바로 그것이다. 그런데 법원과 헌법재판소에 의한 규범통제는 바로 입법기능의 수동적 한계로 나타난다.

규범통제와의 기능상의 연관성

(내) 입법기능의 수동적 한계

우리 헌법은 국회단독입법의 원칙이나 국회독점입법의 원칙을 따르지 않고 다른 통치기관에게도 입법과정에 참여할 수 있는 권한과 규범통제권을 부여하고 있다. 따라서 국회의 입법기능은 이들 타 통치기관의 입법관여기능 내지 규범통제기능에 의해서 제약을 받을 수밖에 없다.

다른 기관의 입법관여기능 내지 규범통제기능에 의한 제약

a) 정부의 입법관여기능

국회의 입법기능은 정부의 법률안제출권(제52조)과 대통령의 법률안공포권(제53조 제 1 항) 내지 법률안거부권(제53조 제 2 항)에 의해서 제약을 받을 뿐 아니라 대통령이 갖는 긴급명령권과 긴급재정·경제명령권(제76조) 그리고 행정부의 행정입법권(제75조와 제95조), 타 헌법기관의 규칙제정권(제108조, 제113조 제 2 항, 제114조 제 6 항), 지방자치단체의 자치입법권(제117조 제 1 항) 등의 필요성에 의해서 설정되는 한계를 존중하여야 한다.

입법관여의 유형

b) 법원과 헌법재판소의 규범통제권

국회의 입법기능은 법원이 갖는 법률의 위헌심사권(제107조 제 1 항)과 헌법재판소가 갖는 법률의 위헌결정권(제108조, 제113조 제 2 항, 제114조 제 6 항)에 의해서 강력한 통제를 받는다. 이들 기관에 의한 규범심사결과 위헌으로 결정된 법률은 그 효력이 상실되고 헌법재판소의 위헌결정은 모든 국가기관을 기속하기 때문이다(헌재법 제47조).

위헌심사와 위헌결정에 의한 제약

5) 입법의 절차와 과정

국회의 입법기능 중에서 입법의 절차와 과정이 특히 문제가 되는 것은 법률제정의 경우이다. 그런데 법률제정의 절차와 과정은 법률안제안절차, 법률안

법률안제안· 심의·의결· 서명·공포절 차

1992. 4. 28. 90 헌바 24 참조. ii) 증여세가 아닌 다른 조세를 회피하려는 목적의 명의신탁을 증여로 추정할 수 있도록 조세범위를 확장하는 조항은 체계정당성 위반은 아니다(헌재결 2004. 11. 25. 2002 헌바 66). iii) 폭처법규정(제32조 제 1 항)은 가중적 구성요건의 표지가 전혀 없이 형벌조항들과 똑같은 구성요건을 규정하면서 형량만 높여서 가중처벌을 정해 놓고 그 법적용의 선택을 오로지 검사의 기소재량에만 맡기고 있어 형벌체계상의 정당성과 균형을 잃었으며 평등원칙에도 위배된다(헌재결 2015. 9. 24. 2014 헌바 154 등; 2015 헌가 3).

심의·의결절차, 법률안서명·공포절차로 구분할 수 있다. 이들 절차에 관해서는 헌법과 국회법에서 자세히 규정하고 있다.

㈎ 법률안의 제안

법률안의 제안권은 국회의원과 정부에게 있다($^{제52}_{조}$). 미국과는 달라서 변형된 대통령제를 채택하고 있는 우리나라에서는 정부에게도 법률안제출권을 주고 있다.

a) 국회의원의 법률안제안절차

국회의원이 법률안을 제출하려면 발의의원과 찬성의원을 구분·명기하되 ($^{법안실}_{명제}$) 10인 이상의 찬성을 얻어 찬성자의 연서(連署)로 의장에게 제출하여야 한다($^{법}_{제79조}$). 또 의원 또는 위원회가 예산 또는 기금상의 조치를 수반하는 의안을 제출하는 경우에는 그 의안의 시행에 수반될 것으로 예상되는 비용에 관한 국회예산정책처의 추계서를 함께 제출하여야 한다($^{법 제79조의 2}_{제 1 항~제3항}$). 이처럼 국회의원의 법률안제출에 10인 이상의 찬성만 요하도록 한 것은 의원발의 입법의 활성화를 기하기 위한 것으로 적어도 교섭단체 크기의 원내세력에게만 법률안제출권을 줌으로써 법률안제출의 남발을 막으려던 제도를 바꾼 것이다. 상임위원회나 특별위원회가 그 소관에 속하는 사항에 관하여 법률안을 제출하는 경우에는 그 위원장이 제출자가 되는데 이 때에는 10인 이상의 찬성이라는 수적 제한을 받지 않는다($^{법}_{제51조}$).

b) 정부의 법률안제안절차

정부가 법률안을 제출하려면 국무회의의 심의를 거쳐($^{제89조}_{제 3 호}$) 국무총리와 관계국무위원의 부서를 받은 후($^{제82}_{조}$) 대통령이 문서로 국회의장에게 제출하여야 한다. 그런데 예산 또는 기금상의 조치를 수반하는 의안의 제출에는 비용추계서 및 재원조달방안에 관한 자료를 첨부하여야 한다($^{법 제79조의}_{2 \ 제 4 항}$). 정부는 원칙적으로 매년 1월 31일까지 당해연도의 법률안제출계획을 국회에 통지하고 계획변경시에는 분기별로 국회에 통지해야 한다($^{법 \ 제 5 조}_{의 3}$).

㈏ 법률안의 심의와 의결

법률안의 심의와 의결은 상임위원회중심주의와 본회의결정주의에 따라 행해진다. 즉 법률안이 제출되면 국회의장은 이를 인쇄하거나 전산망에 입력하는 방법으로 의원에게 배부하고 전산망에 입력하여 의원이 이용할 수 있도록 하여야 하며 본회의에 보고하고, 법률안의 내용과 성질에 따라 소관상임위원회($^{심사의 공정에 필요}_{하면 다른 위원회}$)에 회부해서 심의하게 한다($^{법}_{제81조}$). 이 때 국회의장은 특히 천재지변이나 전시·사변 또는 이에 준하는 국가비상사태의 경우 각 교섭단체 대표

[우측 여백 주석]

국회의원과 정부

10인 이상의 연서

비용추계서 요건

위원회의 법률안제출

대통령이 문서로 의장에 제출

상임위중심주의와 본회의 결정주의

의원과 협의하여 관련 안건의 심사기간을 지정할 수 있다(법 제85조).

신속처리안건의 지정과 심의

위원회에 회부된 안건을 신속처리대상 안건으로 지정하려면 의원 또는 소관 위원회 위원은 각각 재적의원 또는 소관 위원회 재적위원 과반수가 서명한 신속처리안건지정동의를 의장 또는 소관 위원회 위원장에게 제출하여 무기명투표를 실시하고 재적의원 또는 소관 위원회 재적위원 3/5 이상이 찬성하면 신속처리대상 안건으로 지정된다(법 제85조의 2 제1항 및 제2항). 신속처리대상안건은 그 지정한 날부터 180일(법사위 체계·자구심사의 경우는 90일) 이내에 심사를 마치지 못하면 법제사법위원회로 회부되거나 본회의에 부의된 것으로 본다(법 제85조의 2 제3항~제5항). 그러면 신속처리대상안건은 60일 이내에 본회의에 상정되어야 하는데(법 제85조의 2 제6항), 본회의에 상정되지 아니한 때에는 그 기간 경과 후 처음으로 개의되는 본회의 의사일정으로 상정된다(법 제85조의 2 제7항).[1]

---

1) 【결정례】 입법교착상태를 해결하기 위해서 마련한 법률안에 대한 신속처리안건의 지정과 국회의장의 심사기간지정요건을 규정한 국회법(제85조 및 제85조의 2)의 내용은 국회가 의사자율권의 범위내에서 제정한 것으로 그 내용자체가 의회민주주의와 다수결원리에 위배될 소지가 적다. [평석] 이 결정은 물론 이 조문 자체의 위헌여부를 다투는 위헌법률심판청구가 아니라 원내 다수당이 국회의장을 상대로 그가 행한 법률안 심사기간지정요구를 거부한 부작위를 다투는 권한쟁의심판청구 심판에서 부연해서 논증한 것에 불과하다. 그렇지만, 이 논증은 우리 헌법상 통치구조의 기본원리에 해당하는 주권자인 국민의 선거를 전제로 한 대의민주주의의 본질이나 기능보다 대의기관의 운영수단에 불과한 국회의 의사자율권을 더 우위에 둔 취지의 논증으로서 헌법이론적으로 비판의 여지가 많다고 생각한다. 이 부분 소수의견을 낸 서기석, 조용호 재판관의 논증이 더 설득력이 있다고 생각한다(헌재결 2016. 5. 26. 2015 헌라 1, 판례집 28-1 하, 170(193면 이하 및 소수의견 206면 이하)).
【독일판례】 독일 연방헌법재판소는 독일 연방의회 다수당인 연립정당이 환경친화적인 건물난방법 개정법률안을 여름 휴회 기간 전에 신속하게 의결하기 위해서 법률안 심의를 위한 의사일정을 지나치게 촉박하게 정하는 것은 자신의 법률안 심의·표결권을 침해한다고 야당 의원이 제기한 권한쟁의 심판청구 사건의 가처분 신청을 인용하면서 다음과 같이 판시했다. 즉 '연방의회의 의사 일정 등 법안 심의 절차는 기본법 규정대로 다수결 원칙에 의해서 결정되고 연방의회는 입법자율권을 갖는다. 그렇다고 해서 특별한 사항적인 이유도 없이 기본법이 정하는 의원의 자유 위임 원칙에 따라 의원에게 보장된 평등한 법안 심의·표결권을 심각하게 침해하는 것까지 허용되지는 않는다. 이 사안에서 의회의 입법자율권과 의원의 심의·표결권을 이익형량할 때 의원의 심의 표결권은 불가역적으로 침해되는데 반해서, 의회의 입법자율권은 단순히 법안 심의·의결 절차가 지연되는 정도의 제한을 받을 뿐이다. 그 결과 의원의 평등한 심의·표결권이 의회의 입법자율권에 비해서 보호가치가 더 크다. 따라서 의회의 해당 법안 심의 절차는 당해 회기 중에는 정지해야 한다'(BVerfG 2 BvE 4/23, 2023. 7. 5. 결정). [평석] 해당 법안 관련 의사 일정 진행 과정: 2023. 5. 17. 연립정당 법안 제안, 6. 15. 제 1 독회 거쳐 해당 상임위 회부, 6. 21. 제 1 차 전문가 청문회, 6. 30. 연립정부가 해당 법안 수정안과 함께 94쪽의 중요 수정내용과 14쪽의 수정이유서 제출, 7. 3. 제2차 청문회, 7. 4. 연립정당이 해당 법안 수정안 제출, 7. 5. 해당 상임위 재심의 마침. 연립정당은 7. 7. 연방의회에서 제 2 및 제 3 독회를 거쳐 당일 표결처리하기로 의사 일정 결정, 이에 대해서 권한쟁의 심판 청구인은 연방의회의 제 2 및 제 3 독회는 최소한 회의 14일 전까지 모든 의원에게 상정 법안이 전달되어 충분히 검토할 수 있도록 연방의회의 제 2 독회 심의 절차를 정지시켜 달라는 취지의 가처분 신청을 했었다. 연방헌법재판소의 이 가처분 판시 취지와 그 결정의 신속성은 우리 헌법재판소의 종래 결정 경향과는 정 반대라는 점을 주목해야 한다. 우리 헌재는 독일과

a) 상임위원회의 심의

상임위원회에서는 법률안이 그 위원회에 회부된 후 원칙적으로 최소한 15일($^{일부개정}_{법률안}$) 또는 20일($^{제정 및 전부}_{개정법률안}$)이 지난 후에야 이를 상정할 수 있다($^{법}_{제59조}$). 의원에게 충분한 검토시간을 주기 위해서이다. 위원장은 간사와 협의하여 회부된 법률안($^{체계·자구심사를 위해 법}_{사위 회부 법률안 제외}$)에 대하여 그 입법취지와 주요 내용 등을 국회공보 또는 국회 인터넷홈페이지 등에 게재하는 방법 등으로 입법예고해야 한다. 다만 긴급을 요하는 입법, 입법예고가 불필요하거나 곤란한 경우 등은 간사와 협의하여 입법예고를 안할 수 있다. 입법예고기간은 특별한 단축사유가 없는 한 10일 이상으로 한다. 그 밖에 입법예고의 시기·방법·절차 등 필요한 사항은 국회규칙으로 정한다($^{법}_{의 2}$^{제82조}). 위원회는 안건을 심사할 때 먼저 그 취지설명과 전문위원의 검토보고를 듣고 대체토론과 축조심사 및 찬반토론을 거쳐 표결한다. 다만 제정법률안 및 전부개정법률안 이외에는 위원회의 의결로 축조심사를 생략할 수 있다. 위원회는 안건심사에서 상설소위원회에 회부하여 심사·보고하게 하되 필요하면 소위원회에 회부할 수 있다. 그리고 위원회가 안건을 소위원회에 회부하고자 하는 때에는 대체토론이 끝난 후에 해야 한다. 다만 소위원회가 이미 심사중인 안건과 직접 관련된 안건이 위원회에 새로 회부된 경우에는 이를 바로 해당 소위원회에 회부하여 병합심사하게 할 수 있다($^{법 제58조}_{제4항}$). 소위원회는 축조심사를 생략해서는 아니 된다는 점을 제외하고는 원칙적으로 위원회에 관한 규정을 적용한다($^{법 제57조}_{제8항}$). 위원회는 대체토론이 끝난 안건에 관한 이견을 조정할 필요가 있는 경우에는 재적위원 1/3 이상의 요구로 여·야 각 3인으로 구성하고 여당 위원이 위원장을 맡는 안건조정위원회를 구성하여 원칙적으로 90일간 숙의·조정할 수 있다. 안건조정위원회의 조정안은 재적위원 2/3 이상의 찬성으로 의결하여 지체 없이 위원회에 보고한다.[1] 조정안이 의결된 안건은 소

의원배부→소
관상위회부→
법사위심사→
본회의부의·
처리

동일한 의원의 자유 위임원칙을 근거로 한 의원의 불가역적 안건 심의·표결권보다는 항상 국회의 입법자율권을 더 중요시하는 결정을 해 왔다. 심지어 사항적인 신속 처리의 필요성이 인정되지 않는 이른바 '검수완박법'과 공수처법 처리에 관한 권한쟁의 심판에서 그런 입장이 극명하게 표출되었다. 또한 독일 연방헌재와는 달리 우리 헌재는 가처분 신청사건을 신속하게 결정하는 일이 거의 없다. 우리 헌재는 독일의 이 판례를 참고로 종래의 판시 관행을 재검토·개선할 필요가 있다. 특히 우리 헌재가 소홀하게 다룬 의원의 심의·표결권 침해의 불가역성과 의사 일정 지연 손실 간의 이익형량을 보다 깊이 있게 해서 설득력 있는 결정을 할 필요가 있다.

1) 그렇기 때문에 안건조정위원의 여·야 3 : 3의 비율(법 제57조의 2 제 4 항 본문)과 2/3 의결정족수는 안전조정위원회의 설립목적에 비추어 반드시 지켜져야 한다. 사실상 여당인 열린민주당 위원과 여당이었던 무소속 의원을 야당 몫의 위원에 포함시켜 안건조정위원회를 무력화하는 입법 독주는 중단되어야 한다. 21대 국회에서 2020년 12월 공수처법 등과 2021년 8월 '언론중재법', '탄소중립법', 사립학교법 등의 강행처리가 그 대표적인 경우이다. 여·야간 이견 있는 안건에 관해

위원회의 심사를 거친 것으로 보며 위원회는 조정안의 의결일로부터 30일 이내에 그 안건을 표결한다. 안건조정위원회의 활동기한까지 안건 조정에 실패하거나 조정안이 부결된 경우에는 안건조정위원장은 심사경과를 위원회에 보고하고 위원장은 해당 안건을 소위원회에 회부한다. 신속처리대상안건을 심사하

서 여·야가 안건조정위원회의 숙의과정을 거쳐 조정안을 마련하도록 한 국회법의 취지에 어긋나는 탈법적인 입법절차라고 할 것이다. 2022년 검찰수사권을 완전히 박탈하기 위한 검찰청법과 형소법 개정에서도 사보임 시킨 무소속 의원(양형자)이 법안에 반대하자 법안 발의자인 민주당의 민형배 의원이 위장 탈당해서 야당 몫의 조정위원으로 참여해 안건조정위의 기능을 무력화시켰다. 이런 위법행위에 대해서 헌재는 국회의 입법자율권을 존중한다는 명분으로 결코 정당화하지 말고 제동을 걸어야 우리 국회를 통한 대의민주주의가 살아난다. 그런데도 헌재는 이 문제를 다루는 국회의원과 법제사법위원장 등 간의 권한쟁의심판에서 민형배 의원의 위장 탈당 행위로 이루어진 국회 법제사법위원장의 두 법률안 가결 선포행위는 청구인 국회의원의 법률안 심의·표결권을 침해했다고 인용(5 : 4)하면서도 그 법률안은 무효가 아니라는(5 : 4) 해괴한 결정을 했다(헌재결 2023. 3. 23. 2022 헌라 2). 나아가 법무부 장관 및 검사 6명과 국회 간의 권한 쟁의 심판에서는 청구인 적격이 없거나 권한 침해 가능성이 없다는 이유로 각하했다(5 : 4)(헌재결 2023. 3. 23. 2022 헌라 4). **[평석]** 가) 우리 국회는 상임위 중심주의를 채택하고 있기 때문에 본회의의 법률안 의결은 적법한 상임위의 심사와 의결을 전제로 한다. 따라서 상임위 의결이 위법하다면 그 법률안은 아무리 본회의의 의결을 거쳤어도 결코 유효할 수 없다. 법률안은 단계적인 입법절차에 따라 심의·의결되는 특성상 선행 단계의 심의·의결 절차가 국회법의 적법절차를 어겼다는 이유로 위법이 확인된 이상 그 법률안은 결코 유효할 수가 없다. 이것은 모든 법의 기초이고 기본적인 법리이다. 이러한 기본적인 법리에 어긋나는 헌재의 결정은 참으로 작위적이고 전후 모순되는 비논리적인 결정이 아닐 수 없다. 아마도 우리 헌재 역사상 최악의 판례로 기록될 것이다. 나) 법무부 장관은 수사권·소추권을 직접적으로 행사하지 않기 때문에 권한쟁의가 부적법하다는 판시도 이해하기 어렵다. 법무부 장관에게 부여된 구체적인 사건에 대한 수사 지휘권은 법무부 장관의 수사 주체성을 전제로 한 규정이다. 또 법무부 장관은 법무 행정의 책임자로서 검사의 인사권을 통해 검사의 수사와 소추권 행사에 영향을 행사할 수 있다. 나아가 정부가 국회를 상대로 권한쟁의를 청구했을 때 정부를 대표하는 기관이기도 하다. 따라서 이 사건에서 법무부 장관은 당연히 청구인 적격성을 갖는다. 헌법에 검사의 수사권이 명시적으로 언급되지 않았기 때문에 검수완박법으로 검사의 권한이 침해될 가능성이 없다는 각하결정도 잘못된 헌법 해석이다. 그러한 법실증주의적인 헌법해석은 이미 도태된 19세기의 헌법해석이다. 그런 식으로 따지자면 헌재는 헌재법 어디에도 명시되지 않은 헌법불합치결정을 왜 남용하는가. 우리 헌법은 대륙법 체계에 따라 검사를 수사 주체로 정해서 검사에게 영장 신청권을 전담시킨 것이다. 사법경찰은 수사 주체가 아니라 수사권을 갖는 검사의 보조기구에 불과하다. 헌법상의 권한인 검사의 수사권은 국회가 임의로 경찰과 조정 배분할 수 있는 권한이 아니다. 검사의 수사권을 국회가 불법적으로 경찰에게 배분하면서 고발인의 이의 신청권 마저 없앤 것은 국회가 불법적인 입법으로 국민의 공정한 재판받을 권리까지 침해한 것이다. 따라서 국민의 기본권 보호를 위해서도 헌법정신을 왜곡한 헌재의 황당한 결정은 가까운 시일 내에 폐기되어야 한다. 두 사건에서 모두 반대의견을 낸 4인 재판관(이선애, 인은혜, 이종석, 이영진)의 논증 취지에 따라 바로잡아야 한다. 다만 반대의견의 논증과는 달리 국회 입법행위의 취소가 아니라 헌재법이 정한대로 입법이 무효임을 확인하는 결정을 해야 한다. 입법행위에 대한 권한쟁의 심판에서 헌재의 무효결정은 국회에 대해서도 기속력을 갖기 때문에 국회는 위법이 확인된 법률을 폐기할 의무가 있다. 따라서 소급효 또는 장래효를 갖는 규범통제에서의 무효결정과 달리 무효인 입법행위로 제정·개정한 법률은 국회가 그 폐기 의무를 다할 때까지 효력이 정지된다고 해석하는 것이 헌법과 헌재법의 정신에 비추어 합리적이라고 생각한다.

는 안건조정위원회는 그 안건이 법에 따라 법제사법위원회에 회부되거나 바로
본회의에 부의된 것으로 보는 경우에는 그 활동을 종료한다($^{법}_{의 2}$ ^{제57조}). 위원회
는 제정법률안 및 전부개정법률안에 대해서는 원칙적으로 공청회 또는 청문회
를 개최해야 한다. 나아가 기획재정부 소관 재정관련 법률안과 국회규칙으로
정하는 규모의 예산 또는 기금상의 조치를 수반하는 법률안을 심사하는 소관
위원회는 미리 예산결산특별위원회와 협의를 거쳐야 한다($^{법}_{의 2}$ ^{제83조}). 또한 전문위
원의 검토보고서는 원칙적으로 당해 안건의 위원회 상정일 48시간 전까지 소
속위원에게 배부되어야 한다($^{법}_{제58조}$). 위원회에서 위원은 동일의제에 대한 발언횟
수와 시간의 제한을 받지 않지만, 발언을 원하는 위원이 2인 이상일 때에는 발
언기회균등화를 위해 라운드시스템을 채택하여 각 위원의 첫번째 발언시간을
15분 이내로 균등하게 정해야 하고 위원의 질의는 일문일답식을 원칙으로 한
다($^{법}_{제60조}$). 상임위원회에서 심의·채택된 법률안은 일단 법제사법위원회에 넘겨
체계와 자구심사를 거쳐($^{법}_{제86조}$) 본회의에 부의한다($^{법}_{제81조}$).

위원회는 예산안, 기금운용계획안, 임대형 민자사업 한도액안 및 세입예산
안 부수법률안으로 지정된 법률안에 대한 심사를 매년 11월 30일까지 마쳐야
한다. 심사를 마치지 않은 경우 해당 의안은 그 다음날에 본회의에 바로 부의
된 것으로 본다($^{법}_{의 3}$ ^{제85조}).

위원회에서 법률안의 심사를 마치거나 입안한 때에는 법제사법위원회에 회
부하여 체계·자구심사를 거쳐야 한다($^{법}_{제1항}$ ^{제86조}). 이 경우 체계와 자구의 심사를
벗어나 심사해서는 아니 된다($^{법}_{제5항}$ ^{제86조}). 의장은 법제사법위원회의 심사기간을
지정하고 이유 없는 심사지연의 경우 바로 본회의에 부의할 수 있는데, 특히
천재지변이나 전시사변 등 국가비상사태의 경우에는 각 교섭단체의 대표의원과
협의하여 관련 안건의 심사기간을 지정할 수 있다($^{법}_{제2항}$ ^{제86조}).

법제사법위원회가 회부된 안건에 대해서 이유 없이 회부 후 60일 이내에
심사를 마치지 않으면 소관위원회 위원장은 간사와 합의하거나 재적위원 3/5
이상의 찬성의결로 의장에게 본회의 부의를 요구하고($^{법}_{제3항}$ ^{제86조}), 의장은 30일 이
내에 각 교섭단체 대표의원과 합의하여 본회의에 부의하여야 한다. 30일 이내
에 합의되지 않으면 그 기간 경과 후 처음 개의되는 본회의에서 무기명 투표
로 본회의 부의 여부를 결정한다($^{법}_{제4항}$ ^{제86조}).[1]

---

1) 【결정례】 상임위 심의 후 법사위에 회부된 법률안을 법사위가 60일의 법정 심의 기간을 지키
   지 않은 상태에서 국회 과방위 위원장과 환노위 위원장이 국회법 제86조의 제 3 항과 제 4 항
   이 정한 절차에 따라 법사위에 계류중인 법률안을 본회의에 직접 회부한 행위는 법사위 위원
   들의 법률안 심의·의결권의 침해가 아니어서 해당 국회의원의 권한쟁의심판 청구를 기각한다

b) 전원위원회의 심의

국회는 주요의안의 본회의 상정 전이나 상정 후에 재적의원 1/4 이상의 요구로 의원전원으로 구성되는 전원위원회에 넘겨 심사하게 할 수 있다. 전원위원회는 의장이 지명하는 부의장이 위원장이 되어 의안심사를 할 수 있는데 위원의 발언시간은 5분 이내이다. 전원위원회는 재적위원 1/5 이상으로 개회하고 재적위원 1/4 이상의 출석과 출석위원 과반수의 찬성으로 의결한다. 전원위원회는 의안에 대한 수정안을 낼 수도 있는데 위원장이 제출자가 된다($^{법\ 제63조}_{의\ 2}$).

c) 본회의심의·의결

본회의는 위원회가 법률안의 심사보고서를 의장에게 제출한 후 1일을 지나지 않으면 의사일정으로 상정할 수 없는 것이 원칙이다($^{법\ 제93조}_{의\ 2}$).

본회의에서는 소관상임위원장의 심사보고를 듣고 질의와 토론을 거쳐 표결처리한다.[1] 그러나 본회의는 의결로 질의와 토론 또는 그 중의 하나를 생략할 수도 있다($^{법}_{제93조}$).[2] 법률안에 대한 수정안은 30인 이상($^{예산안에\ 대한}_{것은\ 50인\ 이상}$)의 찬성을 얻어 의장에게 제출할 수 있다($^{법\ 제95조}_{제1항}$).[3] 의안에 대한 수정동의는 원칙적으로 원안 또는 위원회안의 취지 및 내용과 직접 관련성이 있어야 한다($^{법\ 제95조}_{제4항}$). 그러

(5 : 4 결정)(헌재결 2023. 10. 26. 2023 헌라 3). **[평석]** 이 결정에서 법정의견은 국회법 제86조 제3항의 '이유없이'의 의미를 국회법 제86조 제3항과 제4항에 따라 판단하면 되고 실체법적으로는 '법사위의 책임 없는 불가피한 사유로 그 기간을 준수하지 못했는지 여부'를 기준으로 엄격하게 판단해야 한다는 입장이다. 반면에 4인의 반대의견은 '이유없이'는 '60일의 기간내에 법률안에 대한 체계·자구 심사를 마칠 것을 기대하기 어려운 객관적이고 합리적인 사유가 없는 경우'를 의미한다는 입장이다. 법사위의 법률안 심의기간 준수여부를 둘러싼 다툼에서 앞으로도 '이유없이'의 해석논쟁은 계속될 것이므로 '이유없이'의 해석에 관한 두 가지 입장을 숙지할 필요가 있다.

1) 법률안은 위원회가 의장에게 법률안에 대한 심사보고서를 제출한 후 하루가 지나서 본회의에 상정하는 것이 원칙이다(법 제93조의 2).

2) **[결정례]** 국회의장이 본회의 입법절차에서 적법한 반대토론 신청을 받고도 토론절차 생략의 의결 없이 표결절차를 진행했다면 국회법 제93조 단서를 위반하여 국회의원의 법률안 심의·표결권을 침해한 것이다. 그러나 그 침해가 다수결원칙·회의공개원칙 등 입법절차에 관한 헌법규정을 명백히 위반한 흠에 해당하는 것이 아니라면 그 가결선포행위를 곧바로 무효로 보기는 어렵다(헌재결 2011. 8. 30. 2009 헌라 7, 판례집 23-2 상, 220(236면)).

3) **[결정례]** 수정안은 원안과 동일성이 인정되어야 한다는 좁은 의미의 해석보다는 원안에 대해서 다른 의사를 가하는 것으로 새로 추가·삭제 또는 변경하는 것을 모두 포함하는 개념으로 넓게 해석해서 국회법 제95조에 의한 수정안 해당 여부를 판단해야 한다(헌재결 2006. 2. 23. 2005 헌라 6). ii) 정상적인 의안심의가 불가능한 장내소란이 계속되는 상황에서 국회의장이 위원회심사를 거치지 아니한 법률안수정안을 본회의에 직권상정해 질의·토론절차를 생략한 채 바로 표결처리한 의사진행은 국회법 제93조를 위반하여 국회의원의 심의·표결권을 침해한 것이 아니다. 헌재는 이 결정을 하면서 헌법이 인정하는 국회의 폭 넓은 자율권과 국회법상 국회의장이 갖는 자율적 의사진행권한을 근거로 제시했다. 그러나 이 결정은 국회자율권의 본질과 입법절차의 중요성을 외면한 잘못된 판시이다(헌재결 2008. 4. 24. 2006 헌라 2).

나 소관위원회에서 심사·보고한 수정안은 찬성 없이 의제가 된다($^{법\ 제95조,}_{제2항}$). 법률안이 본회의를 통과하려면 재적의원 과반수의 출석과 출석의원 과반수의 찬성이 있어야 한다($^{제49조;\ 법}_{제109조}$).

그런데 본회의에서 무제한 토론($^{필리버}_{스터}$)이 실시되면 본회의 심의·의결은 지연될 수밖에 없다. 즉 의원은 본회의 심의안건에 대해서 재적의원 1/3 이상이 서명한 무제한토론요구서를 의장에게 제출해서 시간 제한 없는 무제한 토론을 할 수 있다. 다만 의원 1인당 1회에 한정하여 토론한다($^{법\ 제106조의\ 2}_{제1항~제3항}$). 무제한 토론을 하는 본회의는 '1일 1차회의'의 원칙에도 불구하고 출석의원 수를 따지지 않고 무제한 토론 종결선포 전까지 산회하지 않는다($^{법\ 제106조의}_{2\ 제4항}$). 무제한 토론 종결은 다음 세 가지 경우에 하는데, 더 이상 토론할 의원이 없거나, 재적의원 1/3 이상의 연서로 제출한 무제한 토론의 종결동의가 무기명표결에서 재적의원 3/5 이상의 찬성으로 의결되거나, 무제한 토론 중 회기가 끝난 경우 등이다($^{법\ 제106조의\ 2}_{제5항~제8항}$). 예산안 등 세입예산안 부수법률안에 대해서는 무제한 토론 절차가 매년 12월 1일 자정에 종료한다($^{법\ 제106조의}_{2\ 제10항}$).

또 한번 무제한 토론이 종결된 안건은 더 이상 무제한 토론을 요구할 수 없고, 회기종료로 무제한 토론이 종결선포되면 해당 안건은 다음 회기에서 지체없이 표결해야 한다($^{법\ 제106조의\ 2}_{제8항~제9항}$).

무제한 토론

㈐ 법률안의 서명·공포

국회에서 의결된 법률안은 국회의장[1]이 정부에 이송하며 15일 이내에 대통령이 서명·공포하고($^{제53조}_{제1항}$), 지체없이 국회에 통지한다($^{법\ 제98조}_{제2항}$). 대통령의 법률안 서명·공포에는 국무회의 심의($^{제89조}_{제3호}$)와 국무총리 및 관계국무위원의 부서가 필요하다($^{제82}_{조}$).

법률안의 서명·공포절차에서 대통령은 거부권을 행사할 수 있다. 즉 이송된 법률안에 이의가 있을 때에는 대통령은 15일 이내에 이의서를 붙여 국회로

대통령이 15일 이내 서명·공포

대통령의 거부권과 재의결

---

1) **【판시】** i) 국회의장은 본회의의 위임의결이 없어도 본회의에서 의결된 법률안의 조문·자구·숫자, 법률안의 체계나 형식 등의 정비가 필요한 경우 의결된 내용이나 취지를 변경하지 않는 범위 안에서 정부 이송 전에 이를 정리할 수 있다. 따라서 국회의장의 그런 법률안 정리는 입법상의 적법절차원칙이나 국회법상의 입법절차에 위배되지 않는다(헌재결 2009. 6. 25. 2007 헌마 451, 판례집 21-1 하, 872(887면)). ii) 국회에서 헌법과 법률에 정한 입법절차를 어긴 법률조항이 시행된 후 국회에서 그 후 그 법률조항을 다시 개정해서 그 조항을 그대로 유지했다면 해당조항에 대한 과거의 입법절차상의 하자는 치유되었다고 보는 것이 타당하다. 국회의장이 본회의 위임 없이 본회의에서 의결된 법률안의 실질적 내용에 변경을 초래하는 정도로 법률안을 정리해서 정부로 이송하고 공포되어 입법절차상 하자있는 법률이 다시 개정된 경우에 대한 판시이다(헌재결 2018. 5. 31. 2016 헌바 14 등, 판례집 30-1 하, 121(131면)).

보류거부 불
인정

환부하고 그 재의를 요구할 수 있다($\frac{제53조}{제2항}$). 이것을 환부거부라고 말한다. 미국과 달리 회기계속의 원칙을 채택하고 있는 우리나라에서는 보류거부는 인정되지 않는다. 법률안이 환부거부되면 국회는 재의에 붙이고, 재적의원 과반수의 출석과 출석의원 2/3 이상의 찬성으로 재의결(override)하면 법률로서 확정된다($\frac{제53조}{제4항}$).

대통령과 국
회의장의 확
정법률공포권

이렇게 확정된 법률은 다시 정부로 이송되어 5일 이내에 대통령이 공포하지 않으면 국회의장이 이를 공포한다($\frac{제53조}{제6항}$). 법률안이 정부에 이송된 후 공포나 재의요구도 없이 15일을 경과함으로써 법률로 확정된 경우에도 국회의장이 이를 공포한다($\frac{제53조 제5}{항과 제6항}$).

효력발생시기

공포된 법률은 특별한 규정이 없는 한 공포한 날로부터 20일을 경과함으로써 효력을 발생한다($\frac{제53조}{제7항}$).[1] 법률에 시행일이 명시되었어도 공포되기 전에는 효력을 발생하지 않는다.

(2) 재정기능

의회주의 역
사에서 유래,
조세법률주의
는 그 산물

국회는 재정기능을 갖는다. 우리 헌법에 「국회는 국가의 예산안을 심의·확정한다」($\frac{제54조}{제1항}$)는 규정을 비롯해서 여러 가지 국가재정에 관한 권한을 국회에게 주고 있는 것이 바로 그것이다. 국회가 이처럼 국가의 재정작용에 관한 강력한 발언권을 행사하는 것은 연혁적으로 의회주의의 역사에서 유래한다. 군주의 무절제한 세금징수에 대한 견제적 장치로 탄생된 것이 바로 의회주의였기

조세입법권·
예산의결권·
결산심사권·
재정행위동
의·승인권

때문이다. 「조세의 종목과 세율은 법률로 정한다」($\frac{제59}{조}$)는 조세법률주의에 관한 우리 헌법규정도 그와 같은 전통의 산물이라고 볼 수 있다.

국회의 재정기능에는 조세입법권, 예산의결권, 결산심사권, 정부의 중요 재정행위에 대한 동의·승인권 등이 있다.

1) 조세입법권

㈎ 조세입법권의 의의와 기능

과세근거 법
률제정권

우리 헌법($\frac{제59}{조}$)은 조세법률주의를 채택하고 있기 때문에 국회는 조세입법권을 갖는다. 조세입법권이란 과세의 근거가 되는 법률의 제정권을 말한다. 과세란 국가 또는 지방자치단체가 재원확보를 위해서 국민에게 직접적인 반대급부 없는 금전적인 부담(조세)을 과하는 것이다. 조세는 국가재정의 가장 중요한

---

1) 국민의 권리제한 또는 의무부과와 직접 관련되는 법률 등은 긴급히 시행해야 할 특별한 사유가 없는 한 공포일로부터 적어도 30일이 경과한 날로부터 시행되도록 해야 한다(법령등공포법률 제13조의 2).

재원이긴 하지만 국민의 재산권 내지는 경제활동에 매우 민감한 영향을 미치기 때문에 의회주의의 초기부터 대의기관으로 하여금 정부의 조세정책에 적극적으로 관여할 수 있도록 했었다. 「대표 없이 과세 없다」는 사상이 바로 그것이다. 「조세의 종목과 세율은 법률로 정한다」는 우리 헌법규정도 바로 그와 같은 사상의 직접적인 표현이다. 따라서 우리 헌법질서 내에서는 국회가 제정하는 조세법에 근거하지 아니하는 어떠한 형태의 세금징수도 허용되지 아니한다. 우리 헌법이 납세의 의무를 규정하면서 「모든 국민은 법률이 정하는 바에 의하여 납세의 의무를 진다」($\frac{제38}{조}$)고 밝히고 있는 것도 국회의 조세입법권 내지는 조세법률주의와 불가분의 사상적인 연관성이 있다. 그런데 우리나라는 조세입법에서 1년세주의가 아닌 영구세주의를 따르고 있기 때문에 한 번 제정된 조세법은 그 법률이 폐지될 때까지는 반복적인 과세의 근거가 된다.

조세법률주의의 의의와 기능

납세의무의 법률유보

영구세주의

(H) 조세입법권의 내용과 범위

조세입법권은 납세의무의 법률유보와 조세법률주의에 바탕을 두고 있기 때문에 헌법에서 명시하고 있는 조세의 종목과 세율은 물론이고 납세의무자·과세물건·과세표준·과세절차·과세에 대한 권리구제 등이 반드시 법률로 정해질 것을 그 내용으로 한다. 따라서 이들 기본적인 조세요건과 과세기준은 결코 행정입법의 대상이 될 수 없다.[1] 조세행정분야에서 행정재량권이 특히 축소될 수밖에 없는 이유이다.

과세요건법정주의·과세요건명확주의·조세법의 확장·유추해석금지

조세입법권은 조세징수에 관한 것이기 때문에 반대급부적인 사용료와 수수료의 징수 또는 이해관계자만을 그 대상으로 하는 부담금 등의 부과에는 미치지 아니한다. 사용료·수수료·부담금 등이 설령 법률의 근거에 의해서 부과된다고 해도 그것은 조세입법권에 의한 것은 아니고, 법치행정의 당연한 표현이라고 보아야 한다.

사용료·수수료·부담금에 미치지 않는 조세입법권

국회의 조세입법권은 지방자치단체의 자율과세권보다는 우선하는 권한이기 때문에 지방세의 종류와 그 부과·징수에 관한 사항도 반드시 법률로 정하여야

지방자치단체의 자율과세권과의 관계

---

1) **【결정례】** 따라서 상속(증여)세를 자진신고하지 않은 경우 세무서가 상속(증여)재산을 상속(증여) 당시의 가액이 아닌 세금부과 당시의 가액으로 평가, 세금을 부과하도록 규정한 개정 전의 구상속세법(제 9 조 제 2 항 본문)은 위헌이다(헌재결 1992. 12. 24. 90 헌바 21). 그 밖에도 조세법률주의를 강조하는 판례가 많다. 예컨대 헌재결 1989. 7. 21. 89 헌마 38; 헌재결 1990. 9. 3. 89 헌가 95; 헌재결 1993. 9. 27. 92 헌가 5; 헌재결 1992. 2. 25. 90 헌가 69, 91 헌가 5, 90 헌바 3; 헌재결 1994. 6. 30. 93 헌바 9; 헌재결 1995. 6. 29. 94 헌바 39; 헌재결 1995. 7. 21. 93 헌바 46; 헌재결 1995. 9. 28. 94 헌바 23; 헌재결 1995. 11. 30. 93 헌바 32; 헌재결 1995. 11. 30. 94 헌바 40, 95 헌바 13(병합); 헌재결 1999. 3. 25. 98 헌가 11·14·15·18(병합). 자세한 판례내용은 기본권편의 납세의무에 관한 설명 참조할 것.

한다. 지방세법이 바로 그와 같은 산물이다. 그러나 지방세법이 정하는 위임의 범위 내에서 지방자치단체가 조례로써 지방세의 부과와 징수에 관한 필요한 세부사항을 정하는 것은 조세입법권의 침해가 아니다. 그것은 지방자치단체의 자치권에 속하는 자율과세권의 행사라고 볼 수 있기 때문이다.

조약에 의한 관세의 협정 세율

또 외국과의 조약에 의하여 관세에 관한 협정세율을 정하는 것도$\binom{관세법}{제3조}$ 조세입법권의 침해라고 볼 수 없다. 그러한 조약의 체결·비준에는 국회의 동의가 필요하고, 국회의 동의를 얻은 조약은 국내법과 같은 효력을 갖기 때문이다.

긴급재정·경제명령

조세입법권과 외견상 가장 큰 갈등을 일으키는 것처럼 보이는 것이 대통령의 긴급재정·경제명령$\binom{제76조}{제1항}$이다. 대통령의 긴급재정·경제명령으로 조세법을 개정 또는 폐지하는 것도 가능하겠기 때문이다. 그러나 대통령의 긴급재정·경제명령은 지체없이 국회의 승인을 얻어야 하고, 승인을 얻지 못한 때에는 그때부터 효력을 상실하고, 긴급재정·경제명령으로 개정·폐지되었던 법률은 당연히 효력을 회복하기 때문에 조세입법권이 배제되는 예외의 경우라고 보기는 어렵다.[1] 더욱이 대통령이 행사하는 국가긴급권의 본질을 헌법보호의 비상수단이라고 이해하는 경우 그것은 오히려 조세입법권을 보호하기 위한 불가피한 수단이라고 볼 수 있기 때문이다.

(대) 조세입법권의 한계

입법권의 일반적인 한계 및 조세평등의 원칙

국회의 조세입법권은 국민의 재산권 내지 경제활동과 불가분의 관계에 있기 때문에 법률제정권의 일반적인 한계를 존중하여야 하는 것은 당연하다. 그 밖에도 조세분야에서의 평등권의 효과라고 볼 수 있는 조세평등의 원칙이 조세입법권에서 특히 중요한 한계로서 기능한다고 할 것이다. 따라서 국민 한 사람 한 사람의 담세능력을 무시한 획일적인 세율책정이라든지 또는 형평을 잃은 불공평한 조세제도는 분명히 조세입법권의 한계를 일탈한 것이라고 볼 수 있다. 우리 헌법재판소가 재산권보장과 조세법률주의 등 조세입법권의 한계를 강조하면서 미실현가상이득을 과세대상으로 삼은 '토지초과이득세법'에 대해서 헌법불합치결정을 한 것은 신중치 못한 조세입법에 제동을 건 매우 의미 있는 판례라고 할 것이다.[2]

---

1) 국내의 일부 헌법학자들이 대통령의 긴급재정·경제명령을 조세법률주의에 대한 예외의 경우라고 설명하고 있는 것은 따라서 찬성할 수 없다.
   권영성, 845면; 김철수, 1011면.
2) 헌재결 1994. 7. 29. 92 헌바 49·52(병합) 참조.
   【결정례】 그러나 부동산임대업자가 받는 보증금 등에 대한 소득세부과는 미실현소득에 대한 과세가 아니다(헌재결 1996. 12. 26. 94 헌바 25).

2) 예산의결권

「국회는 국가의 예산안을 심의·확정한다」$(\substack{제54조\\제1항})$. 이것을 국회의 예산의결
권이라고 한다. 국회의 예산의결권은 국회의 재정기능 중에서도 가장 핵심적인
기능으로서 국가생활에 미치는 영향이 매우 크다.

예산안심의·
확정권

(개) 예산의 개념과 본질

a) 예산의 개념

예산이라 함은 1회계연도에 예상되는 총세입과 총세출을 총괄적으로 계상·
편성하여 국회의 의결을 얻은 국가재정작용의 준칙규범을 말한다. 따라서 예산
은 한 회계연도를 단위로 편성되는 세입과 세출의 예정계획서이기도 하다. 예
산상의 뒷받침이 없는 국가작용이란 상상할 수도 없기 때문에 국가의 통치기능
에서 예산은 매우 중요한 의미를 갖는다.

국가재정작용
의 준칙규범

b) 예산의 본질

예산의 존재형식에는 크게 두 가지가 있다. 하나는 예산이 법률의 형식으
로 존재하는 경우이고(예산법률주의),[1] 다른 하나는 예산이 법률과는 다른 독립
한 형식으로 존재하는 경우(예산비법률주의)이다.[2] 예산이 법률의 형식을 취하는
경우와는 달라서 예산이 법률과는 다른 형식으로 존재하는 경우에는 예산의 본
질에 관한 논란이 있다. 훈령설·승인설·법규범설 등의 대립이 바로 그것이다.
그 논란의 초점은 이 경우에도 예산이 법규범으로서의 성질을 갖는다고 볼 수
있는가의 점이다.

예산법률주의
와 예산비법
률주의

훈령설·승인
설·법규범설

우리나라와 일본에서의 지배적인 견해는 법규범설에 따라 비법률의 형식
으로 존재하는 예산도 법규범으로서의 성질을 갖는다고 한다. 다만 예산과 법
률은 그 존재형식$(\substack{비법률 또\\는 법률})$, 제출권$(\substack{정부 단독 또는\\정부와 국회 양자})$, 심의절차$(\substack{수정제한 또\\는 수정자유})$, 공포의 절
차와 의미$(\substack{거부권배제 또\\는 거부권인정})$, 기속력의 대상과 범위$(\substack{국가기관만 또\\는 국민도 함께})$, 효력$(\substack{1년 또는\\장기간})$ 등에서
차이가 인정될 뿐이라고 한다.[3]

법규범설이
지배적

생각건대 우리나라 헌법처럼 법률과 예산을 별개의 형식으로 존재하게 하
는 경우에도 예산은 국가재정작용의 준칙규범으로서의 성질을 갖는다는 점을
부인할 수는 없다. 따라서 그러한 의미에서 예산의 본질을 일종의 법규범이라
고 이해하는 것은 큰 무리가 없다고 할 것이다. 다만 예산이 갖는 법규범으로
서의 본질은 일반법률이 갖는 법규범성과는 달라서 그 강제력의 담보수단이 국

제재장치 없
는 준칙규범
인 법규범

---

1) 예컨대 미국·영국·프랑스·독일 등이 이에 따르고 있다.
2) 예컨대 우리나라와 일본이 이에 따르고 있다.
3) 예컨대 권영성, 846면 이하; 김철수, 1022면 이하 참조.

가권력 스스로일 수 없고 따라서 그 위반에 대한 제재장치가 그 속에 함께 들어 있지 않다는 점에서 어디까지나 준칙규범에 지나지 않는다는 점을 강조해 둘 필요가 있다.

c) 예산과 법률의 상호관계

밀접한 기능상의 연계성

예산과 법률은 서로 독립해서 성립하고 기능하지만 예산과 법률의 상호간에는 기능적으로 밀접한 관계가 있다. 예산의 뒷받침이 없는 법률이나 집행의 근거법이 없는 예산은 각각 제 기능을 다할 수 없기 때문이다. 따라서 예산과 법률의 상호간에도 일정한 연계성이 확보되어야 한다. 우리 국회법($\frac{제79조}{의2}$)에서 예산상의 조치가 수반하는 법률안을 제출하는 경우에는 반드시 비용추계서를 아울러 제출하도록 한 것도 그와 같은 연계성확보의 한 수단이라고 볼 수 있다. 또 세목 또는 세율과 관계 있는 법률의 제정 또는 개정을 전제로 하여 미리 제출된 세입예산안을 국회가 심사할 수 없도록 한 것도($\frac{국회법 제84}{조 제8항}$) 같은 취지라고 할 것이다. 그에 더하여 국회의 예산안심의시에 새 비목의 임의적인 설치를 금지시킨 규정에도($\frac{제57}{조}$) 같은 정신이 들어 있다고 생각한다.

예비비·추가경정예산제도 및 체계적합성의 원칙

그러나 그와 같은 노력에도 불구하고 예산과 법률이 상호 기능적인 뒷받침을 하지 못하거나 불일치한 경우에 대비해서 예비비제도($\frac{제51}{조}$)와 추가경정예산제도($\frac{제89}{조}$) 등을 두고 있다. 그러나 무엇보다도 바람직한 것은 예산과 법률의 그러한 기능적인 공동화현상이 일어나지 않도록 예산과 법률 사이에도 일정한 체계적합성의 원칙을 지켜나가는 일이다.

(ㄴ) 예산의 내용과 효력

a) 예산의 내용

예산총칙, 세입세출예산, 계속비, 명시이월비, 국고채무부담행위

예산은 재정법($\frac{제19}{조}$)에 따라 예산총칙, 세입세출예산, 계속비, 명시이월비와 국고채무부담행위를 모두 그 내용으로 한다. 예산총칙은 예산의 내용에 관한 총괄적 규정이고, 세입세출예산은 한 회계연도의 일체의 수입과 지출을 말하며, 계속비는 완성에 수년도를 요하는 공사나 제조 및 연구개발사업비처럼 한 회계연도를 넘어 계속하여 지출할 필요가 있는 경비이고, 명시이월비란 세출예산 중 경비의 성질상 연도 내에 그 지출을 필하지 못할 것이 예측되어 다음 연도에 이월하는 금액이고, 국고채무부담행위란 국가가 채무를 부담하는 행위를 말한다. 우리 헌법($\frac{제55조}{제2항}$)과 재정법($\frac{제22}{조}$)은 예비비제도를 두어 예측할 수 없는 예산 외의 지출 또는 예산초과지출에 충당할 수 있도록 했기 때문에 예비비가 설치된 경우에는 예비비도 당연히 예산의 내용에 포함된다. 다만 예비비는 그 성질상 총액으로만 계상할 수 있고 그 지출이 정부의 재량에 맡겨져 국

회의 사후승인을 받게 되어 있다는 점에서 다른 예산내용과 다르다.

b) 예산의 효력

우리 헌법은 회계연도마다 예산을 편성하는 1년예산주의를 원칙으로 하고 있기 때문에($^{제54조}_{제2항}$) 예산의 효력도 당해 회계연도에 끝난다(시간적 효력). 다만 계속비의 경우에는 예산의 효력도 그만큼 연장되지만 5년을 넘을 수는 없다($^{제55조\ 제1항;\ 재정}_{법\ 제23조\ 제2항}$). 또 예산은 국가재정작용의 준칙규범이기 때문에 국가기관만을 구속하고 국민에게는 그 직접적인 효력이 미치지 아니한다(대인적 효력). 그런데 예산이 갖는 국가기관구속력(실질적 효력)은 특히 세출예산에서 강하게 나타난다. 세출예산의 집행은 재정법($^{제42조}_{이하}$)에 의한 엄격한 제약을 받기 때문이다. 그에 반해서 세입예산은 영구세주의의 본질상 일종의 세입예정표에 지나지 않는다. 끝으로 예산은 어떠한 경우라도 법률을 개정하는 효력을 나타낼 수는 없다(형식적 효력).

1년예산주의, 계속비의 5년 효력, 국가기관구속력

형식적 효력

(대) 예산의 성립

예산이 성립하기 위해서는 정부에 의해서 예산안이 편성되어 국회에 제출되고 국회의 심의를 거쳐 의결한 후 정부에 이송되어 대통령이 서명·공포하여야 한다.

편성·제출·심의·의결·서명·공포

a) 예산안의 편성

예산안편성은 기획재정부 장관의 주도 아래 정부만이 할 수 있는데 이 때 예산안편성의 기본자료는 각 부처에서 제출한($^{5월\ 31}_{일\ 한}$) 예산요구서($^{재정법\ 제29}_{조와\ 제31조}$)이다.[1] 우리나라는 예산안편성에 있어서 회계연도($^{1월\ 1일부터}_{12월\ 31일까지}$)에 따른 '1년예산주의', 각 회계연도의 경비는 그 연도의 세입으로서 충당하는 '회계연도독립의 원칙', 총세입과 총세출을 계상·편성하는 '예산총계주의', 총세입과 총세출을 단일회계로 통일·편성하는 '예산단일주의', 세입세출예산을 성질과 기능에 따라 장·관·항으로 구분하는 '예산구분주의', 예산이 여성과 남성에게 미칠 영향을 미리 분석한 성인지예산서, 온실가스 감축 인지 예·결산제도($^{재정법\ 제16조의\ 6호,\ 제27조,\ 제34}_{조\ 제9호의\ 2,\ 제57조의\ 2,\ 제68조}$ 의 3, 제71조 제6호의 2 및 제73조의 3: 회계법 제15조의 2) 등을 그 기본원리로 채택하고 있다.

편성의 기본원리: 1년예산주의, 회계연도독립의 원칙, 예산총계주의, 예산단일주의, 예산구분주의, 성인지예산서, 온실가스감축인지제도

b) 예산안의 제출

정부는 늦어도 회계연도 개시 90일 전까지 예산안을 국회에 제출하여야 하는데($^{제54조}_{제2항}$), 정부의 예산안제출은 정부의 독립권한이지만 국무회의의 심의사

제출시한과 수정·철회요건

---

1) 국회도 운영위원회의 심사를 거친 국회소관예산 요구서를 정부에 제출하는데 정부가 국회소관 세출예산요구액을 삭감하려면 그 삭감내용 및 사유를 기재하여 국회의장에게 송부해서 그의 의견서를 받아 국무회의에서 심의·결정한다(국회법 제23조).

항이다($^{제89조}_{제4항}$). 정부는 한 번 제출한 예산안을 수정 또는 철회할 수 있지만 그러기 위해서는 본회의 또는 위원회의 동의를 얻어야 한다($^{국회법 제90조 제2항;}_{재정법 제35조}$).

c) 예산안의 심의·의결

국회는 제출된 예산안을 심의해서 늦어도 회계연도 개시 30일 전까지 이를 의결하여야 한다($^{제54조}_{제2항}$). 국회는 예산안등과 세입예산안 부수법률안의 심사를 매년 11월 30일까지 마쳐야 한다. 이 기간 내에 심사를 마치지 아니한 때에는 그 다음날에 위원회에서 심사를 마치고 바로 본회의에 부의된 것으로 본다. 다만 의장이 각 교섭단체 대표의원과 합의한 경우에는 그러하지 아니하다($^{법 제85조의 3}_{제1항과 제2항}$). 예산안의 심의는 법률안의 심의와 그 절차와 방법이 유사하다. 즉 i) 예산안제출에 따른 정부의 시정연설청취, ii) 예산안(기금운용계획안($^{법 제84조}_{의2}$)·임대형 민자사업 한도액안($^{법 제84조}_{의4}$) 포함)의 소관상임위원회 회부·심사·보고, iii) 예산안의 예산결산특별위원회 회부·심사($^{이 때 소관상임위원회의 예비심사내용 존중하고 소관 상위에서 삭감한}_{세출예산의 금액증가 또는 새 비목설치시에는 소관 상위의 동의 필요}$)[1], iv) 예산안 및 기금운용계획안 및 결산에 대한 공청회 개최($^{법 제84조}_{의3}$), v) 예산안 본회의 상정·심의·의결 등($^{법}_{제84조}$)의 절차가 바로 그것이다.

그런데 국회의 예산안심의에서는 법률안심의 때와는 달리 몇 가지 제약을 받는다. i) 정부의 동의 없이 정부가 제출한 지출예산 각 항의 금액을 증액하거나 새 비목을 설치하지 못하고($^{제57}_{조}$), ii) 예산안에 대한 수정동의는 의원 50인 이상의 찬성이 있어야만 가능하며($^{국회법 제95}_{조 제1항}$), iii) 계속비로서 이미 국회의 의결을 얻은 항목은 수정할 수 없는 것($^{제55조}_{제1항}$) 등이 바로 그것이다. iv) 또 국회가 늦어도 회계연도 개시 30일 전까지는 예산안을 의결하여야 하는 것도($^{제54조}_{제2항}$) 하나의 제약요인이다.

그런데 이 법정기일 내에 국회에서 예산안이 의결되지 못하는 상황을 예상해서 우리 헌법($^{제54조}_{제3항}$)은 일종의 임시예산에 속하는 준예산제도를 채택하고 있다. 즉 새로운 회계연도가 개시될 때까지 예산안이 의결되지 못한 때에는 정부는 국회에서 예산안이 의결될 때까지 i) 헌법이나 법률에 의하여 설치된 기관 또는 시설의 유지·운영, ii) 법률상의 지출의무의 이행, iii) 이미 예산으로 승인된 사업의 계속을 위한 경비는 전년도예산에 준하여 집행할 수 있도록 했다. 예산공백으로 인한 국가활동의 정지상태를 예방하기 위한 불가피한 제도적

---

1) 예결위의 심사절차는 다음과 같다. 제안설명 → 전문위원 검토보고 → 종합정책질의 → 분과위심사 또는 부별심사 → 찬반토론 → 표결, 단 종합정책 질의는 교섭단체별 의석비율에 따라 시간을 할당한다(법 제84조 제3항). 또 정보위는 예외적으로 소관부서(국가정보원)의 예산안과 결산심사결과를 해당부처별 총액으로 의장에게 보고하고, 의장은 총액으로 예결위에 통보한다. 이 경우 정보위의 심사는 예결위의 심사로 본다(법 제84조 제4항).

인 장치이다.

d) 예산의 공포

국회가 의결한 예산은 정부로 이송되어 대통령이 서명하고 관보에 게재함 대통령의 서
명·관보게재으로써 공포하게 되는데 국무총리와 관계국무위원의 부서(副署)가 필요하다. 예산의 관보게재는 법률의 공포와는 달리 효력발생요건은 아니다. 예산은 국민을 수신인으로 하는 것은 아니기 때문이다.

(라) 예산의 변경

예산은 한 번 성립된 다음에는 임의로 변경할 수 없는 것이 원칙이다. 예 추가경정예산
안산의 내용 중에 예비비를 둘 수 있도록 한 것도 예산변경을 억제하기 위한 하나의 예방장치라고 볼 수 있다. 그러나 예산성립 후에 예비비만으로 해결할 수 없는 불가피한 사유[1]가 생기면 정부는 추가경정예산안을 편성하여 국회에 제출하여 예산을 변경할 수 있도록 했다($\substack{\text{제56조; 재정} \\ \text{법 제89조}}$). 추가경정예산안에 대해서는 그 제출시기와 심의기간 등을 제외하고는 원칙적으로 본예산안의 심의절차가 준용된다.[2]

3) 결산심사권

국회는 결산심사권을 갖는다. 예산의결권을 갖는 국회에게 결산을 심사 예산집행의
사후심사권할 수 있는 권한이 주어지는 것은 너무나 당연한 이치이다. 결산심사는 예산 집행에 대한 일종의 사후심사적인 성질을 가지기 때문이다. 우리 헌법은 국회에 대한 감사원의 결산검사보고의무($\substack{\text{제99}\\\text{조}}$)의 형식으로 국회의 결산심사권을 간접적으로 규정하고 있다. 그런데 정부의 결산보고에 대해서는 재정법($\substack{\text{제56조}\\\text{이하}}$)이 자세히 정하고 있다. 재정법($\substack{\text{제46조 제 4 항, 제47조 제 4 항, 제50조}\\\text{제 2 항과 제 3 항, 제70조 제 6 항 등}}$)은 결산심사 전에도 정부의 예산집행에 대한 국회의 심의기능과 감시기능을 강화하는 규정을 두고 있다.

---

1) 정부는 경제여건이 상당히 어려워지거나 국민생활의 안정을 위해 확정된 예산의 변경이 시급히 요청되는 경우 등에도 추경예산안을 편성할 수 있게 추경예산 편성요건을 완화했다(재정법 제89조). 구체적으로 전쟁·대규모 재해 발생, 경기침체, 대량실업, 남북관계 변화, 경제협력 등 대내·외 여건의 중대변화, 법령에 따른 국가의 지급의무 있는 지출 발생 등의 경우이다.

2) 【독일판례】 2021년에 코로나 방역대책을 위해서 사용하기로 예정했던 600억 유로(Euro)의 특별국가부채를 사용하지 않고 있다가 이 금액을 기후 및 에너지기금으로 전용하기 위해서 2022년에 소급해서 편성한 추경안법은 기본법(제109조 제 3 항, 제110조 제 2 항, 제115조 제 6 항)이 정한 예산사전주의와 예산 1 년주의에 위배되고 예외적으로 특별부채를 허용하는 국가 비상사태의 요건도 충족하지 못해 무효이다(2 BvF 1/22, 2023년 11월 15일 판결). [평석] 이 무효판결로 독일 정부는 이 특별부채를 사용하지 못하게 되어 600억 유로를 감축한 2024년 예산안을 처음부터 다시 마련하려고 어려움을 겪으면서 2024년 1월 중순에야 예산안을 확정했다.

(개) 결산서의 작성·제출

기획재정부장관은 각 중앙관서의 장이 국가회계법에 따라 작성·제출(다음연 말일 한)한 중앙관서결산보고서를 토대로 국가회계법에서 정하는 바에 따라 회계연 도마다 국가결산보고서를 작성하여 국무회의의 심의를 거쳐 대통령의 승인을 얻어야 한다. 기획재정부장관은 대통령의 승인을 받은 국가결산보고서를 감사 원에 제출(다음 연도 4 월 10일 한)하여야 한다(재정법 제58 조와 제59조). 정부는 감사원의 검사를 거친 국가 결산보고서를 국회에 제출한다(재정법 제60조 와 제61조).[1] 결산보고서의 부속서류인 세계잉여 금의 내용 및 사용계획도 함께 제출해야 한다(회계법 제 15조의2).

(내) 국회의 결산심사절차와 방법

국회의 결산심사절차와 방법은 예산안심사의 경우와 같다. 즉 결산이 국회 에 제출된 후 지체없이 소관상임위원회에 회부해서 심사를 거쳐 예산결산특별 위원회의 심사에 붙이고[2] 그것이 끝나면 본회의에 부의해서 의결한다(국회법 제84조).[3]

(대) 결산심사의 사후조치

국회의 결산심사 결과 위법·부당한 예산집행사항이 발견된 때에는 국회는 본회의 의결 후 정부 또는 해당기관에 변상 및 징계조치 등 그 시정을 요구하 고 그 처리결과를 국회에 보고하도록 한다(법 제84조 제2항 후단). 그 밖에 국무총리와 관계 국무위원의 해임건의(제63 조), 탄핵소추의 의결(제65 조), 해당부서의 예산안 수정·삭 감, 관련자의 형사고발 등도 또 다른 정치적·법적 책임추궁방법이다.

4) 정부의 중요 재정행위에 대한 동의·승인권

국회는 정부의 중요 재정행위에 대한 동의·승인권을 갖는다. 정부의 국채 모집에 대한 동의권(기채동의권)(제58 조), 예산 외에 국가의 부담이 될 계약체결에 대한 동의권(제58 조), 국가나 국민에게 중대한 재정적 부담을 지우는 조약의 체결· 비준에 대한 동의권(제60조 제1항), 예비비지출에 대한 승인권(제55조 제2 항 제2문), 대통령의 긴급 재정·경제처분 또는 명령에 대한 승인권(제76조 제3 항과 제4항) 등이 바로 그것이다.

그런데 국회의 동의권은 원칙적으로 사전동의를 말하며 승인권은 사후승 인을 뜻한다. 아무튼 정부의 중요 재정행위에 대한 동의·승인권은 국회의 재정

---

1) 결산보고서의 작성에 관한 내용 등은 국가회계법에 규정하고 결산보고서의 제출절차에 관한 내용 등은 국가재정법에서 규정하고 있다.
2) 예결위의 심사는 예산심사 때와 마찬가지로 제안설명→전문위원 검토보고→종합정책질의→분 과위심사 또는 부별심사→찬반토론→표결 순으로 진행된다(법 제84조 제3항). 그리고 예산안 과 마찬가지로 국가정보원 등 정보 및 보안업무부처소관 결산에 대한 정보위의 심사는 총액으 로 예결위에 통보되고, 정보위의 심사를 예결위의 심사로 본다(법 제84조 제4항).
3) 국회는 결산에 대한 심의·의결을 정기회개회 전까지 완료해야 한다(법 제128조의 2).

여백 메모
- 기획재정부장관 작성, 감사원 검사 후 매년 5월 31일까지 국회 제출
- 상위심사→예결위심사→본회의의결
- 위법·부당예산집행에 대한 책임추궁
- 기채동의권·예비비지출승인권 등
- 재정기능 겸 통제기능

기능이기는 하지만 동시에 국회의 통제기능적인 성격도 아울러 가지고 있다는 점을 간과할 수 없다.

(3) 통제기능

국회는 국민의 가장 중심적인 대의기관으로서 국정전반에 대한 통제권을 갖는다. 의회주의의 역사에 비추어 볼 때 국회는 본래 입법기능과 재정기능을 그 중심적인 과제로 삼아야 하지만 오늘날에 와서는 국회의 국정통제기능이 그들 기능에 못지 않은 중요한 기능으로 간주되고 있다. 이 점 의회주의의 성쇠와 불가분의 연관성이 있다($앞의\ 985면\atop 이하\ 참조$).

우리 헌법은 변형된 대통령제를 채택하고 있기 때문에 특히 정부의 국정수행에 대해서 적지 않은 '견제적인 통제'의 메커니즘을 마련하고 있다. 국회의 탄핵소추의결권($제65\atop 조$)과 국정감사 및 조사권($제61\atop 조$)이 그 가장 대표적인 것이지만 그 밖에도 국가긴급권 등의 대통령의 통치권행사($제76조\ 제3항과\atop 제77조\ 제5항$), 국방·외교정책($제60\atop 조$), 은사권($제79조\atop 제2항$)에 대한 통제를 비롯해서 국무총리와 국무위원에 대한 해임건의권($제63\atop 조$), 국무총리·국무위원 등을 상대로 한 국회출석요구 및 질문권($제62\atop 조$) 등도 중요한 의미를 갖는다.

국회가 갖는 이들 여러 가지 통제기능은 고전적·사법적 통제기능(탄핵소추의결권), 조사적 통제기능(국정감사 및 조사권), 정책적 통제기능(나머지 통제기능)으로 나눌 수 있다.

1) 탄핵소추의결권

국회는 대통령을 비롯한 고위공직자에 대해서 탄핵소추의결권을 갖는다($제65\atop 조$). 탄핵소추의결권은 국회의 여러 통제기능 중에서 가장 오랜 역사를 가진 고전적인 제도이지만 현실적으로는 그 소추절차가 지나치게 엄격해서 제약요건이 많아 그 실효성이 별로 크지 않다. 더욱이 오늘날에는 국회의 조사적 통제기능과 정책적 통제기능이 크게 활성화됨에 따라 탄핵소추라는 고전적·사법적 통제기능은 더욱 약화되고 말았다. 그러나 대통령을 비롯한 고위공직자를 대상으로 그 법적인 책임을 헌법이 정하는 특별한 소추절차에 따라 추궁함으로써 헌법을 보호하는 탄핵제도의 헌법상 의의와 기능을 너무 경시해도 아니된다.

우리 헌법은 탄핵제도에 관해서 소추기관과 심판기관을 나누어서 국회에게는 소추권만 주고($제65\atop 조$), 심판권은 헌법재판소에게 맡김으로써($제111조\ 제\atop 1항\ 제2호$) 탄핵제도가 갖는 국회의 통제기능적 성질보다는 헌법보호제도로서의 기능을 더욱

[난외주]
새롭게 각광받는 기능

헌법상의 통제장치

고전적·조사적·정책적 통제기능의 구분

고전적·사법적 통제기능

실효성 약화경향

소추권과 심판권 분리, 헌법보호제도의 기능 강조

강조하고 있다. 헌법재판제도와 관련해서 탄핵제도를 자세히 살펴보았으므로 (앞의 964면 이하 참조) 여기에서는 재론을 피한다.

2) 국정감사 및 조사권

헌법·국회법·
국감법·증언
법에 규정

국회는 국정감사권과 국정조사권을 갖는다. 「국회는 국정을 감사하거나 특정한 국정사안에 대하여 조사할 수 있으며, 이에 필요한 서류의 제출, 증인의 출석과 증언이나 의견의 진술을 요구할 수 있다」(제61조 제1항)는 우리 헌법규정이 바로 그것이다. 그런데 '국정감사 및 조사에 관한 절차 기타 필요한 사항은 법률로 정'하게 했는데(제61조 제2항) '국정감사 및 조사에 관한 법률'(국감 법)과 '국회에서의 증언·감정 등에 관한 법률'(증언 법)이 제정·시행되고 있다. 그 밖에 국회법(제127조~ 제129조)도 국정감사 및 조사에 관한 규정을 두고 있다.

실효성 큰 조
사적 통제기능

국정감사 및 조사권은 오늘날 국회의 통제기능 중에서도 가장 그 실효성이 큰 조사적 통제기능에 해당하는 것으로서 현대 자유민주주의헌법질서 내에서는 하나의 불가결한 제도적 장치로 간주되고 있다. 다만 우리 헌법처럼 국정감사권과 국정조사권을 구별해서 따로 규정하는 입법례는 드물다. 그러나 우리의 실정법이 국정감사권을 국회의 예산의결권과 연계시켜 예산안심의·의결을

감사권과 조
사권 2원화의
의미와 기능

위한 선행기능으로 제도화하고 국정조사권을 특정한 국정사안에 대한 수시적인 조사적 통제기능으로 2원화하고 있는 한 국정감사권과 국정조사권의 동시 규정이 입법론적으로 오로지 불합리한 것이라고 보기는 어렵다. 국정조사권만을 인정하고 있는 서구선진국에서는 평상시에도 국정조사권이 매우 활성화되고 있어서 예산안심의를 위한 특별한 국정감사의 필요성이 크지 않기 때문이다. 더욱이 국정조사권이 특정사안에만 국한되는 경우 '대의적이고 정치적인 통제'를 주된 기능으로 하여야 하는 국정조사권의 본질이 자칫 지나치게 '사법적인 통제'의 수단으로 변질될 위험성이 있다고 지적하는 주장이 커지고 있는 점도 우리 제도의 이해에 참고로 하여야 할 점이다.

(개) 국정감사 및 조사권의 연혁

17세기 영국
에서 특정 국
정사안에 대
한 조사기능
으로 출발

국회의 국정조사권은 영국에서 유래한 것으로 전해지고 있다. 즉 크롬웰 (Cromwell) 통치시대(1653~1658)와 찰스(Charles) 2세에 의한 왕정복고시대를 지나는 동안 약화되었던 의회의 권한이 명예혁명(1688) 후에 다시 강화되고, '권리장전'과 '권리선언' 등이 채택되어 인간의 권리와 의회의 조세동의권이 인정되는 등 '법의 지배원리'와 의회주권이 확립된 것을 바탕으로 해서 영국의회가 1689년 아일랜드 가톨릭교도들의 폭동진압에서 있었던 일련의 불미스러운 사

태를 조사하기 위해 특별위원회를 구성해서 활동했던 것이 국정조사권의 효시라고 전해지고 있다. 이와 같은 연혁에 비추어 본다면 국정조사권은 특정한 국정사안에 대한 조사적 통제기능으로 출발한 것이 분명하다.

아무튼 이렇게 시작된 국정조사권은 그 후 미국·프랑스·독일·일본 등의 나라에서도 제도적으로 수용되어[1] 국회의 통제기능으로 활용되고 있다.

(나) 국정감사 및 조사권의 한국적 변천과정

우리나라는 1948년 건국헌법($^{제43}_{조}$)에서 국회의 국정감사권을 규정한 이래 1972년 제 4 공화국헌법(유신헌법)에서 폐지될 때까지 예산심의에 앞서 행해지는 국정전반에 관한 일반감사와 특정부분에 대한 특별감사가 비교적 활발히 실시되었다. 그러나 그에 따른 폐단 또한 없지 않았다. 제 4 공화국헌법에서 국정감사권은 폐지되었으나 특정사안을 대상으로 하는 국정조사권만은 1975년 국회법에 명문화되었다. 국정조사권은 헌법상 명문규정의 유무에 관계 없이 국회의 보조적 권한으로서 마땅히 인정되어야 한다는 강력한 주장에 의한 것이었다. 그 후 1980년 제 5 공화국헌법($^{제97}_{조}$)에서 특정사안에 대한 국정조사권을 헌법으로 수용·규정했다가 1987년 제 9 차 헌법개정시에 국정감사권이 다시 부활되어 국정조사권과 함께 규정되었다.

국정감사권
(건국헌법 규정, 유신헌법 폐지, 제 9 차 개헌 부활)·
국정조사권
(1975년 국회법 규정, 제 8 차 개헌 규정)

이와 같은 제도의 변천과정으로 볼 때 국정감사권과 국정조사권을 구분해서 함께 규정한 우리의 현행헌법은 결코 동일한 사항을 그 규율대상으로 한 것이라고 볼 수 없다.

(다) 국정감사 및 조사권의 본질에 관한 논리형식

국정감사 및 조사권의 본질을 어떻게 이해할 것인가에 관해서는 대체로 세 가지 서로 다른 논리형식이 있다. 고전적 이론, 기능적 이론, 기본권적 이론이 바로 그것이다.

고전적·기능적·기본권적 이론

a) 고전적 이론

국회의 국정감사 및 조사권은 전통적으로 국민주권·권력분립·의회주권의 사상적 세계를 바탕으로 주장되어 왔다. 즉 루소의 국민주권사상과 쉬에스의 대의민주주의사상이 혼합되어 의회주권의 논리가 성립되고 의회주권에서 다시 의회의 '최고기관성'이 나오는 것이라고 설명되었다.

국민주권·의회주권·권력분립사상실현위한 독립적 권한

따라서 주권자인 국민의 대표기관으로 간주되는 최고기관으로서의 의회가 국정, 특히 행정부의 시정사항을 조사함으로써 그를 감시·비판하며, 그 비행을

---

1) 이들 여러 나라의 국정조사제도에 관해서 자세한 것은 졸고, '국정조사권의 법이론', 「고시연구」 1982년 11월호, 참고할 것.

적발·시정하는 권한을 가지는 것은 너무나 당연한 일로 간주된 것이다. 또 몽테스키외의 고전적 권력분립이론에 따라 국가권력의 분리와 권력 상호간의 견제·균형을 강조하는 경우 의회의 국정조사권은 다른 두 국가기관을 감시하고 견제하기 위한 불가피한 수단으로 평가될 수밖에 없다.

물론 대통령제국가에서는 권력분립적인 관점이, 그리고 의원내각제의 국가에서는 국민주권과 의회주권사상이 국정조사권을 설명하는 법이론의 기본골격을 이루게 된다는 차이는 있다 하더라도, 이들 고전적인 사상이 함께 국정조사권의 당위성을 설명하는 중요한 이론적인 밑바탕이 되어온 것을 부인할 수 없다. 국정조사권에 관해 자주 그 권력분립적인 한계가 거론되는 이유도 따지고 보면 권력분립의 원칙이 국정조사권의 이론적인 바탕이 되고 있음을 간접적으로 시사해 주는 것이다. 권능의 샘은 동시에 그 권능의 한계를 뜻하기 때문이다. 특정사안에 대한 국정조사권이 아닌 국정전반에 대한 국정감사권이 주장될 수 있는 이론적인 바탕도 바로 이들 고전적인 사상 속에 내재하고 있다고 볼 수 있다. 국정감사 및 조사권의 본질을 국회의 고유한 독립적인 권한으로 설명하려는 이른바 '독립적 권한설'도 이같은 고전적 사상에 그 이론적인 뿌리를 두고 있다고 보아야 한다.[1]

독립적 권한
설의 근거

b) 기능적 이론

국정조사권의 당위성을 국회의 기능과 결부시켜 이해하려는 비교적 근대적인 이론이 있다. 즉 국회의 국정감사 및 조사권은 국민주권의 원리나 의회주권을 실현하기 위한 수단도 아니고, 또 고전적 권력분립이론에 입각한 견제와 균형의 메커니즘도 아닌 국회가 가지는 일종의 '보조적 권한'에 불과하다는 것이다(보조적 권한설). 특히 국회가 가지는 가장 중요한 고유기능인 입법활동과 예산심의활동을 효율적으로 전개해 나가기 위해서는 그에 필요한 심의자료를 광범하게 수집해야 하고 국회가 특정한 국정사안에 대해서 조사를 하는 것은 말하자면 그와 같은 심의자료 수집을 위한 일종의 필수적인 보조기능이기 때문에 이를 부인할 수 없다는 논리이다.[2]

국회의 고유
기능수행. 위
한 보조적 권
한

이처럼 국회의 국정감사 및 조사권을 국회의 고유기능을 수행하기 위한 일종의 보조기능으로 설명하는 경우, 국회의 고유한 권한에 속하지 않는 사항에 대한 국정감사 및 조사는 처음부터 배제된다. 이것이 이른바 '화관이론'(花冠理論)이라고 불려지는 근대적인 이론이고 미국연방대법원의 판례의 입장이기도

보조적 권한
설의 한계: 화
관이론

1) 김철수, 990면, 교수는 국정감사권은 독립적 권한으로, 국정조사권은 보조적 권한으로 설명한다.
2) 권영성, 863면, 교수는 국정감사권과 국정조사권을 모두 보조적 권한으로 이해한다.

하다.

c) 기본권적 이론

국회의 국정조사기능을 다수와 소수의 문제 또는 국민의 기본권보장의 시각에서 정당화하려는 현대적인 이론이 있다. 의회다수당이 의회와 행정부를 동시에 지배하는 정당국가적 민주질서에서는 의회다수당과 정부로 구성되는 여당권을 견제할 수 있는 야당의 강력한 권한이 필요한데, 국회의 조사권은 말하자면 다수에 맞설 수 있는 소수의 권한의 차원에서 이해되고 운용되어야 한다는 것이다. 그러기 위해서는 조사권발동을 위한 발의단계에서부터, 조사위원회구성, 조사위원회의 표결방법 등에 이르기까지 무기평등의 원칙과 소수보호의 원칙을 최대한 존중하도록 그 조사방법과 절차가 마련되어야 한다는 것이다.

또 국회가 특정사안에 대해서 국정조사를 하는 것은 국회가 가지는 고유기능으로서의 입법 및 예산심의활동을 위해서 필요한 정보와 자료를 수집한다는 의의 못지않게, 국정조사를 통해서 진실을 밝혀냄으로써 국민의 알권리를 보장하고 실현한다는 의의도 매우 중요하다는 점을 강조한다. 더욱이 통치권능을 바로 국민의 기본권실현수단이라고 이해하는 현대적인 통합론적 헌법관에서 볼 때 알권리를 실현하는 수단의 하나가 바로 국정조사권이라는 것이다. 이러한 시각에서 볼 때 국정조사권이 오히려 기본권을 침해할 수 있다는 논리는 국정조사권의 본질론의 영역에서는 성립될 수 없고 국정조사권의 한계로서 지적되는 사생활의 자유, 인신권 등은 너무나 자명한 사실에 대한 지적에 지나지 않게 된다.

d) 비판 및 사견

생각건대 연혁적으로 볼 때 국정조사권은 그 본질상 국민주권·권력분립·의회주권의 이념을 실현하기 위한 하나의 독립적 권한으로 생성·발전한 것이 사실이고, 또 그와 같은 고전적인 이념에 충실한다면 국정전반에 대한 국정감사권도 큰 이론적인 저항 없이 수용될 수 있다고 생각한다. 그러나 국민주권·권력분립·의회주권 등 고전적인 이념이나 원리들이 오늘날 그 의미와 기능면에서 크게 변질된 상황 속에서 국정조사권의 본질을 여전히 이들 고전적 원리의 사상적 테두리 내에서만 이해하려고 하는 것은 무리라고 느껴진다.

따라서 오늘날에 와서는 국정조사권의 본질을 기능적이고 기본권적인 관점에서 설명하려는 입장을 완전히 배제할 수는 없다고 생각한다. 결국 국정조사권은 국회가 갖는 통제적 기능의 관점에서 본다면 하나의 독립적 권한이라고 볼 수 있지만, 국회가 갖는 입법기능과 재정기능, 인사기능 등의 관점에서 본

다수에 대한
소수의 견제
수단 내지 기
본권실현수단

국민의 알권
리실현수단

고전적 이론
의 문제점

기능적·기본
권적 접근의
불가피성

다면 그들 기능을 보조하는 일종의 보조적 권한으로서 기능한다는 점도 부인할 수 없다. 또 국정조사권은 국민의 기본권적인 시각에서 평가한다면 하나의 기본권실현수단으로서 구체적으로는 국정상황에 대한 국민의 알권리를 충족시켜 국민의 정치적 의사형성에 활력소를 불어넣어 주는 촉매역할도 하게 된다.

독립적·보조
적 권한과 기
본권실현수단
의 성질 공유

이렇게 볼 때 국정조사권은 그 본질면에서, 보는 시각에 따라 독립적 권한일 수도 있고, 보조적 권한일 수도 있고 또 알권리를 실현시켜 주는 하나의 수단일 수도 있다고 보아야 한다. 따라서 국정조사권의 본질이 독립적 권한이냐 보조적 권한이냐에 관한 논란은 별로 실익이 없다고 생각한다.

㈃ 국정감사 및 조사권의 내용과 행사방법

a) 국정감사권과 국정조사권의 구별

주체·동인·
대상·시기의
차이

우리 헌법은 국정감사권과 국정조사권을 함께 규정하고 있지만 그 내용은 반드시 같은 것은 아니다. 특히 국정감사와 국정조사는 그 주체·동인(動因)·대상·시기의 면에서 구별된다. 즉 국정감사는 국정전반($^{자율입법·재정·}_{행정·사법행정}$)에 관하여 소관상임위원회별로 매년 정기회 집회일 이전에 감사시작일로부터 30일 이내의 기간을 정하여[1] 감사계획서에 따라($^{국감법 제2조}_{제2항~제5항}$) 정기적으로 법률이 정하는 감사의 대상기관을 상대로 공개리에 행해지지만, 국정조사는 특정한 국정사안에 대하여 조사할 필요가 생겨 국회의 재적의원 1/4 이상의 요구가 있는 경우에 조사위원회(특별위원회 또는 상임위원회)가 공개리에 행한다는 차이가 있다.[2] 따라서 국정감사는 매년 예산안심의에 앞서 일정기간 행하는 일종의 포괄적 통제기능이라면, 국정조사는 수시로 국정의 특정사안에 관해서만 행하는 일종의 제한적 통제기능이라고 볼 수 있다. 따라서 우리의 현행법질서 아래서는 국정감사가 국정조사로 발전할 수는 있어도 국정조사가 국정감사로 확대될 수는 없다고 할 것이다.

포괄적 통제
와 제한적 통
제의 차이

b) 국정감사 및 조사권의 행사방법

α) 국정감사 및 조사의 방법

국감법 제 7
조 및 제10조
등의 규정

국정감사권과 국정조사권의 여러 가지 차이에도 불구하고 우리의 현행법은 국정감사와 국정조사의 방법에 관해서는 이를 함께 규정하고 있지만, 감사의 대상기관은 따로 정하고 있다($^{국감법}_{제7조}$).[3] 「본회의·위원회·소위원회 또는 반(班)은

---

1) 다만 본회의 의결로 정기회 기간 중에 감사를 실시할 수 있다(국감법 제 2 조 제 1 항 단서).
2) 국감법 제 2 조, 제 3 조, 제 7 조, 제12조 참조.
3) 즉 감사대상기관은 정부조직법상의 국가기관, 광역지방자치단체, 공공기관 운영법상의 공공기관, 한국은행, 농·수협중앙회인데 본회의가 필요하다고 의결하면 지방행정기관, 지방자치단체, 감사원법상의 감사대상기관도 감사대상이다.

감사 또는 조사를 위하여 그 의결로 감사 또는 조사와 관련된 보고 또는 서류의 제출을 관계인 또는 기관 기타에 요구하고[1] 증인·감정인·참고인의 출석을 요구하고 검증을 행할 수 있다. 의원 또는 위원의 증인출석요구가 투명하고 책임있게 이루어지도록 증인출석요구서에는 증인 신청의 이유, 안건 또는 국정감사·국정조사와의 관련성 등을 기재해야 한다(증언감정법 제5조 제2항). 위원회가 청문회, 국정감사 또는 국정조사와 관련된 서류제출요구를 하는 경우에는 재적위원 1/3 이상의 요구로 할 수 있다(국감법 제10조 제1항 및 국회법 제128조 제1항). 위원회는 증거의 채택 또는 증거의 조사를 위하여 청문회를 열 수 있다. 위원회의 요구를 받은 자 또는 기관은 국회에서의 증언·감정 등에 관한 법률에서 특별히 규정한 경우를 제외하고는 누구든지 이에 응하여야 하며 위원회의 검증 기타의 활동에 협조하여야 한다」(국감법 제10조). 그리고 지방자치단체에 대한 감사는 여러 위원회가 합동으로 할 수 있고(국감법 제7조의 2), 국정조사에서는 전문위원·전문가 등이 예비조사를 하게 할 수도 있다(국감법 제9조의 2). 또 본회의 또는 위원회는 그 의결로 감사원 등 관계행정기관의 장에게 인력·시설·장비 등의 지원요청을 할 수 있는데 특별한 사정이 없는 한 이에 응해야 한다(국감법 제15조의 2). 감사원에 대한 감사청구 그 밖에도 국회가 그 의결로 감사원에 특정사안의 감사를 요구하면 감사원은 원칙적으로 3월 이내에(특별한 사정이 있으면 중간보고 후 2월의 범위 내에서 연장허가 가능) 감사결과를 국회에 보고해야 한다(국회법 제127조의 2). 국회는 국정감사의 과정 및 결과를 전자적 방식으로 일반에게 공개·관리하기 위하여 국정감사정보시스템을 구축해서 운영할 수 있다(국감법 제12조의 2).

그런데 감사 또는 조사를 위한 증인·감정인·참고인의 증언·감정 등에 관한 절차는 '국회에서의 증언·감정 등에 관한 법률'(증언법)에서 자세히 정하고 있다. 증언법의 규정 내용 즉 증인 등의 출석의무(동법 제2조 및 제5조의 2), 증언 등의 거부사유(동법 제3조), 공무상 비밀에 관한 증언·서류의 제출문제와 국가안위에 '중대한 영향을 미칠 수 있음이 명백한 경우'의 증언 및 서류제출거부사유(동법 제4조와 제4조의 2), 증인 등의 출석요구 등(동법 제5조 및 제5조의 2와 제5조의 3) 및 불출석증인에 대한 동행명령(동법 제6조), 증인의 보호를 위한 변호인의 대동(동법 제9조), 불출석·국회모욕·위증 등에 대한 고발 및 처벌(동법 제12조~제15조)[2]

---

1) 다만 폐회중에 의원으로부터 서류제출요구가 있는 때에는 의장 또는 위원장은 교섭단체대표의원 또는 간사와 협의하여 이를 요구할 수 있고, 위원회가 이 요구를 할 때에는 의장에게 이를 보고해야 한다(법 제128조 제1항~제4항). 서류제출요구를 받은 기관은 원칙적으로 10일 이내에 그 요구에 응해야 한다(법 제128조 제5항).

2) 고발권은 본회의 또는 위원회가 갖지만 청문회의 경우에는 재적위원 1/3 이상의 연서에 의해서 그 위원의 이름으로 고발할 수 있다(동법 제15조 제1항 단서).
【판결례】 국회증언감정법 제14조 제1항 본문에서 정한 위증죄는 같은 법 제15조의 고발을 소추요건으로 한다. 따라서 국정조사특위의 활동기간이 끝난 후에 과거 특위활동 당시 위원이었던 사람의 연서로 고발할 수 있다고 해석하는 것은 소추요건인 고발의 주체와 시기에 관한

등이 자세히 규정되어 있다.

β) 국정감사 및 조사결과에 대한 처리

조사보고서제
출·본회의보
고·의결처리

감사 또는 조사를 마친 위원회는 감사 또는 조사보고서를 의장에게 제출해야 하는데 이 보고서에는 증인 채택현황 및 증인신문 결과를 포함한 감사 또는 조사경과와 결과 및 처리의견을 기재하고 그 중요 근거서류를 첨부해야 한다. 의장은 이 조사보고서를 지체없이 본회의에 보고하여야 한다(국감법 제15조). 본회의는 의결로 감사 또는 조사결과를 처리한다. 국회는 감사 또는 조사결과 위법·부당한 사항이 있을 때에는 그 정도에 따라 정부 또는 해당기관에 변상, 징계조치, 제도개선, 예산조정 등 시정을 요구하고, 정부 또는 해당기관에서 처리함이

시정요구·처
리·결과보고·
보고 후 조치

타당하다고 인정되는 사항은 정부 또는 해당기관에 이송한다. 이 때 정부 또는 해당기관은 시정요구를 받거나 이송받은 사항을 지체없이 처리하고 그 결과를 국회에 보고하여야 한다. 국회 소관위원회의 활동기간 종료 등의 사유로 처리결과에 대하여 조치할 위원회가 불분명한 경우에는 의장이 각 교섭단체 대표의원과 협의하여 지정하는 위원회로 하여금 이를 대신하게 한다(국감법 제16조 제5항). 국회는 그 처리결과보고에 대하여 필요하다고 판단되면 법적·정치적 책임추궁 등 적절한 조치를 취할 수 있다(국감법 제16조).

(마) 국정감사 및 조사권의 한계

권력분립적·
기능적·기본
권적·규범조
화적 한계

국정감사 및 조사권은 국회의 조사적 통제기능에 해당하는 것으로서 결코 자기목적적인 것이 아니기 때문에 그 남용 내지 악용이 허용되지 아니한다. 국정감사 및 조사권에 관해서 그 권력분립적·기능적·기본권적·규범조화적 한계가 강조되는 이유도 그 때문이다.

a) 권력분립적 한계

권력분립원칙
침해금지

국정감사 및 조사권은 권력분립사상을 기초로 하는 권력간의 견제·균형의 메커니즘이기 때문에 국정감사 및 조사권으로 인해서 오히려 권력분립의 원칙이 침해되어서는 아니된다. 우리 '국정감사 및 조사에 관한 법률'(제8조)에서 계류중인 재판 또는 수사중인 사건의 소추에 관여할 목적으로 행사되는 국정감사와 조사를 금지하고 있는 이유도 바로 그 때문이다.

b) 기능적 한계

국회기능과무
관한 감사·조
사 금지

국정감사 및 조사권은 국회가 갖는 입법기능·재정기능·인사기능 등을 합

범위를 행위자에게 불리하게 확대하는 것으로 죄형법정주의의 파생원칙인 유추해석의 금지원칙에 위반된다. 2018년 대법원이 최순실 사건의 주치의에 대한 특검의 기소를 기각하면서 판시한 내용으로서 고발은 특위활동기간 내에 해야 한다는 점을 강조한 것이다(대법원 2018. 5. 17. 선고 2017 도 14749 판결).

리적으로 수행하기 위한 하나의 보조적 기능이기도 하기 때문에 그것은 어디까지나 그와 같은 보조적 기능의 테두리 내에서만 행사되어야지, 국회의 기능과는 관계 없는 방향으로 행사되어서는 아니된다. 「국회가 감사 또는 조사를 할 때에는 그 대상기관의 기능과 활동이 현저히 저해되거나 기밀이 누설되지 아니하도록」 주의하라고 명한 것도$\binom{국감법 \ 제14}{조 \ 제1항}$ 바로 그러한 취지를 명백히 한 것이라고 볼 수 있다.

c) 기본권적 한계

국정감사 및 조사권은 국민의 기본권을 실현하는 하나의 수단으로 인정되는 것이기 때문에 알권리의 실현이 또 다른 기본권을 침해하지 않는 범위 내에서만 허용된다고 할 것이다. 우리 실정법도 국정감사 또는 조사가 사생활을 침해할 목적으로 행사되어서는 아니된다고 그 한계를 분명히 밝히고 있다$\binom{국감법}{제8조}$. 그런데 국정감사 또는 조사에서 침해해서는 아니되는 기본권은 사생활의 비밀과 자유만이 아니고 인신에 관한 실체적 권리와 인신보호를 위한 사법절차적 기본권 등도 마땅히 존중되어야만 한다.

타인의 기본
권 침해금지

d) 규범조화적 한계

국정감사 및 조사권은 우리 헌법이 추구하는 모든 가치세계를 균형 있게 실현함으로써 자유민주주의통치질서를 확고히 뿌리내리게 하는 것이어야 하기 때문에 모든 헌법적 가치를 균형 있게 조화시킬 수 있는 방향으로 행사되어야만 한다. 우리 실정법이 국정감사 및 조사과정에서 증언할 사실이나 제출할 서류의 내용이 직무상 비밀에 속한다는 이유로 증언이나 서류제출을 거부할 수 없도록 하면서도, 「군사·외교·대북관계의 국가기밀에 관한 사항으로서 그 발표로 말미암아 국가안위에 중대한 영향을 미친다」는 사실이 주무부장관의 설득력 있는 소명 또는 국무총리의 성명으로 입증된 경우에 한해서는 그 예외를 허용하고 있는 것도 바로 그 때문이라고 할 것이다$\binom{증언법}{제4조}$. 또 지방자치제도와의 조화를 위해서 광역자치단체에 대한 국정감사는 국가위임사무와 국가가 보조금 등 예산을 지원하는 사업으로 한정하고 있다$\binom{국감법 \ 제7}{조 \ 제2호}$.

국가안위와
직결되는 사
항에 대한 조
사의 한계

지방자치에
의한 한계

3) 정책통제권

국회는 여러 가지 정책통제권을 가지고 정부의 정책을 비판·감시·견제하고 있다. 넓은 의미로는 국회의 자율기능을 제외한 입법기능·재정기능·인사기능 등도 일종의 정책통제적 성질을 갖지만, 좁은 의미에서 정책통제권이라 할 때에는 직접 정책통제를 목적으로 하는 국회의 기능만을 말하는 것이 보통이

광의 및 협의
의 정책통제
권

다. 탄핵소추권과 국정감사 및 조사권도 물론 국회의 정책통제권에 포함되지만 탄핵소추권은 그것이 갖는 헌법보호수단적 기능을 무시할 수 없고, 국정감사 및 국정조사권은 그 연혁과 본질 그리고 기능면에서의 특수성 때문에 따로 다루었기 때문에 여기에서는 제외하기로 한다. 그런데 국회의 정책통제권은 다시 대통령의 통치권행사에 대한 정책통제권과 일반국정에 대한 정책통제권으로 나눌 수 있다.

㈎ 대통령의 통치권행사에 대한 정책통제권

국회는 대통령의 통치권행사를 통제할 수 있는 권한을 가진다. 대통령의 긴급재정·경제처분 및 명령과 긴급명령에 대한 승인권(제76조 제3항)과 대통령의 계엄선포에 대한 해제요구권(제77조 제5항), 대통령의 일반사면에 대한 동의권(제79조 제2항) 등이 바로 그것이다. 대통령의 통치권행사가 국가긴급권적인 성질을 가진 경우에는 그에 대한 국회의 통제도 사후적인 통제의 성질을 띨 수밖에 없지만, 그렇지 않은 일반사면의 경우에는 사전통제가 이루어져야 한다. 우리 헌법은 대통령의 국가긴급권행사가 국민의 기본권에 미칠 수 있는 역기능적인 효과를 감안해서 그 발동요건을 엄격하게 제한하고 있을 뿐 아니라(뒤의 1082면 이하 참조), 그에 대한 국회의 통제방법과 효과에 대해서도 자세히 규정하고 있다. 국회의 승인을 얻지 못한 처분 또는 명령의 효력상실과 국가긴급권으로 개폐된 법률의 자동적인 효력회복(제76조 제4항) 그리고 국회의 계엄해제요구에 상응한 대통령의 계엄해제의무 등은 국회가 갖는 국정통제의 당연한 효과이다.

㈏ 일반국정에 대한 정책통제권

국회는 행정부의 일반적인 정책수행에 대해서도 강력한 통제권을 갖는다. 정부의 외교정책과 방위정책에 대한 통제권(제60조), 대정부출석요구 및 질문권(제62조), 각료해임건의권(제63조) 등이 그것이다.

a) 정부의 외교정책과 방위정책에 대한 통제권

국회는 그 입법기능의 일환으로 중요한 조약의 체결·비준에 대한 동의권을 갖는데 그것은 국회의 통제기능적 시각에서 본다면 대통령이 행사하는 외교적 권한(제73조)에 대한 정책통제적인 의미를 갖게 된다. 또 국회는 정부의 외국에 대한 선전포고, 국군의 외국에의 파견 또는 외국군대의 우리 영역 안에서의 주류결정에 대한 동의권을 갖는데(제60조 제2항), 이것은 대통령의 외교적 권한과 국군통수권을 바탕으로 하는 그의 외교정책과 방위정책에 대한 국회의 통제기능을 뜻한다.

(좌측 여백 주석)

긴급명령승인권·계엄해제요구권·일반사면동의권

외교·방위정책통제권, 대정부질문권, 각료해임건의권

조약체결·비준동의권, 선전포고·국군해외파병 등 동의권

b) 대정부출석요구 및 질문권

국회는 국무총리·국무위원 또는 정부위원을 국회본회의 또는 위원회에 출석시켜 정책에 대한 질문을 할 수 있다(제62조; 국회법 제119조~제122조의 3). 우리 국회법(제121조 제4항)은 국회의 정책통제적 출석요구 및 질문권을 심지어 대법원장·헌법재판소장·중앙선거관리위원회위원장·감사원장에게까지도 확대시켜 놓고 있다.

국회의 대정부출석요구와 출석·답변의무

정부는 국회의 요구가 없어도 필요한 경우 국회본회의나 그 위원회에 출석하여 국정처리상황을 보고하거나 의견을 진술할 수 있지만(제62조 제1항), 국회의 요구가 있는 경우에는 반드시 출석·답변하여야 한다. 다만 의장 또는 위원장의 승인을 얻어 국무총리는 국무위원을, 그리고 국무위원은 정부위원을 대리로 출석·답변하게 할 수 있다. 국회가 갖는 이와 같은 대정부출석요구 및 질문권은 대통령제에서는 원칙적으로 허용되지 않는다는 점을 고려할 때 이것은 우리의 정부형태가 변형된 대통령제라는 것을 말해 주는 하나의 징표이기도 하다.

α) 출석요구 및 질문의 절차

국회가 국무총리 등의 출석을 요구할 때에는 의원 20인 이상의 발의에 의한 본회의의 결정이 있어야 하며, 위원회도 그 의결로 이들의 출석을 요구할 수 있지만 이 경우에는 위원장이 의장에게 보고해야 한다(법 제121조 제1항과 제2항).

본회의 및 위원회의 출석요구절차

① 대정부질문　국회본회의는 회기중 기간을 정하여 국정전반 또는 국정의 특정분야를 대상으로 대정부질문을 할 수 있다. 의원의 대정부질문은 일문일답의 방식으로 하되 의원 1인당 질문시간은 20분(답변시간 비포함)을 초과할 수 없다. 의제별 질문의원수는 의장이 각 교섭단체대표의원과 협의하여 정하고, 의장은 의제별 질문의원수를 각 교섭단체에 그 소속의원비율에 따라 배정한다. 무소속의원의 질문자수는 의장이 각 교섭단체대표의원과 협의해서 정한다.

국정전반에 대한 질문, 질문시간제, 질문시간 20분, 교섭단체별 질문의원수 할당제

의장은 의원의 질문과 정부답변이 교대로 균형 있게 유지되도록 해야 한다. 질문희망의원은 미리 질문요지서(질문요지 기재)를 구체적으로 작성해서 의장에게 제출하고, 의장은 늦어도 질문시간 48시간 전까지 질문요지서가 정부에 도달하도록 송부한다. 각 교섭단체대표의원은 질문의원과 질문순서를 질문 전일까지 의장에게 통지해야 한다. 의장은 이 통지내용에 따라 질문순서를 정한 후 본회의 개의 전에 각 교섭단체와 정부에 통지한다(법 제122조의 2).

질문요지서 48시간 전 정부송달

② 긴급현안질문　의원은 20인 이상의 찬성으로 현안이 되고 있는 중요사안에 대해 대정부질문할 것을 의장에게 요구할 수 있으며, 의장은 운영위원회와의 협의를 거쳐 그 실시 여부와 의사일정을 정하는데 그 실시 여부를 본회의의 표결에 부쳐 정할 수도 있다. 의장의 결정 또는 본회의 의결은 국무

중요현안에 대한 대정부질문

총리 또는 국무위원에 대한 출석요구의 의결로 간주한다.

질문요구서
24시간 전 제출

긴급현안질문을 요구하는 의원은 질문요구서($\frac{질문요지\ 및\ 출석대상\ 국무}{총리\ 또는\ 국무위원\ 기재}$)를 본회의 개의 24시간 전까지 의장에게 제출해야 한다. 긴급현안질문시간은 총 120분으로 하되 연장할 수 있는데, 의원당 질문시간은 10분, 보충질문은 5분을 초과할 수 없다. 나머지 질문절차는 대정부질문절차에 따른다($\frac{법\ 제122조}{의\ 3}$).

총질문시간
120분, 의원
당 10분

β) 대정부서면질문

출석요구 없
는 서면질문

국회의원은 정부에 대해서 서면으로도 질문할 수 있는데, 이 때에도 질문서를 의장에게 제출하고, 의장은 제출된 질문서를 지체없이 정부에 보낸다. 정부는 질문서를 받은 날로부터 10일 이내에 서면으로 답변하는 것이 원칙이지만, 부득이한 사유가 있으면 답변기한을 국회에 미리 통지하여야 한다. 정부의 답변에 대한 보충질문이 가능한 것은 물론이다. 그리고 정부는 서면질문에 대하여 답변할 때 회의록에 게재할 답변서와 기타 답변관계자료를 구분하여 국회에 제출하여야 한다($\frac{법}{제122조}$).

c) 각료해임건의권

대통령의 각
료임명권의
통제장치

국회는 국무총리 또는 국무위원의 해임을 대통령에게 건의할 수 있다($\frac{제63조}{제1항}$). 이것은 대통령이 갖는 국무총리 및 국무위원임명권에 대한 국회의 통제장치로서 국회의 국무총리임명동의권($\frac{제86조}{제1항}$)과 함께 변형된 대통령제의 내용을 이루는 하나의 제도적인 징표이다. 그런데 국회가 해임건의안을 다루기 위해서는 국회 재적의원 1/3 이상의 발의가 있어야 하고($\frac{제63조}{제2항}$), 해임건의안이 발의된 때에는 의장은 발의 후 처음 개의하는 본회의에 보고하고 그때로부터 24시간 이후 72시간 이내에 무기명투표로 표결하는데($\frac{국회법\ 제112}{조\ 제7항}$), 국회 재적의원 과반수의 찬성이 있어야만 국회는 해임건의를 할 수 있다($\frac{제63조}{제2항}$). 표결기간 내에 표결하지 아니한 해임건의안은 폐기된 것으로 처리된다($\frac{국회법\ 제112}{조\ 제7항}$).

발의 및 의결
정족수와 표
결시기

해임건의권의
이론적 · 현실
정치적 평가

우리 헌법이 규정하는 이와 같은 각료해임건의권은 제도적으로 그 해석 · 운용에 어려움이 있다. 국회의 해임건의가 전혀 기속력이 없는 것이라고 해석한다면, 그러한 건의는 헌법의 명문규정이 없어도 가능하고 반대로 국회의 해임건의가 기속력이 있어 대통령이 반드시 그에 따라야 한다면 그것은 국회해산제도가 없는 현행정부형태의 구조적인 골격에 맞지 않기 때문이다.[1] 따라서 해임건의의 사유와 횟수에 있어서 아무런 제한을 받지 않는 국회의 각료해임건의권은

---

1) 동지: 【결정례】 국회의 국무위원에 대한 해임건의는 법적 구속력이 없다. 법적 구속력이 있는 것으로 해석하는 것은 대통령의 국회해산권이 없는 헌법상의 권력분립질서와 조화되지 않는다 (헌재결 2004. 5. 14. 2004 헌나 1).

해석론적·이론적인 안목에서는 하나의 무의미한 전시적인 통제수단에 지나지 않는다고 보여진다. 그렇지만 현실정치적인 측면에서는 정치상황에 따라서는 국회의 해임건의가 적지 않은 정치적인 의미를 가질 수도 있다고 생각한다. 결과적으로 해임건의가 갖는 기속력의 강약은 해석론이나 헌법이론의 문제가 아니고 해임건의가 이루어지는 구체적인 정치상황의 여러 변수에 의해서 정해진다고 할 것이다. 바로 이곳에 우리 각료해임건의권의 개방성과 정치성이 있다.

(4) 인사기능

국회는 여러 통치기관 중에서도 민주적 정당성이 가장 강한 대의기관이기 때문에 다른 통치기관의 구성에 관여해서 인선기능을 수행함으로써 통치기구의 민주적 정당성을 높이는 기능을 하는데, 이것을 국회의 인사기능이라고 한다. 국회의 대통령결선투표권($\substack{제67조\\제2항}$), 국회가 갖는 헌법재판소재판관(3인) 및 중앙선거관리위원회위원(3인)선출권($\substack{제111조\ 제3항과\\제114조\ 제2항}$), 국회의 국무총리·감사원장·대법원장과 대법관·헌법재판소의 장 임명동의권($\substack{제86조\ 제1항,\ 제98조\ 제2항,\ 제104\\조\ 제1항과\ 제2항,\ 제111조\ 제4항}$)과 이들 및 헌법재판소재판관·중앙선거관리위원회위원·국무위원·방송통신위원회위원장·국가정보원장·공정거래위원회 위원장·금융위원회 위원장·국가인권위원회 위원장·국세청장·검찰총장·경찰청장·합동참모의장·한국은행 총재·특별감찰관·KBS 사장 후보자에 대한 인사청문권($\substack{국회법\ 제46조의\ 3\ 및\ 제65조의\ 2\\와\ 인사청문회법\ 제6조\ 제2항}$) 등이 바로 그것이다.[1]

통치기관에 민주적 정당성 부여해 주는 기능

대통령결선투표권·헌법기관선출 및 임명동의권과 인사청문권

1) 대통령결선투표권

우리 헌법은 대통령직선제를 채택하고 있지만, 대통령선거에서 상대다수대표선거제도를 도입했기 때문에 경우에 따라서는 최고득표자가 2인 이상인 선거결과가 나타날 수도 있다. 그런 경우 우리 헌법은 국회가 그 결선투표권을 갖도록 해서 국회의 재적의원 과반수가 출석한 공개회의에서 무기명으로 결선투표를 실시하고 다수표를 얻은 사람을 대통령당선자로 정하도록 했다($\substack{제67조\ 제2항;\ 국회\\법\ 제112조\ 제6항}$).

예외적인 대통령결선투표

그러나 대통령직선제의 헌법정신을 살리고 대통령으로서의 통치권행사에 필요한 민주적 정당성을 확보하며 대통령제중심의 절충형정부형태가 요구하는

대통령선거제도의 문제점과 체계정당성의 원리

---

[1] 국회는 임명동의안 또는 인사청문안이 제출된 날부터 원칙적으로 20일 이내에 심사 또는 인사청문을 마쳐야 한다(인사청문회법 제6조 제2항). 그리고 인사청문회의 기간은 3일 이내로 한다(동법 제9조 제1항). 국회 상임위 구성 전에 상임위 소관 인사청문 요청이 있으면 법 제44조 제1항에 따라 구성되는 특별위원회에서 인사청문을 실시할 수 있는데 의장이 각 교섭단체 대표의원과 협의하여 그 구성을 제의한다(법 제65조의 2 제3항과 제4항 및 인사청문회법 제4조).

입법부와 집행부조직의 상호 독립성이라는 관점에서 볼 때 우리 국회가 갖는 대통령결선투표권은 체계정당성의 원리와 조화되기 어렵다고 생각한다. 대통령직선제와 체계적으로 가장 적합한 선거제도는 지금의 프랑스와 같은 절대다수대표선거제도이지만, 우리처럼 상대다수대표선거제도를 취한 경우라면 적어도 결선투표가 필요해진 때만이라도 국회가 아닌 국민에게 그 결선투표권을 주는 것이 합리적이다.

2) 헌법기관구성원의 선출권

헌재재판관 3인, 중앙선관위원 3인 선출권

국회는 헌법재판소재판관 1/3에 해당하는 3인의 재판관과 중앙선거관리위원회위원 1/3에 해당하는 3인의 위원을 선출할 수 있는 권한을 가지고 이들 헌법기관의 구성에 참여해서 이들 기관에게 간접적이나마 민주적 정당성을 부여하는 인사기능을 갖는다.

개선책

제도적으로는 이들 헌법기관의 민주적 정당성을 강화함으로써 그 기능의 독립성을 보장하기 위해서는 헌법재판소재판관 전원과 중앙선거관리위원회위원 전원을 국회가 선출하도록 하는 것이 바람직하다.

3) 헌법기관구성원의 임명에 대한 동의권

국무총리·감사원장·대법원장·대법관·헌법재판소장 임명동의권

국회는 대통령이 행사하는 통치기관의 조직적 권한으로서의 국무총리·감사원장·대법원장과 대법관·헌법재판소의 장의 임명에 대한 동의권을 가지고 이들 헌법기관의 구성에 참여해서 한편으로는 대통령의 조직적 권한을 견제하고 또 한편으로는 이들 기관의 민주적 정당성 확보에 기여하고 있다. 물론 대통령의 이들 헌법기관구성원임명권은 부분적으로는 또 다른 견제장치가 마련되어 있다. 예컨대 대통령의 대법관임명에는 대법원장의 제청이 있어야 하는 것이 그것이다(제104조 제2항). 또 국무총리를 제외한 나머지 헌법기관들이 모두 헌법상 일정한 임기에 의한(감사원장 임기 4년, 대법원장과 대법관 및 헌법재판소의 장의 임기 6년) 강력한 신분보장을 받고 있는 점도 대통령의 이들 기관임명권행사에 하나의 소극적인 제약요인이 될 수 있다.

동의권의 견제적 기능

그러나 국회의 임명동의권은 대통령의 조직적 권한에 대한 가장 강력한 제동장치인 동시에 대통령의 헌법기관구성원임명권행사에 적극적인 제약요인이 된다. 예컨대 국무총리임명에 대한 국회의 동의거부는 법리적으로 국무총리의 제청에 의해서만 가능한 대통령의 국무위원임명을 불가능하게 하기 때문이다.

임명동의의 창설적 성질 (효과)

아무튼 헌법기관구성원의 임명에 대한 국회의 동의권은 하나의 추인적인 성질의 것이 아니고 창설적인 성질을 갖기 때문에 원칙적으로 국회의 동의가

없는 임명은 허용되지 않는다고 보아야 한다. 대통령에게 국회의 임시회의 집회요구권이 주어지고($\binom{제47조}{제1항}$), 임시회의 집회가 3일 전의 집회공고로 가능한($\binom{국회법}{제5조}$) 현행헌법질서 아래서는 대통령의 '서리'임명행위는 정당화될 수 없다.[1] '서리'의 임명관행은 국회의 인사기능에 대한 침해일 뿐 아니라 헌법이 요구하는 통치기관의 민주적 정당성의 요청과도 조화되기 어렵다. 서리로 임명된 사람이 국회의 임명동의를 받지 못한 경우 그가 서리로서 그 동안 행한 국정행위가 민주적으로 정당한 국정행위였다고 평가하기 어렵기 때문이다. 더욱이 우리 헌법은 대통령의 궐위시에 국무총리가 최장 60일간 그 권한을 대행하게 하고 있기 때문에($\binom{제71조와 \ 제}{68조 \ 제2항}$) 국무총리임명에 대한 국회의 임명동의는 통치구조의 민주적 정당성의 관점에서도 매우 중요한 의미를 갖는다. 우리 헌법은 국무총리서리가 대통령권한을 60일 동안이나 대행하는 지극히 비민주적인 통치상황을 이념적으로 용납하지 않는다. 국회의 임명동의가 대통령의 헌법기관임명행위의 선행요건이라는 점이 강조되어야 하는 또 다른 이유가 여기에도 있다.

관행적인 서리임명의 위헌성

(5) 자율기능

국회는 하나의 헌법기관으로서 스스로의 문제를 자주적으로 처리할 수 있는 폭 넓은 자율권을 갖는다. 국회의 자율기능은 의회주의사상에 그 뿌리를 두고 권력분립의 원칙에 의해서 뒷받침되면서 현대헌법국가의 의회에서는 하나의 당연한 국회의 기능으로 간주되고 있다. 국회의 자율기능은 국회가 갖는 입법·재정·통제·인사기능의 실효성을 높이기 위한 불가결한 전제조건을 뜻하기 때문이다.

의회주의와 권력분립사상에 기초하는 국회기능의 전제조건

우리 헌법과 국회법도 국회의 자율기능을 규정하고 있는데 규칙자율권·신분자율권·조직자율권·의사자율권·질서자율권 등이 그것이다.

규칙·신분·조직·의사·질서자율권

1) 규칙자율권

국회는 법률에 저촉되지 아니하는 범위 안에서 의사와 내부규율에 관한 규칙을 제정할 수 있다($\binom{제64조 \ 제1항;}{국회법 \ 제169조}$). 이것을 국회의 규칙제정권 또는 규칙자율권이라고 말한다. 국회가 규칙으로 정할 수 있는 것은 '의사'와 '내부규율'에 관한 사항인데 의사와 내부규율에 관한 사항도 대부분 국회법에서 상세히 규정하고 있기 때문에 규칙으로 정할 사항은 별로 많지 않다. 또 규칙제정은 '법률에 저촉되지 아니하는 범위' 내에서만 허용되기 때문에 국회규칙도 규범통제의 대

의사 및 내부규칙제정권

국회규칙의 본질과 효력

---

1) 【결정례】 그런데도 우리 헌재는 대통령의 국무총리 및 감사원장서리 임명에 대한 국회 다수당의 권한쟁의심판청구를 각하하는 잘못된 결정을 했다(헌재결 1998. 7. 14. 98 헌라 1·2). 이 결정에 대한 저자의 판례평석, 「고시연구」 1998년 12월호, 165면~178면 참조.

상이 된다. 국회규칙은 그 제정권원으로 볼 때는 국회의 자율입법이고, 그 내용면에서 볼 때는 법률의 시행세칙이고 그 효력면에서는 명령과 유사하다.[1] 국회규칙의 효력은 명령과 유사하지만 명령과 다른 점은 그 효력이 국회구성원 또는 국회출입자에게만 미친다는 점이다. 이것은 국회규칙이 규칙자율권에 의한 것으로서 행정법상의 법규명령과는 그 성질이 다르기 때문이다. 국회규칙에도 한시적인 규칙이 있을 수 있지만 원칙적으로는 개폐될 때까지 계속적인 효력을 갖는다.

2) 신분자율권

사법통제가 배제되는 의원신분사항의 자율처리권

국회는 의원의 자격심사·윤리심사 및 징계·사직 등 의원의 신분에 관한 사항에 대해서 자율처리권을 갖는다(제64조 제 2 항~ 제 4 항). 또 국회는 의원이 갖는 불체포특권과 면책특권의 적용에 관한 자율결정권을 갖는다(제44조와 제45조). 이것을 국회의 신분자율권이라고 말한다. 국회가 갖는 신분자율권의 자율권적 특성은 의원의 신분문제에 대한 국회의 결정에 대해서는 법원에 제소할 수 없다는 데 있다(제64조 제 4 항). 사법심사가 허용되는 한 그것은 이미 신분자율권이라고 보기는 어렵기 때문이다.

(가) 의원의 자격심사권

의원의 적격성 심사

의원의 자격에 대하여 의원 30인 이상의 연서로 이의가 제기된 때에는 국회는 스스로 의원의 자격을 심사해서 자격 유무를 결정한다. 국회가 행하는 의원의 자격심사는 의원선거에 관한 선거소송 또는 당선소송과는 달라서 선거나 당선자결정의 유·무효를 결정하는 것이 아니고, 의원의 의원으로서의 적격성을 심사하는 것이다. 의원의 자격심사에 관해서는 국회법(제138조~ 제142조)에서 그 절차와 방법을 자세하게 규정하고 있는데 자격심사의 소관위원회는 윤리특별위원회이고 최종결정은 본회의가 그 의결로써 하지만 의원의 무자격결정에는 국회 재적의원 2/3 이상의 찬성이 필요하다(법 제142조).

윤리특위의 심사와 본회의 의결

(나) 의원에 대한 징계권

사유·요구권자·요구 또는 회부시한·직권심사·심문 및 징계의결·징계의 종류

국회는 일정한 사유가 있는 경우 의원을 징계할 수 있다. 징계는 형벌과는 다르지만 신분상의 불이익과 의원활동의 제약을 가져오는 것이기 때문에 매우 공정하고 신중한 처리가 요청된다. 국회법(제155조~ 제164조)에서 의원의 징계에 관해서 그 사유·절차·종류 등 비교적 상세한 규정을 두고 있는 이유도 바로 그 때문이다.

---

[1] 따라서 국회규칙의 법적 성격에 관한 명령설·자주법설 등의 논란은 실익이 없는 형식논리에 불과하다. 권영성, 875면; 김철수, 1028면.

그에 따르면 의원이 국회의원윤리강령 및 국회의원윤리실천규범을 위반한 때를 비롯해서 청렴의무위반·이권운동 등 헌법상의 품위규정($^{제46}_{조}$)을 어긴 경우, 의사에 관한 국회법($^{제155}_{조}$)상의 여러 규정($^{정보위에 대한 특례, 발언시간제한규정, 회}_{의 출석의무, 질서문란금지 등 14개 사항}$)을 위반하는 행동을 한 때 그리고 국정감사 및 조사에 관한 법률의 금지규정을 어긴 때에는 징계사유가 된다. 그 밖에도 공직자윤리법에서 정한 징계사유에 해당하거나 겸직금지 및 영리업무종사금지를 위반해도 국회에서의 징계사유가 된다($^{법}_{제155조}$). 징계요구권자는 의장, 위원장, 의원 20인 이상, 모욕당한 의원 등인데($^{법}_{제156조}$) 징계요구시한은 매우 단기간($^{3일 또는}_{10일}$)이다($^{법}_{제157조}$). 위원장 또는 위원 5인 이상이 징계대상자에 대한 징계를 요구한 때에는 의장에게 보고하고 직권심사에 착수할 수 있다($^{법 제156조}_{제6항}$). 징계사건은 윤리특별위원회가 맡아서 심사하는데 징계에 관한 회의는 그 성질상 징계대상자가 불참한 가운데 비공개($^{본회의 또는 위원회의}_{의결이 있으면 예외}$)로 하지만 본인은 출석하여 심문에 응하거나 변명한 후 퇴장한다($^{법 제158조~}_{제160조}$). 윤리특별위원회는 징계사항을 심사하기 전에 의원이 아닌 자로 구성되는 윤리심사자문위원회($^{법 제46조}_{의 2}$)의 의견을 청취하고 그 의견을 존중해야 한다($^{법 제46조}_{제3항}$). 의장은 윤리특별위원회의 징계심사보고서를 접수하면 바로 본회의에 부의하여 의결해야 한다. 다만 불징계의 심사보고서를 접수하면 바로 본회의에 보고한다($^{법}_{제162조}$).

그런데 의원이 의장석 또는 위원장석을 점거하고 점거해제를 위한 의장 또는 위원장의 조치에 불응하는 질서문란행위를 한 때에는 앞에서 설명한 윤리특별위원회의 심사를 거치지 않고 바로 그 의결로써 징계할 수 있다($^{법 제155조}_{단서}$). 질서문란행위를 방지하려는 특별한 신속징계절차이다. 이 경우 징계의 종류는 i) 공개회의에서의 경고 또는 사과, ii) 30일 이내의 출석정지, iii) 제명의 세 가지인데 경고 또는 사과의 경우 2개월 동안 수당 등 월액의 1/2을 감액하고, 출석정지의 경우 3개월 동안 수당 등 월액의 전액을 감액하도록 하여 징계수준을 강화했다($^{법 제163조}_{제2항}$). 그에 더하여 국회의 회의를 방해할 목적으로 회의장 또는 그 부근에서 폭력행위 등을 하는 것을 금지하는 국회회의 방해죄를 신설해서 형법상의 폭행죄 등 보다 높은 형량으로 처벌하게 했다($^{법 제165조~}_{제167조}$). 그리고 국회회의 방해죄로 500만원 이상의 벌금형을 받으면 5년간, 징역 또는 금고형을 받으면 10년간 피선거권의 제한을 받도록 했다($^{선거법 제19}_{조 제4호}$). 그 밖에 앞에서 설명한 정상적인 징계절차에 따른 징계의 종류는 i) 공개회의에서의 경고, ii) 공개회의에서의 사과, iii) 30일($^{겸직금지 및 영리업무종사}_{금지의무 위반시는 90일}$) 이내의 출석정지,[1] iv) 제명의 네

신속징계절차

---

1) 이 경우 출석정지기간 동안 국회의원 수당 등에 관한 법률에 따른 수당, 입법활동비, 특별활동비는 그 1/2을 감액한다(법 제163조 제1항 제3호).

가지가 있는데($\substack{법 제163조 \\ 제1항}$) 제명결정에는 국회 재적의원 2/3 이상의 찬성이 있어야 한다($\substack{제64조 \\ 제3항}$). 제명이 부결되면 본회의는 다른 종류의 징계를 의결할 수 있다($\substack{법 제163조 \\ 제3항}$). 징계의 의결은 의장이 공개회의에서 선포한다($\substack{법 제163조 \\ 제4항}$). 징계로 제명된 의원은 그로 인한 보궐선거에 입후보할 수 없다($\substack{법 \\ 제164조}$).

(다) 의원의 사직허가권

의원이 사직하고자 사직서를 의장에게 제출한 때에는 국회는 그 의결로 의원의 사직을 허가할 수 있는데 사직의 허가 여부는 토론을 하지 아니하고 표결에 부쳐서 처리한다. 다만 폐회중에는 의장이 허가 여부를 결정할 수 있다($\substack{국회법 \\ 제135조}$).

(라) 의원특권의 적용에 관한 자율결정권

국회는 구체적인 사안마다 헌법상 의원에게 부여된 불체포특권($\substack{제44 \\ 조}$)과 면책특권($\substack{제45 \\ 조}$)의 적용을 자율적으로 결정할 수 있다. 즉 국회는 의원의 체포·구금에 대한 동의권과 체포·구금된 의원의 회기중 석방요구권을 통해서 의원의 불체포특권의 적용을 사안마다 자율적으로 결정한다($\substack{제44 \\ 조}$). 또 국회는 구체적인 경우에 의원의 발언과 표결이 '직무상' 행한 것인지의 여부를 결정함으로써 면책특권의 적용에 관해서도 자율적인 결정을 한다($\substack{제45 \\ 조}$).

3) 조직자율권

국회는 외부의 간섭 없이 독자적으로 그 내부조직을 할 수 있는 조직자율권을 갖는다. 국회의 기관인 의장 1인과 부의장 2인을 선거하고 그 궐위시에 보궐선거를 실시하며, 의장·부의장의 사임을 처리하고, 필요할 때 임시의장을 선출하고, 국회사무총장·국회도서관장·국회예산정책처장을 비롯한 그 직원을 임면하고 교섭단체와 위원회를 구성하는 것 등이 모두 조직자율권에 의해서 행해진다.

4) 의사자율권

국회의 의사에 관해서는 헌법과 국회법에서 자세히 규정하고 있지만, 헌법과 국회법에 따로 규정이 없는 사항에 대해서는 국회의 의사자율권과 규칙자율권에 의해서 국회규칙으로 정하든지, 국회 스스로가 의사에 관한 관행을 확립해 나갈 수 있다($\substack{앞의 1006면 \\ 이하 참조}$). 따라서 국회의 의사절차, 회의운영, 의사결정의 형식적·실질적 요건 등은 국회가 독자적으로 판단하고 결정할 사항이기 때문에 그에 대한 이의나 다툼이 있는 경우에도 원칙적으로 사법적 심사의 대상이 아니된다고 할 것이다. 다만 명백하고 현저한 의사절차상의 잘못이 있고 그것이 국회의 의사결정에 직접적인 영향을 미쳤다고 인정할 충분한 근거가 있는 경우

에는 헌법재판의 과정에서 그에 대한 심사가 가능하다는 것이 독일에서는 지배 의사절차의
적인 견해이다.[1] 국회가 의사에 관해서 자율적으로 정하는 것은 자유이지만, 하자와 헌법
한 번 정해진 의사에 관한 규칙을 존중했는지의 여부는 헌법재판적 평가에서 재판
제외될 수 없다는 것이다. 우리 헌법재판소도 같은 취지의 판시를 하고 있다.[2]

5) 질서자율권

국회는 국회건물 내외의 안전과 본회의 또는 위원회의 회의장의 질서를 의장의 경호
유지하기 위한 필요한 조치를 스스로 결정할 수 있다. 이것을 국회의 질서자율 권과 실력강
권이라고 말하는데 질서자율권은 국회를 대표하는 의장의 경호권을 통해서 행 제권
사되는 경우가 많다(국회법
제143조). 국회는 질서자율권을 행사하기 위해서 국회에 경위
를 두고 필요한 경우에는 정부에 경찰관의 파견을 요구할 수도 있다(법
제144조). 의
장은 그 경호권에 의해서 국회건물내 또는 회의장 안에 있는 의원·방청인 기
타 외부인에 대해서 명령하고 필요하다면 실력으로 강제할 수도 있다. 또 국회
안에 있는 현행범인을 경위 또는 경찰관이 체포한 경우에는 의장의 지시를
받아야 되고, 의원은 회의장 안에서는 의장의 명령 없이 체포할 수 없도록 한
것도(법
제150조) 질서자율권의 표현이라고 볼 수 있다. 의원이 회의장 안에서 직무
와 관련하여 범법행위를 한 경우에도 그 소추에는 의장의 동의 내지는 국회
의 고발이 있어야 하는데 이것도 국회가 갖는 질서자율권의 요청이라고 볼 수
있다.

Ⅵ. 국회의원의 지위와 책임

국회는 합의체의 국가의사결정기관이기 때문에 그 합의체구성원인 국회의 의원의 질에
원이 어떤 지위에서 어떤 권리와 의무를 가지고 어떻게 활동하느냐 하는 것은 따라 좌우되
는 국회의 위
상과의 연관
성

---

1) 【독일판례】 이 점에 대해서 자세한 것은 독일연방헌법재판소의 다음 판례를 참조할 것. BVerfGE
 62, 1; 80, 188. 그리고 독일연방헌법재판소는 입법절차에 중대한 하자가 있는 법률은 그 내용이
 위헌인 법률과 마찬가지로 당연히 무효라는 입장이다. BVerfGE 31, 47(53); 34, 9(25).

2) 【결정례】 i) 우리 헌재도 국회의 의사절차와 입법절차에 위헌·위법의 흠이 있는 경우까지 국
 회가 자율권을 갖는다고 할 수 없다고 판시했다. 헌재결 1997. 7. 16. 96 헌라 2 참조. ii) 그러
 나 국회의장의 자율적 의사진행권한을 매우 넓게 인정하고 있다. 헌재결 2004. 5. 14. 2004 헌
 나 1; 헌재결 2017. 3. 10. 2016 헌나 1 참조.
 【판시】 국회의장이 논란의 여지가 많은 사실관계하에서 개표절차를 진행하여 표결결과를 선
 포하지 아니했다고 해서 헌법이나 법률에 명백히 위배되는 행위라고 인정할 수 없으므로 다른
 국가기관은 이를 존중해야 하고 헌법재판소가 독자적으로 판단하는 것은 바람직하지 않다. 그
 것은 국회의 자율권을 존중하지 않는 것이기 때문이다(헌재결 1998. 7. 14. 98 헌라 3, 판례집
 10-2, 74(75면)).

국회의 위상과도 불가분의 연관성이 있다. 국회의원의 질이 국회의 기능을 좌우하는 중요한 기준으로 인식되는 이유도 바로 그 때문이다. 따라서 국회의원의 질을 높일 수 있는 선거제도를 마련하는 것이 무엇보다도 중요하지만, 그에 못지 않는 통치구조적인 과제는 국회의원이 자유로운 의정활동을 할 수 있는 여러 가지 제도적인 여건을 확립하는 일이다. 다만 의회주의가 쇠퇴하고 정당국가적인 경향이 심화되면서 의원의 지위와 책임에도 적지 않은 변화가 생긴 것은 부인할 수 없다. 그러나 국회가 통치구조 내에서 아직도 중요한 좌표를 차지하고 있는 한 의원의 지위와 책임은 여전히 과소평가할 수 없는 대목이다. 우리 헌법도 국회의원의 권리와 의무에 관한 여러 규정을 통해서 국회의원이 갖는 지위와 책임을 분명히 밝히고 있다.

지위와 책임의 변화 속에서도 과소평가는 금물

(1) 국회의원의 헌법상 지위와 책임

국회의원은 선거에 의해서 선출된 선거직공직자로서 국민의 의사를 국정에 반영시킬 책임을 지는 합의체통치기관의 구성원으로서의 지위를 가진다.

선거직공직자·국민의사대변자·합의체통치기관의 구성원

1) 선거직공직자로서의 지위와 책임

국회의원은 국민의 보통·평등·직접·비밀선거에 의해서 선출된$^{(제41조 제1항)}$ 선거직공직자로서의 지위를 가진다. 우리 통치구조 내에서 국민에 의해서 직접 선출되는 공직자는 대통령과 국회의원 그리고 지방의회의원과 지방자치단체의 장 및 교육감 뿐이다. 따라서 국회의원도 다른 공직자와 마찬가지로 공직자로서의 책임과 의무를 지게 되지만, 우리 헌법은 특별히 국회의원의 청렴의무·지위남용금지의무$^{(제46조)}$ 등을 명문화함으로써 국회의원의 지위와 책임이 다른 공직자와는 다르다는 점을 강조하고 있다. 국회의원이 지는 국민전체에 대한 봉사자로서의 책임은 다른 공직자에서보다 더 한층 크다는 점을 분명히 밝히기 위한 것이라고 볼 수 있다. 그것은 국회의원이 갖는 국민의사대변자로서의 지위와도 불가분의 관계에 있다.

다른 선거직공직자와 구별되는 지위와 책임(의무)

2) 국민의사대변자로서의 지위와 책임

국회의원은 국민의 의사를 국가의 의사결정에 반영하여야 할 책임을 지는 국민의사대변자로서의 지위를 가진다. 국회의원의 공직은 다른 공직과는 달리 능력주의 내지 성적주의가 아닌 국민의 정치적 신임에 의해서 정당화되는 관직인 관계로 국회의원과 국민과의 사이에는 두터운 신임관계가 성립한다. 선거에

국민의 신임에 의해 정당화되는 공직자

의해서 표현되는 국민의 신임 이외에 국회의원의 공직을 정당화시켜 주는 또
다른 정당화사유가 있을 수 없다.

그런데 국민의 국회의원에 대한 신임은 국민의 추정적 의사를 국정에 충
실히 반영해 주기를 기대하는 대의적 신임이기 때문에 국회의원과 국민과의 사
이에 엄격한 법적 의미에서의 대표관계나 대리관계가 성립하는 것은 아니다.
국내 일부학자들이 국회의원의 '국민대표자로서의 지위'를 전제로 그 대표의 성
격에 관해서 논란(정치적 대표설과 법적 대표설 등)[1]을 벌이는 것이 무의미하다고
느껴지는 이유도 바로 그 때문이다. 우리 헌법에서 국회의원의 자유위임(무기속
위임)과 책임($\frac{제46조}{제 2 항}$)을 강조하면서 「국회의원은 국가이익을 우선하여 양심에 따
라 직무를 행한다」고 정하고 있는 것도 국회의원의 대의적 지위와 책임을 확
인한 것이라고 볼 수 있다. 국회의원의 불체포특권($\frac{제44}{조}$)과 면책특권($\frac{제45}{조}$)에 관한
헌법규정도 따지고 보면 국회의원의 대의적인 의정활동을 뒷받침해 주기 위한
것이고, 의사공개의 원칙($\frac{제50}{조}$)도 대의적 신임의 바탕이 되는 공개정치를 실현하
기 위한 것이라고 풀이할 수 있다. 자유위임을 그 바탕으로 하는 대의적 신임
의 본질은 국회의원이 일상적으로 독자적인 양식과 판단에 따라 의정활동을 해
나가되 그 결과에 대해서는 국민에게 정치적인 책임을 진다는 데 있다. 따라서
국회의원의 정책결정이 설령 추정적 국민의사와 일치하지 아니하는 경우에도
그것은 국민을 기속하는 힘을 갖는다. 그러나 추정적 국민의사를 무시하는 국
회의원의 정책결정이 오래 지속되지 못하도록 하는 일정한 input-channel이 제
도적으로 보장되어야 하는데 주기적인 선거를 통한 책임추궁과 신임철회가 바
로 그것이다.

국민의 국회의원에 대한 신임은

3) 합의체통치기관의 구성원으로서의 지위와 책임

국회의원은 합의체통치기관인 국회의 구성원으로서 국가의사결정에 적극적
으로 참여할 책임을 지는 헌법기관으로서의 지위를 가진다. 국회의원은 헌법기
관인 국회의 구성원인 동시에 스스로도 헌법에 의하여 그 권한과 의무의 내용
이 분명히 정해진 하나의 헌법기관이라는 2중적 지위를 가진다. 국회의원의 이
와 같은 2중적 지위를 분명하게 나타내 주는 것이 자유위임(무기속위임)적 대의
의무($\frac{제46조}{제 2 항}$), 국회의원의 불체포특권($\frac{제44}{조}$)과 면책특권($\frac{제45}{조}$), 국회의원의 청렴의무
와 지위남용금지의무($\frac{제46}{조}$), 국회의원의 겸직금지의무($\frac{제43}{조}$), 국회의원의 법률안제
출권($\frac{제52}{조}$) 등이다.

대의적 신임
의 본질과 내
용

헌법기관의
구성원인 동
시에 스스로
도 헌법기관
인 2중적 지
위

---

1) 예컨대 권영성, 881면; 김철수, 941면 이하; 문홍주, 492면.

교섭단체기속
보다 자유위
임적 대의활
동이 우선

국회의원의 이와 같은 2중적 지위는 의회주의의 역사와 대의제도의 이념과도 불가분의 관계에 있는 것으로 국회의원의 정당기속 내지 교섭단체기속의 이념적 한계로서 기능하기도 한다. 즉 오늘날의 심화된 정당국가 경향에도 불구하고 국회의원의 정당 내지 교섭단체기속보다는 언제나 자유위임적 대의활동에 우선하는 효력을 인정하는 것이 당연하다(제46조 제2항). 따라서 국회의원이 설령 정당의 공천에 의해서 의회에 진출한 경우에도 의원의 정당대표자로서의 지위에는 스스로 일정한 한계가 있을 수밖에 없다.[1] 지역구국회의원이 그 임기중 당적을 이탈 내지 변경하거나 그 소속정당이 해산된 경우라도(헌법재판에 의한 해산의 경우를 제외하고는) 의원직을 계속해서 보유하여야 하는 당위적인 근거가 여기에 있다.[2] 의원은 한 정당의 대표만은 아니고 전체국민을 대표하는 헌법기관이기 때문에 전체국민의 이익을 희생시키지 않는 범위 내에서만 소속정당의 정책과 결정에 기속된다고 생각한다면 정당기속 내지 교섭단체기속보다는 언제나 자유위임적 대의활동이 우선하는 효력을 갖게 된다.[3] 그렇지만 우리 선거법(제192조 제4항)은 비례대표국회의원의 경우에는 그 임기중 소속정당이 합당·해산되거나 소속정당으로부터 제명되는 이외의 사유로 당적을 이탈·변경하거나 둘 이상의 당적을 가지고 있는 때에는 그 의원직을 상실한다고 규정하고 있다. 다만 국회법(제20조의2)에 따라 당적을 이탈해야 하는 국회의장에 당선되는 경우에만 예외로 하고 있다. 이것은 지역구국회의원과 비례대표국회의원을 구별해서 비례대표국회의원의 경우 그 자유위임적 대의활동보다는 정당기속 내지 교섭단체기속과 국민의 정당선택권 내지 국회구도결정권을 존중하고 보호하기 위한 제도라고 볼 수 있다.[4] 그렇지만 국회의원에 관한 2원적인 신분규율이 헌법이론적으로 정당화되기 위해서는 적

비례대표의원
의 당적변경
에 의한 의원
직상실규정과
그 보완책

---

1) 국내 일부 헌법학자들은 국회의원의 '정당대표자로서의 지위'에 관해서 긍정설과 부정설의 논쟁을 벌이면서도 긍정설과 부정설이 모두 제한적인 입장을 취하고 있기 때문에 결과적으로는 큰 차이가 없는 결론에 이르고 있다.
   권영성, 882면; 김철수, 943면 이하; 문홍주, 492면 이하.
2) 따라서 우리의 제 3 공화국헌법(제38조)에서 의원이 임기중 당적을 이탈하거나 변경한 때 또는 소속정당이 해산된 때에는 그 의원자격을 상실하도록 규정했던 것은 그 정당국가 강화의 취지에도 불구하고 헌법이론상 문제가 있다고 보아야 한다. 합당 또는 제명으로 소속이 달라지는 경우에는 예외로 한 것은 그나마 다행한 일이었다.
3) 독일연방헌법재판소를 비롯한 오늘의 통설이 독일기본법상의 정당조항(제21조)과 자유위임관계에 관한 헌법조항(제38조 제 1 항 제 2 절)을 대립·갈등적인 관계로 보지 않는 이유도 그 때문이다. 졸저, 전게서, 방주 396 참조.
4) 우리 헌재는 국민의 국회구도결정권을 인정하지 않는 판시를 하고 있다.
   【판시】 유권자가 설정한 국회의석분포에 국회의원들을 기속시키고자 하는 내용의 국회구성권이라는 기본권은 헌법의 명문규정 내지 해석으로 인정할 수 없다(헌재결 1998. 10. 29. 96 헌마 186, 판례집 10-2, 600(606면)). 이 결정에 대한 저자의 비판논문, '국회의원 선거와 자유위임 및 정당기속의 한계', 「고시계」 2000년 12월호, 4~17면 참조.

어도 정당투표제가 함께 전제되어야 한다. 정당투표제 없는 2원적 신분제도는 체계정당성(적합성)의 원리에 맞지 않는다고 할 것이다.[1]

(2) 의원자격의 발생과 소멸

1) 의원자격의 발생

의원자격의 발생시기에 관해서는 다른 견해(취임승낙시 또는 당선인결정시)가 없는 것은 아니지만 임기의 개시와 동시에(임기개시시) 의원자격이 발생한다고 생각한다. 그런데 우리 헌법은 의원의 임기를 4년으로 정하고($\frac{제42}{조}$), 의원의 임기는 총선거에 의한 전임의원의 임기만료일의 다음 날로부터 개시하도록 했다($\frac{선거법 제14}{조 제 2 항}$). 다만 보궐선거에 의한 의원의 임기는 당선된 날로부터 개시되기 때문에 의원자격도 그 때 함께 발생하지만 그 임기는 전임자의 잔임기간으로 국한된다($\frac{선거법 제14조}{제 2 항 단서}$). 또 비례대표의원직을 승계하는 의원의 자격은 중앙선관위가 승계를 결정·통고한 때로부터 발생한다($\frac{선거법 제200}{조 제 2 항}$).

임기개시시 (전임의원의 임기만료일의 다음날)

2) 의원자격의 소멸

우리 헌법과 법률에 따르면 의원자격은 다음과 같은 사유가 발생하면 소멸한다. 즉 의원의 사망, 임기의 만료($\frac{제42}{조}$), 선거무효 또는 당선무효판결의 확정($\frac{선거법}{제224조}$), 사직의 허가($\frac{국회법}{제135조}$), 국회의 제명($\frac{제64조}{제 3 항}$), 국회의 자격심사에서 무자격결정($\frac{제64조 제 2 항; 국회}{법 제142조 제 3 항}$), 피선거권의 상실($\frac{국회법 제136조 제 2}{항; 선거법 제19조}$),[2] 공직선거법 제53조의 규정에 의하여 국회의원직을 가지고 입후보할 수 없어 사직원을 제출하고 공직선거 후보자로 등록한 경우($\frac{국회법 제136}{조 제 1 항}$) 등이 바로 그것이다.

소멸사유규정

(3) 국회의원의 권리와 의무

국회의원은 그 헌법상의 책임을 다하기 위한 여러 가지 권리를 가지며 의무도 지고 있다.

1) 국회의원의 권리

국회의원의 권리는 이를 단독으로 행사할 수 있는 권리와 다른 의원과 공

---

1) **【결정례】** 우리 헌재도 국회의원의 자유위임적 지위는 그 의원직을 얻는 방법, 즉 비례대표의원인가 지역구의원인가에 따라 차이가 있을 수 없음을 강조한다(헌재결 1994. 4. 28. 92 헌마 153). 이 문제에 대해서는 저자의 앞의 논문 참조.
2) 법원이 의원에 대하여 피선거권이 없게 되는 사유에 해당하는 형을 선고하고 그 판결이 확정된 때에는 이를 지체없이 국회에 통지해야 한다(국회법 제136조 제 3 항).

동으로 행사할 수 있는 권리로 나눌 수 있다.

㈎ 단독으로 행사할 수 있는 권리

a) 상임위원회소속활동권

상위중심주의
의 표현

의원은 적어도 둘 이상의 상임위원회의 위원이 되어 의정활동을 할 수 있는 권리를 갖는다(국회법 제39).[1] 상임위원회중심주의에 의해서 운영되는 국회에서 상임위소속활동권은 의원의 책임을 다하기 위한 매우 중요한 권리이다.

b) 발언·동의권

발언권·동의
권·5분자유발
언권

의원은 위원회와 본회의에서 의제 또는 의사진행에 관해서 발언하고(제45조) 동의를 함으로써 의제를 성립시킬 수 있는 권리를 가진다. 또 본회의 개의시에 국회가 심의중인 의안과 청원 기타 중요한 관심사안에 대해서 5분 이내의 자유발언권을 갖는다(국회법 제105조). 다만 본회의에서 발언하고자 할 때에는 미리 의장에게 통지하여 허가를 받아야 하고(법 제99조) 5분자유발언을 하고자 할 때는 늦어도 본회의의 개의 4시간 전까지 그 발언취지를 간략히 기재하여 의장에게 신청해야 한다(법 제105조 제2항). 동의가 의제로 성립되기 위해서는 동의자 외 1인 이상의 찬성자가 있어야 한다(법 제89조). 동의권에는 동의철회권도 당연히 포함되지만 발의의원 1/2 이상의 철회의사가 있어야 하며 이미 의제가 된 의안 또는 동의를 철회하려면 본회의 또는 위원회의 동의가 필요하다(법 제90조). 그런데 의원의 발언권은 의제외 발언금지를 비롯해서 표결선포 후 발언금지, 발언횟수와 발언시간[2] 등의 제한을 받는다(법 제102조~제104조, 제110조 제2항).

c) 질문·질의권

대정부질문·
긴급현안질
문·서면질문
권

의원은 의제와 관계 없이 국정전반에 관하여 그리고 긴급현안문제에 대해서 정부를 상대로 구두 또는 서면으로 질문할 수 있는 권리를 갖는다. 구두질문은 정부관계자의 국회출석을 전제로 하며 질문요지서 또는 질문요구서를 미리 의장에게 제출하여야 하고, 서면질문은 질문서를 의장을 경유 정부에 미리 보내야 한다. 질문은 정부의 답변의무를 발생시킨다(법 제121조 내지 제122조의 3).

질의권

또 의원은 의제가 된 안건에 관하여 발의자를 비롯한 관계자를 상대로 그 내용상의 의문점이나 자세한 내용에 대하여 물을 수 있는 권리를 가진다(법 제93조와 제108조). 이것을 질문권과 구별해서 질의권이라고 부른다.

---

1) 그러나 국회의장은 상임위원이 될 수 없고, 국무위원의 직을 겸한 의원은 상임위원을 사임할 수 있다(법 제39조 제3항과 제4항).
2) 동일의제에 대해서는 2회(법 제103조), 1회 발언시간은 대정부질문이 아니면 15분 이내(단 의사진행발언, 신상발언, 보충발언은 5분, 다른 의원의 발언에 대한 반론발언은 3분)이다(법 제104조 제1항).

d) 토론·표결권

의원은 위원회와 본회의에서 의제에 대하여 찬·반토론을 할 수 있는 권리
를 갖는다.[1] 그런데 토론하고자 하는 의원은 미리 찬·반의 뜻을 의장에게 통
지하여야 한다($\substack{법 \ 제106조 \\ 제1항}$).

또 의원은 위원회와 본회의에서 표결에 참가할 권리를 갖는다($\substack{제45조; \\ 법 \ 제111조}$). 표
결은 의제에 대한 최종적인 찬·반의 의사표시이기 때문에 소속정당의 의사에 기
속되지 않고 양심에 따라야 하며 한 번 표결하면 변경할 수 없다($\substack{법 \ 제111조 \ 제2항 \\ 및 \ 제114조의 \ 2}$).
표결은 전자투표에 의한 기록표결이 원칙인데 기립표결과 기명·호명·무기명투
표의 표결도 할 수 있다($\substack{법 \\ 제112조}$).

e) 수당·여비수령권

의원은 그 의정활동을 원활히 하기 위해서 월정수당(세비)·입법 및 정책개
발비·특별활동비·여비 등을 지급받을 권리를 갖는다($\substack{법 \\ 제30조}$). '국회의원수당 등
에 관한 법률'에서 자세히 그 내용을 규정하고 있는데, 세비는 실질적으로는
의원의 근무대가에 해당하는 보수인 동시에 의원과 그 가족의 생계유지를 위한
급여임에도 불구하고 우리 실정법은 이를 의원의 직무에 소요되는 비용의 변상
이라는 관점에서 다루고 있다. 이와 같은 입법태도는 의원직이 단순한 명예직
이 아니고 하나의 직업으로 정착되어 가는 시대의 조류에도 맞지 않기 때문에

찬반토론권

표결참가권
및 자유투표
권

세비 및 활동
비 수령권

세비의 법적
성격

---

1)【판시】 i) 국회의원의 법률안 심의·표결권은 비록 헌법에는 명문규정이 없지만 의회민주주의
원리, 헌법 제40조, 헌법 제41조 제1항으로부터 당연히 도출되는 헌법상의 권한이다(헌재결
1997. 7. 16. 96 헌라 2, 판례집 9-2, 154(169면)). ii) 입법절차의 하자로 인하여 직접 침해되
는 것은 국민의 기본권이 아니라 법률의 심의·표결에 참여하지 못한 국회의원의 법률안 심의·
표결 등의 권한이다(헌재결 1998. 8. 27. 97 헌마 8 등, 판례집 10-2, 439(442면)). iii) 국회의
원의 심의·표결권은 국회의 대내적인 관계에서 국회의장·타 국회의원에 의해 침해될 수 있을
뿐 대외적인 관계에서 다른 국가기관에 의해 침해될 수는 없다(헌재결 2007. 7. 26. 2005 헌라
8, 판례집 19-2, 26(35면)). 그러나 이 판시는 비판의 여지가 많아, 재고가 필요하다.
【결정례】 i) 입법절차상의 하자로 국회의원의 법률안 심의·표결권이 침해되었다고 국회의원
이 국회의장을 상대로 제기한 권한쟁의심판에서 심판청구를 인용해서 법률안 심의·표결권의
침해를 확인하는 경우에도 하자 있는 절차를 통해 제정된 법률을 취소하거나 무효라고 선언할
수는 없다. 또 이 권한침해확인결정의 기속력으로 국회의장에게 권한침해행위에 내재하는 위
헌·위법성을 제거할 적극적 조치를 취할 법적 의무가 발생하는 것은 아니다. 입법관련행위에
대한 권한침해확인결정의 구체적 실현방법은 국회의 자율권에 속한다. 따라서 헌재의 권한침
해확인결정 후에도 국회의장이 국회의원의 침해된 권한을 회복할 수 있는 조치를 취하지 않는
부작위는 국회의원의 법률안 심의·표결권의 침해라고 할 수 없다(헌재결 2010. 10. 29. 2009
헌라 8 및 헌재결 2010. 11. 25. 2009 헌라 12). ii) 국회 외통위 위원장이 질서 유지권을 발동
하여 회의장 출입문을 폐쇄하여 야당의원의 출입을 봉쇄한 채 여당의원만이 참석한 회의에서
한미 FTA비준동의안 등을 상정하여 법안심사소위에 회부한 행위는 헌법상의 다수결의 원리와
의사공개원칙 및 국회법상의 절차를 어기고 야당의원들의 비준동의안 심의권을 침해했음을 확
인한다. 그러나 국회의 자율권과 사후의 진행경과 그리고 본회의 치유가능성 등을 감안하여
이 사건 상정·회부행위에 대한 무효확인청구는 기각한다(헌재결 2010. 12. 28. 2008 헌라 7).

하루속히 시정되어야 한다. 의원이 자주적이고 독립적으로 대의활동을 해 나가기 위해서는 그 지위와 책임에 상응한 생활보장이 필요한데, 생활보장은 일정한 보수를 전제로 할 때 그 실효성이 가장 크기 때문이다.[1]

f) 보좌진을 둘 권리

보좌진을 둘 권리

의원은 입법 및 의원활동에 도움을 받기 위해서 자신이 선임하는 8명의 보좌진을 둘 수 있다($\substack{\text{국회의원 수당 등} \\ \text{에 관한 법률 별표}}$). 그러나 국회에 입법조사처가 있고 상임위원회마다 다수의 전문위원이 활동하는 상황에서 의회 선진국에서는 쉽게 찾아볼 수 없는 불필요한 예산낭비라고 생각한다. 보좌진의 수를 많이 줄일 필요가 있다.

(내) 공동으로 행사할 수 있는 권리

a) 임시회집회요구권 및 국정조사요구권

재적의원 1/4

의원은 국회 재적의원 1/4 이상이 공동으로 국회임시회의 집회를 요구할 수 있는 권리($\substack{\text{제47조} \\ \text{제1항}}$)와 국정조사를 요구할 수 있는 권리($\substack{\text{국감법} \\ \text{제3조}}$)를 갖는다. 이것은 소수의 권리로서 국회의 운영에서 다수를 견제할 수 있는 중요한 기능을 갖는다.

b) 의안발의권

의원 10인, 30인, 재적의원 1/5, 1/4, 1/3 및 과반수의 권리

의원은 다른 의원과 공동으로 의안을 발의할 수 있는 권리를 갖는다. 의원 10인 이상이 발의할 수 있는 주요 의안으로는 법률안($\substack{\text{제52조; 법 제} \\ \text{79조 제1항}}$), 체포 또는 구금된 의원의 석방요구권($\substack{\text{제44조 제2항;} \\ \text{법 제28조}}$), 정부관계자의 출석요구안($\substack{\text{제62조 제2항; 법 제121} \\ \text{조 제1항 및 제122조의} \\ \text{3 제1항}}$), 의원에 대한 윤리심사 및 징계요구안($\substack{\text{제64조 제2항;} \\ \text{법 제156조 제3항}}$) 등이 있다. 또 의원 30인 이상의 찬성으로는 의원의 자격심사를 요구할 수 있다($\substack{\text{제64조 제2항;} \\ \text{법 제138조}}$). 더 나아가 재적의원 1/3 이상은 공동으로 국무총리 또는 국무위원의 해임건의안($\substack{\text{제63조} \\ \text{제2항}}$)과 탄핵소추안($\substack{\text{제65조} \\ \text{제2항}}$)을 발의할 수 있으며, 본회의에서 합법적으로 의사진행방해목적의 무제한 토론($\substack{\text{필리버} \\ \text{스터}}$)을 할 수 있고, 위원회 재적위원 1/3 이상은 공동으로 공청회 또는 청문회를 요구할 수 있다($\substack{\text{법 제64조 제1항 및} \\ \text{과 제65조 제2항}}$). 재적의원 과반수의 동의가 있으면 헌법개정안($\substack{\text{제128조} \\ \text{제1항}}$)과 대통령에 대한 탄핵소추안($\substack{\text{제65조} \\ \text{제2항}}$)도 발의할 수 있다. 그 밖에도 재적의원 1/5 이상은 공동으로 표결방법을 기명·호명 또는 무기명투표로 할 것을 요구할 수 있고 전자투표에서는 전자적인 방법 등을 통하여 정당한 투표권자임을 확인한 후 실시하도록 요구할 수 있다($\substack{\text{법 제112조 제2} \\ \text{항 및 제8항}}$). 또 재적의원 1/4 이상은 공동으로 전원위원회의 개회를 요구할 수 있다($\substack{\text{법 제63} \\ \text{조의 2}}$).

---

1) 【독일판례】 독일에서도 의원의 세비가 수당 내지 비용변상이냐 아니면 보수냐에 관해서 오랫동안 논란이 있었지만, 독일연방헌법재판소가 1975년 '보수설'(報酬說)의 입장을 취함으로써 그 논쟁이 종결되었다. Vgl. BVerfGE 40, 296ff.

c) 의안 신속처리요구권

의원은 본회의 재적의원 1/3 이상이 공동으로 무제한 토론 종결동의를 하고 재적의원 3/5 이상의 찬성을 얻어 본회의 무제한토론 종료를 요구할 수 있다($^{법 \ 제106조}_{의 \ 2}$). 또 위원회에 회부된 안건에 대해서 의원은 재적의원 과반수의 동의를 얻어서 의장에게, 그리고 안건 소관 상임위원회 위원은 소속 위원회 재적위원 과반수의 동의를 얻어 위원장에게 신속처리안건지정동의를 제출할 수 있고, 본회의 또는 소속 상임위원회에서 재적의원 또는 재적위원 3/5 이상이 찬성하면 신속처리대상안건으로 지정할 것을 요구할 수 있다($^{법 \ 제85조}_{의 \ 2}$). 그리고 의원은 법제사법위원회에서도 심의지연 안건에 대해서 재적위원 3/5 이상과 공동으로 본회의에 부의할 것을 요구할 수 있다($^{법 \ 제86조}_{제 \ 3 \ 항}$).

2) 국회의원의 의무

헌법상의 의무와 국회법상의 의무

의원은 헌법을 준수하고 국민의 자유와 복리의 증진 및 조국의 평화적 통일을 위하여 노력하며, 국가이익을 우선으로 하여 그 직무를 양심에 따라 성실히 수행할 의무를 진다($^{국회법}_{제24조}$). 의원의 의무는 이를 헌법상의 의무와 국회법상의 의무로 나눌 수 있는데 의무위반은 윤리심사 및 징계의 사유가 되는 경우가 많다.

(개) 헌법상의 의무

a) 국익우선존중의 의무

대의제도의 성패 좌우하는 정당기속의 한계

의원은 국가이익을 우선하여 양심에 따라 직무를 행하여야 한다($^{제46조}_{제 2 항}$). 특히 오늘날 정당국가적 경향의 심화로 인한 의원의 정당기속이 강화되고, 각종 이익집단들의 의원상대 로비활동이 활성화되는 상황 속에서 의원이 어떠한 압력과 유혹에도 굴하지 않고 독자적인 양식과 판단에 따라 국정에 임한다는 것은 대의제도의 사활과 관련되는 가장 본질적인 의원의 의무라고 할 것이다. 따라서 국익우선존중의 의무는 의원이 갖는 정당기속의 한계로서의 의미를 갖는다.

b) 청렴의무와 지위남용금지

이권운동·청탁 및 유관상위 배정 금지

의원은 청렴의무를 지켜야 하고 그 지위를 남용하여 이권운동이나 청탁 등을 해서는 아니되는 의무를 진다($^{제46조}_{제3항}$). 국회의원윤리강령 및 국회의원윤리실천규범이 그 자세한 내용을 규정하고 있다. 국회법($^{제48조}_{제6항}$)도 국회 상임위원회위원의 선임시에 의원이 기업체 또는 단체의 임·직원 등 다른 직을 겸하고 있는 경우 직접 이해관계가 있는 상임위원회의 위원으로 선임되지 못하도록 하는 제한규정을 두고 있다. 의원이 부정부패에 물들고 그 신분을 악용하여 경제적인 이익만을 추구하는 혼탁한 정치풍토 속에서는 진정한 대의민주주의는 꽃필 수 없기 때문이다.

c) 겸직금지

권력분립 및
지위남용금지
의 요청

의원은 그 국회구성원으로서의 지위와 조화될 수 없는 다른 직을 겸할 수 없다($^{제43}_{조}$). 의원직과 겸직이 금지되는 직은 주로 권력분립의 정신을 해치거나 청렴의무 내지는 지위남용금지 정신과 양립하기 어려운 직업인데 국회법($^{제29}_{조}$)에서 자세히 규정하고 있다. 그에 따르면 국회의원은 국무총리 또는 국무위원의 직 이외의 다른 직을 겸할 수 없는데 다만 공익목적의 명예직, 다른 법률에서 의원이 임명·위촉되도록 한 직, 정당법에 따른 정당의 직 등만 겸직이 허용된다($^{법 제29조}_{제 1 항}$).[1] 의원이 당선 전부터 겸직이 금지된 직을 가진 경우에는 법률이 정하는 절차에 따라 정해진 기한 내에 겸직이 금지된 직을 정리해야 한다($^{법 제29조 제 2}_{항\sim제 6 항}$). 국회의장은 의원의 겸직내용을 국회공보 등에 공개해야 하고, 의원은 겸직에 따른 보수를 수령할 수 없다($^{법 제29조 제 7}_{항\sim제 8 항}$).

(나) 국회법상의 의무

주요의무내용

국회법에도 의원의 의무를 여러 가지 규정하고 있는데, i) 품위유지의 의무($^{법}_{제25조}$), ii) 회의출석의무($^{법 제155조}_{제 8 조}$),[2] iii) 의사에 관한 법령과 규칙의 준수의무($^{법 제102조, 제104조,}_{제146조, 제147조 등}$), iv) 회의장질서준수의무($^{법 제146조\sim}_{제148조}$), v) 의장의 경호권존중의무($^{법 제155}_{조 제10호}$), vi) 소속 상임위원회의 직무와 관련한 영리행위를 하지 않을 의무($^{법 제40조}_{의 2}$), vii) 금지된 겸직을 하지 않을 의무($^{법}_{제29조}$), viii) 영리업무에 종사하지 않을 의무($^{법 제29조}_{의 2}$) 등이 특히 중요한 것들이다.

(4) 국회의원의 직무상의 특권

불체포특권과
면책특권

국회의원은 그 헌법상의 책임을 다하기 위해서 그 의원으로서의 직무를 수행하는 데 있어서는 헌법에 의한 특별한 보호를 받는다. 국회의원의 '불체포특권'($^{제44}_{조}$)과 '면책특권'($^{제45}_{조}$)이 바로 그것이다. 그런데 우리 헌법이 국회의원의

특권포기금지

직무수행을 이처럼 특별히 보호하는 것은 합의체의사결정기관으로서의 국회를 구성하는 의원 한 사람 한 사람의 직무수행이 보호되지 않고는 국회가 그 대의기관으로서의 기능을 제대로 해 나갈 수 없다는 인식에 바탕을 두고 있다. 또 우리 헌법상 의원은 합의체통치기관인 국회의 구성원일 뿐 아니라 그 스스

---

1) 국회법 개정과 함께 정당법에 의해 정당원이 될 수 있는 대학교수도 국회의원직을 겸할 수 없도록 교육공무원법(제44조 제 2 항 삭제)도 개정되었다.

2) 의원이 청가서(請暇書)를 제출하여 의장의 허가를 받거나 정당한 사유로 결석하여 결석계를 제출한 경우 외에는 회의불참시에 특별활동비에서 그 결석한 회의일수에 상당하는 금액을 감액한다(법 제32조 제 2 항).

로도 하나의 헌법기관으로서의 2중적 지위를 갖기 때문에 의원활동에 대한 특별한 보호는 결과적으로 국회의 기능과 활동을 보호하는 것이 된다. 따라서 의원이 임의로 그 불체포특권과 면책특권을 포기하는 것이 허용되지 않는다.[1]

또 의원의 직무상의 특권은 어디까지나 의원으로서의 직무와 관련된 대의기능의 보강수단으로서의 의미를 갖는 것이기 때문에 헌법상의 평등권과 갈등을 일으킬 소지는 전혀 없다고 할 것이다. 평등권과의 관계

1) 의원의 불체포특권

(가) 불체포특권의 의의와 연혁
a) 불체포특권의 의의
의원의 불체포특권(Immunität)이란 의원은 현행범인이 아닌 한 회기중 국회의 동의 없이는 체포 또는 구금되지 아니하며 회기 전에 체포 또는 구금된 경우라도 국회의 요구에 의해서 회기중 석방될 수 있는 권리를 말한다(제44조). 회기중 체포·구금금지(현행범 제외)

b) 불체포특권의 연혁
의원의 불체포특권은 연혁적으로 영국의 의회주의역사에서 유래한다. 즉 영국헌정사에서 절대군주는 의회활동을 탄압하기 위한 수단으로 의원에 대한 불법체포·구금 등의 방법을 자주 사용해 왔었다. 절대군주의 이와 같은 의회탄압에 대항하는 의원의 자구적인 투쟁이 일어나고 16세기 말경까지는 의회의 이런 투쟁이 적지 않은 법원의 판결에 의해서 지원을 받기도 했지만 큰 성과를 거두기는 어려웠다. 그러나 절대군주의 지위가 약해지고 의회의 지위가 향상되기 시작한 17세기 초반(1603년) 영국의 의회가 Stuart왕조로부터 얻어낸 Privilege of Parliament Act에 의해서 불체포특권은 비로소 법적인 보장을 받게 되었다. 이렇게 시작된 의원의 불체포특권은 미국연방헌법에 영향을 미쳐 최초로 성문화되어(Art. 1, Sec. 6, Cl. 1) 헌법상의 제도로 발전하고 그 후 여러 나라가 이 제도를 헌법에 수용하기에 이르렀다. 영국헌정사에서 유래 미연방헌법에 성문화

그런데 비교법적인 시각에서 볼 때 우리 헌법상의 불체포특권은 미국과 같은 약화된 유형에 속한다. 강화된 유형의 불체포특권의 경우에는 회기중에 국한되지 않고 임기중 그 효력이 미치게 되고 '불소추특권'까지도 포함되는데 독일기본법(제46조 제2항~제4항)상의 불체포특권이 그 대표적인 예이다. 불소추특권과의 차이

---

[1] 이러한 법리적인 관점에서 볼 때, 의원의 직무상의 특권이 의원 개인의 특권인지, 국회 자체의 특권인지, 아니면 의원 개인의 특권인 동시에 국회 자체의 특권인지에 관한 논쟁은 불필요하다고 느껴진다.

(나) 불체포특권의 기능과 한계

의회기능강화
및 의원의 대
의활동 보호

연혁적으로 불체포특권을 발생시켰던 절대군주의 횡포가 사라진 오늘날 불체포특권이 여전히 헌법상의 제도로서 남아 있어야 되는 당위적인 근거는 과연 무엇이겠는가? 그것은 무엇보다도 의회가 제 기능을 다하게 함으로써 대의민주주의를 성공시키기 위해서는 특히 의원의 신체의 자유를 보호해 주는 것이 불가피하다는 데 있다고 보아야 한다.[1] 따라서 불체포특권은 의회의 기능을 강화해 준다는 의미와 의원의 대의활동을 보호해 준다는 의미를 함께 갖는다고 할 것이다. 이처럼 불체포특권은 어디까지나 의회가 제대로 기능하기 위해서

의회의 동의
거부 및 석방
요구권의 남
용금지

필요하다는 이유 때문에 정당화되는 제도인 이상 그것이 남용 또는 악용되는 경우까지 정당화된다고 보기는 어렵다. 불체포특권의 남용 또는 악용은 오히려 의회의 명예를 실추시켜 의회의 기능을 약화시키는 원인이 될 수도 있기 때문이다. 따라서 의회가 의원의 체포·구금에 대한 동의를 거부하거나, 체포·구금된 의원에 대한 석방요구를 하는 것은 의회의 원활한 기능을 위해서 꼭 필요한 경우로 한정하는 것이 바람직할 것이다.

(다) 불체포특권의 내용

현행범 제외
및 회기중 한
정원칙

의원의 불체포특권은 국회의 동의가 없거나 석방요구가 있는 경우의 체포·구금으로부터의 자유를 그 내용으로 한다. 그러나 이 특권은 현행범인제외의 원칙과 회기중한정의 원칙에 의한 제약을 받는다.

즉 의원은 현행범인인 경우를 제외하고는 회기중 국회의 동의 없이 체포 또는 구금되지 아니한다(제44조 제1항). 현행범인에게 불체포특권을 인정하지 않는 것은 현행범인의 경우에는 형사정의의 실현이 보다 중요하기 때문이다. 체포·구금이란 신체의 자유를 제한하는 모든 공권력의 강제처분을 망라하는 포괄적인 개념이다. 회기중이라 함은 집회일로부터 폐회일까지의 전기간을 말하기 때문에 휴회중의 기간도 포함된다. 회기중 의원을 체포·구금하기 위해서 국회의 동의를 얻으려면 영장발부담당 판사가 정부에 보낸 체포동의요구서의 사본을 첨부해서 정부가 국회에 체포·구금의 동의를 요청하여야 한다(국회법 제26조). 정부로부터 체포·구금의 동의요청을 받은 국회는 의장이 정부의 요청 후 처음 개의하는 본 회의에 이를 보고하고 보고된 때부터 24시간 이후 72시간 이내에(국회법 제26조 제2항)

조건부 또는
기한부 동의
금지 및 자동
상정표결

정부가 제출한 여러 증거자료를 토대로 동의 여부를 본회의의 의결로써 결정하게 되는데 그 결정의 내용은 정부 요구대로 동의를 하든지 아니면 거부하는 것이다. 따라서 조건 또는 기한을 붙이는 것은 허용되지 않는다고 할 것

---

1) 따라서 일부학자의 주장처럼 불체포특권이 의회의 우위를 제도화하기 위한 것은 결코 아니다.

이다.[1] 기한을 정한 체포·구금동의는 국회의 석방요구권으로도 그 목적달성이 가능하고 조건부 동의는 제도의 본질상 거부라고 볼 수 있기 때문이다. 그런데 체포동의안이 72시간 이내에 표결되지 아니하는 경우에는 그 이후에 최초로 개의하는 본회의에 상정하여 표결한다($\binom{\text{국회법 제26조}}{\text{제 2 항 단서}}$).

그런데 우리 헌법이 의원에게 보장하는 불체포특권은 범법행위를 행한 의원에 대한 국가의 소추권까지를 제한하는 것은 아니기 때문에 의원이 저지른 범법행위라 하더라도 범죄수사·공소제기 등 국가의 소추권은 발동할 수 있다. 다만 의원을 체포·구금하는 데에는 불체포특권을 존중해야 한다.

소추권제한금지

또 의원이 회기 전에 체포·구금된 때에는 현행범인이 아닌 한 국회의 요구가 있으면 회기중 석방된다($\binom{\text{제44조}}{\text{제 2 항}}$). 그렇기 때문에 체포·구금된 의원이 있으면 정부는 지체없이 의장에게 통지하여야 한다($\binom{\text{국회법}}{\text{제27조}}$). 폐회 중에 체포·구금된 의원뿐 아니라 전회기 중에 국회의 동의에 의해서 체포·구금된 의원도 국회가 재적의원 1/4 이상의 발의로($\binom{\text{국회법}}{\text{제28조}}$) 석방요구를 의결하면 회기 동안 석방된다. 현행범인이 석방요구의 대상에서 제외되는 것은 물론이고, 석방요구의 효력은 회기 동안에만 미치므로 회기가 끝난 후에 다시 구금하는 것은 허용된다.

석방요구의 요건 및 효과

2) 의원의 면책특권

㈎ 면책특권의 의의와 연혁

a) 면책특권의 의의

의원의 면책특권(Indemnität)이란 의원이 국회에서 그 직무상 행한 발언과 표결에 관하여 국회 외에서 책임을 지지 아니하는 것을 말한다($\binom{\text{제45}}{\text{조}}$).

국회내 직무상 발언·표결의 면책

b) 면책특권의 연혁

면책특권은 의회주의와 대의제도의 모국이라고 볼 수 있는 영국에서 의원의 자유토론과 기관의 독립성을 보장하고 야당을 보호함으로써 의회의 기능을 활성화하기 위한 수단으로 발전한 제도이다. 그 기원은 중세 영국의 헨리 4세 (Henry Ⅳ) 때의 Haxey's-Case[2](1397년)까지 거슬러 올라갈 수 있지만, 그것이 확실한 제도적인 뿌리를 내리기 시작한 것은 1689년의 권리장전($\binom{\text{제 9}}{\text{조}}$)[3]에서 명문화된 후부터라고 볼 수 있다. 그런데 현대국가에서 면책특권을 최초로 헌법전에 수용

영국에서 유래

권리장전과 미연방헌법에 명문화

---

1) 동지: 권영성, 892면. 이견: 김철수, 952면.

2) Thomas Haxey경이 리차드 2세(Richard Ⅱ) 왕실예산의 낭비적인 항목의 삭감을 주장했다가 반역죄로 처벌받게 된 것을 헨리 4세 때 의회가 면책결정한 사건이었다.

3) 'that the freedom of speech and debates or proceedings in parliament ought not be impeached or questioned in any court or place out of parliament.'

한 것은 미국연방헌법($^{Art.\ 1,}_{6,\ Cl.}\ ^{Sec.}_{1}$)이었고 그것이 여러 나라 헌법에 영향을 미쳤다.

(나) 면책특권의 본질과 기능

자유토론과 야당활동보호 위한 대의민 주주의의 전 제

의원의 면책특권은 그 연혁이 말해 주듯이 의견의 대립과 갈등을 정치의 불가결한 기본요소로 생각하고, 건전한 국가의사형성을 위해서 자유토론과 야당활동의 보호가 반드시 필요하다는 대립주의와 2원주의, 그리고 의회주의와 대의사상에 그 기초를 두고 발전해 온 제도이기 때문에 우리 헌법질서 내에서도 대의민주주의가 제대로 기능하기 위한 불가결한 전제조건이다. 따라서 면책특권은 대의민주주의의 본질 및 기능과 불가분의 관계에 있다.

국회의결의 영향 받지 않는 절대적 권리, 임기 후의 계속적 효력

또 면책특권은 불체포특권과는 달라서 국회의 의결로도 그 효력을 제한할 수 없는 일종의 절대적인 권리이기 때문에 의원의 임기 동안은 물론이고 임기가 끝난 후에도 계속적인 효력을 갖는 대의정치의 기본이 되는 제도이다. 즉 의원이 국회에서 행한 발언과 표결내용을 보호해 줌으로써 국회 내의 자유로운 토론과 그에 바탕을 둔 효율적이고 합리적인 정책결정을 뒷받침해 주기 위한 절대적인 권리로서의 본질과 기능을 갖는다.

발언과 표결 의 독립성 보 장

그에 더하여 면책특권은 의원으로 하여금 대의민주주의의 이념적 기초인 자유위임적 신임관계에 입각해서 독자적인 양식과 판단에 따라 의회활동을 하게 함으로써 의원의 발언과 표결의 독립성을 보장해 주기 위한 것이다. 따라서 이러한 제도의 정신에 비추어 볼 때, 면책특권에 의해서 보호받는 면책행위의 범위는 본회의와 위원회에서 행한 발언과 표결행위 그 자체에 국한되는 것이 아니고, 원내발언 및 표결과 직접적인 연관성이 있는 대의적 의사표현행위까지도 면책행위에 포함된다고 이해하는 것이 바람직하다.

(다) 면책특권의 내용과 효력

a) 면책특권의 주체

임기 중 및 퇴직 후의 국 회의원

우리 헌법상 면책특권의 주체는 국회의원이다. 그러나 의원의 임기중에 발생한 면책사유는 의원임기가 끝난 후에도 그 효력이 지속된다. 겸직이 허용된 다른 직을 겸하고 있는 의원도 의원으로서의 직무와 관련된 발언과 표결에 대해서는 당연히 면책특권의 주체가 된다.[1]

b) 면책특권의 내용

본회의·위원 회·교섭단체 에서의 모든 대의적 의사 표현행위 보 호

면책특권은 의원이 국회에서 직무상 행한 발언과 표결에 관하여 국회외에서 책임을 지지 아니하는 것이다. '국회'라 함은 국회본회의와 위원회뿐 아니라 소속 교섭단체를 포괄하는 개념으로서 특정장소나 건물이 중요한 것이 아니라

---

1) 동지: 권영성, 887면. 이견: 김철수, 955면.

국회의 실질적인 기능을 중심으로 이해해야 한다. '직무상의 발언과 표결'은 모든 대의적 의사표현행위를 포괄하는 개념으로 보아야 한다. 따라서 의원이 의회에서 행한 발언내용을 발언직전에 원내기자실에서 공표하는 행위는 직무상 발언과 직접적인 연관성이 있는 대의적 의사표현행위에 포섭될 수 있다고 할 것이다.[1] 그러나 '직무상의 발언과 표결'에는 '언어적인 발언'이 아닌 '물리적인 발언'은 포함되지 아니한다. 회의장 내에서의 폭력행위가 면책특권에 의한 보호를 받을 수 없는 것은 그 때문이다. 또 타인을 모욕하거나 타인의 사생활에 대한 발언은 면책특권에 의해서 보호할 가치가 없다고 할 것이다. 그것은 의회의 기능과는 무관할 뿐 아니라 의원의 대의책임의 본질과도 거리가 멀기 때문이다. 예컨대 독일기본법($^{제46조 제}_{1항 단서}$)이 명문으로 모욕적인 발언을 면책특권의 적용 대상에서 제외시킨 것도 그 때문이다.

폭력행위·모욕 등의 배제

c) 면책특권의 효력

면책특권의 효력은 국회에서 행한 직무상의 발언과 표결에 관해서 임기중은 물론이고 임기 후에도 국회 외에서 책임을 지지 아니하는 데 있다. '국회외에서 책임을 지지 아니한다'는 뜻은 국가의 공권력에 의한 소추의 대상이 되지도 않을 뿐 아니라, 사법상의 책임과 징계법상의 책임도 지지 않는다는 의미이다. 따라서 설령 형사상 위법하고 구성요건을 충족했다 하더라도 그 형사상의 책임을 물을 수 없는 경우에 해당한다. 면책특권의 효력은 국회 외에서의 책임에만 미치기 때문에 국회 내에서의 징계 등의 책임추궁에는 미치지 아니한다. 또 국회 외에서도 법적 책임이 아닌 정치적 책임까지 면제되는 것은 아니다. 왜냐하면 면책특권은 바로 국민에 의한 정치적 책임의 추궁을 그 본질로 하는 대의민주주의를 활성화하기 위한 제도이기 때문이다.

국회 외에서의 법적 면책(형사·민사·징계법상)

그런데 면책특권의 효력은 국회에서 행한 직무상의 대의적 의사표현에만 미치기 때문에 국회 외에서 행한 대의적 의사표현까지 면책특권에 의해서 보호되는 것은 아니다. 따라서 의원이 국회에서 직무상 행한 발언내용이라도 그것이 국회 외에서 또 다시 되풀이되는 경우에는 면책특권의 효력이 미치지 아니

효력의 한계

---

1) **【판결례】** 따라서 서울형사지법 제14부(서울형사지법 1987. 4. 13. 선고 86 고합 1513 판결)가 유성환의원의 대정부질문원고사전배포사건에서 '직무상의 발언'을 좁게 해석해서 면책특권의 적용을 부인하는 결론을 내린 것은 면책특권의 본질과 기능을 오해한 결과라고 할 것이다. 이 사건의 항소심에서 서울고법 형사 제 5 부(서울고법 1991. 11. 14. 선고 87 노 1386 판결)가 유 의원의 '행위는 국회의원의 면책특권에 해당되므로 재판대상이 될 수 없다'고 공소기각판결을 내린 것은 타당한 결론이다. 우리 대법원도 이 사건의 상고심에서 '국회본회의에서 질문할 원고를 사전에 배포한 행위는 국회의원의 면책특권의 대상이 되는 직무부수행위에 해당한다'고 판시했다(대법원 1992. 9. 22. 선고 91 도 3317 판결).

한다. 다만 의원이 국회법($_{조}^{제118}$)에 의해서 공표할 수 있는 회의록을 그대로 반포함으로써 자신의 국회발언내용을 널리 알리는 행위는 의원의 당연한 대의활동에 포함된다고 보아야 한다. 그러나 이것은 엄격한 의미에서는 면책특권의 효력 때문은 아니고, 국민의 알권리 내지 의원의 의정활동보고의 책임 또는 언론의 자유의 효과라고 할 것이다.

2. 정 부

집행부의 2원화를 제도화

집행기관으로서의 정부가 어떠한 조직과 권한을 가지는가 하는 것은 직접적으로는 정부형태와 불가분의 관계에 있으며 간접적으로는 통치기구의 조직원리가 어떻게 구체화되는가에 달려 있다. 우리 헌법은 변형된 대통령제를 취하고 있기 때문에 대통령을 행정부의 수반으로 정하면서도 국무총리제도를 두어 집행부의 2원화를 제도화하고 있다.

I. 우리 정부구조의 특징과 의의

대통령지위의
2중성과 2원
적 정부구조

우리 현행헌법상의 정부구조는 2원적이라는 데 그 특징이 있다. 즉 행정권은 대통령을 수반으로 하는 정부에 속하게 하면서도($_{제4항}^{제66조}$) 집행기능의 2원주의를 채택해서 정치적 집행기능은 대통령의 전속관할로 남겨두고, 고유한 행정기능은 국무총리에 의해서 통할되는 좁은 의미의 행정부에 맡겨 처리하지만, 대통령은 국무회의를 통해서 고유한 행정기능에도 관여하는 2원적 정부구조를 채택하고 있다.[1] 이와 같은 2원적 정부구조는 대통령이 국가의 원수인 동시에 ($_{제1항}^{제66조}$) 행정부의 수반($_{제4항}^{제66조}$)이라는 지위의 2중성에서 나오는 것이긴 하지만 미국식대통령제의 일원적 정부구조와는 본질적으로 다른 점이다. 미국식정부구조에서는 대통령은 모든 집행기능의 주체인 동시에 책임자로서 각부장관들로부터 직접 정책분야별로 보좌를 받는다. 따라서 대통령지위의 2중성이란 있을 수 없다.

2원적 정부구
조 속의 국무
총리의 지위
와 역할 및
문제점

우리 헌법상의 2원적 정부구조는 대통령직을 성역화해서 대통령의 지위를 격상시키는 의미는 가질는지 몰라도 집행기능의 민주적인 수행에는 큰 도움이

---

1) 개념적으로 2원적 정부구조와 Loewenstein의 이른바 '이원정부제'와는 다르다. Loewenstein은 바이마르공화국헌법처럼 변질된 의원내각제하에서 대통령과 수상과의 기능분산에 착안해서 '이원정부제' 내지 '이원집정부제'를 정부형태의 한 유형으로 제시했지만, 우리의 '이원적 정부구조'는 대통령제의 변형에서 나타나는 행정부조직의 한 모형에 지나지 않기 때문이다.

되지 않는다고 할 것이다. 국민의 직접선거에 의해서 선출되는 대통령이 행정권의 수반인 대통령제정부형태에서는 그것이 우리 헌법처럼 변형된 대통령제인 경우에도 대통령이 직접 모든 집행기능을 통할하고 각부장관들과 직접 정책심의를 하는 것이 옳다. 국무총리라는 정치적인 완충지대 내지는 방탄벽을 두고 대통령은 그 뒤에 안주하면서 정책적인 책임에서 초연하려는 우리의 2원적 구조는 자유민주적 통치구조의 근본이념과 반드시 조화된다고 보기 어렵다. 우리 헌법상의 통치구조에서 국무총리의 지위가 가장 문제점으로 부각되는 것도 바로 이와 같은 정부구조의 2원성에서 비롯된다. 실질적인 권한은 없으면서 대통령을 대신한 책임만을 지는 헌법기관이 바로 국무총리이기 때문이다. 따라서 헌법이론적으로 본다면 국무총리제도는 폐지하는 것이 바람직하다.

Ⅱ. 대 통 령

대통령의 지위와 권한은 정부형태에 따라 다른데, 정부형태는 무수한 변형이 가능한만큼 대통령의 통치구조 내에서의 위상은 나라에 따라 큰 차이가 있다. 따라서 대통령의 표준적인 통치기능을 획일적으로 논하는 것은 무의미하다. 다만 정부형태의 표본유형이라고 볼 수 있는 대통령제와 의원내각제를 놓고 볼 때 대통령제의 대통령은 강력한 민주적 정당성을 바탕으로 국정의 최고 책임자로서 기능하는 데 반해서, 의원내각제의 대통령은 국가통합의 상징으로서 다만 형식적이고 의례적인 기능만을 맡게 된다. 정부형태에 따른 위상의 차이

우리나라는 헌정사상 제2공화국헌법의 의원내각제를 제외하고는 언제나 변형된 대통령제를 채택했었고 현행헌법도 여전히 그 테두리를 벗어나지 않고 있다. 따라서 대통령의 지위와 권한은 외형상 크게 변한 것이 없어 보이지만, 실제에 있어서는 헌법이 개정될 때마다 개정의 중심적인 표적이 되어온 것이 바로 대통령의 위상에 관한 부분이었다. 그렇지만 대통령이 국가의 원수인 동시에 행정권의 수반이라는 2중적 지위를 갖고 행정권의 수반으로서보다는 국가원수로서 입법부와 사법부와의 수평적인 관계보다는 그들과 수직적인 관계에 서기 위해서 국무총리제를 두고 정부구조를 2원화시킨 것은 거의 일관되게 ^(제2차 개
헌만 제외) 지켜진 하나의 전통처럼 되어 왔다.[1] 개헌의 표적이 되어 온 대통령의 위상 2중적 지위와 2원적 정부구조의 전통

---

1) 우리 헌정사상 정부형태의 변화에 따른 대통령의 위상의 변화에 대해서 자세한 것은 앞부분 831면 이하 참조할 것.

(1) 대통령의 헌법상의 지위

국가원수·국정최고책임자·행정부수반·대의기관·반·대의기관·기본권보호기관

우리 헌법상 대통령은 국가의 원수이며 행정부의 수반으로서 국민에 의해서 직선되는데 그 임기(5년)중 국회의 탄핵소추를 받지 않는 한 아무런 정치적 책임도 지지 않는 국정의 최고책임자로서의 지위를 갖는다(제66조 제1항과 제4항, 제67조 제1항, 제70조, 제65조)· 이와 같은 대통령의 지위는 국가원수로서의 지위, 국정의 최고책임자로서의 지위, 행정부수반으로서의 지위, 대의기관으로서의 지위, 기본권보호기관으로서의 지위로 나눌 수 있다.

1) 국가원수로서의 지위

대외적인 국제관계에서 국가를 대표

대통령은 국제법적으로 국가를 대표하는 국가원수로서의 지위를 갖는다. 우리 헌법에 「대통령은 국가의 원수이며, 외국에 대하여 국가를 대표한다」(제66조 제1항)는 규정이 바로 그것이다. 그런데 대통령이 '국가의 원수'라는 말은 대외적인 국제관계에서 대통령이 국가를 대표한다는 뜻이다. 우리나라처럼 자유민주적 통치구조를 가지고 있는 헌법질서 아래서 대통령은 대내적인 관계에서는 국정의 최고책임자일 수는 있어도 국가원수일 수는 없다.[1]

대통령의 외교적 권한(조약의 체결·비준, 외교사절의 신임·접수·파견, 선전포고와 강화(제73조))은 대통령의 국가원수로서의 지위와 불가분의 관계에 있다.

2) 국정의 최고책임자로서의 지위

국내에서 배타적인 통치권을 행사

대통령은 국내에서는 국정의 최고책임자로서의 지위를 갖는다. 우리 헌법이 대통령에게 '국가의 독립, 영토의 보전, 국가의 계속성과 헌법을 수호할 책임'(제66조 제2항)과 '조국의 평화적 통일을 위한 성실한 의무'(제66조 제3항)를 지우면서 대통령으로 하여금 그에 상응한 취임선서를 하도록 하는 것도(제69조) 대통령이 갖는 국정의 최고책임자로서의 지위 때문이다. 대통령은 국정의 최고책임자로서의 지위에서의 통치적 권한(국가긴급권(제76조와 제77조), 헌법개정발의권(제128조 제1항), 중요정책의 국민투표부의권(제72조), 은전권(제79조와 제80조),)과 조직적 권한(대법원장과 대법관임명권(제104조 제1항과 제2항), 헌법재판소의 장과 재판관임명권(제111조 제2항과 제4항), 중앙선거관리위원회위원 3인 임명권(제114조 제2항), 감사원장과 감사위원임명권(제98조 제2항과 제3항), 국무총리와 국무위원임명권(제86조 제1항과 제87조 제1항))을 행사한다.

---

1) 따라서 국내 일부학자들이 대통령의 대외적인 국가원수로서의 지위와 대내적인 국정의 최고책임자로서의 지위를 동일시하는 것은 옳지 않다고 생각한다.
예컨대 권영성, 901면 이하; 김철수, 1036면.

3) 행정부수반으로서의 지위

대통령은 행정부의 수반으로서의 지위를 가진다. 우리 헌법은 「행정권은 대통령을 수반으로 하는 정부에 속한다」($^{제66조}_{제4항}$)고 규정함으로써 3권분립적인 통치구조 내에서 대통령은 행정권을 총괄하는 행정부수장으로서의 지위를 갖는다는 점을 분명히 밝히고 있다. 대통령이 국무회의의 의장으로서 여러 가지 집행기능을 정책적으로 주도하는 것도($^{제88}_{조}$) 바로 대통령의 행정부수반으로서의 지위에서 나온다. 대통령은 행정부의 수반으로서 집행에 관한 최종결정권을 갖는 것은 말할 것도 없고 입법에 관해서도 행정입법($^{제75}_{조}$)을 비롯해서 법률제정과정에서도 적지 않은 견제적인 권한(법률안제안권(제52조), 국회임시회소집요구권(제47조 제 1 항과 제 3 항), 국회출석발언권(제81조), 법률안공포권과 거부권(제53조 제 1 항과 제 2 항))을 행사한다. 대통령의 공무원임면권($^{제78}_{조}$)과 국군통수권($^{제74}_{조}$)도 행정부수반으로서의 지위와 불가분의 연관성이 있다.

행정권총괄

4) 대의기관으로서의 지위

대통령은 국민에 의해서 직선되는 대의기관으로서의 지위를 갖는다. 우리 통치구조 내에서 가장 중심적인 대의기관은 국회이지만, 대통령도 국민의 신임에 바탕을 두고 존재하는 대의적 통치기관임을 부인할 수 없다. 우리 헌법에 대통령의 직선제도($^{제67조}_{제1항}$)를 마련함으로써 대통령과 국민 사이의 정치적인 신임관계를 중요시한 점이라든지 대통령은 그 임기중 오로지 탄핵결정($^{제65}_{조}$)에 의해서만 물러나게 함으로써 책임정치를 강조한 점 등은 간접적으로 대통령의 대의기관으로서의 지위를 말해 주는 것이라고 볼 수 있다.

국민이 직선하는 대의적 통치기관

다만 대통령이 갖는 대의기관으로서의 지위는 국회의 대의기관적인 지위와는 그 성질이 다소 다르다는 점을 유의할 필요가 있다. 즉 국회는 합의체의 사결정기관이기 때문에 그 대의의 기능도 마땅히 고전적인 대의의 이념에 따라 부분보다는 전체를, 그리고 경험적·가시적인 국민의사보다는 추정적·잠재적인 국민의사를 존중하는 것이어야 하지만, 대통령은 단독의사결정기관이기 때문에 대통령선거에서 나타나는 경험적이고 가시적인 국민의사를 완전히 도외시할 수 없게 된다. 바로 이곳에 대통령직선제도와 고전적 대의의 이념과의 갈등의 소지가 있다. 그러나 국민에 의한 대통령직선제도는 국민에 의해서 집행부의 수장이라는 대의기관이 선거된다는 점에서, 그리고 대통령은 경험적·가시적인 국민의사와 추정적·잠재적인 국민의사의 경중을 가려 통합적 대의를 실현시키는 데 국회보다 유리한 입장에 선다는 점에서 역시 그 대의기관으로서의 지위를

국회의 대의기관적 지위와의 차이

무시할 수 없다고 할 것이다. 대통령선거가 특정정책에 대한 국민투표적 성격을 갖는다는 논리의 한계가 바로 여기에서 나온다.

5) 기본권보호기관으로서의 지위

대통령의 기
본권보호의무

대통령은 기본권보호기관으로서의 지위를 갖는다. 국가원수인 동시에 행정부의 수반으로서 국정의 최고책임을 지고 있는 대통령은 기본권의 보호에 있어서도 매우 중요한 위치를 차지하고 있다. 구태여 대통령의 헌법수호의무($^{제66조}_{제2항}$)와 국민의 자유와 복리의 증진에 노력한다는 취임선서($^{제69}_{조}$)를 상기시키지 않더라도 대통령이 갖는 법률안공포권 및 거부권($^{제53조\ 제 1}_{항과\ 제2항}$), 공무원임면권($^{제78}_{조}$), 사면권($^{제79}_{조}$), 국가긴급권($^{제76조와}_{제77조}$) 등은 기본권보장의 관점에서도 중요한 의미를 갖는다.[1]

(2) 대통령의 신분관계

헌법사항으로
규정

대통령은 그 헌법상 지위 때문에 직무수행에 있어서도 다른 통치기관과는 다른 특수한 신분관계에 서게 된다. 즉 우리 헌법은 대통령의 선거방법과 임기, 궐위 또는 사고시의 권한대행, 그 신분에 따른 특권과 의무, 퇴임 후의 예우 등을 헌법사항으로 규정하면서 대통령의 신분관계를 분명히 하고 있다.

1) 대통령의 선거와 임기

민주적 직선
제도와 5년단
임제

현행헌법상 대통령은 국민의 보통·평등·직접·비밀선거에 의해서 선출한다($^{제67조}_{제1항}$). 그런데 우리 대통령선거제도의 내용과 문제점에 관해서는 이미 앞에서($^{853면}_{이하}$) 설명했기 때문에 여기에서는 되풀이하지 않기로 한다.

대통령의 임기에 관해서 우리 헌법은 「대통령의 임기는 5년으로 하며, 중임할 수 없」도록 하면서($^{제70}_{조}$), 「대통령의 임기연장 또는 중임변경을 위한 헌법개정은 그 헌법개정제안 당시의 대통령에 대하여는 효력이 없다」($^{제128조}_{제2항}$)고 밝힘으로써 대통령의 5년단임을 하나의 중요한 헌법적인 결단으로 강조하고 있다.

단임제채택의
헌정사적 의
미와 문제점

그러나 우리나라와 같은 변형된 대통령제정부형태하에서 대통령직선제를 채택하는 경우 대통령의 단임제는 헌법이론상 문제점이 있다. 대통령단임제는 국민에 의한 심판의 길을 처음부터 제도적으로 막아 민주적 정당성의 이념 그 자체를 경시하기 때문이다. 물론 대통령의 단임 및 중임금지규정이 1인장기집권으로 얼룩진 우리 헌정사에 대한 반성적 의미를 갖고, 장기집권으로 인한 독재의 우려에서 나온 것이라고 볼 수도 있지만, 대통령의 독재를 막을 수 있는

---

1) 자세한 것은 앞부분 '대통령에 의한 기본권의 보호' 항목(350면 이하)을 참조할 것.

강력한 권력통제장치를 마련해 놓고 대통령의 중임을 허용하는 것이 보다 합리적이고 민주적인 해결책이다. 대통령의 임기조항은 통치구조의 전체적인 테두리 내에서 검토되어야 할 뿐 아니라, 국민에 의해서 직선된 대통령에 대해서 국민이 선거를 통해 심판의 기회를 갖는 것은 대통령직선제민주정치의 본질적 요청이기 때문이다.[1]

선거일의 법
정화

대통령의 임기가 만료되는 때에는 임기만료 70일 내지 40일 전에 후임자를 선거한다(제68조
제1항).[2] 또는 대통령이 궐위된 때 또는 대통령당선자가 사망하거나 판결 기타의 사유로 그 자격을 상실한 때에는 60일 이내에 후임자를 선거한다(제68조)[3]
(제2항).

임기개시

대통령의 임기는 전임대통령의 임기만료일의 다음날 0시부터 개시된다.[4] 그러나 대통령의 임기만료 후에 선거를 하거나 궐위로 선거를 하는 경우에는 대통령의 임기는 당선이 결정된 때부터 개시된다(선거법 제14
조 제1항).

2) 대통령의 직무와 권한대행

㈎ 대통령권한대행의 일반원칙

부통령제도의
당위성

대통령은 강한 민주적 정당성에 바탕을 두고 그 직무를 수행하는 통치기관이기 때문에 그 직무가 일신전속적이어서 원칙적으로 다른 통치기관에 의한 직무대행이 허용되지 아니한다. 따라서 대통령제 내지 변형된 대통령제를 기본으로 하는 통치구조에서는 대통령의 궐위 또는 사고시에 대비해서 대통령과 함께 부통령을 선출해 놓고, 대통령유고시에 대통령의 권한을 대행시키거나 대통령직을 승계하도록 하는 것이 원칙인데, 미국의 부통령제[5]가 그렇고, 우리 헌정사에서도 제1공화국헌법은 부통령제도[6]를 두었다.

---

1) 비교헌법적으로 볼 때도 대통령제 내지 변형된 대통령제를 채택한 나라에서 대통령의 임기를 단임제로 정하고 있는 경우는 멕시코의 6년단임제뿐이다.
2) 선거법(제34조 제1항 제1호)은 대통령선거를 그 임기만료일 전 70일 이후 첫번째 수요일에 하도록 법정했다.
3) 이 때 선거일은 늦어도 선거일 전 50일에 공고해야 한다(선거법 제35조 제1항).
4) 대통령직 인수에 관한 법률은 대통령의 임기개시 전이라도 대통령당선인이 국무총리 및 국무위원후보자를 지명하여(국무위원 후보자는 국무총리 후보자의 추천이 있어야 한다) 국회의장에게 인사청문회 실시를 요청하고, 26인 이내의 대통령직인수위원회를 구성해서 대통령직 인수를 위해 필요한 활동을 하게 하는 등 대통령당선인의 지위·권한·예우 등에 관한 사항을 규정하고 있다. 대통령직인수법 제5조, 국회법 제65조의 2 제2항 제2호, 인사청문회법 제2조 제1호 및 제11조의 2 참조.
5) 미국헌정사상 제44대 오바마(Obama) 대통령에 이르기까지 대통령재임시에 대통령이 궐위(암살 4건, 사망 4건, 사임 1건)되어 부통령이 그 직을 승계한 경우가 9번 있었다.
6) 우리 제1공화국시대에는 4명의 부통령(이시영, 김성수, 함태영, 장면)이 있었다.

(내) 우리 헌법상의 권한대행규정

그러나 제 2 공화국헌법[1]부터 부통령제를 폐지하고 현행헌법도 부통령제를 두지 않고 있기 때문에, 대통령이 궐위(사망, 탄핵파면, 판결에 의한 피선자격상실, 사임 등)되거나 사고(질병, 요양, 해외여행, 탄핵소추에 의한 권한정지 등)로 인하여 직무를 수행할 수 없을 때에는 국무총리를 제 1 순위자로 하고 정부조직법(제26조 제1항)이 정하는 국무위원의 순서로 그 권한을 대행하게 했다(제71조).

a) 궐위시의 권한대행과 직무범위

그런데 우리 헌법은 대통령이 궐위된 때 또는 대통령당선자가 사망하거나 판결에 의해서 그 피선자격을 상실한 때에는 60일 이내에 후임자를 선거하도록 했기 때문에(제68조 제2항) 이 때 대통령의 권한을 대행하는 기간은 최장 60일을 넘지 않도록 하고 있다. 대통령직이 요구하는 강한 민주적 정당성의 요청에 비추어 볼 때 권한대행기간은 짧을수록 좋다. 따라서 대통령의 직무를 대행하여야 되는 사태가 발생할 경우 그 원인이 무엇이든 간에 권한대행자의 직무범위는 대통령의 직무범위와 결코 같을 수는 없다. 대통령의 권한대행자는 대통령직이 필요로 하는 민주적 정당성을 확보하지 못하고 있어 대통령직의 잠정적인 관리자일 뿐이고 그 스스로가 대통령이 된 것은 아니기 때문이다. 대통령궐위시에 대통령권한대행자의 제 1 차적인 헌법적 과제는 헌법이 정하는 60일 이내에 대통령선거를 실시해서 새로운 대통령에게 그 권한을 넘겨 주는 것이다.[2]

b) 사고시의 권한대행과 대행기간

대통령 사고시에도 대통령의 권한대행자는 대통령이 다시 그 직무를 맡을 수 있을 때까지 선량한 관리자로서의 책임을 진다고 할 것이다. 대통령이 궐위된 때와 달리 사고로 인해서 대통령이 그 직무를 수행할 수 없을 때에는 헌법에 권한대행기간에 관한 명문규정이 없기 때문에 해석상 어려움이 있다.[3] 대통령이 합리적인 의사결정을 하기 어려울 정도로 건강상태가 악화된 경우(의식불명·정신질환·식물인간 등)가 현실적으로 문제가 되겠지만, 역시 이러한 경우에는 국무회의의 심의

---

1) 제 2 공화국헌법은 의원내각제를 취하고 있었기 때문에 실질적인 대통령권한대행의 문제는 제기되지 않는다.
2) 동지: 김철수, 1044면 이하.
   따라서 대통령궐위시에 대통령의 권한을 대행하는 사람은 대통령의 권한전반에 걸쳐 포괄적인 권한행사가 가능하다는 일부학자의 견해에는 동조할 수 없다.
   권영성, 910면.
3) 국내 일부학자가 대통령의 사고로 인한 권한대행의 경우에는 궐위로 인한 권한대행의 경우와는 달리 잠정적인 현상유지에만 국한하여야 한다고 주장하지만, 대통령의 사고가 장기화되는 경우에는 오히려 60일로 한정된 궐위시보다도 잠정적인 현상유지만으로는 될 수 없는 사태가 생길 수도 있다는 점을 유의할 필요가 있다. 따라서 궐위시와 사고시 대행할 직무범위를 구별하려는 일부학자의 시도는 문제가 있다고 할 것이다. 권영성, 910면 이하.

$\binom{\text{제89조 제1호·제5}}{\text{호·제11호·제17호}}$를 거쳐 그 권한대행기간을 구체적으로 결정할 수밖에 없을 것이다. 그러나 대통령직이 장기간 직무불능상태로 있는 것은 통치질서전체에 심각한 영향을 미치는 헌법장애상태인 동시에 경우에 따라서는 국가비상사태로 발전할 수도 있기 때문에 그러한 상황에 대비해서 그 직위승계권자를 미리 뽑아놓는 것은 통치기능의 원활한 수행과 통치권의 민주적 정당성의 관점에서 반드시 필요하다. 부통령제가 절실하게 필요한 이유가 여기에도 있다. 국무총리와 부총리 내지 국무위원이 대통령의 사고로 인해서 야기되는 정치적 혼란을 제대로 수습하기에는 그들이 갖는 민주적 정당성의 기반이 너무나 약하기 때문이다.

궐위시와 사고시의 구별 문제

3) 대통령의 신분상 특권과 의무

대통령은 국가원수인 동시에 국정의 최고책임자로서의 지위에 서서 헌법적 가치질서를 실현시켜야만 되는 막중한 책임을 지고 있기 때문에 우리 헌법은 대통령에게 일정한 신분상의 특권을 인정하고 있는데 재직중 형사상의 불소추권이 바로 그것이다. 즉「대통령은 내란 또는 외환의 죄를 범한 경우를 제외하고는 재직중 형사상의 소추를 받지 아니한다」($^{\text{제84}}_{\text{조}}$). 그러나 대통령의 신분상 특권은 재직중의 형사상의 불소추권이기 때문에 재직중의 범법행위를 퇴직 후에 소추하는 것과,[1] 재직중에 민사상의 소추를 하는 것 그리고 헌법이 정하는 탄핵소추를 하는 것 등은 모두 허용된다.

재직중 형사상 불소추권

대통령은 그 헌법상 지위 때문에 재직중 앞서 말한 신분상의 특권을 누리지만 그 반면에 특별한 의무도 지고 있다. 즉 대통령이 취임선서한 내용($^{\text{제69}}_{\text{조}}$)에 따라 대통령직책을 성실히 수행할 의무가 바로 그것이다. 그런데 우리 헌법은 대통령으로 하여금 그 책임과 의무를 다하게 하기 위해서 대통령은 권력집중의 위험성이 있는 각료직과 사리사욕을 유발하기 쉬운 일정한 공사의 직을 겸할 수 없도록 했다($^{\text{제83}}_{\text{조}}$).

직책 성실수 행의무 및 각료직 겸직금 지

4) 대통령의 퇴임 후의 예우

대통령이 임기를 마치거나 사임하고 퇴임한 경우에는 대통령의 헌법상 지위를 고려해서 법률에 따른 특별한 예우를 받도록 했다($^{\text{제85}}_{\text{조}}$). 그 예우의 구체적인 내용은 법률($^{\text{전직대통령 예우}}_{\text{에 관한 법률}}$)이 정하고 있는데, 전직대통령과 그 가족에 대한 생활보장과 경호 및 생활편의 등을 그 주된 내용으로 한다. 그러나 현행법의

본인과 그 가족에 대한 생활보장과 경호 및 생활편의

---

1)【결정례】 대통령 재직중 형사소추할 수 없는 범죄의 공소시효는 그 대통령 재직기간 동안은 정지된다(헌재결 1995. 1. 20. 94 헌마 246).

예우규정은 헌법이 정하는 특수계급 설치 금지($\substack{제11조\\제2항}$)의 정신에 어긋날 뿐 아니라 선진국에 비해서 지나치게 과잉예우를 하고 있어 개선할 필요가 있다. 또 퇴임한 직전대통령은 헌법상 임의기관인 국가원로자문회의가 구성되는 경우에는 그 의장이 된다($\substack{제90조\\제2항}$). 그러나 전직대통령에게 국익을 위하고 국민의 알권리를 충족하기 위해서 필요한 증언 또는 참고인진술을 요구하는 것은 예우에 어긋나는 것은 아니다. 또 탄핵파면되었거나 금고 이상의 형이 확정된 경우 등에는 예우를 하지 않는다($\substack{법\ 제7조\\제2항}$).

(3) 대통령의 권한과 그에 대한 통제

外交的·통치적·조직적·정책적 권한과 통제장치

변형된 대통령제정부형태를 채택한 우리의 통치구조 내에서 대통령은 그의 헌법상 지위에 상응한 여러 가지 권한을 갖는다. 대통령의 외교적 권한, 통치적 권한, 조직적 권한, 정책적 권한 등이 바로 그것이다. 그런데 대통령은 단독의사결정기관이기 때문에 그 권한행사에 대한 적절한 통제장치가 필요하다. 우리 헌법이 대통령의 권한행사에 대해서 여러 가지 기관 내의 통제수단과 기관간의 통제수단을 마련해 놓고 있는 이유도 그 때문이다.

1) 외교적 권한

(개) 외교적 권한의 내용

조약체결·비준, 외교사절 신임·접수·파견, 선전포고, 강화, 국군해외파병, 국가승인 등

대통령은 국가의 원수로서 외국에 대하여 국가를 대표하기 위한 외교적 권한을 갖는다. 대통령이 외국과 조약을 체결·비준하고, 외교사절을 신임·접수 또는 파견하며, 외국에 대하여 방위를 위한 선전포고를 하고 외국과 강화를 하는 권한 등이 바로 그것이다($\substack{제73\\조}$). 또 대통령이 국군을 외국에 파견하거나 외국 군대를 우리 영역 안에 주류시키는 결정을 하는 것도 그의 외교적 권한이다($\substack{제60조\\제2항}$). 더 나아가 대통령은 그의 외교적 권한에 의해서 국제법적 의미를 갖는 국가승인·정부승인·교전단체승인 등을 할 수도 있다.

(내) 외교적 권한행사에 대한 통제

a) 기관내의 통제

국무회의심의와 부서

대통령이 외교적 권한을 행사하려면 반드시 국무회의의 심의를 거쳐($\substack{제89조\ 제2\\호\sim 제6호}$) 국무총리와 관계국무위원이 부서한 문서로써 하여야 한다($\substack{제82\\조}$).

b) 기관간의 통제

국회의 동의

대통령이 중요한 조약을 체결·비준하거나($\substack{제60조\\제1항}$), 선전포고를 하고, 국군을 외국에 파견하거나 외국군대를 우리 영역 내에 주류시키려면 미리 국회의 동의

를 얻어야 한다($^{제60조}_{제2항}$).

2) 통치적 권한

대통령은 국정의 최고책임자로서 국가의 독립과 계속성을 지키고 헌법을 수호하기 위한 통치적 권한을 갖는다. 중요정책의 국민투표부의권($^{제72}_{조}$), 헌법개정발의권($^{제128조}_{제1항}$), 국가긴급권($^{제76조와}_{제77조}$) 등이 여기에 속한다. 은사권($^{제79}_{조}$)은 통치적 권한으로서의 성질과 정책적 권한으로서의 성질을 함께 갖기 때문에 정책적 권한에서 다루기로 한다.

국민투표부의권, 헌법개정발의권, 국가긴급권

㈎ 중요정책의 국민투표부의권

대통령은 필요하다고 인정할 때에는 외교·국방·통일 기타 국가안위에 관한 중요정책을 국민투표에 붙일 수 있는 권한을 갖는다($^{제72}_{조}$). 이것은 우리 헌법이 마련한 임의적 국민투표제도로서 대의제도에 바탕을 둔 우리 통치구조에서 하나의 예외적인 직접민주주의적 요소라고 볼 수 있다. 그러나 또 한편 우리 헌법은 이 국민투표제도를 통해서 대의의 이념과 직접민주주의적 이념의 조화를 추구하는 현대적인 형태의 대의제도를 모색하고 있다고도 이해할 수 있다. 결단주의사상에 바탕을 둔 이 국민투표제도는 외형상 주권자인 국민에게 국가의 정책결정에 직접 관여할 수 있는 길을 열어 주고 법률안 등에 대한 최종적인 결정권을 주는 것처럼 보이지만 실질적으로는 대의기관에 의해서 이미 그 내용이 정해진 국가정책 내지 법률안에 대한 선택권 내지 가부결정권만을 주는 것에 지나지 않는다. 국민투표제도가 악용될 소지가 있다고 평가되는 이유도 그 때문이다. 법률안 또는 국가정책의 세부적이고 구체적인 내용까지를 국민이 결정하게 하는 이른바 루소적인 의미의 '국민입법권' 내지 직접통치제도는 기술적으로도 불가능할 뿐 아니라 우리 헌법이 추구하는 대의의 이념과도 조화되기 어렵다.

임의적 권한

대의이념과의 조화 모색하는 예외적 직접민주주의 요소

아무튼 우리 헌법상 대통령은 비교적 넓은 재량권을 가지고 행사할 수 있는 국민투표부의권을 갖기 때문에 스스로 '국가안위에 관계된다고 판단하는 정책'은 그 사안의 제한을 받지 않고 언제든지 국민투표에 붙여 국민의 뜻을 물을 수 있다. 따라서 대통령이 특정정책과 자신의 신임을 결부시켜 국민투표에 붙이는 것도 가능하다.[1] 다만 일단 국민투표에 붙인 사안에 대해서는 다수결로

신임연계적 정책 국민투표와 기속력

---

1) 헌재는 다른 입장을 취하고 있다.
【결정례】 헌법 제72조는 정치적 남용을 방지할 수 있도록 엄격하고 축소적으로 해석해야 한다. 따라서 「중요정책」에는 대통령 재신임국민투표는 포함되지 않고, 특정정책과 대통령의 재신임을 결부시키는 것도 허용되지 않는다(헌재결 2004. 5. 14. 2004 헌나 1).

나타나는 국민의 의사가 모든 국가기관을 기속하기 때문에 국민의사와 배치되는 정책결정은 할 수 없다.

(내) 헌법개정발의권

헌법수호책임의 표현

대통령은 헌법개정을 발의해서 헌법개정안을 제출할 수 있는 권한을 갖는다($\substack{제128조 \\ 제1항}$). 헌법수호의 책임을 지고 있는 대통령은 헌법규범과 헌법현실 사이에 gap이 생겨 헌법의 규범적 효력이 현저히 약해졌을 때에는 헌법개정안을 제출함으로써 헌법의 최고규범성을 지키도록 노력하여야 한다. 따라서 대통령의 헌법개정발의권은 그의 헌법수호책임에서 나오는 당연한 권리이다. 그러나 대통

개헌안공고권과 개정헌법 공포권의 성질

령의 헌법개정안공고권($\substack{제129 \\ 조}$)과 확정된 개정헌법의 공포권($\substack{제130조 \\ 제3항}$)은 같은 헌법개정에 관한 권한이기는 하지만, 엄밀한 의미에서는 대통령의 통치적 권한에 속한다기보다는 대통령의 입법에 관한 권한에 속한다고 보아야 한다. 헌법개정안공고권과 개정헌법공포권은 대통령의 재량권이 없는 헌법적 의무에 속하기 때문이다.

(대) 국가긴급권

긴급재정·경제처분 및 명령권, 긴급명령권, 계엄선포권

대통령은 국정의 최고책임자로서 국가의 독립, 영토의 보전, 국가의 계속성과 헌법을 수호할 책무를 지고 있기 때문에 국가비상사태에서도 그 책무를 다하기 위해서 국가긴급권을 갖는다($\substack{제76조와 \\ 제77조}$). 대통령의 긴급재정·경제처분 및 명령권($\substack{제76조 \\ 제1항}$), 긴급명령권($\substack{제76조 \\ 제2항}$), 계엄선포권($\substack{제77 \\ 조}$)이 바로 그것이다. 이러한 대통령의 국가긴급권은 그 내용면에서 우리 제 3 공화국헌법(1962년)의 국가긴급권과 본질적으로 같다.

a) 국가긴급권의 본질

헌법보호의 비상수단

대통령의 국가긴급권은 그 본질면에서 대통령의 임의적인 비상대권은 결코 아니고, 헌법보호의 비상수단이다. 그러나 헌법보호를 위해서 대통령이 국가긴급권을 발동하여야 되는 국가비상사태는 일시적인 헌법장애상태와는 다르

국가긴급권의 발동요건·내용 및 한계에 관한 헌법규정의 의미

기 때문에 그 남용 또는 악용의 위험성이 크다. 따라서 헌법에서 국가긴급권의 발동기준과 내용 그리고 그 한계에 관해서 상세히 규정함으로써 그 남용 내지 악용의 소지를 줄이고, 심지어는 국가긴급권의 과잉행사 때는 저항권을 인정하는 등 필요한 제동장치도 함께 마련해 두는 것이 현대의 민주적인 헌법국가의 일반적인 태도이다. 우리 헌법도 국가긴급권을 그 권력주체의 면에서 대통령의 권한으로 규정하면서도 국가긴급권의 내용과 효력, 통제와 한계를 분명히 함으로써 그 남용과 악용을 막아 국가긴급권이 헌법보호의 비상수단으로서 제 기능을 나타내도록 배려하고 있다.

b) 긴급재정·경제처분 및 명령권

대통령은 중대한 재정·경제상의 위기를 극복하기 위하여 긴급한 조치가 필요할 때 최소한의 재정·경제상의 긴급처분을 하거나 이에 관하여 법률의 효력을 가진 명령을 발할 수 있다(제76조 제1항).

중대한 재정·경제상의 위기극복수단

α) 발동요건

대통령의 긴급재정·경제처분 및 명령은 다음 네 가지 요건이 충족된 경우에만 가능하다. 즉 i) 내우, 외환, 천재, 지변 또는 중대한 재정·경제상의 위기상황이 발생하여야 한다(상황요건). 이 상황요건의 판단권은 우선은 대통령이 갖지만 사후에 국회의 통제를 받는다. ii) 국가의 안전보장 또는 공공의 안녕질서를 유지하기 위하여 긴급한 조치가 필요하여야 한다(목적요건). 이 목적요건의 판단권도 대통령이 갖지만 목적요건은 현상유지적인 의미를 갖는 것이기 때문에 현장개선의 적극적인 목적은 목적요건에 포함되지 아니한다.[1] iii) 국회의 집회를 기다릴 여유가 없을 정도로 급박하여야 한다(긴급요건). 이 긴급요건은 국회가 폐회중이어서 임시회의 집회에 필요한 1일간을 기다릴 여유조차 없는 경우를 말한다(국회법 제5 조 제2항).[2] iv) 국무회의의 심의를 거쳐야 한다(절차요건)(제89조 제5호).

상황·목적·긴급·절차요건

β) 처분 및 명령의 내용과 효력

현상유지를 위해서 필요한 최소한의 재정·경제상의 처분을 하거나 재정·경제명령을 발할 수 있는데, 그 처분이나 명령의 규율대상은 재정사항과 경제사항으로 엄격히 제한된다. 따라서 처분이나 명령은 엄격히 과잉금지원칙을 존중하는 내용이어야 한다. 긴급재정·경제처분은 어디까지나 처분적 효력만을 나타내기 때문에 그것이 법률적 효력을 나타내기 위해서는 긴급재정·경제명령의 형식으로 행해져야 한다. 긴급재정·경제명령이 발동되면 그 명령은 법률의 효력을 가지기 때문에 이 명령으로 기존의 법률을 개정 또는 폐지하는 것도 가능하고, 또 법률에 의한 것과 마찬가지로 국민의 재정·경제생활영역을 제한하는 조치도 할 수 있다.

재정·경제사항의 규율, 처분적 효력과 법률적 효력

---

1) 동지: 헌재결 1996. 2. 29. 93 헌마 186.
 【판시】 긴급재정경제명령은 정상적인 재정운용·경제운용이 불가능한 중대한 재정·경제상의 위기가 현실적으로 발생하여(그러므로 위기가 발생할 우려가 있다는 이유로 사전적·예방적으로 발할 수는 없다) … 이를 사후적으로 수습하기 위하여(그러므로 공공복리의 증진과 같은 적극적 목적을 위하여는 발할 수 없다) 위기의 직접적 원인제거에 필수불가결한 최소한도 내에서 행사되어야 한다(판례집 8-1, 111(120면 이하)).
2) 국회의 임시회는 집회기일 3일 전에 공고하는 것이 원칙이지만, 긴급재정·경제처분 및 명령, 긴급명령 또는 계엄을 선포해야 하는 국가비상사태가 발생한 경우에는 집회기일 1일 전에 공고할 수 있도록 국회법이 개정되었다(2000. 5. 30. 시행).

γ) 통제장치

국무회의심의
및 부서

① **사전통제**(기관 내의 통제) 긴급재정·경제처분 및 명령은 국무회의의 심의를 거쳐야 하고(제89조 제5호), 국무총리와 관계국무위원이 부서한 문서로써 하여야 하는(제82조) 기관 내의 통제를 받는다.

국회보고·승
인절차, 승인
거부의 효과

② **사후통제**(기관간의 통제) 긴급재정·경제처분 및 명령은 대의기관인 국회에 의한 사후통제를 받는다. 즉 대통령은 긴급조치를 한 후에는 지체없이 국회에 그 조치내용을 보고하고 그 승인을 얻어야 하는데, 승인을 얻지 못한 때에는 그 조치는 그때부터 효력을 상실하고, 명령에 의해서 개정·폐지된 법률은 당연히 그 효력을 회복한다(제76조 제3항과 제4항). 이 때 대통령은 긴급조치가 효력을 상실한 사실을 지체없이 공포하여야 함은 물론이다(제76조 제5항). 이것을 정치적·대의적 통제라고 말한다.

법적·사법적
통제

대통령의 긴급재정·경제처분 및 명령은 국회에 의한 정치적·대의적 통제 외에도 법원 또는 헌법재판소에 의한 법적·사법적 통제도 받는다. 즉 긴급재정·경제처분 및 명령은 법원과 헌법재판소에 의한 구체적 규범통제의 대상이 될 뿐 아니라(제107조), 그로 인해서 국민의 기본권이 침해된 경우에는 당연히 헌법소원의 대상이 된다(제111조 제1항 제5호; 헌재법 제68조).[1] 그런데 이러한 법적·사법적 통제는 정치적·대의적 통제와는 그 성질이 다르기 때문에 국회의 승인 여부와는 관계 없이 이루어진다.

c) 긴급명령권

국가보위 위
한 긴급입법
적 조치

대통령은 중대한 교전상태와 같은 국가비상사태를 맞아 국가보위를 위한 긴급입법적 조치가 필요하고 국회의 집회가 불가능한 때에는 법률의 효력을 가진 긴급명령을 발할 수 있다(제76조 제2항).

α) 발동요건

상황·목적·
집회불능·절
차요건

긴급명령권은 다음과 같은 네 가지 요건을 전제로 해서만 그 발동이 허용된다. 즉 i) 국가의 안위에 관계되는 중대한 교전상태가 발생하여야 한다(상황요건). 중대한 교전상태란 정규전뿐 아니라 비정규전을 포함해서 대규모 무력충돌이 발생한 경우를 말한다. ii) 국가를 보위하기 위한 긴급조치가 필요하여

---

1) 동지: 헌재결 1996. 2. 29. 93 헌마 186.
  【판시】 통치행위를 포함하여 모든 국가작용은 국민의 기본권적 가치를 실현하기 위한 수단이라는 한계를 반드시 지켜야 하고, 그것이 국민의 기본권침해와 직접 관련되는 경우에는 당연히 헌법재판소의 심판대상이 된다. 그리고 긴급재정경제명령은 법률의 효력을 가지므로 마땅히 헌법에 기속되어야 한다. 따라서 긴급명령이 통치행위이므로 헌법재판의 대상이 될 수 없다는 주장은 받아들일 수 없다(판례집 8-1, 111(116면)).

야 한다(목적요건). 그것은 즉 긴급입법적 조치가 아니고서는 국가의 방위가 불
가능한 경우이어야 한다. 따라서 국력신장·통일촉진·복리증진 등의 현상개선
적인 필요성은 목적요건으로 볼 수 없다. iii) 국회의 집회가 불가능하여야 한
다(집회불능요건). 국회의 집회가 법률적·사실적으로 불가능한 때를 말하는데,
국회의 개회·휴회·폐회중임을 묻지 않고 또는 국회의 집회가 불가능하게 된
원인도 따지지 않는다. 그러나 긴급명령을 발하기 위해서 인위적으로 국회폐쇄
등 집회불능의 원인을 만드는 것은 여기에 포함되지 않는다. iv) 국무회의의
심의를 거쳐야 한다(절차요건)($\substack{제89조\\제5호}$).

β) 명령의 내용과 효력

긴급명령은 긴급입법적 조치를 뜻하기 때문에 법률사항에 대한 명령적 법률사항에
대한 명령적
규율
규율을 그 내용으로 한다. 긴급재정·경제명령은 오직 재정·경제사항만을 그
규율대상으로 하지만 긴급명령은 모든 법률사항을 그 규율대상으로 한다는 점
에서 내용면에서 매우 포괄적이다.

긴급명령은 법률사항을 그 규율대상으로 하기 때문에 그 효력도 법률의 법률의 효력
효력을 가진다. 따라서 기존법률의 개정과 폐지는 물론이고 국민의 기본권을
제한하는 것도 가능하다. 그러나 과잉금지의 원칙은 존중되어야 한다. 긴급명
령에 의해서 규율된 법률사항은 마치 국회입법에 의해서 규율된 것과 동일한
효력을 나타내기 때문에 그 개폐에는 또 다른 법률적 조치가 필요하게 된다.
그런데 긴급명령에 의한 헌법침해가 허용되지 않는 것은 긴급명령의 헌법보호
기능상 당연한 이치이다.

γ) 통제장치

① **사전통제**(기관내의 통제) 긴급명령은 국무회의의 심의를 거쳐야 국무회의심의
및 부서
하고($\substack{제89조\\제5호}$), 국무총리와 관계국무위원이 부서한 문서로써 하여야 한다($\substack{제82\\조}$).

② **사후통제**(기관간의 통제) 긴급명령은 지체없이 국회에 보고하여 국회보고·승
인절차 및 승
인거부효과
그 승인을 얻어야만 계속적인 효력을 발생한다($\substack{제76조\\제3항}$). 일종의 정치적·대의적
통제이다. 긴급명령은 그 발동요건상 국회의 집회가 불가능한 것을 전제로 하
지만 국회의 집회가 다시 가능해지는 즉시 국회에 보고하여 그 승인을 얻어야
한다($\substack{제76조\\제3항}$). 승인을 받지 못한 경우에는 긴급명령은 그때부터 효력을 상실하고,
긴급명령에 의해서 개정·폐지된 법률은 당연히 그 효력을 회복한다($\substack{제76조\\제4항}$). 그
리고 대통령은 그 사실을 지체없이 공포하여야 한다($\substack{제76조\\제5항}$).

긴급명령은 법원과 헌법재판소에 의한 법적·사법적 통제도 받는데 긴급명 법적·사법적
통제
령에 대한 구체적 규범통제($\substack{제107조\ 제1항,\ 제111\\조\ 제1항\ 제1호}$)가 바로 그것이다. 또 긴급명령이

기본권을 침해한 경우에는 법률의 경우처럼 헌법소원의 대상이 된다(제111조 제1항·
제5항; 헌재법
제68조). 긴급명령에 대한 법적·사법적 통제는 국회에 의한 정치적·대의적 통제와
는 별도로 이루어진다.

d) 계엄선포권

병력으로 공
공안녕질서유
지

대통령은 전시와 같은 국가비상사태에 있어서 병력으로써 군사상의 필요
에 대응하거나 공공의 안녕질서를 유지할 필요가 있을 때에는 법률에 따라 계
엄을 선포할 수 있는 권한을 갖는다(제77조). 계엄의 선포와 그 시행 및 해제 등에
관하여 자세한 사항은 계엄법에서 정하고 있다.

α) 다른 국가긴급권과의 차이

계엄법에 따
른 조치, 행
정·사법영역
에서의 한시
적인 군정, 통
제방법상의
차이

긴급재정·경제처분 및 명령권과 긴급명령권은 헌법에 따라 직접 그 효
력이 발생하는 국가긴급권인 데 반해서, 계엄선포권은 헌법상의 권한이긴 하지
만 헌법을 근거로 제정된 법률(계엄법)에 따라 발동되는 국가긴급권이라는 점에
서 차이가 있다. 또 전자는 일종의 긴급처분 또는 긴급입법적 성질을 갖는 데
반해서, 계엄선포권은 입법기능을 제외한 행정·사법분야에서의 한시적인 군정
통치를 가능케 하는 것이라는 점에서도 본질적인 차이가 있다. 그에 더하여 그
통제의 메커니즘에도 차이가 있다. 즉 전자의 경우에는 국회에 의한 대의적 통
제에 있어 일반정족수로 처리할 수 있는 승인사항으로 규정하고 있는 데(긍정
적 통제) 반해서, 계엄의 경우에는 국회의 재적의원 과반수의 찬성을 필요로 하
는 해제요구사항으로 규정하고(부정적 통제) 있다. 그 밖에도 발동요건과 내용
및 효력면에서도 차이가 있는 것은 물론이다.

β) 발동요건

상황·필요·절
차·준법요건

대통령은 다음과 같은 네 가지 요건이 충족된 경우에만 계엄을 선포할
수 있다. 즉 i) 전시, 사변 또는 이에 준하는 국가비상사태가 발생하여야 한다
(상황요건). 외국과의 전쟁, 무장집단에 의한 폭동, 천재 또는 다중의 불법행위
로 인한 극도의 사회질서혼란상태 등이 현실적으로 발생한 경우에 한하고 앞으
로 발생할 가능성이 있는 상황은 여기에 포함되지 아니한다. 계엄은 일종의 진
압적인 비상조치이지 예방적인 조치는 아니기 때문이다. 상황요건에 대한 판단
권은 대통령이 갖지만, 국회에 의한 사후통제를 받는다. ii) 병력으로써 군사상
의 필요에 응하거나 공공의 안녕질서를 유지할 필요가 있어야 한다(필요요건).
군병력을 동원하지 않고는 비상사태의 수습이 도저히 불가능한 경우에 한하기
때문에 경찰병력만으로도 사태의 수습이 가능한 때에는 계엄선포의 긴급성은
없다. 이 필요요건의 판단도 우선은 대통령이 하게 되겠지만, 국회에 의한 사

후통제를 받고 그것은 헌법재판의 심사대상이 된다. iii) 국무회의의 심의를 거쳐야 한다(절차요건)($\frac{제89조\ 제5}{호와\ 제6호}$). iv) 법률(계엄법)이 정하는 절차와 방법에 따라야 한다(준법요건). 즉 계엄을 선포할 때에는 계엄선포의 이유, 계엄의 종류, 계엄시행일시 및 시행지역 그리고 계엄사령관을 공고하여야 한다($\frac{계엄법}{제3조}$).

γ) 계엄의 종류

계엄에는 비상계엄과 경비계엄의 두 종류가 있다($\frac{제77조}{제2항}$). 비상계엄과 경비계엄은 그 선포요건과 효과면에서 차이가 있다. 비상계엄은 국가비상사태에 있어서 행정 및 사법기능의 수행이 현저히 곤란한 경우에($\frac{법\ 제2조}{제2항}$), 그리고 경비계엄은 일반행정기관만으로는 치안을 확보할 수 없는 경우에($\frac{법\ 제2조}{제3항}$) 각각 선포하는 것이다. 따라서 계엄에 따른 비상조치의 내용도 비상계엄의 경우가 훨씬 강하나, 우리 헌법($\frac{제77조}{제3항}$)은 비상계엄선포시에 취할 수 있는 비상조치의 내용을 한정적으로 정하고 있기 때문에 헌법이 명시한 내용 이외의 조치를 취할 수는 없다. 그러나 대통령은 계엄선포 후에도 사태의 추이에 따라 계엄의 종류, 시행지역 또는 계엄사령관을 변경할 수 있다($\frac{법\ 제2조}{제4항}$).

> 비상계엄과 경비계엄

δ) 계엄선포의 내용과 효력

① **비상계엄의 내용과 효력**　　비상계엄은 계엄사령관으로 하여금 계엄지역 내의 모든 행정·사법사무를 관장해서 당해 지역 내의 모든 행정·사법기관을 지휘·감독하게 하고, 계엄지역 내에서는 군사상 필요시에 체포·구금·수색·거주이전·언론·출판·집회·결사 또는 단체행동에 대한 특별한 제한조치를 할 수 있도록 하는 것을 그 내용으로 한다. 다만 국회의원의 불체포특권은 비상계엄에 의해서도 제한할 수 없다($\frac{법}{제13조}$). 또 계엄사령관은 동원·징발권, 군수용품의 반출금지명령권, 작전상 필요에 의한 국민재산의 파괴·훼손권($\frac{정당한\ 보}{상\ 필요}$)도 갖는다($\frac{법\ 제7조\sim}{제9조}$).

> 행정·사법기관 지휘·감독 및 기본권 특별제한조치, 불체포특권 제한금지

비상계엄이 선포되면 계엄지역 내에서는 군사법원의 재판관할권이 확대되어 계엄법($\frac{제10}{조}$)이 열거하는 죄를 범한 사람은 민간인도 군사법원에서 재판한다. 또 헌법($\frac{제110조}{제4항}$)에 따라 비상계엄하에서의 군사재판은 사형선고의 경우가 아니라면 헌법과 법률이 정하는 일정한 죄에 대해서는 단심도 허용된다.

> 군사법원재판관할권 확대, 단심재판 허용

그런데 비상계엄에 의해서 할 수 있는 특별조치의 범위에 관해서는 논란이 있다. 즉 헌법($\frac{제77조}{제3항}$)에서 정한 기본권에 관한 특별조치의 내용이 한정적 규정이냐 예시적 규정이냐에 관한 논란이 그것이다.[1] 생각건대 계엄선포권의 본질을 대통령의 비상대권이라고 이해하는 입장에서는 그것을 한정적 규정으로 해석

> 특별조치의 범위: 한정적 규정설과 예시적 규정설

---

1) 한정적 규정설: 권영성, 927면. 예시적 규정설: 김철수, 1070면.

하는 것이 남용·악용의 피해를 줄이는 방법이 될 것이다. 또 계엄선포권의 본질을 헌법보호의 비상수단이라고 이해하는 경우에도 그것을 반드시 예시적 규정으로 해석하여야만 된다는 논리는 성립되지 않는다고 할 것이다. 대통령의 권력남용 내지 헌법침해의 소지를 줄이는 것은 헌법보호의 또 다른 수단이기 때문이다.

군사에 관한 행정·사법사무관장

② **경비계엄의 내용과 효력**   경비계엄은 계엄사령관으로 하여금 계엄지역 내의 군사에 관한 행정·사법사무를 관장해서 당해 지역 내의 군사에 관한 행정·사법기관을 지휘·감독하게 하는 것을 그 내용으로 한다. 따라서 비상계엄과는 달리 오로지 군사에 관한 행정·사법사무만이 계엄조치의 대상이

기본권제한 특별조치금지

된다. 경비계엄에 의해서 국민의 기본권에 관한 특별조치를 하는 것은 허용되지 않는다. 또 군사법원의 재판관할권도 평상시와 같다. 비상계엄은 행정·사법기능의 회복 내지 보강에 의한 비상사태의 수습이 그 목적이지만 경비계엄은 치안질서회복 내지 보강에 의한 비상사태의 수습이 그 목표이기 때문이다.

ε) **계엄에 대한 통제장치**

국무회의심의, 관계장관건의, 부서, 문민통제원칙

① **사전통제**(기관내의 통제)   대통령이 계엄을 선포하거나 변경하고자 할 때에는 반드시 국무회의 심의를 거쳐야 하고(제89조 제5 호와 제6호), 계엄선포는 국방부장관 또는 행정안전부장관이 국무총리를 거쳐 대통령에게 건의하는 것이 원칙이다(법 제2조 제6항). 계엄의 선포나 해제도 대통령이 반드시 문서로써 하되 국무총리와 관계국무위원의 부서가 있어야 한다(제82조). 또 대통령이 계엄사령관을 임명할 때는 국방부장관이 추천한 사람 중에서 국무회의의 심의를 거쳐야 한다(법 제5조 제1항). 계엄사령관은 문민통제의 원칙에 따라 계엄의 시행에 관하여 국방부장관의 지휘·감독을 받으며, 전국을 계엄지역으로 하는 경우이거나 기타 필요하다고 인정하는 경우에는 대통령이 직접 계엄사령관을 지휘·감독한다(법 제6조).

국회보고 및 국회의 해제 요구권

② **사후통제**(기관간의 통제)   대통령이 계엄을 선포한 경우에는 지체없이 국회에 통고하여야 한다(제77조 제4항). 그런데 계엄에 대한 국회의 대의적 통제는 계엄을 승인하여야 하는 긍정적 통제가 아니고 계엄이 부당하다고 인정하는 경우에 그 재적의원 과반수의 찬성으로써 계엄의 해제를 요구하여야 되는 부정적 통제의 성질을 갖는다(제77조 제5항). 부정적 통제의 특징은 국회의 부정적 의사표시가 있기까지는 계엄은 그 효력을 지속한다는 데 있다. 이 점이 국회의 승인이라는 긍정적 의사표시에 의해서 비로소 계속적 효력을 갖는 긴급재정·경제처분 및 명령 또는 긴급명령과 다른 점이다. 국회가 계엄의 해제를 요구한 때에는 대통령은 즉시 계엄을 해제하여야 한다(제77조 제5항). 국회의 요구에도 불구하고

대통령이 계엄을 해제하지 않는 경우 그것은 명백한 탄핵소추의 사유가 되며 또 국민의 저항권을 발생시킨다.

계엄해제는 대통령이 이를 공고하여야 하는데($\frac{법}{제11조}$), 계엄이 해제되면 그 날로부터 모든 행정·사법사무가 정상화되어 평상상태로 돌아가기 때문에 군사법원에 계류중인 재판사건도 일반법원으로 넘어간다. 다만 대통령은 1월 이내의 범위 내에서 군사법원의 재판권을 연기할 수 있도록 했다($\frac{법}{제12조}$). 그러나 이 군사재판권연기규정($\frac{법 제12조}{제2항 단서}$)은 국민의 정당한 재판을 받을 권리와 민간인에 대한 군사재판의 예외규정에 어긋나는 위헌적인 규정이라고 할 것이다.[1]

계엄에 대한 정치적·대의적 통제를 실효성 있는 것으로 하기 위해서 우리 헌법과 계엄법은 계엄에 의해서 국회의 기능을 제한하지 못하게 하고 있다. 국회의원의 불체포특권은 계엄중에도 제한하지 못하게 한 것은 그 때문이다 ($\frac{법}{제13조}$). 따라서 계엄중에도 국회의 정상적인 기능은 최대한으로 보장하여야 한다.

대통령의 계엄선포는 선포행위 그 자체뿐 아니라 계엄에 근거한 구체적·개별적인 비상조치의 내용도 법적·사법적 통제의 대상이 된다고 할 것이다. 특히 계엄선포의 요건이 충족되었는지의 여부와 계엄을 근거로 한 구체적인 비상조치의 내용이 우리 헌법정신 내지 계엄법의 규정과 조화될 수 있는지를 판단하는 것은 바로 헌법재판의 당위적인 요청이기 때문이다.[2] 또 계엄선포 및 계엄에 의한 특별조치로 인해서 기본권의 침해를 받은 국민은 헌법소원을 제기할 수도 있다($\frac{제111조 제1항 제5}{호; 헌재법 제68조}$).

3) 조직적 권한

대통령은 국정의 최고책임자로서 다른 헌법기관의 구성에 관여할 수 있는 조직적 권한을 갖는다. 우리 헌법상 대법원·헌법재판소·중앙선거관리위원회·감사원·행정부의 구성에는 반드시 대통령이 관여하게 되어 있다.

---

1) 동지: 김철수, 1073면.
　　반대: 대법원 1985. 5. 28. 선고 81 도 1045 판결.

2) 【결정례】 우리 대법원판례는 지금까지 대통령의 계엄선포에 대해서 통치행위론을 근거로 그 사법심사를 부정하는 입장을 취해왔다. 그러나 통치행위가 반드시 사법심사의 대상에서 제외된다는 구시대적인 논리는 우리의 헌법재판제도 아래서는 더 이상 통할 수 없다고 할 것이다. 대법원 1953. 1. 30. 선고 4286 형상 103 판결; 대법원 1964. 7. 21. 선고 64 초 3·4·6 판결(재정신청), 우리 헌재가 통치행위를 헌법재판의 대상으로 인정하고 있기 때문이다(헌재결 1996. 2. 29. 93 헌마 186 참조).
　　그런데도 일부 국내학자들이 계엄선포 그 자체에 대한 사법적 통제는 부정하지만, 계엄을 근거로 하는 구체적 조치는 사법심사의 대상이 된다고 하는 것은 타당하지 않다.

㈎ **대법원장과 대법관임명권**

국회동의 및
대법원장제청
과 동의 필요

대통령은 대법원장과 대법관임명권을 가지고 최고법원인 대법원구성에 관여하는데 대법원장임명에는 국회의 동의가 필요하고 대법관임명에는 대법원장의 제청과 국회의 동의가 있어야 한다($\frac{제104조}{항과~제1}_{제2항}$). 그러나 사법권의 독립을 위해서 일반법관의 임명권은 대법원장이 갖는다($\frac{제104조}{제3항}$).

㈏ **헌법재판소의 장과 재판관임명권**

장의 지명권,
재판관 3인의
실질적 임명
권, 재판관 6
인의 형식적
임명권

대통령은 헌법재판소의 장과 재판관에 대한 임명권을 가지는데 헌법재판소의 장은 재판관 중에서 국회의 동의를 얻어 임명하고, 재판관임명에서는 국회에서 선출하는 3인과 대법원장이 지명하는 3인을 반드시 포함시켜야 한다($\frac{제111조~제3}{항·제4항}$). 따라서 대통령은 헌법재판소의 구성에 있어서는 재판관 3인에 대한 실질적 임명권과 헌법재판소의 장의 지명권 그리고 재판관 6인에 대한 형식적 임명권을 행사한다고 볼 수 있다.

㈐ **중앙선거관리위원회위원임명권**

위원 3인 임
명권

대통령은 중앙선거관리위원회위원 9인 중에서 3인에 대한 임명권을 통해서 중앙선관위의 구성에 관여한다($\frac{제114조}{제2항}$). 나머지 위원은 국회와 대법원장이 각각 3인씩 선출 내지 지명하고 위원장은 위원 중에서 호선한다. 따라서 헌법재판소의 구성에서보다 대통령의 관여권은 약하다고 볼 수 있다.

㈑ **감사원장과 감사위원임명권**

국회동의 및
감사원장 제
청 필요

대통령은 국회의 동의를 얻어 감사원장을 임명하고, 감사원장의 제청으로 감사위원을 임명한다. 감사원은 원장을 포함해서 5인 이상 11인 이하의 감사위원으로 구성되는 헌법기관이다($\frac{제98}{조}$).

㈒ **국무총리와 국무위원임명권**

국회동의 및
국무총리 제
청 필요

대통령은 국회의 동의를 얻어 국무총리를 임명하고($\frac{제86조}{제1항}$), 국무총리의 제청으로 국무위원을 임명한다($\frac{제87조}{제1항}$). 또 대통령은 국무위원 중에서 국무총리의 제청으로 행정각부의 장을 임명하는데($\frac{제94조}{제1항}$) 대통령의 행정부구성에 관한 각료임명권은 행정부수반으로서의 지위와도 불가분의 연관성이 있다.

4) 정책적 권한

집행업무의
정책적 주도
권 내지 집행
사항의 최종
결정권

대통령은 행정부의 수반으로서 여러 가지 집행업무를 정책적으로 주도하고 집행사항에 관한 최종결정권을 갖는다. 또 대통령은 집행업무에 관한 행정입법권을 가지며 국회의 입법과정에서도 적극적인 발언권을 행사함으로써 정책집행의 법적 근거를 마련하는 권한을 갖는다. 그에 더하여 대통령은 그의 통치적 권한이라고 볼 수 있는 은사권을 통해서 사법기능에서도 정책적인 관여를 한다. 대통령의 여러 가지 정책적 권한은 그것을 그 업무성질에 따라 집행에 관한 권한, 입법에 관한 권한, 사법에 관한 권한으로 나눌 수 있다.

집행·입법·
사법에 관한
권한

㈎ 집행에 관한 권한

대통령은 행정부의 수반으로서 집행에 관한 여러 가지 권한을 갖는다. 우리 헌법도 「행정권은 대통령을 수반으로 하는 정부에 속한다」($\binom{제66조}{제4항}$)고 규정함으로써 대통령이 행정권의 최고책임자임을 분명히 하고 있다. 그런데 대통령이 행정부의 수반으로서 행정권을 갖는다는 의미는 모든 행정작용을 대통령이 독점한다는 뜻이 아니고 적어도 행정에 관한 최종결정권자는 대통령이라는 뜻이다. 또 헌법이 행정권은 「정부에 속한다」고 하는 것도 모든 법집행작용은 정부만이 독점하라는 뜻이 아니고 적어도 고유한 행정작용이라고 볼 수 있는 법집행적 정책작용 내지 정책형성작용만은 정부가 맡아야 한다는 뜻이다. 따라서 정부도 입법과 사법에 관한 권한을 가질 수도 있고 국회와 법원도 예산집행·인사·내부조직·사법행정 등 행정에 관한 권한을 가질 수도 있다.[1)]

행정에 관한
최종결정권

공무원임면
권·국군통수
권·재정권·
영전수여권

대통령이 갖는 중요한 집행에 관한 권한은 공무원임면권($\binom{제78}{조}$), 국군통수권($\binom{제74}{조}$), 재정권($\binom{제54조\sim}{제58조}$), 영전수여권($\binom{제80}{조}$) 등이다.

a) 공무원임면권

대통령은 헌법과 법률이 정하는 바에 의하여 공무원을 임명하고 면직시킬 수 있는 권한을 갖는다($\binom{제78}{조}$). 그런데 대통령의 공무원임면권은 우리 통치기구의 조직원리라고 볼 수 있는 3권분립주의와 공직제도의 기본원리에 의한 제약을 받을 뿐 아니라 헌법과 법률규정에 의해서도 제한된다. 즉 i) 그 임명에 법정의 자격을 요하는 공무원($\binom{대법원장과 대법관,}{검사, 교수 등}$), ii) 그 임명에 다른 기관의 제청을 요하는 공무원($\binom{대법관, 국무위원, 행정}{각부의 장, 감사위원 등}$), iii) 그 임명에 다른 기관의 선거 내지 지명을 요하는 공무원($\binom{헌법재판소재판관 6인과 중앙}{선관위원 6인 및 특별감찰관}$), iv) 그 임명에 국회의 동의를 요하는 공무원($\binom{대법원장과 대법관, 헌법재판소}{의 장, 감사원장, 국무총리 등}$), v) 그 임명에 국무회의의 심의를 요하는 공무원($\binom{검찰총장, 합참의장, 각군참모}{총장, 국립대학교총장, 대사 등}$), vi) 그 임명에 국회 상임위원회의 인사청문을 거쳐야 하는 공무원($\binom{헌법재판소재판관, 중앙선거관리위원회위원, 국무위원, 방송통신위원회 위원장, 국가정보원장, 공정거래}{위원회 위원장, 금융위원회 위원장, 국가인권위원회 위원장, 고위공직자범죄수사처장, 국세청장, 검찰총}$ $\binom{}{장, 경찰청장, 합동참모의장, 한국은행}$ $\binom{}{총재·특별감찰관·KBS사장}$)의 경우에는 대통령의 공무원임명권은 제한적 권리로서의 성질을 갖는다. 또 대통령은 선거직공직자와 일반법관의 임면권을 갖지 않는 것과 같이 우리 공직구조 내에서 유일한 공무원임면권자는 아니다.

임명 및 면직
권

임면권의 제
약요인과 한
계

---

1) 이와 같은 관점에서 볼 때 우리 헌법 제66조 제 4 항의 '행정권'의 개념에 관한 형식설과 실질설의 논란은 무의미하다고 생각한다.

대통령의 공무원면직권도 공직자에 대한 헌법상의 신분보장 내지 임기제 (대법원장과 대법관, 헌법재판소의 장과 재판관, 감사원장과 감사위원)와 직업공무원제도상의 신분보장에 의한 제약을 받는 다. 더 나아가 대통령의 공무원임면권은 국민의 공직취임권에서 나오는 파급효 과(방사효과) 때문에도 영향을 받는다.

b) 국군통수권

국군의 최고
지휘 내지 명
령권

대통령은 헌법과 법률이 정하는 바에 의하여 국군을 통수하는 권한을 갖 는다(제74조 제1항). 우리 헌법은 국가의 안전보장과 국토방위의 신성한 과업을 맡는 국군을 헌법사항으로 정하고(제5조) 대통령에게 국군통수권을 줌으로써 대통령이 국군의 최고사령관임을 분명히 하고 있다. 따라서 대통령은 국군에 관한 최고지 휘 내지 명령자로서 기능하는데 이와 같은 대통령의 국군통수권은 행정조직의 한 단위로서의 국군에 대한 지휘·명령권이라는 의미에서는 행정부수반으로서의 지위와 관련이 있지만 또한 국가안보, 외침으로부터의 영토보전, 국가독립성보 장기능이라는 관점에서는 국정의 최고책임자로서의 지위와도 불가분의 관계에 있다. 그런데 대통령의 국군통수권은 헌법과 법률이 정하는 내용에 따라 행사할 수 있는 권한이기 때문에 우리 헌법이 정하는 국군의 기본구조와도 관련이 있다.

α) 헌법이 정하는 국군의 기본구조

군사제도에
관한 헌법규
정

우리 헌법은 국군의 조직을 통치구조의 당위적인 요소로 전제하고 있는 데 국군의 사명(제5조)과 대통령의 국군통수권에 관한 헌법규정 외에도 국민의 병역의무(제39조), 군사법원의 설치(제27조 제2항, 제110조), 군인의 국가배상청구권제한(제29조 제2항), 상 이·전몰군인유가족의 우선적 근로권(제32조 제6항), 일정한 군사행동에 대한 국회의 동 의권(제60조 제2항), 계엄제도(제77조), 군사에 관한 국정행위의 부서제도(제82조), 각료임명에 서의 현역군인배제(제86조 제3항과 제87조 제4항), 군사문제 내지 군수뇌인사의 국무회의심의요건 (제89조 제2호·제5호·제6호·제16호), 국군조직의 법정(제74조 제2항), 국가안전보장회의(제91조)에 관한 규정 등 이 그 직접적인 증거이다.

국군의 기본
구조원리: 정
치적 중립주
의, 군정·군
령일원주의,
문민통제주의,
각군분리주의,
조직의 법정
주의

그런데 이들 여러 규정을 통해서 우리 헌법이 설정하고 있는 국군의 기본 구조는 정치적 중립주의, 군정·군령일원주의, 문민통치 내지 문민통제주의, 각 군분리주의, 조직의 법정주의 등을 그 바탕으로 하고 있다. 즉 i) 국군이 국방 의 신성한 의무를 수행하기 위해서는 그 정치적 중립이 준수되어야 하고, ii) 국군을 조직·편성·관리하는 군정작용(양병작용)과 국군을 동원·작전지휘하는 군령작용(용병작용)은 일원화시켜 병정을 통합적으로 운영하고, iii) 군사에 관한 사항도 문민통치 내지 문민통제가 가능한 형태로 조직·운영하기 위해서 현역 군인이 아닌 국무위원(국방부장관)이 군정과 군령에 관한 대의적 책임을 지고,

iv) 각군의 전문성과 특수성을 살리고 군 내부의 견제·균형을 위해서 3군을 병립체제로 편성·운영하고, v) 국군의 조직과 편성은 법률로 정하여야 하는 것 등이 바로 그것이다. 그런데 우리 헌법은 국군의 수뇌부조직을 합참의장과 각군의 참모총장으로 정하고 이들을 수뇌부로 하는 국군의 조직과 편성만을 입법형성권에 맡겨 법률로 정하도록 했다(제89조 제16호).

β) 국군통수권의 한계

대통령의 국군통수권은 군에 관한 헌법상의 여러 규정과 국군의 기본구조에 관한 헌법상의 기본원리에 의한 제약을 받는다. 대통령의 국군통수권이 군정과 군령을 포괄하는 권한이고, 군정과 군령을 2원화시키는 통수권의 행사가 허용되지 않는 것은 그 때문이다. 또 군사에 관한 문민통제를 배제하는 통수권의 행사나 행정입법에 의한 국군조직, 군수뇌부의 임의적인 교체, 군령권의 포괄적인 위임행사 등이 헌법과 조화될 수 없는 것은 당연하다. 그에 더하여 일정한 군사행동에 대한 대의적 통제를 무시해서도 아니된다. 또 대통령은 침략적 전쟁의 목적으로 국군통수권을 행사해서도 아니된다. 대통령의 국군통수권과 관련되는 실정법으로서는 국군조직법·예비군법·군인사법·계엄법 등이 있다.

> 국군의 기본구조원리에 의한 제약

c) 재 정 권

대통령은 재정에 관한 여러 가지 권한을 가지는데 그것은 국회의 재정기능과도 불가분의 연관성이 있다. 대통령의 재정권은 국회의 재정기능에 의한 보완에 의해서만 비로소 그 실효성을 나타내는 국가의 재정작용에 관한 것이기 때문이다.

> 국회의 재정기능과 불가분한 관계

대통령의 재정권에 속하는 것으로는 i) 예산안편성제출권(제54조 제 1 항과 제 2 항), ii) 준예산집행권(제54조 제 3 항), iii) 예비비지출권(제55조 제 2 항), iv) 추가경정예산안편성제출권(제56조), v) 국채모집권 및 예산외국가부담계약체결권(제58조), vi) 긴급재정·경제처분 및 명령권(제76조 제 1 항), vii) 결산검사권(제99조) 등이 있다. 대통령이 그의 재정에 관한 권한을 행사하는 데에는 대의기관인 국회의 의결·승인·동의·감사 등을 받아야 하는 경우가 많다는 것은 이미 국회의 재정기능에서 설명한 바와 같다.

> 재정권의 내용과 행사요건

d) 영전수여권

대통령은 법률이 정하는 바에 의하여 훈장 기타의 영전을 수여하는 권한을 갖는다(제80조). 대통령은 국정의 최고책임자인 동시에 행정부의 수반으로서 표창을 받을 만한 공적이 있는 국민과 외국인에게 훈장과 영전을 수여하는데 국무회의의 심의를 거쳐서(제89조 제 8 호) 국무총리와 관계국무위원의 부서를 받아야 한다(제82조). 영전수여권의 자세한 내용은 상훈법이 정하고 있다. 그런데 대통령의 영

> 국무회의심의 및 부서 필요

> 영전일대의 원칙과 특권 배제원칙

전수여권의 행사에는 영전일대의 원칙과 특권불인정원칙($^{제11조}_{제3항}$)을 존중하여야 한다.

(나) 입법에 관한 권한

대통령의 지 위와의 관련 성

대통령은 입법에 관해서도 여러 가지 정책적 권한을 가지는데, 대통령의 입법에 관한 권한은 대통령의 행정부수반으로서의 지위뿐 아니라, 국정의 최고 책임자로서의 지위, 대의기관으로서의 지위, 기본권보호기관으로서의 지위와도 관련이 있다.

구체적 내용

대통령이 갖는 입법에 관한 중요 정책적 권한으로는 국회임시회집회요구권($^{제47조}_{제1항}$) 및 국회출석·발언권($^{제81}_{조}$), 헌법개정안공고 및 공포권($^{제129조와 제}_{130조 제3항}$), 법률제정관여권($^{제52조와}_{제53조}$), 행정입법권($^{제75}_{조}$) 등을 들 수 있지만, 여기서는 앞에서 자세한 언급이 없었던 법률제정관여권과 행정입법권만을 살펴보기로 한다.

a) 법률제정관여권

법률안제출· 공포·거부권

대통령은 법률제정에 관여할 수 있는 권한을 가지는데 법률안제출권($^{제52}_{조}$)· 법률안공포권($^{제53조}_{제1항}$)·법률안거부권($^{제53조}_{제2항}$)이 바로 그것이다.

α) 법률안제출권

행사요건: 국 무회의심의 및 부서

대통령은 정부를 대표해서 국회에 법률안을 제출할 수 있다($^{제52}_{조}$). 대통령이 법률안을 제출하려면 국무회의의 심의를 거쳐야 하고($^{제89조}_{제3호}$) 국무총리와 관계국무위원이 부서한 문서로써 하여야 한다($^{제82}_{조}$). 대통령의 법률안제출권은 우리 헌법처럼 변형된 대통령제에서나 인정되며 미국의 대통령제에서는 찾아볼 수 없는 제도이다. 입법의 전문화경향 때문에 의원제출법률안보다는 정부제출법률안의 숫자가 많아지고 있기 때문에 대통령의 법률안제출권은 무시못할 대통령의 법률제정관여권이다.

β) 법률안공포권

국무회의심의 및 부서요건

대통령은 국회에서 의결된 법률안을 이송받아 공포하는 권한을 갖는다($^{제53조}_{제1항}$). 이 법률안공포권의 행사에도 대통령은 기관 내의 통제($^{국무회의심}_{의와 부서}$)를 받는다. 그런데 대통령의 법률안공포권은 법률의 효력발생시기에도 영향을 미치기 때문에 법률제정절차에서 중요한 의미를 갖는다. 따라서 우리 헌법은 대통령이 법률안공포권을 악용하는 경우에 대비해서 두 가지 대책을 강구해 두고 있다.

공포권 악용 대비책

즉 첫째는 대통령이 법률안을 이송받은 후 15일 이내에 공포나 재의요구를 하지 아니한 때에는 그 법률안은 법률로서 확정되고($^{제53조}_{제5항}$), 둘째 법률이 확정된 후 대통령이 공포하지 아니할 때에는 국회의장이 이를 공포하도록 했다($^{제53조}_{제6항}$).[1]

---

1) 그런데 법률안이 법률로 확정되는 경우는 두 가지로 구별할 수 있다. 즉 하나는 대통령이 법

γ) 법률안거부권

대통령은 법률안거부권을 갖는다($\substack{제53조\ 제2\\항과\ 제3항}$). 대통령의 법률안거부권은 미국의 대통령제에서 행정부가 갖는 유일한 입법부견제수단으로 발달한 제도이다. 우리 헌법처럼 변형된 대통령제를 채택하고 대통령에게 여러 가지 입법에 관한 권한을 부여하고 있는 경우에 법률안거부권까지 인정한다는 것은 대통령의 지나친 법률제정관여를 초래해서 오히려 그 역기능이 크게 나타날 위험성이 있다. 대통령의 법률안거부권이 자제되어야 하는 이유가 바로 그 때문에 생긴다.

미국대통령제에서 유래

변형된 대통령제에서의 역기능 위험성

① **법률안거부권의 의의와 유형 및 기능**   법률안거부권이란 국회에서 의결되어 정부로 이송된 법률안에 대하여 이의가 있는 경우에 대통령이 이의서를 붙여 국회에 환부하고 그 재의를 요구하거나(환부거부), 환부거부가 허용되는 기간 내에 국회가 회기만료로 폐회케 되는 경우 대통령이 그 법률안을 국회에 환부하지 않고 그대로 보류시킴으로써 폐기시키는 것(보류거부)을 말한다. 보류거부는 미국처럼 회기불계속의 원칙에 따라 운영되는 회기제도에서 큰 위력을 발휘하고 있지만 우리처럼 회기계속의 원칙에 따르는 국회에서는 그 제도적인 의의가 없다. 따라서 우리 헌법은 환부거부만을 규정하고($\substack{제53조\ 제2\\항과\ 제3항}$) 보류거부는 인정하지 않는다. 국회의원의 임기가 만료되어 폐회된 경우에는 임기만료에 따른 법률안폐기이지($\substack{제51조\\단서}$) 보류거부는 아니다.[1]

환부거부와 보류거부

회기계속의 원칙과 보류거부

법률안거부권은 다음 세 가지 기능을 갖는 대통령의 권한이다. 즉 i) 대통령으로 하여금 국회의 법률제정권을 견제하게 하는 기능(견제적 기능), ii) 대통령의 헌법수호의무를 뒷받침하기 위해서 대통령에게 법률안의 실질적·형식적 심사권을 인정하는 기능(심사적 기능), iii) 국회의 재의결이 있을 때까지 법률안의 법률로서의 확정을 정지시키는 기능(정지적 기능) 등이 바로 그것이다.

견제적·심사적·정지적 기능

② **법률안거부의 사유와 절차**   대통령이 법률안을 거부하기 위해서는 우선 법률안에 대한 이의가 있어야 한다. 그 이의의 내용은 헌법에서 규정하지 않았지만, 정당하고 합리적인 것이어야 함은 물론이다. 법률안이 위헌적인 요

법률안에 대한 정당하고 합리적인 이의(위헌·예산미비·집행불능)

률안을 이송받은 후 15일 이내에 공포나 재의요구를 하지 아니함으로써 법률로 확정되는 경우이고(제53조 제 5 항), 또 하나는 대통령이 거부권을 행사한 법률안이 국회에서 재의결됨으로써 법률로 확정되는 경우(제53조 제 4 항)이다. 전자의 경우에는 국회의장의 법률공포권이 지체없이 발생하고 후자의 경우에는 확정법률이 정부로 이송된 후 5일이 경과한 후에 국회의장의 법률공포권이 발생한다고 해석하여야 한다. 왜냐하면 전자의 경우에는 이미 정부의 수중에 들어 있는 법률에 대해 또 다시 5일을 기다릴 이유가 없기 때문이다.

1) 따라서 우리 헌법상 보류거부가 인정되는가에 관한 부정설(김철수)과 부분긍정설(권영성)의 논쟁은 실익이 없는 논쟁이다.

  김철수, 1051면 이하; 권영성, 942면 이하.

소를 내포하고 있다든가, 예산상의 뒷받침이 없는 것이라든지, 집행이 불가능한 경우 등은 이의를 제기할 만한 정당한 사유가 된다고 할 것이다.

법률안거부는 법률안이 정부로 이송된 후 15일 이내에 국무회의의 심의를 거쳐 국무총리와 관계국무위원이 부서한 이의서를 붙여 국회의장에게 환부하고 재의를 요구하는 방법으로 행하지만, 법률안의 일부에 대하여 또는 법률안을 수정하여 재의를 요구할 수는 없다($\frac{제53조}{제3항}$).[1]

③ **법률안거부권에 대한 국회의 통제**   대통령이 거부권을 행사한 경우에는 국회는 그 법률안을 재의에 붙이고, 재적의원 과반수의 출석과 출석의원 2/3 이상의 찬성으로 재의결(override)함으로써 그 법률안을 법률로서 확정시킬 수 있다($\frac{제53조}{제4항}$). 또 이렇게 확정된 법률이 정부로 이송된 후 5일 이내에 대통령이 공포하지 아니할 때에는 국회의장이 이를 공포함으로써($\frac{제53조}{제6항}$) 대통령의 법률공포권을 무력화시킬 수 있다.

b) 행정입법권

대통령은 행정부의 수반으로서 법률에서 구체적으로 범위를 정하여 위임받은 사항과 법률을 집행하기 위하여 필요한 사항에 관하여 대통령령을 발할 수 있는 권한을 갖는다($\frac{제75}{조}$). 대통령의 위임명령과 집행명령이 바로 그것인데 이것을 대통령의 행정입법권이라고 말한다.

α) 행정입법권의 헌법상 의의와 기능

'국회중심입법의 원칙'에 따라 입법권이 국회에 속하는 경우에도 국회의 입법기능에는 일정한 한계가 있다. 합의체대의기관으로서의 국회가 갖는 전문성의 취약점을 비롯해서 입법기술과 입법효과면에서의 여러 가지 제약요인이 바로 그것이다. 국회가 법률제정권을 독점하고 국민의 권리·의무 및 통치조직과 작용에 관한 본질적인 사항만은 반드시 법률의 형식으로 규율하지만 그 법률을 집행하기 위한 세부적인 사항이나 본질적인 법률사항이라고 볼 수 없는 것들은 행정입법권에 맡길 수밖에 없는 이유도 그 때문이다. 따라서 행정입법권은 국회의 입법기능을 보완함으로써 법치행정의 기초를 마련한다는 헌법상 의의와 기능을 갖는다. 따라서 국회가 특정한 사항에 대하여 행정부에 입법을 위임했음에도 불구하고 행정부가 정당한 이유 없이 이를 이행하지 않는다면 권

---

1) 미국의회는 1996년 3월 Line Item Veto Act를 제정해서 대통령에게 법률안에 대한 항목별 거부권을 인정했었는데, 미국연방대법원은 1998년 6월 이 법률을 위헌이라고 결정했다. Clinton v. City of New York(U.S. Supreme Court 97-1374) 참조. 그러나 1997년 6월에는 이 법률이 합헌임을 인정했었다. 다음 판례 참조. Frederick D. Raines v. Robert C. Byrd, 117 S. Ct. 2312(1997).

력분립의 원칙과 법치행정의 원칙에 위배되어 행정입법부작위로 인한 기본권침해가 발생할 수 있다.[1]

그런데 오늘날 행정입법이 질·양면에서 증대하고 있는 현상은 사회국가의 요청에 의한 일반적인 입법수요의 증가와도 관련이 있지만 국회기능의 변화와도 무관하지 않다. 즉 입법기관으로서의 국회가 통제기관으로서의 국회로 그 활동방향을 바꾼 것이 행정입법권에 새로운 의미를 부여해 주는 계기가 되었다. 현대국가에서 행정입법권에 대한 통제의 문제가 특별히 중요한 문제로 대두되고 있는 이유도 그 때문이다.

β) 행정입법권의 내용과 한계

행정입법권은 넓은 의미로는 국회입법권·사법입법권·자치입법권을 제외한 정부의 규범정립권을 그 내용으로 하기 때문에 대통령, 국무총리, 각부장관, 중앙행정관청의 장 등이 갖는 법규명령과 행정명령의 제정권을 모두 포괄하지만, 좁은 의미로는 대통령이 갖는 법규명령제정권, 즉 위임명령과 집행명령의 제정권만을 그 내용으로 한다. 행정명령은 행정기관내부에서만 효력을 갖는 업무처리규칙(훈령·고시·통첩 등)에 불과하기 때문에 원칙적으로 헌법적 관심의 대상이 아니고 총리령·부령 등은 그것이 설령 법규명령으로서의 성질을 갖는다 하더라도 법률 또는 대통령령이 위임한 사항이나 법률 또는 대통령령을 실시하기 위해서 필요한 사항으로 그 규율대상이 매우 한정되어 있기 때문이다. 또 대통령의 긴급재정·경제명령과 긴급명령은 그 본질상 헌법보호의 비상수단일 뿐 아니라 법률을 개폐하는 효력을 갖기 때문에 대통령의 국가긴급권으로 분류되어야지 행정입법권에 포함시키지 않는 것이 원칙이다.

① **위임명령** 위임명령이라 함은 헌법을 근거로 법률에서 위임한 사항에 관하여 규율하는 법규명령을 말한다. 대통령의 위임명령은 '법률에서 구체적으로 범위를 정하여 위임받은 사항'에 국한된다. 위임명령은 법률에서 위임받은 사항에 관해서는 국민의 권리·의무에 관해서도 규율할 수 있고 대외적·일반적 효력을 갖는 법규범(실질적 의미의 법률)이기 때문에 국민의 기본권에 매우 심각한 영향을 미칠 수가 있다. 위임명령의 제정에 있어서 본질성이론에 따라 일반적·포괄적 위임입법이 금지되는 이유도 그 때문이다. 우리 헌법(제75조 전단)도 위임명령은 '구체적으로 범위를 정한' 개별적·구체적인 사항에 관한 것이어

---

1) **【결정례】** 법률에서 군법무관의 봉급과 보수를 법관 및 검사의 예에 준하여 대통령령으로 정하도록 위임했는데도 37년간 행정입법을 하지 않은 것은 법률에 의하여 형성된 군법무관의 보수청구권(재산권)을 침해하는 것이다(헌재결 2004. 2. 26. 2001 헌마 718).

야 한다고 위임명령의 한계를 명시하고 있다.

헌재판례

우리 헌법재판소는 헌법 제75조에서 포괄적 위임입법을 금지하고 있다고 판시하면서, '국민주권주의, 권력분립주의 및 법치주의를 기본원리로 하고 있는 우리 헌법하에서 국민의 헌법상 기본권 및 기본의무와 관련된 중요한 사항 내지 본질적인 내용에 대한 정책형성기능은 원칙적으로 주권자인 국민에 의하여 선출된 대표자들로 구성되는 입법부가 담당하여 법률의 형식으로써 이를 수행하여야 하고, 이와 같이 입법화된 정책을 집행하거나 적용함을 임무로 하는 행정부나 사법부에 그 기능을 넘겨서는 아니되기 때문'[1]이라고 설명하고 있다. 그러면서 '법률에서 구체적인 범위를 정하여 위임받은 사항이란 법률에 이미 대통령령으로 규정될 내용 및 범위의 기본사항이 구체적으로 규정되어 있어서

위임입법의 구체성·명확성·예측가능성의 요건

누구라도 당해 법률로부터 대통령령에 규정될 내용의 대강을 예측할 수 있어야 함을 의미한다'[2]고 위임입법의 구체성·명확성·예측가능성을 강조하고 있다. 그러나 또 한편 '여기서 그 예측가능성의 유무는 당해 특정사항 하나만을 가지고 판단할 것이 아니고 관련 법조항 전체를 유기적·체계적으로 종합 판단하여야 며, 각 대상법률의 성질에 따라 구체적·개별적으로 검토하여야 한다'[3]는 판시와, '위임조항 자체에서 위임의 구체적인 범위를 명확히 규정하고 있지 않다고 하더라도 당해 법률의 전반적 체계와 관련규정에 비추어 위임조항의 내재적인 위임의 범위나 한계를 객관적으로 분명히 확정할 수 있다면 이를 일반적이고 포괄적인 백지위임에 해당하는 것으로 볼 수는 없다'[4]는 판시를 통하여 위임입법에서의 예측가능성과 구체성의 정도를 다소 완화해서 판단하고 있다. 그리

규율대상에 따른 위임의 구체성·명확성의 차이

고 '처벌법규나 조세법규와 같이 국민의 기본권을 직접적으로 제한하거나 침해할 소지가 있는 법규에서는 구체성·명확성의 요구가 강화되어 그 위임의 요건

---

1) 예컨대 헌재결 1995. 7. 21. 94 헌마 125, 판례집 7-2, 155(165면 이하).
2) 헌재결 1996. 8. 29. 95 헌바 36, 판례집 8-2, 90(99면).
   【결정례】 구 식품위생법 제44조 제1항 및 제97조 제6호 중 제44조 제1항 부분은 수범자와 준수사항 중 어느 한 부분도 위임될 내용을 법률에서 구체화하고 있지 아니하므로 포괄위임금지원칙에 위배된다(헌재결 2016. 11. 24. 2014 헌가 6). 헌재는 헌재결 2010. 3. 25. 2008 헌가 5에서 위 규정 중 준수사항 부분에 대해서는 합헌결정했었다.
3) 헌재결 1996. 8. 29. 94 헌마 113, 판례집 8-2, 141(164면).
4) 헌재결 1996. 10. 31. 93 헌바 14, 판례집 8-2, 422(434면).
   【결정례】 자동차관리법(제81조 제19호 등)은 관할관청의 승인을 받아야 하는 자동차의 튜닝을 국토부령으로 위임하면서 위임의 범위를 예시하는 기준 등을 규정하지 않고 있지만 관련 법령상 자동차의 안전운행에 필요한 성능과 기준이 설정되어 있는 구조·장치, 부품이 변경되거나 부착물을 추가함으로써 이에 준하는 변화가 발생할 것으로 예측되는 경우에 한하여 관할 관청의 승인을 받아야 하는 것으로 규정한 것임을 알 수 있어 포괄위임금지원칙에 반하지 않는다(헌재결 2019. 11. 28. 2017 헌가 23).

과 범위가 일반적인 급부행정의 경우보다 더 엄격하게 제한적으로 규정되어야
하는 반면에,¹⁾ 규율대상이 지극히 다양하거나 수시로 변화하는 성질의 것일 때
에는 위임의 구체성·명확성의 요건이 완화되어야 할 것이라고'²⁾ 위임의 구체성
과 명확성의 정도를 규율대상에 따라 다르게 평가하고 있다.³⁾ 또 우리 헌법재

---

1) 【결정례】 i) 형벌법규의 구성요건의 일부를 대통령령에 위임하는 것의 위헌 여부를 심사하는
  경우에는 그 위임이 헌법적인 한계를 준수했는지를 따져 위헌성을 판단하되 죄형법정주의원칙
  도 함께 고려해서 위임의 필요성과 예측가능성의 기준을 보다 엄격하게 해석·적용해야 한다
  (헌재결 2010. 5. 27. 2009 헌바 183, 판례집 22-1(하), 262(269면)). 헌재는 이 결정에서 죄형
  법정주의와 포괄위임입법금지원칙의 상호관계를 분명히 밝히면서 죄형법정주의는 위임입법의
  한계심사를 강화하는 효과를 나타낸다고 판시했다. ii) 행정기관의 업무 또는 영업정지처분은
  직업의 자유와 관련된 중요한 사항이고 정지기간은 정지사유 못지 않게 정지처분의 핵심적·
  본질적 요소이다. 따라서 정지기간의 상한을 법률에 명확히 규정하지 않은 채 하위법령에 위
  임하는 것은 포괄위임금지원칙에 위배된다(헌재결 2011. 9. 29. 2010 헌가 93, 판례집 23-2,
  501(510면)).
2) 헌재결 1998. 2. 27. 97 헌마 64, 판례집 10-1, 187(195면).
  【결정례】 i) 법률에서 명시적으로 정한 행정규제보다 더 가벼운 제재를 하위규칙에서 정해
  시행하더라도 그것이 기본권 제한적 효과를 지니게 되면 그 제재유형에 대한 명시적인 법률적
  근거를 필요로 한다(헌재결 2007. 11. 29. 2004 헌바 290). ii) 제한상영만 허용되는 등급의 영
  화에 대해 불명확하게 정의하고 등급분류의 구체적 기준을 영상물등급위원회의 규정(행정규
  칙)에 위임하고 있는 영비법규정은 명확성 및 포괄위임금지원칙에 위배된다(헌재결 2008. 7.
  31. 2007 헌가 4).
3) 【판시】 모든 국민을 상대로 의료보험이 실시되고 있는 우리의 의료보험체계하에서 보험요양
  기관의 지정이 취소되고 일정기간 동안 재지정이 금지되면 의료기관에게는 막대한 불이익을
  주는 제재적 처분으로서 직업수행의 자유의 제한이다. 따라서 입법위임은 보다 엄격한 형식에
  의해서만 허용된다. 그런데도 이 사건 법조항에서는 단지 '보건복지부장관이 정하는 바에 따
  라'의 형식으로 포괄적인 백지위임을 하고 있으므로 헌법 제75조 및 제95조의 위임입법의 한
  계를 일탈했고 나아가 권력분립의 원리, 법치주의원리, 의회입법의 원칙 등에 위배된다(헌재결
  1998. 5. 28. 96 헌가 1, 판례집 10-1, 509(521면)).
  【결정례】 i) 우리 헌재는 '복표발행, 현상 기타 사행행위단속법'(제 9 조 및 제 5 조)에 대한 부
  분위헌결정에서 벌칙규정의 위임의 한계와 조건을 다음과 같이 제시했다. 즉 ⓘ 특히 위임해
  야 할 긴급한 필요가 있거나 법률에서 자세히 정할 수 없는 부득이한 경우에만 한정해서 위임
  할 것, ⓙ 예측할 수 있을 정도로 법률에서 구성요건을 구체적으로 규정할 것, ⓚ 형벌의 종
  류 및 그 상한과 폭을 명백히 규정할 것 등이 바로 그것이다. 헌재결 1991. 7. 8. 91 헌가 4
  참조. ii) 그 밖에도 위임입법의 한계를 벗어났다는 이유로 위헌결정한 헌재결 1995. 9. 28. 93
  헌바 50(정부관리기업체 간부의 수뢰죄가중처벌규정의 위헌결정); iii) 헌재결 1998. 7. 16. 96
  헌바 52 등(병합)(중과세대상인 고급주택 및 고급오락장의 요건을 시행령에서 정하게 한 구지
  방세법 위헌결정); iv) 헌재결 1999. 1. 28. 97 헌가 8(교통안전분담금의 포괄적 위임 위헌결
  정); v) 헌재결 1999. 1. 28. 98 헌가 17(중과세 고급주택요건 포괄적 위임 위헌결정); vi) 헌재
  결 2000. 3. 30. 98 헌가 8(위법건축물에 부과되는 이행강제금의 포괄적 위임 위헌결정); vii)
  헌재결 2003. 4. 24. 2002 헌가 6(양도소득세의 과세대상인 자산의 포괄적 위임 위헌결정);
  viii) 헌재결 2003. 4. 24. 2002 헌가 15(금전채무불이행으로 인한 법정이율을 대통령령에 위임
  한 소촉법의 위헌결정) 참조. ix) 대통령령으로 규정한 내용이 위헌이라도 그로 인하여 정당하
  고 적법한 수권법률조항까지 위헌이 되는 것은 아니다(헌재결 1999. 4. 29. 96 헌바 22 등(병
  합)). x) 또 하위법률인 대통령령의 내용이 합헌적이라고 하여 수권법률의 합헌성까지를 의미
  하는 것은 아니다(헌재결 1995. 11. 30. 93 헌바 32). xi) 그런데 헌재는 법률이 아닌 대통령령
  이 정하는 바에 의하여 중학교의무교육을 순차적으로 실시하도록 규정한 교육법(제 8 조의 2)

입법사항의
부령위임

판소에 따르면 '헌법 제75조는 대통령에 대한 입법권한의 위임에 관한 규정이
지만, 국무총리나 행정각부의 장으로 하여금 법률의 위임에 따라 총리령 또는
부령을 발할 수 있도록 하고 있는 헌법 제95조의 취지에 비추어 볼 때, 입법자
는 법률에서 구체적으로 범위를 정하기만 한다면 대통령뿐만 아니라 부령에 입
법사항을 위임할 수도 있다'.[1] 나아가 헌법이 인정하고 있는 위임입법의 형식
은 예시적인 것으로 보아야 하기 때문에 법률이 일정한 사항을 행정규칙에 위
임하더라도 국회입법의 원칙과 상치되지는 않는다. 다만 고시와 같은 형식으로
위임입법을 할 때에는 법령이 전문적·기술적 사항이나 경미한 사항으로서 업무의

은 포괄적 위임을 한 것이 아니라고 합헌결정을 했다(헌재결 1991. 2. 11. 90 헌가 27). xii) 퇴
역연금의 지급정지제도에서 지급정지되는 퇴역연금액이 퇴역연금액의 1/2 이내인 경우라도
(1/2 이상이면 위헌) 지급정지와 소득수준의 상관관계에 관한 일체의 규율을 대통령령에 위임
하는 것은 포괄위임금지원칙에 위배된다(헌재결 2009. 3. 26. 2007 헌가 5 등). xiii) 수질오염
물질 초과배출부과금 부과의 기준이 되는 배출허용기준을 환경부령으로 정하게 하고, 배출부
과금의 산정방법 및 기준 등에 관한 사항을 대통령령으로 정하도록 한 구 수질환경보전법 규
정은 포괄위임입법금지원칙에 위배되지 않는다(헌재결 2009. 10. 29. 2008 헌바 122). xiv) 재
산세 분리과세대상 또는 별도합산과세대상 토지의 범위를 대통령령으로 정하게 한 것은 조세법
률주의와 포괄위임입법금지원칙에 반하지 않고 재산권과 평등권의 침해도 아니다(헌재결 2010.
2. 25. 2008 헌바 34; 헌재결 2010. 12. 28. 2009 헌바 145). 그 밖에 헌재결 1996. 8. 29. 95 헌
바 36; 헌재결 1997. 10. 30. 96 헌바 92, 97 헌바 25·32(병합); 헌재결 1997. 12. 24. 95 헌마
390; 헌재결 1998. 2. 27. 95 헌바 59; 헌재결 1999. 2. 25. 97 헌바 63(수산업법); 헌재결 1999.
5. 27. 96 헌바 26(의료법); 헌재결 2003. 9. 25. 2002 헌마 519(학원법); 헌재결 2004. 9. 23.
2002 헌가 26; 헌재결 2013. 8. 29. 2011 헌바 390(구고용보험법 규정 위헌) 참조. xv) 헌법 제
75조에 근거한 포괄위임금지원칙은 법률에서 위임하는 하위규범의 형식이 대통령령이 아니라
대법원 규칙인 경우에도 준수되어야 한다(헌재결 2014. 10. 30. 2013 헌바 368, 판례집 26-2
상, 658(663면)).
1) 헌재결 1998. 2. 27. 97 헌마 64, 판례집 10-1, 187(194면).
【결정례】 i) 안마사의 자격인정기준을 보건복지부령에 위임하고 부령에서 비맹인의 안마사자
격취득을 배제한 것은 의회유보 내지 포괄위임입법금지원칙에 반하지 않는다(헌재결 2003. 6.
26. 2002 헌가 16, 4 : 5 결정). 그러나 부령으로 정한 비맹제외기준은 비맹인의 직업선택의
자유를 침해하는 것이어서 위헌이다(헌재결 2006. 5. 25. 2003 헌마 715 등). ii) 군인연금법과
공무원연금법에서 군인의 퇴역연금과 공무원의 퇴직연금지급정지제도를 정하면서 입법사항에
관해서 구체적인 범위를 정하지 않고 지급정지대상기관을 부령으로, 지급정지의 요건 및 내용
을 대통령령으로 정하도록 위임하고 있는 것은 포괄위임입법금지원칙에 위배된다(헌재결
2003. 9. 25. 2001 헌가 22; 헌재결 2003. 9. 25. 2000 헌바 94 등(병합)). iii) 극히 전문적·기술
적 법규사항이나 경미한 법규사항인 경우에는 법률이 대통령령·총리령·부령 등의 법규명령이
아닌 훈령·고시 등의 행정규칙에 입법위임하는 것도 제한적으로 허용된다(헌재결 2004. 10.
28. 99 헌바 91). 조세감면대상이 되는 업종의 분류를 행정규칙, 즉 통계청장이 고시하는 한국
표준산업분류에 의하도록 한 조세특례제한법 규정에 대한 합헌판시도 같은 취지이다(헌재결
2006. 12. 28. 2005 헌바 59). iv) 정부투자기관이 부정당업자에게 일정기간 공개입찰 참가자격
을 제한할 수 있도록 재경부령에 위임하면서 법률에서 그 제한기간의 상한을 정하지 않은 것
은 명확성의 원칙과 포괄위임입법금지원칙에 위배된다(헌재결 2005. 4. 28. 2003 헌바 40). v)
퇴직연금지급정지제도에서 지급정지대상기관의 선정을 총리령에 위임하고 지급정지의 요건 및
내용을 포괄적으로 대통령령에 위임함으로써 소득수준에 관계 없이 지급정지율을 연금액의
1/2로 정하게 한 것은 포괄위임금지원칙에 위배된다(헌재결 2005. 10. 27. 2004 헌가 20).

성질상 위임이 불가피한 사항에 한정해야 한다는 판시도 있다.[1] 위임명령은 법률의 위임에 의한 것이기 때문에 위임한 법률(모법)에 어긋나는 내용을 담을 수 없을 뿐 아니라[2] 위임한 법률이 효력을 지속하는 동안만 유효한 것은 자명한 이치이다. 또 위임받은 사항을 그대로 부령에 재위임하는 것은 허용되지 않는다.[3]

모법예속성

② **집행명령**   집행명령이라 함은 헌법을 근거로 법률을 집행하기 위하여 필요한 사항을 규율하는 법규명령을 말한다. 집행명령은 일종의 법률시행세칙이다. 집행명령은 위임명령과는 달라서 새로운 입법사항을 그 대상으로 하는 것은 아니고, 법률을 구체적으로 집행하기 위한 세부적인 사항을 규율하는 것이기 때문에 법률(모법)의 내용에 철저히 기속된다. 집행할 법률(모법)에 없는 사항을 규율하거나 집행할 법률의 내용을 변경 내지 왜곡시키는 집행명령이 허용될 수 없는 것은 그 때문이다.[4] 이러한 시각에서 볼 때 집행명령이 남용될 소지가 있는 법률을 제정하는 것은 금지된다. 본질성이론에서 나오는 법률제정권의 한계가 바로 그것이다.

법률집행에 필요한 사항 규율하는 법규명령

모법기속성

γ) 행정입법권에 대한 통제

대통령의 행정입법권에 대한 통제의 필요성이 커지고 있다고 하는 것은 이미 앞에서도 언급한 바 있지만 우리 헌법도 기관 내의 통제수단과 기관간의 통제수단을 마련해 놓고 있다.

---

1) 헌재결 2016. 3. 31. 2014 헌바 382, 판례집 28-1 상, 388(394면) 및 같은 취지의 헌재결 2016. 10. 27. 2015 헌바 360; 헌재결 2014. 7. 24. 2013 헌바 183; 축산물의 가공방법의 기준에 관한 사항으로서 형벌 구성요건의 일부를 식품의약품안전처고시로 정하도록 위임한 것이 위임입법의 형식을 어긴 위헌은 아니라는 헌재결 2017. 9. 28. 2016 헌바 140 등 참조.

2) 【결정례】 행정사 자격시험에 합격한 자에게 행정사의 자격을 인정한다는 행정사법의 취지는 행정사 자격시험이 합리적인 방법으로 반드시 실시되어야 함을 전제로 하는 것이므로 대통령령에 위임한 '행정사 자격시험의 과목·방법·기타 시험에 관한 필요한 사항'이란 시험과목·합격기준·시험실시방법·시험실시시기·실시횟수 등 시험실시에 관한 구체적인 방법과 절차를 말하는 것이지 시험실시 여부까지도 대통령령으로 정하라는 뜻은 아니다. 따라서 시험실시 여부를 행정재량사항으로 규정한 시행령 해당규정은 위헌이다(헌재결 2010. 4. 29. 2007 헌마 910, 판례집 22-1(하), 97(107면 이하)). 헌재는 이 위헌결정에서 시행령규정이 법률유보원칙에 위반되어 위헌이라고 논증하고 있지만 명백히 잘못된 논증이다. 행정사법의 위임조항에 문제가 있는 것이 아니라 법의 위임취지를 무시 내지 오해한 시행령규정이 문제가 되는 것이므로 위임입법권의 한계를 벗어나 모법의 내용과 다른 시행령을 제정했기 때문에 위헌이라고 논증했어야 한다. 법률유보원칙은 이 사건에 적용될 여지가 없다. 모법우위원칙에 따른 위임입법의 내용적 한계에 속하는 문제이기 때문이다.

3) 동지: 헌재결 1996. 2. 29. 94 헌마 213.
   【판시】 헌법 제95조에 따라 재위임입법이 허용되지만 법률에서 위임받은 사항을 대통령령에서 전혀 규정하지 않고 부령으로 그대로 재위임하는 것은 복위임금지원칙에 반한다. 따라서 법률에서 위임받은 사항에 관해 시행령에서 대강을 정하고 그 중의 특정사항을 범위를 정해 부령으로 정하도록 해야 한다(판례집 8-1, 147(163면)).

4) 동지: 대법원 1990. 9. 28. 선고 89 누 2493 판결.

① 기관 내의 통제수단 대통령이 위임명령과 집행명령을 발하기 위해서는 국무회의의 심의를 거쳐서($_{제3호}^{제89조}$) 국무총리와 관계국무위원이 부서한 문서로써 하여야 한다($_{조}^{제82}$).

② 기관간의 통제수단 대통령이 그의 행정입법권을 남용 또는 악용함으로써 헌법이나 법률을 위배하는 경우에는 원칙적으로 법원에 의한 규범통제가 가능하다. 즉 대통령의 위임명령 또는 집행명령이 헌법이나 법률에 위배되는 여부가 재판의 전제가 된 경우에는 대법원이 이를 최종적으로 심사할 권한을 갖는다($_{제2항}^{제107조}$). 또 대통령의 행정입법권에 의해서 국민의 기본권이 직접 그리고 현실적으로 침해된 경우에는 피해자가 제기하는 헌법소원의 심판청구에 의해서도($_{호;\ 헌재법\ 제68조}^{제111조\ 제1항\ 제5}$) 통제된다. 그 밖에도 국회는 그 법률제정권에 의해서 위임명령이나 집행명령의 근거가 되는 법률의 개폐를 통해서 대통령의 행정입법권을 통제할 수 있을 뿐 아니라 국회가 갖는 여러 가지 통제기능도 행정입법권에 대한 중요한 통제수단이 된다. 즉 중앙행정기관의 장이 행정입법($_{령령·예규·고시\ 등}^{대통령령·총리령·부령·훈}$)을 하면($_{예고일로부터}^{대통령령은\ 입법}$) 10일 이내에 국회 소관 상임위원회에 제출하게 했다($_{이유통지해야}^{기간내\ 미제출시}$)($_{제1항과\ 제2항}^{국회법\ 제98조의\ 2}$). 상임위원회 또는 상설소위원회는 제출된 행정입법안의 법률위반 여부 등을 검토해야 한다($_{의\ 2\ 제3항}^{국회법\ 제98조}$). 검토결과에 따른 처리방법은 대통령·총리령과 부령을 다르게 정했다. 즉 대통령령 또는 총리령이 법률의 취지 내지 내용에 합치되지 않는다고 판단하면 상임위원회는 검토결과보고서를 국회의장에게 제출해야 하고($_{의\ 2\ 제4항}^{국회법\ 제98조}$), 국회의장은 이 검토결과보고서를 본회의에 보고하고, 국회는 본회의의 의결로 이를 처리한 후 정부에 송부한다($_{의\ 2\ 제5항}^{국회법\ 제98조}$). 정부는 송부 받은 검토결과에 대한 처리결과($_{못했으면\ 그\ 사유\ 포함}^{국회의\ 검토결과를\ 따르지}$)를 국회에 제출하도록 했다($_{의\ 2\ 제6항}^{국회법\ 제98조}$). 반면 부령의 검토결과 부령이 법률의 취지 또는 내용에 합치되지 않는다고 판단하면 소관 중앙행정기관의 장에게 그 내용을 통보할 수 있게 하고 중앙행정기관의 장은 통보받은 내용의 처리계획과 그 결과를 지체없이 소관 상임위원회에 보고하도록 한 것은 모두 행정입법권의 통제를 강화하기 위한 것이다($_{제7항과\ 제8항}^{국회법\ 제98조의\ 2}$).

(대) 사법에 관한 권한

대통령은 국정의 최고책임자인 동시에 기본권보호기관으로서 그리고 행정부수반으로서 사법에 관한 정책적 권한을 갖는다. 위헌정당해산제소권($_{제4항}^{제8조}$)과 은사권(恩赦權)($_{조}^{제79}$)이 바로 그것이다.

a) 위헌정당해산제소권

우리 헌법은 투쟁적·방어적 민주주의의 수단으로 위헌정당해산제도를 마

(좌측 여백 주제어)

국무회의심의 및 부서

대법원의 명령심사권과 헌재의 헌법소원심판권

국회의 법률 개폐권

행정입법안 국회제출 및 국회검토제도

위헌정당해산 제소권과 은 사권

방어적 민주 주의수단

련하고 정당의 목적이나 활동이 민주적 기본질서에 위배되는 경우에는 헌법재판에 의해서 그 정당을 해산시킬 수 있도록 하고 있다(제8조 제4항, 제111조 제1항 제3호). 그런데 위헌정당의 해산결정에는 반드시 정부의 제소가 선행되어야 하고 정부의 제소권은 대통령이 국무회의의 심의를 거쳐(제89조 제14호), 국무총리와 관계국무위원의 부서를 받은 문서로써 행사하여야 한다(제82조). 위헌정당의 제소 여부는 대통령의 정치적 재량에 속하는 문제라고 보아야 하기 때문에 일종의 정책적 판단사항이다. 위헌정당의 해산을 제소함으로써 정당탄압의 인상을 주는 것보다는 민주적인 공개투쟁을 통해서 위헌정당의 사회적 지지기반을 붕괴시키는 것이 자유민주주의의 보호에 더 효과적이라고 판단하는 경우에는 해산제소를 보류할 수도 있어야 하기 때문이다.

정치적 재량권

b) 은 사 권

대통령은 법률이 정하는 바에 의하여 사면, 감형 또는 복권을 명할 수 있는 은사권을 갖는다(제79조 제1항). 대통령의 은사권은 법원이 행한 사법작용의 효력을 제한하는 의미를 갖기 때문에 엄격한 기준과 요건에 따라서만 행사할 수 있는 권한이다. 우리 헌법이 은사권의 구체적인 내용을 법률로 정하게 한 것이나 (제79조 제3항) 일반사면에는 국회의 동의를 얻도록 한 것(제79조 제2항)은 바로 그 때문이다. 사면법이 은사권에 관해서 자세히 규정하고 있다. 대통령의 은사권의 행사는 기관 내의 통제(국무회의심의와 각료의 부서)를 받으며, 특히 일반사면의 경우에는 기관간의 통제(국회의 동의)도 받는다. 그러나 대통령의 은사권은 그 성질상 사법적 심사의 대상이 되지는 않는다.

사면·감형·복권권

일반사면의 국회동의요건

사법적 심사배제

α) 사 면 권

사면권이란 범죄인에 대한 소추권이나 재판권의 효력을 제한하는 것을 내용으로 하는 대통령의 은사권을 말한다. 사면에는 일반사면과 특별사면의 두 종류가 있는데 일반사면에는 국회의 동의가 있어야 한다. 일반사면은 대통령령으로 정하는 특정한 죄를 범한 모든 사람을 대상으로 그에 대한 공소권이나 형의 선고의 효력을 소멸시키는 것이고, 특별사면은 형의 선고를 받은 특정인을 대상으로 그 형의 집행을 면제해 주거나 형의 선고의 효력을 소멸시키는 것을 말한다.[1] 특별사면은 검찰총장이 상신신청(上申申請)하고 법무부장관이 그의 소속 사면심사위원회의 심사를 거쳐 대통령에 상신하여[2] 대통령이 사면장

범죄인에 대한 소추권 또는 형의 선고 효력 제한

일반사면과 특별사면

---

1) 【결정례】 징역형의 집행유예에 대한 특별사면이 반드시 병과된 벌금형에도 미치는 것은 아니다(헌재결 2000. 6. 1. 97 헌바 74).

2) 법무부장관이 특정인에 대한 사면·감형·복권을 상신하려면 법무부에 설치된 사면심사위원회의 심사를 거쳐야 하는데 심사과정 및 심사내용의 공개범위와 공개시기는 법률로 정해 있다(사면법 제10조 제2항과 제10조의 2). 사면심사위는 위원장인 법무부장관을 포함하여 위원장

을 교부하는 방식으로 행한다.

β) 감 형 권

형의 경감 내
지 집행단축

일반감형도
국회동의 불요

감형권이란 형을 선고받은 사람을 대상으로 그 형을 경감시켜 주거나 그 형의 집행을 줄여 주는 것을 내용으로 하는 대통령의 은사권을 말한다. 감형에도 일반감형과 특별감형이 있지만 대통령령으로 행하는 일반감형의 경우에 국회의 동의가 필요한 것은 아니다. 이 점이 일반사면과 다르다.

γ) 복 권 권

형의 선고로
상실·정지된
법률상 자격
회복

일반복권도
국회동의 불요

복권권이란 형의 선고로 인해서 상실 내지 정지된 법률상의 자격을 회복시켜 주는 것을 그 내용으로 하는 대통령의 은사권을 말한다. 복권은 그 성질상 이미 형의 집행을 마쳤거나 그 집행이 면제된 사람을 대상으로 하는 것인데, 일반복권과 특별복권이 있다. 일반복권은 대통령령으로 행하지만 국회의 동의는 필요하지 않다.

5) 대통령의 권한행사의 절차와 방법

문서주의, 부
서제도, 국무
회의심의, 국
회동의·의결·
승인절차 등

우리 헌법은 대통령의 권한행사가 절차적 정당성을 확보하기 위해서 대통령의 권한행사에 관한 절차와 방법을 자세히 규정하고 있다. 문서주의와 부서제도($^{제82}_{조}$), 국무회의의 심의($^{제89}_{조}$)와 각종 자문기관의 자문($^{제90조~제93조,}_{제127조 제3항}$), 국회의 동의·의결·승인절차($^{제54조~제58조, 제60조, 제76조 제3항, 제79조 제2항, 제86조 제}_{1항, 제98조 제2항, 제104조 제1항과 제2항, 제111조 제4항,}$) 등이 바로 그것이다. 따라서 이와 같은 절차와 방법을 어긴 대통령의 권한행사는 적법한 것으로 간주될 수 없기 때문에 그 효력이 인정될 수 없는 경우가 많다. 특히 문서주의를 어기거나 국회의 동의·의결·승인절차와 국무회의심의절차를 무시한 대통령의 권한행사는 그 효력이 인정될 수 없다고 할 것이다. 그러나 자문절차를 거치지 아니한 경우에는 그 효력에는 영향을 미치지 않는다고 보아야 한다. 대통령이 그 권한행사의 절차와 방법을 어긴 경우에는 어떤 경우라도 탄핵의 사유가 된다.

Ⅲ. 행 정 부

대통령을 보
좌하는 통치
기관(국무총

행정부는 넓은 의미로는 입법부·사법부에 대칭되는 개념으로도 사용되지만 우리 헌법은 입법부·사법부와의 대칭개념으로는 '정부'라는 말을 사용하고

이 임명·위촉하는 9명의 위원으로 구성하는데 비공무원인 위원을 4명 이상 위촉하도록 했다. 위촉된 위원의 임기는 2년이며 한 번만 연임할 수 있다(법 제10조의 2 제2항부터 제4항).

행정부는 대통령의 보좌 내지 자문기관만을 가리키는 좁은 의미로 쓰고 있다. 국무총리, 국무위원, 국무회의와 행정각부 및 감사원 등 대통령의 보좌기관 내지 중앙행정관청과 대통령의 각종 자문기관(국가원로자문회의·국가안전보장회의·민 주평화통일자문회의·국민경제자문회의)만을 행정부에 포함시키고 대통령은 행정부와 독립해서 다루고 있다. 2원적인 우리 정부구조를 잘 나타내주고 있는 증거라고 할 것이다.[1]

아무튼 우리 헌법상 행정부는 대통령을 보좌하고 자문하는 통치기관을 말하는데, 국무총리, 국무위원, 국무회의와 행정각부 및 감사원 그리고 각종 자문기관(위의 자문회의와 제127조 제3항에 의해 설치된 국가과학기술자문회의)이 여기에 속한다.

(1) 국무총리

1) 국무총리제의 헌법상 의의

우리 헌법상 국무총리는 국회의 동의를 얻어 대통령이 임명하는 집행부의 제2인자로서 대통령을 포괄적으로 보좌하는 헌법기관이다. 우리의 국무총리제는 우리 집행부구조의 2원성을 잘 나타내주는 징표로서 대통령직을 성역화해서 대통령직을 격상시키기 위한 권위주의적인 대통령관의 그릇된 역사적인 유물이라고 볼 수 있다. 따라서 우리 국무총리제의 헌법상 의의를 구태여 찾는다면 대통령의 정치적인 방탄벽을 설치함으로써 대통령이 정책집행의 일상적인 책임에서 초연할 수 있게 한다는 데 있다고 할 것이다. 우리의 국무총리제를 대통령제에서의 부통령제, 이원정부제 또는 의원내각제의 수상제, 미국의 국무장관제와 기능적으로 연관시킬 수 없는 이유도 바로 그 때문이다. 우리 국무총리제는 우리 헌정사에서 유래하는 특유한 제도로서 우리의 변형된 대통령제가 신대통령제적 성격을 가졌던 것과도 불가분의 연관성이 있다고 할 것이다. 그러나 우리의 정부형태하에서는 국무총리제를 폐지하고 부통령제를 두는 것이 헌법이론적으로 옳다고 생각한다.

2) 국무총리의 헌법상 지위

국무총리는 대통령의 포괄적 보좌기관이며 집행부의 제2인자로서 국무회

(오른쪽 난외 주석)
리, 국무위원, 국무회의, 행정각부, 감사원, 자문기관 등)

대통령이 국회동의 얻어 임명하는 집행부의 제2인자

2원적 집행부구조의 징표

신대통령제적 권위주의통치의 제도적 산물

중요한 세 가지 지위

---

1) 그런데 우리 헌법처럼 3권분립적 통치구조를 국회·정부·법원으로 구별하는 것은 문제가 있다. 정부라는 말은 흔히 국회와 법원을 포함하는 국가의 모든 통치기관을 총칭하는 개념으로도 사용되기 때문이다. 따라서 정부라는 개념 대신에 행정부라는 말을 사용해서 국회·행정부·법원으로 구별하든지, 구태여 2원적인 정부구조를 강조하는 뜻에서 대통령을 그 보좌기관인 행정부와 구별하려고 한다면 정부보다는 집행부를 국회·법원과 대칭시키는 것이 보다 합리적이라고 할 것이다. 이 경우 국회는 입법부로, 법원은 사법부로 바꾸는 것이 보다 개념논리에 맞는다고 생각한다.

의의 부의장이 되고 대통령궐위 또는 사고시에 제 1 순위로 그 권한을 대행할 뿐 아니라 차상급중앙행정관청으로서의 지위를 갖는다.

(가) 대통령의 포괄적 보좌기관으로서의 지위

국무총리는 대통령의 포괄적 보좌기관이라는 점에서 국무위원과 다른 지위에 있다. 국무총리가 행정에 관하여 대통령의 명을 받아 행정각부를 통할하고($\frac{제86조}{제 2 항}$) 대통령이 문서로써 하는 모든 국정행위에 그가 반드시 부서함으로써($\frac{제82}{조}$) 보좌의 책임을 밝히는 것은 바로 그 때문이다.

(나) 집행부의 제 2 인자로서의 지위

국무총리는 집행부 내에서 대통령에 다음가는 제 2 인자로서의 지위를 갖는다. 국무총리의 임명에 국회의 동의를 필요케 함으로써($\frac{제86조}{제 1 항}$) 간접적이나마 그의 민주적 정당성을 높이려고 하는 것이나, 국무총리에게 국무위원 및 행정각부의 장의 임명제청권($\frac{제87조 \ 제 1}{항과 \ 제94조}$)과 국무위원의 해임건의권($\frac{제87조}{제 3 항}$)을 준 것은 바로 그 때문이다. 또 국무총리가 집행부의 최고정책심의기관인 국무회의의 부의장이 되고($\frac{제88조}{제 3 항}$), 대통령이 궐위되거나 사고가 있을 때에 제 1 순위로 그 권한을 대행하는 것도($\frac{제71}{조}$) 국무총리의 제 2 인자로서의 지위에서 나오는 당연한 결과라고 볼 수 있다.

(다) 차상급중앙행정관청으로서의 지위

국무총리는 대통령의 명을 받아 각 중앙행정기관의 장을 지휘·감독하는 차상급중앙행정관청으로서의 지위를 갖는다($\frac{제86조}{제 2 항}$). 중앙행정기관의 장의 명령이나 처분이 위법 또는 부당하다고 인정할 때에는 국무총리가 대통령의 승인을 얻어 이를 중지 또는 취소할 수 있도록 한 것은 그 때문이다($\frac{정조법 \ 제18}{조 \ 제 2 항}$). 국무총리는 차상급중앙행정관청으로서 독자적인 업무도 맡아서 처리한다. 또 중앙행정기관 사이의 사무조정업무($\frac{정조법 \ 제7}{조 \ 제 5 항}$)도 맡는다. 우리 정부조직법상 국무총리에 직접 소속된 중앙행정관청으로는 3처($\frac{인사혁신처·법제처·}{식품의약품안전처}$)가 있다.[1]

3) 국무총리의 신분관계

(가) 국무총리의 임명과 해임

국무총리는 국회의 동의를 얻어 대통령이 임명한다($\frac{제86조}{제 1 항}$). 국무총리임명에

여백 주석:

행정각부통할 및 대통령의 국정행위에 부서

국무위원 등의 임명제청권과 해임건의권, 국무회의부의장, 대통령권한대행

중앙행정기관장 지휘·감독, 3처관할

민주적 정당성 확보 위한 국회의 임명 동의요건

---

[1] 국무총리에 소속된 위원회는 공정거래위원회와 금융위원회 그리고 국민권익위원회가 있는데 공정거래위원회와 금융위원회는 정부조직법 제 2 조 제 2 항에서 말하는 다른 법률에 의해 중앙행정기관으로 기능하는 위원회이다(공정거래법 제35조 제 2 항, 금융위원회법 제 3 조). 부패방지 및 국민권익위원회의 설치와 운영에 관한 법률에 따라 설치된 국민권익위원회는 정부조직법 제 2 조에 따른 중앙행정기관은 아니다(동법 제11조 및 제12조). 따라서 엄밀한 의미에서 국무총리소속 중앙행정기관은 4처 2위원회라고 말할 수 있다.

국회의 동의를 얻도록 한 것은 집행부의 제 2 인자인 지위에 있는 국무총리로
하여금 대통령의 권한을 대행하거나 그 직무를 수행하는 데 필요한 민주적 정
당성을 확보토록 하기 위한 것이다.

우리 헌법은 국무총리의 해임에 관해서는 국회의 해임건의권($^{제63}_{조}$)만을 규
정하고 있지만 국회가 국무총리의 해임을 건의($^{재적의원\ 1/3\ 이상의\ 발의}_{와\ 재적의원\ 과반수\ 찬성}$)한 경우에도
대통령은 반드시 이에 기속되는 것은 아니기 때문에 국무총리를 해임하는 것은
대통령의 자유재량에 속하는 일이라고 할 것이다.

기속력 없는
해임건의

(나) 국무총리의 문민원칙

우리 헌법은 현역군인은 국무총리로 임명될 수 없도록 함으로써($^{제86조}_{제3항}$) 문
민통치의 원칙과 군의 정치적 중립성의 원칙($^{제5조}_{제2항}$)을 행정부의 구성에서도 존
중하도록 했다. 현역군인은 국무위원으로도 임명될 수 없도록 한 것($^{제87조}_{제4항}$)이
이를 잘 말해 주고 있다.

현역군인임명
배제

(다) 국무총리와 의원직

우리 헌법은 국무총리가 의원직을 겸할 수 있는지에 관한 명문의 규정을
두지 않고 있다. 다만 국회의원은 법률이 정하는 일정한 직을 겸할 수 없도록
했는데($^{제43}_{조}$), 국회법($^{제29조}_{제1항}$)에서 겸직이 금지되는 직에 국무총리를 포함시키지
않고 있기 때문에 법리적으로는 국무총리가 의원직을 겸할 수 있다고 할 것이
다. 우리의 정부형태가 변형된 대통령제로 분류될 수밖에 없는 이유 중의 하나
가 바로 그것이다.

겸직허용

(라) 부총리제도와 국무총리의 직무대행

국무총리가 특별히 위임하는 사무를 수행하기 위하여 부총리 2명을 두는
데 부총리는 국무위원으로 보하며 기획재정부장관과 교육부장관이 각각 겸임한
다($^{정조법}_{제19조}$). 국무총리의 직무대행에 관해서는 정부조직법($^{제22}_{조}$)에서 규정하고 있는
데 그에 따르면 국무총리의 유고시(사고·궐위)에는 기획재정부장관이 겸임하는
부총리, 교육부장관이 겸임하는 부총리의 순으로 그 직무를 대행하고 부총
리도 유고시에는 대통령이 지명한 국무위원, 지명이 없는 경우에는 법률이 정
하는 국무위원의 순서($^{정조법\ 제26조}_{제1항}$)로 그 직무를 대행하게 되어 있다. 이 점이 대
통령의 권한대행과 다른 점이다.

부총리제와
국무총리의
직무대행순서

4) 국무총리의 권한

국무총리는 그의 헌법상 지위에 상응하는 여러 가지 권한을 갖는다. 대통
령의 권한대행권($^{제71}_{조}$), 행정부구성관여권($^{제87조\ 제1항과}_{제3항,\ 제94조}$), 국정심의권($^{제88조\ 제2}_{항과\ 제3항}$), 부

일곱 가지 중
요 권한

서권($^{제82}_{조}$), 행정통할권($^{제86조}_{제2항}$), 총리령제정권($^{제95}_{조}$), 의정관여권($^{제62조}_{제1항}$) 등이 그것이다.

(가) 대통령의 권한대행권

대통령유고시

국무총리는 집행부의 제 2 인자로서 대통령유고시에 그 권한을 대행하는 권한을 갖는다($^{제71}_{조}$). 대통령의 권한을 국무총리가 대행하는 데 따른 헌법이론상의 문제점에 대해서는 이미 앞에서($^{750면 및}_{1076면}$) 말한 바 있다.

(나) 행정부구성관여권

제청권 및 해임건의권

국무총리는 집행부의 제 2 인자로서 행정부의 구성에 적극적으로 관여할 수 있는 권한을 갖는데, 국무위원과 행정각부의 장의 임명에 대한 제청권($^{제87조 제 1}_{항과 제94조}$)과 국무위원해임건의권($^{제87조}_{제3항}$)이 바로 그것이다.

a) 임명제청의 의미와 효력

보좌기능의 성질 및 대통령의 조직적 권한에 대한 기관내 통제수단

국무총리가 갖는 국무위원과 행정각부의 장의 임명제청권은 국무총리의 헌법상 지위와의 연관성 속에서 이해하여야 한다. 국무총리는 집행부의 제 2 인자로서 행정각부를 통할하는 지위에 있지만 또 한편 대통령의 포괄적 보좌기관이기 때문에 대통령의 행정부구성에 제청권을 가지고 관여하는 경우에도 그것은 어디까지나 보좌기능에 불과하다고 보아야 한다. 따라서 대통령은 국무총리의 제청에 기속되지 않으며 국무총리의 제청 없이 국무위원과 행정각부의 장을

제청 없는 임명행위의 효력

임명한 경우에도 그 임명행위가 당연히 무효로 되는 것은 아니다.[1] 국무총리의 제청권이 대통령의 조직적 권한에 대한 기관내통제수단으로서 거의 형식적인 의미밖에는 갖지 못하고 실효성이 없는 것은 그 때문이다.

b) 해임건의의 의미와 효력

기속력 없는 해임건의

국무총리의 국무위원에 대한 해임건의도 대통령을 기속하지 않는다. 대통령이 국무위원을 해임하는 것은 그의 조직적 권한에 의해서 독자적인 판단에 따라 할 수 있는 것이기 때문에 국무총리의 해임건의는 하나의 고려의 계기를 마련해 줄 수 있을 뿐이다. 다만 국무총리가 특정국무위원의 해임을 건의한 경우에 그것이 대통령에 의해 무시된 상황은 국무총리를 사임하게 하는 사태로 발전할 수도 있을 것이다. 이 때에도 다른 국무위원들이 함께 총사퇴하여야 하는 것은 아니다. 임명제청권과 해임건의권의 기속력이 부인되는 당연한 결과이다.

(다) 국정심의권

국무회의 부의장

국무총리는 집행부의 제 2 인자인 동시에 대통령의 포괄적 보좌기관이기 때문에 집행부의 최고정책심의기관인 국무회의에서도 그 부의장이 되어($^{제88조}_{제3항}$) 중요한 정책을 심의하는데($^{제89}_{조}$) 적극적이고 주도적으로 참여할 수 있는 권한을 갖는다.

---

1) 이견: 김철수, 1085면.

㈜ 부 서 권

국무총리는 대통령의 포괄적 보좌기관으로서 대통령의 모든 국정행위문서에 부서(副署)할 수 있는 권한을 갖는다($^{제82}_{조}$).

모든 국정행위문서에 부서

a) 부서제도의 연혁과 기능

부서제도는 연혁적으로 군주국가에서 왕권신수설에 따른 군주의 무책임성을 강조하기 위한 제도로서 발달한 것이기 때문에 이념적으로는 군권의 절대성을 옹호하기 위한 보수적인 제도로서의 성질을 갖는다. 미국연방헌법의 아버지들이 왕권신수설에 따른 무책임한 군주 대신에 민주주의이념에 따라 국민에게 책임지는 대통령제정부형태를 마련하면서 부서제도를 두지 않은 이유도 그 때문이다. 우리 헌법이 부서제도를 마련한 것은 정부구조의 2원성에 따른 대통령의 무책임성과도 무관하지 않다. 대통령 대신에 정치적으로 책임질 수 있는 사람을 분명히 밝혀 둔다는 의미가 바로 그것이다. 그러나 또 한편 부서제도는 대통령의 국정행위에 대한 기관내통제수단으로서의 의미도 함께 갖는다는 점을 무시할 수 없다. 물론 우리의 정부구조가 갖는 특수성 때문에 부서제도가 그 본래의 통제적 기능을 나타내지는 못한다 하더라도 부서제도는 적어도 국정행위의 책임소재를 분명히 밝힌다는 기능은 여전히 하고 있다고 볼 수 있다. 이렇게 볼 때 부서제도는 아직까지도 그 민주적·현대적 기능으로서의 통제기능보다는 연혁적·고전적 기능으로서의 책임소재확인기능에 의해서 그 제도적 의의를 나타내고 있다고 할 것이다.

왕권신수설에 따른 군주무책임사상에서 유래

2원적 정부구조와의 관련성

기관내통제 및 책임소재확인기능

b) 부서의 성질과 효력

국무총리가 대통령의 모든 국정행위문서에 부서하는 것은 대통령의 국정행위에 대한 포괄적 보좌기관으로서의 책임을 지겠다는 의미와 대통령의 국정행위가 절차적으로 정당하게 이루어질 수 있도록 기관내통제권을 행사한다는 의미를 함께 갖는 복합적 성질의 행위라고 보아야 할 것이다.[1] 따라서 국무총리는 부서를 거부할 수도 있으며, 국무총리의 부서가 없는 대통령의 국정행위는 그 효력을 나타내지 못한다고 보아야 한다. 책임소재가 확인되지도 않고 또 그 절차적 정당성의 요건도 갖추지 않은 국정행위가 효력을 발생한다는 것은 우리 헌법이 추구하는 통치구조의 기본이념과 조화될 수 없기 때문이다.[2]

보좌책임의 확인 및 기관내통제의 복합적 성질

부서 없는 국정행위의 효력

---

1) 따라서 국내 일부학자들처럼 부서의 성질을 보필책임의 관점에서만 논하는 것은 문제가 있다고 할 것이다.
2) 그런데 우리 헌법질서 내에서 대통령이 부서 없는 국정행위를 할 가능성은 매우 희박하다고 할 것이다. 대통령은 정부구성권에 의해서 부서를 거부하는 각료를 언제든지 해임시킬 수 있기 때문이다.

㈐ 행정통할권

중앙행정기관의 장을 지휘·감독

국무총리는 대통령의 명을 받아 행정에 관하여 행정각부를 통할하는 권한을 갖는다($\frac{M86조}{M2항}$). 국무총리는 정치적 기능에 있어서도 집행부의 제 2 인자이지만 행정에 관해서도 대통령 다음가는 차상급중앙행정관청으로서 각 중앙행정기관의 장을 지휘·감독하는 권한을 갖는다($\frac{정조법}{M18조}$).[1] 국무총리가 특별히 위임하는 사무를 수행하기 위하여 부총리 2명을 두는데 부총리는 국무위원으로 보하되 기획재정부장관과 교육부장관이 겸임하며 경제정책과 교육·사회 및 문화정책을 총괄조정한다($\frac{정조법}{M19조}$).

㈑ 총리령제정권

위임명령·직권명령·행정명령제정권

국무총리는 그 소관사무에 관하여 법률이나 대통령령의 위임 또는 직권으로 총리령을 발할 수 있는 권한을 갖는다($\frac{M95}{조}$). 일종의 행정입법권(최협의)이라고 볼 수 있는데 국무총리는 법률이나 대통령령의 위임에 의한 위임명령과 법률이나 대통령령의 집행을 위한 직권명령 그리고 행정기관내부에서만 효력을 갖는 행정명령을 발할 수 있다. 국무총리가 제정하는 위임명령과 직권명령은 각각 행정입법권의 한계를 존중하는 범위 내에서만 그 효력이 인정될 수 있기 때문에 법률이나 대통령령의 위임이 없는 사항을 총리령(위임명령)으로 규율함으로써 국민의 자유와 권리를 제한한다든지 법률이나 대통령령의 집행을 위한 직권명령으로 법률이나 대통령령의 내용과는 다른 규정을 만들어 국민의 자유와 권리를 침해하는 것은 허용되지 아니한다.[2] 국무총리가 제정하는 총리령과

총리령과 부령과의 효력상 우열

행정각부의 장이 제정하는 부령과의 사이에는 규범논리적으로는 효력상 우열의 차이는 없다고 할 것이다.

---

1) 【결정례】 그러나 국가안전기획부(현 국가정보원)를 대통령직속으로 두어 국무총리의 지휘·감독을 받지 않도록 한 정부조직은 위헌이 아니라는 것이 우리 헌재의 입장이다(헌재결 1994. 4. 28. 89 헌마 221 참조).

2) 직권명령을 일종의 집행명령이라고 이해하면서도 집행명령으로 국민의 권리·의무에 관한 입법사항을 규정할 수 있는지에 관해서 부정설(김철수)과 긍정설(권영성)의 논쟁을 벌이는 것은 문제의 본질을 벗어난 일이라고 생각한다. 집행명령으로서의 직권명령은 집행명령의 한계를 마땅히 존중하여야 하겠기 때문이다. 따라서 집행명령으로 모법에 없는 새로운 입법사항을 규정하는 것은 물론 허용되지 않지만, 모법의 내용을 집행하기 위해서 필요한 시행세칙을 마련하는 범위 내에서는 입법사항도 그 내용이 될 수 있다.
김철수, 1089면; 권영성, 971면 이하.
【결정례】 i) 우리 헌재도 당구장출입문에 18세 미만자의 출입금지표시를 하도록 규정한 '체육시설의 설치·이용에 관한 법률시행규칙' 제5조는 모법의 위임이 없는 사항을 규정하고 있어 위임의 범위를 벗어난 것이라고 위헌결정함으로써 모법의 위임이 없는 부령의 효력을 부인했다(헌재결 1993. 5. 13. 92 헌마 80 참조). ii) 법률로 총리령이나 부령에 위임하려면 헌법 제95조에 명문의 규정은 없어도 대통령령에 위임하는 때와 같이 구체적으로 범위를 정하여 위임해야 한다(헌재결 2004. 11. 25. 2004 헌가 15).

다만 국무총리는 그의 행정감독권에 따라 부령이 위법 또는 부당하다고 인정할 때에는 대통령의 승인을 얻어 이를 고치게 할 수는 있을 것이다(정조법 제18조). 그러나 이것은 국무총리가 갖는 행정감독권의 행사이지 규범효력의 우열문제는 아니다.[1]

(사) 의정관여권

국무총리는 국회본회의 또는 그 위원회에 출석하여 국정처리상황을 보고하거나 의견을 진술하고 질문에 응답할 수 있다. 또 국회나 그 위원회의 요구가 있으면 출석·답변하여야 하지만 국무총리는 국무위원으로 하여금 대리로 출석·답변하게 할 수도 있다(제62조).

국회출석·발언권

5) 국무총리의 책임

국무총리는 그 직무집행에 대하여 정치적·법적·대의적 책임을 진다. 국무총리는 그 임면권자인 대통령에게는 그 포괄적 보좌기관으로서의 정치적 책임을 지고, 임명동의권자인 국회에게는 집행부의 제 2 인자인 동시에 차상급중앙행정관청으로서의 정치적·법적·대의적 책임을 진다. 국회의 요구가 있으면 집행부를 대표해서 국회에 출석·답변·보고하여야 하고(제62조 제 2 항), 국회가 그 정치적 책임을 물어 해임건의를 하고 대통령이 그 건의를 받아들이면 물러나야 하고(제63조), 국회가 국무총리의 직무집행에 대한 법적 책임을 물어 그에 대한 탄핵소추의 의결(재적의원 1/3 이상의 발의와 재적의원 과반수의 찬성)을 하면 헌법재판소에서 탄핵심판이 있을 때까지 그 권한행사가 정지된다(제65조). 또 헌법재판소가 그에 대해서 탄핵결정을 하면 공직에서 파면됨은 물론이고 5년 동안 공무원이 될 수 없고(헌재법 제54조), 위법한 직무집행으로 발생한 모든 민사·형사상의 책임도 진다(제65조 제 4 항).

정치적·법적·대의적 책임

(2) 국무위원

1) 국무위원의 헌법상 지위

국무위원은 국무회의의 구성원이 되어 대통령을 보좌하는 지위를 갖는다.

(가) 국무회의의 구성원으로서의 지위

국무위원은 집행부의 최고정책심의기관인 국무회의의 구성원으로서 집행부의 중요정책심의에 참여한다(제87조 제 2 항). 국무회의가 대통령을 의장으로 하고 국무총

중요정책심의 참여

---

1) 따라서 국내 일부학자들이 규범효력론과 행정감독권의 문제를 구별하지 않고 총리령과 부령의 효력에 관해서 동위설(권영성)과 총리령상위설(김철수)의 논란을 벌이는 것은 무의미하다고 할 것이다. 권영성, 973면; 김철수, 1090면.

리를 부의장으로 하는 단순한 심의기관에 지나지 않기 때문에 국무위원의 국무회의에서의 지위는 별로 강력한 것이 되지 못한다.

(나) 대통령의 보좌기관으로서의 지위

행정각부의 장과의 2중적 지위와 정책 보좌책임 및 부서

국무위원은 국정에 관하여 대통령을 보좌하는 지위를 갖는다($^{제87조}_{제 2 항}$). 국무위원의 대통령에 대한 보좌는 주로 정책보좌를 뜻하기 때문에 국무위원 중에서 행정각부의 장이 임명되도록 했다($^{제94}_{조}$). 따라서 특별한 경우를 제외하고는 국무위원은 행정각부의 장으로서의 특정한 행정업무를 담당하는 2중적 지위에 서서 담당한 행정업무에 관해서 대통령을 보좌하는 것이 원칙이다. 국무위원의 보좌책임은 그의 부서에 의해서 나타난다($^{제82}_{조}$).

2) 국무위원의 신분관계

대통령의 임면 권과 국무총리의 제청 및 해임건의권

의원겸직허용 및 행정각부의 장 겸임

국무위원은 국무총리의 제청으로 대통령이 임명하지만($^{제87조}_{제 1 항}$), 현역군인은 국무위원이 될 수 없다($^{제87조}_{제 4 항}$). 국무위원은 임명권자가 임의로 해임시킬 수 있는데, 국무총리와 국회도 국무위원의 해임을 대통령에게 건의할 수 있다($^{제63조와 제}_{87조 제 3 항}$). 그러나 해임건의는 대통령을 기속하지 않는다. 국무위원은 의원직을 겸할 수 있고($^{제43}_{조}$), 행정각부의 장도 겸할 수 있다($^{제94}_{조}$). 행정각부의 장은 반드시 국무위원의 신분을 가져야 한다.

3) 국무위원의 권한

네 가지 중요 권한

국무위원은 국정심의권($^{제87조 제 2 항,}_{제88조, 제89조}$), 부서권($^{제82}_{조}$), 의정관여권($^{제62조}_{제 1 항}$), 대통령의 권한대행권($^{제71}_{조}$) 등을 갖는다.

(가) 국정심의권

국무회의소집 요구·의안제 출·심의권

국무위원은 집행부의 최고정책심의기관인 국무회의의 구성원으로서 적극적으로 정책을 심의할 수 있는 권한을 갖는다. 국무위원은 국무회의의 소집을 의장에게 요구하고 의안을 제출할 수 있는데($^{정조법 제12}_{조 제 3 항}$), 국무회의는 국무위원이 제출한 의안을 심의하여야 한다($^{제89조}_{제17호}$).

(나) 부 서 권

관련업무부서 권

국무위원은 자신의 업무와 관련되는 대통령의 국정행위문서에 부서할 수 있는 권한을 갖는다($^{제82}_{조}$). 부서권에는 부서거부권도 포함되는데 부서의 성질과 효력은 국무총리의 부서와 같다($^{1107면}_{참조}$).

(다) 의정관여권

국회출석·발 언권

국무위원은 국회나 그 위원회에 출석하여 국정처리상황을 보고하거나 의

견을 진술하고 질문에 응답할 수 있는 권리를 갖는다($\frac{제62조}{제1항}$). 국무위원이 의원직을 겸할 수 있는 제도 아래서는 당연한 이치이다.

㈜ 대통령의 권한대행권

국무위원은 대통령유고시에 국무총리마저도 유고한 때에는 정부조직법($\frac{제26조}{제1항}$)이 정하는 순서에 따라 부총리 내지 국무위원이 대통령의 권한을 대행할 수 있는 권한을 갖는다($\frac{제71조\ 및}{법\ 제22조}$).

국무총리
유고시

4) 국무위원의 책임

국무위원은 그 임면권자인 대통령에게 그 보좌기관으로서의 정치적 책임을 지고, 대의기관인 국회에게는 정치적·법적·대의적 책임을 진다. 즉 대통령에 의해서 언제든지 해임될 수 있고, 국회에 의한 해임건의와 탄핵소추의 의결에 의해서도 책임을 진다($\frac{제63조와}{제65조}$). 또 국회의 요구가 있으면 언제든지 국회에 출석·답변하여야 한다($\frac{제62조}{제2항}$). 또 국무위원은 그 임명제청권자인 국무총리에 대해서도 정치적 책임을 지는데 국무총리의 해임건의권이 바로 그것이다($\frac{제87조}{제3항}$).

정치적·법적·
대의적 책임

(3) 국무회의

우리 헌법($\frac{제88조와}{제89조}$)은 대통령의 정책결정에 관한 회의체보좌기관으로서 국무회의를 설치하고 집행부의 권한에 속하는 중요한 정책은 반드시 국무회의의 심의를 거치도록 했다. 대통령의 권한행사에 대한 기관내통제수단으로서의 의미도 갖는 이 국무회의제는 미국의 대통령제정부형태에서는 찾아볼 수 없는 우리 변형된 대통령제의 특유한 제도이다. 우리 헌정사상 변형된 대통령제를 채택했던 역대 헌법은 예외 없이 국무원(제1공화국) 또는 국무회의라는 헌법기관을 두고 있었는데 제1공화국헌법에서만 국무원을 의결기관으로 했었고 나머지 경우에는 일관되게 국무회의를 심의기관으로 함으로써 그 기능을 단순한 보좌기관에 그치게 했다. 이 점에서 우리의 국무회의는 대통령의 단순한 자문기관에 지나지 않는 미국의 임의적인 각료회의와도 그 성질이 다르고, 의결기관인 의원내각제의 내각회의와도 그 기능이 같지 않다.

대통령의 회
의체보좌기관
내지 기관내
통제장치

헌정사의 경
험 및 제도적
특이성

1) 국무회의의 헌법상 지위

국무회의는 대통령을 정책적으로 보좌하기 위해서 집행부의 권한에 속하는 중요한 정책을 심의하는 집행부의 최고정책심의기관으로서 회의체헌법기관의 지위를 갖는다.

집행부의 최
고정책심의기
관 내지 회의
체헌법기관

(개) 대통령의 회의체보좌기관으로서의 지위

국무회의는 대통령과 국무총리 및 국무위원으로 구성되는 회의체로서 대통령을 수반으로 하는 집행부의 권한에 속하는 중요정책을 심의함으로써 대통령의 정책결정을 용이하게 해 주는 대통령의 보좌기관으로서의 지위를 갖는다 ($\frac{제88}{조}$). 국무회의는 회의체보좌기관이라는 점에서 다른 단독형보좌기관과 다르다.

(내) 집행부의 최고정책심의기관으로서의 지위

국무회의는 집행부의 권한에 속하는 중요한 정책을 심의하는 집행부 내의 최고정책심의기관이다($\frac{제88조 제1}{항과 제89조}$). 최고정책심의기관이라는 뜻은 다음과 같은 여러 가지 의미를 내포하고 있다. 즉 i) 국무회의보다 우월한 지위를 갖는 정책심의기관이 집행부 내에는 있을 수 없다는 뜻이다. 국가안전보장회의의 사전자문을 거친 국가안전보장에 관계되는 정책도 반드시 국무회의의 심의에 붙이게 한 것은 그 때문이다($\frac{제91조}{제1항}$). 따라서 특정시국사안에 관한 이른바 '관계기관대책회의'도 국무회의에 우선하는 지위를 가질 수 없다. ii) 국무회의는 정책을 심의하는 데 그치고 다수결로 정책결정을 하는 기관이 아니라는 뜻이다. 이 점에서 의결기관보다는 약하지만 자문기관보다는 강한 지위를 갖는다. 따라서 국무회의는 정책을 실질적으로 심의하는 기관이지 대통령의 정책을 형식적으로 추인하는 기관은 아니다. iii) 국무회의는 집행부의 권한에 속하는 중요한 정책을 모두 심의할 수 있고 또 심의하여야 하지만 그 심의내용은 대통령을 기속할 수는 없다는 뜻이다. 따라서 대통령은 국무회의에서 개진된 다수의견과는 다른 정책결정을 할 수도 있다.

(대) 회의체헌법기관으로서의 지위

국무회의는 대통령과 국무총리 및 국무위원으로 구성되는 회의체헌법기관으로서의 지위를 갖는다($\frac{제88조}{제2항}$). 국무회의에서 대통령이 의장이 되고 국무총리가 부의장이 되는 것도 국무회의의 회의체로서의 성격 때문이다. 국무회의는 헌법에서 그 권리·의무의 내용과 범위가 분명히 정해진 필수적인 헌법기관이기 때문에 그 설치·운영은 헌법상의 명령으로서 반드시 지켜져야 한다. 이 점에서 헌법상의 임의기관인 국가원로자문회의($\frac{제90}{조}$) 등과는 그 성질이 다르다.

2) 국무회의의 구성

국무회의는 회의체헌법기관이기 때문에 대통령을 의장으로 하고 국무총리를 부의장으로 해서 15인 이상 30인 이하의 국무위원으로 구성한다($\frac{제88조}{제2항}$). 대통령은 국무회의를 소집하고 그 회의를 주재하는데, 의장이 유고시에는 부의장

좌측 방주:

대통령의 정책결정에 대한 회의체보좌기관

집행부 내의 우월적 심의기관, 의결보다 약하지만 자문보다는 강한 심의권, 심의결과의 무기속력

필수적 헌법기관

의장·부의장 및 15인 이상 30인 이하의 국무위원

인 국무총리가 그 직무를 대행하고, 부의장도 유고시에는 부총리 및 정부조직법 제26조 제 1 항에 규정된 국무위원의 순으로 그 직무를 대행한다(정조법 제12조). 국무회의에는 국무조정실장·인사혁신처장·법제처장·식품의약품안전처장 그 밖에 법률이 정하는 공무원(대통령비서실장·국가정보원장·공정거래위원장· 방송통신위원장·금융위원장·서울특별시장 등)이 출석하여 발언할 수 있다(정조법 제13조).

3) 국무회의의 기능

국무회의는 집행부의 권한에 속하는 중요한 정책을 심의하는 기능을 갖는데(제88조 제 1 항), 우리 헌법은 국무회의의 심의를 반드시 거쳐야 되는 정책사항을 16개 항목에 걸쳐 자세히 열거하고(제89조 제 1 호~제16호) 그 이외에도 국무회의의 구성원이 제출한 사항도 심의의 대상이 되도록 했다(제87조 제17호). 따라서 국무회의는 매우 광범위하고 포괄적인 정책심의기능을 갖는다고 할 것이다.

광범위하고 포괄적인 정책심의

그런데 국무회의의 심의에 붙여진 정책사항에 대해서 대통령은 국무회의의 심의내용에 기속되지는 않지만, 헌법이 정하는 필요적인 국무회의심의사항에 대해서 국무회의의 심의를 거치지 아니한 경우에는 대통령의 국정행위는 그 효력을 발생하지 않는다고 할 것이다.[1] 국무회의의 심의 자체가 하나의 기관내통제수단일 뿐 아니라 통치권행사의 절차적 정당성을 확보하기 위한 통치구조상의 메커니즘에 해당하기 때문이다. 따라서 대통령이 국무회의의 심의내용에 기속되지 아니한다는 것과 대통령이 국무회의의 심의절차를 무시한다는 것과는 엄격히 구별하여야 한다. 국무회의의 심의절차를 거치지 아니한 대통령의 국정행위가 헌법재판의 대상이 된 경우 헌법재판소는 마땅히 그 심판권을 갖는다.

필요적 심의 사항과 심의 없는 국정행위의 효력

(4) 행정각부

1) 행정각부의 의의와 기능

행정각부란 대통령의 통할하에 있는 집행부의 구성단위인 동시에 정책집행의 책임을 맡는 중앙행정기관을 말한다. 행정각부는 집행업무를 구체적으로 실천하는 기능과 책임을 맡기 때문에 그 소관사무에 관한 중앙행정관청으로서의 지위에 서서 최상급중앙행정관청인 대통령과 차상급중앙행정관청인 국무총리의 통할하에 그 소관사무에 관하여 지방행정의 장을 지휘·감독하는 기능을 갖는다. 행정각부가 대통령 또는 국무총리의 단순한 정책보좌기관만은 아니고

집행부구성단위인 중앙행정기관

중앙행정관청으로서 지방행정의 장을 지휘·감독

---

[1] 반대견해: 권영성, 982면(위헌이지만 무효는 아니다).

독자적인 행정업무를 처리하는 중앙행정관청으로서의 지위를 갖는다고 강조되는 이유도 그 때문이다. 이 점이 단순한 정책보좌기관에 불과한 국무위원과 다른 점이다.

2) 행정각부의 장

㈎ 행정각부의 장의 지위

국무위원 중에서 임명, 2중적 지위

행정각부의 장은 국무위원 중에서 국무총리의 제청으로 대통령이 임명한다($\frac{제94}{조}$). 그러므로 현역군인은 행정각부의 장이 될 수 없다. 현역군인은 국무위원으로 임명될 수 없기 때문이다($\frac{제87조}{제4항}$). 행정각부의 장으로 임명된 국무위원은 집행부 내에서 국무위원으로서의 지위와 행정각부의 장으로서의 2중적 지위를 갖게 되는데 국무위원으로서 국무회의 정책심의에 참여해서 결정된 정책을 행정각부의 장으로서 실천에 옮기기 때문에 정책결정의 현장성을 높일 수 있게 된다. 행정각부의 장은 행정업무의 집행기관으로서의 지위 때문에 소관사무에 관해서는 대통령의 명을 받은 국무총리의 지휘·감독을 받는다. 이 점에서 국무회의의 구성원이 되어 포괄적인 정책심의권을 갖고 대통령을 보좌하는 국무위원의 지위와는 구별된다. 이와 같은 구별은 동일인이 국무위원과 행정각부의 장의 2중적 지위를 갖는 경우에도 필요한데, 그 이유는 그 지위에 따라 그 기능과 책임이 달라지기 때문이다.

국무위원의 지위와 구별

㈏ 행정각부의 장의 권한

a) 업무통할·지휘권

업무통할·소속공무원 지휘·감독

행정각부의 장은 중앙행정관청으로서 소관사무를 통할하고 소속공무원을 지휘·감독하며 소관사무에 관하여 지방행정의 장을 지휘·감독하는 권한을 갖는다($\frac{정조법 \ 제7조 \ 제1}{항과 \ 제26조 \ 제3항}$).

b) 부령제정권

위임·집행·행정명령제정

행정각부의 장은 소관사무에 관하여 법률이나 대통령령의 위임 또는 직권으로 부령을 제정할 수 있는 권한을 갖는다($\frac{제95}{조}$). 부령에는 위임명령·집행명령·행정명령의 세 가지가 있는데 그 성질과 효력은 총리령과 같다.

c) 정책·재정·인사권

정책개발·법령개폐·예산집행·인선

행정각부의 장은 그 소관사무에 관하여 정책을 개발하고 법령을 제정·개폐하며 예산안을 작성하고 예산을 집행하는데 주도적인 권한을 가지며, 인사에서도 중요한 인선기능을 수행한다.

3) 행정각부의 설치·조직과 직무범위

우리 헌법은 법치주의의 원칙에 따라 행정각부의 설치·조직과 직무범위는 법률로 정하도록 하고 있는데($^{제96}_{조}$), 정부조직법에서 그에 관해서 자세히 규정하고 있다. 그에 따르면 우리나라의 정부조직은 대통령을 수반으로 하는 중앙집권식 행정조직으로서 대통령 및 그 소속기관($^{감사원·국가정보원·}_{방송통신위원회}$)과 국무회의, 국무총리 및 그 소속기관($^{인사혁신처·법제처·식품의약품안전처·공정거래위원회·금융위원회·}_{국민권익위원회·원자력안전위원회·개인정보보호위원회}$), 행정각부($^{19부: 기획재정·}_{교육·과학기술정보}$ 통신·외교·통일·법무·국방·행정안전·국가보훈·문화체육관광·농림축산식품·산업통상자원·보건복지·환경·고용노동·여성가족·국토교통·해양수산·중소벤처기업$)$와 그 소속본부($^{과학기술혁신}_{본부·재난}$ 안전관리본부· 통상교섭본부·$)$로 되어 있다.[1]

정부조직법으로 규정: 국정원, 19부 3처 19청

(5) 감 사 원

우리 헌법($^{제97조~}_{제100조}$)은 대통령소속하에 감사원을 두고 국가예산집행에 대한 회계검사와 공무원의 직무에 관한 감찰업무를 맡기고 있다. 감사원법에서 감사원의 조직과 기능에 관해서 자세히 규정하고 있다.

대통령소속 헌법기관

1) 감사원의 헌법상의 지위

감사원은 조직적으로는 대통령에 소속되지만 기능적으로는 독립해서 활동하는 합의제헌법기관이다.

㈎ 대통령소속기관으로서의 지위

감사원은 조직적으로는 대통령에 소속된 중앙행정기관으로서의 지위를 갖는다($^{제97}_{조}$). 대통령에 소속된 중앙행정기관으로는 국가정보원($^{정조법}_{제17조}$)도 있지만 국가정보원은 헌법기관이 아닐 뿐 아니라 조직과 기능면에서 모두 대통령의 지휘·감독을 받지만, 감사원은 헌법기관으로서 그 조직면에서만 대통령에 소속된 중앙행정기관이라는 차이가 있다. 감사원의 조직적인 귀속처로서의 대통령은 행정부수반으로서보다는 국정의 최고책임자로서의 지위에 있다고 볼 수 있다. 감사원의 업무가 행정부의 업무감사에만 국한되는 것은 아니기 때문이다.

조직적으로 대통령에 소속된 중앙행정기관, 국가정보원과의 차이

---

1) 그 밖에도 독립기관인 국가인권위원회가 있지만 이 위원회는 정부조직법 제2조에 따른 중앙행정기관은 아니다. 그럼에도 일반적으로 우리 정부조직을 19부 3처 19청(건설청 포함) 6위원회라고 말한다.

　19청: 국세청·관세청·조달청·통계청·검찰청·병무청·방위사업청·경찰청·소방청·기상청·문화재청·농촌진흥청·산림청·특허청·해양경찰청·질병관리청·새만금개발청·해외동포청·특별법으로 설치된 건설청을 포함하면 19청이지만, 행정중심복합도시건설청은 연기·공주지역 행정중심복합도시건설업무만을 담당하기 때문에 중앙행정기관은 아니다.

(내) 독립기관으로서의 지위

독립적 업무
수행 위한 기
관의 독립성

감사원은 기능적으로 누구의 지시나 간섭도 받지 않고 독립적으로 그 업무를 수행하는 독립기관으로서의 지위를 갖는다. 감사원이 맡고 있는 업무의 성질상 기관의 독립성이 보장되지 않고는 그 실효성을 기대할 수 없기 때문이다. 감사위원의 정치운동을 금지하고($\frac{법}{제10조}$), 감사위원의 겸직을 엄격히 제한하고 있는 것도($\frac{법}{제9조}$), 그리고 감사원의 인사·조직 및 예산편성상의 독립성을 존중하도록 한 것도($\frac{법 제2조 제2}{항 및 제18조}$) 기관의 독립성을 위한 불가피한 조치이다.

합의제기관의
지위와의 보
완관계

감사위원의
임기제와 신
분보장

감사원법($\frac{제2}{조}$)도 감사원이 그 직무에 관하여는 독립의 지위를 가진다는 뜻을 분명히 밝히고 있는데, 감사원의 독립기관으로서의 지위와 감사원의 합의제기관으로서의 지위는 상호 밀접한 관계에 있다. 합의제의 기관은 기관의 독립성을 강화시켜 주기도 하지만 또 한편 독립기관의 경솔한 업무처리와 권력남용을 억제하는 효과도 갖기 때문이다. 감사위원의 임기제와 신분보장은 감사원의 독립기관으로서의 지위와 관련이 있다($\frac{제98조 제2}{항과 제3항}$).

(대) 합의제기관으로서의 지위

의결권 있는
합의제기관

감사원은 원장을 포함한 5인 이상 11인 이하의 감사위원으로 구성되는 감사위원회의에 의해서 그 업무가 처리되는 합의제기관으로서의 지위를 갖는다($\frac{제98조 제1항; 법 제}{3조와 제11조 이하}$). 국무회의가 의결권이 없는 회의체기관인 것과는 달리 감사원은 의결권($\frac{재적 감사위원 과반}{수의 찬성으로 의결}$)이 있는 감사위원회의에 의해서 그 주요업무가 처리되는 합의제기관이다($\frac{법 제11}{조 이하}$). 합의제의 업무처리는 기관의 독립성에도 도움이 되지만 업무처리의 경솔함을 막아 주는 효과도 있다.

(래) 필수적 헌법기관으로서의 지위

헌법에 의해
설치·운영

감사원은 헌법에 의해서 그 권한·의무의 내용과 범위가 분명히 정해진 필수적인 헌법기관으로서의 지위를 갖는다($\frac{제97조와}{제99조}$). 필수적인 헌법기관이기 때문에 그 설치·운영은 헌법의 절대명령이다. 이 점이 임의적인 헌법기관인 국가원로자문회의 등과는 다르다.

2) 감사원의 구성

원장 포함 5
인 이상 11인
이하의 감사
위원과 사무
처 및 감사교
육원

감사원은 원장을 포함한 5인 이상 11인 이하의 감사위원으로 구성한다[1]($\frac{제98조}{제1항}$). 감사원장은 감사원을 대표하며 소속공무원을 지휘·감독하는데 원장의 유고시에는 선임감사위원이 그 직무를 대행한다($\frac{법}{제4조}$). 감사원에는 사무처와 감사교육원($\frac{법 제16조 이하 및}{제19조의 2와 3}$) 및 감사연구원($\frac{법 제19조}{의 4와 5}$)을 두며 원장의 자문기관을 둘

---

1) 감사원법에서는 감사원장을 포함한 7인의 감사위원을 두고 있다(제3조).

수 있다($\substack{법\ 제4조 \\ 제4항}$).

⑺ 감사원장과 감사위원의 임명

감사원장은 대통령이 임명하는데 반드시 국회의 동의를 얻어야 하고, 감사위원은 감사원장의 제청으로 대통령이 임명한다($\substack{제98조\ 제2 \\ 항과\ 제3항}$). 감사원장 임명에 대한 국회의 동의권은 통치기관의 민주적 정당성의 요청을 충족시키기 위한 것이고, 감사위원임명시의 감사원장이 갖는 제청권은 국회의 임명동의에 의해서 간접적이나마 민주적 정당성을 확보하고 있는 감사원장에게 기관구성에 관한 관여권을 인정한 것이라고 볼 수 있다. 그러나 대통령은 감사원장의 제청에 반드시 기속되는 것은 아니다. 이 점은 국무총리의 국무위원 및 행정각부의 장 임명제청과 본질적으로 같다. 헌법의 수권($\substack{제100 \\ 조}$)에 의해서 제정된 감사원법($\substack{제7 \\ 조}$)에서는 감사위원의 임용자격에 관해서 자세히 규정하고 있다.

원장은 대통령이 국회동의 얻어 임명, 감사위원은 원장의 제청으로 임명

⑻ 감사원장과 감사위원의 임기 및 신분보장

감사원장과 감사위원의 임기는 4년이며 1차에 한해서 중임할 수 있다($\substack{제98조 \\ 제2항 \\ 과\ 제 \\ 3항}$).[1] 대통령의 임기 5년과 다르게 된 것은 헌법기관의 차등임기제를 실현한 것으로 기관의 독립성과 감사업무수행의 절차적 정당성을 위해서 유익하다고 할 것이다. 감사원장과 감사위원에 대한 헌법상의 임기제가 이미 그들에 대한 신분보장의 의미도 갖는 것이지만, 감사원법($\substack{제8 \\ 조}$)에서는 법관에 준하는 강력한 신분보장을 하고 있다. 반면에 감사위원은 정치활동에 관여하지 못하게 하고 또 감사위원의 겸직을 엄격히 제한함으로써($\substack{법\ 제9조 \\ 와\ 제10조}$) 감사위원의 신분과 업무의 독립성을 철저히 지키도록 하고 있다. 감사원장은 국무총리와 국무위원의 보수의 범위 안에서 대통령령이 정하는 보수를, 그리고 감사위원은 차관과 동액의 보수를 받는다($\substack{법\ 제5조 \\ 제2항}$).

4년, 한 번 중임 허용, 법관에 준하는 신분보장·정치활동금지 및 겸직제한

감사위원의 차관대우

3) 감사원의 권한

감사원은 국가의 결산 및 회계검사권 그리고 행정기관 및 공무원의 직무감찰권을 갖는다($\substack{제97조와 \\ 제99조}$).

회계검사권과 직무감찰권

⑺ 국가의 결산 및 회계검사권

감사원은 국가의 세입·세출의 결산과 국가 및 법률이 정한 단체의 회계를 검사하는 권한을 갖는다($\substack{제97조; \\ 법\ 제20조}$). 감사원의 이 권한은 i) 국가의 결산검사권, ii) 국가의 회계검사권, iii) 법률이 정한 단체의 회계검사권으로 구분할 수 있는

국가결산검사 및 회계검사와 단체회계검사

---

1) 원장인 감사위원의 정년은 70세이며, 감사위원의 정년은 65세이다(법 제6조 제2항). 정년에 달한 때에는 임기 전이라도 퇴직한다.

데 그 구체적인 검사사항과 검사범위 등에 관해서는 감사원법($\frac{제21조~}{제23조}$)에서 자세히 규정하고 있다.

결산검사보고 의무 및 결과 처리권한

아무튼 감사원은 국가의 세입·세출의 결산을 매년 검사하여 그 결과를 대통령과 차년도국회에 보고하여야 한다($\frac{제99}{조}$). 감사원의 결산검사보고는 대통령의 업무감독과 국회의 예산심의 및 결산감사에 중요한 자료가 될 뿐 아니라 공공단체의 부정방지에도 큰 기여를 한다. 감사원에게 결산 및 회계검사의 결과를 처리하기 위한 여러 가지 권한($\frac{변상책임의 판정, 징계요구, 시}{정 및 개선요구, 권고, 고발 등}$)을 준 것도 그 때문이다($\frac{법 제31조~}{제35조}$).

(나) 직무감찰권

비위감찰과 행정감찰

감사원은 행정기관 및 공무원의 직무에 관한 감찰을 할 수 있는 권한을 갖는다($\frac{제97}{조}$). 직무감찰에는 행정기관 및 공무원의 비위사실을 밝히기 위한 비위감찰은 물론이고, 법령·제도·운영상의 모순을 찾아내기 위한 행정감찰까지도 포함된다($\frac{법 제33조}{와 제34조}$).

국회 및 법원 소속은 제외

그런데 직무감찰의 구체적인 범위는 감사원법에서 정하고 있는데[1] 국회·법원 및 헌법재판소에 속한 공무원은 감찰의 대상에서 제외되고($\frac{법 제24조}{제 3 항}$), 국무총리로부터 국가기밀에 속한다는 소명이 있는 사항 그리고 국방부

직무감찰의 한계

장관으로부터 군기밀 또는 작전상 지장이 있다는 소명이 있는 사항은 감찰할 수 없도록 했다($\frac{법 제24조}{제 4 항}$). 직무감찰의 결과처리는 결산 및 회계검사의 경우와 같다.

감사방법

감사원은 감사원법($\frac{제25조~}{제28조}$)과 감사원규칙이 정하는 방법에 따라 감사를 실시하는데, 금융기관을 상대로 감사에 필요한 범위 내에서 특정인의 금융거래정보 내지 자료의 제출을 요구할 수 있고, 감사대상기관의 자체감사에 의존해서 감사의 일부 또는 전부를 생략할 수 있다.

(6) 대통령자문기관

필수적 자문 기관과 임의 적 자문기관

우리 헌법은 국정의 중요한 사항에 관하여 수시로 또는 국무회의의 심의에 앞서 대통령의 자문에 응하게 하기 위하여 여러 가지 헌법상의 자문기관을 설치하고 있는데 국가원로자문회의($\frac{제90}{조}$), 국가안전보장회의($\frac{제91}{조}$), 민주평화통일자문회의($\frac{제92}{조}$), 국민경제자문회의($\frac{제93}{조}$) 등이 바로 그것이다. 이 중에서 국가안전

국가안전보장 회의만이 필 수적 자문기 관

보장회의만은 필수적인 자문기관이기 때문에 반드시 설치하여야 하지만 나머지는 모두 임의적인 자문기관이기 때문에 그 설치 여부는 대통령의 재량결정사항

---

1) 【결정례】 감사원이 지자체의 자치사무에 대해서 합법성뿐 아니라 합목적성 감사를 할 수 있게 정한 감사원법 규정(제24조 제 1 항 제 2 호 등)은 지자체의 자치권을 침해한다고 볼 수 없다(헌재결 2008. 5. 29. 2005 헌라 3).

이다.

우리 헌법은 이들 자문기관의 설치에 관해서 구체적인 사항을 법률에 위임하고 있기 때문에 그 동안 대통령자문기관에 관한 여러 가지 법률(국가안전보장회의법·민주평화통일자문회의법)이 제정되었다. 그 밖에도 우리 헌법(제127조제3항)은 과학기술자문기구를 둘 수 있도록 했지만, 이 기구는 헌법기관이 아니라는 점에서 다른 자문기관과는 구별된다.

우리 헌법상의 통치구조에서 대통령자문기관은 별로 그 실효성을 나타낼 수 없는 하나의 장식적인 성격밖에는 갖지 못한다. 이미 설치·운영되고 있는 국가안전보장회의와 민주평화통일자문회의의 실상이 이를 잘 입증해 주고 있다.

비헌법기관인 과학기술자문 기구

실효성 의문시

Ⅳ. 선거관리위원회

우리 헌법은 선거와 국민투표 및 정당에 관한 사무를 처리하게 하기 위하여 독립된 헌법기관으로서의 선거관리위원회를 두고 있다(제114조~제116조). 선거와 국민투표의 관리 및 정당에 관한 사무의 처리는 그 업무의 성질상 집행작용에 속하는 것이기 때문에 일반행정관청이 맡아서 처리할 수도 있지만, 선거와 국민투표 및 정당활동이 갖는 중요한 민주정치적 기능을 감안해서 우리 헌법은 이들 정치발전적 집행업무를 일반집행업무와 구별해서 독립된 헌법기관에 맡기고 있다.

독립된 헌법 기관

(1) 선거관리위원회의 헌법상 의의와 기능

대의제도에 바탕을 둔 자유민주적 통치구조 내에서 선거제도와 정당제도는 그 필수불가결한 조직원리를 뜻한다. 또 대의제도와 직접민주주의를 조화시키려고 꾀하는 우리 통치구조 내에서 국민투표제도는 국민주권의 원리를 실현하고 정책의 민주적 정당성을 확보하는 데 매우 중요한 의미를 갖는다. 그런데 선거와 국민투표의 관리가 공정하게 이루어지지 못하고 정당에 관한 사무가 불공정하게 처리되는 경우에는 선거와 국민투표는 그 본래의 민주정치적 기능을 나타내지 못하고 하나의 장식적이고 형식적인 기능밖에는 갖지 못하게 된다. 선거와 국민투표관리 등의 정치발전적 집행업무담당기관을 일반행정기관과는 별도의 독립기관으로 구성해야 한다는 요청이 나오는 이유도 바로 그 때문이다. 우리 헌법상의 선거관리위원회도 이와 같은 요청을 제도화한 것이라고 볼 수 있다.

즉 우리의 선거관리위원회는 통치권의 민주적 정당성을 위해서 매우 중요

선거·국민투표·정당사무의 공정처리 통한 대의민주주의 기반 확립

기능적 권력 통제장치

한 의미를 갖는 각종 선거 및 국민투표관리와 정당에 관한 사무를 일반행정업무와 기능적으로 분리시켜서 이를 독립된 헌법기관에 맡김으로써 일반행정관서의 부당한 선거간섭을 제도적으로 배제 내지 견제할 수 있도록 한다는 일종의 기능적인 권력통제장치로서의 의미를 갖는다고 할 것이다.

(2) 선거관리위원회의 헌법상 지위

합의제의 필수적인 독립 헌법기관

선거관리위원회는 선거 및 국민투표관리와 정당에 관한 사무를 공정하게 처리하기 위해서 설치된 독립된 기관으로서 합의제로 운영되는 필수적인 헌법기관이다.

1) 독립기관으로서의 지위

입법·행정·사법부로부터 독립

중앙선관위의 구성과 선관위원의 임기제와 신분보장 및 정치활동금지

선거관리위원회는 조직과 기능면에서 입법·행정·사법부로부터 완전히 독립된 기관으로서의 지위를 갖는다. 선거관리위원회가 담당하는 업무의 성질은 집행업무에 속하지만 그 업무의 수행에 있어서는 집행부로부터 완전히 독립되어 있다. 또 그 조직도 중앙선거관리위원회의 경우 대통령이 임명하는 3인, 국회에서 선출하는 3인, 대법원장이 지명하는 3인의 위원으로 구성되기 때문에 독립성의 유지에 유리하도록 되어 있다. 선거관리위원의 헌법상의 임기제와 신분보장 및 정치활동금지(제114조)도 기관의 독립성을 지키기 위한 당위적인 조치이다. 선거관리위원회가 소관사무에 관하여 관계행정기관에 필요한 지시를 하고, 또 지시를 받은 당해 행정기관은 이에 응하여야 하는 것(제115조)도 선거관리위원회의 독립성에서 나오는 당연한 결과이다.

2) 합의제기관으로서의 지위

9인의 합의제 기관

위원장의 지위와 기능

선거관리위원회는 9인의 선거관리위원으로 구성되는 합의제기관으로서 그 의사결정도 위원 과반수 출석과 출석위원 과반수의 찬성으로 행한다(선위법 제10조). 선거관리위원회는 합의제헌법기관이라는 점에서 감사원과 같지만, 회의체헌법기관인 국무회의와는 다르다. 선거관리위원회는 합의제기관이기 때문에 위원장을 위원 중에서 호선하며(제114조 제2항), 위원장은 회의를 소집하고 주재하며 표결권과 가부동수인 경우의 결정권을 갖는다(법 제10조 제 2항과 제11조).

3) 필수적인 헌법기관으로서의 지위

통치구조의 당위적 기구

선거관리위원회는 반드시 설치하여야 하는 필수적인 헌법기관으로서의 지

위를 갖는다. 우리 헌법은 중앙선거관리위원회와 각급선거관리위원회의 설치를 통치구조의 당위적인 기구로 전제하고 있다.

(3) 선거관리위원회의 종류와 구성

1) 선거관리위원회의 종류

우리 헌법은 각급선거관리위원회의 조직·직무범위 기타 필요한 사항을 법률로 정하도록 하고 있기 때문에($\frac{\text{제114조}}{\text{제7항}}$) 선거관리위원회에 여러 종류가 있다는 것을 전제로 하고 있다. 이에 따라 제정된 선거관리위원회법($\frac{\text{제2}}{\text{조}}$)은 각각 9인 또는 7인(읍·면·동선관위)의 위원으로 구성되는 네 종류의 선거관리위원회를 두고 있다. 중앙선거관리위원회, 서울특별시·광역시·도선거관리위원회, 구·시·군선거관리위원회, 읍·면·동선거관리위원회가 바로 그것이다.

4종류의 선관위

2) 선거관리위원회의 구성

중앙선거관리위원회의 구성은 헌법에서 직접 규정했지만 나머지 선거관리위원회의 구성은 법률에서 정하도록 했다. 중앙선거관리위원회는 대통령이 임명하는 3인, 국회에서 선출하는 3인, 대법원장이 지명하는 3인의 위원으로 구성하고 위원장은 위원 중에서 호선한다($\frac{\text{제114조}}{\text{제2항}}$). 이 경우 모든 위원은 국회의 인사청문을 거쳐 임명·선출·지명해야 한다($\frac{\text{법 제4조}}{\text{제1항}}$). 중앙선거관리위원회와 시·도선거관리위원회에는 위원장을 보좌하고 그 명을 받아 소속 사무처의 사무를 감독하게 하기 위하여 각 1인의 상임위원을 두고 나머지 위원은 비상임의 명예직으로 한다($\frac{\text{법}}{\text{제6조}}$). 중앙선거관리위원회에는 사무총장 및 사무차장을 두는데 그 직급은 각각 국무위원과 차관급으로 한다($\frac{\text{법}}{\text{제15조}}$). 각급선거관리위원의 임기는 6년으로 하되 연임제한이 없으며($\frac{\text{제114조}}{\text{제3항}}$), 법관의 신분보장에 준하는 강력한 신분보장을 받는다($\frac{\text{제114조}}{\text{제5항}}$). 다만 기관의 정치적 중립성과 독립성을 위해서 위원의 정당가입이나 정치관여를 금지하고 있다($\frac{\text{제114조}}{\text{제4항}}$).

헌법에 의해 구성되는 중앙선관위

상임위원과 비상임위원

6년 임기, 법관에 준하는 신분보장과 정치관여금지

(4) 선거관리위원회의 기능과 책임

선거관리위원회는 정당에 관한 사무를 처리하고, 선거 및 국민투표에 관한 업무를 관장해서 선거운동을 관리하고 국민투표를 계도하며, 정치자금을 관리·배분하고 기관운영에 관한 자율권을 갖는다.

4가지 기능과 책임

1) 정당사무처리

정당관련 모든 사무

선거관리위원회는 헌법과 정당법 및 선거관리위원회법에 따라 정당에 관한 사무를 맡아서 처리하고 있는데, 정당등록 접수, 변경등록 접수, 등록 및 변경등록 신청 받은 정당의 정강정책(강령 또는 기본정책과 당헌)의 보존과 그 내용의 인터넷 홈페이지에의 공개, 등록증의 교부 및 공고, 정기보고 접수, 자료 등의 제출요구, 등록의 취소 등 그 업무가 매우 다양하다.

2) 선거 및 국민투표업무관장

각종 선거사무처리, 관계 행정기관에 대한 지시 및 협조요구, 공공단체에의 협조요구

선거관리위원회는 헌법과 법령이 정하는 바에 의하여 국가 및 지방자치단체의 선거에 관한 사무, 국민투표에 관한 사무, 위탁선거에 관한 사무($_{제3조}^{법}$) 등을 관장해서 처리하되 선거인명부의 작성 등 선거사무와 국민투표사무에 관하여 관계행정기관에 필요한 지시 또는 협조요구를, 그리고 공공단체 및 금융기관($_{촉의 경우에 한함}^{개표사무종사원 위}$)에 협조요구를 할 수도 있다($_{법 제16조 제2항}^{제115조 제1항;}$). 이 때 지시 또는 협조요구를 받은 당해 행정기관·공공단체 등은 이에 우선적으로 응하여야 할 헌법상·법률상의 의무가 있다($_{법 제16조 제3항}^{제115조 제2항;}$).

선거계도, 선거부정감시, 선거법위반행위에 대한 중지·경고·시정명령 및 수사의뢰·고발, 선거비용자료 제출요구 등

선거관리위원회는 선거 또는 국민투표가 있을 때마다 선거권자의 주권의식의 앙양을 위하여 적절한 방법으로 필요한 계도(啓導)를 실시하여야 한다($_{제14조}^{법}$). 그러나 선거계도가 선거결과에 영향을 미치기 위한 것이어서는 아니된다. 또 각급선거관리위원회는 선거기간 동안 10인 이내의 중립적인 사람으로 구성되는 선거부정감시단을 두어 선거부정을 감시하게 한다($_{10조의 2}^{선거법 제}$). 그리고 각급선거관리위원회의 위원과 직원은 선거범죄조사권을 가지며($_{조의 2와 3}^{선거법 제272}$) 선거법위반행위에 대해서 중지·경고·시정명령을 하며 그 위반행위가 선거의 공정을 현저하게 해치거나 명령불이행에 대해서는 관할 수사기관에 수사의뢰 또는 고발할 수 있다($_{조의 2}^{법 제14}$). 그 밖에도 선거관리위원회는 선거비용의 수입·지출에 관한 자료제출요구 등 광범위한 선거비용 실사권을 가진다($_{제43조}^{정자법}$).

3) 정치자금관리·배분

기탁정치자금·국고보조금배분지급 및 지출조사·감액지급

선거관리위원회는 정치자금법에 따라 정치자금의 기탁을 받고($_{조}^{제22}$) 기탁된 정치자금을 각 정당에 배분지급하며($_{조}^{제23}$) 정당에 대한 국고보조금을 배분지급($_{제29조}^{제25조~}$)하고[1] 그 지출에 관하여 조사($_{조}^{제43}$)하는 기능을 맡고 있다. 정당이 보조

---

1)【결정례】 정당에 대한 국고보조금의 배분에서 국회교섭단체구성 여부에 따른 차등은 평등권

금회계를 허위보고하거나 보조금을 법이 정한 용도에 위반해서 사용하는 때에는 보조금을 회수하거나 차후의 보조금을 감액지급할 수 있다($\substack{제29\\조}$).[1]

4) 자율입법권

선거관리위원회는 헌법상의 독립기관으로서 자율입법권을 갖는데, 자율입법권은 성질상 중앙선거관리위원회의 권한이다. 즉 중앙선거관리위원회는 법령의 범위 안에서 선거·국민투표관리 또는 정당사무에 관한 규칙을 제정할 수 있으며, 법률에 저촉되지 아니하는 범위 안에서 내부규율에 관한 규칙을 제정할 수 있다($\substack{제114조\\제6항}$).[2] 그에 더하여 중앙선거관리위원회는 선거·국민투표·주민투표·국민소환 및 정당관계법률의 제정·개정 등이 필요하다고 인정하는 경우에는 국회에 그 의견을 서면으로 제출할 수도 있다($\substack{법 제17조\\제2항}$).

중앙선관위의 규칙제정권 및 관계법률 제정·개정의 견제출권

(5) 선거공영제

우리 헌법은 선거가 갖는 중요한 정치형성적 기능을 감안해서 민주적 선거법의 기본원칙($\substack{보통·평등·직접·\\비밀·자유선거}$)이 존중될 수 있도록 선거를 관리·운영하기 위해서 제한적인 선거공영제를 채택하고 그 관리를 선거관리위원회에 맡기고 있다. 우리 헌법이 제한적인 선거공영제의 수단으로 규정한 것이 선거운동관리의 원칙과 선거경비국고부담의 원칙($\substack{제116\\조}$)이다.[3]

제한적 선거 공영제: 선거 운동관리의 원칙과 선거 경비 국고부 담의 원칙

1) 선거운동관리의 원칙

우리 헌법은 각종 선거에서 행해지는 선거운동을 자유방임하지 않고 각급 선거관리위원회의 관리하에 두어 선거운동의 기회균등을 보장함으로써 민주적

선거운동의 기회균등보장

침해가 아니다. 국고보조금 배분기준으로 정당의 의석수비율이나 득표수비율도 고려하여 정당에 대한 국민의 지지도로 반영하고 있기 때문이다. 또 현행 보조금배분비율은 의석수 비율보다는 오히려 소수정당에 유리하고, 득표수 비율과는 큰 차이가 나지 않아 결과적으로 교섭단체 구성 여부에 따른 차이가 크게 나타나지 않는다(헌재결 2006. 7. 27. 2004 헌마 655).

1) 정치자금법의 핵심내용에 관해서는 졸저, 전게서, 255면 방주 404 참조할 것.
2) 【판시】 중앙선관위가 제정한 '공직선거에 관한 사무처리예규'는 선거관리업무종사자에 대한 업무처리지침 내지 사무처리준칙에 불과할 뿐 국민이나 법원을 구속하는 효력이 없는 행정규칙이므로 헌법소원의 대상이 되지 않는다(헌재결 2000. 6. 29. 2000 헌마 325, 판례집 12-1, 963(964면)).
3) 【결정례】 공직선거법의 선거비용 보전 제한조항이 예비후보자의 선거비용을 보전대상에서 제외하여 후보자에게 부담하도록 하는 것은 선거의 조기과열로 인한 선거과정의 혼탁과 이를 단속하기 위한 행정력의 낭비를 줄이기 위한 것이고, 예비후보자는 후원회의 기부금으로 선거비용을 충당할 수도 있을 뿐 아니라 일부 경제적인 부담이 된다고 해도 선거공영제에 반하거나 침해최소성과 법익균형성을 어긴 선거운동의 자유의 침해라고 할 수 없다(헌재결 2018. 7. 26. 2016 헌마 524 등).

인 선거가 되도록 배려하고 있는데($^{제116조}_{제1항}$) 이것을 선거운동관리의 원칙이라고 말한다. 따라서 우리 헌법은 선거운동자유의 원칙을 배척하고 있다.[1] 선거운동 자유의 원칙이 채택되는 경우 선거운동의 기회균등이 지켜질 수 없어 평등선거 의 원칙이 침해될 위험성이 있다고 판단했기 때문이다. 그러나 선거운동의 지나 친 제한은 표현의 자유 및 선거권과도 관련되어 오히려 헌법에 위배될 수 있다 는 점을 주의해야 한다.[2]

2) 선거경비국고부담의 원칙

정당 또는 후보자 부담 선거경비최소화 및 선거시 추가국고보조금 지급

우리 헌법은 선거에 관한 경비는 법률이 정하는 경우를 제외하고는 선거 에 참여하는 정당 또는 후보자에게 부담시킬 수 없도록 함으로써 선거경비에 관한 국고부담의 원칙을 분명히 밝히고 있다($^{제116조}_{제2항}$). 우리 실정법($^{선거}_{법}$)은 이와 같은 헌법의 정신에 따라 선거에서 정당 또는 후보자가 부담하는 선거경비를 최소한의 범위 내에서 정하고 있다[3]($^{선거법 \ 제64조\sim제66조, \ 제71조, \ 제73}_{조, \ 제83조, \ 제161조 \ 및 \ 제181조}$). 그리고 각종

---

1) 【결정례】 i) 각종 선거에서 선거운동기간을 제한하는 공직선거법 규정은 선거운동에 관한 정치적 기본권의 침해가 아니다(헌재결 2005. 2. 3. 2004 헌마 216). ii) 선거운동에서 호별방문을 금지하는 선거법규정은 선거운동의 자유의 침해가 아니다(헌재결 2016. 12. 29. 2015 헌마 1160 등).

2) 【결정례】 i) 한국철도공사가 정부투자 공기업이어서 사실상 정부의 지배 아래 있다고 해도 그 임원이 아닌 상근직원에 대해서 그 직급에 따른 업무의 내용과 수행하는 개별 구체적인 직무 의 성격에 대한 검토 없이 일률적으로 선거운동을 전면적으로 금지하면서 위반한 경우 처벌하 는 것은 선거운동의 자유를 지나치게 제한하는 것으로 침해최소성과 법익의 균형성에 어긋나 헌법에 위배된다. 공직선거법이 정하고 있는 공익적 업무수행자가 그 지위를 이용한 선거운동 내지 영향력행사를 금지하는 것만으로도 충분하기 때문이다(헌재결 2018. 2. 22. 2015 헌바 124). ii) 기초자치단체 시설공단 상근직원의 선거운동 금지에 대해서도 i)과 같은 내용의 판시를 했 다(헌재결 2021. 4. 29. 2019 헌가 11). iii) 당원이 아닌 사람에게도 투표권을 부여하여 실시하 는 정당 내 경선에서 서울교통공사의 상근 직원에 대해서 경선운동을 일률적으로 금지·처벌 하는 것은 침해최소성과 법익균형성을 충족하지 못하는 정치적 표현의 자유의 침해이다(헌재 결 2022. 6. 30. 2021 헌가 24). iv) 당원이 아닌 자에게도 투표권을 부여하여 실시하는 당내 경선에서 안성시 시설관리공단 상근 직원의 선거운동을 일률적으로 금지·처벌하는 공직선거법 관련 규정에 대해서도 같은 취지로 정치적 표현의 자유의 침해라고 결정했다(헌재결 2022. 12. 22. 2021 헌가 36).

3) 【결정례】 i) 우리 헌법재판소도 구국회의원선거법(제33조와 제34조)의 위헌심판청구사건의 결 정문에서 선거경비국고부담의 원칙을 강조하고 있다. 즉 「유효투표 총수의 1/3을 얻지 못한 낙선자 등의 기탁금을 국고에 귀속시키게 하는 것은 그 기준이 너무 엄격하여 국가존립의 기 초가 되는 선거제도의 원리에 반하며, 선거경비를 후보자에게 부담시킬 수 없다는 헌법 제116 조에도 위반된다」고 지적했다(헌재결 1989. 9. 8. 88 헌가 6). ii) 국회의원선거에서 유효투표총 수의 20/100 이상 득표한 경우에만 기탁금을 반환하도록 한 선거법 제57조 제1항 제1호는 피선거권의 과잉제한으로서 위헌이다(헌재결 2001. 7. 19. 2000 헌마 91 등).
   현행선거법에서는 지역구국회의원의 경우 후보자의 득표수가 유효투표총수의 10/100 이상 15/100 미만인 경우에는 기탁금의 50/100에 해당하는 금액을, 그리고 유효투표총수의 10/100 미만인 때와 비례대표국회의원의 경우 당해 후보자명부의 후보자 중 당선인이 없는 때에는 그 기탁금 전액을 국고에 귀속시키고 있다(법 제57조 제1항 제1호 및 제2호).

주요공직선거의 공영화를 위해서 매년 정당에 지급되는 국고보조금$\binom{\text{선거권자 1인}}{\text{당 계상단가}}$[1] 외에 선거$\binom{\text{대통령선거·국회의원}}{\text{선거·동시지방선거}}$가 있는 해에는 선거마다 추가보조금$\binom{\text{선거권자 1인}}{\text{당 계상단가}}$을 지급하도록 했다$\binom{\text{정자법}}{\text{제25조}}$.[2] 그리고 국회의원 또는 시·도의회의원선거가 있는 해에는 지역구에 여성후보자를 5% 이상 추천하는 정당에 여성후보보조금$\binom{\text{선거권자 1}}{\text{인당 100원}}$을 지급한다$\binom{\text{정자법}}{\text{제26조}}$.

3) 선거공영제의 한계

우리 헌법이 채택한 제한적인 선거공영제는 그 근본취지는 매우 긍정적인 것임에 틀림없다. 그러나 이것을 법률로 실현하고 구체화하는 과정에서 지나치게 엄격한 제한과 금지위주의 공영제로 변질시키는 경우에는 오히려 선거의 기능을 약화시키거나 무의미하게 할 위험성이 있다. 따라서 선거의 기능을 해치지 아니하는 범위 내에서 선거공영제가 제도화되어야 한다. 바로 이곳에 선거공영제에 관한 입법형성권의 한계가 있다. 이와 같은 관점에서 볼 때 우리의 통합선거법은 특히 선거운동관리의 원칙을 제도화하는 데 있어서 선거운동의 자유를 확대하기 위해서 포괄적 제한·금지방식을 개별적 제한·금지방식으로 바꾸고 예비후보자제도$\binom{\text{선거법 제59조 제 1 호, 제60조의}}{\text{2와 3, 제61조의 2 및 제62조}}$를 도입하는 등 입법형성권의 한계를 존중하려고 노력한 흔적이 없지 않지만 아직도 입법개선의 여지는 많다.

금지위주 공영제의 역기능과 선거법의 개선내용

3. 법   원

우리 헌법은 사법권을 법원에 맡기고 있다. 「사법권은 법관으로 구성된 법원에 속한다」$\binom{\text{제101조}}{\text{제1항}}$는 규정이 바로 그것이다. 3권분립의 원칙을 통치기구의 조

법원이 맡는 사법기능의 특성과 사법권 독립의 요건

---

1) 이 계상단가는 매년 통계청이 발표하는 물가변동률을 반영해서 결정하는데 2023년의 계상단가는 1,083원이다.

2) 정치자금법에 관해서 자세한 것은 졸고, '정치자금법의 개정을 촉구한다', 「판례월보」 1995년 12월호, 5면 이하 참조.
【결정례】 i) 정치인은 후원회를 통해서만 정치자금을 모금할 수 있게 하면서 예비후보자등록제도(선거법 제60조의 2)를 신설하여 예비후보자로 등록한 자만이 후원회를 지정할 수 있게 한 정치자금법 규정(제 5 조 제 1 항 제 4 호)은 평등의 원칙에 위배되지 않는다(헌재결 2005. 2. 3. 2004 헌마 216). ii) 대선의 당내 경선후보자나 국회의원 선거예비후보자가 당내 경선에 참여하지 않거나 정식후보등록을 하지 않아 후원회를 둘 수 있는 자격을 잃게 되면 후원회에서 후원받은 후원금 전액을 국고에 귀속시키는 정자법규정(제21조 제 3 항 제 2 호 중)은 선거의 자유를 침해하며 평등원칙에 위배된다(헌재결 2009. 12. 29. 2007 헌마 1412; 헌재결 2009. 12. 29. 2008 헌마 141). 이 위헌결정 후 2010년 후원금 전액이 아닌 잔여재산을 국고에 귀속시키도록 해당 정자법규정(제21조 제 3 항)을 개정했다.

직원리로 채택하고 있는 우리 헌법질서 내에서 사법권을 입법부와 집행부로부터 독립한 법원에 맡긴다고 하는 것은 너무나 당연한 이치이다. 그런데 사법기능의 본질적인 특성 때문에 사법기능이 그 실효성을 나타내기 위해서는 법원의 조직을 비롯해서 사법권의 독립이 실질적으로 보장되어야 한다. 그런데 사법권의 독립은 제도와 의지가 함께 상승작용을 하는 경우에만 비로소 기대될 수 있기 때문에 제도가 합리적으로 마련되어야 하고 법관도 법관으로서의 투철한 관직사명을 가지고 법적 평화와 기본권의 보호를 위해서 노력하는 진지한 자세를 가져야 한다.

I. 사법기능의 의의와 특질

정치로부터
독립된 국가
작용

사법기능은 국가의 통치기능 중에서도 합법성이 가장 중요시되는 기능으로서 일체의 정치적인 고려나 합목적성의 판단으로부터 해방되어야 하는 정치적인 무풍지대의 국가작용이다. 정치적으로 오염된 이른바 '정치적인 사법작용'은 이미 사법작용이 아니라고 평가되는 이유도 그 때문이다.

(1) 사법기능의 의의

구체적 쟁송
을 전제로 한
비정치적인
법인식기능

사법기능이란 구체적인 쟁송을 전제로 해서 신분이 독립된 법관의 재판을 통해 법을 선언함으로써 법질서의 유지와 법적 평화에 기여하는 비정치적인 법인식기능을 말한다. 우리 헌법에서 「사법권은 법관으로 구성된 법원에 속한다」는 말은 적어도 이러한 고유한 사법기능만은 법관으로 구성된 독립된 법원이 맡아야 한다는 뜻이다. 따라서 이 헌법규정은 법원이 맡는 자율입법기능과 사법행정기능 등을 배척하는 개념이 결코 아니다. 또 이 헌법규정은 법원 이외의 국가기관이 헌법에 따라 예외적으로 사법유사의 기능을 맡게 되는 것을 금지하는 내용도 아니다. 그렇기 때문에 「사법권은 … 법원에 속한다」는 말은 결코 법원만이 고유한 사법기능과 모든 사법유사의 기능을 독점한다는 뜻도 아니고 또법원은 오로지 고유한 사법기능만을 맡는다는 뜻도 아니다. 그 말은 적어도 고유한 사법기능만은 법원에 속한다는 뜻이다.[1]

'사법권은 법
원에 속한다'
의 의미

---

1) 이러한 관점에서 볼 때 사법권의 개념을 둘러싼 실질설과 형식설의 논쟁은 별로 실익이 없는 공론이라고 느껴진다. 사법권을 형식설로 이해해야만 법원이 행하는 비사법기능을 정당화시킬 수 있는 것도 아니고 또 사법권을 실질설로 해석해야만 3권분립의 의미가 살아나는 것도 아니다. '사법'이라는 말의 뜻과 법원이 맡는 '사법권'을 언제나 일치시키려는 데에서 나오는 무리한 논리의 전개라고 생각한다. 법원에 속하는 것은 고유한 사법기능이지만 다른 국가기관이 헌법에 따라 행사하는 법인식기능은 엄격한 의미에서 사법기능이 아니고 '사법유사의 기능'이

(2) 사법기능의 특질

사법기능은 구체적인 쟁송을 전제로 해서 신분이 독립된 법관의 재판을 통해 법을 선언함으로써 법질서의 유지와 법적 평화에 기여하는 비정치적인 법인식기능이기 때문에 그 기능의 전제·방법·목적·성질·효과면에서 다른 국가작용과는 다른 특질을 가지고 있다.[1] 사법기능은 입법기능 또는 집행기능과는 달라서 스스로 능동적으로 활동할 수 없는데다가 분쟁의 당사자만이 소를 제기할 수 있기 때문에 그 활동영역이 다른 국가작용에 비해서 비교적 제한되어 있다. 그럼에도 불구하고 사법기능은 그 조직과 절차의 특수성 때문에 기본권의 보호를 위해서는 매우 중요한 의미를 갖는다. 사법권에 의한 기본권의 보호가 강조되는 이유도 그 때문이다. 아무튼 사법기능은 입법·집행기능과는 구별되는 다음과 같은 특질을 가지고 있다.

기능의 전제·방법·목적·성질·효과상의 특질과 기본권보호와의 관계

1) 기능전제적 특질

사법기능은 구체적인 쟁송을 전제로 해서만 행해지는 분쟁해결의 소극적·수동적 기능이라는 점에서 다른 국가작용과 구별된다. 즉 입법기능과 집행기능이 국가의사와 국가정책을 적극적이고 능동적으로 결정하는 것과는 달리 사법기능은 그 기능의 전제가 소극적·수동적이라는 특질을 갖는다. 사법기능이 기본권보호기능을 갖는 경우에도 그것은 다른 국가작용과는 달리 사후적 보호수단이 될 수밖에 없는 이유도 사법기능의 기능전제적 특질 때문이다.

구체적 쟁송 전제한 소극적·수동적 국가작용

2) 기능방법적 특질

사법기능은 구체적인 쟁송이 있을 때 신분이 독립된 법관의 재판을 통해서 무엇이 법인가를 선언하는 방법으로 행해지는 국가작용이라는 점에서 대의적인 의사결정과정을 거쳐 법의 내용을 형성하는 입법기능과 다르고, 또 상명하복에 따라 재판을 통하지 않고 행해지는 법집행기능과도 구별된다.

독립한 신분의 법관이 법을 선언하는 국가작용

3) 기능목적적 특질

사법기능은 분쟁해결을 통해서 법질서의 유지와 법적 평화의 실현을 그

법질서 및 법적 평화유지를 직접적 목적으로 하는 국가작용

거나 '제 4 의 국가작용'(헌법재판)이다.

1) 그런데 사법기능의 여러 가지 특질적인 요소 가운데 어떤 요소를 특히 강조하느냐에 따라 사법기능의 본질에 관한 여러 가지 학설(전제설·방법설·목적설·성질설·효과설)이 논의되기도 하지만 그것은 모두 단편적인 논리에 치우친 개념법학의 산물이다.

직접적인 목적으로 하는 국가작용이라는 특징을 갖는다. 입법 및 집행기능도 공익목적을 위한 국가작용이지만 사법기능은 그 기능목적이 법질서유지와 법적 평화의 실현에만 국한되어 있기 때문에 현상유지적인 성격이 강해서 다른 국가작용처럼 개발적인 공익목적달성을 추구할 수는 없다. 사법기능의 보수성이 여기에서 나온다.

4) 기능성질적 특질

비정치적 성
질의 국가작
용

사법기능은 비정치적인 법인식기능이라는 특징을 갖는다. 입법기능은 법의 정립 내지 형성기능이고, 집행기능은 법의 집행 내지 정책형성기능인 것과 다른 점이다. 헌법재판도 본질적으로는 법인식기능이지만 그것은 합법성의 고려와 정치적인 합목적성의 고려가 함께 작용하는 정치적인 법인식기능이라는 점에서 사법기능과는 구별된다.

5) 기능효과적 특질

기본권보호효
과 나타내는
국가작용

사법기능은 그 기능의 전제·방법·목적·성질의 면에서 다른 국가작용과는 다른 특질을 가지고 있기 때문에 그 기능의 효과면에서도 독특한 특징을 나타낸다. 즉 사법기능은 다른 국가작용에 의한 기본권침해를 구제해 주는 기본권보호효과를 나타내는 것이 원칙이다. 그러나 사법기능이 제 구실을 못하는 경우에는 기본권은 오히려 사법기능에 의해서 결정적으로 침해받게 된다. 이 점이 다른 국가작용에 의한 기본권침해의 경우에 구제방법이 있는 것과 다른 점

사법권에 대한
기본권보호의
필요성과 헌법
재판의 제도적
한계

이다. 사법권에 의한 기본권보호뿐 아니라 사법권에 대한 기본권보호가 함께 강조되는 이유가 그 때문이다. 헌법재판에 의한 최후의 구제방법이 제한적으로 마련되어 있다고 하더라도 법원의 사법기능이 헌법소원의 대상에서 제외된 우리의 헌법재판제도하에서는 별로 실효성을 기대할 수 없다고 할 것이다. 그러나 사법기능이 제 구실을 하는 경우 사법기능은 다른 국가작용에 대한 권력통제적 효과를 나타내고 기본권을 실현하며 법적 정의를 활성화시켜 사회를 평화로운 생활터전으로 만드는 중요한 효과를 가져온다.

Ⅱ. 사법기능의 범위와 한계

(1) 사법기능의 범위

고유한 사법
기능과 사법

우리 헌법은 사법기능을 법관으로 구성된 법원에 맡기고 있기 때문에 적

어도 법원이 행사할 수 있는 사법기능의 범위가 특별히 문제되지는 않는다. 다만 우리 헌법은 고유한 사법기능과는 구별되는 사법유사의 기능을 법원 이외의 다른 국가기관에 맡기고 있기 때문에 그러한 사법유사의 기능은 마땅히 법원이 행사하는 사법기능의 범위에는 포함되지 않는다. 헌법재판소의 권한으로 되어 있는 헌법재판사항(제111조), 집행부에 속하는 행정심판사항(제107조), 특별법원인 군사법원의 심판사항(제110조, 제27), 국회의 자율권에 속하는 의원징계사항(제64조 제 2항과 제 4 항), 대통령에게 부여된 은사에 관한 사항(제79조) 등이 바로 그것이다.

유사의 기능의 구별

그러나 또 한편 우리 헌법은 법원으로 하여금 고유한 사법기능 이외에도 일부 사법유사의 기능도 함께 맡도록 하고 있는데 헌법재판기능 중에서 법률에 대한 위헌심사권(제107조 제 1 항과 제111조 제 1 항 제 1 호)과 명령·규칙에 대한 규범통제권(제107조 제 2 항)이 여기에 속한다. 또 선거법(제222조~제229조)에 의해서 각종 선거소송사건도 법원의 관할로 되어 있다. 따라서 법원에 속하는 사법기능에는 민사·형사·가사·행정·특허재판기능 등 고유한 사법기능과 헌법과 법률에 의해서 특별히 법원에 속하게 된 사법유사의 기능이 포함된다.

법원이 맡는 고유한 사법 기능과 사법 유사의 기능

1) 법원에 속하는 고유한 사법기능

법원에 속하는 고유한 사법기능으로는 민사·형사·가사·행정·특허재판기능을 들 수 있다.

민사·형사· 가사·행정· 특허재판

㈎ 민사재판기능

민사재판기능이란 사인 간의 재산관계와 신분관계에 관한 분쟁을 해결하기 위한 사법기능을 말한다. 민사소송의 중심적인 부분은 재판절차이지만 강제집행절차도 넓은 의미의 민사소송에 포함된다. 또 넓은 의미의 민사소송에는 통상절차 외에도 특별절차(가사소송·독촉절차·집행보전절차·공시최고절차·파산절차 등)와 등기·경매 등도 포함된다.

사인 간의 사 생활적 분쟁 해결

㈏ 형사재판기능

형사재판기능이란 국가가 소추한 범죄인을 대상으로 유죄 여부를 가려 그 형량을 정하는 사법기능을 말한다. 형사소송에는 수사·공판·집행절차가 모두 포함되지만 법원의 사법기능영역은 주로 공판절차이다. 그러나 넓은 의미의 형사소송에는 수사단계에서의 영장발부·약식절차·즉심절차 등이 모두 포함된다.

소추된 범죄 인의 유·무죄 및 형량결정

㈐ 가사재판기능

가사재판기능이란 주로 신분법분야에서 발생하는 가사에 관한 분쟁(혼인·이혼·인지·입양·친생자관계·파양·가사비송(家事非訟) 등)을 해결하기 위한 사법기능을 말한다. 가사에 관한 소송도 성질상 민사소송의 유형에 속하지만 그 분쟁의 특수성을 고려해서 그 소송절차

가사에 관한 분쟁해결

는 가사소송법이 따로 정하고 가사사건의 심리와 재판은 가정법원의 전속관할
로 하고 있다.

㈃ 행정재판기능

행정작용에
관한 법적 분
쟁해결

행정재판기능이란 행정작용에 관한 법적 분쟁을 해결하기 위한 사법기능
을 말한다. 즉 행정청의 위법한 처분 또는 공권력의 행사·불행사 등으로 인한
국민의 권리·이익의 침해, 기타 공법상의 권리관계 또는 법적용에 관한 분쟁을
해결하기 위한 사법기능이 바로 행정재판이다. 우리나라는 종래 이러한 행정재

사법형, 절차
상의 특성, 종
류

판기능도 일반법원에 맡기는 영미의 사법형제도에 따라왔기 때문에 유럽대륙의
행정형제도에서처럼 행정법원이라는 특수법원을 설치하지 않고 있다. 다만 행
정재판기능의 특수성을 감안해서 대법원 산하에 행정사건을 관할하는 제 1 심법
원으로 행정법원을 두고 있으며$\binom{법조법 제}{40조의 4}$ 선택적 행정심판전치주의$\binom{법}{제18조}$와 제소
기간의 제한$\binom{법}{제20조}$ 그리고 직권심리주의$\binom{법}{제26조}$ 등을 통해서 민사소송과의 차이
점을 재판절차에 반영하고 있다. 행정소송에는 항고소송$\binom{취소소송, 무효 등 확인소}{송, 부작위위법확인소송}$·당
사자소송·민중소송·기관소송 등 네 가지 종류가 있다$\binom{법 제 3 조}{와 제 4 조}$.

1998년부터
달라진 행정
재판: 행정법
원신설·3심제·
임의적 전치
절차·제소기
간변경

즉 사법제도개혁의 일환으로 행정재판제도가 1998년 3월 1일부터는 획기
적으로 바뀌었다. 즉 1998년 3월 1일부터는 지방법원급의 전문적인 행정법원을
따로 설치해서$\binom{법조법}{제 3 조}$ 행정소송법에 의한 행정소송사건을 제 1 심으로 심판하도
록 함으로써 행정소송도 3심제로 바뀌었다. 국민의 권리구제가 한층 더 강화된
셈이다. 그리고 행정심판전치주의도 임의적 전치주의로 바뀌어 당사자의 자유
로운 선택에 따라 행정심판을 거치지 아니하고도 직접 행정소송을 제기할 수
있도록 했다$\binom{행소법}{제18조}$.[1] 행정심판의 임의적 전치화에 따라 취소소송의 제소기간도
처분 등이 있음을 안 날로부터 90일 이내에 제기하도록 고쳤다$\binom{행소법}{제20조}$. 이 때
취소소송의 제 1 심관할법원은 피고의 소재지를 관할하는 행정법원으로 하지만,
중앙행정기관 또는 그 장이 피고인 경우에는 대법원소재지의 행정법원이 관할

---

1) 따라서 국가공무원법(제16조 제 2 항)이 공무원의 인사상 불이익처분에 관한 행정소송은 먼저
소청심사위원회의 심사·결정을 거치도록 한 것은 개별법률이 정한 예외규정이라고 할 것이다.
그러나 그러한 예외규정의 타당성에는 의문의 여지가 많다.
【결정례】 그리고 행정심판에서는 판단기관의 독립성·공정성, 대심적 심리구조, 당사자의 절
차적 권리보장 등의 사법절차적 요소를 갖추라고 하는 것이 헌법 제107조 제 3 항의 취지이다
(헌재결 2000. 6. 1. 98 헌바 8).
【판시】 지방세부과처분에 대해 이의신청과 심사청구의 이중의 행정심판을 필요적으로 거치게
하면서도 사법절차를 준용하지 않는 것은 헌법 제107조 제 3 항에 위반된다. 또 무조건적으로
이중의 행정심판절차를 거치지 않고는 행정소송을 제기할 수 없게 제약하는 것은 사법적 권리
구제를 부당히 방해하는 것이어서 재판청구권을 침해한다(헌재결 2001. 6. 28. 2000 헌바 30,
헌재공보 58, 69(74면)).

기관이 된다. 그리고 부동산 또는 특정의 장소에 관계되는 처분 등에 대한 행정소송은 그 부동산소재지 또는 장소소재지를 관할하는 행정법원에 제기할 수 있게 된다(행소법).

㈒ 회생재판기능

회생재판기능이란 기업과 개인의 회생 및 파산사건만을 전문적으로 다루는 사법기능을 말한다. 세계적인 금융위기 이후 경기불황으로 한계기업이 늘어나고 가계부채가 증가하면서 어려움을 겪는 채무자에 대한 구조조정의 필요성이 커졌다. 그래서 채무자 회생 및 파산에 관한 법률이 제정·시행되고 있는 상황에서 이 법률을 적용하는 도산사건 재판에서 재판기관 구성원 모두의 전문성을 높이는 것은 도산사건에 대한 재판의 공정성과 형평성 및 신뢰성을 높이는 일이다. 그것은 결과적으로 도산사건 재판의 예측가능성을 높이게 되어 재판수요자가 법원의 재판을 믿고 법원에 더 가까이 다가갈 수 있게 되어 국민의 재판받을 권리를 실현하는 길이기도 하다. 회생법원이 생기기 전에는 도산사건은 서울중앙지방법원 등 전국 9개 지방법원의 파산부가 맡아 재판했었는데 전문성의 면에서 아쉬움이 컸다. 다행히 도산사건에 대한 전문법원인 회생법원이 생김으로써 부실기업에 대한 효율적인 구조조정과 가계부채로 시달리는 서민을 구제할 수 있도록 신속하고 효율적인 재판이 가능하게 되었다. 회생법원은 기업이나 개인회생 및 파산사건 뿐 아니라 외국도산절차의 승인 및 지원과 관련한 국제도산사건재판도 관할하게 될 것이다.

> 2017년 신설된 개인과 기업의 도산사건 전문 심판

㈓ 특허재판기능

특허재판기능이란 특허법·실용신안법·디자인보호법·상표법 등 산업재산권에 관한 법률영역에서 발생하는 법적 분쟁을 해결하기 위한 사법기능을 말한다. 산업재산권의 재산권적 가치가 날로 더해가고, 그에 관한 법적 분쟁도 점점 늘어나는 오늘날의 산업·기술사회에서 특허재판은 산업 및 과학기술의 발전에 매우 큰 영향을 미친다. 특허재판이 단지 분쟁을 해결하는 쟁송제도의 일종으로만 평가될 수 없는 이유도 그 때문이다.

> 산업재산권의 법적 분쟁해결

과거 우리의 특허심판제도는 특허청의 심판과 항고심판을 받은 다음에 대법원의 법률심만 받는 3단계의 특허쟁송심급구조로 되어 있었다.[1] 그러나 이러한 특허쟁송심급구조가 1998년 3월 1일부터는 크게 달라졌다. 즉 법원조직법은

> 과거의 특허 심판제도

> 1998년부터 달라진 특허 재판: 특허법 원 신설·2심 제·기술심리 관제

---

[1] **【결정례】** 헌재는 특허법이 정하는 이러한 특허쟁송절차에 대해서 헌법불합치결정을 하면서 이 제도는 1998. 3. 1.까지만 유효하도록 했다. 헌재결 1995. 9. 28. 92 헌가 11, 93 헌가 8·9·10(병합) 참조.

특허재판을 전담하는 고등법원급의 전문적인 특허법원을 따로 설치해서 특허재판의 제 1 심사건을 관할하게 했다. 그리고 특허재판이 갖는 기술적 특성을 감안해서 특허법원에는 기술심리관을 두어 특허·실용신안·디자인보호에 관한 특허재판절차의 심리에 참여하게 함으로써 특허재판의 전문성을 높이도록 했다.

2) 법원에 속하는 사법유사의 기능

규범통제·선거소송 및 기관소송심판

법원에 속하는 사법유사의 기능에는 법률에 대한 위헌심사권과 명령·규칙에 대한 위헌·위법심사권 그리고 대통령선거와 국회의원선거 그리고 지방자치를 위한 선거에 관한 소송의 심판권과 지방자치법상의 기관소송의 심판권 등이 있다.[1]

㈎ 법률에 대한 위헌심사권

관할분리제에 따른 구체적 규범통제

법원은 그 사법기능을 수행함에 있어서 법률이 헌법에 위반되는 여부가 재판의 전제가 된 경우에는 직권 또는 소송당사자의 신청에 의하여 그 법률의 위헌 여부를 심사하고 위헌으로 판단될 때에는 재판을 정지하고 헌법재판소에 그 법률에 대한 위헌 여부의 심판을 제청하여 그 심판에 의하여 재판한다(제107조 제 1 항; 헌재법 제41조~제43조). 이른바 법률에 대한 구체적 규범통제에 관한 법원의 기능인데, 우리 헌법은 규범통제의 제도를 마련함에 있어서 관할분리제를 채택했기 때문에 법원에는 법률에 대한 위헌심사권과 합헌결정권만을 주고 법률에 대한 위헌결정권은 헌법재판소에 독점시키고 있다. 이 점은 헌법재판을 논하는 자리에서 자세히 설명한 바 있다.

㈏ 명령·규칙에 대한 위헌·위법심사권

대법원이 최종심판권 갖는 구체적 규범통제

법원은 명령·규칙이 헌법이나 법률에 위반되는 여부가 재판의 전제가 된 때에는 독자적으로 그에 대한 심판권을 갖고, 위헌·위법으로 판단되는 명령과 규칙의 적용을 거부할 수 있다(제107조 제 2 항). 다만 우리 헌법은 명령·규칙에 대한 위헌·위법심사권에 관해서 그 최종적인 심판권만은 최고법원인 대법원의 권한으로 하고 있기 때문에 하급법원에서 명령·규칙이 위헌·위법으로 적용이 거부된 사건은 반드시 대법원까지 상소할 수 있는 제도적 장치가 마련되어야만 한다.

---

1) 법원조직법(제 2 조 제 3 항)에 의해서 법원이 관장하는 등기·가족관계등록·공탁·집행관·법무사에 관한 사무와 비송사건절차법에 따른 비송사건도 사법유사의 기능이다.
【결정례】 파산절차는 전형적인 소송절차가 아니어서 사법의 본질적 사항은 아니므로 공적자금이 지원된 금융기관이 파산한 경우 5년간 한시적으로 법원이 의무적으로 예금보험공사를 파산관재인으로 선임하게 한 것은 법원의 재량을 제한한 것이지 사법권을 침해한 것이 아니다. 또 예보를 파산관재인으로 선임해도 채권자간 또는 파산관재인 사이에 불합리한 차별이 아니며 적법절차원리에 위배되지 않는다(헌재결 2001. 3. 15. 2001 헌가 1 등(병합)).

법원조직법($^{제7조}_{제1항}$)에서 대법원에서의 명령·규칙의 위헌·위법심판사건은 반드시 대법관전원의 합의체($^{대법관\ 2/3의\ 출석과\ 출석대}_{법관\ 과반수\ 찬성으로\ 결정}$)에서 다루도록 규정하고 있는 이유도 그 때문이라고 생각한다. 우리 헌법이 이처럼 법률에 대한 규범통제와 명령·규칙에 대한 규범통제를 다르게 규정하고 있는 이유는 규범의 단계구조에 입각해서 대의민주주의원칙도 존중하면서 3권분립이 요구하는 권력간의 견제·균형의 정신도 충분히 살리려는 취지 때문이라고 볼 수 있다.

㈐ 선거에 관한 소송의 심판권

우리 선거법($^{제222조\ 및}_{제223조}$)과 지방교육자치법($^{제49조와}_{제57조}$)은 대통령과 국회의원 그리고 시·도지사 및 교육감 선거에 관한 소송의 심판권을 대법원에 맡기고 있기 때문에 대법원은 이 네 선거에 관한 선거소송과 당선소송의 심판권을 행사한다. 선거에 관한 소송의 심판은 그 본질면에서 헌법재판의 유형에 속하는 것이기 때문에 헌법재판제도가 확립된 나라에서는 헌법재판기관에게 맡기는 것이 원칙인데, 우리나라는 이를 대법원의 전속관할사항으로 정하고 있다. 다만 지방자치를 위한 지방의회의원선거와 기초지방자치단체장의 선거에 관한 소송과 교육위원의 선거에 관한 소송의 심판권은 선거구를 관할하는 고등법원이 갖도록 했다($^{선거법\ 제222조\ 및\ 제223조;}_{지교자법\ 제57조\ 및\ 제49조}$).

대통령, 국회 의원, 시·도 지사 및 교육 감 선거에 관 한 소송심판 (대법원)과 기 타 선거에 관 한 소송심판 (고등법원)

㈑ 지방자치법상의 기관소송의 심판권

우리 지방자치법은 기관소송의 심판권을 대법원에 맡기고 있다. 즉 자치사무에 관한 지방자치단체의 장의 명령이나 처분이 감독기관의 감독권행사에 의해서 취소 또는 정지된 경우 이의가 있는 때에는 지방자치단체의 장은 그 취소 또는 정지처분을 통보받은 날로부터 15일 이내에 대법원에 소를 제기할 수 있다($^{지자법\ 제169}_{조\ 제2항}$). 또 지방의회가 재의결한 사항이 법령에 위반된다고 판단하는 지방자치단체의 장은 재의결된 날로부터 20일 이내에 대법원에 소를 제기할 수 있는데, 이 경우 필요하다고 인정되는 때에는 그 의결의 집행을 정지하게 하는 집행정지결정을 신청할 수 있다($^{지자법\ 제172}_{조\ 제3항}$).[1] 이 때 지방자치단체의 장이 제소하지 않으면 주무부장관 또는 시·도지사가 직접 대법원에 제소하고 집행정지결정을 신청할 수도 있다($^{지자법\ 제172}_{조\ 제4항}$). 그 밖에도 지방자치단체의 장은 주무부장관 또는 시·도지사로부터 직무이행명령을 받은 경우 그 이행명령에

지방자치단체 와 감독기관 및 지방의회 와 지방자치 단체장 간의 기관소송심판 (대법원)

---

1)【판결례】 i) 청주시가 청주시의회의 조례안(행정정보공개조례) 재의결취소청구소송을 대법원에 낸 것이 그 예이다(대법원 1992. 6. 23. 선고 92 추 17 판결). 앞 914면 각주 3) 참조. ii) 그 밖에도 완주군의회 회의규칙 중 개정규칙재의결취소청구소송(대법원 1993. 2. 26. 선고 92 추 109 판결) 참조. iii) 그 외에도 충남도 및 서울특별시의회의 조례제정에 관한 기관소송사건(대법원 1995. 6. 30. 선고 93 추 52·113 판결) 참조.

이의가 있으면 15일 이내에 대법원에 소를 제기하고 이행명령의 집행정지결정을 신청할 수 있다(지자법
제170조).

(2) 사법기능의 한계

규범적·헌법
이론상의 한
계

법원이 그에게 주어진 고유한 사법기능과 사법유사의 기능을 수행하는 데 있어서 어떤 제약을 받는가를 검토하는 것이 바로 사법기능의 한계의 문제이다. 그런데 사법기능이 헌법의 명문규정이나 국제법상의 확립된 관행에 의해서 제약을 받는 것은 의문의 여지가 없다. 따라서 사법기능의 한계가 주로 문제되는 것은 그와 같은 규범적 한계 이외에 헌법이론상 또 다른 한계를 인정할 수 있겠는가 하는 점이다.

1) 사법기능의 규범적 한계

헌법 및 국제
법상의 한계

사법기능은 헌법과 국제법에 의한 일정한 제약을 받는다.

㈎ 헌법상의 한계

a) 소극적 한계

헌법재판소
및 군사법원
의 재판권에
의한 제약

사법기능은 헌법에 의해서 법원에 속하게 된 고유한 사법기능과 사법유사의 기능에 국한되기 때문에 그 이외의 사법유사기능을 수행할 수 없다는 소극적 한계가 있다. 우리 헌법(제111조
제 1 항)이 명문으로 헌법재판소의 관할사항으로 지정하고 있는 헌법재판기능(법률의 위헌심판, 탄핵심판, 위헌정당해
산심판, 권한쟁의심판, 헌법소원심판)이 사법기능의 소극적 한계가 되는 것은 물론이다. 또 사법기능은 헌법(제27조 제 2 항과 제110조
제 4 항, 제77조 제 3 항)과 법률(군사법원법·
군형법·군사기밀보호법·
계엄법·)에 의한 군사법원의 재판권 때문에도 제약을 받는데, 특히 비상계엄하에서는 군사법원의 단심재판이 허용되는 범위 내에서는(사형선고를 제외한 군인·군무
원의 범죄, 군사에 관한 간첩
죄, 초병·초소·유독음식물공급 및
포로에 관한 죄 중 법률이 정한 경우) 대법원의 사법기능마저도 제약을 받는다(제110조
제 4 항).

b) 적극적 한계

국회의 의원
신분자율권에
의한 제약

헌법이 명문으로 사법적 통제를 배제하고 있는 사항은 사법기능의 적극적 한계가 된다. 우리 헌법이 국회의 자율기능으로 규정하고 있는 의원의 자격심사와 징계 및 제명결정에 대해서는 법원에 제소할 수 없도록(제64조 제 2
항~제 4 항) 명시하고 있는 것이 바로 그것이다.

㈏ 국제법상의 한계

치외법권 법
리에 의한 제
약

국제법상 확립된 치외법권의 이론에 따라 외교특권을 누리는 국내체류 외국인에 대해서는 우리의 사법기능이 미치지 아니한다. 외국의 원수와 그 가족 및 수행원, 외교사절과 그 가족 및 직원, 정박중인 외국군함의 승무원, 국내주

둔외국군인 등이 여기에 속한다.

2) 사법기능의 헌법이론적 한계

사법기능의 헌법이론적 한계에서는 사법기능의 특질에서 나오는 사법본질적 한계와 기타 헌법정책적 내지 법리적 한계가 논의의 대상이 되고 있다.

(개) 사법본질적 한계

사법기능은 구체적인 쟁송을 전제로 해서 신분이 독립한 법관의 재판을 통해 법을 선언함으로써 법질서의 유지와 법적 평화에 기여하는 비정치적인 법인식기능이라는 특질을 가지고 있기 때문에 언제나 구체적인 쟁송을 전제로 해서(사건성), 소를 제기한 정당한 당사자(당사자적격)가 그 소송에 의해서 실질적인 이익을 얻을 수 있는 경우에만(소의 이익) 현실적으로 발생한 급박한 사건만을 그 대상으로(사건의 성숙성) 하여야 한다. 따라서 i) 구체적인 쟁송이 없거나(사건성의 결핍), ii) 소송의 정당한 당사자가 아니거나(당사자부적격), iii) 소송에 의해서 얻을 실질적인 이익이 없거나(소의 이익부존재), iv) 추상적이고 잠재적인 사건에 불과하거나(사건의 미성숙성) 하는 경우에는 사법기능은 행해지지 아니한다. 이처럼 사건성·당사자적격·소의 이익·사건의 성숙성을 사법기능을 정당화시켜 주는 불가결한 전제조건이라고 볼 때 이들 전제조건을 갖추지 아니한 사건에 대해서는 사법기능이 미치지 아니한다. 이것을 사법기능의 사법본질적 한계라고 말하며 오늘날 서구선진국에서는 물론이고 우리나라에서도 학설·판례가 대체로 이를 긍정하고 있다.

(나) 헌법정책적 내지 법리적 한계

사법기능의 한계에서 가장 심각한 논란의 대상이 되는 것이 바로 헌법정책적 내지 법리적 한계의 문제이다. 그 중에서도 특별히 다투어지고 있는 문제는 이른바 통치행위, 국회의 자율기능에 속하는 사항, 집행부의 자유재량행위, 특수한 신분관계에서의 행위 등이 법원에 의한 사법적 심사의 대상이 될 수 있는가 하는 점이다. 또 법원의 행정재판권에 행정관청을 대신하는 적극적 형성재판권까지도 포함되는가 하는 것도 다투어지고 있다.

a) 통치행위

α) 통치행위의 개념

통치행위란 고도의 정치결단적 국정행위를 말한다. 그런데 통치행위라는 말은 연혁적으로 군주대권·국왕면책론·의회주권·3권분립 등 다양한 이념과 사상을 바탕으로 오랜 시일에 걸쳐 학문적으로 확립된 개념이기 때문에 나라에 따라 그 내용이 반드시 일치하는 것은 아니다. 통치행위에 관한 일반론의 한계가 바로 여기에서 나온다. 다만 통치행위의 개념과 관련해서 최근의 서구선진국 경향은 통치행위와 정치문제(political question)를 구별해서, 통치행위는 행위의 주체를 강조하려는 경우에 국한하고 행위의 주체보다는 그 행위의 내용을 강조하려는 경우에는 정치문제라는 개념을 더 많이 사용하고 있다. 이러한 구별의 실익은 통치행위의 개념을 되도록 좁게 이해함으로써 국가의 원수 내지 국정의 최고책임자가 행하는 최고의 정치결단적 국정행위만을 통치행위로 평가해서 그에 대한 사법적 통제를 배제하고, 다른 통치기관이 행하는 정치적인 내용의 국정행위는 되도록이면 사법적 통제의 대상에 포함시키려는 데 있다. 즉 통치행위에 대한 사법기능의 한계를 줄여 나가려는 노력의 한 표현이라고 할 것이다.

β) 통치행위에 대한 사법적 통제

통치행위가 법원에 의한 사법적 심사의 대상이 될 수 있는가에 대해서는 긍정설과 부정설이 대립되고 있다.

① 긍 정 설   긍정설은 통치행위도 마땅히 법원에 의한 사법적 심사의 대상이 되어야 한다고 한다. 긍정설의 논거는 크게 두 가지로 갈라지는데, 하나는 통치행위라는 개념 자체를 부인하는 입장이고, 또 하나는 통치행위라는 개념 자체는 인정하지만 사법적 심사의 대상이 될 수 없는 국가작용은 원칙적으로 존재하지 않는다는 것이다. 이 입장에서는 통치행위에 대한 사법적 심사와 일반국정행위에 대한 사법적 심사는 다만 그 심사의 기준과 방법만을 달리하는 것이라고 한다.

② 부 정 설   부정설에 따르면 통치행위는 법원에 의한 사법적 심사에 적당치 않은 고도의 정치결단적인 국정행위이기 때문에 법원의 심사대상이 될 수 없다고 한다. 부정설은 그 논증방법을 달리하는 두 가지 학설로 갈라지는데 논리적 부정설과 정책적 부정설이 바로 그것이다. 논리적 부정설은 통치행위가 사법적 심사의 대상이 될 수 없다는 것은 통치기구의 여러 가지 조직원리에서 나오는 당연한 논리적인 귀결이라고 주장한다. 즉 통치기구의 조직원리에 속하는 대의민주주의와 권력분립의 정신에 비추어 보거나 자유민주적 통치구조의 근본이념이라고 볼 수 있는 통치권의 민주적 정당성의 관점에서 볼 때 정치적인 결단이나 정책형성은 민주적 정당성에 바탕을 두고 활동하는 대통령과 국회의 정치적인 자유재량행위이기 때문에 민주적 정당성이 제일 취약하다고 볼 수 있는 법원이 그에 대한 심사를 하는 것은 옳지 않다는 것이

(왼쪽 여백 주석)
통치행위와 정치문제의 구별 및 그 실익

긍정설과 부정설

논거의 두 유형: 개념부인설과 포괄심사설

논거의 두 유형: 논리적 부정설과 정책적 부정설(사법적 자제설)

다.[1] 이에 반해서 정책적 부정설에 따르면 통치행위도 원칙적으로 사법적 심사의 대상이 되어야 하지만 통치행위에 대한 사법적 심사가 오히려 사법의 정치화를 초래해 사법권의 독립을 약화시키는 부정적 결과를 가져올 위험성이 있기 때문에 사법부 스스로가 통치행위에 대한 심사를 자제하여야 한다고 한다. 정책적 부정설이 사법적 자제설(judicial self-restraint)로 불려지는 이유도 그 때문이다.

③ **비판 및 사견**　　통치행위가 사법심사의 대상이 되는가에 관한 논리적 부정설은 헌법을 지나치게 미시적으로 관찰하고 헌법의 본질을 오해한 데에서 나온 단편적인 주장이라는 비판을 면할 길이 없다. 헌법의 통일성을 존중하고 헌법의 본질에 입각해서 우리 헌법을 종합적으로 해석하는 경우 모든 국가작용은 그것이 누구에 의해서 행해지든 결코 자기목적적인 작용일 수가 없고 반드시 기본권적 가치를 실현하기 위한 수단으로서의 성질을 갖는다는 점을 잊어서는 아니된다. 따라서 비록 통치행위 또는 정치행위라는 이름으로 행해지는 국가작용이라 하더라도 그것이 국민의 기본권을 침해한 경우에는 마땅히 사법적 심사의 대상이 되어야 한다. 그렇기 때문에 통치행위가 구체적인 쟁송의 대상이 된 경우에는 법원은 그에 대한 재판을 거부할 수 없다고 할 것이다. 통치행위를 이유로 사법적 심사를 거부해 온 우리 대법원의 태도[2]는 반드시 시정되어야 한다. 다만 국민의 입장에서 법원이 통치행위에 대한 사법적 심사를 기피하고 있는 상황 아래서는 현실적으로 통치행위에 의한 기본권침해에 대해서 법원의 사법적 심사를 구하기보다는 헌법소원을 통해 직접 헌법재판소에 그 권리구제를 청구하는 방법도 고려해 볼 수 있다. 헌법재판의 본질상 통치행위는 마땅히 헌법재판의 대상이 되기 때문이다.[3]

다만 통치행위 중에서 대통령이 국가의 원수 또는 국정의 최고책임자로서의 지위에서 행하는 고도의 정치적 결단에 속한다고 볼 수 있는 국정행위(예컨대 외교행위, 중요정책의 국민투표부의행위, 헌법개정발의행위, 법률안에 대한 거부권행사, 헌법기관구성행위, 은사행위 등)로서 국민의 기본권침해와 직접적인 관련이 없고 그 행위에 대한 정치적 통제(직접민주주의적 또는 대의적 통제)수단이 따로 마련되어 있는 경우에는 법원은 그러한 행위에 대한 사법적 심사를 스스로 자제하는 것도

(우측 난외 주석)
논리적 부정설의 부당성

통치행위도 기본권적 가치실현수단, 기본권침해 통치행위는 사법심사 대상

대법원의 소극적 입장과 헌법소원의 활용 가능성

사법적 자제 허용되는 예외의 경우

---

1) 국내 일부학자들은 논리적 부정설을 일본문헌에 따라 다시 내재적 한계(제약)설, 권력분립설, 자유재량행위설, 통치행위독자성설 등으로 구분해서 설명하고 있지만 그 내용이 서로 중복될 수밖에 없어 별로 실익이 없다고 생각한다. 중요한 것은 학설의 명칭이 아니라 학설의 내용이기 때문이다.
2) 예컨대 대법원 1964. 7. 21. 선고 64 초 6 판결(재정신청); 대법원 1981. 1. 23. 선고 80 도 2756 판결; 대법원 1981. 2. 10. 선고 80 도 3147 판결; 대법원 1981. 4. 28. 선고 81 도 874 판결; 대법원 1981. 9. 22. 선고 81 도 1833 판결.
3) 동지: 헌재결 1996. 2. 29. 93 헌마 186.

헌법의 규범조화적 실현을 위해서 허용된다고 할 것이다.[1]

이렇게 볼 때 원칙적으로 통치행위라는 개념을 인정하는 바탕 위에서 통치행위에 대한 사법적 심사를 긍정하는 긍정설이 옳지만, 기본권침해와는 무관한 통치행위의 영역에서는 사법적 자제설도 충분한 설득력을 갖는다고 생각한다.

b) 국회의 자율기능과 사법적 심사

부정설의 내용 및 신분자율권에 대한 사법심사 배제규정

국회가 헌법에 따라 그 자율기능의 테두리 내에서 행하는 행위가 사법적 심사의 대상이 되는가에 관해서도 다툼이 있어 왔지만 종래 부정설이 지배적이었다. 즉 국회가 행하는 신분자율권·조직자율권·의사자율권의 행사는 국회의 독자적인 자율의 영역을 뜻하기 때문에 사법부가 그 당·부당을 가릴 문제가 아니라고 한다. 또 우리 헌법은 국회가 행하는 의원의 자격심사와 징계 및 제명결정에 대해서는 법원에 제소할 수 없게 함으로써 부분적으로 국회의 신분자율권에 대한 사법기능의 적극적 한계를 명문화하고 있다. 그러나 독일에서는

독일의 판례는 제한긍정설

국회의 자율기능도 경우에 따라서는 사법적 심사, 특히 헌법재판의 대상이 될 수 있다는 주장이 강력히 대두되고 있다. 즉 국회의 의사자율권은 존중되어야 하지만, 명백하고 현저한 의사절차적인 잘못이 있고 그것이 국회의 의사결정에 직접적인 영향을 미쳤다고 인정할 만한 충분한 근거가 있는 경우에는 헌법재판의 과정에서 그에 대한 심사가 가능하다고 한다.[2] 우리 헌법재판소도 입법절차의 하자에 대하여 심판권을 행사하고 있다.[3]

c) 집행부의 자유재량행위와 사법적 심사

긍정설이 지배적

고전적 행정법이론에서는 행정행위를 기속행위와 재량행위로 나누고, 재량행위는 다시 기속재량행위와 자유재량행위로 구분해서 자유재량행위에 대한 사법적 심사를 부정하려는 경향을 보여왔다. 그러나 현대의 행정법이론에서는 행정관청의 완전한 자유재량행위를 인정하지 않으려는 경향이 강해졌을 뿐 아니라 설령 자유재량행위가 존재한다 하더라도 재량권의 일탈 내지 남용은 합리적인 재량권의 행사라고 볼 수 없기 때문에 사법적 심사의 대상이 되어야 한다고 하는 것이 지배적인 견해이다.[4]

---

1) 우리 헌재도 이러한 입장을 취하고 있는 것으로 보인다.
　【결정례】 국군의 이라크파병결정은 고도의 정치적 결단이 요구되는 사안으로서 대의기관인 대통령과 국회의 헌법과 법률에 따른 결단은 가급적 존중되어야 하기 때문에 사법적 기준만으로 이를 심판하는 것은 자제되어야 한다(헌재결 2004. 4. 29. 2003 헌마 814).

2) Vgl. BVerfGE 62, 1; 80, 188.

3) 헌재결 1997. 1. 16. 92 헌바 6 등; 헌재결 1998. 8. 27. 97 헌마 8 등; 헌재결 1997. 7. 16. 96 헌라 2 참조.

4) 우리 대법원도 이 입장을 취하고 있다고 볼 수 있다.

d) 특수한 신분관계에서의 행위와 사법적 심사

고전적 특별권력관계이론에 따라 특별권력관계를 기본권보호의 사각지대로 이해하고 특별권력관계에서는 법률에 의한 기본권제한의 원칙이 적용되지 않는다고 생각하던 시대에는 특별권력관계에서 이루어진 일은 사법적 심사의 대상이 되지 않는다고 주장되어 왔다. 그러나 근대적 특별권력관계이론에서는 적어도 특별권력관계의 설정·변경·존속에 직접적인 영향을 미치는 기본관계에서 이루어진 공권력작용만은 사법적 심사의 대상이 된다는 방향으로 그 인식이 바뀌었다. 그리고 현대적 특별권력관계이론에서는 특수한 신분관계에서의 행위라고 해서 당연히 사법적 심사의 대상에서 제외되는 것은 아니라는 주장이 지배적인 이론으로 굳어지고 있다.[1]

특별권력관계 이론의 변천에 따라 긍정설이 지배적

e) 행정청의 부작위나 거부처분과 사법적 심사

법원의 행정재판기능 중에 행정관청의 처분을 취소하거나 그 무효를 확인하고 행정관청의 부작위에 대해서 그 위법을 확인하는 판결 외에, 법원이 행정관청을 대신해서 직접 구체적인 처분을 하거나 어떤 구체적인 처분을 명하는 적극적 형성판결(의무이행판결)에 관한 권한까지도 포함되는가에 대해서는 다툼이 있지만 행정소송법에서 이를 명시적으로 인정하지 않는 한 해석을 통해서 의무이행소송을 인정하는 것은 권력분립원칙상 타당하지 않으므로 부정설이 옳다고 생각한다. 사법기능은 어디까지나 사법기능으로 머무는 경우에 가장 강력한 힘을 나타낼 수 있기 때문이다. 우리 헌법상의 통치구조하에서는 사법기능이 집행기능을 대신하는 형태의 권리구제는 제도적으로 낯설다. 그렇지만 의무이행소송을 제도적으로 도입하는 것이 국민의 권리구제와 행정권의 통제를 위해서 바람직한 것은 의문의 여지가 없다.

적극적 형성 판결권 부정의 타당성

Ⅲ. 사법권의 독립

사법기능은 구체적인 쟁송을 전제로 해서 신분이 독립된 법관의 재판을 통해 법을 선언함으로써 법질서의 유지와 법적 평화에 기여하는 비정치적인 법인식기능이기 때문에 사법부의 조직 및 기능상의 독립이 절대적으로 필요하다. 그뿐 아니라 법관의 신분보장도 사법권의 독립을 위한 불가결한 요소이다.

사법부의 조직 및 기능상의 독립

예컨대 대법원 1967. 11. 18. 선고 62 누 139 판결; 대법원 1960. 10. 31. 선고 4292 행상 9 판결.
1) 특별권력관계에 관해서 자세한 것은 졸저, 전게서, 방주 674 참조.

(1) 사법권독립의 의의와 기능

1) 사법권독립의 의의

헌법·법률·
양심에만 기
속되는 독립
한 심판보장

사법권의 독립이란 법관이 사법기능을 수행하는 데 있어서 누구의 간섭이나 지시도 받지 아니하고 오로지 헌법과 법률에 의하여 그 양심에 따라 독립하여 심판하는 것을 말한다. 따라서 사법권의 독립은 최종적인 판결 내지 결정의 독립만이 아니라 판결 내지 결정에 이르는 모든 심리절차의 독립을 함께 의미한다. 구속영장의 발부와 같은 수사단계에서의 독립도 사법권의 독립에 포함되는 것은 물론이다. 그런데 사법권의 독립은 합리적인 사법제도를 통해서만 실현될 수 있고 또 법관의 투철한 관직사명을 떠나서 생각할 수 없는 것이기 때문에 제도와 의지의 상승작용에 의해서만 비로소 그 실효성을 기대할 수 있다.

제도와 의지
의 상승작용

2) 사법권독립의 기능

방어적·소극
적 기능에서
통제적·적극
적 기능으로
변천

사법권독립은 이념적으로는 3권분립의 원칙에서 유래하고 연혁적으로는 사법기능이 특히 군권 내지 집행권으로부터 독립하기 위한 제도적인 장치로 발전했기 때문에 오늘날까지도 주로 집행부의 사법간섭을 배제하는 기능을 나타내고 있다. 법관의 대통령 비서실 파견과 대통령 비서실 직위의 겸임을 금지하는 이유도 그 때문이다(법조법 제50조의 2 제 1 항).[1] 그렇지만 현대자유민주주의의 통치구조에서는 사법부가 맡고 있는 사법기능과 사법유사의 기능 때문에 사법권의 독립은 집행부의 간섭배제라는 소극적 기능뿐 아니라 오히려 집행기능과 입법기능의 합헌성과 합법성을 간접적으로 유도하는 적극적 기능까지도 함께 하고 있다고 볼 수 있다. 그것은 즉 사법권의 독립이 결과적으로 집행기능과 입법기능에 대한 강력한 견제장치로 작용해서 통치권행사의 절차적 정당성을 확보하는 데 중요한 역할을 한다는 것이다. 통치권행사가 절차적 정당성을 확보한다는 것은 궁극적으로는 통치권의 기본권기속성에 도움이 되는 것이기 때문에 사법권의 독립은 기본권실현이라는 통치기능의 궁극적인 목표달성에도 큰 기여를 한다고 볼 수 있다. 따라서 이제는 사법권의 독립은 그 방어적·소극적 기능보다는 통제적·적극적 기능의 측면에서 이해하여야 할 것이다.

통치권행사의
절차적 정당
성확보에 기
여

---

1) 법관으로서 퇴직 후 2년이 지나지 않으면 대통령 비서실 직위에 임용되지 못하게 한 것도 같은 이유이다(법조법 제50조의 2 제 2 항).

(2) 사법권독립의 내용과 한계

사법권독립은 크게는 법원의 독립과 법관의 독립을 그 내용으로 하는데 법원의 독립은 다시 법원의 조직상의 독립과 법원의 기능상의 독립으로 나누고, 법관의 독립은 바로 법관의 신분보장에 의해서 이루어지는 내용이다.

법원의 조직 및 기능상의 독립과 법관의 신분보장

1) 법원의 조직상의 독립

(가) 법원의 조직상의 독립에 관한 헌법규정과 그 의미

우리 헌법은 사법기능을 법관으로 구성된 법원에 맡기면서 법원은 최고법원인 대법원과 각급법원으로 조직하고 법관의 자격과 법원의 조직은 법률로 정하도록 했다(제101조와 제102조). 이처럼 법원을 구성하는 법관의 자격과 법원조직에 관해서 법정주의를 채택하고 있는 것은 법원이 맡은 사법기능의 비대체성을 강조함과 동시에 법원조직이 적어도 집행부의 임의적인 행정조직권으로부터 독립하게 하기 위한 것이라고 볼 수 있다. 따라서 법원의 조직은 적어도 행정부의 조직으로부터는 완전히 독립해야 하고, 법관의 인사권도 집행권으로부터 독립해야 한다. 다만 우리 헌법은 최고법원인 대법원의 구성만은 대통령의 대법원장 및 대법관임명권과 이들에 대한 국회의 임명동의권에 의한 간섭을 허용하고 있는데, 이것은 법원의 조직상의 독립에 장해적인 요인이 되는 것은 사실이다. 그렇지만 집행부와 입법부가 그와 같은 대법원구성관여권을 통해서 사법부를 견제하고 있다고 생각한다면 3권분립의 원칙이 요구하는 기관간의 견제·균형을 위해서 불가피한 수단이라고도 볼 수 있다. 우리 헌법이 대법원장과 대법관이 아닌 법관은 대법관회의의 동의를 얻어 대법원장이 임명하도록 한 것은(제104조 제3항) 법원의 조직상의 독립을 실현하려는 강력한 의지의 표현이라고 할 것이다. 또 최고법원인 대법원으로 하여금 법률에 저촉되지 아니하는 범위 안에서 소송에 관한 절차, 법원의 내부규율과 사무처리에 관한 규칙을 제정할 수 있는 규칙제정권을 갖도록 한 것도(제108조) 법원의 조직상의 독립과 무관하지 않다.

법관의 자격 및 법원조직의 법정주의

사법기능의 비대체성강조 및 집행권의 조직·인사간섭배제

입법부·집행부의 대법원구성 관여권의 의의

(나) 법원의 조직상의 독립의 한계

우리 헌법은 최고법원인 대법원의 구성권을 대통령과 국회의 공동권한으로 하고 있기 때문에 대통령과 국회가 대법원의 구성에 관여하는 범위 내에서는 법원의 조직상의 독립은 제약을 받을 수밖에 없다. 또 그것이 법원조직 전체의 독립성에도 적지 않은 부정적인 영향을 미칠 수도 있다. 바로 이곳에 우리 헌법상 사법권독립의 한계가 있다. 따라서 대법원장이 갖는 대법관임명제청

대통령과 국회의 대법원 구성 관여에서 오는 제약

권($^{제104조}_{제2항}$)만이라도 법원조직의 독립에 도움이 되는 방향으로 운영되어야 할 것이다. 새로 도입한 대법관후보추천위원회($^{법\ 제41조의}_{2}$)의 합리적인 구성과 공정한 추천이 요청되는 이유도 그 때문이다.

집행부의 사법부예산 편성권에서 오는 제약

또 법원의 조직상의 독립성은 집행부가 갖는 사법부예산안편성권 때문에도 제약을 받는다. 예산상의 뒷받침이 없는 조직이란 그 기능을 발휘할 수 없기 때문이다. 사법부의 독자적인 예산안편성권이 절대적으로 필요한 이유도 그 때문이다. 그런데 우리 법원조직법은 사법부에게 독자적인 예산편성권을 주지 않고 법원의 예산을 편성함에 있어서는 사법부의 독립성과 자율성을 존중해야 한다는 선언적 규정만 두고 있다($^{제82조}_{제2항}$).

법원조직에 관한 국회입법권에서 오는 제약

법원조직의 법정주의에 의해서 국회가 갖는 법원조직에 관한 입법권도 법원의 조직상의 독립에 제약이 될 수 있다. 그렇기 때문에 대법원장은 법원의 조직·인사·운영·재판절차 등 법원업무에 관련된 법률의 제정 또는 개정이 필요하다고 인정되는 경우에는 국회에 서면으로 그 의견을 제출할 수 있도록 했다($^{법조법 제9}_{조\ 제3항}$). 그렇지만 국회가 법원의 조직과 국회의 조직을 엄격히 분리하고 국회의원과 법관의 직을 겸임하지 못하도록 법원조직을 규율하는 한 그것은 국회입법의 원칙의 불가피한 결과라고 할 것이다.

2) 법원의 기능상의 독립

법관의 심판 기능상의 독립

우리 헌법은 법원의 기능상의 독립을 보장하고 있다. 즉 「법관은 헌법과 법률에 의하여 그 양심에 따라 독립하여 심판한다」($^{제103}_{조}$)는 규정이 바로 그것이다. 사법기능이 법관의 재판을 통해서 법을 선언하는 비정치적인 법인식기능이기 때문에 법원을 구성하는 법관이 재판을 함에 있어서 독립성을 지킨다고 하는 것은 바로 법원이 그 기능상의 독립을 지키는 것이 된다.[1] 우리 헌법이 법관의 심판기능상의 독립성을 사법권독립의 핵심적인 내용으로 규정한 것은 법관이 재판을 함에 있어서는 사법부 내외를 막론하고 그 누구의 간섭이나 지시도 받지 않는 기관의 독립성을 지키게 하기 위한 것인데 구체적으로는 외부적 간섭으로부터의 독립, 내부적 간섭으로부터의 독립, 소송당사자로부터의 독립, 기속이론 등을 그 내용으로 한다.

외부·내부적 간섭 및 소송당사자로부터의 독립과 기속이론

---

1) 국내 일부학자가 법원의 기능상의 독립을 법관의 물적 독립(재판상의 독립) 또는 법관의 직무상의 독립이라는 말로 표현하면서 법원보다는 법관이라는 행위주체를 중심으로 설명하는 것도 그 때문이다. 김철수, 1167면; 권영성, 1008면. 그러나 법관의 심판기능의 독립성은 법관이 법원의 구성원으로서 법원의 이름으로 행하는 사법기능에 관한 것이기 때문에 이 책에서는 법원이라는 그 귀속주체를 중심으로 '법원의 기능상의 독립'이라는 항목으로 다루기로 한다.

(가) 외부적 간섭으로부터의 독립

a) 타국가기관으로부터의 독립

법관의 재판기능은 우선 타 국가기관으로부터 완전히 독립된 기능이다. 집행부와 입법부는 말할 것도 없고 헌법상의 독립기관인 중앙선거관리위원회와 헌법재판소도 법관의 재판에 간섭할 수 없다. 헌법재판소의 결정은 모든 국가기관을 기속하기 때문에(헌재법 제47조, 제67조, 제75조) 법관도 헌법재판소의 결정을 존중하여야 하지만, 그것은 법관의 재판기능에 대한 외부적 간섭이 아니라 헌법재판의 당연한 효과이다.

다른 통치기관의 간섭배제

b) 사회적 압력단체로부터의 독립

법관의 재판은 사회적 압력단체로부터도 그 독립성이 유지되어야 한다. 여론재판은 사법권의 독립과는 거리가 멀기 때문이다. 따라서 각종 사회적 압력단체나 이익집단이 법관의 재판에 대해서 부당한 간섭을 하거나 법관에게 심리적인 폭력을 행사하는 것은 법관의 심판기능의 독립에 대한 중대한 침해라고 할 것이다. 다만 전문적이고 진실한 사실에 입각한 건전한 비판은 민주시민의 당연한 권리이기 때문에 법관이 양심에 따라 그러한 비판을 수용하는 것은 사법권독립의 침해가 아니다.

각종 압력단체 및 이익집단의 간섭배제

간섭과 건전한 비판의 구별

(나) 내부적 간섭으로부터의 독립

법관은 사법부내부에서도 기능상의 독립성을 갖는다. 즉 법관의 임명권자인 동시에 보직권자인 대법원장도 법관의 재판에 대해서는 지시나 간섭을 할 수 없다. 또 각급법원장도 소속 법관의 재판에 관한 지휘·감독권이 없다. 그뿐 아니라 상급법원도 하급법원에 대해서 사법행정상의 지시·감독은 할 수 있어도 구체적인 재판사건에 대해서는 간섭할 수 없다. 다만 심급제도의 본질상 상급법원의 재판에 있어서의 판단은 당해 사건에 관하여 하급심을 기속하지만 (법조법 제8조) 이것은 심급제도의 당연한 효과이지 재판의 간섭이 아니다. 또 대법원 이외의 법원과 일부 지원에 설치되는 판사회의는 단순한 사법행정에 관한 자문기관일뿐 법관의 심판에 간섭할 수 없다(법조법 제9조의 2). 합의부재판의 경우에도 법관은 재판장의 사실 및 법률판단에 기속되지 않는다. 다만 합의평결이 이루어진 다음에는 법관은 그에 따라야 하지만 대법관의 경우에는 이견발표의 권리와 의무(법조법 제15조)가 있다. 또 법관은 형사재판에 참여하는 배심원의 유·무죄 평결과 의견에 기속되지 않는다(배심법 제46조 제5항).

사법부 내부의 재판간섭배제

사법행정상의 지시·감독과의 구별

대법관의 이견발표권

(다) 소송당사자로부터의 독립

법관은 재판을 함에 있어서 소송당사자로부터도 어떠한 간섭도 받지 아니

사인·검찰·행정관청의

비소송절차적
간섭배제(제
척·기피·회
피제도)

한다. 민사재판에서의 소송당사자는 물론이고, 형사재판에서 소추권을 행사하는 검찰, 행정재판에서 피고인 행정관청도 법관의 재판에 소송절차를 통하지 않은 어떠한 간섭도 해서는 아니된다. 법관이 소송당사자로부터 독립성을 지키게 하는 제도적 장치의 하나가 법관의 제척·기피·회피제도이다($\binom{\text{민소법 제41조~제49조;}}{\text{형소법 제17조~제24조}}$).

(라) 기속이론

헌법·법률·
양심에의 기
속

법관은 재판을 함에 있어서 오로지 헌법과 법률 및 자신의 양심에만 기속된다.

a) 헌법과 법률에의 기속

법치국가의
요청

법관이 헌법과 법률에 기속되는 것은 법치국가의 당연한 요청이다. 헌법은 국가의 최고규범이고 모든 하위법규범의 효력근거를 뜻하기 때문에 헌법을 무시한 재판이란 있을 수 없다. 법률은 형식적 의미의 법률뿐 아니라 실질적 의미의 법률까지를 포함하는 개념이다. 또 국내법과 동일한 효력을 갖는 조약과 일반적으로 승인된 국제법규도 당연히 법관을 기속한다. 다만 법관은 하위법규범보다는 상위법규범에 기속되는 정도가 강하기 때문에 마땅히 규범통제권을 갖고, 규범 상호간의 저촉 여부를 심사해서 상위법우선의 원칙과 신법우선의 원칙 그리고 특별법우선의 원칙 등에 따라 재판해야 한다. 그러나 우리 헌법은 법관의 규범통제권을 제한해서 법률에 대한 위헌결정권만은 헌법재판소에 독점시키고 있기 때문에 법관은 법률의 위헌 여부가 재판의 전제가 된 경우에는 헌법재판소에 제청해서 그 결정에 따라 재판하여야 한다($\binom{\text{제107조}}{\text{제 1 항}}$).

규범통제권
및 상위법·신
법·특별법우
선의 원칙

헌재의 위헌
결정권 독점

b) 양심에의 기속

법관직업이
요구하는 직
업수행상의
양심에 기속

양심은 옳고 바른 것을 추구하는 윤리적·도덕적 마음가짐인데 법관의 재판에 영향을 미칠 수 있는 가장 최후적인 작용요인이다. 모든 인간은 양심의 주체이기 때문에 당연히 인간으로서 양심을 갖는데, 법관도 법관이기 이전에 한 인간으로서의 양심을 갖는다. 그러나 법관이 재판을 함에 있어서 기속되는 양심은 누구나가 갖는 인간적인 양심이라기보다는 법관이라는 직업이 요구하는 직업수행상의 양심을 뜻한다고 보아야 하기 때문에 특별히 공정성과 합리성이 요구되는 법관으로서의 양심이라고 할 것이다. 법관의 재판에 엄정중립적인 공정성과 강한 합리성이 요구되는 이유도 그 때문이다.

(마) 법원의 기능상의 독립의 한계

대통령의 비
상계엄선포
권·은사권 및
국회의 국정
감사·조사권
에 의한 제약

법원의 기능상의 독립은 대통령의 비상계엄선포권($\frac{제77}{조}$), 은사권($\frac{제79}{조}$), 국회의 국정감사 및 조사권($\frac{제61}{조}$)에 의해서 제약을 받을 수도 있다. 그러나 이들 제도도 사법권의 독립과 마찬가지로 헌법의 보호 내지는 기본권보호라는 헌법적

가치를 실현하기 위한 것이기 때문에 사법권의 독립과 규범적인 조화가 이루어
질 수 있는 범위 내에서는 사법권의 침해라고 보기 어렵다고 할 것이다. 그러
나 그 남용이나 악용은 법원의 기능상의 독립에 대한 중대한 위협이 되는 것
은 물론이다. 바로 이곳에 법원의 기능상의 독립의 한계가 있다. 사법권의 독
립이 제도만의 문제가 아니고 법관의 강한 의지가 함께 작용하여야 한다고 강
조되는 이유도 바로 이와 같은 한계상황을 극복하는 데 있어서 무엇보다도 법
관의 강한 의지가 필요하기 때문이다.

3) 법관의 신분보장

사법권의 독립은 법관에 대한 완전한 신분보장에 의해서만 그 소기의 성
과를 올릴 수 있다. 법관의 신분보장이 제대로 되어 있지 아니한 경우에는 사
법권독립의 핵심적인 내용이라고 볼 수 있는 법관의 기능상의 독립성이 약화될
가능성이 크기 때문이다.

우리 헌법은 법관의 신분보장을 위해서 법관자격의 법정주의($^{제101조}_{제3항}$), 법관
의 임기제($^{제105조 제1}_{항~제3항}$), 법관정년의 법정주의($^{제105조}_{제4항}$)를 채택하고, 신분상 불리한
처분사유를 제한($^{제106}_{조}$)하고 있다. 그에 더하여 법원조직법($^{제49}_{조}$)에서는 법관의 신
분보장과 조화될 수 없는 일정한 행위를 법관에게 금지시킴으로써 법관의 신분
보장이 실효성을 나타낼 수 있도록 노력하고 있다.

(개) 법관자격의 법정주의

우리 헌법은 법관의 자격을 법률로 정하도록 했다($^{제101조}_{제3항}$). 헌법의 수권에
따라 법원조직법이 법관의 임용자격($^{제42}_{조}$)과[1] 결격사유($^{제43}_{조}$)[2]를 자세히 규정함으
로써 임의적인 법관임명이 가져올 수도 있는 사법부의 임명권자에 대한 예속화
현상을 제도적으로 방지하고 있다.[3] 법관자격의 법정주의와 상호 기능적인 보

*사법권 독립
의 실효성 증
대수단*

*자격법정주의·
임기제·정년
법정주의·신
분상 불리한
처분사유 제
약 등*

*임용자격 및
결격사유를
법률로 규정*

---

1) 법관의 직급으로는 대법원장과 대법관 그리고 판사의 세 가지 직급만을 인정하고 있는데 2011
   년 개정 법조법은 법관임용자격을 강화했다. 즉 대법원장과 대법관은 20년 이상의 법조경력의
   45세 이상, 판사는 10년 이상 변호사 등의 직에 있던 사람 중에서 임용하도록 했다. 다만 판
   사임용을 위한 재직연수에 관한 경과규정을 마련해 2013년부터 2028년 말까지 적용하게 했다
   (법 제42조와 제44조 및 부칙 제2조). 이 경과규정에 따라 판사임용에 필요한 법조경력은
   2024년까지는 5년 이상, 2025년부터는 7년 이상이고 2029년부터 10년 이상이다.
2) 공무원 임용 결격자, 금고 이상의 전과자, 탄핵 파면 후 5년 미경과자, 대통령 비서실 소속 공
   무원 퇴직 후 3년 미경과자, 3년 내지 5년 이내 정당원 또는 공직선거관련 정치 활동을 한 사
   람 등이다.
3) 【판시】 군사법원의 설치 및 군판사 등의 신분을 일반법원과 달리 정할 수 있도록 한 것은 군
   대조직 및 군사재판의 특수성을 고려하고 군사재판을 신속, 적정하게 하기 위한 것으로서 헌
   법적 한계를 일탈하여 사법권의 독립을 침해한 것이라 할 수 없다(헌재결 1996. 10. 31. 93 헌
   바 25, 판례집 8-2, 443(453면 이하)).

완관계에 있는 것이 대법원장의 법관임명권($^{제104조}_{제3항}$)과 법관보직권($^{법조법}_{제44조}$) 및 법관근무성적평정권($^{법조법 제}_{44조의 2}$)이다. 개정 법이 근무성적평정권의 행사기준을 마련한 이유이다.

(나) **법관의 임기제**

우리 헌법($^{제105}_{조}$)은 법관의 임기를 직접 헌법에 규정함으로써 집행부와 입법부가 법관의 신분보장을 쉽사리 침해하지 못하도록 했다. 즉 대법원장과 대법관의 임기는 6년인데 대법관의 연임제와는 달리 대법원장은 중임되지 못하게

했다. 중임허용이 오히려 사법권의 독립을 약화시킨다는 인식에 바탕을 둔 것으로 보이지만 그것을 대법원장에게만 적용시킨 것은 별로 설득력이 없다. 대법원장이 사법부의 수장이긴 하지만, 대법관의 연임제도 경우에 따라서는 적지 않은 부작용을 가져올 수 있기 때문이다. 대법원장과 대법관이 아닌 일반법관의 임기는 10년으로 하며 법률이 정하는 바에 의하여 연임될 수 있도록 했다.

(다) **법관정년의 법정주의**

법관의 정년을 법률로 정하도록 한 헌법규정($^{제105조}_{제4항}$)에 따라 법원조직법($^{제45조}_{제4항}$)은 법관의 정년을 정하고 있는데, 대법원장과 대법관은 70세, 그 이외의 법관은 65세가 정년이다.[1] 법관의 정년제는 사법부구성원의 신진대사를 가능하게 해서 사법부가 지나치게 보수화하는 것을 막는다는 제도의 의의를 가진다. 아무튼 법관의 정년제는 법관의 임기제보다는 그 악용의 소지가 적으면서도 법관의 신분보장에 큰 기여를 한다는 점에서 법관의 임기제를 채택하지 아니하는 나라에서도 널리 보급되고 있는 제도이다.[2]

(라) **신분상 불리한 처분사유의 제한**

우리 헌법은 법관의 신분보장을 강화하기 위해서 법관에게 신분상 불리한 처분을 할 수 있는 사유를 명문으로 제한하고 있다($^{제106}_{조}$). 즉 파면사유와 징계처분효력을 제한하고 임기전 퇴직사유를 헌법이 직접 정하고 있다.[3]

---

1) 법관의 정년퇴직시기는 정년에 이른 날이 2월~7월 사이면 7월 31일, 8월~1월 사이면 1월 31일이다(법조법 제45조 제 5 항).

2) 【판시】 법관정년제는 법관의 쇠퇴화·보수화·관료화를 방지하기 위한 것이고 법관의 신분보장에도 기여한다. 그리고 법관의 직위에 따른 차등정년제는 법관 업무의 성격과 특수성·평균수명·조직체의 질서 등을 고려한 것으로 합리적인 이유가 있는 차별이다(헌재결 2002. 10. 31. 2001 헌마 557, 판례집 14-2, 541(550면)).

3) 【판시】 1980년 해직공무원의 보상에 관한 특별조치법이 법관을 그 적용에서 배제하고 있는 것은 법관의 신분을 직접 가중적으로 보장하고 있는 헌법(제106조 제 1 항)의 규정취지에 정면으로 배치되며, 직업공무원으로서 그 신분이 보장되고 있는 일반직 공무원과 비교하더라도 그 처우가 차별되고 있다(헌재결 1992. 11. 12. 91 헌가 2, 판례집 4, 713(729면 이하)).

a) 파면사유의 제한

법관은 탄핵 또는 금고 이상의 형의 선고에 의하지 아니하고는 파면되지 아니한다($^{제106조}_{제1항}$). 법관의 파면사유를 이처럼 탄핵과 금고 이상의 형의 선고로 엄격히 제한한 것은 법관의 신분보장을 위해서 중요한 의미를 갖는다.

탄핵·금고 이
상의 형의 선
고

b) 징계처분의 효력제한

법관도 징계처분을 받을 수 있고 대법원에는 법관징계위원회를 두지만 법관징계에 관한 사항은 반드시 따로 법률로 정하여야 한다($^{법조법}_{제48조}$). 그런데 우리 헌법은 법관에 대한 징계처분은 정직·감봉조치보다 무거울 수 없게 정하고 있다($^{제106조}_{제1항}$). 「징계처분에 의하지 아니하고는 정직·감봉 기타 불리한 처분을 받지 아니한다」고 규정한 것이 바로 그것이다. 이 헌법정신에 따라 법관징계법($^{제3}_{조}$)은 법관에 대한 징계의 종류를 견책·감봉·정직의 세 가지로 제한하고 있다.

징계사항의
법정과 징계
종류제한(견
책·감봉·정
직)

c) 임기전퇴직사유의 제한

법관은 그 임기제에 의한 신분보장을 받기 때문에 원칙적으로 임기 전에는 본인의 의사에 반해서 퇴직하게 할 수 없다. 다만 우리 헌법은 「법관이 중대한 심신상의 장해로 직무를 수행할 수 없을 때에는 법률이 정하는 바에 의하여 퇴직하게 할 수 있다」($^{제106조}_{제2항}$)고 헌법이 그 퇴직사유를 직접 정하고 있다. 그리고 그 퇴직절차는 반드시 법률로써만 정하게 했는데 법원조직법($^{제47}_{조}$)은 헌법이 정하는 퇴직요건이 충족된 때에도 대법관인 경우에는 대법원장의 제청으로 대통령이, 기타 법관의 경우에는 인사위원회의 심의를 거쳐 대법원장만이 퇴직을 명할 수 있게 했다.

중대한 심신
장애에 의한
직무수행불능

d) 법관의 파견근무제한

대법원장은 법관의 임명권자인 동시에 보직권자이긴 하지만 법관을 사법부 이외의 다른 국가기관에 파견근무시키려는 경우에는 그 국가기관의 파견요청이 있고 업무의 성질상 법관을 파견하는 것이 타당하다고 인정될 뿐 아니라 당해 법관이 이에 동의하는 경우에만 기간을 정하여 파견할 수 있도록 제한하고 있다($^{법조법}_{제50조}$).

타당한 파견
요청과 당사
자의 동의

㈐ 법관의 금지사항

법원조직법($^{제49}_{조}$)은 법관의 신분보장에 부정적인 영향을 미친다고 생각하는 행위를 법관에게 금지시키고 있는데 의원직 또는 행정공무원직 겸직, 정치운동 관여, 보수 또는 금전상의 이익을 목적으로 하는 업무, 보수의 유무를 떠나 법인·단체 등의 고문·임원·직원의 겸직 등이 바로 그것이다.

겸직 및 정치
관여 금지

㈐ 법관의 신분보장의 한계

대법원장 및
대법관인사권
과 일반법관
인사권의 2원
주의의 비실
효성

법관의 신분보장은 우선 법관인사권의 2원주의에 의한 제약을 받는다. 즉 대법원장과 대법관의 임명권을 대통령이 갖고 있고, 국회가 그 임명동의권을 갖고 있는 통치구조하에서 아무리 일반법관의 인사권(임명 및)을 대법원장이 행사한다 하더라도 거기에는 스스로 일정한 한계가 있기 마련이다. 더욱이 대법관 임명에 대한 대법관 후보추천위원회의 추천과 대법원장의 제청권이 형식화되고, 대법관연임제가 연임을 노린 대법관들의 관직사명을 약하게 만드는 원인으로 작용하며 대법원장의 법관보직권이 악용된다면[1] 법관의 신분보장은 스스로 일정한 한계에 부딪치게 된다. 심급제도의 본질상 대법원의 독립 없는 사법권의 독립은 기대할 수 없기 때문이다.

Ⅳ. 법원의 조직과 권한

헌법에 규정
된 법원조직
의 기본구조
및 법원조직
법의 법원조
직

우리 헌법은 법원의 조직에 관해서는 그 조직의 기본적인 틀만을 제시하고 조직의 구체적인 세부사항은 법률에 위임하고 있다(제102조 제3항). 헌법이 제시하고 있는 법원조직의 기본적인 틀은 세 가지인데, 첫째 법원은 대법원을 최고법원으로 하는 각급법원으로 조직해야 하고(제102조 제2항), 둘째 대법원에는 부를 둘 수 있고(제102조 제1항), 대법원은 원칙적으로 대법관만으로 구성하지만 대법관 아닌 법관도 둘 수 있고(제102조 제2항), 셋째 특별법원으로서 군사법원을 둘 수 있지만 그 상고심은 대법원에서 맡는다는 것(제110조 제1항과 제2항) 등이 바로 그것이다. 헌법의 이와 같은 기본적인 조직의 틀에 따라 법원조직법(제3조)은 법원을 대법원·고등법원·특허법원·지방법원·가정법원·행정법원·회생법원의 일곱 종류로 구분했다. 그리고 지방법원 및 가정법원의 관할구역 안에 지원과 가정지원, 시법원 또는 군법원(시·군법원) 및 등기소를 둘 수 있도록 했다.[2] 다만 지방법원 및 가정법원의 지원은 2개를 합하여 1개의 지원으로 할 수 있도록 했다. 그런데 이들 법원의 설치·폐지 및 관할구역은 따로 법률로 정하고, 등기소에 관한 것은 대법원규칙으로

---

1) 【결정례】 대법원장의 법관보직권행사에 대한 헌법소원도 소청심사와 행정소송 등 보충성원칙을 지켜야 한다는 헌재의 판례는 비판의 여지가 있다(헌재결 1993. 12. 23. 92 헌마 247).
   자세한 것은 저자의 판례평석, '법관전보발령처분에 대한 헌법소원', 「사법행정」 1994년 5월호, 32면 참조.
2) 특허법원과 행정법원은 1998년 3월 1일부터, 그리고 시·군법원은 1995년 9월 1일부터 설치되었다. 회생법원은 2017년 3월 1일부터 설치되는데, 우선 서울에 서울회생법원을 먼저 설치하고 차츰 지방으로 확대한다는 방침이다. 법조법 부칙 제1조 제1항 및 각급 법원의 설치와 관할구역에 관한 법률 제2조 제1항과 그 부칙 제1조(시행일)와 제2조(경과조치) 참조.

정한다. 그리고 대법원과 각급법원에 사법보좌관을 두어 법원조직법($^{제54}_{조}$)과 대법원규칙으로 정하는 업무를 처리하게 한다.

(1) 대법원의 조직과 권한

1) 대법원의 헌법상의 지위

우리 통치구조 내에서 대법원은 최고법원으로서 기본권적 가치를 실현 내지 보호하며 법률에 대한 최종적인 유권해석을 통해 법질서의 확립 내지 법적 평화에 기여하는 법적 평화보장기관으로서의 지위를 갖는다.

㈎ 최고법원으로서의 지위

대법원은 최고법원으로서의 지위를 갖는다. 우리 헌법은 대법원을 최고법원으로 밝히고 있기 때문에($^{제101조}_{제 2 항}$) 사법부 내의 법원조직은 마땅히 대법원을 최고법원으로 하는 것이어야 한다. 그것은 사법기능에서는 말할 것도 없고 사법행정기능에서도 대법원은 최고법원이어야 한다는 뜻이기 때문에 일반법원에게는 대법원이 최고사법행정기관이다.

대법원이 갖는 최고법원으로서의 지위는 특별법원과의 관계에서도 존중되어야 한다. 우리 헌법이 특별법원인 군사법원의 상고심을 대법원으로 하고 있는($^{제110}_{조}$) 이유도 그 때문이다. 그러나 대법원의 최고법원성은 법원에 속하는 사법기능과의 연관성 속에서 인정되는 헌법상의 지위이기 때문에 그것은 사실심 내지 법률심을 전제로 한 지위이다. 따라서 헌법심에 관해서는 대법원은 최고법원이 아니다. 우리 헌법은 헌법심을 전담하는 헌법재판소를 따로 설치하고 있기 때문에 헌법심에 관한 한 헌법재판소가 최고기관이다. 그렇지만 헌법재판소는 그 기능이 헌법심에 국한되어 있기 때문에 사실문제에 관한 판단이나 헌법의 규범적인 테두리 내에서 이루어지는 법률해석에 관해서는 대법원의 견해를 존중하여야 한다. 헌법재판소는 사법유사의 기능에 속하는 헌법재판을 위해서 설치된 제 4 의 국가기관이고, 대법원은 사법부의 최고기관이기 때문에 두 헌법기관 사이에 기능과 조직면에서 상하의 관계는 성립하지 않는다.

㈏ 기본권보호기관으로서의 지위

대법원은 사실심 내지 법률심에 관한 최고법원이기 때문에 사법기능에 의한 기본권보호의 최후보루라고 할 수 있다.[1] 심급제도의 본질상 대법원의 판례가 하급심을 기속하는 사법제도 아래서 사법부가 수행하는 기본권보호기능은

---

1) 【판시】 기본권의 보호는 제도적으로 독립된 헌법재판소의 전유물이 아니라, 모든 법원의 가장 중요한 과제이기도 하다(헌재결 1997. 12. 24. 96 헌마 172 등, 판례집 9-2, 842(856면)).

우측 난외 주석:

최고법원·기본권보호 및 법적 평화 보장기관

사법부 내의 최종심 내지 최고사법행정기관

특별법원의 상고심

사실심·법률심의 최고법원

헌법심의 최고기관은 헌법재판소

헌재와 대법원 간의 기능적·조직적 상하관계 불성립

사법기능에 의한 기본권보호의 최후보루

궁극적으로는 대법원의 기본권보호기능에 의해서만 그 실효성을 나타낼 수 있
기 때문이다. 더욱이 행정입법에 의한 기본권침해의 사례가 점점 많아지고 있
는 행정국가적 징후 속에서 대법원이 갖는 명령·규칙에 대한 최종적인 규범통
제권(제107조 제2항)은 기본권보호기관으로서의 대법원의 위상에 큰 의미를 부여해 준다.

명령·규칙에 대한 규범통제권 통한 기본권보호

㈐ 법적 평화보장기관으로서의 지위

대법원은 모든 쟁송사건에서 발생하는 법률해석을 둘러싼 논쟁을 유권적
으로 종결시킴으로써 법의 실효성을 높여 법적인 평화를 보장해 주는 기관으로
서의 지위를 갖는다. 법치국가는 법적 안정성과 법적 평화를 떠나서 생각할 수
없기 때문에 법의 해석에 관한 논란이 대법원의 최종적인 유권해석을 통해 해
결될 수 있다는 것은 법적 평화를 위해서 매우 중요한 의미를 갖는다.

법률분쟁의 최종적 유권 해석 통한 법적 평화보장

2) 대법원의 구성과 조직

㈎ 대법원의 구성

대법원의 구성은 헌법에서 직접 규정하고 있다. 즉 대법원은 대법원장과 대
법관으로써 구성되는데 대법원장은 대통령이 국회의 동의를 얻어 임명하고 대
법관은 대법원장의 제청으로 대통령이 국회의 동의를 얻어 임명한다(제104조 제1항과 제2항).
우리 헌법은 대법원구성원의 수를 명기하지 않고 있기 때문에 법원조직법(제4조 제2항)
에서 대법원장을 포함하여 14인으로 정하고 있다. 그러나 대법관의 수는 헌법
에서 직접 정해 주는 것이 사법권의 독립을 위해서 필요하다.[1] 우리 헌법은 대
법원에 대법관 아닌 법관을 둘 수 있도록 했는데(제102조 제2항), 법원조직법(제24조)은 재
판연구관제도를 두어 대법원에 소속시키고 있다. 즉 대법원장에 의해서 재판연
구관으로 지명된 법관은 대법원장의 명을 받아 대법원에서 사건의 심리 및 재
판에 관한 조사·연구업무를 담당하도록 했다. 대법원에서 근무하는 재판연구관
은 대법관의 재판업무를 보조하는 보조기관에 불과하기 때문에 대법원의 구성
이 실질적으로 2원적으로 되어 있다고 보기는 어렵다. 사법권의 독립을 위해서
대법원장과 대법관의 임기제와 정년제가 실시되고 있다는 것은 이미 법관의 신
분보장에서 말한 바와 같다.

대법원장 포함 14인의 대법관

대법관수의 헌법상 규정 필요

재판연구관제도

대법원장과 대법관의 임기제 및 정년제

㈏ 대법원의 조직

a) 대법원의 내부조직

대법원의 내부조직으로는 헌법에서 정하는 대법관회의(제104조 제3항)와 부(제102조 제1항)

대법관회의· 전원합의체· 부

---

1) 이 점은 미국의 Roosevelt대통령이 연방대법원의 법관수를 임명권자가 15인 이내의 범위 내에
서 마음대로 결정할 수 있도록 하는 방법으로 사법부를 지배하려다 실패한 이른바 court-
packing-plan의 교훈이기도 하다.

가 있고 법원조직법에 의한 대법관전원합의체($\frac{법}{제7조}$)가 있다.

α) 대법관회의

대법관회의는 대법관으로 구성되며 대법원장이 그 의장이 된다. 대법관 회의는 대법관전원의 2/3 이상의 출석과 출석인원 과반수의 찬성으로 의결하는 데, 의장은 의결에 있어서 의결권을 가지며 가부동수인 때에는 결정권을 갖는다 ($\frac{법}{제16조}$). 대법관회의는 대법원이 맡는 사법행정에 관한 사항을 주로 결정하는 기 관이다($\frac{법}{제17조}$). 이 점이 사법기능을 수행하는 대법관전원합의체($\frac{법}{제7조}$)와 다르다.

대법원장이 의장

사법행정사항 결정

β) 대법관전원합의체

대법관전원합의체는 대법관전원의 2/3 이상으로 구성하고 대법원장이 재 판장이 된다. 대법원의 심판권은 대법관전원합의체에서 과반수 찬성으로 ($\frac{법}{제66조}$) 행하는 것이 원칙인데 특히 명령·규칙의 위헌·위법결정, 종전 대법원 판례의 변경 등은 반드시 이 합의체에서 심판하여야 한다($\frac{법}{제7조}$).

2/3 이상으로 구성, 과반수 찬성으로 심 판권 행사

γ) 부

대법원에 부를 둘 수 있다는($\frac{제102조}{제1항}$) 헌법규정에 따라 대법원장은 필요하 다고 인정하는 경우에는 부를 둘 수 있는데 부에는 일반부와 특정부가 있고 일반부에는 민사·형사부, 그리고 특정부에는 행정·조세·노동·군사·특허부가 있다. 특정부가 재판의 전문성을 살리기 위한 것이라면 일반부는 재판의 효율 성을 높이기 위한 것이다. 부는 대법관 3인 이상으로 구성되는데 부에서 심리 한 사건에 관하여 대법관의 의견이 일치한 때에는 그것이 필수적인 합의체심판 사항이 아닌 한 그 부에서 최종재판을 할 수 있다($\frac{법 제7조 제}{1항과 제2항}$).

대법관 3인 이상으로 구 성, 일반부와 특정부

b) 대법원의 부설기관

대법원에는 여러 부설기관이 있다. 사법행정사무를 관장하는 법원행정처 ($\frac{법}{제19조}$), 판사의 연수 및 사법연수생의 수습에 관한 사무를 맡는 사법연수원 ($\frac{법}{제20조}$), 사법제도 및 재판제도의 개선에 관한 연구를 하기 위한 사법정책연구 원($\frac{법 제20조}{의 2}$), 법원직원·집행관 등의 연수 및 양성에 관한 사무를 맡는 법원공무 원교육원($\frac{법}{제21조}$), 재판사무를 지원하고 법률문화를 창달하기 위한 법원도서관 ($\frac{법}{제22조}$), 대법원장의 보좌사무를 맡는 대법원장비서실($\frac{법}{제23조}$), 대법원장의 법관인 사운영에 관한 심의기관인 법관인사위원회($\frac{법 제25조의 2, 제41조 제3항,}{제45조의 2 제1항, 제47조}$), 대법원장이 제청할 대법관 후보자를 추천할 때마다 대법원에 한시적으로 두는 대법관후보 추천위원회($\frac{법 제41조}{의 2}$)[1]등이 필수적인 부설기관이고 대법원장의 자문에 응하기 위

필수적·임의 적 부설기관

---

1) 법관인사위원회와 대법관후보추천위원회는 위원장을 포함하여 각각 11명과 10명으로 구성하는 데, 위원장은 위원 중에서 대법원장이 임명 또는 위촉한다(법 제25조의 2 제5항과 제41조의

한 사법정책자문위원회($^{법}_{제25조}$)는 임의적인 부설기관이다. 그리고 양형기준의 설정·변경 등 양형정책의 심의·의결을 위해서 대법원에 양형위원회를 설치·운영한다($^{법 제81조의 2 내지}_{제81조의 12}$).[1] 또 국민참여재판(배심재판)의 연구조직으로 대법원에 사법참여기획단과 국민사법참여위원회를 두는데 구체적 사항은 대법원 규칙으로 정한다($^{배심법 제54}_{조와 제55조}$). 그 밖에도 대법원에는 개방직인 동시에 정무직인 윤리감사관(임기 2년)을 둔다($^{법 제71조}_{의 2}$).

3) 대법원장과 대법원의 권한과 관할

㈎ 대법원장의 권한

대법원의 최고책임자, 사법부대표로서의 여러 인사권

대법원장은 대법원의 일반사무를 관장하며, 대법원의 직원과 각급법원 및 그 소속기관의 사법행정사무에 관하여 직원을 지휘·감독한다($^{법}_{제13조}$). 따라서 대법원장은 대법원의 최고책임자인 동시에 사법부를 대표한다. 그에 더하여 대법원장은 대법관회의의 의장인 동시에 대법관전원합의체의 재판장이 된다. 또 대법원장은 대법관임명제청권, 헌법재판소재판관 3인과 중앙선거관리위원회위원 3인의 지명권을 행사하며, 법원행정처장 보직권($^{법 제68조}_{제1항}$)과 법관임명 및 보직권을 갖는다. 그리고 각급법원에 두는 계약직 공무원인 재판연구원(Law Clerk) ($^{법 제53조}_{의 2}$)의 임용권도 갖는다. 대법원장유고시에는 선임대법관이 그 권한을 대행한다($^{법 제13조}_{제3항}$).

㈏ 대법원의 관할과 권한

a) 헌법상의 관할과 권한

명령·규칙의 규범통제, 군사법원의 상고심, 규칙제정권

대법원은 헌법에 의해서 명령·규칙에 대하여 최종적인 위헌·위법심사($^{제107조}_{제2항}$)를 하며 군사법원의 상고심($^{제110조}_{제2항}$)으로 기능하는 외에도 법률에 저촉되지 아니하는 범위 내에서 소송에 관한 절차, 법원의 내부규율과 사무처리에 관한 규칙을 제정할 수 있는 규칙제정권($^{제108}_{조}$)을 갖는다.

b) 법률상의 관할과 권한

상고·재항고 사건 및 선거소송·기관소송사건

대법원은 법원조직법($^{제14}_{조}$)에 의해서 i) 고등법원 또는 항소법원·특허법원의 판결에 대한 상고사건, ii) 항고법원·고등법원 또는 항소법원·특허법원의 결정·명령에 대한 재항고사건, iii) 다른 법률에 의하여 대법원의 권한에 속하

---

2 제 4 항).

1) 2007년부터 설치되는 양형위원회는 대법원장이 임명·위촉하는 13인의 위원으로 구성하는데 위원의 임기는 2년이다(법 제81조의 3). 양형위원회가 설정한 양형기준은 법적 구속력은 없지만 법관이 재판에서 존중해야 한다. 법관이 양형기준을 벗어난 판결을 하는 경우에는 판결서에 양형의 이유를 기재해야 한다. 다만 약식절차와 즉심절차의 심판은 예외이다(법 제81조의 7).

는 사건의 종심재판권을 갖는다. 그런데 다른 법률에 의하여 대법원의 권한에 속한 사건으로는 선거법에 의한 대통령·국회의원선거소송사건과 시·도지사선거 소송사건, 비례대표시·도의원선거소송사건($^{법}_{제222조}$), 지방교육자치법에 의한 교육감 선거소송($^{법 제3조와}_{제6장}$), 국민투표법($^{제92}_{조}$)에 의한 국민투표무효소송사건, 주민투표법 ($^{제25조}_{제2항}$)에 의한 광역자치단체 주민투표소송사건, 주민소환법($^{제24}_{조}$)에 의한 광역자치 단체장 대상 주민소환투표소송사건, 그리고 지방자치법($^{제188조 제6항과 제189조 제6}_{항 및 제192조 제4항과 제8항}$)에 의한 기관소송사건이 있다($^{앞의 1133면}_{참조}$).

(2) 하급법원의 조직과 관할

1) 고등법원의 조직과 관할

㈎ 고등법원의 조직

고등법원은 판사로 구성하는데 고등법원장을 둔다.[1] 고등법원구성원의 임 용자격에 관해서 법원조직법($^{제44조}_{제2항}$)은 고등법원장의 경우에 15년 이상의 법조 경력을 요구하고 있다.

고등법원장은 그 법원의 사법행정사무를 관장하며 소속공무원을 지휘·감 독하는데 고등법원장의 유고시에는 수석판사·선임판사의 순으로 그 권한을 대 행한다($^{법}_{제26조}$).

고등법원에는 부를 두는데 그 부의 재판에서 그 부의 판사 1인이 재판장이 되며 고등법원장의 지휘에 의하여 그 부의 사무를 감독한다($^{법}_{제27조}$). 그런데 고 등법원의 심판권은 판사 3인으로 구성된 합의부에서 행한다($^{제7조}_{제3항}$). 재판업무 수행상의 필요가 있는 경우 대법원규칙으로 정하는 바에 따라 고등법원의 부로 하여금 그 관할구역 안의 지방법원 소재지에서 사무를 처리하게 할 수 있다. 이 때 해당 고등법원의 부가 2개 이상인 경우 대법원장은 그 부와 관련된 사 법행정사무를 관장하는 법관을 지정할 수 있다($^{법 제27조 제}_{4항과 제5항}$).

㈏ 고등법원의 관할

고등법원은 항소심기관으로서 i) 지방법원합의부·가정법원합의부 또는 행 정법원의 제 1 심판결·심판·결정·명령에 대한 항소 또는 항고사건, ii) 지방법 원단독판사·가정법원단독판사의 제 1 심 판결·심판·결정·명령에 대한 항소 또 는 항고사건으로서 형사사건을 제외한 사건 중 대법원 규칙으로 정하는 사건,

(여백 주석)
원장·판사로 조직, 원장이 지휘·감독

부

합의부심판

항소·항고사 건 및 지방선 거소송사건

---

1) 고등법원과 특허법원에 두었던 부장판사의 직위는 2020년의 법조법 개정으로 2021년 2월 9일 부터 폐지된다. 그러나 이미 그 직위에 보임된 법관의 직위에는 영향을 미치지 아니한다(부칙 제 3 조). 그리고 지방법원과 지원, 가정법원과 지원, 행정법원, 회생법원 재판부에는 종전처럼 부장판사를 둘 수 있도록 했다.

iii) 다른 법률에 의하여 고등법원의 권한에 속하는 사건을 관할한다. 다른 법률에 의한 관할사건으로는 선거법($^{제222조 제 2 항과}_{제223조 제 2 항}$)에 의한 지방선거($^{지방의회의원 및 기}_{초자치단체장 선거}$) 소송사건, 지방교육자치법($^{제 3 조와}_{제7장}$)에 의한 교육의원선거소송사건, 주민투표법($^{제25조}_{제 2 항}$)에 의한 기초자치단체 주민투표소송, 주민소환법($^{제24}_{조}$)에 의한 지방의회의원과 기초자치단체장 대상 주민소환투표소송이 있다.

2) 특허법원의 조직과 관할

(가) 특허법원의 조직

원장·판사로 조직, 원장이 지휘·감독

특허법원은 판사로 구성하는데 판사로 보하는 특허법원장을 둔다($^{법 제28조의 2}_{및 제28조의 3}$). 특허법원 구성원의 임용자격에 관해서 법원조직법($^{제44조}_{제 2 항}$)은 특허법원장인 판사의 경우에 15년 이상의 법조경력을 요구하고 있다. 특허법원에는 기술심리관을

기술심리관제도

두는데 그 자격 등 필요한 사항은 대법원규칙으로 정한다($^{법 제54조}_{의 2}$). 특허법원장은 그 법원의 사법행정사무를 관장하며 소속공무원을 지휘·감독한다. 특허법원장의 유고시에는 수석판사·선임판사의 순으로 그 권한을 대행한다($^{법 제28조의}_{2 제 4 항}$).

부와 합의부 심판

특허법원에 부를 두는데 그 부의 재판에서 부 소속 판사 1인이 재판장이 되며 특허법원장의 지휘에 의하여 그 부의 사무를 감독한다($^{법 제28조}_{의 3}$). 특허법원의 심판권은 판사 3인으로 구성된 합의부에서 행하는데($^{법 제 7 조}_{제 3 항}$), 필요하다고 인정하는 경우 기술심리관을 소송의 심리에 참여하게 하거나 재판의 합의에서 의견

외국어변론 전담부

을 진술하게 할 수 있다($^{법 제54조}_{의 2}$). 특허법원에는 외국어변론을 전담하는 부를 둘 수 있다($^{법 제62조}_{의 2}$).

(나) 특허법원의 관할

특허법 등의 1심사건과 민소법의 특허 항소심

특허법원은 다음의 사건을 심판한다. 즉 특허법($^{제186조}_{제 1 항}$), 실용신안법($^{제33}_{조}$), 디자인보호법($^{제166조}_{제 1 항}$) 및 상표법($^{제162}_{조}$)이 정하는 제 1 심사건과 민사소송법($^{제24조 제 2 항}_{및 제 3 항}$)에 따른 특허권 등에 관한 침해소송의 항소심 사건 등 다른 법률에 의하여 특허법원의 권한에 속하는 사건이 바로 그것이다($^{법 제28조}_{의 4}$).

3) 지방법원의 조직과 관할

(가) 지방법원의 조직

a) 지방법원본원의 조직

원장·부장판사·판사로 조직, 원장이 지휘·감독

지방법원은 판사로 구성하는데 지방법원장을 둔다. 지방법원 구성원의 임용자격은 법원조직법($^{제42조 제 2}_{항~제 3 항}$)에서 정하고 있다. 지방법원장은 그 법원과 소속지원, 시·군법원 및 등기소의 사법행정사무를 관장하며, 소속공무원을 지휘·감독

하는데 지방법원장의 유고시에는 수석부장판사·선임부장판사의 순으로 그 권한을 대행한다($\frac{법}{제29조}$).

지방법원에 부를 두는데 부에 부장판사를 둘 수 있다. 그 부의 재판에서 그 부 소속 판사 1인이 재판장이 되며 지방법원장의 지휘에 의하여 그 부의 사무를 감독한다($\frac{법}{제30조}$).

부

b) 지방법원관할기관의 조직

지방법원의 사무의 일부를 처리하게 하기 위하여 그 관할구역 안에 지원과 가정지원, 시·군법원을 설치할 수 있는데($\frac{법 제3조}{제2항}$),[1] 지원과 가정지원에는 지원장을 두어 소속지방법원장의 지휘를 받아 그 지원과 관할구역 안에 위치한 시·군법원의 사법행정사무를 관장하고, 소속공무원을 지휘·감독하게 한다($\frac{법}{제31조}$). 또 사무국을 둔 지원의 지원장은 소속지방법원장의 지휘를 받아 구역 안에 위치한 등기소의 사무를 관장하며 소속공무원을 지휘·감독한다($\frac{법 제31조}{제4항}$). 지방법원의 지원과 가정지원에도 부를 둘 수 있는데 부를 두는 경우에는 부장판사로 하여금 재판장이 되게 한다($\frac{법 제31조 제}{5항과 제6항}$). 등기소의 설치·폐지 및 관할구역은 대법원규칙으로 정한다($\frac{법 제3조}{제3항}$). 등기소에는 소장을 둔다($\frac{법}{제36조}$).

지원, 가정지
원, 시·군법
원, 등기소

(나) 지방법원의 관할

a) 지방법원본원의 관할

지방법원의 심판권은 단독판사가 행하는 것이 원칙이지만($\frac{법 제7조}{제4항}$), 합의심판을 요하는 경우에는 판사 3인으로 구성된 합의부에서 이를 행한다($\frac{법 제7조}{제5항}$).[2] 그런데 지방법원본원합의부는 제1심법원으로서의 관할과 제2심법원으로서의 관할이 각각 다르다. 제1심법원으로서는 i) 합의부에서 심판할 것을 합의부가 결정한 사건, ii) 대법원규칙으로 정하는 민사사건, iii) 사형·무기 또는 단기 1년 이상의 징역 또는 금고에 해당하는 사건($\frac{병역범위반사}{건 등은 제외}$),[3] iv) iii)의 사건과 동시에 심판할 공범사건, v) 지방법원판사에 대한 제척·기피사건, vi) 다른 법률에 의하여 지방법원합의부에 속하는 사건 등을 관할한다($\frac{법 제32조}{제1항}$).

단독심판과
합의심판

합의부의 1심
관할사건

제2심법원으로서는 지방법원단독판사의 판결·결정·명령에 대한 항소사건과 항고사건 중 제28조 제2호에 해당하지 아니하는 사건을 심판한다($\frac{법 제32조}{제2항}$).

합의부의 2심
관할사건

---

1) 시·군법원은 1995년 9월 1일부터 설치되었다.
2) 법원조직법은 판사의 직무권한을 제한하는 규정을 두어서 법조경력이 5년 미만인 판사는 원칙적으로 변론을 열어서 판결하는 사건(소액사건과 즉결사건 제외)을 단독으로 재판할 수 없고 또 합의부의 재판장이 될 수 없게 했다(법 제42조의 3).
3) 개정법원조직법에서는 단독판사의 심판범위를 확대하기 위해서 합의부에서 심판할 형사사건의 범위를 많이 축소했다(법 제32조 제1항 제3호 가~사).

단독심판사건

지방법원단독판사는 i) 대법원규칙이 정하는 민사사건과, ii) 절도·폭행사건 등과 단기 1년 미만의 징역이나 금고·벌금형에 처할 형사사건 등 합의부의 심판권에 속하지 않는 형사사건에 관한 심판권을 갖는다(법 제32조 제 1 항 제 3 호 단서). 또 소속 지방법원장의 명령을 받아 소속법원의 관할사건과 관계 없이 즉결심판청구사건을 심판할 수 있다(즉심법 제 3 조의 2 제).[1]

b) 지방법원지원과 시·군법원의 관할

α) 지방법원지원의 관할

본원합의부 1심관할 및 단독심판과 동일

지방법원지원의 합의부는 지방법원본원합의부가 제 1 심법원으로서 갖는 관할권과 같은 심판권을 가지며, 특히 춘천지방법원강릉지원의 합의부는 지방법원단독판사의 판결·결정·명령에 대한 항소 또는 항고사건 중 제28조 제 2 호에 해당하지 아니하는 사건을 제 2 심으로 심판한다(법 제32조 제 2 항). 지방법원지원의 단독판사의 심판권도 본원단독판사의 경우와 같다. 지방법원지원 합의부가 심판권을 가지는 사건 중 지원합의부가 국민참여재판절차 회부결정을 한 사건은 지방법원본원 합의부로 이송하고 지방법원본원 합의부가 관할권을 갖는다(배심법 제10조).

β) 시·군법원의 관할

소액민사·화해·독촉·조정사건 및 즉결심판사건 등

시·군법원은 i) 소액사건심판법의 적용을 받는 민사사건, ii) 화해·독촉 및 조정에 관한 사건, iii) 20만원 이하의 벌금 또는 구류나 과료에 처할 범죄사건, iv) 가족관계의 등록 등에 관한 법률(제75 조)에 의한 협의상 이혼의 확인사건에 관한 심판권을 갖는다(법 제34조 제 1 항). 그런데 iii)에 해당하는 범죄사건에 대하여는 이를 즉결심판하지만(법 제34조 제 3 항), 즉결심판에 대해서는 고지를 받은 날로부터

심판에 대한 불복과 관할

7일 이내에 정식재판을 청구할 수 있다(법 제35조와 즉심법 제11조 제 1 항). ii)와 iii)의 사건이 불복신청으로 제 1 심법원에 계속하게 된 경우에는 그 지역을 관할하는 지방법원 또는 그 지원이 관할한다. 다만 소액사건심판법의 적용을 받는 사건은 그 시·군법원에서 관할한다(법 제34조 제 2 항).

시·군법원판사

시·군법원의 관할사건은 시·군법원의 판사가 심판하는데, 대법원장이 지방법원 또는 그 지원소속 판사 중에서 그 관할구역 안에 위치한 시·군법원 판사를 지명한다. 대법원장은 1인의 판사를 2 이상의 시·군법원의 판사로 지명할 수 있다. 시·군법원판사는 관할사건의 심판 외에도 소속지방법원장 또는 그 지원장의 지휘를 받아 시·군법원의 사법행정사무를 관장하며 그 소속직원을 지휘·감독한다. 다만 가사사건에 관해서는 관할 가정법원장 또는 그 지원장의

---

1) 이 즉심법개정사항은 1995년 9월 1일부터 시행했다. 개정법조법 부칙 제 1 조 제 1 항 참조.

지휘를 받는다($\substack{법 \\ 제33조}$).

4) 가정법원의 조직과 관할

(개) 가정법원의 조직

가정법원은 판사로 구성하는데 판사로 보하는 가정법원장을 둔다. 가정법원 구성원의 임용자격은 법원조직법($\substack{제42조 제2 \\ 항과 제3항}$)이 정하고 있다. 가정법원장은 15년 이상의 법조경력자 중에서 임명하는데($\substack{법 제44조 \\ 제2항}$) 그 법원과 소속 지원의 사법행정사무를 관장하며, 소속공무원을 지휘·감독한다. 가정법원장의 유고시에는 수석부장판사·선임부장판사의 순으로 그 권한을 대행한다($\substack{제37 \\ 조}$). 가정법원에 부를 두는데 부 소속 판사 1인이 그 부의 재판장이 되며 가정법원장의 지휘에 의하여 그 부의 사무를 감독한다($\substack{제38 \\ 조}$).

가정법원의 사무의 일부를 처리하기 위하여 그 관할구역 안에 지원을 둘 수 있는데($\substack{법 제3조 \\ 제2항}$) 지원에는 지원장을 두어 그 지원의 사법행정사무를 맡기고 소속공무원의 지휘·감독권을 준다($\substack{법 \\ 제39조}$). 가정지원은 가정법원이 설치되지 아니한 지역에서 가정법원의 권한에 속하는 사항을 관할한다. 다만, 가정법원단독판사의 판결·심판·결정·명령에 대한 항소 또는 항고사건에 관한 심판에 해당하는 사항을 제외한다($\substack{법 제31조 \\ 의 2}$).

(나) 가정법원의 관할

a) 합의부의 관할

가정법원 및 가정법원지원의 합의부는 제 1 심법원으로서 i) 가사소송법에서 정한 가사소송과 마류가사비송사건 중 대법원규칙으로 정하는 사건, ii) 가정법원판사에 대한 제척·기피사건, iii) 다른 법률에 의하여 가정법원합의부에 속하는 사건을 관할한다($\substack{법 제40조 \\ 제1항}$). 가정법원본원합의부 및 서울가정법원의정부지원과 춘천지방법원강릉지원합의부는 제 2 심법원으로서 가정법원단독판사의 판결·심판·결정·명령에 대한 항소 또는 항고사건 중 제28조 제 2 호에 해당하지 아니하는 사건을 제 2 심으로 심판한다($\substack{법 제40조 \\ 제2항}$).

b) 단독판사의 관할

가정법원 및 가정법원지원의 단독판사는 가사소송법($\substack{제2 \\ 조}$)에서 정하는 라류가사비송사건과 합의부의 권한에 속하지 아니하는 마류가사비송사건 그리고 가사조정사건($\substack{가소법 \\ 제49조}$)을 관할한다.[1]

---

1) 그런데 가사소송법에 따른 상속의 한정승인·포기신고 수리절차에서의 가정법원의 사무 등과 미성년자녀가 없는 당사자 사이의 가족관계 등록 등에 관한 법률에 따른 협의이혼절차에서의

(우측 난외 주석)
- 원장·부장판사·판사로 조직, 원장이 지휘·감독
- 부
- 지원
- 합의부 1심관할
- 본원 및 일부 지원합의부 2심관할
- 특정가사비송사건과 가사조정사건

5) 행정법원의 조직과 관할

(개) 행정법원의 조직

원장·부장판사·판사로 조직, 원장이 지휘·감독

행정법원은 판사로 구성하는데 판사로 보하는 행정법원장을 둔다. 행정법원 구성원의 임용자격은 법원조직법($\binom{제42조 제2}{항과 제3항}$)이 정하는데 행정법원장은 15년 이상의 법조경력자 중에서 임명한다($\binom{법 제44조}{제2항}$). 행정법원장은 그 법원의 사법행정사무를 관장하며, 소속공무원을 지휘·감독한다. 행정법원장의 유고시에는 수석부장판사·선임부장판사의 순으로 그 권한을 대행한다($\binom{법 제40조}{의 2}$). 행정법원에 부를 두는데 부 소속 판사 1인이 그 부의 재판장이 되며 행정법원장의 지휘에 의하여 그 부의 사무를 감독한다($\binom{법 제40조}{의 3}$). 행정법원의 심판권은 판사 3인으로 구성된 합의부에서 행한다($\binom{법 제7조}{제3항}$).[1] 다만 행정법원 합의부의 결정으로 사건의 심판권을 단독판사가 행하게 할 수도 있다($\binom{법 제7조}{제3항 단서}$).

부와 합의심판

(내) 행정법원의 관할

행소법의 행정사건

행정법원은 행정소송법에서 정한 행정사건과 다른 법률에 의하여 행정법원의 권한에 속하는 사건을 제1심으로 심판한다($\binom{법 제40조}{의 4}$). 그런데 취소소송의 제1심 관할법원은 피고의 소재지를 관할하는 행정법원이며, 중앙행정기관 또는 그 장이 피고인 경우의 관할법원은 대법원소재지의 행정법원이 된다($\binom{행소법 제9}{조 제1항}$). 토지의 수용 기타 부동산 또는 특정의 장소에 관계되는 처분 등에 대한 취소소송은 그 부동산 또는 장소의 소재지를 관할하는 행정법원에 이를 제기할 수 있다($\binom{행소법 제9}{조 제2항}$).

6) 회생법원의 조직과 관할

(개) 회생법원의 조직

원장·부장판사·판사로 조직

회생법원은 판사로 구성하는데, 판사로 보하는 회생법원장을 둔다($\binom{법 제40조의 5}{제1항과 제2항}$). 회생법원장은 15년 이상의 법조경력이 있는 사람이어야 한다($\binom{법 제44조}{제2항}$). 회생법원장은 그 법원의 사법행정사무를 관장하며, 소속 공무원을 지휘·감독한다($\binom{법 제40조의}{5 제3항}$). 회생법원장이 궐위되거나 부득이한 사유로 직무를 수행할 수 없을 때에는 수석부장판사, 선임부장판사의 순으로 그 권한을 대행한다($\binom{법 제40조의}{5 제4항}$).

부와 단독 및 합의심판

회생법원에 부를 두고 부 소속 판사 1인이 그 부의 재판에서 재판장이 되며, 회생법원장의 지휘에 따라 그 부의 사무를 감독한다($\binom{법 제40조의 6 제}{1항 및 제2항}$).

가정법원의 사무는 사법보좌관이 처리할 수 있다(법 제54조 제2항 제4호 및 제5호).

1) '각급법원의 설치와 관할구역에 관한 법률'(제4조)에 따라 설치되는 유일한 행정법원인 서울행정법원은 그 관할구역을 서울특별시와 의정부 등 경기북부지역 그리고 강원도 철원군으로 정했고, 1998년 3월 1일부터 설치되었다. 개정법원조직법 부칙 제1조 제1항 참조.

회생법원의 심판권은 단독판사가 행사하지만($^{법 제7조}_{제4항}$), 회생법원에서 합의심판을 해야 하는 경우에는 판사 3명으로 구성하는 합의부에서 심판권을 행사한다($^{법 제7조}_{제5항}$). 회생법원에 사법행정에 관한 자문기관으로 판사회의를 둔다($^{법 제9조의}_{2 제1항}$). 회생법원에 사무국을 둔다($^{법 제10조}_{제1항}$).

㈏ 회생법원의 관할

회생법원은 개인회생 및 파산관련 도산사건을 제1심으로 심판하는데, 회생법원 합의부는 회생법원단독판사의 판결·결정·명령에 대한 항소 또는 항고사건을 제2심으로 심판한다($^{법 제40조의}_{7 제2항}$). 회생법원 합의부는 그 밖에도 다음 사건을 제1심으로 심판한다. 즉 i) 채무자 회생 및 파산에 관한 법률에 의하여 회생법원 합의부의 권한에 속하는 사건, ii) 합의부에서 심판할 것으로 합의부에서 결정한 사건, iii) 회생법원판사에 대한 제척·기피사건 및 관리위원에 대한 기피사건, iv) 다른 법률에 따라 회생법원 합의부의 권한에 속하는 사건 등이다($^{법 제40조의}_{7 제1항}$). 개인회생 및 파산관련 도산사건 제1심 또는 제2심

7) 특별법원의 조직과 관할

㈎ 특별법원설치금지의 원칙

특별법원이란 헌법이 정하는 사법권독립의 요건을 갖추지 아니한 예외법원과 대법원을 최종심으로 하지 않는 모든 법원을 말한다. 헌법과 법률이 정하는 법관의 자격을 구비하지 못한 자가 그 기능상의 독립을 지킬 수 없는 신분예속상태에서 심판할 수밖에 없는 예외법원은 모두 특별법원에 속한다. 우리 헌법은 모든 국민에게 헌법과 법률이 정한 법관에 의한 정당한 재판을 받을 권리를 기본권으로 보장하고 있기 때문에($^{제27}_{조}$) 그러한 특별법원의 설치는 원칙적으로 금지된다. 또 비록 법관의 자격을 가진 사람으로 구성된 독립기능의 법원이라도 그 재판에 대해서 대법원에 상고하는 것을 금지하는 법원은 역시 그 설치가 허용되지 않는다. 대법원을 최고법원이라고 명시하고 있는 사법제도하에서 대법원에 의한 최후의 심판을 봉쇄하는 법원은 우리 헌법제도하에서는 하나의 예외법원일 수밖에 없기 때문이다. 그러나 헌법이 정하는 사법권독립의 요건을 갖추고 사법기능을 수행하면서 그 재판에 대해서 대법원이 최종적으로 심판할 수 있는 기회를 갖도록 하는 법원은 그것이 비록 전문적인 특수사건만을 심판하도록 하는 경우에도 그 설치가 금지되는 것은 아니라고 할 것이다. 우리 헌법은 그러한 특수법원의 설치를 금지하는 명문규정을 두지 않았을 뿐 아니라, 그러한 특수법원은 국민의 기본권실현에도 오히려 도움이 되기 때문이다. 사법권의 독립요건 불비한 예외법원 및 대법원의 최종심 부인 법원설치 금지

설치가 허용되는 특별법원의 요건

(나) 특별법원으로서의 군사법원

헌법상 유일한 특별법원

우리 헌법은 유일한 특별법원으로서 군사법원의 설치를 규정하고 있다($^{제110조}_{제1항}$). 그렇지만 군사법원의 기능을 되도록 헌법정신에 맞도록 조화시키기 위해서 세 가지 제한조치를 함께 마련하고 있다. 즉 i) 군인 또는 군무원이 아닌 국민은 예외적으로만 군사법원에 의해서 재판받게 제한하고($^{제27조}_{제2항}$), ii) 군사법원의 상고심은 대법원에서 관할하도록 했다($^{제110조}_{제2항}$). 다만 비상계엄하에서는 사형을 선고한 경우가 아니면 일정한 범죄에 한해서 군사법원의 단심을 허용하고 있다($^{제110조}_{제4항}$). iii) 또 군사법원의 조직·권한 및 재판관의 자격을 법률로써 정하게 했다($^{제110조}_{제3항}$). 이 헌법규정에 따라 군사법원법이 제정·시행되어 군사법원이 설치·운영되고 있다. 그런데 군사법제도는 2021년 군사법원법의 큰 폭 개정으로 완전히 새로운 모습을 갖게 되었다.[1]

군사법원에 대한 헌법상의 제한조치

a) 군사법원의 조직

5개의 1심 군사법원

국방부장관 소속으로 5개의 군사법원을 설치하는데, 서울특별시에 중앙지역군사법원, 충청남도에 제 1 지역 군사법원, 경기도에 제 2 지역 군사법원, 강원도에 제 3 지역 군사법원, 대구광역시에 제 4 지역 군사법원을 둔다($^{법 제6조}_{및 별표1}$). 각 군사법원의 관할구역은 소재지를 포함한 인접지역으로 정했다($^{별표}_2$).[2] 군사법원에 군 판사가 맡는 군사법원장을 둔다. 중앙지역군사법원장은 국방부 장관의 명을 받아 군사법원의 사법행정사무를 총괄하고, 각 군사법원의 사법행정사무에 관하여 직원을 지휘·감독한다. 군사법원장은 그 군사법원의 사법행정사무를 관장하며, 소속 직원을 지휘·감독한다. 군사법원장이 궐위되거나 그 직무를 수행할 수 없을 때에는 그 군사법원의 선임판사의 순으로 그 권한을 대행한다($^{법 제}_{7조}$).

α) 군사법원의 관할과 재판부 구성

재판권 제한과 대법원의 관할분쟁 재정권 및 항소심 담당 서울고법

군사법원은 군인과 국군부대가 관리하는 포로에 대한 재판권을 갖지만, 군내의 성폭력범죄와 군 사망사건 및 군인 신분 취득 전에 저지른 범죄에 대해서는 군사법원의 재판권이 제한되고 일반 민간법원이 재판권을 행사한다($^{법 제2조}_{제2항}$).

---

1) 군 장병의 공정한 재판을 받을 권리를 실질적으로 보장하기 위하여 1심 군사재판을 담당하는 군사법원을 국방부장관 소속으로 설치하며, 고등군사법원을 폐지하여 민간 법원에서 항소심을 담당하게 하고, 군검찰의 독립성을 확보하기 위하여 국방부장관 및 각 군 참모총장 소속으로 검찰단을 설치하며, 관할관 및 심판관 제도를 폐지하고, 검사가 구속영장을 청구할 때 부대의 장의 승인제도를 폐지하는 등이 주요 개정 내용이다. 이 개정 내용은 2022년 7월 1일부터 시행한다.

2) 각 군사법원의 관할구역은 다음과 같다. 중앙지역군사법원(서울특별시와 파병지역), 제 1 지역 군사법원(대전, 광주광역시, 세종특별자치시, 충청남·북도, 전라남·북도, 제주특별자치도), 제 2 지역 군사법원(인천광역시와 경기도), 제 3 지역 군사법원(강원도), 제 4 지역 군사법원(대구, 부산, 울산광역시, 경상남·북도).

군사법원과 법원 사이에서 재판권에 대한 다툼이 생기면 해당 사건이 계속되어 있는 법원 또는 군사법원이나 해당 사건의 상소권자가 대법원에 재판권의 유무에 대한 재정을 신청할 수 있다. 재판권 쟁의에 대한 재정신청이 있을 때에는 해당 사건에 대한 소송절차는 그 신청에 대한 대법원의 재정이 있을 때까지 정지된다(법제3조의2). 군사법원의 항소심은 서울고등법원이다(법제10조). 군사법원은 계엄법에 따른 재판권도 갖는다(법제3조).

군사법원에는 부를 두는데, 부에 부장 군판사를 두고(군사법원장은 부장 군판사를 겸할 수 있다) 그 부의 재판장이 되며 군사법원장의 지휘에 따라 그 부의 사무를 감독한다(법제8조). 군사법원에서는 군 판사 3명을 재판관으로 하지만, 약식절차에서는 군 판사 1명을 재판관으로 한다(법제22조). 대법원은 군사법원 운영위원회(법제4조의2)의 의결을 거쳐 군사법원의 재판에 관한 내부규율과 사무처리에 관한 사항을 군사법원 규칙으로 정한다(법제4조).

군판사 3인의 부

대법원의 규칙제정권

ß) 군사법원의 재판관

재판관인 군판사는 국방부에 설치된 군판사인사위원회에서 심의를 거치고 군사법원 운영위원회의 동의를 받아 국방부장관이 임명하는데, 군 판사는 군법무관으로서 10년 이상(군사법원장은 15년 이상) 복무한 영관급 이상의 장교 중에서 임명한다(법 제22조의 2와 제23조 및 제24조). 군사법원장과 군 판사의 임기는 각 2년과 5년인데 연임할 수 있다(법 제26조와 제27조). 군사법원장과 군 판사의 정년은 각 58세와 56세이다(법제26조). 군 판사의 정원은 대통령령으로 정한다(법 제30조의3).

군판사의 자격과 임기 및 정년

b) 전시군사법원의 조직

α) 전시군사법원의 종류

전시·사변 또는 이에 준하는 국가비상사태시에는 전시군사법원을 설치하는데, 고등군사법원과 보통군사법원의 두 종류로 한다(법 제534조의2).

고등군사법원은 국방부에 설치하고, 보통군사법원은 편제상 장성급 장교가 지휘하는 부대 또는 기관에 설치할 수 있다(법 제534조의3).

전시군사법원의 행정사무를 관장하는 관할관[1]을 두는데, 국방부장관이 고

고등군사법원과 보통군사법원의 심판권

---

1) 2021년 7월 이전의 군사법원 제도에서 군사법원의 관할관제도는 위헌이 아니라는 헌재의 다음과 같은 판시가 있었다.
【판시】 일반법원과 달리 군사법원에 관할관을 두고 군검찰관에 대한 임명, 지휘, 감독권을 가지고 있는 관할관이 군판사 및 심판관의 임명권 및 재판관의 지정권을 가지고 심판관은 일반장교 중에서 임명할 수 있도록 규정했다고 해서 군사법원의 헌법적 한계를 일탈하여 사법권의 독립과 재판의 독립을 침해하고 죄형법정주의에 반하거나 인간의 존엄과 가치, 행복추구권, 평등권, 신체의 자유, 정당한 재판을 받을 권리를 본질적으로 침해한 것이라고 할 수 없다(헌재결 1996. 10. 31. 93 헌바 25, 판례집 8-2, 443(453면 이하)).

관할관

등군사법원의 관할관이다. 보통군사법원의 관할관은 그 설치되는 부대와 지역의 사령관, 장 또는 책임지휘관으로 한다. 다만 국방부 보통군사법원의 관할관은 국방부장관이 겸임한다(법 제534조의 4).

고등군사법원은 보통군사법원의 재판에 대한 항소·항고사건 및 그 밖에 법률에 따라 고등군사법원의 권한에 속하는 사건의 심판권을 가지고, 보통군사법원의 심판사항은 법률에서 자세히 정하고 있다(법 제534조의 5).

β) 전시군사법원의 구성

1 내지 3인의 군판사와 심판관

보통군사법원은 재판관 1명 또는 3명으로, 고등군사법원은 재판관 3명으로 구성한다. 재판관은 군판사와 심판관으로 하고 재판장은 선임 군 판사가 맡는다(법 제534조의 8). 각 군의 군판사는 각군 참모총장이, 국방부의 군 판사는 국방부장관이 영관급 이상의 소속 군법무관 중에서 임명하는데, 평상시 군판사 임명시

심판관의 자격과 임명권자

에 거쳐야 하는 심의와 승인절차(법 제23조 제1항 및 제2항)를 생략할 수 있다(법 제534조의 9). 심판관은 법에 관한 소양이 있는 사람 또는 재판관으로서 인격과 학식이 충분한 영관급 이상의 장교 중에서 관할관이 임명한다(법 제534조의 10). 재판관은 관할관이 지정하는데, 국방부 장관, 각 군 참모총장 이외의 관할관이 심판관인 재판관을 지정하는 경우에는 각 군 참모총장의 승인을 받아야 하고, 각 군 참모총장인 관할관이 심판관인 재판관을 지정하는 경우에는 국방부장관의 승인을 받아야 한다(법 제534조의 11).

γ) 전시군사법원의 재판관

군판사와 심판관

보통군사법원과 고등군사법원에서는 군 판사 3명을 재판관으로 하지만, 관할관이 지정한 사건(법 제534조의 13)에서는 보통군사법원의 경우 군 판사 2명과 심판관 1명을 재판관으로, 고등군사법원의 경우 군 판사 3명과 심판관 2명을 재판관으로 한다. 관할관은 군 판사인 재판관 중 1명을 주심판사로 지정한다(법 제534조의 12). 군 판사인 재판관을 제외하고 재판관은 피고인보다 동급 이상인 사람이어야 한다. 항소 또는 재심의 심판에서 재판관이 군 판사만으로 구성되는 경우가 아니면 재판장은 원심 군사법원의 재판장보다 동급 이상의 사람이어야 한다(법 제534조의 14). 국방부장관은 국가비상사태시에 군사법원에 배치할 군 판사의 계급 및 그 수를 평상시(제30조의 3)와 달리 정할 수 있다(법 제534조의 18).

V. 사법목적의 절차적 보장

사법절차에서 생기는 사법

우리 헌법은 모든 국민에게 재판을 받을 권리를 보장하고(제27조 제1항), 사법권은

법관으로 구성된 법원에 맡기고 있기($^{제101조}_{제1항}$) 때문에 공권력에 의한 기본권침해 뿐 아니라 사인에 의한 기본권침해에 대해서도 법원에 정당한 재판을 요구함으로써 사법권에 의한 기본권의 보호를 받을 수 있도록 했다. 우리 헌법은 사법권에 의한 기본권보장의 실효를 거두기 위해서 사법권독립을 보장하고 군사법원을 제외한 특별법원의 설치를 금지하는 등 여러 가지 조직적·기능적 배려를 하고 있다. 그에 더하여 우리 헌법은 사법의 절차에서 발생할 수도 있는 사법적 과오를 최대한으로 줄이기 위한 절차적 배려를 함께 하고 있는데, 재판의 심급제도, 재판의 공개제도, 국민참여재판, 법정의 질서유지장치 등이 바로 그것이다.

> 적 과오 예방 장치: 재판의 심급 및 공개 제도와 법정 질서유지

(1) 재판의 심급제도

법원에서 사실판단과 법률적용을 잘못함으로 인하여 발생하는 기본권의 침해를 사법절차를 통해 구제하기 위해서 재판의 심급제도를 마련하고 있다. 우리 헌법이 법원의 조직을 대법원과 각급법원으로 계층화한 것이라든지, 군사법원의 상고심을 대법원으로 정한 것이라든지, 비상계엄하의 단심군사재판을 어디까지나 예외현상으로 규정한 것이라든지, 명령·규칙에 대한 대법원의 심사권을 최종적인 것으로 정한 것 등은 우리의 사법절차가 심급제도이어야 한다는 것을 분명히 말해 주고 있다. 따라서 심급제도는 우리 사법절차에서 불가결한 요소이다.

> 사실판단과 법률적용 과 오예방

> 대법원을 종 심으로 하는 심급제

1) 3심제의 원칙

우리 헌법은 사법절차상의 심급제도를 필수적인 것으로 마련하면서도 그것이 반드시 3심제이어야 한다는 명문규정은 두지 않았다.[1] 3심제의 원칙은 법원조직법에 의해서 도입된 제도이다. 즉 항소, 상고제도와 항고, 재항고제도가 바로 그것이다($^{법 제28조, 제28조의 4, 제32조,}_{제40조, 제40조의 4, 제14조}$). 군사법원법도 3심제의 원칙을 채택하고 있다($^{법 제9조~}_{제11조}$). 그러나 '상고심절차에 관한 특례법'(1994. 7.)은 민사소송·가사소송·행정소송·특허소송의 상고사건($^{재항고 및 특별항}_{고사건에도 준용}$)의 경우 상고이유에 중대한 법령위반에 관한 사항이 포함되어 있지 아니한 경우에는 더 이상 심리를 속행하지 아니하고 판결로 상고를 기각할 수 있도록 하는 심리불속행제도를 도입함으로써 3심제의 원칙을 부분적으로 제한하고 있다.[2]

> 법률상의 제도: 항소·상고 및 항고· 재항고 제도

> 심리불속행제도

---

1) 【판시】 '법원은 최고법원인 대법원과 각급법원으로 구성한다'고 규정한 것이 각급법원의 심리를 거치고 난 뒤에는 어느 사건이건 막론하고 차별 없이 모두 대법원에 상고할 수 있다는 취지의 규정으로 이해되지 않는다(헌재결 1992. 6. 26. 90 헌바 25, 판례집 4, 343(352면)).

2) 심리불속행의 사유로 인한 상고기각판결은 대법관 3인 이상으로 구성된 부에서 재판하는 경우에

2) 3심제에 대한 예외

단심제와 2심
제

우리의 3심제가 법률상의 제도이기 때문에 헌법과 법률은 3심제에 대한 예외로서 단심제와 2심제를 인정하고 있다.

(개) 단 심 제

a) 비상계엄하의 군사재판

사형선고의
경우는 예외

비상계엄이 선포된 경우에 군사재판은 군인·군무원의 범죄나 군사에 관한 간첩죄의 경우와 초병·초소·유독음식물공급·포로에 관한 죄 중 법률이 정한 경우에 한하여 단심으로 할 수 있지만, 사형이 선고된 경우에는 대법원의 최종심이 보장된다(제110조 제4항).

b) 대통령·국회의원 및 시·도지사·교육감선거소송

대법원의 전
속관할

대통령선거와 국회의원선거 및 시·도지사와 교육감선거에 관한 소송은 대법원의 전속관할로 되어 있기 때문에 자연히 단심일 수밖에 없다(선거법 제222조 및 제223조; 지교자법 제49조와 제57조). 선거소송이 헌법재판적 성격을 가질 뿐 아니라 소송경제적인 측면에서도 심급제로 인한 선거소송의 장기화는 소의 이익을 상실하게 만들기 때문이다. 선거소송의 처리기간을 180일 이내로 제한하고 있는 이유도 여기에 있다(선거법 제225조; 지교자법 제49조, 제57조).

(내) 특허소송의 2심제

고법급의 특
허법원이 제1
심

우리 법원조직법(제28조의4)은 특허소송의 제1심관할법원을 특허법원으로 하고, 특허법원의 재판에 대해서 대법원에 상고할 수 있도록 함으로써(법제14조) 2심제를 채택하고 있다.[1] 특허소송의 2심제는 특허심판의 기술적 전문성과도 관련이 있는 것으로, 특허법원에 특별히 기술심리관을 두도록 한 것도 그 때문이다.

만 할 수 있고(법 제6조 제1항), 그 기한도 상고기록을 송부받은 날로부터 4월 이내에 하도록 제한하고 있다(법 제6조 제2항). 그리고 이 상고심절차특례법(전문 제7조 및 부칙)은 1994년 9월 1일부터 시행되고 있는데 특허소송의 상고사건에 대해서만은 특허법원이 설치된 1998년 3월 1일부터 시행되었다(법 부칙 제1조). 이 심리불속행제도는 합헌이라는 판시가 있다. 【판시】 헌법이 특별히 대법원의 심판을 규정한 경우 이외에 다른 모든 경우에도 심급제를 인정해야 한다거나 대법원을 상고심으로 하는 것이 헌법상 요구된다고 할 수 없다. 또 국민의 재판청구권이 대법원에 의한 상고심재판을 받을 권리를 의미하는 것이라고 할 수도 없다(헌재결 1997. 10. 30. 97 헌바 37, 95 헌마 142·215, 96 헌마 95(병합), 판례집 9-2, 502(518면)).

1) 우리 헌재는 특허법이 정하는 특허쟁송절차에 대해 헌법불합치결정을 했다. 【판시】 행정심판임이 분명한 특허청의 항고심판심결이나 결정에 대한 하급법원의 심사를 배제하고 대법원으로 하여금 특허사건의 최종심으로서 단지 법률적 측면의 심사만을 할 수 있도록 하는 것은 모든 법률적 쟁송에 대한 재판기능을 대법원을 최고법원으로 하는 법원에 속하도록 한 헌법에 위반된다(헌재결 1995. 9. 28. 92 헌가 11 등, 판례집 7-2, 264(280면)).

(2) 재판의 공개제도

공개재판은 사법절차의 정당성을 확보하기 위한 불가결한 전제조건이다. 우리 헌법은 공개재판을 받을 권리를 국민의 사법절차적 기본권으로 보장하고 있어서(제27조 제3항) 공개재판제도는 사법절차의 당위적인 요청이다. 우리 헌법(제109 조)이 재판의 공개제도를 채택해서 재판의 심리와 판결을 원칙적으로 공개하도록 한 것도 그 때문이다.

사법절차적 기본권 및 사법절차의 정당성 확보조건

1) 재판공개제도의 의의와 기능

재판공개제도란 재판의 심리와 판결이 일반인의 방청이 허용된 공개법정에서 행해져야 한다는 것을 말한다. 따라서 재판공개제도는 재판비밀주의를 배척하는 개념으로서 비밀재판에 의해서 인권이 침해되던 비민주적 사법제도에 대한 단호한 결별을 뜻한다. 재판공개제도는 비밀재판이 범하기 쉬운 절차의 졸속과 심리과정에서의 인권유린 그리고 불공정한 소송진행 등을 제도적으로 방지함으로써 사법절차에서도 기본권을 실현 내지 보호한다는 인권보호적인 기능을 갖는다. 그뿐 아니라 공개주의가 갖게 되는 통제적 기능 또한 무시할 수 없다고 할 것이다. 공개된 상황 속에서 진행되는 재판은 법관에게는 물론이고 소송당사자에게도 실체적 진실발견에 도움이 되는 통제효과를 나타내기 때문이다. 이처럼 재판공개제도가 인권보호적 기능을 갖는다는 점 때문에, 제도적으로 인권보호를 위해서 필요한 비공개재판도 허용되어야 한다는 논리가 성립될 수 있다. 그러나 인권보호를 이유로 하는 비공개재판은 어디까지나 예외적인 현상일 뿐 아니라 오히려 인권보호에 역효과를 나타낼 수 있기 때문에 그 허용의 폭을 제한할 필요가 있다. 우리의 실정법이 공개재판의 예외를 제한적으로만 인정하고 있는 이유도 그 때문이다.

심리와 판결의 공개주의, 재판비밀주의 배척

인권보호적·통제적 기능

인권보호 위한 비공개재판의 예외성

2) 재판공개의 원칙

재판공개제도는 재판공개의 원칙을 그 내용으로 한다. 즉 재판의 심리와 판결은 공개하여야 한다는 것이 바로 그것이다(제109조 본문). 민사소송에서의 구술변론절차와 형사소송에서의 공판절차, 민사소송에 준하는 행정소송과 특허소송에서의 구술변론절차 그리고 사건의 실체에 대한 법원의 판단고지는 반드시 일반적으로 공개된 법정에서 이루어져야 한다는 뜻이다. 그렇기 때문에 공판준비절차, 심판의 합의과정, 결정이나 명령, 비송사건절차는 재판공개의 원칙에 당연

심리와 판결의 공개

재판공개의
범위와 방청
제한

히 포함되는 것은 아니다. 또 재판공개의 원칙은 소송과 무관한 제 3 자에게도 재판의 심리와 재판을 지켜볼 수 있도록 공개한다는 뜻이지 반드시 원하는 모든 사람에게 방청을 허용한다는 뜻은 아니기 때문에 법정의 수용능력 때문에 방청인의 수를 제한하는 것은 허용된다고 할 것이다.[1]

3) 재판공개의 예외

법원결정에
의한 심리비
공개

우리 헌법은 재판공개의 원칙에 대한 예외를 인정하고 있다. 즉 재판의 심리만은 법원의 결정으로 공개하지 아니할 수 있도록 한 것이 바로 그것이다 $\binom{제109조}{단서}$.

(개) 재판비공개의 사유

공익목적과
비송사건절차
법 및 가사소
송법상의 사
유

재판을 공개하지 아니하는 사유로는 공익목적을 위한 경우와 소송당사자의 권익을 위한 경우가 있는데 우리 헌법은 공익목적을 위한 비공개의 경우만을 규정하고, 소송당사자의 권익을 위한 비공개에 관해서는 비송사건절차법$\binom{제13}{조}$과 가사소송법$\binom{제34}{조}$ 등에서 규정하고 있다. 그에 따라 비송사건에서의 심문과 가사비송절차에서의 재판은 공개하지 않는 것이 원칙이다.

(내) 공익목적을 위한 재판비공개의 요건

헌법 제109조
단서 사유와
법원의 비공
개결정

공익목적을 이유로 한 비공개재판은 원칙적으로 법원의 비공개결정 또는 공개정지결정에 의해서 이루어지는데, 재판의 심리를 공개하는 것이 「국가의 안전보장 또는 안녕질서를 방해하거나 선량한 풍속을 해칠 염려가 있을 때」 $\binom{제109조}{단서}$에 한해서 법원은 비공개결정$\binom{공개정지}{결정 포함}$을 할 수 있다. 이 헌법상의 요건은

비공개결정의
이유 고지요
건과 비공개
의 두 유형

매우 엄격하게 해석해야 할 것이다. 재판공개의 원칙이 갖는 기능의 면에서도 재판의 비공개는 지극히 예외적인 경우에만 허용하여야 하겠기 때문이다. 법원이 행하는 비공개결정은 반드시 그 이유를 밝혀서 선고하여야 한다$\binom{법조법 제57}{조 제 2 항}$. 비공개는 절대적인 비공개와 상대적인 비공개로 나눌 수 있는데 상대적인 비공개는 재판장이 적당하다고 인정하는 사람만은 법정에 남을 수 있도록 허가하는 경우이다$\binom{법조법 제57}{조 제 3 항}$.

(대) 공익목적을 위한 재판비공개의 한계

판결비공개금
지

공익목적을 이유로 하는 비공개결정$\binom{공개정지}{결정 포함}$은 재판의 심리에만 허용되고 판결에서는 허용되지 않는다. 따라서 판결은 언제나 공개적으로 선고되어야 한다.

---

1) 동지: 대법원 1990. 6. 8. 선고 90 도 646 판결 참조.
　【독일판례】 법정의 재판진행상황을 방송목적으로 녹음·녹화하지 못하게 금지하면서 방송장비 없는 보도진의 취재만을 허용하는 재판장의 결정은 보도의 자유의 침해가 아니고 재판공개의 원칙에 위배되지 않는다(BVerfGE 103, 44).

㈜ 위법한 비공개재판의 효과

재판공개의 원칙을 어긴 비공개재판은 당연히 무효가 되는 것은 아니지만 절대 적 상고이유가 되어 대법원의 심판을 받는다. 또 법원의 결정에 대해서는 헌법소원 을 제기할 수 없도록 한 우리 헌법재판소법(^{제68조})의 규정에도 불구하고 이 경 우만은 헌법소원이 가능하도록 합헌적인 법률해석이 필요하다고 생각한다.

절대적 상고 이유, 헌법소 원 허용

(3) 국민참여재판

1) 국민참여재판의 의의와 기능

국민참여재판이란 배심원이 참여하는 형사재판을 말한다. 사법의 민주적 정당성과 신뢰를 높이기 위하여 법률(^{국민의 형사재판})로 2008년부터 도입했다. 사 실인정에 관한 배심원의 유·무죄결정에 권고적 효력만을 인정한 점 등에서 미 국 등의 배심재판제도[1]와 다르다. 그러나 기본골격은 배심제도를 바탕으로 독 일 등의 참심제적[2] 요소[3]를 다소 가미한 절충형이다. 이러한 국민참여재판은 그 실효성이 매우 의문시되기 때문에 시행과정에서 나타나는 문제점을 면밀히 분석해서 제도 자체를 재검토할 필요가 있다.[4]

미국·독일제 도의 절충형

---

1) 배심재판제도는 미국, 영국, 캐나다 등 영미계통국가와 그 영향을 받은 홍콩, 스리랑카 그리고 오스트리아, 러시아, 스페인 등 50여 나라에서 채택하고 있다. 일반시민으로 구성된 배심원단 이 직업법관과 독립하여 형사사건에서 유·무죄의 판단 등 사실문제에 대한 평결을 하고 법관 은 그 평결결과에 구속되어 재판하는 제도이다. 나라마다 그 내용은 다양하다. 미국 배심제도 는 연방헌법(제3조 제2항, 수정 제5조~제7조)에 근거하고 있다. 일정형량 이상의 중요형 사사건에 적용되는데 평결은 배심원(통상 12명) 만장일치로 한다. 피고인이 법관 면전에서 유 죄를 인정하면 사실심리는 생략되고 바로 양형심리절차(arraignment)로 넘어가는 플리바게닝 (유죄협상) 때문에 배심제는 불필요해진다.
2) 참심재판제도는 독일, 프랑스 등 유럽 여러 나라에서 채택하고 있다. 일반시민인 참심법관이 직업법관과 함께 재판부를 구성해서 직업법관과 동등한 권한을 가지고 사실문제 및 법률문제 를 모두 판단하는 제도이다. 참심제도도 나라마다 다양하다. 독일의 참심제(Schöffengerichte) 는 법원조직법(GVG)(제28조~제58조)에 근거를 두고 있다. 사건내용에 따라 재판부는 재판장 인 직업법관 1명과 참심법관 2명 또는 직업법관 3명과 참심법관 2명으로 구성된다. 참심법관 은 공판기일 전에는 공소장과 수사기록을 볼 수 없고, 공판기일에 참여해서 직업법관과 동일 한 권한을 가지고 직무를 행한다. 유·무죄결정(2/3 찬성필요)에도 동일한 평결권을 갖는다. 참 심재판에 대한 상소를 관할하는 상소법원은 직업법관만으로 구성한다. 참심법관은 임기 4년의 명예직인데 독일에는 약 4만여 명의 참심법관이 활동하고 있다. 형사사건뿐 아니라 민사, 노 동, 사회, 행정사건 등에도 참심제가 적용된다.
3) 사실인정, 법령적용 및 형의 양정에 관한 배심원의 의견제시권(법 제12조 제1항), 심리 관여 법관의 배심원 평의 참석 및 의견진술과 유죄평결시 양형에 관한 토의 및 의견개진권(법 제46 조 제2항~제4항) 등은 배심제에서는 볼 수 없는 참심적 요소로 평가할 수 있다.
4) 국민참여재판 도입 후 2009년 말까지 2년간 참여재판 신청은 대상사건의 4.9%에 불과했다. 그 런데 총 159건의 국민참여재판의 90.6%인 144건에서 배심원단평결과 재판부판결이 일치했고, 참여재판 사건의 항소심 파기비율은 일반재판의 파기율인 41.5%보다 낮은 27.9%였다. 그런데 법원행정처 최근 통계(국민참여재판성과분석)에 따르면 2020년 국민참여재판 접수건수는 865 건인데 실시건수는 96건으로 실시율은 참여재판 도입 후 최저기록인 12.4%에 불과했다. 참여

2) 국민참여재판의 대상

중요합의부형
사사건

사형·무기 등 일정형량 이상의 1심 중요 형사사건으로서 피고인이 원하는 합의부 사건만이 대상이 되었다. 그런데 2012년 7월 1일부터는 사형·무기 또는 단기 1년 이상의 징역 또는 금고에 해당하는 모든 합의부 사건으로 그 대상이 확대되었다($\frac{법 제5조}{제1항 제1호}$).[1] 즉 피고인은 공소장 부본을 송달받은 날부터 7일 이내에 국민참여재판을 받겠다는 의사를 법원에 서면으로 제출해야 한다($\frac{법}{제8조}$).[2] 그러나 피고인의 국민참여재판 신청이 있어도 법원은 국민참여재판 배제결정을 할 수도 있고($\frac{법}{제9조}$),[3] 국민참여재판의 속행이 부적절하다고 인정되는 경우에는 국민참여 재판을 중단하고 통상재판절차에 회부하는 결정을 할 수도 있다($\frac{법}{제11조}$).

3) 배 심 원

㈎ 배심원의 선정

결격 및 제척
사유 없는 비
공직자

만 20세 이상의 국민 중에서 피성년후견인 등 결격사유($\frac{법}{제17조}$)와 당해 사건 피해자 등 제척사유($\frac{법}{제19조}$)가 없는 비공직자($\frac{법}{제18조}$) 중에서 일정한 선정절차에 따라 배심원후보자를 선정한다($\frac{법 제22조}{와 제23조}$). 배심원 선정기일에 출석한 배심원 후보자 중에서 당해 재판에서 필요한 배심원과 예비배심원 수에 해당하는 배심원 후보

배심원과 예
비배심원

자를 무작위로 뽑고, 이들을 대상으로 직권, 기피신청 또는 무이유부기피신청($\frac{이유제시 없}{는 기피신청}$) 등의 절차를 통과한 후보자 중에서 무작위로 배심원과 예비배심원을 선정한다($\frac{법 제24조~}{제31조}$). 예비배심원이 복수인 경우에는 그 순번을 정해야 한다($\frac{법 제31조}{제3항}$). 검사와 변호인은 선정기일에 출석해야 하며($\frac{법 제27조}{제2항}$), 배심원 후보자

재판은 피고인 신청에만 의존하면서 그나마 재판부 배제결정률은 역대 최고치인 37.8%로 법원이 참여재판 실시에 소극적인 태도를 보이고 있다. 참여재판 실시율의 감소는 2017년부터 두드러지게 나타나고 있어 참여재판제도의 존속 필요성조차 의문시 되는 상황이다.

1) 【결정례】 i) 국민참여재판을 받을 권리는 헌법 제27조 제1항에서 규정한 재판을 받을 권리에 포함되지 않으며 합의부 관할사건만을 그 대상으로 하고 단독판사 관할사건을 그 대상으로 하지 않은 것은 합리적인 이유가 있으므로 평등원칙에 위배되지 않는다(헌재결 2015. 7. 30. 2014 헌바 447, 헌재공보 226, 1209(1211면)). ii) 군사재판을 국민참여재판 대상사건의 범위에서 제외하고 있는 법규정(제5조 제1항)은 군사재판의 특수성을 고려한 것으로서 입법재량의 일탈이 아니다(헌재결 2021. 6. 24. 2020 헌바 499).

2) 【판결례】 그런데 대법원은 이 기간을 경과하더라도 1심 공판기일 전까지만 국민참여재판 신청을 하면 되는 것으로 신청기간을 넓게 인정하는 판시를 했다(대법원 2009. 10. 23. 자 2009 모 1032 결정).

3) 【결정례】 법원의 재량으로 국민참여재판을 하지 아니하기로 결정할 수 있도록 한 것은 무죄추정의 원칙에 위배되지 않고, 재판받을 권리의 보호범위에 배심재판을 받을 권리가 포함되지도 않으며 참여재판 배제조항은 그 절차와 내용상 합리성과 정당성을 갖추었으므로 적법절차원리에 위배되지도 않는다(헌재결 2014. 1. 28. 2012 헌바 298, 판례집 26-1 상, 99(108면)).

에 대한 기피신청($\frac{법}{제28조}$) 또는 무이유부기피신청($\frac{법}{제30조}$)을 할 수 있다. 선정된 배심원 또는 예비배심원은 법원에 의해 해임될 수도 있고($\frac{법}{제32조}$), 스스로 사임할 수도 있다($\frac{법}{제33조}$). 배심원의 해임·사임 등으로 배심원이 부족하게 되고 배심원이 될 예비배심원이 없으면 배심원을 추가로 선정한다. 그러나 배심원이 5인 미만이 되는 경우가 아니라면 검사·피고인 또는 변호인의 의견을 듣거나 동의를 얻어 남은 배심원만으로 재판을 진행할 수 있다($\frac{법}{제34조}$).

⑷ 배심원의 수

사형·무기형에 해당하는 대상사건에서는 9인, 그 밖의 대상사건에서는 7인의 배심원이 참여한다. 다만 공판준비절차에서 피고인 또는 변호인이 공소사실의 주요내용을 인정한 때에는 5인의 배심원이 참여하게 할 수 있다($\frac{법\ 제13조}{제1항}$). 또 법원은 특별한 사정이 있다고 인정되고 검사·피고인 또는 변호인이 동의하는 경우에는 배심원의 수를 7인과 9인 중에서 제 1 항의 규정과 달리 정할 수 있다($\frac{동조}{제2항}$). 예비배심원의 수는 5인 이내이다($\frac{법}{제14조}$).

7인 내지 9인

⑸ 배심원의 권한과 의무

배심원은 참여사건에 관하여 사실의 인정, 법령의 적용 및 형의 양정에 관한 의견을 제시할 권한을 갖는다($\frac{법\ 제12조}{제1항}$). 공판기일에 출석하여 피고인·증인에 대한 필요사항의 신문을 재판장에게 요청할 수 있고, 재판장의 허가를 얻어 평의에 필요한 기록을 할 수 있다($\frac{법}{제41조}$). 국민참여재판에 선행되는 공판준비절차에는 배심원이 참여하지 않는다($\frac{법\ 제36조}{와\ 제37조}$). 또 배심원은 법원의 증거능력에 관한 심리에 관여할 수 없다($\frac{법}{제44조}$). 배심원은 공정한 직무수행을 다짐하는 선서의무가 있고($\frac{법}{제42조}$), 직무상의 비밀준수의무를 진다($\frac{법\ 제12조\ 제}{3항과\ 제47조}$). 배심원과 예비배심원은 대법원규칙이 정하는 여비·일당 등을 지급받는다($\frac{법}{제15조}$). 배심원의 임무는 종국재판을 고지하거나 통상절차 회부결정을 고지한 때 종료한다($\frac{법}{제35조}$).

의견제시권

비밀준수의무

⑹ 배심원의 평의·평결

배심원은 변론종결 후 법정에서 공소사실의 요지, 적용법조, 피고인과 변호인의 주장요지, 증거능력·증거요지 등 유의사항에 관한 재판장의 설명을 들은 후($\frac{법\ 제46조}{제1항}$) 유·무죄에 관하여 평의·평결한다. 이 때 전원의 의견이 일치하면 그에 따라 평결하지만, 배심원 과반수가 요청하면 심리관여 판사의 의견을 들을 수 있다($\frac{동조}{제2항}$). 평의 결과 유·무죄에 관한 의견이 나뉘면 평결 전에 판사의 의견을 들어야 한다. 이 경우 유·무죄 평결은 다수결로 한다. 판사는 평결에는 참여할 수 없다($\frac{동조}{제3항}$). 평의결과 유죄평결이 나면 배심원은 판사와 함께 양형에 관해 토의하고 의견을 개진한다. 재판장은 양형토의 전에 처벌범위와

유·무죄 평결 및 양형의견 개진

양형조건 등을 설명해야 한다($_{제4항}^{동조}$). 배심원의 평결과 의견은 법원을 기속하지

기속력 없는
평결결과

않는다($_{제5항}^{동조}$). 배심원의 평결과 양형에 대한 의견의 집계는 소송기록에 편철한
다($_{제6항}^{동조}$). 판결선고는 변론종결기일에 하는 것이 원칙이지만, 변론종결 후 14일
이내에 따로 선고기일을 정할 수도 있다. 재판장은 판결 선고 때 배심원의 평
결결과를 고지해야 하고, 평결결과와 다른 판결을 선고하는 때에는 그 이유를
설명해야 한다($_{제48조}^{법}$). 판결서에도 이를 기재하여야 한다($_{제49조}^{법}$).

㈕ 배심원 등의 보호조치와 벌칙

접촉규제와
신변보호

배심원 등은 직무로 인해서 불이익취급을 받지 않으며($_{제50조}^{법}$), 배심원 등에
대한 접촉은 엄격히 규제되고($_{제51조}^{법}$), 배심원 등의 개인정보를 공개하는 것은
금지된다($_{제52조}^{법}$). 그리고 배심원 등에 대한 신변보호조치($_{제53조}^{법}$) 등 배심원 등을
보호하기 위한 여러 규정을 두고 있다.

반면 배심원 등에 대한 청탁·위협과 배심원 등의 비밀누설·금품수수 등
을 처벌하는 벌칙규정($_{제59조}^{법 제56조～}$)과 배심원후보자의 불출석 등에 대한 과태료
규정($_{제60조}^{법}$)을 두고 있다.

(4) 법정의 질서유지장치

실체적 진실
발견 위한 법
정질서유지

법원의 심리와 판결은 실체적 진실발견의 과정인 동시에 그 결과를 의미
하기 때문에 법정의 질서가 유지되는 것은 재판의 목적달성을 위해서 매우 중
요하다. 우리 법원조직법이 법정의 질서유지를 위한 일련의 제도적 장치를 마
련해 놓고 있는 것도 그 때문이다. 그런데 법정의 질서유지는 재판의 공개제도

공개재판제도
와의 기능적
보완관계

하에서만 의미를 갖는 것이기 때문에 우리 헌법이 채택하고 있는 재판공개의
원칙은 법정의 질서유지와 상호 기능적인 보완관계에 있다고 할 것이다. 바로
이곳에 법정의 질서유지장치가 갖는 사법목적의 절차적 보장의 성격이 있다.

1) 법정의 질서유지책임자와 그 권한

재판장의 책
임과 권한

법정의 질서유지책임은 재판장에게 있다. 따라서 재판장은 법정의 존엄과
질서를 해할 우려가 있는 사람의 입정을 금지하거나 퇴정을 명할 수 있고 기
타 필요한 명령을 할 수 있다. 그뿐 아니라 법정질서를 해할 우려가 있는 보도
활동($_{중계방송 등}^{녹화·촬영}$)을 금지할 수 있다. 또 법정의 질서유지를 위해서 꼭 필요하다고
판단한 경우에는 언제든지 관할경찰서장에게 경찰관의 파견을 요청할 수 있고
파견된 경찰관을 지휘하여 법정 내외의 질서를 유지한다($_{제60조}^{법 제58조～}$).

감치처분과
권리구제

법정의 질서유지를 위한 법원의 권한 중에 가장 강력한 강제수단이 감치

처분이다($\frac{법}{제61조}$). 감치처분이란 법정질서를 유지하기 위한 재판장의 명령을 어기거나 폭언·소란 등의 행위로 법정의 심리를 방해하거나 재판의 위신을 현저히 훼손한 사람에게 20일 이내의 기간 그 신체의 자유를 구속하거나 100만원 이하의 과태료에 처하는 법원의 결정을 말한다. 감치처분은 일종의 질서벌에 해당하는 것으로서 형벌은 아니지만 신체의 자유에 대한 제한과 금전상의 불이익을 그 내용으로 하는 것이기 때문에 신중하게 행해져야 하고 또 그에 대한 권리구제절차가 마련되어야 한다. 감치처분에 대해서 이의신청·항고·특별항고가 허용되는 것도 그 때문이다.

2) 법원의 질서유지명령·처분의 한계

사법목적을 달성하고 재판공개의 원칙을 지켜나가기 위해서 법원이 행사하는 질서유지명령과 처분에도 헌법이론상 일정한 한계가 있다. 즉 헌법상 기본권제한의 한계를 뜻하는 과잉금지의 원칙은 이 경우에도 반드시 존중되어야 한다. 법원이 행하는 질서유지명령·처분은 법정의 질서유지 그 자체가 목적이 아니고 재판공개의 원칙을 지키기 위한 하나의 불가피한 수단이라는 점을 인식하고 재판공개를 지속하기 위한 필요 불가피한 최소한의 조치에 그쳐야 한다. 공개재판의 불가피한 결과로서의 다소의 법정소란행위라든지 보도기관의 보도활동은 원칙적으로 질서유지명령이나 처분의 사유가 되지 않는다고 할 것이다. 재판과 관련된 보도의 한계는 다른 실정법($\substack{\text{예컨대 가사소송법 제10조} \\ \text{와 제72조; 소년법 제68조}}$)에 의해서 정해지거나 보도기관의 자율적인 보도윤리에 의해서 결정될 사항이지 법원의 질서유지명령이나 처분으로 해결될 문제는 아니라고 생각한다.

과잉금지의 원칙

질서유지명령·처분의 역기능 배제

대한민국헌법

전 문

　유구한 역사와 전통에 빛나는 우리 대한국민은 3·1운동으로 건립된 대한민국임시정부의 법통과 불의에 항거한 4·19민주이념을 계승하고, 조국의 민주개혁과 평화적 통일의 사명에 입각하여 정의·인도와 동포애로써 민족의 단결을 공고히 하고, 모든 사회적 폐습과 불의를 타파하며, 자율과 조화를 바탕으로 자유민주적 기본질서를 더욱 확고히 하여 정치·경제·사회·문화의 모든 영역에 있어서 각인의 기회를 균등히 하고, 능력을 최고도로 발휘하게 하며, 자유와 권리에 따르는 책임과 의무를 완수하게 하여, 안으로는 국민생활의 균등한 향상을 기하고 밖으로는 항구적인 세계평화와 인류공영에 이바지함으로써 우리들과 우리들의 자손의 안전과 자유와 행복을 영원히 확보할 것을 다짐하면서 1948년 7월 12일에 제정되고 8차에 걸쳐 개정된 헌법을 이제 국회의 의결을 거쳐 국민투표에 의하여 개정한다.

1987년 10월 29일

제1장 총 강

제1조　① 대한민국은 민주공화국이다.
　② 대한민국의 주권은 국민에게 있고, 모든 권력은 국민으로부터 나온다.
제2조　① 대한민국의 국민이 되는 요건은 법률로 정한다.
　② 국가는 법률이 정하는 바에 의하여 재외국민을 보호할 의무를 진다.
제3조　대한민국의 영토는 한반도와 그 부속도서로 한다.
제4조　대한민국은 통일을 지향하며, 자유민주적 기본질서에 입각한 평화적 통일 정책을 수립하고 이를 추진한다.
제5조　① 대한민국은 국제평화의 유지에 노력하고 침략적 전쟁을 부인한다.
　② 국군은 국가의 안전보장과 국토방위의 신성한 의무를 수행함을 사명으로 하며, 그 정치적 중립성은 준수된다.

제6조　① 헌법에 의하여 체결·공포된 조약과 일반적으로 승인된 국제법규는 국내법과 같은 효력을 가진다.
　② 외국인은 국제법과 조약이 정하는 바에 의하여 그 지위가 보장된다.
제7조　① 공무원은 국민전체에 대한 봉사자이며, 국민에 대하여 책임을 진다.
　② 공무원의 신분과 정치적 중립성은 법률이 정하는 바에 의하여 보장된다.
제8조　① 정당의 설립은 자유이며, 복수정당제는 보장된다.
　② 정당은 그 목적·조직과 활동이 민주적이어야 하며, 국민의 정치적 의사형성에 참여하는데 필요한 조직을 가져야 한다.
　③ 정당은 법률이 정하는 바에 의하여 국가의 보호를 받으며, 국가는 법률이 정하는 바에 의하여 정당운영에 필요한 자금을 보조할 수 있다.
　④ 정당의 목적이나 활동이 민주적 기본질서에 위배될 때에는 정부는 헌법재판소에 그 해산을 제소할 수 있고, 정당은 헌법재판소의 심판에

의하여 해산된다.

제 9 조　국가는 전통문화의 계승·발전과 민족문화의 창달에 노력하여야 한다.

제 2 장　국민의 권리와 의무

제10조　모든 국민은 인간으로서의 존엄과 가치를 가지며, 행복을 추구할 권리를 가진다. 국가는 개인이 가지는 불가침의 기본적 인권을 확인하고 이를 보장할 의무를 진다.

제11조　① 모든 국민은 법 앞에 평등하다. 누구든지 성별·종교 또는 사회적 신분에 의하여 정치적·경제적·사회적·문화적 생활의 모든 영역에 있어서 차별을 받지 아니한다.

② 사회적 특수계급의 제도는 인정되지 아니하며, 어떠한 형태로도 이를 창설할 수 없다.

③ 훈장등의 영전은 이를 받은 자에게만 효력이 있고, 어떠한 특권도 이에 따르지 아니한다.

제12조　① 모든 국민은 신체의 자유를 가진다. 누구든지 법률에 의하지 아니하고는 체포·구속·압수·수색 또는 심문을 받지 아니하며, 법률과 적법한 절차에 의하지 아니하고는 처벌·보안처분 또는 강제노역을 받지 아니한다.

② 모든 국민은 고문을 받지 아니하며, 형사상 자기에게 불리한 진술을 강요당하지 아니한다.

③ 체포·구속·압수 또는 수색을 할 때에는 적법한 절차에 따라 검사의 신청에 의하여 법관이 발부한 영장을 제시하여야 한다. 다만, 현행범인인 경우와 장기 3년 이상의 형에 해당하는 죄를 범하고 도피 또는 증거인멸의 염려가 있을 때에는 사후에 영장을 청구할 수 있다.

④ 누구든지 체포 또는 구속을 당한 때에는 즉시 변호인의 조력을 받을 권리를 가진다. 다만, 형사피고인이 스스로 변호인을 구할 수 없을 때에는 법률이 정하는 바에 의하여 국가가 변호인을 붙인다.

⑤ 누구든지 체포 또는 구속의 이유와 변호인의 조력을 받을 권리가 있음을 고지받지 아니하고는 체포 또는 구속을 당하지 아니한다. 체포 또는 구속을 당한 자의 가족 등 법률이 정하는 자에게는 그 이유와 일시·장소가 지체없이 통지되어야 한다.

⑥ 누구든지 체포 또는 구속을 당한 때에는 적부의 심사를 법원에 청구할 권리를 가진다.

⑦ 피고인의 자백이 고문·폭행·협박·구속의 부당한 장기화 또는 기망 기타의 방법에 의하여 자의로 진술된 것이 아니라고 인정될 때 또는 정식재판에 있어서 피고인의 자백이 그에게 불리한 유일한 증거일 때에는 이를 유죄의 증거로 삼거나 이를 이유로 처벌할 수 없다.

제13조　① 모든 국민은 행위시의 법률에 의하여 범죄를 구성하지 아니하는 행위로 소추되지 아니하며, 동일한 범죄에 대하여 거듭 처벌받지 아니한다.

② 모든 국민은 소급입법에 의하여 참정권의 제한을 받거나 재산권을 박탈당하지 아니한다.

③ 모든 국민은 자기의 행위가 아닌 친족의 행위로 인하여 불이익한 처우를 받지 아니한다.

제14조　모든 국민은 거주·이전의 자유를 가진다.

제15조　모든 국민은 직업선택의 자유를 가진다.

제16조　모든 국민은 주거의 자유를 침해받지 아니한다. 주거에 대한 압수나 수색을 할 때에는 검사의 신청에 의하여 법관이 발부한 영장을 제시하여야 한다.

제17조　모든 국민은 사생활의 비밀과 자유를 침해받지 아니한다.

제18조　모든 국민은 통신의 비밀을 침해받지 아니한다.

제19조　모든 국민은 양심의 자유를 가진다.

제20조　① 모든 국민은 종교의 자유를 가진다.

② 국교는 인정되지 아니하며, 종교와 정치는 분리된다.

제21조　① 모든 국민은 언론·출판의 자유와 집회·결사의 자유를 가진다.

② 언론·출판에 대한 허가나 검열과 집회·결사에 대한 허가는 인정되지 아니한다.

③ 통신·방송의 시설기준과 신문의 기능을 보장하기 위하여 필요한 사항은 법률로 정한다.

④ 언론·출판은 타인의 명예나 권리 또는 공중도덕이나 사회윤리를 침해하여서는 아니된다.

언론·출판이 타인의 명예나 권리를 침해한 때에는 피해자는 이에 대한 피해의 배상을 청구할 수 있다.

제22조 ① 모든 국민은 학문과 예술의 자유를 가진다.

② 저작자·발명가·과학기술자와 예술가의 권리는 법률로써 보호한다.

제23조 ① 모든 국민의 재산권은 보장된다. 그 내용과 한계는 법률로 정한다.

② 재산권의 행사는 공공복리에 적합하도록 하여야 한다.

③ 공공필요에 의한 재산권의 수용·사용 또는 제한 및 그에 대한 보상은 법률로써 하되, 정당한 보상을 지급하여야 한다.

제24조 모든 국민은 법률이 정하는 바에 의하여 선거권을 가진다.

제25조 모든 국민은 법률이 정하는 바에 의하여 공무담임권을 가진다.

제26조 ① 모든 국민은 법률이 정하는 바에 의하여 국가기관에 문서로 청원할 권리를 가진다.

② 국가는 청원에 대하여 심사할 의무를 진다.

제27조 ① 모든 국민은 헌법과 법률이 정한 법관에 의하여 법률에 의한 재판을 받을 권리를 가진다.

② 군인 또는 군무원이 아닌 국민은 대한민국의 영역 안에서는 중대한 군사상 기밀·초병·초소·유독음식물공급·포로·군용물에 관한 죄 중 법률이 정한 경우와 비상계엄이 선포된 경우를 제외하고는 군사법원의 재판을 받지 아니한다.

③ 모든 국민은 신속한 재판을 받을 권리를 가진다. 형사피고인은 상당한 이유가 없는 한 지체없이 공개재판을 받을 권리를 가진다.

④ 형사피고인은 유죄의 판결이 확정될 때까지는 무죄로 추정된다.

⑤ 형사피해자는 법률이 정하는 바에 의하여 당해 사건의 재판절차에서 진술할 수 있다.

제28조 형사피의자 또는 형사피고인으로서 구금되었던 자가 법률이 정하는 불기소처분을 받거나 무죄판결을 받은 때에는 법률이 정하는 바에 의하여 국가에 정당한 보상을 청구할 수 있다.

제29조 ① 공무원의 직무상 불법행위로 손해를 받은 국민은 법률이 정하는 바에 의하여 국가 또는 공공단체에 정당한 배상을 청구할 수 있다. 이 경우 공무원 자신의 책임은 면제되지 아니한다.

② 군인·군무원·경찰공무원 기타 법률이 정하는 자가 전투·훈련 등 직무집행과 관련하여 받은 손해에 대하여는 법률이 정하는 보상 외에 국가 또는 공공단체에 공무원의 직무상 불법행위로 인한 배상은 청구할 수 없다.

제30조 타인의 범죄행위로 인하여 생명·신체에 대한 피해를 받은 국민은 법률이 정하는 바에 의하여 국가로부터 구조를 받을 수 있다.

제31조 ① 모든 국민은 능력에 따라 균등하게 교육을 받을 권리를 가진다.

② 모든 국민은 그 보호하는 자녀에게 적어도 초등교육과 법률이 정하는 교육을 받게 할 의무를 진다.

③ 의무교육은 무상으로 한다.

④ 교육의 자주성·전문성·정치적 중립성 및 대학의 자율성은 법률이 정하는 바에 의하여 보장된다.

⑤ 국가는 평생교육을 진흥하여야 한다.

⑥ 학교교육 및 평생교육을 포함한 교육제도와 그 운영, 교육재정 및 교원의 지위에 관한 기본적인 사항은 법률로 정한다.

제32조 ① 모든 국민은 근로의 권리를 가진다. 국가는 사회적·경제적 방법으로 근로자의 고용의 증진과 적정임금의 보장에 노력하여야 하며, 법률이 정하는 바에 의하여 최저임금제를 시행하여야 한다.

② 모든 국민은 근로의 의무를 진다. 국가는 근로의 의무의 내용과 조건을 민주주의원칙에 따라 법률로 정한다.

③ 근로조건의 기준은 인간의 존엄성을 보장하도록 법률로 정한다.

④ 여자의 근로는 특별한 보호를 받으며, 고용·임금 및 근로조건에 있어서 부당한 차별을 받지 아니한다.

⑤ 연소자의 근로는 특별한 보호를 받는다.

⑥ 국가유공자·상이군경 및 전몰군경의 유가족은 법률이 정하는 바에 의하여 우선적으로 근로의 기회를 부여받는다.

제33조 ① 근로자는 근로조건의 향상을 위하여 자주적인 단결권·단체교섭권 및 단체행동권을 가진다.

② 공무원인 근로자는 법률이 정하는 자에 한하여 단결권·단체교섭권 및 단체행동권을 가진다.

③ 법률이 정하는 주요방위산업체에 종사하는 근로자의 단체행동권은 법률이 정하는 바에 의하여 이를 제한하거나 인정하지 아니할 수 있다.

제34조 ① 모든 국민은 인간다운 생활을 할 권리를 가진다.

② 국가는 사회보장·사회복지의 증진에 노력할 의무를 진다.

③ 국가는 여자의 복지와 권익의 향상을 위하여 노력하여야 한다.

④ 국가는 노인과 청소년의 복지향상을 위한 정책을 실시할 의무를 진다.

⑤ 신체장애자 및 질병·노령 기타의 사유로 생활능력이 없는 국민은 법률이 정하는 바에 의하여 국가의 보호를 받는다.

⑥ 국가는 재해를 예방하고 그 위험으로부터 국민을 보호하기 위하여 노력하여야 한다.

제35조 ① 모든 국민은 건강하고 쾌적한 환경에서 생활할 권리를 가지며, 국가와 국민은 환경보전을 위하여 노력하여야 한다.

② 환경권의 내용과 행사에 관하여는 법률로 정한다.

③ 국가는 주택개발정책 등을 통하여 모든 국민이 쾌적한 주거생활을 할 수 있도록 노력하여야 한다.

제36조 ① 혼인과 가족생활은 개인의 존엄과 양성의 평등을 기초로 성립되고 유지되어야 하며, 국가는 이를 보장한다.

② 국가는 모성의 보호를 위하여 노력하여야 한다.

③ 모든 국민은 보건에 관하여 국가의 보호를 받는다.

제37조 ① 국민의 자유와 권리는 헌법에 열거되지 아니한 이유로 경시되지 아니한다.

② 국민의 모든 자유와 권리는 국가안전보장·질서유지 또는 공공복리를 위하여 필요한 경우에 한하여 법률로써 제한할 수 있으며, 제한하는 경우에도 자유와 권리의 본질적인 내용을 침해할 수 없다.

제38조 모든 국민은 법률이 정하는 바에 의하여 납세의 의무를 진다.

제39조 ① 모든 국민은 법률이 정하는 바에 의하여 국방의 의무를 진다.

② 누구든지 병역의무의 이행으로 인하여 불이익한 처우를 받지 아니한다.

제 3 장 국 회

제40조 입법권은 국회에 속한다.

제41조 ① 국회는 국민의 보통·평등·직접·비밀선거에 의하여 선출된 국회의원으로 구성한다.

② 국회의원의 수는 법률로 정하되, 200인 이상으로 한다.

③ 국회의원의 선거구와 비례대표제 기타 선거에 관한 사항은 법률로 정한다.

제42조 국회의원의 임기는 4년으로 한다.

제43조 국회의원은 법률이 정하는 직을 겸할 수 없다.

제44조 ① 국회의원은 현행범인인 경우를 제외하고는 회기중 국회의 동의없이 체포 또는 구금되지 아니한다.

② 국회의원이 회기 전에 체포 또는 구금된 때에는 현행범인이 아닌 한 국회의 요구가 있으면 회기중 석방된다.

제45조 국회의원은 국회에서 직무상 행한 발언과 표결에 관하여 국회 외에서 책임을 지지 아니한다.

제46조 ① 국회의원은 청렴의 의무가 있다.

② 국회의원은 국가이익을 우선하여 양심에 따라 직무를 행한다.

③ 국회의원은 그 지위를 남용하여 국가·공공

단체 또는 기업체와의 계약이나 그 처분에 의하여 재산상의 권리·이익 또는 직위를 취득하거나 타인을 위하여 그 취득을 알선할 수 없다.

제47조 ① 국회의 정기회는 법률이 정하는 바에 의하여 매년 1회 집회되며, 국회의 임시회는 대통령 또는 국회재적의원 4분의 1 이상의 요구에 의하여 집회된다.

② 정기회의 회기는 100일을, 임시회의 회기는 30일을 초과할 수 없다.

③ 대통령이 임시회의 집회를 요구할 때에는 기간과 집회요구의 이유를 명시하여야 한다.

제48조 국회는 의장 1인과 부의장 2인을 선출한다.

제49조 국회는 헌법 또는 법률에 특별한 규정이 없는 한 재적의원 과반수의 출석과 출석의원 과반수의 찬성으로 의결한다. 가부동수인 때에는 부결된 것으로 본다.

제50조 ① 국회의 회의는 공개한다. 다만, 출석의원 과반수의 찬성이 있거나 의장이 국가의 안전보장을 위하여 필요하다고 인정할 때에는 공개하지 아니할 수 있다.

② 공개하지 아니한 회의내용의 공표에 관하여는 법률이 정하는 바에 의한다.

제51조 국회에 제출된 법률안 기타의 의안은 회기중에 의결되지 못한 이유로 폐기되지 아니한다. 다만, 국회의원의 임기가 만료된 때에는 그러하지 아니하다.

제52조 국회의원과 정부는 법률안을 제출할 수 있다.

제53조 ① 국회에서 의결된 법률안은 정부에 이송되어 15일 이내에 대통령이 공포한다.

② 법률안에 이의가 있을 때에는 대통령은 제1항의 기간 내에 이의서를 붙여 국회로 환부하고, 그 재의를 요구할 수 있다. 국회의 폐회중에도 또한 같다.

③ 대통령은 법률안의 일부에 대하여 또는 법률안을 수정하여 재의를 요구할 수 없다.

④ 재의의 요구가 있을 때에는 국회는 재의에 붙이고, 재적의원과반수의 출석과 출석의원 3분의 2 이상의 찬성으로 전과 같은 의결을 하면 그 법률안은 법률로서 확정된다.

⑤ 대통령이 제1항의 기간 내에 공포나 재의의 요구를 하지 아니한 때에도 그 법률안은 법률로서 확정된다.

⑥ 대통령은 제4항과 제5항의 규정에 의하여 확정된 법률을 지체없이 공포하여야 한다. 제5항에 의하여 법률이 확정된 후 또는 제4항에 의한 확정법률이 정부에 이송된 후 5일 이내에 대통령이 공포하지 아니할 때에는 국회의장이 이를 공포한다.

⑦ 법률은 특별한 규정이 없는 한 공포한 날로부터 20일을 경과함으로써 효력을 발생한다.

제54조 ① 국회는 국가의 예산안을 심의·확정한다.

② 정부는 회계연도마다 예산안을 편성하여 회계연도 개시 90일 전까지 국회에 제출하고, 국회는 회계연도 개시 30일 전까지 이를 의결하여야 한다.

③ 새로운 회계연도가 개시될 때까지 예산안이 의결되지 못한 때에는 정부는 국회에서 예산안이 의결될 때까지 다음의 목적을 위한 경비는 전년도 예산에 준하여 집행할 수 있다.

1. 헌법이나 법률에 의하여 설치된 기관 또는 시설의 유지·운영
2. 법률상 지출의무의 이행
3. 이미 예산으로 승인된 사업의 계속

제55조 ① 한 회계연도를 넘어 계속하여 지출할 필요가 있을 때에는 정부는 연한을 정하여 계속비로서 국회의 의결을 얻어야 한다.

② 예비비는 총액으로 국회의 의결을 얻어야 한다. 예비비의 지출은 차기국회의 승인을 얻어야 한다.

제56조 정부는 예산에 변경을 가할 필요가 있을 때에는 추가경정예산안을 편성하여 국회에 제출할 수 있다.

제57조 국회는 정부의 동의없이 정부가 제출한 지출예산 각항의 금액을 증가하거나 새 비목을 설치할 수 없다.

제58조 국채를 모집하거나 예산 외에 국가의 부담이 될 계약을 체결하려 할 때에는 정부는 미

리 국회의 의결을 얻어야 한다.

제59조 조세의 종목과 세율은 법률로 정한다.

제60조 ① 국회는 상호원조 또는 안전보장에 관한 조약, 중요한 국제조직에 관한 조약, 우호통상항해조약, 주권의 제약에 관한 조약, 강화조약, 국가나 국민에게 중대한 재정적 부담을 지우는 조약 또는 입법사항에 관한 조약의 체결·비준에 대한 동의권을 가진다.

② 국회는 선전포고, 국군의 외국에의 파견 또는 외국군대의 대한민국 영역 안에서의 주류에 대한 동의권을 가진다.

제61조 ① 국회는 국정을 감사하거나 특정한 국정사안에 대하여 조사할 수 있으며, 이에 필요한 서류의 제출 또는 증인의 출석과 증언이나 의견의 진술을 요구할 수 있다.

② 국정감사 및 조사에 관한 절차 기타 필요한 사항은 법률로 정한다.

제62조 ① 국무총리·국무위원 또는 정부위원은 국회나 그 위원회에 출석하여 국정처리상황을 보고하거나 의견을 진술하고 질문에 응답할 수 있다.

② 국회나 그 위원회의 요구가 있을 때에는 국무총리·국무위원 또는 정부위원은 출석·답변하여야 하며, 국무총리 또는 국무위원이 출석요구를 받은 때에는 국무위원 또는 정부위원으로 하여금 출석·답변하게 할 수 있다.

제63조 ① 국회는 국무총리 또는 국무위원의 해임을 대통령에게 건의할 수 있다.

② 제1항의 해임건의는 국회재적의원 3분의 1 이상의 발의에 의하여 국회재적의원 과반수의 찬성이 있어야 한다.

제64조 ① 국회는 법률에 저촉되지 아니하는 범위 안에서 의사와 내부규율에 관한 규칙을 제정할 수 있다.

② 국회는 의원의 자격을 심사하며, 의원을 징계할 수 있다.

③ 의원을 제명하려면 국회재적의원 3분의 2 이상의 찬성이 있어야 한다.

④ 제2항과 제3항의 처분에 대하여는 법원에 제소할 수 없다.

제65조 ① 대통령·국무총리·국무위원·행정각부의 장·헌법재판소 재판관·법관·중앙선거관리위원회 위원·감사원장·감사위원 기타 법률이 정한 공무원이 그 직무집행에 있어서 헌법이나 법률을 위배한 때에는 국회는 탄핵의 소추를 의결할 수 있다.

② 제1항의 탄핵소추는 국회재적의원 3분의 1 이상의 발의가 있어야 하며, 그 의결은 국회재적의원 과반수의 찬성이 있어야 한다. 다만, 대통령에 대한 탄핵소추는 국회재적의원 과반수의 발의와 국회재적의원 3분의 2 이상의 찬성이 있어야 한다.

③ 탄핵소추의 의결을 받은 자는 탄핵심판이 있을 때까지 그 권한행사가 정지된다.

④ 탄핵결정은 공직으로부터 파면함에 그친다. 그러나, 이에 의하여 민사상이나 형사상의 책임이 면제되지는 아니한다.

제 4 장 정 부

제 1 절 대 통 령

제66조 ① 대통령은 국가의 원수이며, 외국에 대하여 국가를 대표한다.

② 대통령은 국가의 독립·영토의 보전·국가의 계속성과 헌법을 수호할 책무를 진다.

③ 대통령은 조국의 평화적 통일을 위한 성실한 의무를 진다.

④ 행정권은 대통령을 수반으로 하는 정부에 속한다.

제67조 ① 대통령은 국민의 보통·평등·직접·비밀선거에 의하여 선출한다.

② 제1항의 선거에 있어서 최고득표자가 2인 이상인 때에는 국회의 재적의원 과반수가 출석한 공개회의에서 다수표를 얻은 자를 당선자로 한다.

③ 대통령후보자가 1인일 때에는 그 득표수가 선거권자 총수의 3분의 1 이상이 아니면 대통령으로 당선될 수 없다.

④ 대통령으로 선거될 수 있는 자는 국회의원의 피선거권이 있고 선거일 현재 40세에 달하

여야 한다.

⑤ 대통령의 선거에 관한 사항은 법률로 정한다.

제68조 ① 대통령의 임기가 만료되는 때에는 임기만료 70일 내지 40일 전에 후임자를 선거한다.

② 대통령이 궐위된 때 또는 대통령 당선자가 사망하거나 판결 기타의 사유로 그 자격을 상실한 때에는 60일 이내에 후임자를 선거한다.

제69조 대통령은 취임에 즈음하여 다음의 선서를 한다. "나는 헌법을 준수하고 국가를 보위하며 조국의 평화적 통일과 국민의 자유와 복리의 증진 및 민족문화의 창달에 노력하여 대통령으로서의 직책을 성실히 수행할 것을 국민 앞에 엄숙히 선서합니다."

제70조 대통령의 임기는 5년으로 하며, 중임할 수 없다.

제71조 대통령이 궐위되거나 사고로 인하여 직무를 수행할 수 없을 때에는 국무총리, 법률이 정한 국무위원의 순서로 그 권한을 대행한다.

제72조 대통령은 필요하다고 인정할 때에는 외교·국방·통일 기타 국가안위에 관한 중요정책을 국민투표에 붙일 수 있다.

제73조 대통령은 조약을 체결·비준하고, 외교사절을 신임·접수 또는 파견하며, 선전포고와 강화를 한다.

제74조 ① 대통령은 헌법과 법률이 정하는 바에 의하여 국군을 통수한다.

② 국군의 조직과 편성은 법률로 정한다.

제75조 대통령은 법률에서 구체적으로 범위를 정하여 위임받은 사항과 법률을 집행하기 위하여 필요한 사항에 관하여 대통령령을 발할 수 있다.

제76조 ① 대통령은 내우·외환·천재·지변 또는 중대한 재정·경제상의 위기에 있어서 국가의 안전보장 또는 공공의 안녕질서를 유지하기 위하여 긴급한 조치가 필요하고 국회의 집회를 기다릴 여유가 없을 때에 한하여 최소한으로 필요한 재정·경제상의 처분을 하거나 이에 관하여 법률의 효력을 가지는 명령을 발할 수 있다.

② 대통령은 국가의 안위에 관계되는 중대한 교전상태에 있어서 국가를 보위하기 위하여 긴급한 조치가 필요하고 국회의 집회가 불가능한 때에 한하여 법률의 효력을 가지는 명령을 발할 수 있다.

③ 대통령은 제1항과 제2항의 처분 또는 명령을 한 때에는 지체없이 국회에 보고하여 그 승인을 얻어야 한다.

④ 제3항의 승인을 얻지 못한 때에는 그 처분 또는 명령은 그때부터 효력을 상실한다. 이 경우 그 명령에 의하여 개정 또는 폐지되었던 법률은 그 명령이 승인을 얻지 못한 때부터 당연히 효력을 회복한다.

⑤ 대통령은 제3항과 제4항의 사유를 지체없이 공포하여야 한다.

제77조 ① 대통령은 전시·사변 또는 이에 준하는 국가비상사태에 있어서 병력으로써 군사상의 필요에 응하거나 공공의 안녕질서를 유지할 필요가 있을 때에는 법률이 정하는 바에 의하여 계엄을 선포할 수 있다.

② 계엄은 비상계엄과 경비계엄으로 한다.

③ 비상계엄이 선포된 때에는 법률이 정하는 바에 의하여 영장제도, 언론·출판·집회·결사의 자유, 정부나 법원의 권한에 관하여 특별한 조치를 할 수 있다.

④ 계엄을 선포한 때에는 대통령은 지체없이 국회에 통고하여야 한다.

⑤ 국회가 재적의원 과반수의 찬성으로 계엄의 해제를 요구한 때에는 대통령은 이를 해제하여야 한다.

제78조 대통령은 헌법과 법률이 정하는 바에 의하여 공무원을 임면한다.

제79조 ① 대통령은 법률이 정하는 바에 의하여 사면·감형 또는 복권을 명할 수 있다.

② 일반사면을 명하려면 국회의 동의를 얻어야 한다.

③ 사면·감형 및 복권에 관한 사항은 법률로 정한다.

제80조 대통령은 법률이 정하는 바에 의하여 훈장 기타의 영전을 수여한다.

제81조 대통령은 국회에 출석하여 발언하거나

서한으로 의견을 표시할 수 있다.

제82조 대통령의 국법상 행위는 문서로써 하며, 이 문서에는 국무총리와 관계 국무위원이 부서한다. 군사에 관한 것도 또한 같다.

제83조 대통령은 국무총리·국무위원·행정각부의 장 기타 법률이 정하는 공사의 직을 겸할 수 없다.

제84조 대통령은 내란 또는 외환의 죄를 범한 경우를 제외하고는 재직중 형사상의 소추를 받지 아니한다.

제85조 전직대통령의 신분과 예우에 관하여는 법률로 정한다.

제 2 절 행 정 부

제 1 관 국무총리와 국무위원

제86조 ① 국무총리는 국회의 동의를 얻어 대통령이 임명한다.

② 국무총리는 대통령을 보좌하며, 행정에 관하여 대통령의 명을 받아 행정각부를 통할한다.

③ 군인은 현역을 면한 후가 아니면 국무총리로 임명될 수 없다.

제87조 ① 국무위원은 국무총리의 제청으로 대통령이 임명한다.

② 국무위원은 국정에 관하여 대통령을 보좌하며, 국무회의의 구성원으로서 국정을 심의한다.

③ 국무총리는 국무위원의 해임을 대통령에게 건의할 수 있다.

④ 군인은 현역을 면한 후가 아니면 국무위원으로 임명될 수 없다.

제 2 관 국무회의

제88조 ① 국무회의는 정부의 권한에 속하는 중요한 정책을 심의한다.

② 국무회의는 대통령·국무총리와 15인 이상 30인 이하의 국무위원으로 구성한다.

③ 대통령은 국무회의의 의장이 되고, 국무총리는 부의장이 된다.

제89조 다음 사항은 국무회의의 심의를 거쳐야 한다.

1. 국정의 기본계획과 정부의 일반정책
2. 선전·강화 기타 중요한 대외정책
3. 헌법개정안·국민투표안·조약안·법률안 및 대통령령안
4. 예산안·결산·국유재산처분의 기본계획·국가의 부담이 될 계약 기타 재정에 관한 중요사항
5. 대통령의 긴급명령·긴급재정경제처분 및 명령 또는 계엄과 그 해제
6. 군사에 관한 중요사항
7. 국회의 임시회 집회의 요구
8. 영전수여
9. 사면·감형과 복권
10. 행정각부간의 권한의 획정
11. 정부안의 권한의 위임 또는 배정에 관한 기본계획
12. 국정처리상황의 평가·분석
13. 행정각부의 중요한 정책의 수립과 조정
14. 정당해산의 제소
15. 정부에 제출 또는 회부된 정부의 정책에 관계되는 청원의 심사
16. 검찰총장·합동참모의장·각군참모총장·국립대학교총장·대사 기타 법률이 정한 공무원과 국영기업체관리자의 임명
17. 기타 대통령·국무총리 또는 국무위원이 제출한 사항

제90조 ① 국정의 중요한 사항에 관한 대통령의 자문에 응하기 위하여 국가원로로 구성되는 국가원로자문회의를 둘 수 있다.

② 국가원로자문회의의 의장은 직전대통령이 된다. 다만, 직전대통령이 없을 때에는 대통령이 지명한다.

③ 국가원로자문회의의 조직·직무범위 기타 필요한 사항은 법률로 정한다.

제91조 ① 국가안전보장에 관련되는 대외정책·군사정책과 국내정책의 수립에 관하여 국무회의의 심의에 앞서 대통령의 자문에 응하기 위하여 국가안전보장회의를 둔다.

② 국가안전보장회의는 대통령이 주재한다.

③ 국가안전보장회의의 조직·직무범위 기타 필요한 사항은 법률로 정한다.

제92조 ① 평화통일정책의 수립에 관한 대통령

의 자문에 응하기 위하여 민주평화통일자문회
의를 둘 수 있다.

② 민주평화통일자문회의의 조직·직무범위 기
타 필요한 사항은 법률로 정한다.

제93조 ① 국민경제의 발전을 위한 중요정책의
수립에 관하여 대통령의 자문에 응하기 위하여
국민경제자문회의를 둘 수 있다.

② 국민경제자문회의의 조직·직무범위 기타 필
요한 사항은 법률로 정한다.

제 3 관 행정각부

제94조 행정각부의 장은 국무위원 중에서 국무
총리의 제청으로 대통령이 임명한다.

제95조 국무총리 또는 행정각부의 장은 소관사
무에 관하여 법률이나 대통령령의 위임 또는
직권으로 총리령 또는 부령을 발할 수 있다.

제96조 행정각부의 설치·조직과 직무범위는 법
률로 정한다.

제 4 관 감 사 원

제97조 국가의 세입·세출의 결산, 국가 및 법률
이 정한 단체의 회계검사와 행정기관 및 공무
원의 직무에 관한 감찰을 하기 위하여 대통령
소속하에 감사원을 둔다.

제98조 ① 감사원은 원장을 포함한 5인 이상
11인 이하의 감사위원으로 구성한다.

② 원장은 국회의 동의를 얻어 대통령이 임명
하고, 그 임기는 4년으로 하며, 1차에 한하여
중임할 수 있다.

③ 감사위원은 원장의 제청으로 대통령이 임명
하고, 그 임기는 4년으로 하며, 1차에 한하여
중임할 수 있다.

제99조 감사원은 세입·세출의 결산을 매년 검
사하여 대통령과 차년도국회에 그 결과를 보고
하여야 한다.

제100조 감사원의 조직·직무범위·감사위원의
자격·감사대상공무원의 범위 기타 필요한 사항
은 법률로 정한다.

제 5 장 법   원

제101조 ① 사법권은 법관으로 구성된 법원에

속한다.

② 법원은 최고법원인 대법원과 각급법원으로
조직된다.

③ 법관의 자격은 법률로 정한다.

제102조 ① 대법원에 부를 둘 수 있다.

② 대법원에 대법관을 둔다. 다만, 법률이 정하
는 바에 의하여 대법관이 아닌 법관을 둘 수
있다.

③ 대법원과 각급법원의 조직은 법률로 정한다.

제103조 법관은 헌법과 법률에 의하여 그 양심
에 따라 독립하여 심판한다.

제104조 ① 대법원장은 국회의 동의를 얻어 대
통령이 임명한다.

② 대법관은 대법원장의 제청으로 국회의 동의
를 얻어 대통령이 임명한다.

③ 대법원장과 대법관이 아닌 법관은 대법관회
의의 동의를 얻어 대법원장이 임명한다.

제105조 ① 대법원장의 임기는 6년으로 하며,
중임할 수 없다.

② 대법관의 임기는 6년으로 하며, 법률이 정
하는 바에 의하여 연임할 수 있다.

③ 대법원장과 대법관이 아닌 법관의 임기는
10년으로 하며, 법률이 정하는 바에 의하여 연
임할 수 있다.

④ 법관의 정년은 법률로 정한다.

제106조 ① 법관은 탄핵 또는 금고 이상의 형
의 선고에 의하지 아니하고는 파면되지 아니하
며, 징계처분에 의하지 아니하고는 정직·감봉
기타 불리한 처분을 받지 아니한다.

② 법관이 중대한 심신상의 장해로 직무를 수
행할 수 없을 때에는 법률이 정하는 바에 의하
여 퇴직하게 할 수 있다.

제107조 ① 법률이 헌법에 위반되는 여부가 재
판의 전제가 된 경우에는 법원은 헌법재판소에
제청하여 그 심판에 의하여 재판한다.

② 명령·규칙 또는 처분이 헌법이나 법률에 위
반되는 여부가 재판의 전제가 된 경우에는 대
법원은 이를 최종적으로 심사할 권한을 가진다.

③ 재판의 전심절차로서 행정심판을 할 수 있
다. 행정심판의 절차는 법률로 정하되, 사법절

차가 준용되어야 한다.

제108조 대법원은 법률에서 저촉되지 아니하는 범위 안에서 소송에 관한 절차, 법원의 내부규율과 사무처리에 관한 규칙을 제정할 수 있다.

제109조 재판의 심리와 판결은 공개한다. 다만, 심리는 국가의 안전보장 또는 안녕질서를 방해하거나 선량한 풍속을 해할 염려가 있을 때에는 법원의 결정으로 공개하지 아니할 수 있다.

제110조 ① 군사재판을 관할하기 위하여 특별법원으로서 군사법원을 둘 수 있다.

② 군사법원의 상고심은 대법원에서 관할한다.

③ 군사법원의 조직·권한 및 재판관의 자격은 법률로 정한다.

④ 비상계엄하의 군사재판은 군인·군무원의 범죄나 군사에 관한 간첩죄의 경우와 초병·초소·유독음식물공급·포로에 관한 죄 중 법률이 정한 경우에 한하여 단심으로 할 수 있다. 다만, 사형을 선고한 경우에는 그러하지 아니하다.

제 6 장 헌법재판소

제111조 ① 헌법재판소는 다음 사항을 관장한다.

1. 법원의 제청에 의한 법률의 위헌여부 심판
2. 탄핵의 심판
3. 정당의 해산 심판
4. 국가기관 상호간, 국가기관과 지방자치단체 간 및 지방자치단체 상호간의 권한쟁의에 관한 심판
5. 법률이 정하는 헌법소원에 관한 심판

② 헌법재판소는 법관의 자격을 가진 9인의 재판관으로 구성하며, 재판관은 대통령이 임명한다.

③ 제 2 항의 재판관 중 3인은 국회에서 선출하는 자를, 3인은 대법원장이 지명하는 자를 임명한다.

④ 헌법재판소의 장은 국회의 동의를 얻어 재판관 중에서 대통령이 임명한다.

제112조 ① 헌법재판소 재판관의 임기는 6년으로 하며, 법률이 정하는 바에 의하여 연임할 수 있다.

② 헌법재판소 재판관은 정당에 가입하거나 정치에 관여할 수 없다.

③ 헌법재판소 재판관은 탄핵 또는 금고 이상의 형의 선고에 의하지 아니하고는 파면되지 아니한다.

제113조 ① 헌법재판소에서 법률의 위헌결정, 탄핵의 결정, 정당해산의 결정 또는 헌법소원에 관한 인용결정을 할 때에는 재판관 6인 이상의 찬성이 있어야 한다.

② 헌법재판소는 법률에 저촉되지 아니하는 범위안에서 심판에 관한 절차, 내부규율과 사무처리에 관한 규칙을 제정할 수 있다.

③ 헌법재판소의 조직과 운영 기타 필요한 사항은 법률로 정한다.

제 7 장 선거관리

제114조 ① 선거와 국민투표의 공정한 관리 및 정당에 관한 사무를 처리하기 위하여 선거관리위원회를 둔다.

② 중앙선거관리위원회는 대통령이 임명하는 3인, 국회에서 선출하는 3인과 대법원장이 지명하는 3인의 위원으로 구성한다. 위원장은 위원 중에서 호선한다.

③ 위원의 임기는 6년으로 한다.

④ 위원은 정당에 가입하거나 정치에 관여할 수 없다.

⑤ 위원은 탄핵 또는 금고 이상의 형의 선고에 의하지 아니하고는 파면되지 아니한다.

⑥ 중앙선거관리위원회는 법령의 범위 안에서 선거관리·국민투표관리 또는 정당사무에 관한 규칙을 제정할 수 있으며, 법률에 저촉되지 아니하는 범위 안에서 내부규율에 관한 규칙을 제정할 수 있다.

⑦ 각급 선거관리위원회의 조직·직무범위 기타 필요한 사항은 법률로 정한다.

제115조 ① 각급 선거관리위원회는 선거인명부의 작성 등 선거사무와 국민투표사무에 관하여 관계 행정기관에 필요한 지시를 할 수 있다.

② 제 1 항의 지시를 받은 당해 행정기관은 이

에 응하여야 한다.

제116조 ① 선거운동은 각급 선거관리위원회의 관리하에 법률이 정하는 범위 안에서 하되, 균등한 기회가 보장되어야 한다.

② 선거에 관한 경비는 법률이 정하는 경우를 제외하고는 정당 또는 후보자에게 부담시킬 수 없다.

제 8 장 지방자치

제117조 ① 지방자치단체는 주민의 복리에 관한 사무를 처리하고 재산을 관리하며, 법령의 범위 안에서 자치에 관한 규정을 제정할 수 있다.

② 지방자치단체의 종류는 법률로 정한다.

제118조 ① 지방자치단체에 의회를 둔다.

② 지방의회의 조직·권한·의원선거와 지방자치단체의 장의 선임방법 기타 지방자치단체의 조직과 운영에 관한 사항은 법률로 정한다.

제 9 장 경   제

제119조 ① 대한민국의 경제질서는 개인과 기업의 경제상의 자유와 창의를 존중함을 기본으로 한다.

② 국가는 균형있는 국민경제의 성장 및 안정과 적정한 소득의 분배를 유지하고, 시장의 지배와 경제력의 남용을 방지하며, 경제주체간의 조화를 통한 경제의 민주화를 위하여 경제에 관한 규제와 조정을 할 수 있다.

제120조 ① 광물 기타 중요한 지하자원·수산자원·수력과 경제상 이용할 수 있는 자연력은 법률이 정하는 바에 의하여 일정한 기간 그 채취·개발 또는 이용을 특허할 수 있다.

② 국토와 자원은 국가의 보호를 받으며, 국가는 그 균형있는 개발과 이용을 위하여 필요한 계획을 수립한다.

제121조 ① 국가는 농지에 관하여 경자유전의 원칙이 달성될 수 있도록 노력하여야 하며, 농지의 소작제도는 금지된다.

② 농업생산성의 제고와 농지의 합리적인 이용을 위하거나 불가피한 사정으로 발생하는 농지의 임대차와 위탁경영은 법률이 정하는 바에 의하여 인정된다.

제122조 국가는 국민 모두의 생산 및 생활의 기반이 되는 국토의 효율적이고 균형있는 이용·개발과 보전을 위하여 법률이 정하는 바에 의하여 그에 관한 필요한 제한과 의무를 과할 수 있다.

제123조 ① 국가는 농업 및 어업을 보호·육성하기 위하여 농·어촌종합개발과 그 지원등 필요한 계획을 수립·시행하여야 한다.

② 국가는 지역간의 균형있는 발전을 위하여 지역경제를 육성할 의무를 진다.

③ 국가는 중소기업을 보호·육성하여야 한다.

④ 국가는 농수산물의 수급균형과 유통구조의 개선에 노력하여 가격안정을 도모함으로써 농·어민의 이익을 보호한다.

⑤ 국가는 농·어민과 중소기업의 자조조직을 육성하여야 하며, 그 자율적 활동과 발전을 보장한다.

제124조 국가는 건전한 소비행위를 계도하고 생산품의 품질향상을 촉구하기 위한 소비자보호운동을 법률이 정하는 바에 의하여 보장한다.

제125조 국가는 대외무역을 육성하며, 이를 규제·조정할 수 있다.

제126조 국방상 또는 국민경제상 긴절한 필요로 인하여 법률이 정하는 경우를 제외하고는, 사영기업을 국유 또는 공유로 이전하거나 그 경영을 통제 또는 관리할 수 없다.

제127조 ① 국가는 과학기술의 혁신과 정보 및 인력의 개발을 통하여 국민경제의 발전에 노력하여야 한다.

② 국가는 국가표준제도를 확립한다.

③ 대통령은 제 1 항의 목적을 달성하기 위하여 필요한 자문기구를 둘 수 있다.

제10장 헌법개정

제128조 ① 헌법개정은 국회재적의원 과반수 또는 대통령의 발의로 제안된다.

② 대통령의 임기연장 또는 중임변경을 위한 헌법개정은 그 헌법개정 제안 당시의 대통령에 대하여는 효력이 없다.

제129조 제안된 헌법개정안은 대통령이 20일 이상의 기간 이를 공고하여야 한다.

제130조 ① 국회는 헌법개정안이 공고된 날로부터 60일 이내에 의결하여야 하며, 국회의 의결은 재적의원 3분의 2 이상의 찬성을 얻어야 한다.

② 헌법개정안은 국회가 의결한 후 30일 이내에 국민투표에 붙여 국회의원선거권자 과반수의 투표와 투표자 과반수의 찬성을 얻어야 한다.

③ 헌법개정안이 제2항의 찬성을 얻은 때에는 헌법개정은 확정되며, 대통령은 즉시 이를 공포하여야 한다.

부 칙

제1조 이 헌법은 1988년 2월 25일부터 시행한다. 다만, 이 헌법을 시행하기 위하여 필요한 법률의 제정·개정과 이 헌법에 의한 대통령 및 국회의원의 선거 기타 이 헌법시행에 관한 준비는 이 헌법시행 전에 할 수 있다.

제2조 ① 이 헌법에 의한 최초의 대통령선거는 이 헌법시행일 40일 전까지 실시한다.

② 이 헌법에 의한 최초의 대통령의 임기는 이 헌법시행일로부터 개시한다.

제3조 ① 이 헌법에 의한 최초의 국회의원선거는 이 헌법공포일로부터 6월 이내에 실시하며, 이 헌법에 의하여 선출된 최초의 국회의원의 임기는 국회의원선거 후 이 헌법에 의한 국회의 최초의 집회일로부터 개시한다.

② 이 헌법공포 당시의 국회의원의 임기는 제1항에 의한 국회의 최초의 집회일 전일까지로 한다.

제4조 ① 이 헌법시행 당시의 공무원과 정부가 임명한 기업체의 임원은 이 헌법에 의하여 임명된 것으로 본다. 다만, 이 헌법에 의하여 선임방법이나 임명권자가 변경된 공무원과 대법원장 및 감사원장은 이 헌법에 의하여 후임자가 선임될 때까지 그 직무를 행하며, 이 경우 전임자인 공무원의 임기는 후임자가 선임되는 전일까지로 한다.

② 이 헌법시행 당시의 대법원장과 대법원판사가 아닌 법관은 제1항 단서의 규정에 불구하고 이 헌법에 의하여 임명된 것으로 본다.

③ 이 헌법 중 공무원의 임기 또는 중임제한에 관한 규정은 이 헌법에 의하여 그 공무원이 최초로 선출 또는 임명된 때로부터 적용한다.

제5조 이 헌법시행 당시의 법령과 조약은 이 헌법에 위배되지 아니하는 한 그 효력을 지속한다.

제6조 이 헌법시행 당시에 이 헌법에 의하여 새로 설치될 기관의 권한에 속하는 직무를 행하고 있는 기관은 이 헌법에 의하여 새로운 기관이 설치될 때까지 존속하며 그 직무를 행한다.

판례색인

인명색인

사항색인

저자약력

경희대학교 법과대학 졸업
독일 München대학교에서 법학박사학위(Dr. jur.) 취득
독일 München대학교 공법연구소 연구위원
독일 Saarbrücken대학교 법경대학 조교수
독일 Bonn대학교 법과대학 초청교수
독일 Bayreuth대학교 법경대학에서 공법정교수자격 취득
독일 Bayreuth대학교 법경대학 교수(계약)
독일 München대학교 법과대학 교수(계약)
경희대학교 교수 역임
사법시험위원, 행정·외무고등고시위원
한국공법학회 회장
독일 훔볼트국제학술상 수상(1997)
독일 Bonn대학교에서 명예법학박사학위(Dr. jur. h. c.) 수령(2007)
연세대학교 법과대학 교수 정년퇴임
명지대학교 초빙교수 역임
헌법재판연구소 이사장
헌법재판소 초대 헌법재판연구원장
현 경희대학교 법학전문대학원 석좌교수

저 서(국내출판)
한국헌법론
헌법이론과 헌법
헌법소송법론
헌법학
사례헌법학
판례헌법(공저)

논 문(독일발표 독문 주요논문)
Begegnung europäischer und ostasiatischer Rechtskultur, in: H. Krüger(Hrsg.),
    Verfassung und Recht in Übersee, Hamburg, 1977, S. 117ff.
Rechtsstaatliche Grenzen der Sozialstaatlichkeit?, in: Der Staat, 1979, S. 183ff. in: Neue
    Entwicklungen im öffentlichen Recht, Stuttgart, 1979, S. 281ff.
Parallelen im deutsch-koreanischen Rechtsdenken, in: FS. f. H. Pfeiffer, 1987, S. 46ff.
Die Grundzüge der neuen koreanischen Verfassung von 1987, JÖR Bd. 38, 1989, S. 565ff.
Sechs Jahre Verfassungsgerichtsbarkeit in der Republik Korea, JÖR Bd. 45, 1997, S. 535ff.
Zur neueren Entwicklung des Verfassungsrechts in der Republik Korea, JÖR Bd. 48, 2000, S. 471ff.
Parteienstaat, repräsentative Demokratie und Wahlsystem, JÖR Bd. 51, 2003, S. 695ff.
Brücken zwischen der europäischen und koreanischen Rechtskultur, JÖR Bd. 52, 2004, S. 93ff.
Entwicklung und Stand der Verfassungsgerichtsbarkeit in Korea, in: Ch. Starck(Hrsg.),
    Fortschritte der Verfassungsgerichtsbarkeit in der Welt-Teil 1, 2004, S. 85ff.
Demographischer Wandel in Korea als sozialstaatliche Herausforderung, in: Ch. Starck-Festschrift,
    2007, S. 813ff.
Präsidialsystem und kontrollmechanismen, in: FS f. Josef Isensee, 2007, S. 459ff.
60 Jahre Grundgesetz aus der Sicht Koreas, JÖR Bd. 58, 2011, S. 199ff.
Digitale Entwicklung der Medien als rechtliche Herausforderung, in: Klaus Stern (Hrsg.), Medien
    und Recht, Thyssen Symposium Asien/Deutschland, Bd. 2, Carl Heymanns Verlag, Köln, 2014,
    S. 19ff.
Rezeption und gegenseitige Befruchtung des Rechts, in: Hess/Hopt/Sieber/Starck(Hrsg.),
    Unternehmen im globalen Umfeld, Fünftes internationales Symposion der Fritz Thyssen Stiftung,
    Carl Heymanns Verlag, Köln 2017, S. 37ff.

전정20판
한국헌법론

초판발행	1990년 4월 10일
전정판발행	1991년 11월 30일
신정판발행	1994년 9월 10일
신판발행	2001년 4월 20일
전정신판발행	2005년 2월 15일
전정20판발행	2024년 2월 15일

지은이	허 영
펴낸이	안종만·안상준

편 집	김선민
기획/마케팅	조성호
표지디자인	이수빈
제 작	고철민·조영환

펴낸곳	(주) **박영사**
	서울특별시 금천구 가산디지털2로 53, 210호(가산동, 한라시그마밸리)
	등록 1959. 3. 11. 제300-1959-1호(倫)

전 화	02)733-6771
f a x	02)736-4818
e-mail	pys@pybook.co.kr
homepage	www.pybook.co.kr
ISBN	979-11-303-4663-2 93360

copyright©허 영, 2024, Printed in Korea

* 파본은 구입하신 곳에서 교환해 드립니다. 본서의 무단복제행위를 금합니다.

정 가   65,000원